国家出版基金项目
NATIONAL PUBLICATION FOUNDATION

"十三五"国家重点图书出版规划项目

ENCYCLOPEDIA OF
GERONTOLOGY
AGE, AGING, and the AGED

SECOND EDITION

EDITED BY
JAMES E. BIRREN

老年学百科全书

第二版

年龄、老龄化和老年人

主编　[美] 詹姆斯 · E. 比伦（James E. Birren）

翻译主编　杜鹏
翻译副主编　陈功　陈彪

上卷

ELSEVIER

湖南教育出版社
· 长沙 ·

中文版主编和编委

总　顾　问：邬沧萍

翻 译 主 编：杜　鹏

翻译副主编：陈　功　陈　彪

中文版编委（排名不分先后）：

杜　鹏　陈　功　陈　彪　齐　铱　刘维林

尚少梅　张文娟　王永梅　宋新明　裴丽君

主编和编委

主编

詹姆斯·E. 比伦（James E. Birren）

加利福尼亚大学（University of California）

编委

格洛丽亚·M. 古特曼（Gloria M. Gutman）

西蒙菲莎大学（Simon Fraser University）

爱德华·J. 马索罗（Edward J. Masoro）

得克萨斯大学健康科学中心（University of Texas Health Science Center）

维克多·W. 马歇尔（Victor W. Marshall）

北卡罗来纳大学（The University of North Carolina）

托马斯·R. 科尔（Thomas R. Cole）

得克萨斯大学健康科学中心（University of Texas Health Science Center）

K. 华纳·沙依（K. Warner Schaie）

宾夕法尼亚州立大学（Pennsylvania State University）

戴维·H. 所罗门（David H. Solomon）

加利福尼亚大学洛杉矶分校老化研究中心（UCLA Center on Aging）

主编介绍

詹姆斯·E. 比伦 荣誉等身，荣获美国老龄协会主席奖（1996年）、布鲁克代尔基金会老年学研究奖、桑多兹老年学研究奖和加拿大老年学会颁发的杰出贡献奖。比伦博士是加利福尼亚大学洛杉矶分校老化研究中心副主任，并担任医学、精神病学和生物行为学等领域的兼职教授。他同时也是南加利福尼亚大学的老年学和心理学名誉教授。比伦博士之前曾担任美国国家心理健康研究所老化问题科主任、南加利福尼亚大学埃塞尔·佩尔西·安德鲁斯老年学研究中心（the Ethel Percy Andrus Gerontology Center of USC）创始执行主任和院长、加利福尼亚大学洛杉矶分校安娜与哈里·博伦老年学研究中心（the Anna and Harry Borun Center for Gerontological Research at UCLA）创始主任，以及美国老年学会、西部老年学会、美国心理学会成人发展与老龄化分会的会长等。比伦博士曾发表250余篇学术论文，他的研究兴趣包括：行为速度如何随年龄变化，老年人神经系统信息加工速度减慢的原因和后果，年龄对决策过程的影响，以及专长对技术熟练工种的影响等。他曾多次担任白宫老龄问题会议的代表、国家发展重点研究与教育咨询委员会成员，并获得美国老龄协会曼德·阿特勒奖。

编委介绍

格洛丽亚·M. 古特曼　1982—2005年，首创并领导位于加拿大温哥华的西蒙菲莎大学的老年学系和老年学研究中心。目前，她是该系教授以及佟路易博士生活实验室（Dr. Tong Louie Living Laboratory）的主任。她曾出版过20多本著作，撰写过150余篇论文或研究报告，内容涉及老年人的住房、长期照护、痴呆的流行病学研究、健康促进、衰老和养老科技等。她是加拿大不列颠哥伦比亚省老年学协会的创始主席，曾任两届加拿大老年学学会会长，2001—2005年曾担任国际老年学和老年医学学会（International Association of Gerontology and Geriatrics，IAGG）会长，而且作为前任会长担任IAGG执行官至2009年。她是美国老年学会会员、联合国马耳他国际老龄问题研究所（the International Institute on Ageing United Nations-Malta）董事、世界卫生组织健康与老龄问题专家顾问小组成员，还是6种老年学或老年医学领域期刊的编委会成员。2001年，古特曼被《温哥华太阳报》誉为130位“有所作为”的成员之一，并且获得了加拿大老年学协会杰出成员奖。2005年，她荣获国际防止老年虐待组织颁发的罗莎莉·沃尔夫奖（Rosalie Wolf Award）。

维克多·W. 马歇尔　北卡罗来纳大学教堂山分校社会学教授，也是北卡罗来纳大学老化问题研究所所长。在此之前，他曾担任多伦多大学人类发展、生命历程和老龄化研究所所长。1990—1995年，他担任加拿大老化研究网络的主任，该网络是由加拿大联邦政府资助的全国卓越中心网络。马歇尔教授是美国老年学会会员，曾经是加拿大老年学协会的创始会员和副会长。他是《老龄化与社会》（*Ageing and Society*）、《老化与健康杂志》（*Journal of Aging and Health*）和《社会力量》（*Social Forces*）的编委会成员。马歇尔教授主要在家庭、长期照护、移民、死亡和濒死等视域下研究与老龄化相关的问题并发表了诸多论文，目前他主要关注老年劳动力、不断变化的退休适应、健康老龄化、老龄化与公共政策，以及社会理论中的老龄化和生命历程等问题。

K. 华纳·沙依　宾夕法尼亚州立大学人类发展和心理学的埃文·普格讲座教授（Evan Pugh Professor），还被任命为华盛顿大学精神病学和行为科学兼职教授。他在华盛顿大学获得心理学博士学位，而且还是耶拿大学和西弗吉尼亚大学的荣誉博士。他获得了美国老年学会的克莱梅尔杰出研究贡献奖、门萨终身职业奖和美国心理学会杰出科学贡献奖。他曾出版了51部著作，包括教材《成人发展与老化》（*Adult Development and Aging*）、《老年心理学手册》（*Handbook of the Psychology of Aging*）。自1956年以来，他一直指导西雅图认知老化纵向研究，并撰写了多达275篇关于老化心理学的论文。他目前的研究兴趣包括：生命历程视角的成人智力发展及其前因与可塑性问题，痴呆风险的早期检测，以及发展科学的方法论问题等。

爱德华·J. 马索罗 1989年老龄化研究联合信号成就奖（Allied-Signal Achievement Award in Aging Research）的获得者。1990年，他获得美国国家老龄化研究所（the National Institute on Aging）开创性的老年领导力学术奖和美国老年学会的克莱梅尔杰出研究贡献奖。1991年，他获得比萨大学老年学成就荣誉勋章；1993年，获得生物学系主任协会杰出服务奖。此外，他还获得了1995年美国老化研究联合会欧文·赖特荣誉奖和1995年格伦基金会奖。1994—1995年，他担任美国老年学会会长，美国国家老龄化研究所老龄化审查委员会主席和科学顾问委员会主席。马索罗博士还在女王大学（加拿大）、塔夫茨大学医学院、华盛顿大学和宾夕法尼亚医学院担任过教职。从1973年到1991年5月，他在圣安东尼奥的得克萨斯大学健康科学中心担任生理学系主任，目前他仍担任着生理学系的名誉教授，并担任新成立的老龄化研究和教育中心主任一职；目前是该系荣誉退休教授，也是巴肖普长寿和老龄研究所（the Barshop Institute for Longevity and Aging Studies）成员。他担任《衰老细胞》（*Aging Cell*）、《实验老年学》（*Experimental Gerontology*）、《老年学杂志：生物科学》（*Journal of Gerontology: Biological Sciences*）、《生长、发展和衰老》（*Growth, Development and Aging*）等期刊的编委会成员。

托马斯·R. 科尔 得克萨斯大学健康科学中心的贝丝和托比·格罗斯曼讲座教授（Beth and Toby Grossman Professor）以及麦戈文健康、人文和人类精神中心的主任，他也是莱斯大学宗教研究系的查万尼客座教授（Chavanne Visiting Professor）。科尔1971年毕业于耶鲁大学，获哲学学士学位；1975年毕业于维思大学，获历史学硕士学位；1981年毕业于罗切斯特大学，获历史学博士学位。科尔博士撰写了许多有关衰老史和人文老年学的文章或书籍，他的著作《生命之旅：美国老龄化的文化史》（*The Journey of Life: A Cultural History of Aging in America*）曾被提名普利策奖。他曾是《变老意味着什么?》（*What Does It Mean to Grow Old?*）、《人文和老龄化手册》（*Handbook of Humanities and Aging*）、《声音与愿景：走向批判老年学》（*Voices and Visions: Toward a Critical Gerontology*）等书的特约编辑。《纽约客》

(*New Yorker*) 认为他与人合著的《牛津老年之书》(*Oxford Book of Aging*) 是 1995 年最令人难忘的书籍之一。他最近与人合著的书还有《医学人文实践》(*Practicing the Medical Humanities*)。科尔对老年人的生活故事很感兴趣，这也使得他进入传记文学和电影的制作领域。1984 年，他遇到了埃尔德雷维·斯特恩斯，一个住院的精神病患者，此人声称自己是“最初的得克萨斯一体化的领导者”。他们的合作诞生了一部著作《我的友善不带“颜色”：埃尔德雷维·斯特恩斯的生活与休斯顿的去种族隔离》(*No Color is My Kind: the Life of Eldrewey Stearns and the Desegregation of Houston*) 和一部电影《黑人的奇异死亡》(*The Strange Demise of Jim Crow*)，该电影曾在美国 60 多家公共广播公司和国际广播中播出。这部纪录片获得了许多奖项，并被提名艾美奖和美国国家人文奖章。科尔的电影《静物：解剖学中的人性》(*Still Life: The Humanity of Anatomy*) 还成为 2002 年 4 月双拍纪录片电影节 (the Doubletake Documentary Film Festival) 的官方样片，该电影旨在探讨解剖实验室的医学生与遗体捐献者之间那种特殊而未明说的关系。2001 年，科尔为老年人举办的写作研讨会节目在美国公共电视台 (PBS) 的纪录片《故事人生》(*Life Stories*) 中有特别报道。这两部电影都站在道德与精神发展的高度探讨现在与过去、生者与逝者之间的关系。最近，科尔又联合出品了一部电影《认识脑卒中》(*Living with Stroke*)，主要讲述脑卒中幸存者鲜为人知的世界，该影片于 2007 年上映。科尔的作品曾被《纽约时报》等多家媒体进行专题报道。他还担任联合国非政府组织老龄化问题委员会、改革联盟、犹太教家庭事务部，以及多种期刊和基金委员会的顾问。2004—2005 年，他担任了总统生物伦理学委员会主持的一个老龄化项目的顾问，该委员会出版《照料》(*Taking Care*) 杂志。

戴维·H. 所罗门 20 世纪 70 年代末老年医学复兴的主要领导者之一。他曾经是美国老年医学会的理事会成员和会刊《美国老年医学会杂志》(*Journal of the American Geriatrics Society*) 的编辑，而且还获得了米洛·莱维特奖、爱德华·亨德森奖、美国老年医学会杰出服务奖以及美国老年学会的弗里曼奖。最近，美国老年医学会的一个新奖项被命名为“戴维·H. 所罗门杰出公共服务奖”。25 年来，他的工作重点从内分泌学和学术管理转向老年医学，他一直是老年医学和老年学多项目中心的副主任、加利福尼亚大学洛杉矶分校老化研究中心的创始主任，而且还是一位在老年医学领域活跃的教师、研究人员和临床医生。他在美国全国范围内将老年医学教育和培训引入外科及相关医学专业的住院项目，在兰德公司 (RAND Corporation) 的“ACOVE”项目中对虚弱老年人获得的健康照护服务质量进行测量并尝试通过研究提高其质量。

译 序

21 世纪是与人口老龄化相伴的世纪。人口老龄化是人口转变规律下经济社会发展的必然结果，也是世界各国共同面临的问题。我国是世界上人口最多的国家和最大的发展中国家，党和政府始终高度关注积极应对人口老龄化工作，党的十九届五中全会做出了“实施积极应对人口老龄化国家战略”的决策部署，党的二十大对此做了进一步的部署和安排。积极应对人口老龄化是系统工程，需要综合施策和协同应对，其中人才培养和自主知识体系构建是关键环节。2021 年《中共中央　国务院关于加强新时代老龄工作的意见》专门指出：“加强人才队伍建设。加快建设适应新时代老龄工作需要的专业技术、社会服务、经营管理、科学研究人才和志愿者队伍。”《“十四五”国家老龄事业发展和养老服务体系规划》中有多处提到“人才”，也特别提出“大力发展老年学、养老服务管理、健康服务与管理、中医养生学相关专业本科教育。引导有条件的高校开设老年学、老年医学、老年护理学、老年心理学、老年社会学、老年营养学、老年服务与管理、老年社会工作等课程，鼓励高校自主培养积极应对人口老龄化相关领域的高水平人才……”。人才的培养需要健全的知识体系和教育教学体系的支撑，尽管我国老年学的研究单位和人才培养机构已经有了长足的进步，但我国老年学的发展和为老服务人才培养仍然存在一定的不足，主要体现在缺乏成熟完备的人才培养机制、适应国情的教育体系、完善的法律标准规范，以及中国化的教学工具和教材等方面。十年树木，百年树人。尤其与中国式现代化新征程要求相比，我国老年学人才的培养和老年学自主知识体系的构建还将是一个长期艰苦的过程，还有待于我们共同的努力和不懈的坚持！

自 2003 年教育部首次设立老年学专业，中国人民大学和北京大学等高校就自主设立了专门的老年学研究所，培养老年学博士和硕士研究生。我和陈功教授联合众多高校一起组建了中国老年学和老年医学学会教学研究分会，从 2004 年开始每年坚持召开中国老年学学科建设研讨会，致力于推动中国老年学发展和为老服务人才的培养。2022 年召开的已经是第 18 届研讨会了，在推动中国老年学自主知识体系构建、促进老年学跨学科研究和教学合作等方面都取得了很好的成效，我们也还在持续努力、进一步创新发展。

一些发达国家较早进入老龄社会，在老龄化应对方面有较多的研究和实践经验积累，这是需要我们学习借鉴、为我所用的。在组织翻译了很多国际上权威的系列教材和专著后，基于我国人口老龄化的基本国情和老年学人才队伍建设的现实需要，针对老年学跨学科的性质，我们认为迫切需要引进一套系统完整的老年学工具书，为老年学教学研究、养老事业和养老产业人才培养提供学习素材。经过认真检索和比较，我们一致选择了美国詹姆斯·E.比伦教授主持编写的《老年学百科全书：年龄、老龄化和老年人》（以下简称《老年学百科全书》）。

比伦教授是全球顶尖的老年学研究代表人物之一。1965 年他在南加利福尼亚大学建立了美国第一个老年学项目，并在 1975 年将其发展成为世界上第一个老年学学院。他曾任南加利福尼亚大学埃塞尔·佩尔西·安德鲁斯老年学研究中心的创始执行主任和院长，是加利福尼亚大学洛杉矶分校老龄化研究中心的副主任及南加利福尼亚大学老年学和心理学名誉教授；曾在老年学领域发表或出版过超过 250 篇（册）学术出版物；作为代表参加过数次白宫老龄会议，并在制定美国等国家与老龄化相关的决策议题中发挥了重要作用。比伦教授率领的编写团队阵容强大、学科多元。本书自 2007 年再版后，已成为老年学领域公认的标志性著作和重要工具书。

我和陈功教授与比伦教授有较早的渊源，我在南加利福尼亚大学作访问学者期间曾拜访过比伦教授。2011 年陈功教授还专程登门拜访，并告知比伦教授我们希望将此书引入中国，以及详细的翻译出版计划。比伦教授非常高兴，亲自写邮件到原出版机构爱思唯尔，促成了版权授权。比伦教授还和陈功教授合影，并答应为原书的中译本作序。可惜的是，本书从版权授权到翻译完成经历了较长时间，比伦教授于 2016 年 1 月与世长辞，享年 97 岁，没能亲眼看到中译本的出版，这也成为本书翻译过程中的一大遗憾。但我们相信中译版的出版，就是对比伦教授最好的缅怀，也必将架起应对人口老龄化领域国际合作的桥梁。

《老年学百科全书》涵盖广泛，涉及老年学的方方面面，对专业领域外的人而言，是初步认识老年学的重要工具，对传播老年学知识和促进大众普及是非常有帮助的；对专业研究者和学生来说，《老年学百科全书》有助于系统地了解多学科老年学知识，是不可缺少的参考书。《老年学百科全书》各词条并非局限于某一领域的综述，而是反映了老年学跨学科、交叉学科的属性和知识体系发展的过程。本书从整体上系统深入地介绍了经典理论概念和前沿研究视角，既包括诸如社会学、心理学、社会政策与实践、历史学、文学等人文社会科学，又涵盖了生物学、医学与健康科学、工程学等自然科学及它们的交叉发展。每篇词条均由来自全球的资深研究者、实践者等撰写，都包含概述、主题内容、术语表和建议阅读的参考书目，具有代表性、专业性和权威性。

在翻译过程中，我们也认识到我国有自身的国情和独特的发展阶段，积极应对人口老龄化的中国道路也有自身的独特优势和显著特征。从翻译到学习借鉴，再到积累和本土化，这将会是一个漫长的过程，应该本着求同存异和为我所用的心态，正确认识和客观看待存在的差异和不足，积极构建中国特色老年学科知识体系和话语体系，走出一条中国特色积极应对人口老龄化道路。

本书的翻译出版在中国老年学学科建设上具有里程碑意义，代表着我们一直积极推动的引进国际经典文库的工作，从翻译专著、教材到翻译词典、工具书，逐步形成了完整的体系。至此，我们的翻译工作也许会暂告一个段落。接下来，以前期的经典引进为基础，我们将翻开老年学学科体系建设新的一页，全力转向我国人口老龄化的本土化、时代化研究和自主知识体系的创新构建，将论文写在祖国大地上，开始筹划和组织编写中国自己的老年学学科工具书。

本书从动议到出版历时10年，其中翻译过程历时5年。中国人民大学荣誉一级教授邬沧萍担任《老年学百科全书》翻译工作的总顾问。邬先生已百岁高龄，即使在疫情防控期间，仍然经常关心和指导本书的翻译和编写，让我们特别感动，特此致谢和致敬！全书由我担任主编，北京大学老年学研究所所长陈功和首都医科大学老年医学系主任陈彪担任副主编，南加利福尼亚大学齐铱（Iris Chi）、中国老年学和老年医学学会刘维林、北京大学尚少梅、中国人民大学张文娟、首都经济贸易大学王永梅、北京大学宋新明和北京大学裴丽君等组成中文编委会，负责全书的翻译组织实施和编写校译。具体翻译工作由中国人民大学、北京大学、首都医科大学等多所高校的人口学、老年学、医学、养老保障等专业的师生接续完成。衷心感谢中国人民大学老年学研究所、北京大学人口研究所全体参与编译的师生专业团队的支持。感谢北京大学护理学院师生、首都医科大学老年医学系委员和青年委员、首都医科大学附属医院医生等翻译了本书的医学相关词条。感谢陈功教授的协助组织，感谢北京大学护理学院尚少梅院长的大力推进和全程指导，感谢首都医科大学老年医学系陈彪主任的协助组织与大力支持。感谢首都经济贸易大学王永梅副教授的全程协助与校译把关，感谢中国人民大学博士生王东京和武玉、复旦大学博士生肖颖（原为首都经济贸易大学研究生）参与稿件整理。感谢北京大学刘菊芬、张雅璐、刘尚君等老师参与校译把关，感谢张旭、康宁、索浩宇、张承蒙、王英英等博士生参与组织协调，感谢首都医科大学老年医学系赵静老师的协助组织。译稿完成后，中文版编委会组织开展了多轮审校工作，感谢中国人民大学社会学系侯逸飞和老年学研究所李龙的通篇审校；感谢北京大学刘岚和张雅璐、首都经济贸易大学王永梅、四川大学曹杨、北京市社会科学院曲嘉瑶对老年社会学词条的审校；感谢北京大学张昕、首都经济贸易大学王永梅对老年心理学词条的审校；感谢北京大学宋新明、裴丽君、刘菊芬、王黎和李钰对老年医学词条的审校。最后，北京大学陈功教授和我对全文进行了审读。

特别感谢湖南教育出版社的大力支持，以及在本书的翻译、出版过程中给予的便利和协助。在本书筹划出版之时，积极应对我国人口老龄化还没有被提到国家战略的高度，整个社会的人口老龄化国情教育也没有像今天这样普及，然而湖南教育出版社以前瞻性的战略眼光和高度的社会责任感，主动联系本书的出版，并成功申报了“十三五”国家重点图书出版规划项目。出版社领导亲自到京召开专家论证会，表达对此书的重视和期待。李军编辑及时跟进，协调解决相关困难，为本书的顺利推进提供了专业支持。还要特别感谢湖南教育出版社的编校人员的辛勤付出。译稿内容涉及专业广泛，字数多达 270 多万字，且参与翻译人员众多，给审校工作带来巨大挑战。正是由于他们严格、专业的把关，才使得译稿更加完善，直到完整呈现在读者面前。

由于本书涉及内容广博，跨学科且专业性强，翻译难度大，目前中文内容中肯定还存在诸多不足之处，还请各位专家学者和读者多提宝贵意见，使《老年学百科全书》的中译本今后能够更加完善。

是为序。

杜鹏

中国老年学和老年医学学会副会长

中国人民大学老年学研究所所长

2022 年 12 月 12 日

前　言

努力编撰普遍性知识文献的历史可以追溯到亚里士多德所处的时代，有人认为老普林尼（Pliny the Elder）的《自然史》（*Natural History*）是第一部百科全书。到19世纪，百科全书已经变得越来越专业化，这与获取渠道增多导致的知识扩张同步。《老年学百科全书：年龄、老龄化和老年人》（第二版）以更加宽广的视野说明了老年学自身的特点——具有普遍性，同时也具有专业性——这也是为什么该领域如此与众不同和引人入胜。毕竟，老龄人口规模的增长和寿命的不断延长反映了有史以来全球人口发生的巨大的和历史性的转变。随着长寿革命的到来，社会、经济、政治、道德以及个人等都面临着诸多挑战，需要做出一系列的特殊调整，而这部优秀的百科全书既反映了挑战之所在，也体现了如何调整。

以往的经验告诉我们，社会财富的增加能够更好地为公民提供社会、健康以及其他方面的福利。最新研究表明，反向的关系也是同样适用的，即健康和长寿可以促进财富的增加。斯万博格（Svanborg）、曼顿（Manton）和其他研究者发现，随着社会、医疗和公共卫生的进步，人们的寿命不仅会更长，而且更有可能享受较长的无残疾晚年。这两方面的事实是有关老年人的生产性投入逐年增加的有力说明。人口结构的转变是人类取得的巨大成就，反过来也推动了我们的文化转型和即将到来的走向老年的个人经验的转变。这将导致众多新概念和新数据的产生，直至出现这样一部包罗万象的百科全书。

罗伯特·N. 巴特勒，医学博士
国际长寿中心主席兼首席执行官
纽约西奈山医学院老年医学与成人发展教授

序　言

《老年学百科全书：年龄、老龄化和老年人》（第二版）反映了老年学研究领域取得的令人瞩目的成就。随着人们的寿命越来越长，生活越来越活跃，人们所处的社会正在发生变化，因此，老化不仅是科学界和学术界努力研究的一个领域，而且也成为实践关注的一个重要领域。老化是一个复杂的变化过程，受到生物、行为、社会和环境等因素的影响。正如本书内容所揭示的那样，老化已经成为21世纪科学界面临的最复杂的课题之一。随着老化研究的快速发展，发达国家和发展中国家对与老年人相关问题的兴趣也越来越大。

老化研究的新证据正在取代长久以来人们关于老年人及其发展变化原因的刻板印象。个体在整个生命历程中的发展变化是从遗传学到生理学、社会学、心理学、人类学等方面的诸多因素综合作用的结果。人类生活受到物质、社会和经济环境，以及家庭和宗教传统的影响。本百科全书所选取的文章正是为了反映它们对有机体影响的深度和广度。

《老年学百科全书：年龄、老龄化和老年人》（第二版）既包括新主题，也包括上一版所涉领域的最新进展。在某些情况下，更新后的词条由同一位作者撰写；而在其他情况下，则由具有新视角的新作者重新撰写。我们建立了一个国际编辑咨询小组，为每个词条制订内容列表和确定撰稿人。每一位作者、编辑、审稿人、出版人员的努力对完成本书至关重要，在此我们深表感谢。

詹姆斯·E. 比伦

如何使用本书

《老年学百科全书：年龄、老龄化和老年人》（第二版）主要供学生和专业研究人员使用。所选取的文章反映了老年学、成人发展与老化研究的主要学科和该领域专业研究人员共同关注的研究课题，以及公众关注与感兴趣的领域。覆盖范围包括五个主要领域，即老年生物学、老年心理学、老龄化与社会科学、健康科学、人文学科与老龄化等。每篇文章都对特定领域进行了全面概述，既为学生提供了广阔的视野，同时也为专业研究人员提供了深度研究。为了给所有读者提供最大程度的可访问性，我们在设计百科全书时做了如下安排：

百科全书中的文章按照拼音字母顺序排列，完整的目录出现在上下两卷中。在这里，人们可以找到诸如“人口学”和“药理学”的学科主题；也可以找到诸如“痴呆”和“创造力”这样的研究主题；还有公众感兴趣和关注的领域，比如“老年人虐待和忽视”和“伦理与安乐死”。

每篇文章都包含“词汇表”和它的交叉引用情况，以及与此相关的最近的、具有开创性的主要与次要来源，以便进一步阅读该相关主题。“词汇表”中可能包含读者并不熟悉的术语，每个术语都是根据文章的上下文定义的。因此，当同一个术语出现在另外一篇文章中时，其内涵可能会有细微的差别。为了清楚起见，我们允许这些差异的存在，以确保这些术语是根据每篇文章的上下文所定义的确切的内涵。

每一篇文章都与百科全书的其他文章进行了交叉引用。交叉引用通常体现在正文中，在文章的结尾部分有拓展阅读建议。我们鼓励读者使用交叉引用来定位百科全书的其他文章，这些文章将提供关于某一主题更详细的信息。

“拓展阅读”列出了主要信息来源，以帮助读者定位更详细或技术性的信息，而且还列出了对理解某一给定学科领域最重要的综述性文章和研究成果。“拓展阅读”并非旨在提供涵盖文章所有内容的详细材料，而是作为该主题的指南性附加信息来源而提供的。

目 录

癌症和年龄

M. L. 弗瑞德曼，M. L. R. 尼奥蒂克 纽约大学医学院，纽约，纽约州，美国

词汇表

细胞凋亡（Apoptosis）——细胞死亡。

生长因子（Growth Factor）——调节细胞的蛋白质，通过与细胞膜上的特异性受体分子结合，刺激受体介导的细胞内信号转导途径的活化来发挥作用。

发病率（Incidence）——单位时间内发展为癌症的人数除以当时居住的总人口。

上皮内瘤变(Intraepithelial Neoplasia)——又称“发育异常”（dysplasia)、“不典型增生”（atypical hyperplasia）和“原位癌”(carcinoma in situ)。易发展为癌症的病变。

癌基因（Oncogene）——控制细胞生长和分化的正常基因的受损形式。

患病率（Prevalence）——在某一特定时间点癌症患者的人数除以当时居住的总人口。

引言

癌症（cancer）是仅次于心脏病的第二大死因，也是40~79岁女性和60~79岁男性的主要死因。在美国65岁以上年龄组中，预计到2030年，85岁及以上人口将从2005年的430万翻一番。预期寿命也在增加。更多的人在癌症诊断后得到了成功治疗，导致在带癌生存或发展为癌症的老年人中有更高的患病率。对所有与老年人打交道的专业人士来说，了解这种疾病以及如何应对是很重要的。在过去，老年人被剥夺了接受治疗的权利，只因为人们认为他们“太老了”。我们现在知道，在许多情况下，老年人接受癌症治疗的效果与年轻人一样好，有时甚至更好。本文回顾了癌症的病因和生物学特征、可能的预防方法、一些常见癌症的临床描述、如何进行癌症筛查，以及新的靶向治疗(targeted therapy）方案。

癌症可以通过描述癌细胞与正常细胞的四个不同特征来定义：

1. 癌症通常从单个细胞开始增殖，形成恶性细胞的克隆。

2. 癌细胞自主生长，不受正常的调控，也不会通过程序性细胞死亡（programmed cell death)，即细胞凋亡而适当地死亡。

3. 癌细胞不会以正常的协调方式分化，并且看起来也与其周围的正常细胞不一样。

4. 癌细胞发展出不连续生长的能力并扩散到身体其他部位（转移）。

癌症又称“恶性肿瘤”。这意味着它的生长是一种新的生长（肿瘤），如果不加以控制将导致宿主死亡（恶性）。正常细胞可以在某些适当的时间表达这样一些特征，如伤口愈合、胚胎发生、器官修复和再生，以及血管再生，它的增殖是协调的、有序的和自限性（self-limitation）的。然而在癌症中，这些特征则是过度的、无序的和非自限性的，导致了不适当的增殖（肿瘤负担）和扩散，这对宿主来说是不适合的，如果不成功治疗，则具有病态的影响。

传统上，癌症以推定的来源细胞命名可归类为：上皮来源的癌和间质来源的肉瘤。最近的证据表明，大多数（如果不是全部）肿瘤都来自未成熟干细胞（stem cell），这些干细胞沿着正常细胞系分化、突变并获得如前所述的自主生长的特性。我们现在认识到，肺癌、乳腺癌和胃癌并不是由这些器官中分化良好的“正常”细胞所引起的，而是来自干细胞，这些干细胞开始向这些组织的方向分化，然后变得自主，因受损导致细胞凋亡。它们丧失了正常的自我限制能力，并获得了允许其进入循环并扩散到其他器官的特性。这些癌细胞是“种子”，如果其他器官的“土壤”支持其生长，则转移灶会远离原发部位。淋巴系统或造血细胞的癌症又称“造血系统的恶性肿瘤”。淋巴瘤、白血病和多发性骨髓瘤是最常见的造血系统的恶性肿瘤。因此，肿瘤通常以出现部位的相似细胞来命名。例如肺癌意味着这些癌细胞与肺细胞相似，并在该器官中产生；骨肉瘤则以其与骨细胞相似，存在于骨骼中；白血病以其与白细胞相似，存在于骨髓中。将癌细胞归类为癌、肉瘤或造血细胞仍然是有用的，因为对存在于肿瘤细胞上的特异性肿瘤标志物（tumor marker。细胞表面上的蛋白质），病理学家可以使用不同的免疫组织化学染色（immunohistochemical staining，IHC）进行检测。治疗方法取决于原始细胞。

传统的肿瘤分类法将其分为良性和恶性两种类型。这些特征由对肿瘤的预测行为所决定，而非微观形态。“恶性”仅指发生转移的肿瘤。由于有一些恶性肿瘤生长缓慢且较晚转移，因此可使用新的术语来描述其倾向——“边界”（borderline）、“交界性”（intermediate）或“未定义”（undetermined）。

微观分级是肿瘤的另一种分类方法，它试图去预测肿瘤是生长缓慢、很少转移、高度可治愈的肿瘤，还是生长快速、经常转移且很少可治愈的肿瘤。用于微观分级的标准包括细胞性、多形性、有丝分裂活性、边缘类型、基质形成量，以及是否存在炎症性坏死和出血。通常使用的是三级系统：1 级（高分化）、2 级（中等分化）和 3 级（差异分化或未分化）。等级越低，肿瘤患者存活下来的可能性就越大。肿瘤的分期用于确定扩散量，通常是从Ⅰ期到Ⅳ期。Ⅰ期通常代表限制在一个部位的疾病；Ⅱ期和Ⅲ期表明所涉及的器官系统的特异性生长和扩散；Ⅳ期表明扩散到其他器官。预后（prognosis）通常取决于分期和等级。虽然分期和等级通常是相互平行的，但较小的高等级肿瘤可能比较大的较低等级肿瘤对宿主的危险性更大。

新的基因芯片技术（gene chip technology）增强了对预后的推测，该技术通过观察与临床数据相关的肿瘤的分子特征来推测预后。已有多份报告显示了基因特征与结果的相关性。这样，肿瘤学家就能够根据肿瘤的侵袭性（aggressive）来设计治疗方案。例如，Ⅰ期乳腺癌女性患者在没有辅助化学疗法（chemotherapy，简称“化疗”）的情况下5年存活率为70%。这一数字在化疗后增加到80%，但这也意味着很多女性可能根本不需要辅助化疗。截至2005年年中，还没有明确的方法来预测谁可以这样做。大多数女性在肿瘤大于1cm且表现良好的情况下可能就会接受化疗了。目前正在进行多项临床试验来测试DNA芯片的使用，以帮助确定淋巴结阴性乳腺癌患者和其他多种癌症的治疗方法。这些研究将测试“基因图谱”（genetic map。患者基因构成与相关基因的快照）是否比标准的组织病理学和临床标准更能有效地预测哪些患者会发生转移性病变。

最后，在分类方面，有一些病变容易发展为癌症，通常是恶性上皮肿瘤。因为癌症是一个多步骤的过程，所以在显微镜下能观察到恶性肿瘤成熟之前的各个步骤。这些肿瘤又称“发育异常”“不典型增生”和“原位癌”。由于这些术语使用时常常会被混淆，因此将它们指定为“上皮内瘤变”可能更安全。使用这个术语再加上分级系统来表示不同程度的严重性，可能是确定其具有发展为成熟恶性肿瘤倾向的最合理的方法，并有助于指导治疗。

癌症流行病学

特定人群在一段时间内发生癌症可以用多种方式表达（见表1）。发病率是测量癌症发生可能性的直接指标，通常以年为单位。发病率可以是粗略的（所有年龄）或特定年龄的。由于癌症是同年龄密切相关的，因此年龄特异性发病率通常包含更多信息。当比较不同年龄分布的人口群体（如比较美国与中国的）时，应对发病率进行年龄调整，方法是将每个特定年龄的比率乘以具有相同年龄人口中个体的百分比，然后对这些单一值求和。对病因学研究来说，发病率往往比死亡率更能提供信息，因为它们可以识别所有诊断病例。

相比之下，患病率通常不用于研究病因学，但是有助于规划卫生服务，因为它能衡量人口中的疾病负担。死亡率（mortality）为我们提供了关于哪些癌症是最致命的信息。由于这个比率来自死亡证明，因此往往是不准确的，但对评估癌症预防和治疗对一般人群的影响是有用的。病死率（fatality rate）是衡量疾病严重程度的一种指标，通常以百分比表示。该指标在慢性病研究中用途不大，因为它是按单位时间表示的。在慢性病研究中，用5年存活率（survival rate）或10年存活率表示更为有用。

表 1　癌症频率的测量方法

发病率	$\frac{\text{单位时间内新患癌症的人数}}{\text{当时居住的总人口}}$
患病率	$\frac{\text{特定时间内癌症患者的人数}}{\text{当时居住的总人口}}$
死亡率	$\frac{\text{单位时间内死于癌症的人数}}{\text{当时居住的总人口}}$
病死率	$\frac{\text{死于癌症的人数}\times 100\%}{\text{癌症患病人数}}$

癌症发生的模式

癌症是目前美国的第二大杀手，仅次于心脏病。其死亡率占所有死亡人数的 22. 8%（2002 年统计数据）。癌症是 40～79 岁女性和 60～79 岁男性的主要死因。癌症主要是一种老年疾病：随着人口的老龄化，越来越多的人将受到这种疾病的折磨并因此而死去。大多数上皮癌在 30 岁以下是罕见的，但发病率随年龄增长而上升。表 2 列出了美国主要癌症的种类（按部位）、新发病例估计数和病死率。癌症发病率有明显的种族差异，在男性和女性之间也有不同。

表 3 显示了美国白人、黑人和西班牙裔男性在选定癌症部位的年龄调整发病率的显著差异。表 4 显示了有关女性的同类数据。这些差异表明，癌症的发展存在遗传因素；在社会经济阶层上也存在差异。总体而言，社会经济阶层越低，癌症发病率就越高。这可能反映了在烟草使用、营养状况和接触致癌物方面的差异。这也可以解释黑人、白人和西班牙裔在癌症发病率上的一些差异。

表 2　2005 年美国主要癌症的新发病例估计数和病死率[a]

癌症部位/种类	新发病例数/人	病死率/%
所有部位	1 372 910	41. 5
肺	172 570	94. 8
结肠和直肠	145 290	38. 7
乳房（不包括上皮内瘤变）	212 930	9. 2
前列腺	232 090	13. 1
尿道	101 880	26. 1
子宫（不包括子宫颈上皮内瘤变）	51 250	21. 5

续表

癌症部位/种类	新发病例数/人	病死率/%
口腔和咽部	29 370	24. 9
皮肤（不包括基底细胞癌和鳞状细胞癌）	66 000	16. 1
胰腺	32 180	98. 8
白血病	34 810	64. 8
卵巢	22 220	73. 0
所有其他部位	272 320	56. 2

[a] NCI SEER Program.

表 3 1997—2001 年美国男性常见癌症分种族和民族年均年龄调整发病率[a]（1/10 万）

癌症部位	发病率		
	白人	黑人	西班牙裔
所有部位	556. 5	689. 2	419. 8
肺	77. 9	117. 2	45. 2
结肠和直肠	63. 1	72. 9	49. 6
前列腺	167. 4	271. 3	140. 0

[a] NCI SEER Program.

表 4 1997—2001 年美国女性常见癌症分种族和民族年均年龄调整发病率[a]（1/10 万）

癌症部位	发病率		
	白人	黑人	西班牙裔
所有部位	429. 8	400. 1	309. 9
肺	51. 3	54. 5	23. 9
结肠和直肠	45. 9	56. 5	32. 5
乳腺	141. 7	119. 9	89. 6
子宫颈	8. 9	11. 8	16. 2

[a] NCI SEER Program.

在不同的地理区域和具有类似职业的人群中都发现了癌症集群现象。这些类型的研究有助于确定潜在的环境风险。不同地理位置的发病率也有着显著的国际差异，这与暴露于环境中的已知风险、生活方式或遗传预先倾向性（genetic predisposition）有关。例如，肝细胞癌在乙型肝炎流行的国家是一种常见癌症，其传播途径通常是经胎盘（母亲传给孩子），但在低暴露人群中很少见。前列腺癌和结直肠癌在发达国家很常见，但在发展中国家较为少见。这种现象与高脂肪、低纤维的饮食有关。

癌症的可能病因

流行病学方法使人们有可能将生活方式和其他环境暴露因素确定为癌症的原因。

烟草

吸烟是迄今为止确定的头号危险因素。长期以来，吸烟与肺癌、口咽癌、鼻咽癌、喉癌、食管癌、膀胱癌、肾癌、子宫内膜癌、子宫颈癌、结肠癌、胰腺癌和白血病有关。据估计，吸烟造成的死亡占男性癌症死亡人数的40%，女性为20%，其中肺癌是最常见的类型。对每天吸两包或更多的吸烟者，患肺癌的风险是不吸烟者的20倍。此外，无烟烟草和被动吸烟也增加了患癌症的风险。

酒精

饮酒会加剧吸烟对口腔、咽、食管和喉部发生癌变的影响，造成的死亡约占癌症死亡人数的3%。酒精还可能增强其他致癌物。最近的“监测、流行病学和最终结果”数据库（Surveillance，Epidemiology，and End Results，SEER）资料显示，美国与酒精相关的癌症有所减少。戒烟和戒酒的效果是在5~9年内减少70%的食管癌。

环境污染物

工作场所也使人们暴露于各种致癌物中，据估计，有5%的癌症死亡是由这种暴露引起的。石棉是主要的职业性致癌物，它导致了肺癌和罕见的间皮瘤。吸烟与石棉对肿瘤的发生有协同作用，因此暴露于石棉污染的吸烟者比不吸烟者癌症发展的可能性更大。其他职业风险的例子包括苯所致的白血病，辐射诱发的癌症，芳香胺所致的膀胱癌，无机砷所致的肺、皮肤和肝血管肉瘤，以及氯乙烯所致的血管肉瘤。

人们一直很难确定环境污染在致癌方面的影响。据认为，这种情况相对少见，只有2%的癌症死亡是由环境污染引起的。当然，吸烟者与暴露于相同环境中的不吸烟者相比患癌症的风险更大。已确定的一些危险因素包括石棉、空气砷（air arsenic）、烹饪时的油烟凝聚物和煤加热炉产生的废水。

辐射

电离辐射是另一种被广泛研究的致癌物。众所周知，放射科医生、日本原子弹爆炸的幸存者和接受放射治疗的患者患癌症的风险更大。人体几乎所有部位都容易受到辐射，其中最敏感的是骨髓、乳腺和甲状腺。目前尚不清楚有多少风险（如果有的话）来自诊断性X射线或长时间的大气背景辐射（atmospheric background radiation）。

来自太阳的紫外辐射是所有皮肤癌（包

括鳞状细胞癌、基底细胞癌和黑色素瘤）的主要危险因素。皮肤癌多发生在阳光暴晒的部位，在户外工作和浅肤色的个体中更常见。患有因日晒加重的遗传病（着色性干皮病和白化病）的人患皮肤癌的比例非常高。有害的紫外辐射似乎在 UV-B 光谱范围（290~320 nm）。据报道，臭氧层衰减导致更多的 UV-B 到达地球表面。

药物治疗

据估计，大约 2%的癌症是由于接触药物而引起的。有证据表明，绝经后服用结合雌激素（conjugated estrogens）增加了发生子宫内膜癌和可能患乳腺癌的风险。雌激素也被认为与怀孕期间接受这种激素治疗的女性的女儿患阴道癌和子宫颈癌有关。与非对抗性雌激素治疗相比，绝经后女性采用雌激素和孕酮联合治疗似乎可以降低患子宫内膜癌的风险。

其他致癌药物包括诱导非淋巴细胞白血病的烷化剂（alkylating agent）和引起非霍奇金淋巴瘤（non-Hodgkin lymphoma）的免疫抑制药物。

药物并不总是消极的，有证据表明，非甾体抗炎药（nonsteroidal anti-inflammatory drug，NSAID）和阿司匹林可以预防结肠癌。

病毒

在世界各地，有些癌症与病毒有关。在美国，据估计有 5%的癌症与病毒有关。EB 病毒（Epstein-Barr virus，EBV）可能导致多发于非洲的地方性伯基特淋巴瘤（Burkitt lymphoma，BL），以及中国一些地区的鼻咽癌。亚洲的乙型肝炎病毒与肝细胞癌有关。人类嗜 T 淋巴细胞病毒－1（human T-cell lymphotropic virus type-1，HTLV－1）与日本和加勒比地区的成年 T 细胞白血病有关。导致艾滋病的人类免疫缺陷病毒（human immunodeficiency virus，HIV）与淋巴瘤有关。同性恋男性中的卡波西肉瘤可能与 HIV 和单纯疱疹病毒－8（herpes simplex virus－8，HSV－8）有关。人乳头状瘤病毒（human papilloma virus，HPV）与子宫颈癌、肛门癌、外阴癌、阴道癌和一些口咽癌有关，并且是性传播的。其他潜在的病毒诱发的癌症包括儿童白血病和霍奇金病（也可能是由 EB 病毒引起的）。

饮食和营养

虽然饮食和营养似乎是西方国家癌症发病率高的一个重要因素，但是导致或预防癌症的具体饮食成分仍然未知。高膳食脂肪摄入量被认为是结肠癌和乳腺癌的危险因素。高纤维饮食似乎可以预防结肠癌。维生素和其他微量营养素也可能具有保护作用，例如，类胡萝卜素可以预防肺癌，维生素 C 可以预防胃癌，十字花科蔬菜中的吲哚类化合物可以预防结肠癌，洋葱和大蒜中的烯丙基硫化物可以预防胃癌，维生素 D 和钙可以预防结肠癌和乳腺癌，硒和维生素 E 可以预防胃癌。此外，某些饮食因素可能导致癌症。例如，被污染的花生等食物中的黄曲霉毒素（黄曲霉的代谢物）与肝癌相关，腌制食物与胃癌有关，亚硝胺与鼻咽癌有关。

遗传易感性（genetic susceptibility）

遗传因素似乎在癌症的发展中起到了一定的作用，但是很难确定这在多大程度上是由于基因而不是环境和种族差异造成的。例如，中国人中常见的鼻咽癌可能由遗传预先倾向性、特定遗传背景下的 EB 病毒暴露或喜食亚硝胺含量高的腌鱼等食物引起。无论如何，遗传因素在皮肤癌中非常重要。肤色越深，患皮肤癌的可能性就越小。通过观察肺癌，我们可以发现在这个领域一个复杂的例子。大多数吸烟者不会患肺癌，但如果一个人具有快速氧化某些药物的基因构成，那么他患上与吸烟相关的肺癌的风险就会高得多。这可能是将各种化合物代谢为活性致癌物的结果。

有超过 200 种单基因遗传性疾病与瘤变有关。这些只占与罕见综合征相关的癌症的很小一部分。在可能存在明确的遗传性癌症综合征，以及早期筛查或其他医疗干预可能有用的情况下，可向癌症患者及其家属提供基因检测。如果怀疑有家族性腺瘤性息肉病（familial adenomatous polyposis，FAP），多发性内分泌腺瘤病（multiple endocrine neoplasia，MEN），视网膜母细胞瘤（retinoblastoma），希佩尔-林道病（von Hippel-Lindau disease），遗传性乳腺癌-卵巢癌综合征［hereditary breast and ovarian cancer syndrome。乳腺癌相关基因（breast cancer-related gene，BRCA）：BRCA1、BRCA2 突变］，遗传性非息肉病性结直肠癌（hereditary non-polyposis colorectal cancer，HNPCC），以及利-弗劳梅尼综合征（Li-Fraumeni syndrome）时，应将患者转介给遗传咨询员。尽管大多数这些综合征中癌症往往发生较早，但应该在适当的临床环境中对老年患者进行筛查，因为这些信息有助于其他家庭成员计划早期筛查，以防止恶性肿瘤的发展。有必要对先证者（患疾个体）进行监测，因为在不同家族或种族群体中可能存在与这些综合征相关的特异性突变，但也可能存在多态性（一种常见变异；DNA 中的无害突变）。

致癌机制

关于致癌作用的经典观点认为，它是一个两次“命中”的过程，即起始（遗传学）和促进（表观遗传学，epigenetics）。然而，这也太简单了，现在人们意识到可能会有 6 个或更多独立的基因突变事件。新的致癌理论是，它是一个由遗传损伤（起始）和其他细胞变化（促进）驱动的多阶段的过程。肿瘤起始于细胞的基因突变，这些突变可能是由化学致癌物、病毒和物理因素引起。这些突变的细胞对周围环境的反应不同，并具有选择性生长优势。新发起的肿瘤对阴性生长因子、终末细胞分化或程序性细胞死亡反应较差。如果细胞的正常微环境在遗传损伤之外发生物理中断，则“起始”的肿瘤细胞将生长（或扩大；“克隆扩增”）。这个“促进”阶段，也发生在化学物质、病毒和物理因素上，并导致进一步的选择性克隆扩增和起始细胞的增殖。肿瘤促进阶段在导致增殖的同时，也会通过增加细胞增殖或促进剂（病毒、化学、物理）本身的性质而引起进一步的遗传突变。

随着细胞继续增殖，如原癌基因（protooncogene）的激活、肿瘤抑制基因（tumor suppressor gene）的失活和反转录基因（antimetastatic gene）的失活，肿瘤将转变为恶性肿瘤。这种致癌作用的多级理论有助于解释为什么老年人如此容易罹患癌症。时间是致癌作用中的一个重要因素，因为它需要多次“命中”才能将细胞转变为恶性肿瘤。“命中”既是遗传的也是表观遗传的，这就解释了为什么这个过程可能需要多个危险因素参与。老年人长久以来就暴露于各种潜在的化学、物理和病毒致癌物中。

癌症预防

饮食和运动

有关动物研究支持脂肪在促进癌症发生方面的作用。流行病学数据清楚地表明，人类饮食中脂肪的摄入可能与乳腺癌、结肠癌、直肠癌和前列腺癌的发病率和死亡率相关。也有数据表明脂肪与卵巢癌、子宫内膜癌、胰腺癌和肺癌有关，但证据没有那么充分。关于参与致癌作用的是膳食脂肪总量还是特定脂肪或总热量，仍存在争论。无论如何，乳腺癌、结肠癌和前列腺癌高发于北美和西欧，在亚洲最低，即使在调整了总热量的情况下，它仍与饮食中摄入的脂肪总量直接相关。

饱和脂肪酸（saturated fatty acid）摄入量增加与乳腺癌、结肠癌和前列腺癌的发病率增加有关。多不饱和脂肪酸（polyunsaturated fatty acid）摄入过多似乎也会增加乳腺癌和前列腺癌的发病率。高纤维摄入可以降低癌症的发病率，特别是结肠癌。在橄榄油（富含单不饱和脂肪酸，monounsaturated fatty acid）摄入量高的国家，乳腺癌较不普遍。有些脂肪酸，如在鱼类中发现的 ω-3 脂肪酸是一种长链多不饱和脂肪酸，可以预防癌症。例如，摄入大量鱼类脂肪的因纽特人患癌症的风险很低，包括乳腺癌。

移民群体研究显示，随着移民的饮食在脂肪摄入方面转向新居住地区更典型的饮食时，癌症发病率也会提高到新地区的水平。例如，乳腺癌、前列腺癌和子宫内膜癌的发病率在夏威夷的四个移民群体——华裔、日裔、菲律宾裔和白人中大幅增加。在日本进行的研究发现，从 1957 年到 1973 年，饮食中的脂肪摄入增加了一倍，乳腺癌死亡总人数也增加了一倍。

高脂肪摄入似乎也与结直肠癌有关。大多数研究支持饱和脂肪酸在致癌过程中的作用，而非多不饱和脂肪酸或单不饱和脂肪酸。还有其他研究表明，牛肉和其他动物蛋白的摄入量高也增加了致癌风险。

在其他癌症中，如前列腺癌、卵巢癌、胰腺癌和肺癌，也可能与脂肪有关。然而，对这种可能联系的研究在方法上存在问题，而且还远没有结论。大多数实验动物研究表明，膳食脂肪是癌症的促进因子，但也有一些证据表明，它可能也是一个启动开关。脂肪可能是通过改变细胞膜特性或改变神经内分泌系统来起作用。对结肠癌，人们假设脂肪会影响粪便微生物菌群的代谢活性和结肠中固醇底物（sterol substrate）的浓度，因此，作为致癌物的次级胆汁酸（secondary bile acid）在结肠中形成。

脂肪假说的问题在于，脂肪的危害可能源于儿童时期的饮食习惯。同样，目前尚不清楚在成年期或晚年改变饮食习惯是否有益。此外，很难将膳食脂肪与热量分开。高脂饮食往往与肥胖有关。肥胖个体的胰岛素抵抗综合征（insulin resistant syndrome）会提高循环胰岛素水平，这可能直接导致敏感组织发出生长信号，或者可能通过诱导胰岛素样生长因子-1（insulin-like growth factor-1，IGF-1）等强效的生长因子起作用。通过芳香化酶抑制剂（aromatase inhibitor，AI）的外周转化来提高雌激素水平，从而增加了肥胖带来的乳腺癌和子宫内膜癌的风险。热量摄入与身体活动成反比，因为肥胖的人通常很少运动。定期运动似乎可以降低患癌症的风险，特别是乳腺癌、结肠癌和卵巢癌。研究表明，即使发生了乳腺癌，如果女性采用低脂饮食和加强锻炼，复发率也会较低，寿命也会更长。

纤维

低膳食纤维的饮食与癌症高发病率有关。伯基特（Burkitt）第一个提出，非洲结肠癌发病率低是由于高纤维摄入量和排便量大造成的。在水果和蔬菜中发现的非淀粉多糖（non-starch polysaccharide），似乎是与癌症低发病率最相关的纤维类型。

微量营养素

水果和蔬菜富含微量营养素，可能不仅仅是膳食纤维，这些微量营养素也能预防癌症。在β-胡萝卜素摄入量较高的人群中肺癌发病率似乎较低；其他类胡萝卜素也可能与此有关。维生素C可以通过阻断亚硝胺的形成来预防某些癌症，比如胃癌。在十字花科蔬菜中发现的吲哚类化合物可能会减少结肠癌的发生，而在大蒜和洋葱中发现的烯丙基硫化物可能会降低胃癌的风险。有人建议摄入高钙和维生素D，以预防结肠癌和乳腺癌。硒似乎可以预防胃癌、食管癌和前列腺癌。维生素E和叶酸也可能起到预防癌症的作用。值得注意的是，虽然多吃水果和蔬菜可能是有益的，但尚不清楚补充剂是否有同样的益处。在芬兰进行的一项大型安慰剂对照试验中，通过观察四组受试者每日补充维生素E，或β-胡萝卜素，或两种同时服用，或服用安慰剂，研究其对吸烟者癌症发病率的影响。结果显示，维生素E并没有降低吸烟者的风险，却意外发现在那些补充了β-胡萝卜素的吸烟者中肺癌的发病率反而增高。“硒和维生素E癌症预防试验”（SELECT trial，Selenium and Vitamin E Cancer Prevention Trial）是一项研究，目前正在积累患者样本，以确定硒和维生素E是否有助于预防前列腺癌。

还有人担心各种食品添加剂和污染物都是致癌的。

外源性激素

服用外源性激素可能会增加某些癌症的发病率。雌激素与子宫内膜癌有关，也可能与乳腺癌和卵巢癌有关。睾酮与前列腺癌有关。当然，对服用激素替代品的人来说，癌症筛查是必不可少的。

酒精

高酒精摄入量与口腔癌、咽癌、食管癌和喉癌有关，特别是吸烟人群。酒精与肝癌、直肠癌、胰腺癌和乳腺癌之间的风险似乎较小。一个安全的建议是，将酒精摄入量限制在适量，比如每天喝一至两小杯。

烟草

吸烟是最容易改变的致癌风险。吸烟与肺癌、喉癌、口腔癌、咽癌、食管癌、膀胱癌和胰腺癌密切相关。吸烟者似乎更有可能患上肾癌、子宫颈癌、鼻癌、胃癌和白血病。美国和其他国家的反吸烟运动就是直接针对这个问题的。

总之，目前癌症预防要强调戒烟，限制饮酒，调整饮食以避免肥胖，减少脂肪摄入，增加膳食纤维，特别是水果和蔬菜，食用全谷物，以及避免食品添加剂和污染物。是否应该在饮食中添加额外的微量营养素的研究正在进行。此外还建议每周至少 30 分钟的有规律的锻炼。

癌症分子生物学

基因调控

人类基因组测序始于 1990 年，于 2003 年完成。国际人类基因组测序联盟（International Human Genome Sequencing Consortium，2004）将人类蛋白编码基因（human protein-coding genes）的估计数从 35 000 个减少到 20 000~25 000 个。身体的每个细胞都含有相同的遗传物质，但每个细胞中只有少数基因表达，这决定了它的表型（phenotype）。基因由脱氧核糖核酸（deoxyribonucleic acid，DNA）组成。该基因将转录核糖核酸（ribonucleic acid，RNA）。在核仁中转录的 RNA 是核糖体 RNA（ribosomal RNA，rRNA）；在核质中转录的 RNA 是信使 RNA（messenger RNA，mRNA）和转移 RNA（transfer RNA，tRNA）。DNA 基因作为模板形成 RNA。

通过一个被称为“翻译”（translation）的过程，细胞形成了蛋白质。在这个过程中，mRNA 作为信息来源，核糖体沿着 mRNA 移动，将特定 tRNA 携带的氨基酸添加到生长肽中。在这个过程的最后，新形成的蛋白质被释放，并经过该蛋白质功能所必需的翻译后修饰（post-translational modification，PTM）。转录和翻译都由大量的细胞因子精确控制，细胞因子又是基因调控、转录和翻译的产物。这些因素调节基因表达，并最终决定细胞要生产什么、它如何生长和发挥功能，以及它将存活多久。如果这些控制组受到干扰，细胞将不能正常生长和分化，最终的混乱就是癌症。

自发性的人类癌症是由异常缺失、重排、扩增或点突变引起的一系列体细胞遗传细胞变化而生的。这些 DNA 变化导致转录调节失败，从而导致无序翻译。因此，这个细胞就会发生癌变。

癌基因

癌基因是控制细胞生长和分化的正常基因（原癌基因）的受损版本。重要的是要认识到，原癌基因是正常的基因，只有通过病理过程才能成为癌基因。癌症是一个多步骤的过程，其中必须发生多种遗传改变，通常耗时多年。因此，只有经过很长一段时间后，细胞的分化、分裂和增长才会发生改变。在人类癌症中，遗传突变相对较少。大多数癌基因是以染色体易位、缺失、扩增、倒位或点突变的形式获得的。癌基因可以作为细胞的变体，因此作为生长的正调控因子。癌基因也可能来自抑制肿瘤生长的正常基因（隐性癌基因）。在这种情况下，这种改变导致细胞分裂和增长不受控制。

原癌基因已经可以通过研究转录病毒和逆转录病毒、逆转录病毒插入的常见位点、DNA 肿瘤病毒转化基因的研究、细胞培养中的 DNA 介导的基因转移、人类癌症易位断点基因的鉴定，以及在缺失染色体中抑制基因肿瘤的分离来鉴定。

肿瘤抑制基因（抗癌基因），特别是 p53 基因，在肿瘤发生中发挥核心作用。p53 基因定位于 17 号染色体上，该基因位点的变化被发现在大部分和多种肿瘤中。p53 基因的变化是人类癌症中最常见的改变。正常的 p53 基因活性似乎会抑制肿瘤生长，而其活性的失活（如通过病毒）将造成不受控制的分裂和生长。

研究表明，大多数导致癌症发生或失调的基因涉及细胞分裂和通过信号转导控制细胞分裂。为了实现协调的生长、分化和适应，细胞必须具有从细胞外部到胞内的复杂途径。这些途径从细胞外引发和扩增信号（信号转导）到细胞内的特定靶，如细胞核和细胞骨架。这些信号开始于细胞外细胞膜，在那里所有表面受体都与可溶性的或附近其他细胞上的配体（生长因子）相互作用。因此，生长因子通过进入细胞周期启动了使细胞增殖和生长的信号。

细胞凋亡与癌症

许多细胞的死亡是由一个多基因严格控制的被称为“细胞凋亡”的过程。在细胞凋亡过程中，当细胞受损时，DNA 引发细胞进行“破坏”或“自杀”，细胞被缓慢地分解成几个凋亡小体，被吞噬细胞去除，并不会引起炎症反应。在癌症中，不仅会发生细胞增殖，而且细胞凋亡也被阻断，导致异常细胞的积累。

科学家们开始研究恢复和诱导癌细胞凋亡的机制。目前正在寻求以下三种方法：一种是引入细胞凋亡信号，在拯救正常细胞的同时让癌细胞死亡；另一种是将参与引发细胞凋亡的正常基因，如正常的 p53 基因重新引入癌症；第三种方法是关闭增殖基因（如突变的 Ras 基因），它本身可以抑制细胞凋亡，如果突变的 Ras 基因被关闭，细胞凋亡将再次启动，癌细胞将死亡。

癌症转移

癌症由于肿瘤的侵袭和转移造成人的死亡。约 30%新诊断的癌症患者有可检测的转移灶；另有约 30%的患者有隐性转移（又称“微转移”），这些转移经过一段时间以后将变得明显；60%的癌症患者将有多个肿瘤休眠转移，最终因治疗失败而死于癌症。转移的形成开始于原发肿瘤生长的早期，并随着时间的推移而增加。1mm 大小的小转移瘤通过扩散获得营养，但需要有新的血管（新生血管）才能增大。长期以来人们一直在寻找抑制肿瘤血管生成（angiogenesis）的“开关”，并开发一些靶向分子和新的疗法来阻止这种新生血管的形成。

癌症可能具有非常不同的转移潜力，这取决于它们的组织学类型和内在侵袭性。似乎转移发生在原发肿瘤血管化之后。转移是与肿瘤形成分离的过程。导致肿瘤形成的基因变化本身并不会导致侵蚀和转移（见表 5）。入侵涉及蛋白酶、黏附受体和运动性细胞因子。转移也与它们有关。

表 5 癌症的进展及对其生长和扩散的影响[a]

影响	生　长	扩　散
积极影响	激活的癌基因	蛋白酶
	生长因子（细胞因子）	黏附受体 运动性细胞因子 血管生成
结果	不受控制的增殖	入侵和转移
消极影响	肿瘤抑制基因	转移性抑制基因
	生长抑制剂	蛋白酶抑制剂 免疫排斥 蛋白酶体抑制剂
结果	减少或不生长	无入侵或转移

[a] NCI SEER Program.

表 6　细胞周期和所选基因产生的相关产物

细胞周期	细胞活性	激活基因举例
G0 期	休息	当进入 G1，表达 C-MYC 和 C-FOS 等
G1 期	生长并为 DNA 合成做准备	鸟氨酸脱羧酶
		C-MYB
		胰岛素样生长因子 1（IGF-1）
		IGF-1 受体
		G1 细胞周期蛋白
S 期	DNA 合成	DNA 聚合酶
	染色体复制	所有其他 DNA 合成基因
G2 期	生长并为有丝分裂（或减数分裂）做准备	$P34^{cdc2}$
		细胞周期蛋白 A 和 B
		C-MOS
M 期	有丝分裂或减数分裂	

细胞周期

在每个细胞群中都有三种类型的细胞。第一种由周期细胞组成，它们通过从一次有丝分裂到下一次有丝分裂而不断增殖。第二种由终末细胞组成，它们不会再分裂了，直到死亡。在第三种中，细胞不分裂，但如果提供适当的刺激，那么它们可以重新进入细胞周期，这个阶段又称为“G0 期”。

细胞周期本身有四个不同的阶段：G1 期，S 期，G2 期和 M 期（见表 6）。一个细胞要从 G0 期到 G1 期，必须表达多个基因（如，C-MYC 癌基因和 C-FOS 原癌基因）。然后在 G1 期，随着细胞开始生长，为了促进，其他基因被激活［例如，鸟氨酸脱羧酶（ornithine decarboxylase），C-MYB 原癌基因］。G1 期的关键点称为限制点（restriction point），为了通过这一点，必须激活 IGF-1 和 GFI 受体基因。G1 期细胞周期蛋白（cyclin）在 IGF-1 之前或之后产生，这些蛋白质是允许细胞进行 DNA 合成或进入 S 期所必需的。在 S 期，所有的 DNA 合成基因都被激活，包括 DNA 聚合酶。在 DNA 合成基因被激活之前或在 IGF-1 受体的出现和 DNA 合成基因的转录之间，肿瘤抑制基因（抗癌基因）如 p53 基因，似乎在这一步骤中起作用。在染色体被复制后，当有丝分裂（或减数分裂）所需的基因被激活时，细胞进入 G2 期。在此阶段，生产 $P34^{cdc2}$、细胞周期蛋白 A 和 B 及 C-MOS 等产物。最后，细胞进入 M 期，进行细胞分裂。所有在细胞周期中被激活的基因都是原癌基因。这些基因的突变可能导致异常生长，那时它们将被称为“癌基因”。抑制因子是抗癌基因。此外，编码生长因子（细胞因子）的基因也是原癌基因，它们的突变是癌基因。

生长因子（细胞因子）

生长因子是调节细胞的蛋白质，它们通过与细胞膜上的特异性受体分子结合，从而刺激受体介导的细胞内信号转导途径的活化来发挥作用。这些途径从刺激酪氨酸激酶（tyrosine kinase，TK）开始激活，使其他蛋白质磷酸化。这些都是刺激性和抑制性生长因子。

许多癌基因是细胞原癌基因的类似物，对生长因子及其受体，或通过酪氨酸激酶活化的介导的途径进行编码。有资料显示，一些病毒癌基因来源于动物细胞原癌基因，并通过这些生长因子和受体的途径发挥作用。病毒癌基因的表达足以诱导某些细胞的恶性转化。已经发现许多其他癌基因显然不是起源于病毒的，它们在生长因子、受体和信号转导的这些位点起作用。

染色体异常

癌症通常与特定的染色体异常有关。已经鉴定出许多参与连续的染色体重排的基因。此外，还发现了一些由此导致的基因结构和功能的改变。很显然，一般来说，通常需要多种遗传变化来将细胞从正常状态转变为恶性状态。最简单的染色体变化是整个染色体的增益或损失。结构变化是易位（两个或多个染色体之间的物质交换）、缺失（染色体上的 DNA 损失）和倒位（同一条染色体在两个位置断裂，中心部分被反转）。易位是人类癌症中发现的最常见的染色体异常，但也描述过一些缺失的情况。在某些癌症中，染色体看起来很正常，但会有额外的遗传物质（扩增）或点突变。

许多原癌基因位于染色体带上，同一贯的易位有关。由于易位，原癌基因要么不在正确的位置，要么被改变，从而起到了癌基因的作用。

染色体分析有助于我们定义恶性肿瘤的类型，因为特定的癌症具有特异性的染色体异常。希望将来我们能够对某种肿瘤进行分类，从而对特定的遗传缺陷进行遗传诊断和直接治疗。有了新的基因芯片，就可以自动分析许多基因，这种技术是有望实现的。

分子标记

到 2015 年，分子生物学测试将用于鉴定每种特定癌症的基因和细胞改变。目前已经描述了多种肿瘤抑制基因，癌基因，基因易位、缺失和扩增。在基因芯片上发现的一些遗传改变将作为“签名”。签名是基因的特定聚类。在这些基因簇中发现的许多基因控制着蛋白水解、血管生成、细胞黏附分子和激素受体，但并非所有的基因都具有已知的功能。这可能是多个基因产物的相互作用，产生了最终的行为特征。进一步使细胞中微妙的相互作用复杂化的是表观遗传学，它是在不改变 DNA 序列的情况下发生的基因功能的遗传变化。多种表观遗传机制，如 DNA 甲基化、组蛋白乙酰化和 RNA 干扰，对基因激活和失活都有影响。这些机制也是可能的治疗干预的研究领域。对一种组蛋白脱乙酰酶抑制剂（histone deacetylase inhibitor）、缩肽（desipeptide）的研究，正处在人类癌症临床试验中。我们对年龄如何影响肿瘤的生长或扩散还不完全了解。我们对蛋白质基因组学的了解也很有限，它研究了药物对细胞分子机制的影响和年龄的影响。

老年人常见癌症

肺癌

肺癌是美国男性和女性死亡的主要原因。它占所有癌症死亡的比例，其中男性为31%，女性为27%。有一半的肺癌发生在65岁及以上人群中。在男性50岁时，肺癌发病率为每10万人中有100人；而到70岁时，每10万人中有500人。对吸烟者来说，随着年龄的增长，肺癌的风险会继续增加。然而，对80岁以上的男性和75岁以上的女性来说，肺癌的发病率在一般人群中有所降低，这反映了吸烟流行率的降低。

80%~90%的肺癌是由吸烟导致的。一生中吸烟的总数与癌症的发展之间有直接关系。另外，被动暴露于香烟烟雾中也是一种风险。这将告诫人们，戒烟永远不会太晚。老年人戒烟后患肺癌的风险会降低到与年轻人一样的程度。卫生保健工作者建议所有人戒烟，这至关重要。

烟草烟雾中含有至少20种致癌物质，可以作为癌症的引发剂或促进剂。石棉暴露会使非吸烟者的癌症风险增加3~5倍，而对吸烟者则是增加80~90倍。有肺癌家族史也会使患肺癌的风险增加约2.5倍。还有许多其他物质，如镍、铬、砷、聚氯乙烯、异丙基油和各种碳氢化合物，它们与肺癌的因果关系较弱。电离辐射，特别是在矿工中，与吸烟有协同作用。

肺癌有四种主要亚型：肺鳞状细胞癌（Squamous cell lung cancer）、小细胞肺癌（Small cell lung carcinoma，SCLC）、肺腺癌（lung adenocarcinoma）和大细胞肺癌（large cell lung cancer，LCLC）。小细胞肺癌是所有肺癌中最致命和最具侵袭性的，其他三种常被统称为“非小细胞肺癌”（NSCLC）。大多数肺癌都与吸烟有关。因此，吸烟者发生SCLC和肺鳞状细胞癌的风险比非吸烟者高20~25倍。吸烟者患肺腺癌和大细胞肺癌的风险大约是非吸烟者的3倍。

SCLC起源于神经外胚层来源的原始基底上皮细胞，即K细胞（K cell）。这种类型癌细胞的一个特征是，它有时会分泌肽类激素（peptide hormone），如促肾上腺皮质激素（adrenocorticotropic hormone，ACTH）或抗利尿激素（antidiuretic hormone，ADH）。来源细胞通过化生、不典型增生，最后进展为癌。癌症的生长为黏膜下浸润，并常引起外源性气道压迫伴阻塞性肺病。SCLC发展快速，早期转移，很少能通过手术治愈。肺癌最常见的是导致上腔静脉综合征（superior vena cave syndrome）和喉返神经麻痹（recurrent laryngeal nerve paralysis。如嘶哑）。

肺鳞状细胞癌也与吸烟高度相关。这种类型的癌症由呼吸道上皮损伤引起，柱状上皮细胞被化生鳞状上皮所取代。这一过程继续通过不典型增生进展为癌。它出现在大的中央气道，患者常表现为咳嗽、咯血（咳血）和阻塞性肺病。这是发展速度最慢的肺癌，也是最有可能通过手术治愈的。

肺腺癌和大细胞肺癌通常出现在气道外的周边位置。肺腺癌与预先存在的肺瘢痕有关。细支气管肺泡癌（bronchioloalveolar carcinoma，BAC）是肺腺癌的罕见变体，与吸烟无关。它在所有肺癌中是预后最好的。肺腺癌和大细胞肺癌的预后都明显优于SCLC。

随着年龄的增长，患肺鳞状细胞癌的相对比例增加，而肺腺癌的相对比例下降。在55岁以下的人群中，约30%的肺癌是肺鳞状细胞癌；而在70岁以上的人群中，这一比例接近50%。这意味着老年人的手术治愈率可能更高。

肺癌通常在诊断时就有症状了。它可能表现为咳嗽、喘息、胸痛、气促、肺炎或咳血。许多肺癌患者还会出现全身症状，如食欲缺乏、体重减轻、疲劳和虚弱。在SCLC中，由于肿瘤增加了ADH的分泌，或ACTH分泌引起的库欣综合征（Cushing's syndrome），患者可能出现钠问题。当出现转移时，患者可能会出现与肿瘤所在位置有关的各种症状，例如骨痛、腹痛或意识模糊。对老年人来说，调查这些非特异性症状是很重要的，而非仅将其归因于“老年”或共病条件。目前已经开发出新的靶向治疗方案，包括针对血管内皮生长因子（vascular endothelial growth factor，VEGF）和表皮生长因子受体（epidermal growth factor receptor，EGFR）的单克隆抗体。

结直肠癌

结直肠癌是美国第三大恶性肿瘤。这种癌症主要发生在老年人身上，在50岁以下人群中约占10%。年龄是结直肠癌的主要危险因素，从50岁到80岁，风险每10年就会翻一番。

一个主要危险因素是存在腺瘤性结肠息肉。大约5%的腺瘤是恶性的，绒毛状腺瘤比绒毛管状腺瘤更可能变成恶性肿瘤。腺瘤越大（超过1 cm），其癌变的可能性就越大。此外，息肉越多，患癌症的可能性就越大。如果已患一种结肠癌，那么患第二种癌的可能性更大。家族性息肉病患者发生结直肠癌的风险更大。

炎症性肠病也容易导致结肠癌。大约3%~5%的溃疡性结肠炎（ulcerative colitis）会发展为癌症。患癌症的风险随着疾病持续时间和肠道受累程度的增加而增加。即使风险小于溃疡性结肠炎，肉芽肿性结肠炎（granulomatous colitis）也会增加患癌症的风险。

生活方式对结直肠癌的发生、发展非常重要。高纤维、低脂肪的饮食似乎有保护作用。啤酒饮料和久坐不动的生活方式也被认为是可能的危险因素。奇怪的是，吸烟似乎有保护作用。

大多数结直肠癌可以归类为以下五种形态类型之一种：腺癌、黏液（胶体）腺癌[mucinous（colloid）adenocarcinoma]、印戒细胞癌（signet-ring cell carcinoma）、硬癌

(scirrhous carcinoma) 和单纯癌 (carcinoma simplex)。肿瘤组织学分化程度越高，预后越好。

解剖分期对大肠癌非常有用，因为它是一种晚期转移性恶性肿瘤。TNM (肿瘤大小、淋巴结状态、转移灶的存在) 分期系统是最常用的一种工具，并可转化为临床分期 (clinical staging。见表 7)。这个系统可预测患者可能会怎么做。年龄不会影响预后，也不会影响治疗结果。因此，对老年人来说，通过直肠指诊 (rectal touch)、检查大便潜血，以及对有大便潜血家族史或息肉病史的患者进行的结肠检查，似乎都对筛查结肠癌非常重要。目前尚不清楚应该使用哪种筛选试验的组合。遗憾的是，使用计算机断层扫描 (computerized tomography，CT。又称“计算机断层成像”) 和乙状结肠镜检查 (sigmoidoscopy。仅查看结肠左侧) 等虚拟结肠镜检查遗漏了很多病变。由于右侧结肠病变的发病率正在上升，因此，从 50 岁开始可每 10 年做一次结肠镜检查，它可能是最好的筛查工具，尽管价格昂贵且耗费人力。

表 7　结直肠癌的临床分期[a]

临床分期	特　　征
0 期 (Duke 的结肠癌 A 期)	在结肠的最内层发现癌症 (原位癌)
I 期 (Duke 的结肠癌 B 期)	癌症已经从结肠壁的最内层的组织层扩散到中间层
Ⅱ期 (Duke 的结肠癌 C 期)	ⅡA 期：癌症已经扩散到结肠壁的中间组织层之外，或已经扩散到结肠或直肠周围的附近组织
	ⅡB 期：癌症已经穿过结肠壁扩散到附近的器官或通过腹膜
Ⅲ期 (Duke 的结肠癌 C 期)	ⅢA 期：癌症已经从结肠壁的最内层的组织层扩散到中间层，并扩散到多达 3 个淋巴结
	ⅢB 期：癌症已经扩散到附近多达 3 个淋巴结，并已经扩散
	* 穿过结肠壁的中间组织层
	* 到达结肠或直肠周围的组织附近
	* 穿过结肠壁进入附近的器官或通过腹膜
	ⅢC 期：癌症已经扩散到附近 4 个或更多的淋巴结，并已经扩散
	* 到达或穿过结肠壁的中间组织层
	* 到达结肠或直肠周围的组织附近
	* 到达附近的器官或通过腹膜
Ⅳ期 (Duke 的结肠癌 D 期)	癌症已经扩散到身体的其他部位，如肝或肺

[a] 杜克分期系统 (Duke's staging system) 已经在很大程度上被 TNM 分期系统所取代。有关所有癌症的 TNM 分期 [T (肿瘤)、N (淋巴结) 和 M (转移)] 均可通过美国癌症联合委员会 (American Joint Committee on Cancer，AJCC) 获得。

引自：http://www.cancer.gov.

及时识别结肠癌是非常重要的。如果癌症位于结肠左侧，它会表现为痉挛性腹痛、肠梗阻的迹象或出血。直肠癌出血，患者主诉便秘，有一种排便不尽感和紧迫感。右侧结肠癌可表现为腹痛，但通常表现为缺铁性贫血（虚弱）。这使得许多中心使用全血检测和血清铁蛋白作为老年人的筛查测试，并对所有缺铁患者进行钡灌肠（barium enema）和乙状结肠镜检查或结肠镜检查结肠。

乳腺癌

乳腺癌是女性最常见的侵袭性恶性肿瘤，发病率随着年龄的增长而增加。在美国每年18万例乳腺癌新发病例中，有超过5万名65岁以上女性被确诊。浸润性乳腺癌的发病率已经趋于平稳，似乎正在逐渐下降，这可能是与早期病变的筛查和治疗有关。

乳腺癌的特点是持续时间长，患者之间存在显著的异质性。一般来说，乳腺癌是一种生长较慢的肿瘤，具有漫长的临床前（不可检测）阶段。即使癌症症状明显并转移，患者的寿命也可能长达数年。尽管如此，一些患者仍因病情严重而迅速死亡。作为一般规律，老年患者有更多的雌激素受体（肿瘤分化更好），处于生长S期或生长较慢的细胞较少。这些因素应该能表明预后较好，但老年女性往往存在更广泛的疾病和转移。因此，人们不能仅根据年龄来预测个体患者。总体而言，组织学类型、位置和分期在所有年龄段都是相同的。

解释乳腺癌随年龄增长的统一假设是这样一种理论，即大多数乳腺癌发生在经前期，此时乳腺在促性腺激素、雌激素、孕酮和催乳素的循环影响下增殖，其间，肿瘤的发生和促进是很可能发生的。由于大多数乳腺癌生长缓慢，需要很多年才能出现，而且在绝经后也是如此。分化较好的肿瘤（雌激素和孕酮受体阳性）在S期细胞较少，需要许多年才能生长，并且是老年阶段才会出现。相反，快速生长的肿瘤在绝经前几年将变得临床表现明显。

美国女性一生中发生乳腺癌的风险是11%；3%~4%的女性死于这种疾病。总体而言，70%的乳腺癌患者是没有任何可识别的风险的。涉及的危险因素包括家族史、早发月经初潮、绝经年龄晚、未生育子女、初次生育在30岁以上、可能的高脂肪饮食和高酒精摄入、久坐不动的生活方式和电离辐射暴露。

在乳腺癌和卵巢癌的家族中已经鉴定出19号染色体上的多个突变。这只占乳腺癌病例的10%~20%。

激素使用的作用仍不清楚。在服用口服避孕药的年轻女性和绝经后服用雌激素的女性中，发生乳腺癌的风险可能会轻微增加。然而，这并不是决定性的，无论如何，如果存在，也似乎只是一个非常小的风险。

乳腺癌在组织学上可分为乳腺导管癌或乳腺小叶癌，这对应于正常乳腺的导管和小叶。尽管如此，人们还是认为大多数肿瘤都发生在乳腺的末端管道部分。乳腺癌可表现为上皮内肿瘤（原位癌），可以是小叶癌或导管癌。在浸润癌中，约75%为导管癌，

10%为小叶癌，9%为髓样癌，3%微浸润性导管癌，剩下的是各种组织学类型。小叶肿瘤倾向于多中心和双侧的。炎性乳腺癌预后不良，其中肿瘤细胞阻断了乳腺的淋巴通道。佩吉特病（Paget's disease）是指多发于乳头的湿疹样癌，其预后由底层肿瘤决定。

非浸润性癌都能通过乳房切除术得以治愈，因为它们很少转移。原位导管癌可触诊，但更可能通过乳腺X射线摄影（mammography）检出微小钙化；它通常是单侧的和单病灶的，但偶尔也会广泛分布在整个乳房；它通常在老年女性中被发现。相比之下，原位小叶癌在乳腺X射线摄影中是不可见的，因为它不会钙化；通常是多中心的和双侧的，多在年轻女性中被发现。

临床分期是基于肿瘤的大小和延伸范围、是否扩散到淋巴结和有无转移部位（见表8）。肿瘤分期越高，受累淋巴结的绝

表8　乳腺癌的临床分期[a]

临床分期	特　　征
Ⅰ期	肿瘤2 cm或更小，未扩散到乳腺外
Ⅱ期	* 在乳腺中没有发现肿瘤，但在腋窝淋巴结（手臂下的淋巴结）中发现癌症 * 肿瘤2 cm或更小，已扩散到腋窝淋巴结 * 肿瘤大于2 cm但小于5 cm，未扩散到腋窝淋巴结
ⅢA期	* 在乳腺中没有发现肿瘤，但在彼此相连或与其他结构相连的腋窝淋巴结中发现癌症 * 肿瘤5 cm或更小，已扩散到彼此相连或与其他结构相连的腋窝淋巴结 * 肿瘤大于5 cm，已扩散到可能彼此相连或与其他结构相连的腋窝淋巴结
ⅢB期	癌症可能是任何大小 * 已扩散到乳腺附近的组织（皮肤或胸壁，包括肋骨和胸肌） * 可能扩散到乳腺内或手臂下的淋巴结
ⅢC期	* 癌症已扩散到锁骨下和颈部附近的淋巴结 * 癌症可能已扩散到乳腺内或手臂下的淋巴结和乳房附近的组织 在可手术的ⅢC期乳腺癌中， * 在手臂下发现10个或更多淋巴结 * 在与患癌乳房同一侧的锁骨下方的淋巴结和颈部附近的淋巴结中发现癌症 * 在乳腺内的淋巴结和手臂下的淋巴结中发现癌症 在不能手术的ⅢC期乳腺癌中，已扩散到与患癌乳房同一侧的锁骨上方的淋巴结和颈部附近的淋巴结
Ⅳ期	已扩散到身体的其他器官，最常见的是骨骼、肺、肝或大脑

[a] 有关所有癌症的TNM分期均可通过美国癌症联合委员会获得。

引自：http：//www. cancer. gov.

对数目越多，治愈的机会就越小。肿瘤越大，预后就越差。雌激素和孕酮受体含量高的肿瘤复发率低，更容易接受激素调控，因此患者往往活得更长。年轻女性比老年女性预后差，肥胖也会带来预后较差的风险。

乳腺癌通常是一种无痛肿块，经常由女性首先感觉到。在发现时，病变的平均大小为2.5 cm，50%的浸润性病变已经扩散到同侧的腋窝淋巴结（Ⅱ期或以上）。相比之下，在乳腺X射线摄影中发现的乳腺癌病变的平均大小为0.5 cm，并且不太可能扩散。然而，乳腺X射线摄影的假阴性率为10%，如果对任何肿块的性质有任何疑问，都应进行活检。男性乳腺癌患者也可能携带BRCA突变，所以应提供遗传咨询和筛查。携带者状态信息对患者和家庭都很重要，因为BRCA2的携带者是男性乳腺癌中更常见的突变，终身患乳腺癌的风险为15%~20%，并且与家族性胰腺癌和前列腺癌相关。

在初诊时，即使是许多早期的乳腺癌也已经在乳腺内扩散或已转移（转移灶太小而感觉不到）。这就是为什么在许多情况下，患者在切除肿瘤后会接受乳腺癌放射治疗（如果选择的是乳房肿块切除术而不是乳房切除术）和辅助化疗，以根除微转移。他莫昔芬（Tamoxifen。用于治疗乳腺癌的抗雌激素药物）对雌激素受体阳性组织的老年女性中尤其有用。他莫昔芬的使用受到一类叫做“芳香化酶抑制剂”的药物的挑战，它通过阻断雄激素的转化来抑制绝经后女性的雌激素水平，当卵巢功能停止时，雄激素是唯一的雌激素来源。在一项大型随机临床试验中，阿纳托唑（anastrozole，一种芳香化酶抑制剂）组的无病生存期延长，对侧乳腺癌数量有所减少。使用芳香化酶抑制剂可以降低血管事件和子宫内膜癌的发病率，但却增加了骨质疏松症的发病率。芳香化酶抑制剂是治疗转移性乳腺癌的首选药物，但目前的建议是从他莫昔芬开始，考虑在两年后转为芳香化酶抑制剂。这是基于一项研究，该研究显示了来曲唑（letrozole，一种芳香化酶抑制剂）在他莫昔芬之后的疗效。女性需要仔细监测每年的骨密度，如果需要的话，应该服用钙、维生素D和其他药物来防止骨量流失。

前列腺癌

前列腺癌是男性中最常见的癌症，是仅次于肺癌的癌症死因。它占美国55岁以上男性死亡人数的3%以上。非裔美国男性的年龄别死亡率是白人的两倍。超过一半被诊断患有前列腺癌的男性在10年内死亡。根据尸体解剖数据，前列腺癌是人类最常见的恶性肿瘤。超过40%的75岁以上男性患有前列腺癌，但他们一生中只有23%的男性会发展为临床疾病，其中只有7%会死于这种疾病。因此，该疾病的组织学证据和实际临床问题之间存在很大差异。

自1970年以来，美国前列腺癌的发病率和死亡率逐年上升，尤其是黑人。在美国黑人中，前列腺癌往往在后期才被诊断出来，也更有可能分化较差，生存时间短于白人。相比之下，非洲黑人的发病率很低。前列腺癌在亚洲的发病率很低，但在美国的亚裔移民中却有所上升。与一般美国人或其他美国土著群体相比，美国因纽特人睾酮的前列腺癌风险较低。

睾酮水平和饮食水平已被确定为这些流行病学差异的一种可能解释。美国黑人的睾酮水平高于白人或非洲黑人。被质疑的饮食因素包括脂肪的数量和类型、低硒、低胡萝卜素和高蛋白质。看来饱和脂肪酸比不饱和脂肪酸的风险更大。在因纽特人常食用的海产品中发现的 ω-3 脂肪酸可能具有保护作用。其他可能的风险还包括工业污染物、高镉含量和遗传因素。

可以把前列腺癌描述为临床上重要的（威胁患者的生命或健康）或临床上不重要的（潜伏的，暂时对患者没有威胁）。然而，时间对确定临床上不重要的癌是否会变为临床上重要的癌至关重要。许多男性会患有潜伏性的癌症，如果有足够的时间，它将经历必要的多步骤过程，最后发展为临床上重要的恶性肿瘤。潜伏性的癌通常很小、分化良好、非浸润性癌，血清前列腺特异性抗原（prostate-specific antigen，PSA）正常，没有升高；而临床上重要的癌则更大、分化较差、浸润性癌，血清 PSA 高且持续上升。

对许多老年人来说，如果预期寿命不到 10 年，或者患者所患疾病在不久的将来可能会致命，那么就不必急于治疗。如果 70 岁以上男性直肠指诊在正常和轻微异常之间，“前列腺癌格利森评分系统”评分较低（prostate cancer Gleason score system。评分小于 7），少于 3 个受累核，单个核肿瘤受累 50%或更少，且血清 PSA 缓慢升高（每年小于 1 ng/mL），则他们需要谨慎观察。肿瘤侵袭性较强的患者应接受最终治疗。

表 9　前列腺癌的临床分期[a]

临床分期	特　征
0 期	癌症仅限于黏膜（原位癌），仅因其他原因如良性前列腺增生（BPH），在手术时被发现
Ⅰ期	癌症仅在前列腺被发现。直肠指检感觉不到，超声影像检查不可见。因其他原因，如 BPH，通常在手术中被意外发现 Ⅰ期又称 A1 期
Ⅱ期	癌症比Ⅰ期更严重，但尚未扩散到前列腺外 Ⅱ期又称 A2 期、B1 期或 B2 期
Ⅲ期	癌症已从前列腺的外层扩散到附近的组织。癌症可能在精囊中被发现 Ⅲ期又称 C 期
Ⅳ期	癌症已转移（扩散）到前列腺附近或远离前列腺的淋巴结，或身体其他部位，如膀胱、直肠、骨骼、肝或肺。转移性前列腺癌常常扩散到骨骼 Ⅳ期又称 D1 期或 D2 期

[a] 有关所有癌症的 TNM 分期均可通过美国癌症联合委员会获得。

引自：http：//www. cancer. gov.

前列腺癌中最常见的类型是前列腺腺癌，约占98%。肿瘤可能分化良好、适度或较差。表9显示的是前列腺癌的临床分期。大多数早期患者在诊断时无症状。随着肿瘤的生长，它可能导致膀胱或尿道的排尿梗阻症状（obstructive symptoms），例如尿频、夜尿、排尿犹豫和尿流中断。随着疾病的局部扩散，它可能导致便秘和腿部淋巴水肿。它通常转移到骨骼，患者可能表现为腰痛，这可能会被误认为是关节炎。

如果存在血清PSA升高或前列腺直肠指检发现结节，则可以通过超声检查和针穿活检（core needle biopsy）进行前列腺癌的诊断。在许多接受PSA检测的男性中发现，结果有轻度升高（4～10 ng/mL），这是非特异性的，因为良性前列腺增生（benign prostatic hyperplasia，BPH）会给出这些读数。此外，这种检测方法不是很敏感，因为约有10%的PSA水平正常的男性患有前列腺癌；PSA水平为4～10 ng/mL的男性中只有约25%的人患有此癌，而PSA水平大于10 ng/mL的男性中约65%的人患有此癌。因此，该检测的敏感性和特异性在使用“4 ng/mL”作为异常水平的截止点时不够理想。使用“10 ng/mL”作为截止点，癌症患者的检出率为：A期为25%，B期为35%，C期为50%，D期为65%。不幸的是，在非洲裔美国人和有家族史的患者中，截止点实际上可能需要更低。PSA水平的上升速度和PSA密度可能会对检测有所帮助。

膀胱癌

在美国，每年有超过5万例的膀胱癌新确诊病例，大约有10 000人死于此病。患者年龄越大，患膀胱癌的可能性就越大，而且随着年龄的增长，存活率也会越低。

膀胱癌在男性中更为常见，并且与职业接触芳香胺（aromatic amine）有关，如在有机化学、染料、橡胶和油漆行业的工人中发现的芳香胺。吸烟与膀胱癌有最强烈的关联。其他的关联是在慢性膀胱炎患者中。人们担心人工甜味剂（环己烷氨基磺酸钠和糖精）可能会诱发膀胱癌，但这在人类身上尚未得到证实。

在美国，大约95%的膀胱癌是膀胱尿路上皮细胞癌，约3%为膀胱鳞状细胞癌，其余多为膀胱腺癌。大多数膀胱肿瘤是乳头状尿路上皮癌。它们可分为三个等级。1级分化良好，有明显的不典型增生和有丝分裂。3级病变的细胞层和细胞大小显著增加，具有明显的多形性和有丝分裂。2级为中间级。一般认为膀胱癌是由致癌物、感染、结石或其他异物（如留置导尿管）损害膀胱内皮引起的，导致增生和未成熟细胞。这将进展（多次“命中”）通过化生到原位癌，最后进展为浸润性癌。

膀胱癌的临床分期如表10所示。分期和分级越低，预后越好。膀胱癌倾向于发生多发性病变，并容易复发。

大多数膀胱癌患者出现无痛性血尿。如果在尿液分析时持续发现任何红细胞，则表示需要进行膀胱镜（cystoscope）检查。偶尔

表 10　膀胱癌的临床分期[a]

临床分期	特　　征
0 期	仅在膀胱内壁的组织上发现癌症 ＊0 期又称乳头状癌，它看起来就像从膀胱内壁长出来的小蘑菇 ＊0 期又称原位癌，是膀胱内壁组织上的扁平肿瘤
Ⅰ期	癌症已经扩散到膀胱内层的下层
Ⅱ期	癌症已经扩散到肌肉壁或膀胱
Ⅲ期	癌症已经从膀胱扩散到其周围组织的脂肪层，并可能已扩散到生殖器官（前列腺、子宫、阴道）
Ⅳ期	癌症已经从膀胱扩散到腹壁或骨盆、一个或多个淋巴结或身体其他部位

[a] 有关所有癌症的 TNM 分期均可通过美国癌症联合委员会获得。

引自：http：//www. cancer. gov.

患者会主诉排尿困难和尿频。由于大多数人会在出现血尿时就去看医生，所以出现晚期癌症的症状是很罕见的。

肾癌

美国每年诊断出超过 25 000 例肾癌，其死亡人数占癌症死亡总人数的 3%左右。肾癌在男性中比女性更为常见，多发于 50~70 岁。

肾癌的危险因素包括吸烟、肥胖和滥用止痛剂。其他环境因素包括石棉、镉暴露和在皮革行业工作等。终末期肾病（end-stage renal disease，ESRD）患者发生囊肿的风险也会增加。

肾癌最常见的组织学类型是肾细胞癌。肿瘤分级在这种类型的恶性肿瘤中并不常用。其临床分期如表 11 所示。超过一半的患者在诊断时存在转移灶。

肾癌明显表现为肉眼血尿、疼痛和侧腹肿块，但这只在 20%左右的病例中被发现。很多时候，这种疾病可以通过无痛性镜下血尿来注意，或者当患者出现贫血、发热、体重减轻和疲劳等全身症状时被发现。患者很少会出现红细胞增多症。早期疾病只能通过评估任何镜下血尿来发现。

卵巢癌

卵巢癌是美国女性的第六大常见癌症，也是癌症死亡的第四大原因。死于卵巢癌的女性超过死于子宫颈癌和子宫内膜癌的人数总和。每年诊断出的卵巢癌新患者约 22 000 名。卵巢癌随年龄的增长而增加，在 80 岁时达到高峰。大约 1%的女性死亡是由卵巢癌引起的。

卵巢癌多发于工业化国家，但日本是个例外。日裔美国人的卵巢癌发病率高于日本本土的日本人，但其发病率仍低于白人人口。在美国，卵巢癌最常见于白人女性。其

表 11 肾癌的临床分期[a]

临床分期	特 征
Ⅰ期	肿瘤局限于肾脏，不超过 7 cm
Ⅱ期	肿瘤局限于肾脏，大于 7 cm
Ⅲ期	* 癌症在肾脏和附近的一个淋巴结 * 癌症已经扩展到肾上腺或肾脏周围的脂肪组织层（肾周脂肪）中，并可能在附近的一个淋巴结中被发现 * 癌症已经扩散到肾脏的主要血管（肾静脉），并可能在附近的一个淋巴结中被发现
Ⅳ期	* 癌症已经扩散到肾周围的脂肪组织层之外，并可能在附近的一个淋巴结中被发现 * 癌症已经扩散到附近的两个或更多的淋巴结中 * 癌症已经扩散到其他器官，如肠、胰腺或肺，并可能在附近的淋巴结中被发现

[a] 有关所有癌症的 TNM 分期均可通过美国癌症联合委员会获得。

引自：http：//www. cancer. gov.

危险因素包括怀孕次数较少（每次怀孕可降低 10%左右的风险）、使用抗惊厥药、乳腺癌家族史，以及暴露于石棉和滑石。避孕药可以降低发生卵巢癌的风险。

大多数卵巢癌是上皮性肿瘤，在 65 岁以上的女性中，这种类型占总病例的 95%。卵巢癌通过表面上皮脱落、淋巴扩散和较少的血源性转移早期扩散。超过 50%的患者已扩散到骨盆外（Ⅲ期或Ⅳ期）。表 12 显示了卵巢癌的临床分期。老年女性出现Ⅲ期或Ⅳ期症状时已经过了约 65%的病程了。

卵巢癌在扩散前通常是无症状的。当女性注意到疼痛、腹部肿胀、阴道出血或胃肠不适时，这种疾病已经广泛扩散了。早期识别疾病的唯一方法是通过盆腔检查（pelvic examination）发现附件包块。绝经后女性任何的附件增大都应怀疑是恶性肿瘤，直到证明为其他。超声检查（ultrasonography）在发现卵巢肿块方面是有用的，但若用于常规筛查则价格太贵。

子宫癌

子宫颈癌可以而且确实发生在老年女性中。然而，它多发于 48～55 岁。建议每年对年轻女性进行积极的筛查（巴氏涂片，pap smear）能减少老年女性病例。建议对 65 岁以下没有进行充分筛查的老年女性进行巴氏涂片检查。高达 60%的 65 岁以上女性没有接受过巴氏涂片检查。

子宫内膜癌是所有妇科癌症中最常见的一种，多发于 60～64 岁。它是一个相对容易检测的癌症，它扩散得很晚，巴氏涂片的检出率约 50%。发现老年女性妇科癌症的关键是她们每年进行一次盆腔检查。

表 12　卵巢癌的临床分期[a]

临床分期	特　　征
Ⅰ期	在一个或两个卵巢中发现癌症，并没有扩散 ⅠA 期：在单个卵巢中发现癌症 ⅠB 期：在两个卵巢中发现癌症 ⅠC 期：在一个或两个卵巢中发现癌症，以及确定下列之一： * 在一个或两个卵巢表面发现癌症 * 肿瘤的包膜（外覆盖层）破裂（断开） * 在腹膜腔（包含腹部大多数器官的体腔）液或腹膜（腹膜腔内的组织）冲洗液中发现癌细胞
Ⅱ期	在一个或两个卵巢中发现癌症，且已扩散到骨盆的其他部位 ⅡA 期：癌症已扩散到子宫和/或输卵管（卵子从卵巢进入子宫的细长管道） ⅡB 期：癌症已扩散到骨盆内的其他组织 ⅡC 期：癌症已扩散到子宫和/或输卵管和/或骨盆内的其他组织，癌细胞在腹膜腔液或腹膜冲洗液中被发现
Ⅲ期	在一个或两个卵巢中发现癌症，且已扩散到腹部的其他部位 ⅢA 期：肿瘤仅见于骨盆，但癌细胞已扩散到腹膜表面（排列在腹壁并覆盖腹部大部分器官的组织） ⅢB 期：癌症已扩散到腹膜，但直径为 2 cm 或更小 ⅢC 期：癌症已经扩散到腹膜，直径大于 2 cm 和/或已扩散到腹部或肝脏表面的淋巴结
Ⅳ期	在一个或两个卵巢中发现癌症，并从腹部转移（扩散）到身体的其他部位。在肝脏组织中发现癌症

[a] 有关所有癌症的 TNM 分期均可通过美国癌症联合委员会获得。

引自：http：//www. cancer. gov.

其他癌症

癌症可以出现在身体的任何器官，包括皮肤和造血组织。在所有这些系统中，前面讨论的原则同样适用：癌症发生时，必须有多次“命中”才能导致更大程度的未分化和扩散。因此，一般来说，鉴于发生恶性肿瘤所需的时间，老年人更有可能发生几乎任何恶性肿瘤。

恶性肿瘤最初的组织学分级和临床分期是霍奇金病，然后是其他淋巴瘤。这些原则现在已应用于所有癌症，并已被证明可用于预测治愈率和设计治疗方案。

不幸的是，许多恶性肿瘤的治愈率仍然很低。胰腺癌、胃癌、食管癌、脑癌、肝癌、多发性骨髓瘤、急性白血病的预后都很差。在老年人中，癌症通常以更晚期的形式出现，更有可能已经转移，患者不太可能耐受太多的治疗。

癌症筛查

癌症筛查的目的是在早期发现疾病，并能够及时进行治疗。任何筛查程序必须符合一定的标准：它必须是安全的、廉价的、易于操作的，并具有高敏感性和特异性。被筛查的疾病应该是常见的，而且必须有治疗方法。

任何癌症筛查项目都有四种好处：第一，最主要的好处是，发现一种如果不及时治疗就会致命的疾病；第二，早期发现的疾病带来的有害治疗较少；第三，如果及早发现癌症，对社会来说成本较低；第四，疾病测试结果为阴性的人会放心。然而，任何筛查程序也存在很多缺点：一是许多癌症即使被检测到，其预后也没有发生改变，因此患者的发病时间实际上较长；二是筛查的结果可能是，如果放任不管也不会伤害患者；三是假阳性的结果导致医生要求患者进行许多其他测试，这给患者造成了相当大的焦虑；四是许多诊断测试本身也可能是有害的；五是增加了社会的成本；六是假阴性的结果会误导患者。

出于这些考虑，广泛的癌症筛查通常保留了宫颈癌、乳腺癌和结肠癌这几项。虽然有人提议筛查前列腺癌和肺癌，但并没有获得普遍接受。目前（2005 年）的筛查建议如表 13（见下页）所示。这些建议都是在不断变化的，因为大多数筛查方案并没有显示其正在研究的癌症的死亡率或发病率的降低。但是，大多数人都会遵循这些建议。

癌症治疗原则

癌症治疗的主要手段是手术、放射治疗（radiation therapy，简称“放疗”）和化疗。较新的治疗方法是骨髓移植（bone marrow transplantation，BMT）、细胞因子治疗（cytokine therapy）、免疫治疗（immunotherapy）、激素和抗激素药物治疗，以及基因治疗（gene therapy）。事实上老年人确实是癌症治疗的候选者，虽然他们经常被拒绝治疗，因为医生或患者及其家属在治疗收益上被误导了。在许多情况下，老年人在治疗方面比年轻人做得更好。

手术

手术是最古老的癌症治疗方法，直到目前它也是唯一可以治愈癌症的治疗方法。自 20 世纪 80 年代以来，手术治疗发生了巨大变化。手术技术的进步和对个体癌症扩散模式的更好理解带来了更成功的手术，而替代和辅助治疗策略的发展导致了手术范围的减少。

年龄不是手术的独立危险因素。手术风险的决定因素包括心脏、肺、肾、脑、肝、造血和内分泌系统的状态，以及营养状况和糖尿病等疾病的存在。通过使用新的麻醉方法和术后监测方法，老年患者可以和年轻人一样承受手术。

手术可以基于以下六个不同的原因：

1. 切除原发癌；
2. 减少主要的残留病变；
3. 带有治愈目的地切除转移灶；

表 13　美国癌症学会（American Cancer Society，ACS）癌症检测指南

癌症部位	ACS 测试或程序和频率建议
乳腺	临床乳腺检查：从 20 岁起每月自检；20~39 岁，每 3 年体检一次；40 岁及以上，每年一次乳腺 X 射线摄影（80 岁以后有无必要？）
宫颈	阴道性交 3 年内或 21 岁时每年进行巴氏涂片检查；30 岁后，连续 3 次巴氏涂片检查结果阴性，可以每 3 年一次人乳头瘤病毒-宫颈细胞学联合筛查。70 岁以上的女性，连续 3 次巴氏涂片检查正常，10 年内无异常，可由医生决定是否停止宫颈癌筛查。子宫全切术后的女性可以选择停止宫颈癌检测，除非治疗是针对宫颈癌或癌前病变
结直肠	40 岁后每年体检；50 岁后每年一次粪便潜血检查；50 岁后每 5 年一次乙状结肠镜检查，或每 5 年一次钡灌肠检查，或每 10 年一次结肠镜检查。所有阳性结果均应进行结肠镜检查。高风险患者，有结直肠癌或炎性肠病既往病史，或林奇综合征（HNPCC）家族史或家族性腺瘤性息肉病（FAP，强家族史：一级亲属年龄小于 60 岁或任何年龄有两名一级亲属），应及早开始筛查，通常是结肠镜检查
子宫内膜	女性应被告知子宫内膜癌的风险和症状，并应向其医生报告任何意外的出血或发现。HNPCC 患者应经常进行筛查，从 35 岁开始进行子宫内膜活检术
肺	目前没有建议。胸部 X 线检查通常不是有用的筛选工具。重度吸烟者的 CT 调查正在进行中
前列腺	从 50 岁开始，对预期寿命超过 10 年的男性，每年进行前列腺直肠指诊和血清 PSA 检查。非裔美国男性或一级亲属有前列腺癌家族史的男性，应从 45 岁开始（本建议有争议）
皮肤	建议避免阳光照射。20~40 岁每 3 年进行一次皮肤检查；40 岁以后每年进行一次皮肤检查
睾丸	作为癌症相关检查的一部分
癌症有关检查	在定期健康检查中，与癌症相关的检查应包括甲状腺、睾丸、卵巢、淋巴结、口腔和皮肤的检查，以及关于饮食和营养、阳光照射、危险因素、性行为，以及环境和职业暴露的健康咨询

4. 癌症紧急情况的治疗，如出血或感染；
5. 姑息；
6. 重建和恢复。

放疗

放疗可用作主要治疗手段或手术、化疗的辅助治疗手段。初级放疗常用于患有多种

疾病且手术风险较高的老年人，因为辐照量不会造成明显的急性死亡率。相关的医疗条件对治疗方法并无禁忌。对虚弱老年人进行放疗的其他优点是，保留了癌症原发灶所在器官的功能，即使在肿瘤解剖边界不适合手术的情况下也能提供治疗。

放疗的缺点包括令人不安的副作用、治疗时间长（达两个月），以及继发性恶性肿瘤的发展。然而，继发性恶性肿瘤在高龄老年人中所受关注较少。

较新的方法和设备增加了放疗的耐受。当然，二次或辅助化疗加上有限的手术和化疗对老年患者非常具有吸引力。有限的手术后的局部放疗降低了这两种手段单独运用的发病率。同样，放疗作为化疗的辅助手段，可以让医生降低这两者单独运用时的剂量，从而避免一些副作用。

化疗

人们认为，随着年龄的增长，药物药动学方面的变化可能会限制向老年人提供化疗治疗剂量的能力。然而，相对较少的研究表明了这一点。人们普遍认为，老年人应该减少洛莫司汀（CCNU）和氨甲蝶呤（methotrexate）的剂量，而且博来霉素（bleomycin）的毒性随着年龄的增长而更大。通常，进行化疗的限制因素是骨髓储备，因为老年人的骨髓储备减少了。然而，刺激骨髓的血液制品和生长因子（如红细胞生成素和集落刺激因子）的广泛可用性大大改善了这种状况。骨髓移植在老年人中尚未得到很好的研究。可以从患者身上获得骨髓，并在化疗后再次输注给该患者（自体移植，autologous transplantation）。来自不同捐赠者的同种异基因移植（Allogenic transplantation）在老年人中尚未使用，主要限于年轻人。

由于化疗带来的全身症状，老年人常常对化疗感到恐惧。没有证据表明，老年人对这种治疗手段的耐受程度比年轻人更糟糕，也没有数据显示这种治疗手段是无效的。目前还需要更多的研究来评估化疗对老年人的真正价值。

激素治疗

某些肿瘤对激素治疗有反应，特别是乳腺癌和前列腺癌。抗雌激素他莫昔芬特别适用于绝经后患有乳腺癌的女性，可以缓解转移性病变，并可能防止进一步疾病的发展。其他激素治疗，如卵巢切除术、肾上腺切除术和醋酸甲地孕酮（megestrol acetate）治疗已发挥作用。在前列腺癌的治疗中，睾丸切除术、雌激素疗法、使用促黄体素释放激素（luteinizing hormone releasing hormone，LHRH）激动剂降低睾酮，以及使用α-5还原酶抑制剂阻断睾酮转化为双氢睾酮（dihydrotestosterone），已被应用到姑息治疗中。

生物治疗

通过输注红细胞、血小板，有时还有粒细胞等血细胞各种成分，以及新鲜冷冻血浆，极大地帮助了患者克服贫血、血小板减少症所致出血和粒细胞减少症所致感染引发的严重影响。集合和重组的凝血因子可供需要的人使用。重组因子 VIIa 的引入已经在各种出血性疾病中发挥作用。有多种生长因子，如促红细胞生成素能刺激红细胞生成，粒细胞—巨噬细胞集落刺激因子（granulocyte macrophage colony-stimulating factor，GM-CSF）能刺激粒细胞和巨噬细胞生成，粒细胞集落刺激因子（granulocyte colony-stimulating factor，G-CSF）能刺激粒细胞生成，重组人白细胞介素-11（recombinant human interleukin-11）能刺激造血干细胞和巨核细胞系祖细胞的产生，并诱导巨核细胞成熟，从而增加血小板的产生。白介素-3（IL-3）可增加中性粒细胞和嗜酸性粒细胞，有时是嗜碱性粒细胞和血小板的生成；还有巨核细胞生长因子和分化因子，作为一种血小板生成素，可以增加血小板，但在临床上尚不可用。利用这些因素的组合使癌症患者能够通过减轻血细胞减少而获得更强化的治疗的研究正在进行中。

免疫治疗在癌症治疗中也得到了广泛的研究。免疫细胞可分泌两种可溶性蛋白：抗体和细胞因子类。这两者都具有破坏肿瘤细胞的能力。具体的肿瘤抗体可以针对患者自身的癌症，并正在设计疫苗试验中作为一种治疗手段进行研究。细胞因子类，实际上在免疫系统中产生的激素，它们可能非常有用。人们已经对干扰素类和白介素-2（IL-2）进行了研究，它们在一些癌症的治疗中是很有希望的。卡介苗（一种改良的结核分枝杆菌）治疗作为一种非特异性免疫疗法，已被广泛应用，以增强人体免疫力。这种方法并不是很成功，但希望使用单克隆抗体类（monoclonal antibodies）和特异性细胞因子类等更好的特异性免疫疗法，这将具有更大的价值。

靶向治疗

癌症治疗方面最令人兴奋的进展来自“靶向治疗”，这是一种在不伤害正常细胞的情况下，使用药物或其他物质来识别和阻断特定癌细胞的生长和扩散的治疗方法。这些疗法的实例是单克隆抗体类、小分子阻断酶、反义分子（antisense molecules）、凋亡诱导药物（apoptosis-inducing drugs）、癌症疫苗和基因治疗。

单克隆抗体类　西妥昔单抗（Cetuximab。中文参考商品译名为“爱必妥”，Erbitux）是一种能与人类表皮生长因子受体（epidermal growth factor receptor，EGFR）特异性结合的单克隆抗体类，已被证实在对转移性结肠癌和其他表达 EGFR 的恶性肿瘤，通过阻断其受体从而使癌细胞不生长。贝伐单抗（Bevacizumab。中文参考商品译名为“阿瓦斯汀”，Avastin）是针对血管内皮生长因子（vascular endothelial growth factor，VEGF）的单克隆抗体类，通过干扰肿瘤血管的形成，可有效治疗结直肠癌和其他表达 VEGF 的肿瘤。利妥昔单抗（Rituximab）是针对细胞表面受体分化抗原（cluster of differentiation，CD）分子 CD20 的单克隆抗体类，借助这种细胞标记，用于治疗表现 CD20（即“CD20+”）的淋巴瘤，从而增加了清除率和细胞凋亡。替伊莫单抗（Ibritumomab tiuxetan。中文参考商品译名为“泽瓦林”，Zevalin）是一种与利妥昔单抗相似的单克隆抗体类，与靶向“CD20 +”的肿瘤细胞的放射性粒子连接并杀死它们。曲妥珠单抗（Trastuzumab）是一种单克隆抗体类，用于治疗表现人表皮生长因子受体-2（“Her2 +”）的乳腺癌，通过靶向该基因产物导致细胞凋亡达到治疗目的。

小分子 甲磺酸伊马替尼（Imatinib mesylate）是一种小分子酪氨酸蛋白激酶抑制剂（protein tyrosine kinase inhibitor），它抑制Bcr-Abl酪氨酸激酶，一种由慢性髓细胞性白血病（chronic myelogenous leukemia，CML）费城染色体（Philadelphia chromosome）异常产生的组成性异常酪氨酸激酶。该药用于治疗具有abl酪氨酸激酶突变的CML和胃肠道间质瘤（gastrointestinal stromal tumor，GIST）。BAY 43-9006（索拉非尼）是另一种专门设计的分子，可抑制癌细胞中的RAF蛋白激酶，这是RAS癌基因通路的一部分。RAS蛋白是一种驱动细胞分裂的基因，在包括肾细胞癌在内的许多癌症中过表达（overexpression）。该药物对治疗肾细胞癌具有疗效，可能另外抑制作为受体激酶的VEGF和血小板衍生生长因子（plateletderived growth factor，PDGF），并可能对治疗各种恶性肿瘤有效，因为RAS突变是人类恶性肿瘤中最常见的突变。厄洛替尼（Erlotinib。中文参考商品译名为“它赛瓦”，Tarceva）和吉非替尼（Gefitinib。中文参考商品译名为“易瑞沙”，Iressa）是另外两种针对EGFR表达的小分子受体酪氨酸激酶，已有证明对肺癌有效。

诱导细胞凋亡的药物 奥利美生（Oblimersen）是一种针对负责制备Bcl-2基因的正常RNA的分子，Bcl-2的作用是促进细胞存活。该药物目前处于临床试验中（2005）。阻断Bcl-2会导致细胞凋亡并增加对化疗药物的敏感性。硼替佐米（Bortezomib。中文参考商品译名为“万珂”，Velcade）通过阻断被称为“蛋白酶体”（proteosome）的酶导致细胞死亡，蛋白酶体的作用是调节细胞功能和生长。该药物可诱导细胞凋亡，并被批准用于多发性骨髓瘤和浆细胞瘤。浆细胞是体内治疗感染的一种白细胞。

癌症疫苗 针对宫颈癌的HPV疫苗，以及针对淋巴瘤或黑色素瘤细胞、前列腺癌和结肠癌的设计疫苗的临床试验是研究者感兴趣的领域。

基因治疗

基因治疗可以实现以下四个目标。第一，用正常基因替换缺失或改变的基因可以阻止癌症的发展，并使恶性细胞进入正常的程序性细胞死亡。第二，可以引入基因来改善患者对癌症的免疫应答（immune response）。第三，基因可以被引入正常细胞，使高剂量的化疗能够杀死恶性细胞，保留正常细胞。第四，自杀基因可以被引入癌细胞，然后被癌细胞代谢的药物激活；或者可以被引入基因以抑制新血管的形成。科学家在继续研究如何将载体（基因的载体）送入细胞，这通常是通过改变的病毒来完成的。它的危险在于，该基因可能被载入错误的细胞或DNA中的错误位置，导致突变和潜在的癌症或其他有害疾病。临床前研究（preclinical research）正在进行中。

支持性护理和生活质量

在照顾癌症患者方面，很明显有许多问题需要解决。患者经常会有相当大的疼痛、恶心和呕吐、不吃东西、情绪低落。任何癌症项目都必须处理这些问题，以达到任何生活质量。

疼痛

大量研究表明，30%～50%接受癌症治疗的患者和60%～90%的晚期疾病患者会经历疼痛。疼痛被认为是第五个生命体征。每次检查脉搏、血压、体温和呼吸时，医务人员都会对患者进行疼痛评估。疼痛量表的使用，无论是数字的或视觉的（模拟或面部），都可以评估个体对疼痛控制措施的反应。患者的疼痛记录，包括相关药物、活动、疼痛类型、强度、持续时间，以及缓解和加重因素等内容，将有助于临床医生对施药进行考量。

最有效的疼痛管理是涉及麻醉学、神经学、物理治疗、心理学和肿瘤学的多学科方法。目的是让患者充分缓解疼痛，以保持可接受的生活质量，并继续进行日常生活活动和癌症治疗。对于终末期患者，其目标是让他们在自己所选择的水平上实现其功能，并在没有痛苦的情况下死亡。

药物治疗应该对几乎所有的患者都是有效的。对轻度至中度疼痛，可以使用非阿片类药物（non-opiate drugs），如对乙酰氨基酚（acetaminophen）和非甾体抗炎药（non-steroidal anti-inflammatory drug，NSAID）。用于治疗中度至重度疼痛的阿片类药物包括吗啡（morphine）、芬太尼（fentanyl）、羟考酮（oxycodone）和氢吗啡酮（hydromorphone）。不宜使用哌替啶（pethidine），因为它会引起中枢神经系统（central nervous system，CNS）易激惹（irritability）。芬太尼透皮贴片（Fentanyl transdermal patches）或口服经黏膜的枸橼酸芬太尼（fentanyl citrate），一种阿片类强镇痛药，尽管昂贵，但对治疗慢性疼痛非常有用。患者自控镇痛（Patient-controlled analgesia，PCA）使用由患者调节的静脉滴注，曾经用于临终前患者，现在在住院患者中很常见，以实现快速的疼痛控制，并易于切换到口服或透皮镇痛。使用麻醉剂时，必须全天候使用，换句话说，它们应该被用于预防疼痛，而不仅仅是在疼痛发生时才给药。这通常可以用长效剂来实现。联合使用药物以增强阿片类药物的效果是非常有用的。应该尝试所有可能的方法，如针灸、在疼痛部位注射、物理治疗、一氧化二氮、催眠术、生物反馈、引导意象、冥想和祈祷。如果需要的话，应该进行外科手术，如脊髓前侧柱切断术、局部神经阻滞或植入可编程的鞘内给药输送泵。除镇痛药外，其他药物也可用于治疗相关的抑郁症、镇静、恶心和便秘，其目标是消除疼痛。

恶心和呕吐

止吐药的开发已经取得了长足的进步。阻断5-羟色胺（5-hydroxytryptamine，5-HT）受体（特别是其3型，即5-HT 3受体）取代苯甲酰胺（benzamide）是照护的标准。P物质/神经激肽1（NK_1）受体拮抗剂正在开发中；阿瑞匹坦（aprepitant）是美国引进的第一种该类药物。NK_1 受体阻断增加了5-HT 3受体拮抗剂和地塞米松（dexamethasone）的中枢镇吐作用，可使高度致吐药物（例如顺铂，cisplatin）所致呕吐减少。甲氧氯普胺（metoclopramide。中枢和外周多巴胺受体激动剂），苯二氮䓬类（benzodiazepines。中文参考商品译名为“劳拉西泮”，lorazepam），丁酰苯类（butyrophenones。中文参考商品译名为“氟哌啶醇”，haloperidol），吩噻嗪（phenothiazine，中文参考商品译名为“丙氯拉嗪”，prochloperazene），皮质类固醇（corticosteroid）和大麻素也是有用的。

营养支持

癌症恶病质（cachexia）是一种由癌症或宿主所阐述的多种细胞因子（例如肿瘤坏死因子，tumor necrosis factor，TNF）介导的进行性体重减轻和厌食的典型综合征。控制黏膜炎、恶心和呕吐、疼痛、便秘和气促有助于患者的进食，但体重减轻可能会持续。为患者提供高热量和高营养的食物补充剂是必要的。即使在家中，必要时也可使用静脉治疗。如果需要，还可以考虑使用胃造口管饲。当患者可以进食或不再选择这种治疗方法时，管饲可以停止。

心理和社会支持

对癌症患者的护理需要一个多学科的团队。大多数癌症中心提供支持性护理，包括心理、社会工作、营养、疼痛管理、身体康复和精神持续护理项目。这些项目是为了帮助在医院和家中的癌症幸存者，以及垂死的患者。当治疗的重点从治愈性治疗转为症状控制和姑息性医疗照顾时，家庭照护服务、家庭和医院团队及家庭和医院的临终关怀（hospice care）随时可为患者和家庭提供服务。患者及其家庭都需要帮助、支持性心理治疗和为死亡做准备。这个团队可以全天24小时提供服务。护士、社会工作者和医生与患者及其家属一起工作，以获得安慰和有尊严的死亡。对幸存的家庭成员和朋友也可以提供小组支持。

另请参阅：癌症：乳腺癌；细胞死亡；饮食和营养；临终关怀；前列腺。

拓展阅读

Berger AM, Portenoy RK, and Weissman DE (eds.) (2002) *Principles and Practice of Palliative Care and Supportive Oncology*. Philadelphia, PA: Lippincott, Williams &Wilkins.

Brocklehurst JC, Tallis RC, and Fillit HM (2003) *Textbook of Geriatric Medicine and Gerontology*, 5th edn. *Edinburgh, UK*: Churchill Livingstone.

DeVita V Jr, Hellman S, and Rosenberg SA (eds.) (2005) *Cancer Principles and Practice of Oncology*, 7th edn. Philadelphia, PA: JB Lippincott & Co.

Hazzard WR, Ouslander JG, Blass JP,

Halter JB, and Tinetti M (eds.) (2003) *Principles of Geriatric Medicine and Gerontology*, 5th edn. New York: McGraw Hill, Inc.

Hoffman R, Benz EJ, Shattil SJ, Furie B, Cohen HJ, Silberstein LE, and McGlave P (eds.) (2005) *Hematology: Basic Principles and Practice*. Philadelphia, PA: Churchill Livingstone.

Kasper DL, Jameson JL, Braunwald E, Fauci AS, and Hauser SL (2004) *Harrison's Principles of Internal Medicine*, 16th edn. New York: McGraw-Hill.

Lodovico B, Lyman GH, Ershler WB, and Extermann M (eds.) (2004) *Comprehensive Geriatric Oncology*. NewYork: Taylor & Francis, Inc.

Parkin DM, Bray F, Ferlay J, and Pisani P (2005) Global cancer statistics, 2002. *CA: A Cancer Journal for Clinicians* 55: 74–108.

Smith RZ, Cokkinides V, and Eyre HJ (2005) American Cancer Society guidelines for the early detection of cancer, 2005. *CA: A Cancer Journal for Clinicians* 55: 31–44.

译　者：刘聪颖（北京大学护理学院）

癌症：乳腺癌

L. 巴尔杜奇，S. 胡佛，H. 格林伯格　南佛罗里达大学医学院，坦帕湾，佛罗里达州，美国

词汇表

辅助治疗（Adjuvant Treatment）——帮助一级治疗方案获得成功所给予的治疗。

淋巴结定位（Lymph Node Mapping）——在肿块附近注射一种离体活体染剂或一种放射性示踪剂，可以检测到肿瘤淋巴管引流区域的第一批淋巴结。这些淋巴结经活检若为肿瘤就没必要进一步做外科手术了。

新辅助疗法（Neoadjuvant Treatment）——一级治疗方案之前给予的治疗。它具有不同的目标，其中包括缩小原发性肿瘤、乳腺区段切除、保留器官，以及评估肿瘤对全身治疗的应答。

引言

乳腺癌是美国女性中最常见的一种癌症。约 50% 的癌症发生在占女性人口 12% 的 65 岁及以上女性当中。伴随老年人口的增长，到 2030 年，几乎三分之二的乳腺癌将影响到老年女性。随着患者年龄增大，尽管乳腺癌变得不那么活跃了，但值得注意的是，虽然与乳腺癌相关的死亡率在 65 岁以下的女性中下降了约 10%，但在那些更年长的女性中却增长了同等的比例。这表明更好地控制这一恶性肿瘤是有必要的，尤其是对老年女性而言。另一重要考虑因素是，乳腺癌优先影响到总体健康状况良好的女性，换言之，对其预期寿命不因共病（comorbidity）或功能受限而缩短的女性而言，乳腺癌却成为一个死因。考察了乳腺癌的潜在原因之后，本文将探讨在老年女性中如何预防和管理这种肿瘤。

乳腺癌的病因学

乳腺癌最重要的危险因素是年龄。至少 10%～15% 的乳腺癌是有家族史的，许多显然是遗传性的。其中，得到最佳界定的形式与两种基因的许多突变相关。它们分别是 BRCA1（也与卵巢癌有关）和 BRCA2。多数遗传性乳腺癌出现在年龄低于 50 岁的女性中。有风险的个人进行预防性乳房切除术，可防止家族遗传性的乳腺癌的发展。这样做可以使老年女性中遗传性乳腺癌的发病率降到最低。

正如若干回顾性研究提出的，激素替代

治疗（hormone replacement therapy，HRT）似乎是影响老年女性的一个主要危险因素。具有前瞻性和随机性的“女性健康倡议”（Woman Health Initiative）研究也揭示了这一点。该项目随机抽取绝经后女性接受激素替代治疗或安慰剂。激素替代治疗既包括有完整子宫的女性摄入雌激素和孕酮的联合治疗，也包括已切除子宫的女性单纯服用雌激素。雌激素和孕酮联用有可能使风险增加50%，并与乳腺癌死亡率的增高有关。治疗期间风险会增加，治疗停止后则会减弱。假如单用雌激素，乳腺癌的风险及死亡率更小，有可能根本不会增加。

肥胖症（obesity），特别是男性肥胖也是一个危险因素，我们通常用臀围和腰围的比值大于或小于0.71来作为肥胖的判定标准。这可能是因为腹部脂肪富含芳香化酶，它能将卵巢和肾上腺雄激素转化为雌激素。因为男性肥胖与性激素结合的循环水平较低有关。

饮食的作用可能较小。膳食脂肪所起的作用仍有争议。虽然许多横断面研究和回顾性研究都表明，膳食脂肪含量高可能会增加乳腺癌的风险。“护士健康研究”（Nurse Health Study）是一项随访超过10年的护士队列研究，但未能验证这一观点。最近开展的一项随机性控制研究表明，限制膳食脂肪摄入可以降低术后乳腺癌复发的风险。然而，尚不清楚这一数据如何适用于乳腺癌的风险。相反，有充分证据表明，经常性饮酒可能会增加患病风险，而在饮食中添加叶酸可能会以某种方式抵消这种风险。

乳腺癌的生物学原理及其与衰老的关系

乳腺癌最重要的预后因素是诊断时所处的阶段（见表1）。原位癌表现为三种不同的病理：导管原位癌（DCIS）、小叶原位癌（LCIS）和佩吉特病。对于早期肿瘤，腋窝淋巴结的浸润预示着全身肿瘤复发的风险。除了分期外，其他重要因素包括激素受体的浓度、肿瘤分级、原癌基因（Her-2／neu）的过表达。这种激素受体基因可区分具有不同生物特性的两类乳腺癌。其中一类占所有乳腺癌的三分之二并随着衰老而变得更为普遍，其生长有赖于性激素，其特点是肿瘤细胞中存在雌激素和孕酮受体。另一类是非激素依赖性的，而且也不表达激素受体。一般来说，激素依赖性肿瘤更惰性，引起的癌症转移不会危及生命，包括转移到骨骼、皮肤和结节性肺转移等。而激素受体阴性肿瘤则更具侵袭性，也更有可能导致危及生命的转移，譬如转移到肝脏、大脑、肺淋巴管。这一区分并不十分严格。事实上，几乎所有肿瘤都包含非激素依赖性的肿瘤细胞，而激素受体浓度低的肿瘤往往更容易表现为激素受体阴性肿瘤。这一分级表明了肿瘤细胞的分化程度，而原癌基因Her-2／neu是四种公认的人表皮生长因子受体之一。分级高（意味着分化差）和原癌基因Her-2／neu的过表达，表明存在更具侵袭性的肿瘤。得益于微阵列（microarray）分析技术，乳腺癌的许多基因图谱也已被确认具有不同程度的侵袭性，但迄今这一技术只限于研究实验室。

患者年龄对乳腺癌的预后可能有明显不同的影响。一方面，较年长女性确诊时所处的阶段可能比年轻女性更高，但分化良好、激素受体丰富、原癌基因 Her-2 / neu 阴性肿瘤的患病率也伴随年龄的增长而增加。此外，内分泌衰老可能会降低激素敏感性肿瘤的增长速度。这一差异可能比现实生活中更明显，老年女性在更晚阶段被确诊罹患乳腺癌的事实，可能仅仅反映了老年女性减少使用筛查性乳腺 X 射线摄影检查。死亡率增加可能既反映出筛查的利用不足，也表明治疗效果欠佳，但这两者都是可以补救的。

表 1 乳腺癌的 TNM 分期系统[a]

分期	说明
原发性肿瘤（T）	
Tx	无法评估原发性肿瘤
T0	无原发性肿瘤证据
Tis	原位癌
T1	肿瘤最大直径≤2 cm
T1a	肿瘤直径 0.1~0.5 cm
T1b	肿瘤直径>0.5 但≤1 cm
T1c	肿瘤直径>1 cm 但<2 cm
T2	肿瘤最大直径在 2~5 cm
T3	肿瘤最大直径>5 cm
T4	不管大小，肿瘤直接侵犯胸壁或皮肤
T4a	肿瘤已侵犯胸壁，但不包括胸肌
T4b	乳房表面皮肤出现水肿或溃疡或肿瘤周围皮肤有卫星结节
T4c	兼有 T4a 和 T4b
T4d	炎性乳腺癌
Ge	
淋巴结，临床预后分期（N）	
Nx	无法评估区域淋巴结
N0	无区域淋巴结转移
N1	可触的同侧腋窝淋巴结
N2	出现腋窝淋巴结粘连或在无腋窝淋巴结转移证据时存在同侧内乳腺淋巴结转移
N3	锁骨下同侧淋巴结有腋窝淋巴结转移证据，有同侧内乳淋巴结锁骨上同侧淋巴结转移

续表

分　期	说　　明
淋巴结病理学预后分期（pN）	
pNx	无法评估区域淋巴结
pN0	无区域淋巴结转移
pN1	1~3 个腋窝或内乳淋巴结转移
pN2	4~9 个腋窝淋巴结转移或缺乏腋下淋巴结转移证据的情况下
pN3	有明显的临床内乳淋巴结转移，有超过 10 个腋窝淋巴结，锁骨下或锁骨上淋巴结受累或者腋窝淋巴结阳性，有临床明显的内乳淋巴巴结转移
远处转移（M）	
Mx	无法评估远处转移
M0	无远处转移
M1	有远处转移
最后分期	
0 期	Tis N0 M0
Ⅰ期	T1 N0 M0
ⅡA 期	T0 N1 M0
	T1 N1 M0
	T2 N0 M0
ⅡB 期	T2 N1 M0
	T3 N0 M0
ⅢA 期	T0 N2 M0
	T1 N0 M0
	T3 N1 M0
	T3 N2 M0
ⅢB 期	T4，任何 N M0
	任何 T，N M0
Ⅳ期	任何 T，任何 N M1

[a] 初始分期是基于对患者的临床评估。行外科手术后，治疗是基于病理学分期，即看它有没有累及腋窝淋巴结。

老年女性预防乳腺癌

癌症预防通常可分为一级预防和二级预防。一级预防包括消除环境中的致癌物或可能有利于癌症发展的其他条件。化学预防（chemoprophylaxis）即使用可能抵消致癌作用的物质。对于有家族史的女性可选择预防性乳房切除术。二级预防包括癌症的早期诊断，即通过对无症状的高危个体进行筛查和及时治疗来预防癌症引起的死亡。

老年女性乳腺癌的一级预防

由于"女性健康倡议"研究揭示了激素替代疗法与乳腺癌和心血管并发症的关联性，绝经后女性中激素替代疗法的使用已有所下降。一级预防的另一种可能形式包括饮食中的脂肪摄入限制。这一方法是可行的，但它在癌症预防中的价值尚未得到证明。同理，减肥有助于预防乳腺癌的假设也是合理的。虽然减少饮酒也能预防乳腺癌，但这一好处可能会因冠状动脉疾病的风险和对生存质量的负面影响而被抵消。

得到最好的研究的一级预防形式是化学预防。至少有三项随机性的控制研究采用选择性雌激素受体调节剂（selective estrogen receptor modulator，SERM）——他莫昔芬探索过乳腺癌的预防。美国国家乳腺与肠道外科辅助治疗研究组（National Surgical Adjuvant Breast and Bowel Project，NSABP）P1 试验涉及约 13 000 名乳腺癌高危女性。根据评估乳腺癌风险的盖尔模型（Gail model），这些人在随后 5 年中至少有 1.67%的患癌风险。这项研究揭示，他莫昔芬治疗组发生乳腺癌的风险下降了 50%以上。两项欧洲研究并未验证这一疗效，但由于患者人数相对较少，脱试率高，再加上乳腺癌风险的变异性等原因，这两项研究的检验功效欠佳。其他研究也揭示了他莫昔芬和其他选择性雌激素受体调节剂在预防乳腺癌中的价值。

- 许多随机性的控制研究表明，他莫昔芬可预防激素受体丰富的女性患者的全身性复发。同样的研究也揭示他莫昔芬使对侧乳腺癌的风险降低了 40%。
- 他莫昔芬可预防乳腺导管原位癌的发展，即从一种癌前病变发展成浸润性癌症。
- 另一种选择性雌激素受体调节剂——雷洛昔芬被用于预防骨质疏松症也得到了研究。在随机和对照试验中，服用雷洛昔芬使乳腺癌新病例数下降了 70%。

选择性雌激素受体调节剂预防乳腺癌的证据非常有力，但这些化合物的临床价值尚存争议。在国家乳腺与肠道外科辅助治疗研究组的临床试验中，乳腺癌的预防与乳腺癌死亡率的下降并没有关联性。换言之，在预防与乳腺癌相关的死亡方面，连续乳腺 X 射线摄影检查可能与他莫昔芬一样有效。此外，他莫昔芬会增加子宫癌、深静脉血栓（deep vein thrombosis，DVT）形成、脑血管疾病的风险，而且会导致仅次于潮热和性功能障碍的生存质量的下降。他莫昔芬仅能预防分化良好、激素受体丰富的肿瘤，后者一般而言非常惰性，且并不影响更具侵袭性的肿瘤的发病率。在一项决策分析中，盖尔得出的结论是，将他莫昔芬用于乳腺癌的化学预防对70岁的女性可能有益，这仅适用于其在5年以上时间里罹患乳腺癌的概率高于7%的情形下。目前尚不能提出在所有绝经后女性中使用他莫昔芬进行乳腺癌化学预防的一般性建议。为此目的，防止雄激素转化为雌激素的另一组激素制剂——芳香化酶抑制剂正在研究中。

在回顾性研究中，两组药物对乳腺癌似乎有化学预防作用。它们分别是非甾体抗炎药（NSAID）和降低胆固醇的他汀类药物。

乳腺癌的二级预防

预防乳腺癌死亡公认的最好模式是对无症状人群进行筛查的早期发现。8项随机性的控制研究揭示，连续乳腺X射线摄影检查使50~70岁的女性与乳腺癌相关的死亡下降了20%~30%。对“监测、流行病学和最终结果”（SEER）项目数据的回顾性分析，也揭示了70岁以上女性做筛查性乳腺X射线摄影检查的好处。它表明70~80岁、至少做过两次乳腺X射线摄影检查的女性的死亡率有所下降，甚至在中度共病的患者个体中，死亡率的下降也显而易见。这些数据为预期寿命为5年或更长时间的女性乳腺癌患者进行筛查提供了支持，因为自该项目启动以来，筛查带来的初始生存获益为5年。根据研究者们的观点，对老年女性进行乳腺癌筛查的好处应该是无可争辩的，但仍应讨论的是最具成本效益的筛查方式。以下问题应得到特别关注：

- 筛查性的乳腺X射线摄影检查应间隔多久一次？多数研究表明，每隔两年进行一次乳腺X射线摄影检查可能和每年检查一次同样有效。
- 由内科医生或护士进行的乳腺体检增加了早期乳腺癌患者的发病率吗？这一方法能替代乳腺X射线摄影检查吗？乳腺临床体检可以在诊所进行，而不需要额外的乳腺X射线摄影检查。至少有两项研究表明，在鉴别早期浸润性乳腺癌方面，乳腺体检与乳腺X射线摄影检查似乎一样有效。
- 我们能否将筛查限定于有更大乳腺癌风险的女性？在一项决策分析中，科力考斯基（Kerlikowske）等人揭示，将筛查性乳腺X射线摄影检查仅限于骨密度上五分位数的女性（即有最高风险的那些女性）将会降低筛查的成本和不便，而不会增加乳腺癌引致的死亡率和发病率。这个有趣的建议需要在临床领域加以验证。
- 何为乳腺癌筛查的最佳方法？包括乳腺X射线摄影检查和乳腺磁共振成像（magnetic resonance image，MRI）检查在内的许多新技术，对病程早期乳腺癌的诊断比常规的乳腺X射线检查（mammogram）似乎更敏感，有可能进一步降低乳腺癌的死亡率。

乳腺癌的诊断

表现出癌症转移症状，特别是出现骨痛的女性病例还不到10%。在少数病例中，女性或其保健提供者可以识别一个可触及的乳腺结节或一个增大的淋巴结。而在多数情况下，乳腺癌需要靠乳腺X射线摄影检查来确诊。即使是发现了一个可触及的病变后，仍需要做乳腺 X 射线摄影检查来研究病变的外观和大小，从而排除多种癌症存在的可能性。病变的影像学表现可判断肿瘤存在的可能性程度。对高概率的病变立即进行活检就能揭示；而对中等概率的那些肿瘤，乳腺超声检查有助于区分良性与恶性；对低概率的则建议每隔 6 个月重复进行乳腺 X 射线摄影检查，以确定它们是否变大。所有病灶都应检测激素受体和原癌基因 Her-2 / neu。这两种检测都使用免疫组织化学染色法来进行，并根据阳性肿瘤的侵袭性对其结果进行分级。Ⅰ期人表皮生长因子受体-2 被认为是阴性的，Ⅲ 期被认为是阳性的，而 Ⅱ 期被认为不确定，尚需验证。为此，要采用被认为是评估原癌基因 Her-2 / neu 金标准的荧光原位杂交（fluorescence in situ hybridization，FISH）技术。一些研究者认为，FISH 检测应该用于所有患者，因为免疫组织化学染色法很可能具有欺骗性：约 10%做免疫组织化学染色法检测阴性的患者在 FISH 检测中却呈阳性；而 10%免疫组织化学染色法检测呈阳性的，FISH 却呈阴性。迄今付出的较高代价已不允许再采用这一方法。

疾病诊断时对其进行分期的程度仍存在争议。假如患者发生了局部晚期癌变（ⅢB 或 C 期），或者出现骨痛、头痛或呼吸困难等严重症状，就需要立即进行分期。在上述情况下，受影响器官的成像便是指征。就多数病例而言，分期推迟到初始外科手术之后并限于具有三个以上淋巴结受累的那些个体。正如在其他所有病例中，检测到无症状转移癌的概率是比较低的。

进行分期最实用的方法可能是正电子发射体层摄影（positron emission tomography，PET）。紧接着要对其扫描出来的异常器官进行影像学检查。

放射性骨扫描（bone scan）是检查骨转移最敏感的一种检测方法。对骨扫描阳性是否表明骨转移或关节有炎症疾病尚有疑虑时，应采用骨骼常规 X 射线检查或磁共振成像检查等其他影像学检查技术来确定是否发生了转移。长骨骨扫描检测呈阳性时，应获取骨 X 射线照片。应将患者转介给骨科医生，以考虑溶骨性骨转移（osteolytic metastasis）的手术稳定性。新出现的骨痛可能与向脊椎转移有关，应立即采用磁共振成像检查以排除脊髓压迫的可能性。

许多血清学肿瘤标志物（serological tumor marker），其中包括癌胚抗原（carcinoembryonic antigen，CEA）、糖类抗原（carbohydrate antigen，CA）CA15-3 和 CA27-29，可能都能反映肿瘤的进展状况。正确使用这些标志物尚存争议，多数治疗指南都阻止其使用。只要能证明这些标志物的确反映了肿瘤的发展或衰退，它们对罹患多种癌转移、正接受全身治疗的患者可能就是有帮助的。这样可以避免反复做影像检查造成的不适和花费。

乳腺癌的治疗：基本考虑事项

乳腺癌的治疗因疾病所处的阶段不同而

不同。对多数肿瘤来说，治疗可能是局部的和全身性的。在回顾了现有的各种治疗方法之后，我们将简要介绍这些治疗手段如何应用于不同阶段，并讨论与老年女性癌症管理相关的特殊问题。

在这一点上，解释可以概括不同治疗方法特点的术语可能是有用的：

- 一级治疗（primary treatment）是最重要的治疗形式。Ⅰ期和Ⅱ期乳腺癌的一级治疗可行外科手术；ⅢC期和Ⅳ期则可进行全身性治疗。
- 辅助治疗一词源于拉丁语 *adjuvare*，指帮助。它是帮助一级治疗获得成功的治疗。乳房切除术后进行的辅助放疗可以用于防止局部复发。辅助激素疗法或化疗可用于防止全身复发。
- 新辅助疗法指一级治疗前采用的治疗方法。它有不同的目标，包括使原发性肿瘤缩小、施行乳腺区段切除术、保留器官及评估肿瘤对全身性治疗的应答，从而确定它是否与辅助治疗一样有效。
- 姑息性治疗（palliation therapy）仅用于症状的管理，但应强调的是，症状控制也能延长生命。

乳腺癌的外科治疗

外科治疗包括乳房切除术和腋窝淋巴结清扫术（lymphadenectomy）。根治性乳房切除术几乎已被放弃，只在特殊情形下还在用，譬如肿瘤侵犯胸肌。不保留胸肌的改良根治性乳房切除术，在多数病例中或许已被乳腺区段切除术（partial mastectomy）所替代，这使乳房得以保留。为了防止局部复发的风险，一般而言施行乳腺区段切除术后要紧接着做乳房照射。改良根治性乳房切除术后的乳房重建代表了一种保乳的替代方案。

腋窝淋巴结清扫术会引发远期并发症，其中包括淋巴水肿和周围神经病变。这有可能损害上肢的功能。自前哨淋巴结（sentinel node）定位技术发展以来，现在只在少数病例中（约15%）才要求进行完整的淋巴结切除术。

淋巴结定位包括在癌灶附近注射一种离体活体染剂（supra-vital dye）或一种放射性示踪剂（radioactive tracer），以便能发现第一批淋巴结（即前哨淋巴结），这是肿瘤淋巴管的引流区域。对前哨淋巴结要进行活体组织切片检查。假如没发现肿瘤，就没必要进一步做外科手术了。这个办法如今被广泛采用，并显著降低了腋窝淋巴清扫术导致的远期发病率。有争议的地方包括，当原发性肿瘤的直径大于等于3 cm时，阴性前哨淋巴结的可靠性如何？在显微镜下发现前哨淋巴结没有肿瘤，但通过细胞角蛋白（cytokeratin）免疫染色后可辨认出含有肿瘤细胞时，进行腋窝淋巴结全切除是否必要？

外科手术也可以用于管理转移癌，特别是单发性的脑转移癌，而转移到骨骼、肝脏或肺部的则更为罕见。患者行外科手术切除孤立的脑转移癌后紧接着进行放疗，比单纯采用放疗的生存期更长。包括放射外科术治疗或超声检查在内的新技术在很大程度上已替代了脑转移癌的外科治疗。

另一种重要的外科干预涉及长骨中的溶骨性病灶的固定，以防止病理性骨折（pathological fracture）。

放射疗法

放射疗法用于乳腺区段切除术后，偶尔也用于改良根治性乳房切除术后，主要是为防止局部复发。有直径大于等于 5 cm 的肿瘤、超过 4 个腋窝淋巴结受累、淋巴结中肿瘤的包膜外侵犯及对胸壁的侵犯等病况都是乳房切除术后进行放疗的指征。正在进行的一些研究探索了用短程疗法（放射性粒子植入，radioactive particle implantation）或用高剂量术中放射疗法取代乳腺区段切除术后采用的标准外照射放疗法。这些方法免去了术后 5 周内每日需要接受的放射治疗。

放射疗法对转移癌的对症管理非常重要，尤其是对于疼痛性的骨转移和脑转移癌来说。与骨转移癌症状管理相关的一个问题是，疼痛性病灶的原因一般而言是多样化的。在这种情形下，静脉注射放射性核素（radionuclide）锶（strontium）或钐（samarium）等可以延长镇痛期。

有一种叫作“放射外科术”（radiosurgery）的新放射方法，通常用于治疗脑转移瘤，偶尔也用于转移到其他器官的癌症。放射外科术集中治疗源于数种不同辐射源的肿瘤辐射束。就脑转移瘤来说，它与标准手术似乎一样有效。

全身性治疗

表 2 阐明了乳腺癌全身治疗的不同形式。

表 2　乳腺癌的全身治疗

治疗形式	常见的副作用	其他重要的并发症
1. 激素疗法		
选择性雌激素受体调节剂（SERM）		
部分拮抗剂		
* 他莫昔芬 * 托瑞米芬	潮热、阴道分泌物、尿痛、肌痛、关节痛	子宫内膜癌、深静脉血栓、脑缺血、高钙血症
完全拮抗剂		
* 氟维司群	潮热、阴道分泌物、尿痛、肌痛、关节痛	骨质疏松症?
芳香化酶抑制剂		
* 阿纳托唑 * 来曲唑 * 依西美坦	潮热、阴道分泌物、尿痛、肌痛、关节痛	骨质疏松症 高胆固醇血症 冠状动脉疾病?
孕激素类	体重增加、体液潴留	深静脉血栓

续表

治疗形式	常见的副作用	其他重要的并发症
高剂量雌激素	体液潴留、充血性心力衰竭、冠状动脉疾病、深静脉血栓	
雄激素类	多毛症、发际线后移、声音变深沉、痤疮、性欲增加	
2. 细胞毒性化疗	骨髓抑制、恶心与呕吐、黏膜炎、脱发	
蒽环类抗生素		
* 阿霉素		心肌病和充血性心力衰竭
* 表柔比星		手足综合征
* 聚乙二醇脂质体阿霉素［多柔比星（Doxil，盐酸阿霉素脂质体注射液）、楷莱］		心肌病（非常罕见）
紫杉烷		
* 紫杉醇		末梢神经病变、过敏反应
* 多西他赛		体液潴留
氟化嘧啶		
* 卡培他滨		手足综合征
* 氟尿嘧啶		黏膜炎
烷化剂		
* 环磷酰胺		出血性膀胱炎、继发恶性肿瘤
生物碱类		
* 诺维本		周围神经病
* 长春碱		
吉西他滨		
铂类衍生物		
* 顺铂与卡铂		肾功能不全、周围神经病
3. 靶向治疗		
* 曲妥珠单抗过敏反应（针对原癌基因的单克隆抗体）	过敏反应	心肌病、充血性心力衰竭
* 贝伐珠单抗过敏反应（抗血管内皮生长因子的单克隆抗体）	过敏反应	高血压、出血、内脏穿孔

激素疗法 不管在癌症远处转移抑或辅助治疗的场景下，激素治疗已成为乳腺癌全身性治疗的支柱疗法。激素疗法的目标是消除雌激素对肿瘤的影响。它主要通过对抗受体水平的雌激素（如采用选择性雌激素受体调节剂和高剂量的雌激素）来抵消雌激素的影响（孕酮和雄激素）或者抑制雌激素合成（芳香化酶抑制剂）。近年来，芳香化酶抑制剂已成为绝经后女性乳腺癌治疗的一线激素治疗药物，取代了局部雌激素拮抗剂。芳香化酶抑制剂似乎更为有效，特别值得注意的是，它们在选择性雌激素受体调节剂似乎失去了疗效的两种情况下依然有效，即激素受体的低浓度和人表皮生长因子受体-2 的过表达。芳香化酶抑制剂也可能比他莫昔芬和托瑞米芬（Toremifene）更为安全，因为它们不会引起子宫内膜癌，深静脉血栓的发生率也较低。然而，它们会引起骨质流失并有可能提高胆固醇的水平。总的来说，建议治疗之初就检测患者的骨密度，此后每隔两年查一次。对于严重骨量减少和骨质疏松患者要启用双膦酸盐（bisphosphonates）治疗。关于监测胆固醇水平的意义尚存争议，现有三种制剂的活性似乎是等同的。依西美坦（Examestane）的化学结构是甾体的，而另外两种药物是非甾体的。这可能就是为什么这些制剂并不完全会交叉耐药的原因。在少数患者中，潮热、关节痛、肌痛可能会致残。5-羟色胺受体激动剂抗抑郁药可以缓解潮热，而肌痛可能对维生素 D 有应答。单纯服用雌激素受体拮抗剂氟维司群（Faslodex）的作用尚不清楚。该药与芳香酶抑制剂似乎一样有效，但该药剂的体验有限。氟维司群的主要优点是每月进行肌内注射。对第三方支付者不支付其口服药的那些患者来说，这可能比芳香化酶抑制剂更便捷而且花费也更少。

高剂量雌激素及雄激素很少被使用。用其他激素治疗业已失败并且不希望接受化疗的患者，可能需要加以注明。

细胞毒性化疗 细胞毒性化疗（cytotoxic chemotherapy）主要用于患有激素受体贫乏肿瘤的患者，也就是其肿瘤尚未对既往激素疗法有应答的那些人和罹患威胁生命的转移癌的那些人，其中包括淋巴管癌扩散到肺部的。细胞毒性化疗能摧毁激增的细胞，由于这个缘故，骨髓抑制、黏膜炎、脱发都是常见的并发症。多数药物也会刺激延髓化学感受器触发区，并引起恶心和呕吐。

许多药理学变化使年长个体对化疗的毒副作用会更加敏感，其中包括肾功能衰竭、正常器官与系统的功能储备的衰减，特别是造血系统、黏膜、末梢和中枢神经系统及心肌。中性粒细胞缺乏性感染的风险和死亡率，以及贫血、黏膜炎、末梢和中枢神经毒性、心肌病的风险等，都随着年龄增长而增加。贫血对老年人的危害不是单方面的，会导致与药物相关的毒副作用增大，也可能导致功能依赖性的疲乏。由于意识到这些药理学变化，美国国家综合癌症网络（National Comprehensive Cancer Network，NCCN）发布了老年癌症患者的一些管理指南（见表 3）。

表3 美国国家综合癌症网络发布的老年个体化疗的管理指南

1. 对65岁及以上个体，给药剂量应根据肌酐清除率进行调整。
2. 预防性的非格司亭和聚乙二醇非格司亭应用于接受中度毒性化疗（阿霉素—环磷酰胺或阿霉素—多西紫杉醇）的65岁及以上的乳腺癌患者。
3. 血红蛋白水平应维持在12 g/dL升或更高水平。
4. 只要有可能，宜用卡培他滨替代氟代嘧啶，用聚乙二醇脂质体多柔比星替代阿霉素。
5. 某些药物如低剂量紫杉烷类化合物、聚乙二醇脂质体多柔比星、卡培他滨、长春瑞滨和吉西他滨，可以有效缓解体弱患者的癌症症状。

对老年癌症患者来说特别值得关注的是某些与特定药物相关的并发症。它们包括以下方面：

- 心肌病和蒽环类抗生素（anthracyclines）引起的充血性心力衰竭的发生率随着年龄增长而增长。蒽环类抗生素是治疗乳腺癌的最主要的药物之一。预防这一并发症特别值得关切。预防性策略包括阿霉素（doxorubicin）与右雷佐生（dexrazoxane）的联用。这一螯合剂可防止自由基的形成。通过连续静脉注射或低剂量的每周注射阿霉素，以及用聚乙二醇脂质体多柔比星替代阿霉素。聚乙二醇脂质体多柔比星的其他优点包括毒副作用轻微，脱发、恶心与呕吐及疲乏的发生率较低。因此，某些转移性乳腺癌患者会选择蒽环类抗生素。

- 紫杉醇（paclitaxel）、顺铂（cisplatin）、长春花生物碱（vinca alkaloid）会引起周围神经病。这一并发症并无有效的对抗药。每周服用紫杉醇或者用多西他赛（docetaxel）替代紫杉醇可能会降低神经病变的风险。

- 黏膜炎特别普遍，还会因使用氟化嘧啶（fluorinated pyrimidine。即氟尿嘧啶，fluoro-uracil，FU）变严重。用口服卡培他滨（capecitabine）替代静脉注射FU可以避免这种并发症。卡培他滨是在肿瘤中直接激活的一种前体药物，具有增加抗肿瘤活性和保留正常组织的优点。和蒽环类抗生素和紫杉烷一样，卡培他滨也是治疗乳腺癌最有效的抗肿瘤药物，对老年个体特别适合。适合患者在家服用这种口服制剂，也允许给药剂量的调整。

靶向治疗 靶向治疗是针对癌症某个特定部位的治疗。有两种单克隆抗体类（monoclonal antibodies）可用于治疗乳腺癌，它们是曲妥珠单抗（trastuzumab）和贝伐珠单抗（bevacizumab），可分别用于原癌基因Her-2/neu和血管内皮生长因子受体。曲妥珠单抗只在人表皮生长因子受体-2过表达的肿瘤中有疗效，可以同紫杉烷或者铂和紫杉烷联用。曲妥珠单抗与蒽环类抗生素的联合给药导致了严重的心脏毒性，现在已不再被推荐。单纯用贝伐珠单抗一种制剂是无效的，它与紫杉醇联用才能起到增效作用。

乳腺癌的治疗：与特定阶段相关的治疗

原位癌

乳腺导管原位癌的治疗包括全乳切除和乳腺区段切除后再行放疗。选择保乳治疗的患者也应接受5年时间他莫昔芬治疗以降低局部复发和浸润性复发的风险。

活检后的原位小叶癌一般不切除。这种肿瘤一般处于乳房两侧。其局部复发的概率与对侧乳腺癌复发的概率一样高。因此，一些研究者建议进行双侧乳房切除。现在最普遍采用的办法是进行局部病灶切除术，随后给予5年的他莫昔芬治疗。

乳房的佩吉特病一般采用局部病灶切除和放射治疗。

早期疾病（Ⅰ到Ⅱ期）

病程早期的治疗一般包括乳房区段或全部切除，经淋巴结定位，要是肿瘤累及前哨淋巴结就全部切除，假如选择保乳就行术后放疗，还包括辅助治疗。假如肿瘤累及4个以上淋巴结或者肿瘤溢漏于淋巴结囊之外，那就得进行腋窝术后放疗。辅助治疗由激素受体的浓度和腋窝淋巴结受累情况来决定。图1阐明了如何根据肿瘤的特性来选择治疗方案。

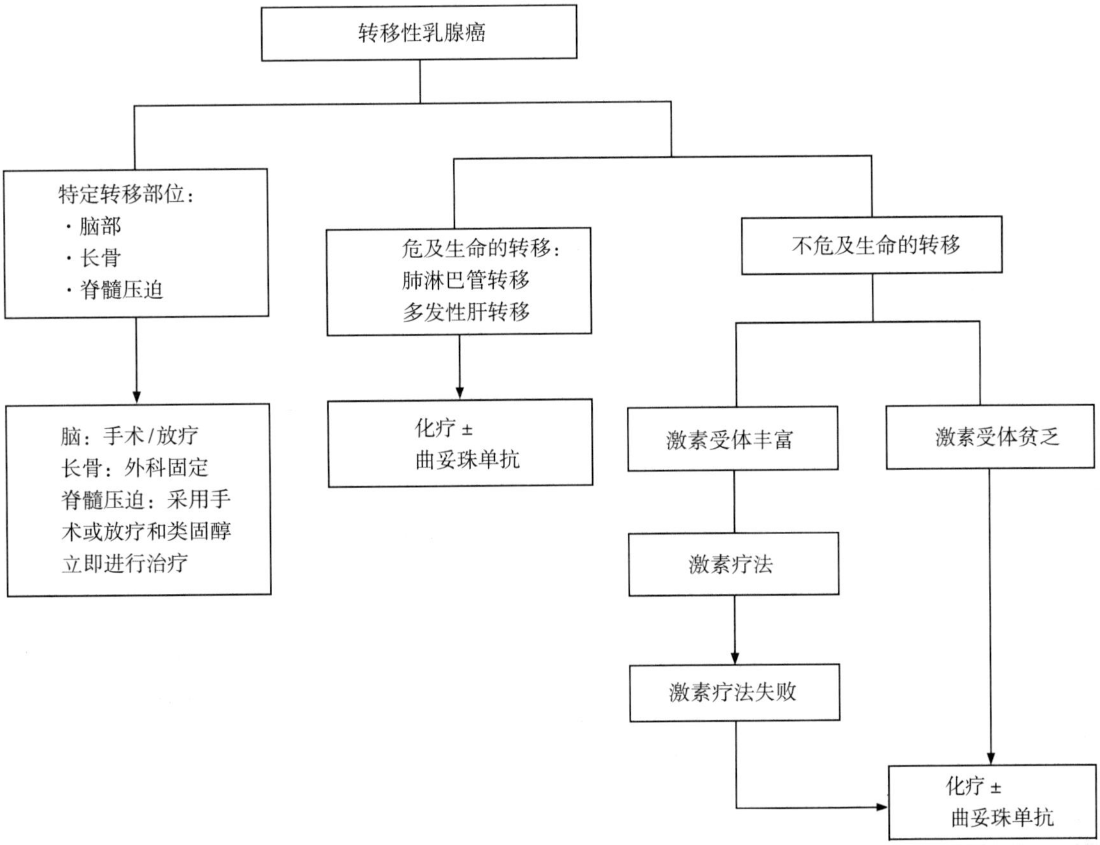

图1　根据肿瘤的特性来选择乳腺癌治疗方案

对绝经后的女性，芳香化酶抑制剂是目前可供选择的辅助激素疗法。正在进行的一些研究探索了至少在复发风险较低的一些患者中采用选择性雌激素受体调节剂的序贯治疗后再服用芳香化酶抑制剂，这可能比单纯服用芳香化酶抑制剂更有效。其他研究正在探索用唑来膦酸（zolendronate）预防芳香化酶抑制剂诱发骨质疏松的可能性，前者是一种静脉注射的双膦酸盐。

三项新近完成但尚未发表的研究报告揭示，化疗之后外加一年曲妥珠单抗治疗会使原癌基因过表达肿瘤的全身复发风险降低50%以上。

最后，新辅助化疗（neoadjuvant chemotherapy）或激素疗法偶尔可以用于这些患者，以缩小肿瘤并得以保留乳房。

在如何治疗早期乳腺癌方面存在着许多与年龄相关的争论。

- 老年女性早期乳腺癌能否只用激素疗法而不需要做外科手术呢？至少有两项随机性的控制研究表明，70岁及以上的女性术后服用他莫昔芬比采用他莫昔芬单药治疗有更优的生存率。证明芳香化酶抑制剂比他莫昔芬更有疗效当然是可能的，但目前尚不清楚对该问题开展更多研究是否有必要。乳房切除术甚至是全切术都可以采用局部麻醉。这使并发症风险和对生存质量的损害降到最低。非手术方法带来的获益似乎可以忽略不计，甚至不存在。

- 保乳患者可以避开术后放疗吗？局部肿瘤复发的风险伴随年龄的增长而下降。对于65岁以上有小肿瘤（直径不超过1 cm）的女性来说，如未进行放疗，5年内的风险可能低于3%，而进行放疗的话则可能小于1%。那么，患者可以决定这种小的复发风险是否值得去忍受治疗带来的不便和很小的毒副作用。假如短程疗法或术中放疗被证明是有效的，那么便利性这个问题可能就变得无关紧要了。

- 辅助治疗何时进行呢？对有关乳腺癌辅助治疗的所有随机研究进行的一项荟萃分析（meta-analyses）清楚地揭示，服用他莫昔芬（可能再加上芳香化酶抑制剂）的辅助激素疗法，使所有年龄段女性的乳腺癌复发风险降低了50%。相反，辅助化疗的获益随着年龄增长而下降，在70岁之后就变得不明显了。部分原因在于样本量小（在化疗的临床试验中，70岁以上女性在所有女性中仅占3%）。也可能在这组罹患更多惰性肿瘤的患者中，化疗的疗效较差。基于现有的证据，认为70岁的乳腺癌患者不同于其他所有从辅助化疗中受益的绝经后的女性似乎是不合理的，因为辅助化疗对于后者是有用的。估算化疗有效获益的一个更明智的办法是基于肿瘤的侵袭性和预期寿命。可通过一个免费的在线程序得到这一估测。

局部晚期疾病（Ⅲ期）

对局部晚期癌症患者来说，初始治疗是全身性的（化疗或对激素受体丰富的肿瘤患者进行激素治疗），随后对处于ⅡB—ⅢA期的肿瘤患者施行手术。ⅢB期肿瘤患者施行外科手术的好处仍有争议。胸壁的放疗总是需要的。腋窝放疗应在肿瘤累及4个以上淋巴结的情形下进行。

转移癌（Ⅳ期）

转移癌的治疗在图 2 中做了概述。

当化疗或激素疗法未能以治疗浓度渗透到大脑时，脑转移癌就应该被切除，只要切实可行，也可进行放疗。现在多数病例都采用立体定向放射外科术替代手术切除。

溶骨性转移癌要是扩散到长骨尤其是到了股骨和肱骨，就易发生病理性骨折，从而需要手术固定。脊髓压迫是一个肿瘤急症，需要立即治疗以防止瘫痪和失禁。假如只涉及脊椎的一个部位受累，可将行外科手术减压作为一个治疗选择；否则，患者应接受放疗和高剂量的类固醇治疗。

当疾病威胁到生命时，化疗成为可选择的治疗方案，因为它比激素疗法作用更快。

是否选择激素疗法取决于患者是否已接受或者正在接受辅助激素疗法。很显然，假如发生了癌症转移，而患者正在接受辅助激素疗法或辅助治疗完成后不久（两年时间），这说明需要采用另一种替代形式的激素治疗。

同样重要的是，除了全身治疗外，骨转移癌患者还可以从静脉注射双膦酸盐类药物（即帕米膦酸二钠或唑来膦酸）中获益。这些药剂可延缓骨转移的进展，减少疼痛及骨并发症的风险（包括骨折和姑息性放疗的必要性）。

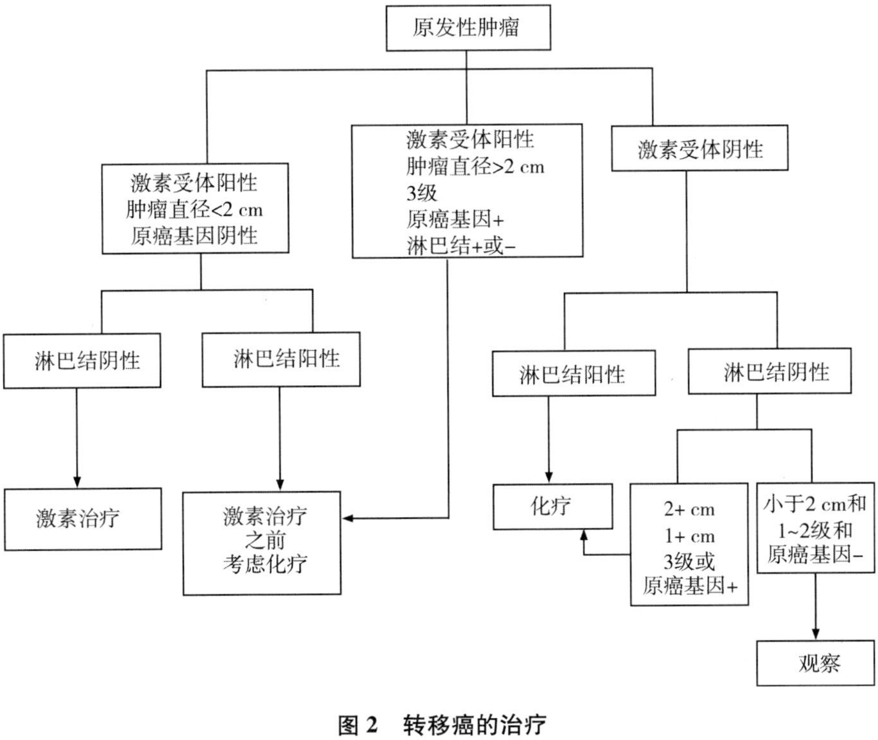

图 2　转移癌的治疗

结论

至少在80岁之前，乳腺癌的患病风险随着年龄的增长而增大。目前，50%乳腺癌发生在65岁及以上的女性中。这一比例预计随着人口的老龄化而上升。

对无症状的女性进行乳腺癌筛查可降低与癌症相关的死亡风险。对预期寿命至少为5年的所有女性，不管其年龄大小，都应继续进行筛查。除高危女性外，在老年女性中进行乳腺癌化学预防的益处尚未确证。普遍使用的常用药如降胆固醇的他汀类药物或非甾体抗炎药，也可能降低乳腺癌的发病率。

乳腺癌治疗的原则不会因年龄增长而改变。然而，老年女性乳腺区段切除术后再行术后放疗可能没有必要。辅助化疗应该只用于有可能降低其死亡率的女性；化疗的毒副作用可能会增加。美国国家综合癌症网络发布的老年患者癌症治疗指南可能有助于减轻化疗引起的并发症。

另请参阅：癌症和年龄；饮食和营养。

拓展阅读

Balducci L and Ershler WB (2005) Cancer and aging: a nexus at several levels. *Nature Reviews Cancer* 5: 655–662.

Balducci L, Silliman RA, and Diaz N (2004) Breast cancer in the older woman: an oncological perspective. In: Balducci L, Lyman GH, Ershler WB, and Extermann M (eds.) *Comprehensive Geriatric Oncology*, 2nd edn., pp. 662–704. London: Taylor & Francis.

Beghe C and Balducci L (2005) Biological basis of cancer prevention in the older person. In: Balducci L and Extermann M (eds.) *Biological Basis of Geriatric Oncology*, pp. 189–223. New York: Springer.

Carreca I, Balducci L, and Extermann M (2005) Cancer in the older person. *Cancer Treatment Reviews* 31: 380–402.

Extermann M (2005) Decision analysis of cancer prevention and cancer treatment in the elderly. In: Balducci L and Extermann M (eds.) *Biological Basis of Geriatric Oncology*, pp. 223–232. New York: Springer.

McPherson CP, Swenson KK, and Lee MW (2002) The effects of mammographic detection and comorbidity on the survival of older women with breast cancer. *Journal of the American Geriatric Society* 50: 1061–1068.

McTiernan A (2005) Obesity and cancer: risks, science, and potential management strategies. *Oncology* 19: 871–883.

Walter LC and Covinsky KE (2001) Cancer screening in elderly patients: a framework for individual decision making. *Journal of the American Medical Association* 285: 2750–2756.

译　者：胡玉坤（北京大学）

百岁老人

T. T. 波尔斯 波士顿大学医学院，波士顿，马萨诸塞州，美国

词汇表

百岁老人（Centenarian）——100 岁及以上的老人。

超级百岁老人（Supercentenarians）——110 岁及以上的老人。

引言

尽管工业化国家中百岁老人是成年人口中增长最快的群体之一，但百岁老人并不常见。这样的增长意味着有长寿潜力的人比以往预计的更多。然而，这部分人口很可能仍相对较少，因为要成为一位百岁老人，基因、环境以及可能的随机事件的罕见组合都是必需的。百岁老人研究在解释这些因素及其组合方面正在取得进展，尽管这些努力受到阻碍——许多组合都可能导致长寿，而且这些组合可因文化、种族和无数环境的不同而不同。

人口统计

百岁老人的比例和数量

在工业化国家，百岁老人的数量正以每年 7%的速度增长。19 世纪末至 20 世纪初的美国，大约每 10 万人中只有 1 位百岁老人，而目前每 1 万人中就有 1.2 位百岁老人。这一激增是提升公共卫生措施的结果，这些措施使那些因可预防或可治疗的原因（如水传播疾病和其他传染病）而在儿童时期过早死亡的人能够活到更老。对老年人中目前容易逆转的死亡原因的治疗同样发挥着重要作用。实际上，最近几十年，高龄阶段的死亡率降低为增加百岁老人的存活率和存活数量做出了巨大贡献。其结果是，如今越来越多具有有利基因和环境特征的人实现了其最大预期寿命。

2000 年，美国人口普查列出了 1 400 位超级百岁老人，即 110 岁及以上的人（大约每 20 万人中有 1 位）。但是，由于这一群体的年死亡率为 50%，以上数字可能有所夸大，估计是把已故的人也包括在了在世的超级百岁老人群体中。来自一个以互联网为基础的监测和验证 110 岁及以上年龄申报的组织的数据显示，美国在世的超级百岁老人的数量在 75~100 人，而全世界大约有 300~450 人。

证实年龄

珍妮·卡尔蒙特（Jeanne Calment）是经证实的享有最高寿命的人，其于1997年去世，享年约122岁。另有许多宣称年龄更高的人，但未经证实或证伪。

美国国家老龄化研究所长寿人群特征研究小组建议，证实百岁老人的年龄从获得出生证明开始。在更为罕见和可能引起轰动性的年纪，如声称110岁及以上，需要额外证明这个人一生中不同时期的年龄的文件并与所声称的年龄相符。这些形式的证明文件包括人口普查记录、写有年龄的成绩单、服役记录、结婚证、工作履历、旧护照，以及孩子出生证明上的父母年龄。此外，可用家庭重构方法来确定超级百岁老人的家人（包括父母、祖父母、兄弟姐妹、子女）的年龄相对于该老人是否合理。

死亡率

詹姆斯·沃佩尔（James Vaupel）及其他著名人口学家已指出，一般而言，百岁老人的年死亡率为30%，尽管这一数据因百岁老人的健康状况和性别的不同而存在巨大的、可理解的差别。关于高龄时期的死亡率，人口学家间存在激烈讨论。如果选择性存活存在于老年时期，那么我们可以预期更多的虚弱个体死亡，剩下的人则更健康、更能够存活。其结果会是高龄时期的死亡率降低。部分疾病在相对低年龄的发生率达到峰值，那些易患这些疾病的个体相继死亡，剩下经过选择的存活者，这被称作人口选择。一些研究团体通过观察指出，阿尔茨海默病的发生率在高龄时期达到稳定，这和人口选择现象是一致的。里奇（Ritchie）和基尔迪（Kildea）对9个流行病学研究进行了荟萃分析，他们发现痴呆患病率的增长在80~89岁的老年人中有所降低，并在95岁时稳定在40%左右。一项关于犹他州卡什县的老年人的纵向研究发现，痴呆包括阿尔茨海默病的发病率在85~90岁不再呈指数增长，并在男性93岁后、女性97岁后下降。

人口选择的一个基因例证表现为载脂蛋白E4（ApoE4）异型频次在高龄老人中减少。带有同型结合载脂蛋白E4的个体发展成阿尔茨海默病的风险比一般白人人口高2.3~8.0倍。载脂蛋白E4的等位基因频次在高龄组显著减少，可能是因为其和阿尔茨海默病以及血管疾病有关。有趣的是，在高龄阶段，载脂蛋白E对阿尔茨海默病发病率的作用似乎随着年龄而减少。

尽管存在以上例证，高龄时期的人口选择现象仍然具有争议。一些人认为，由于医疗和公共卫生措施的显著改善，这样的人口选择不再存在。在这种情况下，因医疗护理改善造成的死亡率下降会导致老年存活者的虚弱情况增加，因为对现有疾病的治疗只是把死亡延缓到了更高年龄发生。

性别差异

除了极少数的案例，在大多数人口中，百岁老人绝大部分是女性；通常而言，在工业化国家中，她们占百岁老人总人数的85%。米歇尔·普兰（Michel Poulain）指出，在意大利撒丁岛，大约50%的百岁老人是男性，尤其是那些生活在岛上山区的百岁老人群体。但是需要重申的是，通常而言，百岁老人群体中女性的数量远远超过男性的数量，二者的比例差不多为9∶1。尽管更多的女性比男性长寿，但是在百岁老人中，男性通常有着更好的功能状态。对这种现象的一个可能解释是男性必须处于良好的健康状态才能实现如此长寿。另一方面，女性可能更擅长带病（指与年龄相关的疾病）生存，因此即使有严重的慢性残疾，她们也可以实现长寿，尤其和那些年龄相仿的男性相比情况更是这样。

这些观测可能表明一种人口学交叉：在低龄老年阶段，女性的功能状况好于男性；在高龄老年阶段，男性的数量虽少，但其功能状况更好。我们尚不完全清楚为什么女性通常活得比男性长且更不容易患心脏疾病和脑卒中（至少在更年期前）。雌激素有可能是一种强大的抗氧化剂，它已经被指出是一个重要的原因。在女性健康研究中，一些服用雌激素的女性经历了心血管疾病发生率的上升，这些最新发现对雌激素在长寿中所起的作用提出了质疑。此外，值得注意的是，经历子宫切除而不是卵巢切除的绝经前女性患心血管疾病的风险增高至和男性类似的水平。另一个可能的原因是，由于月经，女性在长达三四十年的时间中会比男性更缺铁。铁是线粒体生产自由基中的一个关键催化剂，是新陈代谢的副产品。可获得的铁的减少可能导致产生的自由基更少。比如，缺铁与氧化型低密度脂蛋白胆固醇水平的显著减少有关，后者是动脉粥样硬化斑块产生的重要组成部分。此外，富含亚铁血红素的饮食习惯同显著增高的心脏病风险相关。

科学家认为，女性的另一个潜在优势是女性有两条X染色体，而男性只有一条。由此，随着年龄增长，女性有可能进行体细胞选择，两个体细胞群中更健康的一方将会存活。产生高度增殖细胞群的干细胞群（例如，肠上皮细胞、皮肤上皮细胞、白细胞）尤其会经历这种选择。在X染色体上的基因中，我们特别感兴趣的是那些影响端粒长度的基因，部分原因是这些能够更好地抗氧化应激的细胞群有更长的端粒。端粒长度的增加与增殖能力改善和死亡率减少有关。

百岁老人表型

性格

佐治亚州百岁老人研究调查并比较了三个年龄组的老人的性格特征：百岁老人、80~89岁的老人、60~69岁的老人。百岁老人组在怀疑、激进、疲劳和抑郁方面得分更高，但在智力、敏感性和压力方面得分更低。新英格兰地区百岁老人研究的初步结果显示，女性百岁老人在性格维度下的神经质方面得分低。相应地，不纠结于压力性事物的能力是一个重要的生存特征。

功能状态

在瑞典百岁老人研究中，25%的研究对

象住在自己的家中，37%的人住在辅助型环境中，38%的人住在护理院。在新英格兰地区百岁老人研究中，数据并没有太大差别，大约有15%的人独立居住在自己家中，35%的人和家人一起住或住在辅助型环境中，50%的人住在护理院中。尽管大多数的百岁老人似乎都有功能残疾，但这种残疾似乎被压缩到了生命末期。在新英格兰地区百岁老人研究中，基于人群的样本显示，90%的百岁老人在平均年龄92岁时是具有独立自理能力的。大多数研究对象在生命最后3～5年中才经历了认知功能的退化。

尽管残疾延迟，很大比例的百岁老人仍常年遭受着年龄相关疾病的困扰。在一项以424名百岁老人（323名女性和101名男性）为研究对象的、关于年龄相关疾病的发生年龄的研究中，被研究者分别被纳入3个类别：存活者、延迟者和逃脱者。存活者，即在80岁前被诊断出患有年龄相关疾病的老人，占总人数的43%（24%的男性百岁老人和43%的女性百岁老人）。延迟者，即年龄相关疾病的发病时间被延迟到80岁及之后，占总人数的44%（44%的男性百岁老人和42%的女性百岁老人）。逃脱者，即活到100岁而没有被诊断出患有年龄相关疾病的老人，占总人数的13%（32%的男性百岁老人和15%的女性百岁老人）。大多数百岁老人在90岁早期时似乎仍具有独立功能，这意味着和其他更容易死于疾病的个体相比，存活者和延迟者可能更能够应对这些疾病并且保持独立功能。因此，就百岁老人的情况而言，更为确切的说法是延迟残疾，而不是抑制疾病率。与预期一致的是，就与高死亡风险相关的疾病而言，情况并不是这样。当只测量如心脏疾病、非皮肤癌症以及脑卒中等对老年人最致命的疾病时，87%的男性和83%的女性延迟了发病时间，甚至得以“逃脱”（相对而言较少的百岁老人属于这些疾病的存活者）。

认知功能

基于人口的海德堡百岁老人研究最近指出，早期教育和终身智力活动都与百岁及以上老人表现出更好的认知能力相关。这项研究指出，大约50%的百岁老人表现出中度到重度的认知损害，大约25%的百岁老人认知未受损伤。这一数据和丹麦［热恩（Jeune）等人］、瑞典［哈格伯格（Hagberg）等人］，美国佐治亚州［潘（Poon）等人］和新英格兰地区的百岁老人研究中所报告的认知功能情况基本一致，这些研究表明大约70%的百岁老人认知损害，30%的百岁老人认知未受损伤。保守地说，采用严格的标准来衡量未出现认知损害证据的话，12%～15%的百岁老人未出现认知损害。

一些百岁老人研究开展了神经心理学测试及死亡后的神经病理学研究，发现了一些有趣的结果。在一些案例中，百岁老人在临近死亡时认知功能依然完好。在尸检中，这些百岁老人未被发现存在神经病理学证据，包括神经元纤维缠结和神经炎斑。作为阿尔茨海默病的病理学特征，这些斑块和缠结曾被认为是老化过程中不可避免的后果。这些案例可能会被作为无病老化的例证，它们支持了这样一种观点：对某些人而言，神经病理学并不是一个老化过程中不可避免的后果，老化也不能被指责为病理存在的唯一原因。

一些研究人员发现，与年轻人群相比，90 岁及以上的人群中各种痴呆的发生率是不同的。丹麦百岁老人研究指出，百岁老人中 50%的痴呆案例归因于血管疾病。对 13 位患有轻度认知功能损害的日本百岁老人的一系列尸检显示，他们存在血管疾病而非阿尔茨海默病的病理特征。有可能的是，痴呆的罕见病因在百岁老人中变得更加常见，因为容易患阿尔茨海默病的人在年纪较轻时死亡，剩下的存活者易于临床上表现出其他神经退行性疾病，如血管性痴呆、皮克病和路易体病。

长寿的家族性

遗传性估计

双生子研究估计，预期寿命的遗传性为 25%~30%。这些双生子研究无法推论出长寿的遗传性，因为在这些研究中年纪最大的研究对象为 80~89 岁。相比之下，那些比平均寿命多活 15~20 年的百岁老人可能需要的不仅仅是他们的习惯和环境方面的优势。他们或许需要一种遗传优势，这一优势能够转化为显著的遗传成分来保持非凡的长寿。当表型更明确时，一些估计值更高，就像在高龄时期认知功能的例子中所提到的那样。百岁老人及其家庭成员可能拥有或缺少特定的遗传特征，这导致了显著的存活优势。

长寿的家族性

波尔斯（Perls）等人分析了美国 444 个百岁老人家庭，包括 2092 名百岁老人的兄弟姐妹。研究将他们的存活状况同来自美国社会保障管理局的 1900 年出生队列存活数据进行了比较。如图 1 所示，百岁老人的姐妹在各年龄段的死亡率大约为全国水平的一半；百岁老人的兄弟在大多数年龄段具有相似的优势，尽管这种优势在青少年期和成年早期有所减少。

这些百岁老人的兄弟姐妹中，姐妹的平均死亡年龄为 76.7 岁，兄弟的平均死亡年龄为 70.4 岁，而一般人口中女性和男性的平均死亡年龄分别为 58.3 岁和 51.5 岁。即使考虑了种族和受教育程度，百岁老人的兄弟姐妹的净存活优势也比一般人群多 16~17 年。百岁老人的兄弟姐妹的相对存活概率在老年时期显著增加，反映了他们一生中死亡率优势的累积效应（参见表 1）。和美国 1900 年出生队列相比，百岁老人的兄弟活到 100 岁的可能性多 16 倍，百岁老人的姐妹活到 100 岁的可能性多 7.2 倍。

死亡率分析表明，百岁老人的兄弟姐妹的死亡率优势并不会随着年龄增长而增加。相反，他们的相对存活概率是一种对累积效应的测量，反映的是他们与同一时间出生的一般人群相比的终身优势。相对存活概率值的升高支持了以下假设，即这些家庭成员具有共同的遗传变异，这些遗传变异对于长寿

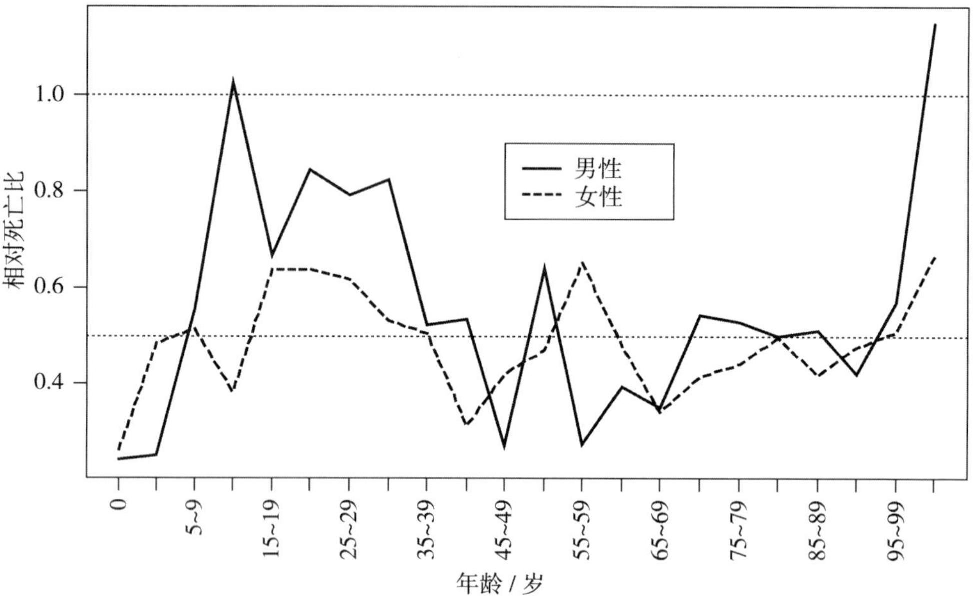

图 1　相对于美国 1900 年出生队列百岁老人兄弟姐妹的相对死亡比

表 1　相对于美国 1900 年出生队列百岁老人兄弟姐妹的相对存活概率与 95%置信区间

年龄	男　性			女　性		
	相对存活概率	95% 置信区间下限	95% 置信区间上限	相对存活概率	95% 置信区间下限	95% 置信区间上限
20	1.00	1.00	1.00	1.00	1.00	1.00
25	1.00	0.99	1.01	1.01	1.00	1.02
60	1.18	1.15	1.21	1.12	1.09	1.14
65	1.29	1.25	1.33	1.16	1.13	1.19
70	1.48	1.42	1.53	1.24	1.21	1.28
75	1.68	1.60	1.77	1.36	1.31	1.41
80	2.03	1.90	2.16	1.54	1.47	1.60
85	2.69	2.47	2.91	1.83	1.73	1.93
90	4.08	3.62	4.54	2.56	2.39	2.74
95	8.35	6.98	9.71	4.15	3.73	4.57
100	17.0	10.8	23.1	8.22	6.55	9.90

而言是重要的。此外，不同群体（如性别、种族、受教育程度、身体活动情况、社会经济状况）的死亡率于高龄时期趋于一致。由此可见，百岁老人的兄弟姐妹的持续优势是不寻常的。其他情况下老年时期的持续死亡率差异并不常见，这意味着百岁老人的兄弟姐妹所享有的死亡率优势具有某些发挥重要影响的病原学基础，或许是遗传因素。抽样偏差可能扩大了长寿老人的兄弟姐妹在长寿概率上的优势。此外，以上数据也可选择用一般分支过程建模，它能够被调整以考虑百岁老人的兄弟姐妹彼此寿命间的相关性，得到的结果是相似的。男性在老年时期的较高相对存活概率值可能反映出男性疾病死亡率比同年龄段的女性明显要高。因此，相比于女性，男性从优势基因型中获得的相对优势更大。另一种可能性是，相比于女性，男性需要一个更大也更罕见的基因和环境因素组合才能实现长寿。两种可能性中的任何一个都可以解释为什么男性在全部百岁老人中只占15%。

理查德·卡特勒（Richard Cutler）在一篇如今已成为老年学经典的论文中指出，长寿的人之所以长寿，部分是因为他们具有遗传变异，这些遗传变异影响老化的基本机制并导致年龄相关疾病的易患性一致降低。长寿者可能缺少许多变异（疾病基因），这些变异通过使人们易患一些致命疾病，大大增加了过早死亡的风险。更具争议的看法是，遗传变异可能对基本的老化机制或年龄相关疾病（促进长寿的基因）起到防护作用。百岁老人或许是罕见的，因为长寿需要一系列复杂的环境和遗传变量同时存在。基于对百岁老人系谱的研究，相比于一般人口，百岁老人的家庭成员似乎更有可能具有这些共同的因素组合。

长寿的基因素因

遗传变异解释了5%~10%的长寿变异，这一发现能够提供关于细胞和生物化学机制的重要线索，这些机制影响基本的老化机制以及年龄相关疾病的易感染性。在此之前，只有一种遗传变异和长寿的相关可被复制，但即使是这一变异也可能随种族和其他的未知分层而变化。沙克特（Schachter）和来自法国百岁老人研究的同事们指出，载脂蛋白E4等位基因随年龄增长而明显变少。它的一个对应物——E2等位基因——在高加索人中随年龄增长而变得更多。

研究德籍犹太百岁老人及其家庭成员的尼尔·巴尔齐莱（Nir Barzilai）及其同事们最近探讨了一种在百岁老人与对照组间有所不同的心血管疾病路径和基因。在这项研究中，对照组是百岁老人子女的配偶。巴尔齐莱和同事们指出，百岁老人及其后代的高密度脂蛋白（high-density lipoprotein，HDL）和低密度脂蛋白（low-density lipoprotein，LDL）微粒明显更大，并且与没患有心血管疾病、高血压和代谢综合征的被调查者的微粒大小也不同。在候选基因法中，研究者接下来搜索了关于影响高密度脂蛋白和低密度脂蛋白微粒大小的基因的文献，以及关于作为候选出现的肝脂酶和胆固醇酯转移蛋白（cholesterol ester transfer protein，CETP）的文献。与由一般人口构成的对照组相比，百岁老人有一种特定的胆固醇酯转移蛋白基因变异的可能性高出两倍（有这种基因变异的百岁老人占比为 24.8%，对照组为 8.6%），百岁老人的后代有这种基因变异的可能性则高出一倍。

发现赋予老年人生存能力的基因，同时将残疾期缩短到生命的最后一刻，将有助于深入了解老化过程如何增加与老化相关疾病的易感性，以及这种易感性是如何调节的。人类长寿基因有可能在最基本的水平影响老化过程，同时影响一系列的遗传和细胞路径。百岁老人基因组同样会是驱逐疾病基因的一种有效手段。比较百岁老人所患疾病的单核苷酸多态性（single nucleotide polymorphism，SNP）频次和患有同样疾病的人的单核苷酸多态性频次会显示出临床上相关的多态性。研究者处于了解初期的另一种研究路径是减缓老化过程的模式中的不同基因表现，如热量限制。这可能是另一种有效的手段来发现使长寿成为可能的基因。当然，人们希望这些基因的发现将有助于确定药物靶点并创造药物，使人们能够通过最大限度地延长健康的生命周期从而变得更像百岁老人。

百岁老人的子女

对百岁老人后代的研究发现，百岁老人后代较低的心血管疾病风险与相应的血脂水平有关。其他发现包括：和寿命较短的父母的中年儿子相比，长寿父母的中年儿子有更好的收缩压、胆固醇水平，以及减少的载脂蛋白 E4 等位基因频次。运用基于问卷的横断面研究设计，特里（Terry）及其同事们测量了一个由 176 名百岁老人后代和 166 名对照组对象构成的全国样本的健康史。对照组对象的父母和百岁老人出生于同样的年份，但是至少父母有一方死于 73 岁，这是那个出生队列的平均预期寿命；父母另一方的平均死亡年龄为 77 岁，这和百岁老人的配偶的平均死亡年龄一样。通过控制年龄、性别、受教育年限、年收入、工具性日常生活活动评分、种族、婚姻状况、锻炼情况、吸烟以及饮酒等因素的多元分析发现，百岁老人后代心脏病、高血压、糖尿病的相对患病率分别减少了 56%（比值比为 0.44，95% 置信区间为 0.24、0.80，P 值小于 0.01）、66%（比值比为 0.34，95% 置信区间为 0.21、0.55，P 值小于 0.01）和 59%（比值比为 0.41，95% 置信区间为 0.15、1.12，P 值等于 0.01）。在其他年龄相关疾病的患病率中并不存在显著差异，这些疾病包括癌症、脑卒中、痴呆、骨质疏松症、白内障、青光眼、黄斑变性、抑郁症、帕金森病、甲状腺疾病以及慢性阻塞性肺疾病。这些疾病中缺乏差异可能是样本规模或对照组的选择造成的，也可能是长寿家庭在这些疾病的易患性方面并没有不同。对于那些确实报告了高血压的百岁老人后代而言，其发病年龄明显晚于对照组。冠心病、糖尿病和脑卒中的发病年龄也有类似的延迟。

结论

百岁老人研究相对而言属于年轻的学科，系统、科学而严谨的研究始于 20 世纪 80 年代。随着百岁老人越来越常见，已有的百岁老人研究不断增长，新的研究也已经出现，研究成果已经在不同文化的研究中得以转载，资助关于长寿老人及其家人的研究已经成为优先议题。与这一增长同步的是分子遗传学技术的发展，这些技术既便宜又强大，足以使这一选定群体的遗传学研究得以深入了解环境和遗传决定因素，从而使人们能够生存到高龄并健康地生存到高龄。百岁老人曾经被认为是稀少的，因为需要一些罕见的、重要的决定因素。然而，目前得以表明的是，不同因素的必要组合（而非个体因素本身）是少见的。百岁老人研究面临的一个重大挑战是因素组合的变化性，对不同个体而言，这些因素是长寿所必需的。

另请参阅：痴呆：阿尔茨海默病；人口学；遗传学；帕金森病。

拓展阅读

Barzilai N, Atzmon G, Schechter C, Schaefer EJ, Cupples AL, Lipton R, Cheng S, and Shuldiner AR (2003) Unique lipoprotein phenotype and genotype in humans with exceptional longevity. *Journal of the American Medical Association* 290: 2030–2040.

Carnes BA and Olshansky SJ (2001) Heterogeneity and its biodemographic implications for longevity and mortality. *Experimental Gerontology* 36: 419–430.

Hadley EC and Rossi WK (2005) Exceptional survival in human populations: National Institute on Aging perspectives and programs. *Mechanisms of Ageing and Development* 126: 231–234.

Hagberg B, Alfredson BB, Poon LW, and Homma A (2001) Cognitive functioning in centenarians: a coordinated analysis of results from three countries. *Journal of Gerontology Series B: Psychological Sciences and Social Sciences* 56: 141–151.

Hazzard WR (2001) What heterogeneity among centenarians can teach us about genetics, aging, and longevity. *Journal of the American Geriatric Society* 49: 1568–1569.

Herskind AM, McGue M, Holm NV, Sorensen TI, Harvald B, and Vaupel JW (1996) The heritability of human longevity: a population-based study of 2872 Danish twin pairs born 1870 – 1900. *Human Genetics* 97: 319–323.

Hitt R, Young-Xu Y, and Perls T (1999) Centenarians: the older you get, the healthier you've been. *Lancet* 354 (9179): 652.

Perls T (1995) The oldest old. *Scientific American* 272: 70–75.

Perls T, Silver M, and Lauerman J (1999) *Living to* 100: *Lessons in Maximizing Your Potential at Any Age*. New York: Basic Books.

Perls T, Kunkel L, and Puca AA (2002) The genetics of aging. *Current Opinion in Genetic Development* 12: 362–369.

Terry DF, Wilcox M, McCormick MA, Lawler E, and Perls TT (2003) Cardiovascular advantages among the offspring of centenarians. *Journal of Gerontology: Medical Sciences* 58: M425–M431.

Vaupel JW, Carey JR, Christensen K, Johnson TE, Yashin AI, Holm NV, Iachine IA, Kannisto V, Khazaeli AA, Liedo P, Longo VD, Zeng Y, Manton KG, and Curtsinger JW (1998) Biodemographic trajectories of longevity. *Science* 280: 855–860.

译　者：陈　鹤（中国人民大学）
校译者：程梦玲（洛桑大学生命历程研究中心）

毕生发展理论

W. J. 霍耶　雪城大学，雪城，纽约州，美国

词汇表

发展（Development）——发展是生活经历的累积和因为时间推移而导致的生理变化的结果，并且这些生活经历和生理变化影响着个体生命全程的行为和心理。

元理论（Metatheory）——有关理论的理论。毕生发展理论是一种元理论，它是对为了解生命全程发展和衰老过程而进行的观察和所提出理论的宏观综合和整合。

个体控制（Personal Control）——个体对如何经历事件和实施任务所施加的影响。例如，个人需要选择和执行特定策略以管理情境和做出决定，这种有意识的行为在生命历程中的作用是毕生发展理论的一个重要关注点。

可塑性（Plasticity）——个体改变的可能程度。可塑性的指标之一就是认知和身体机能通过练习或者干预能够被提升的范围。

初级老化（Primary Aging）——一种与时间相关的生物过程，影响着所有生物体的神经解剖结构和功能的生理学变化。初级老化对生理功能和行为的影响是普遍的。初级老化的过程对特定物种来说是相对可预测的。与疾病过程不同，初级老化是隐匿的，影响所有生物系。

心理老化（Psychological Aging）——与年龄相关的行为变化，通常是过去有机体—环境相互作用、当前有机体—情境交互和随时间推移大脑功能性变化的动态结果。心理老化包括初级老化、次级老化、可塑性范围内的个体控制轨迹，以及整个生命中的有机体—情境交互过程。

储备能力（Reserve Capacity）——个体应对身体或心理挑战的有效功能。在人应对挑战或困境（如压力、疾病）时，恢复平衡的能力就是储备能力。这种能力在老年人中是逐渐衰弱的，但是在年轻人身上却不一定。

次级老化（Secondary Aging）——对发育和老化过程产生负面影响的各种调节因素。例如，压力、创伤和疾病等因素都会加速老化过程。

引言

毕生发展理论是描述和解释个人在生命过程中是如何发生变化的理论。从毕生发展理论的角度来研究人类衰老，是通过考虑个人已经经历的经验和生物事件的累积影响来进行的。个体的发展和老化是受过去和现在、生物和社会文化影响的复杂产物，因此可利用许多与个体变化有关的数据和理论。基于毕生发展观的老化研究，关注与年龄相关的个体间差异和个体内变化。毕生发展理论假定，个体发展是多维度的，在生命的不同阶段都包括获得和损失。该理论还认为，生物、历史和社会文化之间的相互作用，在不同生命阶段、不同维度上发生变化。相对于其他组合，特定组合可能对个体功能发展有更积极的或者更消极的作用。该理论还认为，在生命历程中，可塑性存在着与年龄相关的个体间差异和个体内变化，个体在某些维度上可以在一定程度上控制老化的进程。毕生发展理论的发展依赖于一系列精良的研究方法，包括微观层次研究、年龄比较研究，以及包括生物、认知、个性和社会人口学变量的宏观纵向研究。

毕生发展理论的出现

毕生发展理论表现为一种思考个体在整个生命周期中如何发展的方式。“发展是一个终身过程”，这可能是发展科学和老年学中最普遍、最被接受的观点。学者和研究人员越来越认识到，发展是终身的，在个体完整一生的背景下审视个体生命周期的特定阶段，可以最透彻地理解个体在特定阶段的行为。

一些纵向的连续性数据显示出毕生发展理论的作用。比如，研究人员通过研究苏格兰学校儿童的档案记录发现：晚发性痴呆和11岁时较低的智力测试成绩有相关关系。类似的，在另一项对长期连续记录的研究中，研究人员发现了个体年轻时较强的语言表达能力和晚年罹患痴呆的概率下降之间的关系。

任何一个生命发展阶段都有其独有的特征和意义，但是在生命的早期和后期也有一些相似性和连续性。事实上，毕生发展研究的其中一个重要问题，就是发展的连续性和不连续性。毕生发展理论不仅仅是对生命中不同阶段的发展变化进行分类，其核心是对发展本身的理解。例如，毕生发展理论家对个体的早期与晚期在发展过程和机制上有何不同很感兴趣。

毕生发展视角激发了人们对于人类发展本质的新认识。发展科学中一些主要的理论进步都可归功于毕生发展理论。但是，对生命发展的局限性认识也对理解人类的发展和衰老有所裨益。非正式的、早期的、肤浅的关于人类毕生发展的认识强化了人们对发展的刻板观念：生命早期大部分是获得，晚年主要是丧失。夏洛特·布勒（Charlotte Bühler）、埃里克·埃里克森（Erik Erikson）以及其他人的创新性贡献为20世纪后期的研究者铺平了道路，特别是保罗·巴尔特斯（Paul Baltes）、詹姆斯·E.比伦（James E. Birren）、伯尼斯·纽加滕（Bernice Neugarten）、马蒂尔达·莱利（Matilda Riley）和

K. 华纳·沙依（K. Warner Schaie），在毕生发展理论的概念化和应用方面取得重大进展。在21世纪初，毕生发展理论对老年学的学科发展有积极的影响。它帮助修正了与特定年龄段有关的负面刻板印象，例如对老化和老年人过度悲观的看法。可以预期，毕生发展取向在发展心理学以及对老年学的观察和理论构建中将会继续发展演变。

什么是老化？

发展指的是经验的积累，以及与时间相关的生物过程的结果，这些过程会影响一生的行为和生理状态。对于那些达到正常寿命的人来说，在生命历程的后三分之二时间里的发展都是“老化”。初级老化指的是一种与时间相关的生物过程的组合，它会影响神经结构和功能，并影响整个身体的生理机能。这些过程的许多结果是如此的可预测，以至于看起来它们似乎被一个“生物时钟”所控制。老化研究的主要目的之一是描述和解释初级老化和它所发生的环境之间的关系。第二个主要目的是描述和解释在发展过程中人的可塑性、储备能力、个人控制可受影响的程度。这两个目的一个是关注神经源性年龄效应，一个是关注心理性年龄效应。神经源性年龄效应是指行为上的变化，主要是初级老化造成的结果，而心理性年龄效应是指行为对大脑功能的影响。举例来说，随着年龄增大，脑前额叶区域萎缩，这可能导致回忆和工作记忆功能下降（神经源性年龄效应）；而长期选择性地使用认知策略也会导致前额叶区域萎缩（心理性年龄效应）。体格健全与认知功能及心血管健康之间的关系，是一个能够说明神经源性年龄效应的很好的例子。

与人得病的突然性相比，老化的过程是渐进的、累计的、隐匿的或者说是系统一般性的。所有的生理系统和感知觉系统都会发生渐进但不可避免的变化。也就是说，身体机能发挥效用的速度会逐渐变慢，而这种减速对于身体高级功能的影响是普遍和广泛的。

尽管老化过程是普遍的，但是其实人类老化最显著的特征之一是在老化过程中所表现出的各种异质性。例如压力、创伤、暴露于有毒环境、疾病和神经功能损伤等次级老化因素，会对初级老化和神经源性年龄效应产生影响。不仅初级老化的消极结果在不同个体间存在差异，老化、健康和生活方式交互影响的结果也是存在差异的。举例来说，研究表明锻炼身体对提高大脑皮质可塑性和认知活力起作用。因为锻炼确保了心血管健康，从而增加了大脑特定区域的血流量，促进了大脑额叶突触连接增加。此外，特定事件与环境（如使用“滴滴涕”“9·11”事件、艾滋病流行、互联网等）也会对特定出生队列产生明显影响。

除了巨大的个体间异质性外，个体内部在多个生物功能和行为功能维度上也存在差异。随着年龄增长，每个个体都变得越来越独特，这在一定程度上是因为每个人都会有独特的历史和生活经历。在生命历程中，每个人的“剧目”是由他在工作和人际关系中投入的时间和精力决定的。经过独特的人生经历，经过所处环境的塑造，个体既是自我的生产者，又是被无数因素所影响的产物。个体如何随年龄增长而变化？不同个体表现出哪些不同的变化？回答这两个问题是毕生发展研究的重要任务。

老化研究有一个主要的研究目标，那就是了解有代表性的生物体在有代表性的环境中发生的与时间相关（或与年龄相关）的规律性转变。老化研究中，使用理论的目的是提供一个背景或框架，以便对这些与转变有关的数据进行组织、描述、解释。理论帮助我们从观察中提炼出有意义的模式，如果我们不使用理论，观察所得的数据只能成为碎片化的难题，得出的结论也不那么有意义。在老化研究中，理论是将实验室的研究结果及日常的非正式观察与该领域新出现的主题联系起来的框架。

老化研究可以有很多种取向。比如说，老化可以被看作是一种复杂的、与时间相互作用的生物过程，或者是一种按年龄顺序排列的社会文化的组合过程。在老年学中，毕生发展理论的目标之一是捕捉与年龄相关的个体内部功能变化的全部个体差异，这些功能是老年人的特征。毕生发展理论通常被认为是一种“元理论”，是一套用于研究发展和老化的理论。从根本上说，毕生发展理论为研究老化提供了一种宽阔的视角。

毕生发展理论的特征

毕生发展理论的特征可参见表1。基于毕生发展观的老化研究，其基本认识之一就是“老化是多维的”。相关研究显示，在健康的成年人中，随着年龄的增长，个体间的差异越来越大，与此相一致，老化经历在很多维度上似乎产生了累加的个体差异。在整个生命历程中，我们都可以观察到个体在不同方面的获得（或增长）和失去（或减少），这为研究者们探索老化的积极特征提供了一个基本的框架。

表1　对老化研究中有关毕生发展理论特征的总结

1. 老化是一个累积的终身过程。
2. 老化是多维度和多方向的，因个体内部和个体之间不同特征的变化速度和方向（收益和损失）而存在差异。
3. 在整个生命周期中，功能具有可塑性和韧性，但在晚年生活中，可塑性和韧性较小。
4. 个体正在或可能在某些维度上积极决定老化过程，这在程度上存在与年龄相关的差异。
5. 老化是神经发生过程同发生变化的历史和社会文化背景相互作用下的产物；在生命周期的不同阶段，环境影响和生物影响所做的贡献因不同维度而异。神经源性影响和环境影响的某些组合可能具有独特的协同作用。
6. 老化研究涉及跨多个学科和专业（如人类学、生物学、医学和护理、心理学、社会学）的多个理论视角的整合。

例如，目前有关晚年生活中创造力和智慧的特征、老年期认知技能和专长的发展、晚年情绪性成熟的出现等问题越来越受到研究的关注。然而，所有关于描述晚年生命功能的积极方面和可能性的研究都必须是客观的，必须考虑到丧失和衰退的现实。在努力消除人们对老化的过度负面看法的过程中，毕生发展研究者还考虑了老化的语用学。这就是说，其中一组支持更平衡的老化观点的证据是基于对实际环境中发生的普通生活的观察，而不是基于传统的对标准化测验和测量变量的年龄比较，这些标准化测量通常对青年的特征敏感而对老年人的特征不敏感。另一组支持更平衡的老化观点的研究证据来自区分正常老化、无疾病老化和成功老化的研究。研究成功老化作为其目的之一，是确定个体的个人属性和环境特征，以尽量减少或避免老化和疾病造成的消极后果。从获得—丧失的角度来看，人类有一系列复杂的能力：在选定的一段时间内，一些能力在下降，一些能力在改善，还有一些能力维持不变。第三组支持更平衡的老化观点的研究是对年轻老人（young old）和年长老人（old-old）的区分，这种研究将人生最后阶段的脆弱性与老年早期的潜能区别开来。提升老化过程的潜能和局限的平衡观，是毕生发展理论的主题之一。

正如表 1 所示，毕生发展理论的另一个主题是可塑性、储备能力和个人控制。可塑性指的是个体改变的潜力。当完成不同任务的水平存在差异，或者在不同时间或不同条件下执行同一任务而水平存在差异时，个体内部可塑性是明显的。毕生发展理论的研究者对实际行为与潜在能力之间差距的发展性差异很感兴趣。他们认为，在整个生命过程中，最优化潜力是一直存在的，但是在生命的最后阶段，可塑性和潜在能力受到了限制，因此个体很容易受到与死亡有关的多种环境的影响。储备能力指的是个人用来应对具有挑战性的环境的有效资源。这在意义上与“韧性”这个词相似，它指的是应对压力事件的适应和恢复能力。个体表现出不同的能力来保护自己不受老化和疾病的折磨，并有效地适应压力性环境的要求。

成功的发展和老化，也涉及以各种方式有意或主动地影响自己发展进程的能力。个人控制是指一个人影响事件进行或任务执行的能力。例如，自我控制可能包括情绪选择、认知优化、情境管理策略以及决策。自我控制与额叶功能有关，如制订计划、对信息的排序和序列化、认知灵活性、刺激选择与抑制、工作记忆和执行控制功能等。根据任务性质的不同，控制功能也可能通过额叶与大脑其他区域的相互作用来进行调节。虽然在完成复杂任务时，个体表现会因年龄增长而下降，但个体可以通过控制任务选择和策略，从而优化行为的结果。

了解可塑性和自我控制这两个概念可以帮助我们更好地理解老化与行为之间的关系。以心血管功能或者肌肉效能做类比，在日常无压力的情况下，健康老年人的心血管和肌肉机能通常能够有效地发挥作用，但在压力环境下可能会受损。也就是说，当对维持表现水平至关重要的系统受到挑战或压力的时候，行为受到的负面影响最为明显。关于储备能力的研究有助于说明，在压力条件下老化对多种功能的影响作用。但是，关于储备能力和韧性的研究并没有告诉我们，在有积极支持的情境中个体发展可以如何获益。

毕生发展观的另一个主要特征是，认为发展和老化是持续不断的，同时受到神经过程和社会过程的影响。虽然“老化的原因是多方面的”这一提法显得太平常，但事实上大多数关于老化的理论都低估了老化的延展性。正如前文提到的，老化的前因后果是由普遍的生物规律决定的（如头发变白、绝经），而其他一些老化过程的前因后果则是特殊的，或者是队列特异的、文化特异的，又或者是时期特异的（如幸福、智慧）。

毕生发展的研究方法

毕生发展研究中最重要的方法论问题之一是对年龄、群体和测量时间进行区分，这三个变量都是影响发展的潜在因素。众所周知，目前观察到的许多年龄差异可以归因为队列效应（出生时间所带来的影响），而非年龄本身。在某些维度上，队列可以比日历年龄解释更多的差异。横断面研究对不同年龄组进行比较所发现的差异，可能混淆了队列差异和日历年龄差异。此外，多次测量的纵向比较又可能混淆了日历年龄变化和社会历史环境的变化。

毕生发展理论另一个重要的方法论问题与年龄变量的界定和意义有关。我们通常用出生到测量时所经历的年数作为年龄的指标，日历年龄也确实能捕捉或者准确地对应一些与年龄相关的现象。一些毕生发展取向的研究者会使用测量指数来代替实际年龄，因为这样能够更准确地表示与时间相关的变化（如脑成像测量）。此外，老化对行为的影响有时是不可逆转的，正如化学反应或核反应的不可逆转一样。但老化对行为的影响可能是连续的量的变化，而非质的变化；也可能是可逆的，而非不可逆的过程。还要注意的是，时间的意义是一个相对的、主观的维度，对消逝时间所做的标记并不能敏感地反映出时间的意义。实际上，在不同年龄阶段，对刚过去的 365 天不可能有同样的体验。此外，还有基于生物标志物的或生理学时间测量的生理时钟，以及基于与年龄的相关社会化程度的社会时钟。

既然年龄和时间本身并不是老化的原因，那么老化研究的目的其实是确定与年龄有关的变化的基本机制。通过解释老化发生的机制，研究者可以找出真实的指数变量和真实的原因变量来取代日历年龄（从出生到测量时点的时间）。例如，有一些证据表明，大脑储备能力的测量指标比日历年龄能更准确地衡量老化的作用。

还需要指出的是，毕生发展理论的多因素和多方向的观点已经推动了新的研究方法的发展，同时促成了新的分析方法的出现，从而可以对多自变量和多因变量进行跨年龄和跨时间的分析。毕生发展观还对研究者针对变化分析的思考起到明显的促进作用。

跨学科老化研究的意义

在达成了老化过程是多维和多因素的共识后，毕生发展理论的研究者们开始试图成为多学科的专家。尽管为了促进科学知识的进步通常需要高度的学科专业化，但是毕生发展理论的研究者发现，跨领域的相关专业知识是很有用的。这种跨领域的专业结合有时可能引发对老化过程的认识的重大改变。例如，老化是由多种因素影响造成的，这一观点被大家认为是理所当然的（但是之前大家并不这么看）。此外，从获得—丧失的角度来看，在终身经验可以从一定程度上帮助特定群体构建独特知识体系的情况下，老年人的思考和行动方式增加了一些机会，同时也限制了另外一些机会。

对更多不同年龄组和不同队列进行的比较和对比，体现了多学科结合和推断的优势。例如，发展行为遗传学的定量研究表明，独特的先天模式同后天学习的组合，可以产生最佳的发展结果。此外，有很多变异可以同时由基因和环境因素进行解释，个体的自我控制因此有了很大的发挥空间。

最后，还应该提到的是，毕生发展观对发展性干预和临床干预是有益的补充。如何弥补老化所带来的衰退是毕生发展研究的一个重要实践问题。一些老化研究人员一直致力于研究如何在日常环境中实现最优老化。还有一些目前流行的成人与老化认知发展模型强调“知识封装”和“选择性优化”的概念。一些毕生发展研究者强调，个体一生都在积极主动地建构和控制自己的发展过程。

结论

总之，毕生发展理论为描述老化带来的获得和丧失打造了一个理论基础。毕生发展理论的研究者们强调了生命周期内个体在变化的同时所存在的潜力和局限。受多种因素的影响，每个人的发展结果存在多种可能：有些结果更可能出现，有些结果可以变得更可能，而有些结果则是不可能出现的。毕生发展观对老化的研究强调了这样一种观点：老化既是生物和社会文化因素跨年龄时间交互的原因，也是这种交互的结果。基于这种认识的研究可以推进我们对人类老化的跨领域（生物学的、生物医学的、认知的、社会的）的理解。

另请参阅：照料；老年学的历史；生命历程；研究设计和方法；老化理论：生物学；老化理论：心理学；老化理论：社会学。

拓展阅读

Ball K, Berch DB, Helmers KF, Jobe JB, Leveck MD, Marsiske M, Morris JN, Rebok GW, Smith DM, Tennstedt SL, Unverzagt FW, and Willis SW (2002) Effects of cognitive training interventions with older adults. *Journal of the American Medical Association* 288: 2271-2281.

Baltes PB and Smith J (2003) New frontiers in the future of aging: from successful aging of the young old to the dilemmas of the fourth age. *Gerontology* 49: 123-135.

Buckner RL (2005) Three principles for cognitive aging research: multiple causes and sequelae, variance in expression and response, and the need for integrative theory. In: Cabeza R, Nyberg L, and Park D (eds.) *Cognitive Neuroscience of Aging*, pp. 267 – 285. New York: Oxford University Press.

Colcombe S and Kramer AF (2003) Fitness effects on the cognitive function of older adults. *Psychological Science* 14: 125–130.

Cotman CW (2000) Homeostatic processes in brain aging: the role of apoptosis, inflammation, and oxidative stress in regulating healthy neural circuitry in the aging brain. In: Stern PC and Carstensen LL (eds.) *The Aging Mind*, pp. 114–143. Washington, D C: National Academy of Sciences.

Deary IJ, Leaper SA, Murray AD, Staff RT, and Whalley LJ (2003) Cerebral white matter abnormalities and life-time cognitive change: a 16 year follow-up of the Scottish mental survey of 1968. *Psychology and Aging* 18: 140–148.

Dixon RA, Bäckman L, and Nilsson L-G (2004) *New Frontiers in Cognitive Aging*. New York: Oxford University Press.

Heckhausen J and Schulz R (1995) A life span theory of control. *Psychological Review* 102: 284–304.

Li S-C, Lindenberger U, Hommel B, Aschersleben G, and Prinz W (2004) Transformations in the couplings among intellectual abilities and constituent cognitive processes across the life span. *Psychological Science* 15: 155–163.

Raz N (2005) The aging brain observed in vivo: differential changes and their modifiers. In: Cabeza R, Nyberg L, and Park D (eds.) *Cognitive Neuroscience of Aging*, pp. 19 – 57. New York: Oxford University Press.

Reynolds CA, Finkel D, McArdle JJ, Gatz M, Berg S, and Pedersen NL (2005) Quantitative genetic analysis of latent growth curve models of cognitive abilities in adulthood. *Developmental Psychology* 41: 3–16.

Sliwinski MJ, Hofer SM, Hall C, Buschke H, and Lipton RB (2003) Modeling memory decline in older adults: the importance of preclinical dementia, attrition, and chronological age. *Psychology and Aging* 18: 658–671.

Stern Y (2003) The concept of cognitive reserve: a catalyst for research. *Journal of Clinical and Experimental Neuropsychology* 25: 589–593.

Wilson RS, Mendes de Leon CF, Barnes LL, Schneider JA, Bienias JL, Evans DA, and Bennett DA (2002) Participation in cognitively stimulating activities and risk of incident Alzheimer' s disease. *Journal of the American Medical Association* 287: 742–748.

译　者：唐　丹（中国人民大学）
校译者：陈香君（西安交通大学）

勃起功能障碍

H. 萨迪吉-内贾德 哈肯萨克大学医学中心，新泽西医科和牙科大学新泽西医学院，哈肯萨克，新泽西州，美国

A. D. 托 凯斯西储大学，克利夫兰，俄亥俄州，美国

R. 穆纳里兹 波士顿大学医学院，波士顿，马萨诸塞州，美国

词汇表

勃起功能障碍（Erectile Dysfunction，ED）——在至少6个月的时间内，阴茎无法持续或反复地达到或维持足够的勃起以完成满意的性行为。

引言

“勃起功能障碍”被定义为：在至少6个月的时间内，阴茎（penis）无法持续或反复地达到或维持足够的勃起以完成满意的性行为。美国国家卫生研究院（National Institutes of Health，NIH）对ED的这一定义弱化了性交作为衡量性功能的唯一客观标准，并允许对ED进行更广泛的解释。

据估计，美国有1 800万~3 000万男性受到ED的影响。衰老和伴随而来的相关疾病，如动脉粥样硬化性血管疾病、高血压、糖尿病、高胆固醇血症、心脏病，还有吸烟，均与ED的较高患病率相关。例如，“马萨诸塞州男性衰老研究”（Massachusetts Male Aging Study，MMAS）通过以人群为基础的问卷调查发现，在1 290名40~70岁的男性受访者中，有52%的人存在ED问题。

在近期的一项流行病学人口调查——美国“国家健康、社会和生活调查”（National Health Social and Life Survey，NHSLS）中，对1 410名18~59岁的男性的调查结果表明，男性性功能障碍的患病率为31%。该研究同时发现，早泄（21%）、性腺功能减退（5%）和勃起功能障碍（5%）是三种最常见的男性性功能障碍。

另外，为了比较老化对勃起功能障碍的单独影响，以及与老化密切相关的共病对它的影响，一组研究人员对65~75岁和75岁以上的男性分别进行了比较评估。研究表明，年龄本身增加了性功能障碍的相对风险（65~75岁男性的相对风险为2.2，75岁以上男性的相对风险为7.9）。此外，自我报告健康状况不佳、糖尿病、大便失禁或尿失禁也增加了所有年龄组受访者发生性功能障碍的风险。由此推知，老化及与老化密切相关的共病以单独或协同的方式导致勃起功能障碍。

解剖学

阴茎是由成对的阴茎海绵体（勃起体）和一条尿道海绵体（尿道周围的组织）组成的。射精是通过包绕在阴茎尿道球部的球海绵体肌有节奏的收缩来实现的。白膜则是围绕在海绵体外层的纤维组织。如果在白膜下层形成纤维组织斑块（又称"佩伦涅病"，Peyronie's disease），将导致白膜弹性下降、阴茎弯曲和静脉阻塞性勃起功能障碍。另外，腔隙空间指的是特定的、内皮细胞密布的血管空间，其存在于阴茎海绵体内部，被由结缔组织和平滑肌组成的小梁（trabecular）包围。

血管和神经在白膜和巴克筋膜（Buck's fascia）之间，巴克筋膜是包裹白膜的一层厚而有弹性的膜。阴茎的血液供应来自阴部内动脉及其三个分支：尿道球动脉（bulbourethral artery）、阴茎海绵体动脉（cavernosal artery of penis）和阴茎背动脉（dorsal artery of penis）。另外，副阴部动脉是阴茎海绵体额外供血的来源，对接受过盆腔根治性手术且阴部动脉供血不足的男性来说，副阴部动脉可能起着至关重要的作用。在阴茎海绵体内，海绵体动脉形成分支，即螺旋动脉（helicine artery），它们是通向腔隙的阻力血管。

从血窦流出的静脉血最初流入白膜下的静脉丛（venous plexus），并汇入导静脉（emissary vein）。导静脉直接或通过旋静脉穿透白膜并流入阴茎背深静脉。阴茎背深静脉、海绵体静脉和脚静脉，以及阴茎背浅静脉实现了白膜外静脉的运作。其中，大部分来自阴茎末梢的静脉流经导静脉和旋静脉后流入阴茎背深静脉，再流入圣托里尼膀胱前列腺丛（Santorini's vesicoprostatic plexus）。海绵体静脉和脚静脉引流近侧的血液流向圣托里尼膀胱前列腺丛和阴部内静脉（internal pudendal vein）。阴茎背浅静脉则从下垂的阴茎皮肤和龟头中引流血液，并与阴茎背深静脉交换。在每个海绵体中，成束的平滑肌细胞嵌入结缔组织和纤维的基质中，形成一系列内皮细胞内充满血液的腔隙。在松弛状态下，每个海绵体内的小梁平滑肌、中央海绵体和分支螺旋动脉收缩，腔隙静脉血便畅通无阻地从白膜下小静脉流到导静脉，再流到白膜外静脉。

阴茎的躯体神经受阴部神经（pudendal nerve）支配。阴部神经由支配会阴深横肌的传出神经纤维与源自阴茎和会阴皮肤的传入神经纤维组成。在勃起状态下，刺激传导至骶副交感神经，随后海绵体和螺旋动脉的扩张增强了流向阴茎的血流。同时小梁平滑肌的放松大大增加了海绵体的适应性，从而允许腔隙空间扩大以容纳增强的血流。白膜下小静脉被拉伸和压缩，从而形成阴茎勃起时静脉流出阻力的主要部位（静脉闭塞机制，veno-occlusive mechanism）。海绵体静脉和脚静脉（深静脉系统）是海绵体的主要引流系统，这些引流系统发生阴茎静脉瘘（phallic venous leakage）或维持功能障碍是导致静脉性勃起功能障碍的主要原因。

勃起的生理学

阴茎勃起是一种神经血管事件，它受海绵体平滑肌的收缩和松弛特性之间的微妙平衡所控制。正常的勃起组织由小梁平滑肌（约占 50%）和提供纤维弹性组织的细胞外基质（extracellular matrix，ECM）组成。海绵体平滑肌在松弛状态下收缩，在勃起状态下松弛。在受到性刺激后，最初收缩的螺旋动脉平滑肌会开始松弛。受体介导的平滑肌松弛是由鸟苷酸环化酶（guanylate cyclase，GC）和腺苷酸环化酶（adenylyl cyclase，AC）生成的环核苷酸［cyclic nucleotide。如环鸟苷酸（cyclic guanosine monophosphate，cGMP）和环腺苷酸（cyclic adenosine monophosphate，cAMP）］，蛋白激酶 G（protein kinase G）的激活，以及一系列分子事件引发的，最终抑制了肌质网钙泵（sarcoplasmic reticulum Ca^{2+}-ATPase，SERCA）和被隔离在肌质网的胞浆内的钙离子（Ca^{2+}）。

动脉平滑肌和小梁平滑肌的松弛导致了海绵体和螺旋动脉的扩张、腔隙处内皮细胞的动脉血流的增加和阴茎的充血。当小梁壁向白膜扩张时，同时压缩了白膜下小静脉的神经丛（即静脉闭塞机制），通过增加对血液流出的阻力，从而实现了阴茎硬度的提升。

与平滑肌的松弛反应相反，平滑肌细胞的收缩反应最终取决于肌球蛋白横桥（myosin cross-bridge）与肌动蛋白丝（actin filament）之间的相互作用，这一过程主要受细胞内游离的 Ca^{2+} 水平支配。血管收缩激动剂（agonist）与特定的质膜受体（plasma membrane receptor）的结合，以及随后各种细胞内信号转导途径的激活，促进了细胞内部存储的 Ca^{2+} 的释放。细胞外的 Ca^{2+} 也可能通过电压门控钙通道（voltage-gated calcium channel）进入细胞。游离的 Ca^{2+} 结合钙调蛋白（calmodulin，CaM），并促进其与肌球蛋白轻链激酶（myosin light chain kinase，MLCK）的结合。由钙调蛋白激活的 MLCK 使肌球蛋白的调节轻链（light chain of myosin，MLC）磷酸化，从而启动了横桥循环（cross-bridge cycling）和收缩。

勃起的中枢神经机制

勃起可由生殖器官的局部感觉刺激或中枢性心理刺激唤起。勃起的大多数关键的大脑调节功能都发生在下丘脑和边缘系统中。性欲驱动和心理性勃起（psychogenic erection）的启动发生在大脑的内侧视前区（medial preoptic area，MPOA）。下丘脑内的内侧视前区和室旁核参与视觉（枕叶区）、触觉（丘脑）、嗅觉（嗅脑）和想象（边缘系统）输入的整合。这些功能区将神经投射到胸腰椎交感神经中枢和骶副交感神经中枢。

脑干中的蓝斑（locus coeruleus）和旁巨细胞核（nucleus paragiganto-cellularis，nPGi）对性唤起有抑制作用，而多巴胺（dopamine）和催产素（oxytocin）则在内侧视前区和室旁核的勃起前反应中起到了重要的调解作用。5-羟色胺选择性重摄取抑制剂（serotoninselective reuptake inhibitor，SSRI）对性功能的抑制可能与 nPGi 神经所释放的 5-羟色胺（5-hydroxytryptamine，5-HT）投射到骶髓的过程受到抑制有关。生殖器皮肤的躯体感觉由阴部神经收集，阴部神经是反射性勃起（reflexogenic erection）的传入体。来自骶副交感神经中枢［S2—S4 脊髓节段（segments of spinal cord）］的自主神经纤维构成了阴茎反射机制的传出体，支配着阴茎平滑肌。阴茎勃起的控制可能是由反射性机制和心理性勃起机制的协同作用调节的。

在性刺激产生后，海绵体中的第一反应是神经元介导的动脉变得充盈。这使得神经元和内皮介导的小梁平滑肌发生松弛。随后阴茎的体积变化拉伸了白膜下小静脉，产生静脉流出阻力并增加了海绵体腔内压力。持续充盈的海绵体腔内压力升高，进一步压迫了白膜下小静脉。额外的动脉充盈则导致了阴茎轴向硬度（axial penile rigidity）。阴茎轴向硬度是指勃起的阴茎抵抗阴道阻力的轴向负荷引起的变形或屈曲的能力。决定阴茎轴向硬度的因素包括了海绵体腔内压力、阴茎组织可扩展的特性和阴茎几何学。阴茎勃起的消退是由神经元介导的平滑肌收缩和海绵体静脉引流的恢复实现的。

勃起的外周及神经机制

阴茎的勃起功能受自主神经（副交感神经和交感神经）及躯体神经（感官神经和运动神经）调节。阴茎的神经支配通过三组周围神经发生：交感神经、副交感神经和阴部神经。交感神经系统在调节勃起过程中的主要作用是启动并维持动脉和小梁平滑肌的收缩（松弛状态）。交感神经（T10—L2 脊髓节段）负责阴茎勃起的消退，以及通过腹下神经（hypogastric nerve）维持阴茎、前列腺和膀胱颈的松弛状态。

阴茎的主要兴奋性输入是由来自 S2—S4 脊髓节段的副交感神经提供的。这些神经通过骶骨孔伸延出脊髓，并作为骨盆神经（传出通路）向前伸展至直肠外侧，并和源于 S2—S4 脊髓节段的节前副交感神经相连接。骨盆神经与盆腔神经丛中的节后非肾上腺素能、非胆碱能（Non-adrenergic，non-cholinergic，NANC）神经纤维突触相连，从而激活支配海绵体的阴茎海绵体神经。

对骨盆神经的刺激会导致阴部动脉的血流量和进入海绵体腔的血流量明显增加。健康男性的阴茎刺激会引起反射性勃起，这主要是源于 S2—S4 脊髓节段的骶副交感神经控制。勃起反应的传入体是由阴茎背神经（阴部神经的一个分支）传导的，该神经将感觉冲动传递到脊髓。

一氧化氮（nitric oxide，NO）是 NANC 副交感神经输入的主要神经递质。NO 直接激活鸟苷酸环化酶。显然一氧化氮是按需合成的，人体对它几乎很少或没有存储需求。

研究表明，除了鸟苷酸环化酶外，一氧化氮还有其他可以直接与之相互作用的细胞内靶点（target），并可以独立于环核苷酸（如环鸟苷酸，cGMP）途径调节平滑肌细胞的收缩力。cGMP 的水平受磷酸二酯酶

（phosphodiesterase，PDE）调控，PDE 是一个作用于环核苷酸并能终止信号转导的水解酶（hydrolytic enzyme）的庞大族群。在哺乳动物组织中已经发现了几个具有不同环腺苷酸（cAMP）或环鸟苷酸特异性和组织定位的磷酸二酯酶亚族群。磷酸二酯酶能够水解 cGMP 和 cAMP，从而在勃起的生理过程中起关键作用。

目前，美国食品药品监督管理局（Food and Drug Administration，FDA）批准的用于治疗勃起功能障碍的口服药物是 5 型磷酸二酯酶抑制剂（phosphodie-sterase type 5 inhibitor，PDE5i）。

勃起功能障碍的病理生理学

血管性阳痿

动脉粥样硬化是器质性阳痿的常见原因。一般的血管危险因素，例如吸烟、高血压、糖尿病和高胆固醇血症，均可能导致动脉性勃起功能障碍。另外，与跌倒、运动意外事故或骑行受伤有关的对会阴部的直接撞击，以及与机动车事故相关的骨盆骨折所造成的钝伤，均可能导致阴茎或海绵体共同动脉的动脉闭塞性疾病。典型的临床表现是，患者抱怨勃起需要更长的时间（勃起自发性降低），而且相较以前的勃起硬度更低。

勃起所需的静脉闭塞机制的先决条件在于白膜下小静脉对白膜的延伸和压迫。阴茎在低的海绵体腔内压力下获得最大血量的能力是这种流出机制的正常功能，这一过程取决于小梁平滑肌松弛的完整性和勃起组织可扩展的特性。

功能性静脉瘘可能是由于压力或焦虑引起的海绵体平滑肌张力的增加引起的。同样，继发于慢性缺血的小梁结缔组织含量增加在静脉瘘或静脉性勃起功能障碍的发病机制中起着核心作用。最终，勃起组织的纤维化会导致勃起组织的可扩展性降低，继而使白膜下小静脉的伸展性变差，静脉流出阻力变差，无法保持阴茎的硬度。血管性阳痿最常与各种系统性疾病过程相关，例如动脉粥样硬化。另外，骨盆或会阴部损伤，以及勃起时的阴茎受伤（阴茎折断），其所造成的直接身体损伤可能导致阴茎特定部位的纤维化。

糖尿病

糖尿病是引起器质性阳痿的常见原因之一。据报道，高达 75%的糖尿病患者出现勃起功能障碍，且比一般人群要早 10~15 年。胰岛素依赖型糖尿病（insulin-dependent diabetes，IDDM。又称“1 型糖尿病”，diabetes mellitus type1）的青少年患者可能患有外周神经性阳痿，有 30%~85%的患者出现骶骨诱发反应异常。患有非胰岛素依赖型糖尿病（noninsulin-dependent diabetes，NIDDM。又称 2 型糖尿病，diabetes mellitus type 2）的成年患者通常有血管性阳痿，但糖尿病所带来的神经病变和血管病变的联合作用可能是造成大多数病例勃起功能障碍的原因。目前的研究已经证明继发于高血糖的神经形态学改变、内皮细胞损伤，以及平滑肌细胞损伤。此外，糖尿病患者的阴茎震动感觉阈值（vibration perception threshold，VPT）出现明显增加。

肾功能衰竭

约50%的透析依赖型尿毒症患者同时患有勃起功能障碍。但在肾移植术后，勃起功能可能得到改善。其原因可能是慢性贫血的逆转、尿毒症性神经病的改善或锌代谢异常得到纠正。在终末期肾病中，继发于降解率下降和生产量增加的高催乳素血症（hyper-prolactinemia）也可能与勃起功能障碍有关。

抑郁症

一项研究表明，抑郁症与勃起功能障碍之间有很强的相关性，与仅患有良性前列腺增生（benign prostatic hyperplasia，BPH）的男性相比，ED患者报告抑郁症状的可能性是前者的2.6倍。在另一项研究中，阿劳约（Araujo）等人发现，中年男性的抑郁症状与ED之间的关系具有统计学意义，并且这一关系不受重要的老化和准老化混杂因素，如人口学、人体测量、生活方式因素、健康状况、药物使用和激素的影响。尽管存在这些关联，但ED与抑郁症之间明确的因果关系尚未确定。

神经性病变

阴茎正常勃起需要血管和神经系统之间复杂的相互作用。如果这一相互作用的机制出现紊乱，则可能造成勃起功能障碍。这一紊乱可能在以下躯体机能发生相关疾病时出现。

1. 脑内的病变（例如帕金森病和脑血管疾病）。来自内侧视区或下丘脑的传出通路可能受到影响。

2. 脊髓的病变（例如脊柱外伤、多发性硬化症和骨髓增生异常）。脊髓损伤（spinal cord injury，SCI）是神经性阳痿最常见的原因。当T12以下脊髓节段损伤时，约25%的患者可能发生心理性勃起。然而，那些患有上运动神经元损伤的人无法实现心理性勃起。通常情况下，大约30%的颈椎损伤患者、70%的胸椎损伤患者和50%的腰椎损伤患者能够勃起。脊柱高位病变的患者通常勃起时间短，且不牵累海绵体，也不能射精。多达75%的多发性硬化症患者可能会出现性功能障碍。在极少数情况下，ED可能是多发性硬化症的唯一表现症状。反射性勃起常见于上运动神经元损伤的患者，可在低于病变水平的触觉刺激下发生。

3. 外周神经的病变（例如医源性和酒精性神经病、糖尿病）。在盆腔根治性手术，如前列腺切除术，手术过程中对海绵体神经的损伤并不少见。

内分泌失调

据报道，内分泌病（endocrinopathy）作为ED的主要病因的发病率为1%～35%。单独的睾酮缺乏症很少见，常伴随着明显的性欲丧失。有趣的是，即使是在有ED记录的男性中，血清睾酮水平异常偏低的发病率一直相对较低（6.6%）。尽管ED与衰老之间明显相关，但尚未发现总睾酮水平与勃起状况的一致相关性。但可以明确的是，血清睾酮水平会影响性欲、夜间勃起频率和性交频率。

其他对勃起功能有潜在影响的内分泌病包括低促性腺激素性腺功能减退症［hypogonadotropic hypogonadism，HH。如普拉德-威利综合征（Prader-Willi syndrome，PWS）和劳伦斯-穆恩-比德尔综合征（Laurence-Moon-Biedl syndrome）］，高促性腺激素性腺功能减退症［hypergonadotropic hypogonadism。如克兰费尔特综合征（Klinefelter syndrome）、腮腺炎性睾丸炎和外科睾丸切除术］，以及高催乳素血症（如垂体腺瘤和颅咽管瘤）。

外伤

骨盆骨折伴后尿道破裂和会阴部创伤，如与骑行事故相关的损伤，是造成与损伤相关的 ED 的例子。在骨盆骨折中，对神经血管束（neurovascular bundle）、阴部内动脉或阴茎总动脉的损害可能会导致勃起病理问题。

术后/医源性勃起功能障碍

主动脉或外周血管手术可能会损害下腹动脉的血流，从而导致阴茎动脉供血不足。有时，肾移植可能会导致勃起功能障碍，特别是当进行第二次对侧移植的下腹动脉血管端端吻合术（end-to-end vessel anastomosis。阴茎血流已经受损）时。然而，在大多数情况下，肾移植通过逆转慢性肾衰竭（chronic renal failure，CRF）造成的贫血和尿毒症神经病来改善性功能。

盆腔照射后的血管受损也是 ED 的原因：盆腔血管的闭塞性动脉粥样硬化加速，以及继发于腿部辐射后的海绵体勃起组织的纤维化，都可能导致辐射后 ED。另外，治疗难治性阴茎异常勃起（priapism）的外科手术（如阴茎海绵体尿道海绵体分流术，cavernospongiosal shunt），某些神经外科手术（例如腰椎椎板切除术、骶神经根切断术和阴部神经切除术，特别是在骶髓 S2、S3 和 S4 受伤时），经腹会阴直肠切除术，以及根治性前列腺切除术或膀胱前列腺切除术也与术后 ED 有关。

良性前列腺增生、下尿路症状和勃起功能障碍

布劳恩（Braun）等人的一项研究表明，勃起功能障碍与下尿路症状（lower urinary tract symptoms，LUTS）之间有很强的相关性。其中，72%的 LUTS 男性患者患有 ED，而没有此症状的男性中只有 38%的人患有 ED。在一项针对 1 274 名欧洲男性的研究中，ED 和射精功能障碍在 LUTS 患者中都很常见，也相当麻烦。人们越来越把射精功能视为与性功能相关的影响生活质量问题的主要因素。

毒品和药物

许多药物都与勃起功能障碍有关。表 1 列出了其中的一些药物。目前已经发现，多种毒品和药物会引起药物诱导的 ED。在降压药物中，噻嗪类利尿剂（thiazide diuretics）和 β 型阻滞剂（β-blockers）是 ED 中常见的罪魁祸首。抗精神病药物、三环类抗抑郁药（tricyclic antidepressant）和 5-羟色胺选择性

重摄取抑制剂（SSRI）也已被证明会导致ED。与其他抗抑郁药相比，安非他酮（bupropion。一种氨基酮类抗抑郁药）对性功能相对没有不良作用。

表 1　可能导致勃起功能障碍的部分药物清单

中枢神经系统类药物（Centrally acting agents）
甲基多巴（α-methyldopa）
可乐定（Clonidine）
乙醇（Ethanol）
大麻（Marijuana）
麻醉剂（Narcotics）
吩噻嗪（Phenothiazine）
利血平（Reserpine）
三环类抗抑郁药（Tricyclic antidepressants）
抗胆碱药（Anticholinergic agents）
抗组胺药（Antihistamines）
抗毒蕈碱剂（Antimuscarinic agents）
吩噻嗪（Phenothiazine）
三环类抗抑郁药（Tricyclic antidepressants）
抗雄激素药物（Antiandrogenic agents）
西咪替丁（Cimetidine）
醋酸环丙孕酮（Cyproterone acetate）
二吡酰胺（Disopyramide）
雌激素（Estrogens）
酮康唑（Ketoconazole）
螺内酯（Spironolactone）
高催乳药物（Hyperprolactinemic agents）
甲基多巴（α-methyldopa）
雌激素（Estrogen）
氟哌啶醇（Haloperidol）
丙咪嗪（Imipramine）
甲氧氯普胺（Metoclopramide）
阿片类（Opiates）
吩噻嗪（Phenothiazine）
利血平（Reserpine）

续表

交感神经药物（Sympatholytic agents）
阿尔法阻滞剂（Alpha blockers）
甲基多巴（α-methyldopa）
β 型阻滞剂（β-blockers）
溴苄胺（Bretylium）
胍乙啶（Guanethidine）
利血平（Reserpine），可乐定（Clonidine）
具有其他性质或引发 ED 机制不明的药物
地高辛（Digoxin）
ε 型氨基己酸（Epsilon-aminocaproic acid）
萘普生（Naproxen）
噻嗪类利尿剂（Thiazides）

评估

关于勃起功能障碍评估的理想方案是，将男性性功能问题完整纳入的生物—心理—社会医学模式。它包括：性腺功能减退、ED、射精功能障碍、下尿路症状和各种相关社会心理问题（包括抑郁、人际关系因素、伴侣问题和社会应激源）。深入了解潜在的与勃起功能障碍并发的社会心理问题，再怎么强调都不为过。

性史

在评估 ED 时，应重视 ED 的发病、持续时间和条件。同时关注有关性交、手淫和夜间勃起时的勃起质量的问题。经过验证的性调查问卷可能是评估勃起功能的有用工具。还应关注射精、性欲或性高潮方面的相关异常（或变化）。在某些情况下，突然出现阳痿或存在阳痿，但在其他情况下勃起功能正常，这可能是心因性病因。在性欲保持正常但勃起质量逐渐下降的情况可能是由器质性危险因素引起的。大多数阳痿患者尽管勃起质量较差或没有勃起，但仍可以射精。

疾病史

应询问患者过去和现在的医疗问题，包括糖尿病、高血压、吸烟、高脂血症（hyperlipemia），以及肝、肾、血管、神经系统、精神病或内分泌方面的疾病。通过询问腹部、骨盆或会阴外科手术或外伤史，包括可能的骑行受伤情况，可能获得有用的诊断信息。当运动员使用类固醇激素（steroid hormone）和相关物质时，还必须询问这些药物的使用情况，因为它们与血清睾酮水平降低和性欲降低有关。

心理评估

简短的社会心理史调查也是必不可少的，以便能深入了解与勃起功能障碍相关的个人层面、人际关系层面、社会和职业层面的潜在根源。在患者认为合适的情况下，与心理学家或性治疗师面谈可能有助于发现人格障碍或心理因素与ED的关系（例如导致ED的焦虑表现或导致焦虑的器质性ED）。另外，也应评估夫妻对计划治疗的期望。

体格检查

在体格检查中，除了对生殖器进行重点检查外，还应评估患者一般的身体习惯和第二性征的状况。可通过触诊确定睾丸的发育情况、大小和一致性。睾丸较小可能提示性腺功能减退是导致ED的原因之一。男性乳腺发育（gynecomastia）可出现在雄激素缺乏或雌激素过量的患者中。如果下肢周围血管搏动缺失，则应怀疑是血管功能不全。另外，还应仔细检查阴茎，包括阴茎伸展和未伸展时的位置，以评估阴茎长度的充分性、白膜中是否存在纤维化斑块（佩伦涅病）或阴茎畸形（deformity of penis）。也可通过阴茎和会阴皮肤的针刺试验（pin-prick test）获得有关阴部神经感觉功能的信息。同样，诱发球海绵体肌反射提供了有关骶骨反射完整性的信息。另外，对50岁以上的男性（如果是非裔美国人或有前列腺癌家族史的，年龄下调为40岁）进行前列腺直肠指诊以筛查前列腺癌也是十分必要的。

实验室检测

通过检查血清睾酮、黄体生成素（luteinizing hormone，LH）和血清催乳素水平，可以评估激素状况和下丘脑—垂体—性腺轴（hypothalamic-pituitary-gonad axis）完整性。可通过标准的血生化检查、全血细胞计数和体脂分布识别出血管危险因素。50岁以上的男性（如果是非裔美国人或有前列腺癌家族史的则为40岁）应进行血清前列腺特异性抗原（prostate-specific antigen，PSA）检查，以筛查可能的前列腺癌。目前尚无证据表明ED男性的前列腺癌的发病率更高。因此，该测试是用于常规男性筛查而不是与ED相关的前列腺癌筛查。如果黄体生成素和睾酮水平均下降，则怀疑为性腺功能减退，应咨询内分泌科专家。如果确认血清睾酮水平较低，则必须检查血清催乳素水平，以排除垂体腺瘤的存在。

专业诊断检测

1998年西地那非（sildenafil）的引入，极大地改变了对专门检测的需求。一般来说，尽管这些诊断方式有助于发现病理生理机制，并进一步确认在最初评估中发现的问题，但这些专业诊断检测也有缺点，例如，成本较高和相关的潜在并发症，导致常规检测的适应证减少。勃起功能障碍方面的专家进行的测试包括：夜间阴茎勃起试验（nocturnal penile tumescence testing，NPT）（用于对器质性和心理性勃起功能障碍进行一般评估），阴茎震动感觉度测定（penile biothesiometry。震动测试，用于评估躯体感觉传导通路），以及血管测试［使用双频多普勒超声检查（duplex Doppler ultrasonography）或少数情况下使用阴茎海绵体灌注测压（dynamic infusion cavernosometry）］。在十分罕见的情况下，如果医生怀疑即将进行显微血管动脉旁路术（microvascular arterial bypass）的患者患有动脉性 ED 的话，还须对患者进行选择性阴部内动脉造影（selective internal pudendal arteriography）。

治疗

性治疗

应鼓励有心理性勃起功能障碍且无明显器质性原因的 ED 患者与其伴侣接受短期疗程（6~12 周）。另外，对夫妻关系问题、性能力表现问题和性功能障碍沟通方式的专业评估也有助于提升患者的性功能。在器质性 ED 中，可以将行为研究方面的性治疗与多种其他形式的治疗相结合，以优化患者的治疗效果。性行为方面表现焦虑可能在接受药物或手术治疗后继续对夫妻的性生活造成困扰。因此，不能在有器质性病变的情况下循旧地放弃行为性治疗。

非手术疗法

5 型磷酸二酯酶抑制剂（PDE5i） 西地那非于 1998 年在美国上市，是美国食品药品监督管理局批准的首个用于治疗勃起功能障碍的 PDE5i。伐地那非（vardenafil）和他达拉非（tadalafil）均是已批准的用于治疗男性 ED 的 PDE5i。服用这三种药物的男性都禁止摄入任何形式的硝酸盐。

西地那非 西地那非是 5 型磷酸二酯酶（PDE5）的可逆抑制剂。在对激活一氧化氮/环鸟苷酸（NO/cGMP）途径的性刺激发生反应时，西地那非可抑制 PDE5，从而导致细胞内 cGMP 升高（分解代谢降低），使海绵体平滑肌松弛和勃起增强。与其他 PDE5i 一样，西地那非是按需服用的，推荐的初始剂量是在性行为前 1 小时服用 50 mg。西地那非的最大推荐剂量为 100 mg，每天不超过 1 次（每日使用次数限制与所使用的剂量无关）。65 岁以上患者、肾或肝功能不全的患者，以及服用抑制细胞色素 P450（cytochrome P450）药物［如红霉素（erythomycin）和西咪替丁（cimetidine）］的患者应从 25 mg 剂量开始。西地那非比许多其他磷酸二酯酶同工酶能更有选择性地抑制 PDE5，然而，它对 PDE5 的选择性仅是 6 型磷酸二酯酶（PDE6）的 10 倍。西地那非的这一特性可能是它在剂量或血药水平较高时观察到的色觉异常变化的基础。在禁食状态下，西地那非口服剂量在 30~120 分钟（中位数：60 分钟）内达到最大血药浓度（maximum plasma concentration，C_{max}），但高脂饮食可能会降低对西地那非的吸收。西地那非及其主要活性代谢产物的消除半衰期约为 4 小时，每 24 小时服用不超过 1 剂。当与高脂餐食随服药物，最大血药浓度将降低 29%，达到最大血药浓度的时间将相应增加 60 分钟。因此，建议在空腹时服用西地那非，以获得

最佳疗效。

对在过去6个月内发生过心血管问题、心肌梗死或严重心律失常的患者，或患有低血压（收缩压低于90 mmHg，舒张压低于60 mmHg）、重度高血压（收缩压大于等于180 mmHg，舒张压大于等于110 mmHg）、心功能不全、不稳定型心绞痛或视网膜色素变性的患者，须在医生监督下使用西地那非的处方。西地那非在下列人群中应谨慎使用：接受复杂的降压方案的患者；患有冠心病、临界性血压、肾或肝功能不全的患者；以及服用抑制细胞色素P450药物的患者。据报道，西地那非对具有不同病因和严重程度的勃起功能障碍均具有明显的改善效果；其上市后的数据与初始临床试验结果具有一致性。另外，西地那非也适用于脊柱裂、糖尿病、心血管疾病［包括服用β受体阻滞剂、血管紧张素转换酶抑制剂（angiotensin-converting enzyme inhibitors，ACEi）或钙通道阻滞剂（calcium channel blocker）的患者］和帕金森病等多种医学问题的患者，且耐受性良好。

须注意的是，在服用阻滞剂后4小时内不得服用西地那非。西地那非最常见的副作用是头痛（16%）、面红（10%）、消化不良（7%）、鼻充血（4%）和腹泻（3%）。西地那非禁止和硝酸盐［如硝酸甘油（nitroglycerin）和硝酸异山梨酯（isosorbide dinitrate）］同时服用。

伐地那非　伐地那非是美国食品药品监督管理局批准的高效PDE5i，其生物利用度和快速吸收性均较好。伐地那非（不分剂量）达到最大血药浓度的平均时间为0.6~0.9小时。其半衰期与西地那非相似（约4~5小时）。食用高脂膳食（脂肪含量57%）后，伐地那非的最大血药浓度可能降低20%；如果膳食中脂肪含量不超过30%（或更少），则其最大血药浓度不受影响。医生应提醒患者禁止同时服用伐地那非与硝酸甘油或其他有机硝酸盐。另外，西咪替丁和其他细胞色素P450抑制剂可提高伐地那非的生物利用度。一项关于伐地那非治疗糖尿病患者勃起功能障碍的安全性、耐受性和功效的Ⅲ期研究报告表明，性交成功率与糖化血红蛋白（glycosylated hemoglobin，HbA1c）水平和基线勃起功能障碍严重程度无关。

他达拉非　他达拉非是经美国食品药品监督管理局批准的另一种用于治疗ED的选择性的PDE5i。他达拉非最显著的特征可能是其较长的半衰期（达17.5小时）。他达拉非不存在明显的食物禁忌，且药效持续时间较长，得到了公众的广泛接受，并在较短时间内获得了重要的全球市场份额。至少两项关于他达拉非研究的结果表明，服用20 mg剂量后，勃起最早可在16分钟内完成，反应持续时间长达24小时。也就是说，服用他达拉非后，男性及其伴侣在24小时内可随时进行性行为，增加了性交自发性。其他研究还发现他达拉非能使ED患者在服药后36小时仍能发生性行为。

在2~25 mg的剂量下按需使用，他达拉非表现出良好的耐受性。研究发现，81%患有轻度至重度心理性、器质性和混合性ED的男性在服用他达拉非后勃起功能出现显著改善；相对比之下，服用安慰剂的男性中这一比例仅为17%。他达拉非的最常见的不良反应是头痛和消化不良。但是，大多数不良反应的强度为轻度至中度，经进一步治疗后减轻。肌痛是一种罕见的不良反应，与其他可用的 PDE5i 相比，他达拉非与肌痛相关的不良反应的发生率略高。他达拉非对 PDE5 的选择性远高于对视网膜酶中 PDE6 的选择性，这可能解释了为什么在本研究和类似研究中没有与他达拉非相关的视觉变化。

育亨宾盐酸盐（yohimbine） 育亨宾盐酸盐是一种 α_2-肾上腺素阻断剂。在 PDE5i 出现之前，育亨宾盐酸盐被广泛使用。然而，尚无证据表明育亨宾盐酸盐比安慰剂更有效。

真空助勃器（vacuum erection device，VED） 真空助勃器是一种非植入性的一线疗法，已获得美国食品药品监督管理局批准，作为非处方销售。真空助勃器的优点包括使用简单、成本低、相对安全和能够立即开始治疗等。但是它不适合有严重外周血管疾病的患者，所报告的不良反应包括射精困难、阴茎疼痛、瘀斑、血肿和瘀点。使用不便、阴茎肿胀和硬度的过早消退、阴茎疼痛和射精时疼痛等是真空助勃器停止使用的原因。

海绵窦内药物治疗 大多数 ED 患者可以通过海绵窦内注射血管活性药物进行治疗。诸多研究证明了海绵窦内药物治疗是一种兼具安全性和有效性的疗法，1995 年美国食品药品监督管理局批准的将前列地尔（alprostadil。又名“前列腺素 E1”）作为治疗 ED 的相关研究便在此列。尽管这种阴茎自我注射疗法非常有效（高达 70%～90%），但中止使用率也很高。对使用单胺氧化酶（monoamine oxi-dase，MAO）抑制剂、对这些药物过敏，以及容易出现继发性阴茎异常勃起［如镰状细胞病（sickle cell disease）/性状、白血病或多发性骨髓瘤］的患者，禁止使用血管活性药物进行海绵窦内药物治疗。前列地尔可单独使用，或与罂粟碱（papaverine）和（或）甲磺酸酚妥拉明（Phentolamine mesylate）联合使用。大多数研究表明，三药联合比单一疗法的疗效更高。在海绵窦内药物治疗中，勃起的开始时间通常从注射后约 10 分钟开始，持续时间可能在 30 分钟至6 小时。其治疗目标是使患者勃起的硬度足以穿过阴道，并持续 30 分钟至 1 小时。

海绵窦内药物治疗带来的一种罕见的严重并发症是阴茎异常勃起，可导致永久性的海绵体纤维化。对持续时间少于 24 小时的阴茎异常勃起，通常可以在不进行手术的情况下通过体液抽吸和腔内注射 α-肾上腺素能药物来治疗。

经尿道治疗

前列地尔 尿道内使用前列地尔是一种相对安全的治疗 ED 的二线药物疗法。在一项针对 1 511 名男性的双盲、安慰剂对照研究（double-blind，placebo-controlled study）中，65.9%的患者能够勃起且足以进行性交，50%在治疗后于家中成功进行了性交。在使用尿道内治疗时，应使用敷抹器（applicator）将含有前列地尔的药丸插入尿道内。与海绵窦内注射相比，尿道内治疗的优点在于比较容易将药物置于作用部位。一般而言，大多数专家并不认为经尿道治疗与海绵窦内药物治疗一样有效，其最常报告的不良反应为阴茎疼痛和低血压相关症状。

手术疗法

阴茎假体植入（penile prosthesis implantation，PPI）和显微血管动脉旁路术是针对ED的两大手术治疗方法。对海绵体静脉闭塞功能不全（corporal veno-occlusive dysfunction，CVOD）的患者进行的静脉流出阻力手术（静脉手术）通常不成功，也无法实现长期疗效。

阴茎血运重建（revascularization） 显微血管动脉旁路术（阴茎血运重建）是目前唯一有可能永久治愈ED的方法。然而美国泌尿外科协会（American Urological Association，AUA）认为这种手术是实验性的，并且只在经验丰富的专门中心进行。显微血管动脉旁路术最理想的患者是有会阴或骨盆外伤史且阴茎动脉造影（penile arteriography）显示有局部常见的阴茎动脉病变的年轻男性。那些具有广泛的泛血管病理的患者则不适合进行这种手术，因为同类的动脉粥样硬化病理可能会影响手术后几年的血运重建部分。血运重建是通过腹壁下动脉到阴茎背动脉的显微外科吻合术来实现的。在由经验丰富的显微外科医生进行手术时，适当选择符合严格标准的血运重建患者，也有助于保证长期疗效和提高患者满意度。

阴茎假体植入 阴茎假体植入是用于治疗器质性ED的手段。大多数外科医生将这种手术作为最后的手段，并建议在手术之前进行微创试验，包括口服药物治疗或海绵窦内注射。阴茎假体植入对保守治疗无效的ED有一定的作用。根据相关病例报告，即使是在最具挑战性的情况下，经验丰富的外科医生也能通过使用各种技术将阴茎假体成功地植入严重纤维化的阴茎中。

充气假体（inflatable prostheses） 在治疗ED时，使用多组件的阴茎假体可获得良好的功能和美容效果。组件式充气假体由一对中空圆柱体、一个液囊、一个泵和连接这些组件的管道组成。将中空圆柱体植入两侧阴茎海绵体内，泵植入阴囊，液囊植入膀胱前间隙的腹直肌后。当泵被压缩时，可以将液体从液囊主动转移到中空圆柱体中。按下液泵阀可以使液体被动地流回液囊，从而达到勃起消退的目的。组件式充气假体自面世以来经历了一系列重要的设计优化，从而减少了机械故障，并提高了使用的安全性和有效性。因此，目前组件式充气假体比非充气式假体更具有优势。

非充气式假体 非充气式假体不能提供组件式充气假体所能达到的美容效果。然而，非充气式假体较低的成本和较低的植入难度，使其在某些情况下成为患者更理想的选择。在非充气式假体中，半刚性装置通常由纯硅橡胶制成，其中心附近由金属丝缠绕，或具有金属电缆穿过中心的铰接式芯部结构。聚四氟乙烯涂层环是通过弹簧加载的电缆互锁和连接的。当电缆被激活后，可以将这些环锁定在直筒中。反之，这些环将不再被锁，从而使非充气式假体呈现松弛状态。与充气假体相比，非充气式假体的缺点在于器械的切屑和裂纹可能会导致假体失效。另外，非充气式假体较硬的设计也可能会导致较高的器械腐蚀率。

另请参阅：抑郁症；性、纵欲和亲密关系。

拓展阅读

Araujo AB, Durante R, Feldman HA, Goldstein I, and McKinlay JB (1998) The relationship between depressive symptoms and male erectile dysfunction: cross-sectional results from the Massachusetts Male Aging Study. *Psychosomatic Medicine* 60 (4): 458–465.

Braun M, Wassmer G, Klotz T, Reifenrath B, Mathers M, and Engelmann U (2000) Epidemiology of erectile dysfunction: results of the 'Cologne Male Survey'. *International Journal of Impotence Research* 12 (6): 305–311.

Giuliano F and Rampin O (2000) Central neural regulation of penile erection. *Neuroscience Biobehavioral Reviews* 24 (5): 517–533.

Goldstein I, Lue TF, Padma-Nathan H, Rosen RC, Steers WD, and Wicker PA (1998) Oral sildenafil in the treatment of erectile dysfunction. Sildenafil Study Group. *New England Journal of Medicine* 338 (20): 1397–1404.

Goldstein I, Young JM, Fischer J, Bangerter K, Segerson T, and Taylor T (2003) Vardenafil, a new phosphodiesterase type 5 inhibitor, in the treatment of erectile dysfunction in men with diabetes: a multicenter double-blind placebo-controlled fixed-dose study. *Diabetes Care* 26 (3): 777–783.

Ignarro LJ, Bush PA, Buga GM, Wood KS, Fukuto JM, and Rajfer J (1990) Nitric oxide and cyclic GMP formation upon electrical field stimulation cause relaxation of corpus cavernosum smooth muscle. *Biochemistry and Biophysics Research and Communication* 170 (2): 843–850.

Laumann EO, Paik A, and Rosen RC (1999) Sexual dysfunction in the United States: prevalence and predictors. *Journal of the American Medical Association* 281 (6): 537–544.

Morales A, Condra MS, Owen JE, Fenemore J, and Surridge DH (1988) Oral and transcutaneous pharmacologic agents in the treatment of impotence. *Urology Clinics of North America* 15 (1): 87–93.

NIH Consensus Conference (1993) Impotence. NIH Consensus Development Panel on Impotence. *Journal of the American Medical Association* 270 (1): 83–90.

Padma-Nathan H, Hellstrom WJ, Kaiser FE, Labasky RF, Lue TF, Nolten WE, et al. (1997) Treatment of men with erectile dysfunction with transurethral alprostadil. Medicated Urethral System for Erection (MUSE) Study

Group. *New England Journal of Medicine* 336 (1): 1–7.

Porst H, Padma-Nathan H, Giuliano F, Anglin G, Varanese L, and Rosen R (2003) Efficacy of tadalafil for the treatment of erectile dysfunction at 24 and 36 hours after dosing: a randomized controlled trial. *Urology* 62 (1): 121–126.

Rhoden EL, Teloken C, Sogari PR, and Souto CA (2002) The relationship of serum testosterone to erectile function in normal aging men. *Journal of Urology* 167 (4): 1745–1748.

Sadovsky R, Dunn M, and Grobe BM (1999) Erectile dysfunction: the primary care practitioner's view. *American Journal of Managed Care* 5 (3): 333–343.

Traish AM, Kim NN, Goldstein I, and Moreland RB (1999) Alpha-adrenergic receptors in the penis: identification, characterization, and physiological function. *Journal of Andrology* 20 (6): 671–682.

Witherington R (1991) Mechanical devices for the treatment of erectile dysfunction. *American Family Physician* 43 (5): 1611–1620.

译　者：黄国桂（北京大学）
校译者：刘菊芬（北京大学）

残疾、功能状态和日常生活活动

L. 费鲁奇 国家老龄化研究所，巴尔的摩，马里兰州，美国
C. 谷 港口医院，梅德斯塔尔研究所，巴尔的摩，马里兰州，美国
S. 班迪内利 佛罗伦萨卫生署，佛罗伦萨，意大利
J. M. 古拉尔尼克 国家老龄化研究所，贝塞斯达，马里兰州，美国

词汇表

残疾（Disability）——在特定的社会和环境条件下，个体在生理、认知和心理方面功能的丧失。

功能限制（Functional Limitations）——有机体或个体在功能发挥方面受到的限制。

损伤（Impairment）——组织、器官和躯体方面的损害或异常。

引言

与老年期相伴而生的是疾病易感、功能衰退和认知障碍，因此老年人会遭遇多病共存和残疾，并且通常会成为医疗护理资源的高消费者，尤其是在生命末期。测量和理解残疾水平对发展和实施预防、治疗和康复战略非常必要，成千上万的患病个体迫切地需要这些战略来改善他们的生活质量，并且减少（至少是部分减少）残疾所带来的生理、心理和照护成本方面的负担，而在目前，残疾人群还依赖于非正式的照护者和卫生保健系统。

残疾和残疾程度评定是一项艰巨的任务。残疾涉及在特定的社会和环境背景下个体的功能发挥。因此，残疾并不只是与个体有关，它是由于个体的身体、认知或者心理方面的能力与特定环境的特定要求不匹配造成的。个体对执行某一项任务难度的评估既受到自我认知的影响，也可能受到代偿或最小化功能下降而做出适应的影响。因此，对困难的自我认知可以预测即将发生的残疾，而这种残疾不宜被视为对照护者的需要，因为它可能已经获得了代偿。举个例子来说，有人在浴室里安装了栏杆，在被询问与洗澡的困难相关的问题时，他会回答并无困难。因此，与仅仅询问自评困难程度相比，综合询问个人和环境对残疾的适应情况，以及自评完成日常生活活动（activity of daily living，ADL）的困难程度，能够提供更加准确的信息。有一点非常重要，那就是即使是对高龄老年人而言，残疾也并非静态的：虽然很多人能够从疾病或损伤（比如跌倒和脑卒中）中得以恢复，但是其他人普遍经历了身体和认知功能的波动变化。总的来

说，测量残疾没有特定的金标准（gold standard）。

本文后续部分涉及为什么要测量及如何测量残疾。研究者描绘的从疾病到残疾的不同路径的范式是从最初的世界卫生组织模型不断演化而来，本文就从这里开始。世界卫生组织模型由萨阿德·纳吉（Saad Nagi）和美国医学研究院（Institute of Medicine）提出，并且被“国际功能、残疾和健康分类”（International Classification of Functioning, Disability, and Health，ICF）所采用。世界卫生组织模型还列出了一些公认的成熟工具，并把这些模式的基本原理应用到现实生活使用的测量工具中来。在本文的最后一节，我们探讨了一些被临床试验特别关注的问题，在老年医学研究中的残疾测量方面可能会用到。

为什么要测量老年残疾？

表1列出了测量老年残疾的主要原因清单。

首先也是最重要的是，老年残疾的测量提供的健康状况方面的信息是独立的，并且优于其他更传统的、医疗的和以疾病为导向的方法。现有证据一致表明，很大比例的老年残疾是慢性病，尤其是共病的直接后果。脑卒中、大面积心肌梗死、肺炎和髋部骨折都是引发严重残疾的灾难性事件。但在他们发展为严重残疾的那一年中，只有不到四分之一的老年人有需要住院的急性诊断，而其余的人并无特定的诱发疾病被诊断出来。似乎还有更多意外发现，如受到共病影响的老年人报告的残疾似乎多于同龄中没有类似疾病的个体，并且这个风险随着被诊断出的共病数量的增加而逐渐升高。因此，残疾是平衡了不同程度身体状况的负面影响与个体的总体健康和活力的结果。通过传统的测量健康状况的方式获取同样的信息几乎不可能，因为共病可能以无限多的组合、相对严重程度，以及协同和代偿模式发生。

表1　测量老年人群残疾的主要原因

1. 残疾评估提供了老年个体整体健康状况的信息，并独立于其他以疾病为导向的健康测量。
2. 残疾评估对负面健康结果提供了重要的预测信息。
3. 残疾评估有助于预测当前和即将面临的照护需求的种类和数量。
4. 残疾评估可能在法律角度非常重要，可用于建立支持服务分配的优先顺序。
5. 残疾评估有助于做出有关当前和未来老年健康照护需求的决策。从流行病学的视角来看，残疾评估对研究诱发危险因素及随后的促成因素必不可少。
6. 对残疾的测量应当被任何以提高老年人群生活质量的、直接或非直接的临床试验视为金标准。

把医疗条件作为治疗过程中优先考虑的目标很可能会对患者现在和将来的功能状态造成影响。对老年个体而言，从积极有效的生命状态向残疾的转变是他们人生经历的一

个关键点。一般认为，健康预期寿命是反映人群健康水平的重要指标，衡量任何干预的金标准是健康和生活质量的改善程度。

对功能状态的测量提供了多种负面健康结果的重要预后信息，包括残疾进展的风险、医疗保健利用率、私人疗养院准入许可和死亡水平的信息。一个简单的下肢测试所提供的关于基本日常生活活动（basic activities of daily living，BADL）中残疾进展风险的信息，优于任何已知的生物医学和临床风险生物标志物。临床肿瘤学家很早就认识到了这一点。“卡劳夫斯基人体机能状态量表”（Karnofsky performance status scale）最初被用于测量患者的活动水平和帮助需求，但是不久便被用于不同类型癌症的大多数预后指标效果的修正因子，以及被用于临床试验中癌症受试者的分层。尽管近来已经有了更加精确的针对癌症患者功能状态的测量方法，但在肿瘤学中这种人体机能状态仍被广泛地应用于预后目的。

在现在和不远的将来，对老年残疾人群来说，残疾评估提供了残疾类型和所需的照护数量方面的独特信息。测量残疾有助于发展和完善精细的照护计划，追踪患者的临床进展，尤其是在康复方面，可以了解患者的状况是仍在改善还是趋于稳定。对居住在社区的老年人来说，评估照护需求对适当服务的配给十分关键。举例来说，私人疗养院和家庭护理的资格往往依据残疾水平和自理能力来制订。进一步来说，残疾水平决定了平衡正式和非正式照护的最优选择，在为残疾人群提供最好的照护的同时，最大限度地减少照护者的压力并降低入住护理机构的风险。从法律角度来看，评估残疾非常重要，如在保险、医疗赔偿和驾驶资格等方面。在群体水平上收集的残疾测量数据常常被用来为有关当前和未来老年人的卫生保健需求的决定提供信息，并且对长期照护和支持服务的需求做出预测。从流行病学的角度来看，测量残疾对识别功能下降的前置性危险因素和加剧因素至关重要。一般而言，残疾比例随着年龄的增加而升高，并且女性的残疾比例和程度都要高于男性。不幸的是，关于残疾发生的不同原因方面的数据非常少，并且男性和女性发生残疾的风险差异也没有被充分认知。

从研究角度来看，在流行病学和观察性研究中，测量残疾对确定残疾的危险因素非常重要，这些因素可以被设定为预防性干预的目标。关于影响老年残疾的主要危险因素的综合性清单仍处于发展阶段，特别是暂时性和短期残疾的危险因素，以及特定任务相关残疾的危险因素是目前该领域研究的重点。

最后，在任何间接或直接旨在改善老年人生活质量的临床试验中，残疾测量指标应作为金标准。现有共识认为，功能状态，尤其是 ADL 丧失水平，是影响成人和老年人群感知生活质量的最重要因素。

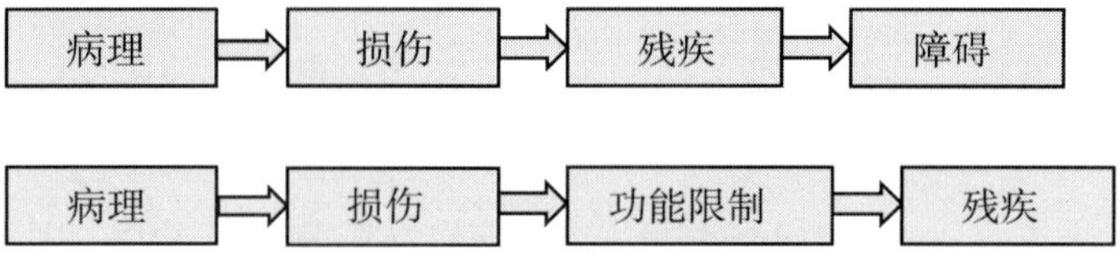

图 1　从疾病到残疾的理论路径

引自：上图，WHO（1980）；下图，Nagi（1965）and Institute of Medicine（1991）.

操作范式：导致老年残疾的因果路径

在过去的 20 年中，很多测量残疾的工具被发展和验证，包括自我报告测试和客观性的标准化功能测试。和众多可用的工具形成鲜明对比的是，缺乏一致性的用来组织和划分测量类型的框架。一个基本的测量划分方法是跟踪伤残进程的不同阶段，这取决于他们是否被确定为损伤、功能限制或者残疾。

“世界卫生组织的损伤、残疾和障碍模型”（WHO model of Impairment, Disability and Handicap, WHO ICIDH）可能是对导致疾病状态的因素进行分类的最早的系统尝试，被定义为疾病的主观性和功能性经验（参见图 1）。这个路径的基础是“病理”，它界定了影响到某一器官或者器官系统的宏观的、微观的、生化结构或者功能方面所发生的任何异常。这个路径的第二阶段是“损伤”，被界定为整个有机体功能和结构的任何异常，独立于特定的环境、症状或迹象之外。第三个阶段是“残疾”，来自有机体和环境的交互作用，被界定为个体目标导向行为或者行为能力的任何改变和受限，这种局限常常表现为依赖性。最后一个阶段是“障碍”，被界定为一个人社会状态（地位）的任何改变，包括社会角色的改变。此路径的每个阶段都应当被认为是独立的，有可能被前一个阶段所决定，也可能不会；有可能引发下个阶段，也可能不会。举例来说，冠心病可能不会带来任何损伤、残疾和障碍。

ICIDH 模型的分类是很好的，因为它创建了一种功能测量的分类方法。然而事实证明，把这一理论转化为实践非常困难。当需要考虑环境影响的时候，测量单一或者多重损伤对整个机体功能的影响几乎不可能。举例来说，当患者参加了医院的一个康复项目，其机体功能改善的进展状况应当在标准化的环境中以实际表现为基础进行评估，然后在他回家之后，再结合环境因素的影响进行测量。这两种测量方式的差异提供了潜在收获方面的信息，这些收获可以通过减少环境挑战来获得。“障碍”这个概念的使用价值常常受到老年人实际操作困难的影响，在卫生保健服务中，几乎完全倾向于从环境角度看待“障碍”，以及在不同的情况下附加在“障碍”一词上的不同（有点消极）概念。

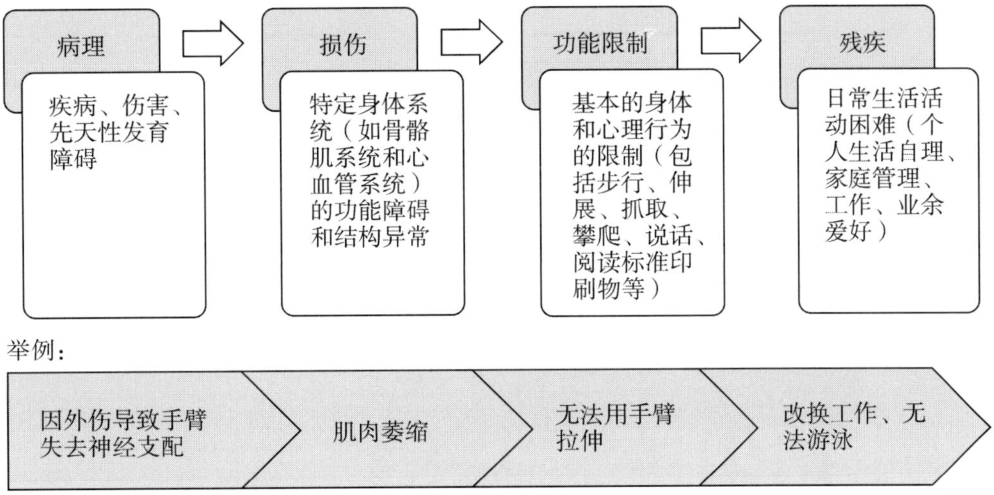

图 2　从疾病到残疾的理论路径（纳吉，1965）和操作化定义（韦尔布鲁日和杰特，1994），以及《美国残疾人》报告中的例证（美国医学研究院，1991）

20 世纪 60 年代初，社会学家萨阿德·纳吉提出的“活动性病理、损伤、功能限制和残疾模型”（active pathology，impairment，functional limitations，and disability model）超越了上述路径的一些局限，美国医学研究院在 1991 年改进了这个模型。纳吉认为，“功能限制”被界定为在个人或者整个有机体功能表现方面受到的限制。相比而言，“残疾”被界定为在一定的社会文化和自然环境条件下，社会角色和社会表现的受限。所以，在纳吉看来，“残疾”这个概念代表了个体的能力与社会现实和自然环境约束下的需求矛盾，并且因此与传统的康复路径保持一致（参见图 1 和图 2）。

纳吉认为，“活动性病理”包括正常细胞过程的中断和同时进行的有机体自我修复的努力，这个概念和当前对与年龄相关的衰弱发病机制的认识高度一致。损伤涉及组织、器官以及人体系统层面的亏损和异常。为了在个体层面描述异常状态的独特结果，纳吉使用了“功能限制”这个概念来表示个体基本表现受到的限制。韦尔布鲁日和杰特尝试操作纳吉的这个模型以实现测量。美国医学研究院的报告《美国残疾人》（*Disability in America*）进一步深化了纳吉在概念上对残疾的认识。正如纳吉所提出的那样，利用“功能限制”和“残疾”的不同定义的一个重要优势是，可以把从疾病到残疾的路径视为连续的过程。这个理论路径的有效性被大量文献所支持，相应的证据表明，利用这个路径我们可以处理有关照护和预防的实际问题，这些问题可以对健康产出造成现实影响。

为了回应对 ICIDH 分类系统的批评，世界卫生组织在 2001 年使用新的名称时发布了经过大幅修改的版本，称为“国际功能、

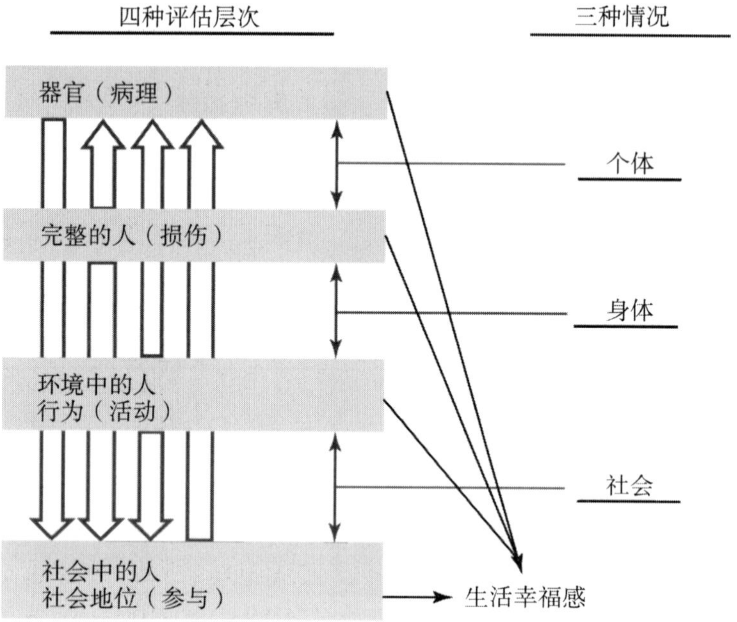

图 3 "国际功能、残疾和健康分类"疾病模型

残疾和健康分类"（参见图 3）。ICF 模型清楚地移入了残疾测量范式：用一种客观的方式从描述残疾、损伤和功能障碍的减小到描述躯体结构、功能、参与方面的内容。在 ICF 体系中，"功能"这个概念涉及所有的躯体功能、活动能力和参与，而"残疾"这个概念涉及损伤和外部强加的活动限制或者参与限制的相互作用（参见图 3）。此外，"残疾"和"功能"被视为健康状况和相关因素共同作用的结果，这些相关因素包括社会态度、建筑特征、性别、年龄和应对方式。人的功能被分成了四个主要的层次：身体和部分身体、完整的人、环境中的人和社会背景下的完整的人。

"器官（病理）"层次近似于对疾病及其严重程度的医疗审定，这是 ICF 分类方法的一个扩展。"完整的人"层次符合损伤发生路径，包括有关疾病、混乱和伤害的直接结果的信息，以及建立医疗和康复服务的需要。但这种损伤发生路径忽略了一个事实，即残疾并不能从现存的损伤推断，这也导致产生低估的趋势。"环境中的人"路径必须直接获取关于残疾人群的日常生活信息，从而评估对社会和支持服务的需要。这个路径的主要局限在于，需要做一份详尽的重要日常活动清单，并且倾向于把残疾视为一维的（残疾程度在不同活动中的单独评价可能被夸大），以此作为这个路径的主要限制。在随后被提到的进一步的限制中，ICF 模型中的环境因素路径层次，缺乏对能够深刻影响人的功能状态的促进和阻碍因素的考虑。对 ICF，个人、身体和社会组成之间的交互作用导致了影响因素的独特组合，并对个体的生活幸福感造成了具体的影响（参见图 3）。由于 ICF 模型仍处于发展阶段，本文采用的功能状态测量是基于纳吉的模型，而扩展的路径已经被韦尔布鲁日和杰特尝试过。

老年残疾如何测量?

由于选择工具的限制，接下来对测量残疾的描述适用于对衰弱老年人群体的研究和医疗实践。我们对每个工具都给出了简短的描述和注意事项。测量功能限制和残疾的工具会被分别描述。大致可以概括为，对功能限制的测量比较客观，以现实表现为基础，而对残疾的测量则倾向于自我报告。表 2 表明了对功能限制的一般性测量，而表 3 则展示了对残疾的测量。

表 2 功能限制评估工具举例[a]

评估工具	评估方式
上肢	
普渡钉板测验（Purdue Pegboard Test）（普渡研究基金会）—— 旨在评估双手、手指、手臂大幅运动的协调性，并发现指尖灵活性的测试	客观
定时手动作业（Timed Manual Performance，TMP）—— 用于评估老年人的动手能力或认知能力，这些能力对独立性有很强的预测作用，反映增长的照护需求和护理机构需求	客观
臂、肩、手残疾测度量表（Disabilities of the Arm，Shoulder and Hand Scale，DASH，Scale）—— 包含 30 个项目的调查问卷，用来评估症状和上肢功能状态	自我报告
上肢活动能力量表（Upper Extremity Physical Performance Battery，UEPPB）—— 结合 3 种标准测量（威廉手感试验、手写签名、功能性前伸）并给出一个综合得分	客观
多维的	
身体活动能力测试（Physical Performance Test，PPT）—— 对老年人整体功能的测试，用于预估死亡率、护理院配置和跌倒风险	客观
纳吉活动性（Nagi Activities）—— 参考了用来衡量功能限制状况的 9 种基本活动类型，这是对卫生保健效用的有力预测	自我报告

续表

	评估工具	评估方式
	罗索·布雷斯劳活动性（Rosow Breslau Activities）—— 评估具有较高水平生理机能的人执行日常生活任务的相对难度	自我报告
	生理缺陷指数（Physical Disability Index，PDI）—— 主要用于临床，由训练有素的专业人员对其上下肢的几个关节和肌肉群的被动活动范围和力量进行评估	客观
	健康调查简表（躯体功能）（SF-36 Physical Function）—— 一种特别有用的健康调查简表，用于比较一般人群和特殊人群，而非个体	自我报告
	身体能力评价（Physical Capacity Evaluation，PCE）—— 选定 13 个工具性日常生活活动所必需的代表肌肉骨骼活动能力的项目，对这些项目的表现进行评分并取均值。不佳的表现与日常生活活动执行的困难相关	客观
	躯体功能表现持续性量表（Continuous-Scale Physical Functional Performance）—— 评估在标准条件下和连续队列中模拟普通日常生活活动测试的最大表现，对测量以提高耐力为目的介入试验的结果是一个好的选择	客观
下肢（包括平衡）		
	老年人流行病学研究（Epidemiologic Studies of the Elderly，EPESE）的短期身体活动能力测试（Short Physical Performance Battery，SPPB）—— 一种基于表现的综合测试，对负面健康结果有较强的预测作用，包括残疾、护理院准许进入、死亡率、住院治疗和卫生保健资源的利用	客观
	蒂内蒂步态和平衡量表测试（Tinetti Gait and Balance Scale Test）—— 测试平衡性和步态，如果表现不佳则表明有较高的跌倒风险	客观
	阿夫伦德移动性量表（Avlund Mobility Scale，AMS）—— 由两个分量表（Mob-T and Mob-H）合并而成，较高的分数代表较好的功能	自我报告
	定时站立和行走（Timed Up and Go，TUG）—— 提供对独立生活所必需的运动技能的测试，主要用于医院环境，特别是对神经运动障碍患者的评估	客观
	伯格平衡量表（Berg Balance Scale，BBS）—— 一种常用的对姿势控制及其稳定性的评估方法，用于评估在 14 项任务中的表现，对体弱的老年人和有神经肌肉障碍的患者进行康复干预后的反应提供证据	客观

续表

评估工具	评估方式
功能性延伸（Functional Reach）—— 一种测试动态平衡的方法，与测试压力平台上压力中心的偏移紧密相关。有研究表明，小于或等于 15. 24 cm（6 英寸）表明跌倒的风险很高	客观
健身或耐力	
6 分钟步行（Six-minute walk）—— 评估患有心脏病或呼吸系统疾病的成年人的运动耐量和老年人的运动能力，可以预测左心功能不全和晚期肺部疾病患者的住院率和死亡率	客观
健康 ABC 长廊步行（Health ABC Long Corridor Walk）—— 纵向测量功能良好的老年人的心肺功能，还提供了对老年人最大摄氧量的有效估计，因此为临床与研究提供了安全的健康评估	客观
功能性训练测试（Functional Fitness Test）—— 测量日常生活中与功能能力相关的参数，并评估未来身体机能加速下降的风险，有助于识别有行动能力丧失风险的老年人	客观

[a] 无论是自我报告还是基于表现的测量工具都已公布，这个列表由于受到经费所限并未针对特定疾病所带来的功能限制。

表 3　测量老年人群残疾状况的工具举例

日常生活活动指数
扩展的日常生活活动量表（Extended Activity of Daily Living Scale）
巴氏量表（Barthel Index）
功能独立性量表（Functional Independence Measure，FIM）
工具性日常生活活动量表（Instrumental Activities of Daily Living，IADL）
卡诺夫斯凯计分（Karnofsky Performance Score，KPS）
最小数据集（Minimum Data Set，MDS）残疾量表
人口普查与调查办公室（Office of Population Census and Surveys，OPCS）残疾量表
诺丁汉健康量表（Nottingham Health Profile，NHP）残疾量表
疾病影响量表（Sickness Impact Profile，SIP）残疾量表
健康评价问卷（Health Assessment Questionnaire，HAQ）残疾量表
世界卫生组织十一国研究残疾量表（The WHO Eleven-Country Study Disability Scale）
伤残调整生命年（Disability-Adjusted Life Year，DALY）

日常生活活动指数

对日常生活活动指数的测量采用问卷的形式。该指数用二分类变量（依赖或独立）来衡量6个ADL功能（以依赖性递减的顺序），包括沐浴、穿衣、如厕、床椅转移、禁欲和进食，将其独立性按3种等级进行评定，提问时间被限定在过去的两周。这个工具被长期广泛地使用，并被普遍认为优于现有的其他测量残疾的方法。ADL指数对一些消极的健康结果具有很强的预测效度。

诺丁汉扩展的ADL指数

诺丁汉扩展的ADL指数的设立，最初是以邮寄问卷的形式来监测社区康复后的患者的日常残疾程度，尤其是针对急性脑卒中的患者。这个工具把21种活动分为4类：移动性（例如：能否在不平的地面行走）、厨房活动（例如：能否洗刷餐具）、家庭活动（例如：能否完成洗衣行为）和休闲活动（例如：能否外出社交）。这是一张简单的自填问卷，患者可以在大约10分钟内完成，它提供了一个扩展的ADL评分，这个分数与更加复杂的、自我报告式的残疾测量访谈得出的结果高度相关。

巴氏量表

巴氏量表是一个等级顺次的量表，用来测量慢性病和残疾患者在个人照护和行动方面的功能独立性，特别是在康复环境中。现存两个主要的版本：初始的10项目版本和扩展的15项目版本。10项目版本用得最多，涉及的独立性评估项目包括进食、床椅转移、梳洗、如厕、沐浴、在平地上行走、上下楼梯、穿衣和控制（大小便）排泄。巴氏量表除了用来评估残疾，还可以监测残疾随时间发生的变化。其评分方法考虑了被评估者在完成每个项目时是否得到了帮助。每一项分数相加得出总分，分数越高表明独立性越强。

功能独立性量表

功能独立性量表是一种包含18个项目的测量残疾程度的工具，其测量依据是照护负担。普遍认为FIM是一个多学科的组合，但是这种评估常常由单个专业人员进行。每个项目被划分为1~7个等级，“1”表示完全不能独立，“7”表示完全独立。通过对特定项目分数的加总形成3个独立的FIM得分，即总分（所有18个项目分数的加总），运动功能得分（FIM运动功能：进食、梳洗、沐浴、上半身穿衣、下半身穿衣、打扮、小便控制、大便控制、床椅转移、使用浴缸或淋浴、步行和上下楼梯），以及认知得分（FIM认知：听觉理解力、语言表达、社交、问题解决、记忆力）。老年人口FIM的信度和效度受到很多研究的支持。

工具性日常生活活动量表

劳顿（Lawton）和布罗迪（Brody）在1969年介绍了“工具性日常生活活动”这个概念。它被界定为在身体或者认知活动中表现出的能力，这种能力更为复杂，但对独立生活来说仍然重要。劳顿和布罗迪的IADL指数包括7种活动：使用电话、开车或乘坐公共交通工具旅行、购买食物或衣服、准备饭菜、家务劳动、用药和管理钱财。每个标准都被分为“独立”“需要协助”和“依赖他人”3个等级。

卡诺夫斯凯计分

卡诺夫斯凯计分是一个简单迅速的评估患者ADL表现的方式，在内科肿瘤学中广为使用。该评分已被证明不仅在跟踪疾病进程方面有用，还可以用来获得预后信息。肿瘤诊断中卡诺夫斯凯得分最高的患者在他们的疾病期内往往有最高的生存质量。评分由保健专业人士根据以下等级进行主观分配：100分表示正常，没有疾病迹象；90分表示能够在带有较小病征的条件下完成正常活动；80分表示在带有一些病征的条件下需努力才能进行正常活动；70分表示能够照料自己但无法进行正常活动；60分表示偶尔需要协助，多数时候需要照护；50分表示需要相当程度的协助；40分表示残疾，需要特殊的协助；30分表示严重残疾；20分表示病情严重，需要积极的支持性治疗；10分表示病入膏肓。这些分数之间还可以增加中间指标或者小数点。这个工具以大卫・A. 卡诺夫斯凯的名字命名，他在1949年描述了这个量表。

最小数据集残疾量表

最小数据集残疾量表是一种初步筛查和评估健康状态的标准化工具，用于测量私人疗养院居民的身体状况、医疗水平、心理状态和社会功能。MDS模型中的数据和健康状态项目一般分为以下几类：人口特征、既往病史、认知、沟通与听力、视力、情绪或行为模式、社会心理健康、躯体功能、自制、疾病诊断、健康状况、药物使用、营养和牙齿状态、皮肤状况、活动模式、特殊治疗及程序、放电电位。这个残疾分量表具有等级结构，并且提供了与自我报告的日常生活活动评估工具高度一致的信息。MDS模型在美国所有的私人疗养院居民中定期使用。

人口普查和调查办公室残疾量表

本量表由英国人口普查与调查办公室根据“世界卫生组织的损伤、残疾和障碍模型”制订。此量表也许是目前最为全面的工具。然而，它更多地被用于流行病学研究，而不是用来评估单个患者。此量表评估了分布在以下领域的25种活动：行为、运动、自制、智力功能、敏捷度、个人护理、意识、沟通、所及范围及延伸、听力、视觉、外形的毁损、进食和消化。

诺丁汉健康量表残疾量表

诺丁汉健康量表是一种成熟的健康状态测量工具，是 20 世纪 70 年代末在英格兰发展起来的一种自我管理问卷。在这份由两个部分组成的问卷中，有 45 个项目是从来自 700 多位患者的 2 000 多份关于疾病影响的原始报告中挑选出来的。此工具在很多国家被广泛使用，包括有关残疾的 8 种身体移动性分量表不仅有效、可复制，而且对变化反应敏感。

疾病影响量表

疾病影响量表是一个测量健康状态和疾病影响的多维的工具，被广泛应用于描述和监测老年个体的健康状态。此量表包含 12 种不同类别、136 个项目：睡眠和休息、情绪行为、移动性、身体照料和运动、进食、步行、休闲和娱乐、社会行为、沟通、警觉行为、家庭管理、工作等。关于移动性和步行类别的问题已经被用在很多研究中，并且提供了有关功能限制和残疾方面的信息。可以计算总的、分类别的和明确维度的得分，分数越高表示功能障碍越大。在一项具有里程碑意义的研究中，使用疾病影响量表所认定的功能状态变化似乎能有效地反映与健康相关的功能状态的真实变化。

健康评价问卷残疾量表

健康评价问卷是一个关于功能状态的问卷，由弗里斯（Fries）等人在 1980 年创立，主要应用于风湿病学，尤其是在临床试验和观察性研究中使用。健康评价问卷的分数被美国食品药品监督管理局（US Food and Drug Administration）所认可，用于评估慢性疾病中的残疾预防。问卷中大部分内容涉及日常生活活动中的残疾评估，另有 14 个问题与救助和设备的使用有关。也有人提出，HAQ 分数最适用于对严重疾病患者的残疾评估。

世界卫生组织十一国研究残疾量表

这个评估工具集合了世界卫生组织十一国研究的用来评估残疾的 6 个基本问题和 9 个有用的日常生活活动量表。它开发了一种特别的评分算法，将对 15 个问题的回答划分为 4 种类型的残疾，这些残疾在严重性上分为不同层次，并且以具体的基本身体损伤为特征。该模型的跨文化信度已经在欧洲 5 个国家的 7 个关于老年人生活的群体研究中得到了证实。

伤残调整生命年

世界银行和世界卫生组织建议使用“伤残调整生命年”作为衡量疾病对个体疾病状况总体影响的一种指标。伤残调整生命年结合了有关发病率和死亡率的信息，以数字表示丧失的健康生命年数。依据专业知识和现有数据，伤残调整生命年的方法是给每种健康状态赋予一个残疾权重，其范围是从0（表示完全健康）到1（表示死亡）。为了计算某一疾病的负担，将残疾权重与健康状态下的生存年数进行相乘，再加上由于这种疾病而丧失的年数。伤残调整生命年的方法仅在庞大人群层面使用，多被应用于处理国际卫生政策方面的问题。尽管使用广泛，但伤残调整生命年的估算在概念和技术基础上都遭到了严重质疑。

关于老年残疾测量方法使用的注意事项

尽管对功能限制的测量方法的介绍已经增加了研究和理解残疾进程的机会，然而我们对老龄化、疾病、功能限制和残疾之间的复杂关系的一些方面仍不清楚。举例来说，尽管一种特定的干预可能改善行走速度，但对能够在日常生活自理层面施加积极影响所需的最低程度的改善仍然未知。因此，尽管具有客观性，但基于表现的躯体功能测量仍然没有成为临床试验的主要成果。随着这些测试经验的累积，对低功能水平的界定标准也会不断发展。举例来说，步行速度小于或等于0.4 m/s被认为表现出实质性的功能限制，并伴有不良结果的较高风险。

尽管残疾的确定看起来很简单，但大量的误区可能影响到传统的自我报告式测量的信度和效度。老年人感知困难的机体能力的临界点会受到随时间推移的各种因素的影响，例如社会环境、经济状态、认知和抑郁等。残疾是一个经历复原和波动的动态过程。对一些衰弱的个体来说，对残疾问卷的应答更为准确地反映了照护者允许他们做了什么而不是他们的实际能力（感知到的能力与日常实际表现相比较）。为了避免这些问题，残疾问卷应当标准化并且在日常生活背景下可行，还应当明确是否区分了潜在能力和现实表现。“残疾”被界定为是“可感知的困难”还是“需要帮助”也应当明确，因为只有一小部分在日常生活表现中感知到困难的老年人在执行那些任务时实际接受了帮助。

客观地说，基于表现的功能限制测量应当与自我报告式的残疾测量同步进行。然而，需要承认的是，这两种方式服务于不同的目的，因此，二者是互补的而非相互替代。事实上，和日常生活中的表现相比，评估时的表现有可能被低估（例如由于测试的压力），或者被高估（例如由于患者比平时更加努力）。因此需要进一步的工作来改善标准化水平和对功能限制的测量。虽然一些功能，例如步行速度和完成若干次从椅子上起立的时间只是普通的评估，但进行这些测试的技术层面仍然没有标准化，这使得在不同的研究中直接进行功能比较十分困难。举例来说，步行速度可能在不同距离下测试。在一些评估中，在起跑线上的参与者已经开始行走，而在另一些评估中，测试开始时参与者的双脚还在起跑线上。而且，决定参与者实际越过终点的标准也各不相同。如果这种测试的指令、动机提示和反馈能够标准化，那么它仍然具有价值。

最后的挑战在于，推进残疾测量的向前发展，需要在标准的核心评估工具上达成共识，这些工具应当用于特殊的临床环境、居住场所和科研项目当中。这个挑战证实了该研究的有效性，并使其更具实用性，易于被临床医生解释说明，从而成为可以在实践中规范测量的功能状态的重要临床标志。

结论

无论是在老年医学还是在老年康复领域，都有必要制订出具体的测量残疾进程的不同阶段的方法。用于管理和组织目的的测量工具也可用于不同类型方法的设定。在这个领域有大量对老年人从疾病到残疾路径的影响因素进行研究的项目。这种宽泛的工具应当被广泛应用于指导旨在改善老年人群生活质量的干预措施上，特别是对那些承受多种疾病、衰弱和残疾负担的老年人。这方面的研究在当前是迫切需要的。

另请参阅：适应；口腔健康；虚弱老年人；人因工程和人体工程学；休闲；出行能力和灵活性；运动控制。

拓展阅读

Ferrucci L, Guralnik JM, Studenski S, Fried LP, Cutler GB Jr., and Walston, JD (2004) Designing randomized, controlled trials aimed at preventing or delaying functional decline and disability in frail, older persons: a consensus report. *Journal of the American Geriatric Society* 52: 625–634.

Gerety MB, Mulrow CD, Tuley MR, *et al.* (1993) Development and validation of a physical performance instrument for the functionally impaired elderly: the Physical Disability Index (PDI). *Journal of Gerontology* 48: M33–M38.

Lawton MP and Brody EM (1969) Assessment of older people: self-maintaining and instrumental activities of daily living. *Gerontologist* 9: 179–186.

Nagi SZ (1965) Some conceptual issues in disability and rehabilitation. In: Sussman M (ed.) *Sociology and Rehabilitation*, pp. 100–113. Washington, DC: American Sociological Association.

Pope AM and Tarlov AR (1991) *Disability In America: Toward a National Agenda for Prevention*. Washington, DC: National Academy Press.

Verbrugge LM and Jette AM (1994) The disablement process. *Social Science and Medicine* 38: 1–14.

WHO (1980) *International Classification*

of Impairments, Disabilities, and Handicaps: A Manual of Classification Relating to the Consequences of Disease. Geneva: World Health Organization.

译　者：薛晓霞（北京市残疾人联合会）
校译者：张　旭（北京大学）
康　宁（北京大学）

长期照护

S. 齐默尔曼，P. D. 斯隆 北卡罗来纳大学教堂山分校，北卡罗来纳州，美国

词汇表

文化变革（Culture Change）——长期照护劳动背后的宏观环境转变。这一转变会给长期照护中的照护提供者与被照护长者带来深远的影响。最直接的影响体现在长期照护领域不再仅仅局限于照护劳动本身，还涉及长期照护过程中人与人之间的关系。

痴呆（Dementia）——一种渐进性的、不可逆的、器质性的大脑疾病，涉及记忆力和其他多种认知能力的减退，造成的损害足以干扰生活自理、工作和社会关系。

护理院（Nursing Home）——拥有 3 张或更多床位，能提供 24 小时护士护理服务的机构。狭义的定义是该机构需要得到联邦医疗保险或联邦医疗救助（Medicare or Medicaid）的许可。

照护质量（Quality of Care）——照护体系与过程共同带来的结果。一般而言，有品质的照护会带来理想的结果。

生活质量（Quality of Life）——除了基本的生存之外，个体需要的、能够给其生活带来意义和愉悦的基本要件。

公寓住宅式照护/辅助生活设施（Residential Care/Assisted Living）——没有获得护理院许可证，但能为两个或更多没有血缘关系的老年人提供住房、膳食、24 小时监护、私人定制式照护等服务的机构。更严格意义上，公寓住宅式照护/辅助生活设施应当提供具备清晰养护理念的公寓住宅，而不是客房。

引言

长期照护是一种涵盖医疗援助、社交帮扶的综合性照护服务，服务对象往往是存在功能损害或者缺失、自我照护等活动能力受到限制的个体。随着老龄人口的增加，长期照护成为美国医疗保健系统一个主要的组成部分。在多种场所能提供这些服务，包括私人住所、成人日间照护处、公寓住宅式照护/辅助生活设施、护理院等。本文将重点关注后两种场所，它们是美国提供住院式长期照护的典型代表。2005 年，美国有近 17 000 所护理院，拥有 190 万张床位，服务 160 万人。65 岁以上的老年人中有近一半会在护理院中度过一段时间，并且在许多州，

护理院护理用去了一半以上的联邦医疗救助预算。除此之外，护理院仅仅是家庭长期照护系统的一部分。从全国范围来看，公寓住宅式照护/辅助生活设施从 20 世纪 90 年代开始激增，甚至它们的床位数超过了护理院。在 2005 年，美国有近 36 000 所公寓住宅式照护/辅助生活设施，能容纳近 100 万老年人。

护理院

综述

自从启动了联邦医疗保险，护理院（也叫“专业性护理机构”，skilled nursing facilities）成为美国住院式长期照护的主导形式。它向不能自理的人提供 24 小时监护，协助完成日常生活活动，提供膳食和用药管理服务。它还提供康复服务，通过物理治疗、作业治疗、言语治疗来帮助那些正从脑卒中或髋部骨折等急症中恢复的人。在护理院居住的大部分人都是老年人，一般情况下，护理院给占总人口数近 5%的美国 65 岁以上老年人提供住处。

护理院的主要照护模式是医疗式，即由医生开具处方，持证护士制订疗养计划，最后由经许可的护士助理和其他专业人员或专业人员的助手来具体实施。在联邦政府的统一管理下，各个护理院在行政管理结构、职员编排、硬件设施上具有高度的相似性。然而，正如本文后面将要讨论的，长期照护领域正在经历一种文化变动，这可能会在这些机构中出现更多元化、更高质量的照护服务。

客户

大部分（近 75%）护理院的居住者是女性，这反映了人口统计特征。入院的平均年龄为 84 岁，且近一半的居住者是 85 岁及以上老年人。总体而言，估计有 75%的护理院居住者有 3 项及以上的日常生活活动需要帮助，例如沐浴、穿衣、进食、床椅转移和如厕。虽然那些接受康复治疗的人只占用了不到 10%的护理院床位，但有近三分之一的入住许可是基于出院后的短期康复（如脑卒中或髋部骨折）需求。一半的新入住许可是由于痴呆（这种情况是获得入住许可的一个主要原因），在“久居”的居住者中也显示出很高的痴呆患病率——接近 75%，同样具有高患病率的还有致残性的慢性病。就长期照护需求而言，在过去所有护理院的居住者中，有不到 20%的人在那里居住了不到 3 个月。总体来讲，从入住的时间点算起，目前所有护理院居住者的人均居住时长为 2.5 年。

管理

一般情况下，联邦政府对护理院照护工作的管理是在联邦医疗保险和联邦医疗救助的运行框架中完成的。管理的主要方面包括构建服务提供者标准、评估执行情况以及对违规者进行制裁。1987 年的《护理院改革法案》（Nursing Home Reform Act）是自 1965 年建立联邦医疗保险和联邦医疗救助以来，对护理院监管规则影响最为深远的改革。它集中在照护的诸多内容上，包括居住权、生活质量、员工安置与服务、居住评估、联邦调查程序以及执行程序。调查（和授权）程序是按合同规定由州立机构按年度执行，常用的调查方法有机构观察，服务档案评阅，以及与居住者及其家庭成员、机构的员工进行访谈。给予不符合标准的机构以不同程度的减资（deficiency），减资的程度根据违反的严重程度进行设定。上述管理规则的实施大大规避了护理院在以往运行过程中出现的问题。但是值得注意的是，不同州的护理院的发展是不均衡的。调查（和授权）程序也不可能披露护理院运行中存在的所有问题，如老年人跌倒问题、约束措施的使用、传染病防治问题和死亡处置问题等。

资金提供

护理院的年平均花费大约是 56 000 美元，或每天 153 美元，全国的花费达到 786 亿美元（以 1998 年计）。联邦医疗保险在每个受益期内为出院患者提供 100 天的优质康复服务，而绝大部分获得此类康复服务的受益者并没有居住在护理院中。因此，联邦医疗保险仅仅负担了少量的护理院服务支出（占比 13%，以 1998 年计的 104 亿美元）；联邦医疗救助则负担了护理院花费的 40%，约计 314 亿美元；紧随其后的是个人自付，占比 36%，约计 285 亿美元。

表 1 分别列举了护理院、公寓住宅式照护/辅助生活设施的基本概况。

表 1　护理院、公寓住宅式照护/辅助生活设施对比表

对比项目	护理院	公寓住宅式照护/辅助生活设施
全美机构数量	17 000 所	36 000 所
全美床位数量	180 万张	100 万张
平均规模大小	120 张床位	9~65 张床位（依具体类型而定）
主要照护模式	医疗模式	社会模式
持证护士参与情况	每天 24 小时监护服务	依具体类型而定，常常是督导参与工作
医师访视情况	机构内访视；60 天 1 次	医师办公室访视；1 年 1 次
护理流程安排，物理治疗情况	机构职员负责	依具体类型而定，机构职员负责或者家庭医生负责或者没有专人负责
日常生活活动帮扶情况	机构职员负责	机构职员负责
支付渠道（大约）	自付 44%，联邦医疗救助 40%，联邦医疗保险 13%，其他公共基金 2%	自付 85%，联邦医疗救助和其他公共基金 15%
私密房间比重	11	55~75（依具体类型而定）

公寓住宅式照护/辅助生活设施

综述

自从美国联邦医疗保险和联邦医疗救助实施之后，护理院一直是主要的老年人院舍照护方式。然而，美国社会的宏观环境在悄然发生变化。新一代拥有更健康状态的老年人数量急剧增加，护理院床位面临较大短缺，护理院服务价格持续攀升，护理院护理工作的群众满意度开始下滑。此外，针对不同功能水平老年人的照护服务的连续性受到挑战。一般而言，独立的居住项目为没有任何病恙的老年人提供服务，而护理院则为患慢性病的老年人提供服务。当老年人处于没有任何病恙与患慢性病之间的状态时，相关的服务项目往往向老年人提供食宿和日常照护服务，以此保证服务的连续性。近年来，公寓住宅式照护/辅助生活设施在老年居住市场增长最快，还出现了多种老年居所。尽管此类养老设施提供的服务种类各有差异，但共同之处是都提供食宿、24 小时监护、用药协助和日常生活照护等服务。这些设施往往还提供医疗和护理服务，不过这些服务差别较大。

纯粹意义上讲，“辅助生活”一词最初指的是一种基于个体、独立、隐私、尊严和选择原则上的照护模式；它能提供家的感觉、个人睡眠空间、浴室、厨房、配锁的门、空调、家具；它还提出了“定制的照护计划”“风险合同管理”等概念。到了 20 世纪 90 年代中期，“辅助生活”一词得以广泛使用，用以指各种由联邦政府管理的机构，这些机构提供膳食和照护、院舍式照护、私人照护、寄养服务、上门看护以及聚集照护（congregate care）。所提供的服务已经不局限于辅助生活最初坚持的原则。由于“辅助生活”一词内涵的扩大，提供以上各类服务的机构设施都被统称为公寓住宅式照护/辅助生活设施。

公寓住宅式照护/辅助生活设施的规模小到不到 10 张床的私人改建房屋，大到超过 1 400 张床的多级院落。有的机构拥有私人寓所，而有的可能只有四人间。费用是每月400~6 000 美元不等。鉴于公寓住宅式照护/辅助生活设施的多样性，有人建议为此构建一个组织分类框架。常见的分类标准有下列四种：根据机构性质与服务的可及性，可划分为公共住房设施、持续照护养老社区和自选自付型设施；根据提供服务的性质，可划分为机构式膳食与照护类设施、住宿及相关服务类设施和单纯的服务导向类设施；根据提供服务的品质高低和保密性原则贯彻的程度，可划分为低品质低保密性设施、低品质高保密性设施、高品质低保密性设施和高品质高保密性设施；根据养老设施的规模大小与是否提供正规医疗服务，可划分为少于 16 张床位的公寓住宅式照护/辅助生活设施、传统型公寓住宅式照护/辅助生活设施和向功能损害长者提供正规医疗服务的新型养老设施。

表 2 依据上述第四类分类标准，总结归纳了 3 种常见的公寓住宅式照护/辅助生活设施的特征。

表 2 公寓住宅式照护/辅助生活设施的分类标准

	种类		
	少于 16 张床位设施	传统型设施	新型设施
机构特征			
显著区分特征	少于 16 张床位；常为社区内部经过改造的私人住房	多于 16 张床位；比较老旧；较少医疗服务	多于 16 张床位；比较新；较多医疗服务
常见的授权名称（各州情况不同）	成年人寄养中心 家庭看护中心 长者之家 避风港 辅助生活设施	食宿中心 聚集生活中心 院舍照护中心 住宿照顾中心 辅助生活设施	辅助生活设施 老龄之家 住宿照顾中心
平均床位数（张）	9	46	65
平均开业年限（年）	13	23	5
平均雇员数量（人）	5	21	33
营利性机构比重	91	65	73
服务对象特征			
平均年龄（岁）	83	85	85
痴呆患者比重	40	21	34
丧失 2 项及以上日常生活活动能力患者比重	56	34	46
非白种人比重	9	4	3

客户

随着时间的推移，公寓住宅式照护/辅助生活设施里的居住者和 20 世纪 80 年代护理院里的居住者越来越像。就像护理院里的居住者一样，大部分（75%）公寓住宅式照护/辅助生活设施里的居住者是女性。从居住类型来看，近 40%的居住者在日常生活活动方面存在缺陷，患有中度或重度痴呆，或者显示出有行为障碍。然而，公寓住宅式照护/辅助生活设施的具体服务对象很大程度上取决于各州的规章制度，因为各州政府负责制定此类养老设施的准入和接续标准。从各州情况看，各州的相关规章制度有着较大的差异。有的州没有任何规章制度（如阿拉斯加州），而有的州却有着非常明确具体的准入标准，如依据老年人日常生活活动能力受限的程度（如伊利诺伊州）。制定这些规章制度的目的是将入住者的需求限定在一个机构可以提供或保障的范围内，在诸如新泽西州的一些地方，公寓住宅式照护/辅助生活设施均可以提供高水平的24小时监护服务。此外，只要各州的养老设施在运行过程中遵守相应的规章制度，州政府关于养老设施服务对象限定的管理规则是可以进行灵活调整的。

管理

公寓住宅式照护/辅助生活设施的管制环境是动态的，当该领域成为其他长期照护方式的替代方式时，相关的规章制度也会随之改进。然而，与护理院不同，公寓住宅式照护/辅助生活设施没有对应的联邦管理机构；相反，各个州都有权力去定义、发放许可、管理、提供资金和监管。在2000—2002年，针对公寓住宅式照护/辅助生活设施，既有能较好定义的、具有详细标准的管理模式，也有那些广泛的、一般性的管理模式，如“满足居住者的需求”等不太具体的标准。将近三分之一的州在发放养老设施许可资质时未使用“辅助生活”这一术语。仅有稍多于一半的州将照护理念纳入他们的管理机制中。这使得公寓住宅式照护/辅助生活设施的管理过程变得更为复杂。

资金提供

公寓住宅式照护/辅助生活设施的平均费用是每年3万美元。迄今为止，公寓住宅式照护/辅助生活设施主要是个人自费。然而，随着老龄照护产业的发展，以及向有缺陷的老年人提供服务的增多，公寓住宅式照护/辅助生活设施的付费出现了向公共补贴倾斜的趋势。2003年，41个州对公寓住宅式照护/辅助生活设施进行了资助。然而，支付方式是多元的，各州提供统一费率（32%）、分级费率（27%）、医疗保健计划内（24%）或居民病例组合（小于1%）支付。12个州愿意承担食宿费用，但为此仍存在不休的争论。也就是说，由于辅助生活机构一直被认为是提供基于社会模式而非医疗模式的照料服务的居住场所，这意味着食宿是其主要的服务。然而，按照传统，食宿开销是不应该由公共财政来承担的。因此，尽管有一些公共支持，但个体私人资金仍承担了大部分费用（75%），而长期照护保险和管理医疗体系（managed care）承担了很小一部分（都小于2%）。剩下的费用则由联邦医疗救助豁免（Medicaid Waivers）、州政府资金和社会安全生活补助金（Supplemental Security Income，SSI）联合覆盖。

长期照护目前面临的问题

护理院和公寓住宅式照护/辅助生活设施是为虚弱者、慢性病患者提供照护的较为复杂的机构。这些机构在提供长期照护的过程中仍存在大量问题，包括：护理院和公寓住宅式照护/辅助生活设施的相对角色、痴呆照护、生活质量、长期服务的可及性和差异性、康复服务、医疗管理、医师服务、临终照护、家庭参与、员工管理、虐待与忽视、照护质量，以及长期照护中的文化变革。

公寓住宅式照护/辅助生活设施和护理院的相对角色

公寓住宅式照护/辅助生活设施的多样性导致对其在长期照护系统中角色的认识存在两种不同的观点：一种是认为它是老年照护连续体中介于家庭看护和护理院之间的养老形态；另一种认为它构建了无需考虑护理需求水平、适用于任何人的方法和哲学。因此，公寓住宅式照护/辅助生活设施和护理院这两种产业间的关系一度紧张，前者被认为是在与护理院争夺客源。此外，虽然可信数据并不充分，但仍有一些证据表明公寓住宅式照护/辅助生活设施可能为一部分人提供了与护理院质量相同、费用却更低的服务。上述两类养老设施之间的紧张关系可以通过以下途径加以缓解：护理院为越来越多的康复人群和虚弱人群提供服务，而公寓住宅式照护/辅助生活设施则为有功能限制人群提供服务。

痴呆照护

公寓住宅式照护/辅助生活设施照护了越来越多的痴呆患者，相当数量居住在护理院的老年人也有可能患上痴呆。20 世纪 90 年代，近四分之一的护理院应对痴呆患者照护需求的方式，是以建立致力于照护痴呆患者的部门来开发和营销专门的痴呆照护服务的。这些部门被认为是针对痴呆患者的优越的治疗环境，因为它们专门挑选、培训和监督其员工，为有认知障碍的人提供专门设计的活动，在治疗时让患者的家人参与，还有安全的、隔离开来的物理环境。然而，护理院提供的这类痴呆专门服务并不都是获得实证支撑的。此外，此类特殊护理服务并不意味着就一定会产生更高质量的服务，特别是在老年人健康结局（如认知、功能、行为、情绪、舒适、住院等），员工结局（如压力、倦怠），以及家庭结局（如抑郁、满意度）等方面。公寓住宅式照护/辅助生活设施同样在推行专门化的痴呆照护服务。但是，对整个长期照护系统中的痴呆患者而言，他们中的绝大多数未能接受专门化的照护服务。因此，痴呆照护服务已成为所有长期照护供应者大力发展的领域。

生活质量

已经开始并将持续影响长期照护的最重要的变化之一，是要了解那些居住在长期照护机构的人并不仅仅是在等死。相反，除了他们的照护和支持需求，他们仍然能够享受喜悦、成就感、有意义的社交关系、舒适感，以及共同构成生活质量的愉悦感。因此，长期照护评估和研究的焦点逐渐从照护是怎样提供的（照护的过程）转向了照护是如何影响照护对象的（照护的结果）。这一转变凸显了关注照护对象生活质量的必要性。人们逐渐认识到护理院也不仅仅是提供医疗和护理服务的，并且呼吁所有的长期照护机构关注那些增添服务对象生命意义感与愉悦感的必要条件。使这种哲学理念可操作化的一种方式是服务对象自治、自我管理、拥有决定照护事宜及对这些决定带来的风险负责的权利。这种协商式风险的观念表明，即使个人是群体机构的居住者，也有权利过自己选择的生活。

照护服务的可及性和差异性

目前，美国长期照护的趋势越来越因费用水平而分化，护理院主要服务于在联邦医疗救助体系内的客户，而公寓住宅式照护/辅助生活设施主要服务于那些能够自费的客户。早期的食宿型公寓住宅式照护/辅助生活设施服务的是那些无法独自居住、依靠联邦医疗救助、补充性保障收入或者是其他州和联邦政府资助的低收入老年人。随着长期照护领域的壮大，商界发现发展公寓住宅式照护/辅助生活设施是一个可盈利的机会，它跨越服务于较贫困人群的低层次机构和有巨大支付能力人群的高层次机构。其结果便是，公寓住宅式照护/辅助生活设施现在主要是自费，而低收入者和中等收入者负担不起。在社会经济因素的影响下，入院长者中有色人种所占比例很小。约一半到四分之三的公寓住宅式照护/辅助生活设施没有非裔美国老年人。这种差异与北欧的长期照护模式形成了鲜明的对比，北欧强调通过广泛使用公共收入来服务大范围的社区。这种解决方式明显与美国不一样，但是许多州正在试验创新性的资助模式来提供能够使民众支付得起的辅助生活服务。向支付不起的人群提供公寓住宅式照护/辅助生活设施服务是一项重要的政策议程，并且如果不这样做的话，会进一步复杂化现存护理院存在的服务差异问题，并会通过联邦医疗救助的受益人群体现出来。

康复服务

急诊或手术住院的患者在回家之前，往往还需要一段时间的治疗和恢复。只有少数符合严格审核标准的人才有资格在专门的康复医院里接受治疗，而大部分的人（包括多数老年人）则是在护理院里度过。在长期照护的提供当中，康复是唯一一个能够得到联邦医疗救助和多数私人保险计划为食宿服务及后续治疗付费的情况。脑卒中或髋部骨折一类需要康复的情形以及3天的住院治疗所用花费是能够得到联邦医疗保险报销的。护理院负责康复的人员包括物理治疗师、作业治疗师、言语治疗师，他们和医生一起计划和实施治疗，改善和最大化恢复患者功能。若老年人家庭本身严重缺乏康复资源或老年人自身存在一些难以在家里成功康复的障碍，如严重的认知衰退（导致学习或再学习所需技能存在问题）和功能损害（如休息时会发生呼吸困难或脑卒中导致偏瘫），那么长期照护机构可能成为老年人永久住所。

医疗管理

护理院和公寓住宅式照护/辅助生活设施中的居民普遍存在多种医疗问题。大多数入院者患有痴呆和不太严重的认知障碍。还有不少人患有关节炎和骨质疏松症（常伴有脊柱压缩性骨折史），这种情况常常导致慢性疼痛，且在活动时加剧。听力丧失和视觉障碍也同样普遍，在接受长期照护的人中约占三分之一。这些人群普遍所患的其他病症还包括充血性心力衰竭、糖尿病、慢性肺病、高血压及小便失禁等。因此，一般情况下，长期照护接受者平均会吃 5 ~ 10 种药物，而长期照护机构工作人员的主要任务就是监测服务对象的健康状况和用药情况。当一位老人由于某个问题（如发热、跌倒、关节炎加重、晕厥等）而发生急剧功能变化时，就会出现对长期照护提供者来说十分常见却又具有挑战性的医疗问题。这类问题需要专家进行快速评估，因为对这些虚弱的人群来说，病情可能会快速恶化或导致永久性障碍。在理想情况下，下列服务应常备以应对不时之需：由医生、执业护士或医生助理现场快速评估，便携式 X 光检测仪、心电监护仪，以及将结果用传真发送到实验室进行检测。如果需要住院的话，要有能使信息在照护机构和急诊医院之间即时传递的电子记录系统。

医师服务

长期照护机构的老人家属常常惊讶于很少有医生对老人进行医学访视。联邦医疗保险和联邦医疗救助要求医生每月访问一次在护理院接受康复的人，每两个月访问一次其他护理院的入住者，每年访问一次公寓住宅式照护/辅助生活设施的入住者。频繁的访问只有在当一项特定医疗问题被记录为确实需要多于一次的常规访视时才能得到报销。考虑到长期照护接受者的疾病负担，上述安排需要照护人员进行高水平的自主评估，需要长期照护机构和医生之间多沟通。这使得长期照护机构和医生之间大量的传真和电话沟通成为常规事务，并且有时还给双方带来了不必要的负担。除此之外，还有许多与长期照护中医生服务相关的问题尚未解决。其中一个争论是：专门让少数医生作为长期照护专家，提供大多数照护服务，这种做法是否可取？另外一个问题是：配备执业护士或医生助理后照护质量是否有所改进，并在多大程度上得到了改进？迄今为止的大多数数据表明，上述两种方法都有效提高了照护质量。其他未得到充分研究的问题还包括长期照护机构中连续照护的重要性，以及在医生办公室或照护机构现场提供照护，哪种做法更可取。

临终照护

由于高比例的老年人生活在长期照护机构里，所以毋庸置疑将有越来越多的老年人在那里去世。实际上，大约三分之二的护理院老年入住者是在护理院里去世的，而不是在医院或他们自己的家里。总体而言，美国所有死亡人数中，发生在长期照护机构的占比是 23%，并且这一比例到 2040 年时将会上升到 40%。长期照护中临终照护的相关问题之一是医疗服务的提供和充足性问题。正如之前提到的，医生访视并不常见，并且长期照护机构服务人员并不十分清楚怎样依据老年人的状态来开展临终照护服务。同样，入住老人的家属也不是每天都会前来探望，因此，知道什么时候联系其家人，好让他们在老人临终前能来见最后一面，这极具挑战性。幸运的是，此类问题已经得到关注，并且长期照护中临终照护的局限性，即临终照护的不充分使用正在得到解决。

家庭参与

老年人在居住到长期照护机构之前是由家人照护的，此后其家人也还在提供照护，这种情况是普遍的而非例外。统计显示，老年人的家人平均一周来看望他们两次，共计4小时。老年人的家人对机构照护者来说是非常重要的资源，因为他们了解老年人的经历，并且他们对老年人的情感联结和心理健康十分重要。确实，家人的探望能够改善老年人的心理状态，提高他们的幸福感，并且也有助于提高评估的准确性，从而提供相应的照护。同时，把家人请来能够帮助有认知障碍的老年人做出照护决定，并且能够保持照护的连续性，避免因照护人员的流动而造成照护缺失。然而，家人作为长期照护资源的价值才刚刚被意识到，相关机构开始考虑如何在不增加家人过度负担的前提下将他们整合到长期照护的网络中去。

员工管理

提供自始至终高质量的长期照护服务在很大程度上依赖于长期照护工作人员。长期照护工作人员已经严重供不应求，这种情况随着人口的老龄化会变得更加严重。在2000—2030年，随着“婴儿潮一代”达到85岁，对专职人员助手（这里指的是护理院的照护助理和公寓住宅式照护/辅助生活设施里的个人照护助手）的需求将会增加两倍，而这些人员的供给仅仅增加少许。曾有预测表明，在2000—2010年，护理院里直接从事照护工作的人员，每年总共增加2%，公寓住宅式照护/辅助生活设施里的人员每年增加5%。由于专职人员助手提供了80%~90%的直接照护服务，所以他们都成了长期照护工作的主力。伴随人员缺乏的是超过100%的人员流动率，这也反映了照护工作薪酬低、压力大、几乎没有奖金的现实。人员流动致使照护质量下降，使已经为提供理想照护而使用多种资源的机构更是雪上加霜。考虑到加班费支出，一些机构通过雇佣别的机构工作人员来弥补员工短缺，由此还可以省去培训所需的时间。替换掉一个员工的平均成本是该员工月工资的3~4倍。然而更重要的是，人员流动会对照护质量产生不利影响，因为那些工作最有激情、最有能力的员工也最有可能离开，到别的地方去从事更好的工作。

长期照护中的虐待和忽视

由于长期照护机构入住老年人在身体、认知等方面存在局限性，对他人存在依赖性，没有能力报告所受的虐待或忽视，并且害怕如果他们报告了的话会遭到报复或导致其他不利结果，所以他们特别容易遭受虐待。虽然不能对长期照护中的虐待事件发生率进行较准确的估计，但是仍有证据表明这是一个值得关注的问题。还有证据表明，不仅是员工对入住老年人施虐，入住老年人也会对员工施虐（如在接受个人照护时推搡、掌掴员工），入住老年人也会对其他入住老年人施虐。相关的工作充分表明，长期照护中员工对入住老年人施虐的现象，与机构的特征，诸如规模、地位等无关，也与员工特征，诸如年龄、受教育程度或者经验等无关，而是与员工和入住老年人的关系质量有关。这并不是说员工不想和入住老年人搞好关系，恰恰相反，多数员工选择长期照护工作是因为他们想帮助老年人。不幸的是，员工短缺迫使建立和维持良好关系让位于那些完成才可见且须立即完成的任务（诸如铺床、换脏衣服等）。很明显，并不是工作类型把员工逼到了与入住老年人关系紧张的地步。实际上，员工每天仅有 15 分钟的时间真正和入住老年人交谈。

照护质量

照护中出现的一些问题已困扰长期照护系统几十年，诸如难以治愈的疼痛、虐待和忽视、用药错误、尿失禁等，它们将持续存在。一些照护质量问题和员工有关。员工流动与入住老年人的功能低下、感染疾病和住院就医风险增加有关。目前还不清楚员工流动对照护过程的具体影响，但是可以肯定的是，员工流动阻碍了员工培训和监督，削弱了员工和入住老年人之间的熟悉程度，而这种熟悉程度是识别入住老年人的状态以及可能发生的意外事件的关键。其他的与照护质量相关的员工因素包括培训（对培训的要求很低）、暂时还是长期工作、员工比率（即平均一个员工照护几个老年人）、员工与入住老年人关系。当然，一些问题也和长期照护自身的性质有关：它以有限的资源为身体虚弱、患有慢性病的老年人提供照护服务。然而，从总体上说，长期照护的质量正在逐渐改善。诸如褥疮等可预防的问题的发生率正在下降；对痴呆的认识和治疗正在改进；同时对药物和物理疗法的限制正在减少；新设备比那些几十年前的老设备更具吸引力；并且，私人房间和浴室更加普遍了。照护的改善部分归功于 1987 年的《护理院改革法案》，该法案在部分程度上明确了一个以入住老年人为焦点的、结果导向的调查程序，并且开创了一个叫“居住者评估工具”（Resident Assessment Instrument）的标准评估和照护计划程序。还有一种专门针对公寓住宅式照护/辅助生活设施里的老年人的评估工具版本，但是由于这种机构没有联邦政府的监管，所以对该版本评估工具的使用具有选择性，并且使用得并不普遍。

文化变革

尽管长期照护系统已经有了很多进步，但是其受益者和提供者仍然对目前系统中的很多方面不满意。在长期照护行业里，越来越多的人相信，一种基于照护质量、更加关注服务对象生活质量的新型照护模式是当下必需的，也是可以实现的。需要付出的努力包括：更加强调服务对象的参与，壮大公寓住宅式照护/辅助生活设施，更加注重建造优良的物理环境，以及努力促进“文化变革”——促进以人为本的照护，并且聚焦于对人的照护及其关系营造，而非只是完成照护任务。由一小群、但是规模正在壮大的照护提供者带头发起，文化变革是一项草根运动，该运动试图通过赋予入住老年人和一线员工权利来发展一种新的、更加以服务对象为中心的照护模式。文化变革倡导者促进了许多革新，其中包括建立较小的、分权化管理的照护机构，照护助理们充分参与照护计划的各种决策，为入住老年人提供更多选择（如提供自助餐），并且在洗浴和其他日常生活活动方面采取个性化的方式。

长期照护的发展趋势

各种社会因素形塑了当下的长期照护，并将在未来数十年引领长期照护的变化。人口因素加上正在变化的社会态度，将会增加对长期照护的需求，以及对更加多元化的、高质量照护的需求。人口变动主要体现在“婴儿潮一代”的老龄化，他们中的许多人目前正在充当父母的照护者，并已经开始进入退休时期。国家的文化也越来越多元化。此外，医疗护理的进步使得大量患有先天缺陷和慢性疾病的人存活下来，能够活到高龄的老年人口在增加。大众对长期照护的态度也在开始发生变化。虽然公众、媒体以及某种程度上连研究和监管层都将关注点聚焦在长期照护的负面问题和结果上，但是人们对这种照护的必要性也正开始普遍接受。伴随这种接受而来的是更高的期望、对住房可选择性的渴望，以及对消费者导向和选择的兴趣。

长期照护的面貌会受到发生在卫生保健系统事件的影响，这些事件包括：医疗实践和技术革新、照护组织和照护服务供给的变动、员工短缺、融资和管理的发展趋势等。慢性病患者的医疗护理将越来越复杂，包括高度使用综合的照护手段，更加强调照护质量，在治疗过程中需要持续性地打破常规等。技术进步，诸如机器人技术、情报学、标准化数据、集合电子健康记录、原来低技术含量的干预措施得到提升等，将提高长期照护员工的效率。文化变革运动、各种形式的公寓住宅式照护/辅助生活设施、其他寄宿制照护模式及更多基于家庭和社区的服务，已经推动了许多革新，并将在此基础上出现越来越多的其他变革。在这种照护供给能力提升的背景下，长期照护提供者仍然面临严峻的挑战，包括护理院硬件设施的老化、医疗照护模式和社会照护模式间的取舍、控制与放权之间的平衡及员工短缺。

然而，不断增长的人口对长期照护的需求日益增加，并且该领域可能会变得越来越复杂，这不一定会导致对该领域资源分配的增加。人们普遍认为，最近卫生保健费用的增加是不可持续的，并且资助也将会削减，并进一步向基于支付能力的分层照护系统倾斜。然而，一种反补贴趋势是，联邦医疗保险和联邦医疗救助服务中心对创新的开放度不断提高。这种开放性在一定程度上表现为推动质量促进组织（Quality Improvement Organizations）参与长期照护系统，包括在2005—2007年倡导以人为本的照护服务。

因此，长期照护领域正在经历快速的、

令人振奋的变化。服务的使用率很高，并且肯定会增长。照护质量问题正在通过个人和实践、管理、前沿研究团队的大量探索尝试得以解决。这些共同努力肯定会带来持续的改善，最终会使未来长期照护受益者的生活质量得到提高。

另请参阅：老年人虐待和忽视；照料；死亡和濒死；医疗护理与服务；临终关怀；公共医疗保险制度、公共医疗救助制度与医疗护理的经济政策。

拓展阅读

Alzheimer's Association（2005）*Dementia Care Practice Recommendations for Assisted Living Residences and Nursing Homes*. Chicago, IL：Alzheimer's Association.

Assisted Living Quality Coalition.（1998）*Assisted Living Quality Initiative. Building a Structure That Promotes Quality*. Washington, DC：Public Policy Institute, American Association of Retired Persons.

Kane RA, Kane RL, and Ladd RC（1998）*The Heart of Long-Term Care*. New York：Oxford University Press.

Morgan LA, Eckert JK, and Lyon SM (eds.)（1995）*Small Board-and-Care Homes：Residential Care in Transition*. Baltimore, MD：Johns Hopkins University Press.

National Center for Assisted Living（2000）*Assisted Living State Regulatory Review*, 2000. Washington, DC：American Health Care Association.

Noelker LS and Harel Z（2001）*Linking Quality of Long-Term Care and Quality of Life*. New York：Springer Publishing Company.

Weiner A and Ronch J（2003）*Culture Change in Long-Term Care*. New York：Hawthorne Social Work Practice Press.

Wunderlich GS and Kohler PO（2001）*Improving the Quality of Long-Term Care*. Washington, DC：National Academy of Sciences.

Zimmerman S, Sloane PD, and Eckert JK（2001）*Assisted Living：Needs, Practices and Policies in Residential Care for the Elderly*. Baltimore, MD：Johns Hopkins University Press.

译　者：薛晓霞（北京市残疾人联合会）
校译者：姜桂平（北京大学）

成就

D. K. 西蒙顿 加利福尼亚大学戴维斯分校，加利福尼亚州，美国

词汇表

职业年龄（Career Age）——一个人在某一领域取得成就的年龄，也称工作年龄。

等概率法则（Equal-Odds Rule）——在个人的职业生涯中，成功的工作在总产出中的比率或多或少保持不变的经验概括。

最后作品效应（Last-Works Effects）——在生命尽头有创意产品出现的态势，表现出量和质的变化。这些变化意味着在最后几年中创造力的复苏和转变。

引言

成就是一个涵盖人类广泛活动范围的通用概念。这些活动可能没有什么共同点，也可能需要相当独特的生物、心理和社会条件。明显的例子如诺贝尔物理学奖得主与奥林匹克运动员之间的共同之处极少，就像成功企业的创始人和电影明星几乎没有共同点一样。然而，仔细考察这些例子或其他案例，却确实会发现所有关于成就的实例都具有四个相同特征。

第一，成就是使一个人在同样投身于同一事业的芸芸众生中脱颖而出的行为或产品。并非所有作家都能获得诺贝尔文学奖；不是每个网球运动员都能在温布尔登网球公开赛中成为单打冠军；并不是每一个白手起家的企业家都能创立财富 500 强公司。这些例子表明，有些人通过向世界提供独特的东西来获得卓然成就，如艺术杰作，而有的人则通过完成某些特定任务并超越其他竞争者来留下美名，例如在世界 100 米短跑比赛中速度最快。

第二，成就是在一定情况下因为某人擅长于某项技能或具备天赋而反映出来的行为或产品。只有极少数人拥有获得大奖或殊荣的心理或体能。正是因为这个原因，彩票中奖就不能被称之为取得成就，因为买彩票不需要特殊技能。

第三，我们通常把成就与动机特征，如努力、坚持、驱动与决心联系起来。因此，有的人虽然具有某方面的自然禀赋但不努力去发展其与生俱来的能力，就很有可能被称作后进生。第三个特征是如此重要，以至于我们有时会把一件需要很大动机而非能力或技能才能完成的活动标记为一项成就。例如，《吉尼斯世界纪录》（*Guinness Book of Records*）上列出的许多成就就符合第三个特

征。那些拥有世界纪录头衔高居云端的人会让人羡慕不已，但他们的成功与其说是凭借天赋，不如说是依靠毅力。然而，那些既需要能力又需要努力才能达到的成就会引起最广泛的、最深的敬意。

第四，“成就”这个词通常被看作具有积极社会价值的行为或产品。因此，臭名昭著的暗杀或犯罪很少被视为成就。不幸的是，通常很难对该概念的这一元素进行评估，这不仅是由于不同文化间的价值评价各不相同，即使是在同一文化中也可能因人而异。出于政治或宗教原因而进行的暗杀在有的国家实际上是受到鼓励的。对于和平主义者来说，将军在战场上的胜利却可能构成了制度化杀人犯罪行为。无论如何，没有什么能阻止我们采取相对的观点来看待社会规范概念。如果在一个特定的社会文化体系中，某个行为能赢得其中大多数人的赞扬，就可以算作一个显著的成就。

本文重点关注与所有上述核心特征相关联的那些成就。关键问题则是成就水平的高低是如何随着年龄增长而变化的。在什么点上可以安全地推断出一个人是“翻过了山”或“过了自己的巅峰”？是否存在一个这样的年龄，即超过这个年龄我们就难以期待会取得比早期职业更进一步的成就？关于这个问题，我们首先回顾这个主题的实证研究结果，继而对这些结果可能存在的理论解释进行考察。

实证结果

在行为科学的发展史中，关于年龄与成就的关系是最古老的研究主题之一。最早的如阿道夫·凯特勒（Adolph Quetelet）在1835年进行的调查，他研究了那些有名的戏剧是如何因剧作家的年龄不同而有所变化的。这是第一个证明创造性的生产力通常是怎样在晚年阶段下降的研究。然而，关于这一主题第一次真正完整的研究是由哈维·C. 雷曼（Harvey C. Lehman）主持的，该研究特别在1953年出版的《年龄和成就》（*Age and Achievement*）一书中给予总结。雷曼几乎调查了关于成就的每一个领域，包括创造力和领导力。在探究各种智力、艺术、政治和经济活动的典型年龄曲线时，他还试图介绍更系统严谨的方法。尽管后来的调查研究者找出了雷曼研究中的几个方法缺陷，但他的许多核心结果已被应用于更先进的分析技术中。

特别要指出的是，文献中更倾向于支持这一结论：重大成就的概率通常是在中年阶段左右达到事业顶峰之后下降。此外，这种下降的特性会根据很多其他因素而有很大差异，如特定领域的成就。这些问题的复杂性将在下面部分涉及，在下文我们将考察三个领域的纵向变化：领导力、创造力和娱乐性。

领导力

在各种成就中，领导者可能占有最高的位置。政治、军事、经济和宗教领袖们都定义了我们所有人不可避免地要生活的世界。一个民族的物质和情感幸福取决于制定法律的政治家、捍卫疆域的将军、引进新产品和创造新产业的企业家、引导人民道德精神生活的宗教领袖。在所有形式的成就中，领导者无疑往往是最突出的。街上的普通人很可能不知道最近谁获得了诺贝尔文学奖或物理奖，但很少有人会认不出国家目前的元首。甚至是历史上的领导者的声誉都往往超过在不同领域取得成就的其他人。

鉴于领导力的重要性，年龄与成就之间的关系具有非常重要的现实意义。一个人要大到什么年龄才不能占据社会中的关键地位？关于这个问题的回答最好是根据政治、军事、宗教和经济领域来加以区分。

政治家 当谈到年龄和政治成就之间的关系时，我们必须承认这种领导能力可以用许多不同的方式来评估。研究中最常用的定义是简单地指出个人最有可能上升到某一特定政治位置的年龄。比如，在什么年龄成为总统、总理、部长、参议员、州长、议员、国务卿、大使，等等。研究表明，进入这种既定政治角色的领导人往往已经进入了更成熟的时期，最常见的是五六十岁。此外，更年长的政治领导者也有不少。同时，根据政治地位的性质而呈现出很明显的年龄分布差异。在美国政治家中，参议院的议员往往比众议院议员年长。在行政长官中，担任总统的人往往比担任州长的人年龄大。当然，这些差异有的可以归因于法律规定。然而这并不能完全解释年龄差异，因为最典型的年龄范围往往比法律设定的年龄大。例如，大多数总统都比最低的年龄限度大约年长 20 岁，事实上，成功的总统候选人年龄通常是相当集中于 55 岁左右，而大多数落选的候选人则往往更年轻（如 36 岁）或更老（如 85 岁）。

到目前为止，我们只考虑了既定的政治角色。其他政治领袖是通过领导反抗现有政府的叛乱或者革命行动来获得声望的。与那些占据现在位置的对手相比，这些革命者、反叛者要年轻得多。例如，20 世纪在 40 岁以前获得权力的政治家很少见。相反几乎一半的著名革命者是在不到 35 岁时开始革命，将近 80%的人低于 45 岁。有趣的是，随着一个政治制度日益成熟，领导层的平均年龄也有相应增长的趋势。美国自 18 世纪末成立以来的历史也反映了这种趋势。20 世纪国会议员的平均年龄大约要比 19 世纪的国会议员年长 10 岁。此外，众议院议长的平均年龄已从 40 多岁增长到 70 多岁。这种年龄上升的趋势不能完全归因于平均寿命的变化。事实上，某些政治角色也呈相反方向变化。美国殖民地时的州长事实上比革命后联邦各州州长的平均年龄大 20 岁左右。作为英国王室下属的殖民统治者更鲜明地代表了这种状况。因此，同样的原则也适用。年轻人挑战既有权利，而年长者维护制度权利。

这些发现都集中在个人承担特定领导角色的年龄上。虽然这是一个合理的成就标准——考虑到获得这些职位的困难，但不可能是唯一的标准。的确，领导人在任期内的实际表现是更为关键的测量指标。例如，一项调查着眼于美国总统的就职年龄与其后来作为行政长官、立法者和外交家的表现之间的关系，从中没有发现绝对关联。年长的首席执行官并未比那些年轻得多的表现得更好或更坏，也不存在达到最大成功的高峰年龄。

然而，有必要指出许多研究中的一个严重的方法问题。对于民主制度中的大多数政治机构来说，任期是相当有限的，如在美国所有总统任期内，只有一位在位超过 8 年，许多人只在位 4 年或更短，如此短的时间就很难计算纵向趋势。只有在世袭君主政体政治制度下，才可能对领导者成年期的整个表现进行分析。因为君主可以在年轻时登上王位，并可能继续为王直到死亡。我们必须花 30 多年甚至更长的时间分析这些领导人并仔细观察变化。一项实证调查观察了大样本的终身君主情况，结果发现 42 岁左右业绩达到顶峰这样一种趋势。在高峰之后，君主扩大或维护其政治权力和影响力的能力逐渐下降。因此，从本质上真正纵向观察，是可以发现年龄递减这一趋势的。

军事指挥官 对军事领导的研究体现出与政治家研究中相同的一些问题。例如，我们必须细心区分个人最有可能达到的陆军上将或海军上将的年龄与个人在这些角色中的表现。例如，早期一项调查审视了历史上的战斗中指挥官领导军队的年龄，但没有注意战斗是获胜了还是失败了。结果所获信息带来的启示非常有限。另一个困难比对政治领导的研究更严重：虽然军事生涯可以持续很长时间，这些职业的核心功能即战斗却通常持续时间很短，一场持续 5 年之久的大战是罕见的，更多的是只持续一两年。我们很难在很长一段时间内追踪到指挥官的战术成功情况。结果是我们通常别无选择，只能采用横截面数据而不是纵向数据。我们会问在一场战役中，两个互为对手的指挥官的年龄是否能使我们预测谁最有可能成为获胜者。对这个问题的回答是肯定的。例如，一项实证研究分析了 326 场陆战中的胜者和败者。与对手相比，较年长的将军一开始更有可能防守而不是进攻。换句话说，年长的指挥官倾向于采取更保守的防守战术。了解这个年龄倾向是很重要的，因为战场上采取主动战术是胜利的关键因素。此外，在年龄与军事胜利之间还有一个曲线关系的证据。最接近 45 岁这个顶峰年龄的指挥官最有可能取得职业胜利并维持最长的连胜纪录。这些发现都表明军事成就或至少定义为战场胜利的军事成就，会随着指挥官进入晚年而减少。

企业家 经济领袖对任何资本主义社会的物质福利都是极其重要的。毕竟是这些领导者、商人提供新产品和工作机会，这对于高生活水平是必需的。然而对这些人物的研究却相对有限。大多数研究表明企业领导会在晚年的某些时候达到人生顶峰。通常最杰出的领导者首次达到其财务实力的最高点是在 50 岁后期，而且这些人此时实际上并没有因为他们的经济成就而获得广泛认可，要等到 60 多岁才能实现。因此这种形式的成就可能更需要商界里的成熟和经验。与此同时，我们还应认识到，解读这些年龄曲线并不容易。企业家的收入与影响力很大程度上取决于他们在职业生涯早期做出的决定。安德鲁·卡耐基（Andrew Carnegie）、约翰·

洛克菲勒（John D. Rockefeller）、亨利·福特（Henry Ford）或其他企业巨头通常在其30多岁时就种下了财富的种子。要花费数年才能看到年轻人的冒险投资对一个行业产生的影响。即便如此，这些企业家通常尽其所能地继续赚钱直至生命的最晚期。只有在瞬息万变的市场中，他们才会发现自己正艰难应对年轻竞争者的挑战。从这个意义上说，经济领导类似于外交官或其他政治领导者，他们所积累的专业知识是有溢价的。

宗教领袖　领导宗教运动和机构的人遵循一种与政治领袖相似的生命发展模式。一方面，有的通过成为已有宗教团体（不管是教会、宗派还是教派）的领袖而出名。这类宗教领导者通常都很年长。罗马天主教教皇就是这样的典型例子。几乎所有教皇在当选时都大于50岁，大约三分之二的人超过了65岁。此外，成为教皇的最佳年龄大致是80~90岁。另一方面，新世界宗教的创始人往往年轻得多，大多数人的年龄在35~38岁，超过60岁是非常罕见的，很多人还低于这个年龄段。例如从基督教的历史来看，约翰·卫斯理（John Wesley）在35岁时建立了卫理公会，马丁·路德（Martin Luther）34岁开始新教运动，依纳爵·罗耀拉（Ignatius Loyola）在30岁时写了《神操》，约翰·加尔文（John Calvin）27岁时撰写《基督教要义》，约瑟·史密斯（Joseph Smith）25岁组建摩门教，乔治·福克斯（George Fox）在23岁时成立了贵格会，而耶稣可能是在30岁左右达到事业的最高峰。基督教之外也有类似的统计数字。例如，释迦牟尼可能是在三十五六岁时开始教导他的启蒙成果。在世界上所有的主要宗教信仰中，伊斯兰教的创始人穆罕默德是年龄最大的，但即便如此穆罕默德成为先知时也才40岁。这些事实支持了G. 史丹利·霍尔（G. Stamley Hall）的结论：“这些男性在他们的青年时期构想出伟大的宗教，到老年时才使这些宗教普及开来。”令人惊奇的是，进一步的考察发现，也有不遵循这个规则的反例出现，例如英诺森三世（Innocent Ⅲ）和利奥十世（Leo Ⅹ）都是在近40岁时当上教皇，但他们都是极端活跃分子，前者是在政治领域而后者是在文化领域。

创造力

年龄与创造性生产力关系的主题已在本书关于创造力的文章中阐述了，因此，在这里我们只总结六点主要发现。

典型年龄曲线　当我们绘制个人按年龄做出的贡献曲线时，会发现一个单峰的倒U字形曲线。更具体地说，生产率先增加到一定的最优值后就逐渐下降。到了80岁时工作产出大约只有职业高峰时期的50%。虽然这似乎是一个大幅度下降，但我们必须注意两个情有可原的事实：第一，那些多年来进展良好的创造者有望维持令人尊敬的创造性生产力；第二，人们在70多岁时的产出率与他们在20多岁时几乎是一样。在这个意义上，70多岁老人可以在其专业领域内与最年轻的成员对抗。

学科间的差异　典型年龄曲线根据创造性成就的具体领域不同而有很大差异。在一些领域，峰值可能会出现在相对较早的时期，过了高峰后下降速度会比较快，例如从事抒情诗写作和抽象数学的人的情况就是这样。然而在其他领域，生产力的最优值通常出现在晚期，甚至晚到 50 多岁。这种延迟的高峰在历史学与哲学中很常见。而且，那些具有延后极值特征的创造性领域还会表现出平缓的甚至可以忽略的下降趋势。因此，在这些晚高峰而又慢慢成熟的学科，老龄化对创造性成就的影响微乎其微。此外，即使在那些以早高峰和快速下降为特征的学科中，我们也不希望看到产出率降到零。事实上这些领域里典型的创造者在他们 80 岁时还维持一定的生产力水平，大约相当于职业高峰时的 10%。

职业与时序年龄　对于时序年龄虽然大多数研究者倾向于观察其纵向变化，但这种做法事实上是不太正确的。基于职业或职业年龄的创造性生产力曲线能较好地定义变化。那些较早开始事业的人通常会显示出更早的高峰期，那些事业起步较晚的人会享受晚高峰。这意味着大器晚成者达到职业最高点的时间有时会是在他们生命中的最后 10 年或 20 年。此外，一个人完全有可能显现两个职业高峰。这种可能性一般发生在当某个人已经在某一领域成功了，又决定在中年期改变职业并在晚年发展成功的第二职业。

个体差异　我们不能忽视创造性成就存在个体间巨大差异的事实。并不是所有创造者的创造都是同等的。有些人提出的有创见的想法要远超过他们不太出色的同事。在大多数学科里，最富有成效的前 10%的人通常承担了 50% 的贡献，而底部生产力最低的 50%的人做出的贡献则仅占总体的 15% 左右。这种横截面的差异比职业年龄带来的纵向变化更大程度地解释了结果上的差异。

因此，七八十岁的高产创作者与生产力低下的三四十岁创作者比起来，其成果水平会是相等的甚至超过的。

等概率法则　有两种方法可以计算职业产出。一方面，不管所有零碎的作品是否成功，我们可以简单地把成果总数列成表。例如，我们可以计算每十年科研论文的数量，不管这些论文对这个领域是否有贡献。另一方面，我们限制计算的对象数量，只考虑真正是成就的创造物，例如，我们只列出受同一学科专家在出版物中引用的科研论文。第一种是测量数量或纯生产力，而第二种评估了作为真正创造力的质量。显然，我们的立场是，专门衡量质量的做法优于包括数量在内的衡量。这种区分对于了解人口老化如何影响创造性成就也很有意思。首先，数量和质量的年龄曲线基本上是一样的。个人产出成果最多的时期也是最有可能出现有影响力产品的时期。其次，如果计算总产量中成功作品的比例，我们会发现质量比在整个职业生涯中随机波动。这意味着一个企业里年长成员将大致拥有与处于盛年期的成员同等的成功概率。换句话说，尽管年长者可能创造更少的杰作，但他们创作的被忽视的作品也更少。等概率规则表明，从质量比的角度来看，不能认可年龄递减的趋势，年龄与成功概率无关。

最后作品效应　我们可以超越最后一点

更进一步。具有高度创造力的人在生命晚期常常会经历创造活动的复苏。按照等概率规则，总产量的高涨与重要作品的产量增加有关。重要的是，随着死亡临近，这些人的创造力往往会经历一次质变，进而创作出不同凡响的最终作品。例如，在视觉艺术中，大画家进入到一个表现出明显“晚期风格”作品的阶段并不罕见。此外，创作者通常会投入大量精力努力创造单个作品，使之成功地作为最后遗作或巅峰之作。例如在古典音乐中创意转移被称为“天鹅之歌”现象。是什么造就了这些成就呢？它们往往出现在个人健康处于慢性衰弱恶化时期，如失明、耳聋、关节炎或其他疾病。因此，尽管存在年龄曲线，但老龄化过程并不能阻止杰出的创造者直到生命末期都保持创造力。

娱乐性

最后这个类别是既不能归类为领导力也不能归为创造力的几个关于成就的杂项形式。因为潜在领域非常多样，我们仅就三个有代表性的成就领域——体育、象棋和电影来评述。

运动员 在关于成就的所有主要领域中，在运动方面，成就几乎全属于青年人。体育冠军如奥运会冠军，基本被 20 来岁的运动员获得。在游泳这样的运动中，青少年最有可能获胜。此外，体育比赛中的各个项目的最佳年龄段往往是相当稳定的。例如，奥运会田径金牌得主的平均年龄自首届奥运会以来一直保持相对稳定。围绕平均年龄的变动幅度通常很小。对于大多数体育活动，顶级运动员间的年龄差距不会超过 5 岁。

另一方面，根据运动种类的不同，取得高峰成绩的年龄也有系统性差别。如在游泳和田径长距离项目中，有年长运动员获胜的倾向性，有时还会比平均最佳年龄大 5 岁。在那些对技能的要求比对速度、力量或耐力的要求更高的运动项目中，最佳年龄差更明显。因此，射击、高尔夫球、保龄球和台球冠军在 30 岁出头时最常见。即使如此，也没有哪个运动项目的冠军经常被 40 岁及以上年龄的运动员获得。因此可概括为：不能期望老年人与年轻运动员在同一水平上竞争。

但是，这最后一句话不应蒙蔽另一个基本真理。运动成绩总是存在大量的个体差异，而差异长期来看总是趋于相对稳定。因此，一个度过了全盛时期的顶级运动员对于较差的运动员来说可能仍然有竞争力。当聚焦于那些获得金牌或“最有价值球员”称号的运动员时，我们往往忘记了那些处于第三或第四名的老年竞争者。棒球手诺兰·莱恩（Nolan Ryan）就是一个典型例子。他 20 多岁时打破纪录，30 多岁时还是一个有竞争力的球员，在因受伤而被迫退休前不久还打破了纪录。

象棋大师 在上一部分我们注意到最重视技能的运动最有可能产生年纪较大的冠军。这一倾向性使我们会问：完全是精神上的而不是躯体上的竞技活动会怎么样？例如，由于纸牌和棋类不需要任何非凡的手眼协调能力，我们可能会期待首秀就赢得冠军的棋手能在老年期也表现良好。确实有证据表明这种期望符合事实。例如，阿帕德·埃洛（Arpad Elo）设计出一种衡量国际象棋大师成绩的客观标准，然后他用这一标准来衡量预期职业生涯表现是如何变化的。他们最有竞争力的平均年龄在36岁左右，范围从20岁后期到40岁后期。此外，63岁左右的棋手可能会与21岁左右的棋手表现得同样好。因此，对于几乎完全是智力方面的竞赛活动，年轻人的优势要少得多。

最后要说的是与象棋大师一样优秀的运动员。最强的球员即使是在其职业生涯的后期阶段也要优于处于鼎盛时期的较差球员。个体的技能差异如此显著，这种差异常常超过竞争力在纵向上的变化。伊曼纽·拉斯克（Emanuel Lasker）就是一个典型的例子，他在1894年成为世界冠军，并在53岁的时候成功卫冕，即使在60多岁时也能取得一些经典国际象棋比赛的胜利。

电影明星 娱乐领域成就的最后一个方面涉及电影中的男女演员。表演似乎与前面两个领域相去甚远，但在某些方面它们之间实际上是可比的。第一，电影业竞争非常激烈，只有少数有抱负的男女演员能达到明星地位。第二，像国际象棋一样，表演主要是表现一种天生的和培养出来的智力技能。第三，像体育运动一样，在电影中的成功也需要一定的身体特性，即使这些特性通常与在体育运动中的要求不相同。特别是很少有男演员或女演员会在缺乏超常吸引力的情况下成为明星。无论我们把他们称为英俊还是美丽，他们所饰演的大多数角色都有一定的性吸引力。这后一个属性就会引申出一个有趣的问题：在这个领域，年龄和成就之间的关系是否可能因性别而异？毕竟随着年龄的增长，男性和女性的性吸引力可能以不同的方式发生变化。事实上，女性可能会很快失去性吸引力，但男性可能会因为他们的外貌变得更加男性化而更有魅力。只有遵循同样生命历程演技出色的演员才能取得成就。

对这一问题的研究支持了性别对比事实上相当明显的结论。例如，一项调查询问了那些最赚钱的男女演员的年龄。发现两性曲线明显不同。女性早在她们十几岁时就开始赚大钱，到“奔三”时达到职业生涯的顶峰，大多在30多岁时失去票房号召力。男性正好相反，他们20岁出头才真正开始起步，在30岁出头时达到其峰值，最重要的是他们到了60多岁还可以继续享受一些票房成就。奇怪的是正如影评人的评论那样，明星们到达最佳表演的年龄曲线很大程度上是相同的。女演员的最佳表现往往出现在20多岁的时候，男演员则是30岁出头。女演员超过40岁就难有机会取得成就，而男演员们在60多岁时还状态良好。因而外表吸引力对电影明星的成就所起的决定作用远超过表演技巧。要最大程度地获得成功，女性不仅要比男性更年轻，成为明星的机会也会下降得更快。诚然，这些曲线只代表统计平均值，必然也存在例外情况。凯瑟琳·赫本（Katherine Hepburn）是一个典型的例外，即使她外表的美丽减退了，但作为一个女演员的成就依然不凡。尽管如此，对于绝大多数电影明星来说，老龄化进程对女性事业的伤害远远超过男性。

理论解释

前一部分强调了年龄和成就之间联系的实证研究结果。没有试图讨论对这些不同结果的理论解释。这一部分将弥补这个不足。现有的实质性解释可分为三类：生物学的、心理学的和社会学的。

生物过程

也许是太常见的缘故，用老化过程对个人健康的不利影响，很难解释年龄造成的成就递减。老年人几乎总是不可避免地经历身体活力明显下降。中枢神经系统改变也使得老化带来精神功能下降。此外，要克服受伤和感染造成的残疾可能需要更长时间。毫无疑问，这些老化的生物学后果会影响个人的成就能力。然而这些解释并不完整，例如，一个纯粹的生物学解释不能说明为什么职业年龄比实际年龄更能预测创造力。那些事业起步较晚的人实际上可能正因为多年的积累才得以达到事业顶峰。老化的身体影响也不能帮助我们理解创造性产出中多学科对比的结果。写一部小说要比写诗费力得多，而小说家的巅峰期要比诗人晚很多。总之我们必须认识到，要极其谨慎地应用生物学解释，否则可能会忽略年龄和成就之间的细微关系。

然而，在某些领域中生物学过程可提供大部分解释，这在体育运动中最明显。正如前文所说的那样，在各种体育竞赛中，巅峰表现的最佳年龄至少在一个世纪里都保持相当稳定。个人最有可能成为奥运冠军的年龄几乎完全取决于运动项目的性质和参与者的性别。20世纪所有的医学进步并没有显著改变这些年龄曲线。这种稳定性表明，年龄曲线有着基本的生理基础。纯粹因为身体原因，短跑运动员要比长跑运动员年轻。

生物学解释也可能采取另一种形式。在社会生物学家看来，一些人类互动的模式是标准的进化过程产物。自人类这一物种诞生以来，个人一直致力于优化其生育繁殖结果，而这种投入有利于某些类型的社会行为占据主导。例如，如果个体根据生育能力选择配偶，那么男性和女性的吸引力就会表现出十分不同的年龄曲线。女性在20多岁和30岁出头的时候生育能力最强，而男性的生育能力可以一直持续到很晚。这种对比可能有助于解释男女演员职业轨迹之间的巨大差异。因为女性的生育能力下降，她在银幕上的吸引力就会大幅下降，一直下降到她不再被视为有票房吸引力。

当然，仅用这个社会生物学原理不能解释为什么男演员事业起步会比女演员慢，毕竟年轻男性的生育率也是相当强的。但在这里我们可以从社会生物学理论中提出另一个解释原则即：男性的性吸引力受到生活中竞争成败的影响。有吸引力的男性被认为是通过了测试取得胜利而幸存下来的人，他们控制的权力和资源就是证明。这样考虑的话，一个年长男性要比年轻男性占有优势。这不仅解释了男演员为何比女演员晚到高峰，还解释了为什么男演员的衰退更缓慢。60多岁的男人能表现出20多岁女性拥有的魅力。顺便说一下，同样也可以解释为什么政治和宗教领袖往往会更老一些。社会性动物通过选择最佳个体增加他们的生育数量来引领群体发展。这些个体将是最有经验和获得成功的人。因此，成功的女演员往往比成功的男演员年轻得多，而女领导倾向于和男性差不多大的时候掌权。

在我们对社会生物学的解释有充分信心之前还必须做很多研究。即便如此，这些证据表明生物过程的影响远比把成就递减简单归因为年龄带来的衰弱要微妙、复杂得多。

心理过程

许多人提出老龄化和成就之间的联系反映了获得及维持成功之潜在心理过程的更基本变化。也许最常见的单一解释是晚年阶段智力功能可能随年龄而下降。特别突出的是晶体智力和流体智力这两种智力之间的区别。晶体智力是关于知识、信息和专业的知识，而流体智力涉及灵活解决问题的能力。而第一种智力在整个生命中可能增加或至少保持相对恒定，第二种智力则可能会在晚年阶段出现急剧下降。这种发展趋势对比可以帮助我们理解职业轨迹间的差异，因为每个领域的成就可能需要不同的晶体和流体智力的优化组合。例如，外交官、历史学家或教会的领袖可能需要比流体智力更复杂的晶体智力，因此他们的事业高峰出现在很成熟的阶段。另一方面，革命者、诗人和新宗教信仰的创始人可能需要更多的流体智力，而不是晶体智力，从而他们在更年轻的时候就会推动事业发展。

然而，我们必须承认动机因素也可能会起作用，甚至是最重要的作用。例如，一位调查员提出成就是由经验和热情两部分组成的。根据这一理论，当经验随着年龄的增长而持续增长时，热情首先在30岁出头时上升到一个高峰，然后逐渐降低。职业最优则出现在这两条曲线的总和最大时，大概是在30岁后期。但不同的领域可能需要经验和热情的不同组合。例如，从事革命和诗歌写作可能需要更大的热情，而从事外交和历史研究则需要更多经验，职业高峰相应地就会出现在不同年龄段。

上述解释是在某种年龄递减假设下进行的。在获得成就的过程中智力或热情都经历了与年龄相关的衰退。然而，其他心理学解释并不假定会发生这种无情的年龄带来的衰减。例如，一些研究人员提出的心理经济学理论就假定成就经营方式类似于商业投资。有成就的个人正努力优化他们的长期资产，这样他们就必须投资人力资本。这些投资的效用在所有人的生命后半段都会减少，原因很简单：一个人不太可能四处获利。然而，如果在任何时候改变了成本—收益比，这种重新改变努力方向的选择就可能会逆转。这样的考虑可能是由于家庭环境改变、职业变化以及对未来生活更乐观的看法而产生的。这里重要的一点是，个人的成就潜力不一定仅仅因为看到了成就水平下降就必然下降。在人们生活的不同阶段，必须根据与其天生能力无关的因素来调整优先顺序。

社会学过程

我们不能忽视社会力量对年龄和成就之间关系的巨大影响。有时这些影响可能以相当明确的形式体现。尤其是政治制度，往往会通过宪法或法律规定对特定权力位置可接受的年龄加以规定。例如，美国宪法规定个人必须满25岁才能当众议院成员、满30岁担任参议员、满 35 岁担任美国总统。这意味着年龄曲线在低端会自动被截断，且各种联邦职位表现出一定的年龄分层。虽然其他政治体制已成功地由非常年轻的国家元首主导，但在美国体制中宪法是禁止这种可能性的。当然法律的限制也可以朝另一个方向发展。多年来，在许多地方，私人和公共机构都实行强制退休制度。因为 65 岁的人突然被剥夺了继续工作的机会，我们永远不知道多少有潜力的成就因此失去了实现的机会。

但这些制度上的限制不能说明整个问题。其他社会现实也部分发挥了很好的作用。美国总统职位提供了另一个例证。为什么 55 岁左右的总统候选人往往会成功，而落选者往往年龄更大或更小？有人认为这种年龄差异反映了总统政治的根本要求。为了入选白宫，必须建立一个政治基础，这个基础最倚重的是候选人自身所处的队列。那些不到 50 岁的人还没能设法建立起必要的广泛支持。此外，那些年龄超过 50 岁的人可能会面临其政治基础因队列成员的退休或死亡而衰退，而年轻的政治家则会从年轻一代中获得支持。因此，这里的职业轨迹可能只代表联盟形成的语用学。候选人内在的领导能力对这个过程的影响可能相对较小。

虽然这些例子都集中在领导力上，但社会影响也可能决定其他形式的成就的职业轨迹。例如，随着学科的成熟，在科学学科上创造力的最佳年龄会趋于提高。个人需要更多时间来获得必要的专门知识，而且需要更多时间来研究任何既定想法的含义。此外，我们还没有讨论影响年龄高峰位置和高峰后下降幅度的所有社会学过程。应该说，我们可以合理地期望老年人取得的成就量是一个由生理、心理和社会因素综合在一起的复杂组合。在这些因素的合理组合下，我们甚至可以期望哪怕 80 多岁的高龄老人也能取得非常可观的成就量。

另请参阅：创造力；决策制定和日常问题的处理；学习；生产率与年龄；工作和就业：个人。

拓展阅读

Baltes PB and Baltes MM (eds.) (1990) *Successful Aging*. Cambridge, UK: Cambridge University Press.

Brontë L (1993) *The Longevity Factor*. New York: Harper-Collins.

Lehman HC (1953) *Age and Achievement*. Princeton, NJ: Princeton University Press.

Perlmutter M (ed.) (1990) *Late Life Potential*. Washington, DC: Gerontological Society of America.

Simonton DK (1994) *Greatness*. New York: Guilford Press.

译　者：孙鹃娟（中国人民大学）
校译者：王永梅（首都经济贸易大学）

成人教育

A. 克鲁斯，E. 施密特 海德堡大学老年学所，海德堡，德国

词汇表

教育（Education）——指获得能力、技能、经验和知识体系的过程，以及这个过程的结果。

正规学习（Formal Learning）——指在制度背景下的学习，具有结构化的目标、内容和方法，并进行了评估、记录和认证。

非正式学习（Informal Learning）——指学习是在工作、家庭和休闲时间的日常活动中产生的，没有结构化的目标、内容、方法或评估。

生活能力（Life Competencies）——指人们在生命早期阶段获得的经验、策略和知识体系，可以使他们在晚年面对严重的问题、任务和挑战时，保持或重新建立个人满意的人生观。

引言

教育是指获得能力、技能、经验和知识体系的过程以及这个过程的结果。它的具体内容反映了社会环境、社会变化和社会进步的一般文化价值观和偏好。通过对社会环境的分析证实，在儿童和青年时期形成的教育经历，教育期望和主观观念，扩展职业教育和普通教育的兴趣和障碍，对方法和氛围的需求，对与个性、健康和关键素质、能力、非正式学习相关的教育内容的兴趣，以及替代性教育提供者的主观吸引力方面，都存在显著的个体差异。由于在特定文化环境中获得成功所必需的教育内容是不断变化的，因此教育活动既不能集中也不能局限于生命周期的某个单一阶段——假设人类的知识量大约每40年翻一番，在某些经济部门甚至每6个月翻一番。

成年人对于教育活动的兴趣取决于学习新事物的机会和必要性之间的终生互动以及对新经验和知识体系的渴望程度。对教育的全面理解不能局限于对知识体系的获取，而是要明确地考虑到能力、技能和经验，即如何创造性地使用知识，以便有效地应对现实和（潜在的）未来任务和挑战。此外，教育对个人发展的意义既不能局限于个人的工作生活，也不能局限于职业领域。除了与职业相关的目标，如经济增长、保持或增强创新潜力和个人就业能力外，独立性、自主性和社会参与也是成年教育和老年教育的主要

目标，目的是支持大量个人休闲活动和兴趣的实现和完善。

对教育的全面理解应该考虑到正式学习、非正式学习和非正规学习。正式学习通常指的是在制度背景下，按照教育的目标、内容、方法和评价来构建的教育体系。正式学习会定期地记录和认证，相比之下，非正式学习产生于工作、家庭和休闲时间中的日常活动，不受学习目标、内容、方法和评估的影响。非正规学习和非正式学习的主要区别是，非正规学习指的是教育机构之外的非结构化的学习过程，而不是系统的或是刻意的学习。

教育还包括在日常的社会交往中，同伴之间平等交流的过程。在重视老年人经历的情况下，即使是偶然的代际交往也可能为年轻一代提供机会，使他们从老年人成功完成任务和挑战的创造性思维中受益。因此，更有效地利用代际学习潜力的可能性和局限性与社会中老年人的社会化有关。在这个方面特别重要的是，老年和老龄化是否能够形成并表现为一个社会问题，以及对老年和老龄化的负面刻板印象在代际交往中是否突出。

终身发展与教育

从教育的角度看，终身发展被看作是一个持续和积极的过程，面对发展任务（即需求、挑战和机遇），人们在老龄化过程中特定阶段的环境和生活状况起了决定作用。特定的发展任务被概念化为生物学成熟度、健康老龄化的规范概念，或是社会发展与个人计划、目标、需求和价值观之间相互作用的结果。环境和生命状况对生命周期发展的意义是双重的：首先，它成功地满足了环境和生活状况的需求，增加了应对未来需求的潜力，从而开始了进一步的发展；其次，环境和生活状况提供的机会有助于实现特定的发展成果。

老龄化意味着人在不同维度的不同变化过程。在每个维度中，获得和失去都可以同时觉察到；一个维度的变化不能很好地预测其他维度的变化。用积累和整理的经验、知识体系以及策略来有效解决熟悉的问题和任务对于老年人来说是重要的发展成果（在心理成长的意义上）。重要的发展损失发生在生理和神经生理的功能和过程中，例如认知的灵活性、解决不熟悉的问题和任务的能力以及信息处理的速度。教育是获得发展成果、弥补发展损失机会（例如通过选择性优化的过程进行补偿），以及使个人在老年时维持或重建一个满意的生活观的前提。

从终身发展心理学的结果中可以得出四个关于老年教育的结论：

1. 积累和整理的经验，差异化的知识体系，以及应对任务和问题的有效策略和利用环境条件和生活状况提供的机会，必须理解为在生命早期阶段教育的结果，即在年轻的时候就积极应对任务、需求、挑战和机遇。在这种背景下，终身发展的连续性变得明显，因为只要充分利用，早期的成就就能延续到晚年。

2. 利用并进一步提高经验、知识和有

效行动的战略，对实现老年时期的发展成果至关重要。这一事实强调了老年教育的重要性。一般来说，人们有足够的可塑性，即学习和改变的能力。因此，旨在利用并进一步提高经验、知识和有效行动的老年教育，能够有助于有效应对发展任务和健康老龄化。人们对老年教育有需求，因为如果人们没有参与应对自我、生活状况和环境的过程，那么在老年的时候就无法成功地应对发展任务，也不具备实现文化创新（在技术领域）的潜力。

3. 老年教育不能仅仅从可能的收益来分析，而要视生命早期阶段的发展而定；可能的发展损失也同样重要。在这种情况下，应该考虑两个方面：首先，老年学研究表明，认知训练可以影响人类智力的衰退过程。其次，通过认知训练，可以促进对特殊损伤和损失的补偿。智力表现和日常能力可以通过新的学习和记忆策略来提高，这些策略至少可以弥补部分感知和运动功能的缺陷。带补偿的选择性优化，即为了弥补其他功能、技能和策略的损失，选择完善的功能、技能和策略及其差异化（优化），是健康老龄化的重要基础。

4. 在可能出现发展损失的情况下，尤其是在非常高龄时，应该注意到健康状况、社会融合程度的下降以及预期寿命的限制。然而，实证研究结果表明，即使是在非常高龄时，大多数人还是能够有效地应对发展损失，并保持或重新建立个人满意的生活观，这体现了老年人的适应能力。必须指出的是，恢复的能力是通过个人和环境资源建立的。关于环境资源，老年学研究表明，参加能够提供激励和支持的文化社会活动有助于有效应对发展损失。这些研究结论支持一种教育观点，该观点指出教育对于解决生活事件的危机很重要，例如，可以提出有效应对的建议或提供相关服务机构的信息。通过适当的教育与鼓励，在某些功能和技能丧失的情况下（例如，由于黄斑变性引起的视力障碍），可以通过替代方式（例如，使用录音带或触摸打字）或者多参与不需要这些功能和技能的兴趣和活动加以弥补。一些干预研究表明，教育机会可能对个人应对过程的有效性产生影响。从对教育及其作用的认识来看，教育与能力之间的密切关系日益清晰。后者（能力）被定义为在兼具刺激、支持（生理、社会和基础设施）的环境中维持或重建独立的、以任务为导向的、对个人生活有意义的技能和能力，在这种环境下，鼓励自己负责解决问题、发展任务和应对挑战。

教育和老年员工的就业能力

国际上关于老年工人的工作绩效和可能获得的培训收益的主要研究成果可以总结为以下几点：

1. 大多数研究发现，实际年龄和工作表现之间呈倒 U 字形关系。30~40 岁是工作绩效的高峰，老年时的绩效趋同于 20 岁。在驾驶方面也有类似的发现，知觉损失是导致驾驶能力下降的原因。

2. 职业表现的年龄差异很小。培训可以弥补年龄带来的工作绩效下降，培训比实际年龄更能预测成绩。在许多情况下，通过适当的培训措施可以证明年龄带来的影响是可逆的。

3. 在经验不足的工人之间会有年龄差异，如果在有经验的员工之间发现年龄差异，这种差异也只是很小的程度。

4. 然而，在对认知具有挑战性的职业中，经验是无法弥补年龄带来的不足的。年龄所导致的不足经常会在一些需要扩展信息处理能力的复杂任务中表现出来。

5. 以前的知识可以有效弥补工作记忆的损失。超前思维过程所需的工作记忆资源可以通过使用以前的知识构建信息过程而得到帮助。

6. 老年专家的表现通常反映出，他们通过提高其他方面（例如知识、策略），成功地弥补了年龄所带来的某些方面的衰退。应对职业任务和挑战的经验可以用来弥补年龄带来的衰退，特别是在复杂的任务中。在某些任务中，只有在年龄较大的时候才能达到最高水平，因为相关知识和专业知识的积累需要长期的学习过程。相比之下，简单任务的绩效往往不能通过使用已经获得的策略和知识系统来提高。领导能力是体现老员工特殊潜力的典型例子。与年轻的管理者相比，年长的管理者往往更成功，因为他们在重要决策上花费更多的时间，这体现了他们能更广泛地使用相关信息，更具有灵活性、审慎性和自我批评的精神。

7. 练习是在整个生命周期中发展和维持专业知识的必要前提。音乐家至少需要10 年或 10 000 小时的练习才能有出色的表现。只有在对运动能力有高度复杂要求的条件下，职业钢琴家才会出现一些与年龄有关的衰退。的确，与年轻的钢琴家相比，年长的钢琴家练习量有所减少。

8. 培训收获的转移取决于具体任务要求。内容的高度针对性、个人相关性和长期的时间投入是成功培训计划的一般条件。认知能力的发展应该以那些构成专业表现（认知工程）的特殊策略和详细的知识系统为导向，培训的收获与引导式和自主式学习的收获是相似的。

9. 年龄与绩效的关系遵循不同的发展路径；有些表现甚至会随着年龄的增长而提高。

10. 当工作任务适合员工的个人喜好和工作节奏时，就能保持高水平的绩效。因此，适当的工作安排和工作内容的变化是一种良好策略，有利于公司确保老年员工继续就业。

年老的员工凭借其专业知识常常有资格监督公司内的重要任务。20 世纪 80 年代后期，美国一些公司试图激励退休的高管重返工作岗位并承担一些任务。这种企业战略基于一种观点：老年员工的退休通常会导致公司专业知识的流失。这种专业知识被认为是成功整顿工作程序、改善内部沟通以及让年轻员工熟悉工作的重要基础。

教育、健康和能力

许多研究证实健康和教育之间有密切的关系。教育程度是预测预期寿命和发病率的一种有效指标。调查数据表明，早在青年时期，受过高等教育的人——女性比男性多——预期寿命更长，发生头痛、喉咙痛、胃痛和背痛的频率也更低，而发病率和健康压力与社会地位相关。上述的关系与过上健康生活的不同机会、职业压力、应对疾病的能力、使用医疗保险的习惯以及与公共卫生代表的沟通有关。这种解释指出，教育作为一种中介可能对一个人的健康状况产生影响，或有助于与医疗工作人员建立关系，以便在生病的情况下共同决定疾病治疗方案。干预研究表明，增强知识和患者培训有助于减少和更有效地使用医疗保险系统，并提高慢性病患者的依从性。

提高保持健康和有效应对疾病的能力意味着获得表达自己的需求、愿望和期望，把握人际关系和机会，选择、决定、判断，共同决定和控制的能力。

对于年长的女性和男性来说，保持健康是生活中最重要的目标之一。分析表明，健康的主观重要性随着寿命延长稳步增加，而且没有哪个阶段的人比老年人更重视保持和改善自身的健康。与实证研究结果一致的是，当代西方社会的老年人与以前的群体相比，更经常要求在医疗保险制度方面拥有自决权并且做到自我负责。一直以来，健康医疗体系被广为诟病的是，共同决定和自我管理的缺乏，加强患者权利的努力不足，信息、解释以及服务透明度的缺失，官僚机构和程序的颟顸，患者被认为是受保护的对象而不是医学治疗的伙伴，等等。在处理健康保险制度方面需要更多的自决和自我责任，这基于以下六个主要结论：

1. 健康保险体系的合格使用者在使用专业治疗之前能够充分发挥自助的潜力。

2. 健康保险体系的合格使用者能够有效应对自己的疾病，尤其是慢性病，以及病例管理意义上的必要治疗。

3. 健康保险体系的合格使用者能够配合双方同意的治疗，这有助于防止由于不遵守规定而导致的医疗资源的错误使用。

4. 健康保险体系的合格使用者表现出对社会支持的责任感。

5. 健康保险系统的合格使用者对医疗和专业决策有更好的理解，享有一定的自由裁量权。他们能够考虑到，医疗水平发展和个人执业医师的能力和经验差异，可能带来不同的决定和判断，这并不总是意味着健康保险系统的质量存在缺陷。

6. 健康保险系统的合格使用者通过同时在发病率、死亡率、生活质量和健康成本方面保持不变或改善，最有效地使用公共卫生系统。

上述能力受到许多因素的影响。这些因素包括个人资源，例如与健康相关的自我概念和人们应对疾病的经验。此外，使用健康保险制度的能力还受到环境和社会因素的影响，例如哪些生活方式和生活条件可以过上健康的生活、特定的医疗保险系统是如何组成的，以及人们在遭受疾病折磨时可以依靠社会和家庭的哪些支持。最后很重要的是，教育、沟通和信息因素在个人应对疾病和维持或改善健康的内部控制的认知中发挥作用。

现如今为许多慢性病制定了支持自决和自我负责的疾病管理的培训项目。除了获得特定技术外，此类培训计划的另一个重要组成部分是建立双方同意的健康保险制度。患者可以了解什么与他的疾病进程相关，自己可以做什么，以及在哪些情况下需要咨询医生。荷兰和德国的经验表明，教育计划有助于减少患者因咳嗽和打喷嚏而向医生咨询的次数。

加强参与和提升能力不可或缺的前提是充分的沟通。患者主动咨询的会诊中最常提到的困难是患者和医生之间的沟通问题。患者经常有这样的印象：他们所关心的问题没有得到认真对待，医务人员没有对他们的疾病治疗和潜在的替代方案提供充足的信息和解释。老年人和残疾人尤其会受到这种印象的影响，这表明专业人士往往会认为身体残疾会导致缺乏能力和产生依赖性。

患者对自身健康状况的了解越多，保持健康的能力越强。现在，这类信息可以从许多资源中获得。可用信息数量的增加伴随着信息质量下降的风险，这意味着这些额外信息的有用性降低。寻求健康相关信息的问题越来越多地被充分评估可用信息的问题所取代。在西方社会，患者能够利用信息技术的进步来获取大量有关他们疾病、医疗替代方案或预防措施的信息，这使得他们至少在一定程度上摆脱从前的医生对信息的垄断，以及为专家和外行人进行的昂贵的文献调查。关于疾病、诊断、替代治疗和预防的明确信息可以大大加强患者的自主权。根据 1999 年美国互联网用户调查的数据，36% 的美国成年互联网用户（其中 42% 的女性用户）经常搜索健康和医药领域的信息。然而，他们很少能评估信息的质量。印刷品提供的许多与健康相关的信息也是如此。因此，必须由独立机构在保证质量的基础上提供服务，以保证患者在医疗保险系统中发挥合格合作伙伴的作用。

作为人力资本的老年人的生活能力

生活能力是指人们在生命的早期阶段获得的经验、策略和知识体系（即对教育的理解是在一定时期内积极应对环境和生活状况的挑战和要求）。生活能力是在有效应对的背景下建立起来的，这种能力使人们在晚年面对严重的问题、任务和挑战时能够保持或重新建立个人满意的人生观。早年培养生活能力是老年成功发展的基本要求，即有效应对老年生活的需求。这种需求包括现实需求、心理需求、人际需求和伦理需求。因此，我们对生活能力的理解不能仅限于在职业活动中获得的经验、策略和知识体系。生活能力还体现在道德判断、志愿活动以及为自己、他人或社会承担责任的意愿和准备。实证结果表明，积极应对发展任务以及生活的机会和限制，可以建立关于生活问题的专业知识或智慧。专业知识或智慧不仅限于老年，也可以在早年发展。发展专业知识或智慧的唯一先决条件是有意识地、负责任地专注于不同人生时期和不同发展环境中的众多问题、任务和挑战。因此，实证研究结果支持关于终身教育的看法，即强调人的发展而不是特定知识和技能的培养。

人力资本是指生活能力对社会和文化的重要性，即开启社会和文化变革的过程，以及社会和文化变革由老年人的生活能力决定的程度。社会和文化的发展取决于运用个人生活能力的可能性。这有必要建立基础设施条件，例如为志愿者提供机会，使他们能够有效地利用已有的经验、策略和知识系统。

从对生产力的全面理解出发，可以区分出在晚年过上富有成效的生活的几种可能性。对年轻人的发展、生活条件和切身利益感兴趣，向年轻一代传递信息，对年轻一代的经验和知识体系进行负责任的反思，这是老年富有智力和情感生产力的表现，因为代际交流可以开启老年和年轻参与者的情感和智力分化。此外，通过独立和负责任的生活，即使在面临严重问题或边缘情况时，老年人也可以为年轻人提供如何应对问题和困难的参考，即为其他人建立一个富有成效的环境，这是关于生产力的情绪和动机方面的表现。甚至年轻人和老年人之间的对话也可以被理解为一个教育过程，在这个过程中，年轻人和老年人可以通过交换具体的经验和知识以及一般的生活能力来丰富彼此（的知识）。对老年教育的理解，可以得出两个结论：首先，老年人能够通过提供技能、经验和知识或通过独立和负责任的生活来为他人履行教育职能，这可以被视为年轻一代的榜样。然而，应该注意的是，为了实现对他人的教育功能，经验和知识的传播必须摆脱自己的知识优于其他人的知识的偏见，不认为其他人必须采用自己的经验和知识体系。其次，与年轻人的对话和谈话可以推动进一步的发展。代际交流是实现发展潜力的重要手段。从与老年教育相关的服务和机构的报告来看，很明显的是，无论是在非正式的还是正式的教育背景下，代际交往对年轻人和老年人的发展过程都有很大的影响，因此应该大力促进年轻人和老年人的交流。通过邀请老年人参观学校、参加特定课程（如历史课程）以及参与经验和知识的传播来促进年轻人和老年人之间的交流，这种方式同时受到了年轻人和老年人的重视。教育实践在建立代际联系，使人们能够认识和使用他们特定的生活能力方面面临双重挑战：首先，必须对经验、策略和知识体系进行系统的探索和整合；其次，讨论或者对话必须在一定的方法论技巧下发起和指导。

终身学习

在过去的几十年里，对教育的传统理解，从完全面向儿童和青年时期的正规学习，已经扩展到终身学习的概念。对于终身教育的不同解释有一个共同的观点，即在生命周期的不同阶段的学习，包括在正式的、非正式的和非正规的环境中以及在各种个人经历的背景下学习，这些都是终身学习不可或缺的组成部分。然而，终身学习可能会在形式、内容和动机上发生变化。在儿童和青年时期，在学校接受正规教育和职业培训是最常见的。对教育课程的决定在童年时期主要由父母做出，而在向成年过渡期间，（儿童）独立决定不断增加。教育机会的不平等是由社会地位的不同决定的。在专业培训的背景下，教育侧重于未来工作活动的实用性方面，而在学校，重点是通识教育。在工作生活中，非正式和非正规的环境比正式的环境更重要，但是不可否认的是，这不是针对所有工作的所有工人来说的。在有很多独立和自我负责决策机会的岗位上，员工可以从进一步学习的机会中获益。相比之下，由于缺乏激励以及长期职业培训的不足，那些必须从事无挑战、重复和单调的活动而没有机会进行独立和自我负责的决策的员工能力会下降。由于个人资源在成年时受到限制并与各种义务相关联，因此这些员工无法避免就业能力的下降。即时效用的压力，不仅是在工作中的学习的特征，而且越来越多地表现在青年时期的学习中，但是在退休后则不再重要。然而，退休意味着失去了在工作中的学习环境。这种损失可以通过参加公共活动来弥补。一方面，晚年有机会根据个人爱好、兴趣和愿望，利用新的自由进一步学习。这种学习可能会开辟新的活动领域。另一方面，保持健康和独立需要持续的学习过程。

从上述终身学习的方面出发，1972 年的“法尔报告”（Faure Report）提出了对教育目标的全面定义：即建立一个身体的、精神的、情感的和道德的人类实体。以前对终身学习的定义是一个很好的起点，可以更全面地了解职业环境和退休中的学习。然而，他们主要强调有效性和工作流动性方面，过于关注职业培训和工作生活。

终身学习的概念可以用几点来解释：

1. 终身学习包括个人生命周期中所有正式、非正式和非正规的学习。

2. 终身学习意味着不同的教育途径，这些途径之间具有渗透性并且相互联系。

3. 终身学习意味着独立和负责任的学习，而独立和负责任本身也必须学习。

4. 终身学习意味着在多样化和透明的机会环境中学习。

5. 终身学习意味着通过提供足够的资源来促进学习。

6. 终身学习意味着对个人、公司和社会的投资。

7. 终身学习意味着透明度、咨询服务和质量管理。

在不断变化的生活环境背景下，成年人终身学习的必要性变得尤为明显，例如，面临产假、职业变化和失业等状态。与生命早期阶段相比，学习不太受制度环境的影响。由于对职业和家庭的责任和义务，成年人对允许灵活调整学习时间的课程有更高的需求，例如函授课程或计算机辅助学习。在职业和家庭环境中通过非正式学习获得的资格和能力应该通过文件和认证的方式加以利用。学习对学习者的好处是显而易见的。使用正规教育课程的模块有助于发展个人能力。此外，成功的终身学习策略要求负责教育和就业安置的公司和机构互相合作，以满足成年人在肩负义务和承诺的情况下所面临的透明度和咨询服务的挑战。同样，咨询必须考虑职业的规模以及个人才能、兴趣和生活状况的多样性。

加强终身学习投资的必要性有以下四个主要目标：（1）促进经济增长和提高竞争力；（2）帮助增强个人就业能力；（3）促进老年人的独立生活能力；（4）加强社会凝聚力。

目标一：由于人口结构变化和市场全球化，西方社会的经济增长和竞争力越来越依赖于员工的创新潜力和资质。因此，有必要增加对教育的投资，包括对老年工人长期职业培训的投资。

目标二：就业率和失业率因雇员的资格水平而不同。只要老年工人的就业能力损失可以通过提前退休的机会得到补偿，这种关系对于西方社会来说就不是真正的问题。然而，人口结构的变化限制了年轻一代保持经济竞争力和社会保障福利的能力。对西方社会来说，除了增加对老年人就业能力的投资外，没有其他选择。

目标三：身体健康和思维灵活性是在晚年过上独立和令个人满意的生活的核心先决条件。大量研究证实，通过适当的训练计划，可以改善日常能力以及身心能力。此外，无论参与者的年龄或身心能力如何，项目都被证明是有效的。实证研究的结果表明，患有痴呆的人可能会在精神运动和记忆训练的结合中受益。即使在最年长的人群中，体育运动的保护作用也得到了很好的证明。终身学习的意义从健康的生活方式对个人具有终身保护作用这一事实中体现。因此，针对较年轻群体的教育项目有助于他们意识到老年健康状况与生命早期阶段健康行为之间的关系，这被视为对老年预防的重要贡献。除了这样的预防外，在老年时预防也有很大的作用。因此，实施主要为老年人设计的教育方案是终身学习战略的核心部分。维持健康和能力的教育计划（不仅仅针对老年人）不仅由传统机构提供，还越来越多地由健康保险公司或体育俱乐部提供。此外，自助团体在这方面也很重要，还应该考虑媒体的影响。媒体通过调解和强调对年龄的刻板印象，在人们对抗衰老的过程中做出了贡献。除了这种作用以外，媒体的一个主要功能是在医疗关系、健康产品和健康计划方面启发人们。发病率和死亡率的社会不平等现象也反映了终身学习的意义。终身学习策略指出了在社会弱势阶层成员中促进教育活动的必要性。在这方面，应该建立面向更多群体的机会和环境。

目标四：普通的政治和文化学习调整了基本的工作方向和能力，这些方向和能力是在不断变化的复杂社会中进行社会参与的先决条件。学习的内容对于生命周期中各个阶段的公民参与至关重要。没有这种公民参与，就不可能实现现代社会的凝聚和安全。通识教育不仅是职业培训和扩展职业培训的先决条件，而且是对职业和个人生活做出独立和负责任的决定的先决条件。不能简单地假定个人有参与终身学习的责任，包括为这种参与提供资金。相反，个人对终身学习的责任来自成功参与和积极的经历。在多元文化和多种族的社会中，文化少数派的人获得教育的机会通常较少。在工业社会中，蓝领工作对国民生产总值至关重要，而外国人中文盲的比例很大只是一个小问题。然而，在现代社会，教育抵押贷款缺乏，无法进入劳动力市场，妨碍人们参与社会活动，因此意味着社会凝聚力面临严重的风险。

未来教育系统面临的主要挑战是：为年龄最大的群体和社会地位低下的群体开发有吸引力的服务。此外，不能忽视已经从事终身学习活动的老年人的特殊兴趣。这对于出生较晚的受过高等教育的老年人群体尤其重要。除了高级学院和大学，其他试图将老年人纳入大学常规课程的举措也很有希望。最后，一个有效的教育系统会考虑个人教育动机在整个生命周期中的连续性。终身学习战略的成功实现取决于社会是否有能力激励年轻人不断投资于通识教育。在年轻时发展更广泛的兴趣被视为老年预防的重要组成部分。大量的研究表明，在生命早期阶段开始和发展的爱好和活动，有利于获得和维持老年生活满意度。

另请参阅：教育与老龄化；学习；毕生发展理论；工作和就业：个人。

拓展阅读

Becker G (1993) *Human Capital. A Theoretical and Empirical Analysis with Special Reference to Education*. Chicago, IL: National Bureau of Economic Research.

Faure E (1972) *Learning to Be The World of Education Today and Tomorrow*. Paris: UNESCO.

Kruse A (1997) *Bildung und Bildungsmotivation im Erwachsenenalter* [Education and motivation for education in adulthood]. In: Weinert FE and Mandl H (eds.) *Psychologie der Erwachsenenbildung*, pp. 117 – 178. Göttingen, Germany: Hogrefe.

Staudinger UM and Lindenberger U (eds.) (2003) *Understanding Human Development: Dialogues with Lifespan Psychology*. Amsterdam: Kluwer Academic Publishers.

译　者：薛聪颖（首都经济贸易大学）
校译者：王永梅（首都经济贸易大学）

成瘾：总论

B. 西格尔 阿拉斯加大学安克雷奇分校，阿拉斯加州，美国

词汇表

药物（Drug）——天然或合成的物质，其化学性质可改变活体器官的结构或功能。

药物成瘾（Drug Addiction）——以强迫性的药物使用和滥用以及长期持久的脑内化学变化为特征的慢性和反复性的药物摄取行为。药物使用行为变成强迫性的，在很大程度上是长期服用药物对大脑功能和行为的经年累月影响的结果。

用药行为（Drug-Taking Behavior）——描述药物使用的中性术语。

精神活性药物（Psychoactive Drug）——指影响人类心境、情绪、行为，改变其意识状态，并产生依赖作用的一类化学物质。

物质滥用（Substance Abuse）——不恰当或过度的用药行为，用以产生快乐、缓解压力或改变和回避现实（或全部三种）；这种使用对个人或社会可能是危险的或不可取的。

耐受性（Tolerance）——由于曾使用过该药物而对相同剂量的药物的反应减弱。一旦产生耐受性，需要更大剂量的药物才能达到其最初的效果。

引言

本文将对精神活性药物的性质及其作用进行概述。还将对药物成瘾发生的机制进行描述，强调药物成瘾是大脑发生化学变化的结果，在使用药物后，这些化学变化会改变大脑的功能，从而导致药物依赖。文章最后将讨论老年人药物滥用的问题，特别侧重于处方药滥用和误用、老年人酗酒问题。

成瘾是一种脑部疾病

药物成瘾不仅只是频繁的药物使用。最近的科学研究提供了强有力的证据，表明药物不仅干扰脑部的常规功能，而且对脑部代谢和活动具有长期影响。那些药物成瘾的人会对药物产生强迫性渴求，难以自行戒掉。治疗对结束这种强迫行为是很有必要的。

反复使用药物导致大脑发生化学和分子改变，这种变化使人产生药物依赖。尽管一

个人最初会受遗传、心理和社会文化因素影响而使用药物，可是一旦服用药物，用药行为本身可能通过大脑引起的变化促进持续的觅药行为。持续的药物使用导致一连串的细胞内部活动，改变了细胞的兴奋性并最终改变神经元回路活动。人们认为这些活动带来了相关变化，而由于药物与脑部奖赏回路（即边缘系统）内的神经递质系统相互作用使这些变化又引起急性正性强化效应。长期使用药物产生的影响包括耐受性、致敏、依赖和戒断。因为奖赏回路中会产生神经适应性变化，所以药物成瘾可被定义为脑部疾病。

仿佛大脑中存在这样一个开关，会在一个人用药行为中的某个时刻开启。这个开关针对不同的药物和不同的个体在不同的节点上开启，但一旦开启，它就将药物使用者或滥用者从根本上转变成药物成瘾者。

药物和药物影响

药物的科学定义是任何天然或合成的物质，其化学性质可改变活体器官的结构或功能。这个宽泛的定义包含许多化合物，其中一些能诱发意识状态的改变。精神活性药物是能影响人类心境、情绪、行为，改变意识状态，并产生依赖作用的一类化学物质。根据其行为效应，精神活性药物可以分为五类：（1）镇静催眠类化合物；（2）行为兴奋剂；（3）麻醉镇痛类（阿片类）；（4）抗精神病药；（5）迷幻剂或致幻剂。

然而，药物影响存在很大差异，且往往是不可预测的，其取决于情绪、对药物的期望、药物使用经验、给药途径、所用药物的性质和效力及其使用设定。下文将对用于改变情绪、感觉或意识的一些主要精神活性药物进行简要描述。

中枢神经系统抑制剂（镇静催眠药）

镇静催眠药物通过抑制中枢神经系统（central nervous system，CNS）的功能，从而使神经活动减少和意识水平降低。这包括巴比妥类和非巴比妥类催眠药、抗焦虑药（弱镇静剂，如安定或氯氮）和酒精，其中酒精因其行为效应被归为镇静催眠药，但它与巴比妥类或诸如此类化合物在结构上没有关联。比较常见的巴比妥类药有司可巴比妥、戊巴比妥和甲喹酮。

从生理学角度看，中枢神经系统抑制剂会使血压降低和呼吸变缓，语速减慢，意识改变。长期使用会产生耐受性，并且也可出现身体依赖。大多数中枢神经系统抑制剂也会作用于脑部，它们会影响神经递质伽马氨基丁酸（GABA）。神经递质是促进脑细胞之间交流的化学物质。GABA 通过减少脑部活动发挥作用。虽然不同种类的中枢神经系统抑制剂以不同的方式发挥作用，但最终均通过增加 GABA 活性而产生困倦或镇定作用。

长期大剂量使用中枢神经系统抑制剂后，一旦停药可能产生戒断症状。因为中枢神经系统抑制剂的作用是减慢大脑的活动，所以滥用的后果就是当一个人停止服用中枢神经系统抑制剂时，脑部的活动可能会反弹到产生癫痫发作的程度。

中枢神经系统兴奋剂

中枢神经系统兴奋剂由多种化学药品组成，其作用机制和化学结构各不相同。中枢神经系统兴奋剂分为以下四类：（1）行为兴奋剂；（2）临床抗抑郁药；（3）惊厥药，如士的宁等；（4）一般细胞兴奋剂，包括咖啡因和尼古丁。

行为兴奋剂包括苯丙胺和可卡因。苯丙胺有三种化学结构上的类似物：（1）苯丙胺（消旋硫酸苯丙胺，即苯丙胺原型）；（2）硫酸右苯丙胺［右旋安非他明和傲百仇（译注：20世纪60年代一种减肥药）］；（3）甲基苯丙胺（右旋甲基苯丙胺）。

苯丙胺会引起心率、体温、收缩压和舒张压的升高，并加快呼吸和循环。瞳孔、血管（血管舒张）和气道（支气管）都会扩张。

甲基苯丙胺是与苯丙胺化学结构相似的中枢神经系统兴奋剂，但其对中枢神经系统的作用更大。近年来，对甲基苯丙胺的使用有所增加。冰毒是一种非常纯净的甲基苯丙胺（介于98%~100%）。甲基苯丙胺释放高水平的神经递质多巴胺，刺激脑细胞。它也具有一定的神经毒性作用，能破坏含有多巴胺及5-羟色胺的脑细胞。随着时间的推移，甲基苯丙胺似乎会导致多巴胺水平降低，从而产生类似帕金森病的症状。

甲基苯丙胺会引起心率和血压升高，并可能对大脑血管造成不可逆转的损伤，如导致脑卒中。甲基苯丙胺产生的其他副作用还包括呼吸问题、心律失常和极度厌食，也会导致心血管疾病，甚至诱发死亡。

可卡因是一种从古柯植物中获得的生物碱。可卡因是一种短时强效的刺激物，在许多方面与苯丙胺类似。快克（crack，译注：一种可卡因毒品）是可卡因与非挥发性化学物质混合形成的含75%可卡因成分的膏体。

可卡因对身体的影响包括血管收缩、瞳孔放大及体温、心率和血压升高。众所周知，它是通过作用于与体验快乐相关的大脑深部结构（即边缘系统，其富含神经递质多巴胺的受体位点）而发挥作用。在正常的信息传递过程中，多巴胺被神经元释放到突触中，在那里它可以与邻近神经元上的多巴胺受体结合。通常，突触间隙的多巴胺随后被多巴胺转运蛋白通过主动转运再摄取回突触。可卡因会附着在多巴胺转运蛋白上并阻断正常的再摄取过程，导致突触中多巴胺的积聚。随着可卡因的持续滥用，常会发展到药物耐受的地步。这意味着需要更大剂量和更频繁使用可卡因，大脑才能达到与初次使用时相同的愉悦程度。

麻醉镇痛剂（阿片或阿片类药物）

麻醉药一词一般用于指从东方罂粟中提取的阿片制剂和阿片衍生物，但它也包括其他半合成或全合成的阿片类药物。阿片类药物有三种类型：（1）直接从阿片获得的天然阿片类药物，如吗啡和可待因；（2）半合成阿片制剂，其为化学制备的吗啡或可待因衍生物，如二氢吗啡、海洛因和美托酮（甲基二氢吗啡）；（3）合成阿片类药物，包括丙氧芬（达尔丰）、美沙酮、哌替啶和喷他佐辛等化学合成的镇痛药，其作用与吗啡类似。

阿片制剂和阿片衍生物对人体的主要影响是恶心和呕吐。阿片制剂刺激脑中被称为化学感受器触发区（chemoreceptor trigger zone，CTZ）的部分，使其觉察到血液中的杂质并刺激引起呕吐的中枢。阿片类药物能收缩瞳孔，抑制反射，并可由于扩张外周血管而降低血压。另外，还可引起皮肤潮红，并常引起出汗。持续使用阿片制剂会导致性功能下降，这可能与性激素水平下降有关。阿片及其衍生物可以在体内停留 2~3 天。

中枢神经系统含有特定的阿片样物质（内啡肽、脑啡肽等）的受体位点，其在边缘系统尤其密集，阿片样物质与这些受体相互作用。这些受体位点不是参与突触传递的正常突触后受体位点，它们是可与麻醉药物结合的特殊蛋白，并且这些位点被认为也可以与海洛因、吗啡和其他阿片衍生物结合。研究认为麻醉药物与这些受体位点的结合可以抑制多巴胺、去甲肾上腺素、5-羟色胺和其他神经递质的释放，从而启动进一步的生理和行为效应，但这些影响究竟是如何发生的，目前仍有待进一步研究。

致幻剂（改变思维的药物）

致幻剂或迷幻剂是指涉及视觉、听觉或其他幻觉体验的各类药物，并且产生与现实分离的感觉。其主要通过干扰 5-羟色胺的传递来破坏神经细胞间相互作用，从而达到效果。5-羟色胺系统分布于整个大脑和脊髓，用于控制行为、感觉和调节系统，包括情绪、饥饿、体温、性行为、肌肉收缩和感官知觉。常见的致幻剂包括麦角酸二乙酰胺（LSD），西洛西宾和西洛辛，麦斯卡林和苯环己哌啶（PCP）。

大麻

大麻来源于大麻植物晾干后的叶子、花朵、茎和种子。现已从大麻植物中分离出 400 多种密切相关的化学物质，这些化学物质被统称为大麻素，其中 THC（δ-9-四氢大麻酚）被认为是产生精神作用或改变思维的主要化合物。如今使用的大麻比 20 世纪 70 年代早期使用的大麻效力强得多，在某些情况下增效高达 30%以上，随着植物效能的增加，其精神药理作用也相应增强。

挥发性溶剂（吸入剂）

挥发性溶剂或吸入剂是吸入其气雾会产生精神作用的化学物质。这些化学物质中有许多是工业溶剂或气雾剂，而不是治疗药物。这些治疗药物包括麻醉剂和其他可吸入的化合物。挥发性吸入剂分为三类：有机溶剂（碳氢化合物）、挥发性硝酸盐和一氧化二氮。

这些化学物质的作用是使中枢神经系统受到快速全面的抑制。其化学溶剂有很高的毒性，并且可导致死亡或严重的人身伤害。肝脏、肾脏、骨髓或其他器官衰竭、窒息、呼吸麻痹；或因麻醉而发生意外，这些都会诱发死亡。持续使用这些药物会导致肾脏、肝脏、肺和脑部受损。

相似药品

相似药品是指通过名称或外观而指向类似药物作用效果的精神活性药物。许多相似药品实际上并不含特定药物成分，被当作假药出售。相似药品一般由三种物质组成：咖啡因、麻黄碱（或伪麻黄碱，为中枢神经系统兴奋剂）和苯丙醇胺（PPA，一种扩张支气管和减轻呼吸道充血的药物）。替代药物或类似药物可引起严重的副作用，包括睡眠障碍甚至精神病发作等。

新化合致幻药

新化合致幻药是效仿非法毒品而研制成的毒品。目前已经有从苯环己哌啶合成的35种变体或类似物。几十种甲基苯丙胺的类似物也已经衍生出来。摇头丸［MDMA（3，4-亚甲基二氧甲基苯丙胺）］，是一种合成的精神活性药物，其化学性质类似于兴奋剂甲基苯丙胺和迷幻剂麦斯卡林。研究表明长期服用摇头丸会导致大脑功能的改变，影响认知功能和记忆力。服用了摇头丸，在几天后也会出现抑郁症的症状。这些症状可能是由于摇头丸对5-羟色胺能神经元产生了影响。5-羟色胺系统在调节情绪、攻击行为、性活动、睡眠和对疼痛的敏感性方面起着重要作用。

处方药滥用和成瘾：处于危险中的老年人

非医疗用途的用药或处方药滥用是一个日益严重的公共卫生问题。根据药物滥用治疗中心的统计，“60岁以上的成年人滥用药物，尤其是酒精和处方药，是美国面临的蔓延最快的健康问题之一。然而，即使出现这些问题的老年人的数量正在增加，但这种情况的严重程度仍然被低估，其识别、诊断和治疗存在不足”（2001：1）。

当人们有意或无意地不按推荐的处方剂量或医嘱的方式使用药物时，会出现处方药的滥用或误用。产生误用可能是由于认为用药越多越好而导致的过度使用，或由于成本问题或为避免副作用而导致的使用不足。当患者因药物的精神作用而非治疗目的而用药，或者以超过推荐剂量服用该药物时，不管是处方药还是非处方药，滥用药物行为就此产生。老年人特别容易陷入处方药滥用或误用，因为他们比年轻人更倾向于使用比治疗疾病所需的更多的药物。此外，各种形式的痴呆使他们容易混淆药物种类和剂量、服药时间。许多老人需要在他人帮助下才能正确地服用药物。

虽然许多处方药有可能被滥用或误用，但常见的老年人滥用药物有以下三种类型：阿片类药物，通常用于缓解疼痛；中枢神经系统抑制剂，用于治疗焦虑和睡眠障碍；兴奋剂，用于治疗睡眠障碍性嗜睡症和注意缺陷多动障碍。如前所述，这三种药物有可能改变大脑的活动，进而引发成瘾。

在当下药品市场的营销宣传的助推下（比如，推荐人们让医生为特定病情开具特定药物），老年人可能会被开出比他们需要的更多的药物，进而导致医生通过开药来满足患者的需求。另外，越来越多的药物被用于解决各种健康问题，其中许多可以很容易地从在线药房中获得，这也助长了老年人滥用处方药。这些在线药房中的大多数都是提供重要服务的合法企业，但有一些却在没有处方和适当的身份验证的情况下销售药品。

还有很多其他因素也在影响老年人使用，甚至滥用或误用精神活性药物和非处方药。衰老过程中所发生的生理变化、累积的身体健康问题和其他社会心理压力因素使得处方药使用的可能性更大、危险指数也更高。

此外，老年人更有可能被要求长期用药和多重用药，这会导致无意识的误用。老年人同样面临处方药滥用的风险，因为他们可能会无意中服用非必需的药物。除了处方药外，大部分老年人还会使用非处方药和膳食补充剂。由于老年人共患疾病的比例很高，随着年龄的增长、药物间相互作用、处方药和非处方药的滥用和误用，相较于年轻人而言，药物代谢的变化可能会对老年人的健康产生更多不利的后果。

服用苯二氮䓬类药物会增加老年人认知障碍的风险，并可导致跌倒（进而引起髋部和大腿骨折）以及交通事故。不过，一旦停药，认知障碍有可能被修复。

各种卫生保健系统有关因素和环境因素增加了老年人对精神类处方药滥用或误用、产生严重不良反应和药物依赖的风险。其中危险的开具处方行为包括：没有足够诊断或其他症状指征而开药；一次性开处太长的疗程，没有对药物反应和患者遵从医嘱情况进行适当的监测；选择已知具有较大副作用的药物给老年人；开出未经检查是否与患者正在服用的其他药物产生不良反应的药物；未能就患者服用何种药物、何时服用药物及有何副作用等方面提供详尽和易理解的说明。药物误用还包括未考虑衰老对药物在体内作用的影响。

酒精和衰老

一直以来，酗酒被认为是老年人面临的一个问题。虽然年长和年轻饮酒者的饮酒习惯有相似之处，但年长者和年轻人对酒的反应方式却有所不同。这种差异源于与衰老过程相关的生理变化。此外，65 岁及以上的人群可能受到至少一种慢性疾病的影响，这使他们比年轻人更容易受到酗酒的不良影响。

酗酒的危险因素包括以下几点：

1. 性别：研究表明，与老年女性相比，老年男性往往更容易出现酗酒问题。老年女性酗酒的可能性较小，即使在酗酒的人群中，她们往往比老年男性酗酒程度更轻。

2. 丧偶：在分居或离婚的老年人和丧偶男性中，酗酒更为普遍。

3. 其他缺陷：引起老年人酗酒的其他缺陷包括失去家人和朋友、因退休而丧失自我价值感、活动能力减退、感觉能力受损和健康状况下降。在很多情况下，酗酒可能是应对与此类缺失引起悲伤的一种方式。独立性丧失并需要入住长期照护机构，也是诱发酗酒的一个因素。

4. 早年酗酒或药物滥用：早期经历酗酒或与药物有关的问题是晚年重新酗酒或使用药物的重要危险因素。这种反复可能与衰老带来的压力有关，并且由于前面提到的一种或多种类型的缺陷而加剧。

5. 酗酒家族史：研究表明饮酒行为受到遗传影响，因此一个有家族酗酒史的人一生中都可能会面临酗酒问题。

结论

随着社会文明的推进，药物不断地以某种形式出现。它们在不同的文化中被用于不同的目的。许多药物曾经并将继续因其药理性质而被使用。而随着药理革命的发展，还将会有更多的药物可供使用。了解药物的性质、精神药理作用及其可能诱发的不良反应，就显得尤为重要，特别是对老年人。

另请参阅：酒精和药品；药理学。

拓展阅读

Center for Substance Abuse Treatment (2001) *Substance Abuse among Older Adults* (Treatment Improvement Protocol Series 26). Rockville, MD: CSAT.

Gurnack A, Atkinson R, and Osgood N (2002) *Treating Alcohol Abuse in the Elderly*. New York: Springer.

Karch SB (2002) *Pathology of Drug Abuse*. New York: CRC Press.

Ksir C, Hart C, and Ray O (2006) *Drugs, Society and Human Behavior*, 11th edn. Boston, MA: WCB McGraw-Hill.

Schuckit MA (2000) *Drug and Alcohol Abuse. A Clinical Guide to Diagnosis and Treatment*. New York: Kluwer Academic/Plenum.

译　者：刘芳艳（首都医科大学宣武医院）

痴呆

P. J. 怀特豪斯 凯斯西储大学，克利夫兰，俄亥俄州，美国

词汇表

痴呆（Dementia）——认知能力在多个领域的后天衰退直到丧失。

引言

痴呆是一种个体认知能力在多个领域丧失的疾病，它可能是渐进性的也可能是非渐进性的，可能是可逆的也可能是不可逆的。痴呆的诊断包括多种情况，如退行性和血管性疾病，以及与运动障碍有关的情况等。治疗方式取决于痴呆的类型，但都包括生物学和社会心理学的方法。

痴呆，是在多个认知领域中丧失思维能力的疾病，对个人和社会而言都是一个巨大挑战。并不是所有痴呆都是渐进的，但其对老年人的影响非常大。痴呆通常与记忆障碍相关，但也有不同的症状表现，具有相当可变的初始症状和发展病程。痴呆，特别是那些渐进性痴呆，可能导致个体出现明显的功能障碍和失能，并最终导致死亡。

痴呆的概念出现在 19 世纪中期。在这段医学史上，神经病学和精神病学之间的差异较小。对各种情况下认知衰退的原因和机制，人们普遍感到很困惑。研究者们对于精神病学和神经病学的构成认识得并不那么清楚。即使在今天，精神问题和神经问题的区分仍然让我们感到困惑。在那个历史阶段，精神分裂症中的思维障碍被定义为“早发性痴呆”。直到现在，精神分裂症的认知功能障碍才被充分认识和理解。在世纪之交，梅毒是痴呆（麻痹性痴呆）的常见原因。20 世纪初，神经病学领域的研究开始发展，研究人员开始研究与痴呆相关的大脑病理学。爱罗斯・阿尔茨海默（Alois Alzheimer）博士不仅对现今以他名字命名的病症的描述做出巨大贡献，还对血管性痴呆、梅毒和皮克病的理解做出了贡献。

如今，由于现代生活中各种各样的社会问题和环境问题，受痴呆影响的人口越来越多，人们对痴呆的关注度也越来越高。关于未来的预测表明，越来越多的痴呆病例将会给 21 世纪的个人、家庭和保健系统带来沉重负担。社会趋势中最显著的是世界人口老龄化。因此，退行性痴呆和血管性痴呆将变得更加普遍。艾滋病患者人数在增加，现代治疗方式的发展也延长了人们的预期寿命，这导致与艾滋病相关的痴呆人数也会增多。工业污染、生态系统导致的全球变暖问题造成环境毒性暴露以及传染病的可能性增长，

将会影响更多的人特别是那些生活在城市地区的人们。病毒和其他脑炎可能传播得更快，也许还会导致其他疾病，例如另一种流行性感冒。与水和石油等资源相关的冲突的增加，可能使军人和平民卷入战争，因而战争参与者中因头部受伤而导致痴呆的人数也在增长。

流行病学

痴呆对各个年龄阶段的人都有影响。按照定义，若要被贴上痴呆的标签，一个人在智力下降之前必须具有更高的智力水平。痴呆影响的主要是那些寿命较长且拥有较高智力技能的人，他们因为患病将丧失那些能力。由于在发展中国家很难对痴呆进行诊断和记录病例，因此很难在世界范围内对痴呆的发病率和流行率进行预测。不仅如此，有关痴呆形成原因和疾病类型的具体情况也应根据研究地区的不同而有所区分。在许多研究中，退行性痴呆是痴呆的最常见原因，阿尔茨海默病则是痴呆的最常见亚型。在阿尔茨海默病之后，额颞叶痴呆和路易体痴呆也在痴呆病例中占有重要比例（10%～20%）。还有研究显示，血管性痴呆是第二常见的痴呆病因，特别是在患有血管疾病的人群中较为常见，如非裔美国人和亚洲人。然而，越来越多的研究显示，患有血管性痴呆的个体通常是多类型痴呆共发的。阿尔茨海默病患者也常表现出血管性病变，例如脑淀粉样血管病和动脉硬化。然而，从更具包容性的视角来看，痴呆患者还包括大量饥荒和战争的受害者。大脑营养不足或受头部创伤影响的患者，也符合痴呆的定义，也应包括在痴呆的全面统计中。即使在美国，成千上万的幼儿大脑因铅中毒而受损；汞污染也对神经健康构成越来越大的威胁。

诊断性评价

如表 1 所示，许多情况都可能导致痴呆。痴呆囊括了从 10 种最常见的痴呆类型到数量庞大的各种病变性的、代谢性的、传染性的罕见病类型。一些由大脑中正在进行的不可逆的认知损害过程而引起的痴呆具有渐进性。另外，如头部损伤导致的痴呆进程则相对稳定。虽然有些痴呆因潜在的病变不能被中断而不可逆，但它们不应该被认定是不可治愈的。所有的痴呆都可以通过心理干预进行治疗，并且许多可以通过药物治疗来改善。本文讨论两类痴呆：可逆的与不可逆的。必须承认，不管怎样，这些条件都是相对的，即使是所谓的可逆性痴呆，由于代谢原因也可能无法让个体完全恢复到初始的认知状态。不同类型的退行性痴呆患者还可能共发血管性疾病。特别是在老年人群中，很多复杂原因可能影响个人的认知功能，最终导致痴呆。

表 1 痴呆的七类病因

类型	示例
退行性病因	阿尔茨海默病，帕金森病，亨廷顿病，额颞叶痴呆
血管性病因	多发脑梗死性痴呆，慢性硬膜下血肿性痴呆，白质病变
传染性病因	慢性病毒感染，慢性脑膜炎
代谢性病因	甲状腺激素变化，与酒精有关的因素
头部创伤	子弹伤，头部内伤
精神病学病因	抑郁症，慢性精神分裂症
基因遗传	贮积症

因此，应用“痴呆”这个疾病标签需要医生尝试确定更具体的原因。首先是确定“痴呆”是最合适的疾病标签。对于本身智力发育不正常或者没有明显智力弱化的儿童，更合适的疾病标签可能是“智力缺陷”或者“精神发育迟滞”。儿童和成人可能存在急性代谢紊乱情况，如电解质异常、酒精中毒等。通过治疗这些潜在的代谢问题，这种类型的痴呆可能是完全可逆的。

然而，痴呆患者还可能出现谵妄。区分认知损害的心理病因或精神病因很困难。例如，抑郁症患者特别是老年患者可能会出现认知障碍，看起来就像患有痴呆。有些人认为这是一种假性痴呆，但其认知功能的损害又是真实的，而且这是诊断其是否患有痴呆的重要指标。这些精神病学症状与神经病学症状经常重叠出现。所以，阿尔茨海默病和帕金森病经常因为患者存在潜在的神经系统疾病或抑郁症而未被诊断出来。

痴呆的病理学问题可以通过“皮质”和“皮质下”痴呆的概念来说明。虽然这些术语已经不流行了，但是它代表着一种尝试，即研究者们根据引起认知损害的病理学病变位置来对退行性痴呆和其他痴呆进行分类。典型的皮质痴呆包括阿尔茨海默病和额颞叶痴呆；典型的皮质下痴呆包括进行性核上性麻痹和亨廷顿病。虽然这些术语在确定痴呆存在异质性方面有些启发性，但术语的伪解剖学性质也是显而易见的，例如，阿尔茨海默病中存在皮质下病变，亨廷顿病也存在皮质病变。

此外，这两类痴呆的相关临床症状（例如运动障碍）存在明显差异。但即使出于教学或研究的目的，“皮质”和“皮质下”这两个术语的使用也不是很流行。当然，很多皮质病变发生在阿尔茨海默病中，而皮质下神经病变似乎更多是亨廷顿病的主要病因。确定不同系统认知症状及其治疗的相对重要性是有困难的。批准用于阿尔茨海默病的第一批药物就是基于改善胆碱能基底前脑中的皮质下病理学。

临床医生应仔细记录痴呆的机制和病

程；应基于一般的身体状况、神经和精神检查以及相关疾病症状进行诊断。患者的精神状态检查，应该包括对其注意力、执行能力、言语能力、实践和感知能力、短期记忆和长期记忆的诊断。如果患者的认知损害程度轻微，则应考虑进行神经心理学评估，以确定其认知损害的存在要大于对年龄和受教育程度的预期，并确定其认知损害的模式。此外，在可疑的痴呆病例中，这种敏感详细的评估可作为后续评估的基准。对于许多痴呆类型而言，病理学上正常和异常的界限是模糊的。研究者们已在用“轻度认知功能损害”的概念来描述痴呆早期的临床症状。然而，这个术语也是相当有争议的，很难应用于临床诊断和治疗。有研究者认为患者更喜欢使用“轻度认知功能损害”而不是“大脑衰老”，其他人则不同意用“早期痴呆”来描述。任何退行性痴呆都会出现认知损害的症状，但临床医生们认为功能损害不是足以确诊痴呆的绝对标准。专家使用的基于各种认知和功能标准阈值的轻度认知功能损害评估标准非常多样，所以它往往不能用来预测疾病进程。

一旦根据疾病史和体检确诊了痴呆，对患者进行额外的实验室检查以确定具体病因往往很重要。诸如利用计算机断层扫描（CT）或磁共振成像（MRI）形成的脑成像可以确定患者脑内是否存在任何引起痴呆的结构性损伤，例如脑卒中或肿瘤。但是，在诊断痴呆过程中使用单光子发射计算机断层成像（SPECT）和正电子发射体层摄影（PET）是有争议的。血流量或葡萄糖利用的减少的具体模式可能与阿尔茨海默病和额颞叶痴呆相关，但症状重叠出现的可能性也非常大。大多数研究者认为痴呆的诊断应基于临床模式下个体的功能损害，而非脑成像。在极少数情况下，认知损害似乎与癫痫发作相关联，这种情况下使用脑电图（EEG）帮助诊断是有意义的。此外，在某些其他情况下，它也可能有助于诊断，例如在皮克病和额颞叶痴呆中，进行脑电图诊断可能会比阿尔茨海默病中更晚一些。在名为“克罗伊茨费尔特-雅各布病”的罕见痴呆染病过程中，特征性的剧烈波动可能使诊断结果更快确定。痴呆诊断过程中还应该进行血液检查，以确保没有因为代谢原因而导致痴呆状，特别需要注意的是甲状腺和维生素B_{12}的代谢问题。在极少数情况下，还可以考虑用脊椎穿刺来进行痴呆诊断。因为如果怀疑患者存在一些炎症、血管炎或者病毒感染，检查流体可能会有助于诊断。研究结果显示，阿尔茨海默病中的脑脊液淀粉类蛋白（CSF）水平较低时，tau 蛋白的水平会较高，但这种诊断方式与其他普通的神经系统疾病诊断有较多重叠。目前，尚没有临床诊断意见的声明推荐在日常实践中使用该诊断手段。最后，在极少数情况下，脑活检也可能帮助诊断痴呆，特别是在出现血管炎或特异性代谢病症的年轻患者身上。然而，通常我们很难根据脑活检时获得的有限组织进行诊断，这个过程要考虑的关键问题是脑活检是否会影响治疗。

痴呆的类型

如前所述，痴呆的讨论分为两大类：可逆和不可逆。我们应当认识到这些类别有时会有重叠，个别患者经常同时表现出多种不同类型、病程的痴呆状。

可逆性痴呆

可逆性痴呆主要是代谢性的，主要考虑甲状腺功能减退、工业或环境污染导致的感染等病因。因药物引起的医源性认知障碍也是一个常见例子。由于代谢紊乱的剧烈程度和强度的不同，此类痴呆在临床上的表现可能更接近于谵妄。此类痴呆是可逆的，但通常难以完全康复，其康复程度取决于大脑暴露于异常代谢环境中的时间长度。

最具挑战性的可逆性痴呆也许是抑郁症，因为它常常与神经系统疾病共存。在某些情况下，它可能是阿尔茨海默病等病症的初始症状。临床谚语说道：“阿尔茨海默病患者是不会抱怨记忆障碍的，但他们的家人却会。” “抑郁症患者会抱怨记忆障碍问题。”这两句话都值得我们深思。所有痴呆患者都可能因为对疾病症状的反应而暴露于抑郁症的风险之中。而血管性痴呆和帕金森病的患者可能因为存在影响情绪的大脑区域的病变而面临更大的陷入抑郁症的风险。我们应为所有抑郁症患者提供咨询服务，同时开展抗抑郁药物的治疗试验，这将有助于痴呆的鉴别诊断。

正常压力脑积水（normal-pressure hydrocephalus）是另一种罕见的痴呆，与步态共济失调和失禁的早期发病有关。我们可以通过在脑心室放置分流压力装置排出液体来治疗异常的脑流体动态压力。但目前的主要问题是预测这种分流是否对患者有益。这类痴呆的脑成像通常显示脑室的萎缩与扩大程度同扩大的心室不成比例，但这种诊断是具有特异性的。通常医生会选择去除少量的脑脊液，看看患者步态是否有任何变化，以此来判断这种分流对患者而言是否有益。但这种分流存在感染和出血的风险。

不可逆性痴呆

不幸的是，许多痴呆在生物学上是部分或完全不可逆的。然而，如前所述，我们还是要认识到所有的痴呆都是可治疗的。其中一些不可逆的痴呆也是可以被预防的。例如，普通人的汽车事故和军人的弹药创伤是造成痴呆的常见脑损伤原因。在这些情况下，患者受伤之后的一段时间内如果能够进行及时治疗，患者大脑损伤的程度可能能在一定程度上被控制，其认知功能损伤的程度也能被控制。

血管性痴呆是另一大类不可逆但可被预防的痴呆。血管性痴呆的分类是复杂的，并且在过去几十年中不断发展。多发小梗死、各种血肿、单发关键部位梗死、血管炎等血管机制紊乱均可引起痴呆。它们可以与退行性疾病区分开来，虽然重叠综合征是常见的。神经影像学可能显示脑卒中、蛋白质缺血性变化或其他血管病变。但这类痴呆的发病可能是突然的，其发展过程是渐进的。血管性痴呆的治疗主要通过改变危险因素来进行。当前批准用于治疗阿尔茨海默病的一些药物也可以用来治疗血管性痴呆，例如胆碱酯酶抑制剂（cholinesterase inhibitors）和美金刚（memantine），尽管这些是未标识用途的治疗。

最常见的退行性痴呆是阿尔茨海默病、额颞叶痴呆和与帕金森病相关的痴呆。即使在已知基因突变引起退行性痴呆的疾病类型中，这些不同疾病之间也存在相当大的重叠。具有相同突变的痴呆类型可能会呈现不同的病理和临床进程。运动症状缺乏或过度活跃可用于疾病鉴别诊断。帕金森病包括经典特发性帕金森病以及其他罕见的神经变性，疾病的特征在于运动迟缓或运动缓慢、僵硬和震颤，这些症状可以在多种条件下观察到。路易体痴呆在病理学上以路易体为特征（见于中脑的帕金森病，但也见于整个皮质），在临床上以注意力波动和幻觉的帕金森病为特征。亨廷顿病与异常的不自主运动相关，如舞蹈样不自主运动，其病因主要在于基因遗传导致的典型常染色体异常。阿尔茨海默病的临床特征包括最先出现的记忆障碍，其次出现的语言、感知等认知损害。额颞叶痴呆与早期的注意力障碍和执行功能障碍有关，如难以开展目标设定、规划和自我监督行为。另外，额颞叶痴呆往往伴随着行为和情绪的紊乱。然而，阿尔茨海默病和额颞叶痴呆之间的临床症状也有很多重叠的。

治疗

痴呆的治疗必须是个性化的，无论患者认知损害的程度如何，也无论其处于哪个年龄段。显然，如果疾病症状恶化的原因和危险因素能被识别，那就必须加以解决。痴呆的治疗需要医生、患者和患者家属合作确立明确的治疗目标。通常，提高生活质量是治疗的主要目的，因为这对患者及其家人而言是最有意义的。本节讨论痴呆的药物和非药物治疗方法。非药物治疗的方法总是比较妥当的，而药物治疗在某些情况下可能是有用的，但也可能产生导致患者出现功能障碍的副作用。

非药物治疗方法

非药物治疗方法包括为患者及家庭提供培训服务、咨询建议以及改善其养老环境等。专家们也因痴呆的类型太多样而容易对患者的病症产生误解。因此，医生需要如实地告知患者，痴呆的诊断和预后存在不确定性。尽管疾病进程多变，告诉患者及其家属可能经历的疾病发展阶段还是有一定帮助的。痴呆的诊断对于患者和家属而言都是令人紧张的。阿尔茨海默病协会和帕金森病协会等组织提供的支持小组，在帮助患者和照护人员学习实际照护机能及分享适应方法等方面都有很大的帮助。无论患者住在何处，都可以通过改善其居住环境等措施来提高其生活质量，例如为患者提供能够保护隐私的空间、帮助患者加强社会参与和保持锻炼。我们还可以通过监测家用电器的使用情况来对患者提供支持。驾驶是一个主要的安全问题，医生最好能对患者进行评估，在必要情况下要求其停止驾驶。关于改善环境以防止患者走失或发生其他安全风险问题的观点也有丰富的研究文献支撑。

生物或药物治疗方法

如前所述，如果痴呆基本上是可逆的或具有潜在可逆的成分，那么重要的就是针对其潜在的病因开展治疗。其实许多药物的副作用可能会导致认知障碍，特别是含有抗胆碱能药和抗组胺药的处方药和非处方药。许多药物已被批准用于治疗轻度至中度阿尔茨海默病，如胆碱酯酶抑制剂（多奈哌齐，加兰他敏和利凡斯的明）。许多其他类型痴呆的治疗药物也具有胆碱能成分，例如帕金森病、路易体痴呆和血管性痴呆。胆碱酯酶抑制剂可能在一定条件下投入使用，即使它们不是特定针对痴呆的。还有研究显示，约372位血管性痴呆患者使用这类药物有效果。

美金刚通过不同的神经递质谷氨酸作为谷氨酸受体拮抗剂起作用。这种药物已被批准用于治疗中度至重度的阿尔茨海默病，也可以用于其他退行性痴呆和血管性痴呆的治疗。

药物也可用于治疗痴呆的非认知或行为症状。抑郁、焦虑、幻觉、妄想、社交焦虑和冷漠，这些比行为症状更能扰乱患者和护理者。研究发现，用于治疗精神疾病中这些现象的药物也可用于痴呆患者，抗抑郁药可以用于治疗患有抑郁的痴呆患者。新型精神安定药是当前使用最广泛的精神病药物，但它们存在明显的副作用风险。

痴呆药物开发的关键就是找到一种能有效预防或改变疾病生物学过程的药物。研究者们尝试过各种各样的方法，如雌激素替代疗法、抗氧化剂（如维生素E）和他汀类药物等。流行病学和基础科学研究表明，这些候选药物可以减缓阿尔茨海默病的生物学进程。由于阿尔茨海默病的发病机制同血管性痴呆等疾病的发病机制有相通之处，这些药物可能也能够用来治疗其他类型的痴呆。然而，现在还缺乏足够的证据和研究来证明这些药物能够改变痴呆进程。除了那些改变危险因素的药物外，尚没有药物被批准作为改变痴呆进程的手段，来治疗存在疾病风险的患者。

补充和替代药物也经常被用于预防认知功能衰退。然而，尚没有研究或临床试验证明这些药物能够改变痴呆的进程。银杏叶虽已被广泛使用，但目前尚处于研究阶段，我们还不能推荐使用这种药物。

未来的发展方向

痴呆既是一个巨大的挑战也是一个机遇，应用先进的科学方法能够帮助我们理解疾病的病理机制并开发更有效的治疗方法。然而，我们也不能夸大科技发展给疾病治疗带来的可能性。一些退行性疾病和衰老之间的界限尚不清楚，因此，试图减缓这些与年龄有关的退行性疾病的生物学尝试，也就等于寻找一个神经系统的青春之泉。目前，基因和分子生物学方法令人振奋，并带来了希望。但过度炒作可能会产生虚假的希望。此外，关注晚年的遗传因素可能会导致忽视年轻时有效的预防性治疗，例如避免接触污染环境。令人沮丧的是，几个世纪以来人们都知道，儿童时期的铅中毒对其大脑的影响是很明显的（即造成痴呆和其他形式的认知损害），但还是没有采取行动来应对这个问题。即使在像美国这样的富裕国家，孩子们仍然面临铅中毒的危险。此外，我们持续暴露在污染环境与各种人造化学品之中，也可能会提高痴呆的疾病流行率。因此，当前人口老龄化的趋势以及社会、环境的压力都容易导致人们出现认知健康状况不佳，最终造成痴呆发病率增加。

关于社会正义和我们医疗体系优先事项的道德问题仍将很重要。我们似乎过分迷恋基因组学的力量，希望能够依此制造出更有效的药物。医学界因其与制药行业的紧密联盟而受到批评。因此，也有人说，生命伦理学是建立在医学合作的基础上。研发新药面临更大的安全性、可信性挑战，因为已有研究发现新药研发的成本提高了，但疗效并没有明显改善。在开发更有效的治疗痴呆药物的研究中仍然存在许多伦理问题。例如，大多数国家都有难以处理知情同意权的问题（即在患者缺乏知情同意能力的情况下，如何实行代理人知情同意办法）。市场上的这些药物，在经过药物临床检验时是否适合使用安慰剂？对于痴呆患者，尤其是重度痴呆患者而言，什么算适当的治疗目标？有什么证据表明这些药物有利于提高患者的生活质量，降低患者的治疗费用？

一个世纪以来，许多痴呆的病因都是由大脑精神病学家发现的，如爱罗斯·阿尔茨海默。也许现在是时候反思一下我们已经变化的现状以及我们对这些情况的了解，以便在未来的100年时间里我们能发挥更大的智慧来面对新情况与新变化。

另请参阅：痴呆；阿尔茨海默病；抑郁症；帕金森病。

拓展阅读

Burns A and Zaudig M (2002) Mild cognitive impairment in older people. *Lancet* 360 (9349): 1963-1965.

Karlawish JH and Clark CM (2003) Diagnostic evaluation of elderly patients with mild memory problems. *Annals of Internal Medicine* 138 (5): 411-419.

Langa KM, Foster NL, and Larson EB (2004) Mixed dementia: emerging concepts and therapeutic implications. *Journal of the American Medical Association* 292 (23): 2901-2908.

McArthur JC (2004) HIV dementia: an evolving disease. *Journal of Neuroimmunology* 157 (1-2): 3-10.

Minagar A, Shapshak P, Duran EM, Kablinger AS, Alexander JS, Kelley RE, Seth R, and Kazic T (2004) HIV-associated dementia, Alzheimer's disease, multiple sclerosis, and schizophrenia: gene expression review. *Neurology* 62 (7): 1156-1162.

Ritchie K and Lovestone S (2002) The dementias. *Lancet* 360 (9347): 1759-1766.

Teri L, Logsdon RG, and McCurry SM (2002) Nonpharmacologic treatment of behavioral disturbance in dementia. *Medical Clinics of North America* 86 (3): 641-656.

Tschanz JT, Corcoran C, Skoog I, Khachaturian AS, Herrick J, Hayden KM, Welsh-Bohmer KA, Calvert T, Norton MC, Zandi P, Breitner JC, and Cache County Study Group (2004) Dementia: the leading predictor of death in a defined elderly population: the Cache County Study. *Neurology* 62: 1156-1162.

Whitehouse PJ, Gaines A, Lindstrom H, and Graham J (2005) Dementia in theanthropological gaze: contributions to the understanding of dementia. *The Lancet Neurology* 4: 320-326.

译　者：董亭月（北京行政学院）
校译者：谢立黎（中国人民大学）

痴呆：阿尔茨海默病

P. J. 怀特豪斯 凯斯西储大学，克利夫兰，俄亥俄州，美国

词汇表

阿尔茨海默病（Alzheimer's Disease，AD）——一种退行性的脑部疾病，其病理特征表现为与神经元纤维缠结和斑块相关的细胞损失。

谵妄（Delirium）——急性精神错乱状态。

引言

阿尔茨海默病被认为是一种退行性的脑部疾病，于1906年被首次提出。随着世界人口老龄化，这一疾病愈发普遍。其病理特征表现为与神经元纤维缠结和斑块相关的细胞损失。目前该疾病成因尚不明确，但与遗传因素有一定关系。因此，临床上主要采取排除性手段进行诊断，结合药物与非药物方式来治疗。而这也意味着未来相关研究挑战和伦理问题将会愈发凸显。

阿尔茨海默病这一疾病名称伴随人类已近百年。虽然只是一个单一的标签，但其包括了多种临床症状，且涉及生物学领域。人们普遍认为阿尔茨海默病是一种退行性脑部疾病，其特征是老年斑或神经炎斑和神经纤维缠结。1906年，爱罗斯·阿尔茨海默（Alois Alzheimer）博士发现了第一例现如今被称为阿尔茨海默病的病例，患者是一位出现了进行性认知功能减退和行为障碍的51岁女性。阿尔茨海默病的临床表现为记忆障碍，随后发展成为一类涉及其他认知能力和行为的症状，如狂躁症甚至精神病。

自1910年埃米尔·克雷佩林（Emil Kraepelin）在其精神病学教科书中首次提出阿尔茨海默病并将其命名为一类疾病以来，人们对该疾病的认知逐步加深。然而，随着时间的推移，其症状愈发复杂。与所有退行性疾病一样，阿尔茨海默病呈现出神经系统中神经元逐步丧失的特点，并伴有各种病理特征。然而，对于神经元纤维缠结和老年斑在导致神经元死亡中各自扮演什么角色仍存在争议。人们发现，在阿尔茨海默病患者中存在不同数量的斑块和缠结的纤维束。此外，各种遗传性病变也同样会引发早期阿尔茨海默病，并对晚期临床表现产生影响。因此，阿尔茨海默病生物基质中特异性应当成为人们关注的重点。

即便是阿尔茨海默本人也承认，无论是过去还是现在，人们对所谓的早老性痴呆以及这种发生在较为年轻者身上的情况是否与

发生在老年人身上的老年性痴呆有根本不同一直存有争议。大脑老化的正常过程与阿尔茨海默病之间的复杂关系令人困惑和充满争议。

“轻度认知功能损害”这一术语已成为阿尔茨海默病的一个重要标签，用以描述自身存在认知损害但程度尚不足以被定义为“痴呆”的人群。早前术语则包括“老年人良性遗忘”“与老化相关的记忆障碍”“与老化相关的认知能力衰退”。从某种逻辑意义上来说，任何类似于阿尔茨海默病的退行性疾病都有一个临床前阶段，其特征为认知损害，与功能衰退无关，足以被称为痴呆。轻度认知功能损害基于任意障碍阈值，且呈现不同的特征和结果，业内专家对这一术语的使用并不一致。相对于大脑老化或早期痴呆，一些患者更倾向于“轻度认知功能损害”之类的标签，但由于存在争议，目前人们尚未在临床上采用这一说法。

人们认为阿尔茨海默病是全世界最常见的一种痴呆。国际阿尔茨海默病协会声称，全球大约有 2 500 万名阿尔茨海默病患者。由于各个国家之间采用不同的流行病学方法，因而该数据并不完全准确。此外，基于所使用的诊断标准，人们对正常大脑老化、轻度认知功能损害和阿尔茨海默病的随意区分在不同的研究中产生了不同的结果。尽管如此，随着世界人口的老龄化，患有退行性疾病（如阿尔茨海默病）的人数显然将会增加。同样，与社会和环境干扰（如战争、流行病和环境毒素）有关的其他形式的痴呆也可能会频繁显现。

病理学

与大多数退行性痴呆一样，阿尔茨海默病与神经元损失这一特定的病理特征存在相关性。大脑皮质中广泛的病理变化使得人们在尸检和临床神经影像学操作上发现脑萎缩现象。正如阿尔茨海默博士本人所述，该细胞丧失伴随着细胞外神经炎斑和细胞内缠结，不仅如此，其他各种变化也很明显，如血管的变化、颗粒空泡变性以及路易体。老年斑或神经炎斑是异常蛋白质（包括淀粉样蛋白）在脑内的沉积，其周围有异常的神经炎过程。神经元纤维缠结存在于某些特定的神经元内，由 tau 蛋白以成对的螺旋形结构与其他蛋白质组成。尽管阿尔茨海默病对多数神经元群体构成影响，但它具备选择性，即相对一些神经元来说，大脑内其他神经元受到的损伤往往更大，即使它在不同患者大脑中所体现的结构不一。海马受损是阿尔茨海默病的一种普遍现象，也是造成记忆障碍的潜在因素。除了皮质病变外，大脑皮质下的结构也发生变化，如迈纳特基底核、蓝斑核、中缝核。通常人们认为只有依靠尸检结果才能明确诊断阿尔茨海默病。然而，即使在尸检中，有时也很难区分正常衰老和阿尔茨海默病；不同的神经病理学标准强调不同的特征。与正常人的区别更多的是定量的，而不是定性的。此外，许多老年人患有混合性痴呆，即一类混合性的阿尔茨海默病，其中夹杂着血管的变化或呈现些许帕金森病的特征。

病因学

在阿尔茨海默病首次提出后不久，人们便发现了其家族遗传性。罕见的是，这种病症结构表现为常染色体显性遗传，其中，平均有50%的孩童会从患病父母那里遗传到该基因。除此之外，患有唐氏综合征的人在其年老时更容易出现老年斑和神经元纤维缠结，这一事实为研究阿尔茨海默病中的染色体提供了动力。在一些罕见的家族中，位于21号染色体上的淀粉样前体蛋白的基因发生了许多突变，导致痴呆。这些突变改变了一些大型（约700个氨基酸）前体蛋白的行进，反过来又使较小（约42个氨基酸）的淀粉样蛋白本身得以沉积。作为正常加工的一部分，分泌酶会将这些淀粉样前体蛋白分解成较小的蛋白质，但基因突变会影响这些分解活动。

其他出现在蛋白基因编码1号和14号染色体上的基因突变称为早老蛋白（可能与分泌酶有关），这些早老蛋白同样也破坏了淀粉样蛋白的加工。虽然这些常染色体显性遗传极为罕见（小于病例中的1%~2%），但其他基因却改变了后续散发形式的风险。唯一得到证实的易感基因是位于19号染色体上的载脂蛋白E（ApoE）。载脂蛋白E是一种胆固醇酯转运蛋白，以多种形式存在于人体内。一般来说，体内拥有一种或两种形式载脂蛋白E4的人患上阿尔茨海默病的风险较高。当然，其他易感基因也可能存在，但仍有待证实。

对于阿尔茨海默病成因，理论上可谓众说纷纭。例如，阿尔茨海默病的抗氧化理论与用来解释正常衰老的理论相似，人们认为自由基在大脑中的沉积会损害神经细胞。不仅如此，近期炎症假说也有了新的发现，即人们认为非典型细胞和化学性炎症特征与老年斑有关。与此同时，其他研究表明，兴奋性细胞死亡的机制同样也与阿尔茨海默病有关。基于该理论，人们认为神经元会因为兴奋性氨基酸神经递质（如谷氨酸）的过度刺激而死亡。不仅如此，阿尔茨海默病与血管性痴呆之间的潜在病因机制有许多相似之处，其重点表现为血管病理改变，淀粉样蛋白可以在血管壁上沉积。此外，胆固醇代谢的改变据称与这两种情况有关。

年龄增长是阿尔茨海默病最大的危险因素。然而，大脑中与年龄相关的正常过程与阿尔茨海默病之间的关系仍备受争议。对于二者共同表现出的一些临床特征或生物学特征，如果不设定任意阈值就无法确切诊断阿尔茨海默病，无论是在患者生前还是死后，这些特征在痴呆患者中更明显或更严重。脑脊液（cerebrospinal fluid）中tau蛋白（升高）和淀粉样蛋白（降低）的标志物在阿尔茨海默病中受到影响，但其指标与正常老化和其他神经系统疾病相吻合。因此，权威的临床共识小组并不推荐广泛应用这些指标。联合检测多个生物蛋白也许有助于使诊断测试变得更加权威，但迄今为止人们尚未采取这一做法。人们常说阿尔茨海默病并不是正常衰老，与其说这一说法具有科学性，倒不如说其体现了政治色彩。阿尔茨海默病真是一种严重的大脑老化吗？

诊断

阿尔茨海默病的特点是发病隐匿、智力障碍进展缓慢，其通常以记忆障碍为征兆。它一般病发于语言、实践、知觉或执行功能障碍。人们认为该类疾病会经历一个从轻度到中度再到重度的阶段。晚期时，患者的认知困难往往与其行为障碍有关。在轻度阶段，患者往往是独立的，只遭受记忆问题，不乏些许轻微的注意力障碍。当患者在中度阶段时，患者在日常生活中面对一些工具性（或者更复杂的）的活动时开始依赖于他人的帮助，并出现愈发明显的智力障碍。在严重阶段，患者的依赖性增加，他们甚至可能出现日常生活无法自理的情况，包括个人卫生。而患者处于恶化阶段时可能出现言语缺失等症状，完全依赖他人照顾。阿尔茨海默病常被视为一种绝症，会降低患者预期寿命，尽管大多数情况下，患者是由于卧床不能动弹导致了感染（如肺部感染），从而导致死亡的。

尽管这些特征是阿尔茨海默病的代表性特征，但它们并不为阿尔茨海默病所特有。阿尔茨海默病通常被认为是一种排除性诊断，这意味着诊断评估无法解释导致认知损害的其他因素。然而，即便在生物测试中，抑郁症和正常衰老也不伴有任何病理性改变，导致人们无法将两者与阿尔茨海默病进行区分。因此，在轻度病例中，临床医生往往面临诊断难题，即一个人是否有与正常的年龄相关认知变化、抑郁症或阿尔茨海默病。抑郁症也可能与痴呆的神经原因共存。谵妄（急性精神错乱状态）也通常与阿尔茨海默病有关。阿尔茨海默病患者精神状态的骤变促使人们寻找代谢性或感染性的衰退原因。目前尚无任何生物测试获批用于诊断阿尔茨海默病，尽管人们对各种方法的实用性提出了数百项主张。

治疗

任何痴呆的治疗都涉及生物学和社会心理学的干预，即药物与非药物的治疗方法。所有痴呆的诊治都需要关注患者及其家庭的治疗目标，以及调动家庭和社区资源进行干预。这些干预措施应根据个人喜好以及疾病的不同阶段进行调整。除此之外，保持甚至提高患者和照顾者的生活质量应当成为首要目标。

改善认知症状的药物

目前已有五种药物获批用于治疗阿尔茨海默病的认知功能障碍。其中四种是胆碱酯酶抑制剂，作用于与基底前脑胆碱能细胞丧失有关的神经递质乙酰胆碱缺乏。第一类获批的药物是他克林（tacrine），但这种药物如今没有继续使用，因为它需要每天服用四次，并且会导致可逆的肝毒性。不同的是，多奈哌齐（donepezil）是当前最常用的药物，患者只需每天服用一次即可，且不伴有肝毒性。但它与所有的胆碱酯酶抑制剂一样，容易引起一定程度的胃肠道不适，如恶心、呕吐、腹泻或腹部绞痛。此外，还可能导致肌肉痉挛和睡眠障碍等现象。最新批准的胆碱酯酶抑制剂加兰他敏（galantamine）每天服用一次即可。与多奈哌齐和加兰他敏不同，利凡斯的明（rivastigmine）尚未广泛应用于临床，因为它会引起严重的胃肠道副作用，不仅如此，该药物因其造成体重下降而被美国食品药物监督管理局（FDA）要求做出“黑框警告”（black box warning）。一般来说，所有的胆碱酯酶抑制剂疗效都类似，但其使用频率往往由其副作用所决定（据称，这些彼此不同的副作用存在其他可能有利的特性，但临床意义不明确）。这些药物对改善认知功能的作用较小，对日常生活影响更是微乎其微，不足以改善甚至维持生活质量，尽管很少有数据支持或质疑这一论断。

最后一种获批用于治疗阿尔茨海默病的认知功能障碍的药物是盐酸美金刚（memantine），其借助不同的机制发挥药效，即谷氨酸受体拮抗剂。其疗效与胆碱酯酶抑制剂相当，但不良反应却不一致。它偶尔会引起便秘、头晕和少见的意识模糊。人们认为该药物可能对阿尔茨海默病中潜在发生的任何兴奋性氨基酸过度活动有影响。然而，这一原理是为人们所推测的，目前美国食品药品监督管理局尚未批准任何一类药物作为疾病改性剂（disease-modifying agent）。同样，这些药物的药物经济学效益（即是否通过推迟护理院安置等方式节省医疗费用）也尚未得到充分证实。

缓和疾病进程的药物

正如前文所述，胆碱酯酶抑制剂和盐酸美金刚的制造商声称这两类药物具有改变疾病生物学作用机制的潜在可能性，但这一说法尚未在临床研究中得到证实。在“病因学”一节中已经提到，阿尔茨海默病包含多种神经元损伤机制。与这些理论相关的是一些潜在药物方法，如使用抗氧化剂、抗炎药或雌激素替代疗法。尽管病例对照流行病学研究支持使用这些药物可能预防阿尔茨海默病这一观点，但随机对照研究不支持制造商的说法。在美国，维生素 E（一种抗氧化剂）用于治疗阿尔茨海默病得到广泛推荐，但最近有研究质疑其疗效并引发对其安全性的关注，并且对该药物的使用正在减少。除此之外，人们提出多种补充性和替代性医学手段以此来治疗或阻止疾病的进程，然而均未得到充分证实。银杏叶在世界各地得到广泛应用，相关研究正在进行以确定其对记忆受损患者是否有益处。

改善行为症状的药物

阿尔茨海默病患者会出现抑郁、狂躁以及意识模糊现象，尤其是针对晚期患者人群。尽管目前尚缺乏强有力的证据，但临床医生常用已获批用于其他精神疾病的药物来诊疗这些症状。因此，抗抑郁药和抗精神病药广泛用于临床。与三环类抗抑郁药和典型精神安定药相比，这两类新一代药物相对来说产生的副作用较小。然而，考虑到痴呆患者使用所有精神类药物均存在危险，因此人们应当普及非药物治疗手段。例如，避免引起行为症状的情境、试图从患者的角度理解情境以及将注意力从激发情境中重新定向等，这些都不失为有效方法。

阿尔茨海默病的未来

针对人类目前对于阿尔茨海默病的认知，当下所面临的最关键问题便是阿尔茨海默病与正常衰老之间的关系。作为一类异质性疾病，阿尔茨海默病目前被归为一个单一的名祖（eponym）。许多基因都会引发阿尔茨海默病，还有许多未知领域亟待人类去发现。神经影像学研究以及临床现象学研究均表明阿尔茨海默病与帕金森病、血管性痴呆和额叶痴呆等疾病之间存在极大的相关性。因此，很可能多种生物过程会影响老年人的大脑，而目前人类就如何有效对这些过程进行诊断分类只有初步了解。

人们目前正着力开发一种特定的诊断测试手段，尤其是针对神经影像学，借助正电子发射体层摄影（PET）等功能性神经成像技术对大脑中的淀粉样蛋白进行成像后产生的化合物最引人注目。然而，与所有生物标志物一样，这些化合物面临着同样的挑战——随着年龄的增长，大多数人体内都会形成不同程度的淀粉样蛋白。阿尔茨海默病依旧是一种社会标志物（临床应用的标签）。人们正竭力开发出更加有效的药物，且关注点大多集中在那些具有潜在疾病生化指标可能性的药物上。大多数研究都是基于这样一个假设，即能够开发出消除或清除大脑中淀粉样蛋白的药物。与此同时，人们对于使用疫苗或干细胞的治疗效果抱有过高期望，开发出能够逆转或阻止阿尔茨海默病生物退化的有效疗法仍然是一个遥远的憧憬。

然而，在不久的将来，与阿尔茨海默病相关的医疗保健费用方面将会面临众多难题。如前文所述，药物经济学研究尚未充分证明治疗阿尔茨海默病的药物对生活质量和医疗保健成本有显著影响。而且随着大多数国家人口趋向老龄化，长期照护费用也将上涨。

因此，人们亟需为阿尔茨海默病患者及其家人开发出一种更好的心理社会干预手段和教育干预手段。不仅如此，考虑到阿尔茨海默病是大脑老化的一种形式，这些手段都应当面向任何具有记忆障碍的老年个体。尽管人类一直借助于生物科技的力量来对抗阿尔茨海默病，但人们也应当认识到信息技术同样有助于治疗记忆障碍。一般认为，科技使得人们的教育更加健全，能够向人们提供整合生活的机会，并帮助人们适应认知能力随着年龄增长而发生的变化。然而，它们更能够协助人们监测和改善阿尔茨海默病患者的生活质量。无论贴上了何种诊断标签，老年个体均应积极融入社区。不仅如此，应向所有患者就保持精神和体力旺盛提出建议，为患有记忆障碍的患者创造一个良好的机会。例如，在克里夫兰，代际学校（the Intergenerational School）会为患有轻度认知功能损害和阿尔茨海默病的人提供学习机会。这不仅提供了通过阅读和与儿童互动以保持精神活跃的机会，同时也增强了患者对社区的参与感，使得他们领略到人生真谛。

对于那些完全依赖他人进行基本日常生活的患者，通常需要将其居住地从家庭转移至长期照护机构。同时，为痴呆患者提供家庭护理这一现象也正在发生变化。例如，针对症状较轻的患者制订了辅助生活计划，而一旦症状加重，所谓的特别护理部门便伴随着护理院应运而生。然而，长期照护行业必将经历多次文化变革。例如，"伊甸园替代方案"（the Eden Alternative）则强调以居民为中心的护理，与自然环境更加和谐。在长期照护中，将阿尔茨海默病特护病房重新标记为记忆支持病房是如何淡化标记过程并专注于提供功能支持的一个例子。"时光飞逝"（Timeslips）是一种叙述性治疗干预手段，其鼓励中度和重度痴呆患者述说具有创造性的故事，强调保持认知能力的重要性。

痴呆患者的临终关怀也亟须改善。总的来说，缓和照顾（palliative care）在临床上处于起步阶段，即使是对于那些患有绝症（如癌症）的患者也不例外。然而，许多临终关怀机构目前正在着力开发项目——针对因认知障碍而去世的患者。实证研究表明，人们所采取的一些干预措施，如管饲饮食和使用抗生素，实际上并不能减少患者数量或提高患者生活质量。未来的关键问题将是人们能在照顾严重痴呆患者上付出多少努力。随着受影响人群数量的增加以及老年痴呆患者长期照护资源的减少，这些问题将会增加，因为其他医疗保健优先事项也会出现，比如儿童护理。

痴呆带来的挑战所引发的伦理问题将持续增加，其包括了从遗传风险的预诊断评估到先前讨论过的生命终结等问题。有人声称未来医学界将依赖于分子生物学和遗传学。然而，目前人们尚不明确患有阿尔茨海默病风险的个体能否利用我们向其提供的复杂遗传信息。如上所述，关于轻度认知障碍和阿尔茨海默病的诊断混乱促使我们更深入地思考患者病情告知。当我们使用具有所有复杂性和特异性的"阿尔茨海默病"这样一个名称时，我们又在向人们传达什么信息呢？

在当前的研究环境中，许多伦理问题向人们提出了挑战，例如找到从失去理解试验方案能力的人处获得知情同意的适当手段。虽然现在我们有了一些相当有效的药物，但在什么情况下在对照研究中使用安慰剂是合适的呢？

最后，制药业与医疗业之间的关系也存在与利益冲突相关的重大伦理问题。我们必须鼓励更加公开的临床试验结果，并制约医生与这些行业之间的财务关系。

不幸的是，生物伦理学领域还没有充分应对为这些困难决策提供社会投入的挑战。与环境医学和公共卫生不同，从生物伦理学家到遗传支配性领域几乎没有面临什么挑战。此外，生物伦理学家本身也面临着与制药公司的利益冲突问题。生物伦理学倾向于支持医学界和医生的目标而不是挑战他们，并指导患者和整个社会。

结论

阿尔茨海默病是未来医学的一个重要风向标，事实上，也是我们星球健康的一个重要指标。慢性疾病被证明是人类在简化疾病生物学模型方面的一个重大挑战。医学界并未充分划清增强正常功能和强化疾病概念之间的界限。最后，以药物为主的医疗护理模式的主导地位消弭了人们对阿尔茨海默病等疾病对个体和人群产生影响的担忧。对于阿尔茨海默病中复杂问题的考量可能大体上会改进人们有关医疗护理的价值观和认知进程。

另请参阅：痴呆；遗传学；帕金森病。

拓展阅读

Clark CM and Karlawish JH（2004）Alzheimer disease：current concepts and emerging diagnostic and therapeutic strategies. *Annals of Internal Medicine* 140（1）：71.

Cummings JL（2004）Alzheimer's disease. *New England Journal of Medicine* 351（1）：56-67.

Gauthier S（2002）Advances in the pharmacotherapy of Alzheimer's disease. *Canadian Medical Association Journal* 166（5）：616-623.

Kawas CH（2003）Clinical practice. Early Alzheimer's disease. *New England Journal of Medicine* 349（11）：1056-1063.

Selkoe DJ（2004）Alzheimer disease：mechanistic understanding predicts novel therapies. *Annals of Internal Medicine* 140（8）：627-638.

Souder E and Beck C（2004）Overview of Alzheimer's disease. *Nursing Clinics of North America* 39（3）：545-559.

Trojanowski JQ and Lee VM（2002）The role of tau in Alzheimer's disease. *Medical Clinics of North America* 86（3）：615-627.

Whitehouse PJ and Juengst ET（2005）Anti-aging medicine and mild cognitive impairment：practice and policy issues for geriatrics. *Journal of the American Geriatrics Society* 53：1417-1422.

Whitehouse PJ，Maurer K，and Ballenger J（eds.）（2000）*Concepts of Alzheimer Disease：Biological，Clinical，and Cultural Perspectives*. Baltimore，MD：John Hopkins Press.

译　者：李双燕（首都经济贸易大学）

校译者：陈　聪（首都经济贸易大学）

出行能力和灵活性

海德伦·莫伦科普夫 海德堡大学德国老化研究中心，海德堡，德国

词汇表

出行能力（Mobility）——移动身体的能力，以及离开住所外出和活动的可能性。

引言

本文讨论了老年人独立生活和社会参与的重要前提：四处走动的能力和可能性。从原则上来讲，出行能力是所有年龄段人群的基本需求和行为。这一说法不仅适用于基本的身体活动能力，还适用于为连接不同生活范围之间的空间距离而进行长途出行的能力——这些能力在个体保持独立生活方式、同所在社会和文化保持联系等方面至关重要。人们总认为拥有出行能力是理所当然的。然而，随着年龄增长，出行能力不断受到威胁。伴随老化而来的是不断增加的身体残疾风险和感官能力的下降，以及由此带来的出行能力受限。家庭之外的诸多不利条件，如难以进入的楼宇、不便使用的交通方式、快速而复杂的交通、人工服务被机器取代等，都可能使老年人的出行能力进一步退化。与此同时，出行能力的重要性反而更加凸显：如果老年人想要继续成为社会的一部分，退休、失去朋友知己、成年子女离开家庭等社会变化则要求老年人拥有越来越强的出行能力和灵活性。

此外，对现代工业化社会来说，出行能力和灵活性至关重要。这适用于社会流动性意义上的移动能力，包括社会阶级和世袭地位的瓦解，以及带来我们生活方式多元化和生命历程多样化的约束性社会角色和社会规范的松弛。这还适用于地理流动意义上的迁移，包括个人或群体的迁移、从一地到另一地的移动，以及在日益全球化的世界前往有吸引力的目的地（尽管这可能并不适用于所有人），从每个社会成员都进行的实际旅行的意义上来讲尤为如此——无论是步行还是使用任何一种交通工具。

随着这一历史发展，出现了移动与现代价值观的联系：选择的自主和自由，灵活性，以及行为和思维的多变性。因此，除了人类对身体运动的需求以及克服不同地域间距离的功能需求之外，移动还意味着受到高度赞赏的社会目标和象征意义。

移动的构成要素多种多样，研究这些要素的理论和实证方法也是如此。对于跟人有关的身体、感官、认知能力及缺陷，个人动机和行为，以及社会人口和结构方面等微观层面，需要行为学、社会学以及医学等知

识。社会和技术环境及其相关发展等宏观层面还需要社会学理论。交通运输政策与研究同地理、城市规划、建筑和机械工程一样重要。根据兴趣关注点，可能需要更多的学科。

这样的一篇文章不可能详尽介绍所有方面。因此，本文从社会科学的角度重点讨论了与老年人出行能力相关性最高的那些方面。具体展开方式如下：首先，文章追溯了出行能力和灵活性在现代社会变得如此重要的原因，并展示了这一现象产生过程中出现的方方面面。其次，文章介绍了老年人出行能力的主要构成要素，以及与这些要素相关的理论观点和实证发现。能否自由行动并且去往自己想要去或需要去的地方，在这个问题上有越来越多的老年人依赖于各种自身条件和环境因素。这些条件将在下一部分进行讨论。再次，文章指出了出行能力将来面临的一系列挑战，以及为满足老年人的出行需求和灵活性愿望所能做出的改进。最后，文章努力将不同的线索联系起来，使读者对老年人的出行能力有更全面的认识。

出行能力和灵活性在现代社会中的重要性

历史性的发展

为了理解出行能力在现代社会中的重要意义，有必要将其置于一个更大的历史背景中。

从出行的身体能力以及灵活满足社会与物理环境需求这个意义上来说，出行能力是人类生存的关键。几个世纪前，出行能力意味着用脚走路、骑马，或者乘坐马车和木船出行。19 世纪以来，工业发展为个人出行和交通发展开创了新的机会。1830 年，利物浦和曼彻斯特之间的铁路首次通车。此后，铁路快速发展。随着蒸汽技术和铁路技术的改进，以及电力的日益实用，在近一个世纪中，铁路成了世界很多地区陆上交通的主要方式。

又过了几十年，航空业出现了进展。20 世纪初，第一批动力飞机问世；1911 年，人们进行了第一次横贯大陆的飞行。商业航空在 20 世纪五六十年代占据了主导地位。从 1969 年开始，有史以来最大的客运飞机波音 747 彻底改变了商业航空旅行。同时，大众旅游成了全世界的重要产业。

汽车的发展则要快得多。1886 年，第一辆实用的汽油动力车行驶在德国公路上；仅 14 年之后，全球就出现了 1.2 万辆汽车。从 1908 年开始，汽车的流水线式大规模生产得到了发展；与此同时，汽车成了人们首选的交通工具。高速公路网的长度不断增加，而铁路网的长度则在缩减。

总之，这些技术进步以及相应的组织变革，使得人口流动和旅行不断增加。1960 年，全球运输量估计达到了约 5.5 万亿人公里（世界 11 个地区的人均机动车流量），而 1990 年这一数据已增加至 23.3 万亿人公里。人们的行程增加了——因为在交通技术改善的同时，城市和农村居民点的形状以及社区的构成和性质也发生了变化。大城市修建地下铁路和电车轨道，并延展道路基础设施，加速了郊区的大力发展和住宅区外工商业企业的成立。旅行出发地和目的地的日益分散反过来又增加了流动性对于缩小功能区之间日益扩大的差距的重要性。

试图寻找交通运输和土地利用这对紧密关系之间的因果导向很可能是徒劳的。交通基础设施是否会影响城市形态？土地利用方式是否会影响人们的出行行为？这两个问题已经经历了多年的理论和实证研究。可以假定这两个方向都已经达到了局部均衡，并且相互依赖、互相作用。无论如何，交通工具发展和城市扩张这一相互关联的趋势之间互为补充，并导致了这样一个事实：对每一位社会成员来说，出行能力已经成为确保人们拥有自主生活和积极参与社会的能力的主要条件。

出行能力的主观意义

正如很多研究中所发现的那样，越来越多的实证证据表明，老年人不断退化的实际出行能力（通常以出行频率来衡量），并不足以满足他们的需求和愿望。早在20世纪80年代，卡普（Carp）就强调了老年期出行能力的重要性："在现代社会，老年人与其他年龄段的人一样，必须走出家门来满足维持生活的需要，以及社交和娱乐需求。"她提出，如果想要生活质量还过得去，那些在放松和享受的出行中所表现出来的需求同购物、通勤等出行同等重要，这些对独立生活来说是必需的。

欧洲的一系列研究表明，能四处走动、能到户外进行休闲活动等对老年人的主观生活质量至关重要。较低的出行率并不意味着较低的出行意愿，尤其是与休闲相关的出行。相反，由于健康欠佳或没有汽车而行动受限的老年人，对到达他们想要去的地方的可能性以及参与休闲活动的可能性都不甚满意。再者，人们非常看重自己的出行能力。"这是一切，是生活。"——诸如此类的描述清楚地说明了出行能力远不是一种派生需求。在美国，关于交通的意义，也得到了类似的答案——尽管那主要与驾驶能力有关。老年人描述了交通运输、独立性和整体生活满意度之间的紧密联系。因此，个体需求同社会需要、经济利益和现代价值观互相促进，使得出行能力日益成为老年人维持生活质量和幸福感的重要前提。

理论观点和实证发现

正在步入老年和已经进入老年期的人走出家门的出行能力是一个复杂的现象，不易掌握。这一问题很复杂，因为方方面面的因素都会影响人与其所在环境之间的互动。正如前面所表述的那样，出行能力不仅意味着四处走动的身体能力，还包括实现各种出行和走出家门参与活动的能力。出行能力可能会受到不同的、通常是不可分割地交织在一起的动机所驱动，然后通过其自身或一种目标导向的模式表现出来。实际的旅行可以通过步行或使用任何机械化、动力化的交通工具来实现。此外，空间、交通条件以及出行环境可能会大不相同。那些在移动、走路、驾驶、旅行的人，本身在个人健康和精神状态、经济和社会资源方面是不同的，他们的流动性可能取决于个人的能力、态度和兴趣。这些不同的方面从不同视角得到了处理。在接下来内容中会讨论最重要的几种方法。

健康视角

老年人能否满足自身与出行能力相关的需求和愿望，如何处理日常事务、参加户外活动，首先取决于他们的健康状况。所有类型的运动，包括走路、骑自行车、开车，或者使用任何其他类型的交通工具，都需要最基础的身体能力和认知能力。从这方面来说，老化过程中伴随着各种变化。几十年来，学者们进行了广泛研究，试图理解出行能力的日益退化等问题，例如运动控制与力的产出调节能力的减退、自主力量的丧失、感觉能力退化与感觉运动整合失调、运动活动和处理速度的减慢、运动范围缩小和灵活性变差、姿势稳定能力下降（会导致跌倒风险增加）等。所有这些与年龄相关的变化都会限制老年人移动和四处走动的能力。

由于对以上具体内容已经有非常好的全面回顾，此处不再做进一步讨论。然而值得一提的是，尽管行走、视力、听力、记忆力等方面的缺陷可能影响很大，但这些因素并不会自动将所有老年人限制在家中。再者，有证据显示体育活动和常规训练能最大限度地减少运动机能的衰退。

此外，机能衰退与人口学特征、生活方式、社会关系以及邻里环境等因素显著相关。教育水平低、收入水平低和有慢性病史的老年人，社会接触少的老年人，以及那些所在邻里环境有问题的老年人，户外活动方面的困难最为常见。很明显，身体和认知障碍状况以一种复杂的方式与社会物理环境相互作用。

环境视角

户外环境及各种物理空间和社会要素构成了老年人出行的目标和背景。商店和服务设施、娱乐场所、喜欢的餐馆、亲密朋友的家或是医疗护理机构——所有这些以及诸多或近或远的地点可以成为一个目标，为达到这样的目标所采取的每一个行动通常都发生在一个具体的空间背景中。正如劳顿及其同事在 20 世纪 80 年代早期从环境老年学的视角所提出的那样，出行能力可以看作是一种典型的人与环境的互动。这一方面涉及有着各种能力和缺陷、需求和愿望的老年人个体，另一方面也涉及环境的具体社会空间特征。社会和物理环境不可分割、互相交织，且由于其巨大差异，可以同时成为老年人潜力和活动范围的主要资源和制约因素。这适用于一般性的特征，比如一个地区的地理、地形和气候特征，福利体系以及各种各样的城乡居住区，也适用于周边的自然和建筑环境，包括社交网络和其他交通参与者、邻里和社区环境，以及可以用来到达户外目的地的交通方式等。环境条件可能是安全的或危险的，它提供各种商店、医疗服务和休闲设施，并提供密集和无障碍的公共交通系统网络——或者因为缺乏机会、距离不利、交通密集、噪声和不考虑道路使用者而阻碍人们。

服务和安全方面 自卡普早期针对环境对老年人出行能力的影响所做的研究以来，有一些研究表明，老年人生活的地区特征对其出行能力和相关活动有重要影响。一般来说，与城市地区相比，乡村地区更难获得提供生活必需品和文化机会的设施，也更难获得大量合适的医疗卫生和社区服务。此外，乡村的公共交通服务也往往较为匮乏。因此，与城市老年人相比，乡村老年人较少能够通过步行或乘坐公共交通来获取基本设施，这也就不足为奇了。相反，他们不得不更加频繁地使用汽车——要么开车，要么乘车。

一般情况下，乡村老年人比城市老年人更少出行。他们对自己出行或活动的可能性不甚满意——他们希望自己能有比实际更多的出行机会。阻碍他们使用重要设施的因素主要是健康状况和距离。因此，一个人的出行能力越差，环境因素对其影响就越大，有一个能就近提供维持独立生活所需的便利设施的邻里环境就越发重要。

然而，有关健康状况的城乡差异研究所做出的结论却不一致。美国的研究表明，尽管有证据表明某些痴呆疾病在乡村地区更为普遍，但在慢性健康问题方面，城乡老年人差异并不大。同样地，最近欧洲的一项研究表明，在功能性健康方面，城乡之间没有差异或仅存在很细微的差异。

除了服务、设施或公共交通的可及性，对犯罪行为的恐惧可能会影响与出行相关的决定，抑制某一特定居住区的户外行为。对大多数乡村老年人来说，安全看似不算问题；而在城市，相当比例的人认为自己的当地环境不安全。

社会方面 区域条件——尤其是那些与居住区之间的距离相关的条件，也会影响社会接触和社会活动的频率与性质（无论是个人亲自参与的，还是以科技为中介的），而这正是令人满意的老龄化所需的重要前提。在大都市或人口稀少的乡村等地区所需要的交通时间，增加了保持社会关系的难度。同时，社会环境也影响着老年人的户外出行：那些拥有多元化社交网络的老年人，他们的出行次数要多于那些家庭外没有基于情感或个人原因而很重要的人的老年人。

德国的一项针对视力障碍老年人外出活动的分析显示，城市老年人的出行动机与社会资源显著相关，乡村则不然。这可能是因为，城市的老年人与重要朋友的地理距离更远。也就是说，在城市，人们可能更有动力出门以维持社会关系。一般来说，与乡村老年人相比，城市老年人与其重要密友住得更远，而一个人与重要朋友住得越近，他们见面的频次就越高。然而，这也有可能是因为城市的社会资源增强了老年人外出的动机——因为与住得较远的人交往，可能会成为出门的一个重要原因。

空间方面 当以居住地点进行区分时，老年人的空间移动模式就表现出了明显差异。1995 年美国个人交通调查（the Nationwide Personal Transportation Survey，NPTS）

数据显示，与居住在高密度城市地区的老年人相比，居住在市郊或乡村地区的老年人出行次数更多、行程更长、汽车使用频率更高。然而，居住在高密度城市地区通常与年龄、家庭规模和收入等因素相关，而所有这些因素也与出行较少有关。

关于不同类型的邻里环境对出行频率的影响，研究表明，新型传统邻里的单户住宅出行次数与传统邻里相当，但用步行替代了开车出行。居住环境特征看上去似乎会影响无车老年人的出行方式选择。如果老年人拥有汽车，他们就会经常使用汽车，这与其居住地无关。一篇关于不同邻里环境的评论显示，除社会人口统计学预测因素外，更高的密度、更高的互联互通程度和土地利用混合度等环境特征都有助于提高步行和骑自行车的比率。

欧洲老年人在家庭外的移动空间范围非常有限，因此其活动空间也极为有限。44%的人出行目的地都在方圆 1 公里，另外有24%的人出行距离为 1~3 公里；仅有 14%的人出行离家超过 10 公里。但是同美国一样，欧洲乡村老年人的移动范围要大于城市。在大多数欧洲城市，老年人可以主要通过步行或公共交通到达必要的设施；而在乡村，老年人则往往依赖汽车或其他正式的或家庭的交通支持。因此，乡村老年人通常都比城市老年人有更好的私家车配备。当然也有例外情况：一是在意大利等国，老年人的汽车保有量普遍较高，达 83%；二是在匈牙利等国，个人机动化程度较低，城市汽车保有量为 36.5%，乡村为 17.4%。

交通视角

在交通研究和规划中，英文单词“mobility”通常被称为“移动性”，即在时间和空间上的移动。移动性的衡量标准是行程或旅程，并通过标准化的日志形式报告。一般情况下，所收集和提供的信息包括旅行的出发地和目的地、行程、使用的出行方式、花费的时间以及到达目的地后所从事的活动。基于这种统计数据，很多国际层面和国家层面的研究报告在车辆交通流量、所有移动人群的出行方式、老年人的实际出行行为及其社会人口背景等方面都提供了大量信息。

总结这些研究的结论，我们发现，尽管各国机动化水平不同，但总的来说，过去 20 多年来老年人的出行明显增加。在老年人口中，男性每日的出行次数和出行里程都多于女性；有机动车驾驶证和私家车的人出行要多于没有汽车的人；年龄越大，人们就越倾向于减少出行，这主要是因为日益增加的健康和感官障碍。与同时代的老年男性相比，老年女性受教育程度和收入水平都更低，拥有机动车驾驶证的情况更少。这些情况可以在很大程度上解释为什么老年女性的出行目的地离家更近、比男性使用公共交通更多。不过，当新的女性群体达到退休年龄时，这一情况可能会发生变化。对她们来说，开车出行已经成为理所当然的事，正如今天大多数男性老年人的情况一样。

这些年来，这种针对移动性研究的功能性方法越来越受到质疑。为了更好地理解与出行相关的实际选择，研究重点已经转移到了基于活动和过程的出行和驾驶行为模式。这些方法关注的通常都是整个人口群体，主要包括通勤的工作年龄人群。因此，就算是如此先进的方法似乎也不足以抓住老年人移动性的重点问题和各个方面。多数情况下，包含多种方式的出行链仅仅通过最主要的方式来判别，这导致了对短途出行和非机动化出行的低估，而这正是老年人最常见的出行方式，至少在欧洲是如此。一些活动可能在主观上很重要，但一年仅进行一次或两次，那么就可能被为期1~2天的日志研究忽略。

然而，移动性首先包含的不仅仅是在特定条件下从A地到B地的功能性出行。移动性可以是为了移动本身而移动，不仅仅是一种派生需求。再者，在现代社会，移动性——出行的能力——是与自由、自主和灵活等受到高度推崇的社会目标联系在一起的。因此，移动性评估应该尽可能地涵盖这些方面。尤其是，汽车象征着这些现代价值观，在目前所有可选的交通方式中，汽车为出行提供了最为独立和灵活的选择。

出行模式 正如反复报道的那样，美国绝大多数老年人以及越来越多的欧洲老年人，在很大程度上依赖于私家车。美国老年人每10次出行中，开车的次数都不少于8次。

欧洲老年人使用汽车出行的程度远不及美国老年人——至少在目前是这样。与美国老年人相比，欧洲老年人每天出行的次数和出行里程都显著减少。目前，步行显然是欧洲老年人最常用的出行方式。在一项涉及芬兰、德国、匈牙利、意大利和荷兰老年人的移动性需求和移动模式的比较研究中，所有参与研究的老年人中有近半数（45%）选择步行；汽车是次重要的交通方式，使用率达到了39%——其中开车占28%，乘车占11%；包括公共汽车、有轨电车、火车、出租车和特殊交通工具在内的公共交通使用占到了6%；骑自行车出行占10%。然而，一个地区的公共交通系统供给、地形条件以及一个家庭是否有汽车等因素明显会影响老年人的交通方式选择。例如，德国的城市有相对较好的公共交通选择，因而54%的人出门选择步行，开车出行仅占到了所有出行的32%；而在芬兰和意大利的乡村地区，步行出行仅仅占到了三分之一。在意大利，汽车出行（开车或乘车）甚至比步行更为普遍。在地形条件良好的地区，比如研究中提到的地形平坦的芬兰、匈牙利、荷兰和德国东部的乡村地区，自行车使用最为频繁，达20%。

与无法使用汽车，或者仅仅能乘车的老年人相比，那些会开车且能实际使用私家车的老年人，对其整体移动性的满意度更高。当考察个人预测变量对移动性满意度的影响时，研究人员注意到了一个明显且一致的模式：在绝大部分研究的地区中，良好的身体活动能力、会开车（而不仅仅是有一辆车）以及对当地的公共交通系统感到满意都是最为重要的变量。只有在匈牙利，拥有汽车、使用汽车对移动性的满意度没有任何影响。

这些结论表明，除了驾驶能力和良好的健康状况之外，便捷的公共交通可能会对移动性满意度产生关键影响。然而，传统公共交通体系目前所提供的替代方案（如果有的话），往往无法满足老年人的移动性需求。在美国，仅有2.3%的老年人依赖公共交通出行。在城市，这一数据达到了8.2%；而在交通方式更少的乡村地区，这一数据仅为0.3%。

驾驶和安全问题 领取养老金的家庭拥有汽车的比例也有很大差异。在美国，这主要取决于收入、性别、家庭规模以及种族等因素。在欧洲，汽车保有情况取决于家庭规模、年龄、性别、收入以及个体所生活的国家。今后，随着越来越多的驾驶证持有者达到退休年龄，这一情况在美国和欧洲都将改变。这些人已经习惯了依赖汽车来过一种积极的、移动的生活方式，包括相当大一部分女性。因此，欧洲的出行趋势正朝着与美国相同的方向发展。

过去20多年来，越来越多的老年交通参与者的驾驶行为和安全情况受到极大关注，关注的重点是评估与改善老年驾驶者的安全情况以及驾驶问题，尤其是慢性疾病、感官退化、行动能力退化以及痴呆等状况引起的驾驶问题。

的确，与年轻驾驶者相比，老年驾驶者并没有过高的事故率。不过，随着年龄的增加，一个人发生与驾驶表现相关事故的风险会增加，与风险暴露相关的事故也会因此增加；而且当老年人发生事故时，后果要比年轻人发生事故更为严重。步行或骑自行车也并非好的替代方案：作为未受保护的道路使用者，老年人也非常脆弱。因此，帮助老年人继续更加安全地驾驶已经成为政策和实践上的主要目标。具体措施包括寻找足以筛选和识别不安全驾驶者的方法，开发合适的教育培训项目，以及权衡不同的驾驶证换证标准。更进一步的努力包括重新设计车辆使其适合老年驾驶者的能力，以及各自的道路改进措施——这一点正如美国联邦公路管理局（the Federal Highway Administration）的《老年驾驶者和行人公路设计手册》（*Highway Design Handbook for Older Drivers and Pedestrians*）中所汇编的那样。

心理学视角

在评估和理解老年人的出行能力和灵活性方面，心理学视角仅仅在近些年才得到一些关注，而动机、认知或个性等方面可能会在人们的出行决定中发挥重要作用。例如，户外方向定位、寻路、使用自动售票机以及解释出行相关信息等行为在很大程度上都依赖认知能力。同时，对自己生活环境的掌控经验和外出的强动机可能会促使老年人在面对功能性或精神健康退化以及不利的环境条件时，依然能投入时间和精力来保持最大程度的户外出行能力。

研究发现，乐观情绪和对生活的积极预期是老年人对生活质量看法中在交通维度的主要组成部分。心理变量在描述不同户外出行模式的老年群体特征中也发挥着作用。知觉运动处理、工作记忆或视觉运动协调被反复证明是基本认知功能的重要指标，这些指标从“经常出行、满意”的组别到“基本不出行、不满意”的组别中出现了明显、一致的下降。此外，从第一组到最后一组，外部控制信念（使用柏林老化研究的控制信念问卷来测量）提升，而个人对外出的重视程度大幅降低（该程度用 10 分制的评定量表来测量，分数越高代表重视程度越高）。即便在视力严重受损的老年群体中，室外活动的积极性也被证明有助于外出进行户外休闲活动，尤其是在城市地区。

另一个心理方面的问题可能是不同出行选择所带来的认知和情感上的好处。在一项关于私家车使用者和公共交通使用者的比较研究中，人们发现有汽车使用权（尤其是成为汽车驾驶者）似乎比使用公共交通能带来更多心理方面的益处，比如自主、自尊和掌控权。这一点与年龄、性别或社会阶层无关。特别是在男性中，驾驶汽车、驾驶什么类型的汽车关乎自尊和声望，而女性似乎可以从汽车使用中获得更多的掌控感和保护，这反映了汽车在男女生活中不同的重要作用。同样地，除了工具性功能外，汽车的使用还有重要的象征性和情感性功能。

总而言之，这些发现表明，尽管一个地区或地方所提供的物质、社会、技术以及结构性资源构成了人们出行的基本前提条件，但它们似乎会受到个人需求、个人情感以及对环境和自身能力的主观评估等因素的调节。

未来的挑战与展望

面对人口结构的急剧变化和西方国家绝大部分工业化国家老年驾驶者比例的不断提升，驾驶行为的增加以及交通量和交通拥堵的相应增加已经成为受到普遍关注的问题。同时，人们也开始注意到越来越多的老年人在无法继续驾驶后所面临的挑战。一些研究表明，当人们不再有能力前往商店和娱乐场所，不再能与朋友及社会保持联系时，社会隔离和抑郁症状可能会增加。

这些问题都特别突出，因为美国的老年人高度依赖汽车来获得保持独立生活方式和积极参与社会所必需的移动性，欧洲的老年人也日益如此。因此，各方采取了多方面的努力来满足日益增加的老年人口的多样化交通需求：一方面，确保老龄化社会具有安全的移动性；另一方面，促进安全与可持续的环境发展。其中一些策略包括：驾驶人员计划，改善路线与公路，促进有吸引力且便捷灵活的公共交通发展，开发替代性的交通方案，创建行人友好区、人行道、宜居社区，提出政策议程等。

各个层面的技术进步有助于进一步支持老年人的移动性需求，意义十分重大。道路运输信息科学和车内技术的发展将会为每个人——尤其是老年人的出行带来便利，并改善安全性。我们可以通过一系列的尖端技术重新设计汽车，比如视觉系统、应急系统、巡航控制、启停协助、停车辅助、防撞系统以及带全球定位系统的曲线照明等，以便更好地适应老年驾驶者的能力。道路运输信息科学以及路线、行驶时间等预知信息也会给老年驾驶者带来明显的益处。然而，所有这些设备和装置仍需进一步的改进。由于信息处理能力有限，辅助设备和远程信息处理系统需要持续监测，而这可能会让老年驾驶者负荷过重。声音预警方法的应用仍比较有限，这是因为人在一种低信噪比的环境下理解语言信息的能力会随着年龄的增加而降低。

特别是，由于这些适于扩大驾驶选择的发展，这一代人和未来几代人将越来越依赖于汽车。作为一种灵活的私人交通工具，汽车的重要性不会减弱，特别是对步行能力退化的老年人以及那些住在公共交通服务不甚发达的郊区和乡村老年人来说更是如此——至少在公共交通系统能接近私家车所能实现的灵活性和便捷性之前都会是这样。除此之外，私家车的使用被证明有一定的象征功能、情绪效应以及重要的社会价值。

私家车的普及和技术的进步可能会扩大老年人出行和活动的范围。同时，由此带来的交通量和交通密度的增大也会增加这种出行的潜在风险。交通拥堵，尤其是市中心的交通拥堵，已经达到了使老年人不安的程度，让他们不敢冒险出门。在欧洲一些研究中，人们对交通速度和流量的感知已经成为当地乃至整个出行的关键问题。因此，外部条件和环境需求是否能与个人需求和资源相协调以及如何协调，将会是未来需要面对的社会和政治问题。

关于老年人出行能力的一个更全面的概念

本文所呈现的关于老年人出行能力的各种观点显示了与这一复杂现象相关的生物、社会、环境、心理和技术方面的多样性。其中一些角度，例如健康视角、交通和技术视角，已经为理解老年人出行的身体、感官和认知条件，以及描述并在一定程度上解释其实际的出行行为提供了丰富的理论和实证资料。

不过，我们对其他方面的了解依然比较有限，包括微观和宏观层面以及二者之间的相互作用。老年人的身体、社会和技术资源，以及某个地区或地方的结构性资源，仅仅构成了其出行的基本前提条件。同等重要的是，微观层面上，老年人的出行动机、他们对出行的重视程度，他们的情绪和信念，以及鼓起勇气出行后的经历等，所有这些都会通过各种方式影响其出行能力。

考察健康、社会人口学、心理学和结构变量，以及通过实际出行、采用的交通方式、进行的活动所衡量的移动性之间的特征联系，指向了在出行选择和出行行为上完全不同的老年人亚群体。研究范围涵盖了各种类型的老年人，既有那些能很好地实现出行需求的老年人，也有那些有可能变得无法活动，或者因健康退化、缺少高质量社区及当地社会支助而已经完全无法活动的老年人。

宏观层面上，不仅人口密度、土地使用、居住区类型、制度安排、福利体系、驾驶证规定和交通管理会影响老年人做出出行、四处走动、与其所处的社交团体和物理环境保持联系的选择，社会的现代化和机械化水平、文化传统、习惯和价值观也会影响上述选择。此前的研究大都忽略了这些方面及其与微观方面之间的相互作用。

因此，社会学、行为学、生理学及交通方面的研究和城市规划，有助于更深刻地理解老年人在出行能力方面的关切，制订有助于满足老年人各种需求的策略。

另请参阅：残疾、功能状态和日常生活活动；驾驶行为；环境老年学；人因工程和人体工程学；社会网络、社会支持和社会融合。

拓展阅读

Baltes PB and Mayer KU（eds.）（1999）*The Berlin Aging Study*. Cambridge, UK: Cambridge University Press.

Banister D and Bowling A（2004）Quality of life for the elderly: the transport dimension. *Transport Policy* 11: 105–115.

Birren JL and Schaie KW（eds.）（2001）*Handbook of the Psychology of Aging*, 5th edn. San Diego, CA: Academic Press.

Carp FM（1980）Environmental effects upon the mobility of older people. *Environment and Behavior* 12（2）: 139–156.

European Conference of Ministers of Transport（ECMT）（2002）*Transport and Aging of the Population*. Paris, France: OECD Publications.

Lawton MP, Windley PG, and Byerts TO（eds.）（1982）*Aging and the Environment*. Theoretical Approaches. New York: Springer.

Marottoli R, Mendes de Leon CF, Glass TA, Williams CS, Cooney LM, and Berkman L（2000）Consequences of driving cessation: decreased out-of-home activity levels. *Journal of Gerontology: Social Sciences* 55B（6）: 334–340.

Mokhtarian PL（2005）Travel as a desired end, not just a means. *Transportation Research A* 39（2–3）: 93–96.

Mollenkopf H, Marcellini F, Ruoppila I, Széman Z, and Tacken M（eds.）（2005）*Enhancing Mobility in Later Life–Personal Coping, Environmental Resources, and Technical Support. The Out-of-Home Mobility of Older Adults in Urban and Rural Regions of Five European Countries*. Amsterdam: IOS Press.

Organisation for Economic Co-operation and Development（OECD）（2001）*Ageing and Transport*. Paris, France: Mobility Needs and Safety Issues, OECD.

Schaie KW and Pietrucha M（eds.）（2000）*Mobility and Transportation in the Elderly*. New York: Springer.

Spirduso WW（1995）*Physical Dimensions of Aging*. Champaign, IL: Human Kinetics.

Transportation Research Board. National Research Council（TRB）（ed.）（1988）*Transportation in an Aging Society. Improving Mobility and Safety for Older Persons*. TRB Special Report 218. Washington, DC: TRB.

Transportation Research Board（TRB）. National Research Council（2001）Making Transit Work. Insight from Western Europe,

Canada, and the United States. TRB Special Report 257. Washington, DC: National Academy Press.

Transportation Research Board (TRB) (2004) *Transportation in an Aging Society*. Washington, DC: A Decade of Experience. TRB.

US Department of Transportation (2003) *Safe Mobility for a Maturing Society: Challenges and Opportunities*. Washington, DC: US Department of Transportation.

Wahl H-W, Scheidt RJ, and Windley PG (eds.) (2004) *Aging in Context: Socio-physical Environments* (*Annual Review of Gerontology and Geriatrics*, 2003). New York: Springer Publishing Company.

译　者：王莉莉（中国老龄科学研究中心）
　　　　柴宇阳（北京师范大学）
校译者：王　静（中国老龄科学研究中心）

触觉和本体感觉

J. M. 韦森伯格 俄亥俄州立大学哥伦布分校，俄亥俄州，美国

词汇表

皮肤（Cutaneous）——在提及感受器和产生触觉或压觉的刺激时会使用的术语。

无毛皮肤（Glabrous Skin）——覆盖在手掌和脚底的光滑皮肤。

动觉（Kinesthesis）——肢体运动感觉。

机械感受器（Mechanoreceptor）——调节触觉或压觉的皮肤感受器。

伤害性感受器（nociceptor）——调节痛觉敏感性的皮肤感受器。

本体感觉（Proprioception）——肢体在空间中的位置感觉。

躯体感觉（somatic sensation）——用来描述感受器、传入通路和皮质区所负责的触觉、温度觉和痛觉的术语。

温度感受器（Thermoreceptor）——调节温度敏感性的皮肤感受器。

引言

触觉是一个包含各种复杂感觉的术语，包括：压觉，由皮肤表面的机械变形引起；温度觉，由对皮肤的冷热刺激引起；痛觉，由机械、热力、化学或电刺激的潜在伤害性应用引起。许多研究人员认为本体感觉是一种单独的感觉，即对身体和四肢在空间中的位置和运动的感知。这两种感觉都是由许多生理感受结构和中枢通路调节的，并且都可以受到其他感官输入的影响，例如视觉和前庭系统。而且，和其他感觉系统一样，触觉和本体感觉也容易受到衰老的影响。本文综述了触觉和本体感觉的心理物理学和生理学的研究现状，并对老年人触觉和本体感觉的变化进行了研究。

触觉

生理学

皮肤表面是人体最大的感觉器官，成年人的皮肤面积约为 1.7 m^2。皮肤由两个主要部分组成：表皮（或外层）和真皮（或内层）。体表有三种皮肤：有毛皮肤，以有毛为特征；无毛皮肤，手掌和脚掌上无毛的表

面；黏膜皮肤，见于与黏膜交界的各种体腔的入口。虽然这些皮肤类型在它们所包含的感觉感受器的密度和分布上有所不同，但是大多数区域都有一些共同的特征。

有许多结构被认为是传递触觉刺激的感受器。不同身体部位感受器的密度和分布的变化会影响对刺激的反应。针对触觉、压觉和振动觉，存在四种机械感受器，包括环层小体（PC）、触觉小体（MEI）、默克尔盘（MRK）和鲁菲尼小体（RU），如图 1 所示。应该指出的是，在许多情况下，这些感受器的结构使直接记录感受器的活动变得困难；相反，机械感受性结构的可能作用是从支配该结构的初级传入神经纤维的活动测量中推断出来的。最近的研究通过微神经电图（microneurography）研究了末梢感受器和初级传入反应之间的关系。微神经电图是一种通过经皮微电极记录清醒的受试者的初级传入神经纤维活动的技术，受试者可以在测量的同时报告对传递到皮肤上的刺激的感觉。这项技术在将机械感受器作用分配给特定的皮肤末梢感受器方面具有一定的作用。

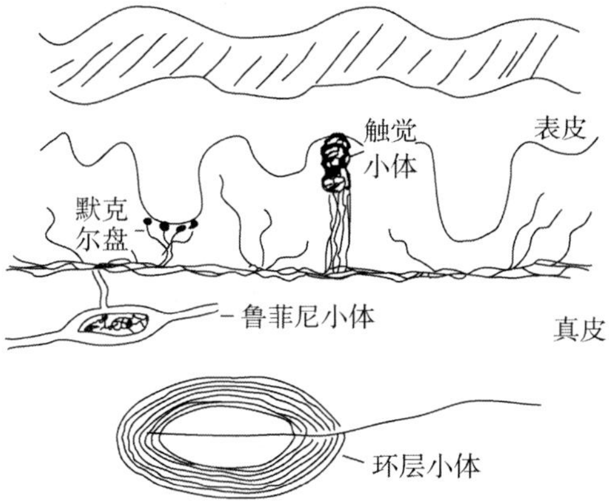

图 1　四种机械感受器

机械压痕的主要传入反应有两种类型：（1）慢适应，表明刺激开始时的反应在刺激持续期间一直存在；（2）快适应，表明强烈的开始反应可能是抵消反应，但对长时间的刺激没有持续的反应。这两种类型的传入反应都可以根据激发特定传入纤维的感受野（皮肤表面积）的大小进行细分。因此，传入反应分为四类：SA 类型Ⅰ和Ⅱ，RA 类型Ⅰ和Ⅱ。

传入反应和末梢感受器之间的关系最好理解为环层小体。环层小体是一个相对较大的感受器，在感受器中有许多层（片层），产生洋葱样外观。环层小体位于真皮深处，也位于关节处。每一个环层小体都由一个单一的传入神经支配，因此，很容易假定纤维的转导发生在纤维末梢的环层小体。根据这一关系，可以确定环层小体具有快速的适应能力和较大的接受域。触觉小体位于真皮乳头的表皮和真皮交界处，其分布和位置提示它们是另一种快速适应的机械感受器。触觉小体周围有一层弹性囊，附着在上面的表皮和下面的真皮上，由 2~6 条传入纤维供应。触觉小体的感受区域较小，特别是与大的环层小体相比。对这两种慢适应的纤维类型的机械感受器的识别甚至更具有试探性。然而，这些末梢可能的候选者是小的慢适应Ⅰ纤维的接收域的默克尔盘和大的慢适应Ⅱ纤维的接收域的鲁菲尼小体。默克尔盘是位于某些基底层表皮细胞上的圆盘状末梢，而鲁菲尼小体则是位于真皮上层的纺锤状囊状结构，尽管在多数情况下它被认为组织太松散，不能反映真正的包裹状态。虽然这些配对目前还只是推测性的，但微记录技术的进步应该会在未来使更多的识别成为可能。

温度感受器的情况比机械感受器更不确定。皮肤中不同水平的各种感受性结构均对热刺激有反应；然而，其中许多也会对其他类型的刺激产生反应，比如机械刺激。例如，环层小体的反应受皮肤温度变化的影响较大，但人们认为环层小体主要是机械感受性的，而不是热感受性的。一些研究人员认为克劳泽终球具有某种作用，但其他人不太愿意推测单个温度感受器的身份。至于机械感受器，关于该系统的主要信息来源一直是单个初级传入纤维的“响应谱”，这些纤维似乎会随着温度的升高或降低而改变它们的放电速率，但不会随其同时改变。因此，我们可以称之为冷纤维和热纤维。如前所述，一些机械感受器在面对温度变化时调节其反应行为，但并不主要被认为是温度感受器。

对于疼痛的感觉，似乎有几种类型的感受器对过热、过冷或极端的机械变形做出反应。有些人在受到化学刺激时也会有反应。传递有害刺激信息的纤维似乎终止于散布在表皮和真皮上的游离神经末梢。痛觉感受器或伤害性感受器的共同特征是它们具有很高的刺激阈值。在压力的情况下，痛觉感受器的阈值可能是检测低阈值机械感受器压力所需位移的1 000倍。类似的，温度感受器的阈值可能为45℃或更高，也可能为15℃或更低。总的来说，这些伤害性感受器受到的刺激必须足够强烈，足以对皮肤组织造成实际或潜在的伤害（参见“疼痛与老年性疼痛”）。

所有这些感受器，无论是机械感受器、温度感受器还是痛觉感受器，都是通过初级传入纤维将信息从外周通过脊髓传递到更中心的结构。这些传入的细胞体位于背根神经节。在脊髓中会发生纤维的功能分裂，较大直径的纤维（主要携带机械感受信息）形成丘系纤维束，而较小直径的纤维（主要携带热敏和嗅觉感受信息）形成脊髓丘脑束。鞘突纤维上升到髓质，在那里交叉到对侧，然后继续到丘脑的腹侧后外侧核。丘脑的投射终止于躯体感觉皮质，该皮质位于中央后回大脑的顶叶。躯体感觉皮质中身体不同区域的表现是躯体性的，也就是说，皮质的不同部分专用于来自身体特定区域的输入。需要注意的是，触觉或压觉是由大脑一侧与身体一侧相对的皮质区域调节的，与来自视觉和听觉系统的投射形成对比，视觉和听觉系统的投射既有同侧的，也有对侧的。在脊髓丘脑通路中，神经元在脊髓内实际上是双向交叉的，在背角处形成突触，然后向上到丘脑腹基底部，从那里投射到躯体感觉皮质。皮质本身分为两个常规区域SⅠ和SⅡ，这两个区域都可以包含所有身体区域的完整表征。

心理物理学

在描述触觉系统对输入刺激的反应时，重要的是要了解物理刺激的各种参数变化的影响，特别是空间、强度和时间方面的变化。本节将对这些刺激方面的研究进行综述。

触觉空间敏感性已得到相当广泛的研究，主要使用诸如两点鉴别（观察者确定一个或两个点是否接触了皮肤，处于不同的点间距）和定位误差（观察者指出皮肤接触的地方）。最近，人们测量了不同距离的光栅刺激在皮肤上的触觉敏感性。这些测量表明，触觉刺激的空间敏感性在不同的身体部位有很大差异。指尖、舌头和嘴唇等部位显示出极佳的空间敏感性，而腹部和背部等部位则远没有那么敏感。在指尖，仅0.5 mm的距离就可以分辨出刺激，而在腹部，分辨率接近40 mm。最近的研究指出，根据其在身体各部位的分布，默克尔盘是空间敏感性的主要感受器。在空间敏感性最高的地方，默克尔盘数量最多。触觉小体可能在空间敏感性中起着次要的作用，它在高敏感区域也相对密集。这两种感受器都表现出较小的接受域，这使它们成为空间敏感性调节的良好候选。

对慢适应的机械感受通道——慢适应Ⅰ和慢适应Ⅱ，点状压痕是足够的兴奋刺激。然而，为了从环层小体和快速适应渠道获得一致的反应，简单的压力是不够的。对这些通道，有必要提供具有可重复开启和终止特点的刺激。事实证明，振动是达到此目的的理想刺激。触觉对振动的反应已被广泛研究，并已确定在不同频率范围内的振动反应很可能是由不同的机械感受器介导的。图2显示了作为振动频率的函数，触觉对振动的敏感性。目前的震颤响应模型假设环层小体负责这条曲线的U形部分，覆盖了大约40 Hz以上的频率。对振动的敏感性的最大值约为250 Hz。中频范围（约10~40 Hz）的阈值被认为是由触觉小体（图中标记为NPⅠ）调节的。最低频率部分标记为非环层小体Ⅲ，被认为是默克尔盘，而高频、高振幅曲线标记为非环层小体Ⅱ可能是鲁菲尼小体，服务于慢适应Ⅱ传入纤维。

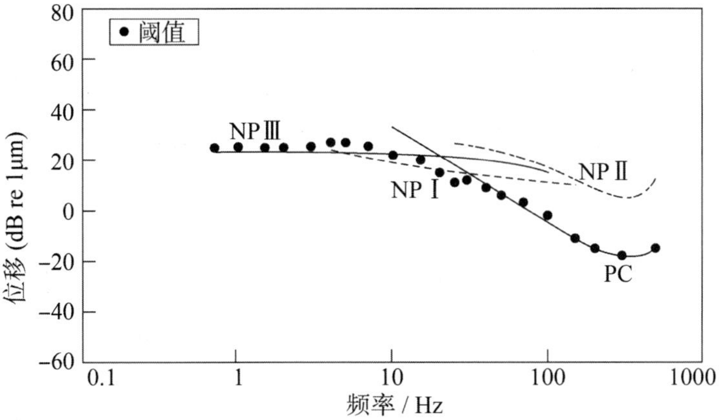

图2 检测施加到鱼际（手掌）的不同振动频率的强度响应测量阈值

注：PC，环层小体；NP，非环层小体。

引自：Four channels mediate the mechanical aspects of touch. *Journal of the Acoustical Society of America* 84：1680-1694，1988，Acoustical Society of America.

强度响应测量阈值表明，触觉系统具有40~50 dB的动态范围，即阈值和不适刺激之间的范围。目前的生理学研究表明，初级传入神经的放电速率可能是感知强度的主要密码。由于所采用的任务不同，时间敏感性测量产生不同的结果。在最好的情况下，时间分辨率为3~5 μs。在对热刺激的反应中，触觉系统再次显示出敏感性的变化，这取决于受刺激的区域和位置。在测量温度敏感性时，典型的任务是检测皮肤某个区域的温度变化。在最好的情况下，皮肤温度的变化仅为0.003℃。然而，温度变化的检测取决于皮肤的初始温度。在大约28℃~37℃的温度范围内，身体适应皮肤的温度，因此它被认为是中性的，而这种中性被称为“生理零点”。因此，根据中性温度的不同，从起始中性点检测温度变化可能会有很大的不同。

疼痛反应的测量要复杂得多。个体对疼痛的敏感性和自报疼痛的意愿差异很大。此外，实验室刺激产生的疼痛（实验室疼痛）与疾病或损伤引起的疼痛（临床疼痛）引起的疼痛反应非常不同。此外，长期或慢性疼痛可能被认为与短期或急性疼痛非常不同。涉及的其他因素可能是心理上的，因为疼痛有焦虑、不愉快或抑郁的情绪或情感成分。此外，如果疼痛是由一种严重的疾病或损伤导致身体虚弱，那么对疼痛的反应可能与健康人所经历的短期疼痛不同。目前疼痛知觉理论假设疼痛有三个方面：感觉的或辨别的，动机的或情感的，认知的或评价的。因此，对疼痛的测量需要研究人员足够的机智。在痛觉评估中，信号检测分析技术取得了可喜的结果。在这项技术中，可以将敏感性效应与反应偏差效应分离开来。其他的研究方法通常侧重于形容词量表和问卷，以获得关于痛觉的信息，而不仅仅是简单的检测。这些量表包括一系列形容词，可分为感觉、情感和评价三类。

在生命周期内的触觉反应

关于衰老对外周感受器解剖的影响，最全面的研究是1965年的考纳研究，该研究检查了从出生到95岁的约200人的整个生命周期的变化，报告了对环层小体、触觉小体、默克尔盘和游离神经末梢的观察。

根据这份报告，环层小体在胎儿的第四个月开始发育，并在出生前完全形成。在婴儿中，环层小体数量多，呈椭圆形，长500~700 mm。在生命历程中，环层小体的数量不断减少，感受器本身的大小和外观也发生变化。随着年龄的增长，细胞的大小也会增加，同时还会增加一层一层的薄片，使细胞呈现出不规则的形状和洋葱状的外观。片层之间的空隙含有胶原蛋白、游离细胞和血管。这些增加的片层的结果是轴突髓鞘在细胞内的扩展。神经纤维的感受器段长度也增加。到了晚年，环层小体的数量远远少于婴儿甚至年轻人的数量，剩下的小体又大又不规则。

发现于真皮乳头的触觉小体在婴儿时呈球形，直径约25 mm。在幼儿中，触觉小体相对较多，密度高达每平方毫米70个，并开始呈圆柱形，与表皮紧密相连。在幼儿期，神经末梢是神经纤维网络。在不从事繁重体力劳动的年轻人中，这些网络得以维持。然而，在有体力劳动历史的个体中，神经末梢会发展成长而弯曲、直径大得多的终末。随着年龄的增长，表皮附着减少，微粒呈现出完全不同的外观。在整个生命周期中，持续的纵向生长导致感受器的盘绕和神经末梢的紊乱。考虑一个单独的触觉小体所有的线圈，可以达到 1mm 的长度。这些变化到中年时很容易观察到。随着年龄的增长，一些微粒会萎缩和丢失，密度低至每平方毫米 4 个。在高龄个体中，高达 90%的触觉小体会丢失。剩下的触觉小体显示末梢的神经纤维重复分支，其组织不规则，产生长而弯曲的纤维。神经纤维的这种分支可能是老年人活动减少或者受限的结果。

默克尔盘在胎儿晚期也非常多，几乎可以覆盖整个表皮下表面。在婴儿时期，它们局限于无毛皮肤的中间脊的下表面。默克尔盘在一生中结构变化相对较小，即使在老年时也分布相对密集。然而，有些默克尔盘会以不均匀的方式扩大，导致与婴儿期和青年期的圆盘形状相比，外观发生改变。

中等大小的有髓神经纤维产生的游离神经末梢在一生中变化最小。在老年人中，它们的外观、数量和分布与年轻人的非常相似。但是，由游离神经末梢介导的心理生理指标的变化确实会随年龄的增长而发生一些变化，因此，外观上缺乏明显差异可能并不表示游离神经末梢的活动随年龄的变化而发生功能性变化。

关于触觉反应随年龄变化的心理生理学研究并没有得到应有的重视，因此，仍然需要大量的研究来详细说明随着年龄的增长触觉功能的变化。早期的报告显示，随着年龄的增长，对光的敏感性下降。最近一系列的研究集中在振动觉在人的一生中的变化。振动阈值的测量表明，在生命早期，随着年龄的增长，敏感性会有系统性的下降。在纵向和横向研究中，甚至在 10~20 岁也观察到了阈值的升高。到 65 岁时，触觉系统最敏感的频率 250 Hz 的阈值可以改变 20~25 dB。图 3 显示了振动觉阈值随时间的系统

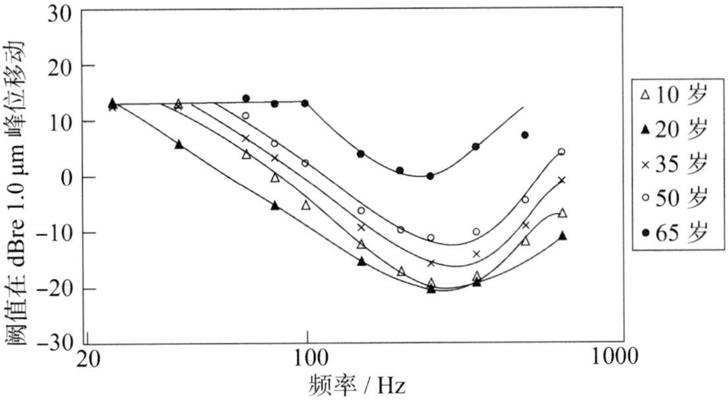

图 3 不同年龄组振动检测阈值的变化

引自：Verrillo RT（1979）Change in vibrotactile thresholds as a function of age. *Sensory Processes* 3：49–59, with permission from Elsevier.

变化。可以看到，敏感性的最大损失发生被认为是由环层小体介导的更高的频率。如前所述，环层小体在衰老个体中数量显著减少，其余小体呈大而不规则的形状。失去环层小体很可能是振动觉敏感性变化的基础，在 40 Hz 以上的频率上都能观察到这种变化。起初，人们认为在较低的频率范围内，随着年龄的增长，阈值没有类似的升高，但最近的结果表明，这些频率的敏感性也下降了，只是没有较高频率的敏感性下降得那么明显。另一个需要考虑的事实是，当皮肤温度改变时，环层小体被证明会改变它们的反应。环层小体在相对温暖的温度下表现出最大的敏感性，当皮肤冷却时检测阈值升高。许多上了年纪的个体体温较低，这可能会影响其余的环层小体的反应。然而，默克尔盘对温度变化并未表现出很大的敏感性。

人们提出了许多假说来解释随着年龄的增长对振动的敏感性降低的原因。除了感受器数量的变化，如上文所述，其他可能性还包括感受器形态的改变、脊髓根纤维数量的减少、老年人饮食不足、血液循环减少、神经传导速度下降及衰老神经系统的总体变化。

阈上振动刺激响度的大小估计表明，老年人只是改变了他们的整个动态范围（即阈刺激和阈上刺激均无明显差异）。尽管结果参差不齐，但通常认为大多数人不会表现出与听觉相似的现象，在听觉中，系统的动态范围远小于基于阈值升高所预测的范围。

时间分辨率也受到老化的影响。对于老年人来说，持久性的测量值（即刺激对感知产生影响的持续时间）更长。主要是因为老化的神经元对刺激的反应比年轻的神经元持续的时间长。时域掩蔽研究的数据也支持该结果。该模型是先前呈现的刺激干扰另一个目标刺激的检测（正向掩蔽），或者在目标之后呈现的刺激干扰了目标检测（向后掩蔽）。这两种时间掩蔽在老年人中都更强，再次表明对目标和掩蔽刺激反应的神经活动更持久。就像一些检测的效果一样，这种效果在高频时更加明显。

人们对温度随衰老而变化的敏感性所知甚少。一些研究表明，检测热刺激的能力发生了变化，但另一些研究却没有发现这种变化。尽管有报告指出，老年人区分两种温度的能力下降了，但总的来说，结果是不确定的。刺激措施实施方式或主体标准的不同可能对所获得的措施产生很大的影响。例如，有一项研究报告称，年长的受试者比年轻的受试者更不善于检测辐射热刺激。辐射热刺激实际上并没有接触到皮肤表面，这就消除了老年人用来补充热感觉的机械感受性刺激。标准效应是所有老年研究的一个考虑因素。各种研究的结果表明，老年人倾向于设置一个非常保守的反应标准，不愿报告刺激的存在，直到他们非常确定它在那里。这种倾向可能导致一种假设，即老年人只是对刺激的敏感性降低了。

在对疼痛敏感性的测量中，评估了两种类型的任务：对疼痛刺激开始的检测和对疼痛的耐受极限。在年龄较大的受试者中，检测疼痛刺激开始的阈值并没有受到年龄的特别影响，但是在对疼痛耐受极限的研究中得到了混合的结果。事实上，一些研究表明，老年人对疼痛的耐受性更强，而另一些研究表明，老年人对疼痛的耐受性较差。此外，有一些迹象表明，镇痛药物的效果在老年人身上发挥的作用更大。如前所述，疼痛敏感性被认为是由自由的神经末梢控制的，这些神经末梢的数量和形态都没有随着年龄的增长而发生很大的变化。老年人和年轻人在疼痛发作的检测上缺乏差异并不令人惊讶。关于疼痛耐受性的混合发现很可能受到与任何疼痛研究中相同的情感和认知因素的影响，并且目前尚无关于疼痛敏感性和衰老的明确陈述。

本体感觉

生理学

由身体产生的感觉使我们知道肢体在空间中的位置和运动，这是本体感觉的范畴。从技术上讲，运动感觉的恰当术语是“动觉”，而本体感觉则是对肢体静态位置的认知。然而，在实践中，研究人员将这两个术语互换使用。身体位置和运动的感觉是由专门的感觉感受器调节的，这些感受器传递有关关节角度、肌肉长度、肌肉张力和运动过程中每一个变化的速度的信息。从历史上看，生理学家谢灵顿（Sherrington）把本体感觉称为“肌肉感觉”。

多年来，研究人员在动觉理论中对一些感受器提供的必要信息有不同的看法。在不同的时期，该领域认为关键的感受器存在于肌肉或关节，或两者都存在，或两者都不存在。目前的观点是，最重要的感受器确实位于肌肉中，而关节中的感受器只起次要作用。

考虑到由感受器提供给中枢神经系统的信息，需要两种类型的输入才能进行准确的感应。第一，有关肢体位置或其位移的信息可以从关节角度编码。第二，运动信号可以编码为瞬态响应信号速率或加速度。

作为运动感觉或本体感觉信息编码的参与者，可能包括皮肤中的机械感受器、关节韧带或关节囊中的感受器和肌肉中的感受器。在皮肤中，鲁菲尼小体在慢适应Ⅱ机械感受性反应中被提及，它似乎也对皮肤拉伸做出反应，并根据关节位置的变化改变放电速率。然而，大部分皮肤区域的鲁菲尼小体密度不足以提供关于位置的详细信息，单独激活鲁菲尼小体不会产生任何位置或运动的有意识感觉。有可能它们确实有助于方向感，但可能仅与其他感受器结合。此外，它们可能在具有高度鲁菲尼小体神经支配的身体部位（如舌头或手指）发挥更重要的作用。局部麻醉使手指的机械感受器反应失活的研究表明，受影响区域的运动也受到抑制。这一结果表明，机械感受器可能有助于动觉知觉，但仅在某些身体部位，因为在某些区域（如膝盖），局部麻醉并不抑制运动或动觉知觉。另外要考虑的是来自压力机械感受器的触觉输入，比如默克尔盘，可以增强身体部位的位置感。例如，将指尖放在桌子上可以提高指尖感知位置的显著性。

在关节中，韧带和囊状结构被慢适应的机械感受器很好地支配，这些感受器对关节的伸展或囊状结构的伸展或弯曲有反应。在韧带中，高尔基型末梢有密集的神经末梢分支，当单独受到刺激时，对伸展有强烈的反应。然而，在完整的准备过程中，这些末梢往往只在运动的极端情况下触发，而不是任何运动。这种倾向导致研究人员假设高尔基关节感受器可能具有保护功能，以指示何时肢体被移动得太远。在关节囊中，来自鲁菲尼小体感受器的反应在拉伸或弯曲时慢适应，这可能预示着关节位置的某些方面。应该注意的是，通过注射给予关节感受器局部麻醉并不会影响运动的表现。

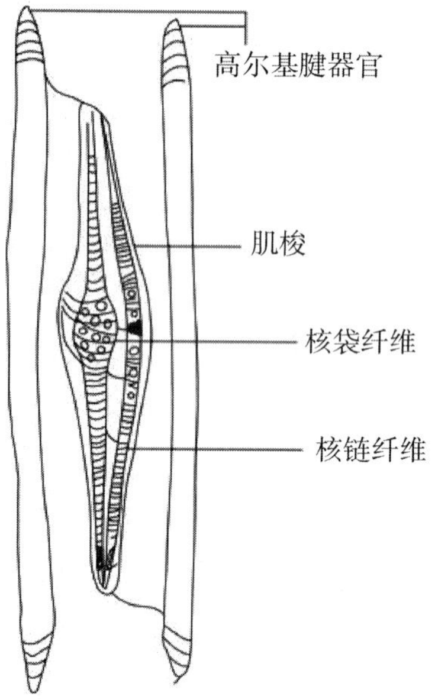

图 4　包含本体感受器、高尔基腱器官和肌梭的肌肉感受器示意图

在肌肉中，有两个本体感觉感受器。首先，高尔基腱器官又称“神经腱梭”，是一细长的梭状束，它可能发出有关肌肉紧张的信号。这个感受器如图 4 所示。很明显，这一信息对调节肌肉收缩很重要，但它对位置的信号却不那么清楚。然而，肌肉紧张的信息有可能被传递给其他感受器，以纠正它们的位置判断。

介导运动感觉和本体感觉的最可能的候选感受器是肌梭感受器，如图 4 所示。肌梭由 2～12 条囊内肌纤维组成。这些纺锤体受感觉和运动神经支配，事实上，大量的运动控制从中枢神经系统流出直接到肌肉纺锤体，以调节肌肉收缩。根据肌肉的大小，肌肉中纺锤体的数量变化很大，从 4 个或 5 个到 500 多个。肌肉越小，纺锤体密度越大。这些纺锤体平行于主要的或额外的纤维。纺锤形纤维有核袋纤维和核链纤维两种，其区别在于细胞核的排列。这些纺锤体的神经支配终止于中心区域，这里的伸展激活了感受器末梢的电位。肌肉纺锤体末梢区域的收缩改变了纤维的感觉功能，但似乎没有增加整体肌肉紧张。这些变化用于向中枢神经系统发送长度和长度信息变化速率的信号。对两种不同的主轴末梢（包括位于心轴中部的主要末梢和刚好位于中部以外的次要末梢）进行鉴别发现，主要的末梢表现出对运动速度和肌肉长度的强烈反应，表明它们可以发出位置和运动的信号。另一方面，次要末梢主要提供长度的回应。两者的最佳刺激频率都在 0.1～2 Hz。值得注意的是，很少有无意识运动的速度超过这个速度。初级纤维在响应中显示出温度依赖性，而次级纤维则没有，并且次级纤维的燃烧速率取决于自发速率，而初级纤维的速率则不相关，这表明两种纤维采用不同的编码机制。在一定程度上，核袋和核链纤维的收缩特性的差异可以解释观察到的肌梭传入的反应模式。无论如何，已经证明来自肌肉纺锤体的脉冲可以同时到达感觉皮质和运动皮质，强化了它们可能是本体感觉信息的主要编码器这一观点。

进行关节被动运动并记录肌肉纺锤体输出的研究表明，肌肉感受器实际上在关节运动的整个范围内发出运动信号。范围似乎在控制运动的激动肌和拮抗肌之间平分。肌肉肌腱的振动会激活纺锤体感受器，从而产生关节被移动的感觉，并进一步强化了这些感受器在运动感觉中起主要作用的观点。

另一个假定的信息来源是关节和肢体的位置和运动，可以通过控制无意识运动的运动指令来提供。这些指令被称为“必然放电”，可以在运动发生后提供有关关节和四肢计划位置的信息。如果这种必然的放电存在，那么可以假定它在中枢神经系统的高水平阶段出现，至少在控制无意识运动的小脑之上。关于必然放电的确切位置存在一些分歧，但人们一致认为，这种放电对研究伴随无意识运动的意义可能特别重要（参见“运动控制”）。

在中枢神经系统中，许多不同的编码被认为是本体感觉的主要输入。外周传入神经的速率依赖性放电，包括初级和次级感受器活性的差异，可以作为定向信息的信号。据观察，主要感受器在肌肉延长过程中有更高的放电率，而次级纤维对肌肉缩短有更高的反应。虽然人们普遍认为动觉信息编码存在于发射率中，但发射率将随着运动速度的增加、方向和范围的扩大而增加等困难尚未得到解决（参见“神经肌肉系统”）。

心理物理学

在测量观察者对静态位置或运动的行为反应时，可以获得以下信息，包括运动速度、方向和范围，以及对肢体静态位置和所支撑重量的感知、肌肉收缩所产生的力量、收缩肌肉时需要用力的感觉。这项工作主要集中在肢体有意识的运动和放置上。例如，在被动肢体伸展的研究中，受试者通常在确定运动方向之前就能感觉到运动的发生。此类研究的因变量通常是可靠的检测运动所需的肢体位移，以特定的速度运动。速度是一个重要的控制变量，因为受试者往往认为非常快的运动产生的位移要大于其实际产生的位移。然而，错觉在非常缓慢的动作中也更为普遍，当速度接近大多数随意动作发生的范围（比如手的范围在 5 m/s 左右）时，受试者对动作的敏感性最高。准确性还取决于肢体的起始和结束位置，对于不同的肢体，朝一个方向运动的敏感性可能比朝另一个方向运动的敏感性更高。

一般来说，靠近身体的近端关节比远端关节（即四肢关节）对运动更敏感。这可能是因为在实际运动中，杠杆原理的操作意味着近端关节的运动要比远端关节少。如果位移是测量值，那么对运动最不敏感的是手指。然而，如果根据肌肉拉伸来评估反应，不同的关节在反应上更相似，这表明中枢神经系统可能监测肌肉拉伸而不是位移。

感知运动的另一种测量方法是通过关节

旋转。被动关节旋转检测的最小值范围为髋关节 0.2°到第一趾骨（大脚趾）0.7°，以上这些数值来自年轻人，在老年人中的数值通常高 0.1°~0.2°。然而，关节旋转检测也依赖于速率，根据速率，检测运动所需的运动范围可能高达 6°。

也可以测量更纯粹的本体感觉，即判断肢体位置，而不是运动。当然，这种测量更为复杂，因为对肢体运动的反应可能会影响对肢体位置的改变。因此，一些研究并没有询问在实验者被动移动后肢体是否改变了位置，而是采用了一种技术，即受试者被要求将肢体移动到一个特定的位置，或者在肢体被动移动后指向一个位置。这些研究的结果表明，当受试者被动地移动肢体并将其固定在那里时，误差最大，而当受试者主动移动肢体并保持其位置时，误差最低。随着被移动距离的增加，定位精度的不确定性也随之增加，一般而言，受试者往往会高估较短的移动距离，而低估较长的移动距离。

测量本体感觉的一个主要考虑因素是必须排除可能用来指示肢体位置或动作的额外信息来源。这类信息的两个重要来源是视觉和皮肤输入。研究表明，当视觉被允许时，它支配着运动，即使当视觉信息被误导时，如提供了一个扭曲的视觉图像。在这种情况下，即使保持了动觉信息，也会持续出现位置错误。一开始，当视觉和运动以这样的方式解耦时，它们会感到分离，但受试者很快适应了变化的视觉环境，两种方式又会感到一致。在任何情况下，本体感受反馈的测量需要消除视觉线索，通常是通过蒙上受试者的眼睛来完成的。消除机械感受器对肢体被动运动的皮肤反馈已经有了许多创造性的方法。最成功的包括使用气囊夹板，它产生最小的皮肤感觉和局部缺血，或减少特定肢体的循环，消除皮肤感觉，并在 20 分钟后诱导肢体麻木。需要消除这些提示表明，在正常活动中，它们的输入有助于感觉位置。

其他研究发现，人类受试者在相当长的一段时间内，惊人地善于记住先前的肢体位置。24 小时后，受试者可以指出先前放置肢体的位置。这方面的动觉记忆是相当有趣的，特别是考虑到大多数受试者在运动和位置的语言编码很差，并考虑到刺激的语言编码允许他们在长期记忆中保留。

此外，似乎个人在涉及相对肢体位置的判断上比涉及绝对肢体位置的判断更好。这可能与姿势持续性现象有关，即与特定肢体位置相关的感觉持续性。无论如何，结果表明对肢体当前位置的判断受其先前位置的影响，特别是当先前位置已经保持了一段时间。

研究人员还研究了进行特定活动所需的努力或力量感的感知方面。估计努力有两种可能的机制：监测肌肉中高尔基腱器官感受器的感觉输入，或者监控中枢神经系统中产生的电机指令信号（上文讨论的必然放电）。然而，判断重量的轻重，例如，不仅取决于物体的实际重量，而且还取决于举重时肌肉的状况。中间的肌肉用力会导致疲劳，使被举起的物体看起来比用力之前更重。令人振奋的是，同样的现象也出现在脑卒中后肌肉的无力感上，而周围肌肉的活动实际上可能没有受到影响。这一结果表明，在重量的估计中有一个中心组成部分，这样在无意识运动时产生的中枢神经系统信号也被输入到感觉区域，在那里它们可以影响感知。此外，重量的适应也会发生，例如，当较重的重量被举起后，较轻的重量似乎更轻。至于其他本体感受功能，可在手指的皮肤感受器中发挥作用；结果表明，手指皮肤机械感受器的麻醉也影响知觉的重量。

涉及用力的感知是肌肉紧张的感觉。促进或反对举起重物的肌肉振动将影响所感知到的重量，从而影响所感知到的举力。然而，受试者似乎能够从整体努力中区分肌肉紧张。如果受试者被告知要保持力量恒定，那么肌肉所施加的力就会随着被举物体的不同而变化。如果受试者被要求保持恒定的张力，所施加的肌肉力就不会改变。注射箭毒会使肌肉变弱，从而增加感知力。

综上所述，人类似乎具有良好的感知肢体位置和肢体运动的能力，以及判断完成任务所需努力的程度。在正常情况下，这些感觉受到视觉或皮肤输入的影响，至少在某些身体部位如此。测量受伤或疾病后运动感觉的完整性，采用了一些被用于评估衰老对本体感觉的影响的措施，在下一节中我们将对此进行讨论。

衰老对本体感觉的影响

有充分的文献证明，随着年龄的增长，运动能力会变弱，准确性也会下降。然而，关于为什么会发生这种情况，意见不一。一种假设是，与运动相关的感觉输入质量的下降会导致运动性能的恶化。因此，研究人员对与衰老相关的本体感觉和运动感觉的变化产生了积极的兴趣。

关于衰老对运动机能影响的研究表明，老年受试者（50 岁以上）的膝关节、髋关节和踝关节被动运动阈值是年轻受试者（40 岁以下）的 2 倍。然而，上肢（手、手指）的敏感性几乎没有差别。这些上肢和下肢之间的差异可能部分归因于脚踝和膝盖是负重关节这样一个事实，即可能更容易受到衰老的影响。其他结果表明，在运动速度较慢时，老年人对关节运动的检测阈值较高。对较高的运动速度，年龄造成的差异不那么明显。在检查此类研究中使用的任务时，可以注意到某些任务比其他任务更需要记忆。记忆负荷对动觉知觉影响的具体评价显示，当记忆需求较低时，老年人和年轻人之间的差异很小，但当记忆负荷增加时，老年人表现较差（参见“记忆”）。

尽管如此，在一些研究中发现，即使是相对简单的任务，如再现被动动作，对老年人来说也更加困难。运动再现研究的问题在于，为了完成匹配运动，受试者必须存储来自第一个运动的本体感觉输入。一些研究人员认为，立即用一个肢体的动作来复制另一个肢体的动作会降低对记忆的要求。

一项研究调查了年轻人和老年人在两项不同任务上的表现差异，一项任务涉及受限运动，另一项涉及预先选择运动。在有约束的运动条件下，受试者被要求匹配由实验者控制的被动运动，而在预先选择的运动条件下，受试者可以选择他们希望匹配的运动。

结果表明，老年人在受限运动条件下的运动能力明显差于年轻人，在与实验者控制的被动运动匹配方面存在许多错误。然而，在预先选择的运动条件下，老年人和年轻人的表现相似。对这些数据的解释是基于这样一种概念，即预先选择的动作可以从伴随无意识动作的必然放电中受益，而被动动作则不能。如果老年受试者的本体感觉性降低，在受限运动条件下的表现将受到影响，但在预先选择的运动条件下使用必然放电信息的能力可以补偿本体感觉传入功能的任何降低，因此表现不一定会受到影响。在较年轻的受试者中，不需要这种必然放电的促进，因为本体感受的输入足以发挥作用。

许多关于衰老和本体感觉的研究都集中在维持平衡或姿势控制能力的变化上。大量的实验表明，由于平衡控制动作的启动较慢，老年人表现出更多的姿势摇摆，当系统受到压力时，他们更容易失去平衡。此类研究的一个难点是，需要将衰老本身的影响与肌肉退化的影响（与老年人活动减少和可能的亚临床病理有关）分开。

在正常情况下，姿势控制包括协调来自运动系统和感觉系统的输入。与平衡有关的效应肌肉的力量和状况及膝关节、髋关节和踝关节的运动范围都会影响姿势控制。此外，来自动觉、视觉、皮肤和前庭系统的感觉输入可能在维持平衡中起作用。通过选择性地消除那些受被试者站立平台的干扰而挑战平衡任务中的因素，许多研究已经探讨了姿势控制中视觉和前庭因素的相互作用。一般而言，在一般成年人中，视觉线索的影响在低扰动频率（小于 0.1 Hz）时最为明显。前庭功能的作用各有不同：耳石器官对姿势摆动的最大响应在 0.1 Hz 以下，而介导角加速度的半圆形管在该范围以上的响应最大。皮肤输入的响应可远高于 1 Hz。

对年轻人的研究结果表明，当眼睛闭上时，姿势摇摆比睁开时增加了 50%。当头部被放置在一个奇怪的方向，从而影响前庭输入时，姿势摇摆也会增加。在踝关节处应用血压袖带引起的下肢缺血，消除了皮肤感觉，也导致了姿势摇摆的增加。反射性反应似乎不受这些其他输入方式的影响，但是根据过去的经验预先组织的，在实施中并不灵活。持续监测模式似乎更依赖于视觉、前庭和本体感觉输入来持续保持平衡。

比较年轻和年长受试者在姿势控制任务中的表现的研究表明，在没有压力的情况下，年纪大的受试者可以和年纪小的受试者一样保持平衡，但是在有压力的情况下，例如平台扰动程度较大时，年纪大的受试者更容易失去平衡。此外，虽然所有受试者在其他感官输入受限时都表现出一些缺陷，但年龄较大的受试者在平衡控制方面表现出更大的缺陷。通过上述方法对前庭或皮肤输入进行的改变对年龄较大的受试者造成很大困扰。消除视觉输入对年轻和老年受试者的影响最大。此外，当两个感官输入源同时受到干扰时，年龄较大的受试者表现出严重的姿势控制恶化，远远大于年龄较小的受试者。这些结果的含义是，老年人在面对本体感受性下降时，更严重地依赖其他来源的输入，如视觉和前庭模式来维持平衡。当这些额外的来源被消除时，老年人将失去平衡（参见“平衡、姿势和步态”）。

有趣的是，试图将本体感觉、视觉、皮肤和前庭功能的下降与姿势摇摆测量联系起来，并没有显示出强有力的关系。例如，视力与姿势摇摆的程度无关，除了两者都随着年龄的增长而下降。皮肤感受器的振动检测与姿势摇摆有关，但与本体感受无关。最后，前庭功能与姿势摇摆的相关性很弱。然而，我们不应误认为这种相关性不强。此处使用的检测措施可能不会显示与姿势摇摆相关的缺陷，但这并不意味着在阈值以上水平时感觉能力的下降可能不会导致姿势摇摆的增加。此外，一些研究人员认为，随着年龄的增长，姿势控制的降低在中央输入的某些点上更加集中地被调节。这一发现进一步证实了在许多情况下，老年人长期等待的无意识进行的平衡矫正比短期的单突触反射矫正受到的影响更大。

结论

总的来说，研究结果表明，触觉和本体感觉都容易受到衰老的影响，而且在许多任务中可以观察到功能的衰退。对于触觉来说，随着年龄的增长，对振动的敏感性呈现出系统性的下降，并且振动刺激的感知强度在阈上水平也降低了。一些报告还表明，老年人对热刺激的敏感性降低，体温普遍下降。此外，老年人对疼痛的敏感性似乎也不同于年轻人，尽管反应标准的差异可能是造成这种差异的部分原因。在许多情况下，这些心理物理变化伴随着皮肤感受器的数量和密度的减少及形态的改变，特别是环层小体和触觉小体。

老年人的本体感觉和动觉功能似乎也在下降，尽管必须小心地排除肌肉状况由于缺乏活动而下降的可能性。对于老年人来说，检测肢体运动的阈值和再现肢体位置变化的能力似乎较差，特别是在本体感觉记忆负荷高的情况下。姿势控制是本体感觉的重要结果，老年人的姿势控制能力也会受到损害，尤其是在失去平衡时。老年人似乎通过更多地依赖于多种感觉输入来维持姿势控制，包括视觉、前庭和皮肤感觉，以弥补本体感觉输入的减少，当这些感觉消失时，老年人的姿势控制比年轻人受到更强烈的影响。

年轻人和老年人的触觉和本体感觉的生理机制、行为功能是亟待进一步研究的领域，更好地了解这些方式是如何受到年龄的影响将有助于采取措施来补救或避免这些缺陷，从而改善老年人的生活质量。

另请参阅：平衡、姿势和步态；记忆；神经肌肉系统；疼痛与老年性疼痛。

拓展阅读

Cauna N（1965）Effects of aging on the receptor organs of the human dermis. In：Montaga W（ed.）*Advances in Biology of Skin-Aging VI*, pp. 63 – 96. New York：Pergamon Press.

Clark FJ and Horch KW（1986）Kinesthesia. In: Boff K, Kaufman L and Thomas J (eds.) *Handbook of Perception and Human Performance* (Vol. 1). New York: Wiley.

Sherrick CE and Cholewiak RW (1986) Cutaneous sensitivity. In: Boff K, Kaufman L and Thomas J (eds.) *Handbook of Perception and Human Performance* (Vol. 1). New York: Wiley.

Stelmach G and Sirica A (1986) Aging and proprioception. *Age* 9: 99-103.

Verrillo RT (1993) Effects of aging on the sense of touch. In *Sensory research: Multimodal Perspectives*, pp. 285-298. Hillsdale, NJ: Erlbaum.

Sherrick CE and Cholewiak RW (1986) Cutaneous sensitivity. In: Boff K, Kaufman L and Thomas J (eds.) *Handbook of Perception and Human Performance* (Vol. 1). New York: Wiley.

译　者：谭文静（北京大学）
校译者：刘菊芬（北京大学）

创造力

D. K. 西蒙顿 加利福尼亚大学戴维斯分校，加利福尼亚州，美国

词汇表

职业年龄（Career Age）——一个有创造力的个体在某个特定领域活跃的年限（相对于实际年龄）。

累积优势（Cumulative Advantage）——创作者最初的成功和获得的优势使得他们之后更容易获得成功的现象。

发散思维（Divergent Thinking）——对某个特定的概念刺激产生许多不同的或原始的反应的心智能力。

平等比值原则（Equal-Odds Rule）——产出质量（创造力）是正值，且是产出数量（生产力）的常值函数的原则。

老式风格（Old-Age Style）——伟大艺术家最终作品的独特表现方式。

"绝唱现象"（Swan Song Phenomenon）——作曲家在他们生命的最后几年创作出高度独特的音乐杰作的倾向。

引言

创造力是一个难以捉摸的概念，不容易被定义。关于创造力唯一可以确定的描述就是创造力与创造性想法的产生有关。如果一个想法满足下述两个条件即可被认为是创造性的。首先，这个想法在统计稀有性的意义上是原创性的。个体所产生的想法比群体共同产生的想法更具有原创性。许多人都会用一只鞋压住沙滩毯，但只有其中一个人由此引申出广义相对论，从而使得物理学发生了革命性的变化。其次，这个想法必须适用于某些领域。例如，它必须解决一个重要的问题或完成一项重要的任务。如果没有这第二个需求，则无法区分精神患者奇怪的精神错乱与科学天才的突破性想法。因此创造性想法必须同时具有原创性和适用性。

然而，对创造力更具体的定义目前尚未达成共识。不同的研究者对创造力的定义有着截然不同的观点。目前主要有以下三种观点。

1. 创造力是一个或一组心理过程，能产生创造性想法。这些认知过程可能包括洞察力、直觉和想象力。这是以问题为导向进行实验研究的认知心理学家对创造力的首选定义。

2. 创造力是一种有特色的有形产物，如绘画、诗歌或发明。符合特定的标准，如新奇、优雅、美丽或工艺精湛，这些被称为创造性。这是理论和经验美学所采纳的视角。

3. 创造力是一种或一组特殊的人格特质，不同个体可能会有所不同。例如，一个表现出足够智力、野心、决心、独立性和独创性的个体可能被认为是有创造力的。这是被人格心理学家所接受的定义。而人格心理学家主要研究的是创造性人格区别于普通大众的特征。

因此，创造力可以是一个过程、一个产品或是一个人。尽管存在这种概念上的分歧，但这三种观点可以以各种形式重叠和趋同。例如，研究者可以研究不同个体在认知风格或信息处理模式上的差异。这种差异可能与创造性想法的产生有关。其他研究者可能会研究个体在创意性产品产出上的差异。根据这一标准，产出最多的人可以说是最有创造力的人。因此，在行为科学中，有各种各样的方法被用于评定创造力。

从老年学的角度来看，创造力和衰老之间的关系是最关键的问题。创造力一定会随着年龄的增长而下降吗？如果创造力随着增龄而下降，那我们是否无法期待个体的创造力逐年提升？什么情况下，一个人即使在生命的尽头仍能保持高度的创造力？这些问题无论在实践层面还是理论层面都很重要。在实践层面，创造力和老龄之间的负性关系将为强制退休提供有力的理由。至少这一论点可以适用于那些工作中更需要创造性的人群，如研究型大学的教授和工业实验室的科学家。此外，从理论层面来说，创造力随增龄的衰退现象有助于我们更好地理解衰老的过程。实际上，在生命的最后几十年，创造性的下降往往被认为是智力受损的迹象。如果这一常见的概念被证明是错误的，那么关于衰老的本质我们可能会得出完全不同的结论。

创造力的定义多种多样，因此用于评估年龄与创造力之间关系的方法也不止一种。实际上，研究者可能更倾向于从以下两个不同的角度来回答这个问题。一方面，一些研究者通过衡量产生创造性想法时的心理过程的表现来评定创造力。这些心理测量工具通常被称为“创造力测试”。另一方面，也有研究者更喜欢使用行为学的定义和用创造性产品的数量作为潜在创造力的指标。这些创造性成就包括绘画、诗歌、作文、专利、书籍、期刊文章或其他项目。这些不同的研究策略有时会得出不同的结论。

心理测量评估

多种心理测量工具可用于评估创造力。目前研究者更倾向于通过评估一个人“发散思维”的能力来评估其创造力。对发散思维的评估主要是考察一个人是否能对刺激产生大量另类的、新颖的反应。这些评估工具多集中于某个特定的过程（流畅性、灵活性、独创性等）或某种媒介（言语与视觉）。无论具体采用何种评估工具，发散思维测试研究发现创造力与年龄为倒置U形函数关系。也就是说，创造力可能在30或40岁时达到峰值，然后下降。从这些心理测量的结果来看，创造力在后半生表现出明显的，甚至是显著的衰退。衰老过程似乎与创造性活动成对立关系。

值得注意的是，必须要对这些心理测量评估的结果进行谨慎的解读。这些结果并不能提供决定性的证据证明创造力一定会在中年后下降。主要有以下三个困难。

1. 大多数心理测量学研究完全依赖于横断面研究，而并没有采用纵向研究。大多数的调查仅单纯比较了不同年龄分层的评估分数，并没有评估某一个体其分数随年龄的变化。横断面研究简单易行，但历时数年的纵向研究才能更直接地衡量这些变化。在缺乏真正纵向研究的情况下，目前的研究结果可能会产生极大的误差。年龄本身可能对队列研究结果有一定混淆。一个队列中的老年人和年轻人所接受的教育理念可能完全不同。这种差异本身就可以导致横断面研究所得出的差异性结论。较之横断面研究的结果，少数纵向研究发现创造力随增龄的下降并不明显，这一结果应引起重视。

2. 年龄曲线的形式在很大程度上取决于所使用的评估工具。必须强调的是，发散思维测试只是评估创造力的一种可能方法。因此，当使用不同心理测量评估工具时可能得到不同的纵向趋势。例如，评估日常生活中解决问题技能的测试实际上可以产生随着年龄增长的分数。此外，限时的评估工具较不限时的评估工具更易得出创造力随增龄而下降的结果。这种差异反映了这样一个事实，即思维过程的速度在晚年趋于下降。因此，定时测试使年龄较大的受试者处于相对劣势。

3. 一些创造力研究领域的专家对所谓创造力测试的效度提出质疑。效度研究表明，这些测试结果与创造性行为的相关性并不强。主要问题在于这些心理测量方法大多评估的是一般的心理过程和认知形式，而创造力在很大程度上是特殊的。例如，一个人可能在音乐上富有创造力，但在文学中却没有表现出任何创造力。产生这种差异的部分原因在于任何领域的创造力都需要以大量相关领域的知识和技能为基础。有创造力的人通常需要花大约10年的时间进行专业的学习和培训，才能有足够的专业知识来产生原创性和适用性的想法。而目前常用的心理测量评估工具只是单纯评估了常规意义上的心理过程或认知形式，而忽略了这一基本要求。

上述三点提示采用另一种策略可能会更有成效。如果我们想了解创造力是如何随着年龄的增长而变化的，那么最好是仔细研究创意产品的产出量在创作者的职业生涯中是如何变化的。这种调查在设计上具有内在的纵向性质，这种反映创造性的指标可能最有效。毕竟，相较于其他创造力评估方式，创造性想法的产生是评价创造力的主要标准。

生产力评估

关于年龄与创造性生产力之间关系的科学研究始于1835年，这也是老年学研究中最古老的课题之一。哈维·C. 雷曼（Harvey C. Lehman）有一项经典的研究（参见《年龄与成就》一书），这项研究主要评估艺术、科学和人文等学科中创造性产出的波动性变化。研究发现创造性生产力与年龄之间存在倒置U形函数的关系。创造力在30~40岁逐步达到高峰，随后呈进行性下降趋势。这一结果与心理测量的结果非常相似。

遗憾的是，雷曼的研究存在许多方法上的缺陷，从而导致其结果常常是模棱两可的。这些缺陷导致许多行为科学家对其结论的有效性提出了质疑。主要有以下三个问题。

1. 雷曼的研究多侧重于在那些最成功或最有影响力的产品上，而总产出基本上被忽略。批评者对这种价值判断方法提出反对意见。批评者认为，无论产品是否获得好评或赢得赞赏都应该计算入总的产出，这样才能更公平地评估创造力。如果采取这一方法，则可发现晚年的生产力似乎更高，这一结果与雷曼的结果不同。

2. 雷曼并没有对创造性学科中的活跃人数进行校正。一般来说，活跃人数常呈一种上升趋势，有时这种上升趋势甚至是惊人的，例如科学家人数就是呈指数增长的。如果一个创作者越年长，那么和他一起活跃在同一个创作领域的个体就越多。也就是说，随着年龄的增长，创作者们必须面对越来越多的竞争对手。音乐厅只能表演这么多的作品，美术馆只能展出这么多的作品，期刊只能发表这么多的文章，这使得每一个创作者在年龄增长的过程中处于越来越不利的地位。

3. 雷曼的纵向研究往往未能对不同个体寿命间的差异进行校正。如果统计大样本的创作者群体的总产出，那么随着创作者的逝去，创造性产品总数会随着年龄的增长呈现自动下降的趋势。80岁年龄段的人的创造性产品比40岁年龄段的人少，部分原因可能是因为80岁年龄段的创作者人数相对较少。因此，那些未对这一因素进行校正的统计数据会夸大创造力随年龄增长而下降的程度。

幸运的是，近期的研究利用了更精准的方法来处理这些不足之处。这些最新的调查证实了雷曼的中心结论：创造性产品的产出往往首先随着年龄的增长而增加，直到达到峰值，然后生产率下降。这个高峰可能会在生命的稍晚些时候出现，随后的下降可能不那么明显，但确实存在。但与此同时，这项研究也表明，创造力在晚年的下降并不像之前所预期的那样惨淡。相关内容会涉及以下几点：（1）创造力随年龄增长而递减的幅度；（2）不同创意领域的对比；（3）终生产出的个体差异；（4）职业年龄与实际年龄的对比；（5）生产力的外在影响；（6）平等比值原则；（7）创造力的定性转化。

创造力随年龄增长而递减的幅度

尽管人们普遍观察到创造力随着年龄的增长而下降，但这种下降的幅度并不像人们通常认为的那样明显。创造性生产力很少下降到零。事实上，即使在生命的最后十年，创造性作品的产出也可以与其职业生涯中的前几十年相提并论。举例来说，70 多岁的人也可以比他们 20 多岁时更有生产力。此外，即使与职业巅峰时的最高产出对比，这种晚年的生产力也不容忽视。在典型的案例中，70 多岁的人产生（创造性）想法的速度只比他们职业巅峰时期低 50%。这是否意味着个体进入传统退休年龄后其创造性思维是半满或是半空的状态，关于这一点的争论是毫无意义的。总的结论就是个体的创造力不会“干涸”或“耗竭”。

这一事实本身就有助于我们理解为何很多人在高龄阶段仍可以取得令人印象深刻的创造性成就。举例来说，塞万提斯（Cervantes）在 68 岁时完成了《堂吉诃德》（*Don Quixote*）的第二部分；富兰克林（Franklin）在 78 岁时发明了双焦镜头；洪堡（Humboldt）在 76～89 岁写了《宇宙》（*Cosmos*）；歌德（Goethe）在 80 岁后完成了《浮士德》（*Faust*）的第二部分。最典型的例子就是谢弗勒尔（M. E. Chevreul），作为一名杰出的化学家，谢弗勒尔在他 90 岁后改变职业领域，成为老年学研究的先驱。他最后的作品是在他 103 岁去世的前一年出版的。

不同创意领域的对比

在考虑创造力随年龄增长而递减这一问题时还要考虑不同创造性领域之间的区别。年龄曲线的具体形状，包括峰值的位置和峰值后下降的幅度，根据其所在创造性领域的不同而变化。在某些领域，峰值会较晚出现，有时会在 50 岁或 60 岁左右。此外，年龄曲线的下降通常是非常平缓的，甚至是难以察觉的。因此，80 多岁的老人可能会和他们黄金时期时一样多产。这种纵向模式多适用于哲学、历史和其他学术性学科。例如，康德（Kant）在 57 岁时发表了他的第一部哲学杰作《纯粹理性批判》（*Critique of Pure Reason*），在他 66 岁时发表了他最后的名著《判断力批判》（*Critique of Judgment*）。

在其他领域创造力随年龄增长而递减的现象更为突出。在抒情诗、抽象数学和理论物理等领域，职业巅峰可能出现在 25～35 岁之间，高峰后的下降曲线常是陡峭的。尽管如此，晚年创造力的形势也并非特别严峻。最糟糕的情况下，70 岁时的生产力将下降到职业生涯中最佳生产力的 5%左右。由此我们认为，创造力只会放缓，但不会停止。没有什么能阻止一个人在生命的最后几年在自己的领域创作出一部杰作。坦尼森（Tennyson）在 80 多岁时仍在创作那些脍炙人口的诗歌；拉普拉斯（Laplace）在他 70 多岁时创作了《天体力学》（*Laplace's Celestial Mechanics*）的最后一卷。

终生产出的个体差异

不同创造性个体的终生产出存在着明显的差异。事实上，不同个体间总生产力的差异比大多数生理和心理特征如身高、智力的个体差异要大得多。通常情况下，某一领域中生产力最高的创作者，其生产力是这一领域最低者的100倍。极端情况下，在某个特定领域总产出排名前10%的个人，其产出是这一领域所有创造性产品产出的一半左右。例如，经常演奏的古典曲目中的一半是由16位作曲家创作的。

精英们巨大产出的原因主要包括三个方面。首先，他们的职业生涯比一般人开始得早，通常是在他们十几岁或二十岁出头时就开始了。其次，他们在整个职业生涯中保持较高的年产量，可能是普通同行的两倍、三倍或四倍的产出量。最后，在他们生命的后期，也能维持较高的产出，他们的职业生涯伴随生命的终结而结束。后两点对理解晚年的创造力尤为关键。创造性生产力的个体差异是如此巨大，以至于在不同创作者之间进行比较时，这种差异在很大程度上能抵消创造力随年龄增长而递减的影响。因此，高产者在他们七八十岁时的产出可能要高于普通创作者在他们的职业巅峰时的产出。事实上，一位获得诺贝尔奖的科学家在他60岁后所做出的贡献超过大多数科学家在他们整个职业生涯中所做的贡献。

职业年龄与实际年龄的对比

常见的错误是在创造性生产力的年龄曲线中采用实际年龄作为函数值。在过去150年中发表的所有表格和数字基本支持这种观点。在经典的图示中，研究人员通常会在水平轴上根据年龄（例如，20、30、40、50岁）每隔十年或五年进行连续标记。然后，研究人员统计每个时间间隔内的创造性产品的数量。这种统计分析数据的方式是直截了当的，但会产生极大的错误。在整个生命周期中，表达创造性产出变化的曲线并不是实际年龄的函数，而是职业年龄的函数。个人在某一特定的创造性领域中工作了多长时间是最重要的。因此，准确地说，我们不应该说一个人在40岁时达到高峰，而应该说在职业生涯开始后的15年左右达到高峰。

诚然，如果我们在大样本的群体中统计创造性作品的数量，那么应用实际年龄和职业年龄可能没有什么区别。一般来说，大多数人在25岁开始他们的职业生涯，那么他们将在40岁达到最佳年龄。此外，实际年龄和职业年龄之间有着非常密切的关系。这种密切的联系之所以出现，是因为人们通常在相同的年龄接受和脱离系统教育。因此，特定领域中大多数初期的创作者处于同一队列中。然而，在某些情况下，实际年龄和职业年龄之间的关系会发生变化。有些人，也可称之为“迟到的人”，可能要等到更成熟后才能确定自己的真正职业。这些人可能会经历中年职业生涯的变化，甚至可能作为“再入学学生”重新进入大学学习。

对这些“迟到的人”，他们的年龄曲线会相应地后移。举例来说，如果峰值通常出现在职业生涯开始后的15年，而某人直到

40岁才开始他的职业生涯，那么他的峰值将出现在55岁左右，而不是40岁。此外，年龄对创造力衰减的影响也会推迟。较晚开始职业生涯的人可能会在他90岁后创造力才会出现明显的下降。

奥地利作曲家安东·布鲁克纳（Anton Bruckner）的职业生涯很好地诠释了这一现象。布鲁克纳最初是作为一位默默无闻的乡下教会音乐创作者。由于偶然的机会，他接触到了理查德·瓦格纳（Richard Wagner）的歌剧，并为此深深着迷，从而促使他成为一名交响乐作曲家。直到39岁，他才创作出自己的第一部交响乐——编号为“00”的练习作品。而50岁时才创作出他的第一部杰作。在他59岁和60岁的时候，又分别创作了两首更为成功的交响乐。在70岁去世前还没来得及完成最后一首交响曲的最后乐章。即使这样，这首交响曲仍被认为是一篇杰作。因为布鲁克纳的整个职业生涯只有20多年，在其他作曲家都早已过了巅峰时期时的年龄，布鲁克纳却正处于他的鼎盛时期。

生产力的外在影响

生命后半程的产出下降，大部分是可以避免的。相反，很多随着年龄增长而出现的衰减都可以归因于外在因素。从这一方面来说，只要能克服这些不利的影响，创造性生产力也许可以一直保持较高的水平，而并不是如年龄曲线所预测的那样。例如，随着职业进程的发展，有创造力的人经常发现自己越来越多地从事一些非创造性的活动，而不能专心进行创作。在学术和工业领域中，这些活动多是一些既花费时间又充满压力的管理工作。与这一点相符合的是，创造性的人往往在退休后其生产力反而会明显提高。在那些知识或技能不会很快过时的领域，这种情况尤为明显。

晚年对生产力最明显的外部制约因素可能就是身体健康状况。和所有人一样，有创造力的人在老年时可能患上各种疾病。事实上，一些创作者不得不做出巨大的努力来维持他们的生产力。由于失明，约翰·塞巴斯蒂安·巴赫（Johann Sebastian Bach）最终不得不通过口述进行创作；马蒂斯（Matisse）把蜡笔绑在竹竿上，才能继续在轮椅上进行创作。因此，任何可延长健康年限的医学进步，都可以提高创作者们在他们生命的最后几十年的生产力。

相反的是，某些环境因素有助于在老年维持创造力。例如，在科学领域，那些拥有由同事和学生组成专业团队的个人往往拥有更长的创造性职业生涯。这种积极的影响可以激励科学家，促使他们再次焕发创造潜力。同样，那些维持着高水平的智力活动并持续接受外界影响的创作者们，可以将他们的创造性生产力维持在较高的水平。这也是伟大的艺术家会有多个巅峰时期，且每个时期都有不同风格的原因之一。一旦这些创作者在某个审美风格中感到耗竭，他们就会转向另一个风格，从而刷新他们的创造力。

一个有趣的例子就是作曲家斯特拉温斯基（Stravinsky），他在漫长的职业生涯中经历了几种音乐风格。在他70岁时，他采取了一种从未涉足的作曲风格——勋伯格（Schoenberg）的十二音技术，出乎意料地再次焕发了创造力。这种戏剧性的变化使他的创作生涯又延长了10年。

平等比值原则

早些时候有人指出，雷曼的研究因为只统计成功的作品，而忽视了那些大量的不成功的作品而为人诟病。批评家们认为，如果考虑总产出，晚年创造力的前景会更加乐观。也就是说，即使在生命的最后几年，创作者的生产力仍可能维持在较高的水平，尽管这种生产力对当代或未来并没有太大影响。但这一论点存在一个问题，这就需要追溯到创造力的定义上。创造性产品是一个被其他人认定为具有原创性和适应性的实体。如果一个人在他的职业生涯末期继续创作，但创作的都是非原创的、无效的作品，这并不意味着这个人仍然具有创造性。因此，从分析的角度，这种情况不适用于分析年龄与创造性生产力之间的关系。

此外，还有一个更重要的问题：前面的论点假设总产量的年龄曲线与创造性产品的年龄曲线不同。假设认为当计入所有的作品（无论其价值如何）后，峰值后的下降会不那么剧烈。然而，早先得出这一结论的研究并没有采用最合适的方法。事实上，近期的研究结果并不支持这一结论。无论我们计算总产出、成功的产出还是不成功的产出，年龄与生产力之间的关系基本上是相同的。峰值出现的时间相同，峰值后递减的幅度也是相似的。主要产出的年龄曲线与次要产出的年龄曲线相似。产出质量与产出数量密切相关。

这种一致性可能导致人们对晚年的创造力前景更加悲观。但是，如果从不同的角度审视纵向数据，这种悲观可能是不合理的。首先，在连续的年龄阶段计算成功产出与总产出之比，也就是“质量比”或“命中率”。具体来说，假设某个科学家每个年龄阶段产出的总的论文数为A，其中经常被引用的论文数为B，那这一比即为B/A。下一步是看看这个质量比在创造性个体中是如何随年龄而变化的。答案很简单：这个比率在整个职业生涯中是随机波动的。尽管命中率时高时低，但它的增加、减少并没有一致的趋势，也并不呈曲线形式。

因此，创意领域中的年长者有着与年轻同事相同的质量比。这种平等比值的原则对任何有关年龄和创造力之间关系的讨论都有明显的影响。虽然这些有创造力的长者在他们生命的最后几年可能创作的杰作不多，但不成功的作品产生得也少。无论创作者的年龄多大，他创作的每件作品都有相同的成功机会。如果用成功率来衡量创造力，那么随年龄增长而递减这一说法根本没有理论依据。因此，平等比值原则建议大家应根据其获得的荣誉来判断某个作品，年龄在这一层面上并不具备预测创造性成就的价值。

创造力的定性转化

单纯统计每个年龄阶段的创意产品数目存在一个明显的不足，那就是这一操作默认将所有作品一视同仁。这种隐藏的假设显然是无效的。显而易见，一首史诗应比一首十四行诗获得更多的荣誉，而一部专著应该比一篇研究报告获得更多的影响力。这个问题的标准解决方案是给纵向表格中的项目设定不同的权重。例如，音乐作品可以根据包含主题内容的数量、乐器的复杂性、动作的数量、类型及演奏时间来进行加权。这将使贝多芬（Beethoven）的《庄严弥撒》（*Missa Solemnis*）比他的钢琴奏鸣曲《致爱丽丝》（*Für Elise*）获得更高的权重。

随着职业的发展，创作者们倾向于改变他们喜欢的创造性表达方式，使得实施这一解决方案显得迫在眉睫。诗人可能先写些简短的歌词，随后尝试更雄心勃勃的叙事文学和史诗；科学家可以从期刊文章开始，然后写出越来越多的书籍和专著。随着时间的推移，每种创造性产品中的创造性想法的数量逐渐增加，标志性作品的产生将比创意的产生下降得更快。通过加权这一操作使我们能够弥补不断增长的创造性饱和这一重要转变。

但是，这种方法上的改进忽略了另一个更重要的质变。随着创作者年龄的增长，他们可能会致力于更复杂的主题和问题，从而使他们的作品内容更加深刻，甚至创作出更丰富的形式。例如，创作者在青少年时期可能更专注于爱情、胜利与得失，但随着年龄增长，这一主题可能会被对生命的意义、人类的生存问题等更重大事件的深层反思所替代。随着岁月流逝，创作者们逐渐变得睿智，他们往往会用简练的语言表达更复杂的思想，在典雅的形式中蕴涵丰富的含义。这种人生岁月的沉淀，使得我们需要一种更复杂的方法来衡量创造力。即使应用权重也无法反映每一件作品中的全部创造力。

当我们试图得出最终的经典结论时，有一点非常重要：创作者在他们生命的最后几年里往往会戏剧性地改变他们的创作风格。例如，视觉艺术家在他们的最后几年可能会表现出向所谓的“老式风格”的突然转变，同样，作曲家也经常会出现“绝唱现象”，这些作品通常作为艺术绝唱，而不仅仅是对抗创造力的下降。一般情况下，一个创作者的整个人生和职业生涯中存在一段唯一的、短暂的，但高度集中产出杰作的时期，这段时期被认为是他的职业生涯最辉煌的顶点。但是伟大的创作者们更希望能轰轰烈烈地离去而不是悄无声息地结束。年长的艺术大师仍然能够成功完成这样一项令人敬畏的任务，这充分证明了晚年仍能保持可观的创造力。

理论解释

到目前为止，我们主要描述了创造力与衰老之间关系的实质现象。行为科学家也提出了大量的理论解释。这些理论在如何解读可用数据方面存在很大差异。他们对晚年创造力的定义也不同。这些不同的理论框架分为四大类：精神生物学、社会学、经济学和心理学。

精神生物学理论

创造力显然是由大脑产生的。因此，任何随着身体衰老而损伤大脑功能的生物过程自然都会对创造性思维产生同样的负面影响。例如，随着年龄的增长，信息处理的速度一般会逐渐减慢，因此反应时间通常会延长。如果创造力是通过时间测试来评估的，这种生理上的变化必然会导致创造力表现欠佳。在固定的时间内，老年人产生的反应肯定更少。因此，只有采用不限时的测试才能使得这种内在的影响最小化。当然，在这里，只是指在一定时期内产生的创意的数量。这些创意的质量可能不一定会因为产出速度减慢而下降。事实上，平等比值原则表明，好的创意与差的创意的比值在整个生命周期内或多或少保持不变。

然而，生物变化可能会以更微妙的方式影响智力。智商测试明确了晶体智力与流体智力之间的重要区别。晶体智力主要包括相对永久的知识，如一个人的活跃词汇；而流体智力主要涉及更灵活的技能，如解决问题的能力。由于某些目前尚未知的原因，这两种类型的智力在整个生命周期中有着不同的轨迹。晶体智力通常会稳步增加，在生命的后期随年龄增长而衰减的幅度相对较小；而流体智力在生命后期下降幅度会比较明显。事实上，之前提到的发散思维测试可以作为流体智力的评估方式，两者的年龄变化趋势遵循同样的过程。这两种智力形式的对比非常重要，因为不同类型的创造力可能需要不同的晶体智力与流体智力组合。这种组合的特性可能决定了某个特定领域的职业巅峰出现的时间。数学家和地质学家之间或诗人和小说家之间的差异部分可以用这种理论来解释。

即便如此，神经生物学也无法解释创造力纵向变化中的许多关键特征。最典型的就是创造性生产力主要是职业年龄的函数形式。与之对应的是，所有神经生物学的研究都必须用实际年龄来表述。因此，很难用这一观点来解释那些在晚年进入某个创意领域但仍能够显示出预期的职业轨迹的个体。也许最佳结论就是，各种生物因素大多作为外来影响而影响创造力。它们对大器晚成者的主要影响可能是降低了其职业巅峰的高度，并使高峰后下降的斜率变陡。与此同时，年龄曲线的具体形状可能很大程度上取决于与生物学无关的其他因素。

社会学理论

社会学家采用一种完全不同的方法来解释创造力在整个生命周期中的变化。他们倾向于通过衡量实际产品的产出来评价客观的创造性行为。这种生产力被认为即使不是全部，但大部分是学科的优势奖励结构的函数形式。这些奖励结构会强化某些形式的创造性产出，同时阻止了其他形式。如果持续产出的社会奖赏贯穿整个职业生涯，那么整个生命周期都会维持产出。另一方面，当强化措施不再出现时，生产力就会下降甚至消失。

累积优势原则很好地诠释了这一理论。根据这一原则，创造性个体都处于竞争激烈的环境中，很多人为之奋斗，但只有少数人能获得成功。并非所有提交给专业期刊的论文都能被发表；送去展览的艺术作品中只有一部分能通过评审并获得展出。那些年少成名的人获得进一步成功的概率会更高，而那些不幸创业受挫的人再次失败的可能性更大。第一梯队的人受到激励，生产力进一步提高；而第二梯队的人将受到挫折，最终退出竞争。这一差异之所以会进一步扩大，是因为最初成功的人将获得社会支持——如带薪职位、实验室、工作室、合同、研究金和基金——而那些尚未证明自己的人则无法拥有这些社会支持，结果就是富人变得更富，穷人变得更穷。

累积优势原则还可以解释职业轨迹的许多细节。例如，那些较早取得成功的人将获得各种资源，使他们能够将生产力维持在较高的水平，并持续产出直到职业生涯后期。相比之下，那些不那么幸运的人可能永远不会那么多产，并且会更早地结束他们的创造性职业生涯。这种模式与实际观察到的情况非常接近。这一理论的显著特征就是，它没有对创造力的个体差异做出任何假设。即使所有参与竞争的人天赋大致相同，他们最终也会因职业生涯的年限和生产力出现分层。此外，那些晚年不再具有生产力的人不能归咎于他们的命运。他们只不过是那些在职业生涯一开始就走错了路的人。如果他们积累了与他们最成功的同事相同的外部资源，他们也会在老年时期依旧高产。

尽管社会学理论有许多引人入胜的内容，但它同时也有许多无法解释的部分。例如，这一理论无法很好地解释大器晚成者的出现。更深入来说，它无法解释不同学科的职业轨迹的不同。为什么数学家职业巅峰出现得早，而地质学家出现得晚？此外，它也无法解释职业生涯中个体变化的细微差异。例如，研究表明，同一学科中的创作者无论其生产力如何都会在相同的职业年龄达到他们的职业巅峰。但与之相悖的是，累积优势原则预测多产者的职业巅峰会出现得更晚。因此，社会学理论只能解释创造性产出随年龄变化的部分过程。

经济学理论

经济学理论与社会学理论有一定的相似性。经济学家同样认为创造力是一种由外在刺激维持的行为。但经济学家更多的是关注个人，而不是创造性领域的奖励结构。经济学家首先假设人类是理性的生物，人们总是试图最大化他们在生活中获得的利益，同时使成本最小化。因此，人们总会计算“成本/效益比率”或“效用函数”，以确定恰当的行动方针。当一个人必须权衡短期成本与相应的长期利益时，这个计算过程就更为复杂。一个典型的例子是教育，短期内教育会消耗大量的时间和金钱，但从长远来看，它有助于确保舒适的生活水平。

创造性个体也面临着相似的选择。经济学家认为，创造力需要对“人力资本”进行大量投资。也就是说，创造性个体必须投入大量的时间、精力和费用来掌握一个领域的知识和技术，然后才能产生创造性的产品。只有产品本身才能带来升迁、奖金和加薪等好处。此外，创造性个体必须不断地重复投入资源，以便在整个职业生涯中保持生产力。否则，他们的专业知识就会过时，并随之失去领先优势或跟不上潮流。对于一个刚刚开始职业生涯的人来说，这种短期的投资将在长期内产生巨大的红利。但对于一个已经成功许久的人来说，目前的损失可能超过预期的收益。首先，死亡可能会终止某人的职业生涯，而此时前期的投入尚未收获利益。此外，对于那些已经获得许多成绩的人来说，创造性产品的“边际效用”可能会下降。文坛新秀可能会欣喜于自己新发表了一首诗歌；而那些功成名就的人对这种成果可能觉得不值一提。这种经济决策的最终结果就是在职业生涯的最后几年创意产出下降。因此，创造力随年龄增长而衰减是创造性个体随着年龄的增长而面临的激励和抑制措施逐渐转化的自然后果。

这种经济学理论可以解释创造力和年龄之间相关性的很多内容。但该模型仍无法解释所有细节。例如，尚不清楚它如何解释在生命最后几年经常出现的创造力的上升。什么物质激励会促使垂死的创造者创作出“绝唱”或艺术遗作？至少根据经济学理论，这些项目的短期投入将大大超过任何预期的长期效益。与社会学理论一样，经济学理论也只能解释这一现象的一部分。

心理学理论

心理学家更着重于个人经历对创造力的影响。心理学家推测创造力随着增龄的变化与认知、动机或性格等在一生中不断变化的变量相关。例如，心理测量研究的结果可以用来解释生产力研究的结果。假定发散思维代表了创造性思维的一个基本过程，如果发散思维测试的分数在生命的后期下降，那么这种趋势可能就是创造性生产力平行下降的基础。此外，由于这些认知措施的不同方式往往表现出不同的纵向趋势，也许可以利用这些发现来解释不同学科其创造性产出的年龄曲线的不同。不同学科的创造力可能需要不同的认知方式进行组合，进入组合的每一种心理过程的不同趋势进行加权平均，最终形成了这种组合的独特年龄趋势。

但这一理论存在三个主要问题：首先，同之前提到的一样，创造力测试的表现与创造性行为的表现之间的相关性并不是很强。其次，这些心理测量学的纵向和横断面研究侧重于实际年龄而不是职业年龄。最后，这一理论在某种程度上回避了核心问题，如果生产力的变化反映了心理能力的潜在变化，则后者的变化仍有待解释。

另有一些心理学理论不受上述不足的影响。例如，根据创造性生产力的信息处理理论，创造性潜力转化为实际创造性产品的过程是创造性产出纵向趋势形成的原因。这一理论预测，年龄曲线将因学科而异，其方式与产生和发展创造性想法所需的概念、技能的复杂性及丰富性相对应。这一理论还认为，年龄曲线取决于职业年龄而不是时间年龄。这个理论的独特之处在于，它对个人和学科之间创造性产出的纵向变化做出了非常精确的预测。即使如此，这一理论也无法解释某些细节，如“绝唱现象”的发生。

事实上，目前尚没有任何一个有关创造性的理论能够成功地解答本文所提到的所有问题。创造力和衰老之间的关系可能过于复杂，无法进行简单的理论解释。

另请参阅：信息处理与认知；生产率与年龄。

拓展阅读

Adams-Price C（ed.）（1998）*Creativity and Aging*. New York：Springer.

Lehman HC（1953）*Age and Achievement. Princeton*，NJ：Princeton University Press.

Lindauer MS（2003）*Aging*，*Creativity*，*and Art*. New York：Kluwer Academic/Plenum Publishers.

McCrae RR（1999）Consistency of creativity across the life span. In：Runco MA and Pritzker S（eds.）*Encyclopedia of Creativity*，vol. 1，pp. 361 - 366. San Diego，CA：Academic Press.

Root-Bernstein R（1999）Productivity and age. In：Runco MA and Pritzker S（eds.）*Encyclopedia of Creativity*，vol. 2，pp. 457－463. San Diego，CA：Academic Press.

Simonton DK（2004）*Creativity in Science*. New York：Cambridge University Press.

译　者：汤　雯（首都医科大学附属北京友谊医院）

代际差异：年龄—时期—队列

K. 华纳·沙伩　宾夕法尼亚州立大学，斯泰特科利奇，宾夕法尼亚州，美国

词汇表

队列（Cohort）——在同一个时间点或时间段进入特定环境或情境的一群人或一批人。

横断序列（Cross-Sectional Sequence）——同时测量包含两个及以上年龄段的多组人，并且选择至少两个时间点进行横断测量。

纵向序列（Longitudinal Sequence）——对至少两组人群在其相同的年龄范围内进行至少两次重复测量。

引言

本文将从心理学视角来考察代际差异，尽管从历史的脉络上来看代际差异这个词是从社会学和心理学共同发展而来的。而且，世代与队列是不相同的，本文将就文献中提到的队列差异与代际差异之间的区别与相关性展开讨论，考察心理学研究代际差异和队列差异的方法论问题，包括对“年龄—时期—队列”模型的解释。本文从文献中引用的大部分案例是基于“西雅图纵向调查”（Seattle Longitudinal Study）所开展的研究，包括认知表现的代际差异、一些人口学特征的代际差异以及对家庭环境感知的代际差异三个方面。

社会学家与心理学家关于世代的观点

代际差异的概念在20世纪初引起人们的关注，当时社会学家卡尔·曼海姆（Karl Mannheim）呼吁学者要关注代际冲突，特别是青少年、成年人与他们父母之间的冲突。事实上，大部分关注代际差异的社会学文献所处理的问题都是代际冲突和价值观传承。类似的是，最早关注此类问题的心理学研究出现在夏洛特·布勒（Charlotte Bühler）的著作中，主要关注青少年与其父母的冲突。在发展心理学家中，雷蒙德·库伦（Raymond Kuhlen）提示我们可能是由于代际差异在产生作用，他也是第一位呼吁要关注不断变化的社会环境中个体年龄状况的心理学家，这意味着行为随时间改变可能比较重要。

近来更多文献表明，代际差异在20世纪60年代几乎是同时地再次引起社会学与

发展心理学的关注。赖德（Ryder）提出队列递进可能是开展社会变化研究的核心概念。莱利（Riley）、约翰逊（Johnson）和福纳（Foner）将此研究主题在社会老年学领域进一步发展细化。同时，赖德还呼吁要关注这样一种事实：基于横截面数据集和纵向数据集获得的老化数据并不一致，因为横截面数据的年龄差异与队列（代际）差异相混淆，而纵向年龄变化与测量时间（时期）差异相混淆。他提出了一个用于测量这些关系本质特性的一般发展模型（general developmental model），将这些变量放在心理与教育的准实验设计框架下，并提出了相应的数据收集与数据分析策略，这样可能会帮助研究者更好地评估年龄因素的作用。

想要分离“年龄—时期—队列”模型中不同变异的尝试引发了很多争议。然而，考虑到适当的限定假设，队列研究在行为研究中还是具有重要的作用，并不仅仅体现在方法论的控制上——而这可能会导致对年龄效应高估或低估——而且体现在对个体行为水平和人格特质表达随着时间推移而产生影响的背景变量的测量上。尽管，目前对于宏观社会变化及其对年龄差异和行为改变的影响关系仍缺乏深入的认识，但是行为代际差异研究却开始尝试识别那些易于随着代际交替而产生变化的变量。20 世纪 60 年代，开始采用此视角开展老化研究的很多老年心理学家一般都会采用这样或那样的多队列设计方法来处理可能的代际差异。

世代与队列

“世代”通常意味着在时间上连续的群体，后一个群体（但不一定必须是）一般是前一个群体的生物学后代。相对而言，“队列”则是一个比较随意的称谓，用来表示在某个时间点或某个时间段，一批人同时进入某个生活环境或情境当中（按出生时间或其他时空标准划分）。故而，两代之间的时空距离通常表示 20～30 年的时间，而队列差异则往往可能涉及更短的时间。

代际差异与队列差异通常是指同一群体（如出生队列）进入特定生活环境或情境当中，而研究者则在相同日历时间点（或时间段）对其进行考察。不过，应该强调的是代与代之间的时空边界也带有非日历时间的特征。例如，一个新工厂的第一批工人或者一个新教育机构的第一批教师，可能都代表一代（不管这些个体的日历年龄是多少），就像一个新成立的俱乐部的第一批会员或者最早在某个住宅区购买住房的一批人那样，他们通常是在同一个时间点上积极参与群组活动。

方法论问题

考察代际差异的研究设计：“年龄—时期—队列”模型

“年龄—时期—队列”模型强调任何与年龄相关或者随时间改变的行为都可以用三个时空特征来表示，即：

$$b = f(A+C+P)$$

这里的“b”（behavior）是在个体实足年龄 A 所观察到的行为，而这些个体都是在日历时期 P 点/时段作为队列 C 而进入某一生活情境的。这一关系与物理变量体积、压力和温度比较类似。在公式里，第三个变量还通常被表示为其他两个变量的函数，即：

$$A = C+P$$

$$C = A+P$$

以及 $$P = A+C$$

这三个公式中的任何一个都可能成为发展科学研究中的科学问题，因此它对于评估每一个成分的具体作用是非常有用的。特别是在行为科学研究中，我们通常希望将因年龄变化而引起的差异（个体内部差异）与因代际或者队列变化而引起的差异区分开来。另一方面，教育研究者可能更关注，将不同时期教育对个体产生的影响与由于年龄变化而产生的改变区分开来。

数据收集策略

有关发展科学的实证研究通常涉及年龄和/或队列的比较，这些比较通常是关于某个时间点或者某个时间段内的情况。为了达到此目的，传统的数据收集策略是横向设计、纵向设计和时间滞后设计。

横断面调查的假设是：在同一时间点测量的个体的特征中，至少有一项或者更多的特征是存在差异的。这种策略对于衡量个体间的差异是非常合适的。在历史上某个特定时间点，行为的年龄差异可能与某种政策措施所导致的社会反应有关，在此不考察先前某些条件对年龄差异的影响。然而，根据横截面数据集发现的年龄差异与队列差异之间有着千丝万缕的联系。由于横断面调查各子样本都只被测量了一次，因此无法获得个体内部变化的信息，除非有独立证据表明，年老队列个体与年轻队列个体在相同年龄表现出了同样的（行为）水平——在对成人样本进行比较时，这还可能是最吝啬的假定——那么横断面调查的年龄差异就可以代表对队列差异的评估，而这个差异对于发生在一个特定年龄范围内的成熟改变要么是夸大了，要么是减弱了。

纵向调查是考察在两次或多次对同一个队列人群的测量中，是否发生了与年龄相关的变化。当调查者希望预测不同时间个体行为的年龄差异时，这种策略是比较合适的。但是，纵向调查数据并不总能给我们提供对个体内部变化的明确估计。仅包含一个单独队列的纵向调查混淆了因年龄（成熟）引起的变化与特定历史时期对行为监测的时期效应，而时期效应往往会掩盖或严重夸大因个体成熟而产生的变化。

时间滞后设计用于比较超过两个连续队列分别在其实足年龄所测量到的行为差异，且该测量结果通常是在不同时间点进行连续测量获得的。它的假设是：考察不同时期所选择的被试，在其年龄相同情况时，某个特定行为是否存在差异。社会心理学家和教育心理学家对于这种研究设计比较感兴趣。当研究者想了解连续队列（例如，比较婴儿潮出生的个体与其前一代的个体差异）在相似的年龄阶段，个体的行为表现是怎样时，这种策略尤其适用。简单时间滞后设计混淆着队列效应和时期效应，可能会夸大或减弱队列效应估计，这与队列之间的时间间隔是否代表着一个有利或不利的环境影响有关。

序列策略

代际差异被看作是人类老化研究中的重大困惑。于是，一些非传统的序列策略被引入研究当中，这些策略通常是对多于一个队列的个体在给定的年龄范围内进行多次行为测量，以此来区分对象因处于特定发展阶段而产生的个体成熟效应，以及不同代际之间因社会化程度和/或其他生活经验影响而产生的效应。

“顺序”意味着，用于研究代际差异的抽样策略一定包含了通过多次测量而获得的一系列的数据样本。而应用最广泛的顺序测量可能是横断序列设计，即在相同时间点或时间段对两个或两个以上的队列进行行为测量，这种方法允许对纵向数据和横截面数据进行直接比较（前提是日历时间范围对于年龄或队列来说是相似的）。这种方法的优势在于研究者只需要两个时间点，因此文献中出现最早的就是应用此方法所开展的研究。然而，这种方法代表了一类“模型误导”，因为它不允许比较每一个队列在相同年龄范围内的行为差异。

就像先前说的那样，老年心理学家和其他个体发展研究者，经常寻找最大收益的队列顺序设计（cohort sequential design），因为它可以明确地区分发生在同代人身上因年龄变化而产生的个体间差异，以及因处于不同代际而产生的个体间差异。这种设计也可以让研究者比对在连续代际之间年龄函数的一致性问题，它所提供的外部有效性比仅有一个队列的纵向设计要高。一项“队列—顺序”研究通常由两代或两代以上的被试组成，且每一代有两个或两个以上相似的年龄水平，并且两个队列中的一个在相同年龄范围至少被重复测量三次。

重复测量和独立样本

在一项典型纵向研究中，研究者会连续地对同一批被试进行重复测量。然而，我们也可能采用相同的研究设计，但是对每一个年龄水平上的独立样本进行测量。在这种替代性的设计中，研究者很可能从最初测量的同一个队列中选择一个新的独立样本。当从一个大的人口总体中选择一个大样本，或者研究者主要对人口参数评估感兴趣时，这种独立样本的方法往往会收到较好的效果。该方法控制了被试的非随机退出（nonrandom dropout）效应，因为易犯错误的测量设备对平均数进行了回归，同时也控制了实验中因操作不慎或非人为因素变化而带来的效应。如果是小样本，那么当然需要确保连续的独立样本在一些因素（比如年龄、收入和受教育水平）上进行匹配，从而避免因选择偏差而带来的差异。

代际差异特殊问题的研究设计

如果研究者主要研究兴趣是评估代际差异的大小，那么上面所描述的独立样本方法就足够了。那就是，研究者需要在两个队列分别处于同一个年龄水平上时获得数据，其目的是估计队列差异。然而，应用仅有的一个年龄水平来估计代际差异可能是存在问题的，因为年龄和队列之间可能存在交互作用。因此，有人可能会建议使用包含了足够时间间隔的横断序列设计，这样每一个队列就匹配了多个年龄水平，尽管我们并不是对每一个年龄水平的比较感兴趣。这样做之后，研究者就可以将最早出生的队列的行为表现作为基数，并且将后续队列的差异进行累加，寿命心理学家正是采用这种方式来估计年龄梯度的。这种方法可以用来比较随着时间推移，因世代交替而产生的那些特定行为的表现水平。

应该指出，这种方法对于估计代际差异的变化率还是不够的。为了达到这个目的，需要相同的个体在不同时间上以纵向序列进行设计，这种方法允许比较连续队列在相同年龄上的差异。

对于有遗传关系的连续代际之间的行为差异研究，要求比较父母与其成年子女的行为状况。理想状况是，所收集到的数据应是父母辈和子女辈在相同年龄水平时的数据。除非当涉及家庭内部差异的研究设计关注了测量年龄，同时父母—子女跨性别配对研究关注了被试性别差异，否则这种理想数据是禁止使用的。要想获得有遗传关系的家庭内部的代际差异，通常需要对这些混杂的变量进行切实评估。

重大发现

正如本文概述中提到的，近年来在心智能力、某些人口学变量和对家庭环境的感知等方面发现的代际差异，对于我们理解行为老化有重要影响，而这很大程度有赖于对“西雅图纵向调查”的研究发现。

认知能力的代际差异

代际差异的研究最早由“西雅图纵向调查”第三期的一部分队列顺序设计开始。这个研究开始于 1956 年，是关于 20～70 岁的个体在“瑟斯顿基本心理能力量表”（Thurstone’s primary mental abilities）上的得分的横断面研究。接下来每隔 7 年进行一次纵向随访，分别在 1963、1970、1977、1984、1991、1998 年 6 个连续时间点。所有被试者都是居住在社区的健康维护组织的成员，覆盖了 75% 以上不同的社会经济阶层。图 1 显示的是，出生队列在 1903—1973 年，经过 6 次（每隔 7 年一次）测量的主要心理能力所累积的代际差异情况：（1）言语能力（识别并理解言语的能力）；（2）归纳推理能力（根据重复发生的单独事件总结并概括规律的能力）；（3）空间方位能力（将物体在二维空间进行心理旋转的能力）；（4）数字能力（进行加、减、乘、除基本算数运算的能力）；（5）知觉速度（凭知觉快速辨别事物异同的能力）；（6）词语记忆能力（短时记忆并提取词语的能力）。所有的心理能力都是通过 3～4 个不同的测验完成的。

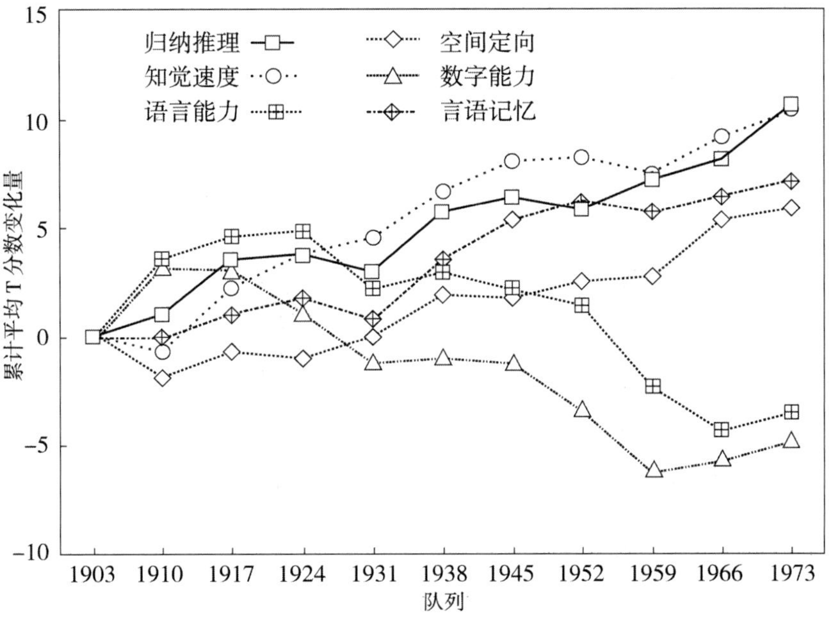

图1 1903—1973年（每7年）出生队列中六种心理能力的代际累积差异

引自：Schaie KW（2005）*Developmental Influences on Adult Cognitive Development: The Seattle Longitudinal Study*. By Oxford University Press, Inc.

研究发现，在归纳推理、知觉速度和词汇记忆三种能力上，发现了显著的正向、线性的代际差异，70年大约累积了一个标准差的差异。这种累积的代际差异可能与那个时段个体受教育程度大幅增加有关。归纳推理能力在代际之间不断增强，可能与教育实践从崇尚死记硬背到鼓励探索发现的转变有关。另外，对儿童疾患的征服以及采取更健康的生活方式，对于连续出生队列所产生的改变也有重要影响。在空间方位能力上，尽管不太明显，但是也表现出了正向的累积效应。相比较而言，言语能力和数字能力好像是在20世纪20年代达到高峰，此后出现了下降趋势，直到近来出生的队列又趋于平缓了。同样是因为教育实践取向的改变（从崇尚死记硬背到鼓励探索发现）——对于个体的归纳推理能力是有利的——但这可能导致了个体在数字操作上的能力有所下降。在最近几代出生队列中所表现出来的数字能力的下降可以解释这样一种事实，即尽管从纵向数据来看出现了大幅的下降，但当前横断面研究中个体的数字能力几乎没有显示下降趋势。在用日常生活任务测量个体的实践能力时，也发现归纳推理能力存在大小类似的代际差异。

从对有遗传关系的父母及其亲生子女（成人）的比较研究中，也发现了认知能力存在代际差异。图2显示了父母及其亲生子女（成人）在五项基本心理能力上所表现出来的差异。图中所显示是600多个家庭的大型数据样本经过年龄差异调节后的净差异。如果不存在代际差异，那么柱状图将显

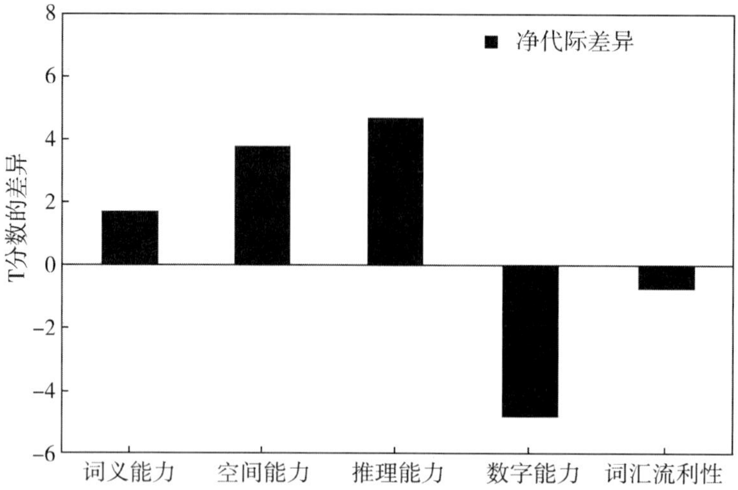

图 2　父母及其成年子女初级心理能力的代际差异

引自：Schaie KW(2005) *Developmental Influences on Adult Cognitive Development: The Seattle Longitudinal Study*. By Oxford University Press, Inc.

示为零。从表中可以看到，两代人在归纳推理、空间定向和言语能力上表现出了显著的差异，而且子代的得分显著高于父代。而在数字能力方面，父代比子代更具有优势，同时在语词流畅性方面两代的差异比较小。

以上研究得到了弗林（Flynn）的大量研究结果的支持，弗林研究了美国及其他14个国家出生于1932—1978年的成年人，考察他们之间的代际差异；而且在他的研究中还发现，过去半个世纪中个体的智力水平获得了大幅提升。

除了研究认知能力的代际差异水平外，我们还研究了父母—子女两代人在可比较的年龄上代际差异的七年变化率。图3显示了从60岁到67岁，老年人个体在六项能力上的七年变化率情况。我们再次发现，子代除了在数字能力上不如父代之外，其他五项能力均表现出了更高的水平。然而，最值得一提的是，当父辈在此年龄段表现出下降的同时，子代却在除语词流畅性、数字能力之外的其他方面表现出了稳定态势或者适度增长趋势，而在语词流畅性、数字能力方面会出现相对较早地下降。

一些人口学特征的代际差异

老年学家早就意识到，文献中所报告的一些年龄差异的研究结果，因为老年人和年轻人在一些人口学特征上不具有可比性而可信性大打折扣。通常，这些特征被解释为老龄化过程的必然产物，研究者也未能进行校正。一些研究也发现，很多人口差异确实也对老龄化过程没有影响，而且必须归因于代际差异。人口学特征方面的代际差异案例主要包括教育水平、初婚年龄和初育年龄等。

“西雅图纵向调查”（从1889年到1973

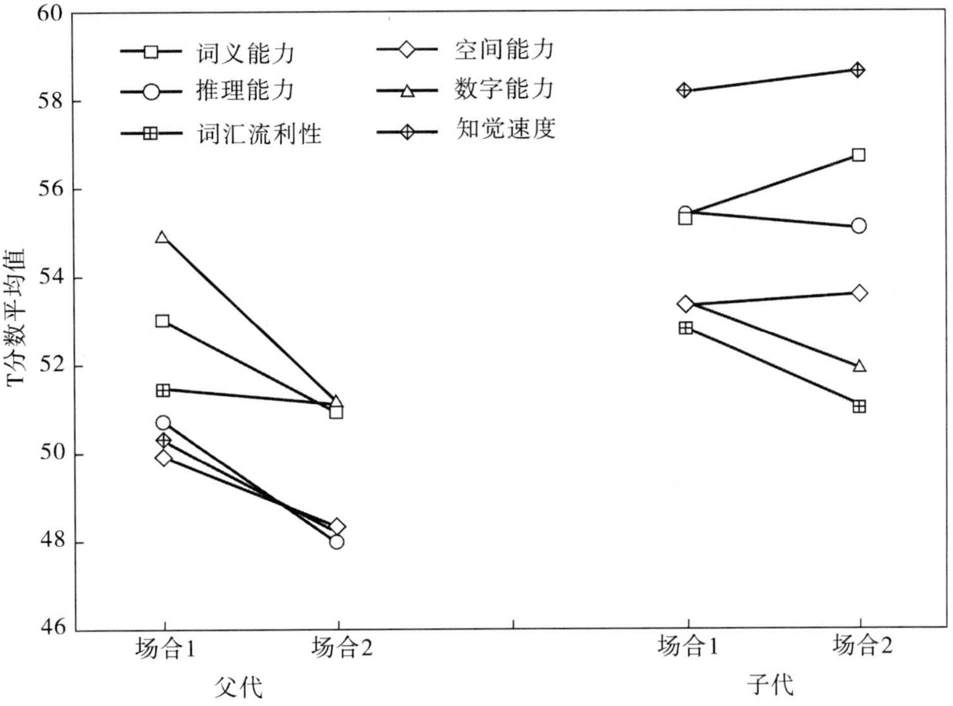

图3　60~67岁群体中7年以上认知老化率的代际差异

引自：Schaie KW(2005) *Developmental Influences on Adult Cognitive Development: The Seattle Longitudinal Study*. By Oxford University Press, Inc.

年）中所涉及的出生队列范围在受教育水平上呈现出稳定增长态势，最早一代和最后一代之间受教育年限相差达到5.5年。正如图4（见下页）所呈现的那样，男性和女性之间受教育年限增长幅度相差将近一年。图5所示为初婚年龄，可见出生于20世纪30年代的人与最早出生队列的人相比，初婚年龄大约下降了4年（出生于1938年的男性和出生于1931年的女性，其初婚年龄达到了最低水平），此后出现了稳步上升，对于女性而言尤其如此。至于初育年龄，女性呈现稳步增长且1959年之后出生的人群趋于平缓，但是对于男性而言一直处于增长态势。平均而言，20世纪30年代出生的人群其初育年龄比样本中最年轻的出生队列大约晚5年。然而，最年轻的出生队列（成人队列）初育年龄并不比其祖父母辈更晚。

在老龄研究中其他可能更重要的人口特征是对流动性（家庭住址改变、工作变动以及职业变化）的考察。图6显示的是出生于1889年到1973年的队列，在每次调查的前五年内的情况所形成的平均变化状况。可以看到，出生最早的队列与1938年出生队列之间，在居住地和工作流动性方面呈现出稳步下降态势，而在职业流动性方面并未

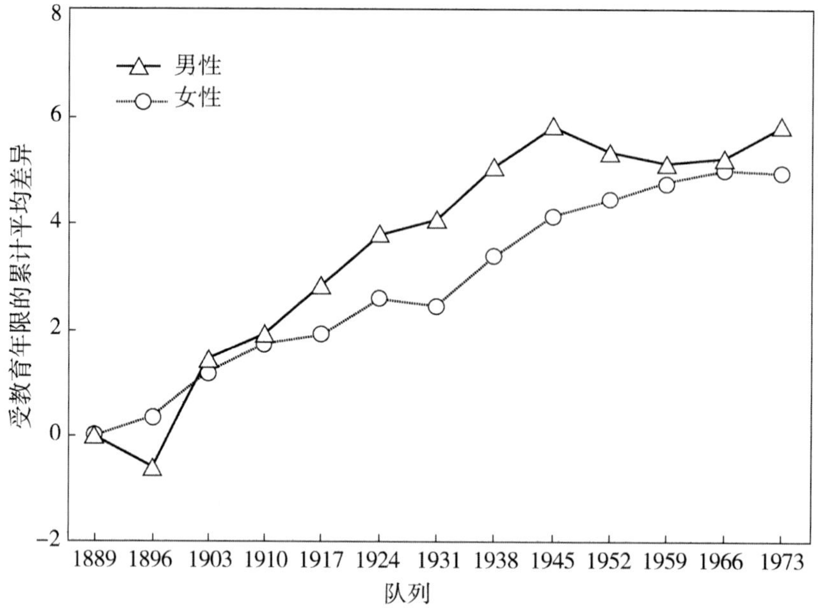

图 4　按性别划分的受教育年限的代际差异

引自：Schaie KW(2005) *Developmental Influences on Adult Cognitive Development*: *The Seattle Longitudinal Study*. By Oxford University Press, Inc.

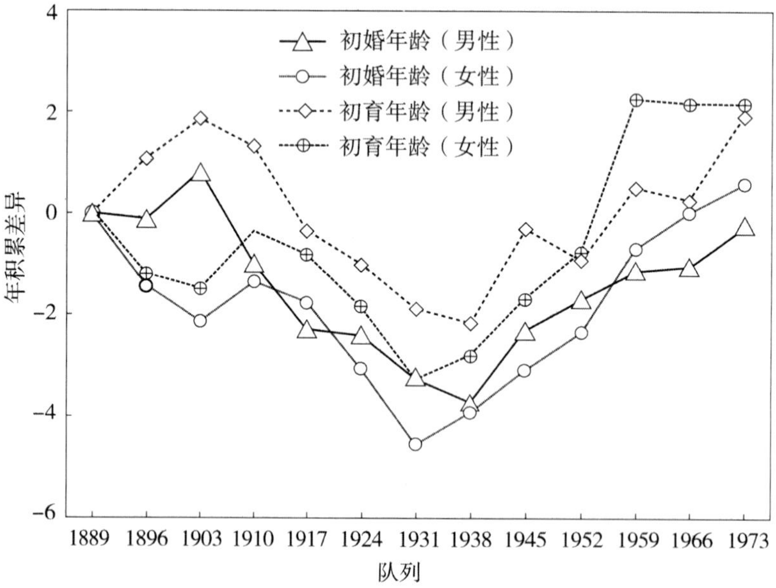

图 5　按性别划分的初婚年龄和初育年龄的代际差异

引自：Schaie KW（2005） *Developmental Influences on Adult Cognitive Development*: *The Seattle Longitudinal Study*. By Oxford University Press, Inc.

表现出队列差异。但是，在婴儿潮出生队列中，流动性的三个方面均表现出了急剧增长态势，其中居住地和工作流动性方面表现出了显著的代际差异。

家庭环境感知的代际差异

老年心理学关于代际差异的最后一组研究来自对家庭环境感知的研究，考察年老父母与其成年子女对其当前家庭及初始家庭（被养育成人的家庭）的家庭环境感知情况。尽管研究者在接受主观数据时需要小心谨慎地考虑其真实性，特别是当数据是由个体通过回顾而得到时更要谨慎，但是在行为感知方面已经有大量有效度的研究证明。

除了采用大样本比较具有遗传关系的代际之间的这种感知外，考察连续出生的队列之间这种感知的转变也是非常有意义的，就像前面的认知能力和人口学变量一样。例如，我们可能会问：第二次世界大战之前、战争期间与战争刚刚结束时出生的子代，以及婴儿潮时期出生的子代，与其父辈之间对于家庭环境的感知是否存在差异呢？

相关数据表明，父辈与其子女在对初始家庭和当前家庭的所有感知维度上都存在明显的差异。显然，父辈在回顾时间上比其成年子女要长。虽然，在个人生命历程中家庭环境质量在不断地改善也得到一致的研究证明。当前家庭更具有凝聚力和表现力，但是与初始家庭相比当前家庭也具有更多的冲突，这也是其显著特点。看起来，对家庭环

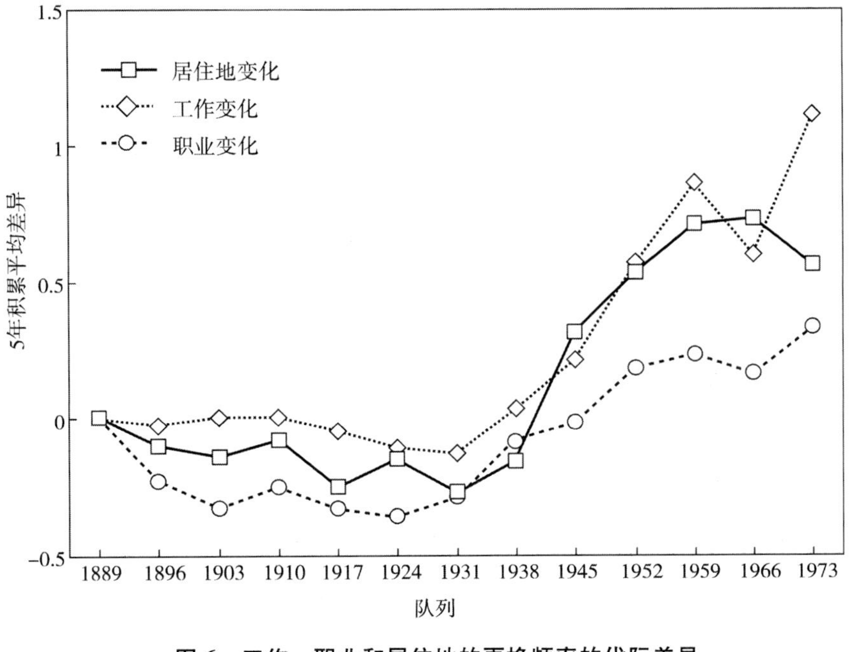

图 6　工作、职业和居住地的更换频率的代际差异

引自：Schaie KW（2005）*Developmental Influences on Adult Cognitive Development*: *The Seattle Longitudinal Study*. By Oxford University Press, Inc.

境感知上有这样一个转变，即更具有开放性，对家庭互动的参与性更高。与初始家庭相比，当前家庭所表现出来的更紧密的家庭互动是以“知识—文化”“积极—康乐”为导向的。伴随着这些转变，对家庭环境的整体感知中知觉到的控制感、家庭组织以及成就取向水平都更低了（见图 7）。这种论断可能是对美国现代家庭变得越来越复杂的另一种描述。再加上，有报道声称社会责任感日趋低下，这可能也意味着所知觉到的美国家庭的角色已经由主要由社会发展驱动（代表更大的社会运作）转变为由家庭每位成员需要的支持系统所驱动。

当将父母—子女两代人的样本拆分成四个队列组时，这种对家庭环境的感知水平的转变就体现在了对初始家庭的感知上。对当前家庭的感知在出生队列之间比较相似。这是有道理的，因为对当前家庭的判断反映了当前为人所熟知的社会环境，而对初始家庭的感知所反映的却是，连续队列人群所描述的他们早期家庭生活经验所在的时期。

父辈所描述的对其现在家庭环境的感知，与他们子女所描述的他们对初始家庭感知具有显著的相关，而这是对家庭价值观和行为系统连续性的支持证据。尽管两个时间间隔较长，但是这两个评级确实都是针对父辈家庭的。这种跨代际感知的相似性确实是对于家庭价值导向三个维度（成就、知识文化和积极康乐）以及家庭组织的真实反映。

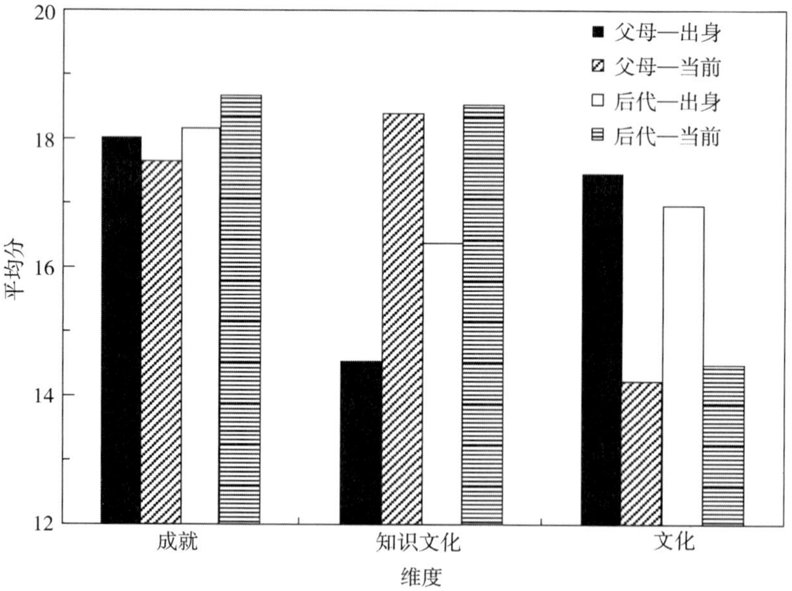

图 7　按世代和生活阶段划分的感知家庭环境交互作用

引自：Schaie KW and Willis SL（1995）Perceived family enviroments across generations. in Bengtson VL, Schaie KW, and Burton L（eds.）*Adult Intergenerational Relations: Effects of Societal Change*. New York: Springer Publishing Company, Inc.

有趣且值得关注的是，跨代之间这种感知的相似性存在性别差异，而且在某些具体家庭环境的感知上也不一样。母女之间对家庭环境的感知存在较强的相似性，这并不奇怪，即便母亲与其女儿之间的联系比其他人略微频繁一些。事实上，父辈与子辈联系的紧密程度似乎对于所报告出来的家庭环境的感情差异并没有显著的影响。

另请参阅：纵向研究；研究设计和方法。

拓展阅读

Bengtson VL, Schaie KW, and Burton L (eds.) (1995) *Adult Intergenerational Relations: Effects of Societal Changes*. New York: Springer Publishing Co.

Flynn JR (1999) Searching for justice: the discovery of IQ gains over time. *American Psychologist* 54: 5-20.

Riley MW, Johnson MJ, and Foner A (1972) *Aging and SocietyVol. 3: A Sociology of Age Stratification*. New York: Russell Sage.

Ryder NB (1965) The cohort as a concept in the study of social changes. *American Sociological Review* 30: 843-861.

Schaie KW (1965) A general model for the study of developmental problems. *Psychological Bulletin* 64: 92-107.

Schaie KW (1977) Quasi-experimental designs in the psychology of aging. In: Birren JE and Schaie KW (eds.) *Handbook of the Psychology of Aging*. New York: Van Nostrand Reinhold.

Schaie KW (1994) Developmental designs revisited. In: Cohen SH and Reese HW (eds.) *Life-Span Developmental Psychology: Theoretical Issues Revisited*. Hillsdale, NJ: Erlbaum.

Schaie KW (2005) *Developmental Influences on Adult Intelligence: The Seattle Longitudinal Study*. New York: Oxford University Press.

Schaie KW, Willis SL, and Pennak S (2005) A historical framework for cohort differences in intelligence. *Research in Human Development* 2: 43-67.

译　者：王永梅（首都经济贸易大学）
校译者：肖　颖（复旦大学）

代谢：碳水化合物、脂质和蛋白质

卡罗琳·D. 伯达尼尔　佐治亚大学，雅典，佐治亚州，美国

词汇表

适应（Adaptation）——根据环境变化获得新的稳定状态。

变构（Allosterism）——一种涉及配体结合的调控机制。当配体结合于催化位点远端的位点并影响（抑制或增强）酶、受体或转运蛋白的活性和催化中心时发生的相互协同作用。一般来说，变构是由多个单位蛋白亚基之间的相互作用引起的，而这些相互作用决定了总蛋白的活性。

合成代谢（Anabolism）——诱导大分子合成如糖原、蛋白质、三酰甘油等的反应或反应过程。

细胞凋亡（Apoptosis）——程序性细胞死亡。

三磷酸腺苷（Adenosine Triphosphate，ATP）——一种高能量化合物，在细胞内进行能量转移。

分解代谢（Catabolism）——诱导大分子降解为小分子的反应或反应序列。

柠檬酸循环（Citric Acid Cycle）——又称“克雷布斯循环”（Krebs Cycle）。循环系列反应，使细胞能够氧化代谢物，并产生可供呼吸链和柠檬酸盐使用的还原当量，可将其转运至细胞质以水解为草酰乙酸和乙酰辅酶 A。这个循环发生在线粒体中。

糖异生（Gluconeogenesis）——将两碳和三碳代谢中间体合成为葡萄糖。当葡萄糖摄入不足或细胞代谢葡萄糖敏感性降低时，葡萄糖生成受到刺激。这会发生在糖尿病患者身上。糖异生发生在细胞质中，并与糖酵解共享许多反应。

糖原生成（Glycogenesis）——当葡萄糖摄入超过消耗量时，这些葡萄糖中的一部分通过一系列以葡萄糖-6-磷酸为原料生成葡萄糖聚合物的反应后以糖原的形式储存。葡萄糖通过碳 1 和碳 4 或 6 之间的键连接。

糖原分解（Glycogenolysis）——身体需要葡萄糖时，它通过糖原水解来利用储存的糖原。

糖酵解（Glycolysis）——细胞使用葡萄糖的主要途径。这种用途始于葡萄糖的磷

酸化，并且通过胞质中的一系列酶促反应导致产生三碳分子丙酮酸。如果氧气供应不足，丙酮酸盐转化为乳酸盐，丙酮酸盐进入线粒体供柠檬酸循环使用。

体内平衡（Homeostasis）——活体动物维持代谢活动稳定的恒定状态，其中合成代谢和分解代谢途径相互抵消，以适合该动物的营养、环境和激素状况。

脂肪生成（Lipogenesis）——利用乙酰辅酶A合成脂肪酸，并将这些脂肪酸酯化成甘油以生成甘油三酯。脂质合成发生在胞质中。

脂解（Lipolysis）——从甘油中分解脂肪酸随后对这些脂肪酸进行氧化及甘油的再利用。脂解发生在胞质中，而脂肪酸氧化发生在线粒体中。

膜（Membrane）——由磷脂和胆固醇组成的脂质双层膜。用作受体、载体或酶的蛋白质全部或部分嵌入该双层中。

代谢控制（Metabolic Control）——通过对代谢过程的调节，维持能量和代谢物产生的最佳效率。

线粒体（Mitochondrion）——负责能量转化的细胞器。柠檬酸循环、呼吸链、氧化磷酸化和脂肪酸氧化在这个隔室中发生。

细胞核（Nucleus）——包含遗传物质DNA的细胞器。几乎所有细胞合成蛋白质的基因编码都存在于这个细胞器中。

戊糖磷酸途径（Pentose Phosphate Pathway）——当葡萄糖消耗超过需要时，一些葡萄糖通过这种代谢分流。这一系列反应每使用一个分子的葡萄糖产生两个还原当量。这些还原等价物用于从头合成脂肪酸。戊糖磷酸途径还产生RNA的重要组成成分5-磷酸核糖和三碳中间体，它们可以进入糖酵解程序。这个反应发生在胞质中。

呼吸和氧化磷酸化（Respiration and Oxidative Phosphorylation）——氧气与氢气结合成水的一系列反应。呼吸作用产生能量，这种能量在三磷酸腺苷（ATP）的高能键中获得（在精确调节的条件下）；ATP又将这种能量转移到细胞的合成过程中。

稳态（Steady State）——生命系统的一个特征，在这个系统中，所有通量都被维持以优化机体系统的生存。这是一个开放系统，具有最大的热力学效率。

尿素生成（Ureogenesis）——以氨为原料通过系列反应合成尿素。

引言

衰老是从受孕到死亡过程中的连续代谢

变化。随着细胞的增殖和分化的发生，对特定营养素（底物）和食物的需求也随之改变。激素、遗传学和营养素相互作用并影响生长过程的协调和调节。一旦达到完全成熟，这种调节就会发生微妙变化，使系统维持很少或不生长的新组织。这其中也有例外；考虑到能量过剩，脂肪组织可以增加脂肪储存，并且在成年女性中，怀孕和哺乳是以内在新组织生长为特征的过程。本文关注的是生命成熟期后代谢的调节，即女性的生殖后期和男性的相应时间段。

碳水化合物、脂肪和蛋白质的代谢调节是一个综合过程，发生在身体的许多不同层级。代谢调节实际上是确保持续供应生命所必需的燃料和底物的所有过程和反应的总和。它包括合成代谢和分解代谢过程，使用或释放能量并使用或生产所需的底物或产物。当所有这些过程都是相互交叉和同步的时候，生物体会生存下来并繁衍生息。衰老的特征是一种渐进的、微妙的，并非如此同步的损伤。这种损伤如何发生是值得讨论的问题。尽管存在一些相似之处，但所有个体的损伤模式都不尽相同。在代谢控制和逐渐平衡的平衡机制中逐渐丧失遗传、性别和物种差异影响着代谢控制和平衡机制的平稳损耗，以保证生命的延续。

细胞核 DNA

虽然人们普遍认为健康寿命是由遗传决定的且受饮食条件影响，但现在并没有确定哪个基因或哪组基因能够直接测定寿命。对衰老现象感兴趣的研究人员及那些对与年龄有关的退行性疾病的遗传因素感兴趣的研究人员发现了与年龄有关的细胞核和线粒体 DNA 的变化。DNA 虽然是一个非常大的分子，但它也是一个有倾向的分子。在体液中，它在 N-糖基键处断裂。在活体系统中，这可能发生碱基取代和缺失（突变），如果产生足够数量的异常基因产物，可以部分解释与特定细胞功能有关的年龄方面的损伤。核 DNA 虽然受到水解、氧化和非酶促甲基化作用的影响，但可以自我修复。图 1（见下页）显示了可能发生损伤的位置。碱基替换可以通过图 2 所示的一系列反应来逆转。在年轻动物中，这种修复非常有效。然而，衰老的后果之一是 DNA 修复效率的丧失。应该指出的是，突变是自发且随机发生的，并非所有细胞或细胞类型都受到影响，这一过程也不会一次全部发生。细胞功能的损伤发生在细胞间，细胞类型的易伤性和修复能力不同。尽管如此，随着年龄的增长，DNA 的变化会导致功能性损伤。伴随着这种损伤的是甲基化胞嘧啶、碱基缺失，碱基置换和键断裂的出现。所有这些损伤与正常的偏差都是衰老的生物标志物（参见“衰老化标志物”）。令人感兴趣的是，我们观察到食物受限制的动物与同龄的被随意喂养的动物相比，其 DNA 偏差更少。当两组动物在相同条件下饲养和饲喂相同的饮食并且具有相同的遗传背景时，食物受限制的动物比非限制的动物寿命更长。如果遗传背景不同，由于食物限制导致的寿命差异也会有所不同。换句话说，虽然寿命可以随食物限制而延长，但生命的长度最终将由遗传学控制。寿命短的大鼠的死亡时间会比寿命长的大鼠死亡的时间要早，而且当限制其食物时，两种大鼠的寿命都会更长。当食物受限制时，那些长寿的大鼠会比短寿的大鼠活得更长。这种情况可能也发生在其他物种中，然而，这其中有一个环境控制的问题。较大的动物，特别是人类，无法维持在感染最小化和气候条件理想的受控环境中。此外，人类生活的复杂性与社会经济需求并不适合无压力的环境。

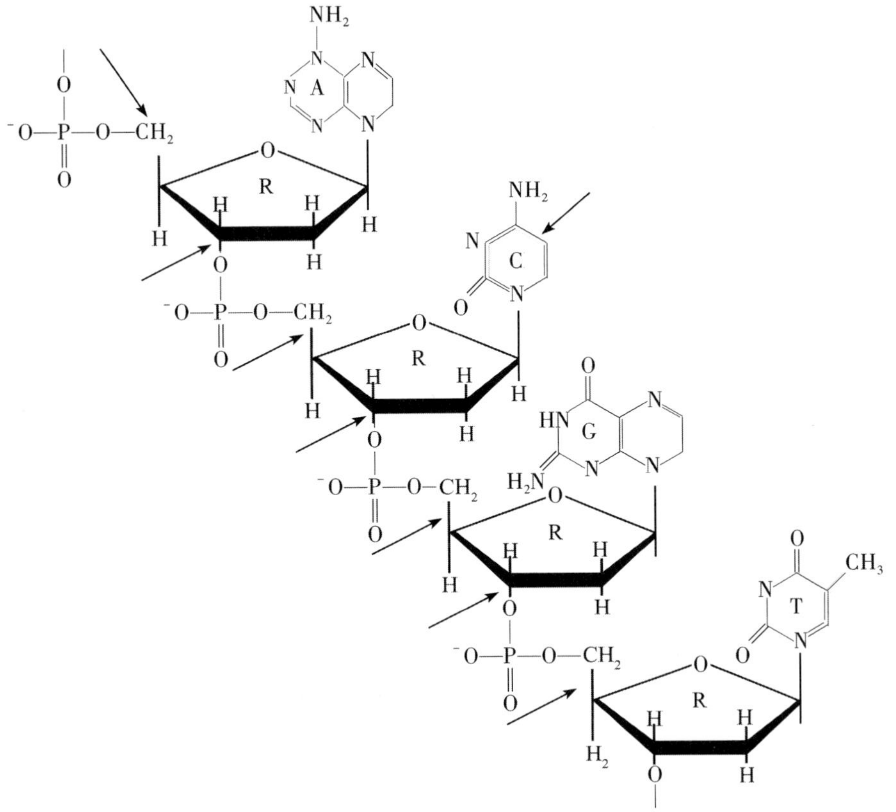

图 1　包含 DNA 多核苷酸链的碱基通过磷酸二酯键使用核糖作为碱基共同连接在一起的示意图

注：A，腺嘌呤；C，胞嘧啶；G，鸟嘌呤；T，胸腺嘧啶；R，核糖。用箭头表示 DNA 损伤的不稳定位点。

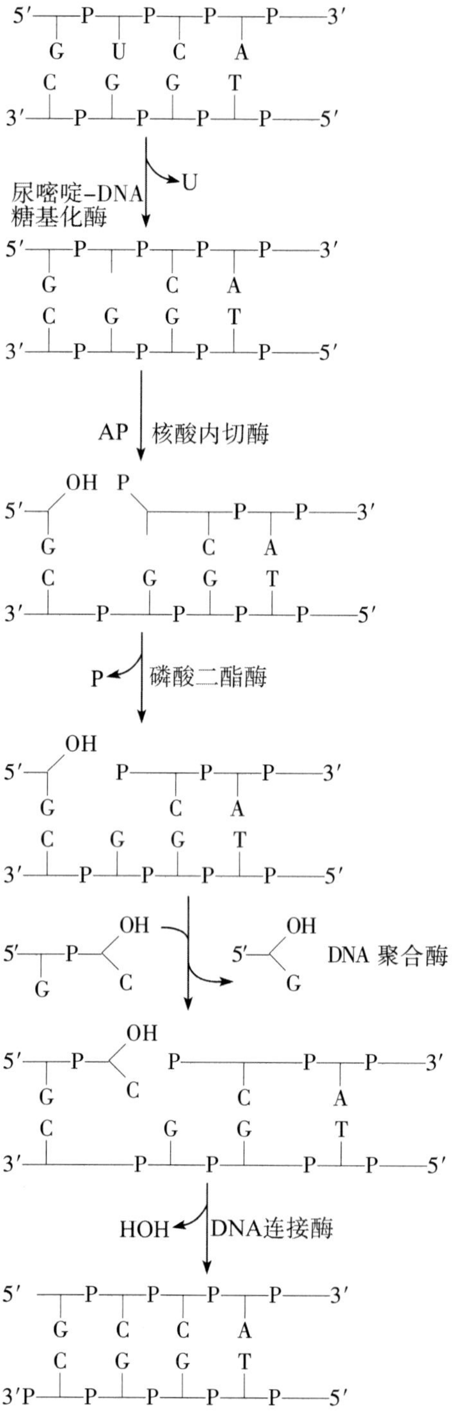

图 2 DNA 修复图

注：此处显示的是尿嘧啶和游离脱氧核糖磷酸基的切除，然后通过 DNA 修复合成来替换和校正缺失的残基。糖基化酶识别碱基置换并将其除去（步骤 1）。这些酶也识别甲基化和氧化损伤的碱基。细胞活力取决于这些糖基化酶的存在。

线粒体 DNA

细胞核 DNA 损伤在许多情况下被其保护性组蛋白外壳阻止。线粒体 DNA 缺乏这种保护。此外，线粒体 DNA 具有有限的修复能力。与细胞核 DNA 相比，线粒体 DNA 只携带少量信息，但是如果发生 DNA 的大规模破坏，结果可能是毁灭性的。毫无疑问，这种损伤的发生是显而易见的，但很少有造成破坏性的影响。这是因为每个细胞都含有许多线粒体；例如，肝细胞含有约 800 个。另外，尽管在一些组织中细胞更新可能是不存在的，但线粒体的更新速度要快得多。因此，虽然线粒体 DNA 修复是有限的，但细胞的庞大数量和更新率会补偿单个线粒体或细胞内一组线粒体可能发生的损伤。

正常衰老是以线粒体 DNA 缺失的积累为特征。不同的组织以不同的速率累积这些缺失。在人体骨骼肌、肝脏、皮肤、神经组织和心肌中发现了这种缺失。人类的骨骼肌在正常寿命过程中缺失增加 10 000 倍。在大鼠中，肝脏和心肌细胞缺失的增加比骨骼肌细胞更快。线粒体基因组中的缺失突变归因于不稳定的 N-糖基键上的自由基攻击。由于其结构和功能，自由基很容易在线粒体中形成。线粒体由两个富含磷脂的双膜组成，其含有高百分比的脂肪酸作为多不饱和脂肪酸。因为线粒体需消耗细胞所消耗氧气的90%，并且由于氧气通常处于其离子或带电状态，所以存在充足的自由基形成机会。随着年龄的增长，人体、小鼠和大鼠的各种组织中的脂质过氧化物水平升高。这些非常活跃的物质攻击DNA，导致缺失发生。反过来，随着缺失数量的积累，随着线粒体失去呼吸和合成ATP的能力，细胞功能和器官或组织功能都会受到损害。这一系列事件已被认为是心脏病、糖尿病、肾脏疾病、帕金森病和阿尔茨海默病加速衰老的解释。

膜

膜作为细胞和细胞区室的边界。这些结构由排列成双层的磷脂组成，其亲水性部分朝外，疏水性部分朝内。胆固醇也是膜的一部分，并支持脂质结构稳定。在这些膜中发现四种主要的磷脂：磷脂酰胆碱、磷脂酰丝氨酸、磷脂酰乙醇胺和磷脂酰肌醇。这些磷脂中的碳1和碳2处具有脂肪酸，并且在甘油骨架的碳3处具有连接胆碱、乙醇胺、肌醇或丝氨酸的磷酸基团。这些结构包含磷脂的带电部分或亲水部分。这些酶也识别甲基化和氧化损伤的碱基。细胞活力取决于这些糖基化酶的存在。大鼠肝脏和心肌细胞缺失的增加比骨骼肌细胞更快。线粒体基因组中的缺失突变归因于不稳定的N-糖基键上的自由基攻击。自由基可以很容易地将碳1和碳2异构成分子的疏水部分，并提供膜的流动性。流动性由饱和脂肪酸与不饱和脂肪酸的比例及这些脂肪酸与胆固醇的比例赋予。当不饱和脂肪酸含量在膜中上升时，膜流动性增加。这可以通过胆固醇的升高得到补偿。这种补偿确保了膜流动性的稳定。但是，并非所有的膜都受到类似的管控。等离子膜是这样控制的，但线粒体膜不是。这种膜中胆固醇非常少，因此这种膜可以显著变化。富含多不饱和脂肪酸的饮食会比质膜更大程度地影响线粒体膜。随着年龄的增长，膜的流动性逐渐降低，因为饱和脂肪酸与不饱和脂肪酸之间发生微妙变化。这反过来又影响那些依赖于流动性的细胞功能（参见“胆固醇和细胞质膜”）。

膜磷脂为蛋白质功能创造了环境。就像这些脂质是两性的，蛋白质也是如此。蛋白质以不均匀的方式分布在整个脂质双层中。一些锚定在面向血浆的表面上，另一些面向胞质，还有一些插入脂质双分子层。大多数外周蛋白和整合蛋白不直接与它们周围的磷脂相互作用，但这些脂质可以影响它们的功能。在某些情况下，这些脂质效应的产生是由于它们的流动性。当被相对刚性的脂质包围时，蛋白质将不太可能通过改变形状发挥功能。因此改变膜的流动性会改变蛋白质结构并因此改变活性的程度。这种影响的一个例子是质膜流动性对胰岛素受体活性的影响。由于饮食中的多不饱和脂肪酸，膜更具流动性，可用于结合的受体数目及其结合亲和力增加。另一个例子涉及线粒体膜。在被饲喂高度不饱和脂肪（鱼油）、中度不饱和脂肪（玉米油）、中度饱和脂肪（牛脂）或非常饱和脂肪（氢化椰子油）的大鼠中，与 ATP 合成耦合的线粒体呼吸在第一组中非常有效，随后各组观察到效率逐渐下降。呼吸链酶和 ATP 合成酶的许多亚基都嵌入线粒体膜中，并且在流动的膜中，这些蛋白质具有最佳的灵活性和功能。同样，优化的氧化磷酸化所需的代谢物和腺苷酸转运体同样在流动的环境中进行了优化。

尽管饮食中的脂肪可能会产生这些影响，但荷尔蒙的影响可能同样强烈。甲状腺功能减退的特征是脂肪酸饱和度增加和血浆及线粒体膜功能下降。甲状腺功能减退症的特征是碳水化合物紊乱，特别是葡萄糖氧化减少、蛋白质合成减少和脂肪组织中脂肪堆积。以无法在较冷或寒冷环境中保持正常体温为特点的产热能力降低也是甲状腺功能减退症的特征。ATP 合成时会产生热量。因此，如果 ATP 合成量减少，产热量也会减少。提供激素替代将扭转所有这些功能，膜将变得更加顺畅，并且 ATP 合成也将增加。热量产生的部分原因是线粒体活性增加，部分原因是 ATP 对蛋白质合成的影响，这反过来影响骨骼肌活动。总而言之，激素替代具有级联效应，这些效应看起来与激素对膜流动性和功能的影响相关或整合。

其他激素同样对膜脂磷脂饱和度和流动性有影响。生长激素、糖皮质激素、胰岛素、葡萄糖、性激素和一些垂体激素（例如，促肾上腺皮质激素和促甲状腺激素已被发现通过影响膜成分来影响膜功能）。在某些情况下，这些影响是间接的。也就是说，所讨论的激素刺激细胞质中脂肪酸的合成。由于这些脂肪酸与膜磷脂中的脂肪酸快速交换，通过这种机制对流动性产生影响。其他激素可能会刺激脂肪分解。这导致从存储的三酰甘油酯释放脂肪酸，又可以与膜中的磷脂脂肪酸交换。许多分解代谢激素（即胰高血糖素、糖皮质激素等）以这种方式影响膜组成和功能（参见“内分泌功能和功能障碍”）。

年龄对膜脂质饱和度和流动性有着深远的影响。随着动物年龄的增长，膜脂肪酸饱和性增强，流动性下降，而那些依赖于流体环境的酶，其载体和信号系统变得不那么活跃。除了脂肪酸饱和度的变化之外，胆固醇醇酯含量也会增加，并且给系统带来更多的刚性。因此，膜相关反应或通路中与年龄相关的下降可能部分归因于这些年龄变化导致膜成分改变，而不考虑饮食或激素紊乱。后者可以修改，抑制或放大年龄变化的影响。

此外，自由基的产生和抑制也跟年龄的变化有关。随着年龄增长，氧化磷酸化效率下降。线粒体呼吸活性下降，结果是超氧化物和脂肪酸自由基形成的机会更大。这些非常活跃的物质可以与线粒体 DNA 及这个细胞器中的各种蛋白质反应，引起损伤和功能丧失。随着年龄的增长，肝线粒体呼吸功能已经显示出下降，线粒体内膜蛋白的生物合成也是如此。已显示线粒体 DNA 突变随着年龄的增加和过氧化脂质的增加而增多。这些变化对碳水化合物、脂质和蛋白质代谢具有累积效应。

细胞内和细胞间信息交换

激素及其辅助信使系统是大脑和身体其他部分之间及不同器官和组织之间存在交流的中心信使。随着年龄的增长，这些通信传输的效率有所下降，这是由于大量年龄相关的结构和功能发生变化。衰老与内分泌腺体的解剖变化有关。有些腺体，例如卵巢，具有确定的寿命，并且细胞被编程为在中年时期停止运作。程序性细胞死亡和细胞凋亡，既有遗传决定作用，又有营养影响。随着年龄的增长，基因表达（翻译和转录）能力普遍下降，蛋白质合成的准确性和效率也相应下降。部分原因是自由基损伤引起的DNA突变导致年龄相关性积累。蛋白质的周转率也随着年龄的增加而下降，这与蛋白质半衰期的年龄相关性增加有关（参见“细胞死亡”）。

许多激素是蛋白质，因此人们可能会认为年龄会影响它们的合成、释放、活性和降解。研究蛋白质激素和胰岛素会发现，随着年龄的增长，胰岛素对胰岛素释放信号的反应变得更小，目标组织对其作用的反应也越来越小。部分原因可能是与年龄相关的血浆膜磷脂饱和度增加，但也可能是与年龄相关的脂肪细胞大小增加。随着脂肪细胞积累储存的脂肪增加，它们对胰岛素促进葡萄糖摄取和使用的作用变得不那么敏感。肌细胞同样可能存在年龄相关的膜流动性变化，从而损害其对胰岛素的反应。同样，肌肉的利用也出现年龄相关性下降。肌肉几乎不需要胰岛素与其受体结合就能促进葡萄糖的使用。总而言之，肌肉活动减少加上脂肪细胞增大对胰岛素-葡萄糖体系有负面影响。葡萄糖水平升高使得胰岛 b 细胞增加胰岛素输出以满足葡萄糖降解需求。然而，这种过量输出对减缓衰老、减少过度肥胖和无活性的个体血糖没有什么好处，并且非胰岛素依赖型糖尿病的发展并不罕见。年龄相关的葡萄糖耐量降低可以通过食物限制和增加逆转上述生理状态来缓解。因为胰岛素是中间代谢的主要调节物之一，并且因为它的作用受到糖皮质激素、儿茶酚胺、甲状腺激素、胰高血糖素和其他一些激素的抵消，所以这些激素的年龄变化也会发生。另外，这些变化中的一部分可能归因于膜脂质的年龄变化，但其中一些可归因于激素产生的变化及介导其作用的受体的合成和活性。表 1 列出了一些受年龄影响的激素。大部分衰老的人类和实验动物中这些激素的血液水平下降。少数人经历了一个高于正常水平的阶段，然后随着年龄的增加而降至正常水平以下。所有这些激素用于调节碳水化合物、脂质和蛋白质的代谢。

表 1　随年龄增长激素水平的变化

激　素	年龄的影响
血清甲状腺素（T_4）	↓
血清三碘甲腺原氨酸（T_3）	↓
甲状腺结合球蛋白	没改变或↑
促甲状腺素	↓
胰岛素	↑随后↓
促肾上腺皮质激素	↓
肾上腺素	↓
胰高血糖素	↓
生长激素	↓
雌激素	↓
睾酮	↓
皮质醇（糖皮质激素类）	↓
胰多肽	↑

注：↑，增加；↓，降低。

表 2　年龄对中间代谢的影响及其控制位点

途径	控制位点	年龄的影响[a]
糖酵解	转运葡萄糖到细胞内（葡萄糖转运体）	↓
	葡糖激酶	↓
	磷酸果糖激酶	↓
	α-磷酸甘油穿梭	
	氧化还原状态，磷酸化状态	
戊糖磷酸途径	葡萄糖-6-磷酸脱氢酶	↓
	6-磷酸葡萄糖酸脱氢酶	↓
糖原生成	通过胰岛素和葡萄糖促进	ND
	高磷酸化状态（ATP 到 ADP 的比例）	ND
糖原分解		ND
脂肪生成	通过儿茶酚胺促进	ND
	通过胰岛素促进	
	乙酰辅酶 A 羧化酶	
	高磷酸化状态	
	苹果酸柠檬酸穿梭	↓

续表

途径	控制位点	年龄的影响[a]
糖异生作用	通过肾上腺素促进	
	苹果酸天冬氨酸穿梭	↓
	氧化还原状态	↑
	磷酸烯醇式丙酮酸羧化酶	↓
	丙酮酸激酶	
胆固醇合成	β-羟-β-甲戊二酸单酰辅酶 A 还原酶	
尿素生成	氨甲酰磷酸合成酶	↑随后↓
	三磷酸腺苷	ND
柠檬酸循环	含有三个羧基的循环	
	磷酸化状态	↓
脂解作用	脂蛋白脂肪酶	↓
呼吸	ADP 进入线粒体	↓
	钙流动	
	穿梭活动	↓
	底物转运蛋白	↓
氧化磷酸化	ADP-ATP 转化	↓
	钙离子	
蛋白质合成	基因转录精确性	↓
	氨基酸的有效性	↓
	三磷酸腺苷	↓

[a] ↑，随年龄增长而增加；↓，随年龄增长而下降；ND，无数据。

燃料当量

尽管所有有核细胞都携带相同酶和成分的遗传信息，但其中许多信息并未被转录和翻译。因此，某些细胞具有特殊的功能或过程，这是它们独特的性质，而其他细胞似乎更具通用性。例如，脂肪细胞合成和储存三酰甘油，肾脏和肝细胞通过葡萄糖异生合成葡萄糖，肝脏和肌肉细胞合成、储存和使用糖原作为燃料。肾小球细胞或纤维束过滤血液，中枢神经系统无上述功能，但它却是独一无二的信息传递中枢。年龄对这些组织及其各自的代谢过程具有独特的影响。表 2 列出了中间代谢的途径。这些途径中的每一个都有特定的控制点，而这些控制点又受到年龄的影响。尽管各种研究表明存在与年龄有关的酶活性下降，但应该指出，这些是在底物和辅酶达到最佳量以保证饱和的条件下进行的体外测量。这很少发生在体内。因此，活性的下降可能并不意味着体内功能的下降。在许多情况下，通过慢性食物限制可以抑制途径或反应活性的年龄相关性下降。

这种衰老对新陈代谢的抑制作用可能与食物限制导致的脂肪储存减少有关。脂肪储存的减少降低了脂肪酸前体对自由基的供应，这可能会导致遗传物质中错误率的降低和蛋白质损伤的减少，从而导致功能丧失。此外，脂肪储存的减少影响了外周细胞对胰岛素诱导的葡萄糖的利用，当然，在没有高胰岛素血症的情况下，抗胰岛素激素释放减少。如前所述，激素平衡的年龄相关变化确实发生，并且这些变化对碳水化合物氧化、糖原贮存和动员、戊糖磷酸途径及糖异生均有影响。

随着衰老的进行，血脂升高，脂肪组织脂蛋白脂酶减少。由于脂肪酶活性的下降，脂肪细胞具有较低的脂肪吸收能力。在正常衰老的动物中，胆固醇合成的速率不会改变；然而，这种胆固醇的吸收、氧化和排泄减少。这是由于血清胆固醇水平随年龄而增加。遗传学在这些与年龄相关的血脂变化中起着重要作用。一些基因型与其他基因型相比，在脂质摄取过程中随着年龄的增长而更明显地下降。例如，那些脂蛋白受体基因异常患者的血脂水平将远高于那些受体功能完全正常的患者的。有些人可能只有胆固醇摄取或甘油三酯摄取下降，而其他人则会出现两者的吸收都下降。甲状腺激素产生及其转化为三碘甲腺原氨酸、糖皮质激素释放及胰岛素随年龄增长而下降：胰高血糖素比率的年龄相关性下降将对脂肪酸动员和氧化产生影响。激素刺激相关的脂肪分解能力下降的结果被认为是脂肪储存的年龄相关的扩张。尽管年龄对大鼠和小鼠的脂肪酸合成有影响，但在摄入典型西方饮食的人体中，这些影响很小。这是因为这种饮食脂肪相对丰富，所以对其合成的需求几乎不存在。人类倾向于使用膳食碳水化合物作为他们的主要食物，剩余的膳食脂肪被运送到脂肪组织储存。因此，新生脂肪酸合成可以忽略不计，在老鼠身上并不常见。典型的啮齿动物饮食脂肪含量低。大部分能量来自碳水化合物和脱氨基的氨基酸（超过蛋白质合成需求的氨基酸）。在年轻的动物中有相当多的蛋白质合成，随着年龄增长，这种合成活性下降。随着与年龄相关的蛋白质合成减少，需要消除氨基基团的需求增加，因为剩余的氨基酸被脱氨基用于糖异生和脂肪生成。这意味着如果蛋白质摄入量不减少以适应蛋白质需求的下降，尿素循环的活性将会增加。衰老大鼠的研究表明，饮食中摄入过量的能量及蛋白质会引起尿蛋白和肾脏疾病随年龄增长先增多然后减少。食物限制或蛋白质限制改善了这些与年龄相关的肾功能和尿素生成的变化。

所有这些年龄相关的中间代谢变化通过线粒体氧化磷酸化的年龄变化而联系在一起。如前所述，线粒体膜饱和度随着年龄的增长逐渐变化（增加），ATP 合成效率的逐渐减低，线粒体 DNA 及其翻译产物的自由基损伤增加。这些渐进的变化意味着由腺嘌呤核苷酸的浓度和量对中间代谢的严格调控逐渐丧失。反过来，除了内分泌系统和中枢神经系统随着年龄的逐渐变化之外，人们可能会发现如上所述的碳水化合物、脂质和蛋白质代谢也会逐渐改变。

另请参阅：细胞死亡；胆固醇和细胞质膜；内分泌功能和功能障碍。

拓展阅读

Bandy B and Davison AJ (1990) Mitochondrial mutations may increase oxidative stress: Implications for carcinogenesis and aging? *Free Radical Biology & Medicine* 8: 523-539.

Berdanier CD (1988) Role of membrane lipids in metabolic regulation. *Nutritional Review* 46: 145-149.

Byrne E, Trounce I, and Dennett X (1991) Mitochondrial theory of senescence: Respiratory chain protein studies in human skeletal muscle. *Mechanisms of Aging & Development* 60: 295-302.

Cohen BM and Zubenko GS (1985) Aging and the biophysical properties of cell membranes. *Life Sciences* 37: 1403-1409.

Coon PJ, Rogus EM, Drinkwater D, Muller DC, and Goldberg AP (1992) Role of body fat distribution in the decline in insulin sensitivity and glucose tolerance with age. *Journal of Clinical Endocrinological Metabolism* 75: 1125-1132.

Dempler B and Harrison L (1994) Repair of oxidative damage to DNA. *Annual Review of Biochemistry* 63: 915-948.

Marcus DL, Ibrahim NG, and Freedman ML (1982) Age-related decline in the biosynthesis of mitochondrial inner membrane protein. *Experimental Gerontology* 17: 333-341.

Meneilly GS, Minaker KL, Elahi D, and Rowe JW (1987) Insulin action in aging man: Evidence for tissue specific differences at low physiologic insulin levels. *Journal of Gerontology* 42: 196-201.

Moldave K, Harris J, Sabo W, and Sadnik I (1979) Protein synthesis and aging studies with cell free mammalian systems. *Federation Proceedings* 38: 1979-1983.

Mooradian AD (1993) Mechanism of age-related endocrine alterations. Parts Ⅰ and Ⅱ. *Drugs & Aging* 3: 81-97.

Nohl H and Kramer R (1980) Molecular basis of age-dependent changes in the activity of adenine nucleotide translocase. *Mechanism of Aging & Development* 14: 137-144.

Richardson A and Cheung HT (1992) Relationship between age-related changes in gene expression, protein174 Metabolism: Carbohydrate, Lipid and Protein turnover and the responsiveness of an organism to stimuli. *Life Sciences* 31: 605-613.

Shimokata H, Muller DC, Fleg JL, Sorkin J, Ziemba AW, and Andres R (1991) Age as independent determinant of glucose tolerance. *Diabetes* 40: 44-51.

Simonetti S, Chen Z, DiMauro S, and

Schon EA (1992) Accumulation of deletions in human mitochondrial DNA during normal aging: Analysis by quantitative PCR. *Biochemica Biophysica Acta* 1180: 113–122.

Wallace DC (1992) Mitochondrial genetics: A paradigm for aging and degenerative diseases? *Science* 256: 628–632.

Wei Y-H (1992) Mitochondrial DNA alterations as aging associated molecular events. *Mutation Research* 275: 145–155.

Weirich-Schwaiger H, Weirich HG, Gruber B, Schweiger M, and Hirsch-Kaufmann M (1994) Correlation between senescence and DNA repair in cells from young and old individuals and in premature aging syndromes. *Mutation Research* 316: 37–48.

Yen T-C, Chen Y-S, King K-L, Yeh S-H, and Wei Y-H (1989) Liver mitochondrial respiratory functions decline with age. *Biochemical Biophysics Research Commucications* 165: 994–1003.

Yen T-C, King K-L, Lee H-C, Yeh S-H, andWei Y-H (1994) Age dependent increase of mitochondrial DNA deletions together with lipid peroxides and superoxide dismutase in human liver mitochondria. *Free Radical Biology & Medicines* 16: 207–214.

Yu BP, Suescum EA, and Yang SY (1992) Effect of age related lipid peroxidation on membrane fluidity and phospholipase A2: Modulation by dietary restriction. *Mechanism of Aging & Development* 65: 17–33.

译　者：虞　欣（北京丰台医院）

胆固醇和细胞质膜

T. N. 图伦库, D. 拉波托夫斯基, R. P. 梅森 宾夕法尼亚大学医学院，费城，宾夕法尼亚州，美国
R. H. 考克斯 宾夕法尼亚大学，费城，宾夕法尼亚州，美国

词汇表

动脉血管痉挛（Arterial Vasospasm）——血管的不适当收缩导致血流下降和障碍，血管痉挛使组织缺氧，从而出现血流障碍引起的组织功能障碍。

膜流动性（Membrane Fluidity）——膜蛋白或脂质可以沿着膜磷脂双分子层灵活地横向移动。改变膜流动性的化合物可增加或者降低这些分子的横向移动。

表型调节（Phenotypic Modulation）——在血管平滑肌细胞中，主要的表型状态是收缩表型，其特征是具有强大的收缩能力，蛋白质（基质）分泌减少，几乎没有复制能力。在血管性疾病中发生表型调节，血管平滑肌细胞的表型转变为合成表型，其特性为具有显著的增殖活性，蛋白质（基质）分泌功能增强，以及收缩能力降低。

引言

质膜是一种脂质双层结构，它区分了细胞内环境与细胞外环境。质膜提供了一个重要的屏障，保护细胞免受细胞外各种分子的影响。细胞及其细胞外信号之间的通信主要通过嵌入在脂质双层中的蛋白质产生。这些完整的膜蛋白是凭借膜中碳氢化合物中心的疏水性氨基酸而固定在双层膜中。通过上述方式，质膜也可作为如离子通道蛋白、分子泵、交换蛋白和广泛的细胞表面受体等信号蛋白的双相溶剂系统。这些信号蛋白能否正常发挥功能取决于膜溶剂特性的组成、动力学和结构。双层结构的变化已经被证实可以改变大量膜蛋白的活性，其中多种膜蛋白在调节细胞功能中起着至关重要的作用。已有研究描述某些类型质膜的脂质双分子层的组成和动力学与老化有关。大多数研究的共同发现是脂质双层胆固醇含量有所增加。其发生原因以及这种变化随着年龄增长干扰细胞功能的程度皆需要进一步阐明。本文讨论了胆固醇如何进入细胞膜，胆固醇与细胞膜中其他脂类之间的相互作用，以及这些相互作用如何改变膜的动力学、结构及功能。此部分着重讨论胆固醇在组成血管和中枢神经系统（CNS）的细胞中对细胞质膜的影响，我们认为这可能是老年人群

中备受关注的两个疾病——冠状动脉粥样硬化性心脏病和阿尔茨海默病的病理机制。

背景

膜胆固醇的组成及其物理特性

许多科学家仅仅认为细胞质膜是分隔细胞内外环境的分界。该说法无误，因为细胞质膜的一个主要作用是作为屏障将细胞内容物保持于细胞内、将细胞外内容物保持于细胞外。双层膜本身能抵抗绝大多数带电与不带电分子，以及多种细胞外信号的进入。然而，通过这道屏障的物质转运和信号传导对细胞功能是至关重要的，几乎全部是由进行运输、扩散、吞噬和充当受体的膜蛋白完成。膜蛋白是嵌入细胞膜脂质双层的复杂大分子。这些跨膜通道已被研究得十分透彻。双层脂膜丧失了在膜蛋白结构与功能之间的活动关系，脂质成分（如磷脂和胆固醇）的变化将会对其定性特征产生影响。这是一个至关重要的问题，因为脂质双层是作为一个双相的溶剂系统，各种膜蛋白将嵌入其中。蛋白质凭借亲脂性的氨基酸残基中疏水基团与碳氢化合物中心的脂酰链固在脂质双层上。这解释了膜蛋白组成的变化将定性地改变大量脂质片段，进而对跨膜蛋白的功能产生影响。近期研究表明，脂质双层的功能缺陷可能是那些日渐影响老年人健康的疾病中的重要病理环节。

质膜如自然界中的其他细胞一样，本质上是由各种磷脂如磷脂酰胆碱（PC）、磷脂酰乙醇胺（PE）、磷脂酰丝氨酸（PS）、磷脂酰肌醇（PI）、磷脂酸（PA）和鞘磷脂（SP）及糖脂所组成的双层结构。在中性pH中，磷头基团是有极性的，但脂酰链却是中性。因此，磷脂具有亲水性和亲脂性，更由于此特性，在水中将自发地组装成脂质双层，极性头部朝向水的一方，而非极性的脂酰链朝向彼方，进而排除水分。另外，即使原核生物的细胞膜不需要，但几乎所有真核生物细胞膜的合成还需要固醇类物质。在哺乳动物中唯一需要的是3-羟基形式的未酯化（游离的）胆固醇。在哺乳动物质膜中，数量最丰富的磷脂是PC、PE、PS和SP，PA和PI相对较少。SP的水平与胆固醇的总量有着良好的关联性。SP和胆固醇是以非共价键形式结合，膜中SP至少有部分受胆固醇的含量影响，甚至能认为SP水平有助于保持质膜胆固醇含量。或许膜脂质中浮动最大的是胆固醇含量。胆固醇与磷脂的摩尔比（FC：PL）范围从大多数细胞内少于0.1：1（10 mol%）到施万细胞和红细胞（RBCs）的1：1（100 mol%）。在0.5 FC/PL摩尔比（50 mol%）情况下，大约每个胆固醇中有两个磷脂。大多数哺乳动物质膜中，胆固醇是含量最丰富的，其FC/PL摩尔比大约是0.3~0.5。

双分子层中磷脂的功能很好理解，它们适合形成薄、柔软的屏障来封闭细胞。此外，脂酰链的内在运动提供流动的碳氢化合物中心，可使膜蛋白的构象发生变化，并让膜内物质可行横向运动。因此，所有的细胞膜无一例外都是由磷脂组成。探讨各类磷脂功能的机制将是复杂的问题，只因需要识别出每种拥有独立功能的各类磷脂。基于上述原因，磷脂能促进信号功能是最容易解释的。关于 PI 作为 IP_3/DAG 第二信使途径膜的重要性已经有许多研究，就像细胞膜中 SP 及其水解产物鞘氨醇、神经酰胺有调节细胞的功能，在很大程度上通过它们对蛋白激酶 C（PKC）活性的影响来产生作用。

然而，质膜胆固醇的作用不像磷脂那么简单。首先，尽管游离胆固醇在哺乳动物细胞膜中是绝对需要的，但在较低级的生命形态中并不是一个必需品。实际上原核生物细胞膜中并没有固醇类物质。为什么真核生物需要，而哺乳动物特别选择胆固醇作为其细胞膜的必要成分难以解释，因为很不幸的是，需要胆固醇合成细胞膜和激素，但其在血液流动中有潜在的致命性。游离胆固醇是高度不溶于水的，所以在磷脂双层中是容易区分的。事实上，这是胆固醇在细胞内独有的位置。在哺乳动物中 3-羟基胆固醇是唯一存在于细胞膜的胆固醇类型。3-羟基基团的存在给予脂质双分子层中的分子一个特定的方向，有极性的羟基基团朝向固醇环的末端，临近于表面在极性磷脂头部基团的区域。疏水环的环形结构位于磷脂的小叶脂酰链区域，它占据了双分子层中心外部的横跨大约 6~15Å 的区域。固醇环是一个平面的、构象上不能弯曲的环形结构，所以极大地阻碍了脂酰链的内在运动，从而使双分子层变得有序，降低了膜的流动性。此外，磷脂酰链的缺陷被认为是产生短暂自由体积元素或在酰基链运动时开放双层膜的某些空间。这些自由体积元素可能提供给如葡萄糖等小分子的运动路径，使它们可以扩散通过脂质双膜，此过程可通过增加膜上胆固醇含量来弱化。它们可以为蛋白质构象的改变提供空间，使膜蛋白能调控物质和信息从双分子层一侧转运到另一侧。因此，部分自由空间是由细胞膜上胆固醇的浓度来调控的。通过这种方式，改变膜胆固醇水平可能会阻碍一些膜蛋白的活性。细胞膜胆固醇的作用可以进行片段分析，表现为设定流动性和部分自由空间的水平。近期发现膜胆固醇含量已被证实能够极大地影响双层膜的宽度，宽度认为是一种对各种膜蛋白活性具有相当影响的指标。如下所述，膜胆固醇和双分子层厚度之间有直接的、线性的和非常显著的关系。这种对膜胆固醇结构的影响是固醇的另一个有趣的和重要的功能，并且可能解释膜胆固醇调节机制。

细胞内胆固醇的不对称分布是固醇另一个有趣的地方。一些证据显示，细胞胆固醇最大的一部分位于 FC/PL 摩尔比 0.5 左右的质膜，这远高于线粒体、溶酶体、高尔基体、内质网（ER）或者核细胞膜中的比例。事实上，游离胆固醇通常是用作质膜的指标。利用胆固醇氧化酶分析成纤维细胞细胞系，伊文兰格估计超过 90% 的细胞胆固醇存在于质膜中。然而，胆固醇氧化酶技术并非没有缺点，它的价值可能被高估。尽管如此，目前的观点认为相对于亚细胞膜来说，质膜高度富含胆固醇。

这种不对称性存在的原因还不清楚，但它可能是为质膜脂质双分子层提供一个适当的屏障功能所必需的。因为胆固醇降低了双分子层的部分自由体积，它限制了分子双层对小分子的渗透性，否则小分子扩散将会更容易。最后，因为胆固醇对双分子层结构的影响，它还可以为膜蛋白的功能提供合适的结构条件。

膜胆固醇的调节

通常的，脂蛋白相互作用被视为是直接的（如某些脂类物质可能需要蛋白质来发挥正常功能）和间接的（如膜微黏度）。膜胆固醇的这些相互作用已经被证实。对任何给定的细胞系，质膜的磷脂成分和胆固醇构成似乎是相对恒定的，但细胞系之间存在的显著差异却很常见。因此，每个细胞系好像是明白各自的质膜磷脂和胆固醇成分，且努力维持。这表明质膜中脂质成分是从基因层面上精细地调控着。这个假设有其非常合理的一面，但由于细胞膜是自主组成结构，我们始终难以理解其规律。尽管如此，至少在某种程度上磷脂成分可以观测，那就是通过特异合成和再到高尔基体膜上进行组装，最后成为质膜。之后细胞特异磷脂成分修饰是通过不同的磷脂活酶如各种细胞磷脂酶和脂肪酶的合成调控来完成的。但是，这些途径无法解释质膜胆固醇含量的调节。几乎所有的细胞都有能力合成胆固醇，在哺乳动物中很大程度上是确保充足的胆固醇进入细胞，主要是通过脂蛋白完成。胆固醇似乎是通过液化扩散进入脂质双分子层，这条通路由胆固醇在磷脂的表面和在低密度脂蛋白胆固醇、平滑肌质膜、亚细胞膜之间运动来建立。膜胆固醇水平是通过胆固醇吸收和排出双分子层的相对速率决定的。在稳定的状态下，二者的速率必定是相等的。在非生成类固醇和非增殖细胞中，细胞固醇类物质的供应几乎完全是通过血浆低密度脂蛋白来完成，其水平很大程度上受到饮食和肝脏功能的影响。在正常的情况下，膜上移除胆固醇是通过高密度脂蛋白胆固醇（HDL）从外部完成的（反向胆固醇运输），这个从周围细胞清除胆固醇在很大程度上是一个不受调节的过程。因此，胆固醇从细胞外的途径进入质膜是非调节性的，膜胆固醇是从细胞内部被调节，推测是通过胆固醇的酯化和降酯化通路（ACAT/CEH）来完成。因为这些酶最近刚刚通过克隆技术提纯，这一调节途径尚未被定义，导致我们对细胞游离胆固醇水平及膜胆固醇是如何控制的理解十分有限。但哪些细胞善于调节其膜胆固醇水平是很明确的。例如，在培养动脉平滑肌细胞（SMCs）时，使用胆固醇供应脂质体使其富含胆固醇能增加其膜 FC/PL 摩尔比。当富含胆固醇的平滑肌细胞不含脂质体留在培养基中，平滑肌细胞膜胆固醇含量在 4～5 天后逐渐回到控制水平。这个变化是伴随着细胞胆固醇酯的增加，与 ACAT /CEH 途径的调节一致。

分离质膜的研究

在质膜构成或特征的任何讨论中，碍于技术上的局限，关于分离质膜的讨论是必需的。阻碍我们理解膜脂质双分子层的构成、动力学和结构的主要技术问题是极难分离并单独研究每一项。一方面，膜功能可以使用最简单的传输技术［即测量离子和分子的进（流入）和出（流出）细胞运动］来研究。然而，这种类型的运输主要由庞大的、复杂的、亲水的和亲脂的两性分子蛋白质来介导，这种双层的脂质特征在多大程度上归于这一过程是难以被描述的。为此，质膜必须被分离，问题也就在此。分离质膜最常见的标准方法是采取渗透性或超速离心法机械性方法分离细胞。这可以应用到完整的组织、分散的细胞和培养的细胞。超速离心法产生膜片段（如微粒体），包含有不同程度的内在亚细胞膜。不幸的是完整的纯的质膜是不可能获得的，高尔基等光膜和 ER 膜包含在其中。即使进一步分离，如微粒体膜制备的梯度超速离心法能减少污染，但不能消除。使用复合净化超速离心法时，随着纯度增加，产量却不成比例地减少。最后，即使在极端小心和精确程序下，在样品制备中，脂质膜片段之间的脂质变换仍不可避免。因此，细胞质膜的完整提取成为梦想。尽管有这些困难，相对纯的质膜可以被制备和研究，长久以来理想的纯质膜只是一个理论上的终点。出于这个原因，细胞膜标记物的分布是任何制备过程中重要的证明，没有则无法估计纯化的程度。

膜胆固醇的改变：代偿性还是病理性

代偿性改变

因为膜胆固醇在任意方向的改变均会扰乱脂质双分子层的动力学和结构，那么有理由怀疑，这也会改变膜和细胞的功能。体外实验系统提供了充分的证据支持这一观点。例如，如图 1（见下页）所示，在动脉平滑肌细胞的早期培养阶段，作为一个单一的独立变量，膜胆固醇含量的增加可增加钙离子被动的膜渗透性。在这些研究中，膜胆固醇的改变是通过将平滑肌细胞单细胞层与胆固醇供体脂质体（FC：PL≈2：1）或胆固醇受体脂质体（FC：PL=0：1）共同孵育过夜实现的。很明显，当膜胆固醇水平高于对照水平，钙离子的渗透率增加；当膜胆固醇水平低于对照水平，钙离子的渗透率也降低。此外，如果将平滑肌细胞放在中性的胆固醇基质中，伴随着胆固醇从高水平或低水平的转换，细胞膜胆固醇改变将逆转回到对照水平，钙离子的被动渗透性也发生同样的变化。因为钙离子是一种重要的细胞第二信使，这些研究表明，膜胆固醇水平的变化可能对细胞功能产生显著的影响。

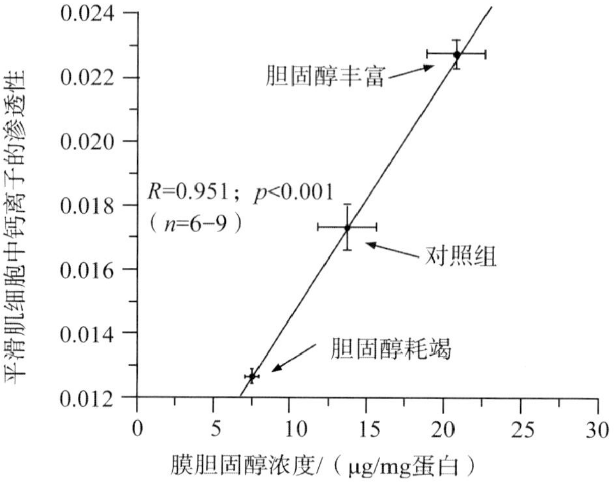

图 1　改变膜胆固醇含量对细胞的钙离子渗透性的影响示意图

注：随着膜胆固醇含量的降低，可以看到钙离子渗透性明显减少；反之，随着膜胆固醇含量的增加，钙离子渗透性增加。膜胆固醇含量表示为每毫克细胞蛋白中游离胆固醇的质量。

然而，在体内，膜胆固醇的改变是病理性的还是代偿性的并不十分明确，这一点在关于年龄相关变化的研究中尤为明显。一些研究已经证实，随着年龄的增长，神经元、心脏和动脉平滑肌细胞的胆固醇含量会增加。图 2（A）表明在 Fisher 344 大鼠主动脉分离出的平滑肌细胞膜中，FC/PL 摩尔比随着年龄的增长而增加。在这些研究中，胆固醇增加只有在衰老时期明显。图 2（B）表明在相同的样本中出现膜磷脂的显著改变。如图 2（C）所示，这些随年龄增长而变化的膜脂构成，会伴随着 K^+ 渗透性的变化，该图表明了肾上腺素能的刺激会引起 Ca 依赖性 K^+ 通道的改变，从而引起年龄依赖的 K^+ 外流的抑制。对游离胆固醇（FC）含量来说，这一改变在衰老时期尤其明显。类似的研究得出的结论是一致的，即至少在动脉平滑肌，衰老与膜双分子层的重构有关。这种类型的重塑（如胆固醇的增加和磷脂的改变）可能会降低膜的流动性，这在其他细胞系中已经被报道过。然而，这些随着年龄增长的平滑肌膜脂质成分、脂质动力学和膜功能的变化，显然与组织功能的同等变化无关，因为至少在这个关于衰老的动物模型（Fisher 344 大鼠）中，平滑肌的收缩特性、被动僵硬度、胶原蛋白和弹性蛋白合成似乎不会随着年龄而改变。我们从中得出以下结论：这些与年龄相关的膜脂质的变化可能与细胞功能无关，或者是对衰老做出的生理代偿反应，以保护细胞和组织功能。

曾有研究报道神经细胞膜脂质的构成随年龄而改变。特别是在老年人的皮质灰质、全脑脂质提取物、血小板和淋巴细胞中，胆固醇含量出现相对增加（比如 FC/PL 摩尔比增加）已被报道过。在体外实验中，改变神经细胞微粒体膜胆固醇的含量，可以改变各种神经递质与各自的受体的结合活性。此外，也有研究观察到突触膜信号转导的改变与膜胆固醇含量的增加相关。在许多情况下，胆固醇含量增加的效应可能被 S-腺苷甲硫氨酸等膜的液化介质所逆转，但是膜的液化对膜结构参数的改变程度还未确定。代谢的改变导致膜胆固醇的变化仍只是推测。低密度脂蛋白胆固醇受体可在神经细胞中表达。低密度脂蛋白胆固醇受体的两个配体之一的脱辅基蛋白 E 可在星形胶质细胞中被合成。这表明低密度脂蛋白胆固醇这种人体内富含胆固醇的脂蛋白，可能在中枢神经系统的胆固醇代谢中起着重要的作用。尽管在外周细胞这种关系已经明确地建立，血浆胆固醇水平和神经细胞膜胆固醇含量之间的关系尚不明确。然而，年龄相关的细胞和膜胆固醇含量的变化在一些神经元组织中已有描述，但这些膜胆固醇含量的改变能在多大程度上反映代偿或病理过程还不清楚。

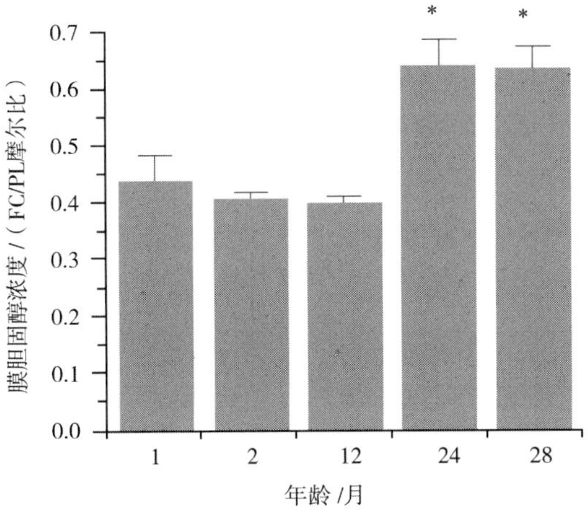

（A）

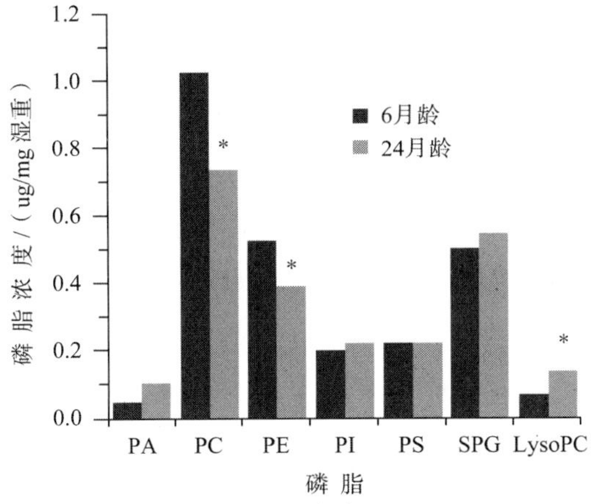

（B）

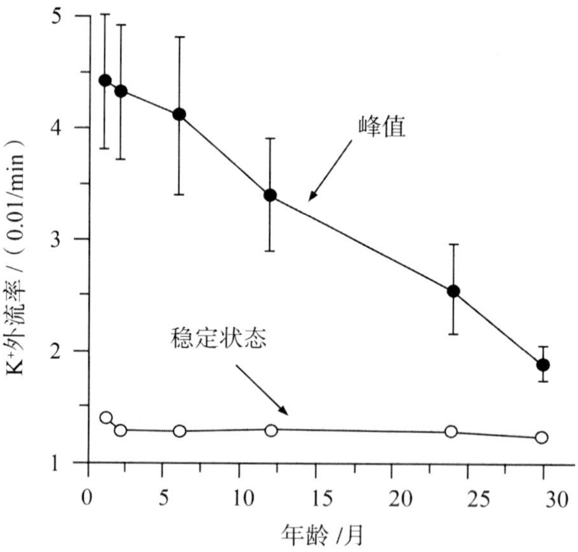

（C）

图 2　不同年龄 Fisher 344 大鼠主动脉平滑肌相关变化

注：（A）不同年龄的 Fisher 344 大鼠主动脉分离的平滑肌膜胆固醇含量随年龄依赖性产生的变化。在衰老时期，膜胆固醇含量的增长接近 50%（24~30 个月）。每个年龄组的大鼠有9~18 只。（B）不同年龄的 Fisher 344 大鼠的主动脉分离的平滑肌膜磷脂的变化。为简明起见，只以 6 个月及 24 个月的大鼠来举例说明。注意磷脂酰胆碱（PC）和磷脂酰乙醇胺（PE）在 24 个月时显著减少，而溶血磷脂酰胆碱（lysoPC）是增加的。这些组织功能参数（血管收缩性和僵硬度）在这些年龄组未发生改变，意义尚不清楚。对 9~18 只动物进行了研究。PA，磷脂酸；PI，磷脂酰肌醇；PS，磷脂酰丝氨酸；SPG，鞘氨醇。（C）在不同年龄组 Fisher 344 大鼠得到的主动脉平滑肌的环中，可以看到由于去甲肾上腺素（NE，1 μm）激活引起的年龄依赖的 K^+外流降低。实心圆圈表示峰值激活 K^+外流和空心圆表示稳定状态 K^+外流。K^+外流介导的电流倾向于稳定细胞膜。在动脉平滑肌中，去甲肾上腺素激活的这一电流可以阻止膜的去极化，这将限制血管收缩。随着老化引起的 K^+外流减少改变由 NE 介导的血管收缩是不太可能的，因为这些实验中生成 NE 并不随年龄变化。由于这个原因，这些变化很可能是代偿而不是病理改变。

老年相关性疾病：阿尔茨海默病

与上面所提到的不伴有组织功能改变的膜成分和功能的改变不同，在某些神经元细胞膜的脂质双分子层发生的显著改变往往伴随着功能的缺陷。一个典型的例子是在老年人常见的神经系统疾病阿尔茨海默病（AD）的病理改变中，可以看到这种潜在的致病性的改变。阿尔茨海默病是一种神经退行性疾病，与衰老相关，其特点是高级智力功能的逐步丧失，但缺乏局部神经病学的异常。AD 患者的特征性神经病理损伤发生在大脑皮质，是一种神经炎性斑块，主要结构是 42 个氨基酸组成的肽段，被称为 β 淀粉样蛋白（βA4）。神经炎的斑块的数量通常与阿尔茨海默病痴呆的程度相关，

但是 βA4 产生增加的病理机制并未明确（参见“痴呆”）。

βA4 肽来源于一个大的与膜相结合的淀粉样前体蛋白（APP），在整个大脑皮质中广泛表达。蛋白质水解实验表明 APP 切割位点上释放出 βA4 肽段的是羧基末端肽段。这一位点通常是嵌入在双层膜中，因此阻碍了 βA4 肽片段的形成。异常的 APP 裂解导致 βA4 形成的机制可能与膜脂质成分和结构的变化导致 βA4 裂解位点的暴露相关。

阿尔茨海默病神经元细胞膜脂质成分的改变已经被各种方法所诠释，包括^{31}p 核磁共振（MRI）薄层色谱法和元素分析。这些研究已经证明磷脂成分的显著变化，包括特定的磷脂降解产物。此外，生化分析表明，阿尔茨海默病患者大脑皮质受损区域中神经元细胞膜胆固醇的含量显著低于其年龄相匹配的对照组和帕金森病患者样本。质膜脂质双分子层结构中神经元脂质成分的影响可以直接使用小角度 X 射线衍射来测定。这一分析结果显示，相对年龄相符的对照组，AD 患者细胞膜的脂质双分子层的总体宽度出现可重复性的缩窄。我们认为变薄的双层膜可增加蛋白水解裂解的可能性，从 APP 上释放 βA4 片段。有趣的是，没有证据表明 AD 患者大脑未受影响的区域（小脑）神经元膜脂质成分或结构与对照组相比发生了显著变化。此外，这种膜脂质双分子层宽度的减少可以通过给予阿尔茨海默病样本补充胆固醇而逆转。因此，不正常的 APP 裂解可能归因于继发于胆固醇水平的降低所造成的神经元膜双分子层基本结构的变化。细胞膜的膜胆固醇含量降低的原因目前还不明确，但为将来的研究提供了清晰的方向。值得注意的是近期发现 AD 患者 apo E 异构体（E_4）的表达，该表达似乎可以预测发生阿尔茨海默病的风险和严重程度。然而，这些患者中 apo E 的失调和皮质膜胆固醇的改变及结构之间的关系还未明确。

老年疾病相关的改变：动脉粥样硬化

随年龄增加而患病率增加的疾病还有心脏病和脑卒中。这里膜胆固醇的缺陷和细胞功能之间的联系也是非常重要的。在工业化的国家中，近半数的死亡原因可以归于动脉壁病变，即在大动脉内膜逐渐形成的脂质条纹和斑块侵占了管腔，使器官血流灌注减少。这本是一个渐进的、悄无声息的过程，当斑块突发破裂，触发血栓形成阻塞血管和下游组织缺血时，将转化为急性心肌梗死和脑卒中等严重危及生命的事件（参见“动脉粥样硬化”）。

尽管心血管疾病病死率明显与血清胆固醇水平升高相关，但人们对动脉粥样硬化形成的细胞基础了解甚少。此外，分子胆固醇本身如何参与动脉粥样硬化的病理生理学一直是一个谜。然而，有越来越多的人认为，血清高胆固醇血症和/或脂蛋白代谢缺陷导致低密度脂蛋白胆固醇在动脉壁的异常沉积。一旦大于单核—巨噬细胞途径可以有效清除的浓度，一些生物学事件就可能发生，导致斑块逐渐形成，最终动脉管腔变得狭窄，影响器官血流量。最近的研究对动脉粥样硬化形成的细胞基础进行了新的阐述，并且明确指出膜胆固醇水平的缺陷是疾病中动脉壁细胞发生早期致病性改变的一个潜在的重要因素。我们实验室的研究表明，动脉血管平滑肌细胞质膜富含的胆固醇可以通过增加钙渗透性和细胞内的钙水平来增加血管收缩活动。虽然这些研究是在体外进行，近年来更多的研究已经证实，给家兔喂食高胆固醇食物达 10 周可以有非常相似的发现。在这些研究中，动脉粥样硬化病变发生在主动脉，可通过分离主动脉血管壁片段来研究血管收缩活动和钙渗透性。再一次证实，基础的和刺激后的钙离子的渗透性和细胞内的钙离子水平是升高的。钙离子的这种变化随着肾上腺素能和 5-羟色胺刺激引起的血管收缩活动增加。我们从这些研究得出结论：血管收缩活性的增强是由血管平滑肌细胞内钙离子水平升高引起的，这一变化可以解释动脉粥样硬化血管常见的血管痉挛的症状。基于我们之前的研究，我们推测：血管平滑肌细胞钙离子渗透性的增加是继发于血管平滑肌细胞质膜胆固醇的增加。在给予胆固醇食物喂养的动物中，新鲜分离的主动脉血管平滑肌细胞的研究结果强烈地支持这一观点。我们发现，血管平滑肌细胞质膜中的胆固醇含量随着高胆固醇食物喂养时间的增加而增加。用小角度 X 射线衍射分析，我们同样发现，在胆固醇喂养期间，双层膜的宽度增加，这种膜宽度的增加与膜胆固醇含量的增加高度相关（如图 3 所示）。细胞膜的膜宽度和膜胆固

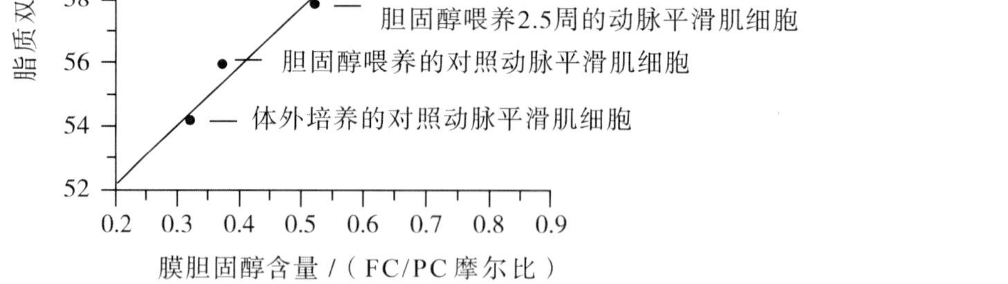

图 3　使用小角度 X 射线衍射能够确定膜胆固醇增加影响脂质双分子层宽度示意图

注：膜是在家兔的主动脉上的平滑肌细胞（SMC）新鲜分离的。标注提示给予胆固醇喂养期间跟踪观察的膜胆固醇及膜宽度的增加。保存在经胆固醇供脂质体培养的及从用胆固醇喂养至 10 周的家兔中新分离的平滑肌细胞中，膜宽度和膜胆固醇含量之间的关系均保持相对不变。

醇含量之间的关系是保持相对不变的，与细胞来源（即培养的或新鲜分离的血管平滑肌细胞）和增加胆固醇浓度的方法（在体外使用脂质体或在体内使用胆固醇食物喂养动物）无关。此外，膜双分子层宽度和胆固醇含量的增加明显先于可见病灶的出现，这表明在食源性动脉粥样硬化中平滑肌细胞质膜胆固醇的增加是动脉粥样硬化病变发生的早期改变。这种膜胆固醇的过量与动脉粥样化形成过程中平滑肌细胞的改变呈因果关系，通过最近的观察可推测：平滑肌细胞在用人类胆固醇受体脂蛋白（高密度脂蛋白）过夜孵化后，随着膜胆固醇水平的恢复，这些改变都能恢复到正常水平。

比较培养的平滑肌细胞急性胆固醇增加导致的细胞膜和细胞变化与动脉粥样硬化的主动脉中分离的平滑肌细胞膜细胞的变化，我们可以得出结论：在动脉粥样硬化形成中所看到的平滑肌细胞表型的改变，实际上可能是被平滑肌细胞质膜的（胆固醇水平）增加所诱导。这些膜病变常见于体外急性胆固醇增加和慢性胆固醇喂养（体内），包括升高的膜胆固醇水平、降低的膜流动性、增加的膜宽度、增加的膜的钙离子的渗透性、降低的膜 Na^+/K^+ ATP 酶的活性和由非刺激和刺激引起的细胞内钙离子水平的提高。这种在体外由胆固醇诱导的细胞表型的改变与在体内由增加的细胞内钙离子水平、收缩功能、扩散速率、有丝分裂原分泌引起的高胆固醇血症是相同的。人类高密度脂蛋白（HDL）可以逆转这些膜和细胞功能改变，强烈支持该假设，即它们都是由血管平滑肌质膜中的胆固醇水平增加引起的。很明显，过量的膜胆固醇由于其具有可以诱导平滑肌细胞表型调整的能力，可能引起更为广泛的细胞层面的结果。其是否会导致细胞外基质的合成增加——动脉粥样硬化的典型改变，目前仍在研究中。

总之，根据这些发现我们推测：血管平滑肌质膜胆固醇含量的增加可以引起动脉粥样化形成过程中的血管平滑肌代谢活性的变化。因此，继发于血管壁的低密度脂蛋白胆固醇沉积造成的血管平滑肌细胞膜胆固醇的过量，可能对引发人体这一重大疾病的细胞缺陷发生发挥着早期关键的作用。

结论

人们对胆固醇是细胞质膜的主要脂质构成成分已有一定的认识。虽然它的作用在很大程度上被认为是与膜的流动性相关，越来越明确的是，它对膜结构也有重要的影响。膜胆固醇成分的改变已经被证明可以诱导各种膜蛋白活性的显著改变。因此，至少在平滑肌细胞中，它对于细胞功能，包括表型状态的改变也有着同样的作用。然而，目前尚不清楚这种与年龄相关的膜胆固醇改变是一种代偿性改变或病理性改变。至于在阿尔茨海默病和动脉粥样硬化症的血管疾病这两种老年人所患的主要疾病中，胆固醇可能发挥着致病作用。然而，在其他的情况下，膜胆固醇的改变似乎是对衰老的一种代偿性的反应，实际目的是保护或保存细胞或组织功能。因此，分子胆固醇似乎通过它调节细胞质膜特性的能力在调节细胞健康活动中起着至关重要的作用，以保证在细胞表面广泛排列的膜蛋白发挥其最佳的功能。

另请参阅：动脉粥样硬化；痴呆。

拓展阅读

Bloch K (1983) Sterol structure and membrane function. *Critical Review of Biochemistry* 14: 47–92.

Bretcher MS and Munro S (1993) Cholesterol and the Golgi apparatus. *Science* 261: 1280.

Chen M, Mason RP, and Tulenko TN (1995) Atherosclerosis alters composition, structure and function of arterial smooth muscle plasma membranes. *Biochimica et Biophysica Acta* 1272 (2): 101–112.

Gleason MM, Medow MS, and Tulenko TN (1991) Excess membrane cholesterol alters calcium movements, cytosolic calcium levels, and membrane fluidity in arterial smooth muscle cells. *Circulatory Research* 69: 216–227.

Lange Y, Swaisgood MH, Ramos BV, and Steck TL (1989) Plasma membranes contain half the phospholipid and 90% of the cholesterol and sphingomyelin in cultured human fibroblast. *Journal of Biological Chemistry* 264: 3786–3793.

Ross R (1986) The pathogenesis of atherosclerosi—an update. *New England Journal of Medicine* 314: 488–500.

Roth GS, Joseph JA, and Mason RP (1995) Membrane alterations as causes of impaired signal transduction in Alzheimer's disease and aging. *Trends in Neurological Sciences* 18: 203–206.

Stepp DS and Tulenko TN (1994) Alterations in basal and serotonin-stimulated Ca^{2+} movements and vasoconstriction in atherosclerotic aorta. *Arteriosclerosis and Thrombosis* 14: 1854–1859.

Tulenko TN, Bialecki R, Gleason MM, and D'Angelo J (1990) Ion channels, membrane lipids and cholesterol: A role for membrane lipid domains in arterial function. In: Tulenko TN and Cox RH (eds.) *Progress in Clinical Biological Research*, pp. 187 – 203. New York: A R Liss.

Vance DE and Vance J (1991) Biochemistry of lipids, lipo- proteins and membranes. In: Neuberger A and van Deenen LLM (eds.) *New Comprehensive Biochemistry*, vol. 20. New York: Elsevier.

Yeagle P (1992) *The Structure of Biological Membranes*. Boca Raton, FL: CRC Press.

Yeagle PL (1985) Cholesterol and the cell membrane. *Biochim Biophys Acta* 822: 267–287.

Yeagle PL (1989) Lipid regulation of cell membrane structure and function. *FASEB Journal* 3: 1833–1842.

Yeagle PL and Young JE (1986) Factors contributing to the distribution of cholesterol among phospholipid vesicles. *Journal of Biological Chemistry* 261: 8175-8181.

译 者：吴金玲（首都医科大学附属北京朝阳医院）

跌倒

L. Z. 鲁宾斯坦 加利福尼亚大学洛杉矶分校医学院，洛杉矶，加利福尼亚州，美国
K. R. 约瑟夫森 退役军人事务部大洛杉矶医疗系统，塞普尔维达，加利福尼亚州，美国

词汇表

环境评估和改造（Environmental Assessment and Modification）——一种鉴别和移除潜在危险的预防跌倒策略。

外在危险因素（Extrinsic Risk Factors）——外在的或环境方面的危险因素。

跌到（Fall）——导致个体无意中倒在地上或其他较低位置的事件。

内在危险因素（Intrinsic Risk Factors）——来自身体内部的危险因素。

危险因素（Risk Factor）——在经历某个特定不利事件的个体中更为常见的特征。

引言

跌倒被定义为导致个体无意中倒在地上或其他较低位置的事件。跌倒通常和绊倒或滑倒联系在一起；然而，老年人跌倒有多种诱因和危险因素。跌倒可能是某种急性医疗问题（感染、直立性低血压、心律失常）的第一个指示事件，可能预示某种慢性病的发展（帕金森病、痴呆、糖尿病神经病变），或者可能仅仅标志着在视力、步态和力量方面开始发生与年龄相关的正常变化。此外，老年人经历的大多数跌倒具有相互作用的多种原因（比如，由于步态异常和视力减退导致被电线绊倒）。

跌倒的流行病学

跌倒的发生率

前瞻性研究指出，每年有30%～60%的社区生活的老年人跌倒，跌倒的老年人中大约有一半经历了多次跌倒。社区生活的老年人的跌倒发生率在每人每年0.2～1.6次，平均值约为每年0.7次。中年之后，跌倒发生率稳步上升，在80岁及以上的老年人中达到最高值。这些发生率基于自评数据，这可能低估了跌倒的真实发生率。

机构居住老年人的跌倒发生率通常高于社区生活的老年人。造成该差别有两个原因：一是机构居住老年人的年龄较大、身体更虚弱；二是机构对跌倒事件的报告更准确。对护理院居住人口进行的调查显示，每年跌倒的居民比例为16%～75%，总平均值

为43%。长期照护机构中的年均跌倒发生率约为每张被占床位1.6次（范围为0.2~3.6次）。在基于医院的调查中，跌倒发生率较低，年平均值为每床1.4次（范围为0.5~2.7次）。不同机构居住人口的跌倒发生率存在不同，这很可能反映了病例构成、离床活动水平、报告规范、机构预防跌倒政策和项目的差异。

和跌倒相关的死亡率

意外事件位列老年人主要死亡原因的第五位（在心血管疾病、癌症、脑卒中、肺病之后），而跌倒构成了这些意外死亡的三分之二。在美国，有大约75%的跌倒导致的死亡发生于占总人口13%的65岁及以上的老年人中。和跌倒相关的死亡率随着年龄增长而激增，尤其在70岁以上的人口中。在由跌倒导致的死亡率方面，男性老年人高于女性老年人，护理院中85岁及以上的居民占了致命性跌倒的20%。据估计，1%的跌倒者遭遇髋骨骨折，他们在骨折后1年内的死亡率为20%~30%。

和跌倒相关的患病率

老年人跌倒的核心问题不单单是高发生率，因为儿童和运动员的跌倒发生率甚至高于老年人。老年人跌倒的核心问题在于高发生率和易受伤性的结合。老年人跌倒易受伤是由于临床疾病（如骨质疏松症）的高患病率以及与年龄相关的生理变化（如保护性反射变慢），这些因素使得相对轻微的跌倒也变得尤其危险。尽管大多数跌倒不会导致严重的伤害，然而社区调查指出，超过一半的跌倒至少导致轻微损伤，社区生活的老年人中有5%~10%的人每年跌倒，这些老年人经受着严重损伤，诸如骨折、头部损伤或严重撕裂。造成严重损伤的跌倒的比例在社区居民和机构居民中是相似的，但是报告规范的差异导致了这一比例的区间很广（1%~39%）。这些损伤常和显著的长期疾病有关。研究显示，在居住于社区的髋骨骨折的跌倒者中，有25%~75%的人没有恢复到其骨折前的行走能力或日常生活自理能力。

除了身体上的损伤外，老年人跌倒可能会产生其他严重的后果。重复跌倒是以往能生活自理的老年人住进长期照护机构的一个常见原因。对跌倒的恐惧同样被认为是跌倒的一个消极后果。调查指出，曾经跌倒的老年人中有30%~73%的人承认对跌倒的恐惧。这种跌倒后的焦虑综合征会导致自我施加的活动限制，对于住在家里和住在机构的老年跌倒者也是如此。对安全行走能力失去自信会导致进一步的功能下降、抑郁、无助感以及社会隔离。

跌倒的危险因素

内在危险因素

危险因素是指在经历某个特定不利事件的个体中比没有经历这一事件的个体中更为常见的特征。内在危险因素（源于身体内部的危险因素）包括与年龄相关的变化以及急性或慢性疾病。表1列举了在对社区居民和机构居民进行的病例对照研究中最常见的危险因素，同时还列出了每种危险因素对应的跌倒的平均相对风险。应该注意的是，这些因素中有些直接导致了跌倒（如虚弱、步态和平衡障碍），有些则可能标志着危险因素（如之前的跌倒、辅助器具和年龄在80岁以上）。在这些研究中，下肢无力（通过功能测试或人工肌肉检查来发现）被确认为最大的跌倒危险因素，它增加了跌倒的概率，平均超过4倍（4.4，范围在1.5~10.3）。老年人腿部无力不仅影响力强，而且非常普遍。总体而言，在力量测试方面，健康老年人比年轻人的得分低20%~40%，可检测到的下肢无力的患病率从中级护理机构的57%到专业护理机构的80%以上不等。虚弱常来自有限的身体活动或长期的卧床休养，以及慢性衰弱性疾病（如心脏衰竭、脑卒中或肺病）而导致的身体状况恶化。

曾经跌倒过的个体在一年内再次跌倒的风险是普通人的3倍。尽管个人重复跌倒通常是由于同样的潜在原因（如步态异常、直立性低血压），重复跌倒也可能是疾病发展（如帕金森病、痴呆）或一种新的急性疾病（如感染、脱水）的指示事件。

表1　在16项研究[a]中发现的跌倒危险因素的单因素分析结果

危险因素	显著/总体[b]	平均相对危险度-比值比[c]	范围
下肢无力	10/11	4.4	1.5~10.3
跌倒史	12/13	3.0	1.7~7.0
步态缺陷	10/12	2.9	1.3~5.6
平衡缺陷	8/11	2.9	1.6~5.4
使用辅助器具	8/8	2.6	1.2~4.6
视觉缺陷	6/12	2.5	1.6~3.5
关节炎	3/7	2.4	1.9~2.9
日常生活活动功能受损	8/9	2.3	1.5~3.1
抑郁	3/6	2.2	1.7~2.5
认知损伤	4/11	1.8	1.0~2.3
年龄大于80岁	5/8	1.7	1.1~2.5

[a] 数据来自2001年鲁宾斯坦和约瑟夫森的研究。

[b] 在单因素分析中具有显著性的比值比（OR）或相对危险度（RR）的研究数与包含每个因素的研究总数的比值。

[c] 基于前瞻性研究计算的相对危险度。基于回顾性研究计算的比值比。

步态障碍和平衡障碍同样常见于老年人，影响着20%~50%的65岁以上老年人。在护理院居住人口中，约75%的居民需要行走协助或不能行走。步态和平衡受损被认为是跌倒的重要危险因素，这使跌倒风险增加了3倍；使用行走辅助器具也使跌倒风险增加了2.6倍。

研究发现，视力受损使跌倒风险增加了2.5倍。大约18%的70岁及以上的非机构居民具有严重的视力损伤。最主要的原因（大部分可医治）包括白内障、青光眼和黄斑变性。

关节炎是美国70岁及以上老年人中最常见的慢性疾病，它使跌倒的风险增加了约2.4倍。关节炎和跌倒之间的关系很可能与关节炎导致的步态受损以及虚弱相关。

功能受损通常指不能完成基本的日常生活生活活动（如穿衣、洗澡、进食）。研究显示，功能受损使跌倒的风险翻倍。在社区中，日常生活活动能力受损影响着20%的70岁以上老年人。在护理院中，功能受损的发生率更高，护理院居民中有96%的人需要协助洗澡，45%的人需要协助吃饭。

认知损伤和抑郁被确认为跌倒的独立危险因素，它们使跌倒风险增加了2倍。意识模糊和认知损伤通常被当作跌倒的原因，它们可能反映了潜在的系统性或新陈代谢过程（如电解质紊乱、发热）。痴呆可以通过损害判断能力、空间视觉感知能力、方位能力来增加跌倒的可能性。当痴呆者行走、试图离开轮椅或爬出床边栏杆时，跌倒也可能会发生。认知损伤影响着5%~15%的65岁以上老年人，这一比例随年龄增长而增加，在机构居民中更高。

研究显示，80岁以上老年人的跌倒风险几乎翻了一倍。这可能是由于多种危险因素的患病率随年龄增加。

许多研究还检验了药物使用和跌倒之间的关系。一项最近的荟萃分析发现，使用精神药物、1a类抗心律失常药物、地高辛、利尿剂显著增加了跌倒风险。一些研究还显示了使用多种药物和增加跌倒风险之间的强相关。

出现导致损伤的跌倒还可能和以下因素相关：女性、低体重（这两个因素很可能和骨质疏松症有关），以及更高的活动水平。

研究同样显示，跌倒风险随着危险因素数量的增加而激增。在罗宾斯（Robbins）的一项包括机构居民和门诊患者的研究中，许多单个的危险因素都和跌倒显著相关。多元分析简化了模型，从而在分支逻辑算法模型中仅运用3个危险因素（如人工测定的髋部乏力、不稳定平衡、服用四种或以上处方药）就能够获得最大的预测精确性。运用该模型预测出的一年跌倒风险的范围为12%（没有以上三种危险因素中任何一种的人）至100%（有全部以上三种危险因素的人）。

外在危险因素

跌倒的外在危险因素包括环境因素、鞋类、物理约束。所谓的意外跌倒或由于环境风险导致的跌倒在家庭和机构中都是较为常见的。然而，这类范畴中的大多数跌倒产生于环境危险因素或风险活动同个体增加的易受内在危险因素的相互作用。尽管家庭之外的环境包含了很多跌倒风险，但是受损伤的老年人最有可能在自己家中跌倒——可能是因为他们在家里的时间更长，也更不小心。这些家庭中的跌倒通常发生于水平面的、只需要低度到中等水平个体重心位移的活动（如站立、行走、移动、弯腰、伸手够物）。在护理院中，大多数跌倒发生于卧室、床边或浴室。这些地点中通常和跌倒相关的某些特定活动包括起床，走去浴室和从浴室走回，移动到床、椅子或马桶旁边。这些都是和内在跌倒风险（如体位变化和血管迷走神经反射）相关的活动。通常情况下促成跌倒的环境危险因素包括地湿（由于泼洒液体或失禁）、光线暗、床栏杆或床的高度不当。护理人员不足或护理人员换班期间跌倒也会增加，可能是因为缺少监督；饭后跌倒也会增加，这可能和餐后直立性低血压现象有关。

鞋类是一项重要的但通常被忽视的跌倒危险因素。不合脚的鞋（比如太紧或太松）、带高跟或窄跟的鞋、鞋底破了的鞋都会改变步态和平衡，并由此增加跌倒风险。没系鞋带会导致绊倒。皮革鞋底会导致滑倒。此外，研究显示，不穿鞋（如赤脚或穿袜子）行走显著增加跌倒风险。鞋类应该合脚、低跟、鞋底不滑。

其他的跌倒环境因素是使用身体约束设备，诸如软的约束背心和床栏杆。多年来，护理院和医院常用物理约束设备预防跌倒。然而证据显示，在某些特定情况下，当患者试图爬出床栏杆、解开或脱掉软的约束设备时，物理约束设备可能实际上促成跌倒、伤害和死亡。通过限制行动，约束设备还会造成虚弱、步态和平衡损害、意识模糊，进而增加跌倒风险。目前，物理约束设备已不再被使用，大家公认其对功能状态和生活质量的不利影响超过了任何预防跌倒的潜在好处。

预防跌倒的策略

多维度的跌倒风险评估

在对现有的大量证据进行了仔细回顾之后，美国和英国的老年病学会最近出版了有关跌倒预防和治疗的指南。这些指南的目的在于协助临床医生评估跌倒风险，管理有跌倒风险和有跌倒史的老年患者。指南建议，跌倒风险评估应该是老年人初级医疗护理的一个重要组成部分。然而，评估的强度将随着目标群体不同而变化。指南建议，对于低风险的社区居民而言，所有的老年人应该得到至少一年一次的关于跌倒的询问。对上报过有一次跌倒经历的老年人，应该通过一项简单的测试来观察其行动障碍和不稳定性的情况。那些表现出行动障碍或不稳定性的患者应该被转诊以接受进一步的评估。至于高风险人群（如因跌倒就医的老年人、在过去一年中多次跌倒的老年人、步态或平衡异常的老年人、居住于护理院中的老年人），则应该进行更全面、更详细的评估。

详细的、多维度的跌倒风险评估具有双重目标：（1）诊断并治疗跌倒后的患者；

(2) 发现未来跌倒的危险因素，并采取适当的干预。通过在医生办公室运用基本的检查技术或标准化的工具（见表2)，这些危险因素中的大多数即可被评估。跌倒风险评估应该包括全面老年病学评估的基本原则，即以多维度的评估来量化医疗、心理社会、功能水平和问题，从而形成一个全面的治疗方案。

表2 在跌倒评估中发现的特定原因或常见危险因素的临床治疗方法

原因/危险因素	评估	治疗方法
虚弱	审查医疗问题和用药 完成神经学检查（量化严重性，确认中枢缺陷、神经病、肌肉疾病） 物理治疗（PT）评估以提供治疗建议	处治可逆原因 运动养生 指定合适的辅助器具
步态/平衡缺陷	神经学检查（包括步态分析） 物理治疗评估以提供治疗建议 整形外科、足部、鞋类评估	处治可逆原因 步态训练或平衡训练 指定合适的辅助器具
视觉缺陷	视力检查	矫正视力的镜片、手术、弱视辅助器、环境适应改造
环境风险	环境评估（家访或自己完成的检查清单）	移除危险因素 适应性的辅助
体位性低血压	审查医疗问题和用药（排除感染、脱水、自主机能障碍、贫血、药物作用）	纠正可医治的问题（用药、脱水、感染） 教授适应性行为（缓慢起身、升高床头）
意识模糊/精神错乱	痴呆/精神错乱评估（量化严重性；确认有害/新陈代谢问题，排除结构性损害） 功能评估	处治可逆问题 环境安全适应性改造
晕厥/心律失常	全面的晕厥评估（排除心律不齐、瓣膜缺陷、新陈代谢异常）	处治潜在问题
头晕/眩晕	医疗评估和用药审查 神经学评估 前庭评估	处治潜在问题 在适当情况下，指定针对良性体位性眩晕的运动

多维度的跌倒风险评估包括以下内容：跌倒情况和医疗问题的既往史；药物审查；行动能力评估；视力、步态和平衡以及下肢关节功能检查；基本的神经病学检查，包括肌肉力量和精神状况；心血管状况评估。跌倒风险评估的其他组成部分包括身体功能测试和对个体居住地点的环境评估。

最理想的是，多维度跌倒评估可以发现那些能通过医学疗法或其他矫正干预进行纠正的跌倒的直接原因及促成跌倒的危险因素。由于跌倒的多因素本质，并不存在治疗或预防跌倒的标准方法。在跌倒可归因于明显的急性问题的情况下，治疗方法相对而言可能比较简单、直接、有效（如中断导致体位性低血压的用药、进行白内障手术）。然而，具有多种危险因素的患者通常需要医疗、康复、环境和行为干预策略的整合（如治疗晕厥、移除环境风险、规定力量练习、提供合适的拐杖）。

运动干预

许多研究已经表明，对健康老年人和功能受损老年人而言，运动可以改善其重要的跌倒危险因素，如肌肉无力、平衡不良和步态障碍。因此，运动是一项被广泛研究的跌倒预防干预措施。不同的运动模式得以评估，包括在健康人群和功能受损人群中开展的运动小组及个性化家中项目。

作为跌倒预防干预的小组运动项目通常一周开展两到三次，每次时长约为 1 小时，并由物理治疗师或经过训练的运动教练进行督导。大多数的小组项目包括改善灵活性、力量、平衡、有氧运动水平的一系列运动。渐进性的力量训练通常关注上下肢大肌肉群，并且可能用到自身体重、踝沙袋、举重器或健身弹力带以获取阻力。平衡训练常常包括一系列静态和动态练习（如单脚站立、一前一后站立、球类运动、随音乐而动）以及功能性活动（如伸手够物、弯腰、移动）。为了改善有氧运动水平，运动项目采用了全身运动、行走和爬楼梯、健身自行车。尽管运动是在小组环境中进行的，但通常会根据参与者的能力进行个性化设置。

家中运动项目是结构化的，使参加者可以在家访环节中从受过训练的运动专家那里学到运动技能，并且随后在未受督导的情况下在家中进行运动。家中运动项目中包括的运动类型通常和小组项目是一样的，只是数量更少、强度更低。同样，家中运动项目通常也包括行走项目。

研究者关注的另一项改善平衡并减少跌倒风险的运动是打太极拳。太极拳包括一系列缓慢的、有节奏的动作，这些动作需要转体、动态重量转移、上下肢动作的协调。小组运动和家中项目都研究过太极拳。

环境评估和改造

环境评估和改造是另一项有前景的跌倒预防策略，被用于发现并移除潜在的风险（如杂乱、光线暗、易绊跤的地毯），并通过改造环境以改善行动能力和安全（如安装扶手、升高马桶座圈、降低床高）。许多针对居家老年人的自我管理家庭安全检查清单，都帮助人们发现重要危险因素并提供改善的建议。这些检查清单最适用于具有平均风险和认知未受损伤的老年人。

对于高风险人群而言，由护士或作业治疗师进行的家中环境评估为医护专家提供了观察老年人在家中活动情况的机会，这可能有助于发现在自我管理检查清单或访谈中不一定会被发现的安全问题。

在机构环境中，通常都有环境安全政策和规范保护患者及工作人员。对医院和护理院而言，重要的安全事项包括：走廊有充足的光线和扶手，密切监视洒在地板上的水，畅通无阻的通道，浴室中有合适的辅助器具（如扶手、淋浴椅、升高的马桶座圈），易于起身的家具，合适的床高。

多因素的干预

多因素的干预是指将几种跌倒预防策略结合为一个协调的干预项目。通常而言，多因素干预包括一定程度的跌倒风险评估，以及一项或多项危险因素改造策略，如运动、教育、环境改造。

机构中的干预

在机构环境中，跌倒风险评估工具常被用于发现那些处于最大跌倒风险或因跌倒而受伤风险的人，以及分离出那些可进行干预的特定危险因素。目前许多评估工具已出版，可被用于帮助医疗专业人员更好地将有限的资源分配给那些从预防干预获益最大的人群。这些工具通常根据是否出现以下危险因素，将一个人的跌倒风险分为高、中、低三个等级：认知损伤、行动功能失调、失禁、急性或慢性病、感觉缺失、药物使用情况、跌倒史。在自评问题之外，这些工具可能包括也可能不包括身体评估。大多数的筛查工具较为简洁，通常由一名护士在患者进入医院或护理院时实施并定期更新，或在患者身体状况发生变化时进行更新。一旦患者被确认为处于高跌倒风险，机构会形成一套包括伤害预防措施在内的护理方案。上述措施包括：在患者的病历上和门上显示该患者处于高跌倒风险，将高风险患者转移到离护士站比较近的房间以加强观察，在病情进入新阶段或用药发生变化后对患者进行定期重新评估，为下床的患者降低床栏杆和床高，提高护士与患者的比例，为患者和工作人员开展跌倒预防教育。

在护理院中，其他有帮助的旨在减少跌倒及其相关伤害的策略包括：使用维生素 D 和钙补充剂以增强骨骼和肌肉能量，使用特殊的髋部保护器（穿在贴身衣物里保护髋部）以预防由于跌倒导致的髋骨骨折。

预防跌倒策略的有效性

预防跌倒及其相关伤害对临床医生和研究者而言是一项重要的挑战。研究者对确认有效跌倒预防策略的浓厚兴趣产生了许多随机对照试验。这些干预试验瞄准不同的人群，包含了一系列策略。研究群体包括健康的老年人，处于跌倒风险的个人，住在社区、医院、机构的人群，以及照护者和家庭或机构环境。研究项目评估了许多不同的干预策略。这些干预策略对于研究地点而言是独特的，干预的持续时间和强度、效果评估、后续跟踪期也存在巨大差异。已有文献的这种多样性使得很难确定哪种类型的干预对预防跌倒最有效，也很难确定不同的目标老年人群体将会从哪种类型的干预中获益最大。幸运的是，对随机对照试验进行的荟萃分析能够从这些研究中总结数据，甚至评估具体跌倒预防干预类型的相对有效性。

最近进行的一项荟萃分析结果表明，结合多维度风险评估以及风险减少干预是最有效的跌倒预防策略。当作为小组被分析时，以上策略将跌倒风险降低了18%，将平均跌倒数减少了43%。

在这项分析中，有效性排在第二位的单一干预是旨在改善平衡、力量、灵活性和耐力的锻炼。总体而言，运动干预将跌倒风险减少了12%，将平均跌倒数减少了19%。单独使用或被纳入多因素干预中时，锻炼对于减少跌倒都是有效的。研究证实的有效锻炼类型包括太极拳以及其他结合了平衡和力量训练的项目。

尽管研究并未表明单独进行家庭环境改造会减少跌倒，但是许多包括了家庭环境改造在内的多因素干预是有效的，对于有跌倒史的个体而言更是如此。

对于减少跌倒率最为有效的个体干预试验涉及多因素干预项目，这同以下概念相一致，即跌倒通常是多种内在和外在危险因素相互作用的结果。有效干预通常包括风险评估，定制的运动或物理治疗以改善步态、平衡、力量，药物审查和调整，以及诸如进行跌倒危险因素教育、转诊到医疗卫生机构以治疗可能造成跌倒的慢性病、评估并矫正视力等其他内容。

一项基于5个随机对照试验的荟萃分析指出，维生素D补充剂似乎可以将非卧床的或住在机构中的老年人的跌倒风险减少20%以上。其假设的作用机制是维生素D对神经肌肉功能的直接有益影响。然而，这些研究并未测量维生素D的基线水平，因此无法确定这种明显的有益作用是源自解决了维生素D缺失还是源自维生素D对非缺失群体的药理作用。

尽管髋部保护器在护理院环境中似乎对预防髋骨骨折是有效的，然而其对社区居民的作用至今尚不清楚。这可能是因为在社区中患者的依从率较低。一项基于6项随机试验的荟萃分析指出，当能够密切监测依从率时，髋部保护器似乎能够减少特定高风险人群的髋骨骨折风险。

另请参阅：平衡、姿势和步态；虚弱老年人；残疾、功能状态和日常生活活动。

拓展阅读

American Geriatrics Society, British Geriatrics Society, American Academy of Orthopaedic Surgeons Panel on Falls Prevention (2001) Guideline for the prevention of falls in older persons. *Journal of the American Geriatrics Society* 49: 664-672.

Bischoff-Ferrari HA, Dawson-Hughes B, Willett WC, Stachelin HB, Bazemore MG, Zee RY, and Wong JB (2004) Effect of vitamin D on falls. A meta-analysis. *Journal of the American*

Medical Association 291 (16): 1999–2006.

Chang JT, Morton SC, Rubenstein LZ, Mojica WA, Maglione M, Suttorp MJ, Roth EA, and Shekelle PG (2004) Interventions for the prevention of falls in older adults: systematic review and meta-analysis of randomized clinical trials. *British Medical Journal* 328: 680–683.

Josephson KR, Fabacher DA, and Rubenstein LZ (1991) Home safety and fall prevention. *Clinics in Geriatric Medicine* 7 (4): 707–731.

Leipzig RM, Cumming RG, and Tinetti ME (1999) Drugs and falls in older people: a systematic review and meta-analysis: I and II. *Journal of the American Geriatrics Society* 47 (1): 30–50.

Parker MJ, Gillespie LD, and Gillespie WJ (2004) Hip protectors for preventing hip fractures in the elderly. In *Cochrane Library* (Issue 3). Oxford: Update Software.

Perell KL, Nelson A, Goldman RL, Luther SL, Prieto-Lewis N, and Rubenstein LZ (2001) Fall risk assessment measures: an analytic review. *Journal of Gerontology: Medical Sciences* 56A (12): M761–M766.

Robbins AS, Rubenstein LZ, Josephson KR, Schulman BL, Osterweil D, and Fine G (1989) Predictors of falls among elderly people: Results of two population based studies. *Archives of Internal Medicine* 149: 1628–1633.

Rubenstein LZ and Josephson KR (2001) The epidemiology of falls and syncope. *Clinics in Geriatric Medicine* 18: 141–158.

Rubenstein LZ, Solomon DH, Roth CP, Young RT, Shekelle PG, Chang JT, MacLean CH, Kamberg CJ, Saliba D, and Wenger NS (2004) Detection and management of falls and instability in vulnerable elders by community physicians. *Journal of the American Geriatrics Society* 52 (9): 1527–1531.

Tideiksaar R (2002) *Falls in Older People: Prevention and Management*, 3rd edn. Baltimore, MD: Health Professions Press.

Tinetti ME (2003) Preventing falls in older persons. *New England Journal of Medicine* 348: 42–49.

译　者：程梦玲（洛桑大学生命历程研究中心）

校译者：陈　鹤（中国人民大学）

动脉粥样硬化

G. 诗宾那提，M. 王，R. E. 蒙蒂科内，E. G. 拉卡塔 国家老龄化研究所，巴尔的摩，马里兰州，美国

词汇表

晚期糖基化终末产物（Advanced Glycation End Product，AGE）——修饰后的蛋白或脂质，非酶促糖化和氧化反应的晚期产物。

动脉粥样硬化（Atherosclerosis）——大动脉炎性纤维增生性疾病，广泛发生于人类和其他大多数物种中，是绝大多数冠心病以及其他心血管疾病的基础。

趋化因子（Chemokine）——小细胞因子亚家族（8-10kDa），大多数因其趋化特性而为人熟知，但最近研究发现其参与细胞增殖、生存及分化。

细胞因子类（Cytokines）——分泌分子家族成员，参与多种生物学过程，如细胞的激活、生长和分化、炎症和免疫。

纤维帽斑块（Fibrous Cap Atheroma）——进行性动脉粥样硬化损伤的高级阶段，以成熟坏死核心及上覆的纤维帽为特征。

高脂血症（Hyperlipidemia）——甘油三酯、低密度脂蛋白（low-density lipoprotein，LDL）或胆固醇水平升高以及多种脂蛋白代谢异常。

炎症（Inflammation）——一系列血管损伤应答反应，例如刺激。它包括血流动力学及血管通透性的改变和继发的白细胞浸润。最近研究显示炎症因子由血管结构细胞组成，能够增强血管壁对损伤的应答。

内膜黄色瘤（脂纹）[Intimal Xanthoma（Fatty Streak）]——增厚的内膜中出现巨噬细胞及淋巴细胞堆积，无坏死核心或纤维帽。

内膜（Tunica Intima）——血管腔内皮细胞层，与血流直接接触，与中膜被内弹力板分隔。

中膜（Tunica Media）——血管壁中层，主要由平滑肌细胞组成，包绕弹力板。

引言

西方国家的人口平均年龄正在增加。人口统计数据显示，在美国，65 岁及以上的人口有 3 500 万，这个数字在 2030 年将会翻

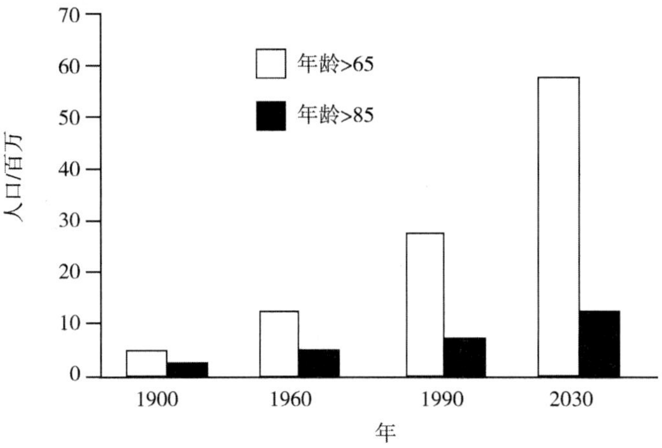

图 1 老龄化人口统计的紧迫性

注：研究对象为 1900—2030 年的美国人口。白柱代表 65 岁以上的人群；黑柱代表 85 岁以上的人群。根据美国人口普查局的数据重新绘制，并对 2030 年的数据进行了预测。

引自：*Arteriosclerosis*, *Thrombosis*, *and Vascular Biology* 24：1397-1402, Lippin cott Williams & Wilkins.

倍（见图 1）。尽管流行病学研究数据显示，脂质水平、糖尿病、久坐的生活方式和遗传学是心血管疾病（cardiovascular disease, CVD）的危险因素，但如动脉粥样硬化、高血压、充血性心力衰竭、脑卒中、高龄等都是主要风险。

本文首先描述了伴随炎症作用增加，动脉粥样硬化病变的发展。其次，阐述了流行病学数据支持年龄增长是动脉粥样硬化的主要危险因素这一观点。最后，总结了在人类和实验动物模型中血管壁的年龄相关性变化，探讨血管基质随年龄增长而改变的具体病理学机制，从而认为年龄是心血管疾病的主要危险因素。

动脉粥样硬化的发病机制

动脉粥样硬化的发展、血栓形成和临床事件的发生

心血管疾病是造成西方国家人口死亡的主要原因。其中，动脉粥样硬化占比重较大，作为一种渐进性疾病，它使脂质和细胞外基质成分沉积于大动脉。传统观点认为，动脉粥样硬化病变形成脂质碎片聚集并被血管平滑肌细胞（vascular smooth muscle cell, VSMC）包被，而这一观点在过去 10 年中，随着对炎症作用的重视而受到质疑。本文回顾了动脉粥样硬化斑块发展特点，描述了与炎症细胞和分子有关的部分新概念。

最近，该领域的专家修改了美国心脏协会（American Heart Association, AHA）动脉

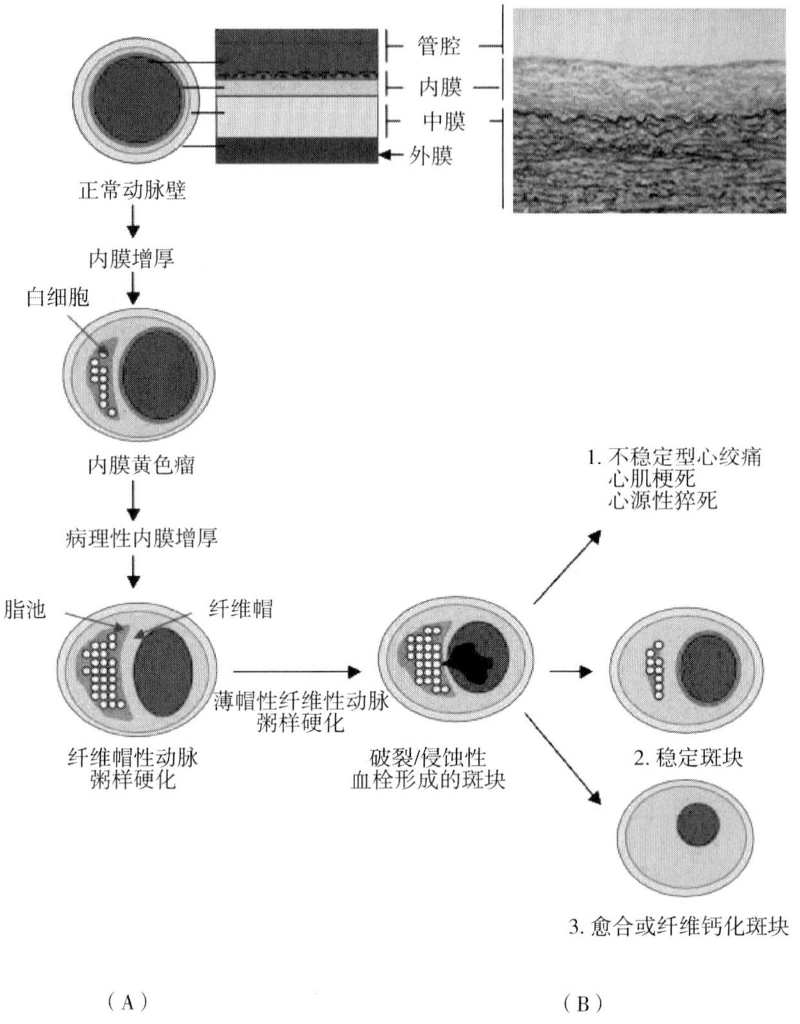

图 2　动脉粥样硬化病变发展示意图

注：（A）从图的顶部到底部，动脉壁与动脉粥样硬化斑块的典型结构及其愈合或并发症。细节在文章中有描述。（B）正常人主动脉的显微照片。原始放大倍数：100 倍。注意，示意图中的外膜层未显示在图（B）中报告的显微照片中。

粥样硬化病变的分类方案。这一新的分类方案符合 AHA 分类，但并不能像前版一样准确描述疾病进展的有序、线性模式，从而反映各种形态学变化，这些在活检研究中非常明显。本文使用此种形态分类方案。

大动脉壁由三层组成：内膜、中膜和外膜（见图 2）。血液直接接触的单层内皮细胞（endothelial cell，EC）构成内膜的第一道屏障。除了 EC 外，人体内膜还包含少量 VSMC（其他物种中常缺失）以及细胞外基质成分。而内侧则由 VSMC 和基质组成，主要成分是弹性蛋白和胶原蛋白。两种可导致动脉粥样硬化病变的非粥样硬化性动脉重塑包括弥漫性内膜增厚和内膜黄色瘤（传统上称为脂纹），但这两种情况可长期无进展存在。内膜增厚的特点是VSMC在富糖基质中积累而无白细胞游走现象和脂质存在。很少有报道局部内膜的增厚导致动脉粥样硬化病变的进展。值得注意的是，据韦利坎研究，儿童时期无症状、渐进性局部内膜增厚可能与成年后特征性病变有关。此外，金姆等对猪的一项研究显示，90天的高脂饮食喂养可产生局部内膜增厚的冠状动脉粥样硬化病变。

内膜黄色瘤是一种动脉粥样硬化前的病变，其中巨噬细胞和淋巴细胞在增厚的内膜处聚集，而无坏死核心或纤维帽。人类的黄色瘤，在大多数情况下可以逆转。因此，正如上述韦利坎等人的研究及“年轻人动脉粥样硬化的病理生物学决定因素”（Pathobiological Determinants of Atherosclerosis in Youth，PDAY）的研究中，动脉粥样硬化病变在30岁人群中的分布与儿童黄色瘤差异较大。内膜增厚和黄色瘤存在于所有人群中，但早前就被观察到黄色瘤与西方的饮食结构密切相关。几个观测表明，该动脉重塑由EC激活，以应对风险因素如高脂血症。激活的EC通过表达黏附分子调剂白细胞募集反应，如血管细胞黏附分子P-选择素、E-选择素和趋化因子，它们大多属于细胞因子的趋化因子亚家族，促进白细胞滚动、黏附、顺向迁移。修饰脂蛋白，如氧化磷脂、醛类或细胞因子，又如白介素（interleukin，IL）-1β和肿瘤坏死因子-α，可以在血管细胞黏附因子中诱导核因子-κB增加。

剪切应力可以调节动脉粥样硬化的形成。层流剪切应力（>15 dynes/cm^2s^{-1}）是已知有保护作用的，而动脉分叉区的涡流、低剪切应力（<5 dynes/cm^2s）可以促进动脉粥样硬化病变。一些研究发现，部分动脉保护相关基因在启动子区域有剪切应力反应域，从而减少EC细胞凋亡和白细胞跨内膜迁移。层流剪切应力诱导基因家族包括超氧化物歧化酶和内皮一氧化氮合酶，二者都可以使一氧化氮的生物利用度增加。此外，层流剪切应力抑制黏附分子如血管细胞黏附因子-1的表达，并可能抑制促凋亡因子如胱天蛋白酶的激活。此外，层流剪切应力通过内皮细胞下调趋化因子单核细胞趋化蛋白-1（MCP-1/CCL2）的基因表达，可能维持动脉粥样硬化无损伤区域血液稳定流动。事实上，趋化因子MCP-1通过其受体CCR2的激活，可以诱导单核细胞、淋巴细胞、内皮细胞、VSMC的迁移。值得注意的是，所有这些细胞表达在动脉粥样硬化或随后的球囊损伤过程中，都可以表达MCP-1，可以募集其他动脉细胞向内膜迁移以及从血液中白细胞迁移。MCP-1及CCR2转基因和基因敲除小鼠研究揭示了这些分子在动脉粥样硬化的发病机制和内膜的增生中的作用机制。其他趋化因子功能类似于MCP-1，但募集到动脉内膜并激活的白细胞种类不同。例如，T淋巴细胞受其他三种趋化因子浓度梯度影响迁移到内膜，这三种趋化因子分别是γ干扰素诱导蛋白-10（IP-10）、γ干扰素诱导单核因子和干扰素诱导的T细胞α

趋化因子，都是由 IFN-γ 诱导，结合趋化因子受体 CXCR3。肥大细胞的化学吸引还发现在内膜，由另一种趋化因子介导——嗜酸细胞活化趋化因子，该分子可以结合 CCR3 受体。一旦这些白细胞定植于动脉内膜，它们通过修饰，能够对动脉粥样硬化病变起一定作用。单核细胞获得组织巨噬细胞的特性，并表达清道夫受体和 CD36，在它们的表面，允许修改脂蛋白的内化，使巨噬细胞向泡沫细胞转化。巨噬细胞还分泌细胞因子和生长因子，如组织因子（tissue factor，TF）和基质金属蛋白酶，调节动脉粥样硬化的发展过程。迁移到动脉内膜的 T 细胞可能结合抗原，如氧化低密度脂蛋白（low density lipoprotein，LDL），激活后产生细胞因子，也可以调节其他定植细胞的功能。此外，在其他因素下内膜内肥大细胞可释放肿瘤坏死因子-α 和糜蛋白酶。总之，生长因子、蛋白酶和细胞因子（其中包括几种趋化因子），在动脉粥样硬化的进展过程中发挥着至关重要的作用。

病理性内膜增厚是动脉粥样硬化病变的初期表现。该阶段通常属于中等程度的病变，界定较困难。维尔马尼等人回顾性地分析了病理性内膜增厚并部分伴有脂质堆积，而未发现坏死。纤维帽覆于脂质区域之上，富含 VSMC 以及蛋白聚糖。巨噬细胞与淋巴细胞稀少。该阶段，VSMC 可能改变自身表型和功能，从所谓的收缩性变为合成性表型。由于收缩纤维被内质网及高尔基体代替，VSMC 失去了分化功能。合成的 VSMC 受生长因素及细胞因子影响发生增殖和迁移，同时也分泌细胞外基质成分和更多生长因子、细胞因子以及蛋白酶，形成循环。随着脂质核生长，激活的白细胞分泌蛋白激酶，例如 IFN-γ，抑制胶原的降解。这一过程出现明显的损伤，纤维帽中出现坏死内核，并伴有胆固醇、磷脂、甘油三酯的升高。在这一时期，纤维帽是结缔组织单独一层，覆于脂质核之上。它由包埋于细胞外基质的 VSMC 组成，并含有巨噬细胞及淋巴细胞。裂隙状病变实际上是薄层纤维帽粥样斑（<65 μm），此种情况下坏死核心非常大，伴有可见的营养血管、出血和/或钙化，纤维帽已丢失 VSMC、基质，并出现炎症浸润。

动脉粥样硬化的最晚期阶段，病变伴随血栓，可以由以下三种病变导致：破裂、侵蚀以及钙化结节形成（较少见）。当动脉粥样硬化斑块破裂时，纤维帽的特定区域会发生断裂，血液中凝血分子会与脂质核心中的由白细胞产生的组织因子分子相互作用，导致血栓形成。如果局部环境存在促血栓或促纤维化因子，则闭塞性血栓形成可能造成急性冠脉事件。而血栓相关因子，如凝血酶、血小板源性生长因子（platelet-derived growth factor，PDGF）以及转化生长因子-β（transforming growth factor-β，TGF-β）可以调节愈合过程，介导胶原沉积和 VSMC 增殖，造成高级别纤维化以及钙化斑块形成。斑块破裂是年轻人（<50 岁）及年长女性（>50 岁）人群死亡最常见的原因，其中 60%死于突发腔隙性血栓。由侵蚀引起的破裂常发生于内皮缺失区域，暴露于 VSMC 及细胞外基质中。在一些病例中，纤维帽破裂可导致钙化结节形成。这种病变来源不明，常发生于动脉最大扭转力区域。此外，纤维钙化斑块不一定伴随血栓形成，其特征是厚壁纤维帽及内膜中有大量的钙沉积。坏死核心如果存在则非常小，提示可能是斑块破裂愈合后的结果。愈合的斑块常出现断裂的纤维帽，内由VSMC、蛋白多糖及胶原填充。

炎症：动脉粥样硬化新型治疗干预靶点

对于动脉粥样硬化，普遍接受的假说是脂质起到了最重要的作用。LDL胆固醇无疑是重要的影响因素，可能是粥样硬化形成的必要条件。在这方面需要注意的是，西方国家的胆固醇平均水平很可能超过我们人类真实的正常水平，在动物模型及农耕社会的人群中也验证了这一点。考虑到这一方面，冠脉疾病伴正常胆固醇水平的病例也是存在的，针对LDL胆固醇的治疗对于降低冠脉事件是有效的，五年以上的治疗能够降低三分之一的发生风险。

目前正在考虑的新型危险因素是脂蛋白，血管紧张素Ⅱ（AngⅡ）的氧化应激和感染因子。解决了感染因子在动脉粥样硬化中的作用的研究，其中肺炎衣原体成为主要焦点，至今已经给出了尚不确定的结果。新型动脉粥样硬化药物包括羟甲基戊二酰辅酶A（HMG CoA还原酶抑制剂或他汀类药物），血管紧张素转换酶抑制剂（angiotensin-converting enzyme，ACE）和血管紧张素受体阻滞药（angiotensin receptor blockers，ARB）的抑制剂。

他汀类药物可以抑制HMG CoA还原酶，即催化胆固醇合成中的限速酶。此外，他汀类药物还具有多效性作用，至少在体外高浓度下，可以改变许多细胞进程。这部分归因于他汀类药物对聚异戊二烯、胆固醇合成途径的其他生物产物的抑制。当这些聚异戊二烯与蛋白质连接时，它们产生异戊烯基化并改变蛋白质功能。异戊烯化的一个靶向是小G蛋白的Rho家族，受体介导的信号中重要的下游分子，其控制细胞迁移和增殖。因此，抑制他汀类药物的异戊烯化作用对细胞功能有直接影响，与脂质降低无关。细胞迁移和增殖的这种抑制在VSMC及其在动脉粥样硬化斑块稳定性的作用方面特别重要。重要的是，通过他汀类药物的VSMC增殖的抑制仍然是有争议的：随着斑块进展的发生，通过干扰病变的发展，这种抑制可能是有益的，而在发展中的动脉粥样硬化病变中，缺乏VSMC可能对斑块稳定性产生不利影响。在动物模型中观察到的他汀类药物的其他有趣的效果是减少巨噬细胞的组织因子表达并增加NO合酶表达。

最近的临床试验表明，通过使用ARB抑制其活化剂ACE或其受体介导的信号来阻断AngⅡ可以超过其对血压的影响。来自“心脏结局预防评估”（Heart Outcomes Prevention Evaluation，HOPE）试验的数据表明，ACE抑制治疗的剂量对血压影响不大，却能够显著降低心血管事件。通过使用ARB阻断血管紧张素Ⅰ受体可以非常有选择性，并且与ACE抑制剂相比导致更好的副作用特征，如最近的临床试验所示，急性心肌梗死试验中的缬沙坦等。ACE抑制或

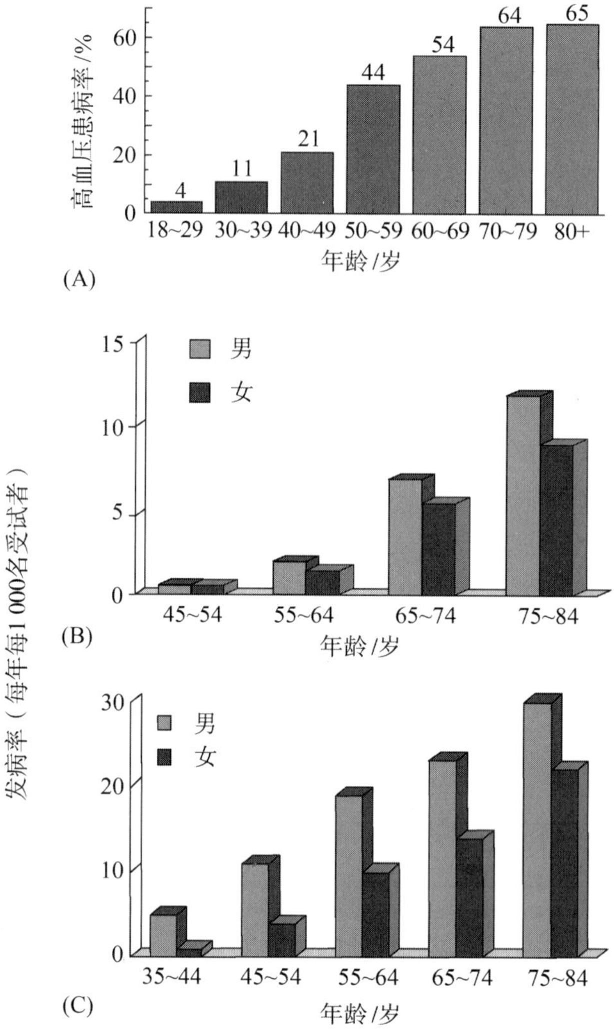

图 3　心血管疾病发病率和患病率随着年龄的增长而增加

注：（A）高血压患病率定义为收缩压≥140 mmHg，舒张压≥90 mmHg，或目前使用药物治疗高血压。（B）弗明汉心脏研究中男性（浅灰色柱）和女性（深灰色柱）按年龄划分的动脉粥样硬化血栓形成脑卒中的发病率（每年每 1 000 名受试者）。（C）弗明汉心脏研究中男性（浅灰色柱）和女性（深灰色柱）按年龄划分的冠心病发病率（每年每 1 000 名受试者）。

（A）引自：National Health and Nutrition Examination Survey Ⅲ（1988－1991），Burt VL，Whelton P，Roccella EJ，*et al.*（1995）Prevalence of hypertension in the US adult population：results from the Third National Health and Nutrition Examination Survey，1988－1991. *Hypertension* 25：305－313.

（B）引自：Wolf PA and Lewis A（1993）Conner lecture：contributions of epidemiology to the prevention of stroke. *Circulation* 88：2471－2478.

（C）引自：Kannel WB，Wolf PA，and Garrison RJ（eds.）（1987）*Framingham Study：An Epidemiological Investigation of Cardiovascular Disease*，Section 34. NIH Publication No. 87－2703. Bethesda，MD：National Heart，Lung and Blood Institute.

ARB 的靶点之一可能是 Ang Ⅱ 产生促炎分子如 IL-6 和 MCP-1 的能力。此外，具有实验动脉粥样硬化的兔子中的 ACE 抑制降低了转录因子 NF-κB 的活化，NF-κB 是 IL-6 和 MCP-1 产生的上游因素。

动脉粥样硬化前病变随着年龄的增长而发生。在第一个十年和第二个十年的个体中观察到内膜黄色瘤，在第二个十年是动脉粥样硬化早期，在第三个十年及以后能观察到纤维粥样斑块。

本文的其余部分回顾了关于老化对动脉壁的影响的现有知识及其作为动脉粥样硬化以及其他 CVD 的独立危险因素的新兴作用。

年龄增长是血管疾病的主要危险因素

CVD 的发病率和患病率随着年龄增长呈指数增长，无论是在临床上，还是在亚临床上，如无症状冠状动脉粥样硬化，都对其在西方社会的发病率和死亡率产生重要影响(见图 3)。流行病学家、老年医学家和血管生物学家通过合作以明确在表面健康的人类和动物模型中，衰老过程和暴露时间的相互作用在 CVD 发展中的风险。

已经假定动脉粥样硬化中动脉老化作用的几个解释。一个是老化本身就是一种疾病，但事实上，一些没有动脉疾病证据的老化并不支持这一假设。另一个原因是与老化相关的动脉疾病发展的其他危险因素的风险随着年龄的增长而逐渐增加，而且老龄化与暴露于这些危险因素的时间增加相关。一个截然不同但有些相关的观点是，心血管系统的结构和功能经历了与年龄相关的改变，改变了发生病理生理学疾病机制的底物。因此，在老年人中，基于年龄相关的动脉结构和功能变化的机制成为与动脉疾病相关的机制的伙伴。这种相互作用由于每个人的遗传背景，生活方式和环境而进一步复杂化。

人类动脉结构与功能：年龄相关变化

内膜厚度增加作为动脉粥样硬化的危险因素 纵向研究是了解老化过程的有力工具。这些研究显然是纳入正常的参与者，并追踪他们的健康状况和生活习惯，这可能会影响年龄相关疾病的发病率。在这些研究中，巴尔的摩纵向老年研究已经有助于描述老龄化对单一研究人群心血管结构和功能的影响的多个方面。

在人类身上，大的弹性动脉，即主动脉和颈动脉，随着年龄的增长而逐步扩张和增厚，并且在死后分析中观察到这种重塑主要存在于内膜中。颈动脉壁内膜介质（intimal media，IM）厚度从 20～90 岁增加了 2～3 倍，但老年人之间的异质性非常突出。数据显示，这种重塑发生在 EC 功能障碍的背景下，但目前仍然没有详细信息。

在一定年龄 IM 增厚预示着隐匿的冠状动脉疾病（coronary artery disease，CAD），有可能发展成为临床型冠心病［见图 4(B)］。有趣的是，在没有 CAD 的年轻和老年人中的 IM 增厚的区别超过了患有 CAD 的年轻和老年人中 IM 增厚的区别。来自巴尔

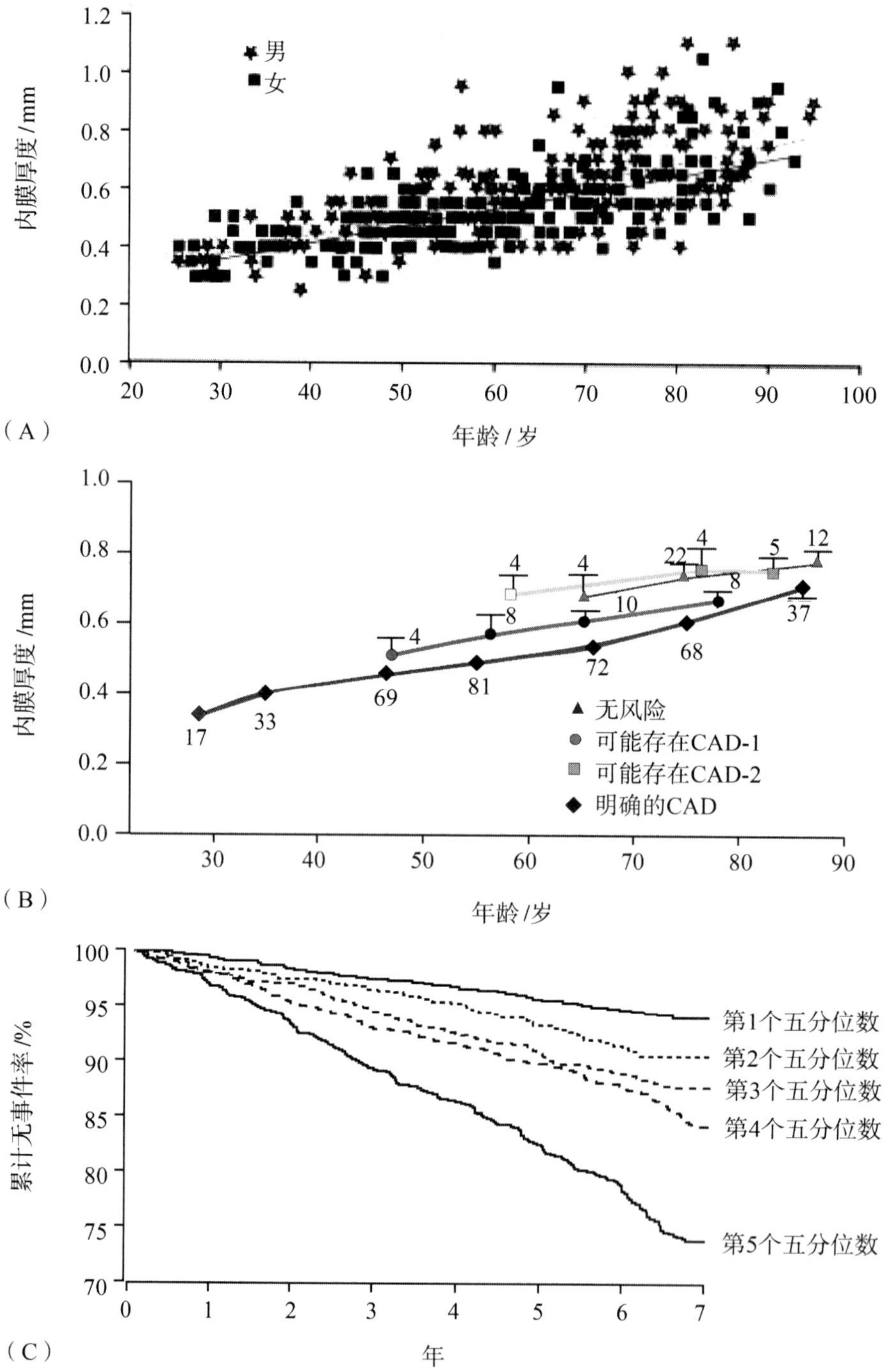
男
女
内膜厚度 /mm
年龄 / 岁
(A)
内膜厚度 /mm
年龄 /岁
无风险
可能存在CAD-1
可能存在CAD-2
明确的CAD
(B)
累计无事件率 /%
年
第1个五分位数
第2个五分位数
第3个五分位数
第4个五分位数
第5个五分位数
(C)

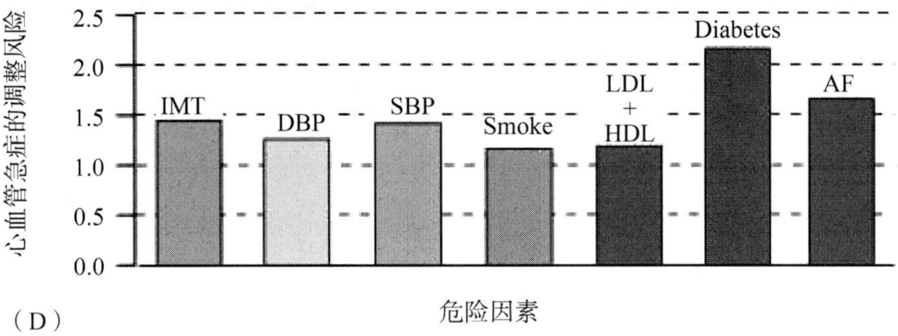

(D)

图 4 颈动脉内膜增厚研究

注：(A) 健康 BLSA 志愿者颈总动脉内膜厚度随年龄增长。(B) 颈总动脉内膜厚度作为年龄的函数，由冠状动脉疾病 (CAD) 分类分层。(C) 在心血管健康研究 (CHS) 中，颈动脉内膜厚度可预测未来心血管急症。(D) 比较 CHS 研究中 Cox 比例风险模型中年龄和性别调整危险因素与脑卒中或心肌梗死合并发作的相关性。注意，内膜增厚是未来发生心血管急症的潜在危险因素。IMT，内膜增厚，每 1 SD；DBP，舒张压，每 11.3 mmHg；SBP，收缩压，每 21.5 mmHg；Smoke，吸烟；LDL，低密度脂蛋白；HDL，高密度脂蛋白，每 1 SD；Diabetes，糖尿病；AF，心房颤动，有或无。

(A)(B) 引自：Nagai Y, Metter J, Earley CJ, *et al*. (1998) Increased carotid artery intimal medial thickness in asymptomatic older subjects with exerciseinduced myocardial ischemia. *Circulation* 98: 1504-1509.

(C)(D) 引自：O'Leary DH, Polack JF, Kronmal RA, *et al*. (1999) Carotid-artery intima and media thickness as a risk factor for myocardial infarction and stroke in older adults: Cardiovascular Health Study Collaborative Research Group. *New England Journal of Medicine* 340: 14-22, Massachusetts Medical Society.

的摩纵向老年研究的这些数据表明 IM 增厚是动脉粥样硬化的危险因素，并且受老化的影响严重。以前没有筛选出不存在隐匿 CVD 的个体的其他一些研究也表明，IM 增厚的增加是心血管事件的预测因子。因此，风险程度随增厚程度而变化［见图4（C）］，IM 增厚与其他传统危险因素如 LDL 水平、糖尿病、吸烟、血压和心房颤动等疾病一样，是疾病发展的有利预测因素［见图 4（D）］。

值得注意的是，在不存在脂质浸润或动脉粥样硬化的其他证据的情况下，年龄相关的 IM 增厚也发生在非人灵长类和啮齿动物中（见表 1）。因此，在没有斑块证据的情况下，随着年龄增长的人体过度的 IM 增加不一定是早期动脉粥样硬化的一种表现，而是归因于动脉老化。这与年龄相关的内皮功能障碍、血管僵硬和动脉压的变化相结合可能导致年龄相关性疾病。因此，在西方社会，动脉粥样硬化斑块被额外的危险因素如高血压、吸烟、血脂异常、糖尿病、饮食和与动脉老化相关的遗传因素激活。兔子和非人灵长类动物的证据支持这一假设：这些模型中，在一段固定的时间内，动脉粥样硬化饮食导致血浆脂质等量增加，导致老年动物比年轻动物更严重的动脉病变。

表 1　动脉重塑与衰化和动脉粥样硬化

	人 (>65 岁)	猴子 (15~20 岁)	大鼠 (24~30 月)	兔子 (3~6 岁)	动脉粥样硬化
管腔扩张	+	+	+	+	?
↑硬化	+	+	+	+	+
内皮功能障碍	+	+	+	+	+
内膜增厚扩散	+	+	+	+	+
↑VSMC	+	+	+	+	+
↑巨噬细胞	+	−	−	−	+
↑T 淋巴细胞	+	−	−	−	+
↑基质	+	+	+	+	+
脂质参与	−	−	−	−	+
MMP 失调	+	+	+	+	+
↑CAM	?	?	+	?	+
↑TGFB	?	+	+	?	+
↑MCP-1/CCR2	+	+	+	+	+
↑NADPH 氧化酶	?	?	+	?	+
↓一氧化氮生物利用度	?	?	+	+	+
↑本体 ANGII-ACE	+	+	+	+	+

动脉硬化和压力　在老化期间，男性和女性的 IM 增厚伴随着中心动脉的硬度增加［以脉搏波传导速度（pulse wave velocity，PWV）测量］，顺应性降低和腔内扩张。动脉硬化反映为 PWV 的增加，通常归因于血管介质的变化，例如增加的胶原、减少和碎裂的弹性蛋白以及钙化。在没有动脉粥样硬化的情况下，在人类中观察到 PWV 随着衰老而增加，但最近的数据显示，动脉粥样硬化和糖尿病造成大血管僵硬度的增加。因此，动脉硬化不仅可以由基质变化介导，而且可以通过在上述病理学中观察到的 EC 功能障碍以及随后 VSMC 色调的受损调节来介导。已有研究表明，内皮功能从 60 岁开始改变，伴随着观察到的脉压升高。目前已知脉压升高和 PWV 都是心血管事件的独立危险因素。据推测，细胞外基质成分的非酶糖化可导致这种分子的交联并且参与增加衰老

和疾病中的动脉硬化。例如，由于晚期糖基化终末产物引起的胶原蛋白的非酶交联导致更硬的纤维，因此较少可扩张的老动脉，其中常驻细胞、EC 和 VSMC 已经改变了迁移和增殖能力。值得注意的是，能够破坏 AGE 衍生的交联的新的噻唑衍生物 ALT-711 具有减少大鼠、非人类灵长类动物和人类的年龄相关动脉僵硬和依从性的作用。

动脉壁内的年龄相关分子和细胞变化

增加数据支持与年龄相关的动脉重塑的概念作为炎症反应，其产生可以发展疾病的代谢活跃环境。年龄相关的动脉重建在所有物种的细胞和分子水平上显示出类似的特征，从啮齿动物和非人灵长类动物到人类（见表 1）。如上所述，这种重塑所涉及的机制可能会使动脉老化成为动脉疾病的主要危险因素。年龄相关重建的具体方面包括腔内扩张，内膜和内层增厚，细胞和细胞外基质重组，刚度增加和内皮功能障碍［见表 1 和图 5(A)］。研究表明弥漫性内膜增厚与衰老的特征是纤连蛋白、胶原和 VSMC 的积累，基质金属蛋白酶-2（matrix metalloproteinase，MMP-2）的表达增加。此外，主动脉细胞内黏附分子（ICAM）和 TGF-β1 表达随年龄增长明显增加，并定位于 MMP-2 阳性染色区域。动脉老化的特征还在于 NAD(P)H 氧化酶活性，活性氧（ROS）产生和 NO 生物利用度降低（见图 6 和表 1）。此外，随着年龄的增长，促炎细胞因子如 MCP-1、TNF-α 和 IL-6 的动脉水平升高。

以上列出的几个随着年龄增长动脉壁改变的分子都受 AngⅡ信号系统的控制（见图 6）。随着年龄的增长，啮齿动物和非人灵长类动物的主动脉 ACE 活性增加。此外，动脉 AngⅡ本身在这些动物模型中增加，并与 ACE 和 MMP-2 共定位。最近的数据显示，AngⅡ系统的其他组分也随年龄而变化，特别是血管紧张素原和 AngⅡ受体 1 型（AT1R）增加。值得注意的是，长期服用 ACE 抑制剂可改善或延迟一些年龄相关的动脉变化，例如内膜增厚和基质重塑。因此，局部 AngⅡ系统可能在伴随老化的动脉重塑中起重要作用。

血管平滑肌细胞

啮齿动物的研究表明，在老化的大动脉内发生的结构和生物化学变化伴随着 VSMC 表型从收缩转变为合成状态。VSMC 的这种较小分化状态的特征在于对生长因子的增殖和迁移反应性的增加，如参与动脉粥样硬化斑块发育的 VSMC 的情况所述。例如，从老年大鼠分离的早期传代 VSMC 在对如血小板衍生生长因子（PDGF-BB）等因子的反应中显示出夸张的迁移能力，而来自年轻动物主动脉的细胞在培养中需要更多的传代以产生类似的反应［见图 5(C)］。合成的 VSMC 被认为从培养基迁移，侵入内部弹性层，并填充内膜，有助于增厚进程。来自循环的细胞或经历转分化的驻留 EC 或 VSMC 的 VSMC 表型特征性标记例如肠系膜上动脉

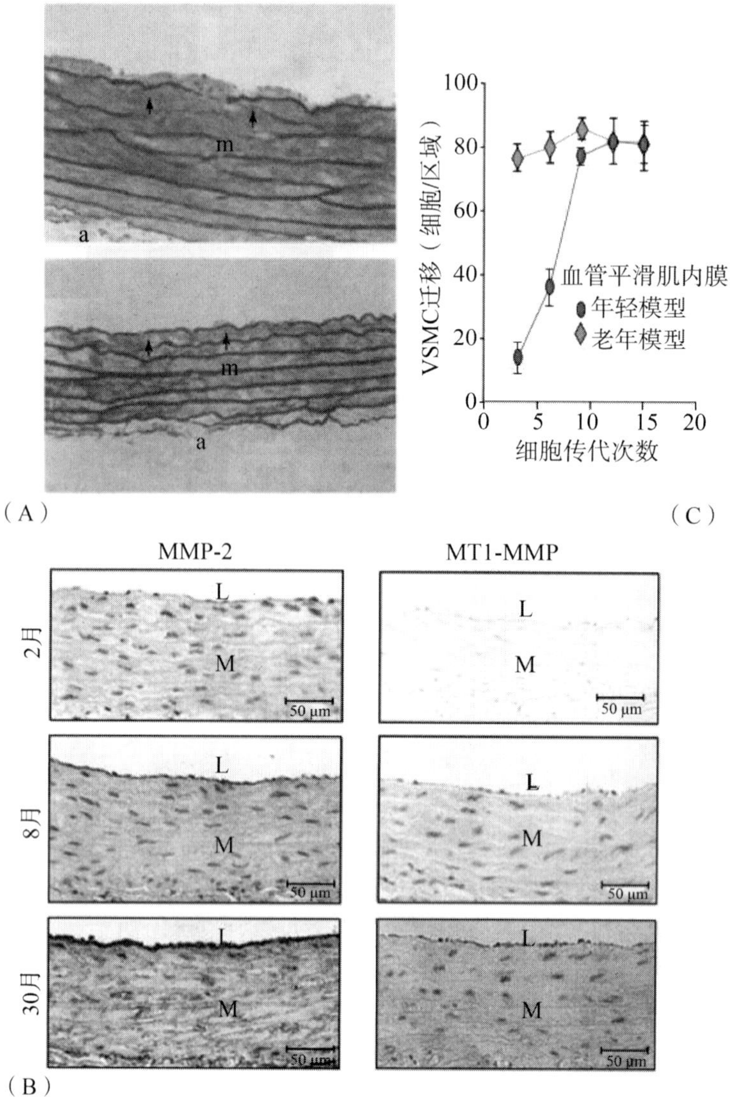

图 5　与年龄相关的主动脉壁变化

注：(A) 与年轻大鼠（下图）相比，老年大鼠（上图）主动脉壁的形态变化显示明显的主动脉内膜增厚。箭头显示内部弹性层。(B) 用针对 MMP-2 的抗体和 MMP-2 的组织激活剂 MT1-MMP 染色的来自 2、8 和 30 月龄的大鼠代表性主动脉切片。抗体染色褐色。L，管腔；M，血管中层。(C) 与老年大鼠相比，来自老鼠主动脉介质的早期传代 VSMC 中血小板衍生生长因子梯度的趋化性增加。老年主动脉血管平滑肌细胞被激活以应答生长因子。

引自：Lakatta EG (2003) Arterial and cardiac aging: major shareholders in cardiovascular disease enterprises: part Ⅲ: cellular and molecular clues to heart and arterial aging. *Circulation* 107: 490-497.

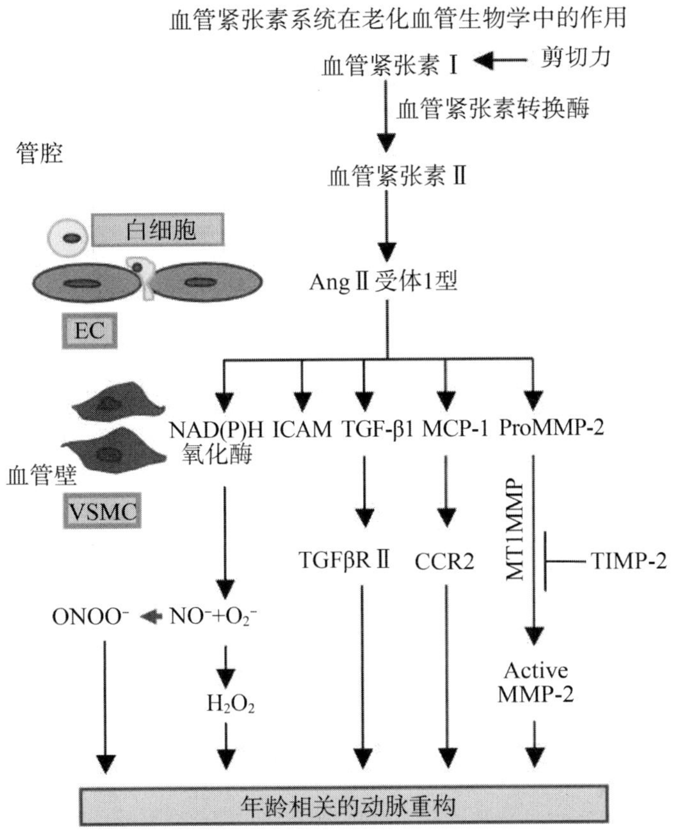

图 6　局部血管紧张素系统在老化血管生物学中的潜在作用。血管紧张素途径相关分子在老化血管重塑中具有潜在作用的示意图。

(superior mesenteric artery，α-SMA）尚未被证实，但是代表 VSMC 中与年龄有关的增加的潜在机制。值得注意的是，虽然在大鼠、兔子或猴子的动脉壁中没有检测到炎症细胞（见表 1），但老年内分泌的 VSMC 和 EC 分泌炎症分子。在这些因素中，趋化因子可影响 VSMC、EC 或巨噬细胞的迁移和增殖。已知在动脉粥样硬化 MCP-1 中起重要作用的一种趋化因子在明显缺乏心血管疾病的老年人血浆中也升高。有趣的是，最近的研究表明，MCP-1 也在老年大鼠主动脉壁中上调并调节 VSMC 功能，表明该趋化因子在年龄相关血管重塑中起作用。MCP-1 转录物和蛋白质都在大鼠动脉壁内增加，并与 EC 和 VSMC 相关［见图 7(A)］。用 MCP-1 处理年轻大鼠 VSMC 可以增加受体（CCR2）依赖性的侵袭能力。

VSMC 的迁移至少部分取决于 MMP-2 的活化和其中嵌入了这些细胞的细胞外基质的降解［见图 5(B)］。MMP-2 作为无活性酶从 EC 和 VSMC 分泌。其活化取决于膜结合活化剂（MT1MMP）和组织抑制剂（TIMP-2）

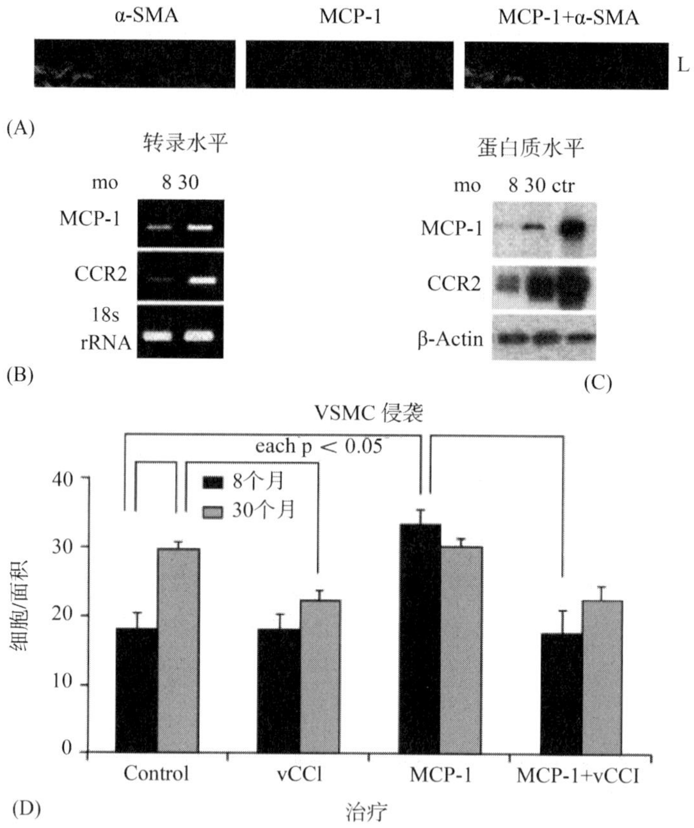

图 7　老年大鼠主动脉细胞分析

注：（A）与 MCP-1 相关的主动脉细胞成分。免疫荧光：双染。MCP-1（红色，中间嵌板）随着年龄增长，大鼠主动脉主要位于内膜。左图显示用 VSMC 标记，α-SMA（绿色，上图）和 EC 标记 CD31（绿色，下图）染色。合并的图像显示，MCP-1 染色与 CD31 和 α-SMA 阳性区域共定位，如白色箭头（上右下图，黄色）所示。L，管腔；M，血管中层。（B）和（C）CCR2 和 MCP-1 转录本和蛋白质表达在体内老化过程中增加。（B）代表性的琼脂糖凝胶，通过实时 PCR 分析显示扩增的 cDNA 片段，归一化为 rRNA 18s 的表达。（C）来自大鼠主动脉的蛋白质提取物的代表性的 Western 印迹分析。CTR 表达了 50ng MCP-1 重组体（上层嵌板）或从 THP-1 单核细胞系（下层嵌板）中提取蛋白，以 β-Actin 作为标准化。（D）MCP-1 预处理影响 VSMC 侵袭。与老年大鼠主动脉分离的 VSMC 显示与没有化学引诱物相比，较年轻动物的细胞，基底侵袭性增加。治疗 MCP-1（50 ng/mL 持续 24 小时）增加了幼鱼基底侵袭的潜力（8 个月）VSMC 水平到未治疗的老年大鼠 VSMC 水平（30 个月）。CCR2 拮抗剂 vCCI（150 ng/mL）阻断了这种作用。

引自：Spinetti G, Wang M, Monticone R, Zhang J, Zhao D, and Lakatta EG（2004）Rat aortic MCP-1 and its receptor CCR2 increase with age and alter vascular smooth muscle cell function. Arteriosclerosis, *Thrombosis*, *and Vascular Biology* 24（8）: 1397-1402.

之间的平衡等因素。在老年大鼠、猴子和人类的动脉壁上观察到这些因素的改变水平，导致 MMP-2 随着衰老而明显增加。

有趣的是，MMP-2 是负责激活 TGF-β1 的一种酶，另一种在老年动脉壁内增殖的生长因子和 AngⅡ信号传导的下游产物（见图 6 和表 1）。循环和动脉 TGF-β 随着衰老而增加，并且在动脉壁内 TGF-β1 主要在 MMP-2 相同区域的内膜增厚中定位。

内皮细胞

一些报道描述了老年人和动物模型内膜的 EC 功能障碍。这些细胞被扩大并且显示多倍体和改变的细胞骨架排列完整性的证据，这反映在其受损的迁移增殖的能力上。EC 的年龄相关特征与细胞凋亡和端粒缩短有关。另外，黏附分子表达随着大鼠主动脉老化而增加，并且在老年兔子血管壁中观察到增加的单核细胞黏附。此外，在内皮内膜层中发现糖基氨基聚糖。糖胺聚糖是调节血管渗透性的重要参与者，并且可影响大分子的保留，例如 ox-LDL。老年动脉中 EC 的这些改变的特征可能部分导致动脉粥样硬化病变发展的增加的脆弱性。在这方面，值得注意的是，来自老年供体的 EC 分泌增加的纤溶酶原激活物-1（PAI-1）水平，这是一个重要的原发性血栓形成因子。此外，来自旧血管的 EC 可以分泌增加的 AngⅡ和内皮素水平，这是两种已知的血管收缩因子，支持 AngⅡ在年龄相关的动脉重塑中的作用。伴随着血管扩张剂特性的分子的表达的平行减少，如 NO 和前列环素 2（PGI2），随着年龄的增长而发生。大鼠、猴子和人动脉中的 NO 生物利用度降低导致内皮血管扩张减少。可以直接或间接地调节 NO 产生的因子，例如内皮 NO 合成酶（eNOS）和 NAD（P）H 氧化酶也随着年龄的增长而改变。后者是血管壁中 ROS 生成的主要调节因子。其老年大鼠动脉中 p22phox 亚单位的表达增加，随之而来增加的 ROS 可以阻断 NO，从而有助于降低 NO 生物利用度（见图 6）。NAD（P）H 氧化酶的激活也是通过其配体 AGE 触发晚期糖基化终末产物受体（advanced glycation end product receptor）家族的受体诱导的。AGE 是通过非酶促糖基化和氧化不可逆地修饰的蛋白质或脂质。这些产物随着老化而增加，并且在年龄相关的动脉重塑中具有潜在的作用。AGE 可以通过 RAGE 的激活来发出信号。该激活不仅介导上述的 NAD(P)H 氧化酶活化，而且还介导了 TF 和细胞因子的产生，即 IL-6 和 MCP-1、炎性细胞募集和激活，血小板聚集，EC 凋亡，VSMC 增殖和入侵。除了这一功能之外，AGE 在交联胶原蛋白和几种生长因子中具有众所周知的作用，即使在正常血糖期间也可观察到老化过程。

动脉硬化

随着老化动脉硬化的增加至少部分由于细胞外基质的重要组分的变化：弹性蛋白。弹力蛋白占动脉干重约 30%，其纤维的完整性允许动脉的正确拉伸和反冲。最近有几个报道表明，弹性蛋白不仅在动脉壁中具有机械作用，而且还可以影响 VSMC 增殖、迁移和血管炎症，因为它起到生长因子和细胞因子储存库的作用。当弹性蛋白纤维受损时，即在老化过程中，这些分子在微环境中释放并直接影响介质中的 VSMC。随着衰老，不仅弹性蛋白前体、弹性蛋白原、mRNA 水平降低，而且 MMP-2 的降解也同时增加，导致这种重要的血管紧张素调节剂的净减少。结果，老动脉显示碎裂弹性蛋白［见图 6（A）］。潜在负责增加硬度的另一种机制是血管钙化。除了骨骼之外，骨形成相关基因，即骨形态发生蛋白-2（BMP-2），骨桥蛋白和骨粘连蛋白都随着年龄增长表达在血管壁内。这些因素结合钙可以影响 EC 和 VSMC 对成骨和软骨形成表型的转录。

结论

总之，大动脉的分子，细胞和结构年龄相关的变化类似于在早期动脉粥样硬化斑块发展中观察到的许多方面（见表 1）。但是老化和动脉粥样硬化是两个明显的分离条件，如啮齿动物和非人灵长类动物的证据所示，其中在不存在动脉粥样硬化的情况下老化时存在相同的重塑。在没有白细胞浸润或脂质受累的情况下，在这种动物模型的动脉中观察到的促炎状态指出动脉壁炎症的新定义，作为维持体内平衡的生理过程，其涉及影响血管细胞功能的炎症分子。在人类中，老化期间的动脉变化成为与发展成 CVD 年龄相关的风险的一部分，以及对传统危险因素（如高脂饮食，吸烟和糖尿病）的易感性增加。综上所述，动脉的年龄相关的促炎表型代表了与年龄相关的 CVD 发展的高反应性环境。

另请参阅：心血管系统；细胞衰老：生长因子与细胞衰老；脑卒中。

拓展阅读

Asai K, Kudej RK, Shen YT, Yang GP, Takagi G, Kudej AB, Geng YJ, Sato N, Nazareno JB, Vatner DE, Natividad F, Bishop SP, and Vatner SF (2000) Peripheral vascular endothelial dysfunction and apoptosis in old monkeys. *Arteriosclerosis, Thrombosis, and Vascular Biology* 20: 1493-1499.

Bilato C and Crow MT (1996) Atherosclerosis and the vascular biology of aging. *Aging (Milano)* 8: 221-234.

Cooper L, Cooke JP, and Dzau VJ (1994) The vasculopathy of aging. *Journal of Gerontology* 49: B191-B196.

Farmer JA and Torre-Amione G (2001) The renin angiotensin system as a risk factor for coronary artery disease. *Current Atherosclerosis Reports* 3: 117-124.

Franklin SS, Gustin W 4th, Wong ND, Larson MG, Weber MA, Kannel WB, and Levy D (1997) Hemodynamic patterns of age-related changes in blood pressure. The Framingham Heart Study. *Circulation* 96: 308-315.

Harris T, Cook EF, Kannel WB, and Goldman L (1988) Proportional hazards analysis of risk factors for coronary heart disease in individuals aged 65 or older. The Framingham Heart Study. *Journal of the American Geriatric Society* 36: 1023-1028.

Kim DN, Scmee J, Lee KT, and Thomas WA (1987) Atherosclerotic lesions in the coronary arteries of hyperlipidemic swine. Part 1. Cell increases, divisions, losses and cells of origin in first 90 days on diet. *Atherosclerosis* 64: 231-242.

Lakatta EG (2003) Arterial and cardiac aging: major shareholders in cardiovascular disease enterprises: part Ⅲ: cellular and molecular clues to heart and arterial aging. *Circulation* 107: 490-497.

Lakatta EG and Levy D (2003) Arterial and cardiac aging: major shareholders in cardiovascular disease enterprises: part Ⅰ: aging arteries: a "set up" for vascular disease. *Circulation* 107: 139-146.

Libby P (2002) Inflammation in atherosclerosis. *Nature* 420: 868-874.

Ross R (1993) The pathogenesis of atherosclerosis: a perspective for the 1990s. *Nature* 362: 801-809.

Strong JP, Malcom GT, McMahan CA, Tracy RE, Newman WP 3rd, Herderick EE, and Cornhill JF (1999) Prevalence and extent of atherosclerosis in adolescents and young adults: implications for prevention from the Pathobiological Determinants of Atherosclerosis in Youth Study. *Journal of the American Medical Association* 281: 727-735.

Velican D and Velican C (1980) Atherosclerotic involvement of the coronary arteries of adolescents and young adults. *Atherosclerosis* 36: 449-460.

Virmani R, Avolio AP, Mergner WJ, Robinowitz M, Herderick EE, Cornhill JF, Guo SY, Liu TH, Ou DY, and O'Rourke M (1991) Effect of aging on aortic morphology in populations with high and low prevalence of hypertension and atherosclerosis. Comparison between Occidental and Chinese communities. *American Journal of Pathology* 139: 1119-1129.

Virmani R, Kolodgie FD, Burke AP, Farb A, and Schwartz SM (2000) Lessons from sudden coronary death: a comprehensive morphological classification scheme for atherosclerotic lesions. *Arteriosclerosis, Thrombosis, and Vascular Biology* 20: 1262-1275.

Wautier JL and Schmidt AM (2004) Protein glycation: a firm link to endothelial cell dysfunction. *Circulation Research* 95: 233-238.

译 者：冯晓琳（北京大学护理学院）

端粒

D. M. 贝尔德 卡迪夫大学，卡迪夫，英国

词汇表

海弗利克极限（Hayflick Limit）——指细胞分裂的数量，可用来衡量细胞复制的能力。

复制性衰老（Replicative Senescence）——细胞复制能力结束时表现出的一种有害的细胞表型。

端粒酶（Telomerase）——一种有逆转录活性的核糖核蛋白复合物，通过增加端粒重复序列来延长端粒。

端粒（Telomere）——由一段重复的DNA序列及相关的蛋白复合物构成的位于线性真核生物染色体末端的遗传元件。

引言

端粒是位于线性真核生物染色体末端的重要染色体结构。在人体组织中，细胞每次分裂时DNA不完全复制可引起端粒序列的逐渐丢失，最终导致端粒功能丧失，进而使细胞虽具有生物学活性但不再继续分裂，称为复制性衰老。人们认为端粒依赖的复制性衰老是一种肿瘤抑制机制。85%的人类恶性肿瘤能表达合成端粒重复序列的端粒酶来阻止端粒的丢失并促进细胞无限分裂。衰老细胞可能会干扰组织微环境，衰老细胞的累积也被认为是导致与年龄相关的组织退化和疾病的原因。与这种假说相一致的是，在人体组织中发现随着年龄的增长会导致端粒丢失，且端粒丢失与特定的疾病表型相关。

复制性衰老与老化

海弗利克在20世纪60年代首次描述了培养的正常人类成纤维细胞具有有限的生命周期这一观察结果。这一现象是由细胞内在能力控制的，它并非按照时间顺序计算，而是按照细胞分裂的次数来计算。实际上，一旦允许静止或冷冻的细胞恢复生长，它们仍然会分裂相同的次数，就仿佛它们在连续生长一般。也就是说，它们似乎能记住在冷冻之前所经历的分裂次数。每一种细胞在达到其特定的分裂次数——海弗利克极限后，细胞进入一种被称为复制性衰老的不可逆的生长停滞状态。海弗利克极限在不同个体和活检部位是不同的，一般来说大约为50~100

次群体倍增。尽管相互之间有差异，但它们仍表现出一个共同的趋势，即随着年龄的增长，这种限制似乎有所减弱，这可能反映了体内细胞的复制历史。自从对成纤维细胞开始观察以来，人类许多其他类型的体细胞，包括淋巴细胞、星形胶质细胞、内皮细胞、上皮细胞和肌细胞等均已表现出复制性衰老。衰老的细胞仍然保持生物学活性，但它们的基因谱却发生了变化，表现为一种更多的分解和促炎症表型。比如说，衰老的细胞上调特定的基质金属蛋白酶（如胶原酶）并下调相应的组织抑制剂，这一表型已被证实可显著降解组织微环境。此外，衰老的基质成纤维细胞能够以一种与癌相关的成纤维细胞类似的方式特异性地刺激癌前上皮细胞增殖。因此，除了简单地停止细胞分裂以外，与年龄相关的衰老细胞的积累可能会破坏组织稳态，并成为与年龄相关的疾病和癌症的基础（参见“细胞衰老：生长因子与细胞衰老”）。

端粒的功能与结构

在 20 世纪 20 年代，赫尔曼·穆勒（Herman Muller）发现，在接受 X 线辐射后，果蝇的染色体有不同类型的内部重排，包括易位、倒位和缺失，但是没有发现涉及染色体末端的重排。因此，他假设染色体末端的基本结构对维持染色体的完整性是必要的，并将这些结构命名为端粒，意思是末端部分。在 20 世纪 30 年代，从事玉米胚乳染色体研究的芭芭拉·麦克林托克（Barbara Mclintock）观察到了端粒功能失调的影响，双着丝粒染色体在细胞分裂后期形成染色体桥，导致染色体断裂，这样周而复始，形成断裂融合桥循环。但是这样的循环不会无限持续下去，和在胚性组织中的染色体愈合一样，断端像天然染色体末端一样不再融合。因此证实了端粒是覆盖在染色体末端阻止端端融合的特殊结构。直到 1978 年伊丽莎白·布莱克本（Elizabeth Blackburn）对四膜虫的 rRNA 基因测序时才发现了端粒的分子结构。四膜虫的基因组含有成千上万的包括增殖基因在内的线性 DNA 分子。布莱克本发现 rRNA 基因以一串六聚体序列（TTGGGG）结束。在这一发现后的 10 年内，在大多数真核生物的染色体末端都发现了相关的简单序列元件。1988 年，人类细胞端粒的序列被确定为 TTAGGG 重复排列，长度为 5～20 kb。

在阐明了 DNA 的复制机制后，阿列克谢·奥罗弗尼克夫（Alexey Olovnikov）与沃森（Watson）分别在 1971 年和 1972 年提出了端粒潜在的其他作用。奥罗弗尼克夫指出，线性 DNA 的复制是通过由 RNA 引物启动的半保留复制进行的。当复制叉到达染色体末端时，连续链在分子末端从 5′端向 3′端合成，产生一个完全复制的染色体。然而，每个由 RNA 引物启动的离散单元（冈崎片段）合成的不连续链或后随链是不能被完全复制的。即使最后的 RNA 引物位于分子末端，一旦移除将形成一个至少与 RNA 引物长度相当的空隙，也有可能达到一个冈崎

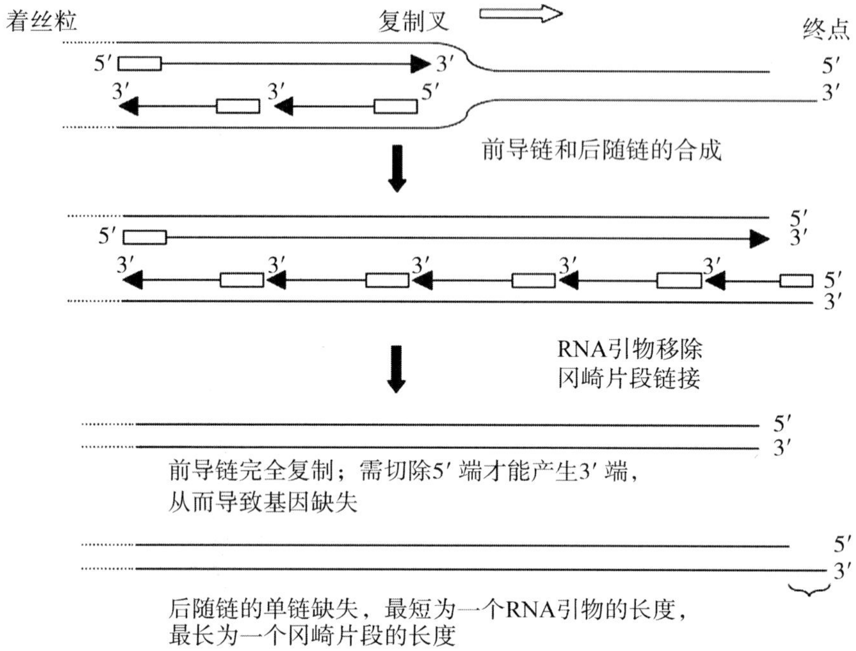

图 1　复制结束示意图

注：当 DNA 复制叉到达线性 DNA 分子的末端时，前导链（连续的）完全合成。如果后随链的最后一个冈崎片段（不连续的）的 RNA 引物置于末端，就会导致这条链单链缺失，缺失的长度为 RNA 引物的长度。如果引物不在末端，多余的碱基将被丢失。3′端对端粒结构和功能及端粒酶介导的延长作用是必需的。因此，可能需要将前导链切除以产生 3′端，这样的活动会导致更多的端粒序列丢失。当子链随后被复制时，单链缺失将被转化为双链缺失。在没有端粒酶的情况下，每次细胞分裂时由于末端复制问题（加上假定的切除活动）导致的人类细胞端粒丢失的测量率在 50~120 bp。

片段的长度（见图 1）。这将导致每一轮复制时端粒逐渐缩短。奥罗弗尼克夫表现出了非凡的洞察力，他指出这将会产生一个细胞分裂计数机制，也许能够解释复制性衰老。

对奥罗弗尼克夫末端复制问题的答案来自四膜虫。人们已经注意到，包含四膜虫端粒重复序列的质粒能够通过在四膜虫重复序列末端添加酵母端粒重复序列而在酵母中起到端粒的作用。因此，人们推测端粒存在末端转移酶活性，四膜虫含有丰富的端粒使其成为该活性的良好来源。随后在 1985 年格雷德和布莱克本对该活性进行了纯化。进一步研究表明，这种活性是一种含有 RNA 成分的逆转录酶，它能将端粒重复序列模板化地添加至末端的 3′-OH，这种酶复合物被称为端粒酶。

人类富含 G 的 DNA 链末端的方向由 5′端指向 3′端，而末端由长度为几百个碱基的 3′端构成。目前已确定，人类的端粒是由一种核蛋白复合物构成，其向后折叠形成一个称为 T 环的套索结构。T 环可能是通过将 3′端部分侵入端粒重复序列起始处而发挥作用的，通过隔离末端使其不能进行融合，进而调节端粒的功能。已经确定了一组复杂的蛋白质，它们一起构成了功能的端粒。这些蛋白质在端粒重复序列结合因子 TRF1 和 TRF2 周围被组装成两个主要的复合物，以二聚体的形式直接结合成 TTAGGG 重复序列。根据它们与这两种蛋白质之间的相互作用已经确定了许多蛋白质。TRF1 复合物的关键作用就是通过端粒重复计数机制调节端粒长度，该机制调节端粒到达终点的途径，从而产生负反馈回路。与此概念相一致的是，TRF1 在端粒酶表达细胞中的过度表达导致端粒缩短，而负显性 TRF1 抑制内源性 TRF1 的结合导致端粒延长。除了调节端粒长度以外，TRF1 复合物的组分还参与了其他功能。例如，TRF1 调节蛋白 TANK1 对有丝分裂期间端粒姐妹染色单体分离是必需的。TRF2 复合体在端粒的末端保护功能中发挥关键的作用。负显性 TRF2 诱导端粒端部间融合，这种融合与端粒的长度无关。有趣的是，许多参与 DNA 修复的蛋白质通过它们与 TRF2 的相互作用形成 TRF2 复合体定位于端粒。相反，TRF2 和端粒酶已被证实定位于非端粒双链断裂。端粒蛋白与 DNA 损伤装置之间复杂的相互作用的细节仍有待阐明。

端粒丢失的动力学

大多数人类体细胞没有检测到端粒酶活性，人类的端粒酶活性局限在增殖活跃的干细胞及至少 85%的恶性肿瘤中。人类端粒酶的活性已被克隆和特征化。RNA 成分（人染色体端粒酶基因，hTERC）在所有类型的细胞中均能表达，而端粒酶活性的限制成分则是催化成分（靶向端粒逆转录酶，hTERT）的表达。近期研究证实，在 S 期（之前认为在细胞中 S 期不表达靶向端粒酶逆转录酶）可以检测到短暂的端粒酶活性。这一活性的作用目前还不清楚，但是它也许能够产生对末端保护至关重要的端粒酶 3′端。

正如奥罗弗尼克夫预测的那样，端粒酶的表达模式意味着在大多数细胞类型中，每次细胞分裂时端粒均会缩短。哈利（Harley）及其同事在 1990 年首次观察到这一现象，他们对体外培养的人类成纤维细胞的端粒进行了长度分析后发现，随着细胞的不断分裂，端粒序列在逐渐丢失。后来，奥尔索普（Allsopp）及其同事对来自 0~93 岁捐赠者的细胞进行研究后发现，细胞的复制能力与捐赠者年龄之间的相关性相对较弱，但是令人惊讶的是，培养细胞的增殖能力与起始细胞群的端粒长度之间密切相关。这一观察结果清楚地表明端粒的长度是细胞老化的生物标志物。他们提出这样一种假设，即端粒受侵能解释决定海弗利克极限的细胞分裂计数。靶向端粒酶逆转录酶的克隆及其在人类端粒酶阴性的培养细胞中的异常表达为此提供了确切的证据（见图 2）。这些细胞的培养证实了只要稳定端粒的长度，细胞就可以不受其海弗利克极限而继续增殖。然而，重要的是，除了它们表面上的不死之外，

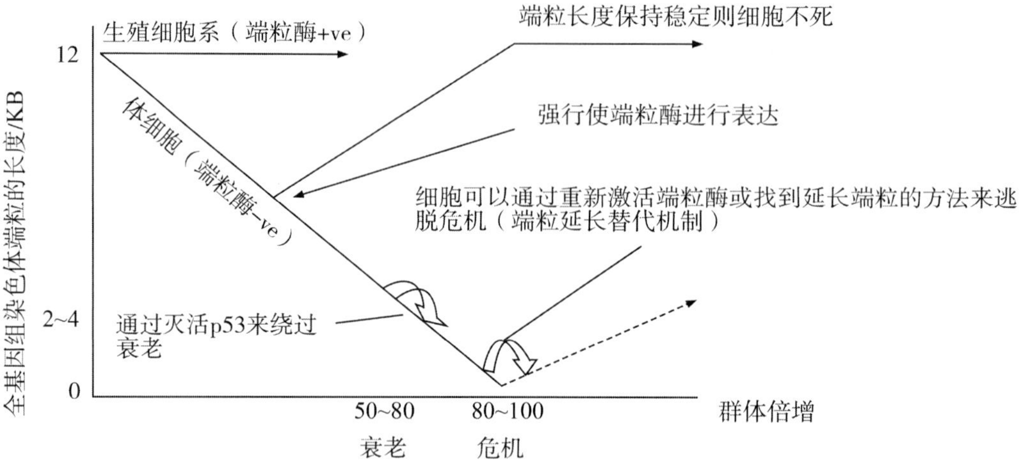

图 2 端粒丢失与复制性衰老的关系图

注：在生殖细胞系中，为了后代，端粒酶的表达维持了端粒的长度（生殖细胞系不死）。大部分来自体组织的细胞不表达端粒酶，因此随着细胞的不断分裂，端粒序列逐渐丢失。最终，端粒功能的丢失触发了被称为复制性衰老的 p53 依赖的检查点。在衰老之前强制表达端粒酶会延长端粒的长度并阻止复制性衰老的发生。这些细胞是不死的。可以通过消除 p53 来绕过复制性衰老。例如使用癌基因蛋白 HPV E6/E7 来消除 p53 后细胞会继续分裂并失去端粒序列，直到出现以大量的基因组不稳定性和细胞死亡为特征的危机。在人类细胞中，极低概率地可以通过重新激活端粒酶或找到延长端粒的方法（端粒延长替代机制）来克服危机。

这些细胞培养物没有表现出任何转化细胞的特征。比如说，它们的核型、接触抑制及对血清剥夺的反应仍然维持不变。当端粒的长度缩短至其无法维持端粒功能的长度时就会引起复制性衰老。当衰老被触发时，无论是端粒数量还是至关重要的端粒长度都没有明确的定义，但是一般来说，衰老细胞中端粒长度的最小值约为 1 kb。端粒功能的丢失触发了双链 DNA 损伤反应，进而触发 p53 依赖的 G1/S 细胞周期检查点。例如，使用病毒癌基因蛋白 HPV E6/E7 消除这一检查点，导致细胞持续分裂及端粒受侵（图 2）。这最终导致了第二次增殖生命周期屏障，即危机，其特征在于大量端粒功能的丢失导致基因组的不稳定性。在这种情况下，细胞稳定其基因组的选择压力很大。因此，逃离危机的细胞重新激活了端粒酶活性或者发现了维持端粒长度的其他方法。

以上所述可以用来解释海弗利克极限的端粒受侵这一概念引起了人们对端粒生物学在人类衰老过程中所扮演角色的强烈兴趣。在生殖细胞系，为了后代，端粒通过端粒酶的表达维持其最大长度（10 ~ 20 kb）。然而，在体组织和细胞中，大多数细胞的端粒酶被抑制，端粒长度极其不均，这可能会混淆对端粒长度数据的解释。这种异质性来自多个影响细胞端粒长度的过程。最终的复制问题在本质上是异质的（见图 1），每个子细胞都接受不同长度的端粒分子。此外，在人类细胞中观察到的损失率通常为 50 ~

120 bp/群体倍增，低于仅通过末端复制丢失预测的损失率，并且低于设计为不表达端粒酶的低级真核生物细胞的损失率。这表明人类端粒可能受到了额外的处理，导致更多的DNA从末端丢失。此类活动尚未明确，但可能包括切除互补链来产生3′端。显然，这样的活动会导致末端复制丢失的整体异质性。高分辨率的端粒长度分析方法，如现在可被使用的单一端粒长度分析法（STELA），表明除了末端复制丢失外，端粒还会突然遭受大规模的缺失。这种端粒大规模缺失在机制上可能类似于在酵母中观察到的端粒快速缺失，并且可能显著影响端粒长度的整体异质性。此外，有证据表明，与其他基因组位点相比，端粒可能对氧化损伤更加敏感。事实上，在2002年，冯·兹格利尼茨基（Von Zglinicki）就将端粒称为基因组损伤的“哨兵”。氧化损伤决定了培养的人类细胞端粒的受侵率及端粒长度的异质性，其机制目前尚不清楚，但是可能包括诱导端粒快速缺失。我们对人类端粒动力学的理解大部分来自细胞培养，而培养细胞的细胞分裂动力学可以间接地影响端粒丢失的测量速率。一个极端的例子见于维尔纳综合征的成纤维细胞（一种部分早衰综合征），这些细胞具有极强的复制能力。培养中的大部分细胞增长可以通过少数具有增生能力的克隆体来解释；这最终耗尽了它们的复制能力，然后被新分裂的克隆体所取代。在这种情况下，细胞培养的增长（随着群体倍增数测量）并不等于增殖克隆体的细胞分裂。因此，当端粒丢失随着群体倍增而表达时，它似乎就会升高；当其在一个单细胞水平上，这个速率就会在正常范围内。因此，在体外和体内的细胞分裂动力学将会促进端粒长度的异质性。此外，因为端粒酶的活性延长，最短的端粒优先于延长最长的端粒，并增加了不同数量的端粒复制，这将大大促进端粒的异质性，尤其是在包含端粒酶表达细胞的组织活检中。

人类衰老的影响

关于人类端粒长度和年龄的信息已经被获取。在不同的人体组织中，对端粒长度进行了大量的横断面调查。这些研究的关键点是，在人体组织中观察到的端粒丢失程度在不同组织之间有所不同，而且这似乎与细胞更新的水平有关。例如，大脑皮质和心肌显示出可忽略的细胞更新，并且随着年龄的增长并没有显示出明显的端粒丢失，而肝、肾、淋巴细胞、内皮细胞和表皮细胞等组织都显示出不同程度的端粒丢失（见表1）。而且，多个数据集，尤其是那些从外周血细胞获得的，显示出大多数的端粒丢失发生在生命早期，似乎随着进一步丢失在成年期达到稳定。这能被生命早期细胞结构的增加所解释。然而，在免疫系统、皮肤和胃肠黏膜等组织中，其功能受到大量细胞更新的支持，端粒长度可能会因干细胞的端粒酶活性而稳定。

这些横断面端粒长度的研究大部分是使用末端限制性片段（TRF）分析进行的。这

表 1　人类细胞中端粒动力学和端粒酶的无限增殖性

细胞类型	端粒丢失		端粒酶活性	hTERT 无限增殖?[a]
	体内研究（年龄）	体外培养（群体倍增数［PD］）		
骨髓基质细胞	不适用	✓	阴性	无限性
软骨细胞	✓	✓	阴性	低氧环境中寿命延长
角膜细胞	不适用	✓	阴性	无限性
子宫内膜基质细胞	不适用	✓	阴性	无限性
上皮细胞[b]	✓	✓	阴性	无限性
成纤维细胞[b]	✓	✓	阴性	无限性
肝星形细胞	不适用	✓	阴性	无限性
造血祖细胞（CD34+）	不适用	不适用	阳性	无寿命延长，生存能力增强
肝细胞	✓	✓	阴性	无限性
角质细胞	✓	✓	阴性	只有滋养层细胞无限性
淋巴细胞[b]	✓	✓	瞬时性（后激活）	寿命延长
肌母细胞	（在肌营养不良中）	✓	阴性	寿命延长，不是无限性
神经祖细胞	不适用	✓	阴性	无限性（>168PD）
成骨细胞	不适用	✓	阴性	寿命延长（>30PD）
视网膜色素上皮细胞	不适用	✓	阴性	无限性
视网膜微血管内皮细胞	不适用	✓	阴性	寿命延长（>100PD）
平滑肌细胞	不适用	✓	阴性	寿命延长（>100PD）

[a] 一些细胞类型需要 p53 消除来促进 hTERT 的无限增殖，这些都不包括在这个列表中。

[b] 类似的结果也被观察到来自不同组织的相同细胞类型，或者在特定的分化子集的淋巴细胞中。

有一些局限性，最明显的是它无法检测到可能引发复制性衰老的最短端粒。端粒丢失随年龄变化的相关性往往较弱，端粒的丢失率似乎很小。然而，TRF 分析的问题与端粒内在的异质性可能掩盖了更大的丢失率。

造血系统已经被广泛用于研究端粒动力学和衰老过程。很明显，尽管在增殖的淋巴细胞克隆中，端粒酶活性的增强可以在早期的无性繁殖中保持端粒长度，以应对特定的抗原，但这种活性随着重复的刺激而减弱。因此，随着连续的无性繁殖，端粒丢失可能限制淋巴细胞的增殖能力。因此，在确定端粒依赖的复制性衰老是否可以解释与年龄有关的免疫衰老方面，人们有相当大的兴趣。

最近，利用端粒长度分析和适当抽样的新进展来限制异质性的研究已经开展起来。这些研究显示了端粒长度与年龄相关的疾病和生活方式的显著相关性。端粒长度测定的高通量定量 PCR 方法显示了短端粒和心理压力之间的关系，在 60 岁以上的人群中，血液中的短端粒使心脏病死亡风险增加了 3.2 倍，感染风险增加了 8.5 倍。然而，这种风险在 75 岁以上的人群中并不显著。使用 TRF 分析的双胞胎研究显示，吸烟者和肥胖人群的端粒较短。血液中的端粒缩短与动脉粥样硬化相关，使用 TRF 数据的定量特征关联分析显示了可能包含端粒长度调节器的基因组位点。虽然端粒的丢失会引发复制性衰老，而端粒的丢失随着年龄变化可以通过生活方式来调节，但端粒和人类衰老之间的直接生物学联系是不明确的，至今还没有被证实。然而，从老鼠模型和人类遗传疾病看来，人体老化组织端粒丢失的潜在后果正变得越来越清晰。老鼠的端粒很长，在这个生物体中细胞和机体老化都不被认为是端粒驱动的。与此相一致的是，端粒酶基因敲除的老鼠在最初几代中没有显示出表现型。然而，在四到六代之后，对长的老鼠端粒来说有足够的细胞更新来使其显著缩短以使老鼠显示出特定的表现型，其中一些与年龄相关的组织退化和疾病与人类相似。除了寿命的缩短，这些表现型还包括免疫衰老，老鼠表现出了生发中心的低反应活性及 T 和 B 淋巴细胞的复制能力降低；与年龄相关的皮肤表现型，如受损的伤口愈合反应，以及皮肤溃疡的早期发生、头发变白和脱发；癌症发病率增加，这可能是染色体融合和非整倍性增加的结果；以及由于肠绒毛结构破坏而导致的体重下降。这些表现型代表了端粒丢失的极端例子，可能无法准确地模拟长寿生物中端粒序列的逐渐丧失导致的衰老细胞在长时间内的比例逐渐增加。尽管如此，它们显示了端粒功能的丧失导致经历过高水平细胞更新的组织增殖缺陷的后果。对端粒生物学和衰老的进一步研究来自影响端粒酶活性的突变造成的人类遗传疾病。X 连锁隐性遗传病先天性角化不良（DKC）源于角化不良蛋白基因（DKC1）的突变，一种核仁小核糖核蛋白（snoRNP），它被认为是在 RNA 加工过程中起作用的假尿嘧啶核苷合酶。DKC 的第二种形式是常染色体显性遗传，这是端粒酶 RNA 成分突变的结果。DKC1 与 hTERC 的功能联想使人们认识到 DKC 是一种端粒酶缺乏症，可能需要 DKC1 蛋白来稳定端粒酶复合物。事实上，DKC 个体对 hTERC 的表达呈现单倍剂量不足，这导致了端粒酶活性降低及端粒缩短。此外，就像端粒酶基因敲除的老鼠一样，DKC 系谱可以预测疾病，即发病年龄和病情的严重程度在几代人之间增加，这与从一代到下一代的端粒缩短有关。DKC 产生的症状与端粒酶基因敲除老鼠的表现型相似。事实上，它被描述为一种过早衰老的疾病。这种缺陷主要出现在增殖的组织中，其中最有影响的是骨髓衰竭或再生障碍性贫血，这是 DKC 患者最常见的死亡原因。这种情况导致了癌症的易感性增加和皮肤黏膜特征，包括舌白斑病、异常的皮肤色素沉着、指甲营养不良、脱发和过早的头发变白。因此，很明显，人类的端粒缺陷导致了严重的表型，其中一些与正常的人类衰老相似。对引发复制性衰老的端粒信号的性质的理解，例如端粒的数量和它们缩短的长度，以及利用新一代高分辨率端粒长度分析技术的进一步探讨，将使我们了解端粒丢失随人类年龄而产生变化的程度。特别是，记录那些能够引发复制性衰老的严重缩短的端粒的积累，将使我们能够评估与年龄相关的疾病和组织退化的功能意义。

对年龄相关性疾病潜在的基于端粒的治疗是什么样的情况呢？如前所述，明确端粒丢失在引发复制性衰老过程中所起的作用和解释海弗利克极限的关键实验，是通过端粒酶的强制表达来回避衰老检验点。通过调整培养条件，以尽量减少额外的细胞周期检验点的影响，比如通过 p16 进行调整，例如，通过使用生理性的氧分压和滋养层，端粒酶的表达导致了生命周期的延长并且在许多细胞类型中通常是无限增殖的（表 1），这些细胞保持分化状态，不表现出转化细胞的特点。重要的是，这些实验让我们明白，端粒依赖的衰老在人类组织中很普遍。此外，在体内实验中，许多细胞类型显示了与年龄相关的端粒丢失，这一认识导致了这样的结论，即这些组织中的端粒丢失至少在理论上能够引发复制性衰老。事实上，通过重新激活端粒酶来实现端粒的稳定，可以防止这种情况发生。从动物模型中发现了一些证据，以支持端粒酶重新激活可能具有治疗潜力的概念。其中包括一种老鼠模型，在这种模型的体外实验中，衰老的皮肤成纤维细胞被整合到再造的人类皮肤中，导致皮肤变得脆弱，并出现表皮下的水泡，这让人想起了老化的人类皮肤，然而在同样老化的成纤维细胞中强制表达 hTERT 则修复了表现型。此外，人类骨髓基质细胞似乎可以无限异位表达端粒酶，但仍保持着它们的分化状态和成骨细胞标记。在植入老鼠体内后，这些细胞比正常细胞表现出更强的产生骨的能力。在端粒酶基因敲除的老鼠中，实验诱发的肝硬化与端粒功能障碍有关；这可以通过腺病毒传递老鼠端粒酶 RNA 成分以重建端粒酶活性而成功治愈。

通过端粒酶的失活和这种特异性的端粒长度的结合，造成大多数人体细胞无限复制的端粒屏障被认为是一种肿瘤抑制机制。因此，用于治疗目的的端粒酶重激活必须谨慎控制，理想的治疗方法是用端粒酶的内生催化成分的小分子激活剂，它的主要优势是端粒酶的重激活能够被更仔细地控制，可能是通过短暂的重激活来再延长端粒及恢复增殖能力。这项工作将通过对 hTERT 基因控制遗传学的更深入的了解而得到促进。目前已知，雌二醇可以通过 hTERT 启动子中的雌激素反应元素来反式激活 hTERT，而癌基因 c-myc 可能通过 hTERT 启动子的 c-myc 结合位点（E 盒）来诱导 hTERT 表达。因此，端粒酶的小分子激活剂看起来很有前景。在没有小分子端粒酶激活剂的情况下，可以设想替代治疗策略，其中最有前景的可能是在被再引入病变组织之前，端粒长度与 hTERT 表达结构的体外处理。

端粒与癌症

遗传不稳定性是人类肿瘤转变的一个标志。这种不稳定性表现在 DNA 水平的突变或大量染色体的重排。这些重排是来源于上皮的肿瘤发生的必要条件，它发生在肿瘤发展的早期，通常是原位癌阶段。在此之后，基因组似乎随着恶性肿瘤的发展而稳定下来。基因组不稳定性的明显中断似乎与端粒酶的活性有关。因此，人们对端粒酶抑制剂作为一种潜在的癌症化疗药物的概念有相当大的兴趣。后代端粒酶基因敲除的老鼠显示出端粒丢失和基因组不稳定性，这导致了较低的发病年龄和更高的肿瘤发病率。另外，mMterc$^{-/-}$p53$^{+/-}$复合杂合子老鼠显示了从软组织肉瘤和淋巴瘤（在 p53$^{+/-}$老鼠中观察到）到癌（在 mMterc$^{-/-}$ p53$^{+/-}$老鼠中观察到）变化的肿瘤谱，证明了端粒长度的变化会导致肿瘤谱的急剧变化。对后代端粒酶基因敲除老鼠的肿瘤细胞学分析显示出缺乏端粒信号和端端融合的高频染色体。这些事件与端粒功能的丧失是一致的，通过周期桥的破坏和驱动早期肿瘤发生的融合导致了基因组的不稳定。这与早代老鼠（具有完整的端粒功能）的肿瘤分析形成了对比，后者没有显示任何此类事件。后期桥也可能导致染色体的完全丢失和胞质分裂的失败，从而导致四倍体形成。这些事件，特别是非相互易位，在成人癌中被观察到，而不是儿科癌症，儿科癌中相互易位是比较常见的。此外，对人类胰腺癌的分析显示了末端断点频率和端粒长度的负性相关。这些数据指出了一种模型，端粒序列的丢失伴随着自我更新的组织的持续分裂，尤其是上皮细胞，导致了端粒功能紊乱。在功能性双链 DNA 断裂反应缺乏的情况下，随之而来的基因组不稳定性产生了适当的重排，可能引发肿瘤的形成并促进恶性肿瘤的发展。端粒酶的重激活可以重建端粒功能、稳定基因组，从而导致肿瘤的进一步发展。因此，端粒在自我更新的组织中随着年龄而丢失，这可能解释与年龄有关的肿瘤增加。

这个模型似乎与人体组织中已知的端粒酶表达谱形成对比，它只在再生活跃组织的区段中表达。例如，在表皮基底层中增生的角质细胞表现出高水平的端粒酶活性，在相对表浅的层面上这种活性是没有的。然而，尽管端粒长度与年龄的相关性较弱，但皮肤中 DNA 的这种活性已经被记录下来。造成这种损失的机制和细胞区段目前还不清楚。然而，可能是端粒酶的水平不足以完全抵消端粒的丢失或除了末端复制缺失的额外的突变机制，例如，端粒的快速缺失甚至在端粒酶存在的情况下也可能导致端粒的丢失。因此，高度增生组织的干细胞室可能会受到端粒丢失的影响，而随之而来的基因组稳定性的丧失可能是导致与年龄相关的癌症增加的基础，尤其是恶性上皮肿瘤。

结论

在确定许多人类细胞类型的增殖生命周期中，端粒丢失的关键作用已经建立。端粒随着年龄的丢失，在许多人类组织中都有记载，并且已经观察到端粒长度和年龄相关疾病的相关性。小鼠模型和人类遗传疾病清楚地显示了与端粒缩短相关的增殖组织的紊乱。体外研究表明，防止端粒的丢失和随后复制性衰老的发生是有可能的，而啮齿动物的模型已经表明，有可能通过端粒酶表达细胞来改善某些条件。这就为治疗年龄相关性和退化性疾病提供了基于端粒酶治疗的真正可能性。

另请参阅：癌症和年龄；细胞衰老：生长因子与细胞衰老。

拓展阅读

Baird DM (2005) New developments in telomere length analysis. *Experimental Gerontology* 40: 363-368.

Bodnar AG, Ouellette M, Frolkis M, Holt SE, Chiu CP, Morin GB, Harley CB, Shay JW, Lichtsteiner S, and Wright WE (1998) Extension of life-span by introduction of telomerase into normal human cells. *Science* 279: 349-352.

Gisselsson D (2005) Mitotic instability in cancer: is there method in the madness? *Cell Cycle* 4: 1007-1010.

Harley CB (2005) Telomerase therapeutics for degenerative diseases. *Current Molecular Medicine* 5: 205-211.

Harley CB, Futcher AB, and Greider CW (1990) Telomeres shorten during ageing of human fibroblasts. *Nature* 345: 458-460.

Harley CB, Vaziri H, Counter CM, and Allsopp RC (1992) The telomere hypothesis of cellular aging. *Experimental Gerontology* 27: 375-382.

Hayflick L (1965) The limited in vitro lifetime of human diploid cell strains. *Experimental Cell Research* 37: 614-636.

Kipling D (1995) *The Telomere*. Oxford, UK: Oxford University Press.

Kipling D (2001) Telomeres, replicative senescence and human ageing. *Maturitas* 38: 25-38.

Kipling D, Davis T, Ostler EL, and Faragher RG (2004) What can progeroid syndromes tell us about human aging? *Science* 305: 1426-1431.

Rudolph KL, Chang S, Lee HW, Blasco M, Gottlieb GJ, Greider C, and DePinho RA (1999) Longevity, stress response, and cancer in aging telomerase-deficient mice. *Cell* 96: 701-712.

Sharpless NE and DePinho RA (2004) Telomeres, stem cells, senescence, and cancer. *Journal of Clinical Investigations* 113: 160-168.

Smogorzewska A and de Lange T (2004) Regulation of telomerase by telomeric proteins. *Annual Reviews in Biochemistry* 73: 177–208.

Takubo K, Izumiyama-Shimomura N, Honma N, Sawabe M, Arai T, Kato M, Oshimura M, and Nakamura K (2002) Telomere lengths are characteristic in each human individual. *Experimental Gerontology* 37: 523–531.

van Baarle D, Tsegaye A, Miedema F, and Akbar A (2005) Significance of senescence for virus-specific memory T cell responses: rapid ageing during chronic stimulation of the immune system. *Immunology Letters* 97: 19–29.

von Zglinicki T (2002) Oxidative stress shortens telomeres. *Trends in Biochemical Sciences* 27: 339–344.

译　者：孙倩美（首都医科大学附属北京朝阳医院）

校译者：高　云，王艳非，常　晶（首都医科大学附属北京朝阳医院）

反应时间

T. A. 索尔特豪斯 佐治亚理工学院，亚特兰大，佐治亚州，美国

词汇表

选择反应时间（Choice Reaction Time）——从多个刺激中的一个刺激的出现到多个反应中的一个反应的出现之间的时间。它之所以被称为“选择反应时间”，是因为要鉴别是两个或多个刺激中的哪一个刺激发生了相应的反应。

认知（Cognition）——心智或智力能力，一般用特殊的心理测试或实验测试进行评估。

神经状态（Neurological Status）——与中枢神经系统相对应的健康水平。

知觉速度（Perceptual Speed）——一种认知能力，通常通过简单的纸笔实验进行评估，需要用到受试者的搜索或鉴别能力。

减慢（Slowing）——随年龄的增长，许多反应时间和知觉速度变慢。

速度（Speed）——一个人可以执行许多任务的速率，一般用选择反应时间和知觉速度来评估。

引言

反应时间通常指的是一个时间段。这个时间段以刺激开始，以反应结束。刺激指的是一个简短的视觉或听觉信号。反应指的是受试者按下按钮或者松开按钮，做一个动作或者发一个声音。

历史背景

高尔顿（Galton）在19世纪后期首次对成人年龄与反应时间（Reaction Time，RT）之间的关系进行了系统评估，但是他的数据没有立刻发表。此后人们对年龄与反应时间之间的关系也只有零星的研究。直到1950年，出现了一个假说，即一个人的RT可能会反映其神经系统的健康状态。人们因此对这个话题有了兴趣，后来出现了大量以RT为目标的研究。

20世纪60年代初，以RT作为主要因变量的研究大量增加，因为它被认为反映了有趣的心理过程的时间。目前已经有了大量的研究报道，认为心理测试法中反应时间的测量是认知信息处理中一个有价值的工具。近年来，在RT研究中的一个主要问题扩展

为哪些反应时间测量方式反映了一般或特定年龄相关的影响。

重要性

RT 是老年病学中一个重要话题，主要有以下三个原因。第一，简单反应的速度是非常基本的行为测量方式，因此可以作为一个人神经状态的相对直接的指标。第二，RT 的研究揭示了很大的年龄相关性，这种相关性在所有行为科学中是最一致和最稳定的。第三，人们已经发现反应时间测量与较高认知功能测量有关。实际上，速度测量已经应用在几种智力测试中。本文以下章节详细阐述了这三点。

神经状态指标

RT 被认为是神经状态的反映，因为对外部刺激的快速反应不仅需要完整的感觉输入和运动输出，而且还需要在输入和输出过程中建立高效的通信系统。虽然大多数神经系统疾病对 RT 的影响可能不大，但至少大体上我们可以认为，影响神经连接完整性的因素也影响一个人对外界环境刺激的反应效率。

尽管 RT 被认为对一些神经病症具有敏感性，但其特异性尚不清楚。也就是说，因为导致反应时间减慢的所有因素尚未全部找到，所以 RT 减慢并不能说明是哪种类型的神经损伤。目前知道的可能导致年龄相关反应时间减慢的神经生理学因素包括：脑血管病导致的神经元死亡，不同程度的脱髓鞘，树突有多少分枝或者神经递质有多少量。在所有这些因素可以被完全区分开之前，以反应时间作为某特定类型的神经损伤的指标可能价值有限。

有证据表明，与年龄相关的反应时间减慢不仅仅是由于年龄变大、健康状况变差而导致的，因为在这些被研究的成年人样本中，与年龄有关的 RT 减慢也发生在那些自报身体健康状况良好或优秀的测试组。而且，据报道，有过头部创伤史或全身麻醉史的人的年龄相关的 RT 减慢更显著，因此在没有更多数据支持的前提下，得出结论还为时过早。

年龄相关的稳定性

对成人年龄差异在速度上的表现的早期回顾中，发现年龄与各种速度指标之间的 50 多种相关性中，它们的中位数为 0.45。年龄与反应时间的相关性大小也可以用最近几项研究结果来说明。例如，在一项与高尔顿做过的类似的研究中，反应时间是在参观展览的人群中测试的。在 2 190 名 20 岁及以上的成人样本中，单一刺激的简单反应时间随年龄每年增加约 0.7 μs。

简单 RT 和选择 RT 的比较也很有趣，因为两者之间的差异可以看作是一个人区分刺激所需要的时间。也就是说，选择 RT 是对不同的刺激有不同的反应，而简单 RT 是对所有刺激有相同的反应，因此选择 RT 所需的额外时间可以认为是区分刺激所需要的时间。在另一项研究中，对 20 至 90 岁的

1 265 名成年人（833 名男性和 432 名女性）进行了简单 RT 和选择 RT 的研究。该样本中的回归方程显示，随年龄增长简单 RT 每年增加约 0.5 μs，选择 RT 每年增加约 1.7 μs。因为年龄趋势在辨别刺激时更显著，所以此类结果表明与年龄有关的反应时间效应不仅仅归因于简单的感觉运动过程变慢。

年龄相关性也在更复杂的 RT 任务中被研究。例如，设计让受试者完成更广泛的任务：当两个刺激在某种程度上相似时，按一个键；当两个刺激完全不一样时，按另一个键。比如，一种测试方法是，刺激是数字—数字配对出现，被测试者需要依据数字的物理特征做出判断；还有一种测试方法是，刺激是数字—符号配对出现，同时出现的还有表示二者关系的代码表，被测试者需要判断二者关系是不是代码表显示的关系。

图 1 显示了在这 583 名男性和 776 名女性的样本中，这两项指标展示了每十岁一个年龄段受试者的平均值，每十岁的年龄段有 70~152 名受试者。值得注意的是，年龄趋势是单一且接近连续的，并且男性和女性的趋势几乎相同。然而，与判断物理特征（即数字—数字测试）相比，判断关联等价（即数字—符号测试）的平均 RT 更长，并且年龄相关性更大。回归分析显示，物理特征测试中 RT 大约随年龄每年增加 6.4 μs，而关联等价测试中 RT 每年增加大约 15 μs。

跟以前众多的老年病研究文献中的大量数据结果基本一致，如果年龄效应越大，则需要的认知处理能力越强。也就是说，当任务是仅仅对单个刺激做出预定的反应时，年龄效应是相当轻微的（例如，RT 每年增加少于 1 μs）；当任务是区分不同刺激产生不

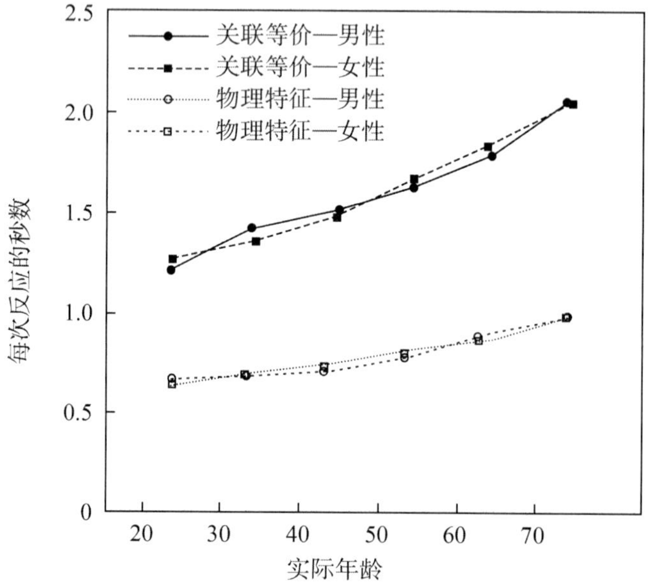

图 1　作为年龄函数的物理特征和关联等价决定的平均反应时间

同反应时，年龄效应稍大（例如，RT 每年增加大约 1.5~2 μs）；当需要不仅区分还要比较两种刺激时，年龄效应会更大（例如，RT 每年增加约 6 μs）；而当需要对两种刺激不仅做比较还要做关联等价时，年龄效应甚至更大（例如，RT 每年增加大约 15 μs）。

因为在其他速度测量中也发现了类似的年龄相关性模式，所以反应时间测量已被认为可以更广泛地代表认知处理速度。例如纸笔实验，可以做简单的运动反应（例如连线，抄数字），也可以做认知操作（例如比较或替换）。图 2 显示了四种不同的纸笔实验的年龄相关性。其中两种纸笔实验反映了感觉运动速度，即连线成框和数字抄写。另外两种纸笔实验反映了知觉比较速度，即字母比较和模式比较。对两个感官运动任务，年龄趋势是相对较小的，即每年增加大约 5 μs；但对两个知觉比较任务，年龄趋势较大，即每年增加大约 20 μs 和56 μs。

除了类似的年龄相关模式之外，还发现纸笔实验的速度测量与反应时间具有一定相关性。例如，在包含 372 名成人的两个样本中，纸笔模式比较速度和数字—符号反应时间之间的相关性分别为 0.60 和 0.61。

与认知的关系

如前所述，速度测量已被纳入几个广泛使用的认知测试中，纸笔速度测量与更传统的认知功能测量有一定的相关性。这一事实表明，速度与认知之间存在某种关系。反应时间和纸笔速度与各种认知之间的关系在一些实验研究中得到了证实，包括一些认知测试是在没有外部时间限制下进行的，这些受试者可以自己控制时间。

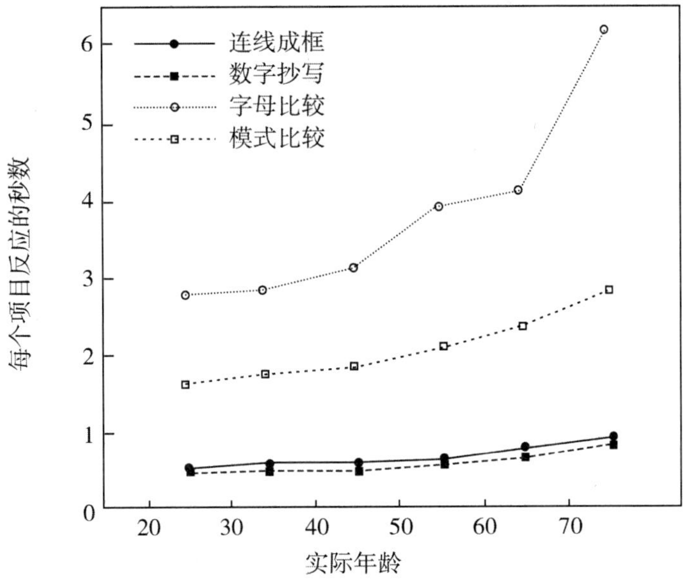

图 2　作为年龄函数的四种纸笔任务的平均表现水平

一些研究进行了统计控制分析，在分析年龄与认知功能之间的关系之前使用统计程序控制其速度指数。这些分析的典型结果是，在统计控制速度之后，认知功能的年龄相关性也大大降低了。此外，通过速度和认知测量的组合，统计控制程序已经完全消除了测量中年龄相关的变化。

这些结果表明，RT 和其他速度测量反映了认知功能中年龄差异的重要性。然而，通过速度测量评估还不能确定导致与年龄相关的认知功能变化的原因。

另请参阅：认知行为干预；决策制定和日常问题的处理；神经递质和神经营养因子。

拓展阅读

Earles JL and Salthouse TA (1995) Interrelations of age, health and speed. *Journal of Gerontology: Psychological Sciences* 50B: P33–P41.

Fozard JL, Vercruyssen M, Reynolds SL, Hancock PA, and Quilter RE (1994) Age differences and changes in reaction time: The Baltimore Longitudinal Study. *Journal of Gerontology: Psychological Sciences* 49: P179–P189.

Houx PJ and Jolles J (1993) Age-related decline of psychomotor speed: Effects of age, brain health, sex, and education. *Perceptual and Motor Skills* 76: 195–211.

Koga Y and Morant GM (1923) On the degree of association between reaction times in the case of different senses. *Biometrika* 15: 346–372.

Salthouse TA (1985) Speed of behavior and its implications for cognition. In: Birrer JE and Schaie KW (eds.) *Handbook of the Psychology of Aging*, 2nd edn, pp. 400–426. New York: Van Nostrand Reinhold.

Salthouse TA, Kausler DH, and Saults JS (1990) Age, self-assessed health status, and cognition. *Journal of Gerontology* 45: 156–160.

Wilkinson RT and Allison S (1989) Age and simple reaction time: Decade differences for 5, 235 subjects. *Journal of Gerontology: Psychological Sciences* 44: P29–P35.

译　者：张少景，王　鹏（首都医科大学附属北京复兴医院）

犯罪与年龄

E. E. 弗林 东北大学，波士顿，马萨诸塞州，美国

词汇表

队列（Cohort）——在人口学上具有相同统计学特征（如年龄）的一批人。

犯罪率（Crime Rates）——与人口有关的犯罪发生率。

犯罪生涯（Criminal Careers）——描述犯罪活动的发生、犯罪的种类和数量、违法行为的结果的概念。

横断面研究（Cross-Sectional Research）——在特定时点上对不同年龄的人群的研究。

犯罪发生率（Incidence of Crime）——犯罪者的犯罪比率。

指标犯罪（Index Offenses）——被列在第一部分的罪行。

纵向研究（Longitudinal Research）——在不同时点上对特定人群的研究。

犯罪流行率（Prevalence of Crime）——人口中犯罪者的比例。

财产犯罪（Property Crimes）——包括入室盗窃、盗窃、汽车盗窃和纵火。

累犯（Recidivism）——重新犯罪。

《标准犯罪报告》（Uniform Crime Reports，UCR）——美国联邦调查局（Federal Bureau of Investigation，FBI）收集、发布的犯罪活动年度报告。这份报告将犯罪分为两大类：列在第一部分的犯罪包括谋杀、非预谋杀人、暴力强奸、抢劫、故意伤害、入室盗窃、盗窃和汽车盗窃；列在第二部分的犯罪包括一些相对不严重的犯罪，如伪造、欺诈、侵占、性侵犯和其他不属于联邦调查局根据严重程度而归类于第一部分的犯罪。

暴力犯罪（Violent Crimes）——包括谋杀、暴力强奸、抢劫和故意伤害。

引言

犯罪学是把犯罪行为和违法行为作为社

会现象进行研究的科学。这个相对年轻的研究领域包括三个主要分支：（1）法律社会学，研究法律是如何制定和实施的；（2）犯罪原因学，研究犯罪的原因；（3）刑罚学，研究社会对犯罪的应对，包括对刑事司法系统的研究。作为社会科学家的犯罪学家利用现代科学的研究方法对法律、越轨行为和犯罪进行实证性的研究。犯罪学把犯罪和越轨行为视为高度复杂的社会行为，而非孤立的事件。为了充分理解越轨和犯罪的含义，犯罪学超越了法律上的犯罪概念，考察了越轨和违法行为产生的整个社会背景。针对犯罪原因，广泛的研究认为年龄、性别、种族、社会阶层、家庭背景和社区环境都是犯罪的主要社会相关因素。

本文首先深入探讨了年龄和犯罪的关系，概述了这一论题当前研究的相关信息。第二部分较为详细地介绍了根据美国联邦调查局收集的全国犯罪统计数据形成的年龄—犯罪曲线。第三部分讨论了年龄—犯罪曲线的主要统计特征。第四部分阐述年龄—犯罪曲线的意义，回顾了犯罪学中关于年龄和犯罪的真正关系的持续争论。第五部分探讨了年龄和其他关键变量作为犯罪的重要社会相关因素。第六部分把年龄作为犯罪生涯开始和结束的一个关键变量，还探讨了当前的刑事司法系统对重复犯罪的应对措施，并就其在控制犯罪和减少犯罪方面的有效性提出质疑。第七部分调查了社会年龄结构对美国犯罪率的影响，并追踪了21世纪美国青少年人口的增长情况。本文最后评估了人口变化对犯罪控制和刑事司法政策的影响。

年龄和犯罪的关系

犯罪学中一个很少有争论的事实是犯罪的年龄分布。对被害人调查研究所证实的官方犯罪统计数据清楚表明，犯罪是年轻人的专利，很多最严重的犯罪是由14~24岁的年轻男性实施的。除此之外，年龄—犯罪曲线也清楚地表明年龄与犯罪活动呈负相关，犯罪率从最低刑事责任年龄开始迅速上升，在青年时期达到峰值，然后迅速下降。这个下降最初非常迅速，然后以一条渐渐向下的曲线贯穿于人的生命历程之中。图1（见下页）表示的是根据美国联邦调查局在1993年公布的美国每100 000人口的财产和暴力犯罪率。财产犯罪率在16岁时达到峰值，暴力犯罪率在18岁时达到峰值。年龄和犯罪的关系，是犯罪学研究非常感兴趣的问题，并且成为该领域理论研究的重点。犯罪学家认为年龄是犯罪的主要相关因素，就像性别、种族、社会阶层、家庭背景和社区环境一样。

年龄—犯罪曲线的统计学依据

未成年人和青年人的被捕率与其占总人口的比例很不相称。根据联邦调查局的《标准犯罪报告索引》（FBI's Uniform Crime Reporting Index），1993年，10~17岁的未成年人人口占美国总人口的11.3%，但他们占当年被捕的所有暴力犯罪的18.4%，超过被捕的所有财产犯罪的1/3（33.2%）。如果

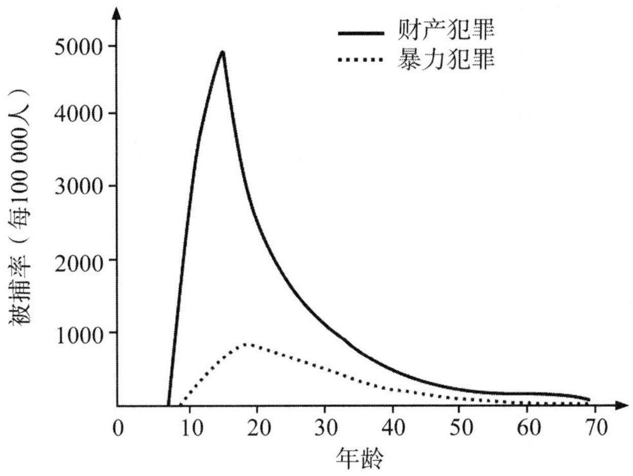

图1 年龄与犯罪之间的关系

注：16岁因财产犯罪和18岁因暴力犯罪而被捕的人数最多。1993年每10万居民中有746.1起暴力犯罪和4 736.9起财产犯罪。

引自：FBI，1994. *Crimes in the United States*, 1993. Washington，DC：Government Printing office，pp. 10，35，227-228.

查看25岁以下人群的被捕统计数据，年轻人犯罪的问题就更加突出了。这个人群只占美国总人口的21.2%，却实施了一半以上（58.3%）被捕的财产犯罪，以及接近一半（47.4%）的暴力犯罪。大多数犯罪者的被捕年龄在16~19岁，涉及财产犯罪的年龄峰值是16岁，涉及暴力犯罪的是18岁。30岁以后，被捕率下降。50岁以上，被捕率就非常小了（1.3%以下）。犯罪活动随着年龄的增长逐渐减少，可以理解为人因成长而成熟。

年龄—犯罪关系的重要性：对年龄的争论

许多跨时间、性别、种族、犯罪类型和不同文化背景的研究都证明了年龄—犯罪关系的持续性。这种现象和所得数据的一致性使得一些犯罪学家认为年龄—犯罪曲线是不变的。他们进一步认为，犯罪与年龄之间的这种明显关系不能用其他与年龄相关的因素来解释。因此，他们认为年龄对犯罪有直接的因果作用。鉴于此，这一学派的支持者认为，对年龄—犯罪关系的研究与犯罪研究相关性很小，因为所有的人，不论种族、性别、社会阶层、家庭或者其他因素，随着年龄增长都会减少犯罪。

对年龄—犯罪关系的争论持相反观点的是另一个学派，他们认为现有的结论是根据官方整体的、阶段性的《标准犯罪报告》得出的，尽管这些数据能够描述犯罪流行率的变化，但提供的关于犯罪发生率的信息仍然很少。实际上，整体的年龄—犯罪曲线很少与个案的年龄—犯罪曲线相一致。这是因为在个体犯罪生涯开始和结束的层面上，犯罪发生的机制各不相同，它还因所犯罪行的类型而异。例如，损坏财物或汽车盗窃多发生在青少年中，在 15 ~ 16 岁时达到峰值。相比之下，诸如诈骗、挪用公款等白领犯罪的高峰则相对靠后，多发生在 20 多岁和 30 出头。此外，尽管整体的年龄—犯罪曲线在青少年期以后迅速下降，但这并不意味着每个罪犯的犯罪数量也按照这样的速度下降。事实上，许多跨文化的、纵向的研究表明，尽管大多数犯罪的发生率遵循年龄—犯罪曲线，但一些惯犯的违法行为依然有增无减。

年龄是犯罪程度的一个重要决定因素

为什么有的人会犯罪而有的人不会？为什么大多数年轻罪犯会因“年事已高”不再犯罪而有的依然犯罪？这些问题促使人们对犯罪原因进行了大量前瞻性和回顾性的纵向研究。这些研究的结果表明，犯罪行为的发生、频率、终止的规律各不相同，取决于各种各样的生物的、个体的和社会的因素。

生物和个体的因素对年龄—犯罪曲线的形成有很大作用，这是因为很多犯罪活动与一定的身心发展水平密切相关。例如，青春期的攻击和暴力行为与年轻男性雄性激素水平的上升直接相关，当他们还不成熟时，追求即刻快感和冒险的行为也很普遍。当青少年成长为成年人时，身心的成熟开始在使他们避免犯罪方面发挥关键的作用。同样的道理，像抢劫、强奸这类犯罪，需要一定的力量、武力和机敏。随着年龄的增长，罪犯失去了攻击、抢劫、逃跑和避免被捕的体力。

虽然生物和个体因素确实为年龄—犯罪曲线设定了一些参数，但还不能完全解释它。充分的解释建立在将曲线与个体所处的社会环境联系起来的基础上。为此，犯罪学研究已经发现若干社会因素在解释年龄—犯罪曲线方面比只关注个人的生物和个体特征更为重要。下面这些行为因素与严重的、暴力性的、长期的青少年犯罪有密切关系：（1）不完整的家庭；（2）身体或性虐待；（3）犯罪同龄群体；（4）糟糕的学校表现；（5）高犯罪率社区。随着美国进入 21 世纪，如果不能在立法或政策制定方面有效应对上述问题，那么对国家的犯罪率和犯罪控制来说前景堪忧。

不完整的家庭

从历史上看，家庭承担着儿童社会化的首要责任。在人的早期，其基本的人格特征、是非观和个人价值观都在家庭这个最初的社会环境中形成，远远早于宗教、教育或工作场所等其他社会因素施加影响的时间。社会化是一个道德内化、非正式教育和正式教育相结合的过程。成功的社会化意味着文明和遵纪守法。

大多数犯罪学家认为，一个稳定、安全、相互支持的家庭在预防青少年犯罪方面极为重要。相反，成长于充满暴力、虐待和忽视的家庭的孩子最有可能走上违法犯罪的人生道路。一个简单的事实是，在这种家庭中长大的孩子很难培养出一个积极进取的守法公民所需的社会认同感和价值观。下面介绍美国家庭解体的一些情况。

由于离婚、分居、遗弃或死亡而在破碎家庭中长大的儿童的人数正在增加。美国的离婚率是世界上最高的。未婚女性的生育率已经接近 50‰。少女的怀孕率已经处在发达国家的最高水平之列。在不到一代人的时间里，以女性为户主的家庭户数翻了一番多。超过一半学龄儿童的母亲多是出于经济需要在外工作。其结果是由单亲家庭、职业母亲、托儿所，甚至是电视机照管下的孩子越来越多。没有全职父母监护的儿童的比例已经接近 60%，并且还在上升。

关于社会的快速变化和家庭解体对犯罪的影响的研究有很多，但研究结果并不乐观。父母犯罪和儿童犯罪有密切的关系。尽管这种代际间的确切原因尚不清楚，但有一些证据表明与遗传、心理和社会因素有关。很多不完整的家庭都有酗酒和药物滥用的问题。例如，药物滥用、虐待儿童、胎儿酒精综合征、新生儿药瘾症之间有很强的联系。有药物滥用行为的成人抚养的孩子也更容易产生此类问题倾向，这与在不滥用药物的家庭环境中长大的青少年有很大不同。最后，某些不恰当的、前后不一致的教养方法是导致孩子违法的最初原因，例如把握不了严厉和溺爱的尺度、严酷的体罚、对儿童的冷漠和疏远，以及父母当着儿童的面无休止的争吵。

身体或性虐待

身体或性虐待与青少年犯罪有很强的正相关关系。尽管估计数据会不一致，但每年至少有 100 万儿童遭受父母或其他看护人的虐待和折磨，以致需要住院治疗。未报告的虐待儿童事件可能要到 4~6 倍。每年死于父母虐待的儿童大约有 2 000~5 000 人。研究发现，身体或性虐待与危险性行为（特别是女孩），以及药物滥用、非婚生子和自杀密切相关。此外，受过神经和心理问题伤害的儿童似乎更容易违法犯罪，不仅仅因为他们受到过身体虐待，还因为他们是家中习惯性暴力和残暴的目睹者。严重的身体虐待会导致神经或精神运动性障碍，而这类儿童有实施非常严重的，有时甚至是残忍的暴力行为的倾向。

犯罪同龄群体

随着孩子的成长，父母的影响力和控制力在减弱，同龄群体的影响力在提升。犯罪统计数据显示，青少年倾向于小群体违法犯罪，而不是单独作案。这些统计数据加上大多数孩子在十几岁时便结成了关系紧密的群体的事实，正好说明了年龄—犯罪曲线在这一时期的快速上升。有充分证据表明，与违法犯罪朋友有牵连、属于少年帮派或与其他行为不轨者有联系的青少年更有可能从事违法犯罪活动。

糟糕的学校表现

学校作为影响个人社会化的因素的失败

之处是有据可查的，尤其是在社会经济贫困的城市地区。尽管学校教育的失败与犯罪之间没有明确的因果关系，但犯罪学家一致认为，教育机构在现代社会中未能很好地履行其初级社会化职能。在过去 20 年中，校园暴力和财产犯罪的上升已经被很好地记录在案。联系到孩子的在校时间，就会毫不意外地发现，他们在学校比在其他任何地方遭受暴力的风险都要多。小偷小摸、身体攻击、抢劫、打架和种族对抗是学校生活的一大部分，特别是在城市学校中。除了非法侵入和破门侵入，发生在学校里的大多数罪行都是在校生犯下的。教师经常是财产犯罪和身体攻击的受害者。糟糕的学习表现和对学校的逆反态度，与违法犯罪、滥用药物、蔑视权威、对社会不满、种族主义和低效率密切相关。旷课和不守纪律也是主要问题。太多学校削减了课程，反映了一种疏离的、监狱般的氛围。很多无人赏识、备受指责的老师，也表现出敌对、意志消沉和精疲力竭。混乱、犯罪和破坏行为已经造成了损失。学生成绩很差，很多学校的毕业生都是技术性文盲，更令人不安的是，还有太多功能性文盲，他们以这样的状态来面对需要高知识和高技能的就业市场。

高犯罪率社区

美国很多市中心社区的特点是贫穷、流动人口多、人口密度大、彼此冷漠和环境恶化。与富人区相比，它们还有特别高的犯罪率。内城区的失业率非常高，特别是少数族裔。尽管贫穷与犯罪之间没有直接的因果关系（许多生活在高风险地区的单亲家庭的孩子并没有犯罪），但有非常有力的证据表明，家庭破裂、失败的公立学校系统、经济边缘化、低技能、蓝领就业机会的减少，与高风险、中心城区的犯罪存在结构性联系。那里的生活充满着愤世嫉俗和疏离。由于缺乏积极的社会控制方法，这些地区充斥的犯罪力量进而破坏了社会的稳定。有鉴于此，社区的社会、现实和物质条件对违法和犯罪产生了独立的影响，而居民个人几乎无法控制。

年龄和职业犯罪

许多分析队列中的犯罪和犯罪模式的研究表明，任何特定群体中都有相对较少的惯犯，他们犯下了与其年龄不成比例的大量罪行。这些惯犯（大约占 8%）要对超过 50% 的罪行负责，包括一大部分的杀人、强奸、抢劫和故意伤害。尽管对惯犯的研究非常复杂且无法简单说明，但研究在以下几点上达成了一致：大多数违法者并不会成为惯犯；一些恶作剧和小过失通常并不会演变为严重的犯罪行为；与一般的违法青少年相比，惯犯在很小的年龄就开始了他们的犯罪生涯，通常是在 10 岁之前。事实上，开始犯罪时的年龄是成为惯犯和从事成年犯罪职业的最佳预测因素。研究认为，一个人首次因犯罪而被逮捕、定罪或监禁时的年龄越小，他继续犯罪的可能性就越大。惯犯通常具有过度暴力性、破坏性和缺乏怜悯心的特征。经过计算发现，他们的犯罪职业生涯平均时长为

6年，并在30~40岁达到峰值。这个结论对控制犯罪和进行制裁具有重大意义。因为如果惯犯能够被正确识别并且监禁一段时间，那么犯罪率应该会大幅下降。

根据这些发现，国会和州政府在过去几年中已经通过了一系列的立法举措。根据对惯犯的研究，这些努力旨在更有效地处理国家日益严重的犯罪问题。他们通过对高风险、暴力和顽固的犯罪者进行严格起诉来实现这一目标。如果法院认定有罪，这类罪犯将被判处长期监禁，包括终身监禁，不得假释。主张延长刑期的人们认为这样既可以减少犯罪，最终也可以节省纳税人的钱。他们认为这样的判决不仅能通过剥夺罪犯的行为能力而减少受害者的损失，也可以降低刑事司法系统对重犯重复逮捕、重复审判的大量费用。

尽管在量刑方面进行了这些引人注目的立法改革，但尚不清楚能否最终达到减少犯罪的预期效果。这是因为关于选择性丧失行为能力的研究证据仍然不完整。目前，犯罪学家还不能精确地预测哪些罪犯存在重复犯罪和暴力的高风险。同理，也缺乏相应的知识来正确预测哪些罪犯的社会风险低。结果就是立法上的矫枉过正。目前的量刑方案对惩罚严重犯罪和累犯撒下了一张过大的网。在这个过程中，有太多被监禁的罪犯，其罪行很轻微，对社会也不构成那么严重的危害。

职业犯罪法律和对累犯的过重判决造成的累积结果就是美国有全世界最高的监禁率，每10万美国居民中就有超过350个囚犯！到目前为止，州监狱和联邦监狱的囚犯人数已经增加了近100万人。关押这些罪犯的费用也随之上涨，1995年已达到190亿美元，这还不包括全国的市县监狱。如果按目前的趋势继续下去，监禁的成本还会大幅上升。这是因为监狱中的终身监禁者和老年囚犯的空前增长，他们的健康护理费用是一般年轻囚犯的2~3倍。

尽管我们已对年龄与犯罪之间的关系有了一定的了解，但刑事司法方面的当前发展却冲击了我们现有的认知：从统计学上讲，累犯随着年龄的增加而减少已为人所知。因为早期的犯罪是以后长期犯罪生涯的一个预测条件，有限的公共资源应当更好地投入预防犯罪上，而不是集中在老龄化和老年囚犯身上，他们的犯罪生涯已经达到峰值，而且在很早以前就开始下降了。

年龄结构和犯罪

由于犯罪随年龄而异，社会年龄结构的变化对犯罪率产生了重要的影响，且独立于其他已知的因素，如不完整的家庭、学校、同龄人和社区。二战以后的“婴儿潮”是众所周知的，并有文献记载。和平和繁荣的双重前提加速提高了这个国家的结婚率和出生率，带来了很容易预见的结果。当“婴儿潮一代”在20世纪60年代达到犯罪高发的年龄时，美国的犯罪率陡然上升。到1980年，犯罪率达到每10万人有5950件犯罪的峰值，然后开始下降。10年后，犯罪分类中的指标犯罪下降了，这与青少年在总人口中的比例相符。从那以后，犯罪分类中的指标犯罪一直在下降，只略有波动。从1990年开始，全国犯罪率有更小幅度的下降。然而，近期的犯罪率掩盖了两种截然不同且令人不安的趋势：虽然随着“婴儿潮一代”的老龄化，成人犯罪率正在下降，但青少年暴力犯罪却迅速增加。对以每10万人口为单位的凶杀率的调查可以说明这个问题。自1985年以来，25岁及以上成年人的凶杀率从8%稳步地下降到1993年的5.2%。同一时期，18～24岁年轻人的凶杀率从16%上升到26%。最糟糕的是，14～17岁青少年的谋杀率翻了一倍多，从7%上升到近19%。考虑到2005年美国青少年人口的比例将增加到23%的事实，青少年暴力犯罪只会加剧，犯罪率上升的问题会更加严重。

结论

总而言之，关于年龄与犯罪的关系，现有的犯罪学知识状况表明，现行的刑事司法政策被误导了。如果要扭转当今让人无法接受的高犯罪率，更重要的是，如果要避免新的犯罪浪潮，我们应当把重心放在初级预防上。只有在不完整家庭、青少年群体、学校系统等这些刑事司法系统之外的环节中对青少年进行早期干预计划，我们的目标才能得以实现。

拓展阅读

Adler F, Gerhard O, Mueller W, and Laufer WS (1991) *Criminology*. New York: McGraw-Hill, Inc.

Farrington DP (1986) Age and crime. In: Tonry M and Morris N (eds.) *Crime and Justice: An Annual Review of Research*, vol. 7, pp. 189-250. Chicago, IL: University of Chicago Press.

Federal Bureau of Investigation (1994) *Uniform Crime Reports*, 1993. Washington, DC: US Government Printing Office.

Greenwood PW (1995) Juvenile crime and juvenile justice. In: Wilson JQ and Petersilia J (eds.) *Crime*, pp. 91 - 117. San Francisco, CA: ICS Press.

Hirschi T and Gottfredson JM (1983) Age and the explanation of crime. *American Journal of Sociology* 89 (N3): 552-584.

Sampson RJ and Laub JH (1993) *Crime in the Making*. Cambridge, MA: Harvard University Press.

Siegel LJ and Senna JJ (1994) *Juvenile Delinquency: Theory, Practice and Law*. St. Paul, MA: West Publishing Company.

Wright KN and Wright KE (1994) *Family Life, Delinquencyand Crime: A Policymaker's Guide*. Washington, DC: The Office of Juvenile Justice and Delinquency Prevention.

译　者：田　阳（北京大学）

校译者：张雅璐（北京大学）

肥胖

E. 鲁丁, M. 林康, J. 鲍曼, N. 巴兹莱 阿尔伯特·爱因斯坦医学院，布朗克斯区，纽约，纽约州，美国

词汇表

体质指数（Body Mass Index，BMI）——根据体重（单位：kg）除以身高（单位：m）的平方而换算出来的体重量度。

代谢综合征（Metabolic Syndrome）——又称X综合征、胰岛素抵抗综合征。由葡萄糖耐受不良、腹部肥胖、血脂异常和高血压等一系列异常代谢引起的代谢紊乱症候群。

肥胖症（Obesity）——相对于瘦体质而言，身体脂肪过多，通常BMI为30或更高。

内脏脂肪（Visceral Fat，VF）——脂肪积聚在腹壁和内脏器官周围，如肠和肾，会导致腹壁多脂症。

引言

肥胖症患者正以惊人的速度增长，虽然很难估计实际超重和肥胖的人数，但根据“国民健康与营养调查”（National Health and Nutrition Examination Survey，NHANES）的最新数据可知，大约33%的美国成年人肥胖，约66%超重或肥胖（见图1），在过去30年里，美国超重和肥胖人数增长了119%。其他国家也有类似的趋势。肥胖症的流行并不局限于工业化国家，通常发展中国家的增长速度更快。

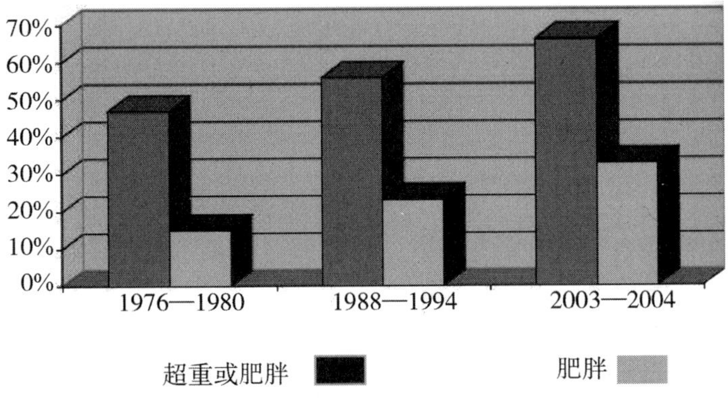

图1 美国20~74岁成年人年龄调整超重和肥胖患病率

引自：http：//www. cdc. gov.

肥胖能够独立于其他各种导致死亡增加的因素产生影响；肥胖还与许多高发病率、死亡率和短寿的疾病有关，包括糖尿病和代谢综合征、脑卒中、胆囊疾病、某些癌症、阻塞性睡眠窒息症、骨关节炎等。事实上，2002年美国因肥胖引起的医疗支出估计约为610亿美元，占每年医疗支出总额的4.6%。这还不包括对社会产生不良影响而支付的巨大间接成本，如残疾和旷工损失，估计可达510亿美元。因此，日益普遍化的肥胖问题会对公共卫生产生重大影响。

肥胖，尤其是腹部肥胖，通常与衰老有关，即使在BMI没有显著增加的情况下也会出现。在世界发达地区，人们的体重会持续增加直到60岁左右，然后他们的BMI开始下降。在老年人中，脂肪量和瘦肉组织量之比通常是在变大的。脂肪渗入其他组织，如肌肉和肝脏，并在内脏（腹部）区域大量积聚，故腹部肥胖主要是由于内脏脂肪（visceral fat，VF）的增加。VF是指积聚在腹壁内和肠、肾等内脏周围，导致腹部肥胖的脂肪。VF增加可能导致重要的健康隐患，因为它与不良健康结果的发展有关，并且在衰老代谢综合征中起中心作用。随着人口老龄化和肥胖症的流行，我们对肥胖症增加与代谢综合征相关的不良健康状况之间关系的阐释变得越来越重要。

肥胖的定义

肥胖可以从任意角度进行定义，但通常是指相对于瘦体重而言的身体脂肪过量。定义肥胖的问题之所以出现，是因为体重是一个连续统一体，很难确定正常、超重和肥胖之间的绝对界限。当下已有几种测量体脂的方法，估计身体脂肪的金标准技术称为密度测定法，它利用脂肪和非脂肪组织密度不同这一基本原理对患者进行水下称重。使用几种可用公式中的一种，我们就可以得到身体脂肪的估计值。另一种方法是基于核同位素研究来估计瘦体重。但是，这些方法的可获得性并不强，因此还需要使用其他间接估计方法来估计体脂。

间接估算体脂的方法比较常用，也比较实用，具体包括皮肤褶皱的测量，以及为身高值提供体重的参照表格，这些身高值是由人寿保险公司开发的，用来确定最低死亡风险。目前最广泛接受的间接肥胖测量方法是BMI，即定义为体重与身高的平方的比值（kg/m^2）。美国疾病控制与预防中心（Centers for Disease Control and Prevention，CDC）将超重定义为BMI在25~29.9，肥胖为BMI在30或以上，健康为BMI在18.5~24.9。

什么导致了肥胖？

肥胖是长时间的热量摄入和热量消耗不平衡的结果。当摄入的热量大于消耗的热量时，体重就会增加。卡路里的消耗是复杂的，可能是代谢、遗传和个体因素等一系列因素共同导致的。基因和环境可能会使体重易于增加，但只有摄入过多的卡路里才会真正导致体重增加。

在发达国家，人们很容易获得大量低成本、高热量、高脂肪的食品。在过去的20~30年里，人们的饮食量也急剧增加。营养易获得性的增加和久坐式生活方式的结合导致能量消耗的减少和热量摄入的增加，这可能是全球肥胖人数急剧增加的主要原因。此外，医疗保健水平不断提高，尽管与年龄有关的身体脂肪和肥胖相关疾病有所增加，人们的平均寿命仍在延长。

虽然能量失衡是肥胖流行的根本原因，但一些原因，如医疗条件、遗传疾病和药物也可能会导致这种失衡的发生或恶化。甲状腺功能减退（即甲状腺激素分泌不足）和库欣综合征（内源性类固醇分泌过剩）等都是与体重增加有关的医学问题。与肥胖相关的遗传疾病包括瘦素（一种与能量平衡有关的激素）缺乏和普拉德—威利综合征（一种由于肌肉张力下降、身材矮小、智力迟钝、行为问题和过度饮食导致肥胖的复杂疾病）。一些与体重增加有关的药物，包括抗精神病药物（特别是其新一代药物）和类固醇（慢性使用的药物），这些药物可用于各种炎症。然而，上述因素很少是导致肥胖的主要原因，加在一起对肥胖症的流行也并没有显著影响。

肥胖和代谢综合征

伴随全球肥胖增加的是代谢综合征的增加。代谢综合征又称衰老代谢综合征、X综合征、胰岛素抵抗综合征，是葡萄糖耐受不良（糖耐量受损、空腹血糖受损、2型糖尿病）、中央（腹部）肥胖、血脂异常、高血压等代谢异常的综合。所有这些代谢异常都是公认的心血管疾病的危险因素。低水平的炎症可能与之共存或成为这种风险增加的标志。

代谢综合征的定义仍有争议，目前有两种公认的定义，使用的标准略有不同。世界卫生组织（World Health Organization，WHO）的标准通常仅限于研究环境，因为它们涉及多个血糖测量或钳位研究。“国家胆固醇教育计划：成人治疗第三小组”（National Cholesterol Education Program：Adult Treatment Panel Ⅲ，NCEP：ATP Ⅲ）指南（见表1）在临床上更常用，因为它们只需要一次血糖测量。基于NCEP：ATP Ⅲ 指南对代谢综合征的定义可知，该综合征的存在与糖尿病的发生、冠心病的死亡密切相关。

代谢综合征定义的标准在未来可能会考虑种族或年龄相关的疾病风险差异。例如，与BMI为30的高加索人相比，BMI为23~24的亚洲人与代谢综合征相关的不良结果的风险可能相当，而BMI正常的老年人VF可能更多。

脂肪分布、热量限制原则和实验模型

并不是所有的脂肪都对你的健康有害。众所周知，脂肪的分布是极其重要的。越来越多的证据表明VF对衰老有不良影响。腰

表 1　NCEP：代谢综合征的 ATP Ⅲ标准[a]

危险因素	确定水平
腹部肥胖	腰围
男	>102 cm（>40 in）
女	>88 cm（>35 in）
甘油三酯	≥1.7 mmol/L
高密度脂蛋白胆固醇	
男	<1.0 mmol/L
女	<1.3 mmol/L
血压	≥130/≥85 mmHg
空腹血糖	≥6.1 mmol/L

[a] 当具备 3 个或 3 个以上的危险因素时，就可以确诊为代谢综合征。

臀比（waist-to-hip radio，WHR）是一种流行病学工具，它表明 VF 与糖尿病、脑卒中、冠状动脉疾病和死亡率之间的关系。WHR 是腰围除以臀围的值，男性大于 1.0，女性大于 0.9 与不良健康结局有关。高 WHR 的人可能属于脂肪中央集中模式，这种脂肪中央集中模式有时被描述为机器人、苹果形或“啤酒肚”。WHR 较低的人可能下半身脂肪分布较多，被称为女性型或梨形，这种分布模式的人似乎比脂肪集中在中央的人患肥胖相关疾病的风险更小。不同的身体脂肪分布可能比其他因素更值得关注，这一事实部分解释了为什么肥胖很难简单地定义。

啮齿动物模型的实验数据进一步支持了 VF 与肥胖相关疾病的关系。例如热量限制（指包含所有必需的营养素和维生素，但只有一小部分热量的食物）逆转了与年龄有关的血浆胰岛素、血糖和糖化血红蛋白（长期葡萄糖控制的血清标志物）的增加，使它们达到年轻时的水平。事实上，热量限制能使肝脏和肌肉的胰岛素敏感性恢复到与年龄无关的年轻水平。此外，大鼠 VF 的切除手术已经显著逆转了胰岛素作用的缺陷。在最近的一项人体研究中，皮下脂肪的去除并没有带来胰岛素敏感性的改善，这凸显了 VF 作为生物活性更强的脂肪库的重要性。

脂肪作为动力器官

脂肪组织不仅是过量营养物质的储藏库，而且是一种能够表达具有生物活性的脂肪源多肽（fat-derived peptide，FDP）的活性和动态器官。在急性损伤时，巨噬细胞参与这些肽的释放，并且伴随炎症标志物的产生；但在基础状态下，脂肪组织是主要的产能来源。其中一些 FDP 可能在衰老代谢综合征和其他肥胖相关疾病的发展中发挥作用。

瘦素是从脂肪组织中提取的一种肽，通过细胞因子受体发挥作用，并与脂肪量成正比地表达和分泌。瘦素主要通过中枢神经系统的受体发挥作用，特别是下丘脑，但它也可能具有外周作用。瘦素缺乏的遗传模型与肥胖和糖尿病有关。瘦素作为能量充足的标志，在饥饿和体重减轻期间迅速下降。随着 VF 在衰老过程中的增加，瘦素水平随脂肪量的增加而增加，但其降低食欲的活性似乎降低。这种瘦素作用的失败可部分归因于人类的饮食行为，因为无论血浆瘦素水平、食欲或肥胖程度如何，人们都在有规律地进食。

肿瘤坏死因子-α（tumor necrosis factor-α，TNF-α），以前被称为淋巴素和恶病质，被认为与疾病和恶性肿瘤发生时人的消瘦有关。在基础状态下，TNF-α 与脂肪质量成正比，并已被实验证明参与了胰岛素抵抗的发展中。体外研究表明，TNF-α 降低胰岛素受体酪氨酸磷酸化，下调胰岛素信号通路的几个步骤。此外，在一些模型中，TNF-α 拮抗剂已经被证明可以改善胰岛素抵抗。

脂联素在脂肪组织中高度表达，是一种非细胞因子 FDP，它具有保护作用。与大多数 FDP 不同，它的循环水平与肥胖成反比。肥胖人群的 FDP 循环水平往往较低，并且随着体重的减轻而增加。动物模型显示，低脂联素水平会增加平滑肌对损伤的反应增殖，增加游离脂肪酸水平，引起胰岛素抵抗，而脂联素增加可提高胰岛素敏感性。代谢综合征中低脂联素水平对糖尿病和动脉粥样硬化的影响提供了炎症和肥胖之间的另一种联系。

纤溶酶原激活物抑制剂-1（plasminogen activator inhibitor-1，PAI-1）是纤维蛋白溶解的主要抑制剂，在脂肪组织中高度表达，可能在血栓形成中发挥重要作用。PAI-1 水平与肥胖相关，肥胖动物脂肪组织中 PAI-1 的表达明显高于偏瘦的动物。PAI-1 与肥胖的关系提供了肥胖与急性冠状动脉事件之间的联系。

白介素-6（interleukin-6，IL-6）是另一种来源于脂肪组织的细胞因子，其表达和循环水平与脂肪量直接相关。循环 IL-6 的升高是心血管疾病和糖尿病发展的一个预测因子。在实验模型中，注射 IL-6 会导致高脂血症、高血糖和胰岛素抵抗。IL-6 可降低脂联素的表达。

血管紧张素原（angiotensinogen，AGT）和肾素—血管紧张素系统中的其他肽在脂肪组织中产生。肥胖与高血压有很强的相关性，意味着脂肪组织可能在血压调节中发挥作用。循环中的 AGT 水平与肥胖或高血压之间的相关性已经在动物研究中得到证实，AGT 的过分表达会导致高血压，而 AGT 表达不足会导致血压下降。

其他炎性细胞因子，包括血清淀粉样蛋白 A IL-1、IL-8 和 IL-18，也会随着体重的增加而增加，在肥胖相关疾病的发展中可能发挥着尚未确定的作用。

减肥

减肥可改善许多与肥胖相关的不良健康状况，包括预防或延缓糖尿病的发作，改善糖尿病患者的血糖控制，降低低密度脂蛋白（坏胆固醇），提高高密度脂蛋白（好胆固醇），改善高血压、骨关节炎症状并提高幸福感。一个人只要减掉一小部分体重（其体重的5%～10%），就可以开始感受到健康状况的提升。正如许多人从他们的个人经验中学到的，减肥是困难的，它常常会因为各种各样的原因而反弹。回到能量平衡的原始概念可知，减肥公式是可以预测的。要减肥，能量消耗必须大于能量摄入。因此，首要建议是采用增加锻炼和减少摄入（饮食调整）相结合来改变生活方式。

减肥所需的运动量是可变的。美国卫生部长目前的建议是，成年人每天进行30分钟中等强度的运动（如快走）或15～20分钟更剧烈的运动（如慢跑）。额外的锻炼会增加能量消耗，可能带来更好的健康结果。

通过节食控制热量对减肥也很重要。理想的饮食模式还没有确立，但是减少热量摄入并长期遵守的原则仍然是任何饮食模式的基石。美国饮食协会目前正定期修改他们的建议，以根据当前的数据确定最有帮助、最实用的饮食。短期节食的问题在于，一旦节食结束，减肥就很难维持下去。运动可能有助于保持减肥效果。

有些药物是用来减肥的。这些药物是中等有效的，尽管通常由于它们有副作用而被限制广泛使用。口服药物的治疗历史一直受到不良健康结局的困扰，包括瓣膜性心脏病和心律失常，这些药物大多集中在提高代谢率或抑制食欲上。

在美国，奥利司他已经被批准用于减肥。这种药物使用一种新的机制来防止身体消化已经摄入的部分脂肪，从而降低吸收的卡路里数量。未消化的脂肪可通过肠道运动排出体外。该药物吸收少，对全身副作用小；然而，它会导致肠蠕动不适，如油性分泌物和肠蠕动频率增加。

另一种可用于减肥的药物是西布曲明，其作用机制是抑制去甲肾上腺素、多巴胺和5-羟色胺的再摄取，从而抑制食欲使体重减轻，同时也可能与刺激脂肪组织引起的热发生增加有关。使用这种药物结合饮食和锻炼，1年时间体重适度下降（约个体体重的7%），尽管持续使用2年减肥效果不太明显。

由于生活方式改变和药物治疗有很高的失败率，外科减肥方法变得越来越普遍，这些手术中最成功的是胃旁路手术。它的工作原理是缩小胃的尺寸，尽早达到饱腹感，同时绕过小肠的一部分，以减少卡路里的吸收。这种手术在减肥和改善许多肥胖相关疾病方面非常有效。并发症主要包括营养不良、术后伤口感染、手术部位渗漏和术后死亡（死亡率约为1.5%）。由于这些风险，本疗法的使用范围应限制在患有病态肥胖

(BMI>40 或 BMI>35)、肥胖相关疾病和行为矫正治疗失败的患者身上。

对老年人的特殊考虑

老年人肥胖是美国人口面临的一项重大健康问题，它可能使老年人与年轻肥胖人口遭受同样的不良健康后果。然而，一些研究表明，老年人患肥胖症的风险更小，甚至是微不足道的。但是，也有研究发现，在患有肥胖症的老年受试者中，残疾人数有所增加。因此，在分析肥胖与老年人健康的关系之前，有必要考虑以下因素。首先，由于肥胖在年轻时是一种死亡风险，所以被跟踪的是那些幸免于肥胖这一不良影响的幸存者。也就是说，那些患有肥胖相关疾病的人往往在年老之前就去世了。其次，正如前面提到的，随着年龄的增长，人们的瘦体重开始下降，这降低了他们的BMI，尽管事实上他们的VF在不断增加。老年人VF的增加会导致不良的健康状况。如果BMI是该研究中唯一与老年人肥胖有关的指标，那么真正的风险可能就被忽略了。最后，由于虚弱综合征、肌肉减少症、癌症、肺部或心血管疾病等疾病而迅速减重的老年人比肥胖人群死亡的风险更大，这一现象掩盖了肥胖的单独影响。

考虑到上述混杂变量，老年人的理想体重标准尚不清楚。用于老年人的减肥药物还没有得到足够的研究，老年人的手术选择可能有限，因为合并症会增加手术的风险。

结论

肥胖的患病率正以惊人的速度增长。肥胖的增加导致肥胖相关疾病流行，包括糖尿病、高血压和心血管疾病。脂肪的分布至关重要，VF堆积似乎比皮下脂肪更可怕，这一点得到了实验数据的支持，也在人类身上得到了很好的证明。尽管老年人的BMI可能会下降，但他们的VF却容易堆积，老年人患与肥胖有关的疾病的风险很高。事实上，目前还不清楚如何解释老年人的BMI，因为超重似乎确实与死亡率密切相关。

确实，这些趋势表明在现代史上，发达社会中人们的预期寿命将首次开始下降，除非肥胖症患病率的迅速上升能够得到逆转。

另请参阅：身体：构成、体重、身高和体格；饮食和营养；代谢：碳水化合物、脂质和蛋白质。

拓展阅读

Calle EE, Rodriquez C, Walker-Thurmond K, and Thun MJ (2003) Overweight, obesity, and mortality from cancer in a prospectively studied cohort of U. S. adults. *New England Journal of Medicine* 348: 1625-1638.

Das M, Gabriely I, and Barzilai N (2004) Caloric restriction, body fat and ageing in experimental models. *Obesity Review* 1: 13-19.

Eckel RH, Grundy SM, and Zimmet PZ (2005) The metabolic syndrome. *Lancet* 365

(9468): 1415–1428.

Larsen PR, Kronenberg HM, Melmed S, and Polonsky KS (2003) *Williams Textbook of Endocrinology*. Philadelphia, PA: Saunders.

Ogden CL, Carroll MD, Curtin LR, McDowell MA, Tabak CJ, and Flegal KM (2006) Prevalence of overweight and obesity in the United States, 1999–2004. *Journal of the American Medical Association* 295: 1549–1555.

译　者：吴振东（北京大学）
汪洋泽（北京大学）

更年期

R. G. 戈斯登 康奈尔大学威尔医学院，纽约，纽约州，美国

词汇表

雌激素（Estrogen）——女性的性类固醇激素，主要由卵巢分泌产生，胎盘、肾上腺等也能分泌。

卵泡刺激素（Follicle-Stimulating Hormone，FSH）——又称促卵泡激素，垂体前叶分泌的一种多肽激素，为卵泡生长和雌激素合成所必需。

黄体生成素（Luteinizing Hormone，LH）——又称为黄体素，垂体前叶分泌的一种多肽激素，它是卵巢类固醇生成和诱发排卵所必需的。

月经初潮（Menarche）——第一个经期（月经期），发生在青春期后期阶段。

绝经过渡期（Menopausal Transition Period）——指绝经前几年，此时月经周期变得不规则，围绝经期症状开始出现。

更年期（Menopause）——又称绝经期，是卵巢卵泡自然耗竭或卵巢功能受损或切除后发生的最终月经期后的一段时期。

卵泡（Ovarian Follicle）——卵巢的发育单位，由体细胞（颗粒细胞和卵泡膜细胞）围绕的卵母细胞（未成熟卵）组成。它负责雌激素的产生并在排卵后被重组形成黄体。后者分泌孕酮和雌激素。

孕酮（Progesterone）——又称黄体酮，是由卵巢黄体分泌产生的一种类固醇激素。

引言

更年期通常发生在中年，此时大多数女性仍然健康和富有活力。18 世纪的法国创造了“ménespausie”这个词，其意思为月经停止，后来缩短到“ménopause”，并被英语语言采用。尽管仍然有 5% 发生月经的概率，但“更年期”通常被回顾性地定义为发生在从月经最后一天即闭经的 12 个月后。两个相关的概念——“围绝经期”和“更年期”适用于最后一次月经的前后阶段，此时雌激素缺乏症状已经开始表现出来。虽然更年期通常标志着女性生育期的最终和不可逆转的终止，但生育力并不总是和月经周期同步：在月经周期的早期和晚期都存在相对较低的生育力。

更年期是一种短暂的生物现象，但它也标志着社会转变，其意义在不同的文化中有所不同。绝经通常被认为是老化过程的负面强化和性吸引力的丧失。然而，在一些社会中，无论过去还是现在，它都被认为是从持续生育子女和月经负担中一个可喜的解脱。尽管生物学家试图找到减缓生殖老化过程的方法，但许多女性却已高兴地拥抱这一变化，并视之为一个崭新的、令人振奋的生命阶段。这种积极的态度无疑预示着良好的医疗护理和接下来数十年的生活享受。

流行病学

年龄

自然绝经的平均年龄在不同国家和种族之间非常一致（见表 1）。特定人口的年龄分布较宽，且呈负向偏斜，45~54 岁的年龄范围为 5%~95%（见图 1）。尽管到 60 岁时几乎所有女性都已绝经，但绝经可以发生在月经初潮后的任何年龄。在人口间比较时，年龄中位数可以更好地表达集中趋势，这一数值通常在 49~51 岁，但在营养不良的人群和历史人口中会提前几年。

表 1　部分国家和种族中绝经年龄中位数估计值

国家	研究年份	种族	中位年龄／岁
澳大利亚	1978	高加索人	50.4
捷克斯洛伐克	1967	高加索人	49.0
英格兰	1951—1961	高加索人	49.8
	1965	高加索人	50.8
印度（旁遮普）	1966	亚洲人	44.0
荷兰	1977	高加索人	51.7
新西兰	1967	高加索人	50.7
巴布亚新几内亚	1973	美拉尼西亚人	47.3
苏格兰	1970	高加索人	50.1
南非	1971	非洲人	49.7
	1971	高加索人	50.4
瑞典	1974—1975	高加索人	50.4
美国	1966	非裔美国人	49.31
	1966	高加索人	50.0

引自：Gosden（1985）.

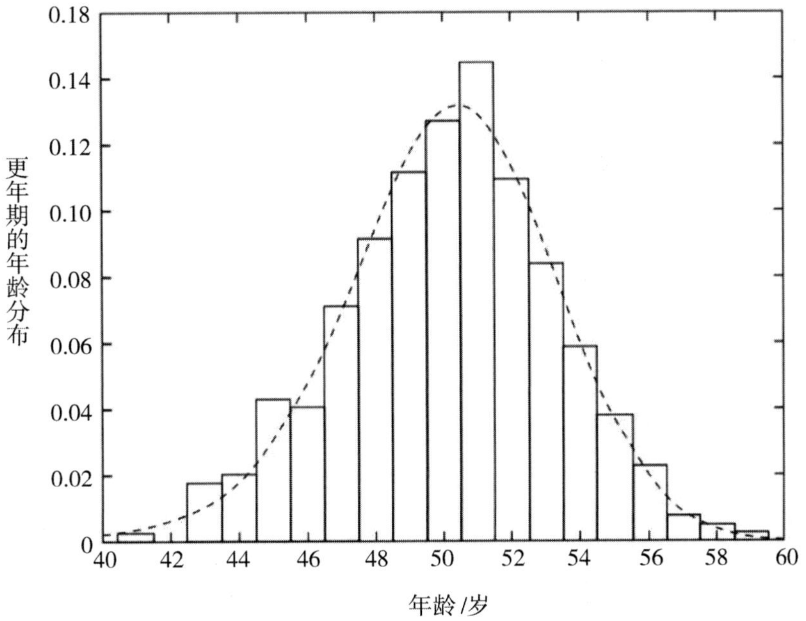

图 1 美国高加索女性绝经年龄分布

引自：Faddy MJ and Gosden RG（1996）A model conforming the decline in follicle numbers to the age of menopause in women. *Human Reproduction* 11：1484–1486.

月经初潮和社会经济因素

在过去的一个世纪里，大多数发达国家的月经初潮年龄已经提前了 4 岁，达到 13 岁左右，这一趋势现在已经比较稳定。这个所谓的长期趋势被认为是由于更好的营养、更快的儿童成长和身体构成的变化，特别是胖瘦体重比的改变。但相比之下，绝经年龄却很少或几乎没有相应的变化，因此初潮年龄和绝经年龄似乎没有相关性。因此，更年期似乎比月经初潮更加独立于环境因素，因为特定年龄里卵巢中的卵泡数是长期稳定的，这与男性精子数下降的一些证据相反。

遗传学

相比异卵双胞胎、无亲缘关系的人，同卵双胞胎和血亲在绝经的时间上存在更加密切的联系，这证实了绝经的遗传基础。此外，更早经历绝经的遗传倾向也可以归因于基因多态性或突变。绝经通常由许多基因决定，特别是那些通过生长和退化（闭锁）来决定生殖细胞生成、卵泡数量和卵泡消耗速率的基因。

婚姻状况和平等

尽管单身女性绝经年龄可能比已婚女性稍早一些，但绝经年龄在生育若干子女的女性和只有一个子女甚至无子女的女性之间没有太大区别。多胎并不能延缓生殖衰老，大多数卵泡的消失源自退化而不是排卵。大多数研究认为，类固醇避孕药不太可能影响绝经年龄。平均来说，生育双胞胎的女性经历绝经的年龄更早，但这并不是由更高的排卵率造成的，因为大多数卵泡都是由于退化而消失的。

吸烟

与不吸烟者相比，吸烟者的绝经提前1~2年并根据吸食的香烟数量而进一步提前。烟草烟雾和焦油成分会损伤卵巢血管系统并破坏卵泡细胞，多环芳香烃是与卵母细胞受体相互作用的显著毒素。补充药物对卵巢功能和绝经影响（如果有的话）的研究目前较少。

疾病、药物和辐射

诸如癌症和肺结核等侵入性疾病可以扩散到卵巢，破坏卵泡，加速绝经。可能导致卵巢功能过早丧失的病毒感染则较为少见。电离辐射和一些细胞毒性药物，特别是烷化剂，以剂量依赖性的方式破坏卵泡滤泡，加速癌症患者和自身免疫性疾病患者的绝经期。辐射剂量仅为 2 戈瑞（gray，国际单位）即可破坏一半的卵泡，并可能引起暂时闭经；20 戈瑞或在老年女性中少一些的剂量，会导致不可逆转的绝育。

卵巢切除术和子宫切除术

由于卵巢是年轻非妊娠女性雌激素的主要来源，手术切除卵巢和子宫都会导致绝经。切除女性一个器官或对其部分破坏对月经节律有轻微或暂时的影响，但可能缩短生殖寿命。女性在子宫动脉栓塞或子宫全切术后，如果卵巢血液供应受损，绝经可能会比一般人稍早。

生理学

卵巢—垂体—下丘脑轴

月经周期取决于卵巢和下丘脑—垂体单位在大脑底部的激素反馈。垂体激素卵泡刺激素（follicle-stimulating hormone，FSH）和黄体生成素是由肽控制，促性腺激素释放激素（gonadotrophin-releasing hormone，GnRH），由下丘脑正中隆起的神经元末梢分泌到门脉血管。卵泡生长后期需要 FSH 和 LH 顺序协同刺激，对类固醇的产生、排卵和黄体功能是必需的。月经周期的长短在女性个体和年龄之间变化，中位时间约为 28 天，黄体期比卵泡期更长。它取决于卵巢中卵泡生长到成熟的时间和黄体的固有寿命。

17β-雌二醇是由卵巢产生的最主要的雌激素，而卵巢是非妊娠绝经前女性雌激素的主要来源。大多数这种激素注定是要由排卵的优势卵泡产生的，同一队列的其他卵泡主要产生雄激素并在达到成熟前进行闭锁。雌二醇由卵泡颗粒细胞和泡膜细胞合作产生，并且需要来自 FSH 和 LH 的刺激（两个细胞双促性腺激素理论）：LH 促进卵泡膜细胞分泌雄激素，雄激素扩散到颗粒细胞中，在那里 FSH 促进雌激素的芳构化。生长的卵泡也产生蛋白激素抑制素 B，它是垂体功能负反馈环的组成部分，是卵泡储备大小的一个临床指标。当抑制素和雌激素水平在周期的卵泡期上升时，血液 FSH 下降，只允许一个卵泡（有时是两个）存活到排卵期。在绝经后没有卵泡，抑制素水平下降到接近零。通过增加来自垂体细胞的 GnRH 分泌的脉动性和敏感性，从主导的卵泡中急剧升高的雌激素引起垂体的正反馈响应。LH 分泌的激增约 36 小时后引发排卵，并且破坏的卵泡被重新形成黄体。

卵巢类固醇的作用

周期性卵泡期雌激素水平的急剧上升刺激子宫内膜腺体和间质干细胞在子宫内的生长。它们影响许多器官和组织，特别是生殖道中高浓度雌激素受体。宫颈黏液分泌增加，有利于性交后精子的生存和运输。在排卵期，雌激素水平会从黄体中暂时下降并再次上升，黄体产生大量的孕酮。这种激素的变化导致子宫内膜分泌一种滋养胚胎并接受着床的液体。如果未发生受孕，黄体就会消失，卵巢类固醇急剧下降，内分泌盘绕血管收缩，导致月经。所有这些变化都在绝经后逆转——子宫上皮变薄，阴道上皮萎缩，阴道 pH 上升和细菌菌群改变。但是，通过雌激素和孕激素治疗，可以有效恢复从供体提供的胚胎植入并在绝经后女性中建立可行的妊娠。

卵泡数量

胎儿卵巢中的胚胎干细胞在出生时与体细胞结合形成固定数量的卵母细胞，在出生时产生超过一百万个原始卵泡。根据传统的理论，这些卵泡在以后的生命中是无法再生

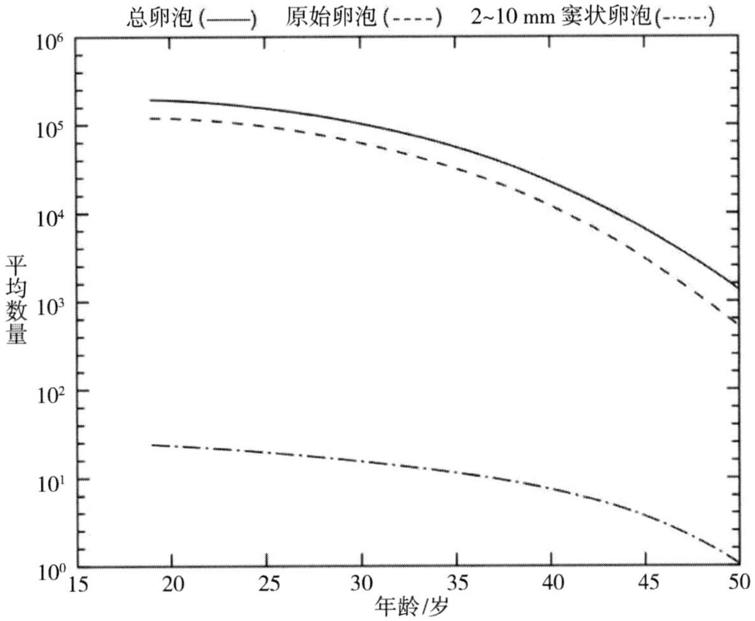

图 2　随着年龄增长人体卵巢在不同阶段的卵泡数（总卵泡、原始卵泡和窦状卵泡）

的。它们的储存量随着年龄的增长而下降，在绝经或更长月经寿命的前十年中加速减少，直到50岁以后几乎没有（见图2和图3）。绝经后卵巢通常是完全无法生育的。由于非妊娠女性每年通常只有13次排卵，平均月经寿命是35年，卵泡的绝大多数都会被浪费。然而，许多失去的卵母细胞有生育的潜力：它们可以通过激素超排处理获得拯救，在体外受精（in vitro fertilization，IVF）后，一些细胞具有产生妊娠胚胎的能力。

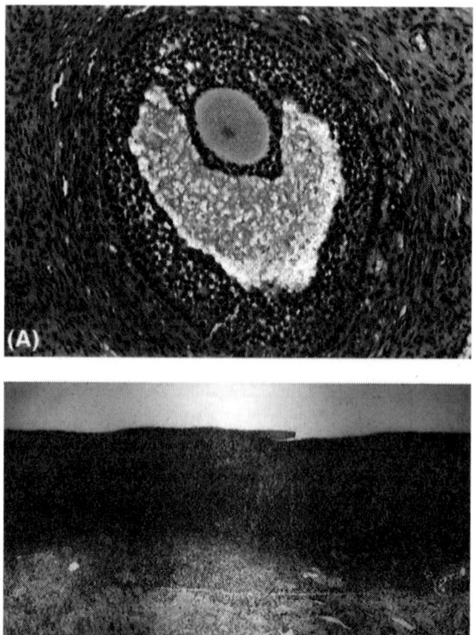

图3　育龄女性和绝经女性卵巢中卵泡的变化

注：（A）育龄女性卵巢中高倍放大的卵泡，呈现出中央的卵母细胞和环绕四周的分泌激素的颗粒细胞和卵泡膜细胞；（B）对绝经女性卵巢的低倍放大，显示完全没有卵泡细胞。

绝经后卵巢与雌激素

由于成熟卵泡在月经周期中占可再生雌二醇水平的95%，绝经后激素水平会有大幅度下降。绝经后卵巢主要由间质组织和黄体纤维残余组成（见图3）。尽管器官是雄激素的次要来源，但手术切除绝经后卵巢对可再生雌激素没有显著影响。

绝经后循环类固醇发生了深刻的变化（见表2）。主要的雌激素从17β-雌二醇转变为较弱的类固醇和雌激素，后者的主要来源是腺外而不是卵巢。当排卵停止时，孕酮水平保持在一个较低的水平。弱雄激素、脱氢表雄酮、雄烯二酮和硫酸盐，主要由肾上腺皮质产生，可作为脂肪组织、肌肉和其他部位雌酮的转化前体。在老年女性中，肾上腺类固醇的产量有所下降。身体成分，特别是脂肪量，影响绝经后雌激素的产生，这可能能说明肥胖女性免受激素缺乏症状的原因。

围绝经期症状

多种症状与围绝经期有关：潮热、夜间盗汗、偏头痛、乳房胀痛、心悸、易怒、抑郁和性欲减退。绝经期的症状很难从自然年龄的变化中分离出来，没有一种能绝对特异于雌激素的戒断。大多数女性（80%～85%）有围绝经期症状，但频率受文化因素、家庭环境和一些医疗条件的影响。最常见的症状是潮热，这是中枢驱动的由生理上不适当的体温调节反射发作造成的。由于雌激素替代疗法可以有效治疗这些症状，所以

表 2　绝经前和绝经后的卵巢类固醇变化

类固醇	血液产生率／（mg/24h）				外周血浆浓度／（pg/mL）			
	卵泡早期	卵泡中期	黄体中期	绝经后期	卵泡早期	卵泡中期	黄体中期	绝经后期
雌二醇	0.074	0.429	0.258	0.006	55	318	191	7
雌酮	0.133	0.265	0.236	0.040	60	120	107	25
雄烯二酮	2.91	4.60	3.75	1.70	1 450	2 290	1 870	930
睾酮	0.152	0.345	0.207	0.150	220	500	300	300
孕酮	0.682	4.44	31.13	—	310	2 000	14 150	190

引自：Gosden RG（1985）*Biology of Menopause*：*The Causes and Consequences of Ovarian Aging*. London：Academic Press. EF，early follicular phase. MC，mid-cycle. ML，mid-luteal phase. PMP，postmenopause.

它们更强烈地依赖于更年期激素的变化。发热和夜间盗汗一般在绝经前一两年开始，不久即达到峰值，之后逐渐减少。手术绝经的年轻女性，该症状会更加强烈，这可能是因为雌激素水平下降比自然老化更剧烈导致的。到了现代，一些退行性疾病的患病率，如非胰岛素依赖型糖尿病、骨关节炎、癌症开始随着年龄的增长而不可逆转地上升，但只有骨质脱矿质引起的骨质疏松症才与雌激素水平下降有因果关系。女性在绝经后的最初几年里，骨质流失迅速加快，而在其余时间里，骨质流失则速度缓慢。这一现象经常被忽视，直到多年后发生事故或压缩断裂才被重视。由于男性睾丸激素水平比女性的雌激素水平维持时间要长，因此男性在生命后期才会遭受骨骼脆化问题。

更年期过渡与生殖老化

特纳（J. M. Tanner）多年前设计了一套监测青春期发育的分期系统；最近，已经有人尝试建立一个生殖老化和更年期过渡的等效系统（见表 3）。所有分类都存在的一个主要问题是，不是每个女人都会经历一个从最优生育期（-5）到卵巢衰老和绝经后（+2）的阶段，并且她们进入生育阶段的年龄和持续时间也存在若干变异。一些女性把在月经周期变规律之前长期月经周期不规则的阶段认为是围绝经期（阶段-2，-1），另一些女性则忽略这个阶段，直接从规律的月经周期转换为绝经。一般来说，更年期过渡从开始到绝经大约持续 4 年。

在卵泡数不断下降的情况下，生殖老化可以被认为是从出生时就开始的，但更为有效的是考虑不孕的发生，后者在历史和当代从未进行过避孕的人口中最清楚地显示出来（见表 4）。怀孕的时间、流产的发生率、出生缺陷的发生率和产科并发症的发生率都从 30 岁左右逐渐增加，在 10 年后会更加迅速。到 40 岁的时候，一半的人口实际上是不育的，尽管大部分的女性还有 10 年或以

表 3　根据生殖老化工作坊（STRAW）制作的生殖和后生殖生命周期分期系统

最终月经 ▼

<table>
<tr><td>分期</td><td>−5</td><td>−4</td><td>−3</td><td>−2</td><td>−1</td><td colspan="2">+1</td><td>+2</td></tr>
<tr><td rowspan="3">术语</td><td colspan="3">育龄期</td><td colspan="2">绝经过渡期</td><td colspan="3">绝经后</td></tr>
<tr><td>早期</td><td>峰期</td><td>后期</td><td>早期</td><td>后期*</td><td colspan="2">早期*</td><td>后期</td></tr>
<tr><td colspan="3"></td><td colspan="3">围绝经期</td><td colspan="2"></td></tr>
<tr><td>持续时长</td><td colspan="3">不规律</td><td colspan="2">不规律</td><td>（a）
1 年</td><td>（b）
4 年</td><td>直至死亡</td></tr>
<tr><td>月经周期</td><td>不规律
至规律</td><td colspan="2">规律</td><td>周期长度
可变（与
正常差别
>7 天）</td><td>≥2 个周期，
停经间隔
（≥60 天）</td><td>闭经
12 月</td><td colspan="2">无</td></tr>
<tr><td>内分泌</td><td colspan="2">FSH 正常</td><td>↑FSH</td><td colspan="2">↑FSH</td><td colspan="3">↑FSH</td></tr>
</table>

* 最有可能出现潮热的时期。　　↑=升高

引自：Soules MR, Sherman S, Parrott E, Rebar R, Santoro N, Utian W, and Woods N (2001) Executive Summary: Stages of Reproductive Aging Workshop (STRAW). *Fertility and Sterility* 76: 874–878, by permission of *Fertility and Sterility*.

表 4　北美哈特人 20 世纪 50 年代分年龄生育率

产妇年龄 / 岁	每年每 1 000 妇女活产数	不育夫妇 / %
15～19	12	
20～24	231	
25～29	383	7
30～34	391	11
35～39	345	33
40～44	208	87
45～49	42	100

引自：Tietze C (1957) Reproductive span and rate of reproduction among Hutterite women. *Fertility and Sterility* 8: 89–97.

上的排卵周期。然而，虽然循环持续，受孕的可能性仍然存在，避孕措施还是应予以考虑。虽然这些年龄段的性交频率和精子质量都开始下降，但卵巢衰老被认为是生殖衰老发生的主要原因，这在其他器官系统衰老之前就已经显现。由于从年轻女性向年长受孕者捐赠卵子的生育治疗带来了高妊娠成功率，因此卵母细胞老化显然是导致生育力下降的主要原因。

更年期过渡的周期长度在小于 20 天到大于 35 天之间波动，其间穿插更多的规律周期。大于 60 天的闭经时间变得更为常见，无排卵周期也是如此。另外，常规的 28 天周期的性质在绝经过渡前有微妙的变化。卵泡在周期的早期生长更快，雌激素水平可能提前升高，导致卵泡期略有截断。血清 FSH 水平升高：周期的早期水平超过 10 mIU /mL 意味着卵巢储备的枯竭和生育力的降低。其他血清标志物，特别是抑制素 B 和抗米勒管激素，用于评估卵巢储备功能，氯米芬柠檬酸激发试验和超声扫描的窦状卵泡计数也是如此。然而，这些测试都不能提供对更年期时间的长期准确预测。

过早绝经

除了大量的年轻女性因药物诱导而绝经外，约有 1/100 的患者在 40 岁前自发地发生卵巢功能早衰（premature ovarian failure，POF）。大多数 POF 的病因尚不清楚，但遗传性因素和医源性因素已经被确定（见表 5）。一些和生殖细胞形成至关重要的基因是由 X 染色体编码的，但由于一对染色体中只有一条在女性中是完全有活性的，因此整条染色体的缺失或部分染色体的缺失与易位都会导致 POF 甚至性腺发育不全。所谓的特纳基因在位于 Xp11-22 的假染色体区域，那里的两个同源物通常是有活性的。卵子发生的另一个关键区域在 X 染色体的长臂（Xq13-26）上，其中几个候选基因的身份是已知的。此外，与 POF 相关的一些基因

表 5　卵巢功能衰竭（更年期）

类别	类　型	举　例
核型	X 染色体单体性，缺失和易位	Xp11-22，Xq13-26（关键区域）
核不育	X 染色体	FMR1 预处理，BMP15，
	常染色体	FOXL2，FSHR，GALT
自身免疫性	细胞介导的卵巢自身抗体	艾迪生病，甲状腺自身免疫
医源性	生殖手术	部分卵巢切除术
特发性	细胞毒素治疗癌症等	化疗，放疗

是在常染色体上编码，包括 Fu/cL2，FSHR 和 GALT，GALT 参与半乳糖代谢，其突变与破坏毛囊相关。与 POF 相关的症状和正常年龄的女性相似，即无排卵和低雌激素水平，但总的健康影响更大。另外，它还会增加骨质脱钙的时间，一项对美国基督复临安息日会的研究显示，POF 与所有绝经后年龄的总死亡风险有关。

包括卵巢组织免疫活性细胞浸润在内的自身免疫性损伤，以及抗卵巢抗体，可能占所有 POF 病例的 30%。卵巢炎有时与艾迪生病和甲状腺自身免疫有关，这也许是因为其他内分泌器官与卵巢有共同的抗原。

最常见的医源性闭经的原因是子宫切除术，但如果保留卵巢，周期性激素生成的益处几乎一直持续到正常绝经年龄。近几十年来，医源性卵巢功能早衰与癌症患者生存率的提高有着密切的联系。如前所述，一些药物和辐射会根据剂量和年龄对卵巢造成损伤。

比较生物学与进化

女性更年期普遍发生于中年。因此，女性有至少三分之一的生命在绝经后度过。作为最长寿命的一部分，我们的物种在繁殖后的年数与其他所有动物可得的可靠数据相比都是较好的。在圈养种类（偶尔在野外）中，一些黑猩猩和猕猴达到短暂的生殖期后的生活，血清 FSH 水平升高，雌激素水平降低，表明原发性卵巢衰竭已经发生。非灵长类动物没有月经周期，严格来说没有更年期，但所有的动物都随着年龄的增长而丧失卵泡，如果它们活得足够长，最终会出现不孕和雌激素不足。

从进化的观点来看，绝经是不正常的，因为它禁止基因复制和进一步向下一代传播，也会加剧一些退行性改变。更年期的解释是文明的产物（即通过长期的生存）还是物种适应（亲属选择）仍在争论中。诸如祖母假说等适应性理论认为，由于晚年生育分娩风险较大，所以更好的选择是牺牲自己的生殖潜力，转而致力于帮助女儿和其他亲属抚养子女。虽然这种进化的解释被许多比较动物生物学家质疑，但这种对更年期积极的看法，有时被认为是对医学界普遍病态生物观点的一种平衡。

治疗和预防

因为更年期是生殖老化自然过程中的一个里程碑，所以激素替代疗法（hormone replacement therapy，HRT）是有争议的。然而，雌激素缺乏的症状有时令人沮丧，使得女性要寻求医疗干预；这对过早绝经的女性更为重要。雌激素替代疗法的治疗方案包括口服、皮下、经皮和阴道途径，剂量按年龄、需要和情况进行调整。有完整子宫的女性合用孕激素会减少子宫内膜癌的患病风险，但也带来了重新经历月经的缺点。“女性健康倡议”研究对使用雌激素加孕激素制剂的 16 600 名老年女性进行研究发现，其健康益处没有超越其带来的心血管疾病、乳腺癌、肺栓塞和脑卒中的风险。因此，现在建议是以最短的时间和最低的有效剂量使用 HRT。许多女性已经寻求替代方案，如更多的体力活动、膳食补充剂、非甾体类药物以及补充和替代药物。阴道干涩是雌激素局部治疗的一个指标，但由于性行为在绝经后不会突然停止，所以 HRT 并不是改善性欲的良药。对这些女性开处方雄激素的好处和长期副作用仍然存在争议。

在不可逆转的卵巢衰竭后再恢复妊娠需要可生育女性捐献卵母细胞或胚胎。在特殊情况下，这些试管婴儿手术可以使更年期的女性（66 岁以下）怀孕。在罕见的情况下，卵巢癌患者在接受癌症的灭菌治疗前，接受患者之前储存的组织或卵子或胚胎后，在遗传上相同的双胞胎之间进行卵巢组织移植，这样月经周期和生育力也能建立。患有自身免疫性卵巢功能早衰的女性被给予皮质类固醇后可以恢复排卵功能，但是不鼓励长期治疗。对实验室动物采用细胞毒素药物破坏卵泡后，通过 1-磷酸鞘氨醇给药干预，可以恢复卵巢功效。人们可能还会发现，生殖细胞死亡和卵泡生长抑制剂，能减缓卵巢老化的正常进程。这种发展可能实现越来越多女性希望推迟生育到绝育年龄和推迟更年期的愿望。

另请参阅：男性更年期。

拓展阅读

Baird DT and Fraser IS（1974）Blood production and ovarian secretion rates of estradiol-17 beta and estrone in women throughout the menstrual cycle. *Journal of Clinical Endocrinology and Metabolism* 38：1009–1017.

Burger HG，Dudley EC，Robertson DM，and Dennerstein L（2002）Hormonal changes in the menopause transition. *Recent Progress in Hormone Research* 57：257–275.

Faddy MJ and Gosden RG（1996）A model conforming the decline in follicle numbers to the age of menopause in women. *Human Reproduction* 11：1484–1486.

Gosden RG（1985）*Biology of Menopause：The Causes and Consequences of Ovarian Aging.* London：Academic Press.

Goswami D and Conway GS（2005）Premature ovarian failure. *Human Reproduction Update* 11：391–410.

Gray RH（1976）The menopause-epidemiological and demographic considerations. In：Beard RJ（ed.）*The Menopzause：A Guide to Current Research and Practice*, pp. 25–40. Lancaster：MTP.

NIH State-of-the-Science Panel（2005）National Institutes of Health State-of-the-Science conference statement：management of menopause-related symptoms. *Annals of Internal Medicine* 142：1003–1013.

Santoro N（2002）The menopause transition：an update. *Human Reproduction Update* 8：155–160.

Shanley DP and Kirkwood TB（2001）Evolution of the human menopause. *BioEssays* 23: 282–287.

Siiteri PK and MacDonald PC (1973) Role of extraglandular estrogen in human endocrinology. In: Greep RO and Astwood EB (eds.) *Handbook of Physiology*, Section 7, Vol. II, Part 1, pp. 615–629. Washington, DC: American Physiological Society.

Soules MR, Sherman S, Parrott E, Rebar R, Santoro N, Utian W, and Woods N (2001) Executive Summary: Stages of Reproductive Aging Workshop (STRAW). *Fertility and Sterility* 76: 874–878.

te Velde ER and Pearson PL (2002) The variability of female reproductive ageing. *Human Reproduction Update* 8: 141–154.

Tietze C (1957) Reproductive span and rate of reproduction among Hutterite women. *Fertility and Sterility* 8: 89–97.

Treloar AE, Boynton RE, Behn BG, and Brown BW (1967) Variation of the human menstrual cycle through reproductive life. *International Journal of Fertility* 12: 77–126.

Utian WH and Boggs PP (1999) The North American Menopause Society 1998 Menopause Survey. Part I: postmenopausal women's perceptions about menopause and midlife. *Menopause* 6: 122–128.

译　者：孙璇璇（北京大学）

公共医疗保险制度、公共医疗救助制度与医疗护理的经济政策

R. N. 巴特勒，M. 舒希特尔　西奈山医学院国际长寿中心，纽约，纽约州，美国

词汇表

公共医疗救助制度（Medicaid）——美国覆盖长期照护范围最大的项目，它主要面向收入低于国家贫困线的人口，或者享受联邦救助制度的老年人、盲人和永久残疾人等低收入人群。

公共医疗保险制度（Medicare）——美国最大的老年医疗保险制度，覆盖 3 500 万 65 岁及以上的老人。

补充性商业医疗保险（Medigap）——商业保险公司提供的补充保险，用于支付公共医疗保险无法报销的项目。

引言

本文探讨的核心是公共医疗保险制度，主要考察公共医疗保险的供给，及与美国老年人医疗护理的一系列项目的关系。其他老年医疗保险包括：用于支付公共医疗保险不能报销项目的商业保险（如补充性医疗保险）；用于支付公共医疗保险无法直接报销的长期照护费用的商业保险；公共医疗救助制度，它由联邦政府提供，用于补贴贫困人口在医疗和长期照护方面的费用。

另一项对公共医疗保险制度的主要补充是门诊处方药补贴项目，这一补贴项目在公共医疗保险制度实施 40 年后才形成。这一新的补贴项目与传统公共医疗保险制度中的政府管理行为背道而驰。公共医疗保险制度的处方药补贴项目是由保险公司市场化运营，商业保险公司在盈利方面可以充分发挥其能动性，而受益人通常被一些可选项和注册程序所困扰。公共医疗保险和公共医疗救助是美国老人的主要保障。公共医疗保险制度是美国最大的老年医疗保险项目，它覆盖了 3 500 万 65 岁及以上的人。1972 年，至少连续两年被记入社会保障残疾名册的残疾工人也被视为公共医疗保险的保障对象（同年，肾病终末期患者也被纳入公共医疗保险的保障对象）。包括残疾工人在内，公共医疗保险已经覆盖 4 100 万受益人。

公共医疗救助制度是美国覆盖长期照护范围最大的项目。它主要面向收入低于国家贫困线的，或者享受联邦救助制度的老年人、盲人和永久残疾人等低收入人群（即以收入为限制条件的补充性社会保险）。公共医疗救助制度覆盖了 5 300 万儿童、成年人与老年人，已成为美国最大的医疗保险项目。

大约有 600 万人是公共医疗保险和公共

医疗救助的双重受益人。他们有资格享受公共医疗保险，是因为他们缴纳了社会保险；同时，因为他们很穷，所以他们有资格享受公共医疗救助。2005 年，如果将双重受益人只计算一次，公共医疗保险和公共医疗救助制度总共覆盖了 8 800 万人。

本文同时也会提及 2003 年《医疗保险处方药改进和现代化法案》（Medicare Prescription Drug, Improvement and Modernization Act）的主要内容，这一法案旨在节约成本并提高照护质量。

经济学中的经济体系

2005 年，美国的医疗护理总支出为 1.8 万亿美元，其中，公共医疗保险和公共医疗救助的支出超过了 6 200 亿美元。如果这两种制度覆盖全民，它们很可能会被誉为发达国家最大的全民医疗保险项目之一。在美国建立全民医疗保险制度的尝试并未成功，因为就政府、商业保险以及市场三者的职责划分存在很大的分歧。

尽管美国的医疗护理支出巨大，但在 2005 年，美国仍有 4 200 万 65 岁以下的人没有医疗保险。许多人在失业后无法继续承担个人缴费的部分。有些人因为贫困而成为公共医疗救助制度的受益人。这些人的护理支出，再加上护理院与居家医疗项目中的贫困老人的照护支出，加剧了财政预算的压力，同时促使人们呼吁削减公共医疗救助的支出，特别是当有些受益人通过转移资产来达到低于贫困线的资格条件时。

尽管公共医疗保险支出巨大，但在 2005 年，公共医疗保险所报销的费用在普通受益人的医疗护理费用中所占比例还不到一半。公共医疗保险未覆盖的一项最大的支出是长期照护费用。凯撒家族委员会（Kaiser Family Foundation）关于医疗救助与未投保者的报告显示，护理院里有 100 万老人需要照护，这些老人具有以下特征：年龄在 85 岁或以上，没有配偶，因为功能和认知障碍而需要帮助。由于入住护理院的年均花费为 7 万美元，因此其中 62%的老人入住后 1 个月内即耗尽了他们所有的资产。

研究表明，即便对转移资产的行为严惩不贷，也不可能明显降低公共医疗救助支出。对转移资产行为的惩罚措施是在公共医疗救助向护理院付款之前增加患者的入院等候时长。如果患者在受罚期间无法向护理院证明他有支付能力，他将不会被护理院接收。

从经济学的角度来看，医疗护理与医疗保险支出的通货膨胀对多代人同住的家庭的经济稳定性、政府财政预算以及公司利润构成了威胁。根据布鲁金斯研究所的政策简报可知，如果按照现在的发展趋势，在 2040 年之前，医疗护理支出占国内生产总值的比例将从 15%上升到 33.3%以上。无论是从政治还是经济的角度，这一比例都是不可接受的。该政策简报的作者亨利·亚伦（Henry Aaron）指出：“随着医疗技术以空前的速度发展，在不值得消费的手术上花费的可能性也在增加。但几乎没有好的方法可以在不损害患者利益的前提下控制医疗成本。”

一些美国企业抱怨说，他们的医疗保险支出降低了他们在国际市场上的竞争能力。有人认为美国以外的企业在全民医疗保险下所承受的负担较轻。对于美国高额的医疗护理支出的埋怨有时被归咎于庞大的老年人口及其所需的经济与医疗护理支持。值得注意的是，与美国相比，其他老年人口比重较大的发达国家的医疗护理费用占国民生产总值的比例较低。

公共医疗保险和公共医疗救助都面临成本控制的问题。这些问题源于过度使用的医疗护理体系。从老年医学的角度来看，公共医疗保险和公共医疗救助在保障范围与照护质量方面都存在缺陷，更优的选择是建立从预防、急诊、长期照护到社会服务无缝衔接的服务体系。存在却变化缓慢的卫生系统的特点是浪费、人口覆盖率不足和不平衡，以及严重偏向急性护理。

历史和哲学

公共医疗保险的支付模式的转变，或者说从公共保险或社会保险到市场保险和商业保险的使用，反映了 1965 年公共医疗保险相关法案颁布前后不同时期的政治哲学。政府最初强调社会保险模式以及民主党制定的工资税，并且在 1965 年林登 · B. 约翰逊（Lyndon B. Johnson）担任总统时将这些想法付诸实践。2003 年，在乔治 · W. 布什（George W. Bush）执政期间，公共医疗保险推出了一种基于市场战略而非社会保险初衷的门诊处方药补贴项目。2003 年的法案扩充了公共医疗保险中由私人保险公司运营的管理式照护。公共医疗保险的运营理念是：与政府管理相比，市场运营更广泛更高效，这反映出当届总统希望将社会保障金私有化的立场。

公共医疗保险和公共医疗救助制度起源于 1965 年的《社会保障修正案》（the Social Security Amendments）。该法案的第 18 条是面向退休工人的公共医疗保险，而第 19 条则是救济穷人的公共医疗救助。最初的公共医疗保险关注由强制性工资税支付的医院补贴，这一模式受到了医学组织（organized medicine）的反对，但当公共医疗保险被纳入法律条文时，其关注点有了变化。为了寻求广泛的共识，众议院筹款委员会在其民主党主席的领导下调整了一项共和党的倡议，这一倡议与得到医学组织接纳的被补贴的自愿保险——公共医疗保险 B 部分有关。B 部分主张支付医生提供的服务，支付方式包括受益人支出（保费、免赔额与共同缴纳费）和联邦财政税收（而不是专门的工资税）两部分。与劳工组织希望将私营保险公司介入程度最小化的初衷相反，最终的立法将日常管理交由熟知医院和医生的保险公司负责，并由社会保障局全面控制。

公共医疗救助曾由美国卫生、教育与福利部（HEW）的其他部门管理。后来，公共医疗保险和公共医疗救助都被纳入卫生与公众服务部（HHS，其前身是卫生、教育与福利部）的公共医疗保险和医疗救助服务中心（CMS）。将这两个项目整合到同一个行政机构下进行管理，有利于统一管理两个项目中相同的服务提供者，以及双重受益人。对于享受公共医疗救助的贫困公共医疗保险受益人来说，公共医疗救助为其支付了医疗保险的免赔额、保费和共同缴纳费。实际上，公共医疗救助为老年人提供了比公共医疗保险更广泛的医疗福利，例如公共医疗救助的报销内容包括：长期照护、门诊处方药、常规口腔保健以及预防性医疗护理，而这些内容都不包括在最初的公共医疗保险之中。

多年以来，人们都误以为公共医疗保险覆盖了长期照护。引起这一误解的原因在于，公共医疗保险使用了护理院和居家医疗保健项目，但使用量有限，而这些项目都是长期照护服务。《公共医疗保险法》（the Medicare Law）提及了延伸的出院后服务，即在为期3天的急性疾病住院治疗后，可以享受来自护理院或居家医疗保健的康复服务。只要患者需要急性疾病治疗，公共医疗保险就可以报销在穿衣、沐浴等方面的日常生活服务。

当时，并没有老年医学专家参与公共医疗保险制度的设计。该制度在很大程度上代表了对商业保险模式的依赖，而商业保险更关注急性疾病治疗的必要费用。公共医疗保险主要是一个保险项目，而不是健康项目。随着时间的推移，医疗保险越来越偏向以预防性医疗护理为主。在公共医疗保险制度建立之初，许多受益人都希望该制度能覆盖长期照护，但结果并未将长期照护纳入公共医疗保险之中。在公共医疗保险制度实施几十年后，保险公司发现许多老年人都认为公共医疗保险覆盖了长期照护。这一疏漏是因为很少有保险公司具备估算长期照护补贴的成本的经验。国会普遍认为，长期照护补贴的提供会刺激医疗服务需求的增长，而这一刚性需求是公共医疗保险难以支付和控制的。

公共医疗保险制度概述

公共医疗保险制度主要包括以下四个部分：A部分（住院保险）、B部分（医生会诊、医学检查、门诊诊疗等服务的保险）、C部分（由联邦财政按人头支付的管理式照护项目）以及D部分（由商业保险公司和管理式照护项目提供的门诊处方药）。本部分只是简要介绍A、B、C三部分，以为详细探讨D部分作铺垫。关于D部分的详细内容将在下一节进行阐述。

A部分的资金来源于雇主和员工缴纳的联邦工资税；B部分的资金来源于受益人支付（25%）和联邦财政税收（75%）两部分。在A部分中，公共医疗保险管理部门为全国按病种诊断分类的住院服务设定给付率。B部分根据不同地理位置和其他调节变量下以资源为基础的相对价值量表，实行按服务付费。

在C部分中，公共医疗保险管理部门与管理式照护系统协商出了平均每个受益人的年给付率（即按人头付费）。这一支付制度会面临支出超出人均缴纳额度的风险。其中，支付住院服务和医生诊疗的资金来自 A 部分和 B 部分。

公共医疗保险 D 部分

D 部分代表了由受益人支付和联邦财政共同支持的商业保险市场，政府在其中的监管力度最小。从 2006 年开始，260 家商业保险公司赞助了一项药物计划，该计划满足联邦关于新的处方药保险的最低要求。鉴于在保费与承保的药品清单方面的竞争性，如果药品清单至少涵盖了指定药物种类中的一个药品，那么该计划可以自由设定保费和免赔额。《医疗保险处方药改进和现代化法案》规定：禁止公共医疗保险与制药商在价格上进行讨价还价，这一规定备受争议。该法案授权保险公司进行讨价还价（与此同时，政府就退役军人事务部的药品价格进行了讨价还价，并获得了大幅折扣）。保险公司则面临着项目遭受损失的风险。

在 4 100 万的医疗保险受益人中，约有 2 900 万人预计将在 D 部分实施的第一年（2006 年）参保。在 1 420 万有资格享受低收入补贴的受益人中，预计有 870 万人申请并享受 D 部分。凯撒家族基金会的一项研究估计，与未参保 D 部分之前的自费情况相比，预计有1 900 万的参保者在处方药上的支出更少，另有 700 万人支出更多，还有 300 万人的支出几乎没有变化。由于保费补贴，受益人支付的费用平均约为 D 部分支出的 25%。预计有 870 万低收入受益者的自费金额平均下降了 83%。在 2006 年，平均每个 D 部分参保者的自费金额下降了 37%（从 1 257 美元下降到 792 美元）。

传统公共医疗保险的参保人都可以自愿申请 D 部分。申请程序较为复杂：申请人首先要评估他们所在地区有多少可用的药物计划，有时可能会超过 12 项。然后，申请人必须对多项药物计划进行识别，比较它们的保费，并核实它们的药品清单，看看自己所需的仿制药或原研药是否以需要的剂量在清单上列出。各个药物计划可以随时自由修改它们可报销的药品清单，只要他们提前 60 天通知，在此期间参保人可以转到其他药物计划。在参保的第一年，参保人在参保截止期 5 月以后都有一次转换计划的机会。通常情况下，D 部分参保者每年有一段时间可以转换计划。

如果申请者对某一特定药物计划的细节感到满意，他们必须注册该计划或者参与医疗保险。各州的医疗救助机构会将符合双重资格的申请者分配到某个药物计划。管理式照护项目的参与者已经享受药物补贴，他们不用转换保险项目，这些人的药物补贴在 D 部分的报销额甚至会得到提升。

如果补充性医疗保险建立一套独立的药物报销计划，即可以参与 D 部分。对于雇主资助的退休计划中的医疗保险受益人来说，如果他们的退休计划对于药物的报销水平与 D 部分等同，那么他们可以留在原来的退休计划中。如果他们的退休计划对于药物的报销水平低于 D 部分，他们同样可以留在原来的退休计划中，但未来如果决定参加D部分，他们需要缴纳额外的参保滞纳金。《医疗保险处方药改进和现代化法案》为雇主提供补贴，以维持退休计划的药物报销水平，而不是通过停止对药物的报销来促使退休者参与D部分。

如果雇主资助的退休计划对于药物的报销水平与医疗保险等同，那么D部分会为雇主提供补贴，以维持他们对退休人员的药物报销水平。这一补贴有利于防止雇主停止他们的退休计划，而将退休者所有的药物支出全部转移到医疗保险之中。一项针对300名美国最大私人雇主的调查发现，2006年80%的雇主愿意接受政府的补贴以继续为退休员工提供药物补贴。虽然其中大多数公司表示2007年有可能接受政府补贴，但2010年只有半数表示愿意接受补贴，还有22%的公司表示不太可能接受补贴，剩下的28%的公司表示不知道。

调查还发现，许多接受补贴的公司针对参保D部分的退休人员都有相关政策。其中，29%的公司表示这些退休员工将无法再享受雇主资助的医疗和药品报销，31%的公司表示他们可以继续享受除了药物报销以外的其他医疗福利，还有41%的公司表示他们以后将无法享受其他福利。对于那些2006年愿意继续提供药物补贴并接受政府补贴的公司来说，平均每个退休员工可以节约626美元。对于那些愿意补充D部分并保留其他医疗福利的公司来说，平均每个退休员工将节约826美元。

总体来说，D部分被指责为保险公司和制药商让利。当布什政府将D部分的立法提交给国会时，预计10年的开支约为5 000亿美元。在颁布该法案之前，国会驳回了更高的预算。国会的一些共和党成员对于布什政府提出的高额预算感到失望，而民主党成员则对之前医疗保险更多地被私有化以及项目的复杂性感到失望。在共和党领导层将投票时间延长到3个小时后，赞成D部分提案的票数略多，最终众议院通过了D部分，通常来说，投票只需要15分钟，而这次额外的时间被用来号召和说服议员们支持总统的提案。

该法案提出的报销模式要求每年的免赔额最高为250美元。超出免赔额的药物支出，由D部分报销75%，报销的最高限额为2 250美元。参保人自己缴纳其余的25%或者500美元，对于支出超过2 250美元的部分，且总支出低于5 100美元时，D部分不会再给予报销。对于药物总支出在5 100美元及以上时，医疗保险会报销95%，参保者支付5%。

公共医疗保险的A、B、C部分

公共医疗保险的大部分支出都集中在A部分，即住院保险。A部分的资金主要由雇主和员工缴纳的联邦工资税筹集而来，当工资达到特定的上限时（2005年的上限为90 000美元），雇主和员工将分别缴纳工资的1.45%。一些反对者认为，从长远来看，这一缴费费率不仅无法覆盖婴儿潮那一大批退休人员，而且也无法覆盖上升速度快于经济增速的医疗开支。

一般情况下，若申请者年满 65 岁，则可以凭借与社会保险（养老金）缴款相关联的薪金缴款记录自动参保 A 部分。而社会保险缴款年限不够的老人则需要另外购买 A 部分。除了住院治疗的支出外，A 部分还会报销出院后在专业护理院或家庭医疗保健项目中的康复服务支出，以及临终关怀服务（为临终患者提供的精神慰藉与缓解疼痛的服务）的支出。A 部分对于入住公共医疗保险定点医院的报销有一个全国统一的免赔额准则（2005 年为 912 美元）。即使同一位患者出院后在家或社区短暂调养一段时间又重新入院，入院后 60 天内也只收取一次免赔额。2005 年，如果每位患者的住院天数超过 60 天且小于等于 90 天时，患者每天要支付 228 美元的住院费；如果每位患者的住院天数超过 90 天且小于等于 150 天时，患者每天要支付 465 美元。

商业保险公司建议公共医疗保险的设计者利用这种方法来避免长期不必要的床位占用行为。如今，几乎所有的公共医疗保险只报销 30 天内的住院支出。考虑到老年人的经济状况，没有免赔额的 30 天住院费报销才更适合。如果参保人住院 3 天后转入专业护理院，那么 A 部分会报销参保人在一定时间内（20 天）的所有支出。对于入住专业护理院超过 20 天且小于等于 100 天的参保人来说，2005 年他们每天需要支付 114 美元。家庭护理对参保人来说是免费的，只要参保人有医疗需求且由公共医疗保险的定点机构提供。

A 部分和 B 部分共同组成了传统的公共医疗保险。A 部分按病种诊断分类对医院进行付费。按服务付费（fee-for-service）使用以资源为基础的相对价值量表对医生进行付费，该量表主要通过研究患者的会诊及手术时间获得。

除了医生会诊外，B 部分还报销医学检查、门诊诊疗以及医疗设施（如轮椅）使用等项目。严格意义上来说，B 部分属于自愿参与，但实际上所有 A 部分的受益者都选择参与 B 部分，缴纳每个月的保险费，并且在达到年度免赔额后则可以得到医疗费用报销。2006 年，B 部分的保险费是每月 88.50 美元，免赔额是每年 124 美元。法案将 B 部分的筹资来源调整为 75%的联邦财政税收与 25%的受益人支付两部分，如保费与共同缴纳费。

医生的支付模式，简而言之，即公共医疗保险指定的医生同意将医疗保险的核准费用作为服务的全部费用。核准费用是指利用以资源为基础的相对价值量表计算的医疗保险费用表。基于对医生实际所提供的服务的实证研究，这种计算方法建立了公共医疗保险费用表，这种费用表比广义概念下的“合理且惯常的”费用更公平。人们认为该方法提高了初级保健服务的支出，并有助于控制成本。

如果患者 B 部分的免赔额已经达到 124 美元，公共医疗保险将会把 80%的核准费用直接支付给医生。患者或患者的商业补充医疗保险将会支付剩下的 20%。如果医生不接受这种支付分配方式，医生会向患者寄送一份账单。医生如果向患者收取超过核准费用15%的费用则是不合法的。公共医疗保险会为患者寄送80%的核准费用的支票，患者只需自费支付剩下的20%以及额外的15%。大多数医生会接受这种支付分配方式，因为它更快更可靠。对于患者来说，文书工作量和邮费都减少了。

公共医疗保险的C部分涵盖管理式照护项目，这是一种商业保险项目，它在对年费的集中管理下提供医院、医师和其他服务。参与C部分的受益人不再拥有在传统医疗保险下可以从任何医疗保险定点医院、医生或其他单位获得服务的选择权。受益人仅限于管理式照护项目的定点合作机构，除非该项目允许受益人选择定点合作机构之外的机构，由受益人自己支付额外的费用。

年度合约通过公共医疗保险与管理式照护系统的协议达成，管理式照护系统可能是健康维护组织（health maintenance organization）或首选服务供给商组织（preferred provider organization）。这个合约限制了政府的支出。管理式照护系统承担超出与CMS协商支付的费用的财务风险。受益人每月继续支付B部分的保费。管理式照护系统可能会收取额外的保费，以支付A部分和B部分不能报销的项目。

公共医疗保险C部分旨在通过加强成本控制和服务质量来吸引传统医疗保险的受益者。商业保险公司赞助管理式照护的福利，称为“公共医疗保险优势计划”（Medicare Advantage），在此之前，它被称为“公共医疗保险+选项”（Medicare + Choice）。“公共医疗保险+选项”兴起的假设是，由于其成本控制，平均每个受益人的医疗支出将比传统医疗保险少5%。节约下来的5%可用于报销额外的福利项目（如口腔保健、配眼镜或开处方药），或者用于减少管理式照护项目的保费。2004年，由于对使用服务的行政限制不满，大量参保人退出公共医疗保险优势计划转而参保传统医疗保险。与此同时，其中一些计划被证实比传统医疗保险开支更大并退出了C部分。国会授权更高的医疗保险支出从而维持公共医疗保险优势计划的运转。联邦基金的计算表明，公共医疗保险优势计划比传统医疗保险的支出高27.2亿美元。

补充性商业医疗保险

约22%的公共医疗保险受益人从商业保险公司购买补充性商业医疗保险，以支付公共医疗保险无法报销的费用。三分之一的公共医疗保险受益人未被医疗保险报销的支出由其前任雇主承担，14%由公共医疗救助覆盖，因为他们是双重受益人。在受益人达到免赔额，且公共医疗保险支付了核准费用的80%之后，补充性商业医疗保险负责支付剩下的费用，从而二者实现了较好的协调。补充性商业医疗保险报销余款的前提是：余款已达到免赔额度。为了支持受益人选择补充性商业医疗保险政策，联邦政府制定了10类具有价格优势的福利待遇。

商业长期照护保险

2002 年，在全国用于长期照护的 1 800 亿美元中，10% 由商业保险支付，17% 由公共医疗保险支付（与急性疾病治疗一致），21% 由患者自己或其家人支付，还有 47% 由公共医疗救助支付。2005 年的长期照护费用预计为 2 000 亿美元。此外，家庭成员和朋友提供的无偿或非正式照护费用预计为 1 000 亿美元。

商业长期照护保险由 100 家保险公司提供。所缴纳的保费通常覆盖了居家、辅助生活机构和护理院等不同地点的照护服务。保费额度具体取决于以下选项：（1）开始实施保险报销前有 60 天或 90 天的等待期；（2）每天或全部的支出上限；（3）通货膨胀保护措施，例如定期上调每日支出的 5% 或支出上限；（4）保障时长，如三年、五年或以上。参保人的年龄和疾病风险也是影响保费额度的因素。一些医疗保险政策接受阿尔茨海默病患者参保。

许多达到退休年龄或接近退休年龄的中产阶级人士对长期照护保险望而却步，因为保费相对他们的退休收入更高。保险公司通常在人们 40 多岁或 50 多岁时鼓励其购买长期照护保险，因为那时的保费相对较低，而且有足够的时间建立储备金。公众对长期保险的购买意愿似乎一直不高。

为了鼓励公众购买长期照护保险，部分符合联邦标准的支出可能会从收入所得税中扣除。在一些州，在满足一些特殊要求的前提下，如果商业保险已经支付了长达至少一年的护理院的长期照护，那么参保人可能有资格获得没有资产风险的公共医疗救助。然而，需要审查参保人的收入是否符合收入限额。

保险公司可能会提高某一类参保人的保费，而不会提高另一些特定参保人的保费。如果保险公司因为设计失误或意外原因，而非保费收入而累积了更多的高额支出参保人（heavyexpense policyholders）的话，那么保险公司有可能倒闭，或者与其他公司合并，又或者提高某一类参保人的保费。对保险公司的监管主要由各州的保险部门负责，有些州的保险部门对保险公司比对消费者更为友好。

公共医疗救助制度

所有 50 个州、哥伦比亚特区，以及其他司法管辖区都有公共医疗救助计划，这些计划符合联邦政府关于报销范围和管理的要求。在这些提供给贫困人口（包括儿童、孕妇和本文关注的老年人以外的其他贫困人口）的医疗救助支出中，50% ~ 80% 的支出由联邦政府资助。较贫穷的州获得的津贴高于较富裕的州。所有公共医疗救助计划必须覆盖医院、医生、临床医学检查，护理院、牙科、心理健康，以及门诊诊疗服务。在联邦政府批准的情况下，各州的公共医疗救助计划也可以涵盖居家医疗保健服务。

个人能否获得公共医疗救助的资格取决于贫困证明（由州政府实施的对收入和资产的审查）。虽然各州在制度设计方面有很大的自由度，但他们都必须覆盖老年人、盲人，或享受补充保障保险的永久残疾人，该保险是一项带收入审查的联邦保障制度（Supplemental Security Insurance）。例如，收入低于联邦贫困线74%（2005年为6 768美元）的老年人和残疾受益人必须得到公共医疗救助的保障。月收入高于补充保障保险但低于1 692美元的护理院老人可能会被覆盖。各州可以在联邦政府同意的情况下扩大其覆盖范围。如果联邦政府批准，各州的公共医疗救助还可以保障那些需要护理机构服务的居家老人。

各州可以选择为有医疗需求的人提供强制性福利服务，如医院、护理院和医师服务。有医疗需求的人是指，个人收入超过了本州医疗救助的收入限额，但扣除医疗费用后，其收入又低于限额的人。各州的医疗救助也可以选择为有医疗需求的人提供社区居家服务。

另请参阅：经济学：社会；医疗护理与服务；社会保障。

拓展阅读

Achenbaum WA（2005）Robert Ball and the politics of Social Security（review）. *Journal of Interdisciplinary History* 36（2）: 296–297.

Butler RN（1975）*Why Survive? Being Old in America*. New York: Harper and Row.

Cassel CK（2005）*Medicare Matters: What Geriatric Medicine Can Teach American Health Care*. New York: Milbank Memorial Fund.

Friedland RB and Summer L（2005）*Demography Is Not Destiny, Revisited*. The Commonwealth Fund, pub. #789.

Marmor TR（2000）*The Politics of Medicare*, 2nd edn. New York: Aldine de Gruyter.

Moon M（1993）*Medicare Now and in the Future*. Washington, DC: The Urban Institute Press.

Quadragno JS（2005）*One Nation, Uninsured: Why the U. S. Has No National Health Insurance*. New York: Oxford University Press.

Schechter M and Schechter I（1993）*Beyond Medicare: Achieving Long-Term-Care Security*. San Francisco, CA: Jossey-Bass Publishers.

译　者：曹　杨（四川大学）
校译者：张航空（中国人民大学）

工作和就业：个人

J. N. 克利夫兰　宾夕法尼亚州立大学，斯泰特科利奇，宾夕法尼亚州，美国
L. M. 肖尔　圣地亚哥州立大学，圣地亚哥，加利福尼亚州，美国

词汇表

《就业年龄歧视法》（Age Discrimination in Employment Act，ADEA）——美国国会于 1967 年通过立法，并于 1978 年、1986 年修订，用于保护 40 岁及以上的工人在工作中不受歧视。

年龄刻板印象（Age Stereotypes）——对老年人特征的普遍看法。

裁员（Downsizing）——在一个组织内系统性地减少雇员和可能的职业领域。

平等就业机会委员会（Equal Employment Opportunity Commission）——负责执行有关工作场所的反歧视法律的监管机构。

功能年龄（Functional Age）——基于表现的年龄测量标准，其前提是所有年龄段的能力和功能都有很大的个体差异。

心理社会年龄（Psychosocial Age）——根据个人的社会认知来衡量年龄，包括对个人特征的认知和对年龄的自我认知。

引言

今天的劳动力与过去有很大的不同：劳动力更加多样化，有更多的女性，更多的民族和种族代表，更多的老年工人。在美国，就像在其他国家一样，有四种力量共同导致劳动力老龄化。首先，社会和工作场所中有大量的老年雇员来自“婴儿潮一代”。其次，新一代的年轻劳动力大军（被称为“婴儿荒一代”）数量很少。再次，自 20 世纪 90 年代中期以来，由于退休保障的丧失和法定退休年龄的限制，老年员工推迟退休的比例一直在上升。最后，由于对老年歧视的担忧增加，尤其是在美国，更多的组织将重点放在重新培训和留住老员工上，而不是试图将他们外包出去。

研究人员越来越多地研究了员工年龄、重要工作流程和结果之间的关系，包括失业、招聘、绩效评估、工作态度、职业特征、离职、旷工与终止、歧视。本文探讨了年长员工在寻找工作、在组织内找到工作、在组织内工作以及退出有偿就业领域时的相关问题。然而，在探讨这些就业问题之前，我们先简单地讨论一下与工作相关的研究中年龄的含义和测量方法。这个讨论很重要，因为积累的关于年长员工的信息是基于对年

龄的研究，而年龄仅仅是对一个人“年龄”的一个评估。最后，本文对这一领域的理论发展进行了简要概述。

年龄的概念

关于老龄化和工作的研究，特别是工业老年学，研究了有关中老年工人就业和退休的问题。工业老年学领域的一个持续性问题是缺乏对成熟的和年长的工人的一致定义。获得合适定义比较困难的原因是老龄化是一个多维的过程，很难用单一的定义或度量来概括。本节讨论四种确定老年员工年龄的方法：实际年龄或法定年龄；功能性年龄；心理社会年龄；组织年龄。然而，重要的是要记住这些概念化年龄的方法可以分为两大类：基于个人的年龄测量和基于情境的年龄测量。以人为基础的测量方法主要关注个人的年龄特征，而基于情境的测量方法结合了工作环境的各个方面，并且经常反映了在工作环境中人与人之间的比较。

实际年龄或法定年龄

实际年龄或法定年龄是研究领域最常用的基于人的测量方法。美国 1967 年颁布的《就业年龄歧视法》（ADEA）通过 1978 年和 1986 年的修订保护了 40 岁及以上的工人，这反映了这样一个事实：在 40～45 年的时间里，职位空缺可能会被过多地禁止，而对于 55 岁以上的求职者来说更是如此。两个年龄相同的人在年龄对他们的主观意义上看法可能有所不同。例如，一个人对自身年龄的解释可能反映了他对健康、外表、精力等方面的看法。

功能年龄

另一个主要以人为基础的年龄指标是功能性年龄。功能性年龄是一种基于表现的年龄定义，它基于一个前提，即所有年龄的能力和功能都存在很大的个体差异。随着年龄的增长，个体在生理和心理上都发生了变化，包括能力下降、经验和判断力增加。功能性年龄的概念受到了许多方面的批评，其中一个主要的限制是使用单一的指数，以及假定随着年龄的增长而下降。即使有可测量的与年龄相关的功能更改，这些更改也不能转化为任何特定工作中的性能降低。

心理社会和组织

老年工作者的心理社会的定义基于对个人的社会认知，包括对老年工作者的刻板印象和对年龄的自我认知。这些观念可能在一定程度上取决于你所从事的工作的年龄类型或工作群体的年龄构成。这些方法放在一起讨论，因为它们都主要包含基于情境的年龄定义；它们的区别可能会因关注的单位而有所不同（例如，心理社会方法是对一个更为独立的单元的分析，而组织方法可以使用组或组织作为分析单元）。

工业老年医学专家建议，应该根据工作环境对年老的工人进行检查。工作环境包括群体的特征、与工作群体成员相比的自我年龄认知、与上司相比的自我年龄认知、与特定职业或职业路径中的典型年龄相比的自我年龄认知。

有证据表明，基于情境的年龄测量可以预测自我和管理者评价的绩效、管理者评价的可提升性、对组织支持的感知以及自我和管理者评价的在职培训等工作结果。此外，主管和下属的年龄差异也被用来预测工作结果。相似吸引模型被用来概念化主管和下属的年龄差异的影响。尽管实证研究很少支持这一范式（例如，主管和下属年龄的相似性对绩效评级、管理者对下属的喜欢程度、员工态度或离职倾向没有影响），但也有人认为，当上司和下属违背社会规范时，他们之间的年龄差异是最重要的（例如，当下属年龄比经理大时）。此外，在对年龄规范的研究中也发现了特定组织背景下对年龄的支持。例如，那些被视为比该职业阶段个人的典型年龄更年轻的经理的绩效评分更高，而被视为比“正常年龄”大的经理的绩效评分较低。一般来说，在上学、结婚和找工作方面“落后于进度”（比正常年龄大）的男性比那些“处于正常进度”的男性（或与正常年龄相近的男性）有可能拥有更低的总体职业收入。

在定义老年工作者时，要记住的关键因素是，在更典型的老年学研究中，他们往往比研究对象年轻得多。通常情况下，年龄较大的员工包括年龄分别为45岁、50岁、60岁、65岁、70岁的人。在老年学研究中，“老年”人口可能有80~100岁，而且可能已经几十年没有工作了。因此，在年龄和工作结果的讨论中，那些可能被认为年龄较大的员工的年龄分布范围为40~75岁。

参加工作

找工作和失业

2002年，美国大约有17 700人被裁员，导致了近200万人申请失业补偿保险。虽然25~45岁的失业人数较多，但老年人的平均失业时间长于年轻人（54岁以上的人平均失业18周，25~34岁的人平均失业12.7周）。关于年长员工求职行为的研究很少。人们普遍认为，如果年长的员工现在有工作，他们比年轻的员工更不可能寻找其他的工作。这与研究显示年长员工的离职意愿较低是一致的。年龄被认为是影响市场能力的一个因素，影响着求职者找工作的可能性。有趣的是，最近有关职业经理人的研究显示，年龄对求职行为的影响不大，而工作满意度、薪酬和对组织成功的感知与求职行为呈负相关。这表明，影响求职行为的因素是工作条件，而不是年龄。此外，研究表明年龄不会影响招聘来源的类型使用。年轻人和老年人都很可能使用报纸广告。

招聘和选拔实践

调查年龄对招聘决策产生影响的研究主要集中在与歧视有关的问题上。特别令人感兴趣的是，在招聘员工时是否存在歧视。研究结果相当不同，可能部分是由于所使用的样本性质不同。对年龄和选择的实验室研究的荟萃分析显示，当评分者评估一个年轻的或年长的申请人时，年龄没有产生显著的影响。然而，当评分者评估年轻的和年长的申请人时，年轻的申请人被评为更合格。

使用实际工作者进行的模拟研究也得出了不同的结果。一项研究表明，年轻的求职者比年长的求职者更容易被聘用。其他研究表明，能力和工作状况等因素会降低年龄效应；资历较深的申请人在高地位的工作中表现良好。

对实际招聘决策的研究也显示出不一致的结果。一项研究显示，年龄较大的求职者比年龄较小的求职者得到的招聘建议更低，在智力方面的得分也更低。另一项研究显示，年龄与面试成绩呈正相关，这表明年长的求职者比年轻的求职者更受青睐。然而，后者的研究样本在年龄上过于年轻（大多数申请者年龄为21~30岁），这就产生了一般性的问题。最后一项研究调查了面试官和应聘者年龄的相似度，发现年龄的相似性对面试结果没有影响。

所有这三种类型的受试者样本在招聘决策的年龄偏见方面都表现出了好坏参半的结果。有许多可能性可以解释这些混杂的发现。首先，学生主体和工作主体对年龄较大和年龄较小的申请者的反应有所不同，特别是对不同地位的工作。这可能是由于受试者年龄不同或工作经验不同造成的。其次，几项显示年龄偏见的研究让受试者比较具有相同资历的老年人和年轻人。这些研究的设计实际上可能会导致年龄偏见，被试者可能会认为一个与年长的人有同等学力的年轻人更有能力，因为他在更年轻的时候达到了同样的技能水平。第三种可能性是工作的年龄刻板印象特征可能在起作用。许多研究表明，工作的类型取决于它们是否适合年轻、中年或年长的员工。这种年龄类型反过来又会影响到老员工的待遇。然而，这一问题在以前的招聘研究中还没有得到系统的研究。最后，申请者人才库的年龄构成似乎对招聘过程有影响，当其他年龄较大的员工已经在申请者人才库中时，年龄较大的员工更有可能被聘用。

组织中的经验

年龄和工作表现

在实验室和田野进行的大量研究表明，工作表现不会随着年龄的增长而下降。然而，在这项研究中有许多问题需要考虑。第一个是工作表现领域的定义。本研究使用的工作表现指标包括监督评分、生产率指数和其他客观指标（如销量）、营业额、旷工率。有迹象表明，年龄与绩效的关系因所用绩效指标的类型而异。此外，在最近的荟萃分析中，发现了一些与年龄和工作绩效相关的研究问题，包括以下几个方面：（1）很少有研究包含60岁以上的工人；（2）研究设计是横断面的；（3）纵向研究表明与年龄呈非线性关系；（4）年龄—绩效关系受职业的影响；（5）研究相对较少，而且这些研究往往样本容量较小。

体能是指参与工作的运动系统的主要组成部分之间协调活动的结果，在中年时期开始出现下降。在涉及知觉或精神运动速度的任务中，体能下降是最明显的。然而，每个人都会经历不同年龄阶段的表现下降，而这些下降通常是渐进的。体能下降应以个人为基础进行检查，因为它们可能不会对工作的基本活动造成任何可察觉的干扰（参见“运动控制”“知觉”）。

年龄和工作表现之间的任何适度关系都可以更好地理解为工作知识和工作表现之间的关系。一些工业心理学家和组织心理学家认为，员工在工作的头几年里获得了成功所需要的大部分工作知识。工作经验的个体差异可能与工作表现的显著差异有关，尤其是在最初几年。然而，一段时间后，工作经验对工作知识和工作表现的贡献会逐渐减少。年轻员工在工作经验上的细微差别可能会转化为工作知识和工作表现的巨大差异。因此，在较年轻的员工中，年龄差异与工作表现的差异有关；但由于额外的工作经验对增加工作知识贡献不大，每年获得的新工作知识也就越来越少。因此，总体而言，年龄与工作知识的关系较弱，与工作绩效的关系很小或根本没有。

对工作表现和年龄的实验室研究显示，与年龄相关的感官缺陷涉及广泛的心理功能，包括外周机制和运动机制、记忆、信息处理。对于复杂的或要求较高的任务（例如多源监测），老年人往往处于特别不利的地位。尽管人们可能认为老年人在更复杂的现实世界任务中表现不佳，但对职业环境中的年龄效应的评估涉及相当多的方法学问题。这些方法学上的缺陷包括不同年龄组的表现测量缺乏可靠性和可比性，存活的健康受试者的选择性减员，以及选择偏差（参见“注意力”“记忆”）。

事故 尽管研究结果是混杂的，但最常见的发现是，与年龄为 24 岁和 25 ~ 44 岁的工人相比，年龄较大的工人事故率较低。然而，研究也发现了积极的年龄—事故关系，以及倒 U 字形、U 字形或非显著的年龄—事故关系。这种关系的缓和因素包括性别和职业类型。女性的事故率一般较低，而蓝领工作的事故率则较高（蓝领工作占所有工伤事故的 70%，风险比白领工作高 8 倍）。与年轻员工相比，年长员工从事通常由年轻员工担任的工作时发生的事故更多。

尽管年龄较大的工人受伤率较低，但他们每次受伤的时间通常比年轻工人多。损伤的严重程度可能随着年龄的增长而增加，可能需要更长的时间才能恢复。受伤也更有可能导致老年员工永久残疾。事故造成的死亡也随着年龄的增长而增加。

缺勤

缺勤是退缩行为的一种形式（离职是另一种），对组织和个人来说都是代价高昂的。对年龄和缺勤之间关系的荟萃分析得出显著的结果——这取决于所使用的缺勤措施的类型。缺勤频率是衡量可避免的缺勤，而缺勤持续时间是衡量不可避免的缺勤。缺勤频率与员工年龄呈负相关；关于不可避免的缺勤的研究结果喜忧参半。最近的研究表明，员工年龄和员工性别对可避免及不可避免的缺勤行为都有交互作用。女性在年龄和时间损失之间表现出比男性更强的负相关；男性在年龄和缺勤频率之间表现出负相关关系，而女性则表现出正相关关系。年龄较大的女性员工更有可能经常缺勤，但与男性员工相比，女性员工连续几天缺勤的可能性更小。尽管已经提出并测试了多因素模型用来理解缺勤，但年龄本身被认为是有关出勤的一个较弱的预测指标。此外，随着劳动力中女性人数的增加，需要考虑职业、双重职业和家庭问题，并将它们纳入这些模式。

年龄和训练

随着工人平均年龄的增加，培训年长工人的问题变得更加重要。研究表明，年龄和成功之间的关系取决于培训的环境和定义成功的具体标准。当培训内容较为新颖（如电脑使用）时，年龄的影响最大，成功的标准是完成培训的速度。

近几十年里，诸多研究关注对不同年龄的工人进行培训干预的有效性。结果证明，年长的员工比年轻的员工学得慢。然而，如果工作程序长期保持不变，掌握时间的年龄差异就变得微不足道了。在快速变化的职业中，需要经常接受新工作方法的培训，年长的员工可能会比年轻的员工花费更高，效率也更低（参见“学习”）。实验室样本在训练表现上的年龄差异始终大于田野样本。有两个方法上的问题可能夸大了在训练中的实际年龄差异。首先，通常用于年龄训练研究的设计是极端的群体设计。通常采用较年轻员工（23 岁）的绩效表现与年龄明显较大的员工（55 岁或 60 岁）进行比较。虽然这种设计可以准确地评估群体之间的差异，但它可能夸大了年龄（作为一个连续变量）和训练表现之间的关联度。第二，在实验室选择任务时可能存在偏差，以便最大限度地发现年龄差异较大的可能性。在现实世界的任务领域，任务中有更多的变化，同时实践和经验也有可能抵消与年龄相关的衰退。

年龄和工作态度

对有关工作态度的文献的广泛回顾表明，在许多态度中存在着一致的与年龄相关的差异。总体的工作满意度一直被证明与年龄有关。这种关系可能因职业而有所缓和。人力服务和白领工作在年龄与工作满意度之间的关系最为密切，而在工厂工作、文书工作和教学工作中，年龄和工作满意度之间似乎没有关系。此外，其他研究表明，任期（通常与年龄紧密相关）比年龄更能预测工作满意度。对工作满意度方面的研究表明，总的来说，年龄和对工作本身的满意度之间存在正相关关系，而对薪酬满意度的研究则产生了喜忧参半的结果。此外，对晋升、上司和同事的满意度似乎与年龄无关。这种关系模式与研究表明，工作特征可以解释年龄较大的员工在工作中获得更多的内在报酬（但不一定是外在的奖励），而不是年轻的员工。

对工作价值的研究表明，这可能与年龄有关。虽然年龄通常与工作参与有积极的关系，但许多研究表明，年龄可能不如工作和组织特征重要，也不像个人在决定工作投入程度上的差异重要。最近的一项荟萃分析显示，年龄与新教徒的职业道德和声望（工作对一个人社会地位的影响）之间存在适度的正相关关系。然而，人们并没有发现年龄与马斯洛的“成长需要力量或自主”的概念有关。

许多理论模型都将年龄作为组织承诺的前提。两种承诺形式在文献中得到了广泛的研究，包括情感承诺和持续承诺。情感承诺假设，随着员工年龄的增长，他们对组织的归属感越来越强，对雇主的认同感也越来越高。相比之下，对于持续承诺来说，年龄被视为一个限制未来就业选择的因素，因为在组织中有不可移植的投资。这使得离开变得更加昂贵，从而导致更高层次的持续承诺。最近的一项荟萃分析表明，与情感承诺相比，年龄与持续承诺的相关性更强，但年龄与这两种承诺形式的相关性都不强。综上所述，尽管年龄似乎与总体工作满意度和某些类型的工作价值有着相当一致的联系，但很少有证据表明年龄和其他态度变量之间存在联系。此外，有相当令人信服的证据表明，即使年龄与工作态度有关，诸如工作和工作条件等其他变量实际上也可能解释这些联系。

年龄和其他工作选择及时间表

年龄较大的员工和管理者都可以从标准的 40 小时工作安排之外的工作安排中获益。工业老年学已经确定了六种不同的工作安排，它们可以有效地用来满足老年工人及其雇主的工作需要。这些工作安排可以分为两类：兼职工作安排和工作调整。越来越多的组织正在尝试为老年人提供各种形式的兼职工作，包括工作分享和分阶段退休计划。退休人员的非全时再就业也是一个选择。工作分享通常是两名兼职员工共享一份全职工作。在这种安排下，虽然年长的员工工作时间减少了，但是他的专业知识和经验以及指导的机会继续向组织提供。

分阶段退休是全职员工的一种选择，一般这些员工离退休还有 2~3 年。在这个选项中，员工可以将每周工作时间从 40 小时减少到 30 小时，然后再减少到 20 小时，直到退休。这种情况下，个人可以逐步退休，工作时间的缓慢减少也使组织有时间培训和更换工人。在快餐业、银行和保险公司中，退休人员兼职再就业已成为普遍现象，即聘用退休人员担任顾问或临时再就业。在对 400 多个组织的随机抽样调查中，约 25%的组织实施了工作分享计划，另有 25%的组织实施了分阶段退休计划；接近 50%的组织正在重新雇用它们的退休人员。这些兼职工作似乎是合理利用老员工的流行的方法。

相比之下，诸如制造业中的组织等少数组织，对年纪大的工人的实际工作进行改变。这通常涉及三种改变：工作设计、工作调动和工作再培训。重新设计工作涉及重构所要执行的工作或重塑工人的物理环境，如设置特殊的椅子、放大镜等。其中一些设施可能属于 1991 年《美国残疾人法案》（the American with Disabilities Act）的要求。工作调动指的是将年长的员工调到体力或脑力要求较低的岗位。最后，工作再培训包括更新有经验的老员工的技能，使他们跟上所在领域不断变化的技术。这通常发生在与工程相关的领域。

晋升、挑战性任务和职业稳定

大多数职业理论都包含了这样的阶段：在退休前，个人会变得“过时”或“呆板”，为离开雇主做准备。这种被普遍接受的观点与成年人一生中经历过许多职业转变的证据不一致。此外，许多60多岁、70多岁和80多岁的人继续工作，并寻求扩大事业的途径。尽管如此，许多组织对与年龄相关的职业有着强烈的信念，因此晋升和发展系统通常是为年轻员工设计的。

导致年长员工缺乏职业发展机会的一个因素是人们对这些人的负面看法。然而，这些负面的特征通常被认为是良好表现的必要条件，组织可能会寻找具有这些属性的领导者。年长员工一般出勤率高、表现良好、守时。这些特质可能与可靠、值得信赖的员工有关，也可能被认为与那些不太可能升职的员工有关。这些研究还表明，年轻的员工可能被认为更适合在裁员、合并和收购时承担许多员工目前面临的挑战性工作。纵向研究进一步表明，一个人在职业生涯早期所做的具有挑战性的工作，对他的职业生涯有很强的预测性。

年龄刻板印象可能导致年长员工比年轻员工发展更慢。年长员工被认为是不愿意改变的，他们得到的反馈更少，改善工作表现的机会也更少。此外，研究表明，工作群体的年龄构成可能会影响年长员工获得发展机会的程度。与其他年长员工一起工作的年长员工接受职业咨询的可能性最小。相比之下，年长员工在与年轻员工一起工作时，更有可能接受在职培训。尽管如此，与年轻或中年员工相比，年长员工接受职业咨询和在职培训的可能性仍然要小得多。这表明，尽管年龄背景会影响年长员工获得发展机会的程度，但年长员工获得这些机会的可能性仍然最低。

同样，年龄刻板印象可能是年轻员工和年长员工绩效归因差异的基础，限制了年长员工向上流动。与年轻员工的类似表现相比，年长员工表现不佳的原因是能力等更稳定的因素。此外，针对表现不佳的年长员工，简化工作被视为更合适的方法，而培训（针对要求更高的任务）则不太适合。年长员工也被视为由于失去动力或感到自满而导致自己的职业问题。因此，不同的绩效归因也可以解释为什么老年人比年轻人获得更少的发展机会。

有关晋升的研究表明，年龄背景起着重要的作用。尽管中老年员工在与比自己年轻的人共事时被认为是最具晋升潜力的，但年轻员工在与比自己年长的人共事时则被认为是最易受提拔的。在考绩方面也有类似的发现。在组织层面上，比大多数其他管理者更年轻的管理者在组织层面上的绩效评价要高于其他大多数管理者。因为绩效评估通常被用来做晋升的决定，这表明比正常年龄年轻的人在晋升机会方面可能有一些明显的职业优势。

对发展机会、可晋升性和工作表现的研究结果表明，年龄成见可能会对老员工的职业机会产生不利影响。对年长员工在能力、改变意愿以及技术陈旧等方面的年龄刻板印象肯定会导致其职业停滞。对年长员工的升职拒绝可能比直接解雇更常见，而且是《就业年龄歧视法》下诉讼经常引用的依据。然而，基于年龄的拒绝晋升比非法解雇更难以证明。未来的研究需要寻找克服限制老年员工机会的刻板印象的方法。

老年歧视

尽管由于缺乏证据，平等就业机会委员会（EEOC）撤销了许多指控，但有些案件还是诉诸法庭。在老年歧视诉讼中，绝大多数原告是男性，尤其是资深的白人男性专家和经理。大多数案件都涉及非法解雇。雇员往往会在法庭上败诉，这可能是因为在对原告比较有利的案件中，组织会选择在庭外和解，而雇主只在确信会胜诉的案件上进行诉讼。女性比男性更有可能赢得官司（胜率分别为64%、29%），由于提出老年歧视索赔的女性人数较少，因此应谨慎进行这些比较。无论如何，有些组织的实践表明可能存在老年歧视，包括：年长员工被淘汰，取而代之的是具有类似资历的年轻员工；当他们工作时被告知不存在空缺；被人用“经验太多”作为年龄的代名词，从而对工作感到气馁；被具有相同或更少技能的年轻工人取代；被剥夺参加培训计划的机会；被视为不可晋升；在年轻工人之前被解雇；从事相同工作而工资较低；无正当理由被降级；以及将具有挑战性的任务转交给其他年轻工人。

退出组织

年龄经济学

许多雇主似乎认为年长的员工比年轻的员工更贵（相对于他们的生产价值而言）。有证据表明，积极工作者有特定年龄的福利养老金计划和健康保险费用。退休人员的健康保险计划对雇用还没有资格享受医疗保险的老年员工具有强烈的抑制作用。老年人的健康成本和其他补偿成本更高，尽管大多数老年人的健康程度足以让他们工作更长时间。工资和薪金往往会一直涨到50岁左右，然后趋于平稳（例如，年长员工通常比年轻员工挣得多）。在裁员、精简和合并的过程中，通过减少高收入年长员工的数量而实现的经济节约在短期内可能对组织具有吸引力。使用薪水作为裁员决定的依据已经被一些美国法院认可，尽管这对年长员工的影响截然不同。

支持减少老员工数量的人可能忽视了招聘和培训新员工的成本。在重新安置新工人、协助配偶找到工作以及与新工人适应新工作环境有关的学习曲线方面，还会产生进一步的费用。

年龄和离职率

一些评论认为，年龄与离职率呈负相关。然而，最近的一项荟萃分析显示，年龄对于员工是否会自愿离开组织提供的有用信息很少。然而，考虑到与离职率相关的测量问题（即所使用的各种计量方法），人们可能低估了年龄和离职率之间的关系。人们发现，离职意愿和离职倾向是自愿离职的最佳预测因素。年长员工的离职意愿一直较低。由于年长员工的自愿离职率往往低于年轻员工，这实际上可能抵消了福利成本的上升。也就是说，较老劳动力的更大稳定性可能会抵消高附加福利成本带来的不利影响。

年龄、工作终止和退休

裁员是一种日益流行的降低成本的组织策略。裁员的方法包括自愿离职、自愿提前退休、自然减员、重新安置、工资和聘用冻结以及直接解雇。目前还不清楚相对于其他年龄组，年长员工受裁员影响的程度。然而，自愿提前退休是一种非常流行的精简方法，显然针对的是较老的群体。许多提前退休的人之所以自愿提前退休，部分原因是对工作、上司和公司的不满。有些人还认识到他们缺乏晋升机会，因此选择退休。然而，其他人都是被迫提前退休，否则他们将面临被解雇的命运。特别令人关注的是那些改变绩效考核制度或评级以证明自己想要摆脱年长员工的组织。考绩制度的突然改变不仅可能在即将退休的人员中造成不信任，而且也可能对留在本组织的人员造成不信任。

很多研究都集中在预测退休的因素上。这些因素可分为三个主要类别：个人变量、工作相关因素、环境因素。就个人因素而言，人们选择退休的日期受养老金计划资格和退休时预期财务状况的影响。健康是另一个与人们退休时间有关的个人变量。研究还发现，那些预期能很好地适应退休生活的人更有可能提前退休。至于与工作相关的因素，一些研究表明，工作满意度可能会影响人们退休的时间。与年轻员工不同，组织承诺并不能很好地预测年长员工的离职率。总的来说，将工作态度作为退休预测因素的证据并不令人信服。环境因素包括家庭和婚姻状况（丧偶或仍有孩子上大学），以及休闲活动。在工作之外有强烈兴趣的人可能会选择提前退休以追求这些兴趣。

目前还不完全清楚退休对雇主的影响。大量的退休可能会为年轻人提供更多的职业机会，并让公司雇用具有最新技能的人。另一方面，组织可能会失去由年长员工乃至终身受聘员工提供的关键知识或技能领域。一项研究发现，提前退休对公司的人才管理没有实质性的影响，也没有任何迹象表明最有能力的管理者最有可能提前退休。此外，更积极的管理者似乎对工作和公司有更积极的态度，退休的可能性更小。然而，在这一领域显然需要更多的研究来确定这些结果是否适用于其他组织（参见“退休”）。

理解工作年龄的方法

对年长员工的刻板印象

在工业老年学和工业与组织心理学文献中都有关于年长员工的负面刻板印象。年长员工被认为效率较低、缺乏创造力、缺乏晋升机会、更抗拒变化、速度较慢、对培训或再培训不感兴趣、无法适应变化、不可靠、成本较高、无法满足工作的生理和心理需求、更固执、容易生病和发生意外。此外，年长员工被认为比年轻员工更被动、更保守、更落伍、更死板。一些人力资源经理认为，年长员工有不同的工作方式，这通常与年轻员工的工作方式相冲突。然而，随着年龄的增长，人们会把一些积极的特征归因于他们。例如，老年人也被认为比年轻人更可靠、忠诚、细心和认真。年长的员工被认为比年轻的管理者在决策过程中花费的时间更长，承担的风险也更少。然而，当必须承担风险并迅速做出决定以避免错失良机时，这些特征可能被视为潜在的负面因素。尽管人们对年长员工的态度通常比对年轻员工的态度更为消极，但随着感知者（评价者）年龄的增长，这种差异的程度也会降低。此外，对年长员工的负面看法可能在某些职业中比在其他职业中发挥更大的作用。从事通常由年轻人担任的工作或需要掌握与年轻人相关的技能的年长员工可能会被认为是最消极的，而从事由老年人担任或与老年人相关的工作的年长员工可能会被认为是积极的和不典型的（参见“老年歧视和就业歧视”）。

关系人口学 使用关系人口学，与年龄和目标员工不同的人相比，年龄较大的员工和年龄较小的员工应该会经历更积极的工作结果。关系人口学从相似吸引范式和社会认同理论两方面入手，认为与他人相似的结果是有利的，而不相似的结果是不利的。此外，个体将自己划分为有意义的社会类别，使他们保持积极的自我认同。研究表明，当员工年龄与工作群体相关时，对相关人口统计学的支持也得到了检验。

职业时间表 职业时间表的概念表明，年龄差异可能产生积极或消极的影响，这取决于明确的规范，即在某一特定年龄应该在组织结构图上处于什么位置。例如，以类似于同龄群体晋升速度完成晋升的员工被视为“准时”，而那些晋升更快的员工被认为“提前”，而那些升职较慢的员工则被认为“落后于时间表”。后两组都反映了目标不匹配，但职业时间表对这两组人的预测却大不相同。那些认为自己进度落后的经理报告说，他们的工作满意度和工作方向感较低。另一方面，提前晋升的经理得到的绩效评级最高，而晋升进度落后的经理得到的绩效评级最低。

职业时间表方法以工作团队为参照，其他研究则以管理者或主管为参照来支持这种方法。也就是说，当员工比他们的经理年龄大时，这些年长的员工得到的发展机会最少，潜力和可促进性评级最低。

原型匹配 在原型匹配的方法中，会将个体的年龄与特定工作中典型在职者的年龄相比较。一些研究支持工作和职业原型的存在。该方法表明，通过认知匹配过程，目标年龄与工作年龄原型之间的更大匹配会导致更有利的选择结果，更大的不匹配会产生更不利的结果。许多关于原型匹配的实证研究已经研究了它对选择的影响。最近，研究部分支持原型匹配的其他决策，包括促销。总的来说，研究显示了混合支持，表明其他情境变量可能影响匹配过程。

关于年长员工的未来研究问题

美国和其他工业化国家的人口老龄化问题需要在未来的研究和公共政策倡议中加以考虑。这一趋势反映了生育率的下降和预期寿命的增加。从2011年到2030年，“婴儿潮一代”逐渐步入正常退休年龄。美国人口普查局预测，到2050年，美国65岁以上人口的比例将从13%上升到20%，到2100年将上升到23%。此外，最近的研究显示，在许多工业化国家，55~64岁的人就业率有些低（例如意大利为29.9%，德国为38.8%，美国为57.7%，日本为63.8%）。迄今为止，大多数鼓励老年员工参与劳动力市场的举措似乎主要是出于经济考虑。此类举措的关注范围太窄，不考虑鼓励此类持续参与的关键利益攸关方，包括政府、雇主、专业组织和年长员工本身。这表明了研究工作环境中的年龄多样性的重要性，尤其是研究老年歧视的预测因素，以及由于刻板印象和职业发展的传统假设而导致的年长员工技能与知识的潜在利用不足。此外，还需要对退休决策进行研究，特别强调鼓励或阻止年长员工留任的组织因素。重要的是，此类研究应该在近期内进行，而不是在潜在的大量员工流失之后，因为研究表明，迄今为止，在解决老年员工生产率的保留和最大化方面，没有投入多少积极的努力。

老年女性

在过去的40年里，女性的劳动参与率急剧上升。在55~64岁的女性中，劳动参与率从20世纪40年代初开始上升，并在60年代末达到顶峰。自20世纪80年代以来，女性在劳动力中的参与率稳定在每有100名男性参与劳动便相应有大约41.7名女性参与。1987年，有56%的女性在工作，平均来说，这些女性是已婚的、为人母的、受过高中教育的。65岁及以上女性的参与率在20世纪50年代中期至60年代达到了历史最高水平，当时人口中每100名女性的参与率为10.2%~10.9%；到20世纪80年代中期，参与率下降到7.5%。此外，有工作的老年女性的比例仍然大大低于老年男性的比例；而女性提前退休的比例比男性高。因此，典型的女性员工与典型的男性员工并不相似。此外，中老年女性在技能、工作生活期望、工作的中心性和必要性、照顾孩子的责任、照顾老人的责任等方面都是一个异质的群体。一些研究人员推测，男性和女性的衰老标准不同。因为女性比男性更容易被人以外貌来评判，所以随着年龄的增长，女性会受到更多的负面评价。相比之下，随着男性年龄的增长，他们的威望可能会因金钱和权力的增加而提高，人们对他们外表的评价影响也会降低。一些作者认为，这些评判男性和女性的不同标准影响着职场中的女性，因此女性在工作中可能比男性更早被贬低。也许女性经历的一些“玻璃天花板”效应部分是由于女性随着年龄增长而贬值。女性的职业机会可能较少，这不仅是因为她们在工作场所的地位较低，也是因为社会对老年女性的看法。显然，未来的研究需要检验年龄和性别之间的相互影响，以确定男性和女性是否会随着年龄的增长而受到不同的对待。

年龄和少数族裔地位

1980年，美国有17%的少数族裔年龄超过65岁。这一人口比例的增长速度比白人快。到目前为止，有关这一领域的研究还很少。然而，一般来说，在经济和就业方面，年长的少数族裔男性和女性往往比非少数族裔的男性和女性更差。随着多样性的显著增加，这一领域的现有和未来研究非常需要在主要的老年学研究、工作就业研究以及从业者期刊中得到重视和主流化。如果少数族裔集中在需要体力劳动、速度和任务常规化的职业上，那么少数族裔员工因年龄偏见而可能面临更大的负面体验风险。此外，由于较低级别的员工在经济上最需要工作，一旦退休，他们往往被迫（由于年龄原因）接受工资较低的工作，如果他们能找到。女性、黑人和拉美裔经历了严重的困难，因为他们经常缺乏财政储备和养老金计划，而且再就业很难获得足够的工资。

当前组织问题

团队合作 在某些类型的工作团队中，对于年龄较大的员工来说可能存在代际问题。较年轻的群体可能更善于利用最优秀的个人（例如最有知识的人）的表现，并识别和利用其成员的资源。在年龄较大的群体中，成员可能更关心建立和保持身份与领导地位，避免在同伴面前显得糟糕。研究表明，与年龄较大的员工相比，年轻人在群体过程和群体决策方面的经验更多，对地位和控制的关注更少，在群体中竞争更少，更专注于在任务中获得最优结果。此外，对年龄较大的管理者的研究表明：他们在团队中的活动频率较低（竞争情况除外）；认为非正式团队被视为小团体并且应该避免；对合作工作不太了解；在专制的管理模式下长大，认为寻求或接受帮助是软弱的表现；依赖“专家”；即使致力于团队合作，也缺乏使其发挥作用所需的技能。考虑到使用团队进行工作的趋势，这项研究表明，希望参与团队活动并为团队活动做出贡献的年长员工可能需要接受培训或咨询，以了解如何成为有效的团队成员。

不幸的是，关于混合年龄组在团队工作中的作用的研究非常有限。然而，可以说，如果通过各种组织干预措施（如培训和辅导）以及基于团队的薪酬进行有效管理，年长员工的知识和经验以及年轻员工的团队定位，可以产生非常有效的团队过程。未来需要进行研究，以检查在不同（混合年龄）的团队中鼓励有效团队功能的因素。

年长员工和技术 包括计算机集成制造和机器人技术在内的高科技，使许多工人摆脱了体力劳动，并通过广泛的技术和解决问题的方法增加了对工人的需求。机器人技术创造的工作通常需要至少2年的大学教育以及额外的培训与再培训。技术影响了工作地点的位置。美国某些地区吸引了相当大比例的信息处理和小型高科技公司。计算机在线上工作和远程办公的发展中发挥了很大的作用，特别是在家里或附近的卫星办公室工作。这些和其他技术变化将影响日益多样化的劳动力。如果速度是从事技术工作的必要特征，年纪大的工人就不会有好的工作。另一方面，不依赖于体力劳动的工作，以及需要其他解决问题的替代方法的工作，这对年长员工来说可能是一个积极的就业来源。需要更多的研究来确定人们对年长员工的看法如何影响他们对这类职业的就业能力的判断。

年长员工和客户服务导向 从2000年以来，大多数新工作机会都是在服务业。年龄较大的员工可能适合这些工作，因为它们被认为不需要体力。然而，对这些工作进行全面的工作分析是必要的，因为许多服务岗位压力很大，要求很高（例如，护士或从事食品柜台相关工作）。对于某些服务岗位来说，与任务相关的经验可能是一个重要的要求。预计就业增长最快的职业大多是女性主导的，包括零售岗位、护士、秘书、接待员、食品准备岗位，以及教师（中学和幼儿园）。有希望的是，这些工作中有一定比例将流向老年女性，尤其是因为这是一个在劳动力中迅速扩大的群体。

代际问题 研究表明，所有年龄段的人对其他年龄段的人都有刻板印象，他们根据年龄将各种生理、智力、社会和心理特征归为一类。例如，“婴儿潮一代”（生于1943—1960年）认为“X一代”（生于1961—1981年）前景黯淡。与“婴儿潮一代”相比，“X一代”更有可能成为一个有钥匙的孩子，从小就学会照顾自己。与前几代人相比，他们更有可能频繁换工作，这或许是因为他们的父母由于忠诚和长时间的工作而受到奖励，他们则可能面临裁员和失去养老金。“X一代”强调技能多样性，以提高市场竞争力、工作时间的灵活性、绩效反馈和短期奖励。相比之下，管理职位越少，向上流动的机会就越少，而“婴儿潮一代”往往拥有这些职位。“X一代”对休闲活动很感兴趣，但并不渴望。

结论

有关年龄和就业的研究表明，年龄影响许多工作过程。然而，许多对同一工作过程（如招聘、绩效评估）的研究显示出不一致的结果。这在很大程度上可能是受工作环境和年龄成见的影响。相关变量，如部门的年龄构成，申请人的来源、职业和工作，似乎都影响着对年长员工的决策。此外，对员工和任务的年龄刻板印象可能会限制年龄较大的员工的就业机会，并可能鼓励提早退休计划和其他形式的裁员，这可能会对年龄较大的员工产生不利影响。我们需要进行更系统的研究，以更好地了解工作环境和年龄刻板印象对年龄较大的员工的影响。同时也需要更多与老年人有关的理论发展。鉴于劳动力的老龄化，关注老龄化在工作中的作用的研究和理论尤为及时。

另请参阅：老年歧视和就业歧视；注意力；学习；记忆；运动控制；知觉；退休。

拓展阅读

Dennis H (ed.) (1988) *Fourteen Steps in Managing an Aging Workforce*. Lexington, MA: Lexington Books.

Farr JL and Ringseis EL (2002) The older worker in organizational context: beyond the individual. In: Cooper C and Robertson I (eds.) *International Review of Industrial and Organizational Psychology*, Vol. 17, pp. 31-76. Chichester, UK: Wiley.

Rix SE (1990) *Older Workers*. Santa Barbara, CA: ABCCLIO.

Shore LM and Goldberg CB (2005) Age discrimination in the workplace. In: Dipboye RL and Colella A (eds.) *Discrimination at Work: The Psychological and Organizational Bases*, pp. 203-225. Mahwah, NJ: Lawrence Erlbaum and Associates.

Sterns HL and Miklos SM (1995) The aging worker in a changing environment: organizational and individual issues. *Journal of Vocational Behavior* 47: 248-268.

Warr P (1994) Age and employment. In: Triandis HC, Dunnette MD, and Hough LM (eds.) *Handbook of Industrial and Organizational Psychology*, vol. 4, pp. 485-551. Palo Alto, CA: Consulting Psychologists Press, Inc.

译　者：高云霞（中国人民大学）

校译者：谢立黎（中国人民大学）

工作和就业：社会

P. 泰勒 剑桥大学，剑桥，英国

词汇表

欧盟平等待遇指令（European Equal Treatment Directive）——要求从2000年的15个欧盟成员国开始，到2004年所有25个成员国全部参与，出台立法，禁止劳工、市场活动和培训方面的老年歧视。

背景

本文关注延长工作年限和促进年龄平等问题，特别关注欧盟成员国最近的政策发展。20世纪下半叶，发达国家经历了提前退休的趋势，欧洲部分地区最为明显，因为在20世纪80年代和20世纪90年代欧洲政策制定者试图通过提前退休以减少青年失业率和调整产业结构，只是在近些年才开始关注延长退休问题。提前退休的趋势并不存在于日本或美国。然而，在日本和欧洲大部分地区，生育率的下降预计会对劳动力供给和经济发展产生深远影响。到2030年，欧盟（EU）的劳动力数量将减少14%，消费者减少7%，而日本在同一时期将分别下降18%和8%。

欧洲仍在处理法定提前退休的遗留问题。经济合作与发展组织（OECD）的一项研究发现，在9个欧盟成员国中，在最近的就业岗位中，老年劳动力所占比例比那些所谓“黄金年龄”（25~54岁）劳动力低了近13个百分点。劳动力市场的年龄壁垒是一系列因素相互作用的结果，包括对老年人能力和动机的刻板印象，以及提前退休途径的存在。一种观点认为，公司的政策是由社区规范、员工代表意见以及对年轻员工和老年员工的刻板印象所间接决定的。然而，另一种观点认为，管理层或工会很少明确考虑年龄问题，以及公司的政策和规划对老年员工和年轻员工的不同影响，但这种对年龄的忽略多是无意识的。提前退休主要是员工配置计算方法导致的结果，是一种维护和谐劳资关系的初衷，借用提前退休的机制，平衡公司内部员工的年龄结构。

欧洲政策制定者开始背弃提前退休政策。相反，随着人口老龄化对社会福利制度的压力，欧洲政策制定者开始倡导延长工作时间。本文探讨了这种政策转变对老年就业者的影响。首先简要概述了欧洲劳动力市场上老年人的基本情况，然后再讨论欧洲层面的行动，预计这些行动将影响国家一级的公共政策制定。接下来，我们选取了一些国家的具体行动进行讨论，然后判断关于老年就业者的前景及其知识状况。

统计描述：劳动力老龄化与劳动参与率趋势

本节介绍经济活动、失业、就业率以及退休年龄的平均趋势。表 1 显示欧盟 15 国老年人的就业水平低于经合组织成员国的平均水平，而表 2 也显示了欧洲成员国之间老年人就业水平的差异。总的来说，欧盟最近成员国的劳动参与率比前欧盟 15 国平均低了大约 10 个百分点。这些统计数据虽然有用，但应该承认，这种比较结果需要谨慎解释。例如，在考虑兼职工作的情况下，与德国相比，英国老年人的就业率明显高。

英国男性就业率显著下降，女性更甚。德国男性就业率在增加，德国女性的就业率在下降，但相比英国的女性要下降得缓慢，此处的就业率是扣除兼职工作后的就业率。因此，各国老年劳动力的就业率差距并不明显。

表 1 欧盟 15 国和经合组织成员国不同年份下 55~64 岁劳动力的就业率

		就业率 /%				
		1990 年	2000 年	2001 年	2002 年	2003 年
欧盟 15 国	全体	38.5	38.3	39.3	40.6	42.3
	男性	53.2	48.5	49.4	50.6	53.2
	女性	24.9	28.5	29.6	31	31.8
经合组织成员国	全体	48.4	47.9	48.5	49.4	50.8
	男性	63.7	59.5	59.8	60.5	62
	女性	34.3	37.1	37.7	38.9	40.3

引自：OECD Employment Outlook 2004.

表 2 2002 年各国 55~64 岁劳动力的就业率和经济活动率

国家	就业率 /%			经济活动率 /%		
	总体	男性	女性	总体	男性	女性
欧盟 15 国	40.1	50.1	30.5	42.8	53.4	32.5
比利时	26.7	36.1	17.6	27.8	37.6	18.4
丹麦	57.8	64.5	50.4	60.4	67.0	52.9
德国	38.4	47.1	29.9	43.0	52.3	33.9
希腊	39.7	56.0	24.4	41.4	58.1	25.5
西班牙	39.7	58.6	22.0	42.7	62.2	24.4
法国	34.8	39.3	30.6	36.7	41.8	31.9

续表

国家	就业率/%			经济活动率/%		
	总体	男性	女性	总体	男性	女性
爱尔兰	48.1	65.1	30.8	49.3	66.7	31.6
意大利	28.9	41.3	17.3	30.2	43.0	18.1
卢森堡	28.3	37.9	18.6	28.3	37.9	18.6
荷兰	42.3	54.6	29.9	43.3	55.8	30.6
澳大利亚	30.0	39.8	20.9	31.8	42.9	21.5
葡萄牙	50.9	61.2	41.9	52.9	63.5	43.5
芬兰	47.8	48.5	47.2	52.1	53.0	51.2
瑞典	68.0	70.4	65.6	71.2	74.3	68.2
英国	53.5	62.6	44.7	55.4	65.4	45.7
欧盟新入 10 国	30.5	41.2	21.4	33.1	45.0	23.0
欧盟新入 12 国	31.6	41.1	23.5	34.0	44.6	25.0
欧盟 25 国	38.7	48.9	29.1	41.4	52.3	31.1
欧盟 27 国	38.5	48.5	29.0	41.1	51.8	31.0
塞浦路斯	49.2	67.0	32.1	50.8	68.8	33.7
捷克	40.8	57.3	26.0	42.5	59.4	27.3
爱沙尼亚	51.6	58.4	46.5	55.7	63.7	49.8
匈牙利	26.6	36.7	18.5	27.5	38.2	18.9
立陶宛	41.6	51.5	34.1	46.9	59.8	37.2
拉脱维亚	41.7	50.5	35.2	46.3	57.1	38.2
波兰	26.1	34.5	18.9	29.1	38.7	20.9
斯洛文尼亚	24.5	35.4	14.2	25.2	36.7	14.5
斯洛伐克	22.8	39.1	9.5	26.9	46.3	11.1
保加利亚	27.0	37.0	18.2	31.8	43.7	21.5
罗马尼亚	37.3	42.7	32.6	37.9	43.9	32.8

引自：Annual averages based on LFS, Eurostat. Cited in *Employment in Europe: Trends and Prospects*, EURES, 2003.

表 3 比较了欧盟各国 60 岁时的平均预期寿命和劳动力退出劳动力市场的平均年龄。表 4 在此基础上考虑了性别因素。这些数据表明，由于人口老龄化，欧盟各成员国面临着不同的压力。例如，2000 年，法国 60 岁男性人口的平均余寿超过 20 岁，50 岁

表 3　各国 60 岁人口的平均余寿与劳动力平均退休年龄

	2000 年 60 岁人口的平均余寿 /岁		2001 年劳动力平均退休年龄（男性和女性）/岁
	男性	女性	
比利时	19. 3	23. 8	57. 0
丹麦	18. 9	22. 3	61. 8
德国	19. 2	23. 4	60. 7
希腊	20. 1	23. 1	59. 6
西班牙	19. 8	24. 5	60. 6
法国	20. 2	25. 3	58. 1
冰岛	18. 3	21. 9	62. 9
意大利	19. 7	24. 1	59. 4
卢森堡	19. 3	24. 1	56. 8
荷兰	19. 1	23. 4	61. 0
澳大利亚	20. 0	23. 9	59. 5
葡萄牙	18. 5	22. 6	62. 1
芬兰	19. 2	23. 6	61. 5
瑞士	20. 7	24. 3	62. 1
英国	19. 4	23. 0	62. 0
塞浦路斯	19. 5	22. 7	62. 3
捷克	17. 0	21. 2	59. 2
爱沙尼亚	15. 4	20. 9	61. 1
匈牙利	15. 3	20. 2	57. 9
立陶宛	16. 8	21. 9	57. 8
拉脱维亚	20. 8	62. 2	15. 3
波兰	16. 7	21. 4	56. 6
斯洛文尼亚	17. 6	22. 7	61. 5
斯洛伐克	15. 9	20. 6	57. 9
欧盟 15 国	19. 3	23. 7	59. 9

引自：Life expectancy, demographic statistics, Eurostat. I, 1996; EU, CY, 1997; D, E, EL, F, 1999; remaining countries, 2000. Average exit age from the labor force, methodology, DG Employment and Eurostat. Cited in *Employment in Europe*: *Trends and Prospects*, EURES, 2003.

表 4　各国劳动力平均退休年龄

	2001 年			2002 年			两者之间的变化		
	总体	男性	女性	总体	男性	女性	总体	男性	女性
比利时	56. 8	57. 8	55. 9	58. 5	58. 6	58. 4	1. 7	0. 8	2. 5
丹麦	61. 6	62. 1	61. 0	60. 9	61. 9	59. 8	-0. 7	-0. 2	-1. 2
德国	60. 6	60. 9	60. 4	60. 7	61. 1	60. 3	0. 0	0. 2	-0. 1
希腊	59. 4	61. 2	57. 7	.	.	.	.	.	.
西班牙	60. 4	60. 7	60. 2	61. 5	61. 5	61. 5	1. 1	0. 8	1. 3
法国	58. 1	58. 2	58. 0	58. 8	58. 9	58. 7	0. 7	0. 7	0. 7
爱尔兰	62. 8	63. 2	62. 5	62. 4	62. 0	62. 8	-0. 4	-1. 2	0. 3
意大利	59. 8	59. 9	59. 8	59. 9	60. 2	59. 7	0. 1	0. 3	-0. 1
卢森堡	56. 8	.	.	59. 3	.	.	2. 5	.	.
荷兰	60. 9	61. 1	60. 8	62. 2	62. 9	61. 6	1. 3	1. 8	0. 8
澳大利亚	59. 2	59. 9	58. 5	59. 3	59. 4	59. 3	0. 2	-0. 5	0. 8
葡萄牙	61. 8	62. 1	61. 6	62. 9	62. 8	63. 0	1. 1	0. 7	1. 4
芬兰	61. 4	61. 5	61. 3	60. 5	60. 6	60. 4	-0. 9	-0. 9	-0. 9
瑞士	61. 7	61. 9	61. 6	63. 2	63. 4	63. 1	1. 5	1. 5	1. 5
英国	62. 0	63. 0	61. 0	62. 3	62. 7	61. 9	0. 3	-0. 3	0. 9
欧盟 15 国	60. 4	60. 8	60. 0	60. 8	61. 0	60. 5	0. 4	0. 2	0. 5
欧盟 25 国	60. 0	60. 6	59. 4	60. 4	60. 8	60. 0	0. 4	0. 2	0. 6
捷克	58. 9	60. 7	57. 3	60. 2	62. 2	58. 4	1. 3	1. 5	1. 1
爱沙尼亚	61. 1	.	.	61. 6	.	.	0. 5	.	.
塞浦路斯	62. 3	.	.	61. 4	.	.	-0. 9	.	.
拉脱维亚	62. 4	.	.	.	.	.	.	.	.
立陶宛	58. 9	.	.	.	.	.	.	.	.
匈牙利	57. 8	58. 5	57. 3	59. 2	59. 6	58. 8	1. 3	1. 1	1. 5
马耳他	.	.	.	.	.	.	.	.	.
波兰	56. 6	57. 8	55. 5	56. 9	58. 1	55. 8	0. 3	0. 3	0. 3
斯洛文尼亚	61. 5	.	.	.	.	.	.	.	.
斯洛伐克	57. 5	59. 3	56. 0	57. 5	59. 6	55. 7	0. 0	0. 3	-0. 3

引自：Increasing the employment of older workers and delaying the exit from the labor market. Commission of the European Communities. Brussels 3. 3. 2004. COM（2004）146 final.

女性平均余寿超过 25 岁，相比较而言，2001 年法国劳动力人口退出劳动力市场的平均年龄才 58 岁左右；2000 年，英国 60 岁男性平均可以再活 19 年，60 岁女性平均可以再活 23 年，而 2001 年，英国平均退休年龄才 62 岁。

表 5（见下页）的视角更广阔，将欧洲与日本、美国的老年就业率进行了纵向比较。数据反映了欧洲和这些国家之间的巨大差距，日本和美国老年劳动力的就业率约高于欧盟 15 国 20%，尽管从 1997 年到 2002 年，欧盟缩小了与美国的差距，而当时正值日本老年人就业状况有所下降。

欧洲关于老龄和就业的公共政策

老年人就业问题最近才成为欧洲决策者的一个议题。近期有三份协议将会影响国家层面上公共政策的制定。这三份协议分别是指欧洲的平等待遇指令、巴塞罗那目标和斯德哥尔摩目标。2000 年，欧盟理事会第 2000／78／EC 号指令建立了就业和职业平等待遇框架。该指令要求所有 15 个欧盟国家（到 2004 年的 25 个国家）引入立法禁止在劳动力市场活动和培训方面的老年歧视。该指令允许成员国在 2006 年年底之前执行有关年龄的规定。最近审查结果表明，该指令在各国的推行不平衡，德国进展甚微，而法国和意大利在技术上取得了一些进展，仍有较大改善空间。

2001 年，斯德哥尔摩欧盟峰会（European Council of Stockholm）达成了一项雄心勃勃的目标共识，即到 2010 年，老年人的就业率达到 50%（2001 年为 38.8%）。表 6（见后页）显示到目前为止只有少数几个国家实现了这个目标。

巴塞罗那欧盟峰会（Barcelona European Council）达成共识，在 2010 年以前，欧盟的平均退休年龄将延长 5 年。2001 年欧盟的平均退休年龄为 59.9 岁（如表 4 所示），目前推行进展不大。

考虑这些年欧盟在推行延迟退休和提高老年人就业率上所取得的进展，比较大的阻碍是提前退休政策，作为减少劳动力供应的措施，以便为年轻人提供就业机会。如表 7 所示，在欧洲国家，青年失业是一个持续存在的问题，这可能会阻碍促进老年人就业的各项政策实施。

因此，在未来几十年欧盟成员国都将面临劳动力老龄化的巨大挑战。以下各节重点介绍国家行动，以某些成员国的行动为范例讨论。

战略方针

欧盟机构、经合组织（OECD）以及大多数独立观察人士都认为，要采取全面、综合的方法，解决劳动力市场的年龄障碍问题。然而，在欧洲国家一级的老龄就业政策多是临时的和零碎的。综合方法有名的范例是芬兰的老龄工作者项目（1998—2002 年）。

表 5 欧盟成员国、日本和美国近期就业率变化趋势

	1997 年		2000 年		2001 年		2002 年	
	15~64 岁	55~64 岁	15~64 岁	55~64 岁	15~64 岁	55~64 岁	15~64 岁	55~64 岁
欧盟 15 国	60.7	36.4	63.4	37.8	64.1	38.8	64.3	40.1
欧盟 25 国	60.6	35.7	62.4	36.6	62.8	37.5	62.9	38.7
美国*	73.5	57.2	74.1	57.8	73.1	58.6	71.9	59.5
日本	70.0	64.2	68.9	62.8	68.8	62.0	68.2	61.6
比利时	56.8	22.1	60.5	26.3	59.9	25.1	59.9	26.6
丹麦	74.9	51.7	73.3	55.7	76.2	58.0	75.9	57.9
德国	63.7	38.1	65.6	37.6	65.8	37.9	65.3	38.6
希腊	55.1	41.0	55.7	38.6	55.4	38.0	56.7	39.7
西班牙	49.4	34.1	56.2	37.0	57.7	39.2	58.4	39.7
法国	59.6	29.0	62.1	29.9	62.8	31.9	63.0	34.8
爱尔兰	57.5	40.4	65.1	45.3	65.7	46.8	65.3	48.1
意大利	51.3	27.9	53.7	27.7	54.8	28.0	55.5	28.9
卢森堡	59.9	23.9	62.7	26.7	63.1	25.6	63.7	28.3
荷兰	68.5	32.0	72.9	38.2	74.1	39.6	74.4	42.3
澳大利亚	67.8	28.3	68.5	28.8	68.7	28.9	69.3	30.0
葡萄牙	65.7	48.2	68.4	50.7	68.5	50.1	68.2	50.9
芬兰	63.3	35.6	67.2	41.6	68.1	45.7	68.1	47.8
瑞士	69.5	62.6	73.0	64.9	74.0	66.7	73.6	68.0
英国	69.9	48.3	71.5	50.8	71.7	52.3	71.7	53.5
捷克	.	.	65.0	36.3	65.0	37.1	65.4	40.8
爱沙尼亚	.	.	60.4	46.3	61.0	48.5	62.0	51.6
塞浦路斯	.	.	65.6	49.4	67.8	49.1	68.6	49.4
拉脱维亚	.	.	57.5	36.0	58.6	36.9	60.4	41.7
立陶宛	.	.	59.3	40.6	57.5	38.9	59.9	41.6
匈牙利	52.4	17.7	56.3	22.2	56.6	24.1	56.6	26.6
马耳他	.	.	54.2	28.5	54.3	29.4	54.5	30.0
波兰	58.9	33.9	55.0	28.4	53.4	27.9	51.5	26.1
斯洛文尼亚	62.6	21.8	62.8	22.7	63.8	25.5	63.4	24.5
斯洛伐克	.	.	56.8	21.3	56.8	22.4	56.8	22.8

* 美国 15~64 岁年龄组的数据，引自 Increasing the employment of older workers and delaying the exit from the labor market. Commission of the European Communities. Brussels 3. 3. 2004. COM（2004）146 Final.

引自：Eurostat, Labor Force Survey, annual averages. OECD Outlook reports for the United States and Japan.

表 6 斯德哥尔摩目标（2002 年）

	2002 年老年工人就业率 /%			1998—2002 年老年工人就业率变化		
	总体	男性	女性	总体	男性	女性
比利时	26.6	36.1	17.5	3.7	3.9	3.5
丹麦	57.9	64.5	50.4	5.9	3.2	8.4
德国	38.6	47.1	30.1	0.9	-0.1	1.8
希腊	39.7	56.0	24.4	0.7	0.2	1.0
西班牙	39.7	58.6	22.0	4.6	6.0	3.2
法国	34.8	39.3	30.6	6.5	6.8	6.2
爱尔兰	48.1	65.1	30.8	6.4	5.0	7.7
意大利	28.9	41.3	17.3	1.2	-0.1	2.3
卢森堡	28.3	37.9	18.6	3.2	2.7	3.1
荷兰	42.3	54.6	29.9	8.4	7.1	9.6
澳大利亚	30.0	39.8	20.9	1.6	-0.7	3.8
葡萄牙	50.9	61.3	41.9	0.9	-2.2	3.6
芬兰	47.8	48.5	47.2	11.6	10.1	13.1
瑞士	68.0	70.4	65.6	5.0	4.3	5.6
英国	53.5	62.6	44.7	4.5	3.5	5.5
欧盟 15 国	40.1	50.1	30.5	3.5	2.8	4.2
欧盟 25 国	38.7	48.9	29.1	2.9	2.2	3.6
捷克	40.8	57.2	25.9	3.7	4.0	3.0
爱沙尼亚	51.6	58.4	46.5	1.4	-3.6	4.9
塞浦路斯	49.4	67.3	32.1	.	.	.
拉脱维亚	41.7	50.5	35.2	5.4	2.4	7.7
立陶宛	41.6	51.5	34.1	1.1	-5.5	6.2
匈牙利	26.6	36.7	18.5	9.3	9.7	8.9
马耳他	30.3	50.4	11.8	.	.	.
波兰	26.1	34.5	18.9	-6.0	-7.0	-5.2
斯洛文尼亚	24.5	35.4	14.2	0.6	3.6	-1.9
斯洛伐克	22.8	39.1	9.5	0.0	0.0	0.1

引自：同表4。

表 7　各国不同年份的年轻人就业率发展趋势（15~24 岁的劳动力占比）

	1993	1994	1995	1996	1997	1998	1999	2000	2001	2002	2003	2004
比利时	20.7	23.2	22.9	22.1	22.0	22.1	22.7	17.0	17.5	18.5	21.0	19.8
丹麦	12.8	10.2	9.6	9.7	7.7	7.3	8.8	7.0	8.4	7.9	9.9	8.2
德国	15.0	15.6	14.9	15.6	16.2	15.0	12.7	10.6	12.8	14.2	14.7	15.1
希腊	26.8	27.7	28.5	31.0	30.8	30.1	31.9	29.2	28.2	26.8	26.8	26.9
西班牙	38.4	40.2	37.8	37.2	34.6	31.3	25.8	22.9	21.7	22.3	22.7	22.1
法国	27.1	28.6	27.0	28.5	28.4	25.6	23.4	20.1	19.4	20.0	21.1	22.0
爱尔兰	25.3	23.0	19.5	18.2	15.4	11.3	8.4	6.7	6.7	8.0	8.3	8.3
意大利	30.1	29.1	30.3	30.4	30.2	29.9	28.7	27.0	24.1	23.1	23.7	23.6
卢森堡	5.2	7.1	7.2	8.2	7.9	6.9	6.9	7.2	7.3	8.3	11.4	12.9
荷兰	10.6	10.9	11.4	11.1	9.1	7.6	6.8	5.7	4.5	5.0	6.3	8.0
澳大利亚	6.3	5.7	5.6	6.3	6.7	6.4	5.4	5.3	5.8	6.7	8.1	9.7
葡萄牙	12.8	15.0	16.5	16.7	15.1	10.6	9.1	8.9	9.4	11.6	14.4	15.4
芬兰	33.6	34.0	29.7	28.0	25.2	23.5	21.4	21.4	19.8	21.0	21.8	20.7
瑞士	22.0	22.0	19.1	20.5	20.6	16.1	12.3	10.5	10.9	11.9	13.4	16.3
英国	17.6	16.4	15.3	15.0	13.7	13.1	12.8	12.3	11.9	12.1	12.3	12.1
欧盟 15 国	21.4	21.8	21.0	21.2	20.6	19.0	17.1	15.3	15.1	15.6	16.3	16.6
欧盟 25 国	:	:	:	:	:	19.4	18.4	17.4	17.6	18.1	18.6	18.7
捷克	:	:	:	:	:	12.8	17.7	17.8	17.3	16.9	18.6	21.1
爱沙尼亚	:	:	:	:	17.0	15.2	22.0	23.6	23.5	19.3	23.4	21.0
塞浦路斯	:	:	:	:	:	:	:	11.5	10.3	9.7	10.7	10.6
拉脱维亚	:	:	:	:	:	26.8	23.6	21.4	23.1	23.9	17.9	19.0
立陶宛	:	:	:	:	:	25.5	26.4	30.6	30.8	23.8	26.9	19.9
匈牙利	:	:	:	18.5	17.0	15.0	12.7	12.1	11.1	12.0	13.5	14.8
马耳他	:	:	:	:	:	:	:	13.7	19.0	18.3	19.1	16.7
波兰	:	:	:	:	23.2	22.5	30.1	36.3	39.8	41.8	41.2	39.5
斯洛文尼亚	:	:	:	17.5	17.2	17.8	17.9	16.2	16.0	15.3	15.7	14.3
斯洛伐克						:	34.2	37.1	39.0	37.6	33.8	32.3

引自：Employment in Europe 2005.

英国也在开展各政府部门协调活动，取得了一定的成效。

在其他国家，捷克通过制订国家老龄计划（2003—2007 年）来应对人口老龄化问题。其行动计划包括以下内容：

- 平等的权利和机会。
- 老年员工的终身学习和职业培训措施。
- 对老龄化和老年人的态度。
- 老年人的社会经济一体化。
- 更好地利用老年员工的能力，如担任咨询指导角色。
- 创造劳动力流动和灵活就业的机会。
- 老龄化和老年期的个体准备。

2002 年，“捷克就业行动计划”提出刺激老年失业者积极参与劳动力市场的措施。有趣的是，在捷克两个自愿提供的试点基地，采取各种举措帮助 25 岁以下和 25 岁以上的个人制订个人就业行动计划，可以减少长期失业。然而，新的建议要求官方劳工局向 25 岁以下的个人提供具体援助措施，而对 25 岁以上的个人有更大的灵活性。

2001 年，捷克通过了一项新规定，使提前退休更加不利，对退休后的就业更加有利。如果一个失业的人接受一份工作，他不再会失去全部的救济福利。2002 年新发放的养老金中，提前退休养老金的比例明显下降。然而，鼓励提前退休的计划仍然存在于钢铁、采矿和铁路等行业。

退休收入制度改革

在退休收入体系中，最近的改革都发生在欧盟。然而，提前退休仍然是受欢迎的和可能的。例如，尽管最近的改革表面上旨在留用老员工，但在法国存在着深刻的提前退休文化，在这种背景下，很少有公司制定促进老年人就业的政策，对人口老龄化是否需要这样的政策定位并没有达成共识。此外，政策制定往往是非常矛盾的，延长老年人工作时间就会增加其他群体的就业压力。雇主、工会和工人们串通一气，将 55 岁的退休年龄变成了正常的退休年龄，而 40 多岁的人则被视为“近乎老了”，面临着就业前景的黯淡。

在养老金改革方面，法国政府正在努力减少选择提前退休的人数。个人领取全额养老金的缴款期已经增加，而自动退休的年龄从 60 岁增加到 65 岁。新的养老金制度为 60 岁以上的人提供了激励。渐进式退休（gradual retirement）期限也延长了。另一方面，2003 年，一名 56 岁的下岗失业人员领取失业保险金的金额高达他或她以前工资的 75%，最长可领取 3.5 年，没有求职要求。这一时期领取的失业金可以算入养老金的范畴。此外，早期的养老金制度仍然很受欢迎，例如，在汽车行业中对养老金改革的抵制力度较大。

同样，在匈牙利的养老金改革也占据了中心舞台，同时对福利进行了重大改革。在 2002 年，男性的退休年龄从 60 岁提高到 62 岁，到 2009 年，女性的退休年龄将从 55 岁提高到 62 岁。预计 2015 年至 2020 年，男女双方的法定退休年龄将提高到 65 岁。此外，到 2009 年最低缴费期限也逐渐提高到 20 年。

如果推迟退休，工人们也将获得更高的养老金。更重要的是，虽然提前退休的途径已经部分关闭，但如果个人愿意接受罚款，他们也可以选择女性在 55 岁退休，男性在 60 岁退休。改革的另一项特色是限制残疾补贴的领取，并增加了培训项目，以动员残疾人就业。

在意大利，公共政策关注的焦点是养老金改革，直到最近才开始转到刺激老年员工延长就业的问题上。改革包括将男女退休年龄提高到 65 岁，延迟领取养老金的时间，提高领取养老金的最低年龄、兼职的弹性退休年龄，以及混合就业和增加养老金收入的机会。2001 年的一项法律旨在通过鼓励员工续签临时合同来鼓励延迟退休，但是效果不太理想。这种改革的效果可能会因为对兼职工作不感兴趣而被削弱。然而，自 20 世纪 90 年代中期以来，退休的平均年龄已经开始上升，部分原因是养老金改革。尽管迄今为止，男性退休年龄提升的幅度不大（男性为 0.5 年，女性为 3 年），预计新的改革将提升退休年龄增加的幅度。

波兰于 1999 年开始实行养老金改革，旨在提高退休年龄。2003 年，限制和调整社会保障支出的计划包括将男女退休年龄拉平等的提议，并限制提前退休的机会。作为养老金改革的一部分，那些已经达到法定退休年龄的人可以无限制地工作。尽管退休的人数量正在增加，但少有人愿意无限制地工作。建议在 62 岁时选择部分退休，也可以选择提前退休，但不强迫去找工作。

在西班牙，新政策旨在降低提前退休率，延长工作年限。已经实施一项鼓励老年人签订长期合同的措施，尽管效果甚微。另外，为了鼓励失业老年人重新进入劳动力市场，允许在工作时领取（减少）失业救济金。同样地，也可以在兼职期间领取养老金来实现渐进式退休。推迟领取养老金的意愿得到了增强，尽管有人认为这措施对他们的退休行为影响不大，更与政府减少社会保障支出的意愿有关。此外，通过减少雇主对 45 岁及以上老年人的社会保障制度的负担份额，以促进雇主雇佣更多老年人。然而，有人指出，工作场所的提前退休文化持续存在，政策制定者对此解决的速度很慢。来自工会的抵制也是重要原因，工会一直坚定地保护提前退休的权利。

劳动力老龄化是英国政策制定者首要面对的问题，在过去的 15 年里，政策逐渐转向延长工作年限。在最近的养老金绿皮书中巧妙地概括政府的鲜明立场，其中提出了以下领域的改革建议：

- 帮助那些年龄在 50 岁及以上的人以及领取伤残津贴的人重返工作岗位。
- 增加延期申领国家养老金的人数。
- 允许人们在领取职业养老金时继续为雇主工作。
- 将领取养老金的最低年龄从 50 岁提高到 55 岁。
- 改变公共服务退休金规则，领取全

额养老金的初始资格年龄，从60岁提高到65岁。

积极的劳动力市场政策

法国2003年颁布的《国家就业行动计划》（the National Action Plan for Employment）中提到，政府即将为55岁以上的工人开展国家动员计划，对45岁以上人员进行培训和对以前学习经历的认证。另外，通过将就业收入与国家津贴相结合的方式，鼓励50岁以上的长期失业人士寻找工作；为了鼓励雇主招聘更多50岁以上的劳动者，加大对工资的补贴力度，鼓励老年工人创办小企业。政府希望通过协助小企业开展长期员工规划服务，来延长员工的职业生涯。

在公共政策的辩论中，劳动力的老龄化并不重要。此外，公众也一直支持提前退休。例如，近期一个工会要求雇主留住老员工，这一诉求被其成员否决，员工们更喜欢提前退休。这种情况的部分原因是文化上的，因为歧视是一个新概念，之前慷慨的提前退休计划都是鼓励老员工提前退休。

在德国，积极的劳动力市场政策的作用已经开始显现。作为联邦政府现代化公共就业服务计划，2002年成立了劳动力市场委员会下的哈茨现代服务局，专门倡议发动老年人参加工作。在供给方面，针对50岁以上的失业人员实行工资保障制度。如果新工作工资较低，它将支付旧工作和新工作之间薪酬净差额的50%。在需求方面，雇用55岁以上工人的雇主将免除支付雇员发展费用的份额。此外，将兼职和临时工作年龄限制从58岁减至52岁，旨在改善老年工人的就业机会。

2004—2006年，匈牙利《社会包容国家行动计划》（the National Action Plan on Social Inclusion）提出，雇主雇用年龄在50岁以上的失业工人将获得奖励，可以免除支付医疗保健费用的义务。

在意大利，虽然积极的劳动力市场计划更青睐年轻工人，但最近所谓的“比亚吉法”（Biagi Law）规定了招聘弱势群体（包括50岁及以上的人）的财务激励措施。然而，旨在增加就业机会的举措主要是针对青年。另一方面，意大利一些地区正在促进老年人在社区社会整合服务中就业，雇主有时候可以获得经济奖励。

1999年在西班牙开展了一个试点项目，主要针对40岁以上的人员，和处在6~12个月公共就业期的职业培训的人员。参与职业培训和接受协助找工作的老年工人也可获得财政奖励。然而，延长工作时间和减少退休途径的初衷，并没有与促进老年工人再就业的措施紧密结合。

“50+新计划”（New Deal 50 Plus）是英国针对老年员工的旗舰就业项目，在2000年4月实施的最初形式中，是向那些领取了6个月福利而未就业的老年人提供就业建议，该项目是自愿申请的，申请领取失业津贴的失业者和失业人士都可以获得，通过直接向工作人员支付工资以外的现金就业信贷的方式提供援助。随后对该项目进行了修订，以在工作中税收抵免的方式提供经济援助。

该项目自推出以来，超过 11 万名受助对象通过该项目进入了就业市场，尽管这只是少数符合条件的人。大多数的就业信贷的申请者为 50~54 岁人群（59%），并且之前申请了失业救济（72%），而 7%的人则申请与残疾或疾病相关的福利。受助对象一般会进入全职工作，但也有相当大一部分（约三分之一）会从事兼职工作。随着时间的推移，自我雇佣的比例不断增加。

该项目已经进行了几次评估。主要研究结果如下：

- 受助对象感觉该项目最有用的方式是通过就业信贷，以稳定的收入水平和减少预留工资的方式，对低薪工作提供刺激。
- 雇主并不了解工作抵税制度对受助对象也有好处，不会影响他们的工资。认识到新的工作税抵扣额度是通过雇主来实现的这点尤为重要。
- 有充足的证据表明，超过一半的受助对象表示没有就业信贷也必须工作。早期就业信贷鼓励了近三分之二（63%）的人参加工作，超过五分之二（43%）的人留在工作上的时间比预期的更长。
- 在低工资和低生活成本的区域，工作信贷措施最有效。
- 就业信贷在兼职工作的可持续性上存在问题，一旦就业信贷终止，这些兼职工作的受助对象就不能增加工作时间，尽管大多数受助者一旦找到工作就会继续就业。
- 残疾津贴申请人参与低的原因，可能是因为从事有偿就业的经济收益很小，而有些人甚至会更糟。
- 受助对象一般会进入无技能、低薪的服务业或手工工作，尽管许多人以前从事高收入或高技能的工作。
- 个体经营受助者对申请就业信贷的表现积极，从受助第一年开始就有利于他们的经营业务。

其他研究考虑了一旦就业信贷结束，新政下 50 岁及以上受助对象会怎样行动？对在信贷到期后有 12 个月福利的受助群体调查后的数据显示，84%的受访者在 52 周阶段没有申请，77%的受访者在其应享权利终止后 12 个月内的任何阶段都没有重新申请。此外，普通受助者与工作开始后 6 个月收到就业信贷者之间的持续工作率有所差异。就业信贷申报人的持续工作率较高，为 84%，整体受助者为 70%。

消除老年歧视：监管、立法和集体谈判

如前所述，国家决策者对平等待遇指令的回应是零碎的。在捷克，2001 年《劳工法》修正案禁止任何形式的就业歧视，但招聘机构排除在外。而且雇主找到很多办法规避法律，很多人根本就不了解它的存在。同样重要的是，即使工人有权领取养老金，但应给予他们不公平解雇的保护，尽管以年龄为理由的裁员仍然很普遍。

法国2001年修订了《劳工法》，涵盖了与歧视有关的工作生活的方方面面，包括老年歧视，并在歧视案件中调整了举证责任，使案件更容易举证。这项规定并没有得到雇主或工会的大力支持，老年歧视也没有出现在集体协议中。此外，《劳工法》规定，雇主终止一名年龄在50岁以上的工人的合同，必须支付一笔特殊的费用，即德拉兰德特别保险费（the Delalande contribution）。这似乎对老员工的就业造成了微弱的影响，实际上可能会阻碍招聘老员工，理由是随后的裁员可能会对公司造成损失。2003年法国《国家就业行动计划》宣布，对解雇46岁或以上员工的公司，不再征收保险费。

德国联邦政府于2006年宣布，将引入一项禁止老年歧视的法律。之所以如此迟才宣布，部分是由于政治家或科学家对老年歧视并不认可。这也是雇主协会强烈反对的结果。相比之下，工会更倾向于立法，虽然意见分歧较大，因为更多人仍然认为提前退休是一种社会上可以接受的离开劳动力市场的方式。立法将如何监管尚不清楚，政府希望尽量减少对商业的影响。

事实上，在德国的劳动力市场上，已经有一些针对老年歧视的法律规定。如果有些年龄限制是合理的，联邦职业介绍所只能接受雇主要求的年龄限制。《工作场所劳动关系法》（the Law on Labor Relations at the Workplace）规定，雇主和工作委员会均不得以年龄为由歧视工人，工会理事会有权促进老年工人的就业。这些规定并不能阻止员工与公司协商提前退休。

其他国家，意大利以宪法年龄为由处理就业歧视，宪法中规定了平等和反歧视的一般原则。目前没有计划要加强现有条款，最近的"比亚吉法"要求招聘单位禁止老年歧视行为。此外，独立的机会平等机构会帮助个人，通报政策和传播信息，提高公众意识，尽管雇主与工会对老年歧视问题关注度不高。

同样，歧视问题才刚刚进入匈牙利的政策议程，主要关注残疾、性别和种族歧视问题，鼓励企业招聘老年员工的措施也在实施中。随着反歧视法律的执行，2004年5月开始向平等待遇指令过渡。就具体的年龄规定而言，就业相关的立法和措施取得了一定进展，职业培训方面的立法已经存在。但是，宪法法院裁定，除非是任意设置的条款，否则就业年龄限制不具有歧视性。在强制裁员方面，强制退休似乎是司空见惯的。

西班牙于2003年开始引进与老年歧视直接和间接相关的法律，以解决就业歧视问题。然而，工会也希望将平等的原则建立在集体协议基础上，而西班牙雇主组织联合会（CEOE）则认为，在年龄方面的平等待遇已经取得进展，开始采取措施消除对提前退休的激励因素，并停止发放养老补贴。CEOE还认为，立法不是解决歧视的最佳方式，认为这对某些企业而言是沉重的负担，而是倾向于给予成员的更多支持，增加弱势群体的就业渠道和工作场所适应能力。

平等待遇指令对欧洲各国政府的影响有所不同，有些国家采取了综合办法，这包括爱尔兰、荷兰和英国。自从该指令发布以来，英国围绕禁止老年歧视的立法形式和内容进行了大量讨论。这些讨论涵盖就业和职业培训中的直接和间接歧视。在特殊情况下，根据年龄的差别提供不同待遇是允许的，尽管雇主负有证明责任。保留 65 岁这样一个默认的退休年龄引起了相当大的争议和强烈的公众不满。政府部长已经同意 65 岁这个默认的退休年龄，虽然还未经过审查。英国将成立一个新机构“平等与人权委员会”（CEHR）监督立法。在爱尔兰，有关年龄的立法由来已久，所涉及的案件很少，即使申诉人取得成功，财务赔偿的可能性也不大。因此，爱尔兰的立法不太可能强烈地反对老年歧视。

提高认识

几个欧盟成员国正在开展提高认识的宣传活动。在德国，已经开展了几个行动。一个名为“人口变化——公共关系和市场营销战略”的项目旨在提高公众认识人口变化对就业的影响，并向雇主传授有效的员工年龄管理知识。还有强大宣传的外联活动：数量众多的研讨会、专题演讲、出版物、媒体发布和互联网主页发布。

自 2002 年以来，联邦教育和研究部资助了一项名为“人口倡议”的措施。由三家行业协会牵头，127 家公司实施了年龄管理政策。

2002 年 4 月，联邦政府提出了可持续发展的总体战略。其中一个分主题为老年人在经济和社会中的潜在作用，即所谓的由公司经营的灯塔项目，将促进老年工人的就业能力，并鼓励终身学习。

2003 年，联邦经济和劳工部实施了一项名为“德国团队工作”（Team Work for Germany）的公众意识和网络运动。公共关系机构不断公布雇用和招聘老年工人的示范公司的信息。

2002 年，联邦政府启动了国家“新质量工作”项目，作为该项目的一部分，它旨在建立一个职业健康专业人员联络网，促进老年工作者的健康提升，提升对优秀做法的认识。

1999 年，英国政府发布了《关于年龄多样性的实践守则》（Code of Practice on Age Diversity），随后纳入“积极年龄”的范畴之下。守则设置了非老年歧视的雇佣原则，包括指导原则的应用和最佳实践例子。政府委托的研究发现，只有极少数公司（9%）采纳了该原则，只有 2% 的公司改变了雇佣方案。

结论

直到最近，欧盟成员国才开始重点处理劳动力市场的老年歧视问题。在新一轮的政策议题中，制定限制老年歧视的政策在大多数国家处于起步阶段，在一些国家几乎不存在。像芬兰、英国、荷兰和德国等国家在开始慢慢有所作为。还可以发现，一个国家制定的政策有时是相互矛盾的，倡议让老年工作者与其他工作人员融合的政策与促使老年人退休的规定并存。这表明从就业角度来看，制定一个关于积极老龄化政策框架的必要性。

老年歧视是不是一个问题在许多国家是有争议的。很多地方，诸多工作同时并存。为什么在一些国家没有成为如此突出的问题？一种解释是，在一些国家，提前退休人员的过早退出并没有被视为一个问题，因为，慷慨资助提前退休的计划缓冲了失业的压力，或者在有些地方，高水平的青年失业转移了公众的注意力。

另一方面，年龄和工作是诸多国家公开的辩题。提前退休作为一种政策工具，如今已被广泛质疑，许多报告指出了，提前退休对经济、雇主和个人的有害影响。养老金改革已经在成员国进行，尽管有担忧，但几乎完全是对财政的担忧，以及关于退休收入体系可持续性的担忧，而不是对机会均等的担忧。目前的形势与 20 世纪 80 年代和 90 年代恰恰相反。当时年长的员工被视为欧洲社会的负担，阻碍了年轻员工的优势地位，提前退休是一种解决办法。现在，随着抚养比的上升，延迟退休被视为解决方案。年长的员工再次被视为负担，但这一次的结论是，必须让老年人在劳动力市场上占据一席之地。这是否有利于绝大多数老员工，尚未可知。此外，年轻人失业率持续升高，也引发了一个问题，即对年长员工的政策是否会得到更多的支持。

除了最明显和最弱势的倡导外，欧盟委员会期望促进积极老龄化的措施不尽如人意。老年劳动力仅仅在乎自己的权利，其主要价值来自减轻对年轻人的负担。老年人可能有义务在劳动力市场中老年歧视的环境下寻求工作。虽然有些老年人通过就业获取经济上和社会上的收益，但其他人可能会面临长期失业或不稳定就业的风险。

因此，欧盟政策制定者面临的挑战将是，培育劳动力市场为愿意并且能够做出贡献的老年员工提供工作机会，与此同时，那些技能不足或有其他障碍严重限制就业能力的人，有机会提前退休或灵活就业。但是初步评估表明，欧盟决策者在某种程度上很难实现这个目标。

非欧洲的观察者能从欧洲老龄就业政策发展中学到什么呢？首先，欧洲将延长工作时间作为其经济增长的核心愿景。在里斯本欧盟峰会，它设定了一个战略目标，在未来 10 年欧洲成为世界上最具竞争力和活力的知识经济体，实现可持续的经济增长，拥有更多更好的就业机会和更强的社会凝聚力。如前所述，老员工的就业目标难以实现，欧洲就业促进政策旨在通过延长工作年限增加劳动力供给，一些经济体在努力成长，以对抗根深蒂固的提前退休文化。同时，各成员国之间的一系列倡议可以为其他国家的决策者提供一些参考。最后，关于欧洲劳动力市场老龄化问题的学术辩论蓬勃发展，过去 20 年间，对老年歧视性质的理解，以及公共政策在鼓励克服与年龄相关的劳动力市场障碍方面取得了重大进展。

另请参阅：老年学的国际视角；退休；

工作和就业：个人。

拓展阅读

Guillemard, A-M (ed.) (2005) *The New Face of Welfare*, Policy Press.

Maltby T, De Vroom B, Mirabille M-L and Overbye E (eds.) (2004) *Ageing and Transition to Retirement. A Comparative Analysis of European Welfare States*, Ashgate, Aldershot.

Marshall W, Heinz R, Krüger H and Verma A (2001) *Restructuring Work and the Life Course*. Toronto, Canada: Univ. of Toronto Press.

Taylor P (2006) *Developments in Employment Initiatives for an Ageing Workforce: Consolidated Analytical Report*. Luxembourg. Office for Official Publications of the European Communities.

译　者：彭青云（江南大学）
校译者：谢立黎（中国人民大学）

孤独

L. C. 马林斯 奥本大学蒙哥马利分校，蒙哥马利，亚拉巴马州，美国

词汇表

情感隔离（Emotional Isolation）——一个人感觉缺乏与某人或某些人的联系（例如，感情承诺）。

孤独（Loneliness）——一种可能源于多种因素的社会心理情绪状态，但是通常与社会隔离或者情感隔离有关。

社会隔离（Social Isolation）——在社交网络数量上的缺乏或空白。

引言

本文首先从社会问题的角度来审视孤独，并考察孤独在老年时期是不是一个“神话”。接下来，又把关注的焦点转移到对推动孤独检查发展的两大概念性方法和理论性方法的一般性检验上。一个视角关注微观社会或社会心理框架，而另一个视角强调一种社会学的和文化的取向。同时还对孤独研究的主要趋势——特别强调社会关系和健康——进行了检验。然后进一步讨论了对孤独的两种主要测量方法。最后，概述了能用来降低孤独感的干预策略。

孤独，尤其是老年时期的孤独，是一个从表面上看每个人都能理解的状况和概念。我们都听过这样的表述，如“她的丈夫去年死了，她很孤独”或者“他已经一个人生活了 6 年，他一定很孤独”。事实上，“孤独”在理论上和概念上都是相当复杂的，它在社会、心理和行为方面的影响可能会使人在情感上或身体上变得衰弱。

孤独是一个社会问题

其中一个问题涉及是否把孤独视为一个社会问题，即关注的焦点在于问题的严重程度。1986 年，雷文森（Revenson）论证指出，老年时期的孤独只是一个不应该被延续的神话。1974 年，全国老龄委员会（National Council on the Aging，NCOA）调查显示，在 65 岁以下人群中，有 61%的人认为应该严重关注 65 岁以上人群的孤独问题。1981 年，可比数字达到了 65%。2000 年，同一类型评估的研究结果表明，38%的 65 岁以下人群将孤独看做 65 岁以上人群中应引起广泛关注的问题。尽管人们对“孤独是一个问题”的感知正在下降，但 65 岁以下的一般

美国民众也不会将老年时期的孤独视为一个神话。

老年人自己是怎么看的呢？在 65 岁及以下人群中，1974 年和 2000 年分别有 38% 和 21% 的人将孤独视为一个非常严重或者比较严重的问题。可以得出结论，在老年人中，孤独仍然是一个问题，但是问题的严重程度在降低。尽管如此，21% 的 65 岁及以上人群代表了 2000 年美国 3 500 万老年人的五分之一以上，即 730 多万老年人。

这些数字能否表明孤独是一个社会问题，想必是一个人人可以得出的结论。然而，这里提供的数据确实佐证了在过去 30 年中，人们将关注点放在考察老年人孤独的原因和结果上。

世界范围内尤其是发达国家的老年人口的增长，激发了人们对老年人各种需求和状况的极大兴趣。孤独就是引发大量研究的状况之一。孤独研究的很多关注点来自微观层面的分析。研究者通常关注个体层面的变量，尤其看重个人健康特征、性别、年龄等问题，特别是与朋友或家人接触的数量或质量，以及关系的好坏。

孤独的微观社会视角

从微观社会视角进行孤独研究的理论基础始于 20 世纪五六十年代。对这一理论基础最好的回顾研究来自马兰戈尼（Marangoni）和伊克斯（Ickes）。他们指出，理论方法大体上可以分为这几类：（1）行为方法，以行为问题和社会技能缺失视角为代表；（2）人格解释；（3）认知过程方法；（4）社会需求理论——新弗洛伊德主义；（5）社会支持视角。通过对这些方法的研究，形成了对孤独的几个常见主题的识别方法：（1）孤独是一种主观体验的情绪状态，和社会隔离没有必然的联系；（2）孤独是一种令人厌恶的心理状态；（3）引起孤独的深层原因是社会关系的某种缺失。各种理论取向在本质上的区别在于社会技能缺失是如何导致和为什么会导致孤独的体验。

作为存在主义的现象学方法的重要性，在感到孤独和独处的传统区别中可以被清楚地看到。一个人可以在独自生活且社会交往相对较少的情况下，仍很少感到孤独。相反地，即使身处人群或者被他人所围绕，人们也可能长期感到孤独。社会隔离的客观事实和情感隔离的主观体验并不是等同的。

区分不同类型的主观孤独也很重要。杨（Young）将孤独分为三种不同的类型：长期性孤独、暂时性孤独和情境性孤独。长期性孤独是指人们经历的社会关系存在持久的缺陷，至少持续两年或更长时间。暂时性孤独指的是偶尔的孤独感，就如很多人不时经历的那样，这种孤独并不会持续很长的时间。情境性孤独产生于当个人面对一些特定的危机或者损失的时候，例如配偶的死亡。

这些类型的孤独之间的界限并不是绝对的。例如，一个人由于某种特殊的损失导致不能完全恢复，他可能会先体验到情境性孤独，而后情境性孤独又逐渐转变为长期性孤独。又或者暂时性孤独可能会变得频繁发生，最终导致长期性孤独。孤独感增长的原因可以追溯到伴随衰老过程而发生的社会或者心理的变化。

在正常的情况下，改变是逐渐发生的，正如社会交往的逐渐减少，可能会触发暂时性孤独或情境性孤独向长期性孤独的转变。然而，在长期性孤独的人群中，当孤独带来的剧痛暂时发生转移的时候，也会出现一些短暂的插曲，让孤独暂时中止，例如，在家庭团聚时出现的压倒性的但也只是暂时的社会交往的增加。

孤独的宏观社会视角

尽管在理论和经验上，人们把大部分注意力集中在孤独研究的微观层面，但更需要强调在其宏观层面的审视，也就是研究社会学和文化变量对解释隔离和情感孤独的影响。

除此之外，跨文化比较研究在促进对孤独的进一步理解方面是非常宝贵的。跨文化比较分析可以厘清文化上的特定性和社会心理上的一般性。但是，比较的视角并不局限于一般的文化或者亚文化环境。它也可以研究孤独的主观感觉和老年人参与的社会网络之间的关系。这些网络也可能受到很多影响，诸如老年人所参与的居住安排类型、他们的健康状况、他们的社会经济地位、他们的家庭结构，以及各种各样其他的社会交往机会指标。

这种研究类型的基本方法可以概括如下：（1）基本人格结构不同的人在社会需求方面也各不相同，尤其是对维持或者建立与他人的亲密互动关系上；（2）个体的基本人格结构在很大程度上是由他们已经内化的基本文化价值体系的类型形成的；（3）因为社会的基本文化价值取向不同，人格模式，尤其是在社会交往的需求方面，在不同的社会中会呈现出差异；（4）文化差异对人格形成至关重要，一个复杂多元化社会中的亚文化差异也是如此。

尽管这些基本原则主要关注主观层面，但是客观变量很容易被纳入模型。这种变量的重要性及它们与主观层面的关系可以表述如下：（1）社会为老年人提供的发展或者维持所需的社会交往水平的机会各不相同；（2）同样的，在一个复杂或多元化的社会中，不同的社会阶层也存在同样的差异。这些客观的社会交往机会的差异无疑受到许多其他社会结构变量的影响，诸如老年人首选的社会角色、老年人生活的社区密度、特定的居住安排、婚姻状况、健康和行动能力、社会经济地位等。

然而，为了便于我们了解老年人的孤独问题，这些社会交往的客观变量必然要与个人的主观需求和欲望建立关联。因此，下列这些基本原则是适用的：对社会交往机会的任何特定水平来说，个人对其充分性或不足性的评估都是基于主观比较（不一定是有意识的），即比较他所处的水平与所处文化之中他所期望的、需要的或者渴望的社会交往水平。反过来，这种期望、需求和欲望在很大程度上源于基本人格结构。由于人们在这方面的差异，“孤独阈值”这个概念是一个潜在的关键考量因素。孤独阈值是一个人为了避免孤独的主观体验所需的最低社会交往水平。尽管个体会有差异，但它深受已经被个体内化的基本的文化或亚文化价值体系的影响。

研究趋势

孤独和社会关系

用戴克斯特拉（Dykstra）的话来说，孤独研究中的一个关键问题是："社会关系如何影响孤独?"在考察不同形式的关系对孤独的影响时，得出的结论可谓多种多样。举例来说，对夫妻关系的研究往往关注的是已婚但已丧偶的人的孤独。丧偶，即失去重要的另一半，被证明是老年人孤独表现的一个主要危险因素。这一观点假设丧偶的人同时失去了社会和情感上的伴侣。然而，更多的研究需要关注的是婚姻关系存续期间孤独的发展。也就是说，在已婚老年人中，伴侣之间情感承诺的水平是如何影响孤独的体验的。

当然，成年子女对老年人的幸福来说非常重要，比如，给老人提供经济援助、紧急援助和医疗护理方面的帮助。那些没有子女的老年人更有可能独居，如果独居，则不太可能有新近的社会交往。但是，研究并未表明无子女的老年人比有子女的老年人更加孤独。

被孤独研究忽视的一个领域，是老年人与孙辈及兄弟姐妹之间的接触和情感关系。孙辈提供的一个潜在的亲密情感关系的来源还没有被完全证实。美国有四分之三的老年人有孙辈，其中有一半的老年人每天都与孙辈接触，这表明情感和社会环境对幸福感很重要。

兄弟姐妹关系对孤独的影响也一直是一个被忽视的研究领域。西西雷里（Cicirelli）观察到兄弟姐妹关系是持续时间最长，可能也是最平等的亲属关系。然而，有限的研究结果却让人喜忧参半。有迹象表明，兄弟姐妹关系或能减少孤独，或不会对孤独造成影响。

孤独研究中最大的重点是友谊关系。霍奇尔德（Hochschild）表示，友谊培育出一种基于亲近和欢乐的归属感。与在老年时期仍保持一致的家庭关系不同的是，与朋友的联系可以更加多样化。友谊不像亲属关系，是没有什么正式规定的，它需要双方都主动并加以维持才能延续下去。尽管一些与衰老相关的条件可能会发生改变，比如健康、经济状况及地理距离等，但很多老年人仍能保持友谊达几十年之久。

研究已经表明，朋友，尤其是亲密朋友，对老年人的情感幸福发挥着积极的影响。朋友提供了多种形式的社会支持和情感支持，这些都是值得珍视的，尤其是这些支持都是非义务性的。显然，朋友在预防和降低孤独方面是很重要的。通常来说，经常与朋友联系，特别是与那些居住在附近的朋友联系，并且对这种关系感到满意的老年人，孤独感会较低。

健康和其他选定特征对孤独的影响

尽管健康考虑存在客观因素和主观因素，但之前的研究并没有系统地区分这些变量对孤独体验可能造成的影响。老年人的健康一直以来被认为与他们的情感幸福有关。孤独研究一致地指出，健康状况不佳，尤其是主观评估的健康状况不佳，与孤独之间存在紧密的联系。但是，有一个无法回避的问题：是更加孤独导致了健康状况不佳，还是健康状况不佳导致了更加孤独？

还有很多与孤独相关的其他特征需做进一步研究，其中显而易见的有年龄、性别、种族和民族、城乡环境、教育和收入、可以进行连续护理的居住场所，以及宗教背景和宗教信仰。在关注其他问题的研究中，无论是作为具体变量还是控制变量，它们每一项与孤独的关系都被检验过。以下是对本研究的简要概述。

研究并没有明确指出性别差异对孤独的影响。然而，研究表明，要么是性别并不重要，要么是女性更孤独，男性更孤立。民族或种族差异的调查也没有在孤独研究方面显示出任何特殊差异。有证据表明，生活在农村地区的人更容易经历孤独，这与社会隔离相关因素有关。没有特定的结论性发现表明教育或收入与孤独有关。但是在主观评估中，收入的充足性确实显示出与孤独存在某种关系。

一个普遍的共识是，孤独感随着医疗护理水平对个人局限性的增大而不断增加。然而，荷兰的研究表明，孤独感的降低与居住设施的可获得性有关。此外，虽然还没有研究对孤独体验与宗教派别或信仰原则之间的关系进行比较，但有证据表明，参与教堂的社团或社区活动与孤独相关，但宗教信仰的主观因素则与孤独无关。

孤独的测量

对孤独感的测量有很多量表，其中有两个量表被使用和关注得最多。这两种测量方法都是基于对孤独的认知方法。最初由拉塞尔（Russell）、佩普劳（Peplau）和卡特罗纳（Cutrona）开发的“UCLA 孤独量表”（UCLA Loneliness Scale）有几种应用形式，例如长表和简表。1980 年公布的“修正”量表由 20 个项目组成，检验了同时效度和区分效度。该量表包含 10 个正向得分项和 10 个负向得分项。正向得分项的示例如“我感觉到与他人隔离”，量表显示出持续较高的内部一致性，α 系数大于 0.90。负向得分项的示例如“我并不感觉孤单”，评分以四分制为基础，分数越高表示对孤独的表达越强烈。

另一个被广泛使用的测量方法是德容-吉尔维尔德（DeJong-Gierveld）及其同事在荷兰开发的孤独量表。这个多维量表最初由 34 项组成，最终为 11 项。它可以被用作面对面访谈或者自测问卷。它包含正向（5 项）和负向（6 项）指定项目。正向项目的示例如“总有人能让我倾诉日常生活中的问题”，负向项目的示例如“我体验到了一般意义上的空虚感”。量表得分是基于二分项的分数相加，结果为 0～11。孤独总体上可分为如下四个等级：不孤独（0～2）、中度孤独（3～8）、重度孤独（9～10）和极重度孤独（11）。这个量表也具有相当高的内部一致性——在各种研究中 α 系数的值从 0.80 到 0.90 以上不等。

在使用这些量表的时候，需要提醒的重点是每个项目的正向和负向性质。对这些量表的因素或内容结构的检验通常显示出两个维度。一个维度包含正向项目，用来评估归属感；而另一个维度包含负向项目，这些项目似乎与缺失某种关系相关。

当然，不论是 UCLA 孤独量表、德容-吉尔维尔德的量表还是其他量表，都有赖于研究者的思考和判断力。“哪一个量表最好”这样的基本问题都是基于研究的需要。

孤独的干预策略

改善孤独的干预策略可以采用多种形式。从广义上讲，有三种形式：以个体为导向的、以团体为导向的和关注环境的。

个体方法

针对个人的干预措施包括人际关系疗法、精神动力疗法、认知行为疗法和友好访问者项目。

人际关系疗法（Interpersonal Therapies） 在心理学家罗杰斯（Rogerian）的观点和人文主义的框架下，人际关系疗法认为孤独是由于人的信仰不符合社会准则、受到社会排斥的结果。实际上，自我是不可爱的。治疗方法是发展一种客户—治疗师关系，通过自由交流，降低个人对被拒绝的恐惧，并在人际关系上提供一种新的体验。

精神动力疗法（Psychodynamic Therapies） 与人际关系策略相似，精神动力疗法也很看重孤独者的客户—治疗师关系。通过孤独的个体和治疗师之间的关系互换，使导致成人社会纽带失效的童年时期的冲突和困难被辨别出来。诸如依赖、敌意和亲密关系等问题的研究被用来验证它们对孤独表现的影响。

认知行为疗法（Cognitive-Behavior Therapies） 这种方法认为，与人际关系相关的负面认知假设会导致情感隔离。举例来说，从 20 世纪 70 年代中期以来的几项研究发现，那些经历了更多犬儒主义、不信任和消极同行评议的人，以及那些对社会交往中的威胁保持警惕和过分警觉的人，更容易感觉到孤独。治疗原理的重点是要影响孤独者对人际关系的感知。事实上，孤独者通过培训认识并改变那些被认为是对社会交流不准确的认知。

友好访问者项目（Friendly Visitor Programs） 也许最简单的治疗方法就是提供友好访问者了。在这种方法中，项目通常是针对那些被认为在社会和身体上被隔离的个人。虽然这样的项目至少具有短期效果，但它们通常覆盖范围广泛，很少尝试把最需要改变的特定社会关系作为目标，或者改善其他方面的考虑因素，例如健康和经济情况。

团体方法

与解决孤独问题的个体方法相似的是团体方法。在团体方法中，关注点集中于特定目标群体。使用与团体过程技术相结合的认知方法的专业干预已被证实在保持自尊和促进情绪调节方面很有用。在这个背景下，大多数干预措施强调发起社会交往所需技能的发展，例如，针对那些社会隔离者、害羞者或对社会风险有所顾忌的人进行的社交技能训练。在团体语境内的特殊效果是能够充分利用抑郁和孤独之间的常见联系。在缓解抑郁方面有效的团体治疗程序可能也会减少与孤独相关的痛苦。

环境方法

前面两种降低孤独感的方法试图通过某些方式教育或者改变人，以此来增加个人在社会关系体验中的满足感。另一种方法是以促进社会互动和（有意或无意的）社交网络的建立来设计环境。正如霍奇尔德所描述的那样，增强“社交网络”被视为一种发展合作任务的积极方式。

老年中心、聚集项目、为家庭提供膳食计划、成人日托项目和交通项目，只要能通过寻找有创意的方式来设计，这些项目将提供良好的服务，以促进社会融合和情感链接，提供给予和接受支持的机会，并增强个人价值感。

总之，有许多不同的方法可能有助于缓解或预防孤独。在系统地解决老年人的情绪状况方面还有很多工作需要去完成，这不仅需要结合他们的人际关系，还需要考量他们所处的社会人口状况和健康状况。处理和治疗方案必须是可以理解的、能针对特定群体的需要的，并且是可以测度的。

另请参阅：人口学；抑郁症；情绪；心理健康；社会网络、社会支持和社会融合；寡居与鳏居。

拓展阅读

Bowlby J（1969）*Attachment and Loss*：*Vol. 1*：*Attachment*. New York：Basic Books.

Cicirelli VG（1982）Sibling influence across the lifespan. In：Lamb ME and Sutton-Smith B（eds.）*Sibling Relationships*：*Their Nature and Significance across the Lifespan*. Hillsdale，NJ：Lawrence Erlbaum.

DeJong J and Kamphuis F（1985）The development of a Rasch-type loneliness scale. *Applied* Psychological Measurement 9：289-299.

Dykstra P（1990）*Next of*（*Non*）*Kin*. Amsterdam/Lisse，Netherlands：Swets and Zeitlinger.

Harris L and Associates（1974）*The Myth and Reality of Aging in America*. Washington，DC：National Council on the Aging.

Harris L and Associates（1981）*Aging in the Eighties*：*America in Transition*. Washington，DC：National Council on the Aging.

Hochschild A（1973）*The Unexpected Community*. England Cliffs，NJ：Prentice-Hall.

Horowitz L and desFrench R（1979）Interpersonal problems of people who describe themselves as lonely. *Journal of Consulting and Clinical Psychology* 47: 762-764.

Marangoni C and Ickes W (1989) Loneliness: a theoretical review with implications for measurement. *Journal of Social and Personal Relationships* 6: 93-128.

Mullins LC, Tucker R, Longino CF, and Marshall V(1980) An examination of loneliness among elderly Canadian seasonal residents in Florida. *Journal of Gerontology: Social Sciences* 44: 80-86.

National Council on the Aging (2000) *American Perceptions of Aging in the 21st Century: the NCOA's Continuing Study of the Myths and Realities of Aging*. Washington, DC: National Council on the Aging.

Peplau L and Perlman D (1982) *Loneliness: A Sourcebook of Current Theory, Research and Therapy*. New York: John Wiley and Sons.

Revenson TA (1986) Debunking the myth of loneliness in late life. In: Seidman Y and Rappaport J (eds.) *Redefining Social Problems*, pp. 115-135. New York: Plenum Press.

Rook KS (1987) Social support versus companionship: effects on life stress, loneliness and evaluations by others. *Journal of Personality and Social Psychology* 52: 145-154.

Russell DW, Peplau LA, and Cutrona CE (1980) The revised UCLA Loneliness Scale. *Journal of Personality and Social Psychology* 39: 471-480.

Weiss R (1973) *Loneliness: The Experience of Emotional and Social Isolation*. Cambridge, MA: MIT Press.

译　者：张　硕（北京大学）

骨质疏松症与骨功能障碍相关的衰老

S. H. 斯格尔德纳，T. N. 格拉博，G. 布里顿，C. 皮尔斯，B. 伦巴第　纽约州立大学宾汉姆顿分校，宾汉姆顿，纽约州，美国

词汇表

骨质疏松症（Osteoporosis）——一种全身性骨骼疾病，其特征是骨组织的低骨量和微结构退化，继发骨脆性和骨折易感性增加（WHO，2003）。

引言

骨质疏松症是全世界老年人面临的最常见健康问题之一。

在全球范围内，老年人口正以惊人的速度增长，预计 65 岁及以上的老年人口将从 2000 年的 4.31 亿增长到 2020 年的 6.96 亿。在同一时期内，75 岁及以上的老年人口预计将从 1.63 亿增长到 2.69 亿。由于骨质疏松性髋部骨折的发病率随着年龄的增长而呈指数增长，这种人口结构的变化可能会大大增加髋部骨折的数量，使世界范围内的老年人残障风险及其费用出现剧增。令人担忧的是，在许多国家中，面对其他紧迫而严重的健康问题，如肺结核、艾滋病和疟疾，看似更无害的骨质疏松问题可能不会被优先重视。由于这些原因，迫切需要在世界范围内制定并建立一种算法来支持生活方式的改变和骨质疏松症的早期诊断，尽可能地及时避免骨折。但是，首要的也是最困难的一个挑战就是必须改变人们普遍对骨质疏松的误解，即骨质疏松和骨折随着年龄的增长是不可避免的。基于这个目的，世界卫生组织与关注骨健康的美国和国际的组织合作，宣布 2002—2011 年为“骨与关节的十年”，联合世界各国在能量和资源方面做出承诺，加速骨健康及骨折预防的进程。考虑到这一全球背景，本文主要关注美国骨质疏松症的发病率，并在信息可利用时，关注特定的人口学特征的风险。

鉴于骨质疏松症和骨质疏松性骨折是目前最广泛和最具破坏性的骨健康问题，本文主要关注骨质疏松症，并对影响老年人的其他骨疾病进行了细分。讨论包括骨质疏松症的患病率和影响、病理学（包括骨重塑），使个体患骨质疏松症的危险因素，筛查和诊断措施以及治疗。还提供了关于最近创新技术发展的令人鼓舞的信息，这些技术的发展可以提高我们及时发现和治疗骨质疏松症的能力，以减少和更好地处理其不受欢迎的并发症。在美国卫生与公众服务部（US Department of Health and Human Services）外科医生办公室指导下编写的《2004 年美国外科联合会关于骨健康与骨质疏松症报告》（*The* 2004 *Surgeon General's Report on Bone*

Health and Osteoporosis)，作为此类主题的最权威文件，成为本文一个主要的信息来源。

患病率

骨质疏松症是指以低骨量和骨组织的退化为特征的骨骼疾病，伴发骨脆性和骨折易感性的增加。骨质疏松是指骨量在正常值以下，但不足以诊断为骨质疏松症。WHO 利用骨密度（bone mineral density，BMD）数据直接测量患病率，并间接测量由此而导致的骨折发病率。然而，由于大多数数据来自发达国家，在多国基础上统一骨质疏松症患病率的标准仍存在缺陷。由于用来收集不同骨骼部位的 BMD 数据的测量技术不同，限制了其在不同年龄组受试者的通用性。此外，WHO 标准 BMD 评分基础为年轻白人女性的平均得分，因此很难将调查结果推广到白种女性以外的群体。在美国的高加索裔美国人中骨质疏松症的患病率从 3.9%（50~59 岁）增加到 47.5%（80 岁及以上）。（美国）国家骨质疏松基金会（National Osteoporosis Foundation，NOF）估计，在 2002 年 50 岁及以上的美国人中有 55% 患有骨质疏松症或骨量减少（低骨量）。根据 2000 年的人口普查，估计骨质疏松的患者在 2010 年和 2020 年分别增加到 5 200 万人和 6 100 万人。在英国，据估计 50 岁及以上的女性中有 23% 患有骨质疏松症，与年龄成正比。患有骨质疏松症的瑞典女性的比例从 7%（50~59 岁）增加到 36%（80~89 岁）。与欧洲其他地区比较，挪威女性的骨质疏松患病率较高，其髋部骨折的风险是南欧人的四倍，美国人的两倍。

患病率因性别、种族和民族的不同而变化。男性和女性从中年开始经历 BMD 下降，绝经后女性的骨量流失更快。据估计 2002 年美国有 4 400 万人患有骨质疏松症，其中 32% 为男性，68% 为女性，证实骨质疏松症不仅仅是女性的问题。在整个生命历程中，亚洲人和非西班牙裔白人女性的 BMD 最低，非洲裔女性的 BMD 最高，墨西哥美国女性的 BMD 在两组之间。有限的数据表明，日本和美国土著女性的峰值 BMD 低于非西班牙裔白人女性。

在 35 岁以上人群中的骨折有 80% 是发生在女性人群中。北欧、美国北部和东南亚人口发病率最高，非洲国家发病率最低。值得注意的是，不同国家之间髋部骨折发生率的差异大于性别之间的差异。

影响

骨质疏松症被认为是 50 岁及以上的美国人所面临的一个重大的公共卫生问题。超过 75% 的骨质疏松患者是女性，据 WHO 估计，80 岁以上的女性中有 70% 患有骨质疏松症。每 2 位女性和每 5 位男性中就有 1 位在 50 岁以上经历过骨质疏松性骨折。更多的女性死于骨质疏松性骨折的后遗症，而不是卵巢癌、宫颈癌及两者伴发的子宫癌。美国每年有 150 万例骨质疏松性骨折，20% 是髋骨骨折，50%是椎骨骨折导致身高变矮，30%的病例发生在腕骨和其他部位。所有绝经后女性中有25%会发展成脊柱畸形，另外15%的人会患粉碎性的髋关节骨折，到2040年底，这一数字将增加3倍。

髋骨骨折是骨质疏松症最严重的后果，具有长期住院、进行日常生活活动困难、疗养院安置困难及高死亡率的特征。1998年，美国65岁及以上的男性和女性发生了339 000余起髋骨骨折，到2025年全球发病率预计将增长到260万，到2050年将达到450万。实际上，美国几乎所有患髋关节骨折的患者都去住院，25%的髋骨骨折患者需要长期的居家护理。髋骨骨折每年需要有资质的护理人员140 000人。脊柱骨折在成本上的问题要少得多，仅有10%需要住院治疗，不足2%的人入住疗养院。然而，他们每年要占用66 000次医生访视和至少45 000个住院床位。

骨质疏松症造成的社会经济负担是巨大的。在美国，骨质疏松性骨折导致50万以上的患者需要住院治疗，80万次急诊，超过260多万次的医生访视，以及将近18万患者被安置在疗养院。据估计，每一位髋骨骨折总医疗费用约为4万美元。估计每年与骨质疏松性骨折相关的直接护理费用高达180亿美元，间接费用（即患者和护理人员的生产力损失）为这一费用增加了数十亿美元。对白人女性的照料构成了这些费用的大部分，但所有年龄段的男性和非白人女性在骨质疏松性骨折的直接费用中占10亿美元。由于与护理相关的费用出现在年纪较大人的身上，因此骨质疏松症占疗养院所有费用的14%。考虑到75%的髋骨、脊柱和前臂远端骨折发生在65岁及以上的老年人中，直接费用主要由社会承担，以社会补偿方案的形式支付。在美国，大约这些费用的一半由医疗保险赔付，医疗救助覆盖了额外的四分之一的费用。

但骨质疏松症对患者本人及其家庭成员生活的影响更大。患有髋骨骨折的病例中，每5个人中就有1个人最后在护理院去世，20%的人在一年内去世。三分之二髋骨骨折患者的功能永远不能恢复至术前水平，并且有许多人就此丧失行走能力。根据老年人群流行病学研究报道证实：37%的患者失去装扮自己的能力，58%的患者失去从椅子上起身站立的能力，60%的人失去在房间走动的能力。骨骼疾病的后遗症也会影响个人的自尊、身体形象和情绪，并可能导致其他严重的心理障碍。由NOF协会开展的一项调查显示，89%患有持续骨质疏松性骨折的女性说她们害怕再次骨折，80%的人担心失去独立性，80%担心她们不能进行日常活动，68%担心她们再次骨折必须被送进护理院。大约一半的持续髋骨骨折患者骨折后再也不能行走，即使他们在骨折前能行走。

病理学

人们普遍认为骨密度能解释70%的骨强度，以单位面积每克矿物质来反映骨峰值和骨量丢失。骨质疏松症不仅是老化过程中骨加速流失的结果，还可能是由于儿童期和青少年期未达到理想骨量或使用某些药物（尤其是类固醇）治疗其他健康问题所致。骨质量尚不清楚，但被认为是骨的微观和宏观结构、生化组分、骨内物质的组成和分布、逆转和微损伤的积累。骨折风险目前用BMD评估。随着BMD下降，骨折的风险急剧上升。据估计，手腕、髋关节和椎体骨折的终身患病风险为15%。50岁以上患者大多数骨折是骨质疏松所致，髋骨骨折率被用来计算骨质疏松骨折的疾病负担。由于大多数人在BMD降低的同时也失去了骨结构，低T值通常是准确的。然而，值得注意的是，BMD并未评估骨结构的质量。因此，有些具有高BMD的人同样可能遭受骨折，因为他们没有良好的骨结构。相反，并不是所有骨密度低的人都会骨折，因为他们可能保留了良好的骨结构。之前的骨折是未来骨折的最重要的预测因子。有过手腕骨折病史的美国女性增加了1.4倍发生髋骨骨折的风险，在瑞典和丹麦女性中分别是1.5倍和1.8倍。腕关节骨折是男性髋骨骨折的一个更强有力的预测因素，有腕关节骨折史的美国男性被发现髋部骨折的可能性是没有腕关节骨折史的2.3倍，而瑞典男性则是2.8倍。

骨重建与骨质疏松的发展

虽然一个人的身高和独特的骨结构在青春期后期已经发育完成，但在整个生命过程中新骨不断取代旧骨，这一过程则被称为骨重建或骨重塑。骨重塑有助于骨骼保持其结构完整性；据估计，每年约有10%的骨骼被重建，大多数成人骨骼每10年更换一次。80%的骨骼是皮质（致密）骨，主要位于骨的外表面，20%是位于内部的骨小梁（海绵状）组织，形成了椎骨、股骨近端和桡骨远端的大部分。如果新骨形成量小于旧骨丢失量，就产生了骨头的净亏损，较为脆弱的骨头更有可能在轻微创伤下即可骨折，这是骨质疏松的临床问题。还应该注意到，骨重塑本质上是较弱的，因此更容易骨折。骨重塑通常会在两种情况下发生，但大部分（80%）发生在骨小梁。因此，骨折更可能发生在骨小梁丰富的区域，如髋关节、脊柱和腕关节。

在复杂的骨重建过程中，骨细胞处于沉寂状态直到破骨细胞（骨吸收细胞）受到刺激而吸收了微量的骨细胞。而某些实际骨重建的详细过程尚不清楚，有人认为破骨细胞（骨吸收）活性增加的因素很多，包括甲状旁腺激素（parathyroid hormone，PTH）和甲状腺素，破骨细胞也会受到雌激素、睾酮、维生素D、钙、高磷等的制约，有时通过成骨细胞（骨形成细胞）释放的细胞素降低破骨细胞的活性。局部前列腺素和白细胞介素也可能对这个重塑过程发挥刺激或抑制作用。低钙摄入刺激PTH分泌，激活破骨细胞释放消化骨基质的溶酶体酶，导致钙和其他骨矿物质及蛋白质的释放。在吸收腔形成后，一条黏合线被巨噬细胞类型的单核细胞所覆盖，从而限制了骨在特定区域的进一步吸收。黏合线丰富的骨桥蛋白，可以关闭破骨细胞（吸收）活性和刺激成骨细胞活性（重建）。目前越来越多的药物正在被开发，其目的是通过抑制破骨细胞的骨吸收作用或加速骨的形成，减少骨质流失或增加骨形成，以维持骨健康。

预测因子和危险因素

在几项较大规模的前瞻性研究中，明确了与低骨密度或骨折风险有关的危险因素：

- 女性
- 高龄
- 传统定义的白种人和亚洲人
- 更年期雌激素缺乏，尤其是由早期或手术引起的。有时也被认为是次要原因
- 低体重和身体质量指数（如，身材矮小）
- 50 岁后的个人骨折史
- 骨质疏松症家族史
- 吸烟
- 低钙和维生素 D 摄入
- 缺乏运动的生活方式
- 晒太阳时间不足（日照有助于维生素 D 的合成，维生素 D 则有助于钙的吸收）

其他降低骨量的可疑因素，包括饮用含酒精和咖啡因的饮料，已有证据表明，这些与骨质疏松的发展是不一致的。较高的身体质量指数、非洲裔美国人、充足的雌激素水平和负重运动被视为 BMD 保护因素，年龄、个人或家族骨折史、亚裔或西班牙血统、吸烟和服用可的松是骨质疏松症的重要预测因子。

继发性（可变的）原因被认为是导致 30%～60% 的男性骨质疏松症的原因，绝经期女性则超过 50%。在男性中，性腺机能减退、糖皮质激素治疗和酒精中毒是最常见的继发性原因。在围绝经期女性中，最常见的继发性原因是低钠血症、糖皮质激素治疗、甲状腺激素过量和抗惊厥药物治疗。

外源性糖皮质激素作为共存条件的治疗（即用于治疗哮喘或与器官移植相结合）是继发性骨质疏松症的最常见原因，其长期使用与骨折的高患病率有关。糖皮质激素通过影响局部调节因子、抑制胶原合成和抑制钙吸收来抑制骨形成并增加骨吸收。一个新出现的高危人群就是接受器官移植手术的人，他们依靠类固醇激素治疗降低了移植后的免疫排斥风险。

性腺功能减退会影响男性和女性的成骨细胞功能。雌激素的产生维持骨质量。女性的月经初潮和绝经期影响峰值骨量的获得和维持，而男性雌激素同样在男性骨骼的建立和维持中发挥着重要的作用。雄激素也是骨代谢的重要调节因子，包括细胞对骨重塑的影响。与绝经后女性不同的是与年龄有关的男性性功能减退可能是由高催乳素血糖、血色素沉着、先天性睾丸发育不全综合征、腮腺炎性睾丸炎、神经性厌食症和过度运动性性腺功能减退等疾病引起的。

甲亢对骨骼生长产生不利的影响，特别是对女性，甲状腺激素能促进骨吸收，减少肠道钙吸收，增加高钙尿症风险，最终导致骨密度降低，并且增加有甲状腺功能亢进疾病史患者的骨折风险。

药物治疗也与成人骨量减少有关，包括含有铝制剂、抗惊厥药（苯巴比妥、苯妥英钠）、细胞毒性药物、促性腺激素拮抗

剂、锂、长期使用肝素、长效注射孕酮、超生理剂量甲状腺素、他莫昔芬（绝经前使用）、注射营养药物的药物制剂。

症状与后遗症

骨质疏松症引起的骨骼改变导致了慢性病发病率和死亡率的显著升高，但骨量和质量的变化却毫无征兆，通常在骨折发生之前未被检测出来。股骨近端（髋）、椎骨（脊柱）和前臂远端（腕关节）骨折是骨质疏松症最明显的临床并发症，可能严重影响生活质量。骨质流失，在目前的危险因素中，和与年龄有关的改变，如视觉、听觉、本体感知和平衡的改变，可能大大增加由跌倒引起的骨折风险。椎骨骨折，常被称为粉碎性骨折，导致身体特征的改变常与骨质疏松症有关，尤其是脊柱后凸或驼背。而颈椎一旦骨折也会影响身体其他系统：如消化、呼吸、泌尿、颅面，并产生伴发疾病：出现身高缩减，腹部隆起，身体肿胀，呼吸抑制，背部疼痛和行走、弯曲、延伸功能方面受限的结果。

诊断与治疗

筛选指南

骨质疏松症是一种沉默性疾病，通常在骨折发生之前不会出现症状。它可能表现为椎骨的自发性骨折或塌陷，或是不同程度的背痛。身高缩减也是常见的。骨质疏松性骨折是可以预防的，因此，适当的诊断工具对评估和治疗骨质流失及骨质疏松症至关重要。对于绝经期后的女性、男性高危人群、接受糖皮质激素的人而言，骨密度测定有助于健康照护提供者在第一次骨折发生前诊断骨质疏松和可靠地预测发生风险。它也可以被用来作为替代标记，以确定治疗的有效性，并评估那些可能对骨质疏松症治疗无应答患者。目前有几种确定骨量的方法，最近双能 X 线吸收光谱法（DXA）已成为骨质疏松症的首选测量方法，结果以 T 分数和 Z 分数报告。WHO 将正常骨密度分类为 T 评分为 -1 及以上，骨量减少为 -1 ~ -2.5，骨质疏松症为 -2.5 或更低。判断骨质疏松症类型通常不用 Z 评分，可能有助于鉴定继发性骨质疏松症的测量。Z 评分为 -1.5 及以下，表示与年龄有关的原发性骨质疏松症，而 -1.5 以上的评分为继发性骨质疏松症。骨质疏松症一旦被确诊，就要仔细记录病史，并进行身体检查以确定病因。

国家骨质疏松基金会（NOF）和美国预防服务工作小组（USPSTF）已建立骨质疏松症的筛查标准（见表 1）。许多可靠的便携式骨扫描仪是可以获得的，低成本的低骨密度的检测越来越可行，进而成为更广泛的骨质疏松症筛查程序。

BMD 测量与髋骨和脊柱的承受力存在较强的相关性，骨折发生前检测骨质疏松症，预测骨折风险，通过重复测量评估骨质流失率，并监测骨质疏松症治疗的有效性。现在可以使用几种不同的技术来评估多个骨骼部位的 BMD。

表 1 筛查骨质疏松症患者的建议

国家骨质疏松基金会（NOF）	美国预防服务工作小组（USPSTF）
骨密度测试执行如下： 1. 所有 65 岁及以上的女性，无论是否有危险因素 2. 具有一个或多个危险因素的年轻绝经后女性 3. 出现骨折的绝经后女性（确定诊断和疾病的严重程度）	筛查摘要： 1. 年龄 65 岁及以上的女性应定期筛查 2. 定期筛查应从骨质疏松性骨折高风险的 60 岁女性开始 3. USPSTF 不建议或反对年龄小于 60 岁的绝经后女性或 60~64 岁女性（尚未增加骨质疏松性骨折风险）进行常规骨质疏松症筛查

髋关节和脊柱的 DXA（双能 X 线吸收光谱法）目前被认为是评估骨折风险的金标准。DXA 用于测量髋关节、脊柱或手腕的 BMD，通常需要 10 分钟的低辐射暴露即可完成测量（相当于胸部 X 光检查放射剂量的十分之一）。然而，DXA 不能普遍用于筛查骨质疏松症的原因是设备大而且价格昂贵，不易携带。此外，美国国立卫生研究院得出结论，一般筛查对于围绝经期女性的价值尚未得到有力证据的支持。也许由于同样的原因，保险公司和其他第三方报销计划并没有全部覆盖这一部分。

预防、风险管理以及治疗

钙及维生素 D 在一生中，饮食中钙的供应不足被认为是导致骨质疏松症的重要原因。相关文献支持在生命早期建立健康行为来建立和保持强壮骨骼的必要性。包括健康的饮食、保持正常体重和定期锻炼。钙是达到骨质量峰值及预防和治疗骨质疏松症所需的特定营养物质。钙的吸收是不完全的，大约为 10%~12%，维生素 D 则是钙达到最好吸收效果的重要因素。维生素 D 并不构成大多数食物的组成成分，但通常由光合作用产生。只有少量的食物中含有维生素 D 或通过维生素 D 强化获得，90%以上的维生素 D 来源于光照。在抹防晒霜之前，短时间（15 分钟）将手、脸部或手臂和腿部暴露在阳光下，就可能产生足够的维生素 D。钙和维生素 D 摄入也可以通过饮食而获得，脂肪乳制品和钙强化食品是补充这些物质的首选，因为这些食品中也含有其他有益营养素，包括磷和镁。对于不能摄入足够量富含钙食物的人，建议增补钙和维生素 D。美国国家科学院医学研究所建议 50 岁以上的健康人钙摄入量为 1 200 mg/d，维生素 D 摄入量为 400~800 IU/d。然而，NOF 建议所有人的钙摄入量为 1 200 mg/d，如果有必要，需要增补。单剂量的钙不应超过每个剂量的 500~600 mg，以确保人体能够吸收。已确诊的骨质疏松症个体、怀孕或哺乳期女性，使用糖皮质激素的人，65 岁以上的人钙补充量则为 1 500 mg/d，同时需要 600~800 mg/d 的维生素 D。缺乏足够阳光照射的女性应每天补充 800 IU /d 的维生素 D。美国国家科学院医学研究所关于钙及维生素 D 的建议见表 2。

激素治疗 雌激素在女性骨量维持中起着重要作用，已经证实绝经后女性由于骨吸收增加而加速了骨质流失。具体来说，绝经早期是骨质流失的加速期，女性在 5～7 年内每年骨质流失率高达 3%～5%。1984 年美国国立卫生研究院骨质疏松会议达成的共识表示，雌激素是最有效的预防绝经后女性骨质流失的方法。它主要使用雌激素倍美力［Premarin，共轭马雌激素（CEE）］，同时加入孕激素以预防子宫内膜增生，保持子宫内膜完整性。雌激素和孕激素的使用可以有效预防骨质疏松症。

然而，在 2002 年，“女性健康倡议”（Women's Health Initiative，WHI）研究报告提出，使用雌激素和孕激素有可能带来更大的潜在危害。该报告改变了卫生保健提供者在预防骨质疏松方面管理绝经后女性治疗的方式。众所周知，WHI 研究是一项大规模的安慰剂随机对照试验，研究对象为 50～79 岁、每日接受口服 CEE/甲羟孕酮（E+P）和倍美安（0.625 mg/2.5 mg）的健康绝经女性。阳性结果显示，对接受 E+P（B）女性随访五六年后发现，髋关节骨折减少 33%，所有骨折总体减少 24%。然而，WHI 也发现倍美安增加了患乳腺癌、心肌梗死、脑卒中、肺栓塞和深静脉炎的风险。基于本报告的结果，由于担心其严重的副作用，许多卫生保健提供者立即停止激素治疗。此外，美国女性在听到关于该报告的报道后，停止使用激素治疗。结果雌激素和孕酮的使用急剧下降，人们也对更年期激素疗法的使用进行了重新审视。该报告还促进了使用替代疗法对更年期的治疗兴趣，并且随后使用生物同源激素和草药疗法。此外，美国食品药品监督管理局（Food and Drug Administration，FDA）关于控制更年期症状和预防骨质疏松症的指导方针也产生了各种雌激素和孕酮配方、剂量和给药途径，为寻求常规治疗的女性提供了各种选择（见表 3）。

表 2　日常饮食的钙及维生素 D 推荐量

年龄	钙摄入量 /（mg/d）	钙摄入量（孕期或哺乳期女性）/（mg/d）	维生素 D
4～8	800		200 IU（5 μg）
9～18	1 300	1 300	200 IU（5 μg）
19～50	1 000	1 000	200 IU（5 μg）
51～70	1 200		400 IU（10 μg）
>70	1 200		600 IU（15 μg）

引自：Institute of Medicine of the National Academy of Sciences（1997）.

表 3 FDA 批准绝经后女性用于预防骨质疏松症的药物

激素	剂量
Activilla（雌二醇/醋酸炔诺酮）	1 mg/0.5 mg qd
Femhrt（醋酸炔诺酮/炔雌醇）	0.5 mg/2.5 μg
	预防：1 mg/5 μg qd
Ortho-Prefest（雌二醇/诺孕酯）	1 mg/d 持续 3 天，接着 1 mg/0.09 mg qd 持续 3 天并重复
Premphase［共轭马雌激素/甲羟孕酮（MPA）］	1～14 d：0.625 mg/d，
	15～28 d：0.625 mg/mg/d，
	0.3 mg/1.5 mg/d
倍美安（共轭马雌激素/MPA）	0.3 mg/1.5 mg/d，0.45 mg/1.5 mg/d，0.625 mg/2.5 mg/d
	预防：0.3 mg/1.5 mg/d
雌二醇	0.5 mg，1 mg，2 mg
Ogen（雌酮钠作为雌二醇酯）	0.625 mg，1.25 mg，2.5 mg
	预防：0.625 mg qd
Ortho-est（雌酮硫酸酯哌嗪）	0.75 mg，1.5 mg qd
	预防：0.75 mg
孕激素（共轭马雌激素）	0.3 mg，0.45 mg，0.625 mg，0.9 mg，1.25 mg，2.5 mg
	预防：0.3 mg/d
阿洛拉（经皮给药）（雌二醇）	0.025 mg/d，0.05 mg/d，0.075 mg/d，0.1 mg/d
	预防：0.05 mg/d，每周 2 次贴片
Estroderm（经皮给药）（雌二醇）	0.05 mg/d，0.1 mg/d
	预防：0.05 mg/d，每周 2 次贴片
透皮（经皮给药）（雌二醇）	0.05 mg/d，0.1 mg/d
	预防：0.025 mg/d，每周 2 次贴片
Vivelle Dot（透皮）（雌二醇）	0.025 mg/d，0.037 5 mg/d，0.05 mg/d，0.075 mg/d，0.1 mg/d
	预防：0.025 mg/d，每周 2 次贴片
天竺葵（补片）（雌二醇）	0.025 mg/d，0.037 5 mg/d，0.05 mg/d，0.06 mg/d，0.075 mg/d，0.1 mg/d
	预防：0.025 mg/d，每周 1 次贴片
Menostar（透皮）（雌二醇）	0.014 mg/d，每周 1 次贴片

植物雌激素是植物衍生的天然雌激素，在流行病学和细胞系研究中具有轻微的类雌激素作用，但没有证明表明使用后减少骨折发生率。仍然需要进行人类干预研究来评估

植物雌激素的临床效果。

双膦酸盐（FDA 批准） 双膦酸盐是减少骨吸收的非激素药物。目前，FDA 批准了三种双膦酸盐用于预防和治疗骨质疏松症。随机对照试验表明，在早期绝经女性和已确诊的骨质疏松症女性中，服用阿仑膦酸钠（Fosamax，福善美）和利塞膦酸钠（Actonel）增加 BMD，降低椎骨和非椎骨骨折风险。阿仑膦酸的剂量为每日 5 mg 或每周 35 mg（预防），每日 10 mg 或每周 70 mg（治疗），并且需要每日 5 mg 或者每周 35 mg 利塞膦酸盐。在过夜后，必须在 30 分钟内服用 8 oz（约 234 mL）的水。此外，患者在吃药后必须保持 30 分钟直立，以减少食管刺激（见表 4）。

伊班膦酸盐（Boniva）是最新的一种双膦酸盐，可以每日或每月一次给药，每日每次给药剂量是2.5 mg，每月每次给药剂量是 150 mg，空腹服用，在食用其他药物、流食或食物前 60 分钟用水服下。此外，患者在服药后保持身体直立 60 分钟以上。已有证据表明，伊班膦酸盐可以降低女性骨质疏松性骨折和以往有脊椎骨折史患者再次骨折的风险。尚无证据表明该药物可以降低髋关节骨折或非脊椎的其他骨折风险，也不能降低无骨折史女性的骨折风险。

近期由美国 FDA 批准通过的静脉注射剂，伊班膦酸钠，用于治疗绝经后女性的骨质疏松症，规定伊班膦酸钠要在 15 ~ 30 秒以上的时间完成注射，为不耐受口服双膦酸盐或不能服药后保持身体直立 30 ~ 60 分钟以上的患者提供可选择的治疗方案。

表 4　FDA 批准的用于治疗和预防绝经后女性骨质疏松症的非激素药物

双膦酸盐类药物
Fosamax（阿仑膦酸钠）：5 mg，10 mg，35 mg，40 mg，70 mg，70 mg/75 mL（口服液）；预防：5 mg/d 或 35 mg/w；治疗：10 mg/d 或 70 mg/w
Actonel（利塞膦酸钠）：5 mg，30 mg，35 mg；预防和治疗：5 mg/d 或 35 mg/w
Boniva（伊班膦酸钠）：预防和治疗：2.5 mg/d 或 150 mg/m
Boniva（伊班膦酸钠缓释制剂）：治疗：每季度静脉注射 3 mg
选择性雌激素受体调节剂（SERM）
Evesta（雷洛昔芬）：预防和治疗：60 mg/d
降钙素
Miacalcin 鼻喷剂（鲑鱼降钙素）：治疗：200 IU 鼻内给药，每日一次（交替鼻孔）
Miacalcin 注射（鲑鱼降钙素）：治疗：100 IU SC 或 IM q 隔天
Fortical 鼻喷剂（鲑鱼降钙素）：治疗：200 IU 鼻内给药
甲状旁腺激素
Forteo（特立帕肽）：治疗：20 μg SC/d

其他双膦酸盐（非FDA批准） 其他双膦酸盐，尽管未经FDA批准用于治疗绝经后骨质疏松症，主要用于不能耐受FDA批准制剂的患者。一种制剂是唑来膦酸（Zometa），一种静脉内（IV）注射的双膦酸盐（每年一次4 mg或更少），FDA批准治疗恶性的高钙血症。副作用一般较轻微，持续时间短。目前考虑未来使用唑来膦酸治疗不能耐受口服制剂的绝经后骨质疏松症患者。另一种抗高钙血症制剂是帕米膦酸盐（Aredia），静脉注射用来治疗高钙血症、佩吉特骨病和骨转移。依替膦酸（Didronel）是用于治疗高钙血症和佩吉特病的口服制剂。

降钙素 鲑鱼降钙素（Miacalcin）、降钙素（Calcimar）或Fortical是FDA批准用于治疗绝经后5年的女性骨质疏松症的肽类激素，但并没有批准用于预防。最常见的是每天一次鼻内给药（一次200 IU），同时也可能具有镇痛作用。

该制剂也可用于皮下注射。降钙素增加腰椎的BMD，降低椎骨骨折风险，但尚未显示改变非椎骨骨折率。通常耐受性良好，副作用包括鼻炎，极少导致鼻出血（见表4）。

选择性雌激素受体调节剂（SERM） 类似于雌激素的雷洛昔芬（Evista）和他莫昔芬（Nolvadex），是一类被称为SERM的药物。雷洛昔芬（雌激素拮抗药）对骨骼发挥类雌激素作用，阻断对乳腺和子宫的雌激素作用。建议60岁以上的女性使用雷洛昔芬预防和治疗骨质疏松症，每天60 mg。然而，雷洛昔芬增加了深静脉血栓形成，以及肺栓塞、腿部抽筋和发热的风险。用于乳腺癌治疗的他莫昔芬也对绝经后女性的骨量产生积极影响（见表4）。

甲状旁腺激素 甲状旁腺激素是一种通过刺激骨形成增加骨密度的合成代谢剂。泰乐菌素（特立帕肽），PTH的1-34序列，经FDA批准用于治疗2年以上的绝经后女性骨质疏松症和高危骨折男性人群的药物，使用方法为每天20 mg皮下注射。部分患者会有不良反应，主要包括头痛、头晕、恶心和腿部抽筋。骨骼学专家观察发现，接受高剂量的小白鼠中骨硬化发生率增加，但在接受过大约3年治疗的人群中尚未发现类似案例（见表4）。

雷尼酸锶 雷尼酸锶每日用量2 g，是一种新的、耐受性好的口服类固醇制剂，主要用于治疗绝经后女性的骨质疏松症。雷尼酸锶最初在20世纪50年代用于治疗骨质疏松症，由于雷尼酸锶可能引起矿物质缺乏而使人们对雷尼酸锶的用药出现争议。不适当的剂量和膳食中的钙缺乏可能导致这些缺陷。然而，后来对雷尼酸锶与骨组织的研究表明使用雷尼酸锶治疗后骨形成增加了。这项研究使人们对雷尼酸锶在骨质疏松症治疗中的潜在应用重新受到关注。最近的研究表明它在减少女性脊椎骨折方面有效，相关数据也支持雷尼酸锶在预防椎骨和椎骨以外的其他部位骨折的应用。然而，FDA目前并没有批准雷尼酸锶用于治疗或预防骨质疏松症。

被忽视的和新兴的模式

目前存在两个不是全新但有用的概念，但是通常在寻找检测骨质疏松症和预防髋骨骨折的方法时没有得到足够的重视。最近的研究已经证实身高损失超过1英寸（2.54 cm）可作为骨质疏松症诊断的可靠指标。然而卫生保健提供者更倾向于测量体重和血压而非身高。虽然这不是一个新的指标，但身高测量是一项精确而低成本的指标，值得重新考虑其在骨质疏松症筛查中的重要性。同样，臀部填充软垫保护器在老年人群跌倒时可降低其发生骨折的风险，应当重新评估软垫在患有严重骨质疏松症人群中预防骨折的价值。

一些用于治疗骨质疏松症的药物制剂正处于研究阶段，并且将逐步地应用到治疗中。同样，社区人群的意识、筛查和教育计划也开始影响到女性及其初级保健提供者，让他们意识到骨质疏松症的早期诊断和及时参与治疗的重要性。但为了获得最佳效果，需要直接针对年轻女孩和男孩（此时正处于构建峰值骨量时期）进行教育和意识的培养，因为只有通过提高他们及其后代的预防意识才能真正解决骨质疏松症的问题。骨质疏松症将伴随老年人终生，最好的治疗方法是从儿童时期培养健康的生活方式，来预防或减少骨质流失。

最后，越来越多的非药物生物医学创新设备正在研究中，它有帮助减少骨质流失和通过非药物方式刺激骨生长的潜力。也许这其中最著名的创新仪器是一种振动平台设备，类似于一台笔记本电脑，它能向站立者的股骨和脊柱提供高频、低强度（30赫兹）的机械信号（被视为一种温和的振动）。研发人员认为该设备能通过增加下肢循环而增加骨量。已在6个月的残疾儿童研究中展示了该装置的安全性，并在一项以绝经女性为研究对象开展的为期一年的临床随机试验（与安慰剂组装置相反）研究中得到证实，报告无不良反应。在动物模型中，证实干预能够抑制骨质疏松的继续发展。该仪器也在美国陆军新兵中进行了测试，美国国家航空航天局（National Aeronautics and Space Administration，NASA）正在以宇航员作为对象测试该设备，众所周知，宇航员在太空失重环境中会发生骨量减少。目前对宇航员进行每天10分钟的干预治疗。

其他与老年相关的骨骼疾病

佩吉特病（Paget’s disease）是继骨质疏松症后最常见的骨疾病。这是一种渐进性，有时是严重的骨重塑紊乱，可以影响任何部位的骨骼，但最常见的是脊柱、骨盆、下肢或颅骨。受到这种疾病影响的患者会由于过度活跃的破骨细胞导致这些部位的骨质流失增加。增加骨形成是为了弥补骨损失，但结果导致了骨量扩增，并与骨髓血管和结缔组织的形成增加有关，最终导致骨畸形或易患骨折。这种疾病可以传递给下一代，15%~40%的患者中有一个亲属受累。然而，一些研究表明佩吉特病可能是麻疹病毒慢性感染所致。如果诊断得早是可以被治愈的，但直到生命晚期才被诊断出来，患处会部分伴有疼痛、增厚或变为弯曲状的症候。

软骨病（相当于成人佝偻病）是一种磷酸钙未在骨内正确沉积的异常表现。在成年人中，这种情况可导致骨盆、髋关节和脚部骨折。许多患者经历骨痛，有些患者主诉严重的肌肉无力。这在美国是一种相对罕见的疾病，因为通常可以通过补充足够的维生素 D 来预防。软骨病还可以由身体缺磷引起，有时也是遗传基因突变，如产生维生素 D 所必需的酶的基因突变。慢性肾脏疾病患者是软骨病和骨质疏松症的高危险人群。

还有大量遗传因素和骨发育障碍导致的骨骼疾病，包括通常被称为成骨不全的遗传性疾病。与这组疾病相关的缺陷会干扰 I 型胶原蛋白（骨骼的底层蛋白质结构）的产生，结果发生低骨量进而导致复发性骨折和可能的骨骼畸形。I 型或Ⅳ型是最轻微的疾病形式，可能导致相对较少的骨折以及轻度至中度的骨畸形，有时出现牙科问题和听力损失。患者也可能会发展成为蓝色、紫色或灰色色盲缺陷。更严重的疾病形式（Ⅲ型）就是频繁出现骨折、身材矮小、听力丧失和牙科问题。最严重、最典型的（Ⅱ型）个体通常伴随着多次骨折和严重畸形，最终导致早死。另一组是由遗传因素导致的缺陷，被称为骨硬化病的发育性骨骼疾病，主要由于破骨细胞再吸收骨骼的能力受损，导致过度的骨积聚。虽然从外部来看密度增加，但更容易发生骨折。此外，骨质增生压迫各种神经，引起神经症状，如耳聋或失明。患有这种疾病的个体也可能患有贫血，因为骨髓中形成的血细胞被多余的骨质挤出。目前在人类身上已经鉴定出两种类型，一种是相对无症状的；另一种通常在出生时就已经发生了的，对于婴儿期和早期的儿童而言是致命的。

最常见的后天获得性骨骼疾病之一是骨骼肿瘤。骨肿瘤可能起源于骨（称为原发性肿瘤），但更常见的是由骨骼外部的肿瘤转移而成（转移性肿瘤）。原发性肿瘤可以是良性的（非癌性）或恶性的（癌性）。软骨瘤是最常见的良性骨肿瘤，骨肉瘤和尤文氏肉瘤是最常见的恶性骨肿瘤。转移性骨肿瘤通常由于乳腺癌或前列腺癌扩散转移到达骨骼。多发性骨髓瘤也发生骨破坏，其结果是恶性肿瘤细胞产生抗体和细胞因子，刺激破骨细胞并抑制成骨细胞。急性和慢性白血病，如伯基特淋巴瘤和非何杰金氏淋巴瘤中也可产生骨吸收细胞因子。影响骨骼的其他浸润过程包括感染和骨髓纤维化（骨髓纤维化）。

最后，口腔骨质流失患病率是全世界成年人口腔中的一个重大问题。口腔骨与骨骼的其余部分一样，包括骨小梁和皮质骨，其在整个生命周期内要经历骨形成和骨吸收。当口腔骨质流失超过骨再生时，在部分或完全丧失牙齿的区域，可能导致固定牙齿骨丧失或减少残留的牙槽嵴。因牙齿脱落所致的口腔骨质流失与雌激素缺乏和骨质疏松有关，脱落后可能需要牙周和假体手术。口腔检查，包括放射学检查可能有助于诊断口外骨质流失。

结论

骨质疏松症是影响全球所有阶层社区人群的一个破坏性公共卫生问题。好消息是50~65岁的健康男性和女性仍然有机会参与到骨质疏松症预防中，以减少骨质流失和身高损失。将社区教育和发展新的治疗方法相结合，共同努力使世界各地区避免遭受骨质疏松症给人类带来痛苦，就如同我们的前辈让我们在现代社会中免受脊髓灰质炎、天花和佝偻病的破坏。但还有一些其他骨骼疾病，虽然不及骨质疏松症常见，但会给老年人造成严重的问题。重要的是我们要进行更多的研究以找到有效的治疗措施，并且使得专业人士和公众都能更好地了解骨骼健康。

另请参阅： 身体：构成、体重、身高和体格；饮食和营养；跌倒；更年期。

拓展阅读

Abramowicz M (2005) Drugs for the prevention and treatment of postmenopausal osteoporosis. *Treatment Guidelines from The Medical Letter* 3: 69–74.

Augestad LB, Schel B, Forsmo S, Langhammer A, and Flaners WD (2004) The association between physical activity and forearm bone mineral density in healthy premenopausal women. *Journal of Women's Health* 13 (3): 301–313.

Cauley JA, Robbins J, Chen Z, Cummings SR, Jackson RD, LaCroix AZ, et al. (2003) Effects of estrogen plus progesterone on risk of fracture and bone mineral density. *Journal of the American Medical Association* 290: 1729–1738.

Ference JD and Wilson SA (2006) Ibandronate (Boniva) for treatment and prevention of osteoporosis in postmenopausal women. *American Journal of Family Physicians* 73: 305–306.

Gueldner SH, Burke MS, and Wright HS (2000) *Preventing and Managing Osteoporosis*. New York: Springer Publishing.

Gueldner SH, Britton G, and Stucke S (2006) Osteoporosis. In: Fitzpatrick J and Wallace M (eds.) *Encyclopedia of Nursing Research*, 2nd edn., pp. 430–433. New York: Springer Publishing.

Hannan MT, Cheng DM, Green E, Swift D, Rubin CT, and Kiel DP (2004) Establishing the compliance in elderly women for use of a low level mechanical stress device in a clinical osteoporosis study. *Osteoporosis International* 15: 918–926.

Jaglal SB, Weller I, Mamdani M, Hawker G, Kreder H, Jaakkimainen L, and Adachi JD (2005) Population trends in BMD testing, treatment, and hip and wrist fracture rates: are hip fracture projections wrong? *Journal of Bone and Mineral Research* 20 (6): 898–905.

Melton LF, Johnell O, Oau E, Mautalen CA, and Seeman E (2004) Perspective: osteoporosis and the Global Competition for Health Care Resources. *Journal of Bone and Mineral Research* 19 (7): 1055–1058.

US Department of Health, Human Services (2004) *Bone Health and Osteoporosis: A Report of the Surgeon General.* Rockville, MD: US Department of Health and Human Services, Office of the Surgeon General.

World Health Organization (2003) *The Burden of Musculoskeletal Conditions at the Start of the New Millennium: Report of the WHO Scientific Group* (WHO Technical Report Series: 919). Geneva, Switzerland: WHO.

Zizic TM (2004) Pharmacologic prevention of osteoporotic fractures. *American Family Physician* 70 (7): 1293–1300.

译　者：肖溢文（北京大学）
校译者：裴丽君（北京大学）

寡居与鳏居

A. 马丁-马修斯 不列颠哥伦比亚大学，温哥华，不列颠哥伦比亚省，加拿大

K. 戴维森 萨里大学，萨里，英国

词汇表

预期社会化（Anticipatory Socialization）——在进入丧偶角色的预期社会化过程中，个体在尚未丧偶的情况下表现出具有寡居特点的行为或者经验。这种情况发生的程度因年龄、对寡居状态的预期、配偶患致命疾病的时间长短以及死亡预警而不同。

丧亲（Bereavement）——经历悲伤、悼念和生活重塑的实际过程。尽管有人认为丧亲之痛无法用特定的时间来度量，通常医生和研究者认为这个过程需要两年时间，有人认为需要更久。

社会支持（Social Support）——个体保持社会身份和生活方式的个人联络人集合。支持的性质可能是经济的、具体的或者是情感的。

引言

寡居或鳏居既是状态又是过程。个体的配偶死亡后没有再婚，个体就进入寡（鳏）居状态。寡（鳏）居也是转变的过程，从配偶患病开始（时间可能很短也可能很长）到死亡，要经历丧葬、悲伤、悼念以及社会生活重建等相关事件。

丈夫去世的女性被称为寡妇，妻子去世的男性被称为鳏夫。寡（鳏）居的经历可能发生在多种情况下：空间的（从一种文化到另一种文化），时间的（在同一文化中的不同时期），纵贯的（在同一个人的生命历程中）。此外，该经历根据不同的次文化，如性别、宗教、年龄和阶层的不同而定义不同。其他影响寡居与鳏居经历的因素包括丧亲之前的婚姻关系的性质，女性在社会中的地位。一个社会与另一个社会，以及多个社会间的不同，通常表现在围绕死亡、哀悼和再婚问题的社会和文化规范上。

由于一直以来只关注女性的寡居经历，以至于“鳏居”一词最近才被某些、并非所有的英语词典收入。当然，在所有的社会中，女性比男性寡居的可能性更大，而且年龄越高这种区别越显著。

寡居的情况在变化

在很多国家，15 岁及以上的寡居人口大约有 6%。人口中寡居发生的特点受两个

因素影响：该国人口的性别选择性及人口年龄相关属性。

有一半的婚姻由于男性的死亡而终止，但是只有五分之一的婚姻因为女性的死亡而终止。在65岁及以上的女性中，有将近70%丧偶，相应的男性丧偶比例为22%。鉴于这样的人口学现实，对寡居的讨论通常只注重女性（参见“人口学”）。在发达国家，85岁及以上女性中，丧偶发生率升高到五分之四。然而，只有不到五分之一的男性在65岁时丧偶，有近一半的85岁及以上男性丧偶。

这种年龄与发生率的差异可以用生物的、文化的和社会的三个主要因素解释。首先，在所有社会中，男性通常比女性寿命短。其次，在大部分文化中，女性通常会与年长几岁的异性结婚（这有时被称为择偶梯度）。这两个因素结合在一起意味着寡居的可能性随着年龄的增长和身为女性而升高。而对寡居状况统计数据的性别不平衡性的第三种解释是社会接受性，某种程度上，对鳏居男性会再婚，而且是在失去配偶的两年内再婚的社会预期较高。男性不仅比女性更不易丧偶，而且比女性更不可能保持独居状态。据估计，有不到五分之一的丧偶男性和十分之一的丧偶女性会再婚。因而，或许有人会认为对男性婚姻状况的统计数据无法展示全部的状况，因为即使在纵向研究中，一位男性可能在每个调查节点都被登记为已婚，但是或许在数据收集的间隔中经历了丧偶。研究表明丧偶男性越老，重新找到伴侣的可能性越低，因此在高龄老人中，老年丧偶男性的比例会大幅度升高。然而，同在老年群体中，老年丧偶男性的再婚比例比老年女性高八倍多。

20世纪70年代以来，在许多国家，丧偶的平均年龄都在稳定升高。因此，丧偶不仅与性别而且与人口老龄化相关。北美大约四分之三的丧偶女性年龄在65岁以上。丧偶男性和丧偶女性的平均年龄均为75岁。

寡居的平均年龄升高并非全球现象。在撒哈拉以南的非洲，艾滋病的流行意味着无论男女，丧偶的平均年龄都低。在这些情况下，寡居状态的持续时间可能很短，一部分原因是年轻人容易再婚。而且，如果伴侣双方都被感染，存活期都会缩短，这种情况很多见。

即使在发达国家，寿命和平均年龄在不同性别、种族和社会经济群体中的差别也很大。男性的财富和发病率、死亡率都呈显著相关性，而女性却不显著。收入较高、受教育程度较高的男性比收入较低、受教育程度较低的男性的寿命更长、生活更健康。从而，不管是男性还是女性，作为幸存的配偶的体验，寡居生活，特别是与经济保障相关的方面，差别也非常大。但这些发现需要小心解读。一位寡妇，可能住着一个大房子，但收入减少了，生活水平的改变可以被归纳为“财产多，但收入低”。这种情况下，她的资产价值可能很高，但她却很难支付其维护费用，成年子女或许不愿意让她出售家庭“遗产”。

种族和文化差异也可能会缓和丧亲的体验，不仅体现在年龄和养老金匮乏上。在有些文化中，例如在印度某些农村，寡妇会不得不面对贫困和社会排斥的问题。

寡居经历的其他两个特点是：寡居生活作为一种生活事件的可预计性；在老年人生活中寡居生活的相应时长。由于社会中大部分个体都会结婚，寡居经历发生在大部分人生命周期的晚期，是可以预见的生活事件。但是，也有一些证据显示，这种模式正在改变。最近北美和欧洲的趋势显示：老年人口中结婚的比例越来越高，丧偶的比例越来越低，老年人中离婚或分居的比例很小，但也出乎意料地在增加。因为人口中处于婚姻外状态（单身或分居/离婚后没有再婚）的人进入老年人口的比例增高，在生命后期丧偶的可能性因而降低了。因而，有些人认为，按比例来看，寡居在未来的老年女性眼中，会变成一个不那么值得一提的生活事件。

由于前文提及的择偶的梯度性，女性的寿命越长，女性寡居的平均时长越会显著高于男性。在许多发达国家中，男性鳏居的平均时长约为 6 年，女性寡居的平均时长约为 15 年。然而，在这些存在男女差异的长期趋势中，也有一些新的变化。在许多国家，死亡的性别差异在缩小，由于生活水平提高和健康促进战略的实施，男性的死亡率正在降低。而随着“婴儿潮一代”的老化，以及人口中相应的丧偶的绝对人数的增加，政策制定者需要更多地关注老年丧偶人群，特别是女性丧偶人群的需求。

寡居作为相对生活事件

寡居被认为是生活事件和角色转换中带给人压力最大的事件之一。虽然研究结果还不明朗，但是生命周期中寡居发生的时间和配偶最后疾病时间的长短与丧亲经历有显著的相关性。寡居经历是“适时的”还是“不合时宜的”会影响个体的心理准备状态，其预期社会化的机会，以及可能获得的社会资源和支持。丧偶的年龄是寡居经历中非常重要的时点，因为在那个时点这个人被迫进入其他社会角色中。同理，配偶的最后疾病也影响到丧偶个体角色的预期社会化的机会。然而，看上去在早期丧偶和经历“不合时宜的”丧偶的案例中，这种关联性比生命晚期丧偶更强。

很多个体需要两到四年的时间去适应配偶的离世（参见“丧亲之痛”）。尽管丧亲的早期阶段通常都与长期的心理失衡和角色丧失感相关，寡居仍会为个人发展与独立提供机遇，而且，对某些人来说，也是不愉快关系的解脱。丧偶的定性研究和叙述显示：丧偶基本会涉及日常生活中各方面的再度协调，特别针对女性的报告显示，丧偶会加强女性的自我意识与关系重建。

有关寡居与发病率和死亡率间关系的研究充满了自相矛盾的结论。尽管有证据显示，丧偶在短期内会对健康状况产生显著影响，但从长期来看，对健康的影响并不明显。虽然早期的研究发现寡妇的死亡率较高，但最近的流行病学研究并没有发现丧偶与死亡率之间的显著关联。早期丧亲阶段通常与忧郁、性情改变、失眠、对逝者的过度思念和丧失自我有关联。寡居对心理健康长期影响的研究结论同样模棱两可。因丧偶导致的混乱的程度受很多因素的影响，尤其是对与丈夫或妻子角色相关的社会网络的依附的程度，以及对该角色的投入程度（参见“丧亲之痛”）。

通常认为丧偶是压力非常大的生活事件，虽然丧偶后的新生活和社会秩序的重建过程对某些人而言是极其漫长和痛苦的过程，但是大部分个人随着时间的推移都会适应。尤其是对许多寡居生活状态好的女性来说，她们会强调丧偶不一定是被剥夺或不足的生活状态。对很多人来说，丧偶并非某种意义上的灾难性威胁，而是转折点，是一个关键时期，脆弱性增强但潜力也增加了。虽然随着年龄的增长人变得更加虚弱，但对外界依附的增加让他们感到迫在眉睫的威胁，从而认识到了自己的潜力（参见“生命历程”“生活事件”）。

寡居的社会支持

在老年学文献中，社会支持的意义和性质被广泛研究。社会支持与健康间存在显著的正相关性。寡居期间对支持的需求并不是固定的。同样，对寡居生活中的某一时点有益的支持类型和来源，未必对该转折后期来说仍然合适。研究者还对社会支持的内在价值这一假设提出了质疑。松散的、低密度的网络，而不是紧密的、面面俱到的网络，更适合帮助丧偶的男性和女性建立与他们的新状态相适应的新的社会角色。

研究发现，在丧偶后的非正式支持网络中，家庭的纽带发挥了强大的作用。但是，也有多达五分之一的丧偶者声称自己没有任何在世的、让他们感觉特别亲近的亲属。很明显，寡居经历中有许多来源不同的变量，都会对获得社会支持以及可预见的受益模式产生影响。

对丧偶老年人的大部分支持来自成年子女。但是丧偶个体与成年子女的联络模式，因子女间的关系或者丧偶的时间长短而不同。大部分老人会与女儿们联络，尽管在悲伤急性期成年子女的支持非常关键，但随着时间的推移就没有那么显著了，朋友的重要性会提升。

兄弟姐妹间的关系在支持网络中占有独特地位，因为与其他家庭纽带相比，他们间相处时间长，而且地位相同。研究显示，通常丧偶者与他们的兄弟姐妹，特别是姐妹之间，虽然未必经常联络和交换支持，但是情感的支持模式很强大。其他延伸的家庭成员，侄子和侄女也是丧偶人群的重要支持网络，特别是在情感支持方面。研究还发现对去世的配偶的记忆也是一种对寡居生活的支持。

在寡居生活中，朋友关系会发生很大的变化。由于朋友关系并不像家庭关系那样涉及义务，特别是建立在夫妇双方基础上的友谊，可能因为丧偶就解除了。结交新朋友的能力可能是个人应对配偶丧失的一个重要指标。自助和互助小组是一种特别的同伴关系的代表。尽管通常只有很少的丧偶人群参加，但它们有效地降低了干预组中丧偶人群的沮丧情绪。丧偶女性参与正式的有组织的支持小组的频率较低，而丧偶男性基本不参与。

与这些支持资源相关，精简的个人资源和丧偶者的自我认同，会对潜在的社会支持的利用情况产生强烈的影响。最近的研究记录了在有些丧偶人群中出现的“认同时刻”，丧偶者会突然意识到他们的新状态，自我认同突然发生变化。在所有对寡居社会支持模式变化的研究中，丧偶个体自我转变的可能性是需要考虑的一个重要影响因素（参见“社会网络、社会支持和社会融合”）。

寡居经历的多样性

影响不同性别寡居经历的因素很多。对女性来说，守寡具有更多的“可预期性”，这常带来一种心理排练或对晚年独立生活的预期。有很多研究讨论失去伴侣对男性还是女性更难，但对死亡的含义和后果以及在不同情况下男女的寡居状态仍然知之甚少。由于对丧偶人口的统计因素过于复杂，分析性别影响更具有挑战性，对丧偶者经历的研究经常发现样本中只有13%是男性。

虽然研究有很多困难，仍发现寡妇与鳏夫在再婚态度和在寡居生活中最主要的问题上的差别。对男性和女性来说，孤独都是主要的问题；而寡妇受经济问题影响更大。在老年阶段，寡妇比鳏夫更贫穷。对鳏夫来说，在完成日常家务上的能力感和与性行为相关的问题经常是他们关注的主要问题，但在一般老年人中不同年龄序列中的关注点不同（参见“孤独”）。

寡妇和鳏夫可获得的社会支持手段也有差异。总的来说，鳏夫比寡妇的支持网络更窄，与朋友和家庭的联系更少。在社会生活方面，鳏夫基本上毫无例外地依靠自己或者子女。而许多寡妇有更广泛和多样的社会网络。因此，总的来说，鳏夫联系家庭纽带和处理家务的技能相对较弱。但这两方面或许都与年龄相关。

社会隔绝是老年男性的普遍特点。他们由于丧偶或离婚变得“孤立无援”。研究发现老年离婚男性比其他年龄组的男性更容易从家庭和朋友的社会关系中脱离出来，陷入更具风险的不健康行为中，如抽烟和有害的酒精摄入。在有些西方国家，如英国，60岁的男性离婚或分居的比例（9%）高于丧偶的比例（7%）。

直到最近才有人关注丧偶男性。有关鳏夫的研究主要集中于超出心理预期的分离（丈夫没有预期妻子早死）导致的健康影响和心理错乱。对于寡妇和鳏夫“谁更难受”这一问题的争论是长期的。在加拿大、荷兰、英国和美国开展的研究详细了解老年寡妇和鳏夫的福祉和生活状况，揭示了丧偶适应性的性别差异。人们发现老年丧偶人群的生活状况有惊人的相似性。对鳏夫而言，在获得收入、教育以及不受残疾限制的自由行为等资源上更有利，但女性从亲密的女性朋友和邻居以及成年子女处获得的支持更多。

个人关系的需求方面的差异不大，但关系的模式各不相同：女性通常倾向结交“情感上亲密”的同性朋友。男性对以“社交”为目的认识同性感觉满意，但也期待与异性的浪漫关系。男性对鳏居生活的满意度源于新伴侣或等同于伴侣的关系的出现，而且比女性容易受成年子女影响。虽然寡居女性在收入、教育和健康资源的获得上没有男性有优势，但是在对生活的满意度上与男性水平相似。结论是在整个生命周期中，女性的社交为她们提供了更大的灵活性和适应性。这有助于她们适应由于丧偶带来的巨大变化，从而缓和了她们在操作层面的劣势。

越来越多的寡居人群独立生活，许多人在同一个社区或同一栋房子居住很多年。尽管对房屋的所有权是他们的主要经济来源，但是持有房产的高成本可能会严重地削弱所有者的经济利益。此外，长期居住在一个地方，经常是由于对家的情感依附，以及不想搬家的惰性，但是这可能会将丧偶的男性或女性束缚在家，尤其是当他们的身体状况不再与他们的需求相适应，也不适合住在无法提供支持性环境的社区时。

居住在农村的寡居人群从家庭和朋友处获得的支持略多，但是经常会缺少经济收入，或者缺乏交通方式。在生命晚期，寡居人群最终搬家的可能就是进入养老机构。虽然进入养老机构的老年人比例不高，但在生命晚期寻找养老机构照料的人中，丧偶者的比例相对较高。

无子女看上去并不会对寡居转折产生更糟的影响。然而，有些研究注意到，涉及再婚继子女的寡居生活具有独特性。在丧亲之后的时间里，与继子女维持关系给寡居女性带来额外的压力。

个人不同的角色冲突与转折同时发生的体验，会对生命晚期的寡居经历产生影响。虽然带工资退休与丧偶很少同时发生，但失去与工作相关的现有社会关系确实加强了有些人因丧偶产生的孤独感。照料仍需要支持的成年子女或残疾的父母的责任也会使丧偶的转折变得更复杂。

还没有实证性研究支持这种广为认可的假设，即有强烈宗教认同的团体中的寡妇和鳏夫社会网络更广泛，他们与社会网络的关系更强。但是在非西方国家，社会规范和预期如何塑造丧亲和丧偶的体验，还少有人知。印度有一个众所周知但很早以前就被禁止的习俗——“殉夫”（寡妇在丈夫葬礼的柴堆上自焚）。虽然这种风俗早已不存在，但是印度女性确实会经历某种形式的“社会殉葬”，因为不得不忍受贫困，尤其是在没有儿子的情况下，人们认为她还是“死了的好”。在博茨瓦纳，有一种习俗叫“seantlo”，要求寡妇与丈夫的兄弟结婚，鳏夫与妻子的姐妹结婚。这种做法类似一个古老的以色列习俗，叫“转房婚”，如果男性死去没有留下子嗣，他最亲近的男性亲属需要与他的妻子结婚。虽然这些做法只对丧偶的男性或处于生育年龄的女性有效，但也反映了对寡居和鳏居的社会规范，以及对丧偶人群的社会预期。

研究的局限和未来的方向

虽然人口老龄化已经被广为研究和认识，但令人吃惊的是，寡居经历在老年阶段的影响却鲜为人知。大部分研究注重年轻人群，但事实上，特别是对垂暮者和老年女性来说，寡居与年龄相关，同时也是晚年生活的特点。对老年寡居人群的特殊课题进行的全面研究非常少。

大部分寡居研究没有纳入无失去配偶经历的对照组，或有过其他丧亲经历的对照组。结果是只针对观测到的寡居问题进行研究，结果或许不可信。

几个最近的定性研究注重研究老年丧偶女性的叙述，与公众认为是痛苦和消沉的主要叙述相反，指出经历的复杂性并非源于生命晚期丧偶本身，而是与个人的生活经历以及女性的生命周期相关。

虽然有些国家（如加拿大）制定了解决丧偶人群特定问题的政策（如补助），但在全世界这种政策很少。有这样政策的国家，社会项目需要尽可能地灵活。今天老年丧偶人群在社会角色和预期、家庭成员的多寡、工作经历、教育、经济来源等方面的特点，与未来的老年丧偶男性和女性的特征会有很大的差别。

另请参阅：丧亲之痛；人口学；生命历程；生活事件；孤独；社会网络、社会支持和社会融合。

拓展阅读

Bankoff EA (1983) Social support and adaptation to widowhood. *Journal of Marriage and the Family* 45 (4): 826–839.

Chambers P (2005) *Older Widows and the Life Course: Multiple Narratives of Hidden Lives*. Aldershot, UK: Ashgate.

Chen MA (2001) *Perpetual Mourning: Widowhood in Rural India*. Oxford, UK: Oxford University Press.

Davidson K (2002) Gender differences in new partnership choices and constraints for older widows and widowers. *Ageing International* 27 (4): 43–60.

Foxman-Feldman SE (2005) *More Than a Dead Man's Wife: Australian Women Talk about Widowhood*. Ph. D. thesis, The University of Sydney, Australia.

Lopata HZ (1987) *Widows, Vol. 1, The Middle East, Asia and the Pacifific*. Durham, NC: Duke University Press.

Lopata HZ (1987) *Widows, Vol. 2, North America*. Durham, NC: Duke University Press.

Lopata HZ (1995) Feminist perspectives on social gerontology. In: Blieszner R and Hilkevitch Bedford V (eds.) *Handbook of Aging and the Family*, pp. 114–131. Westport, CT: Greenwood Press.

Lopata HZ (1996) *Current Widowhood: Myths and Realities*. Newbury Park, CA: Sage.

Lund DA (1989) *Older Bereaved Spouses:*

Research with Practical Implications. New York: Hemisphere Publishing.

Martin-Matthews A (1991) *Widowhood in Later Life*. Toronto, Canada: Butterworths/ Harcourt Brace.

Martin-Matthews A (1999) Widowhood: dominant renditions, changing demography and variable meaning. In: Neysmith SM (ed.) *Critical Issues for Future Social Work Practice with Aging Persons*, pp. 27–44. New York: Columbia University Press.

Moore A and Stratton D (2002) *Resilient Widowers*. New York: Springer.

O'Bryant SL and Hansson RO (1995) Widowhood. In: Blieszner R and Bedford VH (eds.) *Handbook of Aging and the Family*, pp. 440–458. Westport, CT: Greenwood Publishing.

Stevens N (1995) Gender and adaptation to widowhood in later life. *Ageing and Society* 15: 37–58.

UNAIDS (2000) *Report on the global HIV/AIDS epidemic*. UNAIDS, Geneva, Switzerland.

van den Hoonaard DK (2001) *The Widowed Self: The Older Woman's Journey through Widowhood*. Waterloo, ON: Wilfrid Laurier University Press.

van den Hoonaard DK (2002) Attitudes of older widows and widowers in New Brunswick, Canada towards new partnerships. *Ageing International* 27 (4): 79–92.

译　者：姬飞霞（宁夏大学）

关节炎和风湿性疾病

S. 沃尔吉，E. M. 巴德利 多伦多大学关节炎研究与评价组，多伦多市，加拿大

词汇表

关节炎（Arthritis）——一般术语，涵盖100多种涉及关节疼痛和炎症的疾病。

环氧化酶-2抑制剂（Cyclooxygenase-2 Inhibitors，Coxibs）——作用类似于非甾体抗炎药（NSAID），但具有较少胃肠道副作用的新类药物。

肌肉骨骼（Musculoskeletal）——包括骨骼、软骨、韧带、肌腱和关节的身体系统。

非甾体抗炎药（Nonsteroidal Anti-inflammatory Drug，NSAID）——用于治疗各种病症的疼痛和抑制炎症的非麻醉和非甾体药物。

引言

关节炎是导致患病和残疾的主要原因，特别是对于老年人。严格来说，“关节炎”这个术语指的是关节炎症。然而，关节炎和风湿病通常可互换使用，以包括肌肉骨骼系统的关节、韧带、肌腱和其他成分的疾病。关节炎和风湿病包括超过100种不同的病症，相当于肌肉骨骼疾病（musculoskeletal disorder，MSD）较大分类的一半以上的病症。大家族MSD中的其他病症是与关节炎和代谢性骨疾病如骨质疏松症无关的背部疾病，本文不予论述。

背景

关节炎及相关病症的症状和体征包括疼痛、僵硬、肿胀、肌肉无力以及关节运动的限制。这些是老年人最常见的一些主诉。这些症状和体征在发病率、残疾和成本方面对人群影响很大。传统上，关节炎对人们造成的负担被低估了。然而随着人口老龄化，关节炎的影响越来越明显。在加拿大，关节炎是导致疼痛、身体残疾和使用医疗保健服务利用的主要原因之一。根据2000年“加拿大社区健康调查”（Canadian Community Health Survey，CCHS），超过15岁的近400万加拿大人受到风湿病的影响，其中近40%在65岁以上。预计到2026年，将有超过600万加拿大成年人患有关节炎和相关病症。在美国，估计有27%的人患有医师诊断的关节炎。

关节炎的发病频率随年龄增长而增加。

然而，老年人可能不会经常去寻求治疗，因为许多人将这些病症视为正常老化。关于关节炎的主诉通常是模糊和不明确的，可能与整体功能的隐匿下降有关。疼痛是咨询医师的风湿病患者最常见的症状，由于存在其他病症，包括抑郁症，这可能会被误解。

关节炎的诊断和治疗在老年人中尤其具有挑战性。肌肉骨骼症状也可能由其他病症引起，同一患者的多种病症可能使诊断和管理复杂化。不幸的是，没有一个简单的诊断测试可以确诊关节炎。除了临床评估之外，通常需要放射学和实验室检测的组合诊断。此外，老年人中许多自身抗体（如类风湿因子）和炎性标志物［如红细胞沉降率（erythrocyte sedimentation rate，ESR）］的增加，导致难以解释测试结果。老年人关节炎的治疗面临独特的挑战。在确定治疗时，必须考虑使用多种药物、合并症状和药代动力学改变等问题。新疗法的临床试验大部分排除了老年患者和具有多重医疗问题的患者，导致老年人关节炎的治疗面临更多困难。

检查出所有不同类型的关节炎和相关病症是不现实的。在本文中，我们描述了所选类型的关节炎的临床特征、流行病学和管理策略，尽可能地指出可能适用于老年人的任何特殊考虑。关于老年人五种常见类型关节炎的主要临床结果的比较见表 1。本文结尾讨论了老年人关节炎的总体影响和总体管理策略，以减少老年人关节炎的影响。

表 1　老年人常见风湿病的临床表现[a]

疾病	骨性关节炎	痛风	类风湿性关节炎	风湿性多肌痛	假性痛风
一般发病	+++	0	+++	+++	+
关节肿胀或渗出	+++	++++	++++	+	++++
关节疼痛	++++	++++	++++	+	++++
对称性	+	+	+++	++++	+
肌肉疼痛	+	+	+	+++	+
影像学异常	++++	+	+++	0	+++
滑膜液晶体	+	+++	+	0	+++
血沉升高	+	+	+++	++++	+
贫血	0	0	++	+++	0
抗核抗体阳性	0	0	+	+	0
类风湿因子阳性	0	0	+++	+	0

[a] 0，没有发生；+，偶尔发生；++，经常发生；+++，总是发生；++++，没有它很难诊断。

引自：Table 8－5 in Kane RL，Ouslander JG，and Abrass IT（1983）*Essentials of Clinical Geriatrics*. McGraw-Hill Book Company.

老年人关节炎的类型

骨性关节炎

临床特征 除了是人类最常见的关节炎之外，骨关节炎（osteoarthritis，OA）也是狗、马和许多其他动物的主要健康问题。可追溯到史前时期的骨骼遗骸显示出骨关节炎的迹象。尽管人口中患病率高，并且其作为疼痛和残疾的重要原因，但是与其他风湿性疾病相比，OA 不太好理解。传统上，OA 被认为是与老化有关的疾病，伴随着“磨损”，导致关节间隙的丧失和骨骼的重塑。对疾病的新发现表明，它是一种具有多种因素的异质性疾病，例如关节中的晶体沉积和炎症导致疾病进展。OA 可以在没有任何预兆的情况下发生，或者可能是由发生在很多年前的关节的损伤或疾病所引起。

OA 的最常见症状是疼痛，通常与关节使用相关。疼痛也可能在休息和晚上发生。早晨或长时间不活动后，关节僵硬或“胶化”在 OA 中很常见，经常在恢复活动的几分钟内缓解。与其他类型的关节炎，如类风湿关节炎相关的僵硬是不同的，后者的关节僵硬通常持续数小时。虽然 OA 不是主要的炎症，OA 也可能导致受累关节的肿胀和发热。

在 OA 中，关节的活动范围通常受到限制，到达活动范围的极限时，疼痛和活动受限比较明显。随着时间的推移，这可能导致关节周围的肌肉萎缩、骨骼畸形和残疾。OA 可能会影响身体的一个或多个关节，特别是膝、髋、手、大脚趾和脊柱。OA 中最常见的关节如图 1 所示。在髋关节以外的所有关节部位，OA 在女性中比男性更常见。OA 的一个重要特征是肩膀、肘部、手腕和脚踝很少受到影响，因为它们是炎症性关节炎的类型，如类风湿性关节炎。OA 进化缓慢，经常会持续多年处于相当稳定的时期。可能发生快速进展，而且自发改善是一种罕见但被广泛描述的现象。

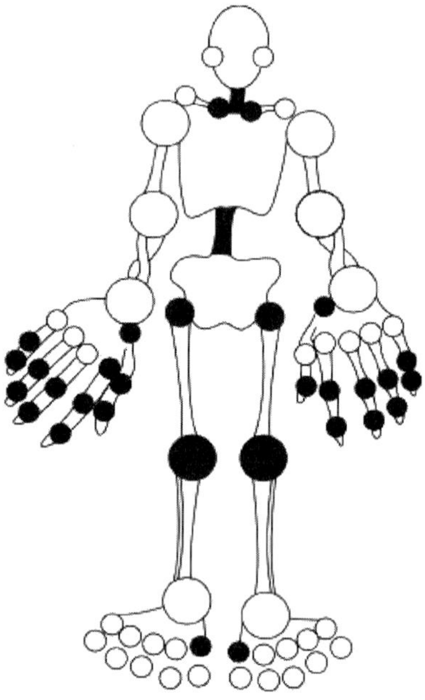

图 1　黑色阴影表示骨关节炎最常受累的关节

引自：Cooke TDV and Dwosh IL（1986）Clinical features of osteoarthritis in the elderly. *Clinics in Rheumatic Diseases* 12（1）：155－172.

OA 在 X 线平片上的标志性结果包括由于关节软骨丧失、骨骼重塑和斑块增厚（软骨硬化）、软骨下方骨缺损区域（软骨下囊肿）以及骨赘形成引起的关节间隙变窄。图 2 显示了 OA 可能发生的典型变化。OA 的诊断由于各种原因可能是困难的，其中之一是没有明确的诊断标记。虽然许多生物标志物已被证实，但其临床应用受到患者检测结果个体变异性的限制。虽然OA中的临床和放射学检查结果存在一致意见，但两者之间没有一致的相关性。一些患者的放射学检查结果可能比较严重，但临床症状很少，而其他患者显示严重的临床症状和轻微的影像学变化。超声和磁共振成像（MRI）的使用增加可能有助于改善未来放射学成像和临床检验之间的相关性。

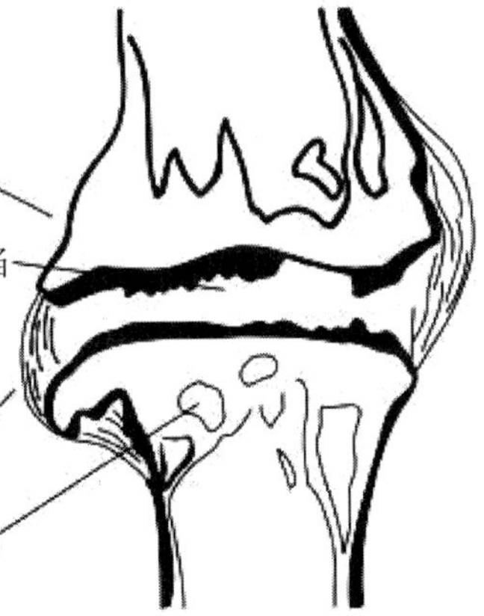

图2 骨关节炎的病理特征

引自：Hutton CW（1995）Practical problems: osteoarthritis—clinical features and management. In: Butler R, Jayson M, McKenna F, and Scott D (eds.) *Reports on Rheumatic Diseases*. Chesterfifield: Arthritis and Rheumatism Council.

流行病学和危险因素 OA是人群中最常发生的关节炎类型。测量人群OA发生率的数据很少，因为如何定义疾病发病存在争议并且缺乏纵向资料。年龄似乎是该疾病最重要的危险因素之一，随着年龄的增长，发病率也会增长。65岁以上人群的OA患病率从33%有症状性OA至80%以上影像学显示OA。在美国，OA是50岁以上男性失去工作能力的第二大原因。研究发现，60岁以下的人口中有10%的人因OA而丧失工作能力。OA的危险因素与疾病的广泛易感性和导致关节异常生物力学负载的机械因素有关。已经发现OA的易感性与年龄增加、肥胖、遗传性、社会经济地位低下和女性有关。在患病率和关节分布上存在明显的种族差异。涉及重复运动的关节创伤、运动不协调、职业或休闲体力活动与OA的发展有关。骨质疏松症，特别是髋关节骨质疏松已被证明可以预防骨关节炎。

管理 老年OA患者的治疗面临诸多挑战。患者和家庭成员常常将其视为衰老的一个不可避免的部分，不会给予任何干预。此外，患者和看护人员可能会认为，最好是不活动以保护关节，因为这种策略可能会产生不利后果。最后，合并症和多种药物的使用可能导致药物治疗的困难。

OA的管理很大程度上是针对症状的。其目标包括缓解疼痛和僵硬，减少残疾，最大限度地发挥功能，减缓进展。治疗可分为非药理学、药理学和手术方法。理想情况下，应使用分级治疗法来管理OA，包括非药物学和药物学治疗。所有超重的患者应接受教育、咨询和饮食建议。对于OA更严重的人员，可能需要关节保护的训练以及功能和残疾程度的评估。鞋子的改变、支架和助行器可以帮助缓解生物力学起源的问题，辅助装置可以改善功能。减肥、强化肌肉的物理疗法和运动是髋关节和膝关节疾病患者治疗方案的重要组成部分。近来针灸作为OA

的治疗方式越来越受到关注。研究发现，针灸能够有效减轻膝关节疼痛患者的疼痛并改善功能。

药物治疗包括止痛剂、非甾体抗炎药（NSAID）、环氧化酶-2 抑制剂（Coxibs）、关节内类固醇、黏液补充剂（用于帮助润滑关节的注射剂）和营养产品。研究表明，对于患有 OA 的膝关节，简单的止痛剂如对乙酰氨基酚、可待因和低剂量水杨酸盐可导致临床上显著的症状缓解。止痛药可能是服用多种药物和轻度症状的个体的最佳选择。已经开发了包括 NSAID 在内的局部用药方案。在某些情况下，这些和其他局部涂抹方法已被证明是有益的，没有全身毒性。口服 NSAID 是 OA 的主要治疗方法。然而，这些药物在老年人群中的使用受到质疑。老年人的代谢变化，特别是肾脏和肝脏的功能，当服用全剂量药物时，可能会导致潜在的、严重的甚至致命的副作用。不良事件，如胃肠道出血，可能无症状，最终却导致比较严重的紧急情况。一般原则下，建议老年患者减少剂量。关于对乙酰氨基酚或 NSAID 是否应该作为治疗的首选，在文献中一直存在争论。考虑到症状的严重程度和药物的危险因素，这一决定需要在临床上进行。或者，它们也可以组合使用。最近可用的 Coxibs 具有更安全的治疗潜力，降低严重胃肠道毒性的风险。然而这些与心血管和脑血管风险有关。因此，在开始治疗之前仔细权衡风险和益处是非常重要的。关节内类固醇注射可以缓解疼痛和肿胀，特别是对于一个有主要症状的关节。这些治疗只对临时症状缓解有好处，但每年不得超过三次。关节内透明质酸（hyaluronic acid，HA）的黏膜补充可能是对其他治疗无反应的患者的较好选择。一些证据表明，HA 可能改善膝盖 OA 患者的疼痛。

已发现营养药物葡糖胺和软骨素对于治疗 OA 是有效的。软骨素是一种有助于提供关节弹性的蛋白质，而硫酸葡萄糖胺是帮助软骨形成和修复的一种糖类。研究表明，1 500 mg/d 葡糖胺和 800 mg/d 软骨素在症状控制中可能是有效的。一般来说，应鼓励患者按推荐剂量试用这些物质满 3 个月。在这一时间点上，如果症状没有改善，那么将来也可能不会有效，应该停药。还应鼓励患者在购买非处方药时仔细阅读标签，因为不同产品中葡萄糖胺和软骨素的含量是不同的。

在晚期病例中，可能需要手术治疗。手术适应证包括不受控制的疼痛，特别是晚上和休息时的疼痛，以及日常生活活动的限制。手术技术包括通过截骨术（部分骨的切割和重新定位）重新排列关节、软骨细胞移植以重建受损的软骨和关节置换手术。全髋关节置换和全膝关节置换术是一种成熟的手术，常常能缓解疼痛和改善功能。关节置换假体的寿命有限（约 20 年），但这并不是老年人的禁忌证。

痛风

痛风是最常见的晶体诱发性关节炎。晶体关节炎的共同特征是在关节的组织或滑液中发现微观晶体。晶体在疾病的炎症过程中发挥作用。

临床特征　当尿酸在关节结晶时发生痛

风，引起强烈的炎症。关节通常表现为炎热、红肿、肿胀且疼痛。痛风通常是急性发病，自发性单关节炎（一个位置的关节炎），但也可能是多关节（影响许多关节）和慢性的。最初的发作通常发生在多年的无症状性高尿酸血症（高血尿酸水平）之后，仅影响85%~90%患者的某一个关节。经常影响下肢，持续数日至3周。大脚趾是最常见的部位，但身体几乎任何关节都可能受到影响。患者通常在两次发作之间无症状。多年来，发病更频繁，持续时间更长，可能开始影响多关节，并可能与全身症状相关，包括发热。被称为痛风石的暗褐色沉积物可能发生在皮肤下，可能会发生慢性多发性关节炎。在老年人群中，痛风性关节炎更难诊断，因为它具有与年轻患者中发现的痛风不同的许多特征。例如，在老年患者中，涉及手指小关节的多关节痛风更常见，特别是女性。此外，在老年人群中，痛风石通常发生在早期痛风中以及非典型部位。痛风的发作通常与利尿剂和肾功能不全有关。痛风性关节炎可能被误诊为OA甚至类风湿性关节炎（rheumatoid arthritis，RA），偶尔痛风和OA共存，甚至在同一关节，这可能会使病情进一步复杂化。

流行病学和危险因素 痛风是40岁以上男性炎症性关节炎的最常见原因，在近50年发病率很高。女性发病高峰在60岁以上，疾病的发病率和患病率难以确定，因为疾病进程的特征是恶化和缓解交替出现，而且医生和患者中都存在误诊倾向。一般人群自我报告痛风患病率男性为0.7%~1.4%，女性为0.5%~0.6%。65岁以上成年人的患病率更高，男性为4.4%~5.2%，女性为1.8%~2.0%。过去20年痛风的发病率增高，特别是老年人群。

据估计，痛风是美国第二大最常见的炎症性关节炎。它发生在世界各地，区域差异可能反映的是种族中的遗传倾向，尽管尚未得到证实。痛风经常导致患者工作受限、增加医疗服务的使用以及显著的短期残疾，已成为重大的公共卫生问题。

痛风的流行病学似乎在变化。近来研究趋势表明，在几个生活水平较高的国家，过去几十年里痛风的流行率呈上升趋势。性别比例也发生了变化，男女比例从过去的20∶1，变为了现在的2∶1至7∶1。有研究表明，这些变化与药物（特别是噻嗪类利尿剂）的使用、寿命延长和生活方式的变化有关。

痛风的危险因素多种多样。血浆尿酸盐浓度与发生痛风的风险直接相关。高尿酸血症可能是由于肾脏排泄减少或尿酸过多所致。在大多数个体中，它与排泄不足有关。痛风的危险因素在男性和女性中是相似的，特别是尿酸盐浓度，而女性痛风患病率较低可能表明尿酸盐浓度较低。尿酸盐浓度高度依赖年龄，随年龄增长而增长。该疾病似乎有遗传倾向，因为痛风与固有的酶异常和遗传的尿酸盐排泄不良有关。环境因素也很重要。饮食中丰富的肉类、海鲜和酒精，会增加痛风的风险。药物使用，包括噻嗪类利尿剂、低剂量阿司匹林和环孢菌素，以及毒素暴露（如铅）与高尿酸血症和痛风的发展有关。

管理 治疗痛风包括治疗急性发作和预防复发。对于急性发作，治疗选择包括局部可的松注射、短期系统性类固醇、非甾体抗炎药（特别是吲哚美辛）、环氧合酶抑制剂和秋水仙碱。秋水仙碱很少单独用于治疗由胃肠道副作用引起的急性发作。1年中发病三次以上的痛风患者，多关节疾病和痛风性肾病的患者可能会从长期治疗中受益（低尿酸血症治疗），以降低血液中尿酸水平，并防止未来发作。最常用的降低血尿酸治疗药物是别嘌呤醇，一种黄嘌呤氧化酶抑制剂。然而在急性发作期间，不应该使用别嘌呤醇，因为在治疗开始时有触发痛风发病的风险。由于这个原因，经常在治疗的最初几个月内用低剂量秋水仙素预防。尿酸药物如尿蛋白在老年患者中很少使用，因为老年人对这类药物通常耐受性差并且功效低。

焦磷酸钙沉淀关节病（假痛风）

临床特征 焦磷酸钙沉积关节病是另一种晶体诱发的关节炎。存在广泛的与焦磷酸钙脱水沉积病（CPPD或假痛风）相关的疾病。此类疾病中包括无症状性软骨炎、急性单关节炎（假痛风）和模拟OA（假性骨关节炎）、类风湿性关节炎（假性类风湿性关节炎）和神经性关节病的临床表现。在CPPD中，炎症是由关节中焦磷酸钙晶体的存在引起的。最常见的临床表现包括急性单关节炎或多发性关节炎、慢性关节病和无症状的关节炎。在焦磷酸钙沉积关节病中，至少有50%是在膝盖发病，但肩膀、手腕和脚踝也可能受到影响。虽然不像痛风那样痛苦或剧烈，但由CPPD引起的急性单关节炎很常见。常见于具有先前存在的OA的个体，并且通常由创伤或急性内科疾病引起。

流行病学和危险因素 CPPD关节病在老年女性中最常发生。平均发病年龄在65~75岁。据估计，65~75岁的个体占10%~15%，超过80岁的个体大于40%。据世界各地报告，CPPD似乎有家族聚集倾向，显示常染色体显性遗传模式，涉及单基因突变。还有与内分泌代谢疾病有关的疾病，包括甲状旁腺功能亢进、低磷血症、低镁血症和血色素沉着症。CPPD关节病似乎与关节软骨老化有关，虽然这种关系的性质尚未明确。大多数CPPD病例没有已知的原因。

管理 治疗的目的是减轻症状，识别和治疗任何触发性疾病，并在炎症消退时迅速动员患者。快速动员很重要，因为老年患者容易因长时间不动发生并发症。在许多情况下，关节抽吸术可能是从关节清除滑液的唯一可用的治疗方法。关节内类固醇注射可适用于在第一次抽吸后不稳定的关节。镇痛药和抗炎药可以在老年患者谨慎使用时提供额外的益处。NSAID、秋水仙碱、理疗和教育都可以帮助减轻与CPPD相关的疼痛。对于类风湿性疾病患者，使用具有抗炎特性的抗疟药物羟氯喹可能有一些益处。在进行性关节退变的情况下，可能需要进行全关节置换手术。

类风湿关节炎

临床特征 类风湿性关节炎（RA）是最常见的自身免疫性疾病之一。它通常开始于手和脚的小关节的对称性疼痛和肿胀，伴随着早晨可能持续数小时的僵硬。该疾病通常伴有疲劳，厌食和体重减轻。表 2 比较了 RA 和 OA 的特点。

老年 RA 患者分为两类：患有慢性 RA 多年甚至数十年的患者和新发病的患者。患有既定疾病的患者可能仍然有活动性疾病，或可能疾病已经得到控制，但仍然有症状，因为以前受 RA 影响的关节的损伤和畸形。疾病发作通常是急性的，包括晨僵、活动范围受限、软组织肿胀严重、炎症标志物显著升高。大关节，特别是肩部的累及是常见的，还常见于手腕和掌指关节（metacarpophalangeal，MCP）和近端指间关节（proximal interphalangeal，PIP）。疾病的特别表现（如血管炎）在迟发型患者中发生的频率较低。老年人 RA 的诊断实验室检查可能不同。例如，识别 IgG 分子的 Fc 部分的抗体随着年龄增加，因此可能对诊断不太有用。此外，炎症标志物（包括 ESR 和 C 反应蛋白）的升高可能在老年人中引起误诊，它由于共病条件或老化本身而可能升高。这些因素的组合可以使老年人的 RA 诊断变得非常具有挑战性。

RA 的过程是不可预测的。在某些情况下，已经发现迟发性 RA 具有比新发 RA 更有利的结果，而在其他情况下，预后更差。大多数患者将经历相对或完全缓解期的间歇性活动期交替。少数人可能有完全缓解，但是一小部分患者会患有严重的进行性疾病。不可逆的关节畸形也可能表现出长时间和更严重疾病的人的身体变化。这些畸形可能导致步行困难和日常生活活动（ADL）能力下降，并导致显著的功能障碍。RA 是残疾的重要原因。

流行病学和危险因素 RA 的发病高峰期是中年，尽管 RA 的患病率随着年龄的增长而升高，直至 85 岁左右。据报告，60 岁以上人群的 RA 患病率为 2%，是普通人群的 1 倍（1%）。RA 的性别比随年龄的变化而变化。这种疾病主要影响到 60 岁以下的女性，但 60 岁以上的性别比例趋于平等。

表 2 骨关节炎与炎性关节炎的临床特征[a]

临床特征	骨关节炎	炎性关节炎
僵硬时间	数分钟	数小时
疼痛	活动时	休息和夜间
疲劳	不常见	常见
肿胀	常见，但是无滑液反应	常见，并且有滑液增多和黏稠
红斑和发热	不常见	常见

[a] 骨关节炎也可能是炎性的。

引自：Table 8-6 in Kane RL, Ouslander JG, and Abrass IT (1983) *Essentials of Clinical Geriatrics*. McGraw-Hill Book Company.

虽然 RA 的原因是未知的，但许多危险因素，如遗传、激素和环境与其发展有关。如果一级亲属有 RA，发生 RA 的风险就会高 1.5 倍，而在双胞胎研究中，单卵双生子的一致性为 12%~15%，而双卵双胞胎为 3.5%。RA 的发展与主要组织相容性复合物 II 类的某些等位基因相关，包括人类白细胞抗原-DR4、HLA-DR-1 和 DR-14。其他基因也被发现发挥作用。除了遗传学，激素和环境因素也有涉及。RA 风险增加与女性的未经产和男性的睾酮水平低有关。怀孕与缓解有关，而绝经期是 RA 症状性发作的常见时期。母乳喂养和口服避孕药与降低风险有关。感染（包括细菌和病毒）可能会导致 RA 的风险升高。因此，似乎一系列的遗传、激素和环境因素可以影响 RA 的发展。

管理 RA 的治疗重点是减轻疼痛、肿胀、僵硬、改善功能、防止损伤和残疾。老年人 RA 治疗的主要药物是与年轻患者类似的药物，需要注意的是药物不良反应可能性更大。传统上，医生遵循金字塔方法选择治疗 RA 的药物。这涉及从 NSAID 开始，并根据需要使用更有效的药物。金字塔治疗方法目前不再被接受。研究表明，关节损伤发生在疾病早期。此外，已经发现早期和积极的治疗，多年以后可以预防残疾。当 RA 对免疫抑制治疗反应更加敏感时，被认为是疾病早期的“机会之窗”。另外，与两种或更多种药物的联合治疗被发现优于单一疗法。因此，目前的建议包括早期和积极的联合治疗。使用改善疾病的抗风湿药物（disease-modifying antirheumatil drug，DMARD）用来预防 RA 患者的疾病进展。这些药物需要几个月方可出现临床反应，并具有严重的不良反应的风险。因此，需要在经治疗 RA 的医生的监督下仔细监测其使用。皮质类固醇也具有治疗的作用，全身低剂量或注射到发炎关节以减少炎症。在过去几年中，生物制剂已被引入并用于治疗 RA。这些是对传统 DMARD 无反应的患者的替代方案。NSAID 和 Coxib 也可以谨慎使用，用于症状控制。物理疗法治疗疼痛和肿胀，保持运动和功能范围往往是药物治疗的优良辅助方法。

RA 患者可以推荐手术治疗以缓解未解决的疼痛、功能丧失和畸形。髋、膝关节置换，腱修复和腕管减张术是老年人采用的一些常用措施。年龄本身不是手术的禁忌证，也不是预测结果不良的预测因素。

风湿性多肌痛

临床特征 风湿性多肌痛（polymyalgia rheumatica，PMR）是中老年人的临床综合征，其特征是颈、肩、骨盆带疼痛和僵硬，常伴有发热、疲劳、厌食、体重减轻等症状。僵硬是主要特征，特别是在休息后会加重。在极端情况下，僵硬可能会使患者早晨无法起床。肌肉疼痛通常是弥漫性的，并且运动后加重。晚上的疼痛现象很常见。

流行病学和危险因素 PMR 是老年患者的疾病。50 岁以下很少诊断。PMR 平均发作约 70 年，年龄范围为 50~90 岁。女性受到的影响比男性多 2~3 倍。由于缺乏具体的体征和症状，难以确定疾病的发病率和患病率。在老年人群中，其估计患病率接近 1%，年龄发病率估计为每10万超过50岁的人中有13~113例。发病率因地理位置而异。

对于这种疾病，似乎有遗传倾向，因为有家族聚集的证据。环境因素也可能很重要，因为时间和地点方面都有聚集倾向。大多数患者是白种人，与南部地区相比，该病在美国北部、加拿大和欧洲北部更为常见。

PMR与巨细胞动脉炎（giant cell arteritis，GCA）有关。GCA典型的症状包括头痛、头皮压痛、咀嚼时下颌疼痛和视觉变化。大约15%的PMR患者将继发GCA，而近50%的GCA患者将并发PMR。排除在PMR患者中的GCA是重要的，就像未经治疗一样，它可能导致不可逆的失明。对于GCA的确定性诊断，应进行颞动脉活检。

管理 在影响老年人的关节炎类型中，PMR是诊断最困难的类型之一。主要治疗方法是全身应用皮质类固醇。患者对微小剂量泼尼松（皮质类固醇）也有显著反应。事实上，低剂量泼尼松的治疗通常用于患有模糊主诉的患者的诊断测试。初始皮质类固醇治疗，维持或减少剂量没有普遍接受的方法。一旦症状消退并且炎症标志物标准化，类固醇的剂量可能缓慢变小。在逐渐狭窄期间，应定期评估炎症指标。如果出现症状复发或标志物增加，应相应增加类固醇的剂量。患者通常需要长达2年的治疗。治疗人员应就延长类固醇使用的副作用向患者提供咨询。在治疗时应定期评估血压、血糖和骨密度。应考虑用钙、维生素D和双膦酸盐进行骨保护，同时进行GCA的患者需要较高剂量的泼尼松以及适当的监测。

关节炎对老年人口的影响

关节炎的最大影响是致病和致残，主要影响的是老年人群。与其他慢性病相比，关节炎是45岁以上男性和女性最常引起活动限制的原因，女性关节炎引起的残疾较普遍。根据1984年美国国家老年纵向研究报告，患有关节炎的社区生活的老年人（70岁以上）报告活动受限（68%），日常生活活动能力限制（75%），以及工具性日常生活活动能力，如购买、管理金钱和做家务方面的限制（70%）的最大比例人群。美国长期照护机构的流行病学研究表明，45%~80%的居民具有影响其功能状态和生活质量的肌肉骨骼来源的实质性疼痛。

RA和其他炎性关节病通常被认为是导致残疾的最可能的关节炎类型。然而，人口调查数据表明，关节炎相关残疾的最常见原因是OA。尽管OA患者比例较少，但由于其总体发病率高得多，因此OA是导致关节炎发病的最常见原因。人口数据表明，造成严重残疾的人中，OA和RA比例为7∶1。

致残关节炎可能对生活的各个方面都有影响。表3列出了65岁及以上患有关节炎相关残疾的个人的影响范围。数据来自1986年加拿大“健康和活动限制调查”（Health and Activity Limitation Survey，HALS）。本调查最新版本的结果表明类似的结果，但在撰写本文时，详细的数据不可用。尽管数据不能被分解为关节炎的类型，但重要的是，这个年龄组中大多数具有致残性关节炎的人将患OA。

表 3　关节炎对加拿大 65 岁以上关节炎相关残疾患者生活影响的指标

对日常生活的影响指标	65 岁以上的残疾人 /%
移动能力	
在移动方面至少会有某些困难[a]	92.5
有困难或无法爬楼梯	69.2
有困难或无法行走 400 码	70.5
有困难或无法站立>20 分钟	68.0
不能独自离开居住地或需要辅助	33.8
身体独立	
残疾导致的某些依赖[b]	74.1
每周一次或更多地依赖帮助[b]	51.5
有困难或无法弯腰捡起物品	52.3
有困难或无法剪指甲或趾甲	48.6
有困难或无法上床或下床	20.1
有困难或无法穿衣	17.2
社会融合	
独居	32.8
从不拜访亲戚或朋友	19.8
业余活动	
从不参加体育赛事、音乐会，从不观看戏剧或电影	83.3
从不发展兴趣爱好，如艺术、手工艺	46.0
从不参与社会活动	20.1
社会经济自给自足	
收入<20 000 美元	63.4
因残疾带来的自付开支[c]	35.6
基础人口>65 岁（千人）	266 195

[a] 无法做一个或多个以下行为：步行 400 码不休息；走上楼梯或走下楼梯；携带 10 磅的物品走 30 英尺；从一个房间移动到另一个房间；站立超过 20 分钟（1 码=0.914 米，1 磅=0.45 千克，1 英尺=0.305 米）。

[b] 因健康问题需要依赖或帮助。偶尔：繁重的家务；管理个人财务（例如银行、支付账单）。每周一次或更频繁：购买杂货或其他必需品；日常家务；每日个人护理（例如洗涤、梳理、穿衣、进食）；在自己的住所内移动；做饭。

[c] 用于药物、特殊用具或辅助材料，不包括在保险范围内的医疗保健服务、居住环境改善、交通、个人服务（如服务员、家政服务）。

引自：1986 Canadian Health and Activity Limitation Survey.

对于患有关节炎相关残疾的人，可能会对生活的许多方面产生影响。移动，包括步行、站立和爬楼梯，可能会受到损害，导致身体的独立性丧失，需要依赖助行器和其他人的帮助。同样也会影响工作、休闲和对家庭的义务。这可能导致经济方面不能自给自足，不仅是因为收入下降，还因为疾病引起的额外费用。此外，社会交往方面可能会与其他人的关系一起受到影响。这些因素的结合可能最终导致抑郁症和心理社会功能差。

管理关节炎的影响

对于所有类型的关节炎，治疗关节炎疼痛和防止致残的原则是相似的。理想情况下，早期治疗关节炎可以阻止其进展，并防止损伤和残疾。特定类型关节炎的医疗管理在之前已经讨论。更一般来说，家庭医生或全科医生（或在某些情况下，护士或康复专家）可以管理关节炎问题，如果它是直接的，或者可以充当转介到其他服务的中转站。不幸的是研究表明，由于对肌肉—骨骼状况的训练不足，初级保健管理可能不是最佳的。专门从事关节炎患者诊断和治疗的医学专家是风湿病专家、矫形外科医生和康复医学专家。医疗保健通常包括完整的诊断后处理，适当药物制度的建议，以及患者对药物副作用的适当监测。一些中心也可以由专门从事一些罕见的关节炎疾病的风湿病学家提供三级保健服务。适当和及时转诊到矫形外科手术也很重要，特别是考虑到全面关节置换和其他类型的手术控制疼痛和恢复功能的潜力。

物理治疗和作业治疗对于关节炎的治疗也很重要。物理治疗策略旨在维持或增加运动范围，纠正或预防肌肉无力或废用（这也可能导致关节不稳定），并有助于纠正关节的不对准、关节的异常使用或两者都有。水疗（水中运动）可能有优势，特别是对于患有严重关节炎的人，因为水的浮力有助于减轻关节的压力。运动可以减轻疼痛，减少药物的需要，并有助于维持功能。还有一些建议是在规律的运动项目中，可能发生软骨修复。

在严重疲劳的范围内，鼓励适度的一般体力活动。强制休息几天可能在短暂时间内发生肌肉力量丧失，也会有功能持续下降的风险，包括走路能力。即使存在具有临床表现活跃的 RA，老年人保持一定水平的身体活动以维持功能也是重要的。

作业治疗师参与关节炎患者的照护，通过构造夹板来稳定关节并减轻疼痛，并通过提供关于环境修改来促进 ADL 的表现。作业治疗师也进行对老年患者治疗计划至关重要的功能评估。能够从椅子转移到站立位置，步行一小段距离，独立上厕所，这些和需要身体援助才能生活是具有显著差异的。作业治疗师还提供关于关节保护和能量保留技术的教育，这可能有助于减少和改善关节对齐并防止肌肉疲劳。

作业治疗师和理疗师都可以帮助提供辅助设备和环境改善。辅助装置的可用和使用可以为维持关节炎患者的独立性做出重要贡献。辅助设备可能起到作用，例如，帮助穿上鞋子和袜子或打开罐子。其他设备包括升高的椅子或马桶座椅，以方便从坐姿站起，以及浴室座位用来辅助洗澡。穿合适的鞋子对下肢关节炎患者也特别重要。超深度鞋和矫形器可以适应老化的解剖变化，并帮助缓冲脚跟以吸收冲击负荷。简单的助行器如手杖也可以减少关节负荷并减轻疼痛。最后，适应家庭的物理环境，例如浴室和楼梯上的扶手，对维护独立而言可能是重要的。

教育是可以在不同层次上提供的另一个重要的管理策略。医生、治疗师和训练有素的非专业人员都可能参与到关节炎患者的教育中来。教育对促进患者和家属对病情的理解至关重要，这样他们就知道自己可以做些什么来适应和应对可能由关节炎引起的疼痛和残疾。已经发现教育和社区支持措施对健康状况的许多方面产生积极的影响，包括知识、疼痛、服药依从性、情绪、社会福祉以及残疾。包括和强调问题解决、应对、自我效能和耐力运动的方案已被证明比仅专注于关节变化、运动范围和关节保护的传统方案更有效。

所有这些管理策略都侧重于个人以及在即时环境中可以做什么来管理关节炎。广泛的社会环境也可以为减少关节炎对个人的影响做出重要贡献。社会环境包括家庭和社区中的其他人的态度、文化背景、价值观和期望。提高公众对关节炎的认识可能会导致改变，这将大大提高个人的生活质量，通过提供更多的对环境的接受和适应，最终促进老年关节炎患者的功能。

另请参阅：残疾、功能状态和日常生活活动；出行能力和灵活性；骨质疏松症与骨功能障碍相关的衰老。

拓展阅读

Kane RL, Ouslander JG, and Abrass IB (1984) *Essentials of Clinical Geriatrics*. New York: McGraw-Hill Book Company.

Kavanaugh A (ed.) (2005) *Clinics in Geriatric Medicine*, vol. 21. Philadelphia, PA: W. B. Saunders.

Kean WF (ed.) (1986) *Clinics in Rheumatic Diseases, Arthritis in the Elderly*, vol. 12. London: W. B. Saunders.

Klippel JH (ed.) (2005) *Primer on the Rheumatic Diseases*, 12th edn. Atlanta, GA: Arthritis Foundation.

Klippel JH and Dieppe PA (eds.) (1994) *Rheumatology*. London: Mosby-Year Book Europe Limited.

Lorig K and Fries J (2000) *The Arthritis Helpbook: A Tested Self-Management Program for Coping with Arthritis and Fibromyalgia*, 5th edn. Cambridge, MA: Perseus Books.

译　者：陈泓伯（北京大学护理学院）

呼吸系统

N. S. 切尔尼亚克 新泽西医科和牙科大学，纽瓦克，新泽西州，美国
E. P. 切尔尼亚克 迈阿密退役军人医疗中心，迈阿密，佛罗里达州，美国

词汇表

肺泡毛细血管膜（Alveolar Capillary Membrane）——肺泡上皮，间质组织和毛细血管内皮，在肺泡中从血液里分离气体的肺泡毛细血管。

二氧化碳反应斜率（Carbon Dioxide Response Slope）——由 CO_2 的动脉分压变化产生的每分钟通气的变化。

功能残气量（Functional Residual Capacity，FRC）——正常呼气结束时肺部空气的体积。

黏膜纤毛（Mucociliary Blanket）——排列在肺气道的覆盖黏液的毛细胞。

氧反应斜率（Oxygen Response Slope）——由 O_2 的动脉分压变化产生的每分钟通气的变化。

氧饱和度（Oxygen Saturation）——与血红蛋白结合的氧气与最大含量的百分比。

分压（Partial Pressure）——血液中溶解气体逸出的倾向（例如，pO_2，O_2 分压；pCO_2，CO_2 分压）。

残气量（Residual Volume，RV）——最大呼气后残留在肺中的空气体积。

肺活量（Vital Capacity，VC）——最大吸气后再尽最大能力所呼出的气体量。

引言

呼吸系统的功能是气体交换。它通过可控的方式将空气吸入和排出肺，向身体提供氧气并排出二氧化碳，从而将血液中两种气体的水平保持在特定的范围内。这种操作在睡眠/清醒的循环中显得很复杂，因为睡眠/清醒循环改变了胸壁和上呼吸道的肌肉的活动；例如说话需要使用呼吸肌；吃饭，必须保护气道免受食物颗粒的进入；运动，对氧气的需求的增加必须由肌肉（如隔膜和肋间）所满足，这些肌肉位于随着手臂和腿部肌肉的收缩而移动的平台上。所有这一切都需要许多因素的协调活动，所以呼吸衰竭有许多原因并不奇怪，如表 1 所示。尽管老年人发生呼吸衰竭越来越频繁，但老化本身

表 1　呼吸系统衰竭原因

功能性因素	疾病举例
中枢神经系统	
意识	严重抑郁
脑	脑卒中
脊髓	肌萎缩性脊髓侧索硬化症
外周神经	多发性硬化
化学感受器	先天性肺换气不足综合征
电解质/酸碱平衡	呕吐
胸壁	脊柱后侧凸
呼吸肌	
隔膜和肋间	肌病
咽和喉	扁桃体肥大
循环	
系统循环	心力衰竭，肺水肿
肺循环	肺动脉高压
肺	
上呼吸道	喉肌瘫痪
支气管	哮喘
肺泡	肺气肿
细胞外基质	特发性肺纤维化

在呼吸系统中仅产生微小的功能变化。然而，持续暴露于含有微生物和其他有害元素的空气中会使气道和肺部处于危险之中，需要精细的体液和细胞机制来保护气体交换。免疫功能下降确实随着年龄的增长而发生。在某些情况下，部分取决于生活方式，肺和气道产生炎症和修复导致的重塑，这是由于在肺组织的损失或纤维化中要进行修复和破坏的平衡。这个过程会导致缺氧，同时导致其对神经和心血管系统的不利影响。

呼吸系统的正常运作

呼吸是由下脑干中的呼吸神经元控制的非自愿行为，主要是髓质和脑桥。这些神经元在网络中互连，并且也可能包含起搏神经元。它们引导胸部和腹部的肌肉收缩和放松，改变肺周围的压力，使空气在吸气过程中进入气管和支气管，并在呼气期间被排出。进入的空气被加热加湿，当空气向下通过鼻腔，口腔和喉（上呼吸道）时颗粒物质（>5 μm）会被移除，然后再通过气管、支气管和细支气管（下呼吸道）。下呼吸道由黏液层和纤毛（黏膜纤毛带）组成，有助于清除颗粒物。

空气与肺泡中的血液接触，其中 O_2 进入，CO_2 通过扩散离开血液。右心室的抽吸作用推动血液从身体器官和组织通过肺动脉及其分支返回毛细血管床。肺静脉将富含 O_2 和较低水平的 CO_2 的血液返回到心脏的左侧，其中左心室泵将动脉血液输送到组织。氧气主要与血红蛋白结合，也溶解于血液。二氧化碳主要以碳酸氢盐的形式携带在血液中，也可在血液中溶解。

动脉血（外周化学感受器）和脑（中心化学感受器）中的传感器会监测二氧化碳和氧气水平，并向脑内呼吸神经元发出信号，激活呼吸肌。氧分压（pO_2）的降低或二氧化碳分压（pCO_2）的升高激发这些传感器，从而增加脑干呼吸神经元的活性。呼吸肌的收缩变得更加活跃和频繁，从而增加通气（进入和离开肺的空气体积）。脑干中的神经元还有助于协调呼吸和心血管系统的运作，从而满足组织代谢要求。例如，增加新陈代谢导致增加通气并增加血液流向出现新陈代谢的组织。当呼吸系统健康时，在肺（肺泡毛细血管膜）的气—血界面处供应的氧气使得动脉血液中维持足够高的水平（>90 mmHg）的 pO_2，这样血红蛋白几乎达到氧饱和。

去除足够的二氧化碳，使得 pCO_2 保持在 40 mmHg 附近，以保持酸碱平衡接近正常（由动脉 pH 测定，约 7.40）。由于衰老本身导致的呼吸功能恶化虽然可测量，但相对较小。

在很大程度上，呼吸功能由特殊系统保护，包括防止异物吸入肺部的反射。这些包括气道上的黏膜纤毛带，其有助于清除气管支气管中的颗粒物质。此外，肺泡和肺淋巴系统中的免疫细胞会清除微生物和其他有害的吸入物质，同时有助于中和随年龄增长释放的有毒化学物质。

衰老对肺功能的影响

随着人体衰老，肺的弹性显著降低。肺泡扩大，每单位肺容积的肺泡表面积减少。这些结构变化是围绕肺泡和支气管的结缔组织细胞外基质的生化改变的结果。

肺弹性随年龄的变化影响肺容积。当呼吸肌不活跃时，肺容积是由弹性引起的肺部塌陷趋势与与之相反的胸腔扩大趋势之间的平衡来确定的。静息肺容积（正常安静呼气结束时的体积）称为功能残气量（FRC）。因为肺的弹性随着年龄的增长而降低，且幅度大于胸壁弹性，因此老年人的 FRC 比年轻人更大。

外周气道本质上与肺组织相连。肺组织在气道壁上向外拉动，气道通过附着的肺泡壁的弹性反冲保持打开。随着年龄的增长，肺弹性反弹的丧失减少了这种束缚作用，导致外周气道变窄。随着外周气道变狭窄，气道对空气流动的阻力变大。气道的抵抗性质通常在快速、有力的呼气操作期间从肺中的气流速率的测量来评估。最大的吸气之后，在随后的强力呼气的第一秒期间呼出的体积称为 FEV1（1 秒内的强力呼气容积）。随着年龄的增长，肺弹性反冲的丧失，同时气道口径减小，导致 FEV1 下降，FEV1 从25~65岁平均下降速度为 30 mL/year。FEV1 在 65岁以后以 20 mL/year 的速度继续下降。吸烟者每年 FEV1 的下降幅度大大加快。

随着肺容积从全肺容量（TLC，即在最大吸气结束时包含在肺中的空气的体积）减少到残留体积（RV，即最大呼气后残留在肺中的空气体积），气道通常缩短和变窄。在 RV 附近，一些气道，特别是那些在肺部的气道实际上已经关闭。随着年龄的增长，肺部弹性反冲的减少，气道在越来越高的肺容量下趋于闭合，并在其后面吸收肺泡气体增加残留体积。此外，肺活量（VC）以及 TLC 和 RV 之间的差异随年龄增长而降低。

随着年龄的增长，肺弹性变化不会均匀地发生在整个肺部的肺泡中。这种不均匀性导致通气分布不均匀，通常在肺血流量分布中没有适当的补偿性调整。结果，在肺的一些气体交换区域中通气与灌注的比例不匹配，并且离开这些肺泡的血液可能不完全氧合，从而增加肺泡空气和动脉血液中的氧分压梯度。一些但不是全部的调查表明随着人体老化，肺泡毛细血管膜的扩散受损，但扩散异常可能对随着年龄增长发生的氧合变化无显著影响。肺泡—动脉氧气梯度从 60~75岁每年增加 1 mm 左右，然后几乎保持不变。总体而言，动脉血氧饱和度随着年龄的增长而略有下降，动脉 pCO_2 无明显变化，可单独归因于衰老。

老年人实现和年轻人差不多的运动水平的能力下降主要是由于心血管系统和骨骼肌纤维组成的变化，而不是呼吸系统的弹性变化。运动期间可以实现的最大心率和最大心排血量都随着年龄的增长而下降。心血管变量和氧气消耗变化的动力学也下降。然而，老年人可能能够以比年轻人更高的最大耗氧量进行更长时间的锻炼。

衰老对呼吸肌功能的影响

呼吸肌随着年龄发生变化，导致呼吸功能减退。老年人的呼吸肌力较弱，吸气和呼气期间可以施加的最大压力减少。20 岁以后，最大吸气压力逐渐降低，而最大呼气压力的下降在 50 岁以上才开始加速。最大呼吸压力的降低与其他肌肉强度随年龄增长而降低有关，如躯干屈肌和握力。此外，有证据表明呼吸肌可能在老年人中相较年轻人更容易疲劳。

哺乳动物的膈肌是主要的吸气肌。仓鼠研究显示，随着年龄的增长，膈肌收缩和松弛的发生率有所下降。膈肌横截面积的张力减小，其收缩速度变慢。这些功能性变化可能反映较老的动物中较少的活化放线菌素交联，跨桥循环率降低，放线菌素 ATP 酶活性降低。

衰老对呼吸控制的影响

通气是通过化学和机械感受器的可控反射来控制的，但也可以有意地进行控制，并可以通过脑桥上部脑中心的作用来改变，脑桥上部脑中心可以以情绪状况和警觉状态的变化改变呼吸。在清醒状态下，行为和反射控制相互作用以形成通气模式并允许检测呼吸障碍。在睡眠中，呼吸主要受到反射的控制，但呼吸困难时睡眠会被唤醒机制中断。

颈动脉和主动脉体中的化学感受器是伴随动脉血氧分压变化的通气变化产生的原因。位于髓质多个位点的中心化学感受器主要用于调节随 pCO_2 变化发生的通气反应。这些化学感受器对维持正常身体氧合和酸碱平衡至关重要。化学感受器的敏感性是通过对呼吸或再呼吸含有氧气和二氧化碳的各种气体混合物时，通气变化与血液气体变化的比例的测量来评估的。年龄对呼吸道化学反应的影响仍然不确定。有已发表的报告描述了化学刺激对呼吸反应的年龄相关性降低。然而，其他研究未能注意到年轻人和老年人的反应存在巨大差异。与年轻人相比，老年受试者平均对高碳酸血症的通气反应通常来说较低。然而，反应中的个体差异如此之大，因此组差异通常不具有统计学意义。

类似地，老化对缺氧通气反应的影响的研究结果也有所不同。一些研究报告表明老年人对缺氧的通气反应衰减。在老年人中已经报道了I型细胞，也就是颈动脉体中的 O_2 敏感细胞的减少。相比之下，其他调查表明，低氧通气反应，特别是在对正常休息时的 pCO_2 水平测量时，与年轻人相比，老年人确实较高。

高碳酸血症和缺氧的反应之间存在重要的协同作用，并且相互作用的强度可随年龄而变化。在年轻人中，低氧和高碳酸血症之间存在着相乘交互作用（即高碳酸血液通气反应斜率在缺氧期间比在高氧期间更陡峭），而在老年人缺氧中，对高碳酸血症反应仅具有加和效应，而 CO_2 反应斜率没有变化。

老年人呼吸调节的改变可能是由于与年龄相关的中枢呼吸神经元活性的变化。在老年人群中发现通气系统机械性能和呼吸肌力的变化不足以解释通气化学反应的变化。

除了化学感受器之外，还有其他系统向中枢呼吸控制器提供关于肺和呼吸肌的状态的信息。迷走神经受体，包括牵张感受器、刺激性感受器和J受体，报告气道和肺内及周围的体积、流量和压力。呼吸肌受体，包括肌梭和肌腱器官监测肌肉的长度和张力。涉及这些机械感受器输入信号的反射有助于控制呼吸模式，并且当肺部的机械性质由于疾病而变得异常时调节呼吸。例如，一些疾病可能增加肺中的纤维组织（如许多职业性肺部疾病），使得肺更僵硬。其他疾病（如哮喘）使气道狭窄并增加气流阻力。在这两种情况下，通气需要较大的肌力，并且呼吸肌受体的活性可能发生改变。

焦虑等情绪往往会加速呼吸频率，减少呼气时间。此外，觉醒控制中心可以防止二氧化碳分压降低（低碳酸血症）导致的呼吸暂停。清醒个体主动过度换气的时期很少出现呼吸暂停期，但呼吸暂停确实发生在脑血管病患者身上，表明觉醒控制的异常。老年人主动过度换气的效果尚未得到研究。

可以有意识地感知肺的弹性和阻力的变化，并且可以用外部施加的装置来模拟。传播到较高脑中心的呼吸机械感受器传入可能会对与呼吸作用相关的一些感觉有用。呼吸道感觉的心理物理学研究表明，老年人对外加的弹性和阻力通气负荷的感知量减少。通气负荷感觉的这种损害与其他年龄相关的感知敏感性变化一致。年龄增长与感知关节运动，振动和提物重量的能力下降有关。这表明老年人的呼吸道感觉钝化是由于运动感觉的广泛丧失。

老年人的睡眠呼吸

睡眠期间的呼吸随着衰老而变得更加易变。有时在睡眠期间呼吸暂时停止，但在夜间反复。这些睡眠呼吸暂停状态，老年人比年轻人更经常发作。呼吸暂停有两种类型：中枢性和阻塞性。中枢性呼吸暂停是指呼吸活动停止；阻塞性呼吸暂停是指呼吸活动仍然存在，但由于上呼吸道阻塞，空气无法进入肺部。两种类型的呼吸暂停在老年人中更经常发生。周期性呼吸，睡眠期间呼吸波动也在老年人中更常见，并导致了中枢性和阻塞性呼吸暂停的发生。

为什么睡眠呼吸暂停在老年人中发生较多仍然无法明确。这可能涉及许多不同的机制，包括胸壁和上呼吸道肌肉对化学和机械刺激的敏感性以及觉醒驱动的强度。

睡眠包括两个不同的阶段：快速眼动（rapid eye movement，REM）睡眠，其通常与做梦和眼睛的快速运动有关，以及非REM（NREM）睡眠。在NREM睡眠期间对缺氧和高碳酸血症的反应减弱，并且在REM睡眠期间减少更多。动物研究显示，随着年龄的增长，睡眠期间 CO_2 的通气反应没有变化，但没有研究对缺氧的反应。睡眠期间对上呼吸道机械刺激的反应通常减少，但衰老对这些反应的影响是未知的。

睡眠期间上呼吸道通畅与否取决于上呼吸道肌肉的活动。许多喉部和咽部肌肉除了具有保护功能外，还显示出呼吸节奏，在呼吸过程中可以加强和扩张气道。随着吸气，气道的压力变得低于大气压。如果这些肌肉没有被适当地激活，吸气期间在咽和喉中产生的负压，会使上呼吸道坍塌。像膈肌和肋骨的肋间肌一样，上呼吸道肌肉的活动随着缺氧和高碳酸血症而增加。当 CO_2 升高或 O_2 水平下降时，扩大咽部的舌头肌肉和扩大喉部孔径的喉部肌肉收缩更有力。睡眠对这些上呼吸道肌肉的活动比胸部肌肉有更大的抑制作用。因此，在气道阻塞更可能发生在睡眠期间而不是觉醒期间。打鼾是上呼吸道部分阻塞的结果。

在定期呼吸过程中观察到上呼吸道肌肉和膈肌活动的循环变化。上呼吸道肌肉和吸气胸壁肌肉如膈肌，特别是在周期性呼吸期间的活动协调不良可能是老年人中枢性和阻塞性呼吸暂停的重要原因。

虽然对老年人上呼吸道的研究很少，但在年轻人中，尚未发现上呼吸道肌肉对化学或反射刺激的反应能力的差异。在使用计算机轴向断层扫描（CAT）来评估上呼吸道横截面的人类研究中，没有发现年轻人和老年人之间上呼吸道直径的解剖学差异。然而，在牙齿缺失的患者中，上呼吸道狭窄，阻塞性睡眠呼吸暂停更常见。

与睡眠呼吸暂停伴随发生的间歇性缺氧和伴随呼吸暂停引起的交感神经活动增强具有不利的健康影响，使个体易患肺和全身性高血压，并且与引起糖尿病、脑卒中和心脏病发作的流行病学研究有关。

衰老对肺的防御功能的影响

表 2 列出了保护肺的机制。衰老影响免疫系统的先天和适应性防御。老年人面临肺部病毒和细菌感染的风险更大，这表明免疫反应不足。

老年人的呕吐反射减弱，因此更可能把物质从咽部吸入肺部，肺炎也是如此。老年人的呼吸道通常能够正常应对支气管收缩药如醋甲胆碱的挑战。下呼吸道还含有受体，当通过自主神经系统刺激时，它们能够收缩或扩张。一般来说，老年人对这种刺激的反应较小，这可能有助于限制颗粒进入肺泡。

肺气道中的颗粒的清除是通过在气道中的嵌在黏液层中的纤毛运动发生的。这种黏膜纤毛清除作用随着衰老而减少。在气管腺中观察到超微结构变化，并且改变了黏膜带的组成，使其黏度随年龄增加而增加。

表 2　呼吸道防御机制

反射
呕吐反射
咳嗽反射
打喷嚏
多细胞
黏膜纤毛梯度
细胞
聚粒细胞形态
T 和 B 淋巴细胞
自然杀伤细胞
全身和肺泡巨噬细胞
树突状细胞
细胞外
抗体
补充
细胞因子
趋化因子
抗蛋白酶
抗氧化剂
多系统警告信号
发热
呼吸困难
白细胞增多

吸入有害物质引起的肺部炎症导致释放引起组织破坏的酶。肺部细胞外基质是由长链蛋白如胶原、弹性蛋白、层粘连蛋白和明胶组成的复合结构，其被破坏是肺气肿发病的核心。在肺中发现的蛋白水解酶有三种类型：丝氨酸蛋白酶、半胱氨酸蛋白酶和基质

金属蛋白酶。它们在呼吸道中由巨噬细胞和支气管上皮细胞产生，但主要是通过炎症期间发生的中性粒细胞的流入。中性粒细胞弹性蛋白酶——一种重要的丝氨酸蛋白酶，可以被抗蛋白酶如 α-抗胰蛋白酶灭活。

炎症期间释放的氧自由基也可促进肺损伤。如吸烟期间，细胞外氧化剂如谷胱甘肽过氧化物酶在氧化应激条件下会增加。

组织损伤后在修复过程中涉及许多生长因子。肺中的一个重要因素是 TGF-b，其由肺中许多不同的细胞形成，包括上皮细胞和巨噬细胞，并且由组织损伤诱发。TGF-b 在限制炎症和组织重建及修复中起着中心作用。然而，TGF-b 及其受体的过度表达导致肺纤维化。

中性粒细胞功能随着衰老减弱，导致吞噬和释放超氧化物和蛋白酶的能力下降。80 岁以上人群的趋化能力有所下降。

肺泡巨噬细胞在肺部防御中具有重要意义。肺泡巨噬细胞是独特类型的细胞，其在受体类型、抗原呈递能力和类花生酸生产上不同于其他巨噬细胞。它们参与了外来蛋白质和炎性细胞的清除。肺泡巨噬细胞也具有调节功能，并在炎症和修复过程中启动信号级联。它们分泌多种物质，如白三烯、细胞因子、蛋白酶和抗蛋白酶。巨噬细胞可能有助于改变肺纤维化。随着年龄的增长，巨噬细胞功能似乎没有明显变化。

然而，随着年龄的增长，T 淋巴细胞和 B 淋巴细胞的活性存在实质的缺陷。B 淋巴细胞能够产生少量的免疫球蛋白，但据报道其产生自身抗体的能力更强。这可能会通过抑制导致老年人免疫调节较差。T 淋巴细胞对抗原或有丝分裂原如植物凝集素显示较少的增殖反应。由 T 淋巴细胞产生的细胞因子（免疫应答中重要的化学物质）也较少，白介素-1 和白介素-2 的形成都减少。肿瘤细胞裂解少，自然杀伤细胞活性也是如此，未分化淋巴细胞随年龄而增加。这些 T 淋巴细胞变化似乎与胸腺激素分泌减少有关。

免疫功能的其他变化发生在衰老过程中。老年人对皮肤抗原的反应减少，但是在吸气时对大多数抗原的反应性相反。通过结核菌素响应度试验测量的结核病的免疫应答降低。

肺部防御的减弱可能有助于支气管炎、肺炎和慢性阻塞性肺疾病的发生，这些是老年人常见的疾病。但另外一个问题是缺乏常见的全身症状和肺部感染症状。老年人不会经常发生急性感染发热或发生明显增加的白细胞计数。很多时候意识不清是严重感染的主要症状。此外，老年人有时候会觉得呼吸困难。这增加了社区诊断治疗性肺炎和肺栓塞的难度，这也是常见的导致死亡的事件，可能会延误妥善的治疗。虽然一些老年人发生呼吸功能的显著损伤，但其他老年人，也许通过适当的生活方式，几乎能够保持正常的呼吸能力。

另请参阅：脑与中枢神经系统；心血管系统；免疫系统；睡眠。

拓展阅读

Akiyama Y，Nishimura M，Koboyashi S，

Yamamoto M, Miyamoto K, and Kawakami Y (1991) Effect of aging on respiratory load compensation and dyspnea sensation. *American Review of Respiratory Disease* 148: 1586–1591.

Barnes PJ, Shapiro SD, and Pauwels RA (2003) Chronic obstructive pulmonary disease: molecular and cellular mechanisms. *European Respiratory Journal* 22: 672–688.

Bartram U and Speer CP (2004) The role of transforming growth factor beta in lung development and disease. *Chest* 125: 754–765.

Bonomo RA (2002) Resistant pathogens in respiratory tract infections in older people. *Journal of the American Geriatric Society* 50: S236–S241.

Brain JD (1992) Mechanisms, measurement, and significance of lung macrophage function. *Environmental Health Perspectives* 97: 5–10.

Bruschi C, Cerveri I, Zola MC, Fanfolla F, Florentini M, Casali L, Grassi M, and Grassi A (1992) Reference values of maximal respiratory mouth pressures: a population-based study. *American Review of Respiratory Disease* 146: 790–793.

Burr ML, Phillips KM, and Hurst DN (1985) Lung function in the elderly. *Thorax* 40: 54–59.

Carskado MA and Dement VC (1981) Respiration during sleep in the aged human. *Journal of Gerontology* 36: 420–423.

Chang S-C, Chang H-F, Liu S-Y, Shiao G-M, and Peray R-P (1992) The effects of body position and age on membrane diffusing capacity and pulmonary capillary blood volume. *Chest* 102: 139–142.

Chanman KR and Cherniack NS (1987) Aging effects on the interaction of hypercapnia and hypoxia as ventilator stimuli. *Journal of Gerontology* 92: 202–209.

Frank WR, Mead J, and Ferris BG Jr. (1957) The mechanical behavior of the lung in healthy elderly persons. *Journal of Clinical Investigation* 36: 1680–1687.

译　者：周伟娇（北京大学护理学院）

怀旧

B. K. 海特 南卡罗来纳医科大学，查尔斯顿，南卡罗来纳州，美国
B. S. 海特 沙利文岛，南卡罗来纳州，美国

词汇表

引导式自传（Guided Autobiography）——帮助老人进行会晤，记录他们与群组中的他人共同探索生命旅程。

怀旧（Reminiscence）——回忆过去的过程。

简单怀旧（Simple Reminiscence）——为了乐趣或者交际而回忆过去。

系统性生命回顾（Structured Life Review）——回顾、再认识、再评价个人生活的全貌直到自己可接受的过程。

引言

怀旧就是回忆过去的过程。记忆能够带来一种产物，它可以是一个传记、一个故事或者是一段讲述。这种产物是通过进入和重建人的一生而获得的，而目前不断发生的事情会继续粉饰和影响记忆。对过去的回忆这一命题多年来一直吸引着作家们的想象力，但直到20世纪60年代开始，怀旧的历程才被视为一个有效的方法，而不是被当作胡思乱想。

在20世纪60年代早期，在关于怀旧的方法的文献中，仍然充斥着大量混乱的认识。而巴特勒（Butler）的文章开创性地描述了老年人中怀旧的存在及其对生命历程的回顾。目前，已经有几种方法被认为是怀旧的范例。本章着重比较和对比三种特有的、定义明确的方法：简单怀旧、引导式自传和系统性生命回顾。因此本章不仅是进行哲学思辨，更重要的是进行科学阐述。

三种常用的方法

以下是最常用的三种怀旧方法的系统概述：（1）由伯恩赛德（Burnside）、吉布森（Gibson）和梅里亚姆（Merriam）所阐述的简单怀旧；（2）由比伦（Birren）和多伊奇曼（Deutchman）所建立的引导式自传；（3）由海特（Haight）和巴尔（Bahr）所提出的系统性生命回顾。尽管每一种方法都使用了长期的情景记忆，但每种方法都采用独特而明确的方式来评估记忆。为了更加清楚和简明，我们通过表1对三种方法的异同进行了比较，并分别列出了三种方法的相关要

素，如“首要目标”“组成部分”“步骤”和“结果”。理解这三种方法相应的组成要素，对清晰、连贯地研究怀旧极其重要。对每种方法的差异性分析展示在表 1 中。

表 1　三种怀旧方法的比较

相关要素	简单怀旧	引导式自传	系统性生命回顾
首要目标			
目的	享受、社交	应用与著述	获得综合性的结果
组成部分			
标题	主题、事件	主题	发展性的
设计	随机性的	系统性的	系统性的
参与者	个体或更多人	小组	个人
形式	自由的	系统的	系统的
目标	直接的	直接的	直接的
读写能力	无	有	无
步骤			
计划	自发性的	有计划的	有计划的
部分	一个或多个	10 个	8 个
努力程度	极小	极大	极大
关注点	事件	自身	自身/事件
对象	特有的	多样的	生命周期
规则	很少	很多	很多
触发点	道具	主题	问题表（LREF）
规模	1~6	5~6	1
专业人员	领导者	协助者	倾听者
结果			
产品	无	书籍	无
结果	治疗学的	治疗学的	治疗学的
生命事件	讨论	接受	整合

简单怀旧

简单怀旧是一个广义的术语。在这其中，每种回忆都有可能发生。但这里是简单地回忆过去。吉布森认为记忆不仅仅是对过去的刺激所产生的回顾，它还包含情感、愿望和为满足现在需要而对过去所做的创造性重建。伯恩赛德认为回忆是自发的，是思想的自由流动，是由某一事件所触发且发生在一个群体或一个个体中。因此，简单怀旧也许可以被定义为用过去来服务现在。

首要目标 简单怀旧的基本目的通常是为了娱乐和社交，此外还包含鼓励非正式的交谈，促进情感和社交的刺激。在评估过程中运用回忆及创造群体的凝聚力。本德（Bender）强调在开始任何干预之前明确定义目的的重要性，因为事实上目的将影响干预的实施方式，从而影响结果。

组成部分 简单怀旧的目标仅仅是让参与者谈论过去。通常选择的话题与所有参与者都有关联，例如在学校的时光通常被选为回忆过程的开始。

简单怀旧可单独地发生于一个或多个人身上，但是在治疗上，简单怀旧通常在特殊群体之中实施。伯恩赛德多次将回忆作为护理干预措施，并证实不同群组的老年人均可接受。她在痴呆人群中运用怀旧获得了很大成功，并且她经常遵循严格的指南来实施干预措施。简单怀旧可能没有什么系统性可言，但是组织实施者可以确保所有的参与者都有机会参与和发言。怀旧小组的领导者可以是协助者，但是这种群组内在的固有的专业知识决定了人们可以讲述他们自己的记忆。

当组建一个怀旧小组时，小组工作所获得的相关数据必须得到尊重。因为一些人的回忆经常激发他人新的记忆，集体活动有助于怀旧。正如所有团体一样，领导者应该单独会见每个潜在的成员，以确保他们参加这样的小组感到很舒适，并提出第一个议题以得到他们的认可。在会议开始之前，领导者必须确保其找到了一个有利于发挥团体能动性的位置。我们可以在相对安静的环境中（周围尽量没有令人分心的事物，例如吵闹的音乐或者刺耳的电视节目声。）把椅子围成一个圆圈，尽管领导者为讨论选择了第一个话题，小组成员应该在讨论中选择接下来的话题。小组可以运用道具和图片刺激记忆来决定话题。如果这一群体是混合性别的，应该按照不同性别的兴趣来选择话题，例如为男性选择汽车，而为女性选择时尚。通常来说，有相同背景和兴趣的人更容易形成一个运转良好的怀旧小组。参与者可能识字或者不识字，受过或没受过良好的教育，但他们都可以享受这一过程。

步骤 简单怀旧包含固定的实施程序。它可能只有一个怀旧的会话部分，也可以有一系列的部分。

回忆的行为是自发的，而不是一些已经形成方法学的工作，因此，针对参与者来说，规则很少。参与怀旧小组是一件令人高兴的事情，而且需要付出的努力也很少。任何线索都可以在一个人的思想中激发怀旧这一过程。而且，当这一被激发的回忆在群组中由一个人分享给另一个人时，另一个人可能会兴奋地说出类似的自发的想法。这个线索可能是关于过去的事件或特定的场景，不一定是关于自我和内在自我。分享记忆可以创造出新的对话和人与人之间的联系。

记忆常常涉及情感，有能力的怀旧小组领导者能够明确记忆本身及记忆中所蕴藏的情感。最简单的事件也可以包含某人的记忆里隐藏的创伤。例如，在一个怀旧或生命回顾工作坊，邀请了几组志愿者分享他们的记忆来演示怀旧的过程。他们选择了一个非常安全的话题：关于感恩节的回忆。参与者都自发地讲述了自己的回忆，只有一个年轻的女志愿者没有主动参与。当被问到的时候，她哭了出来。她讲述了她的丈夫在感恩节当天意外地早逝。她的故事结束了先前参与者所营造的欢乐气氛，剩下的时间主要用于使她平复，以使得这个讨论能继续下去。这个错误在于没有提前告知参与者将要讨论的话题。如果事先知道这个话题，她可能会拒绝参与这次讨论。

记忆通常是由刺激触发的。触发事件是可以使记忆重现的任何事物。它可以是一个道具、一幅画、一本书，甚至是像唱歌或音乐这样的活动。大多数的触发事件是无害而且可能是有益的，特别是可以触摸、闻或吃的东西。嗅觉经常会勾起人们尘封已久的记忆。房间中老式的东西可以起到触发的作用，或者过去从事的活动如烹饪都可以引发记忆的浮现。事实上，对在护理院的老年人而言，大多数富有成效的活动都在某种程度上伴随着怀旧，即使不是专门去怀旧。记忆总是存在于潜意识中，等待浮现。当一群女性在做面包时，她们经常自发地一起分享自己过去的厨房和家庭的经历。

有效的运行怀旧小组所需的时间也是怀旧过程要考虑的一部分。怀旧小组可以是一次性的，也可以定期每周组织。但它每次不应超过一个小时；然而，必须考虑参与者出席和离开的时间，特别是当参与者是坐在轮椅上的疗养院人群时。一个小时应该是怀旧小组的实际运行时间，但是领导者的参与时间应该更长。

在大多数方面存在同质性的 6 个参与者将会组成一个最成功的小组。有听力和语言困难的人也可以参加，但要事先准备好一些预备措施，就像电影院里的耳机，以备听力受损的人使用。领导者必须意识到所有的记忆是部分的再现，而且记忆的真实性并不如讲述中的快乐那么重要。对领导者来说，从这些生动的历史回忆的书籍中学习，也能得到持续的回报。

结果 有关怀旧的文献报道存在大量的结果。其中最重要的是，怀旧也是一种治疗。许多研究探讨了怀旧的治疗效应。对长期在农村居住、缺乏社会交往的女性而言，文献报道阐明怀旧对其抑郁症具有积极的治疗效应。这对没有心理健康服务的社区尤为重要。在一项关于心理治疗的回顾研究中，卡泽尔-戈德利（Kasl-Godley）和加茨（Gatz）发现，怀旧可以使那些还具有一定人际交往能力的痴呆患者更好地保持剩余机能。普恩特斯（Puentes）教授工作人员应用怀旧的方法来发挥其具有治疗效应的沟通技能。

引导式自传

引导式自传提供了怀旧的另一种方式。引导式自传提供了一种环境，这一环境为老年人提供社会支持和心理刺激，帮助他们回顾他们的人生故事，并跟他人分享。当某人寻找证据来证明自己的生命是重要的，并对世界产生了影响时，写自传是一种非常强有力的自我表现形式。

首要目标 一个引导式自传小组的首要目标是在与其他人一起探索某人人生旅程的过程中，制作关于某人一生的记录。比伦和多伊奇曼设计引导式自传的初衷是让人们成功适应自己已处于老年的事实，并且帮助他们完成生活的转变。

组成部分 写自传的几个必要组成部分和基本的回忆是不同的。例如，那些参加自传小组的成员必须有文化知识及读写能力。他们还必须接受足够的教育，才能把他们的话写在纸上。引导式自传小组的目标是不仅要进行自我探索，而且要写一本书，同时找到一种适当的、系统规范的格式能帮助写作者达到这个目标。虽然这是一个有组织的小组一起努力，但在群组活动中，参与者可自己决定是否终止这一需要不断自我修正的书写与分享的怀旧过程。这种不断回顾过去事件并记录下来的过程，为参与者提供了个人私密的思考时间来充分回顾过去，从而使他们在小组中更深入地进行分享。

在引导式自传中，每周的例会都有具体特定的话题或主题。精心设计的主题是极好的诱饵来捕捉模糊的记忆，从而给书写引导式自传提供必要的框架。引导式自传系统地提出了 9 个主题。比伦根据不同的主题，描述了像九棱镜一样的 9 个主题折射出的不同生活故事。例如，第一个主题是生活中的主要分支。它的目的包括探索性的解释及问题，以帮助作者明确有关自己生活的这一分支。分支点就是生活中的选择，例如，选择大学、结婚、生子都是其中显著的分支点。各种问题则有助于明确主题。例如：“哪些是对你生命旅程有重大影响的事件和经历?”诸如此类问题有助于参与者确定主题。主题本身是推动和促进其他相关故事展开的主要因素，或者至少引发对过去特定事件的思考。主题常常使人们在回忆起往事的同时，浮现出被遗忘的情感。引导式自传的完成一般需要 9~10 次的会谈，而每次会谈都有不同的主题，有时每隔一个星期举办一次，或者有时以更紧密的形式每隔一天举办一次。其他主题包括家庭、工作、金钱、健康、爱与恨、性、死亡，以及生命的意义。完成自传的过程是非常系统的。

步骤 写自传的过程虽然令人愉快，但也是一项需要付出大量努力的工作。这个过程本身是事先计划好的。由于要付出相当的时间和精力，任何参与者都必须事先做出承诺。通常需要为期 10 周的努力，通过回顾和审视前述提到的诸多主题来完成这一过程。这些主题包括触发和表述参与者体验的多种生活场景。

每周例会的运作由一定的规则支配。在每次会议开始时，主持人提出下次会议的主题，每次预留给下一个主题至少 30 分钟的讨论和阐述。在这之后，可以停歇几分钟，让作者们有时间重新专注于本周的主题。然后，主持人要求小组选出一个志愿者朗读他们在过去一周所书写的关于上周主题的内容。每个作者可以表述 15 分钟，并为小组准备额外的 5 分钟来进行点评和提问。主持人主导这一交流过程，特别是在小组刚刚组建，参与者彼此沉默的时候。随着时间的推移，各小组会变得更加开放，更愿意分享个人问题，此时通常小组自己就可良好运转。确定的是，主题内容是关于生命历程中多个不同场景下的自身情况。

自传小组由 5~6 个作者和一个主持人组成，每次会议持续约 2 小时。虽然回忆是私人的、自发的，但引导式自传的方法是系统的、开放的。当他们独自在家开始自己的家庭作业时，也是给予他们私人思考的时间。当他们来参加会议的时候，他们已经在头脑中对自己的思想做了一定的加工组织，并且已选择出他们想要跟大家分享的东西，而不会在讨论中不知所措。尽管参加者书写了相当篇幅的自传，但他们可以选择只读他们想与小组分享的部分。一旦他们参与其中，他们就会浮现出不同的情感和思想。但如果小组在给定的时间内分享彼此心路历程，这个小组就成了一个分享不幸的安全的港湾。在这个过程中，会产生一种群体效应。这个小组可以为这种负面情绪提供即时和支持性的反馈。由于小组中其他人可能讲述了更加糟糕的行为经历，小组中的个体会意识到自己的行为是可以被接受的，从而小组也可以被社会接受。这些让人感觉自己并不孤独，或并不是唯一一个经历过非常糟糕的经历的体验，有助于小组其他成员改善个体的负面情绪。这种小组活动可以有效地消除罪恶感和羞耻感，而这些感觉往往是长时间保守自己秘密的结果。

结果 引导式自传显然具有治疗效用，但这仅仅是通过对引导式自传小组的怀旧轶事进行评价和主持人撰写的描述性论文获得。很少有研究报告衡量过这种怀旧方法的治疗效应。但当人们谈论他们的参与经历的时候，很明显他们对自我的感觉更好了，并感觉通过参与有所收获。对这种形式的怀旧方法的定量评价将支持这一方式更加广泛的使用。

系统性生命回顾

巴特勒（Butler）是第一个描述生命回顾的人，他将其描述为自发的、普遍的过程。在这其中，诸多生活事件被调查和重新整合。他指出随着事件的重新整合，人们获得了新的力量，并开始更有目标的生活。生命回顾是一个对自己生活的全部场景回顾、再认知、再评价，直到自己可以接受的过程。系统性生命回顾是专为老年人设计并很容易为他们所接受的一种时间依赖性的心理干预措施。这一过程首先是为了研究生命回顾的需要而建立的。随着时间的推移和研究的深入，系统性生命回顾过程中独有的变量和治疗效应逐渐得到了证实。

首要目标 生命回顾的首要目标是帮助参与者达到一种和谐的状态，也就是一个可以以智慧和平和的心态接受自己的生活方式的状态。埃里克森把和谐性看作是人生第八阶段的积极成就，并把它定义为一种无可替代的能够使一个人接受自身生活方式的状态。和谐的反面或失败是沮丧和绝望，这在老年人中非常常见。生命回顾通过扫描人生过往，让人们在重拾记忆的同时，分享记忆体验，从而使其从整体上看待个人生活。

组成部分　一个系统性生命回顾的组成是系统的，又是离散的，与其他方式的怀旧过程不同。巴特勒的定义和埃里克森的模型构成了系统性生命回顾流程的蓝图，并确定了系统性生命回顾的目的和目标。例如，生命回顾的目的是帮助老年人实现高水平的和谐生活；这一目标是通过系统性地、有组织地回忆从出生、童年直到现在的思想发展过程来实现的。

按照定义而言，生命回顾是系统性的。个人生命阶段的结构体系是生命回顾不可分割的一部分。这种结构体系有时是强制性的，这是因为给出治疗的倾听者要确定怀旧者的描述包含了他们生活的各个阶段。但是，这一过程非常重要。如果系统干预不是以随年龄增长而发展的思维模式进行，怀旧者可能会忽略童年的重要性，因为那些记忆太遥远了。然而，童年是其他生活阶段的基础，并可能产生其以后的一些生活问题的原因。谈论一个人的童年常常能使其提供深刻的见解。例如，海特和亨德里克斯（Hendrix）对有自杀倾向和对生活质量高度满意的女性的生命回顾做了定性分析。有自杀倾向的女人常有孤独的、被孤立的和不快乐的童年，从而成长为孤独和不快乐的女孩，她们为了逃离感受不到爱的家庭而在很年轻的时候就结婚了。然后她们又经历了没有爱的婚姻，因为她们从未学会如何去爱，也没有从自己的孩子身上感受到爱。一位 82 岁的女性参加了生命回顾。她说："我生来就是孤独的。"不幸的是，她也会孤独地死去。系统的回忆体系确保了一个完整的故事，这对生命回顾来说是必需的。即使是多年没有回想过自己童年的人也可以重新体验它。因此，这种系统性的回忆体系有助于重新找到个人的自我意识和对生命的完整体验。

系统性生命回顾也有助于我们在解决问题时能更有序地思考问题。在许多方面，这种结构体系可以作为一种再教育的手段。通过它，人们能够更清楚地回顾他们的思想。例如，在一个北爱尔兰护理院进行的项目中，对一组被诊断为痴呆患者的女性进行了简易精神状态检查（MMSE），以此作为评价该组人群基础认知状态的一种方法。在系统性生命回顾之后，再次进行 MMSE 测试。结果发现：回顾后测试的 MMSE 得分与回顾前相比显著增加（$P<0.05$），这意味着接受系统性生命回顾组获得了巨大的收益。因为改变痴呆的进展是不可能的，这一实验得出的结论是系统性生命回顾能够使参与者更有效地进行思考。

生命回顾是在个人基础上进行的。在其中，只有两种参与者——怀旧者和做治疗干预的倾听者。治疗性的倾听者是引导生命回顾的人，回忆者是回忆过去的人。一对一的互动对保证生命回顾的质量和产生治疗性的宣泄非常重要。这种个体化的方法导致怀旧者与倾听者产生一种亲密而不是依附的关系。通过在这种一对一的基础上进行生命回顾，治疗性的倾听者为怀旧者提供私密的、共鸣板式的服务，从而提取怀旧者的故事。由于治疗性的倾听者在从事系统性生命回顾前接受过相关的训练，他们可以在倾听怀旧者的故事的同时，维护怀旧者的自尊。当怀旧者分享其内心深处的想法和黑暗的秘密时，治疗性的倾听者应该倾听、接受并赞同，以便怀旧者在讲述故事的同时开始接纳自我。通过这种认识，为怀旧者建立自尊和增强独立的信心。治疗性的倾听者与怀旧者保持一致和共同分享相关经历，让怀旧者感受到自我价值。同时对怀旧者来说，治疗性的倾听者也成为其生活中非常重要的人。对某些怀旧者而言，这可能是他们第一次与另一个人产生联系，并且这种联系是强大的。

参与系统性生命回顾的人不必识字或受过教育，这是因为问题是由受过训练的治疗性的倾听者提出的。怀旧者可以是健康和强壮的，也可以是虚弱的、生病的，生命终末期的，甚至将死的。与简单怀旧和引导式自传不同，生命回顾是在私密的和个体的基础上进行的，因此可被用于亚健康的人群。它可以在床边或参与者的家里进行。

步骤 指导生命回顾的步骤是系统的、有计划的。整个回顾过程包括 6~8 次，每次通常为 1 小时的会议，除非参与者高龄或患病而不能讲述 1 个小时。总时长为 6~8 小时的会议足够进行回忆了，除非参与者很老了或生病了，不能讲述一小时的时间。如果是这样的话，回顾过程可以分开进行，但总时间仍需要约 6~8 小时。总的时间分配如下：第 1 个两小时关注童年、家庭和家，第 2 个两小时是专注于成年，最后两小时是总结和评价怀旧者的生活。当开始系统性生命回顾时，怀旧者应当被提前告知相关的问题及过程；因此，他们在同意参与之前，就已经获得了充分的信息。

系统性生命回顾是由一种被称为“生命回顾和体验形式”（Life Review and Experiencing Form，LREF）的问题为指导。这一形式来源于巴特勒关于生命回顾的定义。这些问题与引导式自传中的主题相似。当参与者搜寻记忆时，这些问题有助于构建记忆的结构体系和启发思想。这些问题并不一定要寻找答案，而是作为一种“探针”，帮助怀旧者探索他们的生活或帮助他们想起一些一段时间内没有回忆起来的事情。例如，关于童年，倾听者可能询问怀旧者是否感到过孤独，他们最钦佩谁，他们是否感到过恐惧，或他们吃得够不够饱。在关注成年问题时，重点更多的是放在工作、人际关系、性和获得的成就方面。最后是做出相应的总结。总结常常会对个人生活做出一定的评价，有时会包括一些尖锐的问题。比如：“总的来说，你认为你有什么样的生活？”“在你的生活中，你必须面对的最难的事情是什么？”“你将做出什么改变并克服它？”

虽然这些问题都是很简单的，但它所揭示的东西往往是很惊人的。例如，一位在战争中幸存下来并患有痴呆的日本男士起初完全专注于食物。在他的生命回顾中，他谈到了他在森林时的生活，他偷窃食物，总是感到饥饿。在患上痴呆后，他一直担心自己挨饿，开始在女儿家里偷东西和囤积食物。在他的第四次谈话时，他开始笑了，说毫无疑问他是如此关心食物。令人惊讶的是，他对自己囤积食物的行为有了深刻的认识，他逐渐不再专注于食物，并且更能享受生活。

在生命回顾中花费这么多时间似乎是值得的。生命回顾过程不能在 1 小时或一次性访问中完成。倾听者和怀旧者之间必须建立关系和彼此信任，以促进治疗的发生。6~8 周的干预是最佳的。在第 3 周时会发生一些事情：人们意识到自己在做什么，并且最热切地抓住机会继续袒露内心，或者他们可能决定要求不干预，或要求退出。除了花费的时间，生命回顾是一种需要怀旧者付出很大努力的工作，因为怀旧是需要付出很多感情的。

系统性生命回顾当然是关于自我的。评价怀旧者的生活方式的方法是与治疗相关的最重要的因素。在生命回顾中，回顾、再评价和重新整合，可以使一个人接受其目前的生活，从而达到和谐。当一个生活问题被成功解决时，这个人就可以把它放下，然后以更大的力量继续前进。因为生活的能量不再用在犹豫不决、沉思或未完成的事情上。例如，一名 55 岁的女性抑郁症患者的回顾最终提示她认为她儿子的死是她丈夫的错。当她谈到这件事时，她认为他应该以一种特殊的方式负责，但实际上还有其他的因素导致了她儿子的死亡，而这是她和她的丈夫都无法控制的。通过再评价，她能够原谅她的丈夫并继续生活。生命回顾帮助人们通过评估来解决自己的生活事务。此外，对怀旧者生活能量的释放有助于怀旧者更有效地解决现在的问题。

结果　一些预后研究提示，生命回顾是治疗性的。研究者们注意到，系统性生命回顾可以减少抑郁，使心理状态更加积极。但在这方面的研究还很少，因为这种干预的可操作性尚未像其他行为和心理研究方法一样成熟，使得其独立进行非常困难。此外，许多研究都是小的非随机研究，没有明确的标准或诊断。

结论

简单怀旧、引导式自传和系统性生命回顾这三种怀旧方法在为一般老年人群提供健康服务时具有独特的优势。在选择一个方法之前明确目的是成功怀旧的关键。对怀旧过程的具体步骤和组成的分析将有助于明确实现最佳预期结果的方法。

另请参阅：生命回顾；记忆；叙事与老龄化。

拓展阅读

Birren J and Deutchman D (1991) *Guiding Autobiography Groups for Older Adults: Exploring the Fabric of Life*. Baltimore, MD: Johns Hopkins University Press.

Black G and Haight BK (1992) Integrality as a holistic framework for the life-review process.

Holistic Nurse Practitioner 7 (1): 7-15.

Burnside I (1994) Reminiscence group therapy. In: Burnside I and Schmidt M (eds.) *Working with Older Adults: Group Processes and Techniques*, 3rd edn., pp. 163-179. Boston, MA: Bartlett and Jones.

Butler RN (1963) The life review: an interpretation of reminiscence in the aged. *Psychiatry* 26: 65-76.

Coleman P (1991) Ageing and life history: the meaning of reminiscence in late life. *Sociological Review* (*Monograph*) 37: 120-143.

Erikson E (1950) *Childhood and Society*. New York: W. W. Norton and Company.

Gatz M, Fiske A, Fox L, Kaskie B, Kasl-Godley J, McCallum T, et al. (1998) Empirically validated psychological treatments for older adults. *Journal of Mental Health and Aging* 4 (1): 9-46.

Gibson F (2004) *The Past in the Present*. Baltimore, MD: Health Professions Press.

Haight BK and Bahr RT (1984) The therapeutic role of the life review in the elderly. *Academic Psychology Bulletin* 6 (3): 289-299.

Haight BK and Dias JK (1992) Examining key variables in selected reminiscing modalities. *International Psychogeriatrics* 4 (Supplement 2): 279-290.

Kasl-Godley J and Gatz M (2000) Psychosocial intervention for individuals with dementia: an integration of theory, therapy, and a clinical understanding of dementia. *Clinical Psychology Review* 20 (6): 755-782.

Merriam S (1989) The structure of simple reminiscence. *The Gerontologist* 29: 761-767.

Watt L and Cappieliez P (2000) Integrative and instrumental reminiscence therapies for depression in older adults: intervention strategies and treatment effectiveness. *Aging and Mental Health* 4 (2): 166-177.

Webster J (1993) Construction and validation of the reminiscence functions scale. *Journal of Gerontology* 48: 256-262

译　者：王宇朋（首都医科大学附属北京友谊医院）

环境老年学

H-W. 沃尔 心理学研究所衰老心理研究系，海德堡大学，海德堡，德国
L. N. 吉特林 老龄与健康应用研究中心，托马斯杰斐逊大学，费城，美国

词汇表

环境（Environment）——根据M. 鲍威尔·劳顿（M. Powell Lawton）的理论，客观物质环境指的是所有皮肤外面的东西，是无生命的，可以用厘米、克或秒来度量。主观环境指的是衰老的个人与他们所处的物质—空间环境建立认知和情感联系的所有过程。

环境属性（Environmental Attributes）——描述环境的特征属性，最重要属性的有安全性（safety）、可及性（accessibility）、导向性（orientation）、私密性（privacy）和控制（control）等。

环境功能（Environmental Functions）——根据劳顿的理论，环境可以为老年人提供不同的功能，包括维护、支持和刺激。

个人—环境适应（Person-Environment Fit）——一个基本的假设是，衰老的不同结果与不同的个人—环境群集有关，以不同的个人和环境属性为特征。个人属性与环境属性的适应程度越好，衰老的预期结果就越好。

引言

衰老总是发生在某一情景之下的。环境老年学作为老龄研究广阔系列中的一个主要领域，重点研究如何理解衰老的个人与他们所处的环境之间的相互关系，以及这些关系如何塑造衰老的后果。因此，环境老年学的首要目的是描述、解释并且尝试改变或者优化老年人与他/她的社会物质环境之间的关系。这是一项跨学科框架之下的任务。鉴于能力下降的个人特别容易受到环境的影响，环境老年学特别关注高龄老年人、身体机能衰退和认知功能有障碍的个人以及患有慢性患者群的个人—环境属性，例如安全性、可及性、导向性、个人隐私、自主性和个人控制等。尽管如此，环境老年学的范围是广泛的，它将衰老的过程放在环境的背景下考虑，并把健康视为从身体机能高度完备到极度虚弱的连续体。目前已有一系列理论解释衰老的个体与所处环境之间互动关系的主、客观作用。从客观维度考察个人—环境关系（person-environment relations）的理论主要关注，与设计特征和物质环境压力或需求相关的老年人能力水平和类型。其他的理论已经提出了一系列的社会心理过程，这些过程会使老年人形成认知和情感联系，以及这些过

程如何反过来影响健康和幸福。展望未来，考虑到世界各地年龄结构的巨大变化，以及环境在支持、促进和维持生活质量方面的重要作用，为老年人设计和优化环境是当前最重要的社会任务之一。正因为如此，关于个体—环境关系的老龄研究在未来可能会变得越来越重要。

环境老年学的使命和抱负

环境老年学致力于了解社会物质环境在维护和改善老年人的自主性和福祉方面的作用，特别是人与环境的关系及其利用和优化。虽然环境老年学主要考虑的是衰老所处环境中的全部物质结构间的相关性，但同时也承认社会环境的强大、综合的作用，即术语“社会物质”（sociophysical）。例如，家庭环境不仅是一种物质结构，而且是伴侣间的亲密关系、社会互动以及依恋、常态和失落的符号化场所。因此，环境老年学所使用的术语“环境”主要是指物质环境，但同时承认其与社会文化现实及内涵的相互交织。此外，环境老年学是建立在这样一个基本原理之上的：老年是生命过程中一个重要的阶段，其特点是可以被社会物质环境深刻地影响。也就是说，随着人们年龄的增长，场所会变得愈加关键，它的关键程度主要取决于一个人的社会文化背景、身体和心理健康状况以及认知能力和身体机能状况。

长期以来，人们一直认为，衰老是一种主要由有机体内固有的遗传性和生物性程序所驱动的过程，因此明确考虑社会物质环境以及在不同环境下衰老过程是如何进行的，是老年学历史发展的重要一步。这种模式的转变——从纯生理的角度到更为复杂的环境视角——是 20 世纪 30 年代开始的，其主要驱动力是社会和行为科学在老年学中的地位的逐渐上升。除了考虑生物学和健康的变化或个性特征之外，人们也开始认为衰老会受到诸如社会关系、住房、社区条件、城市或乡村环境等变量的影响。

环境老年学的首要目标是描述、解释和改造或优化老年人与自身的社会物质环境之间的关系。环境老年学把重点放在了对衰老个体的日常生活的关注上，这强化了这样一种观念，即自然情景中的日常生活世界应该受到老年学研究的充分重视。一个典型的问题是，老年人在他们的家庭环境中花费的时间最多，因此，作为衰老发生的主要场景，住房的特性从一开始就成为环境老年学研究的一个主要关注点。

德国心理学家库尔特·勒温（Kurt Lewin）对生活空间（life space）的基础性定义为环境社会学解释老年人与环境的关系提供了依据，他将其定义为个人和环境的函数：$B=f(P\ E)$。在此基础上，美国环境老年学家 M. 鲍威尔·劳顿进一步提出了一个生态学方程式来解释个人—环境互动的影响：$B=f(P\ E\ P\times E)$。这个交互术语表明，与个人相关的能力和需求在不同环境中的运转模式和表现形式是不同的，并且会导致相异的结果。以上楼梯为例，当有电梯时，行动能力的高低可能不会影响个人的自主性。

然而，如果没有电梯，行动能力较低者的自主性就会受到严重威胁，而对高行动能力的人来说，其自主性则可能没有任何影响。

对改造和优化的关注，反映了环境老年学试图为改善晚年生活质量做出贡献的抱负。典型的是，环境老年学的介入推进了证据驱动的家庭改造或公共空间的设计，以提高衰老过程中人们的自主性和福祉。

鉴于环境老年学的目标广泛，毫无意外，它建立在多学科的基础上，并受到学术多样性投入的滋养，同时跨学科的方法也是必不可少的——包括心理学、社会学、建筑学、社会地理学、职业疗法、城市规划、卫生和社会政策、技术与设计等。因此，环境老年学与老年学中的其他主要研究和实践领域的重叠是明显和必要的，例如住房、机构养老和老龄技术等。

老年人与环境：总论

虽然老年人和环境之间的互动是环境老年学的一个基本原则，但将个人或环境的特定基本问题分开考虑也是有必要的。

与环境相关的老年人能力和需求

社会、人口和个人层面的考虑为环境老年学的研究提供了一个重要的背景。在美国，65 岁及以上的老年人口将达到总人口的 20%，这一数字与其他许多发达国家类似。此外，老年群体是所有年龄组中最多样化的，老年人在生活方式、需求和偏好等方面存在着显著的异质性。同样重要的是，85 岁及以上的高龄群体是老年人口中增长最快的部分。同时，为家庭成员提供照料的人数也在稳步增加。目前，每三个人中就有一个人正在或将要为亲人提供照顾。

这些趋势对个人—环境研究的影响是多方面的。首先，考虑到住房作为主要的日常生活背景，与家庭环境的潜力和局限性相关的研究是在晚年生活中保持健康和生活质量的重要途径。针对老年人的异质性设计和改善环境是最为重要的研究领域，也是未来社会的挑战。其次，高龄老人需要照料的风险更高，他们往往独自生活、收入较低、社会隔离、居住在需要修缮的家中或是居住在有衰落倾向的社区里。因此，环境与健康之间的联系对于高龄老年人来说更强，他们也更容易罹患慢性病和因功能缺陷等影响日常生活。换句话说，诸如行动不便、感觉丧失或认知障碍等疾病所造成的日常生活困难，极大地影响了人与环境的动态关系；对于那些有不同程度功能丧失的高龄老人来说尤其如此。与此相关的一点是，家庭环境正在迅速发展成为医疗、康复和临终关怀发生的主要场景。再者，即便不考虑身体和机能上的脆弱性，“就地养老”也已经成为并将继续是老年人的强烈愿望，他们希望自己能够尽可能长时间地生活在自己熟悉的家庭环境或他们所选择的环境中，只要对他们自己及其家庭成员来说是可行的。这种渴望最终可能反映出一种对晚年生活的优化策略，即维持和控制日常生活的重要方面，包括日常习惯、生活自理以及其他可能有意义和自我定义的活动。从这个角度看，考察个人—环境的关系对于理解晚年美好生活的意义，以及私人和专业照料者的潜力与局限性是至关重要的。

与老年人相关的环境特征

由于环境老年学对物质环境的重视，对环境的定义是必要的，并且应该特别关注生活空间这一方面。根据劳顿的说法，客观的物理环境包含了皮肤之外的所有东西，它是无生命的，可以用厘米、克或秒来测量。一系列的实证研究结果强调了环境的客观特征是如何在不同层面上影响衰老的。例如，居住在高层建筑或较高楼层的老年人对住房的满意度较低，而且往往不那么频繁地外出活动。与公共交通或绿地的距离塑造了老年人的户外活动和社会互动模式。同样重要的是，客观环境在情感、认知和个人意义上的主观体验。在相同的客观环境条件下，不同个体在衰老过程中的功能变化可能是各不相同的。

实证研究还强调了考虑环境的主观体验对老年人行为产生作用的重要性。例如，即使是非常糟糕的住房质量也有可能会与较高的住宅满意度和依恋程度相关，也并不一定会成为搬家的动机因素。外部环境的利用情况可能受到安全感和保障感的影响，而这些感觉可能会基于客观的犯罪率或其他客观的安全特征做出调整。

有许多属性被认为是任何环境都应具备的特征。环境的安全性是使用者最看重的先决条件之一。环境的可及性对于所有公民的社会参与都是至关重要的，特别是老年人和残疾人。现有的一些规范和指导方针能够对环境的可及性进行评估，目的是确保特定社会的大多数成员（最好是所有人）在任何能力水平下都能够独立使用环境。导向性指的是环境导向或指路的潜在能力。例如，在护理院环境中，应设有即便是认知能力受损的人也能够理解的、明晰的指路标识系统。私密性指的是环境能提供静居的可能性，并能够拥有一个明显和不受干扰的个人私密空间。这是机构养老环境的另一个典型的挑战，但是也可能会成为私人住宅中的问题，因为个人护理需要在狭小的共享空间中展开。对环境条件的控制，指的是依据个人意愿对环境进行改变的可能性，以及实现个人需求或生活目标的可能性。

此外，环境还可以根据其提高生活质量的不同功能来分类。同样，劳顿提出了一个三分类的方案。第一，环境应当有一个支持性的功能，以补偿人们衰老过程中的能力损失。第二，环境可以刺激日常生活，例如，在家庭环境中，新物品能够引起新奇体验，或者在迷人的公园里散步能给人带来享受。第三，环境具有维持功能；也就是说，它们增加了老年人对连续性和意义的追求。从生命历程的角度来看，环境的刺激作用对低龄老人来说更重要，而随着人们逐渐步入高龄阶段，支持和维持的功能变得越来越重要。

与环境相关的最后一点考虑是关于个人—环境互动的不同分析层次。一方面，在微观层面上，关注老年人的具体家庭环境是很重要的。而在宏观层面上，以城乡差别和住房政策为驱动力的研究，对于理解衰老过程中个人—地点的关系也具有重要意义。

理解衰老过程中的个人—环境关系：主要概念与发现

迄今为止，还没有哪个单一的理论能够对个人—环境互动的过程和结果进行全面深入的理解；相反，多元化的概念和理论相互支撑、相互争论，不断丰富着这一领域。

个人—环境关系的客观层面

个人—环境关系的一个主要假设是环境顺从（environmental docility）假说，最初是由劳顿和西蒙（Simon）在1968年提出的，在1973年由劳顿和纳赫莫（Nahemow）进一步完善并建立了能力—环境压力模型（competence-environmental press model）（见图1）。

能力—环境压力模型提供了一个广泛的、包罗万象的框架，在此框架下能够对不同类型和水平的能力与环境因素的关系进行考量，能力包括感官缺失、身体活动能力损失、认知能力下降等，环境因素包括住房标准、社区条件和公共交通等。能力—环境压力模型最重要的因素或许是它的基本假设：对于每一个衰老的个体来说，其（仍然）具备的能力和环境情况的最佳组合能够实现个体行为和情感功能的相对最高。在环境老年学中经常使用的术语是个人—环境适应。该模型还表明，当能力水平较低时，老年人最容易受到环境的影响，这种低能力水平与高环境压力的结合会对个人的自主性、情感和福祉产生负面影响。一个相关的观点是，随着能力的下降，适应范围逐渐缩小，那些可以促进个人福祉的环境选择范围变得越来越有限，尽管总会有一个选择。能力—环境压力框架还提供了分析衰老过程中个人—环境关系的基本机制，并得到了大量实证研究的支持。例如，有关养老机构中身体距离（physical distances）对老年人社会互动模式影响的研究，表明较远的距离会破坏社会关系，从而突出了个人衰老过程中对环境的顺从性。此外，在设计和优化老年人环境的实践中，能力—环境压力模型也成为主要驱动力。

除了在能力—压力模型中强调个人能力，卡普（Carp）和卡哈纳（Kahana）提出了个人—环境适应理论中的其他概念，强调了在个人—环境关系中动机（motivation）的作用。基本的假设是，某种需求和它实现的特定环境间的不良适应会降低行为功能和个人福祉。在养老机构和家庭环境中开展的实证研究结果都支持了这一假设。例如，对视力受损的老年人来说，仅有的自主性取决于家庭环境中的物理布局在多大程度上能够弥补视力损失。基本需求与维持能力的基本问题有关（如保持独立的自我照顾），而高层次需求包括诸如隐私和归属感等问题。在基本需求领域中，个人—环境的不良适应主要导致行为自主性的降低，而在高层次需求领域中，不良适应也可能会破坏情感健康和心理健康。

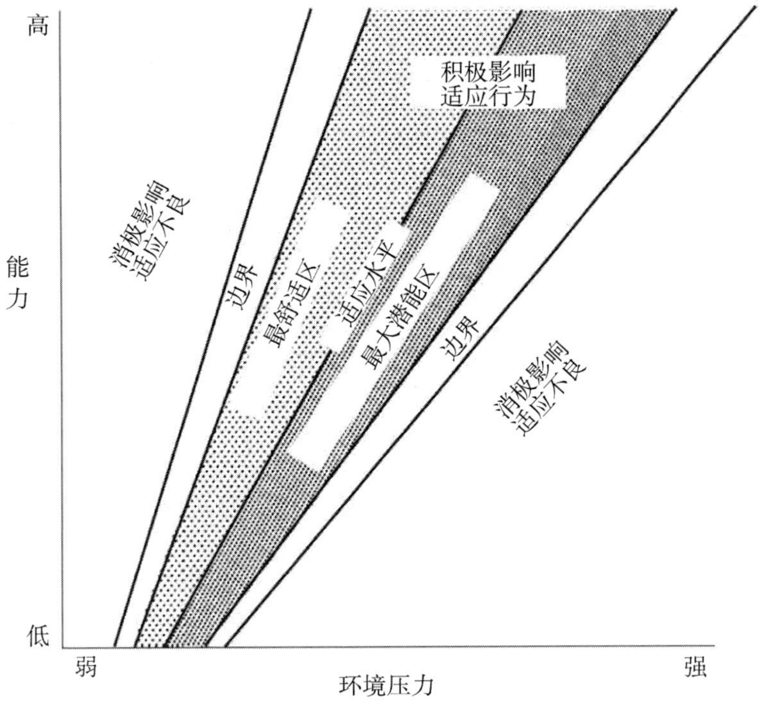

图 1　劳顿与纳赫莫提出的能力—环境压力模型

引自：Lawton MP and Nahemow L（1973）Ecology and the aging process. In：Eisdorfer C and Lawton MP（eds.）*The Psychology of Adult Development and Aging*，pp. 132－160. Washington，DC：American Psychology Association.

巴尔特斯（Baltes）等学者提出的社会生态概念，假设物质环境与处在这些环境中的个人活动所构成的社会行为之间有密切的联系。护理机构成了社会生态学施展的理想舞台，这是基于这样一种假设，即专业护理人员与被照料者的经常性互动从长远来看会对个人的自主性产生重要影响。该模型的实践应用深入分析了社会环境在机构护理老人的依赖行为中所扮演的角色，护理院中不断重复着的强互动逐渐形成了依赖支持的脚本。根据这个互动脚本，护理员总是倾向于过度地支持或鼓励被护理者的依赖行为，而独立行为则被忽略。

个人—环境压力模型认为，客观环境条件的某些特征，如缺乏可及性、隐私性或对环境的控制，可能会成为压力体验的来源。例如，老年人可能会感到心理上的威胁、冷漠、幸福感下降或抑郁，这些都是压力体验的结果。这种模式同样也适用于家庭护理情景。例如，难以控制与痴呆相关行为和缺乏对日常生活的掌控，反映了痴呆患者家属通常面临的客观环境条件。护理情景中的这些环境压力源超过了主观评价，可能会影响照护者，导致其产生严重的压力、焦虑或抑郁。

最后，搬家可能被视为个人—环境关系中最彻底的改变。对居住决策及其后果的理解，在早期就引起了环境老年学的兴趣。在20世纪60年代和70年代，科夫曼（Coffman）等学者进行的早期研究主要是由“搬迁创伤假说”推动的，该假说认为搬迁会对晚年生活带来负面的影响。迁入机构环境是搬迁创伤假说的一个典型应用案例。然而，实证研究的证据仍然存在争议，并受到诸如样本选择性、样本过于脆弱和缺乏对照组等方法论问题的困扰。1987年，利特瓦克（Litwak）和朗吉诺（Longino）根据搬迁发生的年龄顺序、类型和动机，提出了第一次、第二次和第三次搬迁之间的区别。第一次搬迁往往发生在老年阶段的早期，经常是紧跟在退休之后，并且通常由理想场所的便利性引起的；第二次搬迁发生在70～85岁之前，主要特征是搬回原来的场所，这反映了更高的支持需求以及与家人亲近的渴望。第三次搬迁则往往是由于家庭资源无法补偿高龄时期的脆弱性而搬入养老机构。正如最近的研究所发现的，在当前老年人群体中，搬迁是由各种各样的动机驱动的，包括社会、文化和教育的参与机会等较高层次的需求似乎变得越来越重要。一个主要的例子就是所谓的“阳光地带”迁徙者，正如在所谓的“太阳城”中发现的那样，低龄老人的搬迁总是朝向能够更好满足他们需求的场所，例如良好的气候条件或社区环境。

个人—环境关系的主观层面

上述的理论主要针对的是客观环境的作用，与之不同的是，当衰老的个体与他们的物质空间环境形成认知和情感联系时，考察这种主观联系的过程在理论和实践上也是十分重要的。

住宅满意度的建构是对物质环境建立认知—情感关联的经典案例。长期以来很多研究都发现，无论是健康的还是身体虚弱的老人，都倾向于给自己所居住的建筑物打高分，无论他们家的客观环境和社区条件如何。这就是所谓的“住房满意度悖论”。一种常见的解释是，对于许多老年人来说，搬家的预期可能会在心理上造成威胁感。因此，提高对自己所处环境的评价就成为减轻“身处恶劣条件却不愿搬家”这一认知冲突的唯一选择。

住房满意度是以单一问题为基础的单维度测量方法，除此之外，还出现了一些复杂的理论对衰老场所的主观世界进行了更为细致入微的理解。罗尔斯（Rowles）在1983年提出了一种被广泛认可的理论，集中探讨了他称之为“内在性”（insideness）的不同方面。根据罗尔斯的说法，内在性关心的是空间（space）转变为场所（place）的过程，不同类型的内在性可以通过实践经验衍生出来。根据罗尔斯的说法，社会内在性来自长期的社会交往；身体内在性来自在某一环境（例如家庭环境）中的熟悉感和日常生活惯例。内在性的第三个类型被称为自传式内在性，也就是说场所承载着丰富的回忆，从而为老年人提供了场所认同感。实证研究也表明，身体内在性对长期处于失能状态下的老年人来说尤为重要。

鲁宾斯坦（Rubinstein）对家庭意义的概念依赖于这样的假设，即对环境的主动管理是老年人福祉的主要来源，尤其是对于那些体弱的或独自生活的人来说。鲁宾斯坦指出了给家庭环境赋予意义的三种社会心理过程：（1）社会中心过程，即家庭环境的秩序，是基于个人所理解的社会文化规则对家庭秩序的约束；（2）个人中心过程，即透过家庭特征表现出的个人生命历程；（3）身体中心过程，即身体和周围环境特征之间持续的关系。

此外，场所依附（place attachment）被定义为对某一地理位置的情感反映以及将个人与场所捆绑在一起的情绪联系。正如实证经验所发现的，在生命历程中场所依附似乎在稳步的增长，并在晚年达到了顶点。这也凸显了一个问题：由于长期失能而不得不搬迁（第三次搬迁，特别是搬入机构），这对老年人来说是一个非常重要的生命事件，也是维持老人福祉和认同感的重大挑战。

失能过程与环境

环境在失能的过程中具有非常特殊和重要的作用。尽管失能的模型各有不同，但也提出了一个类似的过程，即存在从病状（疾病状态）到一系列不同但相关且可测量的结果的路径或轨迹。具体来说，病状（pathology）——正常生理和发育过程的中断或干扰——被认为是导致神经或生理缺陷的原因，其基本后果是损害。损害（impairment），被定义为在器官层面（认知、运动知觉、感觉或心理功能）的异常，可能反过来影响或导致功能受限。功能受限（functional limitations）指的是进行基本的生理和心理活动的限制。生理活动包括移动能力（如走路）、弯腰、触摸、抓握，或感觉问题（如听、看、交流），而心理活动是指认知和情感功能（如短期记忆、时间和空间的定位、情感）。相应的，进行这些活动的能力受损也会导致失能。失能（disability）是指进行日常生活中的基本活动有困难的表现，这些活动包括基本的和工具性的自理能力、参与社会休闲以及社会化。因此，失能可能反映了一个人的个人能力、完成某项任务的需求，及其所处社会和物质环境之间的差距。

从1994年开始，维尔布鲁根（Verbrugge）和杰特（Jette）进行了多项与失能过程相关的研究，他们提出了两个与能力—环境关系相关的概念：与场景无关的个人能力，称为固有能力（intrinsic ability）；以及受到物质或社会环境支持或限制的个人能力，称为实际失能（actual disability）。其含义是，一个人的固有能力和所构建的环境（包括物质和社会特征）之间的互动会产生实际失能。由此得出的一个结论是，失能是潜在可变的环境因素的结果，因此可以被最小化。尽管杰特和维尔布鲁根的模型没有阐明个人行为和物质环境之间的具体路径，但它为检验这种联系提供了一个框架，并强调了客观条件（如外部支持、家庭改善）可能会在独立于个人评估和社会资源的情况下，抵消进一步的失能。

个人—环境关系的宏观层面分析

前面介绍的理论主要从微观层次分析个人—环境互动，也就是说，其关注点是要深入了解人们所处的直接环境在衰老过程中所起的作用。然而，正如布朗芬布伦纳（Bronfenbrenner）的人类发展生态理论和其他与个人—环境关系相关的社会科学理论所表明的，微观环境层面无疑会受到宏观环境层面背景的影响和塑造，包括整体社区状况、住房政策、经济水平、文化价值观和信仰，以及社会和长期照护服务供给与政策。这些因素形成了衰老的环境背景，对人们的日常生活产生了不同的直接影响和间接影响。随着人们年龄的增长，社区环境的品质可能会对户外活动的物理范围和时机产生强烈的影响。一个重要的考虑因素是生命历程的视角。人们可能最初生活在高质量的社区中，社区环境质量随着时间的推移而下降，使人们在晚年处于不利的境地。另一个经典的研究问题是城乡差别及其对衰老的影响。例如，外部环境的利用可能取决于公共交通的可能性，而农村地区的公共交通相比城市地区更不发达。另一方面，宏观层面的视角也考虑了文化规范的多样性，农村地区往往有着较强的代际联系，并且年长者与年轻家庭成员共同居住的情况也更普遍，因此个人—环境选择中的劣势或许可以由此得到补偿。尽管如此，不同国家间个人—环境的相互关系还是值得考虑的，这是一项跨文化研究的挑战。例如，各国无障碍环境的定义和法律法规可能取决于各国经济状况、不同文化中对自主性的界定，以及物理环境与家庭系统等社会环境相比的作用。

整合视角的需要

没有一种理论或方法能完美地捕捉到个人—环境相互关系的方方面面和复杂性，而这也推动了迄今为止这一领域的实证研究。应用全部概念、理论和分析层次进行研究的启发性建议如下。第一，不同的概念和理论指出了对老年生活质量至关重要的环境资源的基本要素。具体来说，客观环境对诸如独立的日常生活等结果更有意义，而认知和情感与环境的连接则更多地关系到人们的幸福感、认同感和意义。然而，同样重要的是整合个人—场所关系中的客观和主观联系。第二，需要考虑不同环境之间的相互关系：家庭和户外环境、微观和宏观环境。我们可以合理地假设，家庭内外行为平衡的观点有助于理解诸如幸福感、社区和社会参与等结果。第三，物质和社会环境——正如在术语“社会物理环境”（sociophysical environments）中所反映的那样——必须被看作是紧密联系在一起的，彼此间相互扩展与延伸。经典的例子是老年人身体距离或障碍对社会交往模式的巨大影响。在对物理和社会环境平衡的视角下，这一基本观点仍然值得更深入的研究。第四，个人—环境研究是跨学科老龄研究的一个强有力的推动因素，需要各种不同观点和学科的整合，如心理学、老年病学和建筑学。

未来的展望与挑战

个人—环境的相互关系是美好晚年生活的一个重要前提。考虑到老年人口的比例不断上升，以及老年人在文化规范、个人能力、需求、生活条件和生存环境等方面的多样性，环境老年学研究及其应用与当前和未来老龄化社会面临的挑战密切相关。展望未来的老年人群体，不断变化的个人—环境动态关系将会逐渐推动老龄政策的讨论。老年人和高龄老人的家庭环境的异质性将会不断增长，并且社区生活和机构生活的明显区别将逐渐消弭，机构会变得越来越像家，而家庭会承担更多的医疗和社会保健的功能。此外，人们还预测，不论家庭内外，科技都将发挥重要的作用，从而增强未来不同能力水平的个人就地养老的可能性。由于这些趋势的结果，环境老年学研究将进入新的领域，例如传统环境与新技术之间的相互联系。此外，虚拟现实作为一种历史上新的个人—环境互动方式，对于老年人来说将变得更加重要；在未来的环境老年学研究中，这一结果还有待观察。

另请参阅：适应；痴呆；老年技术学；住房；人因工程和人体工程学；出行能力和灵活性。

拓展阅读

Baltes MM (1996) *The Many Faces of Dependency in Old Age*. Cambridge, UK: Cambridge University Press.

Bronfenbrenner U (1999) Environments in developmental perspective: theoretical and operational models. In: Friedman SL and Wachs TD (eds.) *Measuring Environment across the Life Span*, pp. 3-28. Washington, DC: American Psychological Association.

Giltin LN (2000) Adjusting person-environment systems: helping older people live the good life at home. In: Rubinstein RL, Moss M, and Kleban MH (eds.) *The Many Dimensions of Aging*, pp. 41-54. New York: Springer.

Giltin LN (2003) M. Powell Lawton's vision of the role of the environment in aging processes and outcomes: a glance backward to move us forward. In: Schaie KW, Wahl HW, Mollenkopf H, and Oswald F (eds.) *Aging Independently: Living Arrangements and Mobility*, pp. 62-76. New York: Springer.

Gitlin LN (2006) The impact of housing on quality of life: does the home environment matter now and into the future. In: Wahl HW, Tesch-Romer C, and Hoff A (eds.) *Emergence of New Person-Environment Dynamics in Old Age: A Multidisciplinary Exploration*, pp. 105-125. Amityville, NY: Baywood Publishing Company, Inc..

Iwarsson S (2004) Assessing the fit between older people and their physical home environmentals: An occupational therapy research perspective. In: Wahl HW, Schneidt RJ, and Windley PG (eds.) *Aging in Context: Socio-Physical Environmentals (Annual Review of Ge-*

rontology and Geriatrics 2003), pp. 85–109. New York: Springer Publ.

Lawton MP (1999) Environmental taxonomy: generalizations from research with older adults. In: Friedman SL and Wachs TD (eds.) *Measuring Environment across the Life Span*, pp. 91–124. Washington, DC: American Psychological Association.

Lawton MP and Nahemow L (1973) Ecology and the aging process. In: Eisdorfer C and Lawton MP (eds.) *The Psychology of Adult Development and Aging*, pp. 132–160. Washington, DC: American Psychology Association.

Oswald F and Wahl H-W (2005) Dimensions of the meaning of home in later life. In: Rowles GD and Chaudhury H (eds.) *Home and Identity in Late Life International Perspectives*, pp. 21–46. New York: Springer.

Rowles GD and Ohta RJ (eds.) (1983) *Aging and Milieu. Environmental Perspectives on Growing Old*. New York: Academic Press.

Scheidt RJ and Windley PG (eds.) (1998) *Environment and Aging Theory*. Westport, CT: Greenwood Press.

Schulz R, Gallagher-Thompson D, Haley W, and Czaja S (1999) Understanding the intervention process: a theoretical/conceptual framework for intervention approaches to caregiving. In: Schulz R (ed.) *Handbook on Dementia Caregiving: Evidence-Based Interventions for Family Caregivers*, pp. 33–60. New York: Springer.

Verbrugge LM and Jette AM (1994) The disablement process. *Social Science and Medicine* 38: 1–14.

Wahl H-W (2001) Environmental influences on aging and behavior. In: Birren JE and Schaie KW (eds.) *Handbook of the Psychology of Aging*, 5th edn., pp. 215–237. San Diego, CA: Academic Press.

Wahl H-W and Weisman G (2003) Environmental gerontology at the beginning of the new millennium: reflections on its historical, empirical, and theoretical development. *The Gerontologist* 43: 616–627.

Wahl H-W, Scheidt R, and Windley P (eds.) (2004) *Annual Review of Gerontology and Geriatrics*, vol. 23 (Aging in Context: Socio-Physical Environments). New York: Springer.

Weisman GD, Chaudhury H, and Moore KD (2000) Theory and practice of place: toward an integrative model. In: Rubinstein RL, Moss M, and Kleban MH (eds.) *The Many Dimensions of Aging*, pp. 3–21. New York: Springer.

译　者：王　硕（中华女子学院）

技能习得

D. L. 斯特雷耶，J. M. 库珀 犹他大学，盐湖城，犹他州，美国

词汇表

关联学习（Associative Learning）——一种通过强化刺激与反应之间的联系，形成自动化反应系统的学习模式。

连锁化练习（Consistent Practice）——一种以若干刺激—反应组合贯穿训练始终的训练模式。

任务分解型训练（Part-Task Training）——一种将一个任务的一致部分与任务主体分开完成的训练流程。

优先级学习（Priority Learning）——一种通过修正刺激的自动捕获注意属性，助其自动捕捉注意力的过程。

先期干扰（Proactive Interference）——一种前期学习对学习新素材产生干扰的情况。

可变型优先级训练（Variable Priority Training）——一种培养训练对象在两个同时进行的任务中灵活分享注意力的训练。

引言

技能学习是人类行为中最为重要的一项特征，它能帮助人们快速、准确、几乎不用思考且毫不费力地进行各种复杂作业。以驾驶汽车为例，新手司机通常认为驾驶对技能的要求很高，他们发生交通事故的概率也很高。交通事故死亡率分析数据显示，司机们通常需要经过数年的练习才能做到熟练驾驶。一旦他们掌握了这项技能，便可在保障安全的同时一边开车一边进行其他活动了（虽然在很多情况下，这种一心多用的行为确实增加了发生交通事故的风险）。实际上，拥有娴熟的技巧可以帮助人们用更短的时间、更少的精力完成任务，并且不受能力的局限。既然技能在日常生活中如此重要，那么正常的衰老过程会对人们学习新技能产生怎样的影响就成为一个重要命题。人们能否真正做到“活到老，学到老”呢？

现代社会，新技术层出不穷，这就迫使人们不断地去学习新技能。例如，20 世纪 80 年代中期，计算机开始应用于日常工作中，于是社会中的很多人不得不学习使用这项新技能。时至今日，各种形式的计算机几乎主导了我们日常生活的方方面面，互联网技术已经成为我们生活中必备的技能。网上

银行的操作、旅行出游的策划、电子邮件的交流等都离不开网络技术的应用，拒绝使用网络技术往往会引发诸多问题（比如，一些航空公司会对从线下售票处购票的客户征收额外费用，而网上购票则不会）。那么，老年人能否如同年轻人那样自如地学习新科技呢？本文将对此进行探索，一方面，梳理正常衰老现象对人们学习技能的影响；另一方面，揭秘人们在年轻时所习得的技能在各年龄段中的保留程度，以便减少衰老对技能习得的影响。

技能习得

技能是指用战略性知识在恰当的时间通过恰当的方式协调及整合一系列自动过程。安德森（Anderson）认为，技能习得可分为三个阶段。第一阶段为认知阶段（the declarative phase）。这一阶段的重点在于集中注意力。学习者的总体解决问题能力（general problem-solving abilities）是影响此阶段学习表现的关键因素（此阶段的技能，也被认为是一种受控的加工）。第二阶段为联结阶段（the knowledge compilation phase）。知识的联结与人脑中的几种机制息息相关，这些机制可生产出直接控制行为的产品（如创作与程序化）。此阶段学习者的表现取决于其感知速度能力（perceptual speed ability）。第三阶段为程序性阶段（the procedural phase），包括对程序性记忆产物的逐渐调整与强化，可加快学习者的技能习得速度。学习者的心理运动能力（psychomotor ability）是影响其学习表现的关键因素（这一技能习得阶段也被称为自动化阶段）。

为更好地理解个体差异对技能习得的影响，阿克曼（Ackerman）以理论框架的形式整合了学习者在一般能力、感知速度能力以及心理运动能力方面的个体差异性。个体在一般能力上的差异，通常指对一般信息处理效率的差异，可通过一般智力测试进行评估。个体在速度感知能力方面的差异，通常可通过数字符号等测试进行检测，一般认为包含“用于有效解决各测试项目的简单生产系统的形成”。个体在心理运动能力上的差异，可通过衡量其对基本信息的处理速度来反映，比如进行简单的反应速度测试。一项任务的进展过程越连贯，学习者在技能习得方面的个体差异性就越明显。阿克曼的这个理论框架是基于安德森心智技能三阶段理论建立的。通过该理论框架可发现，在技能习得方面，初学者的表现很大程度上取决于其一般能力；个体技能习得的成效决定于其感知速度能力；个体的熟练程度则很大程度上取决于其心理运动能力。

不仅如此，此框架同样适用于探究年龄差异对人们习得认知技能的影响。如果学习者的一般能力、感知速度能力或心理运动能力随着年龄的增长而发生改变，那么其技能习得就可能存在年龄相关性差异。并且，通过分析年龄对一般能力、感知速度能力和心理运动能力的影响程度，可找出受年龄影响最深的技能习得阶段。那么，如何证明这些能力存在年龄相关性衰退呢？沙依（Schaie）

在研究学习者一般能力时，通过纵向分析法对5 000多个成年对象进行测试，发现了成人的五种基本认知能力——语言理解（verbal meaning）、归纳推理（inductive reasoning）、空间定向（spatial orienting）、数字技能（number skill）和言语流畅（word fluency）——随年龄增长而递减的规律，并且这些衰减以60岁以后最为突出。事实上，从32岁开始，有一项或多项认知能力衰退的人群在总人群中的占比就已经呈规律性上升了。霍耶（Hoyer）等采取元分析方法，对韦氏成人智力量表修订本中的141份老年人与年轻成人的数字符号测试结果，进行了有关感知速度能力的研究。结果指向了老年人速度感知能力的大幅下降，在所观察到的能力减退因素中，年龄因素占比86%。最后，克尔（Kerr）与布莱斯（Blais）等发现人们的心理运动能力在60岁之前会随年龄的增长而缓慢衰退，并在60岁以后显著衰退。与克尔与布莱斯相似，福扎德（Fozard）等通过横向研究与纵向研究，对年龄在17~94岁的1 265名成年对象进行了测试，发现人们在成年时期的一般反应时间随年龄增长而有规律地增加。综上所述，这些研究都清晰地表明，人们一般能力、感知速度能力与心理运动能力的减退呈现出与年龄相关的特点。这就意味着老年人无法像年轻人那样高效地习得技能，人们在技能习得的每一阶段也会存在年龄差异。尽管老年人作为一个群体来说，在学习技能方面比年轻人要困难一些，但也经常有事例表明，一些老年人比一些年轻人在某些方面做得更好，至少在某些特定方面是这样。然而已经完成的一些纵向研究表明，就人们个体的能力基准而言，人们学习新技能的能力会随年龄增长而减弱。

学习曲线也可用于研究年龄与学习能力的相关性。众所周知，由于人们在学习技能方面的初期表现要好于后期，因此技能习得的规律可以用一个幂函数来表示。这个方程可写作：

$$T=a+b(x)^{-c}$$

在这个方程中，时间 T 是关于代表练习次数的变量 x 的单调递减函数。x 的 $-c$ 次方与表示技能提高水平的 b 相乘，与表示技能习得基线的常数 a 相加。

图1是一个幂函数，表示年龄与技能间可能存在的关系。值得注意的是，图中各理论曲线中，老年人在初始阶段的表现较之年轻人更为缓慢。因为随着年龄的增长，人们行动普遍会趋于迟缓（即老年人的整体机能迟缓趋势）。

图1中，曲线1代表年轻人理论上应有的表现。曲线2代表了当老年人以年轻人的速率学习等量的技能时，他们在学习效果的渐进程度上存在差异（这是由于老年人的整体迟缓趋势）。也就是说幂函数中的参数 a 随年龄变化而变化，但参数 b 与参数 c 都对年龄变化不敏感。这些曲线实际上所体现的是老年人的整体迟缓趋势而非认知能力变化。这种情况下，一个相对合理的结论就是：人们的技能习得能力不受衰老影响或受其影响较小。

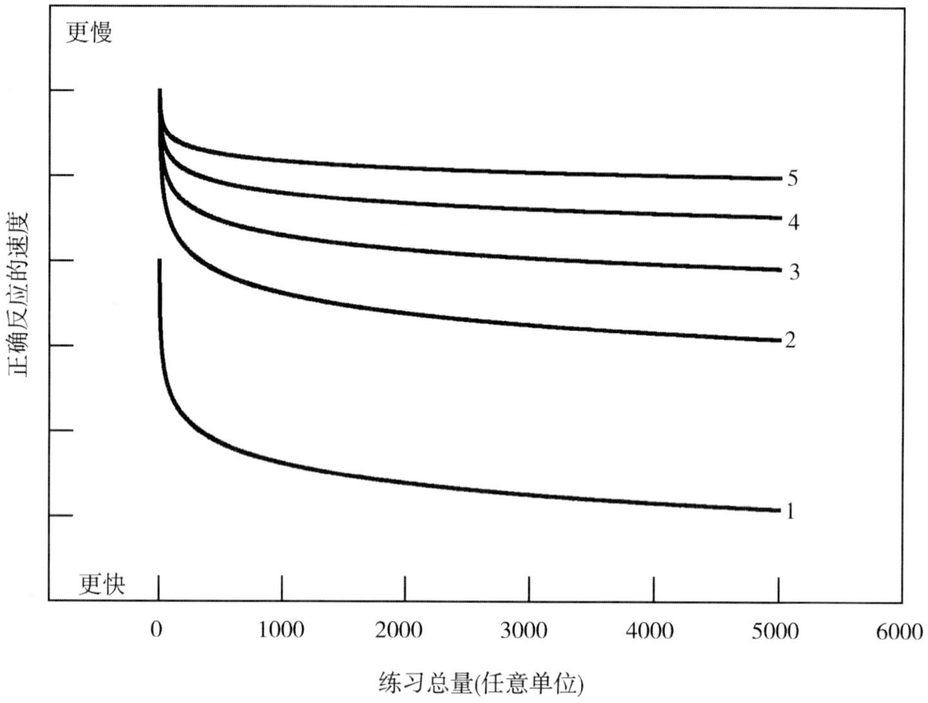

图 1　年龄与技能习得之间的关系

注：理论幂函数曲线代表了老年人与年轻人在技能习得方面可能存在的四种关系。其中，曲线 1 代表年轻人理论上应有的表现，而曲线 2~5 代表老年人理论上应有的表现。

曲线 3 代表了在与年轻人的学习总量相同的情况下，老年人的学习速率与渐进水平都受年龄影响并与年轻人存在差异。此情况下，幂函数中的参数 a 与参数 c 随年龄变化而变化，但参数 b 对年龄变化不敏感。这就意味着额外训练可以帮助老年人减小（但无法消除）其与年轻人之间由于衰老而在技能习得方面产生的差距。但需要注意的是，受整体迟缓趋势影响，老年人的渐进水平仍然比年轻人低，于是导致其学习进程更为缓慢。并且年轻人与老年人在学习效果上的差距随着二者练习数量的增加而加大。

曲线 4 代表了老年人在以年轻人的学习速率进行学习时，其学习总量与渐进水平随年龄变化而变化的情况。这意味着幂函数中的参数 a 与参数 b 随年龄变化而变化，但参数 c 对年龄变化不敏感。此情况表明，老年人在学习总量上会受到一些局限，但老年人与年轻人在学习进步方面相对一致。这种情况也表明了年轻人与老年人在学习效果上的差距随二者练习数量的增加而加大。

最后，曲线 5 代表了三个参数都随年龄变化而变化的情况。这意味着，受整体迟缓趋势影响，老年人与年轻人在渐进水平方面存在差异，在学习速率与学习总量方面存在年龄相关的差异。与曲线 3、曲线 4 相同，曲线 5 也表明年轻人与老年人在学习效果上的差距随二者练习数量的增加而加大。

图1各曲线展示了从整体幂函数中得出的四种理论上成立的年龄—技能关系。每一种情况都表明，老年人可以习得新技能，即使在后三种情况中，随着练习数量的增加，年轻人与老年人之间的学习表现差异会更加明显。整体幂函数中的各参数与安德森所描述的技能习得各阶段之间也存在较强联系。参数 b 很大程度上反映出老年人与年轻人在技能习得的认知阶段所展现出的差异（即在练习之前，人们的学习表现可以用幂函数中参数 a 与参数 b 之和来阐释）；联结阶段可以通过参数 c 来展示；而自动化阶段与参数 a 密切相关。上文提到的人们在一般能力、感知速度能力与心理运动能力中所呈现出的年龄相关性差异意味总体幂函数中的各参数都具有年龄敏感性特征。接下来本文将回顾几个关于老年人与年轻成人技能习得的实证研究。这些研究普遍表明，老年人能够习得新技能，但其在学习总量、学习速率以及渐进水平方面的表现都不如年轻人。

研究人员使用了大量的实验范例来研究人们技能习得能力的年龄相关性差异。其中一个例子要求参与者寻找关键目标刺激的视觉影像（通常指视觉搜索任务）。对于年轻成人来说，练习寻找一个或多个固定目标有助于提高其搜寻目标的能力，最终做到不受目标规模与干扰物数量的影响。对于老年人来说，他们通过持续的练习同样可以提高搜索目标的水平，但他们的表现始终受目标规模与干扰物数量的影响。这一差异反映了人们在优先级学习方面体现出的年龄差异。在优先级学习方面，持续关注同一目标可以强化人们对目标所投入的注意力，而人们持续忽略干扰物的行为则被认为可以减弱人们对干扰物所投入的注意力。年轻测试者们经过练习，在视觉搜索测试时常感到搜索目标似乎会自己“蹦出来”，从而产生了高效的视觉搜索表现。菲斯克（Fisk）等也为人们在优先级学习能力方面存在年龄相关性衰退提供了依据。菲斯克使用了一种调换法，在测试者经过了几轮练习后，他将目标与干扰物调换了位置。这一测试显示，在调换的情况下，年轻人在找寻目标过程中所呈现出的受影响程度要高于老年人，也就证明优先级学习对年轻人的影响较之老年人更大。然而，西尔法（Scialfa）及其同事的一项研究使这个现象变得有些复杂了。他们的研究表明，持续的重点视觉练习对年轻人与老年人都卓有成效。

记忆搜索也是用于研究技能习得中年龄相关性差异的典型方法。首先，参与者对一系列物品进行记忆。随后，参与者将在另一系列物品中辨别每一个是否为前一列物品中的一员。年轻成人经过练习会逐渐进步，他们在记忆中找寻所记住的固定物品，他们的表现不受记忆对象的数量影响。老年人经过不断练习也有进步，但他们的进步在数量与速率方面都不如年轻人。他们所表现出的年龄相关性差异被认为同样是联想学习的差异。根据自动化强度理论，当刺激与反应之间存在持续性联系时，两者之间的联系就会被强化。在经过高水平练习后，年轻人在面对问题时往往能做出下意识的反应，而不用去刻意思考解决方法。索尔特豪斯（Salthouse）的研究发现，人们联想学习的能力也会随年龄增长而减退。他通过配对联想学习程序发现，很多年龄相关性损伤归因于无法存储信息（即存在编码障碍，和与年龄相关的处理速度差异性相关）。与之相似，菲斯克与瓦尔（Warr）也发现联想学习能力存在年龄相关性差异，这与老年人建立新联结的速度较之年轻人更为缓慢有关。针对这些差异，另一种基于检索的关于记忆搜索年龄相关性差异的解释是，老年人可能不愿将其低效且循规蹈矩的信息处理方式转为更有效率的信息检索式处理方式。下一模块将详细探讨老年人与年轻人在信息处理战略上的差异。

从神经心理学机制角度分析技能习得（以及在一般能力、感知速度能力、心理运动能力）的年龄相关性差异同样具有建设性意义。通过几个假设可以说明神经心理因素是如何造成技能习得的年龄相关性差异的。例如，磁共振成像（MRI）与尸体解剖研究证实，人们的脑容量随衰老而有规律地减小，心室容量随年龄增加而增加，大脑颞叶与额叶的容量随年龄增加而减小。这些变化与人们理解力处理速度降低、执行力衰退以及技能习得的早期障碍有关。联结网络模拟（connectionist network simulations）也可用于评估网络体系结构以及联想学习。通过模拟发现，随着网络中模拟的神经单位的数量和/或联系减少，网络可习得的信息总量减少，用于训练网络习得信息的必要练习次数增加。因此，可以预测，关联式学习的数量与速率会因年龄造成的脑萎缩而减少。

迄今为止，大多研究表明老年人在学习新技能方面不如年轻人那样游刃有余。然而，正如菲斯克与罗杰斯（Rogers）所指出，研究人员倾向于使用为实验而发明的新技能来测试参与者，因为对于日常生活中存在的技术，可能会因参与者的基础不同而对实验结果造成干扰。当对同一技术不同年龄段的专业人士进行测试时，结果有了明显差异。此情况下，同等专业水准的老年人与年轻人在技能表现方面不相上下。例如，索尔特豪斯通过研究 19～72 岁的熟练打字员发现，老年打字员与年轻打字员的打字速度相同，但老年打字员在使用新形式打字以及进行选择反应时间实验时的反应速度比年轻人要慢得多。克兰西（Clancy）与霍耶发现，熟练的中年化验员在寻找细菌标本时的熟练程度不亚于年轻化验员，但当他们进行不熟悉的电脑视觉搜索测验时，表现会变差。与之相似，克拉姆佩（Krampe）和埃里克森（Ericsson）发现，老年专业钢琴家在做音乐相关的任务时，表现得与年轻专业钢琴家并无差别，但当他们做与音乐无关的任务时，表现显著变差。他们还发现，这些上年纪的专业钢琴家们会通过“对其领域内的具体方面进行针对性练习从而保持并提高其专业水平”。最后，斯特雷耶（Strayer）和德鲁斯（Drews）的研究发现，老年人与年轻人在一心二用时所受干扰程度相同，如一边开车一边打电话。但与已经习惯了的一心二用行为相比，老年人在进行不熟悉的一心二用行为时，所受到的实质性干扰程度比年轻人要深。因此，这似乎表明，年轻成人在一生中如果有意地进行持续的练习，其所需技术在老年时将得到完好的保持。然而，练习的数量和年龄混淆在一起使得人们很难确定，老人所持有的技能到底是以前获得的技能的维持，还是因为从事了额外训练所获得的。

综上所述，以上各实验数据可归结为三点。第一，老年人通过持续性练习可习得新技能。第二，老年人无法像年轻人那样熟练地习得新技能。第三，人们在年轻时所习得的现实技能通过此后人生中的不断练习，可较好地保持到老年阶段。总体而言，这些实验数据与图 1 中的曲线 5 代表的幂函数最为相符。人们的学习速率、学习总量与渐进水平皆存在年龄相关性差异。

技能习得与策略

很多例子表明，老年人所使用的一些策略并不能帮助他们学习新技能。例如，老年人倾向于做出保守的应对策略，他们比年轻人更为注重反应的准确程度而非速度。换言之，老年人在做出反应前会先评估各种信息的数量（或来源）。这种策略可能会妨碍老年人学习有助于减轻技术性能难度的方法。有研究可以佐证这一观点。研究发现，当年轻人使用与老年人相似的保守应对策略时，他们的技能水平出现了持续性减退。与之相似，斯特雷耶与拉姆佩发现，当老年人使用与年轻人相似的应对策略时，他们与年轻人在技能表现方面的差距缩小了。近期，图龙（Touron）与其同事发现，保守的应对策略也可能降低老年人转换处理策略的意愿。尤其是老年人不愿将其循规蹈矩的算法处理方式转变为依托记忆或检索的处理方式，他们对使用这种处理方式的能力缺乏自信。罗杰斯等人也报告了老年人与年轻人之间存在年龄相关的策略差异，老年人不太可能使用记忆检索策略。不仅如此，这些研究人员还发现，在使用记忆检索策略的群体中，人们所呈现出的年龄相关性差异减小了。因此发掘年轻人运用的处理策略，并鼓励老年人使用相同策略可能会有所助益。

既然持续性的练习可以提高老年人的技能水平，那么针对技能重点进行附加训练将对老年人提高技能水平有所帮助。进行优先级训练需要先通过任务分析找出贯穿任务始终的组成部分。练习者对这些子任务分别进行练习，全部熟练后再进行整合。举一个优先级训练的典型事例。音乐家在演奏整章乐曲前，会先多次练习其中最难的部分。当这些子任务的内容与总体任务内容相一致时，整合后的效果就会很好。优先级训练可用于为老年人提供持续的附加练习，从而缩小老年人与年轻人在学习速率方面的差距。例如，邓洛斯基（Dunlosky）及其同事使用了一种重点任务训练变量，为老年人提供了自测方法，帮助他们确定那些通过附加训练能够获益的项目。这一程序使老人们进步斐然。但是，如果一项技能中的各部分整合难度较高，那么分步练习可能并不比整体练习更有效，而且如果这项技能整合后不做整体练习，那么此方式甚至会对最终整合效果产生负面影响。

可变型优先级训练（variable priority training）是优先级训练的一个变体，意在规避优先级训练者在整合子任务时可能受到的局限。在可变型优先级训练中，参与者对任务进行整体训练，但他们会接受系统性指导，从而对任务中的某些部分进行着重练习，其他部分进行常规练习。值得注意的是，在训练过程中，参与者在对任务进行整体把控的同时，可以灵活地将注意力分散给任务中的各个部分。克雷默（Kramer）及其同事分别对老年人与年轻人在可变型优先级训练与优先级训练后的效果进行对比。训练初期，参与者们练习同时进行检测任务与字母算数任务，之后转换为同时进行计划任务与流动记忆任务。实验发现，可变型优先级训练能够帮助人们提升学习效率以及学习初期的掌握程度。并且，接受可变型优先级训练的老年人甚至比接受优先级训练的年轻人的效果还要好。此外，老年人与年轻成人在转向新计划任务与流动记忆任务时的表现相似。因此，可变型优先级训练可帮助老年人在同时进行两项任务时灵活分配注意力。

结论

通过持续练习，老年人能够习得新技能，但他们较之年轻人来说学习得更为困难。从个体差异性角度观之，这一现象是由于人们的一般能力、感知速度能力以及心理运动能力存在年龄相关性差异。从神经心理学角度观之，这一现象很大程度上可能源于衰老所引发的脑萎缩。虽然老年人在学习为实验而发明的新技能时表现不佳，但他们在成人初期习得的现实生活技能经一生中持续的练习，可以很好地维持到老年时期。因此有趣的是，老年人与年轻人在技能习得与维持之间的差异并不大。有一些方法可以缩小人们在技能习得方面的年龄相关性差异：（1）鼓励老年人使用年轻人所采用的学习策略；（2）鼓励老年人使用任务分解型训练方法对技能进行持续地附加练习；（3）使用可变型优先级训练方法，促进技能中自动加工的各组成部分的协调与整合。

另请参阅：评估：神经心理学；注意力；决策制定和日常问题的处理；学习；记忆；反应时间。

拓展阅读

Ackerman PL（1987）Individual differences in skill learning：an integration of psychometric and information processing perspectives. *Psychological Bulletin* 102：3-27.

Ackerman PL（1988）Determinants of individual differences during skill acquisition：cognitive abilities and information processing. *Journal of Experimental Psychology*：*General* 117：288-318.

Anderson JR（1982）Acquisition of cognitive skill. *Psychological Review* 89：369-406.

Anderson JR（1992）Automaticity and the ACT* theory. *American Journal of Psychology*

105: 165-180.

Clancy SM and Hoyer WJ (1994) Age and skill in visual search. *Developmental Psychology* 30: 545-552.

Dunlosky J, Kubat-Silman AK, and Hertzog C (2003) Effects of aging on the magnitude and accuracy of quality-of-encoding judgments. *American Journal of Psychology* 116: 431-454.

Fisk AD and Rogers WA (1991) Toward an understanding of age-related memory and visual search effects. *Journal of Experimental Psychology: General* 120: 131-149.

Fisk AD and Rogers WA (2000) Influence of training and experience on skill acquisition and maintenance in older adults. *Journal of Aging and Physical Activity* 8: 373-383.

Fisk AD, Hertzog C, Lee MD, Rogers WA, and Anderson-Garlach M (1994) Long-term retention of skilled visual search: do young adults retain more than old adults? *Psychology and Aging* 9: 206-215.

Fisk JE and Warr PB (1998) Associate learning and shortterm forgetting as a function of age, perceptual speed, and central executive functioning. Journals of Gerontology: Series B: *Psychological Sciences and Social Sciences* 53B: 112-121.

Fozard JL, Vercryssen M, Reynolds SL, Hancock PA, and Quilter RE (1994) Age differences and changes in reaction time: the Baltimore Longitudinal Study of Aging. *Journal of Gerontology* 49: 179-189.

Head D and Naftali R (2002) Age-related differences in the course of cognitive skill acquisition: the role of regional cortical shrinkage and cognitive resources. *Psychology and Aging* 17: 72-84.

Hoyer WJ, Stawski RS, Wasylyshyn C, and Verhaeghen P (2004) Adult age and digit symbol substitution performance: a meta-analysis. *Psychology and Aging* 19: 211-214.

Kramer A and Larish JL (1996) Aging and dual-task performance. In: Rogers WA, Fisk AD, and Walker N (eds.) *Aging and Skilled Performance: Advances in Theory and Applications*, pp. 83-112. Mahwah, NJ: Erlbaum.

Kramer AF, Larish J, and Strayer DL (1995) Trainin strategies for attentional control in dual-task settings: a comparison of young and old adults. *Journal of Experimental Psychology: Applied* 1: 50-76.

Krampe RT and Ericsson KA (1996) Maintaining excellence: deliberate practice and elite performance in young and older pianists. *Journal of Experimental Psychology: General* 125: 331-359.

Rogers WA, Hertzog C, and Fisk AD (2000) An individual differences analysis of ability and strategy influences: age-related differences in associative learning. *Journal of Experimental Psychology: Learning, Memory, and Cognition* 26: 359-394.

Salthouse TA (1984) Effects of age and skill in typing. *Journal of Experimental Psychology: General* 113: 345–371.

Salthouse TA (1994) Aging associations: influence of speed on adult age differences in associative learning. *Journal of Experimental Psychology: Learning, Memory, and Cognition* 20: 1486–1503.

Schaie KW (1989) The hazards of cognitive aging. *Gerontologist* 29: 484–493.

Schaie KW (1994) The course of adult intellectual development. *American Psychologist* 49: 304–313.

Scialfa CT, Jenkins L, and Hamaluk E (2000) Aging and the development of automaticity in conjunction search. *Journals of Gerontology: Series B: Psychological Sciences and Social Sciences* 55B: 27–46.

Strayer DL and Drews FA (2004) Profiles in driver distraction: effects of cell phone conversations on younger and older drivers. *Human Factors* 46: 640–649.

Strayer DL and Kramer AF (1994) Aging and skill acquisition: learning-performance distinctions. *Psychology and Aging* 9: 589–605.

Touron DR, Hoyer WJ, and Cerella J (2001) Cognitive skill acquisition and transfer in younger and older adults. *Psychology and Aging* 16: 555–563.

Touron DR, Hoyer WJ, and Cerella J (2004) Cognitive skill learning: age-related differences in strategy shifts and speed of component operations. *Psychology and Aging* 19: 565–580.

译　者：李双燕（首都经济贸易大学）

校译者：狄沐祺（首都经济贸易大学）

记忆

A. D. 史密斯 佐治亚理工学院，亚特兰大，佐治亚州，美国

词汇表

情景记忆（Episodic Memory）——一种长时记忆，基于原始经验背景信息（内部日志）对记忆进行存储和提取。

内隐记忆（Implicit Memory）——不需要有意识，为记忆的间接效应。

前瞻性记忆（Prospective Memory）——记得将来去做某事（意欲记住）。

语义记忆（Semantic Memory）——一种长时记忆，基于概念化性质对将要记住的信息进行储存和提取（内部百科全书）。

短时记忆（Short-Term Memory）——对新发事件的记忆，即在回忆之前保持在意识中的短暂记忆。

工作记忆（Working Memory）——一种短时记忆，对信息进行存储，同时进行即时加工。

引言

众所周知，人的记忆力会随着年龄的增长而改变。严重的记忆衰退与许多老年疾病（如阿尔茨海默病）有关，但人的正常老化也会出现记忆变化。大量研究表明，人们在完成各个记忆任务时确实会表现出年龄相关性差异。这些差异都可以在相关的横向研究和纵向研究中看到。但是，并非所有的记忆都按相同的方式随年龄变化。一些记忆任务显示出较大的成人年龄差异（例如工作记忆、情景记忆），而其他任务却几乎不受年龄影响（例如语义记忆、内隐记忆）。不同记忆任务所体现出的年龄相关差异取决于人们如何去定义记忆。一些理论认为，当记忆任务涉及有意识的认知加工或使用认知资源时，年龄差异会很大。充分记忆所需的认知资源越多，年龄差异就会越大。另一些理论认为，老化所产生的影响具体作用于特定的记忆过程或记忆系统。也有理论表明，年龄组之间的记忆差异根本不代表记忆效应，而是反映出其他融合变量，如健康、动机或不同体验的效应。

老化与记忆的理论视角

记忆阶段理论

记忆阶段理论将记忆分为几个连续阶段。如图 1（A）所示，信息首先必须经历时间 1（即编码），然后保持在时间 2 到时间 n 的记忆间隔内（即存储），最后，当在时间 n 测试记忆时，进行再现（即提取）。早期的研究者认为，成人段记忆差异主要在于三个阶段的最后一个阶段——即记忆的提取（retrieval）。例如，有实验表明，当运用再认记忆时（带有如下说明：从列表中选出您之前见过的单词），在自由回忆单词列表（带有如下说明：写下您之前在列表中看到过的所有单词）任务中出现的年龄差异将消失。由于认为使用再认记忆任务会降低记忆任务的提取需求，故可推断出年龄效应的核心必然在于记忆提取。当提取需求较大时，如自由回忆，年龄差异就会较大；当提取需求较小，如再认记忆，年龄差异就会较小，甚至不存在。这些发现在 20 世纪 60 年代和 70 年代初较为盛行。然而，最近的研究也证实了再认记忆中显著的年龄差异，记忆阶段理论失去了昔日的魅力。因为将不同年龄组的记忆阶段彼此分离开来存在一定困难，例如，为了将提取和其他阶段分离开来，在进行时间提取测试之前，其他条件都必须保持恒定。然而，这在老化研究中很难实现，因为各个年龄的成年人在早期阶段的信息加工方式可能不同，这就违反了提取前保持恒定的要求。

与记忆提取阶段相关的一个有趣现象是“话到嘴边现象”（tip-of-the-tongue，TOT）。日常生活中这样的案例比比皆是，例如，我们认为自己知道某件事情，但就是回忆不起来，记不清楚。在实验室中模拟这种 TOT 状态时，会让受试者先阅读单词的意思，然后尽力想起与定义相对应的单词。当提取受阻并且受试者无法想起与定义相匹配的单词时，就会出现这种状态，即使他或她完全确信该词是已知的。事实上，即使受试者无法回忆出单词本身，他们通常也可以记住目标单词的一些特定部分信息（例如，音节数、单词的首字母）。研究表明，老年人比年轻人经历的 TOT 状态更多，他们解决提取阻滞的速度较慢，并且通常无法回忆起部分信息。然而，当有足够的时间来解决 TOT 障碍时，老年人最终有可能像年轻人一样想出这些读过的单词。完成名称查找和图片命名类任务时，也会出现相同的结果。

由于与记忆阶段理论不直接相关的原因，20 世纪 70 年代和 80 年代早期，记忆研究主要集中在记忆的编码阶段。这一时期对编码的关注是由于记忆概念视图的发展，即“加工层次”（levels of processing）框架的出现，该框架指出记忆能力取决于编码过程中对待记信息进行语义加工的程度。因此，这一时期的大多认知老化研究都专注于编码过程和老化。这可能出于以下几种原因。首先，与年轻人相比，在记忆任务的编码阶段，老年人的记忆表现会因从事分心任务而受到干扰，但如果在提取阶段执行这类注意力分配任务，他们的记忆表现则不会受到影响。此外，老年神经影像学

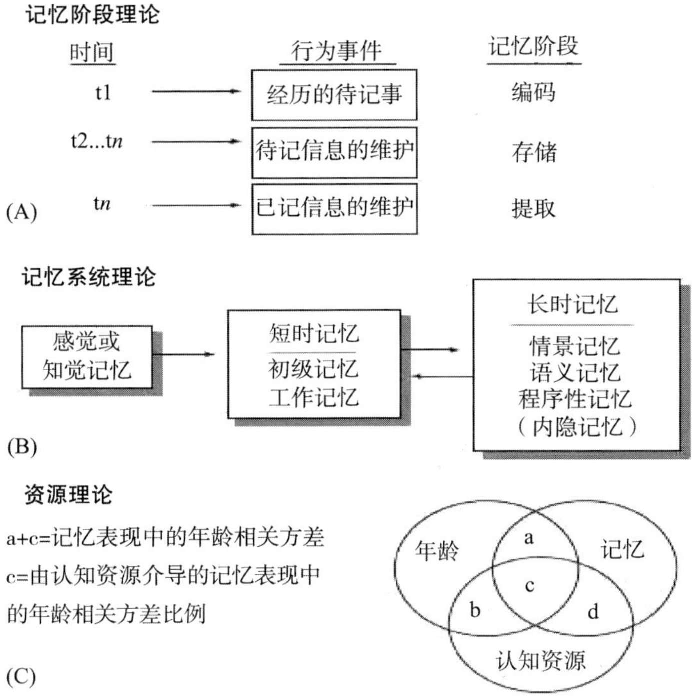

图 1　用于描述记忆年龄差异的三种概念

研究（neuroimaging studies）数据表明，人们的记忆在编码时所体现出的年龄相关性差异可能比在提取时更为明显。通过使用功能性神经成像，研究人员能够确定受试者执行不同认知任务时，大脑的哪些区域处于激活状态。编码过程中，当对不同年龄的受试者进行神经影像学研究时，在年轻人中看到的左前额叶的激活活动会在老年人中大大减弱。然而，当受试者从记忆中提取信息时，右半球的激活活动几乎没有出现年龄差异。这一神经学证据表明，相对于提取，老化带来的记忆问题可能更多地与编码有关。

记忆系统理论

另一种既有行为学又有神经学支持的记忆理论认为，记忆不是一种单一的结构，而是不同组成系统的集合。从图 1（B）中可以看出，记忆分为感觉记忆、短时记忆和长时记忆。短时记忆又分为初级记忆和工作记忆，长时记忆分为情景记忆、语义记忆和程序性记忆。这些记忆系统在呈现记忆以及存储和提取记忆时表现各不相同，受老化的影响程度也有很大差异。

感觉记忆　经历过一个事件后，它首先在感觉—知觉系统中简单地表现出来。信息由知觉系统进行加工分析。关于这类记忆和老化的研究较少，但的确有研究表明，老年人在这类早期信息加工类型，特别是在视觉系统中表现得不好。然而，应该明白的是，感知加工的差异不能完全解释之后记忆系统出现的记忆差异，因为后来的记忆差异并不稳定，而会随着所检查的记忆系统有所不同。对待记刺激进行充分的知觉加工似乎是进行各类长时记忆的必要条件。某些长时记忆系统受老化影响很小，而另一些受到的影响则较大，这一事实并不能说明在信息加工的早期阶段，依赖的仅仅是错误的感知加工。

短时记忆 短时记忆是有意识的，包括脑海中现存的信息，通过感觉知觉系统传入的新信息，还有为分析和加工新信息而从长时记忆中提取的特定信息。出于这个原因，短时记忆被认为是一个复杂的信息加工系统，即涉及信息的加工与存储（即记住事情）。脑海中现存的信息，或者个体一次性能够记住的所有信息，通常被称为“初级记忆”（primary memory）。大多智力测验中的数字广度测试就是对初级记忆的测量——随机生成一串不同数字，受试者根据记忆重复这些数字。如果受试者回答正确，下一次数字序列长度就增加一位。最后受试者正确回忆的最长数字长度就是其数字广度。当对不同年龄的受试者进行初级记忆的数字广度测试时，没有发现显著的年龄差异。然而，在包括加工和存储的短时记忆测试中却发现了年龄差异。

工作记忆与初级记忆不同，它要求受试者在执行任务加工的同时，将信息牢记于心。一种常用的工作记忆测试任务称为阅读广度（reading span）。要求受试者阅读一组短句（例如，“男孩和狗一起跑”）然后回答有关句子的问题（例如，“谁跑了？”）。同时，受试者还必须记住每个句子末尾的单词（例如，“狗”），并在每组句子读完后重复这些末尾单词。回忆单词之前每组包含的句子数从 2 个到 7 个不等，受试者的工作记忆容量就是其正确报告单词的最多句子个数。由于工作记忆任务需要对信息同时进行存储和加工，因此对于需要理解语言、解决问题或做出决策的日常信息加工来说，工作记忆是一个较好的模拟。其他的工作记忆任务涉及不同类型的信息加工，例如算数运算（计算广度）或空间操作（空间工作记忆）。通过这些任务，我们发现了显著的年龄差异。因此，虽然被动的初级记忆任务，如简单的数字广度，不显示年龄差异，但对工作记忆的测量却显示存在差异。如下文所述，许多研究人员认为工作记忆容量是记忆加工的基本机制。由于工作记忆中存在年龄差异，并且工作记忆被认为是有效处理编码和信息提取的基本要求，该测量被视为确定长时记忆中复杂年龄差异的重要因素。

长时记忆 长时记忆不像短时记忆保持在意识中，必须在需要时对信息进行提取。长时记忆通常分为情景记忆、语义记忆和程序性记忆（procedural memory）。

情景记忆 情景记忆是从个人经历中主动提取的记忆。换句话说，是对个人亲身经历即发生在特定时间和特定地点的事件的记忆提取。“我把钥匙放哪儿了？”“我最后一次见到玛丽是什么时候？”“我在杂货店要买什么？”这些问题都涉及通过重构原始体验的背景来记忆事件。

认知老化研究人员已经对情景记忆进行

了广泛研究。通常，他们会将单词列表或其他一些需要记住的信息呈现给受试者，经过一段时间后测量其记忆。因为受试者已经知道这些单词，所以记忆任务是在所呈现列表的特定背景中记住这些单词。虽然使用不同材料的记忆任务表现出来的年龄差异很大，但老年人在情景记忆方面往往比年轻人问题更大。决定年龄差异大小的重要变量就是受试者记忆任务中的有意加工程度。在完成编码和提取任务的过程中，所需的有意识加工越多，年龄差异就越大。

例如，如果待记材料是复杂的图像场景，比如那些可能出现在明信片上的风景图，那么老年人在后来的记忆测试中会表现得像年轻人一样好。由于图像具有丰富的语义和视觉背景，所以对这些材料的编码几乎不需要有意识加工。这被称为“环境支持”(environmental support)，任务和材料本身提供了必要线索，以助其实现最佳性能。然而，如果删除图片中的丰富内容，无论是通过去除感知细节，还是通过重新排列其组成部分以减少意义，年龄差异都会产生。通过减少环境支持增加了受试者对信息进行充分编码的有意加工需求，之后年龄差异就会增加。

在对情景记忆的提取中也会出现这种现象。提取记忆任务的结构方式会影响该任务的年龄差异程度。如前所述，自由回忆的年龄差异大于再认记忆的年龄差异。在自由回忆中，受试者看到常用单词列表后，要回忆出尽可能多的单词。除了向受试者说明要记忆单词外，不再向他们提供其他线索，最后会发现这些自由回忆任务中年龄差异通常较大。然而，如果使用再认记忆，年龄差异会大大减少。因为认知任务中的受试者只需从测试中出现的单词列表挑选出他们之前见过的单词，不用尽力记住这些单词。与自由回忆相比，再认任务提供了最好的提取线索，即单词本身，并且几乎不需要有意提取来执行任务。因此，由于再认过程提供环境支持，年龄差异会明显减少。

由于情景记忆十分依赖背景环境，因此老年人在这些任务中表现较差的原因之一可能是他们不易编码背景信息。例如，老年人不能像年轻人那样识别信息的呈现方式。

当让他们回忆单词字母是大写还是小写，当时是听到的还是看到的，读音是男声还是女声，又或者让他们回忆颜色是这种还是那种，是在电脑屏幕的上半部分还是下半部分时，老年人的表现会更差。这些任务（通常称为源记忆任务）需要受试者记住原背景细节。由于老年人能够编码的背景细节较少，因此他们在这些任务上表现不佳。事实上，老年人对情境的编码较少，他们甚至难以区分某些事件是实际经历的还是想象的，这一过程就叫“现实监控”(reality monitoring)。在典型的现实监控实验中，无论是在编码时读取单词还是根据某些提示生成单词，年龄较大的受试者都更难确定记忆的事件是阅读过的还是根据提示自己生成的。老年人一般得到提示也无法想出新词（例如，“给我一个以前没有提到过的水果名字”）。他们更有可能生成此任务中较早出现过的单词（他们并不是故意抄袭）。

因为情景记忆十分依赖环境背景，所以决定其表现水平的一个重要原则是“编码特异性”（encoding specificity）原则。该原则指出，情景记忆的最佳条件是使提取时的情景与原始编码期间经历的情景完全相匹配。因为老年人编码的环境细节较少，所以他们受到编码特异性原则的影响也较少。然而，一些研究发现，通过改变提取时的环境背景，例如在提取时使用与编码时不同的线索，年轻和年长的受试者都会受到同样的影响。而其他研究发现，年长受试者编码时受环境背景变化的影响小于提取时受到的影响。这些研究的显著特征似乎是在内容编码时一定程度上会融合待记信息。研究表明，同等编码特异性效应通常涉及已整合的线索和记忆目标，并且不需要刻意加工将它们联系在一起。另一方面，研究表明老年人的编码特异性较低，涉及记忆目标与环境背景的整合需要受试者的有意加工。这支持了先前提出的观点，即老年人的情景记忆缺陷由任务加工需求的增多而凸显。

老年人也有更多记忆错觉，比年轻人更容易产生错误记忆。他们会创造一个早期列表中并没有出现过的单词，可能只是因为此单词与早期出现的单词相关。例如，出现与“睡眠”相关的词语（例如，“午睡”“床”“打鼾”）时，如果后来要求回忆列表中的这些词语，他们更有可能记错，想起“睡眠”这个词。

情景记忆的一种有趣类型是“前瞻性记忆”，它不是指记住过去的事情，而是指记住将来要做的事。“今天中午别忘了吃药。”“你见到比尔时，告诉他我来过电话。”“你今天下班后来接孩子好吗?”所有这些记忆任务都让人产生一种将来要记住的意图，或者说提醒自己之后记住。在实验室模拟前瞻性记忆任务时通常会发现年龄差异。（例如，当脸上有胡子时按一个键，签名时要一支红笔，或在某个日期给实验室打电话。）然而，在较简单的实验室任务中，如出现某一特定单词时按一个键，前瞻性记忆的年龄差异就无处可找了。同样，是否出现年龄差异的决定性因素似乎是执行任务所需有意回忆的程度。

在一项研究中，要求受试者执行另一项计算机认知任务（基于时间的前瞻性记忆）——每 10 分钟按一次计算机键，会发现年龄差异；但某个提示词出现，提示他们按此键时，年龄差异就不会出现（基于事情的前瞻性记忆）。由于这一基于事件的特定前瞻性记忆任务在有外部线索的条件下，所需的有意加工较少，因此不会发现年龄差异。而在基于时间的记忆任务中，如果不提供外部线索来触发记忆，年龄差异就会出现。

老年人通常将自己的情景记忆问题局限于记住最近发生的事件。“我能清楚地记得几年前发生的事情；我只是记不得自己昨天做了什么。”这种对记忆问题的自我描述意味着远久记忆的稳定性和近期情景记忆的丢失。然而，研究超长时记忆也存在一些问题。老年人记得早些时间发生的事件，但很难判断这些回忆的准确性。他们通常会回忆过去发生的重要事件，无论发生在何时，这些事件很容易回想起来。但是之后，在长期保留间隔内，这些记忆很难被准确提取。当某些变量得到控制后，研究表明记忆与记忆间隔直接相关。不同于自我描述中得出的结论，记忆性能会随着最初经历和后续记忆提取之间时间的增加而变差。收集高中同学聚会的记忆数据也发现了这一点。通过检查人们在学校学到的外语技能、记住的小学老师名字以及他们 18 年前写的日记都得到了相同结论。这些案例都对记忆有某些显著的控制、良好的准确度标准和对间隔复述的较好控制。结论很明确：记忆越古老，记住就越困难。但应该指出的是，虽然以年为单位测量记忆保留间隔提供了有关远程记忆的有趣数据，但在这类研究中，年龄与记忆保留时间间隔是混淆的。这限制了它们对老化影响的理解。

语义记忆　为了忆起某些记忆碎片，原始编码的某些情境必须在提取时进行再现。然而，我们记忆信息时往往不会关注最初是如何或者何时获得信息的。我们可以接触到大量的世界知识，但这些知识往往与获得时的初始背景已经完全失去了联系。“美国的第一任总统是谁?”“什么水果是黄色的并且配着麦片更好吃?”“你祖母的娘家姓是什么?”语义记忆是从概念上而不是从环境背景中提取的，人们所累积的一般性知识即为语义记忆。

在大多数智力测试中，语义记忆的测量通常被称为“晶体智力”（crystallized intelligence）。一般性信息测试（回答诸如“马克·吐温的真名是什么?”等问题）和“韦氏成人智力量表”（Wechsler Adult Intelligence Scale，WAIS）中的词汇测试（提供单词定义）衡量对概念知识的获取。假设年龄组之间的教育水平和其他人口统计变量尽可能保持不变，这些测试少有显著的年龄差异。事实上，除非步入晚年，老年人在词汇测试中的表现通常都比年轻人更好。

如果年轻人和老年人的语义记忆存在差异，则很可能反映在不同的年龄组之间语义记忆的组织方式差异方面。然而，几乎没有证据表明老年人与年轻人组织知识的结构不同。测量语义记忆组织的一种方法是自由联想测试。例如，一次给出一个单词，要求受试者说出最先在头脑中出现的词语。如果语义记忆的联想结构在年龄组之间不同，它就会通过自由联想测试显示出差异。但从自由联想到文字，自由联想到图画，或类别实例到名称（如“水果”）都没有发现年龄差异。如前所述，老年人提取语义信息的效率较低，通常需要更长时间，但大多数情况下信息最终都可以被提取。

程序性记忆　通常记忆是自动产生效果的，没有有意识的意识。“程序性记忆”一旦获得，就会是自动的，根本不需要刻意地回忆。一旦学会了，我们就会骑自行车、在电脑上打字、理解语言，而不用投入大量的注意力。程序性记忆涉及运动技能和认知技能。

研究人员巧妙地开发了实验程序来检验“内隐记忆”，即使受试者没有意识到自己正在记忆，程序性记忆任务也会显示出记忆效果。例如，先给受试者展示一个单词列表，同时让他们执行一些相关任务，如按照喜好程度为单词排序，接着再执行一系列与该单词表无关的任务。最后，给出一些词干，让他们用脑海中出现的任何单词来进行补充。与没有看过初始单词列表的对照组相比，阅读过的受试者会更多地想出先前单词表里的单词，即使他们完全没有意识到该单词在前面出现过。如果明确要求他们使用词干来回忆之前阅读过的单词，则会产生较大的年龄差异。然而，当要求受访者用任意词汇来补全词干而不暗示他们这是记忆任务时，年轻人和老年人则表现出相同的内隐记忆。通常情况下，内隐记忆测试中不存在年龄差异，即使有，与外显记忆相比，其年龄差异也非常小。纵向研究也显示了外显记忆存在年龄变化，但内隐记忆没有年龄变化。

总之，记忆系统理论在描述记忆的显著年龄差异时十分有用。但是，即使是同一类记忆，由于任务性质、执行任务所需的认知过程其特点存在差异，年龄差异也会有很大不同。因此，记忆研究者仍在寻求更好的解释来说明记忆中的年龄差异。

资源理论

第三种记忆观认为，可用于认知任务的认知资源有限。如果老化与认知资源的减少相关，那么认知资源降低，记忆表现也会受到不利影响。目前，已成功尝试了使用过程分离方法来衡量有意加工。过程分离方法使用单独的记忆任务指数，一个指数衡量受控加工（回忆）的数量，另一个指数衡量熟悉度。使用这种方法，在回想和认知的受控回忆部分会发现年龄差异，而在熟悉部分不会发现年龄差异。

检验资源理论的研究人员采用了个体差异研究人员常用的相关方法。典型的资源理论方法首先是确定独立测量的资源机制，然后确定它们在记忆表现中年龄相关变异的占比。图 1（C）的圆圈代表三个变量，即年龄、记忆表现和认知资源的测量差异。两个圆圈的重叠就表示年龄和记忆表现的差异（即 a+c）。字母 c 表示记忆年龄相关变异占据认知资源变量的比例。

现已有几种不同的理论认知资源结构。从方法学上讲，为了证明一种认知资源机制可以解释很大一部分与年龄相关的差异，该机制在记忆测试时也必须得到充分测量。然后，如图所示，使用回归统计方法将该机制与年龄和记忆表现联系起来。

前面提到的工作记忆结构在解释年龄相关记忆表现方面卓有成效，这种认知资源机制已经得到证明。假设工作记忆是进行记忆的一种基本加工资源，那么工作记忆的个体差异能够解释年龄相关长期记忆表现中的个体差异。回归分析表明，在各种不同的记忆任务（如自由回忆、配对联想学习、文本记忆）中，工作记忆可以解释其中超过 50% 的年龄相关差异。

另一种更基本的认知机制是知觉速度，它在解释记忆中的年龄相关差异方面更为有效。知觉速度是执行简单的知觉活动任务的能力，例如确定两个数字或字符串相同或不同（即数字或字符比较）或在纸上让数字挨着相应符号来给出数字和符号的正确配对（数字符号替换任务）。许多研究表明，控制知觉速度后，记忆表现中的年龄相关差异会变小。常用的一个记忆任务是配对关联任务，即受试者在编码过程中提早看到刺激反应对后，就会回忆与特定刺激词相匹配的反应词。研究发现，控制知觉速度之后，配对关联回忆中与年龄相关的差异只剩下 1%。

应该注意的是，在理解年龄与记忆的过程中发现，速度和工作记忆并非相互排斥，甚至不是对立的机制。研究已证明工作记忆本身的变异很大程度上由知觉速度结构负责。可以用结构方程建模统计技术来检验知觉速度、工作记忆和情景回忆之间的关系。这种技术可以确定变量之间的路径及其方向强度。结果表明，当模型中包含知觉速度和工作记忆时，年龄对情景回忆方面没有直接影响。年龄以两种方式影响回忆，但都是间接的。首先，年龄对知觉速度有影响，而这对回忆有直接影响。其次，年龄通过工作记忆对回忆速度有进一步的间接影响。在这种情况下，解释情景记忆表现中年龄相关差异的最佳模型既包括知觉速度还包括工作记忆。

另一个对年龄相关记忆表现有贡献的机制是“抑制”，即通过积极关注目标信息，减少关注无关信息的能力。有人提出，随着年龄的增长，人们抑制与任务无关的信息的能力会减弱。接下来，未被抑制的信息就会占用加工记忆任务的可用工作记忆容量。抑制能力的减弱已经在各种任务中得到证实。例如，当被要求阅读一段文字时，如果其中整个段落中交织着不同字体等无关信息，年龄较大的受试者在阅读和处理文本时就会出现问题。

通常，我们认为知觉速度和工作记忆是衡量执行认知任务可用资源的基本机制。从某种意义上说，他们测量的是神经效率。研究表明，即使是随着年龄增长而下降的感觉功能（视觉和听觉），也能解释记忆任务中与年龄相关的差异。

其他变量的调节效应

与其寻求调节老化和记忆表现关系间的认知因素，不如探索这种关系的替代变量。因为大多数认知老化研究是横向研究（在某一个时间点上比较不同年龄组），所以与不同年龄组混淆的变量是其需要考虑的因素。例如，不同年龄组的受试者出生时间不同，生活经历也各不相同，所以出生队列就是一个变量。如果对此进行研究，就必须考察相同受试者的记忆表现变化，而不是不同受试者间的差异。以这种方式通过心理测量智力测试考察认知能力时，会发现横向研究得出的年龄差异通常高出实际年龄变化。然而，在使用队列设计时横向研究中的认知年龄差异很少被消除。实际上，使用相同纵向设计研究年龄变化的记忆实验任务与横向研究结果相同。即任务队列和任务实践得到控制后，纵向设计中发现的年龄差异与横向研究中的差异一致。

更具体的受试间的因素也被视为年龄与记忆关系的调节因素。健康、教育水平、社会地位和职业都可以用年龄来衡量。这些因素在一定程度上可以影响记忆任务的年龄差异大小。然而，控制这些因素并不能消除年龄效应。例如，健康状况会影响一个人在记忆任务上的表现。尽管如此，研究表明，控制自我报告的健康状况并不会减少记忆的年龄差异。即使使用更客观的健康指标，例如处方药的数量，与年龄相关的记忆表现差异也只能减少大约 20%。因此，控制健康状况可以削弱年龄和记忆间的关系，但不能消除这种关系。

对老化与记忆研究的一个批评是其受控的实验室记忆测试条件。有人认为，这些任务是人为设计的，与老年人执行的日常记忆任务并不相同。实验室任务与老年人无关，因此不能充分反映他们的记忆能力。换句话说，由于实验室程序的人工受控性质，记忆研究被指责为“生态无效”。实验室记忆任务被视为类似于学校环境中所需的“正式记忆”，它完全不同于老年人的日常记忆。因此，年轻人在完成这些任务时做得更好，因为他们更熟悉实验室中测试记忆的情境，而不是因为他们的年龄本身。

由于这种批判，有大量生态有效性的日常记忆任务被用于不同年龄的受试者。同样，虽然使用更熟悉的任务可以减少记忆表现的年龄差异，但大多数情况下，日常记忆任务仍然存在显著的年龄差异。例如，记住面孔、故事情节、城镇路线、进行的活动，记住和理解处方药信息以及记住杂货物品等，在这些记忆任务中都体现了老年人与年轻人的记忆差异。

此外，还有研究表明，不同的熟悉度或经验并不是决定记忆中年龄差异的关键因素。即使控制学生身份，选用年长学生并将他们与年轻学生进行比较，许多记忆和认知任务仍会出现年龄差异。还有一些使用动物受试者进行的非人类实验也表明，即使不同年龄的动物受试者自出生以来都有着相同的日常经历，但记忆表现方面仍存在显著的年龄差异。

从这些研究中得出的结论是，有效的老化并不是毫无变化，而是在整个生命周期中适应变化。记忆变化似乎是老化过程的正常结果，虽然动机、健康或不同经历等非认知因素可以改变记忆中年龄差异程度，但它们并不能替代年龄本身来解释记忆差异。

老化与其他领域认知心理学的相互作用

个体差异

如前所述，记忆研究人员正在将实验认知心理学的方法与个体差异研究的相关技术相结合。他们也会使用回归分析、路径分析和因果建模的相关技术来确定哪些机制是导致记忆表现中出现相关年龄差异的原因。迄今为止的研究一致表明知觉速度和工作记忆是产生记忆性能差异的重要因素。

这些统计技术并不新鲜，个体差异研究人员已使用了很长时间。但新的功能是使用技术来检验假设，这些假设已经在认知心理学实验室得到开发。这种研究传统的结合为老化和记忆研究带来了新的前景。

认知神经科学

关于这一点，从通过不断发展的认知神经科学领域，即实验认知心理学（记忆的实验室研究）和神经科学（大脑结构和功能的研究）之间的相互作用中，可以得出相同结论。随着功能神经影响技术，如正电子发射体层摄影（PET）和功能磁共振成像（fMRI）的发展，当受试者实际执行记忆任务时，脑激活能够被测量。

认知神经科学研究表明，大脑的前额叶皮质区域显示工作记忆的活动轨迹。当受试者执行工作记忆任务时，皮质的这些部分会出现独特的激活。老年人执行工作记忆任务时，大脑前额叶区域则表现出不同的活动模式。

大脑的另一个区域，颞顶叶区（海马区），假设是负责长期情景记忆中的有意加工。这一结论主要来自对脑损伤患者的神经学研究。这些研究需要尸体解剖，才能提供有关导致行为缺陷的受损大脑区域的确切证据。

在记忆的神经成像研究中发现的主要年龄差异之一是大脑激活活动中不对称性的减弱。在操作一些认知任务时，老年人的脑激活活动出现明显的双侧化现象，而年轻人完成这些任务时脑激活活动却呈现出明显的单侧化优势。关于老年人大脑两半球都发生激活活动的一个解释是这可能是为了补偿老化而使用更多的脑区。

总之，个体差异技术和神经科学技术都正在拓展假设检验的方法工具来研究老化和记忆。

结论

随着年龄的增长，记忆力会发生变化。然而，这些变化是选择性的，主要发生在工作记忆和情景记忆中。一般而言，编码或提取信息所需的有意加工越多，年龄差异就越大。许多与年龄相关的记忆差异可以通过简单的认知机制（如知觉速度）来解释，但这些差异却不能归因于非认知变量。

另请参阅：注意力；痴呆；学习；记忆策略；神经影像；知觉。

拓展阅读

Bäckman L，Small BJ and Wahlin UA（2001）Old Aging and memory：cognitive and biological perspectives. In：Birren JE and Schaie KW（eds.）*Handbook of the psychology of aging*, 5th edn., pp. 349-377. San Diego, CA：Academic Press.

Craik FIM（2000）Age-related changes in human memory. In：Park DC and Schwarz N（eds.）*Cognitive Aging：A Primer*, pp. 75-92. Philadelphia, PA：Psychology Press.

Light LL（2001）Some observations on the self-initiated processing hypothesis. In：Naveh-Benjamin M, Moscovitch M, and Roediger HL III（eds.）*Perspectives on Human Memory and Cognitive Aging*, pp. 315-322. Philadelphia, PA：Psychology Press.

Nyberg L and Bäckman L（2004）Cognitive aging：a view from brain imaging. In：

Dixon R, Bäckman L, and Nilsson L-G (eds.) *New Frontiers in Cognitive Aging*, pp. 135–160. New York: Oxford University Press.

Park DC (2000) The basic mechanisms accounting for age-related declines in cognitive function. In: Park DC and Schwarz N (eds.) *Cognitive Aging: A Primer*, pp. 3–22. Philadelphia, PA: Psychology Press.

Park DC and Minear M (2004) Cognitive aging: new directions for old theories. In: Dixon L, Bäckman R, and Nilsson L-G (eds.) *New Frontiers in Cognitive Aging*, pp. 19–40. New York: Oxford University Press.

Zacks RT, Hasher L, and Li KZH (2000) Human memory. In: Craik FIM and Salthouse TA (eds.) *The Handbook of Aging and Cognition*, 2nd edu., pp. 293–357. Mahwah, NJ: Lawrence Erlbaum Associates.

译　者：李双燕（首都经济贸易大学）
程思宇（首都经济贸易大学）
校译者：尹尚菁（国家开放大学）

记忆策略

J. A. 休格 内华达大学雷诺分校，内华达州，美国

词汇表

外部策略（External Strategies）——一种利用有形的、自然的物质，场所或人来帮助记忆的方法，如去杂货店前列出购物清单。

内部策略（Internal Strategies）——一种依靠内部心理过程进行记忆的方法，例如，创建在杂货店所需购买物品的心理图像。

元记忆（Metamemory）——一般指有关记忆功能的认识、评价以及知识等，尤指自身记忆。

轨迹法（Method of Loci）——一种形式记忆的技术，学习者想象一条经过一个熟悉地点（例如，某人的家）的路径，并将要记住的物品和此路径上的某具体位置建立视觉联系。

PEG 词汇系统（Pegword System）——一种形式记忆的技术，在记忆对象与某熟知序列中的一个关键词（字）之间建立视觉联系，如“1 是面包，2 是鞋子”等。

前瞻性记忆（Prospective Memory）——指当事人记住将要采取的行动。

回溯性记忆（Retrospective Memory）——指当事人记得从前发生的事件。

死记硬背（Rote Rehearsal）——一种通过无声或有声地重复强化记忆的记忆方法，也称为“持续性复述”。

引言

记忆策略是一种可以帮助人们更好地记忆过去发生的事件与即将发生的事件的技巧或方法。老年学中的一个重要命题就是探索老年人能够运用有效记忆策略来增强记忆的程度。了解老年人实际使用的策略，以及他们为什么使用这些策略，有助于理解年龄、群体以及历史事件对人类一生中的信息处理产生的潜在影响。老年人能够在多大程度上运用有效的记忆策略，对老年人减少对生活的感知依赖，增强生活自理能力，减少健康风险，提升生活质量十分重要。并且，逐渐老去的人们最常发出的抱怨就是忘事。其实，有效的记忆策略不计其数，老年人确实

在使用其中的部分策略，他们有潜力去学习更多的记忆技巧。研究表明，即便是患有阿尔茨海默病的人们，经过指导也能够改善自身记忆力（参见“记忆”）。

为什么要使用记忆策略？

记忆策略的发展史

人类的记忆并不可靠，因此人们饱受遗忘的困扰，这种情况随着年华的老去尤为突出。事实上，拥有最好的记忆力就可以避免遗忘的说法，只是一个常见但不切实际的神话。并且，所谓的完美记忆往往伴随着巨大的缺陷，一个知名的典型事例就是卢里亚（Luria）所描绘的一个记忆力惊人的男子S。比如，S对人的记忆十分精准，如果一个人换了一身衣裳，或剪了一个新发型都会妨碍S对他的辨认。当然，我们并不希望遗忘重要的事物，并且高度的健忘可能意味着患有某些疾病，比如抑郁症或痴呆。因此，记忆策略的可贵之处在于，一旦人们有效地使用了它们，那么就可以记住其想要记住却有可能会遗忘的重要事物。使用记忆策略意味着拥有较强的认知能力，熟练使用记忆策略是拥有良好认知管理技能的表现。

纵观历史，人们发明了很多提升记忆力的方法。这些方法大多依托所处时期内具备的材料、流行的理念以及心理活动的模型。因此，记忆策略的种类与选用随时间的推移而不断发生改变。轨迹法是最古老的记忆策略，可以追溯到公元前500年，西塞罗（Cicero）认为此记忆法是诗人西蒙尼德斯（Simonides of Ceos）发明的。这种方法是一种形式记忆的技术（也称作记忆术），学习者想象一条经过一个熟悉地点（例如，某人的家）的路径，并将要记住的物品和此路径上的某具体位置建立视觉联系。当人们试图回想起一个事物时，可以幻想自己沿着这条路径行走，其中的特定位置将会提示人们所记忆的相应事物。早在纸和铅笔等材料被发明出来用以列清单和做笔记之前，人们就发明了这种方法来帮助记忆。

今天，一些新兴的商业企业正在研发、制造和销售辅助记忆的设备。这些商品包括提示记事本，其中设置了每日计划、日历以及记账等栏目；电子预约簿，可编程的听觉和视觉提醒；以及袖珍电子笔记本，它可以记录语音信息，响应语音要求，并针对语音要求将所储存的相应内容转化为视觉形式显示出来。此外，一些新的电子设备还可以用一种新颖的方式来帮助记忆，比如在电话答录机上给自己留言。

记忆策略运用与记忆表现之间的关系

尚未有研究发现人们记忆力的优劣与所使用的记忆策略的数量与质量之间存在关联。但无可争辩的是，有效的记忆策略可以帮助人们更好地进行记忆。并且人们已经通过使用各种记忆策略与不同的记忆对象证实了这一观点。比如形式记忆法的记忆效果比死记硬背要好上2~7倍。复合使用记忆法将大大提高人们的记忆力。比如，研究发现，各年龄段的成人，无论年轻或年长，都可以通过使用记忆策略，将数字广度（可以记住一列数字中的多少数字）从起始水平（平均记住 7~11 个数字）提高到 72 个或更多的数字。这一提高是通过建立现有的世界认知和一组数字之间的关联进行记忆，或将数字“切分”或结组进行记忆，或将此两种记忆策略进行结合，并在一段时间内的多个时间段中不断练习实现的。

有关记忆运行的一些理论阐释了记忆策略与记忆表现之间的关系，虽然这些解释大多流于泛泛。例如，在记忆信息的三级加工模型中，记忆策略的使用会影响到信息能否从感觉记忆向短期记忆，最终到长期记忆的传递。如果一则信息无法从一个信息处理程序传递到下一个，那么此信息就被认为已经丢失或遗忘了。并且，更好地使用记忆策略可以增加未来回忆成功的概率。因此，对进入感觉记忆阶段的信息加以关注将助其进入短期记忆阶段。复述有助于维持处于短期记忆阶段的信息，而更精细的记忆策略则会增加此信息在长期记忆阶段中存储的机会，以便日后提取。

根据记忆信息的加工水平模型，经深层次（如语义或内容层次）加工后的信息比经浅层次或浮于表面（如音位层次）的加工后的信息更容易保持。这一理论结果使得记忆研究人员相信，通过韵律这一词语的表面特征进行记忆，并不是一个十分有效的记忆策略（参见“记忆”）。

记忆策略的种类

一般情况下，当一件事被认为重要到了一定程度，需要被记忆时，人们往往会使用记忆策略进行记忆。并且，人们通常是刻意地使用这些策略，虽然经过练习，人们也会不自觉地进行应用。

记忆策略可以分为各种门类。最常见的分类为形式记忆法、图像记忆法、一般内部策略与外部策略。表 1 列举了各记忆策略及其范例。

表 1 记忆策略的种类与示例

内部记忆策略（Internal memory strategies）
形式记忆法（formal mnemonics）
首字母缩略词（例如，用 HOMES 指代北美五大湖）
轨迹法
将所记信息与故事相结合
PEG 词汇系统
图像记忆法（imagery-based strategies）
怪诞的意象
交互的意象

续表

一般内部策略（general internal strategies）
按字母顺序搜索
分类
联想
详细说明
分组
押韵
死记硬背
外部记忆策略（External memory strategies）
通讯簿
预约簿
请他人提醒
书签
日历
日记
清单（如购物清单）
分装式药盒
物品布局
个人数字助理（PDA）
相片
菜谱卡片
记事贴
录音机
定时器
录像机

形式记忆法

形式记忆法是帮助人们记忆的系统，是围绕已有核心知识而建立的复杂体系，因此必须依靠指导来进行学习。形式记忆法就像房屋的骨架，房屋的其余部分都要依靠它来支撑。它为所需要记忆的信息提供了一个可供依附或组合的框架。轨迹法（前文已进行说明）与 PEG 词汇系统是形式记忆法的典型范例。PEG 词汇系统指在所需记忆的信息与已学序列中的关键词之间建立视觉联想，这种序列可以为“1 是圆面包，2 是鞋子”等。回忆时，人们通过这一熟悉的序列刺激视觉联想，所记信息就会浮现在眼前。

但对于一些知名记忆研究员来说，他们是记忆方面的专家，熟知记忆研究的理论与实践基础。因此他们自己不使用这些形式记忆法，也不推荐他人使用。这些形式记忆法不仅需要花费较多精力来学习，还需要通过持续练习来保持。并且，形式记忆法对简单的记忆最为有效，比如背诵一组单词。但不幸的是，在这些情况下，现代辅助记忆的材料与技术已经将其淘汰了。例如，使用 PEG 词汇系统记忆需要去杂货店购买的物品在现代显得过于麻烦，因为在纸上列出清单也能达到同样的目的，并且更为有效。因此尽管形式记忆法可以大大提高人们所能记住的信息量，但在日常生活中的很多情况下，这些策略已难以满足人们的实际需求。

图像记忆法

图像记忆法是一种依赖视觉化的内部心理过程的记忆方法，比如创造怪诞的意象或将交互的意象可视化。

研究记忆的心理学家们表示他们很少使用图像记忆法，并且也不太可能推荐给他人使用。老年人也不会自发地使用这种记忆法。总而言之，老年人不会使用他们认为很傻的记忆方法，并且很多老年人认为将事物与怪诞的意象相联系并不明智。

一般内部策略

一般内部策略指仅依靠内在心理过程进行记忆的方法或技巧。例如，将所学信息与熟悉的事物进行联想，或将所记信息按其共同点分门别类。

反复练习、分门别类与详细描述是记忆研究者们经常使用且推荐使用的一般内部策略。死记硬背则是老年人唯一会自发使用的一般内部策略，也是他们最为喜爱的内部策略。

外部策略

外部策略是依托有形的物体、地点，或人来帮助记忆的方法与技巧。列清单、记便条、请他人提醒以及将物品放在特定位置（将物品放在自己不会忘记的地方）是应用范围较广的几个外部策略。比如，个人数字助理（PDA）是一种可以在更多领域中增强记忆的现代技术设备，它取代了纸张成为记笔记的媒介。其他外部记忆的方法可以具体服务于不同的用途，例如书签、菜谱卡片以及根据服药时间将药品进行分类的分装式药盒。虽然外部策略经常被认为是一种辅助记忆的手段，而非记忆策略，内外部策略都需依靠更高的认知功能才能有效减少遗忘次数。

报告显示，使用外部策略的记忆研究者们较为广泛。事实上，他们最喜爱的方法是将事情记在纸上，并认为此法是“被设计出来的最有效的记忆法”。虽然老年人声称自己会经常使用外部策略，但他们认为这种方法更像是“拐杖”，并不十分看好。并且，他们认为列清单或记便签是一种“作弊”的记忆行为。

记忆策略应用的年龄差异

实证发现

有研究对比了年轻人与老年人对记忆策略的使用，发现人们在使用记忆策略的数量与种类方面都存在年龄相关性差异。与年轻人相比，老年人使用的记忆策略更少。很多研究显示，除却数量上的差别，老年人与年轻人相比，会使用更多的外部记忆方法，更少的内部记忆方法。这种年龄差异颇为有趣，外部策略对前瞻性记忆（即可以帮助人们记忆未来要做的事情）尤为有效，而老年人恰恰在前瞻性记忆方面表现得比年轻人更好。

教育的主要内容是学习如何记忆新信息，这一内容也可被称为教育之基。学生们在学校学习记忆策略，这就为其提供了持续学习和练习记忆策略的机会。因此，求学中的成年人比不再上学的成年人可应用的记忆策略更多，记忆效果也更好。不再上学的老年人甚至排斥那些对学习和记忆多种信息十分有效的珍贵记忆策略，如分类记忆与分组记忆。

生活中的一些活动对记忆力的要求极高，这为不再接受学校教育的老年人带来了一定的智力挑战。老年人可以通过桥牌等活动继续锻炼心智能力，这有助于学习并锻炼记忆力。研究证实，那些经常参与需要较高记忆力的活动的老年人，比不参与挑战性活动的老年人，在记忆测试中表现更好。

理论思考

很少有理论能够解释老年人对记忆策略的应用模式。现有研究大多是针对老年人对记忆策略使用频率做出的评级或排名的调查报告与调查问卷，且多为描述性研究。由于认识到老年人很少自发地使用一些更为有效的记忆策略，比如分类记忆，研究人员将注意力转向探索指导老年人使用特定的记忆策略会有怎样的助益。他们的研究表明，老年人能够习得他们平时不常用的记忆方法，而且，使用这些方法确实可以帮助他们显著提升记忆效果。但仍然存在一个问题，即这些得到提升的记忆效能往往转瞬即逝。

老年人为什么不使用年轻人现在经常使用的一些高效的记忆策略呢？一个十分合理的解释为，在研究人员对老年人进行指导之前，他们可能从未学习过这些记忆策略。复杂的信息处理策略一般通过正规教育才能学到。老年人在青少年时期所学习的基本记忆策略是死记硬背，研究发现，这一策略也变成了他们最喜爱的记忆方法。

从 1879 年艾宾浩斯（Ebbinghaus）的记忆研究开始，到 20 世纪中期，这一时期的研究几乎都专注于探索死记硬背与针对一系列语音材料的序列学习，这些用于序列学习的材料都尽可能不带有含义。这种现象不足为奇，因为现在的老年人大多是在 20 世纪 40 年代或更早时候接受的学校教育，他们当时学习的记忆方法就是练习死记硬背。事实上，直到20世纪60年代，才有相当多的研究开始证实分类记忆法与分组记忆法对记忆语音材料有积极作用。这些与思考和使用记忆策略的发展有关的重要历史事实，必须被视为影响今天的老年人思考记忆的方式以及他们在面对需要记忆的任务时倾向于使用的策略的关键因素。

记忆策略操作指南

记忆辅导的特点

现代关于改善记忆的辅导项目有很多种形式。自助手册与自助影音材料日趋增多，非常盛行。但不得不关注的是，这些辅导材料通常并不针对老年人，而是针对在商场上打拼的年轻人或中年人而设计的。这表明，在人们步入老年之前，早就已经认识到需要通过更好地使用有效策略来改善一个人的记忆。

记忆辅导一般包含对记忆运行机制的总体介绍，以及针对各种记忆策略的具体课程。每门课程都对某一记忆策略做出了详细介绍，并附有相应案例，最后还会提供练习或作业供人们学习巩固。这些辅导所教授的记忆策略几乎都是内部策略，几乎都包含了至少一种的形式记忆法。虽然很多这种辅导产品在市场上已经售卖了几十年，但它们还没有经过深入的科学审视，因此不知道学习这些课程后可以产生何种程度的效果。

有关记忆辅导的研究，一般专注于在一个类似教室氛围的场所内，为几个人针对一种记忆策略进行教学，并且学期不长于4至5周。这些研究证明，老年人可以习得新的记忆策略，并且通过使用这些新策略，改善记忆效果。但是，这些辅导项目的效果通常较短，当老年人走出课堂后，他们似乎就不再使用这些新习得的记忆策略了。

以往研究难以证明记忆辅导能对老年人产生牢固且持久的效果，主要因素有三点：对内部记忆策略与形式记忆法的强调，教学周期的相对简短，以及人们对关于记忆必然随衰老而衰退的相关传言的深信不疑。轨迹法是这些研究中最常用于指导老年人使用的记忆策略。轨迹法与其他形式的记忆法一样，虽然经充分的学习和实践可以产生一定的效果，但并不能满足人们日常记忆的需要，因为它需要花费大量精力去学习，且不能广泛地应用于一些新情况。此外，老年人在实验中用于学习新记忆策略的时间，与其已经用一生时间反复练习的少数几个记忆方法相比，显得过于短暂。老年人如果想要熟练地应用新的记忆方法，就需要在未来不断练习，并辅以延伸练习，以便将具体的记忆策略应用于更加广泛的情境之中。

有关记忆与衰老的传言充斥着我们的社会，并且老年人对这些传言的信任影响到了他们的记忆表现。衰老会造成人们记忆力的大幅减退这一说法，确实会对人们学习新的更为有效的记忆策略的动机与努力程度产生负面影响。如果不消除这些误解，老年人能否从只注重技巧的辅导中获得益处，这些成效能够保持多久，我们不得而知。

研究人员建议，与其教授老年人一两个记忆策略并希求他们能够用其应对各种情况，不如教授老年人大量的记忆策略，让他们自己从中选取适用的策略。因为很多非常有效的记忆策略都是专门针对某一具体领域的（如分装式药盒），而教授老年人大量策略，可以助其在遇到不同情况时可以有更多的策略选择。进修课程也可以帮助老年人抛弃对他们无用的技巧，并扩充其记忆策略的数量。计算机辅助辅导在这方面也许可以发挥较大作用，但首先要解决老年人使用计算机的困难。

然而很少有辅导项目全面地教授人们高效的记忆策略有哪些，以及怎样使用它们。恰恰是这一领域中的少数几个研究证明了这些记忆策略在老年人日常生活中的价值。事实上，如果可以在记忆教学中通过讨论的方式来转变老年人认为外部策略是次等方法的观念，那么有关外部记忆策略的记忆教学将会更加有效。

最后，建立一个好的记忆策略体系不仅需要学习新的有效的记忆策略，还需要摒弃那些旧的不好用的策略。比如老年人常用的策略之一就是，将贵重物品放在特殊的地方保存起来。而这样做的后果是他们事后往往会忘记放在了哪里，而很少能够真正记住。其中一个原因在于，这一特殊的位置之所以会被选中，就是因为这些物品一般不太可能会放在那里，于是放东西的人随着时间的推移，更不容易想到去这个位置找东西。更糟的是，这些位置如此特殊，以至于人们往往会过度信任自己不会忘记。而这种过度自信将会阻碍人们去使用记忆策略进行助记。

记忆辅导的价值

在记忆策略方面提供辅导，对老年人和社会都有明显的好处。老年人通过辅导可以改善自身生活质量，比如良好的记忆力可以使老年人们记得用药剂量与时间。有研究甚至证实了给予郁闷与焦虑的人群以记忆指导可以助其缓解不良情绪（参见“焦虑症”“抑郁症”）。

很多情况下，当发现老人出现了健忘征兆时，家人或朋友的担心往往会造成过早或不必要的刻板行为。老年人自己或其亲朋好友都会担心他们忘记关煤气灶，忘记锁门，或在车灯耗尽电池后被困在路上。适当地辅导老年人们使用记忆策略以及现代技术可以很大程度上消除这些担忧。记忆策略辅导为这种刻板行为提供了一种更合理、适当和经济的选择。比如，人们可以教老年人们如何有效地列清单或记便签来记住每天重要的事情，并规避因遗忘而对其人身健康造成的威胁。一些市场上的新产品为减少人们对老年人记忆衰退的担忧提供新的方法。比如，在一段时间内未经使用会自动关闭的蒸汽熨斗，在车上装上能够在钥匙拔出后几分钟内自动熄灭的车灯，以及使用分装式药盒来管理自己服药的类别及其相应时间。

研究表明，即使患有阿尔茨海默病的人也可以通过辅导提升其记忆力。心理学研究及一些理论观点都表明，阿尔茨海默病患者的回顾性和前瞻性记忆可以得到增强。间隔检索法（spaced retrieval），是一种通过逐渐延长记忆间隔，并在较短时间内成功回忆，来改善学习和记忆的辅导方法。通过这种方法，阿尔茨海默病患者可以记忆普通物品的名称、对应人脸与姓名以及完成前瞻性记忆任务。用这些方法来帮助阿尔茨海默病患者改善他们的记忆意义重大，因为渐进性的记忆丧失对患者和他们的亲人来说具有较大伤害（参见“痴呆：阿尔茨海默病”）。

这些兼具创新与成效的辅导足以证明，有关记忆辅导如何帮助改善老年人生活质量的研究还处于起步阶段，未来工作任重而道远。

另请参阅：焦虑症；痴呆；痴呆：阿尔茨海默病；抑郁症；记忆。

拓展阅读

Bower GH（1970）Analysis of a mnemonic device. *American Scientist* 58：496–510.

Camp CJ，Foss JW，O'Hanlon AM，and Stevens AB（1996）Memory interventions for persons with dementia. *Applied Cognitive Psychology* 10：193–210.

Clarkson-Smith L and Hartley AA（1990）The game of bridge as an exercise in working memory and reasoning. *Journal of Gerontology：Psychological Sciences* 45：P233–P238.

Ebbinghaus H（1885）Über das Gedchtnis. *Untersuchungen zur experimentellen Psychologie*. Ruger HA and Bussenius CE（trans.）. Leipzig，Germany：Duncker and Humblot.

Ebbinghaus H（1913）*Memory. A Contribution to Experimental Psychology*. New York：Teachers College，Columbia University. [Reprinted，1964. New York：Dover.]

Einstein GO and McDaniel MA（2004）*Memory Fitness. A Guide for Successful Aging*. New Haven，CT：Yale University Press.

Herrmann DJ，Weingartner H，Searleman A，and McEvoy C（eds.）（1992）*Memory Improvement. Implications for Memory Theory*. New York：Springer-Verlag.

Luria AR（1968）*The Mind of a Mnemonist*. New York：Basic.

Park DC，Smith AD，and Cavanaugh JC（1990）Metamemories of memory researchers. *Memory and Cognition* 18：321–327.

Poon LW，Rubin DC，and Wilson BA（eds.）（1989）*Everyday Cognition in Adulthood and Late Life*. New York：Cambridge University Press.

Scogin F and Prohaska M（1993）*Aiding Older Adults with Memory Complaints*. Sarasota，FL：Professional Resource Press.

Sugar JA and McDowd JM（1992）Memory，learning，and attention. In：Birren JE，Sloane RB，and Cohen GD（eds.）*Handbook of Mental Health and Aging*，2nd edn.，pp. 307 – 337. San Diego，CA：Academic Press.

Turkington C and Harris JR（2001）*The Encyclopedia of Memory and Memory Disorders*，2nd edn. New York：Facts on File.

Weinstein CS and Sachs W（2000）

Memory 101: a psychotherapist's guide to understanding and teaching memory strategies to patients and significant others. *Journal of Geriatric Psychiatry* 33 (1): 5–26.

Zivian M and Darjes R (1983) Free recall by in-school and out-of-school adults: Performance and metamemory. *Developmental Psychology* 19: 513–520.

译　者：尹尚菁（国家开放大学）
校译者：狄沐祺（首都经济贸易大学）

加速衰老

F. 西拉 国家老龄化研究所，国家卫生研究院，贝塞斯达，马里兰州，美国

词汇表

加速衰老（Accelerated Aging）——动物所具有的一种特征，在这种情况下，其死亡率曲线的第一次拐点发生年龄和野生个体相同，但是在该点之后死亡率以更快的速度出现。

自由基假说（Free Radical Hypothesis）——认为衰老是包括 DNA 在内的大分子遭到破坏的结果，这种破坏是因为不断接触自由基，主要是活性氧和活性氮（分别用 ROS 和 RNS 表示）。

突变假说（Mutation Hypothesis）——认为衰老是 DNA 受到不可修复和不可逆转的破坏的结果，这种破坏可能以任何方式发生。

过早衰老（Premature Aging）——动物所具有的一种特征，在这种情况下，死亡率曲线的第一个拐点出现时间早于野生动物，但在该点之后的死亡率以正常速度出现。

早衰症（Progeria）——一种导致大量老化表型过早出现的疾病症状，通常导致过早死亡。

早衰（Progeroid）——一种导致大量老化表型过早出现的疾病，通常导致过早死亡。

引言

在过去的几年里，从对酵母到小鼠的转基因生物体的研究中，我们获得了许多关于衰老的知识。而且，大多数研究成果是通过关注长寿突变体取得的，这使得人们能够鉴定出几种长寿保障基因（longevity assurance genes，LAG）。然而，最近有一些出版物肯定了短命突变体的优点。这些短命突变体颇具争议性。但如果仔细分析，短命突变体可能和长寿突变体一样能够提供大量有用信息。本文描述了其中一些短命突变体，并讨论了其潜在用途和缺陷。因有足够的小鼠病理资料，所以本讨论仅限于小鼠。突变体被分为三个（主观）类别：（1）节段性早衰综合征的小鼠样本；（2）为证明或反驳给定的衰老假设而创造的小鼠样本；（3）衰老进程明显加速的小鼠样本，但是这些类别的样本是在没有该类预期的情况下产生的。

衰老遗传模型的黄金法则（参见“老化模型：脊椎动物”）是：延长健康寿命的实验操作可能比那些缩短寿命的操作更能说明衰老过程（见图 1）。这一论点是很难反驳的。然而，本文认为，短命突变体如果得以审慎使用和分析，也可以提供大量关于衰老过程的有用信息。当然，在处理长寿突变体时，审慎的态度也是必需的，因为并不是所有延长寿命的操作都能为衰老研究人员提供有用信息。然而，人们认识到对于短命突变或操作来说，情况更是如此，因为许多基因改变会导致寿命缩短，甚至在子宫内死亡，从而无法获得有关衰老过程的信息。事实上，大多数的基因改变都不能提供有用信息。然而，在少数情况下，我们可以说，只要所研究物种的部分重要病理和年龄特质的特性伴随着短暂的生命更早或更快地出现，这种突变体就是有用的。这就排除了目前正用于衰老研究的动物群体的重要部分，因为就黑腹果蝇、秀丽隐杆线虫、酵母以及其他此类低级物种而言，我们对其病理学和死亡原因缺乏足够的了解。因此，我们不可能把任何给定突变体的短暂寿命归因于真正的年龄相关现象。然而，对于小鼠、人类和其他

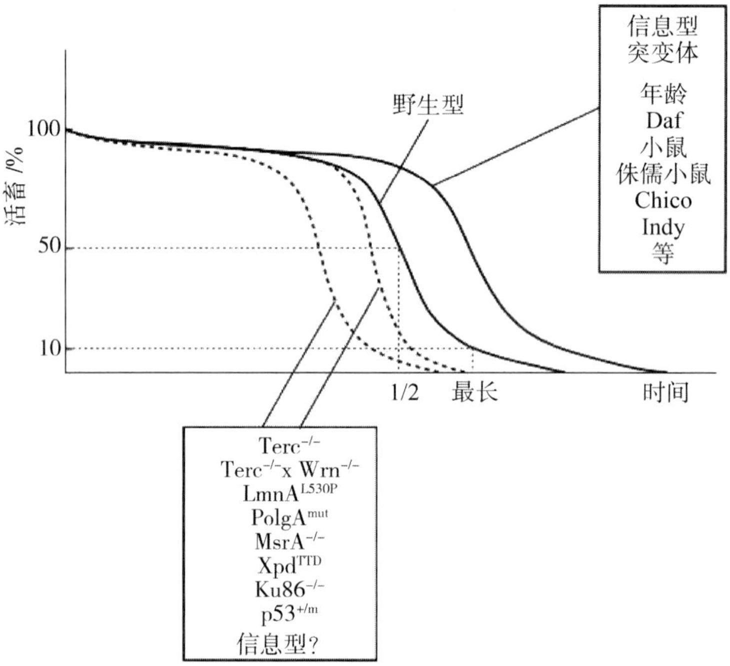

图 1　衰老遗传研究的黄金法则

注：通常认为，此图所指的遗传研究始于测量衰老的替代标志，即死亡时间。通过将队列的存活率作为时间函数来衡量，可以绘制出一条曲线，从中可以得出平均值（50%）和最大存活率（通常是 10%，但在多数情况下，报告的是记录持有者的实际寿命）。同时增加平均寿命和最大寿命的突变体通常被认为是衰老过程的信息来源。短命突变体（折线）可以分为两类：加速衰老发生在死亡率曲线的斜率增大时，而过早衰老发生在曲线向左平移而不改变斜率时。当然，混合表型也可以观察到。

表 1 可能与衰老研究相关的短命小鼠模型

类别	基因	机能	平均寿命(质量分数%)[a]	参考
$Terc^{-/-}$ G5-G6[b]	端粒酶	端粒维持	75	Blasco 等人, 1997
$Terc^{-/-}$ x $Wrn^{-/-}$ G3	端粒酶+Wrn	DNA 聚合酶	45	Chang 等人, 2004
$Terc^{-/-}$ x $ATM^{-/-}$ G3	端粒酶+ATM	DNA 损伤传感器	50	Wong 等人, 2003
$Terc^{-/-}$ x $Wrn^{-/-}$ x $ATM^{-/-}$ G3	端粒酶+Wrn+ATM	DNA 螺旋酶, DNA 损伤传感器	30	Du 等人, 2004
$LmnA^{L530P}$	核纤层蛋白 A	核结构	20	Mounkes 等人, 2003
$PolgA^{mut}$	DNA 聚合酶 7	线粒体 DNA 合成	45	Trifunovic 等人, 2004
$MsrA^{-/-}$	甲硫氨酸亚砜还原酶	氧化蛋白的修复	60	Moskovitz 等人, 2001
Xpd^{TTD}	X 色素基因 D	DNA 修复 (NER)	50	De Boer 等人, 2002
$Ku86^{-/-}$	Ku 86	DNA 修复 (NHEJ)	35	Vogel 等人, 1999
$p53^{+/m}$	p53	检查点, 细胞凋亡, 衰老	80	Tyner 等人, 2002
p44	p53	检查点, 细胞凋亡, 衰老	30	Maier 等人, 2004
$kl^{-/-}$	克洛索基因	激素	35	Kuro-O 等人, 1997
SAM	不详	不详	变量	Takeda 等人, 1981

[a] 近似，作为该菌株野生型的百分比。

[b] 代。

引自：Blasco M, *et al.* (1997) Telomere shortening and tumor formation by Mouse cells lacking telomerase RNA. *Cell* 91: 25-34; Chang S, *et al.* (2004) Essential role of limiting telomeres in the pathogenesis of Werner syndrome. *Nature Genetics* 36: 877-882; De Boer J, *et al.* (2002) Premature aging in mice deficient in DNA repair and transcription. *Science* 296: 1276-1279; Du X, *et al.* (2004) Telomere shortening exposes functions for the Mouse Werner and Bloom sindrome genes. *Molecular and Cellular Biology* 24: 8437- 8446; Kuro-O M, *et al.* (1997) Mutation of the mouse klotho gene leads to a syndrome resembling ageing. *Nature* 390: 45-51; Maier B, *et al.* (2004) Modulation of mammalian life span by the short isoform of p53. *Genes and Development* 18: 306-319; Moskovitz J, *et al.* (2001) Methionine sulfoxide reductase (MsrA) is a regulator of antioxidant defense and lifespan in mammals. *Proceedings of the National Academy of Sciences USA* 98: 12920-12925; Mounkes LC, *et al.* (2003) A progeroid syndrome in mice is caused by defects in A-type lamins. *Nature* 423: 298-301; Takeda, *et al.* (1981) A new murine model of accelerated senescente. *Mechanics of Ageing and Development* 17: 183-194; Trifunovic A, *et al.* (2004) Premature ageing in mice expressing defective mitochondrial DNA polymerase. *Nature* 429: 417-423; Tyner SD, *et al.* (2002) p53 mutant mice that display early ageing-associated phenotypes. *Nature* 415: 45-53; Vogel H, *et al.* (1999) Deletion of Ku86 causes early onset of senescence in mice. *Proceedings of the National Academy of Sciences USA* 96: 10770-10775; Wong KK, *et al.* (2003) Telomere dysfunction and Atm deficiency compromises organ homeostasis and accelerates ageing. *Nature* 421: 643-648.

高等脊椎动物，我们对其死亡的病理和原因已经有了较好的理解，因此，使用寿命较短的突变体成为可能。至于这篇文章的其他部分，讨论仅限于转基因小鼠模型，尽管这与衰老研究非常相关，但总的来说，讨论重点是那些被认为会影响整个衰老过程的模型，而不是特殊疾病的发展，即便其与年龄有关，如阿尔茨海默病或帕金森病。

短命基因变体可能对理解衰老现象有帮助，其主要类别有三种（见表1）。首先，人类早衰小鼠模型使研究人员能够剖析疾病表型背后的分子机制。关于人类的早衰综合征能否说明正常衰老存在争议，从这一点上看，这个小鼠模型代表了一种循环论证。然而，大多数研究人员都认为，可以从这些研究中获得有用的信息，而手头的小鼠模型通常证实了这种想法。其次，为了检验一种特定的衰老假设，研究人员已经制作了几种小鼠模型，虽然这些突变体可能不能代表最终的答案（而且关于衰老的理论在历史上很难被完全否定），但是在这种情况下，我们可以合理认为，短命小鼠应该是和长命小鼠一样，具有丰富的信息。最后，在一些小鼠中，加速衰老的表型并未预料到，但已观察到。就这些可以验证的程度而言，它们可能是最令人兴奋的模型。

人类节段性早衰症的小鼠模型 ----

1979年，乔治·马丁（George Martin）创造了“节段性早衰症”一词，用以定义一系列以寿命缩短为特征的病理，但最重要的是，这伴随着大量的早期衰老迹象，包括外部和病理层面（参见“早衰”）。这些疾病与衰老研究的相关性受到了挑战，主要是因为表型的节段性。相反，可以认为，恰恰是这种分段特征使得模型特别有用，因为它允许剖析组成复杂衰老表型的许多组成部分。此外，分段论证也适用于简单的模型，这些模型主要是（细胞）有丝分裂后（线虫、果蝇）或单细胞（酵母）。在这些情况下，个体基因对寿命的影响也必然是分段的，因为在没有复制细胞或单细胞的生物模型中复制脊椎动物衰老的所有特征是极其不可能的。此外，它适用于所有在这里被讨论的模型，因为衰老不可能是由单个甚至是少数几个基因控制的。因此，可以预期的是，特定的突变可能具有节段性效应，从而影响一些衰老表型，但不是全部。然而，大多数研究人员会认同，延长寿命的模型是非常有用的，而且它们的使用概述了几种途径（如IGF途径和长寿蛋白）的重要性，以及抗逆性对长寿的重要性。重要的是，进一步的实验已经证明了这些观察在包括小鼠在内的高等脊椎动物中的有效性。因此，在这些例子中，节段论证失去了其有效性。

有多种疾病，在不同程度上可被归类为节段性早衰症，而且最近的研究已经确定了其中大多数的致病基因（见表2）。在所有的病例中，它们都是参与核酸代谢的基因，因此这为所谓的衰老突变假说提供了有力的支持。最引人注目的是儿童早衰症，即哈钦森—吉尔福德综合征（Hutchinson-GilfordSyndrome,

表 2 人类早衰症，其基因和相应的小鼠模型

综合征	基因	小鼠模型	平均寿命[a]	参考
维尔纳综合征	Wrn	$Terc^{-/-}$ $Wrn^{-/-}$ G3	67/45	Chang 等人，2004
布卢姆综合征	Blm	$Blm^{-/-}$	33/胚致死	Chester 等人，1998
哈钦森-吉尔福德综合征	LmnA	$LmnA^{L530P}$	17/20	Mounkes 等人，2003
共济失调毛细血管扩张症	ATM	$Terc^{-/-}$ x $ATM^{-/-}$ G3	35/50	Wong 等人，2003
着色性干皮病	XP A-G	XPD^{TTD}	5/50	De Boer 等人，2002
柯凯因氏综合征	CSA，B	$CSA^{-/-}$ $CSB^{-/-}$	65/100	Lu 等人，2001

[a] 以野生型百分比计。人/小鼠模型。

引自：Chang S *et al.*（2004）Essential role of limiting telomeres in the pathogenesis of Werner syndrome. *Nature Genetics* 36：877-882；Chester N *et al.*（1998）Stage-specific apoptosis, developmental delay, and embryonic lethality in mice homozygous for a targeted disruption in the murine Bloom's syndrome gene. *Genes Dev.* 12：3382-3393；Mounkes LC *et al.*（2003）A progeroid syndrome in mice is caused by defects in A-type lamins. *Nature* 423：298-301；Wong KK *et al.*（2003）Telomere dysfunction and Atm deficiency compromises organ homeostasis and accelerates ageing. *Nature* 421：643-648；De Boer J *et al.*（2002）Premature aging in mice deficient in DNA repair and transcription. *Science* 296：1276-1279；Lu Y *et al.*（2001）Disruption of the Cockayne syndrome B gene impairs spontaneous tumorigenesis in cancer-predisposed Ink4a/ARF knockout mice. *Mol Cell Biol.* 21：1810-1818.

HGS）。在这种情况下，突变会影响结构核膜蛋白核纤层蛋白 A（LmnA），而这种分子的加工过程的缺陷导致了核形态和功能的显著变化。因此，这些患者的细胞很容易发生细胞凋亡，并且对端粒酶的永生化有抵抗力。因此，受影响的儿童在十几岁时死亡，通常是死于心血管疾病。相比之下，LmnA 缺陷的小鼠模型显示了极短寿命以及一系列年龄相关性疾病和表型（见表 3，见下页）。因此，尽管在这只小鼠身上出现的突变与在 HGS 中的突变并不完全相同，但小鼠确实再现了这种最显著早衰症的多个方面。虽然一些实验室已经制造出真正的 HGS 小鼠，但是关于它们特性的描述尚不完整，且并未公开发表。

其他几种早衰症状的小鼠模型也已经建立起来，包括维尔纳综合征、布卢姆、共济失调毛细血管扩张症，以及干皮病眼点通路的几个成员。有趣的是，除了 Xpd^{TTD} 小鼠［一种用于治疗疾病的缺硫性毛发营养不良病（tri chothi-odystrophy，TTD）模型，稍后讨论］，所有其他小鼠都没有出现任何表型，包括加速衰老。至少在 Wrn、Blm 和 Atm 的情况下，经过进一步的审查，已经确定了缺少表型的原因。Wrn 和 Blm 都是 DNA 解旋酶的编码，而 Atm 在 DNA 损伤后应激反应的激活中起着关键作用（见表 1）。这三种蛋白质至少部分与端粒有关。因此，我们推测，缺乏表型可能是由于与人类相比，小鼠身上的端粒过长。有趣的是，就像

表 3　选定小鼠模型中的加速衰老表型

表　　型	$Terc^{-/-}$ G5–G6	$Terc^{-/-}$ x $Wrn^{-/-}$ $G3^{a}$	$LmnA^{L530P}$	$Polg^{mus}$	$MsrA^{-/-}$	Xpd^{TTD}	$Ku86^{-/-}$	$p53^{+/m}$	p44
生长受阻	是	是	是	是	是	是	是	是	是
脊柱后凸/骨质疏松症	否	是	是	是	是	是	是	是	是
脱发/毛发稀疏	未报告	是	是	未报告	是	是	否	未报告	
皮肤脆弱/伤口愈合	未报告	是	是	是	未报告	未报告	是	是	未报告
过早不育	是	是	是	是	未报告	是	是	否	是
肌肉萎缩	未报告	未报告	是	是	未报告	是	未报告	是	未报告
皮下脂肪减少	未报告	未报告	是	是	未报告	未报告	未报告	是	未报告
心血管缺陷	未报告	未报告	是	是	未报告	否	未报告	未报告	未报告
抗逆性	低	未报告	未报告	未报告	未报告	未报告	未报告	低	未报告
肿瘤发展	增加	间质	不适用	未报告	未报告	正常	增加	减少	减少
细胞凋亡	是	是	未报告	未报告	未报告	未报告	是	是	未报告
细胞衰老加速	是	是	是	未报告	未报告	是	是	是	是
基因组不稳定性增加	是	是	未报告	是	未报告	是	是	未报告	未报告

[a] 作为人类早衰综合征其他模型的代表。

刚才提到的其他小鼠一样，Terc$^{-/-}$小鼠也未显示任何直接表型。然而，在重复杂交上，小鼠确实表现出加速衰老的病理现象和更短的寿命，尽管是在第五代或第六代，有人认为这是因为它们的端粒被缩短而人源化（见表 3）。通过 Wrn$^{-/-}$、Blm$^{-/-}$和（或）Atm$^{-/-}$小鼠与 Terc$^{-/-}$小鼠杂交，由此产生的两三种动物确实在更早的几代（通常是第三代）中显示出加速衰老的表型，此外，观察到的一些表型在后几代的 Terc$^{-/-}$小鼠中并没有出现。这些数据表明，只要端粒不过长，这些基因的突变确实会导致加速衰老的表型，这些数据还表明，这些蛋白质参与保护细胞，使其免受危险的短端粒的影响。

维尔纳综合征（Werner）是人类早衰综合征的最佳特征，双敲除（Wrn$^{-/-}$ x Terc$^{-/-}$）和三敲除（Wrn$^{-/-}$ x Atm$^{-/-}$ x Terc$^{-/-}$）基因小鼠也一样，因而下文将集中探讨这些模型以及如何证明其在衰老研究中的作用。Wrn 基因突变导致了两种主要影响：一种是突变表型（主要是通过在复制叉上停滞）和加速细胞衰老。在临床上，Wrn 患者在免疫系统正常的情况下，表现出一种相当显著的皮肤萎缩表型（参见“早衰”）。进一步的分析表明，尽管在皮肤成纤维细胞和 T 淋巴细胞中都能观察到 Wrn$^{-/-}$的突变表型，但是加速衰老只出现在成纤维细胞中，而不是在淋巴细胞中，后者的端粒酶水平更高，至少在年轻人中如此。这些观察结果表明，细胞衰老，而非突变，可能更接近于 Wrn 患者皮肤的年龄型表型。但是，在一个较低等的生物体中缺乏可追溯的这种疾病的遗传模型的情况下，进一步的确认较为困难。因此，小鼠模型发挥作用：来自 Wrn$^{-/-}$小鼠的成纤维细胞（正如我们所见，它没有表现出任何病理）也没有表现出过早的细胞衰老现象。相反，来自第三代 Wrn$^{-/-}$ x Terc$^{-/-}$小鼠的成纤维细胞（显示了与年龄相关的病理）确实经历了过早的细胞衰老并且对细胞凋亡也更加敏感。事实上，这两种表型都在下一代双突变或三突变小鼠体内观察到，这些观察进一步证实了细胞衰老（或者至少是在端粒发生的 DNA 交易）导致这些观察到的表型。相反，应该指出的是，Wrn 患者患有与年龄无关的其他疾病，比如间叶组织肿瘤的增加，而不是在老年群体中最常见的上皮肿瘤。这种效应可能是 Wrn$^{-/-}$细胞的显性突变的结果，这样的解释可以预测在一个正常的情况下，Wrn 蛋白质可能比上皮细胞更有效地保护间质细胞。综上所述，这些观察结果表明：（1）涉及 Wrn、Blm 和 Atm 的 DNA 交易在端粒水平上是最相关的；（2）端粒生物学似乎的确在衰老过程中起着重要作用，正如之前关于细胞衰老的研究所提出的那样；（3）在早期的小鼠中，或在野生 Terc 的小鼠中缺乏表型，这表明由诸如 Wrn 这样的蛋白质的突变所赋予的突变表型与衰老无关。

检验衰老假设的小鼠模型

衰老领域有很多难以证明的理论，但也很难反驳。遗传学为检验假设提供了一种强有力的手段，这种方法确实被衰老领域的研究人员所采用。简单来说，如果一个基因或一个过程被假设在衰老中起作用，那么这种“坏”基因的过度表达会加速衰老，而将基因敲除或使其失活，应该导致寿命延长和（或）减少与年龄相关的疾病。当然，对于一个“好”基因来说，情况正好相反。

自由基假说和突变假说是两种最普遍的衰老理论。在某种程度上，二者紧密相连，因为自由基假说的核心原理之一就是，无论是内部或外部产生的自由基，最终都会破坏DNA，对分子产生严重后果，且这一现象难以解释，如导致组织恶化、疾病，最终死亡。这两种理论都在小鼠模型中得到了广泛的检验。最值得注意的是，除了线粒体导向的过氧化氢酶之外，就像在 DNA 修复中所涉及的酶的过度表达一样，在清除自由基中涉及的几种酶的过度表达也未能延长寿命。这些理论的支持者提供了许多论据来解释这些令人失望的结果，包括已经存在的对自由基的过度保护，或者 DNA 修复系统中功能冗余的巨大复杂性和潜力。其中一些观点可能是正确的，因此一些研究人员转向了相反的方法：删除这些保护性和（或）修复基因应该会缩短寿命。

检验衰老的自由基假说

40 多年前，克拉克（Clark）和鲁宾（Rubin）表明辐射会导致寿命缩短。这种操作，在很多方面类似于基因短暂突变的小鼠。然而，这类实验并没有因被认为与衰老无关而被驳回，而是催生了目前最普遍接受的衰老假说：自由基假说。该假说最初是由德纳姆·哈曼（Denham Harman）在 1956 年提出的。该假说预测衰老是由活性氧（reactive oxygen species，ROS）或其他自由基产生的大分子损伤累积所致。就内部而言，ROS 主要产生于线粒体和质膜中，从外部而言，ROS 由饮食和环境中所存在的活性化合物产生。由于其巨大的破坏力，细胞已经逐渐形成了一种强有力的手段来中和自由基，主要是通过细胞和饮食中的清除剂。最好的细胞 ROS 清除剂是超氧化物歧化酶（superoxide dismutase，SOD）。因为大多数自由基的生成似乎都是由线粒体的呼吸作用引起的，而且自由基及其相关损伤也都随着年龄的增长而增加，所以人们一直致力于研究线粒体锰超氧化物歧化酶（MnSOD）。过度表达这种酶并不能延长寿命，而基因敲除在胚胎期是致命的，因此，对杂合子小鼠进行了进一步的研究。这些动物确实能减少 MnSOD 50%的活性，而不需要对其他清除剂进行补偿性的补充，包括过氧化物 Cu/ZnSOD、过氧化氢酶或谷胱甘肽过氧化物酶 Gpx。对几个动物组织的分析显示 ROS 的分泌会增加，这确实导致了对细胞核、线粒体 DNA 和脂质的氧化损害增加，以及疾病增加（主要是癌症）。然而，令人惊讶的是，小鼠的寿命完全没有变化。在 $Gpx^{-/-}$ 小鼠身上也观察到类似的结果。结合关于 SOD 和过氧化氢酶过度表达的数据，这些数据有力质疑了衰老自由基假说的有效性，而且在这种情况下，缺乏短命小鼠模型恰好能为我们提供信息。然而，有一种小鼠体内存在与自由基有关的基因缺陷，而且该类小鼠寿命很短：MsrA$^{-/-}$小鼠（甲硫氨酸亚砜还原酶基因敲除；见表 1）。虽然有关生存的研究缺乏足够的统计数据形成定论，但是这种小鼠的寿命似乎相当短，MsrA 没有参与清除自由基；相反，它逆转了这些化合物在蛋白质中产生的损伤。许多蛋白质在其表面有大量的蛋氨酸暴露，由于所有细胞都有 MsrA，可以逆转 ROS 在这种特定的氨基酸侧链上造成的氧化损伤，这可能代表了抵抗 ROS 的最后一道防线。如果这种小鼠能被证明是短命的，它将挽救衰老的自由基假说，但是基于所有其他现有数据，我们需要重新审视这一假设。

检验衰老突变假说

衰老的突变假说假定衰老是对 DNA 损伤逐渐累积的结果，最终导致组织功能损伤和衰老表型的出现。该假说暗示了防御机制在实现长寿中的重要性，事实上，在几种动物模型中，许多长命加速衰老突变体的特征是抗压能力增强。一种新型的概括是，要么让生物体免受压力，要么在其产生后有效修复损伤，这项能力是长寿个体的一个核心特征，无论是在一个物种内的突变体水平上，还是在比较生物学的水平上（即，对不同物种的不同寿命进行比较）。这一观察结果的一个推论是，年龄相关性功能减退不能直接归咎于任何特定损伤。更确切地说，任何损坏，如果不修复，都会发生。

现在已经产生了几种 DNA 修复机制减少的小鼠。这些动物中大多数动物的寿命都没有变化。其中，最相关的是 Xpa$^{-/-}$和 Xpc$^{-/-}$小鼠，因为与之密切相关的家族成员 Xpd 在突变时确实产生了加速衰老的表型（见后文）。所有 Xp 蛋白质都参与了碱基切除修复，在某些情况下，其突变导致了节段性的早衰症、着色性干皮病，或者是缺硫性毛发营养不良病，也被描述为节段性早衰症。Xpd 主要涉及转录偶连修复，这是碱基切除修复的一个子类，并且有人提出，这种活性主要是在突变小鼠中受到影响。类似的情况也适用于双链断裂的非同源端连接修复（nonhomologous end joining repair，NHEJ）的基因，这一途径涉及几种蛋白质，包括 Ku70、Ku86、Xrcc4 和 DNA 连接酶Ⅳ。尽管所有这些小鼠都表现出早熟性细胞衰老现象，但只有 Ku86$^{-/-}$小鼠有过早衰老的现象，这种表型在其他突变体中没有被观察到。显然，所有这些小鼠都需要进一步研究，可能要与 Terc$^{-/-}$小鼠结合，正如在 Wrn、Atm 和 Blm 中所做的那样。

然而，如前所述，有两个例外情况值得讨论，即 Xpd^{TTD}和 Ku86$^{-/-}$小鼠。在这两种情况下，小鼠的寿命均短于野生对照组（在 Ku86$^{-/-}$的情况下，这是非常明显的，在 Xpd^{TTD}下，不太明显）。最重要的是，这些小鼠表现出了一些早衰症状，包括体积小、脊柱前凸、皮肤和骨骼的缺陷（见表 3）。因此，就像针对 MsrA$^{-/-}$小鼠的研究一样，数据表明，在某些情况下，未能修复 DNA 损伤确实会导致过早衰老。

乍一看，当 DNA 修复途径失能时，一般无法获得短寿命突变体，这表明对 DNA 的损害可能在某些病理中很重要，如癌症，但与衰老无关。另一种可能性是，基因组的完整性非常重要，因此需要足够的防御机制到位，从而能够通过备份机制有效地切除修复途径。然而，在其中一些菌株中，观察到DNA损伤水平显著增加（高达30倍），这一观察结果削弱了第二个命题。同样，自由基防御机制减少的小鼠，如$Sod2^{+/-}$、$Cat^{-/-}$和$Gpx^{-/-}$，表现出DNA损伤程度增加的现象，但对寿命没有影响。相比之下，$MsrA^{-/-}$小鼠寿命较短，负责修复氧化损伤蛋白质的酶中存在缺陷，这表明并非ROS-驱动的DNA损伤导致寿命缩短，而是对蛋白质的损伤导致寿命缩短。这与当前根深蒂固的观念相反，但这些数据可以反映如下观点：造成衰老的不是损伤本身，而是对特定的蛋白质造成的损伤引起衰老，而这些蛋白质可以充当哨兵并诱导处于作用中心的细胞做出反应。目前虽然已经提出了一些可能的靶点，比如线粒体顺乌头酸酶（cis-aconitase），但尚缺乏实验测试。

$PolgA^{mut}$小鼠是另一种旨在检验衰老假设的小鼠模型。这些动物表达线粒体DNA聚合酶核编码催化亚基的核酸外切酶缺陷形式。正如预期的那样，小鼠的线粒体DNA突变（3~5倍）显著增加，事实上，这些小鼠的寿命显著缩短，并较早显示出老化表型（见表3）。这一模型表明，未修复的DNA损伤确实会影响衰老过程，而且由于受影响的DNA是线粒体基因组，它将线粒体衍生的ROS与DNA损伤假说巧妙地联系在一起。与其他DNA修复模型的差异引发了两种不同的解释：（1）线粒体（而非细胞核）DNA对衰老过程很重要；（2）细胞核中可用的修复机制的冗余（而非线粒体）阻止了其他小鼠产生表型。如述，这些小鼠中大多数确实出现DNA损伤水平的大幅增加，这与第二种假说相违，因此线粒体DNA成为一个强有力的备选。

总而言之，为了测试特定的衰老理论而培育的小鼠产生“证实”和“证伪”两种结果。因为研究是由假设驱动的，所以即使没有得到寿命短的小鼠，严谨开展的实验也能提供有用信息。事实上，无法获得这类小鼠使我们了解了这个假设的有效性；同时，经过周密实验获得的“相违”结果要求我们进一步修正假设，以便与实验数据相符。

具有非预期加速衰老表型的小鼠模型

2002年，泰纳等人发表的一篇论文表明，在小鼠中偶然获得的p53突变体，被称为$p53^{+/m}$寿命较短，且伴有相当明显的早衰表型，包括小体型、脊柱后凸、皮肤和骨骼缺陷，以及一些其他衰老症状（见表3）。小鼠是通过偶然的不正确的重组事件获得的，它导致了p53上游几个基因的缺失，但最值得注意的是，它还导致了p53蛋白质的氨基末端的缺失，其中包含转录激活因子域。截断的羧基片段包含聚合域，因此，它有望形成具有野生型p53的异四聚体。事实上，m突变只会在野生型p53存在的情况下产生表型，这表明异四聚体是活跃物种。

p53 是一种非常重要的肿瘤抑制因子和细胞命运的调节因子。在对 DNA 损伤的反应中，p53 的活化作用导致细胞周期停滞，使细胞有机会进行修复。如果这种情况没有发生，那么 p53 就可以诱导从潜在的增殖池中移除受影响的细胞，其两种途径是：它可以诱导细胞凋亡或细胞衰老，这是两种描述良好的肿瘤抑制机制。因此，p53 的过度表达会导致肿瘤负荷减轻，而该基因杂合子小鼠显示肿瘤急剧增加（和相应的短寿命）。最令人惊讶的是，虽然 p53 的 m 等位基因也能降低肿瘤的发病率（在野生型小鼠中，发病率从 45%降低到 6%），但它们的寿命变短了（20%），并出现加速老化现象。因此，突变体似乎作为了一种超等位基因，增加了野生型 p53 的基底活性。事实上，这是要优先考虑的，因为已经证明 p53 mRNA 可以产生两种不同的蛋白质，p53 和 p44，第二种是替代翻译起始位点，位于第四个外显子的起始密码子上。p44 已经被证明是一种超等位基因，表达这种替代蛋白质（除了野生型 p53）的小鼠已经产生。与 m 突变一样，这些小鼠也表现出寿命缩短，而且伴随着过多的年龄相关的特征。因为 p53 涉及细胞增殖、细胞凋亡和细胞衰老，所以确定动物体型较小的原因是有意思的，这是所有加速模型中普遍存在的一种非老化相关的特征，也可能为早期死亡的原因提供线索。在这两种品系的小鼠中，都发现有几种组织显示出早期萎缩。这不是由于现有细胞的体积变小；相反，这些组织显示出细胞结构减少。此外，$p53^{+/m}$小鼠的胚胎成纤维细胞表现出早衰现象和生长爆发减少，通常在体外第 1 代期间观察到。总之，数据表明，加速老化表型可能与各种器官的细胞结构减少以及再生能力下降有关。因此，有人猜测这可能是由于 p53 能够抑制细胞增殖，特别是在干细胞领域。事实上，$p53^{+/m}$小鼠会显示出造血干细胞数量减少，即使在幼年时期。

虽然高等位基因似乎加速了衰老，但简单的 p53 过度表达却没有。所谓的超级 p53 小鼠确实显示出对肿瘤的抵抗力增强，但它们的寿命并未缩短（或更长，就这点而言）。据推测，造成这种差异的原因在于 p53 基因表达的脉动性。作为对基因毒性应激的反应，p53 迅速被诱导并迅速关闭。这种机制在超级 p53 小鼠中仍然存在，这是通过插入大型 BACs 而产生的，有人认为它包含了通常存在于 p53 基因位点的所有相关调控元件。因此，超级 p53 小鼠包含一个多余的正常等位基因，能够进行正常但逐渐增强的脉动活动。与此相反，在 m 和 p44 模型中超等位基因的变异体的存在可能会使活跃的 p53 四聚体变得稳定，从而产生持续反应。无法关闭信号可能会导致寿命缩短，因为即使在基因毒性攻击消退之后，动物体内的所有细胞都暴露在高水平的 p53 活性下。如前所述，$p53^{-/-}$和$p53^{+/-}$小鼠寿命均较短，但其肿瘤负荷增加（以及这些肿瘤导致的死亡），使其成为衰老的不良模型。然而，对于$p53^{m/+}$或 p44 小鼠而言，不能进行类似的论证。所以说研究这些小鼠关于细胞内稳态及其与正常衰老的关系，也是十分有趣的。

基因不太确定的小鼠模型中的加速衰老

除了先前描述的模型之外，在小鼠中至少还有另外两种早衰模型，在这种模型中，负责表型的基因的功能尚不确定。这些是克洛索基因突变和衰老加速小鼠（senescence accelerated mice，SAM）。出生时患有常染色体隐性突变的克洛索小鼠活不到100天，并显示出与年龄相关的特征（见表3）。相反，在小鼠中过度表达克洛索基因会延长寿命。突变的基因已经被克隆，最近的一份报告显示，其产物是一种循环激素，与细胞表面受体结合，抑制来自胰岛素或IGF1的细胞内信号。

SAM小鼠实际上是一组近交系，由AKR/J小鼠培育而来，并选为加速衰老研究的对象。有人提出，这些小鼠可能代表比正常衰老更好的早衰模型。每一种类都表现出一种独特但可再生的衰老表型，影响着不同的器官和功能。尽管微卫星标记分析表明存在四个似乎与衰老加速有关的位点，但均未发现致病基因，因为衰老表型的出现并不明显早于对照组，这些小鼠似乎代表了一种加速衰老的模型，而不是过早衰老的模型，就像人类疾病中的维尔纳综合征或哈钦森—吉尔福德综合征一样。

结论

最近培育出了几种短寿命小鼠品系。重要的问题是：它们是研究衰老的有用模型吗？我们能从这些小鼠模型中学到什么？（或者说，我们已经学到了什么？）一些研究人员认为，这些模型是无用的，因为有无数种方法可以缩短寿命而不影响衰老过程，因此，很难从这些短寿命小鼠中选择哪些能够提供有用信息。相反，人们通常认为，要使一个生物体寿命比该物种的平均寿命更长，就需要改变整个衰老机制。因此，有观点认为，增加寿命的突变必须为整个衰老过程提供信息。这显然是一种谬论。在人工饲养的过程中，雌性果蝇的寿命受到雄性精液中有毒副产品的累积的限制。限制性交或基因操作降低了这种毒性，因而会大大延长雌性果蝇的寿命，但是这种操作对衰老过程是完全没有意义的。因此，尽管人们承认，在短期模型的情况下需要更加谨慎，但是事实上，在这两种情况下都需要谨慎。

在之前的讨论中没有提到的一个主题是冈珀茨曲线。人们经常认为，以任何方式改变生命周期的突变都必须符合冈珀茨特征。也就是说，死亡率曲线的斜率（代表特定年龄的死亡率）一定会受到影响，以便该模型能够称为加速老化的真实模型。但是，并非所有研究人员都同意这个标准，事实上，冈珀茨方程仅接受那些显示加速老化的模型的有效性，但它排除了一些模型的使用，在这些模型中，老化发生的时间过早，但死亡率斜率却相同（见图1）。这两个方向的讨论超出了本文的范围，但是，如果没有提到这个事实，讨论将是不完整的。在基于人口遗传学（主要是果蝇）的衰老研究中，冈珀茨曲线已经被证明是非常有用的。然而，除了一些例外情况，在这里描述的大多数模型中，队列的大小（由将小鼠饲养到老年的价格决定）相对较小，而适当的冈珀茨曲线不能被确信地推导出来。尽管如此，最近的一篇综述试图根据这一特定标准，来区分这些模型中的哪一种可能对研究衰老有用。基于他们的分析，作者得出的结论是，除了 $PolgA^{mut}$ 小鼠和 $MsrA^{-/-}$ 小鼠，这里描述的大多数模型并没有反映出冈珀茨方程的斜率变化。然而，令人惊讶的是，作者们在几个成熟的长期模型中，也未能观察到年龄相关性，包括 Prop 1、IGF1R、GHRHR 和 InsR。相反，他们确实在 GHR、Pit1 和 Shc 的案例中发现了相关的关系。考虑到这些模型之间的密切关系，该标准似乎过于严苛和/或一些数据是在没有足够数量的动物的情况下得出的。$MsrA^{-/-}$ 小鼠情况就是如此。

对各种模型的一个潜在的有用的分析是，在细胞水平上，对影响相似途径的突变体和短命突变体的特征进行对比，但其寿命并不短。表 4 列出了有限数量的此类比较。配对情况如下（第一代和第三代 $Wrn^{-/-}$ x $Terc^{-/-}$ 配对；$Xpa^{-/-}$ 和 $Xpc^{-/-}$ 与 Xpd^{TTD} 和 $Ku86^{-/-}$ 配对；$SOD^{+/-}$ 和 $Gpx^{-/-}$ 与 $MsrA^{-/-}$ 配对；超级 p53 与 $p53^{+/m}$ 和 p44 配对）。与之相比，细胞的特征仅限于 DNA 损伤、细胞衰老和细胞凋亡。该表显示，特定的基因操作增加对 DNA 的损害的能力（或增加 ROS 产量）和寿命缩短之间几乎没有相关性。如前所述，表 4 中不包括的一个重要的特例是，由于线粒体 DNA 受到的损害增加，$PolgA^{mut}$ 小鼠的寿命确实变短了。相反，在细胞衰老或细胞凋亡和寿命缩短之间，有很好的一致性。对于 $Sod^{+/-}$、$Gpx^{-/-}$ 和超级 p53 小鼠，细胞凋亡或细胞衰老只是在适当激发之后才会观察到，但在静息的条件下测量时未观察到。

表 4　加速衰老小鼠与非加速衰老小鼠选择表型的比较

模型	短寿命	DNA 损害	细胞过早衰老	细胞凋亡
$Terc^{-/-}$ x $Wrn^{-/-}$ G1	否	是	否	否
$Terc^{-/-}$ x $Wrn^{-/-}$ G3	是	是	未报告	是
$Xpa^{-/-}$, $Xpc^{-/-}$	否	是	未报告	未报告
Xpd^{TTD}, $Ku86^{-/-}$	是	是	是	是
$SOD^{+/-}$, $Gpx^{-/-}$	否	是	未报告	否/是[a]
$MsrA^{-/-}$	是	否	未报告	未报告
超级 p53	否	未报告	否/是[a]	否/是[a]
$p53^{+/m}$, p44	是	未报告	是	是

[a] 基础条件下正常，应激后增强。

因此，新出现的图景指出了在控制寿命中基底细胞更新（在基础条件下）的重要作用方向。事实上，任何导致细胞更新增加的操作，似乎都会导致加速老化。因此，如果细胞遭受慢性应激负荷增加，无论是因为它们不能修复其 DNA（$Wrn^{-/-}$、$Ku80^{-/-}$、Xpd^{TTD}、$PolgA^{mut}$），还是因为结构缺陷（$LmnA^{L530P}$）或防御功能降低（$MsrA^{-/-}$），造成细胞凋亡或细胞衰老的慢性增加。事实上，最近发表了细胞凋亡在 $PolgA^{mut}$ 小鼠衰老和加速衰老表型的细胞凋亡的作用。因此，短寿命模型告诉我们，它可能不是关键的损害源，而是损伤是否可以通过细胞凋亡或细胞衰老，以排除细胞功能丧失的方式修复。这两种结果都可能导致对干细胞复制能力的压力增加，就像正如对 $p53^{+/m}$ 小鼠的研究所提示的那样。如果反过来，这种能力也是一种重负，和/或如果干细胞增殖和分化的过程受到衰老环境的进一步影响，那么最终的结果将是增加组织的老化。由于周围组织的影响，这一过程是自我更新的，导致了衰老生物体中观察到的指数恶化。自然地，不同的组织会受到不同程度的影响，并且在研究人群中的影响也将具有特异性。

另请参阅：毕生发展理论；老化模型：无脊椎动物、丝状真菌和酵母；老化模型：脊椎动物；早衰；延缓衰老；端粒。

拓展阅读

Anisimov VN (2003) Aging and cancer in transgenic and mutant mice. *Frontiers in Bioscience* 8: s883–s902.

Blasco MA (2003) Telomeres in cancer and aging: lessons from the mouse. *Cancer Letters* 194: 183–188.

Chang S (2005) A mouse model of Werner syndrome: what can it tell us about aging and cancer? *International Journal of Biochemistry and Cell Biology* 37: 991–999.

Cheong C, Hong KU, and Lee HW (2003) Mouse models for telomere and telomerase biology. *Experimental and Molecular Medicine* 35: 141–153.

Cowen T, Tatar M, and Melov S (eds.) (2004) Head-to-head debate on the utility of short-lived animal models for aging: pros and cons. *Aging Cell* 3: 45–69.

de Magalhaes JP, Cabral JA, and Magalhaes D (2005) The influence of genes on the aging process of mice: a statistical assessment of the genetics of aging. *Genetics* 169: 265–274.

Dumble M, Gatza C, Tyner S, Venkatachalam S, and Donehower LA (2004) Insights into aging obtained from p53 mutant mouse models. *Annals of the New York Academy of Science* 1019: 171–177.

Hosokawa M (2002) A higher oxidative status accelerates senescence and aggravates age-dependent disorders in SAMP strains of mice. *Mechanics of Ageing and Development* 123: 1553–1561.

Kipling D, Davis T, Ostler EL, and Faragher RG (2004) What can progeroid syndromes tell us about human aging? *Science* 305: 1426–1431.

Kujoth GC, Hiona A, Pugh TD, Someya S, Panzer K, Wohlgemuth SE, Hofer T, Seo AY, Sullivan R, Jobling WA, Morrow JD, Van Remmen H, Sedivy JM, Yamasoba T, Tanokura M, Weindruch R, Leeuwenburgh C, and Prolla TA (2005) Mitochondrial DNA mutations, oxidative stress, and apoptosis in mammalian aging. *Science* 309: 481–484.

Kuro-o M (2001) Disease model: human aging. *Trends in Molecular Medicine* 7: 179–181.

Kurosu H, Yamamoto M, Clark JD, Pastor JV, Nandi A, Gurnani P, McGuinness OP, Chikuda H, Yamaguchi M, Kawaguchi H, Shimomura I, Takayama Y, Herz J, Kahn CR, Rosenblatt KP, and Kuro-o M (2005) Suppression of aging in mice by the hormone Klotho. *Science* 309: 1829–1833.

Martin GM (1978) Genetic syndromes in man with potential relevance to the pathobiology of aging. *Birth Defects Original Article Series* 14: 5–39.

Martin GM (1996) Somatic mutagenesis and antimutagenesis in aging research. *Mutation Research* 350: 35–41.

Smith SK and Kipling D (2004) The role of replicative senescence in cancer and human ageing: utility (or otherwise) of murine models. *Cytogenetic Genome Research* 105: 455–463.

Takeda T (1999) Senescence-accelerated mouse (SAM): a biogerontological resource in aging research. *Neurobiology of Aging* 20: 105–110.

Wallace DC (2001) Mouse models for mitochondrial disease. *American Journal of Medical Genetics* 106: 71–93.

Warner HR and Sierra F (2003) Models of accelerated ageing can be informative about the molecular mechanisms of ageing and/or age-related pathology. *Mechanics of Ageing and Development* 124: 581–587.

译　者：冉东凡（民政部政策研究中心）
张晓宇（首都经济贸易大学）

驾驶行为

J. C. 斯塔茨　北卡罗来纳大学教堂山分校，北卡罗来纳州，美国

词汇表

认证驾驶康复专家（Certified Driving Rehabilitation Specialist）——大多数由作业治疗师、物理治疗师或教练组成的认证专家。他们经过训练，可以为残疾人或存在功能障碍的人群提供驾驶员评估和康复服务，从而提升其安全驾驶机动车辆的能力。

移动性（Mobility）——从一个地方到另一个地方的能力，不论是在家里（室内移动性）还是在家外面（户外移动性）。

全国家庭旅游调查（原全国个人出行调查）[National Household Travel Survey (formerly Nationwide Personal Transportation Survey)]——一个以美国家庭为代表性样本的全国调查，旨在收集有关交通系统用户的运输频率、目的、个人运输方式和其他信息。这项调查由美国交通运输联邦公路管理局进行，大约 5~7 年一次。

运输/公共交通（Transit/Public Transportation）——通过公共的或私人的公共汽车、铁路或其他运输工具定期或持续地向公众提供一般或特殊服务。其中不包括校车、特许或观光服务。

引言

驾驶和外出旅行的能力是日常独立生活的重要组成部分。相较于其他发达国家而言，美国人的年轻人、中年人和老年人都更依赖私家车获得地位。与美国整体人口相比，持证驾驶人员的人群正在以更快的速度老化，特别是在女性人群中。尽管基于事故率来说，拥有驾照的人中老年人是更安全的驾驶员，但他们每公里行驶的事故率却更高，而且更有可能在车祸事故中死亡。视力、认知和身体功能的下降会让老年人成为安全性更低的司机，而且许多老年人会高估他们的驾驶能力。自身、道路和车辆的改善都可以帮助老年人更长地维持安全驾驶时间。一旦到了必须停止驾驶的时候，改善交通方式也可以使老年人保持移动性和独立性，并继续活跃在他们的社区里。

驾驶的重要性

今天的人们在户外旅行中高度依赖私家车。全国家庭旅游调查显示十个人中有九个都会选择汽车旅行，剩余的大多数是徒步旅行，只有不到2%的人使用公共交通工具。

老年人和年轻人一样依赖私家车，随着年龄的增长，他们更有可能成为车里的乘客而不是司机（见图1）。65岁以上的老年人在旅程中自己驾车的比例大概有三分之二，甚至那些85岁及以上的老年人也有一半以上的旅程自己驾车。

像所有美国人一样，老年人也喜欢居住在那些距离必要服务目的地很远却没有其他可替代交通工具的地方。在美国，一半的老年人生活在郊区，四分之一以上居住在郊区以外的农村地区。在这些地方，去杂货店、去看医生或者拜访朋友，开车通常是唯一的选择，驾驶能力的存在也允许老年人继续选择工作或参加志愿者活动。大多数老年人对养老地段的偏爱导致了过去十年郊区人口的迅速老龄化，并加强了尽可能长地保留驾驶执照的重要性。

驾驶对老年人来说有重要的实践和象征意义。即使有替代的交通方式，大多数老年人也不愿放弃驾驶执照，哪怕他们的配偶可以驾驶也是一样。对于伴随汽车时代成长起来的许多老年人来说，驾驶能力以及皮夹或钱包里有驾驶执照和他们的独立性与自主权紧密相关。自驾是最方便、灵活、可及地满足自身交通需求的方式。研究表明，与有驾驶能力的人相比，那些没有驾驶能力的人旅行次数显著减少，且参与户外活动的可能性也大大降低。

最新的全国家庭旅游调查数据显示，男性平均每年驾驶里程不超过1.63万公里，而女性的是8 000公里。这两个数字在过去20年都有所增加，但男性的增长速度更快。

变化的驾驶人口统计

美国人口正在老化，但持有驾照的人口的老化速度甚至已经比前者更迅速。主要原因是相比于过去，现在有越来越多的女性驾驶者。在20世纪早期和中期的时候，女性驾驶者是非常罕见的，现在的老年司机队列里排除了许多从来没学过驾驶和从未获得过驾驶证的女性。相比之下，如今女性驾驶几乎是普遍现象，所以未来的老年司机队列里可能会有更多的女性。目前，65岁及以上的老年人占美国总人口的13%以下，但他们持有驾照的比例略高。未来20年，65岁以上人口持有驾照老年人的比例预计会上升到五分之一。

尽管目前老年女性占比高于五分之三，但因她们更有可能放弃驾驶，所以呈现出的结果是目前老年驾驶人口中男性和女性的数量几乎相等。虽然这对预测未来队列中老年女性驾驶者来说不太准确，但差异依然可能存在。图2（见后页）表示不同年龄组中持有驾照的男性和女性的百分比。

老年人的种族多样性少于全人口，有驾照老年人的差异性更小。随着少数民族人群年龄的增长，预计他们在65岁以上人口中

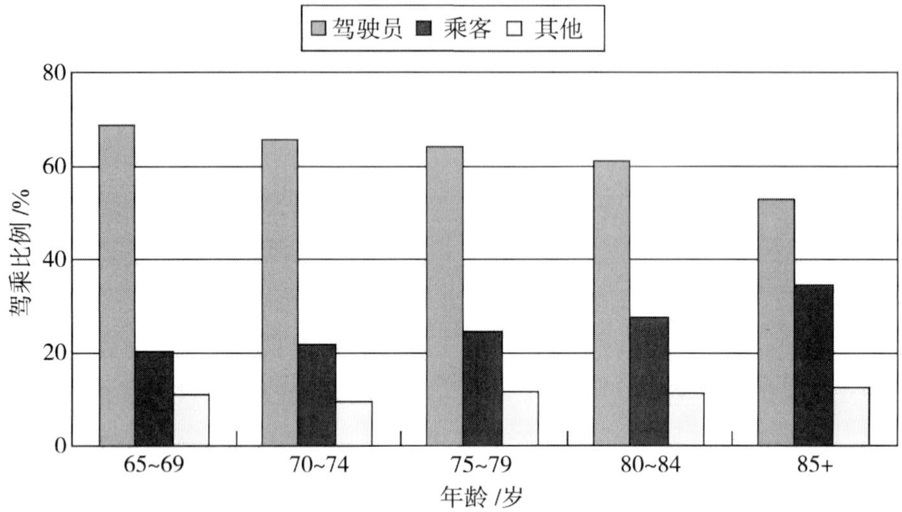

图 1　65 岁及以上老年人的旅行方式

引自：2001 National Household Travel Survey data.

所占的比例将会从现在的 16% 增加到 2030 年的 27%。这种趋势将如何在老年持证驾驶人员中展示出来是不确定的。比如，拉美裔和亚裔女性比非拉美裔白人女性获得驾驶执照的可能性较小，这是老年女性驾照持有率上升的一个逆转。另外，少数族裔的旅行模式和需求可能与现在非拉美裔白人老年司机的有很大不同。

老年司机的安全性

机动车事故是 1~64 岁人群受伤死亡的首要原因，也是造成 65 岁及以上人群受伤死亡的第二大原因。基于每个持证司机撞车次数的数据表明，老年人是道路上最安全的司机之一。这主要是因为他们更少上路，更倾向于在安全的环境下驾驶，比如白天和交通畅通的地方。

当以驾驶里程数为基础时，老年司机，尤其是 75 岁以上的，确实表现出更高的事故率。这种增长主要是由于与安全驾驶相关的基础能力随年龄增长而下降。然而，降低的年里程数与城市郊区道路上积累的那些事实上的里程数都有可能使每公里出现更高的事故率。

而且，当人们研究因事故导致的死亡事件时发现了最大的相关性。伴随老化带来的脆弱性增长，导致老年人在事故中更有可能身亡。60 岁以下的成年人的事故数据显示，在类似大小的事故中死亡风险的增长是明显的，但是风险会随着年龄的增长急剧增加。因此对于那些老年驾驶者，尤其是那些年龄在 75 岁以上的，发生致命事故和每公里发生致命事故的概率都高得多。

图 3 显示了基于人群的机动车辆死亡人

数因年龄和性别而异。尽管老年人相较于其他人较难卷入一场事故，但他们却更容易在事故中死亡。基于人口的死亡率男性高于女性，这主要是因为男性的驾照持有率更高、他们的年里程数也更高。后者对于老年人尤其如此。

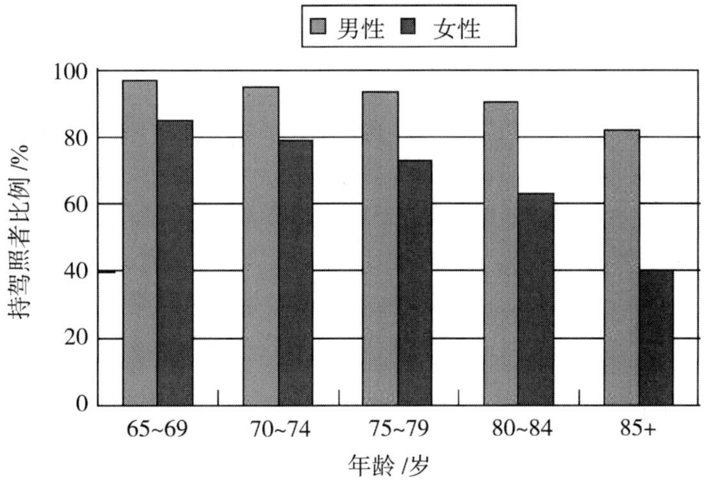

图 2　分年龄和性别持驾照者百分比

引自：US Department of Transportation，Federal Highway Administration，Traffic Statistics 2003 Table DL-20.

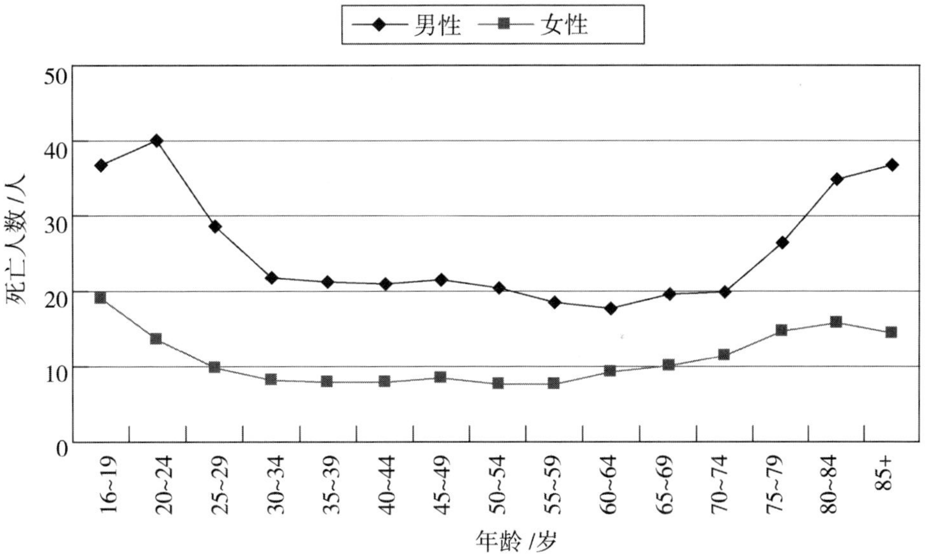

图 3　分年龄和性别机动车事故死亡人数（1/10 万）

引自：Insurance mstitute for Highway Safety，2004.

伴随着更大的死亡危险，与事故中年龄较小的司机相比，老年司机也更容易入院治疗，住院时间也会比较长，也会经历更长时间的失能。然而，在事故中老年司机比年轻司机碰伤他人哪怕是行人的可能性都更小，在老年司机的事故中，更多的是他们自己受伤。

老年司机涉及的事故类型不同于年龄较小的司机。老年司机更可能在交叉路口发生碰撞，特别是在有信号灯的十字路口左转时。与年轻的司机相比从停车位置进入或过马路时他们也更容易发生意外。而年轻的司机发生意外更有可能由于超速驾驶和跟车太紧，岁数大点的则是不让行和违反交通信号灯。

驾驶暴露可能在决定老年司机的碰撞模式方面起着重要作用。也就是说，因为老年人在城镇和住宅地之间积累了更多的驾驶时间和里程，大家会预期他们在交叉路口发生碰撞的概率更高。而且，身体机能的下降也会增加老年人的事故风险。区分目标车辆与周围干扰的问题、判断接近车辆的临界速度、同时参与多个事件、迅速加入车流中，这些情况都会增加事故的风险，特别是在通过交叉路口时，发生碰撞的风险会更高。

2004 年，交通事故中死亡的人大约有 15%是 65 岁以上的老年人。考虑到老年人口的预计增长、老年人口（特别是女性）驾照持有率和他们的公里数，预计到 2030 年的时候，每四个交通事故死亡者中就会有一个是老年人。

与年龄相关的改变影响司机的表现

驾驶是一项复杂的任务，需要整合广泛的感官、认知和运动能力。当人们老了之后，他们更有可能经历各种机能衰退，这将影响他们安全驾驶机动车辆。他们更可能患有疾病，并且服用那些对他们驾驶表现不利的药物。这些改变将导致他们存在更高的意外风险，当然这些也会导致他们在事故中丧生可能性更高。

年龄相关的视力变化可能对驾驶能力产生不利影响，包括视力下降（静态和动态）、对比敏感性减弱、周边视力减弱或其他视野损失、敏感性增加和眩光恢复能力变差、深度感知下降以及夜间视力敏感性较差或视力不佳。白内障、黄斑变性、青光眼和糖尿病视网膜病变都会导致视力丧失，这些疾病在老年人中更为普遍。

与驾驶安全和年龄有关的感知和认知变化包括注意力缺陷（特别是在两个或多个相互竞争的任务之间划分注意力的能力）、信息处理和决策速度变慢、反应时间变长、视觉空间技能变差、记忆力下降、判断力和决策能力降低等。例如，在十字路口准备左转时，分散注意能力受损的人很难协调处理好对迎面而来的交通车辆、人行横道中的行人和交通信号灯的反应。视觉搜索能力较差的人可能无法审视驾驶环境来及时识别潜在的驾驶危险。司机必须掌握道路行驶规则（比如靠道路哪边行驶）并记得如何到达目的地。

阿尔茨海默病和其他进行性痴呆是老年司机特别关心的问题，因为这些疾病意味着他们必须停止驾驶。即使是在早期阶段，痴呆也与事故风险的增加有关，那么这个问题就会成为风险增大的因素之一。由于患者的判断力受到损害，所以通常必须由其家庭成员和其他照护者做出终止驾驶的决定。

由年龄导致的改变中能影响驾驶安全的最后一个类别是运动能力。这个类别包括肌肉力量（如迅速制动和抓住方向盘的能力）、组合的灵活性（如转动脖子四周观看以便在进入交通洪流时能检查即将面临的交通状况）以及一般移动性（如进出汽车的能力）。关节炎、帕金森病和其他神经肌肉疾病会显著地损害运动能力。

用于治疗病症的药物也可能损害驾驶能力，尽管对各个年龄段的人都是如此，但考虑到老年人群比其他人群平均服用更多的药物，这一点对老年司机尤为重要。老年司机应该警惕的常见药物包括抗抑郁药、抗组胺药、抗高血压药、抗帕金森病药、抗精神病药、苯二氮䓬类和其他镇静剂/抗焦虑药、肌肉松弛剂、麻醉止痛药、兴奋剂和酒精。研究显示，服用新开处方药的头几个星期可能是风险特别高的驾驶时期。

当评估一个人驾驶适应性时，重点应该放在强调这个人的实际能力和发展趋势，而不是年龄或疾病诊断本身。在驾驶方面，和其他功能区域一样，老年人显示出了巨大的个人差异。

改善老年司机的安全

老年司机自愿参加很多提高他们驾驶表现和安全性的练习。他们更少开车，即便开车也会避开高峰期和夜间，选择在熟悉的地区和路段上驾驶；也不太可能在道路上超速行驶或者酒后、服药后驾车（规定的药物除外）。老年人的安全带使用率最高，同时他们也不太可能在开车的时候做分心的事儿，如玩手机或吃东西。所有这些举措都有助于老年人保持驾驶安全。

近年来，已经有各种方案和措施来进一步协助老年人在安全的情况下继续驾驶。例如，美国医学协会与国家公路交通安全管理局合作制订了一份指南，以协助医生评估患者的健康状况是否仍适合开车，并为解决已发现的问题提供指导。一些国家的驾驶证审核机关已经实施驾驶证续签时增加对驾驶员年龄的筛查或者为老年驾驶者改变他们的驾驶证续签政策。比如，国家可以在司机到了一定年龄之后更加频繁地审核，要求老年人亲自续签或者要求他们通过特定的视力检查和驾驶实操检测。

对于那些因医疗问题或机体损伤而影响驾驶表现的司机来说，认证的驾驶康复专家或其他经过专门培训的专业人员能和他们一道最大限度地开发其安全驾驶的潜力。通常会有全面的临床评估来确定功能损失的程度，接下来还会进行实际驾驶评估。如果需要，他们也可以提供司机康复服务来帮助修复或弥补已知的损伤，比如，驾驶康复专家可以推荐适合的车辆设备或者与驾驶者一起改进某些驾驶技术。交互式驾驶模拟器就是帮助老年人养成安全驾驶习惯的另一个选择。

提高驾驶技术是帮助老年人持续安全上路的一种方式。然而，这只是提高老年司机安全和行动能力的综合方法中的一部分。改善道路和驾驶环境同样重要，这样可以更好地适应老年人的特殊需求。改善道路的额外好处是所有驾驶者的安全性都增加了，包括那些可能由于瞌睡、分心，或因使用药物、酒精或其他毒品而导致警觉性暂时受损的人员。

在一段时期内，我们国家铺建了许多道路，建立起来了从路面标志到街道照明的一切建设标准，而这些标准被制定的时候，很少有年长的司机，所以“设计司机”要年轻得多。然而今天，在设计我们的街道和高速公路时为老年人考虑得越来越多，甚至专门发布了针对老龄人口需要的新标准和方针。下面举几个让老年人继续驾驶变得更加容易和安全的道路上的改变：加宽、加亮车道线，设置更多的高架路灯，使用更先进的街道标志和更大更亮的标志，增加左转弯信号（左转弯箭头）。除了让老年司机受益外，这些变化还能提高所有司机的安全性，包括任何年龄段的功能障碍人群以及那些可能由于嗜睡、酒精甚至是打电话分心的司机。

车辆本身就是改善老年司机安全的最后一环。由于老年人的脆弱性增加，他们可能特别受益于提高车辆耐撞性的设计改变。安全带和正面侧面安全气囊有助于保护老年人在遇到事故时避免受伤和死亡——这一点甚至比对年轻司机更重要。将来，汽车可能会为保持安全带压力不超过预定的阈值而装有拉力器，从而避免一些老年司机在车祸中胸部受伤。也可能会有更智能的气囊发明，可以自动调节力度，从而以更柔的力道在较小和较脆弱的身体前充气。

车载通信系统等技术可以在发生车祸或其他医疗紧急情况下自动通知应急服务，以便更快地获得必要的医疗处理。未来的汽车也会配备防撞系统，当相邻的车太靠近或者太快时会自动发出警报或停车。

很多人已经从他们车中安装的可调式设备中受益。举些例子，比如能够更容易抓住和转动车轮的连接方向盘的旋钮，延长踏板使个子小的人不必过于靠近方向盘，可旋转座椅使得人们更容易进出车辆。虽然这些都是相对简单的干预措施，但对一些老年人来说，能使得他们可以更安全、更轻松、更愉快地驾驶。

总之，改善老年司机的安全性的最好方法是通过一个同时解决司机、车道和车辆问题的全面的方案来实现。虽然在这三个方面已经取得了重大进展，但仍有许多工作要做。

终止驾驶

鉴于私家车在继续满足交通需求方面发挥的重要作用，随着年龄增长继续驾驶会显出更多的负面效应，因此终止驾驶和收回驾照的举措就不足为奇。这些举措主要影响老年人自己，但影响力也会扩大到家庭成员和其他照顾者以及更多的社会成员身上。有很多因素影响终止驾驶的决定和终止驾驶的后果，此外，终止驾驶并不是一个绝对的状态：对于许多老年人来说，这是一个渐进的过程，可能会有一段间歇驾驶的时期。所有这些都使得终止驾驶成为一个值得研究的难题。

年龄和性别与终止驾驶显著相关：随着年龄的增长，老年女性比老年男性更有可能终止驾驶。这些结果反映在图 1 中，该图显示驾驶员分年龄、分性别的驾乘差异。健康状况下降也与终止驾驶有关。然而，尽管某些疾病如关节炎、帕金森病、脑卒中或心脏病发作可能导致一些老年人放弃驾驶，但仍然有许多人继续驾驶，而且如果不良的健康状况导致老年人感觉行走或者使用其他的交通方式更加困难，有时甚至会鼓励他们更多采取驾驶这种方式。

一般来说，视力问题（白内障、黄斑变性）和神经系统疾病与终止驾驶密切程度最高。女性更容易比男性因为非健康因素停止驾驶，包括对驾驶普遍缺乏信心且更愿意依靠他人（包括丈夫）到达目的地。对所有人来讲，能随时获得可替代的交通方式，是社会经济因素发挥重要作用的表现。

对于许多老年人而言，终止驾驶是一个渐进的过程，至少有部分原因是需求或渴望去的地方变少。但是，户外旅行的减少也是终止驾驶的重要结果之一。研究始终表明，不开车的人比开车的人户外旅行的可能性小很多，特别是拜访朋友、参加宗教活动或志愿活动等非必要的出行。通常很难区分人们减少驾驶的原因：由于去别处的需求或欲望减少导致的驾驶减少，还是没有能力或意愿去驾驶导致的驾驶减少。

这种模糊的因果也适用于与终止驾驶相关的其他不良后果。终止驾驶是直接还是间接地导致了功能状态和健康的下降，这是一个许多人试图回答的非常重要的问题。对于一些老年人，放弃驾驶会带来社会孤独感、增加抑郁症症状。从前是驾驶者的可能会经历独立性丧失、自尊心降低、生活满意度下降的过程。这种观点不论是可替代运输方式存在（例如配偶仍然驾驶）还是因何原因终止驾驶都是成立的。最后的结果可能是一个螺旋下降的负面事件，最终导致个人处于较差的健康状态。

幸运的是，大多数人都适应了放弃车钥匙的过程，即使他们对这种情况并不十分满意。这在很大程度上取决于他们的决心以及能力，无论是借助家庭成员或朋友，使用公共交通或辅助客运系统，还是根据他们的健康状况选择步行、骑自行车来继续满足他们的交通需求。

驾驶替代品

估计有五分之一的 55 岁以上的美国人不开车，这个数字包括许多失去驾驶能力的司机们。尽管女性活得更长、停止驾驶也比男性早，但她们更可能面临驾驶能力的丧失。不论对男性还是女性，当他们终止驾驶的时候，旅行的需要没有停止；他们仍然需要去杂货铺、去拿药、去看医生，他们也还是喜欢拜访朋友和参加各种户外活动。越来越多的人继续留在工作岗位，也需要交通工具来帮他们继续从事工作或志愿服务。

为了满足他们的旅行需要，自己不开车的老年人最常依赖家庭成员或朋友带他们去目的地。然而，这需要一系列交通选择作支撑以确保所有的老年人都能够获得他们所需要的物资和服务，并可以继续充满活力地生活。除了传统的固定路线公交，老年人还可以享受可变路线公交、代驾服务、网约车、出租车，以及为老年人提供的专门医疗和其他运输服务。这些选择随着他们提供的支持服务等级的不同而改变，例如，接送个人的地点是在公共汽车站、还是在家门口或者是从家中开始陪同护送等。对个人和服务提供者来说成本方面会有很大差异。由于每个老年人的身体机能、生活条件、经验和偏好都不同，没有一种“万金油”式的解决方案。

越来越多的社区为老年人和残疾人提供补充交通项目。这些计划旨在补充现有的公共交通和辅助客运系统服务，为不能走到公交站，需要帮助才能进出面包车，支付不起出租车费用，或者单纯地想要去那些公交到不了地方的老年人或残疾人服务。这些项目大多数由非营利组织（教会、医院、老年中心、老龄化机构、志愿者团体等）经营，很多目的地是没有交通服务的农村和郊区。通常，这种服务有一定补贴或是来自司机的自愿行为。也有可能让他们免费乘坐或花一点小小的定额费用。也许最重要的是，他们一般通过老年志愿者自己驾驶面包车或汽车的方法，模仿在私人车辆中舒适、方便和灵活的旅行方式，以更友善的服务来护送老人家往返家中。

目前，老年人的所有旅行中只有不到2%涉及公共交通，部分原因是老年人居住的郊区和农村地区通常没有公共汽车和其他交通服务，但也因为交通不能充分满足老年人的特殊需要。如果公交服务能提供一些私人交通项目的设施，如更灵活的路线、训练能够辅助老年人的司机，以及为老年人经常光顾的目的地提供服务等，那么它会对老年人更具有吸引力。例如，通过更宽更低的入口，方便老年人上下公交车。

排在自驾之后，老年人的旅行次数中短途步行占得最多，然而步行对老年人来说可能是一项非常危险的活动。虽然他们占人口的13%，但2003年行人死亡人数中有超过20%的是65岁或以上的老年人。更宽的人行横道、提升的道路照明、适合老年人缓慢通过的行人过街信号灯，以及可以让人停下来休息一下的长椅，都是能为老年人提供更安全和更有吸引力的步行环境的便利设施的一部分。

除了安全和有吸引力的步行场所，目的地（商店、杂货店、教堂等）靠近老年人居住的住宅区也很重要。这反过来又要求社区采用混合使用区划和其他有助于短程旅行的规划方法。它还要求人们提前计划不能驾驶的可能性，选择那些哪怕他们不能继续开车了还能保持活跃的地方居住。这么做大大有助于提高老年人的属地老化能力。

交通选择和步行可达的社区都是最近倡导创造更多宜居社区的重要组成部分。这样的环境使老年人在老龄化的同时能保持独立性和社区参与。当然，这些好处也惠及社区中其他年龄人群。

未来方向

鉴于预计老年驾驶人数的增加以及驾驶对于维持移动性和生活质量的重要性，今后的研究和纲领性的努力应着重于改善老年道路使用者的安全以及提供可行的替代方案以满足日常交通需求。亟待产生一种全面提高驾驶员、道路和车辆的安全性的方法。对司机而言，需要进一步研究的方向有识别机动车辆安全运行的重要功能、在更广泛的人群中评估这些能力的方法以及协助驾驶员补偿确定损失的方法。当不能选择补救措施时，就像对待痴呆和其他认知损害的情况一样，需要研究如何更好地协助老年人从自驾转化到其他形式的交通工具上。

关于道路问题，人们已经采取了很多改进措施来使老年道路使用者受益。这里的主要挑战在于评估改进措施的有效性、鼓励国家和地方运输部门将改进纳入公路养护和交通运行方案。

与道路一样，车辆设计最近才开始考虑到老年司机的特殊需求。在开发新设计和技术时，重要的是将老年人纳入开发目标。此外，不论是作为司机还是乘客，教给老年人车辆特征的知识、进行车辆特征的教育对他们的安全是最重要的。

还需要继续研究以阐明驾驶对老年人的健康和福祉的重要性、老年人可以采取哪些行动来延长他们的安全驾驶年数，以及如何尽量减少终止驾驶的负面后果。一个重要的研究和方案开发领域是如何提供一种老年人可以接受的、又不会对社会造成过度负担的替代驾驶方式。在公共和私营部门的支持下，可能需要组合替代方案。

这些仅代表一些需要持续进行研究和规划的领域，以尽可能延长老年人的驾驶年限，并在不能驾驶的时候有可用的替代交通方式。鉴于驾驶对老年人的重要性和老年司机面临的风险的增加，为应对快速老龄化的驾驶人群，显然我们还有很多工作要做。

另请参阅：人口学；视力。

拓展阅读

AARP（2003）*Beyond 50 2003—A Report to the Nation on Independent Living and Disability*. Washington, DC: AARP Public Policy Institute.

The Beverly Foundation（2004）*Supplemental Transportation Programs for Seniors: A Report on STPs in America*. Pasadena, CA: The Beverly Foundation.

Centers for Disease Control and Prevention（CDC）, National Center for Injury Prevention and Control（NCIPC）（2005）*CDC's Unintentional Injury Activities—2004*. Atlanta, GA:

CDC, NCIPC.

Federal Highway Administration (2004) *Highway Statistics* 2003. Washington, DC: US Department of Transportation, FHWA.

Foley DJ, Heimovitz HK, Guralnik JM, and Brock DB (2002) Driving life expectancy of persons aged 70 years and older in the United States. *American Journal of Public Health* 92 (8): 1284-1289.

Hu PS and Reuscher TR (2004) *Summary of Travel Trends*—2001 *National Household Travel Survey*. Washington, DC: US Department of Transportation, Federal Highway Administration.

Insurance Institute for Highway Safety (2004) *Fatality Facts*: *Older People* 2003. Arlington, VA: IIHS.

National Highway Traffic Safety Administration (2004) *Traffic Safety Facts* 2003. Washington, DC: US Department of Transportation, NHTSA, National Center for Statistics and Analysis.

Staplin L, Lococo K, Byington S, and Harkey D (2001) *Guidelines and Recommendations to Accommodate Older Drivers and Pedestrians*. Report FHWA-RD-01- 051. Washington, DC: Federal Highway Administration.

Stutts JC (2005) *Improving the Safety of Older Road Users*: *A Synthesis of Highway Practice* (NCHRP Synthesis 348). Washington, DC: Transportation Research Board, National Cooperative Highway Research Program.

Transportation Research Board (2004) *Transportation in an Aging Society*: *A Decade of Experience*. Conference Proceedings 27. Washington, DC: National Research Council TRB.

US Department of Health and Human Services (2003) *A Profile of Older Americans*: 2003. Washington, DC: US DHHS.

Wang CC, Kosinski CJ, Schwartzberg JG, and Shanklin AV (2003) *Physician's Guide to Assessing and Counseling Older Drivers*. Washington, DC: National Highway Traffic Safety Administration.

译　者：张淑芳（中国青少年发展基金会）
校译者：王永梅（首都经济贸易大学）

焦虑症

K. M. 康纳，D. G. 布莱泽 杜克大学医学中心，达勒姆，北卡罗来纳州，美国

词汇表

广场恐惧症（Agoraphobia）——以离开熟悉的家庭环境或冒险进入空旷场所产生的非理性恐惧为特征的紊乱。

焦虑（Anxiety）——与真实或预期的刺激相关的过度恐惧或非理性恐惧。

广泛性焦虑症（Generalized Anxiety Disorder，GAD）——一种过度的、难以控制的且持续 6 个月或更长时间的以担忧为特征的疾病。

惊恐症（Panic Disorder）——以反复发作、意外的惊恐发作和随之而来的对再次发作的恐惧为特征的障碍。

引言

焦虑的特征是与真实或预期的刺激相关的过度恐惧或非理性恐惧。焦虑通常伴随着恐惧性回避（phobic avoidance）和一系列躯体症状。恐惧性回避可被视为一种适应性机制，使个体能够最大限度地减少可能引起焦虑的情境。但是，当这种回避导致显著的行为改变时，包括社会隔离和广场恐惧症，就会变得不利于适应。焦虑的常见躯体症状包括心血管（心悸、非心源性胸痛）、呼吸（呼吸困难）、神经（头晕、头痛、颤抖）、喉部（咽喉肿痛）和胃肠道（腹泻、腹部痉挛）等方面的症状。躯体疾病通常是患者寻求治疗的动力，他们一般会向初级保健机构寻求治疗，然而结果可能是其进行了大量的医学检查，却无法找到症状的潜在医学病因。

临床上显著的焦虑症状在老年人中很常见。这些症状可能代表可治疗的医学疾病的生理后果、精神疾病的结果或对生活事件的夸大或正常反应。焦虑症通常是慢性病，在一生之中以各种形式持续存在，并且在老年人中存在许多临床表现。例如，焦虑可能是慢性的和复发性的，如表现为终身的困扰或状况。或者，焦虑也可能由于老年人对急性应激源产生反应而在短期内出现。焦虑也经常与老年人的其他慢性问题相关，例如认知能力下降和障碍、自我或配偶的医疗问题及抑郁。

本文简要回顾了老年人焦虑症的流行病学、病因学和鉴别诊断，并讨论了该人群的治疗和管理问题。

晚年焦虑症的流行病学

65岁以上的人群中至少有1/5患有精神疾病，预计到2030年，患有精神疾病的老年人数量将等于或超过青年人群中患有此类疾病的人数。焦虑症是老年人最常见的精神疾病，55岁以上的个体中大约有10%~20%的人有明显的临床症状。我们对老年人焦虑症的流行病学的了解大部分是从青年人群的研究发现中推断出来的。然而，正如下文所述，这些疾病的流行在整个生命周期中似乎并不一致。表1列出了《精神疾病诊断与统计手册》第4版（*Diagnostic and Statistical Manual for Mental Disorders*，*DSM-IV*）中确认的各种焦虑症。值得注意的是，大多数患有焦虑症的老年人通常以焦虑情绪、紧张和弥漫性躯体主诉为特征，但是，由于这些症状强度和频率不足，也由于当前的诊断分类系统在获取信息质量方面存在一定的局限性，导致这些特征无法满足特定疾病的标准。尽管如此，焦虑症可能会中度致残，仍然值得临床上的关注。

与抑郁症一样，焦虑症会导致老年人的身体功能和生活质量受到严重损害。研究表明，与未服用精神药物的同龄人相比，服用治疗焦虑症、抑郁症或失眠药物的老年人（75岁以上）报告的身体功能和精神健康状况明显更差，并且由于身体损伤还导致了更大的疼痛和社会角色限制。

广泛性焦虑症（GAD）

广泛性焦虑症被许多临床医生认为是老年人中最常见的焦虑症，它在老年人群中比在青年人群中更普遍。它的特点是持续6个月或更长时间的过度且难以控制的担忧。这种担忧不会集中在任何特定主题上，而是伴随着各种躯体不适，例如疲劳和肌肉紧张。广泛性焦虑症常常伴有严重的抑郁症，这种表现预示着一种更慢的病程，抗抑郁药物见效需要更长的时间，并且这种情况缓解的可能性很小。

广场恐惧症

另一种在老年人中比在青年人中更常见的疾病是广场恐惧症，这种疾病的特点是对离开熟悉的家庭环境或冒险进入空旷场所产生非理性恐惧。虽然这种疾病在青年人群中通常与惊恐发作有关，但在老年人中并不一定如此，老年人经常在创伤事件后出现广场恐惧症。广场恐惧症对老年人来说是最容易致残的原因，尤其是独自生活的老年人。老年人确实会感到被困在家中，因此不会去参加包括与医疗保健专业人员见面等在内的必要的日常活动。

惊恐症

惊恐症是以反复发作、意外的惊恐发作和随之而来的对再次发作的恐惧为特征的一种病症，最终会导致显著的痛苦和行为改变。惊恐症通常出现在十几岁到35岁左右，很少在老年时开始。虽然与青年人的惊恐发作在性质上相似，但老年人的惊恐发作往往不那么频繁，症状也较轻，并且涉及的回避行为也较少。老年发作提示应该进行对抑

表 1 焦虑症及其核心症状概况

精神障碍	核心焦虑症状
广泛性焦虑症	忧虑，焦虑，紧张
惊恐症	反复发作，意外的惊恐发作；可能伴有广场恐惧症
无惊恐症的广场恐惧症	避免陷入惊恐产生后无法轻易逃离的情况
强迫症	强迫性思维；强迫性行为；如果行为中断，可能会产生明显的焦虑
创伤后应激障碍	在一场与强烈的担忧、恐惧或无助相关的创伤事件之后；闯入性记忆和再次经历症状；回避和麻木；觉醒过度
社交恐惧症[a]	害怕和回避各种社交接触；常伴有自主神经兴奋
特定的恐惧症	害怕和回避特定的对象或情况

[a] 又称“社交焦虑症”。

郁症、潜在的医学疾病或可能导致症状的药物的仔细评估。

强迫症

晚年发病的强迫症（obsessive-compulsive disorder，OCD）并不常见。在老年人群中强迫性思维或强迫性行为的发展提示应该进行其他精神障碍的评估，如谵妄或精神病性抑郁症。此外，临床医生应该与患者及其家属一起回顾在评估时可能在频率或严重程度上有所增加的此类行为的终身模式。

社交恐惧症

社交恐惧症（social phobia）又叫社交焦虑症，通常在青春期发病，是最常见的焦虑症。虽然对老年人中这种疾病的流行病学知之甚少，但社区研究显示，50~60 岁年龄组社交恐惧症的患病率略有增加。这一群体可能代表终身都患有潜在的社交焦虑的个体，这种焦虑先前可以控制，直到晚年暴露于无法避免的社交场合时才作为疾病显现出来，例如，不得不在离婚或失去配偶后第一次进入劳动力市场。

创伤后应激障碍

老年人创伤后应激障碍（post-traumatic stress disorder，PTSD）的流行病学特征尚不清楚。我们对这一人群中的创伤后应激障碍的了解大部分源于对大规模创伤后 40~50 年的幸存者的回顾性研究，这里的创伤主要是指人际创伤（例如，大屠杀幸存者、第二次世界大战的退役军人）。在这些人群中观察到相对较低的创伤后应激障碍发生率，对这一发现的可能解释如下：具有更严重的创伤后应激障碍症状（特别是有回避行为）的个体可能没有参与研究；创伤后应激障碍可能与数十年来更高的发病率和死亡率相关，并且许多患有该疾病的患者可能在此期间死亡；创伤的救赎效应伴随着有利于个人智慧和成长的心理发展，有助于降低患病率。然而，重要的是要认识到，一些症状，如失眠和噩梦，可能持续数十年，而老化作为应激源不一定会加剧创伤后应激障碍。此外，创伤后的心理后遗症可能使躯体疾病和与健康有关的功能复杂化或恶化。为此，有人认为创伤后应激障碍的症状可能会对身体的保护和自我调节系统造成负担，从而加剧病情，同时也会降低个体康复能力和在生活中充分发挥功能的能力。

身体健康状况的变化引起的焦虑

焦虑也可能出现在生命后期身体健康状况不佳的情况下。例如，大便失禁或尿失禁可能与羞耻和尴尬有关，这可能表现为焦虑和社会隔离。在患有绝症的个体中，需要在可能退休、丧失（或离开）配偶、其他医疗残疾和其他损失之中考虑他的担忧。听觉丧失可能会导致交流出现问题，这种情况可能会因个人、情境和环境因素而加剧。当走路不稳的老年人需要在拥挤的场所中行走时，如商场或繁忙的医疗诊所，可能会特别焦虑。

老年人焦虑症的病因学因素

人们认为焦虑症的病因学是多因素的，主要来自遗传和环境影响。然而，在老年人中，遗传因素的影响较小，并且更加强调随着衰老、疾病及神经系统退行性改变而发生的生化改变的作用。药物副作用或在使用多种药物的情况下药物的相互作用也应当被考虑进来。例如，老年人使用合成的甲状腺制剂进行治疗，那么可能产生继发于药理学诱导的甲状腺功能亢进症的高度焦虑。

心理和社会因素在这一人群的焦虑发展中也起着突出的作用。例如，老年人可能会在压力大的情况下产生焦虑，而他们年轻时可能会毫不费力地处理这些情况。比如在交通拥挤的情况下驾驶，或在社交场合遭受批评或尴尬。老年人在不熟悉的环境中可能也会产生焦虑（这种经历可能会因轻度记忆障碍而变得更糟），例如旅行时在陌生环境中醒来。他们可能存在被夸大的现实安全问题，导致包括社交互动的限制等在内的后续行为变化。考虑与老年人生活变迁相关的问题也很重要，例如失去（家庭、配偶、同伴支持、健康）、经济压力源、搬家或裁员。

从精神分析的角度来看，继发于以下事件的无助感可能会成为焦虑的诱因：丧失伴侣或其他社会支持、躯体疾病、感觉丧失及失去掌握或控制。

正确诊断中的问题

尽管老年人焦虑症的发病率很高，但这些疾病尚未达到老年精神病学中其他疾病的突出程度，例如阿尔茨海默病和重度抑郁症，因此仍未得到充分认识和治疗。此外，患有焦虑症的老年人经常将并发抑郁症作为转诊和治疗的主要焦点。大多数焦虑症在生命早期就开始了，并在几十年中反复发作，如果一个人以前没有寻求治疗这种疾病，那么他就不太可能在这个阶段进入精神卫生系统。此外，由于生活环境的原因，老年人可能更容易通过逃避在工作、学校或其他社交场合出现的引起焦虑的情况来隐藏他们的焦虑。焦虑症不仅未被老年保健提供者所认识，也未被老年患者所认识，而且他们往往更难识别焦虑症状。因此，对焦虑症的正确识别因老年人焦虑的独特表现、评估和诊断工具的不充分，以及该人群中精神疾病和医学合并症的混杂影响而进一步复杂化。

老年人焦虑症的鉴别诊断是非常广泛的，如表2（见下页）所示。焦虑症可能表现为原发性焦虑症（primary anxiety disorders）或继发于其他精神障碍、躯体疾病及药物副作用或药物相互作用的症状。

继发于其他精神障碍的焦虑

焦虑是痴呆、重度抑郁症和轻度躁狂症的常见症状。例如，60%的痴呆患者在某些时候产生的躁动，可能难以与焦虑区分开来，或者可能与焦虑并存，这在考虑治疗方案时可能存在重要区别。区分焦虑和躁动的因素包括起病（急性和慢性）、敏锐度、病程、认知状态和潜在的内科病态。与焦虑不同的是，焦躁不安的患者也可能表现出冲动控制能力的丧失，这可能导致破坏性和不适当的行为。

如前所述，伴有抑郁症的焦虑是老年人最常见的焦虑表现。这种表现往往与更严重的抑郁症、更多的自杀倾向和更差的治疗结果相关，同时伴有反应延迟或减弱，且治疗的不依从性和退出的可能性更大。在这种情况下，治疗团队在优化治疗结果方面发挥着重要作用，因为已发现临床管理的质量对缓解老年人的焦虑性抑郁症的可能性影响最大。

在老年人焦虑症的鉴别诊断中，饮酒问题也是需要考虑的重要因素。多达三分之一的酗酒者在 60 岁以后会出现这种问题，而这种滥用酒精可能会成为他们自我治疗焦虑的一种形式。有人提出，对老年人酗酒的诊断严重不足，部分原因是酗酒对这一人群的影响可能不如年轻人群明显，且老年人不太可能寻求治疗。酗酒和复发这两种情况可能发生在焦虑、人际冲突、丧失自我、社会隔离、孤独和抑郁的环境中，充分认知这些风险对老年人具有重要的临床意义。

继发于医疗状况的焦虑

如表 2 所示，焦虑是多种躯体疾病的常见表现。随着衰老而来的多个器官系统的变化，老年人更有可能经历一种或多种疾病，这就使他们出现焦虑症状的风险增加。为了确定是否存在潜在的可治疗的疾病，需要仔细评估老年人急性焦虑症的发作情况。

表 2　老年人焦虑症的鉴别诊断

原发性焦虑症	广泛性焦虑症 强迫症 惊恐症 广场恐惧症 创伤后应激障碍 社交恐惧症 特定恐惧症
继发于其他精神障碍的焦虑	阿尔茨海默病，伴有躁动 重度抑郁症，伴有躁动 双相情感障碍，轻度躁狂 酒精滥用或依赖，伴有中毒或戒断症状
继发于医疗状况的焦虑	缺氧或缺血 心律失常 充血性心力衰竭 嗜铬细胞瘤 甲状腺功能减退症 低血糖 维生素 B_{12} 缺乏 酒精戒断 帕金森病 原发性睡眠障碍 任何原因导致的谵妄
继发于药物治疗的焦虑	安非他明 抗胆碱能药物 抗抑郁药/ SSRI（启动；停用） 抗精神病药物 β 受体激动剂 苯二氮䓬类药物戒断 含咖啡因的产品 草药补充剂：人参、麻黄属植物、麻黄、瓜拉那 拟交感神经药（包括含有伪麻黄碱的非处方感冒药） 甲状腺药物 血管升压类药物

继发于药物治疗的焦虑

另一个重要的考虑因素是伴随的药物使用，包括处方药、非处方药、草药和膳食补充剂，以及不太常见的非法药物。表2中列出了可能与焦虑症状相关的常用药物和补充剂。重要的是要记住，老年人往往对药物制剂的治疗作用和毒性作用更敏感。此外，该年龄组的许多人正在服用多种药物，并且药物相互作用的风险随着药物数目的增多呈指数增长。除此之外，还应考虑治疗的不依从性；认知损害、缺乏对剂量说明的理解或故意不遵医嘱可能也是药物滥用的原因。最后，老年人是草药和补充剂的最大消费者，除非特别询问他们，否则他们可能不愿意向医生透露这些药物的使用，或者认为这些药物的使用不太重要。这些产品中有许多都具有药理活性（例如人参），卫生保健专业人员在开处方药时需要了解患者对这些药物的使用情况。

老年人焦虑症的治疗

关于适当干预老年人焦虑的经验验证的相关知识很少。来自青年人数据的推论通常构成了老年人临床实践的基础。

焦虑症的治疗包括非药物治疗和药物治疗。治疗的选择应包括评估个体风险和收益，考虑医学和精神疾病合并症、患者偏好、成本和资源的可用性（例如训练有素的治疗师）。许多认知和行为疗法已被证明可有效治疗焦虑症，如认知行为疗法、特定的恐惧症和强迫行为的暴露疗法，甚至还有心理动力疗法（尽管这些疗法的经验证据很少）。如果必须避免药物治疗，那么这些方法将成为唯一可行的治疗方法，并且应该提供给老年人。一般来说，当后勤方面可以解决时，老年人都愿意参与这些治疗和合作。此外，焦虑症状也可以通过有规律的运动得到改善，其效果与放松和冥想时的效果相当。急性焦虑症对运动的反应往往优于慢性焦虑症。但是，任何关于运动的建议都应该在患者身体健康的背景下提出。

药物治疗的处方必须谨慎。临床医生必须监测药物的相互作用和副作用。大多数药物的副作用在老年更常见。因此，临床医生必须从低剂量开始治疗并认真监测药物。焦虑的患者经常将焦虑的躯体症状误解为药物的副作用，这可能影响治疗的依从性。如果老年人对药物耐受且没有反应，那么剂量可以逐渐增加。临床医生可以通过与患者或其家属保持电话联系来极大地增强对这些药物的监测。通常，一通5分钟的电话就可以防止持续的副作用所导致的更严重的不良后果（例如跌倒），患者及其家属也不必来医院就诊，从而提高了治疗的依从性。

抗抑郁药

抗抑郁药被认为是焦虑症的一线药物疗法，具有治疗焦虑症和共病抑郁症的优点。在抗抑郁药中，5-羟色胺能药物［选择性5-羟色胺选择性重摄取抑制剂（selective serotonin reuptake inhibitor，SSRI）和5-羟色胺去甲肾上腺素再摄取抑制剂（serotonin norepinephrine reuptake inhibitor，SNRI）］被广泛认为是首选药物。尽管有关它们对老年人焦虑的影响的经验数据非常有限，但这些药物在老年抑郁症治疗中表现出良好的耐受性。值得注意的是，鉴于有关这些药物可能导致心率变异性受损的报道，人们对SNRIs可能产生的心血管副作用提出了一些担忧。

SSRI和SNRI药物都可能是致焦虑的，特别是在开始治疗时，与患者讨论这种可能性是很重要的，目标是通过低剂量开始和相应滴定来最小化这些影响。临床医生还需要注意，这些药物可能会在突然停止时出现停药症状。虽然这些症状不会危及生命，但可能会引起一些人尤其是那些易患焦虑症的人的焦虑，因此在这种情况下与患者就治疗依从性的重要性进行对话非常重要。如果到了停止用药的时候，可以在医疗监督下在数周内通过逐渐减少药物来安全地完成。

虽然老年人的抗抑郁药已经被证明对治疗抑郁症和焦虑症的疗效，但它们的多重副作用及药物和饮食的相互作用使它们在老年人中只能作为二线或三线药物来使用。例如，三环类抗抑郁药（tricyclic antidepressants）虽然有效，但可能有显著的毒性，特别是抗胆碱能、心血管不良反应和组胺能作用，这对老年人来说可能特别麻烦。单胺氧化酶抑制剂（monoamine oxidase inhibitors）还具有耐受性较差和显著的药物相互作用，以及对饮食方面的限制。

苯二氮䓬

苯二氮䓬类药物（benzodiazepines）是对成人焦虑和失眠使用最广泛的对症治疗药物，并且在老年人中的处方数目也十分庞大。患有合并医疗疾病和精神问题的老年人、同时服用多种药物的老年人，以及老年女性，可能是更容易受到治疗的不良影响且最有可能持续使用这些药物的群体。在短期内，这些药物会导致认知和精神运动性障碍，使服用者面临跌倒和其他事故的更大风险。长期使用可能与生理依赖和戒断有关。

考虑到这些因素，建议老年人短期使用这些药物。但是，应该注意的是，一些老年人是可以在安全的和严密监控的环境中延长、持续地使用苯二氮䓬类药物的。需要进一步的研究以确定在将毒性风险降至最低的同时，哪些人更能从间歇治疗或持续治疗中获益。

丁螺环酮

5-HT1A受体激动剂丁螺环酮（buspirone）是一种抗焦虑药，已经被证明对成人广泛性焦虑症有效，并且可能在老年人中特别有效。该药通常比苯二氮䓬类药物耐受性更好，没有镇静作用或精神运动性障碍、依赖或戒断，也不会增强酒精的影响。该药物的主要缺点是需要使用几周后才见效，并且需要每天给药数次。

抗精神病药物

抗精神病药物最常用于治疗老年人的躁动和精神病，几乎没有经验数据支持其在老年人焦虑症的应用。在第一代抗精神病药物中，氟哌啶醇（haloperidol）是最广泛的处方药，尽管在较高剂量下人们担心可能会出现锥体外系、心血管和抗胆碱能作用，但在低剂量下具有相当好的耐受性。虽然非典型抗精神病药物最初有利于治疗伴有妄想症状的痴呆的躁动，但也引起了可能增加老年人死亡率的关注。一般而言，专家不建议在患有广泛性焦虑症或惊恐症的老年人中使用非典型抗精神病药物。

其他药物

人们已经证明其他几种药物对老年人有抗焦虑作用。例如，普萘洛尔（propranolol）可能有助于减少与焦虑相关的自主神经症状（即心动过速、心悸、颤抖），但对缓解精神焦虑和担忧没有作用，在使用时应避免提供给哮喘患者和低血压倾向的患者。抗组胺药［antihistamines，例如苯海拉明（diphenhydramine）、羟嗪（hydroxyzine）］在间歇使用或长期使用中也可能对治疗焦虑有所帮助，但需要监测其镇静作用和患者的黏膜有无积液。

结论

考虑到这些因素，为了促进对老年人焦虑症的正确诊断和治疗，我们注意到未来有以下需求。

- 基于青年人群的数据得出的结论可能不适用于老年人。需要研究老年焦虑症的现象学和治疗方法。
- 传统的诊断和治疗方法可能不适合老年人；多学科视角可能更合适。对焦虑症状的综合评估需要考虑身体、智力、情感、环境和社会的决定因素。
- 患有精神障碍的老年人口的预期增长突出表明，需要制订一项战略，以促进老年精神卫生保健循证实践的系统化和有效实施。

另请参阅：抑郁症；残疾、功能状态和日常生活活动；精神卫生；药理学；心理健康。

拓展阅读

American Psychiatric Association（1994）*Diagnostic and Statistical Manual for Mental Disorders*, 4th edn. Washington, DC: American Psychiatric Press.

Beyer JL（2004）Anxiety and panic disorders. In: Blazer DG, Steffens DC, and Busse EW（eds.）*The American Psychiatric Publishing Textbook of Geriatric Psychiatry*, 3rd edn., pp. 283-294. Washington, DC: American Psychiatric Press.

Flint AJ（2004）Anxiety disorder. In: Sadavoy J, Jarvik LF, Grossberg GT, et al.（eds.）*Comprehensive Textbook of Geriatric Psychiatry*, 3rd edn., pp. 687-699. New York: Norton.

译　者：郭　佳（北京大学护理学院）
常秀坤（邯郸市中心医院）

教育与老龄化

R. J. 曼海默 北加利福尼亚大学阿什维尔分校，北卡罗来纳州，美国

词汇表

正规学习（Formal Learning）——由有意直接解决社会需求并以此为己任的国家或私人机构提供的教育，完成后可获得学位或证书。

非正式学习（Informal Learning）——个人从日常经验和所处环境中积累知识、技能、态度和见解的终身学习过程。

非正规学习（Non-formal Learning）——在正规学习框架之外进行的有组织、有计划的教育活动，如成人扫盲或职业培训。

引言

成人教育包括正规学习、非正规学习和非正式学习三种方式。第一种，通常由有意直接解决社会需求并以此为己任的国家或私人机构提供，完成后可获得学位或证书。第二种，非正规学习，通常是指在正规学习之外进行的有组织、有计划的教育活动，例如农业技能推广、成人扫盲和职业培训。第三种，非正式学习，这是一个内涵广泛的术语，指个人从日常经验和所处环境中积累知识、技能、态度和见解的终身学习过程。修饰语“成人”强调个人能动性，表示教育活动是由身心成熟且能够对自己负责，从而可在选择学习内容和方法方面做出重要决策之人自愿选择的。

老年教育是20世纪中期出现的一种非正规的成人教育。促使老年教育发展的条件包括：预期寿命的延长、退休老年人健康和经济状况的改善、教育程度较高的人士步入老龄的比例增加、在个人和公共层面对终身学习（无论是否正规）观念的日益普及、发展论和神经理论对继续学习之适当性和实用性的推动以及中老年人能够获得更多的教育学习机会（高校、教会、犹太会堂、清真寺、老年中心、公共图书馆、日间保健中心、医院、工会和居委会）。中老年教育的目的不一而足，包括丰富生活趣味（以文学艺术为主要内容）、技能提高和再就业培训。

从全球视角看，由于社会经济状况、教育机构扮演的传统角色以及创新前景各异，各国的中老年教育模式差异显著。在英国，终身学习又称为“回流教育”，在欧洲大陆和联合国教科文组织（UNESCO）内部常常使用“终身教育”一词。英国研究人员有

时喜欢使用“老年人学习”，他们希望这一短语能够涵盖独立学习者和以自愿方式学习的人。教育老年学既研究成年人如何学习、为何学习、在何地学习，又研究老年学家自身如何受教育。

历史视角

成人教育先例

我们今天谈及的正式和非正式成人教育项目最早均可追溯到几个世纪前。例如，由美国发明家和宪法之父本杰明·富兰克林（Benjamin Franklin）成立的12人学习小组，该小组每周讨论一次社区和社会问题。这一小组学习模式起源于1727年的“俊托”（Junto，拉丁文，意为会议），其具有知识共享和实现社交目标等属性，每年举行的宴会需要成员在活动中提出问题，并定期阅读彼此的文章。“俊托”形式延续了30余年，并促进了许多衍生组织的诞生，其中包括美国首个收费图书馆和美国哲学会。今天我们会把富兰克林的“俊托”称为学习圈。美国、加拿大和欧洲的许多终身学习计划虽然不是直接发源于“俊托”，但均注重激发学习者的个人能动性，强调融洽的社交氛围，并以互助学习为要素。

近100年后，1826年又出现了旨在向美国小城镇和农村地区成年公民传播学术知识的系列讲座——“学院”。在传统文化中，“学院”是指提供公开讲座、音乐会和娱乐活动的团体。“学院”的目标是，提高未完成初级教育的公民教育水平。大约50年后，美国美以美会（Methodist Episcopal Church）在纽约州肖托夸湖（Lake Chautauqua）畔建立了居家学习寓所或村庄，不仅为主日学校教师提供培训，也为教会成员提供启蒙教育。“肖托夸”运动后来成为全国延续数十年的帐篷演出的基础。其不限于某一宗教派别，致力于向小城镇居民推广宗教研究成果、人文科学教育和表演艺术。

虽然英国成人教育可追溯至宗教教育的时间甚至要比美国更早，但是，由于工业革命的快速发展满足了大众日益高涨的民主需求，导致成人教育越来越去宗教化，且越来越普及。英国成人教育活动的主要标志是，19世纪初技工学院的持续发展，以及20世纪初工人教育团体和当地成人教育事业的不断进步。

18世纪80年代，从英国开始，人们认识到大学应当在全社会传播知识方面发挥重要作用。通过公共图书馆和“肖托夸”运动，受过教育的公众将这一理念引入大学校园并迅速普及。最终，大学开始提供函授教学、讲座、暑期班和夜校、会议活动、研究活动、短期课程，乃至广播服务。

19世纪上半叶，北欧的居民大学和夜校越来越受欢迎，促使成人教育在其他国家蓬勃发展。成人教育尤其能够促进公民参与新民主进程和探索科技发现，同时，在学习和鉴赏了北欧的美妙神话和传说后，他们必定会萌生更强烈的民族认同感。

虽然美国没有居民大学，但美国几乎在100年前即已出现社区学院，当时被称为两年制社区大学。20世纪60年代，美国各地建立了数百所社区学院，为所有年龄段的成年人提供继续学习的机会；涵盖的学科包括机械、工业、外语、计算机等各个知识领域。

英国开放大学成立于1970年，早期通过电视课程向未达到大学入学标准的所有年龄段的学生提供远程教育。到1998年，已有超过20万人从开放大学毕业。英国其他地区也推出了许多类似于开放大学的项目。目前，互联网在很大程度上已取代电视，成为新的教学传播媒介。

20世纪中叶以来，工厂和企业主办的教育活动数量以惊人的速度增长，参与人数甚至超过了大专院校。以互联网为代表的远程教育使各类成人教育活动迅速普及到社会的各个角落；无论是获得学位还是个人理财，网上课程的种类琳琅满目。作为公共图书馆的补充，互联网为独立学习者提供了一个强大的自学平台。

中老年教育在20世纪中叶开始兴起

认为中老年人将从开始或重拾学习经历中受益的观点是基于之前的创新理论得出的，但是在许多情况下，现有的模式也能够再次发挥作用。关键的附加因素可以追溯到三个来源：发展心理学领域出现了追踪个人成长直至晚年的新兴理论；老年学领域的理论和意识形态转变；以及人们对成人教育领域态度的变化。

对老龄和晚年生活理论具有深远影响的发展心理学家当属埃里克·埃里克森（Eric Erikson），他在1950年出版的《童年与社会》（*Childhood and Society*）中提出了著名的人生发展八阶段理论，每个阶段都需要解决反向的心理危机。根据埃里克森的理论，中老年阶段继续学习的价值来源于生殖性（培育后代）、完整性或智慧性（生活视野更广，以及承认自身极限）。在充分了解了成人发展历程后，如果我们将其与老年医学家罗伯特·巴特勒（Robert Butler）的生命回顾过程假设相结合，就能够洞见继续学习的隐含意义，其进一步促使亚伯拉罕·马斯洛（Abraham Maslow）提出了（自亚里士多德以后）自我实现理论。事实上，生命回顾团体是20世纪60年代和70年代广受高龄人士欢迎的教育活动，这反过来又使出版自传、创作生活剧以及其他以个人叙述为基础的创造性表达和表演形式如雨后春笋般出现。如果中年人希望保持生殖性，老年人希望具有智慧性，则继续教育将有助于实现这些目标。

20世纪60年代初，老年学领域的天平开始倾斜，老龄不再被视为身体和认知功能不可逆转的衰退（所谓的衰老失效模式），学者转而更为乐观地强调，老龄反而能够获得种种优势。“堪萨斯市成人生活研究”是对人口老龄化问题进行的首批大规模人口调查研究项目之一，其催生了“老年减少参与理论”，并导致《老之将至》（*Growing Old*）在1961年出版。该书作者伊莲·库明（Elaine Cumming）和威廉·亨利（William E. Henry）发现，在老年人退休后，社会对老年人期望和需求不断下降，致使其开始退出社交和社会活动。上述研究结果和老年减少参与论受到了一些学者和研究人员的尖锐批评，他们认为减少参与并不是自然形成的，而是由于社会结构因素，以及一些人对老年人具有无知和刻板的偏见、老年人自信心的丧失和退休政策等因素，合力将老年人推向社会边缘。他们用老年人活动理论进行反驳。该理论认为，如果充分激励和鼓励老年人，使之具有良好的身心健康状况，他们将重焕青春并做出更大的贡献。学者和研究人员认为，在促使成年人保持活力和做出贡献方面，教育显然是最合适的方式之一。

1949 年年初，美国全国教育协会（the National Education Association）成人教育部成立了老龄教育委员会，这标志着成人教育领域开始蓬勃发展。1951 年，老龄教育委员会正式加入美国成人教育协会。老龄教育委员会出版了美国历史上第一本探讨老年教育的专著——《老年教育手册》（*Education for Later Maturity*：*A Handbook*）。

20 世纪 60 年代到 70 年代早期，各种老年人宣传组织持续推动老年学和老龄政策的发展，使成人教育事业不断进步。例如，1971 年白宫老龄问题会议做出决议，美国老龄管理局给予美国社区学院协会为期两年的资助，用于研究社区学院如何满足老年人的需求，并提高其生活质量。此外，一些社区学院能够通过 1965 年《高等教育法》（the Higher Education Act）第一编和 1965 年《美国老年人法案》（the Older Americans Act）第三编相关条款获得资金，以聘请协调员或兼职项目主管为老年人设计和开设课程。

虽然终身学习运动发展得如火如荼，但其过程绝非一帆风顺。这一时期的主流思想是，老年教育的主要目的是提供知识和技能，以帮助日益扩大的老年人群体解决现实问题。对此，戴维 · A. 彼得森（David A. Peterson）表示：“教育项目应主要强调老年人在适应退休过程中产生的风险，并应指出，需要通过外界协助才能克服角色转变带来的心理创伤。”这种观点与哈利 · R. 穆迪（Harry R. Moody）的老年教育具有社会服务属性不谋而合。因此，虽然老龄仍然是一个问题，但教育活动能够予以改善。换言之，天平仍在摆动，但幅度已经变小。

在 20 世纪五六十年代，只有为数不多的教育管理者考虑为老年人提供教育项目。最初启动的几个项目均出于实验目的，没有设立研究基地。在 20 世纪 60 年代初，老年学研究者投入大量精力研究老龄、智力和记忆之间的联系。但是，学者对青年文化更为重视，而且逐步减少了对“认知能力随年龄增长而下降”的研究，因此影响了人们对老年教育工作的态度。

虽然 1971 年召开的白宫老龄问题会议强调了老年教育的价值，但却基本没有产生有效结果。除联邦法律规定的范围外，在老年中心、社区学院、大学、社区学校、教会中涌现出许多老年教育项目。这些项目在 70 年代中期到 80 年代快速扩张。在此期间，美国国家艺术基金会（NEA）和美国国家人文基金会（NEH）资助了许多教育项目，包括由老年人提供以及与老年人有关的节目、演出和创意作品。

老年教育和第三年龄概念

英国社会学家彼得·拉斯利特（Peter Laslett）主要研究英国和美国的后工业社会。他指出，20 世纪 50 年代末至 60 年代初的退休一代，是第一个拥有自由支配时间、健康身体和充足资金来决定如何在这一仍然充满活力的阶段或第三年龄（第四年龄通常有依赖性）大展宏图的一代。到 20 世纪 60 年代，史上数量最多的退休老年人能够参加诸如国内外旅行、业余爱好培养和户外娱乐等休闲活动。他们也有更多的时间从事志愿活动，而且人数创下了纪录。拥有更多的高中和大学毕业生也是这一新兴年龄群组的特征。由于先前的教育经历是晚年继续学习的主要决定因素，因此第三年龄人数的增加带动了终身学习人数的显著增长。

事实上，第三年龄的概念是拉斯利特从法语中借鉴而来。第三年龄大学由皮埃尔·维拉斯（Pierre Vellas）首次提出。1973 年，他在法国图卢兹大学创办了首个第三年龄大学。维拉斯意识到，大多数法国老人都极为长寿且充满活力，这为法国大学推动老年人教学、研究老年人福祉和提供个人发展机会提供了理想环境。随后，第三年龄大学项目迅速在欧洲、澳大利亚、加拿大铺开，并在美国试水。法国模式的特点是，第三年龄大学附属于大学，并且主要由大学教师来完成教学。这与法国 1968 年法律提出的“大学要提供更多的社区教育”目标相一致。

当第三年龄大学模式穿越英吉利海峡时，这种正式且归属分明的教学方式遇到了阻碍，英国转而选择了自助教学方式。因此，英国的第三年龄大学普遍独立于高等学府之外，并采取了同伴学习小组管理和成员管理等更为平等的教学方式。拉斯利特给英国第三年龄大学的校训是：“寓教于学，寓学于教。”这种法英模式的分歧，仅仅是政治环境和文化思想影响老年教育发展的众多例子之一。

拉斯利特认为，在这一新的时期，老年人拥有更多的休闲时间显然有助于各个阶层的人士提高文化素养和参与更多的教育活动。他们因此能够欣赏艺术、了解历史、哲学、音乐和其他有助于增加学习体验的学科。拉斯利特相信，如果不参与教育活动，第三年龄的老人“将变得懒惰、散漫、无声无息”。老年学习倡导者面临的问题是，人们可在多大程度上学习新的思想和技能，并达到何种高度的道德和智力发展阶段。

老年人的学习能力

认知功能与智力功能研究

在老年教育兴起的同时，成人教育学家和老年学家也在关注老年认知功能评估的变化趋势。尽管早期的研究主要关注老年人的智力下降问题，但 20 世纪 60 年代末迄今的研究指出：老年人的认知功能随着时间的推移而趋于稳定。虽然研究人员发现老年人的功能在某些领域方面有所下降，但对老年学习者而言，变化较小；研究人员还强调，随着年龄的增长，智力类型可能会发生显著变化。

例如，K. 华纳·沙依（K. Warner Schaie）对老年人的智力表现不如年轻人的假说提出了质疑。他认为，并非所有的老年人都会出现智力衰退。社会学家马蒂尔达·莱利（Matilda Riley）和约翰·莱利（John Riley）进行了一系列智力功能的研究，结果表明，智力在特定条件下随年龄增加有所改善。他们发现，当生活环境继续充满激发和挑战，当人们有机会使用自身技能并能够获得教育机会时，智力功能会保持连续性。

心理学家吉塞拉·拉博维奇-菲夫（Gisela Labouvie-Vief）指出，老年心理学的早期发展阶段受到当时盛行的老龄衰退模型的严重影响。研究认为，身体和精神表现出“老龄具有主要、普遍和不可逆的生物成分”。但随着发展模式逐渐影响研究方向，老年心理学家开始认真区分认知功能的得失问题。因此，心理学家把智力分为晶体智力（基于经验）和流体智力（基于生理条件）两大类。虽然后者可能随年龄呈现衰退迹象，但前者的衰退幅度更小，稳定期更长。后来，能力和表现之间的区别被用于表示智力功能的差异。

拉博维奇-菲夫提出了一个折中观点：认知发展是一个此消彼长的过程，一些形式的智力集成消失之时，会出现新形式的智力集成，特别是在适应实际需要的情况下。

近年来，很多学者都在研究持续的智力激发和社会联系之间的关系。吉恩·科恩（Gene Cohen）对此进行了多项重要研究，结果表明，教育和艺术活动事实上有助于延缓痴呆的发作、减少抑郁症和脱离社会的可能性，还能够促进脑细胞和枝突增长。在某些情况下，由于用进废退的理论十分流行，参与继续学习已成为一种必需的文化活动，有时还可以借此“吓唬”老年人，促使其参与教育项目。但是，托马斯·R. 科尔（Thomas R. Cole）在《生命之旅：美国老龄文化史》（*The Journey of Life: A Cultural History of Aging in America*）一书中指出，用身体强壮、事业成功的老年人取代虚弱不堪、脱离社会的老年人的想法非常危险。他认为，持续学习和预防痴呆之间的这种直接因果联系，会导致人们对受害者的指责，比如说痴呆是懒惰的结果。

老年学习者的独特性

如前所述，人们越老，就越愿意回忆过往这一趋势被很多老年学家视作一种精神上的异常，直到罗伯特·巴特勒（Robert Butler）指出，这种情况可能是一个非常积极的信号，能够促使老年人将过往经历与当下现状更好地融合。因此，生命回顾成为一种群体治疗和创意写作的方法，并成为创作生活剧的源泉。一些学者的研究更深入，他们将生命回顾过程视为智慧和创意的要素。由于拥有丰富的生命经历，老年人不仅能够有效学习和充分展示自我，而且能成为优秀的学生和出色的老师。

如果将晚年生活视为一个具有特殊任务和机会的独特发展阶段，那么晚年的教育应当与成人教育不同。例如，穆迪认为老年人是独一无二的，只有拥有一辈子的经历才能使一些年长的学习者理解哲学和精神问题。

个人何时才能迈过拥有独特见解的门槛？穆迪认为这主要看你是否足够成熟，而不是年龄多大。

其他研究人员，如弗吉尼亚·克莱顿（Virginia Clayton）和詹姆斯·E. 比伦（James E. Birren）则将寻求晚年智慧视为老年人的独有特征。作为生命历程的最后阶段，可将老年期视作尝试探索毕生意义的重要阶段，有助于老年人将其对毕生意义的理解融会贯通，正如叔本华（Schopenhauer）所言："将生命视作一个整体。"许多老年学家和成人教育学家认为，每个老年教育项目的终极目标都是帮助老年人实现自我，并充分发挥他们的潜能。晚年生活中的智慧探索最终将被视为一种精神上的探索，并产生第三年龄引发的学习意识。

灵性、老龄和终身学习

瑞典社会学家拉尔斯·托恩斯坦（Lars Tornstam）提出了一种"超越老龄"理论，即随着年龄的增长，人们的人生观、世界观将出现重大转变。托恩斯坦认为，如果采纳活动理论，忽视脱离理论，就会失去一些至关重要的东西。脱离理论家强调，晚年出现内省倾向，表明老年人对世界及其地位的认知发生了变化。托恩斯坦认为问题在于，这些老年人在发展新的人生观方面资源十分有限。他强调，尽管活动理论具有种种优势，但都倾向于忽视老年人的精神/灵性成长，将宗教性等同于脱离社会。

托恩斯坦从事了大规模的定量和定性研究（北欧版本的"堪萨斯市成人生活研究"），并发现了一个明显的与年龄相关的变化趋势。他的受试者能够辨别更为微妙的是非观，对道德推理中的模糊和悖论有了更大的容忍度，并且摒弃了持有数十年的狭隘文化观。简而言之，这些人"用宇宙的灵性体会了世界大同的感觉"。这是一种因年龄引发的自我升华，托恩斯坦称之为超越老龄。这位瑞典社会学家认为，这是一个自然发生的转变，如果我们的社会（包括宗教机构）给予老年人足够的鼓励和支持，并通过这种灵性通道促使他们形成晚年的人生观，这一转变将更加明显。

与此同时，随着托恩斯坦的文章不断在美国发表，灵性与老龄运动也开始在美国兴起。1992 年，纽约州欧米茄研究所开始举办"灵性与老龄"会议，有许多知名人士参加，例如反主流文化大师和灵性作家巴巴·拉姆·达斯（Baba Ram Dass）（他最近在一本书里发表了老龄观点）、犹太神秘主义拉比扎尔曼·沙赫特-沙洛米（Zalman Schechter-Shalomi）、社会活动家和"灰豹党"创始人玛姬·昆恩（Maggie Kuhn），以及其他远见卓识之人，他们拥有大智慧，能够成为政治导师和灵性长老。虽然托恩斯坦并不是这一灵性与老龄运动的倡导者，但是他的研究理论和埃里克森的人生发展模式支持了这类活动的观点。

与此同时，美国老龄协会（the American Society on Aging，ASA）设立了一个新的老龄研究组织——宗教、灵性与老龄论坛（FOR-SA），其成员数量迅速壮大。受到沙赫特-沙洛米的著作《从老龄到圣人》（*From*

Age-ing to Sage-ing）的感召，许多灵性与老龄研究机构纷纷成立，以便弥补托恩斯坦指出的缺失部分，即培养老年人的能力，使他们能够在社会中担任年轻一代的精神/灵性导师。

人们在一夜之间就希望成为灵性导师，并非学者、倡导者和宗教领袖敦促的结果。这种趋势反映了全球人宗教意识（如果不是宗教热忱的话）的复兴，并迅速扩展至老年人群和老龄化领域。这一趋势还对不断扩大的主流老年学习项目产生了深远影响，包括瑜伽、冥想、太极，以及众多关于比较宗教、神秘主义、中医学、古今神话的课程。

补偿和学习方式

柏林马克斯·普朗克神经研究所的保罗·巴尔特斯（Paul Baltes）及其同事深入研究了教育的价值性。他们研究了人在变老过程中采取的补偿策略。这些柏林研究人员对两种智力活动进行了区分：（1）大脑的生物硬件，负责记忆的速度和准确性、感官输入、区分和比较能力，以及事物分类能力（也称为“认知机械成分”）；（2）大脑的软件，主要是文化、成长和环境的产物，包括阅读技能、写作技能、自我认知和应对能力（巴尔特斯称为“认知实用成分”）。

巴尔特斯及其同事发现，尽管老年人的记忆能力在参加记忆培训后会有所增加，但仍然无法达到接受同样培训的年轻人的水平。他们得出结论，大脑的硬件确实会随着年龄的增长而下降。但他们还发现，在解决实际生活问题的测试中，例如在安慰威胁自杀的人或者为一个 15 岁的女孩提供结婚建议时，30 岁和 70 岁的人之间并不存在重大差异。事实上，在“世事洞明”的人群中，有 20%都是 60 岁以上的人。

这些柏林研究人员创造了一个流行语“补偿的选择性优化”，来描述老年人如何抵消一些认知和身体技能的衰退速度。巴尔特斯以著名钢琴家亚瑟·鲁宾斯坦（Arthur Rubinstein）为例——他在晚年仍然能够进行十分出色的演奏。当被问及如何将职业生涯成功保持如此之久时，鲁宾斯坦表示，只演奏少数曲目（选择），勤加练习（优化），并在演奏时先减速再加速，对比后就会显得速度更快（补偿）。在许多文学和电影作品中，这种合理使用脑力和体力的老年运动员的案例比比皆是。他们拥有多年的经验和智慧，比对手更善于运用巧妙的策略，知道应在何时保留体力，而非一味地比拼耐力和速度。同样，许多人开发了相关工具和学习策略，例如通过助记符（记忆技术）来帮助他们获取和保留信息。

老年学习者的动机

工具型和情感型动机二分法

很多研究者使用情感型和工具型两个术语来描述学习动机。为了自己的成长而学习被称为情感型动机，为了获得更多结果或者取得外部目标的学习被称为工具型动机。同样，“丰富”一词通常用于描述促进个人成长的学习，而以技能培养或技能获取为动机的学习则更注重实际应用。为了满足现有或潜在的客户的需要，教育领导者和管理者通常要对这两种学习目标进行组合或权衡。然而，这种区分并不十分严格，因为学习者可能会同时拥有两种动机。例如，为了跟上时代而报名学习（丰富）计算机扫盲课程的老人，也会利用这一技能与远方的孙辈通信，并制作生日贺卡（技能培养）。

动机难以确定

在大多数老年学习者的调查中，普遍认为人文学科学习者的主要动机是智力激发，属于情感型或“丰富”的范畴。但“智力激发”这个术语涵盖的动机极广，包括增加文学、哲学和历史的鉴赏力，以及渴望挑战一下学习外语的难度等。智力激发可能包括参加国际事务讲座，确保自己成为一个更知情的选民。虽然智力激发既有情感型动机又有工具型动机，但其涵盖的范畴远远超乎表面揭示的。

在研究老年学习者动机的学术文献中，很多结论往往自相矛盾。这可能和研究者所处的环境有关。例如，20世纪70年代早期关于老年中心的研究倾向于得出工具型动机，因为他们的研究项目旨在解决问题和探讨爱好。反之，如果研究游学项目，则可能会得出相反的结论，因为选择这些项目的人是为了丰富知识和阅历。研究人员保罗·沃茨（Paul Wirtz）和伊万·沙内（Ivan Charner）指出，在各种研究中使用情感型和工具型动机二分法，可能会迫使参与者在这些人造类别中做出选择。因此，虽然结果不一致，但其可能是使用了心理测量效度不足的工具所致。具有主观性的智力激发可能不适合作为定量研究工具在大多数研究中使用。

隶属于美国退休人员协会（AARP）的国家退休教师协会在2000年采用了另一种研究老年学习者动机的方式。AARP通过电话和网络进行了“终身学习调查”，共有1 019名人士参与。调查主要询问“50岁以上的人如何以及为何了解新事物”。结果发现，人们主要通过报纸、杂志、书籍和网络获取信息，其中有一半受访者通过网络获取。绝大多数（93%）受访者表示，希望通过学习“跟上社会的发展”，92%的受访者表示，希望获得“精神和个人方面的成长”，91%的受访者表示“只是想体验学习新东西时的快乐”。鉴于这项研究涵盖了高度多样化的人群，因此，只有一小部分受访者（15%）强烈希望采用正式的课堂授课情境，而大多数人（60%）强烈希望采取非正式的教学方式也就不足为奇了。

生活任务、需求和愿望

路易斯·洛伊（Louis Lowy）和达伦·奥康纳（Darlene O'Connor）发现了一种解决老年学习者动机矛盾现象的实用方法。他们将工具型和情感型动机与霍华德·麦克拉斯基（Howard McClusky）提出的需求类别（例如应对、贡献、影响）相结合，并构建了一个矩阵。这个矩阵能够将学习者的各类目标和动机进行全面整合。

对老年学习者的动机研究表明，与成人

学习者一样，老年学习者受到社会环境、教育背景、教育项目设置，以及教育机会等因素的制约，因而表现出广泛且多样化的需求、兴趣和愿望。

增权赋能与参与社会

参与成人教育的另外一个动机或结果是获得更大的权能。通过和同龄人一起参与教育活动，老年学习者能够获得同龄人的支持、提高自尊心、重新感受到自己的作用并得到广泛的声援。学者对创作和生活写作团体，特别是那些女性写作团体进行了大量的研究。结果表明，发出自己的声音，讲述自己的故事可能会产生巨大的释放效果。重新梳理自己的生活经历可能是持续学习的重要组成部分。

在许多非正式类型的终身学习中，需要参与者承担教师、委员和兼职管理人员等志愿者职责。整个团体可能构成一个学习社区，使成员通过教育活动带来的亲密纽带，找到新的社交途径和结交新的朋友。

加拿大的桑德拉·库萨克（Sandra Cusack）和温迪·汤普森（Wendy Thompson）等老年学家的工作证明，老年人领导力发展项目非常有价值，增加并支持了教育在老年人中建立志愿意识的作用。

在英国专家关于老年教育的著作中，释放身心和增权赋能是重要的主题。他们中有许多人对政府未能在为老年人提供终身学习资源方面发挥作用感到遗憾，认为这是老年人边缘化的另一个例子。

自1960年以来的老年教育项目和公共政策

20世纪60年代初，受到预期寿命延长和平均退休年龄逐年降低的影响，美国和其他后工业社会的退休人数明显增加。许多成人教育领袖和老年学家认为，老年人需要一定的知识和技能，以便成功应对变老问题。这个时期的另一个常见和相关的理论是，社会学习环境下的持续精神激发将有助于防止过早出现制度化。而在许多国家，老年教育项目的兴起与政府和公共政策无关，这种新的终身学习形式反映了医疗保健和社会保障机制（如公/私养老金）的主要倾向和变化。有几个例子能够说明这一点。

正常化和免费课程

20世纪70年代，美国的正常化运动导致全美数千名精神病患者大规模离开精神病院，并被转移到各地新建立的社区心理健康护理中心，同时，在老年人教育领域也同样进行了一次回归主流社会的尝试。约有39个州立法机构颁布了法案，允许65岁以上（有些州为62岁以上）的老人免费进入公立高校学习（如果座位允许）。倡议者声称，应促进老人与其他年龄段的人群融合，而非隔离。在大多数情况下，这项法律没有提供资金补助，因此，大多数高等院校都没有公布这一法律授予的教育机会，那些空座位上也很少有老人在学习。然而，也有一些特例。例如雪城大学和西华盛顿大学，由于当时的本科生招生不足，它们在校园里建立了老年宿舍（例如，在西华盛顿大学费尔黑文学院），以增加老年人的学习机会。然而，这些实验不过昙花一现。作为对比，许多社区学院机构获得了州政府资金，以便与老年中心合作提供现场教学。这种创新教育模式持续了很久，直到十年后，才因经济压力和其他需要受帮助群体（例如移民、越战退役军人、重返学校的女性）的教育需求导致老年教育项目逐渐被挤掉。

新的名称体现了态度转变

提倡将教育作为促进晚年发展催化剂的学者和研究人员（人文老年学派），与以马尔科姆·诺尔斯（Malcolm Knowles，其通过使用“成人教育学”一词强调成人教育属性）为代表的成人教育创新领袖进行了交流。这种思想上的碰撞催生了一种全新的观点：老年学习项目可以作为终身发展甚至社会变革的引擎。老年教育项目能够将传统的心理发展生命阶段理论延伸到新的未知领域，表明成长不会随着青春期的结束而终止。

在这一时期，新出现的老年学习项目名称体现了人们认知的转变，即开始使用一些反话作为代替词汇。例如，1975 年出现的“青年旅馆”和“老年游学营”，这些均为面向 55 岁以上人群的低成本游学项目。这类夏季活动通常为期一周，参与者居住在简朴的大学宿舍，并在常春藤名校短暂停留。这类活动最终升级为一种庞大的、持续全年的国际项目，老年游学者通过这类项目获得了年轻人的教育体验。类似的“以老代青”活动催生了一系列相关组织，如老年学院、“灰豹党”、成人日托中心、老年中心、戏剧团体（如秋季表演者），以及后来的联邦项目“老年志愿服务计划”。这些新的名称对所谓“老年人脱离社会”的说法提出了挑战，取而代之的是，老年人的形象更为活跃，虽然他们不再年轻，但却足智多谋。数十年后，这些名称已不再具有相同的惊喜元素，这就是为何相关组织在 20 世纪 90 年代开始抛弃或改变它们（例如，老年中心变成了充实中心）。

历经多年发展之后，老年学习项目需求在 20 世纪 70 年代和 80 年代有了突飞猛进的增长。这是人们对老龄和晚年生活态度发生革命性转变的产物；是更有效的老龄宣传的产物；从人口统计学上来说，也是越来越多的退休人员有时间、精力和动机继续学习的产物。似乎老年人在一夜之间就变得无所不能且足智多谋，他们仍然拥有巨大的发展潜力。社会政策的变化也从侧面证明，活动理论完胜脱离理论。1979 年生效（不时修订）的《就业年龄歧视法》（ADEA）逐步取消了强制性退休规定。到美国成立 200 周年之际，人们对“老年公民”（此期间的最常用词汇）的认知，已从贫困、充满依赖性和边缘化，转变为劳苦功高和拥有丰富的文化智慧（例如，热卖的“狐火”系列书籍）；他们拥有超人的勇气和生存智慧，特别是在大萧条时期。

终身学习机构和第三年龄大学

在同一时期，出现了隶属于大专院校的

退休学习研究所（Institutes for Learning in Retirement，ILR），后来改为终身学习研究所（Lifelong Learning Institutes，LLI）。LLI的前身是1962年在纽约社会研究新学院（现在的新学院大学）成立的退休专家研究所。20世纪70年代中期以来，只出现了少数由成员领导、成员授课的教育项目，但到了80年代中期，每年都开始涌现出许多的新项目；到2000年，美国和加拿大共有400多个项目。

LLI的模式独一无二，不仅因为是成员负责，还因为它们是基于要求学习者支付自己教育费用的财务模式。今天，这种财务模式似乎很常见，但是在当时，老年学习者应该为自己的教育买单的想法是破天荒的。因为在至此之前，老年学习项目普遍依靠私人基金、公共基金和政府补贴的慷慨援助。这种资金基础解释了为什么这些项目经常是断断续续的，在重复的示范项目周期中来来去去，没有留下任何基础设施。也许大多数继续教育部门自我融资的商业模式影响了体制内的LLI。这个全新的自我融资方案项目是未来的预兆。

今天，通过附属机构，终身学习网络与长者旅舍网络松散地联系起来。获得老年旅舍慷慨援助的联合项目用于一个门类齐全的网站，经常发布成员项目清单、每月通讯以及一些额外的材料，例如课程设置、规章制度以及如何开始LLI等。

促进建立新的终身学习研究所以及扩大现有终身学习研究所的新催化剂是伯纳德·欧瑟基金会（Bernard Osher Foundation），自20世纪90年代初以来，它慷慨资助了79所欧瑟终身学习研究所，旨在未来几年将其总数提高到100个。

在美国和加拿大，终身学习学院对应的是第三年龄大学。如前所述，第三年龄大学1973年在法国成立，随后遍及欧洲、澳大利亚、新西兰、南美洲等地。第三年龄大学的增长反映在574个集团中，截至2006年2月，仅英国的成员总人数为153 443人。一些第三年龄大学使用学习圈的方法，让所有参与者彼此帮助，还有一些使用专家主导的方式。许多国家的第三年龄大学加入了国际第三年龄大学协会（AIUTA，为该组织的法语缩写）。

年龄隔离项目和赋权

20世纪70年代，美国的争论聚焦在老年教育遵循的正确方向是年龄隔离还是年龄融合。正规化和主流化的观点认为，未来社会年龄差异小于需求和兴趣，因此教育机构中应该融合几代人。但是大多数老年人似乎更愿意与同龄人分享学习经验。当然，依靠州政府、联邦政府和私人基金会资助的各种组织也希望保留这些项目的主办地点。

内部高度关注的另外一个焦点是老年学习项目的重点应该放在人文老年学家马斯洛的自我实现上，还是新兴政治团体倡导的赋权上。一个典型的例子是国家老龄问题委员会（NCOA）发行的系列文集，该文集起初叫“人文自我发现”，20世纪80年代中期修改为“人文发现”。这个改变是什么意思？小组讨论的参与者不仅将文学、历史和哲学视为自己的镜像，而且通过“进入他人的生活的窗口”来审视自己。他们不仅抓住了晚年生活的意义和智慧（埃里克森所强调的），而且要“在美国历史的结构中”找到他们的位置，并要声援现在更明显的，在社会和政治上活跃的老年人的尊严和智慧。

参与率和对未来的影响

参与率

20世纪70年代以来，55岁以上人口的教育参与率稳步攀升。最近，根据“国家家庭教育调查”（the National Household Education Surveys）的统计结果，20世纪90年代，美国66~74岁的老年人中至少参加过一次成人教育班的人数所占的比例从1991年的8.4%增加到1999年的19.9%，增加了一倍多。增长最快的是参加社区提供的非正规教育的55~74岁的老年人。这包括由教会、图书馆、百货公司和长者中心等提供的免费课程、讲习班和研讨会，参加人数从1991年的4.6%上升到1999年的11.6%。参加学校或大学的课程的人数从1991年的5.5%上升到1999年的8.6%。“年轻老年人”的增幅超过其他年龄组别。

与年龄相关的角色期望似乎仍然是参与职业教育的一个决定因素。与年龄较小的年龄组相比，就业相关教育的参与率显示出适度增长。例如在1991—1999年，参加商业或工业教育项目的人数中，48~56岁年龄组所占的比例从12.6%上升到19.6%，66~74岁年龄组所占的比例从2.0%上升到4.8%。这反映了商业和工业倾向于将培训资金投入到年轻的劳动力的持续趋势。

先前的受教育程度仍然是所有年龄段的成人参与教育的主要因素。此外，教育机会可得性的增加以及对终身学习价值的不断认同也是重要因素。随着受过良好教育的美国“婴儿潮一代”进入退休期，这一趋势很可能将会持续下去，因为美国的平均退休年龄稳定在63岁左右。然而，另一个强劲的趋势可能会改变这种模式，人们正式退休后渴望返回劳动力市场，从事全日制或兼职工作。如果当今绝大多数的“婴儿潮一代”寻求退休后的职业生涯，那么对于以工具为导向的继续教育课程的需求将会大增。

老年人在成人教育中前所未有的参与率证实了一种总体格局——出现了所谓的终身学习型社会。据估计，每年有超过一半的美国成年人参加有组织的教育。对老年人来说，美国在所谓的彩排阶段。同时美国进入老龄化社会，年龄中位数为36岁，到2010年将会上升至39岁，数量庞大的“婴儿潮一代”正在老化，这将给文化和教育机构带来真正的挑战。目前，60岁以上人口占美国总人口的16%，65岁以上人口占美国总人口的13%。由于美国在20世纪30年代到40年代初期的大萧条时期出生队列的出生率较低，65岁及以上人口的比例在90年代几乎没有增长。预计到2020年，65岁及以上人口将占美国总人口的18%，这一比例将持续上升，到2050年达到23%。受过高等教育的老年人所占比例将从目前的12%上升到2010年的20%，此后将继续上升。此外，这个上升的百分比适用于数量上更大的队列。

在目前的排练阶段，我们已经看到教育需求的增长，因为随后几年的教育被认为有利于准备第二或第三职业，有利于个人丰富和心理增长，有利于预防或延迟认知衰退的发生，有利于工作之余或者退休后适应生活。很可能，对教育机会的需求在课程数量和范围的多样性方面将压倒现有的提供者。美国各行业的人们一直在盯着水晶球（或聘请顾问）来预测“婴儿潮一代”将扮演什么样的消费者的角色。而终身学习机会的提供者也是如此。但只考虑消费者的想法可能是一个很大的错误。这是所谓的新的领导力和愿景。

组织领导力

目前，美国老年教育的组织领导力是碎片化和分散的。缺少有组织的小组游说国会或州政府，为主要服务于老年人的教育项目增加资金。然而，有一些国家协会的小组委员会或附属团体专注于老年学习者。例如，美国老龄协会（ASA）有其终身教育与更新网络（LEARN），该组织由450名左右的成员组成，他们的工作（通常只是部分地）与某些形式的老年教育有关。而继续高等教育协会（ACHE）则有其老年科。高等教育老年学协会（AGHE）主要侧重于老年学专业水平的教学，仅在一定程度上关注老年教育。如前所述，大多数终身教育研究所都是长者旅舍网络的成员，隶属于长者旅舍组织。长者旅舍网络的主要活动包括两年一度的区域会议、网站信息的维护，以及如何开始新的LLI的建议。在英国，英格兰和威尔士的全国成人继续教育研究所（NIACE）拥有一个更大胆的计划，主要为参与老年教育的专业人士提供信息交流，而且还通过电子邮件群组为老年学习者提供信息交流。

如前所述，欧洲和英国的终身教育研究所和第三年龄大学在许多东道国都有国家协会，其中许多国家的单位都派代表参加第三年龄大学协会的年会。

从专业的角度来说，老年教育没有真正独立的地位。作为一个领域，它是老年学和成人教育组织关注的外延部分。该领域缺乏经济意义，因为它不是高等教育机构的主要收入来源，只有少数的，也许是最重要的非营利组织，例如长者旅舍，从向老年人提供服务和项目中获得显著的收入。老年教育被投资公司、银行、医院和文化组织视为重要营销手段，将其作为吸引潜在客户、捐助者和会员的机制。在美国的高等教育领域，附属的终身学习研究所项目已被证明是成功拉拢主要捐助者的一个途径。

跨文化视角下的未来展望

在不久的将来（未来15年），伴随着以下趋势，提供终身学习的机会将日益成为一个商机。那些健康状况良好的人在早期教育水平的驱动下（参与老年教育的主要预测因素），可以参加终身学习研究所、支付旅游学习的费用、注册继续教育课程、登记重返校园的校友研讨会、访问互联网教育网站，并从其他终身学习项目中选择一个“聚宝盆”，从而获得成功老龄的好处。继续教育项目的负责人和营利性旅游学习公司的董事等（或应该）发现“婴儿潮一代”（新老人）的教育项目尤其是一个蓬勃发展的业务。我们应该期望随着第二和第三职业教育需求的增加，技术、管理和商业方面的培训需求会有所增加。此外，与高校相关的退休社区也应该有持续的增长。

在公共政策的变化中，那些健康较差，收入有限，由于对先前教育严格要求而缺少动力的老人（特别是少数族裔老年人），从智慧挑战性方案中选择的方式相对较少。事实上，那些不符合成功老龄化形象的老人被指责为失败的长者，似乎是对他们没有抓住机会成功老化的道德谴责。不需要太多的思考就能看出这个场景是当前趋势的延伸。

虽然目前老龄的社会角色理论仍然对未来老年人的某些亚群体是有意义的，但是英国理论家克里斯·吉拉德（Chris Gilleard）和保罗·希格斯（Paul Higgs）提出的老龄化框架的文化理论将预测一种新的趋势，人们发现老年公民之间团结的痕迹很少，避开各种与年龄相关的标签，并形成一个以自我为中心的消费社会，其中只有孤立的亲密团体，例如同一个教会的老人，或者居住在同一个按年龄划分的退休社区的老人，才能识别彼此。成功老龄化的老人和被剥夺教育权利的老人之间的鸿沟只会扩大。呼吁为服务不足的老人提供教育项目的公共资金支持可能不会被理睬。这些被剥夺受教育权利的人将会成为新的脱离老人。

符合当前命名的教育项目——对老人、退休人员和长者进行自我认同——将减少或主要吸引更年长的老年人口。这一趋势已经出现在一些最受欢迎的长者旅舍的网站上，如著名的音乐学院皮博迪研究所。这一趋势也非常像发生在继续照顾退休社区的趋势，那里的老人平均入住年龄在 80 岁左右。同时，其他形式的终身学习将继续受到欢迎，因为大学毕业生进入中年，会遇到各种决定点。这并不是说，在我们以消费者为导向的社会中，自由放任经济的意识形态主导地位是最理想的方向，因为任何遵循分配正义原则的平等准入的理想似乎都被其他标准和社会价值所掩盖。

美国和加拿大终身学习计划将继续反映这些国家的经济制度。无论是学院、长者中心、医院、图书馆或教会发起的，还是由银行、百货公司和旅游学习机构等私营部门组织赞助的计划，都将继续以市场为导向，并且越来越多地要求全额收费或某种形式的共同付款。其他国家的趋势可能会有所不同。

目前，中国有两万多所免费的老年大学，其使命是使老年人能够通过避免无聊或抑郁，获得保健和中医知识，学习如何照顾别人，能够对社会履行神圣的职责。中国的老年学习者有责任尽量保持独立，这有助于缓解国家肩负的医疗保健负担。然而，随着中国改革开放的推进，主要面向在战争和革命年代牺牲了许多生存机会的一代人的教育政策可能会改变方向。

许多老年学习计划，特别是在美国和加拿大，在课程内容方面将继续表现出相当程度的独立性，因为这些课程不符合认证指导原则，因此和公立中学和高等学校比起来，教授有争议性的可能性不大。随便看看任何一个美国终身学习研究所的课程目录，会发现它涵盖广泛的内容：从“人类基因组计划：希望或炒作”到“定义你的上帝”。终身学习研究所的成员在同行课程委员会选择之后教授这些课程。

此外，通过跨国比较发现，终身学习研究所课程产品的反文化表现在西班牙并没有出现。西班牙有大约 50 个老年教育项目，它们隶属于大学，课程由教授讲授，要求老年学习者报名参加 3 年课程，且课程的选择有限。基于替代方法的学术权威是西班牙历史和文化的副产品。在弗朗哥（Franco）政权期间，大多数老年学习者没有正式进入学院的机会。直到最近，西班牙的大学才像美国的大学一样发挥作用，从晚年的职业教育到个人经历的丰富，继续教育部门服务于各种各样的目的。西班牙的大学不会投资老年学习者参加塑造自己的课程，这一代的西班牙老年学习者也不会认为自己有能力发挥这样的作用。未来西班牙是否会逐步向美国自由的和商品化的继续教育发展仍有待观察。

在美国，正在大力推动逐渐成熟的一代考虑他人的需求。公民参与倡导的所谓“我世代”的重点是自由不应该与责任分开。例如，2004 年哈佛卫生传播中心的一份报告提到，“婴儿潮一代”服务社会的自愿程度不及父母一代，即使他们同父代一样做了，恰当的社会基础设施也不存在。虽然老年学习者的教育项目没有义务将社区服务作为其使命和理由的一部分，但二者的组合可能会特别吸引具备社会意识的新老人。也许这个选择应该是未来学习、领导力、健康和服务计划的一部分。

另请参阅：成人教育；学习。

拓展阅读

AARP（1999）*Baby Boomers Envision Their Retirement. An AARP Segmentation Analysis*. Washington，DC：AARP.

Belanger P（ed.）（1999）*The Silent Revolution of Adult Learning Societies：Who Participates in Adult Learning?* New York：Elsevier Science.

Center for Health Communications，Harvard School of Public Health（2004）*Reinventing Aging：Baby Boomers and Civic Engagement*. Boston，MA：Harvard School of Public Health.

Cohen G（2004）*The Creative Age：Awakening Human Potential in the Second Half of Life*. New York：Harper Collins.

Cumming E and Henry WE（1961）*Growing Old：The Process of Disengagement*. New York：Basic Books.

Cusack SA and Thompson WJA（2003）*Mental Fitness for Life：7 Steps to Healthy Aging*. Toronto：Key Porter.

Findsen B（2005）*Learning Later*. Malabar，FL：Krieger Publishing.

Gilleard C and Higgs P（2000）*Cultures of Ageing*. NewYork：Prentice Hall.

Glendenning F (ed.) (2000) *Teaching and Learning in Later Life: Theoretical Implications*. London: Ashgate.

Knowles M (1984) *Andragogy in Action*. San Francisco, CA: Jossey-Bass.

Lamden L (ed.) (1997) *Elderlearning: New Frontier in an Aging Society*. Phoenix, AZ: Oryx Press.

Laslett P (1991) *A Fresh Map of Life: The Emergence of the Third Age*. Cambridge, MA: Harvard University Press.

Lumsden B (ed.) (1985) *The Older Adult as Learner*. New York: Hemisphere.

Manheimer R, Snodgrass D, and Moskow-McKenzie D (1995) *Older Adult Education: A Guide to Research, Policies, and Programs*. Westport, CT: Greenwood Press.

Mills E (1993) *The Story of Elderhostel*. Hanover, NH: University Press of New England.

Moody H (1988) *Abundance of Life: Human Development Policies for An Aging Society*. New York: Columbia University Press.

NRTA/AARP (2000) *AARP Survey on Lifelong Learning*. Washington DC: AARP.

Stubblefield H and Keane P (1994) Adult Education in the American Experience from the Colonial Period to the Present. San Francisco, CA: Jossey-Bass.

Weinstock K (1978) The Graying of the College Campus. New York: Educational Facilities Laboratory.

译　者：韦煜堃（中国人民大学）
姬飞霞（宁夏大学）
校译者：王永梅（首都经济贸易大学）

结婚与离婚

B. A. 米切尔　西蒙菲莎大学，伯纳比，不列颠哥伦比亚省，加拿大

词汇表

离婚（Divorce）——在配偶一方死亡前法定婚姻关系的破裂。

群婚（Group Marriage）——两个及以上男性与两个及以上女性的婚姻。

结婚（Marriage）——以公开宣告、承诺及书面或口头的结婚契约为典型标志的社会法定的性结合。

一夫一妻制（Monogamy）——在西方文化中只有两个配偶的首选婚姻形式。

一妻多夫制（Polyandry）——一个妻子拥有两个及以上丈夫的婚姻形式。

多配偶制（Polygamy）——拥有多于一个丈夫或妻子的习俗。

一夫多妻制（Polygyny）——一个丈夫拥有两个及以上妻子的婚姻形式。

连贯式一夫一妻制（Serial Monogamy）——先后拥有一个以上的配偶，这种形式在高离婚率和再婚率的文化中变得越来越盛行。

引言

纵观人类历史，婚姻制度呈现出多种形式、功能和意义。然而，婚姻始终是一种持续存在的社会群体性制度，是家庭生活和亲属关系结构的一个基本特征。就其本身而言，它属于一种带有特定的历史和文化功能的、特殊的社会秩序和性秩序。在西方社会，尽管同性婚姻在一些地区是被法律认可的，但婚姻在传统上是被定义为男性和女性之间的结合。在世界的其他地方，一夫多妻制，尤其是一个男性与两个及以上妻子的婚姻，一直是一种较为常见的婚姻形式。此外，婚姻并不总是恒定不变的——有些婚姻由于配偶一方的死亡而结束，而另一些婚姻则由于离婚、分居或宣告无效而中止。事实上，离婚作为合法解除婚姻关系的形式，在世界许多地方变得日益普遍。鉴于预期寿命的显著增加，这一新趋势对生命历程中的社会、家庭模式和关系，都产生了重要的影响。

本文回顾了结婚和离婚的模式，首先概述了选定的西方和非西方社会的婚姻类型和

功能，还对与结婚和离婚相关的法律、社会和宗教因素进行了审视，尽可能地把注意力放在从老年学的视角总结当前关于这一主题的知识上。这包括凸显主流趋势的信息覆盖范围及对老龄化个体和处于中老年时期的家庭的影响。

结婚、宗教和婚姻类型的定义

尽管对“结婚”的精确定义在历史和跨文化上各不相同，但它可以被定义为国家认可的、社会性的合法的结合，是一种发生在两个成年人之间的，在性、经济、社会和情感上的合作。结婚通常的标志是公开的典礼、宗教仪式或者公告，例如婚礼，它是新娘和新郎新的社会地位的象征性表达。从非常复杂的仪式到简单的结婚行为，在不同的文化中仪式也有不同。

宗教在这些仪式和大多数文化中都扮演着重要的角色。一般来说，很多宗教都提供了大量的关于结婚的指导原则和教义。基督教会倾向于给予一段婚姻以祝福，结婚仪式通常包括一些支持夫妻关系的团体誓言。在犹太教中，婚姻是非常受推崇的，因为它有助于追求精神上的完美。它被视为两个家庭的结合，而且有助于延续犹太人的宗教和文化遗产。印度教将婚姻视作一种包含了社会和宗教义务的神圣的责任，而佛教则更关注一个人如何获得幸福的婚姻生活。在东正教中，结婚被视为一种圣职和殉道。

婚姻通常应具有一份书面的或者口头的婚约，但这种婚约在何种程度上可以被打破有着很大的不同。婚约还涉及关于永恒的想法、对家庭的义务和互惠权利。它在传统上被定义为一个男性和一个女性之间的结合，不过在一些司法管辖区，同性婚姻也被纳入其中。同性婚姻在某些国家和地区是合法的，比如荷兰（2001）、西班牙（2005）、加拿大（2005）、比利时（2003）、美国马萨诸塞州（2004）。还有一些地区，如美国佛蒙特州，允许同性伴侣申请民事结合，通过民事结合，他们可以获得几乎所有异性夫妇享有的合法利益和法律保护。

世界各地的婚姻形式有着很大的差异。它有四种不同的类型：一夫一妻制、一妻多夫制、一夫多妻制和群婚。在西方文化和中国、澳大利亚等国家，一夫一妻制，即婚姻关系中仅存在两个配偶，是首选的婚姻形式。在21世纪，重婚和婚外性关系一般不被社会和法律所认可。然而，随着离婚和再婚的日益普遍，连贯式一夫一妻制——先后拥有一个以上的配偶——已经变得更加普遍。

多配偶制，或一夫多妻制、一妻多夫制，是同时拥有一个以上丈夫或妻子的婚姻实践模式。多配偶制有三种形式：一夫多妻制、一妻多夫制和群婚。大多数社会允许一夫多妻制，即一个男人可以有多个妻子，这通常是财富和权力的标志。在不同的社会中，这些妻子的地位也有所不同。在世界各地的很多文化中都发现了这种婚姻形式，如亚洲（如中东等）和非洲，以及在美国的一些宗教激进主义摩门教教徒（如在犹他州与亚利桑那州和科罗拉多州交界的农村地区），还有加拿大（如不列颠哥伦比亚省的布恩蒂夫，Bountiful，British Columbia）。这种婚姻形式通常是被宗教认可的，例如，在《古兰经》的第四章就有这样的表述：在某些情况下，一个男人最多可以有四个妻子。尽管一夫多妻制在世界上的许多社会中受到推崇，但这种偏好并不一定能够转化为实践。这是因为在大多数文化中，处于适婚年龄的男女数量并不能提供足够多的额外女性来充当第二个或者第三个妻子。

一妻多夫制是拥有两个及以上丈夫的婚姻形式。它非常罕见，但在印度的托达人（Toda of India）、波利尼西亚群岛的马奎斯人（Marquesians of the Polynesian Islands）等眼中，却是理想的婚姻形式。群婚也很罕见，它是两个及以上男性与两个及以上女性的婚姻。它往往在一夫多妻制或者一妻多夫制存在的多配偶制社会中被发现。

自由选择和包办婚姻

在西方，对婚姻伴侣的选择多是自愿的，取决于伴侣之间的依恋程度。比如，在美国、加拿大和很多欧洲国家，最常见的结婚理由是爱情，基于相互的感情或者身体的吸引，以及产生终身承诺的愿望。在世界的很多地方，比如非洲、亚洲（如中东等）的很多地区，以及西方社会的一些文化群体中，择偶被认为太重要了，以至于个人往往没有决定权，而是要听从安排。

包办婚姻通常涉及一个中介角色，通过双方父母的参与，或者通过专门的婚姻经纪人与未来的家庭协商。在大多数社会中，准新娘和准新郎都会被提前询问，他们也许有一定的拒绝潜在配偶的权利。包办婚姻的存在有利于维护家庭资源，保护夫妇的经济利益，并使家族代代相传。潜在的选择通常限于同种族、同民族、同宗教和同阶级的人之中，为了提供可能的最佳搭配，爱情和兼容性可能也会被列为考虑因素。

规章、条例、权利和义务

在世界的很多地方，婚姻是一种法律契约，国家规范夫妻之间的经济关系和性结合。例如，在美国，大多数州规定个人必须达到一定的年龄才能结婚，只能和异性结婚，不能与有特定亲属关系的人结婚。纵观历史，社会总是会对婚姻加以种种限制，特别是近亲结婚，例如兄弟姐妹之间，通常是禁忌而被加以限制（古埃及皇室是一个很罕见的特例）。

婚姻制度将人以情感、社会、法律和经济的方式联结起来，并赋予人们一定的权利和义务。这些权利和义务涉及子女、财产持有、性行为、血缘关系、部落成员、继承关系和亲密关系。他们有时能确认一个孩子法律意义上的父亲，赋予配偶对其伴侣的性服务享有性控制权，为孩子的利益建立一个财产联合基金，并在丈夫和妻子各自的家族之间建立一种关系。

婚姻模式和家庭关系

传统上，婚姻一直是建立一个家庭的先决条件。然而，越来越多的人（尤其在西方文化中）选择推迟结婚或者不婚，这意味着结婚率的下降。更多的情侣选择不婚先育。尽管在大多数发达国家初婚的平均年龄在过去的一个世纪里稳步增长，但大多数人都在年轻时就结婚了。

普通同居或者属于事实婚姻的同居人数也在增加，这也会降低结婚率。这种生活方式在瑞典、加拿大等国和其他西方社会中较为常见。它的根源在于欧洲传统认为，两个成年人之间的婚姻是他们自己或家族的事情，既不需要民事制裁，也不需要宗教制裁。在当代社会，这种做法正在初次结合的年轻人中变得非常流行。比如，在英国，大约60%的婚姻都先经过未婚同居。同居在中老年人中也变得越来越普遍，尤其是前一段合法婚姻结束之后。这些关系与合法结合不同，因为它们没有基于国家的规章制度而订立契约，因此，通常得不到社会和法律的认可。

随着许多国家离婚率的上升，个人通常会选择再婚，尽管再婚在年轻人中更加普遍。与年轻人相比，老年人在决定再婚时会承受更多的负面社会压力。这种负面社会压力有时来自同龄人或成年子女，后者可能会对继承等问题感到担忧。在东方文化中的成年子女可能还会担心因为未能认真尽孝而被他人嘲笑，这在一些中国家庭中可以观察到。在中晚年生活中，男性比女性更倾向于再婚。老年女性再婚的主要障碍是65岁以上的女性比例失衡，以及对女性与较她年轻的男性结婚的文化歧视，这在几乎所有社会中都存在。离异女性在晚年再婚的意愿也比丧偶女性要低，这可能与过去婚姻的消极经历有关。

再婚给老龄化的家庭关系带来了新的复杂性，因为它通常被描述为“不完整的制度”，没有明确的角色界限和准则。例如，儿童可能经历父母感情破裂和与继父母家庭难以相处的环境。此外，在那些再婚的人中，估计有相当数量的人还会再次离婚，从而造成离婚老年人之间复杂的再婚家庭关系。

结婚、健康与幸福感

在美国，已经有很多关于结婚、健康和幸福感的研究，还有一些是跨国研究。通常，相比于离婚、分居和丧偶的人，已婚人士（婚姻状况良好）对生活的满意度、幸福感和对衰老的适应性都更好。婚姻还与更长的预期寿命、降低压力、较好的身心健康状况也有关联，尤其是对男性。已婚老年人的住院率也较低。一般来说，与未婚的人相比，已婚人士饮食更加健康、自我照顾行为更完善、生活方式也更加稳定和有规律。已婚人士还能积累更多的财富，用于缓解由健康状况恶化带来的困境。总体来说，稳定的、长久的婚姻提供了一个内在的支持系统、陪伴、性亲密、情绪稳定和一种安全感。

大多数老年男性会结婚并与配偶生活在一起，而大多数老年女性却并不是这样。这种性别差异导致了他们在健康状况不佳或每况愈下的情况下，对支持的需求有所不同，因为老年男性有配偶可以依靠。而老年女性经常要依靠他们的子女，通常是女儿，以及更多的公共服务。没有配偶（和子女）同样增加了老年人被安置在长期照护机构的机会。

中止婚姻：离婚模式

离婚，或者解除婚姻关系，是指在配偶死亡前结束婚姻。这可以与分居和宣告无效婚姻形成对比，后者是宣布婚姻因某种情况（如配偶一方已婚）而失效。离婚是须经法院确认才能解除婚姻关系的法律行为。离婚的条款通常由法院裁定，并考虑婚前协议，或者夫妻双方私下达成的条款。

在过去的一个世纪里，世界上很多发达国家的离婚率大幅上升，尤其是在美国、加拿大和很多欧洲国家，如捷克、比利时、丹麦和英国。古巴和波多黎各等拉美发展中国家的离婚率也很高。事实上，在国际上，美国和古巴都在离婚率最高的国家之列。举例来说，据估计，在美国有大约一半的初婚和60%的再婚以离婚收场。尽管离婚在其他很

表 1　部分国家粗离婚率（2003 年）

国家	离婚率[a]
澳大利亚	2.67
奥地利	2.44
比利时	3.03
加拿大	2.24[b]
中国	1.03
古巴	3.02
丹麦	2.93
多米尼加	0.98
法国	2.14
伊朗	1.09
以色列	1.67[b]
意大利	0.73
牙买加	0.61
日本	2.22
墨西哥	0.62
荷兰	1.94
新西兰	2.62
塞舌尔（非洲）	1.52
新加坡	0.83
斯洛伐克	1.99
西班牙	0.75
瑞典	2.39
乌拉圭	2.04[b]
英国	2.80
美国	3.80
越南	0.50[b]

[a] 比率为每 1000 个年中人口（mid-year population）中根据民法获得的最终离婚判决数。

[b] 仅有 2002 年的数据。

引自：All data are from the United Nations, except for US data, which are drawn from the National Center for Health Statistics.

多社会也呈显著上升趋势，但很多国家仍继续保持相对较低的离婚率，如意大利、日本和越南（参见表 1）。在土耳其、巴西和非洲的一些地方，离婚是相对少见的（尽管在增长），不过也与民事登记处的数据不完整或者未知有关。

在西方社会，离婚经常发生在结婚后的头 5 年，年轻的婚姻是离婚的一贯预测因素。相当大比例的离婚多发于结婚后的 5～15 年。离婚很少发生在结婚 20 年以上的夫妇中。在大多数文化中，65 岁以下各个年龄组的离婚率都高于 65 岁以上人群。然而，离婚老年人数量的增长表明，所有年龄组都将离婚作为一种选择的接受度在提高。

法律、社会文化和宗教问题

从历史的视角来看，离婚在几乎所有的社会都是一种相对较新的现象。很多发达国家过去不认可离婚，直到 20 世纪中叶，很多国家才扩展了关于离婚的法律，使得离婚变得更加容易。很多社会已经采用了无过错离婚法（no-fault divorce law）。例如，自 1970 年以来，从《加利福尼亚州家庭法法案》（California's Family Law Act）开始，美国有 48 个州已经采纳了无过错离婚，同时提供离婚适用的法律依据。这个过程消除了挑剔和对抗，因此解决问题的基础是公平、平等和需要，而不是错误和性别。

与结婚类似，关于离婚，不同的宗教有不同的信仰。例如，在罗马天主教会，在传统上离婚是不被允许的，因为结婚是上帝的旨意。因此，很多天主教国家，如法国和意大利，曾是禁止离婚的，因为人们认为夫妻不应该也不能分离。在某些特殊情况下无效婚姻是允许被撤销的。伊斯兰教允许离婚，但不鼓励离婚，并且只有丈夫才可以决定无过错离婚。在犹太教中，离婚一直被认为是生活的事实，人们普遍认为，夫妻离婚比维持冲突不断的婚姻要好。

离婚、老龄化家庭和社交网络

决定结束一段婚姻对家庭成员来说有重大影响。迄今为止，大多数研究都假定了“婚姻赤字”的观点——离婚对家庭具有负面影响。然而，跨文化研究开始展现出一些积极成果，例如，离婚后自信和幸福感的提升，以及从糟糕的婚姻中解脱出来。尤其对女性来说，如果婚姻中存在虐待，那么离婚可能是积极的。研究还表明，与父母未离异的孩子相比，离异家庭长大的成年子女也更容易离婚。即使父母离婚发生在儿童成长的后期，尤其是对年轻的成年子女，代际关系的质量和性质也会发生改变。对这些子女来说，监护权、探视权和子女抚养费不再是影响双方关系的问题。然而父母离婚会降低代际关系和接触方式的质量，特别是父子关系。一般来说，当离婚发生在晚年时，会削弱亲属关系和义务。

研究还揭示了子女离婚对老龄化家庭系统的影响。一个备受关注的领域是离婚对祖孙关系的影响，因为离婚会导致接触模式的改变。对一些祖父母来说，离婚可能会导致失去联系，特别是如果他们的孩子成为无监护权的父母。在另外一些情况下，祖父母似乎有更多的接触机会，特别是当成年子女需要额外的援助和支持来抚养孩子时。当离婚子女没有能力或者不愿意照顾自己孩子的时候，少数祖父母会成为孙辈的主要照料者。这种状况造成了“隔代”家庭的形成，因为中间的一代缺席了。

关于离婚对夫妻的影响，研究表明，离婚会给一些正在经历离婚的人带来危机，导致幸福感暂时下降，大部分人能从中复原。然而，对另外一些人来说，离婚会引发其他一些压力事件，例如搬到其他社区、与前配偶的持续冲突和经济困难。然而，对离婚的调整适应很大程度上取决于个人的特征（例如，年龄、社会经济地位、情绪的稳定性、对前配偶的依附程度）和相关的环境因素（如社会支持网络、监护权地位）。法律环境也能影响调整的过程，比如无过错离婚法可以减少一些情感上的痛苦。

文化因素对调整过程也是不可或缺的，因为在一些社会里，离婚可能会带来许多耻辱。机会（社会的和经济的）和法律环境也因社会而异。比如，在印度和日本，离婚会带来更多的社会耻辱，并且社会机会因此受到更多的限制。在印度，由于忠贞（pativratya）观念，或者认为女性应该把自己完全奉献给丈夫，甚至不惜牺牲自己，女性在离婚后往往会被孤立。离婚后的印度女性同样发现很难找到其他单身妈妈来发展自己的社交网络，而男性则可以继续维持他们的家庭并获得大家庭的支持。这些女性也更不愿意寻求与其他印度男性的友谊，因为这样做可能引起大家的误解。因此，她们再婚的可能性比美国女性要小，这更增加了她们的社会隔离感。在日本，离婚女性在就业机会上历来受到歧视，因为离婚会给家庭登记带来不良记录。这甚至会影响到她们的孩子。通常，居住在离婚率较低国家的离婚人士更容易受到歧视，社会状况和经济状况也更糟糕。

总的来说，离婚往往会破坏社会支持网络，特别是与已婚朋友的关系。能够与以前的亲家维持良好的关系也是相当不寻常的。但是，在西方社会中，朋友和其他家庭成员经常会对离婚的人提供帮助，尤其是老年离婚女性。老年离婚男性的社交网络相对较小。这种情况反映了他们与自己的子女来往更少，以及倾向于依赖配偶以获得情感支持。另外，由于女性更有可能成为亲属的监护人，离婚男性会因此丧失这个宝贵资源，而它是维护社会关系不可或缺的一部分。

老年人的离婚、健康和经济幸福感

在西方社会尤其是在美国，已经有很多关于离婚、健康和幸福感的研究，类似的发现也在许多社会及不同社会与人口群体中被观察到。这些研究表明，与已婚或从未离过婚的人相比，离婚人士表现出更多的健康问题和更高的死亡率。精神疾病流行病学的一个一致发现是，离婚和分居人士是精神障碍的高发人群，已婚人士发病率最低，单身和丧偶人士居中。离婚人士也可能表现出更多的冒险行为，例如吸毒、酗酒和性虐待。离婚不久的人会处于患病的高风险之中，这可能是由于离婚的压力导致的免疫力下降。

在中年和中年以后离婚对一个人的经济状况也会有影响。消极影响通常在老年女性身上更为明显，部分原因是因为选择范围更为有限。很多老年女性缺乏必要的教育、技能和工作经验，以使她们能够重新进入劳动力市场或者提升她们当前的职位。尽管对孩子的经济责任随着他们年龄的增长会减少，但是很多年迈的父母仍继续在经济上资助他们的子女，哪怕他们已成年。当离婚发生时，维持双亲家庭的费用可能会禁止一些这种援助。

结论

结婚是一种普遍的社会制度，具有历史和文化上独特的形式与功能。结婚和离婚的法律规定了两个人之间达成的婚姻协议，并规定婚姻何时可以解除。社会和宗教背景也促进了这些行为和经历的形成。传统观点认为，结婚是一个男人和一个女人社会性的合法的性结合，但现在这种观点越来越受到质疑，例如法律的定义正在扩展，以包括同性的结合。同居或事实婚姻的日益流行还提出了与合法婚姻相比的地位问题。

结婚和离婚会影响个人及其家庭的生活。通常来说，与离婚人士相比，已婚人士在一生中能够从健康和经济方面受益。离婚往往会破坏社交网络，尤其是对老年男性而言，不过老年女性的经济幸福感也会有所下降。老年女性可能还会经历耻辱和被孤立，但这与个人和文化因素有关。中年女性和老年女性再婚的可能性也低于男性。

在未来，尽管结婚率在下降，老年群体的离婚率在上升，但婚姻制度仍将受到高度重视并在几乎所有的社会中持续下去。毋庸置疑，婚姻将以显著的方式继续改变与塑造老龄化的家庭生活和社会结构。并且鉴于持续的离婚、再婚和预期寿命的增加，我们很有可能将会见证更多的连贯式一夫一妻制——先后拥有多于一个的配偶——以及将持续 50 年或更久的婚姻。

另请参阅： 生命历程；宗教与灵性。

拓展阅读

Amato P(2000) The consequences of divorce for adults and children. *Journal of Marriage and the Family* 62: 1269-1287.

Bennett KM (2005) Psychological well-being in later life: the longitudinal effects of marriage, widowhood and martial status change. *International Journal of Geriatric Psychiatry* 20 (3): 280-284.

Bookwala J (2005) Role of marital quality in physical health during the mature years. *Journal of Aging and Health* 17: 85-104.

Cherlin A (1978) Remarriage as an incomplete institution. *American Journal of Sociology* 84: 634-650.

Coontz S (2005) *Marriage, A History: From Obedience to Intimacy or How Love Conquered Marriage*. New York: Viking Books.

Davidson KM and Fennell G (eds.) (2004) *Intimacy in Later Life*. New Brunswick, NJ: Transaction Publishers.

Ferguson N, Douglas G, Lowe N, Murch M, and Robinson M (2004) *Grandparenting in Divorced Families*. Bristol, UK: Policy Press.

Jenkins CL (2003) *Widows and Divorcees in Later Life*. New York: Haworth Press.

McDonald L and Robb AL (2004) Economic legacy of divorce and separation for women in old age. *Canadian Journal on Aging* 23 (Supplement 1): S83-S97.

Mitchell BA (2006) *The Boomerang Age: Transitions to Adulthood in Families*. New Brunswick, NJ and London, UK: Aldine Transaction.

Simon RJ and Attstein H (2003) *Global Perspectives on Social Issues: Marriage and Divorce*. Lanham, MD: Lexington Books.

Stack S and Eshleman R (1998) Marital status and happiness: a 17-nation study. *Journal of Marriage and the Family* 60: 527-536.

Therborn G (2004) *Between Sex and Power: Family in the World, 1900-2000*. New York: Routledge.

译　者：张　硕（北京大学）

进化和比较生物学

M. R. 罗斯和 C. L. 劳泽 加利福尼亚大学尔湾分校，加利福尼亚州，美国

词汇表

等位基因（Allele）——在同源染色体上占同一位置/位点的基因。

拮抗多效性（Antagonistic Pleiotropy）——当基因改变对适应性产生多种相反的影响时发生。

果蝇（Drosophila）——在实验室研究中常用的蝇属。

适应性（Fitness）——根据整个种群增长进行加权后的有机体的净生殖率。

适应性成分（Fitness Component）——一种用数字定义适应性的特征，例如特定年龄的生育力。

种系（Germline）——个体体内成为配子或后代的细胞。

晚年（Late Life）——一个独特的生命阶段，发生于衰老休止后的年龄段。

马尔萨斯参数（Malthusian Parameter）——在没有任何生态限制条件下增长的种群的渐近增长率。通常等同于适应性。

突变积累（Mutation Accumulation）——由于晚期的自然选择作用力较弱而导致的有害突变的频率增加。

体细胞（Somatic cell）——有机体中不直接产生后代的部分，即非种系组织。

引言

和其他生物学特征一样，衰老和晚年也在进化。然而，衰老和晚年的进化机制不同于有机体所有其他突出特征的进化机制。衰老和晚年是由于年老后自然选择的失范进化而来的，因此在衰老和晚年的研究中不能依靠“功能”“适应”和“目的”等常规的生物学类别。这个观点构成了衰老和晚年进化理论的基础，本文即由此展开，随后将讨论该理论的实验检验。最后，对衰老和晚年的比较生物学进行综述。

衰老与晚年的进化论

衰老的定义

从进化生物学的角度来看，有机体最重要的特征是其适应性：从一代到下一代的净生殖产量。但这个变量通常很难测量。取而代之的是，进化生物学家通常研究适应性的组成成分，例如生存能力和生育能力。研究衰老的进化生物学家所感兴趣的特征是年龄别的适应性成分：年龄别的生存概率和年龄别的生育力。进化生物学中通常使用的衰老的定义是年龄别的适应性成分（包括生存能力和生育能力）随着年龄的增长而持续下降，而这种下降不是由于环境恶化、病原体等任何外部因素引起的。

晚年的定义

晚年是衰老后的生命时期，其特征是老化的停止。从进化论的角度来看，晚年是生命的一个独特阶段，就像衰老一样，其特征也是年龄别的适应性成分：年龄别的生存概率和年龄别的繁殖力。然而，晚年与衰老之间的主要区别在于，在晚年时期年龄别的适应性成分不再下降。也就是说，年龄别的生存能力和繁殖能力停止下降，达到“平原”状态。晚年的起始时间可以定义为年龄别的适应性成分大体停止恶化的年龄。

衰老的进化理论

关于衰老的进化论讨论可以追溯到19世纪的华莱士（A. R. Wallace）和韦斯曼（A. Weismann）。由于这些作者是在种群遗传学理论（现代进化论的核心）出现之前完成的写作，因此他们的思想常常不够连贯或不够清晰。当时犯下的主要错误之一是认为进化出衰老是为了清除老年个体来给年轻个体腾地方。这一观点至今仍被人们所引用，至少是被没有接受过进化生物学训练的作者所引用。该观点的关键错误在于，它假设如果没有老化，自然种群中将存在大量年长、体弱的有机体。然而，对于自然种群中的绝大多数物种而言，情况并非如此，因为疾病、捕食、事故和恶劣天气通常会在显著衰老之前就将个体清除。因此，衰老的生理机制通常并不会将老年个体从种群中清除。

到了20世纪中叶，费希尔（R. A. Fisher）、霍尔丹（J. B. S. Haldane）、梅达沃（P. B. Medawar）和威廉姆斯（G. C. Williams）发展出了另一套衰老的进化理论。他们的理论基于这样的观点，即自然选择对较晚年的适应性成分的有效作用降低，因为这些特征在整个生命过程中的表达要少于早年的适应性成分，而这是因为从出生到任何年龄的存活概率都会随着年龄增长而下降。1941年，霍尔丹提出，具有致命性的亨廷顿舞蹈症比其他许多遗传病更为常见，因为它在其大多数宿主都完成了繁殖后，直到中年才表达出来。类似这样的预言性的假设为20世纪后1/3时期内的形式衰老进化理论的发展奠定了基础。

衰老的数理种群遗传学主要由汉密尔顿（W. D. Hamilton）和查尔斯沃思（B. Charlesworth）创立，在1966—1980年间发表了若干出版物。在这种形式分析中，达尔文的适应性通常由与特定基因型相关的马尔萨斯参数给出。给定一个特定基因型的年龄别的适应性成分，其马尔萨斯参数通过如下公式1给出：

$$\sum e^{-rx}l(x)m(x)=1 \qquad [1]$$

其中 $\sum$ 表示对 x 的所有正值进行求和；x 表示年龄；$l(x)$ 是指从出生到 x 岁的生存概率；$m(x)$ 是 x 岁时的生殖力；e 是自然指数。实际上，马尔萨斯参数是整个生命周期内的平均净繁殖力，包含了由死亡率带来的损失以及整个种群平行增长的效应。

汉密尔顿和查尔斯沃思的数学分析接着计算了给定马尔萨斯参数后，年龄别适应性成分的变化对适应性的影响。他们发现，当年龄别的生存概率出现一致的成比例变化时（如降低 10%），对适应性的影响会呈现出因年龄而异的函数关系，具体表示为公式2：

$$s(a)=\sum_{x=a+1} e^{-rx}l(x)m(x) \qquad [2]$$

其中 a 指生存概率发生改变的年龄。年龄 $a+1$ 是指求和开始的年龄。请注意，在种群生产了后代的最后一个年龄之后，$s(a)$ 永远为零，而在生产后代的第一个年龄之前，$s(a)$ 总是恰好为 1。在生殖的第一个年龄和最后一个年龄之间，$s(a)$ 逐渐下降（见图 1）。该结果表明，至少当满足该分析的假设时，自然选择对生存的作用力随年龄而下降。

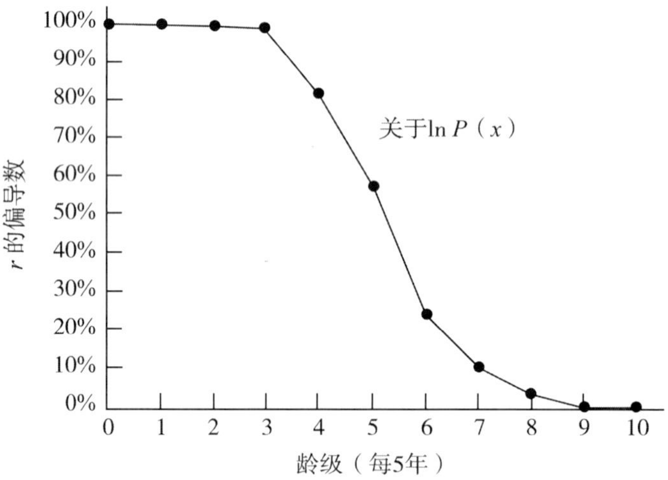

图 1　自然选择的作用，根据年龄别生存概率［$P(x)$］的成比例均匀变化对适应性（r）的影响来计算

注：该曲线可以描绘一个在 20 岁以后开始生殖的物种的生育力曲线。曲线显示了自然选择相对于生殖开始之前的影响力，而忽略了与世代时间相关的任何绝对比例缩放效应。任何有性生殖物种都会出现类似的定性结果，不过初始平稳期的宽度、随后下降的速度以及达到零的时点将有所不同。

类似的针对年龄别生育力影响的分析给出了可比的“比例方程式”，如下公式3所示：

$$s'(a)=e^{-ra}l(a) \qquad [3]$$

如果种群增长不是负数，那么自然选择的作用力就会再次随着年龄增长而下降。但如果人口增长为负，那么自然选择的作用力可能确实会随着年龄增长而增加，这对应于种群数量迅速下降濒临灭绝的情况。种群数量为600时产生的两个后代对于自然选择的“价值”要小于一段时间后种群数量为60时所产生的两个后代。在后一种情况下，后代在种群中所占的比例更大。不过这些情况通常很少见，因为迅速下降濒临灭绝的种群往往会灭绝，无法观察到。典型的模式仍然是自然选择对生育力的作用力随着年龄增长而下降。

根据这些结果，种群遗传学家解释了年龄别的适应性成分下降或者说衰老的进化。这些结果在种群统计学中非常普遍，没有任何生理学的内容。特别是它们并不需要或者预测任何生理性恶化的具体机制。衰老的进化理论用普遍的适应失败来解释衰老，而至于适应失败的具体机制，正如适应的具体机制一样一定有着物种的特殊性。因此，进化生物学家通常对将“衰老的原因”归因于任何特定生理机制的观点持极度怀疑的态度。

晚年的进化论

关于晚期阶段的最初观察来自人类的年龄别死亡率数据。一直以来人们都注意到，晚期的死亡率并不遵循常规的衰老模式。也就是说，年龄别死亡率在晚年时候不再呈指数增长，而是稳定在100%以下的某个比率。但直到1992年，凯里（J. R. Carey）和同事在地中海果蝇的几个大型队列研究中证明了晚年年龄别死亡率的“平原”现象，“晚年”才开始被接受为不同于衰老的生命阶段。

米勒（L. D. Mueller）和罗斯将前述的数理进化论扩展到了晚年阶段。回想一下，该理论是基于自然选择对生存概率的年龄别作用力下降。根据该理论，成年初期的生存概率应下降，或者就死亡率而言，年龄别死亡率应呈指数上升。发生这种情况的原因是，在这些年龄段中，自然选择对生存的作用力在迅速下降。但是当最后一个生产后代的年龄过去之后，$s(a)$，即自然选择对生存的作用力将在所有剩余年龄段变为0。米勒和罗斯预测，年龄别死亡率应该会模仿晚年自然选择作用力那样也出现“平原”现象，因为自然选择的作用力不再能够区分晚年不同年龄段的适应性差异。

正如自然选择对生存概率的作用力一样，劳泽和同事们指出，前文所述的自然选择对生殖力的作用在晚年的年龄段逐渐下降至零。$s(a)$降至零的年龄取决于发生进化的环境中的最后生存年龄，而不是生存概率中的最后生殖年龄。因此，年龄别的生殖力应在晚年停止下降并达到“平原”状态，类似于年龄别死亡率的“平原”期，因为自然选择对生殖力的作用力如此低，以至于无法区分适应性的生殖力差异。

将衰老的进化论扩展到晚年，对于理解衰老和晚年都至关重要。尽管仍需要对晚年理论进行更正式的数学推导，但正如前文已经解读的，该理论已经允许对晚年的年龄别适应性成分做出可验证的预测。此时，进化生物学家不仅要关注为什么会发生衰老，而且还要关注为什么衰老会在晚年停止。

衰老和晚年的种群遗传假说

在衰老和晚年的一般进化理论之下，还有其他一些从属的关于衰老和晚年进化的种群遗传假说。这些假说假定进化理论的成立，尤其是自然选择的作用随着成年后年龄的增长而降低，直到晚期接近 0。这些假说并非相互矛盾，而可能同时成立。在众多假说中，主要有两个种群遗传学机制的假说，包括拮抗多效性和突变积累。

拮抗多效性　当等位基因对一些适应性成分具有有益作用，同时对其他适应性成分具有有害作用时，就会产生拮抗多效性。在 20 世纪 50 年代，梅达沃和威廉姆斯都提出种群遗传机制对衰老的进化至关重要。其内在理念认为是一种“交易”：具有有益作用的等位基因必须以某种方式“支付”这些好处，即产生消极的副作用。

查尔斯沃思和罗斯用数学方法分析了有关衰老的拮抗多效性机制。结果表明，自然选择作用力的下降会导致自然选择倾向于固化具有早期有益作用但后期有害作用的等位基因，这促使进化趋向于生产活跃的年轻有机体和衰老的年老有机体。此外，拮抗多效性可能促使衰老和相关性状的遗传变异性得以维持，这对于实验具有重要意义。从理论上讲，拮抗多效性可能是一种衰老演化的重要机制。米勒和罗斯通过数学模拟定量地证明，晚年年龄别死亡率的放缓可以源于拮抗多效性。不过到目前为止，尚没有关于拮抗多效性在晚年进化中的作用的综合分析理论。

突变积累　衰老和晚年进化的另一种有说服力的种群遗传机制是突变积累。当自然选择的作用力下降到对周期性的有害突变（其影响仅限于晚期）几乎没有影响时，就会产生突变累积。梅达沃主要推崇了该机制在衰老过程中的重要性。查尔斯沃思用数学方法分析了突变积累，表明有害突变的频率会随着成年后年龄的增长而增加，这是由于晚年自然选择作用力的下降所致。和拮抗多效性一样，这种种群遗传机制也倾向于保持衰老的遗传变异性。

米勒、罗斯和查尔斯沃思都研究了突变积累在晚年的作用，并证明了突变积累可以导致死亡率的“平原”期。该理论比前述的拮抗多效性理论更为完整。

衰老和晚年进化的实验研究

实验室的衰老进化

实验方法的开发和设计　与生物学的许多领域不同，衰老的进化论为实验计划提供了强大的数学基础。老年学中最优雅的实验方法之一是操纵自然选择作用力来塑造衰老模式的进化。这种实验策略最初由埃德尼

（E. B. Edney）和吉尔（R. W. Gill）于 1968 年提出。在 1960—1970 年，瓦提欧（J. M. Wattiaux）、索卡尔（R. R. Sokal）和罗斯进行了这类初步实验。直到 20 世纪 80 年代才开展了妥当的重复实验，尤其是罗斯、勒克比尔（L. S. Luckinbill）和阿金（R. W. Arking）进行的实验。这些实验现在成为进化老年学中的常规实验，而且几乎总是使用果蝇属的果蝇来进行。

实验的设计取决于对生殖年龄的控制。当生殖的年龄保持了好几代后，自然选择的作用力就会集中在那个年龄。例如，正常的果蝇培养是在 25℃、14 天时进行繁殖，只允许产卵几个小时。这使得自然选择的作用力集中在相对较早的年龄。在 14 天后很久之后才表达的遗传效应所受到的自然选择的影响可忽略不计。这类实验方案实现了相对较早的衰老的进化。

另一种实验方法是让成年果蝇存活一段时间，然后再允许它们繁殖后代。这是通过丢弃它们产下的卵直至达到允许繁殖的年龄来实现，该年龄可以晚到从幼虫出现后的十周才开始。注意这里的过程并不需要果蝇保持不交配，而是允许交配，只是无法繁殖成功。这种方案实现了相对较晚的衰老的进化。这一过程与早期繁殖过程之间的对比如图 2 所示。

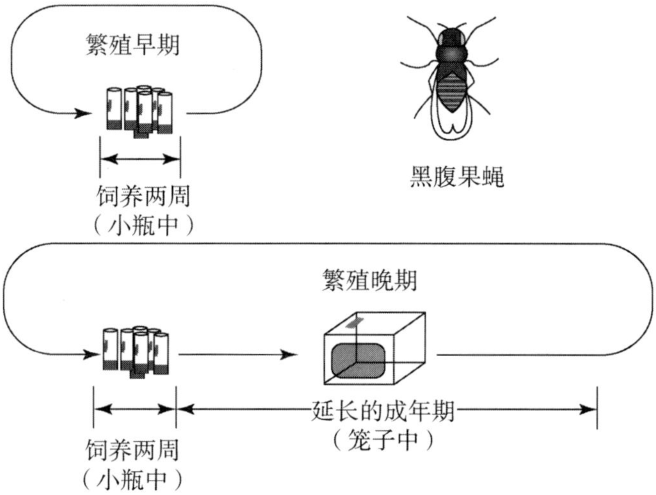

图 2　选择不同繁殖时间的果蝇培养的方法

注：将早期繁殖的果蝇作为一个队列饲养在小瓶中，在 25 ℃饲养约 10 天后出现。在成年交配几天后，允许雌性在 14 天后的时候在新的小瓶中产卵。产卵仅需几个小时就完成，然后丢弃成年果蝇，使这些卵又一次作为同步队列开始新的一代。与早期繁殖的果蝇一样，晚期繁殖的果蝇作为一个队列被饲养在小瓶中，直到 14 天后。然后将成年果蝇转移到大型有机玻璃笼子中，作为老龄化队列继续饲养一段时间，而无需更换。在此期间，所有卵在产下后不久即被丢弃。在一段延长的成年期后，笼子里存活下来的雌性有机会在 1~2 天内产卵，这些卵随后作为同步队列开始了下一代。

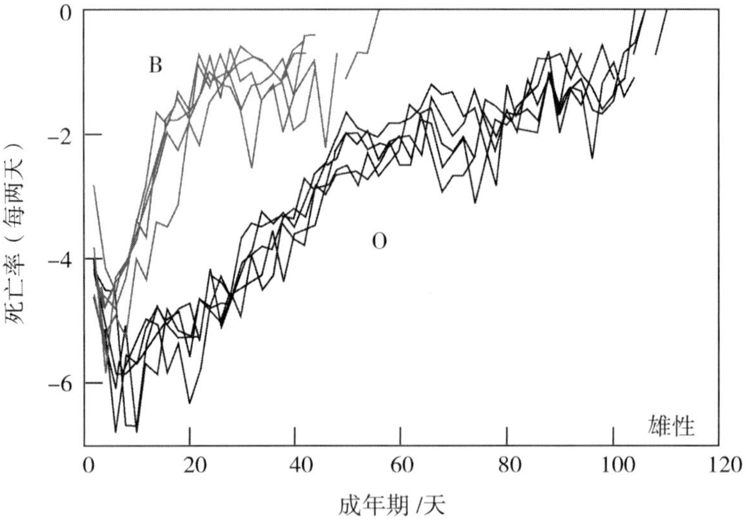

图 3　用不同的培养维持方案获得的雄性果蝇种群的死亡率结果

注：早期繁殖（B）种群的平均寿命和最大寿命要低于晚期繁殖（O）种群。早期繁殖（B）种群的死亡率停止上升和达到“平原”的年龄也要早于晚期生殖（O）种群。在进行这些测定之前，已经对不同的种群进行了大约 20 年的选择。这两组种群均来自同一祖先，并增殖了 5 倍。

引自：Rose MR, Drapeau MD, Yazdi PG, Shah KH, Moise DB, Thakar RR, Rauser CL, and Mueller LD（2002）Evolution of late-life mortality in *Drosophila melanogaster*. *Evolution* 56：1982-1991.

改变自然选择作用力的影响　改变自然选择强作用力的年龄对衰老具有显著的影响。图 3 显示了果蝇的典型数据。正如进化论所预测的那样，当自然选择的作用力在晚期年龄阶段通过实验得到增强时，平均寿命和最大寿命都急剧增加了。此外，雌性的繁殖力，雄性的活力、飞行耐力、运动能力、抗压能力等也都得到了增强。这对于我们了解衰老至关重要。它表明衰老并非某种不可修改的生化过程的偶然或非偶然的副产品。相反，衰老是很容易得到改变的进化的产物。

衰老的实验性种群遗传学

鉴于自然选择在决定衰老模式上的重要作用，下一个主要的实验问题是构成衰老的进化基础的种群遗传机制。如前所述，主要有两种假说：拮抗多效性和突变积累。这些假说所依据的证据主要有两种：（1）亲属之间的相关性；（2）对选择的间接反应。除了在这些假说之间进行选择外，另一个问题是衰老的进化中所涉及的遗传基因座的数量。已经有一些不同的方法来解决这个问题。

亲属之间的相关性　种族遗传学中的经典技术之一是研究亲戚之间特征的相关性，这些特征部分源于遗传。该技术还可以用于研究两个或多个特征得到共同遗传的程度。当这些特征源于遗传时，通常表明影响这些特征的等位基因之间具有一定程度的多效性。具体来说，遗传的相关性表明了多效性的模式，通常正相关表明等位基因对两个特征的影响方向相同，而负相关表明等位基因对两个特征的影响方向相反。

衰老进化的拮抗多效性机制要求某些早期和晚期特征相互之间表现出遗传的负相关性。有少数案例显示出了这种模式，尤其是在果蝇的早期繁殖力和寿命之间。而更多案例则显示出了正相关性。后者可能部分地由人为导致，尤其是近交和新的环境影响，两者都使遗传相关性偏向正值。

突变积累要求早期和晚期特征之间的遗传相关性接近 0。该假说的问题在于，这些遗传相关性在新出现的突变中倾向于强烈正相关，而在长期存在的遗传变异中则间歇性地倾向于负相关。突变积累还要求可遗传的基因变异随年龄增长而增加。该结果得到了一些果蝇实验的证实，但在另一些实验中并未发现。

对于拮抗多效性和突变积累机制来说，遗传相关性方面的实验支持均较弱且结果不一致。不过一个重要的因素是，它们可能同时起作用，从而抵消了两种机制对亲属之间相关性的预期影响。

对选择的间接反应 从某种程度上说，自然选择实验能够更好地检测到拮抗多效性和突变积累的共同作用。例如，当果蝇晚期繁殖促使衰老推迟后，经常会观察到拮抗多效性会导致早期繁殖力的立即降低。拮抗多效性会预测认为一些早期的功能性特征将被延缓衰老的实验室进化所抑制。在一些情况下观察到的这种模式，以及从亲属相关性中获得的证据，都表明拮抗多效性在某些情况下是衰老进化的重要机制。

突变积累的影响也可以在实验室进化实验中观察到。例如，当晚期繁殖机会被限制后，由于具有后期有害作用的等位基因的积累，突变积累预测认为多代后的繁殖力会下降。米勒让果蝇在限制晚期繁殖的条件下繁殖了 100 多代后得到了这一结果。罗斯和同事获得了其他特征（尤其是抗压性）的类似的长期恶化结果。突变累积显然可以作用于数百代，并在自然选择作用力降低时破坏功能特征，由此成为衰老进化的重要机制。

影响衰老的基因数量 威廉姆斯和 J. 梅纳德·史密斯（J. Maynard Smith）等进化论的早期理论家认为，一个极大数量的基因座可能会影响衰老。这一观点使得进化生物学家对延缓衰老的可行性一度有些悲观。然而，实验室的进化实验成功生产出遗传了延缓衰老的有机体，从而迫使人们重新审视了先前的假设。

勒克比尔和同事哈钦森（E. W. Hutchinson）、弗莱明（J. E. Fleming）、普莱彻（S. D. Pletcher）和同事，以及罗斯等使用多种实验技术研究了影响果蝇衰老的等位基因的数量，控制有效的因素后，估计表明基因座的数量很少，但该结果可能来自人为的算术推导。其他估计给出了果蝇的基因座数量为数百个。目前，对控制衰老的基因数量问题的最佳答案是“很多”。

晚年进化论的实验性检验

自从 1992 年明确发现了晚年阶段，以及 1996 年米勒和罗斯对晚年进化进行理论分析以来，实验研究检验了晚年进化理论的预测。如前所述，这些研究使用了自然选择作用力降至 0 的不同年龄段的果蝇种群，来测量晚年的死亡率和繁殖力模式。到目前为止，所有这些实验研究都强有力地证实了进化论的推测。

改变自然选择作用力的影响 改变自然选择强作用力的年龄对衰老和晚年都有着显著影响。晚年进化论预测，最后生殖年龄的变化应与死亡率停止增长和达到“平原”期的年龄变化相对应。图 3 显示了这类成对比较的数据。罗斯和同事表明，自然选择作用力在晚年通过实验得到加强后，这些种群的死亡率稳定（即晚年开始）的年龄也推迟了。

晚年进化论也预测了繁殖力概率的类似结果。即繁殖力应该在晚年停止下降并达到“平原”期，最后下降到 0，而繁殖力的“平原”期应该与种群进化史中最后生存年龄的变化相对应。回想一下，前面所述的果蝇种群的最后生存年龄紧接着其最后繁殖年龄，是由这些种群的维持方式确定的。劳泽和同事表明，当自然选择对生殖力的作用力崩溃时，不同年龄的种群会出现到晚年生殖力“平原”的相应的过渡期（见图 4）。

晚年的种群遗传机制 无论是理论还是实验分析都表明，晚年的模式受自然选择的影响很大。下一个问题是衰老的种群遗传机制是否也构成晚年的进化机制。

对于拮抗多效性，对早期适应性成分具有积极作用的基因在晚期具有有害作用。因

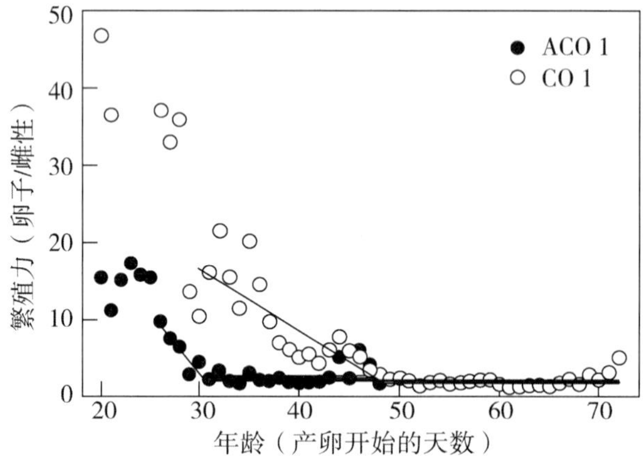

图 4 用不同培养维持方式获得的雌性果蝇种群的生殖力结果

注：早期繁殖（ACO）种群和晚期繁殖（CO）种群均显示出繁殖力下降，随后是晚期种群繁殖力的“平原”期。此外，早期繁殖（ACO）种群的繁殖力停止下降和达到“平原”期的年龄要早于晚期繁殖（CO）种群。这里展示的结果类似于另外五个有关早期或晚期繁殖的种群培养的独立比较研究（数据未显示）。

引自：Rauser CL, Tierney JJ, Gunion SM, Covarrubias GM, Mueller LD, and Rose MR Evolution of late-life fecundity in *Drosophila melanogaster*. *Journal of Evolutionary Biology*. In press.

此，拮抗多效性涉及晚年时，让繁殖年龄提前应导致适应性成分在晚期达到平稳的年龄的迅速转变。罗泽和同事以及劳泽和同事在果蝇中分别证明了晚年开始后死亡率和繁殖力的快速变化。这些实验也偶然地为基于自然选择作用力的进化论提供了支持，因为当自然选择作用力下降到0的年龄，即晚年的开始年龄，晚年随着繁殖年龄而发生进化性转变。

对于突变积累，该理论认为影响晚年的突变会在种群中积累。该理论还假定大多数突变将对它们所影响的特定年龄段产生隐性的影响。因此，将在完全相同的繁殖年龄下独立维持的种群进行杂交，如果杂交种群与未杂交种群相比时显示出了晚年模式的差异，则可以发现晚期突变积累的影响。然而，罗斯和同事在对5个遗传相异的种群进行了所有可能的杂交后，并未在晚年的生存概率上发现差异。尽管他们的实验没能支持突变积累作为晚年进化的遗传机制，但也并没有驳斥它。因此，对于晚年进化是否涉及突变累积尚无定论。

衰老与晚年的比较生物学

衰老是否存在

衰老进化论的比较预测 衰老的进化论由于做出了一些绝对的预测，在生物学理论中比较特殊。前文已经提及了该预测的实验证据，即关于衰老模式在进化上应能对自然选择力的操纵做出反应。更有力的是，衰老的进化论预测所有表现出种系与躯体明确界限的物种都必然衰老。反过来，进化论预测所有具有严格对称裂变（分裂为两个）繁殖的物种都必然不会衰老，然而这并不意味着绝对永生，因为此类有机体仍可能因疾病、捕食或机械伤害而死亡。以上两个预测可以通过比较数据得到广泛的检验。

然而，许多物种既未表现出明确的体细胞，也未表现出裂变繁殖。殖民地腔肠动物，如珊瑚或草，可能只能模糊地描述为“有机体”。还有一些例子中，进化论无法提供有关衰老模式的任何简单预测，因为其形式可能会将裂变与性繁殖结合在一起。当然，为了解释这些“杂种”案例可以形成更完善的种群遗传学理论，奥瑞沃（M. E. Orive）在这些方面取得了一些进展。总之，并没有对于理论的根本性的违反，只是存在一些困难的特殊案例。

性后生动物的衰老 在一些很大的类群中，衰老被认为是普遍的。最常见的类型可能是后生动物，仅通过性繁殖，并且缺乏任何的植物性“扩散”，如珊瑚所表现的那样。在这种形式下，每种有机体的生命都从一个卵开始，逐渐发育为不成熟的动物，最终发展为性成熟的动物。有时会从这种有性物种进化出衍生性无性、通常是孤雌生殖的形式，但基本的生命周期得到了维持，没有任何裂变繁殖。其他突出的例子就是昆虫和脊椎动物都表现出这种生命周期。

昆虫和脊椎动物是研究最深入的两个物种组。约有几十万种昆虫物种，其中许多由于经济上的重要性而对其进行了研究。脊椎动物的种类则少得多，但研究人员研究它们的热情比昆虫更大。通常在这些有机体的野生种群中未检测到精算衰老或生理衰老。例如，在已经研究的若干鱼类物种中，其中一些从野生种群中取样的个体已经达到了高龄而没有出现生理衰老的迹象，特别是鲟鱼、海鲈鱼和岩鱼。然而，在实验室没有传染病环境下的鱼类队列，并没有哪个队列到死亡时没有检出过衰老。至于哺乳动物，由于其研究的物种数量及其护理质量，因而提供了衰老无处不在的最有力的证据。对所有这些有机体的诸多研究中，没有一个缺乏衰老的迹象。尚没有可靠的辩驳来反对衰老进化论的预测，即所有这些物种都必然衰老。

严格裂变形式的衰老　与衰老有关的进化谱的另一端是裂变物种。需要理解这里的裂变概念不仅仅指无性繁殖或萌芽。目前已经广为人知的是，发芽的酵母和无性原生动物锤吸管虫都表现出了衰老。当无性生殖具有足够的不对称性时，可能会出现类似“成年体”生产出“少年体”后代。当这种情况发生时如果出现了此类成年体和少年体的差异进化，那么衰老就会进化。根据该理论，衰变无法进化的情况是当裂变产物之间具有严格对称性的情况，如裂变酵母粟酒裂殖酵母和自由漂浮细菌中那样。在这些情况下，因为衰老恶化将随细胞分裂而不断恶化，如果要发生衰老，它将消灭所有后代谱系，并消除所有此类衰老谱系。这种结果将受到自然选择的全力反对，从而阻止幸存谱系中的这种衰老。理论上说，所有此类严格对称裂变的情况都不会出现明显衰老。不过同样地，这并不能保证永生；某种细菌最终死亡并不能驳斥衰老进化论。

衰老和其他特征的相关进化

衰老的定量模式　在19世纪或更长的时间里，有关老年学推测的最肥沃的土壤之一就是有相关表现物种的衰老模式。例如，通常发现，圈养的鸟类比类似大小的哺乳动物的寿命更长，这引起了人们对飞行的生理机能与衰老之间关系的猜测。还已知较大的哺乳动物比较小的哺乳动物寿命更长。寿命较长的大型哺乳动物每窝或每年的繁殖力也较低。终于在20世纪50年代，萨克（G. A. Sacher）声称，更集中于头部（即大脑重量大于身体重量）的哺乳动物可能更长寿，再次导致人们猜测拥有较大的大脑具有生理优势。

关于这些模式，衰老的进化论并没有做出绝对的预测。各种进化机制可能产生这类模式。因此，衰老物种中任何特定的衰老模式都不构成对衰老进化论的任何形式的检验。不过该理论可能有助于解释此类发现。

比较生物学中的人为结果　人们可能会认为进化生物学家一定会大力提倡物种间的比较，但事实上进化生物学家对比较方法提出了许多深刻的批评。一是统计自由度在比较研究中可能被大大高估。如果拿80种昆虫和60种哺乳动物进行比较研究，对数据的粗略初步分析将会得出寿命、骨架类型和肢体数量之间的惊人的相关性，此时自由度超过135。但实际上在这项研究中没有任何自由度，因为只有两个独立的数据点，且没有绝对的假说能用来对它们进行比较。幸运的是，进化生物学家已经开发出了正确计算任何特定比较分析的统计强度的方法。不幸的是，校正后的自由度值通常远小于最初的假设。

许多比较分析的第二个主要问题是，一些已知伪变量会影响特征并产生混杂影响。其中最常见的是体重，例如在哺乳动物中，体重的增长通常伴随：（1）大多数骨骼的尺寸；（2）大脑的尺寸；（3）长寿；（4）生育间隔等。如果要研究一个生物性变量与寿命之间的二元相关性，而该生物性变量正向地取决于身体尺寸，则很可能会发现在其他所有条件相同的情况下，该变量与寿命之间存在正相关。不过该问题可以通过使用多因素统计方法而尽量避免。

第三，用于比较的特征之间的相关性可能产生于：（1）为了响应未知选择机制而进化的遗传变异的多效性作用；（2）作用于独立遗传性状的与生态相关的选择机制。因此很难确定是二者中的哪一种参与了所比较的特定类别的衰老模式。例如，有观点认为大型哺乳动物的更长寿命是由于其更大尺寸带来了未知的生理优势。查尔斯沃思则提出，大型哺乳动物具有更长的寿命，是因为通常它们的自然死亡率较低，因此给晚期年龄段保留了较高的自然选择强度，并且促成了相对延缓的衰老的进化。要在几十个哺乳动物物种中评估这两种替代性假说将是一项艰巨的任务。

所有这些观点共同表明，衰老的比较模式是有关衰老推断的最坏的来源之一。很容易获得完全是人为的发现，而很难区分相互竞争的假说。

衰老的比较自然史 如果不解决衰老是否存在的问题，很难认为有很多甚至有深度的衰老的比较模式。在得到充分研究的群体中，如哺乳动物，通常情况下大多数物种会沿着一个连续体进行排列，从小型、繁殖力强、寿命短的有机体，如小鼠，到大型、繁殖力弱、寿命长的有机体，如大象。在这个总体谱系中会有偏差，最显著的是蝙蝠，它们通常远比类似的陆生哺乳动物活得更长。因此这里描绘了一般的规律，即不会飞行的物种通常比会飞行的物种衰老得更快，即便是在鸟类或哺乳动物等群体内部也是如此。同时，具有毒性或甲壳的物种通常也比没有此类适应性功能的物种在囚禁中活得更长。

衰老的进化论能够为这些规律提供的解释是，由于特征性的适应而降低了死亡率的类群，例如大多数鸟类的飞行，可能单纯出于数学上的原因（从公式 2 中可以得出），而在晚期获得更强的自然选择的作用力。在所有其他条件相同的情况下，这种增加的作用力将导致相对延缓的衰老的进化。这类死亡率降低还可能源于蛇的毒牙、乌龟的甲壳，或是大象的巨大体型。而且，这种进化作用可能与毒性、体型或翅膀引起的任何即刻的生理益处无关。

晚期衰老的休止

目前发现了许多晚期衰老休止的有机体，包括果蝇、地中海果蝇、甲虫、黄蜂、线虫、酵母以及人类。这些有机体也都会经历正常的衰老。尽管晚年阶段的发现相对较新，但似乎在衰老的有机体中很常见。

另请参阅：老化模型：无脊椎动物、丝状真菌和酵母；老化模型：脊椎动物；老化理论：生物学。

拓展阅读

Carey JR（2003）*Longevity：The Biology and Demography of Life Span*. Princeton，NJ：Princeton University Press.

Charlesworth B（1994）*Evolution in Age-Structured Populations*，2nd edn. London：Cambridge University Press.

Finch CE（1990）*Longevity，Senescence，and the Genome*. Chicago，IL：University of Chicago Press.

Harrison DE（ed.）（1990）*Genetic Effects on Aging II*. Caldwell，NJ：Telford Press.

Rauser CL，Tierney JJ，Gunion SM，Covarrubias GM，Mueller LD，and Rose MR Evolution of late-life fecundity in Drosophila melanogaster. *Journal of Evolutionary Biology*. In press.

Rose MR（1991）*Evolutionary Biology of Aging*. New York：Oxford University Press.

Rose MR and Finch CE（eds.）（1994）*Genetics and Evolution of Aging*. Dordrecht，the Netherlands：Kluwer Academic Publishers.

Rose MR，Drapeau MD，Yazdi PG，Shah KH，Moise DB，Thakar RR，Rauser CL，and Mueller LD（2002）Evolution of late-life mortality in Drosophila melanogaster. *Evolution* 56：1982–1991.

Rose MR，Passananti HB，and Matos M（eds.）（2004）*Methuselah Flies：A Case Study in the Evolution of Aging*. Singapore：World Scientific Press.

译　者：钟逸婧（北京大学）
校译者：刘菊芬（北京大学）

经济学：社会

Y-P 陈 马萨诸塞大学波士顿分校，马萨诸塞州，美国
D. 柯兰德 明德学院，米德尔伯里，佛蒙特州，美国

词汇表

“偷三明治”（Snitching a Sandwich）——重组机构或激励机制，以使系统运行比以前更顺畅。

强制性支出（Mandatory Spending）——不受年度拨款程序控制的支出。

自主性支出（Discretionary Spending）——由国会年度拨款法案决定的支出。

福利项目（Entitlement Programs）——向申请支付并符合法律规定资质要求的个人、企业及政府部门提供福利的联邦项目。

引言

历史上针对老年人和一般人群的社会福利项目有时会膨胀，而有时又会缩减，而政治和意识形态常被认为是导致变化的原因，但是经济因素在增加或者减少社会福利项目上的作用也不容忽视。

当公共政策的方向发生改变时，人们往往归因于意识形态或者政治的变化。当然这两个因素确实发挥了一定的作用，但是经济因素在创造、增加或者减少社会福利项目上的作用却常常被人们忽视。我们对经济因素最深刻的认识可以总结成一句话——“天下没有免费的午餐”（There is no such thing as a free lunch）。这种洞察力通常以经济学法则的形式呈现，渗透到所有的政策议题中；个人和社会尽其所能逃避或至少避免面对这一法则。但是他们都无法做到。

幸运的是，这一法则还有一个补充，它削弱了其威力并允许公共政策发挥作用，即“只要你能偷到三明治”。可以说这个补充是公共政策的基础，良好的公共政策本质上意味着“偷到三明治”。

“偷三明治”涉及重组机构或激励机制，从而使系统运行比以前更顺畅。例如，对大多数人都会往返通行的收费桥梁实行单向收费后，交通变得更通畅；像伦敦那样对高度拥挤路段收费，也能取得类似的效果；还有《京都议定书》（Kyoto Accord）上规定的为减少污染而建立交易许可制度。这样的例子还能列举很多。所有这些项目都有一定的收益和成本，但几乎所有观察员都认为，收益大于成本。

然而不幸的是，政府项目往往不是可偷的“三明治”，而是表现为“免费的午餐”，

也就是做出过多的承诺。社会项目通常通过隐藏成本或过分夸大收益来呈现或证明其合理性。一些人可能会为美国政府在为老年人提供经济保障方面的作用进行争辩，他们觉得这个政策事实上是“偷三明治”，但是它表现出来的却是“免费的午餐”，它将在今后几十年给政府带来严重的问题。

问题的根源是经济增长和福利供给之间的关系。当经济增长加快时，未来的福利供给将从这一增长中获得。当经济增长放缓时，满足福利供给就变得更加困难。需求大于供给，稀缺问题开始恶化。

“稀缺性”连同其所有的社会、政治及经济上的后果和影响，在社会科学和社会哲学中都是一个非常有说服力的概念，以至于人们常把它视为理所应当或一种假设。尽管对物质和人力资源的竞争和分配明显会影响到人类的行为和公共政策，但在讨论公共政策变化时，“稀缺性”这一概念却往往被人们忽视，有关政策的建议常被贴上“政治”的标签。

虽然社会中的政治和法律力量确实对人类的行为模式及公共政策的方向有影响，但在今后几十年，经济因素可能成为对政府财政能力施压的决定因素。政治也许是政策变化的工具，但是政府潜在的财政能力推动着政治和政策，决定了立法者是支持一个项目的扩张还是收缩。总而言之，政治运动和公共政策的方向变化在很大程度上受经济因素左右，并通过社会和政治哲学进行调节。

帮助老年人的社会福利项目

当一个人富有时很难看到别人在遭受痛苦。文明社会通过建立各种社会福利项目来减轻这种痛苦。这是许多为老年人提供经济保障的政府项目的根基。因此好的政策非常有意义，这就是为什么社会保障计划（Social Security program）会得到绝大多数人的大力支持。按照大部分人的标准，大多数福利项目都是对社会有益的补充，它们是“偷三明治”的典范，这才是好的公共政策的全部意义。但是它们并非不用付出代价的免费午餐，如果是，则其实际提供的三明治要远比希望的少得多。问题是这些项目的收益被夸大了，而需要付出的代价却被隐藏、搁置或是拖到以后处理，结果导致在无法适当平衡收支的情况下做出决策。

政府提供给老年人的福利项目的核心问题是：只强调应得的权益却忽视和搁置了需要付出的代价。这些项目设立之初由于缴款的人多提取的人少，因此政府显得比直接面对成本时慷慨得多。它们是通过在民众中创造一种未来权利的意识而向社会兜售，并没有充分考虑因此而付出的代价。

这些被创造出来的权益有隐性的也有显性的。显性的权益有时会出现在政府预算中，但并不总会；隐性的权益则不会，可同样是权益。这是一个“实实在在”的问题，而并不仅是“财务”问题。信托基金或个人投资账户无法解决这个问题，除非它们包括一种方式，要么未来从工人手中获取更大比例的实际资源，要么减少未来承诺的福利。大多数政治言论都逃避讨论福利水平不得不削减的程度，或还需筹集多少资源来满足承诺的福利。理想状况下，这些项目应该被构建为“可持续的稳定状态”（steady state sustainable）——稳定状态下的收入和支出将是持平的，可以应对随时间的推移不断变化的经济和人口状况。可持续的稳定状态是政策的核心考虑因素，将其纳入制度设计才能更好地平衡权益支付义务和支付能力。

由于社会福利项目没有设计很多（如果有的话）内置调节机制，在经济形势好的时候这些项目扩张得太多，而在差的时候又不得不削减。政治的考量通常会避免触及这些问题，直到它们达到危机水平，并且必须面对。例如，在20世纪90年代中期曾有过正视这些问题的举动，当时由于经济增长放缓、财政吃紧，共和党控制的国会和民主党总统都提议削减医疗保险（Medicare）和医疗救助（Medicaid）。然而到90年代后期经济增长加速，双方考虑这些议题的意愿开始减弱。

2001年经济增长放缓，可此时政治意愿却迷失了。双方都没有正视这些棘手的问题，取而代之的是将其搁置一旁，反而联合推动扩大医疗保险，包括2003年颁布的处方药福利，即使多支出的数万亿美元预计最终将转变为财政赤字。这使得未来在平衡应享有的预期权益和实现这些权益应承担的预期责任上变得更加困难，而这种责任应纳入政府财政能力概念中。

政府的财政能力

20世纪60年代的财政能力

从1940年到1965年的25年间，少儿抚养比和老年抚养比都增加了。少儿抚养比从1940年的0.582（582名20岁以下的少年人数对应1 000名20~64岁的成人人数）上升到1965年的0.765。老年抚养比从1940年的0.116（116名65岁及以上的老人人数对应1 000名20~64岁的成人人数）上升到1965年的0.182。结果总抚养比从1940年的0.698上升到1965年的0.947（见“附录A”）。

老年抚养比和少儿抚养比的增长意味着针对少年和老年受抚养者的社会福利项目的需求增加。20世纪60年代，当社会福利项目对资源的需求上升时，联邦政府的财政能力能够满足其需求。当1960—1961年的衰退在1961年初结束时，经济出现了前所未有的持续扩张，并一直持续到1969年底。因此包括各种反贫困措施、医疗保险和医疗救助在内的伟大社会项目在60年代中期出现并非偶然。

20世纪70年代以来的财政能力

自1969年以来，除1998—2001年，联邦预算一直出现赤字。在20世纪70年代，年度预算赤字平均为350亿美元，在80年代更是达到了更高水平，约为1 500亿美元。1990—1997年的平均年度预算赤字更高，达到1 900亿美元（参见表1，见下页）。因此在财政受限的情况下，不但无法实施新的社会福利项目，就连原有的项目也面临削减。

表 1 1970—2006 年预算赤字或盈余

（单位：10 亿美元）

年份	年度赤字	年份	年度赤字
1970	−2.8	1989	−152.5
1971	−23.0	1990	−221.4
1972	−23.4	1991	−269.2
1973	−14.9	1992	−290.4
1974	−6.1	1993	−255.1
1975	−53.2	1994	−203.2
1976	−73.7	1995	−164.0
1977	−53.7	1996	−107.5
1978	−59.2	1997	−21.9
1979	−40.7	1998	+69.2
1980	−73.8	1999	+125.5
1981	−79.0	2000	+236.2
1982	−128.0	2001	+128.2
1983	−207.8	2002	−157.8
1984	−185.4	2003	−377.6
1985	−212.3	2004	−412.1
1986	−221.2	2005[a]	−426.6
1987	−149.8	2006[a]	−390.1
1988	−155.2		

[a] 该年数据为估计值。

引自：Economic Report of the President, 2005, p. 303.

20 世纪 90 年代末，由于税收和支出政策促进了经济的增长，预算赤字被盈余取代，扭转了近 30 年的趋势。因此，1998—2001 年平均每年的预算盈余近 1 400 亿美元（参见表 1）。然而这种发展很快就结束了。税收减免、支出增加及经济增长放缓很快就使盈余又转变为巨额赤字，2002—2004 年平均每年约为 3 150 亿美元。在可预见的未来，预算赤字还将持续，短期预测 2005 年和 2006 年平均每年将超过或接近 4 000 亿美元（参见表 1）。

平衡预算

民意调查显示，总体而言，80%的美国人支持平衡预算。然而，如果预算平衡则意味着削减社会保险、医疗保险或者增加税收，那么支持率将显著下降。

有很多支持平衡预算的经济学观点。减少赤字的一个主要原因是增加国民储蓄，进而增加国家对物质资本和人力资本的投资，从而提高生产力和生活水平。另一个原因是为政府保留重要的紧急借贷能力。然而问题的关键不是平衡预算，而是平衡权利，包括隐性权利和支付这些权利产生的责任。预算未必能体现这种更大的平衡概念（而且通常是被设计或操纵以隐藏这种更大的平衡概念），这样很可能引发误导。

虽然平衡权利可能是一个明智的做法，但具体如何落实却是另一码事。在 21 世纪初的政治气候下，军费不能削减，税收也不能增加。这样削减福利的压力几乎全部落在了医疗保险和医疗救助上，因为截至 2005 年，这两项支出占了十大社会福利项目支出的三分之一，预计在未来几年还要承担更大的作用。然而平衡权利的需求恰逢为老年人提供经济保障的医疗保健项目变得越来越重要的时候（见“附录 B”）。

社会福利项目和预算

联邦支出大致可以分为两类：强制性支出和自主性支出。强制性支出是指不受年度拨款程序控制的支出，而自主性支出则是由国会年度拨款法案决定的支出。

强制性支出的绝大部分用于各种社会福利项目，即向申请支付并符合法律规定资质要求的个人、企业及政府部门提供帮助的联邦项目。非福利形式的强制性支出包括国债净利息和存款保险。

联邦预算包含400多个福利项目和其他强制性支出账户。表2列出的十大项目，占2002财政年度福利项目支出的近93%。

联邦福利支出的增长速度一直明显快于整体经济。一些人认为，社会福利项目的爆炸式增长是近期才有的现象，但事实上，1967—1976年才是增长显著的时期，那时医疗保险与医疗救助开始出现并增长，食品券项目推广至全国，社会安全生活补助金（Supplemental Security Income，SSI）计划开始建立，社会保障福利的大幅增长（最突出的就是生活成本的调整）开始生效。

在表2列出的十大社会福利项目中，社会保障、医疗保险和医疗救助三项的支出超过了70%。根据国会预算办公室（Congressional Budget Office）的数据（2005），1993—2003年社会保障项目支出的年均增长率占国内生产总值（GDP）的4.5%，预计2005—2015年这个占比将上升到5.6%。相比之下，医疗保险和医疗救助将成为更大的财政问题。虽然1993—2003年医疗保险的年均增长率为6.7%，但预计2005—2015年将上升至9%。在医疗救助方面，1993—2003年年均增长率为7.8%，预计2005—2015年仍将维持这一水平。

表2　2002年美国十大社会福利项目

项目名称	福利支出占比/%
社会保障	37.8
医疗保险	21.2
医疗救助（联邦份额）	12.3
联邦文职人员退休金和残疾补助	4.7
失业补助	4.2
退役金	2.9
劳动收入和子女税抵免	2.7
补充保障收入	2.6
家庭抚养费（联邦份额）	2.1
退役军人福利	2.1
总计	92.6

相比之下，消费者价格指数（the consumer price index，CPI）在1993—2003年的年均增长率为2.5%，预计2005—2015年仅为2.2%。所以这三个项目的支出都在不断增加，且增速远远高于通货膨胀。

此外，1993—2003年国内生产总值的年均增长率为5.1%，预计2005—2015年将以每年4.9%的较低速度增长。所以这三个福利项目支出一直在增长，预计增长率将大大高于经济的增长率和未来10年的预期增长率。

这些趋势意味着对联邦预算的要求越来越高，以满足这些福利项目的强制性支出，这反过来又意味着经济考虑对政治决策的影响更大。

经济学和社会福利项目

“天下没有免费的午餐”这一法则的实质是对稀缺现象的一种表达，这也是经济学所要解决的根本问题。经济学家从一个基本概念开始研究，即人类满足自身需求的能力是有限的。一方面，在任何时候，一个经济体对用来生产商品和提供服务的人力和物力资源的控制都是有限的。另一方面，人类对商品和服务的需求似乎是无限的。因此，中心问题之一是如何利用有限的资源最好地满足人类的无限需求。

稀缺作为经济生活的基本事实，遍及所有社会，无论其政治倾向或经济发展水平如何。社会确实没有足够的资源来生产其成员所需要的全部商品和提供服务。这种基本限制对富国和穷国都是如此，也存在于意识形态不同的国家中。尽管稀缺的限制无处不在，但穷国的情况比富国更为严重。

因为社会没有足够的物质和非物质资源来生产其所需的全部商品和提供服务，所以必须做出选择。人们会根据经济学推理进行权衡：如果一个人想要拥有得更多，他就必须学会有所放弃。一人为了获得某个东西而做的放弃就是“成本”中的“机会成本”（opportunity-cost）概念。

“机会成本”概念可以应用于生活的方方面面。如前所述，它体现了经济的力量、稀缺的力量。为了分配稀缺资源和稀缺商品，必须建立一些社会公认的标准。

当一个社会允许经济力量通过市场相对自由地运行时，它们就被称为市场力量。市场力量利用商品和服务的相对价格来解决它们的稀缺性问题。市场力量还被象征性地形容为“看不见的手”，通过价格涨跌机制来指导人们做出买卖的决策。

社会不能选择允许经济力量运行，因为它们一直都在运行。社会只能选择是否让市场力量占主导地位。其他力量对决定市场力量是否运行发挥着重要作用。社会和历史力量可以阻止“看不见的手”以不受约束的方式运行，而权利和支付责任的发挥方式将取决于这些社会和历史力量如何与经济力量相互作用。

未来的政策挑战

虽然2005年的大多数政策讨论都集中在社会保障项目上，但在未来几十年，医疗保险和医疗救助将受到更严格的预算审查。随着医疗护理的发展和老年人口的增长，特别是最年长的老年人（通常定义为85岁及以上的老年人），他们在药物和医院护理方面的医疗需求几乎呈指数增长。另外，还需要为许多老年人口提供长期照护。社会能提供足够的资源满足这些需求吗？政府的经济和财政能力是讨论的焦点。社会必须决定是增加从劳动力人口那里获得的实际资源的百分比，还是减少提供给老年人的实际资源，又或者是这些选择的某种组合。不管怎样，社会必须通过面对“天下没有免费的午餐”的法则来平衡这些选择。做到这些并不容易，但这是社会必须面对的一个政策挑战。

我们猜测可能的选择将是增加税收和降低福利的某种组合，可能还会有一些借贷（这是把责任问题推给未来以解决当前的困难）。经济学并不能决定哪种解决方案更好，它只是说必须实施它们的某种组合。我们希望在这个过程中，政府可以尽可能多地“偷三明治”。

附录 A：抚养比和抚养成本

由于未来各种社会福利项目的资金问题（依赖于对劳动力人口的税收，通常是年轻人；支付福利给接受者，通常是老年人）很大程度上取决于劳动力人口相对于退休人口的数量，因此抚养比可作为有用的近似成本指数。本节将讨论抚养比和抚养成本。表 3 列出了美国在 1940—2080 年选定年份的抚养比。

预计今后老年抚养比将上升。假设人口生育率为 1.9（一个女性一生中生育孩子的平均数量），老年抚养比将从 1995 年的 0.213 上升到 2060 年的 0.401，或者说在 65 年的时间里增长了 88.3%。这一增长意味着为了满足老年人公共财政开支，劳动力人口的税收负担将大幅增加。

表 3　美国人口抚养比（1940—2080 年）

年份	老年抚养比[a]	少儿抚养比[b]	总抚养比[c]
1940[d]	0.116	0.582	0.698
1945[d]	0.124	0.557	0.681
1950	0.138	0.587	0.725
1955	0.157	0.657	0.814
1960	0.173	0.732	0.905
1965	0.182	0.765	0.947
1970	0.185	0.713	0.898
1975	0.190	0.638	0.828
1980	0.195	0.555	0.750
1985	0.201	0.505	0.706
1990	0.209	0.489	0.698
1995	0.213	0.495	0.708
2000	0.208	0.485	0.693
2005	0.203	0.464	0.667
2010	0.210	0.446	0.656
2015	0.235	0.437	0.672
2020	0.271	0.436	0.707
2025	0.313	0.439	0.752
2030	0.350	0.443	0.793
2035	0.368	0.441	0.809
2040	0.373	0.435	0.808
2045	0.376	0.430	0.806
2050	0.381	0.430	0.811
2055	0.389	0.430	0.819
2060	0.401	0.431	0.832
2065	0.409	0.430	0.839
2070	0.419	0.429	0.848
2075	0.425	0.428	0.853
2080	0.431	0.428	0.859

[a] 65 岁及以上的人数除以 20~64 岁的人数。
[b] 20 岁以下的人数除以 20~64 岁的人数。

[c] 65 岁及以上的人数与 20 岁以下的人数之和，再除以 20~64 岁的人数。

[d] From special tabulations by the Office of the Actuary, courtesy of Felicite Bell and Stephen C. Goss, January 15, 1992.

引自：Board of Trustees（2005）*The* 2005 *Annual Report of the Board of Trustees of the Federal Old-Age and Survivors Insurance and Disability Insurance Trust Funds*, p. 77. House Document 109-18, 109th Congress, 1st Session. Washington, DC：V. S. Government Printing Office.

然而，低生育率除了增加老年抚养比外，还使得年轻人数量减少，从而导致少儿抚养比下降。少儿抚养比预计将从 1995 年的 0.495 下降到 2060 年的 0.431，降幅达 12.9%。

因为劳动力人口既要供养老年人还要供养年轻人，总抚养比反映了劳动力人口的总抚养负担。总抚养比预计将从 1995 年的 0.708 上升到 2060 年的 0.832，在 65 年的时间里增长了 17.5%。总抚养比的上升或下降往往会增加或减少总税收负担，不过变化的程度取决于供养老年人和供养年轻人的相对成本，以及老年抚养比和少儿抚养比的变化程度。另外，劳动力人口对承担这种负担的能力和意愿也是重要的考虑因素。

供养老年人和供养年轻人的相对成本是决定抚养比变化对抚养负担产生何种影响的关键因素。根据 20 世纪 70 年代中期的一项研究，有人认为供养老年人的平均成本大约是供养年轻人的 3 倍。据估计，政府各种福利项目用于每位老年人的平均支出为3 701 美元，而用于每个年轻人的约为 1 215 美元。在计算 3：1 的比值时，供养老年人的成本数字是用政府用于老年人的全部福利项目支出除以所有 64 岁以上的老年人人数，而供养年轻人的成本数字是用政府用于年轻人的全部福利项目支出除以所有 18 岁以下的年轻人人数。

这种计算受抚养者平均成本的方法为“假设受抚养者平均成本”（per-assumed-dependant cost），与之相对应的是“实际接受者平均成本”（per-actual-recipient cost）。“假设受抚养者平均成本”是一个定义性成本，因为给定年龄组中的所有人都将作为分子，用福利项目支出除以这个人数得出。相比之下，替代方法——“实际接受者平均成本”是一种更适合的测量方法，因为它只计算受抚养年龄组中实际接受福利项目支出的人。“假设受抚养者平均成本”在概念上低估了在政府福利项目中领取福利的年轻人的抚养成本，因为没有领取福利的年轻人比老年人相对要多，然而在计算过程中所有人都被认定为接受者。此外，3：1 的成本关系是基于将年轻受抚养者定义为 18 岁以下而估计出来的，因此他们忽略了用于高等教育的大部分支出。

然而，由于以下几个原因，计算“实际接受者平均成本”非常困难。许多政府项目没有公布（在某些情况下甚至根本不公布）接受者的年龄或其他特征的数据；而有些人同时享受多个政府福利项目，计算每个接受者的成本也更加困难；另外，像公共住房这样的实物项目也很难衡量；缺乏各种政府福利项目接受者特征的时间序列数据，也对分析抚养比和抚养成本的历史发展设置了障碍。

如前所述，总抚养比的改变所导致的税收负担的变化还取决于老年抚养比和少儿抚养比的变化程度。在前面就“假设受抚养者平均成本”与“实际接受者平均成本”的对比的讨论中，老年受抚养者被定义为64岁以上的人口，而年轻受抚养者则被定义为18岁以下的人口。显然，如果老年组被定义为62岁或68岁以上，或者年轻组被定义为20岁或22岁以下，那么抚养比和相应的抚养成本也会发生变化。

前文还提到，劳动力人口对承担这种负担的能力和意愿也是重要的考虑因素。劳动力人口的抚养能力受收入水平、劳动力参与率和失业率等因素影响，而这些因素反过来又受到生产力水平、经济增长率、需求状况等因素影响。此外，劳动力人口承担抚养成本的整体经济能力还受到用于老年和年轻受抚养者的私人和公共支出的影响。

最后，除了老年和年轻受抚养者外，用于全部受抚养者的支出还应包括中年受抚养者。对中年受抚养者的支出包括一些政府福利项目，涵盖失业、残疾、医疗、公共救助和住房补贴等方面。

附录B：经济保障的供求观

生活水平通常依据不同的标准进行讨论，比如收入、财富和消费。多年以来，老年人和非老年人的收入差距已经缩小了。有人因此得出结论，老年人已经达到了与非老年人相同的经济保障水平。然而，就贫困率而言，即使老年人和非老年人的收入水平趋同，也不能因此认为他们的经济保障水平是相同的。

经济保障是一个比收入保障更广泛的概念。一个人不但要关心收入和资产的获取，还要关心如何保留和处置它们。比如，众所周知，与非老年人相比，老年人面临更高的风险，尽管有医疗保险和医疗救助，他们还是必须留出更多的预算用于医疗和个人护理服务。但是在评估老年人和非老年人的经济状况时，通常没有明确考虑医疗保健方面潜在的重大支出。更准确的经济保障评估需要从供求关系的角度来考虑当前的收入、积累的财富和消费支出。因此，收入和财富代表资源的供给，而消费则代表对这些资源的需求。

在讨论经济保障的供给关系之前，我们先简单讨论一下评估生活水平的三个标准：收入、财富和消费。

收入

在过去几十年，老年人的收入状况得到了很大的改善，但收入状况通常是参照贫困发生率来讨论的。例如，在1967年，老年人（65岁以上）的贫困发生率为30%，而18~64岁人口则为10%。自那以后，这些比率已经趋同，到了2003年，65岁及以上人口为10.2%，而18~64岁人口则为10.8%。至于人均收入，统计结果显示，几十年来老年人已经达到了非老年人的相对水平。

财富

另一个标准是积累财富的所有权，或者更准确地说是净资产，即资产价值减去负债价值。在财富方面，老年人的情况也不错。除55~64岁人群外，65岁及以上人群的财富持有量是其他所有年龄组中最高的。一些人因此得出结论，老年人比非老年人生活得更好，然而他们的净资产大部分是非流动性资产。将非流动性资产和流动性资产结合起来以衡量经济能力，意味着将非流动性资产转化为易于支出的收入。例如房屋净值占净资产的很大一部分，但是将房屋净值计入收入有什么意义呢?

一些人认为，中年房主越来越多地使用房屋净值信贷额度是对未来反向抵押贷款的演练。但是在中年时抵押房屋权益，可能会减少退休收入所需的资产净值。这是一个很重要的问题，因为房屋净值是老年消费的重要资金来源，尤其是未来长期照护的可靠来源。

消费

第三个标准是用消费支出来衡量生活水平。有人认为，收入和财富都不是很好的衡量标准。他们提出消费是衡量生活水平的最佳标准。例如，在1986年，富人和穷人的收入比是16∶1。也就是说，贫富之间存在巨大的差距：如果一个穷人有1美元，那么富人就有16美元。但就平均消费单位支出（per-consumer-unit spending）而言，可推断最底层美国人的货币收入分配只略低于中产阶级，大约为顶层的一半。根据平均消费单位支出计算，穷人每花费1美元，中产阶级会花费1.29美元，而富人则是2.31美元。因此，从消费角度看，贫富差距要比从收入角度看小得多。

考虑到消费者在四种基本生活必需品：食品、住房、服装和医疗保健方面的支出，穷人和富人之间的差距甚至更小。穷人在这些必需品上每花费1美元，中产阶级就花费1.14美元，而富人则是1.82美元。我们不能对这种观点掉以轻心。

在5个收入分配五分位数中，只有前两名的收入超过支出。所有3个较低的五分位显示支出超过收入；并不是所有这些五分位数的成员都会被认为是非储蓄者（即那些处置累积储蓄的人）。或许，幽默作家阿特默斯·沃德（Artemus Ward）预料到了这种消费方式，他说："让我们都快乐起来，量入为出，即使我们不得不借钱来这样做。"[马蒂·格罗思，《矛盾修辞法：历史上最伟大的文字大师自相矛盾的机智与智慧》，纽约：哈珀·柯林斯出版集团，2004年，第33页。Mardy Grothe（2004），*Oxymoronica*：*Paradoxical Wit and Wisdom from History's Greatest Wordsmiths*，p. 33. New York：Harper Collins]。消费作为衡量生活水平的标准可能会产生误导。

在这些标准下，老年人的富裕程度如何？同样的数据来源，美国劳工统计局（Bureau of Labor Statistics）进行的1986年消费者支出调查（Consumer expenditure Survey）提供了7个年龄组的信息。最年长的两个年龄组（65~74 岁，75 岁以上）在四种基本项目上的人均支出都高于其他五个年轻年龄组。难道是老年人比非老年人享有更高的经济福利吗？

除了少数例外，各年龄组用于食品、住房和服装上的人均支出的差异非常小。然而医疗保健支出占四项基本生活支出的比，65~74 岁年龄组为 18%，75 岁以上年龄组超过 25%，而 45~54 岁年龄组为 9%，所有较年轻的年龄组都不到 7%。老年人群将更多的预算用于医疗保健并不奇怪。但是以消费为衡量标准得出的结论是，如果老年人减少医疗保健上的支出，那么他们的生活水平就会下降。相反，较年轻的年龄组可以通过增加在医疗保健上的支出来改善他们的经济状况。这多么具有讽刺意味！

资源的供给和需求

总之，收入、财富和消费都可以用供给和需求的观点来考察。如前所述，收入和财富代表资源的供给，而消费则代表对这些资源的需求。因此，为了衡量生活水平，对收入、财富和消费都应该加以考虑。即使老年人的收入和财富水平与非老年人相当，也不能就此认为老年人获得的经济保障与年轻人相同，因为老年人面临着对包括长期照护在内的医疗保健资源的实际需求或潜在的更高需求。

医疗保健支出是所谓的第一次收入索赔（a first claim on income）。当老年人和非老年人的收入和净资产相等时，这两个群体的资源供给是相同的。如果从这些资源中扣除第一次收入索赔后，老年人和非老年人之间的资源差异明显。

医疗保健对美国老年人的重要性再怎么夸大也不为过。古希腊医生希罗菲卢斯（Herophilus，前 335—前 280 年。被称为“解剖学之父”）说得好：“没有了健康，一切都是空谈（Massengil，马森吉尔，1943 年，第 28 页）。”

另请参阅：医疗护理与服务；公共医疗保险制度、公共医疗救助制度与医疗护理的经济政策；社会保障。

拓展阅读

Advisory Council on Social Security (1980) Dependency ratios and costs. In: *Social Security Financing and Benefits*, Report of the 1979 Advisory Council on Social Security, pp. 281-285. Washington, D. C.: U. S. Government Printing Office.

Board of Trustees (2005) *Federal Old-Age and Survivors Insurance and Disability Insurance Trust Funds*. Annual Report, House Document 109-18, 109th Congress, 1st Session. Washington, D. C.: U. S. Government Printing Office.

Chen Y-P (1996) Introduction. In: Vitt LA and Siegenthaler JK (eds.) *Encyclopedia of Financial Gerontology*. Westport, CT: Greenwood Publishing Group.

Colander D (2005) *Economics*, 3rd edn. Chicago, IL: Irwin McGraw-Hill, Inc.

Council of Economic Advisers (2005) *E-*

conomic Report of the President. Washington, D. C: U. S. Government Printing Office.

Massengill SE (1943) *A Sketch of Medicine and Pharmacy*. Bristol, TN: The S. E. Massengill Company.

译　者：徐景龙（北京大学）
校译者：刘　梁（北京大学）

精神卫生

B. G. 奈特, L. 李 南加利福尼亚大学，洛杉矶，加利福尼亚州，美国

词汇表

共病（Comorbidity）——在同一时间发生的（身心）失调，例如患者同时患抑郁症、高血压和心脏病。

元分析（Meta-analysis）——一种对原始研究进行综合性分析的统计方法，从而了解总体的发现。

精神药物（Psychotropic Medication）——对大脑神经化学过程进行干预，从而对心理或精神功能产生影响、用于缓解诸如抑郁、焦虑、幻觉和妄想等心理症状的药物。

引言

“心理健康”可以定义为没有心理疾病，也可以理解为幸福、福祉（well-being）或高生活满意度。这篇文章的焦点是如何建立缓解老年人心理痛苦的服务体系。老年人精神卫生照护的理想模式应该是多学科合作的，包括心理学、社会工作、精神病学和其他领域。这些学科在一个精神卫生照护体系内相互交织，为老年人提供多种形式的服务。为了更好地介绍老年人精神卫生体系，本文将讨论需要服务的老年人群特征、所需要提供的服务、为提供这些服务所建立起来的系统，以及影响到老年人精神卫生照护服务的经济激励因素（参见“生活满意度”“心理健康”）。

需要精神卫生服务的老年人口

需要精神卫生服务的老年人群是多种类型的。有些老年患者在年轻时就被诊断患有精神疾病，而有一些是到老年才发展为心理障碍；还有些老年人也许并不能贴上“心理疾病”的标签，但精神卫生服务确实对他们有所帮助。不同的群体需要不同类型的服务和照护安排。

患有严重精神疾病的老年患者

严重精神疾病的老年患者包括罹患精神分裂症、妄想症、双向情感障碍，以及其他一些严重或慢性抑郁障碍的老年人。在2001—2002年，美国疾病预防与控制中心（the Centers for Disease Control and Prevention）估计65岁以上老年人中2.4%患有严重的精神疾病。是否确诊或严重性并不是影响照护

安排的重要因素。历史上看，在所有精神类疾病住院患者中，老年人占16%，该比重大于老年人口在总人口中的比例。老年精神疾病患者在医疗机构中住院的时间更长，他们平均住院的时间比年轻人长一倍，不合比例地占用了大量服务资源。这一现象通常归因为器质性脑综合征的发病率在老年期明显上升；然而，大部分的老年精神病科入院治疗是由于抑郁障碍。老年精神疾病患者在长期照护机构中也很常见；160万护理院老年入住者中，超过50%患有至少一种可确诊的精神疾病。

急性发作的老年患者

急性发作的老年患者遇到的心理问题通常包括抑郁、焦虑障碍、恐怖症和睡眠障碍。这些问题也经常与一些生理疾病同时发生，增加了生理疾病的治疗复杂性，并且导致不必要的就医和费用支出。虽然他们经常要求入住医疗机构，但是通常认为这些老人在精神卫生服务机构门诊中可以得到最好的服务（参见“抑郁症”）。

相对于他们在人口中的比例，老年人群并未充分使用精神卫生服务。2001年，有精神疾病和药物滥用的老年人中，只有不足四分之一得到了某种形式的精神卫生照护。

老年痴呆患者及其照护者

65岁以上的老年人中，6%~8%受到痴呆的影响。每增长5岁，老年痴呆的发病率将翻倍。85岁以上老年人中，老年痴呆发病率约为24%。居住在护理院（nursing home）的老年人中，50%患有老年痴呆；在社区长期照护机构和公寓住宅式照护机构（residential care facilities）中，也有数量巨大的老年痴呆患者。早期的老年痴呆患者及任意阶段老年痴呆患者的照护者都可以在门诊服务中得到帮助。虽然最为熟知的痴呆类型是阿尔茨海默病，但需要注意的是，痴呆也可能是其他一些问题的症状。准确的神经心理学测评是区分这些疾病（以及把诸如由谵妄和严重抑郁所导致的可恢复的认知损害区分出来）的关键所在。

表现出认知障碍的老年人越来越多，其中相当部分是由不可逆的大脑损伤导致的，这些认知损伤的老人带来了一个难题——他们应该归为心理疾病患者，还是一般患者？正如各州对发展性障碍（developmentally disabled）和药物滥用的服务系统存在区别一样，不同州对这些老人的分类也存在差异。这种决定对老年人服务方案的类型和范围都将产生影响。考虑到他们不同的需要，认知损伤的老年人所获得的服务应有别于为急性心理疾病或精神病患者所提供的。另一方面，一些认知功能受损的老人，在发展到中度时会出现行为问题，此时需要心理调节和行为干预。为早期出现大脑损伤人群所设计的精神卫生系统通常可以提供此类治疗。此外，与其他严重残疾的人一样，大脑受损的老年人的照护者也需要精神卫生服务，从而让他们可以为患者持续提供居家照护。配偶是首选的家庭照护提供者，在应对照护过程中可能产生多种需要。抑郁、焦虑和敌意在照护者群体中的发生率非常高。痴呆并发抑郁的患者失能程度更严重，表现出更多的功能和行为问题，为照护者带来严重的压力。痴呆患者中有重度抑郁障碍的比例估计为11%~25%。大量研究发现，痴呆患者的抑郁症状通常是轻度的，相对于阿尔茨海默病，血管性痴呆引发轻度抑郁更为常见。

各种针对痴呆的治疗效果各异。现实定向（reality orientation）是机构对老人常用的一种课堂形式的干预。目的是通过定向策略和心理刺激活动减少混淆感，从而提高生活质量。虽然干预的长期效果还不清楚，但是可以有效提升实验组的认知功能，同时减少不良情绪症状。研究者也发现记忆训练项目可以提高痴呆患者的再现和再认能力，但训练效果在一年后就消失了。当患者无法继续接受直接治疗时，照护者可以学习一些有效的行为技巧，比如创造一些愉悦的情境，以此改善患者的情绪。另外一些照护者的干预包括喘息服务、压力缓解训练和抑郁治疗（参见“照料”“痴呆”“痴呆：阿尔茨海默病”）。

生理疾病老人

当然并不是所有有生理疾病的患者都需要精神卫生照护。生理失能和疾病随着年龄增长而增多，导致老年人在患者群体中的比例特别高。同时，很多生理问题都可能导致心理的不适感，这理应成为临床治疗过程中的关注点。根据疾病预防与控制中心的数据，1995年，65岁以上老年人中，46%患有关节炎，40%患有高血压，23%患有心脏疾病，29%存在听力问题。相应数据在75岁及以上组中更高。在2000年，每一位65岁以上美国人的医疗花费大约是6 140美元，而65岁以下的，每人约2 120美元。有生理疾病患者中有五分之一存在抑郁障碍，该比例明显高于全人群的发生率。在社区老年样本中，与疾病相关的失能可有效预测后续发生的抑郁障碍（参见“关节炎和风湿性疾病”“心血管系统”“听力”）。

医院里有一批老年心理学家会涉足健康心理学领域，他们处理多种心理问题，包括疼痛管理、心脏病行为管理、抑郁和焦虑对生理症状的影响等；与此同时，他们也用医学的方法对付抑郁、帮助患者实现对生理和认知功能下降（如脑卒中患者）的适应，为外伤或疾病导致的性功能障碍患者进行性治疗等。心脏疾病、癌症和脑卒中是65岁以上老年人的头三大死因，对付这三类慢性疾病是住院和门诊治疗的焦点所在。精神卫生干预是关注成本的医疗照护提供者，如健康维护组织（health-maintenance organizations）特别感兴趣的内容，因为有效的治疗可减少过多的和不必要的就医。对精神状态的关注还可能影响到疾病的康复。此前关于心理不适的干预与疾病治疗关系的研究结果确实鼓舞人心。举例来说，莱巴契克（Rybarczyk）、洛佩兹（Lopez）、阿尔斯滕（Alsten）、本森（Benson）和斯捷潘斯基（Stepanski）发现认知行为疗法可以提高慢性病合并失眠症老年患者的自评睡眠质量，而且治疗在4个月后依然有效。莱巴契克、德马科（DeMarco）、德拉克鲁兹（DeLaCruz）、拉皮多斯（Lapidos）和福特纳（Fortner），评估了一项针对失眠、营养问题和锻炼进行的综合性干预的效果，综合性干预包括身心关系教育、放松训练、认知重构、问题解决、交流和行为治疗。干预降低了睡眠困难，并增加了健康行为，效果在一年之后依然存在。考虑到在疾病康复过程中心理和医疗干预的相互作用，需要更多的研究来探讨心理不适与生理问题之间的关系。

焦虑障碍

虽然焦虑症在老年人中的发病率低于年轻人，但是在老年人群中，焦虑依然比心境障碍（mood disorders）更为常见。有关老年人群精神障碍的信息相当缺乏，研究者通常依赖 20 世纪 80 年代的流行病学集水区调查（the Epidemiological Catchment Area survey）的数据。65 岁以上老年人中，焦虑障碍的一个月患病率为 7.3%，而情感障碍的相应比例为 5.1%。病态性恐惧障碍是焦虑障碍中最常见的问题，大概影响到 6.2% 的老年人。另一方面，一项来自城市社区调查的数据显示，65 岁以上的老年人中，有 15%表现出各种形式的焦虑障碍。除去大量关于主观焦虑的研究外，老年焦虑还是一个未得到充分研究的领域（参见“焦虑症”）。

虽然药物通常是焦虑障碍的首选治疗方法，对焦虑障碍进行心理干预的研究成果已经开始出现。大量研究发现，认知行为疗法对老年人焦虑障碍普遍有效，并且可持续到后续的追踪测量中。莫尔曼（Mohlman）、戈伦斯坦（Gorenstein）、基布勒（Keber）、德杰西（de Jesus）、戈尔曼（Gorman）和帕珀（Papp）的研究证明，针对老年人对认知行为疗法进行调整，如增加记忆协助、对治疗技术的经常性复习等，可以提升治疗效果。放松训练是焦虑障碍干预的另一种常用方法，可有助缓解老年人自报的精神病症状，并减少特质焦虑。

性障碍

性反应随正常老化过程会发生变化。许多老人没有预料到这些正常的发展变化，并有所误解，导致性活动和兴趣的减少。心理健康有助于老年人认识和适应这些由年龄带来的正常变化。一些老年人还不得不面对与疾病有关的性功能障碍。慢性疾病导致的疼痛（如糖尿病或癌症）也可能影响到正常的性功能。性治疗要可以帮助这些老年患者适应性功能的减退，从而维持令人满意的性生活。治疗师与老年患者在讨论“性”时经常会感到尴尬，或者误认为不适合与老年人讨论性的问题，这两者是性治疗中最大的障碍。事实上，大部分老年人欢迎有关“性”的信息和讨论，并且不会对这个话题感到尴尬。就像年轻人一样，一些老年人表现出多种形式的性障碍（露阴癖、恋童癖等），无论是从精神卫生照护系统还是从法律系统来看，这些都是适当的干预目标（参见“性、纵欲和亲密关系”）。

药物滥用

老年期药物滥用是精神卫生系统干预的合适任务（appropriate target）。正如滥用一些非法药物和处方药一样，酒精滥用是老年男性中的重要问题，同时也是法律确定的精神问题。老年人经常使用多种处方药，同时承受药物的副作用和药物之间的交互作用。酒精滥用的老人面临身体健康问题的风险，并且有可能并发焦虑、抑郁和认知损伤等问题。长期使用酒精可能导致行为问题、激化前期人格障碍，或者是诸如科萨科夫综合征（Korsakoff's syndrome）之类的器质性大脑障碍，复杂的神经心理学评估可以将科萨科夫综合征与其他痴呆疾病进行区分。由于老年人对药物更加敏感，非处方药的误用也可能给老年人带来问题。最常见的药物滥用是烟草依赖——比其他药物依赖导致老年人更严重的失能和死亡。同时使用处方药、非处方药和/或酒精的老年人可能面临多重药物使用障碍（polysubstance use disorders）。在对多种治疗方案进行梳理后，施诺费尔德（Schnofeld）和杜普里（Dupree）认为认知行为疗法治疗对酒精滥用和依赖的老人的治疗效果比“12 步社会支持模型”更好。卡斯滕森（Carstensen）、雷奇塔里克（Rychtarik）和普鲁（Prue）发现老年男性接受行为治疗的效果可持续到两年后。

精神卫生系统的服务供给

心理测量

对认知功能或个性特征进行评估是临床心理学家的专长；相对于其他年龄群体，老年人更为敏感，认知功能受限，并且可能存在各方面的代际差异，因此为老年人提供心理测量服务的工作人员应该接受过专门的训练，从而能准确地测量老年人，并解释结果。很多种情况都需要进行评估，如诊断某种类型的精神疾病、对抑郁或者痴呆进行区别性诊断、脑卒中后的功能评估，又或者对一个人是否有能力履行法律责任进行法庭鉴定。神经心理学测验经常用于老年人中，这种类型的评估使用特定的任务来确定各种认知能力的水平，如语言和视觉记忆、言语、空间功能或推理等。分析不同的身心功能失调和大脑不同的受伤部位导致在各种任务中表现出的不同的缺陷模式，有助进行准确诊断。

心理治疗

为住院患者或门诊患者提供个体心理治疗，可能是精神卫生护理服务最常见的形式，但同时也还有很多其他形式的老年人精神卫生照护。在诊所门诊或者医院的精神病科，个体治疗只是多种治疗模式中的一种，比如还有团体治疗、支持小组、家庭治疗和夫妻治疗等。有两种治疗方法在老年人群中用得比较多，分别是生命回顾法和哀伤治疗。这些服务可以由精神病学家、心理学家、社工或者咨询师提供。

药物

提供精神类药物是精神卫生服务中的一大内容，由精神科大夫或者初级保健医生开出处方。根据勒博维茨（Lebowitz）和尼德雷厄（Niederehe）的研究，大部分老年人会向初级保健医生报告自己的症状；75 岁以上老年人在就诊过程中，70%最终获得至少一个含有精神类药物的处方，44%会获得多种精神类药物。65 岁以上就诊患者中，10%被要求使用精神类药物。95%含有精神类药物的处方都是由非精神科大夫开出的。此外，超过一半住在护理院的患者在使用精神类药物，其中 20%缺乏正确诊断的记录。精神类药物不仅出现在精神科大夫的处方中，还有一些普通内科大夫也开出精神类药物的处方，可见应充分重视各方照护力量间的有效协调。由于临床药学家对药物在老年人身上的作用和各种药物间的交互作用有更充分的了解，一些多学科的团队请临床药学家提出规范的用药建议（参见“药理学”）。

个案管理

个案管理是老年人精神卫生照护服务的另一种形式。这种服务是在各领域专业人士的指导下，为衰弱的或者认知损伤的老年人提供帮助，包括与服务提供者协商、家务帮助、法律或财务协助等等。个案管理者通常是社工、护士或老年学家。

社会服务

为老年人提供社会交往的社会活动中心或社会活动服务，通常是由老龄相关的机构组织和资助，有时会配备精神卫生服务的专业或半专业人员。比如聚餐、朋友探访和老年活动中心都属于这类服务。

具体问题服务

具体问题服务也是精神卫生服务中的一个重要部分，特别是对于老年人来说，因为除了一般的丧失以外，老年人还经常会经历一些特殊的挑战。失智患者的日间照护和照护者的喘息服务，就是依据老年人特殊要求而量身订造的。其他类型的特定服务还包括鳏寡老人的咨询和支持，以及为减少老年精神患者住院时间而设计的干预方案。

治疗有效吗？

许多为老年人提供的服务和治疗已经被经验证明是有效的。虽然依然需要大量的研究来证明治疗对特殊人群（如老年人）的效度，但大量元分析（对多个关于同一个主题研究进行的定量总结）已经支持心理治疗的作用，如认知行为疗法、简易心理动力治疗、对抑郁进行的药物治疗，以及对失智患者照护者进行的帮助性干预。非定量的文献综述提出，对于失眠、失智老人和其他患严重精神疾病的老年人的有效干预确实存在。由于诸如保险公司等赔偿机构希望对所提供服务的效能进行支持，对此类研究的需要将持续存在。

服务提供模式与照护体系

老年人多元照护体系

对老年人进行的照护安排更加复杂，即使在老年人被诊断为与青年人完全一样的疾患。老年人长期照护是一个基于年龄的体系，同时也与精神疾病密切相关。安置患有精神疾病的老人是一个复杂的问题：他们在精神卫生体系，还是在老年照护体系中可以得到最好的照护？老年人经常同时存在慢性和急性的医疗需要。老年护理院配备了处置慢性医疗问题和一些精神问题（如轻度痴呆）的设施，但是他们往往不能处理比较严重的行为问题，如精神分裂症、自杀等。另一方面，精神病院通常又不能处置老年人复杂的医疗需要。精神病院里的员工一般都不具备照护老年人的医疗技术，而基于年龄提供长期照护服务的机构员工又不了解心理或精神方面的问题；他们之间缺乏有效的合作。这个问题在评估和解释老年人行为时也同样存在，老年人在测验中通常跟年轻人表现不一样，并且需要特定的常模，特别是在多种疾病并存或感觉功能受限的情况下。

应该对不同照护体系中所提供的服务范围形成一个概念，这种概念有助于组织我们对老年机构环境的思考。目前存在的概念上或者法律上相互分离的老年照护体系，引发了大量争议。“老年人长期照护体系”被定义为从独立居住转为公寓住宅式照护、封闭的公寓住宅式照护、中级护理、专业护理和封闭的专业护理。精神疾病服务体系（psychiatric system）通常包括急性精神病医院、州立医院和封闭的专业护理机构。前文对生理问题和精神问题共存的现象进行过讨论，急性医疗系统应被看作整个照护体系的第三部分，因为老年人极有可能需要此类服务。医疗系统提供了一个很好的照护范例，它与相应的门诊照护服务更紧密地结合，成为转向长期照护的一个途径。

在考虑这个具有层次性的服务系统应包括的照护内容时，有一些问题值得注意。首先，患者以多种途径进入或离开系统，并在系统内不同层次进行转换。人们普遍认为老年人的状况会逐步恶化，照护服务需要相应提高，但事实并非如此。例如，有行为问题的失智患者需要从独立生活转为高水平的封闭式照护，当他们的身体情况进一步恶化以至于无法制造麻烦时，他们又可以转为更“基本”的照护。在三个系统内部进行调整的原则也有所区别。在老年人长期照护系统中，转换的依据是身体的虚弱程度以及日常生活自理能力的水平。而在精神病学系统内，转换的依据是精神失常的严重程度或行为问题外显程度的严重性。而在急性医疗系统内转换（以及从急性到慢性或长期照护转换）是依据诊断、对治疗的反应以及对专业护理的需要程度进行转换。这样，在概念上相互独立又相互交织的三个系统结合在一起，为共同的相似的患者提供服务。精神疾病患者、精神疾病前期患者及认知损伤患者可以在三个系统中获得所有层次的照护。对于为老年患者选择方式的人来说，应该寻找一个适合患者情况的类型和水平的服务，并且避免不必要的限制性安排。为了尽量避免受到不恰当的限制性护理和减少过于昂贵的治疗，社区照护得到越来越多的关注。虽然各系统的区分方式有所区别，但对 24 小时照护和社区照护通常都有明显的分界线。

所有系统在服务提供过程中都必须注意的问题

是什么原因导致老年人无法在恰当的地方获得服务呢？由于存在众多的可能性及共病高发的原因，老年人精神卫生问题评估显得非常复杂。有必要对相关人员进行一些关于老年人测评的专业训练，在本科、研究生及继续教育阶段都可以。此外，一些老年人只是觉得自己的问题并不是心理问题，或者是在门诊治疗中没有被意识到。第二个普遍存在的复杂问题是，一些有精神卫生问题的老年人目前已嵌入机构和社区的不同服务系统内：医疗保健、老年长期照护、精神卫生服务、老年网络服务，以及痴呆照护服务等等。专家需要了解其他机构的等候名单和目前可用的服务，从而为患者提供指导，以免错过机会。不幸的是，由于资源有限和预算紧缩，对机构服务的资格要求非常高，且很难找到那种可以接受患者的机构，导致大量的需求无法得到满足。各类照护系统间的合作的困难可能来源于经济压力，而非计划失误（参见“医疗护理与服务”）。

老年患者的复杂性要求多专业的合作，如老年网络服务提供者、医疗保健提供者和法律系统。跨专业跨系统的合作，要求人们对系统间如何共同运作有概念性的认识，也需要进行实践训练，以使用复杂系统为老年患者提供高质量的服务。跨专业的方式还要求尊重其他专业的专家，并对其专业意见有所了解。这应该是一个很常见的场景——整个老年精神卫生服务团队的成员都在专心聆听来自志愿者、护工、家务协助者以及餐厅工作人员的有价值的见解。事实上，接受专业训练最少、层级最低的服务提供者与患者接触的机会最多，所以他们拥有观察患者的最好机会（比如，医生一个月见患者 5~10 分钟，家庭健康护士每周半小时，而家务协助人员一周有 8 小时）。

老年精神卫生方案的原则

可喜的是，目前有一些指导方针，有助于为老年人提供更合适的服务。高质量的社区老年精神卫生服务有以下特征：

1. 都强调对老年人做出准确诊断。

2. 都是跨学科的，并且关注治疗方案。

3. 都采用积极的个案发现（case-finding）方法，并且通过社区教育引导患者参与。他们同时与其他老年服务机构合作，在一些案例中甚至有邮递员、抄表员和其他“社区守门者”参与其中。

4. 都在家中为老年人提供精神卫生服务。

上述这些都是社区老年精神卫生项目获得成功的关键要素。“退役军人事务部”（the Veterans Affairs，VA）系统为医院照护提供了一个范例。正如社区项目，VA 强调准确的评估、积极的跨专业合作的服务。许多服务都在医疗机构（如急诊病房、慢性病管理、护理院等）和精神科病房中提供。家庭治疗也是 VA 持续性服务的一部分。除此以外，VA 在多学科老年精神卫生服务培训中还扮演着重要角色。

另一些范例是那些关注老年人具体问题

的延伸服务。具体问题比一般性丧失更为突出；以特定需要为目标，并且提供相应服务。当发现社区精神卫生的门诊服务与老年的住院服务相脱节后，契合实际需要及人群的项目逐渐增长起来。有四个项目已经获得了成功，分别是长者延伸团队、痴呆照护的家庭服务、深入个案管理和老年人日间治疗。这些方案根据不同老年人的需要而设计。在提供延伸性服务的时候，原则主要是教育患者、教育照护服务者，并且让那些需要理解和有效使用精神卫生干预的人们得到有价值、可获得、可承担的服务。

可承担性是老年人服务持续性发展的关键问题。大部分老年精神卫生服务都是在不完全依赖收费和医疗保险资金的背景下发展起来的。其他资金来源包括州政府精神卫生服务资金、社区精神卫生系统资金、VA 基金、培训拨款、研究拨款，以及各类非营利性私人捐款。感知到患者的需要、对创新性项目的兴趣以及出于培训的目的，都可以激发这些资源的投入。

支付系统及其对服务提供的影响

大概从 1980 年开始，精神卫生系统出现了一个私有化行动，越来越依赖于私人性服务提供者和由营利性系统进行组织，这种营利性组织由服务需要和利润追求等市场力量来驱动。最终发展出来一个可以与军工系统相提并论的，极其复杂的医疗产业。

老年人精神卫生服务的主要经费来源依然是政府资金（75%，主要是公共医疗保险和公共医疗救助）。医疗保险涵盖的项目包括精神病住院治疗、部分医院治疗（即日间治疗）和由合格的医疗保险提供者提供的门诊服务。1981、1989 和 1990 年的《综合预算调节法案》（the Omnibus Budget Reconciliation Act，OBRA）提高了门诊精神卫生服务的年度赔付上限，并且为临床心理学家和临床社工提供直接支付；然而，某些服务依然严格受限。《综合预算调节法案》在 1989 年的调整导致医疗保险在精神病住院治疗的支出上升，并且扩大了老年精神病科的住院床位数。就前面所讨论的原则而言，这个方案的优势在于强调了评估的重要性，并且在全国范围内鼓励发展多层次的服务。借助广泛的服务实体和最小的管理间接费，医疗保险对服务的支付能力可以迅速地为老年人提供服务，这是其最大的优点。

除对政策进行修订外，最近的数据显示，医疗保险有关精神卫生服务的政策在做持续微调，以促进老年受益者对相应服务的使用。例如，医疗保险在精神卫生方面的花费占其总支出不到 4%。稍微超过一半的支出用于 65 岁以上人群中，这个人群在医疗保险总受益人群中只占 14%。虽然 1989 年《综合预算调节法案》的修订案承诺提升门诊服务的供给和使用，但医疗保险依然要求受益者要自付 50%的精神卫生门诊费用，而医疗服务的自付比例只有 20%。

另一个重要问题是，医疗保险为住院治疗拨付的费用远高于日间治疗和门诊服务，这使其无法在受限最小的服务设施中提供足够的服务。2001 年，医疗保险在精神疾病住院治疗中的拨款为 32 亿美元，而 1998 年在日间治疗和门诊治疗中的拨款仅为 12 亿多美元。医疗保险条例还想减少精神卫生入户探访服务，前提是这项服务不被取消的话。目前鼓励与初级保健医生多沟通这种程度的跨领域合作，但是跨学科的团队建设还相当缺乏。对住院治疗的关注，将进一步加大目前已经存在的住院与门诊治疗之间的不平衡，事实上门诊治疗是更有效和更经济的方式。借助服务费报销模式和鼓励住院而非门诊治疗的方式，医疗保险明显地扩大了老年精神卫生服务的供给，并且促进了精神卫生保健服务的私有化。

结论

老年人精神卫生系统仍在持续变化发展。虽然老年精神医疗保健的一些特殊之处是来自一些具体的问题（特别是痴呆），但最大的特殊之处来自精神医疗保健系统本身：在为老年人提供专门化服务的过程中，需面对老年人多病共患和精神卫生服务的支付体系所带来的困境。为了满足老年人的需要，应提供面对老年人群的特殊服务、将原来为年轻人群设计的服务进行延伸。随着研究和各类项目的推进，老年人精神卫生服务将受益于新的知识和技术发展，受益于老年精神卫生专家数量的增加，受益于精神卫生政策的持续优化，特别是医疗保险政策的调整。

另请参阅：焦虑症；关节炎和风湿性疾病；心血管系统；照料；痴呆；抑郁症；医疗护理与服务；听力；生活满意度；药理学；心理健康；性、纵欲和亲密关系。

拓展阅读

Duffy M（ed.）（1999）*Handbook of Counseling and Psychotherapy with Older Adults*. New York：John Wiley & Sons.

Knight BG（2004）*Psychotherapy with Older Adults*, 3rd edn. Thousand Oaks, CA：Sage Publications.

Lichtenberg PA（ed.）（1999）*Handbook of Assessment in Clinical Gerontology*. New York：John Wiley & Sons.

Qualls SH and Abeles N（eds.）（2000）*Psychology and the Aging Revolution*. Washington, DC：American Psychological Association.

Smyer MA and Qualls SH（1999）*Aging and Mental Health*. Malden, MA：Blackwell.

Whitbourne S（ed.）（2000）*Psychopathology in Later Adulthood*. New York：John Wiley & Sons.

Zarit SH and Zarit JM（1998）*Mental Disorders in Older Adults：Fundamentals of Assessment and Treatment*. New York：Guilford Press.

译　者：唐　丹（中国人民大学）

酒精和药品

E. S. 利桑斯基·冈伯格 密歇根大学，安娜堡，密歇根州，美国

词汇表

酒精相关问题（Alcohol - Related Problems）——医疗、法定、职业、家庭和社会问题。

非法或管控药品（Illegal or Controlled Substance）——毒品附表，定义为具有高度的滥用潜力，目前无法接受的医疗用途，包括海洛因、LSD（新型毒品，半人工致幻剂）和大麻。

药物（Medications）——任何用于治疗目的的物质、处方药或非处方药。包括规定使用的精神药物。

药效学（Pharmacodynamics）——对药物的生理和心理反应；药物反应有老化现象。

药代动力学（Pharmacokinetics）——药物及其代谢物从体内的吸收、组织分布、代谢和排泄的过程。

引言

“药物”可定义为任何通过其化学性质改变有机体的结构或功能的天然或合成的物质（非食物）。药物可以在自然界中发现，也可以在实验室中产生。药物可以根据其化学成分进行分类，对于精神活性药物（如酒精、阿片制剂、尼古丁等）也可根据其中枢神经系统作用进行分类。根据社会接受度分类是药物的一种主要分类方式，从被广泛接受（如咖啡因）到非法物质［通常以“街头毒品”（如海洛因）的形式出现］不等。“药物滥用和药物依赖”可定义为药物的异常使用。药物滥用和药物依赖的诊断通常是依据美国精神病学协会在《精神疾病诊断与统计手册》第 4 版中规定的标准。

这里有几类药物是需要审查的。第一类，老年人普遍使用的药物，特别是精神活性药物（如抗焦虑药、兴奋剂等）。这类药物虽然有来自非医疗来源的“街头”供应，但主要来自处方药（prescription drug）。第二类，不需要处方，可以在任何药房购买的非处方药（over-the-counter drug，OTC）。第三类，所有年龄段的美国人和老年人都使用的尼古丁。第四类，是法律禁止的管制药物。最著名的管制药物是与犯罪和暴力有

关，受到媒体关注的大麻、海洛因和可卡因。第五类，合法药物和酒精的滥用。

人体在不同生命周期对不同药物的生物学反应的变化是一个主要的研究领域。药代动力学研究药物及其代谢产物在体内吸收、组织分布、代谢和排泄的时间过程，以及药物分布与药物作用持续时间和强度之间的关系。研究年龄对药代动力学的影响会产生老年人药效学改变机制的信息。药效学是对药物的生理和心理反应，它关注老年人对特定药物产生的与药代动力学作用无关的反应。例如，不同的精神活性药物可能在老年人中产生不同的药效学作用（如，老年人对某些苯二氮䓬类药物似乎存在增强的反应）。

年龄变化

药物动力学 尽管药物吸收似乎没有显著的年龄变化，但随着年龄增长，机体成分会发生变化，从而影响药物分布。随着年龄的增长，机体变化，尤其是肾功能的下降，会影响药物的消除。

药效学 观察到年龄变化对某些药物敏感性的影响：对中枢神经系统（central nervous system，CNS）的药物的敏感性增加；对药物不良反应的易感性似乎有所增加。

药物不良反应 老年人的药物不良反应（adverse drug reaction，ADR）可能是由多种药物治疗，药物过度使用或滥用，药物代谢或消除减慢，与年龄相关的慢性疾病，酒精摄入和食物与药物不相容性引起的。老年人的药物不良反应比年轻患者更严重。危险因素包括女性、独居、多病共存、多重用药和营养不良（参见“药理学”）。

药物

老年人群中急性和慢性疾病的增加为这一人群带来了更多的保健支出和更多的药物使用。老年人口约占总人口的12%，据估计，他们接受的处方药占所有处方药的三分之一。老年人还购买和使用数量不成比例的非处方药。最广泛使用的处方药包括普通药物和精神药物。心血管药物、利尿剂、抗生素和镇痛药是最常用的药物。精神药物如镇静催眠药（包括苯二氮䓬类）和心理治疗药物（包括抗抑郁药和兴奋剂）也是最常用的药物。

尽管一些治疗机构报告了相当多的老年人有药物相关问题和精神药物依赖问题，但这个问题从未引起很大的关注。可能在立法者和公众心目中，使老年人保持镇静是可接受的。老年人经常将服用的精神药物与失眠或抑郁等问题联系起来，几乎一半服用此类药物的老年人报告说，他们无法在没有服药的情况下进行日常活动。老年人使用和滥用处方类精神药物的问题是复杂的，具有心理、社会和政策方面的因素。

以下几个问题与处方类精神药物的使用有关。第一个问题是护理院中处方类精神药物的使用，人们质疑在护理院使用这类药物是为了患者的利益还是为了工作人员的利益，以方便照顾患者。第二个问题是年龄差异，这反映在与药物相关的急诊室使用的对比中：年轻患者可能会因与可卡因等管控药物相关的紧急情况而出现在急诊室；老年人更有可能因滥用处方类精神药物相关的问题而进入急诊。第三个问题是性别差异。65岁以下的女性比男性使用更多的处方类精神药物。65岁以后，性别差异就变得复杂起来，数据表明，抗抑郁类药物在老年男性中的使用比女性更广泛。这可能与老年男性对医疗资源的利用有关，也可能与老年人在精神问题上的性别差异有关。对老年白人来说，随着年龄的增长，掌控力的下降反映在自杀率上。尽管老年女性的自杀率仍然较低且稳定，但老年男性的自杀率会随着年龄的增长而上升。

对社区生活的老年人的全国调查显示，老年人精神药物的使用很普遍，并且老年人接受的精神药物处方比例过高。滥用、误用和依赖的问题很少被提及，通常是作为一种警告，即某种药物（如镇静剂）不应持续使用超过两周。尽管有这样的警告，但研究表明，仍有大约一半的老年人报告说，如果没有药物，他们将无法进行日常活动。然而，社会对老年人使用药物的担忧似乎仍然集中在酒精上。

老年人比起年轻人有更多的健康问题，因此更有可能服用多种药物。这种多重用药意味着发生药物不良反应的风险增加。一些涉及医院患者监测的研究提出了不少令人担忧的药物：二噁英、利尿剂、阿司匹林、精神药物、细胞毒素和非甾体抗炎药（NSAID）。不良药物反应可能是多种药物治疗，药物相互作用，老年人药物代谢或消除的变化，不符合规定的药物使用，不相容的食物—药物组合或酒精摄入与药物使用相结合的结果。据估计，老年患者药物不良反应的发生率是年轻患者的 2~3 倍。更为困难的是，老年人的药物不良反应更加严重，一些研究人员认为，老年患者的药物初始剂量应更低。另外一些研究认为，老年人的药物处方过多，对处方药使用一些限制措施将会有所帮助。

来自药物滥用警告网络的数据和城市急诊室的报告表明，老年人最有可能出现与非巴比妥类镇静剂、安定剂、巴比妥类镇静剂和抗抑郁药有关的问题。在所有这些情况下，出现在急诊中的女性比例都大于男性。

研究者对精神药物的不同用法进行了几种分类。一种分类是将精神药物的使用分为适当使用、无意误用和有目的的滥用。另一种分类是苯二氮䓬类药物的使用。第一，在常规处方的低剂量或治疗剂量使用下，停止时没有戒断症状；也有需要开具大剂量处方进行治疗的情况，但通常会在停止使用时产生戒断症状。第二，需要服用多种药物，经常涉及酒精，其目的是实现“高效”或某种形式的自行规定的缓解。

与医疗实践和处方药有关的问题是不依从的问题。不依从被视为一个重要的问题，包括以下几点。

1. 未使用：未获得处方药，可能是因为成本原因；

2. 部分使用：在疗程结束前停药，可能是由于副作用，或是处方药与非处方药的组合；

3. 不正确的剂量：多于或少于规定剂量；

4. 用药时间或顺序不当；

5. 共享药物。

美国最大的老年人组织——美国退休人员协会（American Association of Retired Persons，AARP）的一项调查发现，40%的受访者有过副作用；其中一半的人说卫生保健人员没有和他们讨论过副作用。虽然不依从情况通常归因于老年人的认知局限性，但有人提出了一个问题，即不依从是否更可能与有限的财政资源、否认机制、自主性问题以及患者和医生之间的沟通质量有关。虽然有人认为，老年人有“权力”决定自己的药物摄入量，但预期寿命的延长与医药进步有关。我们需要的是一个平衡的观点，在这个观点中，患者和医师可以达成一个药物摄入的操作方法和原理之间的平衡。

非处方药（OTC）

最常用的 OTC 有止痛药、维生素等营养补充剂、泻药和抗酸药。非麻醉性止痛药是美国及其他国家老年人最常购买的药物。对于老年人比其他年龄段人群使用更多的 OTC 的观点存在分歧。一些研究人员认为，与其他年龄组相比，老年人购买和使用的 OTC 更多；其他研究人员认为，老年人并没有过度使用这种 OTC。

美国食品药品监督管理局建议对 65 岁以上人群的处方药应进行特殊标注。对于在 OTC 上进行特殊年龄相关标记的建议，普遍的反应是否定的，研究者一致认为按照特定的医疗条件进行标记更合适。值得注意的是，OTC 消费者在包装和说明书上可以获得比处方药的消费者更多的信息。

这里可能会提出家庭疗法和民间疗法的问题。虽然草药茶和鸡汤与药物不属于同一类别，但这些民间偏方被广泛使用，穷人可能更经常使用。也许研究美国的饮食习惯可以包括这样的调查。有人认为，使用家庭疗法自行进行药物治疗是大多数人的第一道健康防线。

尼古丁

男性相较女性更可能是吸烟者，尽管过去 20 年男女之间的比例差距已经大大缩小。公共卫生服务部门跟踪了二战期间和之后女性吸烟的人数，呈显著增加，到了 20 世纪 60 年代，女性肺癌死亡人数开始上升。自 1985 年以来，肺癌已经超过乳腺癌成为女性癌症死亡的主要原因。

一项针对马萨诸塞州 65 岁及以上人群的调查显示，独居或与子女一起生活者、自称健康状况不佳或一般者以及“体弱者”不太可能成为吸烟者。

已有充分的证据证明了吸烟与多种疾病之间的关系。一项对老年人药物代谢研究的综述认为衰老、尼古丁和酒精的影响是混杂的。

非法药物

在社会上偶尔确实会出现老年人使用大麻，印度大麻，甚至可卡因等毒品的情况，这其中显然有一些毒品（如海洛因）的使用者是在早年就开始吸毒，并一直存活到老年。关于阿片类药物成瘾者的一个普遍看法是，他们无法活到老年，要么早已死亡，要么戒毒成功。然而，也有少数海洛因成瘾者能够保持吸食海洛因的习惯，并活到 60 岁以上。20 世纪 70 年代中期，需要美沙酮维持的人群占纽约市 60 岁以上人口的 0.005%；10 年后，这一比例上升到 2%。这些人不是最近才出现的药物依赖者，他们是幸存下来的长期海洛因成瘾者。有意思的是，密歇根公共卫生署报告说，在 1992—1993 年住院接受治疗的 60 岁以上人群中，海洛因是主要滥用药物，占 3%。

对纽约市美沙酮维持幸存者的研究显示了一些与生存相关的变量：幸存者的父母长寿，他们避免暴力，并且注意使用干净的针头。他们能够储备一些药物，适度使用其他药物——特别是酒精，与同龄人群相比，他们的健康状况总体是良好的。

使用毒品的年轻人比老年人更多。在密歇根州，住院接受治疗的 60 岁以下患者中，主要滥用药物为海洛因的年轻患者比例（6%）是老年患者比例（3%）的两倍。对于可卡因或快克滥用者来说，对比更为明显：60 岁以下者占 18%，60 岁以上者占 2%。刑事司法系统的数据表明，青少年、犯罪活动和毒品存在三位一体的关系。对于老年人来说，往往因无家可归流浪街头而被记录到刑事司法系统中。然而近年来，因在公共场合醉酒而被逮捕的人数量减少了，因此无家可归的人也变得更加混杂。

酒精

酒精饮料是合法的并为社会所接受。酒精需要适度地使用，也可能被大量消耗，或者可能对某些饮酒者来说可能产生酒精滥用、酒精中毒或依赖。我们将简要回顾老年人在适度饮酒和一般性社交饮酒的情况，然后转向过度饮酒或依赖等与酒精相关的问题。

老年人饮酒的程度如何？人们普遍认为，适度饮酒随着年龄的增长而下降，但一些数据对此表示质疑。也许有一个历史性的转变，使得 20 世纪 90 年代的老年人饮酒行为不同于 20 世纪 50 年代或 60 年代的老年人。“国民健康访谈调查”（National Health Interview Survey，NHIS）的结果表明，65 岁及以上男性饮酒量有所增加，同龄女性的饮酒量略有增加。一些基于社区的纵向研究显示随着时间的推移，这种情况有所增加；马萨诸塞州费雷明汉的一项研究显示，女性饮酒人数大幅增加。饮酒与法律和社会习俗有关，近几十年来呈现一种更容易被接受的趋势。许多在当地有禁酒令的社区已经转为接受，特别是女性的饮酒很可能受到社会接受程度的影响。老年人和年轻人都受到不断变化的习俗的影响。

老年人饮酒有多少健康风险？确实，老年人更有可能出现急性和慢性疾病，这一群体比年轻群体服用更多的药物也是事实。肝血流量的年龄变化与肝脏对药物的代谢能力有关。老年人身体的水分含量下降，与年轻人相比，饮同样量的酒精会产生更高的血清乙醇水平。还有其他与年龄相关的变化，随着年龄的增长，大脑的脆弱性增加，引发了诸如困惑、抑郁和痴呆等症状行为问题与酒精摄入之间关系的疑问。然而，普遍的共识是，如果老年人健康状况良好并且不服用与酒精相互作用的药物，少量饮酒，如一天喝一杯是可以接受的。

饮酒问题

虽然可能有更多的老年人有精神药物问题，但他们不太可能出现在药物滥用服务中。酗酒以及表现出与酒精有关的健康或其他问题的老年人更有可能自愿或不自愿出现在此类服务中。在密歇根州，接受治疗的60岁以下患者中有62%以酒精为主要滥用物质；对于60岁及以上的人，有86%的人主要滥用物质是酒精。在退役军人医院进行的一项研究中，65%的年轻嗜酒者和80%的老年嗜酒者将酒精作为“首选物质”。

有关老年酗酒的文献有限，样本来自医院、拘捕记录、门诊诊所、老人住房、社区和全国调查。如何对患者进行筛查的问题也很重要。虽然标准筛选工具被广泛使用，但对于某些酒精中毒诊断标准的意义存在疑问。失去工作时间可能是无关紧要的，跌倒和医疗问题可能更为相关。需要注意的是：调查显示，在60岁以上的人群中，酗酒者的比例相对较低，但问题的严重性可能会更大。最近的一项研究审查了所有住院医疗保险A部分受益人（65岁及以上）的记录，报告了与酒精相关的住院率很高。住院率最高的是45~64岁的年龄组（每10 000人中有94.8人），其次是65岁以上年龄组（每10 000人中有65.1人）。酒精相关疾病包括酒精滥用和依赖、酒精性肝病、精神病、心肌病、胃炎和多发性神经病变。

有大量的文献研究了由于过度饮酒或酗酒所造成的神经心理学或认知功能丧失的副作用。这种心理缺陷已经从功能受损、性别差异以及年龄与认知障碍的关系方面进行了探讨。后者提出了一个“过早衰老假说”，该假说假定过度饮酒导致了过早衰老；关于这个假设的证据好坏参半。认知障碍可能集中在特定功能上：短期记忆、非言语抽象、处理新信息的能力等。有一个关于认知丧失的可逆性的问题，一般认为，年龄较大的酗酒者可以在一定的时间内恢复丧失的功能，尽管这个过程很缓慢。

老年人酗酒最有趣的现象之一是分型：早发型与迟发型。一些研究者将迟发型定义为40岁左右开始出现酗酒问题者。这意味着酗酒者可以分为两类：一类是20多岁年纪就开始酗酒的人，另一类是40岁左右开始酗酒的人。大量的文献表明，早发型酗酒者具有较多的阳性家族史、更多的反社会人格共病诊断和较差的预后。然而，如果我们将发病和老年相关联，最好将 65 岁或 70 岁的酗酒者区分为早期发病和近期发病。一些研究证实了迟发或新近发作的酗酒者的存在，这些报告表明，约三分之一的老年酗酒者符合新近发作的条件。一个有趣的问题是，这种新近或晚期发作是否与经历过的压力相关？一些研究压力和饮酒的研究者提出了支持将压力作为病因的证据支持，而其他研究者则提出了压力与饮酒无关的证据。压力可能是一个复杂的现象，它的影响因性别、一般健康状况、社会经济地位、生活经历等而有所不同。

在一些与饮酒有关的因素中，饮酒问题更可能发生在有间歇性重度饮酒史的人中似乎是一个合理的假设。随着年龄的增长，老年人的角色和地位发生变化，老年人的应对机制和适应能力也有所不同。社会环境也发生转变，尤其是对搬到不同地方的老年人。

总体来说，对于老年和年轻的酗酒者来说，饮酒模式和酒精相关问题似乎没有显著不同。老年的酗酒者不太可能打架，也不太可能有与工作有关的问题。他们可能会有更多的与酒精相关的健康问题、更多的事故、更多的收入问题，并且更有可能狂喝滥饮。

关于老年女性酗酒者的信息很少，但最近的一个研究比较了 60 多岁的男性和女性酗酒者。女性报告的婚姻破裂比男性多，这与其他年龄组的性别比较一致；然而，这个年龄组的女性由于离婚或分居而婚姻破裂的可能性较低，其中 51% 的女性是因为丧偶（男性为 18%）。研究中报告的酗酒问题发生年龄存在显著差异：超过三分之一的女性报告在过去十年中开始酗酒，而男性只有 4%。另一个显著的性别差异是另一半过度饮酒或酗酒问题，与所有其他年龄组的性别比较一致，与男性相比，更多的女性报告配偶是嗜酒者或酗酒者。同样，在所有年龄组的性别比较中，女性更有可能在家中饮酒，而男性更多的是在公共场合饮酒。与男性相比，女性报告了更多的酒精带来的负面影响（如感到痛苦）；男性报告说他们在饮酒时与人相处得更好；而在饮酒所导致的攻击性行为方面，男女没有性别差异。最后，女性报告的精神药物使用（如少量镇静剂）的依赖性和耐受性比男性更多，这种性别差异出现在整个生命周期中。

种族的作用

在佛罗里达州医院的一个早期研究中，提供了一些 60 岁及以上老年人的住院数据：在住院老人中，3. 5% 为西班牙裔，6. 2% 为黑人，20. 3% 为白人。

1992 年，美国总会计师事务所对老龄化和种族问题的研究结果显示：在 65 岁及以上的群体中，三分之一的白人被定义为“穷人”；西班牙裔的比例为 69%；黑人则是 100%。显然，虽然年轻的非洲裔美国人从旨在帮助人们完成学业或经商的平权行动计划中受益，然而年龄较大的少数族裔群体几乎没有从该行动计划中受益。

与此同时，将白人和黑人的饮酒问题进行对比时发现：低收入的黑人男性与低收入的白人男性相比，低收入黑人男性报告的饮酒不良后果和酗酒问题明显更多。而当富裕的黑人男性与富裕的白人男性进行比较时，他们在饮酒问题上的差异就变得微不足道了。因此，黑人与白人饮酒问题的比较不仅要关注年龄和性别，还应关注收入、社会阶层和种族、饮酒后果，以及与酒精相关问题之间存在的显著的相互作用。

一项研究对接受治疗的老年酗酒者进行了比较，其中白人患者142名，平均年龄64岁；27名黑人患者，平均年龄62岁。研究发现：

1. 与白人患者相比，黑人患者（尽管来自同一临床来源）的教育成就、职业地位、收入和当前就业状况明显较低。这一年龄组几乎没有从最近的平权行动计划中收益。

2. 在饮酒模式上，与白人患者相比，黑人酗酒者饮酒量更大，更喜欢高酒精含量的饮料，而且更可能在公共场合饮酒。

3. 黑人酗酒者使用或滥用酒精以外的药物的情况比白人酗酒者报告的数量更多；尽管这两组都是老年人，但据报告，黑人男性接触和使用“街头”毒品的年龄更早。人们可能会提出这样的问题：社区中是否有这些毒品？

4. 老年黑人酗酒者的健康问题比老年白人酗酒者更多。健康结局的回归模型表明，与健康结局最相关的变量是教育程度、一生平均每日饮酒量、公共场所饮酒以及对酒精以外的药物的依赖性。

研究人员回顾了酗酒造成的一系列社会、社区和机构后果，在工作和与警察打交道方面，黑人男性报告了更多的麻烦，他们也报告了更多来自朋友的拒绝。基于社会、社区和制度结果的回归模型发现，最相关的变量是教育程度、一生平均每日饮酒量、公共场所饮酒和种族。

黑人、老人和酗酒的三重烙印使得在激励和帮助他们以及从事康复工作方面都面临着巨大的挑战。

有人对退休社区中大量饮酒或酒精滥用的情况提出疑问。目前还没有开展对搬到退休社区的人员和留在自己家中的退休人员的饮酒情况进行比较的研究。移居到另一个州，过多的空闲时间和社会便利化可能对老年人饮酒行为起到一定促进作用，但这一观念尚未得到证实。

半个世纪前，研究者对长期酗酒的罪犯进行了一些研究。在60岁及以上的男子中，因酗酒和在公共场合醉酒而被捕的比例很高。此外，两个重大的变化引起了贫民窟社区的迁移：第一，最高法院的裁决允许因反社会行为（如妨碍治安行为）进行逮捕，但不允许因酗酒问题本身而逮捕人；第二，无家可归者的特征和场所发生了变化。现在无家可归的人包括许多以前的精神病患者，在许多不同的场所（如机场、火车站等）都可以找到他们。在一些内陆城市，也有一些非洲裔美国人和美国原住民向旧的贫民窟社区流动。目前，无家可归的老年酗酒者更有可能被送到戒毒中心，但在帮助他们康复的措施方面进展甚微。

对于独居的老年人是否更有可能酗酒的问题尚未解决。老年女性比老年男性更有可能独居，而女性酗酒问题的发生率比老年男性低得多。当然，也会有一些独自生活的老年酗酒者，但回顾他们的经历，可能会发现他们一生都存在酗酒和疏远家庭的问题。因此，独居是酗酒的后果，而不是原因。对这一问题的研究必须考虑到美国人口亚群差异的老年学事实：与家庭成员一起生活的老年人具有某些族裔群体特征，并且与社会经济状况、家庭地位和健康状况、婚姻状况等明显相关。

治疗和预防

有关老年人酗酒的研究很多，但实际上分为三个主要问题：第一，老年酗酒者如何接受治疗？第二，这些患者在诊断和管理中存在哪些问题，并且在临床病史中是否有独特的模式？第三，对诊断出伴有并发症的酗酒者，最有效的治疗方法是什么？

家属、急救人员、警察、医生、社会机构或执法机构都可将老年酗酒者转介至药物滥用机构。转介的主要依据是存在与酒精相关的健康问题。加拿大的一项研究指出，酗酒者很少是因为希望帮助解决他们的酒精成瘾问题而进入药物滥用机构，而是寻求其他问题的帮助（如住宿、医疗护理和喜好等）。

老年患者进入药物滥用机构的方式在很大程度上取决于其社会和家庭支持网络。可能是家人或朋友将他们送去机构，警察或医疗机构也常常会把与家庭失去联系的患者送至机构。

然而，还有一个保持联系的问题。我们一直在研究根据《精神疾病诊断与统计手册》第 4 版（*DSM-IV*）诊断为酗酒者或酒精滥用者的老年人。研究对象来自医院、戒酒互助会、社区、综合医院病房、老年人住房和社区中心。本研究对 104 名目前正在接受治疗的酗酒男性和 67 名已诊断为酗酒但是未接受治疗的男性进行访谈。两组人在人口统计学上相似，不同之处在于，未接受治疗组中有更多的退休老人。两组男性之间最显著的差异发生在被要求对自己的饮酒情况进行自我描述时，如询问他们是否可以在饮一两杯酒之后果断停止饮酒。治疗组中有 54%的患者回答为“否”，而非治疗组有 24%回答为“否”。对诊断酒精滥用或酒精中毒所需的 9 种症状行为（*DSM-IV*）进行检查后发现，治疗组男性比非治疗组男性更频繁地做出积极的反应。两组间饮酒模式非常相似，但治疗组男性报告更多与饮酒相关的健康问题。最后，两组之间寻求帮助的行为也有显著差异。总而言之，治疗组的老年酗酒男性显示出更严重的酗酒相关症状行为（*DSM-IV*），更有可能自我描述为嗜酒者或酗酒者。他们更有可能做出寻求帮助的行为，包括使用当地医院的急症室、加入戒酒互助会、寻求朋友、亲戚或医生的帮助，等等。

最后，是否有更有效的方法治疗老年酗酒者？一个潜在的问题是针对老年酗酒者治疗项目（如由老年患者组成的小组进行集体治疗）的有效性。研究结果存在争议，但与其他特殊人群一样，如果可行的话，提供一个特定于老年人的治疗小组可能是明智之举。与老年患者的沟通和与其他群体沟通并没有明显的不同，但研究者需要保持耐心，因为（老年人）节奏可能较慢。非对抗性治疗师建议并鼓励（患者）回忆和进行有关当前问题的讨论。

关于预防的说明：由于我们在描述老年人饮酒问题的前因或病因方面并没有坚实的证据基础，有效的预防方案必须等待更多的病因学知识。尽管研究人员对压力在促进老年人饮酒问题上的作用存在分歧，但对于最近丧偶、新近退休和最近从一个居住地搬到另一个居住地的人来说，制订援助计划是明智的。

另请参阅：药理学。

拓展阅读

Adams WL, Barboriak JJ, and Timm AA (1993) Alcohol-related hospitalizations of elderly people. *Journal of the American Medical Association* 23: 1222.

Beresford TPJ and Gomberg ESL (1995) *Alcohol and Aging*. New York: Oxford University Press.

DesJarlais DC, Joseph H, and Courtwright DT (1985) Old age and addiction: a study of elderly patients in methadone maintenance treatment. In: Gotteil E, Druly KA, Sokolda TE, and Waxmann HM (eds.) *The Combined Problems of Alcoholism, Drug Addiction and Aging*. Springfield, IL: Charles C. Thomas.

Dufour MC, Archer L, and Gordis E (1992) Alcohol and the elderly. *Clinics in Geriatric Medicine* 6: 127.

Gomberg ESL (1982) The young male alcoholic: A pilot study. *Journal of Studies on Alcohol* 43: 683.

Gomberg ESL (1990) Drugs, alcohol and aging. In: Kozlowski LT, Annis HM, Chappell HD (eds.) *Research advances in alcohol and drug problems*, vol. 19, p. 171. New York: Plenum Press.

Gomberg ESL (1995) Older women and alcohol: Use and abuse. In: Galanter M (ed.) *Recent Development in Alcoholism: Volume* 12. *Women and Alcoholism*, p. 81. New York: Plenum Press.

Hartford JT and Samorajski T (eds.) (1984) *Alcoholism in the Elderly: Social and Biomedical Issues*. New York: Raven Press.

Maddox G, Robins LN, and Rosenberg N (eds.) (1984) *Nature and Extent of Alcohol Problems among the Elderly*. (Research Monograph 14, N. I. A. A. A., DHHS Publ. No. (ADM) 84-1321). Washington, DC: US Government Printing Office.

Michigan Department of Public Health (1994) *Substance Abuse Services for Older Adult*. (OA 089/10M/9-94/ NOG). Lansing, MI: Author.

译　者：李　丹（北京大学护理学院）

决策制定和日常问题的处理

F. 布兰卡德-菲尔茨，A. 米纳尔托夫斯基 佐治亚理工学院，亚特兰大，佐治亚州，美国

词汇表

抽象问题的解决（Abstract Problem Solving）——如何找到解决新问题的正确方式以及如何接受新事物。例如，概念的学习、明确任务和寻找任务。

生态效度（Ecological Validity）——指科学研究要和日常生活保持相关性。

情绪化（Emotional Salience）——指个人在情绪上陷入问题情境的程度。

情感中心策略（Emotion-Focused Strategy）——一种通过管理或控制自身情绪反应来处理和应对问题的方式，比如对情境的积极赋义或被动地接受。

人际关系（Interpersonal Involvement）——问题情境中的社会关联程度。

个人相关性（Personal Relevance）——指个人受到问题情境影响的程度。

问题中心策略（Problem-Focused Strategy）——指个体主动地、直接针对问题及其结果的干预行为，例如直接改变情境、寻求信息或建议的支持。

问题解决能力（Problem-Solving Effcacy）——指能够使用有效和恰当的问题解决策略。

引言

经验证据表明，随着年龄的增长，人们在问题解决和决策制定方面的能力表现有所下降。然而，研究人员近来越来越质疑这种评估成年人认知功能的单一理论视角和方法论。与此相应的是，越来越多的研究开始关注于成功应对日常生活问题所必需的知识和技能。与那些认为老年人的问题解决能力下降的研究相对立的是，一些研究发现，人们应对各种日常情境的能力和社会情绪能力在成年期和老年期是一致的。在研究个人如何理解和建构问题情境时，这一观点体现得更加淋漓尽致。换句话说，问题解决能力并不单纯地表现为一个人面对既定问题时提出诸多合理解决方案的能力。它更应该体现为这样一种能力：（1）面对的问题是否与日常生活情境相关；（2）面对的问题是否对个

人有重要意义；（3）个人是如何解释、管理和重构日常情境中的问题；（4）个人能否针对个人目标和生活情境提出合理恰当的对策。

关于日常问题解决的研究方法

对传统问题解决方法的关注

关于抽象问题解决是否存在年龄差异的相关研究表明，相对于老年人来说，大学生和中年人解决问题更加高效。然而，许多类似研究把问题解决能力的概念局限于抽象任务上，即包括概念学习、抽象推理和逻辑推理这类只存在一个理想解决方案的任务。然而，日常生活中发生的问题通常带有情境化或个别化的信息，而这些信息则限制了问题解决者的思想和行为。因此，脱离情境的、抽象的问题解决方式并不是评价成年人能否有效应对各种问题的最佳指标。尽管理解抽象问题的解决对于提升我们关于思维过程随年龄变化这一知识至关重要，然而，能够反映个人真实生活方式的日常认知策略也很有研究价值。对于医务工作者、照护人员和政策制定者等特别关注老年人幸福感和独立生活能力的人们来说，关注人们如何努力面对日复一日的任务的研究非常有价值。

生态效度问题

人们往往认为，人们的逻辑思维和推理能力会随年龄增长而下降，从而导致老年人在日常活动中的功能越来越弱。然而，老年人却认为他们对日常问题的社会性思维和推理能力一直在提高，尽管在其他认知领域确实有所下降。一些研究人员也提出了不同的观点，认为老年人在实验室中表现出抽象问题解决能力的下降，是因为这些技能在老年人生活中很少用到，从而未能有效体现其真实能力。因此，出现了大量用于探索日常问题解决的研究方法，这些方法都有着共同的目标，即识别和评价成年人日常情境中所需的各种问题解决能力。

为了实现这一目标，研究人员借鉴了很多有现实意义的资料，提出了提高问题解决任务的生态效度的方法。首先，就是要改变传统问题任务的概念，以使其更加适合成年人，比如在超市里如何使用数学策略选择最好的商品这类抽象数字性问题的替代性策略。通过提高问题的表面效度，抽象问题解决任务中固有的偏见可能被消除。以往关于问题解决的传统研究中所发现的显著年龄差异在这一框架指导下的研究中已经很少被发现了，但年龄和问题解决能力之间的负相关关系却依然存在。而且，简单地改变这些抽象任务的情境并不能解决哪些标准更适合评价问题解决能力这一问题。人们一直在争论，这些任务仅仅反映了表面性的环境变化，并且依然根植于传统问题解决（和崇尚年轻化）的标准。也就是说，人们依然需要一个简明合理的解决方案以及解决抽象问题的便捷策略。

日常问题解决任务的结构化特点

关于上述方法的一个更新的观点是将日

常问题的解决建构为潜在认知功能的表现。也就是说，设计出一些解决问题的任务，从心理测量的角度去考察人们面对日常生活问题所体现的认知能力（比如理解药品说明书上的信息，使用纳税申报单等）。基于这一理念的问题解决任务往往在以下情况下能够被较好地操作：（1）由实验人员界定问题情境和遵循标准；（2）只需要唯一的正确解决方案。对于这些任务来说，一个重要但常被忽视的方法就是去考察人们在解决结构不合理或不明确任务时的目标和所用策略。结构不合理的问题很难被预测并且在不断变化中，由此导致定义这类问题时面临着不确定性，因而依赖个人自身对问题情境的解释，而不是被动接受他人的操作化概念。除了对问题情境的多种定义之外，结构不合理的问题可能有着多种解决方案，这在很大程度上取决于人们愿意做出的权衡。最后，和传统的受时间限定的问题不一样的是，人们可能需要花费很长一段时间才能知道在日常问题中做出的解决策略（在许多潜在备选策略中）是不是成功的（比如人们可能要花几个月甚至几年的时间才能明白自己是否选择了合适的结婚对象）。

与上述方法一致的是，现有研究表明，跨越整个生命周期的日常问题本质上是人际关系问题，因而体现出明显的社会情感成分。这一发现提醒人们注意在整个成年期中与日常问题解决相关的情绪及其他心理因素的重要性。事实上，研究发现，随着年龄的增长，人们解决问题的目标更加以他人为取向，更关注亲密感和爱。总之，日常生活中的问题具有不合理性、时间性和社会性。在评估问题解决策略的效能时，掌握这三个特点有助于我们认识到情境视角的重要性。

日常问题解决的情境视角

情境视角考虑到了认知需求、社会需求、情感需求、动机和文化需求在人们日常解决问题的过程中发挥的作用，因而它扩大了日常问题解决的范畴。比如说，与问题所处的环境（如社会需求）相关的个人目标会影响人们对问题的处理，所有这些因素共同作用于人们对问题的评价和解释。同时，这还影响到人们在选择特定解决方案时的决策动机。对于一些问题来说（比如传统的结构性较强、单一标准的问题），对情境的考虑会限制人们成功应对问题，因而一些传统的问题解决策略在这种情况下更为适用。然而，对老年人来说，他们日常生活中的问题常常面临着潜在解决策略存在多重标准这一情况。对此，一些研究人员尝试从多种理论视角来说明这一现象。

举例来说，日常生活中选择恰当的问题解决方式需要：（1）考虑到不同视角和不同个人目标下特定问题的解决方法是有差别的；（2）关注个人在解读问题中的角色身份；（3）认识到社会文化背景中的逻辑关系。换句话说，人们需要从情境视角来看待问题，从而能够对不确定性和模棱两可的问题做出更好的判断。从这一认知框架来看，在日常生活中有效解决问题既需要人们灵活适应环境需求的变化，也需要系统思考如何针对既定目标做出持续努力。此外，人们还需要在评价问题解决策略效度上保持开放性态度，这种开放性应体现在人们在具体环境中对需求的分析，以及个人解决问题的目标定位中。

成年人在日常问题解决和决策制定中的发展性差异

策略功效的评价标准

在较为传统的问题解决能力评价模式中，量化评估包括以下几方面：解决策略的数量、解决问题的步骤和回答测验问题的简洁性。在这种模式中，对应对策略效度的评价标准和人们的最佳回答标准都是由研究人员决定的。对此，有学者认为，这类评价标准掩盖了问题解决策略中的质性差异，即没有考虑到每个问题解决者可用资源的差异以及问题解决程序上的差异。

另一套评价问题解决效能的标准则考虑到了个性化视角，即人们对问题解决效能的自我评价。也就是说，人们在给定的问题情境中对效度的自我判断可以作为问题解决效能的评价指标。对此，研究人员也使用了一套评价标准来测定问题解决效能（也就是把个人对问题解决策略的评价与专业人员的评价相对比）。从本质上来看，这种方法提供了在一种特定情境下有效的范式（通过判断评估效度的方法），参与研究的人员提供的解决方案可与这一范式相对比。然而，不管是个人的还是专业认知量表可能都过于宽泛，以至于无法对个人解决方案的不同形式和内容进行细致的解释。这一方法考虑到了个人化的问题情境以及解决方案在形式及内容上的个体差异性。例如，一些评分系统可以针对特定生活领域中出现的问题来评价各类应对策略类型（如问题中心策略、认知再评价策略、情绪调节策略）。与此相反，另一种评分系统则侧重于考察不同的应对思维模式（比如是个人取向还是他人取向的），这对于理解问题情境是很重要的。

问题解决效能的年龄差异

在过去的研究中，用来测定问题解决效能上的年龄差异的方法，就是询问青年人、中年人和老年人面对一个假定的问题会给出什么应对策略（例如，“当你打开冰箱门发现里面不是凉的反而很热时，你会怎么做?”）。有效解决问题的评价标准包括“安全有效”策略的数量以及自我启动的解决方案数量。类似这样的研究结果通常表明，中年人的表现优于青年人和老年人（青年人和老年人之间则没有明显差别）。换句话说，人们的问题解决能力中年时期最高，然后开始下降。基于传统的智力测验所发现的这一变化轨迹，在一些使用心理测量方法考察日常问题解决能力的研究中也同样被发现。

之所以老年人在解决问题和决策制定方面出现能力下降，一些学者认为这是由于生理性原因导致人们在进入成年期后，认知潜能开始下降。的确，这些测试任务中的能力下降和基础性认知任务中出现的与年龄相关的能力下降表现一致。尽管人们在生活中积累的经验可以弥补成年早期阶段的这种认知下降，但是在老年期时，认知能力的下降已经非常明显，甚至影响到日常生活中经常使用的功能。与上述研究不同的是，另一些研究人员则发现，青年人、中年人和老年人在日常问题解决中的能力表现大致相当，在整个生命历程中，这些能力是呈线性发展的。在这些研究中，研究对象针对各种问题情境都做出自己的对策选择（与之前的描述性研究中做出的决策相一致），然后让人们对自己的应对能力进行评价，结果显示，青年、中年和老年人之间在自我应对效能的评估上并无年龄差异。也就是说，不同的研究中所使用的能力判断标准存在差异，因而导致研究结论的不同。

之所以呈现上述研究结论，在一定程度上是因为人们在研究中解决的问题是自身生活中的现实问题，比如说，当研究对象面对自身问题时，不同年龄群体中会发现对自我应对效能的一致性评价。然而，当研究对象面对的是实验人员设置的问题时（虚构的问题），青年人和中年人对自身的应对能力评价要高于其面对自身日常生活相关问题时的应对能力评价。有趣的是，老年人对这两类问题的自我应对能力评价是相似的，这说明老年人认为他们既能成功应对研究中的虚拟问题也能应对真实生活中的问题。

除了上述结论之外，其他研究也发现，当比较各个年龄段成年人的优先策略选择时，会发现人们解决问题的效能在整个生命周期中确实是一直在提高的。为了评估日常环境中的实际问题解决能力，人们制定了一套日常问题解决的量表。该量表涉及成年人可能会遇到的六类问题，包括消费者问题、家庭管理、与家庭成员之间的人际冲突、与朋友发生冲突、与同事发生冲突、处理技术性信息。这一评估量表针对 24 岁到 72 岁的成年人，由专家列举和评估人们在各种情况下的认知反应（这些情况包括问题中心行为、认知性的问题分析、被动依赖行为、逃避和否认思维），以评价其潜在能力。然后，人们使用这一量表对成年人（年龄跨度从 20 岁到 78 岁）进行了研究。对年龄差异的检验发现，问题解决量表（专业性的）的有效成绩随年龄增长而有所提高，而更为传统的问题解决任务表现则在中年期之后开始下降。有意思的是，问题解决量表成绩与认知能力并不相关，而传统问题解决任务表现则与认知能力呈现出相关性。与这些预期相一致的是，研究发现老年人在调整他们的策略选择时比年轻人更有能力满足他们正在面对的问题的需求（如家庭问题、关系问题、消费问题）。例如，研究人员通过考察人们从青春期至老年期的不同问题解决方式后发现，人们对于工具性问题（结果导向的问题）和人际冲突问题存在着不同的应对方式。此外，在消费决策和家庭管理问题上不存在年龄差异，各个年龄人群都倾向于使用问题中心策略。事实上，年轻人常选择聚焦问题或认知分析的方法来应对各种问题，而老年人在面对人际关系问题（如与家庭或朋友的冲突）时则更多选择回避策略或消极被动接受的方法。总体来看，老年人更认同情绪中心策略，而年轻人更青睐问题中心策略。这些结果表明，老年人面对问题的不同方面（工具性问题或人际关系问题）可能会选择各种不同的策略。相反，年轻人则更喜欢直接的、问题中心型应对方式。当各种复杂问题都混合在一起时，这一结论会体现得更加明显。另外，有必要指出的是，尽管研究表明老年人缺少做出复杂认知决策的能力，但他们和年轻人一样认可问题中心策略和认知分析策略（经验证据表明在策略的使用上并无年龄差异且老年人较多地使用这些策略）。尽管随着年龄增长，老年人在有时间限定的认知任务中的表现有所下降，但这并不能说明老年人的日常问题解决能力出现缺损。

总而言之，日常问题解决方式似乎取决于这些问题来自谁的生活世界，即是来自实验人员还是研究对象的生活世界。一个问题的理想解决方案取决于问题解决效能的评判标准（比如，谁在做决定，尝试解决方案并承受后果的人是实验人员还是研究对象）。最后，尽管人们关注的日常问题类型确实会受到年龄的影响，但老年人在解决日常问题特别是社会领域的问题时并不比年轻人差。事实上，老年人在既定的问题背景下，会仔细地思考如何最大程度发挥他们的认知、生理和情绪能力从而达到最理想的结果，而这种较为保守的方式则能够弥补老年人能力的下降。

超越策略功效：对策略行为的考察

为了更好地理解年轻人和老年人在日常问题应对策略上的性质差异，研究人员设计出了一套关于决策制定的测量方法以系统评价问题解决能力。这些测量方法包括一系列的任务，即让年轻人和老年人在看完一个信息表格（由一些要点和选项组成的信息表格）之后做出决策（比如选择一辆新车、一座公寓、一位政治领袖或者一项健康保险政策）。然后，通过测量人们阅读一条给定信息的次数、浏览每一个单元格信息的时间、阅读信息的顺序（比如，浏览关于一辆汽车性能的若干信息或者根据某种性能如节能性来比较几种汽车）来评价人们的信息处理策略。据此，研究人员就能了解人们是如何做出决策的。测量发现，年轻人和老年人在得到汽车信息后，都需要同样多的时间来选择汽车。年轻人会细致全面地了解一辆汽车的信息，然后再去看第二辆汽车。相反，老年人会先分析信息以缩小选择范围。他们首先会确定对他们来说最重要的汽车性能，然后根据这一性能来比较各种汽车，最后选择出最能满足其需求的汽车。

年轻人和老年人在信息搜索策略上的这种差异通常被归因为老年人的认知资源较为有限。许多研究者都认为，由于记忆力会随年龄增长而下降，因而老年人必须最大程度地减少同时存储和加工的信息数量。然而，如果面对的任务环境与年轻人不同，那么老年人的决策行为也可能是意料之中的。比如，老年人可能有着购买汽车的丰富经验从而能根据自身明确的喜好来做出决定。个人偏好或选择规则（即启发式决策）可以让老年人不必掌握表格中的所有信息就可以选择汽车。

当人们没有完全使用信息时，尽管可能会不经意地遗漏掉重要信息，但是如果人们在主观上认为结果令人满意的话，这种信息使用的不完全也可以带来积极的结果。换句话说，一个人日常决策的效度取决于他是在什么情况下做出决策的。举例来说，研究表明老年人在经济问题上的决策表现与年轻人一样，甚至要比年轻人的表现还好。当人们面对各种消费折扣方案的选择时，老年人比年轻人更有可能选择到最适合他们预期消费计划的方案。通过个人对偏好的定义，启发式决策有助于实现老年人的个人化目标。研究人员考察了人们面对与决策相关的选项时如何权衡利弊，结果发现，这些决策选项与个人的相关度影响着人们使用启发式决策的可能性。而且，当决策对个人来说很重要的时候，会引起强烈的情绪。这些情绪促使人们进行谨慎的思考，如果情绪没有得到解决，就会进一步延长选择的过程，以避免做出后悔的选择。有趣的是，和一个年龄组特别相关的决策可能与其他年龄组并不相关。情绪发展理论［例如卡斯滕森（Carstense）的社会情绪选择理论］表明，人们所重视的东西在整个生命历程中都在发生改变，也就是随着年龄的增长，人们更加看重情感，同时尽量减少情绪上的挫折。

基于上述理论，年轻人和老年人对同样的决策可能有着不同的价值判断。例如，当人们在选择租赁公寓时，老年人可能比年轻人更加看重这个公寓距离其家庭成员的住所有多远。同样，当面对一个伴随负面情绪的艰难决定时，老年人比年轻人更有可能推迟决策从而避免做出错误决策而后悔。比如，一个即将退休的老人可能会延迟关于补充性保险的决策，因为他们担心新保险策略会不利于他们现有的方案。一方面，维持现状能够带来情绪上的收益，因为人们为此投入的认知资源最小；而另一方面，延迟决策又可能会导致不太理想的保险策略。现有研究支持了这样的观点，即老年人在决策制定中的情绪状况会影响他们在获取信息上的投入程度。比如，研究发现老年人在记住要选择的选项时会比放弃选项时表现得更加积极。未来的研究将进一步揭示促使人们更加关注决策情绪方面的有利条件和不利条件各是什么。

日常问题解决的年龄差异的影响因素

之前曾经指出，由于不同年龄的人在对问题环境的评价上存在差异，因而在日常问题的界定上也存在着年龄差异。因此，研究人员希望进一步明确影响日常问题解决的年龄差异的因素都有哪些。这些因素包括对问题的评价、人际关系、问题与个人的相关程度、情绪化程度。

对问题的评价

人们对问题和决策环境的潜在解释上的年龄差异往往体现为日常问题解决策略上的差异。事实上，有效的问题解决取决于对事实的真实评价。此外，有必要研究年轻人和老年人在问题评价上的差异，从而更好地理解这种年龄差异的策略使用和潜在适用性。

举例来说，一项研究发现年轻人和老年人对问题的评价受到问题类型和问题与日常生活相关性的影响（比如，看医生和办晚宴这两个事件）。一方面，老年人把看医生视为外部社会性问题（也就是与社会环境而不是与个人相关的问题）。另一方面，老年人把晚宴视为个人内部问题（也就是与个人决策相关的问题）。而年轻人则把这两个问题都看作个人内部问题（他们把问题都归结于个人的情绪）。此外，年轻人和老年人面对问题的理解方式也影响了他们之后的策略选择。一些研究人员提出，成熟的思维包括对问题的重新定义，以及接受固有的不确定性并解决它们。同样，另一些研究人员指出，人们对问题的理解方式在整个成年期中表现为不断提升的自我意识，以及在人际关系任务中的多视角能力。研究发现，在人们理解现实和处理问题的方式上存在诸多发展性变化，即随年龄增长而发生的变化（比如，自我认知、对事件的认知性表达、认知评价等方面的变化）。然而，还需要有更多的研究去探索问题评价方式的这些变化与问题解决策略选择之间的关系。

人际关系

致力于日常认知研究的人员发现，老年人由于更加关注问题的人际关系方面，因而在日常问题的理解方式上与年轻人不同。一些研究表明，在成年早期，人际关系目标会出现并且会变得和能力目标一样重要。从中年期到老年期，人们会越来越倾向于报告他们在更加社会性的领域中面临的问题。这些问题广泛地分布在各个领域（而不是主要与学业和事业有关）。此外，跨越不同年龄组的人群在面对人际关系问题（如家庭和恋爱关系）时更倾向于使用调整型策略及其他策略。

与上述研究发现一致的是，另一项关于成年人如何解决人际关系问题的研究也显示出了相似结论。在非恋爱关系中，各年龄段的人都认可问题中心策略并关注改善冲突各方面临的问题环境。而对于恋爱关系来说，老年人比青年人和中年人更有可能首先调整自己的情感（如隐藏个人的真实感受）。相反，青年人和中年人则更有可能首先采取积极的问题中心策略（如直接与欺骗自己的配偶进行面对面沟通或打包行李搬到母亲家）。尽管不同年龄的人在面对人际关系问题时使用的策略不同，但每个年龄群体的首选策略可能都同样有效。需要认识到的是，当面对一个标准化的假定问题（基于经验的）时，年轻人和老年人可能对问题情境有着不同的理解。比如，尽管所有年龄段的人都会对配偶的不忠感到愤怒，但老年人可能比年轻人更懂得调整情绪，因为他们已经为这段关系投入了大量资源。通过以上研究可以发现，年轻人和老年人在人际关系问题的处理上有所不同。正如后面所要讨论的，人际关系问题中的情感性是导致年龄差异的重要因素。

个人相关性

除了受到日常问题的情感方面的影响之外，日常问题情境中的策略选择也取决于人们对问题重要性和问题与自身相关性的认识。在对个人相关性概念的界定上，是以年龄相关性（即与研究对象的年龄组相关的问题）来界定还是以个人化问题（即人们对被要求讨论的自身问题所做的描述）来界定，可能会影响到在研究中能否发现人们在问题解决效能上的年龄差异。尽管这些研究有着不同的结论，但老年人似乎更容易受到个人相关性的影响。首先，许多研究发现，老年人在那些与个人相关程度较高的任务中表现得要比假定性任务更好。换句话说，青年人和中年人在假定性任务中的表现比老年人更好，而在个人化问题上并没有发现年龄差异。此外，与年轻人相比，老年人认为他们对自我问题的解决和对研究人员设计的问题（即假定性问题）的解决同样有效。就像之前提到的，老年人之所以认为自身的应对有效，是因为他们在用人生经验来应对问题情境，而这些经验和策略在过去曾经成功地帮助他们解决问题。

当不同年龄的人们面对年龄相关性问题时，青年人和中年人在与自身年龄相符的问题上表现得最好，而老年人在各个年龄群体的相关问题上的表现并无差异。一些研究者认为，阅历和熟练程度能够弥补老年人在日常问题解决上的不足。另一些研究者认为，老年人通过有步骤的方式（比如依据过去的成功策略）从而以最少的付出来有效解决问题，以此弥补他们的年龄缺陷。但是，人生阅历是一个很难测量的概念。人生阅历和启发式决策方式在日常认知活动中究竟发挥着什么样的作用，这一问题还有待进一步研究。在这一点上可以认为，熟练程度以及问题与个人的相关性能够缩小日常问题解决中的年龄差异。换句话说，任何年龄的人们都喜欢以自己熟悉的方式来应对熟悉的问题。

情绪化

前面曾提到，日常问题的可识别特征之一就是日常问题情境中充满着人际关系。此外，关于问题解决策略的年龄差异的相关研究得出了一个普遍性结论，那就是在涵盖情绪性和社会心理因素的人际关系情境中，策略优先顺序会发生明显的变化。在最近关于问题解决的研究中，人们考察了情绪因素在个人解读问题（特别是在人际关系情境中）和采取应对策略中扮演的重要作用。例如，随着年龄的增长，人们在令人苦恼的问题上会采用更为成熟的社会思维（比如更加相对性的思考方式）；那些情绪比较紧张的年长者表现出更加保守的思维方式；自我认知水平较高的人往往在情感经历上体现出较高的情绪稳定性和开放性，他们在问题解决和应对上也表现得更加成熟；老年人在情绪化较明显的问题情境中会比较复杂地思考因果关系；情绪化对于不同年龄人们应对压力的差异有着显著影响。

一项研究发现，问题的情绪化程度（由低到高）是影响人们采用何种问题解决策略的重要因素。在低情绪化和高情绪化情境下，人们在工具性策略和主动性策略的使用上没有年龄差异。然而，在高情绪化情境中，老年人比青年人和中年人更认可被动依赖性和回避性策略。这些研究发现证实了一个假设，即老年人对问题的反应取决于问题的性质。像其他年龄段的人一样，老年人在工具性问题和与情绪无太多关系的问题情境中会更多地使用问题中心策略（比如退回有缺陷的商品）。当面对情绪化较强的任务时（比如搬到一个新城镇或者照料父母），老年人则更多地使用情绪调节策略（如压抑情感，而不是试图改变无法控制的情况）。

同样，一些研究表明，老年人通常比年轻人更多地使用情感中心策略。例如，老年人更少地表现出消极情绪，他们在面对消极情绪时会较好地使用认知应对技巧。当老年人认为环境不可控时，他们会较年轻人更多地使用情感中心策略。最后，人们提出了一个与情绪调节相关的跨越生命历程的发展性视角。因为人们发现，在生命历程的后半期，人们对问题相关信息的情感方面更加关注。而且，老年人更加关注人际关系中的情感能力。与此相反，年轻人并不太关注信息的情感方面，而是在人际关系中更注重搜索信息和寻找刺激物的能力。

最近的研究也证实了上述假设，即人们对情绪调节策略的使用在整个生命历程中不断地变化。当青年人、中年人和老年人被要求描述他们使用什么样的策略去解决与家人一起经历的自我问题时，中年人和老年人更有可能会选择情绪调节策略。有趣的是，中年人使用了更加积极的情绪调节方式，而老年人则使用的是较为消极的情绪控制策略。这些结论表明，当老年人遇到与他人有关的情感问题时会更加注重自我的情绪调节。如果想达到最积极的结果，老年人可能会选择使用被动的情绪调节方法以维持家庭成员之间的亲密关系和感情。另有研究发现，老年人在面对与朋友之间的情感问题时往往较少地表达生气的感受，这些发现也进一步支持了上述假设。与传统观点认为老年人的推理能力会下降形成鲜明对比的是，老年人在人际交往中使用的“情感导向”的目标和策略，表现得要比人们想象中的更加复杂、灵活和成熟。人们在整个成年期当中情绪评价和情绪调节发生种种变化的相关经验证据表明，还需要进一步研究在特定情绪环境中如何解决问题。

结论和启示

总而言之，传统的问题解决评价方式相对抽象、生态效度较低、更偏重心理学传统，据此会得出问题解决和决策制定能力会随着年龄增长而降低的结论。例如，当使用信息处理或智力能力这样的测量指标时，就会发现这样的年龄差异。然而，如果针对一些情绪化较高、不确定性较强和生态效度较高的任务时，就会发现一些发展性的差异（而不是年龄差异），这些差异与人们如何看待自身解决问题的能力和解读日常问题的方式有关。

因此，为了更加全面地理解问题解决的发展性差异，需要两种研究视角。我们必须能够区分两个问题：（1）什么情况下是因为真正的年龄缺陷或老年人本身的问题导致的年龄差异；（2）什么情况下是因为问题解决策略的歧视性和刻板性选择而导致的年龄差异。这种发展性差异是可以同时存在的，因为一方面我们发现随着年龄增长，人们在抽象性测量和心理学测量中体现的能力有所下降；而另一方面也发现，人们对待问题评价和解决真实问题的方法越来越复杂。这两种变化形式是可以同时存在且能够互补的。

另请参阅：消费者行为；信息处理与认知。

拓展阅读

Allaire JC and Marsiske M (2002) Well-and ill-defined measures of everyday cognition: relationship to older adults' intellectual ability and functional status. *Psychology and Aging* 17: 101–115.

Berg CA and Meegan SP (1999) Age and experiential differences in strategy generation and information requests for solving everyday problems. *International Journal of Behavioral Development* 23: 615–639.

Berg CA, Strough J, Calderone KS, Sansone C, and Weir C (1998) The role of problem definitions in understanding age and context effects on strategies for solving everyday problems. *Psychology and Aging* 13: 29–44.

Blanchard-Fields F, Jahnke HC, and Camp C (1995) Age differences in problem-solving style: the role of emotional salience. *Psychology and Aging* 10: 173–180.

Blanchard-Fields F, Chen Y, and Norris L (1997) Everyday problem solving across the adult life span: influence of domain specificity and cognitive appraisal. *Psychology and Aging* 12: 684–693.

Blanchard-Fields F, Stein R, and Watson TL (2004) Age differences in emotion-regulation strategies in handling everyday problems. *Journal of Gerontology: Psychological Sciences* 59B: P261–P269.

Carstensen LL, Isaacowitz DM, and Charles ST (1999) Taking time seriously: a theory of socioemotional selectivity. *American Psychologist* 54: 165–181.

Cornelius SW (1990) Aging and everyday cognitive abilities. In: Hess TM (ed.) *Aging and Cognition: Knowledge Organization and Utilization*, pp. 411–460. Amsterdam, The Netherlands: Elsevier.

Denney NW (1990) Adult age differences in traditional and practical problem solving. In: Lovelace E (ed.) *Aging and Cognition: Mental Processes, Self Awareness, and Interventions*, pp. 329–349. Amsterdam, The Netherlands: Elsevier.

Dixon R (1992) Contextual approaches to adult intellectual development. In: Sternberg RJ and Berg CA (eds.) *Intellectual Development*, pp. 350–380. New York: Cambridge University Press.

Finucane ML, Mertz CK, Slovic P, and Scholze Schmidt E (2005) Task complexity and older adults' 358 Decision Making and Everyday Problem Solving decision-making competence. *Psychology and Aging* 20: 71–84.

Luce MF (1998) Choosing to avoid: coping with negatively emotion-laden consumer decisions. *Journal of Consumer Research* 24: 409–433.

Mather M and Johnson MK (2000) Choice-supportive source monitoring: do our decisions seem better to us as we age? *Psychology and Aging* 15: 596–606.

Mather M, Knight M, and McCaffrey M (2005) The allure of the alignable: younger and older adults' false memories of choice features. *Journal of Experimental Psychology: General* 134: 38–51.

Perlmutter M, Kaplan M, and Nyquist L (1990) Development of adaptive competence in adulthood. *Human Development* 33: 185–197.

Poon LW, Rubin DC, and Wilson BA (eds.) (1990) *Everyday Cognition in Adulthood and Later Life*. New York: Cambridge University Press.

Sansone C and Berg C (1993) Adapting to the environment across the life span: different process or different inputs? *International Journal of Behavioral Development* 16: 215–241.

Tentori K, Osherson D, Hasher L, and May C (2001) Wisdom and aging: irrational preferences in college students but not older adults. *Cognition* 81: B87–B96.

Watson TL and Blanchard-Fields F (1998) Thinking with your head and your heart: age differences in everyday problem-solving strategy preferences. *Aging, Neuropsychology, and Cognition* 5: 225–240.

译　者：袁小波（天津师范大学）
校译者：曹　杨（四川大学）

渴感与水化

M-M. G. 威尔逊　圣路易斯大学健康科学中心，圣路易斯，密苏里州，美国

词汇表

嗅觉丧失（Anosmia）——没有嗅觉。

脱水（Dehydration）——机体水分丢失过多，通常是由于液体摄入和排出之间的负平衡造成的。

致渴的（Dipsogenic）——难熬的口渴。

味觉障碍（Dysgeusia）——味觉失真。

稳态（Homeostasis）——保持内环境的稳定或一致性的趋势。

无渴感（Hypodipsia）——生理因素导致饮水渴望延迟。

渗透压感受器（Osmoreceptor）——中枢神经系统对血浆渗透压的变化做出反应的感受器。

渴感（Thirst）——一种强烈的、不适的渴望或者迫切想喝液体。

引言

弗朗茨·格里帕泽（Franz Grillparzer）是19世纪奥地利的一位古典剧作家和抒情诗人，在他的一篇著作中抓住了与年龄相关无渴感的本质："饮水并感谢主人！当你拥有它时，它看起来不重要；当你需要它时，它便很重要。"

渴感被认为是一种不舒适的感觉，它促进饮水行为的发生，以补充液体消耗。人体内，对渴感的感知会受到生理稳态调节机制和在各种情况下，影响触发饮水行为的因素之间复杂的相互作用。在应激条件下，生理性渴感机制最终负责维持液体平衡。然而，健康的成年人在非应激条件下，渴感和随后的体液消耗主要由非调节性的和行为因素调节。因此，渴感的调控因素可以分为稳态或非稳态两大类（见表1）。

渴感和稳态

渗透压下降和血容量不足是影响渴感的两大病理生理机制。特殊的渗透压感受器细胞作为张力传感器发挥作用，回应血浆渗透压的变化。尽管这些渗透压感受器准确的神

表1　老年人渴感调控：稳态和非稳态的因素

稳态	
	血浆高渗透性
	低血容量
	血浆肾素活性
	外周和中枢加压素水平
	口咽计量
非稳态	
	液体的品质
	饮用适口性
	液体偏好
	可及性
	社会文化影响
	生活习惯
	社会隔离
	功能状态
	相关合并症

经解剖位置尚不清楚，但动物研究表明它们可能位于下丘脑、血管器和穹隆下器官内。传入神经元将这些渗透感受器发出的神经信号经孤束核传导。后神经元包含位于主动脉弓、颈动脉窦和左心房内的周围压力感受器产生的神经纤维。随后，来自孤束核的神经纤维聚集在超视神经和室旁核上，其中轴突从中间隆突到达后垂体，从而调节加压素释放。另外，来自孤束核的其他神经纤维也会聚在下丘脑的外侧前视区域，负责激发渴感及饮水行为。因此，血浆高渗性、低血压和容量消耗，在较低程度上增加加压素释放并引起体内的致渴反应。

体液平衡的维持也可以通过调节肾素—血管紧张素系统调节。血管内容量的消耗增加血浆肾素水平，从而提高血管紧张素和醛固酮水平。随后，肾素和血管紧张素Ⅰ和Ⅱ发挥强烈的致渴效应，鼓励饮水。除了激发渴感外，静脉补充血管紧张素Ⅱ还会促进加压素的释放。现有的证据还表明存在独立的中枢肾素—血管紧张素轴发挥中枢调节作用，调节渴感和加压素的释放。

渴感调节机制是对大量研究的一种补充，被描述为口咽测量，所知者甚少。有证据表明，吞咽动作是对致渴刺激因素的反应，通过一种概念性通路传入肢体，调节摄入液体量。虽然确切的病理生理学尚不清楚，但这种通路被认为是通过饮水快速恢复渴感，甚至在恢复血清和正常张力之前。此外，这种调节机制也可能参与在饮水间加压素分泌的抑制调节。口咽反射的目的很可能是阻止摄入过度水分。

饮水是一种自主的、高度协调的功能，由多条复杂的神经通路参与调节。然而，负责皮质控制饮酒和唾液腺发育的神经通路仍然定义不明确。这可能是由于心理、行为因素的混杂作用影响了饮水习惯。

饮酒是一种自愿和高度协调的功能，表明多种复杂神经通路的参与。然而，负责控制饮水和渴感的皮质神经通路仍然定义不明确。这可能是由于多种社会心理因素和行为因素对饮酒习惯的混淆影响。

渴感与老化：稳态调节

老年人在水分丢失后更容易发生高渗性脱水。老年人脱水危险增加的原因包括老化引起的体内水分减少和年龄相关的肾小管浓缩能力受损。因此，渴感对老年人体液平衡影响的重要性也增加了。

与年龄相关的腹泻也得到了广泛的认可。经过一段时间体液消耗后，老年人补偿原发性液体的进展会更慢一些。然而，现有证据表明体液丢失最终都会被完全替代。人体高渗盐水输注研究所获得的实验数据表明，相比年轻人，老年人渴感的发生率更低，液体摄入量也更少。这些发现支持年龄相关的渗透压感受器敏感性钝化理论。老年人输注高渗盐水导致血管升压素释放增加，表明中枢加压素神经受体的敏感性与年龄有关。因此，由于循环升压素水平的改变，年龄相关衰减的渴感反应更有可能是合理的。事实上，老年人昼夜节律的丧失导致血管升压素分泌出现夜间峰值。然而，研究已经发现了针对血管升压素的基线水平和昼夜水平相互矛盾的结论。

几种其他激素也被用于解释与年龄相关性无渴感的病因。静脉输注心房利尿钠肽的药理学水平已被证明，可以抑制渗透诱导渴感的产生和血管升压素的分泌。同样地，相对较高水平的去甲肾上腺素（norepinephrine，NE）水平与已知 NE 的抗渴作用的数据也表明了 NE 可能在年龄相关性无渴感的发生中起作用。

阿片类药物敏感性的改变也可能是年龄相关生理性无渴感的原因。现已证明年轻受试者体液丢失一整晚后，接受纳洛酮药物会抑制其摄取液体。然而，纳洛酮的抗渴效用在老年人中不太明显，它提高了老化对阿片受体敏感性降低的可能性。

动物研究的有效数据也表明老化导致血浆渗透压对热脱水的反应减弱。其他的证据也支持年龄相关性盐味觉降低以回应体液调节挑战。一项动物研究比较了年轻大鼠和老年大鼠服用掺杂卡托普利饮用水的反应，结果表明当用盐水饮用溶液代替饮用水时，年轻大鼠每日摄取 0.3M 氯化钠的量显著增加；在没有盐水饮用溶液替代的情况下，年轻大鼠只是增加每日饮水量；当提供盐水饮用溶液和饮用水时，老年大鼠不能表现出类似的差异反应。

口咽计量的年龄相关变化尚未明确。吞咽困难是由食管动力障碍引起的，是老年食管最常见的并发症。然而，这种情况对调节体液稳态的口咽计量的影响仍需探索。同样，其他年龄相关的口咽反应也不明确。传统上，味觉和触觉感觉被认为是由口腔和舌头表面感知的主要方式。然而，口腔内的湿度也可以被感知到。年龄相关性味觉障碍的患者也可能对口腔黏膜干燥表现出减弱的反应。在这方面需要进一步研究。

渴感与老化：非稳态调节

大部分渴感相关的研究都集中在对体液丢失和血浆张力改变之间的自我平衡反应，

这可能是因为年轻健康成年人的体液平衡仅在内环境稳态的调节显著被破坏时才受到威胁。相比之下，老年人不仅受到内环境稳态生理衰减的影响，而且还面临退化的非稳态致渴因素的威胁。现有证据表明，约15%的65岁以上的成年人和25%的85岁以上成年人因各种不适当的态度因素而导致摄入液体量不足。限制液体摄入量的最突出原因是缺乏口渴感和限制液体摄入以缓解尿失禁或夜尿。

非稳态调节因素的意义在自由流体摄入的研究中得到突出显示，这表明在自由生活的健康个体中，不考虑年龄因素，液体摄入的生理调节很少发挥作用。当存在可用液体时，数据表明在年轻人和老年人中，在血容量不足或高渗脱水发生前，口渴的感觉会促使液体的摄入。因口渴引起的事件无疑是复杂难懂的。多种非稳态致渴因素包括诸如外、气氛、液体偏好和适口性等享乐性因素。因此，年龄相关性感觉障碍如味觉障碍、嗅觉丧失和视力受损可能会显著降低液体享乐质量。心理影响、社会文化期望、健康意识和生活习惯也会影响体液消耗的类型和量。最重要的是，数据表明食物摄入量与液体摄入量呈正相关，年龄因素和病理性厌食症是威胁老年人液体平衡的附加因素。社会隔离感增加和功能状态受损也可能进一步限制液体摄入量。急性疾病和慢性疾病对老年人体液平衡有着显著的、可逆的影响。影响体液平衡的其他因素还有药物使用和多重用药。

老年人脱水：临床回顾

老年人脱水的发生率非常高，美国每年有超过一百万名老年人因为脱水进入急性护理机构。每年65岁以上老年人的脱水医疗费用支出超过12亿美元。脱水会出现无数种并发症，包括谵妄、跌倒和失禁（见表2）。脱水相关死亡率达到50%。多种临床因素预示老年人出现脱水。尽管对临床原因、诊断、脱水治疗的详尽综述超出了本文的范围，但有必要指出，脱水的大多数原因是可以避免的，并且是可逆的。然而，及时临床检测有赖于对老年患者脱水风险意识的提高。临床脱水诊断因传统脱水临床指标的低预测价值受阻。受损皮肤膨胀和缺乏腋窝出汗与老年人脱水相关较差。类似地，干燥的口腔黏膜是老年人脱水的不敏感表现，一些药物不良反应和张口呼吸也可能产生相同的变化。此外，现有数据显示老年人直立性低血压并不反映脱水严重程度，因为药物、年龄相关性改变、长时间卧床休息也可能引起自主神经功能障碍而出现直立性低血压。到目前为止，选定的脱水实验室指标，即血浆渗透压>300m Osm/（kg·H_2O），血尿素氮（BUN）>20 mg/dL，尿素氮肌酐比值>20，是最可靠的脱水指标。

最终，预防脱水是阻止这种潜在致命，但易于治疗的最具成本效益的方法。美国老年人的膳食指南建议每天至少摄入2升液体。然而，尚无充分证据支持这个任意制定的数字。现有的循证数据支持每天至少摄入1.5升液体。目前，规律摄入超过1.5升液

表 2 老年人中的脱水并发症

心肺系统	
	衰竭
	运动耐量降低
	低血压
胃肠道	
	便秘
	味觉障碍
	厌食症
	口腔溃疡
	体重减轻
神经肌肉系统	
	谵妄
	认知障碍
	血栓性脑血管病
	跌倒
皮肤	
	压疮
	复发性皮肤感染
肾脏	
	高钠血症
	肾结石
	尿失禁
	排尿困难
	肾衰竭
	增加尿路上皮性恶性肿瘤的风险

体是否会导致稀释性低钠血症和其他水分摄入过度的不良后果尚不清楚。脱水治疗要注意恢复正常血浆张力和纠正体液缺乏。不能口服摄取液体的老年人可能需要肠胃外补充液体。静脉补液也是传统方法。然而，卫生专业人员应该意识到多种替代方法（如经皮胃造瘘术）的效用，可能对于同时患有厌食症或吞咽困难的老年人是优选方法。皮下液体输注是一种方便、简单、相对安全和经济有效的方法，对于亚急性或长期护理的老年患者尤其有效。

有效管理老年人脱水要求细心关注预先存在的无渴感的病理生理应激源。最终，理想的治疗目标是为所有健康或疾病的老年人开发个性化的液体维持和水合干预策略。

另请参阅：痴呆；内分泌功能和功能障碍；稳态、体内动态平衡与老化；神经递质和神经营养因子；肾和尿路功能。

拓展阅读

Dasgupta M, Binns M, and Rochon P (2000) Subcutaneous fluid infusion in a long term care setting. *Journal of the American Geriatric Society* 48: 795–799.

Horani MH and Morley JE (1998) Pathophysiology of hypodipsia. In: Vellas B, Albarade JL, and Garry PJ (eds.) *Hydration and Aging*, pp. 119–132. New York: Springer.

Kenney WL and Chiu P (2001) Influence of age on thirst and fluid intake. *Medicine and Science in Sports and Exercise* 33 (9): 1524–1532.

Lindemann RD, Romero L, Liang HC, Baumbartner RN, Koehler KM, and Garry PJ (2000) Do elderly persons need to be encouraged to drink more fluids? *Journals of*

Gerontology Series A: *Biological Sciences and Medical Sciences* 55A: M349–M352.

Morley JE (2000) Water, water everywhere and not a drop to drink. *Journals of Gerontology Series A*: *Biological Sciences and Medical Sciences* 55A: M359–M360.

Ritz P and Investigators of the Source Study (2001) Chronic cellular dehydration in the aged patient. *Journals of Gerontology Series A*: *Biological Sciences and Medical Sciences* 56A: M361–M365.

Stachenfield NS, DiPietro L, Nadel E, and Mack GW (1997) Mechanism of attenuated thirst in aging: role of central volume receptors. *American Journal of Physiology* 272: R148–R157.

Thunhorst RL and Johnson AK (2003) Thirst and salt appetite responses in young and old Brown Norway rats. *American Journal of Physiology – Regulatory Integrative and Comparative Physiology* 284 (2): R317–R327.

Volkert D, Kreuel K, and Stehle P (2004) "Nutrition beyond 65" –Amount of usual drinking fluid and motivation to drink are interrelated in community-living, independent elderly people. *Zeitschrift fur Gerontologie und Geriatrie* 37 (6): 436–443.

Wakefield B, Mentes J, Diggelmann LK, and Culp K (2002) Monitoring hydration status in elderly veterans. *Western Journal of Nursing Research* 24 (2): 132–142.

Whyte DG, Thunhorst RL, and Johnson AK (2004) Reduced thirst in old, thermally dehydrated rats. *Physiology and Behavior* 81 (4): 569–576.

Wilson MG (1998) The management of dehydration in the nursing home. In: Vellas B, Albarade JL, and Garry PJ (eds.) *Hydration and Aging*, pp. 181–200. New York: Springer.

译　者：王　翠（北京大学护理学院）

口腔健康

J. R. 德拉蒙德，R. G. 查德威克，A. D. 吉尔伯特，C. J. 汉森，B. J. 斯科特 邓迪大学，邓迪，英国

词汇表

磨损（Abrasion）——牙齿与食物或其他牙齿以外的物体接触导致的物理磨损。

磨耗（Attrition）——牙齿之间反复接触导致牙体组织在接触面的损失。

龋齿（Caries）——菌斑长期作用导致的慢性进行性疾病。菌斑中的微生物对食品和饮料中的碳水化合物发酵产酸导致牙齿脱矿。

义齿（Denture）——可摘除的修复体。

酸蚀（Erosion）——牙釉质和牙本质受到的外来的化学性物质的侵蚀，这种作用并非来源于口腔内细菌代谢产物。

牙周病（Periodontal Disease）——牙齿支持组织的一种慢性进行性炎性疾病，牙菌斑会导致牙龈炎或牙周炎。

引言

具有良好功能的口腔是享受老年生活必不可少的重要条件。口腔组织随着年龄的增长会产生一系列的变化。尽管大部分口腔疾病是可以预防的，但是它在老年人中仍然很常见。虽然可以对缺失的牙齿进行修复，但随着患者的期望增加，对技术的要求越来越高。口腔软组织疾病常常发生，口腔癌是一个主要的问题。

毫无疑问，在过去的 20 年，人们对老年人口腔健康的关注程度越来越高。这是因为老年人数量和比例的增加，也是因为疾病模式的改变、患者期望的增加，以及牙科技术的进步。一些老年患者牙齿功能很完善，在一定程度上可以被视为普通的患者，尤其是当他们在生物学上依然年轻的时候。然而，许多老年患者有广泛的口腔疾病，其治疗因口腔年龄变化和全身性疾病而变得复杂。老年口腔患者也可能患有认知障碍，进而影响口腔治疗。在某些情况下，老年患者可由亲属或其他照顾者陪同，帮助说明疾病进展及选择治疗方案。

全口无牙（牙列缺失）在世界范围内的老年患者中很常见（见表 1）。牙列缺失不仅受口腔疾病的模式和患病率的影响，还

受社会经济因素的影响。过去几十年来在经济发达的国家，牙列缺失的比例急剧下降。众所周知，佩戴义齿越来越不被社会所接受，人们不再将佩戴义齿视为变老不可避免的结果。许多病变与佩戴义齿有关，这些将在本章后面讨论。

牙周病是牙齿支持组织的一种慢性进行性炎性疾病。它是由存在的菌斑引发的，在易感患者中，菌斑可导致牙龈炎和牙周炎的发生。重度牙周炎可导致支撑牙齿的牙槽骨明显丧失，在某些情况下可能最终会导致牙齿脱落。老年患者中晚期牙周病的患病率从5%~70%不等。其危险因素和治疗方式将在下文讨论。

龋齿是世界上最常见的疾病，并带来巨大的经济负担。它是一种与糖有关的疾病，在发展中国家没有那么普遍，因为他们很少摄入精制食品。老年患者中龋齿的发病率差异很大，这与饮食、社会经济状况及供水氟化密切相关，其中供水氟化是最重要的因素。根面龋是一种特殊类型的龋齿，常发生于老年患者的牙龈边缘处，与老年人常见的牙龈萎缩有关。人们认为引起这种病变的细菌与引起其他牙齿表面龋齿的细菌是不同的。

表 1　某些国家的老年人牙列缺失的患病率

国家	患病率 /%
英国	46
意大利	19
波兰	25
丹麦	27
澳大利亚	15
加拿大	58
美国	26
印度	19
泰国	16
中国	11
马来西亚	57

引自：World Health Organization.

大多数牙科疾病是可以预防的，而减少疾病风险的策略应被广泛应用。

人们推测口腔感染对心血管疾病有一定的影响。特别是牙周疾病，它被认为是冠心病、脑血管病和糖尿病等疾病发展的一个危险因素。需谨慎对待这些研究结果，尽管已经提出了一个相关的发病机制，但是这个因果关系仍有待证实。这涉及易感人群体内存在的高炎性单核细胞，其对口腔细菌的变化做出相应的反应并在局部破坏牙周组织，而且使得体内远端的组织发生上述疾病相关的病理学改变。

口腔老化

口腔的正常功能涉及许多不同系统之间复杂的相互作用。为了咀嚼、品尝、语言表达和吞咽，口腔的所有组成部分都必须有效地工作。面部美学在很大程度上取决于一个健康的牙列及其支撑结构。随着年龄的增长，许多口腔的组成部分也发生着相应的变化。有些变化是由疾病造成的而非衰老，但通常难以区分。牙齿在老年人身体中发生了许多重要的变化。但是，大多数变化与物理—化学过程有关，并不是真正的增龄性改变。牙釉质在矿物质含量方面发生了变化，随着年龄的增长，氟化物和氮含量也相应增加。然而，在牙齿磨损或龋齿存在的情况下，这一过程是会被改变的。临床上重要的一个改变就是髓腔逐渐减小，其次是继发性牙本质逐渐增加。牙本质的另一变化是牙本质小管逐渐闭塞导致牙本质硬化。随着年龄的增长，覆盖牙根的牙骨质也逐渐增加。综上所述，这些变化被应用于法医牙科学来确定身份不明的个体的年龄。口腔黏膜的厚度随着年龄增长而减少，舌黏膜从 20～80 岁减少了大约三分之一。口腔黏膜变薄（见图 1，见下页）导致其下方的结构变得更加突出；口腔黏膜下方的血管组织和皮脂腺更是如此。舌下静脉曲张普遍存在于 70 岁以上的人群中，但在临床上并不被重视。一般来说，口腔黏膜的显微外观随着年龄的增长表现出结构的简化，并且钉突、嵴发育欠佳。口腔黏膜的增龄变化使其更容易受到烟草和酒精等有害物质的影响，并导致随年龄增长而增加的口腔癌和癌前病变。在口腔中常常很难区分疾病和年龄的影响。人们都知道多种维生素的缺乏会影响口腔黏膜，这在老年人群中更为常见。在医学文献甚至牙科文献中经常提到，衰老必然会导致唾液流量减少。然而这是错误的，几乎没有证据表明健康的老年人大唾液腺分泌的唾液减少了。当然，随着年龄的增长腺体的结构也会发生变化（见图 2），包括有分泌功能的组织减少，但这似乎对健康老年人实际唾液的分泌影响甚微。这被认为是一个随年龄变化而发生改变的例子，它通过提高剩余组织的效率来补偿，并提出了唾液腺的分泌储备这一假设。的确，许多老年患者的唾液流量减少，但这通常是由这一年龄阶段常见的处方药（见表 2）或是像干燥综合征这样的结缔组织病引起的。另一个原因可能是放射性治疗，尽管更有针对性的治疗和更好的筛查已经使得这一问题有所减少。唾液流量的减少对口腔健康有深远的影响，如果不采取积极的预防措施，将会导致龋齿急剧增加。表 3 显示了与干燥症有关的其他问题。口腔和面部肌肉也受到老化过程的影响，超过 80 岁的老年人，其咀嚼肌纤维将减少三分之一左右。自然牙的保留和贯穿整个生命过程的正常饮食肯定会延缓这一变化，就像运动可以防止骨骼肌衰老一样。电生理研究表明，老年人肌肉收缩存在延迟，同时伴随着咀嚼肌体积减小，导致下颌运动的精度受损，这一现象在义齿佩戴者中尤其常见。上下颌骨随着年龄的增长呈现出不同程度的骨质疏松变化，从 45 岁到 90 岁，下颌骨骨密度降低了 20%。这种变化与牙齿缺失无关，而且已被证明是独立进展的。影响颌骨中牙槽骨保存的一个重要因素是牙齿的保存和无牙周病。天然牙的缺失，会导致其周围有支撑功能的牙槽骨不断流失，从而使得义齿的使用变得愈发困难。几乎没有证据表明颞下颌关节问题的发病率与年龄独立相关。咀嚼肌疼痛通常见于某些义齿佩戴者，它们的垂直距离往往过高。

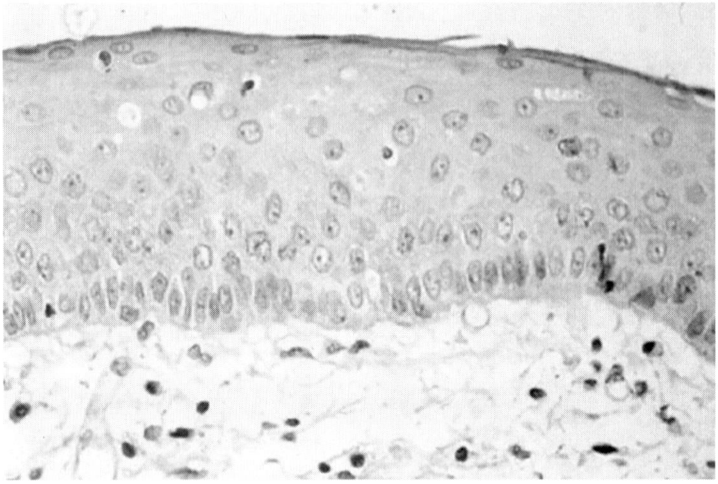

图 1　口腔黏膜变薄

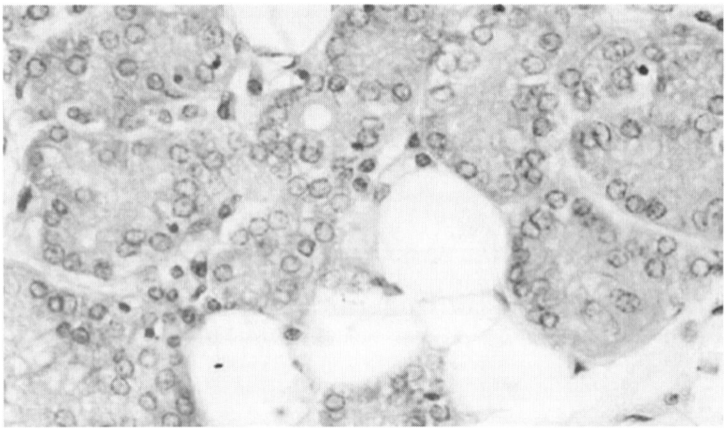

图 2　主要唾液腺随着年龄增长发生的结构变化

表 2　减少唾液流量的主要药物类别

抗胆碱能药物，如利尿剂、抗组胺剂、抗抑郁药物
拟交感神经药物，如支气管扩张剂、抗高血压药物、抗抑郁药物
骨骼肌松弛剂
抗偏头痛药物
细胞毒性药物
阿片类药物和催眠药
类视黄醇
细胞因子类

表 3 口腔干燥相关的问题

龋齿增加
增加牙周疾病的风险
口腔黏膜更容易受到伤害
咀嚼困难
说话问题
义齿难以保留

龋齿和非龋齿组织损失

在生活中，牙齿不断地受到咀嚼作用的影响，并暴露于各种各样的化学刺激中。这些因素最终导致牙釉质和牙本质经过以下过程流失。

- 磨耗：牙齿之间反复接触导致接触面的牙齿组织损失，这是源于酸性物质的化学侵蚀而非口腔内的细菌产物（见图 3）。
- 磨损：牙齿的物理磨损是由与牙齿以外的物体接触引起的，例如用牙齿咬包装、指甲、发夹或笔尖等物体。
- 酸蚀：牙釉质和牙本质的损失源于酸性物质的化学侵蚀，而不是细菌在口腔内产生的化学物质。这和龋齿的侵蚀过程是有区别的。这种酸性物质可以是内源性的，也可以是外源性的。

内源性的因素指某些情况或行为导致来源于胃肠道的酸性物质与牙齿接触。这可能是由于以下情况造成的。

- 呕吐：当其频繁发作时，可能是由于器质性病变或精神性病变造成的。
- 消化道返流：这通常与胃内容物增加和压力升高有关，并且可能是贲门括约肌

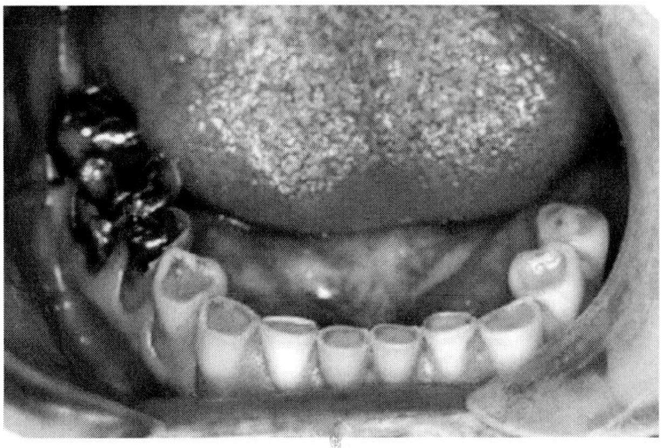

图 3 由于磨耗和酸蚀导致牙组织损失

无力的征象。

已确认的外源性酸性物质的来源主要有三个。

- 饮食：主要是频繁且过量食用的酸性食物和饮料，包括碳酸饮料、柠檬汁、运动饮料、某些花草茶、水果和浆果、沙拉酱和食醋处理过的食物。

- 药物：任何与牙齿接触的低 pH 的药物。例如可咀嚼的阿司匹林、铁补充剂和维生素 C。

- 环境：主要是牙齿暴露于酸性的工作环境。这包括印刷、化肥、电池和军火行业的工人及职业品酒师。

龋齿是一种由于菌斑长期作用导致的可在口腔内任何部位的牙齿发生的疾病过程。食品和饮料中的碳水化合物被菌斑内的微生物发酵，其产生的副产物酸与牙齿相接触，导致牙齿外围组织脱矿，继而引发龋齿。牙釉质脱矿需要 pH 低于 5.5，而 pH 处于 6.2~6.7 时，即可使牙本质和牙骨质脱矿，导致根面龋。唾液具有缓冲作用，使得钙、磷离子在牙齿表面汇聚从而将 pH 恢复到中性，此时发生再矿化。脱矿和再矿化之间的平衡向前者倾斜将导致龋齿的发生。这导致广泛的牙齿破坏（产生蛀牙），当病变波及牙髓时，会出现牙髓活力丧失，甚至根尖周脓肿的后果，导致脱矿的因素包括过量和频繁地摄入糖类、不良的口腔卫生习惯，以及较低的唾液流动率。老年患者的一个特殊问题就是根面龋（见图 4）。虽然根龋的发生过程类似于冠龋，但其发生和进展更迅速。发生根龋的先决条件是牙根表面暴露于口腔环境中。这是由于随着年龄的增长，软组织附着丧失，造成牙龈退缩，或由于牙周袋的形成使牙根暴露于口腔环境。唾液流率降低（如药物治疗的副作用）、口腔卫生不良和致龋饮食是决定易感性的主要因素。良好口腔卫生的建立和病损处应用氟化物可阻止病变活动并避免了修复的需要。活动的根龋病灶通常会横向扩散，如任其发展，病变可环绕牙齿，最终导致牙齿断裂。某些情况下环状龋是可以通过治疗修复的，但操作的可视度不佳和器械难以到达等不利因素影响了最终的修复。

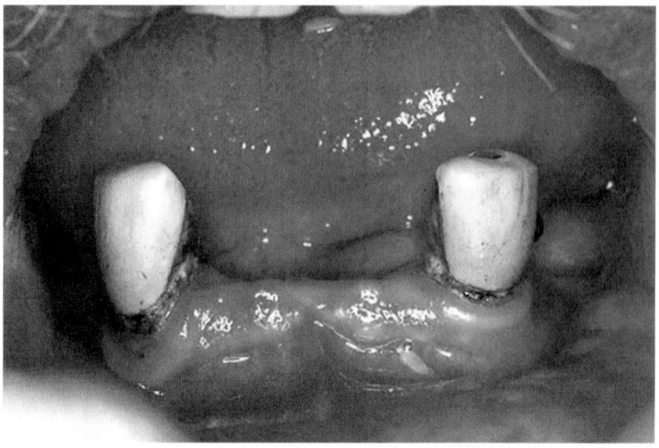

图 4　根面龋

现代牙医试图在这一过程开始之前就阻止牙齿病变的发生。这一目标的核心是告知患者主要危险因素，并提供适当的预防性建议。如果可以的话，也应该包括与其他保健专业人员的联系。膳食分析和建议是一种管理龋齿（改善口腔卫生，降低糖类摄入的水平及频率）和牙齿酸蚀（降低酸性食物或饮料摄入的水平及频率）常见的预防措施。如果因为夜磨牙导致牙齿磨耗，应在夜间佩戴牙合垫以防止牙齿进一步损耗，如果怀疑磨损，则应识别和消除不良习惯（如咬指甲）。当预防失败及牙损失进一步发生时，则意味着需要进行修复。修复的可行性则取决于残余牙体组织的质量。

活动性龋齿应通过常规的窝洞预备和适当的修复材料充填来消除。在某些特殊的情况下，复合树脂材料和玻璃离子水门汀等粘接性修复材料的出现及应用对汞合金、金等传统修复材料的使用提出了挑战。与牙科银汞合金和金等旧材料相比，它们可以使更多的牙齿组织得到保留。许多人认为玻璃离子水门汀是治疗根龋的首选材料，因为它不仅可与牙结合，还具有释放氟化物的性能进而抑制龋齿。此外，研究表明细菌菌落不易在其表面繁殖，因此，其对周围软组织有很高的生物相容性。当牙齿受到更大程度的破坏时，冠部可能需要修复来恢复美观和功能。在所有情况下都应牢记，牙髓也可能发生病变，在修复牙齿之前可能需要进行牙根治疗。有时由于牙齿固有的自我修复机制（牙髓腔内生成继发性牙本质），可能影响进入残髓的通路，从而导致根管治疗无法进行。

即使进行了修复，修复体的寿命也是有限的，需要进行更换或重新修复。随着年龄的增长和环境的变化，患者保持良好口腔卫生水平的能力可能有所下降。维持良好的口腔卫生需要高水平的手动灵活性，对口腔内的冠和桥周围相对复杂的结构更是如此。老年患者不断变化的需求对口腔修复医学提出了挑战。

牙周问题

牙周病是牙齿支持结构受到多种因素的作用而产生的一组疾病。牙龈炎症和牙周疾病是由牙菌斑引起的，但在人群和个体中所见的发病率、患病率和严重程度不一定与沉积物的量直接相关。这是因为个体有不同的疾病易感性。重疾的患者通常与一个或多个危险因素相关。

将年龄作为一个危险因素进行调查并不简单，因为区分内在老化的影响和多年环境累积的影响是困难的。牙周病流行病学的研究是复杂的，对它的解释一直充满了争议。毫无疑问，年龄不仅使牙周组织发生变化，而且改变了宿主对抗细菌的能力。但现代人的共识是年龄本身不太可能增加牙周疾病的易感性。然而，问题是 65 岁以上的老年人大约 75% 患有慢性疾病，而受影响的患者通常接受多种处方药的治疗。这些因素可能会导致一般灵巧性、协调性和移动性的不足，以及智力降低，进而可能对牙周组织产生直接和间接的负面影响。药物的不良影响包括口干、出血倾向增加和牙龈增生，临床医生如果要提供适当的治疗就必须了解这些问题。

问题总览

随着无牙症的下降和预期寿命的延长，老年人对牙周病治疗的需求不断增加。幸运的是，如果一位上了年纪的患者保留了牙齿，这就意味着其不易患牙周病，对牙周病也有更好的预后。我们应该尽可能为老年患者提供牙周病的治疗。

牙周管理

显然应该提供所有必要的口腔治疗，但在这一部分仅着重于牙周方面。

牙周治疗是根据老年患者的个体需要量身定制的。牙医接受培训，以牙周健康作为治疗目标，牙周健康被定义为牙周探诊没有出血且有可控制的探诊深度。这是值得称赞的理想，可能的话这应该是治疗的目标。然而，在某些情况下，例如，当患者不能将菌斑水平维持于其个体患病阈值以下时，牙周健康是无法实现的。从患者的角度来看，获得舒适、健全和美观的牙列可能是理想的治疗结果。只要满足这些要求，即使达不到牙周稳定也不应被视为治疗不足，并且在某些情况下这是完全合适的。

详细的医疗、牙科、家庭和社会既往信息应被记录和定期更新。糊涂的或记忆力差的患者叙述的情况可能并不准确，但如果要计划和实施安全有效的治疗，牙医有必要获取所有相关的信息。可能需要从其他医疗保健专业人员和家庭中寻求准确的情况，但此类方法需征得同意，然后做出牙周诊断并随之制订出一个个体化的治疗方案。在这一阶段，可以清楚地知道通过治疗可否达到牙周稳定状态。

通常通过彻底的机械治疗和斑块控制来减少菌量，并且通常采用非手术的方法。一些老年患者可能需要额外的支持，包括补充或优化现有的口腔卫生措施，但年龄的增长本身并不一定会导致自我护理能力的降低。电动牙刷可能会有帮助，但不建议使用笨重的类型。对极少数不能通过物理方法实现充分的菌斑控制的患者，需要通过化学方法来控制菌斑，即每日使用两次 0.2% 的葡萄糖酸氯己定漱口液。但是因为其副作用通常胜过其优点，因而这应该是仔细权衡后的最后一种选择。理想情况下，根面器械应仅去除牙菌斑和牙结石，以免将牙根表面富含的氟化物去除。随着年龄的增长，根龋的患病率也会增加，因而用氟化物处理牙根表面和提出饮食建议是有效的预防措施。

循因治疗完成后进行重新评估是必不可少的。三个最有可能的结果分别是：

1. 如果治疗使牙周稳定，则需要个体化的牙周维护治疗，因为患者尚未完全治愈。许多老年患者对简单的非手术治疗反应非常好，见图 5、图 6。

2. 如果疾病仍然存在，则必须仔细评估治疗失败的原因。如果病因未确定并纠正

(最常见的是菌斑控制不充分)，任何后续治疗都有可能失败。如果能够消除失败的原因，并且符合患者的意愿，则可以以合理的成功机会再次进行病因治疗。如果临床检查后建议进行牙周手术，只要没有医疗禁忌并且菌斑控制充分，则手术成功的机会很大。暴露根面会增加根龋的风险，因此最好避免龈袋切除术，而翻瓣手术则是更好的选择。稳定后需要继续维护。

3. 当导致治疗失败的病因无法被纠正的时候，需要一个更现实的目标。患者的意愿是非常重要的。研究表明，平均而言，牙齿需要牙槽骨支持覆盖至少三分之一的根长以保持足够的功能。如果可以判断，有足够的剩余牙周支持达到平均生存年限，则可以实施姑息性牙周治疗，包括定期专业清洁和抛光，但如果随后出现不良的体征或症状，拔除受影响的牙可能是唯一的选择。如果判断牙周支持不充分，则必须考虑拔牙和可能的修复。

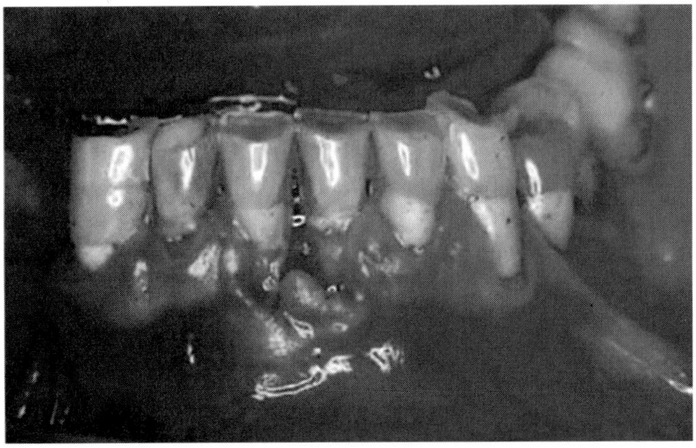

图 5　非手术治疗前的患者

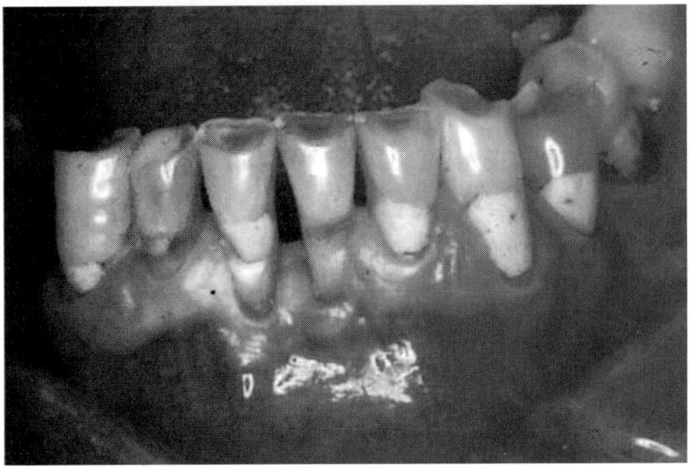

图 6　患者（图 5）经过非手术治疗之后

牙齿缺失的治疗方法

众所周知，随着年龄增长，人们并不能保留所有的天然牙齿。当一些或全部的天然牙齿缺失时，老年人可能希望寻求修复缺失牙齿的办法。对保留部分牙齿（有一些天然牙齿剩余）和牙列缺失（没有天然牙齿剩余）的患者，其修复方法是不一样的。

保留部分牙齿的人

对于保留部分天然牙的老年人，牙齿的缺失可能会影响其外观或功能。前牙缺失的老年人通常会因为不美观而寻求治疗。与之相反，他们可能并不关心一些后牙的缺失，除非他们感觉到咀嚼功能明显受损。目前有几种修复可以选择（见图 7）。它们之间互不排斥，在某些情况下还可能需要多种方法的组合。

固定修复　许多人会寻求固定在口腔内的修复体来修复他们缺失的牙齿。这种方法的主要优点是它能使人工牙在功能上与天然牙相似。有两种方法可以修复缺失的牙齿。第一种方法是使用固定桥，即将人工牙齿附着在紧邻缺失牙的天然牙齿上。由于这种方法将相邻的牙齿作为基牙，因而只有在缺失牙量少和天然牙之间的空隙不太大的时候才常用到。通常这种类型的治疗是通过去除相邻基牙的一部分结构来实现的，从而将结合着缺失牙的修复体粘接在这些牙上。有许多材料可用于制作固定桥，但都需要有足够的强度来承担咀嚼过程中施加的强大咬合力。如果基牙由于之前的牙齿疾病而接受过大面积的修复则不建议这种方法，因为可能没有足够的牙齿结构来支撑固定桥直接受到的咀嚼负荷。

传统的固定桥修复有一个特殊缺点是需要从基牙中去除大量的牙釉质和牙本质。出于这个原因，这种技术已经改进为创伤性更

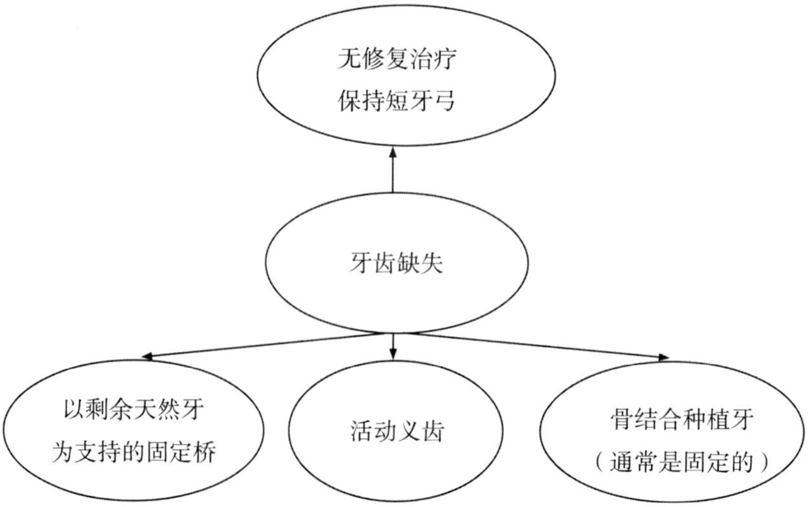

图 7　部分牙齿缺失的主要修复选择

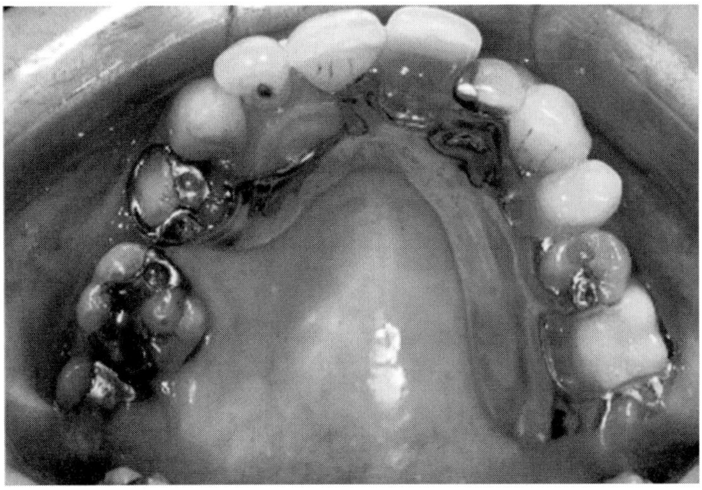

图 8 可摘除的局部义齿

小的方法。使用黏合材料将固定桥粘到基牙上，只需要去除非常少的牙齿组织。然而，当邻牙已经龋坏而有大面积的充填物存在时，这种方法通常是不可行的。

替代缺失牙的第二种方法是使用骨结合种植体，通过外科手术将种植体植入牙齿缺失区域的颌骨内。然后制作修复冠附着到种植体上（在某些情况下，可以将可摘的义齿附着在种植体上，见后文）。对那些缺牙少而余留牙列状态良好的人，这项技术正越来越多地被用作一种首选的治疗方式。但一些解剖因素可能会限制种植体放置的位置。这种方法的成功率一般很高，但吸烟等因素可能会增加失败率。

局部义齿 这种治疗方式涉及制作一个活动性的修复体结构。对自然牙齿剩余很少的人来说，这可能是唯一现实的治疗方式。使用可摘局部义齿的优点是这种治疗对口腔其余组织是非侵入性的。然而，它们通常比固定修复更突显，因为它们通常必须覆盖更广泛的口腔组织区域（见图 8）。局部可摘义齿特别适用于部分余留牙长期预后不确定的情况，因为当口腔内情况发生变化时它们可做出有计划的调整。然而，一些老年人，如患有痴呆或其他神经系统疾病，在戴部分义齿时会特别困难。因此这类修复方法可能禁用于这些人群。

不修复缺失的牙齿，可能是一个完全可以接受的选择。这个概念有时被称为缩短的牙弓。因为对外观的影响，老年人对前牙缺失可能不太接受，但如果仅后牙缺失则容易接受。显而易见，许多人虽然缺失后牙且未对其进行修复，但是可以适应剩余牙齿的咀嚼及功能。牙齿减少的人仍有足够的咀嚼能力。

维护 老年人缺失牙齿修复的一个主要问题是保持剩余牙齿和口腔组织的健康。需要高水平的口腔卫生维护以确保固定修复体周围的菌斑被充分去除。如果不能有效地控制菌斑，可能会导致修复失败和牙齿进一步脱落。即使有辅助设备或专业支持，但是老年人保持良好的口腔卫生标准仍然很困难，因为老年人可能存在诸如视力不佳或由于关节炎等原因导致手动灵活性降低的问题。此外，一些治疗和处方药的使用会影响唾液分泌，进而导致剩余牙列更易被菌斑引发各类疾病。出于这个原因，即使使用可摘的局部义齿，甚至使用固定桥或种植牙等更先进的修复手段均需要非常慎重的考虑。任何类型的固定桥和种植体支撑的修复体都需要非常细致的卫生维护。如果老年人视力受损或由于震颤和其他神经疾病导致手的灵活性丧失，则很难保持高水平的口腔卫生。护理人员必须接受有效的培训后才能够帮助这些人。

牙列缺失的人

口腔健康的改善可能意味着有相当一部分人能在一生中至少保留一些牙齿。然而，有些人可能由于口腔疾病的影响导致牙列缺失（见图9）。大多数牙列缺失的患者都希望缺失的牙齿可以被修复，这通常可以通过提供全口活动义齿来实现。患者成功使用全口义齿的能力可能取决于很多因素，包括上下颌牙槽嵴的解剖形态、全身健康状况、唾液流量和口腔行使功能期间控制义齿所需的运动技巧。如果在生命末期才让老年人接触全口义齿，那么这些老年人则很难适应它。尽管如此，许多患者还是设法掌握了这些技能，成功适应了全口义齿。相比较上颌缺牙的情况，修复下颌缺失牙的下颌义齿更易出现困难。

有些老年人戴全口义齿可能会遇到比较大的困难。神经系统疾病，如帕金森病或脑卒中可能严重损害运动功能，导致全口义齿难以有效地发挥作用。

使用骨结合种植体来稳定全口义齿（见图10）是改善牙列缺失老年人口腔功能的一项重大进展。最常见的治疗方式是在下颌骨的两侧各放置一个种植体，下颌的全口

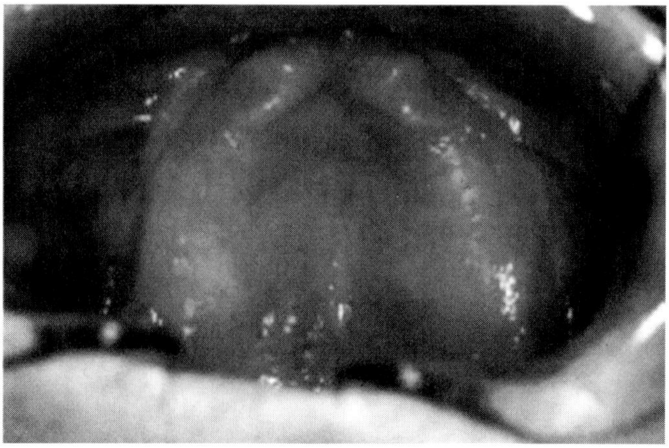

图9　牙列缺失患者的上颌骨牙槽嵴

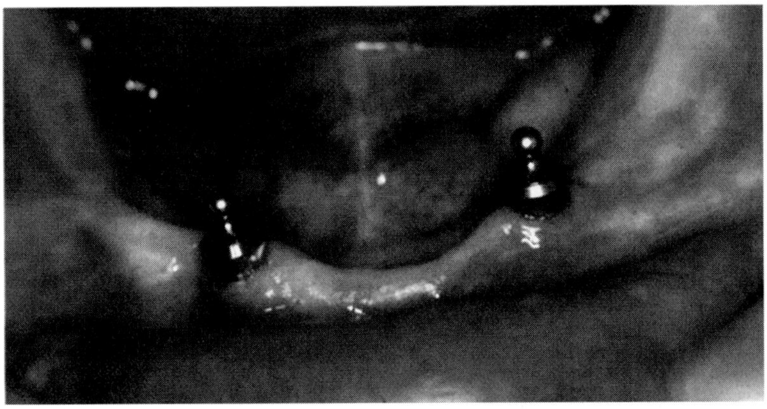

图 10 下颌骨的骨结合种植体

义齿可以由此附着。这种可以摘戴的修复体意味着保持种植体的清洁比保持固定修复体的清洁更简单。

通过维持良好的口腔和义齿清洁，护理人员可以很容易地帮助牙列缺失的老年患者维持组织健康。然而，需要再次强调的是，护理人员应有效地接受这些步骤的培训，特别是将可拆卸的全口义齿安装在骨结合种植体上。

老年患者口腔外科手术

老年患者的口腔外科手术可能很简单，也可能很复杂。一些局部的口腔因素可能会使事情复杂化，但患者的全身健康状况是一个至关重要的因素。伴随着多种老年常见疾病，老年患者经常服用多种药物，都可能使手术复杂化。令人惊讶的是老年患者常常需要拔除余留的牙齿，通常是智齿（第三磨牙），这种牙齿可在任何年龄阶段造成问题，甚至是那些看起来无牙的人也可能在老年时有智齿萌出。存留的智齿经常是影像学检查时偶然发现的，如果无症状且显示无囊性改变或未造成邻近牙齿的损伤，则可不予治疗。在一些老年患者中，萌出智齿可能会出现急性或慢性感染，需要手术拔除牙齿。一些其他牙齿如下颌前磨牙和上颌尖牙会偶尔保留在老年人口内。这些往往是无症状的，只有少数患者需要手术干预。残根可能不会引起症状，如果感染或引起疼痛，则可能需要手术去除。老年患者的一个非常常见的外科问题是义齿引起的软组织增生。这通常是由于使用不适合的义齿引起口腔软组织损害造成的，而这些义齿本应在许多年前就被替换掉。通常增生的组织存在于颌骨前庭沟区域和上腭（见图 11），应在手术前彻底调整义齿以减少病变的范围。修复前的外科手术，包括牙槽骨增量手术和种植，可显著改善佩戴义齿的老年患者的预后。由于面部骨质疏松，老年人因外伤导致的面部骨折比较常见。这些骨折的复位和固定可能由于感染风险增加和面部供血减少而变得复杂。

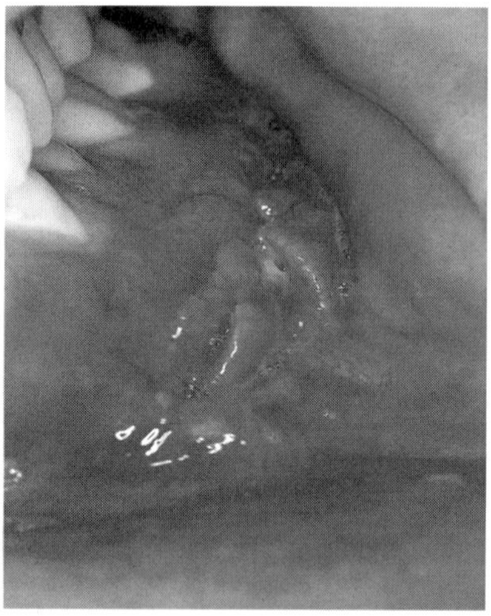

图 11　颊侧沟的增生纤维组织

口腔软组织健康

医疗保健专业人员能够识别正常的口腔黏膜是至关重要的。尤其重要的是，老年人某些正常的解剖特征，包括皮脂腺突出、舌静脉曲张及舌乳头，可能会被误认为是疾病。迄今为止，影响口腔软组织的非牙齿相关疾病中最重要的是鳞状细胞癌。中年后口腔癌（见图 12）的发病率逐渐上升，该疾病主要见于男性，生存率适中。5 年生存率与病变部位有关，即使经过积极的手术、化疗和放疗，最低仍可达到 50%。有证据表明，生存率与年龄无关，肿瘤的分期和部位、所采用的治疗方案及全身健康状况才是预后更重要的决定因素。口腔癌的治疗有许多后遗症，包括口干、张口困难、口腔软硬组织的损失、美观问题和黏膜炎。对患者和医生来说，软组织的美学和功能重建可能是具有挑战性的。危险因素包括吸烟和饮酒。在世界上的一些地方（例如印度），由于反向吸烟和咀嚼槟榔的习惯，口腔鳞状细胞癌特别常见。口腔黏膜的癌前病变在老年患者中也有发现，这需要在若干年的时间内进行定期的组织学评估来监测。口腔扁平苔藓可见于老年人，尤其是在舌和颊黏膜。对口腔扁平苔藓是否与口腔癌的发生有关，目前尚有争议。几乎没有证据表明，口腔扁平苔藓在没有其他危险因素的情况下会导致口腔癌，但仍然应该定期对其进行检查。表 4 总结了老年患者可能出现的其他口腔疾病。

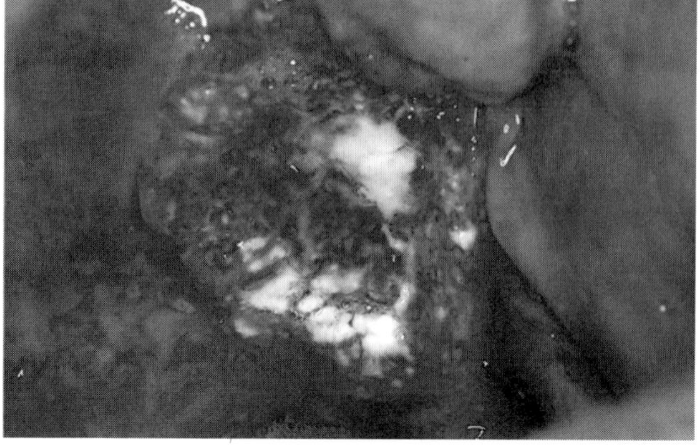

图 12　口腔癌

表 4 老年患者的口腔疾病

传染病	**其他疾病**
慢性萎缩性念珠菌病	黑毛舌
慢性增生性念珠菌病	地图舌
急性假膜型念珠菌口炎	创伤性溃疡
急性萎缩性念珠菌病	假牙诱导增生
带状疱疹	口腔溃疡
皮肤病的口腔表现	舌静脉曲张
扁平苔藓	创伤性角化病
黏膜类天疱疮	汞合金文身
天疱疮	灼口综合征
口腔黏膜恶性肿瘤/癌前病变	三叉神经痛
黏膜白斑	**佩吉特病的口腔表现**
黏膜红斑	颞下颌关节疼痛/症候群
黏膜下纤维化（除了亚洲较为罕见）	黏液囊肿（见于小唾液腺）
口腔癌	
恶性黑色素瘤（罕见）	
多形性腺瘤（大小唾液腺）	
腺样囊性癌（在小唾液腺中常见）	
淋巴瘤（在口腔中很少见，但在腮腺中常见）	

另请参阅：照料；饮食和营养；嗅觉与味觉。

拓展阅读

Beck JD, Eke P, Heiss G, et al. (2005) Periodontal disease and coronary heart disease; a reappraisal of the exposure. *Circulation* 112: 19-24.

Davis D, et al. (2005) Meeting the challenges of oral health for older people; a strategic review. *Gerontology* 22: 3-48.

Drummond JR, Newton JP, Yemm R (1995) *Dental Care of the Elderly*. London: Mosby-Wolfe.

Ferguson DB (1987) *Frontiers of Oral Physiology*. Basel: Karger.

Hobkirk J, Watson R, Searson L (2003) *Introducing Dental Implants*. Edinburgh: Churchill Livingstone.

McCord JF, Smith P, Grey N (2004) *Treatment of Edentulous Patient*. Edinburgh: Churchill Livingstone.

Papapanou PN and Lindhe J (2003) Epidemiology of periodontal disease. In: Lindhe J, Karring T, and Lang NP (eds.) *Clinical Periodontology and Implant Dentistry*, 4th edn., pp. 50–73. Copenhagen: Blackwell Munksgaard.

Peterson PE and Yamamoto T (2005) Improving the oral health of older people: the approach of the WHO Global Oral Health Programme. *Community Dentistry and Oral Epidemiology* 33: 81–92.

Scully C (2003) Drug effects on salivary glands; dry mouth. *Oral Diseases* 9: 165–176.

译　者：刘　嘉（首都医科大学附属北京口腔医院）
王　月（首都医科大学附属北京口腔医院）

跨文化比较研究

C. L. 弗莱 芝加哥洛约拉大学，芝加哥，伊利诺伊州，美国

词汇表

跨文化研究（Cross-Cultural Research）——在特定文化中具有意义的族群内进行的开放性和定性研究。

跨民族研究（Cross-Ethnic Research）——使用定量和定性工具对一个国家的一个或多个不同文化群体进行研究，以比较特定情境下其各自的表现。这些文化群体也可能是少数族群。

跨国研究（Cross-National Research）——利用概率样本的调查工具来比较各国人民表现的研究。

全文化研究（Holocultural Research）——使用基于二手数据的世界文化标准样本进行研究，这些数据来自民族志和人类关系区域档案。

引言

老年学向来崇尚比较研究，将一种社会文化背景下的老年人与其他背景下的老年人进行比较，以确定衰老的普遍特征，以及特定人群和社会文化背景下衰老的独有特性。尽管所有研究都基于比较（男女、老幼、贫富），但跨文化研究具有独特的研究设计。至少要系统研究两个及以上具有已知生物或文化特性的人群，才能对差异性如何影响衰老体验的假设进行评估。除了这个基本标准，比较研究必然是相当多样化的，这反映了研究中的问题和人们生活环境的多样。本文探讨了跨文化研究的重要性、比较研究设计的多样性、针对老年人开展调研的具体问题、老年的意义和生命历程，以及所需的比较研究。

比较研究的重要性

为什么要运用比较研究？收集和分析来自全球的数据既昂贵又耗时，回报是什么？理由很充分。首先，好奇心是人类智力的一种属性。在遥远的地方是什么样的情形，人们做得比我们好还是差？其次，更重要的是，多样性有助于我们提出和解决问题。如果每件事都是一样的，那么就没有理由提出问题。比如，如果每个人的肤色都一样，我们为什么还想要确定肤色的作用？正是因为

肤色有深有浅，我们想解释这种现象，从而发现了深色皮肤对于紫外线防护的积极作用。同样，我们还发现浅色皮肤更易于晒黑和生成维生素 D 以促进骨骼代谢。在文化现象方面，在对抗一些看似自然，好像是理解问题和做事情的唯一方式的世界观时，差异性则更为重要。就像肤色一样，与老年有关的问题，例如退休、养老金、疗养院，甚至阿尔茨海默病，都被视为做事或理解事物的某种方式，而不是唯一方式。第三，通过全方位覆盖人类经验，我们丰富和加强了自己关于这些经验的科学理论。对于老年学，如果仅将研究限制在已经深受老龄化困扰的国家，那么我们很可能会延续这些国家对自身问题的迷思。从小型觅食社会到欧洲以及北美这些工业化程度最高的社会，通过涵盖全范围的社会类型，我们在多样性中收获成果，并挑战了由单一社会类型所得到的模型。此外，通过在不同环境中隔离塑造衰老体验的社会和文化力量，理论得以加强。最终，我们便可以将衰老体验的普遍性与其在文化中的特殊性区分开来。最后，我们想要了解一些关于自己的东西。我们希望视自己为“外地人”。从而在其他文化的慰藉中，更加了解自己的文化。

比较研究并非没有缺陷。众所周知，比较方法可能会被滥用。所有数据收集和分析都必须符合数据质量控制标准。最为人熟知的是效度（validity）和信度（reliability）问题。效度是保证所选指标符合理论所述，可以确切测出所需测量的事物。信度即可靠性，是指在研究过程中通过编码抽取数据以减少编码人员因个体差异对数据结果造成的失真情况。换句话说，编码人员应充分理解编码类别，以便一位编码人员能复制另一位编码人员的工作，而结果的变化最小。除了效度和信度，跨文化分析还需要保证可比性（comparability）。解决了测量问题以后，我们仍须考虑跨地域比较的内容是否具有相似的含义。对于像“老年”这样基本的概念，我们对它的定义，能否既适用于纽约市的公司高管，也适用于墨西哥的农民？通常对于研究人员一手收集的原始数据来说，可比性问题可通过讨论和协商得以明确。而从现有记录中获取的二手数据则更具挑战性，因为调查人员必须解释这些记录的含义。

比较研究设计

比较研究设计分为两大类：跨国研究和跨文化研究。要对这两类研究进行区分，需要用到不同的方法和分析单位。

跨国研究

跨国研究旨在比较生活在不同政治环境或国家的人。因此，作为分析单位的国家，有时会按照农村/城市或者种族群体进行区分。研究人员通过全民概率抽样选择参与人选。参与者需要完成问卷调查，或同意接受调研人员根据标准化采访指南进行采访。大多数情况下，问题设计为封闭形式，以便高效地收集反馈并进行记录。在这种形式中，问题的各种答案都是事先确定的，以便可以在问卷中核对并转换为电子形式进行数据分析。相比之下，开放式问题的答案比较多样化，因而，对其进行分类分析面临更多挑战。跨国研究的结果通过统计表记录了各国在健康、家庭支持和退休等广泛问题上的差异。

跨文化研究

对整个国家进行比较超出了跨文化研究的目的。其分析单位是更为同质的文化单位，例如族群、村庄或城市聚居地。调查人员关注的是文化理解与环境塑造感知和体验衰老的方式。其研究策略更加开放，涉及定性方法的使用（与调查研究的定量设计形成对比）。尽管可以使用定量方法，但结果以民族志形式呈现，可以描述文化背景，以及任何统计信息。

跨文化研究的具体研究设计形式极为多样。可以是大规模的研究项目，涉及一组研究人员，他们使用相同的研究设计，并根据不同的文化背景调整研究方案。也可以是单个研究人员，通过设计其研究来进一步阐明现有问题，或通过在不同的文化背景下开展调查来重新定义该问题。由于原始数据有时耗资较高且难以获取，因此二手数据十分具有吸引力。现有的民族志得以系统组织和挖掘，以获取与某个主题相关的信息。人际关系区域档案（the Human Relations Area Files）是使用已发布报告作为比较数据的最为全面的尝试。现已形成了一种被称为“全文化”的独特比较方法。该方法基于186种文化样本，这些文化彼此相对独立，且有完备的民族志记录。或者，按照区域或社会类型等标准选择民族志案例研究，通过比较阐明主题。

老年人

关于老年人的比较研究开始之时，就像老年学本身一样，假设了老年这种情形是存在问题的。首要任务之一是通过人口统计，记录一个社会里老年人的比例，并确定其生活状况。随后，一旦我们了解到老年人是最多样化的群体之一，调研的主题就变得更加多样化。

人口统计学

人口统计学是最具可比性的研究之一。一个国家的人口动态统计和人口统计概况十分有趣，但与其他国家的人口统计数据相比，又具有新的含义。通过比较，我们可以了解出生率、死亡率和迁移率的情况，以及影响人口规模和结构的因素。

过去的两个世纪，世界人口受工业革命的影响最大。生产力的提高，对工人需求的增加，以及卫生医疗技术的改善，使出生率大大提高，死亡率显著降低，尤其是婴儿和儿童的死亡率。其最终结果是世界人口呈指数增长，每50年翻一番。比较人口统计数据揭示了工业对人口的持续冲击。人们认为最早经历工业化的国家，其人口现已呈现老龄化。最初，这些国家的人口很年轻，但随着大家庭带来的效益减少以及抚养孩子的成本增加，生育率也随之下降。随着死亡率的进一步降低，与父母和祖父母一辈相比新生儿越来越少，曾经年轻的人口呈现出老龄化状态。这种现象被称为人口转型（demographic transition）。在近年来才经历工业化的国家中，人口转型尚未发生，其人口仍然年轻且不断扩大。据预测，世界人口将继续增长，直到22世纪工业化对人口的影响才将趋于稳定，届时世界人口将达到140亿至190亿。

如果可以延长寿命、降低死亡率，那么人能活多久？人口统计概况表明，即使在工业化国家，活到100岁以上的情况也很少见，但这种可能性越来越大。在至少三个非工业化村落或族群中，我们都发现了寿命高达130岁甚至可能超过130岁的报道。分子生物学提供的证据表明人类寿命可达120岁至160岁，这是一个诱人的前景。然而，对格鲁吉亚的阿布哈亚人、比尔卡班巴的厄瓜多尔人和喜马拉雅山脉的洪扎库特人的研究表明，这些地区人的寿命，并不像他们自己声称的那么长。谎报与父母相仿的年龄以避免征兵，或利用虚报年龄来获得关注和尊重，这导致一些老人自称的年龄比实际年龄要大得多。在没有出生证明的情况下，如果没有洗礼记录、结婚证明、生育记录或者与已知地区和国家历史的联系等多种证明记录，真实年龄很难得到证实。因此，除了这些超级长寿的报道外，有幸活到百岁的老人多分布在欧洲、北美地区和亚洲的那些工业化国家。这项成果提醒我们，年龄不仅仅是一个简单的生物学或人口统计学上的事实，还可以被操纵，且是日常政治生活中一个强有力的因素。

幸福感与成功老化

随着老年学逐渐成为一个专业领域，研究人员接受了社会定义，即将衰老视为一个问题。因此，一项重要的任务就是记录老年人如何看待自己的生活。幸福衡量指标、精神面貌量表和生活满意度指数成为主要的方法焦点和研究领域。由于幸福感的固有文化假设，跨文化研究对试图衡量精神面貌的心理测量量表提出了直接挑战。比较研究的重点在于老年人的状况、如何对待他们，以及他们可以利用什么在社会群体中保留一席之地等问题。

有推测称，与生活在工业化国家的老年人相比，在规模较小的部落和农民文化中，老年人生活得更好。两者之间一个明显的区别在于，工业国家的老年人将会退休，告别自己的工作，这使他们脱离了生产，放弃了成年期所从事的主要活动。而在部落社会中，工作是为了维持生计，且主要是在家庭劳动。生产性活动在一个家庭单位内进行，一个人要工作一生，直到不能再工作为止。然而，这一“失乐园假设”（paradise lost hypothesis）并未得到太多证实。退休并没有导致社交隔离，也没有限制老年这个人生阶段的可能性。恰恰相反：由于医疗技术、节省人力的设备以及社会保障和养老金在经济上的支持，老年充满了机遇和可能性。在老年这个人生阶段，人们摆脱了年轻时要担负的责任，自由自在。

在小规模文化中，生活受到技术的影响

较小。由于没有各种便利设施，例如没有室内管道，人们无法直接打开水龙头用水，而必须从水源处取水。人们取暖不能调高恒温器温度，而必须收集燃料。同样，去拜访亲戚可能无法乘车，而需要步行数公里。每个人，包括老年人，对体能的需求都要更高。到了晚年，有些人很可能会因为家人的期望而不得不进行体力劳动。

虽然老年人在社会中通常会被优待和尊重，但被遗弃和杀害的情况也并不少见。在大约半数技术不发达的社会中，我们发现了一些导致加速老年人死亡的行为。这类社会有许多都是觅食社会，人们在条件最恶劣的季节，为了族群能生存下去，可能会被迫牺牲生产力最低的成员。另一方面，这类社会中还有许多处于温带气候，人们主要从事农业生产。跨文化研究表明，健全、有贡献的老年人会得到赡养与照护。而一旦他们失去健康，变得虚弱，就不会再得到照护。这是一个家庭十分艰难的决定，通常是应将死之人的要求而做出的。死亡可能会以暴力方式进行，比如被自己儿子杀掉，被遗弃或断绝食物和水。

在大多数社会，尤其是技术发达的社会中，老年人都得到了相当不错的赡养，那么幸福晚年依靠什么呢？一个显而易见的因素是个人的身体状况。健康状况的恶化会使得工作和日常生活变得越来越困难。另一个因素则是安全。确保生活的物质基础（食物、住所、保暖）在未来也会持续并保持人们习惯的水平，这是成功老化的一个非常重要的组成部分。通常情况下，家庭是赡养的安全网，这是成功老化的另一个因素。健康、安全和赡养的愿景几乎是普遍的，但这些愿景如何实现，这些领域因素的缺失所造成的后果却有很大差异。这些内容我们将在接下来的部分中进行讨论。

健康 在提升幸福感方面，健康占据非常重要的位置。人们普遍担心自己健康状况会变差。然而，在跨文化的基础上，健康不仅仅是身体的生理状况。健康及对健康的理解受到文化的影响。身体状况是通过文化知识来进行解释的，更年期就是例证。在50岁前后，随着排卵的停止，女性会经历激素的变化。然而，我们发现在不同文化中，表明激素变化的症状存在重大差异。在日本，最常见的抱怨是肩部僵硬、头痛、背痛、便秘、畏寒和易怒。而在北美，女性存在潮热、心悸、盗汗和疲倦等问题。除非亚洲和欧洲女性的生理状况不同，否则身体状态的变化就具有文化意义。

在不同文化中，健康状况下降也意味着身体功能下降。行动困难、体能丧失以及感知敏锐度丧失，这些都对成年人的状况造成威胁。如果一个人再也无法完成多数成年人需要从事的事情，那么其对社会生活的充分参与感就会受到影响。比较研究至少在两个方面再次揭示了文化的影响。

第一个方面，功能性由文化性定义。由于技术环境和文化期望，在美国即使是老年人也不得不从事某些事务。当一个人必须能够阅读并且大部分娱乐方式和信息都来自电视时，视力受损就无法避免陷入孤独。同样，当一个人无法再爬楼梯、打扫卫生、做饭、购物或理财时，想要维持独立生活就会变得困难。而在那些识字率低，大家庭共同协作处理家庭事务的文化中，视力问题和家务方面的困难就不那么具有威胁性了。

第二个方面，文化通过人力或科技来弥补人的不足。我们再一次发现不同之处。在技术比较简单的文化中，人们更有可能被动员起来。例如，如果一个人不能再打水，他的孙子可以帮忙解决这个问题。而更复杂的社会具有许多节省人力的设施，技术可以缓冲体力上的不足。机器不仅可以节省时间，还减少了对体力的需求。此外，心脏起搏器、轮椅、眼镜、助听器和助行器等人造设备，还直接使得患者能够继续进行日常活动。然而讽刺的是，即使通过技术可以减少功能衰退对人的影响，但人们仍然对残障带来的挫败感充满恐慌。

安全　拥有人们珍视的资源无疑是提升幸福感和安全感的一种非常直接的方式。比较研究表明，如果老年人拥有财富、土地、食物、他人的劳动，甚至信息，那么他们的地位会有所提高，未来也十分具有安全感。而很少人在老年时能有足够的财富，通过承诺亲属一笔可观的遗产对其进行操控。在任何文化中，我们都会发现人会在被他人需要时感到更加舒适。我们还发现了一些反对物质财富积累的国家。在这种情况下，晚年会非常艰难。当体力下降时，一个人就会面临难以获得食物这种生存基础的风险。而在资源丰富的工业化社会，我们发现虽然贫富差距显著，但同时也发现老年人可以通过社会保障和福利政策获得稳定的经济来源。在北美和欧洲，老年人不太可能认为物质问题会威胁其晚年生活。

亲属关系与赡养　照顾和赡养老年人是一个主要的社会问题，但这首先是一个家庭问题。家人照看老人，需要时还要照顾他们。关于亲属关系的跨文化研究在家庭组织上存在巨大差异，所以几乎不可能对婚姻或家庭的构成进行简单定义。家庭反映了其所处的经济状况。在非工业化社会中，亲属关系在人们的生活中发挥着更大的作用。家庭既是政治单位，又是经济单位，联结着社会中的个人。家庭分工加强了成员之间的依存，亲属单位为其成员（包括老年人）的利益管理家庭事务。相比之下，在工业化国家亲属关系的影响减弱。较低的生育率会减少亲属的数量。但更重要的是，职业结构开始主宰人们的生活。在层级组织形式的公司中，人们通过广泛分工参与到行业中去。随着财富的增加，各个家庭不再依赖家庭基金维持，因为一家人在财务上变得自主起来。家庭仍然十分重要，但亲属关系的含义却大不相同。珍视亲属是因为他们的个性和友谊，而不是因为他们可以提供多大支持。由于孩子数量变少，父母对孩子进行了大量投资，鼓励他们充分发挥潜力。很少有父母希望孩子成年后回到原家庭生活。事实上，一个成年子女回到父母家生活可能会被认为很有问题。

在提供照护方面，上述对比似乎对工业化社会中的老年人不利。传统上，家庭一直都是老年人的安全网。而在工业化社会，家庭规模较小。一家人分开居住，且在财务上彼此独立。其凝聚力是基于情感而存在的，但由于情绪变化较快，这并不是动员人们的最佳方式。然而也不全是坏消息。北美和欧洲的家庭也在竭尽全力照顾老人。此外，随着国家和经济变得更加复杂，市场上出现了新的安全网。实际上，工业化社会中的每个人其基本需求（食物、衣服、住所），都通过在市场中购买得以满足。对于老年人来说，市场是基本，可以与家人的照顾互为补充。聘请家政服务、草坪服务，甚至是家庭护理，这些都有助于减轻老年人亲属的护理负担。然而一个明显的两难境地是，老年人必须有足够的资金才能获得这些市场供给。

老年

定义

在世界范围内，年龄最显著的一个方面是其在组织社会生活中的明确用途分布有限。衰老是一个时间过程。时间是由文化决定的。随着技术不断成熟，小到毫秒，大到千年，各种单位的时间都可以被测量和精确校准。而小时、天、年则是更有意义的单位。在人类历史上大多数时候，以及大多数规模较小的文化中，时间并不是生活中一个重要维度。只有在官僚组织的工业文化中，才用时间来规划日程，并用年龄来控制人口。在这里人们需要知道自己的年龄，从而获得出生证明。人们根据规定在什么年龄应该上学、服兵役、开车、喝酒、投票，或者有权享受社会保障。对于生活在这种环境下的人来说，年龄非常重要。

在比较的基础上，老年同样难以定义。大多数工业化社会将领取养老金的年龄设定在 60 岁左右。因此，老年有一个时间标记。然而，老年学家很快指出，尽管有其公正性，但依靠时间标记年龄并不能很好地表示身体机能。从人们在日常生活中所能做的事情来看，机能年龄的意义要大得多。在不知道人们确切年龄的文化中，身体机能是对老年的定义。在人口较年轻且有人口动态统计的国家，按时间顺序设定的老年门槛降低到 50 岁中旬，甚至 40 多岁。

生命历程

老年学其中一个主要理论突破是寿命视角的出现。一开始，老年学仅关注老年这个时期。然而老年及其多样性不能与成年后的其他时期相分离。因此，生命历程成为老年学研究的一个主要单元。而跨文化研究挑战了我们对生命历程建模的方式。

社会人类学中一个长期存在的问题提出了如何将年龄作为社会组织的明确原则。许多小型社会将男性纳入按年龄分层的组别，以相对年龄作为标准。一组同龄男孩儿被归入一个年龄组。这些组有时被称为年龄组（age sets）或同辈组（generation sets），有年龄限制，男孩儿到一定年龄就成为组内成员，超龄则退出，然后一个年龄组再为其开放。所有男性都是某个组的成员，各组按年龄排列——男孩、战士、户主、长者，等等。年龄组的具体组织方式有很大差异，但在年龄组织的形式中，诸如“年龄分级”

（age grading）、“年龄分层”（age stratification）和“年龄规范”（age norms）等概念是在较简单的社会环境中进行记录的，并得到了明确定义。

生命历程被视为按年龄规范和期望进行排序的角色历程。同年龄组的人在完成一系列按年龄精细分级的正规教育后，进入成年期。工作和婚姻标志着其完全进入成年阶段。在家庭中，由于生育率较低，而生育通常在20多岁或30岁出头，几代人的代际特色更加鲜明。在工作中，我们发现资历和一些基于资历、经验和更大责任的职业晋升阶梯。等到退休，我们退出劳动力市场，进入了一个新阶段。虽然个人的角色历程不同，但生命历程是有序的、阶段性的。根据年龄阶段划分为不同的时间段。

在不同的文化背景下，年龄分级体系和分阶段的生命历程似乎是相似的。除了定义分级类别之外，这种相似性就消失了。年龄组是组织男性活跃于公共舞台的政治机制。大多数情况下，这一点在年少组表现得最为突出；而对于较为年长的男性，其重要性有所减弱。年龄组并不能组织生活所有方面，且通常只会间接地影响女性。不管是年轻人还是老年人，人们几乎普遍期待这阶段性的人生历程。然而这种对生命历程的看法也仅限于工业化社会，尤其是其中的中产阶级。在小型社会中，人们并不认为生命是按阶段排序的。人们没有明确区分按年龄划分的角色。正规教育十分少见，也不普及，因此没有按年龄精细分级的组别。雇佣劳动是间歇性的，也没有真正的就业市场。没有人会从维持生计的生产活动中退休。在这里，生育率更高，家人之间不怎么按照年龄进行区分，兄弟姐妹可能相差20岁或更多。在这种情况下，人们的生命历程也会记录青年和老年，但更多是根据身体机能来定义，也更加个性化。而即使在工业化社会，处于贫困边缘的人们也渴望有序的生命历程，但却难以实现。

所需研究

老年学作为一门学科正处于一个非常关键的节点。今天，经过多个学科半个世纪的努力，老年学已经在研究、应用和倡导等方面有了宏伟的计划。老年学的提出者从学科角度出发定义有关老年的问题，以及如何在生理和社会层面提高老年人的生活质量。从目前的角度来看，我们并没有发现典型的老年人，但却发现衰老的过程极具多样性，而这不足为奇。我们现在刚刚开始发现定义年龄、揭示人类经历衰老的过程。现阶段比以往任何时候都更需要比较研究。

研究

比较研究提醒我们，世界人口在生物和文化上具有显著的多样性。随着人类基因组图谱的绘制和在分子生物学上的突破，我们知道人类存在基因上的不同。衰老的生物学模型正在解决一个内在难题，即如何区分遗传因素和环境因素。不幸的是，我们大多数模型要么是基于对动物研究的数据，要么是基于对北美洲的欧洲后裔（且主要为男性）的研究。在现有技术条件下，通过考察不同基因人口在生命周期中的差异和多样性，可以取得更多研究进展。

强调多样性的社会和文化研究也是必要的。我们对年龄和生命历程的理解主要植根于单一的社会背景，即城镇化的工业社会。为了更全面地理解促使年龄成为各个国家重要影响因素的过程，我们必须对其他社会背景进行研究。小型社会、发展中国家、多民族地区、少数群体以及地方团体为研究年龄的意义及其在人们生活中扮演的角色提供了天然的实验室。同样，我们应该探索老年人在生活中寻找到的意义。因为意义具有文化属性，多样性将进一步加深我们对文化背景和人格之间联系的理解。

社会转型

我们对全球老龄化差异的很多解释都是通过现代化理论来表述的。这一思想的基础是20世纪60年代的乐观主义，这在当时催生了旨在加速欠发达国家向工业化国家转型的经济发展计划。直到20世纪90年代，我们意识到转型没有发生，也可能永远不会发生。另一方面，我们认识到尽管经济变化仍在继续，却与现代化曾预测的样子不尽相同。世界经济的全球化正在改变着发达国家和欠发达国家的生活。自动化使得重工业和服务业中许多工作岗位消失。就业机会正流向海外，转移至亚洲和拉丁美洲的工业园区。在一个正在成为全球生产流水线的地方，年龄会发生什么变化？这些变化对发达国家和欠发达国家的老年人有什么影响？生活机会的改变是如何塑造那些即将成年的人的生活的？对其衰老又有什么影响？一种现象发生之时正是对其进行研究的最好时机。

全球化本身正改变着比较方法的利用。现在很少有人生活在小型社会中，从事着自给自足的农业或畜牧业，甚至以觅食为生。到了20世纪中叶，年轻人和中年人已经通过在城市或商业性农业中劳动获取工资。原来的部落族群成了农民，而原来的农民成了城市贫民。部落社会的异域风情日益被劳动人民的日常生活所取代。跨文化越来越成为跨民族、跨少数民族的研究。然而，不管资本主义如何在全球传播，具有怎样的市场吸引力，文化多样性永远不会消失。世界变化不息，跨文化研究也会随之发生改变，并提出新的研究问题，以探索全球化世界中多样化的老龄化体验。

另请参阅：人口学；老年技术学；生命历程；心理健康；退休；社会网络、社会支持和社会融合；社会保障。

拓展阅读

Albert SM and Cattell MG（1994）*Old Age in Global Perspective*：*Cross-Cultural and Cross-National Views*. New York：G. K. Hall and Co.

Crews DE and Garruto RM（1994）*Biological Anthropology and Aging*：*Perspectives on Human Variation Over the Life Span*. New York：Oxford University Press.

Fry CL (2003) The life course as a cultural construct. In: Settersten RA Jr. (ed.) *Invitation to the Life Course: Toward New Understandings of Later Life*, pp. 269-294. Amityville, NY: Baywood.

Henderson JN (ed.) (2002) Culture and dementia. *Journal of Cross-Cultural Gerontology* 17 (3): 195-267.

Ikels C and Beall CM (2001) Age, aging and anthropology. In: Binstock RH and George LK (eds.) *Handbook of Aging and the Social Sciences*, 5th edn., pp. 125-140. San Diego, CA: Academic Press.

Keith J, Fry C, Glascock AP, Ikels C, Dickerson-Putman J, Harpending HC, and Draper P (1994) *The Aging Experience: Diversity and Commonality across Cultures.* Thousand Oaks, CA: Sage Publications.

Lock M (1993) *Encounters with Aging: Mythologies of Menopause in Japan and North America*. Berkeley, CA: University of California Press.

Luborsky MR and LeBlanc IM (2003) Cross-cultural perspectives on the concept of retirement: An analytic redefinition. *Journal of Cross-Cultural Gerontology* 18: 251-271.

Schweitzer MM (ed.) (1991) *Anthropology of Aging.* Westport, CT: Greenwood Press.

Shenk D and Sokolovsky J (eds.) (2001) Positive adaptations to aging in cultural contexts. *Journal of Cross-Cultural Gerontology* 16 (1): 1-109.

Simmons LW (1945) *The Role of the Aged in Primitive Society*. New Haven, CT: Yale University Press.

Sokolovsky J (ed.) (1997) *The Cultural Context of Aging: Worldwide Perspectives*, 2nd edn. New York: Bergin and Garvey.

译　者：李双燕（首都经济贸易大学）
玄　钰（首都经济贸易大学）

老化标志物

G. E. 梅克克林 宾夕法尼亚州立大学帕克分校，宾夕法尼亚州，美国

词汇表

生物标志物（Biomarker）——用于描述或预测老化过程中某些方面特征的变量的术语。

老化测量（Gerometric）——生物、心理和社会测量在老年学中的应用。

信度（Reliability）——测量变量中方差的比例，它归因于真实得分的差异，而不是误差。

效度（Validity）——测量所得变量能表示其想要表示的结构的程度。

引言

生物标志物——在老年学文献中出现频率日渐增多的一个术语，有许多隐含或明确的定义。生物标志物有时被用于预测寿命长短；有时被认为与生理年龄相关；有时被视为描述老化的一个基本方面等。其使用范围之广泛，使得老化标志物成了“与年龄有关的变量”的同义词。

从广义上理解，用生物标志物表示相关变量，与直接用“变量”一词相比的唯一优势，可能是生物标志物中因“生物”一词的存在而特别强调了生物学特征，“标志物”一词的存在而提醒人们所讨论的变量是代理变量或替代变量。归根结底，无论我们将相关的变量用“生物标志物”还是“与年龄相关的变量”表示，都是因为人们不能直接测量生物年龄或老化。

在某些情况下，术语生物标志物被严格特指那些用于定义生物学或功能性年龄的多变量尝试中所使用的变量。在另一种特殊用法中，标签生物标志物是为了结果变量合理地评估那些旨在影响老化的某些因素的干预措施的有效性。从字面意义上建立一套生物标志物的参考标准的迫切需要，促使（美国）国家老龄化研究所启动了一项重大计划倡议。

在最近对生物标志物的评估中，阿金提供了以下（释义）列表，这可以被看做是该领域当前思想的代表性总结。生物标志物应该具有以下特性：

1. 随着时间的推移，反映老化的速度；
2. 监控一些基本的、重要的过程；
3. 非致命的，非扩散性的和微创的；
4. 高度可复制；

5. 反映生理年龄；

6. 在相对较短的时间内发生变化；

7. 对维持健康至关重要；

8. 可以在许多物种中被测量；

9. 作为寿命的预测指标；

10. 作为衰老的回顾性标志。

作为进一步的总结，生物标志物的期望属性可以分为三类：实用的、道德主义的和方法论的。从实用主义上来说，生物标志物在测量上应该是简单且低成本的。从道德主义上来说，它们应该是微创的，造成的痛苦和压力都是最少的。从方法论上来说，它们是非破坏性的（允许纵向研究）；能够在相对较短的寿命期内证明变化；对先前测量的影响不敏感；并且在广泛的实验室和实验条件下都保持稳定。最重要的是它们可以有效且可靠地测量老化，这里涉及一些敏感问题，其中一些将在后面加以阐述。

生物标志物的多样性

在上述最广泛的用法中，老龄化研究中测量的每一个属性都可以合理地被视为生物标志物。当使用更受约束的定义时，适用范围几乎一样大。在（美国）国家老龄化研究所生物标志物计划倡议初期的研究状况的会议上，讨论了遗传、分子、细胞、组织和整个有机体变量。随后又召开了第一届国际老化生物标志物：表达和调控大会。这次大会的议程主题同样显示了其测量范围之广。研究领域包括神经内分泌系统、蛋白质分子的降解、细胞膜蛋白的横向迁移、DNA 修复、分子心肌改变、膜胆固醇、血脑屏障通透性、免疫系统改变、热休克、蛋白质、活动水平和认知功能。

在一本面向普通读者的关于预防性干预的书中，埃文斯（Evans）和罗森伯格（Rosenberg）确定了以下相关的生物标志物：肌肉质量、力量、基础代谢率、体脂百分比、有氧能力、血糖耐受性、胆固醇或高密度脂蛋白（high-density lipoprotein，HDL）比率、血压、骨密度和体温调节能力。显然，对每一种生物标志物是否满足特定标准的程度进行全面审查或评价都不属于本文讨论的范围。因此，下文将对一些具有普遍适用性的原则进行讨论。

生物测量的考虑因素

虽然生物标志物的定义是多种多样的，但其本质就是要测量年龄或老化。要了解生物标志物的目的和要求，就需要考虑老年学中的一些基本测量问题。显然，生物标志物也必须满足计量生物学、心理统计学或社会计量学中其他生物、行为或社会科学变量的测量要求。在老化的动态背景下，存在一些特殊的老化测量问题。

老年学研究中，以实际年龄作为测量指标的局限性

粗略地看，老年学家可能被认为是拥有日历形式的精湛测量仪器，因为原则上可以

在很大程度上精确地确定大多数人类和动物受试者的实际年龄。出于某些目的，这份按时间顺序排列的年龄样本——个体有机体存活的天数、月数或年数——可能就足够了。例如，如果老年学问题涉及不同物种的相对寿命，那么相关信息可以由人和小鼠死亡时的平均年龄来提供。这些物种寿命差异的事实涉及基本的进化问题。然而，出于许多目的，日历年龄是一个令人不够满意的指数，主要是因为，同一类物种的同龄个体在与老化过程相关的特征中也存在明显的差异。因此，测量工作中必须有一个在某种程度上又不能过于密切的与时间流逝相关的过程，但这也因人而异。如果将相同的年龄值分配给1920年某一天出生的人，就会忽略存在于功能、认知能力、记忆能力、葡萄糖耐量、有氧能力、肺功能、心血管健康、身体组成等方面的巨大差异的信息。

老化过程中的种内变异与种间差异一样具有基本的生物学意义。当然，这些个体差异是社会关注老年人群的健康和福利的核心；期望阐明老龄化进度和老龄化模式的个性决定因素将有力地促进“成功老龄化”和延长健康寿命。

正如我们所见，如果个体差异会降低实际年龄的描述值和预测值，那么必须采用能够描述这些特征的个体差异的测量方法。然后，一个有机体的功能年龄可以被认为是其有关测量中同一年龄的同类个体的相对等级。因此，老龄化的定义也是随着时间顺序，根据相关测量而变化的。或者可以说，问题的关键在于对年龄和老化的生物标志物的测量部分。

效度：生物标志物测量的是什么？

效度最简单的定义是，它是一种在任何实证测量中，实际测量所宣称要测量的程度的指标。在某些情况下，被调查的实体或财产实际上可以直接测量，所使用的测量方式是替代（或代理、标志物、指标）。有时，会使用标志物而不是真实的事物，是因为使用标志物更方便或更低价。虽然在实践中可能需要做出相当大的努力，但在这些情况下效度的确定性在概念上是直接的。标志物的同期效度可以通过标志物和同时被测量的定义上的“真实的事物”的相关性来评估。

在其他情况下，真实的东西只会存在于未来，其目的是通过替代测量预测它。后一种情况的一个常见例子是试图从标准化考试中预测大学或研究生院的成功。确定标志物变量与结果变量之间的相关性被形容为标志物的预测有效性。这一类型的效度是由上文中对老化的定义（即将预测寿命的能力作为生物标志物状态的主要标准）所决定的。事实上，一些研究者认为长寿是生物标志物的最终效度标准。在老年学中，采纳死亡年龄来作为定义变量的一个主要困难是，关于高度变化的个体到达死亡点的轨迹和模式的信息是缺失的。因此，虽然长寿具有很高的“表面效度”（表面上看，寿命的长短似乎一定与老化有关），但对任何有关以长寿作为老化生物标志物的基本效度标准享有最高地位的说法都必须持怀疑态度，并仔细加以审查。

在生命科学中，很多情况下，解释会援引假设的建构。对于这些假设，没有一种一致的、毫不含糊的衡量标准是被科学家们一致地接受，认为它讲的是事实、全部真相。对于这种性质的结构，其中年龄和老龄化被广泛采用，有几种方法来评估效度。例如，内容效度是指一项测量（或一组测量）对受调查领域进行抽样调查的程度。显然，要判断内容的效度，就需要对领域本身有一个高度的理解。另一种方法是建构效度，即生物标志物在多大程度上，可以从形式理论或从连贯的经验数据中得出预期中的预测。例如，虽然人们已经讨论了实际年龄的局限性，但一个有效的老化生物标志物似乎应该与它有一定的关系。传统上来说，这种年龄相关性是以不同实际年龄组之间的平均差异或纵向研究中的平均变化的形式寻求的。这种情况下对平均值的检验在概念上是直接的，但可能会忽略具有重大价值的数据。出于某些目的，方差、协方差、峰度和偏度的系统变化应该使所谓的生物标志物符合年龄相关性，就像传统的均值变化一样。

从建构效度的角度来看，年龄的指定生物标志物也应该对诸如饮食限制等干预措施做出适当的反应，这已被证明能延长寿命。应用这一标准的一个难处来自老化的复杂性，下文将对此进行更详细的讨论。不同的老化子过程可以相对独立地进行，并且可能在不同程度上对干预措施产生影响。例如，研究表明，对一种基因型有益的抗衰老治疗在另一种基因型中可能是有害的。因此，如果用另一种类受试者进行测试的话，一些动物老化过程的合法测量可能会被拒绝作为生物标志物。该观察结果体现了一般原则，即模型系统的效度不仅取决于所使用的生物标志物的作用，而且也取决于其测量的总体背景的作用，包括动物受试者的基因型。

动物模型结果对人类的推广性

上文所讨论的有效性类型涉及对某些属性（如小鼠）的测量在多大程度上真正评估了它在鼠群中的程度。在以阐明人类老化过程为最终目标的研究中，还需关注另一个层面的效度——从动物模型到人类的跨种族的推广性。

对于某些生物医学现象，人类与动物状况的同源性是显而易见的，如血压、葡萄糖耐量、肾功能、肌肉解剖、身体组成、免疫系统参数等。然而，即使在这些动物模型的“面部”有效性很高的情况下，也往往存在一些必须仔细评估的细微差异。

在行为领域，动物与人类表型状态的同源性通常更难证明。例如，老鼠的神经行为平衡实验并不显著。然而，这种差异不应被认为是完全禁止的。通常利用动物模型的希望在于，动物中存在一些系统，其特性与人类系统非常相似，可使动物模型能够为人类系统的一些方面提供信息。与行为主题研究特别相关的是关于人类的神经化学和神经解剖学，通过研究与动物的相似之处，极大地促进了当前人们对中枢神经系统工作机制的理解。中枢神经系统功能存在的相似性，证明了动物模型在研究人类行为老化方面是有价值的（参见“老化模型：脊椎动物”）。

测量的可靠性

测量的基本原则是没有什么可以绝对精确地被测量。因此，考虑与任何生物标志物测量相关的不确定性程度是非常重要的。统计模型通常在使用中需要考虑假定存在的变量的真实值，产生误差的因子在真实值附近产生正态分布的测量值。也就是说，假定在任何特定的测量场合，对于任何给定的个体科目都会存在被测量属性的真实值。然而，测量过程不可避免地会受到一些因素的影响，这些因素会导致观测值偏离真实值。该模型特别适用于处理简单的观测误差——弯月水平的角度变化；或对一米读数视差的影响；或在认知测试中漏掉的一个项目；或在数据表上错误地记录一个值；或在混合解决时出现的误差。在每个学科中，标准化的测量协议就是为了减少这种误差。而这种误差只能减小却不能消除，这是公理。

因此，任何特定的单个测量都必须被看作是从可能值的分布中得到的单个观测样本。如果误差分布很窄，那么在任何一次测量中得到的数字都将接近真实的“真”值。如果误差分布很广，那么单个个体一次得到的测量值可能与真实值相差很远，所得到的特定值将不能非常准确地反映事情的真实状态。在这种情况下，一个明显的策略是采取多次测量；这种序列的平均值将比任何单一的测量更准确地估计真实值。然而，许多标志物是不可能被直接进行操作的，根据它们的性质往往只能进行一次测量。通常所寻求的方法是先搁置个别值的精度的不确定性，而后通过使用更多的测试来减少采样误差。

具有误差分布的真实分数的一般模型在涉及影响测量结果的因素时也是有用的，但不能被视为真正的误差。考虑一种生物标志物用于测试某种干预措施在啮齿动物模型中的有效性。除了受到干预变量的影响外，生物标志物还可能受到季节、时间、温度、前一顿饭以来的时间、饮食结构、技术人员的技术、前期测量结果、进入实验室以来的时间等因素的影响。从定义上讲，这些因素中的每一个都是独立变量，对所寻求数值的因变量有影响。在另一种情况下，这些因素中的每一个都可能是测量的对象，但在特定的研究背景下，这些因素被认为会产生不必要的变化。因此，它们会被识别为造成“错误”的因素。当然，在每个学科中这些因素的存在都是众所周知的，并且最小化其影响的过程构成了各学科中受控变量的方法学知识。当然，这些控制程序只对那些已知的产生“错误”的过程有效。

在任何实验中，操纵控制的数量都受到逻辑上的限制。因此，经常使用随机化。而随机变量的影响将增加实际误差所产生的不确定性，以及增加与任何通过经验所获得的测量结果相关联的不确定性。

可靠性的概念解决了通过经验所获得的数值中方差比例的问题，这可以归因于真分数的变化和误差效应的大小。如果个体在经验分布中的位置可归于它们的真实值，或者误差很小（即如果测量结果是高度可靠的），那么，如果再次测量所有这些数据，就会得到一个非常相似的分布。在逐次情况下得到的分数之间的相关性，实际上是评估可靠性的标准方法之一。

作为复杂系统要素的生物标志物

对于如此充满活力的一个研究领域来说，老年学的许多问题都是悬而未决的。然而，人们一致认为，老龄化是一个或者一系列复杂的过程。贝克（Baker）和斯普罗特（Sprott）很好地阐释了这一共识：“显而易见的是，老化的过程可能有许多，各种系统（生理、生化和/或分子遗传）以不同的速度在进行改变。”（1988）

显然，若要全面看待老龄化问题，就必须从构成一个系统的相互关联变量的复杂关系的角度来表示生物上或者功能上的年龄。这样的表示在“人们能否对生物标志物变量有所期待”上具有重要的含义。

长期以来，处理复杂系统的概念模型及分析模型一直是一个烧脑的主题。近年来，这方面的研究蓬勃发展，关于其复杂性、耗散性结构、自构系统等方面的考虑在物理学和生命科学中都开始有越来越广泛的应用。耶茨（Yates）和他的同事们竭力主张且率先将系统原理应用于老年学问题。然而，我们或许可观察到，老年学才刚刚开始从系统的角度中获益。

系统的定义特征是它的要素之间的相互关联。这些相互关联可以是层次分明的，且具有单向的影响力。另一方面，系统可能会有反馈。事实上，在任何系统或子系统中，都隐含着某种反馈，这些系统或子系统受到自动的或其他类型的调节。反馈回路模糊了因果的意义，并且严重限制了基于牛顿单向因果关系模型的理解。

因果关系网的一个主要后果就是系统中任何因素的影响是前后相关的。某一特定因素是否具有影响力，甚至其影响的方向，都取决于因果关系网中的其他因素。因此，得出“不同个体的生物标志物重要性各不相同”这一结论可能有些令人不快。哈里森（Harrison）和阿彻（Archer）先前引用的案例“饮食限制的有效性取决于基因型”在此处也将成为一个有用的例子。

另一个对本主题非常重要的明确含义是：没有一个标志物能够描述一个系统。出于所有目的搜索标志物都是徒劳且错误的。盲人描述大象的形象相当困难，但特别贴切。只有对尾巴、躯干、腿、耳朵等不同的概念进行整理和相互关联，才能产生全面的

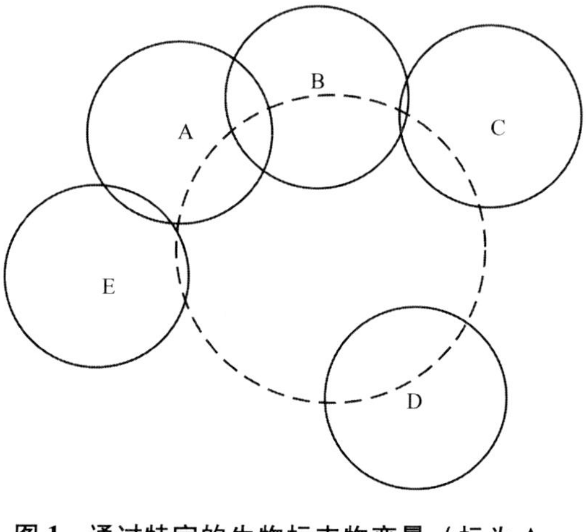

图1　通过特定的生物标志物变量（标为A—E的实心圆圈）部分表示年龄或老化（虚线圆圈）

描述。来自每一个单独的生物标志物的有限的信息有助于我们理解年龄和老化，老年学将会不可避免地需要越来越复杂的多元（多生物标志物）方法。

通过维恩的图（见图1）可能有利于理解。假设虚线圈代表了老化概念的所有含义。从来没有人测量过老化，他们只是能够测量老化的各种表现形式。如图中所示为封闭的圆圈，假设一些“老化”的测量方式为A，B，C，D和E。可以看到，所有这些生物标志物都触及了“老化”系统的某些部分，但是没有一个能彻底地确定虚线圈所包含的全部区域。此外，它们中没有一个生物标志物只测量虚线所在的区域；也就是说，所有封闭圈的一些区域都位于虚线区域之外（这仅仅意味着，除了老化过程之外，还有其他因素会影响生物标志物）。大多数测量方式与其他测量方式相关联（即重叠），但其中一个D是完全独立的。在一种情况（A和E）下，测量方式之间的相关性仅适用于虚线区域以外的元素，因此该相关性对于老化而言并没有意义。将这种表示与对系统的讨论联系起来，可以想象，维恩圈的重叠程度代表了生物标志物在“因果域”内的“因果”路线中共享成员关系的程度。把所有这些经验性测量纳入对“老化”的评估将会大大（但不是完全）有助于了解这一概念的全部含义。因为三个测量方式在域内重叠，域的某些部分将被高估，但剩下的一些域将会无法被表示。

生物系统通常由分为层次和次层次的子系统组成。在这类网状域或因果域中，某些元素将会比其他元素具有更多的“连通性”。也就是说，系统中其他元素与它们的关联程度相对高于平均水平。“最终共同道路”这一陈腐的概念描述了一种影响的趋同化。很显然，与连接不太紧密的因素相比，一个接触到这样的中心“软点”的生物标志物对描述、理解或预测的贡献可能更丰富。

变化系统中的生物标志物

上述类型的系统不能被静态维护，只能被动态维护。因此，如果系统中的某些因素被干扰，则进程将会被启动，然后将该因素带回到一个设定点或者一个设定范围上。这个系统的反应就是众所周知的动态平衡。这种想法的变量包括在发展过程中改变的设定点（同源性或程序化的流变性）或对环境因素（反应性的流变性）的反应。在一个复杂的网络中，任何这样的动态行为都会产生广泛的涟漪效应，同一子系统的因素在稳定下来之前会波动一段时间。生物与其环境的相互作用（包括其物种的其他生物）确保了至少能有一些子系统将处于一个几乎连续的过程中，从设定范围向其迁移和恢复。除了上文讨论的与测量可靠性有关的误差和不受控制的可变源问题外，还有另外一个问题，即试图对生物标志物进行定性的工作面临着一个移动的目标。像这样的不稳定系统的生物标志物可能在测量时间几小时甚至几分钟内给出不同的值。有些自相矛盾的是，如果生物标志物需要完美或近乎完美的可靠性（在高度测试——再测相关性的意义上），那么可能具有高度生物相关性的不稳定系统将被免除检查（参见“稳态、体内动态平衡与老化”）。

为了允许出现老化发生的足够的持续时间间隔，需要区分可靠性和稳定性。如果所有个体在某些生物标志物上都以相同的速率变化，那么，在测量是合理可靠的情况下，它们在第 n_1 时刻的序数排序将与场合 n 大致相同，从而在各场合之间产生很高的相关性。然而，如果在变化率上存在个体差异，则两种情况下的等级顺序就会不同，而且相关性也会减弱，尽管生物标志物的测量具有很高的可靠性。场合间的高相关性将会反映生物标志物的高可靠性和老化过程的高稳定性，它是一个标志。场合间的低相关性可能不是从年龄测量的角度谴责生物标志物，而只是反映相关老化子过程中的个体差异。由于这些较长时间间隔内的低重测相关性而拒绝候选生物标志物，可能预示着失去了对重要过程的检查。

原则上，更改系统中的所有因素都有可能在相同的方向和速度上，以成比例的方式改变。鉴于年龄相关变量间的差异变化，这一前景是老年学最不可能感兴趣的系统。因此，一个人可能期望一个系统的老化具有该系统中相互关联的因素变化的特点。一个变量的意义只能通过它与其他变量的关系来描述，简单而又非常重要的含义是，一个特定的生物标志物变量的意义可以在整个生命过程中发生变化。它可能在生命轨迹的某一阶段描述了某些老化子过程的中心方面，而在另一阶段则不那么相关，甚至与同一子过程无关。

在多元研究中，通过因子结构的不变性等问题，生物标志物的意义发生变化的可能性被明确地推到了最前面。不幸的是，在单变量研究中，没有明显的方法来观察这种变化。然而，对生物标志物意义中变化的不了解并不能消除它们的影响。

变量类型

生物标志物测量变量类型的性质是一个通常被忽视的问题，但却是重要的方法论问题之一。通常定义四种类型：定类、定序、定距和定比。它们之间的区分非常重要，因为合理的统计分析类型取决于生成数据的测量水平。对于最低级别的测量（定类），数据仅用于识别个体或将其分配给群组。球衣上的数字常被指代为标称刻度样板化实际应用的例子。将个体划分为男性或女性就是这一种用法的例子。定类变量上的数字分配是一个主观判断的问题，事实上任何有区别的符号都和数字一样有效。而能够用于定类数据的唯一统计程序是那些各种各样的频率分析。

对于一个定序变量来说，必须有一个与指定数字相关的“大于”或“小于”的含义。那些许多（也许是大多数）当代所使用的生物标志物就可以做出有说服力的论据来证明这个要求得到了满足。只有限定达到定序变量的条件才允许使用中位数、百分数、阶次相关和类似的非参数统计操作。

然而，除非满足进一步的标准，否则就不可使用那些构成老年学统计处理主要部分的均值、方差、积差相关、t 检验、方差分析和类似的参数统计。还有附加要求需要注意，两个变量数值之间的数值差应反映在所有位置上测量相同差值属性的变量。一种可以被证明属性的变量称为定距变量。考虑小鼠活动的表型领域时可以发现其中许多操作测量已被用作老化的生物标志物。定距变量标准要求被评估的基础特质（能量水平、活动倾向、缺乏抑制、恐惧程度在这些在其他过程的某种组合）在 0～100 分与 5～100 分的差异相同。在生物标志物便捷的情况下，替代一种更昂贵或难以获得的金标准计量方法时，两种测量方法之间的适当比较可以证明这种间隔的相等性。对于那些不存在金标准的情况（这种情况必须是老年学文献中的规则而不是例外），那么，如果不是不可能的话，对定距变量的状况论证可能是非常困难的。

对于标量充分性来说，定比变量是一种更高的水平，实际上它必须在标度上有一个有意义的“零”。在这种情况下就可以进行比较，例如 2 倍、1/3 等。定比变量可以合理地利用变化系数和几何平均值。在生物学、行为学或社会科学中，定比变量非常罕见。

缺乏定距变量的状态可能影响对寿命差异或变化的解释。假设“活力”的生物标志物变量在较低范围内的 x 单位的变化比变量上相同的数值变化更高，这表示潜在属性的更大变化。如果老年人的均值往往低于年轻人，那么无法确定生命晚期的变化是否与生命早期的变化相当。数值变量映射到基础变量的函数很少为人所知。通常情况下，严格地说，将生物标志物的状态与生理年龄联系起来时，只有顺序推理才是有根据的。这些相同的考虑表明，如果不同的个体在生物标志物的均值上存在差异，那么评估它们是否以相同的速率发生变化就具有了逻辑上的困难。

解决这类问题需要系统地注意变量属性，但是标量标准的充分性却并没有得到普遍认可。即使得到承认，也很少对标量充分性进行明确的论证。在未能满足定距变量标准的情况下，参数统计的实证稳健性对于特定的老化生物标志物来说并不十分清楚；因此，许多被认为是关于这些指标的可靠信息都应持保留态度。

结论

从对生物标志物的回顾可以得知该词有多种含义，但我们认为所有用法都涉及两个测量的核心问题，这些问题可以非正式地表述如下：

1. 测量的是什么？

2. 测量有多精确？

这个主题需要注意的是，关于年龄或老化还没有金标准的定义，因为在哲学的角度上至关重要的原因是没有人知道老化是什么，只是知道它的某些表现形式。有人认为，任何单一的生物标志物只能测量在年龄和老化的总体意义中的一些（可能非常小）部分。此外，无论如何精细地进行测量，所得到的生物标志物的数值都必须被认为是近似值。而这种近似值的粗略程度不仅取决于误差，还取决于在调节系统中，对生物标志物从其设定范围内的位移所做出响应的参数。更重要的是，生物标志物的基本含义将取决于其作为要素的子系统的其他组成部分的价值，因此几乎或者说肯定会因个体而异，并且可能从生命轨迹的一部分变为另一部分。简而言之，现阶段的老年科学研究：（1）很难明确地说明生物标志物测量的是什么，或者它应该测量什么；（2）任何特定的测量结果都被不确定的氛围所包围，其程度通常是未知的。

但必须明确的是，这里所述的局限性和缺点也适用于任何其他生物学、行为学或社会科学的标志物变量。与其他研究领域相比，老年学研究更多地受其变量作用。事实上，我们必须得出这样的结论，在过去的几十年里对老化问题的研究取得了巨大的进步。显然，没有一种生物标志物在所有方面都是完美无缺的，而同样明显的是，考虑到这里确定的老化测量问题可能会提高其精确性及效用。

另请参阅：稳态、体内动态平衡与老化；老化模型：脊椎动物。

拓展阅读

Arking R（1991）*Biology of Aging：Observations and Principles*. Englewood Cliffs：NJ：Prentice Hall，Inc.

Baker GT Ⅲ and Sprott RL（1998）Biomarkers of aging.［Special Issue］. *Experimental Gerontology* 23：223–239.

Evans W and Rosenberg IH（eds.）（1991）*Biomarkers：The 10 Determinants of Aging You Can Control*. New York：Simon and Schuster.

Harrison DE and Archer JR（1998）Biomarkers of aging：Tissue markers. Future research needs，strategies，directions and priorities.［Special Issue］. *Experimental Gerontology* 23：309–321.

Johnson TE，Conley WL，and Keller ML（1998）Long-lived lines of *Caenorhabditis elegans* can be used to establish predictive biomarkers of aging.［Special Issue］. *Experimental Gerontology* 23：281–295.

Licastro F and Caldarera CM（ed.）（1992）Biomarkers of aging：Expression and regulation. *Proceedings of the First International Congress on Biomarkers of Aging：Expression and Regulation*. Bologna，Italy：Editrice.

McClearn GE（1989）Biomarker characteristics and research on the genetics aging. In：Harrison DE（ed.）*Genetic Effects on Aging II*，pp. 233–254. Caldwell，NJ：The Telford Press，Inc.

Reff ME and Schneider EL（ed.）（1982）*Biological Markers of Aging*.（NIH Publication 82–2221）. Washington，DC：USDHHS.

Sprott RL and Baker GT Ⅲ（ed.）（1988）Biomarkers of aging.［Special Issue］

Experimental Gerontology, 23.

Wilson DL (1988) Aging hypotheses, aging markers and the concept of biological age. [Special Issue]. *Experimental Gerontology* 23: 435-438.

译　者：胡乔文（北京大学）
潘冰心（北京大学）
校译者：刘菊芬（北京大学）

老化过程中的语言与沟通

M. R. 克拉克-科顿，R. K. 威廉姆斯 波士顿大学医学院，波士顿，马萨诸塞州，美国
M. 格拉尔 波士顿大学医学院，波士顿，马萨诸塞州，美国
L. K. 奥布勒 纽约城市大学研究生中心，纽约，纽约州，美国

词汇表

失语症（Aphasia）——因脑部损伤造成的语言表达、书写、理解等方面的能力丧失或削弱。

痴呆（Dementia）——因任何一种影响大脑的疾病而造成的认知能力的持续退化。

辞典（Lexicon）——从一种语言的语法与结构中提炼出来的字词或词汇。

句法（Syntax）——语言元素（如词汇等）汇集成结构成分（如短语、从句等）的方式、方法。

引言

众所周知，对于很多老年人而言，听觉和视觉敏感性的丧失，会带来沟通方面的问题。有些困难（比如阅读小号字体，或者在嘈杂环境下的听力障碍）可以因矫正工具（如眼镜、助听器等）或环境变化而改善。实验表明，对于老年人而言，60 岁或 70 岁之后，其日常语言任务（比如在对话中命名一个特定的物体）变得更加困难。在很多案例中，这类困难可被“感官障碍”所充分解释。本文将回顾与年龄相关的语言变化，及导致这种变化的感官、认知和神经生物学方面的因素。同时，本文也简要考虑一些相互作用的社会因素（如经济状况、受教育程度、性别、语言表达等）对这种语言变化带来的影响。文末简要讨论了脑神经失调导致的一些语言方面的病理性变化。

老年人的日常体验

虽然很多语言技能在老年阶段都保持得较好，但老年人经常会感觉到沟通能力的衰退。最常见的关于语言的抱怨包括：难以理解对话中的词语和某些谈话情景下的口头语，以及遭遇老年歧视。

获得词语

日记研究、问卷调查、逸事报道均表明，老年人经常在获得人名、地名、物体名等方面觉得困难。人们都会有这样一种很熟悉的感觉：某个想表达的词，明明已挂在嘴

边，但就是一时想不起来怎么表达，这种现象被称为“舌尖状态”。当老年人和年轻人均被要求通过日记来记录这种“舌尖状态”时，老年人记录下的“舌尖状态”现象明显比年轻人多。出现问题的词语既包括使用频率低的物品名称，也包括常见的物品名称。这些词语通常在“舌尖状态”出现后很快就会被重新记起。

理解谈话

老年人表示，在语速过快、刺激强烈（如喧闹的房间）、看不见对话者（如电话交谈）等不理想的听力环境下，他们经常会难以理解谈话内容。无论这些困难是否来源于听觉敏感性的逐渐丧失，他们中枢听觉处理能力的减弱与认知功能的退化，并不被别人很好地理解。

老年歧视、刻板印象与“老人语言”

尽管有些老年人（尤其是患有脑神经失调的老年人）的确会因为沟通障碍而让自身变得越发弱势，但大部分健康的成年人一生都能有效地与别人沟通。然而，在大部分的工业社会或西方文化中，“老年”与一些刻板印象和消极的预期相关联，包括对老年人沟通能力的错误假设。比如，很多人认为老年人群体过于唠叨或在谈话中容易偏离话题——而这种概括并不是所有老年人的写照。还有，当人们与老年人说话时，经常会调整自己的语言或者使用“老人语言”，这也许是他们不经意之间就想去减少一种他们感觉到的老年人的听力或理解障碍。这种调整与适应（通常包括用更简单的句子、更短的表达、更慢的语速、更夸张的语调），也许对促进老年人对谈话的理解很有用，但同时也可能被理解成一种自视甚高的姿态、一种对老年人的消极看法和失敬态度。这种对年龄的刻板印象在代际沟通中被展现出来：年轻的和年老的对话者往往都认为年老一方有更多沟通方面的困难。

实验研究

实验研究结果认为，有一些语言能力会随着年龄的增长而变化，但另一些语言能力却在人的一生中都变化甚微。在有关语言使用的研究中，以下几个范畴通常被纳入：（关于语言声音的）音韵学范畴、（词语层面的）词汇范畴、（关于释义的）语义范畴、（短语或句子层面的）句法范畴、（关于短语组或句子组的）谈话范畴、（关于实际或语境知识的）实际应用范畴。在现实中，这些范畴并不容易被分隔。比如，用于检索词语的词汇范畴需要语义范畴的释义知识；在不理解听者的实际期望时，句子组并不能被组织成有意义的谈话。然而，在这些范畴内讨论成年人语言技巧（包括产出与理解）的变化是很有必要的。下文提及的研究结果，特定指向健康的老年人的语言能力，而非脑部受损或神经失调的老年人的语言能力。需要指出的是，这些变化是很微妙的。它们只有在实验环境下才会体现出来，而通常情况下，它们不会给老年人的日常生活带来沟通方面的负担。

音韵学技能

众所周知，老年人的话语跟年轻人有质的区别。听众能明确地分辨出老年人和年轻人的话语（虽然听众可能描绘不出当中的区别）。跟年轻人相比，老年人的话语通常声音更低、语速更慢、咬字没那么准确。老年人的话语通常也没那么流利，包括可能出现更多的停顿、补白、重复和改正。然而，如果没有明显的伤害或疾病发生，老年人的话语技能会保持在足以应对日常沟通的水平上。

调查研究结果指出，跟年轻人相比，老年人在处理话语输入方面更加困难。虽然听觉损失与话语处理方面的困难之间高度相关，但相关文献指出，除了听力敏感性的损失可能造成的话语处理困难外，老年人在处理一些非正常环境下产生的话语的过程中，也有着明显的困难，比如在嘈杂、有回声、时间被压缩等环境条件下产生的话语。

词汇技能

有关老年人的词汇生产能力方面的研究已经比较成熟，某种程度上是因为词汇检索能力（即自然、无意识地想到一个特定词语的能力）通常会随着年龄的增长而减弱。在词汇举例任务中，参与者被要求在固定时间内（通常是 1 分钟内）尽可能多地说出某一个范畴的词汇（比如动物），结果表明老年人能说出的相关词汇比年轻人更少。也有研究表明，跟年轻人相比，老年人在说出图片中所描述物体的名称时速度更慢、错误更多。已有文献表明，50~60 岁的成年人在这方面的困难就已经存在，但 70 岁以上的老年人在这方面跟年轻人相比才有显著差异（见图 1）。

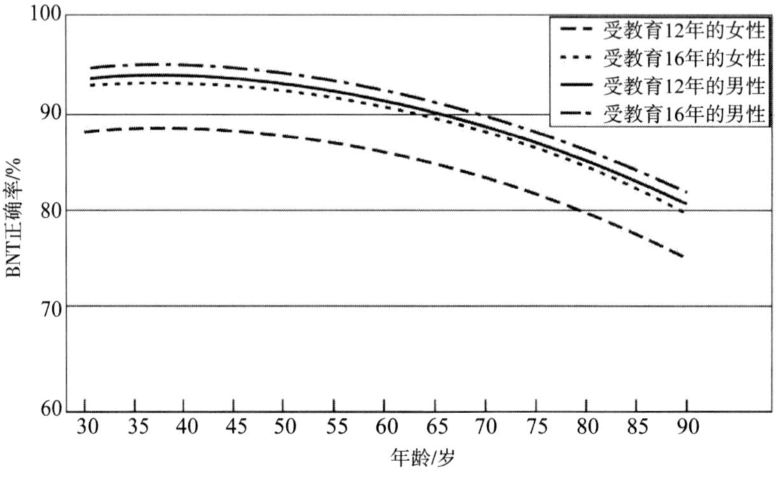

图 1　分年龄、性别和受教育程度波士顿命名测试（BNT）预测结果

引自：Connor LT, Spiro A, Obler LK, and Albert ML (2004). *Journal of Gerontology: Psychological Sciences* 59*B* (5): 203-209.

因为词汇检索方面的困难经常会因语义或音素提示的协助而被克服，所以看起来老年人的词汇知识完好无损，即使他们并不认识这些词汇的音韵形式。实际上，鲜有证据能表明词汇量会随着年龄的增长而减少。虽然有些研究指出，老年人定义词汇的质量比年轻人要低，但大多数证据表明，成年人可以保持他们在词汇意义方面的知识水平，并能继续将这些词汇融入他们的晚年生活中。

语义技能

我们有充分的理由相信，语义方面的能力在整个成人阶段基本上能保持不受损害。之前的语义检索研究表明，即使是在老年人表示想不起来某个词的时候，他们仍然可以在被提示的时候说出这个词。这表明他们潜意识里保持了对这一词汇意义的认识。老年人在词汇测试方面普遍良好的表现，也印证了他们拥有比较完好的语义知识。另外，在选词任务中，老年人和年轻人的语义启动（即当一个词前面有一个语义相关的词时，它能更快地被识别）能力旗鼓相当。同样地，有关句子理解方面的研究已经证明，老年人理解句中词义的能力保持得比较完好，除非句子非常复杂，或者有一些违反直觉的描述。

句法技能

句法生产技能，指的是一位演讲者或作家把词汇组织成语法上能被接受的短语或者句子的能力。它可能是句法简单的句子（只包含一个从句），也可能是句法复杂的句子（有一个或多个非独立从句）。在本能的演说或日记中，老年人的句法能力呈现下降趋势，表现为跟年轻人相比，老年人趋向用更简单的语法结构，以及会产生更多的错误。

此外，有证据表明，理解句子会随着年龄的增长而变得更加困难。跟年轻人相比，老年人在解释、回答和判断句法复杂的句子方面更加慢且更加不精准。这些变化存在于阅读与听力技能方面。让老年人感到困难的句子通常有这么一些特征：比较长、某种程度上违反直觉、句法复杂，或者单凭语句难以理解。比如这句“测试内科医生的患者填写了这张表格”，语法和实际意义上都比较难懂：语法上难懂，是因为“测试内科医生的”这一非独立从句嵌在了主句“患者填写了这张表格”中；实际意义上难懂，是因为通常患者并不测试内科医生。这种复杂性通常迫使听者在听句子的时候运用工作记忆重复他们所听到的内容。对于在处理这些句子方面感到困难的老年人而言，究竟是句法知识本身还是熟练运用这种知识的能力受到了损害，这一点尚未明确。

关于语言处理加工过程中的资源分配方面的研究也表明，老年人和年轻人在处理复杂句子方面有所不同。研究表明，年轻人会在较复杂的句子结构（比如相对客观的句子描述）中分配更多的阅读时间，而在没那么复杂的句子结构（比如相对主观的句子描述）中分配更少时间（见图2）。

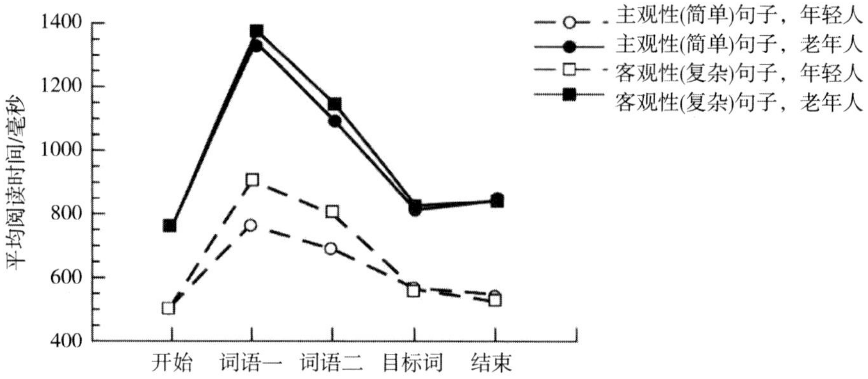

图 2　基于年龄和句法结构划分的复杂句子平均阅读时间

引自：Stine-Morrow EAL, Ryan S, and Leonard JS (2000). Age differences in on-line syntactic processing, *Experimental Aging Research* 26：315-322.

谈话技能

关于老年人谈话的研究，调查了自发的谈话（比如自然而然的对话、信件）和受启发下的谈话（如讲故事、描述图片），发现老年人之间的谈话跟年轻人之间的谈话两者有着一些明显的区别。然而，成年的不同阶段中，谈话行为的个体差异都是很大的，因此概括不同年龄层的谈话行为特点是非常困难的。与其他方面相比，个人风格对谈话表现的影响更大（比如有些人喜欢说话，而有些人却更加沉默寡言；有的人喜欢把内容描述得很详细，有的人却喜欢三言两语说完重点）。

那种认为老年人说话更冗长的看法已经在一些研究中得以证实。在这些案例中，似乎“饶舌话多”某种程度上是受一些与年龄无关的社会需求刺激而产生的，话多的老人更加外向，更少地考虑别人对他们的看法。这种饶舌话多，有可能是因为词汇检索或者记忆问题造成的，因为这种情况下人们会拐弯抹角地表达他们的语义目标（即描述一个词的特点，而非直接说出这个词本身）。另外一个不能排除的可能性是，这些说话唠叨的老年人实际是处于老年痴呆的早期。

研究也指出，老年人与年轻人在指称表达（比如代词）的使用方面也有差异。为了清晰使用这种表达，说话者必须对先行词（代词所指的词）的标识毫不含糊。老年人的指称表达往往没那么精确。加上其他差异的影响，我们很难说清楚这些模棱两可的表达是源于认知能力（比如记忆力和注意力）的不足、理解话题方面有困难，还是因为不能识别出对方的视角。

老年人在复述故事或者发出指引方面通常没这么在行，因为跟年轻人相比，他们往往会忽略更多关键的元素，因此他们创造出的对话往往没那么流畅，让人难以反应过来。然而，谈话的质量并不容易被量化评估。有证据表明，如果运用更多主观的测量（如清晰度性、对接听者的兴趣等）来评估谈话质量，老年人的谈话质量看上去是很好的。有证据表明，老年人在故事识别和回忆任务方面的谈话理解与组织能力更差，在做出推论和逻辑结论、组织故事元素、一段时间后回忆故事内容等方面困难较多。

实际应用与非语言技能

关于老年人使用实际应用技巧的系统性实验比较少。然而，在其他语言能力实验中，实际期望值经常被纳入实验操作内容。正如在前文句法技巧部分的结论中所指出的那样，与实际期望相反的是，老年人在处理复杂句子时特别困难。对于听力受损的老年人而言，找到非语言线索特别重要。有调查指出，跟年轻人相比，在没有听觉带来的线索的帮助的情况下，老年人辨认面部表情中包含的意义元素更加困难。

导致语言变化的因素

感知能力、认知能力和神经生物学方面的变化，均已解释了一些老年人与年轻人之间的语言差异。明显导致语言能力缺失的感知能力因素，包括了视觉和听觉敏感性的丧失。非语言方面的认知能力，比如认知速度、工作记忆、执行功能和注意力，都已被证实会随着年龄的增长而衰退，这些非语言方面的认知能力也被假设成是一些与年龄相关的语言变化的媒介因素。这里将对语言能力表现中包含的感知能力、认知能力和神经生物学方面的变化做出一个概述。大脑和感觉器官的变化，通常被认为会引起认知能力的变化，从而导致语言能力表现的变化。然而，有这样一种假设：存在一种普遍的因素，这种因素会导致感知能力、认知能力和语言能力的消损。这种观点被称作“普遍原因假设”，这种观点认为，感知能力的下降并不是认识能力下降的原因，而是（感知能力的下降）会带来相关的生理变化，进而导致了认知能力的消损。

感知能力的变化

视觉、听觉模式方面的感知能力变化，伴随着健康老龄化的过程而产生。这些变化对老年时期顺利、成功地沟通带来了影响。

与老龄化相关的视觉变化可能包含了诸如老花眼、瞳孔缩小、白内障、玻璃体后部脱离等外周问题，也可能包含了青光眼、老年黄斑变性、糖尿病视网膜病变等方面的障碍（参见“视力”）。这些障碍可能引起一系列的症状，从难以聚焦近距离物体和夜间视力的下降，到失明的发生。衰退的视敏度对沟通有直接和间接的影响。视觉输入对构成一些典型对话而言是必须的。非语言性的线索补充了口头沟通，如果没有或者缺乏这些非语言性的线索，沟通会变得更加困难。此外，阅读和写作技巧也可能受到牵连。间接地，视力损失会影响老年阶段的社会互动。看电影、看电视的能力减弱，驾驶能力受到影响，这些都可能导致社会活动的减少、隔离程度的加深。阅读药品包中的指引、表格上的数字等方面的能力减弱，也可能造成一些害处。

与老化相关的听力损伤（即所谓的“老年聋”）包括了耳朵、听觉神经、听觉传导通路等方面的变化（参见“听力”）。这些变化带来了敏感性（尤其是对高频率声音）的损失，通常也造成更差的声音辨别能力和受损的语言识别能力。

在纯音调测试中，与年龄相关的明显变化之一，是随着年龄的增长，高频率音调的减少越发严重。并不是所有与年龄相关的听力变化都会直接影响到语言的识别能力，语言识别能力的衰退通常与纯音调的损失相对应。然而，老年人理解语言的能力（尤其是在嘈杂环境下），和他们外周听力损伤之间的关系，已经成为一个有争议的问题。

“外周假设说”认为，理解语言方面的困难，可以通过用纯音调测量的听力损失来解释。一些研究指出，没有听力损伤的老年人在纯音调测量中表现得跟年轻人一样；然而，有听力损伤的年轻人却表现得和有听力损伤的老年人相似。相反，其他研究却指出，在关于“在嘈杂的环境中辨认语言的能力”的测量中，具有正常听力的老年人，表现得没有年轻人好，这显示了老年人在语言感知能力方面可能具有超出他们敏感性阈值的困难（至少在嘈杂的环境下是这样）。这些后期发现，带来了一个关于中枢听觉处理能力损伤的假设。

在65岁以上的人群中，听力变化是非常普遍的（无论这种损伤主要是外周的还是中枢的），而且它们造成的影响常会被忽视。那些遭受未经修正的听力损伤的老年人，更趋向于将他们的社会互动最小化，且在关于社会心理、情绪、休闲娱乐等方面的受损害程度的自评中，这群老年人的分数比那些没有听力损伤的老年人更高。

尽管在助听方面有着很多的可选择性（包括很多非常敏感和先进的工具），大多数有听力损伤的老年人并不选择使用助听措施或工具。相关调查显示，大概有20%的听力受损老年人选择使用助听措施或工具。它们使用率较低的原因包括：不愿意承认由于年老或相关身体缺陷而造成听力损伤，对因为使用助听措施或工具而带来的被放大的吵闹环境不耐烦，不擅长掌握小体积助听工具的使用方法，以及出于支付能力的限制。恰当的介入方式非常关键，应该以身体（如听力损伤的类型、耳部结构）、社会心理因素（如动力、生活方式）和经济条件为基础。同样重要的是介入之后的过程，即助听措施或工具的评估和调整阶段。关于助听措施或工具的使用情况及满意度自评（最常使用的是25项的“老年听力障碍筛查量表”，Hearing Handicap Inventory for the Elderly，HHIE）的研究显示，那些能够正确适应助听措施或工具的人们，能够从助听措施或工具中得到很大的益处。

非语言认知能力的变化

关于老龄化过程中语言能力表现的主要理论指出，由于年龄增长而出现的语言方面的能力衰退，可由诸如加工速度、工作记忆、执行功能、注意力等认知能力来起媒介作用。这些能力跟对老年人而言比较有难度的语言测试的表现具有相关性，也有证据表明，这些能力均随着年龄的增长而衰退。

认知过程的变慢，已经被推断为是跟年龄相关的认知能力降低的媒介因素。老年人通常比年轻人花费更多的时间去完成大部分的认知任务。即使是用于这个测试的启动方面的速度也被考虑进去，测试中更慢的表现也还是会显露出来。认知过程的变慢会影响很多的语言任务。在这些任务中（比如词汇举例、指认图片、听力理解等），速度会被衡量，时间往往也是有限的。虽然认知速度跟这些测试表现之间有关系，但这并不足以解释老年人在这些任务中所面临的困难。

工作记忆能力，即同时牢记和处理信息的能力，也会随着年龄的增长而下降。在记忆数字、词汇、图形的同时去进行第二个任务（如读句子、计算数字等），这种测试对于老年人而言非常有难度。在语言领域中，好的工作记忆能力对于听力理解非常有用，因为听者能够判断“谁在对谁做什么”，尤其是句子又长又复杂的时候。实际上，如上所述，受牵连和影响的工作记忆能力，被认为构成了老年人在处理结构复杂的句子、回想文本或听力对话信息方面存在困难的基础。

执行功能指的是一套认知能力，比如区分选项、设定目标、实施行为、追踪表现等，这些能力会让人成功地计划和实施一项任务。老年人通常在衡量这些能力的任务中表现出能力不足。执行功能障碍，被认为会导致一些语言能力方面的损害。比如，词汇举例任务需要运用诸如在不同的语义子分类（比如农场动物和家庭宠物）之间切换的执行功能。

注意力抑制指的是将注意力集中在相关刺激物、忽略不相关信息的能力。尽管不存在相关舆论表明老年人是否真的在注意力抑制方面表现出不足，但是在抑制无目标词汇方面的困难，会促进词汇检索错误的发生，从而导致一个相关但不准确的词汇的产生（比如“椅子”，而不是“凳子”）。此外，在理解力测试中，忽略噪声或不相关信息方面的能力障碍，可能会阻碍对目标材料的理解。当面对较长的听力或文本短文时，如果在将注意力集中在相关信息、忽略无关细节方面存在困难的话，那么就有可能损害到反馈对话主旨、回答关于对话的相关问题方面的能力。

神经生物学变化：解剖学、化学和生理学

成年人的大脑可能随着年龄增长而显示出很多变化，包括体积缩小、激活模式的变化及神经递质回路的差异等。大脑的收缩，可能与脑白质（即传递神经信号的有髓鞘的轴突）的变化有关。结构成像研究表明，脑白质体积减小及脑白质强度增加，这两种现象均与执行功能、处理速度、外显记忆方面的测试表现变差存在着联系。功能成像研究表明，一些老年人在进行言语的工作记忆任务的时候表现出背外侧前额叶皮质的双侧激活（而非年轻人群体中典型的左半球激活）。这种双边激活，可能是一种补偿机

制，也可能是因为无法抑制激活而导致的结果。神经递质多巴胺的变化在老年人大脑里也会发生，因为多巴胺浓度和受体密度都会随着年龄的增长而下降。多巴胺与心理运动速度测试和认知功能有关。

个体差异的解释

作为一个群体，老年人展示了以上讨论所述的语言变化模式，但个体层面的表现却有着很大的不同，有些人在 70 多岁或者 80 多岁的时候表现出明显的语言方面的衰退，而有些人的语言能力在他们一生中都表现得非常好。对这一组内差异的解释，是实验研究和临床评估的一个重要问题。

许多社会变量，包括教育、社会经济地位和参与者的性别，都被指出对语言测试的个体表现差异有影响。例如，一个拥有高级学位的人可能比高中毕业生更有可能善于在词汇测试中找到一些模糊的词汇。事实上，关于语言与认知之间关系的研究报告表明，在这些测量中，受过高等教育的人比受教育程度低的人表现更好。

其他方面的表现差异更具个性化，比如动机、兴趣、认知风格和抑郁的状态等。很容易理解的是，人们在那些可以发挥自己的兴趣和优势以及与自己的生活息息相关的任务中往往做得更好。在动机方面，参与者或实验者的低期望，往往与较差的表现之间具有相关性。缺乏动力可能是疲劳或疾病的表现，这也可能导致糟糕的表现。

评估设置的某些方面也被证明对个人的表现有不同的影响。充足的照明、易读的印刷、最小的噪声，这些对于最大程度地优化听力或视力受损的参与者的表现都至关重要。对于那些不熟悉的任务，在评估开始之前就有足够的练习机会，这对于老年人而言比对于年轻人而言更有帮助。一种机构效应也被观察出来：居住在社区的人往往比住在护理院的人表现得更好。

在大多数语言和认知领域，几乎没有关于双语和二元文化的老年人的表现数据。事实上，自 20 世纪 90 年代以来，临床医生和研究人员已经开始强调：需要在常用的神经心理学和语言测试中为双语参与者设立规范。用双语者常用的两种语言对他们进行测试，结果表明：对每种语言的熟练程度都会影响到测试者的表现。此外，双语参与者获得的平均分数与单语者的分数也有所不同。例如，双语参与者可以正确地说出较少的图片，并且在单语言条件下，在他们的每一种语言中生成的单词均比预期的要少。在使用英语或者翻译成其他语言所进行的规范测试中，双语者得分较低，这在一定程度上可能是由特定语言之间的差异造成的。单词长度、语义关系和熟练程度的变化可能与测试内容之间进行交互，因为它们被从一种语言翻译或转换成另一种语言。在考虑双语参与者时，不仅要考虑语言因素，还要考虑文化差异。文化差异可以解释解决问题和处理任务需求的不同方法，以及不同的战略灵活性。此外，对老年人的态度在不同的文化中也有差异，这也影响了年轻人和老年人之间的交流。

语言和沟通障碍

脑损伤或神经退行性疾病通常会导致成人严重的语言障碍。本节概述了两种老年人不成比例地患有的神经障碍导致的语言问题：可能导致失语症的脑血管意外（俗称“中风”）与阿尔茨海默型痴呆。同时，本节也简要地考虑了对于童年时即有语言障碍的成年人而言，老龄化过程（对他们的语言障碍问题）的影响。

失语症

失语症（参见“语言障碍：失语症”）是一种因脑损伤（通常是左半球的一种脑卒中）而导致的语言障碍。失语者的即兴语言能力几乎总是受到损害，其他语言能力如阅读、写作、重复和理解也可能显示出缺陷。失语症障碍可能被宽泛地归类为流利或不流利。不流利的失语包括完全性失语、布洛卡失语和运动性失语。流利的失语包括韦尼克氏失语、经皮质感觉性失语、传导失语症和命名性失语。平均而言，流利失语症患者比非流利失语症患者年龄要大 10 岁左右。

阿尔茨海默型痴呆的语言

因痴呆而发生语言变化，这在阿尔茨海默型痴呆（DAT）中是最普遍的（参见“痴呆”“痴呆：阿尔茨海默病”）。尽管语言技能跟阿尔茨海默型痴呆患者的其他认知能力一样，有一个逐渐下降的趋势，但在疾病的早期和中期，很多语言领域的技能仍然相对完整。因为能产生语言声音的运动语音技能（如发音、共振和语音）基本上都是完好无损的，所以即使在词汇的含义被曲解时，它们也能被理解。输出遵循语言的语音规则。例如，说话者不能用另一种语言来代替他们语言的声音特征，也不能产生他们的语言中没有找到的声音组合。阿尔茨海默型痴呆患者同样倾向于遵循他们语言的语法规则。例如，他们通常不会通过添加词缀来标记词语在句子中的用法的方式来违反语法规则。在阿尔茨海默型痴呆患者中，韵律（即语言的独特节奏，以可预测的方式进行起伏）也是常见的。

尽管有这些保留下来的技能，早期阿尔茨海默型痴呆患者的语言具有词汇检索和语篇能力方面的损伤。阿尔茨海默型痴呆患者通常在检索词时表现出很大的困难，他们用语义或音素来代替目标词，或者用一个模糊的填充词来代替一个更有意义的词。说话的连贯性会进一步受到偏离话题、词汇或短语重复这种趋势的阻碍。由于说话者的语言和语法都是正常的，所以在发现词汇过程中遇到的困难，可能会使疾病早期阶段的谈话变得复杂，但不会妨碍它的发生。至于理解方面，复杂的话语将会带来挑战。

在阿尔茨海默型痴呆的中期，患者语言上的困难极大地削弱了沟通效果。词汇检索问题变得更加严重，这使得谈话和语用中出现难以逾越的鸿沟，会在对话中说出对目标词或其功能的描述，却不出现这个词本身。说话者也开始用语篇层次的语言表达各种各样的困难。阿尔茨海默型痴呆患者早期的失去谈话主题的倾向变得更加明显，以至于谈话变得几乎不连贯。说话的人往往没有意识到听众对这个话题是否具有理解能力或兴趣。患有阿尔茨海默型痴呆的双语者可能会对谈话对象使用一种对方并不懂的语言，而在患上这种病之前，他们是不会这样做的。

而到了阿尔茨海默型痴呆的晚期，患者的讲话内容几乎是无法被理解的，在最严重的时候，讲话会完全停止。患者的理解力也严重受损，这种阶段的患者是无法进行有意义的交流的。

发展性的语言障碍

具有发展性语言障碍（如口吃、阅读障碍等）的患者在成年期的语言表现是一个未被充分研究的领域。在当代老年人还是儿童的年代，有关儿童语言问题的诊断和治疗并没有现在这么容易获得，因此许多现在被认为具有语言障碍的人，他们的问题在儿童时期并没有被发现和识别。这使得对这种患有发展性语言障碍的个体身上那些跟年龄相关的变化进行系统的研究变得十分困难，但把这一小群老年人纳入考虑中，对于对老年人的语言变化有更全面的理解是很重要的。

结论

大多数健康的成年人在他们的一生中都成功地进行了交流，但是实验研究表明，中年后的语言任务表现中，人们表现出了微妙的差异。其中一些变化，如较差的语音处理和较低的准确性，无疑与听觉敏锐度的丧失有关。研究还表明，老年人更难找到特定的词语并从复杂的话语中做出推断。另一方面，词汇的语义知识和对现实世界期望的理解，以及某些讲故事的技巧，似乎都没有受到影响。

认知速度、工作记忆、执行功能和注意力等认知能力的削弱被认为是语言能力下降的媒介。整体的健康状况及疲劳程度、运动速度等相关因素也对语言任务中的表现有影响，尤其是在限时的评估中。个体的表现，还会受到诸如教育程度、性别、文化和社会经济地位等社会变量，及动机、兴趣和评估环境的舒适性等行为因素的进一步影响。

另请参阅：痴呆；痴呆：阿尔茨海默病；听力；语言障碍：失语症；语言障碍：一般；视力。

拓展阅读

Bayles KA and Kaszniak AW (eds.) (1987) *Communication and Cognition in Normal Aging and Dementia*. Boston, MA: Little, Brown.

Beasley DS and Davis GA (eds.) (1981) *Aging, Communication Processes, and Disorders*. New York: Grune and Stratton.

Craik FIM and Salthouse TA (eds.) (2000). *Handbook of Aging and Cognition*, 2nd edn. Mahwah, NJ: Lawrence Erlbaum Associates.

Dixon RA, Bäckman L, and Nilsson L-G

(eds.) (2004) *New Frontiers in Cognitive Aging*. New York: Oxford University Press.

Hamilton H (ed.) (1999) *Language and Communication in Old Age: Multidisciplinary Perspectives*. New York: Garland Publishing Inc.

Kemper S and Kliegl R (eds.) (1999) *Constraints on Language: Aging, Grammar, and Memory*. Boston, MA: Kluwer Academic Publishers.

Lubinski R (ed.) (1995) *Dementia and Communication*. Philadelphia, PA: B. C. Decker.

Lubinski R and Higginbotham DJ (eds.) (1997) *Communication Technologies for the Elderly: Vision, Hearing, and Speech*. San Diego, CA: Singular Publishing Group, Inc.

Nussbaum JF, Pecchioni LL, Robinson JD, and Thompson TL (eds.) (2000) *Communication and Aging*. Mahwah, NJ: Lawrence Erlbaum Associates.

Obler LK and Albert ML (eds.) (1980) *Language and Communication in the Elderly*. Lexington, MA: Lexington Books.

Perfect TJ and Maylor EA (eds.) (2000) *Models of Cognitive Aging*. New York: Oxford University Press.

Poon LW, Rubin DC, and Wilson BA (eds.) (1989) *Everyday Cognition in Adulthood and Late Life*. Cambridge, UK: Cambridge University Press.

Ripich D (ed.) (1991) *Handbook of Geriatric Communication Disorders*. Austin, TX: Pro-Ed.

Sekuler R, Kline D, and Dismukes K (eds.) (1982) *Aging and Human Visual Function*. New York: Alan R. Liss.

Ulatowska HK (ed.) (1985) *The Aging Brain: Communication in the Elderly*. San Diego, CA: College-Hill Press.

译　者：黄洁瑜（爱德基金会）

校译者：谢立黎（中国人民大学）

老化理论：社会学

V. M. 马歇尔 北卡罗来纳大学教堂山分校，北卡罗来纳州，美国
P. L. 克拉克 密歇根大学社会研究所，安娜堡，密歇根州，美国

词汇表

年龄分层理论（Age Stratification Perspective）——把出生于各个年龄段的人的不同看作是变化中的社会的不同的理论。

脱离理论（Disengagement Theory）——认为成功老龄化要求个体与社会的相互脱离。这对社会有益，并且对个人来说，是有益的、正常的、典型的和自愿的。

阐明理论（Interpretive Theory）：认为个体有足够大的行动和选择的自由，认为个体有创造和利用工具的能力。

现代化理论（Modernization Theory）——认为社会的现代化、工业化、城市化、新技术的发明、健康水平的提高和长寿的结果是老年人社会地位的下降。

政治经济视角（Political Economy Perspectives）——强调权力和经济力量对社会建构和个体生活变化的重要性的一系列理论观点。

引言

社会老年学从几个视角涉及一些理论观点和理论，但是却很少阐述属于自己的跨学科的理论或理论观点。理论观点可以帮助我们理解社会现象的一系列概念。实质上，当观点说“看看这个”，而理论则提供了一个有意义的解释和一个关于社会世界运作方式的假设背景，为各个概念及其背后的关联提供了基础。没有并且永远也不会有一个老龄化的“正确”理论。老龄化本身是变化发展的，试图去建构一个能够涵盖生活各个方面的理论是不可信的。但是，毕竟有一些关于老龄化的理论。有一些关于老龄化的一些现象的、基于很精细的概念化的、系统的有逻辑的假定尝试。涉及的老龄化现象范围很广，包括工作和退休行为、经济保障、健康和健康护理设施的变化、家庭生活和社会融入。这些理论的问题出在老龄化理论的实际效度上，或者更多的是实际上发生的事物没有很好地理论化。并且，大多数理论是理论观点的拼凑，应用在老龄化的社会进程、老年人的社会地位、社会机构在应对老龄社会的过程中是怎样形成、适应和变化的。我们很难把这些叫做真正的理论。本文第一部分简要介绍了应用于社会老年学中的理论观

点，这一部分也是对社会老年学理论发展的主要概述，也可以用来理解今日的理论。最后一部分讨论了老年学中的社会理论的挑战。

理论分类的框架

社会老年学理论的讨论有多种形式。最通常的形式是学者们建构两种对立的模式，如结构功能主义对政治经济视角主义，或女性主义理论对男性主义理论。还有很多不同的关于老龄的社会学理论。本特森（Bengtson）等人认为老龄的社会科学理论精巧地根植于符号互动主义、结构功能主义、马克思主义、经济上的理性主义、诠释学和后现代主义。这些老年学理论包括活动理论、脱离理论、现代化理论、亚文化理论、连续性理论、社会挫折/标签理论、交换理论、政治经济视角理论、社会建构理论、生命历程理论、女性主义理论和批判老年学。其他说明也有一个类似的名单，但是描述了不同的理论观点的关系。也可以说，它们介绍了社会老年学中不同理论的发展变化过程。

我们的叙述方式是简要的叙述，分为早期的理论和最新的理论，但还是遵循马歇尔（Marshall）的分类法分成两个进路：规范释义方法进路和微观宏观方法进路。微观宏观方法进路能够解释理论为什么关注人在社会中这一社会心理过程，关注社会机构或者宏观方面的社会结构，或者试图把个体和小型的社会活动与社会结构和大规模的社会变化联系起来。规范释义方法进路包括从把个体视为无法自由选择、行动的理论到把个体视为可以自由表演的演员，至少可以进行选择。理论观点（或者这个领域中的罕见的理论）可以按照这两条进路来考察。

早期理论中的遗留问题

社会老年学的早期理论关注微观和宏观两方面，但主要还是用规范视角和决定论的视角。从1940年左右出现的最早的理论开始，就有老年人的社会融合减少的观点。结构功能主义社会学家持这种观点，他们认为个体的社会角色构成了整个社会。社会融合被定义为在社会上扮演社会角色，而大规模的社会变迁会导致人们随着衰老而使社会融合减少。因此，社会老年学从其起源开始，就把老龄化的个人与社会之间的“契合”作为问题，但它未能充分描述阶级、性别和类似结构属性对生活经验的构建，更不用说年龄结构了。早期的理论主要是叙述性的，而解释性的理论可以认为部分是对叙述性理论的回应。

对社会适应的早期关注

社会老年学的历史与美国的历史紧密相关，受个人主义意识形态影响很大。莎娜斯（Shanas）谈及早期的社会老年学，认为“现在美国社会学的兴趣点是老年人……可以直接源于欧内斯特·W. 伯吉斯（Ernest W. Burgess）作为社会科学研究理事会社会适应委员会（the Committee on Social Adjustment of the Social Sciences Research Council）的一员所做的努力”。伯吉斯认为，社会的现代化导致老年人许多重要角色的丧失，也可以叫做“角色减少的老年人”（role-less role of the aged）。这一现象被功能主义者的角色理论阐释为老年人个体要适应改变的或消失的社会角色，就是通过某种“适应”。伯吉斯认识到个体和社会之间的缺少“适应”可以通过社会的变化或个体的变化两种方式来修补，但当时只关注了个体的变化。社会适应委员会的报告在1948年出版，题目是“老年期的社会适应”。这项工作得到了理事会的资助，还得到了密歇根大学人口适应研究所（the Institute for Human Adjustment at the University of Michigan）的支持。

现代化理论

早期的研究延续了“适应”一词的含义，在宏观上就是现代化对老年人的社会地位起到了决定作用。但是，社会和个体在现代化理论中都没有得到很好的阐述——个体在宏观社会研究中几乎被忽略，这个理论的重要成果也没有把社会放在世界社会经济体系中进行考量，也没有对社会现代化的复杂性有清楚的认识。当伯吉斯提出现代化和老年人社会地位的关系的著名论断时，考吉尔（Cowgill）以22个自变量得到四组因果关系的方法来说明现代化带来了老年人社会地位的下降。他的理论中的现代化的主要方面是健康状况的进步、经济水平的提升、城市化水平的提高和教育程度的提高。这个理论认为每一组通过中介变量，都会导致老年人地位的下降。例如，城市化导致年轻人的迁移、新居住地的婚姻和居住隔绝，这些使得年轻一代从父母的权力中摆脱出来，也就导致了老年人社会地位的降低。

这种进路的问题包括：（1）它假定现代化是一个统一的过程；（2）时机选择的经验问题（例如，有很多历史案例说明退休在经济现代化之前就出现了）；（3）假定历史上的老年人在现代化以前就具有较高的社会地位，或者他们在尚未现代化的当代社会中具有更高的地位；（4）对社会地位的模糊概念。例如，如果把政府向老年人分配资源看做一种社会地位的标志，那么很明显现代工业化福利国家赋予了老年人前所未有的地位。

通过考吉尔的这种标准的努力建构，老龄和现代化的理论为研究者们提供了一个有用的参考点，它可以用来被验证，这就会引发更广泛的说明和接下来对这个理论的反对。甚至可以说这个理论是一个参照物，会在政治经济传统领域内刺激理论的发展。

角色理论、脱离理论和活动理论

现代化与老龄的关系的理论是两个主要的人口老龄化的社会学理论之一。我们再来看脱离理论，这是在微观或社会心理学层面上的最重要的理论，尽管它也含有社会结构的内容，也包括个体和社会的关系的方面。脱离理论包括九个假定和几个明确的结论。它主要的内容是，随着衰老，个体和社会的联系纽带在双向解体，并且这对个体和社会都有益。脱离在社会结构变化中的含义就是“在社会中个体周围的人的数量越来越少，个体与他们的互动也在减少，个体的生活系统在重构”。而融入则用一些社会角色的扮演来衡量，比如与其他人互动的时间在总时间中的比例，或者互动时间的绝对数。社会结构被结构功能主义者认为是一套与角色期待相关的复杂的角色位置系统。在理论发展的这个时候，社会融入就是老年人对社会的适应，适应与否可以以生活满意、情绪乐观、幸福这些指标来衡量。结构功能主义在这里把个体仅仅看成一些有一定需求和个性特征的角色符号。在这个理论体系中，个体是可以对社会需要和不可避免的、普遍的生理和心理发展压力做出反应的。

在脱离理论产生的一般研究方案中，以及后来社会心理学对“调整”的强调，进入预测生活满意度变化模型的主要自变量是倾向性或个性因素，或者主要局限于健康、收入保障和社会融合三个领域。这些实际上是无法测量的变量。很少有学者能够把健康、财富和社会融入的原因理论化，并且根本没有人能够从生命历程的角度研究这一问题。如果要研究，则需要把注意力从社会心理角度的社会结构分析移开，而要从横截面数据的角度作时期分析。此外，还要摒弃北美社会科学中的过分的个人主义偏见。

活动理论是库明（Cumming）和亨利（Henry）发明的，可以说是他们对脱离理论的解释。他们认为这是一个纯粹的理论。对脱离理论的回应结果是出现了许多对活动理论的规范说明，比如哈维格斯特（Havighurst）等人利用堪萨斯城研究的数据、马多克斯（Maddox）等学者利用杜克大学老龄化纵向调查（the Duke Longitudinal Survey of Aging）的研究。其他美国社会老年学家也参与了这场争论，多年来一直主导着老年学学术会议和出版物。莱蒙（Lemon）、朗吉诺（Longino）、卡特（Kart）等人提出了更先进的理论说明和检验。结果大部分是倾向活动理论，即生活满意度的提高在社会参与度高（通过一系列指标测量）的老年人中发现得多，而不是在社会参与度低的老年人中。但是在这里，老年人的个性因素没有得到必要的重视。对脱离理论最致命的批评认为，大多数老年人从社会角色中脱离并非自愿的，比如丧偶或退休。尽管脱离理论有种种缺点，但它至少试图要成为一种理论，但它没有被精确地概念化，因此很难被检验。

我们把活动理论和脱离理论都归于角色理论，因为角色的结构功能概念对两者都可以使用。其他没有加入脱离理论和活动理论争论的学者，对角色的理解也是一样的概念。欧文·罗索（Irving Rosow）这位最著名的理论家，差不多毕生都在研究老年人角色的功能性的说明，认为造成老年人角色扮演的困难有几个原因，包括动力不足、正规教师和角色模范的缺乏。

年龄分层理论

从社会结构角度对老年学进行研究的尝

试的结果是莱利（Riley）和同事的年龄分层理论。但这个理论很少被认为是能够通过社会化和角色扮演的过程起到连接个体和社会的作用。

年龄分层理论的主要观点是把年龄看作结构本身，个体的社会身份通过同期群或人群的年龄体现出来。年龄分层中的每一个部分都有自己的行为预期和为满足这些行为预期的行为。社会结构有两个组成部分：人（形成人口结构）和角色。概念化的过程就是结构功能主义。年龄不仅仅起到一个分类或角色符号的作用。与年龄相关的行为也可以被认为是他们对社会的贡献，分析的视角可以关注在“与年龄相关的角色的整个系统，或者与特定年龄相符的适当角色的全部内容，或者把特定的角色看作整个系统或全部内容的一部分”。

角色分配（role allocation）指的是“一套将特定年龄的个体持续分配和重新分配到适当角色的机制”。“角色分配”作为一个概念有动态描述社会结构的潜在的能力，但对其批评是可以通过图示表示出来的。年龄结构不是静止不动的，而是可以通过其中同期群的变化而变化的。这个变化是怎样发生的？这在年龄分层这个理论中体现不出来。这也许是因为结构功能主义把社会系统看成是平衡的这一总前提的缘故。

社会化作为一个过程是“教会个体在生命历程的每一个阶段如何扮演新的角色，如何适应角色的转变，以及如何放弃旧的角色”。在结构功能主义者的理论中，社会的平衡主要依靠有效的社会化，就是教会人们做（和想要去做）他们应当做的事情，以使社会系统运行。最重要的一部分内容是，早期的社会心理学把个体不看成一个“人”，而是“个性”或“需求的集合”，或者是角色符号。个体通常被认为是被动社会化或对社会化做出反应。例如，没有文字记载而很好地保存下来的行为在很多文化中都有，并且通过社会化延续下来。尽管很多社会心理学直接或间接源自帕森斯的结构功能主义，并且帕森斯主义阐述的是“行动的普遍理论”，但正如其他学者指出的那样，这条进路并没有什么真正的行动。只要这条进路涉及自我，它就会把自我当作对象，即“自我的概念”，而不是把自我当作过程。

年龄分层理论其实不是一种理论，而是一套结构松散的假设用来指导研究。这种松散性可能增加了其生存力，因为通过伪造进行测试从来都不是问题。此外，这个理论视角在指导老年学家关注社会结构时发挥了重要作用。尽管“社会结构”这个概念深植于结构功能主义者的应对社会不平等的思路中，但这毕竟是向正确的方向迈进的一步。

年龄分层理论在一些社会老年学者那里被称为“年龄和社会范式”（age and society paradigm），这只是对年龄分层观点的一个轻微修改。正如莱利所说，“一开始我们把它叫做‘年龄分层’，但是后来放弃了这个术语，因为它过于静态，不能反映生活和结构的动态方面”。年龄分层理论向年龄和社会范式的演变包含了莱利向生命历程视角的转变，本文稍后将对此进行讨论。

简要概括地说，社会老年学的早期理论遵循了微观宏观的进路，但主要依靠功能主义社会学的分析视角。在规范释义的范畴中，主要是规范的阐述。社会结构和个体的关系是这些理论的关键，即对一个特定身份的行为说明。社会化为人们准备了角色模型和如何扮演的方法，并且总是假定社会化的成功。（罗索是一个例外，分析了为什么老年人的社会化很少成功。）社会结构从这个意义上来讲只不过是一大群复杂的社会角色。此外，这个理论视角无法解释社会结构是限制还是鼓励个体的行为，也没有给个体主观能动的角色表现空间。后面的理论很大程度上是应对了这些问题，并且试图发展出有关宏观社会与权力、控制、机会和财富的社会结构理论，同时避免把社会结构看成是不受个体行为影响的独立存在。

现行理论进路

社会老年学者使用的现行理论观点可以看成是早期理论残余物的混合物，或者是对早期理论观点的反驳。这些理论进路在微观和宏观的角度或微观宏观相结合的角度进行阐述。

政治经济学视角

从20世纪80年代开始，一些理论家开始用政治经济学的视角来理解老年人所处的社会环境。“社会经济”这个词在不同的场所使用。1981年，沃克（Walker）的《迈向老年人的政治经济学》（Towards a political economy of old age）和汤森德（Townsend）的《老年人的结构性依靠：20世纪社会政策的创造》（The structured dependence of the elderly: a creation of social policy in the twentieth century）是该观点在老龄化领域应用的两个最早的定义表述。沃克认为“老龄化政治经济学的起源是对当时社会老年学中盛行的功能主义范式的挑战”。马克思主义强调社会阶级的重要性，以及经历结构性不同的生活机会的年龄组之间的阶级差异，这与强调道德经济（moral economy）有关，它承认社会运动、政治进程和经济进程是由合法性、平等或公正、公民权利，以及代际间的道德契约等文化观念所形成的（参见“老年政治”）。这与老龄的关系可以理解为：生命历程是由与经济、道德相关的社会建构的。这也借鉴了韦伯的观点，即社会学的任务是理解有意义的社会互动模式。例如，政治经济学家可以把“老年人”看成是退休的结果，而退休则是人为制造出的社会事物，是不同的利益群体协商的结果，至少反映了潜在的利益冲突：工人们要不错的工资，资本家要更好地控制工人的方法，国家要为公民提供社会福利。汤森德认为：

……老年的主要问题的产生和实践的原因是社会建构的机构及其规则。在经济的管理和社会机构的控制下，每天都做出若干政策决定，对老年人的日常生活起了决定作用，并对社会公众对老龄和老年的不同理解产生了重要影响。这些决定……有关公共支

出的计划直接影响到老年人的服务和利益。此外，关于劳动、工资和税率、运输、城市计划和房屋的政策决定对老年人的生活状况和标准会产生一些间接影响。

这和早期理论观点的冲突是很明显的。它强调老年人的问题是社会建构出来的，它关注物质生活条件要多于人们的生活满意度和社会地位。沃克做了一个比喻，认为老龄化政治经济观点的出发点是年龄和劳动力市场的关系。迈尔斯（Myles）也关注汤森提出的“间接”影响，认为公共政策对老年人的影响是潜在的、无意识的，而不是有意把老年人边缘化。吉尔马（Guillemard）指出了意识形态的重要性，认为国家将意识形态［如“第三年龄段”（le troisieme age）的意识形态］作为一种社会控制的手段。

我们在前文中指出，大多数政治经济的理论是对老龄的现代化理论的回应。阿伯德瑞（Aboderin）把政治经济的原则融入她对老龄现代化理论的系统评论中，并赋予其新的意义。在一系列论文中，她系统作了文献回顾，认为随着社会的现代化，能给老年人提供照护的亲属在减少。现代化和老龄化理论认为现代化使子女对父母尽孝的义务减少，以致给老年人的物质支持减少，阿伯德瑞在加纳的多代际研究也支持了一个由来已久的争论：物质的进步（政治经济）导致支持的减少。但是这些因素的交互影响在早期的现代化理论的文献中也存在：

……变化的过程明显地表示出，家庭的物质环境是为老年人提供支持的主要驱动力。但是，纯物质的解释是不够的：社会观念和价值的变化也起了重要的作用。它们和糟糕的物质条件交互作用而使结果变得更糟……现在年轻一代和老年一代只是依靠自己而不是靠子女或亲属的价值观念，归根结底是经济条件恶化的结果。这个原则似乎可以表述为，如果物质条件的变化对年轻人一代不利，那么则是不合理的，必须改变。

正如沃克指出的那样，这种思路进一步加深了我们对社会结构的理解，社会结构的作用或是激活机构，或是约束机构。机构不是被否定的，而是被置于一个允许人们将行动与结构或自我与社会的关系理论化的环境中。沃克提出了一个很有说服力的案例，说明迄今为止政治经济学理论家的主要弱点是忽视了全球化的重要性：“老龄化的国际政治经济问题需要了解当前各国和全球对老龄化的反应；强调跨国公司和政府间组织的作用；要批判性地评估全球化及其对老年人的影响；对抗老龄化危机的意识；要打破多年以来的固有观念，来理解人权、发展和老龄化的关系。”

沃克指出，“政治经济视角很快变成了社会老年学中的经典理论”。但实际情况并非如此，任何一本主流的社会老年学期刊都可以作证。这些期刊上的大多数文章都是理论的，包括社会建构理论、生命历程理论、交换理论，都多于政治经济的理论。也许是由于沃克的观点更多来源于欧洲的老年学研究，在那里更多采用的是政治经济的观点。此外，政治经济的观点不仅在欧洲的社会老年学者中增加，在北美也用于研究收入安全、医疗护理和其他领域（参见“老年政治”）。最后，政治经济观点是新兴的社会老年学中批判理论观点的基础，很难区分两者的不同之处。

批判理论进路

批判理论成为一个重要的社会学理论已经差不多有一个世纪，但它在社会老年学中的流行要到20世纪80年代以后。它建立在政治经济进路的基础上并超越了它，描述了“一些在正式的政治经济讨论中通常被忽视的女性主义、话语的和微观政治问题”。批判理论专家重实证、重对自身的反省，对理论使用的社会条件有清醒的认识。当代著名批判理论家尤尔根·哈贝马斯（Jurgen Habermas）强调自由的交流和实际的、革新性的议题的形式不同于以往的技术理性的议题。在老年学中，穆迪（Moody）呼吁建立诠释老年学，把人文看成一种资源，但他也认为需要解放知识，以确保我们辛苦获得的技术性和实用性知识不会被滥用在统治和剥削上。因此，重要的是要认识到，批判理论家认为理论的目的是为了解放，而不仅仅是为了理解。这个“抱负”不同于社会老年学中只为寻求独立理解的大多数理论研究，也不同于该领域最与理论无关的研究，后者主要关注的不是解放或理解，而是预测。

一些学者认为“新的批判老年学”是政治经济理论逻辑的自然延伸，不同的是加入了女性主义理论和文化研究的内容。明科勒（Minkler）认为批判老年学是老龄的政治经济理论加上人文的因素。这些区别并不明显，并且不被所有的政治经济学者所接受。我们认为政治经济视角与批判理论中革新的内容有异曲同工之处。批判理论同政治经济理论视角一样，是马克思主义的变体。早期的批判理论家是马克思主义者，认为阶级结构的发展会影响到个体的心理变化，随后到个体自然状态和个人行为，如海德格尔的现象学、弗洛伊德的精神分析和其他学说。后来法兰克福学派的批评理论家们转向了实用主义和符号互动的理论。他们利用文化科学来进一步理解人们接受资本主义的文化条件，以及“文明进程”和“工具理性”带来的个体异化。一些政治经济理论家，如明克勒、菲利普森和沃克，有时也会援引“批判理论”来描述他们现在所做的事情，这一点也不奇怪。

诠释社会学：社会建构论、符号互动论和现象学

在早期的社会老年学的研究中，一些研究者已经用诠释理论，如符号互动论、现象社会学、文化人类学的观点来理解老龄和生命历程。这些观点强调人类是用符号创造和生活的，他们的行动追求意义并知道行动的边界，来达到个体的利益和目的。这种观点认为，人类的行为是受生物和社会结构的因素制约的，但不是由它们完全决定。而结构功能主义的观点与之不同，那是完全的决定论。这种观点与政治经济的观点是一致的。这就为人们奋斗生活提供了理论基础。

查普尔和奥巴赫（Chappell and Orbach）系统地研究了米德（Mead）的符号互动论

及其在指导老龄化研究中的适用性。他们强调了米德对时间性的概念化，他对“问题情境”（problematic situation）的概念，以及他对个体独特性的关注的重要性。我们生活在现在，但我们的现在影响我们建构我们的过去和我们的未来的方式。米德的观点强调不断的变化、新颖性和对问题情况的反应。自我不是一个物体或事物，而是一个过程。查普尔和奥巴赫强调，这种关于自我的观点与其他许多研究老龄化问题的社会学家的观点相左，包括莱利和罗素。

连续性理论是由阿奇利（Atchley）的一系列著作发展起来的。在他最著名的理论公式中，有九个假定和五个命题。最主要的命题可能是“思想、行为和社会关系的通常模式的连续性，它是人们达到目的、适应变化的环境的最主要的模式”。阿奇利强调这个理论是“反馈系统理论”（feedback systems theory），是建构主义的，他简要描述了社会建构理论视角：

这个理论认为人们基于自己的生活经历，积极建构个体……将会发生什么和为什么会发生……连续性理论指出个体的建构受到我们周围的环境和大众媒体的社会建构现实的影响，但不是由它们完全决定的。不管社会对个体的建构有多强的影响，个体最终对自己的人格事实是可以自由做出选择的。这个理论的这一点说明了主观认知的连续性要比研究者认为的客观连续性更加理论化。

古布木（Gubrium）用他的现象学理论和叙事理论继续为老龄的诠释理论做出贡献。他的进路可以从他著名的生命史和生命叙事中体现出来：“……生命史是对个人过去生活的客观记录，而生命叙事则是对生命的主观建构。”当叙事是通过采访的方式产生的时候，那就是采访者和被采访者的混合叙事了。在护理院中进行的生命的研究中，古布木发现那里的居住者在他们各自的理解范围内扮演着居住者的角色，在组织的规范和边界内构造着“自己的世界”。

老龄化的这个理论其实是打通了微观分析和宏观分析的桥。诠释观点的社会学家认为微观宏观理论是在讲个人和社会的关系，这个关系就是二者的协商。这个领域内的多数理论是归纳性的，并且基于人种学或其他定量数据分析。这些定量数据描述了个体在衰老过程中的一系列变化，如进入同辈年龄的环境、慢性病、丧偶或濒死。马歇尔基于诠释理论对衰老和死亡创建了 13 个状态，但是总体上诠释的视角在微观层面几乎没有规范的理论。并且，这个理论视角在解释宏观的社会结构或机构过程的时候，在解释前面提到的政治经济和批判问题的时候，也是力不从心。

生命历程视角

生命历程视角以其不同的表现形式，包含了前面讨论过的很多观点。这里面有一些不同的——尽管有一定联系的——观点进路，很多学者把自己的研究描述为“生命历程”，但其中并不包含这种松散的理论视角中的一些关键假设。在北美，学者们把“生命历程的基本原则”的系统化归功于小埃尔德（Elder, Jr.）。他把这个理论视角在全球范围内做了推广，并把它用于老龄化的经验性研究，但是他依然承认有一些研究承袭了前人。北美和其他地方的专家也采取了不同的进路。

北美的生命历程视角通常更多地局限于社会心理学领域，而不是社会结构领域，或者说是自我和社会的关系的处理上。自从米尔斯（Mills）为这一视角建立了一个意象以来，他论证了社会学的想象是在寻求个人困扰与公共问题或者传记与历史之间的联系，已经具有了逐步的理论形式化。小凯恩（Cain, Jr.）在 1964 年发表的《生命历程和社会结构》（Life course and social structure）中，试图"识别、隔离和系统化一个生命历程，或者年龄状态、参考框架"。但是，莱利在 1979 年把"生命历程视角"归纳成"四个主要因素"，认为衰老作为终生的过程从出生就开始，在生物、心理和社会这三个层面上都有所表现，人们的生活会影响生命历程中的社会结构——正如社会结构也影响人们的生活。在很多文章中，小埃尔德把这个理论归纳为五个原则，在莱利的理论之外强调与历史事件相关的生命转变的时间点的重要性，认为人们的生活是彼此依存的。最后，小埃尔德比莱利更看重"个体的力量"，认为个体可以通过自己的选择和行动建构自己的生命历程，尽管是受着机遇、历史、社会环境的限制。

一些北美生命历程学者更多关注社会机构和它们在家庭、工作、经济安全领域建构生命历程的方式。但是，生命历程的宏观理论体系和社会结构层面上的重要理论体系主要是在欧洲建构完成的。欧洲的生命历程学者系统地分析了国家是怎样和其他如工业的社会机构一起建构生命历程的，而年龄和性别、社会阶层一起构成了一个社会不平等的标志。国家的作用在北美的生命历程和老龄研究中几乎是被忽略的，社会结构的作用也是被低估了的。但是，在加拿大已经有研究关注生命历程和公共政策发展的关系了。

欧洲和北美的生命历程和老龄化学者都关注微观层面的现象，但在北美，这主要意味着对个体生命历程或生命历程类型的具体实证研究，用累积优势理论（cumulative advantage，可能是唯一植根于生命历程视角的正式理论）来检验。该理论认为，社会经济优势的初始差异随着生命历程的增加而增加，或者说是转型中的有序性问题。相比之下，欧洲的生命历程研究人员在描述社会变迁条件下的传记和职业的意义时，一般都是粗线条的。

社会老年学理论的挑战

我们归纳出社会老年学理论中的三个挑战（有很多挑战），分别是：（1）在理解个体与社会、微观与宏观的联系方面；（2）与一般社会理论的更多对话方面；（3）如何对多样性进行理论归纳方面。

如何理解个体与社会的关系

长期以来，人们一直呼吁更好地理解自

我与社会的联系。例如，马歇尔和廷德尔（Tindale）在一篇题目为《激进老年学笔记》（Notes for a radical gerontology）的论文中提出了这样的呼吁，抨击了该领域的个人主义和对社会结构的忽视，并断言如下：

……我们认为老年学今后的研究要关注老年人的生活和他们所处的环境的社会结构的关系……向这个方面的研究转向就要离开人的个体这个中心。我们并不是否定老年学中的社会心理因素。老龄既是个人的变化，也是一个集体的现象。我们感觉，需要在面对面研究个体的同时，要有过程研究，要关注个体和与其相关的历史性环境的关系。也需要更多关注老龄化的政治经济方面，那样会更好地理解今天的老年人的生活，也会让我们更好地理解社会经济的力量会影响老龄过程中的心理变化。

马歇尔和廷德尔深受米尔斯的影响。在《社会学的想象力》（*The Sociological Imagination*）一书中，他们提醒说，“当代历史的事实也是关于男人和女人个人成败的事实”，“如果不了解个人的生活和社会的历史，就不能理解它们”。在老龄化研究中对个体与社会的关系的研究也有很多，特别是对生命历程理论研究者来说。但是，如果要更加深入地研究，北美的社会老年学家要继续反思“社会结构”这个概念。此外，这不仅仅是对老龄化理论提出的挑战。相反，它可能是整个社会科学面临的主要理论挑战。

与一般社会理论的更多对话

在1988年的一篇有洞察力的文章中，时值理论的转型期，马丁·科利（Martin Kohli）认为老龄的社会研究经常借用一般社会学，但很少回归到一般社会学。这在今天也是千真万确的。他建议一条通向社会学的方式就是要关注小规模的人群，看社会对他们来说代表什么，是怎样通过工作表现出来的。在科利的这条建议以后，以年龄为区分的劳动参与率有了很大的波动，却依然值得老龄理论家继续研究。这个理论主要运用的是生命历程视角——这对老龄化研究贡献了很多；但是它也得益于政治经济视角和批判理论，并且有助于这两种理论的发展。

如果社会老年学理论蓬勃发展，那就要归功于社会老年学家对现有的一般老年学理论的开放态度。例如，著名的社会理论家吉登斯（Giddens）（但不认为是一位老年学家）对后现代变化的社会中的个体生存轨迹的研究做出了贡献，这对老年学家在生命历程理论视角的研究大有裨益，特别是对从诠释理论发现微观和宏观之间联系的研究。再比如，福柯（Foucault）、布迪厄（Bourdieu）等社会理论家并不被称为老年学家，但卡茨（Katz）运用无可辩驳的历史社会学方法发现了老年学是怎样把老年人建构成一个社会群体的。第三个例子是，很多社会老年学家运用交换理论和相关的微观经济理论，认为人们在社会关系中进行理性的计算和努力，使得行动效用（收获减去付出）最大化。可以预见，社会老年学对一般社会理论的更多接近会使得两者都有所发展。

多样性的理论化

社会老年学的另一个理论挑战是如何更好地把握多样性。这个要求在该领域的历史上表现出不同的形式，从纽加滕（Neugarten）对“年轻的老年人”和“年老的老年人”的区分，到丹尼弗（Dannefer）主张的“差异化老年学”（differential gerontology）的呼吁，再到生命历程理论工作者对“积累优势”的认同。女性主义理论化的进一步完善可能会带来更多的理论成果。

我们把女性主义认为是与复杂的一般社会理论不同的，这是因为这个理论可以对主流老年学研究中忽视工作生活、家庭生活和社会分层中的性别因素进行批判性思考。很多社会老年学中的女性主义理论更多地应用社会经济进路，以致一些理论学者认为自己是“社会女性主义者”或“马克思主义女性主义者”。麦克马林（McMullin）强调要把女性主义分析处于更广阔的视野中，并且认为女性主义理论的地位要优于年龄分层理论和政治经济理论：“……一个理论如果要很好地适应多样性的研究必须满足两个条件。第一，阶层、年龄、性别、种族要被概念化成与权力相关；第二，它们应当以整体的形式成为权力的表示，而不是分别的表示。”女性主义老年学者如克拉斯丁（Calasanti）、麦克马林和埃斯蒂斯（Estes）对多样性和不同方面做了很好的理解，并且认为性别只是其中的一个方面。

认识到这些挑战后，也要求我们认识到，对个体和群体的老龄研究可以在下面这两个（但不限于）领域内有所作为：健康和家庭。增龄贯穿于生命历程之中，而生命历程又是在不是机遇就是障碍的社会结构之中。在结构这个层面上，生命历程和老龄化具有全球化意义。要更好地理解个体老龄化的过程，学者们就要找到更好的方法来理解个体和社会的关系。我们预计更多的研究会在社会心理学和社会结构层面，但真正的收获则在专家们对两者联系的研究中。最后，老龄化社会层面的研究总是使我们去思考：“这一切对个人意味着什么？”现有的研究基金和出版物倾向叙事性研究胜过解释性研究，于是我们就好理解为什么我们的叙事性研究多于解释性研究了。其实，我们两者都需要。老龄化的社会理论已经为此做好了准备。

另请参阅：生命历程；现代化与老龄化；老年政治。

拓展阅读

Aboderin I (2004a) Modernisation theory revisited: current explanations of recent developing world and historical western shifts in material family support for older people. *Ageing and Society* 24 (1): 29-50.

Baars J, Dannefer D, Phillipson C, and Walker A (eds.) (in press) *Aging, Globalization, and Inequality-The New Critical Gerontology*. Amityville NY: Baywood.

Chappell NL and Orbach HL (1986) Socialization is old age: A Meadian perspective.

In: Marshall VW (ed.) *Later Life: The Social Psychology of Ageing*, pp. 75 – 106. Beverly Hills, CA: Sage.

Cowgill DO (1974) Aging and modernization: a revision of the theory. In: Gubrium JF (ed.) *Late Life: Communities and Environmental Policy*, pp. 123 – 145. Springfield, IL: Charles C. Thomas.

Cumming E and Henry W (1961) *Growing Old: The Process of Disengagement*. New York: Basic Books.

Elder GH Jr. and Johnson MK (2003) The life course and aging: challenges, lessons, and new directions. In: Settersten RA Jr. (ed.) *Invitation to the Life Course: Toward New Understandings of Later Life*, pp. 49 – 81. Amityville, NY: Baywood.

Leisering L and Leibfried S (1999) *Time and Poverty in Western Welfare States*. Cambridge, UK: Cambridge University Press.

Kohli M (1988) Ageing as a challenge for sociological theory. *Ageing and Society* 9: 367–394.

Marshall VW (1999) Analyzing social theories of aging. In: Bengtson VL and Schaie KW (eds.) *Handbook of Theories of Aging*, pp. 434–455. New York: Springer.

Marshall VW and Mueller MM (2003) Theoretical roots of the life–course perspective. In: Heinz WR and Marshall VW (eds.) *Social Dynamics of the Life Course*, pp. 3 – 32. New York: Aldine De Gruyter.

Marshall VW and Tindale JA (1978 – 1979) Notes for a radical gerontology. *International Journal of Aging and Human Development* 9 (2): 163–175.

Mayer KU and Schoepflin U (1989) The state and the life course. *Annual Review of Sociology* 15: 187–209.

McMullin JA (2000) Diversity and the state of sociological aging theory. *The Gerontologist* 40 (5): 517–530.

Myles J (1984) *Old Age and the Welfare State*. Boston, MA: Little, Brown.

Riley MW (1994) Aging and society: past, present, and future. *The Gerontologist* 34 (4): 436–446.

Walker A (2005) Towards an international political economy of ageing. *Ageing and Society* 25 (6): 815–839.

译　者：田　阳（北京大学）
校译者：张雅璐（北京大学）

老化理论：生物学

F. E. 耶茨　约翰·道格拉斯·弗兰奇阿尔茨海默病基金会，洛杉矶，加利福尼亚州，美国

词汇表

老化（Aging）——观察对象或系统中任何与时间相关的变化。根据观察者的判断，这种变化可好可坏或无关紧要。

老化的生物标志物（Biomarker of Aging）——人们希望能找到可以预测剩余寿命的与年龄相关的变化，但迄今为止尚未找到能作为人类寿命预测因子的这些变化。即使对在实验室中应用克隆技术繁殖的动物采用任何物理的、化学的或生物学方法，也都无法预测任何物种的个体寿命。

组件故障死亡（Component Failure Death）——当某一特定或某些组件不能正常运转时，就会影响到整个系统的稳定性，从而导致整个系统都不能正常工作。例如，在医学和病理学术语中，某患者死于肾功能衰竭。

动力学的自由度（Dynamical Degrees of Freedom）——此处这个词的概念与统计学无关。每个系统都有一定的自由度，因为每个变量值在系统中需要精细确定以决定系统的状态。这就是系统中独立变量的数目。一个简单的物理学例子是气体定律 $PV=nRT$。R 和 n 是参数（在特定情况下）；P、V 和 T 是变量。自由度等于变量个数（这里是 3 个）减去数字与变量相关的定律的数量（这里是 1 个），其结果是 2 个。当 P、V 和 T 三个变量中的任意一对变量的值得到确定，余下的那个变量就不再可变，而是由这个定律的规则决定的。在这一复杂的系统中添加任何结构，它们就像约束条件似的减少了自由度。但系统反而会更加丰富。空气中的汽油泄漏燃烧有很多自由度，但很少有此行为。当这种燃烧受限于发动机缸体和阀门的几何约束时，扭矩通过车轮作用使机动车上路行驶成为可能。这就是碳化学受到了结构遗传约束的作用，其自由度极大地减少，但系统动力增加。

最高寿限潜力（Maximum Lifespan Potentia）——它是相同物种和出生队列的人口样本量的统计极值，在类似的情况下，这一极值一直预估到最后个体死亡的所有生存时间。这是一个随机变量，由基因型或表型决定，并不是那么精确。（警告：极值的统计数据正在开发。）

死亡率，$m(t)$［Mortality Rate，m(t)］——

作为年龄的函数，$m(t)dt$ 即幸存人数与 t 到 $t+dt$ 年龄段内死亡人数的比率。

死亡率倍增时间（Mortality Rate Doubling Time，MRDT）——冈珀茨（Gompertz）等式中的指数，优先于常数危险项，其变化与寿命时限相反。倍增时间对死亡率增速来说更自然，因为它的增加与自然寿命同向，且用相同的时间单位来测量。它由 ln2/C 计算得到，其中 C 是冈珀茨指数常数。

负熵过程（Negentropic Process）——任何在系统中发生了不平衡的过程，导致局部有序增加（熵减少），通常表现为新结构的出现。混淆熵和信息的风险很大，被认为导致了香农（Shannon）公式的选择性信息和玻尔兹曼的统计熵之间的相互混淆（在这里不做讨论）。

过程（Process）——任何时间相关的系列变化。目前状况可能会也可能不会依靠过去条件，取决于过程的类型。

老年化（Senescence）——逐渐失去稳定性，正常、健康过程的累积负效应增加了系统衰竭的概率。且可能会通过与其他有害的过程（例如吸烟）相互作用而加速老化。

特定代谢率（Specific Metabolism）——单位质量的活组织和器官的总能量转换率（功率单位）。例如，在哺乳动物中，通常除去结缔组织、骨骼和脂肪的残留部分，作为实际净体质量的参考总质量。

系统死亡（System Death）——尽管在可行的限制或范围内做了适当的调节，当系统中所有的个体部件出现功能停止时，整个复杂系统就会出现衰竭。通常会包括失去联结。

引言

本文开头为评估一些老化的假定理论将进行背景介绍。对比时下的物理学和生物学观点，本文认为老化是一个渐进性的丢失组织和功能能力的过程。老化是一个非常有趣的主题。（“老化”一词是中性的，包括任何或好或坏或中性的改变。然而，在老年医学中，为方便叙述起见，“衰老”和“老化”同义，这里也简化为“老化”。）接下来，对比一些事实、猜想、假设和理论，列举了一些老化的综合性理论的必要条件。之后用一个例子展示了生物学上一些片面阐释老化的“事实”如何被夸大为所谓的老化（伪）理论。既往对老龄化理论进行编目的尝试是不足的，乔治·萨克（George Sacher）强烈抱怨那些仅仅是“某一层面”的理论。接下来选出一些具有代表性的实例及可以总体概括和解释老化的理论。最后，文章总结评论了一些普遍认可的老化的理论。

时间：生物与物理时间

动态的生物时间是不可逆转的，它从过去到现在直到未来。它是各向异性的，但有一个方向。相比之下，出现在牛顿力学的伟大理论中，相对论（特殊的或一般的）或量子理论中的物理学时间，是精确的或者接近不变的（例如，时间是各向同性的，可逆的）。正如物理学家戴维·默明（David Mermin）指出的那样，现代物理学观点认为，时钟不能够测量一些预先存在的所谓的时间。所谓的时间的概念只是一种用来抽象表达我们日常行为的便捷手段，我们称之为钟表。在物理学家看来，显然时间本身并不存在。没有时间而只有钟表这一发现很令人惊讶。没有正在“流动”的物理学时间这个概念。任何试图将生物学和物理学进行结合的尝试都需要解决时间这一冲突。到此我们才意识到，除了意外、疾病或灾难境况，我们都会变老并且死亡，这让我们确信无方向的时间流逝这一隐喻的背后是某种生物学老化理论。

既往的老化理论

1990 年，梅德韦杰夫（Medvedev）进行了一次勇敢尝试，他将 300 多种老化理论进行合理分类并按主题分组，但萨克指责这些理论是“片面”理论，它偏离了综合性的老年医学的理论发展框架。“片面”理论的出现是因为具有不同学科背景的专业人员对老化理论的认知角度不同。不幸的是，每一种“片面”理论都倾向于将老化的某一事实或猜想转化成为具有普遍性和能理解的老化理论。

“片面”理论的创造示例

首先，选择一组实验性事实，如下所示。

- 事实数据：在真核细胞中，包含有核小体的蛋白质核心（可复制的染色质亚基）的组蛋白八聚体形成一个将 DNA 压缩至染色体中的纤维。
- 事实数据：乙酰化、甲基化和分子伴侣参与组成和维持染色质的完整性和功能。（这些结构和流程被认为是“表观基因组”的一部分。）
- 事实数据：核心组蛋白通过突起的尾部与许多核因子相互作用，这些翻译后进行修饰的核心组蛋白可以作为调节因子。尤其是对那些高度保守的 Lys、Arg 和 Ser 残基的修饰。（猜想：用这种方式进行修饰的组蛋白可以在细胞核的表观遗传学整合中起主要作用。）M. 埃斯特列尔（M. Esteller）和同事提出一个基于组蛋白编码的假说并提出细胞核因子可读取组蛋白残基的结合性或顺序性的翻译后修饰，并促成不同的过程和决定某些状态。
- 事实数据：同卵双胞胎随年龄增长，他们的表观基因组中表现出越来越多的不同。比如，当双胞胎 1 岁时，染色体 1 在单合子双胞胎中看起来是相同的，而在这一双胞胎 50 岁时，他们的染色体 1 存在着明显差异。

表1 维持多细胞动物生命的10个（过程）要求[a]

1. 保持基因的分化特殊性
2. 确保 DNA 的专一复制
3. 保持染色体完整性（但允许正常细胞分裂的端粒缩短）
4. 去除、隔离或修复有缺陷的蛋白质
5. 消灭核心反应不需要的自由基
6. 解毒有毒物质
7. 保护“自我”不受外来物质的侵犯
8. 保护自身不受外界环境打击
9. 修复或更换磨损或缺失的部件
10. 通过调节和控制保护内部环境

[a] 至少一个“片面”老化理论解释了上面每一个亟待解决的问题。（当然，要维持一个物种，复制或繁殖是必不可少的。）

现在概括如下：老化主要是一种染色体的表观遗传现象，受系统的或随机的非遗传因素影响而变化，如生长因子、细胞因子、应激、药物、内部因素和外部环境。

人们可以看到面前这些包含事实、猜想和假设的理论被扩大为老化理论的另一“片面”。表1列举了维持多细胞动物生命的10个过程，每一过程都包含有老化的“片面”理论。

事实、猜测、假设和理论

生物事实最终是宏观的观察或测量（例如人类可以识别和解释数据），通常可被污染（如系统的或随机的任何不需要的数据特征），可能需要通过数据过滤来去除。事实并不是理论，但就像达尔文在给朋友的一封信中说道，每一个事实都会赞成或反对某种理论。

- 猜想是通过猜测推论出的结论或假设，或从有缺陷或推定的证据中得出的结论。
- 假设是一个暂定的推理或模型，用来得出结论或验证其逻辑性或经验性结果。
- 理论是合理的、科学的、可接受的一般原则或一套原则，用来解释某种现象和一些事实与现象的相互关系。（在形式理论中，一般原则以数学形式进行表达。）

P. 萨普斯（P. Suppes）阐明了在成熟的物理科学中存在理论化的程序。为开发一个理论模型，需有一个合适的想法表述出来。如果可能，将这个想法用一般化的数学模型表达，之后通过辅助约束将其特殊化为某一指定的应用。这种理论上进行限定的模型再与经验性的数据模型进行比较，通过观测和测量产生的数据模型，过滤去除影响因素，然后通过曲线拟合或其他程序进行统计处理。这两个模型进行比较和测试的逻辑同构。然而，伟大的生命科学理论——达尔文进化论的一些版本并不能与这些理论很好契合，由于它记载的是编年史而非动力学。

随机选择的显著事实：一个可能恰当的老化理论

一个有效的基本的老化理论不需要解释所有物种的事实，也不需要解释某一物种的所有事实。乔治·马丁（George Martin）强调，根据进化论，老化的基本过程不需要创建表型的普遍性。一些机制的确是“公开”的，但另一些可以是“隐秘”的（例如“它们可能反映了某些特质性的结构和功能的衰退模式”）。

典型的寿命（每一生命物种的基因框架）被认为包括三部分：（1）生长发育到具有繁殖能力；（2）成熟度，一个“健康时段”，在这一时段生命体可以不受限制地发挥其复制能力；（3）老化至死亡。寿命长短并不像健康周期那么重要。进化论能优化任何除繁殖以外的事物吗？有“智慧倾向”一说吗？这是有争议的问题。我们想从基础老化理论中获得什么？最需要用这样的理论解释的事实是什么？下面列举了 16 个代表观点。其中有争议的事实用“＊”标记。

1. 在所有的生物体中（目前物种数量估计有 1 000 万到 3 000 万，到目前为止只有一小部分已确定），一些物种的个体迟早会死亡，即使没有遭遇意外、捕杀或灾难性环境变化。相反，一些腔肠动物和所有原核生物却没有任何寿命期限。一些树木可再生，但不会老化。

这些事实也有不清楚的地方。（1）许多生命体生命周期很复杂（例如，昆虫的生命历程经历了产卵，长成幼虫、蛹、成虫，然后再产卵的过程），这一过程中难以定义为有机体寿命。每个阶段都有有限的时间，但周期可能无限期地持续下去。（2）黏液霉菌经历一个自由游泳阶段，单细胞变形虫可聚集成为一个具有不同组成部分的存在差异性的多细胞生物有机体。（3）“葡萄牙战舰”（学名“僧帽水母”）是一个单一的有机体，而其实际上是由四个不同类型的种群（水螅体）组成，其中一个种群用于进行繁殖，通过有性和无性的方式使得自由游泳的幼虫繁殖成新的不同部位的种群。

2. 对终将会死亡的物种，人口样本的数据可以生成队列的生存曲线。这些曲线的形状变化可用于阐释老化理论。这些曲线是非线性的，而且它们有两个强有力的参数——中位生存时间和死亡率倍增时间（MRDT），以及一个较弱的参数——最大的生存时间。最大生存时间定义上为一个极值，目前没有办法来统计。例如珍妮·卡尔门特（Jeanne Calment），其生存寿命为 122 年 5 个月零 14 天，她创立了目前人类最大的生命期极值。（但有一天可能会有人比她寿命更长。）

3. 连续队列的平均生存寿命会随着时间的推移发生巨大变化，但这一时间太短，并没有遗传基础的变化。例如，美国的人群队列中位生存寿命在 20 世纪增加超过了 30

多年，很大程度上是因为医学和公共卫生的发展导致婴儿死亡率降低。

4.*具有有丝分裂潜能的正常真核细胞，在特殊的理想实验室条件下培养时，不会继续无限分裂（除非它们变成癌细胞）。然而，在一些研究中，并没有观察到克隆性老化。

5. 在迄今为止测试的所有终会死亡的物种中，采用一定程度的热量限制（在实验室通常减少30%~40%自由采食条件下），可将中位生存寿命适当延长（有时也是最大的）。

6. 在实验室条件下，某些物种的单基因（点）突变有利于在该领域进行遗传学研究（例如，1年的秀丽隐杆线虫中的daf-2，芽殖酵母或酿酒酵母中的RAS_1），在实验室条件下可以使其生存寿命延长（但是通常生育力会下降）。

7. 人口样本的非线性生存曲线近似于著名的梅克罕姆—冈珀茨死亡率模型：

$$m(t) = A+B\ \exp C(x-30)(30 \leqslant x \leqslant 80), [1]$$

其中$m(t)$是观察到的死亡率，A是与年龄无关但依赖环境的死亡率，B是一种内在的、初始的、与年龄无关的但略微依赖环境的死亡率，C是Gompertz危险参数。可解释为表示为死亡率的“老化速率”，可用死亡率倍增时间（MRDT）来表达。人类的MRDT值约为8年，老鼠是3个月，果蝇只有10天。MRDT在30~80岁与人类的年龄无关，此后MRDT可能会自己增加。MRDT几乎与环境无关，除了在实验室某些特殊条件下如部分限制卡路里的摄入，MRDT可以增加，从而使寿命延长。

8.*尽管人口死亡率存在冈珀茨非线性关系，但发达国家健康人群的横截面数据表明，30~70岁健康人群表现出的老化动力学（即个体形成和功能的渐进性丧失速率）大约是准线性的，在最初的30岁初始条件（100%参考）下中位斜率为每年-0.5%的丢失率：

$$y_x = -r(x - x_0) + 1(30 \leqslant x \leqslant 70), [2]$$

其中年龄$x_0=30$，x=实足年龄（$30 \leqslant x \leqslant 70$），$y_x$是年龄能力占比年龄$x$时（30岁时的年龄能力是1.0），$r$是每年的分数变化（通过负号表示丢失率；$r \approx 0.005$）。这些从横截面数据中提取出的动力学在个体物种的组成部分和过程中是否提示什么，尚有待观察。目前已研制出正式的模型，显示在人口数据中，平均线性丢失速率和指数级危险功能都提示着存在一系列与线性丢失相关的离散或方差。

9. 在实验室条件下，只从最老的果蝇中重复选取生存和成熟的卵最终可使果蝇代代寿命更长。这个结果有个预期假设，就是由于拮抗掉生物的多效性，人工选择奖励能够进行晚期繁殖的雌性果蝇，以对抗生物多效性这一特征，从而使长期存活成为可能。

10. 在特殊情况下（目前还不太可能），从一个发育成熟的、成年的、分化良好的哺乳动物细胞中把细胞核移植到去核的哺乳动物卵子中（例如克隆），支持一系列的胚胎形成、生长的过程，胎儿出生并成为一个新的年轻个体。这些生物的可能生存寿命尚不能确定。多莉——第一个利用细胞核转移技术将成年动物（6岁）的一个细胞克隆出来的哺乳动物，出生于1996年7月5日。如果它真的是一只新出生的小羊羔，那么它的预期寿命将是 11 或 12 年。但是，它很快罹患通常发生在老迈绵羊身上的关节炎和进行性肺部疾病。幸运的是，它的照顾者在它 7 岁之前让它得以解脱。

11.*青年细胞和老年细胞的杂交表明老化的情况主宰着结果。

12. 在同一生物分类中（例如类哺乳动物）不同物种的中位生存寿命差别很大（胎生哺乳动物体重范围跨越了从地鼠到大象六个数量级）。线性的、异速（对数—对数）缩放比例模型 $y=a\ (x)^b$，选择 y 代表形态或生理特征，x 代表体重，其中 y 包括寿命、心率、表面积和代谢率，通常正斜率（b）为 0.20（寿命）到 0.75（代谢率）。确切的数值存在争议，有些条目远离总体路线。尽管如此，在哺乳动物中仍有很强的倾向性——跨物种体积越大，寿命越长。而在某一物种中却并没有这种趋势，例如，大型犬不如小型犬的寿命长。

S. 奥斯塔德（S. Austad）通过大小—长寿关系定义了一个新的术语，即“长寿商”（longevity quotient，LQ）。长寿商可以按照变速缩放原则预估某一动物的身材大小从而计算出寿命。长寿商为 2 意味着仅从尺寸上来看，一只动物的寿命是其身材两倍那么长。LQ 是可变的：与生活在有掠食者威胁地区的负鼠相比，生活在无捕食者环境中的负鼠已经进化成体积更小、寿命更长的种类，并且老化速度缓慢。

在哺乳动物中（有些是动物园中的），S. 奥斯塔德认为，长颈鹿、非洲狮子和非洲大象的 LQ 约为 1.0。白耳负鼠、亚洲家鼠和亚洲野狗的 LQ 很低，约为 0.4，而那些蝙蝠（非洲果蝠、吸血蝙蝠、较大马蹄形蝙蝠和小棕蝠）的 LQ 都很高，为 3.1～5.8。小棕蝠比小鼠小，但即便生活在野外，它的寿命也是生活在受保护的实验室环境中的小鼠的 10 倍。人类的 LQ 是 4.2，这意味着根据传统的异速缩放比例，结合我们人类的大小，我们应该只能活 25 年左右。一个全面的老化理论应该能对异速生长缩放比例的近似与背离作出一般性的解释。

13. 老化的生物体失去了维持稳定性的能力，包括抵抗应激和产生热休克蛋白的能力。

14. 除了配子，所有成人秀丽隐杆线虫的细胞都是有丝分裂后期产生的。如果突变体使得成熟延迟，蠕虫的寿命会增加，但是达到成熟后的时间跨度不变。

15. 金丝雀和老鼠的尺寸大致相同。但是，金丝雀体温较高，心率更快，血糖也高出 2 倍。哺乳动物的血糖若如此之高，则会不可逆转地（通过美拉德反应）导致产生糖基化终末产物（AGEs）和分离出不能从细胞中清除的山梨糖醇。然而，在受保护的环境中，金丝雀的寿命是老鼠的 10 倍。

16. 在所有文化背景中，女人比男人活得更长（除了在那些女孩和女人受虐待的地方）。女性绝对是人类生物学性别上更强的一方，然而其老化率（死亡率倍增时间）与男性相同。她们只是在所有年龄段都以较低的速度简单死亡。长寿本身并不是普遍的、基本的老化过程的标志物。

上述 16 条只是其中一部分，还有很多其他合理性的事实应引起全面老化理论的注意。但是，以上这些事实已展示出多样性。

现行老化理论的主要分类

由于年龄相关疾病的流行，我们假定老化本身就是一种疾病（可能会找到治疗方法），但是因为终会死亡的有机体（通过定义）可以避免疾病、事故、掠夺或任何致命的环境变化和挑战，但最终还是会全部变老并死亡。因此我们合理接受第一种假设，那就是（尚待发现），无论环境如何，机体中存在某些潜在的因素，导致机体不可避免地衰弱和死亡。这个过程表现为死亡率倍增时间，而不是寿命本身。

在一个生命时程中，究竟何时发生老化尚不可知。但是，对人类来说第二种假设是，到 30 岁生长和发育主导着人生轨迹，而此后老化的基本过程开始，健康的成熟的中年老化也在发挥作用直至生命终点。

表 2 列出一些已经广泛和认真研究的老化理论。有些已经证实是虚假的，并被拒绝

表 2　老化的理论[a]

- 灾难错误理论：当此理论遭到异议时，莱斯利・奥格尔（Leslie Orgel）随即宣布撤销声明。然而，基于新的数据，有必要重新进行解读
- 对物种有益理论：曾经遭到拒绝，目前被重新考虑
- 老化的进化理论：彼得・梅达沃（Peter Medawar）
  - ○一次性体细胞理论：汤姆・柯克伍德（Tom Kirkwood）
  - ○拮抗性多态性理论：乔治・威廉姆斯（George Williams），迈克尔・罗斯（Michael Rose）
  - ○晚启动基因：J. B. S. 霍尔丹（J. B. S. Haldane）
  - ○长寿与早期复制：梅纳德・史密斯（Maynard Smith），史蒂文・奥斯塔德（Steven Austad）

  尽管这些理论的推理不同，但它们都认为自然选择在清除那些只有在繁殖已经发生后才在生命晚期产生有害影响的基因方面是无效的（晚期繁殖的人工选择可以延迟这一影响）。老化和死亡就是由于这些基因的表达而引起的。这些基因很多是正常的，它们对生命早期的生长、发育和生殖成熟有支持作用。
- 磨损理论
  - ○热力学：尤金・耶茨（Eugene Yates）
  - ○自由基理论：德纳姆・哈曼（Denham Harman）
  - ○生存率，也被称为代谢率理论：马克斯・鲁布纳（Max Rubner），雷蒙德・珀尔（Raymond Pearl）（反驳）
- 有限细胞分裂理论：端粒减少，复制性老化。目前不再被视为老化的本质，但仍被认为是重要的正常生物现象，由伦纳德・海弗利克（Leonard Hayflick）提出
- 可靠性理论：利奥尼德・加夫里洛夫（Leonid Gavrilov），纳塔莉亚・加夫里洛娃（Natalia Gavfilova）

[a] 这种表格选取了关于老化理论的重要主题。这些理论的起源与某一特定的科学家有关，因此用他们的名字命名了这些理论。一些理论天然就是随机的，而另一些是程序性的、确定性的。此列表不分时间先后顺序。

或重新解释。目前有两个经久的观点仍然被作为全面老化理论的主导：（1）起源于1956年的进化论理论；（2）起源于1952年的自由基理论。

厄恩斯特·迈尔（Ernst Mayr）认为生物学在科学中是独一无二的，不应该也不可能被“物化”。如果是这样，就几乎不可能把物理学中应用理论的必要条件应用于发展生物学老化理论上。事实上，考虑存活生物丰富的生命多样性（没有一个完全相同，而是所有的电子都是相似的），很可能没有哪一种总体的老化理论可以实现。但是，这种探索也不是没有希望，请回顾一下乔治·马丁先前说过的话。也许有很多对不同生物体生存的有利条件，运气好的话可以在某些宇宙老化的进程中变老并死亡。生物圈绝对有很多这样的可能性。

如果老年学家放弃对物理学中提出假设的科学理论的准确性进行检验的苛刻要求，势必会为此付出代价；在受到条件限制时，对这些检验的推理或演绎，将会引起某些经验性的伪造。如果我们放弃验证标准的有效性，那么老年医学那些经推理建立的理论也只是成为收集吉卜林格调的所谓的故事。然而具有讽刺意义的是，目前还不清楚在今天的物理学理论前沿，能否将弦理论、M理论和循环量子引力理论拿来进行实践测试。

老化的新理论：要点内容

当人们引用自然选择作为生物学现象的解释基础时，就像进化论理论，尤其对生殖行为、能量预算配给和寿命，可能会增加数据的拟人化的风险，使得我们看到的适应性改变可能只是一些还没有被理解的因素的副作用。

进化论的相关理论只适用于暴露于自然选择下的生殖系统，这种自然选择的力量具有随年龄增长而削减的特点。举例说明，假定一个主导的危险基因通过单一复制产生效应，通过携带它的宿主将致命的有害遗传基因延迟表达传给子代。这样的有害基因将被传代并且不能通过自然选择从物种中消除。举例之一就是人类亨廷顿基因病。一般来说，可能还有其他基因存在于人群中，这些基因的延迟表达就会缩短生存寿命。

正因为自然选择的力量会随着年龄的增长而减弱，如死亡的可能性则随年龄的增长而增加。上述情况的一个变异是假设生长发育过程中存在正常基因（尚待发现）起有益作用，但随着机体的成熟和分化过程中的环境变化而在后期表现出有害的作用，这时这些基因就会导致老化的发生，即表现出拮抗作用的多效性。一个单一的多效基因会有多种效应，包括表达其他基因过程中的多种改变。在老化研究中，一个基因能够在生理性结构改变时在生命周期的不同阶段产生不同的效应，那么这个基因是多效性的。这种基因的持续表达最终会削弱机体。它们不能被自然选择清除，因为正常子代已经产生这些基因，它们是正常的、没有生命危险的。在寿命短的物种中，可以有很多这样的基因存在，它们通常是没有威胁性的，是“隐性”的，但在长寿命物种中，就会产生病态的老化基因的效应。

如果真的存在老化基因，需要描述它们的特征。哪一个是老化基因？胰岛素样生长因子受体1型（IGF-1R）在很多物种中都被认为是一个推定的“公众”候选人，如果它们的表达降低，寿命可能会延长。那么它们有多大？分布有多广？它们能做什么或不能做什么，单独存在还是在一起？

人们经常说繁殖带来的资源和能量的消耗可能会导致用于满足维护要求的方法减少（见表1），但还没有哪个物理定律或生物法则说认为必须如此。尽管如此，从进化论的角度看，对种系中高质量细胞的需求肯定会超过对一个“完美”的体细胞的要求，高质量通常代价高。一些实验表明，推迟繁殖能力可延长寿命。但是，正如前面指出过，经过处理的秀丽隐杆线虫一旦发育成熟后，其实际的老化速率就不会改变。

另一个似是而非的进化论（一次性的索玛理论）假设生物体尤其是小的生物体，生活在危险的环境中应该快速成长并繁殖，不需要太多长期维护过程的投入，这用进化论似乎可以解释。但这些生物（如哺乳动物）的能量消耗预算显示，它们的主要活动轨迹如下：（1）吃完饭活动，（2）活动后吃饭，（3）维护体形和清扫，（4）睡觉以恢复体力，（5）玩耍。他们在繁殖方面花费很少的时间，尽管当他们在生殖期，就像雌性哺乳动物发情，雄性做出反应或有一个求爱仪式，包括打架等这些活动都要消耗能量，并可能有疯狂的运动，直到运动结束时才进食。

支持这一进化论理论，就要展示总的生命时间能量预算，小型的寿命短的陆生哺乳动物将分配更多时间和精力到繁殖和生育上。举个例子，对同样大小的蝙蝠，较少受到捕食威胁的寿命更长。然而汤姆·柯克伍德创造了一次性体细胞理论，他强调进化论理论有利于资源的利用，更利于繁殖而不是维护。他驳回了那些声称资源足够丰富而不需要这种利用的批评。

抛开这个进化理论能量分区不说，从游戏理论的观点看在危险环境中的小动物们，不管它们有没有进行投资维护，它们确实更早发育成熟并繁殖后代，随着时间推移还可能会改变基因来适应某些特征。而繁殖慢的物种在竞争中最终会被自然选择淘汰。

相关书籍已经陆续阐述了各种进化老化理论，从中简要摘取的一些重点并不能很公正地进行评价。一些进化理论目前在老年医学中非常流行，许多专家大力支持并相信这就是老化理论。但对果蝇正常株的流行病学的研究显示，很多文献都记载在高龄时死亡率的减缓发生在复制的最后。如果是因为用来复制的那些基因的迟发表达或者是基因的有害作用引起的老化，那么老化的速率就会在高龄时增加，这和文献记录的事实相反。那些古老的微生物的数据一定存在了一种偏倚，干扰了对异质性人群的预测能力。但死亡率降低也同样见于那些同质的高度饲养的果蝇种株。

磨损与撕裂理论

对人有直观吸引力的想法是终有一死的物质最终会消失，汽车也是这样，它遵循热力学第二定律的要求。问题在于与汽车不同的是生物体可以自我组织和自我修复，而不需要“解围”等一系列服务。因此，尽管它们对那些事故、持续压力和环境变化等超越能力的挑战进行适应和调整后，它们仍不可避免老化和死亡。

磨损理论适用于生物体每日生活的正常运转。在成熟时，它们使用或转换所需的吉布斯自由能的过程用于维护和操作（动作，合成，物质转换，细胞膜充电，神经冲动的传导等）必然远离而不会带来均衡。在平衡中就不需要做工，相反，会出现近稳态。

在20世纪的下半叶，伊利亚·普里高津（Ilya Prigogine）开发了非平衡热力学，它或许可以阐明经化学反应后在既往为均质的介质中突然出现新物质的可能。他和其他人用数学方式扩展了这些概念，使用分岔理论、分形、临界条件、相变理论、混沌、非线性、不可逆性和耗散过程，建立了现代非线性力学，这些理论足够丰富，可解释与之相关的所有组织系统的奥秘。最近，E. 施奈德（E. Schneider）和 D. 萨根（D. Sagan）戏剧性地显示了在开放系统中存在创造力的第二定律。

F. E. 耶茨（F. E. Yates）和 L. A. 本顿（L. A. Benton）已经开始应用这些理论来解释老化的问题。我们需要这种超越经典热力学的完美科学，它在无法交换能力和物质的孤立系统中成功建立了平衡态和准稳态，从初始条件不平衡到线性趋于平衡。均衡状态单独适用于个体进程，而不是整个系统。因此，平衡常在机械、电气、化学、热力等单独的系统中进行分析。根据古典热力学概念（即当在一定约束条件下指定的平衡状态，吉布斯自由能降低，熵增加），我们熟知的在一个独立的系统中所建立的平衡状态通常不足以解释或预测丰富的开放系统中的潜力行为。定义所指的开放系统，是可以与环境相互作用，并能获得或者补充免费的能源供应，以及能消除摄取过多的摩尔熵产物。E. 施罗丁格（E. Schrödinger）指出，通过这种方式，热力学开放，生命系统可以说以“负熵”为食，从而保持其内部秩序和防止退化。但施罗丁格的富有吸引力的概念尚不能解释老化。而且，由于热力学开放系统是一门仍在开发中的科学，任何弥补其缺陷的尝试都可能需要新的猜测或假设。

从开放系统的热力学视角看老化

从开放系统热力学的角度解释老化，是基于观察到代谢的许多循环过程都存在代谢。每个代谢周期都如同一个自然的过程，必然会（根据第二定律）产生熵的内部增益（$\triangle S_i$），并具有潜在破坏性。老年医学的根本问题也就变成以下内容：超越生物力边界的物质和能量的交换是否能够完全弥补正熵，也就是说，下面两个陈述是否同时正确？

$\triangle S_i$（代谢）$-\triangle \hat{S}_i$（代偿）$=0$

（比如修复是完美的）

当 $-\triangle\hat{S}$（代偿）是负熵效应，那么

$\triangle S_i$（代谢）$-\triangle\hat{S}_i$（代偿）$+\triangle S$（环境）$=\triangle S_{\Sigma}>0$（比如满足第二定律）

关于生物体这样的开放系统，在每次新陈代谢期间或之后，在它的边界有许多主动运输系统在进行循环，假设以下情况会发生：负熵 $\triangle\hat{S}$（代偿）大于等于正 $\triangle S$（代谢）。如果是这样，它会完美维护机体从而抵抗老化。然而，存在一个困难，因为无论如何，负熵 $\triangle\hat{S}$（代偿）的过程必须是自身自然过程的结果，因此也产生一些正 $\triangle S_i$，即使它从某些内部地方受益得到（较低的）负熵。因此，假设代谢开放系统中的进程总是倾向于内部负熵的净积累，特别是在不能划分的细胞内时。这种积累普遍引起老化。例如那些在生长和发育过程中发生的细胞分裂，内在的状态可能可以重置或重新标准化，子细胞不一定继承所有的母细胞累积的负熵。但有许多组织和器官分化时进行细胞有丝分裂，因此会出现明显的老化。

超出自由度的后果

另一个老化不可避免性的物理原因与自我重组的普遍性有关。它们在时间、空间和能量上自我缩放。例如，一个成人每日约消耗 2 000~3 000 千卡。（特殊情况下，这一消耗可短暂增加到每天超过 6 000 千卡，如在环法自行车比赛上，但物质供给不上会导致消耗过程终止。）在生长发育阶段，有许多负熵阶段，某些特异的能量消耗（单位质量的能量）是巨大的，其用于维持自身结构包括组织分化。自身构建需要动态的自由度，是由产生新的部分提供的。在条件满足的情况下，能量转化的净效应在内部负熵中的破坏性净累积是不可避免的。结果，所有的能源转化必须遵循前面的情景，表现为削弱约束条件的及耦合和连接的削弱。这是一个在动物界普遍存在的一般热力学中心的老化理论。一旦生长成熟，净内部熵积累开始取代一个生命系统。不同物种内部和相互间的具体细节会有所不同，但是控制和调节将总是中断。

内部熵增加后具有破坏性影响力的突出标志物就是作为代谢的副产物随之出现的自由基。

老化的自由基理论

老化的自由基理论假定在有氧呼吸过程中产生的氧自由基在老龄化的瓦解中发挥了重要作用。特别有力的证据是与线粒体能量消耗相关的代谢产物，产生氧化剂 $O_2^{-\bullet}$（也可以是还原剂）、H_2O_2 和 $^{\bullet}OH$（对生物分子最具破坏性）。为了方便起见，它们经常合并被称为活性氧物质（ROS）。如前面提到，ROS 被假定是特定代谢中的隐性残留物（$\triangle S_i$），而这种残留物是一般热力学理论所需要的。

目前有大量文献阐述了三个重要问题：（1）在退行性老化中 ROS 是否发挥作用？（2）它们是否决定不同物种的死亡率？（3）线粒体是否特别容易受到年龄相关病

理改变的影响？

呼吸系统的细胞有大量介质的发现，可以浇灭自由基代谢理论产生的“火花”，可允许的损害控制让自由基理论自行消灭。贝克曼（Beckman）和埃姆斯（Ames）组建了一个能确定这些介质和支持该理论的数据库。例如，用增强的抗氧化剂防御的转基因果蝇表现出平均寿命和最大寿命得到延长，以及在许多老年生物中发现了线粒体DNA的大段缺失。然而仍然有很多不解之谜。如为什么氧化失调在人体内比在老鼠体内花费的时间要长得多？为什么热量限制能够延长寿命，但对特定的代谢率几乎没有影响？这些疑问可以用老化的氧自由基理论进行合理解释。

可靠性理论

之前讨论的所有理论都已存在很多年。然而，可靠性理论是一个原创的新理论，它有很多特点，还可以形式化。对新理论的需求是由于需要在分子和细胞水平上，通过循环推理解释年龄变化带来的物体的老化，在这一点上，老化仍然是神秘的。而原子的稳定同位素不会老化。在组织的更高水平上，生物体组件与年龄无关的衰竭风险随机存在。此外，复杂的系统一般有其特有的衰竭模式——这是系统故障，而不是组件故障。

加夫里洛夫和加夫里洛娃认为，老年医学需要系统故障的一般性理论，称为可靠性理论。这类理论最初是用来描述电子设备的故障率，但它具有非常普遍的适用性。可靠性通过函数 $S(x)$ 来描述，它是系统或组件按照一个特定标准可以继续正常工作的概率：

$$S(x)=P(X>x)+1-P(X\leq x)=1-F(x),$$

其中 x 是时间，X 是发生功能障碍所需时间，P 是功能障碍时间（X）超过时间（x）的概率，并且 $F(x)$ 是概率论中一个标准的累积分布函数。

从一开始，加夫里洛夫和加夫里洛娃精辟地提出并证实存在这样一种现象：死亡率随年龄增长而增加，随后的平稳在理论上预测了所有可靠模型的必然特征，老化是一个随机的渐进性损伤累积的结果。他们接下来阐明了通过建立损伤容纳机制形成冗余和平衡结构以保护复杂系统的重要性。然而，随着时间的推移，冗余元素的数量减少，脆性增加。最后，他们介绍了这个高初始损伤负荷假说。正如所建模型，这一假说预测在早期发展过程中即使是一个小的优化，也可能在以后的生命中阻止很多疾病的发生。此外，这一理论可论证推迟老化相关的病死率和死亡率。他们这些理论很受欢迎，因为这些表明基因组和表型之间存在许多偶然、后生和发展事件的更加成熟的理解已开始取代强大的生物学基因的简化理论。

加夫里洛夫和加夫里洛娃的可靠性理论向老年学家们有力地传达了老年医学中令人惊叹和感兴趣的现象，并提供了大量的数据，其预测和解释的能力无与伦比。在此无法展示其丰富的细节，但是引用的参考文献展现了该理论的实质和美感。

另请参阅：稳态、体内动态平衡与老化；老化标志物；老化模型：脊椎动物。

拓展阅读

Austad SN (1997). *Why We Age*. New York: John Wiley and Sons.

Beckman KB and Ames BN (1998). The free radical theory of aging matures. *Physiological Reviews* 78: 547-581.

Bengston VL andWarner Schaie K (eds.) (1999). *Handbook of Theories of Aging*. New York: Springer Publishing Co.

Cristofalo VJ and Edelman R (eds.) (2002). Focus on Modern Topics in the Biology of Aging. *Annual Review of Gerontology and Geriatrics*. New York: Springer Publishing Co.

Finch CE and Kirkwood CE (2000). *Chance, Development, and Aging*. New York: Oxford University Press.

Gavrilov LA and Gavrilova NS (1991). *The Biology of Life Span: A Quantitative Approach*. New York: Harwood Academic Publishers.

Gavrilov LA and Gavrilova NS (2005). Reliability theory and aging. In: Masoro EJ and Austad S (eds.) *Handbook of the Biology of Aging*, 6th edn. San Diego, CA: Academic Press.

Holliday R (1995). *Understanding Ageing*. Cambridge, UK: Cambridge University Press.

Kirkwood T (1999). *Time of Our Lives: The Science of Human Aging*. Oxford, UK: Oxford University Press.

Mayr E (2004). *What Makes Biology Unique?* Cambridge, UK: Cambridge University Press.

Medvedev ZA (1990). An attempt at a rational classification of theories of aging. *Biological Reviews* 65: 375-398.

Olshansky SJ and Carnes BA (2001). *The Quest for Immortality: Science at the Frontiers of Aging*. New York: W. W. Norton and Co.

Rose MR (1991). *Evolutionary Biology of Aging*. New York: Oxford University Press.

Schneider ED and Sagan D (2005). *Into the Cool: Energy Flow, Thermodynamics, and Life*. Chicago, IL: University of Chicago Press.

Yates FE and Benton LA (1995). Loss of integration and resiliency with age: a dissipative destruction. In: Masoro EJ (ed.) *Handbook of Physiology-Aging*, pp. 591-610. New York: Oxford University Press and The American Physiological Society.

译　者：肖淑英（首都医科大学附属北京潞河医院）

老化理论：心理学

J. J. F. 施罗茨 阿姆斯特丹自由大学，阿姆斯特丹，荷兰

词汇表

混沌理论（Chaos Theory）——该理论指出，远离平衡系统的波动可以通过自组织过程从混乱中创造秩序。

老化动力学（Gerodynamics）——基于一般的系统理论和混沌理论的老化动态系统理论。

超越老化（Gerotranscendence）——元视角的转变，从唯物主义和理性的视角转向更具宇宙性和超越性的视角。

冈珀茨定律（Gompertz' Law）——该模型指出，人类从大约 10 岁开始到正常寿命结束，死亡率随着年龄的增长而有规律地增长。

年龄心理学（Psychology of Age）——研究行为的年龄差异。

老化心理学（Psychology of Aging）——研究随着年龄变化的行为模式。

老年人心理学（Psychology of the Aged）——研究老年人的问题行为与非问题行为。

引言

老化心理学的研究一直受到各种理论的指导。从历史上看，主要有三种进路：老年人、年龄、老化。老年人心理学主要关注老年人的行为。基于生命阶段的观点，大多数针对老年人的研究都显示出一种主题方法（例如，阿尔茨海默病、退休、丧偶等），故而缺乏连贯性。年龄心理学通过横断面研究，比较不同年龄组的人群，研究行为上的年龄差异。大量富有成效的研究着重于确定造成年龄差异的原因及后果，如处理事情的速度、专注力等。老化心理学研究随年龄变化的行为模式，并在纵向研究中整合了年龄心理学和老年人心理学。本文按时间顺序，从 19 世纪初有关老化过程的理论研究出发，介绍主要的、多样化的老化心理学理论。

发展历史

早期根源

老化心理学理论扎根于 19 世纪欧洲的科学土壤。这里的知识氛围让人坚信，科学方法可以应用于所有自然现象，而包括老化主题在内的所有问题都可以通过科学研究加以检验，并进行归纳与概括。1825 年，英国精算师本杰明·冈珀茨（Benjamin Gompertz）发表了关于死亡率的经典论文，探讨了在一个给定的人群中死亡率与年龄之间的关系，提出了人类从大约 10 岁开始到生命结束，随着年龄不断增长，死亡率有规律增长的模型。这种规律性的观察导致了对老化的遗传和生物学基础和死亡原因的大量研究。

当科学研究致力于识别诸如冈珀茨定律这样的特定关系时，比利时数学家、天文学家凯特勒（Quetelet）试图证明，在整个生命周期中，人类行为变化的各个方面都具有规律性。1835 年，他出版了一本关于人及其能力发展的著作。除死亡率差异的信息外，他还根据年龄对人的生理特征和行为特征进行了汇编。作为一个数学家，凯特勒强调对多个人的观察，因为这种观察可能得出一般性的特征规律。他致力于研究寿命的规律性，可从以下陈述看出："我们首先必须确定记忆、想象和判断开始的时期，以及它们从发展到成熟的必经阶段；因此，在确定了成熟点之后，我们就可以把研究延伸到对衰退规律的探求。"凯特勒的思想代表了 19 世纪科学家的广度，他们旨在建立包含整个有机体的理论。

先驱者

19 世纪下半叶和 20 世纪初，针对老化过程的系统研究几乎完全缺失，而在此期间，心理学被确立为一门独立学科。此外，发展心理学的分支学科也只是儿童心理学。然而，一些研究儿童发展的先驱者却在他们学术生涯的后期把注意力转向了老化心理学。G. S. 霍尔（G. S. Hall）、夏洛特·布勒（Charlotte Bühler）、卡尔·荣格（Carl Jung）和沃尔特·迈尔斯（Walter Miles）都位列其中。

1922 年，霍尔出版了《衰老：生命的后半部分》（*Senescence*：*The Second Half of Life*）一书。书中虽然只是总结了一些学术领域关于老化的知识，但可以将其视为关注老化心理学研究的肇始。这是一本构思广泛的书，作者在书中回顾了所有当代科学和当时的一般文献（如生理学、医学、解剖学、哲学）中关于老化的证据，特别是关注老年人心理的人文内涵和一些关于死亡的心理问题。对霍尔来说，老化的经历就是攀登人生的山峰，沿着一端到达顶点实现成熟后，然后小心翼翼地下到另一端走向老年。

布勒从 20 世纪 20 年代开始发表关于儿童发展心理学的文章，并于 1933 年在德国出版了具有创新性的关于人的生命历程方面的著作。凭借各种资料（生物学和心理学研究、制作和表现记录、传记和自传材料），她奠定了后来被称为"毕生发展心理学"（life span developmental psychology）的基础。虽然布勒强调发展和老化的心理过程，却强调将这种过程与生物性的生命周期相结合。生命的基本生物结构提供了一个生长、维持和衰退的基本步骤，作为心理扩展（发展）和限制（老化）的基础。

从一开始，精神分析论只是针对童年和青春期的发展理论。然而，瑞士临床医生卡尔·荣格却是一个例外，他在1933年描述了成年期的发展阶段，并认为成年人的成熟过程可以解释阶段变化。荣格的重点是在生命周期中探索自我。他指出，中年和晚年生活经历了从外向型到内向型的转变：晚年并不是对青年时期的简单补充，而是有它自己的目的和意义。基于这种观点，荣格也对老年患者进行心理治疗。

1927年，斯坦福大学成立了世界上第一个致力于老化研究的心理学实验室。当时已经完成了大量关于精神运动能力和感觉能力的年龄差异的研究。到1931年，沃尔特·迈尔斯发表了一篇关于老化心理学的研究综述《衡量人在一生中的某些能力》（*Measures of Certain Human Abilities throughout the Life Span*）；1933年，他又发表了一篇关于寿命变化的长论文。迈尔斯将大部分注意力集中在精神运动功能上，并由此区分了运动性（即运动的速度）与简单反应速度。由于历史原因，在1933年迈尔斯前往耶鲁大学后，斯坦福大学的研究没有继续进行下去。

老化的概念

理论、模型与隐喻

在回顾第二次世界大战后的老化心理学理论之前，首先必须明确一些理论概念。有句经典名言说得好，没有什么比一种好的理论更实际的了。理论框架有助于科学家积累数据并将其整合到一个知识体系中，这将为新的研究提供方向。最近，一些老年学研究人员得出结论，老化心理学数据丰富，但理论欠缺。当然，这个结论至少部分地取决于术语理论的定义。

在逻辑实证主义的影响下，人们认为，适当的理论发展与以逻辑相连的数学命题的理论形式是一致的。从此观点来判断，在老化心理学领域，进行正式的（即严格的、精确的，至少是潜在定量的）理论建构的尝试并不是很成功。在不知不觉中，研究人员的注意力转向模型的形式，一般来说，模型的形式被认为是比理论更简单和更可量化的，但老化的关注面却比较受限。

定量模型（或理论）的形式化忽略了建构主义的观点，即科学在本质上是隐喻的或运用隐喻的。事实上，模型是扩展的和系统化的隐喻。例如，在第二次世界大战之前，大多数研究人员认同智力水平随着年龄的增长而下降的模型，即智力水平跟身体技能一样，会随着年龄的增长而下降。这个模型建立在所谓的“山丘隐喻”（hill metaphor）的基础上，由霍尔于1922年提出，描述的是如爬山一般的从发展到老化的人生过程。

“山丘隐喻”至今仍然活跃，其他许多

隐喻也隐藏在某种模型或理论的伪装下。这也就解释了为什么“理论”“模型”和“隐喻”这三个术语在文献中经常交换使用。简而言之，这些术语的相对意义可以表述如下：“隐喻”首先推动了老化心理学理论的发展；而“模型”作为一种更普遍、更广泛或更系统的隐喻，将理论与实证研究联系起来。在下文中，“理论”这个术语应该用最广泛的意义来理解。

老年人心理学

对老化心理学的研究是以各种理论、模型和隐喻为指导的。从历史上看，在这一领域有三种进路：老年人、年龄和老化。老年人心理学集中在老年人和老年生活。大多数关于老年人的研究从人生阶段的角度出发，采用主题性、描述性的研究方法，研究之间大多缺乏连贯性。基于对研究文献的分类，至少可以区分 70 个不同的主题，从阿尔茨海默病、生活满意度、丧偶、退休，到认知、死亡和濒死等。大多数研究主要是陈述老年人的行为结构与社会医疗问题。考虑到各种各样的主题和研究发现，老年人心理学可被广泛定义为对老年人的问题行为和非问题行为的研究。

老年人心理学研究中缺乏老年学理论主要源于人们对成年期的惯性思维和取向，该取向将从童年到青春期的变化视为理所当然，却无视成年期后个体的继续变化与发展。事实证明，老年人心理学的研究中充斥着大量的生物医学概念，并将老化视为一种疾病或是身体逐渐恶化的结果。例如，老年人的认知过程常被描述为“失败、丧失、不充分、不足、贫困、减少、无效或受损”。这些生物医学概念反映了这一主要隐喻，即老化是一个生物学或医学问题，老年人是社会中的问题群体。

年龄心理学

研究老年心理学的第二种方法是年龄心理学，即关注年龄差异。基于这种方法的多数研究都是横断面的，描述和比较了同时测量的不同年龄段的人群。研究的中心问题涉及以年龄作为首要自变量，把其他一些感兴趣的变量（例如死亡率、发病率、自主性、生活质量、心理能力或生产力）作为主要因变量，以此探讨变量之间的关系。衍生的研究问题通常涉及干预变量（例如社会人口统计学、环境、心理、生理或生活方式等因素）与所观察到的年龄差异的相关程度。

横断面的年龄差异经常被误解为年龄变化、老化，或是随着时间推移而产生行为变化。然而在过去的 30 年中，研究人员逐渐认识到，年龄差异并不等同于年龄的变化，或者说按年龄顺序作为自变量并不能帮助解释或至多只能部分解释衰老过程。1965 年，华纳・沙依（K. Warner Schaie）率先意识到，队列和时期可能比年龄更具有解释力，因此，他设计了“年龄—时期—队列”模型（age-period-cohort，APC）。然而，由于这三个时间参数依赖日历时间（自变量和因变量都用同一时间表示），因此无论如何收集或统计分析数据，始终存在时间混淆的问题。

关于年龄变量的另一个观点是，把年龄概念作为一个指数变量，它需要在老化过程中得到进一步解释。大多数研究人员把年龄作为一个虚拟变量或指数，它不是代表单一、潜在的老化过程，而是代表一系列因素独立却协调发展的过程，这一过程带来了我们所认为的老化。从实验的角度来看，这意味着富有成果的研究聚焦于找出导致与年龄有关的差异的原因和后果。虽然需要纵向信息来对假定的老化过程得出更明确的结论，但这种类型的横断面实验在认知老化领域特别常见。

老化心理学

研究老年心理学的第三种方法是老化心理学。简而言之，它研究在成年早期之后的行为变化规律。为研究不同时间的行为变化，必须进行纵向研究；在本质上，这是指将一组受试者在某一时期的表现与他们在其他时期的表现进行比较。在这种情况下，"老化"这个词经常被视作一个自变量，以解释其他现象（例如，死亡率、生产力、健康、能力），以及作为一个因变量被其他变量所解释（例如，正常老化、遗传）。

值得注意的是，在前面的定义中，"行为的规律性变化"中的"规律性"一词，指的是行为的有序或典型变化，或者说是随着年龄的增长而改变的所谓行为模式。例如在认知领域，认知会随着年龄的增长而下降的一般模式已经被确立。然而，在这种模式中，可以区分出认知老化的另一种经典模式，即与空间感知能力的下降相比，语言信息随年龄的增长而相对增加。

注意前面那个定义——"成年早期之后"（after young adulthood）的含义。基于这样的定义，老化心理学是从发展和老化这两个生命阶段出发，它通常被描述为连续时间变化过程中的两个过渡点或成熟顶点。如前所述，"山丘隐喻"是与年龄相关的生命变化的两个阶段的典型隐喻，它基于生物学的生长和衰退概念，特别是所谓的死亡率曲线：婴儿的高死亡率会出现规律性的下降，在 10 岁左右降到最低；而在此后剩余的生命周期中，死亡率又逐步上升（即冈珀茨定律）。然而，心理变化过程并不一定与生命周期中的生理变化相平行。例如，一方面，信息处理速度等液态智力反映了遗传生物学的决定因素，并且随着年龄的增长趋于下降。而另一方面，晶态智力代表文化和社会的影响，例如，认识世界的一般性知识可能会随年龄增长而增长。这种认知现象提出了一个尚未解决的问题，即发展和衰老的心理过程在多大程度上是不同的，因为这两个过程都涉及与年龄有关的变化。

经典理论

发展任务理论/活动理论

1948 年，罗伯特·J. 哈维格斯特（Robert J. Havighurst）出版了一本多次再版的书籍，该书从生命周期视角出发探讨"发展任务"的概念。发展任务发生在个体生命中的某个时期，成功完成任务会使个人获得幸福并在以后的任务中获得成功，而失败则会导致不愉快、不受社会欢迎，以及使后续任务出现困难。所有这些任务有生物学（生理成熟）、心理学（愿望或价值）和文化（社会期望）基础。哈维格斯特描述了以下六个发展阶段或年龄阶段，每一个阶段都有自己的发展任务：婴儿期和幼儿期，童年中期，青春期，成年早期，中年期，成年后期（60岁以后）。例如，成年后期的发展任务可以概括为：（1）应对衰老的身体变化；（2）将精力重新引导到新的角色和活动上，如隔代抚养、退休或守寡；（3）接受自己的生活；（4）培养关于死亡的观点。后来，与年龄相关的发展任务的核心概念被命名为“活动理论”，以与“脱离理论”相对应。

人格发展的心理学理论

在1950年出版的《童年与社会》（*Childhood and Society*）一书中，埃里克·埃里克森（Erik Erikson）对人格发展理论做出了重大贡献。埃里克森提出了一个有关生命八个阶段的心理社会理论，每个阶段都有独特的矛盾，这种矛盾源于两种相反倾向之间的冲突。每个年龄阶段的发展任务就是解决冲突，这就需要把个人需求与社会需求结合起来。每次成功解决冲突都会带来一种新的发展力量。然而，若冲突未能得到成功处理，则会对人格发展带来害处。例如，生命的最后阶段（成年晚期）是指自我完整与失望的相反倾向。在这一点上，一个人的生命要么因为某些跨文化的、人性的原则而有意义，要么因为毫无意义而带来绝望。成功实现自我完整可能导致智慧品质的形成。

针对埃里克森的生命阶段划分及其各自对应的年龄段、矛盾和潜在品质，总结如下：

1. 婴儿期：0~1岁，信任与不信任的冲突，形成希望的品质。

2. 儿童早期：1~6岁，自主与怀疑和羞怯的冲突，形成意志的品质。

3. 学前期：6~10岁，主动与内疚的冲突，形成目的的品质。

4. 学龄期：10~14岁，勤奋与自卑的冲突，形成能力的品质。

5. 青春期：14~20岁，自我同一性与角色混乱的冲突，形成忠诚的品质。

6. 成年早期：20~35岁，亲密与孤独的冲突，形成爱的品质。

7. 成年中期：35~65岁，繁殖与停滞的冲突，形成关心的品质。

8. 成年晚期：65岁以上，自我完整与失望的冲突，形成智慧的品质。

埃里克森认为，发展是个人和文化因素共同作用的结果，故将自己的理论描述为人格发展的心理社会理论。在生命的每一个阶段，社会世界都在扩大，故一个对这个世界懵懂无知的婴儿，最终演变为一个对世界及人性有思考的长者。值得注意的是，尽管埃里克森的理论似乎是基于精确的年龄划分的，但其实并不与具体年龄段或与年龄相关的变化密切相关。对早期生命阶段的划分比晚期的划分更精细，例如，青春期后的三个阶段，涵盖了整个生命的四分之三，却只占了八个阶段中的三个。这种划分反映出随着年龄的增长，社会心理异质性的增强：婴儿的发展任务更具有普适性，但青春期过后，个体的社会心理发展任务在很大程度上取决于个人经验和一般原则。

对应理论

1960年，美国老年学的奠基人詹姆斯·E. 比伦（James E. Birren）提出了老化的一般理论，作为发展理论的对应面。隐喻的使用是为了表达这样一个观点，即行为的潜在结构（情感、认知和动机）是从早期的经验中继承下来的，并与当下的社会情境相联系。老化是生物体在不同的生态环境中，以相应的方式表达的生物学和行为发展的转变。

通过对老人的观察可以发现，他们晚年生活中发生的变化存在一种模式，这并不仅仅是偶然或巧合造成的。在解释这些晚年的变化模式时，比伦注意到，自然选择作为一种解释机制并不十分明显，因为老年人（有机体）的一些模式或特征直到生殖年龄过后很久才出现。因此，他得出结论，这些呈规律出现的特征（包括长寿）一定是繁殖时特征选择的结果。简言之，比伦的对应理论认为，任何基于生物学的晚期特征顺序都一定与受选择压力影响的对应发展特征相关联。

比伦指出，行为因素可参与对应的过程，也就是说，晚年事件的模式可以通过长寿和聪明的人的自然选择产生。例如，虽然个体寿命的差异直到繁殖完成后很久才会出现，但聪明和长寿的父母能够在食物及保护方面提供一个有利于其后代生存的环境。换言之，对应理论主张对积极的晚年特征进行间接选择，包括广泛的复杂生物学（例如长寿的潜力）和行为（例如智力）特征。因此，对应理论拓展了有关发展和老化的“山丘隐喻”，包括关于它们之间的关系，以及如果不是在整个生命周期中进行的话，行为如何在成年后的生活中被组织起来等问题。

脱离理论/活动理论

“脱离”一词是指人们从以前的角色或活动中退出。基于人们从中年后开始变得内向的假设，卡明和亨利（Cumming and Henry）于1961年提出这种基本心理过程会导致：（1）自然而正常地从社会角色及活动中退出；（2）增加对自我的投入，减少与他人的情感投入。该理论假定，脱离具有普遍性和自然性，但这被批评为既不自然也不必然。尽管该理论解释了老化的一般心理和社会过程，但考虑到那些依然没有对生活失去兴趣、不回避社会的老年人，该理论只是一个关于老年人的片面的观点。

脱离理论是与活动理论相对立的一种老化理论，活动理论是以发展任务为基础的。活动理论的主要倡导者哈维格斯特认为，为了保持一种积极的自我意识，老年人必须通过承担新角色来代替那些失去的旧角色。因此，活动理论为老年人提供了更广阔的视野。

关于年龄和老化的人格理论

1968年，伯尼斯·L. 纽加滕（Bernice L. Neugarten）出版了她的经典著作《中年和老化》（*Middle Age and Aging*），从生命周期角度探讨老化问题。从20世纪50年代开始，纽加滕及其同事就开展了一系列的生命周期研究，关注了两个理论重点领域。第一个重点领域是研究个人生活和角色中过渡事件的时机。生活事件是一系列的规划安排，如结婚、为人父母、职业成就、退休；也就是说，它们预计会在一定的年龄和顺序内发生。因此，它们会导致自我概念和身份的改变。以一种隐喻的说法，即“社会时钟”已经被个体所内化，年龄规范对生命周期中事件的发生起到刺激或遏制作用。但是，意外事件（例如，车祸）或非正常时间发生的事件（例如，早年丧偶）可能会对个体发展造成负面影响（例如，生活危机）。

第二个重点领域是研究人格类型，以此作为成功老化的预测因素。老年人通常运用不同的能力，来应付生活压力和适应他们不断变化的生活状况。针对老化，纽加滕区分了八种不同的人格类型，分别命名为重组型、专注型、脱离型、坚持型、受限型、求援型、冷漠型和无组织型。简言之，老化被视为一个适应过程，人格对适应起到关键作用。老化的个体不仅可以在适应生物和社会变化方面发挥积极的作用，而且也可以在创造生活模式方面发挥积极作用，这将给予他们极大的自我参与感和生活满足度。

关于人格和老化的认知理论

1970年，汉斯·托马（Hans Thomae）简要描述了一种关于老化和人格的认知理论，旨在整合生物学、社会学和互动论的各种观点，同时关注老化的心理动力学。该理论的核心概念是“感知”“感知情境”和“自我感知”。例如，托马假设，感知变化而非客观变化与行为变化相关，并根据老年人的主要担忧和期望来感知、评估这种变化。因此，成功适应与年龄相关的变化涉及维持和调整认知与动机系统之间的平衡。例如，承认自己老了或者拒绝接受这种看法，两者之间的心理平衡是老年人的一项发展任务。

现代理论

生命周期发展与老化

20世纪80年代初以来，保罗·B. 巴尔特斯（Paul B. Baltes）及其同事从生命周期角度，对发展和老化的心理过程展开了一系列研究。根据生命周期发展心理学的传统，发展和老化被认为是整个生命周期行为变化的同义词。从这些研究开始，巴尔特斯从心理学的角度探究了人类衰老的本质，提出了一个包含七个命题的理论框架：（1）正常老化、病理老化和最佳老化之间有很大的区别，后者被定义为在促进发展和对年龄有利的环境下衰老；（2）老化过程显示出很大的个体差异性；（3）老年期有许多潜在能力；（4）在潜在能力或适应性上存在老化损失；（5）个人和社会知识（晶体智力）可以充实头脑，可以弥补与年龄相关的液态智力的下降（老化损失）；（6）随着年龄的增长，得失之间的平衡变得越来越负向；（7）老年期的自我仍然是一个应对和保持完整性的弹性系统。

基于这一命题框架设计的一种成功老化的心理模型，名为有偿选择性优化模型。该模型的核心论点是收益和损失之间的动态关系，即由三个相互作用的要素组成的一般适应过程。第一个要素是选择，即人们为了适应老化，其生活世界越来越局限在较少的功能领域。第二个要素是优化，即人们通过一些行为（以及相关的行为形式），在数量和质量方面最大限度地扩大生命中的选择。第三个要素是补偿，它如同选择一样，基于适应范围内的限制而产生。当特定的行为能力丧失或降低到无法充分发挥功能所需的标准时，它就开始运作。

持续终生的、具有补偿性的选择性优化有助于人们的成功老化，也就是说，尽管精力降低，人们仍可以从事对他们来说很重要的生活任务。例如，钢琴家鲁宾斯坦在一次电视采访中表示，他通过以下方式克服了钢琴演奏中因衰老带来的不利影响。首先，他减少了自己的常备曲目，转而演奏较少的曲目（精选）；其次，他更频繁地练习（优化）；最后，在快速动作之前，他会减慢自己的弹奏速度，从而形成对比，增强快速动作中的速度印象（补偿）。

加工资源衰减

一段时间以来，人们普遍认为认知能力的普遍下降与年龄有关。对这种老化现象，研究人员已做出了几种解释，但迄今为止，只有资源衰减之说得到广泛的支持。按照这种观点，老化会导致一种或多种加工资源数量的衰减，例如注意能力、工作记忆能力或处理速度。根据 20 世纪 80 年代以来这一观点的主要支持者蒂莫西 · A. 索尔特豪斯（Timothy A. Salthouse）的说法，加工资源具有以下三个特点：（1）它们数量有限，成年之前，处理的数量或效度持续增加，直到臻于成熟顶点后逐渐下降；（2）它们支持或增强认知处理，以便在有更多资源可用时可以改善认知任务的表现；（3）从局限于少数高度相似的认知任务的意义上讲，它们不是局部的或特定的，而是与广泛的认知过程有关。

加工资源的这三个特点产生了许多具体的理论。根据资源减少理论中使用的主要隐喻，它们可以分为三类：空间、能量和时间。也就是说，空间限制对应的是对可用于处理的计算或工作存储器区域的大小的限制；能量限制对应的是注意能力的限制；时间限制是指在信息可被处理的速率，以及由于衰减、干扰或某些其他机制而变得不可用的速率之间进行权衡所施加的限制。

在一系列的实验研究中，索尔特豪斯及其同事专注于将加工速度的时间隐喻作为认知老化的一个解释性建构。他们的发现表明，加工速度是人类认知的一种基本结构，一方面与神经结构和功能的明显变化有关，另一方面与高阶认知过程（如推理和抽象）有关。因此，索尔特豪斯假设，加工速度很可能为认知老化的综合理论提供基础。然而，应该注意的是，资源减少的观点没有回答以下基本问题：资源为什么减少，以及这种减少如何导致较低的认知水平。

人格与老化

对人格和老化的研究反映了“人格”的概念，这里定义为情绪取向、人际交往、经验、态度和动机风格等一系列性格特征。一般而言，这一领域可以区分两种理论传统：特质模型和发展阶段模型。在这两种传统中，核心问题都涉及人格的稳定性及其在不同生命周期中的变化程度，即老化过程本身对人格变化的影响程度。

总体而言，有关人格特质的纵向研究始终发现，随着时间的推移，人格具有结构上的不变性，即工具、队列、测量类型和时间之间的因素结构的显著相似性模式。根据特质模型的主要支持者保罗·科斯塔（Paul Costa）和罗伯特·麦克雷（Robert McCrae）的说法，同样的五个主要因素（神经质、外向性、经验开放性、合群和尽责性）也出现在使用不同方法的纵向研究中。在总结中，他们指出，人的基本性格通常保持不变，尤其是在生命的后半段，会表现出高度的人格稳定性。

特质模型的最新扩展涉及与人格相关的结构，如控制点和自我定义。对稳定性和变化进行总结概括还为时尚早：一方面，现有的相关研究数量相对较少；另一方面，多数既有研究设计都属于横断面研究。尽管如此，越来越多的人倾向于认为，人格特质随着年龄的增长趋于稳定；而自我的关键方面，如目标、价值观、应对方式和控制信念等，都更容易发生改变。

成人人格发展的理论模型代表了人格和老化领域的第二个传统。埃里克·埃里克森和丹尼尔·列文森（Daniel Levinson）分别提出了理论，用以解释成年早期以后的发展。如前所述，埃里克森从婴儿期到成年晚期的八阶段理论是在 55 年前提出的。从这个角度来看，对成年中期和成年晚期，即“繁殖与停滞”和“自我完整与失望”阶段，收集的经验证据十分有限。例如，没有纵向研究探讨中年生殖能力的实现是不是晚年实现自我完整的必要前提。显然，埃里克森的理论值得老年学家给予更多的批判性关注。

在列文森的人格发展理论（基于对 40 个男人的一系列深入访谈）中，每个男人的生命结构都经历了一系列有序的发展阶段，这些阶段在稳定阶段与过渡阶段之间交替，通常是生命中至关重要的转折点。从青春过渡期（17～22 岁）开始，有三个主要阶段：早期成年期（17～45 岁）、中期成年期（40～65 岁）和晚期成年期（60 岁以后）。这些阶段之间有一部分重叠，因为每个时期都有一个为期 5 年的过渡期。每个时期的时间和长度以及其间的发展因人而异，取决于个体的生物、心理和社会等条件。然而，列文森的理论受到诸多方面的严厉批评，其中最严厉的批评是深度访谈的不可复制性。

行为遗传学与老化

研究老化的行为遗传学家主要关注的问题是，遗传因素在多大程度上影响与年龄有关的个体寿命的变化。其中，“遗传力”（heritability）被定义为描述性统计结果，即在群体中被观察到的表型变异的部分，这部分变异可由个体之间的遗传差异来解释；而其余的变异（即非遗传部分）源自环境。在整个生命周期中，遗传力的变化表明，遗传和环境影响的相对作用可能会随年龄的增长而改变，因为它们对群体中个体之间的生物差异和行为差异产生影响。

关于稳定和变化的问题，自20世纪80年代以来的两位主要研究者：南希·L. 佩德森（Nancy L. Pedersen）和罗伯特·普洛明（Robert Plomin）对表型稳定性（phenotypic stability）和结构稳定性（structural stability）进行了区分。表型稳定性是指遗传成分和环境成分的稳定性，正如人们所熟悉的连续场合下相同测量值之间的相关性所表达的那样。另一方面，结构稳定性指的是整个生命周期内遗传或环境的不变性（稳定性）。鉴于这种区别，佩德森指出，需要对仅靠遗传变异来证明、支持表型稳定性的老化理论进行修正，将遗传和环境参与的发现纳入稳定性理论中。例如，早期对随年龄增长的认知表现的预测表明，表型变化仅仅反映环境变化，同时隐含遗传稳定性。然而，正如瑞典的收养/双生子研究（the Swedish Adoption/Twin Study of Aging，SATSA）所表明的那样，认知能力变化与年龄变化之间的关系并不简单：表型（总）变化的增加是由于环境经验的增加，而总变化的减少则平均分布在遗传和环境成分中。

老年行为遗传学的理论形成仍处于初级阶段。然而，根据最近的分析，佩德森得出如下初步结论。第一，遗传和环境效应对老年人个体差异的相对重要性具有表型特异性。人格特质和幸福感的遗传力为低到中等；与健康相关的表型的遗传力为中等；认知能力的遗传力较高；记忆的遗传力则低于言语和空间能力或感知速度的遗传力。第二，遗传力存在年龄差异，其模式取决于表型。对某些度量指标，特别是与健康相关的特征，基因效应的相对重要性似乎在不同年龄组之间有所下降。对其他测量指标，遗传力的影响是稳定且上升的，或反映了一个倒“L”形的函数。变化可能反映了环境或遗传影响的增加，具体取决于表型。更常见的是，环境影响导致与健康相关的表型变异性的增加。第三，在较短的时间跨度内，遗传效应对人格和认知的影响比环境效应更为稳定。对生命晚期个体差异具有重要意义的环境影响正在发生变化。然而，环境影响对短期内（3~6年）的表型稳定性至少同样重要。

新理论

超越老化

1989年，拉斯·托斯坦（Lars Tornstam）提出，人的老化（即活到老年阶段的这个过程）包含了一种超越老化的普遍潜力，即元视角从唯物主义和理性视角转变为更具宇宙性和超越性的视角，而这通常伴随着生活满意度的提升。在定性和定量研究的基础上，托斯坦在与年龄有关的本体论变化的三个层面上发展了超越老化的理论概念。第一，宇宙层面。例如，对时间、空间和物体感知的变化，增加与过去和未来代际之间的亲密关系，生活观念的改变，死亡恐惧的消失，接受生活中的神秘维度，以及增加与宇宙精神的宇宙共融。第二，自我层面。例如，发现隐藏的自我（包括好和坏两个方面），减少自我中心，实现从利己主义到利他主义的自我超越，重新发现内在的自我完整性。第三，社会与个人关系层面。例如，减少对表面关系的兴趣，增加独处的诉求，更多地理解自我和角色之间的差异，减少对物质追求的兴趣，以及增加反思。

超越老化的新理论让人想起了脱离（卡明和亨利）和完整性（埃里克森）的经典概念，但在某些方面，超越老化与它们之间依旧存在质的区别。首先，超越老化意味着对现实的重新定义，而脱离仅限于转向内在的投入；此外，超越老化与社会活动相关，同时也需要独处的哲学思考，而脱离只包含从社会的退缩。其次，超越老化包含具有积极的、多方面的策略，而脱离则仅意味着消极的应对策略。最后，埃里克森的完整性主要是针对过去的，即对生活中已经过去的要素的整合，而超越老化则更多地意味着向前看或向外看，包括对现实的重新定义。总之，尽管托斯坦的超越老化理论是建立在有限的经验证据的基础之上的，但它在整合和进一步发展一些经典和现代的老化心理社会理论方面做出了积极尝试。

分支理论

1995 年，约翰内斯 · J. F. 施罗茨（Johannes J. F. Schroots）简要概述了老化的动力学系统理论。该理论基于一般系统理论，特别是热力学第二定律和动态系统理论（混沌理论）。第二定律指出，生命系统中的熵或扰动随着年龄的增长而增加，最终导致系统死亡。混沌理论假定，动态的、远离平衡的、系统的内部或外部波动，可以通过一个临界点（转换点），并通过一个自组织过程，从无序中创造秩序。随着时间的流逝，变化的结构或模式出现了。从这个元理论的观点来看，生命系统的老化可以被看作是一系列非线性变换，转化为高阶或低阶的结构或过程，在整个生命周期中呈现出向无序多于有序的渐进趋势，并导致系统的死亡。

动态理论是老化方面的新理论，可称之为分支理论。这一理论的基本原理是个体在生物、心理或社会功能层面上的分叉或分支行为。隐喻地讲，分叉是指个体（有机体）通过一个临界点（分叉点、分支点或转换点），可以分支成高阶或低阶的结构或过程。高阶和低阶结构可以根据死亡率（死亡概率、预期寿命）、发病率（疾病、紊乱、残疾或功能障碍）予以解释。例如，创伤性生活事件和健康的生活方式可能分别导致低阶结构和高阶结构，从而导致较高的和较低的死亡概率。然而，应该注意的是，生理或心理功能水平的低阶（如疾病或离婚）并不总是导致低阶行为，也就是说，有些人可能因为疾病变得更强，而离婚可能在预期寿命、生活质量和心理健康方面产生积极影响而不是消极影响。简而言之，分支理论要求研究整个生命周期内分支行为的决定因素和模式，但实证研究如何为该理论观点提供支持还有待观察。

生命历程动态学

如前所述，在传统意义上，发展和老化被认为是两个连续的变化过程，发展是一个像生物生长一样的增量过程，而老化则是一个衰减的过程。如同老式的生活日历一样，把各个年龄段的人按照年龄排列在一起，用山丘或金字塔的上升和下降来做比喻。从本质上讲，这种比喻将人类的生命过程视为一种单峰函数，其顶点随着生命周期的变化而变化，取决于所讨论的生物或心理功能。

这种认知——心理变化并不一定与生命周期中的生物变化密切相关——已得到越来越多的认同。流体智力和晶体智力的差异化过程就是一个很好的例子。在成年早期，这两种智力均呈现快速增长的态势；在 60 岁之前，晶体智力会有一段相对稳定的时期；而在成年早期之后，流体智力会缓慢下降。不过，老化心理学中尚未解决的问题是关于发展和老化的历时（连续）和共时（同时）的关系问题。

近年来，生命历程动态学的双重过程理论得以发展，这可能有助于从生长和衰老的神经过程的不同敏感性来解释流体智力和晶体智力具有差异性的下降模式。一般来说，中枢神经系统的生长在成年早期就停止了，而系统老化或神经衰弱却在持续。晶体智力主要是基于中枢神经系统的存储能力；与流体智力相比，晶体智力对神经衰弱的依赖度较低，这主要与信息处理和神经弱化的速度相关，而不是与信息容量有关。换句话说，晶体智力和流体智力的生命历程模式至少取决于两种基本的、同步的力量：生长（发展）和衰退（老化）。这两种力量结合起来，并以不同的速度产生流体智力和晶体智力的不同过程。计算机模拟的研究表明，同时存在的增长和衰退的力量也可以解释其他心理功能和能力的发展进程。

前景

老化心理学理论所面对的是科学中最复杂的问题之一，即在人的一生中，行为是如何被组织起来的。整合认知和人格功能变化的老化理论依旧有待发展。从动态系统理论可以清晰看出，在面对环境挑战时，随着年龄增加，自我稳定和维护需求增加组织的复杂性，而这种复杂性也会带来代价：适应过程越复杂，个体的稳定性越差；为了维持其复杂性，个体必须分散更多的能量。因此，总体来说，老化既是个人机能变化的原因，也是个人机能变化的结果。

随着人们对复杂行为的解释愈加清晰，作为一个因变量或解释变量的时间年龄显然需要被对个体内部和个体之间差异更为敏感的其他变量所取代或补充。针对发展和老化的最新研究结果表明，将时间年龄与直接或间接反映生命长度或剩余寿命的变量相结合，可以为理论研究提供更为广阔的前景。

人类个体具有相似和不同的遗传背景；他们也在相似和不同的社会环境与自然环境中长大并变老。因此，生命的心理路径的普遍性和独特性，要求借助对概念的清晰界定和理论的指导，来确定决定寿命、生存情境和个体解释的因果因素。换句话说，未来的理论要求建立一个包括有机和生态观点的参考框架。对此，必须注意到生物、心理或社会变量在生命历程中的相对重要性是如何随着年龄的变化而变化的，以及它们之间是如何相互作用的。归根结底，人们对更加完整和更加包容的老化理论的需求将会越来越大。动态系统理论和计算机仿真可提供解决复杂性和集成性问题的工具。

另请参阅：注意力；行为遗传学；脱氧核糖核酸与基因表达；信息处理与认知；生命历程；毕生发展理论；记忆；人格；心理健康；时间：感知和概念。

拓展阅读

Baltes PB and Baltes MM (1990) Psychological perspectives on successful aging: the model of selective optimization with compensation. In: Baltes PB and Baltes MM (eds.) *Successful Aging*, pp. 1-34. New York: Cambridge University Press.

Birren JE and Bengtson VL (eds.) (1988) *Emergent The ories of Aging*. New York: Springer Publishing Company.

Birren JE and Schaie KW (eds.) (2006) *Handbook of the Psychology of Aging*, 6th edn. New York: Academic Press.

Craik FIM and Salthouse TA (eds.) (2000) *The Handbook of Aging and Cognition*, 2nd edn. Mahwah: NJ: Lawrence Erlbaum Associates.

Schroots JJF (1995) Gerodynamics: toward a branching theory of aging. *Canadian Journal on Aging* 14: 74-81.

Schroots JJF and Yates FE (1999) On the dynamics of development and aging. In: Bengtson VL and Schaie KW (eds.) *Handbook of Theories of Aging*, pp. 417-433. New York: Springer.

Tornstam L (2005) *Gerotranscendence: A Developmental Theory of Positive Aging*. New York: Springer Publishing Company.

译　者：杨菊华（中央民族大学）

老化模型：脊椎动物

E. J. 马索拉 得克萨斯大学医学中心，圣安东尼奥，得克萨斯州，美国

词汇表

动物模型（Animal Models）——在实验环境中用于代替人体作为实验对象的动物。

F1 杂交品系（F1 Hybrid Strain）——由同一物种两个不同近交系的动物交配产生的后代。

基因型（Genotype）——一个个体的全部基因组成。

脊椎动物（Vertebrates）——脊索动物类的主要子类，由具有内部骨骼骨架，尤其是脊柱的动物组成。

哺乳动物（Mammals）——温血的、有毛发并能哺育幼小的一类脊椎动物。

近交系（Inbred Strain）——由于近交而在一个物种中具有相同或几乎相同的基因型的个体群。

近交衰退（Inbreeding Depression）——由于大量的近亲交配而导致生活力的降低，包括寿命的减少等。

生命表（Life Table）——与年龄相关的人口生存特征的简洁、标准化的总结。

物种（Species）——发生或可能发生有效基因流动的活生物体的分类学类别之一。

引言

在老年医学研究中，动物模型被用于探索衰老的过程，最终目标是揭示人类衰老的本质。在选择特定物种或物种品系作为模型时，往往要考虑某些特定的标准，这些标准的满足程度是研究成功的重要因素。在进行研究时，需特别注意动物的饲养问题。尽管已有许多脊椎动物物种被用作老化研究的动物模型，但大多数研究都是使用的小鼠和大鼠。然而，将来必须广泛地扩大物种范围，唯有达到这样的多样性才能积累足够知识，以应对 21 世纪日益增加的老年学挑战。但是，公众越来越多地反对将动物用于生物医学研究，这是知识获取中的一大难题。

动物模型在老化研究中的作用

动物模型是生物医学中人类的替代物，由于法律、道德、经济或技术方面的考虑而无法对人类进行的研究可以在它们身上进行。使用动物模型的基本前提是从中学到的许多知识可以适用于人类的状况。人们常常质疑这种前提对于特定模型的有效性，并且孜孜不倦评估新的物种以寻求最接近人类的模型。

这些考虑因素也适用于将动物模型用于老化研究，因为人类衰老是大多数老年医学研究者最终所关注的。然而，由于老化研究所特有的繁杂性，往往做不到与人类完全类似的目的。例如，啮齿动物是最常用的哺乳动物模型，但其并非是在系统发育上与人类更接近的非人类灵长类动物。然而，啮齿动物的维护成本及其相对较短的寿命使老化研究更加可行并且更容易进行。这种选择的科学依据在于所有哺乳动物物种中基本衰老过程很可能都是相似的。但是，越来越多的人认识到，通过研究一系列在种系上与人类更加相近或更加相去甚远的物种，能够更容易获得有关衰老的有价值的信息。一个典型的例子是研究无脊椎动物，例如线虫（秀丽隐杆线虫）和果蝇（黑腹果蝇）。当然，对不同物种衰老过程的探索兴趣，部分与我们对在生物系统中进化的各种衰老机制的好奇心有关。此外，在特定物种中发展良好且易于研究的机制可能有助于更好地了解微妙且不易研究的人类衰老过程。因此，尽管本文着重于脊椎动物（主要是哺乳动物）模型，但应注意的是，无脊椎动物和其他物种（例如酵母）可以提供并且已经提供了有关衰老的重要信息。选择用于探索特定问题的模型时，应牢记这一点。

选择动物模型的标准

除了与人类的关联度外，在选择模型时还应考虑其他一些会影响到老化研究能否成功执行和成功进行解释的标准。当然，没有一个最佳模型是可以满足所有标准的，但仍应仔细权衡一个物种或物种品系满足这些标准的程度，并考虑到特定研究问题的相关因素。

生命表数据的可用性

生命表包含动物种群的死亡率特征。可以很容易地从表中获得诸如寿命的中间值，10%的幸存者的年龄等信息。设计老化研究时需要这些事实，没有这些数据，就不可能对研究的发现进行老年学解释。例如，一位使用特定大鼠品系的研究人员在对年龄从1~6个月不等的大鼠进行老年学解释时，并未意识到该模型的生命表数据。因为他选择的大鼠品系的寿命中位数约为24个月，而10%的幸存者的年龄约为32个月，所以这种解释毫无意义。该案例中大鼠的生命表数据并非不可得，因此调查人员的无知是问题所在。但是，许多物种和物种品系的生命表数据是不可得的。在这种情况下，研究者必须承担耗时的任务，即在设计老化研究之前为特定物种或物种品系制作生命表。例如，一些研究动脉粥样硬化的研究人员以兔子为模型，尽管该物种没有可靠的生命表，但他们还是用老年学术语解释了他们的发现。显然，首要任务应该是为要使用的兔子分性别和品系生成生命表。

长寿特性

进行老化研究所需的资源在很大程度上取决于动物模型的寿命特征。只要不影响其他因素，模型的寿命越短越好；这样，动物维护的成本以及研究人员及其技术人员的时间投入都可以最小化。实验室啮齿动物成为最广泛用于老化研究的脊椎动物模型的原因之一是，与大多数其他哺乳动物相比，它们的寿命更短。

与年龄相关的病理学数据的可用性

随着年龄的增长，许多疾病的患病率会增加，并且这种与年龄相关的病理在很大程度上是特定物种或物种品系的特征。这种与年龄相关的病理是衰老过程的一部分还是别的过程一直是很多争论的主题。无论争论结果如何，在设计研究时了解模型的年龄相关病理至关重要。缺乏此类信息会无法适当设计研究。对研究中使用的动物进行病理评估也很有必要。在涉及需牺牲动物的横断面研究中，此类分析通常可以轻松完成。在纵向研究中，病理分析可以在动物自然死亡或研究结束时进行。

明确的遗传特征

动物模型种群的遗传特征应该是已知且稳定的。这些标准旨在允许另一位研究者或者未来可以对理想情况下遗传特性保持不变的动物模型上进行研究，从而促进与早期研究的比较。小鼠和大鼠可以在很大程度上满足这些标准，但对于其他许多脊椎动物物种而言却很困难甚至是不可能的。即使是对小鼠和大鼠，研究者也必须格外小心才能符合这些标准。例如，远系杂交的斯普拉格·杜勒（Sprague Dawley，SD）大鼠种群是通过随机交配种群成员来维持的。然而，交配通常是不够随机的，因此，来自不同供应商或同一供应商的 SD 大鼠在遗传上可能有所不同。

为了获得基因组成的均匀性和稳定性，经常使用小鼠或大鼠的近交系。近交系中的任一动物与该近交种群中的其他任一动物都具有相同或几乎相同的基因型。因此，根据基因型影响表型，近交应该使种群的表型一致性最大化。然而，由于存在近交衰退的现象，降低变异性的假定优势也是有代价的。另一方面，F1 杂交品系（两个近交系之间的杂交）在遗传上与近交系是一样的，并且它们不会近交衰退。此外，就许多表型特征而言，F1 杂交品系比近交系的种群呈现较小的变异性。

必须指出的是，近交系或 F1 杂交品系的使用都存在很大的缺陷。也就是说，正在研究的特征可能是特定基因型所独有的，而不能代表整个物种。

动物的可获得性和成本支出

要获取年龄范围广、被悉心养护并有完整饲养记录的脊椎动物非常具有挑战性。另一种选择是让研究人员从动物出生起就进行饲养。但是，即使对于短寿命的脊椎动物而言，这种维护都需要大量的资金来提供食物、供应品和看护者，而且还需要长期使用动物饲养设施。对于长寿物种而言，大多数研究人员根本无法调配必要的资源，甚至对于短寿命的脊椎动物也经常如此。在美国，美国国家老龄化研究所（National Institute on Aging，NIA）通过补贴商业供应商对几种常用的小鼠和大鼠品系的维护来部分解决了这个问题。NIA 不仅向研究者提供了可自由喂养的各年龄段的动物，而且还提供了通过热量限制方案来延长寿命的护养的啮齿动物。此外，NIA 还供应从各物种中获取后放在库存里的组织。研究人员可以联系 NIA，以获知当前可提供的资源、动物或组织的申领资格以及申请程序。如果研究者无法从出生或年幼时就养护其所选择的动物模型，或者该模型无法从 NIA 获得，抑或研究者不符合 NIA 养护动物的条件，还有其他解决方法。这其中包括可以与商业供应商签约或与其他有养护该模型的实验室合作。在这种情况下，对于研究者而言，至关重要的是要确定供应商或合作者所采用的饲养程序是否适当，以及是否可以获得诸如体重、饮食史之类的生命周期特征。

动物饲养问题

必须认识到，长期的专项研究（如老化研究中进行的专项研究）会受到动物饲养条件的显著影响。一个很有说服力的例子是一项对易患乳腺肿瘤的雌性 C3H/HeJ 小鼠的研究。在常规的饲养设施中，这些小鼠中有 65%在年龄达到 400 天时会患上这种肿瘤，而只有 10%的小鼠可以免受常规设施的噪声和气味的影响。显然，对于大多数老化研究而言，将动物养护在限定的最佳环境中非常重要。如果研究人员从动物一出生就对其进行养护，是可以努力做到这一点的。但是，若是从商业供应商或其他外部来源获得各种年龄的动物，要做到这点确实会很困难。以下是必须仔细解决的因素。

笼养问题

长期以来，单笼的动物大小和数量一直是重要的考虑因素。实际上，有相关法规规定了与单笼的动物大小和数量相对应的笼子尺寸。奇怪的是，这些法规似乎并非基于硬数据。例如，就每个笼子中的动物数量而言，已发布的数据罗列了单独饲养与集体饲养的啮齿动物的最长寿命。笼子里动物数量过多或者只有一只动物可能都是不好的。但是，不同的物种和物种种系可能有所不同。因此，必须为每种动物模型专门确定最佳的笼子大小和每个笼子中的动物数量。此外，研究问题可决定动物所需的居住环境。例如，如果该研究包括了每只动物食物摄入量的数据收集，那么每只动物都需单独居住。

尽管关于最佳笼子尺寸和/或每个笼子中动物数量仍然存在许多问题，但重要的是，研究人员必须对研究的这一方面进行标准化，并在发表研究时清楚地展示这些信息。否则，其他人将无法重复同类研究。

细菌、病毒和其他感染

传染病会影响老化研究。对于小鼠和大鼠而言，通过利用无特定病原体的动物可以相对容易地解决该问题。不含特定病原体是指不存在预先确定的病原生物体。通过血清学分析、培养的菌体分析和组织病理学分析评估特定的无病原体状态。啮齿动物应放在能保持特定无病原体状态的屏障或相关设施中。这些设施的结构和复杂性各不相同，但其目的都是为了排除病原体的进入。为了监视特定的无病原体状态，仅将所谓的“哨兵动物”保存在隔离设施中。在研究过程中，定期将一只或多只“哨兵动物”移出并评估其特定病原体状态。发表研究结果时，应同时报告这种监测的结果。不幸的是，对于许多哺乳动物物种而言，使用这种动物模型的研究者面对的一个难题是将动物维持在特定的无病原体状态的开发还不够完善。

饮食

对啮齿动物的研究表明，饮食会严重影响衰老过程。可以肯定的是，减少小鼠和大鼠的饮食能量摄入可显著延长其寿命。关于其他脊椎动物物种的衰老和饮食的研究报道较少，但是基于现有的有限数据，饮食似乎影响了大多数（即使不是全部）脊椎动物的衰老。因此，饮食是必须被界定和控制的因素。饮食的成分和消耗量应在该类研究的出版物中报告。

锻炼

身体活动水平是另一个影响衰老的因素。但是，在动物研究中很难解决。研究人员可以为动物提供锻炼的机会（例如通过为啮齿动物提供行走轮），但是运动量是由动物而不是研究人员决定的。在发表老化研究时，应报告所有有关运动的信息（包括缺乏运动）。

其他环境因素

许多其他环境因素也可能影响老化研究。因此，应尽可能界定、控制保存设施的环境并在研究出版物中对其进行报告。噪声和气味的影响已在前文中提及。光的强度以及明暗光的循环也需要被控制。环境温度应保持在最佳范围内，以延长动物寿命。应当避免来自被褥材料、消毒剂或杀虫剂的不确定性化学物质；即使含量很低，这种物质在很长一段时间内也可能显著影响老化研究。

曾经使用过的脊椎动物

鱼类

一些老化研究中已将鱼类用作动物模型，但研究数量依旧很少。这既令人惊讶又让人深感不幸，因为不同鱼类的衰老速度从不易察觉到非常迅速，差异很大。显然，鱼类是用于老化研究的相对未开发但有潜在价值的动物模型来源。

鸟类

鸟类是仅在有限程度上用作老化研究模型的另一类脊椎动物。鉴于大多数鸟类的寿命要比类似大小的哺乳动物的寿命长得多，它们可能具有针对与衰老过程相关的破坏因子的专门保护机制，因而鸟类可能是非常独特且有用的模型。对鸟类的研究很可能为衰老过程以及人类衰老的可能干预提供重要的认知。几种市售鸟类物种似乎非常适合用作此类研究的模型。

小鼠

哺乳动物小鼠（实验室鼠）已被广泛用作老化研究的模型。小鼠的确是研究衰老遗传学的首选哺乳动物模型，因为它有很多已明确基因的品系（超过500个近交系和许多F1杂交品系），并且对其基因组已有了详细认知。此外，用于产生一系列转基因小鼠的分子技术发展很快（从基因敲除技术到基因的过表达技术）。许多小鼠品系的寿命特征已经得到了确定，并且发现它们之间的差异很大。小鼠个头小对将其用作老化研究的动物模型有正向也有负向的影响。小体型可以减少维护所需的资源，相对较小的空间需求是它的一大优势。然而，从一只小鼠身上可以获得的生物材料的数量非常有限，并且在这样的小动物身上进行生理测量很有难度。此外，小鼠的饲养问题能够解决得很好，从小鼠的一些品系身上可以获取很多衰老相关病理学的信息。事实证明，从动物模型中发掘延缓衰老的方法在老化研究中非常重要。在这方面，小鼠是非常有用的，通过限制环境因素中热量的摄入可以延缓该物种的衰老，并且也找到了延长老鼠寿命的基因变化（既有自然发生的变化，又有使用分子遗传学工具产生的变化）。

大鼠

大鼠是另一种已被广泛用作老化研究模型的哺乳动物。目前已掌握了好几种种群和品系的大鼠的饲养信息以及与年龄相关的病理学信息，好几种大鼠种群和品系也有生命表数据。此外，大鼠体型大有利于对其轻松完成生理学分析和病理生理学分析。同样，一只大鼠能为大多数生化和相关分析提供足够的材料。而且大鼠也可以用于纵向寿命研究，包括定期采血或其他生理测量，而不会影响其寿命。与小鼠一样，热量限制同样可以延长大鼠的寿命。

仓鼠

仓鼠是仅在有限范围内用于老化研究的哺乳动物。最常用的物种是叙利亚仓鼠，但中国仓鼠和土耳其仓鼠也有被使用，这三个物种都有生命表的数据。叙利亚仓鼠包含多种近交系，均可从商业渠道获取。尽管对仓鼠饲养的研究不及小鼠和大鼠，但已掌握的仓鼠信息足以进行老化研究。中国仓鼠的体型与小鼠差不多，因此具有与小鼠一样的优缺点。叙利亚仓鼠和土耳其仓鼠比小鼠大很多，但没有大鼠的一半大。因此，这两种物种比小鼠更容易用于生理测量。关于叙利亚仓鼠和中国仓鼠的年龄相关病理学有大量文献研究，但土耳其仓鼠没有相关研究。

猫

猫是被广泛用于神经科学研究的哺乳动物。由于神经系统功能障碍是人类衰老过程中遇到的主要问题，因此猫作为老化研究的动物模型具有潜在的价值。但是，在老化研究中很少使用猫。其中一个原因是缺乏现成的符合要求的猫。实际上，唯一具有老化研究所需特征的猫群是由英国医学研究理事会在米尔希尔养护的。但是，该猫群并未用于老化研究。用猫所做的少量老化研究是由研究人员从不同途径选出各个年龄段的猫才完成的，这些猫的来源有：大学饲养的动物、商业来源和兽医在所有者同意下提供的宠物。显然，这并没有为研究人员提供可靠的、标准化的遗传限定的动物。但从积极的一面看，宠物猫身上还是可以收集到生命表和与年龄相关的病理数据。当然，与老鼠相比，猫体型更大且寿命更长，使得衰老研究变得更昂贵。

狗

最近有研究表明，热量限制会延长狗的寿命，这是第一次在非啮齿类哺乳动物上发现这一结论。虽然狗被广泛用作生理学研究的哺乳动物模型，但是由于许多原因，它还不是用于老年学研究的主要动物模型。一个主要原因是，许多年龄段的特征鲜明的狗无法从市场上买到。实际上，许多关于狗的老化研究都会设置用于研究电离辐射影响的对照组。在这类研究中，需施行育种计划来培育具有稳定基因库的小猎犬种群。显然，培育这类种群来提供狗以进行衰老研究是非常必要的。从积极的一面来看，可以得到在实验室条件下饲养的小猎犬和拉布拉多猎犬的生命表数据。同样，关于狗的饲养和与年龄相关的病理学知识很多已被知晓。当然，犬种的大小差异很大。但与实验室啮齿动物相比，即使是小型犬也相对很大，这使得它们的养护成本很高，尤其是在所需空间方面。举例来说，小猎犬的体重约为 10 kg（但大多数大鼠的体重小于 1 kg，小鼠的体重小于 0. 1 kg）。此外，对狗进行适当的养护需要注意其社会环境，为狗安排锻炼计划很有必要，但这可能会非常耗时间。

非人灵长类动物

由于大多数非人灵长类动物的寿命长，并且养护成本高昂，因此很难将它们用作老化研究的模型。尽管如此，仍然很有必要将此类模型用于老化研究。首先是要确定在其他脊椎动物（主要是小鼠和大鼠）中的人类学发现也有出现在非人灵长类动物中。由于它们与人类的亲缘关系很近，因此可以推测，非人灵长类动物的衰老过程很可能会在人类中发生。其次是需研究那些仅在人类和非人灵长类动物中发生的年龄变化。在美国，政府资助的灵长类动物研究中心通常采用良好的饲养方式，并对每只动物都仔细做记录。商业供应商是这些动物的另一来源，但在许多情况下，其护理质量都很堪忧，并且常常缺乏动物的相关信息。在过去，没有关于灵长类动物模型的基因特征界定。但是，这一问题已通过美国政府支持的灵长类动物中心以及其他各种来源资助的机构中的育种计划得到了解决。同时，分子遗传学的发展也推动了灵长类动物基因特征的发现。目前已有多种非人灵长类动物的生命表数据，但这些数据的质量通常并不理想。因此必须将目前已得的寿命特性视为暂时的知识。非人灵长类动物的大小差异很大。例如，松鼠猴的大小与大鼠近似，而其他种类的猴子大小则与各种犬种相似。尽管某些非人灵长类动物（如恒河猴）的养护工作发展得相当好，但对于其他非人灵长类动物（如狨猴），仍有很多工作要做。必须强调的是，使用非人灵长类物种时，社会环境是一个需要解决的重要问题。对于非人灵长类物种与年龄相关的病理学研究，目前已有大量文献资料。

动物模型使用目前存在的问题和现状

自 1970 年以来，用于老化研究的大鼠和小鼠模型的发展取得了长足的进步。实际上，这两个物种的饲养业发展得很好，使得现在可以相对轻松地对其进行终生养护。虽然使用多样化的脊椎动物模型，几乎肯定会为我们探索衰老，尤其是人类衰老的生物学知识提供有价值的新见解。但是不幸的是，脊椎动物老化研究中大鼠和小鼠最常被用作模型。

当然，重要的是确保在使用其他模型的同时，大鼠和小鼠的饲养质量也一如既往得到保证。可惜大多数其他物种的饲养标准仍是未知的。另外，对每一个物种而言，获取相关数据都是昂贵且费时的。如兔子生命表的可靠数据往往需要多年的研究。同样地，要想确定以前未研究过的物种的饲养要求，需仔细研究其饮食需求、环境温度和笼养需求以及许多其他的因素。此外，还必须获取每个物种与年龄相关病理的信息。总之，尽管老化研究很明显需要脊椎动物的多样性，但仍需要大量的投资。为了获得实际财政支持，必须使资助机构的管理员和科学审查小组的成员了解整体情况，其中包括需意识到在缺乏合适的动物模型的情况下，即使是最先进的分子生物学也价值不大。

人们已经认识到，了解衰老的基本生物学性质对于成功应对 21 世纪的老年学挑战至关重要。但还应该认识到，要想了解衰老的性质需要使用多种动物模型。令人遗憾的是，近年来，许多外行人士，包括一些艺术和政治领袖，都谴责了将动物模型用于生物医学研究这种行为，这些批评家对动物模型的使用产生了重大的负面影响。

反对使用动物模型的大多数人是担心虐待动物的问题。的确，每个人都应该担心这一点，尤其是那些使用动物模型进行老化研究的人。没有在最佳环境下对动物进行养护会极大影响到老化研究的有效性。从本文中可以明显看出，饲养程序必须是为动物提供最佳的饮食、维持最佳的环境条件并保护动物免受病原性生物的感染。如果不这样做不仅会使得实验适得其反，也不符合人道主义。当然，对动物进行生理测量也是必要的，这可能会打扰到动物。但是，扰动的程度应不大于医生对人类进行测试时人类所经历的程度。在实验上产生明显的干扰是会适得其反的。当需要牺牲动物时，应当有能力且必须做到无痛。

许多人问在有其他的替代方法时，为什么要用动物模型进行老化研究。研究者建议替代方法是在人类同意的前提下，使用从其身上获取的细胞培养物。但没有证据支持可以将细胞培养系统作为生物衰老的模型，因此这并不可取。即使是持支持态度的科学家，也认识到细胞培养系统仅能作为动物模型的辅助而不能替代它。另一种替代方法是使用计算机模型。鉴于目前的老年医学知识基础，计算机模型无法替代动物模型。但从好的方面来说，计算机建模可成为优化动物模型使用的强大工具。

另请参阅：老化模型：无脊椎动物、丝状真菌和酵母。

拓展阅读

Colman RJ and Kemnitz JW (1999) Aging experiments using nonhuman primates. In: Yu BP (ed.) *Methods in Aging Research*, pp. 249-267. Boca Raton, FL: CRC Press.

Erwin J (ed.) (2002) *Aging in Nonhuman Primates*. New York: Karger.

Finch CE (1991) New models for new perspectives in the biology of senescence. *Neurobiology of Aging* 12: 625.

Holmes DJ and Austad SN (1995) Birds as animal models for the comparative biology of aging. A prospectus. *Journal of Gerontology: Biological Sciences* 50A: B59.

Kealy RD, Lawler DF, Ballam JM, Mantz SL, Biery CN, Greeley EH, Lust G, Segre M, Smith GK, and Stowe HD (2002) Effects of diet restriction on life span and age related changes in dogs. *Journal of the American Veterinary Medical Association* 220: 1315.

Lewis SM, Leard BL, Tuturro A, and Hart RW (1999). Long-term housing of rodents under specific pathogen-free barrier conditions. In: Yu BP (ed.) *Methods in Aging Research*, pp. 217-235. Boca Raton, FL: CRC Press.

Liang H, Masoro EJ, Nelson JF, Strong R, MacMahan CA, and Richardson A (2003) Genetic mouse models of extended lifespan. *Experiment Gerontology* 38: 1353.

Masoro EJ (1990) Animal models for aging research. In: Schneider EL and Rowe JW (eds.) *Handbook of the Biology of Aging*, 3rd edn, pp. 72-94. San Diego, CA: Academic Press.

Masoro EJ (1992) The role of animal models in meeting the gerontologic challenge of the 21st century. *The Gerontologist* 32: 627.

Masoro EJ (1999) Choice of rodent model for aging research. In: Yu BP (ed.) *Methods in*

Aging Research, pp. 237 – 248. Boca Raton, FL: CRC Press.

Masoro EJ (2002) *Caloric Restriction: A Key to Understanding and Modulating Aging*. Amsterdam: Elsevier Science.

Phelan JP and Austad SN (1994) Selecting animal models of human aging: inbred strains often exhibit less biological uniformity than F_1 hybrids. *Journal of Gerontology: Biological Sciences* 49: B1.

Takeda T, Hosokawa M, and Higuchi K (1997) Senescence-accelerated mouse (SAM): a novel murine model of senescence. *Experimental Gerontology* 32: 105.

Weindruch R (1995) Animal models. In: Masoro EJ (ed.) *Handbook of Physiology*, Section 11: *Aging*, pp. 37–52. New York: Oxford University Press.

译　者：康　宁（北京大学）
校译者：刘菊芬（北京大学）

老化模型：无脊椎动物、丝状真菌和酵母

S. M. 贾温斯基 路易斯安那州立大学健康科学中心，新奥尔良，洛杉矶，美国

词汇表

表型（Phenotype）——生物体的可见的形状。

长寿保障基因（Longevity - Assurance Gene）——为生物体寿命设定极限（上限和/或下限）的基因。

等位基因（Allele）——在同源染色体上占同一位置/位点的基因。

基因（Gene）——含有遗传信息的单位。

基因组（Genome）——生物体的所有遗传物质。

上位（Epistasis）——指在不同位点的基因间的相互作用，结果一个遗传形状由于另一个遗传性状在其上面的叠合而未显示出来或掩蔽起来了。

突变体（Mutant）——一个或多个基因中携带变异（突变）的物种成员。

线粒体 DNA（Mitochondrial DNA）——含有能产生能量的细胞器线粒体基因组的 DNA。

真核生物（Eukaryote）——一种细胞核内具有细胞 DNA 的有机体。

引言

秀丽隐杆线虫和黑腹果蝇是老化研究中的主要无脊椎动物模型。在早期研究中，选择果蝇进行几代延迟繁殖，结果产生了寿命延长的品系，巩固了基因在决定寿命长短中的作用。蠕虫中能够延长寿命的 age-1 突变的分离，进一步支持了基因的作用。自此之后，大约 60 个影响蠕虫寿命的基因被揭示出来，主要属于两组。果蝇中的数量则要少得多，与这两组中的一组有所重合。

无脊椎动物

衰老变化

蠕虫和果蝇的寿命按从成虫形成到死亡的时间来测量。繁殖仅占据蠕虫成年生命的一部分，然而果蝇却可以持续繁殖直至生命

快结束为止。在这两种生物中，衰老都伴随着一系列的变化。行动能力的丧失就像老年色素的积累一样很容易被发现，还存在着氧化应激的积累和抗氧化酶的诱导。随着年龄的增长，转座子 Tc1 在蠕虫体内激活，这是其基因组不稳定的证据。在老化过程中也发现线粒体功能的下降。蠕虫寿命的延长与代谢变化有关，代谢变化包括乙醛酸循环的激活（关于乙醛酸循环的更多信息将在之后关于酵母老化的讨论中提到），可以很容易地平衡线粒体功能的下降。研究表明，延长寿命从根本上说是一种代谢机制。延长寿命与脂肪和糖原的储存有关这一事实进一步支持了这一观点。

研究者在对线虫老化的组织病理学进行的系统研究显示，在不同的个体身上，存在一系列不同程度的、令人深思的变化，而这些变化基本上描绘了组织结构和功能的逐步瓦解。

研究者在对蠕虫和果蝇的代谢率与老化的关系进行研究的基础上，用不同品系的寿命对老化的速率理论进行了分析。但是正反两方面的证据都有，结论不一致，因而很难确定这一理论是否正确。一个主要困难在于代谢率是用耗氧量和二氧化碳生成量来测量的。通过这些指标测量确定代谢率，依赖于对代谢性质的某些假设，但这些假设在不同的条件下可能会有很大的差异。例如，使用乙醛酸循环非常经济，在氧气消耗相同的情况下，利用乙醛酸循环会显著减少二氧化碳的产生。

环境对寿命的影响

热量限制　蠕虫和果蝇通过限制热量都能增加寿命。研究往往通过降低食物浓度或改变培养基中的热量来源，并没有测量实际食物消耗量。因此将这种现象与啮齿类动物中描述的现象等同的困难在于，实际上并没有证明动物吃得更少，特别是就个体而言。至少有两项研究表明，食物成分在果蝇体内起着重要作用，而不仅仅是总热量。这也表明脊椎动物和无脊椎动物的热量限制是有区别的。

果蝇和小鼠之间在热量限制方面还有一个不同，即果蝇的热量限制似乎是通过胰岛素/IGF-1 通路起作用的，而小鼠的热量限制和胰岛素样生长因子-1（IGF-1）通路似乎是不同的。这一差异可能源于小鼠和无脊椎动物的热量限制是不同的现象。在无脊椎动物中，它可能纯粹是一种营养信号，而小鼠则不然（在酵母一节中将进一步讨论这一问题）。

在蠕虫体内，有一种形式的热量限制是由基因决定的。蠕虫突变有咽部缺陷，难以吸收细菌；它们实际上在挨饿而不是限制热量。然而，这一境遇能延长它们的寿命。敲除蠕虫体内的雷帕霉素靶标（target of rapamycin，TOR）通路可以延长寿命，反映了营养感应对寿命的决定性作用。

热应激　非致命的热休克能够延长蠕虫和果蝇的寿命。在蠕虫体内，热休克会诱导产生延长寿命所必需的热休克蛋白 16（hsp16）。事实上，hsp16 的过表达可以延长蠕虫的寿命而不会引起休克。对果蝇来说，热休克蛋白 70（hsp70）同系物是延长寿命所必需的。在热应激的作用下，hsp70 基因的额外拷贝更加延长了寿命。

线虫的长寿品系表现出对热休克、氧化应激和紫外线辐射的抗性。这种多重抗逆性需要 DAF-16 型叉头转录因子活性，至少有一种延长寿命的机制需要它。果蝇的铜锌超氧化物歧化酶过表达可延长其寿命，表明延长寿命是一种抗逆现象。

老化机制

秀丽隐杆线虫　延长蠕虫寿命的几种不同机制已被区分开来，尽管它们可能并非截然不同。第一个也是最显著的机制是道尔（dauer）或达夫（daf）信号通路，大多数其他生物似乎也是如此（见图 1）。该通路具有重要的意义，因为从蠕虫到果蝇再到小鼠都保有许多特性。

线虫有很多潜在的配体与一个由 daf-2

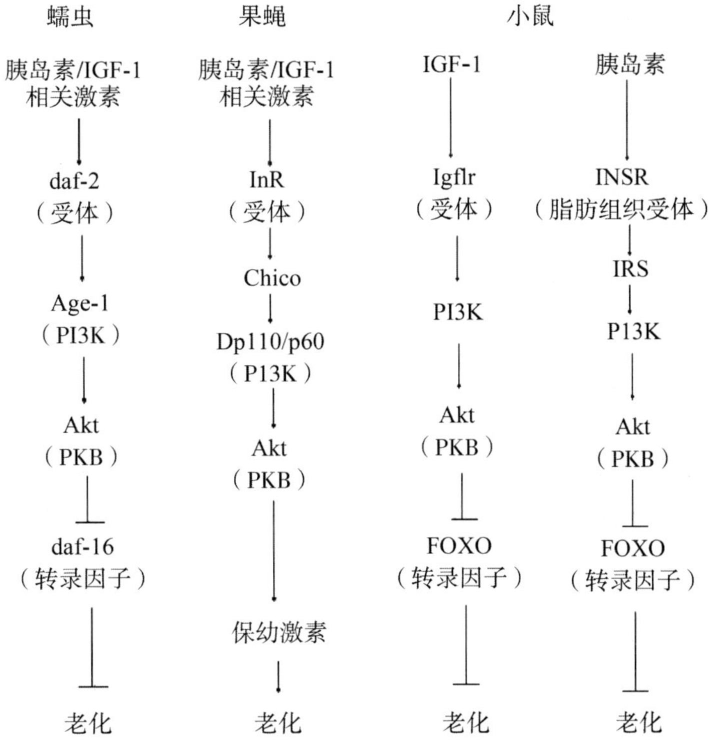

图 1　在后生动物中胰岛素/IGF-1 信号通路

注：在无脊椎动物中，如秀丽隐杆线虫（蠕虫）和黑腹果蝇（果蝇），胰岛素和 IGF-1 相关激素与其同源受体结合，启动信号转导通路，其中包括磷脂酰肌醇 3-OH 激酶（PI3K）和蛋白激酶 B（PKB），后者称为 Akt。在下游的靶标中有属于叉头蛋白家族的转录因子（DAF-16 和 FOXO）。激活这条通路的结果是缩短了寿命。哺乳动物中有一条与胰岛素通路分离的 IGF-1 通路。在小鼠中激活这些通路，如脂肪组织中的胰岛素，会加快老化。在果蝇和小鼠的胰岛素通路中，胰岛素受体底物（Chico 或 IRS）位于受体和 PI3K 之间。尖箭头代表刺激；平头箭头代表抑制。

型基因编码的胰岛素/IGF-1 样受体相结合。与其中至少一个相结合，可以被人胰岛素取代，激活 DAF-2 型信号通路。被激活的 DAF-2 型信号通路将信号传递给磷脂酰肌醇 3-羟基激酶（PI3K），它的一个亚基由 age-1 基因编码。这个信号通过磷脂酰肌醇依赖性蛋白激酶（PDK）传递给蛋白激酶 B（Akt）。蛋白激酶 B 对叉头转录因子 DAF-16 型的磷酸化抑制了它的核转位和靶基因的激活。由此，去除 DAF-2 信号可以延长寿命，而这一作用被 daf-16 的缺失所阻碍。old-1 基因编码一种酪氨酸激酶受体，其表达受 DAF-16 的控制，并通过 DAF-16 通路发挥作用。

关于 DAF-16 信号在位点还是组织中对寿命延长有重要影响存在一些争议。神经组织中的信号很重要，特别是神经内分泌系统，其中的化学感受器神经元发出食物存在的信号，当它们被切除时能够寿命延长。然而，也有证据表明，内胚层或肠道也发挥了作用。由于肠道组织是脂质存储的场所，它有可能成为信号转导的靶点，而乙醛酸循环的激活对 daf-2 突变蠕虫是有意义的，因为这种代谢通路允许蠕虫将脂肪作为能量来源并合成蛋白质和碳水化合物。

DAF-16 通路与体细胞和生殖系性腺之间存在复杂的相互作用，涉及通过 DAF-12 转录因子传递信号。DAF-12 属于甲状腺激素/类固醇激素/视黄酸受体超家族。切除生殖细胞性腺本身就能延长寿命。

研究表明线粒体对秀丽隐杆线虫的寿命起重要的作用。首先 clk-1 基因可能对寿命有决定作用。这个基因影响蠕虫的生命周期，并影响它的生物能量转换。它是酵母 COQ7 基因的同源物，参与泛醌的合成。泛醌是线粒体呼吸链的脂溶性电子载体。事实上，在培养基中提供泛醌可以让 clk-1 突变蠕虫生长。有趣的是，限制饮食中的泛醌可以不依赖于 daf-2 通路而延长寿命。可能激活富马酸还原酶，这是一种替代性氧化酶，可以在蠕虫的电子传递链中起作用。富马酸还原酶是由道尔蠕虫（一种不会衰老的幼虫形式）诱导产生的，可由 daf-2 突变诱导产生。这些对蠕虫寿命的影响让人想起了在丝状真菌和酵母中延长寿命的逆行响应（之后讨论）。

全基因组以及定向 RNA 干扰（RNAi）筛选显示，敲除编码线粒体蛋白质的基因可以延长寿命。由此产生的线粒体功能障碍可能激活基因表达的代偿变化。结果显示，RNAi 抑制蠕虫能够编码一种将铁运送到线粒体的蛋白质的共济蛋白基因，且可以延长寿命，这有力地支持了蠕虫具有延长寿命的逆行响应。

黑腹果蝇 对黑腹果蝇的研究证实了胰岛素/IGF-1 样信号对长寿的重要性。果蝇胰岛素受体中的突变体产生了长寿的侏儒果蝇。果蝇胰岛素受体底物同系物 *chico* 的突变体也有类似的作用。这些研究也指出了神经内分泌系统在老化中的重要性，因为胰岛素/IGF-1 样受体通路的下游靶点是保幼激素。

玛士撒拉（*methuselah*）突变体是被筛选出来的能够延长果蝇寿命的突变体，其表现出对高温、氧化应激和饥饿更强的抵抗力。该基因编码一种跨膜受体激酶。果蝇的长寿突变体之一是 *indy*。这个基因编码二羧酸转运体，这种突变的影响被解释为类似于热量限制——这是一个有趣的可能，对于营养对长寿的影响整个问题非常有说服力。研究证实，果蝇 rpd3 组蛋白脱乙酰酶同系物的缺失延长了寿命。在酵母中，这一效应是由于与热量限制有所重合。果蝇与酵母中的相应效应不同，是由于 sir2 基因的去抑制作用。而结果显示，Rpd3 组蛋白脱乙酰酶在不同的老化模型中是寿命的主要调节因子。

丝状真菌

研究者对几种丝状真菌的老化模型进行了研究。其中，柄孢霉和多种链孢霉已被广泛研究，对这些生物体老化的原因有了一定的了解。这些真菌的寿命是通过繁殖总量来衡量。可以通过菌丝在衰老和死亡之前的长度来测量，也可以用菌丝开始生长和停止生长之间的时间来表示。繁殖就是菌丝的延伸，定向一个接一个产生新的细胞。衰老的显著特点是生长缓慢，气生菌丝产生困难，色素沉着增加。

丝状真菌老化的病因显然是线粒体。老化与线粒体基因组的不稳定有关，但柄孢霉和链孢霉的起因不同。柄孢霉变老的时候，线粒体基因组的多个部分会发生运动。这些 DNA 是环状的，可以扩增。它们重组导致线粒体基因组进一步重排，同时失去呼吸功能所必需的序列。在链孢霉中，有些菌株的线粒体含有内源性线状质粒。这些质粒可以整合到线粒体 DNA 中，使靶基因失活，导致 DNA 不稳定。丝状真菌是一类专性需氧菌，其线粒体能量产生的失活是致命的。

丝状真菌的老化问题受到遗传学研究的关注。鉴于对柄孢霉的研究更为深入，这里主要讨论它的老化问题。已鉴定的基因由细胞核和线粒体基因组编码。随后，我们对真菌的老化机制进行了分子分型，对其中两个基因在衰老中的作用有了更深入的了解。这些研究都是围绕着线粒体功能展开的。

老化机制

交替氧化酶和活性氧物种　稻瘟病菌是一种能够编码转录因子的核基因。在低铜水平下活跃，能诱导高亲和力铜转运体和锰超氧化物歧化酶及其他基因的表达。细胞内铜的输入是线粒体电子传递链中复合物 IV（细胞色素氧化酶）的组装所必需的。由于柄孢霉是一种专性需氧菌，因此病菌的损失会导致死亡，确实也会减缓生长速度，可能是由于三磷酸腺苷（ATP）产量较低，真菌的寿命大约延长了 60%。解决这一矛盾的方法是诱导一种依赖于铁的交替氧化酶，它从泛醌接受电子，仅留下复合物 I（NADH：泛醌氧化还原酶）产生电子动力。

与细胞色素氧化酶相比，真菌使用交替氧化酶呼吸时，活性氧的产生要少得多。有证据表明病菌突变体寿命较长的一个重要原因是线粒体产生的氧化应激的减少。然而，在这个突变体中，完全没有线粒体 DNA 的重排和缺失以及环状 DNA 的产生。生长培养基中过量的铜使这种表型发生逆转，表明这些重组具有铜依赖性。在缺乏线粒体基因组环状 DNA 积累的情况下，病菌突变体尽管有延迟但仍衰老的事实，表明这不是衰老的原因。细胞质核糖体突变阻止了这些环状 DNA 的出现，但并不能阻止衰老也支持了这一观点。

在病菌突变体中仍然存在一些细胞色素氧化酶活性，这是由于低亲和力运输系统吸收了少量铜。通过标准电子传递链减少活动可能导致一些活性氧的生产，可能是突变体寿命有限的原因。由于病菌还可以转录线粒体锰超氧化物歧化酶，当超氧化物歧化酶清除某些损伤分子时，这种残余的活性氧产物的损伤作用将被放大。这种效应会因细胞质中铜的活性降低而进一步加剧，锌—超氧化物歧化酶需要铜来维持活性。

在 ex1 突变体中，交替氧化酶也被诱导。这个突变体大部分能够编码线粒体基因组中最大的细胞色素氧化酶亚基 *CoxI* 基因缺失，因此完全缺乏标准的电子传递链活性。它使得 ex1 完全依赖于替代氧化酶生存，大大减少了活性氧的产生。ex1 突变体是永生化的，与柄孢霉衰老的原因是线粒体的氧化损伤这一解释是一致的。

柄孢壳属的逆行响应？ 在芽生酵母菌中，线粒体功能障碍通过核基因表达的改变来补偿，从而延长寿命。病菌和 ex1 突变体产生了类似于这种逆行响应的东西。问题是它是否代表了真菌老化过程中的正常生理过程？衰老的表型使其生长在菌丝体的顶端，在那里生长需要大量的能量。这是老化过程中氧化损伤和线粒体 DNA 不稳定性逐渐形成的地方。用功能成分替代受损的线粒体物质，需要线粒体和核 DNA 协同作用。一旦替代能力难以作用，延缓衰老的唯一手段就是在逆行响应中激活替代氧化酶。证明替代氧化酶是否确实在衰老前被诱导是很有意义的。

有几项研究支持这一解释，线粒体缺陷导致伴随着寿命延长的逆行响应激活。目前已分离出一个长寿核突变体，能够编码线粒体蛋白导入装置 PaTOM70 蛋白。在这种情况下，活性线粒体的装配缺陷会激活逆行响应，延长寿命。也有研究认为，某些核基因突变，如蛋白翻译因子 eEF-1α，改变了翻译的准确性，通过改变线粒体蛋白分布而延长寿命，这些变化会诱导逆行响应。

令人感兴趣的是，回顾早期的研究发现，在低于生长抑制阈值的剂量下，各种线粒体代谢抑制剂（核糖体抑制剂、嵌入线粒体 DNA 的化合物和呼吸毒素）具有延长寿命的作用，而这种作用与激活酵母中典型的逆行响应非常相似。

酵母

老化现象学

由于在裂殖酵母中进行的寿命和老化研究只有一篇文章描述了其有限复制能力。因此，下面的讨论仅限于芽殖酵母（以下简称“酵母”）。在酵母中，第一个也是研究最广泛的老化形式是复制寿命，定义为单个细胞继续分裂或产生子细胞的有限能力。2000年左右，有几篇关于酵母时序寿命的报告。时序寿命被定义为在丧失生育后代的能力之前处于非分裂或稳定阶段的时间。复制寿命是个体测量的特性，而时间寿命决定酵母培养或其群体数量。并不是所有的酵母细胞在最后一次分裂后就立即停止代谢，所以应该考虑繁殖后寿命的概念。时序老化对静止培养的细胞的复制寿命显然有负面影响。

分裂的酵母细胞的死亡率可以表示为复制年龄的函数。死亡率呈指数增长，并在一定年龄达到稳定，最后10%的幸存种群的死亡率不再增加。对于时序老化，死亡率波动很大，但这可能不仅仅是因为存活细胞的生长。已经有对酵母复制生命中的多种变化的描述，这些变化在细胞、亚细胞、生理和分子水平上都可以看到，其中许多变化涉及功能的丧失。因此，我们可以讨论复制酵母的老化问题。酵母时序老化的变化相对而言要少很多。正如一些研究所描述的，酵母复制和时序老化的死亡模式，按照适用于动物细胞的几个标准来看是细胞死亡。有证据表明，这种细胞死亡代表了濒死细胞的“利他”行为，在此过程中为幸存的细胞提供营养。

研究者已经建立了一个衰老系统的数学模型，它能够预测由于生物个体老化变化导致的老化群体的分层。这个模型不仅适用于生物体，而且适用于分子水平的低层次生物组织。模型的几个预测已经被酵母细胞所证实。推而广之，随机的年龄变化对个体的寿命肯定有预测价值。事实上，在复制生命期内，对单个酵母细胞的出芽模式的随机变化进行研究时，就证明了这一点。因此，对老化变化在酵母中的作用进行了实验分析。

大多数关于复制寿命的研究都涉及是什么决定了母细胞的衰老这一问题。然而，对酵母复制寿命的充分理解需要对决定子代为什么出生并在其之前具有完整复制寿命潜力的因素进行评估。早前已经得到了有关的证据，衰老因子在母细胞中积累，但只会“渗漏”到非常老的母细胞产生的子细胞中。此外，年老的母细胞产生的子代相比于年轻的母细胞产生的子代寿命更短，这为衰老因素的存在提供了更多支持。在母细胞大部分生命周期中，子代出生年龄都很小，这是母代和子代年龄不对称的表现。

长寿的遗传决定因素

许多基因影响着酵母的复制寿命，然而很少有基因被证明对酵母的时序寿命有影响（见表1，见后页）。这两组基因之间有一些重叠。显然，决定复制寿命的多种基因编码的生化功能范围很广泛，主要包括四类：代谢、抗逆性、依赖染色质的基因调节和基因组稳定性。当然，还有其他的综合性类别。这一分类与其他无脊椎动物和脊椎动物的老化遗传模型体系中的重要分类一致。

前面提到大多数基因都是通过使用反向遗传学方法，对酵母老化机制的研究是通过检测与寿命相关的假定的替代表型或筛选在酵母复制寿命期间差异表达的基因时发现的。迄今为止没人尝试过直接筛选影响酵母寿命的基因突变。然而，已经在全基因组的基因缺失突变体集合中对影响寿命的基因进行了筛选。目前，只有两个酵母长寿基因具有影响高等生物线虫和黑腹果蝇寿命的同源基因：基因可以编码沉默信息阻遏复合体 Sir2 蛋白和酵母蛋白激酶 B（Akt）Sch9 蛋白。Sir2 蛋白的过表达可以延长复制寿命，尽管在一些研究中并没有得到证实。Sch9 蛋白对复制寿命和时序寿命的影响有所差别。

环境对寿命的影响

热量限制 在三种酵母复制寿命的环境因素中，研究最多的是营养限制，曾被误解为热量限制。在这个范例中，营养物质（通常是葡萄糖）的浓度在生长介质中发生变化，其对寿命的影响是确定的。尽管营养物的浓度降低了，但它的提供没有任何限制。至少有两项研究提出了质疑，但仍有研究表明通过营养限制酵母中的 Sir2 蛋白对延长寿命起了作用。多酚类物质，如白藜芦醇，通过激活 Sir2 蛋白中依赖于 NAD 的蛋白拓乙酰酶活性来延长酵母的寿命，在酵母中，Sir2 蛋白似乎是直接针对组蛋白中乙酰基群。然而，在另一项研究中，白藜芦醇并不影响真正的蛋白质脱乙酰反应，也不能延长寿命，其意义在于它被认为是酵母中所谓的热量限制的模拟物。这种矛盾增加了白藜芦醇在酵母中主要作为一种抗氧化剂的可能性。

葡萄糖感受器基因 *GPR*1 的缺失，延长了复制寿命。研究描述了 Gpr1 蛋白发挥功能的信号通路。结果表明，葡萄糖通过一条信号通路缩短酵母的寿命，该信号通路的下游靶点是蛋白激酶 A（环腺苷酸依赖性蛋白激酶），它对酵母寿命的负面影响早已为人所知。因此，酵母中所谓的热量限制实际上更多的是一种信号现象。然而这一结论还需要证明葡萄糖限制和 Gpr1 蛋白功能是决定酵母复制寿命的共同因素。

氧化应激 促氧化剂如百草枯缩短了酵母的复制寿命；这种效应也同样适用于过氧化氢。过氧化氢对寿命的负面影响可以被抗氧化剂谷胱甘肽逆转。氧化应激随着年龄增长而增加。所有这些结果表明氧化应激是酵母寿命的限制因素。过氧化氢酶和超氧化物歧化酶基因的缺失对寿命的负面影响支持了这一观点。

热应激 影响酵母复制寿命的第三个环境因素是热应激。热应激对寿命的影响很复杂。非致命的热应激会延长复制寿命。即使是多次单独施以这种应激，也能看到这种影响。在这种情况下，寿命的延长是由于死亡率持续但不是永久性的下降。然而，为了延长寿命而施加应激的次数是有限的，超过阈值，寿命会缩短。Ras2 基因是细胞抵抗慢性亚致死热应激所必需的，Ras2 的保护作用依赖于其激活腺苷酸环化酶从而诱导环腺苷酸的合成。在使用应激源时，Ras2 基因表达程序改变被激活以保护细胞。在缺乏 Ras2 的情况下，即使应激已经消失很久，但这些基因在很长一段时间内仍保持开启状态。

表 1 酵母长寿基因

基因	功 能	分 类
复制老化		
LAG1	神经酰胺合成	抗逆性
LAC1	LAG1 同系物；神经酰胺合成	抗逆性
RAS1	GTP 结合（G-）蛋白，信号传导	抗逆性
RAS2	G-蛋白，信号传导	代谢，抗逆性
CDC35	腺苷酸环化酶（也称 CYR1）	代谢，抗逆性
BCY1	蛋白激酶 *A* 调节亚基	代谢，抗逆性
PHB1	膜结合，线粒体蛋白伴侣	代谢，抗逆性
PHB2	PHB1 同系物；分子伴侣	代谢，抗逆性
CDC7	蛋白激酶；细胞周期调控	其他
BUD1	G-蛋白；细胞极性	其他
RTG2	未知；逆行响应	代谢，基因组稳定性
RTG3	转录因子	代谢，抗逆性
RPD3	组蛋白脱乙酰基酶；转录	染色质依赖控制
HDA1	组蛋白脱乙酰基酶；转录	染色质依赖控制
SIR2	组蛋白脱乙酰基酶；转录沉默	基因组稳定性
SIR4	转录沉默	染色质依赖控制
UTH1	线粒体生物合成	代谢
UTH4	未知	其他
YGL023	UTH4 同系物	其他
SGS1	DNA 解旋酶；DNA 重组	基因组稳定性
RAD52	DNA 修复	基因组稳定性
FOB1	复制叉阻遏蛋白	基因组稳定性
CDC25	Ras 蛋白的 GDP-GTP 交换因子	抗逆性
TPK2	蛋白激酶 A 催化亚基	代谢，抗逆性
GPR1	细胞膜葡萄糖感受器	代谢
GPA2	G-蛋白	代谢
ZDS1	转录沉默	染色质依赖控制
ZDS2	转录沉默	染色质依赖控制

续表

基因	功　能	分　类
NMT1	N-肉豆蔻酰基转移酶	其他
SIP2	未知；N-肉豆蔻酰基转移酶	代谢
SNF1	腺苷酸活化蛋白激酶	代谢
SNF4	Snf1 复合物调节亚基	代谢
SOD1	铜锌超氧化物歧化酶	抗逆性
SOD2	锰超氧化物歧化酶	抗逆性
CTA1	过氧化物酶体中的过氧化氢酶	抗逆性
CTT1	细胞质中的过氧化氢酶	抗逆性
NPT1	烟酰胺磷酸核糖转移酶	代谢
PNC1	烟酰胺酶	代谢
SCH9	蛋白激酶 B（Akt）同系物	代谢，抗逆性
时序老化		
SCH9	蛋白激酶 B（Akt）同系物	代谢，抗逆性
CDC35	腺苷酸环化酶（也称 CYR1）	代谢，抗逆性
RIM15	蛋白激酶	抗逆性
MSN2	转录因子	代谢，抗逆性
MSN4	转录因子	代谢，抗逆性
RAS2	G-蛋白	代谢，抗逆性
SOD2	锰超氧化物歧化酶	抗逆性

通过进行有限次数的亚致死热应激延长寿命需要 RAS1 和 RAS2 共同作用。前者在促进葡萄糖刺激的肌醇磷脂转换方面具有独特的作用。LAG1 基因是第一个在酵母中鉴别出的长寿基因，它通过神经酰胺的合成影响对热应激的抗性。有趣的是，寿命对 LAG1 基因表达的依赖性是双向的，最初随着表达的增加而增加，然后随着表达水平的升高而下降。

RAS2 基因的缺失增加了时序寿命，无疑是大量的抗逆基因去阻遏的结果。静止培养的细胞必须为了群体生存而“留下来战斗”。与复制酵母培养的情况明显不同，复制酵菌培养时，即使是极少数的幸存者也能恢复种群。在没有过度应激的情况下，RAS2 基因的过度表达通过环腺苷酸非依赖性通路的刺激，延长了复制寿命。RAS2 基因的这些作用指向了老化过程中一个反复出现的主题即操控对寿命的影响在很大程度上取决于特定的环境。生物体已经进化以适应一定范围的环境条件，仅留下一个狭窄的窗口，寿命可以在不影响这种适应性的情况下得到优化。这是一个需要权衡的实例。

老化机制

染色体外核糖体 DNA 环 酵母核糖体 DNA 由 100~200 个重复序列串联排列而成。这种排列有利于分子内重组，以产生环形染色体外 DNA。人们很早就得知，这些环与染色体拷贝处于均衡状态，在不同条件下，它们的数量可以增加或减少。有研究发现这些环细胞内容物被 Sir2 和 Sgs1 蛋白抑制，而在另一些研究中则没有。环内容物含量随着细胞复制龄的增加而增加。这些研究为以下结论奠定了基础：酵母衰老的主要原因（如果不是唯一原因的话）是核糖体 DNA 环，Sir2 蛋白对酵母寿命的作用完全基于它对环形成的影响。这种对 Sir2 蛋白作用的解释忽略了众所周知的它在沉默基因表达方面的作用。

毫无疑问，染色体外核糖体 DNA 环在酵母细胞复制寿命中对其死亡起到了一定的作用。复制叉阻遏基因 Fob1 的缺失完全消除了循环的产生，同时大大延长了寿命。至少有两项研究清楚表明，环的形成掩盖了酵母复制老化的其他机制。然而，这些循环强调了核基因组不稳定性在衰老中的作用。

细胞器间信号传导：逆行响应 酵母线粒体功能障碍反映了细胞核的大范围基因表达变化。基因表达的改变仅限于代谢和应激反应基因。逆行信号通路包含了几个通过专门研究和早前通过其他研究发现的信号转导蛋白。Ras2 蛋白和 TOR 复合物调节逆行响应。Ras2 蛋白和 TOR 都参与感受酵母细胞内状态，广义上被称为代谢和应激状态。激活逆行响应可以延长酵母复制生命（见图 2）。因此，我们并不惊讶 Ras2 蛋白能影响酵母寿命；同时希望 TOR 也能有此作用。

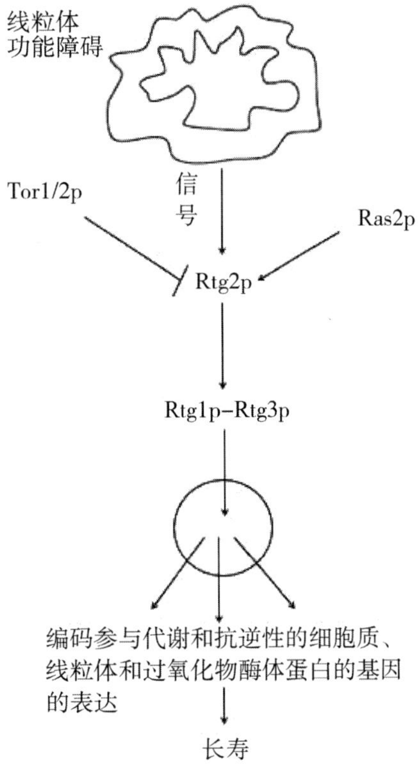

图 2 酵母的逆行响应

注：线粒体功能障碍引发的信号由 Rtg2p 传递给 Rtg1p-Rtg3p 转录因子。它进入细胞核，并诱导许多编码蛋白质的基因表达，这些蛋白质去往细胞质、线粒体和过氧化物酶体，并参与代谢和抗逆性。这一过程会延长寿命。Ras2p 和 TOR 复合物分别增强或抑制逆行通路。

逆行响应的激活补偿了线粒体全部功能的丧失。这些被诱导的基因编码定位于细胞质、线粒体和过氧化物酶体中的蛋白质。代谢变化的发生支持了部分三羧酸循环活性，并提供了生物合成中间体的其他来源，截断的循环可与之合作，最著名的是乙醛酸循环。乙醛酸循环允许酵母细胞利用乙酸制造碳水化合物和蛋白质，因为乙酸的两个碳原子不会像在三羧酸循环中那样作为二氧化碳丢失。这种效应使人联想起延长寿命的线虫品系中乙醛酸循环的激活。之前曾提到过，蠕虫中被诱导的线粒体功能障碍能够延长寿命。

显然酵母中的逆行信号通路和营养限制信号通路是不同的。然而，也很清楚的是，这两种通路的下游效应因子有所重叠。逆行响应能够补偿线粒体功能障碍。另一方面，热量限制增强了这种细胞器的活性，这似乎是一种预防机制。可能正是热量限制的这种效应延长了寿命。Sir2 蛋白可能对细胞的代谢状态作出反应，因为它的活性需要氧化型辅酶 NAD 而不是还原型 NADH。然而，一些研究表明，调节 Sir2 蛋白功能的 NAD 浓度变化并不发生在细胞中。此外，其他研究表明 Sir2 蛋白实际上是由一种酶的抑制剂烟酰胺水平而不是 NAD 来调节的。根据现有的证据，最合理的假设是在某些情况下，Sir2 蛋白活性在营养物质对酵母寿命的影响中是一个许可性因素，并不直接影响营养信号的有效性。

逆向响应的激活不仅可以延长寿命，而且可以延缓衰老的发生。实验性地操纵酵母以取消电子传递链的活性可以证明逆向响应在寿命延长中的作用。研究显示随着复制年龄的增长，线粒体功能下降，氧化应激增加，这与逆行响应的诱导有关。我们还发现，线粒体功能障碍越严重，逆行响应激活程度也越高。因此，这种机制在正常的酵母老化中起作用。事实上这也是唯一一种满足四种标准的机制：它的激活能延长寿命、延缓衰老、影响正常的老化过程、在正常老化的过程中被诱导。这也许就是酵母能活那么久的原因。

逆行响应和染色体外核糖体 DNA 环之间有联系。反应的激活增加了循环的产生。然而，大约一半的逆行响应的生命延长效应是通过改善循环的有害效应而发生的。这就解释了为什么即使在循环积累的情况下，逆行响应也能延长寿命。逆行信号转导子 Rtg2 蛋白在循环的形成中起关键作用。这种蛋白抑制基因组的不稳定，包括循环产生所表现出的不稳定。只在逆行信号不从线粒体传递时才能起作用。因此，激活逆行响应的线粒体功能障碍抑制了 Rtg2 蛋白，使其不能维持基因组的稳定性。

当 Rtg2 蛋白在感受到线粒体功能障碍时，从细胞质转移到细胞核，它成为转录辅激活复合物 SLIK 的一个组成部分。在这个包含组蛋白乙酰转移酶 Gcn5 的复合物中，Rtg2 蛋白参与激活了染色质非依赖性基因。SLIK 的活性被组蛋白脱乙酰酶 Rpd3 和 Hda1 所抵消，这两种酶的缺失被认为可以延长寿命。SLIK 复合体中的 Rtg2 蛋白将线粒体活性与染色质依赖性基因激活、代谢、应激反应以及基因组稳定性联系起来。这种相关性指明了代谢，特别是线粒体代谢，在决定酵母寿命中的主要作用。

年龄不对称 研究者分离出一种突变体，它能破坏母代和子代细胞的年龄对称性，使子代出生时就变老。它在 ATP2 基因中，编码线粒体 F1-ATPase 的 β 亚基。该突变体的细胞病变包括线粒体膜电位的逐渐丧失，线粒体形态和分布的异常，以及活性线粒体与子细胞分离的逐渐丧失。它伴随着克隆衰老，这是子细胞出生时具有与其母细胞相同复制年龄的群体表现。有趣的是，在这个突变体中观察到的缺陷也发生在正常的母细胞中，当它们变老时，导致功能障碍线粒体“渗漏”到子细胞中。因此，有缺陷的线粒体似乎是很久之前描述的衰老因子。这些结果支持了一种观点，即年龄的不对称性更普遍地取决于受损成分在母细胞中的隔离。已有研究表明，有赖于 Sir2 蛋白，线粒体中含有的氧化型蛋白质确实保留在母细胞中，至少在它们年轻的时候如此。目前还不清楚 Sir2 蛋白发挥作用的机制，但它不太可能与染色体外核糖体 DNA 环有关。

对年龄不对称性的研究指向在老化过程中线粒体功能的另一个重要特征，即线粒体膜电位。在有氧代谢过程中，电子传递链在很大程度上负责提供驱动其产生的力量。然而，F1-ATPase 与 ATP-ADP 转运体一起，在发酵细胞中承担了这一功能。线粒体膜电位可能在线粒体生物合成中起着重要的作用，为线粒体基质和细胞质之间的生物合成中间产物的运输提供动力。

结论

低等生物能成为老化研究中极好的模型系统。其中著名的模型如秀丽隐杆线虫、黑腹果蝇、柄孢霉和酿酒酵母。每一个模型都对我们理解哺乳动物系统中的衰老有所帮助。作为真正的后生动物，蠕虫和果蝇揭示了一条在衰老过程中起作用的信号通路，即胰岛素/IGF-1 通路，该通路在小鼠中也起作用。酵母在这条通路中有一个共同的组成，可能还有其他的成分。酵母和丝状真菌已指出，逆行响应是一种机制，可以补偿老化过程中累积的线粒体功能障碍。实验模型的本质是简化研究。由此看来，模型系统只是近似于发生在其他生物体中的现象。因此，在尝试外推时，非常有必要仔细检查用模型系统获得的结果。可以肯定的是，模型系统的某些特性在其他地方没有对应。由于在酵母研究中发展起来的对影响寿命的四个基本过程（代谢、抗逆性、染色质依赖的基因调节和基因组稳定性）的概括，经受住了时间的考验，研究者对模型系统在老化研究中的应用颇为乐观。

另请参阅：细胞衰老：生长因子与细胞衰老；老化理论：生物学。

拓展阅读

Bitterman KJ, Medvedik O, and Sinclair DA (2003) Longevity regulation in *Saccharomyces cerevisiae*: linking metabolism, genome stability, and heterochromatin. *Microbiology and Molecular Biology Reviews* 67: 376-399.

Breitenbach M, Madeo F, Laun P, Heeren G, Jarolim S, Fröhlich K-U, Wissing S, and Pichova A (2003) Yeast as a model for ageing and apoptosis research. In: Nyström T and Osiewacz HD (eds.) *Model Systems in Aging*, pp. 61-97. Berlin: Springer-Verlag.

Fabrizio P and Longo VD (2003) The chronological life span of *Saccharomyces cerevisiae*. *Aging Cell* 2: 73-81.

Guarente L and Kenyon C (2000) Genetic pathways that regulate ageing in model organisms. *Nature* 408: 255-262.

Helfand SL and Rogina B (2003) Genetics of aging in the fruit fly, *Drosophila melanogaster*. *Annual Review of Genetics* 37: 329-348.

Jazwinski SM (1996) Longevity, genes, and aging. *Science* 273: 54-59.

Jazwinski SM (2002) Growing old: metabolic control and yeast aging. *Annual Review of Microbiology* 56: 769-792.

Jazwinski SM (2003) Yeast longevity and aging. In: Osiewacz HD (ed.) *Aging of Organisms*, pp. 1-30. Dordrecht: Kluwer.

Jazwinski SM (2005) The retrograde response links metabolism with stress responses, chromatin-dependent gene activation, and genome stability in yeast aging. *Gene* 354: 22-27.

Johnson TE (2003) Advantages and disadvantages of *Caenorhabditis elegans* for aging research. *Experimental Gerontology* 38: 1329-1332.

Martin GM, Austad SN, and Johnson TE (1996) Genetic analysis of aging: role of oxidative damage and environmental stresses. *Nature Genetics* 13: 25-34.

Olsen A, Sampayo JN, and Lithgow GJ (2003) Aging in *C. elegans*. In: Osiewacz HD (ed.) *Aging of Organisms*, pp. 163-199. Dordrecht: Kluwer.

Osiewacz HD (2003) Aging and longevity in the filamentous fungus *Podospora anserina*. In: Osiewacz HD (ed.) *Aging of Organisms*, pp. 31-53. Dordrecht: Kluwer.

Tatar M, Bartke A, and Antebi A (2003) The endocrine regulation of aging by insulin-like signals. *Science* 299: 1346-1351.

译　者：高菲菲（北京大学）

老化形象

M. 费瑟斯通 诺丁汉特伦特大学，诺丁汉，英国
M. 赫普沃思 阿伯丁大学，阿伯丁，英国

词汇表

老年歧视（Ageism）——基于年龄的对个人或群体的一种歧视。

消费文化（Consumer Culture）——消费社会的一种文化，其特征是追求年轻、健康和美丽。

形象（Images）——人类躯体外形的视觉化呈现。

老化面具（Mask of Aging）——衰老的躯体和不老的“自我”之间相分离的体验。

社会建构主义（Social Constructionism）——老化不仅是一种生物学上的规定，更是被社会所建构的。

刻板印象（Stereotype）——经常被污名化的过于简化的公共形象。

引言

最近，老年学对分析老化躯体的视觉形象以及这些形象在建构老化过程的意义中所起的作用越来越感兴趣。这种兴趣可以被追溯到20世纪60年代，它是两种主要的社会发展的结果。第一种源于一种信念：摆在老龄社会面前最亟待解决的问题之一是老年歧视——一种广泛存在的因他人生理上变老而产生的对他人的消极态度。例如，对贺卡、连环画中老年形象的分析显示出人们一贯地用一种消极的方式来描述老年人。第二种发展是人们越来越意识到视觉形象在社会生活的建构中所发挥的关键作用。人们经常观察到，当代西方社会是一个消费社会，而视觉形象的建构和传播是消费文化的一个核心特征。生产和传播视觉图像的手段上的技术革新，导致了能够被传达给观众的视觉形象在其数量上的大规模扩展和逼真质量上的大幅提高。消费文化意象中反复出现的主题是青春和美丽，与之相伴随的则是对老化和老年的负面描述。

现在人们普遍认为，通过消除将衰老的身体视为一个衰退的身体的负面形象或刻板印象，并以积极的老年形象作为一个延长的积极生活阶段的形象，将大大提高人数日益增加的老年人的生活质量。这种探索建立在一项假设之上，即在公共生活中传播的图像以两种方式对人们起作用。第一种方式，公

共形象被认为是反映和塑造了社会对老年人及其所得待遇的态度。第二种方式，公共形象影响了个人对自我的感知，以及在后期生活中人格同一性的构建。老年的个人意义的形成是每个人用他所熟悉的形象投射到老年公共形象上的结果。公共形象是暴露于公众的一种用于理解生物衰老过程的重要资源，这是因为躯体上的衰老是很明显的外部过程。例如，脸上的皱纹可以被积极地解释为充实的生活经历的标志，也可以消极地解释为失败和懊悔的标志。

因此，现在人们普遍认为，图像是以灵活的方式运作的：它们的意义存在于多个层面上，而且它们总是可以接受各种各样的解释，特别是在当代西方社会。这种看法源于对文化和传播的最新研究，研究显示了形象和受众之间的关系主要是一种动态的关系：观众再也不能被视为由形象制造者可以很容易操控的“文化笨蛋”所组成。大众传播最好被理解为一种表演，这种表演在形象和观众之间的互动过程中产生，通过互动，观众可以对呈现在他们面前的形象（如电视和电影）做出反应，而这种反应则基于观众特定的兴趣和文化忠诚。由于这个原因，老年学家越来越意识到在多元文化社会中流传的老化形象的多样性。他们也越来越意识到由于通信技术（如摄影、电影、电视、录像、计算机技术等）的革新，老化形象正在以某种方式被积极地转化。

因此，出现于当代西方文化中的老化形象正在变得更加复杂和多变。除关于老年人的刻板印象外，在为不断增长的 50 岁以上的老年人口提供商品和服务的广告中也出现了一些积极、正面的新形象。广告商们开始意识到将消费产品的形象（50 岁以上的时尚、化妆品、护理院、度假、教育机会、省力设备）与中老年生活中年轻身体的形象联系起来的价值。因此，生物老化被建构为一个持续的身体健康和活动的时期，这与那种将中老年生活看作是精力衰减、参与减少的一段时期的刻板印象形成了鲜明对比。衰老的身体与摇椅、拖鞋、困倦之间的联系被持续的身体活动和精力充沛的社交参与的形象所替代。有趣的是，这些旨在修正甚至彻底变革中老年生活的新形象，也正是那些与年龄相关的退休和休闲的形象。考虑到这种基本的形象模糊性，我们应该从一个更广阔的范围对这些年龄形象进行灵活的诠释，而不是呈现一种相当死板的 50 岁以上的老年形象，并将其解释为不可避免地通往老年和死亡的单向通道。

形象在社会生活中的作用

背景

从出生那刻起，人类的身体就会因受到生物程序上的控制而走向衰老和死亡。这种程序的影响可以在人类的脸上和躯体上明显地表现出来。这意味着每当人们看到一个人或一个人的形象，如绘画或照片，人们都可以从年龄方面对这个人进行感知和理解。在名人传记中，这些人年老时的画像和照片经常被用一些与老年有关的词汇进行描述，或者被认定是老年男性或女性。因为所有人都是生物成长和衰老进程中的一部分，这个进程可以被明显地表现在脸上和身体上，因此脸和身体的每一个形象都必然是老化的形象。但是人类不仅仅存在于从出生到死亡的生命周期中，也存在于历史和文化的进程中。身体的形象是由历史中每一个特定的时期及任何一个特定的文化中可得的视觉图像和语言建构的。这是因为人类使用形象来构建社会生活，无论是视觉的还是语言的，并赋予其更多的超越简单的生物躯体的意义。但同样重要的是，身体的形象和个人经历之间的关系是复杂的，并且是由人们在不同文化背景下的生活经历决定的。无论是在绘画、照片、电影、电视节目、视频中，身体形象的意义都是在文化上被建构的。但与此同时，人们也会根据所遇到的情况对其进行不同的解读。例如，在一些文化中，老人脸上的皱纹会被嘲笑或厌恶；但是在其他的文化中，这些皱纹可能不会被注意，甚至会被看作是社会地位较高的标志。因此，老化躯体的形象，可以用来传达积极或消极的信息，这些信息可以极大地影响年轻人看待老年人以及老年人看待彼此的方式。

尽管视觉形象已经成为大众传播中最有影响力的形式，但人们必须记住，它们从来无法与语言完全分离。当看着一个视觉形象（如漫画中的一个老人，传记中或家庭相册中的一个年长的男人或女人的照片）的时候，人们对其意义的理解必然是通过语言所提供的范畴或典型化来实现的，例如语言类别“老先生”或“老太太”。然而，与此同时，形象并不能完全简化为语言，而且我们应该认识到，许多社会生活发生在视觉领域内（自从19世纪消费文化发展以来，这种情况越来越多）。因此，对老化视觉形象的研究，必须承认视觉表征和语言之间的动态关系。

定义

在日常用语中，形象通常被认为是对物体或人的精确表征。就人类的形象而言，人们倾向于把身体看做某种东西，因为它的物质存在可以很容易地被复制或表现出来。在各种各样的媒介中复制或制作原型的精确相似物的概念（本杰明·富兰克林的半身塑像就是一个很好的例子）是“形象”一词的关键意思之一，其可以追溯到“imago”一词最初的拉丁语含义。

但是，“形象”一词还有另外一个很重要的含义，且这个含义来源于想象和虚构的共同作用。在这个意义上，重点不是对一个独立存在的客观现实的准确表征，而是强调在构建和塑造现实的形象时，想象所具有的力量。在被记录的形象和观察者的想象之间存在一个相关性。从这个角度看，形象在现实的社会建构中扮演着积极的角色。现实被理解为更富想象力的投射，而不仅是独立存在于观察者和社会的物体。正如形象在身体的建构中发挥着重要的作用一样，它们也被视为对自我的社会建构做出了重要的贡献。自我，根植于身体中，或者说是具体化的，因此是社会互动下的产物。我们可以从摄影的使用中举出一个很好的例子。关于家庭成员照片准确性的争论是日常生活中的一个常见特征，人们常常很难辨认出照片中的自己是不是真实自我的准确形象，尤其是当这张照片被拍摄于几年前的时候。

因此，“形象”一词的第二个含义是指对摄影的最初定义，即用光绘画。这表明，形象本质上是通过一种解释性行为而产生，即主体的身体以特定的方式着装和装饰，并被框于物质对象的背景下，所有这些都带有特定的象征价值、情感基调和共鸣。那么，形象就是一种社会建构，是为了理解一系列感觉刺激而构建的一个世界。当一张照片涉及一个人一生中某个特定的时间点以及在那个时间点上个人与他人之间的关系时，它带有一种变化的隐藏意义和情感负荷，这些隐藏意义和情感负荷随个人后续经历的变化而变化。它也接受对历史的不断变化的解释，就像如今对维多利亚时代摄影的分析，尤其是对 19 世纪最后几十年的老年人照片的社会学分析。例如，这项研究表明，在苏格兰乡村生活和工作的老人的照片不是“自然的”形象，而是社会建构的作品，其有意地反映了当时社会对乡村生活的简单性和完整性的信念。

形象和刻板印象

对形象复杂性的认识及其在现实社会建构中的作用的理论化，正影响着人们对老化和老年社会刻板印象的研究。刻板印象（stereotype）这个词源自希腊语“stereos”（意思是形式或实体）以及“typos”（意思是印象或模型）。刻板印象化是将那些可以区分不同老人的细微差别消除，从而将老化进程转化为一个统一、无差别的进程。关于老年男性和老年女性的刻板印象通常被他们认为是令人不快的和有冒犯性的，因为它们给人一种感觉——个体差异和区别在一定程度上被生理年龄消除或破坏了。此外，对老年形成刻板印象作为一个统一的过程，对所有老年人都有类似的影响，不论其文化、性别、时间和地点如何，都被认为对老年人后半生的生活质量存在负面的影响。这主要是因为在西方文化中，老年的公共形象往往专注于其消极方面。一般来说，老年（这一刻板印象）是种社会分组，它暗示着每一个老人都没有资格在社会生活被完全地接受。年龄污名化的一个最明显的例子就是就业中的老年歧视，在就业领域，超过一定年龄的人就会不再被雇用或被解雇。当然，这些障碍可能只存在于某些不成文的规则或解释中，但是他们恰恰来自社会对老年形象的污名化（参见“老年歧视和就业歧视”）。

与此同时，我们应当注意，老化刻板印象的效应并不总是像我们有时想象的那样明确。并不是所有对老年的刻板印象都是负面的，老化刻板印象常常是非常模糊的，因为老年人的经历都不尽相同。然而，由于刻板印象的基本社会功能是理解复杂的社会经验，并将混乱的信息模式简化为一组容易被人交流的形象，因此，刻板印象在很大程度上会给公众带来高度误导性的信息。一个很好的例子就是有关祖父和祖母的形象，他们流行的形象是温柔的、社交少的、少性生活的，有着白头发和随和的微笑，总是对孙子孙女很溺爱；此外，他们通常是中产阶级的白人形象。事实上，西方社会中大多数祖父母都是在40岁到50岁，这意味着对现实生活中的祖父母存在一个形象误认。在这种背景下，值得注意的一个有趣的现象就是：很多流行的杂志的出现都是为了迎合那些不认同前面所述的刻板形象的新一代祖父母。

有关老化过程的误导性刻板印象的进一步证据涉及与年轻人形象之间的二元区分。在西方社会的刻板印象中，年轻总是代表生活中最活跃和最理想的阶段，而老年总被看作是一个下降和衰退的时期，是一个迎接死亡和来世的最好的准备阶段。我们可以在小约尔格·布鲁伊（Jorg Breu the Younger）于1540年在奥格斯堡完成的一件雕刻品中找到一个典型的史例。这件雕刻品被命名为“人生十阶”（The Ten Ages of Man），它展示了生活的一系列阶段：首先是逐步向上的阶段，从出生经过青年直到中年的高点（通常被描述为成长）；然后在第二个主要的阶段不可避免地向下经过老年走向死亡，并终于来世（通常被描述为老去）。这些形象引人注目，几个世纪以来对西方产生了广泛影响，每一个人的生命历程都要按照必须遵循的一系列预定步骤进行。因此，这是一种不灵活的形象，它不允许有任何替代解释的可能性。

直到19世纪，人们还是对人类的生命周期持有相同且典型的刻板印象，其中一个典型的例子就来自于布鲁伊的雕刻，它证实了老年和衰老之间的关系。在物质世界里，生命的最后一个阶段是以一个老态龙钟、长满胡须的老年男性的形象来呈现的，这是一个疲倦、无效和等死的阶段。

在17世纪以前，西方对各年龄阶段的形象都是以男性化的方式来展现的——各个年龄阶段的典型形象均为男性。但到了17世纪，艺术家开始对男性生活和女性生活中的典型阶段进行区分，女性的年龄阶段则是基于其顾家的美德来定义的。女性年龄阶段的预定模型表明女性的年龄变化遵循着同样的过程：先是向上发展到中年顶峰，接着是向下进入到卧床的老年，直到死亡和永生。在这些形象中，道德高尚的人——无论男女——都获得了“能够进入天堂”的奖赏，而那些邪恶的人则会在地狱里受惩罚。这样的形象到现在仍然持续影响着当今社会对生命历程的刻板印象，唯一显著的区别就是现在没有明确的宗教宇宙观。

布鲁伊的作品是关于老年刻板印象的社会建构的一个典型例子，为了在道德上区分良性衰老和恶性衰老。构成生命历程的年龄间的界限以及积极的（道德的）和消极的（不道德的）老化之间的界限是被严格定义的。这种做法在西方文化中有着悠久的历史，可以被追溯到古典时代，且一直延续到今天。例如，在17世纪的荷兰，艺术史学家们就展示了如何用老年男女的刻板形象来描绘道德信息，即道德生活对男人和女人的回报。贪婪和猥琐的老年男女的形象，与善良的、积极履行性别责任以期在来世得到奖赏的商人、工匠和家庭主妇的形象形成了鲜明的对比。男女之间的劳动分工是明确的，但是老化作为生命的一段历程，它的道德刻板化对二者来说是一样的。

同样，在19世纪的绘画中，有一种明显的倾向，即将老年时期的理想化形式表现为在乡村环境的背景下所奉行的家庭式隐居生活的最后一个阶段。除了在一个舒适的家庭环境中构建潜在地具有威胁性的老年形象之外，这些画面还反映了人们对正在经历快速现代化、城市化、扩张的消费文化的社会中正在消失的乡村生活的怀念。这种怀旧，一方面道出了乡村生活的复杂性和严酷性，另一方面也反映了在这个越来越看重身体充满活力的重要性的个人主义社会中，老化所面对的现实压力。在19世纪，越来越多的老年形象反映了在良性老化和不良老化之间存在着一种道德差异：良性老化的典型就是直到最后一口气仍然保持着独立性，而不良老化则屈服或依赖于他人。

同样的二元刻板印象也出现在肖像画中，那是一种自文艺复兴以来出现的艺术形式，其目的就是利用对面部和身体动作的绘制来表现个体特征。然而，即使艺术家已经开始绘制一个进入老年的可识别的个人肖像，他们的努力也常常包含一些关于“好”（道德上值得的）和“坏”（社会偏离的）的老年刻板印象的要素。

因此，更普遍的观点是，老年人的形象通常不应该被认为是真实历史条件下的描述或记录，而应被视为规范性的社会文本。例如，艺术史学家经常强调，17世纪“黄金时代”在荷兰创作的绘画作品中大量出现的老年图像，与那些相对较少的真正活到老年的男女的日常生活之间存在距离。这些形象应该被看作是对信念和传统惯例的反映，这些信念和传统惯例规定着作为社会类型的老年人的图像表征。一个很好的例子是，妓院里不适宜的多情的老妇人形象，和一个愚蠢地娶了年轻妻子的富有的老男人形象，为了娱乐观众，这个老男人显而易见被戴了绿帽子。

把老年人形象作为社会或政治美德的象征可以追溯到对著名人物制作半身塑像的古典时期。在古罗马历史上的一个时期，从公元前2世纪到公元6世纪，人们雕刻了一些年长政治家的半身像，并用明确的面部表情以表现理想化的政治美德。衰老的迹象被刻在雕像中，使长期服务和稳定的公共美德在他们的生活模式面前得到持久的体现。正因为如此，它们反映了老年社会与政治稳定之间的关系，也彰显了正直高尚的老年人的个人面孔与致力于责任和自律的公共生活之间的密切关系。这种公共和私人、内在主观自我和外在社会认同之间密切的形态关系，在几个世纪后的德国艺术家阿尔布雷特·丢勒（Albrecht Dürer）所绘制的肖像中被反映出来。他在自己生命即将结束时所画的一些著名的德国路德宗教皈依者的肖像被描述为一种刻意的尝试，以揭示皈依新宗教的人内心精神转变后的外在迹象。丢勒的半身画像《智者腓特烈》（1524年完成，画作完成后两个月“智者”腓特烈三世便去世了），被认为代表了一张通过宗教皈依而恢复年轻精神的老人的脸。在古罗马和16世纪路德宗影响下的德国，这些关于衰老的可见形象都是作为典型的社会品质象征而被创造出来的。因此在这个意义上的老化形象，作为可识别的正在变老的个体的肖像，也表达了关于精神成长和发展形式的主要社会愿望。

直到今天，老年人的形象依然被构建为社会生活中的道德形象或隐喻，象征着时代的信念和价值。正是传统老年形象背后的信仰体系的传统性——他们刻板化的特质——确保了他们一直持续到今天的影响力。

与此同时，有明显的迹象表明，自 19 世纪中叶以来，老化形象的一个重大转变正在慢慢出现。传统的图像制作方法（如图示、绘画、蚀刻等）和如今使用的方法之间最明显的区别之一是出现了与消费文化发展相关的图像制作和复制的新技术。同时，图像的交流和将图像传播给观众的方式也大不相同。自 19 世纪以来，摄影、电影、电视和视频的革新大大增加了流通中的图像数量。此外，为大批量生产的商品找到销路的需求，导致百货商店、购物中心和拱廊的增加，以及复杂的视觉广告技术的发展。这些大规模营销的过程帮助产生了消费文化的“梦想世界”——在这个世界中，可以将一系列浪漫并具有异国情调的形象与普通的商品联系起来。因此，自 19 世纪中叶以来，商品广告越来越多地宣传其在改善购买者生活方式方面的价值。它们不再仅仅因为能满足人类诸如饥饿、温暖和庇护等基本需要而被购买。消费品不应仅仅被视为物质性的东西，而应被视为含有强烈的象征性成分。实际上，它们扮演着沟通者的角色，吸引着他人的钦佩、赞许和嫉妒。在这种背景下，强调从生产主体向消费主体的转变对老年人的形象具有至关重要的意义。

当世界面临人类史上首次全球老龄化的预期时，形象饱和的消费文化不断地评价着那些代表着青春活力、健康和活跃的身体。人们倾向于把身体、社会关系和生活方式作为需要解决的问题，这些问题可以被重塑和更新。事实上，与身体稳定和衰退的宿命感做斗争的需求往往被人们视为一种道德责任。其结果是大家对年龄的敏感以及对伴随着生理衰退的晚年生活的拒绝或否认。与传统的男女形象不同的是，当代的生命周期形象试图消除那种将老年生活看作通向死亡和来世的下降阶段的形象，取而代之的是将其看作中年生活的一种扩展的稳定期。具有讽刺意味的是，我们在传统的衰老图像中看到的对变老的良性反应，本质上被描绘为对身体衰退和死亡不可避免的精神接受，而现在则将其定位为对抵抗衰老和拒绝衰老的庆祝。相比之下，对年龄的消极反应则是放飞自我——实际上，就是不再努力保持年轻的外表和生活方式。

对老年身体现实的排斥，及对中年永恒状态的形象的支持，都反映并表达了当代社会中围绕老年展开的越来越多的模糊性和不确定性。随着老年人口的增长，尤其是 70 岁及以上人口比例的增加，从实证研究到反映老年人日常生活的证据都清楚地表明了老年人的实际经验比老年歧视者的刻板印象中所暗示的内容要更丰富，也更积极。即使是在健康状况不佳或身体残疾的情况下，许多老年人仍然享受独立和充实的生活。这些发现进一步支持了这样一种观点，即衰老的许多负面因素不是由生理决定或按时间顺序决定的。相反，它们被认为是个体给老化过程赋予意义的结果。因此，他们所绘制的那些用来构建积极老化意义的形象具有重要的作用。

还应该强调的是，年龄在 75 岁以上的人群中，女性占据较大的比例。现在很重要的一点是，要建构出能够体现女性优势的老化形象，并且更加突出女性在老年生活中的积极形象。这项任务被认为是特别重要的，因为越来越多的人认识到女性遭受老年歧视和性别歧视的双重威胁。

在整个西方世界，为老年人服务的老年病学家和专业团体，对老化形象的兴趣逐渐增加。在美国，“灰豹党”（Gray Panthers）、全国老龄问题联盟（the National Coalition on Aging）、美国退休人员协会（AARP）均致力于扭转大众对老年人的刻板印象——认为老年人是依赖社会和脱离社会的人。近年来，越来越多的人宣扬老年人对社会生活的积极贡献，其基本假设就是社会建构主义。老年人不公正地受到消极刻板印象的负面影响，而那些在老龄化世界背景下促进老年人利益的人必须学会构建和部署一种新的、多元文化下的老年人的积极形象。

目前，有这样一种强烈的趋势，即为抵消消极的刻板印象而构建的积极衰老形象过分强调年轻的品质，从而培养了身体和自我之间的脱节感。那些身体外观不符合年轻状态的老年人（他们的身体明显地表现出衰老的迹象，如起皱纹、脱发、头发变白、灵活性和流动性减少、视力和听力受损）经常会表达一种被困在衰老身体里的感觉。这种滞陷的感觉被描述为“老化面具”（mask of aging），指的是衰老的身体不再能够用来表现自我的内在感受。生理上躯体越来越老，但内在自我似乎是永恒的或是被固定在生命历程的某个早期阶段。在最极端的情况下，例如在老年痴呆的案例中，护理者和患者最痛苦的经历之一就是本质上年轻的内在自我被无情地囚禁在一个衰老的身体里。这一形象显著地体现了两个相反的力量——生理躯体和主观自我——之间的二元对立（参见“痴呆”）。

多元文化世界中的老化形象

有两个重要的迹象表明，在扩大老年人积极形象范围的可能性问题上，老年学家们的兴趣与日俱增。首先是人们对多元文化世界的认识日益加深。其次是人们认识到科学发现和技术创新对老龄化进程具有深远影响。

我们生活在一个以多元文化差异为特征的世界里，而这一观念正在取代曾经的社会学观点，即人们通过共同的文化以及共同的信仰和价值观结合在一起。显而易见，社会是由不同的文化群体所组成的，这些群体（包括少数族群和残疾人群体）常常为了平等和尊重而进行斗争。尽管现在人们已经认识到，对老年人而言生理老化并不是一种统一的力量，但老年人中确实也存在潜在的强大群体，并显示出进一步意识到自身社会地位的迹象。

在不太遥远的过去，当人们在会议和展览上展示老化形象，或是将老化形象作为书籍和期刊中的插图的时候，往往倾向于呈现一种过于简单，有时甚至是浪漫的老年形象。老化的主导形象往往是白人和中产阶级，并不包括其他广泛的社会群体。根据社会经济地位、种族背景和性别的不同，人们对衰老的态度会存在差异，但这些差异往往会被粗略地概括。然而，自20世纪80年代末以来，老年学家们对阶级、性别、地区和种族差异给予了更大的关注。

这里有一个很有用的例子，它将老年期看作是幼儿化时期，即第二个童年时期。因为西方文化强调成熟的成年期，所以对生命历程的传统模式就很重视，而这种传统模式是将童年期和老年期看作受保护的、依赖他人的阶段，而不是完整的成人状态阶段。如今，在老年人的待遇方面，这种情况仍然有所体现，就好像老年人是依赖成人的孩子一样，尤其体现在机构里的专业护理人员对待老年人的态度方面。因此，老年歧视主要是通过以下方式来运作，即呈现给人们的主要是被剥夺了成年身份和人格的老年人的依赖性形象。对于许多老年学家和关心老年人权利的团体来说，老年人的婴儿化形象必须受到质疑，也必须被取代。

然而，把老年期当作第二个童年时期的这种负面形象如今正在被重新评价。例如，在日本，一个人一旦过了60岁，他就被认为已经完成了生命的第一个周期，进入了另一个周期——在这个周期中，幼稚和顽皮的行为不仅是被期待的，而且是被人们喜欢的。在日本，老年人可能被认为是“可爱的”，因此成为年轻人喜爱的对象，例如，一对百岁双胞胎老人成田金和蟹江银（Kin and Gin，也被称为“金婆婆和银婆婆”）后来就成为媒体名人。在这样的文化背景下，满脸皱纹、头发灰白、说话含糊不清可能会被忽略，甚至被认为是老年人已经达到了一种优雅的状态，是更接近来世的迹象。对生理衰老的外在体征的尊重，并以将老年看作第二个童年的积极形象的形式表现出来，是孝敬父母和父爱主义的体现，这决定了日本对老年人的待遇。

任何关于多元文化主义的考虑，以及不同的，甚至是相互竞争的老化形象，都提醒我们不应该将老年歧视和种族主义、性别歧视过分平行化。尽管种族和性别继续被划分为主要的类别（相对明确的社会类别，导致对外部群体的歧视以及他们的权力缺失），但在涉及老年人的形象以及他们与年轻人和中年人的关系时，这样的划分并不是那么明确。不同于种族和性别的社会对立，青年、中年和老年基本上是普遍的生理衰老过程中的不同阶段。作为过渡状态，他们被文化变迁所重塑。朝着文化多样性的方向发展表明，在可预见的未来，老化形象将会更加丰富。目前已经有了这样的迹象，即传统的老年人群体，他们的晚年生活以及他们对老化的态度反映了20世纪早期社会期望的形象正在被新一代的早老年人、第三年纪群体、老年同性恋者和其他许多形象所取代。社会生活的一个新阶段已经来临：传统的老化形象已经要过时了，尽管它仍是历史学和社会学的兴趣所在。

过去、现在和未来之间存在着文化断裂，这一迅速兴起的观点已经被第二次社会变革所强化。而这正是对老化过程和技术革新进行的科学研究所产生的影响。

生物学和文化之间的相互作用，反映在对老化形象的社会影响的研究中，这意味着人类本质上仍是未完成的生物。人类的身体和经历随着器官移植手术、整形手术和基因工程的创新而改变。这种发展必然是具有反身性的——它们反馈到人类的实际经验中。现在人们已经接受了这样的观点：我们有可能干预一些生命的过程，包括一系列与衰老有关的过程，以及创造出可以说是新的人类身体。因此，我们可能指出影响未来老化形象的三种发展。第一种是改变和修饰外形的能力，从而控制衰老的身体的形象。值得注意的是，现在的整形手术渗透到表皮以下越来越深的位置，以此塑造人体的结构框架。第二种是通过修复或替换受损的身体部位来重建身体的能力。科学研究目前正在尝试理解细胞老化的过程，以便阻止甚至逆转自然的衰老过程。第三种发展并不需要对身体进行修复，而是一种摆脱束缚的方式。信息技术的发展为网络空间和虚拟现实的建设提供了前景。这将允许有感官障碍和流动性有限的人在高度现实的模拟环境中自由行动，这种环境能全面调动人类的感官，并在更平等的基础上增强与他人互动的能力。这样，因老化过程而受损和衰退的身体可能不再是内在自我的束缚。

这些技术发展的潜力，再加上我们对多元文化和全球多样性日益敏感，使我们看到了老化形象在未来更加复杂和多样化的前景。显而易见，老化并不是只有一个基本的过程，而是复杂得多。此外，显而易见的是，为了使人们更好地理解未来的社会转型，我们需要的不只是一门老年学，而是很多学科共同参与，因为老年学的课题正在变得非常多样化。

另请参阅：老年歧视和就业歧视；痴呆。

拓展阅读

Achenbaum A（1995）Images of old age in America 1790-1970. A vision and revision. In：Featherstone M and Wernick A（eds.）*Images of Aging：Cultural Representations of Later Life*. New York and London：Routledge.

Blaikie A（1995）Photographic images of age and generation. *Education and Aging* 10（1）：5-15.

Bytheway B（1995）*Agism*. Philadelphia and Buckingham：Open University Press.

Cole TR（1992）*The Journey of Life：A Cultural History of Aging in America*. Cambridge，UK：Cambridge University Press.

Coupland N，Coupland J，and Giles H（1991）*Language，Society and the Elderly：Discourse，Identity and Ageing*. Oxford，UK and Cambridge，MA：Blackwell.

Covey HC（1991）*Images of Older People in Western Art and Society*. London：Praeger.

Featherstone M (1991) *Consumer Culture and Postmodernism*. Thousand Oaks, CA: Sage Publications.

Featherstone M (1995) Post-bodies, ageing and virtual reality. In: Featherstone M and Wernick A (eds.) *Images of Ageing: Cultural Representations of Later Life*. New York and London: Routledge.

Featherstone M and Hepworth M (1991) The mask of aging and the postmodern lifecourse. In: Featherstone M, Hepworth M, and Turner BS (eds.) *The Body: Social Process and Cultural Theory*. Thousand Oaks, CA: Sage.

Featherstone M and Hepworth M (1993) Images of ageing. In: Bond J, Coleman P, and Pearce S (eds.) *Ageing in Society: An Introduction to Gerontology*, 2nd edn, Thousand Oaks, CA: Sage Publications.

Featherstone M and Wernick A (eds.) (1995) *Images of Ageing: Cultural Representations of Later Life*. New York and London: Routledge.

Hepworth M (2000) *Stories of Aging*. Buckingham and Philadelphia: Open University Press.

Hockey J and James A (1993) *Growing Up and Growing Old: Metaphors of Aging in Contemporary Britain*. Thousand Oaks, CA and London: Sage.

Kuspit DB (1975) Durer and the Lutheran image. *Art in America*, January/February, 56–61.

Nodelman S (1975) How to read a Roman portrait. *Art in America*, January/February, 27–29.

Wernick A (1995) Selling funerals: Imaging death. In: Featherstone M and Wernick A (eds.) *Images of Aging: Cultural Representations of Later Life*. New York and London: Routledge.

译 者：张 昕（北京大学）

老龄化的历史

W. A. 阿肯鲍姆 休斯敦大学，休斯敦，得克萨斯州，美国

词汇表

长老会议（Gerousia）——一个由至少60岁以上的男性组成的议事会。

主干家庭（Stem Families）——年幼或年老亲属与中年户主同住的家庭单位。

引言

老龄包含了存在已久的、广泛的、多样的现象。尽管古今中外每种文化都有类似的用词或术语去界定生命历程的起始和终结，但联系到生命中最后阶段的形象和现实时却各有不同。任何关于老龄的历史归纳都必然要考虑性别、社会阶级、民族、人种和年龄的影响。因此，在不同地方、不同历史时期，“衰老”和“变老”的内涵都千差万别。此外，关于老龄的含义范围以及老年人在不同时间和地点所经历的状态也有巨大的差别。

虽然历史学家有把握证明国际上关于老龄化历史观点的多样性，但值得注意的是，学者们掌握的有关老龄化的文化资料比其他方面的资料要多。除了神话，研究者没有在已有证据中发现老年男女在黄金年龄时生活在田园牧歌式的极乐净土。迄今为止，我们对老龄化的全球历史的认识仍是碎片化的。我们对老年人，尤其是生活在赤道以南和19世纪以前的老年人的社会经济状况知之甚少。我们只是对含糊不清的形象和关系开始了过多的正面、负面、矛盾和复杂的描述和解释。这构成了晚年的机遇和严酷现实的模型。

除此之外，国际上对老龄化的历史观点并不总能捕捉到那些能描述衰老的声音和现实的完整语境。代际因素——长子是早婚还是晚婚，以及这是否影响继承模式和居住安排——影响着一代人的人生轨迹。此外，晚年的意义和经历常常是政治、社会、经济、文化和人口因素的副产品，它们在特定的历史时刻塑造了特定的社会。早在前工业时代，英国的老年人就维持着核心家庭，直到因经济和身体状况不支而要求同住。然而，在同一时代的东欧却流行主干家庭和复杂的居住安排。

有时候，研究者会对历史和跨文化资料产生一些误解。30年前，现代化理论是很多老年学家形容和解释老龄路径的模板。他们理所当然地认为老年人在乡村生活比在城市生活环境要好，而且工业化破坏了大家庭

结构，减少了老年人的工作机会。二元论描绘了老龄化的国际历史：之前与之后，好与坏，网络与自理。而且，只要发展中国家被期望遵循或者至少效仿北美和西欧的历史轨迹，类似的趋势就会在适当的时候出现。近期学术界认为，一旦被描绘为单向性或不可避免的，这种历史趋势就会被削弱。在亚洲，尤其是南亚，家庭结构和家庭义务从来没有像人们曾经认为的那样一成不变：它们取决于劳动力模式和公共养老救济的影响等方面。土著特征很重要，这使得解释过去的片段成为一项艰巨的任务。

老化身体的衰退：历史老年学视角的基础

心存以上的警示，让我们由老龄和老化的身体征兆开始。已知最古老的关于老化的文献，是哲学家和诗人普塔-霍特普（Ptah-Hotep）于公元前 2500 年在古埃及写下的："一个老人临终的日子何其艰难和痛苦！他日益衰弱。"（*The Instruction of Ptah-Hotep*，译为《普塔-霍特普的教谕》。）这一描述改写了那些关于原始时代的老人活得健康快乐的观念。普塔-霍特普将肉体的老化描述为身体衰退——一个在全球老龄化的历史上不断重复但并不普遍的主题。

举例来说，男人年过五十，在古代东方家庭中被视为成业稳家的中坚。孔子形容人的道德修养随年龄而增长："四十而不惑，五十而知天命，六十而耳顺，七十而从心所欲，不逾矩。"这位东方圣贤宣称，成熟加深了长者与家族祖先的亲和力。儒家世界观中的年龄如此关键，以至于年长的女性胜过了她们的儿女。

该地区的其他地方也存在着类似的情况。根据传统道家思想，超长寿被视为一种神圣。根据婆罗门经典，少数老年隐士获得无上智慧，使他们的身躯能超凡不朽。代代相传的宗教传统被认为把老人束缚在一张安全网中。然而在第二次世界大战后的亚洲，尤其是日本，其急剧变化的人口压力和公共政策破坏了人们晚年的有利地位。

早期西方文化对老龄如此尊敬的态度并不持久。随着亚里士多德（Aristotle）的指引和公元前 5 世纪医生的发现，古希腊人哀叹晚年的可悲本质：他们把老年人的身体描绘为"异常冰冷和干燥，胆汁变黑"，从而使死亡成为衰老的自然结果。古希腊文化又相信个体在生命晚期会受到特定的疾病折磨。希波克拉底（Hippocrates）在其《格言》（*Aphorisms*）中对老年病进行了分类，例如白内障、肾炎、眩晕、脑卒中和精神健康不佳。因此，希波克拉底预见了塞涅卡（Seneca）的观察结论——"老化是一种疾病"。

古希腊对老龄的印象并不全是负面的。（事实上，全球所有关于老龄化历史的含义和经验都带有灰色的阴影。）始于公元前 7 世纪的斯巴达曾经由长老会议所统治，长老会议都是由 60 岁以上的男人组成。老年领袖入选是由于他们的智慧，期望他们能够保守地行使权力。然而，公元前 5 世纪，长老会议滥用权力引发了阿里斯托芬（Aristophanes）的讽刺。

像古希腊一样，古罗马也描绘过老龄，但是持相反的看法。一个极端的例子，古罗马诗人维吉尔（Virgil）的《农事诗》（*Georgics*）和古罗马讽刺诗人朱文诺尔（Junvenal）的《讽刺集》（*Satires*）中都悲叹老年的虚弱。另一方面，古罗马雄辩家西塞罗（Cicero）在其著作《论老年》（*De Senectute*）中指出，多年的经验远远弥补了随着年龄增长而出现的身体衰退："老年通常不只是更贫穷，也可能更富足……老年人非但不虚弱、不懒散，反而总是忙于做一些事情和影响一些事情。"

希伯来经典提供了另一个丰富多彩的晚年形象和故事宝库。《箴言》（Proverbs）第16章第31节记载："白发是荣耀的冠冕，在正义的道路上必能得着。"十戒中的第五戒不单要求尊敬长辈，而且暗示子女如果违抗父母将受到惩罚。根据"摩西五经"（Pentateuch），长寿是神明给忠实服侍之人的奖励。撒拉（Sarah，亚伯拉罕之妻，以撒之母，老迈停经生子——译者注）和路得（Ruth，《路得记》中不离弃同样丧夫的婆婆的寡妇——译者注）享受了成熟的果实，这表明即使在父权社会，也可以通过神明的恩典而为女性带来年龄的优势。然而，希伯来经典的另一些经文却描绘了一幅可怕的景象（身体衰弱、害怕被拒绝，以及随着年龄的增长而变得越来越脆弱），这些都预示着世俗作家对精力充沛的老年（green old age）和第二童年（second childhood）之间形成的对比，以及伯尼斯·纽加滕（Bernice Neugarten）最近提出的年轻的老年人和年长的老年人之间的区别。因为活得太久是件冒险的事，所以先知们敦促以色列的子民们照顾那些无助的、年老的寡妇。

这种对文本的适度评注足以建立一个重要的归纳：衰老的生理方面，有时与年龄相关，这奠定了一个认知的基础，无论是国际上还是历史上——达到老龄的人们会逐渐衰退。在大多数的传统中，各个年龄段的人们都认为能力下降必然导致疾病、依赖和死亡。正如乔纳森·斯威夫特（Jonathan Swift）所说："所有人都希望活下去，但没有人想变老。"

14~19世纪的民间艺人设计了一些不同年龄阶段的形象解读，其中包括幼儿爬上了楼梯，然后成年人走下了另一边楼梯，迈向死亡。"双向楼梯"（*Lebbenstreppe*）一说在欧洲中部特别流行。阶梯的数目有4级至13级不等，人物形象有男也有女，尽管有些阶梯上以配偶为特写。儿童们玩玩具；男孩拿着书本，而女孩则在学习纺织；男青年去当兵，女青年成为母亲。画家笔下的老年人弯腰弓背，被分派担任久坐不动的职务。到了七八十岁，老年人被限制在床，依靠别人生活，并等待时光老人把他手上的镰刀（象征着丰收）变为一种毁灭的工具。整个信息表达得很清楚：年轻人在适当的时候崛起，夺取了长辈的控制权。

对老年人身体表现形式的多样化描述已经通过更广泛的文化和历史镜头传到了当代。老年人的形象并没有发生戏剧性的或突然的变化，尽管革命形势有时会改变人们对老年人的普遍印象。例如，一位近代中国五四运动的领袖写道：“青年如初春，如朝日，如百卉之萌动，如利刃之新发于硎。”“奋斗者何？奋其智能，力排陈腐朽败者以去。”

有时医生的临床观察证实了人们对老年人的普遍看法。诺贝尔奖得主埃利·梅契尼柯夫（Elie Metchnikoff）于1905年将老龄诊断为“一种传染性的慢性疾病，表现为高贵元素的退化或者衰弱过程”。40年后，老年医学专家们提出了一个不同的预测：“衰老并非全然衰退……只要有计划地培养这些代偿能力，增量可以非常接近甚至平衡减量。”自古以来，炼金术士延长寿命的企图已被证明是徒然的；但到今时今日，公共卫生、药理学和现代科学带来了真正的希望：很多因老龄带来的衰变即使不能完全消除，但也可被控制。事实上，一些科学家进一步提出，抗衰老干预措施有益于健康，从而能延长人类的寿命。

关于岁月对身体的摧残的最后一个要点是：尽管历史文献中没有充分阐明，但由于世界历史上许多时期的女性在文本中是看不到的，在公共记录中也鲜有记载，因而在描述衰老的特征方面，性别偏见在时间上和空间上持续存在。老年女性受老年歧视的影响比男性更严重，部分原因在于男性拥有一定资源，能够补偿容貌的损失。当然也有例外：在伊斯兰世界，女性通常扮演从属角色，但是在尼日利亚北郊的豪撒（Hausa）地区则由老年女性主掌权力和威望。讽刺的是，贬义词“hag”（意思为丑老太婆——译者注）源自希腊语中的“hagia”，意思是圣女。尽管老年女性构成了发展中国家及发达国家工业社会的很大一部分，但当代文化仍然将老年女性边缘化。

国际历史视角中的人口特征

正如老年的身体特征代表了生命最后阶段的显著特征，关于人类寿命的人口统计学现实也将这些数字纳入了不同的维度。人类学和历史学的研究提出了关于人口老龄化模式的四点概括。

1. 虽然老年人群出现在绝大部分历史记载中，但无论任何时代和地方，他们占总人口的比例实际上非常小——少于2%，甚至更少。达到老龄是一件罕见的事情，因为本来婴儿能活到1岁的概率就已经很小。20世纪初，在孟买，只有三分之一的婴儿能存活到他们的1岁生日。如果一个人能活到20岁，那么他们活到40岁及以上的机会就会大大提高。

2. 至少自1700年开始，欧洲和北美洲的书面记录（例如法律、日记和百科全书）中才宽松地把老年的生理年龄定在约65岁，误差约有15年。很少有证据表明老年的生理年龄会早于40岁，尽管当代斯里兰卡的民族志曾记录了40岁时与年龄相关的衰减。不论男女，只有掌握了物质和经济资源，并通过执行任务取得有利地位，才被视为处于壮年。例如，西班牙征服美洲时期的秘鲁奇穆王国，战士处于 50～60 岁被视为“半老”，60 岁以后才不用缴纳贡品和免服兵役。

3. 初生婴儿和 40 岁成人的预期寿命的巨大增长发生于 20 世纪。自 1950 年以来，60 岁的预期寿命略有提高。自 1900 年以来就已达到所有预期寿命增量的四分之三了。自“二战”结束，生育率的急剧下降一直是老年人在特定人口中所占比例增加的一个主要因素。

4. 成年人寿命的增加，本身亦加重了人口结构的老龄化。社会老龄化率在发展中国家和发达国家中各有不同。比如，1950 年日本 65 岁以上的人口只占总人口的 5%，而现在日本的老年人比例最高，甚至超过了瑞典。从 1947 年到 1995 年，日本男性的预期寿命从 50 岁上升到 78 岁，女性从 55 岁上升到 83 岁。一份 2001 年美国国家研究委员会的报告主张：“从历史角度来看，人口老龄化是一个人类成功的故事。”“与此同时，人口年龄结构的持续转变对政策制定者提出了一系列的挑战。”

以上这四点概括至少从两个方面影响着世界各地的人们如何看待老龄化以及老年人群如何与年轻人群互动。首先要考虑的是，只有少数人类达到老龄，直到最近才发生转变。长辈的匮乏使老年人在年轻人的甚至是在他们自己的土地上扮演着陌生人的角色。1935 年，56 岁的列夫·托洛茨基（Lev Trotsky）宣称：“老年是发生在一个人身上的最意想不到的事。”从历史上看，疑惑导致了人际交往中的模糊性。陌生人可以从人群中通过而不引起任何注意。在农村地区，如果当地居民热情好客、乐于助人，他们就可以勉强过活。如果规范和习俗将健康的生活方式与高龄的美德联系起来，老年男女就会被视为宝贵的财产，除非他们的行为不良。一些年长的人对这种想法进行了美化，写出了他们自己的传奇故事：被称为“美国最伟大的圣人”的托马斯·杰斐逊（Thomas Jefferson）和 150 年后创建“灰豹党”（Gray Panthers，一个致力于改善高龄者社会边缘化的地位，抗议社会上充斥着的对高龄者的各种刻板印象与歧视的组织——译者注）的麦吉·库恩（Maggie Kuhn），都在 80 多岁的时候为自己比对手活得长而欢欣鼓舞，也因此拥有了最后的话语权。

然而，健康长寿也是一把双刃剑。把老年人看成陌生人，让人对随着时间的推移而变老有了一种不那么乐观的解释——一种警惕，甚至是恐惧。正如许多人对外星人持怀疑态度一样，预测和恐惧会使老年人被视为潜在的巫婆或社会负担。一些传奇故事和个案研究表明，“弑老”（parricide）发生在一些资源稀缺的地方。老年人画的年龄肖像可能和年轻人想象中的一样阴郁。84 岁的约翰·巴勒斯（John Burroughs）在他临终前写道：“八旬老人别无选择，只能活在过去。他与死人生活在一起，他们试图把他拉下来。”在虚弱和贫穷中生存，如果没有足够的支持网络，就会带来拒绝和依赖的风险。

此外，值得注意的是，老龄期所指的年龄跨度经常被视为比任何其他人生阶段都要长。婴儿期持续不超过2年；如今青春期很少超过20年。但晚年的基准却包含了整个生命历程的很大一部分。在一些国家，人们50岁就可享受老龄特权。另外，有些老年人在否认自己衰老方面取得了成功：伯纳德·巴鲁克（Bernard Baruch）在自己80岁高龄后，仍坚称其老龄要15年之后才开始。弹性阈值使老年成为生命中最具差异化的阶段。这在一定程度上解释了为什么过去几代的老年人在生理、精神、心理和社会能力上存在差异。生活在相同地方和相同历史时期的年龄相同的两个人，除了岁数外可以毫无共通之处。这种多样性经常存在于同一出生队列之中。有些人随年龄增长而逐渐成熟，有些人衰老缓慢，也有些人成为意外灾祸的受害者。许多老年人尝试保持他们在中年时所适应的生活方式。其他人则根据自己的选择或环境，彻底改变自己的想法、感受、生活或行动。有些人继续前进，也有些人陷入无助之中。

晚年生活固有的差异性，可能在近几十年变得更加丰富。一场微妙的革命正在酝酿之中，这是社会老龄化的结果。随着19世纪中叶以来所增加的成年人口预期寿命，世界各地的老龄人口的结构差异正在扩大。老年人数量少时，问题尚且容易控制，老年人的潜在贡献是否被有效利用也只是一桩小事。可是现在，老龄人口是总人口中一个越来越大的子集，他们的需求和欲望再也不能被忽视了。年长的公民代表着一个强有力的投票群体，有权获得政府的支持。在过去的一个世纪里，人们开始相信自己能活到65岁，因而认为妥善退休是一种权利。这些人口和经济预期已证明了一个假设——这是老龄历史上一个很大的分水岭，特别是发生在20世纪的发达国家。

家庭关系

无论在何种历史时期或者地理位置，家庭成员始终是老年人所依赖的第一道防线。随着时间的推移和环境的变化，家庭结构会发生显著的变化。在西欧和北美国家，老年人（通常是男性）传统上希望尽可能长久地保持自己一家之主的地位。这种归纳至少需要两个条件。第一，在早期的现代社会，一些家庭单位（在西欧短期存在，在东欧时间更长）成为“主干家庭”——年轻成员和年老成员一起搬进中年户主的家庭之中——这是一种典型的居住安排，但持续时间很短。第二，最近，人们更多地强调家庭长辈的自主性，而不是独立性。核心家庭是西方模式的典型，表现为老年人尽可能长时间地留在他们的住所。

在其他地方，情况则截然不同。在非洲和部分亚洲地区，老年女性往往领导着家庭单位。儿媳妇不是与婆婆同住，就是住在附近，以顺从婆婆的家庭安排；对住在丈夫所在村落的女性来说，这种安排就像是一个临时“飞地”。对长辈的尊重激发了工业化前日本家庭的活力，永久成员优于临时成员、男性优于女性。澳大利亚的原住民选择了更为开放的居住安排，因此父亲可能是虚构亲属（fictive kin），而中年人也可以成为长辈，因为他们积极掌管本地事务。

不论何种本土化的居住安排，女性在不同历史环境中都比男性更能胜任老年人的主要照护者的角色。在有些地方，照护老年人的责任落在年纪最小的女儿身上。有时候由姨妈或者表姐妹履行做饭、身体清洁或照顾体弱长者的责任。在日本农村，公开和私人的仪式在传统上很讲究性别区分。男性通常只在别无选择的情况下才参与家庭事务。

不过，这些照护长者的安全网络也会出现漏洞，疏离和离婚都可能打乱照护计划。既定的照护者可能因为与配偶搬到远离社区的地方而无法照顾老年人；贫穷会导致缺乏足够的资源进行照顾；相关人员的死亡更是会破坏这种人际纽带。在这些情况下，邻居和朋友会以非正式的方式接手。在现代社会中也存在着这种补偿性安排。即使无法面对面接触，新的交通方式和沟通手段也能使兄弟姐妹和子女与老年人保持联络。

社会老龄化至少在三个方面打破了传统的家庭模式。首先，在东方社会，飞涨的房价使家庭成员无法在宽敞的空间中同住。日本和中国的老年人现在像西方一样在居住方面做出了艰难的选择。其次，现在很多女性不愿意或无能力照护老年人，因为她们在家庭之外从事有收入的工作。最后，传统的金字塔式家庭结构已变为“豆竿家庭”，多代同堂。现在已经有更多的老年人能够帮助照护慢性病患者和年纪非常大的人，但离婚、重新安置或照顾者自身健康状况不佳可能会影响他们提供帮助的能力。

经济模式

纵观整个历史，农业活动一直是世界各地最普遍的经济活动模式，它给老年男女提供了有利的机会。务农是一项条件艰苦的工作，尤其在收获的季节。然而，有很多维系农场运作的指定任务可以由能力下降的人来完成——前提是他们有必要的专业知识。例如，老年人可以监督别人的工作并保持记录。在目睹了大自然的伟大和残酷后，老年人积累了一辈子的见识，因此老年人历来都是公认的农业生产的经验老兵。

掌管土地也就保证了老年人的经济收入。孩子们为父母或祖父母耕种土地，期望在适当的时候能获得家庭财产的所有权。只有在为自己的晚年生活或配偶将来的寡（鳏）居生活做出适当准备之后，老年人才会明智地转移财产。然而，有关继承模式和供养寡妇的研究需要进行个案分析，因为我们对血缘关系网在财产转移中扮演的角色仍然知之甚少。我们也没有更多的佐证去了解老年人是否有能力通过其他方式确保晚年幸福。在一些美洲土著部落中，老年人因治愈力量和萨满教仪式的魔力而获取声望，但在对其进行历史概括之前还需要做更多的工作。

工业革命之后，老年人的经济地位发生了或好或坏的变化，特别是新的生产模式和消费模式已改变了普遍的经营方式。在规模经济的影响下，手工制品变成了一种奢侈品。在这个由官僚程序而非私人关系或亲属关系所主导的世界里，老年人更难适应不断变化的市场，很多老员工被淘汰。然而，那些管理和拥有铁路、钢铁厂或其他盈利公司的 60 岁以上的男性控制着过多的国家财富份额。另外，晚年购房的情况表明，工人阶级受惠于新秩序。

在工业化的初始阶段，工人和经理把老年人当作残疾人对待是很常见的。那时候，被淘汰的老员工与残疾人一同在工厂或者酒吧门口乞讨。直至 19 世纪中叶，英国的进步银行和美国的运输公司开始根据雇员的年龄及服务年限提供养老金。退休既是一种对忠诚服务的奖励，也是摆脱过气员工的手段。企业养老金在董事会被视作一种赏钱，直至政府建立了一套社会保障措施后，才使企业和工会提供的养老金变得规范化和制度化。

在不断变化的市场中，老年人是可以经过再培训而适应新岗位的。从 18 世纪中期开始，各种私人组织建立了学院和成人教育项目，向老年人传授新的技能，或通过他们早期没有的学习机会来丰富他们的生活。这些项目在将来会变得越来越重要，但让老年人重新融入劳动力市场的举措一直不太成功。

在过去 50 年里，晚年经济模式发生了巨大变化，这是女性越来越多地参与有偿劳动的结果。传统上，年轻女性结婚前就参加工作；丧偶后成为酒保、旅馆女工或者洗衣女工，以此维持生计。职业女性则和男人一样，她们会在晚年寻找兼职或短期工作。持续工作并不总能如愿：由于女性平均寿命比男性长，所以她们必须工作；除了老年歧视，性别歧视也减少了她们的就业机会和潜在薪酬。

事实上，老年女工的困境只是晚年经济模式的最新阶段。人们一直希望老年人能为他们的晚年做好准备。一般而言，这意味着老年人要一直工作到残疾乃至死亡。公共和私人养老金令人们能期待一个美好的退休生活。但在国际上和历史上，对大多数人来说，实现真正的经济保障的梦想尚未成真。大多数依靠养老金生活的老年人经济上捉襟见肘，只能维持基本的生活水平，很少有资源能满足他们长寿的需要。

政治发展

纵观整个历史，我们已经注意到世界各地都有老年人担任过重要的领袖职位——在非洲和东南亚的一些部落中，在教皇制和主教制中，或是在民选产生的职位方面。老年人被认为拥有必要的经验和智慧，循序渐进地通过等级晋升，处理过各种情况和人际关系。然而，尽管大多数人口都在逐渐老龄化，但实际上并没有普遍偏好由老年人担当领袖。这就说明，老年歧视现象并不猖獗。在激烈的竞争中，经验才是最重要的。

最重要的政治化老年发展一直是社会福利的范畴。各国都为那些值得的、有需要的老年人提供资助。公共老年津贴通常始于当地社区。宗教组织或慈善团体等机构会预留资金（由家人、朋友或邻舍提供的补充资源）为贫困老年人提供庇护、粮食或医疗服务。随时间的推移，地方实体——国家、城市、州县、地区——会进行物资分配，有时会建造养老设施以安置老年人。州县政府或地方政治团体提供家庭以外的第三层支持；市政当局为其员工提供养老金，较小的政府单位则在严格的资格条件下补助贫困老年人。

军人或退役老兵的养老金一直是老年救济的一个重要来源。为忠诚的官僚提供一定的预付金以便他们能够安心退休，这种先例可以追溯到12世纪的中国和15世纪的法国。在19世纪，贫困、年老的退役军人开始有资格领取津贴和土地补助金，数额与那些发给伤兵和水手的津贴相当。这笔财政分配可不是小数目。例如，1913年，提供给南北战争中的北方退役军人的养老金占美国联邦财政预算的18%。

在20世纪，绝大多数国家都已制订了某种形式的老年援助计划来解决依赖性问题，并启动养老保险计划以帮助工人为晚年生活做好准备。在爱尔兰和其他地方推行的养老金制度并没有影响居民的居住模式，尽管这确实增加了家庭财富。这些计划制订的时机和范围取决于该国的人口结构、愿意制定这些政策的执政政府的意识形态，以及当时的财政和预算资金。老年利益团体的壮大，确保了公共利益的公开自由化。直到最近，美国和西欧的社会保障措施才得以广泛的普及。然而，随着人口老龄化和养老费用的惊人增长，许多国家的政府（不论贫富）都在重新思考他们是否有能力负担得起老年人的福利。

文化方面

本文从强调生理衰退的形象如何产生对老年人不利的看法开始，以文化传统如何在历史和国际上提高老年地位的综述为终结。晚年的智慧和经验在农业社会、一些特定的政治环境和宗教体系中都至关重要。亲属关系往往改善了城市环境中的工作机会。老年人，尤其是男性，只要他们活着就能一直保持和增加权力。

青年普遍尊重年长的导师，相信长者的教诲能帮助自己明辨是非、趋吉避凶，这种传统代代相传。历史记载着那些资深教授、年长牧师和退役老兵在危难之时被召回协助年轻领袖的故事。

后现代消费文化试图制造一种美好的老年观念，以便利用老龄化社会中老年男女不断增长的财富。糖果商和纪念卡制造商尝试效仿父亲节和母亲节的成功，把祖父母节商业化。到目前为止，这些挖掘“银发市场”（gray market）的努力尚未取得什么效果。广告商们仍然不知道如何实现他们的预期目标。事实上，最令人难忘的媒体形象其实是那些描绘“贪婪的怪老头”（greedy geezers），富裕、自恋、挥霍着本应属于后代的资源的老年人。罗伯特·巴特勒（Robert Butler）创造了“老年歧视”（ageism）一词，以识别类似于“性别歧视”（sexism）和“种族歧视”（racism）的偏见。当代的老年歧视与普塔-霍特普所提到的老年歧视并不一样，但它提醒我们，世上的人都看重那些能切实为别人谋取福利的人

（同样，这一点也存在性别偏见）。所有年龄段的人都倾向于轻视那些无法用性格开朗、身体健康和经济富足来掩盖自身弱点的人。

我们正在进入老龄化历史的一个新阶段，这是由于在将老年人融入社区方面长期存在文化和结构上的滞后所造成的。跨领域的关系——健康与退休决定之间的关系，以及家庭结构与老年人福祉之间的关系——一直都很重要。历史为我们想象未来提供了一个基准，但过去的教训往往是矛盾和不安的。

另请参阅：生命历程；退休。

拓展阅读

Achenbaum WA（2005）*Older Americans, Vital Communities*. Baltimore, MD: Johns Hopkins University Press.

Bengtson VL, Kim K-D, Myers GC, and Eun K-S（eds.）（2000）*Aging in East and West*. New York: Springer Publishing Co.

Cole TR, Kastenbaum R, and Ray R（eds.）（2000）*Handbook of Aging and the Humanities*, 2nd edn. New York: Springer Publishing Company.

de Beauvoir S（1972）*The Coming of Age*. New York: G. P. Putnam.

Gruman G（1966）A History of Ideas about the Prolongation of Life. *Transactions of the American Philosophical Society* 56.

Hall GS（1922）*Senescence*. New York: D. Appleton & Sons.

Hareven TK（ed.）（1996）*Aging and Intergenerational Relations over the Life Course*. New York: Walter de Gruyter.

Laslett P and Wall R（eds.）（1972）*Household and Family in Past Time*. Cambridge, UK: Cambridge University Press.

Simmons LW（1945）*The Role of the Aged in Primitive Society*. New Haven, CT: Yale University Press.

Sokolovsky J（ed.）（1997）*The Cultural Context of Aging*, 2nd edn. Westport, CT: Bergen & Garvey.

译　者：丘明峰（北京大学）
校译者：张雅璐（北京大学）

老龄化的文学表现

A. M. 怀亚特-布朗 佛罗里达大学，盖恩斯维尔，佛罗里达州，美国

词汇表

“天鹅之歌”（Swan Songs）——作者知道自己时日无多时写下的作品。

老龄化文学表现的概述和历史

从青年时期，老龄化就受到阶级、种族、性别、健康状况、家庭动态、遗传基因等诸多因素的影响。随着年龄的增长，我们发现老年人的生活充满变数。

一些上了岁数的精神科医生把他们现阶段的压力和青春期的压力做了比较，他们指出，老年阶段的一个重要标志就是不可预测性。因此，一个作家如果没有意识到老者形象在生活中会时时发生令人迷惑的转换，这些形象往往就会流于刻板或多愁善感。

对老者形象的刻画为什么有的令人信服、印象深刻而有的却不然？E. M. 福斯特（E. M. Forster）在他的著作《小说面面观》（*Aspects of the Novel*，1927）中将人物形象区分成扁平形象和立体形象，我们可用他的分类来描述老者形象。作为读者，我们希望从角色的人物形象中得到愉悦或者从他们身上学到一些东西。举一个扁平形象的例子，如狄更斯（Dickens）的《荒凉山庄》（*Bleak House*，1852—1853）中的史墨威特先生——一个恶毒的放债者，这个形象让我们感到惊奇、发笑，但并没有让我们体会到一位上了年纪的主人公应该给人的感觉。从某种程度上来说，作家的年龄决定了他能否与他笔下的老者形象共情。年轻的诗人、小说家、剧作家可能有一种错觉，认为老者形象不能激发读者的情感，难以给读者带来惊喜；所幸，有一部分相对年轻的作家对老年人生活有同理心和好奇心，他们理解老年生活的复杂性，并能够把它呈献给读者。然而，一般来说，作家到了中年以后才可以得心应手地利用他们的人生经验，包括他们自己的和他们亲友的。

在之前的几个世纪里，生命的历程普遍比现在短，直到20世纪中叶，仅有为数不多的作家在晚年富有成果，尽管如此，文学界还是出现了一些举世瞩目的老者形象。例如，荷马（Homer）——一个传说中年老、眼盲的吟游诗人，在他的作品《伊利亚特》（*Iliad*）中刻画了一系列老者形象：年迈的希腊国王内斯特，是一个爱唠叨的贤明长者；另外，普里阿摩斯和赫库芭，作为赫克托尔年迈的父母，特洛伊的老国王和王后，以高贵的尊严和极大的勇气来应对儿子的死

亡、特洛伊城的毁灭。在希腊喜剧中，老者形象往往是扯后腿的角色，总是把年轻人的生活搞得如同一团乱麻，这个定位也出现在中世纪的诗歌中。英国小说家乔叟（Chaucer，1343—1400）也创作了一系列老者形象，其中包括生性快乐、富有活力的巴斯太太，她结过五次婚，如果幸运的话，她还会再找个丈夫；相对应的，《商人的故事》（*The Merchant's Tale*）中那个倒霉老商人杰钮厄瑞，因为娶了一个比他年轻得多的妻子而不得不忍受“戴绿帽子”的羞辱。

当然，在作品中，角色可以在早期就以老者形象出现，就好像作者在早期就安排他们变老了。比如李尔王（King Lear）让出他的王位时到底多少岁并不清楚，但不管他多少岁，在莎士比亚（Shakespeare，1564—1616）的笔下，他自愿退位的举动是幼稚甚至是愚蠢的。然而，不管他之前犯下多少错误，他和他的朋友格洛斯特伯爵随着剧情的发展戏剧般地成熟了，所承受的苦难教会了他在敌人的围困之下也不失尊严。

与《李尔王》的创作处于同一时代，塞万提斯（Cervantes）在1605—1615年出版了小说《堂吉诃德》（*Don Quixote*），小说以对荣誉和骑士精神的讽刺开始，堂吉诃德，一位年长的骑士，因为读了太多当时非常流行的浪漫故事而导致有些疯癫，然而，在经历了几次冒险之后，堂吉诃德开始彰显他的英雄气质，读者们渐渐喜欢上了这位老人，尽管他的一些冒险行为荒诞不经。塞万提斯几乎让我们爱上了堂吉诃德想象中的那个世界。

堂吉诃德的变化与莎士比亚笔下的福斯塔夫相似，这个著名的老者形象也被认为是对荣誉观念的讽刺。在《亨利四世》（*Henry IV*）第一部中，福斯塔夫组织了出逃，他放纵哈尔王子和他的随从们逃脱勇者战争的责任，去饮酒、赌博和嫖妓；让观众心中五味杂陈的是在《亨利四世》第二部中哈尔王子对福斯塔夫的抛弃，诚然，放逐这个老骑士标志着王子告别了叛逆的时期，准备成为一个真正的国王了，尽管如此，王子对福斯塔夫丝毫不念旧情的残酷放逐让戏迷们对这个笨笨的老骑士的处境深感同情。在《亨利五世》（*Henry V*）中，福斯塔夫死去了，但是在莎士比亚的喜剧《温莎的风流娘儿们》（*The Merry Wives of Windsor*）中，也有他的身影。在本剧中，他是恋爱中的约翰·福斯塔夫爵士，这荒谬吧。两部作品的时间是相似的。

在19世纪和20世纪中叶，一些诗人和小说家对长者充满了崇拜，以至于仿佛他们渴望早早地进入老年阶段。例如，华兹华斯（Wordsworth，1770—1850）不仅用同情和喜爱的笔触描写古老的吸血鬼，而且在他的《廷腾寺》（“Tintern Abbey”）和《不朽颂》（“Intimations of Immortality”）中坚持认为老年是一个比年轻时期更富有的阶段。考虑到华兹华斯父母早逝，人们可以推测由于年轻诗人对这件事情不能释怀，在他本人和他的作品中伤感的占比要高于热情。可惜的是，华兹华斯中年以后的诗作没有了他早期诗作的那种自然风。

19世纪晚期和20世纪的一些诗人和剧

作家也创作了一些令人印象深刻的老者形象。亨利克·易卜生（Henrik Ibsen，1828—1906）和安东·契科夫（Anton Chekhov，1860—1904）的戏剧着重刻画了一些老者角色，比如在易卜生的《建筑大师》（*The Master Builder*，1892）、契科夫的《万尼亚舅舅》（*Uncle Vanya*，1899—1990）和《樱桃园》（*The Cherry Orchard*，1904）。威廉·巴特勒·叶芝（William Butler Yeats，1865—1939）在他 68 岁的时候出版了多首关于老年人的诗，其中的一首《疯珍妮与主教交谈》（“Crazy Jane Talks to the Bishop”）中，珍妮是个衣衫褴褛的老女人，她大声地与不赞成她行为的权威人物主教抗辩；另一首特别打动人的小诗《沉默良久之后》（“After Long Silence”），两个已步入暮年的爱侣重聚，得出感悟：肉体衰老凝成智慧，年轻的爱懵懂无知。到近代，诗人弗吉尼亚·阿黛尔（Virginia Adair，1913—2004）和斯坦利·库尼茨（Stanley Kunitz，1905—2006）都在老年阶段出版著作，阿黛尔在她 83 岁的时候发表了诗集《甜瓜上的蚂蚁》（“Ants on the Melon”，1996），诗集中的多数诗是她早年的作品，但在她丈夫自杀以后，她就把出版的事情搁下了；库尼茨在 90 岁的时候，事业有成，出版了诗集《穿越：晚期新诗选》（“Passing Through: The Later Poems, New and Selected”，1995），获得国家图书奖。总的来说，诗人和剧作家写老年人题材的作品比近期的小说家要少。

尽管如此，在一些故事和小说中仍然可以找到比如华兹华斯等诗人的影响，在 19 世纪，两位女作家崇拜老年人，认为女性需要坚强才能生存，缅因州作家萨拉·奥恩·朱厄特（Sarah Orne Jewett，1849—1909）在她的《乡村医生》（*A Country Doctor*）和《尖尖的枞树之乡》（*The Country of the Pointed Firs*）中，用充满怀旧的笔触勾勒了老年人的形象及老渔夫与他的妻子们一起生活的日子。在《乡村医生》中，老医生帮助由他抚养大的孤女走上从医之路，14 年后，在《尖尖的枞树之乡》中，朱厄特描述了一群上了年纪的老人聚集在曾经充满活力的海边小镇回首他们的青春岁月的情景。幸运的是，得益于朱厄特对每个角色的语言、行动细致入微的观察，情感得以升华。同样善于观察但文风更强硬的是马萨诸塞州的短篇小说家玛丽·威尔金斯·弗里曼（Mary Wilkins Freeman，1852—1930），她的作品《新英格兰修女》（*A New England Nun*，1891）浓墨重彩地刻画了新英格兰孤苦无助的老年女性的困境，经济衰退使得年轻人远离家乡另奔前途，尽管她们穷困无力，这些老年女性仍然坚持守护她们的生活，从而激励其他人。

华兹华斯现象更现代的例子可以在梅·萨腾（May Sarton，1912—1995）的小说和日记中找到，在萨腾的青年和中年时期，她把老年生活理想化，认为老年朋友都像她在小说中描写的那样强壮有力——例如她 53 岁时出版的《斯蒂文斯夫人听到美人鱼在唱歌》（*Mrs. Stevens Hears the Mermaids Singing*，1965）。遗憾的是，萨腾的老年没有按着她希望的脚本去实现。考虑到 1986 年萨腾脑卒中后健康情况每况愈下，她创作了最后一个主人公哈莉特·哈特菲尔德（1989）并不令人吃惊，60 岁的主人公比 77 岁的作者本人更年轻且充满活力。尽管身体残疾，又患有抑郁症，萨腾仍坚持写日记，但是，正如老年学家哈利·贝尔曼指出的那样，萨腾老年时期看到了太多令人不快的忧郁魔兽。

老龄化文学表现的类别

除了以上作品，根据作品所描述的衰老阶段，文学作品可以分成以下类别：理想化的父母亲，中年危机和机会，晚年的爱情，祖父母，残疾和失能，退休，退休社区，人生回顾，死亡和哀伤的仪式，“天鹅之歌”。

理想化的父母

在 20 世纪早期的现代作品及最近的小说中，理想化的父母比比皆是。英国小说家 E. M. 福斯特（E. M. Forster，1879—1970）三十岁出头时，在他的作品《霍华德庄园》（*Howards End*，1910）中创造了一个神秘的老妇人——威尔考克斯太太，她的身边围绕着精力旺盛、身体强健的男子，最终听从她的意志。然而，由于体弱多病和对这些人的错误判断，削弱了她对他们的控制。14 年后，福斯特在他的杰作《印度之路》（*A Passage to India*，1924）中，创造了一位神秘的有权势的老妇人摩尔太太，当其他角色陷入绝境时，这位摩尔太太总有办法跨越种族、宗教、年龄、阶级的障碍去解决问题。弗吉尼亚·伍尔夫（Virginia Woolf，1882—1941）在她 40 多岁时创作了《到灯塔去》（*To the Lighthouse*，1927），伍尔夫的父母在她十几岁时就双双过世，伍尔夫总是随身携带着她父母的画像。威尔考克斯太太、摩尔太太和拉姆塞夫人（《到灯塔去》中的角色）是全家的精神导师，不管她们活着的时候还是去世以后。

20 世纪后期，强壮的男性形象出现了，在民权运动时期，哈珀·李（Harper Lee，1926—2016）出版了《杀死一只知更鸟》（*To Kill a Mockingbird*，1960），作者创作的男主角是一个中年律师，他全力帮助一个被错误地指控强暴了白人女子的黑人辩护。1991 年，英国小说家派特·巴克（Pat Barker，1943— ）出版了她的关于第一次世界大战的“重生三部曲”首卷（1991—1995），虽然在书中很多年轻的角色都很重要，但她把情感的重心放在了精神科医生 W. H. R. 里弗斯身上。在现实生活中，里弗斯医生治疗过很多遭受炮弹休克折磨的一战军人。里弗斯医生 53 岁，他的患者 20 多岁，所以，患者们都倾向于把里弗斯医生视为一位父亲的形象。

中年危机和机会

薇拉·凯瑟（Willa Cather，1873—1947）的《教授的房子》（*The Professor's House*，1925）在很多方面都是典型的中年危机小说，小说主人公圣彼得教授和作者凯瑟出版这部小说时一样都是 52 岁，他功成名就，写了八卷《西班牙冒险记》（*Spanish*

Adventurers）并且获了奖。教授沉浸在对失去的充满活力的青春的缅怀和对他最喜爱的学生（在第一次世界大战中丧生的聪明的汤姆·奥特兰）的思念中不能自拔，对未来不抱希望，也不再关注妻子和女儿，直到小说最后，在和一位脚踏实地的女裁缝一番深谈后，他才重新积攒起继续生活下去的力量。

与凯瑟忧郁的作品相比，英国学院派小说家戴维·洛奇（David Lodge，1935— ）的《治疗》（*Therapy*，1995）和苏格兰作家亚历山大·麦考尔·史密斯（Alexander McCall Smith，1948— ）的七部关于博茨瓦纳（1998—2006）的小说给中年的主人公们带来了更多的希望。洛奇的男主人公劳伦斯·帕斯莫尔在58岁时患上了无法解释的抑郁症，情况越来越糟时，他想起了年轻时候的初恋情人莫林，最后，他追随莫林踏上了去圣地亚哥—德孔波斯特拉的朝圣之旅，两人共同完成了旅程，虽然莫林最终回到她丈夫身边，但两人的友情在伦敦继续，这给他带来了一定程度的安宁和平和。

麦考尔·史密斯的系列小说《第一女子侦探事务所》（*No. 1 Ladies' Detective Agency*）介绍了在博茨瓦纳忙碌、快乐地生活着的老年男女。小说主人公普莱舍斯·拉莫茨维是一个高大的中年女性，凭着她对人性的了解和一本克罗维斯·安德森的《私人侦探法则》，决定开一家私人侦探事务所，她不仅帮助那些有麻烦的男女客户解决了问题，而且在这个过程中她也能够面对自己过往的一些阴影。在嫁给了体贴的马科维奇先生——一名技术娴熟、偶尔会有小脾气的汽车机械师之后，她有勇气面对诺特——一个在她弱小的时候虐待过她的人，并且用她的智慧惩罚了他。

晚年的爱情

与乔叟的《商人的故事》（*The Merchant's Tale*）不同，在这个故事中，老杰钮厄瑞因为贪图年轻的梅的性感身体而受到惩罚，维达·萨克维尔—韦斯特（Vita Sackville-West，1892—1962）和乔恩·哈斯勒（Jon Hassler）对老年人渴望爱情的心情深表同情。英国小说家萨克维尔—韦斯特在《耗尽的激情》（*All Passion Spent*，1931）里写了一位新寡的斯莱恩女士，她的丈夫斯莱恩伯爵在94岁时去世，那时她88岁，已经对丈夫和孩子尽到了她应尽的责任。她决定搬到靠近荒原的汉普斯特，远离她的家人，随心所欲地生活。三个老男人拜倒在她的石榴裙下，这是自少女时代以来，她第一次能够沉浸在她的房东、装修房子的建筑商和她儿子凯的朋友菲茨乔治先生的赞许中而无比舒适。

乔恩·哈斯勒50岁出头的时候，他在《绿色之旅》（*A Green Journey*，1985）中饱含热情地写了阿加莎·麦吉小姐的故事。麦吉小姐是一所学校的老师，也是天主教徒，对梵蒂冈二世所带来的宗教仪式的变化感到非常沮丧，在她60多岁时，她开始和詹姆斯·奥汉农通信，她心中认为他是一个和她年龄相仿的爱尔兰学校的老师。多年以来麦吉小姐在社区艰难度日，她发现自己十分渴望爱和理解。作者哈斯勒对这位老妇人的智慧和坚强给予了极高的敬意。但令麦吉小姐沮丧的是，奥汉农原来是一个牧师。在8年后出版的本书的续集《亲爱的詹姆斯》(*Dear James*，1993）中，我们读到麦吉小姐几乎被奥汉农的谎言摧毁，幸运的是，他们和解了。她的教区牧师批准了他们俩，他意识到这两个老年人与圣人有很多共同之处。就像阿西西的弗兰西斯和克莱尔，充满激情但完全独身。在小说结尾，麦吉小姐感到被社区接纳，能够再次独立生活了。

祖父母

一些故事突出表现了祖父母的生活。在《重生》(*Regeneration*，1991）出版之前的5年，派特·巴克出版了《世纪女儿》(*The Century's Daughter*，1986)，讲述了一位84岁的女人最后的日子，此文在许多方面是对她祖母的致敬，她是在约克郡由祖父母抚养大并支持她接受教育的。

在两部短篇小说中，彼得·泰勒（Peter Taylor，1917—1994）和任碧莲（Gish Jen，1955— ）强调了代际的冲突。泰勒60岁的时候出版了《在米罗地区》(*In the Miro District*，1977)，描绘了一对祖父和孙子，除了假定他们都和男孩的父母是朋友以外，他们找不到任何其他的共同点，正如一个批评家指出的，事实上是孙子决定通过与他的女友在祖父的卧室做爱的方式来挤占祖父的空间，这种亵渎性的行为使老人确信他再也避不开岁月的伤害了，于是，他搬去女儿家和女儿一起住，开始像其他南联邦退役老兵一样穿上制服，一次又一次地重复授衔仪式。

在任碧莲的《谁是爱尔兰人》(*Who's Irish?*，1999）中，有一半爱尔兰血统的美国化的3岁外孙女有一些在她的中国外祖母看来野蛮和“非中国化”的行为，外祖母做了许多徒劳的努力仍然不能驯服外孙女的野蛮行为，被激怒的外祖母兼保姆揍了孩子的屁股，义愤填膺的孩子的爸妈强迫老妇人搬离他们家，没有和解发生，但是爱尔兰祖母邀请中国外祖母搬来跟她一起住，提供女性特有的陪伴。中年的任碧莲用一种超然的、扭曲的语调来讲述这个故事。

一个值得注意的关于祖父母的故事是格洛丽亚·内勒（Gloria Naylor，1950— ）的《黛妈妈》(*Mama Day*，1988)。内勒的代际小说中偶尔会有魔幻现实主义的笔触，故事发生在佐治亚州和南卡罗来纳的一个离岸岛屿上，岛上住的全是非裔美国人，并由米兰达·黛小姐（黛妈妈）统治，故事从黛妈妈80多岁时开始，在她大约100岁时结束。这个家族是萨菲拉·韦德的后裔，他们记得家族中从来没有人当过奴隶。到了第三代，三个女儿遭受了灾难，英年早逝，米兰达和他的妹妹阿比盖尔及她们的一个小孙女奥菲利亚幸存了下来，奥菲利亚又名“小女孩”或“可可”。黛妈妈是当地的药剂师和助产士，因为拥有超人的预见力而被祝福和遭到诅咒，尽管她年事已高，镇上老老少少的人们遇到困难时都向她求助。

除了这些小说，还有其他三部代际小说用了魔幻现实主义的表现手法，作者都是二三十岁的年轻女性。后藤宏美（Hiromi Goto，1966— ）的《蘑菇合唱团》(*Chorus of Mush-*

rooms, 1994）刻画了一个住在亚伯达，一点也不懂英语的日本老祖母，尽管如此，当她要离开家进行一场史诗般的旅行，她的孙女却发现老祖母对她来说无比重要。克里斯蒂娜·加西亚（Cristina Garcia, 1958—　）的《古巴之梦》（*Dreaming in Cuban*, 1992）描绘了古巴祖母和她的古巴裔美国孙女之间的亲密关系，尽管中间隔着卡斯特罗，隔着遥远的空间和时间，她们仍交谈了很多年，直到最后孙女觉得她已经完全掌握了祖先的故事能够自己传承下去了。爱德薇芝·丹蒂凯特（Edwidge Danticat, 1969—　）在《呼吸，眼睛，记忆》（*Breath*, *Eyes*, *Memory*, 1994）中刻画的女主角索菲也和她的海地老祖母有着亲密的关系，祖母和姑姑在海地照顾索菲很多年，她的妈妈玛蒂娜因为忘不了自己被杜瓦利埃政府军武装的一个暴徒强奸的痛苦经历搬到了纽约，幸运的是，对索菲和她的小女儿来说，这个大家庭创造了一个由女性和仪式组成的社团支撑着她，帮助她从接连不断的痛苦创伤中恢复过来。

残疾和失能

以下小说中的残疾包括健康情况不佳、抑郁症、脑卒中、痴呆，但有残疾的主人公表现出巨大的能量。阿齐亚·叶齐尔斯卡（Anzia Yezierska, 1881—1970），是来自东欧的移民小说家，在她30多岁的时候写了很多关于有抱负的女性移民的通俗小说，60多岁时她写了一部自传小说，和一般的自传相比，它有很多虚构的成分。她去世以后，她的作品集《打开藩篱》（*The Open Cage*, 1979）出版，其中的故事创作于20世纪60年代，那时候，作者80多岁，在这部作品中，一位老妇人激烈地抱怨她糟糕的视力、不断下降的记忆力和贫穷窘迫的环境，尽管年老体衰，这位叶齐尔斯卡的代言人与一只意外飞落在她窗前的鸟儿产生了共鸣，当鸟儿被放归野外时，她由衷地庆祝，但悲哀的是，她只能回到她牢笼般的房间，那个为老人而设的、被打上贫穷和孤独标签的地方。

一部更早描述残疾的小说是由英国作家伊丽莎白·泰勒（Elizabeth Taylor, 1912—1975）创作的《帕弗雷夫人在克莱蒙特》（*Mrs. Palfrey at the Claremont*, 1971）。帕弗雷夫人是一个深受关节炎折磨的老寡妇，她和其他老人一起住在一家便宜的旅馆里，她害怕进护理院，但她知道，如果关节炎恶化的话，她将不得不违背自己的意愿。泰勒具有观察入微和与角色共情的天赋，她认真地对待她笔下的老者角色，并严肃地关注他们的问题。

艾莉森·卢里（Alison Lurie, 1926—　）的《最后的手段》（*The Last Resort*, 1998）描写了书中角色在中年以后重新开始新生活，结合了社会讽刺和乐观的态度。这部有趣的代际小说以基韦斯特为背景，那里住着老艺术家、年轻人和中年人、同性恋者和异性恋者，威尔基·沃克是一个老作家和博物学家，执着地认为他很快就要死于癌症，为了避免这种命运他尝试自杀，但由于荒谬的原因，每次努力都不成功。虽然他事业有成，但到了晚年，他却成了一个怨气冲天的自大狂，其他年长的角色比威尔基坚忍，不足为奇，威尔基年轻的妻子詹妮多年来一直担任他的助手，她发现照顾一个孤僻的老丈夫并不那么让人感兴趣，在与她的新朋友李（一个有魅力的同性恋者）的真挚感情中，她找到了由衷的快乐。

布莱恩·莫顿（Brian Morton，1955— ）在40岁出头时写下了小说《夜晚出发》（*Starting Out in the Evening*，1998），讲的是莱昂纳多·席勒，一个曾经名噪一时的老艺术家，在他70多岁的时候致力于创作他的另外一部小说。尽管对他早期作品已经少有人感兴趣，但一个年轻的研究生拜访了他，希望他能指导她完成硕士论文，重树他在学术界的地位。席勒接见了她。小说结尾出现了令人意想不到的反转，研究生对席勒后期的作品不怎么尊重，老人又脑卒中发作需要人照看，他那人到中年思想幼稚缺乏责任心的女儿此时面对挑战却展现了她的能力，老人在他女儿和女儿的男朋友的帮助下继续创作他未完成的小说，每个人都证明了自己的能力。

两本实验小说是J. 贝恩勒夫（J. Bernlef，1937—2012）的《心不在焉》（*Out of Mind*，1984）和霍华德·恩格（Howard Engel，1931— ）的《记忆书》（*Memory Book*，2005）。荷兰小说家贝恩勒夫（原名亨德里克·简·马尔斯曼），移民到美国后，从患者的视角写了一篇关于阿尔茨海默病发作的文章。71岁的马尔腾看上去有点心不在焉，开始的时候他还能用完整的句子和段落来表达自己的想法，但他的能力迅速衰退，不久，他的妻子薇拉决定再雇用一个女人来帮她照顾她的丈夫，对马尔腾来说好像薇拉已经脱离了他，他的病情急剧恶化，被送到护理院时，他已经不知道自己身在何处，他认为自己处于二战时德军占领下的荷兰，到小说的结尾，段落很短，句子中多是省略号，语意都是不连贯的。加拿大侦探小说家霍华德·恩格，2001年患了脑卒中导致失读症，无法阅读，尽管如此，他在2005年出版了小说《记忆书》，书中的中年侦探本尼·古伯曼罹患了同样的脑卒中，不难想象，他的残疾使他的破案过程变得更复杂，但是，正如书的作者恩格一样，他找到了应对的方法。

退休

几部小说突出了退休的问题和好处，英国小说家芭芭拉·皮姆（Barbara Pym，1913—1980）在她60岁出头时写下了《秋季四重奏》（*Quartet in Autumn*，1977），该书入围著名的英国布克国际文学奖，当她开始写这本小说的时候，她自己也面临着提早退休的问题，因为她在做了乳房切除手术后患上了脑卒中，几年来她拒绝辞职，直到医生坚持要求她这样做，幸运的是，现实情况比她预料的要幸运得多。小说中的主人公也面临着她所恐惧的健康问题和孤独处境，但是除了一个人之外其他人都发现重建友谊、找到生活中温和的快乐是可能的。

乔恩·哈斯勒在中年时期写了一部关于提早退休的喜剧小说《西蒙的夜晚》（*Simon's Night*，1979），西蒙是英语系荣誉退休教授，当他76岁时开始出现一些记忆问题，他变得很压抑，对自己失去了信心。他觉得自己无法照顾自己，于是下定决心搬进了一家小护理院。但那里能提供的帮助少之又少，以致一个年轻的医生警告他尽快离开，说那里堪称“灵魂的破坏者”，但西蒙却出人意料的足智多谋。

托尼·希尔曼（Tony Hillerman，1925—2008）多年来一直在写纳瓦霍警察中尉乔·利普霍恩的故事，在最近几部小说中，乔从警队退休了，但每当有棘手的案子出现时，年轻的警官吉姆·切就需要乔的帮助。希尔曼在将近80岁的时候出版了《骷髅人》（*Skeleton Man*，2004），在这本书中，乔·利普霍恩再次出场，实际上，利普霍恩讲述的故事就是小说的叙事框架，当利普霍恩回到他多年为之奔忙的警局却发现几乎没有人记得他时，他只能苦笑。希尔曼不是唯一一位到暮年仍然活跃的老侦探小说家，2005年5月15日，美国国家公共广播节目《面面俱到》（“All Things Considered”）播出了一期老侦探小说家的节目，像埃尔默·伦纳德和托尼·希尔曼这样的侦探小说家变老了，他们笔下的探长也随之变老了。

退休社区

两部小说描绘了截然不同的退休社区，年轻的作家格雷格·克莱纳（Gregg Kleiner）写了一部生动的关于老年人团结一致的幻想小说《河流转向天空处》（*Where River Turns to Sky*，1996）。男主人公乔治·卡斯特80岁，他的老朋友拉尔夫在一家护理院孤独地离世了，而当时乔治在钓鱼，尽管他曾经承诺不会抛弃朋友。乔治憎恶护理院，觉得它缺乏人性。在愤怒中他买下了城里的一幢大房子，把它粉刷成红色，然后游说一些护理院的居民搬到这儿来，和他一起努力打造一个真正的老年人社区，这群人坚定地生活着。居民们先后离世（包括乔治自己，他患有癌症），剩下的人坚强地活着。最后，新人不断地加入，保证了这个社区得以存在。

詹姆斯·麦切纳（James Michener，1907—1997）的《退场赞美诗》（*Recessional*，1994）是基于可靠的调查而写成的，这本书出版于作者87岁时，那时他已经出版了38本书。书中故事发生在佛罗里达州坦帕市的一个名叫“棕榈树”的退休中心，因为费用非常高，那儿的入住者都很富有。情节的发展有肥皂剧的成分，几乎每一个可能的场景都被展现出来。最让年轻的主管头痛的是与生命终结有关的问题。一些居民没有立下具有法律效力的生前遗嘱，最终只能靠人工生命支持系统来维持生命。不像克莱纳，麦切纳并不认为像“棕榈树”这样的护理院是恐怖之地，在他的笔下，那儿的入住者是重要的个体，每个人的人生故事都很有趣。

人生回顾

五部小说中的人物以不同的方式重新连接到过去，其中最早的是约翰·P. 马奎德（John P. Marquand，1893—1960）的《已故的乔治·阿普利》（*The Late George Apley*，1937），这部小说在当时被认为是一部有趣的讽刺作品，但它比这更沉重，叙述者描述了一个平平常常长大的人，年轻时，他渴望娶一个名叫玛丽·莫纳涵的爱尔兰姑娘为妻，但是他的父母不同意，作为替代，他和凯瑟琳·博斯沃思结了婚，他不爱她，因此他的生活枯燥苦闷，当他知道自己得了重病的那一刻，他开始诚实地审视自己的人生，他意识到取悦别人使他忽略了自己真正的感受，即便如此，他不能理解的是他的孩子们都远远地离开他，避免重蹈他的覆辙。

华莱士·斯泰格那（Wallace Stegner，1909—1993）于1987年出版了《穿越到安全的地方》（*Crossing to Safety*），这是一个引人入胜的故事，四个年轻人成了朋友，这种友谊一直保持到他们老年，就像许多生活评论类小说一样，大部分情节重现了他们的早年生活，经过多年的友谊，他们有些相距很远。在他们60岁时被召回到佛蒙特州的郎氏家族，查丽蒂·郎在他们四个当中是最强势最有控制欲的，她患了癌症，不久于人世，她希望能精心安排自己的后事，就像她试图控制她剩下的生命一样，不幸的是，查丽蒂希望精心策划余生的念头深深地刺痛了她的丈夫，因为这代表了对他的男子汉气概的又一次不信任，四个人想再续他们的友谊，但他们的穿越之路危机四伏。

彼得·朴安西（Peter Pouncey，1938— ）在他的作品《等待老人的规则》（*Rules for Old Men Waiting*，2005）中描写了一位80岁的老人，他正沉浸在失去妻子的悲伤之中并且在某种程度上被动地等待自己的死亡，他知道身体的症状需要医疗照顾，但他没有掌控自己的生活，而是用他所剩不多的精力来编造一些有趣的故事，这些故事结合了他自己生活经历中的一些元素，包括他在第二次世界大战中服役的经历，又虚构了一个第一次世界大战中关于壕沟战的故事，战争的情节中突出的一个反派形象是出自麦基弗和朴安西的军事史研究，随着小说情节的发展，读者开始意识到反派人物情绪失控和麦基弗自己一生中与愤怒情绪斗争是十分相似的。

最后两部小说在回顾生命的文学类型上开辟了新的天地。英国小说家斯坦利·米德尔顿（Stanley Middleton，1919—2009）80岁时写的《必要的终结》（*Necessary Ends*，1999）记述了一名81岁男子的生平，与近年来其他几位年长的作者一样，米德尔顿并不害怕谈论死亡和临终，但也许令人吃惊的是他对老年人性和欲望的兴趣。虽然主人公塞姆·马丁总是想过去的事，但他是一个开朗友善的人，在他住到海边村庄的第一年就很快结识了新朋友，他与60多岁的爱丽丝·杰弗里斯开始了一段令人惊讶的关系（杰弗里斯的丈夫总是欺骗她）。爱丽丝主导着他们的关系，但给了他自由。在一个精心安排的场景中，在床上，塞姆轻抚着她的头发，抚摸她的胸部，而她同时还在谈论着她感兴趣的音乐的生动细节。这一度让塞姆感觉完全恢复了活力。然而，在故事的结尾，塞姆的一个新朋友毫无征兆地去世了，他不惧怕自己的死亡，他沉思良久，朋友之死已击碎了他的自信。

玛丽莲·罗宾逊（Marilynne Robinson，1944— ）以她的《基列》（*Gilead*，2004）

获得了2005年的普利策奖。小说的背景设定在1956年，堪萨斯州的牧师约翰·埃姆斯76岁时因为患了心脏病面临死亡，那时他的医生几乎无法延续他的生命，意识到他的爱子只有6岁，他给孩子写了一封长信讲述他的家族历史和他对当下生活的一些看法，这部小说在神学角度上对宗教和宗教生活的严肃讨论是不同寻常的。此外，埃姆斯的人生回顾还包含了他对即将到来的死亡的戒备和悲哀等不确定的感情。就像那些关于衰老的优秀小说一样，《基列》引领了我们的领悟力和情感。

死亡、濒死和哀伤的仪式

在薇拉·凯瑟的《死亡降临于大主教》(*Death Comes to the Archbishop*，1927）中，死亡被描述成一个自然的过程，没有疼痛和不悦，就像莎拉·奥恩·朱伊特笔下垂死的人物一样，大主教也面临着短暂的衰落和平和的结束，当代小说中很少有角色走得如此简单，即使他们在没有进医院的状况下。直接描述恐怖的死亡的回忆录包括马德琳·L. 恩格尔（Madeleine L'Engle，1918—2007）70岁时出版的《两部创意曲》（*Two-Part Invention*，1988)，在她更早的回忆录《曾祖母的夏天》(*The Summer of the Great-Grandmother*，1974）中，恩格尔一家精心照顾她90岁的母亲，力求不把她送进护理院，这个垂死的精神错乱的老妇人使这个家庭筋疲力尽，尽管家里的每个人都心甘情愿地承担这个责任。相比之下，14年后，恩格尔的丈夫休·富兰克林患了膀胱癌，为了治病他住了很长时间的医院，不幸的是，每种治疗操作都带来了更多麻烦，最后，全家一致决定签字放弃，不再采取更多的措施。在这两部回忆录中，无助感加剧了失去亲人的痛苦，尽管如此，恩格尔意识到她还是很幸运的，在她经历痛苦折磨的整个过程中，她的朋友们一直围绕在她身边给她支持，教会也给她提供了陪伴和慰藉。

A. G. 莫贾特巴（A. G. Mojtabai，1937— ）的《秋天》（*Autumn*，1982）和《瞬间》(*Soon*，1998）描述了陷入生死交界区的人们。跨越生死交界区门槛的那一瞬间，人们是不知所措的，是不受自己的意识支配的。莫贾特巴45岁时发表《秋天》，它讲的是一个深陷于对妻子的哀思中的66岁的男人威尔·罗斯所做的一项神经质的研究，他以为事情都在他的掌控之中，但实际不是这样。困扰于生活中不能解决的矛盾，他坚信他的树屋里有一个昏睡着的年轻的男孩，在某一时刻，他回忆起自己年轻时的梦游。在该小说的结尾，男孩消失了，威尔认为他听到有人在叫他，他回答了，但小说的结局是开放性的模棱两可的结局。

《秋天》的结尾与莫贾特巴16年后出版的短篇小说《即将到来：临终关怀的故事》(*Tales from Hospice*）十分相似，它们都是基于小说家在医院做临终关怀的志愿者的生活体验写出来的，作者希望在那里能找到患者生命中缺失的那一部分细节。由于没法儿问那些临终的人相关的问题，她自己创造出了答案。故事描写了静静地等待死神降临的患者和他们的家人们。这些故事采用了不同的视角，包括患者的、患者家属的，还有工作人员的。死亡被严肃地对待，就像对宗教信仰问题和怀疑论一样。

布克奖得主英国小说家格雷厄姆·斯威夫特（Graham Swift，1949— ）的《杯酒留痕》（*Last Orders*，1996）讲述的是一个人的死亡对他的四个朋友及其家庭的影响。该作品写于斯威夫特40多岁时，小说的叙事将过去和现在交织在一起，四个朋友和杰克·多兹的养子轮流描述他们去往马盖特的旅程，在那里他们将抛洒多兹的骨灰，旅程是艰难的，因为每个人都与杰克和其他幸存者有未完的事情要做。

"天鹅之歌"

本章中"天鹅之歌"指的是作者知道自己时日无多时所写下的作品。对芭芭拉·皮姆、卡罗尔·希尔兹（Carol Shields）和保罗·斯科特（Paul Scott）三位小说家来说，写作就是生命，没有人愿意放弃，然而死亡并不一定是他们在自己最后的作品中选择要追求的主题，皮姆和希尔兹间接地描写了生命的终结，而斯科特直接奔向这个主题。

芭芭拉·皮姆于1978年在她65岁时开始《一些绿叶》（*A Few Green Leaves*）的创作，在这之前她知道自己得了很快就会致命的恶性肿瘤，虽然如此，直到定稿时她都没有让这部作品有哀伤之气，相反的，她保持着这样一个客观的立场以至于不留意的读者不会猜到作者正面临着死亡的危险，虽然死亡的意象贯穿整部小说，但死亡没有被刻意放大去对待。有这样一个场景，年轻的女主人公艾玛取笑这个话题，无法想象自己的死亡，当村子里上了年纪的古怪的利克瑞什小姐去世的时候，皮姆相当详细地描述了教堂的服务，她很享受，好像她在筹划自己的葬礼一样，对皮姆来说，仪式是令人欣慰的，即使是在临终之际。

美国出生的加拿大小说家卡罗尔·希尔兹（1935—2003）在她被告知患了四期乳腺癌并暂无治愈的办法后，出版了《除非》（*Unless*，2002），书中44岁的主角瑞塔·温特在她的大女儿大学辍学后生活突然变得支离破碎，她手举写着"怜悯"的牌子，坐在街上，向从多伦多的一个地铁站出来的人乞讨。虽然瑞塔执着于她的写作生活，但失去女儿让她心碎。毫不奇怪，这部小说透出忧郁的色彩，作者对女性和女作家的待遇表现得尤其愤怒。

英国小说家保罗·斯科特（1920—1978）在他病得很重时写下了《继续停留》（*Staying On*，1977），当这部作品获得布克奖时，斯科特正忙于创作另一部小说。许多人把这部小说看成是《拉吉四重奏》（*The Raj Quartet*，1966—1975）（他的关于英国统治印度的最后时期的四卷史诗）的终结篇。在这本小说中，两个在前几卷中还是小孩子角色的露西和塔斯克成为主角，他们在印度独立以后仍然选择待在印度，他们穷困的处境直到塔斯克死前都没有改善。卜赫勒贝太太的老旧旅馆是塔斯克唯一能付得起房租的地方，但她决定卖掉旅馆。像其他"天鹅之歌"一样，这部作品用诙谐的语言让死亡和失去的冷酷发酵，浓墨重彩地描写了印度的生活。露西和塔斯克可能是失败者，但斯科特以极大的同情和喜爱去描写他们，小说的开头和结尾都提到了塔斯克的死，但只有在最后我们才知道露西的生活是多么的绝望，她试图勇敢，但最后她呼唤他死去的丈夫，问他怎么能把她一个人抛弃在这陌生的土地上。

结论

综上所述，老龄化已经成为现代生活中一个如此重要的主题，以至于一些漫画连环画也着重刻画老年角色，爷爷奶奶不仅在主流漫画中扮演配角，比如林恩·约翰斯顿（Lynn Johnston，1947— ）的《不管是好还是坏》（*For Better or For Worse*），而且他们也在像亚伦·麦克格鲁德（Aaron McGruder，1974— ）的《穷乡僻壤》（*The Boondocks*）和布莱恩·克兰（Brian Crane，1949— ）的《泡菜》（*Pickles*）起主导作用。在《穷乡僻壤》中，祖父和他的孙子及孙子的朋友们分享舞台，他们不同的视角提供了代际幽默和冲突。相比之下，《泡菜》专注表现一对老夫妻的日常生活，他们的女儿和外孙的角色显得无足重轻。不像美国电影和电视节目，它们拼命地吸引年轻观众，连环漫画和小说是能够吸引各个年龄段的人的。未来随着人口老龄化的加剧，我们将会看到更多的文学作品从不同的角度来描写老龄化的主题及人物。

另请参阅：丧亲之痛；临终关怀；祖父母身份；老化形象；生命回顾。

拓展阅读

Chinen AB（1989）*In the Ever After*：*Fairy Tales and the Second Half of Life*. Wilmette，IL：Chiron Publications.

Chinen AB（1992）*Once upon a Midnight*：*Classic Stories and Mythic Tales to Illuminate the Middle Years*. Los Angeles，CA：Jeremy P. Tarcher，Inc.

Cole TR and Winkler MG（eds.）（1994）*The Oxford Book of Aging*：*Reflections on the Journey of Life*. Oxford，UK：Oxford University Press.

Cole TR，Kastenbaum R，and Ray RE（eds.）（2000）*Handbook of the Humanities and Aging*，2nd edn. New York：Springer Publishing Company.

Cruikshank M（ed.）（1995）*Fierce with Reality*：*An Anthology of Literature on Aging*. St. Cloud，MN：North Star Press of St. Cloud，Inc.

Deats SM and Lenker LT（eds.）（1999）*Aging and Identity*：*A Humanities Perspective*. Westport，CT：Praeger.

Gullette MM（2004）*Aged by Culture*. Chicago，IL：The University of Chicago Press.

Hepworth M（2000）*Stories of Ageing*. Buckingham，UK：Open University Press.

Kohn M，Donley C，and Wear D（eds.）（1992）*Literature and Aging*：*An Anthology*.

Kent, OH: The Kent State University Press.

Ray RE (2000) *Beyond Nostalgia: Aging and Life-Story Writing*. Charlottesville, VA: University Press of Virginia.

Sennett D and Czarniecki A (eds.) (1991) *Vital Signs: International Stories on Aging*. St Paul, MN: Graywolf Press.

Waxman BF (1997) *To Live in the Center of the Moment: Literary Autobiographies of Aging*. Charlottesville, VA: University Press of Virginia.

Woodward K (ed.) (1999) *Figuring Age: Women, Bodies, Generations*. Bloomington, IN: Indiana University Press.

Wyatt-Brown AM and Rossen J (eds.) (1993) *Aging and Gender in Literature: Studies in Creativity*. Charlottesville, VA: University Press of Virginia.

Yahnke RE and Eastman RM (eds.) (1995) *Literature and Gerontology: A Research Guide*. Westport, CT: Greenwood Press.

译 者：朱振霞（国家电网公司北京电力医院）

老龄组织

P. S. 李比希 南加利福尼亚大学，洛杉矶，加利福尼亚州，美国

词汇表

主张（Advocacy）——促进社会关注并满足老年人的需要。老年人能够成为自己的代言人，或者由其他人，如服务提供者（“老龄企业”），来代表他们说话和行动。

年龄意识（Age Consciousness）——以实际年龄为基础的自我认同，而不是其他类型的群体认同，如种族、性别或宗教。

联盟（Coalition）——一个由相似年龄群体组成的联盟（“老龄联盟”），通常是临时的，或由不同年龄组成的，在长期照护、心理健康、住房改造或交通出行等方面有着相似关注点的人群。

利益团体（Interest Groups）——试图通过基层动员和游说从政策制定者那里寻求集体利益的组织。参与者（或团队成员）身处复杂的政治体系中，依靠会员制组织或私人慈善机构，或由专业人士、工商业团体或消费者群体组成。

老年政治（Politics of Aging）——老龄化群体通过与其他利益集团或官僚谈判、说服、竞争或结盟，对政策体系提出要求，从而形成一个政策子系统的过程，有时甚至会威胁到民选官员的连任前景。

老年人的公共政策（Public Policy for the Aged）——各级政府制定的使老年人受益的政策，通常以实际年龄为决定因素。其中包括社会保障、医疗保险、州税收优惠，以及分地区的老年人优待政策。

社会运动（Social Movements）——通常由一位有号召力的人所领导、具有相同想法的个体参与的基层运动，目的是表达不满。最初表现为无组织性，后来逐渐演化为利益团体。例如公民权利、女性及老年人团体。

引言

老龄组织是稳定的、非营利性的社会团体，以倡导通过研究、教育和服务改善社会上的老年人的生活而著称。这些组织大多数是《美国国内税收法》501(c)(3) 条款中的非营利性组织，并且被免于征税。它们不一定能通过名称中的“年龄”或“老年”

来识别。但是，大多数组织确实在名称中包含了这些相关术语，如退休、年长或老年人。它们存在多种类型。由老年人组成的会员团体通常受年龄意识的驱使。他们和其他基于年龄特征组成的团体，由研究人员、消费者、从业人员和为老年人提供服务的企业所组成，致力于确保公共政策和私人活动使老年人受益。

社会运动和利益团体理论

社会运动和利益团体理论可以用来解释老龄组织的崛起与知名度的增加。社会运动以广泛的集体行动来聚拢利益，通常分为三个阶段。第一阶段，或称发展阶段，由那些在经济或政治利益方面感到被社会抛弃或遗忘的个人所不定期地抒发的不满情绪构成，这些不满情绪通常被平民运动领导人加以利用，并催化为专门的组织，聚焦于通过政治议程来解决人们所认为的错误问题。第二阶段，或称制度化阶段，包括一个庞大的成员基础和稳定的组织，该组织拥有经济和政治资源，内部分工和等级制度明确，与政府官员也保持着联系。从 19 世纪中期开始，美国历史上充满了这样的社会运动，其中一些已经演变成政党或利益集团。第三阶段，可能包括运动的衰落和消亡，或者是因为其所拥护的价值基础不复存在，或者是该组织失去了影响力，甚至因领导、资助和其他内部问题而失去了运转能力。

利益团体或多元主义理论认为，政治的特征是通过分散权力、竞争、和多个利益集团进行谈判，以及决策者对被社会广泛关注的公共利益和公众投票的响应度来达成具体目标的。利益集团在宏观经济发展，政党、政府官员和政策专家，以及对政府或其他社会机构作用的普遍价值观和公众态度的复杂环境中运作。

老龄组织的简史

老龄组织的历史可以划分为三个阶段：20 世纪 20—50 年代，孕育阶段；20 世纪 60—70 年代，快速增长阶段；20 世纪 80—90 年代，专业化与稳固阶段。这些团体产生于州一级的养老金维权运动，最初由非老龄组织所领导，例如老鹰兄弟会（Fraternal Order of the Eagles）及“火腿和鸡蛋”运动（the Ham and Eggs movement）。在 1923—1933 年，25 个州执行了老年援助法案（old-age assistance laws）。

孕育

第一个老龄团体是由弗朗西斯·汤森德（Francis Townsend）在加利福尼亚州创立的，那里是老年人政治的发源地。他曾设计了一项向 60 岁及以上年龄所有人每月发放 200 美金（在当时是非常可观的数目）的国家养老金计划，该项资金由全国销售税来支付。这个计划导致了一场全国性的运动，到 1935 年初，全国有超过 3 000 家俱乐部参与其中。直到同年末社会保障法案通过后，该组织的成员和支持率开始下降，因为社会保障法案满足了汤森德所提出的老年人的一些需求，尤其是那些深受大萧条影响的人。即便如此，汤森德运动仍旧持续影响了 1938 年的国会选举，147 名支持汤森德运动的候选人当选。在这一巅峰之后，该运动逐渐平息并消失，部分原因是领导层和资金处理方面的问题。

社会保障法案的通过建立了联邦政府与老年人之间的直接联系，作为应对经济风险的手段，社会保险成为老年人权利的一环。尽管新法已建立，但老年人仍旧处在劣势地位。群众性的组织并未因此出现，但有两个由从业者与学者构成的专业组织成立：美国老年医学学会（American Geriatrics Society，AGS）成立于 1942 年，美国老年学学会（Gerontological Society of America，GSA）成立于 1948 年。另外两个老龄组织成立于 20 世纪 40 年代后期，一个是国家退休教师协会（National Retired Teachers Association，NRTA），拥有大量会员，由前高中校长埃塞尔·佩尔西·安德鲁斯博士（Dr. Ethel Percy Andrus）领导。国家退休教师协会关注的是公立学校教师养老金匮乏问题，以及他们对诸如人寿保险等福利的需求，而这些福利原本就很难获取。另一个是国家退休联邦雇员协会（National Association of Retired Federal Employees），关注的是联邦退休员工的养老金问题。这两个组织的关注点都集中在特定雇员群体的经济需求上。

新的老龄组织的组建速度在 20 世纪 50 年代有所加快。新成立的组织包括：国民福利会（National Welfare Assembly）；国家老龄化委员会（National Council on Aging）与西方老年医学会（Western Gerontological Society，之后更名为“美国老龄协会”，American Society on Aging），二者主要由从业者组成；美国退休人员协会（American Association of Retired Persons，AARP），是安德鲁斯博士创立的第二个组织，致力于成为美国最具代表性的老龄化会员组织。美国退休人员协会反对老年歧视，支持老年人为社会继续做贡献。国际老龄组织同样在这 10 年中得到了发展：加拿大老年医学研究会（Canadian Geriatric Research Society）和国际老年医学学会（International Association of Gerontology），其成员组成了越来越多的国家老年医学组织，例如美国老年学学会。到了动荡的 20 世纪 60 年代，只有少数几个老龄组织存在了。

快速增长

20 世纪六七十年代，利益团体尤其是老龄组织快速扩充。这一时期同时也是老龄政策出台的黄金时期。肯尼迪将与老年人有关的问题纳入总统决策议题当中。1961 年和 1971 年的白宫老龄问题会议（White House Conference on Aging，WHCoA）提供了一个讨论老年人需求的论坛，通过了以下惠及老年人的新公共政策：联邦医疗保险制度（Medicare），《美国老年人法案》（Older Americans Act，OAA），联邦医疗救助制度（Medicaid），以及《补充保障收入法案》（Supplemental Security Income）。尽管老龄组织在解决这些重要需求的责权利划分上存在争议，但他们都加强了与其他既定团体，特别是工会组织合作的能力，这是一个重要的方面。他们也发展了基于年龄而面向不同议题的群众性会员组织（如美国退休人员协会）、专业组织（如国家老龄化委员会）、学术组织（如美国老年学学会）和其他各种组织，如老年女性联盟（Older Women's League）和全国核心小组和老年黑人中心（National Caucus and Center on Black Aged）等代表女性和少数族裔等特定老年群体的利益。在很多情况下，《美国老年人法案》拨款资助了这些新团体。联邦与州政府老年人支持项目的增加也促进了行业协会的发展（如美国老年住宅协会，American Association of Homes for the Aging），以及由老年服务的提供者和从业者组成的其他团体（如国家老龄单位协会，National Association of State Units on Aging），被称为"老龄企业"。规模化组织的快速增长，催生了1978年"老龄组织领导委员会"（Leadership Council of Aging Organizations）的成立，以统一不同老龄组织代表的不同观点。另一个国际伞状组织——国际老龄联合会（International Federation on Ageing）也随之成立，它的成员主要来自专业人士和消费者。

专门化与稳固

20世纪八九十年代，老年项目数量的快速增长势头逐渐放缓，新成立的老龄组织的增速也是如此。但这20年间，这些组织都朝着研究、教育、实践领域等专门化方向发展。一些新的分支关注研究领域，包括老年研究联盟（Alliance for Aging Research）和阿尔茨海默病协会（Alzheimer's Association）。还有其他组织代表了更专业的与老龄化相关的职业，例如专业的老年照护经理、团体居住服务协调员、疗养院和居家照护管理员、长期照护的心理学家及辅助生活业主和管理者。

20世纪80年代末到90年代还伴随着针对老年人的政治反弹，这标志着几十年来轻松的公共政策收益的终结，为此需要巩固过去取得的成果。为了回应关于代际公平及社会保障和医疗保险面临新威胁的争论，一些新的重要组织成立，包括全国社会保障和医疗保险委员会（National Committee to Preserve Social Security and Medicare）和世代联合网络（Generations United），他们反对全国老年人协会（National Association of Senior Citizens，NASC）和美国代际公平组织（Americans for Generational Equity）的主张。此外，《医疗保险大病保健法案》（Medicare Catastrophic Care Act，MCCA）的通过与后来的废除揭示了老年团体立场的内部分化，而其他组织（如全国老年人协会）的影响力则在不断扩大，更符合众议院共和党新多数派的利益。尽管有这些变化，国家政策制定者已经将老年人视为一种政治力量，在大选中表现出了显著的作用。

现状及特点

截至 2005 年，国家、州和地方各级有 1 000 多个老年人团体提倡为高度多样化和不断增长的老年人口提供各项福利。在华盛顿特区，许多组织已经成为“圈内人”，尤其是美国退休人员协会、阿尔茨海默病协会和美国家庭协会（Families/USA），他们经常在诸如长期照护等议题上联合起来。“灰色游说团”（gray lobby）掌握了准入和施加影响所需的许多资源，如领导层的稳定、收入来源的一致、等级结构、特定领域的专业知识、地理分布，以及熟练的专业说客和公关能力。一些老龄组织开发出超越网站发布信息的技术能力，以加强他们的宣传活动，例如用电子邮件群发系统来提醒成员在法案投票的相对较短时间内联系政策制定者。

然而，除了少数例外（主要是由于其免税地位），老龄组织还没有建立政治行动委员会（political action committee，PAC）来增加其对选举政治的影响。此外，虽然一些老龄组织，特别是美国退休人员协会，继续对重要立法，如《医疗保险现代化法案》（Medicare Modernization Act）施加足够的影响力，但与几十年前相比，华盛顿特区的政治氛围总体上不太欢迎任何针对老年人的新项目。此外，大多数老龄组织缺乏资金，无法对养老金、退休人员健康福利和其他影响老年人福祉问题的诉讼施加更多影响。最后，绝大多数组织尚未在州一级发展出与它们在国家一级相同的作用和影响力（美国退休人员协会和阿尔茨海默病协会除外）。由于更多的责任被移交给各州，而州政府的这种倡导结构的缺乏可能会导致对老年人的社会福利的削减。

老龄组织的未来

20 世纪 90 年代，在权力削减和继续下放到各州的政治环境下，老龄组织发现对促成新的重大项目变得更加困难，例如国家长期照护社会保险。雇主和联邦政府都在推行政策，使个人在退休期间承担更多责任。与早期决议中提出的数百项重大项目要求相比，1995 年白宫老龄问题会议的决议在数量上（50 项）和内容上都相当有限，反映了彼时老龄化政策的现实。2005 年的大会也被限制最多通过 50 项决议，其中许多决议很可能会阻碍旨在维护现有项目的行动。如果像过去 10 年中所提议的那样，在住房、卫生和长期照护等领域，更多的联邦项目是通过向各州提供批量拨款来资助的，那么老龄组织将需要加强和组织在州一级（通常是地方一级）的游说技能。这种动员是非常昂贵的，尤其对那些小的专门化老龄组织而言。监测 50 个州的专项资助的实施同样需要相当大的努力。

与其他从国家项目中获益的选区类似，老龄组织也将继续面临政党在国会和许多州议会中占主导地位十年之久的挑战。共和党在国会占多数，强调减少政府干预，这使老龄群体很难像过去那样发挥同样的影响力。举例来说，虽然《医疗保险现代化法案》

带来了处方药的获益，但最终的结果并没有得到所有老龄组织的认可，即使美国退休人员协会在这一法案的制定过程中发挥了重要作用，使这一法案又被退回立法起草委员会，并试图纠正其中的明显缺陷。对民主党影响不大的保守派老龄组织发现，自共和党掌握政权以来，他们在政策制定过程中获得了更多机会。

同样，共和党人在州选举中的强势表现导致了政党轮替，这可能会提升商业和工业等传统的国家利益集团的影响力，而这些利益集团所关注的消费观点往往与老年权益人士倡导的不一致。州议员和州长的任期限制也是可能导致老龄群体影响力下降的又一原因，因为立法者不再急于安抚老年选民以获得连任。与几乎所有老龄群体不同，保险行业为政治竞选提供了大量资金，因此任期限制还可能增加保险行业等群体的影响力。

在国家层面对老年人的抵制还没有完全消退，其结果可能导致老龄群体增加他们与非老龄群体和其他老年人倡导者的联盟活动，就像他们在 20 世纪 80 年代末所做的那样。美国退休人员协会为了与其成员结构保持一致，更多地关注 50 岁及以上人群（而不是 65 岁以上），并正式更名为“美国退休人员协会”，因为它的会员中有很大比例还未退休，并且年龄在 65 岁以下。同样，美国退休人员协会、美国家庭协会，以及其他一些定位良好的宣传倡导组织，凭借良好的网络动员能力和重要资源，逐渐成为最具话语权的老龄组织。再加上对全球化及其对老年人影响的不同程度的关注，以及老年人口特征的日益多元化，引发了不同组织在老龄问题上的宣传技巧和立场观点可能出现重大差异，甚至超越了过去的情况。老龄组织与其他组织建立牢固联系的能力很可能是保留当前项目的关键——最近围绕社会保障改革的小冲突就是一个很好的例子——并在联邦或州一级发展新项目。无论老龄组织面对的未来如何，与过往相比，单纯惠及老年群体的项目将不太可能获得批准。

另请参阅：医疗护理与服务；公共医疗保险制度、公共医疗救助制度与医疗护理的经济政策；老年政治；社会保障。

拓展阅读

Achenbaum WA（1983）*Shades of Gray*. Boston，MA：Little，Brown.

Binstock RH（1972）Interest group liberalism and the politics of aging. *The Gerontologist* 12：265-280.

Binstock RH and Quadagno J（2001）Aging and politics. In：Binstock RH and George LK（eds.）*Handbook of Aging and the Social Sciences*，5th edn. San Diego，CA：Academic Press.

Campbell AL（2003）*How Policies Make Citizens*：*Senior Political Activism and the American Welfare State*. Princeton，NJ：Princeton University Press.

Cutler NE（1977）Demographic，social-psychological，and political factors in the politics of aging：a foundation forresearch in “political gerontology". *American Political Science Review* 71: 1011–1025.

Day CL (1990) *What Older Americans Think*. Princeton, NJ: Princeton University Press.

Liebig PS (1992) Federalism and aging policy in the 1980s: implications for changing interest group roles in the 1990s. *Journal of Aging and Social Policy* 4 (1/2): 17–33.

Pratt HJ (1993) *Gray Agendas: Interest Groups and Public Pensions in Canada, Britain, and the United States*. Ann Arbor, MI: University of Michigan Press.

Van Tassel DD and Meyer JEW (eds.) (1992) *US Aging Policy Interest Groups*. New York: Greenwood Press.

Wallace SP and Williamson JB (1992) *The Senior Movement: References and Resources*. New York: G. K. Hall.

译　者：索浩宇（北京大学）

老年技术学

D. C. 伯迪克 新泽西里查德斯托克顿学院，波莫纳，新泽西州，美国

词汇表

老年技术学（Gerontechnology）——关于技术与老龄化的研究。

技术（Technologies）——指工具或人工产品，正确设计和使用这些工具或人工产品能够使生活更加容易，能够提高效率、扩展能力和延长寿命。

引言

随着“婴儿潮一代”进入老年，人口的年龄分布正在发生迅速而剧烈的变化。与此同时，技术也以加速度在进步。两种趋势的交织和叠加，既带来了机会，也带来了风险。精心策划、开展跨学科研究和产品发布会让我们可以适当地利用技术创新，这有助于提高老年人的生活质量，降低与人口老龄化相关的潜在成本与负担。

本文讨论了技术与人口老龄化之间的关键交叉点。本文从概念界定开始，简要介绍了当前人们对科技和人口老龄化工作热情高涨的原因。然后讨论了一些社会学、心理学和老年学理论，这些理论有助于理解技术创新的当前和潜在影响。接下来，本文回顾了当前技术和老龄化正在研究并取得了重大成果的几个领域，包括计算机和互联网、辅助设备、康复设备、环境改造（如通用设计或适老化设计）、远程医疗等。文章最后简要介绍了这一新兴领域的现任和历任领导者。

随着年龄的增长，我们的生理、心理和社会功能都会发生可预测的改变。感觉、知觉和认知能力也会发生许多可预测的改变（当然，这些改变并非全部是消极的）。体能同样如此（包括力量、耐力和平衡的下降；在缺乏锻炼的情况下更是如此）。简而言之，随着年龄的增长，人类在许多方面都不能有效地应对各种环境需求。

然而，与过去的看法和观点相反，许多老年人在晚年仍然保持和提高他们的各种能力，大多数人希望继续过充实而有意义的生活，许多人能够采取必要的步骤来实现这些目标。这尤其重要，因为根据预期寿命，个人从 65 岁开始计算还有近 20 年的生活时间。我们必须采取一些措施帮助老年人保持心理、身体、社交和精神上的健康。技术可以从很多方面并且可以用不断扩展的方式来帮助实现这一目标。

在技术创新的推动下，社会在不断进

步，并发生着一定程度上可预见的变化。就业、教育、休闲、政治、社会和精神领域都可能发生变化。这两大趋势的交汇点——人口老龄化和技术快速发展的老龄化个体，才是技术和老龄化研究最感兴趣之处。针对在特定时期内有共同特征或经历的人群的队列研究，或者队列对人口老龄化和技术相互作用的影响是必须考虑的问题，因为根据队列所做的预测经常要好于年龄。随着越来越多经过慎重考虑的行动被实施，技术正在承担满足老龄人口需求和利益的任务。

老年技术学是指关于技术和人口老龄化的研究，英文是“gerontechnology”或“gero-technology”，二者通常可互换。本文将前者作为首选术语，对涉及技术和老龄化交叉领域的所有工作进行了阐述。在最近的一次专业会议上，这一领域的长期领导者吉姆·福扎德（Jim Fozard）指出：“老年技术学提供了一种系统的方式来组织、理解同技术和老龄化相关的研究与教育。”这项研究的一个重要起源是人因工效学，而人因工效学本身是心理学、工程学、建筑学等多学科交叉的结果。这一领域的核心关注点包括个人（或其组织系统——感觉、知觉、认知、运动等系统）与特定技术干预及作为环境一部分的界面之间的若干微观层面的相互作用（参见“人因工程和人体工程学”）。

老年技术学还包括许多宏观层面和社会层面的因素，涉及很多学科。例如，它考虑了老年人可以在互联网上找到什么样的有用信息，老年人找这些信息的目标是什么；同时还考虑了老年人为什么难以双击鼠标以及如何为老年人开发出更有用的指针设备等问题。

关键在于，通过将老年技术学跨学科研究的进展与康复工程、建筑设计、人因工效学以及计算机和电信领域的工作联系起来，目前在微观、中观和宏观层面上，老龄人口与技术成功交互的数量和实质都有了明显的增长。这些相互作用已经开始对健康、幸福感和生活满意度产生积极影响，并在降低长期照护相关费用方面显示出巨大前景。随着“婴儿潮一代”年龄的增长，为消费者开发、生产、销售各种各样的独立和成功的老龄化有用工具的速度正在加快。

“技术”可以分别定义为工具或器物。当技术被适当设计和利用时，会使我们的生活更容易，效率和能力得到提升，甚至延长寿命。技术可以用多种方式来分类，如按高低来划分，或按软硬来分（软件或硬件）。所有层次和类型的技术都可能对老年人产生积极影响，但如果技术设计不当，则会产生消极影响。最近几年，人们开始有意识地设计和引导其积极的一面。

选择任何合适的技术都是重要的决策，需要综合考虑成本、易用性、可靠性、产品失效的后果、安全性以及改变用户需求后的适应性等因素。技术在改善老年人生活方面的普遍失败是那些研究技术和老龄化的人非常关注的问题。事实上，过去和现在的许多例子都表明，社会对老年人的需要、愿望和能力的关注不够理想。在2000年美国心理学会关于技术和老龄化的国会简报中，温迪·罗杰斯（Wendy Rogers）报告说，一种常用的血糖检测试剂盒的使用者在60%以上的时间里犯了具有临床意义的错误。

在微观层面上，罗斯杰和来自老龄化与技术增强研究和教育中心（the Center for Research and Education on Aging and Technology Enhancement）的同事们对许多老年人经常使用的家庭技术进行了仔细的任务分析，多次证明了老人对这些技术的不良使用是由设计不当、说明不当，或两者的结合造成的。在老龄化与技术增强研究和教育中心、以色列辅助技术和老龄化中心（GeronTech, the Israeli Center for Assistive Technology and Aging），柏林工业大学Sentha研究小组等单位进行的研究，为支持和加快老年技术学的突破性应用研究提供了最佳实践范例。

在宏观层面，莱斯诺夫-卡拉瓦利亚（Lesnoff-Caravaglia）等人已经将注意力转向道德和伦理问题。这些方面必须给予更多的关注，我们不能忽视大局。现在将这些问题作为警告性说明提出来很重要，因为本文的其余部分主要关注使用技术可能带来的好处。相关的研究问题如下：在什么样的情况下，谁在家里安装自动活动跟踪和分析系统带来的好处才会值得他牺牲隐私？在美国，每年由于医疗差错会造成10万人死亡，为什么我们一直满足于这种状况而没有将航空业成功的安全标准和实践应用到医疗护理技术的使用中呢？如果技术进步使平均预期寿命达到160岁，那么诸如家庭、工作和退休等社会制度会发生什么变化呢？我们对技术的过度依赖是如何使我们更难以在情感上适应衰老和理解人终有一死这一不可改变的事实？

拼好拼图

为什么在21世纪初，人们对技术和老龄化的兴趣和创新会急剧加速？为什么当研究人员、从业人员、设计师和市场营销人员在将人类老龄化与技术设备联系起来时，表现出迄今为止看不见的意图？最明显的答案是与第一世界国家“婴儿潮一代”的老龄化有关的市场力量。仅在美国，“婴儿潮一代”就超过7 000万人，他们一直都是市场关注的对象，现在也是如此。这个拼图的其他几块现在已经就位：

- “婴儿潮一代”的老龄化带来一种特殊的紧迫感，即随着这代人年龄的增长，社会的负担越来越大，而技术被认为是一种潜在的节约成本的手段。

- 老龄化和技术进步不再被视为独立、不相关或不相容的。

- 关于老龄化的研究显示，虽然许多人的能力随着年龄的增长而下降，但有一些人的能力会保持得很好，甚至有所提高。许多人都愿意通过干预来恢复功能或减缓衰老。

- 30多年的环境与老龄化研究，使人们深刻地理解了各种微观和宏观环境因素对人类行为的多方面影响，并逐渐应用可持续性、可用性、通用设计、适老化设计、智能住宅技术等概念。

- 跨学科方法的力量受到青睐，这使

老年技术学更有价值。基础研究人员、产品开发和营销企业之间的协作和沟通渠道已开始出现改善。例如，老龄化与技术增强研究和教育中心（CREATE）等大学研究实验室的工作，微软、英特尔和霍尼韦尔公司的关注，等等。

- 有一种前所未见的新乐观主义，即技术产品可以广泛应用于各种老年人。
- 创业家和风险资本的介入。虽然他们的介入始于 20 世纪 90 年代末，但 1999 年互联网泡沫的破灭造成了暂时的延迟。

乐观主义和不断变化的老龄化观念体系可能产生了最大的影响。我们终于远离了那种“谴责受害者”的观点，不再认为技术和老龄化在一定程度上是相互矛盾的。“通过提供基本培训和增加控制界面的用户选项，很多老年用户可以在家里通过合理布置的触摸屏面板和个人信息管理器，毫不费力地远程操控有关环境、娱乐和烹饪的控制装置”，在这种情况下，类似于“他太老了，不会录像，让他孙子来做吧”这种情形已经被取代。

技术与老龄化结合的必要性

技术已经被广泛地吹捧为快速解决“婴儿潮一代”老龄化带来的预期成本不断上升的方案。基本观点的是，只要有效地利用技术，就可以降低成本和减轻护理负担。这种满怀热情的最近一个例子是 2005 年 12 月召开的美国白宫老龄问题会议（the US White House Conference on Aging）。这种每十年举行一次的活动，旨在为老龄化领域的研究和行动提出建议，更是为美国 1965 年颁布《医疗保险、医疗救助和老年人法案》（the Medicare, Medicaid, and the Older Americans Act）奠定了基础。2005 年美国白宫老龄问题会议展厅的中心部分是老龄服务技术中心畅想馆（the Imagine Pavilion of the Center for Aging Services Technologies），它标榜新兴技术能够帮助控制失控的医疗费用、协助家庭护理人员、提高或延长生活满意度，并对亚瑟·弗莱明（Arthur Flemming）在 1995 年白宫老龄问题会议上提出的“衰老的变幻莫测”做了补充说明。技术确实是美国老龄管理局（the US Administration on Aging）目前推动的许多关键系统变革举措的核心。在加拿大、德国等国家也有类似的政府举措和鼓励政策。

技术与老龄化的理论背景

现代技术在老年人生活中的积极作用越来越受到人们的重视，因此必须给予高度重视。将人因工效学原理应用于各种技术、设备和环境的设计，为利用技术实现成功老化提供了最佳的机会。对这些设计原则的关注可以改善个人在几个重要领域的功能：包括身心健康、沟通、机动性、独立性、安全性、工作表现、充实生活和休闲等。

目前产品的爆炸式增长是实验室仔细研究和以用户为中心进行设计的结果。不幸的是，有些产品并不是这样做出来的。正因为如此，提供适当的理论基础似乎特别重要，这有助于确保针对老年人的技术创新积极意义大于消极意义，有用性高于有害性。

由于这些问题和关注跨越了多个学科，因此有必要从宏观和微观的多个方面来构建丰富的理论。本书中所列的这些理论之所以被包括在这里，是因为它们具有重要的启发价值——可以用于指导开展深入细致的研究，鼓励提出新问题，或许也可以鼓励许多技术创新应用于老年人身上，并且鼓励老年人对技术做创新性使用。

社会学理论：现代化与老龄化

考吉尔和霍姆斯（Cowgill and Holmes）于 1972 年提出了现代化与老龄化理论。根据这一理论，在工业时代，虽然技术进步导致了平均寿命和老年人口比例的增加，但也导致了老年人整体社会地位的显著下降。剩余劳动力和剩余资金导致了正式退休制度的建立，使老年人失去应有的社会角色和收入。在一个奉行工作至上理念的时代，所有年龄段的非劳动者的价值都被降低了。快速的技术创新加上以儿童为中心的教育体系，使得老年人很难跟上新技术和其他社会变革的步伐。该理论的观点可简单归纳为，针对主流社会的复杂交互机制剥夺了老年人的地位和控制权，把他们留在了日益衰退的社区里，物质资源缺乏，技能和知识陈旧，存在从一份有意义的工作中被迫退休进入一个不明确的角色引起的失范行为。

这些现象可以部分归咎于老年歧视的发展。这种普遍存在的与老年人有关的歧视，在欠发达时代不明显，在第三世界也不明显。这也在很大程度上制造了代沟。因此，在很多方面，技术对老年人是有害的。

在我们考虑当今信息技术对老年人口的影响时，现代化与老龄化理论是有指导意义的。信息时代的技术会继续使老年人被边缘化吗？答案是肯定的，除非我们有意地控制技术做一些不同的事情。德国海德堡大学老龄问题研究中心的海德伦·莫伦科夫（Heidrun Mollenkopf）就是这一领域的著名作家之一。道格·麦康纳塔（Doug McConatha）的电子质量理论，系统地讨论了工业时代制度的互联网现代变体，显示了技术如何被有意识地用于帮助老年人，以及将原来对老年人不利的那些制度改造为对老年人有利的制度。例如，通过互联网提供的无障碍分布式教育有助于我们的教育系统不再那么以儿童/青年为中心，并促进终身学习。利用技术改善老年人生活的意向正在增强，这一点在研究实验室、华尔街和麦迪逊大道都已经很明显了。

然而，对新技术的过早依赖并不总是成功的，至少开始时是这样。例如，在 2006 年上半年的美国，老人、看护者、医生、药剂师及其他服务提供者全力以赴地理解和执行 2003 年颁布的《医疗保险处方药改进和现代化法案》（the Medicare Prescription Drug, Improvement and Modernization Act）中有关处方药福利部分的内容。一个经常出现的新闻画面是：老年人在年轻人的帮助下，盯着电脑屏幕，试着决定哪些用药计划最符合自己的需要。在互联网上获取信息的总体思路也许不是主要的缺陷。毕竟，老年人是互联网上增长最快的群体。一个更根本的问题是人类的认知能力有限，无法根据各种药物和成本变量，在不同提供者和倡导者的意见与广告相互冲突的情况下，在多个提供者中理解和选择最佳方案。

其他科学的其他理论

无论是老年学还是其他学科，都不能幸免于工业化加剧老龄化的消极观点。20 世纪 80 年代的早期研究主要集中在一系列与年龄有关的衰退上。值得庆幸的是，随着老龄化技术的重要发展，这些学科最近发展出了一种更加平衡的观点，并将重点转向促进健康、成功的老龄化。

来自两个时代的有影响力的书籍象征了这种戏剧性的转变：罗伯特・N. 巴特勒（Robert N. Butler）在 1975 年写的悲观主义作品《为什么活着：在美国老去》（*Why Survive? Growing Old in America*）获得了普利策奖；约翰・罗维（John Rowe）和罗伯特・卡恩（Robert Kahn）则在麦克阿瑟基金会天才奖（John D. and Katherine T. MacArthur Foundation Genius Award）的大笔资助下以 1998 年出版的乐观主义的《成功老龄化》（*Successful Aging*）进行了回应。

现在，越来越多的研究和理论从多个角度（生物学、心理学和社会学）对老龄化进行了研究，摆脱了悲观的立场，提供了一个更加平衡的老龄化观点。例如，老年心理学的研究讨论了认知功能中保持与不保持的能力。社会学理论更为乐观（例如，除了那些特别年老和虚弱的人之外，对其他人而言，活动理论和再投资理论已经取代了减少参与理论），并且最近关于运动、营养和端粒的生物学研究已经证明了减缓衰老进程和将发病率压缩到生命最后几年的实际或潜在手段。

正如罗维和卡恩所指出的，成功老龄化取决于各种各样“生物—心理—社会”过程、能力和机会。罗维认为，乐观也许是最重要的因素。保罗・巴尔特斯和他已故的妻子玛格丽特・巴尔特斯（Paul and Margret Baltes）及其同事则提出了一个描述个体适应衰老和疾病的选择补偿最优化（SOC）模型。它为将技术应用于老龄化提供了一个非常有用的路线图。

心理学理论：场论与信息加工理论

场论　勒温（Lewin）的场论最早发展于 20 世纪 30 年代，他提出为了预测、解释和控制行为，我们必须了解人的特征和行为发生的环境。简单地说，行为是由人与环境之间的交互产生的：$B=f(P, E)$。虽然该理论在今天看起来很直观，但它与当时流行的弗洛伊德（Freud）的“强调内在和无意识的驱动力是行为的决定因素”的观念相反。

随着 20 世纪心理学理论和研究的发展，克劳斯・雷格尔（Klaus Reigel）等理论家对影响人类行为的复杂性、相互依存性和辩证性的描述，最终产生了扩展的勒温模型：$B=f(P, E, P\times E)$ 与它的前身一样，这一扩展模型对老年技术学具有显著的启发价值。例如，技术可以作为一个干预变量添加到模型中，它可以被视为环境的一部分，或者模型可以用来预测技术的行为：老年人手中的技术创新行为取决于这些人在其环境中的复杂互动。下一节将通过介绍劳顿和纳希莫的生态学理论及福扎德的进一步阐述来深化这一主题。

信息加工理论 20世纪60年代到80年代，认知心理学中信息加工模型的发展为人们显著提高对环境刺激的获取、解释和反应的理解奠定了基础。它鼓励研究人员对感觉、知觉和认知的连续过程进行系统的任务分析。（请注意，正是这种方法使罗杰斯的工作变得如此重要和有效。）将人因工效学的并行工作结合起来，可以使创新者更好地将各种新技术与老年人的需求相匹配。哪些人的能力下降、哪些人的能力维持原状、哪些人能够恢复能力，了解这些有助于老年技术学专家辅助保罗·巴尔特斯及其夫人玛格丽特·巴尔特斯提出的成功老龄化所必需的选择补偿最优化模型。

老年学理论：劳顿和纳希莫对场论的扩展——老化的人为因素

M. 鲍威尔·劳顿（M. Powell Lawton）和露西尔·纳希莫（Lucille Nahemow）的老化生态学理论将场论扩展到老年学，并填补了几个重要细节。这一微观层面上的工作，使我们更接近于理解老年技术学的核心：我们能够或者应该怎样设计和提供技术来改善老年人的生活？

该模型使我们能够更好地描述和考虑人与环境的相关特征，以更好地预测两者之间的交互行为或情感成果。每当能力（人）和压力（环境）明显不匹配时，就会出现不良结果（标记为负面影响和不适应行为）。只要其中一方明显大于另一方时，就会发生这种情况。

人与环境交互的最理想结果是压力和能力相匹配的情况。如果能力略高于环境压力，结果被描述为最大舒适度。当压力略高于能力时，结果是出现最大性能潜力的区域。设定稍微高于个人能力的要求通常会提高能力或绩效。田径运动中设置一个较高但不是很高门槛的普遍做法，显然也可以用于生活在一定环境中并且接触新技术的老年人。

向模型中添加技术 劳顿和纳希莫的模型并不打算直接讨论技术和老龄化问题；然而，该模型对这项工作的影响应该是明确的。科技创新有助于不断刺激和丰富老年人的生活，促使他们保持活跃和参与。它们还可以帮助老年人适应与年龄有关或与疾病有关的能力下降。随着这种下降，环境的需求也必须同样减少，以避免产生负面影响或不适应行为。在将辅助技术和环境干预措施小心谨慎地添加到老年环境时，生态模型就显出了它在各种技术干预方案开发规划中的优势。

正如在前面的章节中提到的，警惕技术过度协助非常重要。劳顿和纳希莫的理论预测了当环境压力远低于人的能力时会发生什么，即相对于个人能力而言，大大缓解环境需求的技术有时会引发消极结果——懒惰、习得性无助和实际、可测量的能力下降。

20 世纪 70 年代，鲍勃·卡恩（Bob Kahn）创造了“过度残疾”一词，它被用以描述一种环境诱发的情况，比个体的器质性变化所导致的情况更糟糕。在技术和老龄化的背景下，人们对这一概念重新产生了兴趣。不幸的是，我们服务于近端个人紧急情况的最佳意图可能会导致负面的远端后果。仔细的任务分析和纵向研究将有助于我们更好地理解各种技术应用的后果。

举一个老人的例子，他很难从最喜欢的安乐椅上站起来。虽然从椅子上站起来和移动是关键行为，但他选择的站起来的方式所带来的影响也应当纳入考量。

如果一个技术含量低、简单的解决方案是令人满意的（比如在垫子下面放一块木板稍微提供一点支持，或另外买一把离地面稍远、手臂更结实的扶手椅，让人用手臂获得杠杆作用），就不必选择技术含量高的解决方案。一把按下开关就能启动升降装置、将人送到站立位置的椅子，可能会在不知不觉中导致腿部与手臂肌肉的进一步削弱，而这些肌肉是个人从其他椅子上站起来时或站立时保持平衡所需的。莫伦科夫、莱斯诺夫-卡拉瓦利亚等人已经注意到，不适当的技术应用所带来的长期结果可能是不理想的。

为模型添加长期变化　通过讨论长期变化，詹姆斯·福扎德（James Fozard）在劳顿模型中加入了一个重要的技术相关维度。在回顾了众多研究者的相关研究后，他得出结论：所有的研究对象对技术的体验都有所不同，主要是基于他们最初引进每种技术的年龄。与年龄相比，一个人所处的队列（具有共同特点的一群人），也许能更好地预测其对特定类型的技术和技术界面的亲和力与利用能力。因此，技术创新者需要基于连续队列的老龄化来继续考虑对适当的设计做出改变。换句话说，适合队列的设计与适合年龄的设计同样重要（见图 1）。

一个长期变化的例子　即便是在 2006 年，老年人不会使用录像机仍然是那些 30 岁及以上的人所保有的有关当今老年人群体的一种熟悉的刻板印象。但是，随着“婴儿潮一代”年龄的增长，大多数人能保持自身的能力以使用录像机和其他熟悉的技术。然而，长期的变化——视频录制经历从磁带到数字化的演变——不仅使录像机过时，而且使这个例子对年轻人几乎毫无意义。

福扎德及其同事通过开发技术创新影响老年人的领域分类矩阵，为我们理解技术和老龄化提供了另一个非常重要的补充。在 2005 年美国老年学会年度科学会议上，福扎德在一次专题讨论会上指出：“我们认为老年技术学涉及人类活动的五个方面：健康和自尊、住房和日常生活、移动与交通、通信与治理、工作与休闲。在这五个领域中，每一个领域使用技术的目标都是：预防或延缓衰老、补偿与年龄相关的功能丧失、护理支持与组织，以及生活质量的提高和满足以上几个方面共同的目标。”在简要回顾了一些常见的与年龄有关的能力变化之后，这一清单是可以作为我们分析老年技术不同用途的模板。

与年龄相关的信息处理变化及其对老年技术学干预的启示

越来越多的研究发现，信息加工能力的年龄变化对科技和老龄化有许多影响。这些变化并非都是负面的。适当的干预可以减缓或逆转与年龄相关的能力下降。下面将简要地介绍一些在感觉、感知和认知功能方面较为常见或有问题的变化及其对技术设计的影响（参见“人因工程和人体工程学”）。

感觉与知觉

视觉变化 由于正常的老化及各种与年龄有关的疾病过程（如白内障、黄斑变异、糖尿病性视网膜病变、青光眼等），视觉感觉和知觉会发生若干变化。所有这些都对以老年人为对象的环境设计和技术设计具有重要影响。例如：

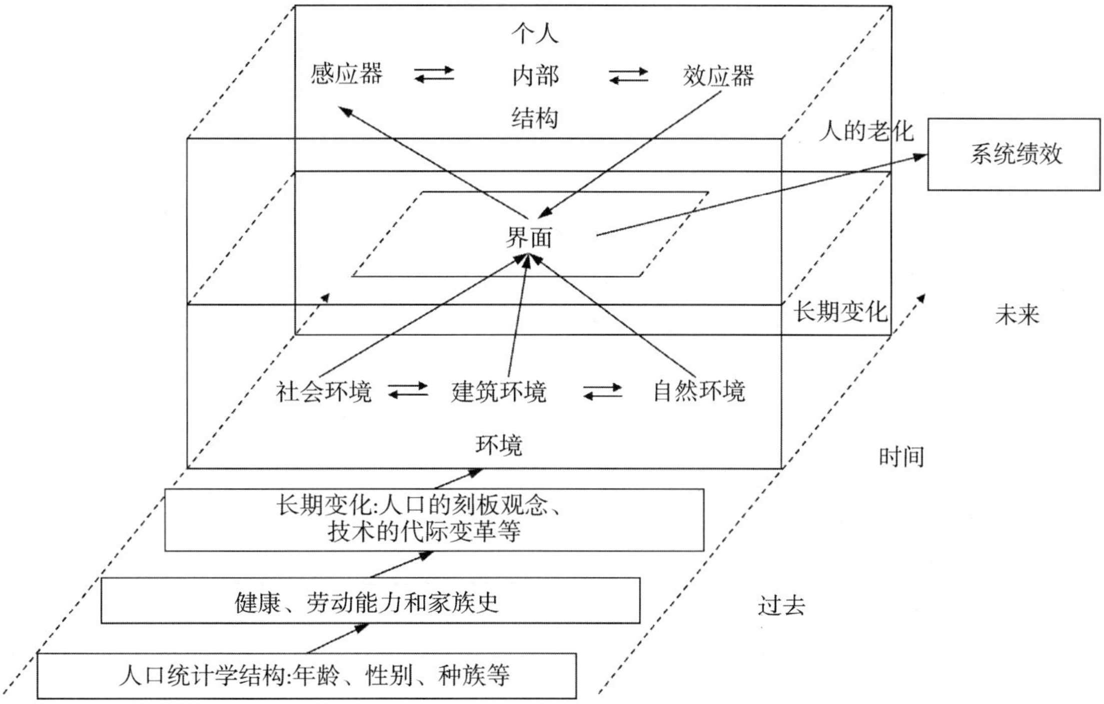

图 1　人—环境界面随时间变化的动态变化图

注：人与环境的交互体现了人对环境的三种反应随年龄的增长而变化（图的上半部分）和环境的三个组成部分（建筑、社会、物理或自然）随时间变化（图的下半部分）。系统绩效由图右边的方框表示。一些影响人—环境界面的随时间变化的前置因素显示在图下部的几个方框中。

引自：Burdick D and Kwon S（eds.）（2004）*Gerotechnology*：*Research and Practice in Technology and Aging*. New York：Springer Publishers.

• 晶状体的正常黄变现象使颜色发生改变，使紫色、蓝色和绿色等短波颜色的辨别变得非常困难。视频显示器、网站、印刷广告等应避免要求在颜色谱的这个区域内区分颜色或选择图形/底色，应保持较高的颜色对比度。

• 老化的晶状体会逐渐失去调节能力（改变形状以适应不同距离的物体），从而不能进行从近端到远端对象的连续范围聚焦。所有人都会老眼昏花，这不可避免。应对老花眼需要仔细地配戴框架眼镜、隐形眼镜和晶状体植入物（经历过白内障手术的情况），这时敏锐度对于可变距离是必要的。年龄和晶状体的关系，离计算机、掌上电脑或车载信息显示器的距离及这些设备的分辨率必须加以认真考虑。

• 眩光敏感性和视觉模糊随着年龄的增长而增加，视敏度下降（特别是在边缘区）。这些变化对视觉显示器、标牌等物品的设计具有一定影响。暗背景和亮文本的显示器有时是最好的。

• 光适应和暗适应在晚期生活中需要更长的时间，同样的场景或环境对老年人来说更昏暗/模糊（部分由于较小的瞳孔开口，部分由于内部神经处理的改变）。含义是明显的，即餐馆、剧院等需要稍微亮一些的环境照明和作业标照明。掌上电脑或手机在环境照明动态变化的环境中工作时，其屏幕应当能够自动调整亮度以补偿这种变化。

一些研究人员描述了上述变化及其他一些变化（如注意力缺陷）的含义，并为更好地理解这些变化对动态环境中老年人功能的集体性影响提供了令人信服的案例。将上述知识应用于老年技术和环境的主要倡导者包括灯塔国际公司（Lighthouse International）的辛西娅·斯顿（Cynthia Steun）等人，以及由 SPRY 基金会（SPRY Foundation）资助，唐纳德·克莱恩（Donald Kline）、兹普·西尔法（Chip Scialfa）、弗兰克·沙伊贝尔（Frank Scheiber）等人负责的研究等。

计算机硬件（屏幕大小、分辨率、亮度、对比度）和软件为用户提供了许多机会，使用户可以根据他们的特定需求和喜好定制屏幕显示。连续几代的微软 Windows、Office 及其他产品，以及其他供应商的程序，都提供了经过改进的用户选项。例如，Windows 提供了各种辅助选项和设置向导，用于修改屏幕特性和输入设备功能（键盘、鼠标等）以满足个人需求。Office 产品包含了一个很长的关于辅助功能的教程。不幸的是，这方面的工作并不完整，当各种程序和程序设置不能正常工作时，用户有时会遇到意想不到的障碍。微软的 Windows Vista 将于 2007 年发布，有人认为可用性方面有显著的改进，特别是对于视力受损的用户而言。

听力变化　听觉功能的改变可以深刻影响老年人与环境和技术装置的交互作用。老年性耳聋，即与年龄有关的辨别高频声音（如口语中的辅音）的能力减弱，是最常见的老年性听力损失，使老年人很难理解别人讲的话，尤其是在低声强和嘈杂的环境中。利用听觉信号或传输语音信息的技术必须认识到这一事实并进行相应的设计。

年轻人和老年人对手机有着同样的抱怨，那就是按键成功时声音不够响亮，特别是在嘈杂的环境中。个人需求往往与不影响同一区域其他人的愿望相冲突。更重要的一个问题是手机提供的信号质量，这取决于传输的信号质量、带宽、扬声器和麦克风设计等。另一个问题是手机是否与助听器兼容。

美国联邦通信委员会（the U. S. Federal Communication Commission）规定，到2005年8月，无线电话制造商必须提供至少两款与助听器兼容的手机，并且在2008年2月之前至少要有一半的手机必须兼容助听器。

其他感觉的改变 有很多文献已经开始讨论与年龄相关的味觉、嗅觉、体感（包括对触觉、压力、冷、热和疼痛的敏感性）、前庭和运动感觉的改变。与视觉和听觉一样，正常的改变可能会因为疾病而加速，或继发于疾病过程。事实上，健康状况和其他变量往往比年龄本身的影响更大。与技术和环境设计有关的一些问题包括：

- 肌肉萎缩和前庭功能与运动知觉敏感性受损会显著增加老年人及残疾人跌倒的概率（参见“平衡、姿势和步态”）。成功的环境设计有助于补偿这些问题：例如，最大程度地减少楼梯、不平坦的地面、长毛绒或有衬垫的地毯，在坡度有变化的地方和边缘地带提供扶手或清晰的视觉提示等。近年来，很多技术被用于针对跌倒的评估和预防。在过去20年中，诸如生命线系统之类的个人应急响应系统（personal emergency response systems）被开发出来，使用户能够在发生危及生命的跌倒后呼叫救援。
- 与年龄相关的对冷热的敏感性降低使老年人更易患体温过低和体温过高（中暑），这对设计的影响是显而易见的。

认知

认知包括学习、记忆、智力、注意力、创造力和智慧等进程。把智慧列入这个清单提醒人们，与年龄相关的认知能力衰退并非普遍存在；例如，流体智力随年龄的老化而减退，而晶体智力则并不随年龄的老化而减退。从20世纪80年代开始，纵向研究结果显示，与年龄相关的老化发生得较晚，并且不像横向研究中所记录的那么严重；在没有慢性病的情况下，许多能力会得到很好保持。个体间和个体内的显著差异，对环境设计和旨在改善老年人在社会中地位或功能的技术干预形成了影响。

梅霍恩（Mayhorn）等人注意到，除非设计师和制造商采用以用户为中心的方法，关注潜在老年用户的需求、能力和限制，否则创新技术描述的前景将不会实现。一些重要的发现和问题包括：

- 与年龄相关的认知过程包括工作记忆和部分空间能力。随着记忆任务复杂性增加以及在某些注意力分散的情况下，工作记忆下降更为常见。梅霍恩及其同事提供了一个有趣的例子，说明了这类衰退是如何与电话点菜系统这类技术交互的。由于操作时需要完成很多的选项，加上复杂的语义，造成通常老年人不能使用这些系统。作者建议，开发者需要仔细考虑交付速度，菜单按最常用到最少使用来排序，采用嵌套/分层菜单等。空间能力（通过想象不同的视觉形象，并对这些形象进行操控的能力）会随着年龄的增加而降低，这种缺陷可能对老年人有效浏览复杂的网站、利用汽车上的信息显示等能力产生影响。

• 随着年龄的增长，能够保持或改善的认知过程包括对事实信息和词汇（语义记忆）的长期记忆存储，对熟悉的图像（映像记忆）的存储，以及经过反复演练的程序记忆存储。菲斯克（Fisk）、梅霍恩等人主张针对老年人的技术设计应该利用这些共有的优势。这与社会工作实践中的干预资源模型类似——不是提供使受护理者依赖于护理提供者的干预，而是提供个人能够利用其能力以保持独立的手段。这与巴尔特斯的选择补偿最优化模型相关。

• 一些认知过程根据不同任务，能力得到保持或下降。例如，基于时间的前瞻性记忆（记住将来要做某事）倾向于下降，而基于事件的记忆（记住特定事件）则不会。如果基于时间的任务连接到一个任务（或环境信号），就很容易被记住。

老年技术学的活跃领域

前面几节的内容应该作为一种有效考虑并从微观和宏观层面上分析老年人与技术的交互的路线图。本节将简要地介绍当前老年技术学的几个活跃领域中的实例，在这些例子中，技术为老年人、他们的家庭、商品和服务提供者以及社会等提供的成果是积极的，并且越来越多。这些实例加上前面提到的一些，可以很好地解释该领域的现状。

福扎德在前面一节中提到的五个影响领域，经过几年的发展，经常被用于健康促进的文献中。下面是每一领域的概要，对于每个示例，干预的主要结果在括号中提供。

健康与自尊

互联网上的健康信息越来越多，帮助老年人及其照顾者成为消息灵通的消费者。SPRY 基金会已经赞助了多个关于改进网页设计的会议、研究项目和培训。他们还推广健康知识项目，以便消费者能够评估在线信息的质量（预防或延缓衰老；补偿与年龄有关的功能丧失；护理支持和组织；提高生活质量与满意度）。

美国政府为老年人及护理人员提供信息的一些网站的无障碍性、全面性、实用性已经成为金标准。例如，美国老龄管理局的公共服务平台（the U. S. Administration on Aging's Eldercare Locator），美国联邦、州和地方政府的官方门户网站（First Gov for Seniors）等（预防或延缓衰老；补偿与年龄有关的功能丧失；护理支持和组织；提高生活质量与满意度）。

远程医疗领域正在迅速扩张，允许卫生保健人员在家就监测到患者的很多指标，包括体温、心率和血压、血氧水平等。

2006 年 2 月，美国国家公共广播电台早间版报道了一项名为“智慧圈”（Wisdom Circle）的技术创新。通过这一创新，来自美国各地的 250 名老年志愿者，包括一些护理院的居民，向年轻人提供基于网络的建议（提高生活质量与满意度）。

丰富多彩的环境可以激发认知幸福感。最近发表在《今日老年学》（*Gerontology Today*）上的一篇文章描述了日本老年人购买任天堂（Nintendo）成人大脑训练游戏以保持思维敏捷的情况，这一款游戏仅在第一年就售出了300万多套。在美国，由实用记忆研究所（the Practical Memory Institute）设计和生产的记忆训练作品，目的也是产生类似的影响（预防、延缓衰老，或从衰老中恢复；提高生活质量与满意度）。

住房与日常生活

近年来，通用设计、高级友好设计、对老年用户有影响的智能住宅都受到了越来越多的关注。领导这项工作的单位包括北卡罗来纳州立大学的通用设计中心（the Center for Universal Design at North Carolina State University）和柏林工业大学“Sentha”研究小组（补偿与年龄有关的功能丧失；护理支持和组织；提高生活质量与满意度）。

设计用于帮助个人实现居家养老的技术包括个人应急响应系统（如“生命线”系统）和自动活动跟踪与分析系统，如安静护理公司（Quiet Care）的产品（补偿与年龄相关的功能丧失；护理支持和组织；提高生活质量与满意度）。

全国各地开发了各种各样的以计算机为媒介的护理者支持系统。这些系统通过同步或异步的方式，将医务人员与同龄人和专业援助联系起来（护理支持和组织）。

防走失设备有助于确保老年痴呆患者的安全，而无需限制他们或锁定整个设施（补偿与年龄有关的功能丧失；护理支持和组织；提高生活质量和满意度）。

辅助技术和环境干预措施包括一系列产品、服务、设备和家庭改造等，多年来一直是康复和职业疗法领域的主流。随着这些领域更多地关注体弱老年人的需求，正在取得更积极的成果（补偿与年龄有关的功能丧失；护理支持和组织；提高生活质量与满意度）。

移动与交通

在约翰·霍普金斯大学，乔治·雷博克（George Rebok）和同事们把美国宇航局（NASA）改编的复杂模拟器技术同飞行员训练所用的神经成像技术结合起来，以便更好地理解年龄变化对驾驶员行为的影响。这项工作为判断哪些老年人应该停止或减少驾驶行为提供了有效的决策支持手段，也可以用于驾驶技能高效训练（预防或延缓衰老；补偿与年龄有关的功能丧失）。

在卡尔加里大学，兹普·西尔法及其同事的一项研究旨在弄清楚哪些车载信息系统的特性（如协助寻找路线等）对老年驾驶员来说是最安全和最有用的（补偿与年龄有关的功能丧失）。

美国交通部资助了很多研究，旨在使交通适应日益成熟的社会的需要，包括如何使公共交通更加人性化。阿克伦大学的罗尼（Ronnie）和哈维·斯特恩斯（Harvey Sterns）研究了如何提高公共汽车和火车时刻表的可用性（补偿与年龄有关的功能丧失；提高生活质量与满意度）。

通信与治理

微观环境的研究使我们更好地理解了如何合适地设计手机和其他通信设备。佛罗里达大学成功老龄化技术康复工程研究中心（the University of Florida Rehabilitation Engineering Research Center on Technology for Successful Aging）的比尔·曼恩（Bill Mann）及其同事们与工业界合作，开展老年友好设计（补偿与年龄有关的功能丧失）。

现代的助听器要比前几代好得多。指导和培训有助于用户调整和降低拒绝率（补偿与年龄有关的功能丧失；提高生活质量与满意度）。

工作与休闲

在迈阿密大学，莎拉·查娅（Sara Czaja）及其伙伴们对远程工作和远程办公进行了全面的研究。基于越来越多关于信息处理、对远程办公的看法和态度等方面的证据，他们的工作是确定远程办公的障碍并制定培训计划（提高生活质量与满意度；预防或延缓衰老；补偿与年龄有关的功能丧失）。

在世界范围内，有各种各样针对老年人的地方性和全国性的在线学习社区（提高生活质量与满意度）。

美国退休人员协会（AARP）每月制作和发送电子邮件和技术通讯（提高生活质量与满意度）。

老年技术学：过去、现在与未来

福扎德指出，人因工效学学会（the Human Factors and Ergonomics Society）早期的工作重点是军事应用。在20世纪七八十年代逐渐发展起来的技术兴趣小组（TIGs）考虑了计算机操作和视觉，个性和个体差异，康复等专门的应用领域。有关老龄化的兴趣小组发展较慢，不过工作非常扎实，有很多的贡献者和成果。

其他专业和学术组织也有专门关注技术与老龄化问题的部门或小组。其中美国老年学会技术与老龄问题正式兴趣小组由莱斯诺夫-卡拉瓦利亚于1987年创建。目前，该小组已经有近200名活跃成员，发起了一个讨论组，并在美国老年学会年会上召开过几次专题研讨会。美国老年学会关于物理环境与老龄化以及辅助生活的正式兴趣小组也经常讨论技术问题。

美国老龄协会（ASA）的环境、服务与技术工作组（NEST）、美国心理学会（American Psychological Association）的老龄化与成年人发展部也都对技术问题表现出极大的兴趣［三位著名的老年技术学专家——尼尔·查尼斯（Neil Charness）、詹姆斯·福扎德、哈维·斯特恩斯——都担任过该部门的主席］。高等教育老年学协会最近出版了一份关于技术与老龄化的简要参考书目，并在《美国老年学会交流》（*AGHExchange*）上发表了一篇封面故事，阐述了在老龄化的各种课程中教授老年技术学的重要性。

其他几个组织在技术和老龄化研究方面也处于领先地位。国际老年技术学协会（the International Society for Gerontechnology）成立于1997年，出版《老年技术学》（*Gerontechnology*）杂志，并举办了四次关于老年技术学的国际学术会议。老年服务技术中心（the Center for Aging Services Technology）成立于2003年，在为老年人开发和部署创新技术的努力中已经成为领先者。它现在有400多名成员，分别代表技术公司、政府、研究型大学和服务机构。

最后，3COM、思科（Cisco Systems）、康柏（Compaq）、霍尼韦尔、英特尔、微软和索尼等大企业也已经介入。微软的老龄化和可访问技术网站为计算机、辅助设备的许多方面提供了极好的概述。环境改造正在改善老年人和正在变老的人们的生活，服务和医疗护理在加强，人口老龄化有关的成本在降低。事实上，我们有理由在这一新兴领域中表现出热情和乐观。

另请参阅：适应；成人教育；平衡、姿势和步态；照料；创造力；环境老年学；医疗护理与服务；人因工程和人体工程学；信息处理与认知；智力；学习；休闲；记忆；记忆策略；叙事与老龄化；知觉；生产率与年龄；心理健康；自我调节、健康和行为；社会网络、社会支持和社会融合；视力；老年人的志愿活动；工作和就业：个人。

拓展阅读

Bouma H and Graafmans JAM（1992）*Gerontechnology*. Amsterdam：IOS Press.

Burdick D and Kwon S（eds.）（2004）*Gerotechnology：Research and Practice in Technology and Aging*. New York：Springer Publishers.

Burdick DC and Murdock L（2004）Technology and aging. In：*AGHE Brief Bibliography：A Selective Annotated Bibliography for Gerontology Instruction* [CD-ROM]. Washington，DC：Association for Gerontology in Higher Education.

Charness N and Schaie KW（eds.）（2003）*Impact of Technology on Successful Aging*. New York：Springer Publishers.

Charness N，Park DC，and Sabel BA（2002）*Ageing and Communication：Opportunities and Challenges of Technology*. New York：Springer Publishers.

Czaja SJ（ed.）（1990）*Human Factors Needs for an Aging Population*. Washington，DC：National Academy Press.

Fisk AD and Rogers WA（eds.）（1997）*Handbook of Human Factors and the Older Adult*. San Diego，CA：Academic Press.

Fozard JL，Rietsema J，Bouma H，and Graafmans JAM（2000）Gerontechnology：creating enabling environments for the challenges and opportunities of aging. *Educational Gerontology* 26：331-344.

Lawton MP（1980）*Environment and*

Aging. Monterey, CA: Brooks/Cole.

Mann WC (ed.) (2005) *Smart Technology for Aging, Disability, and Independence: The State of the Science*. New York: Wiley-Interscience.

Morgan RE (2005) Technology greets the Agewave. *Gerontologist* 45: 704–710.

Morrell RW (ed.) (2001) *Older Adults, Health Information, and the World Wide Web*. Mahwah, NJ: Lawrence Erlbaum.

Morrell RW, Dailey SR, Feldman C, Mayhorn CB, and Echt KV (2002) *Older Adults and Information Technology: A Compendium of Scientific Research and Website Accessibility Guidelines*. Washington, DC: National Institute on Aging.

Office of Technology Assessment (1985, June) *Technology and Aging in America* (OTA-BA-264, NTIS Order PB-86-116514). Washington, DC: US Government Printing Office.

Rogers WA and Fisk AD (eds.) (2001) *Human Factors Interventions for the Health Care of Older Adults*. Mahwah, NJ: Lawrence Erlbaum.

译　者：刘建兵（北京市科学技术研究院智慧养老研究所）

老年歧视和就业歧视

T. D. 尼尔森 加利福尼亚州立大学斯坦尼斯洛斯分校，图洛克，加利福尼亚州，美国

词汇表

老年歧视（Ageism）——基于某人的年龄而产生的偏见、歧视和刻板印象。

内隐刻板印象（Implicit Stereotype）——指个人受社会影响而对某些人或事持稳定不变的看法。

恐惧管理理论（Terror Management Theory，TMT）——该理论认为，人民创造了文化和宗教，并赋予这个世界秩序和意义。自尊源自于人们对生命意义的体会。对年龄的恐惧没有任何意义。

引言

老年歧视指的是基于某人的年龄而产生的偏见、歧视。作为大多数研究者所使用的术语，这种歧视更多针对老年人，但有时这种歧视也针对年轻人。几个世纪以来，社会的性质发生了很多的变化，社会中老年人的地位从受人尊敬、掌握权力，变成实际上已经没有权力，也不再受人尊敬。这篇文章的目的就是探讨这些变化，描述这些歧视是如何在社会生活中展现出来的，人们如何对这些歧视做出反应，同时也讨论了如何减少这些老年歧视。

老年歧视的起源

历史变迁

在农业和前工业社会，老年人很受重视。他们通常掌握着社会中的大部分政治和经济权力。老年人因他们的生活阅历、智慧，以及对历史的了解而受到重视。可以这么说，老年人就是社会的历史学家和图书馆。如果谁想学习社会的本质或者这个世界的工作的话，咨询一个长者就能得到这些信息。由于老年人具备丰富的人生阅历和广博的历史知识，他们成为社会中的领袖。这一时期，老年人因他们的领导力、智慧和人生经历而受到人们的尊敬、尊重和钦佩。

三个主要的发展影响了年轻人对老年人的看法。第一个发展就是印刷机的发明。老年人所拥有的大部分地位源自他们所具备的远超越其他人的知识、信息和记忆。他们有其他人所没有的知识和专业技能。如果人们想学习有关在社会中生存和发展的任何事情，老年人将会提供神谕般的、一站式的服

务。然而，印刷机的出现意味着这些知识不再是老年人的专利，相反，人人都可以得到这些知识。而且，就像因特网让世界的距离更近一样，印刷机在发明之初，就把世界上微小的、过去的、独立于各个社会中的信息汇聚到了一起。

第二个主要的发展就是工业革命。在此之前，祖父母和子孙后代住在一起的家庭结构非常普遍。老年人因他们的智慧和知识而受到尊敬和尊重，对于他们的子孙后代来说，他们也是一个非常好的教育者。工业革命导致了雇佣的空前繁荣。雇佣关系需要很大的流动性，进而形成了“工作在哪里，家就迁移到哪里”的局面。小的家庭更加灵活。与这种变化相吻合的是，社会看待传统的方式也发生了变化。老年人在土地所有权、财产权、政治权利方面所拥有的道德权威逐渐被美国和法国革命中的理想所替代。有一种观点深深印在了欧洲人和美国人的头脑里，那就是人人生而平等，每个人都平等地享有家庭福利。而且，工业革命强调的是创新，而不是保守。要想在这个新社会中获得成功和发展，年轻人必须注重新的、有创造性的想法，然而老年人代表的是传统保守，并且被视作不愿或不能适应新的、创新的方法去做事情，老年人不再受重视，并且被看作是年轻人成功的障碍。为了使年轻人这种不断增加的偏见合法化，强制退休应运而生，因此当一个人达到一定年龄以后，就会退出劳动大军。

这一时期在医学方面取得了很大的进步，这也成为对老年人偏见不断上升的第三个历史因素。在革命之前，美国大概只有2%的人口年龄能达到60岁。由于医学的进步，人们的寿命更长，社会和家庭就面临着这样一个问题——如何为老年人找到一个合适的位置和角色。不幸的是，伴随着老年人在社会中地位和权力的逐渐衰退，老年人的权利和福利也逐渐不被重视。年轻人不愿去承担老年人负担，不愿去关心他们的医疗问题、财务问题，不愿花时间去照顾家中的老年人。老年人不再被看作神圣的教师，而是被当作不再创造价值的历史遗物，仿佛他们就应该被社会边缘化。如果年轻人不想和父母住在一起，希望别人来照顾自己的父母，类似疗养院这样的机构就非常能满足他们的需求。1935年，美国总统罗斯福签署《社会保障法案》（the Social Security Act）以后，疗养院就在美国迅速发展。值得注意的是，在这之前，很多州都没有疗养院，只有一些救济院（有时就是一些旧的农场），很多贫穷的老人被送到这些地方。由于设施不足，老人在那里的生活非常悲惨。很多州为了避免人们对它们的依赖，放任这些问题的存在。虽然，今天的疗养院和早期相比有了非常大的进步，但是还有一个明显的问题就是，老人如何看待这些疗养院，以及社会如何看待生活在其中的老人。

理论视角

恐惧管理理论　一个有趣的理论被用来解释老年歧视的起源，那就是恐惧管理理论（TMT）。该理论认为，人民创造了文化和宗教，并赋予这个世界秩序和意义，这样可以避免人们从童年就产生的可怕想法——这个世界是混乱和随意的。恐惧管理理论还认为，人生而有意义，我们也由此获得了自尊。对年龄的恐惧也变成了没有意义的恐惧（例如，当人们退休的时候）。由于老年人的死亡不断提醒着年轻人，老年人也就变成了年轻人预见自己未来的典型标志。研究表明，人们通过诋毁和固化老年人，把老年人的身份地位不断降低，从而否认他们即将死亡的现实。人们自欺欺人地相信，这样的命运不会降临到自己身上。关于这个理论的研究一致表明，当人们被提醒自己也将面临死亡的时候，他们更倾向于把这些引申到别人身上，以此作为提高自尊和降低对死亡的焦虑的一种方法。

研究恐惧管理理论的研究者争论说，在美国，由于死亡焦虑是如此强大，人们对老年人的偏见和刻板印象不会减少，除非努力向公众传播关于死亡的知识。如果死亡不再神秘化，能够被重新定义为生命周期的一部分，渐渐地，人们对于死亡的焦虑或许就会下降。如果这样，即使老年人仍然会使年轻人联想到死亡，但是他们不太可能激起年轻人对死亡的焦虑，年轻人也不会刻意对老年人产生偏见。

对老年人的矛盾态度 几十年前的研究表明，多种混杂的证据显示存在着老年歧视。一些研究表明人们对老年人有着积极的态度，另外一些研究表明社会对老年人也有消极的态度。通过对这些研究的研究方法进行仔细观察，存在这种差异的原因就显而易见了。那些对老年人有积极态度的研究倾向于询问受访者在生活中对特定老年人的态度，如他们的老板或祖父母。在这些例子中，个人关系占据着对老年人态度的主导地位，这也是受访者的基本立场。然而，当人们被问起关于老年人的总体态度的时候，他们的反应通常更加消极。几十年里，更多的研究表明，人们对年龄确实有一个普遍的、负面的看法，认为老化和老年人之间存在联系。这些消极的态度，使人们对老年人形成刻板印象和偏见。

最近的研究表明，老年人被年轻人看作是无能的但是温暖的人。换句话说，老年人被看作是对社会贡献很少的人，但是他们在一些感性层面被人们重视（如价值、传统、家庭）。老年人和他们的成年子女之间所存在的依赖关系，导致了这些成年子女把老年人像小孩子一样对待。年轻人不太想和他们的父母讨论复杂的、严肃的事情，他们担心这些问题对他们的父母来说显得过于烦人、复杂或费神。这种刻板印象（即把老年人当成孩子一样对待）的隐秘的本质是它影响了老年人对他们自己的信仰和行为。许多人开始参与到由年轻人主导的社会年龄分层和模式，从而固化和培育这种依赖关系。

内隐的老年歧视 近些年来，研究者发现，人们和他们的性格之间的联系对人们的思考、感觉、行为有显著的影响。特别是有着很强的固定模式的人们，也会自动用这种模式去看待其他人。当个体意识到他正在用固有模式来思考别人的想法时，这个过程就被看作是固化。然而，当主体没有意识到他们正在用固定的模式去看待外界事物的时候，这个过程就被称为内隐的老年歧视。这种隐含的模式更难控制和救济，因为个体并没有意识到它的活动和影响。

内隐的老年歧视源于儿童从小时候开始就知道老年人在社会上不受重视。通过对儿童读物、教科书、童话故事进行研究，人们发现这些书对老年人存在着高度偏见。在孩子们的书里，老年人通常被描述为问题的制造者或者具有依赖性的人。一项研究发现，在孩子们的书中对老年人的描写反映了社会对老年人的矛盾心理，在书中老年人被描写为可怜的、可悲的，却也是明智的、可爱的。这些从各种来源传达出的刻板印象，变得同老年人的关联日益密切，仅仅是提及或者感觉到这些外在的自觉意识，也能自动唤起老年人的这些刻板印象。内隐的老年歧视可以被忘记，但是研究表明，做到这些需要付出巨大的努力去改变加在老年人身上的刻板印象，这些将在下文“减少老年歧视”部分进一步进行探讨。

老年歧视的演变

健康护理专业人员中的老年歧视

令人惊讶的是，那些从事促进他人身心健康职业的人也存在老年歧视。例如，在一项关于医学院学生对于乳腺癌的保护策略的研究中，医学院的学生明显更倾向于对年轻女性使用乳腺癌的保护程序——年轻女性是86%，老年女性是66%。这些学生也更明显倾向于对老年女性使用乳房切除术——老年人是95%，年轻人是65%。这项研究的作者表示，鉴于结论的相似性，治疗方法的不同恰恰反映出了医学院学生的老年歧视。其他研究者更广泛地写了一些关于医学院学生存在老年歧视的文章。例如，一些医生倾向于把老年人看成是孤独的、沮丧的、不灵活的。鉴于老年人在认知和身体上的局限性，一些医生认为治疗老人是徒劳的。换句话说，一些人认为给年轻人治疗比给老年人治疗更重要。因此，医生可能不太愿意使用积极的医疗措施来减轻老年人的问题，更倾向于开药减轻老年人的痛苦。

在心理健康领域，老年歧视也广泛存在。有些治疗师不情愿治疗老人，因为他们对老年人存在误解和刻板印象，他们认为老年人仅仅是需要人陪说话。一些认为老年客户，从心理学上讲是脾气暴躁的、多疑的，要么太能说，要么话太少。这些刻板印象的来源就是那些身体健康状况欠佳的人。因此，和面对同样问题的年轻人相比，一些治疗师更加倾向于对老年人做一个不乐观的心理预测。

交流中的老年歧视

由于对老年人的刻板印象，认为老年人有依赖性、孩子气，年轻人倾向于用一种消极的方式同老年人交流。有一种交流方式被称为“过度适应”（overaccommodation）。这种情况指的是当一个年轻人和老年人交流的时候，会过于礼貌、提高音准、大声说话、简单用语。另一种消极的交流类型被称为“婴儿说话”（baby talk）。这是指当人们和婴儿说话的时候，使用夸张的语调、较高的音量，有时候甚至没有具体的单词或是模仿婴儿说话。研究表明，老年人对这种交流方式的反应不一。那些社会性、身体、认知功能很高的老年人认为这种交流是丢脸的和具有侮辱性的。然而，那些在这些功能方面较低的老年人，更倾向于选择这种方式，这样的话，他们和谈话者之间有一个安全的高质量的交流。这种方式也让老年人感到更加舒服。通过和老年人的互动，年轻人也表现了他们的老年歧视假设。如果年轻人认为老年人是天真的，他们不太可能会认真地对待老年人的意见，更倾向于把他们之间的谈话严格限制在一些简单的、愉快的话题上面。

习惯性的老年歧视

相对于凭经验兴趣所产生的对种族歧视和性别歧视进行的研究，对老年歧视的研究就要远远落后了，其中一个主要原因就是老年歧视的习惯性本质。老年歧视在社会上是如此普遍，几乎每个人都知道这种刻板印象，很少有人把这种刻板印象和性别歧视或种族歧视相提并论。换句话说，大多数人不承认自己或他人身上所存在的老年歧视。当然，如果人们不承认的话，降低或限制老年歧视也会变得更加困难。

美国文化是面向青年的，这已经不是新的看法了。有一个价值数十亿美元的产业，它们生产产品来帮助人们隐瞒年龄痕迹。在过去的 20 年间，整形美容手术倍受欢迎。对于那些年龄在 18～40 岁的人，广告商迎合他们的需求，广告商知道什么是这些人最需要的。事实上，令人奇怪的是，广告商并不特别关注那些年龄在 40～65 岁的中老年人，尽管这些人的可支配收入更高。这些人在财务上更加安全，也更愿意在自己和自己喜欢的产品上花钱。老年人在电视节目中被描写成健忘的、脾气坏的、没有性生活并且是愚蠢的，老年人也常常被年轻人拿来开玩笑。由于社会中的年龄分层，不同年龄层的人有着隐含的可以让人们接受的行为，当老年人从事自己感兴趣的事或表现出同年龄不相符的行为的时候，他们就被认为是可爱的或者愚蠢的（例如滑雪或跑步），或者令人厌恶的（例如进行性生活）。这种关于年龄的定式思维，不必要地限制了人们的信仰，仿佛人们在整个人生中的不同时期只能做出某些行为，也只能对某些事感兴趣。

在贺卡行业有个明显的例子，可以反映出美国社会这种习惯性的老年歧视已经到了何种程度。在当时，送生日贺卡普遍含有一种开玩笑的意思：多么可悲啊，贺卡的接收人又老了一岁。送生日贺卡就像是在取笑收件人的年龄，指出他们健康恶化、收入减少、对社会贡献降低、记忆衰退。围绕“人老珠黄”这个词还建起了一个家庭手工业——为过生日的人们购买黑色气球、假墓碑、助听器以及其他和老年歧视有关的东西。大量的人认为，这些信息和玩笑话是对事实进行的无害延伸。

经历老年歧视

年龄偏见、刻板印象和歧视对老年人福祉的影响是一个仍有待实证研究的问题。像大多数对偏见的研究一样，偏见对目标的影响只有最近才获得经验和理论上的注意。

像对待孩子一样对待老年人，传达出了老年人有依赖关系这样一种假设，这样会导致自我实现的效果，老年人可能会相信，年轻人对他们在行为和语言上的刻板印象确实都是有效的。研究表明，那些相信刻板印象确实存在的老年人，在行为、认知、感觉方面往往和这些刻板印象相一致。这对他们的身心健康有着显著的影响。一项研究发现，那些有着积极自我认知的人，平均寿命要比那些自我认知较低的人长 7.5 岁。那些按照有关老年人的刻板印象去行动的人，会被其他老年人看成是缺少警觉性、无助和虚弱。对这种结果的一个合理解释就是“黑羊效应”。这源于社会认同理论。这个理论认为，在一个被刻板化的群体中，如果有一个成员按照与刻板印象相一致的方式行动，该群体的其他成员会回避他，因为个人的行为玷污了整个群体想克服这种刻板印象的努力。

在一些研究著作中，两组不同老人的区别已经显示出来。其中，55~74 岁的被称为“年轻的老年人”，75 岁以上的被称为“老年人中的老人”。这种区别反映了这样一个事实：大多数对老年人的消极印象中，那些假设的或扭曲的特性有时会在 75 岁以上的老人身上发现；当应用到那些年轻的老人身上时，刻板印象和现实之间的不匹配可能更大。最近，在加利福尼亚州进行了一项调查，有超过 850 个老年参与者被问及是不是老年歧视的受害者，如果是，他们对此怎么想，如何应对这样的“待遇”。这些反馈进一步证实了两组老人在观念上的区别：那些 75 岁以下的受访者表示他们是老年歧视的受害者，当它真的发生了（每次发生），他们就会开始生气。那些 75 岁以上的受访者表示他们很少经历老年歧视，并说如果它确实发生在他们身上，这些老年歧视也不会让他们恼怒。当关于老年人的刻板印象适用在年轻的老人身上时，他们会感到生气。那些高龄老人看起来似乎接受了这些对他们的刻板印象，当这些适用在他们身上时，他们也不会感到被冒犯。一些研究人员推测，那些在污名化的群体中的人们不愿意承认对他们这个群体或群体中的个体的偏见，原因就是一旦他们承认这些“待遇”，这些容易激怒他们的想法会让他们不安或焦虑。具体来说，不论一个人做什么，他就会被人们消极地看待，仅仅是由于他处在一个污名化的群体里，这样的想法非常令人沮丧，至少可以这么说。一些研究证据支持类似这样的发现，但是需要更多的实证关注，才能让这些解释更加有说服力。

老年人经历老年歧视的另一个方式就是退休，虽然这是间接的。同被迫退休或在某个位置上被强制退休相比，自愿退休通常不会感受到人们对年龄的消极态度。在强制的情况下，老年人更难以过渡到退休生活。这些人虽然已经收到了强制退休的信息，但是仍然在与此相抗争，尽管他们可能有能力和经验继续工作，社会仍然不想要他们的贡献。大量的研究支持社会认同理论的一个基本原则，那就是大多数人的自我意识是植根于他们的职业。简言之，就是“我乃我所为”。当老年人退休后，他的自我概念中的重要组成部分将不复存在，个人必须找到新的方式来定义自己。这种转变是困难的，即使在最好的情况下。然而，如果这个人是被迫退休，问题则尤其严重。

退休生活的另一个问题是，虽然一些老年人渴望继续为社区贡献自己的经验和智慧（通过劳动力、教育或其他途径），但美国社会并没有深思熟虑且为他们提供合适的角色和机会。人们有很强烈的愿望，那就是社会需要他们，他们对社会的贡献非常重要。一般说来，文化和社区应该投入更多的精力让老年人的退休生活同社会紧密相连，更加有意义、更加愉悦、更加令人满足。

工作场所对老年人的歧视

对老年人最常见的一种歧视类型就是工作场所歧视。雇主往往不承认他们公司有老年歧视行为，或者他们没有意识到某些行为就是老年歧视。在一项研究中，当雇主被问及他们公司的特定职位上缺乏老员工的时候，他们把这种现象解释为老年人自己的问题（老年人不想要这样的位置），或者由于外部因素（人口趋势、老工人职业技能的缺乏等）所导致。

当对老年人和年轻人的工作表现进行评估的时候，如果老年人表现不佳，他们会受到更加严重的评估。和年轻的同事相比，当老年人的工作表现评价较低时，他们不太可能接受补救培训。这可能是基于根深蒂固的老年歧视信念——老年人学习新东西太缓慢。雇主老年歧视的观念越深，他就越可能将表现不佳的老年人解雇（同表现不佳的年轻人相比）。一项研究发现，当老年人把他们的身份和同龄人的特征联系在一起的时候，他们的自尊就会降低，当他们把他们的成果和年轻人相比的时候，他们就会有一种相对更强烈的被剥夺感。

此外，经历过工作场所歧视会影响到人们退休后的幸福感。这种人对生活不是很满意。在另一方面，过早退休的人也有它的弊端：这些人觉得他们重返职场显得太老了，加入退休人群或老年人群体又显得太年轻了。因此，要让他们适应退休后的世界更加困难。整个社会在适应这样的一群人方面也做得很少。

跨文化的老年歧视

老年歧视并不是一个共同现象。不同文化之间有很大的差异性，即使在同一文化背景下，对待老年人的态度有时也不一样。一些研究人员表明，美国的老年歧视代表着一个遗弃的微妙形式。当考虑强制退休政策和美国社会对退休生活缺少重视的时候，这些都会非常有道理。老年人不仅仅是在心理上被抛弃或被遗忘，而且还传达了这样一种信息：当人们变老，他们不应该成为家庭的负担，因此，他们应该去护理院、护理之家或其他场所。这些信息告诉老年人，他们已经不需要或没有价值了，他们应该远离年轻人。

并非所有的社会都像美国一样进行老年歧视。传统上，在东方文化中，人们对老年人是非常恭敬的。许多这样的态度与这些文化如何看待死亡密切相关。同美国相比，东方文化观中的生命、死亡和自我是交织在一起的。死亡被看作是从生命历程的痛苦中解脱出来，并作为加入受人尊敬的祖先的一种方式。有趣的是，最近的研究表明，由于东方文化的不断西化（采用资本主义、民主、市场驱动的经济、尊重个人价值自由与追求），他们对老年人的态度变得更加消极。文化价值观从强调传统和经验，变为强调变化和创新，这种变化的程度将会影响人们对待老年人的态度。正如恐惧管理理论所显示出来的，对死亡的强烈恐惧感导致了老年歧视、年龄偏见和年龄刻板印象。

减少老年歧视

为了减少或消除对老年人的歧视、偏见和刻板印象，社会对老化的看法需要发生基本转变。研究人员认为，做到以下 10 个转变，将对减少或消除美国社会中的老年歧视产生明显的影响：

1. 媒体和作者（尤其是儿童的教科书、娱乐图书的作者）需要传播这样的信息：老年人对其他人和整个社会有很大的帮助。

2. 应该创造机会让老年人为他们的社区做贡献。

3. 应该创造条件让老年人来控制自己的生活，在生活中更加独立。

4. 对老年人的退休生活应该给予更多的关注。让他们在对社会的持续贡献中获得生活上的满足，在精神上、社会上、经济上和情绪上获得成长和繁荣。

5. 应该增加和鼓励老年人与年轻人（当然也包括儿童）之间的联系交流，使孩子们在与充满经验的老人进行交流的时候，也获得智慧、历史和价值。这样做将会使老年人不再神秘，有助于打破对老年人的刻板印象。

6. 用实际的数字和事实来直接面对老年人的刻板印象和神秘感。

7. 应该选取合适的视角来教育其他群体，以引起他们情感上的共鸣。一些证据表明，这是减少歧视的一个有效方法。

8. 我们需要直面目前社会看待死亡的方式（比如把死亡看得非常恐怖），死亡需要被重新定义，死亡仅仅是生命循环中的一个过程，根本无需恐惧，我们应把它当作生命中平常的一部分来看待。

9. 我们需要努力去解决所有内隐的和外显的老年歧视的做法和传统（如隐藏老化迹象，开关于老年人负面特征的玩笑）。

10. 应该教育年轻人尊重老年人。

在过去的几十年中，更多的实证和理论上的关注一直致力于了解其他类型偏见。然而，很少有人致力于去理解年龄偏见。因此，我们对于老年歧视的产生原因、维持因素以及后果的理解都是新生的。老年歧视的信念和行为在美国社会中是如此的根深蒂固以致都已经习惯化了，这可能是研究人员一直没有专门关注这个问题的一个原因，也是美国人并没有感受到年龄固化和老年歧视的一个原因。美国人口普查局显示，到 2030 年美国 65 岁以上的老年人口将会翻番。美国的“灰白化”表明了美国人口结构发生的重大变化，随之而来的是对社会资源（经济、卫生、法律）的需求，但目前尚不具备应对能力。致力于理解和消除老年歧视非常重要。这样做，我们可以帮助决策者、研究者、教育者和整个社会去显著提高老年人的生活品质。

另请参阅：年龄分层；老龄化的历史；退休；工作和就业：个人。

拓展阅读

Branco KJ and Williamson JB (1982) Stereotyping and the life cycle: views of aging and the aged. In: Miller AG (ed.) *In the Eye of the Beholder: Contemporary Issues in Stereotyping*, pp. 364–410. New York: Praeger.

Butler R (1975) *Why Survive? Being Old in America*. NewYork: Harper & Row.

Caporael L and Culbertson G (1986) Verbal response modes of baby talk and other speech at institutions for the aged. *Language and Communication* 6: 99–112.

Gekoski W and Knox V (1990) Ageism or healthism? Perceptions based on age and health status. *Journal of Agingand Health* 2: 15–27.

Hummert M, Garstka T, Shaner J, and Strahm S (1995) Judgments about stereotypes of the elderly: attitudes, ageassociations, and typicality ratings of young, middle-aged, and elderly adults. *Research on Aging* 17 (2): 168–189.

Ivey DC, Wieling E, and Harris SM (2000) Save the young–the elderly have lived their lives: Ageism in marriage and family therapy. *Family Process* 39 (2): 163–175.

Kite ME, Stockdale GD, Whitley BE, and Johnson BT (2005) Attitudes toward younger and older adults: Anupdated meta-analytic review. *Journal of Social Issues* 61 (2): 241–266.

Martens A, Goldenberg JL, and Greenberg J (2005) A terror management perspective on ageism. *Journal of SocialIssues* 61 (2): 223–240.

Nelson TD (ed.) (2002) *Ageism: Stereotyping and Prejudice Against Older Persons*. Cambridge, MA: MIT Press.

Ng SH (2002) Will families support their elders? Answers from across cultures. In: Nelson TD (ed.) *Ageism: Stereotyping and Prejudice Against Older Persons*, pp. 295–309. Cambridge, MA: MIT Press.

Palmore E (1999) *Ageism: Negative and Positive*, 2nd edn. New York: Springer.

Perdue CW and Gurtman MB (1990) Evidence for the automaticity of ageism. *Journal of Experimental Social Psychology* 26: 199–216.

Schmidt D and Boland S (1986) Structure of perceptions ofolder adults: Evidence for multiple stereotypes. *Psychology and Aging* 1 (3): 255–260.

Snyder M and Miene P (1994) Stereotyping of the elderly: afunctional approach. *British Journal of Social Psychology* 33: 63–82.

译　者：魏　蒙（中国社会科学院社会发展战略研究院）

校译者：王永梅（首都经济贸易大学）

老年人的过敏反应

T. O. 安德森 *伊利诺伊大学，伊利诺伊州，美国*

词汇表

B 淋巴细胞（B Lymphocyte）——淋巴细胞谱系的细胞，来源于骨髓，在肠道相关淋巴组织（GALT）内发育成熟，负责合成和释放特定的抗体免疫球蛋白。在外界抗原刺激下，其中的可溶性蛋白质可发生结构改变，B 淋巴细胞分化为浆细胞，浆细胞可合成和分泌抗体（免疫球蛋白），主要执行机体的体液免疫。

免疫球蛋白（Immunoglobulin，Ig）——一种可溶性蛋白质，由活化的 B 细胞衍生的浆细胞分泌而成，其带有与诱导抗原或变应原结合的位点。免疫球蛋白分为五类：免疫球蛋白 G（IgG）、免疫球蛋白A（IgA）、免疫球蛋白 M（IgM）、免疫球蛋白 D（IgD）和免疫球蛋白 E（IgE）。抗原或变应原与免疫球蛋白的结合预示着外来抗原经多种机制被清除和破坏。

白细胞介素（Interleukins，IL）——一组细胞因子的总称，是可溶性的白细胞产物，在细胞间具有重要的信息传递和调节作用，因此具有极大地影响免疫应答的特性。

同种型转换（Isotype Switch）——在抗体应答过程中，抗原激活 B 细胞后表达和分泌的 Ig 类别会从 IgM 转换成 IgG、IgE、IgA 等，这就可以保持特殊结构区域（抗原决定簇）继续与变应原反应，结合不同的 Fc 片段。这种“转换”改变了免疫球蛋白继发反应的特性。

T 淋巴细胞（T Lymphocyte）——淋巴细胞谱系的细胞，由骨髓迁移至胸腺内，在胸腺内分化成熟并在免疫系统中发挥重要的效应器或调节作用。这些作用包括调控 B 细胞活化或影响特异性迟发型超敏反应。

引言

免疫系统已进化至可保护机体免于感染并清除任何其他外来异物。通常情况下，免疫应答不会造成宿主组织严重的生理或结构损伤。但当感染持续存在，或当外来物质很难被清除时，对免疫系统的刺激就会增强。此外，如果遗传因素使个体容易发生免疫应答，那么即使外界物质浓度很低，如吸入植物花粉，也会出现过敏或超敏反应。这些增强的免疫应答会导致机体出现相应的组织损伤，从而出现临床症状。我们的目的就是观察老年人的过敏反应，以及衰老过程对它的影响。

背景

在免疫学上，过敏或超敏状态都属于免疫应答紊乱，会对本应无害的物质产生免疫反应，导致出现炎症和相应的组织损伤。临床常见的超敏病例包括花粉症、过敏性哮喘、麻疹、湿疹、昆虫叮咬导致的过敏、血清病、农民肺和接触性皮炎。

在特定的条件下任何人都会出现超敏反应，但有些人似乎有遗传倾向更易发生过敏，尤其是速发型超敏反应。这类人被认为具有“特异性”。尽管典型的过敏反应首次发作多见于年轻人，但事实上可发生于任何年龄；尽管过敏反应可持续多年，但到了老年却可趋于衰退甚至消失状态。老年个体的过敏反应和老年群体的免疫应答是我们关注的焦点。

通常情况下，免疫应答具有保护性，可保护机体免于或战胜由病毒、细菌、真菌或其他微生物引起的感染。当免疫系统正常工作时，甚至对肿瘤的形成和生长也可发挥关键的抑制作用。因此，在这个充满敌对和竞争的生物学世界中，完整的免疫系统对我们的生存至关重要（参见“免疫系统”）。

一项古老的临床观察发现，老年人往往死于无法克制的感染或肿瘤。在抗生素出现之前，肺炎球菌性肺炎被称为“老年人的朋友”，因为它是老年人长期且相对健康的生活中一个温和的终点事件。一位广泛多肺叶浸润的老年肺炎患者，通常只表现为100 ℉～101 ℉的轻度发热，白细胞计数升至8 000到10 000，伴轻微“核左移”（即在血液中出现少数未成熟的白细胞）。在临床上，这样的患者看上去病得并不严重，但不久后就会死去。同样程度的肺炎如发生在年轻成人身上，会表现为发热至105 ℉～106 ℉，白细胞数增至35 000，并在血液中见到许多幼稚杆状细胞。患者会觉得病得很重，但会活下来。很明显，免疫反应在年轻人和老年人感染中的作用强度是显著不同的。显然老年人不能很好地控制感染。几十年前就有人猜测，这可能是因为免疫应答的活力随着年龄的增长逐渐削弱。事实也确实如此。

要了解为什么老年人的抗感染能力会受损，而过敏症或超敏反应会逐渐消失，首先我们要了解超敏状态是如何发展变化的。为此，我们先回顾一些免疫系统的基本特点并列出免疫系统的活性成分。

免疫系统的基本要素和功能

免疫应答有两种独有的特征。一种是特异性免疫反应（即特定的免疫应答，仅针对外来抗原或变应原引起反应。虽然有可能存在与变应原结构相关的一些交叉反应）。另一种是免疫系统能够区分自身组织与非自身组织。除了少数情况如自身免疫性疾病，免疫系统一般不会对自身组织产生免疫反应。这有很好的生物学意义，因为免疫应答的核心是去除机体大分子，去除构造异常或对机体有害的外源物。

免疫应答的特异性取决于受体或T、B淋巴细胞表面的识别结构。辨别是否为自身组织的能力主要是T淋巴细胞的功能。当T细胞从骨髓迁移到胸腺时，那些对自身抗原有很强亲和力的T细胞可能与自身组织发生反应被消灭。另一些则被限制只对外源抗原发生反应，称为Ⅰ类或Ⅱ类主要组织相容性复合体（MHCs)。胸腺对T淋巴细胞的筛选和设定是一个复杂的、尚未被完全了解的过程，但它是指导和控制免疫应答的核心。

肠道相关淋巴组织（GALT）对B细胞的意义如同胸腺对T细胞的意义，它为B细胞成熟提供了环境。

虽然结构完整的、功能完善的免疫系统通常很容易辨别自身与非自身组织，但区分外源物质在化学或生物学上哪些可能有害而哪些可能无害并不容易。举例来说，在感染发生时，高敏机体的免疫系统可以与威胁生命的细菌毒素反应并中和和移除它（这是一个非常有用的反应)，但也可能对吸入或摄入的无害的动物皮屑、蛋白或植物花粉发生强烈的免疫应答。后面这种免疫应答会导致严重的过敏性鼻炎或哮喘——这是种被误导的免疫应答，可能是保护性的，但它带来的危害多于好处。

免疫系统功能的多样性和复杂性是由许多细胞因子和可溶性生物活性效应大分子共同完成的，包括具有激活和抑制功能的酶及其他调节蛋白。细胞成分主要包括T、B淋巴细胞，巨噬细胞，多形核白细胞，肥大细胞和嗜碱性细胞。可溶性生物活性效应大分子包括巨噬细胞、淋巴细胞衍生的细胞因子、白细胞介素（ILs）和血清补体蛋白。

T淋巴细胞及其亚群CD4细胞（或称辅助性T细胞）和CD8细胞（或称抑制性T细胞）的功能异常丰富。它们除了影响细胞介导的细胞毒性和迟发性超敏反应外，对B细胞功能也起着重要的调节作用。细胞毒性和迟发性超敏反应对消灭病毒感染细胞、肿瘤细胞及寄生虫、真菌、胞内细菌尤为重要。B淋巴细胞（及其衍生物浆细胞）负责抗体介导的免疫应答。

B细胞产生和释放可溶性的抗体蛋白质，这些蛋白质除了促进吞噬作用（细胞吞噬）和破坏细菌外，还可以中和毒素和细胞外病毒。抗体在结构上发生改变以适应外源性变应原或抗原的表面结构。这种抗体适应抗原，就像钥匙适应锁一样。抗体有5类免疫球蛋白（Ig)，即IgM、IgG、IgA、IgD和IgE。这些蛋白质是相似的，它们都可以与特定的抗原或变应原结合形成复合物，这点特性是相同的，但它们与抗原结合后的继发特性是不同的。免疫球蛋白的结构和反应特性如图1所示。

大多数B细胞（浆细胞）最初携带和产生的是IgM抗体。但在变应原种类较多或抗原持续刺激条件下，B细胞可能会经历一个同种型转换的过程。它们从产生IgM抗体“转换”为产生应对同一抗原或特异性变应原的IgG、IgA或IgE抗体。同种型转换由辅助性 T 细胞（CD4 细胞）通过分泌和释放某些 IL 和细胞因子来诱导和控制。它是通过保持与抗原特异性结合的 Fab 片段不变、去除原有的 Fc 片段、代之以新的 Fc 片段实现的。这样就产生了具有继发特性的抗体，它是不同于原 IgM 的新 Ig 类型，并继续与变应原结合。

如上所述，T 细胞被外源抗原或变应原激活，进一步激活并诱导效应 B 细胞形成抗体。因此，这种 B 细胞活化过程被称为 T 细胞依赖。在极少数情况下，B 细胞可能会遇到所谓的胸腺或 T 细胞非依赖性抗原。这些抗原包括凝集素、聚合蛋白和大量特殊结构的多糖，这些抗原的特殊结构能够直接连接 B 细胞表面的受体来激活 B 细胞，而这些受体很少或不需要 T 细胞的辅助。T 细胞非依赖性的免疫应答主要产生 IgM，而在同种型转换时是需要辅助性 T 细胞产生的淋巴因子的。

免疫介导的防御和超敏反应也依赖于巨噬细胞、有吞噬作用的多形核白细胞，以及新陈代谢活跃的肥大细胞和嗜碱性细胞的。后两种细胞可以产生、储存和释放一系列效应分子。血清补体蛋白与 IL 和其他调控细胞因子一起构成了一个非常复杂的系统，这

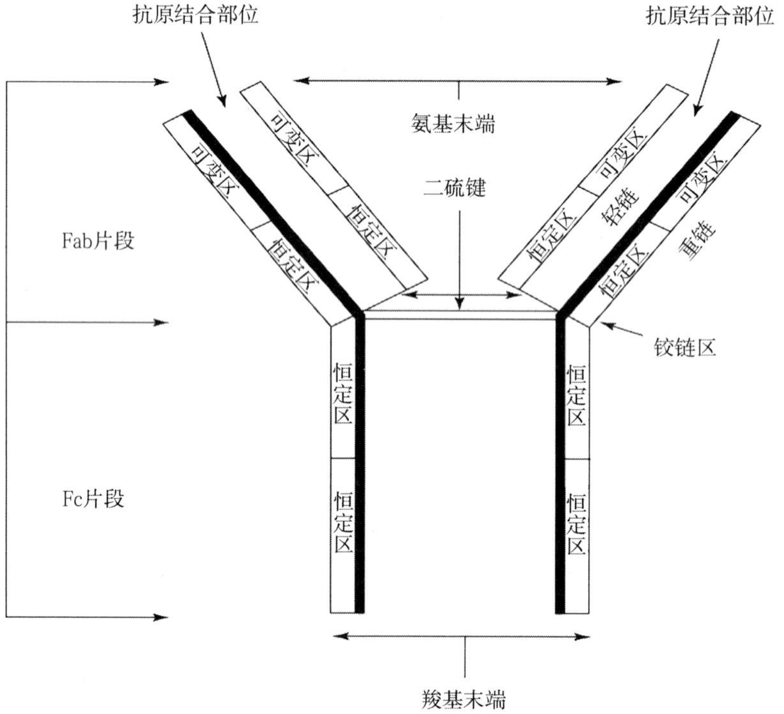

图 1　免疫球蛋白抗体分子的基本结构

注：轻链和重链的可变区构成抗原决定簇或抗原结合位点。Fc 片段中重链的恒定区决定了同型抗体的特性以应对继发反应（即固定补体及与细胞表面受体结合）。免疫球蛋白的区别在于基本结构的表达不同，可以是单体、二聚体或五聚体，此外它们的重链链长及重链 Fc 片段受体的性质亦不同。

个系统是免疫激活和炎症反应的基础。没有这些反应能力，人类就无法抵抗感染或肿瘤，就不能长期生存。

对变应原的反应：致敏

那么过敏或超敏状态是如何发展的呢?接下来的一系列步骤和解释说明了由盖尔(Gell)和库姆斯(Coombs)分类的四个超敏状态的发生和表达的机制。以对空气中花粉过敏的过程进行说明有助于了解典型的过敏反应。

花粉粒通过鼻腔吸入，侵入鼻腔黏膜。花粉部分溶解，主要的致敏抗原被吸收到黏膜下的组织中。在这里，花粉抗原或变应原与巨噬细胞相遇并被其吞噬。在巨噬细胞内，变应原被分解成多肽片段，与主要组织相容性复合体Ⅱ型（MHC-Ⅱ）结合，这些多肽片段被转移到外部并呈递到巨噬细胞表面。当变应原处理完毕时巨噬细胞也很可能已迁移到了区域淋巴结。

接下来，携带着变应原片段或 MHC-Ⅱ复合物的巨噬细胞被一系列辅助性 T 细胞（CD4 细胞）进行筛查。然后，结构与花粉部分结构互补并带有 T 细胞受体（TCR）的特殊辅助性 T 细胞通过 TCR 黏附在花粉 MHC-Ⅱ复合物上。在此过程中，只要花粉片段被认定为异物，T 细胞则被激活。

这种由巨噬细胞摄入抗原、激活免疫应答的过程也可由 B 细胞完成，特别是当 B 细胞表面受体与外源抗原或变应原相对应时。B 细胞可以内化抗原并进行处理，将其与 MHC-Ⅱ复合物结合，并像巨噬细胞一样将其呈递给合适的辅助性 T 细胞。

活化的辅助性 T 细胞进行克隆增殖和分化。辅助性 T 细胞产生并释放大量的可溶物质，称为淋巴因子。淋巴因子激活了受体表面携带的 B 细胞，这种受体类似于 T 细胞受体（即与过敏原结构上互补并能发生特异性反应）。此外，一些活化的辅助性 T 细胞分化为效应细胞，这些效应 T 细胞在后续接触变应原中发生延迟性超敏反应，还有些则变成记忆 T 细胞，在下一次遇到相同的抗原时就会迅速反应。这被称为二次应答，或称回忆应答，比初次应答反应更快。

激活的 B 细胞会增殖并分化成浆细胞，浆细胞产生和分泌大量抗体与变应原发生特异性反应。随着几个谱系浆细胞的不断发育，无一例外每个谱系都制造和释放不同的亚型抗体。因此，像空气中的花粉这样的单一变应原浆细胞会产生 IgG 也会产生 IgE 抗体，同时还会引起特异性辅助性 T 细胞介导的迟发性超敏反应。

还有一种过敏反应的变异类型需要引起注意。这种情况一般不多见，当某些人使用诸如青霉素之类的抗生素时，这类药物或其代谢物可能会与细胞膜结合（如红细胞）。药物会诱导机体迅速对这种结合物产生抗体，并把这种结合物视作“外源性”免疫因子而做出应答。诱导出的抗体随后会找到黏附了青霉素或青霉素代谢物的红细胞并与之结合。抗体与红细胞上青霉素抗原决定簇结合就可以激活补体系统，红细胞就溶解或破裂了。

超敏状态的临床表现

一旦接触变应原就出现过敏反应，该个体就被认为是对这个变应原“敏感”。由于最初接触变应原后产生的超敏反应不同，所以过敏反应也是多样性的，有如下四种反应。

Ⅰ型超敏反应又称速发型超敏反应，由IgE抗体介导，是发生在多数人身上公认的经典过敏。当接触花粉或其他变应原后机体会产生IgE抗体，它们通过Fc片段附着于肥大细胞表面和循环中的嗜碱性粒细胞上。当花粉或其他致敏性变应原再次进入组织时，它会与肥大细胞的IgE抗体发生反应，交叉连接并触发细胞脱颗粒。这种脱颗粒释放出一系列生物活性介质进入组织，包括组胺、白三烯、前列腺素和嗜酸性粒细胞趋化因子。这些物质导致血管舒张、皮肤瘙痒、局部组织肿胀、黏液腺分泌增加、平滑肌收缩和嗜酸性细胞浸润，并在上、下呼吸道引起急性炎症反应。这就是花粉热、过敏性鼻炎、过敏性哮喘、遭蜜蜂或黄蜂叮咬出现危及生命的过敏反应或有青霉素过敏史的人注射青霉素后出现过敏反应的发生机制。

Ⅱ型超敏反应又称细胞毒性超敏反应，有三种表现形式。每种反应都需要抗体。第一种，如果致敏的外源物是某种药物或药物代谢产物，它被整合到细胞膜上，也许是红细胞的细胞膜，抗体（通常是IgG）黏附在此药物上，激活血清补体系统，这就导致了红细胞的溶解。如果该过程影响范围很广，就会出现严重的溶血性贫血。第二种，固定在细胞膜上的抗原决定簇与抗体结合，并通过Fc受体再结合到自然杀伤细胞（NK细胞）上。NK细胞通过一个尚未被完全了解的过程使抗体结合的靶细胞溶解。最后一种，如果抗原抗体包被的细胞不太大，吞噬细胞可以通过表面Fc受体与抗体的Fc片段与之结合，直接吞噬此细胞。值得注意的是，这三种不同类型的超敏反应被认为破坏了许多自身组织。因为在自身免疫性疾病中，膜结合的对象不是外源药物或变应原，而是被免疫系统错误地视为异物的正常细胞成分。

Ⅲ型超敏反应又称免疫复合物型超敏反应，是引起许多临床疾病的免疫应答，包括高敏感性肺病、血清病和免疫复合体肾脏疾病。这类免疫应答的抗原刺激通常强烈而持久。由于过敏性抗原或变应原常常难以清除，抗体持续产生。变应原和抗体结合，然后激活补体，导致炎症反应。在此过程中血管壁受损、渗透性增加，导致血管壁和组织中的免疫复合物不断沉积，吸引多形核白细胞，进一步加重局部组织损伤而使炎症恶化并延长炎症循环。当这种复合物沉积于肾小球时，就出现肾脏疾病。在血液循环中有这种免疫复合物并不少见，通常情况下，它们会经循环中的红细胞（由红细胞补体所吸收）或吞噬细胞作用被迅速清除。但当抗原过多时，这些复合物就会沉积在组织中，随之产生组织损伤。

Ⅳ型超敏性反应（又称为结核菌素、接触或迟发性超敏反应），其机制是由特异性致敏效应T细胞介导的免疫应答。由于在接触变应原约48小时之后过敏反应才变得明显或达到高峰，所以使用了描述性的术语“迟发性”。CD4型T细胞亚群，特别是它们分泌的细胞因子IL-2和γ干扰素（IFN），似乎是导致Ⅳ型超敏性反应和随后组织损伤的因素。如果局部迟发性超敏反应足够强烈，可能导致血管闭塞和组织坏死。就像对毒葛的反应一样，迟发性超敏是接触性皮炎的起因，很明显这种情况是有害的。但矛盾的是，如前所述，这种超敏状态又是复杂免疫应答的重要特征，它能控制病毒感染、霉菌和细胞内微生物感染，对诊断结核有用的结核菌素皮肤实验也属这种超敏反应。

衰老对高敏感状态的影响

免疫应答的效力包括过敏或超敏反应在老年人中是减弱的。在过去的20年中，我们对这种减弱的本质进行了深入的研究，现在我们知道了一些免疫老化的基础。鉴于刚刚已经描述了超敏反应的发生机制，一些变化也就能够很好地被理解了。

尽管已发表的研究有一些变化，但目前仍认为免疫活性细胞及其各亚群的总数量并没有随着年龄的增长而发生变化，除非到了生命的终末期。这种现象在巴尔的摩老龄问题纵向研究中得到了很好的证明。大多数受试者一直到高龄阶段其外周血淋巴细胞绝对值仍在正常范围内。然而，在他们去世前三年，在男性受试者中出现了明显的淋巴细胞减少症。虽然在大多数的人类研究中，B细胞和巨噬细胞的数量似乎保持不变，T细胞的总数也无明显变化，但老年人未成熟T细胞的比例似乎在增加。

在老年人中，这种将未成熟的T细胞释放到外周血中的变化可能反映了胸腺的改变，胸腺是随着人类年龄增长而不断变化的器官。从青春期开始一直到中老年，胸腺对T细胞的发育和调控起着重要的作用。50岁以后，胸腺中含有的免疫活性细胞数量不足10%，其中大部分被脂肪组织所取代。随着这一过程的发展，调节性胸腺激素的合成和释放也随之下降。这些激素甚至到60岁以后就检测不到了。不过，由于前T细胞不断地从骨髓迁移到胸腺内，某些胸腺的活性尽管并不完美，但还可以持续到老年期，也就是说，T细胞的阳性和阴性选择、成熟和程序化在胸腺中受到了损害。这也可能是导致老年人自身免疫活性增加的一个关键因素。

由于胸腺广泛的退行性改变，在衰老过程中，T细胞比B细胞所受影响更直接、更深刻也就不令人惊讶了。在血液、淋巴结和脾脏中，现有的、长期存在的外周血T细胞群也可能随着时间的推移而出现功能性缺陷。细胞介导的免疫应答和迟发型超敏反应都是直接受效应T细胞作用才有的表现，所以在老年期可能受损严重。已有研究发现在80岁以上人群中，对迟发型超敏反应实验无反应或低反应的人两年内死亡率高于反应正常的对照组。迟发性超敏反应的丧失、特异性效应细胞介导的免疫功能障碍为潜伏的病毒、霉菌感染或结核感染的再活化打开了大门。

此外，由于多年来反复不断的免疫刺激，老年人效应T细胞的比例逐渐减小，而记忆T细胞的比例逐渐增大。

把老年人的T细胞放置在培养基中，然后用植物血凝素（PHA）或伴刀豆球蛋白A这两个强效的有丝分裂原（刺激细胞分裂的化合物）进行诱导，结果发现T细胞增殖能力明显下降。在老年人的T细胞中，只有大约一半的细胞能对这种刺激产生增殖反应。此外，当这两种有丝分裂原作用于老年人的T细胞时，钙的摄取、酶的诱导、蛋白质合成及细胞核对细胞内信号的反应都会减弱。

所有这些细胞内过程的缺陷降低了T细胞的复制能力，也大大降低了T细胞形成和释放可溶性调节物质的能力，而这些可溶性调节物质对T细胞激活和控制整体免疫应答至关重要。

在这方面，目前已有许多IL-2生成下降的研究，并阐明了某些机制。IL-2生成不足影响很大。它不仅影响T细胞，也影响B细胞和抗体的产生。T细胞合成和释放IL、白细胞介素-6和B细胞生长因子的缺陷降低了细胞间信息传递的有效性，从而影响了免疫调节。

B细胞对T细胞依赖性变应原或抗原刺激做出反应的能力下降是衰老过程中免疫失调的证据。研究显示，B细胞对T细胞非依赖性抗原的反应减弱程度少一些。老年人血型抗原的天然抗体——同种凝集素水平也会下降。然而，B细胞群的其他成分却提示自身抗体在增加。幸运的是，虽然老年人自身抗体活性增加，但他们自身免疫性疾病的发病率却并没有随之增加。

调节功能的缺陷也表现在老年人单一B细胞系的增殖上。单一B细胞合成和释放大量的特异性单克隆抗体，这些特异性单克隆抗体的产量非常大，可以在血清电泳上表现为“M”峰。它们是由已经不再被正常T细胞或其他抑制因子影响的B细胞克隆产生的。在90多岁的老人中，多达15%~20%的人可以出现“M”峰。在老年人中，这种单克隆“免疫球蛋白病”经常预示着致命的淋巴增生性恶性肿瘤将发生。

巨噬细胞似乎能相对较好地抵抗衰老过程，但也不能完全幸免。随着时间的推移，它们的数量似乎不会减少很多，而且也能很好地保留吞噬能力和抗原呈递能力。但重要的是，它们产生白细胞介素和其他可溶性因子的能力可能会随着年龄的增长而减弱。

经典过敏反应或速发型（Ⅰ型）过敏反应的发生率在老年期要低得多。原因似乎是多方面的。老年人的血清IgE浓度明显低于年轻人，男性间的差异更加明显。在老年人中，对白喉类毒素的特异性IgE反应较低，即刻皮肤试验的应答强度也下降。提示这些表现的原因不仅是由于合成IgE的能力下降，也由于肥大细胞的功能已受损。

一些研究显示IL-4的产生和反应下降，而IL-4是控制IgE合成和释放的关键细胞因子。如前所述，IgE负责速发型过敏反应或经典过敏反应。IgE 的显著下降解释了为何常年患有过敏性鼻炎和过敏性哮喘的老年患者症状会减弱或消失。在老年人中也可能发生严重的 IgE 介导过敏反应，但很少见。过敏症逐渐消失是为数不多的使老年人感到安慰的事情。

免疫反应包括过敏或超敏状态的严重损害是不良的预兆。因此，对老年人免疫系统状态进行评估可以为预后判断提供重要的依据。

另请参阅：免疫系统。

拓展阅读

Barbee RA, Lebowitz MD, Thomson HC, and Burrows B (1976). Immediate skin reactivity in a general population sample. *Annals of Internal Medicine* 84: 129.

Bender BS, Nagel JE, Adler WH, and Andres R (1986). Absolute peripheral blood lymphocyte count and subsequent mortality of elderly men. The Baltimore Longitudinal Study of Aging. *Journal of the American Geriatric Society* 34: 649.

Chang MP, Makinodan T, Peterson WJ, and StrehlerBL (1982). Role of T cells and adherent cells in age-related decline in murine interleukin 2 production. *Journal of Immunology* 129: 2426.

Cheung HT, Twu JS, and Richardson A (1983). Mechanism of the age-related decline in lymphocyte proliferation: Role of IL-2 production and protein synthesis. *Experimental Gerontology*18: 451.

Coombs RRA and Gell PGH (1975). Classification of allergic reactions responsible for clinical hypersensitivity anddisease. In: Gell PGH, Coombs RRA, and Lochman PJ (eds.) *Clinical Aspects of Immunology*, 3rd edn, pp. 761 - 781. Oxford, UK: Blackwell Scientific Publications.

Delespesse G, DeMaubeuger J, Kennes B, Nicaise R, and Govaerts A (1977). IgE mediated hypersensitivity inaging. *Clinical Allergy* 7: 155.

Kennes B, Brohee D, and Meve P (1983). Lymphocy teactivation in human aging: V. Acquistion of response to T cell growth factor and production of growth factors bymitogen stimulated lymphocytes. *Mechanisms of Aging and Development* 23: 103.

Lerner A, Philosophe B, and Miller RA (1988). Defective calcium influx and preserved inositol phosphate generationin T cells from old mice. *Aging: Immunology and Infections Disease* 1: 149.

Palma-Carlos AG (1976). Allergic diseases in the aged. *Allergieund Immunologie* 4: 187.

Roberts-Thomson IC, Whittingham S, Youngchiayud U, and Mackay IR (1974). Aging, immune response, and mortality. *Lancet* 2: 368.

Somers H and Kuhns WJ (1972). Blood group antibodies inold age. *Proceedings of Social Experimental Biology and Medicine*

141: 1104.

Tollefsbol TO and Cohen HJ (1986). Expression of intracellular biochemical defects of lymphocytes in aging: Proposal of general aging mechanism which is not cell specific. *Experimental Gerontology* 21: 129.

Vercelli D (1993). Regulation of immunoglobulin E synthesisin young and aged humans. In: Zeitz HJ (ed.) *Immunology and Allergy Clinics of North America. Immunologic Problems in the Aged*, Vol. 13, p. 751. Philadelphia, PA: W. B. Saunders.

WuW, Pahlavani M, Cheung HT, and Richardson A (1986). The effect of aging on the expression of interleukin 2 messenger ribonucleic acid. *Cell Immunology* 100: 224.

译　者：崔　瑶（首都医科大学附属北京同仁医院）

老年人的志愿活动

R. A. 哈罗蒂安 美国退休人员协会，华盛顿特区，美国

词汇表

正式志愿服务（Formal Volunteering）——任何通过慈善、宗教、公民或类似组织无偿提供的旨在帮助他人的活动，参与者不获取任何报酬或其他形式的物质补偿。

独立部门（Independent Sector）——一个由800多个基金会、企业和志愿组织组成的非营利联合会，志在慈善事业和志愿行动。

非正式志愿服务（Informal Volunteering）——任何自发的或由个人进行的帮助他人的活动，参与者不获取任何报酬或其他形式的物质补偿。

志愿服务强度（Intensity of Volunteering）——每周或每个月参与正式或非正式志愿活动的时间。

志愿活动参与率（Volunteer Participation Rate）——某一特定群体或人口的志愿活动发生率。

引言

志愿活动通常被定义为非自身责任范围内的、不获取任何金钱或物质报酬的、以帮助他人为目的的任何活动。志愿者通常通过宗教组织、慈善组织或民间组织提供帮助，但帮助行为也可以在自发的或非组织的基础上进行。本文采用更为广泛的志愿活动定义，也就是包括了有组织的、正式的，或自发的、非正式的对他人的帮助行为（除了直系家庭成员或亲属）。由于缺乏对志愿活动的标准定义，因此很难准确地描绘出美国志愿活动的趋势。本文使用的是来自全国性调查的数据以及关于志愿服务的各个方面的研究信息，提供了近几十年来志愿服务和老年人口的大致趋势和发现，本文结尾还展望了未来美国老年人志愿服务的发展前景。

志愿活动的趋势

尽管对志愿服务的定义有所不同，但过去20年中进行的美国全国性调查显示，志愿服务的普及度在20世纪70年代末和80年代期间稳步上升，但自1990年以来略有下降。与此同时，志愿者的组成也发生了变

化，这反映了社会的整体趋势。更值得注意的趋势之一是最近美国老年人参与志愿服务的人数增加。

美国的独立部门（Independent Sector，IS）于1988年、1990年、1992年和1994年开展了一系列的全国性调查（以下简称“IS调查”），提供了测量美国成年人（18岁及以上）参与志愿活动的数据。IS调查每两年进行一次，其中将志愿活动明确地界定为“不只是属于某个服务组织，而且实际上以某种形式为他人提供了无偿的帮助”。这个定义包括了正式的和非正式的志愿服务，是测量和探讨志愿活动时最普遍使用的定义。

如表1所示，20世纪80年代，志愿者活动的增加在1989—1990年达到了峰值，即54%。然而，从那以后，志愿活动的整体比例在1993—1994年下降到了48%。（IS调查通常在3月份进行，调查询问受访者“在过去12个月中”参与志愿活动的情况，因此数据包含了前一年的大部分时间和当年第一季度的情况。）

表1还展示了1973—1974年的志愿服务数据，这是根据美国人口普查局为联邦志愿服务机构（ACTION）进行的调查（以下简称“ACTION调查”）结果得出的。然而，需要注意的是，ACTION调查将志愿活动限定为“为某个团体或任何形式的组织提供的无偿志愿服务”，明显比IS调查中的定义更为严格。尽管表1包含了这些早期的数据，但是这些数据不能直接与以后的数据相比较。我把它们包括在内是因为它们反映了1973—1974年的正式志愿活动的参与程度。苏珊·尚布尔（Susan Chambre）利用最近的IS调查数据进行的分析显示，只有不到10%的受访者表示他们所从事的志愿活动全部是非正式的。将这一差异应用于1973—1974年的调查结果将会使当时全部志愿活动的比例上升。但是，即使在这种调整之后，志愿活动——包括正式的和非正式的——在20世纪80年代之前也并不是十分普遍。

参与志愿活动的相关因素

对于志愿服务参与率变化的明确解释是难以捉摸的。关于志愿服务的复杂方面，很少有深入的全国性研究。大多数的研究在本质上是描述性的，并且局限于少数特定的项目，因此很难概括过去的30年里美国的志愿服务状况。虽然没有一个明确的“模型”能够持续地预测志愿活动参与率、志愿活动参与群体或志愿活动的动机，但从全国调查和案例研究中都可以获得足够的信息，以表明哪些因素最经常与志愿活动相关。

一些研究者认为，志愿活动在经济增长或稳定的时期会有所增加，而在经济萧条或衰退期间则会减少。这个理论是基于这样的假设：当人们在经济和情感上感到安全的时候，他们更有可能寻求机会帮助其他人。然而表1中展示的IS调查数据并没有为这一假设提供有力的支持。在20世纪80年代的后半部分，美国的志愿活动参与率从45%上升到54%，这正是一个经济平稳增长的时

表 1 按年收入、就业状况、受教育程度分列的 1973—1994 年美国志愿活动参与率（%）

	1993—1994	1991—1992	1989—1990	1987—1988	1973—1974
合计	48	51	54	45	24
家庭收入					
低于 10 000 美元	34	32	30	23	17
10 000~19 999 美元	37	38	42	40	29
20 000~29 999 美元	53	51	56	50	—
20 000 美元及以上	—	—	—	—	37
30 000~39 999 美元	56	56	64	51	—
40 000~49 999 美元	55	67	67	44	—
50 000~74 999 美元	61	61	63	57	—
75 000~99 999 美元	58	63	62	50	—
100 000 美元及以上	68	74	74	62	—
就业状况					
在业	52	59	60	49	25
失业	41	43	45	38	17
退休	41	34	39	35	22
受教育程度					
高中或以下	37	38	42	34	19
上过大学	53	62	66	56	32
大学毕业或以上	67	77	74	64	43

引自：Hodgkinson VA, and Weitzman MS (1994). *Giving and Volunteering in the United States*. Washington, DC: Independent Sector; ACTION (1975). *Americans Volunteer*: 1974. US Bureau of the Census, Washington, DC.

期，并在 1991—1992 年的经济衰退期开始下降（51%）。但是后续的调查显示，尽管经济再次增长，这一比例仍旧出现了进一步的下降（在 1993—1994 年下降到了 48%）。

这种异常可能与其中一种类型的志愿服务参与率下降有关。虽然没有在表 1 中显示，但志愿者比例的下降主要是由于非正式志愿活动的减少。参与自发的或非正式的志愿活动的受访者比例从 1991—1992 年的 23%下降到 1993—1994 年的 17%。相比之下，在同一时期，正式志愿服务的比例保持稳定。调查还表明，那些属于不同组织——宗教、公民、慈善、教育组织——的人比那些不属于这些组织的人更有可能做正式的志愿活动。

组织成员是志愿活动的基石，提供了相

对稳定的正式志愿者。相比之下，非正式的志愿活动则不那么一致，而且更容易随时间变化。这种类型的志愿活动对经济状况更加敏感，或者更准确地说，对人们关于经济状况的看法更为敏感。近年来的全国民意调查显示，尽管经济发展态势相对健康，但很大一部分美国人对自己的经济状况感到不安，并对未来缺乏安全感。这些看法可能反映了标准的宏观经济指标无法显示的经济现实。最近的研究表明，在20世纪90年代，大多数中等收入美国人的实际工资和收入都停滞不前，收入最低的五分之一人群的收入有所下降，而收入最高的五分之一人群的收入则有所增加。在这样的经济趋势下，越来越多的美国人感到不安，这与近期志愿活动的衰退相吻合（参见“经济学：社会”）。

许多研究都证明了志愿服务与经济因素之间的联系，表明收入和受教育程度与参与志愿服务的可能性密切相关。表1显示，参与志愿服务比例最高的是那些受过良好教育、更富有、有固定工作的人。这些人也很有可能是公共组织的成员，大多数正式志愿活动是通过这些组织开展的。罗伯特·哈罗蒂安（Robert Harootyan）和罗伯特·沃瑞克（Robert Vorek）基于全国调查数据的多元分析结果显示，教育和收入是参与志愿服务的两个最有力的预测变量。他们的模型还表明，当控制其他变量时，志愿服务受到以下因素影响（按影响力的大小降序排列）：利他主义态度（例如与不那么幸福的人分享自己的利益的信仰）、对他人为社会做出的贡献有积极的看法、年龄在35—44岁、对自己的生活质量感到满意、拥有一个大家庭、已婚（见表2）。

他们的调查结果强调了社会经济和态度因素对志愿服务的共同影响。此外，已婚、有一个大家庭、处于育儿年龄阶段的群体表明，配偶、子女或其他家庭成员的存在增加了参与志愿服务的可能性。这些特点可能会让人们更有意识和机会参与志愿服务，特别是通过教育、宗教、公民组织或慈善组织的志愿服务。这样的机会可能是由于家庭成员对社区组织的认识或参与。与学校相关的活动、儿童参加课外活动或娱乐活动，往往会导致家长作为志愿者参与其中，这可能是真正自愿的，也可能是对志愿援助的隐性的期望或明确的请求的结果。

家庭规模与志愿服务相关性的证据也来自IS调查和其他调查的发现，这表明被直接邀请会大大增加人们参与志愿服务的可能性，特别是当人们被亲属、密友或同事邀请时。作为大家庭成员的个人，自然有更多被请求参与志愿服务的机会，而不是仅仅听说志愿活动。IS研究表明，超过五分之四（82%）的人被请求时会做志愿服务。相比之下，只有约五分之一（21%）的人表示即使没有被请求实际上也参与了志愿活动。

志愿服务不仅受到家庭环境和工作状况影响，而且同参与教育和宗教组织密切相关。到目前为止，最常被提到的志愿活动载体是宗教组织。大多数研究显示，45%～50%的志愿者通过基督教堂或犹太教堂贡献部分或全部时间。志愿服务的第二种最普遍的载体是教育组织——有四分之一到三分之

表 2 按性别、婚姻状况分列的 1973—1994 年美国志愿活动参与率（%）和每周平均志愿活动时间（小时）

	1993—1994	1991—1992	1989—1990	1987—1988	1973—1974
合计	48	51	54	45	24
性别					
男性	44	49	52	44	20
女性	51	53	56	47	26
婚姻状况					
已婚	52	56	59	50	27
单身	41	48	44	40	20
离婚、分居或丧偶	40	36	47	34	15
每周参与志愿服务的小时数	4. 2	4. 2	4. 0	4. 7	9. 0

引自：同表 1。

一的志愿者提及。其他类型的组织——医院、民间团体和慈善组织——是志愿服务不太常见的途径（参见“宗教与灵性”）。

总的来说，志愿者最有可能是那些受过较好的教育、经济宽裕、有工作、对生活质量满意、关心他人、中青年、已婚、生活在相对较大的家庭中（可能包含两到三代人）的人。这些发现表明，在当代美国社会中，社会经济、态度和结构因素对志愿服务的影响是复杂的。那些最融入社会组织和社会经济结构的人最有可能是志愿者。

老年人参与志愿服务的趋势

关于志愿服务的发现也有助于描述和解释志愿行为中特定年龄群体以及与年龄相关的趋势。老年人（包括 65 ~ 74 岁和 75 岁以上）和退休人员参与志愿服务的可能性低于非老年人及有工作的人（见表 3）。这些数据跟那些关于志愿服务与社会经济状况、家庭规模和社区生活参与度相关性的论文观点是一致的。长期以来，衰老和老年人还常常被负面地看待，他们的特征被认为是丧失了重要角色，例如父母和有偿劳动者等。年老通常意味着退休后的较低收入。以老年人为户主的家庭，规模往往都较小。老年群体的平均受教育程度显著地低于 65 岁以下的人群。对许多老年人来说，由于活动能力受限，社区活动的参与度也随之降低（参见“退休”）。

因此，与其他年龄的人群相比，老年人参与志愿活动的可能性更低，对此我们并不感到惊讶。然而，一些观察者认为，正是因为发生了角色丧失，老年人应当更多地参与志愿活动。这种观点认为，志愿活动是老年人填补他们生活中空虚的一种重要方式。但是大量的研究表明，角色丧失不太可能导致老年人参与志愿服务。在一项全面考察未来美国老年群体“无偿生产性角色”（即志愿活动）潜力的调查中，老龄社会委员会（the Committee for an Aging Society）于1986年得出结论，无偿工作似乎并不能代替有偿工作。该报告强调，有偿工作和无偿工作相对应的社会价值与意义有着明显的区别，两者不能相互代替。该委员会的结论与之前的研究结果相一致，即参与志愿活动与有工作的状态密切相关，而不是失业或退休。尚布尔对志愿服务和老年人的全面分析得出了同样的结论。志愿活动是有偿工作的补充，并且与其有本质性的差异。

此外，IS调查和1991年由万豪老年生活服务公司（Marriott Senior Living Services）资助的一项全国性的老年志愿活动调查结果显示，无论是孤独感、缺乏活动、充足的时间，还是对社会化的渴望都不是参与志愿活动的强大动力。相比之下，帮助他人的愿望——利他主义，以及希望为社区福利做出真正贡献——成就感或自我实现，是成为志愿者的显著决定性因素（连同收入和教育程度）。此外，无论是老年人、中年人还是年轻人，对慈善机构和民间组织重要性的积极看法，以及积极参与宗教组织，都极有可能影响志愿服务的参与。

然而，对老年人来说，参与志愿服务可能会受到社会和身体障碍的限制。健康状况不佳是老年人最经常提到的不参与志愿服务的原因。健康问题，加上有限的经济来源（缺乏对志愿服务相关开销的补偿，是影响低收入者参与志愿服务的最主要原因），较低的教育水平，以及交通困难都是老年人参与志愿服务的障碍。老龄社会委员会还强调，对老年人的偏见，特别是与某些志愿工作的负面取向相结合时，会阻碍老年人的志愿服务。

最后，从生命历程视角来看，全面理解年龄和志愿活动之间的关系是很有必要的。人们不会在65岁或70岁的时候突然变成“老人”。价值观、态度、道德标准、政治哲学和一般性格特征也不会随着年龄的增长而发生显著变化。同样地，那些在人生中大部分时间没有积极参与志愿活动的人，或者在年轻时不具有志愿者角色模式的人，当他们的父母责任结束、退休或者到了65岁的时候，也不太可能成为志愿者。与其他特征一样，志愿服务往往是一项终身的活动，从青年开始，并在年老时继续。

从生命历程的视角来看，了解几十年前年轻人的志愿服务参与情况对于理解当前老年群体的志愿活动很重要。特定出生队列的态度、经历和行为给未来的志愿服务提供了线索。尽管数据有限，但大多数调查显示，总的来看20世纪80年代之前志愿活动在各个群体中的参与率都不高，不论受教育水平、收入、婚姻状况或年龄如何（见表1、表2、表3）。因此，20世纪70年代时35~44岁人群较低的志愿活动参与率，对应了20年后的今天55~64岁和65岁及以上群体的低参与率。生命历程视角与志愿服务关键影响因素相结合，为预测美国老年人志愿活动的变化情况提供了基础（参见“生命历程”）。

表 3 按年龄分列的 1973—1994 年美国志愿活动参与率（%）

	1993—1994	1991—1992	1989—1990	1987—1988	1973—1974
合计	48	51	54	45	24
年龄组					
18~24 岁	45	48	43	42	18
25~34 岁	46	53	62	45	—
35~44 岁	55	61	64	54	—
25~44 岁	—	—	—	—	30
45~54 岁	54	56	56	48	25
55~64 岁	47	49	51	47	21
65~74 岁	43	42	47	40	—
75 岁及以上	36	27	32	29	—
65 岁及以上	—	—	—	—	14

引自：同表 1。

关于未来美国老年人参与志愿服务的预测

在将来，志愿活动的年龄差异会持续吗？我认为不会。正如上面所讨论的，出生队列差异有助于解释 20 世纪 90 年代前期退休人员和 65 岁及以上群体志愿活动参与度较低的状况。但在志愿活动参与率方面，年龄和就业状况带来的差异似乎有所减弱。正如表 1 所示，在 1987 年至 1992 年，在职人员和退休人员志愿活动参与率的差异从 14 个百分点提高到 25 个百分点。然而，到了 1993 年至 1994 年，这一差距降至 IS 调查期间的最低水平——11 个百分点。

更重要的是，这些群体中变化的方向发生了逆转。自 1991—1992 年以来，在职人员的志愿活动参与率从 59% 下降到 1993—1994 年的 52%。然而，对于退休人员来说，在这期间，他们的参与率从 34% 上升到了 41%。现在断言这种短期的变化将持续并成为一种长期趋势还为时过早，但是美国退休人群志愿活动参与率的变化是非常大的。而且由于这一变化发生在仅仅两年之内，平均退休年龄降低的趋势并不是一个影响因素，正如按年龄划分的数据所显示的那样。

分年龄的志愿服务参与率也存在类似的模式。自 1991—1992 年来，在 65 岁以下的各个年龄组中，志愿者的比例均有所下降，而 65~74 岁年龄组的志愿活动参与率增加了 1 个百分点——在 1993—1994 年达到 43%。更引人注目的是，75 岁及以上人群参与志愿服务的比例从 27% 上升至 36%——

这是该年龄组在所有全国性调查中的最高比例（万豪的调查显示，75~79 岁组的比例为 39%，而 80 岁及以上组的比例为 27%）。

虽然美国 65~74 岁人群的志愿活动参与率仍然低于一些年轻的群体，但已接近 18~24 岁和 25~34 岁的水平。这些趋势不能简单地由美国人口老龄化来解释。更复杂的过程影响了老年人越来越多地参与志愿活动，这些过程代表了当今老年群体和即将步入 65 岁群体的“成熟”。这一新兴趋势反映了美国老年人的变化特征——这些特征往往使他们与其他人群更为相似而不是更加不同。

我强调过，退休并不会导致志愿活动，而就业是预测志愿活动的一个因素。这似乎很讽刺，女性的劳动参与率不断上升，限制了她们的志愿服务参与水平。IS 调查显示，与其他群体一样，自 1990 年以来，女性和已婚人士的志愿活动参与率均有所下降。此外，对于那些传统上最活跃的志愿者——35~64 岁的女性，尤其是已婚女性，参与志愿工作的时间也有所缩减。对于全体女性来说，1993 年的劳动参与率超过了 57%，而 1970 年的这一比例还不到 50%。最重要的是，自 1970 年以来，这个年龄段已婚女性就业率的变化。在 35~44 岁的人群中，这一比例从 1970 年的 47% 上升到 1993 年的 75%；在 45~64 岁的已婚女性中，劳动参与率从 44% 上升到 60%。这些就业趋势降低了志愿服务的发生率和志愿者投入的时间（特别是在非正式志愿服务方面），除了那些 65 岁及以上的群体（参见“工作和就业：个人”）。

事实上，美国的老年群体在一定程度上弥补了近年来由年轻人和中年人造成的志愿服务参与率的降低和“强度”（每周或每月投入的时间）的减少。这两种趋势可能是偶然的，也并非因果关系，但模式是明确的。

其他因素也影响了老年人志愿服务的不断增长。过去 20 年间出生队列特征的显著变化是 20 世纪 90 年代老年人志愿服务参与率不断上升的最主要原因。在 1975 年对《社会保障法》（the Social Security Act）的修订中引入了依据年度生活成本变化对退休福利进行调整的机制，这降低了老年人的贫困率。此外，超过 40% 的老年人还会获得某种形式的私人或公共养老金。

同样，有 30 年历史的公共医疗保险计划（Medicare Program）为老年人解除了最主要的后顾之忧——高额医疗照护费用负担。因此，比起前几十年，如今的美国老年人总的来说在经济上更有安全感。但是，这种安全感能否持续下去还不得而知。现在美国老年人花费的医疗费用占其平均收入的比例要高于 30 年前（分别为 22% 和 15%）。国会提议大幅削减联邦医疗保险支出，这也引起了许多老年人的担忧。

正如前面讨论的美国人的总体情况，经济上的宽裕感和安全感使人们能够超越自我，伸出援手帮助他人。在这方面，美国的老年人也没有什么不同。利他主义和成就感是所有年龄段参与志愿活动的重要诱因。同样，除了收入和经济安全之外，还有其他社会经济特征。在老年人群体中，有工作（不论全职或兼职）、已婚和受过良好教育的人比其他老年人更愿意做志愿者。在过去20年里，55岁及以上男性的劳动参与率一直在稳步下降，而同龄女性的劳动参与率则略有升高。这一变化带来的总的影响是降低了他们参与志愿服务的可能性。相反，年长美国人已婚的比例略高于几十年前，这增加了他们参与志愿服务的可能性。

但是，美国老年人出生队列特征中的最显著和快速的变化是受教育程度，这也是沃瑞克和哈罗蒂安所建立的回归和判别分析模型中对志愿服务最有影响力的预测变量。在1980年，所有65岁及以上的老年人中，有43%的人受教育年限不足8年，而1993年这一比例为24%。1980年，不到四分之一（24%）的老年人受教育水平为高中毕业，但到1993年，高中毕业的人超过了三分之一（34%）。而在1980年，17%的人接受过大学或更高的教育，在1993年达到了26%。在不到15年的时间里，美国老年人受教育程度发生了小小的“变革”，这种“变革”将会持续下去，因为在今后的几十年中，受教育水平更高的队列会逐渐步入老年阶段。

受教育水平的这种上升趋势对未来美国老年人的志愿服务意义重大。作为最具影响力的志愿活动预测指标，受教育程度的提高将会给老年人的志愿活动参与度带来新的提高。多变量分析表明，在控制其他因素后，“至少受过大学教育”的老年人从事志愿服务的可能性是那些“高中或以下”教育程度的人的三倍。受教育水平趋势也预示着老年人更多地参与到与年轻人相关的志愿活动中。哈罗蒂安和沃瑞克发现，教育程度为“大学”和“大学以上”的老年人参与造福年轻人的志愿项目的比例相当高，分别为37%和28%；相比之下，教育程度为“高中”的这一比例为22%，而“高中以下”的仅为8%。老年人获得更高教育程度的另一个好处是它与健康状况的积极关系。新一代的美国老年人与他们的前辈相比受过更好的教育，也更健康，这将进一步增加老年人参与志愿服务的可能性。

另一个因素对于预测未来的老年志愿服务的前景尤其重要——宗教组织的影响。诸如IS调查等研究一致指出，宗教信仰和宗教活动是参与志愿活动的重要决定因素。哈罗蒂安和沃瑞克表明，通过宗教组织开展的志愿活动随着年龄的增长而增加，18~34岁年龄组中这一比例为38%，而65岁及以上年龄组则提高到54%。随着宗教集会参与者的平均年龄持续上升，老年志愿者的参与度也会越来越高。

也有可能的是，新的队列中的美国老年人不仅是宗教组织的成员，而且与他们的同龄人相比更有可能成为世俗组织的成员。由于目前尚不清楚的原因，当今典型的美国老年人不太可能加入社区内的非宗教组织。但是美国中年人参与这类组织的可能性相对较高，并且预测这一模式将在他们的生命历程中得以延续。如果这一模式持续下去，那么未来老年人参与正式志愿服务的可能性将会更高。

一个影响老年志愿者的“隐藏”指标

是他们投入这类活动的时间（志愿服务时间强度）所产生的乘数效应。在过去 10 年中的各类全国性调查数据显示，志愿者每周的平均志愿工作时间为 4 个小时。哈罗蒂安和沃瑞克的调查显示，不同年龄的平均每月志愿工作时间有很大差异。所有志愿者的月平均工作时间为 17 小时，而 65~74 岁组为 26 个小时。即使是高龄志愿者（75 岁及以上），其月平均工作时间也有 14 个小时，与 35~44 岁组相同。尽管老年人的志愿活动参与率比其他年龄组低，但其时间强度却是最高的。

过去试图增加老年志愿者数量和比例的努力也可能在未来被证明是有益的。美国联邦政府已经实施了一系列志愿行动计划，以促进美国老年人作为社区资源的可利用性。它们目前隶属于全国老年志愿团（the National Senior Volunteer Corps）。其中一些项目还有另外的目的——为那些原本无法或不愿提供志愿服务的低收入老人提供适当的津贴。它们还把志愿工作的重点放在有特殊需要的人群上。“祖父母义工计划”针对有特殊需要的孩子，而“老年人陪伴计划”则是推进帮助孤独老人的志愿活动。最大的联邦老年志愿者项目是“退休者和老年人志愿项目”，该项目有近 50 万名志愿者，年龄在 55 岁以上，在全国各地的社区中为各个年龄层人士提供服务。

然而，综合来看，政府的这些努力只动员了老年人口中潜在志愿力量的一小部分。而且削减联邦政府开支可能会使这些项目的发展受到限制。有助于填补空白的是新的面向全国的志愿服务项目。其中最引人注目的是国家退休志愿者中心（the National Retiree Volunteer Center），它促进了企业和教育领域退休人员项目的发展，这些项目有潜力在退休人员中招募数十万新志愿者。

无论是在地方社区还是在全国范围内，个人非营利项目的影响都是深远的。老年群体中可利用的潜在资源比大多数人意识到的要更多。美国红十字会已经注意到，超过一半的志愿者年龄在 55 岁或以上。老龄社会委员会报告中提到，每有 5 个老年志愿者，就另外有 2 个有意成为志愿者但没有付诸行动的老年人。全国性的调查结果，例如 1991 年的万豪研究，也支撑了这一说法。

上文讨论过的老年志愿活动的阻碍因素解释了一些老年人没有成为志愿者的部分原因。其中的一个阻碍因素——老年歧视，是促进更多美国老年人参与志愿服务的一个关键切入点。我在前面已经提到了这个简单但总是被忽视的因素：当被请求时，人们更容易成为志愿者（例如，在较大的家庭规模中）。老年歧视，再加上老年人自身消极的自我印象，会将本来愿意从事志愿活动的老年人推开。然而，美国老年人社会经济特征的变化将会增加他们成为志愿者的倾向。如果要利用这一趋势，其实只需开口请求他们提供帮助。

另请参阅：经济学：社会；生命历程；宗教与灵性；退休；工作和就业：个人。

拓展阅读

American Association of Retired Persons (1991) *Resourceful Aging: Today and Tomorrow. Volume II: Volunteerism.* Washington, DC: AARP.

Chambre SM (1987) *Good Deeds in Old Age: Volunteering by the New Leisure Class.* Lexington, MA: Lexington Books.

Committee on an Aging Society, Institute of Medicine and National Research Council (1986) *America's Aging: Productive Roles in an Older Society.* Washington, DC: National Academy Press.

Fischer LC and Schaffer KB (1993) *Older Volunteers: A Guide to Research and Practice.* Newbury Park, CA: Sage Publications.

Harootyan RA and Vorek RE (1994) Volunteering, helping, and gift giving in families and communities. In: Bengtson VL and Harootyan RA (eds.) *Intergenerational Linkages: Hidden Connections in American Society.* New York: Springer Publishing Company.

Herzog AR and Morgan JN (1993) Formal volunteer work among older Americans. In: Bass S, Caro FL, and Chen YP (eds.) *Achieving a Productive Aging Society.* Boston, MA: Auburn House.

Hodgkinson VA and Weitzman MS (1994) *Giving and Volunteering in the United States,* 1994 Edition. Washington, DC: Independent Sector.

Marriott Seniors Volunteerism Study (1991) Commissioned by Marriott Senior Living Services and the US Administration on Aging, Washington, DC.

译　者：王　硕（中华女子学院）
校译者：曲嘉瑶（北京市社会科学院）

老年人虐待和忽视

L. 麦克唐纳 多伦多大学，多伦多，安大略省，加拿大

词汇表

老年人虐待（Elder Abuse）——指以接受正式或非正式护理的老年人为对象，在有意或无意的情况下对其造成伤害或者引发严重伤害风险的故意性行为，抑或是对于满足老年人基本需求或保护其免受伤害时的失职行为。

正式照护者（Formal Caregivers）——广义上指如社会工作者、医生、律师、家庭护理人员和护士等对老年人提供照护服务的专业及半专业人士。

非正式照护者（Informal Caregivers）——指在老年人或照护者的家中，对老年人提供照护服务的家庭成员或亲密的家庭助手。

忽视（Neglect）——指由老年人所信赖的正式或非正式的照护者所实施的有意或无意的伤害性行为。无意的忽视是指照护者未能成功地承担起照护的职责，但主观上没有刻意伤害老年人的意图；故意的忽视则指照护者有意识或故意对老年人的需求不予满足，导致其心理、身体或实质性的损害。

自我忽视（Self-neglect）——如果一个老年人得不到足够的照护，或个人需求得不到满足，便可遭受生理、心理或实质性的损害。此类问题多发生在老年人由于身体机能或精神逐步衰弱，无力照顾自己的情况下。需要注意的是，对于自我忽视是否应被归于忽视或虐待中尚存在争议，因为在这一问题中并不存在实施虐待行为的照护者。

引言

老年人虐待，又称体罚性虐待或高龄虐待，指经由老年人的正式或非正式照护者（多为其关爱、信赖或依赖的对象）实施的损害性行为。此类破坏性（损害性）行为会对老年人造成生理、心理或实质性的损害，使其忍受不必要的痛苦，甚至导致死亡。从历史上看，在老年人虐待的问题上尚无一个公认的定义，但如今对其的定义、分类在国际上正逐步达成共识。

通常而言，老年人虐待可分为五大类别，分歧在于是否将自我忽视与自我抛弃的形式亦算入其中。身体虐待包括任何涉及故意的致他人不适、疼痛或受伤的行为。身体虐待的例子包括用武力约束、拍击、踢打、

割裂或烧灼等行为。医疗虐待有时被认为是身体虐待的一个特例。性虐待或性攻击包含任何违背老年人意愿的接触（如不必要的触摸）和所有类型的性侵犯（如强奸或强迫裸体）。心理虐待，有时被称为言语或情感虐待，包括对老年人故意挑衅导致其精神上的痛苦、使之恐惧暴力以及隔离。在护理院一类的机构中，心理虐待可以表现为多种形式，如辱骂、羞辱、恐吓或威胁。物质虐待，通常被称为恶意的金融滥用，指施虐者非法或不当侵占老年人的物质财产和财务资源。物质虐待可以包括欺诈、盗窃或未经允许使用老年人的财物。忽视，一般指正式或非正式的护理人员在有意或无意的情况下未能履行其护理义务的部分或全部。例如，拒绝为老人提供生活必需品，如食物、水、衣服、住所、医疗或慰藉等。需要注意的是，那些并未获得老年人信赖的人所实施的诸如偷窃、人身攻击、强奸、入室盗窃等行为，通常不会被归类为老年人虐待，而是犯罪。对老年人的犯罪包括部分老年人虐待，但不可等同视之。

关于以上诸类虐待的研究，多发生于加拿大、美国以及整个欧洲。其他国家，如中国、印度和南非等，对此则有着独到的社会定义，这反映了不同的价值观。在中国，基于和谐社会核心价值观和尊重理念，对一位上了年龄的人疏于照护，可能会被认为是老年人虐待。南非作为第一个尝试对老年人虐待进行分类的发展中国家，将老年人虐待分别归于巫术指控、缺乏尊重、基于系统性医疗机构或养老机构的虐待等。

20 世纪 60 年代之后，随着儿童虐待和女性家庭暴力问题进入公众视野，以家庭成员为实施者的老年人虐待问题才为世人所知。1975 年，英国科学期刊以一篇关于“殴打老妪”的文章第一次提及该问题，但直到 20 世纪 80 年代，老年人虐待问题才真正作为一项重要的社会性问题在发达国家得到重视。20 世纪 90 年代，随着发展中国家老年人口的大幅度增长，老年人虐待开始成为一个全球性问题。故此，本文将从深层次对老年人虐待的范围、程度、结构、风险要素，以及常用以解释该问题的理论框架和全球性应对的方案等进行综合阐述。

老年人虐待的范围和社会背景

家庭环境中的老年人虐待

尽管许多研究已经对老年人虐待及忽视问题的存在和性质予以证明，然而只有少数国际化研究收集了非住院老年人中该问题的流行率数据（给定的时间范围内出现的总体数量）和发病率数据（特定的时间内新出现的样本数量）。因对老年人虐待和忽视的定义不同，方法及时效亦难以统一，故而可靠的数据很难获得。鉴于此，老年人虐待的范围应限定在 2% ~ 10%，或采取更为收紧的评估态势。

美国曾于 1985—1986 年在波士顿地区基于一个 2 020 人的样本对 65 岁及以上老年人进行过研究。结果表明，3. 2% 的老人遭受过某种形式的虐待。大约 2% 为身体虐待，1.1%是长期口头虐待，约0.4%为被忽视。这个调查没有考虑物质上的虐待，导致其流行率普遍低于其他研究。相比之下，瑞典和丹麦的电话调查表明，8%的老年人曾遭受虐待，但盗窃亦被视为虐待的一种。芬兰的一项研究发现，5.7%的老年人自退休起开始遭受虐待。而在1989年加拿大的一项基于2008名老年人的电话随机抽样研究中，约4%的受访者声称自己曾遭受虐待。大约2.5%为物质虐待，1.4%为长期的言语攻击，0.5%为身体虐待，大约0.4%为忽视。而1998年基于阿姆斯特丹市69岁及以上老年人的一项研究表明，遭受至少一年以上虐待的老人约占5.6%。

看上去这一数据似乎相对较低，但其中存在一定的误导。虽然这些研究代表当前最为可靠的学术水平，但它们都存在不同程度的设计缺陷，且受到文化和语境差异的影响。此外，因认知或听力受损而被排除的样本亦不在少数。故而为了实现调查目的，开展地区或全国性的大规模抽样调查是必要的。

老年虐待发生率在大多数国家依旧不为人知，然而美国公共人权服务协会已在试图进行统计。老年人虐待问题发生率的研究基于15个地区的20个国家。通过当地成人保护机构和那些受过专门训练的“哨兵”提供的数据，该研究发现在1996年大约有450 000名60岁及以上的成人遭受过虐待或忽视。这项研究还预测每一个已曝光事件的背后，尚存有四个未曝光事件。而女性比男性更容易遭受老年人虐待。此外，在近90%的情况下，虐待者是受害者的家庭成员之一，三分之二的情况下施虐者是受害者的成年子女或配偶。然而发生率在其研究方法论上受到许多质疑，很多老年弱势群体与外界没有联络，因此往往难以采取行动反对施虐者，所以很难确定此类事件是否属于虐待。

机构里的老年人虐待

机构虐待发生于疗养院、医院或长期照护机构，它是由正式的护理人员或其他患者与探访者实施的。然而一些迹象表明，家庭虐待关系不一定因受害人进入了疗养机构而结束。涉及老人虐待的正式照护者与非正式照护者犯下的罪行大致一样，但受害者可能更容易受到虐待，因为他们更受限于设施。一些研究人员将侵犯基本人权列入虐待清单。此类违法行为包括否定老年人个人决策的权利或隐私的权利。而另一种形式的虐待，被认为是系统性的虐待，指通过绝对的严格控制进行虐待，如为老年人配发尿失禁内裤而不是帮助他们去洗手间。

没有可靠的数据说明医院、护理院、日间照护中心、长期照护机构里老年人虐待及忽视的流行率。有足够的证据表明（案例研究、政府工作报告、民族志研究、个人历史）在每一个国家的此类机构中都存在老年人虐待，如：物质虐待，包括盗窃患者基金和欺诈治疗费用、虚抬医药费用；身体虐待，包括野蛮地触碰和殴打，以及不适当的治疗，如化学和物理约束；心理虐待，包括社会隔离、恐吓和威胁。忽视往往反映了护理提供的不足，如不为老年人提供充足的营养和水分，或不为其护理身体卫生。

第一例对护理院老人虐待流行率的调查是在美国展开的。1989 年，对 577 名护士和护理院的助手进行了一次随机调查，要求员工诉说自己或他人虐待老人的经历。调查只考虑身体和心理上的虐待。研究人员发现，总体来看，36%的受访者在前一年里目睹过至少一次身体虐待。工作人员观察到的最常见的身体虐待是对老人的过度限制。81%的受访者在前一年里见证了至少一个心理虐待事件。10%的护士报告说他们自己曾有过一次或多次身体虐待行为，最常见的是过度使用限制（6%）。40%的护士承认有心理虐待行为，最常见的是大声斥责（33%）。最近的一个培训项目对 77 名注册护士进行了随机调查，了解他们是否目睹虐待。他们的报告支持了上面提到的美国的第一次研究结果。58%的目击者称他们看到过工作人员怒斥居住者，36%的人看到居住者受侮辱，11%的人见证了对居住者进行威胁或投掷杂物，21%的人目睹过推搡或非正常触碰。

加拿大安大略省对 804 名护士进行的随机电话抽样调查表明，20%的受访者证实疗养院中存在虐待，31%的受访者见证了野蛮推搡患者，28%的人目睹了对患者的责骂。瑞典的研究人员（包括一些护工）发现，前一年中有 11%的工人知晓至少一个虐待事件。

在分析家庭暴力时，几个北美地区的学者认为基于多种因素，疗养院助长了员工对患者的虐待。这些因素包括对于虚弱老年人的长期照护缺乏全面和一致的政策，如内置的财政激励措施易导致劣质服务，护理院规则的执行不力，缺乏高素质和训练有素的员工，老年居民普遍无力和脆弱，尤其是那些有某种类型的痴呆或记忆丧失的患者，员工有向老年人报复的倾向。

在对一个解释机构虐待行为的模型进行的部分测试中，研究人员发现，虐待疗养院患者似乎是对高压力工作条件的反应，而不是疗养院规模或所有权状况等特点造成的。年轻的、精疲力竭的、遭受过患者攻击的工作人员更有可能对老年患者施虐。

老年人虐待的危险因素

准确研究虐待的危险因素，对于筛选和干预，以及减少或消除虐待、促进高风险人群的政策发展至关重要。然而在相同危险因素的作用下，虐待的发生率和流行率亦可能不同。

对老年人虐待问题的研究始于 20 世纪 70 年代末，其结论是典型的虐待受害者的情况大致如下：超过 75 岁的女性；衰弱的身体和心理损伤；依赖于一个家庭照顾者；施虐者通常是女儿。20 世纪 80 年代末，基于更健全的方法的研究对这些观察结果提出了一些怀疑，并指出情况比最初认为的要复杂得多。重点从高危患者的分类转移到罪犯的分类，以及受害者、罪犯及虐待的类型的不同组合等。21 世纪初，越来越多的研究证据强调虐待老年人的互动性，支持区分患者指向、患者产生及相互虐待。

20年间的研究可以简化为五个主要方面。第一，主要完成于北美地区的一些研究表明共享生活环境对虐待是一个主要的危险因素。相反，老年人独自生活则受虐待的风险最低。在一些国家，拥挤不堪的环境可以增加人与人之间的接触和虐待的可能性。或许虐待的类型不同，生活环境的作用也不同，但这需要进一步调查。第二，对家庭暴力的研究发现，在绝大多数的暴力情况下都存在着一定程度的社会隔离。同样，一些实证研究在北美地区和斯堪的纳维亚地区发现，受虐待的老年人不与朋友和家人联系的概率比未遭受虐待的老年人更高。这一发现被解释为当一个年长的人有强烈的、积极的家庭和社会关系时，其家人和朋友的存在不仅会阻止暴力行为，还可以提供额外的支持，帮助其担负压力。第三，大量的研究发现老年痴呆患者更容易遭受身体虐待。然而，痴呆本身并不构成危险因素，虐待是照护者暴力行为的结果。第四，施虐者的人格特质，也称为施虐者的自身内在特征，是基于一些研究的观察结果得出的，这些研究发现，施虐者多有精神疾病史和滥用药物、酗酒等问题。抑郁似乎是一种共同特征，而酒精是最常用的药物。第五，一些研究表明，相比之下施虐者更加依赖受虐者的住房和金融支持。

某些研究认为，年长的女性更有可能被虐待，成年子女是主要虐待者，并表现出更高水平的虐待性。目前没有证据支持种族是虐待的危险因素。研究也尚未发现脆弱或依赖是老年人虐待的危险因素，而且，最重要的是，还没有观点认为更大的照顾者压力会导致虐待。仅有两项研究调查了两代人之间的老年人虐待问题，但并未发现危险因素，故而没有证据支持这一假说。

理论解释

有关老年人虐待的大部分文献并不能区分虐待相关的理论解释和个人因素。某个理论提供了一个通用的、系统的解释，并适用于观察到的事实，老年人虐待的特定因素，如压力或依赖，尽管他们只是仅有的一些因素，并可以融入任何的理论，但他们常常被视为完整的理论解释。具体的各种因素和老年人虐待之间的关系形成命题的理论构建。在老年人虐待的简短历史过程中，因素之间的不同关系导致至少有四个不同的理论观点。每一种理论都决定着应该采取什么行动来对抗老年人虐待与忽视。

情境模型

第一个也是最被广泛接受的观点可能就是情境模型，其根源是儿童虐待和家庭暴力。情境模型的基本前提是环境压力导致护理者虐待老年人，他们通常被视为压力的来源。这种方法表明，虐待是一种非理性的应对压力的行为。这一理论相关情境变量包括护理者和老年人的相关因素，以及社会和经济条件。基于这个角度，干预措施在于减轻护理者的压力。这个观点的一个主要缺陷在于它不能解释为何许多护理人员经受着与施虐者相同的压力，却不对老年人实施虐待。这个观点还因为责怪受害人，把受害人视为压力的来源而备受质疑。所以到了 2005 年中期，这一理论渐渐失去支持。

社会交换理论

社会交换理论基于一种假设——社会交往涉及人与人之间奖惩交换，而且所有的人寻求最大化的回报和最小化的惩罚。在大多数的关系中，不同的人有不同程度的资源获得渠道和向别人提供服务的能力，这使得有些人比其他人更强大。社会交换的角度认为，随着人们年龄的增长，他们变得更加无能为力、脆弱，依赖他们的照顾者，正是这些特征增大了他们受虐待的风险。通过不同角度的观察，可以发现其中最大的问题是其基本假设——人们不会随着年龄增大自动成为具备依赖性和脆弱的一方。如前所述，无力感会导致虐待，因此干预措施应首先注重识别和评估哪些是依赖的群体，如果老年人被评估为具备依赖性，此后的服务将旨在提高他们的独立性。而依赖成人的孩子可能需要心理健康服务的帮助或需要职业培训和就业安置，使之自力更生。

社会学习理论

有一些证据表明，儿童通过观察和参与，可能将暴力视作可接受的对压力的反应。在习得暴力行为的孩子中，相当一部分成员会在成年后对自己的孩子和配偶实施暴力。这种暴力行为的传播可能强化了家庭接受和纵容暴力的亚文化。虽然这个有关家庭暴力的假说在文学读物里较流行，但很少有老年人虐待的研究认为儿童时期受虐待者日后会虐待其父母。事实上，一些研究显然没有发现其关联的基础。小数量（约两个）的有关这一理论的研究表明，需要进一步的研究来测试这个假设。

政治经济理论

当前的研究大多专注于施虐者和受虐者，从而忽视了经济结构、社会政策的影响，或是对年龄、性别、人种、种族和阶级等系统组织社会的因素的探索。所有这些社会因素影响人们在社会结构中的地位和他们生活中的机会。一些理论家把老年歧视作为一个可能的因素，这导致有人认为各国对老年人虐待的政治反应软弱，并且认为这是导致老年人受虐待的因素之一（参见“老年歧视和就业歧视”）。例如，老年人可能受到歧视性的态度和行为的影响，这些是基于对他们年龄的负面看法。专家提出，这种对老年人的态度可能导致老年人虐待的进一步发展。对老化的老年人的非人化误解和扭曲，使得他们更容易受害，施虐者更不容易感到悔恨或根本没有悔恨。同时，老年人甚至可能认为虐待是应得的，因为他们也可能采取了消极态度。女权主义模型也提供了一个结构性因素的解释：性别决定了一系列社会地位，这可能会导致女性受虐待。其他影响衰老过程的关键因素，如种族、社会经济地位，现在才开始引起关注。正如人们预期的那样，确实存在一些调查表明，不同的文化中对老年人虐待的看法完全不同。

总体而言，多数学者已经意识到，老年人虐待和忽视的表现形式存在广泛的多样性，使得他们放弃了对此做全面、详尽的解释。在未来，老年人虐待的新理论可以解释不同维度的虐待和忽视，理论家可能会把网张得更大，包括老年学理论以及迄今为止依然在老年人虐待的相关著作中是主流思想的家庭暴力理论。因此，从业人员将有一系列更广泛的干预处理措施，这将为受虐待老年人提供更有效的照顾。

对虐待和忽视的响应

国家对虐待和忽视的响应

努力促进社会行动根除老年人虐待依托于国家层面上制定政策和法律，世界各国进展程度不一。在美国这类发达国家，老年人虐待被提到国家级高度，并成立了至少三个国家组织：全国老年人虐待中心（the National Center on Elder Abuse）、预防老年人虐待全国委员会（the National Committee for the Prevention of Elder Abuse）、国家成人保护服务管理者协会（the National Association of State Adult Protective Services Administrators）。其他国家行动较少。

在澳大利亚和加拿大，各个州和省创建多种机制处理老年人虐待问题，但没有关于老年人虐待的坚定的联邦政策。在国家层面，加拿大和澳大利亚设有国家家庭暴力维护清算所，而新西兰运行全国试点引导项目。三个国家都在20世纪90年代建立国家组织致力于老年人虐待的改善。

英国有一个国家级的针对老年人身体虐待的行动，这刺激了政府对老年人虐待的反应。挪威议会批准成立一个供研究和获得信息的资源中心并提供服务。法国、德国、意大利、波兰亦适时认识到了老年人虐待和忽视的立法问题。

拉美老年人虐待委员会（the Latin America Committee on Elder Abuse）一直活跃在拉丁美洲地区。在布宜诺斯艾利斯，一个名为“Proteger”的政府部门专职处理老年人虐待案件，并为工作人员提供老年学方面的培训。在巴西，司法、卫生和福利部门开展了关于老年人虐待的培训。在智利，1994年通过了禁止家庭暴力的法律，有助于解决老年人虐待问题。

在亚洲，已经有一些研究人员在关注日本、印度和韩国的老年人虐待问题，相应的国家组织也已经成立。南非1994年设立了一个由政府和私营部门赞助的机构虐待预防计划；尼日利亚亦举办了预防老年人虐待、促进专业人员干预的会议。

鉴于这种针对老年人虐待的活动在全球范围快速扩张，国际预防老年人虐待网络于1997年成立，代表来自六大洲。最近，世界卫生组织（WHO）认识到需要开发预防老年人虐待的全球战略。通过与国际预防老年人虐待网络和国际助老会（HelpAge International）合作，世卫组织在8个国家（阿根廷、奥地利、巴西、加拿大、印度、肯尼亚、黎巴嫩、瑞典）开展一项研究，使用由社区老年人和卫生保健工作者组成的焦点小组探索他们对老年人虐待的看法。

老年人虐待的法律响应

大多数国家并没有推出针对老年人虐待的具体法规。惩处虐待通常在刑法或者涉及财产权、公民权利、家庭暴力或心理健康的法律中有所体现，而且国家间的差别很大。然而，所有国家面对的一个关键问题是，是否应该并且应该在什么情况下对犯罪嫌疑人提起刑事指控，当局如何干预虐待案件并提供适当的援助和支持服务，以及老年人是否会起诉——尤其是对一个身为家庭成员的施虐者。基于此，一些西方国家已经在国家或省级层面推出了特殊的成人保护立法。这种立法的目标是保护受虐者，帮助施虐者，并提供卫生和社会服务。

成人保护立法在很大程度上借鉴了儿童保护法案，呼吁对疑似虐待的案例进行强制性报告。这项立法一般分为三类：（1）须强制报告成人虐待的立法；（2）须强制报告老年人虐待的立法；（3）无须强制报告成人或老年人虐待的立法。成人虐待立法适用于 18 岁以上的人，但往往是局限于那些遭受身体和认知障碍的人。老年人虐待立法是专门针对老年人，通常指那些年龄在 60 岁或 65 岁以上的人。虽然美国的 50 个州都有立法授权国家对弱势或者丧失民事行为能力的成年人提供保护和服务，但其他国家的特殊立法在进度上已经落后。例如，加拿大只有 5 个省和 1 个地区颁布了成人保护立法，而英国和澳大利亚没有相关规定。

强制性报告——有关老年人虐待的法律所规定的义务——广泛出现于美国、加拿大的大西洋沿岸省份、以色列等地区。强加的义务通常是对特定的个人，如护士、医生、警察和社会工作者。相关法案的目的是阻止老年人虐待和忽视的产生，同时提供一个机制来收集数据并监控发生率和流行率。为了鼓励个人报告，立法经常鼓励报告人并使其免于民事和刑事责任。未能遵守强制性报告法规可能遭受罚款、民事赔偿、向专业许可委员会定期报告、短期监禁等处罚。

几个基于强制性报告（均出现在北美地区）的研究对这一过程可以预防老年人虐待和忽视表示怀疑。多项研究表明，在强制规定的情况下所汇报的案例往往早被政府知晓，这意味着没有显著增加的案例报告。相比之下，几项研究已经显示报告病例数的增加，还有未经证实的案例数的增加。其他研究已经表明，法规未能确保信息收集的一致性，帮助跟踪虐待和忽视的类型和程度。强制报告无法收集的案例目前还没研究清楚。几项研究发现，强制性报告更可能与忽视和自我轻视的案例联系在一起，其他研究认为强制性报告更有可能与身体虐待案例有关联。一些研究表示，强制报告可能导致制度性虐待的增加。最后，强制报告法的通过并不意味着其一定会得到遵守。通常研究文献的结论是强制报告系统的有效性需要进一步研究。

方案响应

方案为服务提供蓝图，建立资源，并通过政府、私人机构和公共机构协调服务的提供。针对虐待老年人问题，出现了三个主要方案：法定成人保护服务方案、基于家庭暴力模式的方案和老年人宣传方案。目前在许多社区出现的第四种模式是跨学科团队模式。各机构对老年人虐待的反应很缓慢，但至少在北美地区，有希望的方法正在出现。对老年人可获得的各种保健和社会服务进行分类是没有用的，因为每个方案最终都会根据需要利用所有这些服务。

成人保护方案 成人保护立法为弱势成年人的保护服务提供了法律框架。在美国约四分之三的州，法定服务由州社会服务部门的特别成人保护单位提供，其余州中大部分由州内的老龄化问题有关单位提供。在加拿大，至少有三种不同的服务提供模式，具体取决于省级管辖区。正如预期的那样，根据国家的财政承受力以及其他的组织因素和政治因素，各国的反应有很大差异。

立法赋予广泛的干预权，当然，这因管辖权而异。国家或省级指定单位的通常程序是接收涉嫌虐待案件的报告，筛选案件的潜在严重性；如果怀疑存在虐待行为，则进行调查，制订解决虐待问题的护理计划，然后将案件移交给其他社区机构进行案件管理和提供服务。保护性服务计划代表了法律、健康和社会服务的混合，允许进行最广泛的干预，并进行大量协调和跨学科团队工作。许多成人保护工作者都经过专业训练，能够应付实质性的老年人虐待和忽视。新的和创新的学习举措正在增加。例如，美国最近首次在成人保护服务机构内设立了一个特殊的学生培训单位，并取得了相当大的成功。

我们必须承认，并不是所有的客户都自愿接受保护服务，工作人员需要实施监护或接管以确保老年人接受必要的服务。美国的一些司法管辖区建立了特殊的法院程序，以确保法院命令能提供保护服务，将客户安置在护理院，在客户处于危险时提供紧急治疗，并违背客户的意愿进入客户家中。这些广泛的干预措施的支持者认为，老年人的权利应时时得以保障；目标是提高个人的功能水平，同时保护他们免受伤害。支持者们还认为，由于对拒绝服务的受害者无能为力（36%~40%的老年人拒绝接受服务），只有强制干预才能确保受害者至少得到最低限度的帮助。此外，此类干预受到谨慎的限制：除非有坚实的法律依据，否则很少有从业者愿意冒险干预。

反对以强制执行为导向的服务提供方法的人对这些主张提出异议。他们观察到，在许多司法管辖区，立法的模糊性使成人保护工作者在试图确定是否发生了虐待行为时陷入了进退两难的境地：利用法律权力迫使自己进入老年人的家，又完全尊重老年人的基本权利，两者不可能同时发生；保护工作者很容易与老年人和施虐者发生冲突。此外，成人保护工作者被指控在将老年人安置于护理院和将老年人视为儿童时是“好战的”（trigger-happy）——鉴于成人保护计划的儿童福利根源，这是一种不可避免的职业危害。

家庭暴力方案 家庭暴力模型改编自为打击虐待女性而制订的计划。这一做法在北美地区日益流行，因为它既不侵犯公民权利，也不存在歧视年龄。老年人虐待涉及的应对措施包括：危机干预服务，如电话热线；加强警察在起诉时的作用；发出法庭保护令；使用法律诊所、急诊室和二级庇护所；针对受虐者和施虐者的支持小组，以及个人和家庭治疗；使用一系列的卫生、社会和法律服务。公共教育是家庭暴力服务的一个组成部分，特别是对受虐者进行有关其权利的教育。所有这些服务基本上都是专门为受虐者提供的，有时也为施虐者提供。例如，对现有的庇护所制度进行了修改，以容纳老年受虐待女性，并建立了新的庇护所，以容纳男子和女性。除了庇护所，还有支持小组、热线、特别法律诊所以及家庭和个人咨询项目。在北美地区可以找到每种类型服务的示例；然而，大多数提供服务的尝试都是零星的，很少协同发挥作用。该模式是否能有效帮助老年受害者仍然是一个悬而未决的问题。

家庭暴力模型并非没有批评者，他们指出，该模式的缺陷同样适用于老年人虐待，如警察反应、限制令、庇护所管理不善、后续服务短缺等，这些只是其中的几个方面。专家也警告不要独立使用危机干预，因为老年人的问题往往是多方面的、相互关联的，需要很长时间才能解决，需要密切监测。他们还提请注意应用于忽视的案例时模型的不足。针对不恰当的家庭或自我轻视问题，贸然使用警察干预或权利教育似乎并不妥当。

倡导方案 倡导包括代表个人或群体采取的所有行动，以确保他们的需求得到满足、权利得到尊重。与家庭暴力模型一样，这种方法承认老年人是处于潜在危险境地的成年人。受虐待者的倡导人对老年人的处境采取限制性和侵入性最小的干预措施。在实践中，他们会告知客户拥有的权利和可用的替代服务，可以帮助客户执行商定的计划。倡导模式的最重要特征是倡导人独立于正式交付系统，这种距离使倡导人能够与老年人建立积极的关系。美国、加拿大的一些地方采用了正式和非正式的倡导方案，他们在社区或机构和护理院开展活动。虽然倡导可能看起来是非侵入性的，但一些社会科学家认为，在实践中它可能是相当具有侵入性的，特别是如果倡导人被免除责任，也不负责任的话。

多学科团队模型 社区这个层面有一个明显趋势，那就是发展多学科团队，该团队由来自广泛机构的工作人员组成，代表前面描述的所有方案。这些以社区为基础的小组或委员会就非典型的和困难的虐待案件提供咨询，帮助解决机构分歧，确定系统改进，并提供社区内无法提供的法律和医疗咨询等服务。专家团队在某些情况下被开发出来，如财务专家团队被用于调查财务虐待，又如死亡审查小组将评审与老年人虐待相关的死亡问题，以此决定如何进一步防止致死性虐待。对这种方法的初始评估一直非常积极：服务提供者熟悉彼此，资源被组织并分散在一个单一的倡议中，并制订了更全面的护理计划。团队成员报告的主要缺点是，委员会在每个案件上花费的时间比专业人员单独行动的时间要多。

住宅看护设施 虽然大多数国家的住宅看护环境受到不同的监管和执法策略的约束，如未经宣布的监管访问、关键地点设置录像机和监察员，但已经确定了几种干预途径，以防止机构虐待。解决雇用和监督工作人员、工作人员培训、工作人员技能发展问题的干预措施，包括工作倦怠问题和为机构中的受虐待者制订专门的治疗方案，可以作为管理举措的基础。然而，迄今为止，关于什么是有效的措施，几乎没有什么计划和研究。

服务

从文献中可以明显看出，老年人已经获得的服务提供了用于应对虐待老年人的大部分资源，无论采用何种方法，而且并不总是需要新的或独特设计的服务。大多数的从业人员在获得有限的资源方面面临困难，特别是在紧急情况下，他们必须应对现有服务中的协调与合作挑战。他们还必须面对这样一个现实，即缺乏经过充分研究的干预措施来确定和管理虐待老年人的行为。

另请参阅：老年歧视和就业歧视；照料；医疗护理与服务。

拓展阅读

Hawes C (2002) *Elder Abuse in Residential Long-Term Care Facilities: What Is Known about Prevalence, Causes and Prevention*. Testimony before the U. S. Senate Committee on Finance.

Institute of Medicine (2002) *Confronting Chronic Neglect; Education and Training of Health Professionals on Family Violence*. Washington, DC: The National Academies Press.

Karp MB (1999) *Geriatrics and the Law; Understanding Patient Rights and Professional Responsibilities*. New York: Springer Publishing.

Kosberg JI and Garcia JL (eds.) (1995) *Elder Abuse: International and Cross-Cultural Perspectives*. Bingham, NY: Haworth Press.

Lachs MS and Pillemer K (2004) Elder abuse. *The Lancet* 364: 1263-1272.

National Center on Elder Abuse (1998) *The National Elder Abuse Incidence Study, Final Report*. Prepared for the Administration on Aging in collaboration with Westat, Inc.

National Research Council (2003) *Elder Mistreatment: Abuse, Neglect, and Exploitation in an Aging America*. Panel to Review Risk and Prevalence of Elder Abuse and Neglect. Bonnie RJ and Wallace RB (eds.). Committee on National Statistics and Committee on Law and Justice, Division of Behavioral and Social Sciences and Education. Washington, DC: The National Academies Press.

Pillemer KA and Finkelhor D (1988) The prevalence of elder abuse: a random sample survey. *The Gerontologist* 28: 51-57.

Podnieks E (1992) National survey on abuse of the elderly in Canada. *Journal of Elder Abuse and Neglect* 41: 5-58.

Pritchard J (1999) *Elder Abuse Work:*

Best Practices in Britain and Canada. London: Jessica Kingsley Publishers.

Quinn MJ and Tomita SK (1997) *Elder Abuse and Neglect*, 2nd edn: New York: Springer Publishing.

Tatara T (ed.) (1999) *Understanding Elder Abuse in Minority Populations*. Philadelphia, PA: Frances & Taylor.

Thomas C (2000) The first national study of elder abuse and neglect: contrast with results from other studies. *Journal of Elder Abuse and Neglect* 12: 1-14.

UN Second World Assembly on Aging (2003) *Political Declaration and International Plan of Action on Aging*. New York: United Nations.

WHO (2002) *World Report on Violence and Health*. Geneva: World Health Organization Press.

WHO (2002) *The Toronto Declaration on the Global Prevention of Elder Abuse*. Geneva: World Health Organization Press.

WHO/INPEA (2002) *Missing Voices - Views of Older Persons on Elder Abuse*. Geneva: World Health Organization Press.

译　者：魏　蒙（中国社会科学院社会发展战略研究院）

校译者：曲嘉瑶（北京市社会科学院）

老年学的国际视角

G. M. 古特曼 西蒙菲莎大学，温哥华，不列颠哥伦比亚省，加拿大

词汇表

国际助老会（HelpAge International, HAI）——一个非营利性的全球组织，致力于服务弱势老年群体。

国际老年学和老年医学学会（International Association of Gerontology and Geriatrics, IAGG）——关注老年学和老年医学研究及培训的多学科性社会团体。

国际养老产业协会（International Association of Homes and Services for the Ageing, IAHSA）——旨在融合为老年人提供服务的组织和个人，包括能使老年人继续生活在社区内的居家护理及服务。

国际老龄联合会（International Federation on Ageing, IFA）——总数超过 100 个代表或者服务于基层老年人的组织联合体，包括政府机构、营利团体和个人成员等。

国际长寿中心（International Longevity Centers, ILCs）——一个独立的非营利性智库网络，其建立的目的是协助个人和社会以积极的、富有生产性的方式解决延长寿命和人口老龄化的问题，并提高老年人对他们的家庭和国家的贡献。

国际防止虐老网络（International Network for Prevention of Elder Abuse, INPEA）——包含来自 12 个国家的代表，致力于世界范围内防止老年人虐待。

国际老年精神病学学会（International Psychogeriatric Association, IPA）——直接关注老年人精神健康的个体和组织，包括来自 67 个国家的代表。

引言

在过去的几十年间，国际老年学主要集中于少数非政府组织的活动上，这些非政府组织将世界各地以老龄化和老年人为主要关注点的组织和个人联系起来。这些非政府组织包括跨学科的专业协会，如国际老年学和老年医学学会（IAGG）；专门协会，如国际老年精神病学学会（IPA）和国际防止虐老网络（INPEA）；以及一些宣传或救济组织，如国际老龄联合会（IFA）、国际助老会（HAI）和援老组织（Help the Aged）。最

近，国际长寿中心（ILCs）成立了，它是一个独立的智库网络。与此同时，特定疾病的宣传或援助组织已经成立，如国际阿尔茨海默病协会（Alzheimer' s Disease International）、国际骨质疏松症基金会（the International Osteoporosis Foundation），以及一些老年人组织联合会如国际老年组织联合会（International Federation of Senior Citizens Organizations）、欧盟老年人联合会（European Federation of Older Persons）、欧洲老年人平台（the European Older People' s Platform）。

本文首先介绍几个关注老龄化问题的国际非政府组织，按照它们成立的时间先后顺序进行。随后介绍了联合国与老龄化问题有关的主要活动和机构，这是国际老年学的第二个主要组成部分。其中包括第一届和第二届老龄问题世界大会（the 1st and 2nd World Assemblies on Ageing）、第一届非政府组织老龄问题世界论坛（the 1st NGO World Forum on Ageing）、联合国老龄问题研究项目（the UN Programme on Ageing）、世界卫生组织的老龄化和生命历程项目（the World Health Organization's Ageing and Life Course Programme），以及联合国马耳他国际老龄问题研究所（the International Institute on Ageing，UN-Malta）。文章最后会简单介绍一些国际老年学或老年医学的教育举措和有关其未来发展的国际层面上的推测。

关注老龄化的国际非政府组织

国际老年学和老年医学学会

国际老年学和老年医学学会（IAGG）是最早的国际跨学科专业协会，最初被称为国际老年学团体协会（International Association of Gerontological Societies），于 1950 年在比利时的列日市成立并注册。几年后，它更名为国际老年学协会（International Association of Gerontology，IAG），直到 2005 年，为了反映其组织形式的变化，正式更名为国际老年学和老年医学学会。IAGG 的成员是关注老年学和老年医学研究及培训的国家级多学科组织。2005 年，除了美国和英国，每个国家都只有一个组织被纳入会员体系。目前，IAGG 拥有 5 个地区和 64 个国家的 71 个组织，成员超过 46 000 名。

IAGG 的目标是促进老年学和老年医学相关研究、老龄化领域的培训和国际事务中成员国的利益。这些目标的实现是通过一些特殊项目、内部通讯、每四年一届的国际大会以及国际大会举办间隙内的区域性会议。IAG 的第一届世界大会于 1950 年在比利时列日市举办。

IAGG 由一个理事会管理，该理事会由来自每个成员协会的代表组成，代表人数由一个基于加入该协会的成员人数的公式确定。执行委员会由主席、秘书、财务主管、前任主席、当选主席，以及亚洲、大洋洲、欧洲、北美地区、拉丁美洲地区主席构成，任期从每届世界大会结束时开始并延续至下一届世界大会开始前。秘书处每四年更换一次办公地点，随主席所在地而迁移。

IAGG 是联合国第三类非政府组织。在这个层面上，该组织被认为是可以影响政策决策的咨询渠道。定期与 IAGG 磋商咨询的有联合国老龄问题研究项目、世界卫生组织的老龄化和生命历程项目，以及其他联合国机构，如国际劳工组织（the International Labor Organization）、泛美卫生组织（Pan American Health Organization）、联合国开发计划署（United Nations Development Program）和联合国人口基金会（United Nations Population Fund）。它与这些组织在一些主要项目、出版物和会议方面进行合作。最近的合作案例包括《21 世纪老龄问题研究议程》（*Research Agenda on Ageing for the 21st Century*）和瓦伦西亚论坛（the Valencia Forum），瓦伦西亚论坛是在第二届老龄问题世界大会之前举行的一次国际科学会议。

国际老龄联合会

国际老龄联合会（IFA）成立于 1973 年。目前其成员包括 100 多个非政府组织，它们代表或服务于基层老年人、政府机构、营利团体以及个人成员。其成员来自 62 个国家。通过其项目和宣传工作，力求影响和促进全球老年人的积极变化。

IFA 的成员分为两类：正式会员和准会员。正式会员包括地方、区域、省或国家的非政府协会，也包括负责或代表老年人利益的营利组织。费用根据组织的年度运营预算而有所不同。准会员可以是个人或团体，但没有投票权。

自 1993 年以来，IFA 每两年举行一次全球会议。其信息传播活动还包括两个定期刊物：《内部通讯》（*Intercom*），主要聚焦于政策和实践及其对老年人的影响，并介绍了 IFA 及其成员正在进行的活动；《全球老龄化：问题与行动》（*Global Ageing*：*Issues and Actions*），每年有两期专门的讨论专题（例如，在 2005 年第 1 期侧重于老年人的虐待和忽视，第 2 期侧重于拉丁美洲在全球老龄化中的地位问题）。

其治理结构包括 3 名当选官员（主席、副主席和前任主席）和由 16 人组成的理事会。设在加拿大蒙特利尔的常设秘书处的带薪工作人员包括一名秘书长、一名国际关系和企业关系主任以及两名项目干事。

国际老年精神病学学会

国际老年精神病学学会（IPA）成立于 1982 年，是由关心老年人心理健康的个人和组织组成的。2006 年，其会员人数约为 1 200人，代表 67 个国家。个人成员包括精神病学家、心理学家、护士、初级保健医生、作业治疗师、社会工作者和其他保健专业人员。IPA 的目的是促进研究和教育，搭建精神问题交流的国际平台，并促进在该领域最新发展趋势的跨文化理解。这些目标是通过出版《国际老年精神病学学会公报》（*IPA Bulletin*）和《国际老年精神病学》（*International Psychogeriatrics*），以及每两年举办一次的国际大会实现的。此外，每年或每两年召开一次区域会议。

IPA 由 20~25 人组成的理事会管理，居住在同一个国家的理事会成员不超过 2 人。个人会员，如正式会员，缴纳会费可以担任职务，并享有充分的表决权。希望行使表决权的组织或机构必须指定个人为其代表。IPA 的注册办事处在伊利诺伊州。

它与许多地区、民族和国际组织保持联系，包括世界卫生组织、世界精神病协会（the World Psychiatric Association）、国际阿尔茨海默病协会、欧洲老年精神病学协会（the European Association of Geriatric Psychiatry）、国际老年学和老年医学学会、世界神经病学联盟（the World Federation of Neurology）等。

国际助老会

国际助老会（HAI）成立于 1983 年，是一个全球性的非营利组织机构，其使命是服务于处境不利的老年人。该组织是通过支持方案，为老年人发声，影响地方、国家和国际的各级政策来实现其目标的。最初由 5 个国家（加拿大、哥伦比亚、印度、肯尼亚和英国）的机构组成，现在 HAI 包括了 50 多个国家的 70 多个附属组织。

HAI 有两个常规刊物，一年出版两次：第一个是《衰老方式》（*Ageways*），其特色是提供有关老龄化和发展方面的实用信息，特别是成员组织的成功经验；第二个是《老龄化与发展》（*Ageing and Development*），这是针对关注发展和减少贫困问题的政策制定者、策划者和研究人员的刊物。此外，区域通讯每年出版三到四次。区域通讯包括《非洲的老龄化问题》（*Aging in Africa*）、《亚太地区老年新闻》（*Age News Asia/Pacific*）、《吉尔吉斯斯坦通讯》（*Kyrgyzstan Newsletter*）和《摩尔多瓦通讯》（*Moldova Newsletter*）。

HAI 由一个理事会管理，其中包括成员组织的代表。它设有一个秘书处，在伦敦、布鲁塞尔和美国设有办事处，设有非洲、亚洲/大洋洲、拉丁美洲和东欧/中亚等区域中心，并为 7 个国家性项目方案和若干紧急方案提供支持。

国际养老产业协会

国际养老产业协会（IAHSA）成立于 1994 年，是一个为老年人提供服务的组织和个人的联合体。它的服务内容包括居所护理选项（如独立生活、辅助生活、招待所、团体之家、护理院、退休村）以及旨在使老年人留在社区的服务（如成人日托、家庭照顾、家庭护理）。IAHSA 是一个非营利性组织，其成员有多种类型，包括营利型、非营利型和政府型，从单一站点机构到拥有大量会员的服务供应商协会。IAHSA 网络扩展到近 30 个国家的 12 000 多家服务提供商。

IAHSA 的三大焦点是劳动力、技术和新的服务模式。其活动包括每两年组织一次国际会议，并与其他组织合作进行特别项目。IAHSA 在辅助技术的研究和开发方面与老龄化服务技术中心（the Center for Aging Services Technologies，CAST）保持着持续的联系，与美国老年人住房和服务协会（the American Association of Homes and Services for the Aging，AAHSA）的一个应用研究单位——老龄化服务未来研究所（the Institute for Future of Aging Service）在关于长期照护人力研究方面保持着联系。

IAHSA 由 15 名成员组成的理事会管理，其工作人员包括执行总监、专业发展总监、项目管理员，以及主席和首席执行官；其秘书处设置于华盛顿特区。

防止虐老国际网络

防止虐老国际网络（INPEA），于 1997 年在澳大利亚阿德莱德举行的国际老年学和老年医学学会的第 16 届世界大会上成立，它有四个主要目标：

1. 提高公众对老年人虐待和忽视问题的认识。

2. 促进专业人员和辅助人员在鉴定、治疗和预防方面的教育及培训。

3. 为受虐待和被忽视的老年人进行辩护。

4. 鼓励研究老年人虐待和忽视问题的成因、后果、普遍程度、治疗和预防。

刚成立时，INPEA 招募了来自 12 个国家的代表。目前，INPEA 的组织结构包括一批国际官员、6 个地区代表（非洲、亚洲、欧洲、拉丁美洲、北美地区和大洋洲）、32 个国家代表、4 个特别顾问，以及与大多数上述其他国际老年组织一样，拥有驻联合国和老龄化问题委员会纽约分会的代表。老龄化问题委员会是具有联合国咨商关系的非政府组织大会的一个小组委员会。与联合国一样，它在纽约、日内瓦和维也纳设有分支机构。2002 年，INPEA 成为国际老年学和老年医学学会的常务委员会。

作为世界预防虐待老人工作的一部分，INPEA 致力于全球信息传播。为此，INPEA 出版季刊，季刊有纸质版和电子版。研究活动包括在 8 个国家（阿根廷、奥地利、巴西、加拿大、印度、肯尼亚、黎巴嫩和瑞典）与社区卫生组织和初级保健机构的老年人合作，开展了一项与世界卫生组织的老龄化和生命历程项目合作的研究。2002 年，在马德里召开的第二届老龄问题世界大会上，发布了题目为《消失的声音：对老年人虐待的看法》（*Missing Voices: Views of Older Persons on Elder Abuse*）的报告。正在进行的项目包括对全球范围内虐待老年人问题的信息、资源和服务进行环境扫描。被称为“老年人虐待和忽视的国际视野”的项目的目标是找出差距，制订干预措施和战略，以满足其需求。INPEA 从 2006 年开始，确定每年 6 月 15 日为“认识虐待老年人问题世界日”。

国际长寿中心

国际长寿中心（ILCs）是独立的非营利性智库组织，以积极的、富有成效的方式协助个人和社会解决寿命增加及人口老龄化问题，强调老年人对家庭和国家的贡献。最初的两个机构于 1990 年分别在美国和日本成立。此后先后在英国、法国、多米尼加共和国、印度以及阿根廷成立了组织机构。这些中心协同工作，各自独立，每个中心都有各自的网站介绍其相关活动。

老年人组织国际网络

除了以上为老年人服务的团体和由个人组成的相关组织之外，还有一些国际性的老年人组织网络，包括：欧洲老年人联合会（the European Federation of Older Persons，EURAG），成立于1962年，其成员遍布32个欧洲国家；老年公民协会国际联合会（the International Federation of Senior Citizens Associations，FIAPA），成立于1971年，是一个国际非政府组织，将非洲、亚洲和欧洲的法语国家的老年人组织联系在一起。此外，还有一些组织充当国家和区域老年人组织以及促进老年人权利组织的综合团体（umbrella groups）。例如欧洲老年人平台“AGE”，它成立于2001年，旨在促进欧盟国家的老年人利益，向欧盟国家及区域组织的老年人和为老年人服务的组织开放。读者也可以在美国退休人员协会（AARP）的官网上看到其全球老龄化项目的信息。美国退休人员协会曾长期参与国际老年学研究。同样的，英国一个名为“援老组织”（Help the Aged）的慈善机构，指定将其约25%的支出投入海外工作，主要是与国际助老会进行合作。

联合国与老龄化问题有关的活动和机构

1982年和2002年老龄问题世界大会

联合国召开了两次关于老龄化和老年人的标志性会议。第一次是1982年在维也纳举行的世界大会。其成果《维也纳老龄问题国际行动计划》（*Vienna International Plan of Action on Ageing*，简称“维也纳计划”）提请注意当时主要发生在发达国家的人口变化，以及认识到老年人是弱势人口的必要性。第二届老龄问题世界大会于2002年4月8日至12日在西班牙马德里举行。大会召集了来自联合国192个会员国的代表，讨论和最后确定一项关于人口老龄化的国际战略行动计划，待联合国大会核准后供联合国会员国执行。如同《维也纳老龄问题国际行动计划》，《马德里政治宣言》和《马德里老龄问题国际行动计划》（*The Madrid Political Declaration and International Plan of Action on Ageing*，简称“马德里计划”）旨在为各国政府应对人口老龄化挑战提供蓝图。该文件是全面的，包含35项目标和239项行动建议，围绕三个主题和优先方向：（1）老年人与发展；（2）促进老年人的健康和福利；（3）确保和提供支持环境。

第一个优先方向提请注意，目前约有三分之二的60岁以上的人生活在发展中国家，到2025年该比例将增至75%。在这样做的过程中，它强调了一个事实，即虽然有些人是脆弱的，但他们是家庭、社区和国家发展的资源。第二个优先方向强调了需要制定政策，促进儿童健康和整个生命过程中的健康，以此作为实现健康老年的必要手段。第三个优先方向促进了提供安全老化基础的相关政策和项目。

非政府组织老龄问题世界论坛

出席第二届老龄问题世界大会的大多数代表都是被选举和任命的政府官员。2002年4月5日至9日，民间团体派代表参加了在马德里举行的一次平行活动。来自五大洲的近1 000个非政府组织参加了第一届非政府组织老龄问题世界论坛。在《世界非政府组织老龄问题论坛的最后宣言和建议》(*the Final Declaration and Recommendations of the World NGO Forum on Ageing*）中，讨论的主要议题集中在老年人的经济发展、人道主义援助权利、医疗护理、住房和消费方面。

瓦伦西亚论坛

在第二届老龄问题世界大会召开的前一周（2002年4月5日至9日)，国际老年学和老年医学学会于西班牙瓦伦西亚召集具有老年学和老年医学专业知识的研究人员、教育工作者和从业者开会。这次会议被称为“瓦伦西亚论坛”，目的是总结他们在如何最好地解决全球老龄化相关问题方面的知识和经验，特别强调找出信息差距和研究重点。这些都在《21世纪老龄化研究议程》(*the Research Agenda on Ageing for the Twenty-First Century*，RAA-21）中得到展现，该议程是IAGG和联合国老龄问题研究项目多年合作的产物，受到瓦伦西亚论坛与会者赞同。随后，在2002年4月9日举行的老龄问题世界大会的正式圆桌会议上提出了研究议程，并提交了一份瓦伦西亚论坛的报告。联合国大会在2002年题为“老年女性社会现状”的决议中接受了瓦伦西亚论坛正式通过的《21世纪老龄化研究议程》。2002年9月11日至13日，该报告在德国柏林举行的联合国欧洲经济委员会老龄问题部长级会议上发表。同时，2002年9月23日至26日在中国上海举行的联合国亚洲及太平洋经济社会委员会（the UN Economic and Social Commission for Asia and the Pacific，ESCAP）第二次老龄问题世界大会亚太跟进会议上对《21世纪老龄化研究议程》给予特别关注。

联合国老龄问题研究项目

联合国老龄问题研究项目由联合国经济和社会事务部旗下的社会政策和发展司来负责。该单位的主要职责是在人口老龄化地区对联合国的活动进行协调，包括对国际政策和老龄问题研究项目的促进及程序监督，协调国际老年人年（1999年)，对在马德里举行的第二届老龄问题世界大会（2000—2002年）和该会议后的实质性筹备工作进行协调，对《马德里老龄问题国际行动计划》的实施情况进行监督。该项目还在继续与IAGG合作，进一步发展《21世纪老龄化研究议程》，以反映区域研究优先事项。

2003年至2005年举行了一系列研讨会，重点是拟订区域研究优先事项，在可能的情况下，拟订和通过执行“马德里计划”的区域战略。第一次研讨会于2003年3月在南非开普敦与2003年非洲老年人区域会议联合举行。本次研讨会的报告于2003年7月在《国际老年学协会通讯》(*IAG Newsletter*）上发表。随后在欧洲、拉丁美洲及亚太地区举行了三次区域研讨会。联合国亚洲及太平洋经济社会委员会（ESCAP）同拉丁美洲和加勒比海地区经委会（ECLAC）的“马德里计划”区域性实施策略包括在地区和国家层面制定老龄问题研究议程的具体建议。

该项目的网站上有迄今为止举行的两次老龄问题世界大会、非政府组织老龄问题世界论坛、瓦伦西亚论坛等会议的主要文件。其出版的一份名为《联合国老龄问题网络》（*the UN Network on Ageing*）的非正式电子邮件内部通讯也可在该网站上找到。该计划还为联合国成员国老龄化政策和项目提供了一个非常有用的可搜索数据库。

世界卫生组织的老龄化和生命历程项目

世界卫生组织的老龄化和生命历程项目的总部设在日内瓦，属于非传染性疾病和精神卫生司管理。其任务是开展项目，开发旨在改善老年人健康和福祉的出版物。最近的代表性出版物包括：《积极老龄化：一个政策框架》（*Active Ageing*：*A Policy Framework*），它探索世界卫生组织对第二届老龄问题世界大会的贡献；《年龄友好型初级卫生保健》（*Towards Age-Friendly Primary Health Care*），这是一个回应“马德里计划”中提到的老年人在尝试获得医疗服务时经常遇到障碍（包括生理、心理、态度和财务等方面）的项目。

正是认识到这些障碍对老年人的健康有很大的影响，因此，后者的目的是确定什么可以使初级卫生保健服务变得更加年龄友好型。通过在5个国家开展的小组研究，该项目记录了老年人以及卫生保健提供者对老年人的初级保健服务是否具有可获得性、适当性，以及在可负担性等方面的意见；确定了老年人在信息、教育、培训、管理和自然环境等领域的初级保健中最常见的障碍，并制定了一套基本原则，使初级卫生保健更加友好。目前正在编制宣传册和关于如何使初级卫生保健中心更适合老年人的“工具箱式”材料。

一个国际项目也在效仿类似的模式，该项目旨在使大小城市更加适合老年人。这个项目是与加拿大公共卫生署合作进行的三个重大项目之一，汇集了来自大约20个国家的研究人员、社区发展专家和老年支持者，以解决生活在城市环境中的老年人充分参与城市生活的障碍，以及提出克服这些障碍的方法。与《年龄友好型初级卫生保健》一样，该项目的目标是开发一个模板或指数以及一个工具包，让全世界的城市都能使用这些来改善老年人的生活质量。加拿大公共卫生署赞助的另外两个项目也值得特别提及。其中一个是国际预防跌倒倡议，另一个侧重对灾害和紧急情况的预案及规划。一直以来，人们知道老年人跌倒给人类带来的痛苦和使医疗系统付出的代价。卡特里娜飓风的死亡率数据也表明，老年人是非常脆弱的人群。

世界卫生组织的老龄化和生命历程项目还包括在医学院校课程中开展对老年医学的全球调查；与加拿大卫生部及防止虐老国际网络合作，共同开展关于防止老年人虐待的工作；发展2004年世界卫生大会的一项关于饮食、体力活动和健康的全球战略；组织一系列促进老年人体力的活动，包括“积极老龄化全球运动”（the Global Movement for Active Ageing），这是一个由来自不同学科的个人和机构组成的网络，其目的是影响积极老龄化的政策和实践；“全球认可”项目（the Global Embrace），每年10月联合国国际老年人日前后举行的世界性代际步行活动；“健康倡议行动”（the Move for Health initiative），以所有年龄段为目标，以巴西“Agita”计划为基础。

联合国马耳他国际老龄问题研究所

马耳他是第一个（1968年）提请联合国注意老龄化的国家，自此使得人口老龄化变成国际关注的问题。1979年，第35届联合国大会呼吁联合国秘书长组织召开后来所谓的第一届老龄问题世界大会。大会在其决议中建议加强培训和相关研究，促进信息和知识交流，以便为制定社会政策和采取行动提供国际性基础。“维也纳计划”建议建立切实可行的培训机构以架起发达国家与发展中国家之间的沟通桥梁。1987年，联合国与马耳他政府签订协议，由联合国和东道国政府联合资助成立一个自治团体——国际老龄问题研究所（the International Institute on Ageing，INIA）。因为其与联合国之间的附属关系，INIA与现在很多老年学组织不同，它的存在是比较特别的。

按照其任务规定，INIA的主要目标是满足发展中国家的培训需求。自成立以来，它在马耳他举办的项目中共培训了来自133个国家的大约2 000名人员。自1995年以来，它在17个国家举办了现场培训项目。这些培训项目针对的是那些政策制定者、规划人员、项目主管、教育工作者、专业人士以及那些从事相关工作或打算在老龄化领域工作的人。这些培训项目是受INIA其他活动支持的，包括数据收集、文件记录、信息交换、技术合作以及研究和出版。

INIA在由9名成员组成的国际委员会的指导下进行运作。主席和其中6名成员由联合国秘书长任命，另外2名成员由马耳他政府任命。

国际教育项目

近年来，国际培训项目已从国际老龄问题研究所的短期课程扩大到跨国家的研究生课程，其中包括欧洲的老年学硕士课程。这是一个由22所欧洲大学支持和提供的跨学科联合课程，也包括由欧洲老龄医学院提供的国际持续医学教育证书项目。后者是一项为期两年的模块化培训计划，旨在更新知识、培训教学技能，促进老年医学的研究，并为欧洲的老年医学专家提供网络服务。

新的倡议中包括提议成立一个亚太地区健康、医学及老龄化学院（Asia Pacific Academy for Health，Medicine and Ageing）。学院的使命是提高其成员及附属机构在老年学和老年医学中的专业教育质量。整个计划包括促进联合教育、培训、研究和服务项目，传播科学和保健信息，并促进政府组织、非政府组织和学术机构各部门间的合作。学院首批成员包括：诺华老年学基金会（the Novartis Foundation for Gerontology），老龄化研究中心（位于澳大利亚阿德莱德），曹氏基金会（位于新加坡），香港老年学研究所，北京老年学和老年医学研究所，人口与发展研究中心，老龄化研究中心（位于中国人民大学亚洲老龄化培训中心），以及亚洲/大洋洲地区老年学和老年医学国际协会。

此外，世界各地的大学也开始接收国际学生，以在线或联合培养的模式开展老年学和老年医学的研究生教育，如澳大利亚的新英格兰大学、香港中文大学，结合在线学习和线下交流，从而提高实践专业人员的教育项目可达性。自 2001 年以来，老年学和老年医学国际协会在其网站上向全球范围提供老年医学硕士和博士学位。这个名单每年都在扩大。

展望未来

国际上老年学和老年医学社团的名单在不断扩大。随着全球老龄化趋势的发展，这一趋势有望持续下去。它反映出那些从事老年学或老年医学的研究人员、教育工作者和服务提供者寻求通过与他人合作来提升个人知识，影响地方、区域和国家政策方案，并代表老年人提出倡议。国际老年学提供了进一步扩展视野、跨地区相互交流与合作的机会。越来越多的个人正在利用这些机会——过去十年来组织的国际会议、讲习班和座谈会，以及他们所展示的日益庞大和地域多样化的出席人数，都证明了这一点。在全世界范围内，个人和政府都认识到在老年学和老年医学的研究与教育方面采取国际合作的价值，以及全球共享老年人及其护理提供者、服务提供系统和公共政策方面的实践经验。

另请参阅：与老龄相关的职业；老年学的历史；老龄组织.

拓展阅读

Bennett G，Levin SP，and Straka S（2002）*Missing Voices：Views of Older Persons on Elder Abuse*. Geneva：WHO.

Bonin-Guillaume S，Kressig RW，Gavazz G，Jacques M-C，Chevalley T，Pautex S，Vischer U，Zekry D，and Michel J-P（2005）Teaching the future teachers in geriatrics：The 10-year success story of the European Academy for Medicine of Aging. *Geriatrics and Gerontology International* 5：82–88.

International Network for the Prevention of Elder Abuse（INPEA）（2004）Environmental Scan World Survey.

Orimo H（2000）*History of IAG*. Tokyo：Medical Review Co.

Russell C，Mahoney MJ，Hughes H，and Kendig H（forthcoming Gerontology and Geriatrics Education）*Opportunities for Graduate Education in Gerontology in the Asia Oceania Region.* Paper presented at a workshop on graduate education in gerontology convened by the International Association of Gerontology and Geriatrics, Richmond, Virginia, February 2003.

Shock NW and Baker GT (1988) *The International Association of Gerontology: A Chronicle—1950–1986*. New York: Springer Publishing Co.

United Nations Programme on Ageing and International Association of Gerontology (2003) *Research Agenda on Ageing for the 21st Century*. Vancouver, Canada. IAG Secretariat c/o Gerontology Research Centre, Simon Fraser University.

United Nations (1982) *Vienna International Plan of Action on Ageing*. New York: Department of Public Information.

United Nations (2003) *Political Declaration and Madrid International Plan of Action on Ageing*. New York: Department of Public Information.

World Health Organization (2002) *Active Ageing: A Policy Framework*. Geneva: WHO Department of Non-communicable Disease and Mental Health.

World NGO Forum on Aging (2002) *Final Declaration and Recommendations of the World NGO Forum on Ageing*.

译　者：山　娜（北京服装学院）
校译者：曲嘉瑶（北京市社会科学院）

老年学的历史

詹姆斯·E. 比伦 加利福尼亚大学洛杉矶分校，加利福尼亚州，美国

词汇表

老化（Aging）——有机体从年轻向年老的变化或转变过程。这个词语是指具有遗传代表性的有机体生活在具有遗传代表性的环境状态中随年龄而变化的模式。

护教论（Apologism）——坚信但凡研究和操控身体以求延长寿命都是违反自然和宇宙法则。

老年医学（Geriatrics）——一个专门研究有关老年人护理、疾病治疗及健康问题的医学分支。

老年学（Gerontology）——从研究和学术角度对老龄化现象的研究。它包含了生物学、行为学及社会科学等学科。

衰老（Senescence）——变老的生物过程，它与死亡概率和疾病易受性增加有关联。

引言

老年学是一门古老但又新兴的学科。在最远的历史记录中，曾记载了人类的深思——关于年老及其与晚年的疾病（infirmities）和死亡之间的关系。老化的过程很复杂，而且结合了对死亡的不确定性，因而常常成为神话、幻想、主观愿望（wishful thinking）存在的肥沃土壤。这些思想让有关延长寿命和死亡本质的神话崛起。这些神话的一些元素被科学研究提供的知识所取代，但仍然有很多遗留在我们的部分文化之中。

“老年学”一词由诺贝尔得奖者埃利·梅契尼柯夫（Elie Metchnikoff）于1903年提出，他是巴黎巴斯德研究所的一位教授。虽然这个词由来尚浅，但有许多早期学者发表了他们的观察和想法，阐述了为什么人类有机体在外观和功能上发生了变化，以及随着年龄增长而死亡的可能性。老年学涉及老年研究、调查和学术等所有方面。“老年学”一词源于希腊语中的“老人”（*geront* 或 *gerontos*），再加上后缀词“logy”（意指知识或科学的一个分支）。老年医学则指一个专门研究有关老年人护理、疾病治疗及健康问题的医学分支。

从考古学对史前时期人类丧葬的研究可以发现，很多文明都很重视由生至死的转变，并且展望死后的景象。这些文明对丧葬方式和陪葬品都非常讲究，认为它们可能在来世有用。虽然我们只能够凭陪葬品推测史前时期先人们对老年和老年化的想法，但他们的想法无疑已被传承于众多早期文字之中。

老年学及其背景可被分成几个时期：(1) 神话时期，由史前至希腊罗马时代；(2) 哲学时期，由希腊罗马时代至文艺复兴；(3) 文艺复兴；(4) 早期科学时期，大约由公元1600年至1800年；(5) 实证研究扩展期，大约由公元1800年至1930年；(6) 现代老年学。这些时期的界线没有严格区分，并可能具有争议性。例如现代老年学源于老龄社团的形成，稍微迟于1930年。而实际上，老龄协会（the Gerontological Society）成立于1945年，之后改名为美国老年学会（the Gerontological Society of America），后再改名为国际老龄协会（the International Association of Gerontology）。这些时间点可能被视为现代时期的开始，尽管20世纪30年代的一些运动为老龄协会的出现铺垫了背景，这点下文详述。

神话时期

从非常早期的文字记载可断定，人类经常思索万事的起因，并且认为一切因果都归因于神秘的力量，年老现象亦不例外。格鲁门（Gruman）针对老年和寿命准备了一个有用的思想史，他又编制了一个关于老年神话的广泛的参考书目，描写了由古代至1800年的思想转变。《吉尔伽美什史诗》是其中一篇最早讨论老年的文字，格鲁门鉴定其年份大约在公元前3000年。这首巴比伦诗歌中的英雄吉尔伽美什（Gilgamesh）渐渐沉迷于长生不老和探求当中的奥秘。

古时候，当人们看到其他人变老和逝去，并观察到自身的变化时，他们都会好奇如何能避免死亡。一个神话的解释认为，人类曾经有长生不老的天赋，但在一次违抗神灵的堕落当中失去了它。这使得人们尝试取悦神灵以重获不朽，如奉献祭品、祷告，或者做一些符合他们文化传统的勇士行为。

另一些神话存在于世界上那些偏远的地方，那里的人仍保留着超长寿的秘密，或者某处有回春泉水，沐浴当中的人即使不能长生不老也能返老还童。在不同时期，这些神话传说都吸引着很多人四处探险以寻找回春泉水，尽管这些探险毫无收获。

格鲁门把有关老化和长生不老的神话传说分成三个主要类别：(1) 上古神话，相信过去那些人都能活得相当的长寿；(2) 北方神话，相信那些偏远地区的人们能活得更长寿；(3) 泉水神话，相信世上某处存在回春泉水或者物质。格鲁门也使用“延寿”(prolongevity) 来指代神话和传说中通过人类控制的方式延长寿命的情况。

关于寿命的神话通常都与一个叫做“蒙福之地”（Abode of the Blessed）的信念联系在一起，在那里纯洁的人能够延长生命。这个典型元素广为流传，在波斯、日耳曼、日本、希伯来、印度甚至中国神话中都出现过。

亚历山大大帝（Alexander the Great）被描述为曾遇到生命之泉；据传庞塞·德莱昂（Ponce de Leon）当年发现佛罗里达时，其实正在寻找北美印第安人相信的回春泉源。事实上很多文化中都流传着一处人间天堂，当中总有回春泉水或者延寿能力的神秘物质，这些传说之多，令人惊奇。神话、魔法、关于长寿和生死的祝愿等内容遍及史前时期的所有社会。

直至今天，这些神话仍带起了治疗泉水、食物、运动和拥有特殊效力的维生素的热潮。该评论并非意在评价控制老年化过程的方法的正确性，而是要展示出当代高度关注与潜在的对衰老和死亡的恐惧之间的联系，这种恐惧肯定已经困扰了我们的一些先祖，对我们的同代人来说仍然很重要。

西方学者较少接触到东印度关于老龄和死亡的传说、神话及观点。在拉姆-普拉萨德（Ram-Prasad）一篇关于东印度对老龄化和生命意义的观点的综述中，理想的生活模式被形容为由四个阶段构成：学生时代、一家之主、森林隐士、舍弃者。编纂学生需要学习的内容，这种做法开始得相对较早，从公元前1500年到公元前500年。印度信仰体系在基督纪元之初已经形成，鼓励人们遵从生命历程的这四个阶段，个体被期望适应宇宙秩序——“法”（dharma）。拉姆—普拉萨德形容“法”是反映了宇宙所有方面的规则的整体实体。《摩奴法典》（the Code of Manu）是古印度的法律典章。有趣的是，生命的早期阶段包括快乐和财富的增加，但后期阶段需要超然或放弃。晚年生活能通过脱离日常生活所需而形成的超然物外（transcendental detachment）以获得意义。除了超然物外，人们则会尝试从世俗指导的行为中获取生命意义。不过在经典东印度的人生观中，在生命的最后阶段——老龄，个人会超脱和舍弃世界。

印度教和佛教的教义认为，个人的行为会产生一种力量——“业”（karma）。这种力量不单影响现世，还会生生不息地延伸至来世，直至个体达成涅槃（spiritual liberation）。“轮回”至不同身体形式表示了灵魂传递或转化进一个新的结构，而轮回后的形式则是前世个体行为的因果。

东印度思想认为老龄和死亡是接受了命中注定的宇宙法则，个体生命沿着不同阶段的经历，最终达至超然或解脱状态。因此，印度思想的背景就是哲学、宗教和神话混合而成的源远流长的文化。

“轮回说”在西方文化中有点不同。由于受基督教观点影响，西方认为个体最终会复活并进入永生。不过印度教和基督教两者都相信现世的道德行为将影响未来的存在状态。

希腊—罗马哲学家

希腊和罗马的哲学家们讨论了老化和死亡的本质问题。哲学的贡献和科学的诞生源于严谨的推理与逻辑，而不是数据。他们观点的基础是从个人观察中认识到，生命的变化有一种模式，以生命的阶段、周期或季节为标志。在希腊罗马式的生活观中，身体或生理方面同道德或宗教观点的分离越来越明显。

公元前 4 世纪的希腊哲学家伊壁鸠鲁（Epicurus）认为，如果人们对生死有正确的态度，他们将无惧生死并泰然处之。根据格鲁门的说法，伊壁鸠鲁认为生命长短并不影响其快乐，所以延年益寿并不重要。亚里士多德（Aristotle）则对老化这一自然现象更感兴趣，他认为年老的身躯又冷又干从而导致了死亡。他比较坚信宇宙之间的联系，反对人力违抗自然或尝试改善老化的过程。

西塞罗（Cicero）认为死亡是幸事，因为它把我们不朽的灵魂从牢笼般的身躯中释放出来。他又尝试为老龄的缺点辩护，包括老龄会影响感官享受，并认为这种损失未尝不是件好事，老年人会因此而更注意人的德行和理智。根据科尔（Cole）的说法，希腊—罗马哲学家关于老龄的世界观是它不可阻挡。

从受孕开始，逐渐焦枯和老化的生理过程无情地持续，直至死亡。生命各个阶段都是大自然的里程碑，标志着自然热量的减少和递增的亵渎。每一个变化都决定了自身的行为模式。这种迈向老化的方式与生命周期在知识分子世界中成为事实，不分科学或哲学；因此它结合了生理和道德，在生理学之光的照耀下解释着行为迹象和自身的个性。

除了那个时代的哲学家以外，医生们也贡献了他们对生命历程和肉体苦难的观察。盖伦（Galen）是最重要的一位，也是医生和药剂师的楷模。他相信——就如他所处时代的其他人一样——身体会变干和变老。尽管这意味着对身体进行“加湿”就能延长寿命，但他并没有尝试干预身体上那被称为不可避免的冷热平衡和组织干化的变化。在早期思想中，有两大因素致使大家并不欢迎任何改变生命过程的尝试：第一，这违反了神的意旨；第二，这违反了自然定律。格鲁门表示：“盖伦的文章受目的论支配，目的论强调自然行为永远是最优的。而盖伦对‘老化是否为一个疾病’这个问题的回答是‘老化并非疾病，亦非自然的对立’。”

中世纪晚期，阿拉伯哲学家、医生阿维森纳（Avicenna）分享了盖伦对生命的生物学解释。他相信干化过程始于胚胎，并作为一种有益的影响持续到生长发育停止的 30 岁左右。他进一步认为，随着身体固有水分的干涸、固有热量的减少，衰老的身体变得又冷又干。这导致人们对药物干预衰老身体的功能衰退的能力持悲观态度。延长寿命并不是一个正当的医学目标，因为冥冥之中每个人都有一个既定的生命期限。

所有的社会和文明都对生与死印象深刻，尽管它们对变化模式背后的力量的解释或归因各不相同。希腊人、罗马人和印度人相信死亡是大自然法则的一部分。基督教则有不同的看法，它相信这源于人类出走伊甸园而堕落的罪，因而丧失永生并注定在土地上艰苦过活。永生只存在于按基督教原则生活以及死亡之后。相似的观点在宗教和医学界流传了很多个世纪，认为人的个性和生命长短早已注定。

人不能擅自窜改神的意旨，这一宗教和神学的观点根深蒂固地支撑着中古时期西方世界的生活。这不单阻碍了改变生命过程的尝试，也影响了科学的发展，因为它试图理解自然是对神设计和期望的宇宙组织的入侵。虽然新约和旧约都提出了人类的堕落和人类因罪恶而失去不朽的观点，可是基督教和新约也都强调了义人复活带来永生。这表示，比起永恒不朽的灵魂，肉体的衰坏微不足道。通过神的仁义和复活，我们能战胜死亡。这种思想内化为受教育者的态度，从而阻碍了从自然原因的角度进行实验和解释。如果你把人类从伊甸园的堕落归因于骄傲，那么科学家最大的罪就是骄傲，因为科学家假定能够确定因果关系，从而确定神的目的。

格鲁门对比了护教论和延寿论。护教论的论点就是任何研究和操纵身体以延寿的行为，本质上都违反自然规律。如果人类因罪而死亡，那么试图改变生命历程不仅可能是徒劳无益的，而且他们本身也可能是有罪的。推而广之，老化和死亡是好的，因为它把我们推进至复活和永生。护教论的观点不单妨碍了科学发展，也阻止了继承更早期的很多民间流传的永生神话。然而，有证据表明，在中世纪社会主流文化之下，仍然流传着这样的早期神话——关于永生和世界上存在保持长寿的传奇之地。例如，1498 年哥伦布报告说，在他的第三次航行中，他在委内瑞拉找到了一个人间天堂。詹姆斯·希尔顿（James Hilton）在小说《消失的地平线》（*the Lost Horizon*）中讲述了香格里拉的神话。这正是喜马拉雅山上的一处地名，据说那里的人们非常长寿。

中世纪的宗教理论没有根除人们对俗世永生的渴求，也没有阻止这些神话的流传和人们对延年增寿的兴趣。然而，它确实阻碍了对可能导致寿命延长的生命条件的研究以及对系统数据的收集。

16、17 世纪的法国和奥地利，一个新教教派——胡格诺派（Huguenots），因其信仰鼓励人们审视人类生活条件的自然来源而被驱逐和迫害。当时，主导基督教的罗马天主教不赞成收集和检查关于人类寿命长短及其在不同地点与条件下变化的数据。至 18、19 世纪，有证据表明，西方占主导地位的神学不鼓励对人口统计学和流行病学采取经验主义的方法，这种方法将生命的长短归因于自然现象。

与神话时期不同，希腊及之后的哲学家们对老化的概念展开了争论。由于缺乏经验科学的证据，他们逻辑的严密性或推理的优雅性就转变为他们观点有效性的证据。这在理解上是一个显著的进步，因为它将衰老的情况纳入了正常的讨论中，并将原因纳入争论之中，而不是将其交给神殿牧师——他们将原因归于自然神论的力量或罪行。哲学家们将他们日常的观察和抽象思考联系起来，在跳至结论之前先评估证据。早期的观察结果之一是死亡时身体是冰冷的。因此，热量流失成为早期的焦点。亚里士多德注意到老龄时期热量的减少。很久之后，本杰明·富兰克林（Benjamin Franklin）表达了相同的观点，他认为他能够用闪电（即热能）救活一只死鸡。

文艺复兴时期

14 世纪是西欧文学、知识和艺术复兴的时代。受意大利经济繁荣和文化兴盛的刺激，艺术、文学、建筑和科学等方面产生了许多新的表达方式。16 世纪，文艺复兴与刚刚从罗马天主教脱离出来的新教教会所发起的宗教改革运动联合。宗教改革带来了新的自由思想，同时也造成了社会控制、宗教信仰和理想生活等方面的新挑战，尽管它仍然强调人们应该在有生之年积极行善。

对于西方关于衰老和死亡的思想演变的简单观点，有许多例外。中世纪的炼金术士企图并曾经尝试通过做某些事来实现延年增寿。在中国，探索自然的实验没有宗教的阻碍，那里的炼金术士也试图通过使用各种自然物质来改变生命历程。

在旧约当中，有一篇文章描述了这样一个场景：一位年轻的女性躺在床上，试图使衰老的大卫王（King David）恢复活力。这样的假设由来已久，人们认为吸入少女的气息能够刺激精力。这种方法被称作“老年摄生法”（gerokomy），由 17 世纪一位荷兰医生推荐。他建议老市长躺于两位年少女子之间，以便能够最大程度地获取活力。

受文艺复兴和宗教改革的影响，被解放的研究者得以搜集数据。透过数据和资料，人们能分辨出那些关于自然事件背后原因的解释是对是错，去芜存菁。与希腊人和罗马人的思维方式相比，对数据的使用可能更能区分当今思维方式（即重要的不仅仅是思维的逻辑性和丰富性，还有修改思维的数据的可用性）。它也不同于东印度关于老龄和死亡的经典思想，后者基于这样一种假设，即存在着一种预定的宇宙秩序，在这种秩序中，个体都经历了通往某种终极超越状态的各个阶段。因此，印度思想是哲学、宗教和长久存在的文化的混合物，尽管这并没有刺激对老化的科学研究。

在英国，法兰西斯·培根（Francis Bacon）提倡发展自然科学和对老化过程做严谨调查。在 1558 年的意大利，柯尔纳罗（Cornaro）出版了他的演说，这曾经在西欧非常具有影响力。柯尔纳罗相信简单地改变个人生活习惯就能使人长寿。他指出一些非常简单的卫生习惯能够影响寿命和健康。时至今日，这些观点也有其对应的说法，例如个人饮食习惯、运动锻炼、活动模式、暴露于有毒环境中、生活压力等，这些都将影响我们生命的长短和质量。文艺复兴和宗教改革带来了思想的改变，支持了自然科学的发展和数据的系统收集。虽然伽利略（Galileo）对行星系统组织的观察造成了其与罗马天主教会的冲突，但这使得其后的观察者能够不受惩罚、不受迫害地进行星体研究。

科学时代

当学者开始对天文学以外的其他领域进行系统观察时，一个科学的蓬勃发展时期终于触及了老化研究这一主题。在英格兰，艾萨克·牛顿（Isaac Newton）作为教派掌管的剑桥大学三一学院（Trinity College，Cambridge）的一员，探索了物理学并发现了关于引力的定律。他的一生既体现了对自然理解的追求，也体现了对关系可以合法表达的信念。学者相信一切事件和行为都是继承其前例的不可避免的结果。天文学和物理科学在解释自然现象方面取得的成功鼓励了科学在生物学和医学方面向新的方向发展。科学家坚信一切事物都可被认知，一切东西都可被确定并符合定律。这鼓励了有关老化、长寿和死亡问题的新观点的发展。

17 世纪之后，数学和科学急速发展。欧洲的大学增加了很多学院招揽专事科学研究的人员。原本这种扩张仅限于物理学。随后，生物学、心理学、社会科学都急速扩张，尽管在哲学、神学之间的关系以及行为科学和社会科学的发展中仍有人存在一些不安。直到 1937 年，牛津大学的哲学家们还表示精神心理上可能永远都不会有科学可言，并票决反对创建心理学院。与人类行为研究相比，数学、化学和物理研究对有组织宗教信仰结构的威胁更小。

英国生物学家查尔斯·达尔文（Charles Darwin）的研究可能是宗教学和哲学被削弱的缩影，这些学科以赋予人类作为宇宙中某种角色为假设。通过对不同物种的观察，达尔文总结出物种从早期形式进化至后期更复杂的物种，这也包括人类。尽管这确实在某种意义上给了人类优越的地位，即人类是一个进化较晚的物种，但它显然打破了神创论的传统——把人类视作一种独特的、直接的、有目的的神创物。

1825 年，冈珀茨（Gompertz）发表了一篇关于人类死亡和年龄的相关性的文章。他所描述的年龄与死亡率的关系如今被称作“冈珀茨定律”（Gompertz' Law）。他指出死亡率从出生至大约 10 岁时逐渐下降，然后又呈现逐渐上升并加速的趋势，直至寿命完结。然而，我们应当记住，对生命周期内死亡率的变化过程的定量描述本身并不能揭示死亡原因。

19 世纪是科学发展的扩张时代，这完全基于这样一种信念——所有自然现象都是有规律的，这些规律可以通过科学调查来确定。首个在老化研究中应用此观点的人是比利时科学家阿道夫·凯特勒（Adolphe Quetelet），他是数学、统计学及天文学方面的通才。他于 1835 年在巴黎发表了其有数据支持的观点。他的书名被翻译为《论人及其能力的发展》（*On Man and the Development of his Faculties*）。他那决定论的观点在其充满争议的开篇中得到了明确的表达：“人的出生、成长、死亡，都是根据某些从未被恰当研究过的规律，无论是作为一个整体，抑或是按照它们之间相互反应的模式。”凯特勒是当时一位著名的科学家，他访问了西欧的其他科学领袖，并与他们进行了广泛的通信。值得注意的是，我们很难根据当代科学对他进行分类。他在许多学科还没有形成正式的大学院系之前就都做过一段时间的写作和研究。他能被视作为早期社会科学定量研究的工作者之一，但他也关注死亡率和身体功能等议题。作为数学家，他提出了“普通人”的概念，并根据意外原因定律，在这个概念周围分布了测量值。在这一点上，他预见了高斯（Gauss）的工作——他在二项分布上的研究，后世通常称为正态曲线或钟形曲线。凯特勒回顾了与年龄、性别、城市、农村和国家差异相关的死亡率数据。他确信，如果一个人注意观察并描述统计学与数学的关系，那就没有什么是超越了解的。他显然对人类发展和老化采取了确定性和组织性的观点。在评价前人工作时，他说：

但他们忽略了以足够突出的方式提出有关其身体发育的研究，也忽略了用数字来标记个体体重和身高的增长情况——简言之，就是他的力量发展情况，他的器官的敏感性，以及其他身体机能。他们没有确定个人在什么年龄实现能力最大或能量最高，也没有确定它们开始衰退的时间。他们既没有判断出个人在不同时期或生命阶段的能力的相对价值，也没有确定它们相互影响的模式以及改变的原因。同样地，德智兼备之人的渐进式发展几乎没有获得他们的注意：他们既没有注意到在不同年龄阶段个人的思想是如何受到身体影响的，也没有注意到个人的能力是如何相互反应的。

凯特勒认为老化是遗传、行为和环境三者生态相互作用的结果，这种观点与20世纪晚期的思想是一致的。

凯特勒曾与达尔文的表弟弗朗西斯·高尔顿（Francis Galton）接触，高尔顿是19世纪另一位杰出的知识开拓者。值得注意的是，他们两人都对量化生物体功能与生物体年龄之间的关系感兴趣。高尔顿同凯特勒一样拥有广泛的兴趣。他最初接受生物学和数学训练，后来又学习地理学、人类学和心理学。他后来越发对人体测量感兴趣，并且像凯特勒一样在自己的研究中包括了对生理和心理功能的测量。

19世纪80年代，身为英国人的高尔顿在伦敦主办了一次健康展览，收集了大量关于听力上限及其随年龄增长而发生变化等方面的数据。高尔顿使用了“人类机器”一词，这无疑反映了他早期的生理学背景。他感兴趣的是将人类发展与老化的事实纳入人类进化和科学的更广泛框架中。他对老化研究的主要贡献之一就是1884年伦敦国际健康展览会上所收集的数据。他对超过9 337名年龄在5~80岁的男性和女性进行了17种不同功能的测量。由于接触了大量数据，高尔顿开发了一个相关指数来衡量两个变量（如年龄和力量）的关联程度。这是向前迈出的一大步，因为它使学者们能够根据这些因素与年龄或某些所谓的老化因果因素的关系程度来区分这些因素。

高尔顿对生物测量学的力量留下了深刻的印象，并遗留下他个人的财富用来创建大学中第一个生物测量学院系。卡尔·皮尔逊（Karl Pearson）继承并深化了高尔顿分析调查数据的统计方法，包括发展出一套能具体计算误差区间的相关性定量测量工具。高尔顿后来把研究兴趣由发展和老化转向应用达尔文的进化论。他尝试发展优生学主义应用于大型人口。他提倡有选择的人口生育使高智商水平的人们有更多后代。纵观19世纪，老化研究就是由像高尔顿和凯特勒这样拥有高社会地位和个人资助基金的人所带领。这个关键的时期并没有大型的、有组织的实验室进行老化研究。在高尔顿研究不久之后，一位名叫汉弗莱（Humphrey）的剑桥大学医生进行了一项针对老年人健康的大型调查。这项工作虽然别具开创性和广泛性，但因缺乏了凯特勒和高尔顿提供的定量综合手段而令人感到遗憾。

在美国，政治家本杰明·富兰克林早些时候曾引发了大量关于复活那些已经没有生命迹象但仍有可能起死回生的生物体的猜测。由于他参与发明了避雷针，从而控制了放电的流量，他认为断电或失去活力可能是衰老的原因。这一例子强调了老年学领域仍存有许多不确定性因素。也就是说，不确定与年龄增长相关的生物体的特定特征是导致普遍衰老的原因还是结果。这种困境很显而易见，例如，在早期强调身体和热量就因此推导出丧失热量是老化的原因，进而认为当补充热量时，老化就会停止甚至可逆。同理，由于性活动似乎随着年龄的增长而减少，人们认为刺激性活动的增加可能会抵御更普遍的老化影响。

20世纪之初，一批生物学家开始大量发表关于老化的文章。他们的基本主题是确定人类物种老化的原因或随年龄发生的变化。起初学界因科学的效力而对此抱有乐观情绪。似乎没有任何问题能超出它的理解范围，甚至延长人类寿命也可能在人类的控制之下进行。公众对延长生命、死而复生产生了极大的兴趣。

但严肃的学者们越来越谨慎地期望延长生命或再生可以变得很容易，或者马上就能实现。诺贝尔生理学或医学奖得主迈诺特（Minot）陈述了他对变老的乐观和激情，他称之为“衰老”（senescence）。

事实上，我们应该给自己一些原则，以此延缓衰老的速度，让我们在更长的时间内享受成熟的能力。……我可以大胆地告诉大家，随着将来对这些神秘谜团有更深入的认识，我们将进入一个能够改变这些事物的时期。

迈诺特的看法深深地影响着早期美国心理学家、克拉克大学校长霍尔（G. S. Hall）。作为一名发展心理学家，霍尔开创的青少年研究广受赞扬。步入晚年后，霍尔于1922年在他的著作《衰老：人生后半程》（*Senescence: the Second Half of Life*）中回顾了现有的文献和现当代关于老化的思想。“衰老”一词是他取自所阅读的当时的生物学家的著作。他还加入了他个人的心理解读。“作为一名心理学家，我确信老年人的心理状态具有重大意义。衰老，就像青春期一样，有自己的感觉、思想和意志，也有自己的心理和体制，身体也是重要的。这里的个体差异可能比年轻人更大。”在这段话当中，霍尔预料未来的心理学家们也会指出，随着年龄的增长，许多性格特征中的个体差异会增加。

20 世纪 20 年代，诺贝尔生理学或医学奖得主伊万·巴甫洛夫（Ivan Pavlov）及其同事观察到年长的动物在学习和条件反射上与年幼动物很不同。他们认为抑制过程比促进过程更容易受到年龄的影响。这反映在一个事实上，即旧习惯比新习惯更难消除。他们指出，当一个神经过程减慢或延迟时，每种刺激的残留痕迹都会过度影响后续刺激，从而在一定程度上预测了随着年龄的增长行为速度缓慢的解释。

美国研究人员并不认同巴甫洛夫关于老化的观点。巴甫洛夫和他的追随者认为，中枢神经系统在调节机体老化过程中起着重要作用。美国生理学家倾向于将中枢神经系统的老化视为其他器官和循环系统老化的结果，而不是中枢神经系统自身调节能力下降的主要表现。最近，中枢神经系统已被视为灵长类动物衰老的重要器官。

现代老年学开始

在沃尔特·R. 迈尔斯（Walter R. Miles）的指导下，斯坦福大学心理学系于 1928 年成立了第一个系统性老化研究实验室，它得到了纽约的卡耐基基金会（the Carnegie Foundation of New York）的支持。建立斯坦福晚熟研究（the Stanford Later Maturity Study）的动机是多方面的，但一个重要的影响是，在当时的加利福尼亚州，40 岁以上的男性很难找到工作，因为人们认为他们太老了。这个斯坦福大学的实验室发表了大约 8 篇关于老化的各个方面的博士论文，其中包括年龄与创造力、学习能力、习得反应的消失和运动技能的关系等主题。

20 世纪 30 年代，通过纽约的梅西基金会（the Josiah Macy, Jr. Foundation）的一系列活动，系统性的老化研究得到了新支持。该基金会致力于支持研究与老化研究相关的退行性疾病，不过其主任路德维希·卡斯特博士（Dr. Ludwig Kast）相信退行性疾病只是老化过程的一部分表现而已。鉴于此，他积极推动针对老化问题的各项学术研究。人们鼓励开展老化研究，将其作为与儿童成长和发展研究领域中已经十分活跃的领域相平行的研究。

圣路易斯华盛顿大学的细胞学家 E. V. 考德里（E. V. Cowdry）受梅西基金会之托组织出版一份关于老化的综合性信息。他被鼓励扩展他在书中的初始概念，主要涉及老化的生物医学方面，包括环境影响以及社会、心理和精神问题。这一鼓励促成了随后开展的多学科科学会议，并在考德里 1939 年编写的《老化问题》（*Problems of Ageing*）一书中整理了各学科关于老化的文献。（值得注意的是，该书使用的是英式单词“ageing”，而非标准的美式单词“aging”。）

在考德里有关老化问题的书籍出版时，人们对慢性病作为一个公共健康问题的作用越来越大表示关注。虽然在早期，传染性疾病是美国最主要的致死病因，但心脏病和癌症作为常见的死亡原因日益显著。

20 世纪 30 年代，随着老化研究的发展，人们希望建立一个组织来促进老化研究。牛津大学解剖学系的访问学者柯林契夫斯基（Korenchevsky）到访纽约并请求梅西基金会资助一个针对老化研究的俱乐部。欧洲也组织了同类型的俱乐部。人们认为，这样一个俱乐部将是一个组织，在这里，男性可以作为绅士型学者和研究人员共同探讨有关老化的各个方面。纽约也成立了老化研究俱乐部（the Club for Research on Aging），并在梅西基金会的支持下于 1940 年前后演变成为关于老化问题的系列会议。

到 1940 年，关于老化的思考变得更加复杂和系统。美国公共卫生局（the Public Health Service）和梅西基金会都认为老化的过程涉及多学科。这一重点一直持续到现在，尽管各学科的许多科学家发现很难采取多学科方向，并将老化视为受遗传因素和环境基础因素影响的多因素过程。早期关于老化的观点较多采用医学模式，因此视老化为疾病的产物。现今的观点则视老化为一种表现，包含了许多与死亡率和发病率相互调节影响的因素。

1941 年，美国公共卫生局组织了一场关于老化的心理健康方面的会议。大约同一时间，美国公共卫生局局长商议在美国国家卫生研究院（the National Institutes of Health）内成立一个关于老化研究的部门。1941 年，内森 · W. 休克博士（Dr. Nathan W. Shock）被招募来领导该部门。他对开展老化研究所做的努力因美国加入“二战”而推迟——该部门的研究工作几乎在同一时间开始。

当代老年学

1945 年“二战”结束后不久，老年学的活动开始加速进行。医学界对与年龄相关的退行性疾病兴趣日益浓厚，老年人口的增加意味着将进入一个老年社会，普遍的科学进步为研究老年学的学生提供了新的研究方法。梅西基金会的一位领导人劳伦斯 · K. 弗兰克（Lawrence K. Frank）致力于发展老化研究。弗兰克是 1945 年在纽约成立的老年医学会（the Gerontological Society）的五个发起人之一。大约在同一时间，美国老年医学学会（the American Geriatric Society）成立，两个组织都出版期刊。这些协会在其成员和年度会议范围方面不断发展。此后不久，国际老年学协会（the International Association of Gerontology）成立，第一次会议于 1950 年在比利时列日举行，第二次大会于 1951 年在美国圣路易斯举行。首届泛美老年学大会（Pan American Congress of Gerontology）于 1956 年在墨西哥城举行。这些有组织的老年学研究促进了研究、教学和服务。

老化研究的文献发表率呈指数增长。不同学科和专业正开始创建自己的专业部门，并出版自己的专业期刊。同时，老化的专业和应用方面的重要性逐渐增加，相关领域的领袖也支持各种交流机会以改善老年人的生活条件。对老化过程的兴趣不仅存在于各学科内部，亦在学科之间流行起来。

在许多国家，有关老化问题的纵向研究正在蓬勃发展，这依赖于不同领域的科学家的共同合作。要了解生物体的老化，就需要不同学科的合作，这伴随一个复杂的方向，需要更新更精密的模型。关于老化的理论和研究日益成熟，这对老年人的长寿、健康、幸福和生活质量至关重要。在鼓励这种模式发展的过程中就展现了人们对它的兴趣。

在大学里，有关老化问题的研究单位现在很普遍，而老年学的特别学位课程也遍布学士、硕士和博士等阶段。有关老化的专业书籍推动了教学发展，这些书籍不仅提供了当前的研究结果，而且还提供了特定领域的历史背景。有关人文、宗教和老化的新作品显示出前所未有的合作趋势，这表明老化领域已经开启了一个新的学术和人文服务阶段。

由于关于老化的知识和研究对于当代及后代的福祉都具有重要意义，因此，毫无疑问，老年学在学术领域和专业设置方面仍然是一个高度优先事项。

结论

老年学，研究老化问题，历史的根源深厚。人类显然早已开始思索生命的长度和死亡的本质。在许多早期文明中，关于长寿和死亡的神话被创造出来，并作为解释人类死亡的传说流传下来。这些传说也出现在宗教教义中（比如说，曾拥有永生的人类因为软弱和罪而被降格成凡人）。

由于科学和实践的原因，老年学正在不断发展。从分子生物学过程到行为、社会和人道主义因素，人们对理解老化过程越来越感兴趣。发展中和发达社会显示，兴趣和需求不断变化的老年人越来越多。为老年人群服务带来了基于科学知识提高标准和效率的担忧。

事实证明，理解和解释老化过程是复杂的。老化可能是生命科学研究中最复杂的课题之一。也许是由于研究对象的复杂性，研究人员越来越多地研究老化的有限方面。因此，现代老年学的特点是有很多不同的研究领域和理论领域。也可以说老年学是一个数据丰富而理论贫乏的领域。受惠于统计模型和分析方法的发展，可以了解生物体的子系统特征，具备了因果综合体（causal complexes）或者是交互作用因素的子集。这些方向或者因果综合体之间的相互关系可能需要应用物理学处理混沌过程和事件而发展的模型。

对包含遗传、行为、社会和其他影响的有关人类群体的纵向研究的增加，可能会导致用一种更具组织性的方法来取代目前专业的老年学研究。人类生命的持续时间似乎越来越多地被置于一种生态环境中，这种环境包括物种和独特的个体遗传背景，行为和社会过程以及物理和社会环境的影响所产生的解释。预测 21 世纪老年学的确切特征是鲁莽的，但它很可能会显示出越来越活跃的活动以及智力和科学的成熟程度，从而为人类生活质量的重大进步提供基础。

另请参阅：脑与中枢神经系统；创造力；进化和比较生物学；学习；老化模型：无脊椎动物、丝状真菌和酵母；老化模型：脊椎动物；运动控制；老化理论：生物学。

拓展阅读

Binstock RH and George LK (eds.) (1996) *Handbook of Aging and the Social Sciences*, 4th edn. San Diego, CA: Academic Press.

Birren JE (1961) A brief history of the psychology of aging. *The Gerontologist* 1: 69-77, 127-134.

Birren JE (1995) New models of aging: Comment on need and creative efforts. *Canadian Journal on Aging* 14: 1-3.

Birren JE and Schaie KW (eds.) (1996) *Handbook of the Psychology of Aging*, 4th edn. San Diego, CA: Academic Press.

Birren JE, Sloane RB, and Cohen GD (eds.) (1992) *Handbook of Mental and Aging*, 2nd edn. San Diego, CA: Academic Press.

Cole TR (1988) Aging history, and health: progress and paradox. In: Schroots JJF, Birren JE, and Svanborg A (eds.) *Health and Aging*, pp. 45-63. New York: Springer.

Cowdry EV (ed.) (1939) *Problems of Aging*. Baltimore, MD: Williams and Wilkins.

Gompertz B (1825) On the nature of the function expressive of the law of human mortality. *Philosophical Transactions of the Royal Society London* 115: 1825.

Gruman GJ (1966) *A History of Ideas About the Prolongation of Life: The Evolution of Prolongevity Hypothesis to* 1800. Philadelphia, PA: Transactions of the American Philosophical Society.

Hall GS (1922) *Senescence: The Second Half of Life*. New York: Appleton and Co..

Hilton J (1933) *Lost Horizon*. New York: W. Morrow & Co..

Kertzer DI and Laslett P (eds.) (1995) *Aging in the Past: Demography, Society, and Old Age*. Berkeley, CA: The University of California Press.

Kimble MA, McFadden SH, Ellor JW, and Seeber JJ (eds.) (1995) *Aging, Spirituality, and Religion: A Handbook*. Minneapolis, MN: Fortress Press.

Masoro EJ (ed.) (1995) *Handbook of Physiology Section II: Physiology of Aging*. Bethesda, MD: The American Physiological Society.

Metchnikoff E (1903) *The Nature of Man*. New York: GP Putnam' s and Sons.

Minot CS (1908) *The Problem of Age, Growth, and Death*. New York: GP Putnam' s and Sons.

Quetelet MA (1968) *A Treatise on Man and the Development of His Faculties*. (Sur l'homme et le development de ses facultes, Trans.). New York: Burt Franklin. (Original work published 1835. Paris: Bachelier, Imprimeur-Libraire.)

Ram-Pasad C (1995) A classical Indian philosophical perspective on ageing and the meaning of life. *Ageing and Society* 15: 1–36.

Schneider EL and Rowe JW (eds.) (1996) *Handbook of the Biology of Aging*, 4th edn. San Diego, CA: Academic Press.

译　者：丘明峰（北京大学）
校译者：张雅璐（北京大学）

老年政治

C. 凯利，V. W. 马歇尔　北卡罗来纳大学教堂山分校，北卡罗来纳州，美国

词汇表

经济全球化（Economic Globalization）——世界各国经济日益一体化，特别是通过贸易和金融的流动，以及人员和知识在国际间的流动。

选举政治（Electoral Politics）——投票、党派归属、有组织的政治活动和担任公职。

老年政治（Politics of Aging）——结构性经济利益集团如何以与年龄结构相关的资源分配产生预期或非预期后果的方式进行互动。

引言

对于“政治”一词的理解有很多方式。第一，对许多人来讲，政治可能意味着选举政治，包括投票、党派归属、有组织的政治活动和担任公职。第二，有时个人通过政治进程进行合作，以进一步实现感知到的或真正的集体利益。从这个意义上说，老年政治也许能够描述那些随着时间推移而联合起来的社会运动，尤其是那些倡导创建和扩大惠及老年人的项目的运动。第三，政治还与其他进程相关，通过这些进程，不同的参与者——主要是像企业和商业组织这些经济参与者——在政治领域与政府、志愿组织和非政府组织一起行动来促进他们的经济利益，并且影响公共政策和实践。这些进程是从政治经济学的视角来理解的。

在这种背景下，老年政治涉及结构性经济利益集团如何以与年龄结构相关的资源分配产生预期或非预期后果的方式进行互动。政治经济学对老龄化的观点为这一讨论提供了一个理想的框架。这种方法可以应用在多个层面上（国家、州和地方、国际）来弥合选举政治、社会运动政治和国家利益集团的过程，这些过程形成了包括投资公司和健康保险公司等私人部门作用的公共政策。本文的大部分内容是通过循序渐进地研究这三种方法来安排的，这三种方法实际上是相互关联的。重点是这三种类型的社会进程，因为它们涉及公共政策。公共政策建立并制定专门针对老年人基于年龄项目（例如社会保障和医疗保险）的参数；但是与年龄相关的项目，如医疗救助，以及教育、住房和交通项目，可能会对不同的群体产生不同的影响，尽管年龄并不是资格认定的标准。

老年政治是由社会构建的。也就是说，老年人所面临的问题是由那些自身怀有目的的政治活动家造成的。重要的是，不仅要了解影响老年人的政策，还要了解那些制定老龄化政策议程的人和组织，制定需要政策关注的问题、困难甚至危机。这些议程制定者的位置在不断变化。一些影响老年人的决定（例如，社会保障和医疗保险）是在国家层面上做出的。其他的，如关于使用医疗救助资金用于长期照护的决定，是由州和地方官员在联邦政府设定的参数范围内做出的。但是所有的决定都发生在当今的全球背景下——在这个背景下，美国只是一个参与者。世界各地的老年人的生活不可分割地联系在一起，因为他们的社会和经济背景是通过全球化联系起来的。

本文关注美国，但是也将关注其他国家在全球或者国际范围内的政策发展（例如，联合国、世界卫生组织和世界银行制定的与年龄相关的政策发展）。许多与老年政治相关的发展发生在老年学家通常不考虑的领域，因为老年人的政治、社会和经济后果是次要的或者意想不到的结果。这篇文章讨论了上述这些问题，并且建议社会老年学家在研究老年政治时应该考虑这些问题。因此，本文认为老年政治是多方面的、多层次的。

选举政治

在整个发达国家，不断增加的老年人数量成为具有年龄相关性政治活动的刺激因素。与年龄相关的政治形态因政体的性质而有很大的不同，例如，该国是否有一党、两党或多党制，该国是否以联邦制（国家和国家以下各级政府都有影响范围）而存在，该国是议会制还是总统制，等等。在美国，共和党人乔治·W. 布什（George W. Bush）在 2004 年总统选举中比他的对手、民主党参议员约翰·克里（John Kerry）多了 300 多万张选票，开始了他的第二次总统任期。但是，与 2000 年一样，布什总统在选举团中的获胜优势很微弱（286 比 252），选举是由一个州决定的，布什在俄亥俄州的微弱胜利决定了这场选举的结果。在另一场竞争激烈的选举之后，政治专家们注意到了选民中存在明显的“蓝州”与“红州”的分歧。事实上，克里和布什的选民之间的区别更加微妙。克里在大城市获得了很多的支持，而布什在郊区和农村地区的表现非常好。从 2000 年开始，布什总统还以其保守党根基为基础，得到了更多拉美裔、犹太裔和天主教选民的支持，其中也包括众多女性选民。

在总统政治中，老年选民长期以来都被视为关键的战场。这在很大程度上由于这样一个事实：从 1976 年开始，65 岁及以上的美国人投票率高于其他年龄段。然而，老年人在总统选举中起决定性作用的观点值得仔细研究。正如罗伯特·宾斯托克（Robert Binstock）所观察到的，在之前的选举中，美国的老年人为不同总统候选人投票的比例与普通人群大致相同。在 2004 年的选举中，这种模式再次被证实，因为两位主要候选人在 65 岁及以上的选民中获得的选票比例

（布什占52%，克里占47%）与他们在全体选民中获得的选票比例（布什占51%，克里占48%）基本相同。在所有的年龄段中，布什总统在60岁至64岁的选民群体中表现最好，获得了57%的选票。相比之下，克里在最年轻群体（18岁至29岁）中表现最好，有9个百分点的优势。

鉴于老年人对医疗保险处方药法案和布什的社会保障计划（稍后讨论）的不满，克里未能在老年选民中获得更大支持令人惊讶。如此看来，那些支持布什和切尼（Cheney）这对搭档的老年人似乎在反对他们自己的利益。然而，正如宾斯托克和其他人所观察到的，老年人的自我利益各不相同，他们作为一个群体很少仅仅根据老年人项目进行投票。选举后的民意调查显示，克里各年龄段的选民都认为经济或伊拉克战争是选举中最重要的问题，而布什的选民则认为候选人的道德价值才是最重要的。然而，在俄亥俄州和佛罗里达州等竞争激烈的州，布什总统在恐怖主义和国家安全问题上的优势被认为是最具有决定性的因素。

2004年的选举为根据年龄重新审视投票模式提供了机会，也可能重新评估在投票行为中与年龄相关模式的假设。以往的选举显示，在投票偏好方面，年龄群体几乎没有差异，但在参与程度方面存在显著差异。从1966年到1996年，老年人的投票率有所上升，而年轻选民的投票率却在下降。然而，在2004年的选举中出现了不同的年龄模式：在投票偏好上存在显著的年龄差异，但在参与程度方面差异较小。投票后民调数据显示，在2000年大选中，30岁以下选民的投票率增加了8%；在这次选举中，年轻选民的数量和老年选民一样增长。与年龄相关的投票行为的关键问题不再只是为什么老年人投票的人数更多，还有为什么年轻人的投票率会增加。

为了理解在不同年龄群体中引导选举决策的因素，我们难免会问年龄效应、时代效应或群体效应是否在起作用。如果发现人随着年龄增长而变得更加保守，就会产生年龄效应。如果今天的老年人的价值观在他们的一生中是一致的，那么就可以证明一种群体效应。如果各个年龄层的人在一个历史时期内倾向于一套特定的价值观，而在另一个历史时期则与此不同，那么就可能存在一种时代效应。

我们有理由怀疑这三种影响中是否有一种在2004年美国大选中起决定性作用。如前所述，老年公民很少基于明显的年龄相关利益进行投票。也许其他与年龄相关的间接影响也有作用。例如，老年人有一生的时间来形成政治哲学和忠诚；对子女和孙辈的担忧可能会分散他们在晚年问题上的注意力；他们的年龄可能并不是他们身份的显著特征。在2004年的选举中，65岁及以上的一代人（此前被认定为与政治脱节的一代人）投票率最高，这一事实削弱了群体效应的存在。最后，在这次选举中，几乎没有证据表明在同性婚姻等问题上所有年龄群体都有周期效应。由于选民的分歧和不稳定，我们可能需要数年时间才能看清是什么驱动着美国人的投票行为。

在这一方面，它不可能完全代表世界各地老年选举政治的变化。简单地说，当有两个以上政党出现时，就会有一种不同的动态。在美国，老年人的选择仅限于两个主要政党，这些政党可能会也可能不会优先考虑他们的利益。和美国不同的是，在其他民主国家，老年人可以求助于更多符合自身利益可行的政党。例如，在有许多可行政党的意大利，老年选民可以通过支持反对养老金改革的政党来表达他们对维持福利国家现状的愿望。正如艾伦·沃克（Alan Walker）所指出的，在德国、丹麦和荷兰也成立了规模较小的养老金领取者权利党。

社会运动

年龄与政治进程有关的另一种方式是发展基于年龄的利益团体，并动员这些群体参加社会运动。在20世纪之前，在老年人中群体意识的概念很少，这主要是因为老年人的数量尚未达到临界值。然而，预期寿命的增加、老年人口的增加、为老年人服务的公共项目的创建以及对老年人需求的日益认识，为老年政治运动带来了广泛基础。

在20世纪20年代的美国，基层运动——例如汤森德俱乐部（Townsend clubs）——围绕个体改革者组织起来，鼓动建立老年退休金（已经在数个欧洲国家建立），多年的压力最终导致了1935年的《社会保障法》（the Social Security Act）。尽管大多数报道把该法案的通过归功于富兰克林·罗斯福（Franklin Roosevelt）总统执政时期的政策精英，但是社会保障仍然被认为是“老年权力”的第一次胜利。个别的改革者最终被有组织的政治利益集团所取代。正如克里斯汀·戴（Christine Day）所观察到的，到1990年，美国有超过1 000个以老年人为基础的利益集团在地方、州和国家层面上发挥作用，并代表着广泛的意识形态和政治派别。戴还指出，这些利益集团在规模和获得支持方面存在很大差异，许多游说集团得到了私人基金会、政府机构和慈善家的支持。

最大的老年利益集团是美国退休人员协会（AARP），拥有3 000多万会员（其中许多人被该协会的福利所吸引，如旅游折扣）。其他受政策驱动的组织包括全国老年公民委员会（the National Council of Senior Citizens）、国家社会保障和医疗保险保护委员会（the National Committee to Preserve Social Security and Medicare）以及“灰豹党”。这些“灰色游说团体”的有效性是许多争论的主题。例如，尽管美国退休人员协会拥有大量会员和公共政策部门，但它在扩大老年人公共福利方面取得的成功历来有限。一个例子是1988年国会在美国退休人员协会的支持下通过的《医疗保险灾难覆盖法案》（the Medicare Catastrophic Coverage Act）。该法案被设计用来增加高成本医疗的覆盖面，但是由于那些高收入老年人认为自己在通过附加税为新福利提供资金，在他们的抗议下该法案很快就被废除了。“灰色游说团体”最近取得的最大成就主要是在面对尝试取消老年项目时努力维持现有的公共项目。2005年，美国退休人员协会在破坏布什总统的社会保障私有化提议的努力中产生了重大影响。

以老年人为中心的社会运动在很大程度上已经成为美国的现象，而老年利益集团在其他国家发展缓慢。然而，近年来，其他国家有组织的老年团体的政治活动激增。在荷兰和捷克共和国，代表老年人利益的“灰色政党”在国家立法机构赢得了席位，并成立一些协会来防止老年服务的削减，例如德国的“灰豹党”。与美国不同的是，其他工业化国家很少有像美国退休人员协会这样单一、大型的大规模会员组织来主张老年人利益。以加拿大为例，它没有一个类似的、大型的倡导性利益集团，曾经的一次尝试——“为老年人呼声”（One Voice for Seniors）社团——也没有成功。在意大利，养老金领取者的工会被认为是该国面向老年人的福利国家背后的驱动力，而在其他国家，最明显的老年利益集团代表着老年人中的特定部分（如英国的退休公务员）。

最后，国际导向的团体代表老年人为老龄化政策寻求宣传和议程制定活动。一个例子就是国际助老会（HelpAge International），它是一个在50多个国家有分支机构的全球性非政府组织，主要关注全球范围内的老年人贫困问题。国际助老会还影响欧洲机构把代际方式列入它们的发展政策，并为许多发展中国家的政府提供直接的政策建议。该组织与伙伴组织合作，倡导在非洲和亚洲向艾滋病病毒携带者或艾滋病患者的老年护理人员提供救济。另一个例子是国际老龄联合会（International Federation on Aging，IFA），它通过各种会议和出版物促进世界各地老年人的社会参与。国际老龄联合会可以被看作是一个议程制定组织，通过一个由世界各地的老龄部部长组成的非正式网络来倡导老年人的福祉。《国际老龄联合会老年人权利与责任宣言》（the IFA Declaration of Rights and Responsibilities of Older Persons）是联合国大会于1991年通过的《联合国老年人原则》（the UN Principles for Older Persons）的基础。

政治经济学

正如卡罗尔·埃斯蒂斯（Carroll Estes）等学者描述的那样，政治经济学的观点是基于这样一种观点，即老年是社会构建的，国际资本、国家和医疗产业联合体等行动者之间的权力斗争是影响社会政策的力量。这一观点强调了选举政治和社会运动等结构性力量和过程的广泛影响，为在收入保障和卫生保健政策领域中讨论年龄政治提供了框架。

收入保障

在全球范围内，公共养老金在政策议程上一直处于重要位置，并受到年龄政治的影响。虽然一些发展中国家正在努力建立国家养老金计划来适应他们的人口快速老龄化的现状，但一些发达国家已经考虑改变旨在降低养老金提供状况的养老金制度，在许多情况下，在以后的几年里促进更高的就业，或者至少扭转提前退休的趋势。几乎所有发达国家都对其养老保障制度进行了至少一次重大改革。这一改革的路径在很大程度上取决于现有养老金计划的性质。

在美国，社会保障改革在布什政府的政策议程中已经上升到一个重要位置。总统提议对该计划目前的“现收现付制”筹资机制进行重大改革，在该机制下，退休人员的福利通过在岗雇员的收入提供资金。他提议将允许工人把目前用于社会保障信托基金的部分工资税转入私人投资账户，将老年人收入保障的责任从国家转移到个人。然而，将社会保障私有化并不是一个新概念。芝加哥大学和加图研究所（the Cato Institute）的经济学家们提出，私人投资是解决自20世纪70年代初以来社会保障短缺的最终方案。1995年，密苏里州共和党参议员约翰·丹福思（John Danforth）和民主党参议员鲍勃·克里（Bob Kerrey）提出了他们自己的部分私有化建议，从那时起，这一想法就一直摆在政策桌上。美国也不是第一个考虑将公共养老金计划私有化的国家。在世界银行的推动下，智利于1981年采用了完全私有化的收入保障体系，而南半球的其他几个国家也讨论了类似的变化。

布什总统改革社会保障的计划同这些早期的努力一样，都坚信老年经济保障的责任在于个人，而不是政府。总统将个人退休账户描述为所有权社会的中心，并承诺私人账户将为受益人提供更高的退休回报率。他还试图通过将现状定义为一场危机来获得对私有化的支持，他警告说，随着“婴儿潮一代”开始退休，社会保障信托基金将会耗尽资金——除非采取行动，否则到2041年该体系将会破产。但是公众对私有化的反应总体上是不利的。美国退休人员协会反对将私人账户从现有的社会保障收入中剥离。其他批评者指出，这些私人账户实际上会通过向信托基金转移资金而损害社会保障的长期偿付能力。有人认为，应对该计划进行微小的修正（如提高工资税收入上限）而不是将该计划私有化，这可以确保社会保障计划的长期稳定。

公共供给有效还是私人供给有效是一个经验性问题。然而，在养老金争论中提出的观点往往基于意识形态。当布什总统把社会保障描述为处于危机中的系统时，他引用了多年来在关于世代平等观念的辩论中提出的一种论调，它指的是不同的群体在资源分配方面应该得到平等对待的原则，并且应该有相同的机会。美国世代平等组织（Americans for Generational Equity，AGE）和康科德联盟（Concord Coalition）等组织认为，目前老一代已经得到了比年轻一代更多的政府资源分配（比如养老金和医疗保障），而老一代通过税收和其他方式对政府的贡献要比年轻一代少。这些团体建议减少对老年人的转移支付，以解决世代不平等问题。

存在世代不平等的观点被用作对公共养老金的攻击，以及私有化和风险个体化的理由。然而，这种普遍的争论形式受到了严厉的批评。例如，代际公平的观点淡化了老年人的经济状况和政治行为的多样性。此外，几乎没有证据表明当前针对老年人的政策会对年轻人产生不利影响。最后，基于抚养比的老年政策是不可持续的，这一结论没有考虑到最近的人口趋势，比如许多仍在劳动力市场的老年人。尽管有这些批评，世代公平观仍然是老年政治的一个关注点。这一论调不仅持续存在，而且为反对福利国家和个人主义的政治议程设置提供了依据。

其他工业化国家的公共养老金计划表明，在美国公共养老金框架外还有其他选择。执行与收入相关的养老金项目的其他国家成功地避免了资金短缺的威胁。加拿大的双支柱计划包括与工作相关的收入和与工作不相关的收入，是一个没有陷入危机的公共养老金计划的案例。另一方面，一些最近创建了老年人养老金的国家（如澳大利亚、爱尔兰、荷兰和新西兰）选择了全民或准全民的资本化养老金计划。公共养老金计划改革几乎是所有高度发达国家的政治议程。然而，私有化并不是解决国家收入保障体系的唯一选择。日本计划在未来提高工资税，而奥地利和芬兰则调整了收入计算系统。诸如此类渐进式的措施可能比布什提出的社会保障改革方案更具可行性。

社会保险的政治性不能与私人养老金问题分开。随着越来越多的国家脱离了传统的公共项目安全网，更多地依赖于私营部门，每个工业化国家在发展晚期都发展了自己的公共养老金和以收入为支撑的私人养老金计划组合。在过去的25年里，雇主养老金计划（在美国覆盖了一半的私人全职员工）的主要结构已经发生变化。1980年，美国83%的私人养老金是固定收益计划，在这种计划中，雇员通常会按月得到一笔有保障的退休福利。如今的私人养老金计划都是固定缴款计划，在这种计划中，雇员将他们收入的一部分投资于他们选择的雇主赞助的投资组合中。这样，为员工提供退休金的责任就已经从企业转移到个人身上。

固定缴款计划得到了美国世代平等组织和康科德联盟等机构的支持，这些机构暗中强调个人责任，并认为市场最终将解决退休人员与工人比例上升的问题。在20世纪90年代，一个健康的股票市场支持这一原则。但是，美国的养老金制度当前处于混乱状态。在21世纪初，企业欺诈导致数个固定缴款计划失败，包括安然公司（Enron）、泰科公司（Tyco）和MCI世通公司（MCI WorldCom）的计划。这些公司计划中的员工投资者失去了他们全部的养老金，且没有偿还希望。固定收益计划的前景也很黯淡。美国联合航空公司（United Airlines）和其他公司已经终止了他们的固定收益养老金项目，并且无力履行对退休人员的义务。为固定收益计划提供担保的联邦机构——养老金福利担保公司（the Pension Benefit Guaranty Corporation）现在负责超过13万多名联邦雇员及许多其他雇员和退休人员的养老金。

简言之，美国的私人养老金制度似乎很脆弱，因为美国企业在全球竞争日益激烈的情况下寻求削减成本来保持竞争力。这一趋势可能会给数百万人带来可怕的后果，因为养老金危机有可能摧毁美国传统的退休收入来源之一。围绕私人养老金的动荡也产生了政治影响。有关企业渎职行为的报道削弱了公众对保守政策制定者将收入替代责任从政府转移到个人的支持，因为它们已经提醒美国人注意个人投资所固有的风险。特别是私人养老金危机有助于削弱总统将社会保障私有化的努力；这表明美国还没有准备好放弃福利国家、拥抱金融市场，以便为老年人提供收入保障。

其他发达国家私人养老金计划的命运同样取决于变化莫测的全球市场。尤其令人担心的是在老年收入保障与私人投资密切相关的国家（如澳大利亚和爱尔兰）。在这些国家（如美国、加拿大和大部分欧洲大陆国家），如果缺乏既定的以收入为基础的公共养老金制度，老年公民的储备金在很大程度上可能完全由私人养老金福利组成，这使得这些人在经济衰退时特别脆弱。事实证明，在全球经济中，公共养老金和私人养老金之间的平衡对于老龄化的个人是必要的。

医疗保健

养老金和医疗保健是现代福利国家的两个主要支出领域。许多国家的医疗保险体系都面临着财政压力，与此同时，美国老年人医疗保险体系也被认为处于金融危机之中。在财务问题上，医疗保险被认为超过了社会保障；根据两名独立受托人的说法，医疗保险信托基金将在 2020 年前用尽。由于新技术的发展以及医疗保险的使用和成本的增加，人均医疗保健费用继续迅速增长。根据 2003 年《医疗保险现代化法案》（the Medicare Modernization Act）制定的新医疗保险处方药计划，其成本预计到 2014 年将增长到每年 1 000 亿美元，远远超出最初的估计。医疗保险 A 部分和 B 部分的急症护理服务成本上升，再加上处方药计划的价格高于预期，加剧了人们对医疗保险长期偿付能力的担忧，到 2030 年，将有 7 000 万美国人进入老年，预期需求的增加只会加剧这一情况。

然而，从政治经济学角度来看，对医疗保险未来为美国老年人提供平价医疗的能力的担忧是另一个社会建构问题。医疗保险不是这场迫在眉睫的危机的根源；由于美国所有的医疗保健费用都变得更加昂贵，美国老年人的医疗保健费用也在上涨。自 1980 年以来，美国医疗支出增长超过 350%；预计到 2008 年，美国的年度医疗保健费用也将达到 2. 18 万亿美元，并将继续以高于整体经济的速度增长。事实上，美国老年人的人均医疗费用增长速度比普通人群慢，这在很大程度上是由于 20 世纪 80 年代和 90 年代的医疗保险成本控制战略。简言之，正如乔恩・奥伯兰德（Jon Oberlander）警告的那样，医疗保健危机是每个美国人面临的危机，其原因是缺乏集中预算控制、价格上涨、行政成本上升，并且在某些情况下，美国医疗系统更多地使用高成本医疗技术。

因此，医疗保险所面临的挑战必须在更大的背景下去理解，即该国的医疗护理领域是如何构建的，特别是为什么发达国家中只有美国没有为所有年龄段的人提供全民医疗保险。这个国家的政治制度是重要的促成因素。与英国和其他欧洲国家的集权政府不同，美国的权力由三个独立的政府部门

（行政部门、立法部门和司法部门）分配。此外，在美国的联邦制度中，国家和州政府共享行政职责，这进一步增加了可以阻止医疗改革的否决点的数量。此外，两党制是美国政治的特征，减少了加拿大和其他地方具有改革思想的政党的政策创新潜力。在美国，没有代表劳工运动的政党是福利国家扩张的一个特别障碍。最后，倾向于强调个人主义的美国政治意识形态限制了基于集体团结原则的公共项目的发展。

这些因素给国家医疗保险带来了障碍，而反对者利用了这些障碍。在美国，不同的利益相关者破坏了此前在重大医疗改革方面的尝试。在20世纪初，以美国医学会（the American Medical Association，AMA）为代表的医生们游说反对政府提供的医疗保健，他们认为这可能会侵害医患关系。近几十年来，将国家医疗保健视为其对医疗保健市场控制的威胁的医疗保险业已经走到了最前沿。随着时间的推移，这些不同的联盟采用了类似的策略。首先，他们已经把政府可能接管医疗保健（而不是数百万美国人缺乏负担得起的医疗保健）定义为这一政策领域的危机。其次，医疗改革的反对者充分利用了之前描述的美国政治的支离破碎性质，成功地游说国会否决了6项总统提出的不同的全民医疗保险方案，最近一项是1994年克林顿总统提出的。因此，美国的医疗保健在很大程度上被割让给了私营部门。

正如雅各布·哈克（Jacob Hacker）所记录的那样，从1883年的德国开始，国家医疗保险长期以来一直是其他工业化国家的固定项目。1948年，英国成为第一个提供免费全民医疗服务的西方民主国家；在加拿大，1971年启动了全民医疗保险（通过省级政府）。这些计划在提供比美国更广泛和更便宜的医疗保健方面是相似的。但是，每个国家实现全民覆盖的道路都是独一无二的。国家医疗保险不是由于广泛需求而产生的，而是通过这些国家的政策精英们的努力，在不同的历史时期针对特定健康状况、利益集团结构、政府约束和政治机会窗口采取行动。此外，美国是发达国家的一个例外，它将全民医疗保险限制在65岁及以上的人群；年龄政治在其他国家的医疗保健政治中不太突出。

长期照护（long-term care）是与医疗保健相关的一个问题，尤其是对老年人和残疾人而言。美国的长期照护制度以一种支离破碎的方式发展起来。根据当时的私人医疗保险计划，其医疗保险中没有提供长期照护的条款。然而，医疗救助计划（Medicaid）已成为美国最大的长期服务购买者，该计划允许各州为因医疗费用高而成为医疗贫困者的人提供医疗服务。医疗救助支付长期照护一直存在制度偏见，疗养院是这些服务最普遍的目的地，并且疗养院行业已经在国家和州一级成功游说来保持这一优势地位。尽管有几个州已经尝试使用医疗救助基金来支持疗养院护理的替代方案，如家庭护理援助和社区临时照护，但这些项目很容易受到布什政府提出的医疗救助削减计划的影响。与医疗保健相比，国家层面上对长期照护的关注是最近开始的，并且关注度相对较低。

与医生和医院护理相比，长期照护在美国是富有民主国家的典型服务。虽然德国、日本等一些国家已经为长期照护创立了某种形式的社会保险，加拿大也可能会实施这样的制度，但是大多数国家还是依赖国家和基层政府共同提供资金与行政管理的混合制度，许多地方（例如美国和加拿大的一些省份）通过经济状况调查，并要求减少资产支出。与美国一样，大多数国家在没有全面计划的情况下，正在接近未来对长期照护服务的需求。

总之，任何对收入保障或医疗保障政策的理解必须认识到，这种公私之别顶多是迷糊的。正如哈克所说，国家政策通过税收补贴或者间接通过对高收入群体的公开报道来维持私人保险市场的增长。然而，与此同时，私营保险公司限制了政府扩大公共保险或监管的努力。

全球化

从对当前老龄政策问题的讨论中可以明显看出，老年学已经意识到并关注全球化。更重要的是，对于老年政治来说，关注全球化的主要行动者已经开始关注老龄化问题。这些发展将老年学推向一个新的国际焦点，并将地方和国家问题置于全球社会和经济力量的背景下。全球化的社会和经济进程产生了巨大的争论和冲突，一些人赞扬它的好处，另一些人谴责第一世界国家对欠发达国家的剥削。沃克坚持认为，“问题不在于全球化本身，而在于其占主导地位的新自由主义经济形式”。

2000 年，国际货币基金组织（the International Monetary Fund）把经济全球化定义为世界各地经济日益一体化，特别是通过贸易和资金流动。经济全球化也指人员和知识的跨国流动。“全球老龄化”一词将世界描绘成一个整体系统，提出了健康和家庭支持领域的国际人口变化问题。然而，其重点主要集中在经济领域，特别是全球老龄化对处于不同经济发展水平的国家经济的影响，以及全球经济体系是否能够满足日益增长的老年人口的需要。由于人口老龄化因国家而异，差异老龄化可能会对市场经济产生影响；对发达国家和非发达国家的老年人，以及对移徙工人和移民等老年人特殊群体的社会状况也会产生不同的影响。

当人们断言经济状况影响国际稳定时，对全球老龄化的担忧就显得更加引人注目。两项倡议特别阐明了推动老龄化国际政治的力量。首先是美国中央情报局发布了一份题为《长期全球人口趋势：重塑地缘政治格局》（Long-term Global Demographic Trends: Reshaping the Geopolitical Landscape）的政策文件。该报告称，全球人口趋势将产生深远的经济、军事和政治后果。到 2050 年，65 岁人口的规模将增至 3 倍，达到约 15 亿人，占总人口的 16%。许多发展中国家（该报告具体列举了巴基斯坦、阿富汗、沙特阿拉伯、也门和伊拉克）的青年人数将大幅增加。这些国家面临着为大量青少年创造生产性工作的巨大经济挑战。然而，报告声称，由于人口老龄化，目前作为世界经济引擎的国家面临着截然不同的问题。年轻国家可能会因为持续贫困和满足快速人口增长需求的挑战而面临巨大的动荡，而老年国家由于人口老龄化则在经济上苦苦挣扎，可能无法应对地缘政治热点。

第二个重要倡议是 1997 年由华盛顿特区战略与国际研究中心（the Center for Strategic and International Studies）发起的全球老龄化倡议计划，该计划得到美国政府高层领导人、具备全球影响力公司（包括国际保险和风险投资公司）的高管、学者和智库代表的支持。根据他们的报告，日本、西欧国家和美国将在未来 30 年内经历前所未有的人口转变，其特点是老年人口增加和劳动力负增长构成的“危险组合”。该中心声称，这种转变仅限于世界主要经济体，这对全球安全和经济稳定具有深远的影响。与中央情报局的报告一样，这份全球老龄化倡议不仅关注经济问题，还关注全球安全问题，传达了一种启示录般的人口统计愿景。

这两个例子说明，在全球范围内，老年政治涉及主要政党和利益集团，包括寻求制定国家和国际政策议程的政府及公司。来自老年学领域以外的其他部门的强有力的声音认为，全球老龄化危机已经存在，并提出了一些改善问题的建议。这些建议的总体基调与美国世代平等组织和康科德联盟的基调相似，即将社会保障和医疗保健的责任从国家转移到个人，并采取措施把在劳动力留到更高的年龄，以此既满足劳动力需求，又减轻养老金和医疗体系的财政压力。许多学者和美国退休人员协会等一些利益集团组织反对危机言论，反对关注全球化的经济方面（而不是社会成本）。正如沃克所指出的，全球化使得不平等日益加剧成为不可避免的趋势，特别是通过提出有关老年人口主要受益的养老金和社会保障制度可持续性的问题。这些组织使用危机言论是为了使新自由主义对福利国家的攻击合法化，正如我们所指出的那样，这与老年人的存活和生活机会密切相关。

最后，随着国际组织开始更多地关注全球化对老年人的社会影响，人们的注意力已明显转向发展中国家和转型期国家。其中包括联合国的努力：1982 年发布了《维也纳老龄问题国际行动计划》（the Vienna International Plan of Action on Ageing）；2002 年的《马德里老龄问题国际行动计划》（the Madrid International Plan of Action）；1991 年通过的一项包含《联合国老年人原则》的决议；宣布 1999 年为“国际老年人年”。此外，作为联合国的一个组织机构，世界卫生组织（WHO）在全球老龄化和健康领域发表了类似声明。联合国和世界卫生组织几乎没有资源来推进自己的议程，但这些机构发表的声明成为可用于联合国成员国合法政策立场的材料。

结论

本文首先指出了老龄化政治领域的复杂性，其范围将是广泛的，超越选举政治，包括社会运动政治，并以政治经济学视角构建这一讨论，承认如政党、利益集团、企业和非政府组织等行动者的重要性。许多层面的政治决策都会影响到老年人，即使决策时没有考虑到老龄化问题，而是涉及国际经济竞争力等问题。某些行动者可能有更多资源进入议程设置过程，因此可能会对影响老年人福祉的政策产生重大影响，无论这些政策是老龄化政策、经济政策、卫生政策还是其他类型的政策。除了美国退休人员协会和康科德联盟等熟悉的国内参与者外，国际组织也在帮助塑造国内外的老年政治。我们的主要目标是扩大人们对老年政治的兴趣范围。另一个主要目标是强调所谓的老龄化问题是社会建构的。从这个意义上说，选举政治、社会运动和老龄化的政治经济学是相互关联的。

另请参阅：全球化与老龄化；医疗护理与服务；长期照护；公共医疗保险制度、公共医疗救助制度与医疗护理的经济政策；老龄组织；社会保障；老化理论：社会学。

拓展阅读

Binstock RH (2006) Older voters and the 2004 election. *The Gerontologist* 46: 382–384.

Campbell A (2003) *How Policies Make Citizens: Senior Political Activism and the American Welfare State*. Princeton, NJ: Princeton University Press.

Day CL (1990) *What Older Americans Think: Interest Groups and Aging Policy*. Princeton, NJ: Princeton University Press.

Estes CL and associates (eds.) (2001) *Social Policy and Aging: A Critical Perspective*. Thousand Oaks, CA: Sage Publications.

Hacker JS (1998) The historical logic of national health insurance: structure and sequence in the development of British, Canadian, and U. S. medical policy. *Studies in American Political Development* 12: 57–130.

Hudson RB (ed.) (2005) *The New Politics of Old Age Policy*. Baltimore, MD: The Johns Hopkins University Press.

Marmor TR, Smeeding TM, and Greene VL (eds.) (1994) *Economic Security and Intergenerational Justice. A Look at North America*. Washington, DC: The Urban Institute Press.

Oberlander J (2003) *The Political Life of Medicare*. Chicago, IL: The University of Chicago Press.

Pierson P (ed.) (2001) *The New Politics of the Welfare State*. Oxford, UK: Oxford University Press.

Quadagno J (2005) *One Nation Uninsured: Why the U. S. Has No National Health Insurance*. Oxford, UK: Oxford University Press.

Robertson A (1997) Beyond apocalyptic demography: towards a moral economy of interdependence. *Ageing and Society* 17: 425–446.

Walker A (2005) Towards an international political economy of aging. *Ageing and Society* 25: 815–839.

Williamson JB (2003) Generational

equity, generational interdependence, and the framing of the debate over social security reform. *Journal of Sociology and Social Welfare* 30 (3): 3-14.

译　者：马会员（首都经济贸易大学）
校译者：王永梅（首都经济贸易大学）

临终关怀

小伯特·海斯利普 北得克萨斯州大学，丹顿，得克萨斯州，美国
R. O. 汉森 塔尔萨大学，塔尔萨，俄克拉何马州，美国

词汇表

临终关怀（Hospice）——为临终者及其家庭提供照护的一种哲学理念，强调临终者及其家庭成员的生活质量。

引言

临终关怀是为临终者及其家庭提供照护的一种哲学理念，强调临终者及其家庭成员的生活质量。照护服务是由跨学科团队提供的，以满足临终者及其家属在患者整个死亡过程以及过世后的需要。悲伤辅导是临终关怀的重要组成部分，该类服务与其他针对临终者提供的机构内照护服务不同，而且，临终关怀服务与其他形式的晚期患者医疗护理的特点也存在不同，具体表现为：（1）每一位临终者及其家属是一个照护单元；（2）跨学科团队为临终者及其家属提供服务；（3）照护服务侧重于临终者的身体、心理、社会经济和精神方面；（4）服务为每天 24 小时、每周 7 天的全天候服务；（5）可提供住院和家庭照护服务；（6）可为临终者或其家属提供丧亲咨询和支持（在临终者过世之前和之后）；等等。如果以上服务仍未满足需求，则还包括临终者认为在临终期间所有重要的事情。同时，临终关怀服务也要处理照护经费不足问题，以及关于医生协助下的安乐死、临终照护等问题。

临终关怀理念

临终关怀是一种为临终者及其家庭提供照护的一种哲学理念，强调临终者及其家庭成员的生活质量。通过跨学科团队的积极参与，为每个服务对象及其家属制订个性化的护理计划。这种照顾的重点在于进行疼痛管理和症状控制以维持临终者及其家属的生活质量。医院（或护理院）通常是不被个体或社会公众所认可与接受的过世地点，相反，在临终关怀机构过世则显得更加真实、更人性化，也更有意义。在临终关怀中过世并不被视为生命的终结，而被认为是从此生到来生的“精神转型”。这种对于在临终关怀中过世的重新定义是基于死亡并不一定伴随着痛苦的事实，即这种照护是姑息治疗，并且在此过程中临终者及其家属的愿望能够实现。从某种程度来看，相比在机构中过世，在临终关怀中死亡是一件很自然的事。虽然医院治疗已被描述为“以事件为导向”

(即重点关注如何预防死亡)，但是临终关怀则是“过程导向”——死亡是其重点。

社会各界人士与专家们正努力通过界定临终者的权利并提出关于如何改善临终照护的建议来使得死亡更加人性化。这样的努力也是受到“SUPPORT”(Study to Understand Prognoses and Preferences for Outcomes and Risks of Treatment) 计划——关于了解预后和治疗风险及结果偏好的研究——失败的影响，该计划试图通过提高专业照护人员(即医师) 的沟通能力以提高临终者的生活质量。

在北美地区，存在五种临终关怀模式：(1) 家庭照护，通常由社区专业人员和志愿者提供服务（90%的临终关怀服务在患者家中提供)；(2) 由家庭保健机构或探访护士协会（the Visiting Nurse Associations）提供的家庭照护服务；(3) 在专门的临终关怀机构中接受全方位临终关怀服务；(4) 在医院内隔离出一片用于姑息治疗（镇痛）的区域；(5) 设立在医院内的二级机构，强调持续性照护。虽然很多人并不区分临终关怀和姑息治疗，但两者的差别越来越明显，后者的范围比前者要广。

一些临终关怀机构已经开始探索成人临终关怀日托，同时，儿童临终关怀项目也越来越普遍。尽管在家里和机构中接受临终关怀的比例相近，但是约有一半的临终关怀服务是在医院内进行的。它们大多数（近80%）是非营利性的，约 15%是营利性的；三分之一是独立的机构。该种结构可能反映出临终关怀哲学理念或是机构照护仍存不足，护理院和辅助生活社区（assisted-living communities）现在都在为曾经身体健康的患者提供临终关怀服务。虽然大多数临终关怀的对象都患有癌症（超过一半的癌症患者接受了临终关怀服务)，但是临终关怀服务也涉及身患艾滋病、心脏病、肺或肾脏疾病、失智症（例如阿尔茨海默病）等疾病的各个年龄段的患者，临终关怀机构会为各年龄段的人提供服务。一些临终关怀机构由社区大力支持，一些仍然是非营利性质，也有一些是由大型公司经营的营利性机构。平均有 25%的临终者在临终前接受了临终关怀服务，大多数人在家中过世。接受临终关怀服务的平均时间约为 50 天。

不管临终关怀的模式如何，所有临终关怀服务都具备与其他形式的医疗护理不同的特点：(1) 每一位临终者及其家属是一个照护单元；(2) 跨学科团队为临终者及其家属提供服务；(3) 照护服务侧重于临终者的身体、心理、社会经济和精神方面；(4) 服务为每天 24 小时、每周 7 天的全天候服务；(5) 可提供住院和家庭照护服务；(6) 可为临终者或其家属提供丧亲咨询和支持（在临终者过世之前和之后)；等等。如果以上服务仍未满足需求，则还包括临终者认为在临终期间所有重要的事情。

这些特征反映了关于生存和死亡的基本看法：(1) 死亡是一种自然经历，对于我们的生存而言，生与死都是同等重要且有意义的；(2) 临终者及其家庭本身都很重要，但临终者的福祉是第一位的；(3) 临终者应该能够继续自己做决定直到他们不能或不愿意这样做；（4）靠其他人照护并非低人一等；（5）我们与那些已故的人的关系依然对我们生活产生重要影响。

临终者去世之后（死亡事件）会对其家属的生活产生持续影响，研究人员正在更广泛地探索何为“善终”（good death），以及这对家属造成的潜在的、可能的影响。他们将关注重点聚焦诸如使临终者接纳死亡并平静离去、缓解痛苦、处理家庭关系、选择死亡地点（家庭、临终关怀机构、医院）以及死亡时间。临终者往往花更多时间待在家中，居家则意味着允许家庭成员有更多的机会与临终者沟通并完成“未竟事务”，对于很多人而言，这种“意义”的代价是不得不忍受身体和情感上的痛苦。

与历史上治愈导向的传统医院肿瘤治疗方法或护理院的疾病维持方案形成鲜明对比的是，临终关怀强调一对一的临终关怀服务理念。临终者在死亡前几个星期不太可能接受在传统医院接受的严重的医疗干预措施，如化疗、手术以及诊断测试（血液检查、X射线检查）。此外，虽然在传统的医疗护理中，镇痛剂被要求定期服用以减轻疼痛，但在临终关怀中，止痛药却是按需提供的。

临终关怀的起源

美国临终关怀的主要驱动因素源自塞西莉·桑德斯博士（Dr. Cecily Saunders）于1967年在伦敦创立的圣克里斯托弗临终关怀机构，尽管临终关怀在欧洲已存在多年。在此之后，基于家庭照护的临终关怀机构在康涅狄格州纽黑文成立。到1974年，北美已有近3 300个临终关怀机构。

对死亡态度的改变、法律法规的完善、通过立法确认个体有拒绝维持生命治疗的权利以及临终关怀服务医疗保险的发展也都促进了美国临终关怀服务的发展。其他与临终关怀的发展有关的重要事件包括北美地区成立第一家基于医院的临终关怀机构——蒙特利尔皇家维多利亚医院（the Royal Victoria Hospital in Montreal）的临终关怀机构——并组建了国家临终关怀协会（the National Hospice Organization），该组织于1977年成立，现称为国家临终关怀和姑息治疗组织（the National Hospice and Palliative Care Organization）。1992年，作为国家临终关怀和姑息治疗组织主要筹资方的国家临终关怀基金会（the National Hospice Foundation）成立。该组织一直在努力为公众提供临终关怀教育、制定服务标准，使临终关怀成为为临终者及其家属替代机构照护的一个可行方案。

谁为临终关怀服务买单？

1983年，临终关怀服务被纳入医疗保险之内，约90%的临终关怀服务通过医疗保险认证。有28%的医疗保险费用都花在了人们去世前的一年之中，这些费用的50%用于生命结束前2个月，临终关怀确实可以被看作是替代昂贵的医院治疗的另一种选择。然而，医疗保险有报销上限，如果患者已经达到医疗保险报销上限，临终关怀服务费用将无法继续从医疗保险中报销。通常情况下，假设费用没有达到上限，可以支持6个月的照护费用，除非临终关怀医师为临终患者做了预后诊断。对于低收入人士来说，在美国大多数州，临终关怀服务费用也会含在医疗救助（Medicaid）中。

研究表明，虽然在任何特定时间内临终者都只占医疗保险受益人的一小部分（1%），但是他们正在消耗更多的医疗支出。因此，患者在接受临终关怀服务3年之后，费用再由医疗保险支付，立法也通过了允许国家医疗救助计划支付临终关怀费用的决定。临终关怀服务的医疗保险受益人需要接受以下核心服务——身体治疗、护理、咨询辅导以及医务社工提供的服务。这些服务由临终关怀机构直接提供。然而，临终关怀服务的医疗保险受益人不允许直接接受居家服务以及在养老机构接受服务。而且，医疗保险也要求临终关怀工作人员对所有服务保持责任感，不管他们在哪里，他们必须保证24小时提供服务。临终关怀机构每天收到一定数量的患者并定期给他们提供家庭照护服务，所有支付给临终关怀的保险资金直接转到临终关怀计划中。同时，对临终者的急性治疗费用的担忧使得国会建立的医疗保险计划已经促使私营医疗保险公司向临终关怀机构倾斜。即使在医疗保险覆盖的情况下，临终者和家属有时也会不可避免地支付一些临终关怀费用，因为其没有私人医疗保险。

临终关怀案例管理

案例管理能够确保持续地为每个患者及其家属提供高质量的服务。这是非常重要的，因为患者及其家属通常对照护提供知之甚少，可能在处理相关问题时遇到困难。对临终关怀的跨学科团队及其他专业人员的人员安排是临终关怀案例管理的重要组成部分。案例管理将每个患者家庭与他们可能需要的服务进行匹配，并评估患者及其家属对这些服务需求的变化。案例管理还帮助患者和家属安排保险、制订紧急情况计划，必要时安排其他机构进行服务。在临终关怀中，案例管理往往由初级保健护士或社会工作者进行。

患者及其家属的照护计划是根据患者及其家庭的需要而制订实施的。这是一个需要患者及其家人积极参与的事情。患者的需求信息通常是通过与患者及其家人的互动来收集的。该信息由跨学科团队用于制订照护计划。该团队还安排、提供临终关怀服务，并评估这些服务的有效性，如果患者的身体状况或情绪状态发生变化，必要时重新调整照护计划。关于临终者的健康状况、情绪状态、个人能力（自主决策、自我照顾）的变化以及药物用量等许多决定必须由该团队做出，但必须与临终者的生活质量相匹配，同时辅之以对患者的家庭、抚养子女、家务、烹饪和经济支付进行合理的安排。此外，需要提供不断变化的家庭支持和需求方面的信息。例如，患者和家人最开始可能会询问保险范围、疾病的性质、疾病进展情况和治疗情况，或家人可以做些什么来帮助照顾临终的亲人。他们也可能想知道止痛药物的副作用。随着患者状况的恶化，安抚和支持的需求可能会出现，并且可能会分享有关葬礼的计划，或是对亲属失去亲人的担忧。当患者临终时，临终者对于家庭成员的需要可能并不是那么紧迫，而工作人员或志愿者的情感支持可能是他们所需要的。临终关怀人员可以通过简单的“在场”来满足这种需求，而非一定要“做某件事”。实际上，临终关怀给我们最大的一个启示是，人们可以在一个情感上非常悲伤的时刻与亲人一起在精神和情感上获得成长。临终关怀工作人员和志愿者尽其所能，使这种成长成为可能。

临终关怀的法律和道德层面

国家临终关怀和姑息治疗组织不支持临终关怀中的自杀或安乐死。事实上，在临终关怀过程中很少有患者选择自杀或者安乐死。然而，偶尔会有个体认为“理性”的自杀或安乐死可以被当作是对活在痛苦中或不体面死亡的一种替代方案。虽然发生这样的情况可能意味着临终关怀机构并未满足患者的需求，但也可能反映出因家庭困难导致临终者感觉被拒绝和不受接纳。自杀的想法可能会公开分享，也可能未被表达。这些人可能很难睡觉或吃饭，拒绝服药，拒绝外出，或突然改变遗嘱。

自杀的愿望也可能反映了个人对生命质量和长度的特定道德价值判断。当这样的问题出现时，照护者应该探明这些问题是否在家庭成员间有所讨论，如果没有得到讨论或家人不知情，照护者必须选择是否与患者家属讨论这些问题。然而，在大多数情况下，最好是尊重患者与其家人讨论自杀或安乐死的意愿。许多临终关怀机构都采取了反对主动安乐死的政策，对自杀的可接受性也有同样的看法。我们应该探讨每个人的死亡观念和死亡意义，以便临终的患者能够理解和澄清他们的自杀或安乐死行为为何可能给他们带来更良好的感受，从而使照护人员更加充分地了解临终者。不讨论这些话题或让它们看起来不重要，则表明此种沟通困难的形势必须迅速得到改变。

跨学科团队

临终关怀利用跨学科团队为临终者及其家属提供服务，以提高他们的生活质量，且跨学科团队的有效性已被证明。“跨学科”这一术语反映了专业人员、辅助性专业人员和志愿者在满足患者及其家庭复杂多变的生理、心理和精神需求方面所做的各种努力。在这方面，团队的职能是确保临终者及其家庭功能正常，以及面临临终阶段疾病和日常生活的负担时，最大限度地维持家庭生活、工作和抚养子女。患者的医疗需求要优先考虑，而患者和家属对其亲戚、朋友或邻居的保持亲密关系、保护隐私和获得支持的需求也必须得到满足。作为临终关怀的重要组成部分，该团队负责评估和满足每个患者及家庭的特殊要求。在为患者和家庭设计照护计划的过程中，患者的照护协调员（通常是社会工作者或护士）将每个团队成员聚集在一起，以确保照护的连续性。这种跨学科的团队不仅在患者实际接受临终关怀服务期间是重要的，而且在患者去世后为其家人提供有效的悲伤辅导时也是至关重要的。如果工作人员感觉到患者家属希望在患者去世后才与他们脱离接触，这种支持（悲伤辅导）就尤其重要。

理想情况下，该团队由具有专业知识和背景的人员组成，即护士、社会工作者、神职人员、医生、顾问或心理学家、营养师、物理治疗师、药剂师和志愿者。绝大多数情况下，临终者的临终关怀由住院部或门诊部的护士在临终关怀医疗主任的指导下与患者协商进行个案管理和执行。神职人员、社会工作者，特别是志愿者也发挥重要作用。在大多数情况下，团队每周或每半周开一次会，审查每个案例，讨论执行护理计划时遇到的问题，以及讨论患者家庭本身面临的问题。如前所述，护理计划可能出于多种原因进行修改完善。

医生直接参与护理服务，主要负责医疗护理服务，包括提供持续的、日常的护理或紧急护理。医生使用一系列麻醉性和非麻醉性镇痛药、制定控制疼痛和症状的医疗方案。然而，在临终关怀中，医师的角色最好依托于整个团队，并且可能从临终关怀开始到临终关怀结束都有很大差异。在极少数情况下，医生的作用可能很小。有时，医师可能不会积极地作为医疗主管或团队成员发挥作用。相对于较传统的医师，临终关怀医生更有可能在提供照护方面发挥较少主导的作用。他们更倾向于为患者提供家庭性指导，更加强调与患者和家人以及其他临终关怀人员进行明确的、有效的和富有同理心的沟通。也许医生最重要的角色除了开具处方止痛药以外，还可以作为临终关怀机构与患者之间的联络人，以及从患者的私人医生那里转诊患者。医生对临终关怀的态度至关重要。

临终关怀团队中的护士经常需要与患者家属进行初步评估访问，因为他们最常接触临终者，经常直接进行患者照护的协调工作。在初次访问中，护士从临终者和家属的角度了解疾病的病史，并评估他们的需求，帮助临终关怀团队设计照护计划。护士同样会注意患者和家属的情绪需求及身体健康状况。因为疼痛并不总是伴随着终末期疾病，所以帮助患者缓解疼痛的同时尽量使患者无痛或少痛显得至关重要。倾听和使患者的日常生活“正常化”也是临终关怀护士所扮演角色的重要方面。

虽然护士通常提供大部分直接的、亲力亲为的、专业照护服务，但社会工作者也可以担任个案管理者。社会工作者经常对患者家庭进行初步的心理社会评估，处理保险、退休金、遗嘱和葬礼计划等问题。虽然医务社会工作者在家庭福祉的作用可能与护士类似，但他们通常承担服务的主要职责，他们倾向于在家中对临终者的家人提供有关临终照护方面的财务或法律层面的帮助，帮助家庭获得家庭照护、膳食方面的外部援助计划，或满足其交通需求。社会工作者也经常监督、跟进家属的丧亲关怀进程。在许多临终关怀机构中，社会工作者对临终者及其家属的福利的重要性与护士相当。

如果没有一个有力的志愿者队伍，绝大多数临终关怀机构可能就不存在了。许多志愿者承担的角色是他们职业生涯的延伸。有些人倾向于文案工作，而另一些人则更直接地为患者和家属进行服务。志愿者可以更加持续、灵活地以各种方式为患者及其家属提供服务。志愿者可以通过简单的倾听与观察来检视家属身体和情绪上的变化，从而避免照护危机。此外，志愿者还可以帮助提供照护服务：如帮助患者翻身、提供个人清洁和卫生协助、帮助处理家务、去学校接孩子，或者说最重要的是简单地在场陪伴。志愿者是临终关怀团队非常必要的组成部分。在大多数临终关怀服务中，志愿者协调员帮忙给患者和家属分配志愿者，并协助提供志愿者培训。在陪同护士或社会工作者进行初次访问时，志愿者协调员可以了解每个家庭的背景、兴趣和独特需求，这些将影响临终关怀照护计划，并形成对每个家庭成员的评估。

神职人员的作用通常更为微妙。神职人员通常只能在临终关怀中按需进行工作，因此很难概括其参与程度。神职人员参与了这个团队，以满足患者的精神需求，如果患者没有宗教信仰，神职人员可以为患者的家属服务。牧师并不提倡某个特定的宗教，而是通过与宗教界的联系来关照患者的精神福祉。牧师经常协助团队进行亲友的状态评估和志愿者的培训。牧师也可以作为辅导员、听众、问题解决者、调解人或朋友，或是作为管理者对临终关怀机构的人事和报销问题进行监督，这都取决于牧师接受的训练。

实际上，很少有临终关怀机构招聘心理学家作为有偿工作人员或志愿者，但这点正在改变，因为临终者及其家属的情绪是否稳定被认为对临终者及其家人的健康产生重要的影响。心理学家或心理辅导员的作用是为患者及其家庭提供咨询，而不是提供直接照护服务。心理学家或心理辅导员在大多数情况下，在患者及其家属方面扮演心理社会功能咨询的角色，起着协调的作用。我们需要寻求心理辅导员或心理学家的专业知识，了解与照护相关的家庭冲突，或长期以来由于家庭成员死亡而导致的种种问题。这种冲突往往会干扰照护服务递送、患者或照护者的健康。心理辅导员和心理学家也可以帮助临终关怀工作人员满足身体、情感甚至精神上的需求。

临终关怀中的工作压力问题

临终关怀工作者的压力是很大的，因为他们需要持续有效的努力以满足患者的需求，同时他们的工作也非常重要。工作人员为临终者及其家属服务，他们不得不直接面对死亡。这对于一些人来说，是一个巨大的情感压力。虽然每个个体的抗压能力不同，但是临终关怀工作人员终日与临终者待在一起，使他们特别容易感受到压力和倦怠。大多数临终关怀服务的管理者开始意识到，以某种形式定期给予工作人员支持对于减轻压力和尽量减少员工流失至关重要，尽管事实并不总是如此。做家庭临终关怀服务的工作人员由于患者家庭成员给予的支持较少，工作人员似乎面临更多的工作压力和倦怠的风险。年龄较小或较不成熟的照护人员似乎更容易因为缺乏心理准备而发生身体功能障碍的压力反应。

由于压力和倦怠情绪对于临终关怀工作人员的长期消耗，所以也许最重要的是尽量减少临终关怀工作人员的倦怠情绪和工作压力，关注他们的焦虑也同样是重要的。除了团队成员的选拔问题外，团队成员必须有时间相互洽谈，讨论技术和相关问题，并表达自己的感受，同时对他们的工作彼此之间提供情感支持。照顾好自己是减轻临终关怀团队压力和倦怠的核心。此外，临终关怀以外的培训和跨学科分享的机会对于减少情绪消耗也是至关重要的。

临终关怀中的临终者家庭动力学

虽然临终者的需要是临终关怀的重点，但临终者与其他家庭成员之间是相互影响的。死亡可能会破坏沟通模式、角色责任、决策制定以及对家庭权力或主导地位的认定。家庭和该家庭中个体的身份可能受到临终者死亡事件的威胁。每个家庭对终末期疾病诊断的反应、对临终者临终的规划以及临终者后事的处理均取决于该家庭以往一贯的作风和处理问题的方式。死亡的影响也因该家庭中的父母或子女是否死亡以及家庭生命周期处于何种阶段而有所不同。

当在家里接受临终关怀服务时，照顾临终者的亲人可能会给家庭带来难以应付的额外负担。家庭成员必须相信家庭临终关怀是可能的和可取的，同时，他们也要有机会获得专业的帮助以及通常对末期护理至关重要的专用设备。家庭照护者也必须具有照护技能，这样才可能照顾好患者的身体功能。此外，在死亡即将来临之际，知道过世时应该怎么做、死后应立即做什么等也是重要的技能和知识，这也是选择家庭护理的重要因素。有家属称，临终者的精神状态的变化（无法沟通、意识模糊、惊厥）以及其自理能力的变化是最麻烦的，例如需要管理药物、处理膀胱和肠控制问题。家属需要先把个人和职业发展搁置下来，而且没有“独处时间”、与他人隔绝、时常感到内疚、忽视自己的健康也是家庭照护者的压力来源。研究结果表明，有艾滋病患者的家庭面临更大的困难。这些家庭在共情方面表现出更多的困难、面临更多的压力，表现得不那么信任，并且比应对其他终末期疾病的家庭焦虑得多。临终关怀工作人员可以通过家庭教育及提供心理和精神支持来帮助家庭成员完成许多所需的服务。在大多数情况下，通过一些“身体力行”的教学和知识传递，可以使看起来难以控制或较为困难的照护细节完成得较好。临终关怀的服务对象不局限于临终者，临终者的家属如何处理他们的悲伤也是重要的，因为这会影响他们在患者死亡之后的调整状况。开放沟通渠道可能有助于家属面对亲人死亡的现实，特别是如果他们最近没有接触临终者，或者长期存在家庭困难时。

在评估患者家庭时，可能重点需要关注女性的福祉、健康，以及其他人的社会支持程度，因为女性往往作为家庭照顾者，比男性和孩子体验到更多的负担。事实上，家庭对主要照顾者心理上和情绪上的支持至关重要。探究家庭照顾者在过去几年中使用社会服务的程度以及他们对于临终者行为的解释也有帮助，因为这些因素也可以预测家庭照护者的照护负担，并可能有助于家庭照护者缓解压力。这些信息可能需要工作人员家访几次才可以弄清楚，并可能需要由一个以上的临终关怀工作人员进行评估。对家庭支持的评估对于理解家庭成员如何应对疾病也至关重要——这件事情是否涉及其他家庭成员、朋友、邻居或同事？他们联系了哪些地方支援机构（例如护理院、家庭医疗保健服务机构）？他们有储蓄还是私人保险？医疗保险的费用可以报销多少？有遗嘱吗？有葬礼安排吗？他们出席或是教会成员出席？临终关怀神职人员的访问是否有帮助？通过这一切，家庭应该感受到积极的支持和家庭的福祉。在家庭支持不起作用的情况下，可能需要更正式的家庭治疗干预措施。

临终关怀中的悲伤与丧亲辅导

对于患者过世后的相关服务也是临终关怀的主要内容，它将临终关怀与其他类型的医疗护理相结合，为临终者及其家属提供服务。在很多时候，临终关怀服务正始于患者刚刚去世之时。除了为临终者提供服务，家庭成员需要在患者死亡之后得到持续的关怀，从而减轻家属在丧亲之后的悲伤程度。这就鼓励工作人员与家属保持联系，以确保照顾服务的连续性。但是，工作人员可能会鼓励家庭发展新的关系。

家庭丧亲辅导的主要目标是：（1）接受亲人去世的现实；（2）体验悲伤和痛苦；（3）适应没有过世者在家的环境；（4）将生活重心放到其他关系中。有关临终关怀的研究表明，虽然临终关怀丧亲辅导可能是非常有益的，但是支持其效用的客观证据很少，即便使用了临终关怀丧亲辅导，配偶死亡后的18个月之内，另一半死亡的可能性将会更大。此外，研究发现使用临终关怀丧亲辅导的配偶中的幸存方调整得更好。

悲伤辅导往往由社会工作者、护士或志愿者进行。悲伤辅导经常侧重于那些将悲伤处理得病态的人，或那些可能在以后遇到困难的人。临终关怀机构提供各种各样的悲伤辅导服务，包括参加葬礼、提供个人或团体辅导、发明信片、打电话、举行纪念服务和其他社交活动。每个临终关怀工作人员或跨学科团队的参与程度各不相同，对于丧亲辅导的后续行动的形式也不尽相同。咨询、陪伴和评估是工作人员对过世者亲属访问时的主要方式，家庭临终关怀比住在临终关怀机构通常能得到更多的亲属支持和咨询。

与丧亲辅导有关的事实是，在家接受临

终关怀的人员比在临终关怀机构接受临终关怀的人更加情绪化、遇到更多的照护者负担。因为家庭临终关怀服务给在家照顾亲人的家庭成员造成了特殊的负担。那些在患者临终前感受到较大的照护者负担的家属也更有可能患有抑郁症和其他问题。然而，等到患者去世后，这些家属的症状似乎下降到非照护者的水平。当患者解除痛苦时，这可能反映出一种解脱的感觉。这也可能表明，在紧张的照顾期间，家庭和社会支持是必需的。事实上，对于许多人来说，照护临终者有可能获得有关照护过程和承担责任的成功经验，从而发展新的技能，拥有掌控感和成就感。

在家庭式临终关怀环境中，照护人员除了照护者负担外，还可能面临创伤风险。在照护（例如晚期癌症患者）过程中，需要见证患者的剧烈疼痛、窒息、呕吐、无法进食、脱水、意识模糊、跌倒等严重困扰家庭成员的病症。这些与临终者共同的经历使得照护者更有可能患有抑郁症和复杂的与悲伤相关的症状（反映出创伤状态）。然而，研究表明，咨询、干预在悲伤辅导方面的作用是多重的。在对家属的影响方面，绝大多数的悲伤辅导往往比较简单，在这种情况下，大多数人能够适应，并且在没有正式干预的情况下就能够接受死亡。对于这些照护者来说，情感和身体的痛苦会随着时间的推移而减少，他们能够从家人和朋友当中或通过宗教信仰获得支持资源。虽然在患者去世之前得到的社会支持似乎不能缓解悲伤之痛，但在患者去世后得到其他人的支持可能会降低抑郁水平。

虽然没有发现正式的干预措施在预防丧亲悲伤上是有效的，但它们对于风险持续增加的个体或对于可能患有特别严重或者持续时间很长的症状的人来说似乎是有用的。一个相关的议题是，在向临终者提供正式服务时，临终关怀人员可能无意中会在家庭做了非正式的支持工作。因此，重要的是将家属理解为“有差异的人”，其可能需要也可能不需要临终关怀工作人员提供的丧亲辅导。此外，我们对悲伤理论的理解可能会使开始阶段的解决方案丧失意义，该理论并非强调个性化和治疗经常难以平复悲伤。这里所说的悲伤的概念表明，临终关怀工作人员可能需要对服务对象日常行动或情绪调整中的问题保持警惕，无论时间长短或风险大小，丧失亲人都可能经历悲伤的过程。

临终关怀中的新问题

临终关怀在某种意义上是一种社会运动。其驱动力是精神、社会、政治以及医学价值取向。它在许多国家迅速发展，在美国，服务提供商代表了不断发展的社会环境中的几种类型。尽管临终关怀不断发展，且人们逐渐认为临终关怀服务是死亡常见的替代方案，但报道称有些临终关怀机构存在问题，并且出现了消费者宣传运动以应对临终关怀机构存在的问题。我们认为大多数提供临终关怀服务的机构和一些主要的慈善协会都有责任感、同理心和胜任力。也就是说，患者及其家属需要审慎对待前人提出的消费者宣传运动问题。

前面提到的宣传问题，在日益增多的艾滋病或阿尔茨海默病患者的推动下，医护人员可能会更多地参与到医疗专业人员和专家（例如，老年精神科医师、社会工作者）中，他们可能以非正式的形式开展服务。即使在患者进入临终关怀机构之前，跨学科团队的成员也是如此。这种参与也可能使得许多类型的医疗专业人员根据临终关怀服务作为照护的可行替代方案获得相应的培训。

同样，考虑到对临终关怀相关问题的关注，许多有关道德和伦理困境的讨论在临终关怀工作人员中可能更为常见。临终关怀也可能需要在农村地区更加普及，也应普及到在监狱中死亡的群体之中，对于不同种族和族群的人提供文化独特性层面的照护可能需要在未来加以强调。此外，更早地关注患者可能是维持他们生活质量的关键因素，也可以减轻经常伴随终末期疾病的抑郁症状。临终关怀机构是否愿意或能够接纳那些不放弃住院治疗而接受肠外营养、管饲、放疗或化疗的患者，这也是临终关怀入院政策中的一个有争议的问题。随着临终关怀服务替代品的出现，成本效益和其他形式的责任（例如，改善丧亲时的社会心理功能和身体功能，记录生活质量的提高或生命末期痛苦的减轻，更加注重临终关怀工作人员的福祉）也可能成为许多临终关怀机构面临的突出问题。

另请参阅：丧亲之痛；照料；死亡和濒死；医疗护理与服务；公共医疗保险制度、公共医疗救助制度与医疗护理的经济政策；宗教与灵性。

拓展阅读

Brabant S (2004) Death in two settings: the acute care facility and hospice. In: Bryant CD (ed.) *Handbook of Death and Dying*: *Volume* 1: *The Presence of Death*, pp. 475-484. Thousand Oaks CA: Sage.

Carr D (2003) A "good death" for whom? quality of spouse's death and psychological distress among older widowed persons. *Journal of Health and Social Behavior* 44: 215-232.

Casarett DJ, Hirschman KB, and Henry MR (2001) Does hospice have a role in nursing home care at the end of life? *Journal of the American Geriatrics Society* 49: 1493-1498.

Christakis NA and Iwashyna TJ (2003) The health impact of health care on families: a matched cohort study of hospice use by decedents and mortality outcomes in surviving, widowed spouses. *Social Science and Medicine* 57: 465-475.

Corless I and Foster Z (1999) *The Hospice Heritage*: *Celebrating Our Future*. New York: Haworth Press.

Corless I and Germino BB (2003) *Death*, *Dying*, *and Bereavement*: *A Challenge for Living*. New York: Springer.

Corr CA, Nabe CM, and Corr DM

(2003) *Death and Dying: Life and Living*. Pacific Grove, CA: Brooks/Cole.

Dailey AA and Zarbock S (2001) *Hospice Care for Children*. Oxford, UK: Oxford University Press.

Higginson IJ, Finlay-Illora G, Goodwin D, Hood K, Edwards AG, Cook A, Doublas HR, and Normand CE (2003) Is there evidence that palliative care teams alter end-of-life experiences of patients and their caregivers? *Journal of Pain and Symptom Management* 25: 150–168.

Institute of Medicine (1997) *Approaching Death: Improving Care at the End of Life*. Field MJ and Cassell CK (eds.). Washington, DC: National Academy Press.

Jordan JR and Neimeyer RA (2003) Does grief counseling work? *Death Studies* 27: 765–786.

Keidel GS (2002) Burnout and compassion fatigue among hospice caregivers. *American Journal of Hospice and Palliative Care* 19: 200–205.

Leming MR (2004) The history of the hospice approach. In: Bryant CD (ed.) *Handbook of Death and Dying: Volume1: The Presence of Death*, pp. 485 – 494. Thousand Oaks, CA: Sage.

Lynn J, Schuster JL, and Kabcenell A (2000) *Improving Care at the End of Life*. Oxford, UK: Oxford University Press.

National Hospice Organization (1997) *Hospice Fact Sheet*. Arlington, VA: National Hospice Organization.

Nuland SB (1994) *How We Die: Reflections on Life's Final Chapter*. New York: Alfred A. Knopf.

Ogle K, Mavis B, and Wang T (2003) Hospice and primary care physicians: attitudes, knowledge, and behaviors. *American Journal of Hospice and Palliative Care* 20: 41–49.

Patterson LB and Dorfman LT (2002) Family support for hospice caregivers. *American Journal of Hospice and Palliative Care* 19: 315–323.

Prigerson HG, Cherlin E, Chen JH, Kasl SV, Hurzeler R, and Bradley EH (2003) The stressful caregiving adult reactions to experiences of dying (SCARED) scale. *American Journal of Geriatric Psychiatry* 11 (3): 309–319.

Ragow-O'Brien D, Hayslip B, and Guarnaccia C (2000) The impact of hospice on attitudes toward funerals and subsequent bereavement adjustment. *Omega: Journal of Death and Dying* 41: 291–305.

Schulz R, Beach SR, Lind B, Martire LM, Zdaniuk B, Hirsch C, Jackson S, and Burton L (2001) Involvement in caregiving and adjustment to death of a spouse. *Journal of the American Medical Association* 285: 3123 – 3129.

Schut H, Stroebe M, van den Bout J, and Terheggen M (2001) The efficacy of bereavement interventions: who benefits? In:

Stroebe MS, Hansson RO, Stroebe W, and Schut H (eds.) *Handbook of Bereavement Research: Consequences, Coping and Care*, pp. 705–737. Washington, D. C: American Psychological Association.

Singh KD (1998) *The Grace in Dying: How We Are Transformed Spiritually as We Die*. New York: Harper Collins.

SUPPORT Principal Investigators (1995) A controlled trial to improve care for seriously ill hospitalized patients: The study to understand prognoses and preferences for outcomes and risks of treatment (SUPPORT). *Journal of the American Medical Association* 274: 1591–1598.

Wells YD and Kendig HL (1997) Health and well-being of spouse caregivers and the widowed. *The Gerontologist* 37: 666–674.

Worden JW (1991) *Grief Counseling and Grief Therapy: A Handbook for the Mental Health Practitioner*. New York: Springer Publishing Co.

Yedida MJ and MacGregory B (2001) Confronting the prospect of dying: reports of terminally ill patients. *Journal of Pain and Symptom Management* 22: 807–819.

译　者：纪竞垚（中国宏观经济研究院
社会发展研究所）

流行病学

K. G. 曼顿 杜克大学，达勒姆，北卡罗来纳州，美国

词汇表

健康预期寿命（Active Life Expectancy）——人口中的一员预期可以存活的无慢性残疾的平均年数。

动脉粥样硬化（Atherosclerosis）——动脉粥样硬化斑块在机体的循环系统内形成和发展的过程。

癌变（Carcinogenesis）——特定组织系统中的细胞生长失去控制，导致细胞恶性增殖或肿瘤发生的生理过程。

删失（Censoring）——由于与研究目标相关的过程而导致研究中案例的系统性损失。

死亡率压缩（Compression of Mortality）——意味着人类寿命有一个生物学上的固定上限，接近现存人口的预期寿命，在此基础上，死亡率的降低将进一步被限制约束。

死亡率选择（Mortality Selection）——由于高死亡率风险导致的人群中系统缺失的人口，这种高死亡风险与研究的特定特征有关。

观察计划（Observation Plan）——收集数据用来描述具有特定特征的具体过程或事件动态的逻辑结构。

高龄老年人口（Oldest-Old）——非常老的老人，往往伴随着高患病率和慢性残疾。这个群体通常被定义为 85 岁及以上或 95 岁及以上的人。

骨质疏松症（Osteoporosis）——由于激素变化导致的骨矿物质密度降低，通常出现在晚年时期，更常见于绝经后的女性。

衰老的可塑性（Plasticity of Aging）——关于衰老和与年龄相关的健康变化的生物过程的结果可能被外源因素改变的概念。

引言

流行病学是研究自然人群或者实验选择人群中疾病的病因和特征的一门学科。由于所研究的疾病和人群的不同，流行病学在方

法、概念和数据上差异很大。例如，由寄生虫导致的热带病的研究方法和发达国家关于慢性疾病发生的研究方法都非常成熟，但又完全不同。本文针对一个相对较新的研究领域，即老龄化流行病学。

定义和概念

流行病学主要研究疾病对人口、人口的健康和寿命的影响，以及导致、传播疾病的因素和媒介。传统地说，流行病学是对传染性有机体引起的疾病的研究（即对“流行病”的研究）——由于共同接触病原体（或环境毒素），人群中疾病发病率迅速上升。在传统的概念中，“宿主”因素决定生物体对于暴露的易感性，通常称为病原体（生物因素如寄生虫、细菌或病毒）或者环境毒物（物理因素如铅暴露或石棉暴露），它们通过媒介（如传播疟疾或黄热病的蚊子，沾染艾滋病的皮下注射针头）传播给易感人群。

在研究衰老和慢性病时，以上这些与其他的流行病学概念往往被进行修改。慢性病流行病学涉及疾病过程，通常在暴露和具有长期明显自然史的疾病表现之间具有漫长的潜伏期，并且对宿主的健康影响也在不断变化。与传染病相比，许多决定慢性病过程的生理机制涉及在很长的一段时间里疾病的自然史和宿主的生理特征之间更为复杂的相互作用。例如，暴露后引发的动脉粥样硬化和癌变，都可能在宿主自我维持的“病理”生理过程中表现出来。人们对所谓的“虚弱”产生了兴趣。这是由多器官系统衰竭的一般系统动力学所描述的，涉及许多基本代谢参数的紊乱。这将有利于流行病学家定义一种相对新型的健康结构，在这种结构下，主要的致病机制是与时间有关的正常器官功能衰竭，并且受到环境因素的长期趋势的调节。

因此，在老龄化流行病学中，疾病、残疾和宿主特征之间的相互作用比慢性病更为复杂——部分原因是随着宿主功能年龄的增加，随之而来的生理功能下降和与年龄相关的慢性疾病过程之间的界限变得更难以定义。对许多发达国家来说，随着越来越多的人活到历史上的寿命极限，对专门方法、数据和模型的需求也在增加。这是由于随着晚年预期寿命的增加（如 65 岁或 85 岁以上），寄主的生理机能有更大的潜力，并且疾病的自然史会随着年龄的增长而发生系统性变化——以过去可能没有观察到的方式改变。例如，据 1993 年美国人口调查局的统计结果，美国亚裔群体和太平洋岛民的女性预期寿命为 86.2 岁，男性为 80.2 岁。这比出生时预期寿命最高的日本（2004 年，女性 85 岁，男性 78 岁）要高，甚至比日本预期寿命最高的冲绳县还要高。在欧洲小国安道尔，2004 年的女性预期寿命为 86.6 岁，男性为 80.6 岁。这些预期寿命超过了 1980 年认为的人类预期寿命的生物学极限。

在美国，不仅老人（65 岁以上）和高龄老人（85 岁以上）群体的数量正在快速增长，而且快速增长的人口还在变老。凯斯滕鲍姆（Kestenbaum）发现，1980 年至 1987 年，美国百岁老人的年增长率为 7%，而 1987 年之后，这一增长率仍在继续，甚至可能还在增加。在一些欧洲国家，较长时期（二三十年）内也观察到了百岁老人存在类似的快速增长率（即每年 7%～8%）。杰努恩（Jenune）认为，在 1800 年之前没人能活到 100 岁，在 1931 年之前没人能活到 110 岁。因此，大规模百岁老人的出现是最近显露的人口学现象。

此外，有证据表明，特定年龄段的慢性残疾患病率和晚期发病率长期（100 年以上）下降。通过对 1910 年 65 岁以上的美国南北战争退役军人以及 1985 年 65 岁以上的美国“二战”退役军人的养老金申领情况的研究调查，福格尔（Fogel）、科斯塔（Costa）等人发现，这 75 年间，慢性病发病率和残疾患病率每十年下降 6%。曼顿（Manton）和顾（Gu）发现，1982 年到 1999 年，美国 65 岁以上人口的慢性病发病率和残疾患病率均有所下降。与 20 世纪初相比，此时的残疾患病率下降速度更快（每年 1.7%），1994 年至 1999 年似乎出现了大幅度的加速下降（每年 2.6%）。

因此，不仅高龄老人越来越多，而且高龄老人群体的健康状况正在发生系统性的变化，这为极端年龄（例如 95 岁以上）个体的人类衰老进程的可塑性提供了证据。波尔斯（Perls）发现，由于死亡率选择，那些 95 岁以上的人平均来看可能比那些比他们年轻 20 岁的人更健康。菲亚塔隆（Fiatarone）及其同事发现，在极端年龄段（90 岁以上），在营养改善的支持下进行举重训练可以显著改善身体机能。

直到 20 世纪 90 年代，研究中还没有足够多的高龄老年人可供分析这些年龄段的健康过程轨迹。他们最初在局部地区的小型特定老年人群的密集纵向研究（如第一次杜克老龄化纵向研究，N=273；第二次杜克老龄化纵向研究，N=512；巴尔的摩老龄化纵向研究）中进行了试验。老龄化流行病学研究的一项主要任务是从一般人群高龄老人中年龄依赖的过程（即与衰老的生理过程有关的过程，例如端粒在影响遗传性状传递的保真度中的作用）中辨别出与年龄有关的疾病过程的生理后果（如癌症等慢性疾病，其风险随暴露时间的增加而增加）。这些年龄—疾病过程如何在高龄老年人口中运行，将对美国的健康政策和长期护理政策产生重大影响，因为这些人的人均需求很高。

研究晚年健康还需要专门的纵向研究设计，以区分衰老效应和与年龄相关的疾病。例如，在免疫功能随年龄变化的研究中，制订了名为“SENIEUR”的方案（the SENIEUR protocol），以从对照组中排除具有“潜伏”或早期疾病的人。对老龄化过程的早期临床研究发现，老年人群的代表性样本在生理功能丧失的年龄比率上，与选出来以排除慢性病影响的慢性病患者群体相比，有不同的估计值。换句话说，因为慢性病的患病率随着年龄的增长而增加，因此在选择纵向研究人群时必须加以控制，以确定内在的老龄化率——而不是被慢性病影响所污染的生理变化率。例如，卡什（Kasch）等人发现，在从事体力活动的老年人群中，心脏功能衰退的年龄比率比之前估计的数据增加了一半。基茨曼（Kitzman）和爱德华（Edward）在研究心肌随年龄的变化时发现，许多曾经归因于衰老的变化是由特定的病理过程引起的。其他研究发现，骨髓祖细胞修复细胞中端粒缩短与动脉粥样硬化之间存在关系。

另一个需要在老龄化流行病学中进行研究的方面是，随着个体的老龄化，慢性疾病过程有一个漫长的时间轨迹或自然史。在传染病流行病学中，疾病的自然史常常是在不同病媒（例如疟疾疟原虫的自然史）中经历发展阶段（和传染性程度）的生活史。这与研究慢性病的病因或不同生理年龄宿主的表现变化不同。例如，一些研究发现青年人群中动脉粥样硬化斑块的患病率很高（例如，在一项有关 15～34 岁青年的动脉粥样硬化的病理生物学决定因素研究中）。根据与危险因素（如高密度脂蛋白和低密度脂蛋白的比率、吸烟、糖尿病、高血压、影响纤维蛋白溶解的因素、高半胱氨酸代谢、自由基的产生和脂质氧化，以及影响动脉内膜平滑肌的生长因素）的相互作用，不同年龄段的不同人群的动脉粥样硬化发生率不同。与应激和神经内分泌因素相互作用，心肌缺血性疾病可能导致心肌梗死、缺血和心肌细胞丢失（心肌死亡）。在缺血性梗死过程中，早期应用外科手术和溶栓剂可以最大限度地减少心肌损失。2005 年，研究发现，使用骨髓祖细胞可调节遗传缺陷（胡尔勒综合征）儿童的动脉粥样硬化形成，这种细胞疗法有望显著延缓老年人动脉粥样硬化的发病（参见“动脉粥样硬化”）。

在美国和德国等高度工业化的社会中，心脏疾病自然史的与年龄相关的发展可能是完全不同的。1988—1991 年，国家健康与营养调查（the National Health and Nutrition Examination Survey）记录了美国人口快速实现国家胆固醇教育计划（the National Cholesterol Education Program）的许多目标，包括美国人口平均胆固醇水平降低和高胆固醇（大于 4 240 mg/dL）人口比例降低。格雷格（Gregg）等人通过分析国家健康与营养调查资料，发现最近的 40 多年内胆固醇、高血压和吸烟的比例持续下降，高身体质量指数（BMI）人群的下降幅度更大——只有肥胖这个危险因素显示增加，但对死亡率的影响降低。在德国，霍夫梅斯特（Hoffmeister）及其同事发现，在心血管疾病中，25～69 岁人群的死亡率在 1984—1989 年下降了 19%，主要原因是改善了医疗干预措施，降低了病死率，而其中有些危险因素（即总胆固醇和身体质量指数）表现出不利趋势。因此，充血性心力衰竭（congestive heart failure）未来可能在德国 70 岁以上的人群中比在美国更为普遍。在美国，尽管脑卒中和冠心病的死亡率大幅下降，但充血性心力衰竭的死亡率和住院率却在不断上升。由于使用了血管紧张素转换酶 II（ACE-II）抑制剂，1989 年起第一次呈现下降趋势，但也可能反映了脂蛋白谱中的人口变化，其健康影响可能需要 5 年以上才能完全显现（参见“心血管系统”“胆固醇和细胞质膜”）。

有人担心美国正在出现肥胖“流行病”，这可能会逆转近来健康状况的改善情况（例如，1982—1999 年残疾人数的下降）。弗莱格尔（Flegal）发现身体质量指数升高对健康的影响被夸大了，特别是在老年人群中。体重异常（包括体重不足和超重）对美国死亡率的净影响为 25 000 例，这使其成为美国排名第七的死亡危险因素。而身体质量指数升高的净效应小，因为超重（身体质量指数在 25～29.9）人群的死亡人数比预期少了 86 000 人。一些证据表明，身体质量指数分布的长期变化（增加），部分可能与技术生理学的发展有关，其中环境因素提高了健康改善率——这表现在身体尺寸的长期增加上。

对抗癌战争的批评也正在发生改变，因为自 1990 年以来，美国的癌症死亡率一直在下降，这种下降（约 11%）至少持续到 2004 年。这些下降似乎是由于癌症确诊后的治疗得到改善（例如，提高了乳腺癌的长期存活率），以及美国国家癌症研究所的“SEER”计划中记录的癌症发病率降低（部分归因于吸烟减少）。此外，以成人特定实体瘤为靶向的新型癌症治疗技术（例如针对特定类型乳腺癌和胰腺癌的赫赛汀）似乎也开始显示出显著的益处。

正在治疗中的某些癌症的“自然”史也发生了变化，因为随着检测微小疾病复发的监测的改进，在复发成为全身性之前进行干预是可能的。如果能足够早地检测到复发，那么疾病治疗早期阶段的治疗效果也可能延长早期复发性疾病的生存时间（参见“癌症和年龄”）。这可能会使癌症成为一种慢性疾病，在老年人中越来越普遍，而不是急性死亡的主要原因，正如美国在艾滋病病毒方面取得的部分成就一样。

前列腺癌和多发性骨髓瘤等癌症具有很强的年龄依赖性，随着人口老龄化的发展，患病率也在逐渐增加。多发性骨髓瘤的诱因——未定性的单克隆免疫球蛋白病（MGUS），在西方 95 岁以上人群中发生率高达 19%。因此，触发这些癌症的过程可能与特定种族群体某些器官系统衰老的遗传基础（例如前列腺癌风险）具有更直接的关系。前列腺癌的风险也随年龄的增长而迅速上升，并且亚洲人的发病率低于白人和黑人。

老龄化流行病学的第三个研究方面是研究宿主疾病类型和程度的年龄变化，而不是研究具体疾病。这在老龄化流行病学中十分重要，因为慢性病进程的自然史较长，多种疾病共存（并相互作用）的可能性较大，而且同一阶段的疾病可能对不同生理年龄宿主的功能产生不同的影响。功能丧失也可能引发致命的慢性疾病。科兰托尼奥（Colantonio）及其同事发现功能丧失是脑卒中的一个危险因素。骨质疏松症可导致髋部和脊椎骨折，进而导致残疾，并易患与身体虚弱有关的疾病（例如肺炎、外周循环疾病、心脏病）（参见“骨质疏松症与骨功能障碍相关的衰老”）。

在老年人群中测量功能丧失是困难的，因为这不是在评估疾病存在与否，而是评估一种或者多种易感疾病随时间推移对宿主维持具体生命支持功能的能力的影响（如日常活动或借助设施的日常活动）。人们还需要评估随年龄变化的功能变化（如健康预期寿命），并在不同类型和强度的残疾之间进行定量区分。曼顿及其同事使用多变量方法来识别功能的多维度，包括功能的储备和物理性能指标维度。测量涉及一些影响数据收集的概念问题。目前没有全面的金标准来验证残疾诊断。不同的研究人员可能会对残疾进行观察，这些观察对每项研究的目标可能具有同等的有效性。比如，残疾的自评可能更好地反映老人的精神，以及他关于自己的功能能力“应该”的自我认知。这可能比身体表现评估更好地预测受损老年人的行为。这种行为可能会转化为进一步的健康和功能变化——尤其是在高龄老人中（例如，晚年仍保持活跃的人能更好地保持功能和健康）。

老龄化流行病学的第四个研究方面是需要评估多种相互作用的疾病和残疾。随着年龄增长，出现第二种（或者第三种、第四种）疾病的可能性增加。这是一个复杂的问题，因为为了能活到晚年引起并发症，最初的疾病过程必须不能快速致命。因此，存在多种并发症可能是晚年生存的象征，并且可能是特定疾病（例如，前列腺癌）的较为温和的流行形式。这表明定义疾病或风险状态的阈值随年龄而变化（例如，高胆固醇血症或收缩性高血压的标准随年龄变化）。这是一个有潜在争议的领域，因为尽管纵向研究可能表明与特定危险因素水平（例如，总胆固醇为 240 mg/dl）相关的风险随着年龄的增长而下降，但这种下降可能是慢性疾病患病率随年龄增长而增加的结果。或者，晚年身体健康的人可能与年轻人有相同的危险因素水平。这影响了关于疾病治疗是否应该随着年龄而改变的决定。老年人收缩性高血压项目（the Systolic Hypertension in the Elderly Program）试验发现，通过治疗单纯收缩性高血压，可以显著降低脑卒中风险。相比之下，晚期舒张压轻度升高可能表明心脏保持灌注的能力，即使动脉顺应性有所下降——低舒张压可能意味着心脏反应受损（例如，部分“泵”功能衰竭）。

老龄化流行病学的第五个研究方面是，由于死亡率选择，遗传因素的影响可能会在晚年有所不同。在双生子研究中，与循环系统疾病的遗传倾向相关的最大风险发生在中年。遗传因素的风险在晚年会下降。这可能是由于慢性病致命的基因表现对易感人群的选择性，所以到了晚年的生存者对疾病具有更为复杂和微妙的遗传倾向。马伦伯格（Marenberg）及其同事在瑞典进行的一项关于单卵（MZ）和双卵（DZ）的双胞胎冠心病死亡风险的大型研究发现，单卵双胞胎冠心病死亡的相对风险在中年约为 15：1，而在 85 岁以上则为 1.0。在其他双生子研究中也有类似的遗传效应年龄模式。选择似乎降低了芬兰百岁老人中 ApoE4 基因型的患病率，以及意大利百岁老人中的甲状腺自身抗体和冲绳 90 多岁老人与百岁老人中成人糖尿病的人类白细胞抗原（HLA）标记物。对于特定癌症，死亡率选择对遗传风险的类似影响也值得注意。与细胞色素 P450 酶系统功能失调导致的遗传易感性相关的肺癌在50岁时发生率为69%，而在70岁时发生率为22%（参见“行为遗传学”）。

概念框架

这些差异表明，老龄化流行病学需要专门的数据、概念和方法来处理多种相互作用的疾病和衰老过程中的复杂动态过程。图1中通过一个基于生命表生存函数的推广的模型来说明这一过程，曲线A、B、C分别表示患病、残疾和死亡的“生存”函数。

在图1中，假设队列有三条生存曲线。最外面的曲线C反映了存活到x岁的比例。第二条曲线B反映了这个队列中存活到x岁且无残疾的队列的比例。第三条曲线A反映了没有发生慢性病而存活到x岁的比例。曲线之间的区域表示预期在健康状态下生活的人年数。例如，曲线C下的面积反映了生存的总人口年数。预期寿命的计算方法是将生存人年数除以初始队列人数。曲线B下的面积是无残疾（但可能有非致残疾病）的人年数。用这个人年数除以初始队列人数，得出无残疾预期寿命。曲线A下的面积代表没有患病的人年数。用这个人年数除以初始队列人数，得出健康预期寿命。

图1是出生队列中健康过程的理想化呈现，因为有许多可以检测出的具体的慢性疾病，而且残疾类型（例如，认知障碍、导致行动不便的下肢障碍）和强度的差异可能相当大。图1中的生存曲线可以根据可用数据以不同的方式进行计算。最基本的计算使用生命统计数据估计出来的生命表，以及横断面健康调查估计出来的疾病和残疾流行率。但是这种程序是有局限性的，因为在横截面数据中，观察不到个体健康的改变与提高。为了估计健康和功能发生双向变化的模型，需要纵向数据——考虑观察计划的时间结构如何检测不同持续时间的健康事件。尽管如此，图1有助于强调与死亡年龄和疾病动态之间不断变化的联系。即使采用流行率数据，也能对某一时间点疾病和残疾对人口的影响提供有用的总结。

评估如图1所示的模型的基础是生物寿命限制对死亡率、疾病和残疾的年龄关联的影响。在流行病学的许多领域，寿命限制并不重要，因为人类作为一个物种来说，真正极端的年龄不常被研究。对90多岁的老人和百岁老人的研究往往局限于小群体。寿命极限的影响与人类生存曲线的矩形化或“平方化”以及“压缩死亡率”有关。这引发了关于寿命限制对死亡率和其他健康问题的年龄相关性的影响的问题。这样的问题被称为“发病率压缩”（即在预期寿命不增加的情况下，疾病或残疾发生的年龄可以改变或延缓）。一些研究设计可能会解决这个问题（例如，为了提高极晚年龄的参数估计的精度，在1994年、1999年和2004年的国家长期护理调查中，分别对540名、600名和1 584名年龄为95岁以上的老人进行了过采样）。另一种方法是将几个结构相似的研究合并到一个分析中。

发病率和死亡率压缩的概念引出了以下

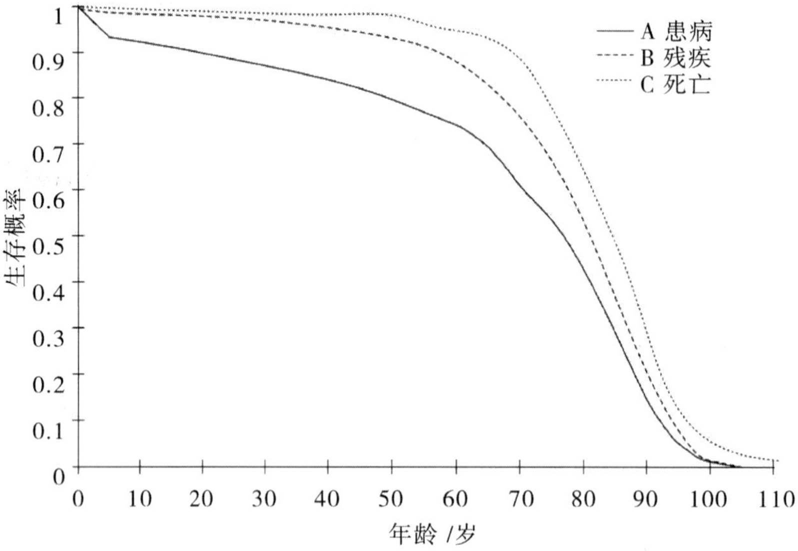

图 1　患病、残疾和死亡的理论关系，以生存曲线表示

额外的问题：

1. 人的生存年龄是否有上限？

2. 接近寿命极限时，生存曲线的形状是什么（例如，死亡年龄分布的变异性如何变化）？

3. 接近寿命极限时，发病率和生存曲线的年龄关系受到怎样的影响？

最长寿命很难确定（如果存在特定值），因为人们只能知道寿命极限的下限（例如，记录在案的是一名法国女性 122 岁时死亡）。更能引起人们兴趣的是个体寿命潜力在人群中的分布。曼顿和托利（Tolley）也提出了关于生存曲线矩形化概念的形式化问题，这表明形式化当中存在的困难可能妨碍严格的统计学评估。

关于死亡率压缩的问题涉及个体寿命最大值的遗传异质性的分布方式。这很重要，因为它决定了这些极限值分布中不能忽略的变异性。如果存在相当大的不能忽略的异质性（例如遗传），那么生存曲线就不可能像图 2 中的曲线 C* 那样矩形化。

图 2 展现了图 1 中的三条生存曲线，以及一条“矩形化”的生存曲线 C*。虽然曲线 C 和曲线 C* 的预期寿命大体相同（两者的中位寿命均为 90 岁），但是生存曲线 C 具有的变异性更大（C 的标准差约为 5 年，C* 小于 1 年）。

从经验上看，随着美国人的预期寿命的增加，死亡年龄的变异性也是如此，因此预期寿命和能观察到的最高死亡年龄都增加了。在 2000 年的一套官方社会保障寿命表中，女性预期寿命为 78.7 岁，预计到 2080 年将增加到 84.6 岁（增加了 5.9 岁）。对于男性来说，预期寿命增加了 6.6 岁（即从 71.6 岁变为 78.2 岁）。在同一时期，男性和女性的生命耐力（即每 10 万人中就有 1

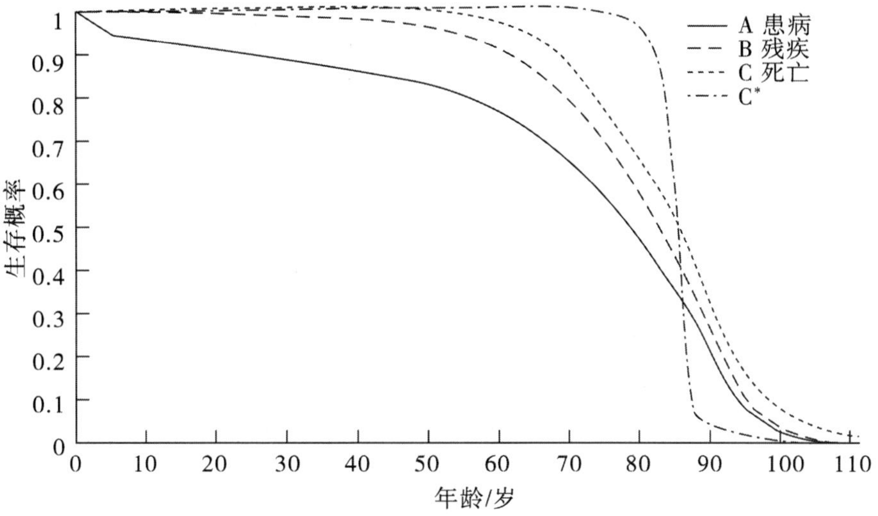

图 2　患病、残疾和死亡的理论关系，用生存曲线表示

注：死亡的生存曲线 A 和 C* 表示高度矩形化的死亡年龄模式；B 和 C 表示具有显著内在异质性的死亡年龄模式。

人有望活到这个年龄）增幅都超过 12 岁。因此，死亡分布年龄上限的增长速度预计将是预期寿命的两倍（即 125 岁或以上）。这与 1900—2000 年的情况不同，当时女性的预期寿命增加了 39.2 岁，男性的预期寿命增加了 25.2 岁，而生命耐力仅增加了 7~8 岁。这是因为从 1900 年到 2000 年，大多数预期寿命的增加是由于早期死亡率的下降。2000 年以后，这些年龄段的人改变的可能性较小。这又意味着老龄化流行病学必须处理史无前例的现象；因此，对生物学理论和辅助资料的依赖会更大。当然，一个关键的问题是曲线 B 和曲线 A 如何随曲线 C 的变化而变化。珀尔（Perl）表示，残疾曲线和死亡曲线之间的距离在 75~85 岁时将达到最大值，并将在 95 岁以上时下降。

对于死亡年龄的有限分布可能没有简单的模型，因为在高龄时，许多遗传效应将以复杂的方式与环境相互作用。由于人类寿命长，生活环境异常复杂，因此很难将遗传和环境因素与疾病风险分离，以评估晚年的健康状况如何变化（即 95 岁以上三条曲线之间的年龄变化）。这就是需要新的观测计划和数据的原因。

美国人的生存曲线、发病率曲线和残疾率曲线的形状对健康干预——包括预防性干预和治疗性干预——具有现实意义。如果改变曲线关系的干预措施具有显著的效益，那么它们必将充分用于寿命限制的分布和相关的发病率曲线、残疾率曲线，并且在相当长时间内产生相当大的影响。

研究设计

解决之前提出的许多问题需要特殊的纵

向观测计划。设计这种计划的一个关键问题是，关于老龄化和疾病过程中的许多问题可能十分精细，以至于在对高龄老年人群体进行研究之前，需要进行试验和临床研究来解答具体的设计问题。例如，抗氧化剂在预防疾病中的作用已在许多试验中进行了研究。维生素 E 可通过减缓动脉粥样硬化形成和改善葡萄糖代谢来减少循环系统疾病，尽管产生这种影响所需的摄入量可能高于每日膳食营养摄入量（RDA）。特定微量营养素的某些化学形式（异构体）可能有不同的生理效应。普拉萨德－爱德华（Prasad-Edward）发现 α－生育酚琥珀酸酯（与 α－生育酚乙酸酯相反）可能是比维生素 A 更有效的细胞再分化剂。维生素 E 的其他异构体不具有生物活性。维生素 D 异构体在治疗骨质疏松症方面也表现出了类似的现象。已经有人建议联合使用 N－乙酰肉毒碱和 α－硫辛酸来改变线粒体功能，从而改善动物模型中年龄特异性的功能水平。

试验和人口研究不太可能评估所有可能的异构体和微量营养素的用途，以改变与年龄有关的生物活性。在人口研究中评估的微量营养素形式的选择以及检验的补充水平必须根据实验和实验室结果的一致意见进行（参见“饮食和营养”）。

研究设计中的主要问题是不同年龄人群的选择率、观察计划的时间结构及其识别不同持续时间的疾病和残疾事件的能力。由于美国人口数据和死亡率数据的质量正在提高，老年人口研究设计的一个主要创新领域正在出现。这在一定程度上是由于 1935 年社会保障制度和 1965 年医疗保险制度的引入，因而增加了美国人口的出生登记，并且在适龄享有权利时，要求提供严格的年龄证明以获得福利。此外，1980 年以来，老年群体（如 85～89 岁）的受教育水平有所提高，至少到 2015 年将持续提高——届时，那些年龄最大的老年群体将拥有较高比例的受过良好教育的人。由于这些变化，社会保障和医疗保险的死亡率记录中的年龄报告质量极好（白人至少达到 100 岁），并随着时间的推移会进一步改善。

这意味着一个事实上的电子化人口登记系统在美国逐渐发展起来，自从其主要组成部分创新以来，其关于晚年（例如 95 岁以上）的年龄报告质量随着时间的推移而提高。因此，可从包含所有符合医疗保险条件的人员名单的电子化数据系统中，提取老年人的样本进行健康调查和针对特定时间点的研究。与基于许多国家卫生调查中使用的人口普查数据的区域概率调查设计相比，这具有优势。在样本列表中，对特定的老年个体进行了抽样。由于医疗保险列表包含有关年龄的数据，因此可以从几乎完整的美国老年人口名单中进行极端年龄人群的过采样。基于人的样本意味着所有类型的设施中的居民都包括在内。可以通过医疗保险档案进行再访谈的跟进，以便追踪到初始样本中几乎 100%的人，并确定无应答者的特征。在医疗保险档案中，可以提供报告的死亡年龄和日期以及医疗保险报销的医疗服务使用信息。分析表明，医疗保险文件中的 ICD－9（国际疾病分类，第九次修订）诊断可靠地报告了疾病发病率函数。

在区域概率样本中，抽样的对象是一个地区的住户，因此不能直接获得个体老年无应答者的特征。管理列表样本的缺乏也就意味着对个体的随访以及对死者的识别更加困难，并且可能不太完整。由于人口普查每10年才进行一次，抽样必须基于估计的人口特征，这些特征可能与人口普查数据的提取时间相距甚远（例如9年）。

因此，使用基于医疗保险的样本列表使得研究者能够抽取整个国家的样本并能更好地跟进。死亡率选择和人口代表性可以在接近实时的基础上进行更全面的评估。这使得像国家长期护理调查（NLTCS）那样的全国纵向抽样调查设计可以实施（图3）。国家长期护理调查已经在1982年、1984年、1989年、1994年、1999年和2004年进行过。调查记录与整个研究期间医疗保险服务的使用和死亡率文件相关联。由于国家长期护理调查是一个真正的纵向调查，因此可以观察到双向的个体健康改变。因为抽样的对象是个体，所以对住在社区和各种类型机构中的人都进行了抽样。这是1984年的“老龄化问题补充”（the Supplement on Aging）和1986年、1988年、1990年的“老龄化纵向研究”（the Longitudinal Study of Aging）随访中的一个难题（1984年的“老龄化问题补充”样本仅来自社区居民，因此必须随着时间的推移积累机构样本——如当前的健康和退休调查）。

国家长期护理调查有三种类型的补充样本。第一，由于美国1982年的慢性残疾流行率不详，因此要求在1982年抽取35 000人（最初从医疗保险名单中抽取的总数为55 000人）的样本进行6 000次详细的社区访谈。在1982年，26 623人没有筛查出慢性残疾。这个样本比满足1982—1984年残疾发病率的统计能力要求所需的样本要大。因此，1984年只有12 100名非残疾样本中的人被重新筛查。其余的病例确定了一组储备人群，他们在1982年时全部大于65岁，可在未来（即1989年、1994年）抽取这些人群进行筛查，以保持死亡率高的高龄人群（如85岁以上）的样本量。第二，为了确保每个横断面样本都代表所有65岁以上的人群，在两次调查之间，会从医疗保险档案中抽取大约5 000名65岁以上的新样本，并对其进行残疾筛查。因此，每次调查中，各阶段国家长期护理调查都能代表美国65岁以上人群。第三，从1994年开始，又抽取了两份补充样本——95岁以上的人和筛查出来的健康人群。

经过22年（1982—2004年）的随访，可以对高龄老人群体的健康状况进行对比。五年时间足以使人群的健康和功能发生显著变化。虽然五年的间隔时间错过了调查间隔期内发生的健康转变，但是作为样本的每个人的人生片段都有被捕获。调查之间发生的短期改变也体现在相关的医疗保险服务使用、诊断和重要的统计文件中。

因为对健康事件进行抽样的可能性与事件的时间长度有关，所以抽到的短时间事件的比例很小。由个体估计国家健康改变值的权重是复杂的，因为访谈期大约为4个月，必须考虑其间样本成员的流失。由于访谈期间的确切死亡日期可以与之前的国家长期护理调查访谈中的调查结果联系起来，所以可以减少左侧删失偏倚。

由于从医疗保险清单和服务记录可以知道任何时间点的美国人口比例，因此可以系统地补充样本及进行权重计算。对于以人口普查为基础的样本，每十年才能准确知晓人口比例，在两次人口普查之间只能用估计值。因此，在 1994 年的国家长期护理调查中，可以提取一个年龄大于 95 岁的 540 人的补充样本，以提高晚年健康变化估计的精度。在 1999 年，做了一次 600 人的针对 95 岁以上人群的过采样，而在 2004 年则增加到 1 584 人。

在国家长期护理调查中，最重要的残疾和健康状况的内容在一段时间内保持不变，以便监测这段时间内的健康变化。在对老年人进行面对面访谈时，在受访者负担的时间范围内，国家长期护理调查可以提出一连串的补充问题。因为所有的残疾人都是本人当面访谈，所以更易实现代理响应规则。在与特殊的残疾者建立访谈情境上，面对面访谈也是一种比电话访谈更好的方法（例如，对感官受损者）。在 1999 年的国家长期护理调查中，一项生物标志物试验研究获得了资助，该研究于 2001 年实际投入使用。

在图 3 中，对生命状态（以及医疗保险服务使用）的持续监测在调查和调查时的详细评估之间进行了联合分布。这种联合分布的信息能否用于改进对死亡风险和健康过渡的估计？一些估计值可以直接得到（例如，特定年龄和性别的 5 年残疾改善率和减少率）。在国家长期护理调查过渡期内使用合适的校准分析模型，加之与医疗保险记录相关的回应，可以从观察计划中提取更多关于复杂的基础医疗过程的信息，使用由医疗保险服务使用数据和诊断数据校准而来的残疾函数，这些数据在两次访谈之间随时可用。

例如，在每次国家长期护理调查访谈中都对身体功能进行了详细的评估。通过一系

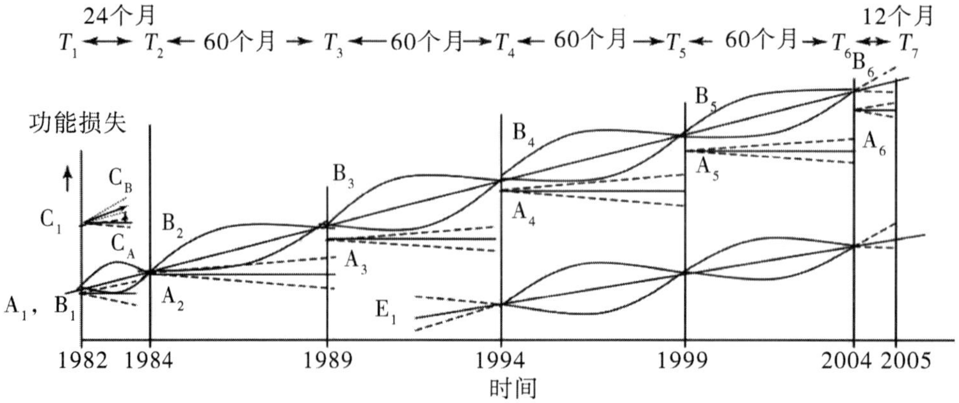

图 3　1982 年、1984 年、1989 年、1994 年、1999 年和 2004 年 NLTCS 纵向观测计划和随时间功能损失的轨迹，以及功能损失水平的不确定性范围相对于评估之间的时间变化

列详细的功能项目，可以用多变量过程：（1）从若干项目中确定几个可靠的功能维度；（2）计算得分，根据年龄和数据进行校准，以此代表一个人每个维度的特征化程度。如图 3 所示，通过为个体计算的一系列得分，可以检测两个不同的模型，以评估健康状况的持续变化。首先，可以假设个体的残疾得分在间隔期内是恒定的（即，在下一次调查时变化会立即发生）。这意味着在下一次评估之前，个体情况的不确定性增加，然后降到零。这由连接 A_1 到 A_2 的线表示，等等。或者，可以假设一个模型来描述两次调查之间个体残疾评分的变化，这个模型是医疗保险记录的函数。在图 3 中，B_2 和 B_3 之间，假定分数呈线性变化。这意味着，由于使用了观察期开始和结束时的信息，关于人在调查期间的状态的不确定性在间隔期的中间处于最大值，然后在进行新的测量时降至零。医疗保险数据可减少间隔期内任何时点的不确定性（缩小不确定性的范围）。

分析中存在的问题仍然是“左”删失和“右”删失的案例。左删失案例的代表是“年龄入组”样本（即访谈之前已经超过 65 岁的人）（例如 E_1）。在纵向调查中，左删失的问题比较小，因为个体以前的状况往往是已知的——这是继续进行纵向研究和调查的重要前提。右删失案例的代表是个体在调查之间死亡（比如个体 C_B）以及在最后一次访谈之后死亡的案例（例如 B_5）。这两个问题都可以通过假设未来（或过去）调查中删失人口与这两个时间点同时可以观测到的人口，在残疾得分（和其他人口统计学变量，如年龄、性别和社会学变量）匹配之后具有相同的得分变化率。通过这种方式，个体 C_B 一直到死亡前的每月的残疾轨迹都可估算。估计死亡前一个月的残疾评分值可以用来估计特定于残疾的死亡率函数。由于在两个时间点都没有观察到死亡人员（即被右删失的人员），因此关于估算残疾分数的不确定性随着死亡时间或其他审查（例如，随访结束；B_6）的增加而增加。

该方法使用 5 年的访谈数据，通过估计连续残疾分数的每月变化率，推断出更多的短期健康转变。相反，如果调查信息仅用于将个体分类为残疾或非残疾，则没有关于调查之间健康变化率的信息，以确定事件在间隔时间内发生的时间。假设改变的模型是合理的，使用分数的连续变化可以避免这个问题。在动态模型中使用关联的医疗保险服务应用文件进一步为调查间隔残疾变化的估计提供资料。例如，对于一个健康状况良好的 95 岁老人（例如，医疗保险记录中没有 ICD-9 诊断），残疾变化的可能性比健康状况良好的 65 岁老人大。然而，对于被诊断为 ICD-9 糖尿病的 70 岁老人来说，健康和功能变化可能比健康的 95 岁老人更快——男性和女性以及不同类型的残疾的发生率也可能不同。

结合使用模型和混合数据观察计划可能是研究老年社区和其他研究人群纵向健康变化的唯一实用方法。这是因为在特定的当地社区，高龄老年人（95 岁以上）的数量可能有限，而且晚年的变化率非常快，以至于任何足够短的访谈（或评估）期都将缺乏必要的统计能力，以充分捕捉小群体中的快速变化。

使用健康函数中的连续时间改变模型也有助于使用来自所选社区和临床人群的辅助数据。即假设的潜在健康变化的数学结构允许不同人群的数据（年龄和时间）与该联合分布系统地结合起来，比起使用单个研究而言，能提供更大的统计学效能。

结论

本文回顾了老龄化流行病学发展过程中固有的特殊数据和分析问题（即考虑老龄化和疾病过程相互作用直至人类生存的生物学极限的流行病学）。在探索人类群体中观察到的极端年龄段的健康变化时，需要这些专门的数据收集和分析程序。在中年人群中，也存在相同的问题，但影响较小。例如，在 50 岁时，选择对疾病的影响——在疾病特征的遗传性估计中存在危险因素关系，但对于预期寿命超过 70 岁的人群来说，危险因素关系较小。

这些方法的适用性也取决于性别，因为在女性中，由于更年期的到来，激素状态的年龄变化是突然的。例如，绝经后女性患骨质疏松症的风险迅速增加。更年期可能刺激女性的复杂的“危险因素—疾病”相互作用模式还不太清楚。穆恩（Moon）及其同事的研究发现，绝经后女性中骨质疏松变化和动脉粥样硬化之间存在较强的相互作用。此外，女性体内铁储量的变化可能与骨质疏松及动脉粥样硬化存在相互作用，进而影响疾病风险。由于更年期激素（及相关生理）的快速变化，因此女性年轻时可能需要专门的分析程序（参见“内分泌功能和功能障碍”）。

相比之下，由于女性的预期寿命更长，男性的选择效应可能会比女性更快地表现出来。例如，尽管男性和女性在 60~80 岁的慢性残疾发生率可能相似，但女性残疾患病率往往较高，因为女性在每个年龄段的每个残疾水平上存活的时间更长。确定特定分析是否需要特殊程序需要逐案评估，因为它们要处理的基本过程可以在相对早期启动。因此，对专门收集年龄流行病学数据和分析方法的需求是连续的。

另请参阅：动脉粥样硬化；行为遗传学；癌症和年龄；心血管系统；胆固醇和细胞质膜；骨质疏松症与骨功能障碍相关的衰老。

拓展阅读

Bailar J and Gornik H（1997）Cancer undefeated. *New England Journal of Medicine* 336：1569–1574.

Bailar J and Smith E（1986）Progress against cancer? *New England Journal of Medicine* 314：1226–1232.

Costa D（2000）*Long-Term Declines in Disability among Older Men*：*Medical Care*,

Public Health, and Occupational Change. Cambridge, MA: National Bureau of Economic Research.

Costa D (2004) The measure of man and older age mortality: evidence from the Gould sample. *Journal of Economic History* 64: 1-23.

Flegal K, Williamson D, Pamuk E, and Rosenberg H (2004) Estimating deaths attributable to obesity in the United States. *American Journal of Public Health* 94: 1486-1489.

Flegal K, Graubard B, Williamson D, and Gail M (2005) Excess deaths associated with underweight, overweight and obesity. *Journal of the American Medical Association* 293: 1861-1867.

Fogel R (2004) *The Escape from Hunger and Premature Death, 1700-2100: Europe, America, and the Third World (Cambridge Studies in Population, Economy and Society in Past Time)*. Cambridge, UK: Cambridge University Press.

Fogel R and Costa D (1997) A theory of technophysio evolution, with some implications for forecasting population, health care costs, and pension costs. *Demography* 34: 49-66.

Fries J (1980) Aging, natural death, and the compression of morbidity. *New England Journal of Medicine* 303: 130-135.

Gregg E, Cheng Y, Cadwell B, Imperatore G, Williams D, Flegal K, Narayan K, and Williamson D (2005) Secular trends in cardiovascular disease risk factors according to body mass index in US adults. *Journal of the American Medical Association* 293: 1868-1874.

Hagen T, Liu J, Lykkesfeldt J, Wehr C, Ingersoll R, Vinarsky V, Bartholomew J, and Ames B (2002) Feeding acetyl-L-carnitine and lipoic acid to old rats significantly improves metabolic function while decreasing oxidative stress. *Proceedings of the National Academy of Sciences USA* 99: 1870-1875.

Huang H, Patel DD, and Manton KG (2005) The immune system in aging: roles of cytokines, T cells and NK cells. *Biodemographic Effects of Genome-Proteome Interactions: Frontiers in Bioscience* 10: 192-215.

Kasch F, Boyer J, Van Camp S, Verity L, and Wallace J (1993) Effect of exercise on cardiovascular ageing. *Age and Ageing* 22: 5.

Kravchenko J, Goldschmidt-Clermont PJ, Powell T, Stallard E, Akushevich I, Cuffe MS, and Manton KG (2005) Endothelial progenitor cell therapy for atherosclerosis: The philosophers stone for an aging population. *Science of Aging Knowledge Environment* 25: pe18.

Lakatta E (1985) Health, disease, and cardiovascular aging. In: *America' s Aging: Health in an Older Society*, pp. 73-104. Committee on an Aging Society, Institute of Medicine and National Research Council. Washington, DC: National Academy Press.

Liu J, Head E, Gharib AM, Yuan W, Ingersoll RT, Hagen TM, Cotman CW, and Ames BN (2002) Memory loss in old rats is associated with brain mitochondrial decay and

RNA/DNA oxidation: partial reversal by feeding acetyl-L-carnitine and/or R-a-lipoic acid. *Proceedings of the National Academy of Sciences USA* 99 (4): 2356–2361.

Liu J, Killilea DW, and Ames BN (2002) Age-associated mitochondrial oxidative decay: improvement of carnitine acetyltransferase substrate-binding affinity and activity in brain by feeding old rats acetyl-L-carnitine and/or R-a-lipoic acid. *Proceedings of the National Academy of Sciences USA* 99 (4): 1876–1881.

Manton KG (1989) Epidemiological, demographic, and social correlates of disability among the elderly. *Milbank Quarterly* 67 (Supplement 1): 13–58.

Manton KG (1989) Life style risk factors. In: Riley M and Riley J (eds.) *The Annals of the American Academy of Political and Social Science*, vol. 503, pp. 72–87. Newbury Park, CA: Sage Publications.

Manton KG and Gu X (2001) Changes in the prevalence of chronic disability in the United States black and nonblack population above age 65 from 1982 to 1999. *Proceedings of the National Academy of Sciences USA* 98: 6354–6359.

Manton KG and Tolley HD (1991) Rectangularization of the survival curve: implication of an ill-posed question. *Journal of Aging and Health* 3 (2): 172–193.

Manton KG and XiLiang G (2005) Disability declines and trends in Medicare expenditures. Oxford Institute of Ageing. *Ageing Horizons* 2: 25–34.

Manton KG and Yashin AI (2000) *Mechanisms of Aging and Mortality: Searches for New Paradigms*. Monographs on Population Aging, vol. 7. Odense, Denmark: Odense University Press.

Robine JM and Michel JP (2004) Looking forward to a general theory on population aging. *Journals of Gerontology Series A-Biological Sciences and Medical Sciences* 59 (6): M590–M597.

Sullivan D (1971) A single index of mortality and morbidity. *HSMHA Health Reports* 86: 347–354.

Walston J (2004) Frailty—the search for underlying causes. *Science of Aging Knowledge Environment* 4: pe4.

译　者：刘菊芬（北京大学）

伦理与安乐死

N. S. 杰克尔 华盛顿大学医学院，西雅图，华盛顿州，美国

词汇表

主动安乐死（Active Euthanasia）——采取积极的行动来引导患者死亡。

协助自杀（Assisted Suicide）——为患者提供必要的手段来结束他的生命。

不自愿安乐死（Involuntary Euthanasia）——违背患者的意愿而结束患者的生命。

非自愿安乐死（Non-voluntary Euthanasia）——在不知道患者意愿的情况下结束患者的生命。

被动安乐死（Passive Euthanasia）——不采取维持患者生命的行动。

自愿安乐死（Voluntary Euthanasia）——根据患者的意愿结束患者的生命。

引言

“安乐死”是指“一种温和而轻松的死亡”或“使人感到温和而轻松的死亡手段”。在目前的用法中，安乐死一般特指主动安乐死，其定义为实施一项旨在实现温和而轻松死亡的行为。例如，医生为了结束患者的生命而为他注射致命药物、实施安乐死的行为。在现在的定义中，安乐死区别于协助自杀，后者指的是为人们提供结束自己生命所需的手段。安乐死也不同于所谓的“被动安乐死”，即不采取维持生命所必需的行动，如心肺复苏。

无论是主动的还是被动的，当努力结束另一个人的生命时，这种努力可能符合有能力做决定的患者的意愿（即自愿安乐死），也可能违背他们的意愿（即不自愿安乐死）。还有第三种可能性，那就是不知道患者的真实意愿或者不可能知道他们的意愿（即非自愿安乐死）。这篇文章回顾了与自愿式主动安乐死相关的伦理考虑；在此，它也没有详细讨论相关问题，比如协助自杀、停止和撤回维持生命的治疗。除非另有说明，否则本文中所说的“安乐死”均指自愿式主动安乐死。

支持自愿式主动安乐死的伦理依据

基于自主性的论点

支持安乐死的伦理论据往往呼吁自主的伦理原则，要求尊重有能力做决定的患者的自主意愿。根据一种解释，自主原则要求其他人不干涉有自主决策能力的个人的自主选择。例如，我们不应该阻止一个想要加速死亡的绝症患者做出安乐死的决策。对自主原则的一个更有力的解释认为，我们应该积极协助有能力做决定的患者进行自主选择。根据这一解释，尊重患者的自主权有助于采取积极措施，满足患者对死亡的要求，无论是协助自杀或者安乐死的形式。然而，基于自主性的论点，协助自杀或安乐死只适用于有限的一群人，即能够形成自主意愿和自愿选择终止其生命的人。

这些言论表明，当自主性原则被解释为支持安乐死时，它并不加速患有抑郁症或其他妨碍自主性的精神损伤的人的死亡。安乐死也不能用于终止未成年儿童的生命。援引自主权的论点还将协助自杀或安乐死限制在做出援助请求时有能力的人，如果这种援助是基于现在并未具备这些条件的患者的事先要求，则禁止这种援助。例如，主张自主权的人通常不支持满足那些刚被诊断出患有阿尔茨海默病的人的安乐死请求，即通过其先前的意愿表示，当其心理过程恶化到生命不再值得延续时，则为其终止生命。这不单是因为将先前意愿适用于具体情况是非常困难的，而且人们认为在严重痴呆的情况下，先前有能力做出自主决定的人与后来提出这种要求的重度痴呆患者不应被视为同一个人。

基于同情的论点

对安乐死的进一步支持基于同情他人痛苦的伦理考量。这种方法提请人们留意一个事实：尽管我们尽了最大的努力，但有些患者在生命结束时仍遭受了极大的痛苦。例如，医护工作者可以帮助延长生命，但他们也可能无法在不造成难以忍受的副作用的情况下减轻患者的痛苦。在这种情况下，有人认为，对痛苦做出仁慈反应的唯一办法是加速患者的死亡。

对为减轻痛苦而采取的行动和为造成死亡而采取的行动进行区分是非常重要的。加速死亡的行为并不总是等同于安乐死，因为安乐死需要为加速死亡而采取行动。因此，医生为减轻患者痛苦而注射吗啡的行为并不是在执行安乐死，即使医生预期吗啡会逐渐减少患者的呼吸并导致其死亡。同样，尽管医生能够预见手术并发症可能导致死亡，然而在为患者进行手术以恢复其功能的过程中，如果患者在手术台上死亡，这种行为也不是实施安乐死。当安乐死的支持者援引基于同情的论点时，他们并不是认为同情是造成死亡的正当理由，而是说同情是为造成死亡而采取行动的正当理由。

只有在有限的一些情况中，诉诸同情才能为安乐死提供支持。因此，基于同情的论点并不能为那些希望死亡但身体非常健康且没有经历痛苦的人的生命终结提供伦理依据。基于同情的论点也不能证明终止永久失去知觉的人的生命是正当的，因为他们并不会经历痛苦。

反对自愿式主动安乐死的伦理依据

滑坡理论的论点

在回应之前的论点时，反对安乐死的人认为，允许一个人终止另一个人的生命，必然会导致各种伦理上的谴责。这个论点的一种形式在心理学上叫作滑坡理论。根据这一推理，如果人们开始在某一类受限的情况中夺走他人的生命，这将削弱他们对杀人的心理抑制，并导致在其他情况下夺去他人的生命。例如，如果社会允许医生结束那些提出终结生命请求的患者的生命，那么医生就不会为结束那些被视为他人的经济负担或情感负担的患者的生命而感到自责。这个论点的合理性取决于它所断言的经验预测的真假。

与心理学上的滑坡理论不同的是，逻辑上的滑坡谬误并不是基于允许人们结束他人生命的事实主张。相反，逻辑上的滑坡谬误认为，那些认为安乐死在某些情况下在道德上是被允许的人，在逻辑上坚持认为，当处于其他更麻烦的情况时，安乐死在道德上是被允许的。例如，那些以自主的伦理原则为安乐死辩护的人，很难拒绝一个完全健康、“厌倦生活”以及有能力做出决定的人士提出的安乐死要求。如果这样的请求表达了一项自主的决定，似乎就没有办法用自主性进行申辩，以禁止满足这一请求。

尽管基于同情的论点认为，拒绝健康人士（即没有被疾病折磨的人）所提出安乐死的请求是正当的，但反对安乐死的人士指出，基于同情的论点也很容易受到滑坡理论的反对。这是因为呼吁同情并不能被用来将安乐死限制在有能力的人和要求死亡的人身上。毕竟，婴儿或智力障碍人士所经历的痛苦应该不亚于精神上有能力的成年人所受的痛苦。

将基于自主性和基于同情的论点结合起来，安乐死的拥护者可以证明对安乐死的重大限制是合理的。然而，某些限制仍然难以获得支持。无论是以自主性为基础的论点还是基于同情的论点，都不能证明将安乐死限制在那些即将死亡的患者身上是合理的。这是因为人们可以自主地选择死亡，即使他们还有很多年可以活。而长期受苦的前景相比为期几个星期或几个月的痛苦前景似乎会激起更多而不是更少的同情。

生命神圣性的论点

另一个反对安乐死的论点始于一个前提，即人的生命的任何形式都具有固有的价值和尊严。因此，即使一个人正在遭受可怕的痛苦或希望死去，夺去那个人的生命也是错误的，因为这摧毁了具有巨大价值的东西。根据这一论点，人的生命的内在价值并不取决于一个人的生命是有用的还是主观上有价值的。因此，举例来说，即使疾病使人无法追求人生目标，这个人的生命仍然是有价值的，因为人的生命价值是内在的，而不取决于其结果或成就。同样地，即使有人不再重视生命，也不再渴望死亡，结束那个人的生命也会终结一些有价值的东西。

赋予人的生命内在价值的原则得到了宗教和世俗的支持。宗教思想家可能认为，人类生命的价值源于人类是一种神圣的创造，而世俗思想家则可能以人类是经过数百万年才展开的进化过程中的最高成就为理由，来论证人类生命的价值。另一种观点认为，与诉诸人类生命的历史渊源所不同的是，支持人类生命的神圣性是基于有人类的未来世界与没有人类的未来世界相比较。如果大多数人更喜欢前一个世界而不是后一个世界，那么人们可能会认为，大多数人都暗含着接受人类生命具有内在价值的主张。

反对安乐死的论据是基于人类生命的神圣性，这对基于自主性和同情的论点提出了严重的挑战。与基于自主性的论点相反，这种论点表明，即使一个有能力的人自愿死亡，结束生命也会使他失去一些有价值的东西。与基于同情的论点相反，生命的神圣性原则意味着饱受痛苦和折磨的生命仍然是一种生命，因此仍然具有很大的价值。

自愿式主动安乐死的实践

由于缺乏关于医生辅助死亡的经验数据，所以我们很难知道安乐死和辅助自杀的做法有多普遍。同样，由于缺乏经验证据，很难说这些做法可能被指控滥用道德准则的情况有多严重。

在荷兰，医生一直比其他国家的医生更公开地实施安乐死和协助自杀，而且实施安乐死的行为很少受到起诉，尽管直到近些年实施安乐死还是一种犯罪。2002 年，荷兰议会免除了医生在满足某些条件的情况下，实施安乐死以及协助自杀的刑事责任。这些条件包括：患者的请求是自愿的；患者经历持久和无法忍受的痛苦；患者被告知情况和可能的前景，并认为没有其他合理的解决办法。荷兰的法律还要求医生在终止生命或协助自杀时应给予应有的注意，包括咨询一位见过患者并提出独立书面意见的医生。除了这些指导方针，实证研究表明，荷兰的医生有时在没有与患者讨论这一决定的情况下采取行动来结束患者的生命，而这样做的原因通常是因为患者缺乏参与讨论的能力。

在美国，美国医学会（the American Medical Association）已经采取了反对“故意终止一个人的生命”的立场。然而，关于医生协助死亡的公开辩论却被认为是朝着更多容忍安乐死的方向发展。尽管在 1950 年只有 34%的美国人支持在患者及其家庭都要求的情况下对绝症患者实施安乐死，而从 20 世纪 70 年代起，越来越多的美国人开始支持安乐死。例如，1991 年，63%的美国人支持在这种情况下实施安乐死。

美国法律似乎也在朝着更大程度上容忍协助死亡的方向发展。例如，在 1994 年，俄勒冈州通过了一项倡议，允许医生给那些一再要求援助死亡的有决策能力的绝症患者开致命药物，而不是给他们服用致命的药物。同年，在邻近的华盛顿州，美国地方法院裁定，一项州法规将医生协助自杀定为重罪违反了美国宪法。以上决定可能标志着法律和公众舆论在这个问题上的重大转变。

另请参阅：死亡和濒死；伦理与医疗决策；自杀。

拓展阅读

Battin MP (1994) *Least Worst Death*. New York: Oxford University Press.

Chin AE, Hedberg K, Higginson GK, and Fleming DW (1999) Legalized physician-assisted suicide in Oregon–the first year's experience. *New England Journal of Medicine* 340: 577–583.

Dworkin G, Frey RG, and Bok S (1998) *Euthanasia and Physician-Assisted Suicide: For and Against*. New York: Cambridge University Press.

Emanuel EJ, Fairclough DL, and Emanuel LL (2000) Attitudes and desires related to euthanasia and physician-assisted suicide among terminally ill patients and their caregivers. *Journal of the American Medical Association* 284: 2460–2468.

Griffiths J, Bood A, and Weyers H (1998) *Euthanasia and Law in the Netherlands*. Ann Arbor, MI: University of Michigan Press.

Groenewoud JH, van der Heide A, Onwuteaka-Philipsen BD, Willems DL, van der Maas PJ, and van der Wal G (2000) Clinical problems with the performance of euthanasia and physician-assisted suicide in the Netherlands. *New England Journal of Medicine* 342: 551–556.

Lynn J, Cohn F, Pickering JH, Smith J, and Stoeppelwerth AM (1997) American Geriatrics Society on physician-assisted suicide: brief to the United States Supreme Court. *Journal of the American Geriatrics Society* 45: 489–499.

Quill TE (1991) Death and dignity: a case of individualized decision making. *New England Journal of Medicine* 324: 691–694.

Quill TE, Lo B, and Brock DW (1997) Palliative options of last resort: a comparison of voluntarily stopping eating and drinking, terminal sedation, physician-assisted suicide, and voluntary active euthanasia. *Journal of the American Medical Association* 278: 2099–2104.

Sullivan AD, Hedberg K, and Fleming DW (2000) Legalized physician-assisted suicide in Oregon–the second year. *New England Journal of Medicine* 342: 598-604.

译 者：曹 婷（昆明医科大学）
校译者：曲嘉瑶（北京市社会科学院）

伦理与医疗决策

M. B. 卡普 南伊利诺伊大学法律和医学院，卡本代尔，伊利诺伊州，美国

词汇表

真实性（Authenticity）——让患者忠于自己的价值观。

自主性（Autonomy）——自我决定，特别是当涉及自己身体的完整性。

知情同意（Informed Consent）——由医疗护理的提供者和患者作为完全参与者共同参与的互动决策过程。

实质性或以患者为导向的标准（Materiality/Patient Oriented Standard）——向患者披露合理的信息，包括在类似情况下对决策推理可能产生影响的信息。

合理的专业标准（Reasonable Professional Standard）——向患者披露合理信息，包括类似情况下一个合格、谨慎的医生向患者披露的信息。

引言

老年人，通常是与他们的家庭成员和朋友一起，在生活的不同阶段面临各种重要的决定。这些决定涉及多种事项，如财务规划和管理、保险、居住地点和伴侣、驾驶、活动以及有关支援服务的细节。他们往往也面临着应对急症或慢性疾病的复杂医疗决定（参见“伦理与安乐死”）。以患者、亲属、朋友和医疗服务提供者的身份出现的老年人在医疗决策过程中可能涉及一系列伦理（以及法律）方面的考虑。

医学决策的伦理和法律含义相互重叠，但并不完全相同。一方面，伦理原则是法律理论的基础（也就是说，我们一直在根据伦理道德立法）；另一方面法律通常设定了界限或范围，在这些界限或范围内，伦理决策必须基于对与错的规范性原则的平衡。

在很大程度上，医疗决策的伦理（以及法律）含义是通用的，在某种意义上说，它们适用于所有年龄段的成年人。为处理年轻人的医疗决策而制定的原则和规则对老年人来说也是完全有效的，老年人不会因为自身年龄大而丧失道德地位或法律权利。然而，在某些情况下，患者的高龄可能会引起相关方特别关注的问题；本文就试图突出这类情况。

知情同意

探讨医疗决策对所有成年患者的伦理影响必须从知情同意原则开始。知情同意是当今医学伦理的核心，在很多方面标志着现代医学伦理时代的到来。知情同意的概念起源于自主原则（自决，特别是涉及自己身体的完整性），并涉及一个共同、互动的决策过程，在此过程中医疗服务提供者和患者一起作为完全的参与者。

知情同意并不是最近才产生的观念。柏拉图（Plato）提到过知情同意的要求，用以区别对待奴隶和自由人。知情同意的概念曾经遭到希波克拉底（Hippocrates）的反对，他支持“医生知道对患者最好的方法”这种家长式作风。17 世纪的欧洲政治哲学对这一概念重新产生了兴趣，但美国医学会（the American Medical Association）对它的反对态度导致了它在美国医学环境中一直被忽视，这种忽视一直持续到 20 世纪。在今天的美国，人们普遍认为在临床医学领域，知情同意是美国对个人权利的承诺，以及维持患者与医疗服务提供者之间的公平关系所必不可少的概念。除了建立在自主性基础之上，知情同意原则还通过以下伦理原则而被证明是正当的：真实性（让患者忠于自己的价值观）、隐私权（享有独处权）、仁慈心（有益于他人）和非恶意原则（“首先，禁止伤害”）。

必须指出的是，对知情同意原则及其伦理依据的承诺并不是普遍的。在许多其他文化中，医疗决策的过程是由其他相反的价值观所驱动的，例如医疗的家长制主义，或者认为应该由患者的家庭而不是本人做决定的信念。美国的专业照顾者必须对这些文化考虑保持敏感，这对于老年人，特别是移民、患者及其家人来说非常重要。

在其法律表述中，知情同意原则的实质性组成部分在判例的基础上演变为个别州的普通法（由法官决定）。此外，大多数州颁布了法规或条例，列举了其管辖范围内关于一般临床护理和在护理设施或公共精神病院等特定环境中知情同意的具体细节。

知情同意原则适用于诊断和治疗性医疗干预，以及涉及患者参与的研究活动（稍后讨论）。如果患者关于医疗干预的决定在伦理和法律上被认为是有效的，必须存在三个相互关联但又相互独立的因素。第一，患者参与决策过程以及关于干预的最终决定必须是自愿的——也就是说，不受武力、欺诈、胁迫，以及其他实际、有威胁的约束或胁迫形式的过度支配。第二，患者同意前必须充分履行告知义务。在进行治疗之前，医疗专业人员有义务披露关于干预的信息，使得患者能明智地做出同意或拒绝的选择。第三，患者目前在认知和情感上能够理解和操纵相关信息，以便就个人医疗护理做出有效选择。

就知情同意原则的知情部分而言，有两个相互竞争的标准用以决定事先与患者分享多少关于拟议的医疗干预的信息。医疗习惯或合理的专业标准决定了一个合格、谨慎的医生在类似情况下应该向患者披露什么样的信息。相比之下，最近制定的实质性或以患者为导向的标准，决定了在类似情况下，哪些信息（可能是实质性的信息）可能会对普通患者的合理的决策推理产生影响。

由患者权利倡导者推动的关于知情同意原则在大多数司法管辖区，从以合格的医生为导向发展到以患者为导向的信息披露标准，其哲学基础是认为后一种方法更好地促进了患者自主的伦理理想，而前者则强化了医生家长式的消极做法，这种做法往往会损害患者的自主权。这两种方法有着根本的区别。医生基于对患者可能获得的收益的计算来做出治疗决定，这是受被治疗患者的个人特征影响的。相比之下，患者则专注于决策的个人后果，特别是与解决健康问题的各种方式相关的风险和成本。在自主原则下，对患者来说最重要的因素必须主导决策。

在实质性或以患者为导向的标准下，医疗服务提供者对患者的信托或信任义务中所包含的信息披露的基本要素包括以下内容：问题的诊断或性质；拟干预的性质和目的（即预期利益）；与干预有关的合理且可预见的风险，尤其是发生风险的可能性，以及如果确实发生风险的潜在严重性；合理的备选方案，及其收益和风险；以及（因为有公认的知情拒绝权）不接受拟干预的可能风险和好处。

道德评论员们和法院认为，还有其他信息应作为知情同意进程的一个必要部分而被列入。这些包括：在老年人群体中越来越受欢迎的补充性和替代性药物；拟干预措施对患者的成本影响（这对许多老年人来说尤其重要）；特定提供者（通常为医生）的个人经验和建议，以及具体干预的成功率；其他特定提供者的信息；提供者（通常为医生）的经济奖励亦可能影响患者的护理；医学界对于特定干预措施的不确定性水平；以及防御性医学考虑因素在医疗服务提供者的治疗方案中所起的作用（如果有的话）。

当通过患者（或患者的合法授权代理人，如下文所述）的口头或书面语言表示对特定医疗干预的知情同意时，该同意即为明示同意。然而，在许多情况下，患者的许可不需要用语言表达，而是可以从整体情况中得到暗示。当患者通过行动表示希望（或至少是意愿）接受特定的干预时，可认为他们是自愿接受，医疗专业人员亦可认为已获授权进行干预。默示同意适用于大多数常规的、无风险的、非侵入性的医疗干预。这并不是一般知情同意原则的一个例外；它只是一种不同的允许形式（依靠行为而不是语言）。

当拟医疗干预具有侵入性或者比普通日常生活风险更大时，明示同意更合适。除了特定州的法规为某些干预措施（如针对艾滋病毒或艾滋病的检测）设定的极少数例外情况，患者用口头表达的方式表示同意在道德上和法律上都是相当充分的，只要这种同意是患者在充分了解信息的基础上自愿并有能力做出的。对于特别有侵扰性或有风险的干预措施，医疗服务提供者可以记录患者的意愿，要求患者签署一张标明同意表的单独文件，同时在患者的病历中进行记录。医疗服务提供者遵守的自愿认证标准——例如卫生保健组织认证联合委员会（the Joint

Commission on the Accreditation of Healthcare Organizations）的标准——可能要求对特定类别的医疗干预使用单独的书面同意表。

患者无行为能力和代理决策

通常，医疗服务提供者有义务与患者讨论所有相关信息，并与患者直接协商诊断和治疗计划。然而，有时患者由于精神上的原因无法接受相关信息，对拟定和替代的医疗干预措施无法实现理性、自愿的决策过程。这种情况很可能发生在老年人由于痴呆、抑郁症或者其他与年龄有关的精神障碍而导致认知或情绪能力受损的情况下。谈论那些没有自主行动能力人士的自主决策是没有意义的。然而，当患者个人缺乏足够的决策能力时，医疗服务提供者并没有解除知情同意的义务；相反，他们必须与愿意并能够充当患者的代理人或受托人的其他人合作。

评估老年人的决策能力可能是一项异常复杂和困难的任务，目前还没有发现能够通过简单的机械测量装置来使这项任务自动化。然而，一般性准则可以作为界定进行这类评估的指南。

如果根据患者的临床诊断或类别来确定其能力，或者根据患者对具体治疗选择的智慧来确定其能力，并不能最好地体现自主性和慈善性的伦理原则，当然，如果确定丧失行为能力的依据仅仅是患者的年龄，则肯定不是最好的。相反，评估重点应该放在患者的功能性能力上——也就是说，在对患者的情况是好是坏做出决定时所进行的思考过程。

在这种功能性调查中，需提出的基本问题如下。（1）此人是否能够（以任何可以理解的形式）做出并传达任何决定？（2）此人是否能够为做出的选择提供理由，以此表明他进行了某种程度的反思和考虑？（3）所引用的理由是否基于逻辑和事实上准确的假设？例如，在一个案例中，一名年龄较大的女性拒绝同意对发生坏疽的腿做截肢，因为她否认腿上除了可清洗的污垢之外，还有任何其他医疗问题，因此她被视为丧失了做出自主医疗决定的能力。（4）患者能否理解所提出的选择和所表达的选择的后果（即可能的风险和好处），以及这些后果适用于该患者这一事实？（5）个人是否真正理解其选择的含义？

患者目前的认知能力和情感能力需要基于具体决策进行评估；换句话说，一个人可能有能力做出一些合理的决定（比如是否遵循低盐饮食），但并没有能力做出其他的决定（比如是否接受旁路手术）。因此，能力不应被视为一种整体的、全无或全有的问题适用于所有决定。部分或有限的能力是可能的。问题在于患者是否有足够的能力针对特定问题做出决定。

此外，某个特定患者的能力可能会由于一些变量而波动，诸如一天的某一时刻、一周的某一天、所处位置、突发性和暂时性的医疗情况、可能支持或胁迫患者做选择的人以及药物反应。老年人可能特别容易受到这些因素引起的能力波动的影响。在许多情况下，护理人能够操纵其中一些因素，以便在患者尽可能清醒的情况下与之讨论护理问题。在可行的情况下，医疗服务提供者应该尽量扩大患者参与医疗选择的能力（例如，通过改变给药的时间），然后再求助于患者的代理人。

有一些机制可以最大限度地提高一个人的预期自主性。老年人（当然这并不仅限于老年人）在其精神上仍有能力的时候，可利用法律预先对采取的步骤进行规划，当最终丧失能力时通过自愿下放或预先医疗决策对最终的过程进行授权。持久授权书由一份书面文件组成，其中个人（委托人）可以指定代理人或事实代理人为委托人做出未来的决定（包括医疗决定）。每个州都制定了一项或多项法规，明确授权使用持久授权书，授权代理人在患者丧失决策能力时可代表患者做出医疗决定。

若干伦理原则构成了这类立法的基础。正如前面所观察到的，自主性是一种观念，即个人应该对自己身体发生的事情拥有控制权和完整性。为了在医疗决策领域中行使自主权，患者需要得知有关替代方案和潜在结果的信息。在无行为能力的患者中，自主权最好是通过患者指定的代理人（最好是基于患者的选择）来行使，之后期待代理人根据患者的替代判断做出具体的临床决定（即当患者有能力时会做出及表达的选择）。

持久授权书可分为两类。一种为一经授权，立即生效。相比之下，在弹性授权中，只有发生某些特定的未来事件时法定权力才将决定权从患者转移给代理人，如当指定数量的医生宣布委托人丧失行为能力。医疗服务提供者决定向指定的代理人提供决策授权时需通知患者，以便他们能够在需要的情况下对代理人的权力提出抗议。

持久授权书是一种代理型指令，它与作为指示型指令的生前意愿有所不同。在后一种手段中，当患者仍有能力做出决策时，应记录下他关于未来医疗的意愿，而不是指定一名代理人在其丧失能力的情况下做出今后的治疗决定。这两种法律手段并不是相互排斥的，可以鼓励患者同时执行，因为生前意愿可以帮助持久授权书所指定的代理人更准确地行使患者的替代判断（参见“伦理与安乐死”）。

在大多数州，当患者无能力决定而又没有提出生前意愿或指定医疗决策代理人时，医疗服务提供者可以依照法律授权家庭成员和指定的其他人为无行为能力的患者做出医疗决定。在已颁布家庭同意法规的州，批准程序通常涉及主治医师、指定亲属或其他人（按规定的优先顺序列出），有时也包括顾问医生之间的一致同意。这一方向的立法趋势是由美国最高法院在1990年“克鲁赞案”中的裁决所推动的，该裁决认为，代理（包括家庭）医疗决策权力的范围和条件是一个州立法问题，而不是联邦宪法政策问题。在几乎所有没有家庭同意法规的州，法院仍然承认，根据普通法或者州宪法，家庭有权代表丧失行为能力的患者行使决策权。其中大多数案件为其他家庭在今后的类似案件中确立了法律先例，而不必事先得到法院的批准。

当没有持久授权书、家庭同意法规或司法判例赋予家庭行动权时，或在家庭成员强烈且不可协商地不同意为其完全丧失行为能力的挚爱亲人提供最佳护理这种相对罕见的情况下，设立监护权可能有助于将决策权从无行为能力的患者正式移交给代理人。然而，正式的法律程序（及其伴随的财务成本、时间消耗和情感成本）不应被启动，除非已经采取了法律外的方法（如调解或机构伦理委员会的参与）且已在所有利益相关者之间达至充分的平衡。

监护程序在必要时作为最后手段，需要由州遗嘱认证法院指定一位代理人（监护人或监管人），他有权代表无行为能力的人（被监护人）做出某些决定，通常是应家庭成员或看护人提出的请求。这项任命应与遗嘱认证法庭对熟悉患者情况的医生的宣誓书或现场证词的审查相结合。

这种形式的干预通常是出于仁慈的启发，它将仁慈转化为国家固有的保护弱势群体免受伤害的法律权力。尽管如此，由于建立全面（全体）监护制度通常涉及广泛剥夺个人的基本决策权，因此限制性最小或侵入性最少的替代原则使有限监护在可行的情况下得到优先考虑。根据这一受自主性启发的原则，国家应仅以最不具侵入性或限制性的方式剥夺个人的权利，这符合保护个人免受伤害这一合法的社会目标。遗嘱认证法院有权限制代理人的权力，仅对被监护人个人无法理性处理的特定类型的决定做出裁决。

传统上，监护人被要求做出与其作为信托代理人对患者最佳利益的看法一致的决定。许多州仍然期望监护人按照最佳利益标准行事。然而，代理决策的趋势是强制执行替代判决标准。如前所述，根据这一办法，监护人有义务根据患者自己的喜好和价值，在假设患者能够做出和表达决定的情况下，根据患者自己的喜好和价值做出这些决定。

关于决策的参与研究

到目前为止，讨论主要集中在当拟定的医疗干预措施旨在并预期有助于所涉及的特定患者的诊断或治疗时，做出决策的伦理问题上。然而，有时老年人被要求作为主体参与生物医学或行为研究方案，其主要目的是系统地收集数据，从中得出概括性的结论，而研究人员期望在将来的某个时候这些结论将有利于其他人（其身份目前未知）。治疗研究方案的一个次要目标则是使目前的参与者受益（例如，在标准治疗失败或不存在的癌症药物试验中），但参与者在这一研究情况中的主要作用仍然是作为数据来源。

由于参与研究方案（不低于诊断或治疗方面的参与）通常需要每个参与者自愿、知情以及合格的同意，因此普遍的伦理共识是，研究人员应在可行的情况下，只接收自身有能力拒绝或同意参与的参与者。换言之，决策能力严重受损的个人只应考虑被招募为那些专门研究决策困难人群特有问题的参与者。

老年人患痴呆和其他严重精神残疾的比例过高，对专门研究处理认知和情感受损者的问题而言是一个法律上和伦理上的困境。一方面，要在发展有效治疗与痴呆相关的医学问题和心理问题方面取得进展，需要开展研究项目，使患者感兴趣的特定问题成为研究的基本单位。与此同时，自相矛盾的是，那些使个人有资格成为此类研究项目中的受试者的问题，往往使个人无法就自己作为研究对象的参与行为进行理性和自主的决策过程。更具讽刺意味的是，由于研究人员的潜在利益冲突等原因，研究参与者通常比处于治疗状态的患者更容易受到可能的利用，因此需要更多的保护。

涵盖生物医学和行为研究的联邦法规要求从“受试者或受试者的合法授权代表”处获得参与的知情同意书（《美国联邦法规》第 45 篇第 46.116 节）。然而，受试者的合法授权代表在条例中的定义为“根据所适用的法律（大概是州一级），授权代表潜在受试者做出同意表示的个人、司法机构或其他机构”（《美国联邦法规》第 45 篇第 46.102 节）。因此，州一级的法律即使是模棱两可或不具体的，亦控制着该领域。

在研究背景下，有许多替代性的代理决策机制是可能的。这些机制包括：研究参与的持久委托书；依靠家庭同意法规；非正式地求助于可用的家庭成员作为代理决策者；对研究决策有特定授权的监护权；明确的事先法庭命令，授权无行为能力的受试者在判例的基础上参与研究方案；由赞助研究的组织或政府机构提供的独立的患者辩护人；以及由机构审查委员会（the institutional review board）或长期护理机构的居民委员会选择替代者。

在决定是否将决策上无行为能力的老年人纳入生物医学或行为研究方案时，理想情况下，代理人将以替代判断标准为指导，这意味着知道或能够合理地推断该无行为能力的人是否会选择参加，如果此人现在能够做出和表达自己的自主选择的话。当应用替代判断标准不合理可行时，因为没有现实的方法来知道或推断无行为能力的个人在特定研究方案方面真正想要什么，而不是对这些意愿进行肆无忌惮的猜测，代理人应该进行最佳利益分析。在确定丧失行为能力的人在可能参与研究方面的最佳利益时，代理人应考虑（除其他事项外）研究参与者的可能负担或风险，以及此人和其他人现在与未来可能从研究结果中获得的利益的比率。

为了保护易受伤害、认知受损的志愿者免受参与研究造成的伤害，一些人建议有必要采取特别的程序保障措施。这些保障措施可能包括：加强机构审查委员会在方案批准过程中的参与；加强机构审查委员会在研究持续监测和监督阶段的活动，包括举办参与者或调查人员提交上诉和反对意见的论坛，并取得个别参与者同意（即给予参与者否决权），即使在获得知情代理同意参与研究工作的情况下。一个重要的问题是，如果个别参与者在精神上受到损害，当涉及同意的范畴，不积极反对参加一项方案是否足以被解释为一种默示同意，或者是否有必要更积极地表示同意。

结论

老年人，或有权代表他们发言的人，很可能面临一系列关于是否同意为解决急性或慢性疾病而提供诊断、治疗和研究干预措施的决定。老年人医疗决策的复杂性带来了一些挑战，会涉及自主性、仁慈、无害和社会正义或分配正义等有时相互冲突的伦理原则。个人、家庭成员、医疗服务提供者、临床研究人员和社会代理人在促进老年人的决策权方面都发挥了重要作用，同时通过最大限度地增加老年人的利益和尽量减少他们遭受的伤害来保护他们。

另请参阅：照料；痴呆；伦理与安乐死；医疗护理与服务。

拓展阅读

Bulen JA Jr.（2003）Complementary and alternative medicine：ethical and legal aspects of informed consent to treatment. *Journal of Legal Medicine* 24：331-358.

Chatterton HT（1999）Efficacy，risk，and the determination of value：shared medical decision making in the age of information. *Journal of Family Practice* 48：505-507.

Cruzan v. Director，Missouri Department of Health（1990）497 U. S. 261.

Dresser R（2001）Dementia research：ethics and policy for the twenty-first century. *Georgia Law Review* 35：661-690.

Dubler NN（symposium ed.）（1999）The doctor-proxy relationship. *Journal of Law，Medicine，and Ethics* 27：5-86.

Faden RR and Beauchamp TL（1986）*A History and Theory of Informed Consent*. New York：Oxford University Press.

Frolik LA（2002）Promoting judicial acceptance and use of limited guardianship. *Stetson Law Review* 21：735-755.

Gatter R（2003）Walking the talk of trust in human subjects research：the challenge of regulating financial conflicts of interest. *Emory Law Journal* 52：327-401.

Gawande A（2003）*Complications：A Surgeon's Notes on an Imperfect Science*. New York：Picador USA.

Hall TS（2002）Bargaining with Hippocrates：managed care and the doctor-patient relationship. *South Carolina Law Review* 54：689-740.

Jonsen AR（1998）*The Birth of Bioethics*. New York：Oxford University Press.

Kapp MB（1993）Informed consent to defensive medicine：letting the patient decide. *Pharos* 56：12-14.

Kapp MB（ed.）（2002）*Issues in Conducting Research with and about Older Persons：Vol. 8，Ethics，Law，and Aging Review*. New York：Springer Publishing Company.

Kapp MB（ed.）（2004）*Decision-Making Capacity and Older Persons：Vol. 10，Ethics，Law，and Aging Review*. New York：Springer Publishing Company.

Kapp MB (2004) Protecting human participants in longterm care research: the role of state law and policy. *Journal of Aging and Social Policy* 16: 13-33.

Kapp MB and Mossman D (1996) Measuring decisional capacity: cautions on the construction of a 'capacimeter'. *Psychology, Public Policy, and the Law* 2: 73-95.

LeBlang TR, Rosoff AJ, and White C (2004) Informed consent to medical and surgical treatment. In: Sanbar SS (ed.) *Legal Medicine*, 6th edn., pp. 343-351. St. Louis, MO: Mosby.

Meisel A and Kuczewski M (1996) Legal and ethical myths about informed consent. *Archives of Internal Medicine* 156: 2521-2526.

President's Commission for the Study of Ethical Problems in Medicine and Biomedical and Behavioral Research (1982) *Making Health Care Decisions: The Ethical and Legal Implications of Informed Consent in the Patient-Practitioner Relationship*. Washington, DC.

Quinn MJ (2004) *Guardianship of Adults*. New York: Springer Publishing Company.

Woolf SH and Lawrence RS (1997) Preserving scientific debate and patient choice: lessons from the consensus panel on mammography screening. *Journal of the American Medical Association* 278: 2105-2108.

译　者：曹　婷（昆明医科大学）

免疫系统

N. S. 沙阿 衰老和老年医学高级研究所，华盛顿特区，美国

W. B. 厄施勒 国家老龄研究所，巴尔的摩，马里兰州，美国

词汇表

T细胞功能障碍(Dysfunctional T Cells)——记忆细胞受到特异性抗原刺激后分泌γ干扰素的功能下降。

免疫衰老（Immunosenescence）——免疫功能随着年龄的增长出现进行性下降。

先天免疫（Innate Immunity）——又称"天然免疫"。不需要先前的抗原致敏的免疫。

特异性T细胞（T cells）——又称"记忆T细胞"。曾经暴露于抗原的细胞，并在对此种抗原物质的长期免疫中发挥重要作用。

引言

免疫系统功能随年龄的增长而减弱。在构成免疫系统的所有的细胞中，T细胞最易受年龄影响，这可能与虽然很无情但却随年龄增加而普遍存在的胸腺萎缩，以及随之引起的幼稚T细胞相应减少有关。T细胞在复杂的免疫系统中既是影响因子也是调节因子，因此我们可以在抗体调节的细胞免疫反应中观察到年龄对免疫系统的影响。然而，衰老引起的免疫功能下降（也称免疫衰老）不足以解释目前大多数老年人所表现出的免疫缺陷。还有其他一些因素包括营养不良、共病、器官完整性减少、药物应用、与世隔绝与体能下降等都会影响老年人的免疫系统，从而引起免疫功能障碍。营养补充和疫苗注射是免疫重建的基石，运动也可能有助于提高免疫力，但目前仍有争议。

免疫功能在所有哺乳动物的生命中起着非常重要的作用。免疫系统功能的异常与感染发生概率的增加及如糖尿病、阿尔茨海默病、动脉粥样硬化等一些似乎与免疫不相关疾病的恶化有关。同时，免疫调节缺陷也会导致自身免疫性疾病和恶性肿瘤的发生。

免疫系统在人类的一生中历经各种各样的入侵。其结果是产生了免疫系统各种适应与不适应的变化，这些变化包括了从胸腺转化为T淋巴细胞和B淋巴细胞的变化。免疫系统中诸如适应性免疫所受影响较大。

免疫系统的这些变化，其术语为"免疫衰老"，常见于老年人，包括健康老化的人群。免疫衰老通常与以下三个健康状况相关：感染的增加、自身免疫和免疫监测系统失灵。目前证据表明人类免疫系统的这种功

能下降在自然界的表现是轻微的。然而，还有很多其他因素进一步削弱了人类的免疫系统，如营养不良、共病、药物应用，以及不同器官系统的结构和功能的改变。

免疫衰老

免疫衰老用来描述随衰老发生的免疫功能的进行性下降。免疫系统可以分为两大部分：先天免疫和适应性免疫。先天免疫由中性粒细胞、单核巨噬细胞、自然杀伤细胞组成，不需要提前暴露于抗原而能产生免疫功能。适应性免疫系统是指对特异性抗原有免疫效应的保护系统。T 淋巴细胞和 B 淋巴细胞是适应性免疫反应的重要组成部分。目前有很多研究都集中于衰老过程中适应性免疫和 T 淋巴细胞的功能上。

适应性免疫

已经有研究证实，即使是高龄的老年人，总淋巴细胞计数和 T 细胞、B 细胞的百分比仍保持相对不变。尽管淋巴细胞计数的下降和老年人死亡率增加有关，但其下降并不认为和年龄相关。

细胞免疫

随着年龄增长，胸腺发生了很大变化。胸腺自身经历了一个明确的退化过程，在 60 岁时胸腺组织几乎全部被纤维组织所替代，同时在外周血中检测到了胸腺素的下降。胸腺组织为幼稚 T 细胞的成熟提供微环境，随着胸腺组织减少，特异性 T 细胞即记忆 T 细胞数量相对增加。记忆细胞就是那些曾经暴露于抗原（即一种异物，一般是一种蛋白质）的细胞。记忆细胞在对这些异物的长程免疫中具有重要作用。记忆细胞不能对其他抗原产生反应。在老年人中记忆 T 细胞很少具有繁殖能力，只能作用于一些特异的抗原物质（即寡克隆）。也正因为如此，衰老的 T 细胞尽管数量正常，却具有较少的抗原变异性。而幼稚 T 细胞的产生在保持抗原变异性的广度上具有重要作用。其大量的产生和数量的维持意味着可以产生大量不同的 T 细胞受体（TCR），这些 T 细胞受体可以与不同的特异性抗原结合。老年幼稚 T 细胞的数量减少，供应储备下降，对新的抗原的易感性增加。

在老年人中，对非特异性有丝分裂原和特异性抗原的反应即 T 淋巴细胞的增殖减少。白细胞介素-2（IL-2）是重要的细胞因子，它促进 T 细胞增殖。现已证实在老年捐助者中发现 IL-2 分泌细胞数量减少，外周血中 IL-2 水平降低，同时 IL-2 受体及 IL-2 受体特异性 mRNA 减少。

根据 T 淋巴细胞表面特征性蛋白的表现，可将其分为两大类：CD4+（辅助性 T 细胞）和 CD8+（细胞毒性 T 细胞）。CD4+和 CD8+细胞群均表现出记忆 T 淋巴细胞的扩增，同时幼稚 T 淋巴细胞随增龄而增殖相对减少。众所周知，幼稚T淋巴细胞是更有产生IL-2潜在能力的T细胞。因此随年龄增长所表现出的IL-2水平的下降正好得以解释。辅助性T细胞根据产生的细胞因子可进一步分为Th1和Th2。Th1细胞可产生IL-2、IL-12和γ干扰素，促进细胞免疫过程。而Th2细胞可产生IL-4、IL-5、IL-6和IL-10，促进体液免疫过程。随年龄增长，辅助性T细胞Th1可以向Th2转换。这也可能暗示随着年龄增长，细胞性免疫功能在下降。延迟性超敏反应（DTH）是细胞免疫的一种功能，也随年龄增长而减弱，在皮肤试验反应减弱中得到证实。由于DTH主要负责监控和清除细胞内致病源，因此细胞内致病源所引起的结核性反应增加和出现带状疱疹，是出现增龄性疾病的表现。

衰老在免疫系统中的另一个特性就是可见大量功能下降的T淋巴细胞的堆积。在老年人中可见相当一部分巨细胞病毒特异性的CD8细胞的克隆扩增。这些增殖的细胞是功能障碍的记忆细胞，其在某些抗原刺激后分泌γ干扰素的能力降低。

老化与细胞有氧代谢过程中的氧化应激所导致的细胞损伤的累积有关。这种氧化应激导致细胞膜的过氧化，改变其流动性。细胞膜是信号传递的重要组成部分，因此可以观察到细胞激活能力的下降。例如，老年捐助者的淋巴细胞，可检测到其钙通道信号级联缺陷。这种缺陷与IL-2的合成减少、反应降低所引起的T淋巴细胞增殖减少有关。老年人的T淋巴细胞激活后进入细胞周期进行增殖的较少，重新进入细胞周期继续增殖的细胞就更少了。

体液免疫

体液免疫是B淋巴细胞所具有的功能。循环系统中的B淋巴细胞在整个生命周期中保持一定的数目，然而在产生时会有一些细小变化。新的B细胞产生于骨髓。随年龄增长，IgG和IgA抗体水平可能会增加，而IgM抗体水平保持相对稳定。尽管免疫球蛋白的总数正常或轻微升高，而某些特异性抗体的滴度明显下降。同样在一些衰老的动物中也观察到对抗原有亲和力的抗体减少，进一步削弱了免疫反应。然而在一些衰老的动物中，外周血B细胞数的增加来源于CD5+边缘细胞的自我修复。实际上，边缘B细胞的比例从年轻小鼠的5%增加到衰老小鼠的30%。由于抗体储库依赖产生于骨髓的新的B细胞的体细胞超突变，而不是边缘带细胞的克隆性增殖，所以抗体的储库在缩减。

老年人体液免疫的一般特性包括抗体滴度的达峰时间延长，峰值滴度水平降低，免疫反应后下降更快。临床上，体液免疫的这些改变表现为感染发生率增加。之前讨论的免疫反应的失调，也同样可以解释抗体对自身抗原产生的不合理反应。器官特异性抗体，例如抗甲状腺球蛋白抗体和抗壁细胞抗体，连同其他非器官特异性抗体（例如抗核抗体和类风湿因子）更常见于高龄人群。循环免疫复合物也随年龄增长而增多。奇怪的是，这些体液免疫失调标记物在老年人中的临床意义不大。例如，和老年人相比，在年轻人中发现同样水平的抗核抗体，后者更有可能患上和一些免疫系统相关的疾病，如系统性红斑狼疮。

先天免疫

先天免疫，也称天然免疫，不需要抗原提前致敏。嗜中性粒细胞、巨噬细胞和自然杀伤细胞（NK 细胞）是先天免疫的主要组成部分。这些细胞的免疫保护作用取决于细胞的数量，以及对内皮的黏附、趋化和吞噬作用。中性粒细胞的数量随年龄增长而保持相对稳定，同样其对生长因子，例如粒细胞集落刺激因子（GM，CSF-GM）和白细胞介素-3（IL-3）反应性增殖能力也保持相对稳定。

严重或持续感染时，中性粒细胞的增殖将不堪重负，从而导致出现中性粒细胞减少症。尽管体外免疫功能受年龄影响不大，但到达老年人皮肤伤口的中性粒细胞仍会有所减少，且观察到随年龄增长巨噬细胞吞噬能力下降。而这种吞噬能力的降低更多被认为是和细胞吞噬微生物的数量减少有关，并不是具有吞噬作用的中性粒细胞的数量减少所致。大多数巨噬细胞不受年龄影响。多数巨噬细胞需要诱导产生效应 T 细胞以进行有丝分裂。在 γ 干扰素的刺激下，衰老的巨噬细胞上调 MHC Ⅱ 型分子的能力减弱。MHC Ⅱ 型分子的表达减少及 γ 干扰素信号的减弱均削弱了巨噬细胞抗原呈递的作用。

一般认为 NK 细胞或大颗粒淋巴细胞功能不受年龄影响，但是随着 NK 细胞数量增多，其功能随年龄增长而降低。一般认为老年捐助者的 NK 细胞对细胞因子的反应是有缺陷的，变成淋巴因子激活的杀伤细胞的后续能力有限。一些实验研究已证实饮食补充基础量锌元素可以明显减轻与年龄相关的 NK 细胞功能的下降，也可以解释感染复发减少的原因，这强调了营养对改善免疫功能的重要性。

免疫功能障碍的其他继发原因

在健康老年人中，免疫系统的改变规模相对较小，发生感染的危险性只是轻度增加。人们观察到，不同类型的感染受年龄影响的程度已超出人们通常认为的和免疫衰老有关的预期比例，因此还有其他一些原因。

年龄相关的器官系统的损坏使老年人更易发生感染。康复延迟及随之而来的咳嗽反射减弱、呼吸道上皮细胞纤毛清除能力降低、吞咽能力减低都会使衰弱的老年人更容易发生肺炎，肺泡吞噬能力降低进一步加重此种情况。老年男性出现前列腺良性增生而发生尿潴留，绝经后的老年女性容易出现尿路感染。此外，留置尿管、尿便失禁也可能会导致尿路感染。尿失禁、皮肤完整性被破坏、伤口延迟愈合使皮肤易于发生感染且更难治疗。

住院的老年患者暴露于抗生素的应用中，会发生不同寻常的耐药菌感染，如抗甲氧西林金黄色葡萄球菌（MRSA）、耐万古霉素肠球菌（VRE），以及产生超广谱β-内酰胺酶（ESBL）的多重耐药革兰氏阴性杆菌。这些细菌感染更难治疗。同时老年人常缺乏常见感染的特征表现，如发热、咳嗽或尿痛，而表现为精神状态或活动能力下降等细微变化，而往往这些可能就是潜在的临床感染的表现。由于老年人代谢率下降，平均体温降低，在严重的全身性脓毒症时甚至可以无发热。体温的变化是感染较可靠的体征。低体温对老年人是不祥的预兆。因此，推荐老年人应早期足量应用抗生素等进行积极治疗，但这些措施会增加耐药菌感染的发生。

大多数老年人都存在两种或更多的慢性疾病，且一般都在接受药物治疗。老年人常患有高血压、糖尿病、慢性肺疾病、心血管疾病、脑血管疾病和各种恶性肿瘤。镇痛剂、非甾体抗炎药、皮质醇、抗甲状腺药物、抗生素、抗精神病药物、抗抑郁药物、镇静催眠药物、抗癫痫药物、降压药、利尿剂、抗组胺药、降糖药和其他老年人常用药物会抑制炎症性免疫反应。因此，共病和相应的治疗很大程度上削弱了老年人的免疫功能。

充足的营养可以维护免疫功能。营养物质无论是大量还是微量，维生素及必需的矿物质元素，尤其是锌和硒都是非常重要的。淋巴细胞计数降低与营养不良有关。淋巴细胞计数绝对值每立方毫米少于 1 500 个与一定程度的营养不良有关，而每立方毫米少于 900 个与严重营养不良和免疫缺陷有关。有将近一半的痴呆患者同时存在营养不良，这是一个广泛存在的问题。这些患者感染的发生概率会增加四倍，同时也发现在救护车上对那些营养不良的老年人进行营养干预可以使其免疫功能下降得以逆转。应激和其他精神因素包括抑郁也可能会影响免疫功能。与社会隔绝或婚姻不合也会导致免疫力受损。慢性应激状态也会引起免疫力下降，这样的人群可以进行流感疫苗注射。已有研究证据表明，社会交往和沟通也会影响免疫功能。

老年人常见感染

流感

流感的暴发流行是老年人死亡率升高的一个重要原因。免疫功能下降对其不良预后具有重要作用。目前认为体液免疫主要是对流感的预防，而细胞免疫对病毒的清除及机体的恢复起着重要作用。不管是自然感染还是疫苗注射，抗体滴度的峰值均随年龄增长而下降。注射疫苗后机体保护性抗体滴度的产生比率由年轻人的 60% 下降至老年人的 30%。在接受疫苗注射的老年人中，尽管疫苗不能完全保护老年人不受感染，但这部分老年人较少发生严重感染。因此疫苗注射计划应大力推广。注射疫苗是非常划算的，它可以使发病率和死亡率降低三分之二。

肺炎

上呼吸道感染是引起老年人发病率和死亡率升高的主要原因之一。肺炎常发生于老年人，每年导致超过 50 万人次住院。患者平均住院年龄超过 70 岁，年龄本身是发生肺炎的独立危险因素。康复延长、吞咽减少、呼吸道纤毛功能下降是发生肺炎的重要危险因素。许多微生物都会引起肺炎。肺炎球菌仍是目前为止最主要的致病源。超过一半的肺炎是由肺炎球菌致病。23 价肺炎球菌疫苗的研制就是为了控制感染，尤其是多种耐药微生物的感染。目前可用的尤其是针对老年人的疫苗相对较少。因此其有效性被质疑。尽管注射疫苗并不能降低感染的发生率，但接受疫苗注射后肺炎球菌菌血症的发生确实减少。65 岁以上的老年人应该接受疫苗注射，如果 65 岁以前曾经注射过疫苗，那么在初始注射后 5 年应再重复一次。

带状疱疹

带状疱疹是由于感染带状疱疹病毒而致病，病毒感染神经系统（背根神经节）并竞争免疫功能。在那些免疫系统受损的患者中，如肿瘤、器官移植后患者或高龄老人，病毒即被激活，并引起皮肤感染。带状疱疹病毒的并发症常见于 60 岁以上的老人。带状疱疹后遗性神经痛最常见，也会使人致残。最近已经开始研发针对带状疱疹病毒的最新疫苗。近期公布的随机实验发现，此种疫苗可将发病率降至一半，带状疱疹后遗性神经痛可降低三分之二。

尿路感染

尿路感染（UTI）是老年人中常见的感染类型。尽管临床表现轻微，门诊即可治疗，但在很多病例甚至死亡病例中，尿路感染是导致脓毒症和住院的主要原因。年轻女性尿路感染的发病率为 2%，而 65 岁以上老年女性感染率上升至 10%。同样，年轻男性几乎很少发生菌血症，而伴有良性前列腺增生（BPH）的 70 岁以上老年男性菌血症发生率为 5%。在长期照护机构中，尿路感染包括无症状性菌尿，女性发生率为 25%～40%，男性为 15%～40%。许多老年人尤其是机构住院的老年人可能会存在无症状的尿路细菌定植。目前尚未发现无症状性菌尿会损害健康状况、增加病死率或引起肾功能损害，也未发现引起死亡率增加。

由护理院转至急性医疗机构的患者中有三分之一是因为尿路感染。不管是否入住过机构，老年女性尿路感染的微生物为大肠埃希氏菌，而男性最常见的是变形杆菌感染。斯氏普罗威登斯菌（Providencia stuartii）主要在曾入住机构的老年人中发现。很多居住地也可见到这种微生物感染。

之前也提到，年轻人典型的尿路感染症状（尿痛、尿潴留或尿失禁和发热）在老年人中很少见到。常见的尿路感染的临床表现为尿痛、肾盂肾炎、尿潴留或新的尿失禁和伴随留置导尿而出现的发热。当发热发生在无尿路症状但尿培养阳性的老年患者中，临床情况变得复杂。而这种培养的阳性预测值仅为 12%。因此在作出尿路感染是引起发热的诊断前需要格外小心。同样，在老年人中，非特异性功能下降很可能预示发生了新的尿路感染，但是一次阳性培养结果并不能确定诊断。

艾滋病病毒感染

最近10年来诊断人类免疫缺陷病毒（HIV）感染的平均年龄在增加。目前，有10%~15%HIV诊断病例发生在50岁以上的人群中。2%的新诊断病例年龄在65岁以上。在老年患者中，一些早期病例与输血有关。现在主要是性传播。老年人HIV的诊断和治疗尚面临很大挑战。临床不常考虑此诊断，故往往诊断不及时，因此预后不良。HIV感染的临床表现有艾滋病痴呆综合征和神经系统疾病，单独通过症状很难与其他疾病区分。HIV的检测不常应用于老年人。高活性抗病毒疗法在各年龄组艾滋病中有明显改善效果，但老年人免疫不能完全恢复。另外老年人HIV治疗遇到的挑战是药物的相互作用会增加终末器官的损伤。

肺结核

超过20%的肺结核病例发生在年龄大于65岁的老年人中。然而在一项队列研究中，白人老年男性的肺结核发病率主要集中于65岁以上人群，在最近10年内从29%上升到58%。老年人发生肺结核的概率可能是年轻人的4倍。然而护理院的老年人群发生肺结核的危险性要额外上升3倍。

最后，针对诊断，应该记住老年人更少发生延迟性超敏反应（细胞免疫介导），因此皮肤结核菌素试验不是可靠的诊断结核感染的指标，但仍要继续应用。

肿瘤与免疫

60%的肿瘤发生于65岁以上的老年人。这一年龄段老年人肿瘤死亡率占所有肿瘤死亡率的70%。一些研究推测免疫功能下降是肿瘤发生的原因之一，而且可能是主要原因，否则为什么肿瘤的发生率随年龄增长而增多。然而其他学者指出，老年人最常见的肿瘤类型（前列腺癌、结肠癌、肺癌、乳腺癌等）和那些免疫缺陷状态的肿瘤（淋巴瘤、白血病和卡波氏肉瘤等）有很大区别。老年人肿瘤常见的最重要的原因很可能与免疫无关，而与发展为侵袭性肿瘤需要很长时间（如上皮细胞来源的肿瘤需要数十年）有关。免疫衰老在肿瘤发生中的作用尚有争议。

免疫重建

改善增龄引起的免疫力下降的诸多努力只取得了中等程度的进步。然而，老年人复杂的免疫能力在一定程度上是因为增龄。更多阴性结果可能受共病、营养不良、药物应用、体能下降等影响。尽管如此，可能有益的尝试已经被证实，其他一些非主要措施的尝试还有所争议。以下是在免疫重建方面所做努力的总结。

营养补充

足够的营养是非常重要的。保证全面充足的营养供应是基石（包括补充微量营养素)。不同的临床试验证实代表免疫功能和感染的指标因营养补充而有所改善。然而应该注意过分补充任何一种营养元素均会引起副作用，可能会影响其他营养物的吸收。例如，应用大量维生素 A 会引起中毒，但是补充 β-胡萝卜素前体是相对安全的。过量补充锌元素会干扰铁的吸收从而引起铁缺乏和贫血。什么是最佳补充？在老年人中铁缺乏很常见。很多研究表明锌对维持免疫系统功能具有重要作用。人体每天需要的锌元素含量为 25 mg，其中 11 mg 从饮食中获取，锌的每天最佳摄取量是 14~15 mg。很多研究表明维生素 E 是一种潜在的抗氧化剂。维生素 E 的最佳补充量是 200 IU。在补锌的同时给予 100 mg 维生素 E 也可减少感染的发生。如前所述，任何营养的大量补充都可能有害，单一补充任何一种营养物质也不符合生理需求，增龄可能会发生其他营养物质的缺乏。因此一个合理的方案应为多种维生素和微量矿物质元素的补充，包括锌（14~20 mg)、硒（100 mg）和维生素 E（200 mg)。应进一步强调的是，优化的营养补充仍未被完全了解，每一种营养物质的补充都有研究报道，但结果存在相互矛盾。

疫苗

目前已明确疫苗对各年龄段的传染性疾病都具有重要的预防作用。肺炎球菌疫苗、流感疫苗和破伤风疫苗可以有效预防疾病，降低老年患者的死亡率。随着年龄的增长，在疫苗注射后机体的保护性抗体滴度产生的时间会延迟，抗体峰值滴度低，保护性抗体滴度下降更快。在健康老年人（无很多共病）中，尽管抗体滴度较年轻疫苗注射者的低，但仍可以产生具有保护作用的抗体滴度。而且，即使在尚未达到保护性抗体的滴度时有感染入侵，其临床感染的严重程度也会较轻。

运动

运动对年龄相关的免疫系统的重建作用尚有争议。急性高强度锻炼对免疫功能是有害的，但中等强度的有氧运动有利于改善免疫功能。至少，经常锻炼的老年人健康状况更好，免疫能力更强。出现免疫功能紊乱后再进行运动计划无助于提高免疫力。由于很多研究都是横断面研究，因此不能确定老年人免疫功能的改善是运动引起的还是采取了健康生活方式所致。

新的方法

有各种不同的提高免疫力的新方法，包括激素（胸腺激素）替代治疗、静脉注射免疫球蛋白和进行热量限制。目前的数据不支持在非考察性研究中应用这些新的方法。

限制热量（卡路里）不会引起营养不良，这已经在哺乳动物模型中取得了很好的效果，它可以延长生存期，保持免疫完整性。相似的研究在非人类的灵长类动物身上正在进行，目前得到的结果令人鼓舞。国家衰老研究所最近启动了相似的人类营养干预研究。

结论

老年人免疫功能降低是复杂的和多因素的。衰老本身减弱了内源性免疫功能，但这种免疫功能的下降在临床上带来的影响是极轻微的。一些潜在感染的激活如带状疱疹或肺结核感染，可能是由于免疫损伤引起的。当然这也会发生在那些健康的老年人中，使其对流感和肺炎球菌疫苗的反应能力减弱。患有多种疾病、营养不良、多重用药的老年人群可能会存在更明显的免疫功能下降。因存在复合的免疫功能受损，这些患者更易发生感染和罹患疾病，包括某些恶性肿瘤。恢复受损的免疫功能的相关研究目前很少有满意的结果。今后需要在传统研究方法基础上做更多的临床试验，同时探索新的治疗方法。

另请参阅：饮食和营养；运动和身体活动；长期照护。

拓展阅读

Boren E and Gershwin ME (2004). Inflammaging: autoimmunity, and the immune-risk phenotype. *Autoimmunity Review* 3 (5): 401–406.

Butcher SK, Chahal H, and Nayak L (2001). Senescence in innate immune responses: reduced neutrophil phagocytic capacity and CD16 expression in elderly humans. *Journal of Leukocyte Biology* 70 (6): 881–886.

Chandra RK (2004). Impact of nutritional status and nutrient supplements on immune responses and incidence of infection in older individuals. *Ageing Research Review* 3 (1): 91–104.

Denduluri N and Ershler WB (2004). Aging biology and cancer. *Seminars in Oncology* 31 (2): 137–148.

Ginaldi L, De Martinis M, and Monti D (2004). The immune system in the elderly: activation-induced and damage-induced apoptosis. *Immunology Research* 30 (1): 81–94.

Gravenstein S, Fillit HM, and Ershier WB (2003). Clinical immunology of aging. In: Tallis RC and Fillit HM (eds.) *Geriatric Medicine and Gerontology*, pp. 113–124. New York: Churchill Livingstone.

Manfredi R (2004). HIV infection and advanced age emerging epidemiological, clinical, and management issues. *Ageing Research Reviews* 3 (1): 31–54.

Pawelec G, Ouyang Q, and Wagner W (2003). Pathways to a robust immune response in the elderly. *Immunology and Allergy Clinics of North America* 23 (1): 1–13.

Salvador J, Adams EJ, and Ershler R (2003). Future challenges in analysis and treatment of human immune senescence. *Immunology and Allergy Clinics of North America* 23 (1): 133–148.

Vesosky B and Turner J (2005). The influence of age on immunity to infection with Mycobacterium tuberculosis. *Immunology Reviews* 205: 229–243.

译　者：汤　辉（首都医科大学宣武医院）

男性更年期

S. M. 哈曼 克罗诺斯长寿研究所，菲尼克斯市，亚利桑那州，美国

词汇表

合成代谢（Anabolic）——旨在生成新的组织成分，以利于机体生长和修复。

双氢睾酮（Dihydrotestosterone，DHT）——在 A 环的去饱和作用下，通过睾酮的新陈代谢产生的雄激素。

雌二醇（Estradiol）——是主要的雌激素，属于类固醇激素，能调节乳房和女性身体常态的发育，支持女性生殖功能，有助于维持骨量。

促性腺激素（Gonadotropin）——脑下垂体产生的蛋白质激素，主要用来调节睾丸和卵巢功能。

受体（Receptor）——与激素特异性结合的蛋白质，并在细胞水平上调节激素的作用。

类固醇（Steroid）——源自胆固醇的脂溶性分子，有四个环，其中三个是六个碳环，一个是五个碳环。

睾酮（Testosterone，T）——是主要的雄激素，属于类固醇激素，能促成胎儿和男性青春期的男性化，并维持男性的性功能和身体常态。

引言

男性主要的类固醇激素——睾酮由胆固醇合成，主要由睾丸间质细胞对垂体释放的黄体生成素（luteinizing hormone，LH）作出反应而分泌。反过来讲，LH 又是一种大的糖蛋白激素，由促性腺激素释放激素（gonadotropin-releasing hormone，GnRH）的神经定时脉冲产生。GnRH 是由下丘脑神经元分泌的一种十肽，通过门静脉网络到达垂体。GnRH 和 LH 的分泌由一个反馈系统控制，其中睾酮及其芳香化产物雌二醇抑制下丘脑和垂体的分泌活动。睾酮循环约 40%与性激素结合球蛋白（sex hormone-binding globulin，SHBG）结合。在不与 SHBG 结合的、被称为“生物可利用睾酮”的部分睾酮中，大多数与血清白蛋白松散结合，只有 1%~2%作为游离睾酮溶解在血浆中。睾酮主要通过雄激素受体（androgen receptor，AR）发挥作用，AR 参与核受体复合物，通

过与上游雄激素调节序列结合，刺激或抑制特定基因的活性。在许多雄激素靶细胞中，睾酮借助5α-还原酶转化为双氢睾酮。双氢睾酮是一种比睾酮更为有效的雄激素，其更容易与雄激素受体结合。同样，也有部分双氢睾酮与性激素结合球蛋白结合循环，通常浓度约为睾酮聚集度的10%。除了刺激男性生殖器、身体常态和毛发的成熟以及保持性欲外，睾酮对身体组成，特别是骨骼肌状况、脂肪分布、骨代谢、认知和影响具有终身重要的作用。

对调查男性雄激素是否会随着年龄的增长而下降（男性更年期）已开展了大量的临床研究。然而，伴随着正常的衰老过程，睾酮下降的程度如何？更重要的是，这种下降是否代表功能性男性性腺功能减退症（male hypogonadism）？这些问题仍未解决。关于老年男性睾酮替换的可行性（或不可行性）的关键问题尚未解决，需要进一步调查。为了让医生作出适当的临床决策，需要回答的关键问题如下：

- 男性的睾酮水平是否会随着年龄的增长而下降？如果是，在大量的老年男性中，睾酮水平是否与男性性腺功能减退症相一致？
- 睾酮水平的变化在什么范围内具有临床意义？
- 生理、身体组成和功能方面的典型变化是否与男性性腺功能减退症相一致？
- 与老年人相关的典型变化是否与内源的雄激素水平有关？
- 对老年男性单独使用睾酮治疗或与其他激素联合治疗是否具有潜在价值？
- 老年男性雄激素替代治疗会发生哪些严重的不良反应？

以上问题还有待解决，然而，一些临床研究显示睾酮移植对于多数老年人有效。

年龄增长是否导致睾酮水平下降？

一些关于不同年龄段男性睾酮水平的初步横断面研究尚未发现老年男性睾酮水平显著下降的情况。然而，在大多数横断面调查中，已经观察到循环中的雄激素随着年龄增长而下降［见图1（A）］。此外，性激素结合球蛋白（SHBG）水平似乎也随着年龄的增长而增加。因此，对相同浓度的血清总睾酮，老年男性的游离睾酮水平或生物有效性睾酮水平往往低于年轻男性，而与年龄相关的游离睾酮水平或生物有效性睾酮水平的下降比总睾酮水平的下降更明显［见图1（B）］。此外，纵向研究已证实，健康男性从30岁开始，随着年龄的增长，总睾酮以每年约1%的恒定速度逐步线性降低，非SHBG结合睾酮以每年1%~2%的速度递减。"巴尔的摩老化纵向研究"（Baltimore Longitudinal Study on Aging，BLSA）已经很好地解释了这一变化，如图2（A）和（B）（见后页）所示。对不同年龄男性睾酮浓度达到性腺功能低下水平（即比年轻男性均值低两个标准差）的频率的估计从65岁以上男性的30%~40%到80岁以上男性的70%

不等。这些数据表明，数以百万计的老年男性具有常规定义的性腺功能低下的血清睾酮水平。这种情况被称为“老年男性部分雄激素缺乏症”（partial androgen deficiency of aging men，PADAM）。这些男性能在多大程度上从激素替代治疗中获益，是一个极其重要但迄今尚未得到答案的问题。

老年男性的低睾酮值是否有临床意义？

即使是表面健康的男性，也会随着年龄增长而出现瘦体重（lean body mass，LBM）和骨密度的下降。这些身体成分的变化伴随着力量和最大摄氧量（maximal oxygen uptake，VO_{2max}）的降低，部分原因是肌肉减少（肌少症，sarcopenia）。对男性和女性来说，负钙平衡和骨矿物质流失而导致的骨质疏松（osteoporosis）都是一个问题。尽管在任何年龄段，男性骨质疏松性骨折的发生率都是女性的三分之一，但髋部骨折对男性更有可能是致命的。此外，腹部总脂肪和中央脂肪会随着年龄的增长而增加。脂肪量和分布的变化会损害胰岛素敏感性，因此衰老会导致空腹血糖和餐后血糖升高，并增加患 2 型糖尿病的风险。低密度脂蛋白和高密度脂蛋白胆固醇和甘油三酯的有害改变也会发生，从而增加心血管疾病的风险。总之，正常的衰老与全身蛋白质合成的减少、记忆力和注意

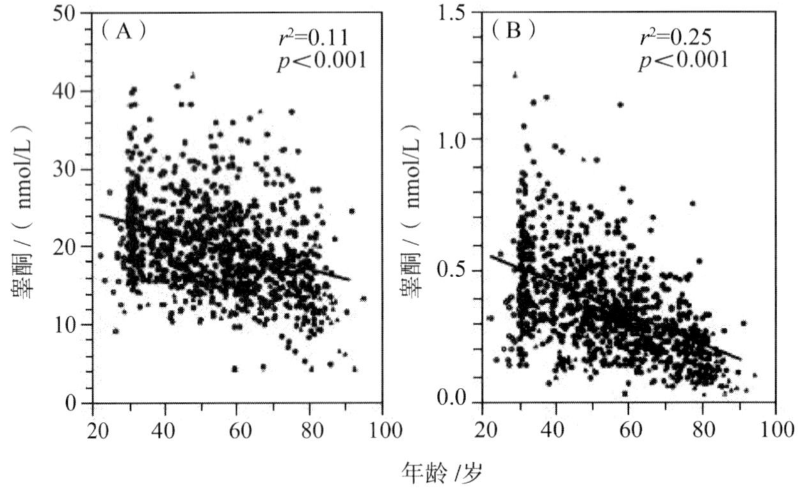

图 1　巴尔的摩衰老研究（BLSA）中年龄对男性血清睾酮（A）、游离性睾酮指数（B）的影响

注：1963—1994 年最早（通常是第一次）访问的个别数据点显示为填充圆圈，后来访问（1995—1998 年）的额外 120 个血清样本绘制成填充三角形。总 T 浓度和游离 T 指数值随年龄的增长呈线性下降。

引自：Harman SM，Metter EJ，Tobin JD，*et al.*（2001）Longitudinal effects of aging on serum total and free testosterone levels in healthy men. Baltimore Longitudinal Study of Aging. *Journal of Clinical Endocrinology and Metabolism* 86（2）：724-731.

力方面的轻微认知损害、性欲减退、性活动减少，以及勃起功能障碍的患病率增加有关。

男性性腺功能减退症在某些方面与正常衰老相似。在非老年性腺功能减退（睾酮<250~300 ng/dL，根据实验室情况而定）的男性中，也会出现瘦体重和肌肉力量的减少、总脂肪和腹部脂肪增加、葡萄糖耐量受损、性欲和性活动水平降低。在一些研究中还会出现情感和认知功能障碍，其中包括抑郁症。

以上关联表明，衰老表型可能部分与性激素的减少有关。如果这一假设是正确的，那么老年男性体内的生物有效性睾酮水平的下降会同时预示着瘦体重、骨密度、肌肉力量、认知功能和性能力的下降，以及体脂和胰岛素抵抗（insulin resistance）的增加。一些针对老年男性的研究表明，总睾酮水平或游离睾酮水平与瘦体重或肌肉力量之间存在显著的关系。骨密度与睾酮水平之间呈正相关，但这些相关性弱于雌二醇。据报告，睾酮浓度与体质指数、体脂百分比，以及腹部脂肪和胰岛素抵抗的增加呈负相关。与前文一致，低睾酮水平的老年男性患代谢综合征［metabolic syndrome，MS。是向心性肥胖（central obesity）、高血压和胰岛素抵抗的结合］的总体风险似乎更大。据报告，睾酮水平较高的老年男性性活动和性欲更好。一些研究表明睾酮和勃起功能之间存在相关性，但这些数据说服力不强。总之，在一些研究中，较高的睾酮水平与在特定认知轴上的表现改善有关，但在另一些研究中则没有。最近，有研究表明，睾酮水平低的老年男性患阿尔茨海默病的风险可能更大。

睾酮治疗对老年男性有好处吗？

在对非老年性腺功能减退的男性的研究中，睾酮替代治疗促进了瘦体重、肌肉量和肌肉力量的增加，同时降低了向心性肥胖和胰岛素抵抗。睾酮可增加与认知有关的脑区灌注（perfusion），改善性腺功能减退男性的认知功能。在确定生理剂量的睾酮是否会对患有老年男性部分雄激素缺乏症的人产生类似的有利影响的调查结果并不一致，部分原因可能是采用了不同的雄激素剂量和给药途径、不同的治疗时间，以及研究人群的差异。

对 60~75 岁的有 LH 和 GnRH 垂体分泌问题的老年人进行分级睾酮注射，已经出现了同年轻人一样的注射后反应，包括体质指数、肌肉力量、脂肪水平等参数。这表明老年男性对雄激素的反应可能与年轻男性相似。表 1（见后页）说明了老年男性睾酮治疗后的结果：瘦体重的增加往往超过了肌肉力量或最大摄氧量的增加。尽管有报告表明，睾酮治疗会降低 65 岁以上老年人的脂肪水平，以及低于正常睾酮水平的中年男性的腹部脂肪量，但是，在一项持续 6 个月的给老年男性注射相对低剂量睾酮的研究中，其体脂的变化并不明显。

在基准线低且低于正常睾酮水平的情况下，对 60 岁以上男性进行阴囊贴剂治疗，其骨密度（bone mineral density，BMD）的丢失没有显著改善。然而，在同一项研究中，以睾酮含量<200 ng/dL 为基准线，BMD 丢失在一定程度上得到改善。其他关于睾酮对老年男性骨骼影响的研究发现，睾酮治疗 36 个月有效减少了骨密度丢失。其在脊椎部分（$P<0.001$）和髋关节（$P\leqslant 0.02$）都有改善，降低了股骨骨密度的减小，但脊椎部分一般。

睾酮治疗对老年男性的性欲、双氢睾酮治疗对勃起功能障碍都有明显疗效。在一项认知功能的研究中，接受睾酮治疗的男性在数字测试和图像视觉测试中的得分略高于接受安慰剂治疗的男性，但并不显著。雄激素治疗可以改善患有轻度至中度阿尔茨海默病的老年男性的认知和视觉空间技能。总之，一些研究表明，睾酮可以缓解低睾酮水平的老年男性的抑郁。

关于睾酮与其他激素互动作用的问题，一项研究通过对低睾酮水平和低胰岛素（IGF-1）水平的 65 岁以上老年人进行睾酮单独注射或者与重组人生长激素（haman recombinant growth hormone，rhGH）一同注射。睾酮（T）和生长激素的共同作用比单纯的睾酮注射产生了更好的效果，加强了 BMD 水平和肌肉力量，降低了身体总脂肪指标。也就是说，对具有身体低生长激素水平的老年人进行睾酮治疗与管理是老年内分泌治疗的另一种选择。

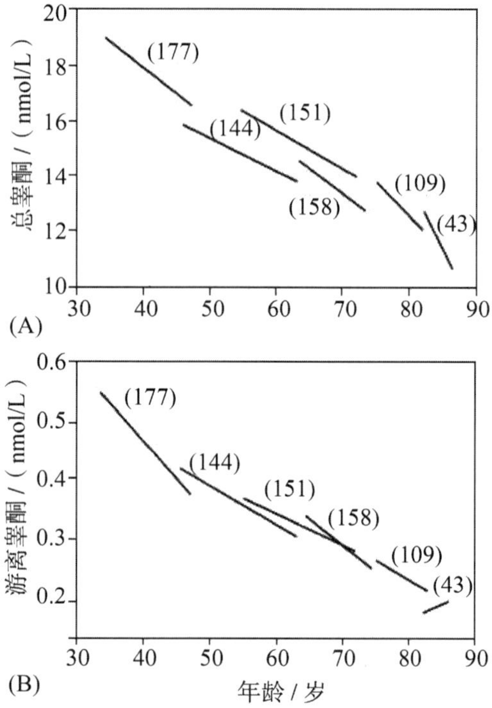

图 2　衰老对日期调整睾酮 T（A）和游离睾酮指数（B）的纵向影响

注：这是对至少两次就诊时有睾酮（T）值和性激素结合球蛋白（SHBG）值的男性调查所显示的总睾酮和游离睾酮指数与年龄相关的线性节段图。每个线性节段的斜率等于每个十年中个体纵向斜率的平均值，并以第二个十年到第九个十年的每个男性队列的年龄中位数为中心。括号内的数字表示每个队列中的男性人数。除第九个十年的游离睾酮指数外，各年龄段均呈现明显下行趋势，在整个年龄范围内，睾酮和游离睾酮指数的斜率没有明显变化。

引自：Harman SM，Metter EJ，Tobin JD，*et al.*（2001）Longitudinal effects of aging on serum total and free testosterone levels in healthy men. Baltimore Longitudinal Study of Aging. *Journal of Clinical Endocrinology and Metabolism* 86（2）：724-731.

睾酮治疗的风险是什么？

在考虑老年人睾酮治疗益处的同时也要考虑其风险的存在。对于性腺功能低下的人，对其进行睾酮移植风险较小。但对于老年人，收益风险比就不是那么高了。轻微的

表 1 在 5 项研究中，接受睾酮治疗的老年人的瘦体重、体脂量、骨密度、肌力以及氧容量（VO_{2max}）的变化

出处	研究设计	措 施	安慰剂组的变化	T 组的变化	P 值
Smuder 等人，1999（65）	96 名，大于 60 岁，服用安慰剂或 T 贴片满 36 个月的男性	瘦体重（kg）	0.2±1.5	1.9±2.0	<0.001
		体脂量（kg）	−0.7±3.1	−3.0±3.7	<0.001
		膝盖发扩强度 60°（ft，lb）	−12.8±17.6	−12.0±13.5	不显著
		膝盖弯曲强度 60°（ft，ld）	−4.9±12.3	−5.9±11.0	不显著
		15 时间阶梯（s）	0.1±2.0	0.6±2.0	不显著
Snyder 等人，1999（71）		BMD L2−4（%）	2.5±0.6	4.2±0.8	不显著
		BMD 股骨颈（g/cm^2）	−0.7±0.7	0.8±0.6	不显著
Amory 等人，2004（72）	70 名，大于 65 岁，服用庚酸睾酮或未服用非那雄胺/安慰剂满 36 个月的男性	BMD 腰椎（%）	1.3±1.4	10.2±1.4	<0.0001
		BMD 股骨颈	−0.2±0.7	2.7±0.7	≤0.02
Blackman 等人，2002（66）	36 名，大于 65 岁，每两周服用 100 mg 庚酸睾酮/安慰剂满 6 个月的男性	瘦体重（kg）	0.0±1.5	1.6±1.1	<0.0001
		体脂量（kg）	0.1±1.2	−0.9±1.7	<0.05
		上肢力量	6.9±5.3	8.7±5.0	不显著
		下肢力量	3.2±1.9	1.1±2.3	不显著
		最大摄氧量（mL/g）	−1.3±1.4	−0.2±0.8	不显著
Kenny 等人，2001（73）	67 名，大于 65 岁，服用两个 2.5 mgT 贴片或安慰剂满 12 个月的男性	BMD 股骨颈（g/cm^2）	−0.015±0.01	−0.003±0.01	0.015
		BMD 腰椎（g/cm^2）	0.015±0.16	0.008±0.19	不显著
		体脂百分比（kg）	−1.7±0.6	−0.3±0.5	0.08
		瘦体重（kg）	1.0±0.5	0.2±0.6	0.11
		强度（Newtons）	240±	171±	不显著
Singh 等人，2004（70）	24 名，60～75 岁，服用 25 mg 或 300 mg 剂量庚酸睾酮，同时抑制促性腺激素释放激素激动剂的男性	去脂体重（kg）	25mg group	300mg group	
		体脂量（kg）	−0.3±0.5	5.6±0.5	0.05
		腿部推举强度（kg）	0.1±0.5	−2.2±0.5	0.05
			0.8±6.7	51.7±4.7	0.05

引自：Haman SM（2005）Testosterone in older men after the Institute of Medicine Report：where do we go from here? *Climacteric* 8（2）：124−125.

睾酮治疗，不良反应包括体液潴留、红细胞增多（症）、睡眠呼吸暂停，这些症状对于老年男性来说可能较为明显。更严峻的是这些增加了动脉粥样硬化和前列腺癌的风险。

睾酮治疗有可能降低高密度脂蛋白胆固醇，提高低密度脂蛋白胆固醇。有研究表明，为增加肌肉量而服用过量的合成代谢类固醇可能会导致早期的冠状动脉疾病。但是低睾酮水平更有可能诱发冠状动脉疾病。例如，在米勒（Muller）等人的一项研究中发现，老年男性游离睾酮水平与颈总动脉内膜中层厚度的进展率直接相关，与心血管危险因素无关。如前所述，低睾酮水平也与腹部脂肪增加、胰岛素抵抗和代谢综合征有关。总之，对低睾酮水平的男性，透皮或注射睾酮可以缓解脂类水平降低，减少腹部脂肪，降低胰岛素抵抗，降低甘油三酯，并减少发生心血管疾病的风险。尽管如此，动脉粥样硬化的产生或者早期冠状血管疾病的外部睾酮治疗效果仍然是个未知数。

关于老年男性睾酮方面最令人担忧的问题是对前列腺癌风险和良性前列腺增生（benign prostatic hyperplasia，BPH）的潜在不良影响。在一项为老年男性持续进行 3 年睾酮治疗的研究中，其中一个控制组只注射睾酮，另一组还加入了非那司提（治疗前列腺增生）以及 5α-还原酶抑制剂用来抑制 5α-双氢睾酮。只注射睾酮的一组前列腺特异性抗原明显增加，但另一组前列腺分泌明显弱于前组。男性骨骼和肌肉当中的睾酮效果在注射睾酮或睾酮及非那司提过程中差异不大。

一种名为“选择性雄激素受体调节剂”（selective androgen receptor modulator，SARM）的新型药物，在前列腺和精囊中起部分雄激素激动剂/拮抗剂的作用，但在肌肉和骨骼中起完全合成代谢激动剂的作用，它可能会改善男性合成代谢，同时避免对前列腺疾病的潜在影响。关于这一假定的风险，值得注意的是，大多数观察性研究未能检测到内源的睾酮水平与前列腺癌发病率之间的明显相关性。在接受外源的睾酮治疗的老年男性中，已观察到前列腺增大和血清前列腺特异性抗原（prostate specific antigen，PSA）小幅升高，但尿路症状没有明显恶化或前列腺癌发病率增加。然而，关于睾酮治疗对前列腺影响的大量随机试验还有待开展，这个问题仍然值得商榷。

结论

即使在其他方面都健康的男性的睾酮，以及一定程度的生物可利用性睾酮和游离睾酮，也会随着年龄的增长而降低，并达到性腺功能减退的水平（PADAM）。对 PADAM 患者采用生理剂量的睾酮替代治疗，可有效减少肌肉损失，提高肌肉力量，减少体脂，对葡萄糖耐量也有好处。睾酮甚至可以帮助预防心血管疾病和保护老年人的认知功能。然而，最有可能从这种治疗中获益的人群尚不明确，关于这种治疗的潜在不良影响也没有获得足够的可靠信息。尽管缺乏关于风险收益比的明确信息，但大量中老年男性还在使用外源的睾酮来治疗或预防正常衰老带来的影响。在过去的10年里，睾酮治疗的处方数量从每年数十万张增加到数百万张，部分原因是皮肤贴片、皮肤凝胶、口腔和舌下腺用药等非注射产品的使用。只有进行有足够规模和持续时间的新试验，才能确定收益的大小和不良结局的发生率，从而为医生提供必要的数据，可以自信地为男性提供使用雄激素替代品的建议。

另请参阅：痴呆：阿尔茨海默病；更年期；前列腺。

拓展阅读

Bhasin S (2003). Effects of testosterone administration on fat distribution, insulin sensitivity, and atherosclerosis progression. *Clinical Infectious Diseases* 37 (Supplement 2): S142–S149.

Bhasin S, Woodhouse L, Casaburi R, et al. (2004). Older men are as responsive as young men to the anabolic effects of graded doses of testosterone on the skeletal muscle. *Journal of Clinical Endocrinology and Metabolism* 90: 678–688.

Blackman MR, Sorkin JD, et al. (2002). Growth hormone and sex steroid administration in healthy aged women and men: a randomized controlled trial. *Journal of the American Medical Association* 288 (18): 2282–2292.

Carter HB, Pearson JD, Metter J, et al. (1995). Longitudinal evaluation of serum androgen levels in men with and without prostate cancer. *Prostate* 27 (1): 25–31.

Harman SM, Metter EJ, Tobin JD, et al. (2001). Longitudinal effects of aging on serum total and free testosterone levels in healthy men. Baltimore Longitudinal Study of Aging. *Journal of Clinical Endocrinology and Metabolism* 86 (2): 724–731.

Marin P, Holmang S, Jonsson L, et al. (1992). The effects of testosterone treatment on body composition and metabolism in middle-aged obese men. *International Journal of Obesity and Related Metabolic Disorders* 16 (12): 991–997.

Matsumoto AM (2002). Andropause: clinical implications of the decline in serum testosterone levels with aging in men. *Journal of Gerontology Series A: Biological Sciences and Medical Sciences* 57 (2): M76–M99.

Moffat SD, Zonderman AB, et al. (2002). Longitudinal assessment of serum free testosterone concentration predicts memory performance and cognitive status in elderly men. *Journal of Clinical Endocrinology and Metabolism* 87 (11): 5001–5007.

Morley JE, Kaiser FE, Sih R, et al. (1997). Testosterone and frailty. *Clinical Geriatric Medicine* 13 (4): 685–695.

Muller M, van den Beld AW, den Tonkelaar I, et al. (2004). Endogenous sex hormones and progression of carotid atherosclerosis in elderly men. *Circulation* 109 (17): 2074–2079.

Muller M, Grobbee DE, den Tonkelaar I,

et al. (2005). Endogenous sex hormones and metabolic syndrome in aging men. *Journal of Clinical Endocrinology and Metabolism* 90 (5): 2618–2623.

Snyder PJ, Peachey H, Hamoush P, et al. (1999). Effect of testosterone treatment on bone mineral density in men over 65 years of age. *Journal of Clinical Endocrinology and Metabolism* 84 (6): 1966–1972.

Tsitouras PD, Martin CE, Harman SM, et al. (1982). Relationship of serum testosterone to sexual activity in healthy elderly men. *Journal of Gerontology* 37: 288–293.

Vermeulen A (2003). Diagnosis of partial androgen deficiency in the aging male. *Annals of Endocrinology* (Paris) 64 (2): 109–114.

Wiswell RA, Hawkins SA, Jaque SU, et al. (2001). Relationship between physiological loss, performance decrement, and age in master athletes. *Journal of Gerontology Series A: Biological Sciences and Medical Sciences* 56 (10): M618–M626.

Zirkin BR and Chen H (2000). Regulation of Leydig cell steroidogenic function during aging. *Biology of Reproduction* 63 (4): 977–981.

译　者：张　伟（秦皇岛职业技术学院）
常秀坤（邯郸市中心医院）

脑卒中

P. B. 戈雷利克，V. 尚穆根，A. K. 帕约 拉什医学院，芝加哥，伊利诺伊州，美国

词汇表

抗血小板药物（Antiplatelet Agents）——通过防止血小板凝聚或聚集来降低脑卒中风险的药物，如阿司匹林和噻氯匹定等。

颈动脉内膜切除术（Carotid Endarterectomy）——一种通过去除颈动脉中的动脉粥样硬化阻塞来降低脑卒中风险的外科手术。

危险因素（Risk Factors）——增加生病可能性的先天生理因素（遗传）、生活方式或饮食因素。

脑卒中（Stroke）——由大脑动脉阻塞或破裂引起的神经缺陷的急性或亚急性脑血管疾病。

脑卒中亚型（Stroke Subtypes）——强调脑缺血或脑血管病的特定病理生理机制。

血管性痴呆（Vascular Dementia）——脑卒中引起的痴呆。

引言

脑卒中是由脑动脉阻塞或自发性破裂引起的神经功能缺损的急性脑血管疾病。脑卒中是美国第三大死亡原因，也是成年人最常见的致残性和致死性神经系统疾病之一。据估计，美国每年产生 40 万~50 万的脑卒中新发病例，有 300 万脑卒中患者和 15 万脑卒中死者。此外，每年用于脑卒中的直接和间接卫生保健费用总计约 300 亿美元。

脑卒中在神经系统疾病中非常独特，因为它具有很高的患病率和很重的疾病负担，以及致病后需付出高昂的经济成本的特点，但同时也具有安全有效的预防措施。尽管脑卒中可能发生在任何年龄段，但在老年人中最为常见。随着年龄的增长，脑卒中风险呈指数上升，这导致中年以后脑卒中发病频率每十年几乎就增加一倍。因此，作为社会中数量增长最快的一个群体，老年人最有可能患有脑卒中及其并发症。

本文将综述脑卒中的流行病学、分类和病理生理学、治疗和预防，以及脑卒中后果。专题讨论将重点关注脑卒中如何影响老年人。

脑卒中的流行病学

流行病学研究的是人群中疾病的分布及其决定因素（病因）。流行病学研究有助于回答谁最有可能患病、疾病发生原因，以及疾病的流行情况等相关科学问题。其中，疾病的分布是指其患病率和发病率。患病率是指在特定时间点、特定人群中患有该疾病的人数，而发病率是在特定时间段内在特定人群中新发生的病例数，患病率提醒人们关于社会中某一种疾病的严重程度，并协助公共卫生决策者决定为该疾病分配的卫生保健资源。发病率是一种反映风险（或谁最有可能患有该病）的指标。最后，疾病决定因素或危险因素是指增加引发疾病可能性的先天生理、饮食或生活习惯等要素。危险因素的存在增加了患病的可能性。然而，并不是每一个有危险因素的人都会患上这种疾病，无危险因素的人也不能确保就不会患这种疾病。老年人是非常特殊的群体，因为他们身上通常拥有多种脑卒中的危险因素（参见“流行病学”）。

死亡率

自 20 世纪初以来，美国的脑卒中死亡率稳步下降，每年下降约 1%。在 20 世纪 60 年代末和 70 年代初，脑卒中的死亡率呈现出每年 5%～7%的下降速度，最明显的下降发生在老年群体中。然而，自 1979 年以来，脑卒中死亡率每年下降的幅度开始显著减小。总体而言，美国的脑卒中死亡率随着年龄的增长而增加，除了年龄最大的年龄组外，普遍存在男性的死亡率高于女性，非裔美国人脑卒中死亡率最高的现象。

20 世纪 70 年代初，对美国脑卒中死亡率加速下降的原因一直存在争论。可能的解释包括抗高血压治疗的改善、脑卒中发病率的降低、脑卒中生存率的改善、脑卒中严重程度的减轻，以及其他因素。对 1979 年以来脑卒中死亡率（下降）趋势减缓的确切解释，目前也尚难定论，但它与促进全国血压控制持续改善的社会和经济条件相平行。

患病率

总的来说，随着年龄的增长，脑卒中的患病率呈指数增长。据估计，西方国家脑卒中的患病率在每 10 万人中有 500～600 人不等，而在东方国家普遍更高。

发病率

脑卒中的发病率随着年龄的增长而增加，并且每连续十年大约翻一番。一般来说，男性脑卒中的发病率高于女性，美国黑人的发病率也明显高于白人。非洲裔美国女性与白种女性相比，发生脑梗死的相对风险较高，非洲裔美国人脑出血的发病率更高。在表 1 中，根据弗明汉研究，每年的脑卒中发病率随年龄增长呈指数增加。

随着时间的推移（1950—1979），脑卒中发病率已经大幅度下降。然而，这之后几年（1979—1984）却有人指出，脑卒中的发病率则增加了。在缺血性心脏病患者中，这可能是由于生存率提高所致。需要通过最新的神经影像学技术，进一步了解已治疗和未

表 1　按年龄平均每 1 000 人脑卒中发病率（弗明汉队列研究随访 36 年）

年龄[1]	动脉硬化性脑梗死		脑卒中（所有类型）	
	男性	女性	男性	女性
45~54	0. 8	0. 7	2. 2	1. 2
55~64	2. 1	1. 2	4. 5	2. 8
65~74	4. 3	3. 7	9. 3	8. 0
75~84	8. 5	6. 8	19. 2	15. 0

[1] 两年一次调查中的年龄。

引自：*Neurologic Clinics* 1992；10（1），179.

治疗人群的血压水平，并化解其他心血管疾病的危险因素，以增强脑卒中检查效果。

危险因素

现在已有大量关于脑卒中危险因素的流行病学知识。这些因素可能会被归类为可修正和不可修正的因素，以及记录良好的和记录不充分的因素。下面的讨论将主要围绕已确立的且可修正的主要危险因素。表 2 列出了这些因素。先前提到的不可修正的危险因素，如种族、性别和年龄将不会被论及。

高血压　高血压被认为是脑卒中最重要的可治疗危险因素之一。脑卒中风险随血压上升而升高，高血压患者发生脑卒中的相对风险约为非高血压患者的 3~4 倍。收缩压增高，或舒张压增高，或收缩期和舒张期的血压均升高，都会带来严重的脑卒中风险。

高血压的患病率随着年龄的增长而增加。在弗明汉研究中，50~59 岁的人群中有 38. 2%患有高血压，而 80~89 岁的人群中有 71. 6%患有高血压。虽然高血压仍然是导致脑卒中的重要危险因素，但其估计的相对风险和随年龄增长引发的脑卒中次数有所下降。随着年龄的增长收缩压升高普遍存在，在收缩压大于 160 mmHg 和舒张压始终低于 95 mmHg 的 65~84 岁患者中，脑梗死风险至少增加了两倍。

表 2　可以改变的脑卒中危险因素

1. 高血压
2. 心脏病
a. 冠心病[a]
b. 充血性心力衰竭[a]
c. 左心室肥厚[a]
d. 心房颤动
3. 糖尿病[a]
4. 吸烟
5. 饮酒[b]
6. 高脂血症[a,b]
7. 无症状颈动脉狭窄
8. 短暂性脑缺血发作

[a] 可行的治疗方法，但对脑卒中预防的益处尚未确定。

[b] 较少被分类为脑卒中的危险因素。

心脏病 冠状动脉心脏病、左心室肥厚、充血性心力衰竭和心房纤维性颤动都是脑梗死的独立危险因素。这些因素的患病率也随着年龄的增长而普遍增加，但在老年人群体中并没有像高血压的患病率那么高。然而，由心房颤动导致的脑卒中发生的相对风险和次数随着年龄的增长而显著增加，在80~89岁时，心房颤动导致的脑卒中可能增加4.5倍，几乎占脑卒中发病率的24%（参见“心血管系统”）。

糖尿病 糖尿病是脑梗死的一种独立危险因素。根据弗明汉研究，女性患糖尿病的相对影响可能大于男性，并且其对脑梗死风险的影响也不会随着年龄的增长而减少。严格的糖尿病治疗可以减少一些血管并发症，但是尚未被证实能够预防脑卒中。

吸烟 脑卒中风险随吸烟数量增加而逐渐增加。停止吸烟后，脑卒中风险可能在2~5年后逆转。老年人吸烟率较低，其作为老年人危险因素的影响可能不太明显。弗明汉研究中的男性个体就存在这种情况。然而，相对于35~64岁年龄段的女性，65~94岁的女性持续受到由吸烟带来的显著影响。

饮酒 行为流行病学研究表明，适量饮酒可降低脑梗死的风险。不饮酒或不经常饮酒可能会轻微增加风险，但过度饮酒可能会大大增加风险。相对于脑出血，脑卒中的风险似乎随日常饮酒的数量增加而增加。减少过度饮酒可能会使脑出血的风险降低。

目前还缺乏证实饮酒是老年人脑卒中危险因素的相关信息。例如，与高血压和心房颤动（参见“酒精和药品”）相比，这个因素可能对老年人脑卒中发生的相对和绝对贡献要小得多。

高脂血症 有越来越多的证据表明，血脂可能会导致脑梗死。未来还需要进一步的研究来澄清这种关系。高胆固醇血症是冠心病的一个重要的可改变危险因素。然而，血清胆固醇水平降低与脑出血风险增加有关。血脂对老年人脑卒中风险的影响可能不大。

无症状性颈动脉粥样硬化 随着年龄的增长，退行性脑血管壁变化被称为动脉粥样硬化。这些动脉粥样硬化沉积物或斑块引起较大的脑动脉狭窄，并可能损害到大脑的血液流动。随着颈动脉中动脉粥样硬化的严重程度增加，脑卒中和心脏病发作，以及由脑卒中、心脏病或其他血管原因导致死亡的风险增加。最近，已有研究表明，通过颈动脉内膜切除术的手术方式切除高级别颈动脉粥样硬化斑块，可以降低既往没有脑卒中症状的患者发生脑卒中和死亡的风险（参见“动脉粥样硬化”）。

短暂性脑缺血发作 短暂性脑缺血发作（TIA）是持续少于24小时的暂时性局灶性神经功能缺陷，它可以减少大脑重点区域的灌注。据估计，TIA后的5年内发生脑卒中的风险约为33%。大多数脑卒中发生在TIA的第一年，其中第一个月发生的概率高达21%，3个月内达到50%，6个月内达到67%左右。TIA的发生随着年龄的增长而增加。

脑卒中的病理生理学分类

脑卒中不是一种同质性疾病；相反，它是一组具有可定义的亚型和不同病理生理学的综合征。脑卒中亚型的发现和识别一直是脑卒中研究的主要进展之一。表 3 列出了主要的脑卒中亚型分类方案。下面的讨论将论述个别脑卒中研究的病理生理学。我们必须记住脑卒中的相关术语，如 TIA、可逆性缺血性神经功能缺损（RIND）（持续超过 24 小时的部分神经功能缺陷，但在几天内完全或几乎完全消退）和完全脑卒中（突然出现的、稳定的、不再进展的局灶性脑卒中缺陷），它们提供了关于脑卒中的时间、过程和神经缺陷程度的信息，但是关于脑血管如何出现影响的信息很少。表明病理生理机制的更具体的术语被优先考虑（见表 3）。

表 3　基于病理生理机制的脑卒中分类

缺血
动脉粥样硬化性脑梗死（脑血栓）
腔隙性脑梗死
脑栓塞性脑梗死
心源性
动脉—动脉
原因不明的梗死
非动脉粥样硬化性脑梗死
出血
蛛网膜下腔出血
脑实质内出血
非动脉粥样硬化性脑出血

脑卒中可以大致分为缺血性和出血性的病理生理学亚型。当发生原位血栓（血栓）或栓塞（来自动脉或心脏的凝块，或血液向远侧行进而带有的脱落的动脉粥样硬化斑块）而阻塞脑动脉时，发生缺血性脑卒中。当一个主要的脑血管破裂并且血液渗漏到脑组织或周围地区时，就会发生脑出血。由于缺血性脑卒中和出血性脑卒中，大脑被剥夺了携带着所需营养（如葡萄糖、氧气）的血液，这时神经功能缺陷就可能出现，如无力（偏瘫）、感觉方面的体征和症状、视力丧失、言语障碍，以及语言功能障碍（失语症）。在两个主要的脑卒中亚型中，缺血性脑卒中占 85%，出血性脑卒中占 15%。

动脉粥样硬化性脑梗死

动脉粥样硬化是一种主要由颅骨和全身动脉狭窄而导致的退行性血管壁疾病。其主要病理是形成动脉粥样硬化斑块。斑块含有脂肪沉积物、平滑肌增生物和其他导致血管腔闭塞的物质。随着脑动脉粥样硬化的发展，脑动脉缺血征象（即缺乏血流）可能会随着动脉血栓形成或栓塞碎片向下游传播而发展。动脉粥样硬化斑块偏好主要的动脉分叉和分支点，如颈内动脉起始点、锥体和基底动脉连接点，以及中、后脑动脉的起始段。

一种主流的理论认为，动脉粥样硬化会导致血胆固醇和高血压的升高。血管壁被高血压破坏，然后导致血液中脂肪成分沉积和其他动脉粥样硬化改变。动脉粥样硬化斑块在老年人中比较常见，而且随着年龄的增长而增加。

腔隙性脑梗死

与动脉粥样硬化性脑梗死相比，大脑动脉病变是脑卒中的根本因素，而大脑动脉的深穿透分支的闭塞导致了腔隙的形成。梗死（小“湖泊”）可能只有几立方毫米。根据这种综合征的血管病理学分析，脂质透明变性与动脉粥样硬化不同。脂质透明变性是一种退行性疾病，其血管壁中的脂质和透明质形成血流阻断。腔隙性脑梗死也可能由微动脉瘤引起，这种微动脉瘤起源于大的载瘤动脉，它阻碍小穿透动脉的出口。另外，腔隙性脑梗死也可能是由微栓塞或其他动脉病变引起的。

腔隙性脑梗死常常在持续性高血压的临床表现中出现。多发性腔隙性脑梗死可能是老年人脑卒中（血管性）痴呆的一个重要原因。

脑栓塞

脑栓塞可能有两个主要的来源：心脏和动脉血管壁。某些心脏疾病，如心房颤动、心肌梗死和心肌病等，会导致主要心室中的血液淤积和凝块形成。一部分血块可能脱落并进入大脑或全身循环以引起局部缺血。心脏瓣膜疾病（例如风湿性心脏病）也可以成为心脏栓塞的来源。最后，来自主动脉或颈动脉的动脉粥样硬化碎片（胆固醇、血栓，以及纤维蛋白—血小板物质的碎片）可能造成栓塞而导致脑缺血。

心源性栓塞现在被认为是脑缺血的一个主要原因（引发多达30%的病例），它随着心脏诊断技术的现代化发展而达到现在的状态。非瓣膜性心房颤动（即心房颤动与瓣膜性心脏病无关）是心脏栓塞发展到脑的最重要的来源，并且是老年人脑卒中的重要危险因素。

原因不明的梗死

尽管脑卒中诊断技术有所进步，但不相称的高比例发病还不能被归类为传统脑卒中亚型之一。原因不明的梗死（IUC）既包括大量脑卒中诊断检查中原因不明的病例，也包括那些较少进行病情检查的病例。这类脑卒中可能包括多达40%的病例。一些被认为是由非动脉粥样硬化性脑卒中机制引起的，而其他更多的可能是一种隐匿性脑栓塞。

非动脉粥样硬化性脑梗死

当存在由二级机制引起脑卒中的潜在全身性疾病时，通常会发生这种类型的脑卒中。二级机制可能是全身性疾病，同时伴随有脑动脉病变、血管炎、心脏损害或易凝状态。与街头药物滥用和随之而来的脑动脉病相关的脑梗死就是这样一个例子。这种类型可能会出现梗死性出血。这类疾病在年轻人中较为普遍，而在老年人群中则较少。

蛛网膜下腔出血

原发性蛛网膜下腔出血（SAH）最常见的原因是颅内动脉瘤破裂。普通的动脉瘤类型是囊状的，并且从大脑动脉以小的外露或起泡状结构投射。大多数囊状瘤是由颈内动脉在后交通动脉、前共动脉区域或大脑中动脉分叉处产生。这些血管束缚的大脑区域和一些来自大脑的血管循环已被统称为大脑动脉环。

临床上，SAH 的发作是突然的，并且总是伴随着头痛。血液在动脉压下破裂进入蛛网膜下腔（由薄膜束缚的保护性脑脊髓液填充的空间）或邻近的脑组织，并造成神经损伤。从带血蛛网膜下腔空间里通过的主要脑动脉，可能会发生“血管痉挛”，进而导致脑部受伤。

动脉瘤性 SAH 的发病率随着年龄的增长而上升。然而，与缺血性脑卒中亚型相比，女性和年轻人中存在不成比例的动脉瘤性 SAH。

脑实质内出血

脑实质内出血（IH）通常起因于脂透析病、微动脉瘤的形成，以及内侧平滑肌细胞严重变性的动脉粥样硬化影响了深渗透性脑动脉。当血液从破裂的动脉渗出时，由于邻近的脑组织被破坏、移位和压缩，便出现神经缺陷。IH 的好发部位与腔隙性脑梗死的部位相似，都与深渗透性动脉有关。这些位点通常包括壳核、丘脑、脑桥和小脑。

IH 通常发生在长期的高血压的情况下。在老年人群中，也可能与脑淀粉样血管病（CAA）有关。CAA 的特征是淀粉样蛋白沉积于大脑皮质和软脑膜表层中的中、小型脑动脉的媒介和外膜上。由此产生的脑出血通常位于主脑叶之一的表面（所谓的脑叶出血），包括高血压、出血性疾病和动静脉畸形在内的其他疾病也可能出现脑叶出血。CAA 随着年龄的增长而增加，并且与阿尔茨海默病的组织病理学和临床特征相关。

诊断研究

脑梗死、TIA、RIND 或脑出血的老年患者都将接受脑卒中诊断检查，以确定潜在的脑卒中机制。一旦确定脑卒中的潜在因素，就可以制订适当的脑卒中治疗方案。根据过程的相关风险，会有不同层级的诊断性脑卒中检查。通常在侵入性检查之前按照顺序进行非侵入性检查，其目的是尽可能避免更高风险的侵入程序。在获得老年人脑卒中诊断研究之前，必须权衡下列问题：（1）患者的脑卒中情况是否已经严重到必须禁止大量的脑卒中诊断检查，或者检查并不会改变患者的治疗方案；（2）是否存在会妨碍脑卒中诊断或治疗方式的共病情况；（3）患者和护理人员是否意识到并同意所提出的诊断和治疗方案中所具有的固有风险和收益。

精心挑选的有活力的老年患者是脑卒中诊断程序和治疗的良好候选者。然而，临床医师在对这些患者进行积极和广泛的脑卒中诊断检查之前必须谨慎行事。

表 4 列出了缺血性和出血性脑卒中亚型的脑卒中诊断性研究和侵入性水平。颅脑计算机断层扫描（CT）通常是在急诊的基础上进行的，因为它是区分梗死和出血的优秀工具。一旦做出这种区分，就可以按照图 1 的演算法进行检查。大脑的磁共振成像（MRI）一般比脑卒中诊断更灵敏，但直到发病后才能诊断出出血性脑卒中。

表 4　脑卒中诊断研究

	是否具有侵入性
脑梗死	
神经影像	
颅脑计算机断层扫描（CT）	否
磁共振成像（MRI）	否
磁共振血管成像（MRA）	否
单光子发射计算机断层扫描（SPECT）	否
常规脑血管造影	是
颈动脉超音波检查	否
经颅多普勒超声（TCD）	否
心脏研究	
心电图（EKG）	否
超声心动图	
常规的（经胸）	否
经食管（TEE）	是
促凝血研究和其他研究	
狼疮抗凝剂，抗心磷脂抗体，蛋白 S 和 C，抗凝血酶Ⅲ，同型半胱氨酸	否
腰椎穿刺	是
脑出血	
神经影像	
CT	否
MRI	否
MRA	否
常规脑血管造影	是
其他研究	
腰椎穿刺	是

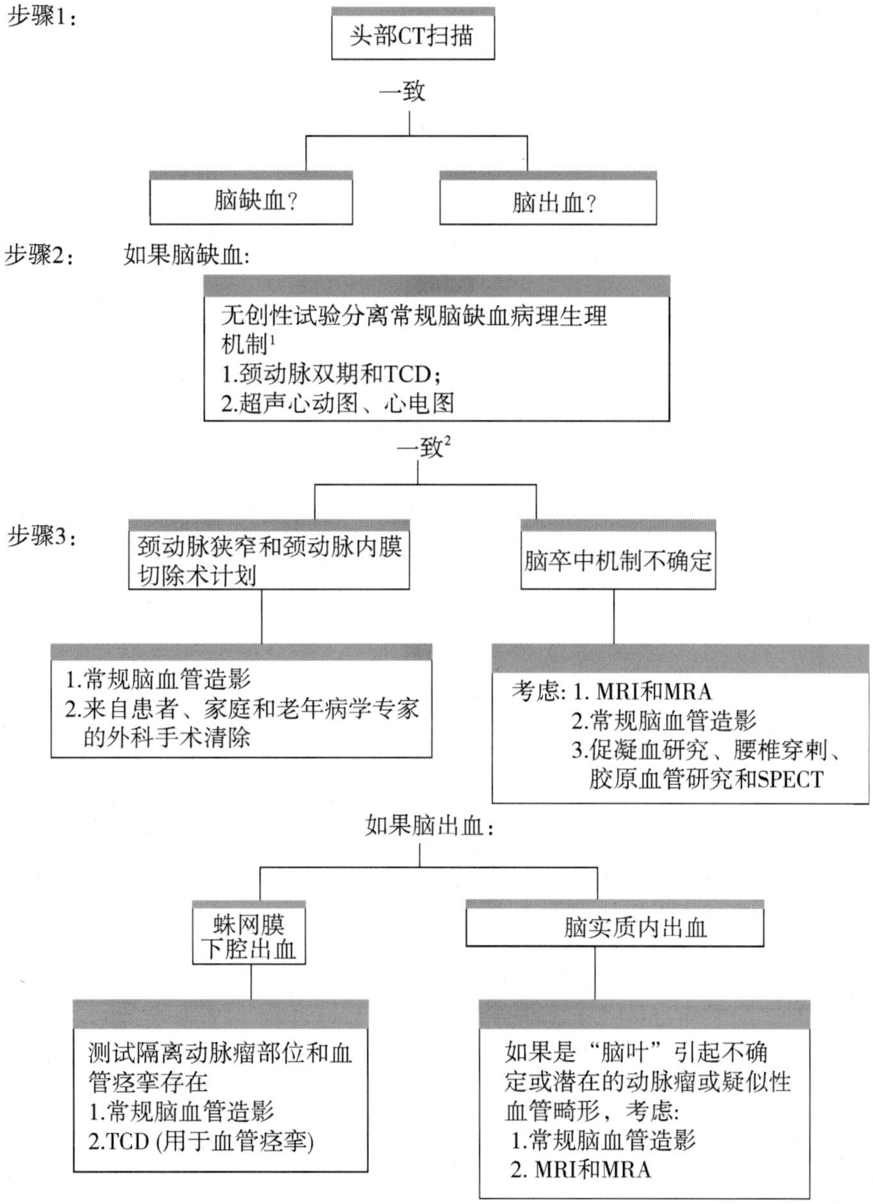

图 1　脑卒中诊断步骤

1　结合常规血液检查、心电图和胸部 X 线检查。一些专家将 MRI 和 MRA 考虑为步骤 2 的测试。

2　颈动脉双期和 TCD 是用来定义高级颅外和颅内大动脉粥样硬化闭塞性疾病的。超声心动图和心电图确定心源性栓塞。一般诊断为腔隙性脑梗死的病例不存在动脉粥样硬化机制或心源性栓塞，而存在典型的腔隙综合征（如纯运动性轻偏瘫、纯感觉性卒中、构音困难手笨拙综合征、共济失调性偏瘫）。

注：如果 CT 对 SAH 呈阴性，那么在临床表现符合 SAH 时，则进行腰椎穿刺以隔离脑脊液中的血液；可以执行 MRI 和 MRA，但它们不是分离动脉瘤位点最敏感的程序。常规血液学研究应包括出血素质筛查；MRI 作为一项后续研究，可以排除潜在的损伤（如肿瘤），并绘制出血的消退过程。

治疗和预防

脑卒中的治疗可分为三个阶段：（1）超急性期；（2）二级预防期；（3）初级预防期。超急性期包括最早的阶段，通常包括从脑缺血或出血发作开始的前 7 天时间。在这个阶段，大脑容易受到脑缺血的影响。此时存在一个机会窗口来拯救“缺血半影区”（即在受损脑血流阴影区中处于危险的脑组织）中的边缘功能性脑细胞。有关超急性脑病治疗的确切时间窗口是有争议的，但其可能少于 12~24 小时。在超急性期后，将旨在预防复发性脑卒中（二级预防）和康复。在超急性期和早期脑卒中二级预防期，高质量的医疗、护理和康复治疗对预防吸入性肺炎、深静脉血栓形成和肺栓塞、尿路感染、心脏并发症，以及其他急性脑卒中的医疗后果至关重要（见表 5）。初级预防期旨在通过饮食、生活方式和医疗策略改变社区和个人的脑卒中风险，以预防初次脑卒中。

下面的讨论将集中于急性缺血性脑卒中的治疗和预防。读者可以参考几篇很好的参考文献，来回顾脑出血的治疗和预防。

表 5　急性脑卒中的并发症及防治

并发症	防治措施
吸入性肺炎	1. 如有该指示，频繁口咽抽吸
	2. 进行吞咽评估，合理饮食
	3. 将患者频繁转动和定位
	4. 如有该指示，保护呼吸道并插管
脑自我调节功能的丧失	1. 保持轻度至中度动脉高血压
	2. 除非重要器官妥协，否则应避免血压迅速降低
脱水	1. 用 0.45%或 0.9%生理盐水保持水化状态
	2. 避免低渗液或含有葡萄糖的液体
皮肤破裂/褥疮溃疡形成	1. 定期检查皮肤，特别是依赖部位，以便于证据分解
	2. 特殊压力床垫和患者的频繁转动
尿路感染	1. 避免留置导尿管
静脉血栓栓塞	1. 压力梯度袜或气囊加压袜
	2. 如果非禁忌的话，可以使用抗凝剂
发作	1. 观察是否有癫痫发作
	2. 癫痫发作时应用抗惊厥药物
心律失常	1. 心电图

超急性治疗

当血流量下降到大约 18 mL /(100 g/min),膜泵衰竭且细胞死亡约为8 mL /(100 g/min)时,急性脑血流量减少导致突触传递失败。超急性处理的主要手段是用药物保护神经细胞免遭细胞死亡,或改善脑血流量和氧气、葡萄糖及其他营养物质的输送。根据其作用机制,大多数超急性药物被分类为药理学或细胞保护剂、抗血栓药、溶血栓药,或基于其作用机制的血液流变学治疗药物。许多人仍在接受临床试验测试。迄今为止,只有一种超急性脑卒中治疗已被证实可以降低脑卒中发病率或死亡率,即在脑卒中发作 180 分钟内给予 tPA(抗凝血药)。大多数专家认为,超急性脑卒中治疗应尽快进行(“时间就是大脑”),不能迟于脑卒中后 6～8 小时。

表 6 总结了关于超急性脑卒中治疗及其临床试验的情况。如果这些药物被证明是有效的,那么超急性期治疗的未来可能会包括联合治疗。

表 6 超急性脑卒中主要治疗药物

类型	临床试验结果
细胞保护剂	
钙通道阻断剂	没有重要益处
阿片受体拮抗剂	没有正在进行的重大临床试验
巴比妥类药物	没有确定的益处
N-甲基-D-天冬氨酸拮抗剂	正在进行临床试验测试
抗血栓药	
肝素	没有确定的益处
肝素类似物	正在进行临床试验测试
前列环素	无重要益处
溶栓	
链激酶	没有确定的益处
组织型纤溶酶原催化剂(tPA)	3 小时内给药有确定益处
尿激酶	正在进行临床试验测试
血液流变学治疗方法和药物	
血液稀释	无重要益处
安克洛酶	正在进行临床试验测试
己酮可可碱	无重要益处
其他	
神经节苷脂(GM_1)	无重要益处

二级预防

关于抗血小板药物和复发性脑卒中预防有大量的临床试验文献。一般认为，短暂性脑缺血发作或服用了抗血小板药物阿司匹林或氯吡格雷的轻度脑卒中患者，脑卒中复发或死亡的风险显著降低。在治疗的前两年，噻氯匹定可能会比阿司匹林更有效地预防二级脑卒中；然而，它的有害方面可能不太受欢迎。后面的因素加上成本和监测的考虑，已经产生了基于风险—效益分析的噻氯匹定适应证的争议。关于阿司匹林二级预防的适当剂量也有争议。一些专家认为需要较低剂量（例如 75～325 mg），而另一些专家则坚持较高剂量方案（500 mg 或 975～1 300 mg）。

抗凝药物华法林阻凝剂有利于预防非瓣膜性心房颤动患者的脑卒中。颈动脉内膜切除术是一种从颈动脉去除动脉粥样硬化斑块的外科手术，当短暂性脑缺血或轻度脑卒中患者出现高度（70%～99%）同侧症状性颈动脉狭窄时，可选择颈动脉内膜切除术。对低度颈动脉狭窄（0%～29%），手术风险大于益处，推荐使用抗血小板治疗。对中度颈动脉狭窄（30%～69%），尚无定论，但它是正在进行的研究的重点。

脑卒中的二级预防措施已经在 60～65 岁年龄段中进行了最广泛的研究。高龄老年人的临床试验经验有限。已有研究显示，对于 75 岁以上的心房颤动患者，阿司匹林可能不是一种有效的脑卒中预防药物，但华法林阻凝剂对该组患者可能也是危险的。颈动脉内膜切除术可以在精心挑选的老年患者中安全地进行。

初级预防

一般来说，脑卒中是一种慢性疾病，潜伏期长，并且可以进行一级预防。通过修正服药、饮食或其他干预措施的危险因素来预防脑卒中的公共卫生战略，包括群体方法和高风险方法。群体方法强调生活方式的调整，以便实现人口中所有个体危险因素水平的适度降低；高风险方法是识别个体的高危险因素或多种危险因素，通常用药物实现危险因素的显著降低。

有大量的一级预防数据显示了高血压治疗和使用华法林治疗心房颤动的主要益处。最近有研究表明，颈动脉内膜切除术对无症状颈动脉狭窄（50%或 60%～99%）的患者安全有效。观察性流行病学研究支持戒烟和停止大量饮酒有利于降低脑卒中风险这一观点。关于治疗高胆固醇血症和其他血脂异常的有效性存在争议。

有明显的证据表明，通过治疗老年人的单纯收缩期高血压，可以显著降低脑卒中风险。然而在高老龄人群中，一级预防的机会窗口可能在治疗某些可改变的危险因素方面失效了。脑血管疾病可能会进展太快，以至于治疗不安全或无效，或者因为高老龄人群的危险因素具有低发病率和相对风险，而使得进行危险因素修正后的绝对益处很少。

脑卒中的后果

据估计，一半以上的脑卒中幸存者存在明显的残留性身体残疾和功能障碍。在弗明汉研究的长期幸存者中，观察到以下亏损：职业功能下降（63%）、家庭外部的社会化程度下降（59%）、家务劳动能力受限（56%）、兴趣和业余爱好拥有度下降（47%）、使用外部交通工具的能力下降（44%）、家庭内部的社会化程度下降（43%）、日常生活活动依赖性上升（32%）、行动依赖性上升（22%）、搬迁至疗养院或其他机构设置的概率（15%）。

年龄是脑卒中功能预后的重要预测指标。尽管年龄并不妨碍良好的功能结果，但与较短的生存期、较多的共病和不良的心理社会状况有关。脑卒中功能性结局最有力的决定因素似乎是特定的神经功能缺陷。脑卒中缺陷的严重程度和共病（医疗和社会心理）是功能性结局的关键。其他可能起作用的因素包括性别、种族、婚姻状况、脑卒中病因、教育水平、职业状况、财务状况，以及家庭支持和社区服务等其他的内在因素。

痴呆是脑卒中的重要后果。据估计，血管性痴呆是继发性和不可逆性痴呆的第二大原因，约占病例的10%~20%。血管性痴呆的发生率随年龄呈指数增长。血管性痴呆一般在男性中比女性更普遍，在亚洲可能比阿尔茨海默病更普遍，在某些国家（例如瑞典）的高老龄人群中也可能更普遍。除了年龄和可能的教育外，血管性痴呆的危险因素似乎是造成脑卒中心血管疾病的决定因素。

目前，血管性痴呆是晚期痴呆唯一可以进行预防的病种。由于脑卒中会导致血管性痴呆，因此通过修正可治疗的危险因素来预防脑卒中，其导致的血管性痴呆预计就会显著减少。但是，一旦诊断出血管性痴呆，没有证据表明二级预防可以减轻其正在衰弱的认知功能（参见“痴呆”）。

另请参阅：酒精和药品；动脉粥样硬化；痴呆。

拓展阅读

Hier DB, Gorelick PB, and Shindler AG (eds.) Stroke and other brain disorders (1987). *Topics in Behavioral Neurology and Neuropsychology*. pp. 205 – 223. Boston, MA: Butterworths.

Adams HP, Brott TG Jr., Crowell RM, Furlan AJ, Gomez CR, Grotta J, et al. (1994). Guidelines for the management of patients with ischemic stroke. A statement for health care professionals from a special writing group of the Stroke Council, American Heart Association. *Stroke* 25: 1901–1914.

Alexander MP (1994). Stroke rehabilitation outcome. A potential use of predictive variables to establish levels of care. *Stroke* 25: 128–134.

Antiplatelet Trialists' Collaboration (1994). Collaborative overview of randomized trials of antiplatelet therapy – I: prevention of death, myocardial infarction, and stroke by prolonged antiplatelet therapy in various categories of patients. *British Medical Journal* 308: 81-106.

Biller J (1992). Medical arrangement of acute cerebral ischemia. *Neurologic Clinics* 10 (1): 63-85.

Broderick JP (1994). Intracerebral hemorrhage. In: Gorelick PB and Alter MA (eds.) *Handbook of Neuroepidemiology*, pp. 141-167. New York: Marcell Dekker.

Brott T (1992). Thrombolytic therapy. *Neurologic Clinics*, 10 (1): 219-232.

Brown RD, Evans BA, Wiebers DO, Petty GW, Meissner I, Dale AJD, for the Mayo Clinic Division of Cerebrovascular Disease (1994). Transient ischemic attack and minor ischemic stroke: an algorithm for evaluation and treatment. *Mayo Clinical Proceedings* 69: 1027-1039.

Gorelick PB (1994). Stroke prevention: an opportunity for efficient utilization of health care resources during the coming decade. *Stroke* 25: 220-224.

Gorelick PB (1995). Stroke prevention. *Archives of Neurology* 52: 347-355.

Gorelick PB, Roman G, and Mangone CA (1994). Vascular dementia. In: Gorelick PB and Alter MA (eds.) *Handbook of Neuroepidemiology*, pp. 197 - 213. New York: Marcell Dekker, Inc.

Gresham GE (1992). Rehabilitation of the stroke survivor. In: Barnett HJM, Stein BM, Mohr JP, and Yatsu FM (eds.) *Stroke: Pathophysiology, Diagnosis and Management*, 2nd edn, pp. 1189 - 1201. New York: Churchill Livingstone.

Hobson RWII, Weiss DG, Fields WS, Goldstone J, Moore WS, Towne JB, Wright CB, and the Veterans Affairs Cooperative Study Group (1993). Efficacy of carotid endarterectomy for asymptomatic carotid stenosis. *New England Journal of Medicine* 328: 221-227.

Longstreth WT (1994). Nontraumatic subarachnoid hemorrhage. In: Gorelick PB and Alter MA (eds.) *Handbook of Neuroepidemiology*, pp. 123-140. New York: Marcell Dekker,Inc.

Mayberg MR, Batjer HH, Dacey R, Diringer M, Haley EC, Heros RC, et al. (1994). Guidelines for the management of aneurysmal subarachnoid hemorrhage. A statement for health care professionals from a special writing group of the Stroke Council, American Heart Association. *Stroke* 25: 2315-2328.

Mohr JP (1992). Overview of laboratory studies in stroke. In: Barnett HJM, Mohr JP, Stein RM, and Yatsu FM (eds.) *Stroke: Pathophysiology Diagnosis and Management*, pp. 149-154.New York: Churchill Livingstone.

Mohr JP (1994). Classification of stroke: experience from stroke data banks. In: Dorndorf W and Marx P (eds.) *Stroke Prevention*, pp. 1-13. Basel, Switzerland: Karger.

Ottenbacher KJ and Jannell S (1993). The results of clinical trials in stroke rehabilitation research. *Archives of Neurology* 50: 37-44.

Sacco RL (1994). Ischemic stroke. In: Gorelick PB and Alter M (eds.) *Handbook of Neuroepidemiology*, pp. 77 – 119. New York: Marcell Dekker, Inc.

Skoog I, Nilsson L, Palmertz B, Anderson L-A, and Svanborg A (1993). A population-based study of dementia in 85 year olds. *New England Journal of Medicine* 328: 153–158.

Stroke Prevention in Atrial Fibrillation Investigators (1994). Warfarin versus aspirin for prevention of thromboembolism in atrial fibrillation: Stroke Prevention in Atrial Fibrillation II Study. *Lancet* 343: 687–691.

Van Gijn J (1992). Aspirin: Dose and indications in modern medicine. *Neurologic Clinics* 10 (1): 193–207.

Wolf PA, Abbott RD, and Kennel WB (1991). Atrial fibrillation as an independent factor for stroke: The Framingham Study. *Stroke* 22: 983–988.

Wolf PA, Belanger AJ, and D'Agostino RB (1992). Management of risk factors. *Neurologic Clinics* 10: 177–191.

译　者：熊晓晓（北京大学）

脑与中枢神经系统

W·邦达列夫　南加利福尼亚大学医学院，洛杉矶，加利福尼亚州，美国

词汇表

星形胶质细胞（Astroglia）——一类非神经元细胞，具有数量庞大的树枝走向，为中枢神经系统的神经元提供结构性学和功能性支撑。

海马（Hippocampus）——位于颞叶内侧的脑区，它与记忆有关。

蓝斑（Locus Ceruleus）——位于脑桥背部一簇含有色素的神经元，是脑中神经递质去甲肾上腺素的主要合成部位。

迈纳特基底核（Nucleus Basalis of Meynert）——位于大脑眶额皮质的一簇神经元，是大脑皮质类胆碱能神经兴奋作用的主要发出部位。

突触（Synapse）——神经元之间的衔接点，电、化学信号借此得以转化和传递。

引言

尽管人类大脑与年龄有关的变化显而易见，但是通常情况下都难以，甚至于不可能，了解哪些变化是由于老化本身所引起的。老年人饱受与年龄有关的疾病困扰，以及其他慢性疾病的折磨。一些用于治疗急性病症的神经活性药物会对他们产生影响；其他的神经活性物质，如酒精和咖啡因的累积效应也会对他们产生影响。而这些与日俱增的不友好环境所产生的效应常常无法轻易地与老化对大脑结构和生化所产成的效应区分开来。

与年龄有关的大脑功能的变化同样显而易见。至少其中一些变化似乎反映了老化的过程，而非环境的改变。这些与年龄有关的变化包括了次级记忆、反应时、视觉空间记忆、复杂性注意、语言流畅性以及问题解决。但是上述认知改变的神经生物学基础却不甚清晰，而这恰恰是老年学研究存在的合理性。

人脑老化的大体解剖学

因老化所导致的大脑结构变化可从三个组织水平上加以刻画。在大体结构水平上，基于死后测量所得的大脑重量呈现出显著性的变化。尽管因死后脑室液体容量的改变，

大脑重量的确切变化还无法确定，但是损失的幅度大约在10%。而大脑体积的变化可借助脑成像技术——计算机断层扫描（CT）、磁共振成像（MRI）等得以精确测量。图像显示，在40岁之前的早期成人阶段，脑脊液容积维持在相对稳定的水平；然后开始增高，尤其在60岁之后。在20~50岁，脑占据着颅腔内90%的空间，50岁之后逐渐降低。在老年阶段，脑颅容积比出现显著降低；与此同时，脑脊液容积出现相应幅度的增加。此外，大脑的额叶、颞叶、大脑皮质、基底神经节、胼胝体以及海马等部位也会发生局部萎缩。

人脑老化的微观解剖学

神经元死亡

在微观水平上，神经元数量随着年龄发生递减的现象已被广泛记载，但这并不意味着没有争议。神经元减少通常不是无差别地发生于全脑，而是集中于特定的脑区。但是由于技术上的限制，神经元减少的程度往往难以评估。这些限制包括微观形态计量学的方法论限制、神经胶质细胞和神经元区分的不确定性以及暂时性的神经元萎缩所造成的常规光学显微镜无法观测到某些神经元。尽管如此，人类大脑皮质额叶、颞叶、顶叶和枕叶的特定脑回会减少15%~57%的神经元；同样，蓝斑、黑质、小脑浦肯野细胞、海马锥体神经元等部位也会减少相似量的神经元。神经元减少可能具有脑区特异性。就以海马来说，CA4区和海马支脚会发生显著性的神经元减少，但是在齿状回、CA1区或CA2区却没有变化。人脑迈纳特基底核的神经元减少尚未得到确证，其他一些脑区的减少也有待确定，尽管这些区域的衰减已在啮齿类动物中得到可靠观测。突触数量抑或树突数量的减少是大脑老化、神经元功能失调的又一形态计量学上的表征。如同神经元减少，诸多发现更多见于实验室动物，而非人脑。

神经元损伤

老年阶段神经元和神经元系统的新陈代谢失效未必需要神经元、神经突或突触的实际减少。神经元萎缩和肥大都曾被视为神经元老化的特征。在某些啮齿类动物当中，迈纳特基底核内出现神经元萎缩；而在另一些啮齿类动物以及老年人当中，这些类胆碱能神经元似乎表现为神经元肥大。老年人和更年期女性漏斗核内神经元萎缩已被看作类固醇负性反馈丧失的证据。神经元功能受损的其他迹象还包括脂褐素和神经黑素的累积。尽管尚没有令人信服的证据表明这些物质的累积对神经细胞产生毒性，但脂褐素的累积反映了对参与蛋白质合成与输送的细胞器的排挤过程；而神经黑素则可结合潜在的毒素，如甲基苯基吡啶。

神经递质的年龄变化

人脑形态计量学上的变化（见前述）表

明神经递质以及神经元间的交流发生了衰变。例如，众多文献记载在动物当中存在中枢神经系统类胆碱能的匮乏。在人脑中，海马区、内嗅皮质、额叶皮质、小脑表现出胆碱乙酰基转移酶活性的匮乏；杏仁核内类胆碱能神经纤维密度出现降低现象。但是，脑内类胆碱能受体，尤其尼古丁受体的变化尚知之甚少。尽管如此，人脑内毒蕈碱受体似乎不断减少，已有文献报道，年老的啮齿类动物其大脑皮质、纹状体和海马区中的减少量达到显著性水平。去甲肾上腺素能和血清素能传导的改变目前还未得以认定。据文献记载，在老年人大脑中去甲肾上腺素在减少，尾状核内的多巴胺也在减少。但是，在更充分的对照研究中，去甲肾上腺素和多巴胺更新率并未发生显著变化，而血清素的更新率在老年大鼠中却不降反升。在人脑中，局部血清素浓度出现降低，但是五羟吲哚乙酸的水平并没有随之而下降。研究者认为，这是因为吲哚胺前驱物的代谢率减弱，同时神经末梢代谢活动的补偿性提高，才足以维持神经末梢神经递质发挥正常功能的水平。谷氨酸能的效应在老年阶段似乎维持在相对稳定的水平。

神经元微环境的年龄变化

尽管在人脑中细胞外神经元微环境随年龄如何变化还有待探索，但关于神经元微环境的动物研究证据仍可对人脑神经元老化作出合理的预测（参见“老化模型：脊椎动物”）。图1勾勒了它们在神经传导当中随年龄变化的重要功能性关系。神经元微环境主要由血管构件和细胞外空间组成，两者都随年龄而变化。老年大鼠的脑显示细胞外空间被减缩，这可能用以抑制老化大脑的代谢物，抑或神经递质的扩散。但是细胞外空间随年龄的改变几乎未在人脑中被研究过。虽然皮质血管系统的变化很多，但随着年龄的增长，人脑微血管系统的改变却知之甚少。正如心血管组织的老化改变会促进退行性疾病所致的改变，微血管系统的老化改变也以同样的方式促进神经退行性疾病的改变。老化因而会加速血管退行性疾病的病变，最终导致收缩压和低密度脂蛋白（LDL）胆固醇含量随着年龄而增高。老年人罹患脑缺血性

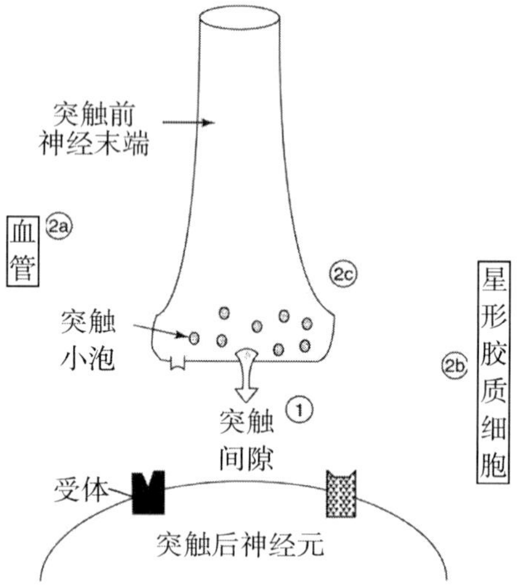

图1 大脑的老化

注：（1）供神经信号传递的神经递质数量和某些受体数量的选择性下降；（2）神经元微环境变化诸如：（a）脑血管系统；（b）星形胶质细胞；（c）细胞外空间的内源性变化会妨碍神经元营养补给，并干扰神经递质和受体之间的互动。

血管疾病的风险加剧。因老化所引发的血管组织改变包括内源性血管舒张剂再造减慢、组织结构的老化以及弹性纤维、胶原纤维和氨基葡聚糖的分布等。这些改变对大脑老化的效应还不得而知，但其后续影响将包括对神经传递的干扰和神经元代谢的妨碍。

微血管系统的老化改变很可能会通过影响电解质继而影响神经元的电化活动。尽管钠离子和钙离子的交换以及钙离子的通透性在人脑前额皮质并没有任何改变，但是对啮齿类动物脑的研究发现三磷酸肌醇受体（钙离子释放通道）以及钙离子参与的后超极化存在年龄有关的变化。腺苷酸环化酶活性、氧化磷酸化作用、线粒体电子传递机制、DNA 代谢等似乎在啮齿类动物中都显示出受损的迹象。诸如此类的变化，如果不是反映了神经元基因组的程序化改变，或许反映了神经元微环境的年龄变化。但是尚不清楚这些来源多样的变化是否严重到足以毁坏涉及突触可塑性的神经元动态功能。

星形胶质细胞在老化过程中所起的作用尚不清楚。星形胶质细胞对神经元微观环境有所贡献，因为它们有助于分离神经元和细胞外（血管通道和细胞外空间）的构件。它们也有助于分离突触结，如小脑小球。它们还可以抢占因神经元凋亡所腾出的空间，隔离病理性结构，例如退行性细胞外神经纤维缠结。星形胶质细胞表达载脂蛋白 E 基因，很可能产生神经营养因子。它们在神经元代谢过程中发挥着重要作用，通过促进营养物质的转运协助神经元对伤害做出可塑性的反应。大鼠中已经发现老化的大脑呈现出星形胶质细胞腔的肥大，但并未伴随着星形胶质细胞数量的增多。但是其促进或抑制老化过程的方式仍不清楚。

人脑老化的神经可塑性

在老化的动物中，轴突再生速度放缓，但是神经元依然保持着突触可塑性的能力。通过替换受损的突触，神经元对创伤和新陈代谢的损害效应作出反应，尽管其再生过程可能变得滞后。只要存在着对丢失连结的准确替换，随着新信息被习得或遗忘，神经元可塑性似乎表现为连续的动态过程，以保障其不断形成或破坏神经环路的能力。尽管如此，异常的轴突蔓生或对突触的错误替代仍会导致有缺陷的神经环路以及对环境不相适应的行为出现。尚不清楚神经元可塑性在多大程度上依赖于神经生长因子（nerve growth factor，NGF）的存在。神经生长因子曾被注射入迈纳特基底核，以提高老年大鼠在空间记忆任务上的作业表现。神经生长因子的表达似乎在老年阶段仍得以维持。

老化的神经病理学

大脑老化还表现为某些特异性神经病理障碍所带来的一系列特征的变化，只是其数量或形态都较少或弱。尽管脑室过大或脑沟扩宽等大体结构上的萎缩变化通常与痴呆等神经退行性疾病联系在一起，但这些特征也多见于表现正常的而非痴呆老年人身上。有些人的磁共振成像显示皮质萎缩伴随着认知受损，其他人则没有认知受损，因而没有令人信服的证据表明皮质萎缩预示着后期进行性痴呆障碍的发展。磁共振成像所显示的室周白质体积大量毁损同样也与神经病变存在关联，许多老年人都有这种改变，尽管毁损的数量和程度都更为薄弱，而且他们也没有认知受损的迹象，后期也不会发展成痴呆疾病（参见“痴呆”）。

常见于老化大脑的微观神经病理变化，包括老年斑、β-淀粉样蛋白（BA）沉积、神经纤维缠结、粒状空泡的缔合退化。海马中往往有更多的上述病变，但是全脑也存在少量的改变。同样地，微观神经病理学改变也伴随着受损的认知或心理病理学改变，但是在其他案例中又没有伴随出现病理性迹象。所以既有的证据还不足以表明，脑毁损代表是退行性痴呆（如阿尔茨海默病）的早期或初始病征。

当神经纤维缠结和老年斑发现于正常的、认知未受损的老年人身上时，则可能预示着病理性老化。这种非正常变化会加剧或强化常规意义上的正常老化进程。这一病理性老化概念可通过最近的一项研究发现加以说明。在这项研究中，痴呆的老年人大脑中存在含有泛素结合蛋白的胞质结构。这些微小的结构称之为路易氏小体，也是帕金森病或非阿尔茨海默病型痴呆的典型特征。在几例较为轻度的痴呆案例中，大脑皮质发现了这种结构，但是并没有发现斑块或缠结。在更为重度的痴呆案例中，除了大量的老年斑和神经纤维缠结外，路易氏小体也更加常见。因而可以假定非正常老化的存在会加剧神经退行性疾病的效应，反之亦然。

老年斑由营养不良型神经突和β-淀粉样蛋白构成。营养不良型神经突包含非正常形态的τ蛋白，它们积聚在一起形成双螺旋细丝，进而又积聚成神经纤维缠结。这些病变偶尔发现于非痴呆老年人的海马区锥状神经元中或神经元细胞之外。认知正常的老年人的大脑皮质中几乎不会发现这种改变。正常形态的τ蛋白并不会积聚成双螺旋细丝，而是附着于微管系统的微管蛋白，因而被加以固定，参与神经元间转运过程。非正常形态的τ蛋白，由于被超磷酸化，无法与微管蛋白结合，因而无法固定于微管系统，进而会破坏转运系统。在老年大鼠中，海马间隔区糖蛋白的轴突转运会变慢，但其潜在机制尚不清楚。现在也还不清楚海马区或其他脑区存在非正常τ蛋白是否在老年人大脑所特有的神经元间转运滞后或者认知功能紊乱过程中扮演重要角色。

另一种异常蛋白βA，发现于老年斑的核心和弥漫性分布的细胞外集合中，已被证明在一些尚未完全确定的条件下对体外细胞具有细胞毒性。由于它发生在老年大脑的细胞外空间，通常与血管密切相关，它可能会干扰离子、递质物质和代谢物通过突触间隙和神经周细胞外空间的运输。淀粉样前体蛋白是异常βA蛋白的来源，淀粉样前体蛋白的过度表达似乎不太可能导致βA在明显正常的老年人中少量积累，或在阿尔茨海默病中大量积累。另外，异常tau蛋白的形成也不太可能是由 tau 蛋白相关基因的过度表达引起的。异常蛋白在明显正常的老年人和阿尔茨海默病患者体内的积累似乎都发生在转译后。

另请参阅：痴呆；老化模型：脊椎动物；神经影像。

拓展阅读

Bondareff W (1985). The neural basis of aging. In: Birren JE and Schaie KW (eds.) *Handbook of the Psychology of Aging*. New York: Van Nostrand Reinhold.

Coffee CE and Cummings JL (eds.) (1954). *Textbook of Geriatric Neuropsychiatry*. Washington, DC: American Psychiatric Press.

Cotman CW (1990). Synaptic plasticity, neurotrophic factors, and transplantation in the aged brain. In: Schneider EL and Rowe JW (eds.) *Handbook of the Biology of Aging*. San Diego, CA: Academic Press.

Finch CE (1993). Neuron atrophy during aging: programmed or sporadic? *Trends in Neurological Science* 16: 104.

Goldman JE, Calingasan NB, and Gibson GE (1994). Aging and the brain. *Current Opinion in Neurology* 7: 287.

Gottfries CG (1990). Neurochemical aspects of aging and diseases with cognitive impairment. *Journal of Neuroscience Research* 27: 541.

译　者：张耀华（鲁东大学）

内分泌功能和功能障碍

F. V. 诺瓦克 俄亥俄大学，雅典，俄亥俄州，美国
A. D. 摩拉迪亚 圣路易斯大学健康科学中心，圣路易斯，密苏里州，美国

词汇表

雄激素类（Androgens）——肾上腺或性腺分泌的增强雄性的性功能和生殖功能的激素。例如睾酮、双氢睾酮、雄烯二酮和脱氢表雄酮。

雌激素类（Estrogens）——性腺分泌的增强雌性的性功能和生殖功能的激素。在雄性和雌性中都有广泛的生理效应。

糖皮质激素类（Glucocorticoids）——肾上腺分泌的激素，如皮质醇，主要影响体内葡萄糖的平衡和细胞介导的免疫。

胰岛素样生长因子-1（Insulin-like growth factor-1，IGF-1）——生长激素作用的主要介质。

盐皮质激素类（Mineralocorticoids）——对血清电解质代谢起主要作用的肾上腺激素。

孕酮（Progesterone）——由肾上腺和卵巢分泌的类固醇激素。

释放激素（Releasing Hormones）——下丘脑释放的激素，可以刺激特定类型的垂体细胞（如 TRH，CRF，GnRH，GHRH；定义见文本）。

甲状腺激素类（Thyroid Hormones）——甲状腺素（T_4）和三碘甲腺原氨酸（T_3）。

促激素（Tropic Hormone）——垂体释放的物质，以刺激各种靶内分泌组织。其包括促甲状腺激素（TSH）、促肾上腺皮质激素（ACTH）、卵泡刺激素（FSH）、黄体生成素（LH）和生长激素（GH）。

引言

随着年龄的增长，细胞代谢和细胞内信号转导发生改变，导致了内分泌功能的广泛变化。内分泌腺老化与解剖和分泌变化相关。激素靶器官内的细胞反应也可能改变，包括受体结合、细胞内信号传导和基因表达回应。激素清除率和转运结合蛋白也可以改变。意识到这些变化对诊断和管理内分泌功能障碍的老人来说是至关重要的。

激素变化与年龄的概述

随着年龄的增长，细胞代谢和细胞内及细胞间信号转导发生改变，导致了广泛的内分泌功能的变化。一些机制在大多数系统中相互影响产生了所观察到的变化。老化与内分泌腺的解剖结构改变有关。此外，随着年龄的增长，激素分泌发生变化，包括昼夜节律的变化或季节性生物节律、脉冲频率或激素分泌幅度的变化，以及平均血清激素水平的绝对改变。随年龄增长而分泌减少的三个主要激素系统分别是性激素（绝经期和男性更年期）、肾上腺类固醇 DHEA 和 DHEA-S（肾上腺机能停滞），以及 GH/IGF-1 轴（生长激素分泌停滞）。

其他变化发生在细胞反应中的靶器官。受体结合和细胞内信号反映与年龄相关的改变表现为膜性质、酶活性和钙动员的改变，包括翻译效率、转录率和 DNA 甲基化在内的基因表达，可能会随着年龄的增长而表现出明显的变化。最后，激素清除率的变化和与转运蛋白的结合有助于观察到整体广泛的变化。

我们所研究的激素变化的模式和机制不尽相同。除了内在的年龄相关的内分泌反应变化、年龄相关疾病、增加使用药物之外，营养状况、身体活动和身体状况的改变也可以导致年龄相关的内分泌功能障碍。

老年内分泌学的一般原则

老年人内分泌功能障碍的准确诊断要求很高的怀疑指数。可能不存在激素缺乏或过量的症状和迹象。当这种体征和症状出现时，共存的营养不良或慢性病常常使他们表述起来很困难。

激素测量和刺激实验也必须对年龄反应进行解释。大约 480 种内分泌功能和功能障碍激素，如黄体生成素（LH）和卵泡刺激素（FSH），有明确的与性别有关的年龄相关变化。其他激素例如促甲状腺激素（TSH）显示出了更多被普遍认为是与年龄有关的微妙和多变的改变。激素刺激实验可能会给予一个钝化或改变的反应。由于血清蛋白和激素结合的改变，测量结合激素可能不太可靠。由于肾脏和肝脏代谢、外周利用甚至是激素调节中的翻译后改变，清除率常受到年龄的影响。

最后，治疗需要根据年龄和共存疾病进行调整。治疗的潜在副作用，如睾酮增加，会影响治疗的风险受益评估和最佳剂量的确定。必要的替代，如同甲状腺激素一样，应该以一个低剂量开始，逐渐增加至全部剂量，在这期间要仔细监测患者的反应和潜在的不良反应。有了这些预防措施，即使是虚弱的老年患者，我们也应当使用一切方法来诊断和治疗内分泌功能障碍，因为这将提高生活质量。广义的老化与代谢的进展性改变是密不可分的，这种内分泌功能的改变是必不可少的。

垂体前叶

年龄相关的垂体功能变化

随着年龄的增长腺垂体和垂体窝会出现

形态学变化。嫌色细胞瘤，尤其是催乳素相关的，会随着年龄的增长而增加发生的可能性。它们可能更难诊断，特别是在女性群体中，伴有高催乳素血症的年轻女性最常见的主诉是月经周期的消失，而这一指标在绝经期后就不存在了。此外，许多老年人使用的药物如抗癫痫药，可以二次增加催乳素水平达到微腺瘤的范围。

老化也与蝶鞍的解剖和影像学改变的发生率有关，包括蝶鞍尺寸的增加和矿物质的脱失。这通常与生化异常无关。

垂体前叶素也随年龄而变化。随着年龄的增长，许多垂体激素表现出分泌模式的改变，包括生长激素、黄体生成素、卵泡刺激素、促肾上腺皮质激素和促甲状腺激素。血浆生长激素、催乳素和褪黑素的昼夜节律变平。

睡眠诱导的生长激素分泌、峰值振幅和24小时血浆水平都会出现下降。垂体GH含量不会随着年龄增长而改变。然而，生长激素释放激素（GHRH）受体减少，垂体对生长激素抑制的敏感性增加。这两个结果都可能导致储存的GH释放减少。

肝脏系统和胰岛素样生长因子-1（IGF-1）蛋白的局部合成也有减少。但是其他因素，如腹内脂肪量的增加和慢性病的存在，比年龄增长有更大的负面影响，还可能加剧其影响。

胰岛素样生长因子结合蛋白-3（IGFBP-3）可以增强IGF-1作用，其数量会下降，而IGFBP-1抑制IGF-1的生物活性，其数量会增加。年龄相关的基础GH分泌减少和GHRH刺激的GH分泌减少已经在雄性恒河猴和大鼠中报道过了。有假说认为随着人类年龄的增长，常见的肌肉流失和骨质疏松是由于GH活动减弱导致的。GH和IGF-1可能在学习和记忆中发挥了重要作用，并在老化的大脑中具有神经保护作用。在老化的啮齿动物中，GH治疗可以部分地防止脑缺血损伤。血浆IGF-1水平升高与老年人更好的认知功能密切相关。IGF-1输注可以改善大龄老鼠的认知功能及GHRH的治疗，进而已经被证明可以改善老年人的认知功能。低IGF-1水平与阿尔茨海默病的高度认知障碍相关。

女性更年期后血清催乳素水平降低，而LH急剧上升。在实验的活体动物中，垂体LH含量和血清LH都会升高。

在人类女性中，更年期后LH水平升高有一部分是由于性腺对类固醇的反馈降低了。然而，LH对促性激素释放激素（GnRH）的反应实际上是降低的。垂体对性腺类固醇负反馈的敏感性可能会下降，对绝经后雌激素常规替代治疗的女性，其促性腺激素水平不能恢复到绝经前水平。

在男性中，循环催乳素水平不变或略有增加，尽管储存的LH增加而LH释放反而减少。这种现象的部分原因可能是促性腺激素分泌细胞对睾酮和双氢睾酮的敏感性增加，这已经在健康的老年男性和老年老鼠中被发现。

催乳素释放中的性别特异性变化可能是继发于雌激素水平的变化。雌激素随着女性年龄增长而减少，男性则随着年龄增长而增多。

老化也与 LH 波动性分泌的巨大变化有关。年龄相关的 LH 脉冲频率的减少可以在人类男性和雄性大鼠中观察到。人类的脉冲幅度不变，但大鼠减少。卵巢切除的老年老鼠的垂体 LH 水平显著低于卵巢切除的幼年老鼠的 LH 水平。LH 的 β-mRNA 也是降低的。

随着年龄的增长，雄性和雌性体内储存和分泌的 FSH 水平均会升高。老年大鼠在发情期前的 FSH 分泌幅度要比年轻大鼠的幅度低 50%。

垂体的 TSH 水平不随年龄增长而变化，循环 TSH 正常或轻微升高。TSH 分泌的日节律也不变。老年人垂体 TSH 对促甲状腺激素释放激素（TRH）的敏感性和甲状腺激素浓度的变化的敏感性降低。垂体甲状腺激素敏感性与年龄有关变化，以及 TSH 肾脏清除率的减少，可能导致了循环 TSH 的升高。

GH、LH 和 TSH 的年龄相关变化可能是继发于中枢神经系统（CNS）的神经递质和神经调节剂的变化，包括影响垂体激素分泌的去甲肾上腺素、5-羟色胺、多巴胺、b-内啡肽和脑啡肽。

随着年龄的增长，垂体促肾上腺皮质激素（ACTH）含量可能略有增加，但基础 ACTH 分泌不变。然而，垂体对糖皮质激素的反应随着年龄增长显示出负反馈效应变钝。

垂体动态测试

虽然很少使用，但偶尔有些指标适用于老年人动态垂体测试。应该意识到反应性的年龄相关的变化，这些变化总结在表 1 中。

ACTH 对促肾上腺皮质激素释放因子（CRF）或交替刺激的反应不会随年龄而变化。TSH、催乳素、GH、LH 和 FSH 在相当大比例的个体动态测试中均显示对刺激的反应减弱。

表 1　垂体前叶激素的年龄相关变化

激素的反应	变化
ACTH 对 CRF 的反应	N
ACTH 对胰岛素诱发的低血糖反应	N
ACTH 对静脉注射美托洛酮的反应	N
女性 TSH 对 TRH 的反应	N
男性 TSH 对 TRH 的反应	↓
催乳素对 TRH 的反应	↓
GH 对 GHRH 的反应	N 或↓
GH 对胰岛素诱导的高血糖症的反应	↓
GH 对精氨酸注射液的反应	N
GH 对左旋多巴的反应	↓
LH 和 FSH 对 GnRH 的反应	↓

注：ACTH，促肾上腺皮质激素；CRF，促肾上腺皮质激素释放因子；TSH，促甲状腺激素；TRH，促甲状腺激素释放激素；GH，生长激素；LH，黄体生成素；FSH，卵泡刺激素；GnRH，促性腺激素释放激素。N，没有变化；↓，减少。

生长激素替代

健康老人的外源性 GH 治疗的系统性益处仍然不清楚并且存有争议。研究未能证明老年人 GH 替代治疗的明显的合成代谢作用，可能是因为 GH 替代不能完全纠正结合蛋白的变化。有研究报道骨矿物质密度和肌肉的质量有所改善。肌少症会增大跌倒的可能性，减小骨矿物质密度，减少伤口愈合，并且降低维持体温的能力。机械生长因子（MGF）是 IGF-1 的肌肉特异性剪接变体，它可以激活肌肉干细胞增殖，这是肌肉再生所必需的。用外源 GH 治疗加阻力训练已经显示出老年肌肉中的 MGF 会上调。对肌肉力量和生活质量的影响尚未明确记载。此外值得关注的是很高的正常血清 IGF-1 可能与乳腺癌和前列腺癌罹患风险的增加有关。额外的副作用包括腕管综合征、液体潴留和葡萄糖耐量降低。GH 的内源性过度产生导致了小鼠和人类寿命的下降，而 GH 缺陷或抵抗的小鼠则表现出对氧化应激的高水平的抵抗性，同时得到了延长寿命。具有 A+ IGF-1 受体基因多态性的个体倾向于具有较低的游离 IGF-1 水平，这些人在长寿人群中的代表性过高。因此，长期以来，长期进行 GH 治疗将发挥抗衰老或促衰老作用。

GH 的短期治疗可能对急性疾病、损伤或手术中身体虚弱的老年人具有治疗作用。几项研究显示 GH 的短期治疗有助于体重增加加快，肌肉力量和耐力增加，并改善营养不良或长期制动的老年患者手术后的恢复状况。

年龄相关的甲状腺功能和功能障碍

甲状腺结构

随着年龄增长甲状腺结节发病率增加。据估计，70 岁以上女性中有甲状腺结节的高达 90%，这也可能发生广泛的变化，包括纤维化的增加，扁平卵泡上皮细胞和胶体增多，以及淋巴细胞增多和浆细胞浸润增多。在低碘摄入量的地理区域，甲状腺肿的发病率随着年龄的增长而显著增加，高达 50% 的人口可能受到影响。

甲状腺激素的产生、分布与消耗

随着年龄的增长，机体对甲状腺激素的代谢反应将会发生变化。总的来说，机体基础代谢率（BMR）对 T_3 刺激的反应有所减少，同时对热量摄入校正的脂质过氧化反应也会减少。

对正常的老年人，特别是在晚上，其 TSH 分泌脉冲表现出减小的幅度，而脉冲频率不变。TSH 生物活性也随着年龄的增长而降低，在糖化作用中也可能反映出与年龄有关的变化。在老化的雄性费歇尔（Fischer）344 大鼠中，免疫反应性血清 TSH 显示无变化，但垂体 TSH-b 亚基 mRNA 水平和 TSH 含量随年龄增长而降低。

在一些老年男性群体中，TSH 对 TRH 的反应有所减少，在其他老年男性群体和老年女性群体中则正常。这显然是老年人中甲状腺激素对 TSH 的抑制率增加而产生的平衡效应。在老年人中，地塞米松抑制的 TSH 对 TRH 反应的能力钝化，也表示甲状腺素对糖皮质激素抵抗性更强。这一现象十分有趣，因为血清糖皮质激素水平升高受到多种刺激的影响，这在老年人年龄相关的下丘脑—垂体—肾上腺轴变化中报道过。

随着年龄的增长，甲状腺对 TSH 的反应性没有改变。血清 T_3 对 TRH 诱导的内源性 TSH 分泌的反应在年轻人和老年人中是相似的。然而，与 3~4 月龄大鼠相比，在 24~26 个月大的大鼠的甲状腺细胞膜上的对 TSH 有高亲和力的结合位点数量会降低。这反映在老鼠甲状腺细胞膜中 TSH 刺激的腺苷酸环化酶活性的降低。

在大鼠中，在 TSH 对 TRH 的反应性和 TSH 反应性对 T_3 的抑制中都观察到年龄相关性的减少。T_4 随年龄增长下降，但这种下降可能通过终身热量限制来预防。

人类受试者的几项大型研究表明，无论男性还是女性，老龄化时血清总 T_4 和游离 T_4 水平无变化。同样，随着年龄的增长，在 T_3 或 rT_3 中也没有观察到变化。在以前研究中，老年人 T_3 和 rT_3 的变化被认为或许是对并发疾病的一种反应。营养状况也可能会影响这些水平。低热量和碳水化合物摄入量与 rT_3 的升高相关。

甲状腺激素的代谢清除随年龄增长而下降。T_4 的血清半衰期在三十几岁时平均持续时间为 6.7 天，到七十几岁时则增加到了平均 9.1 天。T_4 和 T_3 的脱碘减少。连续的单一碘化也被减少。肝脏 5-脱碘酶活性下降的部分原因可能是硫基辅因子的可用性降低，这一因子随着人类老化而减少。在老年大鼠中，甲状腺激素转运入大脑和肝组织的量会减少。T_3 跨膜转运量明显降低，而核摄取率保持不变。

甲状腺激素作用涉及特异性 DNA 启动子和增强子区域的结合，或增加了特定基因的表达。编码的基因产物包括酶、转运蛋白、激素和结构蛋白。

T_3 对苹果酸酶的刺激在老化老鼠中减少。苹果酸酶 mRNA 也减少，表明转录速率或 mRNA 稳定性降低。甲状腺激素刺激的另一种酶是 Na^+/K^+-ATP 酶。随年龄的增长，这个酶在肾皮质和肝中的活性降低。该酶可能与甲状腺激素的热量作用有部分关系；该酶的减少可能与老年人甲状腺激素诱导的产热减少有关。

心脏的舒张会随着年龄的增长而减慢。Ca^{2+}-ATPase 活性和肌浆 Ca^{2+}-ATPase 基因表达在老年大鼠中降低，T_3 的刺激效果也减少了。这些变化可能与年龄相关的松弛放缓有关。老化和甲状腺激素也影响 α-和 β-肌球蛋白重链（BMHC）的基因表达，两个基因在新生儿中都是高度表达。α-肌球蛋白重链随着年龄的增长而不断下降，同时受到 T_3 的刺激。年龄对这种 T_3 反应的影响是未知的。BMHC 也在出生后下降，但在年老时将再次升高。T_3 对该基因的作用是通过与编码该同种型的基因中的负反应元件结合来降低表达的。随着老化，T_3 抑制 BMHC 的能力丧失。老鼠通过肝脏 S_{14} 基因编码小核蛋白质（M r = 17 010）来调节脂肪的生成。S_{14} 基因表达随年龄增长而增加。T_3 可以诱导 S_{14} 基因表达，这个反应在老年动物中是钝化的。

甲状腺功能障碍：临床方面

尽管血浆甲状腺激素水平可以忽略不计，甲状腺功能亢进的许多临床特征通常是在老年人中发现的。这些症状可能反映 T_3 细胞内摄取减少，以及随着年龄增长基因激活/失活的改变。

老年人中不明原因（亚临床）甲状腺功能减退的发生率为 3%~4%。原发性甲状腺功能衰竭通常继发于慢性自身免疫性甲状腺炎，估计占年龄在 60 岁以上老人发生流行性感冒的 4.4%。

抗甲状腺球蛋白和抗过氧化物酶抗体的流行率随着年龄的增长而增加，然后到 70 岁以后开始下降，因此 100 岁以上的患病率与 50 岁以下的相当。在一项大型研究中，80%的具有高度抗过氧化物酶抗体的老年患者，在 4 年的随访期间，滴度显示发生临床甲状腺功能减退。相比之下，甲状腺球蛋白抗体滴度增高似乎没有预示着增加甲状腺功能减退的风险。

由于缺乏典型临床症状，老年人甲状腺功能亢进更难诊断。甲状腺功能亢进的症状，特别是继发于肾上腺功能增加的症状，在老年人中经常变得不那么明显。老年甲状腺功能亢进患者肾上腺素能高反应性症状的减少，可能是与 β-肾上腺素能受体的年龄有关的脱敏作用的结果。不论甲状腺状态如何，老年受试者的心率反应减少。低血清 TSH 在老年患者中较常见，然而血清 T_4 浓度则正常。在一个大型研究中，50 例老年低 TSH 患者在随访 4 年内有 6 人发展为甲状腺功能亢进。

甲状腺功能亢进对老年人的影响可能完全不一样。继发于甲状腺功能亢进的体重减轻在年轻人和老年人中都会出现。然而，发病途径可能不同。多达 36%的老人甲亢患者经历过厌食症状。使用配对喂养的大鼠进行试验时，与同样的年轻大鼠相比，老年甲亢大鼠的体重减轻与食物摄入减少有直接关系。

较高的怀疑指数，适当的实验室测试，以及在需要时谨慎的甲状腺激素替代，这些都为老年甲状腺病患者的护理提供了很大的方便。

肾上腺功能和与年龄相关的疾病

肾上腺皮质结构

随着年龄的增长，人类肾上腺皮质发生结构变化。腺体质量随年龄增长轻微下降，皮质发生退行性变化，包括增加的纤维化、脂肪沉积的积累、上皮细胞缺失、线粒体碎裂、血管扩张与出血。在网状细胞中观察到细胞的消耗。尸检时发现肾上腺腺瘤的发病率有所增加。高达 50%的老年受试者肾上腺显示存在小皮质结节。

肾上腺生理学

作为年龄的函数，大鼠或人类的下丘脑 CRF 含量不变。但是大鼠中基线和刺激性的门静脉 CRF 水平升高。这个增加可能反映出来我们观察到 CRF 亚群中随年龄增长的含有精氨酸加压素（AVP）的神经元是被选择性地激活的。

糖皮质激素类 下丘脑—垂体—肾上腺

(HPA)轴的老化具有高度的物种依赖性。在老化的狗中，ACTH和皮质醇水平显示对CRF或压力的反应性高。老化的老鼠分泌ACTH和皮质酮的能力对CRF或压力的反应减少，但这两种激素的基线水平升高。在雄性费歇尔344大鼠中，垂体的脉搏幅度ACTH分泌减少。尽管配体亲和力没有改变，但是垂体CRF受体浓度显著降低。

在人类中，垂体ACTH对外源CRF或静脉注射美托洛酮的反应不发生改变。然而，几个研究发现垂体ACTH对皮质醇负反馈的敏感性会降低。地塞米松抑制ACTH具有较高的假阳性率，这种情况进一步加剧了痴呆并发阿尔茨海默病的概率。运动耐力训练也改变了地塞米松对CRF反应的皮质醇和ACTH分泌的抑制作用，使其效果较差。

此外，对正常ACTH水平的CRF增加的皮质醇反应表明减少负反馈，有或没有增加ACTH对皮质醇分泌的肾上腺刺激。改变CNS对HPA轴的反馈，如创伤、毒扁豆碱或纳洛酮，往往会在较年长受试者中表现出更大的皮质醇反应。较年长的受试者在手术后显示CRF或ACTH刺激基线皮质醇水平的恢复会出现延迟。

边缘系统调节HPA轴。在大鼠中，老化与CA3海马区皮质酮结合神经元和糖皮质激素受体（GR）mRNA的选择性丧失有关。随着年龄的增长，海马区对ACTH释放的抑制也是衰减的。

海马神经元具有盐皮质激素受体（MRs）和GRs。MRs和GRs可能有协同作用，但是对海马神经元的兴奋性有拮抗作用。在大鼠和狗中，边缘系统MR结合能力随着老化显著降低，而GRs不变，改变稳态平衡并导致HPA在衰老过程中反应性过度。

糖皮质激素靶组织也显示年龄相关的改变。尽管受体数目没有变化，但老年大鼠肝细胞溶质类固醇受体对地塞米松和皮质酮的亲和力明显降低。刺激皮质类固醇诱导的酪氨酸氨基转移酶随着年龄的增长而减少。受损的糖皮质激素受体激活可能是减少的原因。

HPA轴的变化也可能导致免疫功能的改变，伴随着年龄增长减弱对肿瘤的监测。自然杀伤细胞活性在基线和大鼠CRF反应中都显示年龄相关的减量。

肾上腺可能会直接调控年龄相关的压力容受性的减少。大鼠肾上腺皮质中的热休克蛋白70（hsp70）的限制性表达在大鼠的整个寿命期间下降。下咽切除术取代hsp70反应，ACTH替代恢复，表明hsp70在生理应激反应中的作用。

有证据表明，由于库欣综合征或外源性糖皮质激素治疗而皮质醇水平升高的人群通常会显示出与衰老相关的许多认知和身体损伤。肾上腺类固醇受体的年龄相关损失已被假设为由于长期暴露于糖皮质激素之下。外源性糖皮质激素或慢性应激的治疗加速了海马病理学，而肾上腺切除术减少了它。记忆缺陷、动脉粥样硬化、肌肉无力、骨质疏松症、免疫功能障碍和脑萎缩均与过量水平的糖皮质激素相关。暴露于慢性应激与其相关的ACTH和皮质醇升高可能具有相似的后果，并且压力和衰老可以协同作用相互加剧。

老年人肾上腺疾病并不常见。三种最常见的是肾上腺肿块、糖皮质激素过量和肾上腺功能不全。如在年轻患者中，功能性肾上腺肿块很可能是嗜铬细胞瘤或醛固酮症，可以通过腹部显像和尿液测量儿茶酚胺及其代谢物进行评估，此外还应测量血清钾。大多数肿瘤无功能。如果患者能够耐受手术，那些功能亢进的和那些大于 4 cm 或快速增大的肿瘤应该被切除。

为了评估皮质醇过量，应测量 24 小时尿游离皮质醇。如果 ACTH 也升高，分泌异位 ACTH 的肿瘤是该年龄组中最可能的原因。

急性肾上腺功能不全是罕见的，它通常发生在严重急性疾病的情况下。老年人更容易感染，特别是在急性心肌梗死、败血症或抗凝治疗方面。肾上腺转移性病变或结核病也可引起肾上腺功能不全。ACTH 负性刺激试验将证实诊断，但如果患者处于急性肾上腺皮质瘫痪状态，则应予以推迟。皮质醇的清除率降低可能导致老年人氢化可的松或可的松的替代剂量需求下降。

肾上腺雄激素　脱氢表雄酮（DHEA）和 DHEA 硫酸盐（DHEA-S）的血浆水平，以及人类肾上腺素产生的主要 C19 类固醇，在 60 岁以上男性和女性中均降至最低值的 20%以下。这可能反映了随着老化观察到的网状结节的大小减少，刺激 DHEA 合成的辅助蛋白细胞色素 b_5 的伴随减少。

绝经后女性与年轻的单身女性相比，DHEA/17-羟孕烯醇酮和雄烯二酮/17-羟孕酮的产量和前体比例降低，这表明 17，20-脱氨酶会随着年龄增长而减少。雄烯二酮降低可能是由于绝经后卵巢分泌减少。在奶牛中，p450 c17 mRNA 和 ACTH 诱导随着老化而减少。在人类男性中，DHEA 分泌在 20~96 岁随着年龄增长而逐渐下降。年龄较大男性血清水平为年轻男性的 5%~30%。男性和女性肾上腺激素分泌的年龄相关性降低反映在尿中 17-酮甾醇分泌的减少。

在啮齿动物中，DHEA 具有抗高胆固醇血症、抗动脉粥样硬化和抗高血糖作用。在人类中，肾上腺雄激素产生的年龄相关性降低可能导致了免疫功能的降低、骨质疏松症和动脉粥样硬化。认知能力和骨密度也可能受到影响。如前所述，与 DHEA 和 DHEA-S 中的下降相反，皮质醇的生产随着年龄的增长而保持相当稳定。这可能进一步导致降低免疫功能和增加对感染的易感性，因为 DHEA 对免疫功能具有刺激作用，而皮质醇具有一些抑制作用，特别是在非常高的水平，如与创伤或严重疾病相关的抑制作用。

前瞻性观察数据表明，低 DHEA 和 DHEA-S 可以预测缺血性心脏病。然而，随机，安慰剂对照临床试验在 60 岁以上，超过 50~100 mg/d 的 DHEA 治疗的个体对情绪，生存质量，认知和性功能，骨量，身体成分，血管危险因素，免疫功能或皮肤有显著的好处。这些试验的主要限制是短暂的持续时间（最长 1 年）和低数量研究参与者（最多 280 人）。

老年人的 DHEA 替代方案一般不推荐。然而，肾上腺功能不全的受试者可能受益于

DHEA 替代疗法。在一项研究中，肾上腺功能不全的女性 DHEA 替代治疗可以减少抑郁症和焦虑症状，改善警觉性、情绪和性功能。DHEA 替代治疗不能改变体质指数（BMI），腰臀比，脂肪量，瘦体重，基础代谢率（BMR），运动能力，胰岛素或葡萄糖。

盐皮质激素类 醛固酮分泌随年龄的增长而下降，最有可能继发于减少血浆肾素活性（PRA）降低约 50%时。醛固酮分泌的降低在基线和盐限制或静置后或对 ACTH 的反应中都是明显的。醛固酮清除率也随年龄增长而下降约 20%。这可能部分抵消了基线分泌的减少。然而，老年人更容易发生直立性低血压和脱水。这至少部分归因于减少的盐皮质激素稳态反应。其他贡献机制将在后面的水平衡部分讨论。

肾上腺髓质

在大鼠中，随着年龄的增长，肾上腺髓质逐渐肥大、增生。大鼠静息状态下肾上腺素和去甲肾上腺素（NE）在静息条件下的分泌速率在 100 天和 800~900 天增加了 2~4 倍。老化也增加老年大鼠血浆儿茶酚胺对压力的反应。在 24 个月龄对照 3 个月龄的费歇尔 344 动物中血清 NE 基线升高，肾上腺素水平并不升高。CRF 刺激的儿茶酚胺也升高。

此外，与年轻大鼠相比，年老大鼠中酪氨酸羟化酶（TH）活性和 TH-mRNA 升高。运动调节降低年轻大鼠的 TH 活性和 mRNA，但是年老大鼠则不会降低，这表明了交感神经肾的可塑性会随着年龄的增长而减弱。

在人类中，血浆 NE 可能随着一般人群年龄的增长而增加。伴随着血小板 α2-肾上腺素能受体和心脏 β-肾上腺素能传递的减少，这意味着在存在 NE 升高的情况下随着年龄而下降。多巴胺水平保持不变。其他发现表明，25~65 岁的非吸烟者的 NE 水平不会增加。然而，与健康的 24~28 岁人群相比，80~89 岁健康老人的肾上腺素和 NE 水平均有升高。60~80 岁人群的儿茶酚胺排泄量已显示出降低。吸烟显著升高儿茶酚胺水平及排泄。

与年轻人相比，老年人对直立姿势、倾斜台试验、胰岛素耐量试验、冷压试验或葡萄糖摄入的 NE 反应增加，而在健康人中 75%的最大负荷下，肾上腺素和 NE 对运动的反应降低。

生殖系统

男性生殖系统

在男性中，生殖系统衰老发生在性腺和中枢神经系统上。睾丸功能的主要变化包括精子产生和睾酮（T）分泌减少。睾丸间质细胞的功能随着年龄的增长而发生损害，伴随着睾酮合成的底物孕烯醇酮的产生减少。血浆总睾酮水平在 7% 的 40~60 岁男性、20%的 60~80 岁男性、35%的 80 岁以上的男性中低于正常水平，正常水平为 250 ng/dL。性激素结合球蛋白（SHBG）增加，减少了其生物利用和自由睾酮。睾丸的解剖变化包括生精小管的基底膜增厚和生殖上皮细化，增加了管周的纤维化和生殖细胞的停滞。支持细胞的数量减少，并且基础和诱导的抑制素 B 水平早在第五个十年下降。每日精子产量有所下降。尽管精子发生的正常区域通常保留至生命的晚期，但有证据表明人类精子中性染色体非整倍体的年龄相关性增加。染色体断裂和点突变随着人类雄性生殖细胞的年龄呈指数增长，并且在 45 岁总染色体结构异常增加了 4 倍。降低的睾酮水平导致 DN 拓扑异构酶 II α 的活性随着年龄增加而降低，可能会增加染色体不分离或断裂的频率。

血清睾酮的降低可能继发垂体的主要睾丸衰竭和 LH 分泌减少。与年轻男性相比，健康老年人的 LH 波动频率可能会下降。在雄性老年大鼠的垂体前叶中，GnRH 受体显示降低，再加上垂体钙第二信使动员的年龄相关性降低可能导致 LH 降低，因此，健康老年男性和雄性老年大鼠中 T 或双氢睾酮的促性腺激素抑制活性增加。

相比之下，FSH 升高，反映了睾丸功能的下降，包括睾丸支持细胞的精子产生和抑制素分泌下降。氯米芬枸橼酸盐刺激老年男性的促性腺激素水平，但老年男性的 LH 和 FSH 均下降。老年男性总体 T、生物可利用的 T 和 17β-雌二醇（E_2）的上升较小，表明睾丸反应明显减少。循环激活素随年龄增长而增加，但其对生殖的影响尚不清楚。

随着年龄的增长，类固醇代谢发生复杂变化。T 和双氢睾酮的代谢清除率降低，减少到 5β-代谢物的 T 增加。T 转化为 E_2 也有增加。此外，E_2 清除也减少，导致老年男性 E_2/T 比例上升。

年龄相关的变化也发生在性类固醇的组织摄取中。下丘脑、垂体、睾丸、腹侧和前列腺中的雄激素受体浓度随着年龄的增长而降低；脑和前列腺中的受体亲和力也降低。肝雄激素受体的表达降低，导致 $\alpha 2\mu$ 球蛋白 mRNA 的降低，这是肝脏中雄激素作用的生物标志物。

男性衰老与脂肪增加、胰岛素抵抗、跌倒和骨折、肌肉数量和强度、身体表现和活动、骨矿物质密度（BMD）、性欲降低及贫血有关。不建议所有老年人接受雄激素治疗。然而，雄激素缺乏症的临床特征可能会有所变化。这些包括嗜睡、疲劳、性欲降低、情绪低落、疲倦、肌肉和骨量减少、内脏脂肪增加、阳痿和认知障碍及睾酮总计小于 200 ng/dL。睾丸激素治疗可以增加髋关节和腰椎骨密度。T 是否增加心血管风险是有争议的，因为流行病学协会认为低浓度而不是高 T 浓度与心血管疾病死亡率有关，而 T 实际上可能降低 LDL。

女性生殖系统

与男性更年期的逐渐发病相反，女性更年期更为戏剧性。然而，停经是卵巢和下丘脑—垂体功能缓慢进行性变化的结果。FSH 的抑制素抑制功能的丧失会导致月经周期缩短和一些生育晚期的激素失调。循环激活素随年龄增长而增加，但其对生殖的影响尚不清楚。美国绝经年龄中位数目前为 51 岁。但即使在更年期之前，生育率随着年龄的增长而下降。30~34岁人群的受胎率仅为20~24岁人群受胎率的73%，即在12个月无保护性交后，30~34岁人群的妊娠率为63%，20~24岁人群为86%。到40岁时，受胎率只有50%。胚胎存活也有显著的年龄依赖的降低，与卵巢年龄有关。

哺乳动物卵巢中的卵母细胞数随着年龄的增长而下降。在人类卵巢中，绝经期间仍然存在少量卵泡。然而，对小鼠的研究表明，分裂的生殖细胞存在于成年卵巢中，挑战了长期以来的概念，即卵巢衰老是不可避免的。硬化变化发生在老化卵巢的髓质部分。与低促性腺激素水平相关的下咽切除术或食物限制延长了动物的生殖潜力。

从绝经前2~5年开始，垂体促性腺激素的卵巢反应逐渐减少。E_2和孕酮的卵巢分泌逐渐降低，雌激素抑制促性腺激素。循环性卵巢功能的最终停止导致绝经后雌激素明显降低。LH和FSH水平显著升高。此外，老年雌性小鼠对GnRH激动剂的垂体中LH释放显著降低，在雌性老年大鼠中，FSH波动的幅度为年龄较小的大鼠的50%。

卵泡数量的减少导致抑制素水平的降低。循环激活素也随着年龄增长而增加。抑制素/激活素调节的变化可能扰乱成骨细胞和破骨细胞发育，并从再吸收中脱离骨形成。即使在抑制素-B下降但血清E_2保守的早期绝经期转移之前，这也可能增加骨转换。

雌激素下降的影响包括生殖道萎缩、自主神经血管紧张受损和骨密度的丧失。E2是GH分泌的主要调节剂。在绝经后女性中，IGF-1下降，IGF-1/IGFBP-3比例下降，降低IGF-1的生物可利用水平。

子宫改变发生继发于改变的卵巢激素，以及子宫对下丘脑、垂体和卵巢激素的反应性改变，并可能导致随年龄增长的繁殖力下降。老年啮齿动物子宫中雌激素受体数量和雌激素受体核结合均降低。孕激素受体不变。

与卵巢雌激素分泌明显下降相反，卵巢肾上腺激素分泌和外周类固醇转化继续。结果，正常的绝经前雌激素与雄激素和雌酮与雌二醇的比例相反。

在生殖老化的大鼠模型中，随着年龄增长的GnRH产生细胞的数量不发生变化，分离的下丘脑不会改变GnRH的分泌。然而，体内GnRH分泌可能降低。负责这种分泌变化的基本生物化学现象可能发生在产生GnRH的神经元内并且响应于改变的细胞之间相互作用。基因表达的几个变化发生在GnRH神经元内。在老年动物的这些细胞中，表达甘露聚糖，一种共定位于GnRH神经元亚群的脑肠肽的表达显著降低。表达与雌激素—孕酮水平相关，意味着这两种激素的相对浓度调节GnRH神经元生理学的变化。

在中枢神经系统中，c-fos作为激活许多基因（包括GnRH）的转录因子，在中年雌性大鼠中，与年幼动物相比，在发情期间，该基因在下丘脑中的表达显著降低。来自较高CNS神经内分泌反应中心的输入可能间接地对完整动物年龄变化的GnRH反应负责。多巴胺能和胆碱能神经元的广泛变化随着衰老而发生，包括诸如杏仁核和海马的区域，其涉及更高 CNS 来调节生殖和性功能。

卵巢上皮细胞增生，如乳头状外生殖器增生，在绝经后的卵巢中更为常见。绝经后女性多达三分之一有间质性增生。在这些患者的一小部分中，过量的雄激素生成导致病毒化。卵巢癌症最常见于 60 岁左右，尚可分泌雌激素或雄激素。雌激素化可能与子宫内膜癌有关。卵巢的脂质细胞肿瘤通常也发生在老年女性中。这些肿瘤的雄烯二酮分泌容易引起病毒的感染。

雌激素治疗

年龄相关的卵巢功能下降导致性激素循环水平降低，包括 E_2 和孕激素。相关体征和症状包括不规则的月经周期，最终的周期性流失，血管运动不稳定，头发、皮肤和黏膜变化，认知和情感变化，骨矿物减少，泌尿生殖系统功能障碍，性欲和性功能变化，睡眠障碍和头痛。绝经后，女性也表现出体重增加，葡萄糖耐量降低，心血管疾病的发病率增加（包括高血压、脑和心肌缺血）等症状。

美国的现代激素治疗可追溯到 1929 年。据估计，1970—2002 年，大约三分之一需要使用激素治疗的女性最终会选择使用激素治疗。标准激素治疗包括日剂量的雌激素、孕激素添加到孕妇的子宫，以防止由非对应的雌激素引起的子宫内膜异位增生。激素治疗的途径及化学形式和剂量有很多选择。这些应根据所需的治疗效果和潜在的危险因素进行个性化定制。绝经后女性使用雌激素和孕激素后相关的乳腺癌风险增加和发生不良心血管事件的报道令人怀疑性激素治疗的风险—益处评估。这个问题是非常有争议的。

在绝经期，女性心血管疾病、骨质疏松症和葡萄糖不耐受的风险显著上升。雌激素治疗已经显示出改善情绪、认知、睡眠、血管舒缩稳定性和骨密度等特征。虽然长期的雌激素暴露似乎增加了检测到的乳腺癌的数量，但是该疾病的总体死亡风险没有增加。

雌激素也可能对阿尔茨海默病（AD）的发展具有保护作用。女性使用雌激素相对于不使用的女性而言，在一项针对 472 名 16 岁以上女性的大型研究发现，AD 的相对发生率为 0.46。另一项研究表明，女性的性别特异性增加 AD 的发生在 10 年的雌激素治疗后消失。早期探寻 AD 的进展，包括脑代谢成像研究和血清淀粉样蛋白肽的测量可能更有助于识别受益于雌激素治疗的患者。然而，一旦发展成痴呆，雌激素可能没有作用或甚至可能加速痴呆症发生。

绝经后女性激素治疗的 20 多项观察性研究也报道冠状动脉疾病发病率降低 30%~50%。雌激素降低 LDL 胆固醇的氧化和冠状动脉疾病的血管造影。然而，包括“心脏和雌激素/孕激素替代研究”（HERS）和“女性健康倡议”（WHI）在内的几项随机试验未能显示心脏保护作用。随机试验与早期研究的比较揭示了患者特征的显著差异。研究中观察组的患者更年轻、更健康，平均体重较轻，她们也经历了绝经期症状。

激素治疗的时机似乎是一个重要因素，

因为接近卵巢功能丧失的时期，女性和非人类灵长类动物的治疗都显示心血管事件减少，而具有确定的心血管疾病的老年女性血管并发症的增加较少。这一说法得到进一步的支持，即WHI试验中对年轻患者血管舒缩不稳定性的分析并不表现出血管并发症的增加。清楚地证明雌激素潜在的心脏保护作用可能取决于治疗干预的时间（围绝经期与长期的激素缺乏）以及合并症的排除，包括吸烟和肥胖。需要进一步考虑治疗的发展，保留治疗的好处并降低治疗风险。

女性雄激素缺乏综合征（FADS）

女性性功能障碍患病率达43%，年龄是重要的相关因素。女性性功能障碍的潜在病因是复杂的。然而，激素变化如雌激素和雄激素的缺乏加重了老年女性遭受的一些性障碍。

在女性中，由卵巢直接产生的睾酮占循环T的一半，而另一半是通过肾上腺前体的外周转化而产生的。卵巢和肾上腺两者均有助于循环雄烯二酮，而90%的脱氢表雄酮是由肾上腺产生的。绝经前女性的卵巢切除术将T和雄烯二酮水平降低50%，而在绝经期，T变化最小，而雄烯二酮降低50%。具有中枢性肾上腺功能减退和继发于垂体功能减退症的女性中，总共的T、游离T和雄烯二酮比单独使用低肾上腺素或性腺机能减退症的受试者低。

女性雄激素缺乏症（FAD）被诊断为有临床症状，生物可利用T降低，有正常雌激素状态。FAD发生的潜在原因包括卵巢、肾上腺或下丘脑—垂体单位或药物相关或特发性原因的疾病。

目前人们正在研究FAD的最佳治疗方法。DHEA的介入试验在某些人群（如肾上腺皮质功能不全者）中表现出有限的作用。T替代疗法已被用于少量双盲随机试验。接受治疗的患者已经发现性欲、血管舒缩症状和情绪得到改善。然而，痤疮、多毛症、声音变粗及可能增加心血管或乳腺癌风险的潜在副作用令人担忧。

雌激素和雄激素与性活动之间的确切相互作用尚不清楚，特异性血清激素水平与性活动之间的相关性并不总是一致的。FAD中雌激素或T治疗的对照试验显示，自然绝经或外科手术后绝经的女性的性功能有所改善。然而，激素治疗的长期安全性、最佳类型、剂量和治疗途径目前尚未建立。

钙和骨代谢

年龄相关的生理学变化

甲状旁腺中最常见的与年龄有关的组织学变化是对氧磷酶细胞数量增加，对氧磷酶细胞结节发病率增加。在年轻人中，骨吸收和形成是平衡的，使得骨量保持恒定。这种平衡被性腺衰竭和衰老打破，导致骨吸收、骨丢失和骨质疏松症相对增加。

非遗传性年龄相关的老化骨丢失原因是多重的。这些原因包括性激素的产生降低、维生素D的激活降低及甲状旁腺激素（PTH）分泌增加，钙和蛋白质的肠吸收减少，成骨细胞活性降低，体力活动减少。

PTH 分泌增加而不改变清除率，导致老年大鼠和年龄大于 65 岁的人群血清 PTH 升高。这是减少 1,25-二羟维生素 D 产生和减少肠钙吸收的反应的补偿性变化。高达 90%的接受长期照护的老年患者 1,25-二羟维生素 D 的血清水平偏低，许多患者的血清 PTH 水平升高。然而，健康的老年受试者可能具有正常血清水平的 25-羟维生素 D 和 1,25-二羟维生素 D。在男性和女性中，1,25-二羟维生素 D 作为维生素 D 最活跃的形式，据报道，其血清水平降低或保持不变。45 岁以后，女性的骨水平下降，1,25-二羟维生素 D 的合成随年龄增长而减少。肾中的 1α-羟化酶减少，导致 25-羟基胆钙化醇转化为 1,25-二羟基胆钙化甾醇的转化率降低。这可能与肾脏 1a 羟化酶对 PTH 的反应性降低有关。

血清骨钙素是成骨细胞活性的标志物，在 PTH 增加的情况下，老年人可能保持正常或减少。这表明成骨细胞对 PTH 的对抗性导致骨形成和周转减少。

与年轻女性相比，老年女性对乙二胺四乙酸诱导的低钙血症具有最大的 PTH 反应性。它们还具有更大的不可抑制的 PTH 分泌成分，而没有设定点的变化。用 1,25-二羟维生素 D 治疗可逆转异常 PTH 分泌动力学。雌激素治疗也会降低老年女性的血浆 PTH 水平。

年龄相关的肾功能损害可能会由于 PTH 代谢物的清除率降低而导致 PTH 免疫测定水平的提高。通过使用双重 PTH 免疫放射测定法已经大大规避了该问题。

老年大鼠血清骨钙素降低。矛盾的是，在大鼠中，长期卵巢切除术可增加骨中的骨钙素 mRNA。这个发现的意义尚不清楚。衰老大鼠的 PTH 水平也上升。然而，雄性老年费歇尔 344 大鼠 PTH 释放的设定点增加。在老年大鼠中，电离钙和 1,25-二羟维生素 D 水平对 PTH 的反应不再增加，表明随着年龄的增长，肾和骨骼可能造成对 PTH 的反应降低。老化可减少大鼠 1,25-二羟维生素 D 的肠和骨骼受体。用 1,25-二羟维生素 D 治疗部分逆转了肠道受体的减少。维生素 D 替代也可改善口服钙吸收。在老年兔子中，对 PTH 的肾脏反应钝化。通过 cAMP 对 Ca^{2+}/Mg^{2+}—ATP 酶的刺激作用降低，可能导致钙重吸收减少和尿钙损失增加。

由于膳食摄取和维生素 D 的合成减少，老年人的钙可利用性下降，这导致减少肠钙吸收。超过 40%的 50 岁以上的成年人可能缺乏维生素 D。对于大多数成年人来说，每天 5~10 分钟的直接阳光或相对较短波长的紫外线辐射（UVB）暴露可抵消这种缺陷。维生素 D 缺乏导致钙不平衡，可引起骨软化和肌肉无力。维生素 D 缺乏症也与癌症和心血管疾病风险增加有关。维生素 D 缺乏症的监测应通过每年监测 25-羟维生素 D 进行。

钙的肠吸收随着年龄的增长而下降，特别是在 70 岁以后，由于 1,25-二羟维生素 D 的刺激减少和钙转运蛋白的下降，衰老大鼠的肠钙吸收减少。GH 和 PTH 协同作用可以增加老年雌性大鼠的钙吸收。IGF-1 在体外

增加 Ca^{2+}运输，不依赖于 1,25-二羟维生素 D，可能介导 GH 的作用。因此，肠道运输中的这种缺陷可能部分由于老化中 GH 的水平降低。此外，股骨皮质骨中的 IGF-1 水平在男性和女性生命的 3~60 年里都显示出降低。这可能会影响钙转运到骨骼中。老年人钙不平衡导致 PTH 增加和磷酸利尿增加。PTH 与成骨细胞上的特异性受体结合，上调 RANK-L（激活核因子 kB 受体的配体）表达和下调骨整合素（OPG）表达。这导致破骨细胞分化增加和骨吸收增加。

老化也影响雌性大鼠的降钙素（CT）分泌。在成年的大鼠中，卵巢切除术导致基础和钙刺激的 CT 水平增加。雌二醇降低血浆 CT 对老年卵巢切除大鼠高钙血症的反应。

随着年龄的增长，存在于骨髓中的多能间充质细胞将分化成成骨细胞和软骨细胞，并相互增加分化成脂肪细胞。预防骨丢失的治疗策略可能指向调节祖细胞命运的因素。

骨质疏松

25 岁的女性和 30~35 岁的男性健康个体的骨骼发育最明显。骨变化发生在男性和女性的正常老化期间。这些变化包括骨细胞群体的动态变化、解偶联骨形成和吸收、骨架构变化、微裂缝的积累，以及矿化和蛋白质基质的变化。衰老也导致骨骼质量下降。骨质减少被定义为临床上显著的骨丢失。除了骨质量的损失外，骨质疏松伴有骨痛、脊柱畸形、身高丧失、骨折发生率增加。在健康男性中，桡骨骨矿物质含量（BMC）在 30~87 岁每年下降 1%，而脊椎 BMC 每年下降 2.3%。用碳酸钙和胆钙化甾醇治疗 3 年并不能防止基础膳食钙摄入量高（大于每天 1 100 mg）的受试者骨钙的减少。此外，35~70 岁，弯曲时的皮质骨强度降低 15%~20%，压缩时的松质骨强度降低约 50%。骨骼变得越来越脆，骨折发生概率增大。

临床上显著的骨质减少症的易感性受许多变量的影响，包括遗传学、营养状况、身体质量、运动和骨骼峰值。激素（如 GH）缺乏可能有助于低于正常峰值骨量。糖尿病可能是骨质减少发展的另一个危险因素。在大鼠中，老化和 1 型糖尿病导致骨中胶原蛋白相关荧光增加，这是非酶交联的量度，其与骨密度降低、血清骨钙素降低和骨脆性增加相关。通过保持良好的营养状态（蛋白质、钙、维生素 D）和足够的身体活动，可以部分地减少骨质减少，防止出现骨质疏松症。

对骨骼的性腺类固醇效应可能是性别特异性的。在发育期间，对性腺激素的骨代谢反应变成性别依赖的雄性中的雄激素和雌性中的雌激素。雄性老年大鼠的雄激素缺乏会引起骨质减少，这可以通过用 T，5α-双氢睾酮或 E_2 处理来逆转。

在老年卵巢切除的大鼠中，用 E_2 处理可防止脊髓矿物质含量的损失。降钙素使用效果较差。然而，单独的 N 末端人类 PTH 与 E_2 或降钙素联合，使 BMC 增加至手术水平并增加机械强度。这是特别有趣的，因为卵巢切除女性中的 E_2 治疗不依赖于 1,25-

二羟维生素 D 来增加肠钙吸收，防止 BMC 损失，并增加血清降钙素水平。至少有一项大型研究表明，绝经后女性的骨密度可以通过雌激素替代维持到 90 岁。

口服钙和维生素 D 的治疗也是有效的。用每天 800 IU 含量的维生素 D 治疗降低了法国疗养院一组患者的骨折率。使用 1,25-二羟维生素 D 的其他研究显示其能够改善钙的吸收和使 BMC 的断裂率显著降低。

男性和女性原发性骨质疏松症的一线治疗是采用钙和维生素 D 补充及利用阿仑曲林治疗。其他批准的疗法包括缺乏性腺类固醇患者的性腺类固醇治疗，以及重组 PTH 或降钙素治疗。

老年人碳水化合物代谢

目前发现，葡萄糖耐量随年龄而下降，导致老年人 2 型糖尿病（T2DM）的发病率增加。如果我们在 2 小时内口服葡萄糖，其耐量测试值大于 200，并且至少有一个附加值也高于 200 mg/dL，那么我们将其定义为糖尿病，美国受影响男性的百分比从 25 岁的 5%稳定上升到 85 岁的 30%。到 60 岁，18.3%的人患有糖尿病。T2DM 患者中有近 50%超过 65 岁。

在老年人外周组织，特别是骨骼肌中胰岛素敏感性降低、胰岛素介导的葡萄糖摄取受损。胰岛素作用随年龄通常不伴随靶细胞中胰岛素受体的变化。胰岛素敏感性降低，葡萄糖转运蛋白 GLUT-4 的靶细胞膜插入可能是造成其缺陷的原因。已经显示中年 T2DM 患者的运动能够提高骨骼肌中 GLUT-4 的水平，提高葡萄糖耐量。已经显示老年男性的运动增加了静息代谢率，并可能降低循环胰岛素水平和胰岛素与葡萄糖的比例，这意味着胰岛素敏感性增加。这些差异与受试者的身体脂肪组成百分比成反比。

胰岛显示对生长抑素抑制胰岛素释放的敏感性增加。在大鼠中，通过用生长抑素抗体处理胰岛来增加受损细胞的分泌。胰岛素/葡萄糖比通常降低，表明相对胰岛细胞对葡萄糖刺激的胰岛素释放的抗性。最后一个现象可能部分与胰岛细胞腺苷酸环化酶活性降低有关。

胰岛素清除率从年轻人的 11 分钟的半衰期下降到老年人的 13 分钟。胰高血糖素的清除率没有改变，胰高血糖素的血浆水平随着年龄的增长而不变化。在大鼠中，胰岛分泌胰高血糖素随着衰老而增加。胰高血糖素分泌的年龄相关变化可能继发于体内葡萄糖平衡的变化或降低胰腺 α 细胞对葡萄糖或旁分泌调节因子的反应。在老年人中，脂肪分解和酮生成而非波动血糖的高血糖反应出现显著降低。

糖尿病并发症（包括视网膜病变、肾病、神经病变）的发病率随着糖尿病的持续而增加。由于衰老和糖尿病对细胞代谢的协同作用，衰老可加速并发症的发作。老化和糖尿病均可引起氧化不平衡，导致活性氧（ROS）和活性氮（RNS）的产生增加。增加的 ROS 和 RNS 与 DNA 的损伤增加和蛋白质功能受损有关。

晚期糖基化终末产物（AGEs）自发地从葡萄糖衍生的阿马多利产物中形成并积累在长寿命的组织蛋白上。AGEs 已经应用于老年和糖尿病的病理生理学。

在皮肤和肾小球基底膜中发现的糖基化反应产物戊糖随年龄增长而增加。与年龄相关的非糖尿病对照组相比，80%糖尿病患者（1 型和 2 型）的 95%置信区间进一步升高。

振动感知和热分析随年龄和糖尿病而呈现下降。自主区分也受到两个因素的影响。T1DM 和 T2DM 患者早期发展为肠系膜上神经节瘤病灶，数量比非糖尿病患者更多。

一些年龄相关的共存障碍可能使老年人糖尿病的管理复杂化，这些包括止痛、厌食、视力障碍、压力感受器反应受损、抑郁、肾或肝功能改变，以及多种药物。减少渴望的感觉和过多给药会增加高血糖高渗性昏迷的风险。老年人更容易发生使用磺酰脲类药物的低血糖反应，但也可能对胰岛素有过多的反应。老年人对运动胰岛素的反应也有所增加。膳食管理可能更加困难，运动方案应根据共存的身体限制（如有心脏病）进行个性化调整。

在正常老化过程中，胰腺表现出胰岛紧密结构的丧失，具有透明性，淀粉样蛋白沉积增加，肿瘤发病率增加，特别是胰岛细胞瘤。几乎 50%的 60 岁以上糖尿病患者发现透明质酸。胰岛素淀粉样蛋白多肽（IAPP 或胰岛淀粉样多肽）与来自胰腺细胞的胰岛素共同分泌。大约 60%的老年糖尿病受试者的胰岛中存在淀粉样沉积物，其与 β 细胞死亡增加和 β 细胞量减少有关。大多数胰岛细胞肿瘤，特别是胰高血糖素瘤和生长抑素瘤，在 50~70 岁被诊断出来。

老年人水代谢

水和电解质体内平衡的多个相互关联的变化随老化而发生（见表 2，见下页）。老年受试者在脱水、热应激或高渗盐水输注后显示出异常的口渴。口渴的感觉有变化，可能是通过口咽受体介导的阿片样物质敏感饮酒驱动的缺陷。纳洛酮给药在过夜液体剥夺之后减少年轻受试者的流体摄入量；老年受试者在安慰剂后也具有较低的补液摄入量。

精氨酸升压素 AVP 通过垂体分泌物对盐（渗透压）和流体状态（压力感受器）产生反应。健康老年人的基线 AVP 分泌（仰卧位和卧床）与健康年轻受试者在血清渗透压无相关差异时可能无差异。然而，一些研究显示基线 AVP 伴随年龄增长而升高。这可能是对肾脏中升压素受体敏感性降低作用的补偿机制。年轻人和老年人脱水后 AVP 均有上升趋势。然而，在老年人中，降低 AVP 分泌水平（渗透阈值），最低水平渗透压将降低。此外，老年人中没有发现如年轻人中 AVP 的补液减少。

表 2 年龄相关的水和盐稳态变化

参数	改变
口渴	↓
AVP，基线	↑或无变化
AVP，脱水后	↑（降低阈值）
对 AVP 的肾脏反应	↓
肾素血管紧张素	↓
ANP	↑
肾脏对 ANP 的反应	↓或无变化
醛固酮反应性	↓（2 度↓PRA）
巴罗反射敏感性	↓

注：AVP，精氨酸升压素；ANP，心房钠尿肽；PRA，血浆肾素活性。↓，减少；↑，增加。

年龄较大的受试者还显示 AVP 对体积压力变化的反应降低，而对 AVP 具有相对的肾脏耐药性。减少的反应可能是由于肾脏中 AVP 受体的变化而产生。对 AVP 反应的环 AMP（cAMP）产生减少涉及尿浓缩能力的年龄相关损伤。这可能会导致老年人脱水，当并发疾病导致失水或获得水的机会有限。

AVP 分泌的另一个重要的生理刺激是血管紧张素Ⅱ。随着老化产生，血浆肾素活性随着血管紧张素转换酶活性的降低而降低。因此，老年人产生血管紧张素Ⅱ的能力降低，这是一种 AVP 分泌和产生口渴的有效刺激物。低血管紧张素血症已被认为是一组高危老年患者脱水的发病机制。

约 3%的老年受试者发生夜间多尿综合征（NPS），其特征在于 AVP 的 24 小时节律恶化，其中夜间分泌通常较高。AVP 水平非常低或不可检测，晚上可能比白天低。NPS 的特点是夜尿症和睡眠障碍，可以通过避免过多的液体摄入，下午使用任何利尿药物和睡前服用口服去氨加压素来治疗。

衰老与排泄盐和水的能力下降有关，从而增加老年人容量过载的易感性。心房钠尿肽（ANP）是响应体积膨胀而分泌的，并具有利尿作用。已发现基线 ANP 在老年人和老年大鼠中升高。脱水后 ANP 正常下降在老年人中变钝。增加的 ANP 的来源似乎是由增加的心脏肽合成，因为老年大鼠的左心室的 mRNA 水平和免疫反应性肽都增加。青年对 ANP 有显著的昼夜节律，而老年受试者不具备。

衰老对肾脏 ANP 作用的影响是有争议的。尽管尿循环鸟苷酸（cGMP）有所增加，但一组健康老年男性的 2 小时低剂量 ANP 模拟输注未能引起血压或肾盐排泄的预期变化。其他人发现天然 ANP 的利尿作用保持衰老，尽管肾血流动力学反应减弱。2 小时肽输注后，肾脏血流量减少，年轻人而不是老年人的肾血管阻力增加。

ANP 抑制加压素释放，并提高响应于年轻和老年个体渗透压刺激的加压素释放阈值。高基线循环 ANP 水平可能一定程度上导致观察到的血浆肾素活性降低。老年人的 PRA 降低高达 50%，PRA 的减少可能是老年人观察到醛固酮反应降低的主要原因。

另请参阅：糖尿病；脱氧核糖核酸与基因表达；糖化；稳态、体内动态平衡与老化；更年期；代谢：碳水化合物、脂质和蛋白质；神经递质和神经营养因子；骨质疏松症与骨功能障碍相关的衰老；渴感与水化。

拓展阅读

Ahdjoudj S, Fromigue O, and Marie PJ (2004). Plasticity and regulation of human bone marrow stromal osteoprogenitor cells: potential implication in the treatment of age-related bone loss. *Histology and Histopathology* 19: 151-158.

Alexander JL, Kotz K, Dennerstein L, Kutner SJ, Wallen K, and Notelovitz M (2004). The effects of postmenopausal hormone therapies on female sexual functioning: areview of double-blind, randomized controlled trials. *Menopause* 11: 749-765.

Atwood CS, Meethal SV, Liu T, Wilson AC, Gallege M, Smith MA, and Bowen RL (2005). Dysregulation of the hypothalamic-pituitary-gonadal axis with menopause and andropause promotes neurodegenerative senescence. *Journal of Neuropathology and Experimental Neurology* 64: 93-103.

Bachmann G, Bancroft J, Braunstein G, Burger H, Davis S, Dennerstein L, Goldstein I, Guay A, Leiblum S, Lobo R, Notelovitz M, Rosen R, Sarrel P, Sherwin B, Simon J, Simpson E, Shifren J, Spark R, and Traish A (2002). Female androgen insufficiency: the Princeton consensus statement on definition, classification, and assessment. *Fertility and Sterility* 77: 660-665.

Cummings DC (1990). Menarche, menses and menopause: a brief review. *Cleveland Clinic Journal of Medicine* 57: 169-175.

Feldman HA, Johannes CB, Araujo AB, Mohr BA, Longcope C, and McKinlay JB (2001). Low dehydroepiandrosterone and ischemic heart disease in middle-aged men: prospective results from the Massachusetts Male Aging Study. *American Journal of Epidemiology* 153: 79-89.

Follin SL and Hansen LB (2004). Current approaches to the management of osteoporosis in men. *American Journal of Health-System Pharmacy* 61: 1801-1811.

Goldspink G and Harridge SDR (2004). Growth factors and muscle ageing. *Experimental Gerontology* 39: 1433-1438.

Hoffman AR and Ceda GP (2004). IGFs and aging: is therea rationale for hormone replacement therapy? *Growth Hormone and IGF Research* 14: 296-300.

Hoyer PB (2004). Can the clock be turned back on ovarian aging? *Science of Aging Knowledge Environment* 10: pe11.

Hurwitz JM and Santoro N (2004). Inhibins, activins, and follistatin in the aging female and male. *Seminars in Reproductive Medicine* 22: 209-217.

Laumann EO, Nicolosi A, Glasser DB, Paik A, Gingell C, Moreira E, and Wang T (2005). GSSAB Investigators' Group. Sexual problems among women and men aged 40-80 y: prevalence and correlates identified in the

Global Study of Sexual Attitudes and Behaviors. *International Journal of Impotence Research* 17: 39-57.

Legrain S and Girard L (2003). Pharmacology and the rapeutic effects of dehydroepiandrosterone in older subjects. *Drugs and Aging* 20: 949-967.

Matsumoto AM (2002). Andropause: clinical implications of the decline in serum testosterone levels with aging inmen. *Journals of Gerontology Series A: Biological Sciences and Medical Sciences* 57: M76-M99.

Mooradian AD (1992). Geriatric neuroendocrinology. In: Nemenroff CB (ed.) *Neuroendocrinology*, pp. 541-562. *Boca Raton*, FL: CRC Press.

Mooradian AD (1993). Mechanisms of age-related endocrine alterations. *Drugs and Aging* 3, Part 1, 81-97, PartII, 131-146.

Mooradian AD and Wong NCW (1994). Age-related changes in thyroid hormone action. *European Journal of Endocrinology* 131: 451-461.

Oiknine R and Mooradian AD (2003). Drug therapy of diabetes in the elderly. *Biomedical Pharmacotherapy* 57: 231-239.

Rehman HU and Masson EA (2001). Neuroendocrinology of aging. *Age and Ageing* 30: 279-287.

Sieman TE and Robbins RJ (1994). Aging and hypothalamic-pituitary-adrenal response to challenge in humans. *Endocrinology Review* 15: 233-260.

Silverberg AB and Mooradian AD (1998). The thyroid and aging. In: Mobbs CV and Hof PR (eds.) *Interdisciplinary Topics in Gerontology*, vol. 29, *Functional Endocrinology of Ageing*, pp. 27-43. Basel, Switzerland: Karger-Basel.

Sloter E, Nath J, Eskenazi B, and Wyrobek AJ (2004). Effects of male age on the frequencies of germinal and heritable chromosomal abnormalities in humans and rodents. *Fertility and Sterility* 81: 925-943.

Sytze van Dam P and Aleman A (2004). Insulin-like growth factor-1, cognition and brain aging. *European Journal of Pharmacology* 490: 87-95.

译　者：陈泓伯（北京大学护理学院）

年龄分层

P. 乌伦伯格 北卡罗来纳大学教堂山分校，北卡罗来纳州，美国
D. 丹尼弗 凯斯西储大学，克利夫兰，俄亥俄州，美国

词汇表

年龄（Age）——人和他们的社会结构。对于人来说，年龄表明他们迄今已经生活了多久。在社会结构中，年龄是表现进入和脱离扮演某种角色的标准。它以复杂的方式运作，目的是确定社会中每个年龄段的人。

年龄—等级角色（Age-Graded Roles）——在社会结构（例如工作或疗养院）中的位置，它是将年龄（或一些替代年龄的条件，如身体素质）作为允许或禁止个人拥有、进入或脱离角色，确定角色表现预期或惩罚的标准。

年龄层次（Age Strata）——在一个社会或群体中，通过年龄这一指标将人从年轻到年老所做的粗略划分。年龄层次反映了人们在社会上的重要方面，并且它仅仅是部分由生物学界定。

老化（Aging）——人从出生（或受孕）开始并以死亡结束的在生理方面、心理方面和社会方面的相互作用过程。该术语广泛用于指生命过程后期的生理、心理、社会变化。

出生队列（Birth Cohort）——大约出生在同一时期的一群人。一个社会中的一个群体的成员经历了共同的历史事件。通过队伍继承（或队列流动），新成员不断诞生在一个社会中，随着年龄的增长，队列不断提升，最终走向终结。随着一个队列退出年龄层级，取而代之的是即将到来的队列的成员。

人口转变（Demographic Transition）——社会从高出生率和高死亡率转变为低出生率和低死亡率时所经历的转型。这种重要指标的转变通常与经济发展有关。在这个转型期间，人口年龄结构从一个以儿童为主导的人口结构转变为老年人占很大比例的人口年龄结构。

伊斯特林效应（Easterlin Effect）——这个假说是由经济学家理查德·伊斯特林（Richard Easterlin）首次提出的。该假说认为，人口和社会行为的周期性变化是由队列规模的波动产生的。规模大的队列减少了其成员的经济机会，而规模小的队列为其成员提供了优势。

结构滞后（Structural Lag）——某年龄层的成员所能扮演的角色与该年龄层上的个人在需求和偏好上不匹配的情况。在老化研究中，涉及这样一种情况：社会结构（公司、学校、家庭）没有为人数日益增长的，健康、受过良好教育、长寿且进入生命后期的人提供有益的作用。

引言

年龄分层是一个概念框架，它用于探索个体在生命过程中如何老化以及社会对年龄赋予的意义。这个框架是由马蒂尔达·怀特·莱利（Matilda White Riley）和她的同事在20世纪70年代提出的，该术语仍然以她的名字命名。作为一个概念方向，年龄分层对于占据人口中各个年龄阶层的个人以及使用年龄来塑造这些人的行为的社会结构给予了关注。它特别关注随着时间的推移，老化经验的变化和年龄层次间关系的变化。这个观点坚持认为，我们认识到人类老化在很大程度上是社会建构的。这个观点的一个重要含义是，个体老化的方式会随着时间的推移而改变。鉴于视角的广度，还考虑到分层概念有时令人混乱和具有多重内涵，莱利后来倾向于将其称为“老化和社会视角”。

人口中的年龄层

年龄是个体的普遍特征，每个人可以根据其年龄构成进行描述。虽然年龄在社会上的意义不同，但年龄总是社会上重要的指标。因此，人口的年龄组成具有社会相关性。

年龄构成

人口的年龄组成为讨论年龄分层提供了一个起点，而人口金字塔提供了一个简单的方式来描述人口的年龄构成。人口金字塔如图1（描绘了1900年和2000年美国人口的年龄分布）和图2（描绘了2000年肯尼亚和西班牙人口的年龄分布）所示。在每个人口金字塔中，不同年龄层的人口百分比以横列方式显示，其中最小的年龄类别在底层，最大的在顶层。对人口的这种图形描述表明了社会中年龄分层的一个方面——人口可能被视为基于年龄而排列的人群。根据惯例，人口金字塔中的每个年龄层按性别划分，男性在左边，女性在右边。“金字塔”这个术语显然是从高生育率社群中人口年龄构成的典型形态衍生而来的——后现代社会低生育率人口的年龄构成，看起来并不像金字塔。

随着时间的推移，经济上更发达的社会中不同年龄层次人口的相对规模发生巨大变化是众所周知的。以美国为例，65岁以上的人在总人口中所占的比例从1900年的4.1%增加到2000年的12.4%，预计到2040年将达到20%以上。同样显著的是，现在处于不同发展阶段的社会之间的对比（由肯尼亚和西班牙说明）。在肯尼亚的人口中，15岁以下的儿童与65岁以上的人口的比值

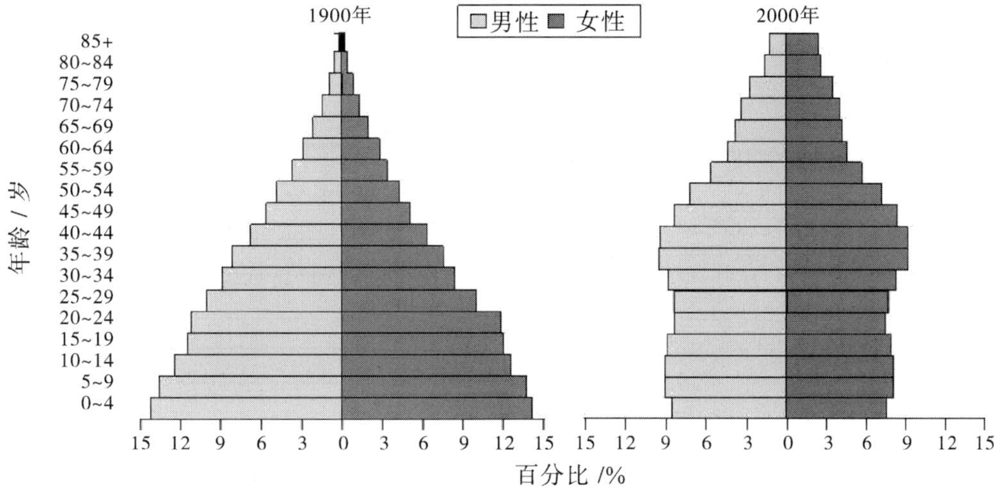

图 1　1900 年及 2000 年美国人口的年龄和性别分布

引自：US Census Bureau，decennial census of population，1900 and 2000.

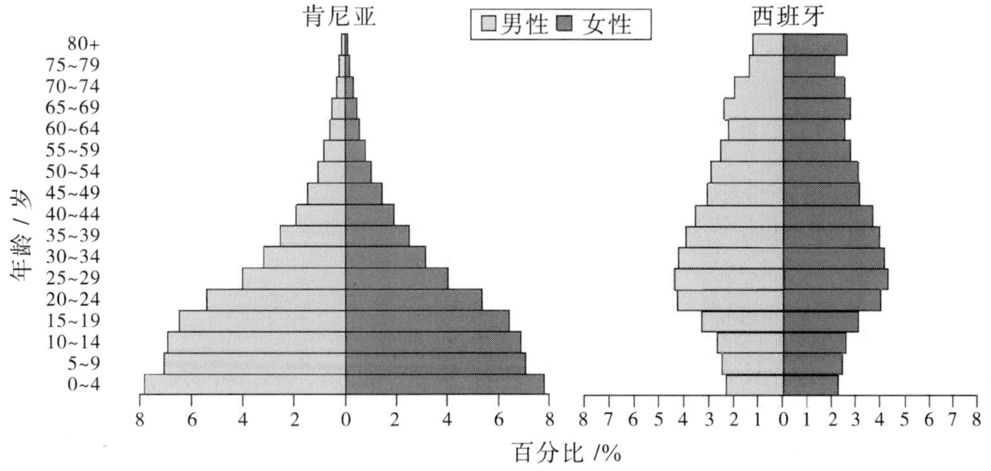

图 2　2000 年肯尼亚及西班牙人口的年龄和性别分布

引自：US Census Bureau，International Database.

为 17.5；在西班牙，这个比值是 0.9。人口分析可以解释为什么人口的年龄分布在社会和时间上变化很大。在任何时间点，占有每个年龄类别的人口中的个体数由过去的生育率、死亡率和迁移模式决定。迁移模式往往对人口的年龄构成影响很小，所以过去 100 年中年龄构成发生了巨大变化，肯定与死亡率下降特别是出生率下降有关。在持续高生育率的社会中，年轻人占主导地位；在生育率下降到接近或低于替代水平的社会中，老年人占人口的很大一部分。过去和未来的人口老龄化，老年人比例的增加和年轻人比例的下降，两者对经历人口转型的所有社会都有深远的影响。然而，正如年龄分层的观点试图阐明的那样，这些影响不仅取决于年龄层的相对规模，还取决于其中个体的特征以及年龄的社会意义。

年龄层个人特征

即使是对人口的随意观察，也显示出年龄层的不同：不仅规模不同，而且其成员的社会特征和生理特征也有差异。例如，在2000年的美国，年轻男性的数量略多于年轻女性；但在最高年龄层，女性人数比男性多（见图1）。美国人口各年龄层存在差异也体现在2000年左右少数族裔所占的比例（5岁以下人口的24%是少数族裔，而70～74岁的人中有13%）以及平均受教育水平（25～34岁人口的12%受教育程度不超过高中，而在75岁及以上的人口中则为33%）。当然，对这些年轻的年龄层与年老的年龄层之间差异的解释不能归因于内生的生物老化，即个体不会随着年龄增长而变得更白或者受教育程度更低。年龄层之间的一些差异，如智力功能和生理能力，通常被认为与生物衰老的影响有关。但是，要对特定时间中不同年龄层的差异构成做出令人满意的解释，需要通过独特的历史事件来追踪出生队列随年龄增长的经历。

年龄层之间的差异可以通过比较2000年美国75～79岁与45～49岁这两个年龄层来进行说明。75～79岁的人出生于1921—1925年，他们是“大萧条”时期出生的孩子，在“婴儿潮”期间成为父母。45～49岁的人在1951—1955年的“婴儿潮”期间出生，他们是经济繁荣时期的儿童，并在进入青少年时遇到紧张的劳工市场。2000年这两个年龄层的几个社会和生物学特征的比较如表1所示。为什么这些年龄层在受教育程度、婚史、性别比例、无子女、身体残疾的患病率、种族和民族等分类方面有如此显著的差异？这个问题的答案需要考察过去的社会力量如何使这些群体的生活过程发展形成差异化的形式。例如，受教育程度的差异反映了这些队列在童年时期遇到的教育机构的差异。各种历史、社会和经济力量影响了这两个群体的婚姻和生育经历。种族和民族组成同性别比例的差异部分反映了导致20世纪不同人群不同生存经历的社会状况。

显而易见的是，1950—1954年出生的队列在其生命的前半部分所经历的老化，与1920—1924年出生的队列不同。因此我们可以预计，到2030年，当表1中45～49岁这一年龄层的人到75～79岁时，他们将与2000年75～79岁的那批人大不相同。即使在身体残疾方面，未来的老年人也不太可能复制现在老年人的经验。当年龄相同的人在其一生中经历不同的生活方式和不同的保健系统时，他们在老年时的健康状况可能会有所不同。

年龄与社会：基本社会制度原则

前面的讨论主要集中在不同年龄阶层的人数和特征差异方面。年龄分层方法通过阐

表 1 2000 年 45~49 岁和 75~79 岁年龄层中具有选定特征的个体所占百分比（%）

特征	45~49 岁	75~74 岁
高中学历以下	11	29
女性	52	59
有离婚史	35	18
无子女	16	11
残疾	9	24
非白人	18	11

引自：US Census Bureau.

述社会结构在个人年龄方面的作用，进一步发展老龄化和年龄差异的模式。

背景：社会结构中的年龄

如本文一开始所指出的，在老年学中，年龄分层这个术语在很大程度上代表了莱利在 20 世纪 70 年代早期引入这个术语时所做的广泛而有影响力的工作。后来，在 20 世纪 90 年代，莱利相信分层概念的复杂和多重内涵使术语混乱，故将方法更名为老化和社会视角。然而，年龄分层仍然是一个被广泛使用的术语，它在很大程度上代表着莱利的方法，以及其广泛而有影响力的著作。年龄分层模型在激发研究者对老化的兴趣方面发挥了重要作用，将理论和实证分析联系起来。这也引起了批评和争议，这些批评是在审查基本模式后进行讨论的。

在进行年龄分层的讨论之前，了解建立这种方法的基本社会科学原则是很重要的。在莱利的框架下，作为个人属性的老化必须与年龄的“社会事实”区分开来，也就是说，年龄是一组文化表征和社会组织原则的集合。这种将“人”与“角色”分开的分析性区别来自塔尔科特·帕森斯（Talcott Parsons）的社会系统理论。当然，人是个体的人类行为体。在帕森斯的框架中，角色不是人的属性，而是人在社会系统（如家庭、社区、学校、公司）中的职位。特别是当社会制度明确地按年龄分级时，年龄不仅是个人的特征，也是社会角色结构和规范机构的特征。

适用于年龄分层的概念，这种分化有两个重要方面，一个是静态的，一个是动态的。从静态来看，年龄分层处理角色的年龄结构与人口年龄结构之间的区别。其动态方面突出显示了个人在单个时间点的年龄差异与个人发展和年龄在生命过程中发生的变化的对比。

年龄分级、分配和社会化

人口年龄结构只是年龄分层的一个组成部分，即人的年龄分布。年龄分层框架还意味着注意社会角色结构中的与年龄相关的方面，以及分配或匹配有限数量的可用年龄分级角色的问题。当角色被严格地进行年龄分级时（如儿童义务教育、征兵或强制性退休），可能发生不匹配或“不稳定”的问题。

当年龄是拥有、进入或脱离某些角色的标准时，年龄被建立在社会的角色结构中。此外，年龄可以调节个人如何履行其角色：角色中的适当行为和表现的奖励（或惩罚）可能因占据角色的人的年龄而有所不同。年龄在社会结构中的最明显的使用发生在时间年龄标准被写入法律、法规或合同中。例如，在当代美国社会，年龄规定了一个人什么时候结婚、开车、毕业、喝酒、投票，甚至合法成为总统。此外，按时间顺序排列的年龄是获得医疗保险、养老金和特定税收优惠的标准。还有使用有关年龄的非正式规范来表明什么行为是不可接受的，例如被判断为年龄太大，因而不能成为寄养父母，不能参加研究生课程或某些体育赛事。与所有规范一样，年龄规范有时会受到侵害，并可能随着时间的推移而变化。然而，年龄分层的观点使人们注意到年龄的社会定义对形成行为和个人老化的重要性。

年龄分层模式的最后一个组成部分涉及一个时代阶层的个人与社会结构中适当的年龄角色相匹配的过程。分配过程用于将人员分配给适合年龄的角色，并在年龄变化到不同的社会认可的生命过程阶段时不断重新分配。分配机制可以是为此目的设计的角色的个人（例如人事经理或招生主任）或政策（例如养老金计划或上学规定）。

这种一般的分配现象与几个关键的理论思想和研究问题密切相关。例如，根据伊斯特林效应，小队列的成员具有广泛的优势，因为这些队列的成员在进入特定年龄阶段时，对有限数量的年龄分级角色的竞争将会更少（例如，进入精英阶层大学或选择入门级工作），而大队列的成员将面临更大的竞争。这些优势的差异可以贯穿于生活中。在任何金字塔形组织结构中（不仅用来描述公司，还包括军事、教会和教育组织），如果竞争对手较少，则有机会被提拔成为高级管理者或执行者之一。另一方面，也有人认为在某些情况下，年龄层级下的个人可能受益于成为较大群体的成员。例如，这可能适用于20世纪70年代初的“婴儿潮一代”。还有人假设，在21世纪初期退休的人可能会获得政治优势，因为他们将在选民中占据较大的比例。

莱利利用个人角色不匹配的问题来呼吁社会变革。她对无弹性、按年龄分级的社会安排进行了批判性分析，这些安排导致人为的破坏性后果。这个批判导致结构性滞后概念的发展。

年龄分层的观点也认识到，伴随而来的社会化过程与分配过程是不断进行的。也就是说，在日常生活中，个人不断内化社会实践，学习在大型社会系统中拥有的角色所必需的技能。社会化的概念得到了广泛和有效的批判，因为它对研究人员所提出的问题做出了一些概念和理论上的限制。尽管如此，个人由他们扮演的角色塑造的强大过程是年龄分层模式试图表现现实的核心特征。

年龄结构和队列流动

作为一个时间快照，年龄金字塔几乎没有揭示个人的实际老化。相反，它描述了在连续队列的单个时间点堆积。随着时间的推移，队列的运动将会导致人口年龄结构的转变。然而，年龄分级的角色结构通常是相对静态的，而莱利创造了队列流动来描述队列的运动。当一个队列从一个特定的年龄阶层移出时，它被另一个进入该年龄阶层的队列成功继承。这种静态—动态的区别强调了生命历程谬误的危险，这是从横断面年龄差异推断生命历程变化的做法，主要是由于研究人员忽视数据误导性解释。但这种区分也使我们回到了重大的实质性问题：通过由有限数量的角色组成的相对静态和非弹性结构、不均匀大小的队列的动态运动是压力的来源。

对年龄分层方法的挑战与批评

对莱利年龄分层方法的批评可以划分为两种基本类型。第一是对分层概念使用中缺乏清晰度和一致性的批评。第二是对模型建立所依据的功能主义假设的批评。

年龄与分层概念　诺曼·赖德（Norman Ryder）受到20世纪60年代青年驱动的社会混乱的影响，回顾了曼海姆（Mannheim）关于世代在产生社会变革中的作用的讨论，以阐述队列的分析重要性。莱利和她的同事在同一组现实世界的动态之后，创造了年龄分层的概念。与“队列”的概念一样，年龄分层视角的智力价值比最初激发它的20世纪60年代的社会运动更广泛、更持久。

重要的想法值得批判性审视，年龄分层也不例外。它使用“分层”这个词来描述这十年中的跨年龄紧张局势，提出了关于阶级或其他形式的社会经济分层的同源性的问题。例如，提出了关于年龄分层术语的选择问题，因为年龄分层与其传统意图的分层根本不同。有趣的是，在过去20年中，通过研究，通过利用诸如累积优势等概念，研究年龄与其他分层基础（如性别、种族/民族和社会阶层）的交叉，获得了对老龄化的新见解。

年龄分层和功能主义视角　对年龄分层观点的第二个更持久的批判集中在与帕森斯功能主义基础相关的限制。显然，如前所述，年龄分层模型的主要优点来自帕森斯框架的分析精炼和精度。特别是作为社会结构特征的人格角色和年龄概念化为莱利所表达的结构性滞后的社会批判提供了基础。然而，年龄分层的批评者则正确地指出，严重的限制来自避免权力动态和社会变革机制的问题。重视这些问题，会使年龄与其他分层基础的相互关系早日出现。

像帕森斯一样，莱利处理了通过严重依赖自愿主义调和人类行动和结构的问题。因此，莱利关于个人及机构如何在大规模社会系统中产生变化的讨论集中在群体规范形成等过程中个体选择的聚合。在每种情况下，她都避免研究以下内容：社会运动塑造（而不仅仅是表达个人愿望）的作用；在日常生活中组织个人机会、限制选择、塑造个人品位和感知力的制度力量。这些限制直接来源于共识和自愿主义的基本假设，同时也是功能主义框架的标志和限制。因此，尽管功能主义存在这些限制性方面，莱利利用这个框架的分析精确度来产生一个全新的、潜在的远景，揭示了年龄如何作为社会系统的一个方面（例如角色结构完全与人和年龄分离，作为社会组织，价值和观念的属性，而不仅仅是个人的时间顺序发展）。

与年龄分层有关的问题

年龄分层框架为现代社会中如何进行老龄化社会建构的若干关键评估提供了基础。这里讨论了其中三个问题。

年龄层之间的竞争

各年龄层之间存在竞争和冲突的可能性，主要是因为每个年龄阶层在社会建构的生活过程中占据不同的地位。个人利益可能会因人生路线的差异而有所不同：老年人和年轻人所关心的问题可能会有不同。例如，21 世纪初，美国老年人的福祉直接受到公共养老金和医疗政策的影响，而年轻人的福祉直接受到教育和育儿政策的影响。考虑到资源的有限性，人们可能预见老年人和年轻人之间的竞争，老年人受益于政府在社会保障和医疗保险上的支出，年轻人受益于教育、儿童保育上的更多支出以及为幼儿父母提供更多的税收减免。

1984 年，塞缪尔 · 普雷斯顿（Samuel Preston）在《人口学》（*Demography*）上发表了一篇文章，呼吁人们关注不同年龄层的贫困趋势，此后发展出一场关于可能出现的基于年龄的利益集团政治的激烈辩论（代际公平辩论）。老年人和青少年之间的分歧趋势相当突出：1970 年至 1995 年，老年贫困人口比例从 25% 下降到 12%，而贫困儿童的比例则从 15% 上升到 23%。老年人贫困率下降的一个重要原因是政府向老年人口转移的资金在这段时间内增加了。到 2000 年，65 岁以上人口的人均社会福利支出是 19 岁以下的人口的 3 倍（分别是 19 700 美元和 6 400 美元）。有些人认为政府在青年和老年方面的支出差距，加上贫穷趋势的不同，证明了不同年龄阶层在待遇上的不平等。由于老年人的政治权力过大，孩子们遭受苦难，而且这个不平等现象可能会变得更加严重，因为“婴儿潮一代”即将进入老年。

尽管看起来年轻人和老年人之间存在利益冲突，但实证研究没有发现选民之间在政治观点上存在重大的年龄差异。年轻的选民们像老年选民一样支持社会保障和医疗保障，没有迹象表明，随着年龄的增长，选民越来越不支持地方和州通过税收支持公共教育。有两个原因可以解释为什么年龄层之间的两极分化可能不会发生，尽管有可能朝着这个方向推进。首先，与性别、种族甚至社会阶层相对固定的状况相反，上升的年龄流动性是不可避免的（除非死亡）。因为年纪较大的老年人要老化，所以为减少老年人的利益而努力，就会违背自己的长远利益。其次，很多非老年人要么有年迈的父母，要么父母即将老去。政府对老年人的大量资金转移是很少有老年人依靠成年子女获得经济支持的主要原因。因此，保持老年人经济独立的集体战略主要是保护中年人的资产。事实上，目前的安排使许多老年人能够将资源转移给子孙后代。当然，目前不清楚今后发生年龄冲突的可能性如何，但最近的历史主要是以代际支持为标志。

结构滞后

思考结构性滞后的起点是区分年龄作为个人属性和年龄作为社会系统的属性。在任何时候，给定的出生队列将包括占有特定年龄层次（例如 65～69 岁）的个体集合。由于不同规模和组成的群体不断地在相对稳定的角色结构中移动，所以在年龄层次上的个人的能力与这些个人在社会结构中可用的地位之间总是存在错配。当通过各种形式的年龄分层将年龄客观化为社会制度的属性时，使年龄成为角色准入的法则或规范标准是很有可能的。当在特定的历史背景下发生这种不匹配时，可以将其描述为结构性滞后。也就是说，社会变革的方式并没有与人口老化模式的变化相一致。

为什么结构与生活之间存在不对称发展？虽然人口老化模式的变化和社会结构的变化可能会相互影响，但每个过程都遵循自己的规律。特定年龄队列的能力是通过其独一无二的历史经验来塑造的。例如，该群体经历的童年时的健康和教育环境，或其成年初期的工作机会和家庭规范。然而，社会结构与其年龄分级的角色虽不遵循任何类似于人类老化的节奏，但受到政治、经济和社会发展的影响。因此，特定年龄层的个人资格、期望或需求可能与社会结构中可用的地方不符。

目前结构性滞后最为著名的一个例子是社会结构不能适应老年人的需要和兴趣。由于历史的变化，近年来进入老年阶段的人比先于他们的人更健康、受过更良好的教育、预期寿命更长。但是在 20 世纪的许多先进社会，社会结构对老年人的生产机会施加了比现代性进步之前更多的限制。例如，工作组织不能提供足够数量且工作条件灵活的工作岗位，以符合老年工作人员的需求。同样，老年人的受教育机会和志愿服务机会落后于老年人的需要。也可以说，老年人的生活可能落后于结构性变化的方式。因为缺乏终身学习的机会和动力，老年群体的成员可能无法参与需要新技术的结构。

当结构变化落后于生命的变化，或者当生活落后于结构变化时，变革的压力就会发展。这些变化并不是随机的。它们可能来自导致人口变化的科学进步或导致个人意愿改变的复杂文化转变。当这些举措导致价值和观念的大范围变化时，结果就是队列规范的形成（以前讨论过）。一个最好的例子是 20 世纪末期女性运动对年轻女性和中年女性的生活方式的影响。同样，媒体也塑造了老年人以及非老年人对老年人情况的思考。媒体维持着对老年人的不良刻板印象，但也提供有关老年歧视的信息，并越来越多地提供积极的老年人形象，特别是当广告针对这一日益增长的人口群体时。老年人组织可能会为老年人的利益而四处游说。政府和私营部门的政策制定者可能认识到结构性滞后的领域并启动变革，以减少个人和角色之间的不匹配。然而，结构性滞后也可能持续存在并触发跨年龄层的冲突。

年龄隔离

年龄分层直接导致社会中出现年龄隔离的可能。年龄隔离的存在可以从结构层面和个人层面进行研究。有广泛的实证证据表明，目前在这两个层面上存在高度的年龄隔离现象。

通过使用年龄作为参与社会活动的资格标准，可以看出结构层面的年龄隔离。一个最明显的例子，在与教育、工作和退休有关的社会机构中，年龄被用于指导人们进入或离开社会结构。在固定的年龄，孩子们将进入一个分级的学校系统，然后，如果“正常”，通过这个系统与同龄人保持同步。预计年轻人将完成学业，并进入包括年轻人和老年人的工作环境。最后，随着老化的临近，参与学校和工作场所的机会变得有限，成年人有望进入人生的最后阶段——退休。

年龄组别之间的社会分离也因其他机构的规则和做法的差异而加剧。年龄标准用于控制获取保健机构和福利计划。教会经常按年龄结构组织活动，将孩子、年轻人和老年人列入不同的项目。按照年龄分列的住宅隔离模式也可以看到这个特点，在退休社区和大学宿舍就很明显。

在个人层面上，当不同年龄段的人之间缺乏社会互动时，就会发生年龄分隔。对个人社交网络的研究表明，现代社会中发生的跨年龄互动非常有限，尤其是在非亲属之间。社会机构的年龄隔离与个人社交网络的年龄隔离之间的联系是直接的。机构年龄隔离限制了通常招募成员的年龄范围。同样，不同年龄段的个人之间缺乏社会互动，使关于年龄的陈旧观念长期存在，然后又被用来证明机构年龄分隔。

走向一个更加年龄一体化的社会，可能会给所有年龄段的人们带来好处。第一，通过社会互动，老年人可以提供互利的社会化。正如玛格丽特·米德（Margaret Mead）曾经主张的那样，在一个迅速变化的社会，青年人更能掌握新技术，老年人如果要避免被边缘化，就需要让年轻人成为自己的老师。然而，同样的情况下，年轻人也可以从有相关生活经验的老年人身上获益。第二，通过互动，老年人和年轻人可以对处于不同人生历程的人所面临的挑战产生同情心。这种理解为减少年龄陈规定型观念和打破相互强化的老年歧视及年龄隔离循环提供了机会。第三，放宽严格的年龄边界将使处于生活各个阶段的人们更容易地在与教育、工作和休闲有关的活动之间移动。鼓励老年人从事生产活动可以减轻他们对年轻人的依赖和负担，为年轻人提供更多样化的机会可以减少与这一生命阶段相关的角色负担。

在考虑减少年龄隔离的可能性时，重要的是要认识到人类的老化是可以改变的。最近历史上出现的与时代隔离的生活方式是由特定方式构建的社会制度造成的。这表明，改变这些制度可能会提升年龄融合。有迹象表明，近几十年来，年龄融合的结构性障碍已经减轻。在教育领域，终身教育正受到越来越多的关注；在工作中，工作的灵活性也越来越大，鼓励老年人工作的措施也越来越多。这些改革鼓励了更多的年龄融合。毋庸置疑的是，未来几十年的老年人的老龄化经验与以前的同龄人不同。这是否会带来更多年龄融合是一个重要但尚未解决的问题。

结论

年龄分层是老化研究的一种模式，它深刻影响了社会学家如何理解老化的过程以及年龄在社会中的意义。它认识到，虽然老化是不可避免的，但个体从出生到死亡，老化方式取决于社会组织和个人在社会结构中所处的社会实践。随着与现代性相关的力量改变了社会，以年龄作为资格标准的在法律层面的官僚化使用已经增加。年龄规范支配着生活的许多方面，生活过程的制度化给年龄带来了社会意义，并指出了人们应该如何“老化”。然而，没有理由假设，在21世纪初期塑造个人年龄的规范性生活方式对人类来说是必要的或有益的。年龄分层观点解决了这个问题，因为除了提供一个审查老龄化如何社会建构的框架之外，它还为以特定的方式批判性地研究结构化年龄的人类后果提供了一个基础。

另请参阅：老年歧视和就业歧视；人口学；代际差异：年龄—时期—队列；生命历程；网络分析。

拓展阅读

Cain LD (1987) Theoretical observations on applied behavioral science. *Journal of Applied Behavioral Science* 23：277-294.

Dannefer D (2003) Cumulative advantage/disadvantage and the life course：cross fertilizing age and social science theory. *Journal of Gerontology：Social Sciences* 58B：S327-S337.

Dannefer D and Uhlenberg P (1999) Paths of the life course. In：Bengtson VL and Schaie KW (eds.) *Handbook of Theories of Aging*, pp. 306-326：Springer：New York.

Easterlin RA (1987) *Birth and Fortune：The Impact of Numbers on Personal Welfare*, 2nd edn. Chicago, IL：University of Chicago Press.

Foner A (1974) Age stratification and age conflict in political life. *American Sociological Review* 39：187-196.

Hagestad GO and Dannefer D (2001) Concepts and theories of development：beyond microfication in social science approaches. In：Binstock RL and George LK (eds.) *Handbook of Aging and the Social Sciences*, pp. 3-21. New York：Academic.

Hagestad G and Uhlenberg P (2005) The social separation of old and young：a root of ageism. *Journal of Social Issues* 61：343-360.

Kohli M (1986) Social organization and subjective construction of the life course. In：Sorensen A, Weinert F, and Sherrod L (eds.)

Human Development and the Life Course, pp. 271–292. Hillsdale, NJ: L. Erlbaum Associates.

Preston SH (1984) Children and the elderly: divergent paths for America's dependants. *Demography* 21: 435–457.

Riley MW and Riley JW Jr. (2000) Age integration: historical and conceptual background. *The Gerontologist* 40 (3): 266–272.

Riley MW, Johnson ME, and Foner A (1972) *Aging and Society, vol. 3: A Sociology of Age Stratification*. New York: Russell Sage.

Riley MW, Kahn RL, and Foner A (eds.) (1994) *Age and Structural Lag: Society's Failure to Provide Meaningful Opportunities in Work, Family and Leisure*. New York: John Wiley and Sons.

Ryder NB (1965) The cohort as a concept in the study of social change. *American Sociological Review* 30: 843–861.

Uhlenberg P (2000) Why study age integration? *The Gerontologist* 40: 261–266.

Uhlenberg P and Gierveld J (2004) Age-segregation in later life: An examination of personal networks. *Ageing and Society* 24: 5–28.

Waring J (1976) Social replenishment and social change. *American Behavioral Scientist* 19: 237–256.

译　者：高秀文（深圳大学）

校译者：曲嘉瑶（北京市社会科学院）

帕金森病

P. 钱德, I. 黎特凡 路易斯维尔大学，路易斯维尔，肯塔基州，美国

词汇表

运动迟缓（Bradykinesia）——身体动作缓慢。

深部脑刺激（Deep Brain Stimulation, DBS）——对药物不敏感的重度帕金森病的手术治疗选择。将刺激器植入胸壁以向大脑提供持续的刺激。

帕金森病（Parkinson's Disease, PD）——以运动迟缓、静息震颤和僵硬为特征的进行性神经退行性疾病。

引言

帕金森病是1817年最先由詹姆斯·帕金森（James Parkinson）博士在“震颤麻痹论”中描述的一种进行性神经退行性疾病。PD以不对称和缓慢进展性发作的震颤麻痹为临床特征，可以受益于多巴胺能药物治疗，在病理学上表现为黑质和特定脑干区域多巴胺能细胞的丧失及路易体的产生。通常情况下，PD在60岁左右出现缓慢的进行性的运动迟缓（缓慢）、静息震颤、四肢僵硬，在没有非典型特征（例如跌倒、痴呆或病程早期自主症状）的情况下，这些症状将受益于多巴胺能药物。PD患病率为每10万人200~300例，美国约有100万人患病。每年发病率约为每10万人20例，每年约有6万名美国人被诊断为PD。发生PD的可能性随着年龄增长而增加。PD通常在60岁左右发生，但也可能在相对年轻时发生。大约10%的患者在40岁以前出现症状。PD通常是散发性疾病，但10%的患者是遗传性的。男性比女性受到的影响稍明显。

病因学

PD是影响基底节神经回路的神经退行性疾病，其独特性在于大多数运动症状是由于黑质致密部多巴胺能神经元的损失而导致的单一神经递质缺陷。当PD出现临床表现时，大约70%~80%的黑质纹状体神经元停止运作。然而，在晚期阶段，PD中的多数症状（即失去平衡、认知、自主神经和睡眠障碍）是由于非多巴胺能神经元退化所致。散发性PD中神经元损失的原因尚不清楚，可能与遗传、环境和生物因素及老化过程的结合有关，但PD也可以是家族性的。

遗传学

几种基因突变可以导致 PD，但这只是很少一部分，并且在大多数患有散发性 PD 的个体中尚未发现。流行病学研究表明散发性 PD 有遗传倾向。第二次世界大战退役军人双胞胎研究项目显示，在 50 岁或以前出现临床表现的散发性 PD 中遗传因素起到一定作用。使用[18] F-DOPA 的正电子发射体层摄影（PET）和纵向评估，在同卵双生子中 PD 的一致性为 75%，而在异卵双胞胎中则为 22%。拉扎里民（Lazzarini）等在新泽西州的一项研究中发现，在一般人群中，80 岁以下患有 PD 的概率为 2%，有父母或兄弟姐妹患病的人群中约为 5%~6%，父母和兄弟姐妹都患病的人群中，发生 PD 的概率是 20%~40%。

目前有 11 个 PARK 基因位点，各自代表一个基因组区域，基因组区域与不同程度的 PD 样疾病相关（见图 1）。PARK-1 是染色体 4q21.3-23 上的 α-突触核蛋白基因突变而呈现的家族性常染色体显性遗传 PD。α-突触核蛋白通常是可溶性蛋白，但在 PD 中它聚集形成不可溶的纤维，其是神经元路易体包裹体的主要结构成分。突变的 α-突触核蛋白引起 PD 的假定机制包括线粒体损伤、蛋白质处置受损、蛋白质的毒素积累导致细胞死亡。

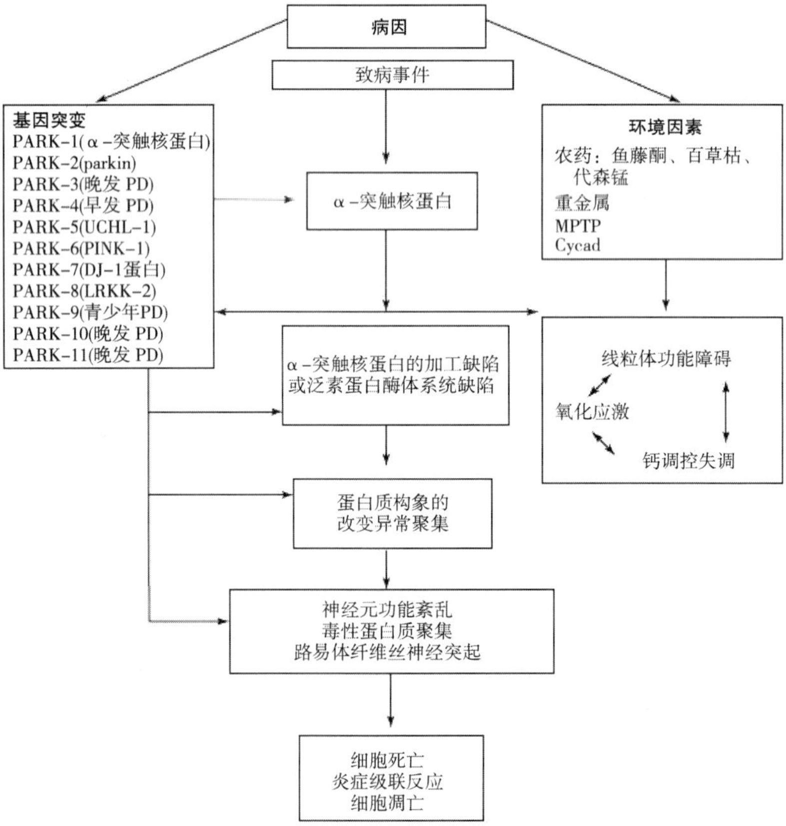

图 1　帕金森病的发病机制

PARK-2 是由于染色体 6q25.7-27 上的基因突变而呈现的常染色体隐性遗传。PARK-2 是 PD 的常见遗传学病因，但在所有病例中仍不到 1%。基因产物——蛋白质 Parkin 是泛素蛋白酶体系的一部分，可以分解细胞中有缺陷的蛋白质。Parkin 基因突变的患者发病相对年轻化，症状通常在 40 岁左右出现。随着老化进程的发展，基因中有 Parkin 突变的人比没有突变的人群患 PD 风险更大。Parkin 在路易体内累积，并且在遗传和散发性 PD 中都很重要。

PARK-3 是由于 2p13 染色体上的基因突变而呈现的常染色体显性遗传。PARK-3 患者的发病年龄相对较晚，很像散发性 PD，但进展迅速。PARK-4 有常染色体显性遗传特征，是由于染色体 4p15 上的基因突变。患者有早发性 PD，并且进展迅速，自主神经功能发生障碍，出现痴呆和姿势性震颤。由于 4p14-16.3 染色体上泛素羧基端水解酶 L1（UCH-L1）基因突变，PARK-5 具有常染色体显性遗传特征。UCH-L1 是泛素—蛋白酶体系统的重要成员，它执行泛素化，是一种将降解蛋白质进行标记的过程，对错误折叠蛋白质的妥善处理至关重要。PARK-6 由位于染色体 1p36 上的基因突变引起，用于线粒体激酶［PTEN 诱导的激酶 1（PINK1）］。已经在几个早发型和缓慢进展的常染色体隐性 PD 家族中识别到 PARK-6。PARK-7 是一种罕见的常染色体隐性遗传性早发型帕金森综合征，是由于编码 DJ-1（一种由 189 个氨基酸残基构成的蛋白）的基因 1p 35-36 上发生突变。

遗传因素中最常见的是 PARK-8 类型。已经在具有常染色体显性迟发性 PD 的家族中识别到 PARK-8，并且是由于位于染色体 12p11.2-q13.1 上的亮氨酸重复激酶 2 基因（LRRK2，蛋白质产物 dardarin）发生突变所致。在散发性 PD 病例中也发现了 LRRK2 突变，在阿拉伯和犹太人群中尤为显著。PARK-9 是由于染色体 1p36 上发生基因突变，呈现为常染色体隐性早发型青少年 PD。患者出现痉挛、核上凝视麻痹和痴呆。PARK-10 和 PARK-11 是与 PD 有关的家族中的染色体区域，其致病基因尚未被识别。1 号染色体上的 PARK-10 位点与冰岛家族迟发性 PD 有关。染色体 2q36-37 上的 PARK-11 位点被认为与迟发性常染色体 PD 相伴出现，似乎影响了北美帕金森病家族对该疾病的易感性。

泛素—蛋白酶体系统清除多余蛋白质能力的损伤与 PD 中发生的细胞死亡有关。为了支持这一观点，PD 患者的黑质中发现蛋白酶体结构和功能缺陷，蛋白质聚集和氧化蛋白水平的增加。中脑培养物中蛋白酶体活性的抑制诱导多巴胺能神经元的退化与蛋白质胞内包涵体的形成相结合。

PD 患者比其他运动障碍或阿尔茨海默病患者具有更多的线粒体 DNA 变异。线粒体 DNA 突变引起的 PD 在 PD 细胞质遗传的家族中开展了积极的研究，并且 ND2、ND4L 和 ND5 基因中潜在的重要突变与 PD 的发生风险相关。PD 发病年龄变异性很大（甚至在同一家族中），从青少年到老龄（80~90 岁），平均发病年龄为 60 岁。脑源性神经营养因子（BDNF）的基因也可能影响家族性PD的发病年龄。基因GSTO-1和相邻基因GSTO2似乎影响PD和阿尔茨海默病发病年龄。

环境因素

环境毒素、感染和其他触发因素可能引起体内氧自由基过度生产，对导致PD神经元变性中发挥重要作用的颗粒有损害作用（见图1）。毒性MPTP（1-甲基-4-苯基-1，2，5，6-四氢吡啶）是街头毒品的污染物，具有对多巴胺能黑质神经元有毒的分解产物（MPP+），并产生严重的永久性帕金森综合征。在工业化国家中，农民和其他农业工作者发生PD的危险性较高。鱼藤酮是杀虫剂中常见的有机化学物质，可能会诱导靶向多巴胺能、胆碱能和GABA能神经元的氧化损伤。在大鼠中，慢性鱼藤酮暴露导致PD和非典型帕金森病中的病理学、生化和行为特征出现。除草剂百草枯和杀真菌剂及其组合可导致小鼠中不可逆转的和进行性的多巴胺能神经毒性。包括MPTP和鱼藤酮在内的许多毒素，都会影响线粒体复合物I，增加自由基的产生。在苏铁植物中，（当喂养小鼠时）神经毒素可以导致行为改变和神经元损伤，与PD中所见的相似。

生物因素

老化过程　衰老是PD最重要的危险因素。50岁以后PD的发生率随着年龄的增长而显著增加。正常老化过程中黑质的多巴胺能神经元约有20%的细胞死亡，而在PD中，超过60%的细胞可能在疾病有临床表现之前死亡。正常老化相关的变化可能与PD的致病过程相互作用，降低临床表现的阈值。

细胞凋亡　有证据表明PD存在异常的神经元细胞凋亡。Parkin、α-突触核蛋白和泛素三种分子在遗传性PD的发展中非常重要，在正常脑中这三种分子相互作用。Parkin通常会导致α-突触核蛋白与泛素结合，从而触发凋亡，导致该复合物自我破坏。在PARK-2遗传性PD中，Parkin是异常的，并且不能将α-突触核蛋白结合到泛素上。不发生细胞凋亡，而α-突触核蛋白在路易体中积聚。

复合物Ⅰ和氧自由基　一些PD患者线粒体酶复合物Ⅰ减少了30%~40%，使神经细胞容易受到不稳定的氧自由基的影响，这可以改变α-突触核蛋白并使其聚集成纤维。

NMDA受体　随着谷氨酸能N-甲基-D-天冬氨酸（NMDA）受体受到持续过度刺激在神经元内产生高水平的钙离子，PD患者丘脑底核中发生一些变化。这反过来导致触发氧自由基和细胞损伤级联反应。

总之，目前认为PD可归因于遗传和环境因素的相互作用，氧化性损伤、环境毒素、遗传易感性和衰老这一系列机制组合在一起，最终导致疾病发生。

病理学

PD大脑的肉眼表现显示轻度的额叶皮

质萎缩。在切除脑干时，中脑黑质中可见神经黑色素染色明显减少，这可能是随着铁沉积，与黑质网状结构中的锈色有关。组织病理学显示黑质致密部和斑点中的神经元损失及补偿性星形细胞和小胶质细胞增殖。黑质迷走神经元、迷走神经背侧运动神经核、梅耶特角，基底细胞核和杏仁核中的残留神经元中的透明细胞质内含物——路易体（见图 2）。路易体是蛋白质内含物，通常伴有称为路易神经突的异常神经细胞纤维，电子显微镜显示为密集聚集的纤维。免疫组织化学研究表明，路易体的化学成分是蛋白质的混合物，包括 α-突触核蛋白、神经纤毛和泛素。布拉克（Braak）在 400 多份尸体解剖的大脑中进行了大量的系列研究，最近显示 PD 存在多个阶段，最初黑质并没有受到影响。在潜伏期阶段，嗅球和迷走神经存在路易体，而在后期，皮质受到影响，导致症状前阶段出现痴呆和进展期的嗅觉和胃肠道紊乱。

病理生理学

在 PD 中，从黑质向纹状体（尾状核和壳核）突出的多巴胺能神经元的丧失，导致调节正常运动的运动性纹状体—苍白球—丘脑—皮质循环功能的改变，导致运动迟缓和僵硬。纹状体通过两条途径控制基底神经节输出神经元的活动——直接途径活动和间接途径活动。目前至少有五种多巴胺受体，

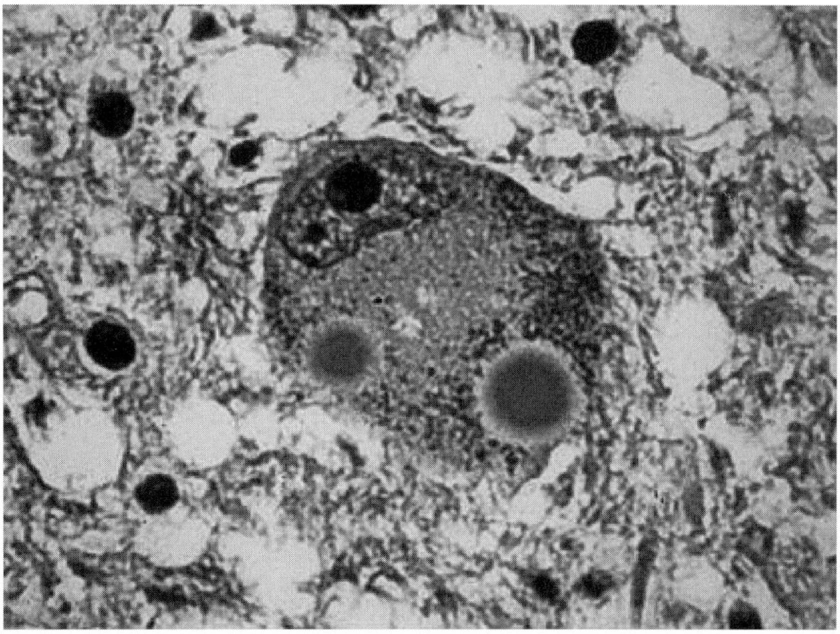

图 2 路易体

引自：Neuropathology of Atypical Parkinsonian Disorders. Litvan I , ed. In: *Atypical Parkinsonian Disorders*. New Jersey: Humana Press.

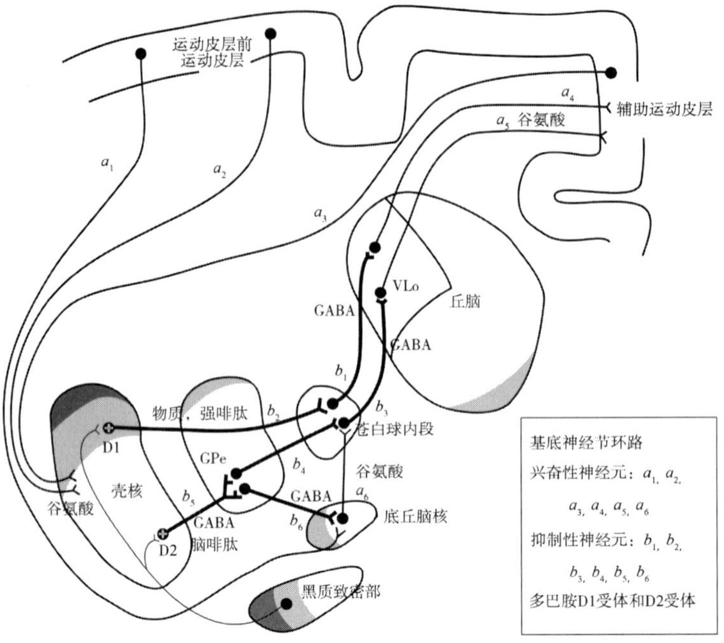

图 3　基底神经节电路图

引自：Gourtesy of Jen-Lnc Dreyer.

可以分成两个不同的家族，即 D1（由 D1 和 D5 组成）和 D2（由 D2，D3 和 D4 组成）。多巴胺和多巴胺激动剂对 D1 受体的作用是兴奋性的，而它们对 D2 受体的作用是抑制性的。

直接途径

包含 D1 受体的纹状体神经元投射到苍白球内侧（GPi），并通过 GABA 和物质 P 诱导对 GPi 神经元产生抑制，然后又抑制运动丘脑核中的靶神经元（见图 3）。这将消除对运动丘脑的抑制，增加细胞的结晶率。直接通路的激活有利于启动或持续运动。在 PD 中，从黑质纹状体投射到纹状体神经元上的 D1 受体（兴奋性）会有多巴胺的消耗，可能导致直接途径活动低下，导致丘脑神经元纤维环减少，抑制运动的启动。

间接途径

含有 D2 受体的纹状体神经元投射到苍白球外侧（GPe），然后通过丘脑底核向 GPi 投射（见图 3）。多巴胺在这里作为纹状体的抑制剂，其释放 GABA 和脑啡肽来抑制 GPe 神经元，进而又消除对丘脑底核的抑制。丘脑底核增加的环引起 GPi 和黑质网状神经元的激活。由于 GPi 到丘脑的输出是抑制性的，所以辅助运动区的兴奋性丘脑输入减少。因此，一般认为间接途径可以抑制不必要的运动。在 PD 中，黑质纹状体投射到纹状体神经元中 D2 受体中多巴胺的消耗会导致间接途径活动过度活跃。在 PD 患者中，[18]F-氟脱氧葡萄糖 PET 研究显示，在休眠状态下代谢性脑网络存在异常，其特征是与运动皮质代谢减少相关的相对双凸镜状和丘脑代谢异常。从 GPi 组合的超抑制流出可能会导致 PD 的不良症状（僵硬和运动不能）。通过损伤和刺激 GPi 或丘脑底核来减少这种过度的抑制性流出，从而反转这些症状，这是 PD 手术的基础。目前认为震颤活动是在丘脑的腹侧外侧核中产生的。另一方面，接受左旋多巴治疗的患者中，D1 途径的失调会导致运动障碍的发生，这是多巴胺能治疗的副作用之一。

PD 的诊断

虽然 PD 的临床特征是典型性的，但三项大型临床病理学研究表明，临床实践中专家对 PD 的误诊在 25%~40%。早期准确的诊断是非常重要的，因为 PD 患者的预后与治疗和非典型帕金森病（APD）患者存在明显的不同。早期 PD 患者的生存寿命与美国人口平均寿命几乎相同，特别是在适当治疗的情况下；APD 患者生存期较短，通常少于 10 年。

临床史

50 岁以上的 PD 患者经常会出现如下症状：静息震颤，写字过小，运动缓慢或减少，僵硬或疼痛。通常来说，起始隐匿，进展缓慢，尽管不对称性仍然存在，症状通常从一个肢体开始，遍及其他肢体。相关运动的减少和僵硬也是发病的症状。震颤通常是静息状态下发生的，在焦虑期增加，在活动或睡眠期间消失。行走缓慢可能发生在疾病早期，不稳定或跌倒的发生相对较晚。语音量减少和单调可能发生相对较早，但继发于吞咽困难的流涎可能会在晚期发生。同样，PD 早期也不会出现虚弱、阳痿或泌尿系统紊乱。抑郁症状可能先于运动症状或与其伴随发生，但痴呆症状并不是 PD 的早期症状，应该认真审视患者的药物治疗史。药物诱导的帕金森综合征通常继发于抗精神病药和止吐药的多巴胺受体阻滞剂，还有较不常见的是钙通道阻滞剂（例如桂利嗪）或抗心律失常药（例如胺碘酮）。

PD 的非运动症状包括疼痛、自主神经功能障碍、抑郁、焦虑、痴呆和睡眠障碍。疼痛是常见的症状，大约影响了 46% 的患者，并且往往与关闭状态下的运动功能障碍有关。嗅觉减退的嗅觉功能障碍可能是出现最早的 PD 症状之一。自主神经功能障碍可导致直立性低血压、勃起功能障碍、出汗过多、便秘和泌尿系统紊乱，但都是晚期症状。

抑郁症状常见，可以影响约 50% 的患者，并且在疾病任意阶段均可以发生。这可能表现为对单胺消耗的神经变性过程的反应性和内源性。焦虑（泛化或惊恐发作）在 PD 中也很常见，通常与关闭状态有关。痴呆发生在 PD 晚期，发病率在 30%~40%之间，但前瞻性研究显示，经过 8 年的随访，有高达 80%的 PD 患者可能发展为痴呆。病理学研究将 PD 中的痴呆与迈纳特基底核中神经元的损失、乙酰胆碱转移酶的损失及大脑皮质与边缘系统的路易体和阿尔茨海默病变化相关联。PD 中的痴呆也可能是由于相关的阿尔茨海默病或血管疾病。PD 中的睡眠障碍包括睡眠发作延迟、睡眠片段化、睡眠呼吸暂停、周期性腿动和 REM 睡眠行为障碍。这通常需要多导睡眠图监测来诊断睡眠障碍的类型。

神经学检查

研究者通过让患者重复性地用食指和拇指敲击或利用脚部敲击来评估运动不能。强直可以通过颈部和手足的曲张试验来评估，应在休息时进行震颤评估，同时进行活动，并保持姿势。评估眼睛运动，特别是垂直和水平扫视速度（两个刺激物之间眼睛的快速运动），有助于排除其他障碍。可以通过呈现一个或两个同时刺激来评估诸如视觉和感觉忽视的顶点征象。通过拉伸测试评估平衡（保持平衡同时向后拉）。只有在后期阶段拉伸测试才会出现异常。为了有效排除直立性低血压，在卧位和站立 1 分钟和 3 分钟后分别进行血压测量。赫恩（Hoehn）和亚尔（Yahr）分期和帕金森病评分量表（UPDRS）对跟踪疾病进展和治疗干预措施的效果非常有帮助。

诊断标准

目前对 PD 的诊断存在一些临床标准。诊断 PD 所需的主要特征是除了对左旋多巴治疗保持良好的反应和不存在非典型特征之外，还存在与强直或 4～6Hz 静息震颤相关的运动障碍（如缓慢、运动幅度减小）。事实上，运动障碍在 PD 中是普遍存在的，但在大约 75% 的 PD 患者中都会发生静息震颤。运动不能的患者伴发静息震颤可高度提示 PD 的发生。

当患者出现震颤时，需要评估震颤的类型（静息性、运动性或姿势性），并确定是否存在运动障碍（见图 4，见下页）。如果不存在运动障碍，应该确定震颤的特征是不是基本震颤（运动性和姿势性）或小脑震颤（主要是意图震颤，辨距不良和其他与小脑特征相关）的意向性震颤。如果存在运动障碍，则需要确定帕金森综合征是不是继发性的（药物如精神安定药、胺碘酮，代谢性疾病如威尔逊病，血管原因，感染因素等）。如果没有可识别的原因，应该确定是否存在非典型特征。对 PD 诊断存疑的非典型特征包括快速症状进展，早期（3 年以内）姿势的不稳定性，对多巴胺能治疗（900 mg 剂量的左旋多巴服用至少 1 个月）的反应较差或存在瞬态响应，肌阵挛，凝视麻痹，早期自主神经功能衰竭（即直立性低血压，男性阳痿和神经源性膀胱），锥体束症或小脑症状，失语症，显著早期的或严重的言语和吞咽困难。这些后期表现提示出现 APD，即进行性核上性麻痹、多发性系统萎缩和皮质基底核退化或路易体痴呆。如果没有非典型特征，可以进行 PD 的诊断。

实验室检查

PD 的诊断仍然是临床诊断。除了排除可治疗的疾病如威尔逊病或压力性脑积水，

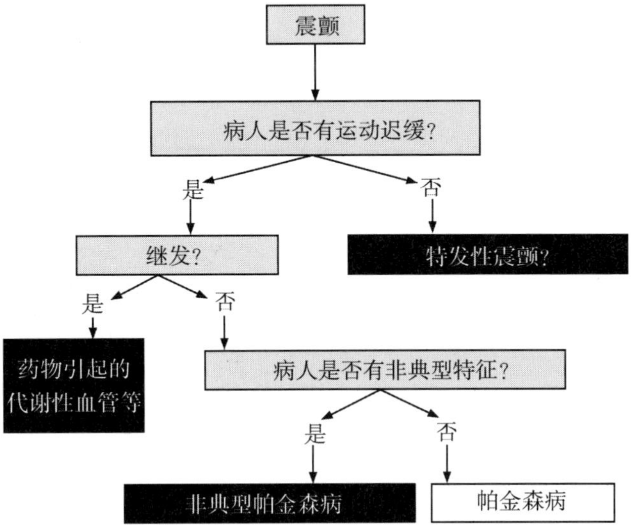

图 4 诊断过程

通常不需要进行实验室检查。PD 患者可能会从疾病早期的神经病学咨询中获益，以建立最合适的管理，并且在怀疑 APD 时保持参考。

神经影像学

神经影像、计算机断层扫描（CT）或大脑的磁共振成像（MRI）通常有助于排除其他诊断，但很少确诊 PD。在单光子发射计算机断层扫描（SPECT）和 PET 中使用放射性活性标记的多巴胺能配体的活性神经受体成像已经成为帮助准确诊断、监测疾病进展和评估 PD 的潜在神经保护疗法的工具。特异性突触前多巴胺能标记包括用于 PET 的 18 F-DOPA 和用于 SPECT 多巴胺转运蛋白（DAT）配体 123Iβ-CIT。这些研究证明了非对称壳核的特异性模式大于尾状体多巴胺能摄取丧失，其在 PD 中是进行性的，并且与运动迟缓而不是震颤相关。APD 与吸收的对称和扩散减少相关，同时影响尾状核和壳核。使用 IBZM-SPECT、11C-raclopride PET 和其他突触后多巴胺受体成像也显示 APD 中存在摄取减少，而 PD 中不存在。

纵向的影像学研究预测 PD 症状的发作为正常多巴胺能活动的 70%~75%，临床前期为 4~8 年。PD 的临床前期诊断可以实施干预措施以减缓疾病进展。PET 扫描也可用于排除由于多巴胺抑制药物引起症状和体征患者的 PD。

PD 也影响其他神经递质系统，并且使用血清素受体配体进行成像，显示抑郁症 PD 患者的大脑皮质吸收减少，其与震颤评分相关。SP/NK1 受体的配体显示运动障碍 PD 患者的丘脑活性降低。烟碱乙酰胆碱受体与多巴胺能系统具有密切的相互作用，并在认知功能中发挥重要作用。SPECT 成像显示 PD 患者皮质和皮质下区域烟碱乙酰胆碱受体明显减少，是 PD 中认知功能障碍的底物之一。

治疗

药物治疗

PD 的药物治疗包括直接或间接增加大脑中多巴胺水平的药剂，延缓运动障碍的发生，并影响其他神经递质，减少 PD 的一些症状和治疗非运动性症状的药物。神经保护和神经恢复疗法仍然是实验性的。

左旋多巴 左旋多巴在 1970 年获得美国食品药品监督管理局批准。多巴胺不能穿过血脑屏障（BBB），因而不能用作 PD 的治疗，但左旋多巴可以通过肠黏膜和 BBB 的运输，涉及能量依赖的载体介导系统。高蛋白食物中的中性氨基酸在两个部位与多巴胺竞争，因此左旋多巴最好空腹服用。左旋多巴在脑内和其他外周位点被多巴脱羧酶转化为多巴胺。左旋多巴与多巴脱羧酶抑制剂——卡比多巴或苄丝肼（这些不通过 BBB）的组合将左旋多巴的血浆半衰期从 50 分钟升至 90 分钟，并将充分反应所需的量减少 75%。与脱羧酶抑制剂组合的左旋多巴制剂仍然是最强大的多巴胺能药物。最初患者对多巴胺能药物有良好的反应（蜜月期）。遗憾的是，左旋多巴较短的半衰期和神经元变性会引发运动障碍的早期发生。随着时间的推移，伴随左旋多巴治疗，几种模式运动障碍随即发生。最早的是在下一剂量药物之前出现帕金森病症状的剂量磨损现象。运动障碍（非节律性运动）可能在左旋多巴剂量的最大作用时发生（峰值剂量），每次药物剂量起始和结束时（二相），方波运动障碍贯穿整个时期，或者它们可能突然从静止变成严重的运动障碍。后来，患者有与剂量无关的随机发作和停止或者由于胃排空困难引起的左旋多巴延迟反应。

儿茶酚-O-甲基转移酶（COMT）是在外周组织中通过甲基化降解多巴胺的酶。目前有两种儿茶酚-O-甲基转移酶抑制剂（COMT-Is）可用作 PD 患者的辅助治疗，这些 PD 患者发生了剂末效应的运动障碍。托卡朋有效结合了两种，但肝毒性限制了其使用。恩他卡朋对 COMT 活性具有剂量依赖性作用。它不通过 BBB，而是在周边发挥其作用。它还可以降低同型半胱氨酸血浆水平，这为减少 PD 中细胞死亡提供了机制。目前，左旋多巴—卡比多巴—恩他卡朋组合特别用于剂末效应。

广泛的研究表明，使用连续多巴胺能刺激可以推迟运动障碍，这是目前治疗 PD 的标准。动物模型研究中的实验证据表明，用左旋多巴—卡比多巴—恩他卡朋的早期治疗可以显著减少运动障碍的发生。尽管一项研究表明，直接释放和控制释放（CR）左旋多巴在运动障碍发生方面（连续释放 CR 第 1 项研究已超过 5 年）没有差异，但研究中的控制释放剂量仅每天两次，从而不能实现连续多巴胺能刺激的原理。

由于立释型左旋多巴会导致早期发生运

动障碍，目前认为其不是易发生运动障碍的年轻 PD 患者的首选治疗方法。黑质纹状体神经元丧失的进展及多巴胺能药物的短半衰期是造成运动障碍的原因，延迟左旋多巴治疗可能会延缓运动障碍，但一旦发生运动障碍，任何治疗就会产生运动障碍。

尽管细胞培养研究表明左旋多巴是有毒的，但在人类或动物实验中没有证据表明其神经毒性。在 ELLDOPA 研究中，临床结果表明左旋多巴以剂量依赖的方式有效克服 PD 的体征和症状；该药物不会恶化或加速疾病进展，而是可能减慢疾病的发生。然而，β-CIT SPECT 子研究显示，左旋多巴可能导致位于纹状体的黑质纹状体神经末梢的多巴胺转运蛋白完整性的快速下降。未来需要进一步研究来更好地了解这些。

多巴胺激动剂 与左旋多巴不同，多巴胺激动剂不需要被代谢以达到神经元。它们延迟了运动障碍的发生，但是效果较差，并且比左旋多巴产生的副作用更多，如幻觉、直立性低血压、水肿、睡眠攻击、病理赌博。现有两种主要的多巴胺激动剂，即麦角衍生物（溴隐亭、卡麦角林、培高利特）和非麦角衍生物（普拉克索、罗匹尼罗）。复合物可导致胸膜、腹膜后纤维化和心脏瓣膜限制性疾病。

阿扑吗啡是具有高 D1 受体亲和力和催吐特性的短效 D2 激动剂。FDA 批准皮下制剂可作为不可预测发作的患者的救援药物，但是该治疗需要用止吐药（例如甲基苯酰胺、多潘立酮）预先治疗。已经发现阿扑吗啡皮下给药在治疗长达 8 年的患者中有长期功效。

溴隐亭是部分 D2 激动剂和轻度肾上腺素能激动剂，具有轻度 D1 和血清素拮抗剂特性。一些研究表明，在治疗早期和进展性 PD 时，溴隐亭在改善残疾和延缓运动障碍方面是有益的。

卡麦角林是一种更昂贵的每日一次的长效多巴胺激动剂。有证据显示其可以改善运动评分，并减少早期和晚期 PD 中的左旋多巴剂量。它具有类似于溴隐亭的效果，但副作用更多，如运动障碍和意识模糊。目前，尚未经美国食品药品监督管理局批准用于 PD。

培高利特具有高 D2 亲和力、轻度 D1 激动剂和 α-肾上腺素能活性，同时具有溴隐亭 10 倍的效力和相似的副作用。已经在临床试验中证明培高利特在早期和晚期 PD 中都有效，在改善运动功能和残疾方面优于溴隐亭。最近的 PELMOPET 试验将培高利特与左旋多巴进行比较，发现运动并发症和运动障碍在左旋多巴治疗患者中发生频率高出 3 倍；在培高利特治疗的患者中，PET 扫描上^{18}F-DOPA 摄取减少发生较少。然而，培高利特经常引起心脏瓣膜限制性疾病，应谨慎使用或限制使用。

普拉克索是在 D2 受体上活跃的合成多巴胺激动剂，适用于 α-肾上腺素和 β-肾上腺素受体及乙酰胆碱和血清素受体。许多研究表明普拉克索在 PD 治疗中的有效性。在左旋多巴治疗的患者中，使用普拉克索可以对日常生活活动、运动评分、停药时间和左旋多巴剂量减少产生显著的益处。其副作用类似于其他多巴胺激动剂，此外意外的睡眠发作和病理性赌博也是其副作用。CALM-PD研究将普拉克索与左旋多巴相比，结果显示运动障碍显著减少，但左旋多巴在降低PD临床分数方面效果更好。SPECT成像研究显示多巴胺转运蛋白损失率降低了40%，提示其有神经保护作用。

罗匹尼罗对D2受体具有亲和力，在早期和晚期PD中有效。早期PD中的REAL-PET研究显示，接受罗匹尼罗治疗达5年的患者的运动障碍显著低于接受左旋多巴治疗的患者。PET研究显示，与左旋多巴治疗组相比，罗匹尼罗治疗的患者在2年内 ^{18}F-DOPA纹状体摄取显著降低。CALMPD和REALPET研究提示DA的神经保护作用；然而，对观察到的效果可能有其他解释。

罗替戈汀是经皮给药的新型多巴胺激动剂，在欧洲已经证明是安全和有效的，并且正在美国食品药品监督管理局的审批中。在PD患者中，左旋多巴剂量的显著降低记录在最高的每日剂量水平上。一些接受罗替戈汀治疗的患者能够完全停止服用左旋多巴。不良反应一般较温和；最常见的是多巴胺激动剂的表现。在晚期PD的患者中，经皮给药如罗替戈汀，可能能够减少峰值剂量不良反应，例如运动障碍和经常随着口服给药而发生的磨损波动。

金刚烷胺 金刚烷胺是具有多种抗帕金森病机制的抗病毒药物，其包括多巴胺合成、重吸收抑制和释放，D2受体调节及NMDA受体的谷氨酸阻断活动，其对强直和运动迟缓有轻微的益处。它的副作用很少，包括足部水肿、网状青斑和认知改变。其主要用途是治疗早期PD，并作为中度PD的辅助药物，但目前主要用于治疗晚期PD，作为减少左旋多巴影响NMDA受体诱导的运动障碍的辅助药物。

单胺氧化酶-B抑制剂(MAO-BI) 司来吉兰是MAO-B（涉及多巴胺分解的酶）的选择性不可逆抑制剂。司来吉兰对轻度的症状有益处，并已用于早期PD治疗，也用作左旋多巴的辅助药物。它可以改善UPDRS评分，从而减少左旋多巴给药剂量。它也可能有利于冻结步态，但可能会加剧运动障碍。其副作用包括恶心、便秘、出汗和幻觉。尚无证据表明其使用与PD的死亡率增加有关。一种新的司来吉兰制剂正在美国食品药品监督管理局的审批中，与唾液接触后会溶解，可避免被胃吸收，并提高血浆浓度。

雷沙吉兰是一种不可逆转的MAO-BI，比司来吉兰更有效，同样也是在美国食品药品监督管理局的审批中。在大型临床试验中，雷沙吉兰作为早期PD治疗中的单一疗法及与晚期疾病中左旋多巴的辅助治疗是有效的。在PD的动物模型和临床试验中也表现出改善疾病的神经保护作用。

胆碱能抑制剂 在左旋多巴和多巴胺激动剂出现之前，苯海索、比哌立登、甲磺酸苯扎托品和普环啶等药物用以治疗PD。它们具有中枢和周围抗胆碱能的副作用，特别是对老年人群。它们对中枢毒蕈碱性乙酰胆碱受体介导的PD中发生的震颤和肌张力障碍有帮助。目前抗胆碱能药物主要用于治疗年轻 PD 患者的严重震颤。

非运动症状 PD 疼痛可能是由于肌张力障碍，对多巴胺能药物的优化做出最佳反应以减少停药时间。直立性低血压可以通过弹力袜，将多巴胺转化成左旋多巴制剂，或加入氟氢可的松和米多君来治疗。夜尿症和尿急需要进行泌尿系统评估，因为它们可能继发于对奥昔布宁或托特罗定反应的神经源性痉挛性膀胱、神经性原发性的无症状膀胱或阻塞性原因，例如前列腺的良性肥大。西地那非可能对勃起功能障碍有益。可以用 5-羟色胺选择性重摄取抑制剂（SSRI）治疗抑郁症。可以通过调整多巴胺能药物治疗静息态相关的焦虑，在深部脑刺激后也可以改善；可以用阿普唑仑、加巴喷丁或 SSRI 治疗广泛性焦虑症。PD 中的痴呆症状可以由抗胆碱酯酶抑制剂如利斯的明和多奈哌齐改善，美国食品药品监督管理局已批准利斯的明用于此用途。

手术治疗

PD 的早期脑部手术是苍白球切开术和丘脑切开术，对应分别毁损了部分苍白球和丘脑的。这些手术是不可逆转的，往往伴随并发症。近年来发现深部脑刺激（DBS）可以模拟苍白球切开术和丘脑切开术的效果，现在已经将 DBS 作为 PD 的手术治疗选择。这些手术通常应用于经药物无法充分缓解的且受到严重影响的 PD 患者。DBS 比苍白球切开术或丘脑切开术更安全，因为可以调整刺激以匹配患者的需求，如果发生不良事件，可以关闭。DBS 通过电线（经过颈部皮肤和头皮隧道）连接到脑中的电极，植入胸壁的程序化刺激发生器，可以提供持续的刺激。刺激发生器可以通过挥动的磁体打开和关闭。一般 5 年后，可根据需要更换胸壁电池。DBS 确切的运行机制是未知的。假设高频刺激可以阻止刺激部位神经元的输出，或刺激将不规则神经元活动改变为强直活化模式。

电极植入后调整刺激物和药物是神经病学团队和患者的主要时间承诺。一旦调整发生，手术的最大效果就可以实现，这可能在手术后几周甚至数月发生。DBS 手术的风险包括手术风险（出血、感染），也包括硬件并发症。这些包括引线破坏、电极故障、刺激发生器故障和电池故障。

丘脑 DBS 主要对抗震颤，但在 PD 中并不常见。双侧手术有较高的不良反应风险。丘脑底核的 DBS 已经成为控制 PD 的主要手段，但是它对 GPi DBS 的优越性正在受到质疑。两者都可引起 PD 所有主要运动症状的改善，运动评分在静息状态下提高 40% 至 60%，在发作状态下提高 10%，这在随访中可以持续数年。左旋多巴的剂量通常可以减少约 30%，从而改善运动障碍。双侧手术似乎优于单侧手术，并发症风险只是稍有增加。F-DOPA PET 显示 DBS 不能阻止晚期 PD 患者多巴胺能功能的持续下降。丘脑底核 DBS 患者的进展率在先前报道的 PD 纵向成像研究数据的范围内。

DBS 的排除标准包括年龄大于 75 岁，存在痴呆，显著的认知异常或行为异常。随着 DBS 变得越来越普遍，关于罕见但严重的神经精神不良事件的报道越来越多。一小部分患者中在手术后可能会发生抑郁的发作或恶化，这些患者通常在术前就有较高的风险。自杀是抑郁症患者的一个众所周知的风险，在少数患者中得到报道。手术前神经精神评估和术后随访是患者护理的关键部分。

非药物治疗

PD 中的很多问题都可能通过非药物治疗改善。在任何情况下都需要采用个性化的方法来确定问题并确定治疗计划。治疗团队包括多名成员，如物理治疗师、作业治疗师、语言病理学家、老年学家、神经病学家、心理学家等。有效的治疗可能会减少对药物的需求并改善生活质量。

物理治疗、作业治疗、适应性设备及家庭和工作场所的改变可以改善运动、平衡、姿势、步态和行动能力。至于演讲，一些 PD 语音训练项目增加语音量，使用短句，采用呼吸练习和关节活动度练习是有效的。可以通过有意识的吞咽练习或通过小剂量的抗胆碱能药物或将肉毒杆菌毒素注射到唾液腺来减少流涎。吞咽困难的管理包括使用视频荧光检查定期进行改良钡吞咽评估，以确定具体的失调。在不同的阶段可能会有膳食的变化，如指导咬较小的一口和下次咬之前彻底清空口腔，增稠液体和吃较软的食物。在肠养生法中，增加液体摄入量，坚持富含蔬菜和水果的饮食，使用粪便软化剂，增加膳食纤维或补充纤维，均可以降低便秘的发生。

实验疗法

PD 正在尝试一些实验疗法，这些还需要进一步的研究。其中包括辅酶 Q10，抗炎药物，神经胶质细胞衍生的神经营养因子（GDNF），基因治疗和使用胎脑黑质及视网膜色素上皮细胞的细胞移植。

在最近的研究中，已经显示干细胞能够分化成多巴胺能神经元，在 PD 动物模型显示其在移植后可以提供益处。干细胞为 PD 治疗提供了巨大的希望；然而，细胞存活和行为反应是有限的，还需要进一步的研究。

预防

PD 的一级预防包括减少可识别的环境毒素。遗传咨询对家族性 PD 的小群体是有帮助的。

规律使用布洛芬可能会延迟或预防 PD 的发作。最近一项关于使用非甾体抗炎药物和 PD 风险的研究发现，规律使用布洛芬的患者比非用药患者患 PD 的风险降低 35%。

大型前瞻性流行病学研究显示了咖啡因摄入与降低 PD 发生风险的相关性。男性患 PD 的风险与咖啡因摄入有关，但女性与此无关。在小鼠模型中，咖啡因及腺苷 A（2A）受体的特异性拮抗剂也被发现可以减轻 PD 的神经毒性。这些流行病学和实验室数据汇聚在一起，支持了咖啡因降低 PD 发生风险的可能性。除了具有神经保护潜力外，目前正在研究咖啡因和腺苷 A（2A）

拮抗剂作为对症的抗帕金森病疗法。

结论

随着发达国家和发展中国家人口老龄化的加剧，PD的发生率可能会增加。分子和遗传学研究的进展表明，PD可能是伴随多种遗传倾向并由环境、生物因素和衰老促成的异质性疾病。迫切需要更广泛的高水平的PD患者的治疗照顾中心，需要训练有素的运动障碍专家、康复专家和最先进的诊断和治疗方式。使用神经受体成像应导向家族性PD的早期（潜伏期）诊断，并允许评估潜在的神经保护治疗策略。DBS的出现和可用性的不断增加应该为那些对最大程度药物治疗没有反应的重度PD患者带来缓解。更多关于导致PD的遗传学、环境和生物学因素的研究，可能有助于设计预防性和神经保护策略以降低疾病的发病率。

另请参阅：评估：神经心理学；平衡、姿势和步态；细胞死亡；痴呆；运动控制；神经影像；神经肌肉系统；神经递质和神经营养因子。

拓展阅读

Brooks DJ (2004). Neuroimaging in Parkinson's disease. *NeuroRx* 2: 243-254.

Fahn S (1999). Parkinson disease, the effect of levodopa, and the ELLDOPA trial. Earlier versus later L-DOPA. *Archives of Neurology* 56: 529-535.

Feigin A, Fukuda M, Dhawan V, Przedborski S, Jackson-Lewis V, Mentis MJ, Moeller JR, and Eidelberg D (2001). Metabolic correlates of levodopa response in Parkinson's disease. *Neurology* 57: 2083-2088.

Gasser T (2005). Genetics of Parkinson's disease. *Current Opinion in Neurology* 18 (4): 363-369.

Lang AE and Lozano AM (1998). Parkinson's disease: first of two parts. *New England Journal of Medicine* 339: 1044-1053.

Lang AE and Lozano AM (1998) Parkinson's disease: second of two parts. *New England Journal of Medicine* 339: 1130-1143.

Lazzarini AM, Myers RH, Zimmerman TR Jr, Mark MH, Golbe LI, Sage JI, Johnson WG, and Duvoisin RC (1994). A clinical genetic study of Parkinson's disease: evidence for dominant transmission. *Neurology* 44: 499-506.

Litvan I (1998). When is it Parkinsonism? *Journal of the American Medical Association* 290: 1654-1655.

National Institutes of Health (2004). *Parkinson's Disease: Challenges, Progress, and Promise*. National Institute of Neurological Disorders and Stroke, National Institutes of Health. NIH Publication No. 05-5595.

Nutt JG and Wooten GF (2005). Diagnosis and initial management of Parkinson's disease. *New England Journal of Medicine* 353: 1021-1027.

Olanow CW (2002). The role of dopamine agonists in the treatment of early Parkinson's disease. *Neurology* 59 (Supplement): S33–S41.

Pahwa R, Lyons KE, and Koller WC (eds.) (2003). *Handbook of Parkinson's Disease*, 3rd edn. New York: Marcel Dekker.

Rodriguez-Oroz MC, Obeso JA, Lang AE, Houeto JL, Pollak P, Rehncrona S, et al. (2005). Bilateral deep brain stimulation in Parkinson's disease: a multicenter study with 4 years follow-up. *Brain* 128: 2240–2249.

Snyder BJ and Olanow CW (2005). Stem cell treatment for Parkinson's disease: an update for 2005. *Current Opinionin Neurology* 18: 376–385.

译　者：王　艳（北京大学护理学院）

批判老年学

C. L. 埃斯蒂斯，C. 菲利普森 加利福尼亚大学旧金山分校，加利福尼亚州，美国

词汇表

老龄市场（Aging Enterprise）——用于描述老年人如何在社会中被当作商品来对待，以及年龄隔离政策如何通过将老年人从社会其他人群中区分、污名化和孤立来进一步推动这一情形的一种术语。

人文老年学（Humanistic Gerontology）——或称“文化老年学”（Cultural Gerontology），研究文化、结构和能动性之间的交互和递归关系的学科。

引言

批判老年学受益于广泛的理论和哲学传统，特别是安东尼奥·葛兰西（Antonio Gramsci）和法兰克福学派（the Frankfurt School）；冲突理论家，如克劳斯·奥菲（Claus Offe）和詹姆斯·奥康纳（James O'Connor）等新马克思主义和新韦伯主义的国家理论家；女权主义理论家，特别是父权制和国家方面的；研究制度性种族主义和不平等的理论家，如迈克尔·奥米（Michael Omi）和亨利·怀南特（Henry Winant）。其他理论影响包括文化研究、社会建构主义、精神分析观点、知识社会学，以及全球化和风险方面的工作。

这些理论资源都被整合成批判老年学的不同方面，发展出了许多流派的研究，包括激进老年学、政治老年学、老龄政治经济学、老龄道德经济学和文化老年学。本文首先探索批判老年学的知识起源，其次确认批判老年学的主要理论资源，最后是对批判老年学未来发展的思考。

批判老年学的起源

批判老年学的总体目标是提供替代性的理论视角和解放性知识，以解决社会不平等和社会正义的问题。老龄政治经济学是批判老年学中发展最早也是最充分的领域，已经成为老龄化领域的主流理论之一。这一理论出现在20世纪70年代末，根据美国的卡罗尔·埃斯蒂斯（Carroll Estes）、英国的彼得·汤森德（Peter Townsend）和艾伦·沃克（Alan Walker）、加拿大的约翰·迈尔斯（John Myles）、法国的安妮-玛丽·吉尔马（Anne-Marie Guillemard）等学者的研究而发展起来，旨在考察老龄化过程及将之视为问

题的社会建构，并在更宏大的社会情境下加以理解，如政策、阶层和社会地位（如种族、民族、性别、体格）。从一开始，要理解老年和人口老龄化的社会建构，其中的问题界定以及适合且可行的公共和私人行动思路，核心就是要研究理念和意识形态。意识形态上的权力斗争被认为是支配性社会关系的反映和再生产，这种关系对于如何确定老年和老龄化议题具有重要影响，决定国家政策如何处理这些社会现象。作为促进巨大利益的主要工具，意识形态反映了对未来生活的特定世界观。为了支持这一点，戈兰·瑟伯恩（Goran Therborn）注意到，意识形态划定了公众对“是什么、什么是好的、什么是可能的”的理解。以年龄为例，第一，它表明了认识和重视老年人群体之间差异的重要性；第二，在不同年龄、不同世代以及具有共同利益的不同社会群体间形成社会团结的可能性；第三，对于社会老龄化和老龄化社会的看法和期待，开发替代方案的可能性。

批判老年学用冲突观点来展示社会内部的权力斗争如何导致各种分歧和不平等，而这些对于生命历程轨迹和个体老年期生活机会具有重大影响。政治经济学家批评说，老年学在理论及实证层面极为缺乏对于影响和形塑个体老龄化的社会因素与结构性因素的关注，而是专注于生命历程发展、老年期个人调整以及所谓的成功老龄化。

这一方法下的批判视角包括两个方面。第一，探究国家与不同的企业部门，以及更大的资本主义经济体系和其他社会机构，它们内部和之间具有的制度性角色和强大的结构性利益。这一工作考察了由此产生的社会关系对家庭和性别体制的影响，特别是对社会最弱势群体的影响。第二，批判视角致力于促进社会公平以及连接社会行动分析和政治变化的实践。罗伯特·巴特勒（Robert Butler）在其具有影响力的专著《为什么活下来？在美国变老》（*Why Survive? Being Old in America*）中预测了批判老年学对于老年歧视的冲击力，以及改变政治和社会来捍卫老年人与更好社会的号召力。具体而言，实践的目标是理解并改变那些导致和再现社会的不平等与不公正的主导结构。

在欧洲和美国，老年和衰老被建构为福利国家的问题。随着全球化和跨国金融资本力量的增强，发达国家和发展中国家越来越关注国家在为老年人等群体的护理和支持提供资金方面的角色冲突。许多批判老年学研究把收入、财富、教育和其他资源的分配视为一个中心问题，对其在不同种族、民族、阶层、性别和年龄中的分布尤感兴趣。研究重点在于有关家庭、市场和国家这些机构是如何被组织起来并发挥功能来产生社会政策，以及这些政策在个体、社区和社会层面引起的相关后果。在分配与控制符号资源和物质资源方面的冲突是所要研究的核心过程，以便了解政策的形成以及对老年人口不同阶层的分配后果。

卡罗尔·埃斯蒂斯完善了老龄化的政治经济学方法，确定了多个分析层面，包括：（1）金融和后工业资本及其全球化；（2）国家；（3）包括家庭在内的性别或社会性别体制；（4）种族、民族和种族主义（制度性种族主义）；（5）更广意义上的民众和公民个人。运用到社会政策和老龄化领域，这一视角旨在理解和分析权力斗争所造成的人类和社会成果，特别是那些发生在中观层面（组织的和机构的）和宏观层面（国家的和全球的）的成果，因为它们影响着人们日常生活这一微观层面。

批判老年学和国家的作用

资本和资本主义制度的作用是老龄政治经济学中的一个关键要素。其主要关注的是老年政策与市场经济和政治之间的关系。企业资本在影响有利于其国内外商业利益的项目和政策方面的力量是一个关键研究议题。另一个研究领域是运用意识形态、政治和金融力量为国家项目的私有化服务（例如，美国的社会保障和医疗保险）。不同的金融和工业部门使用的外包策略，以及其他弱化劳工、女性和少数群体的权力和经济资源的低工资策略也吸引了人们相当多的兴趣。从政治经济学的角度来看，核心议题涉及在确保资本流动以获取利润和投资方面，公共支出对于私营经济运行的影响（实际的或者感知的）。

政治经济学的观点认为，国家对于理解老年和老年人的生活机会是很重要的，因为国家具有以下权力：（1）分配稀缺资源，确保经济的持续和增长；（2）调节不同社会群体（包含性别、种族、民族、阶级和世代等因素）的不同需求；（3）缓和可能威胁现有秩序或干扰既得利益集团权力的社会状况。在批判政治经济学中，国家理论假设了冲突范式，即认为社会秩序建立在特定社会群体对于其他群体的主宰上。权力斗争的结果是从社会如何组织和运作的角度来考察的。社会秩序（现状）被视为通过约束（在某种意义上，一些人能够将自己的想法、物质利益和行动强加于其他人）而不是通过大众共识来维系。对工作组织和医学等社会机构的考察则依据它们是如何被组织和运作的。国家虽然以多重制度性形式（立法的、行政的、司法的、军事的、教育的）积极参与了这些斗争，但也代表了最有权势者不同形式的利益。在批判老年学家们的研究解释中，不同变种的国家理论同时存在而且相互竞争，如精英理论、管理理论、阶级理论、女性主义理论和种族理论。与此同时，关于国家的老年学研究仍然有限，但正在不断进入关注全球化的老年学学者的研究视野（参见“全球化与老龄化”）。

批判老年学和老龄市场

上述这些不同分析层次之间的差异在于它们对老年、老年人的界定和对待方式不一样，对于老年、老年人同个人互动和自我概念的关系，以及同结构性安排和资源不平等的关系的看法也不一样。老年和衰老的社会建构被看作是以下过程的产物：一些人能够将自己关于真实的特定看法——包括意识形态、老年和衰老的象征意义——强烈地影响其他人。这些社会结构与变老产生了积极和消极的联系，也产生了变老的内涵，以及在所有社会层面（个人、制度和系统）改变或改进“什么是可能和适当的”这种观念。需要指出的是，老年经历虽然在一定程度上是被社会建构的，但并不意味着它是一成不变的或者完全被当前的权力分配和现实建构所左右。那些影响和决定形势定义的人，对社会养老福利的提供、个人和公共护理成本以及护理服务的结构拥有不成比例的控制权。然而，个体仍然保留了强大的控制自己生活的意愿以及个人和集体抵制被控制的潜力。这就是人类能动性，是发展批判性知识、追求社会变革、迈向更公正社会的内在驱动力。

资本、国家和公众之间关系的一个主要产物是老龄市场的发展，这对老年人具有重大影响，最早由美国的卡罗尔·埃斯蒂斯于20世纪70年代末（1979年）提出。这一术语的产生旨在提醒人们注意“在我们的社会中，老年人通常是如何被加工和被当作商品对待的，以及这样一个事实，即助长老龄市场的年龄隔离政策是具有社会分裂性的‘解决方案’，它将老年人从社会其他部分中挑出、污名化并隔离开来”。老龄市场由包括医疗产业复合体在内的各种机构共同建构而成。它通过在个人层面提供私人化医疗、高技术服务（通常是专卖的）以及营利性护理院来处理衰老问题（在美国）。对于老年人健康与社会支持需要的表达（定义）和政策应对强化了将衰老问题建构为对于市场商品的需要，而不是对于社会产品的需要，诸如持续性福利的普遍性资格和没有饥荒恐惧的照护型社区。这一结构强调了市场驱动型改革和重构的关键趋势，随着私人医疗、技术、保险和金融资本的日益整合和集中，专有护理、企业合并、营利性管理医疗和药品出现爆炸性增长，在国家层面乃至全球范围内都是如此。

在医疗服务和长期照护中，批判老年学主要研究以下社会过程：通过老年生物医学以及护理（成本）管理实现私有化、竞争和合理化的过程，成功地实现衰老商品化；随着联邦政府的责任被下放到下级政府、个人和家庭，以及越来越多的护理非正规化，大量的长期照护工作由女性照护者免费提供，这往往带来压力、发病率、死亡率、贫困增加等负面后果。

批判老年学中的种族和女性主义视角

研究种族和制度性种族主义对于理解老年政策的起源和后果，及政策对不同种族和族裔群体的影响都是非常重要的，无论这种影响是针对个人还是群体。可以从以下内容来进行考察：国家政策是如何通过本土和全球的帝国主义过程，以及促进压迫、剥削黑人和其他少数群体的移民政策，而与种族和其他少数民族产生联系的。社会结构内的种族和制度性种族主义以及不平等的权利关系会影响不同亚群体的政治进程和政治待遇，而这在很大程度上取决于它们同主流文化、政治、经济体制的关系及经历。收入和财富的不平等以及卫生和医疗服务的不平等，对于决定老年人可能经历或忍受的多重危险和结果至关重要。令人遗憾的是，老年和老龄化社会中有关种族、民族和制度性种族主义这一维度的分析，代表了批判老年学中发展最薄弱的一个领域。

女性主义理论是批判老年学的重要组成部分。性别是社会制度中的经济和权力关系以及整个生命历程的社会生活中的一项核心组织原则，塑造了个人的老年期和衰老经历，以及老年期中两性的资源分配。政府、医疗产业综合体、社会再生产和家庭照护中被低估的女性价值、全球化都被视为在整个生命历程中造成女性面临社会经济不平等和其他不平等的工具。在女性主义政治经济学中，不仅要注意性别关系和性别，还要关注社会阶层、种族和族群、国家、年龄等方面。女性主义经济学的新原理整合了非市场活动和家务劳动作为经济活动的中心，同时将合作和关怀（不只是竞争）的概念纳入经济分析的适当领域。

一些批判性女性主义学者认为，国家是压制女性的主要工具，其本身就是一个父权制机构。女性主义视角的批判老年学家已经证明，老年女性比老年男性更依赖国家。女性主义老龄政治经济学研究的一个主要目标是了解国家、跨国公司、资本主义、性别和社会性别制度以及制度性种族主义如何共同生产和复制这样的主导制度，使得很大比例的老年女性（特别是少数民族女性和未婚女性）在一生当中都处于脆弱和依赖状态。值得着重考虑的因素是，性别化的国家政策如何将老龄化问题定义为以女性无薪长期护理劳动为基础的个人自我护理和私人家庭责任问题，以及在需要正式护理且无法从女性身上提取免费护理工作时，营利性护理服务通常由收入较低的女性提供。研究考察了老年女性的处境与国家角色之间的关系，这促进了资本积累的利益、性别意识形态以及资本主义和父权制社会关系的合法性。从批判性女性主义视角出发对老年问题进行研究，旨在促进自反性和女权主义认识论，这项工作明确地游离在父权思想框架之外。继多萝西·史密斯（Dorothy Smith，女性立场、统治关系、建制民族志）、南希·哈索克（Nancy Hartsock，女性主义立场）和桑德拉·哈丁（Sandra Harding，女性主义中的科学问题）等人的研究之后，这些方法赞扬了女性日常生活知识的价值和有效性，同时也挑战了主流男性社会科学的框架和方法。

批判老年学和社会不平等

作为种族和女性主义视角的影响的一种反映，批判老年学的一个主要目标在于探究生活在发达资本主义社会中的老年人所经历的不平等特征。帕特里夏·希尔·柯林斯（Patricia Hill Collins）关于压迫连锁系统的概念是关于社会不平等的一项更广泛的批判性工作的一部分，它指出了种族和民族、社会性别、阶级、年龄、残疾的乘数效应和分层效应，反映并阐明了社会结构和个人经验。在宏观层面，诸如种族和性别这样的压迫体系与国家和其他社会机构联系起来。在微观层面，交叉性指的是每个个体和群体通过相互关联的压迫连锁结构占据社会地位的过程。对于那些在老年学中采取政治经济学方法的人来说，关注社会阶层一直是一个主要问题，他们认为老年人在阶级和其他结构上的分歧与年轻人和中年人一样严重（或更严重）。批判性观点已经着手厘清可能维持老年期社会分化的所有过程。教育似乎发挥了很强的影响力，并可能在促进社会和文化资本积累中发挥了关键作用，进而提升心理资源、健康生活方式和总体幸福感。

理解社会分化的另一种方法关注老年期可能会经历的不平等和剥夺的多维度途径。在这方面，社会排斥的概念有助于指出可能限制参与主流社会机构的各种因素。社会排斥的概念旨在认识生活在贫困中的老年人所经历的一系列问题——主要是物质困难，当然还包括社会隔离、疏离以及对主流机构的低度社会参与。沙尔夫等人在英国进行的研究表明，生活在社会剥夺严重地区（特别是大都市的内城区）的老年人可能面临多种形式的排斥，而且不同排斥领域之间存在明显的关联。特别是，在社会关系排斥和物质资源排斥之间似乎存在密切的关联，这证明贫困和剥夺是与一系列非正式社会关系的参与限制结合在一起的。这类研究提出了社会机构在支持老年人参与日常生活方面的作用问题，反过来说，当经济资源和社会资源降至一定水平以下时，有可能会导致人们的脱离。

这一视角关注的中心议题是生命历程中社会不平等的发展趋势。累积优势或劣势模式可能会继续，这些模式围绕性别、群体、阶级和种族划分构建。性别可能仍是不平等的一个关键要素，女性尤其受到福利组织和社会保障组织变革的影响。普莱斯（Price）和吉恩（Ginn）通过分析英国数据发现，离婚和分居的女性在老年期面临特别高的贫困风险，这一群体通常处于个人贫困之中并缺乏独立养老金计划，如果她们照顾年幼的孩子并且从事兼职工作，将陷入很难应付日常开支的状况。

批判老年学另一个主要研究主题是认识群体中日益增长的多样性和不平等性。对“婴儿潮一代”的研究可能会揭示出在未来收入和消费前景上存在的巨大差异，反映了教育、职业、性别、阶级和其他社会因素的影响。约翰逊（Johnson）和克里斯特尔（Crystal）利用美国纵向数据进行的研究发现，美国“婴儿潮一代”在他们退休期间可能面临高度收入不平等的前景，这一发现与欧洲的类似研究相吻合。不同阶级就业状况的变化可能会加重收入不平等，一方面专业技术人员和脑力劳动者薪酬增加，另一方面体力劳动者的工资、福利和工作保障有所减少。这里的驱动因素包括灵活就业的增长（与公司福利下降相关）、养老金计划从固定收益变为固定缴款以及发达经济体制造业就业形势的进一步恶化。一般而言，与全球化崛起相关的不平等是批判老年学家需要解决的问题，克里斯·菲利普森（Chris Phillipson）、卡罗尔·埃斯蒂斯、约翰·文森特（John Vincent）等人的研究工作都预示了这一点（参见“全球化与老龄化”）。

批判老年学的人文视角

批判老年学的另一个重要组成部分是文化老年学和人文老年学的发展，有时也称为道德经济，或更广泛地称为文化老年学。随着结构与能动性、文化与能动性的经典理论对立被对文化、结构和能动性之间的相互作用及递归关系的理解所取代，这种方法已广受欢迎。文化老年学属于否定经济学在解释国家和老年政策等社会制度时具有唯一确定性的理论趋势的一部分。这一研究路径反映了对马克思主义经典上层建筑模型所隐含的单向因果关系的改造。它更加注重老年生活的意义和经历。

在美国，汤姆·科尔（Tom Cole）、梅瑞狄斯·明克勒（Meredith Minkler）、乔·亨德里克斯（Joe Hendricks）和安妮·罗伯特森（Anne Robertson）等学者从老年学的道德经济视角出发，将注意力投向社会规范、互惠义务和社会关系，以及它们在对老年人和劳动力的社会整合与社会控制中的作用。道德经济学领域的学者根据对社会规范和义务的共同看法——诸如同分配正义和经济正义有关的互惠与代际公平——来审视关于某些实践合法性的普遍共识。

人文老年学通过寻求对现有理论进行批判，并在历史学家、伦理学家和其他社会科学家的研究基础上构建新的积极老龄化模型，为老龄化的批判方法增添了另一个维度。哈利·穆迪（Harry Moody）为老年学中的批判性人文主义视角确定了几个目标：（1）发展强调和揭示衰老主观性和解释性维度的理论；（2）致力于实践和社会变化；（3）产生解放性知识。与政治经济学、女性主义和种族理论相一致并互为补充，这一视角聚焦与衰老有关的权力、社会行动和社会意义的概念和关系。这一视角关注的是影响老年人的意义缺失，以及被认为渗透并影响他们日常生活和社会关系的怀疑和不确定性。

批判老年学关注身份认同和成人老化的关系，包括把身份认同理解为被经营和可协商的，既是行动限制的来源，也是社会行动的基础。在这一视角中，研究的主题是与老年和衰老相关的不同经历和意义。这项工作对于理解人类和政治机构的新兴形式以及这些形式对社会政策和老年、个人和社会老龄化的影响非常重要。西蒙·比格斯（Simon Biggs）提出，老化认同面对两种形式的过度：一种是过度结构化，将成人老化的可能性限定于年龄阶段和刻板印象；另一种是过度流动性，将老化与经历的物质基础割裂开来，这可能导致不安全和风险增加。这两者都对可接受的当代老龄化形式进行了限制。

社会老年学中对衰老的人文和经历研究、中观制度研究以及对宏观结构性运动和力量的研究都是必不可少的，旨在实现理解老年人和其他群体之间的差异和不平等的目标。包括扬·巴尔斯（Jan Baars）、西蒙·比格斯、戴尔·丹尼弗（Dale Dannefer）、克里斯·菲利普森和艾伦·沃克在内的批判老年学家，从不同方面指出了老年学后现代社会理论的问题意识。利用巴尔斯的自反性现代化概念，批判老年学试图拯救自我实现、团结和人类尊严等基本现代主义理想，挑战那些将经验从创造它的社会结构框架中抽离出来的研究视角。批判老年学家告诫人们不要采取以下方法：（1）将主宰老年人日常生活的社会不平等和经济不平等个人化，并将注意力从产生这些不平等的社会、经济和政治力量上转移开；（2）以忽视或抹杀政治权力的方式拒绝普遍的元叙事和真理陈述，以及经济和社会文化力量对年龄相关结果的影响。知识界的后现代转向和后结构主义的内容、意义、意识形态及后果在批判老年学中引发了激烈的讨论，远远超出了本文的范围；尽管如此，它们还是预示了批判老年学的学术未来。

批判老年学的未来发展

批判老年学的未来发展取决于学者对于更大的批判理论的研究投入情况，这一理论被理解为是对所有主流形式的批判和颠覆。社会老年学和其中的批判研究所面临的挑战，在人类生存方式和分析的宏观、中观、微观的每个层面都可以找到。加速全球变化的力量、金融资本不断增长的力量、不断加深的社会不平等，及工人和雇主、民众和国家之间不断变化且富有挑战的经济关系，加上其他深刻的动荡、文化和宗教之间的冲突以及人口统计学、经济学、政治学上的社会和全球老龄化——所有这些都有可能颠覆老年人群体的日常生活。

随着新的、不断演变的、破裂的社会关系深刻影响着个人和社会对老年及老龄化的感知，我们需要对老年学现有的概念和方法工具进行再审视。这些影响已经产生了对于老年人未来生活质量来说很重大的议题。需要研究的重要议题包括：发展批判理论及把个人同政治、经济和文化联系起来的更大计划；在全球范围内对老年和老龄化社会进行理论分析，关注国家、公民和社会权利；理解新的社会分化和不平等；对代际关系进行批判性研究。在这些领域中，一项主要任务是阐明对未来生活可能发生的事情的不同理解和愿景。对意识形态的关注旨在批评所有对不平等和社会不公进行模糊化、神秘化的东西，包括理论的、认识论的、方法论的和经验主义的研究工作。批判性视角的目的是在人们被告知的是他们可以选择的东西，以及他们自己对个人和集体需求的看法和表达之间拉开距离。这种距离有助于提高我们区分我们被告之去相信的东西的能力，以及增加为我们和我们的老龄化社会建立另一种可能性的机会。这个具有解放性的计划需要批评和距离来鼓励人们将衰老的自我视为一个有意识的能动者，不管身处何种环境，作为社会行动者都能从中发现自己。只有这样，我们才可能发现共同点，而不是忽视不同社会群体有区别的权利。在这方面，团结问题再次成为对西方社会和全球范围内的年龄隔离、老年歧视以及日益加剧的不平等和分裂的挑战。

另请参阅：种族和少数民族；全球化与老龄化；生命历程；老年政治；老化理论：社会学。

拓展阅读

Baars J, Dannefer D, Phillipson C, and Walker A (eds.) (2006) *Aging, Globalization and Inequality: The New Critical Gerontology*. Amityville, NY: Baywood.

Biggs S, Lowenstein A, and Hendricks J (eds.) (2003) The need for theory in gerontology. In *The Need for Theory: Critical Approaches to Social Gerontology*, pp. 1–14. Amityville, NY: Baywood Publishers.

Dannefer D (2003) Cumulative advantage/disadvantage and the life course: cross-fertilizing age and social science theory. *Journal of Gerontology* 58b: S327–S337.

Estes C (1979) *The Aging Enterprise*. San Francisco, CA: Josey-Bass.

Estes CL and associates (2001) *Social Policy and Aging: A Critical Perspective*. Thousand Oaks, CA: Sage.

Marshall VW and Tindale JA (1978) Notes for a radical gerontology. *International Journal of Aging and Human Development* 9 (2): 163–175.

Minkler M and Estes CL (1991) *Critical Perspectives on Aging: The Political and Moral Economy of Growing Old*. Amityville, NY: Baywood Publishing.

Minkler M and Estes C (eds.) (1999) *Critical Gerontology: Perspectives from Political and Moral Economy*. Amityville, NY: Baywood Publishing.

Moody HR (1988) Toward a critical gerontology: the contribution of the humanities to theories of aging. In: Birren JE and Bengtson VL (eds.) *Emergent Theories of Aging*, pp. 19–40. New York: Springer.

Moody HR (1993) What is critical gerontology and why is it important? In: Cole TR, Achenbaum A, Jakobi P, and Kastenbaum R (eds.) *Choices and Visions of Aging: Toward a Critical Gerontology*, pp. 15–41. New York: Springer.

Myles J (1984) *Old Age and the Welfare State*. Lawrence, KS: University of Kansas Press.

Phillipson C (1982) *Capitalism and the Construction of Old Age*. London: Macmillan.

Phillipson C (1998) *Reconstructing Old Age*. London: Sage.

Quadagno JS (1988) *Transformation of Old Age Security: Class and Politics in the American Welfare State*. Chicago, IL: University of Chicago Press.

Walker A (1981) Towards a political economy of old age. *Ageing and Society* 1 (1): 73–94.

译　者：伍小兰（中国老龄科学研究中心）
校译者：王永梅（首都经济贸易大学）

评估：神经心理学

G. N. 萨弗拉 圣地亚哥州立大学和加利福尼亚大学，圣地亚哥，加利福尼亚州，美国
D. J. 穆尔，B. W. 帕尔默 加利福尼亚大学，圣地亚哥，加利福尼亚州，美国

词汇表

临床神经心理学（Clinical Neuropsychology）——是临床心理学的分支学科，其内容包括对认知障碍及其他神经行为缺陷的系统性评估、康复和治疗，通常使用标准化且经过心理测量学效能检验的神经心理测验，对确诊或可能的神经精神疾病患者进行评估。

神经心理学（Neuropsychology）——研究中枢神经系统和心理活动关系的学科。

引言

从字面上看，神经心理学是研究中枢神经系统（central nervous system，CNS）和心理活动（或精神）之间关系的科学。从这个意义上讲（不管是否以“神经心理学”这个术语命名），神经心理学在心理学、医学（包括精神病学和神经病学）和哲学方面有着非常悠久的历史。此外，神经心理学探究还是认知神经科学、行为神经病学、神经精神病学、实验神经心理学等一系列相关学科的核心部分。在当代，“临床神经心理学”这一术语有着更为具体的含义，它是临床心理学的一个分支学科，其内容包括对认知障碍及其他神经行为缺陷的系统性评估、康复和治疗，通常使用标准化且经过心理测量学效能检验的神经心理测验，对确诊或可能的神经精神疾病患者进行评估。

本文的重点是探讨当前神经心理学的意义，特别强调神经认知评估在老年患者临床服务中的角色和应用。其目的是向从事老年卫生保健的专业人员概括介绍临床神经心理评估的性质和作用。具体目标有两个：（1）提高非神经心理学家的临床医生对老年患者进行神经心理评估的潜在价值的认识；（2）提供资源，使非神经心理学家的临床医生可以接受神经心理学咨询和成果的教育。

神经心理评估的定义与过程

什么是神经心理学家？

如前所述，神经心理学是一门研究中枢神经系统与神经行为功能之间关系的学科，涉及内容广泛，因此神经心理学家并不是某一特定学科的专家。来自一系列相关学科，包括认知神经科学、行为神经病学、生物精神病学、生物学和认知心理学，以及实验神

经心理学等学科的专业人员都将神经心理学作为一个科学探究领域。然而，现在的临床神经心理学家通常指具有博士学位的临床心理学家，他们往往接受过关于将神经心理学应用于临床工作和临床研究的专门培训。

要从事临床心理学，除需具备博士学位、从业执照和临床心理学家资格认证的所有培训要求外，还需要积累相关的知识和经验，能够评估大脑—行为的关系，并学会与脑损伤或其他神经疾病患者合作。所有的神经心理学家都应该具有神经心理评估和解释方面的专业知识，详细了解不同患病人群的认知和行为特征，以及在临床神经心理学的实践中具有特定的指导经验。神经心理学家还应该在功能神经解剖学、神经发育和神经疾病或神经病理学等分支学科中具有工作常识，而且通常是特殊技能。这些技能一般是在博士及 1~2 年的博士后培训期间，通过正规课程和经指导下的临床工作中获得的。因为要与老年患者合作，神经心理学家应该在老年精神病学和老年医学方面具备扎实的知识基础和相关经验。除了获得执照外（每个州都要求临床心理学的独立从业资格），许多临床神经心理学家还会继续努力争取获得美国临床神经心理学委员会（American Board of Clinical Neuropsychology）的认证，它是美国职业心理学委员会（American Board of Professional Psychology）的一部分。

神经心理测验与神经心理评估

综合神经心理评估的核心部分通常包括运用标准化测试和评分对一系列相对特定的神经认知功能进行评价，如注意力和工作记忆，言语知识及感受性和表达性语言功能，视觉空间结构能力，心理加工和精神运动速度，执行功能，视觉或听觉学习和记忆等。

标准化测试意味着测试执行程序、对受试者的指示、任务刺激和评分规则都已明确设定并且在程序开发过程中已得到部分验证。这些标准化程序保证了神经心理学家评估结果的可靠性，如内部一致性信度、测量者之间一致性信度和重复测量信度这些指标。正规情况下标准化测试还包括常模数据的使用。常模数据是通过标准化程序从健康对照组和不同临床人群中收集得到。利用常模数据可以将受试者的表现与整体人群或患病人群相比较，以及与人口学资料匹配的健康对照组比较。例如，在评估老年患者时将被试的结果与同龄人相比有助于更准确的判断，特别是受年龄影响较大的能力测试，如精神运动速度。这有助于从非病理性的异常中识别出真正的损害，例如区分与年龄相关的生理性健忘和具有病理改变的神经退行性疾病。

测试一系列认知能力而不是简单地评价整体认知功能，至少有两个特定的优势：（1）有些疾病或局部脑损伤会损害某些能力，而其余则保持相对完整，因此，对认知功能保存和缺陷的模式的检查可以为找到任何当前的神经病理学性质提供线索；（2）在制订治疗计划或补偿策略时，了解残存功能至少与受损功能同等重要。

标准化神经心理测验的使用通常是神经心理评估的核心，但神经心理评估的过程比标准化测试的实施和评分更加广泛复杂（实际上一些神经心理学家至少会将部分测试的实施和评分委托给受过良好训练和指导的具有学士水平的心理评估师或技术人员）。神经心理学家往往在结合测试结果与其他相关有用信息进行分析的过程中起到重要作用，如需要顾及的问题，详细的行为观察，与患者及其家属或照护者临床访谈，总结患者现在和过去的心理社会功能、病史和人格特点等。将广泛的信息进行整合的能力，以及对一系列特定神经心理测验中表现模式的考量，是临床神经心理学家在知识和技能方面最具科学性和艺术性之处。

神经心理评估的起源与当前作用

神经病理学的发展与定位

虽然神经心理学有着悠久的历史根基，但是直到20世纪早期到中期它才成为临床心理学的一个分支学科。最初临床神经心理学主要用于检测或定位脑损伤及其他中枢神经系统功能障碍，同时表征脑损伤的性质。事实上，这也是许多沿用至今的神经心理测试和技术的设计初衷。例如，在20世纪30年代，沃德·霍尔斯特德（Ward Halstead），临床神经心理学的先驱之一，仔细观察了脑损伤患者，试图了解这些损伤对其认知过程和行为的影响。每当观察到一种潜在的相关行为时，他就设计评估或量化该行为的方法。例如，在注意到许多脑损伤患者会有一定程度的单侧肢体瘫痪后，霍尔斯特德开发了手指摆动试验，也就是人们常说的“手指敲击测验”（finger tapping test），以及其他测验来量化运动障碍。利用这种方法，霍尔斯特德设计了一系列测验，随后由拉尔夫·瑞坦（Ralph Reitan）改进、扩展和进一步验证，由此开发出霍尔斯特德—瑞坦神经心理成套测验（Halstead-Reitan neuropsychologic test Battery）。目前这组测试的一部分仍然是应用最广泛的神经心理测验之一。

其他常用的认知功能测试包括“韦氏成人智力量表”（Wechsler Adult Intelligence Scale，WAIS）和“韦氏记忆量表”（Wechsler Memory Scale，WMS）及其不同版本等。虽然早期版本的WAIS和WMS主要用于测量智力和记忆力，但最新版本可以计算特定的神经认知功能领域的指数得分，例如言语理解力、信息加工速度、感知觉、工作记忆、听觉言语记忆和视觉记忆，从而成为合适的神经心理学测量工具。

在过去的几十年中，随着神经影像学技术如计算机断层扫描（CT）和磁共振成像（MRI）的发展和可用性的增加，神经心理评估在病灶发现和定位中的应用越来越少。但是神经影像学不能完全取代神经心理评估的作用。神经心理测验通常对当前成像方法不能识别的微小神经病理改变很敏感。例如，由于细胞凋亡、脑萎缩，以及斑块和神经纤维缠结在正常衰老中很常见，因此很难单独通过成像技术来区分阿尔茨海默病早期的神经病理变化和正常老化。然而，通过神经心理评估，可以发现情景言语记忆的轻微损害（比正常老化更严重）。同样，由创伤性头部损伤或其他形式的神经病理引发的功能相关的非局灶性病变可能会影响神经心理表现和日常功能，但通过 CT 或 MRI 却很难发觉异常。

鉴别诊断

神经心理评估也常用于神经认知障碍的鉴别诊断。鉴别诊断的关键是能够区分和衡量相对离散的认知功能，并将观察到的表现水平与同龄正常人群的常模数据作比较。常见的例子是神经心理学家对主诉健忘的老年人进行评估。很多时候常人所认为的记忆缺陷，通过神经心理评估，可能归因于其他类型的缺陷，如感知觉异常、注意困难、组织能力或其他执行功能障碍，可能提示抑郁或焦虑，或两者兼而有之。一个经验丰富的神经心理学家能够区分这些导致健忘增加的潜在病因，并针对这些主诉的具体原因制订出相应的治疗计划。

确定并量化已知神经病理损伤对认知或功能的影响

神经心理评估的另一个关键作用是评估已知的神经损伤或病变对认知和功能的影响。例如，人们知道阿尔茨海默病、脑卒中或脑损伤影响特定的脑区，但如果不进行完整的神经心理评估，这些已知的损伤对特定认知能力和日常功能的影响可能无法阐明。事实上，在过去的十多年里，临床神经心理学对不仅要记录认知缺陷的存在，还要从日常功能角度来识别认知缺陷的影响越来越重视。例如，神经成像可以识别出患者海马的损害，海马对新记忆的形成至关重要；然而，成像结果并不能告诉临床医生患者记忆损伤的严重程度，以及这种损伤对患者日常功能的影响。因此，神经心理学在康复过程中非常重要，可作为作业治疗法和物理治疗的补充手段。例如，即使患者的认知损伤不能完全康复，明确其个性化的优势和劣势可能是制订补偿策略的关键（不管是指导他如何更多地依赖保留能力，还是通过改变环境来降低功能障碍的潜在影响）。

评估目前和未来的功能障碍或康复情况

神经心理评估在老年心理健康和其他临床工作中的另一个常见作用是评估认知功能变化的速度和轨迹。比如阿尔茨海默病等神经退行性疾病中认知功能衰退的速度，或是认知功能康复的速度和水平；脑卒中及创伤性头部损伤患者认知功能的恢复水平和速度等。在这种情况下，反复的神经心理评估在长期治疗和护理计划中是非常宝贵的组成部分。在解释多次评估的变化时，一些常见的问题是受试者的表现可能会因为他们对测试内容或测试方法更加熟悉而有所提高；而且由于随机效应，测试分数在连续评价中通常会出现一些轻微的波动。因此，在过去 10 年中临床神经心理学的一个特别有趣和有用的进步是，神经心理学家对制订分数变化的常模越来越感兴趣，而且已经做了初步的工作，与这些常模数据相比较就可以评价并观察到变化是否符合预期的实践效果和随机误差。

神经心理学在诊断和治疗非神经系统疾病患者中的作用

在很多临床环境中，有些情况下会考虑对患者实施神经心理评估，主要是针对患有获得性神经系统疾病的患者（如头部外伤、脑卒中、脑肿瘤或进行性神经退行性疾病）。的确，神经心理学家在诊断和治疗这类患者的过程中是很重要的和有价值的。然而在老年医学和其他精神卫生机构中常见的疾病，例如情绪障碍和精神病，也普遍与神经认知有明确的相关性。甚至许多非神经精神疾病，如癌症、心血管疾病、肝脏疾病、内分泌失调和某些传染病（尤其是艾滋病），以及其治疗过程都可能对功能相关的认知能力产生不利影响。在原发性精神疾病方面，有大量关于老年患者和年轻患者日常功能和结果的预测因素的文献。这些文献清楚地表明，对患者自理能力水平和长期预后最有效的预测指标既不是原发性精神症状，也不是诸如年龄或受教育程度之类的人口学特征，而是神经心理学技能。简而言之，无论是简单筛选还是综合评估，神经认知评估对患有神经病、精神疾病和其他疾病的老年患者，其评价、治疗和护理计划都具有明确的适用性和实用价值。

特定神经心理功能领域的评估

如前所述，神经心理评估的核心基础是，认知功能在某种程度上可以用一些更为具体的能力来描述，这些能力反映了相对独立的脑区或系统的功能。对这些功能详细描述及可用于每个模块和子模块的各种测试，不属于本文的范畴。尽管如此，为了让那些不熟悉神经心理评估细节的人对这些模块的运用有切实的理解，我们简单示例如下。

注意力和工作记忆

“注意力”是一个相当宽泛的概念，它指的是一系列更具体的能力，比如简单或基本的注意力（如倒背数字）、选择性或集中注意力（从无关刺激或信息中找出有用信息）、注意维持（对目标保持关注）和警觉性（例如随时等候特定的刺激或事件发生）。从概念上看，工作记忆与注意力密切相关，但也与执行功能（如后述）关系密切。工作记忆通常被概念化为短期的“脑力工作台”（mental work bench），在这里将信息在短时间内动态保存，以用于进一步处理。关于工作记忆，很重要的一点是它的容量有限，需要通过积极复习或分配注意力资源才能保持。例如，一个人要在他的工作记忆中保存一个电话号码足够长的时间，以完成拨打电话的行为，那么在此延迟时段内进行积极复习，通常有助于记忆的保持。考虑到注意力作为一种神经心理学的功能域的分散性，这些能力不是由哪个具体的神经解剖区域来负责的；然而，人们却普遍认为，大多数注意力技能都需要相对完整的额叶。

关于注意力和工作记忆的常见测试包括简易精神状态检查（Mini-Mental State Examination，MMSE）中“连续减 7”子任务和“韦氏成人智力量表”第三版和“韦氏记忆量表”的数字广度子测试。在后者中，首先要求受试者顺背长度逐渐增加的数字串，然后在后半部分要求受试者倒背数字串。还有各种删除作业，例如扩展的霍尔斯特德—瑞坦神经心理成套测验中的数字画消任务（Dight Vigilance 。要求受试者快速识别并从大量数字中画掉目标数字）；各种版本的连续操作测验（Continuous Performance Test，CPT），例如找对子的版本（要求受试者观看计算机屏幕上快速闪烁的一系列数字，如果同一行中有某一数字出现两次则要做出反应）；还有空间工作记忆任务（要求受试者在短暂的时间间隔后回忆特定刺激的位置或以检查者给出的相同或相反的顺序敲出一系列模块），如“韦氏记忆量表”的空间广度子测试。

言语能力

言语能力包括“晶体知识”（crystallized knowledge）和语言功能。“晶体知识”通常是在学校或其他社会学习环境和经验中获得的表述性知识。用于这一功能域的测试包括“韦氏成人智力量表”第三版中的词汇子测试，用来测量词汇概念（要求受试者解释一系列给出的词）；以及“韦氏成人智力量表”第三版中的信息子测试，用于评估受试者对一般信息的了解程度（其中要求受试者回答常识性问题）。

被普遍应用的语言测试不仅包括书面任务，如阅读理解任务；还包括听觉任务，如标记测验，要求受试者遵循一系列逐渐复杂的听觉指令；波士顿诊断性失语检查（Boston Diagnostic Aphasia Examination）中的复杂概念测试，需要受试者回答由两部分组成的听觉提问。常用的两种表达性语言测试包括波士顿命名测验（Boston Naming Test）和字母流畅测试。前者将物品的图片依次展示给受试者，并要求其一一识别；后者如FAS任务，这是3个1分钟测验，让受试者分别以字母F、A和S开头，说出能够想到的尽可能多的单词。当已知的负责特定语言技能的脑区发生病变时，例如在运动性语言程序中起重要作用的额叶布罗卡区（Broca’s area），以及参与语言听觉理解的颞叶韦尼克区（Wernicke’s area）的病变将会影响这些有关任务的表现。

视觉空间结构能力

视觉空间或感知结构的能力不仅需要视觉敏锐度，还需要分辨视觉刺激的模式和相对位置的能力，以及操纵三维空间中物体的能力。针对这些能力的常见测量方法包括“韦氏成人智力量表”第三版中的几个子测试，例如区块设计（要求受试者按照二维图示快速地组合三维彩色块），图画填充（要求受试者识别出一系列图片场景中缺失的重要元素），以及矩阵推理（一种视觉推理任务，要求受试者通过找到每个部分之间关系的规律来猜出矩阵中缺失的元素）。另一个应用广泛的测试是胡珀视觉组织测试（Hooper Visual Organization Test），在这个测试中，将几个物体的图像剪开，并把碎片随机排列展示给受试者，要求受试者想象并旋转这些碎片，把它们组合在一起，然后辨认出该图像。大脑右半球后部的病变往往是造成许多视觉空间结构功能受损的原因；然而，左半球损伤也可能破坏这些功能，但通常表现为不同的损伤模式。

心理加工和精神运动速度

精神运动和心理加工速度是指思维速度和思维伴随快速动作的整合速度。这一功能常见的测量方法包括“韦氏成人智力量表”第三版数字符号任务（受试者要快速画出一组符号，使其按照指定规则与相应的一系列数字相匹配），以及连线测验（A 部分）。后者最初是在 20 世纪 30 年代由约翰·帕廷顿（John Partington）开发的，作为帕廷顿神经通路测试（Partington’s Pathways Test）公布；它要求受试者快速连接一系列带圈的数字。神经心理评估至少要包含一项精神运动速度的测试，因为对任何形式的中枢神经系统功能障碍来说，这种测试属于最敏感的。然而，精神运动速度也是受正常衰老的影响最明显且持久的功能域。对年轻人来说，精神运动速度在 30 多岁时明显下降，然后随着年龄的增长缓慢下降。

神经心理成套测试通常还包括更直接的运动功能测量，例如用握力计测试握力（评估受试者每只手的力量），以及精细运动灵活性钉板测试（要求受试者将一系列摁钉迅速放入金属槽中）。这些运动任务尤其有助于识别单侧损伤，特别是对运动皮质的损伤，而且对日常功能的潜在影响也有提示作用。

执行功能

在描述人类认知功能时“执行功能”是一个特别重要的概念，但同时也是最难以精确定义的概念。广义上，执行功能是使个人能够启动和维持目标导向的行为，以及在达到目标和接受环境提示时结束这种行为的高级功能。一般来说，可归类于这一功能领域的技能包括抽象和问题解决能力、思维弹性和定势转换能力、反应抑制和计划能力。如前所述，“工作记忆”的概念也与“执行功能”的概念有一些重叠。历史上“执行功能”与“额叶功能”（特别强调前额叶皮质区域）这两个术语曾经经常互用。然而，并非额叶的所有活动都属于执行功能，而且神经系统参与履行这些执行功能的显然也不限于额叶；在过去的 20 年中，人们逐渐认识到额叶—皮质下回路在各种执行功能中的作用。

应用最广泛的执行功能测试包括“威斯康星卡片分类测验”（Wisconsin Card Sorting Test，WCST），“手册式范畴测验”（Booklet Category Test），“斯特鲁普任务”（Stroop task）和连线测验（Trail Making Test，B 部分）。考虑每个测试中的具体任务有助于阐释执行功能概念下所包含的各种功能的范围。例如，成功执行“威斯康星卡片分类测验”任务要求受试者辨别正确与不正确的匹配，还需要受试者适时改变策略。同样地，“手册式范畴测验”要求受试者辨识出所呈现的刺激序列的模式或规则，但是不同小节的规则可能会变化。因此，

“威斯康星卡片分类测验”和“手册式范畴测验”不仅能评价抽象问题解决能力，还可以衡量思维弹性（或思维持续性）。完成“斯特鲁普任务”似乎还需要其他技能，特别是反应抑制。在这个任务的颜色—单词干扰部分，受试者必须迅速告诉检查者字迹的颜色，而不是读出此单词（例如，当用红色墨水打印单词“蓝色”时，应回答“红色”）。这要求受试者抑制更加自动或更快速的阅读反应，以支持难度更大的颜色—命名反应。连线测验通常在完成 A 部分之后立即执行 B 部分（如前所述），B 部分要求受试者快速连接一系列数字和字母（数字和字母交替进行）。字母流畅测试（FAS 任务，如前所述）和分类流畅测试（如快速命名不同种类的动物）有时也被理解为执行功能，因为使用有效的策略来搜索词汇库有助于快速执行任务。

学习和记忆

神经心理成套测验，特别是用于老年患者的成套测验，几乎总是包括一种或多种有关听觉和视觉情景陈述性记忆的测试方法。听觉和视觉情景学习测试与记忆测试的方法类似——通常包括几个试验，然后是延迟回忆试验。在延迟期间通常对受试者进行分散注意力的任务测试或其他神经心理测试，以防止其回忆试验刺激。延迟回忆的方法通常包括自由回忆和再认，有时还包括线索回忆。可靠的和常用的听觉学习和记忆测试的方法有“霍普金斯词语学习测验”（Hopkins Verbal Learning Test）、“雷伊听觉词语学习测试”（Rey Auditory Verbal Learning Test）和“加利福尼亚词语学习测试”（California Verbal Learning Test），以上这些都是列表—学习任务。此外还有逻辑记忆测试（第三版“韦氏成人智力量表”），其刺激是故事或短文。视觉学习能力常通过“简明空间记忆测试”（Brief Visuospatial Memory Test，BVMT）和“韦氏成人智力量表”第三版视觉再现任务（WMS-III Visual Reproductions，VR），以及“家庭图片子测试”（Family Pictures subtests）来评价。关于“简明空间记忆测试”和视觉再现任务需要注意的一点是，两者不仅要求受试者学习和记忆几何图形，还要求受试者在自由回忆环节画出这些图形。因此，除了视觉记忆成分之外，每个测试的后半部分还具有视觉—构造元素。这也是神经心理学家不愿意解释单个测试分数的另一原因：在一次测试中的表现可能会影响对第二次测试结果的解读。新信息的编码和检索依赖海马和相关海马旁回功能的完整性，虽然最近的文献显示额叶也参与其中。而且，正如前文所述，很多这样的测试都需要其他的认知技能的参与（如视觉构造技能），而超出了目的功能域所属神经解剖学的范围。

其他评估

除了对前文提到的或类似认知域进行测试外，全面的神经心理评估通常包括评估病前功能，以及评估动机或努力程度的标准化测验。在病前功能方面，单词阅读（“晶体知识”的另一个例子）适用于许多（尽管不是全部）形式的获得性神经功能障碍。因此，单词阅读测试，如“美国全国成人阅读测试”（American National Adult Reading Test）或“广泛成绩测试”第三版（Wide Range Achievement Test，third edition）中的单词阅读子测试，经常作为整体神经心理评估的一部分来评估患者病前语言功能。

动机或努力程度测试（或症状有效性测试）最常用于司法领域，因为受试者可能受金钱诱惑或其他实际利益的干扰而表现出认知障碍。这些测试也可以发现受试者未尽力完成任务的情况。（症状有效性测试有时被称为诈病测试，尽管严格说来这个表述是不恰当的，因为它意味着受试者故意做出较差的表现。一般很难证明未尽最大努力的成绩等同于有意识的造假。）

正常衰老对神经心理功能的影响

正常衰老会不同程度地影响人的各种认知能力。最一致的发现可能是随着年龄的增长精神运动速度会减慢，有研究人员推测，其他与正常衰老相关的认知改变实际上是受到精神运动迟缓的影响。精神运动变慢不止限于老年人，它的进展贯穿于整个成年期的大部分时间。30 多岁时人在精神运动任务上的表现要比他们 20 多岁时慢；80 多岁时在“韦氏成人智力量表”第三版数字符号子测验中的平均成绩要比他们 20 多岁时的均值低两倍标准差。

除了处理速度变慢之外，正常衰老（特别是老年人中）最常见和最显著的变化之一是信息获取和自由回忆提取效率一定程度的下降（情景陈述性记忆的听觉或视觉评估可以证明）。然而相比之下，通过线索回忆和再认测试得到的实际信息保存情况往往比初始获取和自由回忆更少地受到正常衰老的影响。这种差异对鉴别生理性健忘和病理性健忘很重要。例如，阿尔茨海默病的标志是对所获信息的识记和保留效率都逐渐下降。事实上，一些证据表明，超过同年龄正常水平的情景陈述性记忆下降可能是阿尔茨海默病临床前阶段的早期标志。

正常衰老还与一些知觉—组织/结构能力、执行功能和工作记忆的某些能力下降有关，特别是那些需要更灵活地处理信息而不只是简短复述和记忆的内容。相比之下，言语任务（言语记忆除外）的表现往往相对不受影响，特别是那些重要的固化的语言知识。例如，对“韦氏成人智力量表”第三版词汇测试的各个年龄组常模的比较表明，快 80 岁的人词汇知识可以保持稳定甚至有所增加，即使在 80 多岁时下降也仍不显著。因此，如果老年人的“晶体知识”有明显变化，尤其是当有的知识即使通过识别也不能被诱导出来时，则需要进一步检查是否存在病理过程。

除了信息的存储（保留）、识别和语言知识之外，基本的注意力也往往不受正常衰老的影响。例如普通人群在数字广度测试中的表现，年龄因素所致的差异仅占 2%左右，尽管倒背部分可能难度更大，因为它更需要工作记忆中的执行功能。衰老似乎对警觉的影响也很小，如用持续性操作测验中的漏报错误来衡量，尽管有证据表明漏报错误可能会增加，但这提示受试者存在反应抑制的困难。注意力测试显示年龄对删除作业（如数字画消任务）有更强的影响。这可能在一定程度上受处理速度变化的影响，因为大多数删除作业需要快速的反应。（这种可能性也说明了孤立地解释单个测试得分的危险，例如精神运动或心理加工速度测试的结果是受损的表现还是完整的表现，对解释受试者删除作业分数下降的表现是否纯粹由注意力困难所致会产生相应的影响。）

筛查与综合评估

在应用设置中出现的一个普遍问题是，一个全面的神经心理评估可能需要几个小时才能完成。实际上由于健康管理和医疗保健报销模式的变化，许多临床神经心理学家面临越来越大的压力，需要简化认知评估。在许多情况下，全面系统的神经心理评估显然是必要的，而且时间是很容易证明的。而在其他情形如整体或常规筛查时，也要有较为简便的筛查方法可用。

福尔斯坦（M. F. Folstein）“简易精神状态检查”（MMSE）可能是医学和精神病学领域使用最广泛的认知评估方法。该检查有 30 个项目的测量方法，包含定向力、注意力或工作记忆、回忆、语言和视觉空间结构能力等方面的内容。MMSE 有耗时短和易于实施的优点（可由经过培训的工作人员进行，用时一般不超过 10 分钟），而且由于它应用广泛，绝大多数临床医生都对患者在该检查中不同范围内的得分意味着什么有一个普遍的认识。它也可以经常复测以记录认知衰退的过程。因为以上优势，MMSE 是一种有用的（即使是不完美的）工具，可以包括在总体临床评估中，特别是对老年人。然而必须指出的是，MMSE 的项目对认知完好甚至轻度受损的个体来说太容易了，而且它受个体受教育程度的显著影响。因此作为普通的认知筛查工具，它的主要缺点是真阳性率通常较低（具有很高的假阴性率）。甚至阿尔茨海默病患者有时在 MMSE 中的得分也在正常范围内，特别是那些尚处于疾病早期阶段的受教育程度较高的人。此外 MMSE 往往对一些其他形式的神经认知损害更不敏感，如皮质下痴呆（例如帕金森病导致的痴呆）或亨廷顿病（Huntington’s disease）。最后，MMSE 未能评估执行功能的情况，而执行功能是自理能力最重要的功能之一，并且通常受到一些神经认知疾病的影响。

如果要在 MMSE 之类的非常简单的筛查工具与全面系统的神经心理评估之间进行折中考虑，我们应选择相对比较全面和敏感的筛查工具。比如“神经心理状态评估重复性量表”（Repeatable Battery for Assessment of Neuropsychological Status，RBANS），它需要约 30 分钟的时间，对一系列有价值的认知功能域进行筛查性评估，发现存在的缺陷。另一个广泛应用的方法是选择那些标准神经心理测试的子测试，可以是在所关注的认知领域选择相应的几个测试，或每个主要认知领域选择一个简短测试。最近，计算机认知筛查测试如MicroCog已经开发出来，它们节省了时间并减少了实施负担。显然，任何情况下都需要在节省执行时间与评估的深度和广度之间进行权衡。尽管如此，重视这些选择很必要，因为更广泛或更常规地将神经心理筛查纳入标准临床实践对服务老年患者非常有用，但一些临床医生可能因为担心测试耗时长而不去做。通过临床神经心理学家加入治疗团队，以及临床医生和神经心理学家之间的正确沟通，通常可以找到有效和恰当的权衡方式来满足任何特定的临床需求和解决存在的不足。

神经心理学在治疗中的扩展作用

从这种神经心理评估中获得的信息可能是老年卫生保健机构内外治疗的一个极其有价值的组成部分，包括那些可能直接影响或通过初级治疗效果影响到认知功能的神经疾病、精神疾病和一般疾病的患者。有时记录特定认知受损的性质即可大大减轻患者和家属的痛苦。例如，可能与执行功能障碍相关的一些脱抑制行为可能会使患者家属特别痛苦。执行功能障碍性质的识别和解释本身可能就对家庭有治疗意义，因为他们会了解到患者的行为不是有意的。识别认知功能受损和保留情况（或至少相对保留）是设计有效康复策略的关键，包括教导患者利用自己的优势功能，以及规划改变环境来减少认知受损的潜在影响。

除了代偿策略之外，对认知损害的直接治疗也是一个越来越受关注的领域。例如，现在认为胆碱酯酶抑制药是阿尔茨海默病患者的标准化治疗药物。然而目前已有的药物治疗效果充其量只能带来适度和短暂的疗效，但研究工作正在致力于开发更有效的治疗方法。当针对阿尔茨海默病和其他疾病的新的治疗方法出现时，反复的认知评估是记录认知功能衰退的逆转（或至少减缓）的关键方法。还有政府、学术机构和行业正在共同努力进行新的探索，如“精神分裂症认知功能测量与治疗研究”（Measurement and Treatment Research to Improve Cognition in Schizophrenia，MATRICS）和“精神分裂症神经认知治疗单元”（Treatment Units for Neurocognition in Schizophrenia，TURNS）项目，以促进精神分裂症相关认知，增强药物的研发和疗效评价。如前所述，认知损害对日常功能水平和预后的影响最直接。因此，随着针对不同病症中认知损害（靶症状）的药物和其他干预方法的出现，作为衡量治疗需求和治疗效果的一种手段，神经心理评估的重要性将继续扩大。

结论

本文简述了当前神经心理学在老年患者临床服务中的应用和潜在的关联。但是，需要指出的关键点是：（1）临床神经心理学是一门独特的学科，它结合了一系列有关学科的专业知识，与对大脑—行为关系的系统评估，以及特定神经认知功能保留和受损的模式相关，涉及的不仅仅是执行标准化的认知测试；（2）这种评估可以提供有价值的信息去帮助发现功能相关的认知缺陷、鉴别诊断、确定已知神经损伤的影响、确定认知功能衰退或恢复的速度和轨迹，以及区分与正常衰老有关的病理变化；（3）神经心理评估不仅在神经疾病患者的护理和治疗中具有明显的应用价值，而且对那些患有精神障碍和许多其他疾病的患者来说也是如此；（4）已发现许多神经心理学领域，并且已经开发出专门的测试来评估这些功能域；（5）有些神经心理变化与年龄增长相关，如处理速度的下降是可以预期的，而其他认知能力，如“晶体言语技能”应该终生保持相对完整；（6）综合神经心理学评估能全面地评估各种具体的认知能力，但必须在全面评估和高效筛查方法的需求之间取得平衡；（7）虽然针对各种情况下的认知障碍已开发了新的治疗方法，但神经心理评估仍然很重要。简而言之，临床神经心理咨询可以为服务老年患者的临床医生提供独特而有价值的信息。

另请参阅：脑与中枢神经系统；信息处理与认知；记忆；神经影像。

拓展阅读

Green J (2000) *Neuropsychological Evaluation of the Older Adult: A Clinician's Guidebook*. San Diego, CA: Academic Press.

Kane RL and Kane RA (eds.) (2000) *Assessing Older Persons: Measures, Meaning, and Practical Applications*. New York: Oxford University Press.

Kolb B and Whishaw IQ (2003) *Fundamentals of Human Neuropsychology*, 5th edn. New York: Worth Publishers.

Lezak MD, Howieson DB, Loring DW, Hannay HJ, and Fischer JS (eds.) (2004) *Neuropsychological Assessment*, 4th edn. New York: Oxford University Press.

Snyder PJ and Nussbaum PD (eds.) (1998) *Clinical Neuropsychology*. Washington, DC: American Psychological Association.

Spreen O and Strauss E (1998) *A Compendium of Neuropsychological Tests*, 2nd edn. New York: Oxford University Press.

Tulsky DS, Saklofske DH, Chelune G, Heaton RK, Ivnik RJ, Bornstein R, Prifitera A, and Ledbetter MF (eds.) (2003) *Clinical Interpretation of the WAIS-III and WMS-III*. San Diego, CA: Academic Press.

译　者：吕继辉（北京老年医院）

平衡、姿势和步态

M. 伍拉科特 俄勒冈大学，尤金，俄勒冈州，美国

词汇表

适应性姿势控制（Adaptive Postural Control）——改变感觉或运动回应策略以应对变化的任务和环境需求。

预期性姿势控制（Anticipatory Posture Control）——基于先前的经验，预先调节感觉和运动过程，期待姿势需求。

认知过程（Cognitive Processes）——诸如注意力、动机和规划等更高层次的神经过程。很难清晰辨别高级感知/机动过程与认知过程，因为不同级别的过程之间存在渐变与重叠。

姿势和平衡控制（Postural and Balance Control）——为了保持稳定和方位感知，在空间调节身体姿势的行为。稳定性是指将身体重心的位置保持在特定范围或稳定性限度内的能力。方位感知是指让身体同环境或任务保持恰当关系的能力。

感觉策略（Sensory Strategies）——组织来自视觉、体觉和前庭系统的感知信息来进行姿势控制。

引言

对老年人的平衡、姿势和步态的研究已成为医疗保健领域的当务之急，因为数据表明跌倒是威胁老年人独立性的罪魁祸首，也是造成伤亡的重要原因。举例而言，资料表明有近三分之一的 75 岁以上的人至少每年经历一次跌倒，其中 6% 的人因此发生骨折。一直以来，对老年人的平衡和步态的研究围绕着两点：（1）是否存在特定的、会随着年龄而衰退的神经和肌肉骨骼子系统；（2）设法预防和恢复随着衰老过程而衰退的平衡功能。过去人们采用各种办法从理论及临床角度研究与评估老年人的平衡和肢体技能。过去一直从条件反射的角度研究平衡控制，还全面运用了各种测量平衡的方法。20 世纪 20 年代以来，研究者们开始采用系统的方法来研究老年人平衡问题。此法有一定的优势，它能使临床医生和研究人员去考量主导平衡和步态的特定子系统功能是否在下降。

老年人的平衡控制

早期研究

在回顾有关老年人平衡控制方面的变化这一方面的研究前，我们先要定义何为平衡控制，并探讨可以度量平衡功能的办法。平衡控制可以被定义为将身体质心的位置保持在稳定性限度内（即一个人的支撑基础）的能力。因此，平衡控制显示了一个人调整静态直立姿态的能力，或从意外因素导致的失衡中恢复平衡的能力，例如站在一辆刚要启动的公交车之上时所发生的情形。

除了静态平衡控制，成年人还要能够在其他各种日常活动如站立或行走中保持平衡。在行走中要想保持平衡，需要在迈步时相应地调节姿势，以便安全前行。在这样的动态任务中，身体质心并不会在基础支撑范围内保持不动，而是会随着用于支撑的那只脚的内侧缘移动。自主活动时所融入的平衡控制对于完成目标导向型任务尤为重要，此过程还需要随时对变化的环境和任务需求做出回应。

以前，对老年人平衡功能的评估和治疗都围绕着平衡能力的全面测量，如测量整个身体的摇摆程度。例如，1963 年谢尔登（Sheldon）开展了一项研究，检查了人在一生中静立时身体的摇摆程度。他发现：受试主体中，少年（6～14 岁）和老年人（50～80 岁）比起青年晃动得更为明显。图 2（见后页）显示了受试者中每个年龄段的代表的身体晃动路径。

费尼（Fernie）及其同事的研究中，所用的方法同时测量了全身晃动的幅度和速度，以评定通俗意义上的老年人的平衡能力。结果表明：晃动速度与失衡频率有相关性。比起那些未曾跌倒过的老年人，那些一年跌倒不止一次的老年人在静立时晃动速度更快。

早期关于老年人平衡功能的研究常常认为引发个体不稳定的原因是单一的，比如周围神经病变或直立性低血压。此外，临床医生经常用平衡控制反射模型来衡量平衡功能，将试验限定在对腱反射、翻正反射以及前庭眼动反射功能的评估上，并预言伴随着衰老过程，会有更多的“原始”反射功能被从抑制中释放出来。不过，新近研究已表明：运动控制反射框架具有局限性，因为许多其他运动过程也有助于运动功能。

很显然，对于给定个体而言，其不同的神经子系统和肌肉骨骼子系统的功能水平相关联内在因素和外在环境因素之间有着错综复杂的相互作用。要弄清是哪些因素导致老年人跌倒，研究这些相互作用很重要。在一项研究中，坎贝尔（Campbell）与同事花一年时间观察了一组生活在社区的老年人，并记录了其跌倒的情况。结论就是静立时身体活动减少，近端肌肉力量的减弱和稳定性的下降与跌倒风险的增加之间关联性很强。他们还发现：膝盖处的关节炎、脑卒中、步态受损、低血压及使用精神药物皆与跌倒之间存在明显关联。研究结论显示，多种风险因子与老年人的大多数跌倒有关，其中不少风险是可以补救或矫正的。

尽管该研究显著提升了我们对于导致老

年人平衡功能恶化的因素的理解，却有局限性：它运用了较为宽泛的范畴来归类与跌倒相关的内在因素，比如“站立时的失衡”。此等范畴无法识别特定子系统潜在的制约平衡能力的问题。

年龄相关的平衡能力变化的系统研究法

前不久，研究人员开始采用一种新手段来测试老年人的平衡控制。该法常被称作系统研究法。它试图明确特定神经和肌肉骨骼子系统的病变与平衡功能下降之间的相对关系。平衡控制的系统模型的优势就在于它能协助医师评估当单个子系统功能下降至何种程度时会导致老年人在平衡和步态上的恶化。系统模型认为：平衡源自数种因子之间错综复杂的相互作用，其中包括一系列神经子系统、肌肉骨骼系统以及个体在实现平衡和活动时手头的任务与所处环境等。姿势控制系统通常被认为是实现平衡功能的神经和肌肉骨骼子系统。

在用系统模型评估老年人平衡功能的过程中，既要评估神经构成（运动系统、感觉/感知系统、适应系统和认知系统），又要评估肌肉骨骼元素（肌肉力量，脚踝、膝盖和髋关节的运动范围以及身体的垂直对齐），二者都对平衡功能有影响。下文将回顾从系统角度出发对老年人平衡控制出现变化的研究。

肌肉骨骼改变 不少研究都考查了肌肉骨骼系统特性的姿势因素在多大程度上会随年龄而变化。例如，研究表明：腿部肌肉的力量会在年老时（80 岁）相较年轻时（30 岁）下降 40%。惠普尔（Whipple）及其同事的研究表明，在护理院里，那些有跌倒史的老年人，其肌肉力量的减少幅度更大，踝关节背屈的力量仅为没有跌倒经历的人的 14%。此外，老年人的肌肉更容易疲劳，因而张力生成的速率则更为缓慢。毕希纳（Buchner）和德拉特（Delateur）的研究表明，力量与生理功能有关，超过 20%的功能状态上的差异可以用相对肌肉力量解释。最后，老年人脊柱的灵活性也会下降，导致姿势对齐时会有一个圆形的或是向前的弯曲，而关节炎则会致使脚踝、胯部和膝关节的关节活动范围减小。

神经肌肉系统改变 大多数跌倒都发生在动态平衡的情境之下，老年人，尤其是那些有平衡障碍的人，打滑或磕绊后就难以恢复平衡。为了弄清神经肌肉的受限在多大程度上导致这些情境下人的平衡能力变差，研究者们发出了这样的疑问：健康的老年人平衡站立时面临意外风险，比如他们所搭的公交车或地铁突然启动或骤停，他们能和年轻人一样对这种威胁进行有效反应吗？为了找到答案，相关研究创造了引发这些情景的条件，并观察了姿势肌肉回应模式的特性。当受试主体在平台上站立或行走之时，如果平台在毫无征兆的情况下突然前移或后移，作为回应，这些特性就会被激活（参见图 1）。

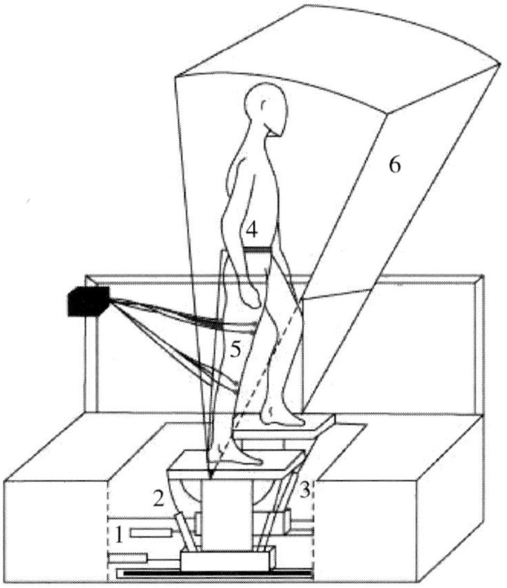

图 1　神经肌肉系统改变的实验范式

注：受试者站在一个平台上，平台在液压的作用下，会随时向前或后退移动（编号 1~3，液压缸）。一条系于胯部的传送带（编号 4）测量摇摆量。表面电极（编号 5）测量肌肉回应。一个视觉围绕物则可以随着受试者的摇摆而转动，以此将摇摆相关的视觉输入最小化。

引自：Woollacott MH，Shumway-Cook A，and Nashner LM（1986）Aging and posture control：changes in sensory organization and muscular coordination. *International Journal of Aging and Human Development* 23：100.

当年轻人的平衡受到其所站立的表面突然运动的影响时，一般踝关节会有摇摆；接着恢复平衡的肌肉反应首先在舒展的踝部肌肉处激活，然后向上辐射至大腿和胯部的肌肉。

伍拉科特（Woollacott）与同事对比了年轻人（平均年龄 25 岁）、健康的老年人（平均年龄 74 岁）和平衡能力受损的老年人（平均年龄 76 岁）这三个群体的回应特点，结果表明：大体而言，三组人群的姿势肌肉回应组织是相似的，肌肉反应首先在舒展的踝部肌肉处激活，然后向上辐射至大腿的肌肉。

然而，这三个群体也在回应特点上展现出特定差异。

1. 站台活动导致向后的摇摆时，健康的老年人和平衡能力受损的老年人在姿势肌肉收缩过程上明显慢于年轻人［见图 2（A）］，即收缩过程启动的减缓与年龄相关［见图 2（B）］。

2. 有近半数的老年人，偶尔会出现肌肉回应模式的紊乱，近端（大腿）肌肉会先于远端（脚踝）肌肉被激活。这种反应组织方式在某些患有中枢神经系统损伤的患者身上尤为典型。

3. 相较年轻人，老年人同时激活关节对抗肌和激动肌的频率明显更高，或许是想通过紧绷关节来增加其稳定性。

4. 更为年长和平衡能力受损的老年人

在回应速度更快的平衡打破因素时，采用最大自助收缩幅度的比例更高（见图3）。

5. 老年人也更倾向于采用一种平衡策略，它通过胯部运动而非简单的脚踝运动来控制摇摆。有人认为一些老年人之所以会跌倒，可能就是因为不再使用典型的脚踝平衡策略，转而采用胯部平衡策略，这可能是踝关节肌肉无力或周围感觉神经病变等病况导致的。

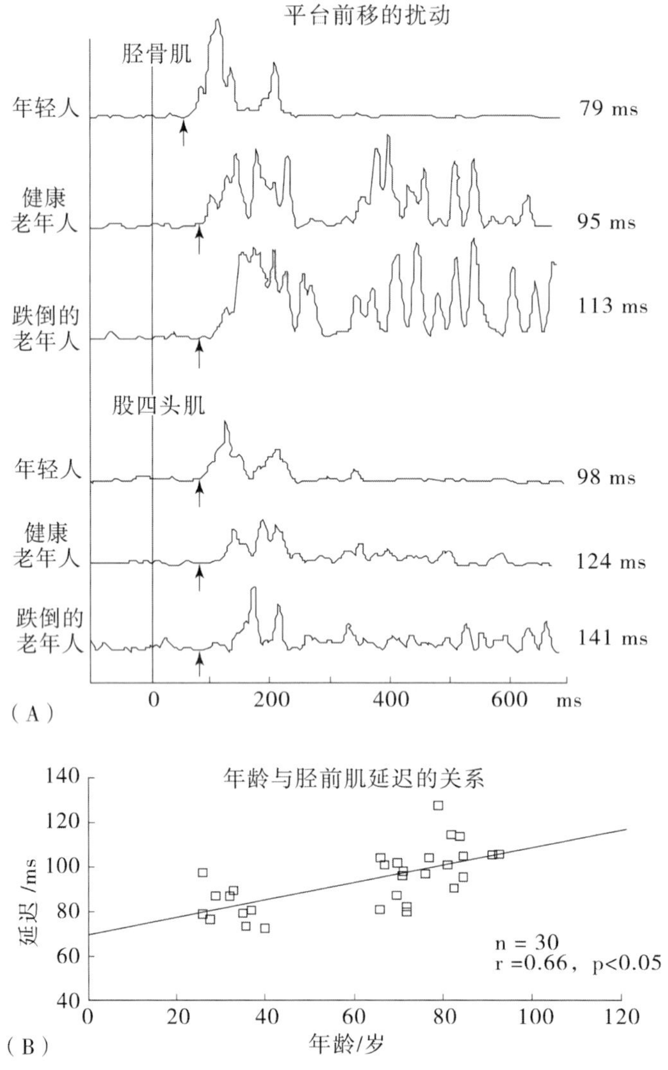

图2 健康老年人和平衡功能受损的老年人肌肉反应的协同作用的时间特性的变化

注：图（A）为三组人对于因平台前移而引发的后摆的肌肉反应示例，老年人的肌肉紧缩过程启动时间更晚。图（B）展示胫前肌的收缩开始时间与年龄的关系，年龄愈高者，肌肉紧缩过程启动更为缓慢。

引自：Shumway-Cook A and Woollacott M（2000）*Motor Control*：*Theory and Practical Applications*，p. 231. Lippincott Williams and Wilkins.

感觉因素 为了有效平衡，在许多环境下，必须利用来自三种感觉系统的信息：视觉、体觉和前庭系统。该信息必须恰当整合，以便精确呈现身体的空间位置。每种感觉系统都给平衡感提供了不同的参考框架。平衡控制可以采用不同的感觉策略，每种策略都涉及视觉、体觉和前庭系统的高级神经系统中枢不同的衡量。为了在变化的任务条件下保持平衡，我们就需要恰当选择对于特定任务而言最为有效的感觉输入。研究表明，老年人特定感觉系统的缺陷会使得恰当地组织感觉输入来适应变化的任务环境变得困难。

例如，沃辛格（Whanger）和王（Wang）的研究结果表明，身体虚弱的老年人（70~90岁）膝盖部位的皮肤振动觉阈值与年轻人相比有所增加。他们注意到，许多老年人感知踝关节处的刺激有困难，故此他们没有在研究中包含脚踝阈值信息。这些问题可能与其研究群的周围神经损伤有关。

对与年龄相关的视觉系统方面的变化的研究显示：岁数越大，透过视网膜的光就越少。同时，年龄诱发的视觉对比敏感性会导致轮廓和深度感知方面的问题，而这两者对于姿势控制至关重要。此类视觉恶化可能源于白内障、黄斑变性、缺血性视网膜或脑疾病。

罗森豪尔（Rosenhall）和鲁宾（Rubin）对老年人前庭系统变化的研究显示：半规管、椭圆囊、内耳迷路中的球囊里的毛细胞会减少40%，前庭神经里的有髓纤维亦会有类似减少。但也有人指出，一个75岁的老年人，其前庭神经里的神经纤维几乎与常人一样多。这又告诉我们：年龄相关的特定系统的退化并非难以避免，而是可能与病变有关。前庭功能的部分退化会导致眩晕，这也可能会导致老年人失衡。耳石功能恶化会导致位置性眩晕。

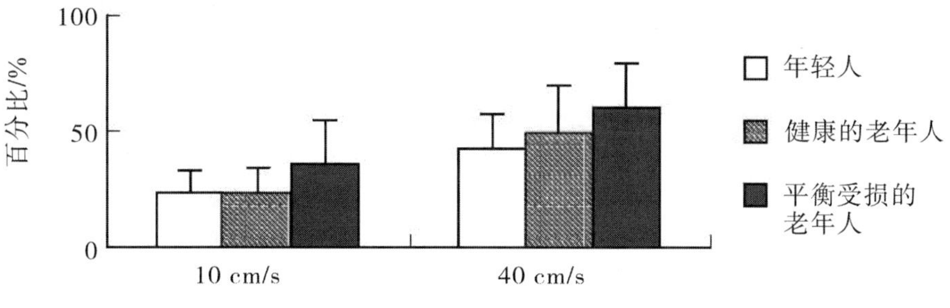

图3 三类人在面对两种不同速度的平衡威胁时，腓肠肌最大自主收缩幅度百分比

注：在低速状态下，存在平衡障碍的老年人较其他两个群体，其最大自主收缩水平更高，而在高速状态下，两组老年人均使用了更大比例的自主收缩。

引自：Lin S and Woollacott M（2002）Postural muscle responses following changing balance threats in young, stable older and unstable older adults. *Journal of Motor Behavior* 34：42.

老年人的某个感觉系统的退化可能不会为平衡问题所困扰，因为其他系统可以提供冗余信息，通常它们可以弥补这种损失。不过，行走在光线较差的地方或不寻常的支撑面上，如斜坡、厚毯或草皮，平衡问题就会比较突出，因为这些情况减少了感觉输入冗余。老年人还可能出现多种感官功能缺损。如果这种情况发生，那么用替代感官去补偿感觉信息的损失就会变得困难或不可能。

适应 如前所述，老年人可能在通过改变感觉输入的运用来适应变化的任务或环境方面面临的问题。如果一名老年人有周围神经病变，无法依靠体感输入，他就可能过度依赖视觉输入，即便它们并不适合。例如，老年人可能在穿越繁忙的交叉路口时难以保持平衡，因为移动的车辆和行人所形成的视觉印象可能会产生一种自我摇摆的错觉，随之而来的姿势回应可能导致失衡。

怎样测验老年人随环境变化而调节平衡的能力呢？一种名为“动台姿势描记术”（moving platform posturography）的技术让研究人员得以测量实验主体在多种感觉条件结合下的平衡状况，其中一种情形是支撑面可以随着人的摇摆而转动，从而改变踝关节的体感输入；另一种情形是实验对象周围的视觉围绕物随着摇摆而前后摆动，这也会扭曲与摇摆相关的视觉输入。

伍拉科特、霍拉克（Horak）及其他研究者的实验室检查了老年人运用姿势描记术测试来让感觉适应变化的环境的能力。有趣的是，除了在踝关节输入和视觉信息输入均被扭曲或缺失的情况下（即本研究所定义的第五种和第六种条件状况），健康活跃的老年人与年轻人之间的身体摇摆量并无显著差异。在此等条件下，半数老年人丧失稳定性，需要助理的协助来恢复平衡。然而，多数老年人在第二次尝试这些条件时却能够保持平衡，这就说明：适应变化的感觉环境的能力是可以通过练习得到锻炼的。

为了判断之前的衰老过程中姿势控制的变化类型是正常衰老进程的体现，还是因为不明确的病变所致，研究者对其中一项研究中的老年人（其认为自己健康活跃）进行了神经检测。检测结果与其在平衡任务中的表现相对应。有趣的是，神经学家发现许多老年人都有这样那样的病变，如深度腱反射减少、轻微的周围神经缺陷、胫骨前肌末端和腓肠肌无力、眼球异常震颤等。这些结果表明：老年人的平衡障碍或许很大程度上要归咎于边缘性病理学。

霍拉克及其同事在另一项研究中比较了存在平衡障碍的老年人（症状明显）、健康老年人（无症状）和年轻人的表现。如图4所示，比起年轻人和健康老年人，存在平衡障碍的老年人在第五种和第六种环境下（踝关节输入和视觉信息输入均被扭曲或缺失）跌倒的次数更为明显。

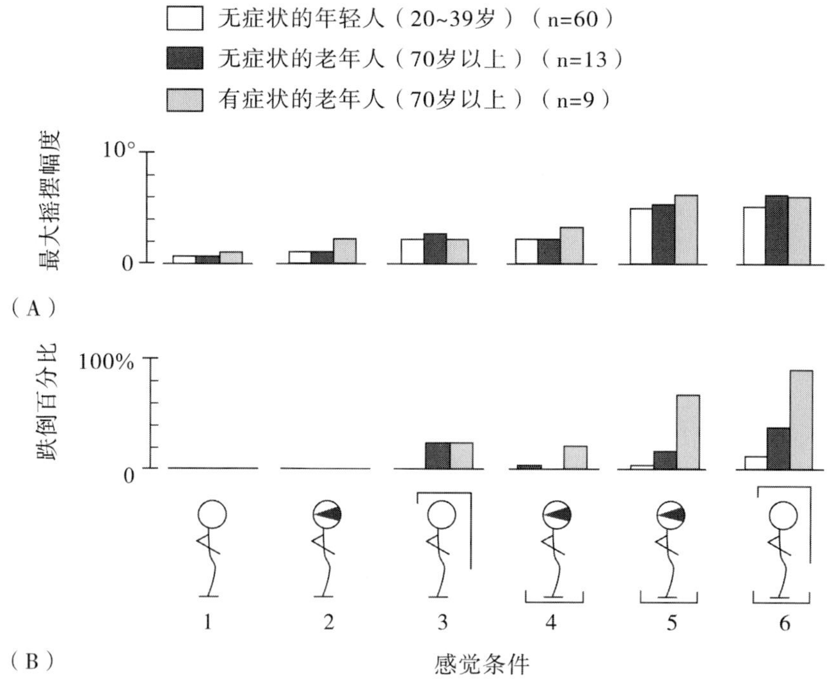

图 4　未跌倒年轻人、未跌倒老年人、老年跌倒者在 6 种不同感觉条件下的跌倒数量对照

引自：Horak F，Shupert C，and Mirka A（1989）Components of postural dyscontrol in the elderly：a review. *Neurobiology of Aging* 10：732.

预期性姿势调整

如前所述，姿势调整可以以反应的方式体现，亦可“预先出招”，以便自主运动导致不稳定时提前稳住身子。老年人跌倒的一大成因可能就是在举重物等自主活动前无法唤醒这些预期反应，致使其后的行动中出现失衡。研究表明老年人的大部分跌倒发生于动态背景下，如行走、抬举或搬运物体时。

在年轻人身上，站立平衡控制之时激活的姿势肌肉回应模式在站着不动之时就可以预先激活。例如，当你叫年轻人去拉一个把手，先是他小腿上的腓肠肌被激活，接着是大腿部位的绳腱肌肉，再是原动肌，也就是上臂的肱二头肌。因此，反应唤醒的顺序先是从离支撑基础最近的肌肉群开始，然后向上传递至近端肌肉。英格林（Inglin）和伍拉科特检查了老年人以预期心理激活这些姿势肌肉的协同反应的能力对应年龄的变化，研究表明，老年人（平均年龄 71 岁）和年轻人相比，在一项反应时间任务中，表现出更长时间的肌肉启动延迟来推或拉一个把手。图 5 展示了青年组和老年组中每位受试者的姿势肌肉和自主肌肉反应时间，从中可以看出两种反应时间都有所增加。同时亦可看出：较之年轻人，老年人的肌肉反应延迟差异更大，而姿势肌肉反应的组织亦有

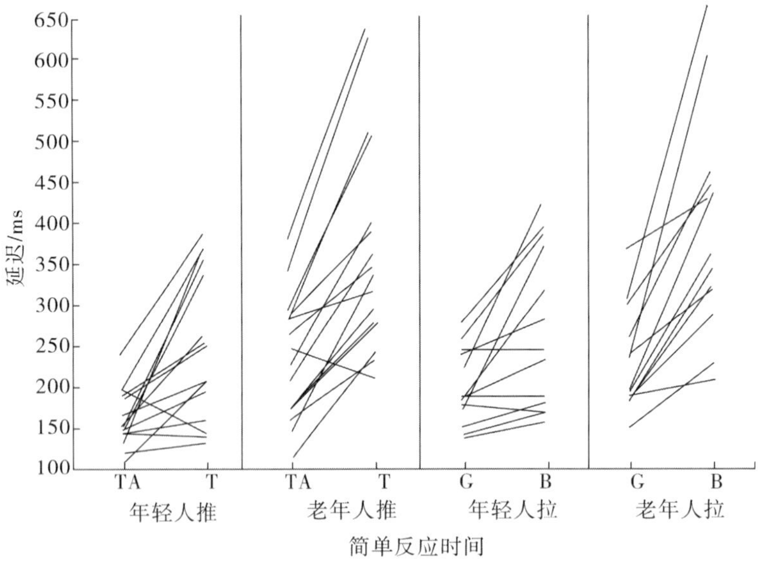

图 5　青年组和老年组在简单的反应时间任务中姿势肌肉和原动肌启动延迟个体值，在该任务中，受试者站着推拉与胸部齐高的把手

引自：Inglin B and Woollacott MH (1988) Age-related changes in anticipatory postural adjustments associated with arm movements. *Journal of Gerontology* 43：M109.

显著不同。目前还不清楚姿势肌肉反应组织间的差异是源于神经系统缺陷，还是用于补偿视觉系统和肌肉骨骼系统内其他制约因素的替代策略的使用。

平衡控制系统模型的预想是：老年人自主反应时间的延缓可能是由姿势肌肉需要提前稳定或自主控制系统自身的减缓导致的，姿势肌肉本来就缓慢，且可能更虚弱。由于年轻人与老年人在自主肌肉的启动时间上的绝对差异大于其在姿势肌肉的启动时间上的绝对差异，可能老年人身上的两大系统的运行均有所减缓。

认知系统

随着年龄的增长，人们的平衡能力较之年富力强时可能有所下降，但只要在任务上聚精会神，他们一样可以获得平衡。当他们必须同时处理多件事情时，可能就会发现自己同时执行姿势任务和其他任务的能力下降了。例如，如果一位老年人背着大包小包，疾行在繁忙的街道上，还要和朋友说话，这时如果他的平衡受到干扰，则可能比起独自一人行走在安静的环境更难以恢复平衡。

许多实验室（如 Teasdale、Redfern、Maki 以及 Duysens）进行过不少的研究，以确定健康的和平衡受损的老年人注意力分散时，他们在多大程度上可能会出现平衡问题。沙姆韦-库克（Shumway-Cook）等人证实：与静立无事的对照组相比，当被要求履行一项次要任务时（如造句），有摔跤史的老年人比年轻人和健康的老年人摇摆得更为明显。当老年人被要求站在柔性表面时，次要任务的这种作用会更加明显，柔性表面增加了姿势需求。这些研究者认为年轻人和健康的老年人能够灵活动态地将注意力资源分配给姿势控制，而有过跌倒经历的老年人则比较难以分配注意力给姿势需求。

布劳尔（Brauer）等人的研究表明：有平衡障碍的老年人在进行另一项认知活动的时候，如果必须对平衡威胁做出反应，则明显需要更多的时间去稳定平衡（见图6）。该图记录了健康的老年人和平衡能力受损的老年人恢复平衡的间歇的摇摆速度，在进行一项次要任务时，后者几乎要花两倍于前者的时间去保持平衡。此外，为了重获平衡，在迈步时，两组老年人的肌肉反应在双重任务模式下较之单一任务（即只有姿势）模式下显著减少，而年轻人却不会受此影响（见图7）。这种肌肉反应幅度的减小可导致恢复平衡时进行另一项任务的老年人步行效能下降或跌倒。

另一种心理因素，即害怕跌倒，可能也会影响平衡表现。梅基（Maki）等人发现，在自然摇摆测试和单腿站立测试中，惧怕跌倒的心理会影响平衡。他们认为，是害怕跌倒的受试者其姿势控制机制真的存在病变，还是惧怕心理人为地影响了平衡表现，尚且不得而知。

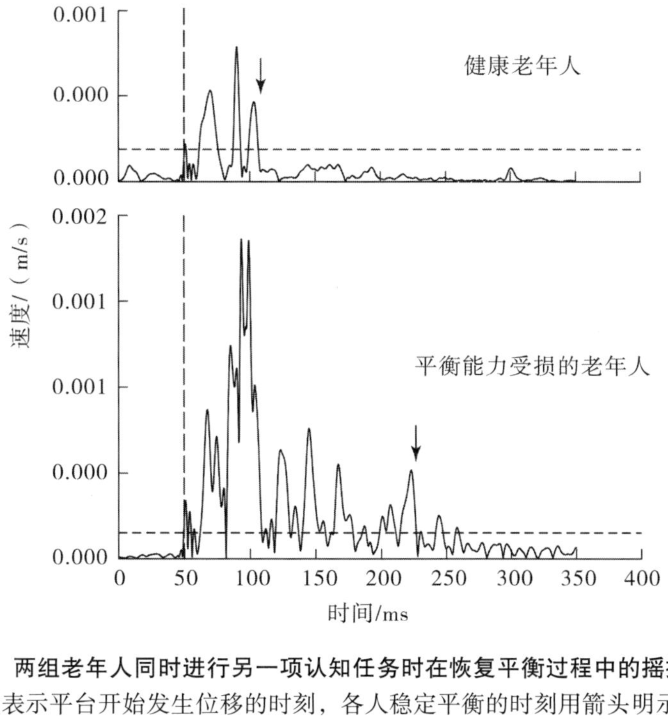

图6 两组老年人同时进行另一项认知任务时在恢复平衡过程中的摇摆速度

注：垂直虚线表示平台开始发生位移的时刻，各人稳定平衡的时刻用箭头明示。以此可见，在进行认知任务时，平衡能力受损的老年人要花两倍于健康老年人的时间去恢复平衡。

引自：Brauer S，Woollacott M，and Shumway-Cook A（2001）The interacting effects of cognitive demands and recovery of postural stability in balance-impaired elderly. *Journal of Gerontology* 56：M489.

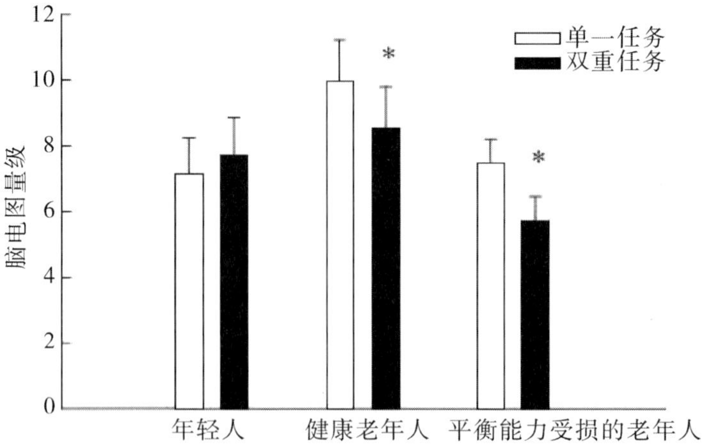

图 7　年轻人、健康的老年人、平衡能力受损的老年人在进行单一任务（仅保持平衡）和双重任务（保持平衡加上认知任务）的同时，迈步恢复平衡时腓肠肌肌肉反应程度的对比

注：两组老年人的肌肉反应在双重任务模式下较之单一任务模式下显著减少（以星号标明）。

引自：Brauer S，Woollacott M，and Shumway-Cook A（2002）The influence of a concurrent cognitive task on the compensatory stepping response to a perturbation in balance-impaired and healthy elders. *Gait and Posture* 15：91.

平衡再训练研究

先前的研究表明许多老年人的平衡能力会显著退化，而特定神经和肌肉骨骼系统功能水平的下降会助长这种退化。一些实验室目前正在探索这种平衡功能的退化是否可以通过训练实现可逆。与平衡相关的研究已囊括各样训练范式，它们涉及的领域有肌肉力量强化、感觉平衡训练和太极等。

菲亚塔隆（Fiatarone）及其同事研究了肌肉力量训练对改善护理院中虚弱老年人的平衡能力的有效性。该研究采用了高阻负重训练来锻炼肱四头肌、腘绳肌和内收肌群，结果发现受试者的肌肉力量均有明显增加。该研究并未直接测量平衡控制方面的变化，但训练结束后，受试者们的走路速度有所提升，而且其中两人走路不再需要拐杖。

胡（Hu）和伍拉科特的研究采用了一套平衡训练治疗方案，着眼于提高 65～87 岁老年人在平衡控制中不同感觉输入的综合使用。该方案要求受试者在八种不同的感觉环境中保持平衡，在这些环境中视觉和体觉输入被逐渐减少或扭曲。图 8 显示了在为期 10 天的训练中受试主体在八种环境下的摇摆变化情况，训练组在训练的第一天和最后一天之间，在五种难度最高的训练环境中发生摇摆的数量明显减少了。此外，训练结束后，高于参照组水平的表现依然保持了至少四周，其后训练转向另一项平衡任务，在单眼睁开的情况下单腿站立。

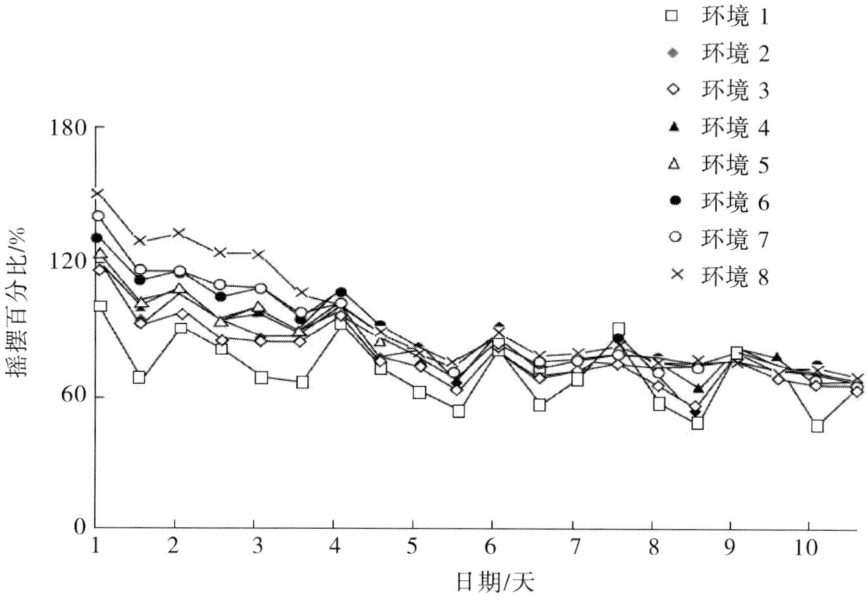

图 8　一位受试者训练期间在 8 种感觉环境下的身体摇摆减少百分比（均方根）

引自：Woollacott M，Moore S，and Hu M（1993）Improvements in balance in the elderly through training in sensory organization abilities. In：Stelmach GE and Homberg V（eds.）*Sensorimotor Impairments in the Elderly*，p. 384. Dordrecht：Kluwer.

此外，平衡能力的增加还伴随着对站台移动的肌肉反应特征的特定变化。其中包括训练后的拮抗肌的同时激活现象显著减少，表明受试者在使用更为精妙的平衡策略。

在一项随机对照试验中，沃尔夫（Wolf）和同事们检查了生活在社区的老年人太极锻炼和静态平衡训练的效果。该训练为期 15 周，每周一至两次。结果表明，练习太极的那组老年人跌倒的风险率下降，而进行静态平衡训练的那组没有变化。在另一项研究中，加特斯（Gatts）和伍拉科特检查了密集太极训练（为期 3 周，每天 3 小时）带来的平衡能力提升及其背后的神经肌肉机制。他们发现练习过太极的老年人在行走时如果发生跌倒，其姿势肌肉能以更快的速度反应，同时同步的拮抗肌反应较之对比组有所减少，说明其姿势肌肉特性在密集太极训练后更为有效了。

最后，沙姆韦-库克与同事明确了一个多维锻炼项目对 105 位 65 岁以上的平衡能力受损的老年人的平衡和跌倒风险的作用。该项目含有肌肉力量训练、移动性练习、静态和动态平衡练习以及散步等有氧活动，项目为期 12 周（每周 2 次理疗，5~7 天）。结果显示，那些全面参与练习的人与对照组相比，跌倒风险降低了 33%，而对照组在整个训练期的风险增加了 8%。

老年人的走路特点

之前探讨的诸多与衰老过程中平衡能力退化相关的问题同样适用于研究年龄相关的步态变化。早期对步态障碍的临床研究多针对步态失调、运动功能减退—高渗综合征以及短小步态的患者，因而认为与这类病理学相关的特征与正常的衰老过程有关系。这些障碍常被称作“老年性步态”。1992 年，苏达尔斯基（Sudarsky）和朗索尔（Ronthal）对 50 名之前没有诊断出步态障碍的患者进行了仔细的研究，84%的老年人可以进行成因研究。他们发现：脊髓病、帕金森病、额叶步态障碍（正常压力脑积水、多重脑卒中）、小脑退化和感觉失衡都是先前未加以诊断的典型病变。故此，步态障碍可能和平衡障碍一样，不是一个单纯与年龄相关的现象。

速度和步长的变化

步态模型特征可做多种方法阐释。一种常见的测量步态模型的方法便是拿秒表测量行走速度。根据这种简单技巧，一直以来都说行走速度会随着年老而减少。最初对步态模式中与年龄相关的变化进行研究的人是斯皮尔伯格（Speilberg）。他描述了 60~72 岁的老年人早期的步态变化，那就是行走速度减小、关节移动幅度减小、步长缩短。

另一早期做法是观察纽约市里的行人。

走路的节奏和速度是用人行道上的距离标识测量的。随着年龄的增长，走路速度、步长和节奏都会下降。这些变化与斯皮尔伯格的报告中所陈述的第一阶段的步态变化相差无几。尽管该研究手法有着可以在自然的步行环境中进行的优点，但也存在不足之处：无法控制行走目标的差异，如是悠闲地漫步还是赶着去上班，以及观察对象相对的健康水平差异。为了克服这些不足，人们开展了实验室研究。

运动学分析

尽管与年龄相关的行走速度和步长变化方面的资料有一定作用，但它未能断定可能导致这些变化的身体部位的运动变化。研究者已用运动学（视频、电影或光电子的）步态分析来研究行走时身体运动中与年龄相关的变化。

默里（Murray）等人拍摄了以特定速度行走和快速行走的 20~87 岁的实验对象。他们在这些照片中总结了 20 项运动学衡量标准。他们发现：男人的换步间歇和站立时长在 65 岁后会增加，而步幅会在 74 岁后增加。他们还发现：80 岁后，外八字和步态变化（重复步子的节奏性）会增加，而脚跟踮起高度峰值会下降。脚离地模式亦有与年龄相关的变化：屈膝幅度减小，推动时脚踝幅度也会下降。女性身上也出现了类似变化，除了 50 岁后步长会缩短，同时走路也会速度下降、节奏变快。值得注意的是，女性习惯性地使用高跟鞋大大影响了步态特征。

动力学分析

步态的动力学分析可以描述行走动作模

式，但它并未说明实验对象的力量生成。为了弄清老年人（62~78 岁）和年轻人（21~28 岁）的力量生成特征是否有变化，温特（Winter）等人运用一种反向动态模型比较了两组观察对象的行走动力数据。他们发现推动时老年人的足底屈肌产生的力量明显少于年轻人，而在甫要迈步时股四头肌吸收的力量更少。他们认为推出时足底屈肌力量的减少会使步长缩短、脚跟抬起程度降低、站立间隙会变长，这些特点在其他对老年人的步态特点研究中都有被观察到。推出力量减弱的一大原因可能就是脚踝跖屈肌力量的下降，其实这一点在其他研究中已有所提及。此外，推出的力量过大会导致身体上扬和前倾，因而产生不稳定因素。但也有可能这种变化是为了实现更稳定的步态模式应运而生的。

温特等人也注意到实现老年人的膝髋协方差（knee-hip covariance）有减少趋势。温特从这两处关节的力矩特征计算了膝髋协方差，认为它可以用作“动态平衡指标”。有趣的是，在温特的研究中，其中 10 位老年人的协方差与年轻人类似，而另外 5 名则比较低。温特等人认为这 5 个人可能有临床检测中未诊断出来的神经或肌肉骨骼机能失调。

神经肌肉分析

前面所述的运动学和动力学变化与步态模式的肌肉反应变化有着怎样的关系呢？芬利（Finley）等人对步态正常的年轻女性（19~38 岁）和老年女性（64~86 岁）的肌肉活动模式进行了比较。他们发现，老年组的腓肠肌、胫骨前肌、股二头肌、股直肌和腓骨长肌的平均肌电图仪活跃度高于年轻的一组。他们还注意到：在循环迈步过程中的特定时刻，肌肉反应特征会发生变化。因而，在脚跟着地的时候，老年女性腓骨长肌和腓肠肌的活跃度会上升。作者认为这种上升可能是增加主动肌和拮抗肌同激活的策略导致的，从而增加了步态的站立阶段关节的僵硬程度并提高了稳定性。该策略常为那些不擅长某种任务或需要强化对该任务的控制的观察对象所采用。

亦有研究检查了感觉系统方面的变化对老年人步态模式的影响。西莫努（Simoneau）等人研究了在老年女性（55~70 岁）下楼梯时变化的视觉环境对其步态特征的影响。下楼梯活动在如下环境中试验：楼梯涂成黑色；楼梯涂成黑色且观察对象头上戴一个发带，其上有一个可以散射光线的塑料壳（此为模糊环境）；楼梯涂成黑色且每个踏板边缘一律添加白色条纹。在对受试者爬楼梯的表现进行动作分析后发现，在模糊环境下行走的老年人与其他两组相比，行走节奏更慢、步子更大、后面一只脚替换的频率更高。同时，其步伐间距也大于之前研究中观察到的年轻人的步伐间距。

适应性控制的变化

运动控制最主要的一点便是利用视觉信息改变步态特征以避免各种障碍的能力。帕尔塔（Patla）进行了实验，该实验的问题是：导致老年人行走困难的一大因素是否可能为行走时对视觉环境的采样能力下降？在实验中，他请年轻人和老年人戴上不透明的液晶眼镜，如果受试者想要对环境进行采样，他可以按下一个开关来使眼镜变为透明。受试者行走的地面要么没有标记，要么就是标记得很规则的脚印，他们应当踩在脚印上走。当被要求踩在脚印上行走时，年轻的受试者频繁采样，且间隙很短；而老年人的取样频率较低，但是观察时间更长。其结果就是老年人对地形的观察要比年轻人多。

帕尔塔还进行了一项研究，他让年轻人和老年人在人行道上行走，当看到人行道上特定地点的光亮提示时，他们要么加大跨步要么减小，以便与灯光的位置相匹配。研究者由此来测试老年人调整步伐以避开物体的能力。结果发现，如果只在一步之遥处给出视觉提示，则老年人比年轻人更难以调整步长。他们注意到在被要求加大步长时，年轻人有 80% 的成功率，老年人的成功率是 60%。而当被要求缩短步长时，老年人成功率仅为 38%。不过，当在两步之遥时就给出灯光提示，则二者的表现没有差别。帕尔塔认为平衡困难部分导致了老年人缩短步伐方面的困难。老年人要在距障碍物一步之遥处调整步态，这可能致使他们需要在行走当中更多地对环境进行检查。

老年人摆动腿的跨幅减少，故而可能会踩到障碍物，导致跌倒。谢夫（Chef）等人针对此分析了健康年轻人和老年人在跨过高度不同的障碍物时的步态运动学。比较低的障碍物对应一般的地面和门槛，而稍高的障碍物则代表路边石头、家里的玩具或宠物。他们没有发现在跨越障碍时与年龄相关的变化。不过，他们发现 24 位老年人中有 4 人在实验中踩到了障碍物，而没有年轻人踩到。由于在整个实验过程中，两组人碰触障碍物的概率相同，故而研究分析可能是注意力不集中，而非疲劳导致了踩上障碍物的小事故。他们还发现老年人在越过障碍物时采用了一种更为保守的策略，减缓跨越速度，缩短步长，在靠近障碍物时减缓脚跟着地的速度。

研究认为，在跨越障碍时与年龄相关的步态差异可能部分是由老年人双腿的关节活动幅度有所减少导致的。因而，与年龄相关的认知变化和关节活动幅度的变化可能是引发老年人跨越障碍时的步态特征发生变化的两大因素。

适应性运动控制的另一方面涉及步行过程中从绊倒或滑倒中恢复的能力。唐（Tang）及其同事测试了行走时不慎滑倒的年轻人（平均年龄 25 岁）和健康的老年人（平均年龄 74 岁）的恢复能力。在该研究中，参与者被要求走过一个会在脚跟着地时突然前移的平台，以模拟冰上滑倒。结果表明：老年人打滑后恢复平衡的过程不太稳定，常常会被摆动腿绊倒，在其恢复平衡时，摆动腿会踩上支撑表面，老年人回应滑倒的表现是躯干伸展过度，步长也会缩短，图 9（A）显示了年轻人和老年人从滑倒中恢复平衡的人物线条画。神经肌肉反应的改变导致了这种受损的恢复，包括肌肉收缩的启动减慢、肌肉反应度也有所减少。这些延迟、弱化的肌肉反应导致了老年人在恢复过

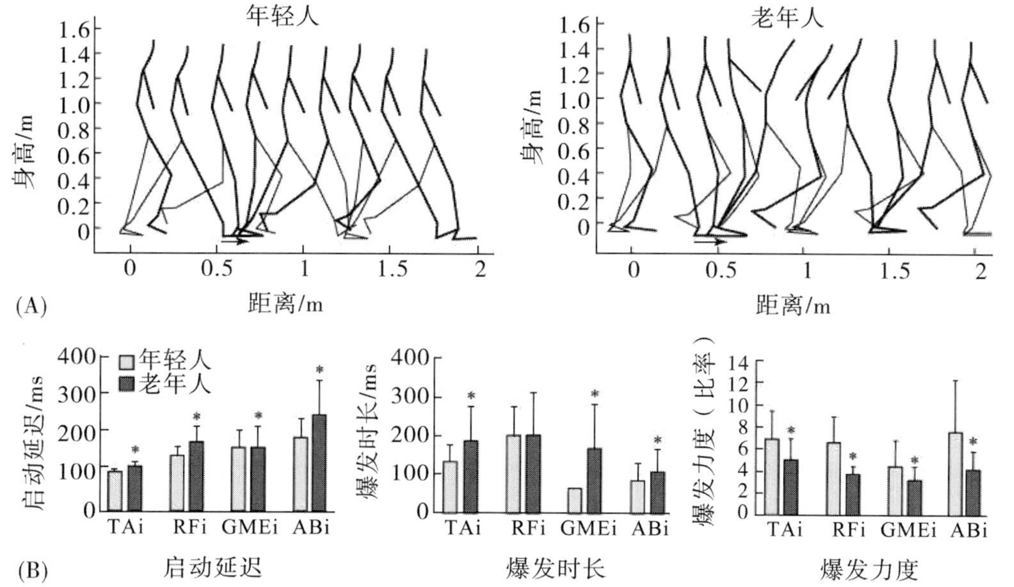

图 9　年轻人和老年人滑倒趋势对比分析

注：（A）对年轻人和健康的老年人在身体发生前滑时试图恢复平衡的动作加以运动分析而得出的人物线条简画。老年人的躯体有向后伸展，且在恢复平衡的过程中手臂有所上扬。（B）滑倒趋势发生时，站立的那条腿胫前肌其肌肉收缩启动延迟、肌力爆发时长和力度平均值和标准方差。TAi、RFi、GMEi、ABi 分别表示同侧胫骨前肌、同侧股直肌、同侧臀中肌、同侧的腹肌。

引自：Tang P-F and Woollacott M（1998）Inefficient postural responses to unexpected slips during walking in older adults. *Journal of Gerontology* 53：M476，M477.

程中的趺绊。如图 9（B）所示，持续更久的肌肉反应被用来弥补减慢、减少的反应度。

影响步态特征变化的因素

尽管和年轻人比起来，健康老年人的步态特征还是有不大却很明显的差异，但海特曼（Heitemann）等人以及格尔森（Gehlsen）和霍利（Whaley）的研究表明，有过跌倒史的老年人跟那些没有跌倒过的老年人相比，其步态特征有明显的不同。海特曼和同事们注意到，有过跌倒史的老年女性在双脚一前一后时，其站立时间更短，而且在迈步时步宽有所增加。这些变化可能是观察对象患有某种未加确诊的疾病所致。不过也有这种可能：经历多次跌倒后，老年人开始恐惧跌倒，这也会改变其步态模式。

许多研究结果显示，老年人比年轻人走路慢的一大原因是他们会选择一种更为保守或安全的走路方式。这就意味着害怕跌倒的心理可能会改变其步态。例如，蒂内提（Tinetti）和同事们就发现，从特定的走路速度、焦虑水平和忧郁症可以明显预见老年人恐惧跌倒的心理。

结论

本研究探讨了对于平衡和步态有影响的诸多神经系统、肌肉骨骼系统方面与年龄相关的变化。对于平衡控制方面与年龄相关的变化的研究揭示了神经肌肉反应特征的变化，其中包括：肌肉力量下降、反应延迟变慢、反应组织偶尔会出现紊乱、应对平衡威胁时主动肌和拮抗肌的共同激活程度增加。此外，在感觉输入减少或剥离的环境下，或者在执行另一认知任务的同时去平衡自身时，相较年轻人，老年人会出现更多问题。

类似的，步态研究指出步行速度下降、步长减小，而双重支撑阶段增加。与此同时，踝关节附近的肌肉群的共同激活会增加。老年人在脚跟蹬地时跖屈肌群生成的力有所减少，从而导致步长缩短。蹬地力量减弱的原因可能是肌肉力量退化。对一系列平衡和步态特征训练项目的效果的研究表明，肌肉力量训练、感觉组织训练以及太极等动态平衡训练项目能显著改善老年人的平衡功能。

另请参阅：跌倒；运动控制；神经肌肉系统。

拓展阅读

Bronstein A，Brandt T，Woollacott M，and Nutt J（2004）*Clinical Disorders of Balance and Gait*，2nd edn. London：Arnold.

Horak FB，Shupert CL，and Mirka A（1989）Components of postural dyscontrol in the elderly. *Neurobiology of Aging* 10：727–738.

Shumway-Cook A and Woollacott M（2000）*Motor Control：Theory and Practical Applications*，2nd edn.，ch. 9，pp. 222–247. Philadelphia，PA：Lippincott Williams and Wilkins.

Studendski S（1996）Gait and balance disorders. *Clinics in Geriatric Medicine* 12：635–922.

Woollacott MH and Shumway-Cook A（2002）Attention and the control of posture and gait：a review of an emerging area of research. *Gait and Posture* 16：1–14.

译　者：喻声援（北京协办人口与社会发展研究所）

校译者：王永梅（首都经济贸易大学）

迁移

C. F. 小朗吉诺 维克森林大学，温斯顿-塞勒姆，北卡罗来纳州，美国

词汇表

州际迁移（Interstate Migration）——每次美国人口普查，对在此之前曾在其他州居住了5年的人，视为发生了州际迁移。

退休迁移（Retirement Migration）——60岁及以上人口的州际迁移，其中一部分人可能会在搬家后找到工作。

引言

退休迁移是更广泛的文化现象的一个方面，且由来已久。数百年来，冬宫、都市的社交季、各种矿泉疗养地及意大利式别墅，成为欧洲精英生活方式的一部分。在美国，去一个气候更加适宜的地方度假、季节性迁移和退休后移居，这种对悠闲的生活方式的追求已成为普遍现象，不过，只有在中产阶级不断壮大和交通运输技术发展之后，才能让这种远距离旅行成为可能且负担得起。因此，这些活动只有在20世纪才变得普遍。尽管在某些地方，退休安置的个人社区历史可以追溯到20世纪二三十年代，但直到第二次世界大战之后，退休迁移才不再是新鲜事。

1960—2000年的每个10年里，美国的总人口和老年人口都在增长，但后者的增长更为迅速。毫不奇怪，在每个10年里州际迁移的人口也在增长。然而，无论是5岁以上人口（约9%），还是60岁以上人口（约4.5%），在人口普查前的每个5年期间迁移的比例基本保持稳定。回顾5次人口普查，可以发现这个趋势非常稳定。在此期间，这两类人的本地流动性都有所下降。

退休迁移是一种非传统的生活方式。大多数60岁以上美国人在任何一次人口普查的统计周期内并未发生迁移。大约3/4的人仍然生活在原来的地址，只有1/10的人跨越了国界或州界。大多数人倾向于留在原地不动（参见“退休”）。

概念性问题

生活方式和地域联系

询问为什么大多数人不迁移是确定另外一些人为什么迁移的一种方法。人们与其居住的环境发生关联，是通过财产投资，通过找寻具有意义的社区环境，通过朋友和家人，通过过去的经历，以及通过把以上这些

方面编织成令人满意的活动模式而形成的生活方式。任何生活方式都需要一种独特的环境资源的组合，退休的生活方式也不例外。它是地域联系、人际关系和资源的一种结合，资源是理解退休迁居背后的关键。最有可能迁居的退休者，往往是那些最缺乏依靠的人，以及那些渴望的退休生活方式与目前的社区、邻居和居住环境不能兼容的人。

人际关系

生活方式驱动的迁移往往以地点为中心。当迁移的研究者们关注特定的受欢迎的退休目的地时，他们常常发现那里有寻找舒适生活的迁居者。以人为本的迁移动机同样重要。

资源

如果在评估或推断迁移动机时，地域联系和人际关系常常趋于没有区别，那么同样符合事实的是，地域联系和资源则经常被混淆。退休者在拥有迁移所需的资源方面差异很大——尤其是经济、健康和精神资源。精神资源指的是在迁移过程中承担风险所需的内在力量和自由。强大的团体依靠降低了准备迁移的能力，使这些精神资源有所减少，即使是在收入和健康资源充裕的情况下。

搜寻空间

当一个退休家庭的成员正在考虑迁移并开始寻找住房时，地理学研究者会将这对夫妇寻找新住所的区域定义为“搜寻空间”。这对夫妇的搜寻空间由他们以前获得的知识来界定。当然，这些知识是通过早期的参观拜访、与移民和旅行者的讨论及阅读得来的。很少有人会迁居到完全陌生的地方，除非是被迫的。人们选择迁居到他们曾经度假或者参观过的新地点，主要因为他们已经获取了做出这种选择所需的知识基础。

由于搜寻空间受到知识需求和动机因素的制约，目标区域的大小会在不同的退休者之间存在差异。因此，正是由于搜寻空间的变化，迁移流动的目标并不狭隘。

迁移动机

和一般人一样，老年移民分为很多类型。研究文献倾向于把他们分为两大类：依赖型移民（dependency migrants）和舒适型移民（amenity migrants）。前者通常是由于健康状况或财务状况恶化、配偶死亡而被迫迁移；后者则是为了寻找能够提供更新鲜、更美好的生活方式的环境。位于湖海之滨或山区，以及温带、热带或者沙漠气候的社区在吸引舒适型移民方面具有优势，这些移民往往是近期退休的，因此相对年轻，通常已婚，且经济状况优于其他很多退休者。涌向美国南部“阳光地带”的州际迁移中，充满了这样的舒适型移民。

生命历程模型

一种结合地点、人际关系和资源分析的流行方法，是研究移民动机在退休期间往往会发生变化的方式。利特瓦克（Litwak）和朗吉诺（Longino）认为，在退休后的生命历程中进行长途迁移者通常可分为三类。第一类是近期退休的、寻求舒适生活的迁移者。然而，对第二类迁移者来说，当他们由于残疾而难以完成日常的家务劳动时，压力就产生了，并且这种状况往往因丧偶而加剧。有限的亲属资源是造成第三类迁移的动机，从或多或少由亲属照护变为机构照护。大多数符合第三种类型的迁移者都是本地人，而非长途迁移者（参见“生命历程”）。

迁移决策模型

迁移的迁出地和目的地对迁移者存在吸引力和排斥力（“推力”和“拉力”）。关于迁移的研究有一种强烈的倾向，即试图通过研究迁出地和目的地的特征来推断迁移的动机。例如，总的来说，迁出地的冬季平均气温要低于目的地，生活成本要高于目的地，这两个因素都是推力。对倾向于享受温和气候、实现经济增长和缴纳较低税收的老年移民来说，美国东南部的农村地区有着持续的吸引力。这些区域往往是沿海或山区，并且很多地方与大都市毗邻。

迁移决策可能因气候、交通状况和街头犯罪等推力和拉力因素触发，又或者是生活成本和内生因素推动，例如个人资源或房地产市场。这种机制还会通过反馈形成循环。不打算迁移或无法成功选择目的地的人，可以通过各种机制来适应当前的居住地，从而避免陷入困境。此外，随着时间的推移，最初得到改进的迁移结果可能会产生新的推力和拉力，最终引发另一次迁移。白日梦往往先于实际行动，关于推拉因素的信息显然也很重要。

地方认同模型

一些从未扎根的迁移者仍然与曾经居住过的社区保持着情感上的联系。还有一些人到达目的地社区后，在从度假者转变为永久居民的过程中还存在种种问题。用社会心理学的方法考虑这些问题，为我们理解迁移和迁移者带来了新的研究维度。

迁移

美国的迁移模式

跨州流动和迁移流 州际退休迁移的一个显著特征是，迁移者来自很多州，集中在少数目的地，这是迁移高度集中流入某些州的结果。在 2000 年，超过一半的老年迁移者，即约 54%（在 1990 年约为 56%）的人迁移至 10 个州。佛罗里达州主宰了这个场景，在 1960—2000 年的 5 次人口普查中，佛罗里达州吸引了 20% ~ 25% 的 60 岁以上的州际迁移者。

情况在 1990 年起了变化。几个主要的迁移目的地州接收移民的比例略有下降，流动范围有所扩大（与早期的迁移期相比）。如表 1 所示，从 1980 年起的每个 10 年里，迁往佛罗里达州和加利福尼亚的移民总比例都在下降。2000 年，排名第二的加利福尼亚州被人口少得多的亚利桑那州取代。尽管这种损失对佛罗里达州和加利福尼亚州来说相对较小，但这种趋势是明显而持久的。州

表 1　接收 60 岁以上老年迁移者最多的 10 个州（截至人口普查年 1960、1970、1980、1990、2000 年的 5 年统计周期）

（比例/%）

排名	1960			1970			1980			1990			2000		
	州	数量	比例	州	数量	比例	州	数量	比例	州	数量	比例	州	数量	比例
1	佛罗里达	208 072	22.3	佛罗里达	263 200	24.4	佛罗里达	437 040	26.9	佛罗里达	451 709	23.8	佛罗里达	401 052	19.1
2	加利福尼亚	126 883	13.6	加利福尼亚	107 000	9.9	加利福尼亚	144 880	8.9	加利福尼亚	131 514	6.9	亚利桑那	134 183	6.4
3	新泽西	36 019	3.9	亚利桑那	47 600	4.4	亚利桑那	94 600	5.8	亚利桑那	98 756	5.2	加利福尼亚	127 693	6.1
4	纽约	33 794	3.6	新泽西	46 000	4.3	得克萨斯	78 480	4.8	得克萨斯	78 117	4.1	得克萨斯	101 446	4.8
5	伊利诺伊	30 355	3.3	得克萨斯	39 800	3.7	新泽西	49 400	3.0	北卡罗来纳	64 530	3.4	北卡罗来纳	77 720	3.7
6	亚利桑那	29 571	3.2	纽约	32 800	3.0	宾夕法尼亚	39 520	2.4	宾夕法尼亚	57 538	3.0	佐治亚	63 120	3.0
7	俄亥俄	27 759	3.0	俄亥俄	32 300	3.0	北卡罗来纳	39 400	2.4	新泽西	49 176	2.6	内华达	62 155	3.0
8	得克萨斯	26 770	2.9	伊利诺伊	28 800	2.7	华盛顿	35 760	2.2	华盛顿	47 484	2.5	宾夕法尼亚	60 082	2.9
9	宾夕法尼亚	25 738	2.8	宾夕法尼亚	28 600	2.7	伊利诺伊	35 720	2.2	弗吉尼亚	46 554	2.4	新泽西	54 425	2.6
10	密苏里	20 308	2.2	密苏里	25 300	2.3	纽约	34 920	2.2	佐治亚	44 475	2.3	弗吉尼亚	53 776	2.6
总迁移量		931 012			1 079 200[1]			1 622 120[2]			1 901 105			2 096 841	
总比例			60.8			60.4			60.8			56.2			54.2

[1] 1970 年数据由 1/100 样本数据计算而来，实际调查样本数为 1 094 014。

[2] 1980 年数据由 1/40 样本数据计算而来，实际调查样本数为 1 654 000。

引自：US Census.

际移民的数量在1990—2000年趋于稳定，这导致在之前的两次人口普查中佛罗里达州和加利福尼亚州的移民在数量和比例上都有明显下降。然而，根据这些趋势预测佛罗里达州将不再是退休移民的首选目的地是错误的。佛罗里达州吸引的老年移民比亚利桑那州、加利福尼亚州和得克萨斯州加起来的还要多。

迁出城市　2000年的向外迁移是一种大都市现象，很少有例外，至少在提到大型迁移流的时候是这样。跨越州界、在大县或小县集群（美国人口普查局称之为PUMAs，public use microdata areas，公用微观数据区）之间的最大的100条迁移流中，有大多数（58%）起源于“阳光地带”之外的大都市区域，以纽约、洛杉矶和芝加哥及其周边郊区县为首。2000年，组成纽约市的5个行政区向佛罗里达州和新泽西州输送了全国最大规模的16条迁移流，其中主要是前者。

洛杉矶的模式与纽约非常不同。2000年，洛杉矶的7次大的退休迁移流，目的地都是其邻近的3个州：亚利桑那州、内华达州和俄勒冈州。邻接，是洛杉矶向外迁移模式的核心。

从芝加哥的有利位置看，“阳光地带”受欢迎的几个迁移目的地州好像离得差不多远。纽约州深爱佛罗里达，而芝加哥显得不够专一。库克县的退休居民则几乎无处不在。他们倾向于去南加州、亚利桑那州或内华达州，也可能出现在佛罗里达州。在它的9条主要迁移流中，有7条流向了上述几个州。

为什么要对大多数退休后向目的地州迁移的人群都来自大城市而惊讶呢？这些地方往往意味着经济机会。更多的城市退休者能够负担得起迁移的费用，并且他们当中更多的人在工作期间已经发生了地理上的流动。

令人惊奇的是，在2000年最大的100条迁移流中有42条来自吸引州际迁移者最多的州——所有“阳光地带”的州。其中13条在佛罗里达州。前往佛罗里达州的州际迁移者远远多于离开这里迁往他处的人。然而，到了退休年龄的人确实会离开佛罗里达州和其他“阳光地带”的州。事实上，在主要的迁出地排名上，佛罗里达州排在第三位，仅次于纽约州和和加利福尼亚州。

接收城市　使用2000年人口普查的微观数据，对城市和城市群按照州际净迁移量进行排名。接纳州际迁移人口最多的100个目的地中，有31个位于佛罗里达州，接近1/3，这符合该州长期以来作为老年移民主要迁移目的地的地位。

从全国范围来看，主要迁移目的地坐落在沿海、山区和沙漠城市：从缅因州的海滨、马萨诸塞州的科德角到华盛顿州的普吉特海湾和俄勒冈州的沿海地区。亚利桑那州的马里科帕县（凤凰城）和内华达州的克拉克县（拉斯韦加斯）分别排名第一和第三位，是美国西部的主要迁入地。加利福尼亚州的河滨县（棕榈泉）排名第28位，也是加州唯一入围这个排名的城市。

虽然“阳光地带”一般是主要区域目的地，但是这些目的地比通常假定的更为多样。例如，新泽西州的海洋县，一直有足够多的来自纽约州和宾夕法尼亚州的退休者，几十年来一直居于这个100强排名之列。

局部的迁入地从邻近各州吸引迁移者是不成比例的。例如马萨诸塞州的科德角、新泽西海岸及宾夕法尼亚州东北部的波科诺山，都位于“阳光地带”之外。在阿巴拉契亚山脉、密苏里州和阿肯色州的奥扎克地区的其他地方，都位于非沿海的“阳光地带”。内华达州的南部和西部及太平洋西北部地区，都对退休人群具有强烈的吸引力，是被退休指南频繁提到的退休胜地。

迁移选择性

60岁以上的本地流动人口在经济和社交方面往往不如非流动人口富裕，而移民是最积极的选择。随着时间的推移，这种差别已经变得相对稳定。在长途迁移方面，男性和女性差不多。已婚夫妇主导了这种类型的迁移。毫不意外，高龄老年人倾向于移动更短的距离。受教育程度最高的迁移者往往迁移得最远。

通过对迁入地的迁移者和非迁移者进行分年龄组的比较研究发现，迁移者的经济状况较好。这是由于迁移者倾向于搬到生活成本比原居住地更低的地方。越大的城市，生活成本和收入也越高。当然，迁移是有成本的，所以会把支付不起这种成本的人筛选掉。此外，舒适型迁移者倾向于在退休后不久，也就是在他们的退休收入与刚退休的人相比有任何下降之前就搬离。

季节性迁移

美国人口普查局没有直接尝试去测量季节性迁移。不过，在得克萨斯州、亚利桑那州和佛罗里达州进行的几项季节性迁移的调查，提供了老年游客在目的地的简单情况。这些调查数据正在通过积累和比较，从而提供更广泛的全国情况。在这些调查中，迁移者绝大多数是退休的白人。他们是身体健康、年龄在65～70岁的已婚夫妇，无论是收入水平还是受教育程度都高于一般老年人口。一项研究比较了前往佛罗里达州过冬的加拿大人和前往得克萨斯州格兰德河谷过冬的美国人样本。二者的相似性给人印象深刻。

显然，气候是推动季节性迁移的一个重要因素。季节性迁移到亚利桑那州凤凰城的倾向在与加拿大各省接壤的北部平原和山区的几个州最高。这些使雪鸟向南飞往亚利桑那州和佛罗里达州的路径并不奇怪也非创新，它们遵循了之前提到的“阳光地带”区域模式。也许季节性迁移和永久性迁移的主要差别在于，季节性迁移有时行程会更远，这意味着气候的变化对他们来说比对永久性迁移更为重要。从佛罗里达州和沙漠区域各州到北卡罗来纳州和新英格兰的较冷山区，再到西部科罗拉多州，这种向北季节模式尚未得到系统研究。

通过研究者之间关于季节性迁移是不是导致永久性迁移进程的一部分的对话可以推断，季节性迁移产生了自己的生活方式和文化，这与永久性迁移不同，但同样有价值。一旦这种生活方式被接受，季节性迁移有可能持续数年，直到由于必要的资源数量出现波动或减少而中断或终止。有些人确实会定居下来，不过这些人常常在当地拥有较强的人际关系和地域性的依靠。他们往往有家人或其他人永久居住在附近，这些人可以给他们提供依靠。

逆流迁移

迁移者在一些州之间成对交换，被称为迁移流和迁移逆流。迁移流在二者之间规模较大。这种成对交换是迁移过程中预期的一部分。此外，处在迁移逆流中的迁移者平均年龄往往比迁移流的较大一些，并且通常丧偶，生活上更加依赖亲属。

通过分析 1990 年的人口普查数据，研究者比较了最大的迁移流和迁移逆流中的 50 对样本，发现了三种地理模式。第一种模式是佛罗里达州与它的主要伙伴之间的交换。迁移流的目的地是佛罗里达州，迁移逆流的方向则相反。第二种模式是加利福尼亚州与邻近州或地区性州之间的交换。流回加利福尼亚州的迁移逆流规模较小。第三种模式同样是区域性的，被称为大西洋中部交换系统（the Mid-Atlantic exchange system），包括从纽约州到邻近的 3 个州，即宾夕法尼亚州、新泽西州和康涅狄格州的迁移流，以及目的地是纽约州的迁移逆流。这三种交换模式在 2000 年的人口普查中依然存在。

这些发现带来这样一种推测，即迁移逆流中包含很大一部分返回者，这些人在早些时候迁移至一个受欢迎的目的地，后来又返回原来居住的州。现有数据支持了这种推测。数据表明，迁移逆流中的很大一部分最终回到了他们出生的州。

回归迁移

人们曾经认为，大多数退休迁移者倾向于返回他们的故乡。不过一项研究击碎了这种流行的幻觉，这项研究表明，在 1970 年，老年迁移者的回迁比例约为 20%，和其他的迁移者并无不同。近期更多的研究表明，退休者的回归迁移有缓慢减少的趋势。1980 年回迁比例为 18.6%，1990 年降至 17.5%，2000 年稳定在 17.5%。

所有关于老年回迁者的报告都发现，一些州和地区比其他地方更受老年回迁者的欢迎。2000 年，在减去所有离开其出生州的人（因为他们不能成为回迁者），剩下的老年迁移者中有 29% 回到了自己的故乡。北卡罗来纳州和佛罗里达州吸引了一半的潜在的回迁者，而怀俄明州和北达科他州吸引的比例不到 15%。这种模式从一个 10 年到下一个 10 年都是不稳定的。

对南部和西南部的回迁者，一个流行的种族方面的解释是非裔美国人和拉丁裔美国人的回迁者。地区性的回归迁移涉及一个历史上的工作周期。工业州要从该州农村地区招募工人。工人的流动持续不断地将这些发送和接收他们的州联系在一起。然而，随着时间的推移，回归迁移流发展起来，将一些退休工人带回他们出生的州。这种回迁流形成了对之前形成的工作迁移流的延迟但大致相称的回应。尽管这一原则适用于所有人，但当与民族认同相结合时则更容易辨别。

在这种背景下，大多数 60 岁及以上的非裔美国人迁移至南部各州并不奇怪。同样不奇怪的是，这些迁移者中回迁比例很高。现在断言工业招募的拉丁裔美国人从伊利诺伊州和密歇根州迁往美国西南部还为时尚早。然而，通过对非裔美国人的工作和退休迁移模式的预测，将来发生这样的变化并不奇怪。

文献中还讨论了另外两种回迁类型。第一种类型被称为“地方性回归迁徙”（provincial return migration），是舒适型迁移的一个子类别。它由生活方式驱动的迁移者组成，他们选择迁移到自己出生的州。和一般的回迁者相比，这些人更年轻，受教育程度略高，更富裕，有配偶的人数也多得多。第二种类型叫作“逆流回归迁徙”（counter-stream return migration），是依赖型迁移的一个子类别，这种迁移为获得日常生活活动中的帮助而发生。返回东北部和中西部出生州的地区间迁移，符合对逆流回归迁徙的总体描述，而返回南部和西南部出生州的地区间迁移，则符合地方性回归迁徙的总体描述。

都市和非都市迁移

在我们这个时代，影响地理流动性的宏观层面的过程之一在于大都市的分散。在 20 世纪 70 年代，人口流向城市的长期趋势变得缓慢甚至出现逆转。老年人成为向非大都市迁移的先锋，这种转变从 20 世纪 60 年代就开始了。

大约 3/4 的老年迁移者从大都市区域迁出。接近这个比例的大都市外迁者去了其他大都市区域，但是他们倾向于迁入更小的城市，从而通过减少带来麻烦的因素，提升他们的生活质量。尽管舒适型迁移者声称希望改变环境，但他们并不想完全放弃城市生活方式带来的舒适。距离城市较近的地点尤其具有吸引力，前提是这些迁移者所期望的文化和服务的便利设施（如博物馆、餐馆、剧院、商店和国际机场）只有一两个小时的路程便能达到。太阳城建在凤凰城附近是有原因的。并且，我们无法想象，如果不是靠近波士顿，科德角会和现在一样发达。一位迁移者把科德角描述成“两全其美的地方”，这里兼具乡村的宁静和都市的喧嚣。

迁移带来的影响

经济影响 从 20 世纪 90 年代开始，大量文章在思考退休者对迁入地的经济影响。州际迁移导致很大一部分的年收入在州与州之间转移。当然，这些钱向几个主要迁移目的地州集中。遗憾的是，现有的人口普查缺乏对消费支出的综合考量。在这些研究中，收入是消费性支出的一个指标。

在同一时期，515 个农村县，由于迁移，老年人口不断增长，就业的增长超过了非大都市区域的平均水平，从表面看，这是退休人口消费性支出的结果。其他研究似乎也支持这些发现。在那个 10 年结束时，研究者们几乎一致认为，退休迁移对经济的影响是积极的。

地方性政治活动和公共服务支持 经济上的积极影响必然会被公立学校融资的不利因素所抵消。关于地方投票的研究已经调查过地方学校预算全民公投的结果。一项利用佛罗里达州学区债券投票结果的研究发现，学区中老年居民和选民的比例越高，预示着对学校的支持程度越低。公民，尤其是老年公民，对学校这样的公共服务的支持要少得多，因为他们并不需要这些。这并不意味着只有老年公民或者其中的老年迁移者会投票反对学校债券。没有孩子的年轻人和那些把孩子送到私立学校和教区学校的人往往也会这样做。

对社区社会结构和观念的影响 乡村地区的退休聚集地（retirement enclaves）相对独立于当地的社会结构，如同退休者自己的世界。他们本质上是一种“共同利益发展联盟”（common interest developments）。这种社会隔离主义的观念已经不再是规范的。迁移者有时候被视为社区变革的积极推动者。例如，中产阶级的舒适型迁移者可能会联合起来保护社区的环境。试图招募退休者和某些行业进入社区的商会发现，退休者以环境保护的名义积极反对工业发展。

另请参阅：生命历程；退休。

拓展阅读

Longino CF Jr.（2000）Internal migration. In：Borgatta EF and Montgomery RJ（eds.）*Encyclopedia of Sociology*, 2nd edn., pp. 1415-1422. New York：Macmillan Reference Group.

Longino CF Jr.（2001）Geographic distribution and migration. In：Binstock RH and George LK（eds.）*Handbook of Aging and the Social Sciences*, 5th edn., pp. 103-124. San Diego, CA：Academic Press.

Longino CF Jr.（2006）*Retirement Migration in America*. Houston, TX：Vacation Publications.

Longino CF and Bradley DE（2003）Brief report：a firstlook at retirement migration trends in 2000. *The Gerontologist* 3：904-907.

Longino CF Jr. and Bradley DE（2006）Internal and international migration. In：Binstock RH and George LK（eds.）*Handbook of Aging and the Social Sciences*, 5th edn., pp. 76-93. San Diego, CA：Academic Press.

Serow WJ（2003）Economic consequences of retiree concentrations：a review of North American studies. *The Gerontologist* 43：897-903.

Stoller EP and Longino CF Jr.（2001）Going home or leaving home? The impact of person and place ties on anticipated counterstream migration. *The Gerontologist* 41（1）：96-102.

Walters WH（2002）Place characteristics and later-life migration. *Research on Aging* 24（2）：243-277.

译　者：张　旭（北京大学）
校译者：康　宁（北京大学）

前列腺

W. J. 阿伦森，J. B. 德科宁 加利福尼亚大学洛杉矶分校医学院，洛杉矶，加利福尼亚州，美国

词汇表

自分泌（Autocrine）——细胞对其自身同时分泌的肽生长因子产生反应的通路。

外分泌腺（Exocrine Gland）——通过管道或导管将分泌物从器官表面释放出来的腺体。

旁分泌（Paracrine）——一种细胞被另一种临近细胞分泌的肽生长因子影响的通路。

引言

前列腺（prostate）是一种生殖外分泌器官，并有防止尿道感染的功能。然而，前列腺最常被提及的原因，是发生在老年人的良性和恶性肿瘤及感染性疾病。这些疾病中最主要的是前列腺炎、良性前列腺增生和前列腺癌。本章将尽可能从老年人前列腺疾病的角度，重点回顾前列腺在健康和疾病方面的相关问题（参见“肾和尿路功能”）。

解剖

成人前列腺的平均重量为 20 g，相当于核桃大小，环绕膀胱颈下方的尿道，如图 1 所示。前列腺的后表面可以通过直肠指诊来触及。前列腺由管泡状腺体和基质组成。前列腺腺体产生的液体通过 20～30 根导管，汇入前列腺尿道远端的膨大处，称为精阜。精阜两侧为射精管，是来自睾丸的精子和来自精囊的黏液流出的导管。前列腺间质围绕着前列腺，由平滑肌和成纤维细胞组成。

生理学

生殖

前列腺是外分泌腺（分泌液体），没有内分泌（激素）功能。外分泌的分泌物占射精量的 15%，但这种液体本身并非生育所必需的。前列腺、膀胱颈和前列腺尿道在精子输送中起着至关重要的作用。在射精时，交感神经纤维支配前列腺、膀胱颈平滑肌中的 α1 受体，输精管将黏液和精子排出前列腺尿道，而后关闭膀胱颈和前列腺尿道。这种闭合能防止黏

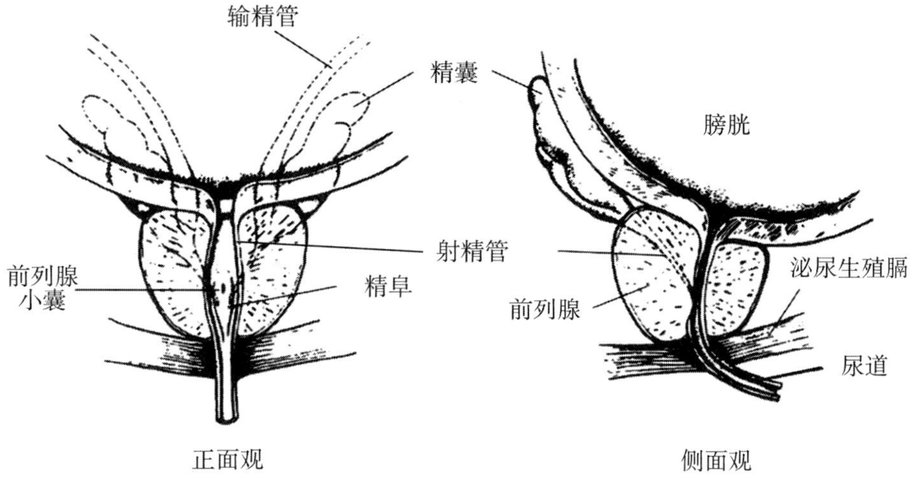

图 1　前列腺解剖图

注：前列腺环绕在尿道周围，略低于膀胱颈的水平。输精管和精囊排出的液体流入射精管，在精阜外侧汇入进入尿道。精阜是前列腺尿道远端中段的正中膨大部分。

引自：Goluboff ET, Stifelman MD, and Fisch H (1995) Ejaculatory duct obstruction in the infertile male. *Urology* 45 (6): 925.

液和精子在射精时进入膀胱，这是正常射精所必需的。

感染——宿主抵抗力

前列腺产生大量的物质，并不断地释放到尿道。其中包括锌、柠檬酸、钙、磷酰胆碱、前列腺酸磷酸酶和前列腺特异抗原（PSA）。前列腺液中锌的浓度在体内最高，而锌是一种抗菌因子。前列腺中持续释放的锌可能在预防尿路感染方面发挥作用。有大量的文献声称锌的摄入有利于预防泌尿系统感染和前列腺疾病，但这种说法尚未得到证实。

前列腺炎

前列腺炎或前列腺炎症，是一种用来描述前列腺感染性和非感染性炎症的术语。前列腺炎可发生于青春期至成年期的男性。患者可能出现多种症状，包括会阴、下腰部及耻骨上区域疼痛，射精和排尿疼痛，以及排尿无力，尿线细。这里介绍四种不同类型的前列腺炎。

病因

为了解释前列腺炎的原因，我们提出了各种各样的理论，包括尿液回流到前列腺导管，前列腺分泌产物的改变，以及存在感染性前列腺结石。不幸的是，我们并不能解释为什么男性会患上前列腺炎，因此，医生在治疗患者的尝试中常常失败和受挫。于是患者对他们的疾病不了解，且经常对治疗结果不满意，也就不足为奇了。

细菌性前列腺炎

最常见的致病细菌是大肠杆菌，也是导致尿路感染的最常见病原体。事实上，细菌性前列腺炎是老年人尿路感染的最常见原因。其他引起细菌性前列腺炎的生物包括变形杆菌、克雷伯氏杆菌、肠杆菌、假单胞菌和沙雷氏菌，较少情况下还可能为肠球菌。

急性细菌性前列腺炎

急性细菌性前列腺炎是一种急性发热性疾病，表现为全身症状及之前描述的前列腺炎症状。检查时，患者急性病容，前列腺触痛异常敏锐，因此不应进行触诊。病理上前列腺被中性粒细胞浸润。这些患者需要住院治疗，静脉注射抗生素。如果患者有尿潴留或严重的尿阻塞症状，则应做膀胱穿刺引流尿液，以避免通过导尿管对前列腺造成损伤。如果感染未能控制，则应排除前列腺脓肿，这可能需要进行引流。一般情况下，急性细菌性前列腺炎的治疗可以得到很好的效果，随后的泌尿学研究是为了明确感染源。

慢性细菌性前列腺炎

只有通过前列腺指诊按摩，对流出道的前列腺液进行细菌培养，并获得阳性结果，才能诊断慢性细菌性前列腺炎。显微镜下观察这些液体，可在每高倍镜视野下发现 10~20 个以上的白细胞。行前列腺按摩后会有少量尿液排出，但这些液体的细菌培养菌落数会超过前列腺按摩前尿液培养的菌落数。治疗基于细菌药物敏感性试验结果口服抗生素 1 个月。理想的抗生素要能很好地覆盖到革兰氏阴性菌，且必须是脂溶性的，以利于穿透前列腺组织。喹诺酮类抗生素具有这些特点，在大多数细菌性前列腺炎病例中均有效。但一些感染由于某种未知的原因会持续存在，且对治疗没有反应。

慢性无菌性前列腺炎

慢性无菌性前列腺炎的诊断是建立在前列腺液每高倍镜视野下白细胞数多于 10~20 个，但没有任何细菌感染的证据之上。这些患者存在前列腺炎的症状，但病因尚不清楚。医生只能告诉这些患者，前列腺发炎的某些原因还没有弄清楚。一般来说，医生会尝试一个疗程的口服抗生素试验性治疗，通常是喹诺酮类抗生素，为期一个月。如果症状得不到缓解，治疗就会变得困难，因为疾病的病因尚不清楚。治疗方案的选择包括经常温水坐浴、服用抗菌药物，对某些症状因辛辣食物、咖啡因或酒精摄入后加重的患者，可建议其改变饮食习惯。

前列腺痛

前列腺痛，字面上讲就是前列腺疼痛，是对有前列腺炎的症状但前列腺液无感染或炎症证据的患者的一种诊断。通常这些患者都是中青年，他们的症状很严重。在慢性无菌性前列腺炎部分中描述的经验性抗生素和支持性治疗会有不同的结果。这些患者中，有的存在骨盆底肌肉紧张和膀胱颈部的增生。对前列腺痛的患者进行排尿时的尿动力学的研究可以测量膀胱排尿时产生的压力，如果发现源于膀胱颈部增生所致的膀胱出口梗阻，那么行膀胱颈切开术可使这些患者受益。对非细菌性前列腺炎和前列腺痛的患者，也有关于前列腺热疗法的研究，在一些非对照试验中这种治疗取得了一定的成功。不幸的是，前列腺痛的病因仍尚不明确。

良性前列腺增生

良性前列腺增生（benign prostatic hyperplasia，BPH）是成年男性最常见的良性肿瘤，是影响老年人健康的常见疾病。BPH是一种病理术语，指前列腺中腺体和基质成分的生长。随着前列腺的生长，男性会出现一些烦恼的泌尿系统症状，及膀胱出口梗阻引起的并发症。本节将从病因、生理学和临床方面对 BPH 进行回顾。

发病率

男性在 30 多岁时开始出现 BPH，发病率随着年龄增长而增加，如图 2 所示。50 岁以上的男性中，超过 50%的人患有前列腺增生，而 80 岁以上的男性中，发病率可达 75%。由膀胱出口梗阻引起的尿路症状，称为前列腺病，在 55 岁男性中占 25%，在 75 岁男性中占 55%。

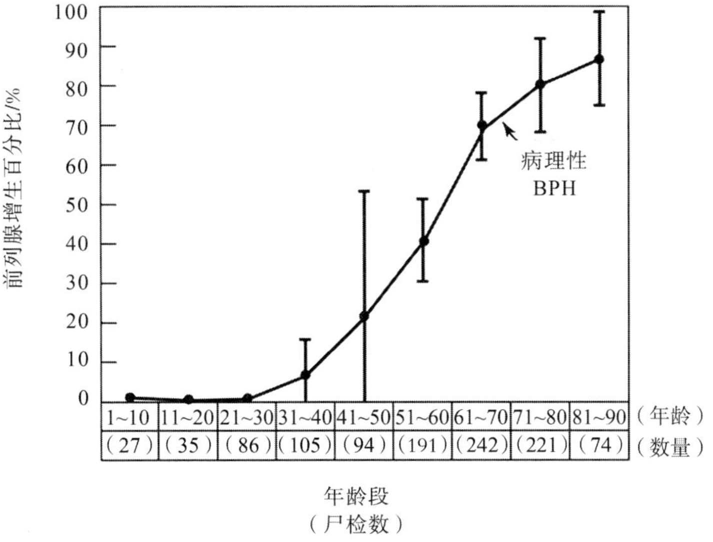

图 2　通过尸检标本评估良性前列腺增生（BPH）的患病率

注：随着男性年龄增长，BPH 的患病率也随之增加。

引自：Berry SJ，Coffee DS，Walsh PC，*et al*.（1984）The development of human benign prostatic hyperplasia with age. *Journal of Urology* 132：474.

病因

BPH进展的两个必要条件是衰老的过程和睾丸产生的睾酮。在青春期前切除睾丸的男性不会出现前列腺增生。睾丸分泌的睾酮在前列腺基质和上皮细胞的细胞质中转化为双氢睾酮。双氢睾酮与雄激素受体结合，形成复合物与细胞核中的特定DNA位点结合，促使蛋白质合成和细胞生长，证明睾酮在BPH发展中的作用。其他佐证是，5-α还原酶抑制剂、雄激素受体阻滞剂和睾丸切除术都可导致前列腺体积减小。

随着年龄的增长，男性的睾酮水平会下降。前列腺的雄激素受体数量随着年龄增长而增加，这在一定程度上解释前列腺为何持续增大。最近有试验通过对生长因子的研究，进一步证实了前列腺基质和腺体的相互作用，可导致BPH。组织培养发现，基本成纤维细胞生长因子（FGF）和转化生长因子（TGF）可作为自分泌和旁分泌因子导致BPH。对老年男性BPH的成因研究才刚刚起步。

生理学

良性前列腺增生发生在前列腺的腺体和基质中。增生的前列腺可通过机械性阻碍前列腺尿道的方式引起膀胱流出道梗阻，称为静止性梗阻。此外，前列腺间的平滑肌和小囊收缩可引起膀胱流出道动态梗阻。交感神经纤维支配平滑肌中的α1受体，从而引起平滑肌收缩。阻断α1受体的药物治疗对缓解BPH的症状非常有效，稍后将讨论。

由于膀胱出口受BPH影响出现梗阻，男性可能会出现梗阻性排尿症状，包括排尿无力、尿线细和膀胱排空困难。这种情况会引起膀胱壁上的平滑肌肥厚，进而膀胱壁相应地增厚，这会导致膀胱功能下降。而男性则发展出所谓的刺激性排尿症状，包括尿频、尿急和夜尿增多。这些刺激性症状对患者而言通常比尿路梗阻症状更恼人，而且会干扰他们的日常活动和睡眠。

一小部分患者会出现继发于BPH的并发症，包括反复尿路感染、肉眼血尿、尿潴留和尿路梗阻病。这些患者通常需要手术，而不是药物治疗。

表1　前列腺病症状

梗阻性症状	刺激性症状
排尿起始困难	尿频
尿流速低	尿急
排尿踌躇（尿流时断时续）	尿失禁
排尿费力	尿痛
自觉膀胱未排空	夜尿增多

诊断

良性前列腺增生的诊断是基于临床评估，不需要对前列腺组织进行活检。根据排尿的梗阻症状及刺激性症状存在与否和严重程度进行病史评估，如表1所示。为此，美国泌尿外科协会（AUA）开发了AUA症状评分系统，如表2所示，这是一份科学有效且可重复操作的问卷调查表，以评估前列腺病的严重程度及治疗的疗效。AUA症状评分可以很好地帮助管理BPH患者。但症状评分也有局限性，它不能诊断前列腺病，并且很多可引起排尿功能障碍的原因都会导致AUA症状评分升高。此外，AUA症状评分并没有评估患者因其症状而产生的困扰程度，一些患者有较高的AUA评分，但不受其症状困扰，不希望任何形式的治疗。

表2 AUA症状评分

问题	没有	5次中少于1次	少于半数	大约半数	多于半数	几乎每次
1. 在过去的一个月，你有多少次在小便后感觉没尿尽	0分	1分	2分	3分	4分	5分
2. 在过去的一个月，你两次排尿间隔短于两小时的次数	0分	1分	2分	3分	4分	5分
3. 在过去的一个月，你发现自己小便时频繁断续的频率	0分	1分	2分	3分	4分	5分
4. 在过去的一个月，你发现自己憋尿困难的次数	0分	1分	2分	3分	4分	5分
5. 在过去的一个月，你觉得自己尿线细的次数	0分	1分	2分	3分	4分	5分
6. 在过去的一个月，你需要用点力或使劲才能开始排尿的次数	0分	1分	2分	3分	4分	5分
7. 在过去的一个月，你从入睡到晨起一般需要排尿几次	无	1次	2次	3次	4次	5次或更多
	0分	1分	2分	3分	4分	5分

注：AUA症状评分=所有7个问题得分的总和。表2 AUA症状评分是一种标准化的问卷，它给排尿症状的严重程度提供了量化评价。评分为0~7分者症状轻微；8~19分者为症状中等；20~35分则为症状严重。

引自：Barry MJ, Fowler Jr. FJ, O'Leary MP, *et al.*（1992）The American Urologial Association symptom index for benign prostatic hyperplasia. *Journal of Urology* 148（5）：1549.

采集疑诊为 BPH 的患者的病史，也应阐明其他导致患者排尿功能障碍的原因。排尿功能障碍的鉴别诊断广泛，包括恶性肿瘤、感染、神经系统疾病及其他原因导致的膀胱出口梗阻，如尿道狭窄、各种药物对膀胱和膀胱出口的副作用。

体格检查应包括对前列腺进行细致的直肠指诊，以评估任何有恶性肿瘤可能的结节，并排除前列腺炎。一个常见的误解是前列腺的大小与泌尿系统的症状有关，或者需要某种类型的干预。事实上，前列腺的大小与前列腺症状存在与否或严重程度并不相关，也与恶性肿瘤的风险无关。体格检查还包括触诊充盈的膀胱，检查尿道以排除尿道狭窄是否为膀胱出口梗阻的原因，以及彻底的神经学检查。

所有有前列腺增生症状的患者都应进行尿液分析排除感染和镜下血尿，检查血清肌酐以排除肾功能衰竭。对所有怀疑患有 BPH 的患者都行 PSA 检查还存在较多争议。总的来说，我们对有前列腺增生症状的患者查 PSA，是因为对于前列腺癌筛查而言，PSA 似乎比前列腺指诊更敏感。此外，一旦发现前列腺癌，将极大地改变我们的治疗措施。

药物治疗

一旦确诊 BPH，我们就会向患者解释他们的病情，并告知他们没有恶性肿瘤的证据。同时我们也会解释说，有症状的 BPH 似乎是衰老的正常情况。通常情况下，患者会因为没有前列腺癌的证据感到放心，如果排尿症状不那么恼人，他们通常会选择观察等待和定期检查。如果前列腺疾病的症状给患者带来困扰，我们通常首先建议药物治疗，包括 α1 阻断剂或 5-α 还原酶抑制剂。

选择性 α1 阻断剂（多沙唑嗪，特拉唑嗪）通过放松前列腺基质、尿道平滑肌和膀胱颈的平滑肌发挥其作用，从而降低膀胱出口梗阻的动态成分。在前瞻性的随机双盲实验中，这些药物被证明能改善患者症状并增加尿流率。虽然有 40% 的 BPH 患者其症状对安慰剂治疗有效，但在 α1 受体阻滞剂治疗的患者中有效率可达 75%。患者可以在开始治疗的几周内就体会到病情的改善，他们必须继续每天服用这些药物，否则症状会复发。由于 α1 阻断剂对治疗高血压也有效，因此对一些患者，这种药物可以同时治疗两种疾病。无论血压正常或高血压患者对这些药物的耐受性都很好，其副作用包括头晕、疲劳和低血压。

另一种治疗前列腺病的药物是非那雄胺，它是一种 5-α 还原酶抑制剂，阻止睾酮转化为双氢睾酮。这种药物可在 6 个月内使前列腺体积减小 25%，并使 PSA 下降 50%。前瞻性随机盲法试验表明，通过至少 6 个月的治疗，非那雄胺能改善症状，并增加尿流率。其副作用包括阳痿、性欲减退，以及有不到 5%的患者出现射精量下降。

手术治疗

当阻塞性尿路病（肾衰竭）、尿潴留、继发于大量残余尿的反复尿路感染，或继发于 BPH 的肉眼血尿出现时，具有手术治疗指征。手术也可以用于症状改善，尤其是当药物疗效不明显时。经尿道前列腺电切术（TURP）是最能改善尿流率和症状的金标准术式。这种手术在尿道的膀胱镜视野下，使用烧灼线圈来切除导致阻塞的前列腺组织。该手术需要麻醉及几天的住院治疗，并在膀胱内留置弗利导尿管。尿管会在出院之前拔除。手术部位需要几周的时间才能愈合。术后大多数患者在性交过程中都有逆行射精，即精子进入膀胱而不是经阴茎射出。其他副作用罕见，包括尿失禁、阳痿、尿道狭窄及大量出血并需要输血。在需要手术的患者中，如果其前列腺组织很大，重量超过100 g，就要选择切开进行前列腺切除术。切开手术中，通过下腹部的切口切除引起阻塞的良性前列腺组织，保留周围的前列腺组织和外膜。

目前有大量关于切除梗阻的前列腺组织的其他术式正在研究中。其中最具潜力的术式是应用激光能量使产生阻塞性症状的前列腺组织凝固或气化。与TURP相比，激光手术更具优势，包括住院时间更短，出血并发症更少及逆行射精的发生率更低。但从另一方面讲，相较于激光手术，TURP能够持续改善尿流率。在获得更完备的数据之前，如有关激光能量类型、功率水平和激光照射时间等，TURP仍是治疗有手术指征的BPH患者主要术式。

另一项正在积极研究的技术是经尿道前列腺汽化术，该技术使用一种钢制滚珠装置将高压电切电流传输到前列腺。这项技术据称可缩短住院时间，减少出血，并且比TURP更易于实施，但是目前还没有对照研究。

前列腺癌

发病率

前列腺癌是美国男性最常见的内脏癌症，是仅次于肺癌的第二常见致死性癌症。前列腺癌的发病率每十年均持续上升。总的来说，美国男性一生中罹患前列腺癌的风险为9.5%，死于前列腺癌的风险为2.8%。显然，前列腺癌是老年男性的主要健康问题（参见“癌症和年龄”）。

病因

随着男性年龄增长，前列腺癌的发病率也在增加。临床前列腺癌（CAP）的发病率，与死于其他原因的男性尸检时发现的前列腺癌发病率有很大的差异。尸检研究显示，有30%的70多岁男性、40%的80多岁男性及50%的90多岁男性，患有亚临床前列腺癌。引起极大兴趣的是，只有很小部分人会出现临床前列腺癌。目前还在积极研究导致亚临床前列腺癌进展到临床型前列腺癌的因素。

虽然在日本和美国男性中，尸检发现前列腺癌的概率是相同的，但临床前列腺癌在日本男性中很少见。然而，当日本人移居到美国一至两代人之后，临床型前列腺癌的发病率就接近白人了。目前尚不清楚其中原因，但目前研究的重点是日本人和美国人的饮食习惯差异。与美国不同，在日本通常是低脂肪饮食，大豆摄入量大。对组织的培养试验和在小鼠身上进行的动物研究表明，低脂肪和高大豆饮食可以防止前列腺癌的生长。其他环境因素也可能在亚临床前列腺癌转化为临床前列腺癌方面发挥作用（参见“饮食和营养”）。

种族因素也在前列腺癌的进展中发挥了重要作用。在美国，黑人与白人尸检前列腺癌的发病率相同，但黑人的临床前列腺癌发病率较白人高，且黑人的癌症往往临床进展更快，死亡率更高。即便控制了年龄、社会经济状况和地域分布因素后，统计数据依然显示这一结果。医疗保健的覆盖、饮食和遗传因素都可能发挥作用，这方面的研究还在进行中。

遗传因素在男性家族的前列腺癌发展中也扮演着重要的角色。前列腺癌患者的男性直系亲属患前列腺癌的概率增加了2~3倍，若家庭内患病人数多，其他家庭成员患前列腺癌的风险也会随之增加。因此，每一个进行常规病史和体格检查的人都应该对前列腺癌的家族史进行调查，尤其是有家族史的患者，需要更仔细的随访。

前列腺特异性抗原

PSA是目前癌症生物学中最特异的标志物，它的发现彻底颠覆了前列腺癌的检测、诊断和治疗。PSA是一种主要由前列腺上皮细胞产生的糖蛋白，它能水解凝胶状的精液。前列腺癌、前列腺炎症、良性前列腺增生和前列腺损伤均会导致大量PSA释放入血液中。检测前列腺癌时，血清PSA异常升高比前列腺直肠指诊更敏感。随着PSA的发现，医生们诊断出了更多的前列腺癌，现在PSA已经成为衡量治疗有效性的指标。然而，仍有将近20%的临床前列腺癌患者PSA水平正常，因此前列腺直肠指诊检查仍然是非常必要的。

筛查

随着PSA的发现，已有许多筛查项目建立起来，以期能更早发现前列腺癌。虽然现在医生们已经发现了更多早期和晚期的前列腺癌，但到目前为止还没有证据表明前列腺癌筛查降低了前列腺癌的死亡率。一部分原因可能是因为许多前列腺癌生长缓慢，患者常因其他原因死亡而不是死于前列腺癌。关于CAP的筛查的有效性结论即将公布，但此时，美国癌症协会和AUA建议男性自50岁起就要每年检查PSA和前列腺，而有前列腺癌高危因素的患者应从40岁开始。

诊断和分期

直肠指诊发现异常或血清PSA水平升高的前列腺癌疑诊患者，需要进行前列腺活检。这需要在超声或指诊指导下经直肠将活检针穿入前列腺组织。经直肠超声检查有助于确定前列腺的大小，并有助于将活检针引导至前列腺的特定区域。超声检查测量前列腺的体积尤其重要，因为前列腺增生体积过大有时可以导致PSA升高。

一旦诊断为CAP，应按照Geason量表对前列腺组织进行病理分级，其中5级的分化程度最低，1 级分化良好。分期是根据可触及的癌症的大小和范围，以及转移相关检查，包括胸部 X 光、骨扫描、血细胞计数和肝功能检查而得以确定。临床上还经常检测血前列腺酸磷酸酶，酸磷酸酶的升高通常意味着前列腺癌晚期，手术或放疗也难以治愈。

治疗

治疗方式是否恰当取决于很多因素，包括肿瘤分级和分期，患者 10~15 年的预期寿命及基本健康状况，而最重要的是患者的意愿。关于前列腺癌的最佳治疗方法存在很多争议，许多正在进行的研究试图搞清这一问题。

生存预期管理

前列腺癌的生存预期管理包括定期门诊，监测前列腺癌的并发症，以及治疗患者出现的症状。这是欧洲和斯堪的纳维亚部分地区前列腺癌的主要治疗方法。几项前瞻性研究表明，大多数接受生存预期管理的患者，癌症对他们的预期寿命没有影响，他们往往死于前列腺癌以外的原因。这是由于前列腺癌生长缓慢，可能需要几十年才能扩散或引起症状。但是预期管理受到严厉批评，因为在预期管理研究中，有很大比例的患者局部肿瘤在持续进展，甚至出现转移。而且，这些研究中的很多患者，其肿瘤的初始分级及侵袭性均较低。

根治性前列腺切除术

根治性前列腺切除术包括切除整个前列腺和精囊。前列腺摘除后，膀胱颈被缝合到尿道上方的导尿管上。患者住院约 3~4 天，需在家中插导尿管 2 周。根治性前列腺切除术可治愈 60%~80% 的患者，对预期寿命 10~15 年的患者而言是一个不错的选择。如果病理检查发现肿瘤局限于前列腺组织，那么根治性前列腺切除术的治愈率接近 90%。对一些特定的年轻患者，若肿瘤组织较小，可通过保留前列腺两侧的神经保留其功能。一方面，大量患者在手术后出现阳痿和周期性尿失禁，这对他们的生活质量产生了负面影响。另一方面，根治性前列腺切除术提供了治愈潜在致死性癌症的可能。如果阳痿和尿失禁进一步发展，可以通过各种治疗方法成功地处理这些并发症。

放射治疗

放射治疗，无论是通过外部照射，还是在间质内植入粒子，均为局限性前列腺癌患者提供了治愈的机会。尽管回顾性研究表明，外科手术可能比放射治疗提供更好的治疗机会，但仍没有一项高质量的前瞻性随机研究比较这两种治疗方法。在回顾性研究中，许多接受放射治疗的患者都是手术风险较大的患者，而且疾病分期更高，因此这些研究的结果无从对比。尽管接受放射治疗的患者比接受手术的患者更少出现阳痿和尿失禁，但其他副作用，包括肠道和膀胱刺激，都可能发生在放射治疗中。

激素治疗

前列腺癌的进展部分依赖于睾丸和肾上腺产生的雄激素。通过摘除睾丸（睾丸切除术），或服用抑制雄激素产生的药物，前列腺癌可被缓解长达数年之久。不幸的是，这种效果只是暂时的，最终前列腺癌会摆脱雄激素的影响，并继续生长。

晚期前列腺癌患者通常会接受某种形式的激素治疗。这包括双侧睾丸切除术或药物治疗。黄体生成素（LH）—释放激动剂——亮丙瑞林和戈舍瑞林的作用，是阻止LH从脑垂体前叶释放。这些药物最终会阻止睾丸激素的产生，并与睾丸切除术一样有效。另一种药物，氟他胺可以阻断雄激素受体，阻止肾上腺和睾丸产生的雄激素结合。这些激素治疗对晚期前列腺癌的缓解是非常有效的。这些药物的副作用包括潮热，以及最常见的阳痿。

冷冻治疗

最近，许多医疗中心正试图通过在超声引导下放置在会阴的特殊探头冷冻前列腺来治疗临床局限性前列腺癌。患者会在当天或第二天出院回家。虽然许多患者在冷冻治疗后PSA已检测不出，但副作用可能是显著的。我们需要冷冻治疗的长期观察结果，才能对这种治疗方法给出建议。

前列腺癌的最新进展

最近一些关于PSA的发现值得一提。目前正在为PSA建立特定年龄的参考范围。随着男性年龄的增长，PSA正常水平的上限会增加。以往4 ng/mL是正常的PSA检测上限，现在对70多岁的男性来说，PSA在5~6 ng/mL，可能仍为正常范围。希望这将有助于减轻这些老年人的焦虑，并能防止一些不必要的前列腺活检。

对PSA更先进的测定技术能帮助我们更好地预测哪些PSA升高的患者需要进行前列腺穿刺活检。许多PSA在4~10 ng/mL的男性（正常范围0~4 ng/mL）是继发于BPH，并因此进行了不必要的前列腺活检。现在已经可以测定游离PSA、结合PSA，结合PSA与总PSA比值可能有助于区分这些男性中哪些人患前列腺癌的可能性更高，并需要进行活组织检查。

最近的另一个进展是在前列腺癌的分子分期方面。通过基因扩增技术，医生现在可以检测到血液中单个产生PSA的前列腺癌细胞。这项技术可以帮助医生更好地检测或分期前列腺癌，并帮助他们更好地评估各种前列腺癌治疗方法的效果。

结论

许多前列腺疾病，包括前列腺炎、良性前列腺增生和前列腺癌，均对老年男性的健康有重大影响。由于一些尚未了解的原因，这些疾病随着年龄的增长而进展。事实上，良性前列腺增生和前列腺癌似乎是衰老的正常情况，而且许多男性在这些疾病对他们的生活质量产生重大影响之前，都生活在轻微的症状或隐匿的癌症中，或已经死亡。医学艺术的一部分，就是决定什么时候治疗患者，让他们接受药物和手术治疗带来的副作用，以及何时观察患者而不采取任何积极的干预措施。

另请参阅：癌症和年龄；饮食和营养；肾和尿路功能。

拓展阅读

Barry MJ, Fowler FJ Jr, O'Leary MP, Bruskewitz RC, Holtgrewe HL, Mebust WK, and Cockett AT (1992). The American Urological Association symptom index for benign prostatic hyperplasia. The Measurement Committee of the American Urological Association. *Journal of Urology* 148 (5): 1549.

Gillenwater JY, Grayhack JT, Howards SS, and Duckett JW (eds.) (1991). *Adult and Pediatric Urology*, 2nd edn. St. Louis, MO: Mosby-Year Book Inc.

Gillenwater JY, Conn RL, Chrysant SG, Roy J, Gaffney M, Ice K, and Dias N, for the Multicenter Study Group (1995). Doxazosin for the treatment of benign prostatic hyperplasia in patients with mild to moderate essential hypertension: A double-blind, placebo-controlled, dose-response multicenter study. *Journal of Urology* 154: 110.

Gormley GJ, Stoner E, and Bruskewitz RC (1992). The effect of finasteride in men with benign prostatic hyperplasia. The Finasteride Study Group. *New England Journal of Medicine* 327: 1185.

Johansson J, Adami H, Andersson S, Bergstrom R, Holmberg L, and Krusemo UB (1992). High 10-year survival rate in patients with early, untreated prostatic cancer. *Journal of the American Medical Association* 267 (16): 2191.

Lepor H, Auerbach S, Puras-Baez A, Narayan P, Soloway M, Lowe F, Moon T, Leifer G, and Madsen P (1992). A randomized, placebo-controlled multicenter study of the efficacy and safety of terazosin in the treatment of benign prostatic hyperplasia. *Journal of Urology* 148 (5): 1467.

McConnell JD, Barry, MJ, Bruskewitz RC, et al. (1994). Benign prostatic hyperplasia: diagnosis and treatment. *Clinical Practice Guideline*, Number 8. (AHCPR Publication No. 94-0582). Rockville, MD: Agency for Health Care Policy and Research, Public Health Service, US Department of Health and Human Services.

Steiner MS (1995). Review of peptide growth factors in benign prostatic hyperplasia and urological malignancy. *Journal of Urology* 153: 1085.

Trapasso JG, deKernion JB, Smith RB, and Dorey F (1994). The incidence and significance of detectable levels of serum prostate specific antigen after radical prostatectomy. *Journal of Urology* 152: 1821.

Walsh PC and Donker PJ (1982). Impotence following radical prostatectomy: Insight into etiology and prevention. *Journal of Urology* 128: 492.

Walsh PC, Retik AB, Stamey TA, and Vaughan ED (eds.) (1992). *Campbell's Urology*, 6th edn. Philadelphia: W. B. Saunders Co.

译　者：姜　珊（北京协和医院）
沈松坡（首都医科大学附属同仁医院）

强迫症

R. 科恩, A. G. 叶, M. C. 曼斯博　布朗大学，普罗维登斯，罗得岛州，美国

词汇表

强迫性囤积（Compulsive Hoarding）——一种行为综合征，表现为获取和存储大量物品同时不丢弃无用的物品，并以这种方式存储物品从而妨碍日常生活。

第欧根尼综合征(Diogenes Syndrome)——又名肮脏混乱综合征，该综合征的特点是极端的自我忽视、生活脏乱、社交退缩和拒绝帮助。

暴露和反应预防疗法（Exposure and Response Prevention）——这一行为治疗方法是当患者试图拒绝强迫症状时，将其系统地暴露于强迫症状场景中。

强迫症(Obsessive-Compulsive Disorder, OCD)——是美国精神疾病诊断标准中轴 I 的一类精神障碍，其特征是存在强迫思维或强迫行为，导致明显的痛苦、消耗大量时间和干扰社会功能。

强迫型人格障碍（Obsessive-Compulsive Personality Disorder）——是美国精神疾病诊断标准中轴 Ⅱ 的一类人格障碍，表现为关注细节、完美主义和自我行事刻板。

引言

强迫症（OCD）是一类常见的神经精神障碍，常常被忽视而未及时治疗，导致严重的个人痛苦和功能损害。本文综述了目前关于强迫症的流行病学、临床特征、自然病程、鉴别诊断和治疗方案，重点关注强迫症对老年人的影响。

诊断和流行病学

强迫症定义为表现出的强迫思维或强迫行为，导致了个体出现明显的痛苦且耗时，干扰正常社会交往能力。强迫思维是重复性和侵入性的焦虑不安的想法、冲动或图像。强迫行为的特征是重复性和仪式性行为，或是意在减轻焦虑的精神行为。尽管随着时间的推移，个体和特定个体的自知力存在很大的差异，但成年患者能够认识到强迫症状是不合理的。目前强迫症的诊断标准见表 1。

表 1　DSM-Ⅳ-TR 强迫症诊断标准

A. 存在强迫思维或是强迫行为。 强迫思维的定义包括以下四个方面： （1）在病程中，头脑中出现过一些反复闯入并持续存在的不合时宜的想法、冲动或图像，引起明显的焦虑或沮丧； （2）这种想法、冲动或图像并不只是简单的对现实生活中存在问题的过分担心； （3）患者企图忽视或压制这些思想、冲动或想象，或想用其他思想或行动来抵消它们； （4）患者认识到这些强迫性思想、冲动意念或想象都是自己头脑的产物（并不是凭空强加进去的）。 强迫行为的定义包括以下两个方面： （1）患者自觉是由于受到强迫思维驱使而做出的反应或僵化的行为，包括反复性行为（例如洗手、排序、核对）或精神行为（例如祷告、计数、默默地重复一些词语）。 （2）这些行为或精神活动目的是为减少痛苦或为防止一些可怕事件的发生；然而这些行为或精神活动既不能达到理想的消除或者预防作用，也不是一些对事物的过分担忧。 B. 在病程中的某一时候，患者已经开始认识到这种强迫思维或强迫动作是过分的或不合理的。（注：不适用于儿童） C. 这种强迫思维或强迫行为产生了明显的痛苦烦恼，而且很浪费时间（每天 1 小时以上）。它可以明显干扰正常生活、影响工作（或学习）能力或日常社交活动。 D. 如还患有轴Ⅰ型障碍，强迫思维或强迫行为内容就不止这些。（例如，专注于食物而出现进食障碍，拔毛症之拔除毛发，躯体变形症之考虑到自己的外貌，物质滥用障碍的沉湎于滥用药物，疑病症之沉湎于食物而出现进食障碍，性变态之沉湎于性冲动欲望或性幻想而严重抑郁、反复自责） E. 患病并非由于某种物质（例如滥用的毒品或治疗药品）或一般疾病状态所引起的直接的生理效应。 可指定为：自知力差。 目前发作的大多数情况下，患者并没有意识到他们的强迫思维或强迫行为是过分的或不合理的。

引自：Diagnostic and Statistical Manual of Mental Disorders（APA，2000）.

老年强迫症的流行病学研究较少，很多关于老年化和强迫症的研究资料主要来自美国国家精神卫生研究所（NIMH）的流行病学项目（ECA）。该项目在美国使用“诊断性会谈量表”（DIS），此量表依据美国《精神疾病诊断与统计手册》第 3 版标准制订。该项目发现 65 岁以上老年人群的 1 年患病率为 0.85%，其中男性为 0.75%，女性为 0.93%，所有年龄组的患病率为 1.65%。研究东部巴尔的摩地区项目（ECA）发现 65～74 岁的老年强迫症的患病率为 1.3%，75 岁以上老年人患病率为 0.6%。有趣的是，根据 ECA 研究 1 年的随访数据，估计强迫症的发病率时，发现年龄在 64 岁以上的老年女性的发病率呈现一个碗状曲线增加，而老年男性随年龄增长强迫症发病率下降。年龄在64岁以上的老年人群的强迫症的发病率为每年（0.63/1000）人，且患病主要为老年女性。该项目估计仅十二分之一的强迫症患者于50岁最初起病，平均起病年龄在21.9~35.5岁。由于强迫症是一个慢性病，队列效应、死亡率差异、对强迫症状识别的差异或回忆偏差，都可能是其发病率较低的原因。

在加拿大埃德蒙顿应用DIS和*DSM-Ⅲ*对强迫症进行诊断的研究发现，65岁以上老年人的6个月患病率为1.5%，终生患病率为2.5%。老年男性6个月患病率为0.9%，终生患病率为2.2%；老年女性分别为1.9%和2.7%。在土耳其，使用“复合性国际诊断访谈表”（CIDI）进行的一项患病率研究发现，符合国际疾病分类（ICD-10）中强迫症诊断的65岁以上老年人发病率较高。该研究发现老年人1年的患病率为4.3%，而普通人群为3.0%。土耳其的研究没有发现老年男性强迫症病例，但发现女性的患病率为9.3%。哥伦比亚一项应用CIDI和*DSM-Ⅳ*诊断强迫症的研究发现，61岁以上的老年人群终身患病率为2.0%，1年患病率为0.6%；总人口终身患病率为3.6%，总人口1年患病率为3.1%。在伊朗，应用“情感性障碍和精神分裂症检查提纲”（SADS）的研究发现，符合*DSM-Ⅳ*诊断为强迫症的国家人群样本中，65岁及以上的老年人的现患病率为1.0%，其中女性为2.8%，而男性为0.1%；相比较下，18岁以上人群现患病率为1.8%，其中女性为2.8%，男性为0.7%。

“阿姆斯特丹老龄化纵向研究”（LASA）是目前最大的基于社区的研究。该研究应用DIS和*DSM-Ⅲ*诊断量表对55岁及以上社区人群进行了焦虑状况的调查。研究发现强迫症6个月总患病率为0.6%，焦虑症状主要发生在女性身上，就像土耳其的研究，此研究仅在女性人群中发现了强迫症，老年女性患病率更高，这种情况在大多数流行病学研究中性别分布基本是均衡的而且女性还在老年人口中占比较高。65~74岁的老年人中强迫症的患病率为2.7%，75~85岁老年人中强迫症患病率为0.8%。LASA研究发现除有阳性家族史和孤独感之外，老年强迫症的相关危险因素很少。研究发现强迫症与合并抑郁症有强相关性，但与其他任何焦虑症无关。除此之外，有心脏病和大小便失禁病症的人群患强迫症的风险增加。

最近在美国进行的一项基于CIDI的“全国共病调查复核”（NCS-R）研究发现，符合*DSM-Ⅳ*强迫症诊断的60岁以上老年人终生患病率仅为0.7%，而总的人群终生患病率为1.6%。此外，NCS-R研究中90%的强迫症患者的发病年龄在50岁以前，有超过一半的患者在19岁前发病。

大多数应用规范的诊断标准的老年精神疾病的调查研究，发现老年强迫症患病率较低。对已报道的老年强迫症患病率的数据，应用基于计算机诊断系统（AGECAT）的“老年精神状况量表”（GMS）进一步分析，英国利物浦的研究发现强迫症患病率仅为0.1%；阿拉伯联合酋长国的60岁及以上人群的患病率为1.8%；加拿大埃德蒙顿的男性患病率为1.0%，女性为0.9%，64岁以上老年人群整体患病率为0.9%。然而在都柏林的研究中，65岁及以上的样本量为1232位的老年人群中却没有发现任何强迫症病例。

医疗机构中强迫症患病率比社区更高。加拿大埃德蒙顿应用DIS调查养老机构中老年人群6个月内强迫症患病率的情况是，男性为1.4%，女性为4.7%。

老年患者的临床特征

强迫症专科诊所就诊的患者中只有约5%~12%的患者年龄在60岁以上。在普通老年门诊中很少诊断强迫症，凯撒健康维护组织的研究中也提到，每10万名患者中只有29例被诊断患有强迫症。强迫症很少在晚年起病，大多数老年患者接受治疗时，已有几十年的病史。一项对门诊患者的连续性评估研究发现，只有1%的强迫症患者在50岁以后起病，70岁以后发病的报道更少。而且老年强迫症患者的首次诊治年龄为43岁，也晚于青年患者（25岁）。

青年和老年强迫症患者间的临床表现并不存在显著性差异。老年患者的强迫性洗手更多一些，而像对称强迫，反复关注检查的文件，过分关注微不足道的细节，强迫计数，害怕说错话，检查事情按照一定的次序，吉利和不吉利的数字系统等强迫思维发生较少。老年患者常见的强迫思维是担心受到污染、害怕伤害他人、害怕为错事负责、担心犯罪及强迫性对称。老年人最常见的强迫行为是洗手仪式、避免污染、检查房屋周围的事物以确保他们安全，以及做或不做仪式性动作（见表2和表3）。此外，根据耶鲁布朗强迫量表（YBOCS），强迫症症状的严重程度与年龄无关。

表2　老年（32例）与青年（601例）强迫症患者的强迫思维的现在及终身患病率比较

强迫思维症状	现患病率/%		终身患病率/%	
	<60岁	≥60岁	<60岁	≥60岁
强迫冲动	57.9	56.3	61.6	56.3
害怕被伤害或伤害别人	33.6	37.5	36.9	40.6
担心为错事负责	35.9	28.1	38.1	28.1
暴力或者可怕的图像	13.5	12.5	16.1	15.6
害怕开车时撞到东西或人	16.5	9.4	21.5	9.4
害怕有不被接受的行为冲动	9.8	9.4	11.6	12.5
害怕伤害自己	11.5	6.3	13.8	6.3
感觉被污染	56.4	65.6	60.4	65.6
担心污物或细菌	44.8	56.3	50.9	56.3

续表

强迫思维症状	现患病率/%		终身患病率/%	
	<60 岁	≥60 岁	<60 岁	≥60 岁
担心或厌恶身体排泄物或分泌物	23.1	18.8	25.1	18.8
过分害怕感染艾滋病	16.0	12.5	19.8	12.5
过分担心家居用品	17.6	6.3	19.3	6.3
过分担心环境污染物	14.6	6.3	17.0	9.4
躯体疾病强迫	32.6	18.8	36.6	21.9
担心罹患严重疾病	32.6	18.8	36.6	21.9
强迫性性观念	24.1	21.9	26.6	21.9
禁止的或不正当的性想法或图像	21.5	21.9	26.6	21.9
与图像和想法有关的不可接受的性冲动	11.5	18.8	23.3	18.8
内容涉及同性恋	7.0	6.3	8.0	6.3
内容涉及性自慰	3.5	3.1	4.3	3.1
内容涉及儿童	3.2	3.1	3.5	3.1
内容涉及乱伦	2.2	3.1	2.5	3.1
内容涉及动物	1.0	3.1	1.7	3.1
强迫性囤积	25.1	21.9	27.5	21.9
害怕丢掉将来有用的东西	25.1	21.9	27.5	21.9
强迫性宗教观念	19.0	28.1	25.8	31.3
担心有罪而因此下地狱	15.8	28.1	21.6	31.3
担心没有完全承认错误	12.3	18.8	18.3	21.9
强迫性对称、准确或顺序性观念	58.1	43.8	61.2	49.6
强迫整齐和准确	43.1	25.0*	47.3	28.1*
需要按一定顺序进行	42.4	25.0	45.4	25.0*
其他强迫思维	45.3	18.8*	47.8	21.9*
害怕说错话	24.6	9.4*	26.1	15.6
必须了解和记忆	25.5	6.3*	26.3	6.3*
担心说某些事情	15.3	3.1	16.6	3.1*
闯入性的声音、词语或音乐	7.3	3.1	8.7	3.1
吉利和不吉利的数字系统	13.6	0.0*	15.6	0.0*
闯入性的中性或者无意义的图像	9.2	0.0	9.7	0.0

* fisher 确切概率 $P<0.05$."终身"涵盖过去和现在。

注：基于科恩等人（1997）的"耶鲁布朗强迫量表"数据进行了调整。

表 3　老年患者（32 例）与年轻患者（601 例）常见现患强迫和终身强迫行为患病率比较

强迫行为症状	现患病率 /%		终身患病率 /%	
	<60 岁	≥60 岁	<60 岁	≥60 岁
强迫躯体检查行为	11.5	3.1	13.6	3.1
反复检查身体是否有严重疾病	11.5	3.1	13.6	3.1
强迫洗涤行为	60.7	75.0	65.4	75.0
过度或仪式化洗手	43.1	65.6*	50.4	65.6
使用其他措施防止与污染物体接触	39.1	53.1	40.4	53.1
过分清洗家居用品或其他物品	25.8	28.1	28.1	28.1
过分或仪式化淋浴、洗澡或打扮	24.3	15.6	27.6	15.6
仪式化穿着或洗漱	25.3	12.5	26.8	12.5
使用抗菌剂、消毒液或漂白剂洗手	9.8	3.1	11.0	6.3
强迫计数	35.9	15.6*	39.4	15.6*
反复计算或数数	35.9	15.6*	39.4	15.6*
强迫检查	67.2	50.0	68.7	50.0*
反复检查房子周围以确保安全	58.6	46.9	60.4	46.9
反复检查门是否锁好	32.1	21.9	35.3	21.9
反复检查灯是否关好	23.0	15.6	25.6	15.6
反复检查水龙头是否关好	17.8	15.6	20.3	15.6
反复检查电器是否关好	29.6	15.6	32.3	15.6
反复检查煤气或天然气是否关好	20.6	9.4	23.3	9.4
反复检查窗户是否关好	20.6	9.4	23.5	9.4
反复检查文书工作	26.3	6.3*	27.8	6.3*
反复检查事情以防不好的事情发生	16.6	6.3	18.5	9.4
反复检查垃圾	6.3	0.0	7.0	0.0
重复仪式	44.6	40.6	48.3	43.8
仪式化行为	28.1	34.4	30.6	37.5
按固定的次数检查或清洗东西	17.5	3.1	20.3	3.1*
反复或重复阅读	14.8	3.1	16.3	3.1*
按固定的次数限制检查和清洗行为	7.8	0.0	9.0	3.1
强迫排序或排号	30.1	15.6	32.1	15.6

续表

强迫行为症状	现患病率 /%		终身患病率 /%	
	<60 岁	≥60 岁	<60 岁	≥60 岁
强迫收集或囤积	20.6	18.8	22.5	18.8
其他强迫行为	45.1	40.6	48.1	40.6
强迫讲述、询问或确认	34.6	34.4	34.6	34.4
强迫触摸	16.6	6.3	21.3	6.3*

* 同表 2。

注：同表 2。

目前布朗强迫症纵向研究（BLOCS）是一项多中心、观察性研究——研究者都是经培训后按照结构化研究方案进行评估研究。据其现有研究结果发现 60 岁以上的老年患者（$n=19$）和青年患者（$n=274$）之间临床症状几乎没有差异。与以往的研究相似，老年患者首次就诊治疗的平均年龄（46±17.8 岁）显著晚于青年患者（28.8±10.6 岁），但二者在使用耶鲁布朗强迫量表进行评估的强迫症状的严重程度上并没有差异。青年与老年患者的当前强迫症状与终生性强迫症状的表现并没有差异。老年患者出现终生性的强迫检查和躯体强迫症状会更少一些。老年患者更常见的强迫思维是冲动观念，青年患者更常见的强迫思维是担心受到污染。强迫清洗在老年患者中最常见，而强迫检查在青年患者中更普遍。应用 SCID-Ⅱ 评估时，青年和老年的人格障碍（轴Ⅱ）患病率没有差异，而强迫型人格障碍在各年龄组中均最显著。在现患病率方面，该研究中的老年患者无共患情感障碍，然而 17.5%的青年患者共患此类疾病。在终生患病率方面，二者间共患情感障碍无差异。老年强迫症患者共患物质使用障碍的终生患病率更低。与老年患者较少共患情感障碍一致，老年患者的汉密尔顿抑郁量表评分更低，尽管这种差异无统计学意义。

只有一项研究追踪了强迫症患者从最初起病到病程延续至老年期的疾病演变过程，这项为期 40 年的随访研究发现，强迫症在最初几年（1~9 年）以发作性病程更常见，而后期以慢性持续性病程更常见。该研究发现，随着时间的推移，39%~48%的患者症状可改善。此外，强迫行为比强迫观念更不易控制，且强迫行为更容易发生变化。另一项比较青年和老年强迫症病程的回顾性研究发现，老年强迫症患者的病程持续恶化，症状减轻或缓解的时间更少。

鉴别诊断

许多原发性疾病可产生类似强迫症的症状。已有充分的证据表明脑基底神经节病变相关疾病存在特发性强迫症和强迫样疾病表现，如风湿性舞蹈症、亨廷顿病。因此，在精神科诊断强迫症时，尤其是对老年强迫症进行诊断时，需要评估考虑基底神经节疾病相关神经系统体征。尽管最近的研究并不支持帕金森病与强迫症相关，但也有报道证实二者确实存在关系。与强迫症无关的重复行为在阿尔茨海默病患者中也经常出现，例如反复穿脱衣服，开关抽屉，以及不断提重复问题。脑血管疾病和脑梗死等脑损伤的老年患者的首发症状也可为强迫症状。

强迫症与抽动秽语综合征也密切相关，无论是个人还是在家庭内部这两组症状常常同时出现。反复发声和运动性抽搐是抽动秽语综合征典型的临床表现，与强迫症状略微相似。然而，许多复杂发声或抽动与强迫症状非常相似。与强迫行为旨在缓解焦虑或防止可怕后果不同，抽动是不由自主的。

老年人群中已开始有药源性强迫症的报道。已发表的病例报告发现，哌甲酯和皮质类固醇口服药物可导致强迫症。

强迫行为也可出现在其他精神障碍中，临床医生在诊断强迫症前需要排除其他精神疾病。精神疾病症状通常会导致强迫思维和强迫行为，因为精神疾病患者自知力较差，这些症状很难与强迫症相鉴别。相当一部分老年精神分裂症患者合并强迫症。强迫症与抑郁症常难以区分，因为这两种疾病常常同时发生，而抑郁症常出现的反复思考，类似于强迫症的思维反刍。反复思考只发生在抑郁发作期，与抑郁心境一致的典型的重复性想法，符合患者对自我的看法。抑郁症合并强迫症极其少见。老年精神病医院的一项研究依据 *DSM-Ⅲ-R* 诊断标准发现 336 名老年抑郁症患者的强迫症患病率为 0.3%，终生诊断患病率为 0.6%。然而，合并其他精神疾病的老年强迫症患者其患病率高达 41%，其主要合并的精神疾病为抑郁症。

虽然强迫症的认知损害与年龄无关，而老年患者的认知损害可能被误解为与年龄相关，而不是病症的特征表现。强迫症患者的视觉空间记忆和言语流畅性测验显著受损，特别是复杂图形测试的即刻性和延迟回忆的准确性，言语流畅性测验的正确数、连线测试 A 所需时间，以及威斯康星卡片分类测验的持续性反应数和持续性错误个数。强迫症的记忆损害是由于编码信息的组织策略、执行功能和非语言性记忆受损，故不是真正的记忆缺陷，说明强迫症患者存在额叶—纹状体功能障碍。

强迫症（OCD）与强迫型人格障碍（OCPD）有相似的临床特征，如关注细节、完美主义、刻板和其他类似的人格特质。两者主要的区别在于 OCD 存在强迫思维和强迫行为综合征，而 OCPD 则是与自我协调性行为有关（例如，一个人可以从“完美地”摆放家里的物品而获得乐趣）。一项社区研究发现，与其他年龄组居民相比，高龄组强迫型人格特征更常见。另一项焦虑和非焦虑老年人对照研究发现，OCPD 的发生率为 39%，焦虑和非焦虑老年组的症状评分均高于青年焦虑组。OCPD 在老年情感障碍的患者中也非常普遍。一项老年门诊患者研究发现，31.2%的恶劣心境患者及 11.0%的抑郁症患者伴有 OCPD。回顾性分析表明，住院老年抑郁症患者中强迫型人格障碍是最常见的人格障碍。

强迫性囤积

强迫性囤积包括三个要素：获取大量财物、存储物品，同时不丢弃无用物品，且对这些物品的保存或放置妨碍到日常生活，甚至可能严重到影响居住空间。1975 年首次发现 30 名老年人出现对家、外表和健康的极度忽视，称为第欧根尼综合征。虽然第欧根尼综合征常常伴有极度囤积行为，但其特征是极端的自我忽视、生活脏乱、社会退缩及拒绝帮助。由于原发性或继发性原因，社区中老年人的第欧根尼综合征发生率为 0.05%，原发性第欧根尼综合征常常被诊断为轴Ⅰ的精神障碍，而继发性可能与老年人选择的生活方式及性格相关。

老年人强迫性囤积已被专业人员关注。强迫囤积行为从童年或青春期开始，起病缓慢，患者直到 40 岁或 50 岁左右，才会因症状明显而寻求治疗。根据马萨诸塞州健康研究的统计调查，研究人员估计，社区卫生部门 5 年内强迫性囤积的患病率每 10 万人中有 26.3 人。该研究中，40%的病例是由老年部门发现，其中三分之一的病例涉及动物囤积。强迫性囤积的老人常不配合社区管理人员的工作，导致管理人员多次上门拜访和问题反复出现。都柏林的研究发现，拒绝上门送餐服务、家庭帮助、房屋清洁和医疗服务的大多数（69.5%）是老年人，这其中有 54.1%的老人存在囤积行为。

强迫性囤积症状每周数次发病，在护理院和社区日间老年照护机构的患病率很高，分别为 15%和 25%。在护理院居民中，囤积行为与更大的食欲、服用更少的药物、更高的社会功能、相对较少的日常生活活动损害，以及身体上的非攻击性、激动性行为表现有关。在护理院和成人日托机构中，表现出囤积行为的人是健康和功能残疾相对较少的人。

囤积症状是否属于强迫症症状，还是一种与其他精神障碍不同的综合征，或者是强迫症的特定亚型，目前仍存在争论。约四分之一的强迫症患者的强迫观念或强迫行为中存在强迫囤积症状。门诊强迫症患者中，19%的老年人有强迫囤积症状。囤积症状可出现在老年精神分裂症、双相情感障碍躁狂发作和痴呆患者中，这些患者常不伴有强迫症。对 133 例痴呆患者的调查研究发现，22.6%的痴呆患者可出现囤积症状。不同类型痴呆患者均可出现囤积症状。痴呆患者伴有囤积症状时，其重复行为、食欲旺盛和盗窃行为更为普遍。囤积行为与前额叶损伤有关。1975 年 DSM-Ⅲ诊断出版前，有一半的患者并不符合特定精神障碍的诊断标准。

一项研究分析了未罹患痴呆的老年强迫性囤积患者的临床特征，大多数老年强迫性囤积患者为女性、未婚、独居。患者基本的卫生和身体健康状况常受到严重的、广泛的影响。这些患者对他们的囤积症状缺乏自知力，并且经常拒绝帮助，干预措施通常无效。未婚患者的囤积行为更严重，功能损害更严重，预后效果更差。

治疗

老年强迫症治疗尚缺乏安慰剂对照研究。目前老年强迫症的治疗指南通常借鉴青年患者的相关研究和老年患者的个案报道。5-羟色胺选择性重摄取抑制剂（SSRI）是老年强迫症的首选药物。尽管目前尚未明确老年强迫症药物治疗的合适剂量，但学者普遍认为老年强迫症患者药物剂量范围较年轻患者更低。目前尚无帕罗西汀、奈法唑酮、文拉法辛等治疗老年强迫症的疗效报道。舍曲林对青年强迫症患者的疗效证据尚不一致。目前已有氟伏沙明治疗老年强迫症的一个小样本、开放性研究。老年患者应用氯米帕明治疗病情稳定时，其剂量明显低于中年患者，提示老年患者需要定期监测血浆氯米帕明浓度，以及应用较低的目标治疗剂量。尽管氯米帕明对青年强迫症患者有效，但因其抗胆碱能、抗组胺、镇静和性功能障碍的副作用，目前尚未这方面的推广报道。据报道，一例难治性抑郁症合并强迫症的老年患者经过电休克治疗后，其抑郁及强迫症状均有所改善。

除药物治疗外，心理治疗是青年强迫症患者的一个不可或缺的治疗手段。行为治疗和认知行为疗法在强迫症心理治疗中占主导地位。暴露和反应预防疗法（ERP）是最常用的心理治疗技术。有证据表明，尽管 ERP 明确有效，但相当一部分患者中强迫症状仅减轻而未消除。尽管如此，许多患者仍感觉有良好的治疗获益。一些应用 ERP 治疗案例也提示对老年强迫症患者有效。一项比较认知行为疗法与 ERP 治疗的疗效差异的研究，纳入了 11 名老年强迫症患者（平均年龄 68.7 岁）与 11 名青年强迫症患者（平均年龄 30.3 岁），结果发现老年患者和青年患者的强迫症状的改善程度相当，分别为 72% 和 63%。大量案例报道表明 ERP 联合药物治疗对老年患者的疗效更好。由于老年人常伴有多种躯体疾病、认知缺陷、精力下降等，对老年患者进行 ERP 治疗时，其治疗形式需适当调整。例如，有听力障碍的患者可能需要录像或书写描述暴露场景而不是录音带；轻度认知功能障碍的患者，可以在患者的生活环境中策略性地予以书写提醒，帮助其遵守反应预防协议，抵抗强迫行为。起搏治疗可预防患者难以承受的暴露场景。

大多数强迫症疗效分析的研究发现，强迫性囤积症状的药物治疗或 ERP 干预疗效欠佳。最近，整合动机增强、组织技能培训、认知和 ERP 技术等方式可能解决此问题。但是，此方式仅来自一例老年女性治疗成功的病例报告。

结论

研究发现老年人群强迫症患病率从 0.1%到 4.3%不等。由此可见，强迫症是一类非常常见的疾病。强迫症常起病于青年期，病程可延续至老年期。流行病学研究表明，与青年患者不同，老年女性强迫症患病率可能高于男性。强迫性囤积行为使老年患者易被社区人员注意。少量研究发现，在强迫症的临床特征、共病和治疗方面，老年患者和青年患者间差异不大。

另请参阅：焦虑症；认知行为干预；痴呆；痴呆：阿尔茨海默病；抑郁症。

拓展阅读

American Psychiatric Association (2000). *Diagnostic and Statistical Manual of Mental Disorders*, 4th edn., *Text Revision*, pp. 462-463. Washington, DC: American Psychiatric Association.

Carmin CN and Wiegartz PS (2000). Successful and unsuccessful treatment of obsessive-compulsive disorder in older adults. *Journal of Contemporary Psychotherapy* 30: 181-193.

Clark AN, Mankikar GD, and Gray I (1975). Diogenes syndrome. A clinical study of gross neglect in old age. *Lancet* 1 (7903): 366-368.

Jenike MA (1991). Geriatric obsessive-compulsive disorder. *Journal of Geriatric Psychiatry and Neurology* 4: 34-39.

Kim HJ, Steketee G, and Frost RO (2001). Hoarding by elderly people. *Health and Social Work* 26: 176-184.

Kohn R, Westlake RJ, Rasmussen SA, Marsland RT, and Norman WH (1997). Clinical features of obsessive compulsive disorder in elderly patients. *American Journal of Geriatric Psychiatry* 5: 211-215.

Nestadt G, Bienvenu OJ, Cai G, Samuels J, and Eaton WW (1998). Incidence of obsessive-compulsive disorder in adults. *Journal of Nervous and Mental Disease* 186: 401-406.

Philpot MP and Banerjee S (1998). Obsessive-compulsive disorder in the elderly. *Behavioral Neurology* 11: 117-121.

Pollard AC, Carmin CN, and Ownby R (1997). Obsessive-compulsive disorder in later life. In: Dickstein LJ, Riba MB, and Oldham JM (eds.) *Review of Psychiatry*, vol. 16, pp. 57-72. Washington, DC: American Psychiatric Press.

Weissman MM, Bland RC, Canino GJ, Greenwald S, Hwu HG, Lee CK, Newman SC, Oakley-Browne MA, Rubio-Stipec M, and Wickramaratne PJ (1994). The cross national epidemiology of obsessive compulsive disorder. The Cross National Collaborative Group. *Journal of Clinical Psychiatry* 55 (Supplement): 5-10.

译 者：潘伟刚（首都医科大学附属北京安定医院）

情绪

K. L. 施密特，R. 舒尔茨 匹兹堡大学，匹兹堡，宾夕法尼亚州，美国

词汇表

情绪（Emotions）——由环境或内部刺激所引起的生理、体验和行为活动的短暂反应。

引言

情绪是一种相对短暂的反应，涉及由环境或内部刺激所引起的生理、体验和行为活动。它们可以从整体上被描述为积极的或消极的反应，也可以是更分化的状态（例如，愤怒、恐惧），每一种都有其特定功能的解释。情绪是“情感”这个更大概念的一部分，情感既指短暂的情绪，也指更持久的心态和感觉状态。情感作为人类的共性，在不同的社会和文化群体中具有稳定性。它们受环境因素和内部调节机制的影响，这些因素对情绪的体验、表达和感知影响显著。各年龄组的健康成年人都会经历、表达并调节自己的情绪。在关于老化和情绪的研究中需要回答的关键问题包括，与年龄相关的过程（如记忆和认知）对情绪的体验、表达和感知的影响，以及个体差异（如人格）和社会结构因素作为老年人情绪生活调节器的作用。用来研究情绪和老化的心理和生理方法显示出了老年人情感生活的变化和连续性。情绪和老化的终身发展观为当前关于情绪随年龄变化的规范性研究提供了一个解释框架。

老化如何影响情绪体验、表达和感知?

虽然对年轻人、中年人和老年人情绪的研究揭示了随时间而变化的有趣模式，但围绕情绪的体验、表达和感知的许多重要问题仍然悬而未决。在所谓的老化悖论里，稳定甚至是增加的积极影响似乎与年龄的增长有关，而消极情绪一般会减少，但随着与老化相关的身体和认知能力的逐步下降，导致老年人更加重视积极情绪。

已发现的特定情感优势关注积极情绪和产生积极情绪的刺激，淡化消极情绪体验的倾向，以及用混合情绪（如辛酸）检视过去和现在的经验的能力。老年人已被描述为具有现实的解释风格、没有悲观情绪倾向，并有选择性地追求目标与社会关系。

在自我报告研究中，与年轻人相比，老年人在观看旨在唤起积极、中性或消极情绪

的情感图像时，表现出更大的整体愉悦感和兴奋感。在一项基于社区的大型研究中，老年人的愤怒水平要低于年轻人。研究比较了老年人和年轻人在相互回忆时的积极和消极情绪的体验取样及他们在其他活动中的情绪体验取样。与年轻人相比，老年人在与他人交流过去的故事时，表现出更积极的情绪，特别是当他们回忆积极事件时。最后，随着年龄的增长，慢性疼痛的影响并没有反映在70岁以后成年人疼痛报告的增加中。

老年人和年轻人之间的情感差异也延伸到社会背景和个人经历，特别是在亲密关系方面。据报告，老年人较少会因为与家庭成员的互动而感到不安，他们也不太可能用主动的消极策略来应对人际关系紧张，比如大喊大叫。当对记忆中的人际关系紧张事件所反映的消极情绪类别（愤怒、悲伤和非特异性消极情绪）进行调查时，老年人报告愤怒和强烈的厌恶体验的可能性通常要低于青少年或成年人。随着年龄的增长，给予和接受的情感支持量下降，社会支持的交换性质发生改变，变得随着时间的推移更加平衡。有人认为，老年人通过积极关注最有可能产生情感回报的亲密关系来调节他们的情绪体验。对老年夫妇的研究已经证实，在这些关系中，他们可能会经历更多的情感及减少消极情绪。其他人提出，发展过程结合整个成年期的认知优势促进了认知情感的复杂性，并可以改善老年人的情绪应对。然而，还需要对老年人的社交网络进行更多的研究，特别是在社会活动受到结构和身体限制的情况下，报告的与期望的接触数量和接触多样性的比较。

在表现力和感知领域，对老化和情绪的研究产生了一个更复杂的画面。尽管老年人仍能像年轻人一样自愿表达情绪，但情绪的表达通常会随着年龄的增长而减少。虽然表达得可能没那么强烈，但并不意味着老年人在别人面前显得更中立。

由于衰老的皮肤和外貌的变化是与情绪无关的，老年人，尤其是非常老的人，即使呈现的是中性的面部表情也可能被误解，因为皱纹看起来像在模仿消极面部表情的模式。在一项面部表情的研究中，老年人的中性表情被认为表达的情绪更强烈，可能就是出于这个原因。此外，与年轻的伪装者相比，对老年装腔作势者的评价明显不够准确，可信度也很低。有趣的是，没有报告显示年轻和年老的面部表情伪装者在表达消极或积极情绪的强度上有差异，这表明老年人自愿表达情绪的能力与年轻人相似。

虽然目前的研究主要集中在老年人的情绪报告或表达上，但情绪感知和反应也是老年人情绪的一个重要方面。情绪变化的适应性发展理论依靠以下假设，即健康老年人的情绪能力保持不变，老年人报告的情绪变化代表着发展中的心理变化，而不是情绪处理能力的退行性改变。测量情绪感知能力是一种解释情绪在衰老过程中的作用，以及解决关于年轻人和老年人情绪差异来源这一重要问题的方法。

有证据表明，情绪感知能力，如识别情绪的面部表情，出现了普遍下降，这不同于其他感知和认知能力。在一项面部感知研究中，年长的参与者在看到面部感知和伴随故事研究中出现的悲伤和快乐的面孔时感知到较低水平的情绪强度。与年轻组相比，老年人认为中性面孔表现出的愤怒程度较低。老年人也认为故事中的主角经历了较低程度的恐惧，认为面部表情和书面文字中描述的某些情绪并不那么强烈，虽然大多数差异可以用焦虑、抑郁和智力测试分数的年龄差异来解释。一项关于面部表情感知的研究表明，老年人对消极和中性表情的感知有缺陷，但对积极表情则没有。

在一个标准实验室模式下观看情绪诱导幻灯片时，与年轻人相比，老年人表现出在大脑活动及面部皱眉肌活动减少（与消极情绪相关）和心率下降方面的显著差异。在更加自然的环境中进行的情绪研究对比了参与婚姻冲突讨论的老年和中年已婚夫妇，结果显示，情绪特异性自主活动在不同的年龄组中是相似的。然而，老年人的面部情绪表达与那些年轻人不同，他们的情绪表达质量评价较低。生理变化是一致的，但幅度比年轻人要低。这些年龄差异表明，老年人对实验室展示的情感图像和社会关系的情感背景都有不同的反应。他们还指出，与年龄相关的情绪变化在不同的情绪反应系统中并不统一。一些研究人员报告称，老年人对恐惧和悲伤等情绪的感知能力有所下降，但对另一种消极情绪——厌恶的感知被保留了下来。情绪反应的生理指标与自我报告的情绪之间的关系目前尚不清楚，而衰老的寿命发展理论通常是以此为基础的。除了消极—积极二分法，对区分情绪的日益重视可能有助于解释早期研究的对比结果。

衰老与情绪的神经生物学

对大脑结构和功能变化的研究表明，老年人不论是对情绪的反应，还是对情绪刺激做出反应的神经系统都可能会有重要变化。一般情况下，在进行情绪感知任务时，对大脑边缘系统的依赖较少，而对额叶和前额叶的依赖更多。例如，当辨别面部表情时，老年人是左脑额叶区域被激活，而年轻人则是杏仁核和周围的边缘系统。在一项使用功能性磁共振成像技术的类似研究中，老年人在观察积极、消极或中性表情的面孔时，其所有区域的大脑活动都比年轻人要少。这些结果支持了与情绪感知相关的内侧颞叶结构（杏仁核、海马和海马旁回）明显受年龄影响的普遍结论。一些研究者提出，可能正是老年人使用前额叶区域处理情绪刺激的转变，解释了积极记忆随年龄的增长而增强的原因。老年人保留情绪的部分原因，可能是由于情绪感知的重点从大脑内侧颞叶区转移到在衰老过程中仍保持在较高水平功能的额叶区。另一种关于情绪、衰老和大脑功能的理论提出，老年人的情绪缺陷可以被解释为大脑半球之间的不对称性减少的结果。情绪面部表情感知研究的结果在一定程度上支持了情绪感知能力的降低与情绪感知任务中大脑功能不对称性的减少之间的关联。

个体差异在情绪和衰老中的作用

个体差异可以预测情绪体验、表达和感知。个体差异在老年人情绪中的作用还相对未知。虽然个性、性别、身心健康、教育、智力及其他因素的差异可能会对年轻人和老年人的情绪产生一致的影响，但老年人的一些情绪特征也可能根据这些差异来解释。

个性是已知的所有年龄段成年人情绪的重要预测因子。虽然重大改变导致的变化，例如配偶死亡，可能会导致个性上的变化，一般来说，外向性与积极情绪、神经质与消极情绪之间的稳定联系仍然适用于老年人。这个结论对老年人同样适用。个性的个体差异，再加上压力源，解释了老年人对消极情绪和情绪障碍症状的一些差异。在一项针对70~100岁以上老年人的研究中，外向性和神经质的个性是积极情绪和消极情绪 最大的单一预测因子。

老年人的情绪也存在性别差异，一般来说，女性似乎体验到更多的情绪，同时调节自己的情绪更为有力。老年女性受社交网络中人际冲突的影响，情绪痛苦的时间比男性更长。在描述自己个性的方方面面时，随着时间的推移，老年女性的变化明显小于年轻女性。这种自我报告的情绪变异性的下降与随年龄增长而增加的老年人的情绪调节能力，以及积极情绪和消极情绪强度的下降有关。研究人员还发现，年龄在四十八九岁到50岁出头、五十八九岁到60岁出头的女性，其抑郁情绪的症状有所减轻。在对女性进行的11年随访中，更年期情绪状态的差异预测了抑郁情绪的症状，揭示了情绪和衰老的激素基础。

健康，特别是身体健康，可能是影响老年人情绪和能力的一个重要因素。相对健康、居住在社区的成年人的情绪可能代表着一种保留下来的力量，而身体有残疾的老年人的情绪却呈现出截然不同的景象。在一项关于老年人幸福感的研究中，身体健康状况不佳与生活满意度较低有关。健康状况不佳对情绪的影响可能仅限于其降低了积极情绪的倾向，而对消极情绪没有影响。然而，在另一项关于衰老、情绪和主观幸福感的研究中，身体衰退与较低的积极情绪和较高的消极情绪有关。但是，它与生活满意度无关。

相反，在对老年人社会情绪模式的分析中，以身体强壮和高水平活动为特征的个体是不太可能聚集在一组以高负面情绪为特征的老年人中的。身体健康、积极活动的人更有可能与表现出相对平静和较低负面（和较低正面）情绪的老年人聚集在一起。身体健康和功能的个体差异明显会影响老年人的情绪，但在正常衰老的分析中尚未被广泛考虑。

智力、教育和社会地位等其他个体差异对情绪体验的影响尚未得到广泛的研究。研究发现，智力可以用来预测老年人的情绪，智力越高，积极和消极情绪的水平就越高。在成年积累的固定智力和文化知识资源与应对方式等认知情感特征有关。完整的认知能力显然至少在帮助一些老年人应对困难、最大限度地提高情绪健康水平方面发挥了作用。许多老年人也被证明保持着相对较高水平的幸福感。目前尚不清楚在这个特定样本中发现的结果与那些年轻人的结果形成对比。然而，大多数研究都普遍认为，即使这些变量和年龄之间的相互作用得到了控制，老年人仍然普遍倾向于积极情绪，反对消极情绪。

老年人的情绪与认知能力

研究老年人的情绪和认知过程有可能解决这样一个问题，即情绪变化是不是一个对认知功能下降进行补偿的衰老的相对力量，又或者它是一个老年人功能下降的另一区域。认知特征和情绪健康之间有着明显的联系，而且这种联系可能对两方面都有好处。一些研究发现，在老年人的心理学中强调情绪对日常生活的其他认知和情感方面是有着有益影响的。例如，情景记忆已被证明与老年人的积极情绪有关，但对年轻人则没有。在同一研究中，其他能力如识别能力没有受到自我报告的影响，这表明这种影响只针对认知表现的特定方面。相反，在一项研究中，对消极图像的记忆显示出一种与年龄有关的差异，该研究测试了老年人和年轻人对积极、消极和中性情绪诱导图像的回忆，老年人只对消极图像的表现较差。这种表现上的差异是否反映了对消极情绪输入的反应能力的丧失或情绪调节能力的增强，尚不得而知。

其他研究发现，情绪对认知任务的影响在年轻人和老年人中是相似的。在情绪诱导研究中，老年人对情绪词汇的反应模式与年轻人相似。听过悲伤音乐的老年人对悲伤的词语反应更快，而听过快乐音乐的老年人对快乐的词语反应更快。老年人的情感启动也被发现与年轻人相似，例外情况是报告有结构需求的老年人更依赖情感启动。这可以解释为情感信息作为对一些老年人的补偿机制的效用的指示。研究已发现老年人和年轻人对单词和面孔记忆的情绪的增强，与消极刺激相比，老年人对积极刺激的表现有所改善。一项针对不同年龄的成年人的研究发现，情绪对记忆的持续影响贯穿整个生命周期，这支持了情绪是代表老年人力量的一个领域的理论。然而，在某些情况下，情绪集中可能会对认知表现产生负面影响。在一项基于实验性游戏阅读任务的回忆研究中，当被指示关注情感内容时，老年人和年轻人在回忆任务方面的准确性都明显低于那些被指示关注事实内容的人。在一定程度上，老年人在日常生活中更有可能将情绪集中在情感内容上，其记忆表现可能会受到负面影响。

老年人情绪的理论视角

从明确的生命周期发展角度出发并关注情绪的研究仍然相对较少。这个一般性结论的一个重要例外，是卡斯特森（Carstensen）和他的同事对社会情绪选择性理论（socioemotional selectivity theory，SST）的研究，该理论假设在晚年，社会交往越来越有可能受到试图调节情绪的激励，而越来越不太可能受到寻求信息的目标的激励。这反过来又会影响老年人选择的社会伙伴类型及他们参与的社会交往类型。有大量的证据可以支持这一观点，其中包括随着年龄的增长和社会交往的减少，老年人更有可能喜欢熟悉的社会伙伴，而不是不熟悉的社会伙伴，更有可能从情感的角度来看待社会伙伴。

舒尔茨（Schulz）和赫克豪森（Heckhausen）在他们的生命周期控制理论中阐述了考虑情绪在整个生命过程发展背景下的作用的另一种方法。他们假定一种主要控制的动力（即对外部世界产生影响）是生存和发展的主要驱动力。在这个模型中，情绪是调节系统的燃料，其主要目标是最大程度地提高机体的主要控制潜能。通过与环境的相互作用产生的积极影响和消极影响都有可能激励机体进一步争取主要控制。次级控制过程（即对个体内部的认知世界产生影响）具有保护和加强主要控制的功能，并与情绪密切相关。情绪反应可以激发次级控制过程，从而促进主要控制努力所需的动力资源。因此，情绪系统是塑造人类行为的一种信号和激励资源。这一观点与社会情绪选择性理论有本质上的不同，因为它认为情绪本身不能成为目的，虽然它们在特定的情况下可以作为近距离目标。另一种说法是，人类发展的主要目标是最大程度地实现主要控制，而不是感觉良好。这种情绪体验的观点强调了其作为主要控制的促进者或调解员的作用，这与尼科·弗里达（Nico Frijda）的进化论观点相一致，体现在他的声明中，即“人类的心灵（不是）为幸福而生，而是实例化了盲目的生物生存法则”（1998：354）。

未来发展方向

由于大多数对老龄和情绪问题的研究是横断面研究，因此很难知道观察到的年轻人和老年人之间的差异是否反映了个体发育变化，或者，主要是由于群体效应或生存效应。显然，在这一领域还需要更多的实证研究。

社会心理学和生理学方法显示了伴随着衰老的规范性情绪变化的一般模式。虽然关于情绪变化在整个生命周期中所起作用的理论观点各不相同，但情绪变化的模式表明，在晚年生活中，人们对情绪的体验、表达和感知存在显著差异。阐明个体差异和年龄相关因素在产生情绪变化中的作用，对确定情绪老化的性质具有重要意义。最后，了解有关情绪变化的知识将有助于制订旨在提高老年人健康和福祉的干预措施。

另请参阅：性别角色；智力；生命历程；生活满意度；知觉。

拓展阅读

Carstensen LL and Lockenhoff CE（2003）Aging，emotion，and evolution：the bigger picture. *Annals of the New York Academy of Sciences* 1000：152-179.

Frijda NH（1998）The laws of emotion. *American Psychologist* 43：349-358.

Labouvie-Vief G and DiehlM (2000) Cognitive complexity and cognitive-affective integration: related or separate domains of adult development. *Psychology and Aging* 15: 490–504.

Schulz R and Heckhausen J (1998) Emotion and control: a life span perspective. *Annual Review of Gerontology and Geriatrics* 17: 185–285.

译　者：刘尚君（北京大学）

校译者：徐铭蔚（北京大学）

全球化与老龄化

C. 菲利森　基尔大学，基尔，英国
J. 文森　埃克塞特大学，埃克塞特，英国

词汇表

全球化（Globalization）——通过机制、参与者和机构将来自不同国家、民族的个人和团体联系起来。

引言

了解老龄化的未来需要了解全世界老年人在晚年可能经历的生活，而不仅仅是生活在西方的老年人。这里使用全球化的主题是为了给社会老年学提供一个视角，这种视角在侧重于国家卫生和福利政策的讨论中往往是缺失的，这些讨论也未能在一个更广泛的背景下对人群进行定位。在20世纪90年代，关于全球化主题的讨论在社会科学中变得极具影响力，特别是在社会学和政治学中。随后，这项工作通过在社会政策和社会老年学方面展开广泛讨论而被拓宽。全球化现在已成为老龄化建设的一股具有影响力的力量，尤其是在制定旨在管理和调节人口老龄化的社会和经济政策方面。老龄化研究必须放在一个更广泛的地缘政治框架内，通过国际组织（如世界银行和国际货币基金组织）和跨境迁移为老年人创造新的条件和环境。

本文阐述的主要观点是，全球化现象引发了对社会老年学新的重要关注。总的来说，对全球化的关注证实了将个人置于社会和经济结构轨道上的重要性，这些结构日益受到来自国家和民族边界之外的力量的影响。与此同时，全球化也与放弃那些被吉登斯（Giddens）和贝克（Beck）等作家称为“现代化的第一阶段”（the first phase of modernity）所建立起来的惯例和制度有关。这里的社会学论点是，我们现在正生活在一个后传统社会（post-traditional society）中，与过去相比，人们更强调发展新的生活方式，对日常生活行为做出新的选择。本文从全球化作为一个经济、政治和社会过程所提供的理论框架出发，探讨了与全球老龄化相关的各种维度。讨论可以分为五个部分：（1）相关概念的概述；（2）总结与全球老龄化相关的维度；（3）全球社会政策的讨论；（4）回顾迁移的影响和跨国社区的作用；（5）总结与全球化相关的未来趋势及可能对老年人造成的影响。

全球化与老龄化

本文认为，全球化将对日益老龄化的未来产生重大影响。“全球化”概念指的是通过机制、参与者和机构将来自不同国家、民族的个人和团体联系起来。全球化产生了一批新的参与者和机构，它们影响了关于老年公共政策的社会建设。举个例子，全球金融和私营跨国机构的力量不断增强，带来了诸如在老年等人生各个阶段关于公民身份的性质及保健和社会照护的相关权利的重大问题。在福利国家重建时期，权利是通过基于国家、民族的社会政策的各种表现形式来界定和协商的。然而，全球化将公民身份问题转移到跨国阶段，这是由政府间结构的权力联合、跨国公司的影响及人口流动和迁移的压力共同推动的。

根据鲍曼（Bauman）和贝克等社会学家的分析，人们可能会认为，在后现代化阶段，权利变得更加分散和个性化。在某种程度上，与老龄化有关的风险——贫困的威胁、对长期照护的需要、患严重疾病的可能性——是相对不变的。被改变了的是应对这些风险的责任和必要性正转移到个体家庭（尤其是女性照护者）和个体老年人（特别是在老年融资方面）上。老龄化的新的社会建构（和矛盾）一方面是将老龄化视为一个全球性问题和焦点，但是另一方面是生命历程中所伴随的各种风险的个性化。这些不同因素之间的张力可能会为未来十年全球老龄化的发展设定广泛的参数（参见“批判老年学”）。

全球老龄化

上述过程在应对人口老龄化的全球趋势方面是非常重要的。这种发展是从高生育率和相对较低的死亡率的人口制度向低生育率和低死亡率的人口制度转变所推动的。前者与快速增长的年轻人口有关，而后者则与相对稳定的人口有关，包括较大比例的老年人群。除了撒哈拉以南非洲地区，世界上没有一个地方不受这场人口改革的影响。有证据表明，回到高生育率和高死亡率的模式是不可能的。

2002 年联合国《世界人口展望》（World Population Prospects）报告指出，世界人口的年龄中位数从 1950 年的 23.6 岁增加到 2000 年的 26.4 岁，到 2050 年将增加到 36.8 岁。报告还预计，从 2000 年到 2050 年的 50 年间，60 岁及以上人口的比例将从 10% 上升到 21.4%，但是在全球范围内会存在地区差异。人口老龄化的速度在发展中国家增长最快。这在中国等国家尤为显著，这些国家的生育率远低于更替水平，预期寿命超过 71 岁。据预测，到 2025 年，仅中国 60 岁以上的人口就将超过整个欧洲，老年人（65 岁以上）的比例在短短 25 年（2000—2025）里翻了一番——从 6.96% 增长到 13.2%。在拥有世界大部分人口的亚洲，2000 年到 2050 年的年龄中位数将从 26.1 岁增加到 38.7 岁。欧洲的老龄化速度将会放缓，但会从一个更老的起点开始，同一时期的年龄中位数将从 37.7 岁增加到 47.7 岁；大洋洲和北美洲也将遵循类似的模式。

撒哈拉以南非洲国家的情况就更加复杂，因为高生育率持续存在，同时伴随着艾滋病病毒或艾滋病在该地区的影响及年轻人群的高死亡率。尽管如此，仍产生了两个后果：第一，随着人口的快速增长，老年人口的绝对数量将会增加；第二，年轻人的高死亡率可能会增加很多非洲国家人口中的老年人比例。在1999—2015年，撒哈拉以南非洲65岁及以上的人口数量预计将增加1 000万。在此期间，虽然总的人口规模将增长47%，但65岁及以上的人口数量将增长57%。

人口老龄化将对世界上经济欠发达国家产生严重影响。世界上大部分老年人（61%或3.55亿）生活在较贫困国家。到2025年，这一比例将上升到近70%。然而，对很多国家来说，伴随人口老龄化而来的是人均收入的减少和生活水平的下降。在发展中国家，只有不到20%的60岁以上人口能够得到正式的社会保障。在20世纪50年代至70年代末，世界上每个发展中国家的预期寿命至少增长了10%，或者说平均增加了15岁。然而，在21世纪初，在包括撒哈拉以南非洲在内的53个国家中，有41个国家的预期寿命仍然低于60岁。

世界上最贫困地区的老年人特别容易受到疾病和病痛的侵害。在饥荒中最先死亡的总是那些年幼和年老的人。尽管发展中国家的老年人面临各种问题，但他们可能在提供家庭照护方面发挥关键作用。这一点清楚地体现在祖父母为感染艾滋病病毒或因艾滋病而成为孤儿的儿童提供照顾的作用越来越大。在纳米比亚、南非和津巴布韦，超过60%的孤儿生活在祖父母主导的家庭中；在博茨瓦纳、马拉维和坦桑尼亚，也有超过50%的同样情况。根据联合国艾滋病规划署的估计，在撒哈拉以南非洲大约有1 100万儿童因艾滋病毒或艾滋病而成为孤儿。来自该地区27个国家的数据显示，绝大多数的孤儿得到了大家庭的照顾。在大多数情况下，照顾孩子的责任落在了祖父母肩上，通常是祖母。考虑到老年人已经是发展中国家最贫困的群体之一，艾滋病病毒或艾滋病的影响可能会进一步加剧老年人在管理自己的晚年生活和在家庭中扮演照护者角色上所面临的问题。

全球社会政策和老龄化

不同类型的跨国机构在讨论形成老龄化领域的政策方面的作用日益增加。特别重要的是，全球化作为一种社会和经济进程，已经对社会福利的发展造成了限制，这是跨国组织影响带来的一个重要副产品。举例来说，金融全球化虽然不是福利国家被侵蚀的直接原因，但却为它们的发展设置了明显的界限（参见“批判老年学”）。正如大卫·赫尔德（David Held）等人所指出的，当前时期的一个显著特征是，金融全球化在一定程度上给政府施加了一种外部金融约束，这既促成了一个更加有利于市场的状况的出现，又促成了金融市场之间力量平衡的转变。在这一点上，发达资本主义国家的政治议程日益反映出金融全球化的局限性，尽管金融全球化的具体影响在国家和民族之间存在很大差异。

全球老龄化的一个重要方面是，政府间国际组织（intergovernmental organization，IGO）通过何种方式参与卡罗尔·埃斯蒂斯（Carroll Estes）等人所称的老年人政策的危机建设和危机管理。全球主要参与者对社会政策的未来展开了讨论，特别是在养老金、保健和社会服务等领域。世界银行和国际货币基金组织等机构一直站在努力培育有利于限制国家福利范围的政治气候的前沿，促进私人和自愿倡议。世界银行的报告《防止老龄化危机》（*Averting the Old Age Crisis*）是一份促进多支柱养老金制度优点的开创性文件，特别是围绕私人的、非再分配的、固定的养老金缴款计划建立第二支柱的案例。世界银行还主张将州政府的现收现付（pay-as-you-go，PAYG）计划降到基本养老金规定的最低限度。这一立场既影响了各国政府，也影响了如国际劳工组织（International Labour Organization，ILO）这样的跨国机构。后者现在承认世界银行的立场，主张进行经济状况调查的首次养老金，促进扩大个性化和资本化的私人养老金的作用，以及呼吁经济合作与发展组织成员国提高退休年龄（此举已在许多欧洲国家生效）。这场讨论相当于一场关于养老金供应和退休年龄的全球重要讨论，但它在很大程度上排除了那些可能建议政府发挥更大作用的观点，以及那些可能质疑私人养老金计划的稳定性和成本效益的观点。

政府间国际组织也开始在保健和社会照护服务方面发挥重要作用。福利国家的社会基础设施正日益成为全球投资者的一个主要机会领域。世界贸易组织提倡国家在提供服务方面发挥更有限的作用，而扩大私营（商业）部门在保健服务方面的作用，并平等对待国内和国外的保健提供者。世界贸易组织通过国际贸易法庭来裁决争端，强制执行了20多个独立的国际协议。这些协议包括《服务贸易总协定》（General Agreement on Trade in Services，GATS），这是第一个涵盖了银行、保险、金融服务和相关领域的具有法律效力的多边协议。世界贸易组织已经呼吁成员国政府重新考虑他们对保健和社会服务承诺的广度和深度。这几乎肯定会给各国带来巨大的压力，迫使它们进一步开放公共服务，以应对来自全球（特别是美国）企业供应商的竞争。

全球迁移和老龄化

世界范围内的迁移和人口再分配是贫穷和繁荣的产物，但也深受战争、饥荒和难民人口分散的影响。不同类型的迁移可以与全球化联系起来，每一种迁移对老年人都会产生不同的结果。在发展过程中，伴随着人口的重新安置，州际之间也有内部迁移。这通常包括城乡迁移。城镇的快速扩张，吸引了年轻的移民人口离开农村地区，留下了越来越多的老年人。这是20世纪欧洲和北美的一种普遍模式，在发展中国家也越来越常见了。还有伴随发展而来的国际迁移，人们从世界较贫困地区到更富裕和更发达地区寻求经济机会。这不仅会加速农村人口的老龄化，还会促进大城市的文化多样性和扩大少数民族活动的范围。一些移民在新的地方定居，但也有一些人返回了他们的家乡，并带去了新的想法、资源和可能性。欧洲的很多农村地区和越来越多的世界各地都开始从返回移民的养老金中受益。

国际社会的富裕成员也会从内部和外部迁移到他们想去的国家。他们迁移是为了寻找经济机会，但越来越多的人在退休后迁移，如到国内或国外的度假胜地。其中一些迁移是季节性的，延长的暑假与双住房和退休安置相结合。在另外一些情况下，迁移要么是永久的，要么至少要到老年才会决定返回家乡。与提前退休相关的迁移可能在未来10年中第一次显现出来，因为提前退休的人是第二次世界大战结束后出生的“婴儿潮一代”。

迁移的一个主要方面涉及被定义为“跨国社区”的发展，即将移民与非移民联系起来的社会关系的跨空间构建。在这样的背景下，如果所谓的老龄化第一阶段（持续了20世纪的大部分时间）是关于衰老作为国家认同和公民身份的加强，那么第二阶段将在更大程度上涉及混合身份的发展。衰老在第一阶段——或20世纪的老龄化——在一定程度上是对社区的庆祝，或者是对生活在带有独特历史的特定社区的人的庆祝。然而，在我们已经进入的第二阶段，归属感和身份认同可能会与特定地点和地理位置相分离。

无疑，在这个过程中会有输家和赢家，但是迁移和流动性的重要性日益增加，为全球背景下的老年学研究提出了实质性问题。从长远看来，一个具有更大流动性的世界将带来很多与文化多样性相关的好处。但在短期内，种族主义和相关形式的压迫的增加看起来似乎更加明显，并可能在老年人口中造成进一步的分裂。这一点在压力重重的市中心地区尤为明显，那里的资源和服务压力可能导致大多数人口和少数族群之间的冲突。

跨国社区的兴起可能会给社会政策带来重大问题，因为各个团体的发展共同承担着可能跨越各大洲的照护任务和财政责任。此外，移民的经历——中老年人适应新的文化或者承受着从一种文化迁移到另一种文化的压力——带来了关于住房、收入和社会服务等领域的支持是否充足的问题。一方面，移民群体为处于困境中的城市带来了新形式的社会资本，可以说他们在重要方面使这些社区得以振兴。另一方面，他们可能对提供保健和社会照护的传统模式构成重大挑战。要对后者做出成功的应对，就需要更敏锐地去了解特定的少数族群的独特历史，并改进机制，以吸收他们对改善社区照护服务提供方式的看法。未来10年的一项关键任务，将是应对全球化的社会动态所产生的多元文化和多民族人口之间的照护需求的多样性。将少数族裔老年人从边缘性的服务提供中转移出来将是这一挑战的核心部分。

全球老龄化研究

在21世纪的进程中，以一种全球视角来审视老年人的生活问题将变得越来越重要。我们日益认识到，老年人生活在一个具有社会和文化多样性的世界中，并受到这个世界的影响。为了反映这一观点，丹内弗（Dannefer）指出，一种新的生命历程全球地理学已经开始出现，在世界上的欠发达地区与发达地区的经历截然不同。与西方工业化国家相关的典型生命历程模式（即所谓的教育、工作、退休三箱模式）实际上在世界上很多地方都是不典型的。全球视角下的生命历程强调的是包含更全面的人类多样性和生活方式的重要性。我们尤其需要了解造成生命历程不同形态的因素，其中关键因素包括资本的跨国流动、跨国组织的作用及劳动力市场机会。

对全球老龄化的研究还需要考虑老年人自己在挑战跨国公司和政府间国际组织权力运动中的活跃程度。反对薪酬过低、争取体面的生活水平和人权的斗争影响到了所有年龄组，并需要完全纳入国内和跨国的养老金领取者运动。到目前为止，老年人及其代表组织在由世界银行和类似组织发起的关于人口老龄化的主要讨论中，只能说影响力有限。为此需要提出的理由是，在一个对年龄敏感的全球化中，老年人需要在关键的国际论坛具有更大的影响力。有关方面可能包括以下几点：

- 对主要政府间国际组织在老龄化问题上的活动进行审计。
- 构建年龄维度并纳入发展政策和战略。
- 促进老龄组织成为现有多边机构的主要参与者。
- 在人权立法中强化年龄维度。
- 鼓励老年人组织在组成全球社会组织的团体和论坛网络中发挥重要作用。

这是一项重要的议程，但在联合国、世界卫生组织和相关机构仅得到了部分解决。第二次世界老龄问题大会（Second World Assembly on Ageing）产生的《马德里老龄问题国际行动计划》（Madrid International Plan of Action on Ageing，MIPAA）就说明了这一点。《马德里老龄问题国际行动计划》的终极目标是在安全、尊严和参与的基础上提高老年人的生活质量，同时促进协调老龄化和发展的措施，并维持支持性的正式和非正式的个人福利制度。尽管这一目标为制定新的人口老龄化议程提供了一个强有力的平台，但仍面临着日益扩大的收入不平等问题。从20世纪80年代末到20世纪90年代初，全球收入的不平等明显加剧，研究表明，流向世界上最贫穷的10%人口的收入份额下降超过25%；相比之下，最富有的10%人口的收入份额同期上升了8%。通常来讲，韦德（Wade）等人的研究表明，目前的全球化运作正在加剧国家内部和国家之间的不平等。这种不平等正在产生新的排斥形式，尤其是对女性、工人阶级和少数族群。这样的事态发展需要联合国和世界卫生组织等机构采取更加积极的行动。除非国家和全球不平等问题——尤其是那些生活在欠发达国家和发达国家较贫困社区的老年人生活机会减少的不平等——得以系统的解决，否则这些组织鼓励赋予老年人权利和实现所谓“积极老龄化”的关注几乎肯定会失败。此外，联合国和世界卫生组织等机构需要对抗国际货币基金组织和世界银行等政府间国际组织实施社会政策的力量，这些政策会导致针对老年人等群体的服务支出减少。这已经成为针对拉丁美洲和东欧国家的经济项目的一个典型特征，与 MIPAA 倡导的在全球社区建立一个安全而有尊严的晚年生活的愿景是直接冲突的。

总之，全球化——作为风险社会的一个组成部分——可能产生新的不安全形式，其中对衰老的焦虑和恐惧可能代表了一个重要的方面。但其他事态的发展也可能会发生。新一代的老年人（例如战后“婴儿潮一代”）会给衰老的本质赋予不同的声音和意义吗？如果他们这样做了，那么除了国家背景之外，还将在多大程度上由全球化的社会网络所决定？全球化在多大程度上削弱了社会、经济和文化的纽带（考虑到阶级、性别和种族的作用，这种纽带是脆弱的），而只通过以生物年龄来确定身份的人们联系在一起？全球化确实已经改变了世界，但它也在以同样激进的方式改变着老龄化的本质。对这一重要现象的深入研究将是老年学的主要任务。

另请参阅：照料；批判老年学；老年学的国际视角；迁移。

拓展阅读

Baars J，Dannefer D，Phillipson C，and Walker A（eds.）（2006）*Aging，Globalization and Inequality：The New Critical Gerontology*. Amityville，NY：Baywood.

Dannefer D（2003）Toward a global geography of the life course. In：Mortimer J and Shanahan M（eds.）*Handbook of the Life Course*，pp. 647–659. New York：Kluwer Academic/Plenum Publishers.

Held D，McGrew A，Goldblatt D，and Perraton J（1999）*Global Transformations*. Oxford，UK：Polity Press.

King R，Warnes AM，and Williams AM（2000）*Sunset Lives：British Migration to the Mediterranean*. Oxford，UK：Berg.

Knodel J，Watkins S，and Van Landingham M（2002）*AIDS and Older Persons：An International Perspective*. PSC Research Report No. 02–495. University of Michigan，MI：Population Studies Center.

Lloyd-Sherlock P（ed.）（2004）*Living Longer：Ageing，Development and Social Protection*. London：Zed Books.

Minns R（2006）The future of stock market pensions. In：Vincent J，Phillipson C，and Downs M（eds.）*Futures of Ageing*，pp. 103–110. London：Sage Books.

Monasch R and Clark F (2004) Grandparents' growing role as carers. *Ageing and Development*

16: 6.

Phillipson C, Alhaq E, Ullah S, and Ogg J (2000) Bangladeshi families in Bethnal Green: older people, ethnicity and social exclusion. In: Warnes AM, Warren L, and Nolan M (eds.) *Care Services in Later Life: Transformations and Critiques*, pp. 273-290. London: Jessica Kingsley.

Sidorenko A and Walker A (2004) The Madrid international plan of action on ageing: from conception to implementation. *Ageing and Society* 24 (2): 147-166.

Vincent J (2003) *Old Age*. London: Routledge.

Wade R (2004) On the causes of increasing world poverty and inequality, or why the Matthew effect prevails. *New Political Economy* 9 (2): 163-188.

World Bank (1994) *Averting the Old Age Crisis*. Oxford, UK: Oxford University Press.

Yeates N (2001) *Globalization and Social Policy*. London: Sage.

译　者：张　硕（北京大学）

人格

J. E. 鲁思 昆托卡利奥老年学培训和研究中心，赫尔辛基，芬兰

词汇表

神经质（Neuroticism）——指在人际关系中出现焦虑、敌意、强迫行为或面对生活中苛刻的情况时的（基本）倾向。

现象学（Phenomenology）——一种描述个体对事件的主要经历的方法。通常指的是个体内部的感知、评价和意义赋予的过程。

投射测验（Projective test）——是一种标准化的心理测量方法，间接测量人格属性。投射测验由模糊的刺激（人和情境）组成，个体在这些刺激上投射内部动机和性格。

老年心理学（Psychogerontology）——一个主要关注心理发展和老化的科学研究领域。它研究认知老化问题（智力、学习、记忆），以及人格发展和心理健康问题。

自我概念（Self-Concept）——自我意识，或个人对自己（与他人的关系）的看法。自我概念包括与自我定义相关的动机、态度和行为。

交换过程（Transactional Processes）——指的是个体与其所处环境之间的互动过程，其中人的意识（人格）被视为一种持续的流体，个体的适应行为是焦点。

引言

"人格"（personality）可以被定义为个人对事件做出反应时表现出的个人特征。人格的构建涉及内在特征以及一个人区别于其他人的外在行为。人格心理学家在他们所强调的人格方面存在显著差异。有些人指出，个人的内在意识或反思，被称为"自我"，是人格的核心；另一些人则强调外部因素，如学习期望或习得的行为等；还有些人对心理结构和人格特征的轮廓感兴趣，有些人主张人格只有从个体的全部生活出发才能观察到。

人格和老化领域有三个相互关联的主题。第一个主题是对人格概念的各种理论和研究方法。第二个主题是分析人格是否会随着岁月的流逝而变化，如果是，那么哪些方面表现出稳定性，哪些方面发生了变化。第三个主题是老年人如何应对日常的麻烦和伴随老年而来的主要生活事件。这些主题反映

在后面的章节中。

人格理论与研究方法

心理学家所创造的“隐喻人格”（metaphor personality）是一个模糊的框架，包含了大量的理论概念、研究问题和方法。在人格研究中有三大传统：特质模型（trait model）、发展模型（developmental model）和经验—情境模型（experiential-contextual model），它们很久以前就被提出，至今仍然存在并且发展得很好。这三种模型在对人格概念的定义和测量方式上有很大的不同。

这三种传统在理论和经验主义之间的平衡上也存在差异。发展模型的特点是更具理论性，而特质模型更多地以经验为导向。在经验—情境的传统中，一些人和情境互动的模型已经被研制出来，支持这些模型的研究数据也逐渐出现。

特质模型

特质模型一直是人格研究的主要传统之一。该模型旨在揭示自然语言中描述的人格形容词的基本维度。然而，对研究特征，既有词汇法也有问卷调查方法。人格特质用测试和自我报告工具来衡量，并通过因子分析验证测量的维度。

在特质模型中，人格可以通过自我报告的度量表征来推断。可以认为，在这个研究传统中研究的是度量空间中变量的行为，而不是现实生活中人的行为。但对这项充满活力的研究传统的批评中，人们指出了其人格测量方法的机械性和抽象性，并且质疑使用人格结构抽样研究的效度。这里的一个中心问题是，如何使测试涵盖日常情况下的个人的行为。因此，主要问题是测试的生态效度。然而，多特质多方法（multitrait multimethod，MTMM）分析将自我报告指标、同伴评级和行为测量联系在一起，描述了特质传统的主要人格结构及其效度。

发展模型

作为第二种主要研究传统，发展模型或者存在质的变化，例如在人格发展的阶段或时期被发现，或者在整个生命中围绕某些主题有更持续的发展。在发展模型和之前讨论的特质模型人格领域内已经产生了大部分实证研究结果。

在发展模型中，通过测量工具（其中一些是特质导向的）或观察社会角色、发展任务中的行为来绘制发展水平。在一些发展理论中，生命中的各个阶段或时期被假定为代表行为的质的变化（例如埃里克·埃里克森的理论提到中年的代际发展和老年的完整性）。在这些模型中，这些阶段彼此之间是紧密连接的，且从不成熟向更成熟水平发展。在其他发展理论中，时间表被假定与时间序列密切相关［例如丹尼尔·莱文森（Daniel Levinson）模型提出的稳定阶段的延续和生命结构的转变］。这些理论主要基于弗洛伊德的推理，侧重于自我的发展和用来保护自我免受生活中痛苦感受影响的防御机制。

在与更持续的发展有关的理论中，对某些被认为是生命周期中（如中年）典型的发展主题已经进行了研究。例如，卡尔·荣格（Carl Jung）专注于中年转型，即外向与内向的平衡发生变化，个性化过程导致成熟度在老年时增加。对一般发展模型，有趣的是不管变化的方向如何，这种变化是如何以有序的方式发展的。这种一般发展模型可以用来描述与人格相关的问题的衰退、有补偿的减少，以及增长。

诸如埃里克森的阶段理论之所以受到批评，是因为在没有认真考虑情境和文化因素的情况下，就预设了人类的普遍发展阶段，似乎与背景无关。虽然阶段理论很久以前就已经有了，但并没有开展太多的实证研究来检验它们的可信度。丹尼尔·莱文森的模型可以批判性地作为关于两性发展的一般性陈述，尽管他的原始研究样本仅由男性组成，并且时间结构僵化，没有考虑到社会历史的变化。

经验—情境模型

近年来，经验—情境模型再次蓬勃发展，该理论在20世纪60年代被提出并构成了人格研究的第三种传统。在这个模型中，人们不断发展的生活和人们赋予生活事件的意义是重点。人格变化的轨迹在较长的时间间隔内被勾画，社会和历史因素被认为与个人因素同样重要。

在存在主义—语境模型中，建构主义方法强调人们创造自己与他人的情境和语境。如果发现多年以来人格或稳定或变化，那么这一研究传统将会在社会文化和历史背景下寻找解释。由此，这种方法的另一个特点是，把老年时期视为基本上是由社会因素产生和塑造的。因此，有些研究对揭示“老化的社会结构”（social construction of aging）有兴趣，例如格伦·埃尔德（Glen Elder）关于大萧条时期的发展状况的研究。

在生命故事的方法中，这个模型中的另一个方向也是基于毕生发展视角，研究个人描述，通过自我在不同的时间点讲述的故事，“从内心”（from within）了解自我发展和衰老。在生命故事方法中，叙述者的现象学是关注点，而社会历史因素是通过观察叙述者对这些因素的解释得到的。对这些生活记录的收集与分析，包括生活事件、发展任务、生活项目、转折点、生活需求、创伤、生活压力和日常琐事［例如，苏珊·惠特伯恩（Susan Whitbourne）关于身份形成的研究，以及丹·麦克亚当斯（Dan McAdams）的自我研究，这两者都是基于生命故事］。

回顾性和前瞻性数据及目前情况的说明在本研究传统中被认为是有用的。分析水平可以从单个案例的研究到群体的研究，以及从队列到老化个体的亚文化研究。

经验—情境模型似乎很有希望将个人和社会历史（内部和外部）因素结合起来，并及时研究它们之间的相互关系。在这种传统中，可以研究在苛刻的生活环境中的自我管理，也可以研究自我主动创造和改变生活环境的可能性。然而，这种方法还没有获得足够的数据来评估其在人格领域的科学意义。

人格与老化研究的发现

特质理论研究的成果

个性 科斯塔（Costa）和麦克雷（McCrae）在几项相当广泛的研究中都提到了一个问题，即人格是在生命中的某个时刻表现得“像凝固的石膏”（sets like plaster）一样，然后一直保持不变，还是会随着时间的推移发生变化。他们的研究基于人格特质的五因素模型：神经质（neuroticism，N），外向（extraversion，E），开放性（openness，O），适应性（agreeableness，A）和责任心（conscientiousness，C）。在其他一些研究中，则使用了经修订的 NEO 人格调查表（Neuroticism，Extraversion，Openness Personality Inventory，NEO-PI-R，具有五个因子的全长测量）。这五种结构以相当系统的方式组织了由理论家提出的数百种人格特征，并使用源自自然语言的形容词来描述人格特征。

N 量表测量了焦虑、敌意、抑郁和其他涉及适应不良和精神病理学的变量。“神经质”是一个重要的概念，因为已经有研究表明，神经质的老年人不能有效地应对像老年严重损失这样的应激源，而且 N 量表低得分和主观幸福感之间存在密切的关系。“外向”涉及外部活动、积极的情绪性、群集性和自信。“开放性”包括求知欲、积极的幻想和差异化的情感。“适应性”包括温柔和顺从。“责任心”包括有序、自律和对成就的需要。

横断面和纵向研究的方法都已用于 N、E、O、A 和 C 性状研究中。横断面研究倾向于显示，在老年组中，N、E 和 O 有小幅下降，A 和 C 有小幅上升。其中一项研究是基于 1 万名年龄在 35~84 岁的男性和女性的大量样本。在其他研究中使用较小的样本也获得了类似的结果。然而，横断面设计的问题性质使对这些结果的解释变得困难。令人质疑的是，我们从这些结果中看到的是不同世代的人格特征对比，还是真的能看到随着年龄的增长人格发生了系统性变化。

基于平均水平的纵向和队列顺序研究显示了另一幅景象：多年来人格特征没有变化或发生非常轻微的变化。科斯塔和麦克雷进行的为期 6 年的纵向研究并没有显示 N、E 和 O 的系统性变化。在对一般焦虑的研究概述中，虽然已经指出了一种稳定性，但这仅适用于特质焦虑。对更多的情境焦虑和恐惧，老年人明显表现出更高的恐惧程度，例如，害怕成为犯罪或老年虐待的受害者（参见“老年人虐待和忽视”）。

个体差异的稳定性估计（重新测试相关性）进一步加强了人格特征随年龄增长没有变化或很少变化的情况。科斯塔和麦克雷研究小组及其他研究小组在一些研究中表明，在比较个体人格特征随时间推移的排名顺序时，会产生相当大的稳定性效应。当研究的相关系数对估计的测量误差进行校正时，它们高达 0.90，这表明具有很大的稳定性。在一项使用“明尼苏达多相人格问卷”（Minnesota Multiphasic Personality Inventory，MMPI）的“社会内向量表”的研究中，从成年中期（30 岁）到中年后期的随访报告的稳定性系数为0.74。

人格成分之间的相关性在形成时期，特别是在青春期后期到成年早期，处于最不稳定的状态。在30岁左右，人格可能会达到其最终的、完全发展的形式，并在整个生命周期中大致保持不变。许多研究表明，人格特征的稳定性是老年人的典型特征。然而，如果人格成分之间的相关性延长了很长一段时间（即超过50年），那么一致性的下降是明显的，这表明存在一些变化的可能性。但是即便这种情况发生，下降通常是适度的。

K. 华纳·沙依（K. Warner Schaie）根据卡特尔（Cattell）的“十六种人格因素问卷”（Sixteen Personality Factor Questionnaire, 16 PF），对21~84岁人群的纵向研究表明，情绪的兴奋性是多年来唯一增加的特征。16PF中的一些特征确实显示了横断面分析中的年龄差异，这表明它们实际上是队列效应。

根据弗洛伊德的推理，老年应该伴随着自我的日益僵化。然而，在沙依及其同事进行的一些纵向研究中，这一假设尚未得到证实。他们的研究发现，老年人在行为和态度灵活性方面都表现出多年不变的稳定性。

在美国的主要纵向研究中，人格概念的测量工具差异很大。这大大阻碍了项目之间的比较。另一方面，当发现在不同研究中结果的稳健性和测量因素之间的相似性时，概括性就会大大增强。当对研究中使用的结构进行因子分析时，它们确实产生了与科斯塔和麦克雷的N、E、O、A、C模型有合理相似性的因子。这些结果为成年后人格结构不变性原则提供了额外的支持。

动机 运用差异心理学研究方法的其他理论家假设特质以外的概念是人格的基本单位。根据默里（Murray）的传统理论，“动机”就是这样一个单位。从生命周期的角度，人们深入研究了三个基本动机——成就、归属和权力。“投射测验”［例如主题统觉测验（Thematic Apperception Test, TAT）］已被用于间接评估动机（定义为寻找一类有吸引力的激励措施的倾向）。一些研究已经将科斯塔和麦克雷的N、E、O、A、C特质与来自其他类型研究的动机因素相联系，这表明默里的“动机”可能被概念化为动机特征。

从事动机研究的研究人员对来自N、E、O、A、C研究的稳定性要求提出了质疑。使用“爱德华兹个人爱好量表”（Edwards Personal Preference Schedule, EPPS）的纵向研究发现，成就和支配动机随年龄增长而增加，而低层次和附属性动机随着年龄增长而减少，这可能表明成年期的成熟变化。另一项研究表明，如果女性在中年时期没有得到晋升，那么其成就需求就会降低，而对男性来说权力动机在中年时是最高的。

还有其他的纵向研究数据表明，从成年到中年，人格是会发生变化的。因此，这就暗示了有一些人格结构在成年生活中确实会随时间发生改变。所以，通过更进一步的研究来确定这些更容易改变的人格方面是一项挑战。

控制理念 朱利安·罗特（Julian

Rotter）的控制点理论已经开启了一些研究，绘制了毕生发展中控制信念的稳定性和变化。这一研究传统可以追溯到学习理论，而学习理论假设存在基于强化的有关行为可能性的广义预期。因此，个人对来自父母看护的外部控制的感觉在儿童时期较为典型，而在青年时期内部控制力增强的感觉来自新获得的独立性。因晚年渐增的衰弱可能导致对帮助和护理需求的增加，所以控制理念的内在性在老年时期再次被假设为是降低的。

由玛吉·盖茨（Margy Gatz）领导的研究小组已经获得了关于这个问题的大部分纵向数据。在一项随访20年的交叉序列研究中，似乎有强有力的证据表明了成年后内在性的连续性。在这项研究中，所有年轻人、中年人和老年人群体的个人控制的平均水平实际上变得更加内在，这一发现可能反映出文化背景因素的不断变化。与此同时，可能受某种队列效应影响，年龄最大的女性表现出更多的外部控制。除性别差异外，研究人员还指出了与这一属性有关的巨大的个体差异。

一些研究人员认为，其他一些纵向研究项目在这个问题上的不一致性可以通过定义控制（如内部或外部控制）的一维方式来解释，因此可能需要采用多维的方法。欧洲研究员约亨·布兰德斯塔（Jochen Brandstädter）在一项关于发展目标的交叉序列研究中表明，对自我控制的自我知觉在成年中后期变得更加明显。这种控制涉及身心健康、魄力、自信、智力效能、自我发展、思想成熟和智慧等领域。最近，研究人员开始强调，有必要研究人格的相关概念，如“控制”“自我效能”或“自主”，将其作为交换过程来研究而不是人格特质。在将这些概念作为过程进行研究时，衰老的个体与其环境之间的关系将成为研究的重点。

关于未来的理念 积极的未来人生观对影响健康的相关因素会产生有利的影响，同样坚守希望对心理健康也是有益的。“未来观”被定义为人们逐渐老去时认知和情感交互的结果。欧洲老年学家汉斯·托马（Hans Thomae）已经表明，积极的未来观的存在与生活方式、开放的思想、情感的回应、积极应对和良好的适应有关。那些没有获得内在控制点的老年人，以及那些在晚年因严重疾病而失去控制力的人，对未来表现出更多的负面看法。

这些趋势在对已婚的老年女性的研究中得到了证实。那些对未来持有消极态度的女性大多数在社会上被孤立或者被她们的丈夫和孩子所贬低，这不仅损害了她们的被需要感，也降低了她们对生活的总体满意度。

人们已经研究了通过改变个人就能改变生活的信念模式。这些信念与老年生活条件改善的可能性有关。研究表明，那些收入较高、主观健康状况良好并有更强烈的被需要感的人更倾向于表现出这种信念。对个人发展目标的自主控制的自我知觉越强，个体对衰老的看法就越乐观。随着老年人对生活环境的个人控制感的降低，可能会出现衰弱和抑郁的症状（参见“抑郁症”）。

发展阶段理论的研究成果

一般发展论概念

对中年主题的研究既有乐观的描述也有悲观的描述。中年被描述为一个日益成熟和个性化的时期，也是一个以动荡和过渡为特征的生活危机易发期。

根据荣格的说法，年轻人会比老年人更外向。人到中年之后，内向—外向的平衡发生了变化。老年人会表现出更多的内向性格，他们对自己生活的反思会帮助个人智慧的发展。荣格还强调了中年个性化的过程，在这个过程中，个体越来越意识到男性和女性分别在其个性中所表现出的男性化和女性化特征。个性化过程的另一个方面是识别一个人人格的好（道德）和坏（不道德）的特征。

伯尼斯·纽加滕（Bernice Neugarten）强调要增强指导自己生活和掌握个人所处的社会环境的能力，而不是像在早期生活那样只是去适应它。中年群体被描述为处于其个人能力和权力的巅峰，同时也被认为主导着其他年龄组。研究表明，与年轻男性和老年男性相比，中年男性拥有最积极的自我概念。在这个时期，男人似乎非常重视职业角色。与此同时，他们比女性更满意自己的婚姻。中年女性被视为拥有比男性更多更灵活的角色储备。一种拒绝可能出现的问题和痛苦感觉的防御机制似乎增加了中年男性的生活满意度。中年的早期阶段更是被视为积极掌握生活主题的时期。

根据罗杰·戈尔德（Roger Gold）的说法，中年也是对早期关于自我和重要的人的假设和期望进行重新评估的时期。一些重新评估的推动力与职业发展停滞、空巢问题和角色变化有关。此外，对人生规划的有限时间的洞察，以及对自身能力限制的洞察也推动着改变。只有通过一系列的转变，才有可能实现内在指引的发展。

中年时期也是一个以离婚率上升、健康问题和精神疾病增加为特征的时期。步入中年的另一个标志是朋友和同事生病并死去，或许还会激发人们对自身死亡的想法。掌握这些重大生活事件的努力往往表现为个人危机的形式。研究表明，在危机高峰期，失落感、重新评估和抑郁的感觉是非常普遍的。但是当高峰期过后，这些感受逐渐被接受生活现实的感觉和重新定位的必要性所取代。

中年发展的平稳性与突然性存在着巨大的个体差异。莱文森认为，中年过渡可能对一些人来说在不经意间就过去了，但那些拒绝改变、不能接受损失或偶尔失败的人似乎最容易遭遇危机。

早前，人们认为老年的特点是人变得越来越僵化和教条主义。但纵向研究表明，情况往往并非如此。不过，人们仍然认为老年人会越来越谨慎（即承担风险的意愿较低）。研究表明，老年人更愿意遵守社会规范，并且不如年轻群体那么激进。纽加滕将老年人这种从主动掌握到被动掌握的典型变化称为“内在性”（interiority）。

然而，正如大卫·古特曼（David Gutmann）在他的比较人类学研究中发现的那样，内在性的增加（甚至是神奇的掌握）

是男性特有的老化现象。对女性而言，发展趋势恰恰相反，女性是从被动到主动甚至是积极掌握的。这种发展转变被视为性别角色刻板印象在晚年的解放（参见“性别角色”）。

莱文森的发展阶段模型 莱文森的模型描述的是从成年早期到成年后期（17～65岁）的发展时期。这个模型的核心概念是生命结构。生命结构包括以下三个层面：社会文化层面（阶级、种族、宗教和政治制度的社会背景）；个人层面（自我和对自我主题的实现或抑制）；行为层面（个人在世界上的参与，在职业、家庭和社会中的重要角色）。莱文森自己对40名男性的研究及其他一些研究似乎都证实了他的理论构想。

根据莱文森的说法，生命结构在成年期间通过相对有序的序列演变，这个序列与时序年龄（chronological age）相关（这个假设已经引起很多争议）。生命周期的发展任务对这一时期的演变至关重要。（下文将只介绍中年过渡期。另一个对老化具有重要意义的时期是成年晚期过渡期，但在莱文森的报告中并没有详细描述。）

中年过渡期（40～45岁）的发展任务与对成年早期的回顾和终止、成年中期的开始及处理生活中的四种极性（four polarities）有关。我们有必要重新评估自己与配偶、工作、上司、导师之间的关系，以及自己的价值观和个人奋斗的关系。莱文森的报告指出，在他的研究中80%的男性经历过对这些生活主题的反复质疑和斗争。在某些领域他们感受到需要做出改变，因此将开始尝试新的解决方案并改进生活结构。

四种极性的分解被认为是中年个性化的主要任务，它们分别为：年轻—年老，破坏—创造，阳刚—阴柔，依恋—分离。其中最重要的是年轻—年老这一极性，它在一生中被反复提升。中年是人生的“中间阶段”，其发展的任务是重组极性。“年老”代表成熟、有良好的判断力、有自知之明和对生活的洞察；“年轻”则是游戏、启蒙、开放、活力和潜力的象征。

在莱文森的发展时期理论中，“生命结构”的概念集中在自我与世界的边界上。这个理论赋予自我与世界在生活方面同等的权重。埃里克森的理论同样关注自我如何与世界互动，但这一理论的焦点是人的发展变化。

埃里克森的表观遗传阶段理论 埃里克森的表观遗传阶段理论（Epigenetic Stage Theory）是唯一涵盖整个生命周期的发展理论，但这里只考虑最后两个阶段（总共八个阶段）。该理论的第一个版本早在1950年就已创建，但它们已经被多次详细阐述。最近的阐释是从1986年开始的，并且特别关注了晚年阶段。

三项组织原则构成了发展和变革的基础，它们分别是：生物、心理和社会文化过程。“表观遗传”的概念用于将体细胞发育与心理（性心理）和社会性联系起来。仪式化的概念意味着可预测的某个生命阶段典型的重复行为。新生命阶段的发展源于生命关键时期在生理、心理和社会领域的需求。

埃里克森的理论将生活中引起个人身份

发展的关键时期定义为“危机”。人们通过在两种相反的发展趋势之间找到平衡来解决危机。成功度过发展危机的一个标志是出现新的、年龄典型的合理化。

在中年，危机主要集中在繁衍后代与自我吸收的极性上，并且从危机中产生了一种适应力，叫“关怀”。繁殖性预示着生殖、生产和创造。成年人关心孩子、与工作相关的产品和想法。他们通过这种行为，对当时他的生活中的主要问题负责；也就是说，成年人对自己和年轻一代负有责任。年龄典型的行为模式，即合理化，包括父母和教育角色，以及生产和养育行为（参见“创造力”）。

在老年，主要的危机围绕着生命完整性与绝望这一对立面而展开，最终发展出来的身份力量被称为“智慧”。生命周期的最后危机伴随着躯体上内脏和肌肉功能的衰退、过去和现在之间边界的扩散、心理上的其他记忆的变化，以及社会领域的责任丧失。从危机的积极解决方案中产生的主要仪式感是一种对自己的生命、对人类和对死亡的哲学立场。

智慧体现在与早期和其他文化的人建立亲密关系的发展过程中，代表着其他生活方式。但是个人对生命完整性的感觉也是有其正面和负面特征的，也是与其生活在光明还是黑暗时期有关。当一个人能够接受自我和现实生活时，他也可以毫不畏惧地接受死亡，以此作为生命的最后事件。这个阶段的消极发展道路导致了绝望。在这种情况下，衰老的个体无法接受并结束他的生活，转而对其他人、对生活、对衰老甚至对自己感到厌恶和排斥。

如果危机的解决方案是积极的，那么前一阶段典型的生成性可能在老年时会发挥更大的作用，并且可能发展为参与。现代人预期寿命的增长预示着老年时期的重要参与有了新的合理意义，这是以前从未有过的。

关于中年和老年理论部分的实证研究相当稀缺。然而，一种用来测量理论中描述的抵御生活危机能力的“埃里克森心理社会阶段量表”（Erikson Psychosocial Inventory Scale，EPSI）已经开发出来了。基于该测试的研究表明，那些成功解决早期危机的人也倾向于以积极的方式解决之后的危机。麦克亚当斯和其他人的定性研究给出了关于中年和老年自我的一些普遍性和完整性的主题描述。

埃里克森的理论显示了相当明显的规范性基础，且成为 20 世纪 50 年代到 80 年代美国的研究发展规范的基础。因此，这些阶段理论如何涵盖今天男性和女性的发展，以及来自不同文化的人的发展，还有待观察。

综合发展模型　人们提出了两种老年积极心理功能的人文主义、存在主义模型：卡罗尔·里夫（Carol Ryff）的“成功老龄化和幸福感模型”（successful aging and well-being model）和拉尔斯·托恩斯塔姆（Lars Tornstam）的“老年超越模型”（model on gero-transcendence）。这两个模型都在很大程度上借鉴了业内早期的理论，如戈登·奥尔波特（Gordon Allport）、夏洛特·布勒（Charlotte Buhler）、卡尔·荣格、埃里克·埃里克森、伯尼斯·纽加滕、卡尔·罗杰斯（Carl Rogers）、亚伯拉罕·马斯洛（Abraham Maslow）等。这些模型是创造性的重建，但本身就很有前途。

1. 成功老龄化和幸福感：里夫批评成功老龄化的研究只收集研究数据，而没有制订用于解释它们的模型或理论。许多研究人员经常在研究中使用现成的工具，而不去质疑如何覆盖幸福感的中心结构。其中一些测量工具不利于寻找变化的证据，因为它们只包含了一些基本的人格倾向，并从量表中剔除了对变化敏感的项目。早期关于幸福感的研究过于关注老年时的疾病而不是“健康”，以及过于关注发现问题而不是资源。

为了整合心理健康、临床和毕生发展理论，里夫提出了一个基于以下维度的多重积极心理功能模型：

- 自我接纳：有高度自我接纳能力的人表现出对自我的积极态度，承认并接受自我的多个方面（包括好的和坏的方面），并积极评价他过去的生活。
- 与他人的积极关系：这类人与他人建立起信任、满足和温暖的关系，并关心他们；表现出同理心、喜爱和亲密的感觉；并在人际关系中给予和接受。
- 自主：这类人表现出自我决定和独立，能够以思考和行动的方式抵抗社会压力。他们能从内部调节行为并通过个人标准评估自我。
- 环境控制：这类人有能力管理环境，并具有内在的掌控感。他们可以控制一系列复杂的外部活动，利用周围的机会，并可以选择或创建与个人需求和价值相对应的环境。
- 生活目的：这类人有生活目标和方向感；体验过去和现在生活的意义；持有赋予了目的的信念；有生活的目的和目标。
- 个人成长：随着时间的推移，这类人的自我不断地成长和提升，自我认知也会增强；对新体验持开放态度；有一种实现自己潜力的感觉。

在前面的介绍中，只提出了幸福的积极标准。在里夫构建的自我报告式量表中，也可以找到这些维度上的低得分者的特征。该模型确实展现出了老化的积极前景，但相对于老年晚期来说，它更适合描述中年晚期或老年早期。

2. 老年超越：适合描述生命周期最后一部分的理论是托恩斯塔姆的老年超越理论。该理论是对脱离理念的重新阐述，主张为老年人中最年长的人寻求对生活的元认知。该理论仍然是实验性的，并且最近才开始进行研究以证实该理论所提出的主张。

对老年超越的元认知的变化包括以下几点：

- 认知世界的精神与万物相连的感知增强。
- 重新定义对时间、空间和物体的感知。
- 重新定义生死观念，减少对死亡的恐惧。
- 增加对过去和未来几代人的亲和感。
- 对多余的社交互动的兴趣减少。
- 对物质性事物的兴趣减少。

- 自我中心感降低。
- 增加冥想的时间。

这些想法的某些证据可以在罗伯特·佩克（Robert Peck）的研究中找到，他研究过老年商人面临的危机。危机主要集中在自我分化与工作关注、身体超越与工作关注、身体超越与身体关注及自我超越与自我关注上。在一项初步研究中，托恩斯塔姆发现了一些证据，从而证明了老年超越和抑郁之间的区别，以及老年超越与应对失败之间的区别。然而，关于老年超越是否以宗教复兴为前提的问题仍然没有得到解决，而且该理论因其形而上学的概念化而受到批评。

经验—情境模型理论的研究成果

人格类型、发展轨迹和生活方式　20世纪60年代早期，由苏珊妮·赖克哈德（Susanne Reichard）、弗洛伦·利夫森（Florine Livson）和保罗·彼得森（Paul Petersen）进行的关于老年男性退休调整的经典研究中，使用了广泛的测量和自我报告来获取数据。研究人员发现五种不同的人格类型在适应能力方面存在差异。成熟的男性接受自我，对老化持积极态度；闲适类型的男性悄然适应老化，享受着摆脱责任后的新的自由。然而，武装防御性类型的男性还没做好退休准备，他们以过度活跃作为防御手段；愤怒型的男性显然不能很好地适应退休，他们表现出痛苦并将自己的困境归咎于别人；自我仇恨型的男性则将他们的攻击性转向内心，产生了失望和沮丧感。

在另一项现代经典的研究中，纽加滕及其合作者使用了一种包含生活满意度指数的多维方法，发现了四种类型。整合型与防御型的人显示出高生活满意度，未整合型的人表现出低生活满意度，部分被动依赖者对他们的晚年生活感到满意或不满意。

这两项研究使用了许多特质传统的人格测试，也使用了一些更开放的方法，例如典型的经验—情境传统访谈法。研究人员努力将人格描述为一种适应策略或一个整体（或类型），这是经验—情境模式传统研究的特征。

有人建议，衡量核心身份变化的一种方法是关注个人对其生命发展的想法和感知。根据惠特伯恩（Whitbourne）的说法，专注场景和生命故事这两个组成部分是富有成效的。场景包括一个人对他的生活将如何展开的期望。生命故事将揭示身份形成的过程、个人价值观和动机，以及社会对个人所属队列的规范发展的期望。

埃尔德（Elder）已经表明，只有通过描述发展路径，才能就个人发展达成与生态相关的观点。这些路径或轨迹应该在时间、地点和社会群体的背景下研究。埃尔德在研究了发生在大萧条时期人们的发展轨迹后指出，对生活中的许多核心选择的理解，比如职业，只有通过对人格、社会背景及做出选择的时间进行分析后才能实现。

拉夫纳·赫尔森（Ravenna Helson）通过长期关注规范性变化（与人格模式和角色序列相关的变化）来研究生活。20世纪50年代末，赫尔森对一组女大学生队列进行了研究。她发现，“女性社会时钟”（feminine social clock，依据这组女性的发展时间表）能培养出有自控力、宽容和负责任的女性，其中大多数人在年轻时就已经当了母亲。但在接近中年时，当那些追随“男性职业时钟”（masculine occupational clock）的女性获得独立和主导地位时，那些追随“女性社会时钟”的女性则变得越来越被过度控制。因此，家庭主妇角色的作用是使这些女性将自己的需要置于他人的需要之下。这些数据更详细地描述了变化发生的时间和原因，以及在不同的生命周期中所采用的形式。

在芬兰最近的一项研究中，让-埃里克·鲁斯（Jan-Erik Ruth）和彼得·奥伯格（Peter Öberg）通过生命故事和主题访谈研究了个人的生活方式和对老年的适应能力。人们发现了六种生活方式：痛苦的生活、陷阱般的生活、跨栏竞赛似的生活、奉献与沉默的生活、职业生涯般的生活和甜蜜的生活。在这些生活方式中，对诸如社会历史背景、婚姻和其他人际关系等早期生活事件的处理方式完全不同。控制点的感觉和自我形象在所有生活方式中都有所不同。显然，生活对老年人的情感基调产生了实质性的影响。

在两种最消极的生活方式——痛苦的生活和陷阱般的生活中，严重的损失（如健康问题）及人际关系和职业生涯中的问题对受访者的生活产生了负面影响，并最终导致老年人功能失调。有两种与性别相关的生活方式：一种是奉献与沉默的生活，包括坚持照顾和关心他人的需要（家中以女儿为典型）；另一种是将生活等同于职业生涯，生活故事就像工作简历，几乎没有体现家庭价值的空间（以受过良好教育的男性为典型）。这两种生活方式在老年时期带来了令人满意的生活或良好的生活。在甜蜜的生活中，如与父母、配偶和孩子的亲密关系，以及良好的教育和经济条件有助于形成健康的生活方式，将带来一个幸福的晚年。

应对　应对研究可根据不同的概念框架进行分类。一些研究使用了来自特质理论的人格测量，另一些研究则采用了发展理论的某些优势。然而，大多数应对研究显然属于现象学框架，其中对压力的感知和掌握压力情境的经验是核心。因此，这些研究的结果被认为是来源于经验—情境的传统。

在应对研究的创始人之一拉扎勒斯（Lazarus）的著作中，应对包括不断变化的认知和行为努力，以管理特定的外部需求或内部需求，而这些需求被视为负担或超过了个人拥有的资源。应对过程中的认知过程涉及初级评估和次级评估。初级评估是指个人对生活状况的评估，即是压力大的还是适中的；而次级评估是指人们掌握这种状况的感知方式。

应对方式可分为问题关注型与情绪关注型（缓和）的应对、积极与消极应对、接近与回避应对。研究数据表明，更积极的应对策略在大多数情况下能成功掌握威胁，从而提高生活满意度。而更消极的应对策略，例如将威胁最小化、辞职或回避，则被认为不太成功。

在早期的老年学研究中，老年期被描述为压力相当大且多次失能的时期。有人认为，丧失角色、收入、健康甚至朋友和配偶，会导致痛苦增加和一种习得性无助的状态，因为他们越来越无法掌控这些累积的损失。

然而，最近几项关于老年人重大生活事件影响的纵向研究结果改变了这种看法。在美国的一项针对 40～70 岁人群进行的后续研究中，研究人员调查了空巢、退休、配偶退休、医疗问题和丧偶等因素的影响。这些从中年到老年的过渡事件都没有超出个人的应对能力。最近的数据显示，通常情况下老年不是一个不愉快的时期或情绪低落的时期（参见“退休”“寡居与鳏居”）。

波恩纵向研究对 60～70 岁的人进行了为期 10 年的跟踪调查。研究发现，适应方式因人而异、因情况而异，但是一种持续性而非减量的模式仍然构成了该研究的主要发现。在耶路撒冷的一项长达 20 年的研究中，这一趋势得到了证实。这么多年来人们的应对方式（从积极到消极）没有变化。这项研究发现，应对方式与人格倾向有关，并且表现出各种风格，如从积极的综合应对和失败的过度应对，到依赖性的消极应对和自我否定的应对不足。

根据研究结果表明，老年时期最严重的生活事件是亲人的死亡、自己的疾病、亲人的疾病，以及由于医疗问题而放弃治疗。但研究数据还显示，这些事件中只有约一半是在老年时首次发生的。例如，医疗问题通常发生在中年。然而，小问题和日常麻烦可能构成了老年人痛苦的另一个来源。研究表明，老年人使用的应对机制比事先假设的更具事件特异性和差异性。例如，寻求社会支持通常用于应对亲人的死亡，但很少用于应对非自愿搬迁和放弃治疗。

然而，所有成年人，包括老年人，都有许多外部和内部资源可以在痛苦的情况下加以利用。受过高等教育和拥有较高的社会经济地位等外部资源的人，通常会基于逻辑选择和灵活性来应对，而不是基于非理性和僵化的解决方案。得到社会网络支持如家庭支持的老年人，也不太可能使用与较低水平的幸福感相关的回避应对方式（参见“社会网络、社会支持和社会融合”）。

一些研究表明，女性比男性更多地寻求基于亲密关系和友谊的情感支持，以及寻求宗教帮助。男性更多地寻求信息，并更多地依赖工具性支持和伙伴情谊。这些性别之间的差异可能是特定于队列的，并且取决于时间限制和文化决定的行为期望。

在应对过程中有用的内部资源与经验或成熟度、人格倾向和动机有关。研究表明，在压力情境下，年轻人倾向于将否认和投射转移作为防御机制，而年长的人更倾向于使用升华、抑制和幽默。随和和乐观是应对的良好人格倾向，而神经质则会对压力的感知和应对可能性产生负面影响。自我效能高的人和那些倾向于承诺、控制和挑战（被称为“坚韧”）的人是更积极和成功的人。

然而，上述积极的甚至是竞争性的应对方式可能最适合中年人和刚退休的人。通过适应负面的生活事件，如严重疾病，并以更积极的方式重新评估这些事件，或降低自己的期望水平，老年人可能会得到更好的服务。对体弱的老年人来说，行为导向的应对机制可能会被更多的心理上的应对机制所取代，例如在真正无法控制的情况下他们会更多地采取接受的应对方式。

自我管理 在老年学研究中可以看到自我构建的方法发生了变化。最近的调查发现了一个更积极、更有创造力和更有能力的自我的产生。在之前提出的应对研究中，增加了对老年人可用资源的考虑。因此，自我不再被视为与外部引发的生活压力作斗争的消极反应因子。在以过程为导向的叙事研究传统中，对以往的历史和未来的计划的反思和修正有可能发生了变化。

自我概念是由与自我定义和生命意义相关的态度、目标和行为组成的。它是罗杰斯（Rogers）提出的，是对先前仅研究真实自我、理想自我和自尊的观点的扩展。现在，各种实际的和可能的未来自我成为研究的焦点：好的、坏的、希望的、非我、应然自我（参见“自尊”）。

所有年龄段的人都倾向于认为自己是有爱心、有能力和善良的。如果他们不能很好地扮演这些角色，他们就会倾向于贬低其重要性，并强调那些能增加他们的能力和自尊的其他角色。自我概念管理的另一个原则是向下的社会比较（即将自我与不如自己的人比较）。其他的可能性是将失败归咎于外部的、不可抗力的因素，弱化无法实现的目标的重要性，强调更容易实现的目标。研究数据表明，在老年时，真实自我与理想自我之间的差异会减小。老年人也强调需要接受改变，并降低他们对生活的期望，以实现持续的幸福。

早期的研究表明，相较于男性，老年女性报告的健康问题更多，而且更容易感到孤独。许多老年男性仍然拥有完整的婚姻，但即使是那些独自生活的男人也不会感到孤独。另一方面，最近的数据表明，对女性和男性来说，多次的丧亲之痛造成的孤独感可以通过作为长期幸存者的特殊地位感得到弥补。包括对许多年龄组的研究数据也表明，在生命周期的许多阶段（例如十几岁时）都可能会出现深深的孤独感，而不仅仅是在老年时。

老年时的自我适应能力是基于重新评估和社会比较等解释过程，但是当自我遇到衰弱的挑战时，也可能难以识别未来可能的自我。使用选择性互动和来自其他人的反馈来形成新的自我也更加困难。然后，社会互动被用于重新确认旧的自我和保持希望。福利机构收容的老年人通常会努力保持他们的生命故事的完整，并抵制与收容相关的问题。

托马的老化调整认知理论 根据詹姆斯·E. 比伦（James E. Birren）的说法，老年学研究数据丰富但理论匮乏。因为认识到这种批评，故而本篇综述以一些最近的理论表述作结，其中第一部分是由托马创立的。

托马的老化认知理论于1970年创立，属于经验—情境框架。在波恩老化纵向研究（Bonn Longitudinal Study of Aging，BOLSA）中，该理论的许多方面通过多年的实证研究得到了证实。

在这个理论中，固定的人格特质是无趣的，但是人格被视为一个过程，对生活情境的认知表征是关注的焦点。根据托马的观点，认知维持和认知重组都可以在个人对生活中不同情境的调整中实现。

该理论的核心概念是感知情境和感知自我。对生活情境的感知，不是对其客观特征，而是与行为改变有关。情境、个人资源和变化的可能性是根据个人目前的需求来感知的。

该理论有三种假设基础：

- 对变化但不是对客观变化的感知与行为改变有关。这也涉及对现在、过去和未来生活的看法及其对行为的影响。

- 感知变化与情境，并基于个人的主要关注点存储在记忆中。这承认了认知表征中的情感因素和动机因素。

- 调整取决于在个人的认知和动机结构或系统之间实现平衡。这个假设注重在适应老年问题时认知与动机的互动。

基于这一理论的研究强调了老年人与环境之间的相互关系。复杂的能力模型已经得以改进，其中包括特定情境和个人特定领域的社会能力。在诸如“社会能力”这样的概念中，必须同时考虑个人满足社会（和生理）需求的能力，以及社会满足老化个体需求的能力。

情境—个人互动模式已经在对老年压力和应对的研究中被发现，其中情境的特定需求通过特定的适应方式得到满足。痛苦的情境可以通过认知方式来解决，例如接受已发生的事情、保持距离，或者关注事物积极的一面。但适应这种情境也可以采取行动的方式，例如适应他人的需要或积极建立可以提供帮助的新社交联系。在托马的波恩老化纵向研究中，个体被描述为一个积极的决策者，而不仅仅是消极地适应生活压力。

选择性理论 老年心理学建立了三种基于选择性理论的模型：劳拉·卡斯滕森（Laura Carstensen）的社会情绪选择性理论（socioemotional selectivity theory），保罗（Paul）和玛格丽特·巴尔特斯（Margret Baltes）的选择最优化补偿模型（selective optimization with compensation model），以及M. 鲍威尔·劳顿（M. Powell Lawton）的评论—能力模型（press-competence model）。然而，这些概念在它们各自的领域中差别很大，下面将从最有限的情况转到最一般的情况进行介绍。

1. 社会情绪选择性理论：卡斯滕森的社会情绪选择性理论解释了新的社会交往的建立随着年龄的增长而下降。有人认为，老年人的社交互动较少是由个人有意选择的，并不是社会脱离的标志。根据这一理论，社会互动有三个基本特征：信息获取、身份的发展和维护、情绪调节。

有人认为，在生命的早期阶段，增加社会交往将使人们获得有关生活的必要信息，并能提供多种发展模式和机会。随着人们年龄的增长，对不同类型信息的需求会减少，并变得越来越趋向专业化。社会交往之外的来源（例如书籍和数据文件）都可以提供信息。

在生命历程中，个人需要花费相当多的时间与一些重要的人协商他们的身份。当自我概念在以后的生活中变得越来越固定时，只有长期保持亲近的社会伙伴才能具有这种自我确认功能。许多社会伙伴不会分享太多的过往生活来验证身份。然而，亲密的家庭成员和老朋友则能起到这种作用。因此，这些社会交往是有选择性的，而不会倾向于像护理院这样过度拥挤的环境中的社会伙伴。

培育一种社会环境，最大限度地发挥积极情绪体验的潜力并减少消极情绪，是一种有意识的调节情绪的方式。与早期的期望相反，老年时期并没有出现情绪上的平缓。根据研究结果，年龄越大，人们对情绪语境和意义的理解就越好。

2. 选择最优化补偿模型：保罗和玛格丽特·巴尔特斯的选择最优化补偿模型构成了成功老龄化的一般模型。该模型源于可塑性和自我恢复的理念，并且也是在认识到老年个体之间日益增加的异质性的基础上发展起来的。

人们可能在整个生命中都会处于选择最优化补偿过程中，但由于生理、心理和社会储备的减少，这一过程在老年时具有特殊的意义。通过有选择地专注于这些领域的个人价值，可以克服年龄带来的限制。这一理论类似于卡斯滕森的社会情绪选择性理论，但它更广泛地描述了老化的心理适应过程。

该模型基于三个原则：

- 选择原则在于将个人世界限制在更少的高优先等级领域。选择过程的前提是调整老化个体对满意度和控制力的期望。
- 优化原则使老年人有可能丰富和增加他们的整体储备，并在他们所选择的生命历程中使其效度最大化。
- 补偿原则生效的条件是当特定的行为能力减少或丧失，而个人需要花费大量的时间或精力来维持高水平的表现时。

保罗和巴尔特斯为这三个原则提供了一个很好的例子，他们描述了年老的钢琴家阿图尔·鲁宾斯坦如何通过以下方式克服钢琴演奏中的弱点：首先，他通过选择那些他最熟悉的钢琴曲来减少他的曲目；其次，他通过比年轻时更频繁地练习这些作品而优化了他的演奏；最后，通过在快速乐段之前适当放慢演奏速度来弥补自己演奏速度的不足，这给人一种在适当的乐段中跨越的印象。

3. 评论—能力模型：前两个基于选择原则的模型类似于第三个更普遍的模型：劳顿创建的评论—能力模型。该模型描述了人与环境在促进适应或不适应老化过程中的相互作用。有人认为老年人是通过选择来构建合适的环境的。外向的个体在刺激丰富甚至压力很大的环境中能发挥最佳作用，而内向的个体在刺激性较低且压力较小的环境中能发挥最佳作用。

动机因气质而异，神经激活可能会推动个人向外部环境（外向）或内部过程（内向）转化。在理想情况下，环境是与个人能力相匹配的。通过选择或构建一个更合适的环境，至少可以部分地克服老年的限制，从而实现人与环境之间的最佳匹配。

结论

本文指出了在老年心理学中构想和测量

人格结构的重要性。如果将“人格”定义为基本的倾向或特质，如五因素人格模型，那么纵向研究的结果显示的是其多年来的稳定性或仅有微小变化。在特质理论中，自我并不被视为个人生命中积极的和有目的的主体，而是作为一种附带现象，被动地反映出基本倾向（特质），以及它们与适应生活情境之间的动态过程。

根据发展理论，“人格”被定义为动机、承诺和角色，它们显示出比特质更短暂的联合；因此，多年来人格是有可能发生变化的。在发展理论中，研究的重点是自我发展及其防御机制。在一些发展理论中所描述的发展阶段或时期，预示着在一种常规的或有时限的秩序内的变化，以此证明个体在整个生命中所遇到的发展危机能有积极的解决方案。

在经验—情境理论传统中，适应被设想为一种主观的传记，或者是在主动自我所遇到的情境中基于感知、评价和意义赋予的掌控能力；人格的改变不仅是可能的，而且可能贯穿整个生命过程中。该传统中的模型和理论将人格视为交换过程，其特征在于人与情境互动中的不断校正。

另请参阅：创造力；抑郁症；性别角色；退休；自尊；社会网络、社会支持和社会融合；寡居与鳏居。

拓展阅读

Atchley RC (1991) The influence of aging or frailty on perceptions and expressions of the self: theoretical and methodological issues. In: Birren JE and Lubben I (eds.) *The Concept and Measurement of Quality of Life in the Frail Elderly*, pp. 207–225. New York: Academic Press.

Baltes PB and Baltes MM (eds.) (1990) *Successful Aging Perspectives from the Behavioral Sciences*. New York: Cambridge University Press.

Birren JE, Kenyon G, Ruth J-E, Schroots JJF, and Svensson T (eds.) (1996) *Biography and Aging: Explorations in Adult Development*. New York: Springer.

Costa PT and McCrae RR (1994) Set like plaster? Evidence for the stability of adult personality. In: Heatherton T and Weinberger J (eds.) *Can Personality Change?* Washington, DC: American Psychological Association.

Funder DC, Parke RD, Tomlinson-Keasey C, and Widaman K (1993) *Studying Lives through Time*. Washington, DC: American Psychological Association.

Kogan N (1990) Personality and aging. In: Birren JE and Schaie KW (eds.) *Handbook of the Psychology of Aging*, 3rd edn., pp. 300–346. New York: Van Nostrand Reinhold Co.

Ruth J-E and Coleman P (1996) Personality and aging: Coping and the management of the self in later life. In: Birren JE and Schaie KW (eds.) *Handbook of the Psychology of Aging*, 4th edn., Ch. 17. San Diego, CA: Academic Press.

Ruth J-E and Coleman P (1996) *Personality and Aging*. Oxford, UK: Blackwell Publishers.

Schaie KW and Willis S (1995) Personality development: Continuity and change. In: Schaie KW and Willis S (eds.) *Adult Development and Aging*, 4th edn. New York: Harper Collins.

Thomae H (1992) Emotion and personality. In: Birren JE, Sloane B, and Cohen G (eds.) *Handbook of Mental Health and Aging*, 2nd edn., pp. 355-375. San Diego, CA: Academic Press.

译　者：王　菲［中华女子学院（全国妇联干部培训学院）］

国家出版基金项目
NATIONAL PUBLICATION FOUNDATION

"十三五"国家重点图书出版规划项目

ENCYCLOPEDIA OF

GERONTOLOGY

AGE, AGING, and the AGED

SECOND EDITION

EDITED BY
JAMES E. BIRREN

老年学百科全书

第二版

年龄、老龄化和老年人

主 编 [美] 詹姆斯 · E. 比伦（James E. Birren）

翻 译 主 编 杜 鹏
翻译副主编 陈 功 陈 彪

下 卷

ELSEVIER

湖南教育出版社
· 长沙 ·

目　录

02

04

06

人口学

G. C. 迈尔斯 杜克大学，达勒姆，北卡罗来纳州，美国
M. L. 埃格斯 联合国欧洲经济委员会，日内瓦，瑞士

词汇表

人口转变（Demographic Transition）——国家人口从高生育率（fertility）、高死亡率转向低生育率、低死亡率的历史变化过程。

老年人口学(Demography of the Aged)——研究老年人的社会、行为、经济、人口、健康和流行病学的变化状况、原因和结果的学科。

老龄人口学（Demography of Population Aging）——研究总人口中年龄结构变化的原因、机制和社会后果的学科。

人口老龄化（Population Aging）——人口年龄结构的变化，可以通过老年总人口比例的提高或平均年龄、年龄中位数的增加来衡量。有时也指老年人口数量的增加和较高的年增长率。

稳定人口（Stable Population）——一种几乎不变的人口年龄结构，是固定不变的分年龄生育率和分年龄死亡率必然带来的。

引言

在老龄化的多领域研究中，人口学研究越来越引起注意。“人口老龄化”这个术语被认为是从人口学的角度来研究老龄化过程和老年人口的变化特征的。概括地说，人口学家关注人口的规模、构成和空间分布，以及这些人口特征变化的四个主要决定因素，即生育率、死亡率、迁移和状态变化。此外，人口学家还关注这些决定因素的过去、现在和预测的水平，以及年龄模式的测量、建模和政策影响。年龄问题是人口学家关注的中心，也为老年学研究提供了一个自然的理论基础。

人口学作为一个领域，有几个独特的特点。人口学家研究具有重大政策意义的社会问题，例如与高生育率相关的人口快速增长、大规模人口流动的影响，以及最近以全球人口老龄化为标志的人口结构变化。他们所采用的概念模型不仅包括主要人口因素之间的相互关系，还包括社会、经济、行为决定因素和主要人口趋势的结果。这一广泛的视角包括对主要人口变化的描述和分析，其主要的目的是衡量和理清历史上导致这些变化的力量，以及它们将如何影响未来。这就需要建立并规范数学和统计模型——生命表

方法（life table approaches）、稳定人口模型（stable population models）、风险模型（hazard models）、结构方程模型（structural equation models）——来理解因果关系，这是对未来趋势进行预测的必要条件。人口学家在设计和提高主要数据收集工作的准确性方面已经做出了重要贡献，例如人口普查、人口动态登记系统和基础广泛的人口调查。最近几年，越来越多的纵向调查被用于考察个人及其家庭在生命历程中的重要转变和行为改变。因此，人口学发展成为一个跨学科的科学领域，以独特的方法论来进行人口结构比较和随时间变化的实证研究。

老龄化的人口学实际上包括两个不同的分支：老龄人口学和老年人口学。每一个分支都有不同的实质和方法论方向。老龄人口学主要关注总人口中年龄结构变化的原因、机制和社会后果，而老年人口学主要关注超过某个特定年龄（通常是60岁和65岁）老年人的社会、经济、人口、健康和流行病学状况的变化。和其他人口学主要领域一样，这两个领域本质上是跨学科的，已经催生了几个集中研究兴趣的新领域。其中的两个，即家庭人口学和生物人口学，将在下面的章节中进行讨论。

老龄人口学

历史发展

对人口老龄化的关注最初起源于两个不同的发展势态。第一，人们在19世纪晚期认识到，一些国家的人口年龄结构正在发生令人印象深刻的变化。第二，随后发现了几种分析关系，为了解人口老龄化的巨大影响和过程提供了重要的见解。

在19世纪晚期，法国和瑞典出现了对人口老龄化的早期认识，当时这两个国家65岁及以上的人口比例都接近8%。1900年，瑞典研究人员古斯塔夫·桑德巴埃格（Gustav Sundbärg）首次对各国人口的年龄分布进行了初步的比较研究。他计算了3个年龄组的人口比例——15岁以下、15～49岁、50岁及以上。通过比较，他发现大多数欧洲国家有接近50%的人口在15～49岁年龄段，但在年轻人口和老年人口的比例上又存在显著差异。他推测，各国将在成人年龄上保持同样的水平，但随着时间的推移，将从年轻人的比例较高转为老年人的比例较高。

这个非凡的发现促使他将国家人口的特征描述为逐渐由发展型（年轻型）年龄结构转向静止型年龄结构，最后转向衰退型（老年型）年龄结构。并且，他还指出，人口年龄结构的这些变化根源在于生育率和死亡率的变化。桑德巴埃格是第一个对生命事件的变化水平及其对人口结构的影响进行定量跨国比较的人，而这些影响将不可避免地导致人口老龄化。此外，由于指出了生育率和死亡率下降的作用，他的研究预见了后来被称为“人口转变”（demographic transition）的概念。

尽管在20世纪30年代的经济衰退时

期，特别是在法国和英国，人们对人口老龄化的可能性和对随之而来的人口减少的担忧有所关注，但是直到第二次世界大战以后，才在对这一问题的分析方面展开协调一致的研究。20世纪50年代早期，联合国人口司（Population Division of the United Nations）和普林斯顿大学的人口学家介绍了一些对人口老龄化的人口动态机制具有根本重要性的关系和数学方程，比较著名的有让·布尔乔亚-皮卡特（Jean Bourgeois-Pichat）、弗兰克·洛里默（Frank Lorimer）和安斯利·科尔（Ansley Coale）。这些数学方程的发现，揭示了几个基本人口参数之间的精确关系，使老龄人口学有了坚实的分析基础。

人口动态模型

利用洛特卡（Lotka）及其同事在20世纪早期首次公布的稳定人口方程（stable population equations），这些人口学家从一个初始的稳定年龄结构入手，在保持死亡率不变的情况下改变生育率，然后比较由此产生的稳定年龄结构。通过静态比较方法，他们可以分离出生育率下降对人口年龄结构的影响。类似的方法还有把生育率设为恒定，以考察死亡率的变化。通过上述方法，产生了与该领域相关的三个关键发现。

第一个发现是，科尔的研究明确表明，生育率的变化（例如，出生率）会导致整个年龄结构以平均生育年龄为中心。平均生育年龄——世界上大多数国家为25~30岁——与世代平均长度（mean length of a generation）大致一致。年龄结构以平均生育年龄为中心意味着，“在同等条件下”，出生率的增加会导致整个人口中低于这一年龄的人口比例的增加，而高于这一年龄的人口比例会下降。因此，在过去的30年里，世界上大多数人口的生育率下降，导致了人口老龄化。

第二个重要发现与死亡率的变化对年龄结构的影响有关。人口学家已经证明，与年龄相关的死亡率变化（用对数线性变换来测量，表示死亡率在整个年龄范围内以相同的相对数量下降）对年龄结构的影响很小或没有影响。因此，死亡率水平可以变化，尽管形式有限，但不会对年龄结构产生影响。在这种特殊情况下，这种变化带来的全部影响是平等作用于所有年龄组，因此不会出现结构性调整。人口增长率可能会变化，但不会改变年龄结构。但是，在实际人口中观察到的死亡率的下降，并不是在随着年龄的变化而变化的这种简单模式下发生的。相反，死亡率的变化重点区域集中在出生和幼儿期，或是在五六十岁以上。出生和幼儿期死亡率下降的结果是人口结构的年轻化，即更多的婴儿存活，相当于出生率上升。老年期死亡率下降的结果是人口结构的老龄化。死亡率的这一变化影响的是出生时的平均预期寿命在60~65岁的老年人口结构，而不是年轻的人口结构。

第三个发现是，生育率的变化对初始人口老龄化的影响要远大于死亡率的变化造成的影响，这一结果似乎难以理解，但现在人口学家已经很清楚了。生育率的变化具有更大的初始影响，因为它是从一个单一的点——“零岁”引入年龄结构的。相比之下，分布在整个年龄范围内的特定年龄的死亡率改善模式对年龄结构调整具有抵消作用。当死亡率的下降趋势是从年轻人口转向老年人口的时候——历史上的情况就是这样，死亡率才会对人口老龄化过程产生重要影响。这种变化对年龄结构的影响可以表述为从“底部老龄化”转变为“顶部老龄化”。

20 世纪 80 年代中期，普雷斯顿（Preston）及其同事对人口自然增长率和实际增长率之间的关系进行的正式人口调查，为人口老龄化提供了更深入的分析视角。他们指出，在一个没有发生迁移的人口中，当生育率下降到更替水平并且无限期地维持在该水平时，对应条件是总生育率（total fertility rate）略高于每个女性生育两个孩子，人口自然增长率为零，则低于平均生育年龄的人口增长率为零。这是一个对人口老龄化的巨大影响的重要见解，因为它说明了，事实上也必然说明了当生育率达到更替水平之后，所有未来人口的增长都发生在平均生育年龄以上的年龄组。

因此，当生育率下降至更替水平之后，随后的所有增长都是年龄结构中固有的增长势头的结果，因为已经出生的较大队列取代了高于平均生育年龄的较小队列。中高年龄段人口增长的必然结果就是迅速的人口老龄化。此外，在死亡率较低且不断下降的人口中（平均预期寿命超过 60 岁），由于死亡率的下降发生在更高的年龄段，因此高龄段老年人口的增长速度加快。这导致了预期寿命的稳定增长和最年长人口（80 岁及以上）的增长。这种增长对男女两性几乎相同，只是女性的相对存活率远高于男性，女性群体的人口老龄化更严重。

人口老龄化的趋势

世界 世界人口正在迅速老龄化，并将持续到 21 世纪。表 1（见下页）显示，世界上 65 岁及以上人口在 1950—1990 年增加了 1 倍多，预计到 2025 年会超过 8.09 亿。总人口的年增长率略有下降，从第二次世界大战后的 1.8%降到 1985—1990 年的 1.7%，但预计到 2020—2025 年将降到 1.0%。相比之下，老年人口的增长率则相反，从 1950—1955 年的 2.2%上升到 1985—1990 年的 2.7%，并在 2020—2025 年将继续加速到 3.0%的水平。表中两个衡量人口老龄化的汇总指标（65 岁及以上人口比例和年龄中位数）在早期都是平缓地增长，但是 1990 年以后增长得非常迅速。在老年人口内部，最年长人口，即 80 岁及以上人口也大大增加。但是，在未来一段时间内，他们在老年人口中所占的比例只会小幅上升。这反映了“婴儿潮一代”在 21 世纪的第二个十年和第三个十年大量进入老年。

如前所述，人口老龄化是生育率和死亡率水平发生动态变化的结果。人口学家通常用总生育率、出生时的预期寿命和婴儿死亡率来衡量这些水平。根据联合国的预测，总生育率从 1950—1955 年平均每个女性生育 5.0 个孩子，下降到 1985—1990 年的 3.4 个，预计 2020—2025 年会进一步下降到 2.4 个。除了某些地理区域（如中欧、东欧和苏联）之外，世界人口死亡率在 20 世纪的大部分时间里显著提升。出生时平均预期寿命在1950—1955年到1985—1990年期间增加了近17岁，达到了63.3岁，预计2020—2025年会达到72.5岁。婴儿死亡率的下降导致早期预期寿命的增加。根据理论上的预期，截至1990年，尽管生育率大幅下降，但由于婴儿死亡率的大幅下降，老年人口的比例有所下降。然而，在1990—2025年，生育率持续下降，甚至是在较低水平上下降，加上集中在较晚年龄的死亡率下降，会导致世界人口的年龄中位数和老年人比例发生重大变化。

主要地区　对整个世界的考察有助于说明人口老龄化的主要方面，但并没有抓住存在于世界主要地区及其包含的国家之间的主要差异。从高生育率、高死亡率向低生育率、低死亡率的人口转变在较发达国家进展显著。1990年较发达地区的年龄中位数为33.6岁，预计到2025年会达到39.8岁。目前65岁及以上人口的比例略高于12%，到预测期结束时将上升到18.3%。较发达地区的老年人口增长率将稳定在每年1.9%左右。

相比之下，欠发达地区的人口老龄化程度没有那样高，1990年的年龄中位数是22.0岁，老年人占总人口的比例是4.5%。到2025年，这两个数字将分别上升到29.6

表1　世界人口老龄化动态（1950—2025年）

	1950年	1990年	2025年
人口			
老年人口总数/千人	144 380	325 747	809 339
80岁及以上人口/千人	15 853	53 692	135 923
80岁及以上人口比例/%	11.0	16.5	16.8
指标			
65岁及以上人口比例/%	5.1	6.2	9.7
年龄中位数/岁	23.4	24.2	31.0
人口增长率/%			
总人口	1.8	1.7	1.0
65岁及以上人口	2.2	2.7	3.0
65岁及以上人口增长率减总人口增长率	0.4	1.0	2.0
增长因素			
总生育率/‰	5.0	3.4	2.4
出生时预期寿命/岁	46.4	63.3	72.5
婴儿死亡率/‰	155.0	68.0	31.0

引自：*World Population Reports*：*The* 1992 *Revision*. New York：United Nations，1993.

岁和8.0%。2020—2025年，老年人口的增长率从现在的4.5%持续加速到8.0%。世界上大多数老年人生活在欠发达国家（56.2%），到2025年，8.09亿老年人中有近70%居住在这些地区。这反映了年龄结构中所固有的巨大的人口惯性，以及经济欠发达国家不断变化的人口比率。确实，公平地说，人口老龄化已经成为一个世界性的人口现象。

政策影响

人口学家和其他社会学家越来越多地关注由人口老龄化带来的总体人口结构的广泛变化的后果。由于这些发展似乎不可阻挡，一些观察家将其称为“一场老年学革命”，它将在经济、社会和政治结构方面带来持久的社会变革。预测告诉我们，人口老龄化的影响将在21世纪的第二个十年和第三个十年特别显著，但必须强调的是，已经发生了改变老年人口的组成和年龄结构的重要变化。

在经济领域，人们已经关注到人口老龄化对经济增长率、总储蓄、投资、消费模式和劳动力供给的影响。人们越来越担心国家经济未来在现有水平上维持社会保障、医疗和其他福利项目的能力。此外，很多发达国家的劳动力持续老龄化，因此提出了关于潜在的劳动力短缺、生产力和适当的退休年龄的问题。这些由人口老龄化带来的宏观经济问题需要人口预测和综合模型来考察当前的趋势和未来的情形（参见“经济学：社会”）。

人口老龄化还会对社会和政治带来重大影响，其中很多涉及亲属和家庭结构、代际关系的变化，这是后一节讨论的主题。人口老龄化会影响生命历程中的社会角色、角色转换和行为，也会影响人们对未来生活的期望。许多国家投票年龄人口的逐渐老龄化，以及投票行为的普遍模式，使人们对老年人在政治领域可能获得越来越大影响力的程度，以及发生代际冲突的可能性感到关切。

老年人口学

第二个主要分支研究老年人口的组成，它如何随时间而变化及其导致这些变化的主要动态因素。老年人可以被认为是具有自己的年龄、性别和其他决定性特征的特定亚群体。同总人口一样，它会因人口增加（达到老年人的年龄或地理上迁入的人口）或减少（死亡或迁出的人口），以及自愿转换（如结婚）或非自愿转换（如丧偶）而发生人口特征的变化。

老年亚群体会比年轻群体遭遇更多的“转折事件”，因为这些事件多发于老年期。例如，较发达国家有超过四分之三的死亡发生在65岁及以上人口中。同样，在工作行为、社会关系、各种慢性疾病的发病、残疾、居住安排方面的变化是非常普遍的，而在晚年经济状况的变化则不那么明显。因此，研究者对老年人口组成的动态变化、老年人生活转变的研究提出了一些具有挑战性的概念和方法论问题。

如前所述，人口老龄化带来了老年人口数量的增加及老年人占总人口比例的普遍增加。数字增长的动力来自更早出生的队列规模和他们的生存经历。预计老年人口的急剧增长是在21世纪的第二个十年和第三个十年，这反映出“二战”后“婴儿潮一代”逐步进入老年。对队列更替、这些队列主要特征的分析，以及它们对未来老年人口组成的可能影响是最近人口学的研究热点。

人们对这个亚群体中日益增长的人口多样性给予了相当大的关注。最受关注的特征包括：老年人口中最年长老年人的迅速增长、老年男女比例的下降、老年人口日益增加的民族和种族构成。这些变化不仅反映了队列更替，也反映了老年人群这个亚群体生存水平的重要变化。老年人的死亡率持续下降，从而提高了即使是最高龄者的预期寿命。生存的趋势在很大程度上导致了最年长人口的增多，这是大多数国家增长最快的年龄组。越来越多的研究关注这一部分老年人口，因为他们往往是最需要社会支持和长期照护的人。

最后，应当指出的是，关于老年人的地理流动性的人口学研究持续受到相当大的研究关注。尽管老年人的流动水平远低于年轻人，但他们迁移的特征及其对老年人的影响还是非常明显的。已调查过的主要流动类型有退休迁移、为了更接近其他家庭成员的地理搬迁，以及因健康原因和其他情况而迁入机构和家庭成员家中。事实证明，这些不同类型的迁移往往难以衡量，目前正在开展协调一致的数据收集工作，以评估其重要性。

新的领域

家庭人口学

一个蓬勃发展的人口学研究领域是人口老龄化如何影响不断变化的家庭结构和功能。“家庭”这个更通用的术语用于识别这一子领域，以涵盖广泛的家庭特征，如亲属结构、扩展的家庭关系、家庭户的结构和家庭内部的互动机制。人口学家一直在关注根据不同的时间和社会背景下这些方面的主要趋势和决定因素。这些趋势的决定因素不仅包括人口因素，如生育率、死亡率、地理流动性的变化，还包括家庭形成和婚姻模式、劳动力供应，以及受文化价值观和规范影响的选择方面的相关社会变化。

家庭作为一个主要的社会结构，在社会化、资源积累和分配、对家庭成员的支持和照护方面扮演着重要的角色。尤其是最后一个方面，对有需要帮助的老年人的家庭特别重要。这些功能受到扩展家庭和核心家庭的结构特征、家庭的居住安排、家庭成员之间的互动的较大影响。

亲属结构　按照前文讨论中提出的方法，针对主要的人口变化对家庭结构的影响进行的规范的人口分析，得出了一些重要的观察结果。生育率的下降自然会导致家庭规模变小，与兄弟姐妹、表（堂）兄弟姐妹，乃至叔叔阿姨等的横向亲属关系都将减少。较低的死亡率，特别是集中在较低年龄组，可能会对这一趋势带来一些抵消作用。但是，老年人的死亡率下降，会导致成年子女尚健在的父母人数的增加。这样，就会有更

多的垂直亲属关系。这两个人口参数变化的结果就是出现了所谓的“豆竿家庭”（bean-pole family），即几代同堂，由规模较小的核心家庭（nuclear family）组成。

这些发展的必然结果反映出在整个生命历程中扮演各种角色的数量、类型和持续时间。由于父母花在抚养孩子上的时间较少，人们成年后与父母相处的时间会更长。令人感兴趣的是，人们在一生中将扮演更多的家庭成员角色。由于代际的问题，老年人有较少的年轻亲属，而年轻人有更多的老年亲属。如果高龄时的死亡率继续下降，而生育率仍然很低或进一步下降，这种矛盾会使人们担心未来老年人的养老问题。

这些亲属结构可能会在国家内部的城市和农村之间存在很大差异，反映在变化的生育率和死亡率，以及内部迁移的时间变化上。它们还受到死亡率性别差异的影响，这种差异导致性别失衡，偏向女性而非男性亲属。然而，在一些亚洲社会，如韩国，通过选择性堕胎有利于生育男性的性别偏好，可能会随着时间的推移抵消这些失衡。

家庭户结构　由亲属和不相干个人组成的家庭，会对老年人的情感、身体和物质支持水平有很大影响。据报道，世界上大多数国家的趋势是家庭规模缩小。较低的生育率是一个原因，但也可以归因于居住安排的改变，不再是老年人和成年子女共同居住。

对许多老年人来说，居住安排是支配他们日常生活唯一的最重要的社会结构。对“居住安排”要做广义的理解，包括家庭户内部的整个社会关系，以及家庭居住的住房单元的特征和条件。然而，人口学家更多地关注前者。

老年人居住安排方面一个最重要的趋势是，与配偶同住或独居的老年人——特别是丧夫的老年人——比例在持续增加，而与子女或其他亲属共同居住的老年人比例在下降。老年完整的夫妻家庭独立居住的趋势，很大程度上要归功于夫妻俩相濡以沫直到生命的最后阶段。对包含老年人的完整核心家庭和老年未婚人群来说，与他们的独立生活有关的因素包括经济状况的改善、健康和残疾状况的改善，以及现有亲属的减少，特别是子女的减少。这些因素的背后隐含着老年人及其子女都希望获得更多的独立和隐私。但是，最近的计量经济学分析表明，美国老年寡妇（65~74 岁）的独居比例在 20 世纪 80 年代出现了下降，主要是因为很多“婴儿潮”时期出生的、还没有结婚的人需要居住上的照顾。这也说明独居等居住安排的趋势并不是单线的，还受到子女数量和需求的队列波动，以及老年父母自身条件的影响（参见“住房”）。

共同居住只是父母与子女之间关系的一种表现形式。的确，人们经常注意到，在发达社会中父母与子女共同居住的情况要比发展中国家少得多，但近距离的居住可能存在，亲属之间的交流、帮助和社会支持可能会很多。另一个受到越来越多研究关注的居住安排是，地理流动性在改变亲属关系方面所起的作用。一个衡量指标是父母到最近的孩子家所需要的时间，反之亦然。最近对老年人中关于这些旅行时间差异变化的研究表明，随着时间的推移，这些差异趋于下降（主要归因于地理位置的变化），功能性残疾的增加与空间融合的可能性和规模有关，特别是对低收入群体和少数族群。

家庭动力学 对亲属和家庭户结构的基本分析为在宏观和微观层面上对代际资源流动进行广泛研究奠定了基础。最近在这一领域的人口研究的一个重要特点是考察代际转移和资源使用背后的决策过程。

家庭通过创造人力资本、提供家庭劳动力、家庭内直接的财务转移和遗赠等机制，在社会资源分配中发挥着重要作用。但这些转移并不都是以货币或商品的形式，还有很多社会支持服务，如照护（实体的或精神的）。目前正在进行的大量研究试图评估家庭成员之间和代际之间的这些转移的数量。此外，还要注意对包括政府支付在内的所有转移进行更大的社会核算。规范的人口分析为估算这些方程的需求方提供了宏观参数。

在微观层面，人们相当重视关于各种类型的转移的家庭内决策。这些社会人口学研究关注个体对未来的财务转移的预期，特别是与潜在的照护资源和其他形式的支持有关的事宜。此外，人们还关注未来生存的可能性、经济条件和未来居住安排可能发生的变化，例如是否要搬入护理院等。这些针对预期数据的研究工作与人口学家开发的关于生育结果（如理想的和预期的家庭规模）的早期研究没有什么不同。调查也更多地寻求通过家庭的多个个体获取数据，包括配偶和其他照护者，从而有可能考察家庭的互动和决策机制。还有最近的许多调查涉及纵向设计，这为评估老年人生活的重要方面的变化提供了可能。

老龄生物人口学

一个试图把人口学和生物学整合起来的新研究方向叫作老龄生物人口学。长期以来，比较人口生物学、人口遗传学和流行病学等领域与人口学有着共同的观点和方法论。例如，前面讨论过的稳定人口模型不仅广泛应用于人口的研究，也应用于其他物种的研究。反过来，人口学家研究了生物和遗传因素，将其作为生育率和死亡率趋势及差异的可能解释（例如，生育率对生育水平的影响，遗传因素对性别死亡率差异的影响）。

尽管“生物人口学”这个术语在 1949 年才被引入，但对老化过程的强调是最近人们对这一跨学科视角感兴趣的主要原因。20 世纪后半叶，预期寿命的大幅提高提出了一些重要问题，涉及人类寿命所受到的生物学限制、已观察到的老年期死亡率下降的因素，以及这些变化如何影响慢性病和残疾的发病率和患病率，特别是对老年人而言。要回答好这些问题就需要对疾病、残疾和死亡过程背后复杂的、相互关联的因素有更深入的了解。

对老龄化和老年人口的关注要求人们注意当前发展的若干显著特征。第一，大多数的死亡发生在老年期，在发达国家，有一半的女性和三分之一的男性在 80 岁及以上年龄死亡。主要死因是由非传染性的慢性病引起的，并与老年生活相伴相随。第二，老年人更有可能罹患共病、感觉缺失和功能性障碍，从而限制了他们完成基本的日常生活活动的能力。第三，可以确定影响与年龄相关的健康和功能变化的一系列因素，如衰老、遗传倾向、生理状态、营养状况、身体和认知功能、健康习惯、医疗护理和其他干预措施。因此，这一子领域的跨学科研究人员面临着一系列丰富的概念性问题的挑战。

目前正在开辟各种各样的数据来源，以便进行研究来解决这些问题。第一，对老年人口的调查，包括对最年长的老年人，正越来越多地用于考察老龄化过程的多维方面。这包括对人体测量学、身体表现、认知状态、血液化学和遗传标记物的临床评估。很多这样的调查在设计上是纵向的，这使研究者能够识别生理和社会心理状态的重要转变，从而更好地考察因果关系。调查数据现在可以与其他数据来源（例如行政记录、死亡证明）联系起来，从而有可能用更可靠的数据丰富对结果和代际模式的分析。最后，很多调查是在全国范围内进行的，包括人口中重要亚群体的样本，例如少数族群、女性，以及在生命历程中处于重要过渡时期（例如准退休时期、退休时期、生命的最后时期）的队列人群。

第二，对双胞胎的研究正在扩大，以提供自然实验的方式来研究寿命、虚弱、痴呆的类型在生命历程中的遗传性因素，尤其是在老年期。这些研究可以使研究者能够调查遗传和环境因素对老化过程中可测量结果的相对作用。很多国家正在建立多代双胞胎登记册，这将有助于进行重要的比较分析（参见“行为遗传学”）。

第三，哺乳动物和非哺乳动物物种的动物群落已经存在，可用来研究与老化相关的问题，但现在有了新的研究重点，即利用动物模型来研究与年龄相关的死亡率、死因，甚至残疾过程。了解非人类物种的“人口”结构和变化机制可以为了解人类的衰老过程提供重要见解。人们再次呼吁在老龄化研究中更加重视比较，以突出人类在哺乳动物这个更大的视野中的地位。动物模型也为研究各种干预措施提供了实验设计的优势。一个例子是研究饮食控制及其对延长寿命的影响的大规模项目（参见“老化模型：脊椎动物”）。有证据表明，昆虫和人类种群在最高年龄段的死亡率增长速度有所下降，这可能是由于队列水平上的异质性，只有最强壮的个体才能够存活到最高龄。此外，冈珀茨曲线（Gompertz curves）表明，死亡率随年龄呈指数增长，但并不符合一些物种在高龄时的实际年龄死亡率模式。

人口学家和其他社会学家已经广泛参与生物人口学子领域的学术活动。这一工作的一个重要方面就是运用人口分析模型考察人口结构及其动态。其中包括稳定人口模型，精算程序，如生命表、多状态模型和风险模型，还有多变量统计分析的应用。其中很多工具现在被用于从国家层面进行死亡率、疾病和残疾趋势预测。因此，人们不仅要从构成变化的角度，还要从决定社会对老年人的相对健康和福祉做出适当反应的许多直接和重要的方面来考察人口老龄化的影响。模拟方法还用于考察各种干预措施对这些层面的潜在影响及其对经济和社会的影响。

另请参阅：行为遗传学；经济学：社会；住房；老化模型：脊椎动物。

拓展阅读

Bongaarts J, Burch TK, and Wachter K (eds.) (1987) *Family Demography: Methods and Their Applications*. Oxford, UK: Clarendon Press.

Coale AJ (1957) How the age distribution of a human population is determined. In: *Cold Spring Harbor Symposia on Quantitative Biology* vol. XXII, pp. 83-89. Cold Spring Harbor, NY: The Biological Laboratory.

Kinsella K and Taeuber CM (1993) *An Aging World II*. U. S. Bureau of the Census International Population Reports P95/92-3. Washington, DC: US Government Printing Office.

Martin LD and Preston SH (eds.) (1994) *Demography of Aging*. Washington, DC: National Academy Press.

Myers GC (1990) Demography of aging, In: Binstock RH and George LK (eds.), *Handbook of Aging and the Social Sciences* (3rd ed.). San Diego, CA: Academic Press.

Preston SH, Himes C, and Eggers M (1988) Demographic conditions responsible for population aging. *Demography* 26: 691-704.

Siegel J (1993) *A Generation of Change: A Profile of America's Older Population*. New York: Russell Sage Foundation.

Suzman RM, Willis DP, and Manton KG (eds.) (1992) *The Oldest Old*. New York: Oxford University Press.

Treas J (1995) Older Americans in the 1990s and beyond. *Population Bulletin*, 50, 2. Washington, DC: Population Reference Bureau.

Treas J and Torrecilha R (1995) The older population. In: Farley R (ed.). *State of the Union: America in the 1990s. Vol. 2, Social Trends*. New York: Russell Sage Foundation.

United Nations (1956) *The Aging of Populations and its Economic and Social Implications*. New York: United Nations.

United Nations (1994) *Ageing and the Family*. New York: United Nations.

译　者：田　阳（北京大学）
校译者：张雅璐（北京大学）

人因工程和人体工程学

R. D. 埃利斯　韦恩州立大学，底特律，密歇根州，美国
C. B. 梅霍恩　北卡罗来纳州立大学，罗利，北卡罗来纳州，美国
R. L. 谢哈布　俄克拉何马大学，诺曼，俄克拉何马州，美国

词汇表

人体测量学（Anthropometry）——人体外形尺寸的测量。

生物力学（Biomechanics）——人类运动的力量和动作的研究。

人因工程学（也称人体工程学）（Human Factors Engineering, also called Ergonomics）——旨在优化人员、环境、工具及其执行的任务之间适应性的，与科学和技术工作相关的学科。

工作设计（Job Design）——对工作者经验、任务特征等背景因素的考量，以及评定工作绩效的评估方法。

宏观人体工程学（Macroergonomics）——对组织需求以及在工作环境中如何满足人员需求的系统分析。

引言

人因工程学也被称为人体工程学（以下简称 HF/E），是一门旨在优化人员、环境、工具及其执行的任务之间适应性的，与科学和技术工作相关的学科。HF/E 必然是一个广阔的领域，涵盖人类活动的广大范围。HF/E 的例子包括为适应使用者的身高而设计一个厨房或工业上的工作台，评估需要举重任务（无论是将食品杂货放入车厢，还是将包裹放在工业传送带上）中的体能负荷，设计道路标志以便驾驶员在适当的距离内可以看到，创建警告标志来有效阻止危险的用户行为，为手机、电视和洗碗机等电器的计算机软件和消费产品创建用户友好的控制和显示。HF/E 和老年学自然会有重叠。大多时候老年学旨在维持老年人的功能和独立，并且也有 HF/E 研究者中的活跃群体和专业从业者发现，为老年人利益工作的艰巨任务特别具有挑战性和回报性，本文试图为从事研究和专业实践的老年学研究者提供 HF/E 领域的概述。

本文的结构如下：首先，我们提供关于 HF/E 历史和背景的叙述，包括相关领域的讨论、HF/E 专业发展的主要来源，以及

HF/E 研究和发展的出版物；其次，我们将提供一份清单，列出 HF/E 从业人员在为老年人设计时应牢记在心的许多与老化相关的挑战和差异，以及如何从 HF/E 的角度考虑这些信息；再次，我们考虑了对老年人有重要意义的研究领域的具体研究成果和开发应用；最后，我们总结了老年学家及 HF/E 研究人员应考虑的老年学和 HF/E 未来的交叉研究中具有重要意义的方向趋势。

人因工程和人体工程学——一个专业

相关领域的专家和学者达成了广泛的共识，HF/E 产生于第二次世界大战。该领域的开创性工作来自试图设计更好的飞机控制与显示设备，以及更好地适应操作员认知与感知能力的雷达屏幕和其他军事应用。再深入地追溯这门学科的历史，我们可以看到其与早期工业革命时期弗雷德里克·W. 泰勒（Frederick W. Taylor）、弗兰克（Frank）和莉莲·吉尔布雷斯（Lillian Gilbreth）及其同时代的人所推崇的“科学管理”实践的联系。人体工程学这个词来自希腊语“工作”（*ergo*）和“规则”（*nomos*），由波兰科学家沃伊切赫·B. 贾斯特罗博夫斯基（Wojciech B. Jastrzebowski）在其 1857 年的文章《人体工程学概论：基于自然科学真理的工作科学》（An outline of ergonomics, or the science of work based upon the truths drawn from the science of nature）中提出。

作为天生的跨领域学科，HF/E 与其他研究领域有着天然的重叠（见图 1）。该领域从心理学中汲取了关于心理物理学、知觉和认知心理学（包括记忆、注意、语言处理和决策）的基本过程和机制的知识。对工程和计算机科学领域，HF/E 与诸如人工智能、软件工程、需求分析、信号处理、控制系统工程、生物力学及机械工程、交通工程和安全工程的其他领域重叠并从中进行借鉴。最后，HF/E 与生物学和生物医学在运动生理学、职业医学和工业卫生等一些领域重叠。

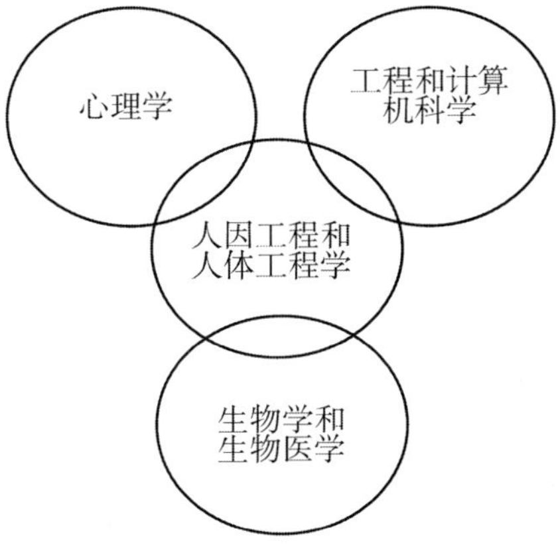

图 1　人因工程和人体工程学与其他领域的跨学科重叠

HF/E 的专业发展得到众多专业协会、认证机会和专业出版物的支持。最大和最著名的 HF/E 协会包括美国本土的人因工程和人体工程学协会、国际人体工程学协会。专业认证由专业人体工程学认证委员会负责。该领域的主要期刊包括《人因工程》（*Human Factors*）、《设计中的人体工程学》（*Ergonomics in Design*）、《人体工程学》（*Ergonomics*）、《应用人体工程学》（*Applied Ergonomics*）、《国际人机交互杂志》（*International Journal of Human-Computer Interaction*）、《国际工业人体工程学杂志》（*International Journal of Industrial Ergonomics*）、《制造业中的人因工程和人体工程学》（*Human Factors and Ergonomics in Manufacturing*）。

正常老化与人因工程

当有人认为一个人是老年人时，这意味着什么？他们只是描述生理年龄还是指一个人功能的潜在变化？答案比看上去的要复杂得多。虽然生理年龄是大多数人用来定义一个人何时变老的标志，但这对理解老年人的能力和局限性并没有提供什么有用的信息。

与老化过程有关的变化有很多，其中有一些变化被认为是“正常”老化，其他的则是非常典型的与老化相关的疾病。本文关注的是那些在没有病理学的情况下发生的变化。与老化相关的损伤的影响可能相当严重，并且会限制一个人工作、再创造和独立生活的能力。本文探讨了这种感觉系统、认知功能和身体的变化，以及对技能和专业知识的影响。

视觉和听觉的感知

在老化的视觉系统中会发生许多改变。老年人最常见的视觉问题之一是眼睛聚焦能力的改变。与聚焦物体的能力有关的视觉特征包括：首先是视觉敏锐度的变化，或者是感知物体最细微之处的能力。到了 80 岁的时候，视觉敏锐度平均下降 50%。此外，老年人在视觉调节方面也存在问题，即对不同距离的物体聚焦的能力。主要表现为放松调节点和近点退后，造成准确查看视觉目标所需的距离增加。在老年人群体中，远视的病例较多，近视的病例较少。视觉功能上的变化限制了人类在许多活动中的视觉表现。通常老年人由于无法阅读标志、标签、警告和说明，可能会无意间处于危险之中。因此，许多设计师提倡为老年人使用大字体。

从老年人中观察到的其他视觉改变与光照有关。到达老年人视网膜的光量减少，意味着需要更高要求的光源照明。然而，调节速度的减慢会增加对强光的敏感性，延长适应强光和从强光中恢复的时间。因此，为促进更好的视觉表现，平衡充足光照和避免眩光这两个需求非常重要。以下基本建议供参考：提供多个强度较低的光源，屏蔽光源，将光源放置在视野之外，以及确保光照水平不会波动。

老年人视觉上的改变会影响其与工作相关的任务的表现。在涉及视觉注意力和视觉搜索的实验任务中，老年人在忽略无关信息方面表现出困难。米德（Mead）和菲斯克（Fisk）建议，除非对老年人进行寻找视觉特征的培训，否则使用视觉特征来吸引注意力（在这种情况下为颜色）可能并不有效。在考验警惕性的任务中，除非老年人的视觉图像功能退化，否则老年人与年轻人的表现差异不大。

由老化所导致的听觉损伤是很难识别的。老化效应和暴露效应之间存在内在的冲突，然而确实存在一些一致的模式。老年人对高频率的音调表现出的敏感性降低，即老年性耳聋，并且在嘈杂或高共振的环境中有语言感知困难。老年人也会受到时间压缩听觉信息的负面影响。这些损害的影响在公共环境中最为显著。在许多环境中，例如工作场所、购物中心和餐馆，是非常嘈杂的，在抑制噪声源的设计上几乎没有投入多少努力。在工作中，这可能意味着难以与同事沟通，并且难以检测到听觉警告和信号。重要的听觉信息应同时以听觉和视觉两种方式呈现，以最大限度地降低信息被误读的风险。

记忆力

在关于老化的文献中，大家普遍认为记忆缺陷的出现与年龄有关。描述这些缺陷来源的理论可以分为基于资源的、基于阶段的或基于系统的。这种理论提供了关于深层结构的解释，人因工程同与年龄相关的记忆障碍导致的功能受限有关。

很多关于记忆力和老化的研究都来源于资源理论。老年人的工作记忆能力下降，这主要受到任务处理需求的限制。对需要更高处理水平的工作，老年人都表现出一定的记忆缺陷。有学者把这些与年龄相关的工作记忆缺陷与知觉速度的下降联系起来，特别是随着任务复杂性的增加。检索作为阶段理论的组成部分，在自由回忆任务中观察到的表现缺陷也表明，其对老年人来说更困难。然而，不论是对记忆的处理还是检索，在找出缺陷的来源方面都存在一个潜在的矛盾。与年龄相关的检索问题的另一个迹象是舌尖现象，即老年人在检索熟悉的单词或名字时遇到更大的困难。空间记忆力也容易受到与年龄相关的缺陷的影响。现有的研究已经证明了老年人在空间记忆任务中存在困难，包括在给定的空间范围内记住特定物品的位置。

记忆缺陷的潜在影响对于那些想要继续工作和维持独立生活的老年人来说是很严重的。在高度变化的工作环境中，一个老年人可能会被要求在规定的时间内同时管理几项任务或者项目，并在截止日期前完成这些项目，这会带来很大的时间压力。关于工作记忆和知觉速度的研究表明，这些要求给老年工作者带来比年轻工作者更大的压力。此外，如果要求工作者在没有情景的帮助下回忆一些细节，老年工作者的表现会更差。在家里，这些缺陷会使独立生活更加困难。然而老年人有机会试用一些策略来简化一些家务活动。例如，老年人可以选择一次只做一项工作（例如做饭），给一些重要的物品（如钥匙）确定固定的位置。

注意力

多任务操作涉及同时处理两件或者多件任务的能力，这要求在感知、处理资源和响应等方面进行竞争。老年人的多任务操作能力尤其会受到损伤，表现为知觉—处理—反应的小序列反应。多项任务对注意力的要求往往会导致对新刺激的感知和反应表现得迟钝，以及由于专注于多项任务而丢失其他的信息或刺激。分散注意力方面最显著的障碍发生在更复杂的任务中。然而，多任务范式中使用的任务类型对理解表现缺陷是至关重要的。老年人对结合了无关处理要求的任务表现出的缺陷更多，而对使用有意义的言语的任务则没有与年龄相关的差异。在听觉信息方面也显示出了相同的结果。当信息传递到不同的耳朵时，遮蔽测试揭示了与年龄相关的差异。在两耳间切换注意力焦点的时候，也发现了与年龄相关的缺陷。

注意缺陷在工作场所和家庭环境中都会造成损失。如果工作的要求对老年人来说是不可承受的，就会存在忽视对生产和安全非常重要的信息的风险。意识到图恩（Tun）和温菲尔德（Wingfield）所称的功能充分性阈值是十分重要的。此阈值取决于具体情况，并将适当的表现与不适当的表现分开。例如，如果某项任务的难度增加（例如需要增加额外的注意力需求），老年人和年轻人在表现下降方面可能相等，也可能不相等。关键不在于年龄和困难之间的相互作用，而在于个人的绝对表现水平，这决定了他们的表现在功能上是否仍然足够。因此与年轻人相比，无论老年人是否受到不同程度的损伤，他们的整体表现都可能较低，导致他们低于功能充分性的阈值。

人体测量学与生物力学

人因工程专家的目标是使设计适用人体特征。这一原则推动下的一个应用是人体测量学。人体测量学是对人体外形尺寸的测量。有的大型数据库描述了人类的许多外形维度。然而，这些数据库是根据美国军队人员的测量数据建立起来的，不一定反映一般人口，特别是老年人口。在狭义年龄队列内，由于体形和骨骼结构等因素影响，个体间的差异往往很大。然后，从 30 岁开始，身高就以每 10 年 1 厘米的速度下降。大多数外形尺寸的变化幅度依然是相当不确定的。人们普遍认为，对于男性来说，随着年龄的增长，他们的体重会下降，而对于女性来说，随着年龄的增长，她们的体重则会上升。然后，关于老年人的科学数据收集的很少。现有数据通常来源于小规模样本，覆盖的年龄范围较广，通常取男性和女性的平均值。数据的缺失加上人们对变化性随年龄增长而增加的认知，意味着人因工程设计师在为老年人的物理空间进行设计时，几乎没有可以利用的信息。

对工作场所和居家环境的设计也要求考虑人类的力量结构。生物力学研究关注的是人类运动的力量和动作。力量是生物力学的一部分，已经被证明随着功能的衰退而下降。特别是对肌张力最大力量的测量表明，力量在 30 岁左右的时候达到巅峰，之后大多数肌肉群开始下降。尽管某些神经肌肉的变化可能与这些下降有关，但是关于缺乏活动及肌肉萎缩所起的作用依然有很多疑问。很明显的是最大力量会下降，而次大力量受老化的影响则很小。这可能再次与功能充分性的概念有关，但也有证据表明，老年人采用的补偿机制可以最大限度地减少功能缺陷。只有到了人生最后几十年，这些缺陷才无法克服。

运动控制

与年龄相关的运动控制能力的下降可以被总结为行动迟缓。这种迟缓很明显地表现为反应时间和移动时间的增加。对简单的反应，影响是适度的（预期只有一个刺激并且已知适当的响应）。但当问题变得更复杂时，这种影响会更大，选择反应时间也是如此（增加了不确定性因素，有多个刺激或多个反应选择）。随着任务不确定性的增加，刺激反应的相容性降低，并且随着反应方式变得更加困难（用手而不是声音），可以观察到可预测的反应时间的增加。

运动时间也因为年龄的增加而下降，这与运动的不确定性和复杂性有关。老年人的动作往往较慢，不够顺畅，协调性较差。持续平滑运动问题更大。据观察，老年人会将连续平滑运动任务改为一系列分散的运动，以简化运动控制要求。此外，如果一项任务需要精确的控制和力量的调节，老年人则会存在困难。这些缺陷可以通过体育锻炼和训练来减轻。康奈利（Connelly）等人在经过6次踝关节等速运动训练后，显示出运动的平稳性得到改善，反转运动所需的时间减少，并且运动模式偏离标准的情况减少。

对反应时间和运动时间观测到的趋势表明，对快速反应的要求在老年人中是一个问题。然而在这种情境下，必须再一次测量运动充分性的阈值。大多数任务并不要求如此限制的阈值，但是如果一项任务要求防止伤害及从灾难中恢复，那么必须严格要求反应和运动的时间。例如，老年人是否可以在充足的时间内对警报做出响应，最大限度地减少损坏和伤害。老年人能否足够快地移动以通过机动车道。这些相应限制必须在具体的情景中进行检测。

技能与专业知识

老化对行为表现的影响通常体现在运动能力的下降上。然而，这些下降可以通过技能和专业知识得到一定程度的缓解，使得老年人和年轻人在功能上的差距变小。技能与实践直接相关，实践的过程就是获得技能的过程。有证据表明，实践可以调节某些任务的年龄差异，使老年人能够达到与年轻人相当的表现水平。特别是实践通过复杂的效应延缓衰老，减少运动控制活动的变异性。实践为老年用户提供更加困难的任务并找到替代策略的机会。

另外，专业知识包含了通过一段时间内反复使用一项技能而获得的经验元素。莫罗（Morrow）和利尔（Leirer）提出，与年龄相关的认知资源的下降，被随着年龄增长而获得的知识和经验的增加所抵消。专家们通过寻找新的方法来完成旧的任务以弥补他们能力的下降，这通常涉及策略的制订，例如保留约会簿和协作执行工作。专家们也制订了适应策略，重新确定如何完成给定的任务，以避免遇到困难。例如，许多老年人选择在非高峰时段开车，以避免交通拥挤。

人因工程专家应该充分利用技能与专业知识积极的一面。老年工作者通过不断应用技能和专业知识以保持工作效率是非常重要的。定期的培训课程也可以让老年工作者有机会制订替代性的行为策略，或者通过强化现有的技能组合，让他们从中受益。但是在给老年工作者分配新任务的时候，应该谨慎，要注意任务之间应该有一些连续性，这样工作者的技能可以直接应用到新的情景中去。

HF/E 应用和老年人

对老化过程中发生的身体、认知和感知觉变化的理解，已经被应用到许多领域，以解决老年人的需求。为了实现提高安全性和增加生活满意度之类的目标，HF/E 专业人员采取行动以确保日常任务的要求与老年人的能力相匹配。这通常包括日常生活活动（ADL）和工具性日常生活活动（IADL）。ADL（例如洗澡、穿衣）和 IADL（例如管钱和用电话）两者都要求维持健康和自主权。IADL 更复杂，通常会被用来做干预。虽然对 HF/E 应用的不同领域的详尽叙述超出了本文的范围，但是本文依然涵盖安全、增加独立性和晚年工作等相关主题。

安全

在安全领域，HF/E 专业人员做出了许多贡献，如制作警告标识以促进老年人对存在危险的认知，与医疗专业人员合作以改善药物依从性及设计家用医疗设备。

警告　它是防止人身伤害或财产损失的方法之一，是使用警告标识来告知处于危险的人所面临的危险，并促进其安全行为。由于对警告的理解依赖于许多感知和认知能力，老年人的特殊需求应该被警告设计者考虑在内。例如，存在视力损伤的老年人可能不会注意到使用小字体的书面警告，因此他们比年轻人更容易受到伤害。同样地，当他们遇到需要通过推理来理解危险性质的图示警告时（例如，带有反斜线标志的香烟图形，用来表示在加油时禁止吸烟），与年龄相关的认知能力下降往往会使老年人处于明显的不利地位。在警告领域内促进安全的 HF/E 干预措施，主要集中在设计与年龄相适应的警告，以吸引注意并尽量减少依赖推理才能理解的相关内容上。这方面的例子的一个具体应用是设计药物标签以达到提高药物依从性的目标。

药物依从性　药物依从性被定义为按正确的次数和指定的剂量服药，并遵循医生的任何特殊指示。大量的不依从是因为药物使用不足，很大一部分原因是健忘。服药安排的复杂性、开处方的医生的数量和药物的数量等因素都会导致不依从。为提高药物的依从性而设计的 HF/E 干预措施包括使用语音提醒、尝试改善医患关系、使用不同的指导策略设计个性化的药片。虽然每一种方法都取得了一定的成功，但是了解老化是如何与任务的认知要求相互作用，以指导目前尚未广泛使用的未来技术干预设计，对我们来说是最有价值的。技术干预的一个全新应用领域就是家用医疗设备设计。

家用医疗设备 在卫生保健领域，相对近期的变化是促使老年人在他们个人的卫生健康方面扮演更加积极的角色。在日常生活中，老年患者和照料人员必须使用血糖仪、流量计等设备，但是这些设备并不是为非临床环境的外行人所设计的。有证据表明，由于缺乏充分的训练及设备接口设计不当等原因，老年人在使用家用医疗设备的时候会面临风险，并且显示出更大的发生临床重大错误的可能性。HF/E 的贡献主要集中在识别与年龄相关的误差来源（例如，设备菜单导航问题，触摸不灵敏）上，并通过有效的培训来提高设备使用的安全性，这些培训主要教授一些可以随时间推移而不会发生变化的技能。

增加独立性 尽管安全对所有年龄段的人来说都是基本的考虑，但是老年人也试图保持独立的生活方式。为了保持独立，老年人必须找到限制其与他人正常交往的交通和交流问题的解决方法。

交通 活动障碍是影响老年人独立性的最基本的限制之一。试想一下在没有任何有效的交通工具的情况下，完成诸如看医生、买东西之类的日常活动的困难性。潜在的 HF/E 干预已经对大量的交通问题进行了调查，例如乘坐公共交通和选择自驾时面临的困难。运动控制和相对力量上的限制，可能会使老年人无法乘坐公共汽车，这包括在座位上坐下、在预定目的地下车。公共汽车的设计解决方案可能包括：降低台阶的高度以方便上下车，增设长手柄的扶手以帮助保持平衡，添置符合人体工程学的椅子以方便下车。其他在调查中发现的公共交通问题主要是与导向相关的认知困难。很多老年人称在决定坐哪辆公交车、地铁或出租车何时到达、何时离开，以及如何高效地到达预定的目的地等方面存在困难。改善标识和地图等解决方案有望解决公共交通和驾车中的这些问题。

尽管驾车和使用公共交通显示出相同的活动性方面的障碍，但是在驾车的过程中这些障碍会被放大。据估计，相同距离内老年驾驶者驾车时发生碰撞事故的概率较大，并且一旦遇到事故，他们的死亡率也比年轻的驾驶者要高。这些数据主要是因为年龄导致的视觉搜索、注意力的下降以及较慢的反应时间。减少老年人交通死亡率的干预措施包括 HF/E 标识干预，其中重点关注使用重复的标识，减少混乱的互相矛盾的标识，改变标识的物理特征使其更明显。越来越多的技术进步被应用于减少事故发生。例如装有近距离传感器的车辆可以帮助老年驾驶者避免事故，而车载导航系统则能提供认知支持，以帮助规划路线和导航到达目的地。

交流 交通困难是物理上限制老年人与其他人进行沟通。交流困难会导致老年人与社会隔离。为了有效地与他人沟通并在当今社会发挥作用，老年人面临着从使用智能电话到互联网等一系列的技术上的挑战。尽管很少有老年人报告他们在使用家用电话上存在困难，但是这些设备普遍采用自动语音菜单系统等新技术来增强其功能。无论是否使用电话来购买机票、重新开处方或者付电费，老年人遇到自动语音菜单系统的可能性都非常高。使用这样一个系统对认知和听力都有要求，当老年人遇到这种情况的时候就会处于不利位置。HF/E 改进自动语音菜单系统的干预措施主要集中在降低话语的速度及以视觉辅助的形式上，提供认知支持，以促进沟通的效率。

通信技术的另一个趋势是移动电话的使用。当老年人使用这些设备时，带有菜单导航的认知困难伴随着感知受限。因为移动电话的设计者一直遵循着小型化的原则，他们设计的产品越来越小，老年人就越发处于不利的位置。考虑到已登记的与年龄相关的视觉和运动控制困难，不难理解老年人报告在手机屏幕上看小数字和使用小键盘进行拨号有困难。通过调查年龄如何影响移动电话界面，HF/E 的干预措施已经开始强调这些可用性问题。

或许老年人在新通信技术使用方面最大的增长来源于他们使用电脑和互联网意愿的增加。65 岁及以上的老年人报告他们使用电脑来和家人朋友交流，并寻找一些关于健康保健和增加工作生产力的信息。所有的这些活动都与维持独立性相关，HF/E 研究者和从业者已经关注到，需使计算机系统能够逐渐被老年人接受和使用。促进人机交互（HCI）的努力范围从提高老年人对基本计算机技能的掌握（例如鼠标控制、桌面导航），到设计老年人友好的网站以提高感觉（大字号无衬线字体的文本）和认知（直观的菜单标签和组织形式）的支持。人机交互的基础研究涵盖了许多领域，例如老年人使用各种输入设备和显示器的能力及系统导航的问题。这些发现作为 HF/E 的干预措施已经被应用于提高众多设备的性能，例如自动取款机和图书馆搜索引擎，以努力提升老年人的生活质量。

晚年工作

由于与工作满意度相关的经济状况或尊重需求等各种各样的原因，老年人坚守在工作岗位上的时间变长，退休年龄也在逐步延迟。HF/E 作为一个专业，也在致力于使工作环境与工作者的能力相适应。因此使用 HF/E 干预措施的目的在于，根据宏观人体工程学接受培训来适应工作场所并进行工作设计，改善老年人在工作场所的体验。

宏观人体工程学　宏观人体工程学被定义为对组织需求及在工作环境中如何满足人员需求的系统分析。为此，必须确定组织的目标，并且根据技术、人员和环境变量如何相互作用影响生产力来评估组织的结构。例如，如果一个组织的目标是在一个对体力要求较高的工厂环境中，对单位劳动力产出进行原始测量，那么老年人被视为与年轻同事具有相同竞争力的可能性很低。因此，一个组织作为一个整体的有效性是在宏观人体工程学的层面上进行评估的，而对个人劳动者和工作团队的评价则被认为基于微观人体工

程学层面。培训和工作设计是两种 HF/E 方法，用于调整工作环境以满足老年工人的需求。

培训 工作领域的快速技术变革例如硬件和软件的更新，通常要求老年工作者必须通过培训来更新他们的技能。因此，为了满足工作需求，老年工作者必须能够更新他们的技能、知识和能力。考虑到认知能力会随老化而改变，与年龄相匹配的培训项目是必需的。HF/E 建议为老年人开发培训项目应该包括一些指导方针，例如充分利用他们的经验，在熟悉的背景下介绍新的观念，尽量减少介绍不相关或者令人分心的教学材料。

工作设计 这指的是对工作者经验、任务特征等背景因素的考量，以及评定工作绩效的方法。使任务特征与老年人的能力相匹配的一个方法是将工作所需的知识、技能和能力与员工拥有的知识、技能和能力进行比较。对于不同年龄的人来说，知识、技能及表现出的劳动活动能力的相对比重不同。例如，对认知任务的调查表明，老年工作者会更加倚重他们积累的与任务相关的经验来解决问题，而年轻的工作者更可能依赖于推理和一般的解决工作问题的技巧。同样地，我们也必须考虑工作者在知觉和身体层面由于年龄不同导致的差异。传统的 HF/E 干预措施关注缩小由于年龄导致的差异，主要包括合适的工作场所和工具的设计，重组工序，提供工作辅助装置（如力量辅助提升装置），以抵消在物料输送中受到的强度限制。工作场所改造的一个例子可能包括在电脑屏幕上使用屏幕放大器以抵消与年龄相关的视觉敏锐度的下降，从而使雇主进一步实现工作产出最大化的程序性操作，包括根据知识、技能及表现出的劳动活动能力而不是工人的可用性来分配工作，为各个年龄段的工作者提供休息时间。

人因工程与老龄化的哲学问题和新兴趋势

那些在老年学和人因工程交叉领域工作的人需要考虑一些重要的哲学问题和新兴趋势。首要问题是老年学和人因工程交叉领域工作就是“为老年人进行设计”这样的误解。第二个问题，在某种程度上与第一个问题相关，就是一般的人口，尤其是高龄人口，正在发生急剧的变化。

考虑到将有关老年学的 HF/E 描述为“为老年人进行设计”的想法很明显地体现在污名化的设计中，指出了随着年龄的增长而可能产生的弱势和脆弱性，并可能意味着设计师采取了家长式的方法。营销机构和大众媒体意识到了这一隐患——我们在杂志和电视广告中看到的针对老年消费者的产品的图像，这些产品的用户通常充满活力，看起来非常健康，只有鬓角微微灰白，以暗示预期的消费人群。好的设计的本质是尽可能地为广泛的用户群体提供良好的使用体验。一个新兴的领域——通用设计，起源于残疾人的民权运动，正在倡导这种方法。在与人体工程学相关的参与式设计中，“为……设计”的想法遭到了谴责和反驳。参与式设计方法的重点在于深入了解 HF/E 干预的预期利益群体，关注在所有参与者之间建立团队工作，提供与用户情感和社会需求相关的解决方法，而不是仅仅关注来自用户环境系统的工程模型的功能需求。为了使 HF/E 干预发挥最大的潜力，需要老年人和老年学家的充分参与，而不仅仅是针对模糊甚至不恰当定义受众的直接攻击。

“为老年人进行设计”的概念，更进一步说，是一个面临回答“谁是老年人”时的困难的极其简化的例子。老年学家们已经达成共识，人口异质性随着人口年龄的增长而增加。正如前面对与年龄相关的改变的叙述，对于任何给定的关于功能的检测，其平均值确实发生了变化，即使在“正常老化”的人口特征方面，人口的差异也显著增加。HF/E 传统上关注年轻人和“正常”人群特征。例如，适应人群的标准人体测量学范围从第 5 百分位调整到第 95 百分位。老年人口极大的多样性应该对我们关于正常老化相关功能变化的观点提出挑战，并鼓励我们更进一步地探寻有意义的方法来区分不同的子群体，例如将 60 多岁健康的“年轻老年人”与到了 90 多岁饱受慢性病损伤的“高龄老年人”区分开。HF/E 理论学家的协调做法是继续寻找人类关于工具、技能和环境经验的普遍性，以此来构建人类行为表现的可预测和可推广的模型，并且适当关注和界定拟议的 HF/E 干预的主题，并对预期收益保持敏感。

另请参阅：注意力；平衡、姿势和步态；残疾、功能状态和日常生活活动；驾驶行为；流行病学；听力；记忆；运动控制；视力；工作和就业：个人。

拓展阅读

Connelly DM, Carnahan H, and Vandervoort AA (2000). Motor skill learning of concentric and eccentric isokinetic movements in older adults. *Experimental Aging Research* 26: 209–228.

Hendrick HW (1997). Organizational design and macroergonomics. In: Salvendy G (ed.) *Handbook of Human Factors and Ergonomics*, 2nd edn. New York: John Wiley & Sons.

Kline DW and Scialfia CT (1996). Visual and auditory aging. In: Birren JE and Schaie KW (eds.) *Handbook of the Psychology of Aging*, pp. 181–203. San Diego, CA: Academic Press.

Kroemer KHE, Kroemer HB, and Kroemer-Elbert KE (2001). *Ergonomics: How to Design for Ease and Efficiency*. Upper Saddle River, NJ: Prentice Hall.

Mayhorn CB, Stronge AJ, McLaughlin AC, and Rogers WR (2004). Older adults, computer training, and the systems approach: a formula for success. *Educational Gerontology* 30 (3): 185–203.

Mead SE and Fisk AD (2000). Aging and the efficiency of stimulus-driven and goal-directed visual selection. *In Proceedings of the IEA 2000/HFES 2000 Congress*, pp. 4-60-4-

63. Santa Monica, CA: Human Factors and Ergonomics Society.

Morrell RW, Dailey SR, Feldman C, Mayhorn CB, Echt KV, and Podany KI (2003). *Older Adults and Information Technology: A Compendium of Scientific Research and Web Site Accessibility Guidelines*. Washington, DC: National Institute on Aging.

Morrow D and Leirer V (1997). Aging, pilot performance, and expertise. In: Fisk AD and Rogers WA (eds.) *Handbook of Human Factors and the Older Adult*, pp. 199–230. San Diego, CA: Academic Press.

NASA (1978). *Anthropometric Source Book*. NASA Reference Publication 1024.

Panek PE (1997). The older worker. In: Fisk AD and Rogers WA (eds.) *Handbook of Human Factors and the Older Adult*, pp. 363–394. New York: Academic Press.

Rebok GW and Keyl PM (2004). Driving simulation and older adults. In: Burdick DC and Kwon S (eds.) *Gerotechnology: Research and Practices in Technology and Aging*, pp. 274–300. New York, NY: Springer.

Rogers WA and Fisk AD (2002). *Human Factors Interventions for the Health Care of Older Adults*. NJ: Erlbaum Associates.

Rogers WA, Meyer B, Walker N, and Fisk AD (1998). Functional limitations to daily living tasks in the aged: a focus group analysis. *Human Factors* 40: 111–125.

Sharit J, Czaja SJ, Nair S, and Lee CC (2003). Effects of age, speech rate, and environmental support in using telephone voice menu systems. *Human Factors* 45 (2): 234–251.

Smith AD (1996). Memory. In: Birren JE and Schaie KW (eds.) *Handbook of the Psychology of Aging*, pp. 236–250. San Diego, CA: Academic Press.

Tun PA and Wingfield A (1997). Language and communication: fundamentals of speech communication and language processing in old age. In: Fisk AD and Rogers WA (eds.) *Handbook of Human Factors and the Older Adult*, pp. 125–149. San Diego, CA: Academic Press.

Vercruyssen M (1997). Movement control and speed of behavior. In: Fisk AD and Rogers WA (eds.) *Handbook of Human Factors and the Older Adult*, pp. 55–86. San Diego, CA: Academic Press.

Wogalter MS, Dejoy DM, and Laughery KR (1999). *Warnings and Risk Communication*. London: Taylor and Francis.

Yan JH (2000). Effects of aging on linear and curvilinear aiming arm movements. *Experimental Aging Research* 26: 393–407.

译　者：林威霞（北京大学）

校译者：刘菊芬（北京大学）

认知行为干预

H. M. 德弗里斯 惠顿学院，惠顿，伊利诺伊州，美国

词汇表

认知三联征（Cognitive Triad）——抑郁症患者特有的功能障碍思维特征的模式，他们对自我、经验和未来持有消极信念。

功能失调的思维记录（Dysfunctional Thought Record）——一种用于帮助个体识别和监测认知失真的认知行为技术。

模式（Schema）——长期存在的基本假设或信念系统，基本的认知扭曲和自动思维由此产生。

引言

认知行为疗法（cognitive-behavioral therapy）是一种治疗心理问题的方法，强调认知过程（思想或信念）、情绪和行为之间的关系。它假设个体对某个事件或经历的看法会影响其在这种情况下的感觉和行为。同样，个体的活动或行为，也会影响其情绪和想法。因此，一个沮丧的人经常陷入一种消极想法的下降螺旋中，导致产生沮丧的感觉并退出有意义和愉快的活动。治疗方法是假设思想和行为的变化将导致心情的改变。治疗过程是积极的和指导性的，治疗师和患者合作，以确定和改变消极或功能失调的想法，并增加对有意义的活动的参与。认知行为疗法的目标是教授如何改变导致消极情绪的功能失调的思维和行为所需的技能。因此，认知行为疗法强调应对问题的技巧，而不是“解决”问题。教授这些技能的预期后果是增加患者的自我效能感、语言能力和应对能力。这些技能使他们不仅能处理现有问题，而且能处理未来的问题。发展治疗情绪的一般认知治疗方法的主要人物是艾伯特·埃利斯（Albert Ellis）、唐纳德·梅亨鲍姆（Donald Meichenbaum）和亚伦·贝克（Aaron Beck）。

认知行为疗法的理论假设

问题的原因

认知行为疗法假设消极情绪与个体以功能失调的方式扭曲现实的能力相关联，这往往导致其退出有意义的活动。这些过程的结合产生了一个下降的螺旋，限制了个体以功能性方式应对生活挑战的能力。因此，虽然每个个体在一生中都会经历紧张的生活事

件，但个体的主观评价及对该评价的行为反应决定了其是否经历心理困扰。压力事件的经历与个体对该事件的感知和反应之间的相互作用预示着结果。

贝克的认知模型确定了三个具体因素，这些因素破坏了个体以功能方式经历感知和反应的能力。第一个被称为"消极或认知三联征"，这是一个对自我、经验和未来的消极或扭曲的互动信念。沮丧的人常常认为自己是不配、残缺或不可饶恕的，将负面的生活事件解释为自己的过错，或是由于自己的不足导致。因此，在工作中没有得到预期赞赏的人可能归因于"我平庸"的认识，而不是考虑其他解释（例如"获得晋升的人有更多的资历"）。同样，关于生活事件和未来的信念将会过滤个体解释他或她的经历的方式。

贝克模型的第二个因素是适应不良的"模式"。模式是稳定的组织思维模式，构成了分析和评估经验的基本框架。这些模式反映出一种由一系列对自我和其他人的潜在信念代表的世界观。这些信念通常是自动的、隐含的，超出人的意识。适应不良的模式会削弱个体客观评估相互作用和事件的能力，助长持续的负面反应偏差，并经常导致负面情绪和行为症状。例如，在配偶死亡之后，持有模式"必须有人照顾我"的人，可能会赞同这样的陈述，即"我永远不会再安全（被爱，被关心）"。这个模式推动个体对事态的不切实际的评估，并对自我、经验和未来进行负面评价。

贝克模型的第三个因素是适应不良的模式导致信息处理和逻辑思维中的错误。特别是，认知错误中的可识别模式是常见的，包括：（1）选择性注意（侧重于某些细节，忽略其他相关事实的情况）；（2）过度概括（假设一个事件的结果将会在所有情境中出现）；（3）任意推理（在没有证据的情况下得出结论）；（4）放大或最小化（扭曲单个事件的重要性或特征性）；（5）个性化（自动地假设外部事件与自己相关）；（6）"全有或全无"思想（将连续经历两极分化，如好或坏，被爱或讨厌）。

这些功能失调的认知过程的后果通常是一种行为反应，可以打消个体参与有趣或有意义的活动的积极性。缺乏令人愉快的活动使得抑郁症加重，让个体难以从富有挑战性或压力的生活事件中恢复过来。

认知行为疗法的目标和策略

认知行为疗法的目标是解决给老年人造成痛苦的功能失调的想法和信念，并鼓励更多的适应性认知和行为反应。认知行为疗法的认知部分旨在确定导致认知处理错误的功能失调的思想和信念，并教授个体能够更平衡和准确地了解情况的技能。行为部分强调活动与情绪之间的关系，鼓励更多地参与愉快的活动，减少对厌恶活动的参与度，改善解决问题的能力和社会技能。

为了解决认知扭曲，治疗过程包括以下部分：

- 确定与具体事件相关的具体消极想法。
- 建立与此事件有关的消极思想与感

受之间的关系。

- 学习具体的认知行为技术来挑战负面或功能失调的思维。
- 开发更具适应性的解释并对特定情况做出反应。
- 确定和改变促进抑郁症或焦虑发展的一般适应不良疾病。

老年患者的关注点往往有其现实基础，但也可能反映偏见、扭曲和夸张。治疗师帮助患者区分二者：他们的情况的现实意义，以及导致过度负面关注和痛苦的虚假信念。

建立在对这些功能失调信念的认识基础上的行为反应，有希望激励个体参与活动和恢复关系，并创造出超越障碍、享受乐趣的方法。治疗方法将利用标准行为技术，包括收缩、情绪监测和特定行为的监测。这种方法使患者能够采用逐步、分级的步骤来建立新的行为。这些小小的、渐进的和强化的步骤，使沮丧或存在过于依赖性的患者开始摆脱被动不作为的循环，并采取重要的行为改变，来增强他们的幸福感。行为方法强调，患者是自己的经验和技能的专家，要利用常识知识，避免使用心理术语。

认知行为疗法的治疗方法是患者与治疗师的积极合作。疗程是结构化的，重点是针对问题、培训技能和解决问题。需要实践新技能的“家庭作业”会定期布置，并在每个环节中检查。治疗时间一般很短（10~20个疗程）。有时会安排一到两次随访会话，用于预防复发和技能保持。要强调患者和治疗师之间的合作关系，需要治疗师下功夫与患者建立强大的治疗联盟。

在老年人中使用认知行为疗法的根本原因

适合应对衰老的正常问题

老年人越来越多地经历生活事件的变化和由此带来的压力。成年后期的许多发展挑战，例如需要适应感觉和知觉的损失，应对失去重要的亲人，适应工作和家庭角色的变化，可以同时发生或紧密相继，使调整过程复杂化。老年人虽然成功地适应了这些情况和类似的发展任务，但这可能预示着他们的身心健康越来越脆弱。

认知行为疗法已经被证明是有帮助的，对那些经历这些发展性挑战、将其看作是问题并寻求治疗以缓解情绪困扰的老年人来说，是一种支持方式。特别是，认知行为疗法解决问题的方法强调发展应对能力，非常适合帮助个体应对正常的发展和生活调整事件。

认知行为疗法也成功地帮助老年人减轻特定精神障碍症状，包括抑郁症、焦虑症和躯体疾病（例如失眠、性功能障碍、慢性疼痛）。因此，这种治疗模式在解决老年人群应对老龄化挑战时可能面临的一系列问题方面显示出了希望。

适合老年人

在20世纪80年代初期，心理健康服务

提供者经常认为老人不会从心理治疗中受益。他们认为老年人固执，无法改变。有人甚至认为抑郁症和心理健康恶化是老年人的正常状况。许多研究已经质疑了这些观点，并且已经证明了心理治疗对这一群体的疗效。特别是研究表明，以下情况对老年人的治疗很有帮助：（1）不污名化（强调应对能力，而不是精神病理学）；（2）结构化（这样患者知道该期望什么）；（3）有时限（给予个体即将看到改善的希望）；（4）以目标为导向（有解决问题的重点）。认知行为疗法符合这些标准，为解决老年人所遇到的问题提供了一个很好的模式。此外，认知行为疗法的合作态度和目前的强调通常使其让老年人感到受到更多的尊重，更富有吸引力。

适于老年人使用的标准认知行为疗法的推荐调整和修改

虽然认知行为疗法的标准技术可以在老年人中使用，但是建议对治疗措施进行某些修改以适应与年龄相关的人格和智力功能方面的变化。

针对某人群的独特体验的调整

异质性群体 异质性群体老年人包括一类广泛多样化和异质性的人口。在教育水平、身体健康、智力功能、兴趣、生活环境和社会历史方面的差异往往大于年轻人群的差异。这种多样性要求治疗师在获得全面的心理、社会和病史方面增加灵活性和敏感性。注意老年人所面临的情况及可能存在的多种因素，将提高治疗师根据特定老年人的适当水平和独特需求量身定制治疗方案的能力。

年龄差异 与老年人及年龄较小的患者群合作的明显差异，是患者与治疗师之间可能存在年龄差距。治疗师必须认识到并对年龄相容性影响治疗的方式敏感，特别是在治疗关系中和确定适当的治疗目标的过程中。例如，一个年轻的治疗师可能很难接受的治疗目标，对于只有5或10年剩余生命的人来说却可能是重要的。通常的目标可能是实现长期的人格变化而不是帮助患者应对或适应当前的情况。

对治疗过程的修改

缓慢的治疗步调 与正常老化有关的几种感觉和发展变化需要对治疗步调进行一些调整。感觉缺陷，包括视觉和听觉敏锐度下降，可能影响信息处理的速度和准确性。治疗师应询问听力损失情况，说话慢一点，并说清楚。对物理环境的调整，包括明亮的照明和低背景噪声，将有助于弥补许多感官困难。

老年人的发展变化也影响到他们学习新信息的能力，因此要求降低治疗速度。研究表明，老年人吸收和回忆新信息的能力逐渐下降，必须以较慢的速度或与年轻人不同的方式学习。以几种不同的感觉方式呈现重要信息是有帮助的。例如，使用讲义和书面反馈或者经常重复重点将会增强新信息的编码。要求老年患者在治疗期间记笔记和记录重要信息，也将提高吸收新材料的能力。对老年患者进行治疗前进行认知筛查以评估智力功能水平，可以确保将具有严重缺陷（例如中度至重度痴呆）的患者排除在治疗之外。即使在展示新材料的方法和比例上进行适当地调整，只有轻度认知功能障碍的患者也仍然可以从治疗中受益。

治疗师的积极作用 当与老年人一起工作时，治疗师需要更加积极，特别是维持会面的重点和结构方面。有时候，老年患者会偏离手头的任务，以分享与治疗目标无关的其他资料，或进行自发性生命回顾。治疗师必须使用临床判断来确定何时需要重新调整讨论主题，并将患者拉回到正在讨论的直接问题上。然而，发挥积极作用并不意味着使用过度指导或“强迫”的互动方式，将对方幼儿化，或咄咄逼人地对待老年人。强大的治疗联盟对于成功的结果至关重要。

治疗社会化 治疗老年人的复杂性差别很大。许多人在一种将心理治疗视为治疗“疯子”的文化中成长。他们经常认为，接受治疗是耻辱或尴尬的。治疗师应该探索老年患者的期望、刻板印象和对治疗过程的担忧，以引出潜在的阻碍性假设。例如，许多较老的患者认为治疗是一种被动过程，就像去看医生以得到“固定”一样，因此有必要告知这些患者认知行为疗法的积极本质，这需要他们的参与和协作。治疗师应强调合作关系的需要、完成“作业”的重要性以及一些会话的结构化格式。此外，回顾治疗的特殊“规则”、条件和保障措施往往很重要，这可能与社会互动的正常规则有所不同。

治疗方法

治疗老年人共同的生活阶段问题

大多数老年人成功地适应了晚年常见的多种发展和社会变化。对于那些经历痛苦或出现心理症状的人，认知行为疗法提供了理想的治疗方式。认知行为疗法重视获得应对能力，为老年人提供了处理问题、自我调整的具体策略。

丧失亲友 随着人们逐渐变老，失去亲友是很常见的，包括配偶、家人和朋友的死亡。不太明显的失去形式包括与可能正在遭受身体或认知障碍的配偶或朋友的关系发生质的变化。这些损失以及对自身死亡的认识往往会引发对未实现的梦想、失去的机会和未解决的关系的回顾和评估。这种回顾可能激活负面想法和适应不良的模式，影响恢复过程。此外，失去有意义的关系可能会使老年人孤立，减少获得他人的支持和与社会互动的机会。旨在解决这些问题的认知行为疗法干预措施有助于扭转负面螺旋，并使个体做出更积极和适应性的反应。例如，识别负面想法并挑战其准确性的认知干预将促进更积极的悲伤反应和过程。如果个体认为“我不能单独生存”“我的生命是完全失败的”或者“我永远不会再幸福”，那么个体会很难准确地解读经历。诸如“检查证据”和“产生替代思想”等认知技术将有助于从损失中获得更积极的恢复。结合行为技术，例如增加愉快的事件和与他人的互动，认知行为疗法有助于使人们产生更多的解决问题和适应性的反应。

慢性疾病和残疾 大多数老年人（有些人估计高达85%）有一些慢性疾病，如关节炎、糖尿病、高血压、呼吸或心脏问题。许多人还经历身体或智力的丧失或下降，这使得他们依赖他人的援助。这些身体上的变化可能会限制他们的生活方式，以适应限制性的医疗时间表和治疗方案，还会造成慢性疼痛，压迫他们的应对资源或挑战他们的自我价值、能力和控制感。这些限制会造成个体减少带来乐趣和意义的活动和关系的风险。如果老年人对自身及其应对疾病的能力也有消极的信念，那么产生心理症状的风险就更大。

标准治疗方案的调整（例如简化治疗技术和使用短期、频繁的会话）和考虑这些人群的特殊需要通常是成功治疗的必要条件。例如，残疾老年人可能需要生活在有电梯、有足够大的房间为助行架或轮椅通行提供方便的无障碍环境中。在患者家中的治疗也可能是必要的条件。

认知行为疗法识别对疾病或残疾的消极信念（例如，“没有人想和病人在一起”），促进对情况的更适应性的思考（例如，“我的家人和朋友仍然喜欢我的陪伴”），并促进继续参与愉快和有意义的活动将鼓励更好地调整和应对疾病或残疾。因此，认知行为疗法为教导患者应对慢性疼痛或残疾提供了有希望的方法，挑战了其自视为一种“负担”的看法，缓解了躯体症状，增强了积极情绪。

社会和家庭角色的改变 老年人面临与老化相关的多种规范转变，从而导致重要社会角色的变化或丧失。当个体的个人身份或自我价值感被束缚在一个特定的角色上时，这种角色的丧失可能是毁灭性的。从行为认知的观点来看，个体认为这些角色变化的方式，以及他们对这些角色的价值和重要性的信念，将影响到他们如何成功过渡。例如，一个相信他或她的生命只有在赚钱的时候才有意义的人，可能会对退休产生不再有价值或被需要的想法。

家庭结构的规范性变化也发生在家庭发展阶段。随着老年父母和成年子女重新定位新的角色和关系，代际差异和冲突一定会出现。如果身体状况不佳或经济拮据迫使他们依赖孩子生活，老年人可能会变得沮丧。如果父母觉得自己的孩子对他们不在乎，父母可能会感到受到伤害或被遗弃。确定个人的期望和假设与晚年亲子关系的本质有关，这将有助于阐明为什么某些家庭互动会成为问题。

婚姻关系也可能因为退休、疾病、丧失养育角色等因素而使长期存在的关系遭遇变化。夫妻往往会在可能受到一方伴侣地位变化的威胁的情况下，划出责任范围。此外，生活的变化（特别是丧失共同的养育角色）可能会使夫妻感到他们几乎没有共同之处或失去共同的目的感。认知行为疗法可以帮助挑战与衰老相关的角色和关系变化的消极观点，并可以鼓励发展新的和积极的共同活动和关系。

年龄主义和低自尊 今天以年轻人为中心的文化培养了一种对老年的刻板印象，它不那么讨好和乐观。一些老年人认为这些刻板印象是不可避免的事实，并认为衰老意味着不受欢迎、不具吸引力和不被需要。这些信念可以导致一种对未来的徒劳感，一种对问题的被动接受，以及一种退出参与更大的社交圈的感觉。显然，认知行为疗法挑战和消除了关于衰老的谣言，可以帮助个人更积极地应对这些伤害性信息。

治疗精神疾病

认知行为疗法已被用于治疗老年人一系列精神障碍。其中最常见的包括抑郁症、焦虑症、药物和酒精滥用以及躯体症状，如失眠和慢性疼痛。

抑郁症　抑郁症是老年人最常见的心理健康问题。虽然在社区居住的老年人的发病率并不高于一般人群，但随着医疗疾病或住院，风险明显增加。抑郁症可能是研究老年精神疾病的最佳切入点。流行病学证据表明，老年人在所有年龄组中有最高的自杀率（自杀者中有 25% 是 60 岁及以上的老年人）。老年人通过不遵守医疗方案或自行饿死的方法而死亡的“沉默”自杀也越来越多。由于抑郁症是自杀的主要危险因素，故对老年人的抑郁症进行诊断和治疗至关重要。

抑郁症不是老年人的正常状态，而是老年人的一种可治疗的精神障碍。重要的研究文献表明，认知行为疗法是治疗年轻人和老年人抑郁症的有效方式。认知行为疗法专门用于治疗抑郁症，并已被标准化为成熟的治疗方案。它通常与药物治疗或支持性疗法或家庭治疗结合使用。

老年抑郁症患者的治疗师面临的一个挑战是区分抑郁症状和潜在的医疗问题。此外，抑郁症老年人在症状表现上有一些差异，这可能会妨碍对抑郁症的准确诊断。具体来说，抑郁的老年人更有可能报告躯体症状而不是心理症状，并寻求医疗服务而不是精神科服务来治疗抑郁症。抑郁症的典型症状通常与随年龄增长相关的正常变化重叠，如睡眠、食欲和身体健康的改变。因此，老年人可能会去找他们的医生，抱怨躯体症状，如体重减轻或缺乏能量，而没有认识到潜在的抑郁。此外，抑郁的老年人倾向于退出社交活动，只能躺在床上，忽视身体功能，并出现冷漠和自嘲的症状。

大多数认知行为疗法技术已被证明有助于治疗老年人的抑郁症。有效的工具，如记录功能失调的思维，以监测消极思维的自动发生，说明思维与情绪之间的关系，挑战与患者消极情绪相关的想法。有效的行为技巧，如日常监测情绪和增加对愉快事件的参与，通常有助于在治疗的早期打破抑郁的惰性，改善情绪，并对治疗产生积极的期望。自信训练经常能帮助那些抑郁与依赖性过强的人恢复自我效能感和控制感。

认知行为疗法通常用于抑郁症的个体治疗。然而，越来越多的文献表明，认知行为疗法在抑郁症的小组治疗方面具有良好效果，尤其是与特定的危机事件相关的抑郁症（例如丧亲、照顾患有痴呆的家族成员、应对慢性病）。特别值得注意的是，旨在通过获得认知和行为技能来减轻抑郁症状的群体上，心理教育已经显示出了良好的结果。群体化的方法有一个额外的优势，即增加了对孤立或孤独的个人的社会互动和接触。然而，研究表明，患有严重抑郁症状的老年人很可能不会从小组治疗中获益，应该采用单独治疗。

目前人们感兴趣的一个领域是认知行为疗法治疗早期阿尔茨海默病患者抑郁症的有效性。由于抑郁症已被证明会损害认知功能，对阿尔茨海默病患者的抑郁症进行治疗是必要的，虽然不能阻止疾病的进展，但可以帮助减少功能上的过度残疾。认知技术可以帮助早期患者减少认知扭曲，并产生更具适应性的方式来观察情况和事件。行为干预对中度或严重痴呆的成年人有帮助，并寻求通过增加积极活动和减少消极活动来改变人与环境的互动。

综上所述，强有力的研究记录表明，认知行为疗法对治疗老年抑郁症，在减轻症状和增强功能方面有效。对老年人抑郁症而言，多层次的治疗方法可能是最有效的，同时应关注心理和生理因素。

焦虑症 研究表明，焦虑症状在老年人中比在其他任何年龄组中都更为普遍，其发生率约是年轻人的两倍。在老年人群中最常见的焦虑障碍类型包括广泛性焦虑症、混合性焦虑—抑郁症状和恐惧症（通常以夸大理性担忧为特征）。更罕见的是晚年发作的强迫症和惊恐症。

由于焦虑对认知功能的负面影响，治疗老年人焦虑症尤其重要。高度的焦虑症可能会影响老年人的记忆力、学习能力和注意力，产生类似痴呆的症状。由于抑郁症与焦虑症的共存很常见，对老年人焦虑症的治疗往往很复杂。

药物治疗是治疗焦虑症状的最常见形式，尽管越来越多的证据表明，老年患者使用苯二氮䓬类药物（benzodiazepines）与发病风险增加有关，包括过度镇静、认知功能障碍、跌倒和易发生戒断症状。另一方面，认知行为疗法提供了一种更无风险的治疗焦虑症状的方法。

虽然认知行为疗法治疗老年人焦虑症疗效的研究落后于治疗抑郁症的研究，但越来越多的证据表明认知行为疗法能有效地控制和减轻焦虑症状。目前已经公布了几种不同的认知行为疗法治疗焦虑症的方法。大多数方法的干预目标似乎是焦虑的特定认知和行为症状，比如过度担心（特别是衰老和相关健康问题），对不确定性的不容忍，对错误信念的担心，日常生活结构的减少，自主兴奋的过度焦虑症状，以及问题解决、失眠和认知回避。一些干预措施还包括旨在增强治疗影响的学习和记忆辅助工具（例如，家庭作业提醒和故障排除呼叫，每周复习所有概念和技术）。这些研究的结果是有希望的，但也表明，标准的个体认知行为疗法可能不是最有效的，需要进行强化的治疗，包括提供支持、提醒和解决问题的策略。

虽然这些结果显示了治疗老年人焦虑症状的希望，但是在开发和评估认知行为疗法治疗焦虑症患者方面需要更多的工作。非药物治疗老年人焦虑症的优势是明确的，支持了进一步开发替代治疗模式的必要性。

药物和酒精滥用 滥用药物和酒精的老

年人并不罕见。处方药物的高使用率，增加了对药物作用的生理敏感性，以及多种药物相互作用的危险，使老年人面临故意或意外滥用药物或酒精的高风险。此外，一些老年人通过酒精来应对紧张的生活事件，从而增加了成瘾或毒性相互作用的风险。成瘾的风险可能很高，因为老年人相对孤立，他们经常在自己家中喝酒，不必担心因为宿醉或中毒耽误上班。大量使用药物或酗酒会使老年人患上抑郁症、疾病（包括跌倒和发生意外事故的风险）和认知障碍的风险增加。

虽然很少有研究记录专门为治疗老年人药物使用或滥用问题而设计的认知行为疗法的方案，但认知行为疗法模型似乎是处理这些问题的合适模型。用认知行为疗法治疗真实或潜在的药物滥用问题的方法可能包括：（1）教导其重视监测药物和酒精消费的重要性；（2）制定管理复杂药物治疗方案的战略；（3）获得应对技能，用于管理负面情绪和生活压力事件。有长期慢性酒精和药物滥用问题病史的个人将不适合这种治疗方法。

躯体不适（失眠、慢性疼痛） 认知行为疗法在管理与身体或躯体问题相关的困扰方面显示出很大的希望。与焦虑症一样，用药物干预治疗老年患者的躯体不适也有风险。多种药物相互作用下，镇静药物有导致失去平衡或跌倒的风险，而使用药物作为唯一治疗手段时常伴随的问题是药物成瘾。越来越多的关于治疗或处理这些问题的替代方法的文献表明，认知行为疗法是对传统治疗方法的一个有益的补充。例如，用于治疗失眠的常规认知行为疗法的技术包括撰写日常睡眠日记，建立“睡前常规”，以及用临床评估量表跟踪症状。认知行为疗法治疗慢性疼痛的方法通常包括放松训练、使用缩放技术，以及使用分散注意力或想象技术。

认知行为疗法对老年人的有效性

记录认知行为疗法治疗老年人心理问题的疗效的研究是令人鼓舞的。在多项对照研究中，认知行为疗法已被证明可以减轻抑郁、焦虑和躯体不适的症状（如慢性疼痛、失眠）。然而，研究也表明，在确定认知行为疗法是不是治疗特定患者和处理特定问题的最佳方法时，可能有多个变量需要考虑。例如，认知行为疗法与其他形式的心理治疗的不同效果不太确定。大多数比较不同治疗方式的结果的研究都有局限性，这使结论有问题。总的来说，数据支持采用某种形式的治疗比不治疗更好，因此强调老年人可以从治疗中获益，其成功率与年轻患者相当。

此外，一些研究表明，尽管在治疗结束时，不同的治疗方式几乎没有差异，但认知行为疗法更有可能长期维持收益。该假设是，应对技能的获得将适用于其他情况，并将使老年人更成功地适应持续的生活压力源。我们还需要进行更多的对照研究来验证这一假设。

对认知行为疗法结果变量的研究表明，某些特定于患者和治疗师的变量可能与成功的结果有关。例如，一些研究表明，治疗联盟的作用对于建立认知行为疗法所需的成功合作态度至关重要，并可能是干预成功的关键因素。患者和治疗师之间的不匹配可能会破坏治疗的有效性。其他研究探讨了与结果有关的患者特定变量，如：（1）抑郁情绪的初始强度；（2）抑郁症以外存在人格障碍；（3）与朋友或家人的社会和情感关系的深度和质量；（4）可接受的智力灵活性和功能水平（例如没有严重的认知衰退或固化）。

一项比较老年抑郁家庭照顾者的认知行为疗法和心理动力干预的研究，首次在预测结果（照顾时间长短×治疗类型）中记录特定的患者与治疗的相互作用。具体来说，作为照顾者的时间越长，与其他治疗方式相比，认知行为疗法的积极结果越多。解释是，在照顾早期，老年人对确认和探索由疾病（心理动力学治疗）引起的、与当前和未来计划的许多变化相关的损失感的干预措施的反应最好。尽管长期照顾者的社会和情感资源日益减少，但老年人对高度结构化、以技能为导向的干预措施的反应反而更好，这些干预关注应对而不是强调他们的损失。

其他与老年抑郁症患者认知行为疗法结果相关的患者特定变量也值得关注。例如，通常对认知行为疗法反应良好的个体是经历反应性抑郁症的个体，可以清楚地确定其经历的突发事件，并且其抑郁症可以被视为对具体事件或情境的反应。慢性抑郁症患者或伴有抑郁症发作的患者，如果目标适度，并且总体目标是改善情绪状态，而不是完全缓解症状，则可以得到有效治疗。与认知行为疗法联合使用药物，并且将治疗增加至30~40个疗程，也可以增加慢性抑郁症患者的改善率。

与结果相关的治疗师特定变量的研究较少。如前所述，结果研究强调了与患者建立合作治疗关系的重要性。对与老年人一起合作的治疗师来说，关注某些问题可能会增强他们与老年患者建立治疗关系的能力。特别重要的是，治疗师要审视他们自己对老年人的态度，以寻找可能对治疗关系产生负面影响的潜在偏见。治疗师需要表达对老年患者的生活经历和成就的尊重，而不是只关注患者当前的困难。

综上所述，认知行为疗法是一种合适、有效的干预方法。尽管对标准治疗过程的修改可能是必要的，以适应年长的患者（特别是在新信息呈现的广度和速度下），但接受认知行为疗法治疗的老年人似乎显示出与年轻人相似的改善率。对有助于提高治疗结果的特定因素的进一步研究，将有助于开发更全面的认知行为疗法模型来治疗老年人的心理问题。

另请参阅：适应；焦虑症；丧亲之痛；痴呆；抑郁症；信息处理与认知；学习；生命回顾；精神卫生；自尊。

拓展阅读

Coon DW，Rider K，Gallagher-Thompson D，and Thompson L（1999）Cognitive-behavioral therapy for treatmentof late-life distress. In：Duffy M（ed.）*Handbook of Counse-*

ling and Psychothrapy with Older Adults, pp. 196–215. New York: John Wiley & Sons.

DeVries HM and Coon DW (2002) Cognitive/behavioral group therapy with older adults. In: Kaslow F and Patterson T (eds.) *Comprehensive Handbook of Psychotherapy, Vol 2: Cognitive-Behavioral Approaches*, pp. 547–567. New York: John Wiley & Sons.

Dick L, Gallagher-Thompson D, and Thompson L (1996) Cognitive behavioral therapy. In: Woods R (ed.) *Handbook of the Clinical Psychology of Aging*, pp. 509 – 544. New York: John Wiley & Sons.

Gatz M, Fiske A, Fox LS, McCallum TJ, and Wetherell JL (1998) Empirically validated psychological treatments for older adults. *Journal of Mental Health and Aging* 4 (1): 9–46.

Knight BG and Satre DD (1999) Cognitive behavioral psychotherapy with older adults. *Clinical Psychology: Science and Practice* 6 (2): 188–203.

Laidlaw K, Thompson LW, Dick-Siskin L, and Gallagher-Thompson D (2003) *Cognitive Behaviour Therapy with Older People*. New York: John Wiley & Sons.

Stanley MA, Beck JG, and Glassco JD (1996) Treatment of generalized anxiety in older adults: a preliminary comparison of cognitive-behavioral and supportive approaches. *Behavior Therapy* 27: 565–581.

Thompson LW (1996) Cognitive-behavioral therapy and treatment for late-life depression. *Journal of Clinical Psychology* 57 (Supplement 5): 29–37.

译　者：郭　佳（北京大学护理学院）

丧亲之痛

D. A. 隆德 犹他大学老龄化中心，盐湖城，犹他州，美国

词汇表

丧亲（Bereavement）——既指一个人适应感觉亲近的人死亡的现实，也指这一适应的长期过程。

悲伤（Grief）——人们在丧亲过程的早期阶段通常表现出来的情感或情绪反应。

哀悼（Mourning）——人们在丧亲调整过程中被普遍接受或特定文化模式下的行为和表现。

弹性（Resiliency）——从压力和困难的损失及丧亲经历中恢复的能力。

引言

丧亲之痛是指一个人对亲近之人死亡的适应性反应，也是一个长期调适的过程。它还用于死亡之外的损失，例如因火灾或自然灾害造成的房屋或个人财物的损失。然而，丧亲之痛更常用于朋友、亲戚甚至动物伴侣去世后的情况。其他与丧亲之痛有关的词，包括悲伤和哀悼。悲伤和哀悼与丧亲之痛的区别在于它们指的是更广泛的过程中的特定方面。悲伤特指人们在丧亲过程的早期阶段经常遇到的情感或情绪反应。这些感受通常包括怀疑、困惑、震惊、麻木、悲伤，有时还有愤怒和内疚。感到被遗弃、孤独或沮丧，过分关注已故者及死亡相关事件往往是悲伤的组成部分。

并非所有人都会经历这些感受，感受强度也因人而异，但丧亲者常常会感受到各种各样的情绪，这些情绪涌现也快，消失也快，并且会在数月甚至数年内再次出现。文化在塑造人们如何体验和表达丧亲之痛方面起着重要作用。大多数专业人士使用哀悼一词来指代人们普遍接受的或符合文化模式的调试过程中的行为和表达方法。哀悼指的是诸如哭泣、请丧假、改变日常生活、出席葬礼、火化和埋葬等行为，遵循着装和与外表相关的要求，以及参与受周围文化影响的其他仪式。

各种丧亲之痛经历

在生活中，我们经历了许多需要我们进行自我调整的损失。婴幼儿时期，我们会暂时与父母和兄弟姐妹分开，离开熟悉的家庭

环境去上学。儿童时代，我们会失去玩具、衣服、宠物和有价值的物品，我们或我们的朋友会搬去新的社区。孩子们在从小学到高中和大学的过程中失去了与教师、俱乐部、组织和同龄人的关系。在整个生命历程中，由于更换工作、退休和死亡，我们失去了更多的友谊和关系。随着美国离婚率接近50%，数百万人正在经历婚姻关系、父母和家庭生活的丧失。有些人还会失去头发、听觉、视力、肌肉张力、独立性和活动能力。总之，如果我们有幸能够长寿，我们将遭受许多重大损失。每次损失都有可能破坏行为模式，需要调整适应，但也会增添我们的发展历程。如果失去个人高度重视的东西，那么丧亲之痛可能会随之而来。

重要的是要了解人们经历的多种和多样化的损失，这有助于更好地理解人们如何管理和应对丧亲之痛的情况。例如，如果我们更多地了解丧偶老人之前所经历的搬迁、物质损失和关系损失，我们就能更好地理解和帮助他们。同样，我们需要了解每种损失或丧亲经历的独特性。虽然面对搬迁和配偶死亡的时候，都会出现悲伤，但在这两种情况下，愤怒或内疚不可能同样存在。

如前所述，丧亲之痛最常用于指死亡造成的损失。在老年学领域，一些最常见的与死亡相关的损失是父母、配偶、兄弟姐妹和朋友的死亡。随着越来越多的老年研究关注丧偶问题，本文中的大部分信息也都是关于晚年的丧偶之痛。在年龄较小时，我们最有可能经历父母、年长亲属或学校同学的死亡。一些专家将父母的死亡描述为“我们丧失过去”，配偶或兄弟姐妹的死亡是“我们丧失现在”，而儿童的死亡则是“我们丧失一部分的未来”。我们再一次了解到，如果我们早期一直经历各种与死亡相关的损失，可能会影响或者重塑我们对之后生活的态度和方式。例如，在父亲去世后被告知要坚强、不要哭泣的小男孩可能很容易在长大后成为晚年面无表情和孤立的鳏夫。

虽然统计数据无法捕捉丧亲之痛过程的全部本质，但它们在记录体验的共性和预期方面非常有用。政府报告显示，美国每年有200多万人死亡。其中，超过40万的死者是25岁以下的儿童和青少年。此外，美国每年至少有80万新的丧偶男女。

丧偶在老年人中，特别是在老年女性中越来越常见。2000年的人口普查显示，18~54岁的人口中丧偶率只有1%，但65岁及以上人口中达到32%，尤其85岁及以上人口中高达66%。丧偶的性别差异在生命的晚年越来越明显。65岁以后，将近45%的女性丧偶，但男性这一数据只有14%。在85岁以上的人群中，有79%的女性和38%的男性丧偶。这些高百分比实际上低估了配偶死亡的人数，因为这里面不包括再婚的人。

丧亲之痛的多维性

丧亲是一个重要的话题，因为调适过程几乎可以影响一个人生活的方方面面。丧亲之痛的这种多维性意味着应对过程可以影响情绪、灵性、身份、社会互动和关系、性和亲密、工作生产力、经济稳定、健康、死亡等方面。当有人去世时，家庭生活中的互动模式会发生根本改变。家庭聚餐，其他与准备工作、上学或者教堂相关的日常惯例都会因已故者的缺席而受到影响。在丧偶的案例中，幸存者经常将她或他的自我概念改变为“脱钩的身份”，因为她或他现在独自进行日常生活，而不是作为夫妇的一部分。丧亲者可能会失去胃口以及保持身体活动的动力，因此营养、锻炼和身体健康可能是应对过程的重要组成部分。在不同学科专业人士选择的特别关注的主题中，丧亲之痛的多维性是显而易见的。社会学家通常会研究丧亲之痛对家庭生活、互动、生活满意度的影响，以及文化和社会经济特征在塑造这些丧亲之痛中的作用。男女之间、富人和穷人之间以及不同种族群体之间的丧亲之痛差异是社会学家普遍关注的问题。心理学家经常研究悲伤的情绪、对已故者的依恋、抑郁、士气和身份，以及失去亲人前的关系和个性如何影响他们的应对策略。社会工作者可能会评估家庭功能以及特定社区服务的需求和有效性。护士和其他保健专业人员经常关注丧亲者的身心健康。经济学家通常对失去亲人的个人及其家庭财务的稳定感兴趣。由于美国的许多女性和男性没有相同的退休水平和其他经济福利，因此在丧偶期间他们更有可能遭受经济损失。每个学科和专业团队都会对丧亲经历与体验增加一个独特的关注点，合在一起能帮助我们更好地理解丧亲之痛如何影响我们的生活。

我们还可以从丧亲之痛的发生背景理解丧亲之痛的多维性。虽然大多数人在丧亲之痛中经历了许多共同的反应和感受，但也有许多体验可能不是共享的。例如，一些丧亲者会感到内疚和愤怒，而其他人则对已故者的生活感到宽慰或有一种庆祝感。有些人因悲伤沮丧而不知所措，而其他人则将这种损失视为挑战和成长的机会。为了理解为什么一个人应对良好而另一个人似乎永远不能适应损失，有必要分析丧亲之痛发生背景的多维性。以前的生活经历、人格特质、从他人那里获得的社会支持、与死亡有关的环境、管理日常生活事务的个人能力，都是构成丧亲之痛背景的众多因素的一部分。经常面对丧亲者的医务人员在充分了解个体丧亲之痛的具体情况时，能够更好地提供帮助。有些帮助对一个人有效，对另一个人却没有多大价值。

丧亲之痛的知识来源

尽管数千年来人们已经对死亡问题进行了相当多的思考和讨论，但人们对死亡如何影响那些悲伤的丧亲者却关注甚少。然而，自20世纪中叶以来，尤其是自1990年以来，关于丧亲之痛的关注和写作一直在稳步增长。特别是心理学、社会学、社会工作、护理以及其他行为和健康专业，通过发展理论和研究，引起了人们对丧亲之痛的关注和认识。直接面对丧亲者的临床医生已经增加了关于如何帮助那些最困难的人的知识。宗教领袖和各种神职人员分享了他们在处理丧亲过程中的精神方面的经验。本地书店也布满了许多由有经验的丧亲者撰写的自传体报道。这四种知识来源——理论和研究、临床报告、宗教记录、自传记录——每一种都在很大程度上帮助我们理解丧亲之痛。然而，我们需要认识到，这些不同的知识来源具有独特的优势和局限性，因为它们可能导致不同的竞争结论（参见“死亡和濒死”）。

丧亲者经常向他们的神职人员或他们的宗教信仰寻求安慰和指导。大多数宗教都对终极意义问题有一套信念。生命的目的是什么？上帝或超自然力量是否有针对某个人的计划？亲人的死亡是否有特殊意义？因为大多数宗教为这些问题和其他问题提供了答案，信奉宗教的人可以借此帮助自身度过动荡的丧亲之痛时期。然而，我们从研究中得知，宗教和灵性只是丧亲之痛背景的一部分，长期调整过程所涉及的不仅仅是宗教准则。研究尚未证实宗教信仰和习俗对丧亲者有普遍帮助，但许多人确实将其精神观点作为丧亲之痛的知识来源（参见“宗教与灵性”）。

关于悲伤和丧亲之痛的自传书籍品种繁多，因为丧亲者想知道别人如何管理丧亲之痛、别人的经历是独特的还是普遍的，以及别人如何更好地应对这种损失。这些自述非常有用，因为它们对作者的感受、相关问题以及那些对作者有用的解决方案进行了详细的描述。例如，一些丧亲者在知道作者同自己一样愤怒和内疚后，可能会感到安慰，并可能通过采纳书中的一些建议而受益。但是，人们应该谨慎行事，因为这些书籍的作者通常来自新闻领域而不是研究丧亲之痛的专家。

由治疗师、心理咨询师和其他临床医生撰写的书籍、文章和报告也提供有关丧亲之痛的宝贵知识。与自传一样，临床报告提供了有关丧亲过程的详细个人描述，且通常提供有助于缓解问题的建议。这些关于个人丧亲经历的深度报道不仅有趣，而且有助于归纳人们的经历，识别严重的调整困难，并告知其他专业人员和丧亲者具体的干预策略及其后续效果。然而，来自临床实践的知识必须站在患者个体具有独特性的角度进行解释。在某些重要方面，接受咨询或专业临床服务的人可能与从不寻求帮助的人有所不同。接受这些服务的丧亲者更有可能在调整方面正在经历最大的困难，获得的社会支持较少，拥有足够的经济能力来支付服务费用，并倾向于依赖他人提供的帮助。如果我们仅根据临床客户提供的信息了解丧亲之痛，我们就无法了解大多数丧亲者的经历。了解那些不寻求专业帮助的丧亲者如何处理悲伤以及想要或需要多大程度的帮助也同样重要。

在增加我们关于丧亲之痛的知识方面，研究和理论要慢得多，但它们的贡献必不可少。西格蒙德·弗洛伊德（Sigmund Freud）是最早着眼于丧亲之痛的研究者之一。20世纪初期，弗洛伊德对精神分析理论进行了广泛的实践和写作，并将其应用于理解分离或失去依恋之后的感受和思想。其他理论家延续了他的工作，最终完成了系统的研究。埃里希·林德曼（Erich Lindeman）也使用精神分析框架来指导他在1944年的第一次丧亲研究。林德曼在研究中采访了在波士顿椰林夜总会（the Boston Coconut Grove night club）火灾中死亡的 13 人的 100 多名亲属。自这些早期研究以来，与丧亲之痛相关的研究和理论一直在稳步增加。我们现有的许多理论和研究成果正支持或挑战我们最初认为正确的有关丧亲之痛的知识。

基于理论和研究的经验为我们提供了更广泛的丧亲者信息。通过收集没有寻求专业帮助以及代表不同文化和社会阶层的丧亲者的数据，我们已经了解到更多关于在经历丧亲之痛中常见而独特的内容。系统研究使用完善和标准化的量表、纵向设计、以丧亲者和非丧亲者作为对照的代表性样本，得出了不同结论并挑战了以前基于其他知识来源的观点。其中一项最突出的研究结果是，丧亲之痛作为一种压力很大的经历，虽然有些人报告说“永远不能克服这种困难”，但大多数丧亲者心理弹性良好。他们寻找个人资源和社会资源来满足他们的需求并管理他们的适应过程。正如许多临床医生和一些理论家所建议的那样，研究也未能证实人们经历了特定的阶段。这个过程比阶段理论中描述的统一过程更加复杂多样。此外，研究表明，并非所有人都同样需要在表面向其他人抒发情绪以避免以后出现更严重的问题。

调整过程

观点、理论和模型

由于丧亲过程是多维的，来自不同学科的专业人士被教育强调人类行为的特定层面，因此我们有许多关于丧亲之痛的不同观点、理论和模型。观点、理论和模型在其特异性和复杂性方面存在差异，但它们本质上提供了一个框架或纲领来帮助描述、说明、解释、理解处于悲伤和丧亲之痛的情况下的个人行为。它们有助于将注意力集中在丧亲之痛的特定部分并提供清晰有序的信息。如果这些观点、理论和模型数量足够且相对准确，它们可用于预测丧亲之痛的调整模式并指导干预措施的制定，以帮助那些最需要帮助的人。以下部分简要总结了一些关于悲伤和丧亲之痛的最重要的理论。

精神分析理论　应用于丧亲之痛的精神分析理论的大多数变体都强调认识到意识和潜意识下，丧亲者同已故者之间的关系、纽带的重要性。根据这种观点，丧亲者必须表达而不是压抑这些与分离或失去有关的所有感受。愤怒、内疚、恐惧和爱，在被丧亲者表达时，能帮助引导正常而不是异常的悲伤。这些理论也强调了童年早期人际关系与分离的重要性，因为这些初次经历会影响一生。当孩子在早年生活中遭受创伤性损失时，他们往往会形成矛盾的人际关系，压抑他们的焦虑，并且面对悲伤和丧亲之痛时会更加困难。分离焦虑被视为对失去的本能反应，但丧亲者必须和已故者告别，并结交新关系。

西格蒙德·弗洛伊德、埃里希·林德曼、约翰·鲍比（John Bowlby）、科林·默里·帕克斯（Colin Murray Parkes）和彼得·马里斯（Peter Marris）是精神分析理论和有关丧亲之痛研究的最杰出贡献者。虽然每个理论家都有自己独特的解释，但他们普遍认为，悲伤主要是一种内心过程，每个丧亲者都必须通过认知来解决，以避免延迟、扭曲或异常的悲伤。异常反应包括社交退缩、忧郁症状、身心疾病和多动症。正常的悲痛被认为是以痛苦和功能受损为特征，但预计会得到恢复。丧亲者通常会因为分离而感到沮丧、抗议和焦虑。个体可能会在熟悉的环境中寻找已故者。绝望和抑郁会随之而来，因为已故者不会再回来。当悲伤者接受丧失的现实、消除内疚感和愤怒感、重建自己的生活并恢复正常运作时，就会出现重组阶段。这些理论表明丧亲过程会按照相对有序的阶段展开，当序列被破坏或扭曲时，就会发生未解决的悲伤。

压力、评估和应对理论　压力、评估和应对理论已经被应用于丧亲之痛研究，因为配偶、父母、子女或兄弟姐妹的死亡通常被认为是最可能发生的压力事件之一。当对个人的需求超过了能够满足需求的现有资源时，压力就存在了。亲人的死亡，尤其是当已故者是丧亲者日常生活的重要组成部分时，就会给他们带来许多压力。他们的日常生活发生了根本性的变化，因为丧亲者再也不能依赖已故者的陪伴、交谈、安全、指导、安慰、爱、分享、倾听，以及例如经济支持、交通和照顾等工具性帮助。丧亲之痛要求丧亲者做出改变并适应已故者不在的环境。

当丧亲之痛发生时，每个人都必须在认知上评估自己的处境，这通常与他们之前建立的处理压力的模式一致。认知评估意味着人们有意识地评估自己的损失，试图从中找到意义，并确定后果。压力的程度和随后的调整困难在很大程度上取决于对失去亲人情况的评估和自身使用的应对策略。

最常见的评估类型是痛苦、威胁、挑战和缓解。那些主要看到失去所带来的痛苦的人往往把注意力集中在已经造成的伤害上，并将他们的大部分精力投入愤怒、悲伤和抑郁中，而他们的应对策略往往涉及退缩、自责和不知所措。那些将自己的失去当作威胁的人会意识到压力，但不确定自己是否有能力应对压力。他们所爱之人的死亡意味着他们看到了可能会随之而来的其他损失。他们的应对策略通常包括恐惧和担忧未来对生活的威胁。他们往往一厢情愿，而不是将精力集中在更广泛的方式上，以便更轻松地进行调整。将损失视为挑战的丧亲者会认识到压力和适应的必要性。他们评估自己的优势、局限性和需求，并采取行动，让自己学习并能从经验中成长。拥有自豪感、自信心、动机以及执行日常生活许多任务的一些技能有助于丧亲者将现状定义为挑战，并更加遵循以问题为中心的调整方法。理查德·拉扎勒斯（Richard Lazarus）、苏珊·福尔克曼（Susan Folkman）、伦纳德·佩林（Leonard Pearlin）等人已经提出了关于压力、评估和应对的理论与研究，他们的观点继续为理解丧亲之痛做出了非常重要的贡献。

阶段和任务模型　自从伊丽莎白·库伯勒-罗斯（Elizabeth Kubler-Ross）提出著名的死亡过程阶段模型以来，它已被应用于有关人们如何处理问题和生活危机的许多讨论中。根据这个模型，垂死的人经历了一系列自然发生的经历，从否认并经历愤怒到讨价还价，再到沮丧，最终变为接受。因为丧亲者和许多专业人员熟悉由库伯勒-罗斯开发的阶段模型，并且他们可以看到在失去亲人的过程中表达的许多类似的情绪、想法和问题，因此将顺序和渐进阶段应用于丧亲之痛似乎是很自然的。

尽管研究已经确定并证实，丧亲者经历的情绪、思想和行为与阶段模型中呈现的许多内容相同，但总体丧亲过程似乎远不如这些模型所显示的那样有序和统一。例如，一些丧亲者报告说，在失去亲人多年后，他们有时会感受到类似最初的那几个星期所经历的种种悲伤、痛苦和遗憾。然而，阶段模型为我们认识丧亲之痛做出了贡献，因为它们有助于识别复杂过程的一部分，并为进一步研究奠定了基础。

类似于阶段模型，基于其他理论的一些概念，有观点认为适应就是需要丧亲者完成特定任务。威廉·沃登（William Worden）的“哀悼任务”方法就是一个例子。他的研究基于“悲伤是有意义的”这种假设，并同时需要情感和身体的能力来完成。他认为，丧亲者最终要接受失败的现实，体验悲伤的痛苦，在情感和社交方面适应已故者离开的环境，在心理上重新安置死者并向前迈进。虽然许多其他特定任务可以添加到这个模型中，但它确实提供了另一种有用的方法来帮助丧亲者。以任务为导向的方法突出了积极主动和学习新技能的重要性，而不仅仅是被动，让时间流逝并治愈悲伤的伤口。接下来描述的另一种理论将进一步展开沃登的哀悼任务。

双重过程模型 该领域最新的和最重要的理论发展是由马格丽特·斯特伯（Margaret Stroebe）和亨克·舒特（Henk Schut）描述的丧亲之痛的双重过程模型（dual process model）。该模型表明，积极的适应需要人们有效地处理两种类型的压力源和过程，并在它们之间振荡。首先，“损失适应”主要集中在情绪的表达上，并在放手和保持与已故者的联系之间寻求平衡。恢复是第二个组成部分，它指的是需要应对日常生活中的挑战，学习做新事物，建立新的关系和角色，并花时间远离悲伤的情感特征。2005 年，一项研究对那些遭受创伤性悲伤的人进行了双重过程模型测试，并对新近丧偶的老年人进行研究。

其他理论 来自社会、行为和健康科学的许多其他理论已被用于理解悲伤及丧亲之痛的某些方面，但其中大多数尚未在研究中进行系统测试。有些理论虽然在解释和预测丧亲行为以及通过这个过程帮助丧亲者方面具有相当大的前景，但只得到了有限的关注。例如，家庭和系统理论、符号互动理论和健康信念模型有很多补充，但尚未广泛使用。

家庭和系统理论是相关的，因为丧亲者是核心家庭和大家庭的成员，他们的生活发生在运作的系统中。人们并不完全孤立于家庭、团体和组织，他们在这些单元中的经历是丧亲的重要部分。一位 80 岁的丧偶女性会受到其他家庭成员因其丈夫（也可能是父亲、祖父、叔叔或兄弟）去世而产生悲痛的影响。就像个人一样，整个家庭也会陷入悲伤。在丧亲之痛期间，一些家庭的成员互相提供力量和支持，而在其他家庭中则会产生更多的冲突和压力。系统理论认识到人是大系统的一部分，个人生命也包括各种功能部分。丧亲之后的愤怒和沮丧很容易从家庭带到工作场所及许多其他社会环境，从而影响并进一步使其他关系复杂化。符号互动理论来自社会学学科，在丧亲之痛这个主题上有很多东西可以提供。该理论强调社会与他人互动的重要性，以及他们如何塑造一个人的自我概念或身份，从而影响行为。丧亲之痛有可能改变一个人的互动和自我概念，并最终导致丧亲之痛的调整。在健康教育领域，健康信念模型检测丧亲者的决策方式以及他们在决定行动时所考虑的因素。丧亲之痛很容易导致人们忽视自己的健康。这种方法表明，包括媒体信息在内的广泛因素可以通过确认健康行为来达到并强调随后可能出现的积极结果，从而影响丧亲行为。例如，悲伤需要能量，因此良好的营养和一些有规律的运动可能有助于进行其他丧亲之痛的调整。

最后，老年学领域最突出的理论与理解丧亲之痛有关，但它们并未受到太多关注。脱离、活动、连续性和年龄分层等理论都有所贡献，希望在未来的研究中对它们进行检验和测试。脱离理论认为，那些已经逐渐从社会中脱离的人在丧亲之痛中经历的困难程度要小于那些尚未开始脱离的人，因为丧亲之痛对他们来说似乎并不那么突然。活动理论支持在丧亲之痛期间维持相对较高水平的身体活动，因为这将有助于创造更大的生活满意度和幸福感。连续性理论认为丧亲之痛的最佳行动方式是让丧亲者继续做他一直享受的大部分事情。年龄分层理论可以用来更好地理解为什么年龄会影响丧亲之痛的调整，不同年龄段的人群有不同的需求和价值观，这些差异会产生一些独特的悲伤经历。简而言之，理论有助于为研究提供信息和指导，并且需要更多的理论和研究来丰富关于悲伤及丧亲之痛的知识。

丧亲过程研究

20 世纪 80 年代中期以来，关于丧亲之痛的研究大大增加。在一些研究中，研究人员等待了数周甚至数月才采访丧亲者，而在另一些研究中，研究人员只在死亡发生几天后便收集到了信息。一些研究人员对丧亲者进行了长达数年的跟踪调查，以检验长期结果，但许多研究仅在一个时间点获得信息，对这一过程的描述有限。只有少数项目中包括非丧亲对照组，尽管它能够比较丧亲者和那些没有经历过与死亡有关的丧亲之痛的人之间在思想、感受和行为上的差异。研究纳入的女性多于男性，成人多于儿童，白种人多于其他族裔。即使有种种限制，研究也提高了对悲伤和丧亲之痛的理解。我们不可能对所有甚至大多数研究发现进行回顾，但这里提出了五个最重要的一般性结论。

第一，丧亲之痛是非常有压力的，但许多人在处理自己的损失时有相当大的弹性。在丧失配偶的情况下，大多数参与研究的丧亲者报告说，这是他们经历过的最糟糕和最有压力的事情。儿童的死亡也会造成压力并尤其让人难以接受，因为人们希望儿童的生命比父母更长。对于成年人来说，父母双双去世是令人不安的，因为这意味着自己这一代人现在在家庭中是最老的一代。配偶、父母或孩子的去世几乎总能让幸存者产生与死亡有关的想法。在我们的文化中，关于死亡不可避免的想法通常令人不安，因为我们没有公开讨论过死亡。一些研究人员试图确定有多少人在过去的几年里仍然存在影响日常生活的重大困难。据估计，15%～25%的人需要某种专业帮助才能进行丧亲之痛的调整。

尽管丧亲之痛是非常有压力的，但令人惊讶的是，这么多人都很有能力并且能够以一种方式重建他们的生活方式，以便让他们再次获得幸福。知道这一点有助于直接关注那些最痛苦且无法自行管理丧亲之痛的人。下一节将更详细地讨论这个问题，其中将介绍有关丧亲调整预测因素的信息。

第二，丧亲者之间存在相当大的差异。并非所有人在整个过程中都会有相同的感受、想法和行动。例如，一位 65 岁的丧偶女性在其丈夫去世 4 周后用以下方式描述自己："我是一个非常孤独的人。也可以用这些词来形容我：糟糕的，精疲力竭的，沮丧的，感觉被遗弃的，愤怒的，受伤的，绝望的，无依无靠的，混乱的，无法集中注意力的，非常情绪化的，非常疲惫的，爱哭的，可恶的，非常痛苦的，不合群的，无足轻重的，非常悲惨的，非常孤独的。"这位女性在丧亲 2 年后仍以同样的方式描述自己。她补充说，她很关心自己并且内心非常受伤，她厌倦了独自一人并开始不关心生活。相比之下，另一名 69 岁的丧偶女性在其丈夫去世 6 个月后将自己描述为"独立，对于保持忙碌感到兴奋，享受与他人的陪伴，在自己的院子里工作和做手工"。这种丧亲反应的多样性也存在于每个人身上。找到一个同时经历各种感受和行为的人并不罕见。例如，一个丧亲者可能会感到愤怒、内疚和孤独，但同时也会对自己的应对方式感到充满个人力量和自豪。一名 70 岁的女性描述了自己的忙碌、享受各种不同的活动，以及与其他人一起做事，但她最后的自我描述是她仍然感到孤独。失去亲人的人通常同时经历积极和消极的情绪。

第三，从 21 世纪初的研究中产生的一个主题是建议谨慎使用"正常"（normal）和"恢复"（recovery）这两个术语来描述悲伤或丧亲之痛。同一个人在丧亲期间可能会以各种方式体验和表达自己。曾经被认为超出"正常"悲痛范围的东西现在可被视为该过程的正常部分。例如，与已故配偶"交谈"曾经被定义为异常甚至病态，但最近的研究结果表明，这实际上是丧偶过程中的一种非常普遍的做法——现在经常被鼓励作为一种治疗技术。

与其使用"正常"或"异常"等死板的标签，不如使用"常见"或"不常见"等术语来描述丧亲的感情和行为。与被告知"你是不正常的"相比，一个失去亲人的人在被告知他正在经历一些不寻常的感觉时，受到的污名要少得多。此外，研究人员还报告，许多丧亲者说自己从未“摆脱”或从悲痛中恢复过来，但他们学会了“忍受痛苦”。

第四，研究表明，丧亲过程更像是一场过山车，而不是一个有序的阶段，每个阶段都有明确的时间框架。“丧亲过山车”的特点是：悲伤情绪的快速变化；迎接学习新技能的挑战；认识到个人弱点和局限性；发展新的行为模式；经历疲劳、孤独和无助；建立新的友谊和关系。研究人员无法明确标记这些起伏不定的时间段。事实上，高点和低点可能发生在几分钟、几天、几个月或几年之内。幸运的是，大多数丧亲者都会经历过山车般的体验，随着时间的推移变得更易于控制，突然的高点和低点都会减少。然而，这种逐步改善可能永远不会导致结束或解决，因为许多丧亲配偶报告说：“你永远不会克服它——你得学会与它一起生活。”

第五，孤独及与日常生活任务管理相关的问题是对老年人而言最常见和最困难的两项适应调整内容。这些问题对于那些失去配偶的人来说更加困难，因为他们的日常生活与其配偶紧密相连，他们经常在交谈、恋爱和分享任务时相互依赖。孤独会造成困难，因为它涉及思念、悲伤和空虚，而这些都不会因为和别人在一起而消失。许多丧亲者说他们感到孤独，但并不寂寞。当远在千里之外的父母、子女或兄弟姐妹去世时，丧亲者常常会说，当自己意识到不能再给亲人打电话或再也听不到他们的声音时，自己是多么的孤独（参见“孤独”）。

不幸的是，大多数老年人并没有学会做许多对他们的健康幸福很重要的日常生活任务。许多男人还没有学会如何准备饭菜、洗衣服和打扫房子。同样，许多老年女性还没有学会如何做家务、维修汽车和管理财务。研究表明，这些缺陷使丧亲过程进一步复杂化。人们希望未来的男女群体能够在更广泛的日常生活任务中做到准备充分且技能娴熟。目前正在进行研究，测试学习新技能作为丧亲调整策略的有效性，如双重过程模型的恢复特征中所述。

丧亲调整的预测因子

人们常说时间会治愈伤口。这个陈述是有问题的、不准确的，因为它意味着需要很少的努力或根本不需要努力来应对这种情况，仅仅让时间流逝便能带来成功的调整。虽然大多数丧亲者确实经历了较少的困难和较长时间的积极调整，但重要的是要认识到人们如何利用时间决定了他们的结果。成功的调整需要主动而不是被动的应对策略。

许多丧亲者告诉其他人，认真过好每一天，保持活跃、忙碌，并维持与其他人的社交联系是最有帮助的。在这个过程中，身体和社交活跃可以帮助减少绝望、无助、孤独和不堪重负的感觉，这通常有助于制定长期策略，而等待时间来实现治愈往往徒劳无功。除了这些积极的应对策略，研究还表明了获得他人社会支持和自我表现机会的重要性，特别是在丧亲之痛的最初几个月。一些最困难和最有压力的丧亲经历发生在最初的几个月，此时悲伤问题尤其严重（参见“社会网络、社会支持和社会融合”）。

研究人员还发现，在这个过程的早期，一个人如何应对损失似乎是长期应对的最佳预测因素之一。那些在头几个月有过有效应对经验的人通常在几年后比其他人应对得更好。因此，丧亲者可能会从他们在这一过程早期获得的社会支持以及表达他们此时感受的机会中受益最多。一些最受赞赏和帮助的支持来自那些允许丧亲者公开表达愤怒、悲伤和其他情绪，并且不传递建议和忠告的人。对丧亲者来说，重要的是让他们知道自己的反应很普遍，而其他人会尊重自己的感受并关心自己的幸福。丧亲者自助团体为自我表达提供了良好的机会，尤其是对于那些还没有可以倾诉的人而言。

内部应对资源的重要性得到了研究的支持，该研究侧重于自尊和自我效能的作用。这两个概念都代表了个人在其一生中发展的个人应对资源。自尊是指一个人对自我价值的正面或负面的判断与评价。自我效能是指一个人满足日常生活中不断变化的需求的能力，以及他可以做到的自信心。这两个特征包含在前面描述的双重过程模型的恢复组件中。

人们感知自我的方式，以及他们在管理日常生活中的许多任务——维持家庭、支付账单、开车、知道如何获取资源，等等——的技能，将影响他们如何有效地适应失去亲人的情况。那些培养出积极的自尊和能力（如社交、人际关系和工具技能）的人，可能比那些产生消极的自我形象和缺乏自我效能的人有更好的结果。

自尊和自我效能是高度相互关联的，因为有自信和自豪的人通常更有动力去学习新技能，而在日常生活中，变得更有能力的过程本身就会产生更积极的自尊。具有这些积极特征的丧亲者可能会很好地应对，因为他们不会满足于被动的应对方法。相反，从未发展过这些个人应对资源的丧亲者可能会遇到长期困难，因为他们更倾向于认为他们应该保持沮丧、孤独和无行为能力。这些人倾向于感到过度自负，并且代表自己采取一些建设性的行动（参见“自尊”）。

对于男性和女性以及年轻人和老年人来说，适应丧亲之痛的预测因素是相似的；也就是说，年龄和性别并不是丧亲之痛中影响最大的因素。更重要的是，丧亲者能够在生命早期培养对自己的积极情感，在整个生命过程中不断增强这些观点，并培养帮助自己满足不断变化的环境和日常生活需求的技能。具有这些特征的人比其他人更有可能适应绝大多数重大的生活压力或过渡阶段。人类发展是一个终身的过程。在晚年遭受丧亲之痛的情况下，发展过程受到挑战。在这个过渡期间，丧亲者可能在身体、心理和社会层面受到干扰，或者可以通过学习新技能、变得更加独立、培养更清晰的自我认同感而获得成长。

干预

虽然人们很容易认为大多数丧亲者在调整过程中需要帮助，但事实并非如此。研究表明，许多丧亲者不想要或不需要干预服务。认识到这一点非常重要，因为临床医生和服务提供者经常认为大多数丧亲老人会因此沮丧、社交孤立，甚至丧失行为能力。研究证据并不支持这一假设，尽管有些丧亲者的确会表现出以上症状。开发干预服务要做的任务有很多，首先应该尝试接触风险最大的人——寻找他们，而不是简单地宣布该服务的存在——并通过解释该服务如何帮助以及为什么会有帮助来鼓励他们的参与。我们必须认识到，许多（也许是大多数）潜在的丧亲人口将不愿意参与。对于那些致力于提供服务价值的人来说，这可能是令人沮丧的，但如果他们预计许多潜在客户缺乏热情，他们继续努力的动机可能会受到较小的不利影响。例如，在完成一项研究的丧亲配偶中，只有44%的人表示他们希望有机会参加自助小组。在另一项研究中，只有27%被分配到自助小组的人真正同意参与；而在2005年的一项研究中，约34%的人同意参与。

干预措施需要在丧亲过程的早期提供，并持续相对较长的时间。有大量的研究证据表明，最初的几个月（通常是1～4个月）是最困难的，而早期调整将在很晚的时候影响结果。此外，因为丧亲之痛可能会持续很多年，有些人可能还没有为早期干预做好准备，长期提供服务将是最有帮助的。这并不意味着同一个人需要继续接受服务多年，尽管有些人会有此需求；相反，丧亲者需要在他们准备好的时候有机会参与。

由于丧亲之痛的影响是多方面的，因此干预措施必须提供全面和多样化的服务。任何一种干预措施都不太可能提供所需的一切，但每一种干预措施都应明确指出，在整个多层面过程中，哪些需求是有针对性的，以便人们意识到有没有提供什么帮助。例如，配偶在晚年去世会影响情绪、心理社会功能、健康、家庭生活、人际关系、工作、娱乐和财务状况；那些主要提供自我表达机会的设计干预措施（如自助小组）应该认识到某些方面不太可能得到解决。理想情况下，所有社区都可以利用各种干预措施或服务，这样每个人的独特技能、资源和环境都可以与最合适的服务相匹配。虽然这不太可能，但我们至少可以努力提供影响范围最广的干预措施。因此，只要有可能，通过以下几个方面来同时影响几个维度是值得的：提供自我表达和增强自尊的机会；教授新技能来完成日常生活任务；加强和动员现有的社会支持网络；提供有关健康、营养和锻炼方面的教育与帮助；鼓励社会参与。

确保提供适当的服务需要各种干预形式和专业人员。并非所有人都以同样的方式经历丧亲之痛；同样，并非所有人都会使用或受益于相同的干预措施。在形式方面，有些人希望只进行一对一的干预。这可能是因为他们不愿意在集体情境中表达个人和敏感的感受。另一些人则表示，他们特别喜欢自助小组，因为他们向他人学习，认识到大家情况中的一些共性，并享受所发展的社交和友谊。其他新的、有前景的干预服务形式是那些使用了基于网络的相关技术。许多组织创建了提供各种教育材料的网站，在某些情况下还提供互联网公告板、聊天室和讨论组。

很少有研究对这些新模式的有效性进行检验，但它们确实提供了接触那些生活在偏远地区的，居家的，或只是喜欢使用这种即时、易于获取的技术的人的机会。

许多人拥有非常适合帮助丧亲者的技能和专业知识。菲利斯·西尔弗曼（Phyllis Silverman）是丧偶女性互助项目的开发者，他认为丧偶女性完全有能力互相帮助。一位经验丰富的丧偶女性可以向新丧偶女性透露自己经历过同样的境遇，并且知道悲伤是什么感觉。此外，研究人员、老年学家、心理学家、精神病学家、内科医生、社会工作者、护士、职业治疗师、艺术治疗师、顾问、神职人员以及许多其他专业人士，包括社会科学家、律师、会计师、教育工作者和直接服务提供者，都可以做出重要贡献。同样，由于丧亲之痛具有多方面的影响，许多不同的专业和训练有素的团队成员可以开展干预。其他丧亲者可以提供经验分享，而受过训练的人则可以协助处理法律、财务、健康、精神和教育问题。强烈建议采用多维的团队方法，因为这会增加开发干预措施的可能性，以满足多样化的需求，并带来更大的成功。

人们应该理解，丧亲之痛是我们必须经历的自然而普遍的体验。不幸的是，很多人并没有为它所带来的痛苦、威胁和挑战做好充分的准备。因为丧亲之痛发生在更广泛的环境中，我们并非都拥有相同的个人资源和社会资源，也不是所有人都有相同的经验和需求。对一个人有帮助的措施可能对其他人产生完全不同的影响。准备好帮助丧亲者的最佳方式是对服务过程进行培训，评估过程发生的背景，熟悉各种各样的帮助资源，并保持耐心、善于倾听和不加评判。

另请参阅：死亡和濒死；孤独；宗教与灵性；自尊；社会网络、社会支持和社会融合。

拓展阅读

Cleiren M（1993）*Bereavement and Adaptation.* Washington，DC：Hemisphere/Taylor & Francis.

De Spelder LA and Strickland AL（2002）*The Last Dance*，6th edn. Mountain View，CA：Mayfield.

Doka K（2002）*Disenfranchised Grief*：*New Directions*，*Challenges*，*and Strategies for Practice.* Chicago，IL：Research Press.

Lund DA（1989）*Older Bereaved Spouses.* Washington，DC：Hemisphere/Taylor & Francis.

Lund DA（2001）*Men Coping with Grief.* Amityville：Baywood Publishing.

Parkes CM，Laungani P，and Young B（1997）*Death and Bereavement across Cultures.* New York：Routledge.

Silverman PR（2004）*Widow to Widow*，2nd edn. New York：Springer.

Stroebe MS and Schut H（1999）The dual process model of coping with bereavement. *Death Studies* 23：197-224.

Stroebe MS，Hansson RO，Stroebe W，

and Schut H (2001) *Handbook of Bereavement Research: Consequences, Coping and Care*. Washington, DC: American Psychological Association.

Worden JW (2002) *Grief Counseling and Grief Therapy*, 3rd edn. New York: Springer.

译　者：郭　佳（北京大学护理学院）

社会保障

M. N. 小泽 华盛顿大学，圣路易斯，密苏里州，美国

词汇表

临时被保险（Currently Insured）——指一个人在截至死亡、残疾或年满 62 岁的日历季度的 13 个季度内，获得 6 个保障季度。

完全被保险（Fully Insured）——指一个人获得最低要求的 40 个保障季度。

社会保障制度（Social Security System）——是指为老年人、残疾劳动者及劳动者家属和遗属提供经济保障的社会保险体系。

引言

1935 年颁布的《社会保障法案》（the Social Security Act）被认为是自 20 世纪 30 年代“大萧条”（the Great Depression）时期以来美国最受欢迎的法案，它直接促成了社会保障计划的实施，这一法案及随后出台的修正案帮助数百万受益者摆脱了贫困。尽管这个计划备受推崇，但 30 年代社会保障委员会（Social Security Board）主席阿瑟・J. 奥特迈耶（Arthur J. Altmeyer）的预言最终还是成为了现实：社会保障制度是变化的，必须进行改革来满足人口不断变化的需要，并使其与不断变化的经济条件相适应。

和很多发达国家一样，美国的人口结构、家庭结构和经济条件正经历着翻天覆地的变化，这些变化使得美国人不得不重新审视社会保障计划的适用范围，以及社保条例中过时和不公正的内容。

1977 年，为了保证社会保障计划的经济偿付能力，美国开始着手对其进行改革，这也反映出人们对社会保障制度的态度开始发生变化。而在此之前，由于政策的推动，社会保障条款过于慷慨。

本文将介绍以下几个问题：（1）描述社会保障制度如何运转；（2）讨论人口变化和精算失衡；（3）审视现行体系的不公平；（4）介绍 1983 年《社会保障法案》修正案，1994—1996 年社会保障顾问委员会（the Advisory Council on Social Security）和加强社会保障总统委员会（the President's Commission to Strengthen Social Security）的建议；（5）从更广泛的角度探讨美国对老年人的收入保障津贴。

相关规定

美国的社会保障制度包括为老年人、残疾劳动者及劳动者家属和遗属提供经济保障的社会保险计划——“老年和遗属保险”（Old-Age and Survivors Insurance，OASI）和“残障保险”（Disability Insurance，DI）两部分，它们合在一起统称为“老年、遗属和残障保险”（Old-Age，Survivors，and Disability Insu-rance，OASDI）。老年和遗属保险是在1935年《社会保障法案》及其1939年修正案的基础上建立的，其宗旨是给退休劳动者、家属和遗属提供现金补贴；而残障保险是根据1956年修正案设立的，旨在为残疾劳动者及符合条件的家庭成员提供现金补贴。《社会保障法案》还规定提供医疗补贴（A部分为健康保险；B部分为补充医疗保险），然而由于“社会保障”通常指的是老年、遗属和残障保险，所以本文只针对老年、遗属和残障保险。

2004年年底，4 800万美国人（占当时美国全国人口的16%）领取了社会保障福利，其中3 300万为退休劳动者及其家属，700万为已故劳动者的遗属，800万为残疾劳动者及其家属，总金额为4 930亿美元。2004年有1.57亿人被纳入社会保障制度保障范围，并缴纳了工薪税。

美国的社会福利制度基于以下几个原则：第一，受益人拥有受益权，不需要接受任何形式的经济状况调查或收入调查；第二，所有劳动者都必须向社会保障计划缴款，除非是拥有特别豁免权，例如那些选择退出社会保障的州的州政府雇员，或因宗教原因而甘愿贫穷的人。

计算社保福利时还要体现个体公平性和社会充分性两项原则。个体公平性是通过将社保福利直接与受益人先前的收入挂钩来实现的。而社会充分性是在无需额外缴款的情况下，向低收入的劳动者提供与其缴费相关的较大福利，并向辅助受益人（比如孩子、供养的父母及没有收入或收入很少的配偶）提供额外福利。

社会保障的资金来自对雇主和雇员征收的工薪税，在其整个历史上都是基于现收现付原则。然而，为了应对“婴儿潮一代”从2010年开始进入退休年龄的问题，1983年的《社会保障法案》修正案规定了增加信托基金资产的条款。

社会保障计划有两种被保险资格：完全被保险和临时被保险。完全被保险意味着一个人必须获得最低要求的40个保障季度。临时被保险是指一个人在截至死亡、残疾或年满62岁的日历季度的13个季度内，必须获得6个保障季度。不同的被保险资格决定了谁有资格获得哪种类型的福利：

- 完全被保险资格或临时被保险资格：享有老年和遗属保险针对劳动者及其配偶和子女的福利。
- 临时被保险资格：享有幸存者保险（Survivors Insurance，SI）针对劳动者配偶和子女的福利。
- 完全被保险资格和临时被保险资格（对盲人只需要完全投保的状态）：享有残障保险针对残疾劳动者的福利。

在 2006 年，获得一个保障季度要取得 970 美元的收入。如果要获得两个保障季度，数额就要加倍，以此类推，因此当收入达到 970 美元的 4 倍时，则一年内可以获得 4 个保障季度。

2005 年的正常退休年龄是 65 岁零 10 个月，到 2027 年将逐渐增加到 67 岁，也就是对 2022 年年满 62 岁的人来说，要等 5 年后才能退休。到 2027 年年底，62 岁退休的人的福利全额精算扣减率将从 2005 年的 24.5%增加到 30%。

所有的社会保障福利都以基本保险金额（primary insurance amount，PIA）为基础，它分两步计算得出。首先计算劳动者的平均指数化月工资收入（average indexed monthly earnings，AIME），通过将 1951 年及以后每年的应税收入与年满 62 岁、残疾或死亡前第二年的平均工资水平进行指数化计算得出；然后加总 60 岁以后的指数化收入和非指数化收入，再除以 1950 年（如果更晚的话，就从 21 岁开始）至 61 岁（或残疾、死亡年份的前一年）的月数。收入最低的 5 个年份（对伤残劳动者剔除的年份要更少）需要在平均指数化月工资收入的计算中被剔除。福利计算期为 35 年（适用残疾劳动者的年限更短）。

然后，在平均指数化月工资收入的基础上计算基本保险金额，对 2005 年年满 62 岁退休的人，基本保险金额的计算公式如下：

PIA = AIME 中 0~627 美元部分的 90%

+628~3779 美元部分的 32%

+超过 3779 美元部分的 15%

拐点（即公式中的 627 美元和 3 779 美元）将随着平均工资水平的增长而逐年上涨。比正常退休年龄要早退休的劳动者，将受到基本保险金额精算削减的影响——2005 年 62 岁退休的人要扣减 24.5%，63 岁和 64 岁退休的人也按比例扣减。

每一个符合条件的退休劳动者辅助受益人都有权享受相当于基本保险金额 50%的福利。但在 65 岁之前申领辅助福利的配偶将面临精算扣减，除非有符合条件的子女存在。另外，当配偶因在联邦、州或地方政府工作而领取养老金，且这部分经费不在社会保障覆盖范围内时，他们的社会保障福利将按照他们的公共养老金的三分之二予以扣除。一个家庭的福利总额不得超过家庭福利的最高限额，也就是基本保险金额的 150%~270%，这取决于基本保险金额的水平。但矛盾的是，最低比例（150%）适用于平均指数化月工资收入的最低范围，即 2005 年是 0~801 美元。

如果在正常退休年龄或以后申领，已故投保劳动者的配偶可以获得其 100%的基本保险金额。他们也可以最早在 60 岁（如果残疾可以提前到 50 岁）申领福利，但是会受到精算扣减的影响。

不满 18 岁的子女（如果仍在上高中，则为 19 岁以下）及照顾这些孩子的遗属有权享受老年和遗属保险补贴。每个符合资格的遗属都有权获得相当于 75%的基本保险金额，而家庭福利的最高限额依然适用。当最小的孩子年满 18 周岁时，遗属的福利将停止，但是如果任何一个孩子在孩童时期（22

岁之前）就有残疾，则针对孩子和看护父母的福利不受年龄限制。

为了领取残障保险补贴，劳动者不能有任何实质性的收益活动（substantial gainful activity），因为严重的身体或精神损伤应至少持续12个月，甚至导致死亡。判定残疾时还会考虑教育、工作经历和年龄因素。如果社会保障管理局（the Social Security Administration）认定某些康复治疗有效，那么残障保险受益人必须接受由州康复机构提供的这类康复治疗。

符合条件的残疾劳动者有权按月享受的补贴等同于基本保险金额。符合条件的子女，以及照顾未满18岁或22岁前致残子女的配偶，有权获得50%的基本保险金额。家庭福利总额不得超过家庭福利的最高限额。

除非医学上认定的残疾已经康复，否则在测试劳动能力期间，残疾劳动者通常仍可继续领取长达9个月的福利。直到测试工作期后最早月份随后的第二个月之前，补贴都不会停发，而测试工作期是指个人从事实质性获益活动或社会保障管理局认定能够从事实质性获益活动的试用期。

老年、遗属和残障保险的资金来源为雇主、雇员及个体经营者的工薪税。工薪税是《联邦社会保险法案》（the Federal Insurance Contribution Act）授权征收的，设有最高应税收入（2006年为94 200美元）。老年和遗属保险、残障保险的税率为6.2%，分别向雇主和雇员征收，因此工薪税税率为12.4%，个体经营者税率也为12.4%。工薪税按老年和遗属保险为5.30%、残障保险为0.90%的方案分配。

新出现的问题

人口结构变动

社会保障融资日益困难的主要原因是美国人口结构的变化。老年抚养比（即65岁及以上人口与20~64岁人口的比值）不断增加。这个比值预计将从2005年的0.203上升到2030年的0.350，而2080年将达到0.431（见表1）。即使在“婴儿潮一代”去世后，老年抚养比的上升趋势仍将持续，因为儿童的比例将继续下降。

表1　老年抚养比（2005—2080年）

年份	老年抚养比
2005	0.203
2010	0.210
2020	0.271
2030	0.350
2040	0.373
2050	0.381
2060	0.401
2070	0.419
2080	0.431

引自：Board of Trustees, OASDI (2005), Tables V. A2, p. 77.

如表2所示，老年和遗属保险受益人数

将从 2005 年的为 4 000 万上升到 2080 年的约 9 500 万（增幅为 138%）。而残障保险受益人数预计将从 2005 年的约 800 万增加到 2080 年的约 1 500 万（增幅为 87%）。最终老年、遗属和残障保险受益人的总数将从 2005 年的约 4 800 万上升到 2080 年的约 1. 11 亿（增幅为 129%）。总而言之，老年、遗属和残障保险受益人数占美国人口的比例将从 2005 年的 16% 上升到 2080 年的约 27%。

65 岁人口预期寿命的延长和提前退休的趋势，延长了领取老年和遗属保险福利的期限。特别是 65 岁男性的预期寿命从 1980 年的 14. 0 岁增加到 2004 年的 16. 2 岁，而女性则从 18. 4 岁增加到 19. 0 岁。比正常退休年龄提前退休的男性比例则从 1980 年的 58%上升到 2003 年的 74%，同期女性的比例则从 70%上升到 77%。

精算失衡

保持财务上的偿付能力是社会保障计划面临的巨大挑战。表 3 显示了未来年收入率和年成本率在工资总额中所占百分比的差距。今后 25 年（2005—2029 年），老年和遗属保险信托基金将具备财务偿付能力，也就是说，年收入超过年成本，但在今后 50 年（2005—2054 年）和今后 75 年（2005—2079 年），社会保障计划将面临精算失衡，失衡规模分别相当于工资收入的 0. 87% 和 1. 60%，这意味着如果到 2079 年老年和遗

表 2 老年、遗属和残障保险预计受益人数和占比（2005—2080 年）

年份	老年和遗属保险受益人数/千人	残障保险受益人数/千人	老年、遗属和残障保险受益人数/千人	受益人数占总人口比例/%
2005	40 085	8 260	48 345	16. 0
2010	43 785	9 502	53 287	17. 0
2020	57 876	10 971	68 847	20. 4
2030	71 798	12 329	84 127	23. 5
2040	78 266	13 035	91 301	24. 5
2050	81 560	13 998	95 558	24. 9
2060	86 141	14 503	100 644	25. 5
2070	91 175	14 897	106 072	26. 2
2080	95 464	15 416	110 880	26. 7

注：老年保险受益人包括退休劳动者、配偶和子女。遗属保险受益人包括寡妇或鳏夫、母亲或父亲、子女和父母。残障保险受益人包括残疾劳动者、配偶和子女。

引自：Board of Trustees，OASDI（2005），Tables V. C4 and V. C6，P. 111 and 118.

表 3　2005—2079 年（日历年）信托基金在中期假设下得出的估值期收入率和成本率（占应纳税工资的百分比）

估值期	老年和遗属保险			残障保险			合计		
	收入率	成本率	精算结余	收入率	成本率	精算结余	收入率	成本率	精算结余
25 年：2005—2029	12.53	11.59	0.95	2.02	2.14	−0.12	14.55	13.72	0.83
50 年：2005—2054	12.06	12.93	−0.87	1.95	2.21	−0.26	14.02	15.15	−1.13
75 年：2005—2079	11.93	13.53	−1.60	1.94	2.26	−0.32	13.87	15.79	−1.92

引自：Board of Trustees，OASDI（2005），Tables Ⅳ. V4，p. 56.

属保险仍保持偿付能力，收入必须增加相当于工资的 1.60%。

残障保险计划面临的挑战更大。在今后 25 年、50 年和 75 年间，残障保险信托基金都将面临精算失衡。相对而言，在今后 75 年间，残障保险信托基金的失衡规模相当于工资收入的 0.32%，高于老年和遗属保险的 1.60%。

合并后的老年、遗属和残障保险信托基金在今后 25 年间仍能实现平衡，但在今后 50 年和 75 年间面临的精算失衡分别相当于工资收入的 1.13%和 1.92%。信托理事会预测，时间推向无穷后，精算失衡规模将达到工资收入的 3.5%，即 11.1 万亿美元（按现值计算），或国内生产总值的 1.2%。

考虑到累计资产，其峰值在 2015 年达到相当于老年和遗属保险年支出的 469%，在 2005 年达到相当于残障保险年支出的 215%，预计未来几年将发生以下现象。从 2018 年开始，老年和遗属保险的支出将超过其收入（不包括信托基金的利息）——而这一情况残障保险信托基金在 2005 年就开始了。从 2017 年开始，老年、遗属和残障保险整体的支出将超过收入。此后，老年和遗属保险与残障保险必须赎回累计的利息，补充存入各自信托基金的年收入，以继续支付计划内的福利。但是到 2028 年老年和遗属保险的累计利息将耗尽，残障保险为 2014 年耗尽，而作为整体的老年、遗属和残障保险则为 2017 年耗尽。此后为了继续支付计划内的福利，老年和遗属保险和残障保险将不得不动用各自信托基金的累计资产来弥补年收入的不足。对老年和遗属保险来说这种情况将持续到 2043 年，而残障保险能持续到 2017 年，作为整体的老年、遗属和残障保险则能持续到 2041 年。换句话说，到 2043 年，老年和遗属保险信托基金的资产将耗尽，而残障保险信托基金为 2017 年，老年、遗属和残障保险为 2041 年。到 2041 年，年收入只够弥补年度计划福利的 74%，到 2079 年仅为 68%。

这些预测建立在财政部有能力偿还老年和遗属保险信托基金和残障保险信托基金所欠债务的基础上，加上特别发行的美国政府债券的利息。然而，这些借来的资金从未闲置，都被用于支付其他正在运行的项目上。因此，联邦政府只有想办法拿出“新资金”，才能使老年、遗属和残障保险信托基金有可能兑现特别发行的债券及其利息。

另外，到 2079 年，老年、遗属和残障保险信托基金还需要相当于工资的 1.92%的额外收入来支付计划内的福利，这部分资金被称为无资金准备的负债（unfunded liabilities）。为此，除了从老年、遗属和残障保险信托基金借款外，联邦政府还需要拿出财政资源，外加利息。总之，老年和遗属保险真正的财务困境从 2018 年开始，而残障保险从 2005 年开始，那时它们的年收入将低于年支出。

为了理解收入率、成本率、累计资产、无资金准备的负债，基于国内生产总值对老年、遗属和残障保险的财政状况进行评估是有指导意义的。如表 4 所示，2005 年老年、遗属和残障保险的成本为国内生产总值的 4.26%，而到 2080 年将增长 50%，为 6.39%；但收入将保持稳定：2005 年为国内生产总值的 4.82%，到 2080 年为 4.46%。因此，在此期间，结余将从国内生产总值的 0.56%变为-1.93%（下降了 345%）。

表 4 老年、遗属和残障保险在选定年份和估值期的收入、成本与结余（占国内生产总值的百分比）

年份	收入	成本	结余
2005	4.82	4.26	0.56
2010	4.86	4.28	0.57
2020	4.86	5.24	-0.38
2030	4.83	6.14	-1.31
2040	4.76	6.31	-1.54
2050	4.69	6.24	-1.55
2060	4.61	6.29	-1.67
2070	4.54	6.36	-1.82
2080	4.46	6.39	-1.93
估值期			
25 年：2005—2029	5.47	5.16	0.31
50 年：2005—2054	5.17	5.59	-0.42
75 年：2005—2079	5.04	5.74	-0.70

引自：Board of Trustees，OASDI（2005），Tables Ⅳ. F4，p. 171.

关于今后 25 年、50 年和 75 年间的收入、成本和结余情况，老年、遗属和残障保险的结余分别为国内生产总值的 0.31%、-0.42%和-0.70%。不断恶化的财政状况表明，越早采取政策举措，问题就越容易得到解决。

基本的问题是，不管从何处筹集资金（年收入、基金资产或一般财政收入），到 2080 年，美国都将花费高达其国内生产总值 6.39%的钱来支付老年、遗属和残障保险，而2005年这一数字仅为4.26%。因此，美国面临的难题是，是否愿意增加国内生产总值的比例用于老年、遗属和残障保险。根据现任政府和前任政府寻求使老年、遗属和残障保险的融资更易于管理而采取的举措来看，美国似乎正在寻求缩小老年、遗属和残障保险范围的解决方案。

其他问题

货币价值 由于工薪税税率不断提升，劳动者缴纳的税款也水涨船高，相对于劳动者对社会保障计划的贡献，它已无法有效地给劳动者提供足够的回报。C. 尤金·斯图尔和乔恩·M. 巴库贾（C. Eugene Steuerle and Jon M. Bakuja）指出，1960年退休的达到平均工资水平的单身男子一生可领取的退休福利比他缴纳给老年和遗属保险计划的多36 500美元；而2030年退休的单身男子预计领取的比缴纳的要少56 200美元。

少数群体的情况则提出了另一种问题。由于黑人劳动者一生的工资水平通常较低，因此他们的每月福利相对于其平均指数化月工资收入往往要高于白人劳动者。然而，根据他们的终身缴款和终身福利，其终身福利与终身缴款的比率要低于白人劳动者，主要是因为他们往往死得更早。

单职工夫妇和双职工夫妇 在现行制度下，单职工夫妇和双职工夫妇的最大平均指数化月工资收入相同，夫妻二人可各取得最大值的一半。夫妻二人都在世比只有一人活着所获得的福利要大。

表5展示了2004年65岁退休的单职工夫妇和双职工夫妇的情况。当他们都在世时，单职工夫妇的福利是夫妇中获得收入一方享受的最大福利加上这个数字的一半；而双职工夫妇的福利是两个相同数字的总和，夫妻二人每个人都享受最大平均指数化月工资收入的一半。尽管这种累进制福利计算公式只适用于低工资水平劳动者，但很显然一又二分之一最大福利高于两个相同福利之和。而且，单职工夫妇的未亡一方配偶仍可领取最大的福利，而双职工夫妇的未亡一方配偶则继续按照其工作记录领取福利。

研究表明，在高收入阶层中，没有工作的配偶获得全额配偶福利的可能性要高于低收入阶层。同样的情况也适用于领取双重福利的配偶。（当配偶的福利水平低于主要受益人福利水平的一半时，双重福利为配偶福利的一部分。）双重福利等于主要受益人福利的一半减去依据夫妻一方的工作记录计算的福利。这样，双重受益人的福利等于主要受益人福利的一半——这与没有工作的配偶的福利相同。

表5　享受最大平均指数化月工资收入（5 892美元）的单职工夫妇的月福利和只按其一半计算（2 946美元）的双职工夫妇的月福利：2004年，65岁时领取福利的夫妇

	单职工夫妇	双职工夫妇
双方均健在时的福利	$ 2 798	$ 2 596
仅有一方健在时的福利	$ 1 865	$ 1 298

注：假设夫妻年龄相同，65岁退休。

引自：Board of Trustees（2004），p. 100；Mercer（2003），pp. 3.

改革政策和提案

1983年《社会保障法案》修正案

1983年的《社会保障法案》修正案是应对信托基金赤字问题的第二次认真尝试。主要的变化是增加收入、减少福利，以及降低退休率。为了增加收入，将早先被排除在外的劳动者群体（新录用的联邦雇员、所有国会议员、非营利组织雇员及一些地方和州政府雇员）涵盖了进来。在减少福利方面，生活费用上调的时间推迟了，对收入超过25 000美元的单身者和超过32 000美元的已婚者的社会保障福利的一部分需要缴纳所得税；对符合公务员养老金和社会保障福利资格的政府雇员建立了不同的福利计算公式，以防止他们在老年和遗属保险计划下，利用这一累进福利计算公式测算基本保险金额。在降低退休率方面，到2022年，将正常退休年龄（原为65岁）逐渐提高到67岁。

也许1983年的修正案中最重要的政策举措是提高税率，这样信托基金才能积累足够规模的资产，以应对“婴儿潮一代”退休时不断增长的老年和遗属保险成本。这些累积资产有助于延长信托基金资金耗尽的年限，但并不是解决老年和遗属保险偿付能力的永久办法。

1994—1996年社会保障顾问委员会

为了保证老年和遗属保险的财务健康，克林顿政府成立了一个社会保障顾问委员会，以寻找可行的替代解决方案，永久实现老年和遗属保险的偿付能力。这个委员会提出了三种解决方案：维持现有制（Maintain Benefits，MB）方案、个人账户（Individual Accounts，IA）方案和个人保障账户（Personal Security Accounts，PSA）方案。这三条建议的目的不仅是实现长期的精算平衡，还试图增加年轻一代资金的价值比率。另外，三个方案都建议将社会保障缴款的一部分投入股票市场。

在维持现有制方案计划下，将尽可能地维持现状。具体的改革议程包括将社会保障的覆盖范围扩大到所有的州和地方政府雇员，再用3年时间来计算平均指数化月工资收入，对雇主和雇员的老年、遗属和残障保险的工薪税率提高0.8%。

个人账户方案计划除部分方法与维持现有制方案计划相同外，还包括更积极的策略，帮助老年、遗属和残障保险实现偿付能力：在计算基本保险金额时，减少第二和第三倍增系数，分别从0.32和0.15下调到0.224和0.105；加速提高正常退休年龄，于2011年达到67岁，而此后将根据预期寿命的增长自动增加；降低未亡配偶和老年配偶的福利在基本保险金额中的比例。更重要的是，要求所有劳动者额外缴纳1.6%的应税收入，以建立个人退休金账户（individual retirement accounts ，IRA）。

个人保障账户方案计划包含了最激进的战略以支持老年和遗属保险的财务健康，它将设立个人保障账户作为改革的中心议题。该计划要求从老年、遗属和残障保险的雇员工薪税中扣除5%，为每个劳动者建立个人保障账户，并将基于平均指数化月工资收入的传统社会保障福利改为固定金额的福利。实质上，个人保障账户方案计划为未来社会保障体系设计了双层体系：第一层（固定福利）和第二层（固定缴费计划）。该计划预计需要额外的资金负担转型成本，并于2070年之前以利息偿还。

加强社会保障总统委员会

这个委员会由小布什政府建立，它提出了三个备选方案：模式1、模式2和模式3。三个方案都涉及建立某种形式的个人退休账户（personal retirement accounts，PRA）。为了实现老年和遗属保险的永久偿付能力，模式2的建议最全面也最积极。

模式2建议自愿建立个人退休账户，由劳动者工薪税提供4%，且每年不超过1 000美元。封顶更有利于提高低收入者缴款的积极性。传统的社会保障福利将被劳动者的个人退休账户缴款所抵消，这将以比通货膨胀率高出2%的利率计算复利。从个人退休账户和传统社会保障制度中获得的综合福利将高于那些没有建立个人退休账户的人获得的福利，同时也高于如果维持现行制度不改革情况下所获得的福利。

尽管模式2将确保未来退休福利的大部分责任从政府转移到了个人，但它也试图通过传统的社会福利制度确保长期低工资劳动者获得高于贫困线的福利。该方案建议，领取30年最低工资的劳动者将获得相当于贫困线120%的福利。还将为这些劳动者的遗属给予额外的保护。另外，为了减少未来传统的社会保障福利，该方案还建议将工作期间的收入按照物价指数而不是工资指数核算。

如果所有这些建议得以实施，该委员会预计，一个选择建立个人退休账户的中等收入者在2051年退休后将获得比现在的退休人员高出59%的综合福利。在75年期间（2079年）结束时，个人退休账户系统将持有12.3万亿美元（折合成今天的现值为1.3万亿美元）。另外，该委员会还预测如果采取所有这些措施，到2079年现金流将为正。但必须指出的是，这个方案需要从政府一般收入中临时调拨资金，以保持信托基金在2025—2054年的偿付能力。

正如盖瑞·波特里斯（Gary Burtless）所论证的，个人退休账户缴款的收益率会在不同队列之间出现巨大差异。然而，马丁·S. 费尔德斯坦（Martin S. Feldstein）却认为，由于缴款的收益率非常高，与传统社会保障计划的收益率相比，很可能个人退休账户计划的每一个参与者的情况都会好于那些不参与的人。

到目前为止，该委员会提出的最激进的变革就是建议利用前期收入的物价指数来计算平均指数化月工资收入，后者是计算基本保险金额的基础。在现行体制下，早年（1951年起，或21岁时，以较晚者为准）获得的工资收入会根据平均工资的增长率进行调整。例如1951年收入的指数因子为11.9，相当于2002年的收入，为了将1951年的通货膨胀的收入调整到2002年的物价水平，只需要使用9.9的指数因子。因此，使用物价指数而不是工资指数，平均指数化月工资收入将降低，社会保障福利也将减少。该委员会声称，仅采用物价指数不但可以消除所有无资金准备的负债，而且还能确保老年、遗属和残障保险的永久财务偿付能力。

有必要指出，物价指数化将导致不同队列的社会保障福利具有相同水平的恒定购买力，而工资指数化将保证相同的社会保障福利替代率，从而在以后队列的社会保障福利中出现内置增长。很显然，按照物价指数测算前期收入发放的社会保障福利，比按照工资指数测算要更容易。

一些人可能会对该委员会预期的替代率的下降感到担心，然而，由于有很多私人退休计划，比如个人退休金账户（IRA）、401（K）计划和基欧计划（Keogh plan），模式2加上所有这些私人计划的替代率将在未来提供相对较高的替代率。

该委员会认为，个人退休账户计划不但可以有效地建立由参与者控制的个人资金账户，还可以增加国民储蓄。前者显而易见，然而后者可能正确也可能错误，因为现行体制实行现收现付制，对国民储蓄没有贡献。如前所述，模式2仍然保留了现行体制中的一些相同的功能。

反对社会保障制度剧烈变革

虽然对社会保障制度进行彻底改革的运动正在美国逐渐展开，但是纵观各项改革的建议，可以发现对如何改革还没有达成全国性的统一意见。因此，实行加强社会保障总统委员会提出的模式2并不容易。抵制主要源于两点：一是还有其他的替代改革方案；二是对现行社会保障制度坚定、积极的态度。

替代改革方案 社会保障制度的替代改革方案是尽量保持现行社会保障制度的基本结构不变。这个方案是由社会保障委员会前委员罗伯特·M. 鲍尔（Robert M. Ball）提出，他曾效力于肯尼迪、约翰逊和尼克松三届政府。他建议的步骤包括：增加应税工资；通过征收遗产税注入一般财政收入；扩大保险的覆盖范围，把以前未涵盖的人涵盖进来；将信托基金资产投资于股市；还有降低生活费增加幅度。鲍尔相信通过这些方法可以在不改变现行社会保障计划结构的基础上解决赤字问题。

具体来说，他的计划试图通过以下方式消除赤字（现为工资收入的1.9%）：（1）将应纳税工资总额的最高税率从目前的83%恢复到90%，这将减少0.6%的赤字，从而将赤字减少到1.3%；（2）将超过免税金额的遗产税收入（2009年，个人将达到350万美元，而夫妻将达到700万美元），指定用于社会保障，这样可以减少0.5%的赤字，使之降到0.8%；（3）将20%的社会保障信托基金累计资产投入股市，这样未来可以减少0.4%的赤字，使之降到0.4%；（4）扩大社会保障的覆盖范围，涵盖所有新雇佣的州和地方政府雇员，这样将减少0.2%的赤字，使之降到0.2%；（5）降低对生活成本费用率的调整，可减少0.4%的赤字，至此不但可以消除赤字，还可以使信托基金有正的结余。此外，由于短期预测信托基金将在未来5年内开始下降，鲍尔主张可以临时上调工薪税。

鲍尔认为，如果采取了所有这些措施，不但没有必要削减福利，而且社会保障体系也将能够应对未来75年甚至更长时间内的信托基金资金短缺的问题。他断言，如果采取这些措施可以有效解决美国的财政问题，社会保障制度不会出现财政危机。

鲍尔的建议基于他的信念，即美国公众需要在晚年时获得非常可靠的安全保证，而社会保障计划是实现这一目标最有效的工具。他进一步指出，社会保障福利是一种争取来的权利，因此不能被削减或剥夺。

鲍尔的计划是具体的，而且似乎是可行的，因为它要维持一个足够大的信托基金水平，以继续向现在和未来的受益人支付承诺的福利。然而，社会保障计划仍将面临资金不足，因为联邦政府继续使用信托基金的累计资产用于资助其他正在运行的政府项目(未来很多年联邦政府仍将有赤字预算)。现在的问题是，到那时联邦政府能否赎回特别发行的债券（也就是社会保障信托基金持有的债券)，现在还款期限马上就要到了。尽管美国长期奉行保护过去缴纳的社会保障金的充分诚信原则，但这种不确定性依然存在。

公众的态度 公众对结构性变革的情绪，似乎不足以让美国像由加强社会保障总统委员会制定的模式2所倡导的那样，从根本上改革社会福利制度。费·洛马克斯·库克（Fay Lomax Cook）和劳伦斯·R. 雅各布斯（Lawrence R. Jacobs）最近的一项研究证实了公众对这种激进的改革的抵制。他们调查了过去25年里有关社会保障制度的民意调查结果，以及对最近一些社会保障条款变化的相关具体问题的调查结果。库克和雅各布斯发现，公众对社会保障的支持水平一直很高且稳定，89%～95%的公众认为，现在的社会保障支出太少或者刚刚好。此外，他们发现大多数公众更倾向于渐进式改革，而不是激进的改革；公众更希望增加社会保障税收而不是削减福利；如果必须削减福利，那么应该削减富人的福利（58%）。最后，考虑到风险，大多数（51%）公众反对社会保障私有化，而有44%的人表示支持，5%的人没有意见。这些公众意见似乎与模式2建议的内容背道而驰。

正确看待美国对老年人的收入补贴：与其他国家的比较

由于小布什政府所引发的激烈的全国性辩论和媒体铺天盖地的报道，人们开始相信，随着“婴儿潮一代”的退休，社会保障基金将出现财政危机，因此国家需要提前应对。然而这一问题的严重性还需理性评估。将美国对老年人口的财政支持范围与其他工业化国家进行比较，可以更好地了解美国的现状。

图1、图2、图3是根据经济合作与发展组织的社会支出数据库（Social Expenditure Database）绘制的，它展示了与日本、德国和瑞典相比，美国向老年人提供的现金支付

（包括社会保险和收入测试福利）有多大（或有多小）。

显然，用所有社会福利项目占国内生产总值的百分比来衡量（见图1），美国和日本都是福利小国，而与其他国家相比，美国提供给老年人的现金支付占国内生产总值的百分比很小（见图2）。自1997年以来，美国在现金支付上的支出占国民生产总值的百分比最低，部分原因是美国作为福利小国，现金支付支出占社会福利支出总额的比例很大，仅次于日本（见图3）。

这些数字表明，美国还有很大空间扩大对老年人的收入转移项目，而这正是社会保障计划的大头。但是美国面临一个巨大的挑战。随着美国扩大对老年人的收入转移项目的公共支出，除非愿意扩大福利国家的规模，否则必然产生挤压效应，损害非老年人口的利益，尤其是儿童。图3显示，1998年，社会福利支出总额的34.5%用于向老年人提供现金支付，仅次于日本的37.7%。因此，美国联邦预算中已经没有多少钱来支付儿童和其他人口的项目了。随着美国在未来几年对老年人现金支付的增加，情况将变得更严重。如果考虑到医疗保险计划和医疗救助计划，那么这种情况将是站不住脚的，因为这两种支出主要针对的是老年人口。

近几十年来，相对于老年人，忽视儿童人口数量和收入状况的问题持续恶化。研究表明，1969年儿童的收入状况（按收入需求比衡量）为相应年份的老年人口的101.2%，到1979年下降到98.9%，到1989年再下降到85.5%。显然，加强社会保障总统委员会所提出的模式2方案将有助于平衡国家在社会保障改革过程中对年轻人口的承诺。模式2认为，社会保障的相当一部分应该由个人提供资金，这样社会保障的公共资

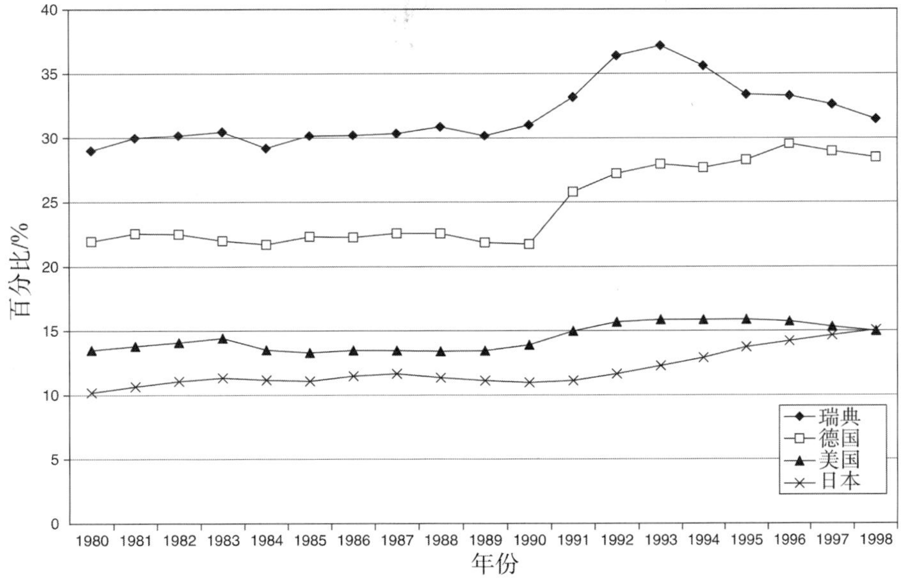

图1　1980—1998年各国社会福利支出总额占国内生产总值的比例

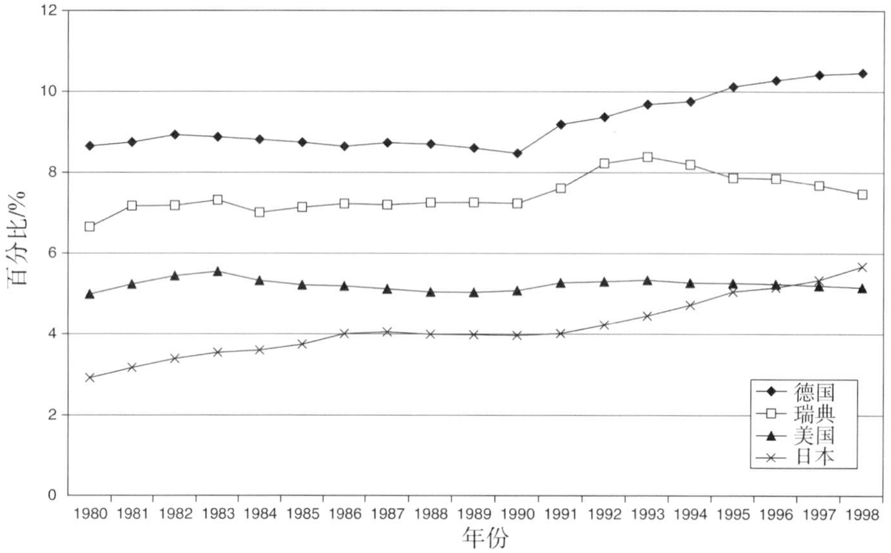

图 2　1980—1998 年各国老年人的现金福利占国内生产总值的比例

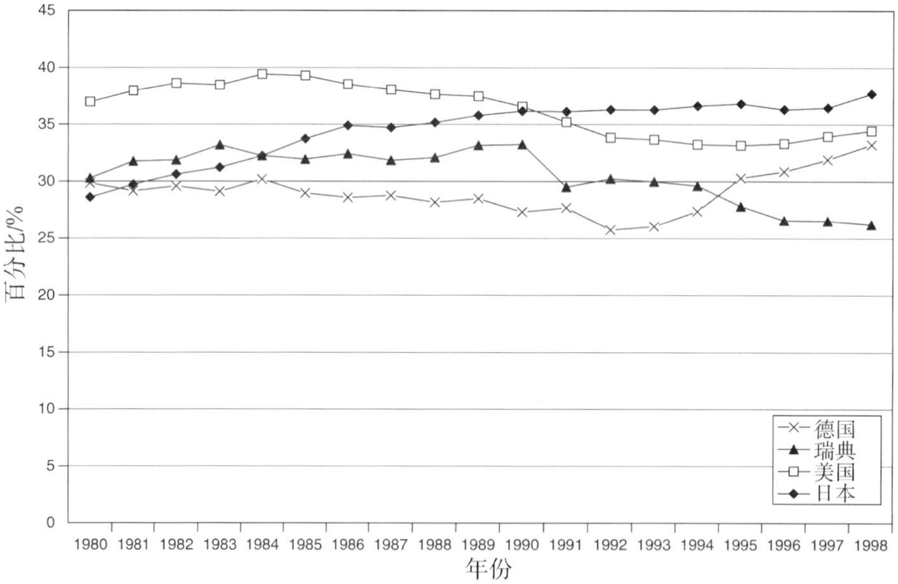

图 3　1980—1998 年各国老年人现金福利占社会福利支出总额的比例

金会比其他资金少。政府要防止社会保障体系不断扩大的挤压效应，因此，将有更多的公共财政资源用来资助非老年人口，尤其是儿童人口的项目。

另请参阅：人口学；经济学：社会；老年政治；退休。

拓展阅读

Aaron HJ, Bosworth BP, and Burtless GT (eds.) (1989) *Can America Afford to Grow Old? Paying for Social Security*. Washington, DC: Brookings Institution Press.

Altmeyer AJ (1966) *The Formative Years of Social Security*. Madison, WI: University of Wisconsin Press.

Arnold RD, Graetz MJ, and Munnell AH (eds.) (1998) *Framing the Social Security Debate*. Washington, DC: National Academy of Social Insurance.

Baker D and Weisbrot M (1999) *Social Security: The Phony Crisis*. Chicago, IL: University of Chicago Press.

Ball B (2000) *Insuring the Essentials*. New York: A Century Foundation Book.

Béland D (2005) *Social Security: History and Politics from the New Deal to the Privatization Debate*. Lawrence, KS: University Press of Kansas.

Blahous CP (2000) *Reforming Social Security: For Ourselves and Our Posterity*. Westport, CT: Praeger.

Board of Trustees (2005) *The 2005 Annual Report of the Board of Trustees of the Federal Old-Age and Survivors Insurance and Disability Insurance Trust Funds*. Washington, DC: US Government Printing Office.

Burkhauser RV and Holden KC (1982) *A Challenge to Social Security: The Changing Roles of Women and Men in American Society*. New York: Academic Press.

Burtless G (1998) The role of individual personal saving accounts in social security reform. Testimony before the Ways and Means Committee, the Subcommittee on Social Security, June 18, 1998.

Cohen WJ and Friedman M (1972) *Social Security: Universal or Selective?*. Washington, DC: American Enterprise Institute for Public Policy.

Cook FL and Jacobs LR (2002) Assessing assumptions about Americans' attitudes about social security: popular claims meet hard data. In: Edelman P and Salisbury DL (eds.) *The Future of Social Insurance*, pp. 82 – 110. Washington, DC: Brooking Institution Press.

Cook FL, Barabas J, and Page BJ (2002) Invoking public opinion: policy elites and social security. *Public Opinion Quarterly* 66: 235–264.

Diamond PA, Lindeman DC, and Young H (eds.) (1996) *Social Security: What Role for the Future?*. Washington, DC: National Academy of Social Insurance.

Feldstein MS (1997) The case for privatization. *Foreign Affairs* 76: 24–38.

Harber W and Cohen WJ (1960) *Social Security: Programs, Problems, and Policies; Selected Readings*. Homewood IL: R. D. Irwin.

Kingson ER and Schulz JH (eds.)

(1997) *Social Security in the 21st Century*. New York: Oxford University Press.

Lampman RJ (ed.) (1962) *Social Security Perspectives: Essays by Edwin E. Whitte. Madison*, WI: University of Wisconsin Press.

Munnell AH (1977) *The Future of Social Security*. Washington, DC: The Bookings Institution Press.

Organisation for Economic Co-operation and Development (2001) OECD social expenditure database: 1980-1998. Paris: OECD.

Schieber SJ (1982) *Social Security: Preserving the System*. Washington, DC: Employee Benefit Research Institute.

Schieber SJ and Shoven JB (1999) *The Real Deal: The History and Future of Social Security*. New Haven, CT: Yale University Press.

Social Security Administration (2004) *Annual Statistical Supplement to Social Security Bulletin* 2004. Washington, DC: SSA.

Steuerle CE and Bakija JM (1994) *Retooling Social Security for the 21st Century*. Washington, DC: The Urban Institute Press.

译　者：徐景龙（北京大学）
刘　梁（北京大学）
校译者：张雅璐（北京大学）

社会认知

J. E. 诺里斯，M. W. 普拉特 劳里埃大学，滑铁卢，安大略省，加拿大
S. 赫布尔思韦特 圭尔夫大学，圭尔夫，安大略省，加拿大

词汇表

协同认知（Collaborative Cognition）——参与多种问题的解决或决策。

自我完整性（Ego Integrity）——一种对过去和生命结束的成就感。

代际关怀（Generativity）——对下一代的关心和承诺。

道德（Morality）——对行为和人际关系的判断。

社会认知（Social Cognition）——对他人的看法和对自我与他人关系的看法。

社会文化视角（Sociocultural Perspective）——一种理解人类发展的方式，强调社会环境在促进或阻碍成长中的作用。

社会情绪选择（Socioemotional Selectivity）——由于认识到生命的缩短而产生情感上满足社会交往或者伴侣的选择。

什么是社会认知

社会认知包括与他人交往时对他人和对自身的看法。当我们从这一角度考虑、认知老化时，它会使我们远离传统的研究方法和那些关注基础信息处理及与退行性变化联系在一起的理论观点。这一研究主体很大程度上是实验性的，经常发生在旨在消除社会背景影响的情况下。相反，社会认知和老龄化研究通常是为了考虑社会背景如何影响成年人的思维。

社会认知方面的研究提出了一些重要的问题——理解作为一个社会人变老意味着什么。我们的生活故事、经历、能力、核心价值观以及对社会的普遍理解对我们任何年龄段的发展都有深远的影响。为了解决这些问题，我们必须考虑到成年人的基本认知过程和能力，以及社会背景下的日常认知功能。认知能力和处理速度确实在年老时显示出损失。然而，绝大多数老年人在与社会环境的互动中都是熟练和有效的。社会认知的基本目标是了解人们在日常生活中如何理解自己、他人和事件。本文通过观察社会认知研究的五个不同领域来审视我们对这些过程的理解：个人知觉和刻板印象、社会情绪选择、协同认知、道德、积极心理学。

个人知觉和刻板印象

我们感知和理解他人的方式，在一定程度上取决于我们对他人特征的第一印象。基于这种先验知识或刻板印象，会导致对他人的负面评价和正面评价。作为一个群体，老年人被认为是许多消极刻板印象的主体。他们被认为是脆弱的、健忘的、对性不感兴趣的人。另一方面，他们也被认为有一些积极的形象，人们把更多的智慧、慷慨和社会责任归功于老年人，而不是年轻人。即使其中一些看法是真理，但是对所有人至少是对大多数老年人来说都是不准确的。

研究人员已经研究了这种刻板印象的影响，并发现它会损害老年人的功能。沟通困境模型提供了导致这个结果的过程模型。在首次遇到一个老年人时，另一个社会参与者可能注意到显示年龄的特征，例如褶皱的皮肤、颤抖的声音或一些轻微的记忆障碍等。这种意识会引发一种对认知障碍的刻板印象，从而导致改变或简化语言，例如，称呼一个老年女性“亲爱的”，或者用亲密人称称呼她。对一个脆弱的老年人来说，这种反应可以强化他可能已经表现出的刻板行为（如对他人的依赖、社会隔离），进一步限制其正常沟通的机会，导致更多的孤立感和无力感。最终，这些行为可以形成一个消极的刻板印象，对任何新的相遇都有负面影响，从而使消极印象反馈并循环。研究表明，即使是在健康的、功能良好的老年人中，对其记忆功能的消极刻板印象也足以在老年人记忆任务上产生性能缺陷。刻板印象会对脆弱的个体产生强大的影响。

然而，与年龄有关的刻板印象并不总是对行为产生负面影响。也有证据表明，接触积极的刻板印象可以改善老年人的表现。社会对领导力、智慧或亲切性的期望已经被证明会导致改变，即使是在没有直接与这些特征相关的实验中，例如记忆。对老年人的积极刻板印象让老年人振奋。

除了被迫接受刻板印象，老年人也可能更容易对他人产生刻板印象。例如，在与陌生人的接触中需要各种社会认知过程的参与。我们会思考我们所知道的具有相似特征的人，我们回忆过去类似性质的接触，我们认为环境对这次相遇的性质和结果有潜在的影响。对年轻人来说，这种分析可能产生一个刻板印象然后应用于以后的人际交往中，但这也可能会导致人们对这个人是如何不同于之前他们对他的刻板印象，以及之前与陌生人的接触与此次有哪些不同之处进行思考。另一方面，老年人似乎不太可能参与这种复杂的分析，更有可能依靠以往的经验和现成的刻板印象来帮助他们处理眼前的状况。

研究人员对上述年龄差异的社会归因提出了一些解释。一种可能是，可用的社会模式的相互作用和认知资源的减少。老年人已经积累了丰富的社会脚本，这些可以适用于社交场合。相对于开发一种新颖的方法，应用已有的模式可以耗费较少的认知努力。对信息的缓慢而低效的处理可能会使老年人很难改变高度照本宣科的社会行为方式和适应新的环境。他们更有可能自动处理信息，因为认知需求需要新的解释。然而，其他研究人员警告说，这种解释不应不加批判地接受。相反，他们提出，各种各样的社会因素会影响一个人如何参与和处理信息。与发展对社会功能产生重大影响不同，态度、价值观和激励目标更直接地与环境、群体和性别有关。

社会情绪选择

对老年人目标动机的思考是卡斯滕森（Carstensen）社会情绪选择理论的基础。随着年龄的增长，社交网络成员的死亡和诸如退休等事件造成了老年人的社会损失。这在一定程度上解释了为什么老年人的社会关系比年轻人简单。然而，这个简单的解释并没有考虑到个人的角色或在以后的生活中小规模社交网络的产生。社会老年学领域的早期理论家提出了一种叫作脱离接触的发展过程，它负责启动一个从社会角色、关系和责任中退出的过程。这个过程始于中年，被认为是变老的理想而自然的部分。反过来，强制退休等社会政策被认为与成功老龄化的目标是一致的，因为它们促使老年人从生命历程早期的社会角色中退出。脱离理论引起了争议，但很少得到实证支持，因而被忽视。

社会情感选择理论认为，年龄较大的人在某种程度上对其社交网络的萎缩负有责任，这一过程可能与年龄有关并具有适应性。然而，选择和脱离之间存在着重要的区别。在整个生命周期中，人们都有寻求社会联系的动机，比如寻求信息和情感满足。这些动机显示了一般的年龄相关模式。在以后的生活中，情感目标是突出的。例如，老年人更喜欢与老朋友进行情感上的社交活动，而不是与陌生人进行新奇的互动。相反，年轻人则通过最大化新的交往来扩展他们的社交网络。

卡斯滕森相信，同样的社会情感目标可以指导我们所有人的生活，但这些目标的优先次序发生改变的一个重要原因是生命中感知到的剩余时间。当我们的视野远大的时候，我们会寻找那些可以增加信息和新奇感的并为可能的未来做出贡献的关系。当我们的时间感知收缩，并认为我们的时间终究有限时，我们更倾向于注重现在，有意识地寻求情感上的满足和有意义的邂逅。这就解释了为什么老年人不像年轻人那样愿意寻找新的关系，即使他们已经失去了大量的已有关系。

与其他发展理论不同的是，选择理论不要求特定的社会动机行为被限制在一个时间周期内。例如，有证据表明，那些患有严重疾病或处于疾病晚期的年轻人也更倾向于情感上满足的关系，而不是认知上具有挑战性的关系。他们对社交伙伴的选择非常有选择性，更喜欢那些熟悉的人。与该理论的原则一致，缩短的时间似乎改变了社会动机和目标。据推测，任何年龄段的成年人如果得知自己可能比预期寿命活得更长，则可能会表现出相反的倾向，即喜欢新奇的邂逅和富有挑战性的互动。

协同认知

两个脑袋比一个好吗？关注生命历程早期的研究人员发现，有相当多的证据表明，儿童与他人玩耍和解决问题的合作关系在认知发展中起着决定性的作用。心理学家维果茨基（Vygotsky）的想法在指导这项研究方面起了很大的作用。从他的社会文化发展理论的角度来看，认知并不总是一种个体的活动，而是一种双方的共同活动。例如合作伙伴——例如父母和孩子——以一种方式合作或分配一项任务，创造一个支持、指导孩子逐渐学习并掌握一项技能的“最近发展区”（zone of proximal development）。

这种认知的方法似乎也能在以后的生活中理解认知功能。如果大多数成年人的处理能力随着年龄的增长而下降，那么与他人合作完成认知所要求的任务也许是一种优化功能的方法。这就是近期研究中关于协同认知的思考。记忆任务和问题解决方面协作的好处及成本被充分考虑过。一般来说，研究人员发现老年人可以通过回忆故事、决策和解决问题来互相帮助。当他们这样做的时候，他们的表现通常比同龄人的平均表现要好。事实上，在一些研究中，在被允许进行协作时，年长参与者的记忆力表现可以与年轻参与者的记忆力表现相匹敌。他们似乎使用共同构建的回忆过程来增强他们对目标信息的记忆。换句话说，老年人的认知可以通过社会互动进行改善。

在与基本认知处理的直接联系较少的活动中也发现了合作的影响，例如在促进智慧相关行为方面。研究人员发现，当人们和一个亲密的伴侣讨论一个标准的智慧难题，甚至是和一个虚拟的伙伴进行一场想象的讨论时，智慧的潜力就会被激活。其他工作也通过考虑不同年龄的成年人的现实困境，以及他们如何试图与他人合作来解决这些问题，进一步进行了这项调查。

在一系列的研究中，研究人员要求成年人报告那些他们“不知道该做什么才是正确的”生活问题。从简单而常规的选择一个房间的油漆颜色，到那些更复杂涉及道德的诸如安乐死的问题，这些都要向研究人员报告。在讨论了这个问题之后，参与者报告他们与谁进行了广泛的沟通。大多数人向至少一个人咨询过他们的问题。更有趣的是，那些进行过广泛咨询的人比那些没有这样做的人以更复杂的方式描述了他们的困境，他们对解决方案更满意，在个人风格上也不太可能高度专制。

为什么社会协作有这样的效果？研究表明，在谈论个人问题的话语中，不那么复杂的是与衰老相关的问题的指标，如低水平的教育和支持。利用社会文化的解释视角，可以看到问题的合作活动会影响他们在心理上代表个人的方式。真实的、想象的或预期的谈话可能会导致人们对一个问题进行更复杂的描述。这种思维的复杂性将会需要考虑多个角度：一个人自己和一个人的对话伙伴。这样一个协作过程更有可能是由那些愿意听取多方观点的人来掌控，例如那些在他们的观点中不那么专制的人倾向于产出一种更令人满意的解决方案。

道德

就像在这里讨论的社会思想的其他领域一样，道德是关于行为和与他人关系的判断，而不仅仅是他们的认知表现。迄今为止，关于道德发展的许多研究都集中在思考社会环境中采取行动的思想境界。在这种情况下，他人及自我的需求和权利会陷入冲突。然而，除了关注对和错的判断之外，道德也与这些个人做出判断的行为一致（或不一致）。为了做出一个道德的决定，一个人必须意识到这个问题和解决它的理由，并且要关注支持做出选择的价值观并坚持到底。

因此，当试图理解道德在成年期如何发展时，在这个更大的决策环境中进行道德思考或推理是很重要的。道德推理似乎是社会思想的一个方面，从童年到成熟阶段都有相当大的发展。关于道德推理阶段的研究表明，教育和生活经验鼓励人们沿着被劳伦斯·科尔伯格（Lawrence Kohlberg）等人所描述的标准发展序列进一步发展。对老年人的纵向研究表明，人们在标准困境和个人道德问题上所能达到的推理水平在进入中年期之后趋于平稳，并没有系统地下降，至少在75岁之前是这样。

这种道德推理能力如何与个人生活中的实际决策产生关联？老年人在开始收集信息以做出道德判断时，不太可能系统地考虑他人的观点。当他们不得不做出决定时，他们也更喜欢不那么详细的和更普遍的信息。然而，一般来说，他们会以与中年人和年轻人一样复杂的方式来了解别人的需求和权利。他们也同样有可能选择道德和社会价值作为他们在现实生活中做出选择的指导方针。与社会认知的其他领域一样，老年人可能会因处理资源而表现出一些限制，但似乎仍然能够应付复杂的社会环境的需求。

积极心理学和幸福

虽然许多心理学研究传统上关注的是问题和失调，但最近人们对积极心理学的兴趣更大，它在整个生命周期中促进了个人幸福。本节简要讨论了在人格心理学中得到关注的晚年社会认知的几个积极方面，包括代际关怀、自我完善和应对、乐观主义和知觉控制、智慧。

根据埃里克·埃里克森（Eric Erikson）的自我阶段模型，代际关怀指的是对未来几代人的关注和承诺，这是中年时期典型的积极的适应方式。然而，最近的研究却开始质疑代际关怀的阶段性。看起来，老年人仍然把照顾下一代作为重要的人生目标。研究表明，在教育年轻人时使用家庭故事，以及与孙辈的家庭交往，都体现了很强的个人水平。而在埃里克森模型的后期——“自我完整”的基础上，代际关怀预测了更多的满足感和更强烈的对学习生活的感觉。

自我完善代表了个人对过去和生命终结具有成就感的能力。怀旧是晚年生活的一个重要功能，而适当的对社会生活的回忆对于自我完善的调整和实现是不可或缺的。同样令人震惊的是，尽管随着年龄增长会有一些损失（例如健康、体能和记忆力），但是它们通常不会降低人们的生活满意度，有时甚至能有所改善。研究表明，尽管人们可能在生活中拥有更少的资源，他们设法通过更有选择性地追求自己的生活目标来平衡这些限制条件（类似于上文中提到的社会情绪选择的研究结论）。这种选择性优化可以帮助个人应对老龄化的挑战。

乐观主义是一种从积极心理学的角度进行研究的特质，包括人们用来解释过去和目前的结果，以及传统意义上对未来美好事物的期待。有令人信服的证据表明，乐观主义（相对于悲观主义）往往与处理问题的持久性以及成年时期面对疾病时有更好的健康结果相关。这至少在一定程度上是由于对未来有更积极的期望，包括社会交往。高度的悲观情绪似乎也能预测老年人的不幸福感和健康问题。悲观的解释性可能不是在晚年之后突然不合适的，因为他们可以作为一种更现实的方式来解决老年人的生活问题，而老年人确实没有太多的控制权。然而，提升老年人对自己生活的知觉控制已经被证明有积极的作用，尤其是在那些高度受限的环境中，比如传统的护理院。似乎在大多数情况下，现实的乐观主义和自我控制的感觉在晚年生活中是有益的。

智慧是一个复杂的概念，有着悠久的文化历史，但通常暗示着某种用来解决生活实际困难的专业知识。从本质上来说，这种技能是具有社会性质的。在许多文化中，有一种积极的刻板印象，认为智慧是一种能力，不像其他许多认知技能，它是在生活中培养的。与这种刻板印象相一致的是，成年人通常认为自己随着年龄的增长变得更富有智慧。当对被观察者进行客观的智慧评分时，并没有明显的年龄效应。这项研究表明，个体差异有显著性，这些技能在成年后会发展，并在以后的生活中保持良好状态。在一些研究中，人们倾向于就个人问题上什么是智慧达成一致。这表明，有一些普遍意义上的智慧建构，它不同于认知复杂性，而是与认知和情感考虑的平衡有关。

智慧的一个典型方面已经被研究过，那就是关于抚养孩子的建议。老年人并不像年轻人或中年人那样在假象的问题上表现得很好，但当被要求讨论现实生活中的问题时，他们表现得和其他年龄段的人一样富有效率。与之前对社会环境的观察一致，智慧是在社会环境中获取的人与人之间的互动（甚至是想象中的互动），比单独反应的个体更有用。在生活中合作解决问题似乎是一个有用的策略，不管它的本质是什么。

结论

许多关于晚年基本认知的研究文献都指向在记忆、沟通和决策等广泛领域中可能出现的损失。这一工作侧重于信息处理能力，通常在一个旨在尽量减少社会环境影响的环境中进行。在这些传统的实验研究中，显示的年龄差异通常被解释为不可避免的生理性衰退。另一方面，社会认知视角引导我们考虑老年人在社会生活中如何发挥作用以及如何更好地发挥作用。随着维果茨基在儿童发展方面的开创性工作，对晚年社会认知感兴趣的研究人员认为，发展根植于整个生命周期的社会过程。认知损失很可能伴随年龄增长而产生，但伴随年龄增长也有收获，它们都受到社会环境的显著影响。

本文回顾了晚年社会认知研究中最具影响力的研究成果。总的来说，研究人员一直对老年人管理或构建的社会环境感兴趣。他们已经考虑了认知能力下降对老年人社会思维和行为的影响。这些研究结果的研究领域被划定为基本的社会过程：老年人如何看待和评价其他社会行为者，并如何反过来进行评估；人们对生命和时间的感知如何影响到动机目标；社会资源如何被用来弥补认知资源的下降或不足；在做出有关行动的决定时，老年人如何判断他人的特征和行为；幸福感如何与思维方式、社会评价和对事件的感知联系在一起。综上所述，越来越多的关于晚年社会认知的研究描绘了在日常社会生活中一个普通的功能良好的老年人的复杂肖像，尽管社交网络的萎缩和晚年认知资源的减少对他们而言无疑是一个挑战。

另请参阅：适应；老年歧视和就业歧视；心理健康；退休；社会网络、社会支持和社会融合；语言与交流（语言风格）；工作和就业：个人。

拓展阅读

Blanchard-Fields F (1996) Causal attributions across the adult life span: the influence of social schemas, life context, and domain specificity. *Applied Cognitive Psychology* 10: 5137-5146.

Brewer M, Dull V, and Lui L (1981) Perceptions of the elderly: stereotypes as prototypes. *Journal of Personality and Social Psychology* 41: 656-670.

Cumming E (1963) Further thoughts on the theory of disengagement. *International Social Science Journal* 15: 377-393.

Davies PG, Spencer SJ, and Steele CM (2005) Clearing theair: identity safety moderates the effects of stereotype threat on women's leadership aspirations. *Journal of Personality and Social Psychology* 88: 276-287.

Erikson E (1950) *Childhood in Society*. New York: W. W. Norton.

Freund AM, Li KZ, and Baltes PB (1999) Successful development and aging: the role of selection, optimization and compensation. In: Brandtstadter J and Lerner RM (eds.) *Action and Self-development*, pp. 401-434. Thousand Oaks, CA: Sage.

Hummert ML, Garstka TA, Shaner JL, and Strahm S (1994) Stereotypes of the elderly held by the young, middle-aged, and elderly adults. *Journal of Gerontology: Psychological Sciences* 49: 240-249.

Isaacowitz D and Seligman MEP (2003) Cognitive styles and well-being in adulthood and old age. In: Bornstein M, Davidson L, Keyes

C, and Moore K (eds.) *Well-Being: Positive Development across the Life Course*, pp. 449-475. Mahwah NJ: Erlbaum.

Langer E and Rodin J (1976) The effects of choice and enhanced personal responsibility for the aged: a field experiment in an institutional setting. *Journal of Personality and Social Psychology* 34: 191-198.

Levy B (1996) Improving memory in old age by implicit self-stereotyping. *Journal of Personality and Social Psychology* 71: 1092-1107.

Löckenhoff CE and Carstensen LL (2004) Socioemotional selectivity theory, aging, and health: the increasingly delicate balance between regulating emotions and making tough choices. *Journal of Personality* 72: 1395-1424.

Kohlberg L (1973) Continuities in childhood and adult moral development revisited. In: Baltes PB and Schaie KW (eds.) *Life-Span Developmental Psychology*, pp. 180-204. New York: Academic Press.

Pratt MW and Norris JE (1994) *The Social Psychology of Aging: A Cognitive Perspective*. Cambridge, MA: Blackwell.

Pratt MW and Norris JE (1999) Moral development inmaturity: lifespan perspectives on the processes of successful aging. In: Hess T and Blanchard-Fields F (eds.) *Social Cognition and Aging*, pp. 291-318. New York: Academic Press.

Pratt MW, Norris JE, Arnold ML, and Filyer R (1999) Generativity and moral development as predictors of value socialization narratives for the young across the adult lifespan: from lessons learned to stories shared. *Psychology and Aging* 14 (3): 414-426.

Staudinger U and Baltes PB (1996) Interaction minds: a facilitative setting for wisdom-related performance? *Journal of Personality and Social Psychology* 71: 746-762.

Ross M, Spencer SJ, Linardatos L, Lam KCH, and Perunovic M (2004) Going shopping and identifying landmarks: does collaboration improve older people's memory? *Applied Cognitive Psychology* 16: 683-696.

Ryan EB, Giles H, Bartolucci G, and Henwood K (1986) Psycholinguistic and social psychological components of communication by and with the elderly. *Language and Communication* 6: 1-24.

Ryan EB, Meredith SD, MacLean MJ, and Orange JB (1995) Changing the way we talk with elders: promoting health using the Communication Enhancement Model. *International Journal of Aging and Human Development* 41: 89-107.

Vygotsky L (1978) *Mind in Society*. Cambridge, MA: MIT Press.

译　者：山　娜（北京服装学院）

社会网络、社会支持和社会融合

T. C. 安东努斯，H. 秋山　密歇根大学安娜堡分校，密歇根州，美国
A. M. 谢尔曼　布兰迪斯大学，沃尔瑟姆，马萨诸塞州，美国

词汇表

社会支持的缓冲效应（Buffering Effects of Social Support）——社会支持可以缓冲或减轻压力、生活事件、危机等对个人生活质量、幸福感或健康的影响。

社会关系的护航模型（Convoy Model of Social Relations）——描述了随着时间、年龄和历史的变化，个体的发展和幸福是如何受他人影响或影响他人的。

健康连续体（Health Continuum）——从无疾病状态到疾病发作或健康危机（如心脏手术）再到恢复、康复或死亡的连续健康过程。

毕生发展理论（Life Span Developmental Theory）——该观点认为，为了在任何一个时间点上真正了解个体，理解个体间和个体内的发展随时间变化所产生的影响是至关重要的。

互惠性（Reciprocity）——在社会支持相关文献中，常用来指对等交换，即每个参与者提供和接受的支持数量被视为相等的交换。交换可以是非互惠的。互惠被认为是大多数社会中的社会关系的普遍规范。

社会融合（Social Integration）——个人融入群体、组织或社区的程度。这个术语考虑了个人在多数群体中的中心性与边缘性。

社会网络（Social Networks）——个人社会关系的结构特征。社会网络包括社会关系的客观方面，如网络规模、年龄、性别、关系（例如丈夫、朋友）和联系频率等。

社会支持（Social Support）——社交网络成员之间所进行的工具性和情感性资源的交换，例如金钱、商品、服务、信息和爱等。这些交换的提供和接受都曾被研究过。

支持银行（Support Bank）——根据互惠性的一般规范，支持银行描述了一种无意识的“储蓄账户”，通过这种账户，人们可以通过非公平关系建立储备，提供比自己所收到的更多的支持（即向支持银行提供支持存款），以便在未来某个需要的时候可以获得支持（即取款）。

引言

社会关系越来越被认为是老年人适应、调整和幸福的关键因素。自20世纪80年代中期以来，研究社会网络、社会支持和社会融合的理论基础已经大大扩展，并且从经验证据的积累中获益匪浅。本文概述了指导该研究的理论和概念问题，考虑了方法上的局限和进步，并举例说明了该领域现有的实证研究。

理论问题

人们普遍把社会关系看作是长期的、终身的，这对于充分了解社会关系是如何随着时间的推移而发展以及如何影响个人生活的其他方面是至关重要的。社会关系的护航模型（convoy model）提供了这样一种终身视角，解释了社会关系是如何随着时间的推移而发展的——最大限度地改善个人的健康和幸福。护航模型描述了个人特征（年龄、种族、性别）和情境特征（角色、环境、状况）如何塑造和决定社会关系的性质，社会关系反过来也影响人们的健康和幸福。护航成员随着个体的成长与发展而改变，并在最佳条件下帮助、支持和社交，为他们提供一个面对生活挑战的坚实基础。不幸的是，社会关系的护航并非总是最佳的，在某些情况下可能会使个人更容易受到压力、健康问题和不幸遭遇的影响。

另一个相关的理论——社会情绪选择理论也是从终身视角出发，强调人们对于社会关系的目标和期望会随着时间推移而发生变化。这一理论认为，年轻人会觉得他们的未来还有很长的时间，所以他们很可能寻求新的关系，不断扩大他们的社会网络。然而，随着年龄的增长，他们对自己希望保持的关系变得更加有选择性。该理论认为，随着年龄的增长，人们只希望与那些同自己有良好关系的重要人物保持关系。因此他们不太可能去寻求新的关系，而是把时间、精力等投入他们所看重的那些关系上。

最近关于社会关系的理论观点提出，要想超越描述，对社会关系影响健康和幸福的过程的基本理解是重要的。支持/效能理论（support/efficacy theory）认为，社会关系通过向个人灌输自我价值感和自我效能感来影响健康和幸福。实质上，一个最佳的支持护航会向个人传达一种理念——他是一个有价值、有意义、有能力和有技能的人。有特殊关系的其他人所传达的信息是他们相信个人能够成功应对生活中遇到的挑战。这种对成功期望的一致反馈最终会导致个人对能力、成功和幸福感的积累和内化。当然，并不是所有的人都有这种积极的支持网络或护航。在不太理想的情况下，社会关系会对人们起到威胁和破坏作用，不断使他们感到自己能力不足，从而无法成功地面对他们生活中所遇到的问题或挑战。这种社会关系护航不仅没有改善他们的健康和幸福，反而只能使个人感觉到没有价值、能力较差，总之不那么有效。应该指出的是，护航既不是完全积极的，也不是完全消极的，它更有可能由正面和负面特征组成，一些护航包括支持成员和非支持成员，而其他护航包括能够在某些领域提供支持、提高这些领域效率的成员。

另一种理论观点认为，社会关系最重要的方面是帮助个人学习如何调节自己的情绪。这种情绪调节的观点表明，人们从与他人的互动中学习如何最好地控制自己的情绪，尤其是如何最好地管理和调节他们的积极和消极情绪。这种自我管理能力能够使个人更好地驾驭日常生活中遇到的挑战和选择，从而优化结果和整体幸福。

关键术语界定

研究社会关系的三种重要术语应该被明确界定，即社会网络、社会支持和社会融合。早期的研究经常把这些概念混淆，从而限制了理论进展。社会网络是指个人维持的社会关系的结构或客观特征，例如网络中的人数、他们与老年人的关系，以及他们的年龄、接触频率和密度（即有多少网络成员彼此认识）。社会支持是指在关系中不同类型的支持的实际交换，如援助、影响或肯定。它们包括有形的交换（如借钱、照顾患者），也包括情感支持（如爱、感情）。社会融合是指个人——通常是通过与他人的社会关系——感觉到融入社区和社会的程度。在文献中，它经常被贴上“归属感”或“嵌入性”的标签。社会融合是适应力、调整力和总体幸福感的体现，并且可以被认为是社会网络和社会支持最佳运作的结果。

“社会关系”这个词是上述三个概念的总称。考虑社会关系在老年人生活中的作用时，一个重要问题是社会关系运作的过程。社会关系的两种效应已经被识别、描述和研究。第一种是社会支持的直接或主要效应，研究表明拥有对你高度评价的朋友和家人，会使你自我感觉良好，从而从根本上改善你的调整力、适应力、幸福感和心理健康。第二种被称为社会支持的间接或缓冲效应，它是指一旦个人面临问题或压力性的生活事件，社会支持是最有效的。在这种情况下，朋友和家人通过社会支持帮助个人应对遇到的问题或危机。因此，他人的支持缓冲了个人生活中事件、危机或压力的消极影响，从而改善了个人的调整力、适应力、幸福感和心理健康。经验证据证明了这两种效应。

个人可能会经历社会关系的直接和缓冲效应。随着时间的推移，个人累积了关系以及具体的支持交换历史，这两者都影响他们对当前关系的看法。虽然早期的关系不能完全预先确定后来的关系，但人们似乎很可能发展出关系的风格和对关系的期望。重要的、密切的、持久的关系似乎有一个累积的因素，那就是允许发展关于交换互惠的期望。最后，尽管人们倾向于认为社会关系既有长期的积极影响，也有短期的积极影响，但重要的是要认识到这些关系以及对它们的期望也可能是消极的。因此，生病的老年人可能需要配偶或子女的帮助和支持，或者根据以往的经验，可能会现实地认识到他们是不可靠的支持来源，尤其是在危机时期。

测量问题

测量一直是社会关系实证研究中的薄弱环节，它影响可用数据的质量。早期的测量往往是模糊和不明确的。网络测量一直被认为是支持测量，并且评估支持概念的矛盾性问题已经得到了明确的解释。例如，确定婚姻状况的网络问题被解释为社会支持的证据（即从配偶处获得情感支持）。然而，很明显，有配偶并不保证配偶提供支持。老年人可能有配偶，但婚姻关系的质量可能太差，以至于无法得到配偶的支持，或者配偶可能因病弱而无法提供任何类型的支持。测量可能是角色驱动或影响驱动的，这些测量的可靠性可能大不相同。研究表明，基于角色的社会关系测量是最可靠的。显然，如果询问老年人是否有孩子，答案不可能随着时间的推移而改变，因此是相当可靠的。然而，基于情感的测量关系可能不太稳定。例如，一个老年人感觉与成年子女的关系的亲近度可能会随着时间推移而发生改变。老年人与子女可能存在争吵，或者子女可能不同意老年父母的特定医疗保健或生活方式的选择（反之亦然），老年人可能会把成年子女从所感觉到的亲密状态中移出。在这些条件下，老年人对自己孩子的感受发生了根本性的变化，但是这种变化不应被误解为测量缺乏可靠性。

尽管经验证据表明，现有的网络测量和支持测量可能存在较大差异，但不应该假定这个问题有一个简单的解决方案，或者存在对这些概念的“正确”测量。事实上，最“正确”的测量可能不仅仅是基于心理测量标准，也应该考虑到研究的理论或概念目的。因此，如果研究的目的是确定老年人社会网络的结构，那么通过测量网络链接的数量和社会联系频率等来进行简单的网络评估将是最合适的。然而，如果评估的目的是设计一个干预策略或评估具体关系的支持潜力，那么评估这种关系的情感方面和工具方面都是至关重要的。例如，如果试图为脑卒中后康复的老年人制订出院计划，并且面对需要大量日常生活帮助的强化康复计划，确定老年人是否有子女、与子女的关系是否良好、子女是否可以帮助出院后的老年人康复等，这些评估是至关重要的。知道老年人有十个成年子女并不一定能回答他们是否有能力在情感上或手段上提供支持的问题。在很大程度上，研究人员现在了解到，社会关系有不同的类型，在大多数情况下，每种类型都必须单独衡量。人们还清楚地认识到，决定哪种测量是最佳的几乎取决于所提出的研究问题。

数据来源

对社会关系感兴趣的学者来自各个学科领域，他们使用不同的方法进行研究设计和样本开发。具体而言，人类学家、社会学家、心理学家、流行病学家、精神病学家和老年学家已经研究了整个生命周期中的社会关系，特别是老年人的社会关系。因此，该领域的主要研究包含了不同类型的样本，这一事实在评估关于社会关系的数量和质量时具有重要作用。人类学家利用民族志技术来研究所选择的小群体的社会关系，而流行病学家研究从总体中随机选择的大样体人群。基于临床的样本可能会被用于研究正在接受特定疾病治疗的患者或具有特定医疗诊断的住院患者。有些样本非常小，却被进行了深入研究；另一些样本虽然非常庞大，但是仅有几个问题涉及支持关系这个话题。同样，一系列经验证据目前正积聚在生命过程特定阶段的人群，如母亲和婴儿、学龄儿童、中青年人以及老年人。尽管关系中可能存在一些终生连续性，但不应假定基于年轻人样本的证据可以应用于老年人的特定问题。例如，学龄儿童在家长的工具支持下获得最大利益的证据可以提供关于家庭重要性的一般信息，但不能无条件地推广到老年人或特定的老年人群。例如，年轻人从父母那里获得经济支持，他们可能会感到舒适，假设它是适合发展的，那么老年人从孩子那里得到钱可能会感觉不舒服，因为他们可能会认为这在发展上不合适——从孩子那里拿钱，而不是向他们提供钱，可能被老年人认为实际上是失败的象征。同样，了解精神分裂症患者的社会关系具有某些模式的特征，可能会或可能不会提供有关老年非精神分裂症患者的有用信息。

总之，评估之前研究对老年人的应用和相关性时，应同时考虑到之前研究的样本质量和人群特征。这些问题影响到研究结果适用于老年人或其他感兴趣的特定群体的程度。

社会支持与健康连续体

在回顾目前的经验证据之前，需要考虑的最后一个概念问题是社会关系在健康连续体不同点上的作用。虽然健康是许多老年人主要关切的问题，但显然存在一个健康连续体。老年人的健康状况可能会经历从没有健康问题或鲜有健康问题到患有严重并发症的绝症的变化。很多研究认为社会支持会影响健康和幸福。然而，假设相同类型的社会支持将满足老年人在健康连续体的各个阶段的需求是不恰当的。健康的老年人可能需要一个同伴来分享锻炼方案，而身患绝症的老年人可能需要有人与他们坐在一起，提供情绪上的支持，或帮助他们处理最终的事务。处于严重健康危机中的老年人可能需要有人能认识到这一危机（例如，认识到腹部或胸部疼痛是心脏病发作而不是消化不良），并为乘车去医院提供工具性支持。同样，对经历过心肌梗死的人最好的支持，应该是告诉他们："你们是坚韧不屈的，你们能够完成康复计划，也能够成功地改变不好的生活方式。"支持能够直接或间接地影响健康和幸福。尽管在面对特定危机或事件时，来自亲密的人和重要他人的总体积极情绪可能会促进整体幸福感，但毫无疑问，来自特定他人的支持类型可能是最有效的资源。再次强调这一点，即任何研究的最合适的方法必须要符合研究目标。没有任何一个完美的方法可以评估所有老年人在所有情况下的社会关系、社会网络、社会支持或社会融合情况。

后面将考虑目前关于老年人社会关系的经验证据。本文考虑了五种经验证据：家庭关系和朋友关系、社会交换和互惠、性别差异、文化差异、社会关系和幸福感。

家庭关系和朋友关系

对成年和老年社会关系的研究往往分为家庭关系和朋友关系。虽然早期的研究经常描述家庭、朋友和邻居等广泛的类别，但当前大多数研究更关注具体的关系。与特定人群交流的社会支持已被证明会影响老年人的健康和幸福感。例如，已婚老年人比未婚老年人需要正式支持（如家庭护理、上门送餐等服务）的可能性更小。虽然家庭在老年人的生活中扮演着重要角色，有时提供非凡的照顾和帮助，但朋友也是宝贵的资源。事实上，那些最初旨在单独研究家庭成员的影响的研究，往往发现朋友是重要的支持来源。

最初的研究证明了社会网络的结构特征。例如，从早期的横断面研究可以看出，与年长受访者相比，年轻受访者同网络成员的联系更频繁，而年长受访者花费更长的时间了解他们的网络成员。大多数老年人的社会网络是由家庭成员组成的，主要是配偶、子女和兄弟姐妹。但是，朋友在他们的支持网络中也经常扮演重要角色。

研究还考察了网络结构和支持模式的代际差异。年老一代在他们的社会网络中包括更多的家庭成员，年轻一代则包括更多的朋友。尽管如此，年轻和年老的一代都将家庭成员称为最亲密的网络成员，而与朋友和远亲并不那么亲密。年轻受访者通常会报告其有更多的朋友支持，而中年受访者则报告自己具有更多的家庭支持。研究表明，当核心家庭成员不在老年人的社会网络中时，将由其他亲密关系来替代。工具性支持似乎尤为如此。因此，尽管朋友不会取代家庭成员，但他们确实在老年人的生活中发挥着重要作用。

在一项关于60岁以上老年人的朋友关系的研究中，发现超过68%的老年人在他们的一生中一直保持着长期的朋友关系。但是老年人的朋友网络存在性别差异，一半以上的老年女性的亲密朋友主要来自童年或青春期，而老年男性在中年时期结交的亲密朋友关系具有较高的持续性。在高龄老年人中，“朋友关系”的定义似乎有了一些限制和改变。在85岁以上的老年人群中，有一半以上的老年人仍然至少有一个亲密的朋友，而四分之三的老年人每周都会与他们认为的亲密朋友联系。此外，将近一半的老年人在85岁以后又结交了新朋友，尽管这些朋友的标准往往比更年轻的人对亲密或分享历史的期望更低。

关于来自亲属和朋友的支持的研究突出了这些关系差异的重要性。虽然关注社会支持交换的研究受到限制，但很明显，不同亲密关系提供了不同程度的支持。配偶/伴侣通常被认为提供的支持最多，挚友和子女也提供较多的支持，这些关系对老年人的支持明显高于所有其他类别的关系。在失去主要支持成员的情况下，会有其他成员来进行补偿。研究发现，子女、朋友和熟人能够增加丧偶者的情感支持，从而补偿了失去配偶的损失。子女和朋友能够避免一个人产生孤独感，尤其是对没有配偶的人群而言。

尽管整体而言，配偶提供的支持最多，成年子女通常提供工具性支持，但兄弟姐妹在老年人的生活中可能有着独特的地位，因为他们在家庭和朋友关系中起着桥梁作用。与兄弟姐妹持续接触为个人的终身社会化提供了一个平台。一个有趣的种族差异在白人和非裔美国人的兄弟姐妹中很明显。白人兄弟姐妹的关系看起来范围很广，从非常积极、亲密、合得来，到相当消极和敌对。然而，非裔美国人的兄弟姐妹之间主要表现出积极的互动模式。对兄弟姐妹的其他研究表明，大量的老年人认为自己的兄弟姐妹是非常亲密的朋友。兄弟姐妹关系是大多数老年人生活中最长的社会关系之一，是所有家庭关系中最平等和最友好的关系。然而，重要的差异仍然存在，因为兄弟姐妹基本上也是家庭成员。

研究表明，大多数老年人能够从他人那里获得大力支持。然而，有迹象表明，随着年龄的增长，从更少的成员中获得更多的支持会变成一种模式。这通常被解释为身体或功能限制增加的结果。然而，最近的理论观点提供了额外的解释。一些研究表明，在家庭和朋友的价值方面存在年龄差异，相比于较为年轻的受访者，年龄较大的受访者把友谊看得更为重要。目前还没有足够的纵向数据来解决关系价值随时间变化的问题，尽管至少有两种理论观点具有启发性。如前所述，社会情感选择理论和护航模型都认为，密切、重要的朋友关系和家庭关系将会持续到老年时期，而社会情绪选择理论认为更多肤浅的关系可能会消散。另外，由于人生转折通常会提供不同的机会和环境，因此一些关系，特别是与朋友和兄弟姐妹的关系，可能会随着个人从早期义务中解脱出来而重新变得重要。

有一个一致性的普遍发现，与年轻人相比，在家庭和朋友关系的质量方面老年人对自己的支持网络以及所获得的支持更满意。一种可能的解释是，随着人们年龄的增长，他们更可能积极地评估环境的各个方面。事实上，调查研究人员已经注意到，老年人的生活满意度随着年龄的增长而持续增加，但幸福感等情感特征却趋于平稳。

最近的研究已经考察了社会网络的基本概况，也就是社会网络成员的不同集群。这些基本概况包括有限的家庭（例如，仅限于配偶）、更大的家庭（包括配偶、子女和其他亲属）、孤立的人（社会关系较少的人），以及多样化的概况（包括家人和朋友）。有趣的是，在这些针对中老年人的研究中，拥有包括与家人和朋友都有密切关系的各种人际网络的人幸福感最高，而那些拥有由极少数人组成的有限人际网络的人——例如只有配偶或极少数家庭成员的人——幸福感最低。这些研究结果表明，表面的理想情况，即老年人周围有少数亲密家庭成员，可能不再是理想，尤其对于健康的老年人而言。在目前的老年人群体中，与众多不同网络成员的互动同老年人的主观幸福感有关，但孤立或与他人有限的互动并非如此。我们需要进行更多的研究来考察在不同情况下，例如在面临严重疾病或死亡的人群中，相同社会网络概况是不是最佳的。

社会交换与互惠

要解释社会支持的性质和影响，不仅要考虑其存在，还要考虑其结构和理解方式。互惠是社会支持理论的核心概念，它是根据支持交换的规则以及特定类型关系特征的规范提出不同的要求。在描述规则时，在平衡的和广义的互惠形式之间进行了理论上的区分，而在描述关系规范时，在交换和公共取向之间已经得出相关的理论上的区分。

公平理论为这一系列研究提供了一个非常重要的理论基础。公平理论认为，互惠是最公平的交换状态。它认为，获益过多（即接受多于给予）和获益过少（给予多于接受）都不是最佳情况，这往往导致内疚或怨恨。终身观点增加了以明确的当代术语（平衡互惠）或纵向术语（广义互惠）评估互惠的可能性。有证据支持这两种互惠。表面或近期关系（交换关系）内的互惠性更可能是短期和即时的。另一方面，在分享生活的各个方面并持续多年的关系（公共关系）中，老年人更有可能使用“长期会计制度”。在前一种情况下，人们可能会在下次去杂货店之后归还借来的一杯糖。然而，在后一种情况下，人们可能会为配偶提供高强度的疾病护理，并不期望立即返还，而是确信如果在遥远的将来出现类似的需求，那么配偶也会提供同样的照顾。有人建议人们保持一种无意识的“支持银行”，就像储蓄账户一样，他们在其中记录谁欠他们，以及他们欠谁各种类型的支持。有趣的是，在西方文化中，大多数人甚至是老年人，都报告说他们提供的支持比他们所接受的要多。虽然这种状态似乎更偏向于社会交换理论家所说的收益不足的状态，但支持银行的视角会考虑重大的储蓄或存款。

在过去几十年中，预期寿命的显著增加导致了高龄老年人口（80 岁及以上）的快速增长。这部分人口将会继续增长。从交换理论的视角来看，高龄老年人的问题在于，作为一个统计总量，他们的收入低于年轻人，健康状况也较差。因此在进入交换情况时，他们在身体上和经济上都受到限制。他们可能再也无法像以前那样通过照顾孙子女或者与子女和孙子女交换节日礼物的方式，以换取他们从女儿或儿媳那里获得的帮助。许多人几乎没有任何工具价值用以交换。

这些限制如何影响他们的社会关系？目前，似乎没有被普遍接受的涉及高龄老年人的支持交换规则。一些老年人完全退出交换局面。这显然是用于维持互惠的应对策略。他们只是选择不进入交换情境，从而防止由于他们没有可供回报的资源而导致的非互惠关系。其他老年人在面对日益减少的“商品”时，应用社会支持银行的长期互惠概念。因此，他们可以得到来自亲密者和重要他人的大量支持，可能会持续很长一段时间，但不会感到负债。在这种情况下，老年人可以假设他们只是从那些过去提供过支持的人那里获得支持。一些交换理论家认为，即使在像美国这样的契约导向型的社会中，非契约关系也并非完全缺席。不再受互惠准则的约束，老年人有时会受益于慈善规范（即资源较多的人向那些资源较少的人提供支持）。老年人口的不断增长促使人们对传统的支持交换规则进行修改，并出现最适合老龄化社会的新规则。

性别差异

关于社会关系中性别差异的经验证据一直在积累。最初，这些性别差异被认为有利于女性。最近的研究表明，这个问题可能要复杂得多。在男性和女性的支持网络中，性别差异往往相对较小。如果评估方法侧重于亲密的和支持性的他人，则可能获得更大的相似性。这是因为大多数人将家庭成员（即父母、配偶和子女）列为亲密的和支持性的他人。然而，由于女性的寿命显著延长，即使是这些结构特征在关注最年长的高龄老年人时往往也会略微偏向女性。

提供和接受社会支持会产生更大的争议，或至少是复杂性。在具体考虑谁提供了什么、给了谁以及提供了多少时，可能会出现更大的性别差异。男性主要从妻子那里获得支持，并主要向妻子提供支持。而女性除了与配偶交换支持外，还倾向于提供和接受来自更广泛人群的支持，包括子女、其他亲属和朋友。男性倾向于提供工具性支持，尤其是经济支持，而女性则同时提供工具性（服务）支持和情感性支持。

同样有趣的是，在对支持互动的理解或感知方面也存在性别差异。女性似乎更愿意与网络中的大多数人打交道，并对解决支持网络成员之间的需求或冲突有更大的责任感。因此，尽管存在同性友谊的趋势，但男性和女性都更可能将女性作为知己。在整个生命历程中观察到的这种关系性质上的性别差异，与这个社会中的性别角色直接相关，并表明社会化对男女社会关系的终生影响。其他研究表明，即使数据来自老年夫妇双方，报告在他们之间所提供和接受的支持，结果显示男女在报告与配偶交换的支持上仍存在显著差异。

这些支持差异以及男女预期寿命的差异预示着老年男女社会关系的重要差异。一方面，男性在年老时更有可能处于在婚状态。通过婚姻，社会关系可能保持相对稳定和完整。另一方面，如果一个老年人丧偶或从未结婚，他可能会发现自己在社会关系方面处于特别不稳定的地位。单身男性比单身女性更容易被社会隔离，并且也不太可能取代或维持配偶之前维持的关系。当然，例外情况是丧偶男子再婚，然后通过他的再婚妻子将他重新连接到社会网络。人口统计数据表明，老年女性很可能丧偶。虽然丧偶女性在很多方面都很脆弱，但她们也更有可能继续保持社会关系。她们可能求助于其他家庭成员和朋友来帮助其解决困难，例如身体上的缺陷和有时伴随老年而来的疾病。然而，如今的老年女性过着相对传统的生活方式，这可能意味着，与作为在社区中地位稳固的男性的受人尊敬的妻子相比，她们在老年时发现自己的钱更少，获得有权势的他人或社区地位的机会也更少。人们可以认为，女性作为劳动力成员具有一生经验并且在其一般生活方式中具有更大的独立性，这些将随着她们开始进入老年而发生改变。

文化差异

文献记录了不同社会中社会网络和社会支持的一些差异。不同的社会结构导致老年人支持网络的变化。最值得注意的是，不同的家庭结构直接影响老年人的社会网络。例如，在大家庭共同生活的社会中，整个支持网络通常由家庭成员组成，他们提供老年人所需的所有支持。在美国这样的社会中，较大比例的老年人独自生活或仅与配偶生活在一起，朋友和邻居也是支持网络的重要组成部分。在大多数社会中，年轻一代的女性为老年人提供支持，但重点支持者可能因社会而异。例如，在美国，这个人通常是女儿；而在日本，由于家庭结构、生活安排以及传统文化，这个人更可能是儿媳。

不同的社会规范会影响支持交换。互惠是大多数社会支持交换的基本规则。但互惠准则的具体应用却因社会而异。在美国，中产阶级的主要交换规则规定在相对较短的时间内交换实物和等价的支持，特别是在非家庭成员中。该规则抑制了支持的单向交易，从而减少了依赖性的发展，这往往导致稳定关系的扰动。相比之下，日本的亲密关系交换规则禁止在支持性交换中完全“还款”，从而维持亏欠和依赖性。因此，它有助于维持基于依赖的关系。这种比较说明了互惠的一般规范如何以完全不同的方式规范两个社会的支持交换，但都服务于维持支持网络团结的同一目标。有关法国老年人互惠的数据显示了一些不同的结果。数据显示，法国老年人也保持着互惠的准则。事实上，与美国老年人相比，法国老年人的互惠关系比例略高。然而，如果报告的关系是非互惠关系，法国老年人更有可能认为他们得到的支持超过了他们提供的支持，而美国老年人则倾向于报告他们提供的支持多于他们获得的支持。这些研究结果表明，即使在西方社会中，提供支持和获得支持之间的最佳平衡也存在文化差异。美国老年人似乎认为提供略微过度支持的关系是最可取的，因为“作为一个奉献者”在美国社会中受到重视和加强，并且因为它确保在未来有需要时有人可以提供支持。但是，根据法国的规范，在老年时期获益过多似乎更容易接受。同样有趣的是跨文化社会关系中的性别差异。例如，日本人在与家人、朋友和同事的社会关系中更倾向于保持和谐且避免冲突。因此，尽管日本男性像美国男性一样往往表达能力比女性差，但其与美国男性不同的是，他们更可能为维持良好的关系和避免争吵或分歧而付出相当大的努力。

美国的调查数据表明，更多的美国非裔老年人而不是白人老年人报告了互惠关系。在他们的非互惠关系中，大多数非裔美国人报告他们得到的支持少于他们提供的支持。虽然当只考虑美国的数据时，美国内部的子群体之间在互惠观念上的差异似乎很大，但与日本和法国的数据相比，差异似乎并不大，文化影响互惠和依赖规范的程度也值得注意。

社会关系和幸福感

在这一领域最重要、最令人印象深刻的研究是探索健康或幸福感同社会关系之间的联系。大量证据表明，拥有更大社会网络、拥有更多社会支持、能更好地融入社区社会网络的人不会像其他人一样很快死亡。同样令人印象深刻的探索记录了社会关系与各种发病率之间的关联，包括心血管疾病、抑郁症、症状严重程度、医院和急诊室的利用率、预防性健康行为以及成功的康复。最近的纵向研究表明，社会关系可以帮助人们应对骨关节炎等慢性疾病，以及应对和缓冲社会紧张对抑郁症状的影响。

重要社会关系的确切性质或特征是一个有争议的问题。如前所述，许多研究只是记录了社会关系的存在（即社会网络特征），并证明了这些指标与健康和幸福感的统计关联。然而，一些研究人员认为，测量这些关系是否存在只是提供了支持交换的指标，也就是支持满意度。因此，已婚状态往往表明存在一个重要的他人与老年个体存在密切的、支持性的、质量优越的关系。然而，重要的是要认识到情况并非总是如此，并非所有配偶都提供这种支持。研究人员现在开始考察支持关系的哪些具体特征是最重要的。我们可以合理地假设，支持关系的每一个特征都能让我们对这种关系的性质和功能有所了解。知道一个人已经结婚是有帮助的，了解配偶之间是否交换支持也很有帮助（即给予和接受不同类型的支持，例如彼此的情感支持和工具支持）。但是，衡量社会关系对幸福感的影响的最重要指标可能是个人对这种关系的评价、感知或满意度。虽然一些研究综述表明，社会网络的规模是幸福感的最佳预测因素，但其他研究表明，尽管社会网络特征等客观指标是有用的，但最具预测性的指标是评估个体对关系的主观评价。对美国和法国有代表性的老年人群的研究表明，尽管支持的客观和主观测量与抑郁症状显著相关，但主观测量（如对关系质量的满意度）对抑郁症的抑制作用大于客观测量（如社会关系的数量等）。世界各国也有越来越多的类似发现支持这些研究结果。

如前所述，其他证据表明，尽管家庭和朋友在老年人的福祉中都发挥着重要作用，但两者的功能可能截然不同。在正常情况下，当冲突最小化并维持正常的积极关系时，家庭关系对幸福做出重要贡献。在这种情况下，老年人具有相对稳定的幸福水平。当这种关系不存在或相互冲突时，通常会对幸福产生负面影响。长期以来人们通过研究发现，对老年人的心理健康产生显著的积极影响的是朋友关系而非家庭关系。许多调查的结论是，家庭关系虽然至关重要，但都是假定的，也就是说，家庭关系的存在及其提供的支持是正常的预期。当家庭关系存在时，则不会产生显著的积极影响。但是，当家庭关系缺席或产生冲突时，其负面影响是巨大的。朋友关系恰恰与之相反。如果朋友关系不存在，很少有明显的负面影响，但亲密的、支持性的朋友关系对幸福感有显著的积极影响。

一些人从两种关系的意志性与强制性的角度讨论了家庭支持与朋友支持的研究结果。虽然家庭关系通常由角色和期望规定，但朋友可以自由地进入关系，也可以随时离开。家庭成员被期望提供支持，因此当他们不这样做或不可用时，会产生重大的负面影响。然而，这种关系不一定要求朋友提供支持，因此朋友的支持会被更积极地感知。此外，与家庭关系相反，朋友是被选择而不是被赋予的，而且通常是基于兴趣、经验或个性的相似性来进行选择的。相互选择的行为也带来了被人欣赏和喜欢的感觉，这也增强了幸福感。

社会关系中的性别差异及其对幸福感的影响也应予以注意。与女性相比，男性的幸福感更受婚姻的积极影响。男性似乎比女性从婚姻关系中获得了更大的好处。事实上，如果婚姻关系质量低下，女性比男性更容易受到这种关系的负面影响。此外，很明显，在超越婚姻关系的社会关系中也存在显著的性别差异。女性对低质量的社会关系普遍高度敏感，因为这会影响她们的身心健康。此外，一项有趣的研究表明，尽管女性报告说她们比大多数男性在社会网络中有更多的支持来源，但是大量亲密关系的影响有时是负面的，因为她们说自己并不是很快乐。虽然看起来女性拥有更多的亲密关系，她们也从中得到了更多的支持，但她们在情感上的参与度更高，并且感觉需要为她们的每一种关系提供更多的支持。

正如后一点所指出的，重要的是要注意社会互动产生的影响可能是积极的，也有可能是消极的。消极的社会关系在被冲突或负面影响玷污的关系中表现得很明显；或者在交流中，积极的支持是不请自来的，它提供的程度是压倒性的、令人窒息的。同样，如果为适应不良行为提供支持，例如吸烟、饮酒、避免医疗或不服用药物，社会关系也可被假定为是消极的或者对幸福产生消极影响。因此，对社会关系的研究，亲密朋友和家庭成员的护航肯定存在既愉快又不愉快、既支持又不支持的情况，这两个方面都必须考虑到。当然，这些差异会导致结果的根本差异。

概括和总结

总之，社会网络、社会支持和社会融合可以在维持老年人的健康和幸福方面发挥重要作用。与此同时，社会关系只是促进老年人幸福的众多重要因素之一。生物因素和物理因素也起着重要作用。但是，它们都不是孤立存在的，影响的双向性是显而易见的。虽然近年来的大量研究提高了我们对社会关系的概念和方法特征的认识，但必须意识到，由于社会关系的特殊性，没有绝对正确的概念或测量标准。由社会网络、社会支持和社会融合组成的社会关系，通过社会网络（每个成员都有各自的特点）、社会支持（涉及人际交往，通常是二元交换）、社会融合（社区或社会联系）在多个层面上对健康和主观幸福感产生作用。迄今为止的研究表明，社会关系可以提高健康老年人的总体生活质量，并有助于改善老年人在面对老化所带来的身体和心理挑战时的体验。

另请参阅：生活事件；生活满意度；孤独；心理健康。

拓展阅读

Adams RG and Blieszner R（eds.）（1989）*Older Adult Friendship：Structure and Process*. Newbury Park，CA：Sage Publications.

Akiyama H，Antonucci TC，and Campbell R（1990）Exchange and reciprocity among two generations of Japanese and American women. In：Sokolovski J（ed.）*Cultural Context of Aging：Worldwide Perspectives*，pp. 127－138. Westport，CT：Greenwood Press.

Antonucci TC（1994）A life-span view of women' s social relations. In：Turner BF and Troll LE（eds.）*Women Growing Older*，pp. 239－269. Thousand Oaks，CA：Sage Publications.

Antonucci TC and Akiyama H（1985）Convoys of social relations：family and friendships within a life span context. In：Blieszner R and Bedford V（eds.）*Handbook of Aging and the Family*，pp. 355－371. Westport，CT：Greenwood Press.

Antonucci TC and Akiyama H（1987）An examination of sex differences in social support among older men and women. *Sex Roles* 17（11/12）：737–749.

Antonucci TC and Jackson JS（1987）Social support，interpersonal efficacy，and health：a life course perspective. In：Carstensen LL and Edeltein BA（eds.）*Handbook of Clinical Gerontology*，pp. 291－311. New York：Pergamon Press.

Antonucci TC，Kahn RL，and Akiyama H（1989）Psychological factors and the response to cancer symptoms. In：Yancik R and Yates JW（eds.）*Cancer in the Elderly：Approaches to Early Detection and Treatment*，pp. 40－52. New York：Springer Publis-hing Co.

Antonucci TC，Fuhrer R，and Jackson JS（1990）Social support and reciprocity：a cross-ethnic and cross-national perspective. *Journal of Social and Personal Relationships* 7（4）：519–530.

Antonucci TC，Lansford JE，Schaberg L，Smith J，Baltes M，Akiyama H，Takahashi K，Fuhrer R，and Dartigues JF（2001）Widowhood and illness: a comparison of social network characteristics in France, Germany, Japan, and the United States. *Psychology and Aging* 16 (4): 655–665.

Berkman LF and Syme SL (1979) Social networks, host resistance, and mortality: a nine-year follow-up study of Alameda County residents. *American Journal of Epidemiology* 109: 186–204.

Berkman LF, Glass T, Brissette I, and Seeman TE (2000) From social integration to health: Durkheim in the new millennium. *Social Science and Medicine* 51: 843–857.

Carstensen LL (1992) Social and emotional patterns in adulthood: support for socioemotional selectivity theory. *Psychology and Aging* 7 (3): 331–338.

Gold D (1990) Late-life sibling relationships: does race affect typological distribution? *The Gerontologist* 30 (6): 741–748.

Johnson CL and Troll LE (1994) Constraints and facilitators to friendships in late late life. *The Gerontologist* 34 (1): 79–87.

Lee GR and Shehan CL (1989) Social relations and the self-esteem of older persons. *Research on Aging* 11: 427–442.

Seeman TE (2000) Health promoting effects of friends and family on health outcomes in older adults. *American Journal of Health Promotion* 14 (6): 270–362.

Sherman AM (2002) Social relations and depressive symptoms in older adults with knee osteoarthritis. *Social Science and Medicine* 56: 247–257.

Silverstein M and Waite LJ (1993) Are blacks more likely than whites to receive and provide social support in middle and old age? Yes, no, and maybe so. *Journal of Gerontology: Social Sciences* 48 (4): S212–S222.

Silverstein M, Conroy SJ, Wang H, Giarrusso R, and Bengtson VL (2002) Reciprocity in parent-child relations over the adult life course. *Journal of Gerontology: Social Science* 57: S3–S13.

Umberson D (1992) Gender, marital status and the social control of health behavior. *Social Science and Medicine* 34 (8): 907–917.

译　者：刘瑞平（中国人民公安大学）
校译者：王永梅（首都经济贸易大学）

身体：构成、体重、身高和体格

A. S. 瑞恩 巴尔的摩退役军人医疗中心，马里兰大学医学院，巴尔的摩，马里兰州，美国
D. 伊拉希 巴尔的摩退役军人医疗中心，约翰斯·霍普金斯大学医学院，巴尔的摩，马里兰州，美国

词汇表

体质指数（Body Mass Index）——测量个体与身高有关的体重的实用指标，常用来界定超重和肥胖。

去脂体质（Fat-free Mass）——体内所有的非脂肪组织的重量，包括骨骼、水、肌肉、结缔组织和器官组织。

骨质疏松症（Osteoporosis）——以骨密度降低、骨组织微结构恶化为特征，并伴有骨脆性和骨折易感性增加的一种疾病。

肌肉减少症（Sarcopenia）——以非自愿的、与年龄相关的瘦体重下降为特征的疾病，主要由骨骼肌减少造成，影响老年人的功能和力量。

皮下脂肪组织（Subcutaneous Adipose Tissue）——皮肤筋膜和肌肉之间的脂肪组织。

内脏脂肪，或称腹内脂肪（Visceral Fat, also called Intra-abdominal Fat）——位于腹腔内肠道组织周围的脂肪。

引言

从发育、成年再到老去，人体成分在整个衰老过程中会发生变化。身体成分和总体重也会在人的生命周期内波动。当身体成分发生变化，如脂肪量增加时，糖尿病和心血管疾病等不良疾病就会出现。老年人口（65岁以上）是所有年龄段人群中增长最快的群体，目前约占总人口的 15%，预计到 2025 年将增至 19%~25%。体脂增加、骨密度下降和肌肉质量减少是衰老的主要特征。这些身体成分的变化由正常的衰老引起，会对健康状况造成不良影响，并对卫生保健体系产生实质的经济影响。肥胖与一系列共发疾病的患病率增加有关，包括心血管疾病、2 型糖尿病、高血压、血脂异常和其他代谢类疾病。骨骼肌质量的下降与虚弱、功能性残疾及其他疾病有关，而骨密度的下降增加了骨折的风险，并最终导致老年人的残疾率、发病率和死亡率升高。本文将讲述体重的组成和目前用于测定身体成分的各种方法，并描述与年龄有关的身体成分的变化，以及身体成分变化与疾病的关系。

体重及其成分

体重是各种组织重量的总和，其中最大的组分是体液，约占体重的60%。体液可进一步分为细胞内成分（40%）和细胞外成分（20%）。例如，年轻人的体重可以由60%的水、7%的骨骼、18%的蛋白质和15%的脂肪组成。这些独立的成分在个体之间存在不同，并且在衰老的过程中会随性别而变化。此外，各种身体成分的过度增加或减少都与疾病有关。为了记录这些变化及其对健康的影响，有很多方法可以用来评估这些身体成分的变化。

体重可以轻松准确地被测量。作为身高的函数，基于各种查算表格的推荐体重可以为评估肥胖提供一些帮助。结合性别、身高和年龄，可以将个体的实际体重与相应的参考值或理想体重进行比较，然后再将个体的实际体重展现为理想值的百分比。正常范围内的理想体重通常在90%～120%。营养不良和肥胖分别对应低于和高于这些设定水平的体重。将体重与参考人群进行比较的另一种方法是计算体质指数。体质指数不受身高限制，并且与健康状况相关。自20世纪80年代中期起，体质指数表已取代精算表用于评估肥胖。

体质指数（BMI）是测量个体与身高有关的体重的实用指标，可以用于诊断蛋白质—能量营养不良和肥胖（见表1）。BMI在18.5和24.9之间被定义为正常；低于该范围依次被定义为体重不足（17.0～18.5）、二度蛋白质—能量营养不良（16.0～16.9）和三度蛋白质—能量营养不良（小于16）；成人BMI在25～29被定义为超重，BMI大于30被定义为肥胖。这些定义超重和肥胖的标准都是基于流行病学证据，BMI大于25与心血管疾病、2型糖尿病、高血压和血脂异常发病率增加之间存在强关联，并会影响死亡率和患病率。尽管BMI是容易获取的肥胖指标，但它不能区分脂肪量和瘦肌肉质量。因此，它会高估肌肉发达的人的体脂含量，但是低估脂肪过多、肌肉量少但体重正常的人的体脂含量。因此，以下部分中描述的方法在确定身体组成方面特别有用。

表1 成年人体质指数分类

分类	体质指数	共病的风险
低体重	<18.5	低（其他临床问题风险增加）
正常	18.5～24.99	平均水平
超重	>25.00	
肥胖前期	25.00～29.99	增加
一级肥胖	30.00～34.99	中等
二级肥胖	35.00～39.99	严重
三级肥胖	>40.00	非常严重

引自：WHO（1999）*Consultation on Obesity*（Technical Report Series 894）. Geneva，Switzerland：World Health Organization.

身体成分的测量

身体成分的直接测量只能通过尸体解剖分析获得，直接测量结果提供了组织和器官的标准重量数据，并且高度准确。然而，为准确评估身体成分而开发的间接方法可以在整个年龄段的临床和研究环境中重复使用。以下讨论了身体成分的组成和目前可用的测量工具。

全身成分法

用于测量总体脂肪和局部肥胖的方法很多。在用于测量身体成分的分室模型中，体重被分为脂肪和去脂体质。去脂体质进一步被分为五种无脂成分，即水、骨矿物质、细胞矿物质、蛋白质、糖原。大多数对总体脂肪的间接测量是基于瘦肌肉组织和脂肪组织的估算重量与它们各自密度之间的组成差异。虽然去脂体质和瘦体重经常互换使用，但它们略有不同。在估算脂肪质量中排除的是可溶性脂肪组分（例如脂肪组织的醚溶性部分和存储在非脂肪组织部位中的脂肪）。因此，去脂体质包括脂肪组织的水和蛋白质部分。瘦体重等于体重减去脂肪组织的重量。瘦体重不包括脂肪组织的水和蛋白质部分的重量。目前用于使用二分室模型进行测量的方法有水下称重法、同位素稀释法、空气置换体积描记法和总体钾法。生物电阻抗、尿 3-甲基组氨酸和尿肌酐等可作为替代方法。由身体成分中脂肪、去脂体质和骨矿物质含量构成的三室模型，可以通过双能 X 射线吸收法评估。全身的磁共振成像（MRI）可用于定量测量整个身体中的脂肪组织，以及肌肉和细胞（例如肝脏）中的脂质。确定多元素分室可以使用中子活化分析、瞬发 γ 射线中子活化分析（PGNA）、迟发 γ 射线中子活化分析（DGNA）和非弹性中子散射。双能 X 射线吸收法、计算机断层扫描（CT）、磁共振成像或超声检查也被用于评估局部肥胖和肌肉质量。下面简要介绍这些技术。

水下称重法　水下称重法多年来一直被认为是测量身体脂肪的金标准，它基于阿基米德原理，物体体积等于其置换的液体体积。因此，在空气和水中测量体重用以确定身体密度（Db）。脂肪百分比可由人体测量学先驱希瑞（Siri）和布罗泽克（Brozek）等人描述的公式确定：

Siri 公式：脂肪百分比=4.95/Db-4.5

Brozek 公式：脂肪百分比=4.570/Db-4.142

脂肪和去脂体质由此计算可得。肺部残余气量必须在水下称重之前或期间用氦气或氮气稀释方法确定。成年人的脂肪和去脂体质值参考值分别为 0.9007 g/mL 和 1.10 g/mL，但是对女性、运动员或老年人可能会不准确。此外，该技术假定有足够的水用于称重，且称重者处于禁食状态，还有大量的肠道气量。

同位素稀释法　它是用同位素稀释法测量总体水。该方法假设水重与去脂体质的比值为 0.732。因此，去脂体质计算为体内水量除以 0.732，脂肪质量=体重-去脂体质。通常采用口服给药，使用氢（氘 ^{2}H 或 O）或氧（$H_2^{18}O$、$D_2^{18}O$）的重同位素或使用氚化氢（^3H_2O）的放射性水稀释标记水来估计体液。总体水的测量依赖 C_1V_1 等于 C_2V_2 的关系，其中 C_1 是摄入的同位素的浓度，V_1 是摄入的同位素的体积，C_2 是平衡后体内同位素的浓度（例如血浆、唾液或者尿液），V_2 是要测定的体积或总体水。在体腔内平衡之前和之后测量示踪剂的浓度，并计算确定体积。该技术的假设是：（1）在测量 C_2 时每个身体水分室完全处于平衡状态；（2）同位素未与示踪剂（水）以外的任何身体成分结合；（3）在示踪剂的施用和其测量期间，迹线流入和流出到身体水分室时处于稳定状态。由于在不稳定的非水性化合物中与氢交换，示踪剂可能随着氢分解而失去并成为另一个细胞分室的一部分，从而导致总水量对 D_2O 和 ^2H_2O 会高估约 4%。对 ^{18}O，水的稳定氧与血液中的碳酸氢氧交换，因此 $H_2^{18}O$ 会有约 1%的差错率。稳定的氧气非常昂贵且供应相当有限。此外，上述所有操作都需要熟练的人员和复杂的测量技术与设备。

空气置换体积描记法 空气置换体积描记法通过测量身体体积来估计身体密度。可以通过应用波义耳定律测量体积，该定律表明在恒定（等温）温度下，压力与体积成反比。基于以下公式，可以通过估算体积得到脂肪百分比：

身体体积（升）= 身体体积毛重（升）- 工件表面积（升）+ 40%胸腔气容量（升）

在确定体积后，通过将受试者的质量除以体积来计算身体密度。测量胸腔气体体积并通过 Siri 公式确定脂肪百分比（如前所述）。这种技术虽然相对较新，但却是其他测定方法有效且可靠的替代方法。静水称重、双能 X 射线吸收法、氧化氘、多室方法和空气置换体积描记法等方法的均值间只有微小的差异。使用空气置换体积描记法的好处包括评估时间短、易于使用及依从性高。不过为确保准确性，必须满足特定的服装要求。用空气置换体积描记法来测定体脂可能对老年人群特别有用。种族不会影响空气置换体积描记法估算脂肪百分比的准确性。该方法也已在超重和肥胖个体中被验证有效。

总体钾法 钾（K）与瘦体重的比率相对恒定，因此总体钾法可用于估计瘦体重。从尸体解剖和活体研究来看，男性的这一比例通常为 68.1 mEq K/kg 瘦体重，女性为 65.2 mEq K/kg瘦体重。在该方法中，^{40}K 是一种天然存在的放射性同位素，在高度封闭的房间里用敏感伽马射线探测器放置靠近受试者测量 ^{40}K 值，进而计算出全身总钾含量。尽管该方法准确性接近 3%~4%，并且是非创伤性和非侵入性的，但所需设备昂贵，技术要求高。此外还应注意，在钾耗尽的情况下，^{40}K 的测量可能是错误的。

人体测量法 人体测量值，例如通过皮褶厚度和肢体周长获得的值，可以用在多元回归方程中预测身体密度并计算身体脂肪和去脂体质。皮褶厚度可以在以下几个部位采集，例如二头肌、三头肌、髂骨、肩胛下部、大腿和腹部。厚度的测量基于以下两个假设：（1）皮下脂肪组织的厚度反映总脂肪的恒定比例；（2）选择用于测量的部位代表皮下脂肪组织的平均厚度。使用方程来预测身体成分的有效性仅限于推导出方程的人群。肌肉间、肌肉内、器官与胃肠道的周围脂肪等部位脂肪的生物学变化因素也会导致该技术的测量误差。有证据表明需要建立种族特定公式。关于人体测量学的更多信息，有一本综合手册提供了 40 多种人体测量操作和标准化技术的详细信息。

生物电阻抗法　生物电阻抗法假设脂肪充当绝缘体且瘦体重传导电流。体液和细胞膜分别为电导和电容（低阻抗），骨、脂肪和甘油三酯不导电且具有高阻抗。生物电阻抗法基于以下原理：几何系统的阻抗与导体的长度、结构、横截面积和信号频率有关。电流的阻抗可以描述为 $Z=aL^2/V$，其中 Z 是以欧姆为单位的阻抗，a 是以欧姆—厘米为单位的体积电阻率，L 是以厘米为单位的导体长度，V 是以升为单位的体积。阻抗可以划分为其构成、电阻（R）和电抗（Xc）：$Z^2=R^2+Xc^2$。将电极放置在手腕和脚踝（手脚生物电阻抗）处，引入小电流，并测量电流阻抗。用恰当的回归方程预测瘦体重，从而预测体重的脂肪量。预测方程通常包括其他参数，例如年龄、性别、身体周长和皮褶厚度。新的生物电阻抗系统利用脚到脚的生物电阻抗系统，类似于浴室秤。与水下称重、双能 X 射线吸收法和手到脚生物电阻抗的脂肪百分比计算相比，这些新系统已经在老年人身上验证有效。生物电阻抗法的一个重要假设是平衡的水合状态，脱水或液体过载都会降低瘦体重测量的准确性。

双能 X 射线吸收法　双能 X 射线吸收法将体重分为骨骼矿物质、脂肪组织和无脂肪软组织，这是一种三室模型。双能 X 射线吸收法有两个光子能量的 X 射线源，包括低能量和高能量。对各类元素，高能量衰减与低能量衰减的比是特定的（例如，氢气的衰减光子程度最小，钙高度衰减）。在两个能级上的软组织衰减的量度被称为 Rst。Rst 与脂肪中软组织的比例成反比。X 射线束在身体上进行逐个像素扫描，将所有像素的值相加可以估计身体的分子成分。双能 X 射线吸收法的结果与标准方法高度相关，但是在使用不同的硬件和软件对位于骨骼上的软组织进行插值测量，以及当对像素处理的小部分是骨头时，双能 X 射线吸收法对身体成分的估计会有一定的系统变化。由于组织源和检测器之间的高度变化，更新和更快的扇形束仪器可能在束放大率方面有误差。有证据表明，某些双能 X 射线吸收法设备可能会高估瘦体重并低估脂肪重量。新型双能 X 射线吸收法设备能减少辐射暴露和扫描时间。双能 X 射线吸收法为受试者提供的便利性使其成为老年人身体成分评估的有吸引力的替代方案。此外，对担心使用水下称重法的人，这也是一个替代选择。对不同双能 X 射线吸收法设备的比较研究表明，相同的系统可用于纵向研究，检查体脂百分比和骨密度的变化。对四肢瘦弱软组织，铅笔束与扇形束双能 X 射线吸收法设备结果显示两者可比较、可互换。

尿 3-甲基组氨酸和肌酐排出法　肌肉质量分析可以通过诸如尿 3-甲基组氨酸排出和肌酐排出的测定技术来确定。肌酐和

3-甲基组氨酸是肌肉代谢的最终产物，不会进一步代谢。它们通过尿液定量排泄，与肌肉质量成正比。通过高效液相色谱法可以确定这些产物的吸收峰值。日常变动、完整和准确的尿液收集及分析前须遵守无肉饮食的规定限制了该技术的准确性。

中子活化分析 中子活化分析是唯一可用于测量身体多元素组成的技术。通常受试者会接受缓和的快中子束，不稳定的同位素会由此产生，并通过发射一种或多种特征能量的 γ 射线使其恢复到稳定状态。全身计数器可以测量这一感生放射性。能量水平识别元素，活动水平代表其丰富程度。中子活化可用于测定钙、钾、磷、氮、镁和纳。具体而言，称为瞬发 γ 射线中子活化分析的方法可测量全身氮。氮（^{14}N）被激发至^{15}N 和 γ 射线。迟发 γ 射线中子活化分析可以通过激发^{48}Ca 至^{49}Ca 和 γ 射线来测量全身矿物质。使用适当的公式可以通过 PGNA 估计总体蛋白，通过 DGNA 估计骨矿物质并通过同位素稀释估计体液来计算总体脂肪。作为另一套体系，非弹性中子散射可以估计总体碳。微型氘—氚加速器产生快中子，导致^{12}C 产生 γ 射线。该模型假设全身碳在脂肪、蛋白质、糖原和骨灰中按一定比例分布。使用总体碳、氮和钙的测量可以估计总体脂肪。尽管中子活化分析能够提供有价值的信息，但是费用非常昂贵，需要高辐射剂量和高技能的研究人员，并且目前世界上可以开展这项分析的机构很少。

对此，一种改进的方法是使用大型［锗铋氧化物（BGO）］晶体检测器同时测量身体中碳与氧的比。与碘化钠检测器相比，碳检测的信号与背景比大大改善（提高了六倍），并且该方法还可以测量局部的身体脂肪。这种改进的基础是脂肪和瘦组织之间碳和氧含量存在巨大差异。这一改进技术已经公布，其准确性通过人类的水下称重法已得以验证。它的其他优点还包括能显著减少辐射暴露（远低于胸部 X 射线）和降低操作成本（超过三分之二）。

区域评估

计算机断层扫描 可以用来确定局部肥胖和骨骼肌质量。该方法将 X 射线衰减的微小差异与组织的物理密度差异联系起来。扫描计算机将扫描区域的解剖结构生成二维图像，脂肪、骨骼和肌肉的横截面在每张图中都可以看到。因为厚度是已知的，所以可以计算相对表面积或体积。腹部区域的 CT 扫描通常在第四和第五腰椎（L4—L5）区域进行，在此评估皮下和腹内（内脏）脂肪组织高度准确（见图 1）。皮下腹部脂肪组织可能会被隔至皮下脂肪组织（称为浅表皮下腹部脂肪组织）的筋膜表面及下方（称为深皮下腹部脂肪组织）。两层之间存在形态差异，由于性别不同，各层比例也有差异。男性深层皮下腹部脂肪的比例较高（约 65%），而女性各层的比例约为 50%。这些皮下腹部脂肪组织层与肥胖的代谢并发症有关。CT 还用于测量大腿（见图 1）、小腿或其他目标区域的肌肉、皮下脂肪和低密度瘦组织。骨骼肌或低密度瘦组织中的 CT 衍生脂质由减少的肌肉衰减决定。与双能 X

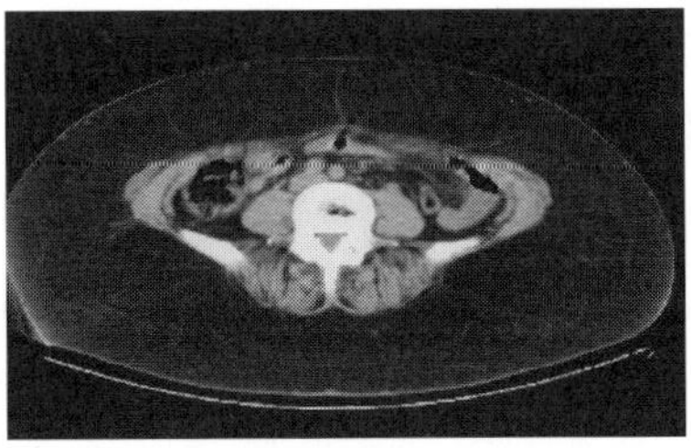

（A）腹部皮下脂肪

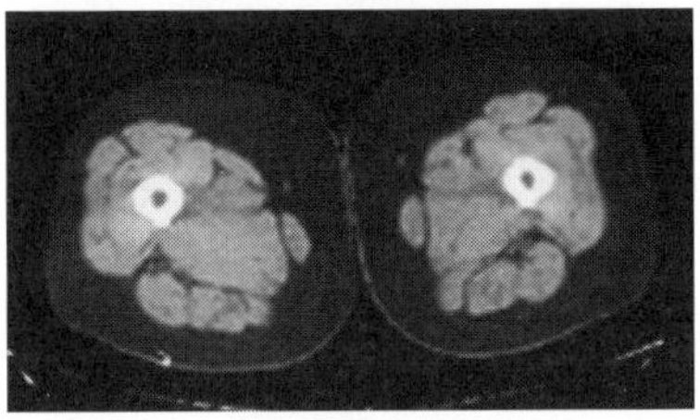

大腿中部皮下脂肪

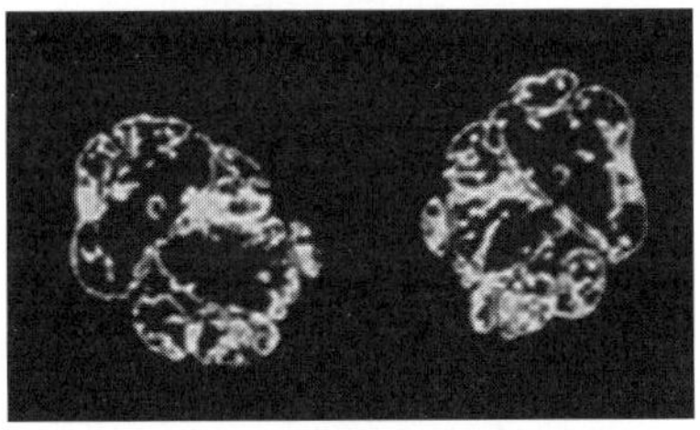

（B）大腿中部低密度瘦组织

图 1　某绝经后女性第 4、第 5 腰椎以及大腿中部的断层影像

射线吸收法相比，由于暴露的电离辐射相对较大，对同一个体的常规全身扫描和多次扫描限制了 CT 的使用。研究人员已经降低了辐射剂量，并应用全身多个扫描切片估计总体脂肪。

磁共振成像　MRI 可以定量测定总脂肪量及区分局部脂肪和肌肉组织的差异。MRI 基于原子核表现像磁铁的原理，将外部磁场施加于身体局部。每个核或磁矩都试图与外部磁场对齐，同时使用射频波将核旋转到磁场。当射频关闭时，来自激活的核的吸收能量被释放。该无线电信号用于显影图像，从而清楚地确定脂肪和肌肉组织。与 CT 相比，MRI 不使用电离辐射，但是有限可及性和较高成本也限制了其在身体成分评估中的使用，不过可以进行全身 MRI 以评估脂肪组织和肌肉区域。通常在全身以40 mm 的间隔进行采集，获得约 40 轴向图像（10 mm 厚度）。MRI 还用于量化腹内脂肪组织和腹部皮下脂肪，以及四肢肌肉质量。此外，可以使用假定的骨骼肌和脂肪组织密度将 MRI 体积估计值转换为质量。全身 MRI 测定发现成年人中全身肌肉内脂肪组织的量与内脏脂肪大小相同。肌肉间脂肪组织与肌细胞内脂质（肌纤维内的脂质）不同，细胞内脂质可以通过来自诸如胫骨前肌的肌肉单和多体磁共振波谱来量化。

超声波扫描术　使用超声波确定腹部脂肪时，患者置于躺卧位，在剑突—肚脐线上的肚脐旁边对其测量皮下厚度和腹内脂肪。使用 5 mHz 或 7.5 mHz 的换能器测量皮下脂肪厚度，使用 3.3 mHz 换能器测量腹内脂肪。借助屏幕上的图像，用放置在皮肤脂肪和脂肪—肌肉界面处的卡尺测量皮下脂肪的厚度，在肌肉的内侧面和主动脉的前壁测量内脏脂肪的厚度。对各年龄段的肥胖女性，通过超声测定的皮下和内脏脂肪都与 CT 测定结果显著相似。超声检查需要熟练的操作人员来完成，其优点是安全、非侵入、无辐射暴露，并且超声成像设备已十分普及。

人体测量法　腰围用于估计中心性肥胖。按成年人治疗专家组（Adult Treatment Panel）三级标准，男性腰围大于 102 cm，女性腰围大于 88 cm 就被认为是腹部肥胖。

脂肪的局部分布可以通过腰围与臀围的比率（WHR）来估计。男性的腰臀比大于0.90、女性大于0.85通常被认为是上半身肥胖，腰臀比低于以上数字被认为是下半身肥胖。腰围和腰臀比与腹部组织的CT和MRI分析相关。其他简单的局部肥胖指标可以通过周长（来自身体其他部位的厚度和宽度测量）来获取。一些研究人员开发了预测方程，使用CT作为评估内脏脂肪的标准方法。这些方程利用简单的人体测量法、双能X射线吸收法测量，并将两者组合估算内脏脂肪。研究显示，皮褶厚度不应用于评估身体成分随年龄的变化，因为这些研究未能检测到脂肪分布随年龄的改变。

身体成分随衰老的变化

超重和肥胖的患病率

美国国家卫生统计中心通过对第一次国家健康调查和第一至三次及后续的国家健康与营养调查研究，回顾了1960—2000年美国超重成人的患病率和趋势。超重和肥胖的患病率在40年间显著增加，从1960—1962年的43%上升到1999—2000年的64.5%。肥胖（BMI大于30）急剧上升是患病率增长的主要原因。肥胖患病率在前三个调查期（1960—1980年）稳定保持在约15%的水平，然后在1999—2000年急剧上升至30.5%。在这段时间内，成年人超重和肥胖的患病率在所有民族和种族，以及所有年龄组中都很明显。

体重和脂肪量随衰老的变化

在健康人群中，体重从成年早期到五六十岁逐渐增加，然后保持稳定，直至65~70岁。在体重增加期间，对于女性而言，体重每年增加0.39~0.45 kg，男性每年增加0.36~0.41 kg，种族间无差异。女性比男性略多说明从绝经前到绝经后的转变会影响体重增长。60岁以后，体重会以每年0.05~0.36 kg的速度缓慢下降，具体取决于种族和性别。无论哪个种族，女性的减少率通常高于男性。此外，非裔美国女性的体重下降率最快，非洲裔美国男性的体重下降率最慢。体重调节的变化表明在衰老过程中体重发生了非线性的变化。

体重增长的模式在横断面和纵向研究中通常是一致的，并且体重增长的特征是脂肪的增长多于瘦体重的增长。年龄和体脂之间的关系是曲线的，中年人体脂肪增长最多，年轻人和老年人体重增长较少。也就是说，随着年龄增长，脂肪量从50~69岁一直保持增长，随后在年龄较大的年龄段（大于70岁）缓慢下降。然而，无论哪个年龄段，成年人中7%~31%的脂肪量（绝对或相对）增长是由年龄引起的。

随着年龄增长，体重的增加伴随着与年龄相关的脂肪向腹部区域重新分布。与年龄相近的运动员相比，久坐不动的女性在其50岁时内脏和皮下腹部脂肪面积平均要高出1.5~3倍。同样，尽管BMI和体脂百分比相似，但年龄较大的女运动员在50~60岁时内脏脂肪面积比年轻运动员高2~3倍。

因此，无论身体活动状况如何，在衰老过程中，腹部区域都会存在脂肪堆积。然而，保持积极的生活方式可以显著减少腹部脂肪沉积量，在一定程度上削弱衰老的影响。有人认为腹腔内脂肪面积大于100～110 cm^2 会增加心血管疾病和其他代谢疾病的风险，改变腹部脂肪堆积的能力具有临床意义。与年龄相关的内脏脂肪增加可能导致甘油三酯和总胆固醇浓度的增加，以及葡萄糖不耐受。

随着年龄的增长，骨骼肌周围和内部脂肪的渗透增加，会对葡萄糖和脂蛋白代谢产生不利影响。CT 扫描发现久坐不动的女性大腿中部皮下脂肪绝经后存在双倍的增长。此外，低密度瘦组织也有双倍增长，这是肌内脂肪的标志。大腿中部皮下脂肪和低密度瘦组织区域约27%～33%的增长源于年龄。横断面研究显示，老年人比年轻人的肌内脂质和肝脏脂肪多。纵向研究也显示，内脏脂肪组织和肌间脂肪组织会随着年龄而不断增长。肌内脂肪对与胰岛素抵抗综合征相关的代谢功能障碍的影响可能有助于解释葡萄糖代谢的种族差异。

去脂体质及其成分随衰老的变化

体重和脂肪量随着衰老而增加，总去脂体质及其成分（骨骼肌质量、体细胞质量、总体水和骨矿物质量）逐渐减少。男性的去脂体质在30岁中期达到顶峰，然后逐渐下降。女性的去脂体质在大约50岁之前保持相对稳定，之后去脂体质的下降速率比男性慢。男性和女性在25～70岁的平均去脂体质损失率约为16%，每年约为0.16 kg。由于骨骼肌占总去脂体质的一半以上（约55%），20～70岁骨骼肌质量会减少10%～15%，略低于去脂体质的损失水平，其中男性（每10年下降0.8～1.9 kg）下降速率比女性（每10年降0.4～1.1 kg）更快。虽然去脂体质的相对减少开始于30岁，但骨骼肌质量会一直保持到50岁，男性和女性的绝对骨骼肌质量约在45岁开始明显减少。一些研究表明，70岁及以上个体的骨骼肌质量的减少可能会加速。此外，健康、衰老和身体成分研究显示，身体成分与年龄增长、体重变化，以及身体成分基础有关。具体而言，一般健康的男性和女性老年人（70～79岁）在体重变化时瘦肉分室比脂肪分室更容易留存住，但在调整所选变量后发现，到老年，随体重减少，瘦体重是无法维持的。除了全身肌肉质量的变化外，12年的随访研究发现，老年男性（基线年龄65岁）的肌肉横截面积会以每年1.4%的速度减少。

骨骼肌的损失是与年龄无关的去脂体质下降的主要原因，这被称为肌肉减少症，它会影响老年人的功能和力量。当老年人身高调整后的四肢肌肉质量低于年轻成年人或体重对应肌肉质量平均值两个或更多标准差时，就可称为肌肉减少症。根据肌肉质量的定义和测量，70岁以下人群肌肉减少症的患病率从6%到24%不等，80岁以上的人群约为50%。肌肉减少症的代谢作用包括静息代谢率下降、继发去脂体质减少和体力活动减少。

骨骼肌质量的减少与体内水分的减少密

切相关，因为大部分骨骼肌（75%～80%）是水。总体水约占出生时去脂体质的 80%。在年轻人中，总体水约占去脂体质的 72%。因此，体内水分持续流失直至成年，但在整个成年期和中年期保持相对恒定。女性平均总体水低于男性。70 岁以后女性体内水分开始流失，比男性稍早，在 70～80 岁达到最低点。总体水的下降表明无脂肪分室的水合作用发生了变化（随着正常老化而增加）。细胞外水（ECW）与体重、细胞内水（ICW）或去脂体质做比率时，在生命早期会达到最大值，在成年早期达到最低点，并在老年时再次增加。随年龄增长，在调整种族和身体成分后，细胞外水与细胞内水的比值（ECW：ICW）会更大，ICW 数值更小。研究观察表明，与白种人、亚裔和西班牙裔相比，非裔美国人与年龄相关的差异最大。总体钾作为去脂体质的一种指数，在男性和女性大约 30 岁时开始下降。非裔美国人的数值最高，其次是白种人、西班牙裔和亚裔。非裔美国女性和西班牙裔男性总体钾的下降速度最快，这表明随着年龄的增长，去脂体质的下降存在显著的性别和种族差异。

除了去脂体质、骨骼肌质量和总体水会随年龄增长而减少外，骨量也持续减少。骨矿物质量在 20～30 岁时达到峰值，然后逐渐下降。到 70 岁时，脊柱和股骨颈的骨密度分别减少约 20%和 25%。此外，骨丢失率随部位而变化，骨小梁区域的骨丢失可能比主体致密的骨区域更严重。全身矿物质的下降速度可能比特定部位的速度慢。在女性中，绝经期间会出现更剧烈的骨量减少。与绝经前和绝经后女性相比，围绝经期女性的骨密度损失率更高，并且具有部位特异性。纵向研究估计绝经前骨密度损失率在腰椎为每年 0.7%～1.3%，股骨颈为每年 0.2%～0.3%。相比之下，围绝经期女性的骨密度损失率在腰椎为每年 2%～3%，股骨颈为每年 0.6%～1%。在绝经后女性中，腰椎和股骨颈的骨密度估计损失为每年1.3%～1.5%和每年 1%～1.4%，刚刚绝经后的骨丢失率最快。

与男性相比，女性骨质疏松性骨折的发生率更高。在脊柱中，男性骨密度的损失率是女性的三分之二，在股骨颈中只是二分之一。尽管存在这些差异，但与男性相关的骨质疏松性骨折的年龄相关性增长也很明显。与女性（约 20%）相比，骨丢失率较低导致男性骨质疏松症患病率较低（约 6%），65 岁以上男性患髋部和椎体骨折的发生率约为年龄相仿女性的一半。相对风险也是在特定部位，特别是髋部的区域性肥胖可能对骨折有保护作用。许多因素影响峰值骨量及其损失，包括营养状态、身体活动水平、疾病（例如甲状旁腺功能亢进）、遗传学、特定药物（例如糖皮质激素、抗惊厥药）、酒精中毒、吸烟、活动受限和激素水平。

身体成分与疾病的关系

与衰老相关的体重和组成的变化有重要的公共卫生影响。肥胖是冠心病、充血性心力衰竭、脑卒中、心室功能障碍和心律失常的主要危险因素。全身和腹部肥胖的增加与患心血管疾病、2 型糖尿病、高血压、血脂异常和其他代谢疾病的风险增加有关。减肥手术是对三级肥胖的一种新的重要治疗方法，逆转了许多上述代谢疾病。肥胖还与肺功能改变和炎症状态增加有关。重要的是，每年大约有 30 万人死于肥胖，医疗卫生系统为此每年花费超过 1 000 亿美元。

超重和肥胖患人群心血管疾病的风险更高。在对约 18 000 名中年男性冠心病患者的年龄调整分析中，超重组相对于正常体重组的全因死亡率和冠心病死亡率（非脑卒中死亡率）风险略有升高。在肥胖组中得到了类似的结果，表明成年人生活中的肥胖和超重会加重总死亡和冠心病死亡风险。一项具有全国代表性的美国人口调查（医疗支出专项调查）显示，无论体力活动如何，患有糖尿病和与糖尿病相关的心血管合并症的可能性随着体质指数的增加而增加，并且无论体质指数如何，患病风险随体力活动不足的增加而增加。对正常体重的不活动的成年人，糖尿病的多变量校正比值比为 1.52，对超重不活动的成年人，其比值比为 1.65。因此，身体不活动和肥胖都同糖尿病和与糖尿病相关的合并症表现出显著且独立的相关性。

除了全身肥胖的不利影响之外，脂肪所在位置在判断脂肪对疾病风险因素的影响方面也起一定作用。骨骼肌内的结缔组织衍生脂质与女性的年龄和肥胖直接相关，并且与老年人的胰岛素阻抗和下肢功能障碍有关。低肌肉质量会影响老年人的健康、独立性和安宁。肌肉减少症与老年人功能障碍、残疾和跌倒相关，发生风险会增加 3~4 倍。随着老年人身体残疾风险的升高，一些明确的风险点已经被提出。由于身体残疾会给医疗卫生系统带来经济负担，因此肌肉减少症很可能导致医疗卫生费用增加。

与年龄相关的骨密度下降导致骨质量和强度降低，这可能导致骨质疏松症或椎体、股骨和桡骨远端骨折增多。例如，股骨骨密度每降低 10%，髋部骨折风险增加 3 倍。由于男性在整个生命过程中骨量都高于女性，男性骨密度下降的速度比女性慢，因此男性骨质疏松症的发病率较低。骨质疏松性骨折导致的急性住院和随后的康复会产生大量费用，每年约为 170 亿美元，并且与肥胖一样，骨质疏松性骨折会增加发病率和死亡率（例如，髋部骨折后第一年内死亡率为 12%）。

总之，与年龄相关的体重和身体成分变化与许多疾病有关。目前这些变化可以通过多种方法记录，具体方法取决于所研究的资源和人群，并且受营养、活动、遗传及经济与社会问题影响。生活方式的改变，如适当的营养、增加规律的体力活动和有意减肥可以降低患代谢和心血管疾病的风险。例如，无论有无运动训练，通过热量限制减轻体重都会降低 2 型糖尿病的发生率，并改善肥胖个体的心血管风险特征。此外，身体活动有助于减轻体重增加和衰老带来的身体成分和脂肪分布的不利变化趋势。持续超过 6 个月的有氧运动和阻力运动训练可以维持或增加肌肉和骨骼质量，可以有效防止发展为肌肉减少症和骨质疏松症。流行病学研究发现平均寿命延长的方法，应推荐包括营养和运动在内的结构化行为项目，以改变伴随衰老而来的身体成分的不良变化。

另请参阅：心血管系统；运动和身体活动；骨质疏松症与骨功能障碍相关的衰老。

拓展阅读

Batty GD, Shipley M, Jarrett J, Breeze E, Marmot M, and Davey Smith G (2005). Obesity and overweight in relation to disease-specific mortality in men with and without existing coronary heart disease in London: the original Whitehall study. *Heart* (epub).

Baumgartner RN, Koehler KM, Gallagher D, et al. (1998). Epidemiology of sarcopenia among the elderly in New Mexico. *American Journal of Epidemiology* 147: 755–763.

Bay GA, Bouchard C, and James WPT (eds.) (1998). *Handbook of Obesity*. New York: Marcel Dekker.

Burger H, de Laet CEDH, van Daele PLA, Weel AEAM, Witteman JCM, Hofman A, and Pols HAP (1998). Risk factors for increased bone loss in an elderly population. The Rotterdam study. *American Journal of Epidemiology* 147: 871–879.

Flegal KM, Carrol MD, and Ogden CL (2002). Prevalence and trends in obesity among US adults, 1999–2000. *Journal of the American Medical Association* 288 (14): 1723–1727.

Gallagher D, Ruts E, Visser M, Heshka S, Baumgartner RN, Wang J, Pierson RN, Pi-Sunyer FX, and Heymsfield SB (2000). Weight stability masks sarcopenia in elderly men and women. *American Journal of Physiology* 279: E366–E375.

Hughes VA, Frontera WR, Roubenoff R, Evans WJ, and Fiatarone-Singh MA (2002). Longitudinal changes in body composition in older men and women: role of body weight change and physical activity. *American Journal of Clinical Nutrition* 76: 473–481.

Janssen I, Heymsfield SB, and Ross R (2002). Low relative skeletal muscle mass (sarcopenia) in older persons is associated with functional impairment and physical disability. *Journal of the American Geriatric Society* 50: 889–896.

Lohman TG, Roche AF, and Martorell R (eds.) (1988). *Anthropometric Standardization Reference Manual*. Champaign, IL: Human Kinetics.

Mazess RB and Barden H (1999). Bone density of spine and femur in adult white females. *Calcified Tissue International* 65: 91–99.

McCrory MA, Gomez TD, Bernauer EM, and Mole PA (1995). Evaluation of new air displacement plethysmography for measuring human body composition. *Medicine and Science in Sports and Exercise* 27: 1686–1691.

Newman AB, Lee JS, Visser M, Goodpaster BH, Kritchevsky SB, Tylavsky FA, Nevitt M, and Harris TB (2005). Weight change and the conservation of lean mass in old age: the Health, Aging and Body Composition Study. *American Journal of Clinical Nutrition* 82: 872–878.

Roche AF, Heymsfield SB, and Lohman TG (eds.) (1996). *Human Body Composition*. Champaign, IL: Human Kinetics.

Ryan AS and Nicklas BJ (1999). Age-related changes in fat deposition in mid-thigh muscle in women: relationships with metabolic cardiovascular disease risk factors. *International Journal of Obesity and Related Metabolic Disorders* 23: 126–132.

Ryan AS, Nicklas BJ, and Elahi D (1996). A cross-sectional study on body composition and energy expenditure in women athletes during aging. *American Journal of Physiology* 271: E916–E921.

Sheehan TJ, DuBrava S, DeChello LM, and Fang Z (2003). Rates of change for black and white Americans over a twenty year period. *International Journal of Obesity and Related Metabolic Disorders* 27: 498–504.

Sullivan PW, Morrato EH, Ghushchyan V, Wyatt HR, and Hill JO (2005). Obesity, inactivity, and the prevalence of diabetes and diabetes-related cardiovascular comorbidities in the U. S., 2000 - 2002. *Diabetes Care* 28: 1599–1603.

Visser M, Kritchevsky SB, Goodpaster BH, et al. (2002). Leg muscle mass and composition in relation to lower extremity performance in men and women aged 70 to 79: the Health, Aging, and Body Composition Study. *Journal of the American Geriatric Society* 50: 897–904.

WHO (1999). *Consultation on Obesity* (Technical Report Series 894). Geneva, Switzerland: World Health Organization.

译　者：印　童（北京大学）

神经递质和神经营养因子

T. H. 麦克尼尔，E. J. 戴维斯 南加利福尼亚大学凯克医学院，洛杉矶，加利福尼亚州，美国

F. F. 赫夫 神经科学公司，帕洛阿托，加利福尼亚州，美国

T. J. 科利尔 辛辛那提大学，辛辛那提，俄亥俄州，美国

词汇表

与年龄相关的神经变性疾病（Age-Related Neurodegenerative Diseases）——以年龄作为首要的危险因素的疾病，其特征是神经细胞的萎缩或死亡，例如阿尔茨海默病和帕金森病。

神经递质（Neurotransmitters）——突触连接处的神经细胞之间调节信息传递的化学物质。

神经营养因子(Neurotrophic Factors)——调节神经细胞的存活和形态可塑性的蛋白质。

引言

维持神经递质的释放和受递质刺激的受体机制是大脑功能的关键性决定因素，最终调节多种复杂的机体功能，如运动、学习、记忆、情绪和感觉加工等。相比之下，神经营养因子是调节神经细胞生存和形态可塑性的蛋白质，对神经系统的正常发育和结构完整性的维持是必需的。神经递质和神经营养因子的功能随着衰老发生变化。然而，这些变化具有选择性，并没有全脑衰退的证据。神经递质和神经营养因子也受到神经变性疾病的影响，在疾病的病理生理过程发挥核心作用。目前和未来治疗此类疾病的方法是基于影响神经递质和神经营养因子的机制。

神经递质在脑功能中的作用

神经细胞是神经系统的功能单元，彼此之间互相接触，以促进从大脑到脊髓的细胞间的联系。神经元是独立的单元，但可以形成紧密的功能联系，使信息从一个细胞传递到另一个细胞，这被称为脑功能的神经元理论。这个理论首先是由西班牙神经解剖学家圣地亚哥·拉蒙·卡哈尔（Santiago Ramon Cajal）在 19 世纪末提出的，已经成为 100 多年来人们对大脑功能理解的基础。将信息从一个神经元传递到另一个神经元的化学信号被称为神经递质，在 20 世纪初，英国诺贝尔奖获得者查尔斯·谢灵顿爵士（Sir Charles Sherrington）创建了“突触”这一术语来描述两个神经元接触的位置。

神经递质将信息从一个细胞传递到另一个细胞的突触被称为化学突触。突触前神经

细胞的轴突以电脉冲的形式将突触前信息从神经元胞体传到轴突末梢，在此将其转化为化学信号。神经递质从突触前末梢的囊泡中以量子式形式释放出来，并在突触前后神经元之间穿过一个物理间隙（约 20 nm），称为突触间隙（见图 1）。神经递质在突触间隙的运输是通过简单扩散进行的，不需消耗能量。到达突触后细胞后，神经递质与嵌入在细胞膜中的旨在特异性结合神经递质的蛋白质受体进行结合。神经递质与受体的结合引发一系列突触后细胞的活动，最终调节多种复杂的机体功能，如运动、学习、记忆、情绪和感觉加工等。只要神经递质与受体结合，局部的突触后效应就会持续。神经递质最终在一种降解酶或将神经递质重新摄取回到突触前神经末梢的转运蛋白的作用下失活。通过这种方式进行的神经细胞间的信息传递是单向的，不包括从一个细胞到另一个细胞的电信号的直接传递。

如果一个分子符合以下几个标准即被认为是“经典”的神经递质。第一，分子必须由突触前神经元合成和释放；第二，当突触前神经元受到独立的刺激时，它能在突触后细胞中产生同样的效应；第三，分子在突触后产生的作用会被竞争性的拮抗剂阻断；第四，有合适的机制可以使突触间隙中的分子失活。虽然有 100 多个小肽已经在中枢和周围神经系统的突触水平上显示其具有生物活性，可以改变突触后细胞的电生理状态，但是，这些小肽很少能通过上述严格的标准而成为经典意义上的神经递质。这些小肽包括生物胺（多巴胺、去甲肾上腺素、肾上腺素、5-羟色胺、组胺）、乙酰胆碱、γ-氨基丁酸、甘氨酸和谷氨酸。

通常，单个神经元内仅存在一种神经递质，但是产生这些神经递质的特异性细胞分布在脑和脊髓的各个区域。例如：黑质多巴胺能神经元成簇分布在特定的神经节或核团中；谷氨酸能神经元则广泛分布在神经系统中，是多种神经解剖通路中的一个组成部

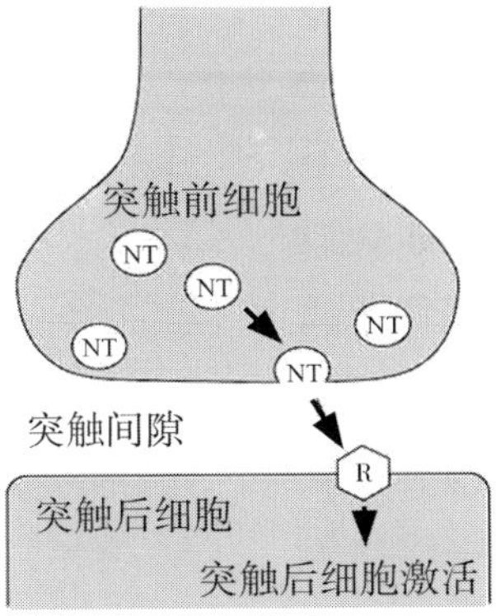

图 1　化学突触的示意图

注：神经递质（**NT**）自突触前末梢的囊泡中以量子式形式释放出来，神经递质在突触间隙中扩散，与突触后膜的受体（**R**）结合。

分。此外，既往临床、神经病理学及实验研究表明，某种生物学功能与特定的神经解剖通路相关，而神经解剖学通路通过特定的神经递质在神经元之间传递信息。这种功能或生物化学相关的例子包括协调运动功能的黑质多巴胺能神经元、调节学习和记忆功能的基底前脑胆碱能神经元。基于解剖结构明显可以得到的结论是：导致老化或疾病的神经递质特异性解剖通路的损伤可能是此种疾病主要特征的基础。这种情形最常见于帕金森病和阿尔茨海默病，帕金森病患者多巴胺能神经元的丢失直接导致运动症状，阿尔茨海默病患者的认知障碍与乙酰胆碱活性丧失有关。但是，神经病理学资料明确显示，中枢神经系统的变性疾病并不是单一神经递质系统受损的结果，而是全脑神经递质缺失和其他神经病理改变的共同结果，从而产生特定疾病状态下的一系列典型的行为特征（参见“脑与中枢神经系统”）。

神经营养因子在神经系统中的作用

神经营养因子是一类调节神经细胞存活和发育的蛋白质分子。尽管成年人的大脑不会再出现与未成年人大脑在发育过程中类似的形态变化，但是，成人的神经元仍保留改变其形态的能力，以此更好地适应周围环境的变化。这种适应的过程通常被称为神经的可塑性，这是形成和维持边缘系统、纹状体和皮质环路等调节一系列人类复杂行为的神经网络所必须具有的。像神经递质一样，神经营养因子作为细胞间的化学信号，可以影响突触活动的短期变化，也可影响神经元形态的长期变化和神经元的存活。然而，神经营养因子并不是以神经递质的方式直接沿着神经通路传递信号。神经元的营养支持并不遵循神经递质信号传递的单向性，而是顺向、逆向均可，可以来自其他神经元、胶质细胞或其他类型的细胞（见图 2）。

已知的神经营养因子包括神经营养素家族，由神经生长因子（NGF）、脑源性神经营养因子（BDNF）、神经营养素-3 和神经营养素-4/5 组成。其他发挥神经营养作用的因子包括睫状神经营养因子和胶质细胞源性神经营养因子（GDNF）蛋白家族，包括 GDNF、神经生长因子、青蒿琥酯。此外，发挥神经营养因子功能的蛋白质包括成纤维细胞生长因子家族、表皮生长因子家族、转

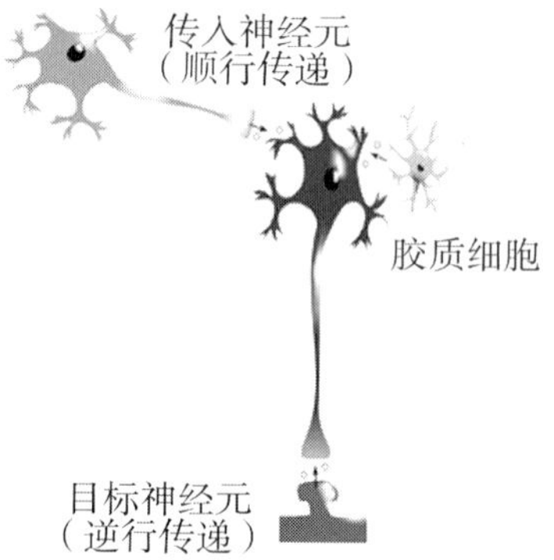

图 2　神经营养因子的可能来源

注：神经营养因子并不像神经递质一样遵循传统的单向传递，而是可以来源于顺行和逆行传递及周围的胶质细胞。神经营养因子来源包括与其他中枢神经系统或外周神经系统的神经元形成突触的传入神经元（顺行传递），中枢神经系统或外周神经系统其他部分的目标神经元或组织（逆行传递）以及与中枢神经系统的神经元相邻的产生生长因子的胶质细胞，如星形胶质细胞。

化生长因子（TGF-B）家族和胰岛素样生长因子（IGF）。生长因子通过刺激嵌入在细胞膜中的特异性受体分子而为靶细胞提供营养支持。

神经营养因子在外周神经系统发育中的生物学作用尤其重要。在外周神经系统中，神经营养因子在调节神经嵴前体神经元的发育和脊髓背根神经节的感觉神经元的发育过程中发挥至关重要的作用。在中枢神经系统，神经营养因子在胚胎发育过程中为神经元的存活提供营养支持，在成人中可引起突触功能和神经元形态发生短期和长期的适应性变化。人们认为在成人大脑的特定区域中（如大脑皮质和海马）高水平的神经递质及其受体的维持，可以证明高水平的神经可塑性与学习、记忆和运动学习有关。同样，有证据表明，当成人脑组织遭受创伤或发生疾病时，神经营养因子的发育调节机制将被重新激活而发挥作用，成为代偿修复机制的基础，这对预测颅脑损伤后的功能恢复情况至关重要。

老年人脑中的神经递质及神经营养因子

研究老年病学的神经递质和神经营养因子一般强调以下两个最重要的原则：（1）生物体及其体内的不同系统以不同的速率衰老；（2）在相同年龄的个体中，可以发现生物学年龄和按时间确定的年龄之间存在差异，这种差异在人类身上表现得最为明显，但其不只存在于人类。年龄增长伴随的功能变化是各物种具有的一致特性，且与神经系统不同区域的神经递质和神经营养因子的改变密切相关。此外，在20世纪80年代进行的研究迫使我们重新评估传统的观点，即与年龄相关的大脑功能的变化是单纯由于细胞损失所致。更确切地说，现在人们普遍认为，为了抵御进行性的与年龄相关的细胞功能的异常，产生神经递质和神经营养因子的细胞发生各种适应性反应，以共同保护和修复神经系统的神经网络，老化的神经系统以此发挥其功能。此外，众所周知，筛选相同年龄动物常见的行为特征及将行为变化与特定的神经递质和神经营养因子系统的解剖和生物化学变化联系起来，对研究“正常衰老”“异常衰老”和“疾病”的机制非常有用。

在形成大脑和脊髓解剖神经回路的神经递质系统中，与年龄相关的变化发生的程度是易变的。关于与年龄相关的神经元形态学变化的研究报道表明，在脑的同一区域产生不同神经递质的神经元中，年龄增长对细胞丢失和生化物质的含量具有不同的影响。例如，啮齿类动物黑质老化与黑质网状部γ氨基丁酸能神经元数量减少有关，而与邻近的黑质致密带多巴胺能神经元的丢失无关。此外，有证据表明，在啮齿类动物、非人灵长类动物和死后的人类大脑中，相同脑区产生某一种神经递质的神经元群体丢失的程度不同。例如，大鼠黑质致密带缺少多巴胺能神经元的丢失，这与以往的生化研究相一致，该研究报告了在老年小鼠和老年大鼠的黑质纹状体系统中多巴胺和酪氨酸羟化酶活性受损轻微且不一致。同样，松鼠猴的解剖学研究显示，年轻、中年和老年实验组的黑质多巴胺能神经元的总数没有差异。与此相反，在年轻和年老的恒河猴的比较研究中，研究人员发现了与年龄有关的黑质神经元的显著减少及伴随的运动功能的严重损害。在人类大脑解剖研究中，多巴胺能神经元的丢失通常与在恒河猴中的发现类似。具体而言，在90岁之前，细胞每10年丢失7%~10%；然而，细胞丢失并不总是伴随着明显的认知和运动功能障碍。虽然细胞丢失程度和发病时临床症状分离的原因尚不清楚，但是人们认为，当一些多巴胺能神经元显示出与年龄相关的萎缩或死亡的征象时，其邻近的神经元为弥补多巴胺代谢降低而可能增加多巴胺的合成率。虽然某些细胞的代谢下降，但这一代偿过程可以将细胞内容物的含量维持在正常范围内，这与大鼠在使用多巴胺能神经毒素6-羟多巴胺（6-OHDA）导致黑质急性神经毒性损伤后的实验结果相似。在注射6-OHDA后，黑质的一些多巴胺能神经元呈现持续的神经毒性、萎缩和变性的征象，而另外一些神经元则增加了多巴胺的合成率以抵消邻近神经元的死亡。在正常衰老过程中，类似的代偿现象可能会出现，而黑质中的每个神经元可能对衰老过程的影响具有不同的敏感性。然而，对年龄相关的细胞功能障碍产生适应性代偿反应的时间是有限的。最近对老龄大鼠代偿性反应的研究发现，在年龄最大的动物中，增加多巴胺分泌的能力已经丧失。类似的，在猴子颈内动脉注射神经毒素MPTP（1-甲基-4-苯基-1，2，3，6-四氢吡啶）造成单侧多巴胺系统损伤后，增加的多巴胺分泌一直持续整个中年时期，但是在更年老的动物中完全消失。这些研究表明，与年龄相关的神经元损伤相适应的代偿机制在青年和中年时是活跃的，但在老年时显著下降。一些研究着眼于观察饮食和运动等生活方式的改变是否可以使上述代偿机制在更长时间内发挥作用，这些研究虽然刚刚开始，但有着良好的前景。特别是有证据表明，积极的生活方式，包括结构合理的心理和身体锻炼项目可以增进个人健康，提高认知功能，改善心血管健康，降低阿尔茨海默病的发生风险。此外，被认为是维持大脑健康的重要决定因素的特异性信号通路包括了神经营养因子中的脑源性神经营养因子和胰岛素样生长因子及神经递质中的多巴胺、去甲肾上腺素和血清素。

神经系统不同区域的神经元，即使含有相同的神经递质，其受年龄影响的程度也是不同的。例如，多项研究一致报道，在年老的大鼠、小鼠及人的纹状体中，胆碱能中间神经元及乙酰胆碱合成的限速酶——胆碱乙酰基转移酶的活性丧失。上述研究结果表明，胆碱能神经元对衰老过程特别易感。然而，与年龄相关的胆碱能神经元的丢失并不是与学习和记忆相关的前脑基底部胆碱能神经元的特征。然而，研究中最具启发性的发现是，无论在哪个被研究的年龄组，产生神经递质的神经元所发生的功能和生化的变化之间均存在密切的联系。以往的研究采用不同的行为学测试将年龄相同的大鼠分为行为受损组和行为非受损组，并将细胞数量、一系列神经递质等生化物质的含量与功能表现进行关联。采用这种方法揭示了空间学习和记忆（采用 Morris 水迷宫及放射臂迷宫试验）与年龄相关的海马变化，尤其是其胆碱能神经元退变之间存在非常强的相关性。此外，抑制性回避任务中的与年龄相关的学习和记忆受损与蓝斑去甲肾上腺素缺失有关。转棒平衡任务评价的运动障碍与纹状体中与年龄相关的萎缩的 γ-氨基丁酸能神经元的数量增加有关。符合这一证据的前提是随着年龄的增长，功能表现的可变性及某些特异性行为指标的受损可能与脑内选择性神经解剖通路改变有关或无关。此外有证据表明，与年龄相关的行为障碍，如认知和运动功能障碍，具有种属特异性。因此，当以年龄为唯一自变量来分析神经老年病学研究的数据时，构成特定样本群体的功能受损动物与未受损动物的比例，可能直接影响年龄、行为及神经生物学底物之间关系的结果。并且，在某些衰老动物中明显发生的神经生物学变化也可能被老年性动物群体之间的差异所掩盖，这些变化可能只有在采用针对行为学神经生物学测量方法时才会有所区分。

更为复杂的情况是，在老年的脑中，神经递质的受体水平可能发生变化，但没有明显的细胞丢失或神经递质含量的减低。以往研究发现，神经递质的受体缺失是正常衰老过程中更为常见的特征之一，且常同与年龄相关的学习、记忆、动机及运动功能的改变相关。突触后受体的改变导致了与年龄相关的神经递质功能的变化，这在谷氨酰胺、多巴胺、去甲肾上腺素、γ-氨基丁酸及乙酰胆碱等多种神经递质系统中均有不同程度的报道。在从啮齿类动物到非人灵长类动物的多个物种中，不同脑区 NMDA 型谷氨酸受体减少是老年神经病学研究中结果最一致的发现之一，其减少的幅度通常为 20% ~ 50%，且与大鼠和猴子的海马型记忆缺失密切相关。同样，在啮齿类动物、非人灵长类动物及人的纹状体中，D1 和 D2 多巴胺受体减少也被报道。此外，采用正电子发射体层摄影（PET）、单光子发射计算机断层扫描等无创性核医学技术已经证实人的大脑皮质、纹状体和丘脑的多巴胺受体活性随着年龄增长而下降。然而，在不同的物种中，多巴胺受体的减少并不总是伴随功能的下降。在人类，额叶皮质 D1 受体丧失同与年龄相关的认知功能障碍有关；但是，在老年猕猴，额叶介导的认知功能下降与 D1 受体丧失无关。衰老动物的结构和功能变化之间的差异再次表明筛选老年动物的必要性，以便将行为受损和来受损的动物分离开，将其作为单独的群体进行评价，以避免将不需要的因素混杂到数据分析中。

许多有关神经营养因子和衰老的工作已经在细胞水平上检验了神经营养因子的效应。支持神经营养因子参与衰老过程相关机制假说的证据仍在涌现。以往的研究表明，细胞培养中某些细胞的增殖能力下降似乎与其对生长因子的反应发生改变有关。例如，在培养的内皮细胞增殖性衰老过程中，介导表皮生长因子（EGF）生物学作用的受体的表达和功能反应下降。另外，在衰老的大鼠和非人灵长类动物中，人们已经研究了老化对来自纹状体和相关的多巴胺能系统的神经营养因子活性影响。在大鼠脑内，年老时纹状体营养因子的活性明显下降，至少其部分下降是由胶质细胞源性神经营养因子水平下降造成的。在使用6-羟多巴胺造成单侧多巴胺能系统受损的大鼠中，年轻大鼠纹状体神经营养因子的活性增加，以此作为对损伤的代偿，但老年大鼠缺乏这种能力。相反，老龄的非人灵长类动物表现出不同的效应模式。年龄的增长与纹状体神经营养因子活性的累积增加相关，并且这种变化在中年时已经存在。因此，灵长类动物可能对与衰老相关的多巴胺能系统的变化存在持续的营养因子的代偿反应，但老年大鼠并没有这种机制。与年轻大鼠一样，年轻的成年非人灵长类动物暴露于 MPTP 后多巴胺能系统的损伤增加了纹状体神经营养因子的活性，但是，在更年老的动物中其活性的升高超过与年龄相关的基线水平时，并没有发现损伤诱导其进一步增加。在非人类灵长类动物中，这些影响不能归因于 GDNF 或 BDNF 的变化。上述发现表明，在衰老的过程中，神经营养因子相关机制发生了变化，对神经营养因子的敏感性降低可能是与年龄相关的神经元减少和行为功能受损的原因（参见“老化模型：脊椎动物”）。

神经变性疾病中的神经递质和神经营养因子

被认为是正常老化一部分的神经递质或神经营养系统的变化如何在人类神经变性疾病的发生和进展中发挥作用，仍具颇多争议。众所周知，大多数神经变性疾病具有特征性的发病年龄，但是，产生神经递质和神经营养因子的神经元的形态和生物化学特性、发生的与年龄相关的自然变化在疾病的进展中发挥什么作用、老化可能对受损的不同脑区产生何种程度的影响尚不清楚。已经清楚的是，神经变性疾病是由某一特定疾病特征性的多种神经递质和可能的神经营养因子缺乏共同导致的，并且某些典型的神经变性疾病，如帕金森病和阿尔茨海默病，不应该被认为是正常衰老的自然终点，而是代表了风险因素随着年龄增长而增加的疾病状态。

另一个对理解人类神经变性疾病中神经递质系统的病理生理学至关重要的基本概念是，产生神经递质的神经元可以代偿与疾病相关的细胞丢失，从而在细胞开始丢失后延缓临床症状的出现达几十年。功能代偿现象首先于20世纪70年代早期在帕金森病患者的黑质纹状体系统中的多巴胺能神经元中观察到，当时研究人员报告轻微的临床症状与纹状体多巴胺不成比例的大量（高达80%）减少相关。此后，许多研究人员已经开发和形成关于神经递质系统作为一种致病因子在中枢神经系统神经变性疾病发生中的病因病理模型和理论。所有关于神经递质系统和人类疾病的病理理论通常这样假设：（1）只有当关键脑区某一神经递质的含量明显耗竭（如患帕金森病时降低80%）时，临床症状才会明显；（2）在疾病早期，产生神经递质的细胞丢失或功能障碍被突触前和突触后神经元的适应性变化抵消，以从功能上弥补邻近神经元的死亡。产生神经递质的神经元可以在功能上代偿细胞死亡的概念形成了这样一种观点，即人类神经变性疾病的发生和进展是以两个阶段为特征的。阶段 1 或症状前阶段，包括从疾病相关的产生神经递质的细胞丢失开始（即疾病起始）到细胞丢失和神经递质耗竭足以引起临床症状（即症状阈值）之间的时间。以帕金森病为例，临床症状明显之前的症状前阶段可持续 20~40 年。相比之下，阶段 2 或症状阶段的特征是病情进行性加重，临床症状越来越复杂，且与神经递质的丧失程度呈正相关。了解与人类疾病中产生神经递质的神经元丢失相关的潜在机制及其与大脑功能的关系是研究改善与年龄相关的行为障碍和中枢神经系统变性疾病新策略的先决条件。此外，了解脑组织保留高水平的功能储备以使早期神经元变性时并无临床症状出现，这给研究人员带来挑战，即研发预防性治疗策略，在患者出现症状之前即开始治疗。因此，当前临床研究的主要目标是不仅仅要在疾病使患者功能衰退后开始治疗，而且要研发新的手段来提高早期检测和识别高危人群。通过这种方式使预防疗法可以用于疾病临床前阶段的个体，以预防或延缓疾病的进展（见图 3）。

神经营养的调节与年龄相关的神经变性疾病的变性改变相关。关于这些蛋白质调节神经元存活和生长的基础研究已经为将其作为神经保护剂用于治疗创造了机会。迄今为止，已经提出了神经营养因子作为神经保护剂的三种治疗方法。首先，从发育研究中看，已知神经营养因子对细胞存活是必需的，因此，普遍认为在疾病症状前期应用神经营养因子治疗可能逆转神经细胞总体结构的萎

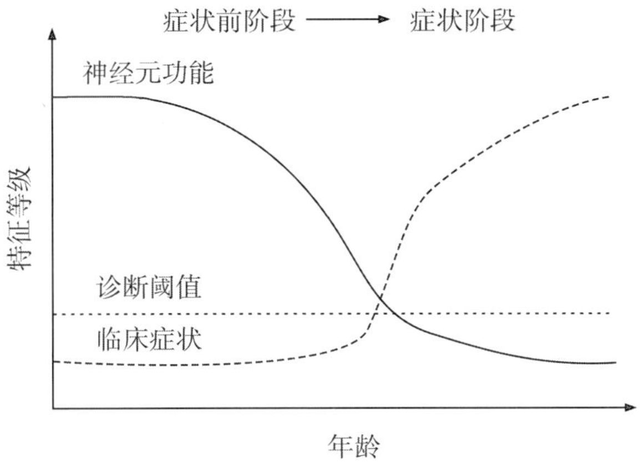

图 3　神经变性疾病中神经元丢失和功能障碍进展的示意图

注：症状前阶段的特征在于神经元功能丧失，但患者没有临床症状。在疾病的临床症状明显出现之前，症状前阶段可能持续 20 年或更长时间。相比之下，当细胞丢失和神经递质的耗竭足以导致明显的临床症状（即诊断阈值）时，即为症状阶段。

缩，并刺激细胞存活所必需的蛋白质的合成、神经递质的释放，并可能重建失去的突触联系（见图 4）。其次，研究表明神经营养因子可以调节成年大脑的神经可塑性，并且可以补偿相邻神经元的死亡和萎缩，因此普遍认为，在衰老或疾病的情况下，神经营养机制的激活可能成为代偿修复机制的基础，其在延缓或防止疾病进展的过程中是必须的。这一假设不仅为开发新的神经营养因子治疗方法奠定了基础，也为通过推进心理和体育锻炼，进而增加个人幸福感、提高认知功能、改善心血管健康、降低老年人患痴呆风险等生活方式干预策略奠定了新的基础。最后，研究已经报道神经发生（即形成新的神经元）不限于大脑发育阶段，而是在整个生命过程中在大脑的一些区域，如海马和脑室系统的室管膜下区持续存在。另外，研究数据表明神经发生在一定程度上由神经营养因子——脑源性神经营养因子调节。目前普遍认为通过上调海马中脑源性神经营养因子的治疗可能刺激部分大脑中对学习和记忆重要的细胞分裂，因而成为保护大脑功能的有效治疗方法。

目前正在采取多种策略将神经营养因子输送到与年龄相关的神经变性疾病患者的大脑中。例如，通过基因治疗将神经生长因子提供给阿尔茨海默病患者脑中的乙酰胆碱能神经元。这些基于大量动物研究的数据预测这种方法将是安全和有益的。初步的临床观察已经得到令人鼓舞的结果。第二种方法是将胶质细胞源性神经营养因子通过植入脑中的套管输注到帕金森病患者脑中的多巴胺能神经元中。对患者的早期观察结果同样令人鼓舞。这些早期的临床经验为神经营养因子

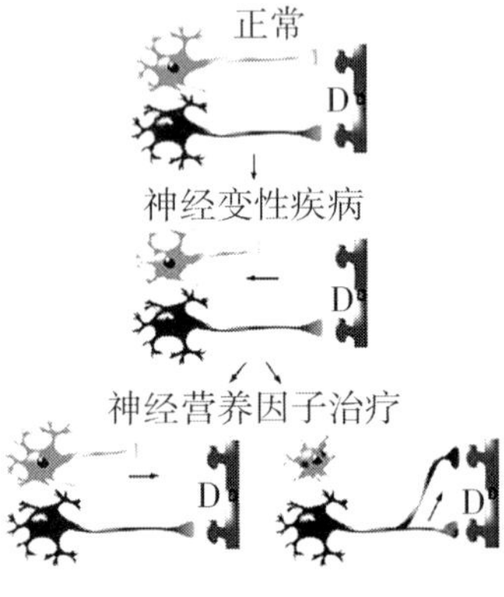

图 4　在一个特定的神经树突处（D）有着突触联系的两个神经元的示意图

注：在神经变性疾病如阿尔茨海默病或帕金森病中，有一些神经元发生了萎缩性改变，包括胞体皱缩、轴突末端回缩及突触丧失。图中显示了已经提出的神经营养因子作为神经保护剂的两种治疗方法。首先，神经营养因子可以逆转受损神经元的胞体和突触的萎缩，并促进细胞存活和轴突生长所必需的蛋白质的合成。其次，神经营养因子可能通过促进相邻神经元的轴突发芽和丢失突触的再生来弥补细胞损失及保持功能正常。

治疗的未来描绘了一幅令人乐观的蓝图。然而，为了确定这些实验性治疗手段的安全性和有效性，对少数患者进行为期多年的严密观察是非常必要的。

另请参阅：脑与中枢神经系统；老化模型：脊椎动物。

拓展阅读

Adlard PA, Perreau VM, and Cotman CW (2005). The exercise-induced expression of BDNF within the hippocampus varies across the lifespan. *Neurobiology of Aging* 26: 511-520.

Collier TJ and Coleman PD (1991). Divergence of biological and chronological aging: evidence from rodent studies. *Neurobiology of Aging* 12: 685-693.

Collier TJ, Ling ZD, Carvey PM, Fletcher-Turner A, Yurek DM, Sladek JR Jr., and Kordower JH (2005). Striatal trophic factor activity in aging monkeys with unilateral MPTP-induced parkinsonism. *Experimental Neurology* 191: S60-S67.

Cotman CW and Berchtold NC (2002). Exercise: a behavioral intervention to enhance brain health and plasticity. *Trends in Neuroscience* 25: 295-301.

DeKosky ST and Marek K (2003). Looking backward to move forward: early detection of neurodegenerative disorders. *Science* 302: 830-834.

Eriksson PD, Perfilieva E, Bjork-Eriksson T, Alborn AM, Nordborg C, Peterson DA, and Gage FH (1998). Neurogenesis in the adult human hippocampus. *Nature Medicine* 4: 1313-1317.

Flood DG and Coleman PD (1988). Neuron numbers and sizes in aging brain: comparisons of human, monkey and rodent data. *Neurobiology of Aging* 9: 453-463.

Kaasinen V and Rinne JO (2002). Functional imaging studies of dopamine system and cognition in normal aging and Parkinson's disease. *Neuroscience and Biobehavioral Reviews* 26: 785-793.

Larson EB and Wang L (2004). Exercise, aging and Alzheimer's disease. *Alzheimer Disease and Associated Disorders* 18: 54-56.

Mattson MP, Maudsley S, and Martin B (2004). A neural signaling triumvirate that influences aging and age-related disease: insulin/IGF-1, BDNF and serotonin. *Ageing Research Reviews* 3: 445-464.

Morrison JH and Hof PR (2002). Selective vulnerability of corticocortical and hippocampal circuits in aging and Alzheimer's disease. *Progress in Brain Research* 136: 467-486.

Slevin JT, Gerhardt GA, Smith CD, Gash DM, Kryscio R, and Young B (2005). Improvement of bilateral motor functions in patients with Parkinson disease through the unilateral intraputaminal infusion of glial cell line-derived neurotrophic factor. *Journal of Neurosurgery* 102 (2): 216–222.

Stark AK and Pakkenberg B (2004). Histological changes of the dopaminergic nigrostriatal system in aging. *Cell Tissue Research* 318: 81–92.

Tuszynski MH, Thal L, Pay M, Salmon DP, Hoi Sang U, Bakay R, Patel P, Blesch A, Vahlsing HL, Ho G, Tong G, Potkin SG, Fallon J, Hansen L, Mufson EJ, Kordower JH, Gall C, and Conner J (2005). A phase 1 clinical trial of nerve growth factor gene therapy for Alzheimer disease. *Nature Medicine* 11: 551–555.

Van Praag H, Schinder AF, Christie BR, Toni N, Palmer TD, and Gage FH (2002). Functional neurogenesis in the adult hippocampus. *Nature* 415: 1030–1034.

译　者：张　巍（首都医科大学附属北京天坛医院）

校译者：连腾宏，郭　鹏，高俊华，李丹凝，刘　丽，赵　慧，石金鑫，李婧婧（首都医科大学附属北京天坛医院）

神经肌肉系统

S. D. R. 哈里基 伦敦国王学院，伦敦，英国
B. 萨尔庭 哥本哈根肌肉研究中心，哥本哈根，丹麦

词汇表

收缩蛋白（Contractile Proteins）——肌动蛋白（细纤维）和肌球蛋白（厚筋膜）相互作用以形成肌肉收缩的滑动机制。重链同工型是控制肌肉缩短速度的核心。

收缩（Contraction）——肌肉可有（动态）或无（等距）运动收缩。运动期间，活动肌肉可以缩短（同心收缩）或延长（偏心收缩）。

肌肉力量（Muscle Strength）——肌肉可以产生的最大的力量，这是特定于收缩的类型。

可塑性（Plasticity）——肌肉在使用中适应变化的能力。这可以存在于各个层次，从收缩蛋白表达的变化到其代谢。

功率输出（Power Output）——肌肉力量和运动速度的乘积。

肌肉减少症（Sarcopenia）——与年龄相关的肌肉量损失。肌肉量的下降与老年肌肉力量的下降密切相关。

引言

无论是男性还是女性，老年人的特征在于肌肉量的减少，这与减少肌肉纤维的数量和尺寸有关。这种收缩组织的损失伴随着肌力产生（强度）和功率输出的下降。脊髓中运动神经的丧失导致功能运动单位的数量减少，而在那些运动单位中，剩余的肌肉纤维数量增加，而一些已经失去的纤维被增强。由于Ⅱ型纤维素的选择性萎缩，肌肉中快肌球蛋白的比例可能会下降，导致肌肉运动速度减慢，从而扩大了能量产生能力的下降。虽然身体质量的变化很小，但随着肌肉力量与身体质量比的降低，其功能和运动能力也会下降。虽然物理性能的下降似乎是老化过程的固有部分，但老年神经肌肉系统对肌肉质量和力量，以及抗疲劳性和协调性的改善方面仍然敏感。

骨骼肌的性质

收缩性能

要了解老化过程对神经肌肉系统的影响，重要的是确定决定肌肉力学性能的因素。力—速度关系描述了当肌肉收缩并且主

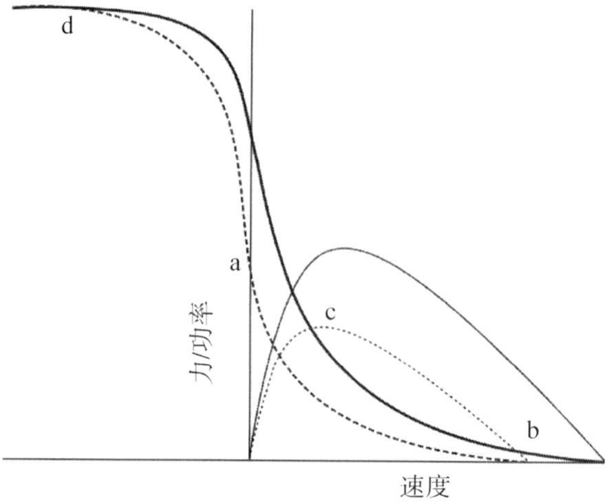

图 1　假想的年轻（连续）和年老（虚）肌肉关于力—速度和功率—速度关系的示意图

注：年老肌肉可能表现出较低的等距力（a）、缩短的最大速度（b）和较低的功率输出（c），但在拉伸过程中可以保持功能（d）。

动缩短对外部负荷时，可以产生的力以双向方式和收缩速度一起缩小。与肌肉生理学家对孤立肌肉进行的传统实验相反，体内的许多因素会影响收缩产生，这些包括肌肉的激活和一系列肌肉纤维中弹性结构的作用。

强度，可以被定义为在单个最大等距（或静态）收缩期间可以产生的力的量。它由肌肉的生理横截面积确定，其最终是功能亚单位在肌肉和肌肉之间相互并行工作数量的反映。与等距收缩相反，当允许肌肉缩短或同心收缩时，执行机械作业，并且执行该工作的速率等于功率输出。换句话说，力量是力和速度的乘积。如图 1 所示，功率随着运动速度的增加而上升，直到达到约 30%最大速度时的速度；这里获得了峰值功率。然后，力量随着运动速度的进一步增加而下降。由于身体的所有运动都涉及力产生和运动速度的组成部分，任何这些变量中的任何一个变化将对可产生的功率产生影响。最终，力量的产生能力、力量的产生速度和肌肉的发电能力，都将决定老年人执行给定的物理任务的能力。

收缩蛋白和功能

如前所述，在收缩过程中可产生的等距力与肌肉或纤维大小最为密切相关，特别是与横截面相关。这反过来又是一个平行工作的肌球蛋白十字桥数量分子马达数量的反弹。然而，有证据表明，Ⅱ型纤维能够产生每单位面积更高的 20%～30%的力，因此具有更高的特定张力。在运动过程中，对表达不同肌球蛋白异构体的成分的影响是显著的。含有 MHC－1 同种型（Ⅰ型或慢速纤维）的纤维比其他两种类型（MHC-ⅡA 和 MHC-ⅡX）要慢得多，因此产生的功率较低。类型Ⅰ模式平均比其他两种类型慢四分之一到三分之一，而且力量发展速度也较慢。MHC-ⅡX 亚型是最快的缩短亚型，能够产生最高功率的输出。

人骨骼肌不是均匀的，相反，每块肌肉都包含快速和慢速收缩的混合物，这取决于肌球蛋白异构体的不同表达，因此显示出其收缩特征的差异。这在很大程度上与功能角色有关。例如，小腿肌肉是一种姿势肌肉，比目鱼肌主要由慢收缩但抗疲劳的 MHC-Ⅰ纤维组成。对于需要产生大功率输出的活动，具有较高比例的快速肌球蛋白的大肌肉显然是一个优势。不幸的是，正如我们将在后面看到的那样，老化肌肉的反转情况就是这样，既变小了也变慢了。

老年肌肉的性质

肌肉质量和力量生产

由于骨骼肌产生的力与其大小最相关，所以肌肉横截面积的大幅度下降将对肌肉力量的产生存在巨大的影响。可以使用超声波、

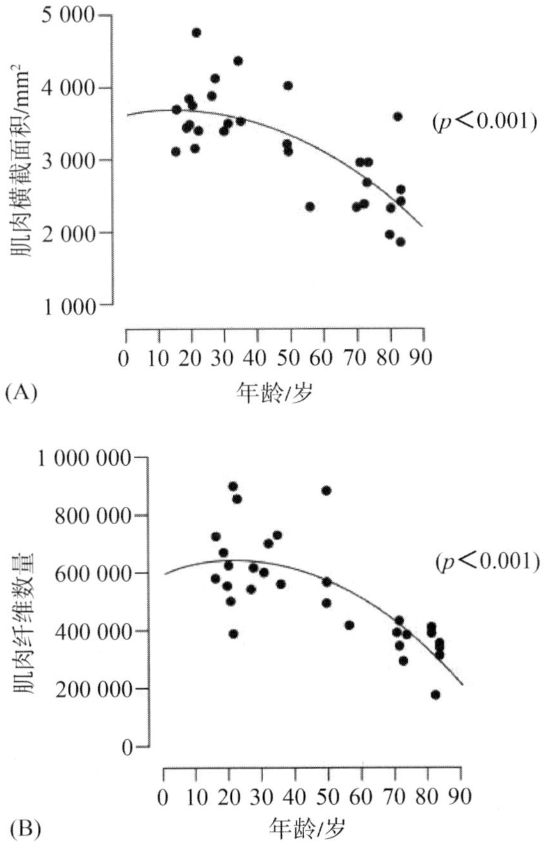

图 2 年龄与肌肉横截面积（A）和肌肉纤维数量（B）之间的关系

引自：Lexell J, Taylor C, Sjostrom (1988) What is the cause of the ageing muscle? Total number, size and proportion of different fiber types studied in whole vastus laterals muscle from 15- to 83- year old men. *Journal of the Neurological Sciences* 84: 275–294.

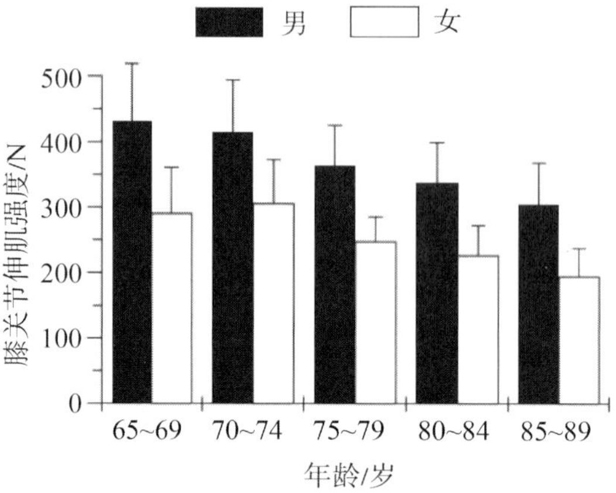

图 3　年龄对男性和女性自愿等长膝关节伸肌强度（7SE）的影响

引自：Skelton DA, Young A, Greig CA, and Malbutke（1995）Effects of resistance training on strength, power, and selected functional abilities of women aged 75 and older. *Journal of the American Geriatrics Society* 43：1881-1887.

计算机断层扫描和磁共振成像等技术来估计肌肉横截面积，而全身钾、氮和肌酐的 24 小时排泄已被用作全身肌肉质量的标记物。随着年龄的增长，许多研究显示，老年肌肉质量明显减少［见图 2（A）］。废物与老化对骨骼肌肉的影响之间的相似性暗示了肌肉中许多与年龄相关的变化可能与失用性萎缩现象相关，例如在已经固定的腿部所见的这种现象。事实上，肌肉量的下降是由收缩组织的预编程损失引起的，或者由于整体活动减少引起的无效萎缩的程度，是老年肌肉仍有待解决的重要问题之一。

对外侧肌肉的整体分析研究表明骨骼肌尺寸的减少是由于肌肉纤维的损失［见图 2（B）］和纤维尺寸的减小，特别是Ⅱ型纤维的尺寸。然而，后一个因素起着相对较小的作用。与肌肉质量下降有关，是肌肉力量的下降。这方面的数据主要来自横断面研究，其中老年人的肌肉与年轻和中年成年人的肌肉进行了比较。鉴于差异在营养状况和保健世代之间，这种方法确实有其固有的局限性。然而，许多研究的结果是相当一致的。这些研究表明，在远端和近端位置的上肢和下肢的肌肉中可能发生强度的下降，而对男性和女性来说，成年范围内强度的降低趋于曲线化，第七个十年的开始是加速下降的转折点（见图 3）。在 30～80 岁，肌肉力量的缺陷被发现已经存在于 30%的手臂肌肉范围内，腿部和背部肌肉的差异为 40%。

有人提出，老年肌肉的生产力下降可能与老年受试者在最大自主收缩期间能够激活肌肉总量的能力有关。然而，即使肌肉通过直接电刺激而被激活，老年肌肉已显示出明显弱于年轻肌肉的迹象。事实上，力量生产的下降已被证明比肌肉质量的减少更大。特定张力的这种下降可部分归因于老年肌肉中脂肪和结缔组织的含量增加，导致对老年肌肉横截面积的估计过高。然而，有报道说，从肌肉活检样本中获得的单一肌肉纤维在体外研究中，每单位面积的力量也比年轻的人要小。老年啮齿动物化学活化纤维的顺磁共振研究显示，与年轻纤维相比，强结合力（22%）中肌球蛋白交联桥的比例较低，约为32%。此外，在老化的磨损中，还有证据表明在拉伸或偏心的反应中不存在力量损失。尽管这一现象的相关机制尚不明确，但在年轻人和老年人的研究中也有类似的现象出现。

收缩特征和肌肉组成

已经报道了老化啮齿动物的均匀肌肉（包括实际上所有的Ⅰ型或所有Ⅱ型纤维）的力—速度特性基本上没有变化，但是人的肌肉离均匀还很远。由于骨骼肌的缩短性质受到它们所表达的MHC同种型的密切调节，所以快速肌球蛋白同种型的相对比例的减少将对肌肉收缩的速度具有降低的作用。减少肌肉快速缩短的能力，加上肌肉力量的下降，将对肌肉的发力能力产生明显的影响。肌纤维传统上是根据它们的ATP酶组织的化学染色特性确定的。关于老年组织化学测定的纤维类型分布是否发生变化的问题是有争议的。对股外侧肌的全肌横截面的研究表明，缓慢的Ⅰ型纤维的原始部分没有减少，但是快速的Ⅱ型纤维覆盖的部分减少了。然而，组织化学技术不能清楚地显示表达多于一种MHC同种型的纤维。使用单纤维电泳的过程中，老年肌肉已被证明具有更多的这些“混合”纤维。此外，无论肌球蛋白异构体如何转换，Ⅱ型纤维的体积减小意味着老年人肌肉中快速肌球蛋白的相对量有所减少。

对收缩功能变化的影响

伴随着缩短特征的减缓，老年人的力的生产量下降，对肌肉力量的生产产生了巨大的影响。此外，力量发展的速度也会减慢，部分原因是与肌浆网Ca^{2+}释放信号动力学的改变有关。这导致功能障碍受损，反映在执行每天任务的难度增加上，例如坐椅子上站起来或爬楼梯。除了力量产生能力的降低外，收缩减慢也导致在反应过程中迅速产生力量的能力下降，从而扩大肌肉无力对行动的影响，增加跌倒的风险。重要的是，这些变化对老年人比对遭受同样损伤的年轻人情况更糟。这是因为尽管肌肉量减少，老年人的全身质量随着脂肪量的增加而保持相对不变。这对物理任务中的功率输出有影响。一块较弱的肌肉承受类似的负荷，无论是不变的身体质量还是20 kg土豆，都必须使用更大比例的最大力量产生能力。肌肉的力—速度关系必须依赖较慢的速度。因此，对于高的力收缩，这种较慢的移动速度意味着较小的功率。

神经系统和电机单元属性的变化

关于肌肉量随着年龄增长而减少的一个关键问题是，这是肌肉本身或神经起源或是两者的组合的内在变化。我们已经了解到老年人脊髓中α运动神经元数量减少，神经传导速度降低，外周部分反射回路在老年人中显著延迟。此外，受损的神经肌肉传播和肌肉膜兴奋性降低似乎是衰老的进一步后果。电生理证据还表明，马达运动单位功能丧失，但随着运动单位剩余量增加，也就是说，每个剩余的运动单位含有更多的肌肉纤维。

这种现象对运动和协调的精细控制有影响

有实验证据表明，在这种神经保护过程中，某种特定的纤维更易被其自身类型的运动神经刺激。在老年人（75 岁以上）的肌肉中发现类型分组，这可能是一个不易恢复手术的迹象。值得注意的是，这些神经现象在肌肉之间变化的程度在解剖学上更远端的区域似乎影响最大。

骨骼肌代谢

对相对较弱的肌肉，要执行需要给定绝对负荷（如体重）的任务需要更高的相对力量和功率输出。因此，从某种意义上说，较老的肌肉可能似乎更易疲劳。此外，线粒体 DNA 中的与年龄相关的突变可能表明老年肌肉耐力降低的原因。然而，很少有证据表明老年肌肉的内在疲劳抵抗力比年轻肌肉的低。肌肉疲劳由与运动类型和强度有关的许多生理和代谢现象决定。疲劳肌肉的激活，如神经肌肉传播所示，似乎不是老年人的限制因素，尽管有一些证据表明老年肌肉中 Na^+-K^+泵的数量有所减少，这可能会减少运动诱发的高钾血症中 K^+的清除。

单个肌肉纤维的氧气可用性在一定程度上由毛细血管化程度确定。与年轻人相比，老年男性和女性的毛细血管密度相似（表 1）。在低强度运动期间，ATP 是由糖原和脂肪的有氧代谢产生的。因此，尽管报道了线粒体 DNA 中的突变，但是负责克雷伯斯循环中糖原（例如，柠檬酸合成酶、琥珀酸脱氢酶）和脂肪（例如，3-羟基 Co-脱氢酶）通过 β 氧化的有氧分解酶的测量值已被证明在老年时没有变化，或在某些情况下仅略有降低（见表 1）。酶活力与活动模式有着千丝万缕的联系，使老化的影响难以解读。然而，在匹配的年龄和年龄较大的个体中检查活动模式肌肉或训练状态的研究表明老化过程没有任何影响。与低强度运动相反，在高强度运动中对 ATP 的需求大大加快，因此无法维持有氧代谢的供应。在高强度运动期间，ATP 最初是从磷酸肌酸（PCr）和厌氧糖酵解中产生的。调节 PCr 分解（肌酸激酶）和糖酵解（磷酸化酶、己糖激酶、乳酸脱氢酶、磷酸果糖激酶）的酶似乎不会受到久坐人群衰老的不利影响。此外，高能量底物（ATP、PCr）的可用性同样不受影响。

导致老年肌肉变化的原因

骨骼肌肉变化的机制尚不明确，还不知道衰老过程是代表对遗传预编程的细胞和器官特异性的反应，还是与有关的其他因素使用减少和体力活动的一般减少相结合直接关系到神经肌肉系统。例如，对不同循环水平的量或灵敏度的变化可能是老化肌肉中观察到的一些变化的原因。有研究表明，肌肉量

表 1　肌肉毛细血管密度和氧化酶能力

	年轻人			老年人			
	久坐不动	慢跑者	运动员	久坐不动 (60 岁以上)	久坐不动 (80 岁以上)	慢跑者 (60 岁以上)	运动员 (70 岁以上)
毛细血管	1.2	1.6	2.7	1.4	1.5	1.7	2.5
柠檬酸合酶/[mmol/(g·min)]	31	42	82	34	39	34	61
3-羟基酰辅酶 A 脱氢酶/[μmmg/(g·min)]	27	36	76	29	32	32	58

的降低及因此产生的能力可能至少在一定程度上与合成代谢激素的量的变化有关，例如生长激素（GH）、胰岛素样生长因子 1（IGF-1）和睾酮。在女性中，肌肉力量产生的显著下降已被证明与绝经期发生的时间相对应，当生殖器水平下降时，与肌肉质量的丧失无关。这种具体的强度损失可以通过激素替代疗法来抵消。甲状腺水肿也可能是其中重要的因素，因为在老鼠中，它们已被证明对肌球蛋白异构体的表达和收缩特征具有显著的影响。然而，老化本身的影响程度和动物报告的各种实验干预措施的效果是否可以推广到人类尚不清楚。

在显微镜下，年龄骨骼肌展现神经病变和肌病的特征，具有神经病变的优势。这些神经性变化包括存在小角度纤维和增加的纤维类型分组。肌病样变化包括肌浆网—横向管（SR-T）系统的扩张和增殖、肌纤维紊乱、Z 带和杆形成的流动、脂褐素和脂滴的积聚、肌核聚集，以及线粒体数量和结构的变化。

我们已经提出了关于肌肉和肌肉功能恶化的若干假设。这些包括由于随机损伤（磨损和撕裂）或由于自由基的损害而导致的 DNA 重复发生的错误增加的原因，使得大量错误累积时，形成异常的 mRNA 和蛋白质分子，从而不能正常工作。自由辐射是由游离脂肪酸的氧化产生的。这些具有游离电子的氧分子是高度反应性的，并且很容易结合并削弱蛋白质从而对 DNA 造成损害。鉴于肌肉中有氧能量的大量代谢，这一理论与骨骼肌特别相关。另一个理论认为存在固有的生物钟：正如一些基因控制胚胎发育一样，其他基因则负责编程老化过程。因此，与衰老相关的变化可能是从受孕开始并终止于死亡的遗传程序的正常表达的结果。

老年肌肉适应身体活动

如前所述，一个未解决的问题是，在

老年人的肌肉中观察到的改变是否仅仅是年龄的函数，或者老年人的肌肉使用是否也在起作用。人的骨骼肌是非常脆弱的，废弃和使用是肌肉纤维尺寸的关键决定因素及其定性特征，如收缩蛋白质、能量相关酶和膜结合调节蛋白的同种型。这种可塑性似乎不仅存在于年轻人的肌肉中，还存在老年人身上。

增加肌肉的大小和力量

横断面和纵向研究都显示出高抗力强度训练在改善老年人肌肉质量和功能方面的疗效。在通过力量（高阻力）训练使身体活跃的70岁男性中，肌肉力量和肌肉横截面积与久坐的年轻人相当。这些老人也可以保持住双臂和双腿的肌肉横截面积。这是通过较大的平均纤维尺寸来实现的，以减少肌肉纤维数量。大师级举重运动员的研究表明，与年龄相匹配的未经训练的健康的人群相比，他们具有超强度功率输出。然而，与年龄相关的下降速度实际上相似（见图4）。

近年来，已经进行了几项控制良好的长期研究，以评估老年人通过力量训练增加肌肉使用的效果。一般发现是，与年轻成年人一样，老年人通过定期训练可以在短短几个月内大大改善任务特定的肌肉功能（见图5）。同时，与年轻人一样，训练结果的最大等距力量和肌肉横断面积的变化也不是那么令人印象深刻。这表明，例如，1RM（一个重复最大值）的高程主要是改进的神经驱动的功能。即使在被认为是最古老的科目中，力量紧张的积极影响似乎相似。获得这些显著改进的一个关键因素是，培训的特点是具有高反抗度的方案，重复次数很少。因此，

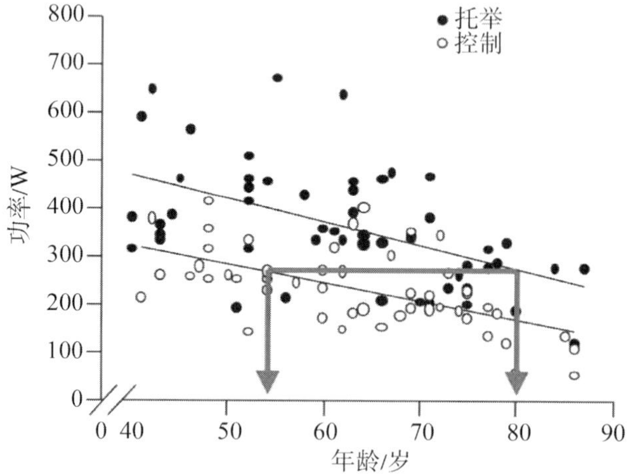

图4　来自大师级举重运动员和非运动员出身但健康对照受试者的下肢伸肌的功率输出

注：数据显示，平均来说，举重运动员的强度高了35%，而且这两组数据每年都下降了1.6%。箭头表示80岁的举重运动员的输出功率与55岁左右的非活跃受试者相当。

引自：Pearson et al.（2002）Muscle function in elite master weightlifters. *Medicine and Science in Sports and Exercise* 34：1199-1206.

训练的总时间可能只有每天 10 分钟。使用超过 70% 1RM 的训练负荷似乎是有利的。老年人可以维持这样高的肌力发展。这不仅在少数选定的老年人的小型研究中已经反复显示，而且存在基于人群的样本中（见图 6）。

肌肉质量随着力量训练而增加的机制越来越清晰。为了使肌肉变得更大，必须通过增加合成速率，建立蛋白获得网络或两者均呈现蛋白质的净增益。老年肌肉具有较慢的肌肉蛋白质周转率，通过研究确定标记的氨基酸被融合，并测量其与肌肉的结合速率。然而，老年肌肉似乎对进行高阻力运动时年轻肌肉蛋白质合成率的增加有反应。启动增加的蛋白质合成的细胞内事件也慢慢被了解并且与肌肉中局部生长因子的上调相关联，例如具有自分泌和旁分泌作用的 IGF-1。这些通过激活细胞内信号事件来刺激蛋白质合成的增加，以启动与促进翻译和激活卫星细胞。这些是肌肉干细胞，当通过过载激活时，它们可以分化成成肌细胞，并最终形成功能性收缩蛋白，或者在单核状态中重新起作用，并作为新的细胞核来控制放大的肌肉纤维。尽管有一些证据表明他们比起年轻人可能不太可能尝试，但是老年人已被证明可以通过高阻力运动训练来上调 IGF-1 及其剪接变体（IGF-1Ea 和机械生长因子 MGF）。年龄较大的人也能够通过力量训练来增加卫星号码。在健康的老年受试者中，营养补充本身并不能增加体力，但运动后不久在适当时机摄入蛋白质可能有助于促进适应过程。

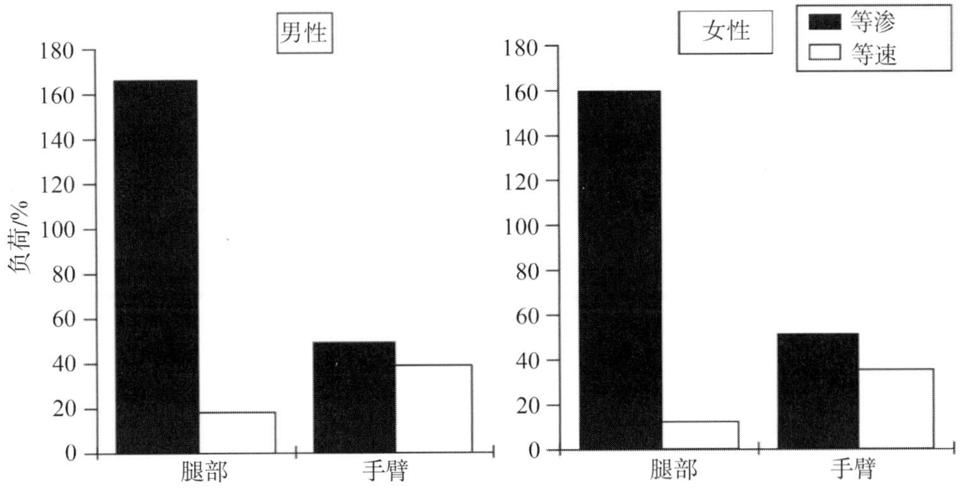

图 5　高负荷（自由重量）阻力训练对 70~77 岁老年男子的膝盖伸肌和肘屈肌的等渗和等速（1/30 °s 的恒定速度）强度的影响

注：注意到男性和女性之间的反应相似性，与等摩擦强度相比，等摩尔强度有更大的改善，而与手臂肌肉相比，有相似的训练负荷（以 85%1RM 三组六次进行重复，每周三次共 11 周）。

引自：Lexell J，Dowham DY，Larsson Y，Bruhn E and Morsing B（1995）Heavy-resistance training for Scandinavian men and women over 70：short and long - term effects on arm and leg muscles. *Scandinavian Journal of Medicine and Science in Sports* 5：329-341.

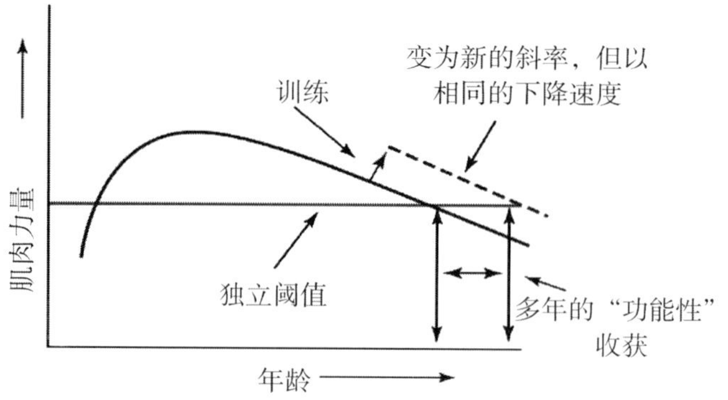

图 6　随年龄增长而产生的肌肉力量变化和通过力量训练改善功能的潜力的假设

肌纤维数

身体活动在延缓肌肉纤维随年龄而流失的作用方面尚不清楚。基于肌肉交叉部位面积和平均肌肉纤维尺寸的直接估计表明，老年人的活动肌肉可能含有更多的纤维（15%）。至今尚未有对老年受试者经过短期培训后肌肉纤维数量所进行的全面评估。在平均肌肉纤维面积和整个肌肉横截面积中观察到微小的和相似的变化，训练对肌肉纤维数量的影响是不太可能的。但是，如果培训期延长了，与日常肌肉使用相比，与无活性大鼠相比，肌肉纤维数量已被证明保持高于30%的水平。因此，减缓肌纤维丢失的速度可能是维持老年人肌肉质量的重要因素。这需要证明肌肉使用所观察到的肌肉纤维的明显损失是不是由于较少的脊髓运动神经元的死亡或剩余的功能性外周运动神经的增强所带来的神经活动增加。

肌纤维类型

终身体力活动可能会影响肌纤维类型的组成。训练有素的老年男子在腿部和手臂肌肉中的Ⅱ型纤维百分比最高。相比之下，老年慢跑者腿部肌肉中慢纤维的百分比最高。对一直是跑步者的精英大师运动员，也有类似的观察。然而，值得注意的是，一生中已经动态活动的肌肉可能具有 20%～30%的慢抽搐纤维。表征收缩蛋白质的同种型图案的更具体的方法如免疫细胞化学和单纤维电泳给出了与之前描述相似的变化模式。

年轻人和老年人的肌肉纤维组成的差异，腿部肌肉比手臂肌肉往往更加显著。这是不是由于肌肉使用的差异造成的就不得而知了。在对少数非常活跃的老年人研究中发现，腿部肌肉中 MHC 同种型的共表达与年轻受试者相似，而力量训练也导致共表达程度。运动刺激有助于更适当地调节老年人的基因转录。

训练结果在纵向研究中没有观察到肌肉纤维类型的变化，但是并不排除可能发生变化的可能性，只要训练的持续时间更长（多个月），而所用技术比传统的技术更敏感，组织化学可用于鉴定 MHC 同种型。

毛细血管和线粒体酶

经过耐力训练的老年男子的肌肉含有非常多的毛细血管，其线粒体酶活性水平较高（见表1）。事实上，这些人的肌肉水平与年轻耐力运动员相似。不太规律和艰苦的耐力活动也是有效的，尽管适应水平的绝对水平小于受过训练的运动员，但仍然高于年轻男性。

由于最大心率和搏出量的下降，老年受试者运动期间输送至肌肉的氧气量也减少了。即使在非常活跃的老年受试者中也会出现这种情况，因为最大心率的降低不受身体活动水平的影响。由于维持肌肉能够接受给定的血液流动并利用氧气，老年人的肌肉的有氧代谢相对过剩。运动中的功能意义是更有利的肌肉代谢，如低血乳酸积聚和低呼吸交换比所示，也就是说即使在相当高的运动强度下，脂质氧化速率也很大。

关于短期训练对人类老年肌肉的影响知之甚少，因为它不是许多研究的重点。随着成功的训练计划推进，提高力量，动作重复，每场比赛都是短暂的，肌肉毛细血管或线粒体酶不太可能增强。相反，如果存在纤维增大，则可能发生稀释效应，每单位面积或体积存在较少的毛细血管和线粒体。

在啮齿动物的耐力训练研究中，毛细血管数量和线粒体能力都有所增加，这明确表明老年骨骼肌能保持适应有氧代谢需求的能力。

膜结合调节蛋白

SR 系统的 Na^+-K^+泵和 Ca^{2+}-ATP 酶受体力活动的影响，而其他肌肉特征则影响肌肉使用类型。一年以上的高阻力活动保持了 Na^+-K^+泵比耐力活动更好，而 Ca^{2+}-ATPase 则反之亦然。这些维持的能力可能通过在高强度和耐力运动期间延缓疲劳发展的速度方面发挥功能作用。

在啮齿动物中，观察到 SR 系统的 Na^+-K^+泵和 Ca^{2+}-ATP 酶的训练特异性效应，证实了横断面研究中的发现。需要进行抗性训练来影响（^3H）哇巴因结合位点，重复单重激活影响 Ca^{2+}-ATPase。研究还表明，通过力量训练，老年人可以延缓肌浆网 Ca^{2+} 再摄取率与年龄有关的减退。

结论

肌肉力量（强度）的逐渐下降主要与肌肉质量的损失有关（肌肉减少症）。肌肉力量的丧失甚至更大，因为快速（Ⅱ型）肌腱损失相对较大，肌肉质量下降的影响加剧。从解剖学的角度来看，肌肉质量的丧失是由肌肉纤维和运动单位数量的减少引起的。然而，即使处于非常大的年龄阶段，骨骼肌仍可以保持适应过载的能力。但是，身体活动水平很高的老年人的数据表明肌肉随年龄而变化，这些变化与后期生活中较低水平的身体活动可能发生的变化无关。换句话说，保持肌肉改善其功能的能力。这将改善功能，但不能最终防止与年龄相关的功能下降。尽管如此，这绝对意味着存在“多年回报”，虽然大师级举重运动员似乎与非活跃人士相似，但是与非积极的个人相比，他们的竞争力似乎下降了一些，但是他们远远优于那些与其有同等下肢伸肌力发电能力的比自己小25岁的非活跃个体（见图5和图6）。

老年人骨骼肌的其他素质，如毛细血管、底物可用性和能量相关酶保持与年轻人相当的水平，对训练的反应与年轻人相似。与年轻人一样，对训练的反应也非常高。高载荷强度训练主要影响肌纤维的大小和纤维数量以及离子泵，而耐力训练主要影响SR系统的毛细血管增生、线粒体、氧化酶活性和 Ca^{2+}-ATPase。

最后，在健康老年人的肌肉中观察到的一些改变显然与缺乏肌肉使用有关。好消息是，即使在生命最后几年中，肌肉仍然对增加的活动敏感。

另请参阅：内分泌功能和功能障碍；代谢：碳水化合物、脂质和蛋白质；触觉和本体感觉。

拓展阅读

Antona G, Pellegrino MA, Adami R, Rossi R, Carlizzi CN, Canepari M, Saltin B, and Bottinelli R (2003). The effect of ageing and immobilization on structure and function of human skeletal muscle fibres. *Journal of Physiology* 552: 499-511.

Doherty TJ (2003). Aging and sarcopenia. *Journal of Applied Physiology* 95: 1717-1727.

Fiatarone MA, O'Neill EF, Doyle R, et al. (1994). Exercise training and supplementation for physical frailty in very elderly people. *New England Journal of Medicine* 330: 1769-1775.

Grabiner MD and Enoka RM (1995). Changes in movement capabilities with aging. In: Holloszy JO (ed.) *Exercise and Sport Science Reviews*, vol. 23, pp. 65 - 104. American College of Sports Medicine Series. Indianapolis: Williams and Wilkins.

Grimby G, Anianson A, Hedberg M, Henning G-B, Grangard U, and Kvist H (1992). Training can improve muscle strength and endurance in 78-84 year old men. *Journal of Applied Physiology* 73: 2517-2523.

Hameed M, Lange KHW, Andersen JL, Schjerling P, Kjaer M, Harridge SDR, and Goldspink G (2004). The effect of recombinant human growth hormone and resistance training on IGF-I mRNA expression in the muscles of elderly men. *Journal of Physiology* 555: 231-240.

Harridge SDR (2003). Ageing and local growth factors in muscle. *Scandinavian Journal of Medicine and Science in Sports* 13: 34-39.

Jones DA, De Haan, A, and Round J (2004). *Skeletal Muscle from Molecules to Movement: A Textbook of Muscle Physiotherapy for Sport, Exercise and Physiotherapy*. London:

Churchill Livingstone.

Lexell J, Downham DY, Larsson Y, Bruhn E, and Morsing B (1995). Heavy resistance training in older Scandinavian men and women: short and long term effects on arm and leg muscles. *Scandinavian Journal of Medicine and Science in Sports* 5: 329-341.

Pearson SJ, Young A, Macaluso A, De Vito G, Nimmo M, Cobbold M, and Harridge SDR (2002). Muscle functionin elite master weightlifters. *Medicine and Science in Sports and Exercise* 34: 1199-1206.

Suetta C, Aagaard P, Rosted A, Jakobsen AK, Duusm B, KjaerM, and Magnusson SP (2004). Training-induced changes inmuscle CSA, muscle strength, EMG, and rate of force development in elderly subjects after long-term unilateral disuse. *Journal of Applied Physiology* 97: 1954-1961.

Vandervoort AA (2002). Aging of the human neuromuscular system. *Muscle and Nerve* 25: 17-25.

Yarasheski KE (2003). Exercise, aging, and muscle protein metabolism. *Journal of Gerontology Series A Biological Sciences and Medical Sciences* 58: M918-M922.

译　者：陈泓伯（北京大学护理学院）

神经影像

A. C. 比尔格伦，S. Y. 布克海默 加利福尼亚大学洛杉矶分校，加利福尼亚州，美国

词汇表

活动成像（Activation Imaging）——一种成像技术，可辨别脑组织区域脑血流的变化，与脑活动时神经元的活跃度相关。

功能性磁共振成像（Functional Magnetic Resonance Imaging，fMRI）——一种成像技术，可间接检测脑血流，比较不同脑活动时的状态，如记忆工作状态和静息状态。

磁共振成像（Magnetic Resonance Imaging，MRI）——一种成像技术，可进行无创的脑部结构观察。

正电子发射体层摄影（Positron Emission Tomography，PET）——一种成像技术，通过监测葡萄糖代谢和脑血流监测脑功能状态。

引言

神经影像广泛应用于阿尔茨海默病（Alzheimer's disease，AD）的评估中。在过去，关于AD的影像都是用于排除其他有类似认知功能症状的疾病。最近，神经影像用来在AD发病前预测患者的临床预后，或者用于监测治疗效果。目前，这些应用更倾向于实验性研究而不是临床应用，AD的诊断也越来越多地包括了影像学的参与。其中，PET应用更加广泛，特征性的颅脑低代谢高度提示AD。随着技术的进步，不少影像学技术不仅能诊断当下的疾病，还能够在疾病的最早期做出预测。神经影像从三个方面影响着AD的相关研究：第一，增加疾病诊断的特异性；第二，在轻度认知功能损害阶段就可以诊断AD，甚至更早，在患者没表现出任何临床症状时即做出诊断；第三，在AD诊断后，追踪疾病的进展和治疗过程。目前，AD的影像临床应用仍有限，但是在未来AD的病理生理过程研究和治疗干预上，影像将扮演越来越重要的角色。

PET在AD中的应用

对阿尔茨海默病，PET是一种敏感性和特异性都很高的影像工具，它可以判断脑功能状态的变化，包括临床前期如轻度认知功能障碍（mild cognitive impairment，MCI），也包括有遗传风险的患者。PET应用正电子

发射放射性核素（常用的同位素有氧-15、氮-13、碳-11、氟-18）监测中枢神经系统的糖代谢和脑血流，PET扫描器中的晶体闪烁探测器接收信号。最常用的是^{18}F与脱氧葡萄糖配位，形成中长半衰期（110 min）的复合物——^{18}FDG，具有较高的敏感性，可显示静态的葡萄糖代谢。AD患者中，^{18}FDG显像显示在颞叶中部、岛叶皮质、颞顶交界区存在皮质血流降低和代谢水平降低。这种低代谢和低血流的成像特征呈现出从上到下的进展过程，通常从顶叶皮质上部向下和向前进展到顶叶下部、颞叶前部及前额皮质（见图1）。随着病程的进展，前额皮质受累越来越重，但是在疾病的晚期阶段，运动和感觉区仍然保留，病理方面主要是老年斑和神经元纤维缠结，这些在1991年布拉克（Braak）的经典文章中有描述。代谢水平的下降程度与认知受损的程度相关，左右脑受损的程度通常是不对称的。最新的研究采用高分辨PET的技术，显示在AD患者中海马区头部和杏仁核区域代谢下降最为明显。一项队列研究表明，测定有早期痴呆表现的患者脑部代谢水平可有效预测AD的发展。PET诊断AD的敏感性为94%，特异性为73%。

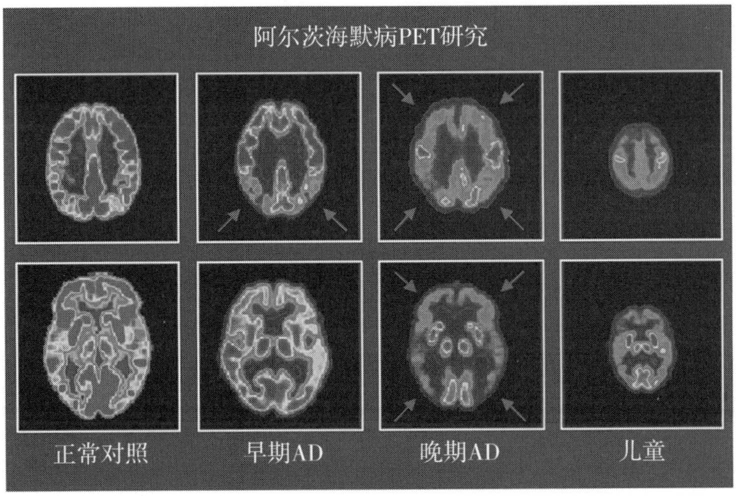

图1 阿尔茨海默病中葡萄糖代谢的PET研究

注：早期的阿尔茨海默病研究是在可疑的阿尔茨海默病阶段进行的，表明阿尔茨海默病在大脑的顶叶和颞叶记忆中心的特征性代谢缺陷（箭头）。随着时间的推移，代谢缺陷遍布整个大脑。在疾病的晚期阶段，阿尔茨海默病患者的大脑代谢功能与最右侧的儿童相似，这与他们的类似行为和功能能力相对应。

引自：Small G（2005）. Alzheimer's disease and other deserting disorders. In：Sadock BJ and Sadock UA（Eds.）*Comprehensive Textbook of Psychiatry*，8th edn.，pp. 3687-3693. Baltimore MD：Williams & Wilkins.

PET 在 MCI 中的应用

MCI 患者在临床中意义重大，约有 50% 的 MCI 患者在 4 年内进展为 AD，表现出与 AD 患者类似的低代谢模式，但其程度较轻和范围较小。目前的临床研究已经把 MCI 归为 AD 的临床前驱期。MCI 患者的低代谢往往集中于颞叶内侧皮质。关于 MCI 患者的队列研究中，特异的低代谢模式很好地预测了 MCI 向 AD 的转变。举个例子，在 1 年内进展为 AD 的 MCI 患者中，低代谢模式集中在颞顶交界区和后扣带回皮质，其中前额叶皮质代谢水平的降低是最有提示意义的。这也解释了疾病的进展过程。与健康人对照相比，MCI 患者皮质代谢降低主要在颞叶区域，包括内嗅皮质、海马区、外侧颞叶和背外侧额叶。此外，内嗅皮质葡萄糖代谢水平的降低可很好地区分正常老化与 MCI，准确度可达 84%。总体来说，研究发现颞叶内侧皮质葡萄糖代谢水平的降低可以预测 MCI 向 AD 的进展。这也提示我们可以在非痴呆期识别 AD，从而采取更为有效的干预措施。

PET 和基因风险

某些基因多态性可大大增加患 AD 的风险，通过与影像结合，可识别在临床前期的 AD 患者。在复杂的人类基因中，位于染色体 19 上的载脂蛋白 E 基因的 e4 等位基因（APOE4）是与 AD 相关性最高的。APOE4 基因使罹患 AD 的年龄提前，呈剂量依赖性，并且增加脑中 β 淀粉样蛋白的沉积。

早期的影像学研究采用新近发现的基因揭示非痴呆的携带者脑中的细微改变。在一项纳入了2 000例 APOE4 基因的老年非痴呆携带者研究中，研究者随着时间推移监测代谢水平的变化，提示了脑代谢水平的细微变化。他们通过 2 年的 PET 检查随访，在左侧前扣带回、顶叶下部和外侧颞叶发现了代谢水平的降低。研究发现，通过将 PET 影像与基因检测结合，可早期诊断 AD，也能监测后期的诊疗过程（见图 2）。另外也有几项研究提示携带者在没有认知功能损害的情况下，其糖代谢水平的变化与 AD 患者类似。这些研究提高了治疗手段的效率。

PET 活动成像

活动成像是另一项观察 AD 患者脑功能的方法，被试在被扫描时进行一项脑活动任务，如记忆测试，然后与正常对照比对。这种成像方式可识别脑活动中血流增加的脑区，也就是脑功能活跃的区域。在脑功能受累的情况下，该部位的脑血流下降，可更加灵敏地判定受累脑区。在实际操作中，活动成像较为复杂，首先，活动成像的配合基是 H_2［15-O］，半衰期短，适用于多种情况，但生成的图像信号强度低，降低了鉴别不同个体间差别的能力；另外，活动成像中部分区域脑活动的代谢水平提高了，实际是代偿机制的作用。举个例子，在正常对照中，增

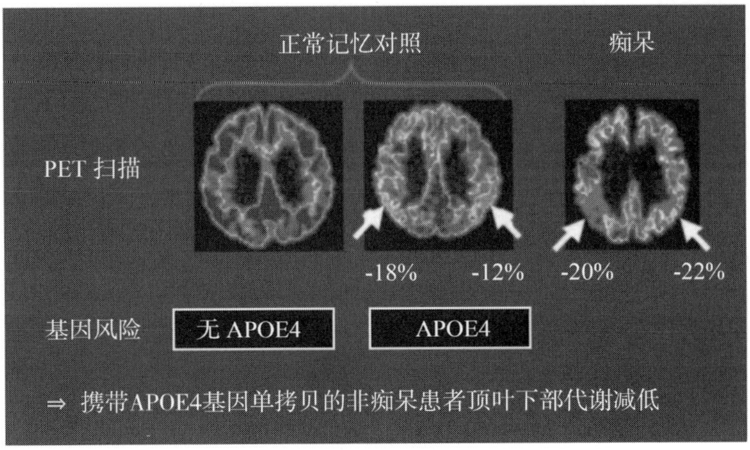

图 2　阿尔茨海默病基因风险 PET 研究

注：前两个 PET 扫描的是 60 多岁的受试者——两人都只有轻微的记忆主诉。这表明正常记忆表现的人如何在 PET 扫描中显示脑功能缺陷，特别是如果他们具有 APOE4 基因的阿尔茨海默病的遗传风险。

引自：Small GW, Ercoli LM, Silverman DH, et al.（2000）. Cerebral metabolic and cognitive decline in persons at genetic risk for Alzheimer's disease. *Proceedings of the National Academy of Sciences USA* 97（11）：6037-6042.

加任务难度，活动成像可看到特定脑区血流增加，在轻度认知功能障碍的患者中，脑的代谢也提高了。因此，在 AD 患者的 PET 活动成像中得到的结果有不一致的情况。

在 1993 年的一项研究中，研究者对比了年轻和年老受试者在执行视觉感知任务时的脑血流情况。两组受试者在上视觉通路上显示了相似的脑血流，但是年轻受试者的纹状皮质显示更为活跃，年老受试者的枕颞皮质更为活跃。此外，老年受试者前额叶皮质也较为活跃，可能跟他们更加努力去完成任务的需要相关。该研究还发现，在知觉匹配任务中，轻中度 AD 患者脑血流变化情况与正常老年受试者类似。同样的，在行为任务中，AD 患者枕区皮质葡萄糖代谢水平正常，与正常对照无差别。但是 1991 年凯斯勒（Kessler）得出不同的研究结论，认为在视觉辨认任务中，AD 患者较对照者枕区葡萄糖代谢水平降低。这可能与该研究中小组患者多为重度痴呆相关。

一些研究发现在受试者中存在代偿机制，在受累较轻的脑区出现活跃度升高的情况。斯莫尔（Small）等发现记忆术和脑葡萄糖代谢的相关性，经常使用记忆术的受试者在下额叶皮质出现低葡萄糖代谢水平。这些研究结果提示早期 AD 患者通过代偿机制，调动相对保留的脑区补偿轻度受损的认知功能。

淀粉样蛋白成像

直接借助AD特异性病理性改变来成像逐渐成为研究热点，因此通过测定脑中淀粉样蛋白沉积的PET成像出现了。淀粉样斑主要成分为β-淀粉样蛋白和神经元纤维缠结（neurofibrillary tangles，NFT），是AD的特征性病理改变。NFT和AD的不同临床阶段相关，上述的两种病理改变在出现临床症状数年前就已经出现，是AD早期的重要标记物。正常人脑中也有斑块发现，提示β-淀粉样蛋白沉积出现早于AD其他病理改变。β-淀粉样蛋白沉积与下列因素相关，如脑内的炎性反应、神经元代谢、离子稳态的破坏、神经元激酶/磷酸酶活性改变导致的tau蛋白过度磷酸化和螺旋纤维形成、神经元死亡等。特异性的病理标记NFT、斑块和特异性的海马神经元功能可能成为AD早期诊断的手段。

[^{18}F] DDNP

2002年，一项PET影像研究采用[^{18}F] DDNP（2-(1-{6-(2-[F-18]氟乙基)(甲基)氨基-2-萘基}乙基)丙二腈）作为影像探针探测AD患者脑中神经元纤维缠结和老年斑（见图3）。[^{18}F] DDNP以受体配体结合的方式结合到缠结的神经元纤维和老年斑上，具体的结合方式较为复杂，包括多个结合位点。这种结合与解离常数、键合常数和受体密度常数相关。PET可观测到体内探针结合到脑部受体上，受体密度为20 nm，解离常数为毫微摩尔级，在此背景下为特异性的结合。此外，[^{18}F] DDNP还可以透过血脑屏障，可侧面反映脑血流量。该研究中，研究者测量了AD相关脑区域的分子探针相对停留时间（relative residence time，RRT），包括下托、内嗅区、经嗅皮质区、海马、颞叶基底部、额叶基底部、缘上回和颞上回，以与AD发病无关的脑桥区域作为对比。较长的RRT提示[^{18}F] DDNP富集，较多的神经元纤维缠结，与简易精神状态检查（the Mini-Mental State Examination，MMSE）中较差的记忆能力相关，特别是海马区—杏仁核—内嗅区较长的RRT与较低的MMSE得分相关。最后，研究者通过对AD患者的尸检验证了[^{18}F] DDNP与老年斑结合。

PIB成像

2-(4'-甲基氨基苯甲基)-6-羟基-苯并噻唑，又称匹兹堡复合物B（Pittsburg compound B，PIB），是另一种标记β-淀粉样蛋白沉积的标记物。多光子显微镜可以捕获PIB复合体的荧光信号，在数秒内观察到对比剂透过血脑屏障，几分钟内观察到淀粉样斑块和脑淀粉样血管病变，或者是血管壁的蛋白沉积。在β-淀粉样蛋白沉积实验小鼠（Tg2576和PDAPP小鼠）上应用PIB复合物，发现该对比剂的结合在两种小鼠上均为阳性。第一个将PIB应用到人体的研究发现AD患者和正常对照相比，PIB滞留

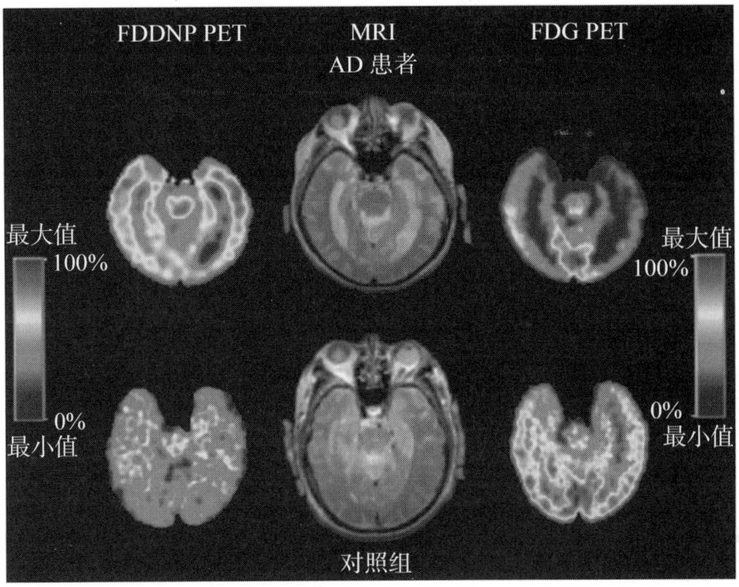

图 3 AD 患者和正常对照的 FDDNP PET、MRI 和 FDG PET 图像

注：阿尔茨海默病患者（上面）的 FDDNP PET 显示与对照组（下面）相比，在颞叶记忆区域中信号增加。FDDNP 化学标记物被吸引到大脑中的老年斑块和神经元纤维缠结中，这是患有阿尔茨海默病的证据。FDG PET 显示葡萄糖代谢，表明神经元的活跃情况。在阿尔茨海默病中，FDG PET 显示在 FDDNP 显示活性增加（即斑块和缠结）的脑区域中的神经元活性降低。MRI 扫描显示脑结构，但没有斑块和缠结的信号。

引自：Shoghi-Jadid K et al.（2002）. Localization of neurofibrillary tangles and beta-amyloid plagues in the brains of living patients with Alzheimer's disease. *American Journal of Geriatric Psychiatry* 10（1）：24-35.

时间明显不同。AD 患者相关脑区的 PIB 滞留时间明显延长，提示该区域有淀粉样蛋白的沉积。而在非 AD 相关脑区中，PIB 滞留在 AD 患者中和正常对照无差别，这些区域包括脑白质、脑桥和小脑。研究者指出 PIB 可定量反映脑中淀粉样蛋白的沉积情况，可以作为体内监测抗淀粉样蛋白药物治疗效果的手段。

[^{18}F] MPPF

AD 患者脑中神经元丢失主要发生在皮质的大锥体细胞中。这些细胞构成了记忆和认知的主要神经回路。5-羟色胺 1A（5-HT1A）受体主要位于边缘系统特别是 AD 早期受累的颞叶区域。海马区域的大锥体细胞表面高表达 5-羟色胺 1A 受体，接受 5-羟色胺配体的调节，提示我们通过监测颞叶皮质5-羟色胺1A受体的密度可反映神经元丢失情况。海马区域大锥体细胞丢失与5-羟色胺1A受体的密度关联。5-羟色胺1A受体的拮抗剂也影响了胆碱能细胞的功能，对记忆有影响。[^{18}F] MPPF是一种选择性定量标记5-羟色胺1A受体的分子探针，通过PET可反映海马和其他脑区的5-羟色胺1A受体的受体密度。该技术在小鼠模型和人体中已经实现，主要在以下脑区有高表达：海马区、扣带回皮质、内嗅区皮质、中缝背核和脚间核。在小脑中为低表达。

利用5-羟色胺1A受体探针监测神经元丢失情况的研究已经在MCI、AD和正常对照组中完成。利用小脑区域表达情况作为对照，AD患者海马区域 [^{18}F] MPPF PET影像值较正常对照下降40%~60%。基于上述研究，[^{18}F] MPPF影像可反映非衰老因素导致的海马神经元丢失情况，为AD变化提供除APOE之外的额外线索。

结构MRI在AD中的应用

磁共振成像（MRI）是很好的无创性观察结构异常的方法。随着年龄增长，颅脑MRI显示增大的脑室和脑萎缩，但是这些都是非特异性的。针对AD患者，颅脑MRI聚焦于在早期发现结构异常，包括临床前期，目的在于发现AD患者中有异常而在老年或其他类型痴呆患者中无异常的结构变化。在大多数AD患者中，MRI可发现内侧颞叶（MTL）萎缩较其他脑区明显，大多数学者也认为内侧颞叶是AD患者最先受累的部位，导致出现早期的记忆力和认知功能下降。MRI中对MTL的测量是鉴别AD与老化的敏感性和特异性指标。对海马的体积测量诊断的精确度堪比病理诊断AD。约有96%的晚期AD患者出现海马萎缩，与年龄无关。同时，颞叶体积萎缩的程度也与AD诊断中应用的各种神经量表的得分呈相关性。

病理研究发现，突触融合、神经元密度降低、神经元纤维缠结均提示内侧颞叶的内嗅区为AD中最先受累的部分。内嗅区接收来自边缘皮质和海马旁回皮质的投射纤维，还有少量来自扣带回、后皮质、眶额皮质、上颞叶背沟、嗅球和岛叶旁皮质。内嗅区是海马循环的门户，该循环包括齿状回、阿蒙角（CA1、CA2和CA3）和下托。内嗅区受累影响海马的记忆功能。MRI通过测量，发现内嗅区体积减小是AD和MCI患者早期脑结构变化的主要原因，而在其他老年人中，内嗅区较海马其他区域受累为轻。MCI患者往往表现出较重的海马萎缩。通过对MCI和AD患者的回顾性MRI研究，颞叶皮质包括海马萎缩是MCI向AD转变的重要标志。多项研究均表明，对颞叶内侧皮质体积的检测有助于将MCI患者与正常老化区分开来。

高分辨MRI和新技术

为了研究脑结构的变化，以往的研究往往划定一些感兴趣区进行体积分析。这类技术能提供的信息有限，可获得全脑影像，但分辨率有限，最高在 1～1.2 mm^3。高分辨MRI 则提供了更好的办法，可分辨细小的结构变化。因为皮质区域的界限相对宽泛（如脑沟宽度约 1～2 cm），高分辨 MRI 对皮质结构体积测算应用不多。但对皮质下结构应用广泛，特别是在海马区，因为整个海马区的宽度才不到 1 cm，且海马区内部结构如齿状回、阿蒙角、内嗅区和下托等则更加细小。更加重要的是，海马区内的不同结构还有不同的功能。比如，阿蒙角 1～3 区的神经元丢失会导致获得信息能力的下降。此外，新近的功能影像也区分了下托、海马前回、海马后回和海马旁回的不同功能。这些都提示鉴别海马内部不同区域结构的重要性，高分辨 MRI 能提供很大帮助。

最近，一些研究团队致力于测量灰质条带的宽度而不是整个脑区的大小。AD 患者的认知功能主要跟额叶和顶叶皮质Ⅲ层神经突触的密度有关。神经元的脱失首先导致灰质条带宽度的变化而不是整个脑区的变化。新近的研究发现，有 AD 基因风险的正常人群与正常对照相比，内嗅区皮质厚度减少，各个年龄段的人群均有差别，在 45 岁人群中两组差别最大。这提示 APOE4 基因携带人群内嗅区皮质较易受累，在 APOE4 组中的 AD 患者出现记忆丧失可能掩盖了年龄和遗传状态之间的相互作用。汤普森等使用自动化的基于体素的技术来确定 AD 中的皮质厚度，显示皮质厚度明显减少，也被称为低代谢状态。

结构 MRI 和基因风险

在 AD 和 MCI 中使用 MRI 观察到的萎缩模式在有遗传风险的患者中发现程度较轻。对早期 AD 受试者进行结构 MRI 扫描研究显示，尽管所有 AD 患者的内侧颞叶结构都显著萎缩，但是 APOE4 纯合子患者的萎缩程度最大。在 AD 患者中，APOE4 与 APOE3 携带者相比，发现前者内嗅皮质体积明显减少，这种差异在女性患者中最明显，并与记忆力下降有关。然而，在没有 AD 的 APOE4 受试者中，未发现包括脑沟和脑室扩大在内的总体结构 MRI 测量方面的显著差异。然而，APOE4 受试者在神经心理测试中表现更差。相反，也发现只有轻度认知功能障碍的基因风险志愿者的内嗅皮质和海马头部明显减小。同样，没有 AD 的 APOE4 受试者的海马体积丢失与记忆丧失有关。虽然无症状遗传风险受试者的结构性 MRI 结果是可变的，但 MRI 可能不足以敏感地观察记忆衰退迹象之前的变化。然而，在前驱症状期，通过 PET 或 fMRI 测量整体结构体积或脑室大小的方法，不同组间差异不够敏感。APOE4 等位基因的影响可能在疾病发展早期（例如，最初在内嗅皮质中）非常微小地表达，使得海马的整体体积测量不足以灵敏地检测到早期疾病。如果细微的恶化发生在较小的范围内，测量海马内各个区域的体积，可能是检测到 AD 的更有效的办法。

动态观察变化

尽管大量研究已经通过影像学方法确定了 MCI 和高危人群的组间差异，但很少有研究证实这些方法的预测能力。海马和内嗅区皮质 ERC 大小的绝对测量值易受到总体和区域大小的基线差异的影响，这些差异与衰老及测量技术的差异无关。

形态测量分析的另一种方法是使用变化率度量，推断脑容积减小的速度可能比单个时间点测量更准确地反映衰退过程。有几个研究小组采取了这种方法。福克斯等在 2004 年使用自动和半自动连续成像技术来绘制 AD、MCI 和正常衰老人群中的灰质丢失的萎缩率和模式，利用这些比率成功地区分不同人群，并作为疾病进展的标志。他们还提出了序列 MRI 在改善疾病治疗效果和检测疾病发作方面的潜在用处。凭借强大的计算机硬件，亚体素图像使重复 MRI 扫描数字化。这使得更容易纵向评估大脑变化并描述退化过程的详细演变。AD 中的灰质脱失已使用强大的图像技术进行了分析，以比较 AD 患者和对照者的灰质随时间的变化。在 2003 年发表的一项队列研究中，在 AD 患者的大脑中检测到动态扩散的灰质脱失，从四个维度观察损失模式，随时间从颞叶和边缘皮质扩散到额叶和枕叶大脑区域，保留感觉运动皮质。这些转移性灰质脱失与进行性认知衰退密切相关（$P<0.0006$）。这种技术可精确计算 AD 和对照受试者丢失灰质的确切速率，鉴定两组之间的差异可能有助于在临床 AD 症状发作之前识别受试者中的灰质脱失。

活动成像和功能性磁共振成像

功能性磁共振成像（fMRI）是另一种活动成像技术，与 PET 相比，它有几个明显的优势，包括无创性、增加空间和时间分辨率及可重复性，因为它不需要辐射照射。这种功能成像过程也可间接监测血流量，通过利用氧合血和脱氧血之间的磁敏感性差异，其相对浓度在神经活动过程中发生变化。由此产生的 MRI 信号变化决定了血氧水平依赖（BOLD）反应。像 PET 一样，fMRI 需要比较至少两种状态，如记忆任务和基线控制任务。

fMRI 研究已经确定了 AD 患者、正常老年志愿者和其他痴呆之间的各种功能激活差异。在视觉和语言处理任务中，AD 患者与正常老年人对照的神经激活的差异已经确定。在这样的研究中考虑受试者的表现是重要的：如果患者不能以与对照组相同的准确度完成任务，那么大脑激活模式的差异可能反映了这些表现差异，而不是区域性脑病理差异。

在风险对象的临床前研究中匹配性能要容易得多。fMRI 研究中的行为能力匹配，有 AD 遗传风险的志愿者采取了这种方法。尽管在 fMRI 研究中显示了相同的行为能力，任务是不相关的单词的背诵，APOE4 基因携带者在额叶和同侧新皮质及内侧颞叶区激活的幅度和空间范围都有大幅增加。此外，fMRI 的增加程度与 2 年后随访记忆下降相关。这些结果是针对记忆挑战的，遗传风险群体执行一个更加具有挑战性的任务，不包括情节记忆成分，显示 fMRI 激活没有差异。

同样，史密斯等用一个文字流畅的任务进行的一项研究也证实了具有 AD 患病风险的群体会有大脑激活的增加。这些结果表明，具有早期认知衰退的个体可能会利用代偿策略，在 AD 发展过程早期利用完整的大脑资源执行具有挑战性的任务（见图 4）。

相反，关于受损受试者的数据表明，随着认知能力下降，患者越来越依赖于受疾病影响较小的初级感觉和运动区域。雷曼和其他人的研究结果支持了这一观点，即只在记忆衰退的高危人群中检测到海马体积缩小。在神经丢失和随后记忆下降之前，可观察到代偿机制的发生，例如，在任务执行期间血流或葡萄糖代谢增加；相反，一个脑区的重大神经死亡将导致激活减少。与健康老年人对照相比，AD 患者的 fMRI 揭示了预期的结果：神经网络中完成任务所涉及的激活减少。在另一项 fMRI 研究中，轻度 AD 患者未能激活在同一视觉学习任务中在正常对照中表现出激活的颞叶或前额叶区域。

这些研究强调了不仅在阿尔茨海默病患者和健康者对照之间，而且在正常老年人中，出现认知症状之前检测到不同活动模式的功能差异。这种技术的未来应用可能包括监测正常老年人的脑部功能激活差异，以评估疾病从最早的警告症状（在神经心理测试中测量的没有明显记忆缺陷的激活差异）进展到疾病晚期的功能活动严重缺陷。总体而言，这些进展表明，功能性神经影像学在体内监测 AD 进展（包括早期检测）和治疗性干预方面发挥着重要作用。

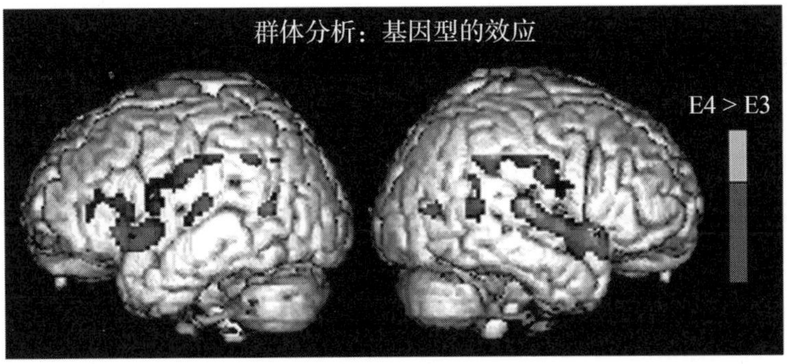

图 4　APOE4 和 APOE3 受试者在完成对关联词背诵任务期间神经激活差异的 fMRI 图

注：在 APOE4 等位基因的携带者中，受阿尔茨海默病影响的脑区（包括左侧海马、顶叶和前额叶区域）记忆激活任务期间大脑活化的程度和幅度都大于 APOE3 等位基因携带者。

引自：Bookheimer SY，Strojwas MH，*et al.*（2000）. Patterns of brain activation in people at risk for Alzheimer's disease. *New England Journal of Medicine* 343（7）：450-456.

药物治疗对神经影像的影响

目前用于轻度至中度 AD 的临床治疗是用胆碱酯酶抑制剂。目前有四种：多奈哌齐、他克林、利凡斯的明和加兰他敏。这些治疗会延缓认知功能下降，或减少疾病相关行为的出现，但不能完全治愈该疾病。尽管如此，了解这些药物治疗 AD 的生理效应的普遍性和重要性不容低估。事实上，评估药物对成像的影响已成为专门研究领域。影像学研究表明这些药物通过增加局部脑血流量维持认知功能。从结构上看，已经发现了这些药物的神经保护作用，通过 MRI 发现海马中萎缩减少。通过 fMRI，已将临床观察到的胆碱酯酶抑制剂治疗后认知功能增加与脑部活化改变联系起来。研究者认为，通过使用 fMRI 的 BOLD 信号的差异观察到改变的放电频率反映了大脑中改变的神经递质状态。总体而言，这些研究表明，神经影像学可作为治疗干预的指示标志，提示影像学可作为药物治疗后认知功能恢复的快速测量指标。

结论

AD 的神经影像学研究进展迅速，是 AD 临床诊断的重要一环。最近，根据医疗保险政策，PET 扫描已被批准部分覆盖。其他几种神经影像学技术是早期诊断的有前景的工具，目前仅在几种行为测试中得到应用。神经影像学和 AD 相关研究不仅可以识别已出现行为异常的患者，也可以识别早期没有认知功能障碍的患者。随着几项新的治疗方案研究的深入，减少人群 AD 发病率的最有前途的方法是早期诊断，利用未来可能会减缓疾病进展的干预措施。很明显，随着成像方法变得越来越复杂，已经检测到比先前假定更早发生的大脑变化。通过结合更高分辨率的结构和功能成像方法，强调动态变化及遗传风险因素，有望在刚开始出现变化时识别，并确定可能导致 AD 的变化轨迹。

另请参阅：痴呆：阿尔茨海默病。

拓展阅读

Amaral DG and Insausti R (1990). Hippocampal formation. In: Praxinos EG (ed.) *The Human Nervous System*, pp. 711–755. San Diego, CA: Academic Press.

Bookheimer SY, Strojwas MH, Cohen MS, et al. (2000). Patterns of brain activation in people at risk for Alzheimer' s disease. *New England Journal of Medicine* 343 (7): 450–456.

Braak H and Braak E (1991). Neuropathological staging of Alzheimer-related changes. *Acta Neuropathology* (Berlin) 82 (4): 239–259.

Corder EH, Saunders AM, Strittmatter WJ, et al. (1993). Gene dose of apolipoprotein E type 4 allele and the risk of Alzheimer's disease in late onset families. *Science* 261 (5123): 921–923.

Cummings JL (2004). Alzheimer's

disease. *New England Journal of Medicine* 351 (1): 56-67.

de Leon MJ, Convit A, Wolf OT, et al. (2001). Prediction of cognitive decline in normal elderly subjects with 2- [(18) F] fluoro-2-deoxy-D-glucose/poitron-emission tomography (FDG/PET). *Proceedings of the National Academy of Sciences* USA 98 (19): 10966-10971.

Dickson DW (2001). Neuropathology of Alzheimer's disease and other dementias. In: Galasko D (ed.) *Clinics in Geriatric Medicine*: *Alzheimer's Disease and Dementia*, vol. 17, pp. 209-228. Philadelphia, PA: W. B. Saunders Company.

Gomez-Isla T, Price JL, Mckeel DW Jr, et al. (1996). Profound loss of layer II entorhinal cortex neurons occurs in very mild Alzheimer's disease. *Journal of Neuroscience* 16 (14): 4491-4500.

Juottonen K, Lehtovirta M, Helisalmi S, et al. (1998). Major decrease in the volume of the entorhinal cortex in patients with Alzheimer's disease carrying the apolipoprotein E epsilon 4 allele. *Journal of Neurology*, *Neurosurgery*, *and Psychiatry* 65 (3): 322-327.

Masdeu JC, Zubieta JL, and Arbizu J (2005). Neuroimaging as a marker of the onset and progression of Alzheimer's disease. *Journal of Neurological Sciences* 236: 55-64.

Reiman EM, Caselli RJ, Chen K, et al. (2001). Declining brain activity in cognitively normal apolipoprotein E epsilon 4 heterozygotes: a foundation for using positron emission tomography to efficiently test treatments to prevent Alzheimer's disease. *Proceedings of the National Academy of Sciences USA* 98 (6): 3334-3339.

Saunders AM, Strittmatter WJ, Schmechel D, et al. (1993). Association of apolipoprotein E allele epsilon 4 with lateonset familial and sporadic Alzheimer's disease. *Neurology* 43 (8): 1467-7142.

Selkoe DJ (2001). Alzheimer's disease: genes, proteins, and therapy. *Physiological Reviews* 81 (2): 741-766.

Shiue CY, Shiue GG, Mozley PD, et al. (1997). P-[18F]-MPPF: a potential radioligand for PET studies of 5-HT1A receptors in humans. *Synapse* 25 (2): 147-154.

Small GW, Rabins PV, Barry PP, et al. (1997). Diagnosis and treatment of Alzheimer disease and related disorders. Consensus statement of the American Association for Geriatric Psychiatry, the Alzheimer's Association, and the American Geriatrics Society. *Journal of the American Medical Association* 278 (16): 1363-1371.

Small GW, Ercoli LM, Silverman DH, et al. (2000). Cerebral metabolic and cognitive decline in persons at genetic risk for Alzheimer's disease. *Proceedings of the National Academy of Sciences USA* 97 (11): 6037-6042.

译　者：尹　西（中国人民解放军总医院）

肾和尿路功能

R. D. 林德曼 新墨西哥大学医学院，阿尔布开克，新墨西哥州，美国

词汇表

有效的肾血流量（Effective Renal Plasma Flow，ERPF）（对氨基马尿酸［PAH］清除率）——流过肾脏的血浆体积的量度。这可以通过对氨基马尿酸（PAH）或碘司特清除率来测量，因为这些低浓度的物质在每次通过肾脏时会被肾小管分泌作用完全清除。大约92%的血浆输送肾分泌的PAH到管状系统中，使其可以排泄。肾血流量（*RBF*）可以计算为：

$$RBF = \frac{ERPF \times \dfrac{100}{92}}{1 - \dfrac{\text{血细胞比容}}{100}}$$

PAH清除率通常是肾小球滤过率的四至五倍。

肾小球滤过率（Glomerular Filtration Rate，GFR）（菊粉或肌酐清除率）——经肾脏肾小球形成的滤液体积经常校正为体表面积的一种量度。最准确的措施是菊粉清除，但这需要恒定的输液。内源性肌酐清除提供了一种近似于菊粉清除的更简单的临床措施。正常值为100~120 mL/min；当这个清除率低于30 mL/min时，血清尿素氮和血肌酐浓度开始升高超过正常值。

尿液渗透压（Urine Osmolality，mOsm/L）（浓缩和稀释能力）——每千克或每升水的血清和尿渗透压是衡量每单位体积的所有溶质颗粒的量度，并且可用于测量当水受到限制时浓缩尿液的渗透区及装载水时稀释尿液的能力。

引言

健康人群的横向研究表明，正如通过肾小球滤过率（菊粉或肌酐清除率）和其他与此相关的肾功能测量所得出的结果显示，超过40岁以后，随着年龄的增长，肾脏功能每年减少约为1%。一方面，纵向研究表明，有一些老年人在最长20年的时间内没有显示出下降趋势。这表明肾功能的丧失不是必然的退化过程，而可能是所选个体的病理过程的结果。另一方面，年龄结构变化的研究表明，随着年龄增长，肾小球的缺血性退化和肾小球硬化患病率日益增加。肾脏保存钠（盐）和水的能力及受损的口渴机制增加了老年人脱水（高钠血症）的易感性。增加对抗利尿激素释放的渗透刺激的敏感性

增加了对低钠血症的易感性。老年人肾脏和尿道疾病与年轻人没有什么不同，但频率和预后都有所改变。最后，尿路功能障碍与年龄一般不会危及生命，但会影响生活质量。

大鼠研究显示，衰老过程中蛋白尿的发展和肾功能受损与肾脏的显著结构变化有关。最明显的解剖特征是局灶性和节段性肾小球硬化，系膜基质增加，肾小球和管状基底膜增厚。蛋白尿是不是这些结构性病变的原因或者影响因素尚不清楚，免疫学和环境因素可能起着突出的作用。

在其他健康个体中，老化的肾脏也与结构和功能变化有关。在横向和纵向研究中，肾功能的平均值伴随年龄增长而降低。然而，在巴尔的摩进行的纵向老年研究的结果表明肾功能随年龄的降低并不是必然的，平均值的下降可能主要是叠加病理学的结果。例如：未检测到的肾小球肾炎或继发于感染的间质性肾炎，免疫学损害，药物或其他毒性暴露；产生缺血性损伤的动脉粥样硬化性血管闭塞；以及尿路感染或梗阻。术语“成功的老化”和“一般的老化”已被用于区分随着年龄增长没有器官功能丧失的个体和一般的符合平均值的老龄人口。后者必须包括无症状或至少无病理症状的个体。

病理学家可以观察到肾功能受损患者的各种病变。这些可以分为肾小球、肾小管间质和血管病变。为了临床目的，在本文中，我们将肾脏疾病分为急性肾功能衰竭、肾病综合征、慢性肾功能衰竭和尿路感染。

老年人下尿路功能障碍是产生一些医疗问题的原因，但除了恶性疾病和不合理的梗阻之外，很少有生命危险。这些功能障碍影响生活质量，许多人需要医疗管理。例如，尿失禁是老年人被安置在护理院中最常见的原因之一。居住在护理院中的老人超过50%有尿失禁。15%～30%的社区老人出现无意识的排尿，特别是老年女性，严重到足以引起社会和其他的医疗卫生问题。良性前列腺肥大也需要引起注意，只要是活得足够长的男性都有可能发生这种情况。

肾结构和功能的年龄相关性变化

肾形态随年龄变化

肾脏质量和功能在生命的第三个或第四个十年后都以每年约1%的速度下降，所以到第八个十年，肾脏质量最高会下降30%。肾小球数减少30%～50%，其余大部分发展为局灶性肾小球硬化症。肾小球系膜细胞的数量增加，从而减少过滤表面，而上皮细胞的百分比降低，肾小球膜占总肾小球体积比从8%增加到12%。尽管每单位面积的肾小球簇数量减少，肾小球细胞和肾小管细胞的数量也减少，存活细胞的尺寸随着年龄的增长而增加。髓质中的结缔组织也有显著增加。肾小球和管状基底膜的增厚明显。最后，远端肾单位的憩室开始出现，可能是老年人常见的囊肿的原因，但不是引起年轻人囊肿的原因。

肾脏质量的损失主要来自皮层，根本上起源于血管，最显著的变化发生在毛细血管水平。正常老化与较大肾动脉壁的硬化变化相关，但这些病变通常不会充分侵入内腔以产生功能性变化。较小的血管在非高血压老年受试者中相对较少，只有少部分衰老的肾脏显示小动脉变化。硬化性肾小球的发病率随着年龄的增长而增加，从 40 岁以下的不到总肾小球数的 5%提高到 80 岁的 10%～30%。一项研究报道了硬化性肾小球数与动脉粥样硬化疾病严重程度之间有很强的直接相关性。此外，当硬化的肾小球百分比小于 5%时，皮质和髓质之间的分布相对均匀，但随着百分比的增加，主要分布在皮层。

几名研究者比较了皮质和近髓肾小球中的缺血性退化。最初，血管减少，肾小球簇随着基底膜的皱纹而逐渐崩溃。透明质酸沉积在残留的肾小球簇和鲍曼氏囊的空间内，可识别的结构迅速消失，使得淘汰的肾小球可能被再吸收并完全消失。再吸收是由缺乏细胞反应和残留的瘢痕造成的。在皮质肾小球中，随着肾小球簇完全萎缩，入球小动脉闭塞；在近髓肾小球中，随着从传入到传出小动脉的血液分流，有小动脉螺旋。随着年龄的增长，这产生了从肾脏的皮质到近髓部分的血流量的再分配。

肾功能随年龄变化

关于肾功能随年龄变化的大多数数据来自横向研究，因为它们更容易执行并且可以在相对短的时间内完成。队列差异和选择性死亡率可能会产生误解，只有通过更昂贵、更耗时的纵向研究才能避免这个问题。

肾小球滤过率　横向研究显示肾功能在 30～40 岁之后具有与年龄相关的下降趋势。40 年前，研究人员观察到 30～90 岁的菊粉清除率降低了 50%。随后从 38 个研究中收集了数据，其中记录了个体的菊粉清除率和年龄，发现男性（见图 1）和女性随着年龄的增长肾小球滤过率（GFR）都加速下降，其中男性的下降速度更快。罗维和共同调查人员汇报了在巴尔的摩老龄化研究中的纵向研究结果，显示正常男性受试者的平均肌酐清除率有相似的下降性，数据来源于在之后近 10 年的时间里每 12～18 个月的清除率。

虽然平均真肌酐清除率从 25～34 岁的 140 mL/（min/1.73 m^2）下降到 75～84 岁的 97 mL/（min/1.73 m^2），但平均血肌酐浓度从 0.81 到 0.84 mg/mL 的增加并不显著。这表明平均肌酐产量与肌酐清除率基本相同，与身体肌肉质量随着年龄的减少平行。当用于确定或修改完全清除的药物（例如氨基糖苷类抗生素）或部分（例如地高辛）由肾脏清除的药物的剂量时，老年人血清肌酐浓度必须得到观察解释。

该研究的后续报告显示，随访 23 年的志愿者们在所有项目上平均减少为每年 0.87 mL/min，无肾、尿道疾病者和不在高血压治疗期间的患者为每年 0.75 mL/min。这与上述横向分析中观察到的结果非常接近。然而，这些受试者中有三分之一肌酐清除率没有下降，如随访 6 个 15～21 年的受试者所示（见图 2）。这些观察结果表明，横向分析中随年龄增长的肾功能下降并不是普遍慢性退化变化的结果，更可能是每个人部分的干预病理学的结果。例如，未检测到的肾小球性肾炎或间质性肾炎继发于免疫学

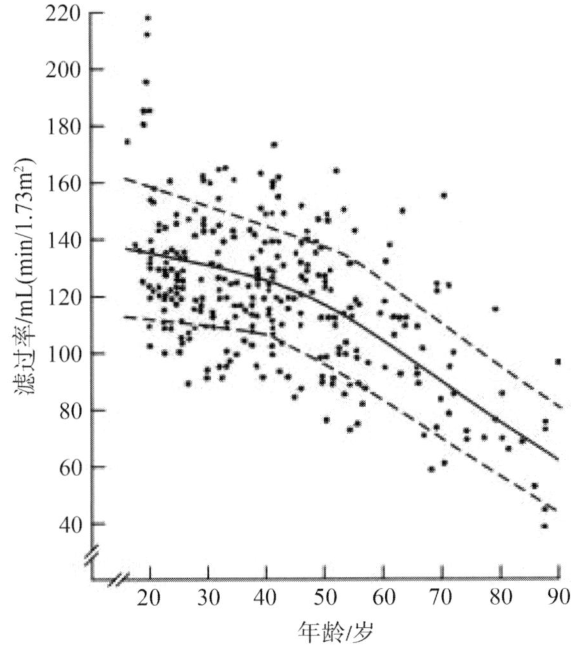

图 1　38 名正常男性志愿者每 1.7 m^2 的肾小球滤过率（菊粉清除率）分布图

注：实线和虚线表示平均值±标准差。

引自：Wesson LG Jr.,（ed.）（1969）. Renal hemodynamics in physiologic states. In：Wesson LG Jr.,（ed.）*Physiology of the Human Kidney*, pp. 98–100. New York：Grune and Stratton.

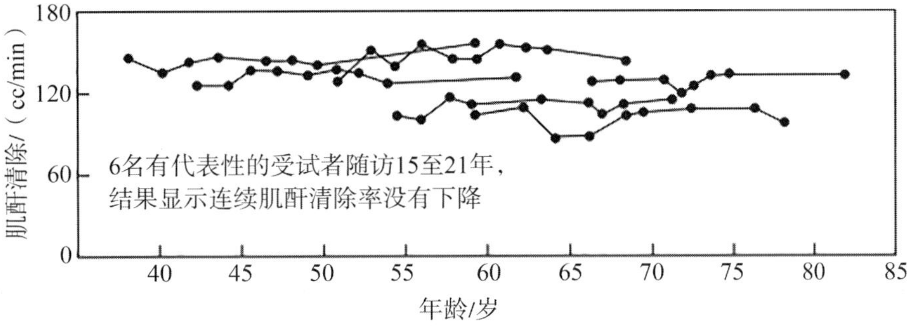

图 2　来自巴尔的摩老龄化纵向研究的 6 名代表性受试者的连续肌酐清除率相对年龄的个体显示

注：对这 6 名受试者进行了 15~21 年的随访，肌酐清除率在这段时间内没有下降（肌酐清除率的正斜率与时间的关系曲线）。这代表了 254 名正常受试者中有三分之一的在进行研究的 23 年中肾功能没有下降。

引自：Lindeman RD, Tobin J, and Shock NW（1985）. Longitudinal studies on the rate of decline in renal function with age. *Journal of the American Geriatric Society* 23：278–285.

损害，感染，药物和其他毒性暴露，导致缺血性损伤的血管闭塞，以及 UTI 或阻塞。影响肾功能下降速率的变量之一是血压，因为与正常血压受试者相比，高血压个体的肾功能下降更快。

肾血液和血浆流量是通过对氨基马尿酸（PAH）清除率测定的有效肾血浆流量（ERPF）进行量化的，从第四个十年期间的每分钟平均 649 mL 降至第九个十年期间的每分钟平均 289 mL。由于低动脉 PAH 浓度下的提取率不受年龄（年轻和老年受试者的 92%）影响，PAH 清除率可用于反映肾血流量随年龄的变化。ERPF 比 GFR 降低得更快，导致滤过分数的增加。

可以通过管腔内血管病理学（例如动脉粥样硬化或硬化症）的存在或由小动脉血管收缩引起的肾血管阻力增加来解释肾血流量随着年龄增长的减少而没有血压的平行降低。两项研究已经检验了这个问题，一项研究认为老年受试者的静息血管收缩较大，另一项研究则认为老年受试者有较大的静息血管舒张。后一项研究使用氙冲洗技术，也有报道称，外皮质肾单位的输送随着年龄的增长而下降，而不是髓质肾单位的输送。

管状输送的最大能力——PAH 分泌运输的管型最大值随着年龄而降低，与菊粉清除率的降低平行。葡萄糖再吸收的管状最大值与年龄的关系与之相似。尽管分泌和重吸收性管型最大值随年龄的增长可以通过功能性肾单位的逐渐丧失来解释，但动物研究表明，与年轻肾相比，老年肾小管细胞具有较少的产生能量的线粒体、较低的酶浓度、较低的总浓度或钠—钾激活的腺苷三磷酸酶（ATPase），钠排出和氧消耗降低，管状运输能力下降。因为这些研究是在组织切片上进行的，因此难以确定这些功能的降低不是归因于与年轻的肾相比，而是因为衰老的肾的非管状质量比例较高。

浓缩和稀释能力 尿浓缩能力随着年龄的增长而降低被完整地记录下来。在巴尔的摩老龄化纵向研究中，缺水 12 小时使年轻受试者的平均尿渗透压升高至 1 109 mOsm/l（平均年龄 33 岁），中年人群（平均年龄为 49 岁）为 1 051 mOsm/l，平均年龄为 68 岁的老年受试者为 882 mOsm/l。浓缩能力的降低与存活功能肾单位中溶质负荷的增加无关，但最有可能由于髓质血流量的增加而变得可以解释，由于随着年龄的增长而发生溶质的洗出，导致髓质血流量减少。

首先进行水利尿的老年受试者输注大剂量的抗利尿激素后，最大尿渗透压降低。然而，老年受试者对不足以最大限度地浓缩尿液的抗利尿激素输注反应正常，进一步支持了在老年人中观察到的浓缩能力降低是由于髓质强度的降低而不是任何肾小管能力缺陷来对抗利尿激素做出反应。

通过用水负荷达到的最小尿渗透压测量的最大稀释能力也随着年龄增长而降低。当比较每单位 GFR 的最大自由水清除率时，年轻人和老年人之间几乎没有差异，表明在产生稀释尿的能力方面基本没有缺陷。

酸的排泄 为了保持系统的酸碱平衡，肾必须排出与代谢产生的相等量的氢离子。在基础条件下，没有显著肾脏疾病的老年人的血液 pH 值、pCO_2 和碳酸氢盐与年轻受试者观察到的值没有差异。然而，摄入酸负荷后（如 8 g 氯化铵）的血液 pH 值和碳酸氢盐浓度的下降在老年人中持续时间较长。在酸负荷后达到的最小尿液 pH 值在年轻人和老年人中都是相当的。通过总酸排量（铵加滴定酸减去碳酸氢盐）测量，摄入的酸负荷在 8 小时周期的年轻受试者中排出的百分比要高得多，然而，如果考虑到 GFR 的总酸排量，则观察到相似的排泄速率。年轻受试者排除的总酸中铵占较高百分比，而老年受试者具有较高的可滴定酸的百分比，推测是因为他们每单位 GFR 的尿缓冲液增加。肾脏在老年人排泄酸的能力的限制上可能会使他们倾向于发生代谢性酸中毒并延迟其恢复。

肾小球渗透性　肾小球渗透功能研究显示其与年龄无关。虽然临床蛋白尿的发病率随年龄增长而增加，但是对游离血红蛋白的肾小球通透性和不同分子量葡聚糖的光谱在年轻和老年人之间没有差异。肾小球基底膜随年龄增长而增厚。

肾功能随年龄衰退的病理生理学

肾功能随年龄的增长而衰退是否伴随着肾单位丧失的进行性渐进过程和类似于啮齿动物观察到的肾小球硬化而细胞功能丧失的结果，或者是各种病理过程的结果，均未得到解决，通常未被发现，可能急性或慢性损伤或两者都有。虽然巴尔的摩老龄化纵向研究结果显示，三分之一的男性志愿者（其中一些随访 20 多年）在所研究的时期内肾功能没有显示任何降低，解剖学研究显示硬化症的肾小球数量随着年龄增长逐渐增加。前者的数据表明，随年龄变化，至少不是所有的个体都会有必然的渐进变化，并且支持这样一个概念，即在横向研究中观察到的与年龄相关的肾功能降低是由于部分正在研究的个体的叠加病理学结果。然而，解剖学研究表明，存在一系列事件，导致肾小球硬化和功能丧失，与体内其他地方动脉粥样硬化的严重程度相似。另一种可能性是，当肾小球变得硬化时，单侧肾切除术后，在糖尿病和高血压中观察到的情况下，补偿和维持肾功能的剩余肾小球中的细胞增生和肥大可能是循环生长因子刺激的。

可以列举许多未检出病理却导致老年人肾功能下降的例子。例如，一项利用扫描技术定位肾功能缺损的老年患者（平均年龄 75 岁，没有肾脏疾病史）的研究发现，35 例受试者中的 25 例（占 71%）发现异常扫描，他们的平均肌酐清除率为 53 mL/min。16 例（占 46%）显示摄取减少的焦点区域，这些被认为是缺血性或梗死区域。在 37% 的患者中存在显著的脓尿，在所有情况下，静脉内肾盂造影照片被解释为正常。这些发现表明，血管闭塞、间质性感染（肾盂肾炎）或两者都是在任何老龄人群中观察到的肾功能下降的导致因素。

无论何种原因，一旦导致肾损伤的个体达到肾功能恶化的临界水平，损伤就会持续发展，即使起始事件或病症得到解决。这是由于形成了进行性肾小球硬化。已经出现了大量关于高灌注和超滤在啮齿动物衰退肾功能进展中的作用的文献。研究者已经假设高蛋白质摄入引起的高肾小球压力和血浆流速有助于肾小球硬化的发展，导致肾功能随着年龄的增长而逐渐下降，与原发性肾病、肾消融、糖尿病和高血压等一样。

与年龄相关的肾脏控制液体和电解质稳态变化

在正常情况下，年龄对血清钠和钾浓度或维持正常细胞外液体积的能力影响很小或没有影响。然而，负责维持细胞外液的体积和组成的肾外机制在老年人中经常受损，特别是在受到急性或慢性疾病压力的情况下。

钠平衡控制

老年受试者在受到严格的盐限制的情况下，不能像年轻受试者那样有效地保存钠。他们在限制和不受限制的盐饮食，以及仰卧位和直立位置下一直降低血浆肾素浓度和尿醛固酮排泄。这些老年人血浆肾素浓度和尿醛固酮排泄降低可能与在老年人身上观察到的对β-肾上腺素刺激导致的不良反应有关，因为β-肾上腺素刺激的作用之一是增加循环肾素和醛固酮的水平。醛固酮的减少至少部分地解释了当进行低盐饮食时老年人保存钠的能力下降。

另外两个因素可能会影响老年人保存钠的能力。老年人的循环心房钠尿因子（ANF）虽然多变，但由于其利尿作用直接通过抑制肾素和醛固酮的合成与释放而间接增加了肾脏的失钠趋势，因此在老年人中水平上升。此外，随着年龄的增长和肾功能的降低，假设保持食物和盐的摄入量，每个残留的功能性肾单位中的溶质负荷增加，从而产生相对的渗透性利尿，同时钠和水的保存能力降低。

钾平衡控制

前面描述的低肾素和醛固酮水平也可以解释老年人在用外源性（补钾，含钾药物）或内源性（组织分解代谢，肠内血液）负荷钾的情况下产生高钾血症的趋势更大。因为远端肾单位具有如此大的分泌钾的能力，即使在肾功能显著降低的患者中，高钾血症通常仅通过一种或多种其他因素（如过量的内源性或外源性钾），使用药物或影响远端管状分泌钾的疾病而发生。干扰这种醛固酮依赖性管状分泌钾的药物包括保钾利尿剂（螺内酯、氨苯蝶啶、阿米洛利）、β-肾上腺素阻滞剂、血管紧张素转换酶（ACE）抑制剂和非甾体抗炎药（NSAIDs）。老年慢性间质性肾炎，特别是糖尿病患者，会出现更明显的低钾血症、醛固酮过多症（Ⅳ型肾小管性酸中毒）与高钾血症。

老年个体的脱水敏感性（高钠血症）

老年人失去钠（盐）和水（浓缩受损）的增加趋势是脱水和高钠血症的发展越来越快的原因。可能加速脱水发展的另一个因素是与老年人常见的低血尿素氮—血管紧张素血症（抑制肾素—血管紧张素的丹参酮降低）相关的抗利尿激素（精氨酸加压尿素，

AVP）的分泌受损。这将导致无法浓缩尿液以保存水。然而，更重要的是随着年龄的增长，口渴机制障碍发生。在一项研究报告中，与年轻受试者相比，24 小时不进水后的老年受试者血清渗透压、血浆 AVP 水平和尿渗透压（浓度）均增加。在研究过程中，年龄较小的受试者有更大的比率报告了口渴，在研究结束时，快速饮水恢复血浆渗透压至正常水平。相比之下，老年人饮用少量水，但在 2 小时后仍未校正其高渗透性。如果老年人对缺水具有正常的口渴反应，那么不能保存盐和水的能力就可以通过增加液体摄取来补偿。

老年人对低钠血症发病的敏感性

老年人在急性和慢性护理机构中的调查表明他们的低钠血症发病率高。慢性低血钠个体当采用水负载时，表现出增加尿量和降低尿渗透压的能力不足。最常见的病因是与不适当的抗利尿激素（SIADH）释放综合征一致的正常血容量的低钠血症，其他病因包括盐分消耗（血容量不足）、稀释性低钠血症［高血容量，如充血性心力衰竭（CHF）、肝硬化、肾病综合征］、高血糖症和肾功能衰竭。在一项关于老年人的研究中，医院获得性低钠血症和非渗透（压力感受器）刺激抗利尿素释放是导致这种电解质紊乱发展的主要因素，无论其原因如何。在各种压力下，老年患者比较年轻的受试者［例如术后和利尿剂后及磺酰脲（氯丙酰胺）治疗后］发生低钠血症的可能性更高。

与相当条件的年轻人相比，老年人血清或血浆中的抗利尿激素活性更高。在输注用于将血清渗透压升高至 306 mOsm/l 的标准化高渗盐水后，老年受试者的血清 AVP 浓度升高超过两倍。相比之下，将已知具有抑制 AVP 分泌作用的乙醇输注在年轻人体内比在老年人体内能产生更长时间的血清 AVP 浓度降低效果。这两个观察结果表明随着年龄的增长，渗透压敏感性增加，AVP 的释放更多，因此会响应任何给定的渗透刺激而产生更高的保水性。随后的研究旨在确定这是否会保持一致，抗利尿激素的与年龄相关的增加分泌或仅针对渗透刺激，具有特异性反应，因为较年长的受试者在静置后，无法像年轻受试者一样多地提高血清 AVP 浓度。由于这些受试者具有完整的去甲肾上腺素静态平衡位反应，因此，与年龄相关的缺陷被认为是压力感受器反射弧的传入神经中血管运动中枢的远端。此外，有人建议，年龄和血管抗利尿激素至少在一些老年人对渗透压和体积压力刺激反应的影响的差异可能与受损的压力感受器输入到视上核有关，反过来又可能消除对渗透刺激反应的限制。

衰老和肾—尿道疾病

通过形成肾小球滤液和管状系统中选择性重吸收和分泌的过程，肾脏排泄不足，身体产生的代谢物的正常负荷可分为 ARF 或慢性肾功能衰竭。当讨论 ARF，也就是在较小程度上的慢性肾衰竭时，需要进一步区分肾前、肾上和肾后氮血症。对这些广泛群体的分类有利于计算血尿素氮（BUN）与血清肌酐比。患有肾上腺氮血症时，会发生肾脏灌注（脱水、低血压、CHF）或氮生成增加（出血进入胃肠道），使BUN与血清肌酐的比值增加到20：1以上。灌注量减少与肾前性氮血症相关联，不成比例地增加肾小管尿素的再吸收，使BUN升高至血清肌酐浓度。在一项老年人的ARF研究中，近一半是原发性肾脏疾病（其中超过一半因脱水）。传播到肾上（阻塞）氮血症的管状液体中的增加的静水压也导致与增加BUN与血清肌酐比例的肌酐相比不成比例的尿素的再吸收。这些变化与由内在性肾病引起的氮血症形成对照，其中BUN与血清肌酐比在10：1和14：1之间。

急性肾功能衰竭

肾小球、肾小管间质或血管病变可能是老年肾脏ARF的肾脏致病原因。肾小管间质性肾病［急性肾小管坏死（ATN），急性间质性肾炎（AIN）］是最常见的病因；ATN可能是起源于缺血性或肾毒性。大多数老年急性缺血性原发性肾小管坏死与外科手术程序和问题有关，包括术前和术后脓毒症。医学疾病如肺炎、败血症和缺血性心脏病，特别是产生低血压的疾病，可引起缺血性ATN。肾毒性ATN的原因包括用于肾盂造影、血管造影和计算机断层扫描（CT）的氨基糖苷类抗生素（庆大霉素）和静脉造影剂。除年龄之外，增加ATN风险的因素包括糖尿病、预先存在的肾功能不全、多发性骨髓瘤、肾低灌注（脱水）、高血压和肝脏疾病。对这种类型的ARF的老年患者的预后评估表明年龄不会明显影响存活率，但是老年患者需要更多的时间来恢复肾功能且恢复得并不充分。

药物诱导的AIN已经成为日益普遍的导致老年人产生ARF的原因；AIN也可以被认为是感染或全身性疾病的并发症。超过40种药物被认为是潜在的病原体，其中青霉素类（最常见的是甲氧西林）和NSAIDs是最常被定罪的。患者常发生发热、皮疹和非尿量减少性嗜酸性粒细胞增多（嗜酸细胞尿）及渐进性氮血症（参见“药理学”）。

通常被认为是儿童和青少年发生ARF的原因的急性肾小球肾炎在老年人中比普遍认为的更为常见。老年人血尿、蛋白尿、钠和血液潴留、肾功能降低和高血压的基本临床特征并没有什么不同，但是由于先存的心血管疾病和怀疑程度相对较低的其他原因，这些临床特征会被掩盖。临床上可能难以将患有后链球菌感染性或感染后肾小球肾炎的患者与患有全身性疾病（红斑狼疮、血管炎、亚急性细菌性心内膜炎等）的快速进行性（新月体性）肾小球肾炎或肾小球肾炎患者区分开来。

肾小球疾病（肾病综合征）

肾病综合征被定义为：每天蛋白质的尿排泄量超过3 g，以及由蛋白质损失导致的其他特征（如低白蛋白血症、高脂血症、水肿和高凝状态）。高血压和肾功能不全存在与否尚不能确定。肾病综合征可由原发性肾小球疾病、肿瘤性疾病或多系统疾病引起。对老年人肾病综合征的研究表明其至少与年轻人一样普遍。组织学诊断的几类评论表明，超过三分之一的活检患者具有膜性肾病，其次最常见的诊断是微小病变肾病、原发性淀粉样变性、肾小球膜增生性肾小球肾炎和局灶性/节段性肾小球硬化症。膜性肾病和淀粉样变性的发生率高于年轻人，增殖性肾小球肾炎明显降低，而微小病变肾病与之相当，但低于儿童。IgA 肾病和快速进行性肾小球肾炎的发病率在老年人中似乎很低。有报道称在活检中发现膜性肾小球病的患者的恶性肿瘤发病率增加 5%～10%。

由系统性疾病引起的肾小球病在老年人中更常见，因为诸如糖尿病、淀粉样变性（血内蛋白异常）、血管炎和硬皮病等基础疾病的发病率增加。在一次审查中，三分之一的病例发现了次要原因。糖尿病肾病是导致老年人全身性疾病相关的肾小球疾病（糖尿病肾小球硬化症）的最常见原因；然而，由于这些患者中很多对其肾病综合征有明显的病因，活检相关的文献往往偏少，低估了这种病变的发病率，特别是在老年人中。所有老年肾病患者应进行尿液和血清电泳，因为淀粉样变性是活检患者全身性疾病继发的肾病综合征的最常见原因。

慢性肾功能衰竭

慢性肾功能衰竭是由于各种肾小球、肾小管间质和血管因素对肾脏的不可逆损伤造成的。高达 90%的肾功能损伤可能发生在没有显著发病的情况下。可以通过控制高血压、感染、阻塞性神经病、心力衰竭和脱水来延缓肾脏病变的进一步发展。

闭塞性动脉疾病可引起急性或慢性肾衰竭。由动脉粥样硬化引起的双侧肾动脉狭窄可能导致高血压加速发展。肾脏胆固醇栓塞是一种老年病，可能自行发生，也可能与扩张性动脉粥样硬化患者血管造影或与主动脉手术有关。高血压可能发展成良性或恶性肾硬化。系统性血管炎、多囊性肾病和硬皮病是其他可在没有因为肾小球疾病引起的肾病综合征情况下引起慢性肾功能衰竭的疾病（参见“动脉粥样硬化”）。

老年人关节炎和关节痛的频发增加了长期使用和滥用 NSAIDs 和止痛药的风险。NSAIDs 因为抑制血管扩张性前列腺素而降低髓质血流量，并抑制导致髓质细胞氧化损伤的己糖单磷酸盐分流，并经常引起慢性间质性肾炎，最终导致乳头状坏死。苯丙胺是最常见的镇痛药，但也可能还有水杨酸和对乙酰氨基酚。

尿路感染

肾盂肾炎是严重感染，是老年住院患者革兰氏阴性菌血症最常见的导致结果。大肠杆菌导致大约三分之二的感染发作，剩余部分包括克雷伯菌、肠杆菌、柠檬杆菌、肠球菌、变形杆菌和假单胞菌。

相对年轻患者，急性症状性肾盂肾炎通常在老年人中存在更大的诊断挑战，年轻患者中经典的刺激性排尿症状使诊断变得明显。患有神经系统疾病（痴呆、脑血管疾病、帕金森病）的患者尤其具有更高的感染发生率，并且经常存在精神状态改变

（嗜睡、混乱）、呼吸急促、食欲缺乏和模糊的腹部疼痛等症状，这些症状可能会被诊断为肺炎、憩室炎或肠梗阻。发热和白细胞增多症状可能不会出现。脓尿和细菌尿症均可在肾盂肾炎或仅限于下尿路（膀胱炎）的感染中观察到，这在老年人尤其是女性中很常见。通常难以确定感染是否仅限于膀胱和尿道，还是延伸到肾脏。高烧和背部（椎旁角）疼痛和压痛表明是肾脏问题。

随着年龄的增长，无症状菌尿（脓尿和尿细菌在清洁无效检查中每毫升超过 105 个生物体）越来越普遍，存在于长期护理机构中三分之一的患者中。尽管这些无症状菌尿患者的死亡率增加，但仍然不清楚这是否是缩短生存的独立危险因素，或仅仅是严重潜在疾病的标志。抗生素治疗似乎对延长生存期和预防复发性细菌尿症或症状性感染没有疗效，所以普遍的理念似乎是直到症状出现才去治疗无症状的细菌尿症。这也可以防止耐药生物的出现。

衰老导致的下尿路功能障碍

衰老对下尿路的影响

衰老会以许多方式影响下尿路，但是尿失禁属于异常结果。膀胱能力、推迟排尿能力、膀胱依从性和尿流率似乎在不同性别人群中都在下降，而女性的尿道闭合压力和尿道最大长度度似乎也都会下降。逼尿肌（膀胱）的无拘束的收缩次数可能随年龄增长而增加，并且剩余尿量可能增加，但可能不超过 25~50 mL。尽管这些与年龄有关的变化都不会导致失禁，但每个人都可能患上某种类型的尿失禁，特别是老年人容易出现其他问题而增加这种功能障碍的可能性。

暂时性失禁

老年人的多重医疗及功能和认知问题可能导致尿失禁的发展。雷斯尼克（Resnick）已经使用助记符 DIAPPERS（带有双 P）（见表 1）来描述这些问题。

谵妄是一种急性混乱状态，通常由急性医学问题（如肺炎或心力衰竭）引起，影响膀胱膨胀后适当反应的能力。UTIs 促进了一种沉淀排泄的紧迫感。老年女性萎缩性阴道炎（尿道炎）是由于雌激素缺乏，出现排尿困难、性交困难、尿急和尿失禁。许多药物能够引起尿失禁，尤其是具有抗胆碱能性的可以损害排空的药物，特别是在具有部分梗阻的个体（如具有良性前列腺肥大的男性）中。心理障碍，尤其是抑郁症，也可导致失禁。列出的所有内分泌原因都可能导致多尿，并且流动性降低和大便嵌塞也可能推动失禁的发展。老年人在很多时候失禁的原因是多因素的，意识不清、药物和活动都可能发挥作用（参见“内分泌功能和功能障碍”）。

已确诊的尿失禁

下尿路主要有四种方式能够产生失禁。逼尿肌（膀胱）肌肉可能不应收缩（逼尿肌过度活动）导致尿失禁，或者不能收缩（逼尿肌不活动），导致溢流性尿失禁。此

表 1 短暂性尿失禁的原因

指定助记符	原因
D	精神错乱或精神混乱状态
I	尿路感染
A	萎缩性尿道炎或阴道炎
P	药物［镇静催眠药，循环利尿剂，抗胆碱能药物（抗精神病药，抗麻痹症药物，抗帕金森病药物），α-肾上腺素能激动剂和拮抗剂，钙通道阻滞剂］
P	心理障碍（抑郁症）
E	内分泌紊乱（高钙血症，低钾血症，高血糖症）
R	活动受限
S	大便嵌塞

外，流出道阻力持续增高，如阻塞性病变（前列腺症），导致溢流性尿失禁，或压力持续较低，如在压力性尿失禁中看到的流出道无力，这通常存在于具有多次分娩或难以分娩的女性中或男性经尿道切除前列腺（TURP）后。

逼尿肌过度活动是一种膀胱在几乎没有征兆的情况下急剧收缩的状态，并且通常会完全排空。这可能在正常或受损的收缩功能情况下发生，并且可能由中枢神经系统抑制中心的损害（如脑血管意外、帕金森病或阿尔茨海默病）引起，或者可能由局部刺激性病理学引起（例如膀胱炎、膀胱癌或膀胱结石），其损害正常脑抑制膀胱收缩的能力。流出道阻塞和无力可能会导致逼尿肌过度活跃。

逼尿肌活动低下可能是因为供给膀胱的神经的损伤（椎间盘压迫和肿瘤）或自主神经病（糖尿病、酒精中毒、恶性贫血和运动性共济失调）。还可以通过纤维化和结缔组织替代膀胱肌肉导致，如慢性阻塞（前列腺症）所见，由此膀胱不能再正常排空。

另请参阅：动脉粥样硬化；内分泌功能和功能障碍；药理学。

拓展阅读

Beck LH（1994）. Aging changes in renal function. In：Hazzard WR，Bierman EL，Blass JP，Ettinger WH Jr.，and Halter JB（eds.）*Principles of Geriatric Medicine and Gerontology*，3rd edn.，pp. 615-624. New York：McGraw Hill.

Levi M and Rowe JW（1992）. Renal function and dysfunction in aging. In：Seldin DW and Giebisch G（eds.）*The Kidney*：*Physiology and Pathophysiology*，2nd edn.，pp. 3433 -

3456. New York: Raven Press.

Lindeman RD (1990). Overview: renal physiology and pathophysiology of aging. *American Journal of Kidney Disease* 16: 275–282.

Lindeman RD (1992). Renal and electrolyte abnormalities. In: Calkins E, Ford AB, and Katz PR (eds.) *Practice of Geriatrics*, 2nd edn., pp. 436–453. Philadelphia, PA: W. B. Saunders Co.

Lindeman RD and Goldman R (1986). Anatomic and physiologic age changes in the kidney. *Experimental Gerontology* 21: 379–406.

Lindeman RD, Tobin J, and Shock NW (1985). Longitudinal studies on the rate of decline in renal function with age. *Journal of the American Geriatric Society* 23: 278–285.

Resnick NM (1988). Urinary incontinence: A treatable disorder. In: Rowe JW and Besdine RW (eds.) *Geriatric Medicine*, 2nd edn., pp. 246–265. Boston, MA: LittleBrown.

Rowe JW (1992). Nephrology and the genitourinary system. In: Evans JG and Williams TF (eds.) *Oxford Textbook of Geriatric Medicine*, pp. 423–431. Oxford, UK: University Press.

译　者：金晓燕（北京大学护理学院）

生产率与年龄

S. J. 查娅 迈阿密大学米勒医学院，迈阿密，佛罗里达州，美国

词汇表

劳动力人口统计学（Workforce Demographics）——以不同年龄和能力表示的劳动力比例。

引言

当前的人口趋势和社会趋势——包括人口老龄化，年轻劳动力参与率的变化，“婴儿潮一代”的老龄化，退休政策、方案和行为的变化——使老年工人、人口老龄化与工作等话题越来越受到关注。根据美国老龄管理局（the US Administration on Aging）2002年公布的数据：2000年，美国55岁及以上人口约5 600万人，自1900年以来增长了50%。到2020年，美国55岁及以上人口约有1.2亿人，占总人口的40%。

来自美国审计总署[①]（the US General Accounting Office）的数据表明，在不久的将来，老年人将占劳动人口的很大比例。到2010年，55岁及以上的就业人数约为2 600万，相比2000年增加46%，到2025年，这一数字将增加到3 300万（见图1）。老年女性的劳动参与率预计略高于老年男性，但与前几十年的劳动参与率相比，老年男性的劳动参与率正在上升。例如，1995年，65岁的男性中有66%脱离了劳动力市场，而2001年这一数据只有61%。关键是，65岁以上就业人数也将随之增加。

劳动力人口结构的变化很大程度上是受到“婴儿潮一代”的老龄化，社会保障和退休政策的改变，以及近期老年人劳动参与时间变长的新趋势（如退休后再工作）等因素的影响。从一个人的全职主业中退休不再被认为是在劳动者有资格享受社会保障福利时发生的，也不再意味着完全停止有偿就业。各项研究表明，大多数老年员工愿意在退休后继续从事某种工作，有相当多的全职退休人员表示，他们希望被雇佣。因为20世纪末出生率较低，随着“婴儿潮一代”开始进入退休年龄，某些行业和职业将出现现有劳动力储备不足的情况。因此，许多公司将会寻求老年人填补劳动力缺口。此外，“婴儿潮一代”的退休正在使企业知识产权面临风险。由于知识经济的日益增长，知识被认为是一个组织的重要资产。为了保护这

① 2004年，正式更名为美国政府责任署（the US Government Accountability Office）。

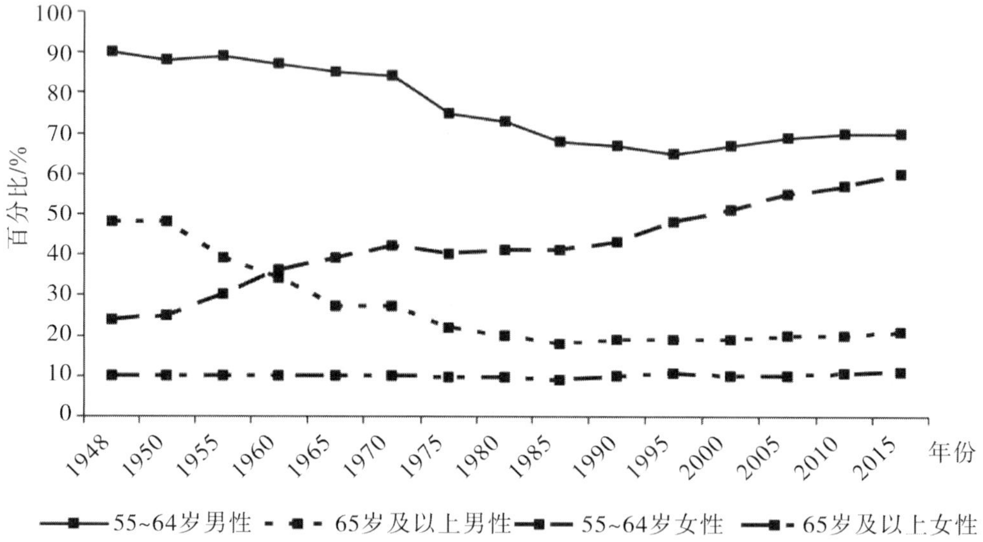

图 1　按性别划分的 1948—2015 年老年工人的劳动力参与率

引自：US Department of Labor Bureau of Labor Statistics using the Current Population Survey (2001).

一资产，英国等国家正在制订鼓励留用老员工的计划。

显然，人口老龄化和工作问题非常重要，急需制定战略来应对劳动力的老化。这就需要了解：（1）老年劳动力和越来越老的非劳动者的特征；（2）人口老龄化对工作绩效的潜在影响；（3）当前工作和工作环境的技术、社会特征。本文讨论了目前已知的老年工人和生产率的情况。考虑到当今工作环境中技术的扩散，重点放在讨论技术上。首先，简单描述现有老年人的情况。

老年劳动者的特点

总的来说，如今的美国老年人比前几代人更健康，更多样化，受教育程度也更高。已完成高中教育的 65 岁及以上成人的比例大幅增加，拥有学士学位及以上的老年人口数也在增加。在当今的工作环境中，教育水平的提高对老年员工非常有益，教育水平的提高通常意味着就业机会的增加。技术进入工作场所，以及向知识经济转型创造了对高技能员工的需求。例如，信息技术的扩展意味着需要有技术的工人来操作、编程和修复技术系统。即使是从事非技术性工作的员工也被期望具有电脑应用的经验。因此，除正规教育之外，技术应用知识对获得就业机会也很重要。此外，技术导致信息爆炸，因而可以更快地获取大量的数据资源。这增加了对具有高级认知技能（如解决问题、分析推理和沟通技巧）的员工的需求。知识型员工一词的内涵正在演变。

在一些指标上，如今的老年人也比前几

代人更健康。65 岁及以上的老年人健康状况良好，身体功能改善，如步行一英里或爬楼梯的能力，近年来有所增加。老年人的失能率也在下降。然而，随着年龄的增长，出现失能的可能性会增加，许多老年人至少有一种慢性病（最常见的是关节炎、高血压、听力障碍、慢性关节症状、心脏病和癌症）（见图 2）。认知和记忆障碍也随着年龄的增长而增加。老年人的失能率对工作场所和工作设计有重要的影响。雇主可能需要调整工作场所，或为有功能限制的员工提供适应性设备或技术（如低视力辅助设备）。相对而言，慢性病患者劳动力参与率较低，而退休率更高。

与美国人口整体结构的变化一致，美国老年人口逐渐呈现出多样化种族特征。拉美裔增长最快，其次是非拉美裔黑人。工作政策、项目和服务类型需要更大的灵活性以适应这种人口特征的变化。

最后，女性老年人比男性老年人多，女性老年人口所占比例随着年龄的增加而增加。高龄女性老年人口的占比较高可能对就业产生影响，因为近年来老年女性比老年男子更有可能继续工作或重返工作岗位。与男性相比，女性更有可能承担家庭照顾责任。根据家庭照顾者联盟的数据，25%～35%的就业者（主要是女性就业者）正在为 65 岁及以上的老年人提供照顾，而这些人中的大多数是女性。由于他们的照顾角色，他们通常会遭受许多与工作相关的困难。例如，很多照顾者报告需要重新安排工作时间表，减少工作时间，或者为了履行照顾责任而进行无薪休假。因此，雇主需要提供更灵活的工作安排，以适应越来越多的工作照顾者。

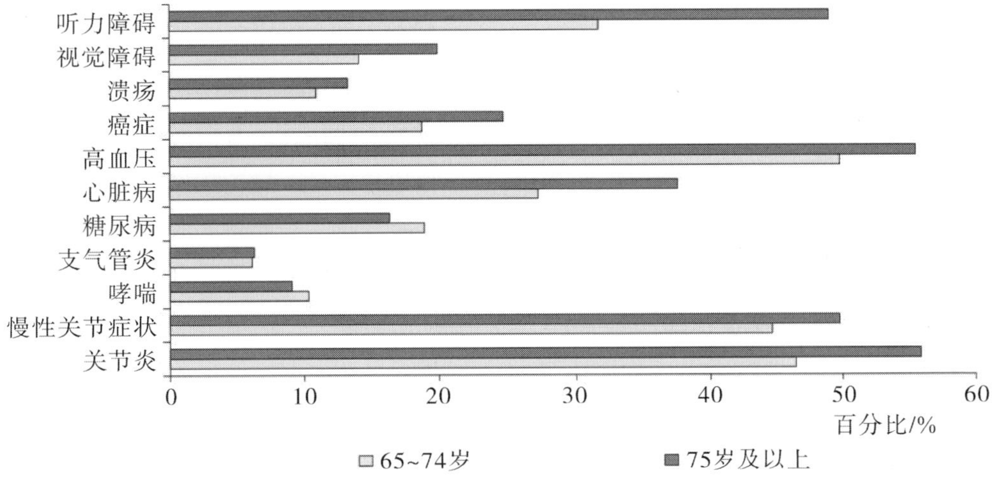

图 2　2004 年按年龄划分的美国人口的患病状况

引自：Summary Health Statistics for the US Adults. National Health Interview Survey 2004. Vital and Health Statistics Series 10 (228), 2006.

与正常老化相关的一些能力变化会影响工作效率。目前，美国约1 400万人患有某种视力障碍，随着年龄的增长，视力损害的发生率也在增加。虽然大多数老年人没有严重的视力障碍，但他们可能会经历视力衰退，这将影响他们观察和理解视觉信息的能力。这对当今以计算机为主的工作环境有巨大影响，因为与计算机系统的交互主要是基于视觉信息呈现。与年龄相关的视力变化也会影响书面说明书和手册的设计以及照明需求。

许多老年人也经历了一些与工作环境相关的听力下降。例如，老年人可能会发现很难理解合成语音，因为这类语音通常具有某种程度的失真。对老年人而言，高频警报声如哔哔声也很难识别。听力的变化使老年人很难在嘈杂的工作环境中进行交流。

老化也会导致运动技能的变化，包括反应速度变慢、维持连续运动的能力下降、协调中断、灵活性丧失、运动不稳定性变大。如前所述，关节炎等慢性病的发病率也随着年龄增加而增加。这些运动技能的改变会使老年人执行任务困难，例如需要细小操作的组装工作，或者使用鼠标、键盘等输入设备。老年人比年轻人更难以执行鼠标控制任务（如指向、点击、双击和拖动），与年龄有关的心理运动能力的变化（如手工灵巧度）也会随着年龄增大而发生改变。

老年人的力量和耐力也会下降。这些是总体均值差异，肌肉群、肌肉表现类型以及个体之间有的差异很大。相对而言，老年人不太能胜任体力工作。

与年龄相关的认知变化也会影响工作表现，尤其是涉及技术使用的任务。工作记忆的下降可能会使老年人难以学习新概念、新技能或回忆复杂的操作程序。注意力下降可能使老年人难以进行并发活动，也难以将其注意力在冲突信息之间转移。在复杂信息处理上，他们会遇到任务目标选择困难。此外，由于处理速度的变慢，高节奏的工作也不太适合老年人。

然而，老年人并不是所有的功能都在下降。有确凿的证据表明，一般知识和专业知识（如职业技能）在中年及以后的时间里会继续增加，这种知识可以弥补与年龄相关的认知能力（如工作记忆）的下降。事实上，之前的文献表明，认知能力构成与工作绩效的测量标准之间是相关的。因此，我们会发现随着年龄增加，人的工作绩效不断下降。然而并没有证据表明老年人的生产率比年轻人低。这可能是因为，能力测量标准不是测量专业工作所需的能力，还有可能这些测量标准未能反映工作环境的复杂性。对于多数工作任务，老年人能够利用他们的专业知识和背景支持来弥补与年龄相关的能力的下降。新的心理测试重点关注考试和学习能力而不是知识获取，此时补偿策略行不通。如前所述，知识是当今工作环境中极其重要的商品，而如何保存知识困扰着众多行业。

综上所述，虽然有大量证据表明老化是一个过程，但足以证明年龄对工作能力变化的实际影响的数据有限。关于年龄影响工作能力变化的研究主要是基于实验室研究。实验室研究并不能准确反映工作环境中的复杂性，并且不允许老年人使用在现实环境中可以使用的补偿性策略。同样重要的是认识到老化的个体差异性，老年人群体异质性非常强。老年人之间的能力指标差异比老年人与年轻人之间的能力指标差异更大。虽然可以讨论与年龄相关的能力差异趋势，但预测个体学习新技能或执行特定工作的能力，应基于工作或技能所需具体功能要求，而不是基于实际年龄。

老龄化与劳动生产率

对于老年工作者普遍存在这样一种看法：相对于年轻人，他们身体上难以胜任工作、旷工率高、事故率高、生产率低下、积极性不足、难以接受创新、学习能力差。这是关于老年工作者的相当普遍的观念，但很少有确切的数据支撑这些假设；相反，大多数研究表明这些刻板印象不靠谱。

关于年龄和生产率之间的关系的可用数据有限，尤其是技术工作方面的数据。研究者已经对蓝领和白领的老龄化工作生产率进行了几次深入研究。一般结论认为，几乎没有证据表明生产率随着年龄的增长而下降。相反，年龄和工作生产率之间的关系似乎相当复杂，取决于工作绩效测量标准、工作性质以及其他因素，比如工作经验。此外，大多数工作不需要全部的工作能力表现良好，而年轻人和老年人各方面工作表现差异很大。在创造性工作方面，年龄和生产力之间的关系，无论是艺术方面还是在科学界都表现为：生产率随着年龄增加一直提高直到40岁左右，然后随着年龄增长缓慢下降。然而，这个趋势有三个重要的注意事项：（1）生产率高峰的确切年龄位置和生产绩效的变化速度在某种程度上取决于努力的程度；（2）几十年来关于人们从事创造性工作的例子很多；（3）随着年龄的增长，生产率的变化存在很大的个体差异。

对工作行为的其他测量，研究结果虽然有限，但更具说服力。虽然老年工作者的事故率比年轻人低，但是老年工作者一旦受伤，往往离岗时间也会更长。老年人的缺勤率和更替率也较低。

总之，年龄和工作生产率之间的关系比较复杂，很难轻易搞清楚。关于这方面的研究主要是小样本、限制年龄和横截面研究居多，这可能导致年龄效应与工作经验、教育或技术等级等因素相混淆。如果评委对老年工作者持有负面态度，依赖于绩效管理评级的研究可能是有偏颇的。其结果也因任务类型和绩效类型不同而有所不同。最后，近期在实际就业环境中进行的研究非常少。我们有理由得出这样的结论：日历年龄同一系列与年龄有关的过程和生活方式的变化有关，这些对工作结果都有间接和多方面的影响。我们还要认识到许多老年人在工作场所以外从事其他形式的生产活动，例如咨询、志愿服务或继续教育。

在研究年龄和生产率关系问题时，另一个关注点是员工动机。最近一系列发现表明，在对与年龄相关的变化的研究中，动机变量对中老年人的工作成效起了关键作用。然而，很少有实证研究考察老化对成人发展的影响。最近的文献回顾表明，老年人晚年的工作动机遵循与年轻人相同的模式，这样一来，资源分配就应用到工作行为中，这些工作行为是建立在能力基础上、能促进自我效能感、能得到预期效果的工作行为。与年龄有关的动机差异可能与能力差异有关，因此，老年工作者的动机可能会因为通过采用基于成人发展变化规律的组织实践来增强。例如，这种实践充分利用了老年人的专业知识和技能。

技术对老年工作者的影响

如果不考虑技术对工作和就业机会的影响，那么关于年龄和生产率的讨论就太粗略了。今天，技术在工作场所普遍应用，大多数员工需要在日常工作中与某种技术进行互动。

考虑到大多数职业中技术的广泛应用，一个重要的问题是，技术的流入将如何影响就业机会和老年工作者的生产率。这个问题对于如今的老年人群体尤其重要，因为他们不像年轻人那样接触技术。尽管存在群体差异，技术将是影响未来几代老年人的一个关键因素，因为技术是动态的，并以史无前例的速度继续发展。

从本质上讲，技术影响了就业的类型，创造了新的工作岗位和就业机会，技术也会消灭一些工作岗位并创造失业条件。技术改变了工作方式，改变了工作内容和工作要求。现有的工作技能和知识已经过时，需要获取新的知识和技能。如前所述，当今社会更加强调信息整合、问题解决和沟通等认知技能。工作者也需要学会操作技术系统和新的工作方式。对于将来的老年人而言也是如此，因为技术本质上是动态变化的。例如，在过去几年里，手机、便携式电脑、输入设备和个人管理器的设计发生了巨大变化。

技能过时和员工再培训对老年工作者是非常重要的，因为他们经常在获取培训或再培训机会上被忽视，自己也不太愿意投资进行再培训，因为他们对通过培训获得有价值结果的预期较低（例如晋升），这些培训结果的价值可能随着年龄降低。普遍认为老年人是抵制变革的，对使用技术持消极态度。然而，现有的数据质疑了这种刻板印象，同时指出如果老年人得到足够的培训和支持，并认为技术是有用的，且这种技术是易于使用的，则会接受使用该技术。虽然他们可能会遇到更多的焦虑和更低的技术使用效率，但老年人对使用技术的态度和舒适度在很大程度上受到经验以及与这些技术系统的互动状况的影响。

使用电脑的经验会增加工作者的舒适感和信心。尽管在诸多场合下，如工作场所、家庭、医疗保健场合和服务场合，老年人可能会接触计算机等技术，但与其他年龄组相比，55 岁以上的人对技术的使用比例仍然很低。虽然使用互联网的老年人正在增加，但使用率仍显著低于其他年龄组（见图 3）。皮尤网络与美国生活项目（the Pew Internet and American Life Project）的报告显示：2004 年，美国 65 岁及以上的老年人中约有 22%上网；相比而言，50~64 岁的有 58%，

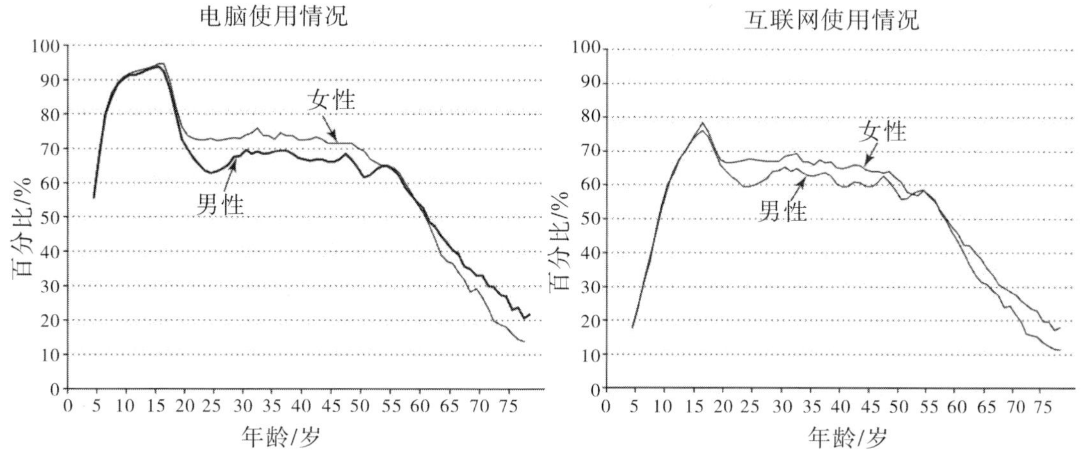

图3　按年龄和性别划分的老年人电脑和互联网使用情况

引自：NTIA and ESA，US Department of Commerce，using US Census Bureau Current Population Survey Supplements.

30~49 岁的有 75%。老年人群中互联网使用者主要局限于家庭收入较高的白人、高学历的老年人。

可用性问题也可能使老年工作者很难成功地与技术交互。不幸的是，迄今为止大多数系统的设计者都不认为老年人是技术的活跃用户，因此许多接口是在不满足这个群体需求的情况下设计的。可用性问题包括屏幕设计差、输入设备设计差、命令和操作程序复杂、培训和教学支持不足。尽管系统的可用性有了很大的提高，但目前的界面仍然排除了许多人与技术的有效交互，比如那些年龄较大的人或有残疾的人。

一些研究专门研究老年人学习使用计算机等技术的能力。这些研究涉及各种计算机应用，并且在培训策略（例如概念与程序培训）方面也有所不同。其他变量的影响，如对计算机的态度和对计算机的焦虑也对学习产生了影响。这些研究结果表明，老年人实际上能够使用计算机等技术来完成各种任务。老年人通常比年轻人学习新技能的速度要慢，而且通常需要更多的帮助和实践。与年轻人相比，老年人的表现水平更低。相关文献表明，培训干预可以成功提高绩效，并指出制订与学习者的特点相匹配的培训策略的重要性。显然，对老年学习者的培训和相关教学材料的设计需要获得更多的关注。技术作为一种训练辅助手段的潜在应用也需要加以考虑。例如，老年人也可能受益于多媒体系统或互动式在线培训课程，以此开展自我学习。这些培训、学习软件的设计要非常谨慎。目前，老年人群体可能还需要接受一些基本操作的培训，比如鼠标使用和 windows 系统管理，此外还需要对应用程序进行培训。最后，雇主需要确保老年人能够获得再培训项目和激励，以投资学习新的技能；还需要考虑培训项目的安排和地点，以及与企业和社区伙伴关系的培养。

只有少数几项研究对老年人在工作环境中常见的以计算机为基础的任务的完成能力进行了研究。数据表明，总体上老年人愿意并能够执行这种类型的工作任务。但在某些工作任务的表现上存在年龄差异，例如强调速度和性能准确性的数据录入。老年人的工作能力与其他年龄段的人相似，老年人的工作表现有较大的个体差异，而且随着工作经验的提高，所有年龄段的工作能力都能得到改善。此外，数据清楚地表明，可用性问题会影响工作表现，设计层面的干预项如重新设计界面、提供屏幕上的辅助工具以及重新配置计算机鼠标的时间，这些实用性设计会促使老年人工作能力提高。最后，为老年人（特别是那些技术经验有限的人）提供有关使用技术和任务的培训非常重要。

总结

考虑到当前的人口趋势，老龄化和工作的话题将越来越重要，但是关于老龄化对工作表现的影响的经验数据是有限的，特别是对于现在的工作和将来可能存在于公共部门的工作的影响，需要进一步研究。

总之，与年龄相关的身体功能变化和工作技能要求之间的关系有待进一步研究。虽然有些功能与年龄相关，但变化是渐进的，大多数工作并不要求时刻保持高水平的状态。大部分老年人在生命晚期仍然保持健康和功能。需要研究的一个重要领域是建立一个知识库，将与年龄有关的技能和能力的变化同对特定工作的专业技能需求联系起来。例如，衰老、认知和工作效率之间的关系目前尚不清楚。对这些关系的更全面的理解将有助于指导老年人干预策略的发展。这强调了研究人群的健康、能力、工作场所表现和技术使用差异的必要性，要求更精确的年龄类别，以及随着时间的推移跟踪特定的群组开展研究。

我们还需要关于技术对老龄化劳动力产生的影响以及技术如何被用于促进老年人就业机会的更有力的证据。此外，我们还需要了解如何利用技术来促进职业和就业的转变。同样重要的是要了解如何设计技术，使它对老年人而言是有用的并且能用的，尤其是对那些有某种功能障碍的老年人。设计师经常将用户群体局限于年轻的、健全的人群。研究还需要着眼于检查技术干预的成本效益。

总而言之，研究关注那些随着年龄的增长而可能变得更加困难、效率低下或满意度降低的工作，对改善老年人的工作生活做出了有价值的贡献。这样的研究也有助于确保老年人获得适当的就业机会，并扩大潜在雇员的范围，补充日益稀缺的劳动力市场。

另请参阅：照料；人因工程和人体工程学；学习；技能习得；工作和就业：个人。

拓展阅读

AARP (2002) *Staying Ahead of the Curve*:

The AARP Work and Career Study. Washington, DC: AARP.

Avolio BJ, Waldman DA, and McDaniel MA (1990) Age and work performance in nonmanagerial jobs: the effects of experience and occupational type. *Academy of Management Journal* 33: 407-422.

Bass SA (1995) *Older and Active: How Americans over 55 Are Contributing to Society*. New Haven, CT: Yale University Press.

Charness N and Schaie KW (eds.) (2003) *Impact of Technology on Aging Individual*. New York: Springer Publishing Co.

Czaja SJ and Lee CC (2003) The impact of the Internet on older adults. In: Charness N and Schaie KW (eds.) *Impact of Technology on Successful Aging*, pp. 113-133. New York: Springer Publishing Company.

Czaja SJ and Sharit J (1993) Age differences in the performance of computer-based work. *Psychology and Aging* 8: 59-67.

Fisk AD, RogersW, Chrness N, Czaja SJ, and Sharit J (2004) *Designing for Older Adults. Principles and Creative Human Factors Approaches*. New York: CRC Press.

Fullerton HN and Toossi M (2001) Labor force projections to 2010: STEADY growth and changing composition. *Monthly Labor Review* 11: 21-38.

Park DC (1992) Applied cognitive aging research. In: Crail FIM and Salthouse TA (eds.) *The Handbook of Aging and Cognition*, pp. 449-494. Hillsdale, NJ: Laurence Erlbaum Associates.

Pew RW and Van Hemel SB (eds.) (2004) *Technology for Adaptive Aging*. Washington, DC: National Academy Press.

United States General Accounting Office (2001) *Older Workers: Demographic Trends Pose Challenges for Employers and Workers*. Report to the ranking minority member, subcommittee or employer-employee relations, committee on education and the workforce, House of Representatives. Washington, DC.

Waldman DA and Avolio BJ (1986) Meta-analysis of age differences in job performance. *Journal of Applied Psychology* 71: 33-38.

Wan H, Sengupta M, Velkoff VA, and DeBarros KA (2005) Current population reports: 65+ in the United States: 2005. US Census Bureau. Washington, DC: US Government Printing Office.

译　者：彭青云（江南大学）

校译者：曲嘉瑶（北京市社会科学院）

生活满意度

R. C. 曼内尔，S. 杜普斯 滑铁卢大学，滑铁卢，安大略省，加拿大

词汇表

情感（Affect）——情绪过程的一大类，包括感觉和情绪。

认知（Cognition）——包括所有形式的认识的一般概念，包括感知、想象、推理和判断。

幸福感（Happiness）——在程度上是积极情绪超过了消极情绪。是当下相对暂时的情感感受。通常用“过去几周”的时间周期来确定评估。

精神面貌（Morale）——一种面向未来的、对与生活和衰老相关的问题及机遇的乐观或悲观态度。也指人们感觉他们适应社会和物质环境的程度，以及他们对那些无法改变的事情的接受程度。

心理健康（Psychological Well-Being）——一个代表积极的心理功能的一般概念。在程度上人是快乐的，能体验到积极的情感，而不是抑郁和焦虑。

生活质量（Quality of Life）——一个广义的概念，指的是总人口或个体层面的福祉，用各种客观和主观指标进行评估。其能否被精确定义为一种合法的社会科学概念，存在一些争议。

满意度（Satisfaction）——隐含一种判断行为，将人们所拥有的东西与他们对整个人生或其中某个特别阶段的期望进行比较。他们所取得成就越达不到他们的愿望，他们的不满意程度越高。满意度有一个过去导向，是对事情如何发展到现在的评估。

引言

一个社会或群体的生活质量往往取决于客观指标，如国民总收入、高风险健康行为的频率、环境质量，以及犯罪等级、自杀、公共暴力和家庭破裂。个人的生活质量也具有以这些类型的客观因素为基础的特征。另外，主观幸福感的衡量标准是基于这样一种信念而制订的，即不能简单地从对这些客观情况的了解去理解一个人生活的心理质量。生活满意度是一个较常使用的衡量生活质量主观幸福感的方法，要求人们评价他们对生活的整体或某些方面的满意度。

生活满意度研究的焦点

生活满意度是老龄化社会科学研究中最古老的研究课题之一。最初，这项研究关注的是病理和应对，但后来这个问题变成了对生活质量的看法。生活满意度和其他主观幸福感的测量在老年学中已经具有相当重要的意义。研究人员和政策制定者正试图更好地理解残疾、健康状况变化、护理、丧亲、退休、角色转换和缺失、社交网络减少、活动参与的改变，以及整个生命过程中的个性化发展对生活质量的影响。

老年学领域对主观幸福感的研究主要围绕两个问题展开。第一个问题是如何最好地概念化和衡量主观幸福感。生活满意度只是构成主观幸福感的几个相互交叉的概念之一，研究人员继续致力于开发适当的测量方法。第二个问题涉及识别人们生活中影响其主观幸福感的那些因素。大量的研究集中于这个问题，并且“生活满意度”这个概念已经被公布。近期针对老年人的各种干预措施、项目和政策对生活满意度的影响也备受关注。

概念和测量

在老年学研究中，除了生活满意度，其他构成主观幸福感的常用概念，包括幸福感、心理健康和精神面貌。已研制出测量这些概念的量表。标准化量表用于测量生活满意度，包括坎特里尔（Cantril）的“自我锚定量表”（Self-Anchoring Scale），纽加滕（Neugarten）的“生活满意度指数”（the Life Satisfaction Index）及伍德（Wood）和他的同事对该指数的修正，安德鲁斯（Andrews）和威西（Withey）的“喜恶面孔量表”（Delighted-Terrible Faces Scale），还有迪纳（Diener）和他的同事开发的“生活满意度量表”（Satisfaction with Life Scale）。许多研究中也使用了各种生活满意度的单项测量方法。最常用的幸福感和心理健康量表是“布拉德伯恩情感平衡量表”（Bradburn Affect-Balance Scale），精神面貌通常是用“费城老年中心精神面貌量表”（Philadelphia Geria-tric Center Morale Scale）来衡量。

老年学主观幸福感研究中的一个主要问题是在定义、测量和使用“心理健康”“幸福感”“生活满意度”“精神面貌”这些术语方面缺乏一致性。事实上，这些概念及其测量标准往往在交替使用。然而，它们似乎在多种维度上有所差异。首先是在时间的方向上。满意度被认为是针对过去的，幸福感是针对现在的，而精神面貌则是未来的方向。其次，这些概念和测量标准在主观幸福感的持久性和暂时性方面是不同的。生活满意度和精神面貌的测量是更持久和稳定的认知，而幸福感量表的测量是更短暂的、临时的情感状态。再次，这些概念测量的不同程度在于允许将积极和消极的生活经验作为主观幸福感的不同方面来评估。一些研究证据表明，幸福的积极和消极两方面不是相反的两端，而是反映生活不同组成部分满意度的独立维度（例如，外部社会条件，如朋友和活动；内在心理条件，如自尊和健康)。最后，无论是评估整体幸福感还是生活特定领域（例如，工作、家庭、休闲和社区）的幸福感方面，所使用的各种衡量标准是不同的。一些研究人员认为，通过研究每个领域的满意度，可以获得幸福研究更准确的图景。研究者对不同生活领域的研究主要使用满意度测量方法，并在单一领域开发了专门的研究领域，如工作与休闲满意度。

在满意度、精神面貌和幸福感量表之间存在显著相关性，这表明它们测量的是同一基础概念的不同方面。这些发现并不太令人惊讶，因为最普遍的测量方法都有若干相同的量表项目。然而，这些概念和范围并非可以完全互换。研究表明，幸福感的各种构成与主观幸福感的各种预测因素有不同的关系。

尽管研究人员继续对这些测量方法的内部结构进行实证研究并进行微调，以用于对老年人的特定研究，同时也发展了其他测量方法。例如，“纽芬兰纪念大学幸福量表”(Memorial University of Newfoundland Scale of Happiness）和一个较短的版本，“短暂的幸福感和情感影响研究方案”（the Short Happiness and Affect Research Protocol)，都是用来测量老年人主观幸福感的持久的认知维度和更直接的、短暂的情感维度的。此外，这些量表允许系统地评估生活体验的积极和消极内容。

人们也提出了另一种概念化和衡量老年主观幸福感的研究方法。几位研究者提出要打破过去的工作方式，根据个人的发展和调整，对主观幸福感、成功老龄化和健康老龄化进行概念重建。他们认为，以满意度、幸福感和精神面貌为基础的幸福感测量受制于自主研发的概念，并试图将它们整合到一些更高一级的主观幸福感构架中，无法为更好的测量方法和今后研究的发展提供强有力的理论依据。一些研究报告称，根据埃里克森(Erikson)、罗杰斯（Rogers）和马斯洛(Maslow）等人的主要人格和生命周期理论，使用反映心理健康和幸福发展观（例如，繁殖、自我接纳、自主性、环境控制、生活目标和个人成长）的测量方法。人们发现，在人生早期实现个人潜能和身份发展的信念，可以预测人生后期的生活满意度。

尽管在概念化和测量方面存在困难，但还是有大量对主观幸福感的影响因素的研究。在这些研究中，主观幸福感已经被概念化为生活满意度。此外，调查方法主要被用于检验对生活满意度的各种预测。因此，尚未对将这些预测因素和生活满意度联系起来的心理和社会因素或机制进行探索。这种联系的理论基础往往是需要推断的。显而易见的是，许多预测因素本身就以复杂的方式联系在一起，这使得很难理清可能的原因和后果。例如，关于住房和生活环境对生活满意度的影响的研究表明，生活在自己家里的老年人比生活在护理院等长期照护机构的老年人有更高的生活满意度。很少有研究报告探讨过这种关系存在的原因，但我们可以推测，在熟悉和有意义的环境中与朋友和邻居近距离接触可能与这种关系有关。然而，这种关系也可能与其他已被发现的重要因素有关。住在自己家里的老年人可能更年轻、更健康、更独立、更富裕——所有这些因素都预示着较高水平的生活满意度。考虑到这些条件，人们确定和讨论了老年人生活满意度的主要预测因素和相关因素。

预测因素及相关因素

健康状况和功能能力

对社区和临床人群的研究一直表明，身体健康状况不佳的人的生活满意度低于身体健康状况良好的人，主观健康感知是一项比实际健康问题的数量要更好的生活满意度指标。研究发现，健康还会影响人们对未来生活满意度的估计，以及随时间推移生活满意度的变化。虽然有限的跨文化研究报告表明，身体健康和生活满意度的关系是相当普遍的，但健康状况对某些群体的生活满意度的影响可能比其他群体更大。例如，感知健康是老年白人生活满意度的最佳预测指标，但对老年非裔美国人可能不是。健康问题对女性的负面影响似乎比男性更大，对老年人的负面影响比对年轻人更大。

某些健康问题与生活满意度的关系比其他问题更密切。研究发现，与已确定治疗方法的慢性疾病相比，使日常生活和与他人互动复杂化的功能限制（例如，膀胱或肠道控制、视觉和听觉障碍、行动受限），与生活满意度的负相关程度更高。长期疾病或慢性健康问题可能会通过减少活动水平而对生活满意度产生间接影响。健康状况下降不仅会导致完成日常家务的困难，还会导致维持社会交往和继续重要的休闲活动的困难。然而，目前尚不清楚如疾病类型和发病时间等变量对生活满意度的影响。

研究人员已经开始确定一些因素（例如支持系统、治疗方案、应对策略），这些因素可能在减少当健康状况变差时对生活满意度的影响上发挥重要作用。虽然人们更多地关注照料对照顾者的影响，而不是需要照顾的人，但研究表明，在日常生活活动（ADL）中那些需要照顾的老年人生活满意度较低。与这些研究结果一致的是，已发现正规的照顾而不是非正规的照顾可以减少感知健康问题对生活满意度的不利影响。研究发现，参与“成人每日方案”（adult day programs）可以显著提高残疾或患病老人及其非正式护理伙伴的生活满意度。如果从护理阶段的早期开始并长时间持续使用，“成人每日方案”可能是最有效的。积极的认知应对（即改变问题的意义）比直接的行动应对（即行为方式）已被证明可以减缓健康问题对生活满意度的影响。已发现以情绪为导向的应对（如，变得愤怒、将威胁最小化或辞职）与生活满意度水平较低有关。

虽然研究人员已经探讨了身体健康与生活满意度之间的关系，但心理健康和认知健康与生活满意度之间的关系在很大程度上仍未被探索。一些研究表明，心理健康（如幸福、较少抑郁、积极的自尊）与生活满意度呈正相关。就认知功能而言，即使是轻微的下降也可能意味着能力的严重丧失，并可能会降低整体的生活满意度，尽管可以找到积极适应这些情况的办法。然而，有认知障碍或服用了一些干扰认知功能药物的人们往往被排除在生活满意度研究之外。这种抽样的做法表明，对有认知障碍的人来说，生活满意度等概念是不重要的，或者他们是无法理解或表达自己的感知、体验和感受的。尽管如此，最近的证据表明，认知功能与生活满意度呈正相关。

经济保障满意度、安全感和压力

来自横向研究和纵向研究的大量证据表明，充足的收入，特别是对经济保障的满意度，对老年人的生活满意度起着重要的作用。在一些国家，富裕老年人的生活满意度要高于遇到经济压力的老年人。相比于年轻人，经济问题似乎是影响老年人福祉的一个更重要的因素，相比于老年女性也是如此。一般而言，对白人来说，社会经济地位是比对非裔美国人更重要的生活满意度预测指标，同样北美人相对于其他族群来说也是如此。初步证据表明，利用选择（选择特定的重点目标和机会）和优化（最大限度地利用其内部和外部资源以实现这些目标）的生活管理策略的老年人经济压力较小，因此能获得更高的生活满意度。

教育与就业或职业状况

教育和就业状况对生活满意度的影响没有一定的规律，它们之间的关系往往是微弱的，在有其他因素影响时会消失。一些研究人员发现，对不同年龄组，教育和生活满意度之间的关系是不同的。还有人发现，教育对非白人人群可能更重要。尽管一些研究表明，教育对女性的作用可能比对男性更重要，但是也发现了相反的情况。教育可能通过影响退休计划、当前的财务困难、经济保障的满意度，以及感知健康等因素，对生活满意度产生间接影响。文献中也有一些观点认为，教育的主要优势是对那些完成高中学业的人，而不是进一步参与高等教育或终身学习的人。受教育程度较低，除了对职业机会和收入有负面影响外，还被认为在整个生命过程中易使人累积负面情绪，从而对以后的健康实践和生活满意度的预期产生不利影响。

就业状况与生活满意度的关系似乎比与职业状况的关系更密切。无论是评估当前还是未来的生活满意度，就业的连续性都被认为是仅次于健康的最重要的因素。年老的工作者，无论是男性还是女性，相比于家庭主妇或退休人士都表现出较高的生活满意度。兼职工作与城市老年人的生活满意度之间呈正相关，参与志愿工作则通过加强现有的社会支持，对社区老年人的生活满意度产生积极的影响。然而，就业状况与生活满意度之间的关系趋于疲弱，目前只存在于人口中特定的老年人群体中。例如，相比于老年女性，人们认为就业状况对中年女性的生活满意度更重要。不过，目前还不清楚这种差异是否也适用于男性。过去的就业模式和家政模式似乎与目前的生活满意度无关。

年龄

早期的研究发现，年龄与生活满意度之间呈微弱的负相关关系。然而，一旦引入了与老化相关的其他变量（例如，健康状况下降、经济资源减少、丧偶、失去朋友和活动减少），年龄与生活满意度之间的关系就消失了。纵向研究倾向于证明，随着时间的推移生活满意度趋于稳定，虽然一些研究表明，它在 65 岁达到一个高峰，随后会逐步且非常温和地下降。当被问及他们一生中最满意的几十年，少数老年人选择了老年时期的几十年。然而，一生中生活满意度的模式是复杂的，可能因性别而有明显的差异。此外，尽管不同年龄组的生活满意度得分可能相似，但在影响生活满意度的因素上可能存在重要的质的差异。例如，已发现有助于提升老年女性生活满意度的因素与中年女性的是不同的。

性别

很少有人将生活满意度的一致模式仅归因于性别，也没有发现寡妇和鳏夫的生活满意度有什么不同。直接的关系普遍较弱，当其他变量影响时就会消失。例如，在一些人口研究中，女性的受教育程度较低，就业机会不太有利，经济保障满意度较低，如前所述，这些都与生活满意度较低有关。然而，性别差异可能与种族、社会经济地位、年龄等其他因素相互作用。确定这些变量是如何相互作用并影响生活满意度的研究还需要继续。

婚姻状况

老年人的婚姻状况与生活满意度的关系似乎比年轻人更密切。已婚老年人通常比非婚群体有更高的生活满意度。然而，许多研究对从未结过婚、丧偶、离婚和分居的老年人进行分析后发现，从未结过婚的老年女性的生活满意度要高于丧偶女性。与寡妇相比，从未结过婚的老年女性可能会更多地投入事业中，这也许可以解释由于婚姻状况不同导致的生活满意度的一些差异。结婚可以提供社会支持和陪伴，从而提高生活满意度，并且已婚老年人通常对经济保障和健康状况较为满意，这也与更高的生活满意度有关。老年丧偶会降低生活满意度，尤其是对男性来说，而结婚的老年人似乎有更高的生活满意度。当考虑了婚姻状况与主观幸福感之间的关系时，研究人员还没有考察婚姻关系的质量对生活满意度的影响。

休闲活动、社会交往和社区参与

休闲活动模式与老年人的生活满意度之间存在积极的关系。事实上，研究表明，活动水平可能比健康和收入更能预测生活满意度。相比于参与活动的时间，休闲活动的参与频率和多样性与生活满意度的关系更密切，特别是对那些能增加自我决定、能力和挑战机会的活动。随着年龄的增长，健康状况下降对活动参与的频率和多样性的负面影响可以通过继续参加少数高度重视的活动以维持高水平的休闲满意度来抵消。活动水平和生活满意度也可能间接或直接地受到收入、健康和功能能力、教育水平、感知到的社交能力和机会等因素的影响。

参加某些活动比参与其他活动更能提高生活满意度。研究发现，社交、户外和体育活动与生活满意度有最强的关联性，而兴趣爱好与其的关联性最低。已发现参与积极的休闲活动可以作为老年人照料者的一种减压方式。参加正式的活动，如加入志愿者协会也显示出与老年人生活满意度的积极关系。然而，与生活满意度显著相关的活动类型因年龄而异。研究发现，运动、旅行和户外活动是55~64岁人群最重要的预测因素。参与社区组织、文化和艺术活动、旅行是65~74岁老年人最重要的活动。74岁以上老年人是家庭活动和非正式社交活动最重要的参与者。

研究已证明了社交活动、网络和支持对老年人生活满意度的重要性。有证据显示，社会参与对老年人比对年轻人更重要。例如，在40~54岁的人群中，社会参与似乎与生活满意度无关，但它对老年人来说却是一个重要的积极因素。拥有更大的社交网络和频繁参与社交活动的人，生活满意度更高。这一发现尤其适用于老年残障人士。社会交往的质量比交往频率等客观因素对生活满意度更重要。此外，有人认为，与家人特别是配偶共度时光可能与整体生活满意度有关，而花时间与朋友在一起可能对当下的幸福和情感有很大的影响。同样，这些关系的差异已在不同老年人群体中被发现。例如，对丧偶的老年人的生活满意度来说，社会支持可能比从未结过婚的老年人更重要。

角色丧失

在生活中经历过大量改变和角色丧失的老年人生活满意度较低，但对男性来说这种联系比对女性要强。支持活动和连续性理论的许多研究表明，角色的一致性，特别是在年老的时候始终感觉自己是有用的，与生活满意度有关，对角色延续的数量来说也是如此。如果更重要或更核心的角色会使人产生压力，那么参与社会角色也可能对生活满意度产生有害的影响。

个性和应对方式

关于个性差异等更持久的性格之间的联系的研究才刚刚开始。神经质和外向型被认为分别与生活满意度呈正相关和负相关。能力和成就动机是稳定的个体差异，与生活满意度呈正相关，在休闲活动中体验内在满意度的能力也是如此。

应对方式，即人们应对不利的外部事件的典型策略，也可能影响生活满意度。实证研究表明，应对方式与稳定的人格特质一样，在成年期间变化不大。有证据表明，在应对有效性的整体水平上几乎没有显著的年龄差异。应对方式对老年人主观幸福感的影响没有得到足够的重视。对患有癌症和骨科疼痛的老年患者来说，即使考虑到疾病的持续时间和严重程度，应对方式也与生活质量是显著相关的。被动和以情绪为中心的应对策略与老年患者对身体疾病的消极反应有关。已发现知觉控制和健康控制源间接地（通过对活动或锻炼水平的影响）和直接地与生活满意度相关。虽然对男性来说重要的领域是经济、工具和健康，但寡妇和鳏夫群体在一些功能性领域的较高的自我效能可以预测他们的生活满意度。对女性来说，在人际交往、情感、社交和精神等重要的功能性领域，较高的自我效能有助于提高生活满意度。

种族、民族和文化差异

与老年人相比，种族与中年人的生活满意度的关系更密切。一些研究表明，非裔美国老年人的生活满意度明显比老年白人要高。其他研究则发现了相反的结论。有人认为，生活满意度的种族差异可以用社会经济因素（例如，受教育程度、经济退休计划、当前的经济状况）的影响来更好地解释。另外，美国黑人和白人的生活经历可能会有所不同，因此，生活满意度的预测因素可能会因种族而异。例如，一些研究表明，种族相关的压力（即由于种族主义产生的）与生活满意度之间存在着显著的负相关。社会支持和社会融合似乎是美国黑人生活满意度的重要决定因素。宗教参与和宗教信仰也被认为对黑人的生活满意度比白人更重要。此外，当北美文化与其他文化相比较时，也有可能是文化差异对生活满意度产生影响。例如，与北美人相比，德国人认为家庭、爱情和亲情是仅次于健康的影响生活满意度的更重要的因素。更多关于老龄化和生活满意度的研究在东亚国家兴起，然而很少有跨文化的研究报告对相似性和差异性背后的机制或因素进行探讨。

评估与展望

总之，研究表明，主观指标比客观指标更能预测生活满意度。这一发现部分可能是由于共同方法变异偏差（common method variance），即使用问卷自我报告的方法测量生活满意度和用于预测生活满意度的主观指标的方法相似。此外，使用了同一现象的主观和客观指标得出的结论并不总是一致的，正如使用了相同的预测因素的主观和客观指标的研究所表明的那样。例如，人们研究了物质生活环境质量与生活满意度之间的关系。这种关系似乎因指标是客观评价还是对这些环境的主观感受而有所不同。显然，研究人员需要检查调节人们生活的客观条件和他们对这些条件质量的看法之间的关系的因素。毕竟，提高老年人生活质量的干预措施通常是在改变客观生活条件上。我们应该知道这些条件的变化如何转化为对满意度和生活质量的看法。

虽然大多数的生活满意度研究都是横向的，但是纵向研究的应用也很频繁，建模和趋势分析已被广泛应用于探讨生活满意度在整个生命历程及人类生命的最后几年的变化。如果要成功地检验人生中生活满意度的决定因素，运用这些方法是一个重要的步骤。此外，尽管定性方法在人类行为的研究中发展和被广泛接受，但将其应用到老化和生活满意度的研究中仍然罕见，仅有少数研究报告。例如，与已婚和单身老年人的生活满意度相关联的不同因素（例如，一些有意义的事情要去做、满足于当前的环境、人生重要阶段)，人们在晚年生活的不同阶段发现有意义的和令人满意的日常生活的不同方面，以及情感传承对生活满意度的影响的研究。这些定性研究能够提供详细说明，帮助人们更好地了解生活中有利于提高生活满意度的各个方面。

研究人员也开始采用“自下而上”“自上而下”“双向”模式来调查整体生活满意度和不同生活领域的满意度之间关系的本质。自上而下的方法假设整体生活满意度是一种性格特征或人格特征，影响一个人在特定领域的满意度评价。自下而上的方法认为整体生活满意度是各个领域的满意度的总和。有证据表明，整体和特定领域的满意度之间的关系是双向的，但是它们可能在不同类型的生活领域里有所不同。这一研究方向似乎有一些希望。

近年来出现的另一个有应用潜力的研究方向，专注于评价旨在改善老年人生活满意度和生活质量的各种干预措施的影响。例如，研究探讨了促进健康和休闲教育课程的影响，以及倡议提供机会让老年人参与利他主义的活动。这些类型的干预措施已被证明在某些情况下可以提高老年人的生活满意度。

最后，大多数关于老龄化和生活满意度的研究主要是把生活满意度作为一个因变量。一个有用的策略可能是将生活满意度作为一个自变量。例如，一项为期 4 年的研究发现，无论健康状况如何，在研究期间，生活满意度更高的老年人死亡率都较低。此外，生活满意度和研究人员研究的各种因素之间的关系比经常研究的简单的二元关系要复杂得多。幸运的是，开始有研究报告，这是基于更复杂的多变量和趋势分析，以确定与生活满意度和这种关系的方向相关的直接或间接的变量。

另请参阅：经济学：社会；教育与老龄化；种族和少数民族；休闲；结婚与离婚；自我调节、健康和行为；心理健康。

拓展阅读

Campbell A，Converse PE，and Rodgers WL（1976）*The Quality of American Life: Perceptions, Evaluations, and Satisfaction*. New York：Russell Sage Foundation.

Chen C（2001）Aging and life satisfaction. *Social Indicators Research* 54：57–79.

Herzog AR and Rodgers WL（1986）Satisfaction among older adults. In：Andrews FM（ed.）*Research on the Quality of Life*, pp. 235 – 251. Ann Arbor，MI：University of Michigan.

Holahan CK，Holahan CJ，and Wonacott NL（1999）Self-appraisal，life satisfaction，and retrospective life choices across one and three decades. *Psychology and Aging* 14：238–244.

Hsieh C（2003）Counting importance：the case of life satisfaction and relative domain importance. *Social Indicators Research* 61：227–240.

Isaacowitz DM，Vaillant G，and Seligman

MEP (2003) Strengths and satisfaction across the adult lifespan. *International Journal of Aging and Human Development* 57: 181-201.

Jones TG, Rapport L, Hanks R, Lichtenberg PA, and Telmet K (2003) Cognitive and psychosocial predictors of subjective well-being in urban older adults. *The Clinical Neuropsychologist* 17: 3-18.

Lawton MP (1984) Psychological well-being in the aged: factorial and conceptual dimensions. *Research on Aging* 6: 67-97.

Mannell RC and Dupuis S (1994) Leisure and productive activity. In: Lawton MP and Teresi J (eds.) *Annual Review of Gerontology and Geriatrics*, vol. 14, pp. 125-141. New York: Springer Publishing.

Porter EJ (2005) A phenomenological perspective on older widows' satisfactions with their lives. *Research on Aging* 27: 80-115.

Rapley M (2003) *Quality of Life Research*. Thousand Oaks, CA: Sage Publications.

Ryff C (1989) Happiness is everything, or is it? Explorations on the meaning of psychological well-being. *Journal of Personality and Social Psychology* 57: 1069-1081.

Shkolnik T, Weiner C, Malik L, and Festinger Y (2001) The effect of Jewish religiosity of elderly Israelis on their life satisfaction, health, function and activity. *Journal of Cross-Cultural Gerontology* 16: 201-219.

Stones MJ, Kozma A, Hirdes J, and Gold D (1996) Short happiness and affect research protocol (SHARP). *Social Indicators Research* 37: 75-91.

译　者：刘尚君（北京大学）
徐铭蔚（北京大学）
校译者：张雅璐（北京大学）

生活事件

K. E. 默里，A. J. 扎乌特拉 亚利桑那州立大学，坦佩，亚利桑那州，美国

词汇表

类内易变性（Intracategory Variability）——同一事件的任何两份报告之间可能存在的差异。

生活事件（Life Event）——在日常生活中发生的，需要人们做出调整和适应的生活方式的改变。老年人的四类主要生活事件包括：社会损失、患病、社会角色的改变，以及日常活动方式的转变。

引言

对压力与适应的研究始于20世纪初的生活事件调查，当时，沃尔特·坎农（Walter Cannon）记录了他对人们承受压力之后身体变化的观察。20世纪中期，阿道夫·迈耶（Adolf Meyer）将生活史图表引入医疗机构，将生活事件与身心健康联系起来。其他学者还探讨了压力生活事件与随后的生理、情感和行为反应之间的关系，但是多停留在语言描述层面。该领域的标准化方法的发展始于20世纪60年代，托马斯·霍姆斯（Thomas Holmes）和理查德·雷赫（Richard Rahe）引入了近期生活经历表（the Schedule of Recent Experiences）。过去的50年中，人们对生活事件的理论研究与测量取得了很大进展。事实上，生活事件研究依旧是一个充满活力和激动人心的领域。

虽然生活事件仍旧没有形成一个被人们普遍接受的定义，但是霍姆斯和雷赫给出的定义最为常用。他们将生活事件定义为需要人们重新调整和适应的任何日常生活方式的变化。在这个定义中，必须强调两个问题：什么是事件，什么是变化？生活事件的范围小至琐碎的日常生活事件（例如交通堵塞），大到重要的社会政治事件（如大洪灾或战争爆发）。变化的类型小至轻微的干扰（如改变当天上班的路径），大到重大的改变（如与恋人同住，以及这种变化对个体应对策略的影响）。事件和后果的广泛内涵给研究人员带来了挑战。

关于生活事件的研究主要通过追踪生命历程的轨迹和对健康的影响来考察事件的后果。长期以来，人们一直关注消极生活事件与生活质量下降之间的关系，这是通过身体衰退和精神机能障碍等症状来衡量的。对老年人的研究发现，负面的社会互动与抑郁、焦虑和死亡风险之间密切相关。然而，近期研究开始关注称心性事件（诸如与朋友和

家人的正向社交互动）和个人取得的成就（如成功获奖），以及这些事件对健康和福祉的影响。

我们为什么要研究老年人的生活事件？老年人和年轻人会面对不同类型的压力吗？随着这些生活事件的发生，他们是否会付出同等的努力来竭力调整适应以解决问题？与年轻人或中年人相比，老年人对于标准生活事件清单上的事件通常会报告更少的变化。然而，测量和回顾方面的偏差可能是导致报告结果出现差异的主要原因，并非老年人生活具有更高的稳定性。老年人的常见事件不包括标准生活事件清单中所列的成年早期和中期的发展任务，如生育或开始新工作。对于老年人而言，退休、工作职责的改变、丧亲、疾病和阵发性疼痛更有可能发生，但并非所有与老年期的发展挑战相关的事件都会出现在标准生活事件清单中。早期文献回顾了老年人生活事件的四个主要领域：社会损失，疾病事件，社会角色的变化，以及日常生活事件模式的转变。

本文主要聚焦于对老年人的生活事件内容的测量，特别关注过去 50 年中学术界在理论和测量方面取得的进展。本文讨论了生活事件研究的四个关键领域的进展：生活事件的维度，方法和测量问题，生活事件的后果，未来的研究方向。本文的目标是向读者介绍已有的研究和评价方法，为未来的研究提供一个框架，从理论、研究和干预等方面指导其在老年人群中的应用。

生活事件的维度

文献（如表 1）中讨论了生活事件的几个方面，这些方面对于理解和评估生活事件至关重要。

变化

生活事件的规模，或者说它在多大程度上引起日常活动的变化并促使人们重新调整，是生活事件的一个基本属性。早期的生活事件清单会通过估计调整的规模来判断调整的程度，并据此估算事件的大小。在霍姆斯和雷赫最初的近期生活经历表中，他们设置了生活变化单位（Life Change Units），它是由外部评估小组对清单上的 43 项事件进行排序评分后产生的。然后将所有生活变化单位的总和作为总体压力的指标。另一种方法是通过设定临界值来预先界定生活事件，所有生活事件会据此被划分为重要事件或次要事件。事实证明，使用权重来衡量事件的压力并不能有效地改善分数与其他变化指标的相关性。因此，如何更好地衡量清单中各项事件的变化程度仍存在争论。其中的一项建议是扩大评价的范围，以便获取以下维度的有关信息。

称心性

事件是一个称心或者不称心的经历，或者两者兼有，是其最根本的特征。人们长期关注消极生活事件及其对身体健康和功能的影响，结果证明非称心（消极）事件不仅和生理疾病之间存在密切联系，也与较高的

表 1　生活事件的维度

主要事件	次要事件
称心事件	不称心事件
低威胁事件	高威胁事件
不相关事件	相关事件
符合发展阶段和社会背景的事件	不符合发展阶段和社会背景的事件
重复性事件	新事件

抑郁、焦虑和感染发生率密切相关。近期的研究发现，虽然称心事件也可能会促使改变的发生，但这类事件可能会发挥独特的重要作用。研究表明，积极生活事件在老年人生活中很常见，可以抵消消极生活事件的影响，防止快感缺失和孤独感。尽管研究发现，积极生活事件是幸福的重要预测因素，但该结论尚未在已有研究中得到彻底证实。研究还发现，称心事件和生活质量、心理健康之间存在正向联系，但是称心事件在预测心理压力方面发挥的作用较小，这说明应该分别对称心事件和不称心事件进行评估，而不是将其作为一个连续统一体的正反两端。要了解个人日常生活中各种事件复杂的相互作用，必须对由称心事件和不称心事件组成的全矩阵进行检验。

人们可以通过自我报告来判断生活事件的称心性等级，也可以通过客观评价者的打分来获得。一些研究人员还单独获得了有关个人计划和目标的信息，据此来评价事件发生对目标达成的影响程度。因此，非称心事件应该是那些阻碍目标达成的事件。

情境威胁

布朗（Brown）和哈里斯（Harris）在测量中引进了情境威胁的维度，即生活事件和困难清单（the Life Events and Difficulties Schedule）。情境威胁考虑了生活事件周围的环境情况，如为当前感兴趣的事件提供背景的其他近期事件和生活条件。例如，当配偶或伴侣意外去世，个人不仅会失去所有的社会支持并会带来巨大的财务压力，这就可能会产生不同的后果。在生活事件和困难清单方法中，威胁程度由一组未参与访问的人员以四级测量的方式进行打分，分数由低到高标志着从没有威胁到存在威胁。评级是基于事件和大量的背景信息，而不是受访者的主观威胁报告，因此减少了生活事件评估中潜在偏差的一个重要来源。

控制

另一个重要维度是事件的可控性。研究表明，与可控事件相比，不可控事件与更大程度的痛苦相关。学术界已经发展出了判定一个事件是否关键的方法，可以辨别事件的发生是否和个人的行为有关。可控事件往往是积极事件，与其相比，不可控事件意味着更大的心理困扰。在老年人中，家庭成员的死亡和疾病通常被认为是能够带来最大压力的关键生活事件。从理论上讲，伤害和疾病也是关键事件；但是，这些疾病和随之而来的治疗也会对事件的结果产生直接影响，而不是通过它们的生活压力效应。

一些研究表明，看似具有决定性的事件不一定是随机的；相反，个人可能在触发生活事件的互动中发挥作用。个人日常生活中的积极事件和消极事件，其发生的时间和种类（如财务、人际关系）是比较稳定的，并且当它与一组关系出现负面互动时，往往也会与其他关系出现负面互动（例如，与家人、朋友、孩子）。事实上，个人特征，如神经质和情绪反应，可能会影响到积极事件和消极事件发生的可能性以及需要为此做出调整的力度。日常流程模式的使用提供了一个很好的机会，它能够帮助人们更好地区分个体特征和生活事件之间的因果关系和独立性问题。

事件一致性

在人的一生中，一些事件可能会发生，甚至可能会被期待；也有一些事件不同寻常。在对生活事件的研究，特别是老年人生活事件的研究中，事件的恰当性或一致性是一个重要的维度。在整个生命周期中，既定的社会和发展规范下，各种事件具有或多或少的普遍性。例如，与青年时期相比，老年期更有可能会经历丧偶事件。而当事件的发生超出了人们对这一人生阶段中会出现的事件的预期时，该事件会对个人产生更大的压力。

重复性事件

同样，考虑到个人在生命历程中的经历，老年人很少会遇到他们以前从未经历过的事件。老年人会从他们过去的经历中获得经验，从而更好地适应事件带来的改变。然而，其他因素可能会影响这种效果，例如这些重复发生的生活事件的规模或称心性。目前，新事件与重复性事件对结果的影响尚未得到彻底评估。

累积效应

其他研究检验了是否存在累积效应，也就是说：经历更多生活事件的个人是否有更大的风险导致身心健康状况较差？有研究发现，随着个体所经历的生活事件总数的增加，其精神抑郁的程度也会加重，而累积的事件超越了个人的应对能力可能是导致上述现象出现的驱动力。我们需要通过更严谨的研究来考察个体在经历诸多的生活压力事件之后的长期适应轨迹。有两个主要理论推动了对老年人的压力和适应力的研究。接种理论（the theory of inoculation）提出，直接和交叉耐受将增强一个人的免疫力，并进一步增强抵御其他压力的耐受力。因此，通过这些经历，人们能够更好地应对未来的压力。或者，可能会与之相反，个人经历的压力反而增加了他们的脆弱性，降低了他们的抗压力。两种模式都在已有研究中得到了支持。

从生活压力中恢复的彻底性和随后压力源出现的时机，两者可能决定了未来压力源的脆弱性是否会增加或减少。如果想要更清楚地区分生活事件所导致的不同模式的脆弱性（vulnerability）和抗毁性（invulnerability），未来还需要做进一步的探索。

方法和测量问题

自从霍姆斯和雷赫提出近期生活经历表以来，学术界已经在过去的 50 年间发展出了多种生活事件清单。这些清单的详尽性各不相同，一些清单只考虑重大事件，而另外一些只评估日常事件，还有一些清单被用来评估特定的人群、情况或年龄组。例如，针对退役军人、难民、袭击受害者、儿童以及青少年等人群均有专门的评估清单。表 2 列出了常用的生活事件测量表，表中并非列举了所有的评估清单，仅提供了经常用来评估生活事件的代表性方法。表中提供了几种用于评估老年人生活事件的测量表，例如，老年人大小生活事件研究清单（the Research Inventory of Major and Small Life Events for Older Adults）、老年人愉快和不愉快事件时间表（the Pleasant and Unpleasant Event Schedules for the Elderly）、路易斯维尔老年人事件时间表（the Louisville Older Persons Event Schedule）等。

在生活事件清单的开发和评估中，有几项标准可以提高测量的可靠性和有效性。首先，根据生活事件的定义，一个事件应该是可以观察到的，有一个明确的开始，并且可以识别正在进行的活动。其次，清单必须能够区分生活压力的其他组成部分，以便识别虚假的关联。生活事件条目中不应包含与病症相关的维度，评估时也应避免受到情绪状态的影响。例如，评估疾病事件时可能存在相当大的混乱，难以区别作为疾病征兆的健康事件和与疾病无关的健康事件。同样，目前的抑郁情绪也许会影响个体对事件的称心性和压力的自我评价，结构合理的生活事件清单将使上述混乱减至最小化。

清单的冗余度和全面性问题也需要进行考虑。在清单中经常出现多个项目重叠，和对同一经历进行反复评估的状况。项目之间困难存在相互联系，如“汽车故障”和“汽车修理费用”，也可能刻画一种几乎总是同时发生的事件模式，如“婚姻不忠”和“婚姻冲突”。恰当的做法是每个事件清单只计算一次。另一方面，任何测量的全面程度都有局限性，而设置开放式的调查问题来评估额外事件可以提高调查清单的全面性。此外，大多数事件清单都囊括了各种不称心事件，但是仅考察少量的称心事件。老年人一般会报告更多的称心事件而非不称心事件；在老年人中，恰当的测量称心事件可能尤为重要，称心事件的缺失可能会导致无法识别各种困难，而这些困难仅仅通过对不称心经历的探索是无法检测到的。

总体而言，主要有两类调查生活事件的方法：自填问卷式清单和半结构化访谈。清单提供了一种经济的方法，而访谈则以效率和资源为代价获得更加详细、准确的信息。

表 2 常用生活事件清单

测量	形式	维度或分量表	参考文献
近期生活经历表	清单	从主要到次要的 43 项事件	Holmes TH and Rahe RH (1967) The Social Readjustment Rating Scale. *Journal of Psychosomatic Research* 11: 213-218.
生活事件与困难清单	访谈	8 个方面（例如，角色转变、个人健康、他人健康、目标实现等）	Brown GW and Harris TO (1989) *Life Events and Illness*. New York: Guilford.
老年人大小生活事件研究清单	清单	包括生活中的 13 个方面（如工作、社会、金融、犯罪、交通等）	Zautra AJ and Guarnaccia CA (1988) Research inventory of major and small life events for older adults. Paper presented at 41st annual meeting of the Gerontological Society of America, San Francisco, CA.
结构化事件探查和叙事评级量表（SEPARTE）	访谈	生活事件、进展状况和个人倾向	Dohrenwend BP, Raphel KG, Schwartz S, Stueve A, and Skodol AE (1993) The structured event probe and narrative rating (SEPARTE) for measuring stressful life events. In: Goldberger L and Bresnitz S (eds.) *Handbook of Stress: Theoretical and Clinical Aspects*, 2nd edn., pp. 174-199. New York: Free Press.
生活史日历（Life History Calendar）	访谈	住宅、婚姻、子女、教育、工作以及其他事件	Caspi A, et al. (1996) The life calendar: a research and clinical assessment method for collecting retrospective event-history data. *International Journal of Methods in Psychiatric Research* 6: 101-114.
老年人愉快和不愉快事件时间表	清单	频率、影响分数（愉快或厌恶）、平均交叉积（上个月经历愉快/厌恶事件的数量）	Teri L and Lewisohn P (1982) Modification of the pleasant and unpleasant events schedules for use with the elderly. *Journal of Consulting and Clinical Psychology* 50: 444-445.
生活事件清单	清单	积极生活事件和消极生活事件	Krause N (1986) Stress and sex differences in depressive symptoms among older adults. *Journal of Gerontology* 41: 1-39.

续表

测量	形式	维度或分量表	参考文献
老年社会再适应评定量表（Geriatric Adverse Life Events Scale）	清单	从主要到次要的35项事件	Amster LE and Krauss HH（1974）The relationship between life crisis and mental deterioration in old age. *International Journal of Aging and Human Development* 5：51–55.
路易斯维尔老年人事件时间表	跟踪调查清单	从主要到次要的56项事件	Murrell SA，Norris FH，and Hutchins GM（1984）Distribution and desirability of life events in older adults：population and policy implications. *Journal of Community Psychology* 12：301–311.
老人生活压力量表	清单	以自我为中心和非以自我为中心	Aldwin CM（1990）The Elders Life Stress Inventory：Egocentric and Nonegocentric Stress. In：Stephens MAP，Crowther JH，Hobfoll SE，and Tennenbaum DL（eds.）*Stress and Coping in Later-Life Families*，pp. 49–69. New York：Hemisphere Publishing.
老年患者不良生活事件量表	跟踪调查清单	6个方面（如财务困难/工作困难、人际冲突、生活状况的干扰等）	Devanand DP，Kim MK，Paykina N，and Sackeim HA（2002）Adverse life events in elderly patients with major depression or dysthymic disorder and in healthy-control subjects. *American Journal of Geriatric Psychiatry* 10（3）：265–274.

大多数研究使用自填问卷式清单来获取生活事件的相关信息，清单在降低经济成本方面具有显著优势，只需要较少的资源就可以完成培训、管理和评分。此外，已有研究发现，这种方式可以提高被访者对敏感话题的回答率，如堕胎或性侵犯。但是，其信度存在明显的局限性：在短时间内，自填问卷式清单具有较高的信度；当测试间隔达到2周时，会出现明显的问题。通过更加详细的界定事件，或者是在跟踪访问中增加额外的开放性问题，人们试图以此消除这些缺陷。

第二种主要方法是更加详细的访谈形式，以弥补清单形式的主要缺点。在访谈方法中，通过询问个人一系列的开放式问题，收集更加详细的事件信息和相关背景。人们可能会被问到事件发生的时间、周围的环境、事件本身的细节，以及他们对事件的反应。这种方法的优点包括：提高再测信度，减少因当前的情绪状态引起的偏差，对结果具有更准确的预测能力。但是，信度和效度的显著改善以花费在访谈员培训和访谈资料收集上的大量时间为代价。

类内易变性是导致生活事件的研究结果不一致的主要因素。类内易变性是指针对同一事件的两次报告之间可能存在的差异。例如，失去一位朋友可能是一件至关重要的大事，也有可能是一件微不足道的小事，这取决于消失者是否为社会网络中不可或缺的一员。对于不同个体提供的确定性反馈以及个体对同一事件的多次体验之间存在的差异，虽然目前缺乏系统性研究，但是已有研究表明，类内易变性高得惊人。这意味着，即使不同个体对同一事件表示认可，但他们报告的体验也会经常存在很大差异。采用访谈方法或者对压力性和非称心事件进行主观评价可以将这种易变性最小化。

测量的另一个问题是事件回顾的可靠性。事件清单会因为评估时段的不同而存在差异。一些清单用于评估终生或累积事件，而另一些清单则用来评估在特定时间段内，特别是在过去 6 个月或一年内发生的事件。评估的时期带来了几个问题，这些问题对生活事件测量的可靠性至关重要。试图评估个体一生中的生活事件的清单通常会提供日历或使用其他技术来帮助被评估者回顾，以便更好地确定时间顺序。通常，在测量较短时段内发生的事件时，测量的再测信度较高。但是，当进行较长时段的回顾时，报告会存在偏差（例如，情绪波动或公众舆论对回答的影响），对同一事件的重复测量结果会出现差异。

在对老年人的生活事件进行评估时，由于人们可能会被要求回忆几十年前发生的事件，因而长期回顾所带来的问题尤为明显。考虑到这一点，需要进行长期回顾的研究主要关注重大生活事件，回顾那些次要的生活事件并不可行。关于累积的消极生活事件的研究表明，老年人报告的消极事件总体较少。这可能是因为队列效应，但也可能是由于回顾的局限和偏差。认知在工作的过程中可能降低了对生活事件进行追溯性回忆的准确性。一种被称为情感衰退偏差的现象表明，与积极事件相比，同消极事件相关的情感消退得更快。这是追溯性回忆的一个明显局限，尚没有得到充分解决。

纵向分析和日记研究可以更好地应对测量中的因果限制和挑战。这两种方法都提供了记录和评估实际变化的机会，而不是追溯与生活事件相关的变化。此外，多层线性模型提供了一种差异分析方法，用于比较同一个体对生活事件的多次反应，以及不同个体对同一事件的反应。也就是说，在不同的个体之间或不同环境之下，经历积极或消极的生活事件时是否存在差异？纵向分析允许研究人员探索生活轨迹和其他关键要素，如累积生活事件的影响。日记研究提供了一种评估日常经历的细微差别的方法，详细考察了研究对象在 30～60 天的时间段内的稳定性和变化。日记研究最大限度地减少了回顾带来的问题，并增进了对日常生活背景下生活事件的直接影响的理解。这些分析方法和统计技术的改进，为生活事件研究的进一步开展提供了重要机会。

生活事件的后果

生活事件的评估与身心健康关系密切。特别是消极生活事件与抑郁症、焦虑性障碍、疾病康复和疾病的发作有关。积极事件的影响较小但较为稳定，对幸福感和生活质量的提高具有很好的预测性。

以往对老年人生活事件的研究探讨了生活事件和抑郁症发病率。研究表明，消极生活事件与抑郁症之间存在轻微但显著的关系。特别是与事件引发的总压力相比，事件对自己身份的威胁程度可以更好地预测抑郁症的发生率。研究显示，压力和抑郁之间的关系存在多种途径，包括在生活事件之前和之后出现的抑郁症状。这一领域的研究者考察了依恋、评价和认知在不同个体生活事件的产生和应对中发挥的作用。

对生活事件和抑郁症之间的关系进行评估的研究表明，个体在事件发生前是否存在抑郁症，可能导致不同的结果。“点燃假说”（kindling hypothesis）表明，抑郁症在事件之前发作降低了主要生活事件引发健康和福祉问题的门槛。这个假设说明，随着事件之前抑郁症发作次数的增加，个体对压力事件的脆弱性也在增加。一些研究验证了这一假设，之前有抑郁症发作经历的人，在重大生活事件之后抑郁症发作的风险明显升高。然而，研究表明，当以前的发作次数超过 9 次时，持续增加的先期发作次数对后续结果影响甚微。

实验室和日记研究已经开始区分事件的一些短期影响，以及这些影响的作用机制，特别是这项研究集中在对创伤性和其他主要消极生活事件的生理反应。研究已经通过脑成像技术研究了下丘脑—垂体—肾上腺皮质（HPA）轴的变化，例如皮质醇水平、免疫系统失调，以及脑中结构和大脑活动的变化。在过去十年中，这一领域的研究蓬勃发展，不断取得进展。然而，压力引发的生理反应非常复杂，涉及一些具有双向作用的激素和系统。因此，已有研究在这些方面取得的结论并不一致，目前对这些机制的了解依然有限。

关于压力和自身免疫功能障碍之间的联系目前已经取得相对一致的结论。研究表明，日常生活中报告压力较大的个体，其慢性疾病的病情进展更快。鉴于老年人自身免疫和其他身体健康问题，这是一个特别重要并不断发展的研究领域。此外，无论是慢性还是急性事件，事件的类型对免疫系统抵御疾病的能力有不同的影响。谢尔登·科恩（Sheldon Cohen）及其同事发现，经历慢性应激源（时间大于 1 个月）的个体比经历紧急生活事件（时间小于 1 个月）的健康成年人更容易感冒。

在类似的实验室范式中，皮质醇反应性和抗体反应的个体差异会影响呼吸道感染的易感性。例如，研究发现，对于实验室产生的压力的皮质醇反应较大且经历较多压力性生活事件的个体而言，他们发生上呼吸道感染的概率超过那些皮质醇反应较大但经历的压力性生活事件较少的个体，也高于那些不管经历多少生活事件但皮质醇反应较小的个体。这意味着个体对压力的自然生理反应可能是影响消极生活事件带来的不良健康结果的重要因素。类似地，不同个体在抗体对感染的反应、基础水平、其他激素（例如催乳素）的反应以及其他身体健康因素上的差别可能会导致生活事件对身体健康影响的个体差异。了解这个复杂的相互作用网络需要开展更多的研究。

亦有少数研究探析生活事件的长期影响，它们主要关注个体在儿童期的创伤和创伤事件对其一生的影响。目前的长期影响评估策略因为对回顾性报告的依赖而受到损害，已有研究对于创伤经历的作用达成一致，可以预测后续的身心健康的脆弱性。例如，针对第二次世界大战和大屠杀的幸存者的研究表明，他们患有创伤后应激障碍（PTSD）和其他焦虑症的可能性超过其他未直接经历这些创伤事件的同龄人。许多理论认为，童年期的创伤会带来更为严重的危害，它可能改变个体的成长过程和神经通道，为整个生命周期中的应激性生理反应奠定基础。这是一个发展迅速的研究领域，但更重要的是要理解压力、创伤和生活事件之间的复杂相互作用，才能更好地预测身心健康。

已有研究发现，女性对消极生活事件的情感反应更为剧烈，她们出现临床创伤后应激障碍的概率超出男性两倍。很多理论尝试去解释心理压力发生率的性别差异，从倾向到角色相关的压力。凯斯勒（Kessler）和麦克劳德（McLeod）精心设计的一项研究发现，女性的情绪更容易受到周围人生活的左右是其心理压力较大的一个重要原因。

对老年人而言，生活事件与认知能力下降之间的关系尤为突出。认知衰退是老化过程中的自然现象，因此，无法确定生活事件和认知功能障碍之间的因果关系。对老年人的生活事件的研究发现，认知功能变化不仅对回忆的局限性和偏差产生影响，它还可能是回忆产生偏差的结果。已有研究已经很好地验证了认知功能障碍与创伤后应激障碍之间的关系，结果显示，应激障碍患者存在即时回忆障碍。事件的大小、威胁程度和持续时间可能是影响认知功能障碍的短期和长期效果的关键因素。事实上，有研究表明，紧急性刺激反应会强化认知功能，而慢性刺激则可能产生损伤。

生活事件的影响可能受到（取决于）个体社会资源的调节，如婚姻状况、与朋友和家人的社会关系、与宗教或社区组织的其他关系等。也就是说，个体所拥有的这些社会资源因素的多寡会导致生活事件产生的后果出现差别。其他可能的调节因素包括个人特征，例如自尊、对控制和掌握的感知、自我认同、情感的复杂性以及个体调节自己情绪的能力。研究表明，个体的应对方式和归因风格也会与各种类型的生活事件相互作用，因此其产生的效果也存在个体差异。例如，具有内在控制（相信自己的行为决定后果）的个体比外在控制（相信自己的行为无关紧要）者更难应对不可控的消极生活事件。不幸的是，全面回顾影响生活事件效果的潜在调节因素并不在本文的考察范围之内。

未来的研究方向

在过去 50 年中，虽然这个领域的研究已经有了深入发展，但仍存在许多问题。与针对其他年龄人群的研究相比，对老年人生活事件进行评估的文献相对较少。此外，为儿童和青少年人群开发的生活事件清单数量超过了专门用于评估老年人群的清单。老年人研究中对清单的使用至关重要，可以深入挖掘这个不同人群遇到的事件类型。随着老年人在总人口中比例的增加，这方面的研究必须加强。

如前所述，研究个体特征和生活事件经历之间的相互作用是一个令人兴奋和颇有潜力的领域。学者越来越普遍地使用日常过程范式来考察日常波动同生活事件、个体行为和结果之间的相互作用。近年来，随着统计方法的改进，在日常生活和个体心理领域考察个人经历的研究能力显著提高，这项研究有助于更好地理解受生活事件影响最大的人选，以及原因和时间。

此外，研究者需要进一步的完善生物心理社会模式，以便更好地理解对事件的认知、行为、情绪和生理反应的相互关联方式。例如，实验室和日记方法已经开始评估生理基础，后者与日常生活事件和个体对压力的反应有关。然而，在对交感反应、下丘脑—垂体—肾上腺皮质轴和皮质醇分泌以及自身免疫标记进行混合检测研究时，不同的样本和程序存在差异。对老年人而言，因为他们在免疫力和身体上的脆弱性，这一研究领域尤为重要。对该领域的深入研究有助于弥补目前存在的空白。

生活事件如何与个体成长过程相互影响尚未可知。一些理论认为，老年人的目标和情绪变化与年轻人存在明显差异。随着老年人在日常生活中的角色、意图和目标的变化，他们也会经历不同的积极事件和消极事件并受到它们的影响，而在 20 岁时所遇到的威胁类事件可能不再重要。动态系统理论在发展心理学中的应用可以更好地理解个体发展、生活事件和健康结果之间的相互作用。

在研究老年人对生活事件的反应时，人们应该更加重视他们的恢复能力。恢复能力研究旨在寻求个体从压力状况中恢复的原因和途径。目前，有几个领域正在研究事件的增长效应，如创伤后的成长。这篇文献梳理了既往研究中关注的测量和研究设计方法，以及存在的困惑。细致的前瞻性研究设计和测量对于更好地了解人们从压力中恢复的方法至关重要。

对生活事件的研究不断发展，在对老年人生活的研究中具有良好的应用前景。希望这篇文章可以推动未来对生活事件的研究，也将有助于加深对老年人生活事件定义中出现的诸多问题的认识。

另请参阅：抑郁症；生活满意度。

拓展阅读

Cohen S, Frank E, Doyle WJ, Skoner DP, Rabin BS, and Gwaltney JM (1998) Types of stressors that increase susceptibility to the common cold in healthy adults. *Health Psy-*

chology 17 (3): 214–223.

Dohrenwend BP (2006) Inventorying stressful life events as risk factors for psychopathology: toward resolution of intra-category variability. *Psychological Bulletin* 132 (3).

Kessler RC (1997) The effects of stressful life events on depression. *Annual Review of Psychology* 48: 191–214.

Kessler RC and McLeod JD (1984) Sex differences in vulnerability to undesirable life events. *American Sociological Review* 49: 620–631.

Rook KS (2001) Emotional health and positive versus negative social exchanges: a daily diary analysis. *Applied Developmental Science* 5 (2): 86–97.

Tennen H, Affleck G, and Armelli S (eds.) (2005) Special Issue: Advances in Personality and Daily Experience. *Journal of Personality* 73 (6).

Zautra AJ, Affleck G, and Tennen H (1994) Assessing life events among older adults. In: Lawton MP and Teresi JA (eds.) *Annual Review of Gerontology and Geriatrics*, pp. 324–352. New York: Springer.

Zautra AJ, Schultz AS, and Reich JW (2000) The role of everyday events in depressive symptoms for older adults. In: Williamson GM, Parmelee PA, and Shaffer DA (eds.) *Physical Illness and Depression: A Handbook of Theory, Research, and Practice*, pp. 65–92. New York: Plenum.

译　者：张文娟（中国人民大学）

生命回顾

R. N. 巴特勒 西奈山医学院国际长寿中心，纽约，纽约州，美国

词汇表

自传式记忆（Autobiographical Memory）——在个人的日常经历中发生的特定事件的记忆，这种记忆不存在个人有意识的记忆目标活动的利益。

引导式自传（Guided Autobiography）——收集自传数据的专题方法，以系统的方式进行生命回顾。

叙事（或体验式）老年学（Narrative or Experiential Gerontology）——揭示老龄化内在视角的研究领域。

口述历史（Oral History）——成为历史来源的个人解释（描述）。

回忆（Reminiscence）——收集过去经验和事件的过程，或者回忆的经验或事件。一对一的和集体的回忆，可能是治疗性的，但不具有评估性，从而将回忆和生命回顾区分开来。

引言

生命回顾是晚年的一项正常发展任务，其特点是进入回忆和过去的冲突，这可能会导致解决、和解、赎罪、整合和宁静。它可以自发产生，也可以被建构。结构化和评估性的生命回顾是为了研究和治疗性的目的。

生命回顾早期工作的一个关键目标是证明老年人的生命回顾过程不是病态，而是晚年生命中一项正常的发展任务。生命回顾在某些情况下可能导致心理障碍，而在其他情况下可能导致心理成长，包括对过去冲突的解决，与其他重要人物的和解，为过去的错误而赎罪，人格整合和内心平静。

生命回顾的概念最初是指老年人在强化心理治疗和研究访谈的背景下对其生活进行回顾和评估的过程。生命回顾的概念不同于回忆。

理论概念的起源

1961 年，R. N. 巴特勒假设老年人普遍存在一种他称之为“生命回顾”的内心体验或心理过程。他认为这种生命回顾有助于解释老年人回忆的增加，导致某些晚年疾

病的发生，特别是抑郁症，并参与某些老年人坦率、平静和智慧等特征的演变。

从亚里士多德（Aristotle）到萨默塞特·毛姆（Somerset Maugham），不同历史时期的文学作品中对生命回顾过程的典故都很常见。斯坦利·霍尔（G. Stanley Hall）在其1922年的著作《衰老：生命的后半部分》（*Senescence：The Last Half of Life*）中提出了一个类似的观点，戈登·奥尔波特（Gordon W. Allport）在其1937年的著作《个性：心理学解读》（*Personality：A Psychological Exploration*）中强调了个人记忆的连续性。

与当时的流行趋势相反，当时的流行趋势是在患有心理障碍的老年人中识别回忆，并因此将其本质上视为一种症状，而巴特勒将生命回顾视为一种自然发生的、普遍的心理过程，其特征是逐渐恢复对过去经历的意识，特别是未解决的冲突的复苏。与此同时，这些复兴的经验和冲突可以被调查和重新整合。大概这个过程是基于接近解体与死亡的目标所促成的，以及无法维持个人的无懈可击感。它由同期的心理社会经验进一步塑造，其性质和结果受到终身性格发展的影响。

生命回顾有可能走向人格重组，一般来说，未解决的生活冲突越激烈，重新融入社会所需要做的工作就越多。

生命回顾并不是回忆的同义词，而是包含后者，它是一种层次或类型的记忆，它可以无声地发生，没有明显的表现。在温和的情境中，生命回顾反映为更多的回忆、轻微的怀旧和遗憾；在严肃的情境中，它包括焦虑、内疚、绝望和抑郁。巴特勒所做的一个案例研究描述了这样一个女人，她在审视其生活过程中变得异常暴力，冒犯他人并且伤害自己。很明显，过去的行为证明了她的内疚感。在这种情况下，一个简单的令人安心的回应是无价值的。讨论引起内疚行为的事件或情形，并且面对生命回顾带来的感受才是更有成效的回应（参见“怀旧”）。

在极端情况下，生命回顾可能涉及老年人对其过去的过度关注，这可能将老人引入恐怖的状态，甚至导致自杀。因此，尽管生命回顾过程可能是普遍的和规范的，并且有助于人格的重建，但是在极端情况下，它的结果可能包括精神病学。当这种过程孤立地发生在那些深受暴力影响的人身上时，往往会产生更严重的情感和行为后果。最悲剧的情形是，那些对自己的过去只有一部分认知的人，却认为过往完全是在浪费生命。正如一个即将死亡的人，可能会经历恐怖的感觉，那就是自己从未活过，或者可能会现实地、在某种意义上认为自己是不够的。

塞缪尔·贝克特（Samuel Beckett）的独幕剧《克拉普最后的录音带》（*Krapp' s Last Tape*）是生命回顾中最引人注目的现代存在主义例证。一位老人不理解地听着他年轻时在快乐时光录制的唱片，似乎在听一个完全陌生的人说话。戏中问道，他年轻时和老年时能被视为同一个人吗？当然，小说家和诗人在他们的作品中运用怀旧或人生回顾的手法，例如马塞尔·普鲁斯特（Marcel Proust）、詹姆斯·乔伊斯（James Joyce）、乔伊斯·卡里（Joyce Cary）等许多人的作品。作家、诗人和教师在他们的教学、写作和电影制作中故意使用了生命回顾（参见“老龄化的文学表现”）。提到20世纪80年代到21世纪初，自传和回忆录数量不断增加，帕特里夏·汉普（Patricia Hampl）称回忆录为“我们这个时代的标志性流派”。

所有年龄段的人都会在生命的不同时期回顾自己的过去，尤其是在面临危机的时候。生命回顾是很常见的，例如中年时，人们将死亡看得不那么遥远。哲学家叔本华（Schopenhauer）甚至指出，中年是一个人的重要节点，此时人们开始从死亡向后看，而不是从出生向前看。然而，有人可能会问，是否所有的生命回顾都具有相同的功能，不管它们发生在什么时候？老年期的生命回顾是否具有特殊性，尤其是在面对死亡的时候？正如最初的规定，生命回顾被定义为后者。

记忆的本质

记忆是感觉、知觉、整合和认知的复杂综合体。未来某一天，人们有可能从神经生理学和分子细胞学的角度去理解记忆、回忆、生命回顾、自传式记忆、生活故事、叙事、口述历史以及相关的概念。神经递质乙酰胆碱对记忆特别重要，但对适应非常重要的记忆并不单单依赖于一种神经递质。记忆显然位于海马和杏仁核，后者与恐惧记忆有关。性别可能在记忆功能中发挥作用，因为雌激素和其他激素会影响大脑。皮质类固醇与压力和“脑衰老”有关。20世纪40年代，加拿大麦吉尔大学神经外科医生威廉·彭菲尔德（William Penfeld）证明了人类大脑的信息存储和检索能力。他们用电极刺激局部麻醉下神经病患者暴露的颞叶。这一过程唤起了人们对孤立甚至无关紧要的过去事件的生动回忆（参见“脑与中枢神经系统”“内分泌功能和功能障碍”）。埃里克·坎德尔（Eric Kandel）的研究以海兔（Aplysia）为动物模型，揭示了记忆的分子基础。

关于大脑如何将信息整合和组织成不同的类别，研究人员还有很多需要了解的地方。英国心理学家弗雷德里克·巴特利特爵士（Sir Frederick C. Bartlett）在《记忆》（*Remembering*）一书中指出，所有新的学习都建立在现有的知识基础上。单一的刺激可以带来无数的回忆，马塞尔·普鲁斯特在《追忆似水年华》（*Remembrance of Things Past*）一书的“贡布雷”（Combray）部分深刻阐释了这一事实，在那里主人公经历了一场洪水般的年轻回忆，这场回忆是由作为孩子的他享用了一块蛋糕引发的。然而，可能没有一个存储信息的银行或图书馆可以随时调用，或许需要特殊的刺激来揭示可能被深深压抑的东西。另一方面，当提供特定刺激时，一些信息可能很容易被回忆或检索。一位研究人员区分了六种回忆类型：整合型、工具型、信息型、叙事型、逃避型和强迫型。例如，工具型回忆就是回顾过去的经验来解决现在的问题。年龄和生活阶段也可能是记忆的因素（如童年失忆）（参见“记忆”)。记忆可能是不确定的和有缺陷的，在健康个体生命的不同阶段和不同的环境下可能会有所不同。当脑部疾病发生时，如阿尔茨海默病，包括记忆在内的许多功能都会直接受损。

作为心理治疗的生命回顾

生命回顾和类似的自传体概念被认为是心理治疗技术。在马丁法治疗中，受访者被要求详细叙述其生活史；生命回顾疗法、引导式自传、回忆和结构化生命回顾疗法是与生命回顾相关或使用生命回顾的治疗技术。

人们可以使用家庭相册、剪贴簿、珍藏物品和其他视觉图像来唤起重要记忆。家谱、团聚、祭祖以及家庭档案也被用于治疗。记忆可以涉及所有感觉——味觉、嗅觉、视觉、听觉和触觉——每种感觉都可被用来唤起对过去的记忆。例如，对英国大文豪查尔斯·狄更斯（Charles Dickens）来说，一种酱的味道可能使他想起早年的痛苦。音乐也是对记忆流的强大刺激。1995 年，纽约的希伯来老人之家（the Hebrew Home for the Aged）在一个优美的花园中建立，旨在唤起人们对过去的美好回忆。门廊的秋千让人想起了一个过去的时代，一个由消防栓制成的喷泉也让人想起了过去。比伦（Birren）提出的引导式传记方法包括根据“我的原生家庭”等主题创作一篇文章。

生命回顾疗法或引导式自传已经被用于那些可能不会自发报告回忆的人。在结构化生命回顾中，探讨了关于一个人生活和冲突的具体问题。生命回顾疗法可以在小组场景中进行，例如，家庭可以作为一个整体参与生命回顾治疗。这种家庭生活回顾具有治疗优势，因为它可能使具体家庭问题达成共识或得以澄清。

生命回顾疗法已被用于住院和痴呆的老年人。在痴呆的早期阶段，远程记忆的影响不如近期记忆的影响大。生命回顾和回忆技术被护士广泛用于护理之家，并作为临终关怀的一部分。生命回顾已被用于照顾艾滋病晚期的年轻人和老年人。国家临终关怀基金会（the National Hospice Foundation）为所有年龄的人创建了一个全面的指南。对于那些希望接受个人的、即时的精神帮助以及姑息护理和药物治疗的垂死患者，应该可以进行这样的回顾（参见“临终关怀”）。

护理、社会工作、职业治疗、物理治疗、艺术和音乐治疗、心理学、医学和精神病学方面的专业人士都提倡回忆和生命回顾是帮助患者获得自尊的方法。生命回顾可以帮助人们解决生活中的冲突。老年人生命回顾疗法的部分治疗价值可能只是一个简单的事实，即有人在倾听他们的声音，而接近死亡或者只剩下很少的时间是积极改变的强大动力，如情绪改善、自尊增强等（参见“自尊”）。宽恕他人是和解的重要因素。

生命回顾涉及道德层面，因为它是一个人对自己及其行为和内疚的自我评价，是一个人对自己生活的评判。赎罪、补偿、救赎、和解与生活意义等都是生命回顾的强有力的积极成果。非常有必要在生命的尽头探索内疚，承认而不是否认它，以及体验赎罪与和解。伴随痛苦而来的可能是解决方案、新的眼界与自我发现。

现在对时间流逝的担心可能会降低，取而代之的是一种即时感。当人们把重要的事情从那些不那么重要的事务中整理出来时，生活中的基本元素——孩子、友谊、自然、人类的触摸（身体的或情感的）、颜色、形状——变得更有意义。

生命回顾的有效性

尽管生命回顾的概念已经深入老年学、护理、社会工作的文献和实践中，某种程度上还包括心理学和精神病学，但是生命回顾的各个方面却备受质疑，许多问题仍然有待解决。例如，个体如何决定回忆是否有事实依据或防御性扭曲？回忆的外部验证有多大的成效？例如，研究表明，母亲对关于孩子成长过程中最为简单的事件（如厕所训练）的回忆并不总是准确的。情感与记忆之间的联系是什么？个人虚构从童年开始出现，可能会贯穿整个生命，从而影响个人形象，并且肯定会影响回忆。自我意识如何随着时间的推移而改变？记忆与身份或自我定义之间的联系是什么？更为重要的是，哪些被记得，哪些被遗忘，或者两者兼而有之？如何去证明，人们最为遗憾的事是那些失败的事而不是成功的事？

生命回顾有助于发现和稳固过去的自我。托尔斯泰（Tolstoy）在 81 岁高龄时说："我记得非常生动，我意识到 81 岁的自己与五六岁的自己是一样的。"意识是不会移动的，只有时间是运动的。如果时间在流逝，那么必须有一些静止的东西，我的"我"的意识是不变的。这是一种普遍的感觉，并在国家老龄研究所（the National Institute on Aging）巴尔的摩老龄纵向研究（Baltimore Longitudinal Study of Aging）的广泛工作中得以证实。

一些细致的研究已经证明了生命回顾对因变量的影响，如抑郁和生活满意度。事实上，为了措施的有效运作，还需要做大量工作。但是我们该如何"测量"生命的意义、内疚和赎罪、救赎与和解？

有人认为，生命回顾只适合专注于个人主义的西方社会。然而，日本有一项关于怀旧的积极计划，而且关于死亡和临终的冥想在其他亚洲国家也很常见。

生命回顾是普遍存在的吗？研究发现，49%～84.1%的老年人已经或正在进行生命回顾。当然，这并不排除所有人最终都会这样做的可能性。一项研究显示，与匹配的对照组相比，接近死亡的人的回忆和内省活动显著减少，这可能与最初的临终内心平静的理论是一致的。这些研究的被试对生命的回顾并不总是延续到死亡，有些人可能只在临终前回顾自己的生活。另一个比较复杂的问题是难以确定生命回顾是否已经发生，因为生命回顾过程并不总是有意识的。生命回顾通常发生在相当长的一段时间内，而且是在与心理健康专业人员或训练有素的倾听者之间建立重要关系之后。

一项研究报告提出了如下问题：“一些人回顾和评估自己的过去，以便全面了解自己的生活，这就是所谓的生命回顾。您是否回顾过或正在回顾您的生活?”这个问题并不总能让人接受生命回顾，而且不是所有人都能立刻给出回答。这种文字的、客观的或有意识的方法也与强化心理治疗和密集研究访谈的情境形成对比，从而产生了最初的表述。这个表述假定无意识的存在，即精神分析理论中包含记忆和压制欲望的精神分裂，不受意识的感知或控制，但却经常影响意识的思想与行为。

口述历史和自传的价值与应用

从事生命回顾的需要促使人们撰写了许多重要的回忆录、自传和论文等总结作者一生的作品，特别是自 17 世纪以来。人们写日记、写回忆录和自传，是因为他们珍视自己的生命，觉得自己有重要的想法或信息要传达给他人，或者想“澄清事实”，或者报复敌人。

目前，已有一些专门针对生命回顾和家庭发展史的培训手册和指南，帮助人们收集自己的生命故事，并将其留给家人。还出现了专门从事制作采访录音带、录像带和书籍的企业。一些老龄组织已经开发出帮助人们创建自传和生命回顾的材料。在英国，一个名为“年龄交换”（Age Exchange）的组织已经制定了一份《怀旧实用指南》（*A Practical Guide to Reminiscence*）。“年龄交换”专注于“让记忆变得重要”。其目标是“通过开创性的艺术、教育和福利活动，强调老年人进行回忆的价值，从而提高老年人的生活质量”。“年龄交换”拥有英国唯一的专业回忆戏剧公司，伦敦人向该公司提供了他们在“二战”中经历闪电战的记忆。“StoryCorps”是一个为普通人录制故事的项目，主办方将其相关资料存储在国会图书馆（the Library of Congress）。

自传是一种文学类型，它可以让每个人有机会成为“某人”。这个民主过程给予个人述说自己的机会，当然，这可能导致自我重塑、自我放纵、无耻的虚荣和自负、防御和报复，或者提供一个敏感、有效的自我形象。某种程度上，无论个人写得如何偏执或虚假，自传都能提供有关个人或其个性的信息。外部历史观察以及他人的回忆和评论可以用来评估自传内容的有效性。一些公开的生命回顾可能是痛苦的和有争议的，如罗伯特·麦克纳马拉（Robert S. McNamara）于 1955 年出版的《回顾：越南的悲剧和教训》（*In Retrospect*: *The Tragedy and Lessons of Vietnam*）。他的生命回顾为 2004 年电影纪录片《战争迷雾》提供了剧本。

行为主义摒弃了关于人格的各种主观信息来源，然而，口述历史和自传成为人类学、历史学和文学领域丰富的信息来源。如艾略特·威金顿（Eliot Wigginton）的畅销书《狐火》（*Foxfire*），该书记录了居住在格鲁吉亚人们的生活，保存了普通人的文化历史、生活和技能。另一个案例是由莎拉·德拉尼（Sarah L. Delany）、伊丽莎白·德拉尼（A. Elizabeth Delany）和艾米·希尔·哈思（Amy Hill Hearth）在 1993 年出版的口述史《拥有我们的话语权：德拉尼姐妹的前 100 年》(*Having Our Say*：*The Delany Sisters' First* 100 *Years*)，它是一本超级畅销书，并被改编成百老汇戏剧。它提供了 20 世纪非裔美国人在美国生活状况的第一手资料。

生命回顾和精神病学新方向

既然精神病医生已经远离精神动力学和内心生活并转向在实践中运用精神活性药物，那么这会发生什么呢？也许更多的人会更快地感觉良好和健康，痛苦的感觉会有所缓解。但是，如果在持续进行心理治疗的情况下使用药物，自我认识也会随之增长。这里不需要二分法，因为抗抑郁药等精神活性药物和心理治疗应该同时进行并加强。

那么，相对较少的老年学家和心理学家花大量时间与老年人相处并倾听老年人的意见这一事实又该如何评价呢？如果他们仅仅依赖药物，如果心理学家和老年学家不深入研究人性，他们将失去更好地理解内心生活的机会。研究者不知道心理药理学或心理治疗方法会持续多久，但很难相信一粒药丸会因为作为或不作为而导致真正的内疚。难道没有方法衡量人类的痛苦吗？当痛苦的问题成功解决时，难道没有一个值得庆祝的时刻吗？

生命回顾的概念有助于更好地了解生命后期和临终时期以及整个生命周期的发展状况。它已经证明回忆对老年人的治疗价值，并有助于消除对回忆者的偏见，但是人们及其生活故事比目前任何可用的研究方法都要复杂得多。因此，研究者必须鼓励对毕生发展心理学的进一步研究。

总结

记忆是人类适应的伟大力量，并对社会进化至关重要。记忆对个人和社会的生存价值不容否认。生命回顾本身就很重要，一定程度上讲，它类似于无差别的基础研究。它增加了自我认识本身，与后果无关。而且，通过推广，个体可以了解他人的生活，以及如何掌控自己的生活。正如美德是它自己的奖赏一样，生命回顾也是如此，因为正如苏格拉底（Socrates）所说，“未经检验的生活是不值得过的”。更积极地说，生命回顾既有痛苦、愤怒、内疚和悲伤的机会，但也有决心和庆祝、肯定和希望、和解和个人成长的机会。

尽管大多数人都做过生命回顾，但很大程度上无法获取和推广。记忆可能会被深深地压制。此外，做了生命回顾的人可能比那些没做的人更内省。对亚群体的研究可能有助于我们更好地理解这种人格差异。

有人认为，生命回顾并不是普遍的，甚至不能通过因接近死亡来促成。然而，它在老年人中非常普遍，对死亡的想象是其最常见的触发因素之一。只有在接近死亡的老年，一个人才能真正体验到对整个生命周期的个人感觉。这使老年成为人生的一个独特阶段，也使对当时生活的回顾同样独特。

另请参阅：脑与中枢神经系统；内分泌功能和功能障碍；临终关怀；老龄化的文学表现；记忆；怀旧；自尊。

拓展阅读

Birren JE and Deutchman DE (1991) *Guiding Autobiography Groups for Older Adults: Exploring the Fabric of Life*. Baltimore, MD: Johns Hopkins University Press.

Birren JE and Hedlund B (1987) Contributions of autobiography to developmental psychology. In: Eisenberg N (ed.) *Contemporary Topics in Developmental Psychology*, pp. 394-415.

Burnside IM (1988) *Nursing and the Aged*, 3rd edn. New York: McGraw Hill.

Butler RN (1963) The life review: an interpretation of reminiscence in the aged. *Psychiatry* 26: 65-76.

Disch R (1988) Twenty-five years of the life review: theoretical and practical considerations. *Journal of Gerontological Social Work* 12 (3/4).

Haight BK and Webster JD (eds.) (1995) *The Art and Science of Reminiscing: Theory, Research, Methods, and Applications.* Washington, DC: Taylor and Francis.

Lewis MI and Butler RN (1974) Life review therapy: putting memories to work in individual and group psychotherapy. *Geriatrics* 29: 165-169, 172-173.

Rubin DC, Wetzler SE, and Nebes RB (1989) Autobiographical memory across the life span. In: Rubin DC (ed.) *Autobiographical Memory*. Cambridge, UK: Cambridge University Press.

Ruth JE and Birren JE (1995) Personality and aging: modes of coping and the meaning of stress. In: Kruse A and Schmitz-Scherzer R (eds.) *Psychologie des Lebenslaufs Festschrift Hans Thomae*. Darmstadt: Steinkopf Verlag.

Staudinger UM (1989) *The Study of the Life Review: An Approach to the Investigation of Intellectual Development across the Life Span.* Berlin: Max Planck Institut fur Bildungsforschung.

译　者：梁博姣（北京大学）
王雪辉（复旦大学）
校译者：张雅璐（北京大学）

生命历程

D. 丹尼弗，L. 费莱塔 凯斯西储大学，克利夫兰，俄亥俄州，美国

词汇表

队列（Cohort）——在同一时间内出生的个体所组成的亚群体。

队列效应（Cohort Effect）——历史特定情境给特定的一批人留下的鲜明印记。

生命历程（Life Course）——它是一组视角，旨在了解人类发展和与年龄相关的变化的几个主要方面。在传记方面，它可以指嵌入一个特定的社会历史背景下的角色序列转换，或生命经历的轨迹。它也可以指个体如何随着时间的推移而适当地做出一系列社会实践和想法上的相应改变。

生命周期（Life Cycle）——一种从出生、生长、繁衍到死亡的代际模式，这种模式将个体发展同代际动态变化和物种的繁衍联系起来。

生命跨度（Life Span）——生物体的生命的最大长度。

生命阶段（Life Stage）——在一个物种中能够可靠再现的发展阶段。

引言

生命历程是一种分析视角，旨在了解人类发展和与年龄相关的变化的几个主要方面。它始于 20 世纪 60 年代和 70 年代初，强调了社会结构对社会变迁、组织经历和个体机遇的影响，从而对传统观点进行了重要的修正，因为传统观点把发展和老化假设为普遍的、跨历史的（transhistorical）、永恒的和跨文化的过程。生命历程视角首先在美国作为一个研究领域而确立，其研究主要集中在早期生活经历对后续结果所产生的影响，主要以格伦·埃尔德（Glen Elder）的研究为代表。其他一些理论上不同的问题也被引入到生命历程研究的领域内，例如，对整个队列的过渡行为进行历史性转变的分析，这有助于界定马丁·科利（Martin Kohli）等人所谓的生命历程的制度化，它能够通过对年龄规范和年龄意义的历史变迁的研究来追溯这一过程。在此笔者将回顾生命历程中的所有视角和伴随而来的理论问题。

生命历程作为一个研究领域的出现

虽然生命历程作为一个研究领域只有几十年的历史，但是它日益被公认为有相当大的潜力，这不仅表现在老年学的研究领域，还表现在对其他社会科学的实质性领域的探究，例如家庭、教育、工作和犯罪等。

生命历程研究的起源通常可追溯到 20 世纪 60 年代美国的一系列独立的社会学学术路线。能够显现出该理论开端的成果是伦纳德·凯恩（Leonard Cain）在 1964 年发表的有关生命历程的基础性论文。第二年，队列分析被赖德（Ryder）和沙依（Schaie）的经典文章引入社会科学和行为科学领域。队列分析有助于认识社会变迁在发展上所产生的差异，每个历史时期对处于该时期的成员的发展和老化进程产生鲜明的印记。参与者成长期中的社会背景是极其重要的，因为它为个体提供了早期生活经历，影响了其发展进程，这将不可避免地对其整个成年期产生深远的影响。

研究发现，在不同的历史条件下，成长的个体作为连续性世代具有不同的稳定特征，像与年龄相关的身体变化和认知表现使人们认识到，从横截面年龄比较的长期实践中不能可靠地推断出个体中与年龄相关的变化模式。为了了解历史时期和社会变迁的独特性是如何通过塑造个体的早期经历及在后续的生命历程中所产生的结果来形成队列效应，生命历程理论初次彰显了通过时间来追溯个体生命的重要性和紧迫性。

因此，队列分析的发现是一种在概念上和分析方法上的突破，它被编入 20 世纪 60 年代后期和 70 年代初的跨社会科学和行为科学领域的几种新的理论方法中。这些新的理论方法包括沙依和巴尔特斯（Baltes）等人的毕生发展心理学方法，以及莱利（Riley）和他的同事们在社会学中引入的年龄分成模型。这些发展为一系列的生命历程研究提供了丰富的知识背景，也为格伦·埃尔德的经典研究奠定了基础。埃尔德的《大萧条时期的孩子们》（*Children of the Great Depression*）于 1974 年首次出版，并在 1999 年再版。

生命历程的意义和相关概念

从定义术语和澄清概念所覆盖的现象的范围开始通常是很有用的。这对于一个范围宽广且像生命历程一词那样被普遍使用的术语而言尤为如此。生命历程这一术语首次区分了其他三个相似却不可互换的术语：生命周期、生命跨度和生命阶段。这三个术语源于生物科学的机体论，在考虑到不同程度的环境影响的情况下，它们通常指的是与发展和老化相关的经久不衰且基本确定的轨迹。生命周期是指一种从出生、生长、繁衍到死亡的代际模式，这种模式将个体发展同代际动态表现和物种的繁衍联系起来。生命跨度是指生物体的生命的最大长度，它被认为是一种根植于生物性的时间变化且相对固定的物种特征。生命阶段既可以由社会建构也可以是自然发生的阶段，它是源于有机体范式，说得更具体一些，它来源于许多动植物生命阶段中那些可以观察到的、可靠再现的发展序列阶段。

相比而言，生命历程则以传记和历史为基础。这些领域与有机体的重要生物问题交叉，但是它们不可还原有机体，也不是由有机体决定。历史和传记清晰地介绍了人类的时间动态，涉及复杂性、偶然性，以及由人类物种的多样性、灵活性和特定文化的自我生产而产生的变化。因此，生命历程意味着人类开放性和社会偶然性。生命历程理论学者所说的路径和历史是个体生命中所发生的累积性事件，而不是预定的生命后果。队列是生命历程研究的一个中心术语，它是指在特定时间段进入某一系统的亚文化群。在生命历程研究中，这个系统通常被作为一个整体社会，比如把出生作为进入系统的事件（被称为出生队列），然而队列并不总是以出生来定义的，也可以以进入特定的社会系统（如学校、军队、工作组织）或者是一种状态（如结婚、退休）来定义。

一系列特定的历史环境在特定队列上所留下的鲜明印记被称为队列效应。队列效应可以有多种形式。一个熟悉的例子是，在战争时期出生的队列进入成年之后，他们面临着特殊的、难忘的和诸多决定性的后果。从这个意义上来讲，队列效应与埃尔德所说的生命阶段法则密切相关，后者认为变化的状况对不同年龄和阶段的人具有不同的影响。这种效应通常被假定对儿童和青少年来说最具有决定性作用，它们能够影响到整个生命历程的轨迹和以后生活的结果。队列效应思想在其他方面的应用是基于对长期趋势的分析。例如，教育扩张意味着至少在 20 世纪年轻一代的受教育程度远远超过了他们的父母一代。当然，这并不是因为后代更有天赋或内在动机（inherently motivated），这只是反映了一种长期社会趋势，即增加教育投资。因此，在年轻人和老年人之间的教育分化（以及随之而来的差异，例如认知测试中的表现）被认为是一种队列效应。

队列效应经常与另外两类假定的因果因素一起讨论，即年龄效应和时期效应。它们在分析上是不同的，但是在经验上却与队列效应相混淆。年龄效应大概是指老化和发展的跨历史的和持久的方面，如青春期（当然，即使是生育年龄也体现了现代社会变迁的历史趋势）。“时期效应”这个术语描述了一个对所有队列都有影响的事件或时期。例如，大规模的灾害影响了整个人口，并显著影响了每个年龄类别。但是这种影响效果是否具有跨年龄的一致性以及其他个体特征，这些是时期效应所关注的第二个方面。

区分队列和代的概念是很重要的。相对于队列，代的概念所表示的时间更短并且比较精确，暗含了与父母、同胞、同辈表亲或其他亲属有关的群体作为参照点的位置。同样，个体生活和军事机构的交集说明了队列和代的区别的相关性。看看美国年轻男性在“越战”时期的命运。在某些情况下，堂表兄弟甚至亲兄弟属于同一代，但是基于队列成员资格，出生年份不同的他们被征召入伍的机会也有显著的不同。例如，1969 年的

"越战"征兵抽签只适用于1944年到1950年出生的年轻男性。这样，那些在1950年之后出生的人在那一年没有被选中，但是他们的哥哥却被选中。因此，根据队列成员资格，属于同一代的人却遇到差异性的限制和人生机会。

"生命历程"这一术语并不局限于单一的意义，它被应用于一系列的相关学术研究，包括多种类型的个体和超个体的现象。它在传记方面常被定义为嵌入特定社会历史背景中的一系列角色及转变，或者定义为由社会转型或个体生命事件所间断的、或多或少具有连续性特征的生活经历轨迹。这种定义似乎是对个体层面模式的刻画，是在个体层面所应用的概念。然而，这些特征既可以适用于整个群体，也可以作为文化特征来进行分析。

因此，丹尼弗（Dannefer）和乌伦伯格（Uhlenberg）将生命历程的结果分为三大类，代表不同的分析层次：个体层次、群体层次、社会文化或符号层次。个体层次分析集中于对个体层次结果的分析，最常见的是这些被理解为个体的以往经历通过时间的形式而带来的影响，例如应对策略、个性特征或资源累积。群体层次分析考虑集体的结果，典型的是出生队列。这些分析考虑到了随着群体在生命历程中的变动所遇到的社会结构因素的重要性，如年龄分级或以年龄界定的学校经历、社会保障计划和职业养老金计划。最后，社会文化或符号层次分析并不是把生命历程看作一系列的个体特征或随时间变化的一组特征，而是把其作为一种社会建构——个体在持续时间内运动的象征性表现。从这一角度来看，生命历程是指个体随着时间的推移而做出适当改变的社会实践和想法。换言之，不同的文化群体可能对人类的生命历程有不同的公共意义和期望。群体和符号层面上的分析对于马丁·科利提出的把生命进程作为社会制度的思想来说尤为重要。本文的以下部分将对这三类生命历程结果中的每一类示例进行逐一介绍。

生命历程分析原理

除之前描述的生命阶段原理外，格伦·埃尔德还提出了另外一些原理，试图去理解生命历程的动态性。这些原理包括：（1）发展性老化原理，即发展和变化贯穿终生；（2）生活关联性原理，即每个人的生活与其他人是相互依存的；（3）时间和空间原理，即经历的社会历史性特征；（4）能动性原理，即个体所做选择造成的影响。这些原理清楚地阐明了时间和背景维度对生命历程分析至关重要。然而，另外一些学者对其提出了扩展和修正。例如，哈吉斯塔（Hagestad）和丹尼弗认为，将对与生活关联的研究兴趣限制在与个人有关系的人的范围内，这可能会导致微量化——减少对个人层面的大规模力量进行必要分析。现代消费者之间的联系非常密切，例如，生活相隔遥远的农民和工人的生活与工作是密切相关的，并且全球化进一步扩展和加强了这些联系。

由于生命历程的偶然性是以人类物种的显著特征为基础的，因此，从发展生物学、符号互动和社会建构论的原则来看，这些也为生命历程理论提供了重要的基础要素。这些原则强调了人的机体的特殊可塑性和适应性，强调了个人身份和人格总是在特定的时空背景下形成的不可更改的事实，以及社会互动和文化参与（如语言学习）对发展、维持、完成一个生命历程的必要性。因此，这些原则为生命历程的重要性提供了一个明确的实证基础，即生命历程的重要性不可简化为发展的共性或常态（有时生物方法会强调这些共性和常态），而是具有偶然性和特定性。人类这一有机体需要社会互动才能成为人类，因而从出生前就极大地依赖于语境动态。这样，生命历程永远不会被归结为正常或普遍的人类模式，只能转化为社会模式。在每一个社会中，互动是由包括语言在内的更广泛的社会结构特征组成的。这种模式通常在既定的社会中被认为是理所当然的和自然的。然而，当跨越社会观察时，他们揭示了人类生活过程的多样化潜力和社会力量在创造与维持每种文化对生命历程的定义方面的积极作用。

生命历程分析的三个层次

在本节中对前面所提到的生命历程分析的三个层次进行详细讨论，包括个体的、群体的和符号性的层次。

个体层面上的生命历程结果

生命历程分析的主导模式集中在个体层面，以个体为分析单位。这种研究通常是通过考察个体在生命历程中的某个特定节点（通常是中年或更晚的时间）的特定结果，然后识别可能解释每个结果的变化的因素。身心健康和社会经济地位或成就是被广泛研究的领域，并且获得了丰富的成果。这种传统研究主要集中在早期经验形成之后所产生的结果，从而产生“时间 1—时间 2”（或 T_1 至 T_n 次）的设计。埃尔德的《大萧条时期的孩子们》仍然是这种生命历程分析的典范。在 20 世纪 60 年代，埃尔德调查了 20 世纪 30 年代参与奥克兰成长研究（the Oakland Growth Study）的个人，这些参与者包括 1920—1921 年出生的人及其父母。在《大萧条时期的孩子们》一书和后来的数十篇文章中，埃尔德证明了在大萧条期间，个人是否陷入贫困预示着后期的结果。例如，在那些出身工人阶级的人中，在大萧条期间陷入贫困的人比那些没有遭受贫困的人经历更多的行为障碍。而对于那些父母是中产阶级的人来说，情况正好相反。

这种逻辑的一个变体是由约翰·克劳森（John Clausen）的研究提供的，克劳森也采用了“时间 1—时间 2”设计的基本逻辑，并且还使用了伯克利和奥克兰研究的数据，这些研究始于 20 世纪 20 年代末和 30 年代初。然而，与埃尔德及其他人不同的是，克劳森在他的框架和分析中并没有采用系统性的历史事件和变迁。相反，他证明了心理因素的重要性——一种青少年时期形成的被他称为计划能力的人格特征，是对未来成功的重要预测。

这些研究将背景作为一个解释变量，假定个体的早期生活经验的具体特征是后期生活中健康状态的一个预测因素。在某些情况下，同样的逻辑已经有效地应用于考察中年人的生活发展。例如，对于奥克兰数据的进一步分析，埃尔德和莱克（Liker）发现，成年女性在大萧条时期的情况对其数十年后的心理健康状况有预测作用。在这种情况下，阶级和艰难情况相互影响。在大萧条期间经历贫困的中产阶级女性有最好的结果。没有经历贫困挑战的工薪阶层女性和中产阶级女性也过得不太好。基于这些发现，他们提出，早期生活中掌握的斗争经验可以增强后期生活中的适应能力。这项对传统研究的详细审查引起了在生命历程相关文献中如何使用时间概念的一些讨论。一个相关的问题涉及时间和另一个中心生命历程术语、背景的关系。正如几位观察家所指出的那样，在这里，背景相关因素作为操作变量仅限于生命历程中更早时期（“时间 1”）之前对“时间 2”的结果的预测作用，而在“时间 1”之后的背景作用是不可知的。因此，丹尼弗和乌伦伯格将这种方法称为“个性论分析风格”（style of analysis personological）。由于这个术语可以被认为只有个人层面的因素才起作用，而且由于早期的生活背景通常是预测模型的一部分，所以这个术语的使用也产生了一些争议。

尤其是最近，一些关注个人层面结果的生命历程研究已经考察了除过去之外的同时期的社会结构变量的重要性。这是重要的，因为它为评估早期生活因素与临时性因素的相对重要性提供了基础，并且还阐述了早期经历运作的因果机制的性质。这种方法的两个例子分别由桑普森（Sampson）与劳布（Laub）、克罗斯诺（Crosnoe）与埃尔德在最近的研究成果中提出的。桑普森与劳布通过对青少年犯罪和成年犯罪的纵向研究中的经典数据进行重新考察实现了这一点。他们的分析框架除了认识到早期生活背景在犯罪中的重要性，以及青少年犯罪行为与成年犯罪行为间的连续性之外，也假定在成年期所遭遇的社会境况对于理解反社会行为的持久性、犯罪行为的中止和成年期所发生的犯罪行为具有重要意义。在这项研究中，一开始对 500 名年龄在 10~17 岁的男性青少年犯罪者和 500 名男性青少年无犯罪行为者对照组进行访问；15 年之后，这批人的年龄在 25~32 岁，对他们再次进行访问，然后进行比较研究。桑普森和劳布发现，结果与其他研究及生命历程理论的前提相一致；早期经历具有预测作用，但是这种作用很大程度上是以成年经历为中介。当对这两个群体的早期犯罪经历进行控制之后，他们发现成年社会联结具有相同的巨大影响。具体而言，与就业、婚姻依恋相关的弱社会联结同青少年犯罪者和对照组这两个群体的犯罪及越轨行为强相关，结果证明早期社交网络的影响和当前的背景对个人结果的重要性。

克罗斯诺和埃尔德在对推孟（Terman）天才儿童样本的研究中，也将同期变量纳入他们对早期家庭经历与晚年生活适应和功能之间的关系的研究中。他们发现，早期生活经历的幸福度对当前的健康状况具有强烈的影响，但是这些早期经历的作用机制在很大程度上是通过客观情况而运行的。

这种分析对于帮助确定早期生活经历对后期结果的影响机制是至关重要的。这些研究似乎也支持了成年的境况对成年结果的独立因果效应的重要性。这是对政策以及理论研究有重要意义的议题。如果成年期环境的积极变化对一个人的生活史所建立的模式没有影响，那么改善环境的干预措施在改善健康和生活方式方面的回报可能很小。另一方面，如果改善客观条件能改善成年人的福祉，就会支持有关改善成年人情况可以实现社会回报的观点。像大多数研究一样，这里的描述是相当专业的，但他们建议在更有代表性的样本上进行测试。

群体层面上的生命历程结果

群体层面的分析关注集体性结果。集体性结果具有队列属性，不能简化为个体层次。任何群体（或在这种情况下、队列中）的一个明显特点是它在一个给定特征上的分布——其成员围绕集中趋势的平均值或其他度量值的分布规模和形状。对分布的关注涉及队列成员之间的多样性和不平等问题。从时间角度来看，它也涉及队列成员完成关键人生转折的年龄分级一致性或同质性程度。

一些分析者通过使用人口统计学的测量，如范围或四分位差，评估了人生转折的一致性。对于一个特定的过渡阶段（如进入成年或过渡到退休时期），范围是指特定比例人口经历特定过渡所花费的时间长度。同样地，四分位差是基于每个队列成员经历过渡的年龄记录。它报告了中期半数完成转型所需的年数。霍根（Hogan）在对1907—1952年出生于美国的年轻男子的研究中采用了这一方法，发现了适用于向成年过渡的四分位差呈现缩小的稳定趋势。四分位差的缩小意味着过渡行为的年龄变异性减少，相应地，在20世纪上半叶，连续队列中年龄级别的一致性日益增加。随着时间的推移，年轻人的年龄分级行为变得越来越相似，因为每一个连续的队列完成了越来越少的转变。在20世纪下半叶，过渡到退休似乎反映了类似的趋势，即走向更大的年龄同质性。

这些朝着更大程度的同质性和年龄分级的过渡行为的戏剧性历史转变被给予了两种解释，一种基于个人层面，另一种基于社会学层面。有学者认为，自相矛盾的是，过渡行为更大的一致性反映了更多的个人财富，从而反映了经济自由，这使得年轻男性更早地结婚。这种解释意味着自然的或至少是文化上优先的结婚年龄。其他学者把这些历史性的趋势看作生命历程日益制度化的标示。这个术语需要将生命历程概念化为一种社会制度，这是马丁·科利等人广泛讨论的观点。这两种解释都指向年龄规范的发展，以及它们所暗示的对年龄分级行为越来越精确的期望。下一节将讨论年龄规范和制度化生命历程的相关概念。

在有关群体的老年阶段观察到的多样性

和不平等现象的观点的前提下，一些分析人员集中注意了一个问题，即队列间的变化如何随着一个队列的生命历程而发生变化，从而引起轨迹的可变性。虽然这个问题原则上适用于许多特征，但是因为多种原因，大多数这样的分析依赖于收入数据。群体层面和其他宏观层面的数据相对容易可得，并且收入被视为可能与健康和其他形式资源有关的资源指标。对收入不平等轨迹的分析表明，随着成员年龄的增长，每个队列中不平等程度都在稳步上升，这是一个非常稳健的模式。但是这些分析大多数是在美国进行的，各社会之间是否存在相同的模式，还是仅在某些社会存在，有待进一步澄清。

这种现象的两种主要解释已经发展成熟，即被称为加重（accentuation）和累积（cumulative）优势/劣势。加重开始于个体的特征，如个性和具有决定性作用的早期事件，这些可能会塑造个体的习惯和愿望，并且随着他在生命过程中的发展而变得更加突出。相比之下，累积优势/劣势强调了社会系统内分层过程的运作，研究个体在成长期间和整个生命过程中如何组织机会结构。机会分层已经在学校和动态的劳动力市场及工作场所中进行了研究，但它也源于个人的家庭出身。

虽然很少有人会争论两种动态的相关性，即一方面将多少因果力（causal force）归因于个人层面的加重和社会心理的发展过程，另一方面社会性的累积优势/劣势和机会结构过程的因果关系仍然是一个需要解释和辩论的问题。因为资源与健康之间存在着强大而持久的关系，因此无论采用哪种解释，资源不平等的问题对理论建构和社会政策都具有重要意义。最近对健康和资源的一些重要分析已经非常重视社会分层过程和结果在解释健康差异上的作用，这些研究包括对健康、流行病学和相关领域的社会学研究，并在迈克尔·马尔莫（Michael Marmot）和其他从事这些领域工作的人员中得到很好的体现。将这个一般命题应用于生命历程轨迹研究，诸如米罗斯基（Mirowsky）、罗斯（Ross）和吴（Wu）的研究已经表明，随着时间的推移，个人的健康也会随着社会阶层的不同而发生分歧。

作为社会组织和文化的特征的生命历程

生命历程也嵌入社会安排和实践，并通过某一特定社会制度中具有力量和合法性的思想或一套观念使其合法化。其重点不在于实际个体的经验生命历程，而是生活过程，因为它在社会制度、社会政策和民众文化中有不同的含义。当然，在社会制度和民众文化中的生命历程的特征并非彼此独立的。

考虑到公共退休金计划（如美国的社会保障制度和德国法定养老保险金）的制度化和强制性，可以很容易地说明生命历程作为一种符号构建的本质和意义。这些计划有着复杂的政治和文化历史，但是所有这些方案的共同理念在于，人应该在生命中的一个特定时间脱离工作。这是一个社会政策和实践的问题，也是一个象征性的建构——一种观念，它是每个社会文化系统的一部分，也已经成为被伯格（Berger）和卢克曼

（Luckmann）所称的社会成员所经历的理所当然的世界的重要组成部分。因此，它成为一种观点，影响个人生活的许多方面：日常行为、生活规划、关系等。它也有助于定义什么是正常的生命历程中的一个特定的部分——这个部分被称为老年期。

历史学家、人口学家和其他社会学者的分析已经清楚地表明，建立一个公共的年龄分级的退休生活阶段只不过是马丁·科利以及其他人称之为生命历程制度化的一般历史过程的表现。随着工业革命和政府官僚体制的扩大，这个过程越来越依赖于年龄作为社会组织的标准。在美国和其他地方，这种做法首先随着公立学校教育的扩大而发展。普及公共教育后不久，年龄分级很快成为一个普遍的教育实践。最近，教育和卫生专业人士以及大众媒体对正常发展问题的关注，无论是在儿童早期、30 岁转折期、中年危机期还是空巢阶段，都促进了历史学家霍华德·丘达科夫（Howard Chudacoff）所谓的年龄意识和年龄规范的继续发展。这些发展需要越来越多地依赖年龄作为个人特征和适当社会关系的指标，更普遍地来说它是作为确定身份、愿望和行为的基础。

生命历程制度化不仅仅指上学和退休等社会制度对个人生活的组织，它也产生了一个以官僚组织、年龄分级为特征的社会规范组织。这个年龄分层的社会组织需要年龄隔离——把不同个体分到彼此相互绝缘的年龄同质性群体。年龄隔离成为日常生活的常态，并多年受到学校普遍的制度安排的认可和强化。因此，在生命历程制度化提供的常态生命历程发展的观念的支持下，它被视为社会生活的一个理所当然的方面。

19 世纪和 20 世纪是构成现代官僚国家制度化的历史性时刻，这种想法最近被质疑。当今社会的后工业主义、全球化和所谓后现代文化发展的趋势提出了一个假设，即生命历程现在正在去制度化，因为当今社会在过渡到成年的方式、婚姻和育儿模式等方面呈现出多样性，经济结构和企业组织结构的变化宣告传统的一个职业生涯命运的消亡。当前，美国和其他国家在养老金改革方面的努力进一步证明了生命历程越来越多样化和去标准化。尽管有这些发展，但也有人认为，支持生命历程制度化的政策和结构（例如养老保险政策援助退休者、学校和学院对工作方案的援助，以及家庭援助计划）仍然保持着大众化，并且具有根深蒂固的影响，尤其是在欧洲。与生产全球化相关的经济挑战联合人口老龄化的人口结构挑战，将使生命历程制度化的程度和形态问题在一段时间内具有相关性。

变迁/稳定和结构/能动性：生命历程分析的持久性问题

同任何活跃的研究领域一样，有关生命历程的研究也拥有一些持续的辩论及未解决的概念和方法问题。一些问题涉及研究的设计，尤其是围绕纵向数据分析的问题。直到最近，几乎没有多少纵向数据资源可用，但随着人们认识到要根据时间的推移跟踪个体，这种情况发生了变化。然而，将研究问题与适当的数据相匹配的任务和对纵向数据进行分析成为生命历程研究者的棘手问题。

除了这些方法论的问题，从事传统生命历程研究的学者也遇到一些重要的关于设计和解释的问题。这两个问题导致了变迁与稳定、结构与能动性之间的紧张关系。以下各节将简要对这些问题进行讨论。

变迁/稳定

如前所述，社会变迁的现实从一开始就一直是生命历程分析的核心。认识到不断变化的社会条件会在中年和晚年的生活中产生不同的老化模式，以及独特事件在塑造后续的生活结果中发挥了决定性的作用，这对于行为科学和社会科学中生命历程观点的建立和扩展至关重要。因此，在关于生命历程的研究成果中，变迁和历史是其熟悉和突出的特点。

同时，重要的是要意识到社会力量在塑造生命历程结果中的意义不取决于发生的变化程度。在稳定和变迁的条件下，个体自我、个体人格和个体生命历程是在社会文化环境的相互作用下形成，这些为价值观、兴趣和抱负的形成提供了背景，并提供机会结构来调节个人生活机会。变迁没有创造如此普遍的社会力量，它只会使它们更加明显。在社会制度稳定和合法化的条件下，这种不断再现、多层面的相互作用和生命历程的动态性往往被认为是正常的。这种社会心理过程有时称为归化，它可能会导致错误的定义——将源于社会力量领域的因果现象归因于个人意志或气质。

结构/能动性

从一开始，社会结构、变迁及其他方面的环境指导和约束个体生活的观念一直是生命历程视角的核心。同时，生命历程的分析者也经常强调个体的选择、行动或能动性，作为生命历程成果分析的一个重要因素或节点。这种对比已经引起了结构（有时与社会决定论错误地联系在一起）和能动性（有时错误地被认为是自由意志的同义词）之间的紧张关系。与其他地方一样，在生命历程的文献中，像选择和能动性、背景和结构等术语也被用来表示一系列不同的东西而且经常使用，却并没有对它们进行明确的定义。马歇尔（Marshall）确定了“能动性”这一术语在生命历程文献中被使用的至少八种不同方式，并对其假设进行了批判性分析。

最近几次的能动性分析中的一个重要主题是，“通常认为结构和行为在本质上是对立的概念”这种观点是不恰当的。韦伯（Weber）在著作中论述了社会互动理论，伯格和卢克曼在他们合著的现代社会学经典作品《现实的社会建构》（*The Social Construction of Reality*）中也对其做了综合阐述，该理论明确表示，人类的能动性在社会生活中始终发挥作用，即使在极端的限制条件下也是如此。与此同时，社会结构过程也往往以一种无法识别的方式发挥着基础性的和贯穿始终的作用。例如，通过社会过程来界定日常生活的语言、文化和政治环境，这些背景信息能够领会有意义的人类行动，并提供个体能动性可以表达自己的领域。

稳定/变迁和结构/能动性的争论远远超出了生命历程的研究领域。事实上，它们是社会科学和行为科学的基础。然而，生命历程的多层次、动态性和时间延展性的主题使生命历程传统的研究人员不得不面对这些争论。目前尚不清楚生命历程研究是否有助于更全面地了解这些问题。

总结

生命历程作为一个研究领域出现在20世纪60年代，自那时起，该理论已经提供了一种方法来了解历史和社会结构如何与个人经历相互作用以发掘人类经历的共同点及模式的多样性。从队列差异和队列分析的逻辑出发，概念与分析的突破使人们重新认识历史和背景在个人及人口发展与老化中的重要作用。最近，系统的社会结构过程和个体过程在队列间的差异及分层的作用已经进一步完善。针对生命历程的研究可以分为三个层次的分析：个人层面、群体层面、符号/文化层面。在每个层面，已经提出了运用个人层面（如心理）和社会层面（如结构和互动）的事实情况来解释多种类的生命历程结果，虽然理论和方法的最新进展进一步推动了生命历程的研究，但生命历程分析中依然存在着诸多问题，包括变迁与稳定、能动性与结构之间的紧张关系。当前和未来的学者所面临的关于生命历程的挑战是如何最好地解决这些问题。

另请参阅：年龄分层；老年学的历史；毕生发展理论；纵向研究；叙事与老龄化；自我调节、健康和行为；老化理论：社会学。

拓展阅读

Berger PL and Luckmann T（1967）*The Social Construction of Reality*：*A Treatise in the Sociology of Knowledge*. Garden City, NY：Doubleday.

Cain LD（1964）Life course and social structure. In：Faris REL（ed.）*Handbook of Modern Sociology*, pp. 272 - 309. Chicago, IL：Rand, McNally.

Chudacoff H（1989）*How Old Are You? Age Consciousness in American Culture*. Princeton, NJ：Princeton University Press.

Clausen JA（1993）*American Lives*：*Looking Back at the Children of the Great Depression*. New York：Free Press.

Crosnoe R and Elder GH Jr.（2004）From childhood to the later years：pathways of human development. *Research on Aging* 26（6）：623-654.

Dannefer D（2003）Cumulative advantage/disadvantage and the life course：cross-fertilizing age and social science theory. *Journal of Gerontology*：*Social Sciences* 58B（6）：S327-S337.

Dannefer D and Uhlenberg P（1999）Paths of the life course：a typology. In：Bengtson VL and Schaie KW（eds.）*Handbook of Theories of Aging*, pp. 306 - 326. New York：Springer.

Elder GH, Jr. (1974) *Children of the Great Depression: Social Change in Life Experience.* Chicago, IL: University of Chicago Press [2nd edn., 1999].

Elder GH Jr. and Liker J (1982) Hard times in women's lives: historical differences across 40 years. *American Journal of Sociology* 58: 241-269.

Hagestad GO and Dannefer D (2001) Concepts and theories of aging: beyond microfication in social science approaches. In: Binstock R and George L (eds.) *Handbook of Aging and the Social Sciences*, 2nd edn., pp. 3-21. New York: Academic.

Kohli M (1986) Social organization and subjective construction of the life course. In: Sorensen AB, Weinert FE, and Sherrod LR (eds.) *Human Development and the Life Course*, pp. 271 - 292. Hillsdale, NJ: Erlbaum.

Kohli M (2000) Age integration through interest mediation: political parties and unions. *Gerontologist* 40 (3): 279-281.

Marshall VW (2005) Agency, events, and structure at the end of the life course. In: Levy R (eds.) Towards an Interdisciplinary Perspective on the Life Course. *Advances in Life Course Research*, Vol. 10, pp. 57 - 92. Amsterdam: Elsevier.

Meyer J (1986) The self and the life course: institutionalization and its effects. In: Sorensen AB, Weinert FE, and Sherrod LR (eds.) *Human Development and the Life Course*, pp. 199 - 206. Hillsdale, NJ: Erlbaum.

Mortimer JT and Shanahan MJ (eds.) (2003) *Handbook of the Life Course.* New York: Kluwer.

Riley MW, Kahn R, and Foner A (1994) *Age and Structural Lag: Society's Failure to Provide Meaningful Opportunities in Work, Family, and Leisure.* New York: Wiley Interscience.

Ryder NB (1965) The cohort as a concept in the study of social change. *American Sociological Review* 30: 843-861.

Sampson RJ and Laub JH (1993) *Crime in the Making: Pathways and Turning Points through Life.* Cambridge, MA: Harvard University Press.

Settersten RA, Furstenberg FF, and Rumbaut R (2005) *On the Frontier of Adulthood: Theory, Research and Public Policy.* Chicago, IL: University of Chicago Press.

Uhlenberg P (1978) Changing configurations of the life course. In: Hareven TK (ed.) *Transitions: The Family and the Life Course in Historical Perspective*, pp. 65-97. New York: Academic Press.

译　者：张文娟（中国人民大学）
梁博姣（北京大学）
校译者：张雅璐（北京大学）

生物能学

J. J. 拉姆西，K·哈格皮安 加利福尼亚大学戴维斯分校，加利福尼亚州，美国

词汇表

基础代谢率（Basal Metabolic Rate，BMR）——体热平衡条件下，人体在安静休息、营养吸收后所测量的代谢率。

量热法（Calorimetry）——一种通过测量热量产生（直接量热法）或测量氧气消耗或二氧化碳产生（间接呼吸量热法）来测定能量消耗的技术。

能量平衡（Energy Balance）——总能量摄入与总能量消耗之间的量差。正能量平衡表示体重增加（能量存储），负能量平衡表示体重减轻（能量消耗）。

热量限制（Calorie Restriction，CR）——通过使用特别配制的营养密集型饮食来限制饮食摄入，以在不发生营养不良的情况下减少能量摄入。其他用于描述该过程的术语包括能量限制和饮食限制。

膳食热效应（Thermic Effect of Meals，TEM）——与食物消化、吸收、转化为营养储备相关的能量消耗。

双标水法（Doubly Labeled Water Method）——一种通过测量服用了^{18}O的个体中稳定同位素氧-18（^{18}O）和氘（^{2}H）的损失率差异来确定自由生活状态下的个体二氧化碳产生的技术。^{18}O与体内水分和CO_2相平衡，可以以水或CO_2的形式排出，而^{2}H则完全以水的形式排出。

自由基（Free Radicals）——具有非偶电子的高活性分子，其可能会氧化细胞脂质、蛋白质和核酸。

总能量消耗（Total Energy Expenditure）——基础代谢率、膳食热效应、体力活动和产热效应（即维持体温所需的能量消耗）的能量消耗总和。

引言

生物能学研究内容非常宽泛，从生物化学、细胞水平到整个动物群体，涵盖了能量代谢的所有方面。老化过程与生物能学几乎所有方面的变化都有关联。老化与能量摄入和能量消耗两者的减少均有关。这些变化使得身体成分随年龄增长而发生变化，包括瘦

体重（LBM）减少和体脂百分比增加。这些与年龄增长相关的能量代谢变化使年龄较大的个体在受伤或生病时更有体重减轻的风险。实验证明，对能量代谢要素的干预可以影响到人体寿命及其生理参数。具体而言，饮食热量限制是唯一在所有实验中一致显示能增加哺乳动物物种最大寿命的干预措施；通过体育锻炼增加能量消耗减缓了某些生理参数随年龄增长的下降。因此，生物能学似乎在衰老过程中起着核心作用。

背景

在动物研究中，饮食热量限制一直以来均被证明可以延长寿命，并能减少或延缓与衰老相关的生理障碍和疾病的发展。热量限制导致的衰老延迟表明了能量代谢与衰老的基本机制之间存在联系。能量代谢的变化是与衰老最一致、最明显的特征之一，可能导致身体受损及罹患疾病。尽管生物能学各个组成部分中与年龄相关的变化显示了物种之间的某些差异，但本文重点关注衰老和人类的生物能学，并偶尔涉及动物实验。

衰老通常与能量平衡的变化有关。肥胖在中年人中非常普遍，但对许多存活到高龄的人来说却非常奢侈。体重和身体成分的变化是人体总能量平衡（能量摄入和能量消耗之差）的函数。体重损失是通过负能量平衡实现的。因此，能量平衡方程式中的因素是能量摄入、能量存储和能量消耗（见图1）。

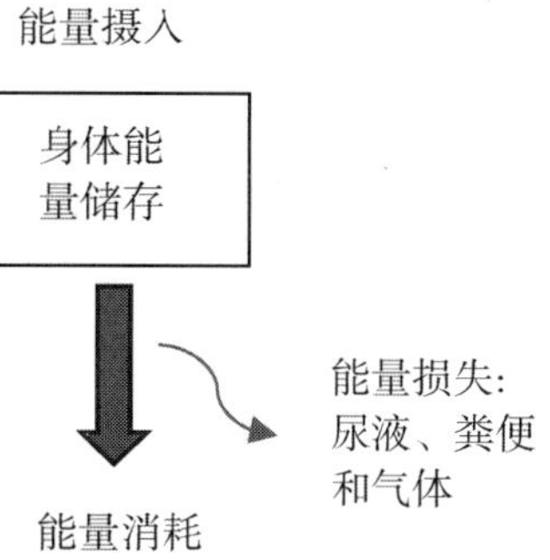

图1 能量平衡方程

注：能量摄入与能量消耗的减少同年龄增长有关，并且到高龄时，身体能量存储的减少会与能量摄入减少有关。

能量摄入仅仅是指个体食用食物的热量。能量消耗是所消耗食物总量和食物化学成分的函数。能量摄入随着年龄的增长而下降。能量摄入受心理和生理因素的控制，本文的后面部分会对此进行详细讨论。

能量存储是指多余能量存储在体内的化学形式。多余的能量可能会存储为脂肪、蛋白质或碳水化合物（糖类）。人体的大部分能量以脂肪（每克组织中卡路里含量最多的即为脂肪）的形式存储在脂肪组织中，或者以蛋白质形式存储在肌肉中，而有限的一部分则以糖原形式存储为碳水化合物。衰老与瘦体重的减少有关。在中年时期，脂肪量增加，而在老年时期，由于瘦体重和脂肪量的减少，体重倾向于减少。

能量消耗是能量平衡的最终组成部分。能量消耗包括四个部分：基础代谢率（BMR）或静息能量消耗、膳食热效应（TEM）、身体活动和产热效应（即维持体温所需的能量消耗）（见图2）。

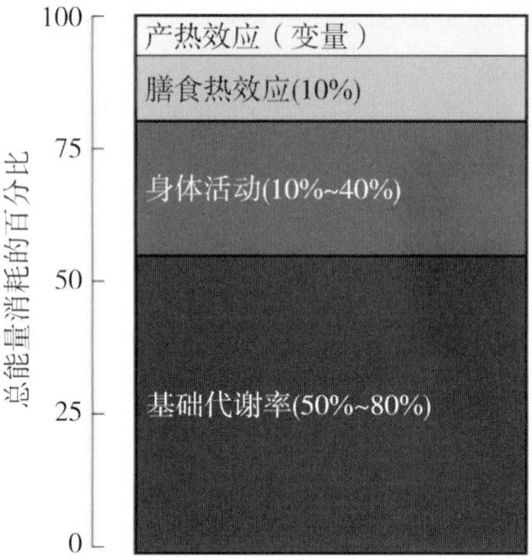

图 2　总能量消耗的组成部分

注：括号中标出了每种成分对总能量消耗的典型贡献。产热效应代表维持正常体温的热量产生，并且在没有明显热应力的情况下，通常仅占能量消耗的很小一部分。能量消耗的所有组成部分都可能随着老化而改变。

基础代谢率是指人体在安静休息、能量消耗吸收后所测量的代谢率。它通常占总能量消耗的 50%～80%。基础代谢率代表细胞“维持”生命过程所需的能量成本，例如钠—钾泵活动、线粒体质子漏、蛋白质代谢、钙离子运动、三酰甘油代谢，以及其他基质循环。

膳食热效应是指与食物消化、吸收、转化为营养储备相关的能量消耗。膳食热效应约占总能量消耗的 10%，但具体取决于膳食的分量和构成。

身体活动是总能量消耗中最重要的部分，通常占总能量消耗的 10%～40%。身体活动是与肌肉运动相关的能量消耗（静止状态下发生的肌肉活动除外）。产热效应是总能量消耗的一部分，指的是维持正常体温的热量产生。通常，这对未承受明显热应力的个体的能量消耗贡献较小。

老化往往会导致能量消耗的所有组成部分均减少。多项研究表明基础代谢率、身体活动和总能量的消耗会随着年龄增长而下降。不过，年龄对膳食热效应的确切影响尚不清楚，有研究发现膳食热效应会随着年龄的增长而减弱，也有研究并未发现这种变化。

能量摄入

老化通常与能量摄入的减少有关，由此可能引发多个问题。首先，能量摄入的减少通常与能量消耗的相应变化是不匹配的，这可能导致负能量平衡和体重下降。这对身体成分已经受损的个体可能会造成极大损害，并导致患病率和死亡风险的增加。其次，能量摄入的减少通常与其他营养素的摄入减少有关，会导致罹患营养不良相关疾病的风险增加。多项研究表明，多数老年人至少缺乏一种主要营养素。保持能量摄入与能量消耗相平衡显然是老年人需解决的重要问题。

能量摄入的减少可能与老化过程中发生的其他一些变化有关。随着年龄的增长，味觉和嗅觉会受损。但是，这些变化对能量摄入的影响尚不清楚。抑郁症和某些药物治疗是老年人食欲下降和食物摄入减少的常见原因。口腔健康、牙列不良和牙龈疾病等问题也会导致某些老年人的食物摄入减少。此外，衰老也会引发唾液分泌减少和吞咽问题，导致难以进食。

研究表明，衰老与食物摄入调节受损有关，从而阻止了其对摄入不足或摄入过量时期的适当补偿。例如，年轻人如果减少了能量摄入，后期会通过增加食物摄入量来弥补能量的不足，而多项研究表明，老年人不会这样做。关于食物摄入调节受损的机理尚不完全清楚。衰老与控制短期能量摄入调节的因素（即决定进餐时间的刺激物）的减少有关。一些研究显示，衰老减少了阿片受体的数量，减少了食物摄入的阿片刺激物，降低了胃底顺应性，增加了肛门舒张度，并减慢了食物通过胃肠道的速度。也有一些研究表明，衰老与循环胆囊收缩素（CCK）水平的增加和对 CCK 的敏感性有关。然而，尚不清楚这些短期信号是否在随年龄增长而下降的能量摄入中发挥作用。在实验中，总的食物摄入量不会因服用短期食物摄入抑制剂而改变，大概是因为进餐频率的增加可以弥补进餐能量摄入的减少。因此，食物摄入量随年龄增长而减少可能主要归因于“长期”能量摄入调节剂的改变。能量的摄入是通过激素（即瘦素和胃饥饿素）与位于下丘脑和其他大脑区域的神经肽的复杂相互作用来控制的。尽管衰老并不能持续增加血清瘦素水平，但已经有人提出瘦素敏感性的改变可能与能量摄入随年龄增长而下降这一现象有关。据报道，胃饥饿素水平会随年龄的增长而增加，而且这种激素似乎在衰老过程中对减少食物摄入量没有主要作用。在下丘脑中，衰老与敏感性降低或神经肽 Y 水平降低有关。人到晚年，神经肽 Y 促摄食作用似乎会减少，并使得能量摄入随年龄增长而减少。研究也表明，衰老与下丘脑的刺鼠相关蛋白和食欲肽（都是食物摄入的刺激物）的降低及可卡因安非他明调节转录肽（食物摄入的抑制剂）水平的升高有关。老年人循环细胞因子的水平通常也会升高，并且有可能随着年龄的增长而导致能量摄入的变化。因此，有证据表明神经肽可能与食物摄入随年龄增长而减少有关，例如神经肽 Y、刺鼠相关蛋白、可卡因安非他明调节转录肽和食欲肽。未来的研究可能可以确定其他的“长期”调节器，从而改变衰老状况下的能量摄入。

导致能量摄入随年龄增长而减少的因素可能有很多种。目前在阐明负责控制能量摄入的神经内分泌途径方面已经取得了巨大进展，希望这项工作能有助于未来进一步厘清能量摄入随年龄增长而减少的机制。

身体成分与衰老

衰老与身体成分的明显变化有关。通常，衰老会导致总体重的减少，以及瘦体重和总蛋白质的减少，同时会增加体内脂肪的百分比。

骨骼肌质量下降（肌肉减少症）会导致身体蛋白质的逐渐丧失，这是公认的衰老过程的一部分。有证据表明，从成年初期到老年，肌肉质量每十年下降多达 7%。人体蛋白质随衰老的变化基本是骨骼肌质量下降的函数，因为非肌肉上的瘦体重（内部器官）通常仅随衰老而略有下降。骨骼肌质量的减少会降低肌肉的整体运动功能，并可能限制个人对压力的反应能力（需要动员体内蛋白质存储）。尽管研究仅发现了内部器官的瘦体重的轻微减少，但是这些变化依旧不容忽视。由于内部器官的能量消耗率很高，这些变化可能是非常重要的。因此，器官重量的轻微变化可能会对总体能量消耗产生很大影响。

衰老过程可能使肌肉质量下降导致一些变化。首先，衰老与体育活动的减少有关，减少了骨骼肌上维持或增长肌肉质量所需的生物力学的力量。运动，尤其是力量训练，可以逆转老年人肌肉质量的下降。合成代谢激素水平的变化也导致了与年龄增长相关的肌肉质量下降。随着年龄的增长，自发性和刺激性生长激素（GH）分泌会减少。同样，胰岛素样生长因子 1（IGF-1）和胰岛素样生长因子结合蛋白 3（IGFBP-3）的循环水平也随着年龄的增长而降低。GH 和IGF-1 的缺乏都与蛋白质合成减少和瘦体重减轻有关。睾酮和雌激素水平的降低也可能在瘦体重的耗竭中起作用。与胰岛素的其他作用不同，胰岛素介导的抑制人体蛋白质分解的作用似乎不会随着年龄的增长而降低。总体而言，体育锻炼的减少和合成代谢激素水平的降低似乎是衰老导致瘦体重丧失的可能原因。

人体蛋白质含量随着老年人个体体内脂肪百分比的增加而发生变化。人到中年，体内总脂肪可能会增加一倍，变胖成为主要问题。但是，在 65～70 岁之后，体重通常会减轻，这是瘦肉和脂肪量减少的结果。然而，瘦体重通常减少得更快，导致体内的脂肪百分比增加，并可能引发与肌肉减少症相关的肥胖症。

导致老年人体内脂肪百分比增加的因素包括以下两点。一方面，中年时期体育活动的减少可能导致正能量平衡，以及脂肪组织中能量的储存，而非肌肉质量的增加。另一方面，衰老与脂肪细胞中儿茶酚胺活性和激素诱导的脂解作用降低有关。在女性中，脂肪堆积似乎也与更年期的激素变化有关，因为雌激素和孕激素治疗往往会防止腹部脂肪堆积的增加。总体而言，老化与无法将能量摄入与能量消耗相匹配有关。能量消耗的减少和脂肪细胞脂解的共同作用似乎是体内脂肪随年龄增长而增加的主要因素。

能量消耗

以前有试图确定衰老对能量消耗影响的

研究因未能对“健康”个体进行筛选或依赖横截面分析而受到批评。有人认为，许多研究得出的与年龄有关的能量代谢变化可能反映的是病症或疾患，而不是衰老。尽管某种疾病肯定会改变能量消耗，但针对“健康”个体的研究已证实，衰老与能量消耗减少有关。基础代谢率、膳食热效应和身体活动的减少可能都是导致衰老的重要原因。

基础代谢率随着内部器官和组织的能量需求改变而发生变化。研究表明，内部器官约占静息能量消耗的60%。骨骼肌占静息能量消耗的35%~40%，而脂肪组织通常仅占静息能量消耗的5%。这些值表明内部器官和骨骼肌约占基础代谢率的95%。因此，器官或骨骼肌重量的变化都会对基础代谢率产生实质性影响。骨骼肌质量的大量减少、器官质量的轻微减少和基础代谢率的减少均与衰老有关。

尽管运动可以抑制基础代谢率的下降，年龄增长造成的基础代谢率下降是衰老的特征，已在健康和身体活跃的个体中得到证实。年龄从30岁增长到80岁，基础代谢率下降约13%~20%。基础代谢率的这种变化似乎是非线性的，基础代谢率大约在40~50岁的年龄段中加速下降。性别既影响静止能量消耗加速下降的开始年龄，也会影响下降的幅度。男性基础代谢率的下降大约始于40岁，但女性直到更年期后或大约50岁以后基础代谢率才开始下降。随着年龄的增长，男性的基础代谢率下降幅度也往往大于女性。

男女基础代谢率降低的主要原因是瘦体重降低。骨骼肌质量的减少（肌肉减少症）是导致基础代谢率随年龄下降的主要因素。但有研究表明，随着年龄的增长，基础代谢率的降低与器官质量的降低平行进行，而器官质量的轻微降低可能会促使基础代谢率下降。骨骼肌和器官质量的下降是与年龄相关的基础代谢率下降的主要因素，其他过程也可能与之有关。

静息氧气消耗中涉及的许多细胞过程都有可能导致与年龄增长有关的基础代谢率降低。蛋白质更新、钠—钾泵活动和线粒体质子漏是造成基础代谢率的主要细胞过程，在基础代谢率中占比多达70%。据报道，蛋白质的周转率以每10年大约5%的速度下降，并且一些研究表明，蛋白质的周转率随着人体衰老而降低。一些研究小组还表示，钠—钾泵活动随年龄增长而降低。几乎没有研究调查过年龄对线粒体质子漏的影响，目前尚不清楚该过程如何随着衰老而改变。这些结果表明，细胞能量消耗过程的减少也可能与年龄增长造成的基础代谢率下降有关。

线粒体是细胞内腺苷三磷酸（ATP）产生的主要部位，因此许多研究试图确定线粒体缺陷是否可能与年龄增长导致的能量代谢改变有关。有研究表明，衰老与线粒体膜电位、体密度、呼吸能力及复合物Ⅰ、复合物Ⅳ、腺嘌呤核苷酸转位酶和酰基肉碱转移酶活性的降低有关。线粒体DNA、蛋白质和脂质的氧化损伤也会随着年龄增长而增加，并可能是引发线粒体功能障碍的机制之一。但也有人认为衰老与线粒体功能受损无关，并且一些与年龄增长相关的线粒体功能障碍的报道可能是在研究方法上有问题。为了确定衰老对线粒体能量代谢的确切影响，需要采用生物体内进行、细胞培养和线粒体分离相结合的测量方法进行研究。然而，线粒体功能障碍可能随年龄增长而出现，这将导致与年龄增长相关的能量消耗发生改变。

老化对膳食热效应的影响尚不完全清楚，有研究表明膳食热效应随年龄增长而下降或没有发生改变。饮食构成、膳食分量和活动量都导致膳食热效应在不同年龄存在差异。习惯性锻炼已被证明可以增加膳食热效应，并可以减少因年龄增长导致的能量消耗下降。已经有人提出，老年人活动减少可能是其膳食热效应降低的主要原因。也有人提出，老年人饮食摄入的减少会导致膳食热效应随着年龄的增长而降低，因为膳食热效应与进餐量成正比变化。膳食成分也似乎会影响膳食热效应。据报道，当老年人食用高糖餐时，与年龄增长有关的膳食热效应下降最大。葡萄糖代谢和胰岛素抗药性的问题可能解释了不同类型饮食之间的膳食热效应差异。

横向研究和纵向研究表明，体育活动会随着年龄的增长而减少，而这种活动的减少并不完全是由于疾病的影响。运动量少是导致总能量消耗随年龄增长而减少的主要原因。研究表明，总的活动时间和活动强度随着年龄的增长而降低。年龄增长造成的体育活动减少可以通过改变基础代谢率来直接或间接减少总能量消耗。针对老年受试者的研究表明，胰岛素抗药性和有氧运动都可能增加基础代谢率，并减少因年龄增长导致的能量消耗下降。

热量限制和运动

在不导致营养不良前提下的热量限制（CR）是唯一被证明能够延长实验室啮齿动物平均寿命和最长寿命的干预措施。热量限制会影响众多生理参数（见图3），因而可以改变衰老的基本机理并延缓衰老过程。当前已证明热量限制可延缓糖尿病、癌症、肾病、白内障和其他与年龄增长有关的疾病的发作。然而，热量限制影响的广泛性使得很难准确指出其发挥作用的机制。但可以明确的是，总体能量限制而不是特定的常量营养素限制是热量限制可以延缓衰老的原因。对实验对象进行热量限制后可以观察到其寿命得到显著延长，而在使用了低蛋白或低脂饮食却没有进行热量限制的实验组中并没有观察到这一结果。

有人提出减少体内脂肪可能是热量限制发生作用的机制。热量限制的确会导致体内脂肪减少，但是实验未能显示出体内脂肪与寿命之间的强相关性，这表明降低体内脂肪并不是热量限制的主要机制。

有人还提出热量限制是通过调节代谢或改变有丝分裂的激素水平来延缓衰老的。在线虫和转基因小鼠身上所做的研究表明，胰岛素或IGF-1通路的改变与寿命的延长有关。同样，热量限制已显示可降低胰岛素和IGF-1的循环水平。但是，还需要进一步的研究来确定与热量限制相关的胰岛素、

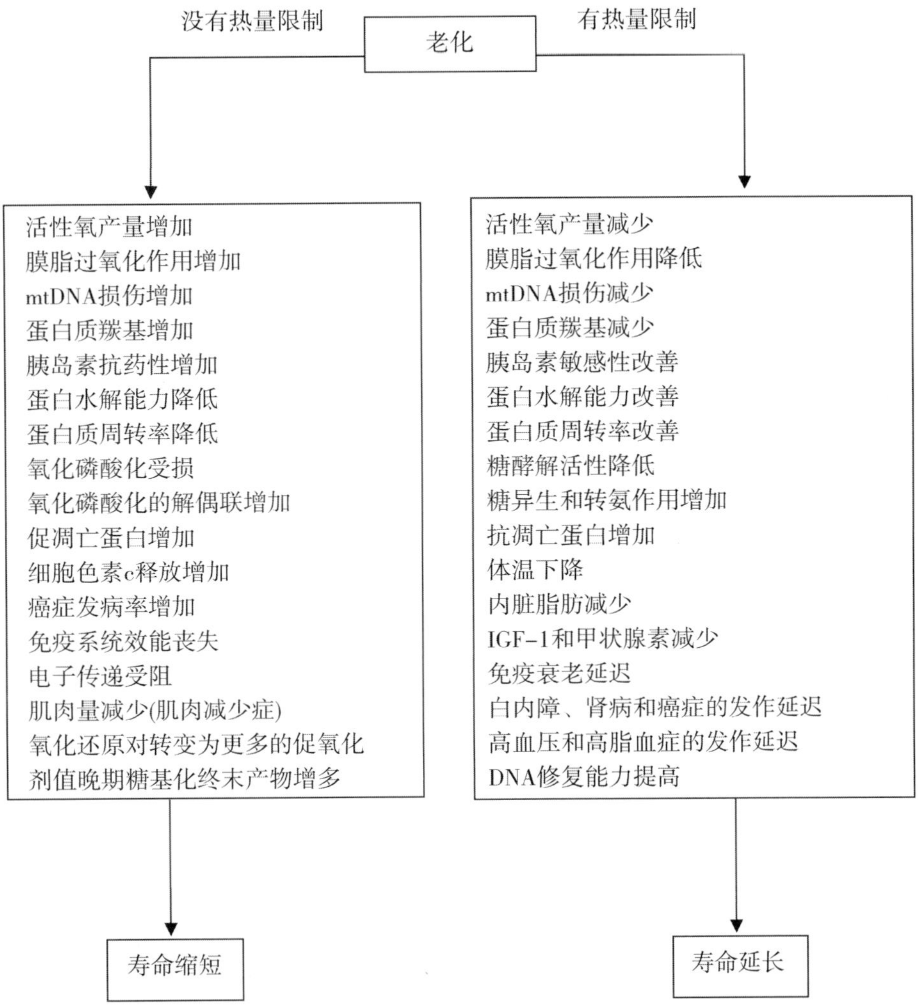

图 3　热量限制改变的生理参数

IGF-1、甲状腺素、瘦素或其他激素的改变是否在热量限制延缓衰老中起核心作用。

另一个目前提出的理论认为，能量消耗和氧气消耗是衰老的重要决定因素。长寿动物的单位体重能量消耗率确实比短寿动物低，这称为该理论的支撑事实。然而，热量限制实验产生的结果好坏参半。研究报告显示，热量限制条件下，调整体重后的能量消耗呈现减少或没有变化的结果。要真正确定热量限制是否会改变每单位体重的能量消耗，还需要对器官和细胞能量消耗进行调查研究。

自由基理论是解释衰老最流行的理论之一，该理论认为热量限制可以通过降低细胞氧化应激来延长寿命。自由基理论提出衰老是由线粒体能量代谢的副产物活性氧

（ROS）产生的累积性氧化损伤导致的。线粒体是活性氧形成的主要细胞部位，约0.2%~2%的氧气在线粒体中转化为超氧自由基。线粒体电子传输链是活性氧的主要来源，复合物Ⅰ和复合物Ⅲ是活性氧的生成位点。研究已证明热量限制可减少对线粒体DNA、蛋白质和脂质的氧化损伤。热量限制还可以降低线粒体活性氧的产生。然而，并非所有实验均显示热量限制能起到改变细胞抗氧化酶的作用。这些结果表明，与热量限制相关的活性氧产生的减少可能在热量限制延长寿命的机制中起重要作用。

虽然热量限制已被证明可以延长多种动物的寿命，但它是否会改变人类的寿命仍有待确定。对恒河猴和人类的研究确实表明，热量限制可增加胰岛素敏感性、降低血压并减少炎症标志物。目前正在恒河猴和人类身上进行长期的热量限制研究，这些研究的结果将决定热量限制是否可以延长灵长类动物的寿命。身体活动是另一种可能减慢与年龄增长有关的能量代谢变化的干预措施。与热量限制相反，对大鼠的研究表明，身体活动增大了寿命中位数，但没有增加最长寿命。因此，常规运动可能会阻滞某些生理参数因年龄增长发生的变化，但不会改变控制寿命的基本机制。多项研究表明，日常锻炼可能会增加总能量消耗、基础代谢率和膳食热效应。对老年人的研究表明，身体活跃度高的人的基础代谢率高于久坐的人。身体活动，特别是抵抗训练，可能会通过增加瘦体重来增加基础代谢率。然而，至少在某些研究中，有氧运动也已显示出通过独立于瘦体重增加的机制来增加基础代谢率。锻炼已被证明可以增加食物摄入和膳食热效应，从而扭转与年龄相关的典型变化。增加身体活动的运动项目也会导致总能量消耗的增加。除了减缓与年龄增长有关的能量消耗减少外，体育锻炼还具有减缓随年龄增长的身体成分变化及改善胰岛素敏感性和降低血压的潜力。但是，需要进一步研究以确定长期锻炼计划以及与中度热量限制结合进行的锻炼对寿命的影响。

结论

衰老与生物能学几乎所有方面的变化有关。能量摄入随着年龄的增长而减少。衰老还与总能量消耗、基础代谢率、身体活动频率的降低有关，甚至有可能与膳食热效应降低有关。能量摄入和能量消耗的这些变化通常不相称，中年时期，人的体重往往会增加并可能患肥胖症，而高龄者体重减轻变得很普遍。无法将能量摄入与能量消耗相匹配，使老年人更易因伤害或疾病而有害身体的体重减轻。

热量限制和身体活动是两种对抗老化带来的生理变化的干预措施。热量限制是唯一被证明可以延缓哺乳动物物种衰老的干预措施。对热量限制的调查研究有可能查明衰老的机制。进行体育锻炼有可能减缓与因年龄增长而发生的瘦体重和能量消耗的下降，因此定期进行运动可以消除这些与年龄增长有关的变化，从而改善生活质量。

另请参阅：饮食和营养；代谢：碳水化合物、脂质和蛋白质；线粒体与衰老；延缓衰老。

拓展阅读

Balaban RS, Nemoto S, and Finkel T (2005). Mitochondria, oxidants, and aging. *Cell* 120: 483–495.

Elia M, Ritz P, and Stubbs RJ (2000). Total energy expenditure in the elderly. *European Journal of Clinical Nutrition* 54 (supplement 3): S92–S103.

Heilbronn LK and Ravussin E (2003). Calorie restriction and aging: review of the literature and implications for studies in humans. *American Journal of Clinical Nutrition* 78 (3): 361–369.

Horwitz BA, Blanton CA, and Mc Donald RB (2002). Physiologic determinants of the anorexia of aging: insights from animal studies. *Annual Review of Nutrition* 22: 417–438.

Roberts SB (2000). A review of age-related changes in energy regulation and suggested mechanisms. *Mechanisms of Ageing and Development* 116: 157–167.

Seidell JC and Visscher TLS (2000). Body weight and weight change and their health implications for the elderly. *European Journal of Clinical Nutrition* 54 (supplement 3): S33–S39.

Starling RD (2001). Energy expenditure and aging: effects of physical activity. *International Journal of Sport Nutrition and Exercise Metabolism* 11: S208–S217.

Wilson M-MG and Morley JE (2003). Invited review: aging and energy balance. *Journal of Applied Physiology* 95: 1728–1736.

译　者：康　宁（北京大学）
校译者：刘菊芬（北京大学）

时间：感知和概念

J. J. F. 施罗德 阿姆斯特丹自由大学，阿姆斯特丹，荷兰

词汇表

生物钟（Biological Clock）——描述时期性行为生物进程的一般术语，这种进程在节奏上与钟表类似。

生物时间（Biological Time）——是由生物因素决定，以完成一定的生物事件或进程为依据的物理时间。

物理时间（Physical Time）——描述太阳的、日历的、时钟的、客观的、历史的、辩证的或社会时间的通用术语。

社会时钟（Social Clock）——用来表述社会事件和适龄行为的隐喻时间。

时间混合（Time Confound）——看似互相独立的各时间参量的相互依存。

时间觉知（Time Perception）——描述时间体验的一般术语，包括对时间的主观评判及对已流逝时间的解读。

时间视角（Time Perspective）——个体从心理学角度对将来或过去某个特定时间的观点的总和。

引言

时间是一个符号，表示一群人在两个或多个变化连续体之间进行记忆和合成的能力，其中一个被他们用作衡量另一个或其他变化的参照系或标准。因此，时间关系至少是三个连续体之间的联系：带来联系的人和两个变化连续体之间的联系，其中一个是标准连续体的功能，另一个是参照系。在现代社会中，物理时间——也称为日历或时钟时间——扮演着标准连续统的角色，是生物、心理和内在时间等其他变化连续统的参照系。在这一背景下，社会时间被认为是物理时间的重言式。在这篇文章中，时间的主要概念之间的区别，以及它们相应的时钟和年龄尺度，首先是物理时间与日历（天、月、年）、时钟（小时、分钟、秒）和实际年龄的关系。

物理时间

历史沿革

依据古代西方风俗，时间以圆或线两种方式被解读。“圆形时间”（cyclic time）是最古老的概念，关于圆的映像最好地解释了地球公转、四季交替、日夜反复、睡醒循环及生死轮回诸多自然现象。然而，线性时间不是可观测的结果。它是一个抽象概念，由希腊哲学家们如毕达哥拉斯（事物的本质是数）、柏拉图（时间等同于地球公转的次数）和他的学生亚里士多德（把时间定义为以前和以后视角下运动的次数）成功创造。简单说，关于时间的经典含义认为，时间作为一种运动方式，通过把地球的圆切分成单元，使得线性连续状态成为可能。这一概念在科学界延续了近20个世纪，直到17世纪末，被物理学家艾萨克·牛顿（Isaac Newton）推翻。

牛顿认为时间是绝对的、非物质的、固定的宇宙属性，通过它可以测量运动或变化。因此，在经典物理学中，时间是一个绝对的标准或度量尺度。从这个观点来看，时间不仅是线性的，而且是可逆的，因为在物理方程中，当 t 被 $-t$ 代替时，时间是不变的。因为牛顿的时间概念不是感知主体的产物，所以绝对时间通常被称为客观时间。这个概念已经越来越等同于它的度量标准——机械时钟。因此，时间已经转化并具体化为客观的、机械的、日历的或时钟的时间。客观时间是看似不同的时间变量的基础，例如周期或历史时间，按时间顺序或日历年龄、队列或出生时间、日历时间和时钟时间。它们都可以简化为古典物理时间的基本概念。

物理时间的概念

牛顿的物理时间没有内在的方向；它过去的方向（$t-$）和未来的方向（$t+$）没有区别。这种时间概念违反了公认的自然规律。热力学第二定律描述了自然现象，指出混沌或无序将随着能量过程不可逆转地增加。因此，物理时间的方向是由宏观秩序的不可逆破坏或熵的增加来定义的。在20世纪物理学中，时间不再是可逆的，而是不可逆的，至少在宏观层面上是如此。

应该注意的是，物理时间是线性和不可逆的现代概念并没有改变按时间顺序排列的年龄是加法的概念，也就是说，无论生物的年龄如何，它的量都可以加、减、乘、除。这意味着生物体所有可能的历法年龄都是相等的。例如，生命的前20年等于生命的中间或最后20年。然而，这仅仅从纯粹的时钟或日历时间的角度来看是有意义的。

生物时间

生物钟

许多生物过程表现出周期性行为，其节律是钟型的，特别是24小时的生物过程，即所谓的昼夜节律。这些节奏，以及时间在机械时钟方面的逐步具体化，鼓励人们对生物时钟而非机械时钟的探索。许多生理（血压、激素、体温）和行为（注意力、反应时间）过程的主要生理时钟结构都位于大脑底部的视交叉上核。该生物钟的昼夜节律与地球自转周期略有不同，也与不同个体的昼夜节律略有不同（例如，周期为 24.5 小时或 25.5 小时，而不是 24 小时）。由于内部周期与 24 小时略有偏差，因此必须每天重置，以保持与外部明暗周期的同步。这个过程称为周期或同步。简言之，日常同步是在物理和社会计时器的外部影响下实现的，如明暗周期和结构良好的 8 小时工作日。

另一类主要的所谓代谢时钟是基于生物体内的能量转换或代谢相关过程和功能建立起来的。代谢时钟是根据幂定律 $M^{0.25}$ 基本原理从心脏、肺和肠道等的节律活动推断出来的。该定律表明，哺乳动物连续心跳之间的时间长度是体重（M）的 0.25 次方的线性函数。基础代谢率（BMR），或者每克重量产生 1 焦耳的时间，也在以 $M^{0.25}$ 的形式增长。与体重同理，所有哺乳动物每次心跳、每代更替、每一生都消耗等量焦耳。这表明，代谢时钟，作为人类有机体中许多周期性现象的时间度量，与存活率密切相关。此外，积极或消极的事件也会影响生物周期现象，调节代谢时钟频率，从而在一定范围内提高或降低存活率。

借用时钟的隐喻，人类有机体可以被视为一个时钟商店，其中有两个主时钟——昼夜节律时钟和代谢时钟——以及许多附带的子时钟。生物体的老化可能涉及时钟工厂的去同步化，在这一过程中，通常同步的各种主时钟和从时钟会失调；振幅和周期也可以改变。越来越多的证据表明，随着年龄的增长，生物体的时间组织与死亡率和发病模式（睡眠障碍、体温调节能力下降、抑郁症和阿尔茨海默病）的发生之间存在着密切的关系。因此，测量老年人的同步程度可能是死亡临近的预测因素。

生物时间的概念

人类个体的生命可能被视为由单个生物钟或具有一个周期的个体生命周期所支配。这一时期的长度，即生命长度或寿命，反映了生物老化的速度，是生物时间最显著的特征之一。然而，作为一个变量，寿命的长短引发了两个严重的问题。第一，实际上在单周期的基础上来构建生物时间测量的时间尺度是不可能的。为了解决这个问题，生物学家们在种群水平上寻找了另一种可替代的生命长度变量，即死亡率，并将注意力集中在死亡的概率上。第二，生物时间必须参照特定的生物过程来定义。死亡概率不是一个生物过程，而是一个统计概念，生命长度变量最多反映了一个未被发现的生物过程。

鉴于上述情况，生物时间可定义为完成个体独立生物事件或过程所需的与物种相关的物理时间单位。换句话说，特定生物过程的生物时间尺度可以通过转换时序时间尺度来构建，从而使生物过程的变化速度变成生物时钟的时间变量。最近，有生理学家指出，生物体在整个生命周期内的代谢就是生物过程。应该注意的是，生物时间不仅是不可逆的，还具有与物理时间（客观时间）或年代时间（日历时间、时钟）相关联的非线性特征。图 1 反映出年代时间和生物时间的关系。

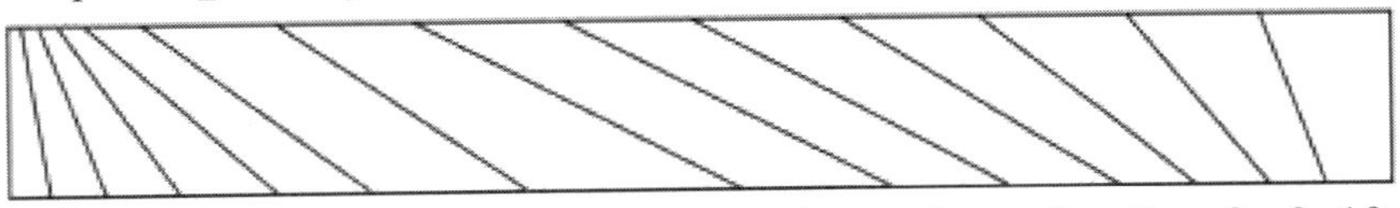

图 1　年代时间和生物时间比较示意图

注：更多生物活动（如新陈代谢变化）聚集在生命活动的前几十年中，而不是晚年的生物活动中。因此，生物测量杆在生命早期部分的长度似乎比其他生命时间对应的年代时间长。在生命的另一极端，则呈现相反的关系。

心理时间

时间觉知

英国切斯特大教堂的时钟上印着这样一段话："当我是个婴儿的时候，我哭泣、睡觉，时间在爬；当我成为小男孩的时候，我大声说笑，时间在走；当我成长为一个男人的时候，时间在跑；当我年龄更大的时候，时间在飞。"把它放在现实中来理解就是，时间随着年龄的增长会越来越快。这种观点指的是关于一段时间的觉知、意识或体验。时间觉知在这里是时间体验的总称，包括对时间的主观评判及对已流逝时间的解读。自从 1877 年保罗·珍妮特（Paul Janet）的研究成果出版以来，数项研究开始探索将时间的加速作为年代时间的函数进行量化。更广泛地讲，主要有以下三个发现。

第一，传统的心理学研究是建立在时间模式隐喻基础上的。这种隐喻意味着一种对时间的感觉接收系统，韦伯定律（我们感知的不是不同感受的差异，而是不同感受的速度差异）可以用来检验多种时间间隔的不同。有人提出，主观期限与年龄的平方根成反比，但在实践中发现了很多例外情况。最后分析结果显示，心理学方法没有足够成效。

第二，为了与生物钟类比，人们假设出内部心理时钟的概念。这种时间会随着不断增长的年龄、弱化的新陈代谢能力、下降的体表温度及酒精、巴比妥酸盐和其他药物的使用，有所减慢。相对来说，外在生物时钟看起来更快了，像魔法一样飞快，终将被忽略掉。这种时间上的倒退还可以认为：当一个人的内部时钟越来越快，与之对应的外在生物时间看起来便放慢了。当新陈代谢速度加快、体温升高（如发热）、咖啡因和迷幻剂等激素使用后，这种现象便会发生。一般来说，单位时钟内部变化越频繁，生物时间看起来更长（反之亦然）。这种内部时钟隐喻在一定程度上也解释了为什么时间对孩子来说过得很慢，随着年龄的增长，却过得越来越快：孩子的新陈代谢速率略高，体温也高于成年人。

第三，欧恩斯坦（Ornstein）1969 年在认知心理学领域介绍了一种时间信息处理方式，这种方法把时间变快的经历和一种事实关联起来。这种事实是，随着年龄的增加，人生中值得被存储在记忆中的新奇事件越来越少。对孩子来说，每件事物都是新鲜的，对老年人来说却没有那么多惊奇。时间觉知的认知方法是一个高度专业化的领域：时间估计模型用时钟表示，仅适用于 100 毫秒到 10 秒范围内的短期觉知。

总结长期记忆和短期记忆对主观时间体验的部分研究结果发现，不愉快的情绪与时间压迫感有关，相比之下，（外部）生物时间似乎过得很慢。然而，在愉快的情绪中，时间的紧迫性更低，因此相比之下，时间时钟似乎走得更快。

时间视角

根据圣奥古斯丁（St. Augustine）撰写的《忏悔录》（*Confessions*），有三种时间：过去、现在和未来。三者共同构成时间视角的基本要素，库尔特・勒温（Kurt Lewin）将其定义为个体在某一既定时刻关于未来和过去的观点的整体性。换句话说，个体的时间意识已延伸至过去或将来，这就产生了目前主观持续时间的问题。

根据威廉・詹姆斯（William James）的研究，心理上的现在，以往被认为是模糊不清的，但其实它有特定值域：它不是切割的边，而是类似一种鞍形，自身具有一定的宽度。个体可以坐在其上停留，通过它也可以看到时间的两个方向。有些报告称 20~200 毫秒是现在的最短持续时长，也有其他人提及 4~7 秒，后面这个结果与现代研究数据更为一致。另一个关于个体目前的特点是时间意向性，意思是说，现在不仅指向过去，那里有记忆中的个人世界；也指向未来，有关于个人的诸多期许。过去、现在和未来的时间界限如何相互关联可以这样表述：过去和将来都是对现在的一种假想重构式的解读。换句话说，过去和将来是基于现在一系列生活体验基础上的心理构建。

关于时间视角几个维度的重要性，已在研究中得到认同。时间导向的基础维度指的是个人思维中对过去、现在和未来的相关主导。最常见的维度是延伸，其基于生活事件及其发生的估算年龄，可以被定义为个体认为过去、现在、未来或整个存活时间的长度。根据这种理解，有人提出，随着年龄增长，个人关于未来的延伸是否会有所下降。研究证据表明，年龄增长并不必然导致未来缺失。关于时间觉知的实验研究指出，随着年龄增长，个体间的差异不断增加，个人对时间的觉知也更加复杂。

最后，多数关于时间觉知的研究建立在对生活事件及现实事件的预期年龄的详尽报告和细致解读基础上。这种概念化操作因其分析、编码、解读数据和关于时间觉知结论很难重复的方法论问题而受到非议。

心理时间的概念

时间觉知和时间视角可以被视为心理时间的两个基本维度，二者相互交织对现在的意识构成个体对于目前的时间感知。然而，心理时间的概念要复杂得多，包含时间觉知和时间视角的更多维度。例如，心理时间可以简单被定义为，完成心理学事件的年代时间单元（与生物时间类比）。这个简单定义进而被扩展成如下特征或方面：（1）心理时间可能以非线性方式度过；（2）心理时间的流向可能受内部或外部因素干扰；（3）通过将目前定格，开始与过去分离；（4）它可能以一种无因果关系的方式发挥作用。简单来说，心理时间的定义只能以维度、特征的方式给出。

然而，归根结底，以下心理时间尺度的概念最接近于心理时间的理想定义，即每个心理事件在个人历史和未来的绝对时间尺度上都有其独特的位置，它定义了一个有意识的目前，一个有意义的现在，同时也是一个开始和结局。

社会时间

社会时间的概念

物理时间、生物时间、心理时间的概念均是具有特定特征的相应时间尺度。然而，以一种可识别的定义来描述社会时间的特点非常困难，甚至是不可能的。社会科学中没有对社会时间的定义，甚至提示可能的社会时间定义也没有。充其量，社会时间可能被定义为完成社交活动所需的按时间顺序排列的时间单位。

值得注意的是，社会科学领域社会时间的术语使用频率很高，却不尽准确。社会学家和其他社会科学家所指的社会时间，与日历时间或社会现象的时钟并没有本质区别。换句话说，社会时间这个词，以及相关的辩证时间，只不过是物理时间这个基本概念的一种掩饰形式。

社会时钟

社会科学领域曾介绍过与年龄相关的不同概念。人类学家首次提出年龄分级的概念。年龄分级系统表明，所有社会都将时间分割成与社会相关的单位，这样有利于将日历时间转换成社会时间，尽管将日历时间聚类比将日历时间转换成年代（年龄）分层更接近物理时间尺度。

另一个与年龄有关的概念是年龄分层，即按时间顺序排列的年龄层在社会中起着组织原则的作用。在历史性事件的影响下，与年龄相关的社会角色可能发生变化，社会也以世代更替的方式在发展。年龄分层的概念强调，根据其出生队列的特点，成年人之间存在显著差异。另一个年龄分层的特点是，它强调将出生队列的影响放在整个社会的年龄结构中考量，这使得对进化的年龄变化和队列的历史差异作比较分析成为可能。

年龄分级和年龄分层是基于这样一种思想，即每个社会都拥有与年龄相关的行为的社会预期系统，社会成员从一个年龄阶段成长到另一个年龄阶段的时候，被这种社会预期或所谓的年龄内化。简言之，年龄规范构成了生命历程的脚本、时间表、日历或时间表，因此起着社会控制的作用。在这种背景下，社会老年学家伯尼斯·纽加滕(Bernice Neugarten)基于社会事件的时间节点发现一种更广泛意义上的社会共识，即个体在什么年龄上学、结婚、工作等，是被社会预期的。人们明白自己是“在点上”或“不在点上”，就像他们有社会时钟一样，如果他们“在点上”，他们会自我感觉良好，如果他们早或晚于“点上”，他们会感觉不好。

个体的事件时间与社会时钟的不匹配称为去同步化。一般来说，个体时间去同步化的程度越高，压力感就越大。近年来，社会周期模型得到发展，它强调各种时间节奏是各种社会行为的基础，它们之间的同步(或缺乏这种同步)对人类认知、社会互动、任务绩效、角色行为、生命健康和生活质量具有广泛而关键的影响。该模型的基础是引入周期的概念并将其作为生物时钟的组成部分。从社会学角度看，周期循环与诺嘉顿提出的社会时间或惯例的时间列表相对应，但也可能涉及交流行为、群体互动或工作效能。综上所述，社会周期模型提供一个框架，用于描述生物时钟、心理时钟、社会时钟的运行状态，三种时间彼此之间的耦合以及与外部步调(信号)的潜在互动，以及由这三种时间和人类行为节律产生的时间行为模式。

时间混合

年龄分级、年龄标准、年龄层次、社会时钟和社会时间的概念都是同一个时间测度即年代时间或物理时间的诸多形式，其中年代年龄(或日历年龄)尽管很复杂却仍是最常见的指标。年代年龄在发展和老龄化研究中常作为自变量或解释变量被引入。然而，年代年龄本身并没有太多解释力。这并不奇怪，因为许多自变量和因变量都用相同的日历时间表示，这是大多数时间混合的根源。精确地说，因为混合的时间参数问题，K. 华纳·沙依(K. Warner Schaie)1965年以三个互相依赖、客观的时间参数为依据，提出了综合发展模型。这个所谓的APC模型基于公式“基础年龄=时期(计量时间)-队列(出生)”，实现了在统计上将年龄、时期、队列影响分离的功能。然而，不论数据如何收集，仍存在三维混淆。值得注意的是，随后研究成果中指出，在发展或老龄研究中三维交织并非特别，更重要的发现是为解决APC问题或其他三维交织问题提出的严格统计上的分离是不可能的。

解决时间混淆问题最根本的方法是通过重新定义它的意义来摆脱时间本身。实证研究领域，心理学或社会学现象通过日历或时钟时间加以解释。通过识别归因于各种时间参数的含义，应该有可能解除一些混淆。沙依通过将历史时间和日历时间的队列效应从概念上区分，尝试解决APC问题。根本上说，他将队列重新定义为一个选择变量，表征了一组个体进入特定环境的共同入口点。

时期则被解释为一种事件密度的度量单位。这样，沙依能够将日历年龄作为队列或时期的混淆因素去除。

内部时间

年龄刻度

詹姆斯·E. 比伦（James E. Birren）曾经反复观察，年代年龄或出生后以日、月、年计量的物理时间对个体来说即使不是最重要的个人信息，也是最重要的信息之一。然而，年代年龄这个粗糙却有用的指标，对描述个体差异不够敏锐。基于此，比伦介绍了三种新的时间刻度，并将它们与年代年龄进行对比。第一个刻度是生物年龄，用于个体在有生之年对现状的判断。这种生物年龄的测量手段比只采用年代年龄预测个体生存余命更少失误。第二个刻度是心理年龄，指的是与年龄相关的个体适应能力，如觉知、学习和记忆等。就像个体可能比生物年龄年老或年轻，在心理学年龄上也是一样。心理年龄的测量与心理学年龄和周围环境高度相关。第三个刻度是社会年龄，用以测量个体在其文化或社会群体中扮演与其年龄相仿的社会角色或期望必须完成的社会行为和地位。个体年老或年轻取决于在其特定的社会或文化中，与年龄等级行为预期的实现程度。社会学年龄也可能与实际年龄有关，在某种程度上与心理年龄有关，而与生物年龄相关性较小。

功能性年龄刻度在产业组织中应用普遍，与生物年龄、心理年龄和社会年龄尺度也联系紧密，因此需要对其概念进一步解释。功能性年龄是根据个体适应环境的能力定义的年龄尺度，可以比年代年龄年轻或年老。个体在社会中日常生活的能力水平，通过一系列测量进行比较，这些测量包括生物、心理和社会年龄的相应操作。功能性年龄刻度曾因以下原因被强烈批评。第一，关于功能或功能性的概念有不同含义，可以指代职业功能年龄、生物医学功能年龄或社会功能的结构性组织。第二，功能性年龄的研究人员关注重点不同，他们或假设完整的年龄进程，或更倾向假设复杂的年龄进程和不同变量的综合，每种变量满足不同条件或否定不同标准。第三，存在两套准则，年代年龄和生命时长（个人生存极限）。最常见的方法是，应用多元回归分析预测年代年龄或生命时长。如最终判断标准是年代年龄，则功能性年龄测度没有如此有效，评估年代年龄则容易得多（正符合要求）。第二个判断标准，生命时长或个人生存极限，或直到死亡的个体存活时间，尽管目前仍缺乏结论性的研究证实，但更具前景。就目前而言，年代年龄是衡量健康人剩余寿命的最佳综合指标。

内部时间的概念

以上讨论分别从物理学、生物学、心理学和社会学等不同视角介绍了时间和年龄的不同含义。随之而来的问题是，这些不同概念能否被整合成一个更统一的概念，对现有全部（水平）生命体系均有效？理论生物学家罗伯特·罗森（Robert Rosen）尝试给出答案。他假设，任何既定体系都有其特有的动力机制（能量转换）以产生各自内部时间。意思是说，内部时间作为非线性动力系统自然产生的特性，以物理、生物、心理和社会的形式产生。通俗地说，内部时间取决于转换或变化的数量，这是动态系统固有的。因此，内部时间是一个自变量。

基于以上观点，我们认为，内部时间刻度由其自然产生的系统决定。就像任何动力过程如钟表运转一样，内部时间可以通过监视正在发生变化的一个状态变量来测量。这个内部时间的刻度单位就是状态变量经历变化的单位。例如，把蜡烛燃烧 1 英寸的时间记为原始时间，那么，当一根 L 长度的蜡烛燃尽，时间也就自然算出来了。对这个特殊的动力系统来说，时间的内在单位便是英寸。从数学角度看，当 $t=L$ 时，t 便是内部时间。这个时间的定义很好，有望实现多种目的。然而，它是具体的、固有的，因此也是绝对的。矩阵可以用来计算两个具有不同构成参数的两根蜡烛的内部时间的相对关系。这种比较是通过将一个计时设备提升为具有时钟时间 t 的标准时钟状态来进行的。

罗森基于热力学第二定律，提出熵时间度量制。这种观点认为，能量系统中存在的熵增加了（熵在这里被定义为被混合、被统一或随机处理系统的不同组成部分的联系程度）。熵时间度量将内部时间变化转换为标准时钟时间加以测量。这样，应该可以区分作为特定系统状态内在的、直接的内部年龄和外在的、普遍的和可逆的年代年龄。例如，两个系统处于时间对应状态，即用同一个内部时间度量，则处于同一个内部年龄。然而，虽然它们处于同一个内部年龄，却可能横贯外部时钟时间记录的不同时期，并因此具有不同的年代年龄。

内部年龄刻度

总体来说，内部时间和其他时间（生物的、心理的和社会的）之间的转换原则尚未明确。不过在生物系统中，熵时间度量可能与生物体的代谢有关，这种代谢与熵产生关联。鉴于熵的总变化率或个体的代谢率与其年龄之间的已知关系，定义人类受试者的代谢或内在生物学年龄量表是可行的。心理学系统定义内部年龄刻度不那么明显，但也可行。首先，所有心理事件以熵的形式构建。一般意义上，心理事件以信息的形式构想。然而，考虑到负熵（是负向熵或信息的测量方法）的概念，应该可以通过将从信息数据计算的外部熵流率汇入生命系统的熵方程来计算个体的内部心理年龄。同理，基于贝利（Bailey）的社会熵理论，也可以推断出社会系统的内部社会年龄。通过这三种内部年龄测量，发展出一套人类内部功能年龄刻度将不再困难，它将比年代年龄更好预测生存时长，并作为自变量和因变量替代年代年龄。

另请参阅：记忆。

拓展阅读

Boxenbaum H（1986）Time concepts in

physics, biology and pharmacokinetics. *Journal of Pharmaceutical Sciences* 75: 1053–1062.

Fraser JT (1987) *Time, the Familiar Stranger*. Amhurst, MA: University of Massachusetts Press.

Fraser JT and Soulsby MP (eds.) (1996) *Dimensions of Time and Life*. Madison, CT: International Universities Press.

McGrath JE and Kelly JR (1986) *Time and Human Interaction: Toward a Social Psychology of Time*. New York: Guilford.

Michon JA and Jackson JL (eds.) (1985) *Time, Mind and Behavior*. Berlin: Springer Verlag.

Ornstein RE (1969) On the Experience of Time. New York: Penguin. Richardson IW and Rosen R (1979) Aging and the metrics of time. *Journal of Theoretical Biology* 79: 415–423.

Schroots JJF and Birren JE (1990) Concepts of time and aging in science. In: Birren JE and Schaie KW (eds.) *Handbook of the Psychology of Aging*, 3rd edn., pp. 45–64. San Diego, CA: Academic Press.

译　者：任兰兰（河北师范大学）

校译者：张航空（中国人民大学）

视力

C. T. 夏尔法，D. W. 克兰 卡尔加里大学，卡尔加里，阿尔伯塔省，加拿大

词汇表

视敏度（Acuity）——眼睛辨识物体细节的能力，通常指静止的高对比度的目标。

年龄相关性黄斑变性（Age-Related Maculopathy，ARM）——由视网膜中央的感光细胞和神经元萎缩导致的视觉障碍，也称为与年龄相关的黄斑变性。

对比敏感度（Contrast Sensitivity）——分辨亮度差异的能力，通常指临近区域之间。

暗适应（Dark Adaptation）——在暗环境中视觉系统的感光能力增强。

青光眼（Glaucoma）——一种与年龄相关的视觉障碍，由于眼内压升高导致周围视野缺损。

光学介质（Optic Media）——位于眼睛前方的透明物质，可将图像聚焦于视网膜上。

老视（老花眼）(Presbyopia）——随着年龄的增长，晶状体对物体距离远近的调节能力减弱的一种生理现象。

视网膜（Retina）——位于眼后节的感觉神经结构，包含光感受器（视锥细胞、视杆细胞）和可将视网膜上的影像转换为神经信号的神经单元。

眼扫视（Saccades）——为了追踪某一目标，眼球的高速、弹道式的运动。

有效视野（Useful Field of View）——眼及头固定状态下的眼睛能够看到目标的区域。

引言

视觉系统的老化通常会让人们的日常工作生活变得困难，特别是需要在暗光线或对比度差的条件下完成的工作。上述变化部分由于眼睛的光学介质如晶状体的老化，部分由于视网膜、视觉通路和大脑的感觉神经系统的变化。而随着年龄的增长（45～55岁），感觉神经系统的改变较晶状体的老化更常见。

虽然远不如正常的视觉衰老常见，老年人罹患影响健康和活动力的严重眼科疾患也很普遍。研究提示，视力减退是人们最常见的恐惧衰老的原因之一。

视觉系统的老化

光学变化和视网膜成像

为了把图像投射在视网膜上，弯曲、透明、完整的巩膜加上眼前部的角膜起到了大约三分之二的作用。角膜会随着增龄适度老化。随着年龄的增长，角膜曲度会增加，使其折射能力增强，尤其是在水平轴向上，同时可存在散光。

瞳孔的主要作用是在最低的光线水平下尽可能使眼睛的聚焦深度最大化。其次调节进入眼睛的光量。随着年龄增长，瞳孔直径缩小，即老年性瞳孔缩小。这就使在同样的光照条件下进入老年人眼睛的光线较年轻人少。因为在弱光下瞳孔大小的差异较强光下更明显，老年人在弱光条件下较年轻人视力差。老年人的小瞳孔可以减少散光和光学相差，增加景深，从而增强视网膜成像的质量。

通过睫状肌改变晶状体的曲度可以改变其折射率从而使眼睛聚焦于不同距离的物体，这种能力称与为调节反射。调节反射随着年龄的增加会通过与年龄相关的晶状体硬化而减弱。年轻人的眼睛可以进行 18～20 度的屈光调整，到了 60 岁，基本上所有的调节能力均丧失。除非已经是深度近视眼，通常由于近视力的衰退（老视），老人看近物需要佩戴阅读眼镜、双光眼镜或三光眼镜。随着年龄增长，晶状体会变黄、变混浊，尤其是短波光（如蓝绿光）不易透过。

到 60 岁，老人的视网膜能接受的光线为 20 岁年轻人的约三分之一。损失的光线中三分之二被小瞳孔阻挡，另外三分之一被混浊的晶状体阻挡。晶状体的老化也会引起散光，导致在强光照射下更觉刺眼，比如夜间驶来的车辆的前灯。

随着年龄的增长，老年人可以通过佩戴矫正透镜来纠正成像过程中的问题，如远视和散光。远视是指晶体聚焦与眼球长度不匹配，导致近处的物体看不清。大规模的流行病学研究显示远视发病率随年龄增长而升高。还有研究提示女性远视的发病率较男性高。相反，近视的发病率会随着增龄而降低。

散光的原因是眼睛的焦距不规则，通常是因为角膜的屈光能力在不同的方向（即轴向上）不一致。散光的命名取决于在哪个轴向上眼睛的屈光能力最强，能得到最清楚的影像。如果眼睛的最大屈光能力在垂直方向上，称之为顺规性散光；在水平方向上则称之为逆规性散光；介于两者之间的称为斜向散光。流行病学研究提示，近年来无论是在男性还是女性人群中，散光的发病率及严重程度都在升高，且逆规性散光和斜向散光的发病率在逐渐升高，顺规性散光的发病率在逐渐降低。这些变化可能反映了与年龄相关的角膜水平曲率的增加。如果没有适当的圆柱透镜的矫正，散光的老年人看垂直方向的物体会有困难。

视网膜老化及对光线的反应

衰老会导致明显的视杆细胞丢失，视杆细胞是视网膜外周主要的光感受器，主要负责暗视力。视锥细胞是高光条件下调节精细视觉和颜色感知的受体，集中在视网膜的中心区域（黄斑）。后者的数目不像前者那样明显受年龄的影响。与视杆细胞及其视网膜支持细胞数目的减少一致，随着年龄增长，暗视力的下降速度大约是高光条件下视力下降速度的两倍。暗视力，是指在暗光条件下的视觉敏感度。由于视锥细胞和视杆细胞能够再生，老年人视力下降进展缓慢。光觉感受的神经通路起源于由双极细胞、无轴突细胞和水平细胞共同组成的视网膜神经网络，神经信号传导至视网膜神经节细胞，进而通过视神经传入大脑。有研究证明，视网膜黄斑区的视神经节和轴突细胞数目会随着增龄显著减少。这些神经解剖学的变化与视网膜电生理反应的下降一致。

视觉通路和大脑

视神经将视觉神经信号从视网膜传递到丘脑的外侧膝状核（LGN）（丘脑视觉信息的中继站），从这里再传递到初级视皮质（V1）。在正常老年人大脑中，LGN 及 V1 中的神经元的密度和大小改变不大。即便如此，有研究证明还是存在功能上的缺陷，包括视觉传导减慢、追踪快速移动物体能力下降和皮质细胞极性的丢失。神经系统的化学变化，突触组织结构的变化，皮质细胞内抑制能力的下降或视神经的脱髓鞘病变可能可以解释上述改变。这种神经系统的变化可能有助于解释纹状区高级视觉功能的下降。即使没有明显的细胞数目的减少，成像研究显示负责处理高水平视觉的外纹状皮质区域功能还是有所下降。

色觉

某些特定的眼科疾病，如白内障、老年性黄斑变性等，会出现严重的色觉障碍。随着年龄的增长，健康老年人的颜色辨别错误呈中度线性增加。这种错误更多围绕所谓的蓝—黄轴出现，而不是红—绿轴。这意味着典型的老年性色觉障碍是对含蓝、黄色的色彩的识别障碍，尤其是在暗光条件下。这种异常多半是由于晶状体的老化、变黄变暗。对光学三原色（红、绿和蓝）辨别能力的老化亦导致与年龄相关的色觉障碍。

与年龄相关的色觉障碍往往会影响老年人的日常生活。老年人常觉得颜色不够鲜艳、饱和度不够，按照颜色进行辨别变得困难（比如分辨药瓶），尤其是在昏暗光线下。

眼球的运动

三组眼外肌使我们能够转动眼球来优化视觉功能，包括注视和敏锐度、平衡和注意力的分配。有一些眼球运动是反射性的，另外的则是目标导向性的。在老年人群中研究较多的是平滑追踪和扫视。

平滑追踪，顾名思义就是眼球追踪移动物体的平滑运动。扫视是眼球为了注意某一目标而进行的一种弹道式的高速运动。老年人的平滑追踪速度较慢，导致快速移动的物体成像模糊。扫视的潜伏期延长且准确性下降，尤其是在干扰物出现和向上运动时更是如此。以下会详述关于扫视的近期研究。

扫视是受周围环境变化（如闪光）的刺激引起的眼球运动。在所谓的反扫视实验中，观察者被要求让眼球向刺激相反的方向移动。这要求观察者抑制其反射性扫射。一些研究发现老年人更容易犯错，且反应更慢。目前仍在继续研究这是否反映了老年人对眼球运动缺乏抑制性控制或是因为遗忘了对眼球运动的控制参数。

扫视是一种独特的刺激，即使观察者知道它们与任务无关。应用所谓的眼动捕捉技术，可以捕捉到眼球对外界环境的变化做出的粗略反应。研究显示，老年人和年轻人在追踪单一干扰物时，显示出相同的眼动反应。

干扰准确的执行扫视的眼球运动的因素并不唯一。扫视平均，也被称为重心效应，即当扫视完成达到预定目标后被拉向邻近物体。老年人表现出更明显的扫视平均，原因是为了看清楚目标需要反复的、更小幅度的眼球运动。因此，如果需要快速准确的扫视，应该减少视觉干扰。

视觉功能

空间视觉

在对空间视觉的研究中，最多的是视敏度，即可被有效分辨的最小细节，通常是高对比度的目标或视力表上的字体。在最佳的观察条件下，人类的视敏度可以达到 0.5 角分；一般条件下，年轻人的视敏度可达到 1 角分，对应的是 20/20 视力（即正常视力）。佩戴合适眼镜的老年人到 60 岁通常也能达到 20/20 的正常视力，此后视敏度才会下降。因为调节能力下降，年龄差异在近视力方面更明显。另外，视敏度在弱光条件下会更差。对比敏感度是一个更复杂的空间视觉指标，即对粗、中、细不同细节亮度（比如空间频率）的微小差异的敏感性。对人类来说，在日光条件下，对比敏感度最高在每度视角大约有 3~5 个周期。在相同的条件下，相应视敏度的高频截止频率约为 30 次/度。

即使佩戴合适的校正眼镜，老年人仍然有明显的对比敏感度（CS）的下降，尤其在中、高空间频率条件下。在低亮度条件下，在低空间频率也会出现对比敏感度的下降。与年龄有关的对比敏感度变化似乎并不是由光学像差引起的，而是与视网膜照度水平的变化和神经完整性的下降有关。有趣的是，最近的研究表明，对比敏感度随着年龄增长而出现的下降可以预测以后的视力下降。

空间视觉的另一个作用是感知深度，它对包括行走、抓取和避免碰撞在内的多种行为都是至关重要的。有许多手段，包括环境（例如质地变化）和生理（例如立体视觉），都被用于深度的感知。有研究表明，老年人不太可能利用双目视差来判断近距离的深度，但在这方面的研究不多。

人类的空间视觉已经进化，所以当物体在视网膜的凹部（即中央部分）被成像时看起来最清楚。然而，从周边视觉中能够获取大量重要的视觉信息。这些信息被用来指导眼睛的运动和注意力，促进对深度和运动的感知，并保持身体的平衡和姿势的稳定。传统的周边视觉功能的检测通常是在空旷的视野中给一个小目标物（例如发光的光源）来评估一个人的视野。静态视野从大约 180 度减少到 140 度，但这可能是由于周边亮度较低。也许更重要的是与年龄相关的有效视野（UFOV）的变化。UFOV 指的是在杂乱的场景中进行外围图像处理的能力，通常是当注意力被分散在多个任务上时。UFOV 通常与任务有关，而与传统的测量得到视野大小关系不大，往往可以预测其日常生活能力，如驾驶。目前的研究集中在 UFOV 与年龄相关的下降是否能用视敏度的下降来解释，还是目标多处在外周上。

超视力包含一系列视觉任务，比如相对位置、运动或形状的识别，这些任务的阈值可以低到几秒弧度。这种精度超出了眼睛的光学分辨率及视锥细胞大小和密度的限制，而由光感受器神经信息汇集在较高神经通路水平控制。因此，超视力检测多为测量与年龄相关的感觉神经系统的改变，而不是由于光学损失造成的影响。

与动态任务（例如振荡运动识别）相比，静态超视力（例如游标视力）的年龄差异往往较小。游标视力是指清楚区分两个或多个目标的能力。当目标被分离开而不是相邻时，也被称为外推视力。日常的例子包括阅读温度计或使尺子与边缘对齐。虽然大多数研究表明，衰老对游标视力或外推视力的影响很小或根本没有影响，但最近也有一些研究发现这种能力会随着年龄的增加而有所下降。

在关于动态超视力的年龄差异的研究中，结论基本一致：即使在同样的静态视力检测中没有看到年龄差异，但老年人中区分静态目标所需的最小距离仍有增加。

处理视觉事件：对时间和运动的敏感性

测量视觉系统跟踪快速变化目标能力的传统方法是测量临界闪烁频率（CFF），即一个明亮的脉冲光片出现稳定的而不是闪烁的最小频率。直到 60 岁左右 CFF 阈值随年龄增长而逐渐下降，此后下降得更快。这种变化很大一部分是由于随着增龄眼睛的光学介质和瞳孔的变化造成视网膜接受光线的能力降低。此外，视觉神经系统的老化导致时间分辨率降低，也是 CFF 阈值随年龄下降的原因之一。

最近的研究应用时间对比敏感度函数（tCSF）来测量老化对闪烁灵敏度的影响，是因为 tCSF 比 CFF 能更全面地评估视觉系统的时间敏感性。作为空间 CSF 的时间模拟，tCSF 是通过改变宽频率范围内的平均基线亮度水平附近的一个在 2~5 度范围内的小的亮度变化（例如对比度）来进行。增龄对 tCSF 影响的初步研究表明，随着年龄的增长闪烁率增加。整体功能左移，闪烁率减低，提示视觉能力速度下降。然而，随后的研究提供了证据表明这种改变是由视网膜光照减少所致。控制上述因素，大部分的年龄差异被消除，其余的被归因于视觉通路敏感度的降低。

老年人在近阈值条件以下不太可能检测到运动的起始、方向和运动的平面及速度上的差别。然而，对远高于阈值的刺激，在检测单向“跳跃”式运动时，不同年龄个体似乎无差异。此外，至少在相对简单的观测条件下，不同年龄个体在超阈值速度上对主观速度的估计没有差异。

对移动物体的视觉反应可以通过先前的暴露来启动。与瀑布错觉等方向敏感的运动现象相比，视觉反应的启动是一种感知的增强，如果启动刺激与触发刺激的方向相同则更容易被看见。老年人的二维（2D）和三维（3D）视觉感知能力较年轻人弱，精神生理学和影像学研究表明，这可以用视觉皮质中颞区的时间敏感性变化来解释。

运动视差是指当我们在一个静止的环境中移动时，当我们注视某一固定物体时，视网膜图像移动的速度与固定物的距离成反比。单眼条件下视差对深度的感知非常重要，在三维视觉的形成中也起着至关重要的作用。虽然老年人能够运用视差来调节深度知觉，但他们在通过视差识别三维形状方面的能力有所下降。

由几个来源（例如眼外肌和大脑）产生的信号帮助我们保持运动的真实感觉。然而，在某些情况下上述机制可能失灵。费勒恩错觉（Filehne illusion）指的是静止物体似乎在向眼球相反的方向运动。奥伯特—弗莱谢尔效应（Aubert-Fleischl effect）现象是指当人眼平稳地追踪某一物体时似乎移动得更慢。老年人与年轻人具有相同的奥伯特—弗莱谢尔效应，至少在追踪低速目标时，两者间不存在差异。然而，对短暂的刺激，老年人的费勒恩错觉会减弱，造成这一现象的原因尚不清楚。

生物运动是指人类的运动模式，如行走和跑步等。尽管这一领域的研究不多，但老年人也能够准确地感知生物运动如步行，即使运动时间短到仅为 0. 25 s，且运动物体偶尔被遮挡时也是如此。

另一重要的涉及运动感知的指标叫接触时间（TTC），它是指对相对运动的两个物体相遇所需时间的主观估计。显然，在开车的时候 TTC 的判断对避免碰撞很重要。有研究显示，老年人总是对 TTC 的预判延长，这种反应会降低他们发生事故的风险。然而，老年人似乎对是否会发生碰撞的判断不太准确。目前尚不清楚这两种趋势是如何影响老年人的安全驾驶过程的。

最后，我们有理由质疑衰老会影响人在运动中感知的能力。传统上有关动态视力的研究发现，老年人在看高速运动的目标时视力有所下降。动态对比敏感度也与年龄呈负相关，特别是在高空间频率的情况下。虽然不同年龄人群的平滑追踪能力的差异可以解释这些现象，但在高对比度/亮度条件下不同年龄人群视力的差异表明主要原因在于光学介质随年龄的老化。

注意力

可以将注意力看作是为了完成某项任务而关注相关的物体、位置等的能力。它可以由某项刺激驱动，比如当我们关注一个响亮的声音或目标时，或是当我们有选择性地关注一个标牌以试图找到一座办公楼时。日常生活中大多需要短暂的注意力。一般来说，为了挑选一件衬衫我们只需要短暂的注意一下衣橱即可。但还有一些场合，比如开车的时候，我们必须在较长的时间里保持专注的状态。

研究选择性注意力的年龄差异常采用图像搜索，通常在复杂且杂乱的场景中执行，其中包含大量干扰信息。在执行图像搜索任务时，随着干扰的增多、任务的复杂，人的反应能力下降且更容易出错。但在某些情况下，例如任务中的目标有一个明显的共同特征，或者人们事先经过大量的练习时，对图像搜索的能力与任务的数目无关。

有大量的研究数据及实验证实老年人执行图像搜索任务的能力下降。下降程度会随着任务难度的增加而增加，特别是当搜索的对象复杂且有大量类似的干扰物时。尤其是当搜索的时间有限，或者目标在外周，或是同时需要执行其他任务时。上述条件下的老化效应通常表现为反应时间的相应增加，反应迟缓。

也有许多注意力方式不随年龄变化。老年人对相对简单的选择没有困难，如方向感、颜色、运动方向和深度的判断等。他们还能够尽可能地利用信息来协助寻找目标。此外，他们似乎在完成简单搜索任务方面与年轻人没有区别，他们似乎能够更灵活地调整任务并应用一些高级规则来帮助完成搜索任务。

如果目标规律而频繁地出现，要求观察者能够维持相对较短时间的注意力即可。相反，如果目标不经常出现，更需要警惕性或持续的长时间的注意力。大多数有关老年人警惕性的研究表明，整体警惕性或警惕性下降无年龄差异，但会随着任务时间的增加而下降。有迹象表明当事件发生率高、视觉质量差时，老年人更容易出现警惕性下降的问题，但结论并不一致。最近的一些研究表明，警惕性的年龄差异可能会出现在日常活动中，如驾驶。在要求持续保持注意力的任务中，缺乏抑制性控制、目标维持或任务切换方面的研究数据。

与年龄相关的视觉障碍

随着年龄的增长，致残性视力疾病的患病率会升高，在 65 岁之后升高更为显著。视力残疾包括两种水平：低视力和法定失明。低视力是指严重程度足以干扰日常生活的视力下降。通常定义为最佳矫正视力水平介于 20/40 和 20/200 之间。法定失明被定义为好眼睛的矫正视力等于或小于 20/200 或好眼睛的视野小于 20 度。流行病学研究表明，在美国低视力或失明影响超过 300 万 40 岁以上的成年人，且随着老年人口比例的增加，未来这类疾病的发生率将增加。与年龄相关的视力下降可以由于原发的眼病引起，或者继发于其他老年疾病。老年人最常见的影响视力的四种疾病包括：白内障、老年性黄斑变性（ARM）、青光眼和糖尿病视网膜病变。

由于晶状体混浊导致的白内障是老年人视力下降最主要的原因。白内障在老年人群中非常普遍，美国近70%的成年人在80岁前罹患有临床意义的白内障。通过吸收和散射光线，白内障降低了图像的亮度和对比度，从而损害视力，影响对颜色的辨别能力、对比敏感度，增加对眩光的敏感性。除年龄外，白内障的危险因素包括阳光暴露、类固醇药物的使用、既往眼内手术、吸烟和糖尿病。幸运的是，白内障患者很容易接受手术治疗，以人工晶状体（IOL）取代混浊的晶状体。

ARM是发达国家老年人不可逆的致盲的主要原因，导致中枢性视力丧失。虽然具体的原因尚不清楚，但主要是视网膜色素上皮（RPE）和支持其代谢需要的布鲁赫膜发生改变而导致的光感受器丢失。“干”性的或早期的ARM会导致视力下降，晚期则会导致严重的视力损失。晚期的ARM同时伴有易断裂的、易渗漏的视网膜新生血管增生时，被称为渗出性或“湿”性ARM。尽管激光光凝、光动力或抗氧化治疗可能会减缓新生血管的形成，但无法扭转视力的丧失。ARM造成的视力、色觉和对比度的严重丧失会损害患者最基本的日常生活能力。

青光眼是一种由于视神经损害逐渐丧失周边视觉的进展性眼病。虽然有明显的个体差异，但青光眼通常与眼压升高有关。它包括两种类型，均与睫状体持续产生的房水积聚有关。在开角型青光眼中，房水不能通过施莱曼管排出前房。在闭角型青光眼中，虹膜与晶体的脱垂阻止房水从睫状体循环到前眼。往往直到进展至晚期，患者才知道罹患了青光眼。除了视野变小，即“管状视野”，青光眼还会导致对比度、夜视力、运动感知和色觉的丧失。盲区会逐渐增大并最终导致完全失明。需要有效的周边视觉的任务，如行走、躲避障碍、驾驶等，在疾病早期就会受到影响。中度青光眼往往对减少房水产生或增加其流出的药物反应良好；闭角型青光眼可以通过在虹膜上开一个小洞（虹膜切开术）以平衡虹膜两侧的压力来进行治疗。

糖尿病视网膜病变（DR）是导致美国65岁以上老年人失明的第四大原因，是由于糖尿病引起的视网膜血管病变。通常起始阶段，DR有视网膜毛细血管的水肿和渗漏，影响了视力。有少数人上述变化可以迅速进展为新生血管并出血至玻璃体中，导致视网膜瘢痕形成，甚至视网膜脱落。这种情况更易发生在需要胰岛素治疗的患者中。DR所造成的视力、颜色辨别和对比度、暗视力和视野的下降会导致患者日常工作生活变得非常困难。除了治疗原发的糖尿病，可以用激光来封闭血管的渗漏。必要的话，可以进行全视网膜光凝术来降低视网膜的整体代谢需求，以减少新生血管的形成。

低视力和失明会影响工具性日常生活活动（IADL），如处理财务、购物或服用药物，甚至会影响洗澡、吃饭、穿衣等日常生活活动（ADL）。在帮助低视力患者时，在治疗他们的视觉损失的同时，要尽量帮助他们适应这种情况。例如，视觉功能可以通过使用光学辅助设备、良好的照明、大字体印刷材料和简化的楼层平面图等方式来改善，可以在楼梯的边缘用高亮度的条带进行标记。加强社会服务，促进同伴和家庭支持，结合心理社会和康复计划以帮助减少患者的孤独感，并提高整体生活质量。

日常生活中的视力

与年龄有关的视觉疾病，如青光眼和ARM，往往会对一个人的活动能力产生很大的影响，如散步、阅读、驾驶及从事各种工作和活动。即使没有视觉疾病，老年人也常出现日常工作中的视觉问题，比如驾驶和上网。他们的主诉往往非常准确地反映问题且与实验室和临床研究的结果一致。

在过去 20 年中进行的调查研究了健康老年人在驾驶等日常活动中的视觉问题。事故出现多与事件发生得太快有关，又加上老年人的反应能力、搜索能力、处理突发事件的能力、光敏感性（例如昏暗的显示器和眩光）均出现下降并存在近视。研究发现老年司机的驾驶习惯有变化，例如，老年人一般会减少驾驶距离，尤其不愿在夜间、恶劣天气、高峰时段、高速道路和不熟悉的道路上驾驶。老年人的自我报告也符合对老年司机出现事故原因的分析，其中多与并线、让路和十字路口协商先行相关。当然，前面总结的许多视觉功能的变化都与驾驶能力有关，包括动态视力和对比敏感度、眩光恢复、周边视力、运动和深度知觉及视觉注意力。不幸的是，除了少数例外，例如在UFOV 的研究中（参见“驾驶行为”），试图利用视觉功能检测来预测老年司机的事故发生率的尝试并没有取得成功。因此，对有风险的老年司机来说，是否予以驾驶执照仍然是一个需要研究的问题和政策上的挑战。

老年人是互联网用户中增长最快的群体。他们利用互联网与家人和朋友交流，规划活动，发展兴趣，获取健康信息，并寻求心理社会支持。研究表明，上网可以提高个人能力，建立社会支持，减少抑郁和孤独感。尽管如此，粗略的检查也会发现网络使用存在问题，与年龄相关的视觉功能的下降与糟糕的网页设计共同作用，很容易让老年人犯错并感到沮丧。少量但越来越多的文献表明，老年人在字体太小和样式欠佳、颜色使用杂乱的页面中浏览、查找链接、从“丢失的链接”中恢复及进行一般导航方面都有困难。关于网络性能与视觉功能的关系的经验性研究较少，很多机构也提出了减少网络资源对视力的要求，使老年人能够更方便地获取网络资源的指导方针。在未来几年里，重要的是评估这些指导方针的实用性，并奠定强大的实证基础来直接测试个体差异变量和设计特征对老年人使用这些重要工具的影响。

另请参阅：驾驶行为。

拓展阅读

Attebo K, Ivers RQ, and Mitchell P (1999). Refractive errors in an older population. *Ophthalmology* 106 (6): 1066–1072.

Brabyn JA, Haegerstrom-Portnoy G, Schneck ME, and Lott LA (2000). Visual impairments in elderly people under everyday viewing conditions. *Journal of Visual Impairment and Blindness* 94 (12): 741–755.

Eye Diseases Prevalence Research Group (2004). Causes and prevalence of visual impairment among adults in the United States. *Archives of Ophthalmology* 122: 477–485.

Fozard JL and Gordon-Salant S (2001). Changes in vision and hearing with aging. In: Birren JE and Schaie KW (eds.) *Handbook of the Psychology of Aging*, 5th edn., pp. 241–266. San Diego, CA: Academic Press.

Haegerstrom-Portnoy G, Schneck ME, and Brabyn JA (1999). Seeing in to old age: vision function beyond acuity. *Optometry and Vision Science* 76 (3): 141–158.

Jackson GR and Owsley C (2003). Visual dysfunction, neurodegenerative diseases, and aging. *Neurologic Clinics* 21 (3): 709–728.

Kline DW and Scialfa CT (1996). Visual and auditory aging. In: Birren JE and Schaie KW (eds.) *Handbook of the Psychology of Aging*, 4th edn., pp. 181–203. San Diego, CA: Academic Press.

Schieber F (in press). Vision and aging. In: Birren JE and Schaie KW (eds.) *Handbook of the Psychology of Aging*, 6th edn. New York: Elsevier.

译　者：张瑞华（首都医科大学附属北京同仁医院）

适应

S. K. 惠特伯恩 马萨诸塞大学安姆斯特分校，马萨诸塞州，美国

词汇表

适应（Adaptation）——通过使用应对策略，在一段时间内保持对自我认知一致性的能力，这有助于提高个人的情绪状态，并为个人提供可行的方式，使其做出实际的改变，以弥补生理和心理功能的损失。

胜任适应模型（Competence Adaptation Model）——当个体的功能能力与环境中呈现的刺激和挑战程度相匹配时，理论上会发生最佳适应的模型。

防御机制（Defense Mechanisms）——情绪调节策略，个体通过这些策略试图最小化焦虑的感受。

认同过程理论（Identity Process Theory, IPT）——将身份概念化为生物—心理—社会实体的理论，该实体包含个人在生理、心理和社会功能领域中遇到的自我表征和经验。

引言

探索垂暮之年满意性适应的关键以心理学和社会老年学的突出成果为基础。一些早期关于晚年个性和社会发展的研究回应了这个极其复杂的议题，即试图确定个人衰老的"最佳"或"最成功"的方式。这些经验性尝试涉及对不同人格类型的描述，这些人格类型对衰老过程的处理方式各不相同，从"脱离"到"主动"。老年人对衰老过程采取被动或主动的方法是否有益于老年人，成为老年病学专家之间相当大的争议和辩论的试金石。一个现今"名誉扫地"的老化理论——脱离理论，认为老年人面对不可避免的死亡时，会逐渐转向内在的专注，而这种内在活动是一种心理适应。即使这个理论缺少支持，却依然有文献坚持认为，随着年龄增加，个体会更加专注于他们的内心顾虑，更少地专注于他人。

关于个性的激烈改变是对老龄化的回应这一观点并没有得到研究的证实。相反，老龄化带给个性的挑战适应于个人性格的观点正在被认可。从这些角度来看，成功地适应衰老过程，涉及随着时间的推移保持对自我的一致看法的能力。此外，个体必须调整由年龄增长而带来的生理改变：正在增加的慢

性病健康问题，社会和社区角色的改变，以及最后日益接近的死亡。上述调整是受使用的应对策略推动的，这些策略可以增强个体的情绪状态，并为个体提供可行的方式来做出实际的改变，以弥补生理和心理功能方面的任何损失。

在如今的研究中，一方面当代研究人员正在努力寻找适应老龄化过程所带来的需求和挑战的最佳途径，另一方面也在努力研究增加晚年抑郁反应风险的因素。

人们认识到，成年后期的适应反映了一个“生理—心理—社会”过程，反映了贯穿个体一生的生理驱动、心理驱动和社会驱动的多维度影响。

成年后期的应对和适应

这些出现在老年人身上的适应性需求可以被视为对个人应对能力的挑战。应对的认知模型将应对定义为威胁感知。在晚年生活中，这些威胁可能来自以下相关事件：丧亲之痛、健康状况不佳、被照料和护理、对衰老的恐惧、对个人安全的风险、对自尊的威胁以及死亡后生命的不确定性。这些威胁往往是长期性的。而相应的应对办法可以采取两种形式之一：在以情绪为中心的应对方式中，个体会改变对压力情境的感知；相反，在以问题为中心的应对方式中，个体采取旨在改变情形本身的行动。被动的、以情绪为中心的应对策略似乎是应对压力不太成功的老年人的特征。这些策略包括自责、一厢情愿、回避、幻想以及沉溺毒品和酒精。不幸的是，人们往往将这些轻微的短期症状归因于衰老，导致他们采取更加消极和被动的应对策略，而正是这些策略最终进一步损害了他们的健康。

相比之下，成功的老年人使用积极的、以问题为中心的应对策略，包括运动和体育娱乐，与他人互动以获得社会支持，通过参与社会团体和学习新技能保持忙碌。成功的应对者认为自己能够掌控自己的经历，积极看待自己，对压力源采取对抗、乐观和自立的态度。在慢性病的情况下，他们接受受制约的现状，但仍然在生活中寻找新的可能性。因此，积极的、以问题为中心的应对方式似乎与日后应对逆境有着积极的联系。然而，这种应对方式并不一定涉及密切的自我审视、内省或深入的生命回顾过程。对过去生活的积极定位（基于与家庭的关系和对过去成功的关注）可能有助于老年人更积极地看待未来。对一些人来说，祈祷可能被证明是一种有益的应对策略，可以让他们感觉自己能够控制与健康相关的压力。

防御机制，即个体试图将焦虑情绪降至最低的情绪调节策略，与帮助个体管理压力的应对策略密切相关。防御机制和相关应对策略的年龄差异是两项代表性调查的重点。一般来说，老年人通过使用被认为是“成熟”的防御机制来控制消极情绪或试图正确看待情况，从而能够更好地管理自己的情绪。同样，在应对策略上，老年人比年轻人表现出更少的自我毁灭或情绪化反应的倾向。年龄越大的人越有可能试图了解情况并找到一种解决方法，通过以问题为中心的应对方式和其他策略，如抑制他们的负面情绪或疏导这些情绪并把这些感受转化为生产活动。年轻人，包括青少年和年轻的成年人，更容易对心理要求高的情况做出反应，表现出与他人作对、将愤怒投射到他人身上或回归到更原始的行为形式。与这些发现一致的是，1971—1994 年对 2 800 多名成年人进行的纵向研究表明，衰老与负面影响的减少有关。

在防御机制和应对策略的研究中也出现了一致的性别差异。不管年龄多大，女性更容易避免不愉快或压力大的情况，在事情出错时责备自己，并寻求他人的支持。男性更倾向于将自己的感受具体化，并使用反应形式。

应对策略的选择存在显著的种族和文化差异。那些非洲裔的美国老人已经拥有在压力时期长时间的预演经历，能以更加灵活的方式去寻求帮助，以至在某些方面有更好的准备去处理压力。而且，很多非洲裔美国人族群已经经历过一辈子的贫困和不幸，更有可能处理不确定性。可是，他们也可能面临额外的需求，加大他们对适应性资源的消耗，例如，在他们成为孙辈的照顾者时。

尽管他们可能拥有强大的支持网络，但当他们必须承担这一角色时，他们在经济上已不堪重负，因为他们中的大多数人生活在贫困线以下。尽管如此，非洲裔美国照料者作为一个群体，尽管他们经历了经济和身体上的压力，但他们的抑郁水平和照料者负担也低于白人照料者。相比之下，拉美裔和亚裔美国人的看护者比白人看护者报道出更高的抑郁水平和沮丧状态。除了据报道的情绪状态外，所有种族和少数民族照料者的身体健康状况都不如白人照料者，这表明缺乏资源和孝顺感最终造成的损失更大。

另一种适应压力的策略涉及社会比较过程，这是一种机制，可以用来评估一个人在与年龄有关的变化方面的定型个人位置的立场。老年人可能会利用社会比较的办法来帮助自己顺利度过潜在而紧张的转变期，例如不得不重新安置居住地。从这个意义上说，对老龄化带来的变化的刻板看法可以在适应过程中发挥作用。这种老龄化观点可以提供一套“规范性”经验，个人可以比较和接受自己的经验。

此外，这种陈规定型的老龄化观点也提供了一个能保护他们幸福感的缓冲器，可以保护一个人的幸福感，因为相比之下，一个人的实际经历会显得更加成功和适应。社会比较的结果是，老年人能够保持甚至扩大他们的生活满意度，即使他们经历了与年龄相关的功能变化。

宗教在适应困难的生活环境方面也发挥着作用，是许多老年人的另一个重要应对资源。通过参与社区宗教活动，个人可以获得重要的社会网络资源，并接受对其作为社会贡献成员的角色的验证。信仰宗教的价值观和教义也能为个人提供内在力量源泉和人生目标感。当站在更高的人生目标的角度去看待健康问题和家庭成员问题时，老人在这些方面的负重感也会得到缓解。

似乎，成功的老年人找到了调整应对策

略的方法，以减少他们在日常生活中遇到的压力。他们还利用“要么使用，要么失去”的原则，找到了补偿与正常衰老过程相关的生理和心理变化的方法，这些变化可能会干扰日常活动和成功应对环境压力的能力。这些代偿性活动可能包括定期和持续地参与体育锻炼，尝试智力激发，以及自愿使用商用假肢、适当的助听器和眼镜。由于“应对”的概念所暗示的仅仅是对外部所产生的事件的回应，一些老人超越这个“应对”的概念，他们通过不断寻找新的学习机会和参与周围的世界，实现个人成长和发展的新水平。甚至，那些拥有一辈子压力处理经验的老人们发展出了独特的优势去帮助自己处理老龄化进程。

适应环境

在理解如何适应与晚年生活相关的变化时，还必须考虑到物质环境和社会环境的特性。个人的适应与环境的特性相关的理论模型指出，个人特征与环境需求之间需要匹配或“适合”。在这些人与环境互动的方法中，最著名的可能是胜任适应模型。在该模型中，当个体的功能能力与环境中呈现的刺激和挑战程度相匹配时，理论上会发生最佳适应。人与环境匹配的另一个方面涉及个人动机和需求与环境“压力”的匹配。根据这一模式，高度需要自治的个人将在促进和支持个人独立的环境中得到最佳调整。如果这种环境助长依赖，个体的适应能力就会降低。换句话说，主动使用个人资源比被动地对环境的需求做出反应更能带来幸福。这种动态的相互作用影响着情绪或身体层面的适应。此外，如果没有对独立、自主行为的刺激或强化，个体很可能会进入加速老化和依赖的恶性循环。

适应生理和认知的改变

与衰老相关的身体和认知上的变化需要个体拥有适应环境的能力。由于衰老会对人们的行动、社会互动和日常决策产生消极的影响，个体对环境的适应能力也会因此下降。这种适应能力的下降会在日常生活中产生更多的困扰，因为个体发现自己更难完成日常工作。个体适应力的下降对“自我效能感”的影响同样值得关注。长期以来，心理学家认为自我效能感在自我意识和自我认同中起着主要作用。如果个体在衰老过程中感到处理日常工作的能力下降，他便会在自尊感与自我效能感方面受挫。此外，自我效能感的下降甚至丧失会随着时间的推移影响个体的稳定性和连续性，因为个体不得不重新定义自我——自己的能力和之前相比已经大打折扣了。社会上人们对衰老消极态度的不断累加，进一步导致个体在“有能力”和“有价值”这两点自我认知上，受到潜在的不良影响。所有的这些改变可能会体现在一系列心理病症与自身能力的下降上，与此同时，个体会开始屈服于衰老的必然性并在这样的状态下度过余生，坚信这就是宿命，这本就是一种即将成为事实的预言。

在面对老化过程时，许多老年人对上述恶性循环进行了反击，这是人类天性使然，他们将与衰老带来的改变看作一项挑战，而这项挑战与其在漫长岁月中经历的其他挑战并无太大区别。他们寻求逆转或者至少是减缓衰老过程的方法，并且自发地在其他方面增能以弥补某一方面功能的缺失，而不是对自己的能力不断弱化感到意志消沉。尽管这些行为促进了个人对环境适应力的提升，保持了自我认同感和自我效能感，但这种对抗老化的积极方法也是有风险的，当面对无法克服的困难时，他们就会变得失落与消沉。这些人特别容易遭受急性病的不良影响，这会让他们之前为了保持健康与活力所做的努力白费。

适应社会角色的改变

在西方社会，人们非常重视个人的经济生产力，而经济生产力传统上与价值挂钩。正是由于社会和文化强调经济价值，退休可能使个体感到价值和社会重要性降低。除此之外，假定自给自足和经济独立是可贵的品质，那么老年人依靠政府或私人养老金计划维持生计，则会影响他们作为社会贡献者的幸福感与满足感。除了这些困难之外，诸如“老一代人是政府财政的负担”等一系列看法也加重了老人们的压力。由于老年人在医疗保险和社会保障等方面资金需求量巨大，新闻媒体在报道国家债务情况时，将老年人比作预算消耗者。关于老龄化人口的卫生保健需求的讨论通常集中在垂危患者长期治疗的生命维持上。随着医疗费用的飞涨，老年人被视为对负担过重的公共和私人医疗保险公司构成更大的威胁。这些消极态度不仅会影响人们对衰老过程的预期，还会影响这些处在舆论风暴中心的老年人的自我认知和情感体验。

个体多样性是被人们所盼望的，但是，社会上对于老龄化和老年人消极的观点过多，并且不断内化为个体的身份认同与自我满足感，这在与退休相关的经济与心理适应性方面尤为突出。对于老年人的幸福感来说，职业的重要性与退休后丧失职位的交互，是一个沉重的打击。他们可能会感受不到自己的价值，认为自己的生活毫无意义。然而其他老年人有可能利用他们先前在工作领域的身份来拒绝因退休而获得的“X”标签，这里的“X”代表过去的职业。在退休前参加休闲和娱乐活动，也可以缓解退休给个人带来的不适。较之工作即是生活的全部的人，一个保持积极多元生活方式的人更容易适应工作的消失。

家庭内部环境的变化是个体适应老龄化的另一个挑战。在老龄化过程中，夫妻经历了一系列的改变，这些改变会严重威胁他们在以后生活中的关系，最终影响每个人的幸福感。通常来讲，照顾因生理改变而衰弱或阿尔茨海默病的已婚老人是其配偶的任务，这可能是无止境的压力和负担的源头之一。另一个挑战与性相关。关于晚年享乐的可能性，一直存在许多常见的成见与误解。老年夫妻可能有时会被这些消极的，并且往往是不准确的观念所影响。举例来说，有些个体可能认为，在晚年保持活跃的性生活是不正常的，甚至在道德上是错误的。但对于大多数夫妻来说，在多年婚姻关系之后，性爱仍是一个重要的组成部分。即使这种亲密关系不包括性交，但在以后的岁月里，感情和忠诚的表达也会变得非常重要。值得注意的是，虽然老年夫妇仍然认为性亲密是重要的，但他们也重视随时间而发展起来的品质，如安全感和彼此间的承诺度。

由于经济变迁影响了青年人的职业选择，他们退出和重返原生家庭的过程也变得逐渐复杂，这也造成了老年人的不适应。由孩子们进出家庭带来的改变，不但影响了老年人的物理空间和私人空间，也影响了他们的亲密关系。成年子女的回归可能要求家庭中的老年夫妇重新建立一种更偏向于中年特征的互动模式，从而加剧了当前的潜在压力。

传统社会中，家庭中只会有一个人面临退休，但时至今日问题发生了变化，越来越多的家庭中夫妻双方同时拥有工作。在此种情况下，夫妻可能选择同时退休，也可能退休时间不同。选择不同时退休的夫妇其亲密关系可能会受较大影响，因为夫妻关系中的每一方都会在不同的时期面临角色的改变，这给夫妻适应新的生活带来了潜在的挑战。退休后，双方的日常生活会发生巨大的变化。一旦被工作需求所占用的时间空余，个体就必须找到其他的活动来取代它的位置。由于这种转变，夫妻双方能够花更多的时间发展他们的关系，或许双方以及他们和一些亲密的朋友的互动会越来越亲密。共处时间的增多可能会出现有利的影响。常常在一起的夫妻会对另一半更加负责、宽容、尊重，相互间的感情和爱也更多一点。空闲时间的增加会让一些夫妇花时间与朋友互动，这些活动可以通过增强伴侣的身份来增强婚姻满意度。

事实上，当夫妻衰老时，好处与挑战是并存的。多年以来，由于照顾孩子和工作需要暂时搁置下的个体差异性，常常会在老年期成为焦点。为了再一次学习如何和对方相处，老年夫妻经常在寻求新的交流和决策方式时遇到困难。通过定义和解决婚姻中遇到的问题，夫妻不但可以时常保持令人满意的关系，而且可以发展更进一步的亲密关系来获得愉悦感。在退休后的几年里，这是一个特别具有挑战性的任务，因为夫妻不仅要共同处理他们间的关系，而且要学习如何重新分配自己的时间。

身份的作用

适应的过程也可以被视作包含了社会心理因素，这些因素涉及个人对社会关系投资的能力，对自己所处生命历程阶段的理解力，以及与死亡相关问题的解决措施。这些因素在埃里克森（Erikson）的生命周期八阶段心理社会模型中得到了很好的理解，在这个模型中，假定变化系统地发生在一个人的成长过程中。埃里克森提出，在青春期后，人们常常会狂热地寻求自我身份，在此过程中成年人会经历三个心理危机阶段。对成年早期和成年期的人来说，关注点在建立亲密的人际关系（即亲密与孤独的冲突）与传宗接代和创造有价值的产品上（即生育对自我专注的冲突）。在最后一个阶段（即自我完善对绝望期的冲突），个人必须学会坦然接受过去的不幸，适应和衰老有关的变化，并且面对死亡的必然性。虽然埃里克森的理论难以实施，但对研究个体在成年期和老年期人格发展的工作者而言，无疑提供了大量有益的灵感。

在埃里克森的模型中，每个心理危机都被理论化，并为个体的新能力或者某一侧面的发展提供了机会。然而，涉及身份的危机具有特殊的意义，因为它构建了个体最重要的两项能力——自我认同和自我意识。埃里克森认为，随着角色的发展，诸如爱、关心、智慧等后天获得的能力，也可以得到进化。根据他的说法，个体会在老年时期重温过往，并将其融合为一种具有凝聚性和确定性的身份。在这一过程中产生的认同感，埃里克森称之为“基于经验”的认同感，在个体适应晚年出现的改变和获得直面死亡的能力方面起着重要的作用。对一些老年人来说，这一过程可能涉及重新评估过去的目标和期望，以满足未来的需要；对另一些老人来说，这可能意味着花时间去审视他们的自我意识，以保证他们认同的自我身份与实际身份相一致。

应对模式主要专注于人们评价和减压的方式，人们对他们的威胁采取独特的解释并尝试减少压力。然而，传统的应对模式并没有将自我的概念纳入考察个体如何将事件解释为对其身份的反思或挑战的意义上。这种对身份作用的忽视，导致在两个方面忽略了压力—环境评价方程的一个重要部分。一方面，成功的应对可以被视为一个自我增强的过程，能够提升个人的福祉。另一方面，如果大量重要的事件将挑战个人的自我概念，或者被视为对人们的威胁，这些事件就会评价为有压力感的，因为他们认为自身是缺乏重要的应对技巧的。如果老年人觉得自己算牌的能力突然消失了，他们可能会发现即使是看似无害的事件，例如友谊桥牌游戏，对他们来说也会产生很大的压力感。

在压力和应对方式中引入身份认同产生了这个至关重要的维度。埃里克森的框架提供了一个在成年后检查身份的起点，但它没有提出身份如何在经历过程中不断发展，从而导致个人基本自我意识的成长和分化。认同过程理论（IPT）将身份认同定义为一个“生理—心理—社会”实体，它包含了个体在生理、心理和社会运行领域中呈现的自我表征和经验。通过使用IPT，我们可以在人生的整个成年阶段扩展和加深对适应的理解。

作为一个“生理—心理—社会”实体，身份认同包括多个自我图式的维度。这些维度是身体上的（能够举起重物），认知能力上的（能够记住电话号码）和社交上的（在社区中担任重要角色）。大多数人倾向于拥有积极的自我图式，在这种图式中，他们认为自己在社交网络中对他人而言是有能力的，有效率的，非常重要的。

IPT提出，根据三个身份过程的相对使用，可以最好地理解成年期的个人发展：身份同化、身份适应和身份平衡。尽管个体都要依赖这三组过程，但他们在不同维度上的表现各异。身份同化是指根据先前建立的图式，对身份认同中突出经验的解释，包括对自我的想法和感受。当个体使用身份同化时，他们倾向于最小化与年龄相关的经验的影响，因为这些经验可能会挑战他们自我图式的能力和胜任能力，例如忘记了重要的事情或者一个亲人的生日。

由于身份同化是为了保护自我不受潜在的负面反馈所影响，它是有助于提高个人的幸福感的。不幸的是，在涉及使用身份同化的时候，可能会存在风险，保护可能会变成对自我的潜在重要信息的否定。例如，过度使用身份同化，一个患有关节炎的老年人可能会因过度劳累而损伤已经患病的关节。

与最小化与身份认同相关的潜在负面信息相反，身份适应的过程涉及对身份的改变以适应新的体验。从积极的一面来看，个人不用否认或者扭曲人生经历，从而避免了使用身份同化时产生的负面影响。就适应而言，身份适应就是负责对自我进行必要的改变以响应需要改变的经历。然而，从心理学的角度去看，身份适应的代价，就是一种提早变老的态势。那些严重依赖于身份调节的人对即便是微小的，看似无关紧要的改变也会做出反应，甚至反应过度，比如，假设记忆中出现了一个小错误，也会被认为是衰老的标志。当问题再次出现时，过度使用身份适应的个体不会将这种经历作为一种激励来学习新的记忆策略，他们会轻易放弃并总结说没有必要去对抗不可避免的情况。因此，从本质上看，适应过程被扭曲成了一个导致更大损失的过程，这个过程造成了身份认同上进一步的负面变化。

作为适应性的过程，身份同化和身份适应都有其优点，但也都携带着重大的危险。最理想的适应方法是包含了这两个过程，被称为身份平衡。使用身份平衡的个体，在面对与年龄相关的变化时，保持了一种稳定的自我意识，然后从这些变化中发现方法，做出必要的改变。这种在同化与适应之间的动态平衡或均衡与积极的自尊有关。

文化因素也可能在个人使用身份识别过程以及这些过程对自尊的影响方面发挥作用。年长的美国人可能特别倾向于同化，也就是说，在“大萧条”和第二次世界大战期间，在他们成年性格的形成阶段，这种“能干”的斯多葛主义占主导地位。相比之下，那些在饱受战争蹂躏的欧洲度过青春期的老年人，可能已经适应了不断被围困的生活压力，他们的生活方式是一种更为悲观的方式，在这种情况下，调节成为适应负面体验的主要方式。

总的来说，对一个人的生活的积极影响与缺乏对过去的关注，对家庭的参与，以及一个向外而不是向内的转变是有关联的。相比之下，关注过去，关注自己的个人损失而不是与家人的关系，都是一个较差的适应能力和较低的幸福感的突出特征。这些发现与我们接下来研究的与适应相关的内容相反：怀旧的意义，生活的回顾，以及自我完整性的发展。

老年期的自我完善与适应

埃里克森指出，在个体成年后期，除了发展基于经验的自我认同外，生命的终结使得个体开始关注自我完善度——在生命中和自我上的一种完整感和完成感。根据埃里克森的说法，调整到最佳状态的老年人是一个实现自我完善的人，他可以不带遗憾地看待过去，也可以毫无畏惧地展望未来。这样的人对生活有积极的态度，接受生活本来的样子，有成就感，并且认为如果生命能重来一次，也不会有太大的变化。这种成就感和完成感使得个体可以直面死亡，而不是把它看成是仓促的结尾，甚至是可怕的事情。相比之下，那些觉得没有完全发挥自己的潜力，或是自我感觉薄弱、不完善的老年人，就会处于绝望的状态。这样的人总是后悔过去的决定，希望自己能重活一次。他们害怕死亡，因为死亡发生在其纠正过去的错误之前。

在自我认同与自我完善的交互作用中，可以看到人们对衰老过程的不同反应。以绝望为特征的个体，将每一处身体上、认知上和社会上的损失都视为即将发生的死亡的提醒。这些个体将不断受到新的威胁，并且需要采取身份认同的方式来保护自己免受这些威胁。相反，那些实现自我完善的个体不惧怕衰老或未来，能够以更加有条不紊的方式应对衰老的变化。

自我完善的状态是不容易实现的，特别是在一个强调唯利主义和个人主义价值观的社会中。对那些之前已经成功适应生活危机的老年人而言，更大的挑战是老年期过多的损失和变化。一个稳定且灵活的身份，以及拥有一种对现有生活的接受感，似乎是成功适应衰老进程的主要因素。然而，适应与衰老过程相关的变化的办法是多种多样的。对一些更具哲学倾向的老年人（或许他们是从更高等的教育中获益匪浅的人）而言，对过去经历的自我审视可能会为老年时期的自我完善提供动力。其他老年人可能采取更加积极的方式来成功适应老年期生活，如从事一些维持身体功能和认知能力的活动，较少考虑衰老过程对自我意识的巨大影响（适应同化服务）。最后，还有一些老年人，他们参与了自我之外的事情，如扮演家庭、宗教或其他正式和非正式角色，这有助于他们保持乐观感和坚持生活目标。在帮助老年人实现最佳适应状态的过程中，重要的是要记住，成功适应有多种途径，表现为个人在生命历程中行为模式、社会情境、适应性需求的连续性。

另请参阅：生产率与年龄；心理健康；宗教与灵性；自尊。

拓展阅读

Ai AL，Peterson C，Tice TN，Bolling SF，and Koenig HG（2004）Faith-based and secular pathways to hope andoptimism subconstructs in middle-aged and older cardiac patients. *Journal of Health Psychology* 9：435–450.

Aldwin CM，Sutton KJ，Chiara G，and Spiro A（1996）Age differences in stress，coping，and appraisal：findings from the Normative Aging Study. *Journals of Gerontology Series B：Psychological Sciences and Social Sci-*

ences 51: P179–P188.

Baltes PB and Baltes MM (1990) Psychological perspectives on successful aging: a model of selective optimization with compensation. In: Baltes PB and Baltes MM (eds.) *Successful Aging: Perspectives from the Behavioral Sciences*, pp. 1–34. New York: Cambridge University Press.

Caspi A, Roberts BW, and Shiner RL (2005) Personality development: stability and change. *Annual Review of Psychology* 56: 453–484.

Charles ST, Reynolds CA, and Gatz M (2001) Age-related differences and change in positive and negative affect over 23 years. *Journal of Personality and Social Psychology* 80: 136–151.

Collins KJ (2002) *The Use of Identity Processes in Response to Specific Age-Related Physical Changes and Overall Sense of Age in Older Adults*. PhD thesis, University of Massachusetts, Amherst.

Dennerstein L, Dudley E, and Guthrie J (2002) Empty nest or revolving door? A prospective study of women's quality of life in midlife during the phase of children leaving and re-entering the home. *Psychological Medicine* 32: 545–550.

Diehl M, Coyle N, and Labouvie-Vief G (1996) Age and sex differences in coping and defense across the life span. *Psychology and Aging* 11: 127–139.

Erikson EH (1963) *Childhood and Society*, 2nd edn. New York: Norton.

Erikson EH, Erikson J, and Kivnick HQ (1986) *Vital Involvement in Old Age*. New York: W. W. Norton.

Ingersoll-Dayton B and Raschick M (2004) The relationship between care-recipient behaviors and spousal care-giving stress. *Gerontologist* 44: 318–327.

Kingsberg SA (2000) The psychological impact of aging on sexuality and relationships. *Journal of Women's Health and Gender Based Medicine* 9 (supplement 1): S33–S38.

Kling KC, Seltzer MM, and Ryff CD (1997) Distinctive late-life challenges: implications for coping and well-being. *Psychology and Aging* 12: 288–295.

Kwan CM, Love GD, Ryff CD, and Essex MJ (2003) The role of self-enhancing evaluations in a successful life transition. *Psychology and Aging* 18: 3–12.

Labouvie-Vief G and Medler M (2002) Affect optimization and affect complexity: modes and styles of regulation in adulthood. *Psychology and Aging* 17: 571–588.

Lang FR and Carstensen LL (2002) Time counts: future time perspective, goals, and social relationships. *Psychology and Aging* 17: 125–139.

Lawton MP and Nahemow L (1973) Ecology and the aging process. In: Eisdorfer C and Lawton MP (eds.) *The Psychology of Adult De-*

velopment and Aging. Washington, DC: American Psychological Association.

Minkler M and Fuller-Thomson E (2005) African American grandparents raising grandchildren: a national study using the Census 2000 American Community Survey. *Journal of Gerontology Series B: Psychological Sciences and Social Sciences* 60: S82-S92.

Pinquart M and Sorensen S (2005) Ethnic differences in stressors, resources, andpsychological outcomes of family caregiving: a meta-analysis. *Gerontologist* 45: 90-106.

Sneed JR and Whitbourne SK (2005) Models of the aging self. *Journal of Social Issues* 62: 375-388.

Van Ness PH and Larson DB (2002) Religion, senescence, and mental health: the end of life is not the end of hope. *American Journal of Geriatric Psychiatry* 10: 386-397.

Westerhof GJ (2005) Age identity and subjective well-being: a comparison of the United States and Germany. *Journal of Gerontology Series B: Social Sciences* 60: S129 - S136.

Whitbourne SK (1986) *The Me I Know: A Study of Adult Identity*. New York: Springer Verlag.

译　者：孙鹃娟（中国人民大学）
校译者：张航空（中国人民大学）

睡眠

C. A. 阿莱西 洛杉矶退役军人管理局健康系统和加利福尼亚大学洛杉矶分校大卫格芬医学院，洛杉矶，加利福尼亚州，美国

词汇表

失眠（Insomnia）——在有足够的时间和条件情况下，出现反复的睡眠障碍，导致日间疲倦。这些睡眠障碍可能随着入睡困难、睡眠持续时间减少或睡眠质量下降。

周期性肢体运动障碍（Periodic Limb Movement Disorder，PLMD）——在非快波睡眠中，出现使人衰弱的、反复发作的高度刻板的肢体运动。

不安腿综合征（Restless Legs Syndrome，RLS）——夜间睡眠时，患者有一种急迫、强烈的运动感觉，并导致过度活动。

睡眠呼吸暂停（Sleep Apnea）——指一种睡眠呼吸障碍，以睡觉时通气量周期性减少为特征。

引言

老年人的睡眠问题非常普遍。大量调查表明，至少有一半的社区老年人主诉存在睡眠障碍，且有同等数量的老年人服用非处方或处方安眠药物。2003 年美国国家睡眠基金会调查发现，大约三分之二的老年人每周至少几个晚上出现睡眠问题。在机构内居住的老年人的睡眠问题更为常见。很多专家认为与年龄相关的睡眠变化（例如，夜间觉醒次数增多，深睡眠时间减少）反映了睡眠能力的下降，而不是睡眠需求的减少。此外，老年人睡眠问题会引起多种并发症（如抑郁症、痴呆），导致老年人服用多种常用药物。而且，某些睡眠障碍（例如睡眠呼吸暂停、不安腿综合征和快波睡眠行为障碍）成为老年人主诉睡眠困难的重要原因。对主诉睡眠障碍的老年人，细致的评估可以帮助明确形成因素并识别明显的睡眠障碍。当疑似为主要的睡眠障碍如睡眠呼吸暂停或周期性肢体运动障碍且基础的行为或药物干预失败，或者怀疑有暴力倾向或异常的夜间行为，提示采用多导睡眠描记法。睡眠主诉的管理应包括患者教育、评估，必要时治疗原发性睡眠障碍，识别并管理其他形成因素，采用行为干预，合适条件下谨慎地选择药物治疗。

与年龄相关的睡眠改变

正常睡眠分为两个独立的状态，包括非快速眼动（non-rapid eye movement，NREM）睡眠和快速眼动（rapid eye movement，REM）睡眠。通常成年人夜间睡眠时，两种睡眠状态交替出现，每个循环约 90 分钟。根据脑电图（EEG）标准，可将非快速眼动睡眠进一步分为四个阶段：1 期和 2 期为浅度睡眠，3 期和 4 期是深度睡眠。1 期的特征是脑电图相对为快波，2 期的特征是脑电图频率减慢，脑电图振幅增加及出现睡眠轴和 K 复合体。3 期和 4 期的特征在于脑电图上的高振幅、低频三角（慢）波。快速眼动睡眠有时候也被称为异相睡眠，其特征在于脑电图激活、肌肉松弛、眼球快速运动、需氧量增加和自主活动增加，大多数梦境也是发生在此周期。

健康老年人中，常见的主观和客观睡眠改变包括入睡困难、夜间觉醒频繁、入睡时间早、起床时间早、日间疲倦、3 期和 4 期睡眠时间简短（如慢波、沉睡）。实际上，老年人可能完全缺失 3 期和 4 期睡眠。大多数专家认为现有证据表明老年人睡眠能力下降，而不是睡眠需求减少。24 小时内的总睡眠时间要么保持稳定，要么随着年龄的增长而降低，同时睡眠效率降低（即上床后的有效睡眠时间）。老年人的其他睡眠变化包括快速眼动睡眠提早出现，快速眼动睡眠总时长缩短，快速眼动睡眠的整体分配更均衡；而年轻人夜间睡眠中快速眼动睡眠的时长相对更长。

昼夜节律中的各种生理学参数似乎也存在与年龄相关的衰退性改变，包括睡眠—觉醒周期，这可能与位于下丘脑视前交叉上核内部调节生物钟的神经元损失有关。事实上，睡眠状态提前（例如，晚上很早感到困倦，早上觉醒也很早）常见于老年人。现已提出了多种睡眠调节模式。例如，睡眠—唤醒模式障碍可以从睡眠调节的两个过程模型来解释。稳定的睡眠—唤醒机制（过程 S，即醒着的时间越长更易觉得倦怠）相互作用于昼夜节律过程（过程 C，即在 24 小时内的变化，成人白天比夜晚更清晰）。

睡眠问题的分类

目前，很多睡眠障碍分类系统已发展成熟。国际睡眠障碍分类（ICSD-2）已获得广泛认可，并最近得到修订。ICSD-2 诊断和编码手册将睡眠障碍分为 8 类，包括：（1）失眠症；（2）睡眠相关呼吸障碍（例如中枢性或阻塞性睡眠呼吸暂停）；（3）中枢性嗜睡，非昼夜节律性睡眠障碍，睡眠相关的呼吸障碍或其他原因导致的夜间睡眠紊乱（例如发作性睡病）；（4）昼夜节律性睡眠障碍（例如睡眠状态提前综合征）；（5）异常睡眠（也就是说，入睡前、睡眠中或觉醒后的异常行为或体验，例如快速眼动睡眠行为障碍）；（6）睡眠相关的运动障碍（例如不安腿综合征、周期性肢体运动障碍）；（7）孤立症状，明显的正常变化和未解决的问题；（8）其他睡眠障碍。

《精神疾病诊断与统计手册》（第 4 版）（DSM-IV）以及 2000 年出版的该手册的修订版，基于假设的病因学将睡眠障碍分为四个主要类别：（1）原发性睡眠障碍（失眠和睡眠障碍），（2）与其他精神状况相关的睡眠障碍（例如情绪障碍或焦虑症），（3）医学疾病引起的睡眠障碍，（4）药物诱导的睡眠障碍（包括毒品和药物滥用）。

无论年轻人或老年人，失眠都是最常见的睡眠主诉。失眠的定义随着时间的推移不断变化，但是 ICSD-2 将失眠定义为在有足够的时间和条件下，出现反复的睡眠障碍，导致日间功能障碍（例如：疲劳或乏力，注意力不集中，日间嗜睡）。失眠通常表现在入睡困难、睡眠持续时间缩短、睡眠质量下降等方面。成年失眠患者的主诉通常为入睡、维持睡眠的障碍，少数不常见的主诉为睡眠质量差、晨醒后无恢复感。ICSD-2 列出了几种类型的失眠症。例如，根据 ICSD-2 的定义，短暂性（即急性）失眠是由可识别的压力源应激导致的，通常持续时间为几天或几周，常少于 3 个月。精神生理性（即慢性）失眠被定义为超过 1 个月的失眠，其特征在于条件性睡眠困难或入睡前高度兴奋（例如过度焦虑和睡眠焦虑），并且这种睡眠障碍不能够被其他类型的睡眠紊乱解释。2005 年，美国国家卫生研究院科学大会（the National Institutes of Health State-of-the-Science Conference）关于成人慢性失眠的声明还建议将慢性失眠定义为持续长达 30 天或出现多种症状的失眠。

评估主诉睡眠障碍的老年人

在评估主诉睡眠障碍的老年人时，询问是否存在诱因导致睡眠困难或睡眠不足或白天嗜睡的症状非常有益，并明确睡眠期间是否有可疑异常行为的发生，例如大声打鼾、呼吸中断、腿部运动或其他不寻常的行为。询问主诉的时间长短也非常有益，因为短暂性睡眠问题通常是情境相关性的；持续性睡眠问题往往更严重，需要更详细的评估。为了获得睡眠主诉的详细描述，患者记录睡眠日志或睡眠日记可能会有帮助，患者每天早上在床上估计睡眠时长、记录入睡时间、觉醒次数、晨起觉醒时间及夜间出现的任何症状。还应记录日间嗜睡和服用的所有药物。这些信息可以由配偶、床伴或其他可能在夜间观察到异常症状的人提供。有效的睡眠问卷也可用于帮助获取更多信息以指导进一步检测和治疗。

睡眠评估应考虑潜在的医疗状况、药物滥用或其他诱发睡眠障碍的心理健康问题，如抑郁症或焦虑症。在很多情况下，对存在睡眠障碍的老年人进行精神状态测试也是有必要的。评估还应涉及是否因为搬迁、丧亲或其他急性压力源诱发了睡眠障碍。仔细的系统检查应包括评估疼痛、夜尿症、夜间咳嗽、呼吸暂停和其他可能中断睡眠的症状。同时应该检查所有药物，包括处方药、非处方药和中药。针对性的身体检查取决于既往的资料。例如，关节的疼痛应仔细检查周围受累的部位。存在夜间排尿影响睡眠应评估心脏、肾脏或前列腺疾病或糖尿病。

转诊至睡眠专家的适应证

某些紧急情况需要将患者转诊到睡眠专家进行进一步评估和考虑采用多导睡眠监测。通常于夜间在睡眠实验室进行多导睡眠监测（但也可采用便携式仪器在家中监测），检测内容包括同时记录若干生理变量，包括脑电图、肌电图、心电图、鼻腔和口腔的气流、打鼾程度、腹部和胸部呼吸力度及脉搏血氧饱和度测量。也可以采用日间监测评估日间嗜睡（例如，用于诊断发作性睡眠障碍和其他障碍的多睡眠潜伏性测试）及其他研究。

2005 年，美国睡眠医学研究所发布了新修订的多导睡眠监测指征参数。基于这些推荐意见，多导睡眠监测的适应证包括：（1）疑似睡眠相关的呼吸障碍（包括诊断，用于连续气道正压的治疗滴定，以及在某些情况下用于评估治疗结果）；（2）疑似发作性睡病；（3）评估暴力的或其他可能对患者或其他人造成伤害的睡眠相关行为；（4）某些睡眠异常。该推荐建议表明对患有神经肌肉疾病和睡眠相关症状的患者，为明确是否为癫痫发作相关的睡眠障碍、臆想的睡眠障碍或对常规治疗无反应睡眠相关的发作障碍，或临床怀疑有周期性肢体运动障碍应该采用多导睡眠监测。

其他可以使用的睡眠测量方法，包括有效的睡眠问卷调查表、睡眠日志或睡眠日记、卧床睡眠监测装置（测量多导睡眠监测期间选定的参数）和腕动计（基于手腕运动，评估睡眠觉醒模式）。即使没有多导睡眠监测仪器检测出的适应证，睡眠专家也可以帮助对慢性睡眠障碍进行评估和管理。

老年人主诉睡眠障碍的常见原因

大量关于被转移到睡眠紊乱中心的各年龄段患者的描述性研究表明，失眠最常见于精神疾病、心理生理问题，药物和酒精依赖，以及不安腿综合征，而日间过度嗜睡最常见于睡眠呼吸暂停、周期性肢体运动障碍或发作性睡病。然而，老年人表现出的症状与这些疾病可能存在显著的重叠。此外，转移至睡眠监测中心的患者是选择性人群，在社区过度嗜睡的老年人最常见原因可能是慢性睡眠不足（自愿或由于生活方式），或医疗的、毒性的、环境的因素。然而，我们不应该排除失眠患者中的原发性睡眠障碍（如睡眠呼吸暂停），同样也不应将每个日间嗜睡的患者转移到睡眠检测中心。

精神障碍和心理社会问题

许多研究报告显示，一半以上失眠患者睡眠障碍的病因是精神障碍。研究表明睡眠障碍本身是社区老年人患抑郁症的预测因素。更令人不安的是，根据老年人流行病学研究人群（Established Populations for Epidemiologic Studies of the Elderly，EPESE）的数据分析发现，睡眠质量差是老年人自杀的主要预测指标。睡眠障碍是抑郁症的常见症状，其中清晨觉醒是最具特征性的表现。虽然也有可能会出现其他睡眠变化，例如潜伏期延长和夜间觉醒频繁。然而，这些变化也可能不存在，或者在未就医的抑郁症患者中表现得可能不太明显。相反，尚未抑郁的老年人的睡眠障碍可能是未来患上抑郁症的重要预测因素。对抑郁症老年患者出现睡眠障碍，治疗抑郁症也可能改善其睡眠异常。一些研究已经发现服用抗抑郁药物后，睡眠脑电图中睡眠结构出现了好转，研究者建议抗抑郁症药物疗效可能在一定程度上影响睡眠调节和快速眼动睡眠调节。然而，一些研究从主观（自我报告）和客观（即通过多导睡眠监测）测评指标表明某些抗抑郁药物疗效并不一致。

丧亲之痛也会影响睡眠。没有重大抑郁症的丧亲之痛可能与睡眠测量中的重大变化无关，但丧亲之痛加上抑郁症的睡眠模式与重度抑郁症相似。这些睡眠异常可能会随着抑郁症的治疗而改善。焦虑和压力也可能与睡眠困难相关，通常见于入睡困难和早醒。患者可能因过度担心入睡时间而导致入睡困难。研究发现老年看护人员比同龄健康老年人的睡眠障碍主诉更常见。在一项研究中，近40%的阿尔茨海默病家庭女性看护者在过去一个月里需要服用安眠药物。

药物和酒精依赖

药物和酒精滥用占失眠病例的10%～15%。长期服用镇静剂可能会导致睡眠变轻、碎片化。当长期服用大多数安眠药物时，会导致治疗效果的耐受（即药物不再有助于睡眠），从而需要逐渐增加剂量。当突然停止使用慢性催眠药物时，可能会出现反弹性失眠以至于重新开始服用药物。有一些证据表明，新苯二氮䓬类受体激动剂（例如唑吡坦、扎来普隆、右佐匹克隆）的治疗效果出现耐受性的可能性更低。

睡眠变轻、睡眠时间变短往往与酒精滥用相关。另外，有些人试图用酒精来治疗他们的睡眠困难。但应指导老年人避免夜间饮酒，因为尽管酒精会引起初始嗜睡，但夜间可能会影响睡眠结构。最后，重要的是要记住镇静剂和酒精会使睡眠呼吸暂停恶化；患有或者疑似患有睡眠呼吸暂停综合征却未治疗的老年人应该避免摄入酒精或者服用镇静药物。

痴呆患者的睡眠改变

阿尔茨海默病患者出现睡眠障碍非常普遍。这可能与药物服用部分相关，合并症也会影响痴呆老年人的睡眠，以及与年龄相关的睡眠变化。此外，也可能与痴呆本身导致的睡眠结构变化有关；然而，在多导睡眠监测中，痴呆患者经常出现脑电图活动基线减缓，导致不易分辨睡眠、觉醒和非快速眼动睡眠的各阶段。与非痴呆老年人相比，阿尔茨海默病患者睡眠中断和觉醒次数更多，睡眠质量更低，1期睡眠所占比例增高，3、4期睡眠所占比例下降。一些研究者发现快速眼动睡眠的百分比下降，但是其他所有研究尚未报道。一些研究发现实际上阿尔茨海默病患者的睡眠障碍比老年抑郁症患者少见。事实上，有些人认为睡眠障碍可能是认知障碍老年人发生抑郁症的预测指标。睡眠觉醒周期紊乱是痴呆患者的常见原因，导致日间嗜睡和夜间觉醒。日落综合征是用于描述夜间混乱的术语，表明可能有神经病学基础。

医疗问题及其他神经紊乱

可能导致老年人睡眠困难且可治疗的医疗疾病包括关节炎和其他病症引起的疼痛、感觉异常、咳嗽、心脏或肺部疾病引起的呼吸困难、胃食管反流和夜尿。夜间主诉疼痛的睡眠困难患者，评估和管理疼痛是最适当的方法。夜尿可能与睡眠紊乱加重、睡眠质量降低、夜间口渴及白天疲倦加重有关。

某些睡前服用的药物可能导致睡眠障碍，如利尿剂或兴奋剂（如咖啡因、副交感神经药和支气管扩张剂）。某些药物可引起噩梦并影响睡眠，例如某些抗抑郁药、抗帕金森病药、抗高血压药（如普萘洛尔）和抗胆碱酯酶抑制剂。必要时，可在睡前给予必要的镇静药物（如镇静抗抑郁药）。但是，所有药物应该是影响睡眠的潜在罪魁祸首。例如，有一些证据表明睾酮治疗导致老年男性患者总睡眠时间降低，睡眠呼吸暂停加重。

越来越多的证据表明睡眠异常与神经系统疾病相关。日间嗜睡常见于许多神经系统疾病，如神经退行性疾病和神经肌肉疾病。例如，帕金森病患者常出现睡眠障碍。帕金森病的病理学及其药物治疗均可能引发睡眠障碍。此外，帕金森病可能导致某些睡眠异常，例如快速眼动睡眠行为障碍或逼真的梦境。日间嗜睡也常见于帕金森病，患病率为15%。睡眠发作已被报道为疾病或其药物治疗后的可能表现，虽然罕见但后果可能很严重。

睡眠相关呼吸障碍

日间嗜睡是睡眠相关呼吸障碍（即通常称为睡眠呼吸暂停）患者的常见主诉。这种疾病的特征在于睡眠期间通气量的周期性减少。睡眠呼吸暂停可分为中枢性（用力呼吸，鼻腔和口腔气流同时停止）、阻塞性（用力呼吸存在，正常气流停止）或混合性三种。在睡眠实验室，阻塞性睡眠呼吸暂停较中枢性更常见。阻塞性睡眠呼吸暂停的患者通常伴随日间嗜睡，以及频繁且不能意识到通气减少相关性觉醒。这类患者通常肥胖，可能出现晨起头痛和性格变化。其他报道的认知和思维改变包括记忆力差、烦躁不安和易被激惹。有一些证据表明，与患有睡眠呼吸暂停且严重程度相似的年轻人相比，睡眠呼吸暂停对老年人的生活质量影响更大。其他可能有助于识别睡眠呼吸暂停综合征且可能被床伴所注意到的症状包括大声打鼾、停止呼吸和睡眠中的哽咽声。潮式呼吸是中枢性睡眠呼吸暂停的一种呼吸形式，表现为呼吸逐步减弱以至停止和呼吸逐渐增强两者交替的呼吸模式。这种表现在患有充血性心力衰竭的老年人中更常见，并提示预后不良。

据报道，老年人睡眠呼吸暂停的患病率从20%到70%不等，这取决于研究人群和睡眠呼吸暂停诊断的具体标准。低患病率可能是基于一般老年人群的有效估计。睡眠呼吸暂停的患病率随着年龄增长而增加，呼吸暂停指数（apnea-hypopnea index，用于测量睡眠呼吸暂停的严重程度）也随着年龄增长而增加。老年人轻度睡眠呼吸障碍的重要性尚不清楚。一项研究发现轻度或中度睡眠呼吸障碍和主观睡眠—觉醒紊乱之间没有关联。老年人无症状睡眠呼吸障碍的长期后果也尚不清楚。研究表明，呼吸暂停指数的轻微增加与死亡率增加没有相关性；然而，老年人呼吸暂停指数的严重增加与发病率和死亡率增加相关。

在转诊睡眠监测中心进行日间嗜睡评估的患者中，睡眠呼吸暂停非常常见。体质指数大是年轻人和老年人发生睡眠呼吸暂停最重要的预测因素；然而，老年人的肥胖与睡眠呼吸暂停之间并没有那么密切的关系。其他危险因素包括男性和存在睡眠呼吸暂停家族史。此外，吸烟、酒精摄入和服用镇静催眠药，入睡时仰卧体位，睡眠剥夺、医学合并症和肢端肥大症也与睡眠呼吸暂停相关或可能加重睡眠呼吸暂停。睡眠呼吸暂停患者的典型特征是肥胖、倦怠、患有高血压、打鼾。也有报道表明大颈围与睡眠呼吸暂停相关。

酒精中毒是睡眠呼吸暂停的重要危险因素，睡眠呼吸障碍是 40 岁以上男性嗜酒者睡眠障碍的重要原因。并且，睡眠呼吸暂停与痴呆之间似乎有联系。一个护理院的研究发现睡眠呼吸暂停与痴呆有关，睡眠障碍与痴呆的严重程度呈正相关。然而，另一项研究得出结论，阿尔茨海默病患者的睡眠呼吸困难通常是轻度的，与精神状态或行为变化无关。

疑似或诊断明确的睡眠呼吸暂停患者应该转诊到睡眠实验室进行评估或治疗。老年患者是否像中年患者一样耐受阻塞性睡眠呼吸暂停的最主要治疗方法——鼻腔持续气道正压（continuous positive airway pressure）尚且存在争议。然而，研究表明早期积极经鼻持续气道正压的经历可以预测患者对长期随访治疗的依从性。研究表明轻度至中度阿尔茨海默病患者也是可以成功耐受持续气道正压的。此外，通过尝试其他型号或设备可以改善特定的持续气道正压面部设备或接口带来的不适。不幸的是，一些临床医生可能不推荐老年患者采用经鼻持续气道正压通气，可能是由于老年人群不能耐受该治疗方案，或该治疗方案在老年人群中的成功率尚不明确。口腔或牙科的器械（无持续气道正压）有时被认为是轻度睡眠呼吸暂停患者或不能耐受持续气道正压患者的选择。

周期性肢体运动障碍和不安腿综合征

周期性肢体运动障碍（PLMD）是非快速眼动睡眠中发生的使人衰弱的、反复发作的高度刻板的肢体运动，且不能由其他类睡眠障碍解释。腿部运动可能每 20～40 秒发生一次，可持续几小时甚至夜间大部分时间都存在，并且每个运动可能与觉醒有关。睡眠周期性肢体运动（periodic limb movements in sleep ，PLMS）的发生可能随年龄增长而增加，并与不同个体的睡眠障碍相关或不相关。最近已经有一些检查探究这些运动是否具有临床意义。一项研究发现，超过三分之一的社区老年人出现睡眠周期性肢体运动。睡眠周期性肢体运动的促成因素包括对睡眠的不满、独自睡觉、夜间摆腿。一些研究者提出，睡眠周期性肢体运动随年龄增长而增高的发病率与神经传导测试中检测出的运动延迟和感觉延迟有关。睡眠周期性肢体运动可能表现为维持睡眠困难或日间嗜睡，且通常基于多导睡眠监测中的检测结果进行诊断。床伴可能会意识到患者的肢体运动，或者直到在睡眠实验室才能够发现这些隐蔽的运动。

不安腿综合征（RLS）是夜间睡眠时，不可控制地活动双腿的综合征。症状也可能涉及双上肢。该疾病可以基于患者的症状描述进行诊断，睡眠主诉通常是入睡困难。该疾病的诊断基于临床表现，无需进行多导睡眠监测。该疾病可能存在家族倾向，在某些情况下，可能存在潜在的医学合并症（例如肾、神经系统或心血管疾病）。不安腿综合征的患病率也随年龄增长而增加。许多不安腿综合征患者同样患有睡眠周期性肢体运动。有一些证据表明血清铁蛋白水平低的不安腿综合征患者可能对补铁替代疗法有反应。

对合并睡眠周期性肢体运动或不安腿综合征的老年患者，多巴胺受体激动剂是治疗两种疾病的首选激动剂。卡比多巴/左旋多巴的夜间剂量可以基于不经常症状出现情况按需使用。然而，慢性症状最好的治疗方法是采用多巴胺激动剂（例如普拉克索或罗匹尼罗），可以在睡前约 2 小时给药。在治疗后，有些患者可能主诉夜间症状转移到了白天。苯并二氮类或鸦片剂也可以用于治疗这种疾病，但是可能会给老年人带来更大的副作用。

睡眠觉醒周期紊乱

睡眠觉醒周期紊乱可能是短暂的，由倒时差或者工作变动等明显原因诱发。有些患者可能出现持续性障碍，睡眠期延后（晚睡和晚醒）或出现晚期睡眠阶段（早睡、早醒），晚期睡眠阶段在老年人中尤其常见。一些患者为持续性睡眠周期障碍，其中昼夜节律和睡眠周期完全失去同步性（例如，白天总是入睡且夜间总是醒来的人），或者具有不规则的睡眠—觉醒周期及与之脱节的睡眠习惯。睡眠障碍的严重程度尚不清楚。

老年人的睡眠模式多大程度（如增加白天睡眠和夜间睡眠中断）是受昼夜节律的改变的影响尚不清楚。研究结果是综合性的，但是一些研究已经显示了与年龄相关的激素水平降低和昼夜节律中某些激素早期升高相关，这表明昼夜节律的年龄相关性改变。与深睡眠阶段有关的问题可能会对适当时间里（即晚间）的亮光暴露做出反应。严重的睡眠周期障碍患者应考虑在睡眠实验室进行评估。痴呆和谵妄也可能引起睡眠周期紊乱，以及夜间觉醒增加、夜间梦游和夜间激惹。

快速眼动睡眠行为障碍

快速眼动睡眠行为障碍的特征在于睡眠过程中过度运动，快速眼动睡眠期间无病理性改变的正常肌肉舒张迟缓。该疾病的临床症状通常是与逼真的梦境相关的活跃的睡眠行为，对患者或其伴侣带来伤害。这种疾病可能是急性的，也可能是慢性的，在老年男性中更常见，且可能存在家族倾向。案例报告表明急性瞬时性快速眼动睡眠行为障碍主要是药物诱导的（例如抗抑郁药物、咖啡因）或与药物戒断有关。慢性快速眼动睡眠行为障碍可能是特发性或与神经系统异常（如帕金森病）或心理疾病有关的快速眼动睡眠行为障碍。推荐采用多导睡眠监测以明确对快速眼动睡眠行为紊乱的诊断。有报道表明氯硝西泮治疗快速眼动睡眠行为紊乱的效果非常显著，没有证据表明长期服用会出现药物依赖和药物滥用。另外，有一些证据表明褪黑素治疗合并帕金森病的快速眼动睡眠行为紊乱也有效果。环境安全干预也有一定效果，如移出卧室中的危险物品，床边准备长沙发、保护性窗户，某些条件下地面铺上毛毯。

疗养院睡眠障碍

在疗养院居民睡眠研究中发现老年人夜间觉醒频繁、日间过多嗜睡、睡眠质量下降。此外，睡眠相关障碍也是居住机构的常见原因。多达70%的护理人员报告说，夜间困难在决定是否入住养老机构中发挥了重要作用，通常是因为照顾者的睡眠被打乱了。一旦进入疗养院，许多居民在白天的大部分时间睡觉，并且在夜间频繁地觉醒。一项研究发现，在疗养院居民的夜间睡眠平均持续时间只有20分钟。另一项研究发现，65%的居民主诉睡眠障碍，催眠药物使用也很常见，但是在6个月的随访之后，镇静/催眠使用与是否存在睡眠主诉或改变之间没有关联。疗养院居民的一般情况可能加重了睡眠困难，包括多重躯体疾病、精神药物、失能和活动受限、睡眠障碍高发病率，以及环境因素如夜间噪声、光和夜间护理的打扰。日间缺乏亮光暴露也是一个原因，有证据显示在失能老年疗养院里，增加日间亮光下的活动能有效改善昼夜节律。在这种情况下，非药物治疗和环境干预也能有效地改善日间过度嗜睡，但对改善夜间睡眠参数的效果很微弱。

老年人失眠的管理

睡眠障碍的合理管理必须基于可能的病因学理论知识和潜在的促进因素的指导。在缺乏细致全面的临床评估，尚未明确睡眠障碍的原因的情况下，直接采取镇静/催眠药物治疗是不可取的。有报告表明大多数镇静药，特别是苯二氮䓬类药物，与老年人的跌倒、髋部骨折和日间嗜睡有关。新非苯二氮䓬类催眠药似乎比旧苯二氮䓬类药物更好，并且已经在健康的老年人中进行了研究，但尚未在患有严重并发症的体弱老年人中进行研究。如果最初的病史和体格检查没有明确睡眠问题主要的潜在原因，那么最好的措施通常为改善睡眠卫生和采用行为干预（见表1和表2）。如果患者白天需要睡眠，需重点明确患者是需要休息，还是因为无力、无聊或镇静药物导致的困倦，向患者解释白天小憩或者打盹会降低夜间睡眠质量。

表 1　常规推荐改善睡眠质量的睡眠卫生措施

保持规律的起床时间
保持规律的睡眠时间，但除非非常困倦，否则不要睡觉
减少或消除小憩，除非睡眠安排的必要部分
每天坚持锻炼，但避免睡前运动
床上只能睡觉或者进行性生活，即不要在床上看电视或读书
睡觉之前放松心情，不要把睡前时间用来思考
如果饿了，睡觉前可以吃点点心（除非有胃食管反流症状或医学禁忌证），但在就寝前避免大量进食
限制或避免摄入酒精、咖啡因和尼古丁，特别是睡前
入睡前，保持平静；保持规律性入睡前准备（如洗澡，去卫生间）
控制夜间环境，保持舒适的温度、安静和黑暗
尝试熟悉的背景音乐，使用风扇或其他电器（如白噪声机）
穿着舒适的睡衣
如果在 30 分钟内无法入睡，下床进行一些舒缓的活动，如听音乐或阅读（避免暴露于明亮的光线中），然后觉得困倦的时候回去睡觉
白天充分接触明亮的光线

表 2　改善睡眠质量的行为干预

干预	目标	描述
刺激控制治疗	调整适应不良睡眠相关行为	仅在患者困倦时，指导其入睡。床上活动仅限于睡觉或进行性生活（不是吃饭或看电视）；如果不能入睡，则下床活动；感到困倦时，再上床休息；每天同一时间起床；白天不要小憩
睡眠限制疗法	通过限制睡眠来提高睡眠质量（床上的睡眠时间）	患者首先记录 2 周的睡眠日记，以确定平均每日睡眠时间；在此期间，患者在床上停留时间不超过 15 分钟；每天同一时间起床；白天不可睡觉；随着睡眠效率的提高，逐渐增加床上时间
认知干预	纠正睡眠相关的错误理解和不当信仰	明确患者对睡眠的功能障碍信念和态度；教育患者改变这些错误的信念和态度，包括随年龄增长出现的正常的睡眠变化及病态的变化
放松技巧	认识并缓解紧张和焦虑	在进行性肌肉松弛中，指导患者以系统的方式紧张和放松每个肌肉群。根据肌肉收缩时的肌电图生物反馈，患者学习缓解肌肉紧张的方法。冥想或想象技术可以缓解紧张的思维或焦虑

续表

干预	目标	描述
认知行为疗法	混合疗法以改善失眠	认知行为疗法包括认知和行为干预的各种组合。如上所述，认知治疗旨在改变患者对睡眠的功能障碍信念和态度，而行为治疗包括刺激控制治疗、睡眠限制或放松训练，也常常包括睡眠卫生教育

对于短暂的情景性失眠患者来说，尤其是丧亲、紧急住院和其他短暂急性应激源，短期催眠治疗结合改善睡眠卫生的效果很明显。临床医生应该适时地采用适当的催眠药物进行治疗，尤其当临床指标很明确的时候，只需要向患者尤其是虚弱老年人强调催眠药物的潜在风险和获益。对慢性失眠，临床医生必须排除原发性睡眠障碍，并评估可能起作用的药物和其他具有促进作用的医疗状况。老年慢性失眠患者应谨慎服用镇静药物，因为长期使用这些药物可能会出现潜在并发症。然而，一些睡眠专家认为有证据表明对于长期服药的老年人来说，新非苯二氮䓬类催眠药比旧苯二氮䓬类药物更安全。

非药物干预改善老年人睡眠

尽管普遍推荐改善睡眠卫生措施，但其有效性微乎其微（见表 1）。然而，几项对照实验表明，其他行为干预措施可以有效改善老年人的失眠症状（见表 2）。几项针对社区老年失眠患者的行为干预研究表明这些行为干预能够产生可靠和持久的治疗效果，包括改善睡眠质量、睡眠连续性和睡眠满意度；治疗也有助于减少慢性催眠药物的使用。激励控制和睡眠限制治疗对老年人来说可能非常有效，其重点是改善不良睡眠习惯。认知和教育干预对纠正错误的睡眠观念和态度也很重要。研究表明，行为干预带来的睡眠受益是长期的、可持续的；相比于药物干预，患者往往更喜欢行为干预。几项随机对照试验已经证明行为疗法，特别是认知行为疗法（将认知疗法与其他行为干预措施结合起来，如睡眠限制和刺激控制治疗）可有效改善原发失眠或者患有其他合并症的老年失眠患者的睡眠问题。失眠的认知行为模式假设一个先决因素（如压力、疾病）最初扰乱了睡眠，一些持久性的因素（例如床上时间过长、白天频繁打瞌睡的不良习惯及关于睡眠的错误观念）在先决事件解决后，长时间存在睡眠障碍。认知—行为策略强调这些问题，例如，睡眠限制（减少上床后至入睡时间）和纠正关于睡眠的不正确观念（如“在床上花的时间越多越能够帮助我睡得更好”）。但是，实施这些行为干预措施的最主要限制是提供者缺乏专业知识，初级友好的干预措施版本有限且尚在开发中，这些可能会发挥一定的作用。

几项小范围研究已经验证了老年失眠患者睡觉时，采用明亮的光照促进睡眠的有效性（通常由市售的灯箱提供，但是阳光照射也可能是有效的）。日间各种时间点、各种不同光照强度、光照的不同持续时间均能够改善睡眠质量，暴露光照的时间应该考虑当下的条件。夜间暴露于柔和的光照下似乎对具有提前睡眠障碍的老年人（即入睡时间早、觉醒时间早）而言特别有用，而清晨明亮的光照对延迟睡眠障碍（即入睡时间晚、觉醒时间晚）特别有效。一位作者建议，睡眠维持障碍的失眠老人应该接受 2 小时明亮的光照，相当于正午户外光照量，或晚上至少 2500 lux 的人造光源。然而，即使短时间内的明亮光照被证明可以改善健康老年人的睡眠主诉，在亮光治疗前，也建议进行常规的眼睛检查，同时应避免使用紫外线照射的灯箱。越来越多的文献表明，在疗养院痴呆患者中，明亮光疗法能够有效改善患者的睡眠不安（在睡眠模式和昼夜活动节律方面）。

其他干预措施也可能有帮助。例如，睡前洗澡已被证明可以提高老年人的睡眠质量，这可能与沐浴时体温增加有关。此外，运动也已作为改善睡眠的干预措施，并有研究表明中度运动可以改善健康的 50 岁以上老年人的睡眠，这些老年人在运动基线状态下主诉中度睡眠障碍。但在入睡前剧烈的运动可能会干扰睡眠。随机对照试验表明，中度睡眠障碍主诉的老年人经过 6 个月低至中等程度的太极拳锻炼后，自我报告的睡眠质量有所提高。

疗养院等机构中也进行了睡眠的非药物干预的研究。一项关于痴呆患者睡眠和行为问题的研究发现，夜间更好的睡眠质量和日间激惹行为的减少与早起暴露于明亮的光线相关。另一项基于疗养院的关于痴呆和存在行为问题的居民的研究发现，与护士进行社会互动的项目能够改善 30% 患者的行为问题和睡眠—觉醒节律紊乱。一项基于护理院失禁居民的小范围实验研究将患者随机分组，接受日间躯体活动方案，并结合夜间减少噪声和灯光干扰的干预措施，结果表明患者夜间睡眠时间占比增加，而激惹行为减少。在较大样本的研究中，类似地将这些干预措施与白天明亮的光照（阳光）和睡前睡眠常规相结合的多模式干预表明，日间睡眠减少是主要的睡眠结果。另一项为期 2 周的强化社会和体力活动的时间表的小样本研究发现，干预组的患者慢波睡眠得到改善和记忆导向任务的表现也得到提高。

非药物干预在急性医院环境中也可能很重要。一项针对老年住院患者的大型研究探讨了护理人员管理的非药物睡眠方案（由背部摩擦、热饮和放松胶带组成）的可行性，结果表明该方案成功地减少了镇静/催眠药物的使用，并且较镇静/催眠药物更能改善睡眠质量。

老年人睡眠障碍的药物治疗

苯二氮䓬受体激动剂（包括苯二氮䓬类如替马西泮和艾司唑仑，以及非苯二氮䓬类催眠药如唑吡坦、扎来普隆、右佐匹克隆）是最常推荐的老年人睡眠激动药（见表 3）。这些药物（右佐匹克隆和改良唑吡坦缓释剂除外）均获得美国食品药品监督管理局（FDA）批准，应尽可能单一使用，可用于

表 3 常用的催眠药物

药物名称	类型	开始剂量	维持剂量	半衰期
替马西泮	中效 苯二氮䓬	7.5 mg	7.5~30 mg	8~10 h（老年人可达20~30 h）
艾司唑仑	中效 苯二氮䓬	0.5~1.0 mg	0.5~2.0 mg	12~18 h
唑吡坦	非苯二氮䓬 咪唑并吡啶（短效）	5 mg（6.25 mg 计算调节释放量）	5~10 mg（6.25~12.5 mg 计算调节释放量）	2.5 h（1.4~4.5 h；肝脏疾病更长）；改良缓释剂的半衰期是2.5~2.8 h）
扎来普隆	非苯二氮䓬 吡唑并嘧啶（短效）	5 mg	5~10 mg	1 h（老年人保持不变）
右佐匹克隆	非苯二氮䓬 吡咯并吡嗪衍生物	1 mg	1~3 mg（老年人最大剂量为 2 mg）	6 h
雷美替胺	褪黑素受体激动剂	8 mg	8 mg	1~2.6 h（活性代谢物2~5 h）

短期失眠症的治疗，其使用限制时间一般为7~10天，如果服用这些药物超过2~3周，建议应对患者进行重新评估。注意避免患者依赖这些药物，因为继续使用会导致患者对这类药物耐受，并可能导致增加药物剂量。对使用安眠药的老年人，应该特别关注躯体平衡性（降低风险）、日间镇静和认知功能。但有一些证据表明失眠本身可能会增加跌倒的风险。

不同的催眠药的潜在副作用的严重程度不尽相同，但谨慎的临床医生应该假定任何药物都可能导致某种程度上的副作用，特别是身体虚弱的老年患者。例如，一项探究催眠药（包括新非苯二氮䓬类催眠药）急性作用的研究表明，所测试的三种催眠药物均导致患者躯体平衡下降（通过临床稳定平台测量），同时表明短效催眠药物的不良反应消退更快。

推荐使用短效苯二氮䓬类药物治疗入睡困难，推荐使用中效激动剂治疗持续睡眠障碍。短效激动剂似乎与跌倒和髋部骨折没有明显相关性。然而，一般来说，半衰期短的药物也会在停用该药物后出现明显的反弹和戒断综合征。停用短效激动剂后出现的反弹性失眠是剂量依赖性的表现，可以在停药前逐渐减量。短效苯二氮䓬三唑仑与老年人夜间遗忘和意识模糊相关，因此一般不推荐老年人服用。

中效激动剂与日间嗜睡的相关性较长效激动剂弱。如果患者同时伴有入睡困难，则应在睡前 30 分钟服用这些药物。替马西泮具有中等半衰期，没有已知的活性代谢物，其代谢不会受到老化的影响。然而，这类药物可能会出现日间镇静。艾司唑仑是一种苯二氮䓬类药物，起效作用快、有效作用时间中等，因此治疗入睡困难和保持睡眠可能都是有效的。该药物产生轻微活性的代谢物，可能会出现一定量的累积，最常见的不良反应是嗜睡和运动功能减退。艾司唑仑对日间精神运动表现的影响很小。

长效苯二氮䓬类药物如夸西泮和氟西泮（老年人体内代谢活跃，半衰期超过 100 小时）不应用于老年人，因为这些药物与白天镇静、嗜睡、共济失调、跌倒、认知和精神运动障碍均相关。使用短效激动剂似乎大大降低了这些不良反应。

三种非苯二氮䓬类催眠药也可用于治疗睡眠障碍，包括唑吡坦、扎来普隆和右佐匹克隆。尽管这些药物在结构上与苯二氮䓬类药物没有联系，但它们具有苯二氮䓬类药物类似的药理性质，并且研究表明与苯二氮䓬类药物受体中的中枢神经系统 GABA 受体复合物相互作用。一些研究表明，与苯二氮䓬类药物相比，这些新药物对苯二氮䓬类药物受体的选择性可能降低了肌肉松弛作用、抗焦虑作用和抗惊厥作用。这三种药物均在健康老年人中进行了实验，健康老年人对其耐受、滥用或依赖的潜在可能性不高。与大多数其他催眠药一样，这些药物尚未在非常虚弱或高龄老年人身上得到很好的研究。尽管证据表明使用这些新激动剂安全性更高，但老年人（特别是体弱者）服用这些激动剂的风险和利益仍存在相当大的争议。

唑吡坦是一种非苯二氮䓬类咪唑类药物，已在老年失眠症患者中进行了研究。它有 5 mg 和 10 mg 两种片剂。研究表明老年患者停用唑吡坦后，不会出现反弹性失眠、激动、焦虑等症状，似乎也没有影响日间认知和精神运动表现，治疗效果可能超过服用药物的时间。唑吡坦是一种短效催眠药，也可以采用唑吡坦改良缓释制剂（推荐剂量为成人 12.5 mg，老年人 6.25 mg）。这些药物以改善入睡障碍和维持睡眠功效进行销售；然而，它们之间的临床差异微乎其微。

扎来普隆是一种非苯二氮䓬类催眠药，属于吡唑并嘧啶类，也用于短期治疗老年失眠患者。它也有 5 mg 和 10 mg 两种片剂。由于其起效快、半衰期短，因此应在睡前立即服用扎来普隆（如将其安全地保存在床头柜中），或者患者上床后不能入睡时服用。

右佐匹克隆是佐匹克隆的 S 异构体，在美国以外的多个国家作为催眠药使用多年。推荐老年患者的起始剂量为 1 mg，入睡困难的患者可能需要 2 mg。尽管存在3 mg 剂量右佐匹克隆，但建议老年人服用剂量不超过 2 mg。高脂肪膳食会减慢右佐匹克隆的吸收并降低其药效。有报道表示服用该药物会导致口腔异味。右佐匹克隆的制造商赞助了一项为期 6 个月的实验研究，结果表明在治疗 6 个月结束后，患者对其催眠作用没有出现耐受性，也无戒断症状。因此，在美国，右佐匹克隆已被批准使用，并且不限制治疗时间。

一些临床医生会采用低剂量镇静抗抑郁药（如曲唑酮、多塞平、米氮平）作为睡眠辅助剂（非说明书用途），特别是抑郁症患者（非说明书用途）。有研究探索低剂量曲唑酮作为夜间睡眠辅助剂用于日间接受其他抗抑郁药物治疗的抑郁症患者，但尚无其他抗抑郁药用作催眠药的研究。日间发作和镇静，特别是长效激动剂如米氮平，可能是一些老年人面临的重大问题。可能会考虑使用低剂量镇静抗抑郁药来辅助睡眠的情况包括苯二氮䓬受体激动剂吸收障碍、纤维肌痛患者或有滥用药物史的患者，以及担心服用苯二氮䓬受体激动剂的患者。

褪黑素受体激动剂雷美替胺也可用于治疗失眠，并被批准用于改善入睡困难。雷美替胺（剂量为 8 mg）对 1 型褪黑素受体（在动物模型中可调节嗜睡）和 2 型褪黑素受体（可介导褪黑素调节 24 小时生物钟的相移效应）具有高选择性。雷美替胺已被 FDA 批准，且无服用时间限制。雷美替胺的催眠效果似乎不明显。此外，它可能会增加血清催乳素水平，但这一发现的意义尚不清楚。雷美替胺已经在老年失眠患者中进行了测试。雷美替胺不是受限制药物，没有滥用潜力。雷美替胺在老年人睡眠主诉管理中的作用尚未明确。

慢性催眠药物的使用

研究表明，大量处方催眠药物的使用常见于慢性失眠患者，而非用于暂时的或短期的失眠。此外，相比年轻人，老年人长期服用催眠药似乎更常见，女性多于男性。几项陈旧的研究表明长期服用催眠药可增加发病率和死亡率。流行病学证据表明使用苯二氮䓬类药物可增加跌倒和髋部骨折的风险。然而，睡眠专家对长期服用催眠药物的风险的意见尚不统一，特别是随着新型非苯二氮䓬类催眠药的引入。一些研究表明，抛开催眠药物的使用，失眠本身也是老年人跌倒的危险因素。无论是否存在争议，临床医生应谨慎考虑并帮助长期服用催眠药物的老年人降低这些药物的服用剂量，尤其是当有证据表明出现不良副作用的时候。研究表明逐步降低催眠药物剂量，夜间常规药物的替代和行为干预（例如认知行为疗法）可能有助于减少或摈弃处方催眠药物的使用。

非处方安眠剂

有报道表明近一半的老年人使用非处方睡眠产品。最常用的产品是镇静抗组胺药、对乙酰氨基酚、酒精和褪黑激素。镇静抗组胺药（例如苯海拉明）是非处方安眠剂和夜间使用的组合止痛剂中的常见成分。苯海拉明具有有效的抗胆碱能作用，几周后可发展出耐受性，大多数老年医学专家非常反对老年人服用该药物。患有轻度不适和睡眠困难的患者在睡前服用简单的止痛药（例如对乙酰氨基酚）会得到充分缓解，并不会出现组合药物的副作用。如前所述，虽然酒精会导致困倦，帮助入睡，但夜间会干扰睡眠，使睡眠困难恶化。

关于褪黑素治疗失眠有效性的证据尚不统一。有一些证据表明，褪黑素给药会减少失眠老年人的入睡时间和睡眠后清醒时间，并提高睡眠效率（熟睡时间/床上时间）。然而，一项针对55岁以上睡眠维持障碍的失眠患者的小范围实验表明，与安慰剂治疗相比，经口服褪黑素组的多导睡眠记录尚不能提供其改善睡眠质量的证据。其他研究表明，具有低褪黑素水平（通过尿液6-羟基硫酸褪黑素测量）的失眠老年人更可能对褪黑素替代疗法做出反应。由于这些尚不统一的研究结果及目前对可用的褪黑素产品缺乏调控，临床医生很难推荐使用这些产品。然而，有证据支持睡眠—觉醒周期障碍的盲聋人、倒时差和倒夜班工作者可服用褪黑素。缬草是一种含有多种活性化合物的草本药品，具有机制不明的轻度镇静作用。一些标注含有缬草的产品经测试发现不含或含非常少量的缬草，加上研究尚不明确及缺乏监管，也不应推荐服用。一项研究发现，缬草与安慰剂的镇静作用没有差异。

另请参阅：酒精和药品；丧亲之痛；痴呆；虚弱老年人；长期照护。

拓展阅读

Alessi CA and Schnelle JF (2000). Approach to sleep disorders in the nursing home setting. *Sleep Medicine Reviews* 4: 45–56.

Ancoli-Israel S and Ayalon L (2006). Diagnosis and treatment of sleep disorders in older adults. *American Journal of Geriatric Psychiatry* 14: 95–103.

Ancoli-Israel S and Cooke JR (2005). Prevalence and comorbidity of insomnia and effect on functioning on elderly populations. *Journal of the American Geriatric Society* 53: S264–S271.

Chesson A Jr., Hartse K, Anderson WM, Davila D, Johnson S, Littner M, Wise M, and Rafecas J (2000). Practice parameters for the evaluation of chronic insomnia. *Sleep* 23: 1–5.

Groth M (2005). Sleep apnea in the elderly. *Clinics in Geriatric Medicine* 21: 701–712.

Jao DV and Alessi CA (2004). Sleep disorders. In: Landefeld CS, Palmer RM, Johnson MA, Johnston CB, and Lyons WL (eds.) *Current Geriatric Diagnosis and Treatment*, pp. 114–121. New York: Lange Medical Books/McGraw-Hill Co., Inc.

Kryger MH, Roth T, and Dement WC (2005). *Principles and Practice of Sleep Medicine*, 4th edn. Philadelphia, PA: W. B. Saunders.

Krystal AD (2005). The effect of insomnia definitions, terminology, and classification on clinical practice. *Journal of the American Geriatric Society* 53: S258–S263.

Kushida CA, Littner MR, Morgenthaler T, Alessi CA, Bailey D, Coleman J, Friedman L, Hirshkowitz M, Kapen S, Kramer M, Lee-Chiong T, Loube DL, Owens J, Pancer JP, and Wise M (2005). Practice parameters for the indications for polysomnography and related procedures: an update for 2005. *Sleep* 28: 499–521.

Lee-Chiong TL (ed.) (2006). *Sleep: A Comprehensive Handbook*. Hoboken, NJ: John Wiley & Sons, Inc. Lichstein KL and Morin CM (eds.) (2000). *Treatment of Late-Life Insomnia*. Thousand Oaks, CA: Sage.

Littner MR, Kushida C, Anderson WM, Bailey D, Berry RB, Hirshkowitz M, Kapen S, Kramer M, Lee-Chiong T, Li KK, Loube DL, Morgenthaler T, and Wise M (2004). Practice parameters for the dopaminergic treatment of restless legs syndrome and periodic limb movement disorder. *Sleep* 27: 557-559.

Martin JL and Alessi CA (2006). Sleep in institutionalized older adults. In: Lee-Chiong T (ed.) *Sleep: A Comprehensive Handbook*, pp. 615 - 619. Hoboken, NJ: John Wiley & Sons, Inc.

Milligan SA and Chesson AL (2002). Restless legs syndrome in the older adult: diagnosis and management. *Drugs and Aging* 19: 741-751.

Moller HJ, Kayumov BJ, and Shapiro CM (2004). Psychiatric aspects of late-life insomnia. *Sleep Medicine Reviews* 8: 31-45.

Montgomery P and Dennis J (2004). A systematic review of non-pharmacological therapies for sleep problems in later life. *Sleep Medicine Reviews* 8: 47-62.

Perlis ML and Lichstein KL (eds.) (2003). Treating Sleep Disorders. *Principles and Practice of Behavioral Sleep Medicine*. Hoboken, NJ: John Wiley & Sons, Inc.

Prinz PN, Vitiello MV, Raskind MA, and Thorpy MJ (1990). Geriatrics: sleep disorders and aging. *New England Journal of Medicine* 323: 520-526.

译　者：陈泓伯（北京大学护理学院）

1326

死亡和濒死

R. 卡斯登邦 亚利桑那州立大学，坦佩，亚利桑那州，美国

词汇表

预先指示（Advance Directive）—— 一份指示医生的文件，当一个人在生命的最后时刻因损伤无法表达自己的意愿时，希望接受何种治疗。生前预嘱是一种早期的预先指示。

脑死亡（Brain Death）——身体处于植物人的一种状态，但思维、体验和有目的的行为能力均已丧失。

昏迷（Coma）—— 一种深度无意识状态，个体无法被唤醒，但大脑的功能可能仍然完整并有复苏的可能。

死亡焦虑（Death Anxiety）——当人们遇到生命威胁或死亡提示时，可能会引起的一种混乱的情绪状态。

濒死（Dying）——身体衰退最终死亡的过程。这一术语强调的是正在经历这个过程的人，以区别于医学状况本身。

临终关怀（Hospice）——为濒死者提供的一种替代传统医疗护理的方案，其首要考虑的是缓解疼痛和其他症状（也被称为“姑息治疗方法”）。

预期寿命（Life Expectancy）——对一个人可能存活的年数的统计估计，可以从出生日期或当前年龄计算。

微意识状态（Minimally Conscious State）——通过有限的和偶尔的意识迹象，区别于昏迷或植物人状态的一种严重损伤状态。

器官移植（Organ Transplantation）——从已死亡的人身上移除器官给需要恢复功能或挽救生命的另一个人。

持续性植物状态（Persistent Vegetative State）——尽管个体缺乏反应能力，但重要的身体机能仍能持续数周、数月甚至数年（这种状态通常需要使用呼吸机或其他生命支持设备来维持，但也可能是一种自主性的生命维持）。

绝症（Terminal Illness）——一种不治之症，会导致人在 6 个月内或更短时间内死亡。死亡前的这段时间被称为结束阶段。

引言

在美国这样的幸运社会里，人们对死亡已经变得越来越有耐心了。自 19 世纪以来，人的平均预期寿命增加了 30 年，这主要是通过保护年轻人的生存来实现的（参见“预期寿命”）。死亡来得晚而不是早，现在它越来越多地是与长寿的人联系在一起。对临终问题做出知情决定的需求随着进入“古稀之年”人口的增长而增多，并且还在持续增长。

关于死亡和濒死的新问题

“什么是死亡?”这是几个世纪以来哲学家和神学家一直在思考的一个经典问题。如今，这个问题已经变成了“这个人什么时候会死?”。传统上，这种判断是通过观察有无呼吸、脉搏和对刺激的反应及体温的降低（体温过低）做出的。当一个人身体的重要功能衰竭，而他的医生也承认无力回天的时候，他就被认为是“濒死”了。这种情况随着三个相关事态的发展而发生改变：(1) 发病到死亡的时间间隔较长；(2) 生命支持技术；(3) 器官移植。在所有这些发展中，财务方面的考虑是很突出的：长期和集中的医疗保健耗费了大量金钱，并且在器官采集和移植的过程中风险也非常高。

过去，死亡通常发生在急性疾病或者外伤之后。今天的人们更有可能患上持续几个月或数年的危及生命的疾病。“慢性疾病”“不治之症”“濒死”的区别有时候是模糊不清的。但这个术语仍然很重要，因为当被定义为“濒死”的时候，人们会受到微妙的区别对待。

在科技发达的国家，维持呼吸和其他重要功能的生命支持技术已经越来越多。这种技术能帮助人们从严重的医疗危机中恢复过来。更具争议的是，它被应用于那些无意识的、似乎很少或根本没有康复希望的患者身上。对没有反应或几乎没有反应的患者，人们有很多的困惑。医生可能会诊断其脑死亡，但是在家人看来他是身体完好的一个人——在某些情况下，他会经历睡眠—觉醒周期、呻吟或者做出无意识动作。大脑皮质的脑电活动和血液循环的缺失意味着丧失了思维、体验和有目的的行为能力，这导致了脑死亡诊断的引入。如果脑干的下中枢仍在运作，植物人的机能可以持续，这就使得情况变得复杂了。

近年来，大家普遍认识到，诊断的情况变得更加复杂。患者可能处于昏迷状态，这是一种深度无意识状态，但有可能大脑完好无损并完全恢复。另一种情况可能是短暂的植物人状态，是由药物、极度寒冷或可能恢复的损伤导致的思维活动的缺失。同样，患者也可能处于持续性或者永久性植物状态（这是在病情持续时间较长的情况下做出的判断）。在很少被讨论的微意识状态下，只有有限的意识迹象，这表明潜在的脑损伤不是完全的。可能最痛苦的情况是闭锁综合征，在这种情况下，患者无法活动也无反应——但有意识，并且能够通过眼球的移动来进行交流。（这种情况被认为很少见，但它的实际发病率还没有确定。）

鉴别诊断需要高水平的专业知识。所以当没有专业知识和了解途径的人对患者的状况表达不同观点时，也就不足为奇了。此外，观点也会受到观察者的价值观和需求的影响。对无意识的患者情况互相矛盾的解释通常可以通过讨论来解决。然而，有时候会导致广泛的公众参与，包括行政、立法和司法部门的最高层。争论通常集中在对一个既没有死亡也不能很好地活着的人应该继续还是撤回生命支持的伦理问题上，具体取决于适用的标准。最受公众关注的案例往往涉及年轻女性。这种模式可被视为生死攸关情况下年龄偏见的另一个案例（参见“老年歧视和就业歧视”“伦理与安乐死”）。

器官移植进一步加剧了如何定义和确定死亡的问题。那些与成功的器官捐献有利害关系的人倾向于定义“死亡”，以便尽早地充分利用器官。而那些照顾无意识患者的人则倾向于支持更加严格的标准。因此，两位称职且心怀善意的医生可能会采用不同的方法来定义同一个人的生死，这取决于他们的目标和责任。

当了解到所爱的人尽管还没有死亡但也不能很好地活着的时候，悲伤和痛苦的折磨是复杂的。家人和朋友的情感压力使他们很难履行自己的其他责任（如养育子女、工作）。尽管他们可能会非常珍惜这位患者，但他们也可能觉得有必要继续自己的生活，在这种情况下，这种需求似乎被医疗技术阻碍了（参见“丧亲之痛”）。

态度及其后果

美国人的主流态度往往倾向于排斥老年男性和女性。不幸的是，老年人也接受了我们社会对濒死和死亡的反感态度。随着成年后年龄的增长，丧亲和晚期病症的风险会增加，这使我们处于被一个对衰老和死亡都感到不安的社会拒绝的双重风险之中。丧偶的老年人甚至可能会被他们的同龄人回避，因为他们接触过死亡。一个丧偶人士支持小组的成员解释说：“首先，大多数人不知道对你说什么，所以他们在你身边时会变得紧张不安。但是第二点，也是更重要的一点，他们会看着你想，‘这种事也可能发生在我身上’。你的存在提醒他们死亡是真实的，丈夫死亡这件事也可能会发生在任何人身上。”幸运的是，近几年来为丧亲者设立的同龄支持小组变得越来越普遍（参见“寡居与鳏居”）。

担心自己会变老的人常常会有这种消极的态度。例如，我的同行注意到一对在湖边散步的老年夫妇。她向我吐露：“我永远不会是一个老女人；永远不会让自己变得依赖别人；永远不会无所事事地看着世界从眼前溜走；永远也不会缓慢而痛苦地死去。我向你保证，我是认真的。现在我还健康独立，但如果真有那么一天，我会结束自己的生命。我都想好了。”这位50岁出头的聪明而健壮的女人描述了她自杀的具体方法。“我见过很多老人，”她强调，“所以我不想成为其中之一。”与此同时，那对无意中提供了这段谈资的老年夫妇仍手牵手在湖边散步。这个认为衰老比死亡更可怕的女人并没有和那对夫妇交谈过，对他们的生活也没有直接的了解——她是社会刻板印象的囚徒，这种印象是她强加给他们的，也是她强加给自己的。

对老年人最突出的社会态度包括：

1. 对自己未来的地位感到不适应。美国社会鼓励自我概念的发展，但并不包括完整的生命历程。那个将要面临丧亲之痛、变老和死亡的“我”被排除在自我意识之外。有些人可能会执着于以下的情景：“我永远不会变老。我死的时候不会在那里，因为那个人是个陌生人，那不是真正的我。”

2. 对老年人和接触过死亡的人的负面描述。老年人被认为是虚弱、昏昏欲睡、没有性能力、衰老、无能、无用和拖累人的人。濒死和丧亲的人被认为是消沉、痛苦和孤僻的。这种消极的态度与照顾者的经历形成了鲜明对比，他们发现这给他们的晚年生活带来了许多独特的个人优势。那些以照顾者或研究者身份进入老年人生活的人经常报告说，他们自己也从这段关系中获得了一些有价值的东西。

3. 合法化的逃避策略。负面刻板印象为逃避密切接触提供了正当理由。表面上这些理由可能会这样表述，例如：“最好还是避免这样敏感的话题，好吧，你知道我说的是什么。”而实际隐藏的，是与那些提醒我们自己尚未解决衰老和死亡问题的人对抗的焦虑。

4. 当交流不可避免的时候，它仍被一些潜规则掌控着。当年轻人与老年人谈话时，他们倾向于使用“次级婴儿语”(secondary baby talk)，这是一种伴随着夸张的语调和面部表情的简化语言。通过这种策略，他们试图限制对方说的话。研究一再表明，大多数人试图让自己与那些被认为濒死或悲伤的人之间保持更大的身体和社交距离。平等的给予和获取被“贬低”所取代，在这种谈话中，老年人、丧亲者或者濒死之人在地位、权力和价值方面都被视为低人一等。

对衰老和死亡态度的融合是必然的。举例来说，人们通常认为老年人的死亡相对来说是不重要的。在“临终关怀”的概念引入之前，很少有人关注濒死者的心理、社会和精神需求。然而，住在养老机构里的老年人仍然可能孤独终老——用镇静剂取代了陪伴。这种轻视生命的做法影响了那些参与这一过程的人。护理机构的工作人员报告说，他们对自己的未来感到更加沮丧，因为他们反复看到老年居住者的死亡——因此也想到他们的生命——得不到一点尊重。这种轻视的过程同样忽视了那些深爱并尊重死者的人的需求。接受这种厌烦濒死老年人的社会态度可能会产生长期不良后果。

在一些社会中，老年人的死亡仍然是精心准备葬礼和纪念活动的机会，比如苗族，在他们的家乡（例如老挝）和美国都是如此。最后的告别仪式既肯定了刚刚逝去生命的人，也肯定了这个群体的基本价值观。与之形成对比的是，葬礼承办人继续报告说，美国人普遍倾向于简短而“不太情绪化”的服务。

在为老年人筹划葬礼和纪念过程中，通常需要考虑一些特殊情况，例如：

- 对葬礼的价值和目的的分歧；家庭内部的代际差异往往是分歧的根源。
- 在葬礼的过程中引发的未解决的家庭问题和不满情绪。
- 在决定谁来做主中产生的不确定性和冲突。
- 其他家庭老年成员有困难或者无力参加葬礼。
- 经济困难。

对生死问题进行过开放式和持续讨论的家庭，在需要做出这些最后的安排时，更有可能避免矛盾、混乱和遗憾。

对濒死和死亡的个人取向

现在我们转向老年人自己对濒死和死亡的看法。

死亡焦虑

随着年龄的增长我们会对死亡更加焦虑吗？不一定。老年人常常报告说，随着年龄的增长，他们对死亡焦虑会有所降低。最常见的解释是："我曾拥有过生命。"牢固的婚姻、抚养子女和孙辈，以及在生活的各个方面都履行了个人责任的感觉，这些成就都是死亡所不能抹杀的。年轻人的死亡焦虑得分普遍较高，他们会对自己可能永远实现不了的计划和愿望表示出担忧。与那些有坚定的自我意识、价值感和成就感的人相比，那些仍在寻找身份认同和价值感的人更有可能对一个可能被缩短的未来感受到威胁。然而，年龄只是一个间接变量。年轻人可以获得生活的充实感和幸福感，而老年人也可能被失望、后悔和不满足的感觉所累。

在生命后期死亡焦虑降低的另一个主要促成因素，是经历了失去和限制而累积的经验。一个80岁的人不可能像20岁的人那样天不怕地不怕。大多数人学会了如何适应在漫长的一生中发生的各种变化。一个人可能一开始不喜欢戴眼镜或助听器，但很快就学会了利用这些设备来维持生活的质量。一位老者说："很久以前我就不再是不朽的了。我处于生命的长河之中，衰老也会随之而来，我们全都是这样。这种流逝，就像河流将我们送入更广阔的大海。这就是生命。这就是生命存在的方式。"

那些一生中都习惯于依赖他人处理自己焦虑状况的人，当他在面临与死亡相关的问题时可能会继续这样做。这种行为的一致性也可能表现在这样一些人身上，他们最喜欢的应对方式是反恐惧的（例如，用他们的生命冒更多的风险，以此寻找恐惧的根源）、逃避或者理智化。当应对焦虑的首选策略不再好用或者不再有效时，问题就会出现。举一个典型的例子来说，当一个人深陷困境和某种关系时，他会发现从一个失败的身体中逃离没有那么容易。

一些人随着年龄的增长确实体验到了日益增加的死亡焦虑。这在以下四种情况下更容易发生：（1）急性症状发作；（2）缺乏社会支持；（3）应对策略失败；（4）害怕遭到上帝的拒绝和惩罚。例如，一个患有肺气肿的患者，呼吸窘迫的发作让他感到恐慌，正是这种脆弱加剧了他的死亡焦虑，而不是年龄本身。那些感到孤独和被抛弃的人也可能更频繁、更强烈地经历死亡焦虑。多重的和持续的生活压力会压垮一个人的信心，让他失去安全感。在这种情况下激增的死亡焦虑并不一定意味着这个人的生命真的处于危险境地。恰恰相反，死亡已经变成了无助和解脱的象征。

老年人更倾向于关注他们死亡的方式而不是死亡本身。老年男性和女性常常担心自己会变得无助、依赖他人，以及不得不依靠维持生命的设备。他们更频繁也更强烈地表达出对身体缺陷、疼痛和意识模糊的恐惧要甚于对死亡的恐惧。总的来说，老年人似乎已经接受了走向死亡的事实，不论是通过信仰上帝和生存，还是通过哲学上的接受。许多老年人珍惜生命的每一天，既不寻求也不逃避死亡。

经历死亡

对绝症这一事实讳莫如深曾经是美国和很多其他国家的共同策略。病床前的探望者会向濒死的人保证，他们很快就可以下床活动了。具有讽刺意味的是，濒死的人也在犹豫是否说出他的猜测，这常常被理解为否认，但实际上这是他的慎重考虑，试图减轻家人和朋友的焦虑，因为连他们自己也不愿意面对这一事实。

濒死的人也被剥夺了可以信赖的沟通和社会支持，因为他们是不受欢迎的提示者，提醒人们医学并不总能创造奇迹。此外，濒死的人常常遭受的持续疼痛和其他压力症状还不能被现行的医疗惯例很好地控制。受限于交流互动，被视为医疗失败而遭拒绝，任由痛苦折磨，绝症患者在生命的最后阶段很难找到安慰和价值所在。

这种逃避、痛苦和社会隔离的模式现在正通过两个方面的发展而改变：

1. 死亡教育和咨询。20世纪60年代中期，与死亡和濒死相关的学术课程和专业讲习班开始出现。赫尔曼·费菲尔（Herman Feifel）的研究揭示了死亡的文化禁忌，伊丽莎白·库伯勒-罗斯（Elizabeth Kubler-Ross）的演讲和著作鼓励专业照护者和家庭公开讨论这些话题。心理咨询师愿意并且能够帮助人们应对濒死、死亡和悲痛，也因与死亡教育运动的关联而变得越来越多。

2. 临终关怀和姑息治疗项目已被证明是对绝症的传统医疗惯例提供了一种有价值的替代方案。对濒死的人的同情和有效护理已成为当务之急。那些选择临终关怀替代方案的人——尤其在他们绝症发现的早期——更有可能受益于控制疼痛和其他症状的改进技术，以及大多数时间都在家生活的机会。与临终关怀相关的舒适度和沟通的改善，能使濒死的人更充分地利用自己的资源和他们最看重的伙伴的资源。

临终问题和选择

老年人对了解临终问题和选择越来越感兴趣。正如一位80多岁的女性所观察到的："我仍然要对自己的生活负责。我想我也应该对我的死承担一些责任，不是吗?"

也许有必要首先克服和成年子女讨论临终问题的阻力。他们通常需要得到安慰，知道他们的父母或祖父母既不抑郁也不脆弱。当然，和家人讨论与死亡相关的问题，做出决定，然后继续生活才是有意义的。另一种情况是被事件压倒，没有机会让自己的选择得到支持。很多家庭发现，在面对临终决定时，他们更清楚地意识到自己生活的优先事项和决定。

临终决定包括个人财产的分配、葬礼和纪念安排，以及对临终关怀或传统医疗护理的选择。很多专家认为，最值得关注的是对医疗保健的预先指示。现行的法规和选择权是由1968年提出的生前预嘱逐渐演变而来的，它是新生的死亡意识运动最早的表达之一。设置生前预嘱的目的是为医疗人员提供一份指导性文件，以应对出现诸如无法合理预期康复、患者太虚弱以致无法表达自己的选择时的一些特殊情况。生前预嘱会要求医生用药物来减轻患者痛苦，即使这样做可能会缩短患者的生命。当然，也可以要求医生不要试图通过药物、人工手段或"英勇的措施"来维持患者的生命。

生前预嘱受到了美国公众的认可。然而，这种文件在法律上是不可强制执行的：医护人员没有义务按照文件中的指示行事。很多同情生前预嘱背后想法的医生在按照指示行动时也会犹豫，因为他们担心可能会被指控玩忽职守，甚至是谋杀。除此之外，语言过于含糊和说明过于笼统，使得在很多情况下生前预嘱无法充当指导方针（例如，到底什么是"人为的"或"英勇的"?）。这些问题通过州立法机构通过的法案得到了部分弥补，将生前预嘱的某些版本确立为法律文件——通常称为《自然死亡法案》（the Natural Death Acts）。随后出现的新一代的预先指示鼓励个人表达得更加明确。每一家接受联邦医疗保险或联邦医疗救助报销的医疗机构现在都需要询问所有当事人得了绝症后的个人选择。患者必须被告知自己的权利，他们可以接受或拒绝治疗，如果他们特别希望的话，可以向医疗机构提供预先指示。然而，这一规定的有效性在很大程度上取决于医院提供信息的决心，以使患者能够理解自己有哪些选择，并在无压力的条件下考虑这些选择。关于知情同意程序的执行方式已有很多投诉。

预先指示的主要选项初看可能很相似（见表1），但是当在危机中指导医疗决策时，这种差异性就显得至关重要了。医疗人员更有可能遵守对这些选择做出明确说明的预先指示，而不是语言更为模糊的原始生前预嘱。不管一个人是否打算授权一份预先指示，考虑这些选择并熟悉其含义都是有益的学习体验。

表 1 预先指示选项

是/否	选项
	1. 如果我身患绝症并且永久失能，我希望停止所有维持生命的治疗。
	2. 如果我永久地失去意识，不管是否患有绝症，我希望停止所有维持生命的治疗。
	3. 如果我失去意识，恢复意识或避免永久性脑损伤的机会渺茫，我希望停止所有维持生命的治疗。
	4. 如果我病重并且只有很小的恢复机会（5%或更少），可能需要几周或几个月的进一步治疗才能弄清楚病情，我希望继续生存。
	5. 如果停止其他生命支持措施，我希望停止液体和营养支持。

那些努力了解自己临终选择的老年人，不仅能够影响自己生活中的未来事件，还可以充当年轻人的导师，并作为一种坚持的声音，要求医疗系统给予预先指示应有的关注。

另请参阅：老年歧视和就业歧视；丧亲之痛；伦理与安乐死；预期寿命；寡居与鳏居。

拓展阅读

Asmundsen GJG, Taylor S, and Cox BJ (eds.) (2001) *Health Anxiety*. New York: John Wiley and Sons.

Bendiksen R and Cox GR (eds.) (2004) Theme issue: older people. *Illness, Crisis and Loss* 12: 5-101.

Caserta MS, Lund DA, and Obray SJ (2004) Promoting self-care and daily living skills among older widows and widowers: evidence from the pathfinders demonstration project. *Omega* 49: 217-236.

Doka KJ, Jennings B, and Corr CA (eds.) (2005) *Ethical Dilemmas at the End of Life*. Washington, DC: Hospice Foundation of America.

Gilbert RB (2004) Aging and loss. *Illness, Crisis and Loss* 12: 199-211.

Kastenbaum R (2000) *The Psychology of Death*, 3rd edn. New York: Springer Publishing Co.

Kastenbaum R (2004) *Death, Society, and Human Experience*, 8th edn. Boston, MA: Allyn and Bacon.

Kastenbaum R (2005) *On Our Way. The Final Passage through Life and Death.* Berkeley, CA: University of California Press.

Lawton MP (ed.) (2000) *The End of Life: Scientific and Social Issues*. New York: Springer Publishing Co.

Locke M (2002) *Twice Dead. Organ Transplants and the Reinvention of Death.* Berkeley, CA: University of California Press.

Lutovich DS (2002) *Nobody's Child. How Older Women say Good-bye to Their Mothers.* Amityville, NY: Baywood Publishing Co.

Smith HI (2002) *Friendgrief. An Absence Called Presence*. Amityville, NY: Baywood Publishing Co.

译 者：张 硕（北京大学）

糖化

A. T. 李，A. 塞拉米 皮考尔医学研究所，曼哈塞特，纽约州，美国

词汇表

晚期糖基化终末产物（Advanced Glycation End Product，AGE）——大分子与葡萄糖经过修饰后产生的稳定的共价加成物。

脱氧核糖核酸（Deoxyribonucleic Acid，DNA）——负责传递遗传特性的遗传物质。

非酶糖基化（Non-enzymatic Glycation）——葡萄糖与生物大分子的自发反应，通常涉及糖与伯氨基的连接。

还原糖（Reducing Sugars）——是能够减少氧化剂的碳水化合物，通常是具有 α-羟基酮、α-羟基醛、半缩酮或半缩醛基团的糖，且包括所有单糖。

转基因小鼠（Transgenic Mice）——此类小鼠含有外源的并可被遗传的 DNA，其 DNA 被永久整合到每个细胞的基因组中。

引言

非酶糖基化是用来描述还原糖对蛋白质永久翻译后的氨基进行修饰的术语。虽然最初是应用于食品化学背景下的蛋白质，但非酶糖基化亦在体内生理条件下缓慢发生，并且现在已知也在某些核酸和脂质分子中发生。还原糖对蛋白质形成永久性修饰的非酶促反应不仅改变了蛋白质的物理特性，而且也损害了它们的生物学功能。这些糖衍生的修饰被称为晚期糖基化终末产物。在过去的 20 年中，已经在许多重要的蛋白质中对 AGE 修饰的存在和生物学意义进行了评估。这些研究给非酶糖基化在导致正常老化和糖尿病相关并发症的致病机制中的关键作用提供了越来越多的证据支持。本章将重点介绍目前对 AGE 修饰的化学途径和生物学效应的理解，以及药物干预的可能方法。

化学

1912 年，食品化学家路易斯·C. 美拉德（Louis C. Maillard）首次描述了非酶糖基化作用，部分解释了烹饪后食物为何是金黄色及长期储存过程中食物口感和质地的变化。“美拉德反应”（Maillard reaction）或非酶糖基化的过程：葡萄糖等还原糖分子中的醛基与大分子（通常为蛋白质）的伯氨基之间自

发形成高度可逆的席夫碱。在相对短的时间（几天）内，席夫碱可以进行分子内重排，并且以更稳定但仍然缓慢可逆的阿马多里（Amadori）产物达到平衡（在有葡萄糖的情况下）。几个星期后，阿马多里产物可以进行一系列进一步的自发反应，包括分子间和分子内重排、脱水和分子间缩合，从而形成不同的不可逆终产物。这些终产物具有自发荧光的特性，呈黄褐色，有稳定的分子间和分子内交联。这些终产物统称为晚期糖基化终末产物（AGE）（见图 1）。AGE 的形成完全是非酶促的，并且不需要任何辅助因子。AGE 形成和积聚的程度取决于多种因素，如温度、pH 值、蛋白质和葡萄糖浓度及底物周转率。虽然温度、pH 值和蛋白质浓度在体内相对稳定，但平均血糖水平（葡萄糖浓度）和蛋白质半衰期（培养时间）的变化显著影响着 AGE 修饰蛋白的集聚程度。例如，半衰期大于几周的蛋白质比半衰期只有几天的蛋白质更易于积累更多的非酶糖基化终末产物。持续暴露于循环葡萄糖的蛋白质（比如细胞外和血清蛋白）会增加非酶糖基化的易感性。另外，以慢性高血糖症为特征的糖尿病直接影响 AGE 修饰蛋白质的累积速度，而 AGE 修饰蛋白的累积速度与平均血糖升高程度成正比。

自发化学反应和非酶糖基化途径重排过程中产物的内在多样性阻碍了人们对特定 AGE 特征和结构的认识。目前，研究者通过使用模型反应，确定了有限数量的特定 AGE 结构（见图 2）。由于葡萄糖是机体内主要的细胞外还原糖，因此已被广泛用于研究模型机制。然而，需要注意的是，类似反应也可能与其他还原糖发生。第一个待分离的 AGE 是“2-（2-呋喃甲酰）-4（5）-（2-呋喃基）-1-氢-咪唑”（FFI），它是葡萄糖与聚赖氨酸或牛血清白蛋白经过孵育合成的。已在模型培养中鉴定出包括戊糖素（pentosidine）、羧甲基赖氨酸（CML）和吡咯素（pyrraline）的其他 AGE 结构，且证实它们也存在于体内。由于 AGE 形成的过程会伴随显著异质性产物的形成，因此，任何一种产物的特定产量都非常有限。通过此原因，推测通过抑制非酶糖基化反应的替代途径，可以富集特定的中间体化合物。食品化学家公认亚硫酸盐可抑制食品中的非酶糖基化，并已作为防腐剂广泛用于食品工业中。在葡萄糖和 6-氨基己酸的模型反应中，亚硫酸钠作为抑制剂帮助研究者发现了 AGE 中间产物——1-烷基-2-甲酰基-3，4-二糖基吡咯（AFGP）。

时间：时⟶日⟶周、月

葡萄糖+NH_2-R $\overset{K_1}{\rightleftharpoons}$ 席夫碱 $\overset{K_2}{\rightleftharpoons}$ 阿马多里产物 $\rightarrow \overset{K_n}{\rightarrow} \rightarrow$ 晚期糖基化终末产物

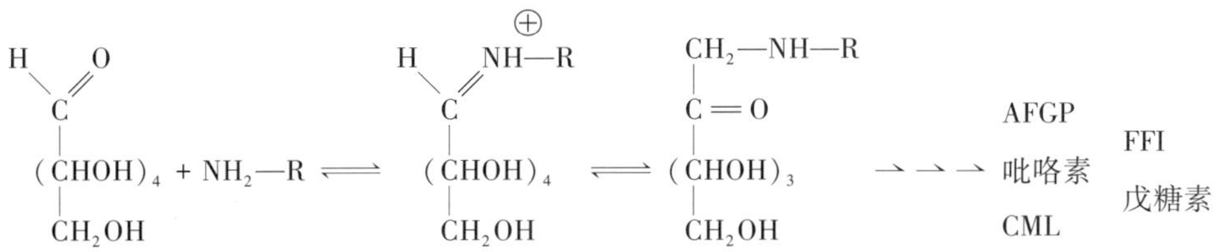

图 1　晚期糖基化终末产物的形成

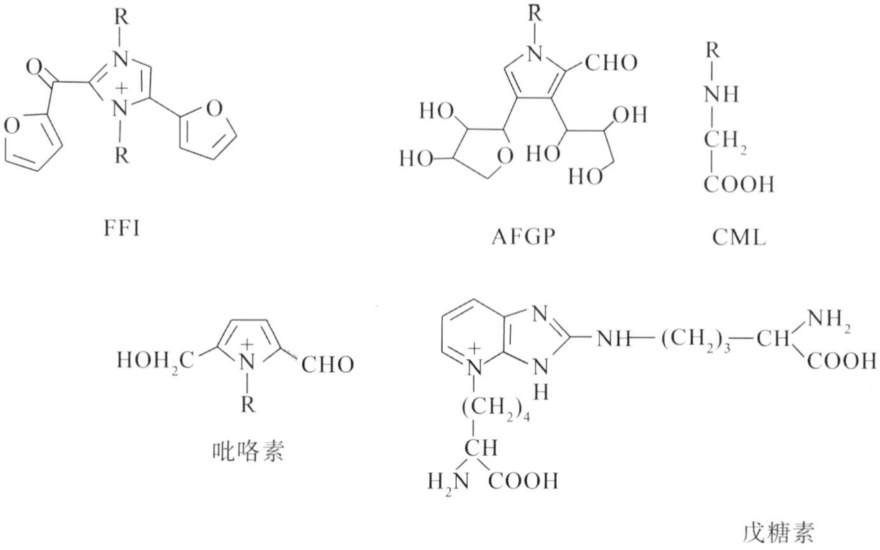

图 2　晚期糖基化终末产物的结构

生物学效应

生物大分子上 AGE 的形成改变了它们的结构和功能特性。这种对生物学相关大分子的缓慢、进行性修饰及这些被修饰的大分子在体内的积聚与许多病理有关，最显著的是与正常老化和长期糖尿病相关的并发症相关。这些并发症类型及发展的相似性表明慢性高血糖症产生的影响类似于加速老化。

细胞内蛋白质

体内发生的非酶糖基化最初是因为发现红细胞中存在一种少量的糖化血红蛋白（HbA_{1c}）而被发现的。后来发现，相比于非糖尿病患者，糖尿病患者血液中的 HbA_{1c} 更多见。对糖尿病患者血液样本中 HbA_{1c} 来源的进一步生化研究表明，存在血红蛋白 β 链的 N 端缬氨酸共价连接的葡萄糖衍生的阿马多里产物。红细胞中糖化血红蛋白的临床检测已成为评价循环平均血糖水平的不可或缺的指标，其常用来评价取样前 3~4 周的血糖控制情况。

由于葡萄糖遍布全身，因此推测其他蛋白质也可能对葡萄糖的修饰敏感。研究者们认为晶状体蛋白可能存在 AGE 积聚，因为这些蛋白质的转换非常缓慢。像红细胞中的血红蛋白一样，晶状体蛋白存在于胰岛素依赖性细胞中。因此，晶状体蛋白暴露于直接反映细胞外糖浓度的葡萄糖水平中。此外，晶状体蛋白中一些与年龄相关的变化，例如聚集增加、吸收峰变化和荧光发色团的存在表明非酶糖基化明显发生于晶状体中。尤其是晶状体蛋白质交联的累积导致老年人晶状体混浊及白内障的发生。体外研究证实，晶状体蛋白可以与葡萄糖或葡萄糖-6-磷酸反应，导致蛋白质交联，继而导致吸光度和荧光光谱的变化。这类似于在老年人和糖尿病者的白内障晶状体蛋白分解物中所观察到的变化。体外研究中非酶糖基化的晶状体蛋白质与老年人或糖尿病患者的晶状体蛋白质之间的相似性首次为非酶糖基化参与正常老化和长期糖尿病相关并发症的发展提供了证据。

细胞外蛋白质

细胞外葡萄糖对晶状体蛋白质修饰的影响进一步推动了非酶糖基化在其他长寿蛋白质的致病机制中的研究。正如胰岛素非依赖性细胞内的蛋白质和细胞外蛋白质特别易感，因为其非酶糖基化将直接受循环葡萄糖浓度的影响。胶原蛋白是皮肤、肌腱和软骨等器官或组织的主要成分，也是体内主要的细胞外蛋白质。鉴于其含量丰富、半衰期长、循环葡萄糖的可及性等特点，胶原蛋白似乎具有对非酶糖基化易感的必需特征。衰老会增加胶原僵硬度，而灵活性的降低也可能部分归因于 AGE 介导的胶原交联。已经在包括主动脉、硬脑膜和皮肤的许多胶原丰富的不同组织中测定了非酶糖基化对胶原的修饰程度。在这种情况下，胶原蛋白 AGE 修饰的程度都与年龄呈正相关。来自胰岛素依赖性糖尿病患者的组织样品显示，AGE 修饰胶原随年龄增长而增加，且观察到的数据是同年龄段正常人的 2 倍高。这些结果再次证实，长病程糖尿病患者的正常老龄化的常见后果的发展会被加速。

胶原蛋白 AGE 的存在不仅影响其物理和结构特征，而且也可能导致动脉粥样硬化、肾病和外周血管疾病。研究表明，AGE 修饰的胶原蛋白不仅可以与其他胶原分子交联，还可以与循环血清蛋白交联。循环蛋白质如低密度脂蛋白、血清白蛋白和免疫球蛋白与组织胶原的共价连接和固定化导致动脉粥样硬化病变的发生、肾组织中基底膜增厚和外周血管系统闭塞。

其他病理结果

最近的研究揭示了 AGE 修饰蛋白在其他年龄相关性疾病，如阿尔茨海默病（AD）和脑卒中引起的脑损伤中的潜在作用。淀粉样蛋白斑块在脑组织中的逐渐积累是 AD 最重要的特征，研究者们目前致力于研究脑中 β-淀粉样蛋白聚集和沉积的机制。最近研究评估了来自患者和正常脑组织的淀粉样斑块的 AGE 的存在，发现来自 AD 患者大脑的样品每毫克蛋白质的 AGE 是年龄匹配的对照组含量的三倍多。此外，可溶性 β-淀粉样蛋白肽的糖基化显著加速了试管培养中不溶性纤维状 β-淀粉样蛋白的聚集。这些发现表明，AGE 可能参与淀粉样斑块的形成和沉积，因此参与了 AD 有关的神经病理过程（参见“痴呆”）。

最近在啮齿动物模型中观察到 AGE 与另一种神经病理性疾病的恶化相关。与未治疗的动物相比，在脑动脉闭塞之前向正常大鼠施用生理浓度的 AGE 修饰的蛋白可引起更严重的脑卒中损伤和梗死面积。这些结果表明 AGE 可以启动潜在的神经毒性过程。

然而，AGE 是直接诱导损伤还是通过一种或多种次级途径介导还尚待考究。

核酸

通过确定不同类别的生物相关大分子的葡萄糖非酶促修饰，人们认为该反应在机体的细胞和组织中是普遍存在的。几年前，人们猜测 DNA 碱基上的游离氨基也可以参与到与葡萄糖的非酶促反应中，其参与方式类似于与蛋白质的“美拉德反应”。DNA 的非酶糖基化可能导致一些众所周知的与年龄相关的遗传功能障碍，例如 RNA 和蛋白质合成减少、DNA 修复和复制减少及染色体畸变增加。

最初的体外研究表明，无论是单链还是双链 DNA 中游离或聚合的核苷酸氨基都可以与葡萄糖和葡萄糖-6-磷酸反应。这些非酶促反应以时间和糖浓度依赖性方式产生了吸光度及荧光光谱发生改变的糖化 DNA，这与蛋白质非酶糖基化过程观察到的光谱变化一致。当使用体外糖基化的质粒 DNA 转化细菌时，葡萄糖修饰的 DNA 比对照质粒 DNA 转化效率显著降低。活性的丧失和培养期的长短与反应中存在的葡萄糖浓度相关。通过分析从一些转化菌落中分离的质粒 DNA，发现其含有异常序列。这些观察结果首次在分子水平上支持 DNA 的非酶糖基化可能具有不利的生物学效应的假设。在其他体外和体内原核和真核模型系统中观察到类似的结果，证实了 DNA 糖基化的诱变潜能。DNA 糖基化可以永久地损害基因组的完整性，并可能导致细胞功能不同程度的受损，在极端情况下诱导细胞死亡。

研究者通过使用含有特定诱变标记基因 *lacI* 的转基因小鼠去确定非酶糖基化作用是否已延伸至动物完整的基因组。通过测定作为年龄函数的 *lacI* 突变体的累积量，发现突变体频率随时间呈线性增加。已知的 DNA 突变类型不仅仅限于简单的碱基替换，还包括大的缺失和插入，这提示了 AGE——依赖性 DNA 修复途径的复杂性。根据在寿命短的实验动物中观察到的结果，可以推测 AGE 诱导的 DNA 损伤和突变可能导致了老年人群中的一些遗传改变。

已有文献表明，胰岛素依赖型糖尿病母亲所生婴儿出生缺陷的发生率明显高于非糖尿病母亲所生婴儿。使用相同的 *lacI* 转基因小鼠，可评估母体高血糖对发育中胚胎的致突变作用。在糖尿病母体中发育的胎儿与正常条件下发育的胎儿相比，*lacI* 突变频率增加了两倍。分析这些 *lacI* 突变体的分子，其 DNA 突变模式类似于老龄小鼠。这些相似性提示在正常衰老和糖尿病妊娠中存在 DNA 损伤和随后的低效修复的共同机制。这项研究首次显示了妊娠期高血糖、DNA 损伤和先天性畸形之间的潜在分子联系。

药物干预

人们对 AGE 形成的化学途径的相关知识的掌握促成了潜在药理抑制剂的合成。首个在这方面显示出效应的化合物是小分子氨基胍。氨基胍可以与阿马多里产物发生反应，使其不再继续参与 AGE 的形成。并且氨基胍的此效应在试管反应及动物中均有效。尽管目前还处于临床评估过程中的早期阶段，但从动物研究中得到的振奋人心的证据表明，这种药物具有预防 AGE 相关病症发展的潜力。更好地了解导致 AGE 形成的化学反应将有助于开发具有治疗潜力的其他抗 AGE 方法。

结论

晚期糖基化终末产物是由还原糖与蛋白质或核酸的化学缩合引发的非酶促反应而形成不可逆的结构修饰，其具有重要的生物学意义。糖尿病和慢性高血糖症相关的一些并发症（例如白内障、胶原硬化和动脉粥样硬化）类似于正常老化的特征，这表明糖尿病状态可作为加速老化的模型。AGE 在正常衰老过程中缓慢积聚，在糖尿病患者中积累更快。这些分子修饰似乎可以解释相似的病理学过程。因此，预防、减轻或缓解与 AGE 相关的糖尿病并发症的机制也可能改善衰老相关症状。干预治疗方法不仅会提高数百万糖尿病患者的生活质量，而且也可能有益于改善所有老年人的生活。

另请参阅： 痴呆。

拓展阅读

Bucala R and Cerami A (1992). Advanced glycosylation: Chemistry, biology, and implications for diabetes and aging. *Advances in Pharmacology* 23: 1.

Bucala R, Vlassara H, and Cerami A (1992). Advanced glycosylation endproducts. In: Harding MJC and Crabbe C (eds.) *Post-translational Modification of Proteins*, pp. 53–79. Boca Raton, FL: CRC Press.

Lee AT and Cerami A (1990). Modifications of proteins and nucleic acids by reducing sugars: Possible role in aging. In: Schneider EL and Rowe JW (eds.) *Handbook of the Biology of Aging*, 3rd edn, pp. 116–130. San Diego, CA: Academic Press.

Lee AT and Cerami A (1992). Role of glycation in aging. *Annals of the New York Academy of Sciences*, 663: 63.

Vlassara H, Bucala R, and Striker L (1994). Pathogenic effects of advanced glycosylation: Biochemical, biologic, and clinical implications for diabetes and aging. *Laboratory Investigation*, 70: 138.

译 者：修双玲（首都医科大学宣武医院）

糖尿病

M. J. 罗森塔尔　加利福尼亚大学洛杉矶分校大卫格芬医学院，洛杉矶，加利福尼亚州，美国

词汇表

代谢综合征（Metabolic Syndrome）——涉及与糖尿病、高血压和脑卒中有关的物质代谢紊乱的病理状态。

非胰岛素依赖型糖尿病（Noninsullin-Dependent Diabetes Mellitus）——也称为2型糖尿病或成人糖尿病，胰岛素抵抗和葡萄糖不耐受的慢性疾病并导致血管衰老。

引言

糖尿病是一种常见的疾病。公元前1552年，埃及第三王朝纸莎草文中最早记录糖尿病。多尿症被认为是糖尿病的一种症状。在公元前1世纪，罗马哲学家阿拉特乌斯（Arateus）称糖尿病“将肉和四肢融为尿液”。伽林（Galen）将糖尿病归为肾脏疾病。到16世纪，帕拉塞尔苏斯（Paracelsus）已将糖尿病视为一种常见疾病。

法国医师鲍查达（Bouchardat）在19世纪中后期认识到，在普法战争中巴黎被围困期间，糖尿病病例得到治疗。19世纪的意大利糖尿病学家卡托尼（Catoni）将患者进行强制饮食。目前正在开发新的方法，但治疗问题仍然持续，老年糖尿病患者的治疗结果尚不清楚。

非胰岛素依赖型糖尿病（NIDDM），也称2型糖尿病或成人发病型糖尿病，是导致多系统衰竭的一般无法治愈的慢性疾病。NIDDM是影响血管老化的胰岛素抵抗和葡萄糖耐量不佳的一种表现。正如血糖可以通过饮食治疗一样，也可能是血糖问题。例如，生物圈2号是一个约1.42公顷（3.15英亩）的能源和燃料生产生态系统，具有再生空气、水和有机材料的功能。当补充大气气体出现短缺时，参与者被迫进行延长的热量限制。结果，参与者的血压、胆固醇和体重明显改善，这些都是血管老化的危险因素。生物圈研究表明，热量限制可以预防血管老化和逆转代谢综合征，但是这种量级的生活方式的变化很少持续，最近的研究在探索什么是最好的饮食。

大众不了解NIDDM发病机制的一个原因在于糖尿病首先被认为是急性的液体流失，而不是慢性退化。第一种胰岛素制剂是在1922年开发的。但直到1959年，才将1型糖尿病和NIDDM区别开来。NIDDM影响90%的糖尿病患者，导致大多数与年龄有关的病理学症状出现，并且通常会持续恶化。

随着人口老龄化，NIDDM 流行率将会上升。此外，世界范围内糖尿病患病率正在增加，对老年人的间接影响尚未得到评估。

流行病学和死亡率

死亡率

在四种最常见的死亡原因中，三种同糖尿病有关，因为胰岛素抵抗导致糖尿病患者死于心脏病和脑卒中。糖尿病本身是 64~74 岁人群和 75~84 岁人群的第四大死因，是 85 岁以上人群的第六大死因。心血管疾病通常会导致心力衰竭，导致 60%~80%的糖尿病患者死亡。糖尿病会增加急性心肌梗死、急性脑卒中和外周血管疾病的死亡率。其他风险因素还包括吸烟和血脂异常，可增加糖尿病死亡率。

流行病学

目前，有 1 820 万美国人已经被诊断患有糖尿病，400 万人未被诊断，6 000 万人患有代谢综合征。糖尿病是老年人的疾病，患病率随年龄增加而增加。在弗雷明汉队列中，超过 65 岁的人中有 30%~40%是葡萄糖不耐受的。檀香山健康研究发现，高发病率的糖尿病和糖耐量异常依然出现在 75 岁以上人群中，超过 80 岁的人群中有 20%是糖尿病患者。但对非白人群体进行研究，如非洲裔美国人、西班牙裔和美国印第安人，发现其糖尿病的流行率有限，此研究有较大的公共卫生意义。从几年前开始，80 岁以上的老年人的数量是有史以来最多的。进入护理院的人中，26.2%患有糖尿病。

糖尿病和肥胖已经在西方和发展中国家达到了流行水平。英国现有 180 万糖尿病患者，自 1996 年以来增加了 40 万人。全球糖尿病患者预计将从 2000 年的 1.71 亿增加到 2030 年的 3.66 亿。在中国，糖尿病患病率在 1980 年为 0.6%，当时饥饿问题已经解决。现在有超过 2 亿中国人超重，糖尿病患病率有所上升。在南太平洋岛屿瑙鲁，居民曾经长期吃香蕉、山药和椰子，糖尿病患病率为 0。随着磷酸盐的开采，人们富裕起来，岛民们的饮食转向了精制面粉、糖和加工植物油。目前，瑙鲁一半以上的人患有糖尿病。在美国，绝大多数糖尿病儿童患有 1 型糖尿病，只有 1%~2%患有 NIDDM。然而，最近有 8%~45%的新诊断的儿童患有 NIDDM。

1962 年，J. V. 尼尔（J. V. Neel）提出了“节俭基因”的概念，它指在相对富足的时期保留额外的膳食热量作为脂肪，以更好地存活度过饥饿时代。这样的基因随着年龄增长的全面导入尚不清楚。这些基因通过自然选择变得更加普遍。面对目前丰富的食物，有这种基因的人容易患肥胖和糖尿病。对“节俭基因”的自然选择很弱，因为在繁殖生命后期才会产生有害影响。

风险因素

胰岛素抵抗　在老年人患 NIDDM 前，外周组织的葡萄糖清除速度可以减慢十到二十年。

家族史 前瞻性研究表明，胰岛素抵抗可以预测糖尿病的发病，特别是家族史患者。

老龄化 胰岛素抵抗与老龄化有关，但并不是所有的研究都与年龄有关。

高血压 高达60%的原发性高血压患者有胰岛素抵抗和代谢综合征。前瞻性队列研究发现，NIDDM在高血压患者中的发生率是正常血压患者的2.5倍，可能是由于血管扩张的内在缺陷导致肌肉葡萄糖摄取的效率降低。血管舒张剂，如血管紧张素转换酶抑制剂，可以改善葡萄糖摄取的效率并预防糖尿病。

缺乏活动和肥胖 暴饮暴食和高脂肪饮食是胰岛素抵抗的主要原因，从而导致葡萄糖不耐受、代谢综合征，以及随后出现的明显的糖尿病。一项使用葡萄糖钳的研究发现，肥胖对胰岛素的作用可能比糖尿病本身具有更大的影响，但并不关注年龄变化本身。内脏脂肪组织与老年女性的胰岛素抵抗有关。一些大型流行病学研究显示了NIDDM的风险，推测胰岛素抵抗可能会随着身体脂肪从非常少到非常多而增加。这意味着身体脂肪的绝对量对广泛范围内的胰岛素敏感性有影响。最近的研究涉及瘦体重减少与胰岛素抵抗的关系，这种变化是常见的，因为老年人变得虚弱和食欲缺乏。增加的脂肪百分比对比也有所贡献。

人类肥胖通常源于食物摄入增加和能量消耗减少。剩余能量作为脂肪储存在脂肪组织中。控制脂肪积累的系统涉及许多不同的细胞过程，包括能源消耗、消化、吸收、运输和营养燃料的储存。激素信号通路的复杂系统由调节脂肪形成的神经回路协调。脂肪组织产生的几种激素在能量摄入、能量消耗及脂质和碳水化合物代谢的调节中起关键作用。例如，瘦素仅在脂肪细胞中产生，并且胎盘和血液中的瘦素可向大脑发出关于储存脂肪量的信号。下丘脑瘦素受体调节控制体重的神经食欲和饱腹感。尽管单纯基因突变的瘦蛋白缺乏在纯合子或杂合子的人体中与超重相关，但瘦素或其受体的突变在临床上是罕见的。相反，似乎与年龄相关的肥胖是由高瘦素血症的瘦素抵抗谱（类胰岛素抵抗）引起的。目前，我们刚刚开始解开调节体重的复杂系统的生理学谜团。

药物 糖皮质激素增加易感患者患糖尿病的可能性。精神药物，包括某些非典型抗精神病药，5-羟色胺选择性重摄取抑制剂和情绪稳定剂，具有代谢性后遗症，如肥胖、血脂异常、葡萄糖异常和代谢综合征。病例报告、观察性研究、回顾性数据库分析和对照实验研究表明，抗精神病药物与胰岛素抵抗和体重增加有关。患有精神分裂症和情感障碍的人群也具有很高的患缺血性心血管疾病（包括糖尿病和肥胖）的风险，通常为一般人群的1.5~2倍。

矿物质 矿物质代谢改变与老化相关，可能会影响葡萄糖。据报告，低锌水平与老化相关，但对于大多数老年人来说，血浆锌水平一般正常。然而，组织锌营养的可靠指标仍在开发中，功能测试表明组织锌代谢受损受到广泛的影响，肌肉锌积累随老化而改变。锌代谢影响可能导致同葡萄糖代谢受损有关的重要蛋白质的产生。许多关于锌组织利用的研究表明，不可用的“垃圾”锌在老化组织中产生。不可用的或用过的锌可能被老化的细胞组织中的垃圾蛋白质结合或螯合。尽管有的锌有缺陷，但是这种“垃圾”锌会使得锌水平表面正常。

病理生理学

糖尿病的代谢特征包括糖代谢和脂质代谢障碍。这些如何随年龄增长变化是由肥胖及体重下降决定的，对于男性来说，这些改变往往在60岁以后发生。尽管总体重可能较低，但脂肪百分比增加，瘦体重下降。尽管如U型生存曲线所表明的那样，将体重保持在高龄的生存优势，但与肥胖相关的糖尿病流行的影响大概可以反映一个子集人口中的加速死亡率和早期功能障碍。新的研究明显表明，通过激活NF-kappa-β级联反应引发的炎症可能是年龄相关性糖尿病及包括心血管疾病在内的并发症发展的主要原因。

碳水化合物代谢

胰岛素通过结合胰岛素受体的α亚基启动葡萄糖转运蛋白合成，磷酸化β亚基并激活其酪氨酸激酶。活化的激酶信号基因产生并将胰岛素敏感的葡萄糖转运蛋白从细胞内池转移到质膜。葡萄糖转运和受体激酶的激活随着年龄的增长而受损。从预形成的葡萄糖转运蛋白到质膜的生产和转运也随着老化而减少。这导致葡萄糖转运受损，并随着年龄增长而加速肌糖原分解。胰岛素抵抗的常见中毒病症加速衰老，并可能恶化为葡萄糖不耐受和糖尿病。骨骼肌是80%~90%肌肉的年龄相关性损伤的主要部位，是负责处理80%~90%摄入葡萄糖负荷的组织。

胰岛素抵抗表现为肝葡萄糖输出的抑制受损，脂肪细胞和骨骼肌中胰岛素刺激的葡萄糖转运和代谢降低。由于葡萄糖毒性和高血糖本身可引起胰岛素抵抗，空腹高血糖是骨骼肌胰岛素敏感性的主要决定因素。

胰岛素分泌的受损随着年龄增长而增加，异常的胰岛素释放先于明显的糖尿病发生。一些老年患者出现带有明显胰岛素缺乏的脆性糖尿病。研究发现，炎症性级联还通过损伤β细胞功能来解释与年龄相关的胰岛素缺乏症的发生，但是仍然存在足够的胰岛素，1型糖尿病不发生酮症酸中毒。

脂质代谢

脂质与葡萄糖代谢有关。胰岛素通过抑制脂肪分解来减少游离脂肪酸。游离脂肪酸通过刺激糖异生增加肝脏葡萄糖产生。当高胰岛素钳位期间游离脂肪酸的减少被阻止时，胰岛素介导的肝葡萄糖输出抑制被抑制。

血脂异常伴有高甘油三酯血症、低血浆高密度脂蛋白和小而密的低密度脂蛋白颗粒，导致冠状动脉疾病与胰岛素抵抗和NIDDM。当糖尿病控制不佳时，总胆固醇、低密度脂蛋白、超低密度脂蛋白、胆固醇和甘油三酯可能非常高，高密度脂蛋白降低。对于男性来说，糖尿病患者不具有与非糖尿病患者不同的胆固醇异常率。然而，对于女性来说，糖尿病患者的高胆固醇血症几乎是双倍的，其他脂质参数更差，心血管危险增加。当胰岛素增加时，异常的脂质分布导致带有载脂蛋白 B 的超低密度脂蛋白颗粒的肝脏过量生产。胰岛素和脂肪酸可以将脂质转移至载脂蛋白 B，从而降低载脂蛋白 B 的降解。用于低密度脂蛋白胆固醇酯和随后的甘油三酯水解的超低密度脂蛋白甘油三酯的交换产生小而致密的低密度脂蛋白颗粒。

并发症

抑郁症在糖尿病患者中比在非糖尿病患者中更为常见，这已被证明会增加住院风险。

大血管

老年人 NIDDM 与血管疾病风险增加有关。心肌梗死的风险高出五倍，胰岛素抵抗增加心脏病的死亡率。高血压和吸烟使心血管疾病的风险加倍。许多研究发现，在男性和女性中，心脏病发作风险和脑卒中风险随着年龄增长持续升高，并且是独立的。对任何血压水平，糖尿病患者都有 2 倍的脑卒中、心肌梗死和外周血管疾病的风险。高血压和明显的糖尿病使心血管疾病的风险加倍。此外，受影响的个体具有更高的血脂异常、高血压和肥胖的可能性。缺血性脑卒中相对危险度为 1.8，所有类型的脑卒中相对危险度则是 3.0。风险与血糖控制程度有关，但老年人的预后关系和影响程度不明显。老年患者出血性脑卒中的风险增加仍然无根据，但可能与心血管风险有关。糖尿病男性静息心肌梗死率增加，糖尿病男性患者无症状心肌梗死是非糖尿病男性的 3 倍，老年糖尿病患者的这种风险可能更大。

弗雷明汉研究发现，与同年龄段的非糖尿病男性和女性相比，上至 74 岁的糖尿病男性和女性患者发生冠状动脉疾病的相对风险分别高出 2.4 倍和 5.1 倍。糖尿病男性发生心血管疾病的风险是正常男性的两倍，而女性则是三倍，除了脑卒中以外，所有结果都消除了女性对男性的优势。在伊斯灵顿糖尿病调查中，严重冠状动脉疾病的患病率从正常葡萄糖耐量受试者的 9%增加到糖耐量受损患者的 17%，和糖尿病患者的 20%。

在葡萄糖水平超过诊断糖尿病的阈值之前，大血管疾病增加；新诊断的糖尿病患者中有 25%患有明显的心血管疾病。在血糖水平超过糖尿病诊断阈值之前，大血管疾病发生的风险增加。事实证明，25%的新诊断的糖尿病患者已经有明显的心血管疾病。女性特别容易受到与绝经期变化相关的 NIDDM 的心血管影响。

代谢综合征 大血管疾病因为胰岛素抵抗、葡萄糖耐量和糖尿病而显著增加。活性氧发生，产生了氧化应激，这对信号通路有重要作用，进一步影响细胞代谢和触发轻度炎症反应。大血管病理生理学来源于代谢综合征，导致了致动脉粥样化因子的聚集。血管扩张和血流变化的缺陷可能与胰岛素抵抗受试者的高血压有关。胰岛素的正常血管扩张反应在肥胖、胰岛素抵抗和糖尿病个体中被破坏，可能是由于胰岛素不能增加内皮细胞的一氧化氮。具有代谢综合征的男性在调整常规危险因素后，死于冠状动脉疾病的可能性是其他男性的 2.9~4.2 倍。

代谢综合征与胰岛素抵抗有关，但不仅仅是胰岛素抵抗的结果，也不是胰岛素作用缺乏的结果。高龄的作用点尚未解密。虽然代谢综合征已经变得非常流行，但有些人认为现在是重新评估的时候了，因为发病机制和明确的标志物尚未被定义，有些人怀疑代谢综合征作为心血管疾病风险标志的价值。新的研究表明，炎症标记物可以解释这个过程，但只进行了有限的研究。单独的胰岛素抵抗不是原因，因为具有胰岛素受体突变的患者或具有百倍以上胰岛素水平的自身免疫性胰岛素受体抗体患者没有肥胖或高血压。该综合征的一些异常实际上对胰岛素抵抗、高血压、血脂异常、冠状动脉硬化和脑卒中有贡献。在美国，这一系列变化还引起了伴随正常衰老发生的大部分功能障碍。

代谢综合征涉及以下与糖尿病、高血压和脑卒中密切相关的炎症标志物，其在减肥后可能减少：

· 白细胞介素-6 升高；

· 肿瘤坏死因子 α 升高；

· 纤维蛋白溶解活性受损；

· 易氧化的小的低密度脂蛋白颗粒；

· 血液凝固活动度升高；

· 脂肪细胞衍生的纤溶酶原激活——抑制剂 1 增加；

· 凝血因子增加；

· 纤维蛋白原增加；

· 因素Ⅶ增加；

· 血小板黏附性增加。

微血管

微血管并发症最令人担忧，这反映了糖尿病是非老年人群中最常见的失明和肾功能衰竭的原因的事实。老年糖尿病患者视网膜病变患病率为 85%，但非增殖性视网膜病变比增殖性更为常见。衰老也增加肾功能不全的发病率，相应地，与糖尿病相关的肾衰竭的发生率也随年龄增长而增加。

糖尿病会导致白细胞功能受损，从而阻碍愈合，并通过血管损伤防止伤口愈合。伤口需要更长的时间才能愈合，部分原因是糖尿病引起的免疫复合，特别是干扰白细胞趋化性和白细胞杀伤能力。

神经退行性

人们早已认识到老年糖尿病患者会出现一些认知障碍，但最近的研究发现，糖尿病患者的阿尔茨海默病发病率较高。越来越多的证据表明胰岛素抵抗和 NIDDM 葡萄糖不耐受在常见的神经退行性疾病中起主要作用。痴呆发病率将在未来 20 年内增加 400%。预计神经病变性疾病将在 3 100 年取代心脏病成为老年人死亡和残疾的最大原因。葡萄糖代谢障碍可能导致两大主要的痴呆，即多发性脑梗死痴呆和阿尔茨海默病，它们占所有痴呆的 80%。食欲降低造成的减肥可能在亚临床期或痴呆的初始发作期间发生，这说明在神经病诊断相邻时期与体重变化不相关。在一项涉及 10 276 人的回顾性研究中，与正常体重相比，体质指数大于 30 的男性和女性的痴呆风险升高了 74%，体质指数大于 25 的男性和女性其风险增加了 35%。一项前瞻性研究发现老年女性肥胖增加了痴呆的风险。

在阿尔茨海默病患者中，NIDDM 患病率明显升高。增加的中枢神经系统疾病与阿尔茨海默病的发生和进展直接相关，胰岛素降解酶在降解 β-淀粉样蛋白中起作用。该酶的较低水平与胰岛素抵抗程度有关。PI-3 激酶降低的胰岛素信号缺乏与阿尔茨海默病脑中降低的胰岛素降解酶相关。尚没有预后研究调查了潜在的治疗方法。心血管疾病和糖尿病也增加了与白细胞介素-6 和 C-反应蛋白相关的痴呆发生率。

老年糖尿病患者的非典型表现包括下列病症：

· 高渗性非酮症性昏迷；
· 恶性外耳炎；
· 肺气肿性胆囊炎；
· 神经病性恶病质，特别是老年男性。

治疗和预防

所有成年人，特别是老年人的糖尿病，完全是“疾病中的疾病”，因为依从性对病情的影响最大。更重要的是，糖尿病，或至少大部分成人的诊断病例，都是可以通过生活方式改变来预防的。对这样建议的依从，并不比对卡托尼更容易。很少有行为治疗师或一些以生活方式为导向的研讨会和诊所成功地让患者遵守。那些最有兴趣改变生活习惯的患者，往往是那些认识自己的行为对性功能存在影响的。这种情况的更广泛的解决方案等待着社会转型、健康意识激发或更有效的药物治疗。

对这种临床困境，特别引人注目的是，动脉硬化性疾病可能是可以预防的，也可能是通过简单的无毒手术可逆转的。这种概念在 20 世纪 80 年代根据正常衰老与健康衰老范式对比而提出。当然，在糖尿病和代谢综合征方面，生活方式的选择影响到大部分与年龄相关的疾病，而患者对于激励改变的动机较少。这些简单的问题与世界各地糖尿病患病率的变化越来越相关。一些患者胰岛素太过缺乏，胰岛素缺乏促进胰岛素抵抗的发展，即使饮食和运动也没有帮助。

饮食

热量限制改善全身葡萄糖体内平衡，即使不控制肥胖，增加胰岛素敏感性，也被提倡作为一线疗法。热量限制研究显示，啮齿类动物与年龄相关的恶化在许多方面有所减缓，包括糖耐量，尽管发现非常高水平的应激激素，包括糖皮质激素。因此，不管是否运动，热量限制都可以充分维持负能量平衡，这对糖尿病的预防是很有价值的。通过减少肝脏葡萄糖生产，减轻或降低空腹高胰岛素血症、脂质分布、葡萄糖耐量和血压，有可能预防糖尿病。处于 NIDDM 风险的人仅通过适度运动（每天 30 分钟）减重 5%～10%，就可以降低一半以上的风险。在一次

60岁以上人群的研究中，该风险降低了71%。通过减轻体重改善胰岛素敏感性的一种可能的机制是对肌肉脂肪酸代谢的模式和肌肉内脂质积累产生了影响。晚期糖尿病患者的这种饮食疗法的反应，可能反映了与年龄相关的食欲和体重下降导致的病理生理学差异。对老年人和护理院患者，受控饮食疗法研究尚未完成，有些人怀疑这不会有帮助，因为这些患者随着年龄增长已经减少了足够的体重。

特定的食物类型会影响血糖。食用的纤维量会影响饮食对血糖的反应。不同含淀粉的食品有很大差异。含淀粉的食物烹饪后葡萄糖将增加一半。与食用葡萄糖或蔗糖相比，生淀粉摄入导致葡萄糖反应减少44%，胰岛素反应减少35%~65%。食物，如水稻和土豆，随着烹饪时间增加释放出更多的葡萄糖，但是未煮熟的具有更难消化的淀粉的豆类是控制糖尿病的理想食物。在长期队列研究中，吃全谷物的患者与吃白饭的对照组相比，NIDDM的风险较小。这样的研究表明，通过吃生态蔬菜来限制卡路里会减少糖尿病的发生率或延迟患病。以前的研究还发现，与45%脂肪、40%碳水化合物和15%蛋白质的饮食相比，30%脂肪、55%碳水化合物和15%蛋白质的较高碳水化合物饮食使空腹甘油三酯升高41%。较高的碳水化合物饮食使餐后甘油三酯、葡萄糖和胰岛素水平也较高，而甘油三酯则与糖尿病患者心脏病的风险有关。一项60%碳水化合物饮食与更少碳水化合物更多脂肪饮食相比的研究显示，60%碳水化合物饮食组中葡萄糖和胰岛素浓度全天候显著升高，24小时尿葡萄糖排泄加倍，增加30%全甘油三酯和超低密度脂蛋白甘油三酯，且高密度脂蛋白较低。脂肪食物可能更容易引起肥胖。当摄入的脂肪转化为脂肪酸，然后将其酯化为甘油三酯用于脂肪细胞中的燃料储存时，只有3%的净燃料伴随食物消耗，但摄入的碳水化合物中有10%~15%的能量损失。因此，吃脂肪食物可能会增加体重。

运动

健康老年人的葡萄糖利用与由最大有氧能力测定出的健康度密切相关，但老年糖尿病患者运动能否改善糖尿病控制的证据也在改变。四个月的有氧运动可以改善年轻人和老年人的肌肉氧化能力，但老年人胰岛素的敏感性不太可能改善，益处的获得也需要更长时间和更频繁的训练。其他人发现运动可能会逆转一些老年高血压的代谢综合征，不改变体重而改善胰岛素抵抗，减少心血管疾病，并可能降低高达44%的总死亡率。然而，运动的好处似乎是短暂的，可能在停止后不久就会消失。运动对胰岛素敏感性的影响已被认为是由葡萄糖转运蛋白的数量、毛细血管密度的变化及红色糖酵解纤维数量的增加造成的，年龄影响尚不清楚。通过耐力运动增加瘦体重也可能改善血糖，特别是体弱的糖尿病患者的血糖。

血糖剂

铜、镁和铬有一些好处，但补充它们不能改善老年人的葡萄糖耐量。锂和钒对改善老年人的葡萄糖耐量有帮助，但治疗剂量接近毒性剂量。然而，锌的毒性似乎是最小的，锌在正常代谢过程中有最广泛的参与，超过 300 种已知的蛋白质和酶需要锌。锌激活胰岛素受体 β 亚基自磷酸化，以在随年龄增长而恶化的部位刺激胰岛素需要细胞中的葡萄糖摄取。缺锌导致葡萄糖不耐受和胰岛素抵抗。补锌可能有助于葡萄糖耐量降低，但结果尚未得到一致的重现。相比之下，添加到前列腺提取物前列腺素前体花生四烯酸或胰腺中环二肽（组氨酸—脯氨酸）的锌在多个实验中改善了血糖。差异可能来源于组织锌利用不足。实验表明，胰腺中环二肽（组氨酸—脯氨酸）类似于口服形式的胰岛素并增强肌肉锌的利用。这种耐药性也可逆转老年啮齿动物的胰岛素抵抗，就像通过正常血糖钳夹研究证实的。在较高剂量下，肽似乎会降低瘦素抵抗力，将老年肥胖大鼠中食物摄取量下降到 45%，观察到 10% 的大鼠持续体重减轻。当给予年轻的非肥胖大鼠同样的治疗时，食物摄入没有显著变化，也没有观察到毒性。

二甲双胍的结果类似但改善较少，主要是通过降低食欲和肝葡萄糖产生而不增加肌肉葡萄糖利用。二甲双胍最近被用于实验以防止葡萄糖耐受患者中 NIDDM 的发生，但该研究不适合老年人。曲格列酮可改善肌肉胰岛素的作用，但因为发生死亡案例，所以该药物退出了市场。罗格列酮的安全性和实用性也尚未得到确认。同样的治疗方法的疗效与由于年龄或肥胖所导致的葡萄糖不耐受性有关。由于潜在的与年龄、肾脏和心脏有关的毒性，使用二甲双胍和格列酮类可能会引起关注。胰岛素增加剂设计用于使餐后葡萄糖偏移正常化，增加高血糖患者早期阶段和晚期阶段胰岛素反应，但没有明显增强正常人的胰岛素分泌，并且与磺酰脲类相比，低血糖更少且适应证有限。

血管治疗

增加心肌梗死的患者心脏病风险已经促使人们建议将糖尿病患者作为患有先前心肌梗死的个体进行血脂异常治疗。此外，具有代谢综合征的个体处于较高的风险类别，也应积极治疗低脂血症。低密度脂蛋白水平不如低密度脂蛋白/高密度脂蛋白比值那么有意义。大多数冠心病预防措施，包括体重控制、运动、抽烟戒除和葡萄糖耐量的改善，也会增加高密度脂蛋白。

强化血糖控制

英国前瞻性糖尿病研究评估了 NIDDM 的严格胰岛素控制。10 年后，血糖明显改善，视网膜病变和肾病减少 25%。强化治疗减少疾病发生，并减缓了糖尿病性神经病变进展。四周强化血糖治疗改善血糖神经传导速度，增加强度持续时间常数和降低基强度。缺乏关注的老年人研究结果表明，严格控制血糖以预防或治疗神经病、肾病和视网膜病变对老年糖尿病患者的好处尚不清楚。这可能同疾病的持续时间及与老年患者的生存有关的益处的时间过程部分相关。

老年糖尿病患者严格控制的潜在原因

临床试验已经证明视网膜病变、肾病或神经病变发生或进展的风险较低。随访研究表明，血糖过去的浓度和持续时间是微血管并发症风险的重要决定因素，这可以预防和改善视网膜病变。尽管老年糖尿病患者具有背景性视网膜病变的比例很高（大于80%），但是这些问题在某些老年人群中并没有得到很好的研究。随着血糖的改善，能逐渐降低发生急性心肌梗死的风险。关于老年人大血管风险收益的数据尚未确定，但是对229位65~75岁的受试者进行的研究发现血糖控制与3.5年病史冠心病死亡率呈线性关联。几年良好的血糖控制可能会在几年之后降低心血管事件的风险，但严格的血糖控制对低中风风险的作用仍然是不确定的。以前的研究将这些结果推广给老年患者，但没有基于证据的严格控制研究集中在老年患者身上。

改善血糖控制对老年糖尿病患者有益的原因包括：

· 改善尿失禁；

· 更好的糖尿—排尿改善，更好的液体平衡；

· 改善能量水平、疲劳，可能有更好的心情；

· 改善白细胞趋化性，可能改善伤口愈合；

· 改善神经传导，可能改善神经性症状；

· ICU患者、心肌梗死和急性脑卒中患者死亡率减少50%；

· 改善葡萄糖毒性，更好地释放胰岛素，更好地发挥胰岛素作用，但未在老年人中研究。

严格控制可能对老年糖尿病患者不是好主意的潜在原因包括：

· 针对特定老年人口的微血管并发症预防和治疗的循证实验有限，特别是在护理院患者中；

· 更多的患者有视觉问题干扰复杂的治疗或胰岛素调整；

· 患者出现低血糖时，神经元储备减少；

· 低血糖对心脏的影响在老年糖尿病患者中更常见，可能会使心绞痛恶化；

· 老年人更有可能患有肾脏损伤并减少药物清除；

· 伴随衰老的黎明现象受损，反调节响应能力较差；

· 组织对β-肾上腺素能信号的敏感性降低；

· 如果葡萄糖下降并且血管反应受损，不太可能会出现警告症状；

· 老年男性在低血糖期间容易发生更严重的认知障碍；

· 毒理学更可能针对二甲双胍，而对格列酮类的作用尚不清楚；

· 高龄老人，特别是对护理家庭中患者的严格控制研究不足；

· 改变的肾、肝功能，复方用药及复杂的方案增加了毒性风险；

· 胰岛素清除率降低；

· 更容易发生低血糖症，减少口服药物

的清除率，特别是具有长期低血糖潜能的磺酰脲。

看来，老年糖尿病患者的最佳治疗方法最好以这两个方面的指导为依据：以并发症恶化的时间为依据的可能生存时间和低血糖风险超过潜在益处的可能性。在对 65 岁以上患者进行的一项研究中，发生了许多低血糖事件，其中三分之一以上是严重的。高龄患者的个体差异较大，一些特别虚弱，而另一些可能相对活跃，因此，老年人或护理院患者的预期寿命差异很大。虚弱的患者难以控制低血糖的风险。ICU 患者的研究可能是身体虚弱的老年人的代表，但尚不确定。非血糖治疗可能是最密切的。短期实验控制血压对视网膜病变和肾病有益。对于任何血压水平，糖尿病患者患冠心病、脑卒中或外周动脉疾病的风险都增加一倍。

另请参阅：心血管系统；痴呆；饮食和营养；运动和身体活动；代谢：碳水化合物、脂质和蛋白质；肥胖。

拓展阅读

Kannel WB (1985). Lipids, diabetes, and coronary heart disease: insights from the Framingham Study. *American Heart Journal* 110 (5): 1100-1107.

Mokdad AH, Bowman BA, Ford ES, et al. (2001). The continuing epidemics of obesity and diabetes in the United States. *Journal of the American Medical Association* 286: 1195-1200.

Naliboff B and Rosenthal MJ (1989). Effects of age on complications in adult onset diabetes. *Journal of the American Geriatric Society* 37: 838-842.

Rodriguez BL, Curb JD, Burchfiel CM, Huang B, Sharp D, Ye Lu G, Fujimoto W, and Katsuhiko Y (1996) Impaired glucose tolerance, diabetes, and cardiovascular disease risk factor profiles in the elderly: the Honolulu Heart Program. *Diabetes Care* 19: 587-590.

Rosenthal M, Doberne L, Greenfield M, Widstrom A, and Reaven G (1982). Effect of age on glucose tolerance, insulin secretion and in vivo insulin action. *Journal of the American Geriatrics Society* 30: 562-567.

Rosenthal MJ, Fajardo M, Morley JE, and Naliboff B (1998). Hospitalization and mortality of diabetes in older adults. *Diabetes Care* 21(2): 231-235.

Tuomilehto J, Lindstrom J, Eriksson G, et al. (2001). Prevention of type 2 diabetes mellitus by changes in lifestyle among subjects with impaired glucose tolerance. *New England Journal of Medicine* 344: 1343-1350.

Zimmet P, Alberti KG, and Shaw J (2001). Global and societal implications of the diabetes epidemic. *Nature* 414: 782-787.

译　者：陈泓伯（北京大学护理学院）

疼痛与老年性疼痛

S. W. 哈金斯，R. B. 斯科特 弗吉尼亚联邦大学，里士满，弗吉尼亚州，美国

词汇表

伤害感受（Nociception）——指疼痛和疼痛感受的感官特性，在大多数情况下，由类型、强度、部位、刺激持续时间和痛觉通路中产生的活动决定。中枢疼痛及其他类型包括牵涉性疼痛、反射交感神经萎缩症和灼痛等被认为与痛觉通路活动有关。对不同伤害性事件其感官特性不同。

伤害感受器（Nociceptor）——对有害刺激或刺激达到一定时间及强度后产生的有害影响的敏感受体。

疼痛（Pain）——与实际或潜在的组织损伤有关的不愉快感觉和情绪体验，或被描述成这样的损害。疼痛是主观的，是一种心理状态，由有害刺激引发的伤害感受器或伤害感受通路的反应活动不是疼痛。

痛感（Pain Affect）——疼痛可以引起两种不同的情绪成分：一种是初级情感成分，与即时的感觉或知觉体验有关，并与当时的疼痛感受（伤害感受）密切相关。另一种是疼痛的次级情感成分，与过去的痛苦经历、个性、认知能力和疼痛对个体的意义有关；这种疼痛的维度可以等同于痛苦（见表 1）。

老年性疼痛（Presbyalgos）——用来描述疼痛敏感性、感知、情感和行为随年龄而变化的通用术语，它不同于因年龄变化而引起的视力或听力问题，仅限于感觉敏锐度的丧失。老年性疼痛包括感官、认知、情感和行为成分，并不是指老年疼痛敏感性的普遍下降，因为这种现象很可能不存在。社会群体影响疼痛对个体的意义、疼痛定义和其性质的个体差异，以及定义可接受的疼痛行为的个体差异不能被解释为伤害感受的年龄差异。

引言

老年性疼痛直到最近才得到老年学领域的关注，这部分内容回顾了目前已知的关于晚年生活中疼痛的情况，对疼痛进行了定义，并初步提出了老年性疼痛的定义；综述了老年与不同类型疼痛经历之间的关系，包括实验性疼痛、急性医疗操作引起的疼痛和临床疼痛、手术后疼痛、非典型疼痛和慢性疼痛；讨论了老年性疼痛评估应注意的问

题，并提出了进一步研究的必要性，以提高老年疼痛患者特定人群的疼痛评估水平。

至少有四个因素可能影响老年人群的疼痛知觉，包括疼痛感受器（伤害感受器）的丧失、初级疼痛感受传入过程中传导性能的变化、编码和感知疼痛的中枢机制的变化及心理社会因素对个体疼痛的影响。社会心理因素包括持续一生的痛苦经历（发展效应）和社会历史或世俗变化（出生队列效应）（参见“触觉和本体感觉”）对年轻人和老年人造成的影响可能不同。

目前尚不清楚疼痛知觉是否受晚年年龄的影响，这在很大程度上是由于对疼痛的定义的困惑，以及某些人质疑疼痛是否可以测量。确实无相关生理指标被用来评价老年性疼痛，然而，定义和测量方面的困难并没有阻碍生物、心理和社会学老龄现象的研究，因此，一定还有其他原因解释年龄对疼痛的影响。

在过去的十年里疼痛研究领域有了巨大的发展，部分原因如下：（1）成功地定义了疼痛现象；（2）认识到不同类型的疼痛存在（疼痛不是单一的现象）；（3）更深入地理解了特定疼痛相关现象的某些神经机制；（4）深刻认识到了疼痛对个体的影响，以及个体差异（即个性）对疼痛症状和行为表达的影响。然而，年龄对疼痛的心理生理评价发展历程的影响与年龄对其他感官方式的影响非常不同。

尽管大多数感官方式相关的躯体、生理和心理属性已经被详细地描述，但是疼痛的定义距离完善的程度尚远。在理解老年对疼痛的影响方面，至少有四个原因造成了我们对其认识的相对滞后。第一个原因，与激活各种感官方式的刺激可以被控制和量化的精确度有关。例如，在听觉或视觉心理物理学中，刺激的量化和控制的简便性有助于精确定义衰老对听觉和视觉的影响。相比之下，产生疼痛的刺激的量化和控制远没有那么精确。这很大程度上是由于这些刺激具有潜在的损害性，且相同的刺激难以呈现相同的作用，并且很多刺激缺乏自然的对应物（即电休克）。

第二个原因，关于对疼痛的态度。人类的疼痛经历具有感官辨别力、动机—情感和认知评估三个维度，然而，衡量这些维度的标准却是有争议的，有些人甚至错误地认为，疼痛是一种无法衡量的自我体验。

第三个原因，针对其他感官方式所做的研究与年龄相关的疼痛方面所做研究的投入程度不同，前者研究人员的数量远远大于后者。

第四个原因，人们常常简单地认为年龄会导致疼痛知觉的丧失。在临床工作中，特别是多学科的疼痛诊所，也有人认为有慢性疼痛主诉的老年人不是很好的治疗对象。这种对年龄歧视的态度，再加上有些人认为疼痛是无法测量的，以及在刺激方式和控制方面的感知困难，都限制了我们理解成人发育因素对疼痛感知的影响。

疼痛的定义

根据默斯基（Mersky）和国际疼痛研究协会的定义，疼痛是一种与实际或潜在的组织损伤有关的“不愉快的感觉和情绪体验，或根据这种损伤进行的描述”。必须明确地认识到，疼痛是一种体验，而不仅仅是对刺激的反应。因此，“伤害感受器和伤害性感受通路中的有害刺激诱导的活动并不是疼痛，尽管我们一致认为疼痛通常具有近似的物理原因，但疼痛始终是一种心理状态”。在急性医疗操作引起的疼痛（例如注射、第三磨牙拔除）和疼痛的实验研究这两种情况下，疼痛的生理原因更为相近、明确和具体。据我们所知，目前还没有对医疗操作引起的疼痛的年龄差异的系统研究。一些关于年龄对疼痛感觉影响的实验研究已经发表，下面将对这些研究进行综述。

疼痛的维度

人类的疼痛具有感觉、情感和认知三种维度。疼痛感觉从部位、持续时间、性质和程度等方面被进行描述。疼痛程度是最常被研究的方面，通常应用口头描述性量表，如广泛使用的麦吉尔疼痛量表（McGill Pain Questionnaire）或视觉模拟量表。

衰老对疼痛中动机—情绪的影响比感官判别维度受到的重视要少。最近的研究表明，疼痛有两种截然不同的情绪成分，一种与疼痛的直接不愉快有关，没有疼痛事件发生的情况下这种情绪成分（第 1 阶段疼痛影响）通常不存在，其主要由疼痛强度决定，但这并非唯一因素。

疼痛的第二种情绪成分（第 2 阶段疼痛影响）与广泛的情感或情绪相关，在很大程度上取决于疼痛经历与认知评价过程（意义、期望、记忆、社会背景及疼痛对日常生活活动的限制）之间的相互作用。第 2 阶段疼痛影响是指通常在没有伤害性事件时出现的痛苦或者任何威胁到个人完整性的痛苦。年龄对第 2 阶段疼痛影响的作用尚未被进行系统的研究。

与衰老相关的疼痛认知评估维度受到的关注更少。疼痛的认知方面包括疼痛对个人的意义、对疼痛的预期、疼痛发生的背景、对主动或被动性日常生活活动的影响、对社会家庭和职业活动的影响。目前认为疼痛的认知维度对两种情绪成分的影响大于疼痛的感觉维度，其中对第 2 阶段的疼痛影响大于第 1 阶段的疼痛影响。

图 1 是年龄对疼痛已知影响的模型，该图列出了不同的疼痛维度。在该图中，伤害性事件导致的特定感觉可以根据疼痛部位、持续时间及其他特点来评价。

认知评估结合伤害性感觉和自主神经觉醒的感官特质，为疼痛事件（第 1 阶段疼痛影响）的即时不愉快性提供了条件。然而，疼痛的第二种情绪反应（第 2 阶段疼痛影响）是由更复杂的认知事件介导的，这些事件不仅受到感官特质和初级情感反应的影响，而且还受到当前和过去相同或类似的疼痛经历的影响。

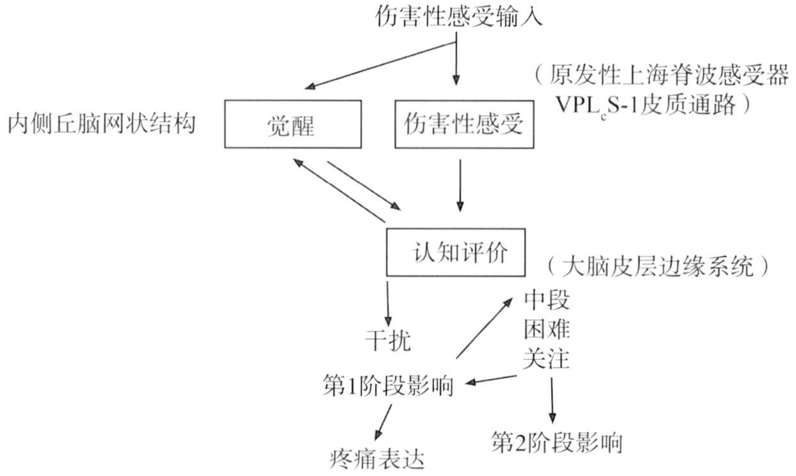

图 1　各种疼痛之间相互作用示意

注：伤害性输入（痛苦的事件）具有特定的感觉特性，其取决于疼痛的类型。疼痛的感知与认知评价过程相互作用，形成第 1 阶段疼痛影响（疼痛的即时不愉快）和第 2 阶段疼痛影响（与疼痛相关的痛苦）。

引自：Price DD and Harkins SW（1992）The affective–motivational dimension of pain：A two–stage model. *American Pain Society Journal* 1：229-239.

老年性疼痛

表 1 总结了年龄对不同维度疼痛体验（图 1 中所示）的可能影响。普遍观点认为，老年人对疼痛如同其他感觉一样敏感性会降低。老视是眼睛衰老的最常见的生理变化，常出现于 50 岁左右，视近物能力下降，其由于晶状体弹性和调节能力下降所致。老年性耳聋表现为听力下降，因身心因素导致的纯音阈值的增高，呈双耳对称性、渐进性、不可逆性受累，高频听力受损早于低频听力受损。虽然老年性耳聋和老视一样普遍存在，但男性比女性更常见。老年性耳聋发生年龄通常晚于老视，其出现代表耳朵衰老的开始。老年性耳聋是由于耳蜗毛细胞（纤毛）受损，其次是因为第八对颅神经听神经的一级神经元丢失（感音神经性聋）（参见“听力”“视力”）。

疼痛类型

如同老视和老年性耳聋的存在，老年人接受疼痛刺激后产生的不利影响被称为老年性疼痛。然而，疼痛的实验研究并没有一致地证明随年龄的增加，疼痛敏感性降低与伤害感受器减少或伤害感受器传导性降低相关。

表 1 老年性疼痛的特点

Ⅰ. 感觉成分：伤害感受

A. 特点

1. 由刺激强度、部位、持续时间、类型决定
2. 不同类型疼痛的感觉特质不同（例如，浅表性疼痛与深部疼痛）

B. 可能的年龄效应

1. 疼痛阈值增加（不太可能）
2. 疼痛耐受性增加（不太可能）
3. 区分不同强度疼痛的能力降低（不太可能）
4. 区分不同疼痛类型的能力下降（难以评估）
5. 非典型疼痛作为疾病症状的可能性增加（一定）
6. 慢性疼痛的发生率增加（一定）

Ⅱ. 疼痛的初级情感成分：第 1 阶段疼痛影响

A. 特点

1. 与疼痛强度和自主神经系统密切相关
2. 与对当前和短期未来的评估有关
3. 通过意义评价和认知评估进行介导

B. 可能的年龄效应

1. 因为总体对疼痛的感觉度降低，疼痛的不愉快感减轻（不太可能）
2. 因为觉醒、外部感受（视觉、听觉）和内部感受（惊吓、自主神经）能力的下降导致对疼痛性损伤的反应降低，从而疼痛不愉快感减轻（没有关于急性疼痛的证据，慢性疼痛可能也是如此）
3. 对伤害性刺激的厌恶感降低（不太可能）
4. 与威胁、困扰、烦恼相关的感知能力和痛苦感降低（急性疼痛不太可能出现）
5. 认知评价的差异或变化（可能）

Ⅲ. 疼痛的次级情感成分：第 2 阶段疼痛影响

A. 特点

1. 与过去和长期未来有关
2. 认知评价
3. 与痛苦有关或代表痛苦经历
4. 在疼痛的实验研究中无法测量
5. 第 2 阶段疼痛影响与痛苦情绪经历有许多相同之处。痛苦的定义是，影响到人的完整性的事件导致的严重悲痛状态。由于疾病模式主导了关于疼痛的思考，造成了慢性疼痛和痛苦之间的混淆

续表

6. 未缓解的疼痛相关的痛苦（第 2 阶段影响）需要不同的干预措施，而不是那些用于控制感觉强度或疼痛初级情感成分的传统干预措施
B. 可能的年龄效应
目前还没有关于年龄对人类疼痛的次要情感成分影响的系统研究，但图 5 所示的结果表明，第 2 阶段疼痛影响随年龄的增长而减少

实验性疼痛

年龄是否影响疼痛的感知方式可以在实验室中进行评估。许多研究应用阈值、反应、耐受性和分辨性方面的心理生理学特点评估了衰老对实验性疼痛的影响，但是这些研究的结果不一致。有些研究表明，随着年龄的增长，疼痛敏感性降低；而另一些则表明，与年轻成年人相比，老年人对疼痛更敏感；第三组研究表明，年龄对疼痛敏感性没有影响。表 2 总结了这些研究。

疼痛实验研究的不同结果反映了研究之间存在的差异，它们所采用的刺激、心理生理学特点和方法、受试者的年龄和性别组成、受试者入选和排除标准有所不同，心理生理学实验研究的指导和实践程度也可能影响这些实验研究的可变性。

衰老本身对浅表性、急性疼痛的敏感性影响很小，这一结论很大程度上基于最近进行的接触式热刺激的研究，这种在实验室中研究皮肤疼痛的方法已经被证明是评估急性疼痛敏感性个体差异的一种特别有效的方法。图 2 展示了其中一项研究的结果，其提示年轻的、中年的和年长的志愿者在疼痛等级上存在显著的差异。

早期的部分研究表明，辐射热引起的热痛阈值随着年龄的增长而增加，而另一些研究表明年龄没有产生影响（见表 2）。如果在入选人群的选择、指导和实际操作方面谨慎行事，我们同意这样的观点：老年人和年轻人的疼痛强度等级是相似的。指导是非常重要的，实验中老年人和年轻人均被告知，对热刺激产生的刺痛或第一次疼痛做出反应，结果并没有发现年龄的差别。

急性医疗操作导致的疼痛

医疗操作导致的疼痛被定义为由特定的、局部的、侵入性的医疗操作引起的疼痛。如前所述，据我们所知，尚无针对老年人群医疗操作导致的疼痛进行年龄差异方面的系统研究，但在新生儿和儿童中进行了系统的研究（例如，新生儿对脚后跟针刺的反应或幼儿对过敏注射反应的研究），令人惊讶的是，很少有研究关注老年患者。如果进行设计，实施严谨的、针对高龄和老年人群疼痛的研究，则会证实衰弱老人可能出现显著的痛觉过敏和异常性疼痛。

术后疼痛

目前已有证据表明，不同年龄组术后疼痛的程度是相似的，但一些研究人员发现，老年人接受镇痛药物少于年轻人，从而导致老年患者术后住院时间的延长。

该领域亟待进一步研究，并应重点关注老年接受医疗操作所致疼痛和术后疼痛与年龄的关系，长期的随访可以了解老年人手术后的疼痛风险是否存在差异。

癌痛

癌痛是与癌症的类型和进展状况有关的一种急性疼痛，在癌症患者中常见。老年癌症患者疼痛敏感度的降低可能是由于疼痛主诉的减少，而不是疼痛感觉神经敏感性的真正降低。文化因素导致老年人群对疼痛的忍耐、疼痛主诉减少方面的问题尚未经过系统评价，然而，与年轻人相比，老年人的疼痛会对心理、社会、躯体功能产生更显著的影响（参见“癌症和年龄”）。

癌痛的管理始于针对癌症本身的标准治疗，加重之前控制疼痛是药物治疗的重要原则，应持续给予有效剂量的镇痛药物，而不能间断不规律用药。由于老年人药物代谢速度减缓、中枢神经系统对药物更加敏感（参见“药理学”），因此老年人与年轻人相比需要较小剂量的镇痛药物。

老年人最好是使用半衰期短的药物，一种药从低剂量开始，给予足够长的时间以观察疗效。除了常用的镇痛药外，其他常用于年轻癌症患者的非药物学止痛方法也可能有帮助，包括各种形式的神经刺激、物理和职业治疗神经切断手术或心理治疗。

非典型疼痛

虽然有关老年人群实验性疼痛敏感性的结论并不统一，但毫无疑问，老年患者急性疼痛存在着明显的年龄差异。老年人（高达30%）无症状或无痛性急性心肌梗死的发生率高于年轻患者（23%），当传入冲动达到一定水平并且激活中枢上行通路时，心肌梗死所导致的疼痛就会发生。

无症状心肌梗死患者的传入冲动显然还没有达到这一水平，其原因可能是心肌刺激不足、向上传导能力下降或者影响周围神经传导的其他未知病理生理学原因。

以上情形提示不同年龄疼痛表现也不同，然而，由此便认为随年龄增长疼痛敏感性下降是不确切的。首先，大多数患急性心肌梗死的老年患者会发生疼痛；其次，负荷试验提示ST段压低而没有出现疼痛的现象在年轻人和老年人身上均常见。因此，无症状性心肌梗死可以很好地反映个体差异或疼痛形成的病理生理变化，而不仅仅是年龄因素。深部疼痛和浅表疼痛是完全不同的，没有足够证据支持时，不应该将其中一种疼痛的年龄差异推广到另一种疼痛。

尽管如此，在临床工作中很重要的一点是我们要认识到，老年人群非典型疼痛的患病率是不断增加的，因此，我们的努力方向是减少疼痛而不是加重疼痛。老年人群中某些疾病（例如心肌缺血）相关的急性疼痛的发病率有所下降，但复发性疼痛或慢性疼

表 2　年龄对疼痛敏感性心理物理学指标影响的实验室研究[a]

刺激种类	来源（参考资料）	心理物理学终点和发现
1. 热		
A. 辐射热	舒马特（Schumacher）等人，1940	感觉阈值：无年龄效应
	哈迪（Hardy）等人，1943	感觉阈值：无年龄效应
	查普曼（Chapman），1944	感觉阈值：老年人更高 反应阈值：老年人更高
	查普曼和琼斯（Jones），1944	感觉阈值：老年人更高 反应阈值：老年人更高
	比伦（Birren）等人，1950	疼痛感觉阈值：无年龄效应 疼痛反应阈值：无年龄效应
	舍曼（Sherman）和里巴拉德（Robillard），1964a，1964b	感觉阈值：老年人更高 反应阈值：老年人更高
	普罗卡奇（Procacci）等人，1970	感觉阈值：老年人更高
	克拉克（Clark）和梅尔（Mehl），1971	感觉阈值：55 岁人群高于较年轻的成年人
B. 接触性热	肯沙洛（Kenshalo），1986	疼痛感觉阈值：无年龄效应
	哈金斯（Harkins）等人，1986	大小匹配：轻微年龄效应
C. 冷升压器	沃尔什（Walsh）等人，1989	耐受性（时间）： 男性随年龄增长而降低 女性随年龄增长而略有增加
2. 电休克		
A. 皮肤	柯林斯（Collins）和斯通（Stone），1966	感觉阈值：老年人降低 耐受性：老年人差

续表

刺激种类	来源（参考资料）	心理物理学终点和发现
	塔克（Tucker）等人，1989	感觉阈值：老年人增高
	埃文斯（Evans）等人，1992	感觉阈值：在非糖尿病患者中没有年龄效应。老年糖尿病患者的阈值高于年轻糖尿病患者
B. 牙齿	芒福德（Mumford），1965	感觉阈值：无年龄效应
	芒福德，1968	感觉阈值：无年龄效应
	哈金斯和查普曼，1976	感觉阈值：无年龄效应 辨别正确率：老年人较低 应答偏向：年龄效应不固定
	哈金斯和查普曼，1976	感觉阈值：无年龄效应 辨别正确率：老年人较低
3. 压力		
A. 跟腱	伍德罗（Woodrow）等人，1972	耐受性：老年人差
	詹森（Jensen）等人，1992	65 岁时肌肉压痛和按压性疼痛 感觉阈值：老年人更高

引自：Harkins et al., 1992, as modified from Harkins SW and Warner MH (1980) Age and pain. In: Eisdorfer C (ed.) *Annual Review of Gerontology and Geriatrics*, Vol. 1, pp. 121–131. New York: Springer Publishing Company.

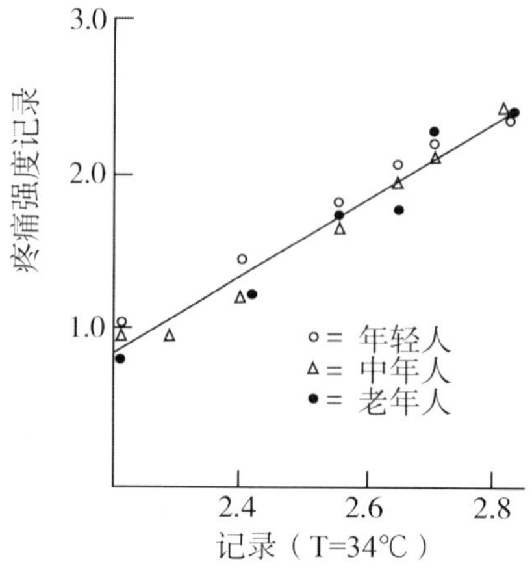

图 2　社区居住的健康年轻人（M=25 岁）、中年人（M=53 岁）和老年人（M=73 岁）在短时热脉冲（43~51℃；适应温度为 34℃）下的疼痛的心理生理表现

注：刺激被传递到前臂的内表面，刺激强度在横坐标上以自然对数为单位，疼痛强度［见视觉模拟评分（VAS）］则在纵坐标上。统计结果显示显著的群体效应，老年人倾向于低估低水平刺激的疼痛强度。处于高强度刺激水平时，不同年龄组疼痛程度无明显差异。低强度刺激时，VAS 疼痛评分的显著年龄效应只有不到 1%是由变异所致。

引自：Harkins SW，Price DD，and Martelli M（1986）Effects of age on pain perception：Thermonociception. *Journal of Gerontology* 41：58-63.

痛却没有改善。

复发性疼痛和慢性疼痛

慢性疼痛是指对治疗没有反应且时间至少持续 1 个月或 3 个月或 6 个月（不同权威机构定义的时间不同）。慢性疼痛也可指组织损伤后超过正常愈合期 1 个月的疼痛。将慢性疼痛定义为持续 1 个月左右的时间是首选的，因为在某些情况下，如果 1 个月内不干预，将导致不可逆转的变化，疼痛治疗失败的可能性将会增大。

许多情况导致的疼痛只能在一定程度上得到缓解。规律复发性疼痛（无论是否存在引起疼痛的相关病理生理过程的证据）、预期复发性疼痛、对现有治疗措施仅有部分反应的疼痛、影响生活质量的疼痛均应被认为是慢性疼痛，适合转诊至多学科慢性疼痛诊疗中心。

基于老年疼痛类型的调查研究表明，随着年龄增长，肌肉骨骼相关性疼痛患病率增加，而多学科疼痛临床中心中常见的头痛和背痛却减少。

图 3 显示了几种慢性疼痛的发生率，而图 4 显示了年轻和老年社区居民的疼痛强度。虽然老年人可能没有充分利用多学科疼痛诊疗中心，但图 3 和图 4 所示的以人群为基础的研究结果表明，与年轻人相比，老年人患慢性疼痛的风险增加。

带状疱疹和疱疹后神经痛的相关风险随着年龄的增长而增加，并且是老年人痛苦的

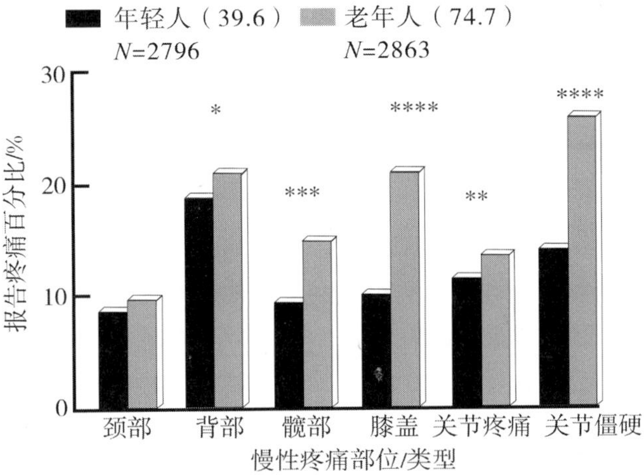

图 3　一般人群不同部位慢性疼痛患病率与年龄的关系

注：与年轻人相比，老年人背部、髋部、膝盖疼痛的风险更高，还存在其他关节疼痛和醒来时关节僵硬的情况。慢性疼痛在这里被定义为某个部位至少持续一个月的疼痛，并且过去一周一直存在。（* P<0.05；** P<0.01；*** P<0.001 **** P<0.0001.）

引自：Harkins SW，Price DD，Bush FM，and Small R（1994）Geriatric pain. In：Wall PD and Melzack R（Eds.）*Textbook of Pain*. Edinburgh：Churchill Livingstone.

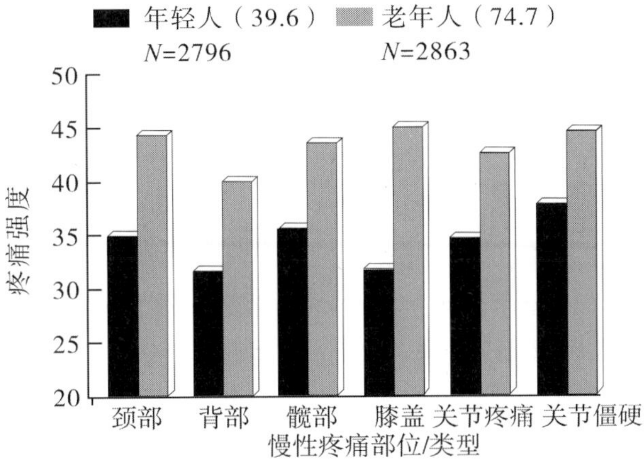

图 4　一般人群不同部位慢性疼痛强度与年龄的关系

注：显示了持续至少一个月的慢性疼痛近一周的疼痛强度等级。与年轻个体相比，老年人疼痛强度更大（所有 $P<0.001$）。基于视觉模拟评分（VAS）的疼痛强度在一个极端标记为“无疼痛”，而在另一个极端标记为“非常剧烈的疼痛”。疼痛严重程度评分范围从 0 到 60，并以原量表的百分比（即 0 至 100%）记录，过去一周疼痛强度为 0 的个体被排除。此图数据来自图 3 人群。

主要原因。带状疱疹后神经痛被认为是由带状疱疹暴发时外周神经元受损而引起的。随着年龄增长到达晚年阶段后，帕金森病患病率增加，此病是另一个病因不明的疼痛来源。大约 50% 的帕金森病患者有明显的疼痛，尤其是在下肢，目前认为这种疼痛起源于中枢，但机制和最佳治疗方法尚不清楚。

没有确切证据表明疼痛系统受到阿尔茨海默型痴呆的影响的主要原因：这种中枢退行性疾病影响广泛，包括对注意力、记忆力和语义能力的影响，同样对疼痛的感知也会产生影响。更重要的是，阿尔茨海默型痴呆患者的沟通能力受到限制，从而影响疼痛关键信息的表达（参见“痴呆”）。

神经退行性疾病老年患者或长期照护机构中的老年人，尤其是衰弱老年人的疼痛流行病学尚未成为重点研究的课题，未得到足够重视，这些人可能存在一定程度但可避免的痛苦。

老年疼痛的特征（如表 1 所示）可从疼痛的感觉、情感和认知三方面进行概括，具体如下。

1. 疼痛的感觉维度：如表 2 所示，在实验室研究中，老年人的疼痛阈值、耐受性、反应性并没有增高，疼痛强度的辨别能力也没有降低。与年轻人相比，老年人有非典型疼痛症状的风险，更容易患有慢性疼痛。

2. 疼痛的初级情感成分——第 1 阶段疼痛影响：图 1 和表 1 所示的模型中，第 1 阶段的疼痛受到同强度有害事件的强烈影响，伴随自主神经系统（ANS）激活（唤醒），同时也受到情境因素和诱发因素的共同影响。疼痛的初级情感成分不随年龄的增长而减少。目前尚无急性疼痛时自主神经系统唤醒的年龄差异的相关研究。交感神经和副交感神经对靶器官的作用因年龄不同而存在差异，然而，这种经验性认知并不能有力证明疼痛感知的年龄差异。有证据提示，自主神经系统对伤害性压力源的反应存在年龄差异，而对非疼痛应激源则无此差异，同样也有相反的研究结果，因此需要进一步研究。

如表 2 所示，老年人对疼痛刺激产生的即时不愉快感并没有普遍减少（第 1 阶段疼痛影响），也就是说没有确凿的证据表明老年人的疼痛感已缺失。

老年人对威胁的感知、威胁产生的痛苦、由此产生的整体警觉及既往疼痛经历产生焦虑情绪的反应是存在年龄差异的，这是由年龄变化引起的不同认知评估而造成的。

这种疼痛影响的改变持续一生，也可能导致第 2 阶段疼痛影响减少（见图 5）。

3. 疼痛的次级情感成分——第 2 阶段疼痛影响：表 2 总结了第 2 阶段疼痛影响的特征和因素（见图 1）。如上所述，疼痛的次级情感成分是慢性疼痛给患者带来的一种痛苦特性，是对个人完整性产生影响而带来的痛苦。显然，第 2 阶段疼痛影响不是由特定原因引起的实验性疼痛的组成部分，因此，需要在现实世界中研究与疼痛相关的压力和痛苦问题。

目前还没有在这个维度对老年疼痛进行系统研究。初步证据表明（见图 5），与年轻的慢性疼痛患者相比，老年人较少报告第

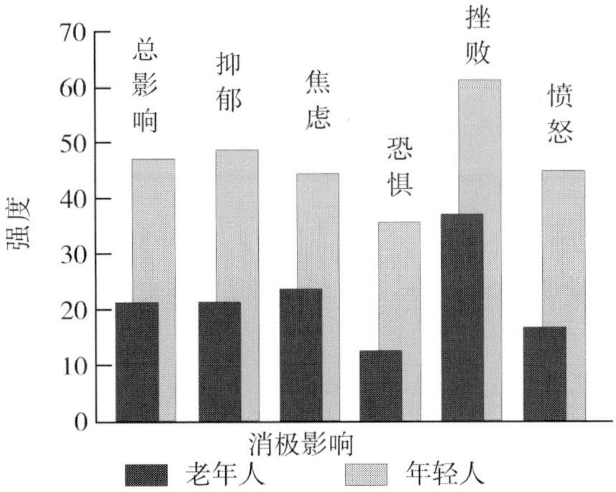

图 5　年轻和老年慢性疼痛患者的第 2 阶段疼痛影响

注：第 2 阶段疼痛影响在这里被定义为与慢性疼痛相关的抑郁、焦虑、恐惧、挫折和愤怒。总影响力是各个特定项目评分的总和。评分采用 150 mm 视觉模拟评分（VAS）对每种情绪进行评定。在视觉模拟评分表的左侧被标记为“没有抑郁”（或焦虑等），而右侧被标记为“可想象到的最严重的抑郁”（或焦虑等），特别需要注意的是，评估过程中确保以上情绪必须与慢性疼痛相关。结果表明，与慢性疼痛相关的不同情绪因生理年龄不同而不同，并不是由疼痛强度或产生即时不愉快（第 1 阶段疼痛影响，见图 1 和表 1）的年龄差异引起的。在弗吉尼亚联邦大学疼痛量表上进行疼痛评分。

引自：Harkins SW，Price DD，Bush FM，and Small R，（1995）Geriatric Pain. In：Roy R（ed.）*Chronic Pain in Old Age*，pp. 127-163. Toronto：University of Toronto Press.

2 阶段疼痛影响，这种情况甚至发生在两组人群疼痛强度和第 1 阶段疼痛影响相同的情况下，由此看来，疼痛对老年人和年轻人的意义是不同的。

老年疼痛评估中的特殊考虑

在老年疼痛评估中必须考虑的一些问题（见表 3），主要包括共病、认知状况、抑郁、日常生活能力、用药情况及家庭和其他支持系统。

80%的老年人至少存在一种慢性退行性疾病，这些退行性疾病（例如骨关节炎、骨质疏松症、帕金森病型运动障碍、非胰岛素依赖型糖尿病）容易导致慢性疼痛。此外，共存的其他急性或慢性疾病也会影响疼痛相关的退行性疾病。

老年疼痛对躯体功能的影响经常被忽视，老年人可能会有几项日常生活能力受损，而疼痛可加剧这种情况。老年人与健康的年轻人相比，应对躯体功能影响因素的储备能力下降，疼痛对老年人功能状态的影响是非常严重的。临床医生还必须敏锐地认识到，疼痛的治疗目标因人而异。处于生命末期的患者可能只希望在没有疼痛的情况下离

表 3　老年疼痛评估中的特殊考虑因素

1. 一般考虑
a. 年龄本身并不会降低疼痛的敏感性。
b. 没有证据表明年龄本身会影响疼痛的性质。
c. 鼓励患者讨论疼痛的重要性。
2. 合并症：老年人，尤其是衰弱和高龄老年人的疾病和症状表现，往往具有多样性、隐蔽性和慢性表现。
3. 精神状态：评估认知功能障碍，如阿尔茨海默型痴呆，继发于抑郁症的假性痴呆，多发梗死性痴呆。
4. 抑郁：疼痛可能是老年抑郁的主要原因。
5. 日常生活活动（ADL）：区分是由非疼痛因素所致的功能障碍还是由于疼痛引起的活动受限。疼痛相关的功能障碍和日常生活活动受限可能是老年抑郁的一个重要原因。
6. 药物：评估所有目前和最近使用的药物（仔细查看个人小药箱）。从低剂量开始，缓慢增加剂量。
7. 家庭和社会支持系统：充分支持有躯体功能和认知功能障碍的老年人群。

去，甚至希望使用充分的药物镇静，而也有患者会珍视与亲人充满爱意的交流，希望适度应用止痛药物及最低程度的镇静治疗。

在治疗老年患者时，必须认识到药物的副作用是常见的，因此，应遵循起始剂量小，缓慢增加剂量的治疗原则。

慢性疼痛的严重程度和发生频率随着年龄增长而增加，特别是与肌肉骨骼系统相关的疼痛。老年疼痛通常表现为多样性（多个征象和表现）、隐蔽性（少见症状，尤其是最近开始的急性疼痛）和慢性化（在老年人中新出现的疼痛应特别引起注意）。

精神状态是老年疼痛评估中颇具挑战性的问题。在长期照护机构中，50%～60%的老年人患有痴呆。

据估计，80 岁以上的社区人群中有 40%存在痴呆。社交能力尚好及可能存在痴呆的人群只有通过特定的精神状态评估才可确诊。目前也有用于筛查的工具，但是因为慢性疼痛可以使认知功能降低，因此，需要建立适合老年慢性疼痛患者的评估工具。

阿尔茨海默型痴呆患者的疼痛评估是极具挑战的，目前还没有针对这类患者疼痛评估的最佳方法及相关的深入研究，有关疼痛评估和治疗方面的知识多来源于年轻人，尚缺乏来源于衰弱失能及认知障碍的老年人的证据。

结论

目前已经发现了四个因素可能影响整个生命周期的疼痛感知和反应，包括疼痛受体的变化、初级伤害感受神经元的变化、疼痛中枢机制的变化及心理社会影响。总之，年龄对急性浅表疼痛的感觉强度影响不大，这至少表明皮肤疼痛受体、初级伤害性传入神经或中枢机制并没有随着年龄增长而显著改变，但对深部疼痛或牵涉痛则不能这样认为。随着对内脏痛、关节痛和肌肉痛机制的深入了解，老年人急性深部组织损伤和慢性退行性疾病所致的疼痛将会得到更好的控制。

疼痛的初级情感反应（第1阶段疼痛影响）不随年龄变化而变化。与较年轻的慢性疼痛患者相比，第2阶段疼痛对老年人影响较小（见图1和图5），这可能反映了患者有这种或类似疼痛的经历，以及年龄效应。

老年疼痛的性质大部分是由年轻人与老年人之间的相似之处来定义的（见表2）。老年人慢性疼痛的患病率增加，与社区居民疼痛报告增加有关，疼痛报告不一定都是来自疼痛诊疗中心，后者的数据结果很可能受选择患者和转诊的影响。

在评估和治疗共病尤其是失代偿的老年患者时必须非常小心，高龄老年人和虚弱老人的疼痛评估极具挑战，尤其是痴呆患者。高龄老人、衰弱老人和痴呆患者，以及认知功能正常但因疼痛而产生躯体功能障碍的患者，尚未得到系统的疼痛评估和有效的疼痛控制，这是非常遗憾的，相当一部分可避免的不适、疼痛和痛苦仍存在于这些老年人群中。

另请参阅：身体：构成、体重、身高和体格；抑郁症；听力；药理学；社会网络、社会支持和社会融合；触觉和本体感觉；视力。

拓展阅读

Birren JE, Shapirol HB, Miller JH (1950). The effect of salicylate upon pain sensitivity. *Journal of Pharmacology and Experimental Therapy* 100: 67–71.

Bonica JJ (1990) *The Management of Pain*, 2nd edn. Philadelphia, PA: Lea & Febiger.

Bush FM, Harkins SW, Harrington G, and Price DD (1993) Analysis of gender effects on pain perception and symptom presentation in temporomandibular pain. *Pain* 53: 73–80.

Bush J and Harkins SW (1991) Children in Pain: *Clinical and Research Issues From a Developmental Perspective*. New York: Springer-Verlag.

Chapman WP and Jones CM (1941) Variations in cutaneous and visceral pain sensitivity in normal subjects. *Journal of Clinical Investigation* 23: 81–91.

Clark WC and Mehl L (1971) Thermal pain: A sensory decision theory analysis of the effect of age and sex on d', various response criteria, and 50 percent pain threshold. *Journal of Abnormal Psychology* 78: 202–212.

Collins G and Stone LA (1966) Pain sensitivity, age and activity level in chronic schizophrenics and in normals. *British Journal of Psychiatry* 112: 33–35.

Crook J, Rideout E, and Browne G (1984) The prevalence of pain complaints in a general populations. *Pain* 18: 299–314.

Evans ER, Rendall MS, Bartek JP, Bamisedum O, Connor S, and Glitter M (1992) Current perception threshold in ageing. *Age and Aging* 21: 273–279.

Hardy JD, Wolff HG, and Goodell H (1943) The pain threshold in man. *American Journal of Psychiatry* 99: 744–751.

Harkins SW (1988) Pain in the elderly. In: Dubner R, Gebhart FG, and Bond MR (eds.) *Proceedings of the Vth World Congress on Pain*, pp. 355–357: Elsevier Science Publisher BV (Biomedical Divison).

Harkins SW and Chapman CR (1976) Detection and decision factors in pain perception in young and elderly men. *Pain* 2: 253–264.

Harkins SW and Chapman CR (1977) The perception of induced dental pain in young and elderly women. *Journal of Gerontology* 32: 428–435.

Harkins SW and Chapman CR (1977) Age and sex differences in pain perception. In: Anderson B and Matthews B (eds.) *Pain in the Trigeminal Region*, pp. 435–441. Amsterdam: Elsevier/North Holland.

Harkins SWand Price DD (1992) Assessment of pain in the elderly. In: Turk D and Melzack T (eds.) *Handbook of Pain Measurement and Assessment*, pp. 315 – 351. New York: Guilford Press.

Harkins SW and Warner MH (1980) Age and pain. In: Eisdorfer C (ed.) *Annual Review of Gerontology and Geriatrics*, Vol. 1, pp. 121–131. New York: Springer Publishing Company.

Harkins SW, Kwentus J, and Price DD (1984) Pain and the elderly. In: Benedetti C (eds.) *Advances in Pain Research and Therapy*, vol. 7, pp. 103–212. New York: Raven Press.

Harkins SW, Price DD, and Martelli M (1986) Effects of age on pain perception: Thermonociception. *Journal of Gerontology* 41: 58–63.

Harkins SW, Price DD, and Braith J (1989) Effects of extraversion and neuroticism on experimental pain, clinical pain, and illness behavior. *Pain* 36: 209–218.

Harkins SW, KwentusJ, and Price DD (1990) Pain and suffering in the elderly. In: Bonica JJ (ed.) *Management of Pain*, (2nd ed.)., pp. 552 – 559. Philadelphia, PA: Lea and Febiger.

Harkins SW, Price DD, Bush FM, and Small R (1994) Geriatric pain. In Wall PD and Melzack R (Eds.), *Textbook of Pain*. Edinburgh: Churchill Livingstone.

Harkins SW, PriceDD, Bush FM, and Small R (1995) Geriatric Pain. In: Roy R (ed.) *Chronic Pain in Old Age*, pp. 127–163. Toronto: University of Toronto Press.

Jensen R, Rasmussen B, Pedersen B, Lous I, and Olsen J (1992) Cephalic muscle tenderness and pressure pain threshold in a general population. *Pain* 48: 197–203.

Kenshalo DR Sr. (1986) Somesthetic sensitivity in young and elderly humans. *Journal of Gerontology* 41: 732–742.

Knapp DA and Koch H (1984) *The management of new pain in office–based ambulatory care: National Ambulatory Medical Care Survey*, 1980 and 1981. Advance data from Vital and Health Statistics, No. 97, DHHS Pub. No. (PHS) 84 – 1250. Public Health Service, Hyattsville, Maryland.

Marsland DW, Wood M, and Mayo F (1976) *Content of Family Practice: A Statewide Study in Virginia with its Clinical Educational, and Research Implications*. New York: Appleton–Century–Crafts.

Melzack R (1973) *The Puzzle of Pain*. New York: Basic Books.

Melzack R, Abbott FV, Zackon W, Mulder DS, and Davis MWL (1987) Pain on a surgical ward: A survey of the duration or intensity of pain and the effectiveness of medication. *Pain* 29: 67–72.

Merskey, H. (1986). Classification of chronic pain: Descriptions of chronic pain syndromes and definitions of pain terms. *Pain*, Suppl. 3.

Mumford JM (1965) Pain perception threshold and adaptation of normal human teeth. *Arch Oral Biology* 10: 957–968.

Mumford JM (1968) Pain perception in man on electrically stimulating the teeth. In: Soulairac A, Cahn J, and Charpentier J (eds.) *Pain*, pp. 224–229. London: Academic Press.

Neri M and Agazzani E (1984) Aging and right–left asymmetry in experimental pain measurement. *Pain* 19: 43–48.

Portenoy RK (1992) Pain management in the older cancer patient. *Oncology* 6: 86–98.

Price DD (1988) *Psychological and Neural Mechanisms of Pain*. New York: Raven Press.

Price DD and Harkins SW (1992) The affective–motivational dimension of pain: A two–stage model. *American Pain Society Journal* 1: 229–239.

Price DD and Harkins SW (1992) A reply to the commentaries. *American Pain Society Journal* 1: 256–258.

Procacci P, Bozza G, Buzzelli G, and Della Corte M (1970) The cutaneous pricking pain threshold in old age. *Gerontologia Clinica* 12: 213–218.

Procacci P, Della Corte M, Zoppi M, Romano S, Maresca M, and VoegelinM (1974) *Pain threshold measurement in man*. In: Bonica JJ, Procacci P, and Pagoni C (eds.) *Recent Advances on Pain: Pathophysiology and Clinical Aspects*, pp. 105–147. Springfield, IL: Charles C. Thomas.

Schumacher GA, Goodell H, Hardy JD, and Wolff HG (1940) Uniformity of the pain threshold in man. *Science* 92: 110–112.

Sherman ED and Robillard E (1960) Sensitivity to pain in the aged. *Canadian Medical*

Association Journal 83: 944–947.

Sherman ED and Robillard E (1964) Sensitivity to pain in relationship to age. *Journal of the American Geriatric Society* 12: 1037–1044.

Sherman ED and Robillard E (1964) Sensitivity to pain in relationship to age. In: Hansen PF (ed.) *Age with a Future: Proceedings of the Sixth International Congress of Gerontology, Copenhagen*, 1963, pp. 325–333. Philadelphia, PA: F. A. Davis.

Tucker MA, Andrew MF, Ogle SJ, and Davison JG (1989) Age associated change in pain threshold measured by transcutaneous neuronal electrical stimulation. *Age Aging* 18: 241–246.

Walsh NE, Schoenfeld L, Ramamurthy S, and Hoffman J (1989) Normative model for cold pressor test. *American Journal of Physical Medicine and Rehabilitation* 68: 6–11.

Woodrow KM, Friedman GD, Siegelaub AB, and Collen MF (1972) Pain tolerance: Differences according to age, sex, and race. *Psychosomatic Medicine* 34: 548–556.

译　者：杨　伟（首都医科大学宣武医院）

条件反射

R. L. 波特 滑石大学，滑石，宾夕法尼亚州，美国
T. L. 菲纳莫雷 肯特州立大学，肯特，俄亥俄州，美国

词汇表

经典条件反射（Classical Conditioning）——一种训练的方式，配对的中性刺激，其中一个刺激始终能引起一种反射性行为，并形成关联，最终刺激足以产生这种行为反射。

条件反应（Conditioned Response，CR）——在经典性条件反射中，对先前的中性刺激经训练而形成的反应。

条件刺激（Conditioned Stimulus，CS）——在经典性条件反射中，起初不相关的刺激，经过重复配对出现，最终因一个无条件刺激产生一个条件反射的现象。

延迟条件反射（Delay Conditioning）——在经典性条件反射过程中，先有一个条件刺激，并持续存在，直到非条件刺激出现。

刺激间间隔（Interstimulus Interval，ISI）——经典性条件反射中条件刺激与非条件刺激之间间隔的时间。

操作性条件反射（Operant Conditioning）——一种行为与结果相关联并受其影响的一种训练方式。

跟踪条件反射（Trace Conditioning）——经典性条件反射过程中，在非条件刺激触发之前条件刺激终止。

非条件反应（Unconditioned Response，UR）——在经典条件反射中，由非条件刺激引起的非训练而自然形成的反射性反应。

非条件刺激（Unconditioned Stimulus，US）——在经典条件反射中，一种自然且持续触发一个反射反应的刺激。

引言

经典性条件反射和操作性条件反射是关联训练的基本形式，它使个体能够适应整个生命周期中不断变化的环境。经典性条件反射中，中性或者条件刺激同时配对，出现一个非条件刺激（通常提前半秒），可以引出一种自身反应，称为非条件反应。经过训练，个体将 CS 和 US 关联起来，最终形成学习或条件反应，这与 UR 的行为类似，但

是由CS引起。经典条件反射过程在100多年前由伊凡·巴甫洛夫（Ivan Pavlov）首先提出，之后华生（Watson）和雷纳（Raynor）通过具有里程碑意义的研究进行了验证。该研究中，最初不能诱发反应的实验动物（CS）与可以引发恐惧反应（UR）的大的、意想不到的声音（US）配对出现，就像小孩子能迅速把CS和US联系起来一样，之前没有表现出威胁性的动物表现出已知的恐惧反应（CR）。经典性条件反射用来解释一些常见的现象，例如恐惧和回避牙齿或其他医疗预约，这也用在一些治疗过程中，比如系统脱敏（通过非强化暴露于CS，使不需要的CR消失或丢失）。当行为反应的可能性或频率被结果改变时，操作性（或工具性）条件反应发生。无论结果是一个令人满意的事件（正强化）或不良事件的去除（负强化），行为再现的可能性都会增加。相反，当偶然的事件是不受欢迎的事件（惩罚）时，行为发生的可能性会降低。在生命周期的行为适应中，操作性条件反射占有相当大的比例，也为涉及行为矫正的治疗干预提供了基础。在经典条件反射和操作性条件反射中，与年龄相关的变化已被广泛研究。

经典条件反射

经典条件反射中一种常见的实验室模型是将一个听觉（音调）CS和一个气压US成对送到眶周引起反射性眨眼（UR）。一般来说，经过相对简短的训练，受试者很快将CS和US关联起来，产生对音调CS眨眼的反应。在戈尔梅扎诺（Gormezano）关于兔子瞬变膜制备的综述中，经典性条件反射研究已经扩展涉及多个不同的物种（包括大鼠、猫和人类）及多种不同的行为反应（包括腿部屈曲、下颌运动和脊椎反应）。研究参数清楚地证明了刺激顺序和获取经典条件反射的时间密切相关。在经典延迟条件反射中，CS的触发和US的触发间存在短暂的延迟（通常是250~500us）。一般来说，受试者在延迟过程中可以快速而有效地学会。经典的跟踪条件反射中，在CS的消减和US的触发之间出现 个短暂的间隙。使用这种方法使条件反射产生得更慢，而且很明显，在健康的年轻受试者中有很大一部分在学习这个关联过程中经历困难或失败。刺激间间隔（ISI），或者CS和US出现的时间间隔对学习速度有显著影响。很短或很长的ISIs都会让创造性学习低效或无效。其他的程序，反向的条件反应（US先于CS出现）和同时条件反应（US和CS同时出现）不能诱导学习。衰老对获取和保留经典条件反射的影响，已经在延迟和跟踪条件反射的过程中得到证实。

动物衰老的研究

当使用延迟模式时，年老的兔子在获取经典条件反射的过程中表现出适度受损。琼·科芬（Joan Coffin）和戴安娜·伍德拉夫-帕克（Diana Woodruff-Pak）的一项有启发意义的研究发现，在9个连续实验训练区中，年老的动物需要更多实验来达到8个条件反应的标准，但是检查整个训练期间给予的条件反应数量时，没有发现显著的年龄差异。相反，当使用跟踪条件反射模式时，衰老的影响似乎会加剧。所罗门（Solomon）和同事直接研究延迟条件反射和跟踪条件反射过程对不同年龄组的影响，发现年龄对CR的获取的整体影响，但同时注意到在生命早期的跟踪程序中损伤更大。此外，跟踪程序中与年龄相关的缺陷比延迟程序中发现的缺陷更为明显。因此，年老动物显示出在条件反射中学习能力受损，而这是受关联困难的影响，经典的跟踪条件反射的缺陷比简单的延迟条件反射的缺陷严重得多。在延迟和跟踪条件反射中，与年龄相关的获取差异在成年早期出现。许多研究报告显示在2～3岁的兔子（预期寿命超过10年的物种）中存在的差异具有统计学意义。

科芬和伍德拉夫-帕克也对老年兔子的经典条件反射眼睑反应的长期保留进行研究。研究发现，年龄对训练后12或18个月CR的整体保留没有显著影响。但是注意到年轻受试者在整个训练期间保持了相对一致的表现水平，年老受试者在整个达标训练期间能有显著的提高。因此，老年的动物受试者在获得经典条件反射时表现出明显的延迟，但关联一旦形成，就会被完整地保留。受程序中固有的困难程度影响，它们在获取过程中表现不同。在使用跟踪程序时，年轻和年老的受试者都需要更多的训练来达到标准，年老的受试者更为明显。衰老对人类经典条件反射的影响已经被深入研究。

人类衰老的研究

20世纪60年代人们开始分析年龄对眨眼条件反射的影响。早期的研究人员惊奇地发现，老年人在这种简单的联想学习中明显受损。伍德拉夫-帕克和其他人最近的研究证实，使用简单的延迟程序获取经典条件反射有明显缺陷。控制了包括病理、感觉和运动功能在内的外部因素后，研究人员一致认为，老年群体存在显著的缺陷。对整个生命周期获取能力的综合分析也表明，相对于年轻人，老年人存在明显的缺陷。获取率下降开始出现在30多岁的受试者中，40多岁时下降明显，之后的生命中相对稳定，一直处于受损状态（40～80岁呈静态比率）。有趣的是，缺陷出现在生命周期中的时间点与对兔子的研究是一致的。应该注意的是，老龄组内的表现有相当大的可变性。年老受试者亚组所涉及的损伤因素可以是衰退的原因。回归分析显示，在不同年龄组的变化中，受试者的年龄是最显著的变量。反应时间和隐藏记忆的表现在训练速度上没有明显区别。然而，以时间间隔触发的方式来衡量的小脑功能，则有很大差别。小脑在经典条件反射中的突出作用与经典条件反射发生的解剖基础研究结果一致。

在经典的跟踪条件反射中，与年龄相关的获取缺陷恶化在人的研究中已被证实。许多研究显示老年人的表现会更明显，但其研究结果不如动物实验数据一致，跟踪程序的影响可能会有所减弱。而且，由于ISI相对复杂的影响，也难以解释这一现象。与延迟条件反射过程相反，人类受试者 ISI 在跟踪条件反射中的扩展似乎减弱了与年龄相关的获取率变化。芬克拜纳（Finkbiner）和伍德拉夫-帕克报告认为，缺陷只发生在老年个体中，而不发生在中年个体中。随着 ISI 条件的延长，年轻个体的获取率下降，而老年个体的获取率在整个 ISI 条件中都更一致。研究认为，反应时间的差异和较高的认知过程的参与可能会对人类的这些发现有所贡献。

最终，对动物和人类个体的经典条件反射的总体评价显示，CR 开始形成时普遍下降，通常出现在早期。在辨别学习的研究中也发现了类似的结果，其中，使用非强化的 CS 来评估个体对强化 CS 形成 CR 能力的区别，而不是非强化 CS。恐惧条件反射的研究结果与人类跟踪条件反射研究结果相对一致。对于更高的认知功能，如意识和一般的觉醒能力，与年龄有关的差异会减弱。学习反应的保留似乎不受年龄的显著影响，而且在老年受试者中没有发现 CR 的消失有明显变化。

疾病状态研究

经典条件反射已经在多种神经系统紊乱中进行了研究。在阿尔茨海默病（AD）中，中枢神经系统的进行性恶化会导致智力和认知功能的同步下降。伍德拉夫-帕克及其同事已经在 AD 患者中广泛研究了经典性条件反射中的眨眼反应。他们发现，当使用延迟程序时，AD 患者在获取时出现显著受损；当使用跟踪程序时，受损程度较低，这和衰老对获取率的一般影响是一致的。然而，在两种程序中，AD 患者的表现都比健康老年对照组差。因此，对潜在的 AD 患者，经典的眨眼反射似乎是一种敏感的、廉价的、非侵入性的测试。

已经评估了经典条件反射区别 AD 相关的缺陷和其他类型痴呆疾病的能力。AD 患者与被诊断为脑血管性痴呆（CVD）的患者之间存在显著差异。与其他 CVD 患者的表现相比，AD 患者获取率显著降低。此外，相对于 CVD 患者，AD 患者在 CR 发作潜伏期表现出较少的变化。由于 CR 的出现通常遵循一种系统的模式，其中发病时间接近于 US 出现的时间，随着学习的发展，潜伏期逐渐减少，在经典条件反射中，AD 患者表现出联想学习和反应时间都有缺陷是可以理解的。对时间的影响可以反映海马神经元活动典型模式的丢失或中断，这与行为 CR 的振幅和时间过程相关。伍德拉夫-帕克实验室的几个重要发现提示，经典性条件反射在早期症状发生前 AD 的检测敏感性很显著。在一项研究中，在评估后的 3 年内，有 62.5%的表面上健康但获取率受损的老年患者被诊断为痴呆。另一个报告描述了一种情况，即经典性条件反射严重受损比其他筛查方法发现痴呆早 6 年。AD 对经典性条件反射的获取具有早期、深远的影响，这种缺陷的严重程度可能能够区分痴呆的不同类型。眨眼条件反射将提供一种无创又相对安全的方法来识别早期的 AD 病例，并且可以作为评估潜在的 AD 患者的干预治疗手段（见图 1 和表 1）。

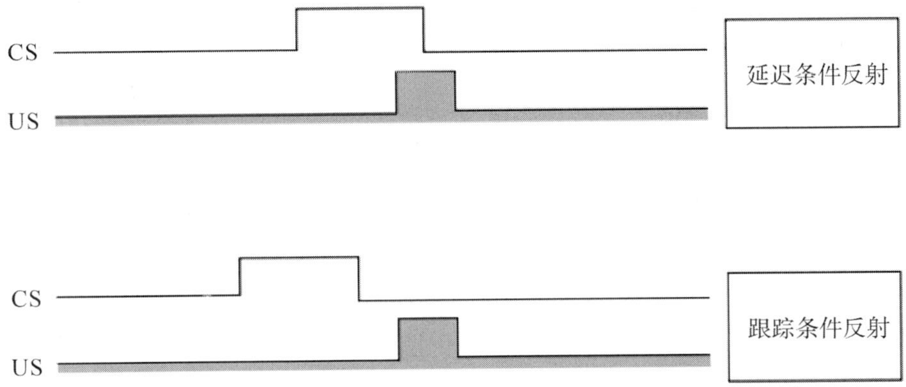

图 1　条件刺激（CS）和非条件刺激（US）在延迟和跟踪条件反射中的时间关系

表 1　强化程序表

项目	比例	间隔
固定的	在固定数量反应之后的强化 强化后短暂停顿的结果是随之而来的高速率反应，直到下一个强化出现 低阻抗消失	在固定的时间间隔之后，第一次反应的强化 强化后短暂停顿的结果是初始反应速度慢，随着强化时间的临近增加为快速反应 低阻抗消失
可变的	非预期反应后的强化 强化之后没有停顿或者小的停顿带来的连续、快速反应 大多数阻抗消失	在不可预测的时间之后，第一个反应的强化 强化之后没有停顿或者小的停顿带来的是一致的、缓慢到适中的反应速度 高阻抗消失

操作性条件反射

操作性条件反射实验模型的常见例子包括鸽子通过谷物强化啄键反应或老鼠通过食物颗粒加强压棒反应的早期研究。与经典性条件反射一样，事件的发生时间对表现有着深远的影响。目标行为与结果之间的长时间延迟会破坏关联。此外，强化的时间安排也会影响学习的速度。在持续的强化下，每一个反应都受到奖励或惩罚，受试者会很快改变行为的频率。间歇性强化程序减慢了学习行为的最初获取，但是产生了对消失程序更有抵抗力的关联。

在部分或间歇性强化程序中，反应只在某些时候得到加强。采用比率程序表时，强化取决于受试者做出反应的数量。相反，在强化程序的间隔期内，在一定的时间过后反应会得到奖励或强化。一个特定的强化时间表决定了一个受试者的反应模式。间歇的强化会导致一个持续的反应。

在固定比率强化程序里，在固定或可预期的反应个数后给予奖励。从技术上讲，一个连续强化程序表是一个固定的比例表，它包含每次强化一个反应的比率。在连续强化下，反应以稳定的速率发生，但会被不可预测的暂停或者反应速率降低到中等速率的下降打断。当使用固定比率程序大于一（例如奖励每次第二个或第五个反应）时，会出现不同的响应模式。每次强化物出现后，会有一个反应暂停，随后反应快速恢复到一个持续迅速的速率，维持到下一个强化物的出现。按照一个可变比率程序，不可预测的反应数量之后会产生一个强化物。强化取决于所做出的反应的数量，然而，每个强化物的传递需要一个可变数量的反应。一个更稳定的反应模式发生，因为强化反应标准是不可预测的，而且在反应速度上的停顿是不太可能发生的，例如在固定比率时间表里的停顿。使用固定间隔程序时，在固定的时间间隔后第一个反应被强化。反应以固定的时间间隔得到强化，但是只有在所需仪器反应被执行时才会发出。通常情况下，反应速度是慢的，直到时间间隔结束。当下一次奖励使用时间接近时，反应速率会增加。在可变间隔（Ⅵ）时间表里，强化物在不可预测的时间间隔后可用。在可变的时间间隔后反应必须执行以获得奖励。可变的间隔时间表促进稳定状态的反应速度。

衰老动物的研究

年龄对操作性条件反射行为获取的影响已经被描述，并与经典条件反射研究中所见的影响惊人的相似。使用连续的强化程序，我们发现年老的老鼠在压棒反射食欲强化的初始获取方面显著受损，同年龄组受损的程度相似。同时，与年轻组相比，为了达到标准，年老组的训练天数是年轻组的 3~4 倍。这种损害似乎反映了关联学习缺陷，组间起始活动水平是相同的（排除了与年老动物相比，年轻动物行为更活跃，因此在训练早期产生自发的强化行为这一观点）。此外，一旦一个关联被建立（符合 20 分钟的训练中超过 60 次反应的标准），组间的反应速度是相同的，排除了年老个体中“上限效应”或最高反应速度对获取表现有影响的可能性。

对年老大鼠操作反应消失的分析显示，年老个体同样可通过非强化训练来抵抗最初的消失，与年轻个体相比没有显著差异。因此，一旦一种行为被获得，年老个体在维持这种关联中并不会受损。当动物接受相同任务的重新培训时，年老的动物会和年轻动物一样快速地获得反应。年老和年轻组都需要少量的再训练来重新获取行为。重新获得和消失的训练周期显示，由于之前的学习经验，像预期的一样，两组个体都增加了对消失的抵抗力。因此，衰老对简单的食欲操作性条件反射的影响似乎有选择性地局限在关联的最初学习阶段，在消失或重新学习任务时没有明显的差异。

低速度区分强化程序是一个更复杂的食欲条件反射任务，其中个体必须在一段时间内抑制反应以重新激活强化。一般来说，动物被要求在奖励前连续 6 秒抑制反应。与简单的食欲条件反射相似，年老的动物在最初的获取时表现出明显的受损。年老的个体在间隔期做出抑制反应有明显的困难。与许多其他任务一样，一旦任务学习完成，老年动物的表现就和年轻个体相同，而老年受试者在 DRL 计划中学到的行为的保留不会受到影响。

厌恶条件反射包括应用惩罚以改变一个行为在未来重新发生的可能性。在主动回避条件反射中，如果受试者没有完成目标行为（例如移动到另一个位置）就会受到轻微电击。在被动回避中，动物如果没有停留在训练室的一个地方将受到惩罚，以此来抑制它们探索环境的自然倾向。主动回避和被动回避研究都显示，年老动物在训练最初获取阶段存在显著受损。一旦关联被良好建立，年老的动物就会表现得和年轻个体一样好。

人类衰老的研究

从历史上看，操作性条件反射被广泛用于青少年和发育障碍者的行为矫正计划。早期的行为心理学通常以操作性条件反射的形式，作为正常和异常行为的来源，利用行为改变（干预）的一种方法使个体接受学习。然而，分析研究显示成人在操作性条件反射下的表现受到外部变量（动机、更高过程的参与等）的限制。早期的研究经常使用货币强化，老年个体在最初获取阶段存在显著缺陷。最终，老年受试者的表现和年轻个体一样，在条件反射行为的维持中有轻度到不显著的影响。

最近对成人操作性条件反射的分析中包括了对创伤性脑损伤患者的分析。脑损伤的成年人开始有一定的损伤，表现出对反应—强化物可能性的敏感度降低。提供额外的“信号”刺激可以提高部分脑损伤患者的表现，提示一些缺陷可能与受伤者的环境反应减弱有关。虽然和人类的经典性条件反射研究相比，数据是很少的，但年龄对工具性条件反射的影响似乎是相对相似的。显著的缺陷似乎只局限于最初的获取（关联）阶段，而此后缺陷不明显或者不存在。大量的研究致力于阐明关联学习相关的神经生物学底物。洞察介导经典性和操作性条件反射的基本机制可能有助于理解和干预与年龄相关的获取改变（见表 2）。

表 2　衰老对动物和人类的经典性和操作性条件反应获取和保留的影响比较

		动物	人类
经典性延迟条件反射	获取	年老动物在获取时表现出轻度受损	老年人在获取时表现出明显受损
		与年龄相关的缺陷在成年早期就显现出来	与年龄相关的缺陷在年轻人中明显表现
	保留	年龄对长期保留无显著影响	年龄对长期保留无显著影响
		一旦关联形成就表现出完整的保留	学习的反应不受年龄的显著影响
经典性追踪条件反射	获取	与年龄相关的缺陷比延迟程序更严重	在追踪程序中，与年龄相关的初始获取缺陷可能会加剧
		生命周期早期受损明显；年老个体所受影响更深远	生命周期早期受损明显
	保留	年龄对长期保留无显著影响	年龄对长期保留无显著影响
操作性条件反射	获取	在持续强化计划中，年老的动物在反应初始获取时受损	老年人在条件反射行为的初始获取时表现出缺陷
		衰老的影响限制在关联的初始学习阶段	突出的缺陷限制在初始关联阶段
	保留	一旦获得一种行为、建立一种关联，年老的动物在维持关联方面未受损	年老的受试者中观察到年龄对维持条件反射行为有轻度到不显著的影响

神经生物学基础

大量的基础研究集中于明确神经网络系统的特异性和大脑系统的可塑性变化。卡尔·拉什利（Karl Lashley）做的开拓性研究发表于 1950 年，在大脑中没有发现介导关联学习的关键部位。尽管有一系列长时间的研究来评估不同脑结构损伤的影响，但是拉什利并不能完全阻止老鼠学习行为的发展。他的这一失败引导出神经系统内“等势”的假说，这一假说提示，临近受损区域的脑组织有可能提供损伤区域之前提供的功能。随后，对经典条件反射的基础物质方面的广泛研究，使人们对大脑系统的结构和功能变化有了相对深刻的理解，这些似乎形成了学习诱导行为改变的基础。对操作性学习的研究明显没有那么的常见和富有成果，但也提示了与行为学习相关的过程和大脑结构方面的相似性。老年个体进行这些系统和功能的检查可能有助于揭示学习行为初始获得的持续损伤的来源。

海马结构

哺乳动物的海马一直被认为与认知过程相关。早期试图通过手术切除双侧包括海马结构的脑组织来控制严重的癫痫发作，这导致了严重的顺行性失忆症，这是意想不到的结果。在兔眨眼反应的经典性条件反射中进行神经活动的广泛检查，使我们对习得性行为的细胞基础有了全面的了解。早期研究显示，一个学习过程依赖于海马结构中神经元活动的增加。在训练早期出现了兴奋性增高，并产生了与行为条件反应的出现和振幅几乎完全相关的活动时间模式。然而，由于经典延迟条件反射和操作性条件反射在双侧海马结构病变的动物中是无阻碍的，因此，这一活动的相关性尚不清楚。随后的研究表明，海马（及相关的神经元活动）在经典的跟踪过程中似乎是关键的。在细胞水平，海马中与学习有关的活性变化被认为是由谷氨酸受体的一个亚组所介导的，它们被鉴定为N-甲基-D-天冬氨酸（NMDA）受体。这种关联的细胞过程，突触效能的长期增强（LTP）似乎对经典性条件反射有显著的贡献。对LTP的实验诱导已被证明可以促进简单的经典性条件反射，而对受体位点的药理阻断似乎扰乱了简单的经典性条件反射。

许多研究已经观察到，在操作性条件反射期间，海马神经元活动增加。就像在经典性条件反射中一样，这种增加是学习依赖的，模式与行为反应相关。在大鼠的食欲操作性条件反射中，我们发现成年个体的最初获取不受NMDA受体的药理操作（激动剂和拮抗剂）的影响。电刺激诱导的LTP也未能影响获取率。然而，在操作反应消失期间，NMDA激动剂增加反应水平，拮抗剂降低反应水平。因此，NMDA依赖的海马LTP在经典性条件反射最初获取中存在显著的作用（在年老的受试者中较慢），但似乎对操作性行为最初的获取没有产生影响（在年老的受试者中也受损）。

在老年家兔的经典性追踪条件反射中，海马神经元活动的检测是由伍德拉夫-帕克和他的同事进行的。与之前的行为研究一致，衰老的受试者在条件反射获取时明显受损。与3个月的受试者相比，30个月的受试者大约需要3倍的时间来达标，45个月的受试者大约需要4倍的时间来达标。在老年受试者中，海马神经元活动发展缓慢，但最终产生了在年轻受试者中观察到的相关活动模式，这是学习的结果。因此，在老年个体中，成功的经典性条件反射的行为和神经元组分都被延迟了，但经过适当的训练，他们的发展水平与年轻的受试者相同。与空间和高阶认知的重要作用一致，海马结构在一些基本的联想学习过程中也有着重要的地位。海马对与应激相关的激素受损的敏感性，支持它在与年龄相关的学习变化中有重要作用。事实上，萨波斯基（Sapolsky）认为认知能力的年龄相关性改变可能与海马的损伤增加有关。该结构对应激激素具有高度敏感性和反应性，参与应激激素水平的反馈调节，由于应激激素水平升高的延长而出现显著的神经元丢失。在整个生命周期中，海马的解剖和功能的改变及在联想学习中的显著作用，使其成为至少部分与年龄相关的学习表现差异的重要基础。

小脑

从历史上看，小脑主要与运动功能、运动项目（协调运动）和精细运动控制有关。理查德·F. 汤普森（Richard F. Thompson）和他的同事证实了小脑在获取和维持家兔经典性条件反射方面重要的基础作用。与海马的研究结果相似，小脑内的神经活动产生一种学习依赖的活动模式，它与习得反应的振幅形式高度相关。在训练之前损伤小脑区域，阻断了对 CR 的获取，而训练后的损伤造成了条件反应的丧失，这与消失过程中反应的逐渐下降非常相似。颅内小脑刺激已被证明是一种有效的 CS 和 US，并且完全能够产生经典性条件反射眨眼反应。大鼠的解剖学资料显示，在 2 岁时浦肯野细胞的数量减少了 15%，3 岁时下降了 20%。因此，与海马相似，小脑对简单的学习是极其重要的，并且在整个生命周期中有显著的渐进性解剖下降的风险。

伍德拉夫-帕克及其同事采用磁共振成像对小脑容积进行分析。研究发现，年轻和老年受试者的小脑容积测量都与眨眼条件反射的行为表现呈高度正相关。小脑内的特定萎缩与学习表现的下降密切相关。经典性条件反射对完整小脑的显著要求，以及在整个生命周期中小脑结构和功能的明显下降，使得小脑在经典性条件反射和操作性条件反射某些方面的与年龄相关的缺陷中有重要参与。

干预策略

影响认知过程和相关大脑功能的两种不同手段包括：经验和环境因素及对神经元传递的直接药理学操作。首先，在发展中和较年轻个体中，早期环境剥夺和丰富对神经系统和认知过程的深远影响得到了广泛充分的界定。此外，最近的认知活动可能对后续学习表现存在有利影响，这并不是完全出乎意料的，因为已知学习经验可以改变大脑系统的功能特性，促进认知过程。经验诱导的 LTP 可能与实验（电）诱导的 LTP 有相似的诱导效应。其次，对受衰老影响并参与学习过程的神经系统的直接药理学操作代表了一种潜在的减弱与年龄有关的学习表现下降的方法。经验和环境的影响可能反映了在大脑系统中自然发生的突触过程的促进，最终介导了学习和记忆。

环境和经验影响

动物和人类的研究已经证实经验和环境条件对各种学习都有持久和显著的影响。例如，对啮齿类动物的早期触摸似乎对认知表现有持久而积极的影响。有人认为，早期的经验可以增强应激激素的内部调节，并防止在整个生命周期中可能发生的对海马和其他结构的一些侵害。在环境富集研究中使用的其他常见操作，包括在笼子内提供一系列不断变化的物体来操作和探索以刺激认知和神经活动。早期接触丰富的环境的积极影响在各种学习任务中都有良好的记录，这导致了与认知相关的脑结构的显著变化。环境富集对成熟动物的影响不太明确，但主要是正面的影响。

长期接触丰富的环境对各种学习任务有显著的积极影响。同时，在海马区和皮质区也观察到神经元结构和功能的同时保存。格里诺及其同事描述了复杂环境对年老大鼠小脑神经元形态学的衰减影响。因此，在年轻和年老的受试者中参与认知过程的初级结构似乎都被环境条件显著改变。我们研究了适度、短期的环境富集对老年大鼠食欲任务中操作性行为获取的影响。在相对短暂的几个星期时间内，使用一系列简单的笼型玩具，足以显著减少老化实验对象对操作性反应的最初获取的延迟。

虽然来自年轻和年老的动物数据显示了环境条件对学习的强大影响，但在相对较少的涉及人类的研究中所指出的影响却没有那么有前景。早期的富集已被发现具有显著的积极作用，但试图通过改变环境条件以改善衰老人类的学习表现的结果有点令人失望。在动物研究中研究人员控制环境的巨大能力和控制人类环境的较小能力的差异，以及人类受试者的意志问题可能是导致这个明显差异的原因。

之前的学习经验可能会通过学习相关的 LTP 的自然诱导影响经典性和操作性条件反射的表现。在大多数学习情况下海马突触传导都会增强，并且在训练后的几周到几个月的时间里都有增强。大量的研究证实了兔子眨眼的经典条件反射中 LTP 的发展。相似地，我们注意到，在年老（和年轻）动物操作性条件反射后，海马区内的突触功能明显增强，训练后两个年龄组之间兴奋性无差异。未经训练的实验对象的对照数据表明，无经验的衰老实验对象的兴奋性显著降低。随后，对训练动物的空间学习表现进行评估，该学习通常受年龄的影响，评估显示年龄组之间没有显著差异。在未受过训练的年轻和年老的受试者中，突触功能的评估揭示了与年龄相关的差异，在衰老的受试者中反应减少。额外的研究发现，学习表现的改进可能是因为先前的训练经验。这种经验效应与“使用它或失去它”的认知和神经功能的观点是一致的，并提供了一种寻找与年龄有关的认知变化的潜在方法。

药理学影响

介导联想学习过程和受衰老显著影响的大脑结构的明确，使研究人员试图通过对目标大脑区域进行药物操纵来减轻与年龄有关的缺陷。除了提供一种潜在的治疗工具外，成功的神经化学干预还进一步描述了与年龄有关的表现下降的可能因素。介导在联想学习中所见的 LTP 的 NMDA 受体在海马区内大量分布，并由于正常衰老而显著降低。由于 LTP 的电诱导促进了简单的学习，NMDA 活动的药理增强应该改善所有年龄组的学习表现。

在经典性条件反射中，NMDA 激动剂似乎对获取具有普遍增强效应（而拮抗剂有有害影响）。D-环丝氨酸（DCS）是一种有效的 NMDA 受体激动剂，已被证明可以以剂量依赖性的方式显著改善年轻和衰老兔子的获取，而另一种拮抗剂地卓亚平马来酸盐

（MK801），则被证明损害了获取。在操作性食欲条件反射中，我们发现 DCS 和 MK801 对年轻成年大鼠达到训练标准需要的天数都没有显著的影响。然而在年轻成年大鼠中，DCS 延迟了消失过程，而 MK801 加速了消失过程。在更复杂的强化计划中，如 DRL 和固定间隔计划，NMDA 拮抗剂对年轻成年鼠的表现有破坏性影响。DCS 是否能减轻衰老大鼠的简单获取的延迟，目前尚待确定。

结论

衰老对动物和人类的经典性和操作性条件反射的影响已经被广泛研究。在习得行为的最初获取中普遍存在的缺陷已被注意到，它在个体生命周期的早期发生，并在此后持续存在。一旦最初的损害被克服，老年受试者就会在表现水平的获得、维持和抵抗消失能力方面都拥有与年轻受试者一样的能力。海马结构和小脑似乎在整体的学习过程及与年龄相关的获取表现下降中都起着重要的作用。这两种结构都显示出随着年龄增长而发生的解剖学和功能上的变化。海马区和小脑功能的药理性增强，如使用 NMDA 受体激动剂，可以对学习表现产生有益的影响。然而，这两种结构在对环境和经验因素的反应中似乎也表现出高度的反应可塑性。因此，在健康的衰老个体中，刺激性的环境和持续的积极学习可能是最有效和最适当的干预策略。但是，环境干预的效果可能会受到一般健康问题的限制（例如代谢或循环缺陷）。持续积极的生活方式（包括认知和身体方面）可能是一种有效的预防和干预机制。对疾病状态，如阿尔茨海默病，经典条件反射可能是发现早期病例的一种有价值的工具。在病理状态下，神经元功能的药理补充可能具有明显的益处，并可与认知康复配合进行。

另请参阅：脑与中枢神经系统；痴呆：阿尔茨海默病；学习。

拓展阅读

Coffin JM and Woodruff-Pak DS (1993). Delay classical conditioning in young and older rabbits: initial acquisition and retention at 12 and 18 months. *Behavioral Neuroscience* 107: 63–71.

Finkbiner RG and Woodruff-Pak DS (1991). Classical eyeblink conditioning in adulthood: effects of age and interstimulus interval on acquisition in the trace paradigm. *Psychology and Aging* 6: 109–117.

Gormezano I (1966). Classical conditioning. In: Sidowski JB (ed.) *Experimental Methods and Instrumentation in Psychology*, pp. 385–420. New York: McGraw-Hill.

Greenough WT, McDonald JW, Parnisari RM, and Camel JE (1986). Environmental conditions modulate degeneration and new dendrite growth in cerebellum of senescent rats. *Brain Research* 380: 136–143.

Pavlov IP (1927). *Conditioned Reflexes*

(Anrep GV, translator). London: Oxford University Press.

Port RL, Murphy HA, and Magee RA (1996). Age-related impairment in instrumental conditioning is restricted to initial acquisition. *Experimental Aging Research* 22: 73–81.

Sapolsky RM (1992). *Stress, the Aging Brain, and Mechanisms of Neuron Death*. Cambridge, MA: MIT Press.

Scheibel AB (1996). Structural and functional changes in the aging brain. In: Birren JE and Schaie KW (eds.) *The Handbooks of Aging*, pp. 105–128. San Diego, CA: Academic Press.

Solomon PR and Groccia-Ellison ME (1996). Classic conditioning in aged rabbits; delay, trace and long-delay conditioning. *Behavioral Neuroscience* 110: 427–435.

Thompson RF and Steinmetz JE (1992). The essential memory trace for a basic form of associative learning. In: Gormezano I and Wasserman EA (eds.) *Learning and Memory: The Behavioral and Biological Substrates*, pp. 369–386. Hillsdale, NJ: Laurence Erlbaum Associates Inc.

Watson J and Raynor R (1920). Conditioned emotional reactions. *Journal of Experimental Psychology* 3: 1–14.

Woodruff-Pak DS (2001). Insights about learning in Alzheimer's disease from the animal model. In: Carroll ME and Overmier JB (eds.) *Animal Research and Human Health*, pp. 323–336. Washington, D. C: American Psychological Association.

Woodruff-Pak DS and Jaeger ME (1998). Predictors of eyeblink conditioning over the adult age span. *Psychology of Aging* 15: 193–205.

Woodruff-Pak DS and Lemieux SK (2001). The cerebellum and associative learning: parallels and contrasts in rabbits and humans. In: Steinmetz JE and Cluck MA (eds.) *Model Systems and the Neurobiology of Learning*, pp. 271–294. Mahwah, NJ: Lawrence Erlbaum Associates.

译 者：付志芳（北京大学第一医院）

听力

C. G. 福勒　威斯康星大学麦迪逊分校，威斯康星州，美国
E. D. 利-帕芬罗斯　东田纳西州立大学和芒廷霍姆医疗中心，约翰逊城，田纳西州，美国

词汇表

老年性耳聋（Presbycusis）——由衰老引起的听觉损害。

耳鸣（Tinnitus）——耳朵里无故出现嘤嘤嗡嗡的声音。

引言

在美国，总人口正处于老龄化阶段，65岁以上的人群处于增长最快的年龄组。在1900年，美国65岁以上人口仅占总人口的4%，然而，预计到2020年这一比重将超过17%。随着人口老龄化的发展，涵盖听觉损失在内的慢病失能者的数量在不断增加。

由听觉损失引起的沟通困难会导致老年人生活质量下降、抑郁和社会隔离。交流通道出现阻碍引起的挫折感增强，加剧了沟通的困难。尽管处于这样的困境，听觉损失仍旧是一种未被认知的痛苦存在。老年人自身或许没有意识到出现了听觉损害，抑或有人否认它的存在，也有人可能将其视为衰老的必然过程而接受。这样不被注意的听觉损害多半无法得到治疗；只有少数听力损害的老年人会戴助听器，也有的会使用其他辅助听力装置或者接受听觉康复训练。

背景：老年性耳聋的患病率和病因

由衰老引起的听觉损害（老年性耳聋）在老年人群体中普遍高发。据估计，老年人最常见的抱怨中，听觉损失可排到第3、4位，而与听力损失相关的耳鸣（耳朵里无故出现嘤嘤嗡嗡的声音）则排在第9位。

老年性耳聋涵盖听觉灵敏度的降低（纯音阈值的提高）和言语理解能力的退化，尤其是身处在嘈杂或声音分辨度低的环境中。老年性耳聋特征听力图（根据声音频率划分的听觉层次表）显示：随着年龄增长，听觉损失呈双向、对称且高频的恶化倾向。尽管男性的听力通常比女性差，但没有证据表明听觉损失的内在原因是由性别决定的，通常将造成听觉差异归因于生活方式。男性和女性的听觉恶化率随着年龄的增长而加快，而男性的听觉恶化率普遍超过女性两倍之多。导致听觉损害的因素包括：暴露于有噪声的工作或娱乐场所，接触耳毒性药物，心血管疾病，吸烟，高血压，饮酒，

以及听觉机理紊乱。一般的老龄化研究原本试图解除疾病与衰老的关系，但工业社会中普遍存在这些诱发因素，所以可能无法明确仅由年龄致使形成的听觉损失的比重。

听觉解剖与生理学

外耳和中耳

外耳、中耳和内耳的图示可参见图 1。外耳由耳郭和外耳道组成。耳郭与外耳道的皮肤相连，由覆盖着一层皮肤的软骨框架构成。外耳道的三分之一至二分之一是软骨，其皮肤上只有耵聍腺和毛囊。

耳道的中间部分是骨质的，并且被薄薄的皮肤覆盖。外耳的主要功能是将声音传递到中耳，以辅助定位声源，并保护中耳免受其他因素的伤害。耳郭和耳道作为谐振器，将高频声音放大约 10 ~ 15 dB。衰老最常见的变化是肤质干燥、变薄，胶原退化，耳道脱垂，以及毛发生长增加。耳垢（耳蜡）可能变硬、变干，并附着在耳道中的毛发上，由于进入中耳的声音受到阻塞而导致听力损失。耳垢也可能引起耳鸣、疼痛或眩晕

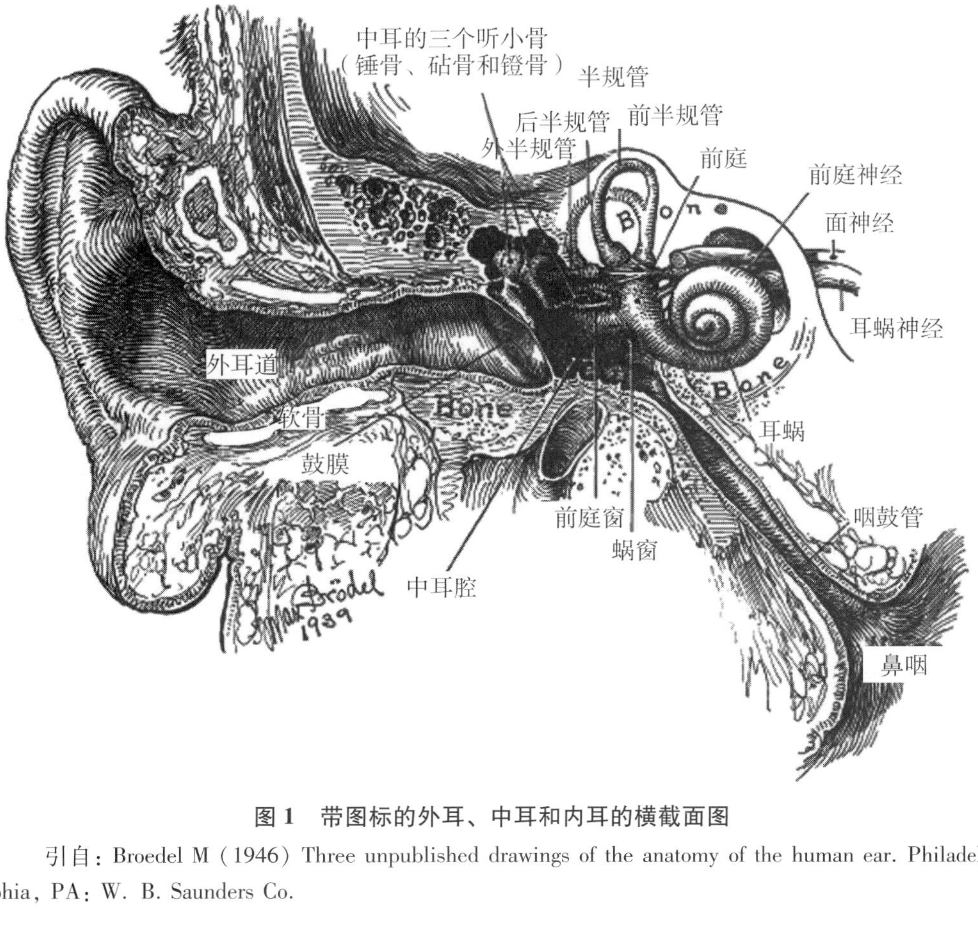

图 1 带图标的外耳、中耳和内耳的横截面图

引自：Broedel M（1946）Three unpublished drawings of the anatomy of the human ear. Philadelphia，PA：W. B. Saunders Co.

（头晕）。清洁耳道对老年人而言可能很困难，因为变薄的皮肤容易受到刺激。

相反，外耳的老龄化很少会影响听力。中耳是颞骨内充满空气的腔，以鼓膜和前庭窗为分界。中耳包含三块小骨——锤骨、砧骨和镫骨。鼓膜收集来自外耳道的声音，并将其传送到小耳链，从而将其传送到流体填充耳蜗入口处的前庭窗。鼓膜与前庭窗的面积比率和耳链的杠杆作用会将声音大约放大 30 dB，以克服将空气声波转换为耳蜗中流体传播行波时的阻抗。咽鼓管连接中耳和鼻咽，用于通气并维持中耳内的气压。

咽鼓管通过三块肌肉的收缩而开放，即腭帆张肌、腭帆提肌和耳管咽头筋。镫骨肌和张鼓膜肌两块肌肉在大声进入时收缩，以减少进入耳蜗的低频能量，从而保护其免受噪声损害。

所有的中耳结构都受老化的影响。鼓膜血管较少，较薄，弹性较差。在听小骨之间的砧骨—锤骨关节和砧骨—镫骨关节可能有退化和发生关节炎的可能。咽鼓管的软骨结构可能变硬，控制开闭的肌肉可能会萎缩。中耳肌纤维随年龄增长而退化。总而言之，这些变化几乎对中耳功能状态没有影响，也不会造成听力明显下降。

内耳和听觉神经

内耳又称迷路，是一种骨结构，其包含听觉系统的耳蜗（形成听力）和前庭系统的耳前庭和半规管（掌握平衡）。耳蜗是一个蜗牛形的器官，由底端、中端至顶端螺旋环绕二又四分之三周。在骨壳内是一个膜性迷路，包括三个纵隔室及前庭管、鼓管和前庭阶。前庭管含有外淋巴，是一种含高钠的液体，类似于脑脊液；而鼓管含有内淋巴液，是一种含高钾的液体。听觉系统的感觉上皮是柯蒂氏器，位于鼓管。如图 2 所示，柯蒂氏器由基底膜作为底板，由支撑细胞、胸膜和两种类型的毛细胞（一排内毛细胞和三排外毛细胞）组成。耳蜗的外侧壁包含耳蜗纹脉管，其具有丰富的血液供应，并产生作为毛细胞功能的局部能量源的 +80 mV 耳蜗内电位。镫骨底板插入前庭窗，并将机械能传递给迷路的外淋巴液。镫骨底板的振动运动在耳蜗上形成液体行波，其在基底膜下传播，并高频刺激基底和以较低的频路刺激顶点。所产生的压力波引起从外毛细胞突出的纤毛发生机械弯曲。外毛细胞的活性过程将能量泵入基底膜，使内毛细胞产生敏感的反应。然后，内毛细胞在其底部释放神经递质，其扩散穿过突触间隙。化学物质被听神经（颅神经Ⅷ）的树突吸收，并在听神经纤维中引发神经冲动。

许多与年龄相关的变化发生在耳蜗中，同时，它们降低了耳蜗响应低水平声音的能力。毛细胞退化，神经细胞体在螺旋神经节处退化，内耳潜力下降，神经细胞萎缩。其中一些变化是由噪声、创伤和疾病引起的，但有些似乎是老龄化的结果。耳蜗的底端或高频端是最脆弱的，典型的结果主要是高频听力损失。人们认为，神经纤维的主要或次要损失是由信号处理的灵敏度损失和失真造成的，源于语音感知的缺陷。

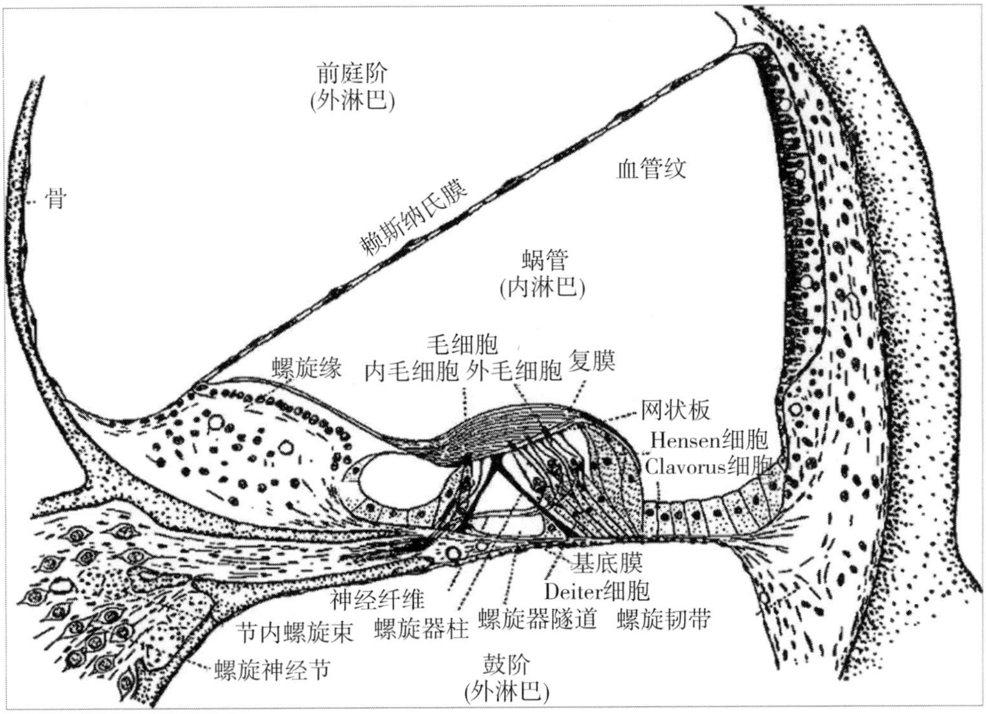

图 2　耳蜗柯蒂氏器的横截面图

引自：Davis H et al.（1953）Acoustic trauma in the guinea pig. *Journal of the Acoustical Society of America* 25：1180.

中枢听觉神经系统

中枢听觉神经系统（CANS）包括脑干、中脑和皮质的神经纤维和细胞核（细胞体）。脑干中的听觉通路如图 3 所示。纤维束相互交叉，同时还连接着脑干两侧的细胞核。CANS 的功能是处理信号以实现声音识别、声音定位、听觉注意和模式识别。与其他大脑结构协同合作，听觉系统控制对噪声背景中目标声音的注意力，以及实现听觉信号与其他感觉信号的整合。在皮质层面，认知和意义都与声音紧密相关。

整个中枢听觉神经系统都受老龄化影响。解剖变化包括由轴突变薄和髓鞘损失导致的神经传导速度降低和同步放电的减少。神经元之间的传播可能由神经递质释放减少和突触后神经元的减少而减慢。有效反馈的效率可能会降低。这些 CANS 随着老龄化而变化，更可能导致中枢听觉处理的缺陷，而不是简单的灵敏度损失，并且可能导致老年人在复杂的听力环境中发生语音理解的困难。

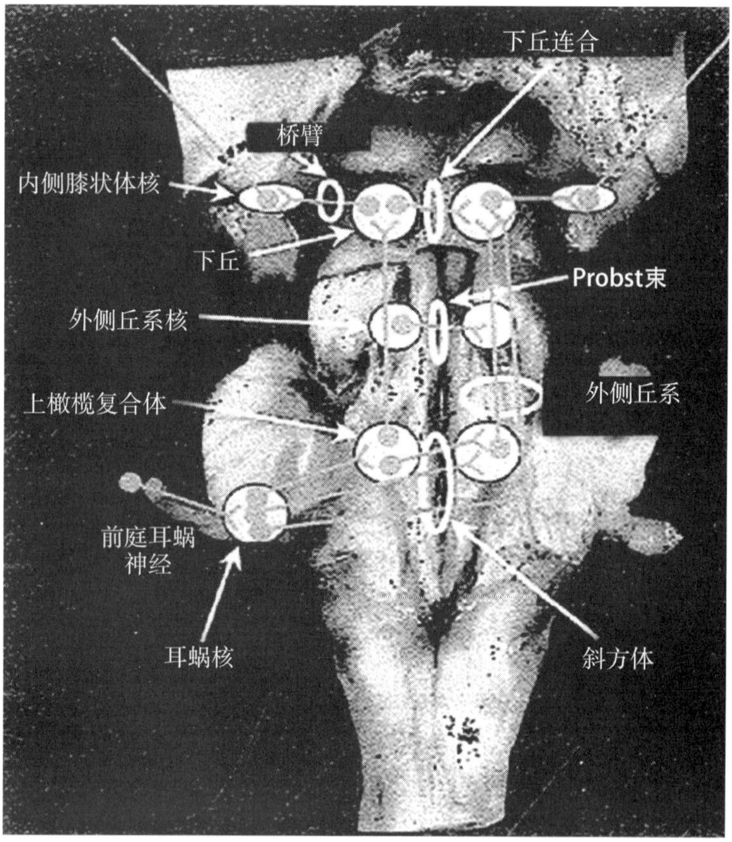

图 3　脑干背视角度听觉系统上行传递示意图

引自：Seifritz E et al.（2001）Auditory system：functional magnetic resonance imaging. *Neuroimaging Clinics of North America* 11（2）：276.

听觉功能测量

纯音阈值

相对于低频，老年性耳聋主要表现为对较高频率的听觉识别能力较差。图 4 是一份复合听力图，显示了 730 位老年的个人听觉阈值。这幅听力图不仅显示了空中信号的阈值，还测试了经由中耳的骨传导信号的阈值。来自空中和骨传导信号的阈值之间的差距可以反映外耳或中耳的问题。在年纪较大的人群中，空气和骨传导信号的阈值通常相等，这表明听力损失是由听觉系统的感觉器官（耳蜗）和神经水平功能的丧失引起的。

对老年人的听力评估表明，50 岁以上的成年人中有多达一半患听力障碍，80 岁以上的老年中多达 90%患听力障碍。男性在 60 多岁时即开始报告听力下降，女性比男性晚 7 年。考虑到教育、职业和噪声暴露等危险因素，听力损失发生在男性身上的概率比女性高出 4 倍。然而，到 70 岁的时

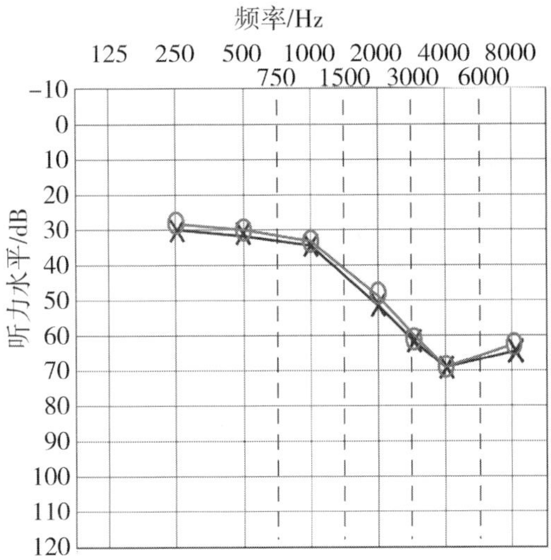

图 4 730 名 55~88 岁患者左右耳的平均纯音阈值（即听力图）

注：纵坐标为听力阈值，横坐标为测试频率。X 表示左耳；O 表示右耳。

引自：理查德·威尔逊（Richard Wilson）博士未发表的数据。

候，女性与男性一样，可能产生听力损失。60 岁以后，纯音信号的阈值以约每年 1 dB 的速度下降。女性下降速度起初比男性慢，但对许多女性来说，70 岁以后的衰退速度将加快。

预防性症状可能源自风险因素的复合作用，包括工作和休闲活动中噪声暴露的积累。人们认为噪声暴露是听力损失的一个风险因素。因为研究表明，在噪声暴露最小情况下的原始部落长者与现代工业社会的老年人相比，具有显著的低血钾。在现代社会中，从事嘈杂的职业或参与吵闹的娱乐活动而不采取耳朵保护措施的个人比没有噪声影响的人更容易受到听力损失的影响。与噪声相关的听力损失和与老化有关的听力损害相互作用，这两者似乎共享一个潜在的机制。

虽然老年性耳聋伴有或没有噪声暴露，但与没有噪声损伤的老化耳朵相比，具有噪声损伤的老化耳朵最初就显示阈值的加速下降，这表明由于年龄和噪声暴露引起的听力损失呈非线性增加态势。

言语感知

老年人经常抱怨说他们可以听到人们说话，但不明白他们在说什么。他们特别指出，在人群中或嘈杂的情况下，一个人理解言语是困难的。事实上，即使老年人和年轻人的听力损失程度是相同的，老年人在嘈杂的环境中通常更难理解语言。

老龄化造成的语音理解问题是由于敏感性（听觉）的丧失及清晰度的损失。患有听力损失的大多数老年人听不到一些言语的声音，特别是对区分词语至关重要的高频辅音。然而，简单的放大声音的办法却不能完全解决这个问题。

语音信号清晰度的额外损失可能与信息扭曲有关，这种扭曲是由缺陷耳蜗和神经通路中听觉处理不良引起的。由于听觉和清晰度的综合损失，相比年轻人，要达到相同的理解水平，老年听众要求语音音量要比背景噪声大得多。

噪声中各种类型的语言感知任务及相关的语言材料表明了老年人存在的潜在问题。这些任务指出老年人在谈话中处理时间提示及其他信号的能力比较差。老年人难以理解快速、压缩或中断的短暂沉默的言语。这些困难表明，老年人处理语言的速度可能会比一些社会情况下的演讲慢得多。

行为学研究还显示了年轻人和老年人之间的听觉感知差异。老年听众更难区分连续与单独的事件，特别是当声音柔和的时候。时间顺序任务测量出听众在音调呈现的过程中识别顺序的能力。当音调快速出现时，老年人难以识别其序列，这再次表明老年人处理时间更长。一般认知减慢和感知处理速度的下降可能导致老年人临时处理能力减弱。

认知因素显然有助于老年人的言语理解表现。当听对话时，一个人必须能够将注意力从一个讲话者转移到另一个讲话者，记住一个或者更多个演讲者之前所说的话，并且可以在一个房间里执行这两个任务。在这种情况下进行对话的认知并不是微不足道的。听力损失使问题变得复杂，因为即使轻度听力损失也可能与认知和工作（即短期）记忆的减少有关。然而，老年人确实受益于谈话中的语境线索和生活体验。因此，影响认知与理解对话性言语的能力的因素错综复杂，感觉知觉的任何损失都可能会使老年人的认知负担加重。

听觉诱发反应

耳声发射（OAE）是由耳蜗中正常功能的外毛细胞产生的低水平声音。OAE 是自发产生的，也可以因响应声音而被诱发。这些声音沿着基底膜传播回来，并释放到中耳，然后释放到外耳，在那里用敏感麦克风可记录到。

临床上记录了两种形式的诱发性 OAE：由点击或短音点产生的瞬间诱发的 OAE 和由频率接近的两个纯音刺激之间的相互作用产生的失真产物的 OAE。如果听觉灵敏度得到充分控制，瞬间诱发或失真产物的 OAE 的振幅似乎没有因为年龄而显著降低。

听觉脑干反应（ABR）是对短击点或音调点的神经反应，由以罗马数字命名的五大波组成。这些波在刺激呈现之后的前 10 ms内发生，并通过贴在头皮上的电极进行记录。波Ⅰ和波Ⅱ起源于颅神经Ⅷ，其余的则来自听觉脑干，穿过侧脑叶层面。来自老年人的 ABR 通常比年轻人的 ABR 显示更长的延迟和更小的振幅。显示这些变化的年轻和老年恒河猴的 ABR 的例子如图 5 所示。

考虑到听力损失和年龄之间的相互作用，年龄造成的具体影响很难确定，听力损失和年龄都可能会增加波浪的延迟。然而，年龄的单独影响可能对延迟延长的贡献小于 0.2 ms。双耳信号的相互作用可以用双耳相互作用成分进行评估。来自左耳刺激的 ABR 从右耳刺激加入 ABR 中，并从该求和中减去双耳响应。双耳相互作用成分被认为是波形 V 的潜伏期的差异潜力。在脑干水平，年轻人和老年人的双耳相互作用似乎并不是不同的。

听觉中间延迟反应（AMLR）出现在声音刺激后 10~50 ms，并由上脑干和原发性听觉皮质引起。大多数研究报道称，随着年龄的增长，Na 和 Pa 峰值的延迟延长，Pa 的幅度可能增加。虽然增强的原因尚不确定，但有些人认为这与减少上级中心的抑制性投入有关。当电极放置在颞叶上时，老年人半球有一些不对称性，但这些差异与行为反应无关。AMLR 记录的双耳互动部分似乎

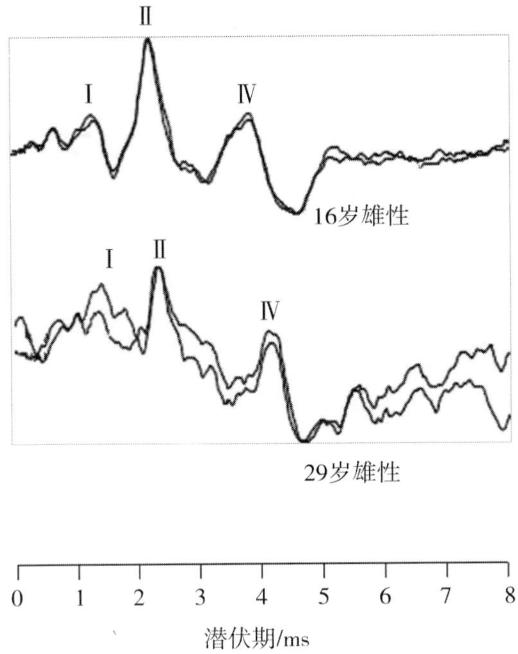

图5 幼年恒河猴（上波形）和老年恒河猴（下波形）记录的听性脑干反应波形图

注：老年恒河猴波形的潜伏期更长，波幅更小。

在一些老年人中减少或不存在。

听觉长延迟反应（ALLR）包括刺激生成的电位和认知电位。这些电位是在刺激产生后的50~500 ms 产生的，来源十分复杂，包括原发性听觉皮质，电力活动广泛地传播到头皮上。P2 是最大的由刺激生成的电位，老年人群中 P2 的振幅和延迟时间明显小于年轻人。年轻人和老年人 P2 振幅之间的差异在前额区记录的活动大于头皮顶部。电力活动分布的这种变化表明，随着年龄的增长，底层发电机制发生着变化。

P3 波是使用认知任务记录的许多内源性或认知反应之一。通常要求一个人记住奇数球范例中的信号之间的差异，其中罕见信号随机散布在频繁信号序列中。如果听众可以区分这两个信号，则会在大约 300 ms 的等待时间内产生对罕见信号的肯定响应。P3 在成年早期具有最短的潜伏期，随着人类年龄的增长，延迟时间每年延长 1 ~ 1.5 ms。P3 可用于证明与行为反应相对应的脑激活。有一段时间已经知道，当双语词汇（双耳同时提供不同的单词）时，与直接提供给左耳的单词相比，一个人更了解提供给右耳的单词。这种现象被称为右耳的言语优势，归因于从右耳穿过脑干到左半球具有较短的神经通路，右半球是语音处理的部位。相比之下，左耳有一个缺点，即语音经神经通路穿过脑干到右半球后，又得穿过胼胝体到达左半球进行语音处理。非语言或音调信号的优势恰好相反，这些信号在右半球处理，表现出左耳优势。右耳语言优势在儿童时期发展，在青年时期达到最小差异，然后随着年龄的增长而再次增加。

P3 可以由口头和非语言信号引起，并且信号呈双向或单调（每个耳朵分开）传导。这一类型信号的明确揭示了与右耳优势相关的皮质中电位活动的分布，以及用于非语音信号的左耳优势。与年轻人相反，在老年人中，P3 半球激活于双眼信号是不对称的。如图 6A 所示，对使用双耳口语信号，右耳比左耳产生显著的更多的 P3 半球激活，并且双耳非语言信号可以看出相反的情况。

如图 6B 所示，使用单一刺激，当半球加工中心没有竞争时，P3 半球激活相对对称。这种激活模式可能表明潜在的皮质变化

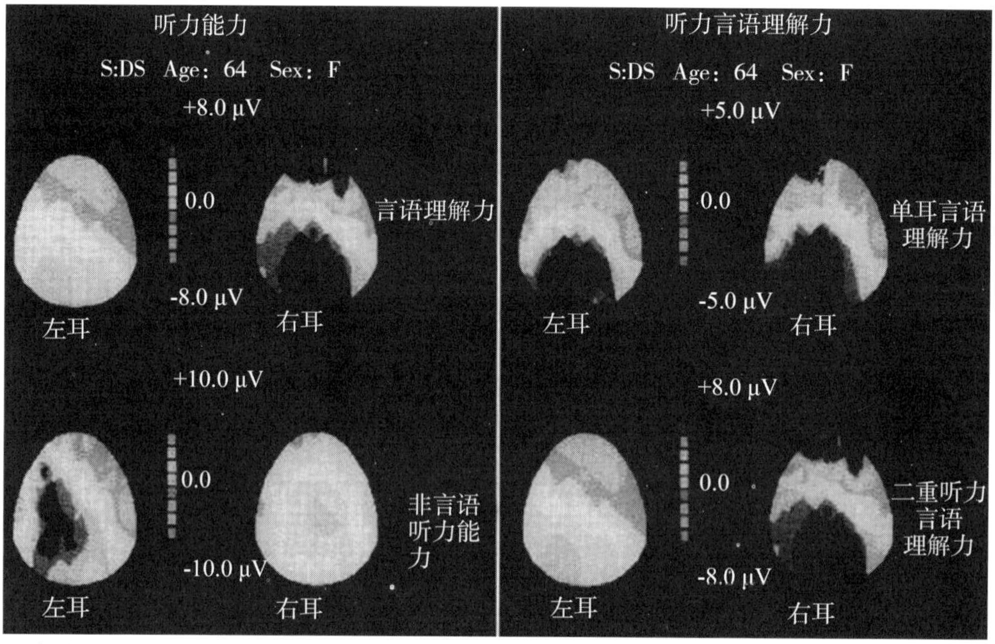

（A）　　（B）

图 6　被试 DS 的 P300 波峰形态的脑地形图

注：64 岁女性，患有老年性聋，在背景噪声中难以理解语义。颜色约暗，表明信号越强。（A）言语理解力和非言语听力能力；（B）单耳言语理解力（上）和二重听觉言语理解力（下）。

引自：Jerger J（1997）Functional asymmetries in the auditory system. *The Annals of Otology*, *Rhinology*, *and Laryngology* 106（5）：23-30.

与许多老年人将背景噪声分离的困难相一致，同时预测哪些老年人可能成为双耳助听器的成功使用者。

老年性耳聋的影响

听力损失可以影响老年人生活的各个方面。然而，听力损失的影响取决于听力损失的程度、理解言语的能力及个人因素，包括生活方式、性格和健康状况。听力障碍对个人造成影响的常见评估工具是老年人听力障碍清单（HHIE）或筛选版本 HHIE-S。这些尺度关乎个人对各种情况下听力损失的社会和情绪影响的看法的问题。这些量表与实际的听力损伤程度只有中度的相关性，并强调了探索轻度听力障碍对个体影响的必要性。因为老年人可能会像其他慢性疾病一样最小化或拒绝接受听力损伤这一事实，因此，可能需要使用这些筛查措施来揭示在快速病例中不会显露的潜在问题。只有在问题明确之后才能考虑治疗计划。

由于在沟通中遇到困难，患有听力障碍的老年人可能经历抑郁、焦虑和社会隔离。

他们可能会感到沮丧、焦虑及不自信，这迫使他们退出以前的活动和社会交往。听力障碍患者更有可能出现其他健康问题，包括高血压、心脏病和平衡感差。认知衰退与听力损失之间存在联系，即使轻度听力损失也可能导致记忆障碍，痴呆风险随着听力损失的增加而增加。不熟悉的环境和没有助听器的住院老年人可能会变得迷失方向，并显得痴呆。

除了听力损失之外，大量的老年人还患有视力丧失，从而导致沟通障碍。估计经历这种双重感觉损失的老年人占社区居住长者的6%及辅助生活情况的70%。愿景通常允许个人利用通信的非言语方面，包括言语阅读、面部表情和手势来补充听力。患有听力障碍和视力障碍的人们在社交互动中的安全感较低，容易感到沮丧、疲劳和尴尬。最终他们退出社会互动和活动，感到无聊、孤独并拒绝社交。

一些缓解因素与老年人听力障碍有关。治疗听力障碍可以显著减少可感知的障碍。女性比男子更有可能寻求治疗。与听力丧失程度相同的年轻人相比，老年人的听力损失比较少。这种差异的原因可能包括老年人较少的交往需求、较少的工作压力、更多的接受听力障碍及应对困难的历史。然而，听力障碍的接受也可能阻止老年人寻求治疗，导致产生社会退缩。

修复

迄今为止，听力损失的最佳补救方法是扩大。助听器可以根据纯音阈值和语音感知度量进行编程，以满足每个人的特定听觉需求。目前可用的助听器包括完全数字化和可编程的耳机，因此优于十年前的可用设备。最新技术进展已经利用环境中语音源和噪声源空间分离的特点，生产了麦克风。此外，降噪算法利用的是语音信号和背景噪声之间的频谱和时间差异。通过减少背景噪声和增强语音信号的方式，定向麦克风技术为单个助听器用户创造了更有利的聆听环境。尽管做出了这些改善，但目前助听器用户面临的最大问题仍然是将语音与背景噪声分开的困难。在噪声背景下提高语音认知度，提高听觉舒适度，仍然是助听器研究的前沿方向。

尽管助听器有所改进，并采用了定制的补救方法，但实际佩戴助听器的老年人不到20%。听力损失以外其他几个因素会影响个人佩戴助听器的动机。这些因素包括对通信问题的自我认知，个人所体验到的对话的数量和质量，通信伙伴的可用性，身体健康状况，对助听器用户的看法、助听器的成本，以及助听器没有什么帮助的看法。

为老年人选择助听器时，有几个重要因素需要考虑。是否灵巧的问题可能会阻碍患者物理地操纵小装置，但对助听器的具体修改可以使这个问题最小化。某些认知限制可能需要更复杂的设备，因为助听器可被编程为自动切换模式，以便于在安静的环境、嘈杂的环境中或通过电话优化语音。最后，成功使用助听器最重要的因素是患者的动机。

个人对其听力问题的看法是助听器辅助成功的重要因素。老年人，特别是老年男性，声称其听力损失情况要轻于其沟通伙伴的理解情况。虽然这种差异可能与生活中本就面临很多挑战的老年人的坚忍有关，这也揭示了那些试图与听力障碍老人沟通的人所面临的挫败和压力。尽量减少听力损失的人可能更能坚持治疗。辅导听力障碍的个人和沟通伙伴对确保成功使用助听器至关重要。两者都必须了解助听器的优点和局限性，同时必须使用其他策略来增强他们之间的沟通。

对那些不能戴助听器或是在佩戴助听器的基础上需要辅助措施的人可以使用各种辅助聆听装置来帮助一般或特定情况下的沟通。FM 系统要求说话人使用麦克风将声音传送到收听者耳朵中，从而使该消息的级别高于该听众的背景噪声。这些设备通常可以在诸如剧院、讲座和礼拜场所的公共空间中使用。个人耳机可以连接到电视机，以便将放大的声音传到个人，而不打扰家庭其他成员。聋哑人使用的电信设备可用于视觉信息传输。闪光装置可以连接到门铃、电话或闹钟，以提供视觉信号来代替或补充听觉信号。口袋通话设备（pocket talkers）对认知受损或由于其他原因无法使用助听器并依靠他人维护和管理其放大设备的个人而言十分方便。辅助听力装置相对便宜，适用于无力负担昂贵助听器的人员。

预防老年性耳聋

预防老年性耳聋主要是减少造成听力损失的危险因素。一些消息来源认为，伴随老龄化发生的听力障碍同样适用于环境和遗传学，包括两者的相互作用。有关环境因素对老年性耳聋发展影响的研究已经有 50 多年了。从 20 世纪 60 年代开始的研究指出，生活在相对无噪声的环境中的原始部落成员确实会发展为老年性耳聋，但是听力损失程度比现代工业社会中的个体所达到的程度要小得多。公众对噪声的破坏性影响及其在听力损失发展中的作用的认识有助于减少噪声损伤对老年性耳聋的影响。在许多工作场所监测噪声水平，对超过损害风险标准的工作环境中的人员，可能需要进行耳朵保护。要敦促那些从事嘈杂娱乐活动的人们戴耳朵保护装置，包括狩猎和摇滚音乐会。听觉系统的噪声损害在整个生命中累积，并与其他听觉障碍的原因相互作用，产生随着老化而增加的严重损伤。保护措施可能会减少因老龄化人口普遍存在的因素引起的听力障碍。

许多影响听力损失的个别危险因素也存在，同时其中一些易于由个人控制。高血压、高脂血症、心血管疾病、糖尿病和耳蜗疾病等健康因素可能会导致听力损失。吸烟和过量饮酒会造成听力损失。这些问题表明保持良好的总体健康可以减少听力损失。在一些老年人的听力障碍中已经发现其缺乏镁、维生素 B_{12} 和叶酸的饮食，这表明一些维生素和矿物质补充剂可以防止老年性白血病的发展。抗氧化剂丰富的饮食已被证明可减轻一些实验室动物的老年性耳聋的发展。控制热量摄入但保持营养的饮食习惯延长了许多动物的寿命。在这些动物中，控制热量的饮食可能会减少或推迟老年性白血病的发展，但迄今没有证据表明这种方法适用于人类。事实上，所有动物，甚至是给定动物的所有品种，都不能从这些饮食习惯中获益，这表明了基因的作用。

遗传学领域正在迅速扩大，包括那些有助于听力障碍的基因的识别和了解。估计所有基因的10%都有助于听觉系统的结构和功能，单个基因的突变可能导致听力损伤。虽然尚未确定引起老年性耳聋的具体基因，但引起非综合性听力损失的基因已被认为是可能的候选者。由于基因通过整个身体影响听力系统，除了听力障碍外，基因突变可能会产生多种疾病，如肾脏疾病、糖尿病和皮肤性紊乱疾病。基因表达发生在成年生活中，表明基因在听觉功能中持续发挥作用。线粒体基因突变已经证明与听力损伤相关，并且可能导致成年期的疾病，因为需要许多细胞分裂的积累达到足够的突变以引起症状。一些基因突变与环境因素（如噪声和耳毒性药物）相互作用，会增加听力损伤的可能性。

另请参阅：人因工程和人体工程学；老化过程中的语言与沟通。

拓展阅读

Bodargus ST, Yueh B, and Shekelle PG (2003). Screening and management of adult hearing loss in primary care: clinical applications. *Journal of the American Medical Association* (15): 1986–1990.

Chisolm TH, Willott JF, and Lister JJ (2003). The aging auditory system: anatomic and physiologic changes and implications for rehabilitation. *International Journal of Audiology* 42 (supplement 2): S3–S10.

Fowler CG (2003). Auditory brainstem response in adults. In: Kent R (ed.) *The MIT Encyclopedia of Communication Disorders*, pp. 429–433. Cambridge, MA: MIT Press.

Fransen E, Lemkens N, Van Laer L, and Van Camp G (2003). Age-related hearing impairment (ARHI): environmental risk factors and genetic prospects. *Experimental Gerontology* 38 (4): 353–359.

Gatehouse S (2003). Rehabilitation: identification of needs, priorities and expectations, and the evaluation of benefit. *International Journal of Audiology* 42 (supplement 2): S77–S83.

Hanratty B and Lawlor DA (2000). Effective management of the elderly hearing impaired–a review. *Journal of Public Health and Medicine* 22 (4): 512–517.

Jerger J (1997). Functional asymmetries in the auditory system. *The Annals of Otology, Rhinology, and Laryngology* 106 (5): 23–30.

Ohlemiller KK (2004). Age-related hearing loss: the status of Schuknecht's typology. *Current Opinion in Otolaryngology and Head and Neck Surgery* 12 (5): 439–443.

Pichora-Fuller MK (2003). Cognitive aging and auditory information processing. *Inter-*

national Journal of Audiology 42 (supplement 2): S26-S32.

Rosenhall U (2003). The influence of ageing on noise-induced hearing loss. *Noise Health* 5 (20): 47-53.

Seifritz E, Di Salle F, Bilecen D, Radu E, and Scheffer K (2001). Auditory system: functional magnetic resonance imaging. *Neuroimaging Clinics of North America* 11 (2): 275-296.

Shadden BB and Toner MA (1997). *Aging and Communication. Austin*, TX: Pro-Ed.

Weinstein BE (2000). *Geriatric Audiology*. New York: Thieme.

Willott JF (1991). *Aging and the Auditory System*. San Diego, CA: Singular Publishing Group, Inc.

Willott JF (2001). Modulation of presbycusis: current status and future directions. *Audiology and Neurootology* 6 (5): 231-249.

Yueh B, Shapiro N, MacLean CH, and Shekelle PG (2003). Screening and management of adult hearing loss in primary care. *Journal of the American Medical Association* 289 (15): 1976-1985.

译　者：云春凤（北京联合大学）

退休

R. C. 阿奇利 拉斐特市，科罗拉多州，美国

词汇表

退休人员（Retired Person）——有长期工作经历，经历了就业机会的大幅减少，有退休养老金收入的人。

退休（Retirement）——（1）养老金的制度安排和退休资格的规定；（2）生活方式的转变：从大量时间用于工作过渡到主要关注退休生活；（3）从劳动力市场退休后的生命阶段。

退休金（Retirement Pension）——是一种定期付款，通常与过去的收入水平和工作年限挂钩，提供给那些符合退休资格规定（通常是年龄或服务年限）的人。

引言

对社会来说，退休是一项社会制度，它由基于劳动者年龄和工作年限所制定的退出劳动力市场的规章制度组成，并由财政准备和发放退休金。对工作者个体而言，退休是一种生命阶段的转变，即不再需要就业。作为一种个人属性，退休的特征是退出劳动力市场并获得一份或多份养老金支持。

退休对社会的重要性

今天的工业社会有完善的金融和社会安排，使老年人有序地退出劳动力市场。尽管各国在退休政策和资金方面存在很大差异，但在绝大多数工业化国家，90%以上的65岁及以上人口都已退休。此外，非工业国家在其经济的指定领域也采用了退休制度的特点，尤其是在公务员和军队中。

尽管在工业化程度不同的社会，退休老年人的比例较为相似，但资格规定和融资机制却相差很大，影响退休政策的力量通常是基于特定文化背景的。探讨退休的国际差异超出了本文讨论的范围。本文以美国的退休制度为例，阐释关于退休的起源、功能和发展的各种概念和理论。

作为一种社会制度，退休围绕着两套重要的社会政策：（1）建立认定退休人员养老金资格的规则；（2）集中财政资源用以支付退休养老金的政策。随着退休制度的发展，工业社会将国内生产总值的10%左右专门用于公共社会保障类退休养老金。此外，美国有20%～30%的股票、债券和政府有价

证券由雇员养老金计划持有。

个体通常将退休视为一个解放的人生阶段，是个人可以自由决定他自己追求什么样的目标的一个生命阶段。退休后，人们认为这是一个由为别人工作到为自己工作的转换。雇主将退休视为一种有效的劳动力管理手段，可以减少劳动力，或者用更合适的（更年轻的）员工来取代不太合适的（更年老的）员工。然而，立法者和行政政策制定者对待退休的态度往往是矛盾的。一方面，他们认为退休制度是对个人长期就业服务的一种适当的个人奖励，也是一项重要的社会成就；另一方面，他们将退休视为一个社会问题，它“浪费”潜在的生产性人力资源，并给社会造成了经济“负担”。

在这群人中很少有人明白退休的一个基本潜在功能：控制高耗能工业社会的失业。在工业社会和后工业社会，机器完成了大多数体力劳动，并继续以惊人的速度取代经济领域中人的地位。例如，在1930年的美国，向工商业输送的电力所提供的能量相当于3.65亿人的劳动。到1980年，工业使用的电力相当于69亿人的劳动。如今，计算机化的“专家系统”取代了专业技术人员、文职人员和工业工薪劳动者。

高失业率历来是工业民主国家政治不稳定的一个主要因素，各种社会政策的发展表面上是为了解决公共福利问题，但也具有减少竞争现有工作的劳动力规模的重要作用。童工立法和义务教育法将儿童排除在劳动力竞争之外，退休则剔除了老年人。庞大的公共开支用于提供维持年轻人就业的教育机构。同样的，在所有的工业民主国家中公共收入通常是退休收入的主要来源。工业社会需要受过良好教育的工人，在漫长的供职之后，老年人当然会从一段时间的退休中受益，但退休与控制失业的需要之间的重要关系是推动退休需求的一个无形的引擎。因此，退休政策在高失业率时期变得相对宽松，而在劳动力短缺时期则变得相对严格。例如，最低退休年龄往往会随着高失业率的下降而下降，而退休奖励计划则在劳动力短缺时趋向于消失。工业生产的好处很多，但也有成本，退休在工业社会中就是一个重要的日常见的生活成本（参见“工作和就业：个人”“工作和就业：社会”）。

概念

退休养老金为开展退休提供了手段。没有了退休金，退休很可能只是经济精英的事情。退休金有很多种形式：公共社会保险类退休养老金，例如社会保障；每月提供固定福利金额的雇主养老金，这个金额通常是用基于与服务年限和收入挂钩的公式计算得出的；雇员养老金，是基于雇主、雇员或双方的固定缴款而定的，通常可以一次性领取或者按月领取；自给型退休年金（self-initiated retirement annuities），其中很多是受政府避税政策鼓励的。

从本质上讲，“退休人员”是通过多年供职服务而获得的个人身份。这是作为一项合法权利而获得的道德上的认可和经济上的支持。同时，退休人员的地位通常被推定为是劳动者自愿的。在操作上，退休人员可以被定义为有长期工作历史的人，他经历了退出至少是部分退出劳动力市场的过程，并且通过此前的工作而获得退休收入。退休人员也可以被主观赋予个人属性，此外，有时也被用作对老年人的委婉说法。然而，作为一种合法的身份属性，退休人员是一种取得的身份，而不是仅仅基于年龄的先赋身份。

对那些连续工作了 40 年或更长时间随后完全退出劳动力市场的人，确定其退休状况是相对容易的，但其他类别就比较模糊了。例如，一些人自认为的“退休”仅仅是从一份全职工作跳到另一份全职工作，并可能获得退休金，但他们算得上真的退休了吗？还有那些只是偶尔工作，因此没有资格领取退休养老金，但却将政府发放的救济福利视为退休养老金，并将自己标榜为退休人士的人呢？一段漫长的工作生涯之后接着是彻底退休的理想模式已变得越来越不常见，确定谁退休也变得更加复杂和困难。

退休也是一个人从全职工作过渡到没有工作的终身转变。退休养老金通常在就业人数大幅减少时开始发放。对一些人来说，这种转变是突然的，但现在越来越多的人在他们完全退出劳动力市场之前的一段时间内，开始经历“过渡型”就业，这通常指工作更少的时间或几周，有时工资或职业地位也会降低。广义上的“退休过渡”包括退休准备期和退休调整期。根据这两种定义，退休过渡的长度差别很大，可能会跨越相当长的一段时间。然而，在工业化社会，到 75 岁时，除了极少数人外，都已完全退出了劳动力市场。

退休也是成年期长期适度连续工作之后的一个人生阶段。它强调的是一种生活方式，包括一系列适合不再需要成为劳动力的那部分人的社会角色。退休实际上是一个“自己动手”的人生阶段。因为退休人员唯一的文化期望是避免竞争全职工作，而实际上也很难如意。退休生活方式可以建立在各种各样的活动上，例如体育运动、旅行、社区服务、宗教活动、操持家务、打理景观或蔬菜园艺、冥想或照顾孙辈等。然而，“忙碌伦理”（busy ethic）要求退休人员以某种方式保持富有成效的参与（参见“休闲”）。

退休也是一种社会制度，由退休的文化理性和一系列复杂的社会政策组成。这些社会政策建立了允许或鼓励人们退休的规则，并提供了退休融资的机制。老年歧视——对老龄化或老年人的歧视——是将退休作为一种社会制度的文化理性的核心。所有的工业社会都支持一种普遍的文化信念，即认为老龄化会对老年人的认知和身体产生深远的影响，会干扰老年人从事生产性工作的能力。如果“老年”从症状上被定义为严重的身体或精神上的能力丧失，那么这种错误的观念往往使带有歧视性的就业政策合法化，这些政策对寻找工作的中老年人不利，鼓励他们在老年开始之前就退休。

然而，工业文化也包含一种照顾老年人的长期规范，这意味着轻易解雇中老年员工在道德上是不可接受的。为了能在歧视老年员工的同时制造出不会对他们造成伤害的错觉，退休养老金才得以发展，以防止老年人因失业而变得穷困潦倒。养老金制度在多大程度上旨在提供养老金以使退休者保持退休前的生活方式，这在很大程度上取决于经济的稳健性、老年人所占的人口比例，以及支持或反对退休养老金的有组织的政治倡导。

退休的基本理由也许是文化上的，但具体的退休政策是具有管理和政治色彩的。在大多数情况下，考虑到雇主养老金计划的资金水平，雇主政策的目的是让员工尽可能早地退休。由于不允许养老金随着服务年限的增加而超过最低退休年龄或服务年限的要求，雇主养老金往往含有强烈的退休经济激励。即使没有工会，雇主也会将养老金作为谈判的工具，尤其是将其作为一种将工资推迟到未来发放的方式。

公共退休计划由通过政治程序制定的政策来管理。公共退休政策的内容包括退休所覆盖的人口比例、融资机制、最低退休年龄、服务年限要求、相关资格和福利数额与年龄的关系、退休检验、福利数额与职业收入之间的联系、对危害健康职业的特别规定、受抚养人或退休人员的养老金补充、为抵消通货膨胀而编制的福利指数，以及预期福利取代退休前收入的程度。这一庞大而复杂的相互关联的政策在立法上受到操纵，以维持退休制度在受失业率、老年贫困程度、适当的养老金替代率和公众的支付意愿所限制的领域内运作（参见“经济学：社会”）。

这些因素反过来又受到多种因素的影响，主要是经济的稳健性、老年人在人口中的比例，以及政治进程受到阶级或利益集团影响的程度。公共退休政策的目标是：（1）通过控制退休水平来降低失业率；（2）尽量减少贫困老年人的比例；（3）至少取代 60% 的退休前收入，特别是对低收入者，以尽量减少与退休有关的个人经济困难；（4）不超过公众的支付意愿。这些目标在国家价值体系中随总体政治理念的变化而起起落落。在关注社会安全网的时代，退休成为公众优先考虑的问题。但在关注个人或家庭财富的积累或政府职能缩减的时代，退休就显得不那么重要了。为了平衡不断变化的因素，大多数退休制度会根据反馈不断做出调整，特别是依照商业周期的运行规律。当那些复杂的影响因素，如雇主和自主退休收入计划的复杂因素与塑造社会保障型公共退休制度的问题相结合时，退休便真正成为一种非常复杂的社会制度。

退休的历史

退休是现代化的产物，始于 18 世纪晚期的社会文化变革，它为如何追求物质进步带来了新的思维方式，特别是以更多更好的商品和更高的总体生活水平的形式。现代化的几个主要方面包括：科学作为一种认知方式的兴起；技术作为一种生产力的兴起；等级官僚制度作为一种组织形式的兴起；普遍性的法律作为一种社会控制手段的兴起；个人主义作为一种道德哲学的兴起；沟通作为达成协议的方式的兴起；地理和社会流动性作为在日益复杂的劳动分工中使人与工作相匹配的手段的兴起。作为一种典范，现代社会的典型特征是科技理性、普及教育、大众组织和传播、国际化的城市人口和政治民主。

但现代化是如何导致老年人因退休制度的发展而被排斥在劳动力市场之外的呢？科学作为一种认知方式的兴起、技术作为一种生产力的兴起和作为一种决策方式的非个人官僚统治的兴起，这些现代化的所有方面都发挥了关键作用，包括将老年人排除在被定义为理想的劳动力范围之外，以及将退休发展为一种确保社会不受普遍的个人贫困和政治不稳定影响的——可能会伴随着老年人在没有养老金的情况下被大规模排除在劳动力之外的情况——手段（参见“现代化与老龄化”）。

早期的科学在测量和研究设计上都很粗糙。最早关于生理和心理老化的研究主要集中在平均年龄的差异上，几乎没有注意到均值的离差。因此，早期的医学文献强调观察到的各种人体器官和系统的平均功能水平的急剧下降。早期的心理学文献则强调认知功能方面的平均年龄差异。很少有或者可以说根本没有研究者注意到不同年龄组人体机能的巨大变化，也没有研究是基于纵向研究设计的，用以观察其随时间而产生的实际变化。此外，这些研究只比较了不同年龄组的功能差异，而没有与维持成人正常活动水平所需的功能基准水平进行比较。结果，这些研究相信了那些所谓科学的“证据”，并得出有关老化的负面影响的离谱的结论。例如，约翰斯·霍普金斯大学医院主治医师威廉·奥斯勒（William Osler）在 1905 年发表了一篇被广泛报道的演说，他声称，老化对人类的创造力和生产力有着深远的影响，男性超过 40 岁就可以被认为是“良好但相对无用”的劳动者，而到 60 岁左右则是“如此无用”的，他们对一个组织来说代表着一种消耗，所以绝对必须退休。尽管奥斯勒的观点是极端的，却得到了那些有影响力的工业领袖的较温和的支持。这种认为老年人作为劳动者是相对没有价值的错误观念如今依旧强势，并且形成了支撑退休这一观念体系的重要组成部分。

技术极大地提高了生产率，但却是以净失业为代价的。例如，在 19 世纪 60 年代末美国南北战争之后，农业机械化开始大量取代农民和农场工人。技术革命的快速周期导致城市工业就业的短期大幅波动。与高失业率周期相关的社会动荡和暴动，导致雇主、劳工领袖和政客们寻找办法来缓和商业周期对失业的影响。

退休是一个解决过剩员工问题的潜在办法，但只要工作组织较小且为私营，相对较少的老年员工将被分配较清闲的工作以得到较低的工资，个人关系在很大程度上使老年员工远离了老年歧视。老年员工往往是作为个体而不是作为年龄组的一员来对待。然而，随着公司管理形式的规范和非个人的官僚组织政策的发展，就有可能根据假定的年龄类别特征来证明和实施普遍化的政策。个体特征不再重要，年龄类别的差异也不再重要。

但只要退休不附带养老金，雇主就不愿意简单地解雇老年员工。在美国，雇主养老金在20世纪20年代开始普及，1935年社会保障立法的通过为退休融资提供了基本模式。在20世纪50年代，劳动法和税法的变化允许劳资双方集体谈判，使雇主养老金的覆盖范围迅速扩大。这些变化结合在一起，为退休成为一种普遍的社会期望提供了财政基础。类似的制度也在工业国家中发展起来。

总之，科学上的老年歧视、技术对老年劳动者的取代和官僚主义的非人性化，都贬低了老年劳动者的价值，并成为他们被排除在劳动力市场之外的理由。公共养老金和雇主养老金的发展提供了刺激措施，以吸引劳动者退休。

当前退休的发展趋势

在社会上，随着退休养老金制度的完善，退休水平逐渐提高。在美国，首次退休的平均年龄在20世纪50年代开始下降。下降趋势在70年代开始加速，在80年代趋于平稳，然后在90年代中期开始上升。1950年，大多数美国劳动者认为，只有在个人身体无法继续工作时退休才是合理的；但到了1960年，大多数人表示，只要个人想要退休并有退休金支持，退休即是合法的；到1975年，绝大多数人对自己的退休生活有了非常积极的态度；到2000年，绝大多数人对退休仍持有良好的态度，但对养老金和社会保障会提供承诺的退休收入的信心不足。

养老金的慷慨诱惑和继续就业的机会对退休的决定很有吸引力。2000年以后，养老金和退休人员医疗福利的不确定性导致更多的潜在退休人员想要重新考虑是否退休。这一因素与确保退休人员养老金制度和医疗保健福利的政府制度的信心波动有关。近年来，这两个问题在整个发达国家中都变得非常棘手。关于这些趋势的公开讨论经常会援引人口学的论点，即在老龄化社会中退休是不可持续的，但仔细研究会发现，最重要的因素是利用经济资源支持退休的政治意愿。在美国，民意调查不断显示，公众对确保退休人员获得足够的养老金和医疗保健项目的支持率非常高，但政策制定者似乎对工商界领袖的声音更敏感，他们希望将劳动力成本降至最低。

早期的首次退休并不一定是完全退休。在20世纪80年代，美国的劳动力数据开始显示出一种过渡型就业的模式，即持续就业一段时间，通常是全职的，它在个人开始领取个人养老金和个人可以领取社会保障福利这两个时间点之间架起了桥梁。到1990年，超过一半的完全退休的男性是从过渡型工作中退休的。

退休已经成为一个日益多样化的模式：(1) 收入和医疗保险方面的职业不平等现象延续到退休以后；(2) 不同的退休年龄模式；(3) 退休的不同含义。尽管在所有工业社会中，公共社会保障型养老金提供了几乎所有退休的通道，但是各种关于服务年限和福利的计算公式的规则往往对那些把大量时间游离于劳动力市场之外的成年人是不利的。零星的工作经历在女性中最为常见，特别是那些为了抚育孩子或其他类型的看护而退出劳动力市场的女性。

工业社会在获得足够的退休收入的机会上都存在社会阶层和少数群体的不平等，这些不平等从严重到微不足道都存在。福利较高的国家往往拥有强大的安全网，在获得退休收入和医疗保健方面只存在较小的不平等，而福利相对较低的国家在获得退休收入和医疗保健方面往往存在更大的不平等。但大多数退休制度都重复着职业制度中的工资不平等现象。然而，在 20 世纪的后半叶，工业社会退休制度的成熟是减少与老年相关的贫困的一个主要因素。

退休后的生活方式日益多样化。对一些人来说，退休意味着一种悠闲的生活，可以有多种形式；对另一些人来说，退休是让他们成为个体经营者的机会；还有人在退休后开始从事社区服务；越来越多的人退休后担当起照顾孙辈或长期照顾老年家庭成员的责任；许多人退休后进入夫妻二人生活的状态。当人们将退休视为一个生命阶段时，他们可能会经历这样几种不同的生活方式。人们越来越多地视退休为一个积极的生命阶段，它发生在停止工作和老年人可能出现的身体虚弱之间。当虚弱成为一个人生活方式的组织原则时，对退休后生活方式的想法就变得不那么重要了，即使这个人还是退休的状态，依旧领取养老金。

退休对个人和家庭的影响

早期的老年医学专家认为，退休有着大量的负面影响。除了经济困难之外，有人认为退休还会导致老年人士气低落、自尊丧失、活动量减少、孤立和孤独加剧、无用感增加，以及身心健康状况下降。许多老年医学专家认为，造成这些负面结果的根源是职业身份的丧失造成的精神伤害。事实上，士气低落、活动水平低等都能在退休人员中找到，但这些不幸的结果大多是由于 20 世纪 50 年代极低的退休收入造成的。到了 1975 年，针对退休过渡的跨国研究发现，退休对身心健康、整体活动水平、社会参与或生活满意度的影响很小或没有影响。越来越明显的是，退休引起抑郁症是一种罕见的结果。只要给予足够的退休收入，大多数成年人都能很好地适应与退休相关的生活变化。

同样，早期关于退休的文献认为，退休对大多数已婚夫妇的家庭来说是一场巨变，特别是由于刚退休的丈夫对传统的“妻子的领地”的入侵。现有研究再次显示了与文献不同的结论。尽管从一个工薪家庭转变到一个退休家庭确实需要做出一定的调整，但大多数夫妻能够适应婚姻中的许多重大变化，并且退休也在他们的应对能力之内。那些在退休后关系变得糟糕的夫妇往往在他们生活的早期阶段关系也不是很好。

为什么对大多数人来说退休只是一个简单的调整呢？首先，只要给予他们足够的退休收入，他们就可以在调整的过程中变得轻松，因为他们不必为下个月的收入保障担心。其次，大多数人对退休是有预期的，也目睹了在他们之前退休的人如何应对。因此，他们并不觉得自己正在进入一个未知的领域。他们有明确的路径和有效的榜样。再者，退休是一种道德上被鼓励的生活改变。工业社会的“文化生命历程”概念将“退休”定义为一种应得的、个人应该而且确实是乐于接受的回报，由个人通过长期就业所创造的经济体系的生产力提供资金。最后，退休作为一种文化生活阶段，仍然需要个体有目标并从事生产性工作，尽管它可能不是为了获得报酬。这种对继续从事生产活动的预期使个体保持自我胜任力和价值感。

虽然大多数自愿退休的人是以最小的压力完成了过渡，并在相对较短的时间内找到了满意的退休生活方式，但一小部分人是被迫退休的，而他们更有可能遇到困难。例如，尽管那种做法通常是非法的，但一些员工仍将被迫面临两个没有吸引力的选择：在他们未准备好之前退休或者被解雇。大多数人更愿意选择退休而非失业，但也有些人对自己的退休境况很难接受。他们可能仍有未完成的职业目标，比预期提前退休可能会导致退休后的收入低于他们的预期，他们可能没有准备好放弃工作的职位。然而，在一两年内，大多数不情愿退休的人们要么找到了另一份全职工作，要么已经很好地适应了退休生活。

另一类令人遗憾的退休人员是那些因健康原因退休的人。如果一个人的健康状况恶化到丧失能力的程度而不得不退休，那么谁也不会对残疾和随之而来的活动限制将一直持续到退休而感到惊讶。在这种情况下，是残疾造成了生活空间受限和随之而来的所有心理困扰，而不是退休。幸运的是，自20世纪60年代以来，因健康原因退休的人口比例已大幅下降。

关于退休的解释

退休为什么会存在？是什么因素使退休如此快速发展，它的方向又在哪里？是什么原因让公众如此快速地接受退休，尤其是在以工作为导向的社会中？为什么退休会因经济、政府和政治利益受到质疑，而这些正是促成退休的初衷？这些核心问题激励了社会老年学家发展出更多的解释。

退休为什么会存在？人在60多岁时从经济和社会生活的压力中退休，过一种沉思和精神成长的生活，这种想法可以追溯到4 000多年前的印度教吠陀经。一些中世纪的农民将他们的土地转让给儿子或教会，以换取退休后的食物、住所和得到照顾的保证。富裕的商人可以在退休后依靠他们的财富收益来维持生活。但只有在现代工业社会出现之后，退休才成为大多数员工的一种经济可能性。为什么我们要建立如此宏大而有效的融资体系来保障大众的退休生活呢？所有的解释主要围绕功能主义和交换理论。功能理论设定，退休是由功能需求引起的，特别是控制失业的需求。如前所述，工业社会历来难以提供充分就业，而退休通过系统地从劳动力市场竞争中移除相当大的一部分成年人，起到了控制失业的重要作用。然而，在民主社会中，退休主要是通过说服和激励而不是强制来实现的。因此，政府的养老金制度必须提供足够慷慨的养老金，以吸引大量的老年员工选择退休。

交换理论认为，退休是老年歧视的结果。根据这一理论，雇主希望招到能创造最大价值以换取工资的人。人们在劳动力市场上不会被视为具有独特才能和技能的个体；相反，雇主将潜在的员工按类别进行分类，并根据该类别的人为交易所提供的资源，将他们安排到相应条件的层次结构中。在这种情况下，“老年员工”的类别会从 50 岁左右开始。人们普遍认为，与其他类别的成年人相比，老年员工为就业交易带来的资源较少，且缺乏耐力、缺少现代的教育、没有野心和创造力更少。企业认为对他们的培训成本会更高而回报较低，他们自己从培训中获得的收益也更少，并且会抵制新技术。研究证据表明，这些观念是不准确的，但在就业交易中，重点是管理者和政策制定者会按照这些观念行事，就好像它们是真实的一样，不想也不需要通过行动来证明这些观念。

因此，组织有动力去创造一些方法将老年员工的数量保持在最低限度。如果有其他选择，他们就不会雇用年长员工，而且他们会想办法将进入老年类别的员工尽快移出组织。对许多管理者来说，唯一优秀的老员工是选择退休的老员工。发展退休制度是为了提供一种人道地处置被认为效率较低的员工的方式。同样，在工业民主国家，激励措施比强制性政策更受欢迎。

退休的功能理论和交换理论是相辅相成的。两种理论都接受这样一种观点，即老年员工是可以合法地被排除在劳动力市场之外的一个群体。功能理论关注的是这种排斥对整体经济中失业的影响，而交换理论则关注这种排斥对雇主组织的预期好处。关于老龄化对就业能力的负面影响，对这一“文化神话”的普遍接受是这两种理论的基础。这些理论也有助于解释为什么退休在一个人口队列进入老龄化前就早已被鼓励的原因。

一些功能主义者认为，退休的功能是将因为年老而无法工作的人从劳动力市场人道地移除。但是，作为一种社会制度，退休并不主要关注丧失劳动能力的老年人。事实上，在大多数社会中，残疾退休与服务退休是完全不同的制度来处理的。退休政策旨在鼓励年纪较大的员工退出就业，他们被认为工作效率较低，但通常没有残疾。那些因为身体上或精神上的问题而无法工作的老年人，可以通过发放伤残抚恤金来处理，退休养老金并不具有此项职能。

其他功能主义者还认为，退休的出现满足了员工们休闲的愿望。但这种说法存在一个重大的因果顺序问题，因为退休养老金制度的建立明显早于大多数产业工人开始将退休视为一个合理的个人目标时。

但是，如果退休的主要功能仅仅是为了将员工从劳动力市场中移除，那么如何解释这样一个事实，即大多数社会的退休制度提供的养老金比仅仅让他们在退出劳动力市场后生存所需的更多呢？养老金福利通常比经过经济状况调查的福利救济金要慷慨得多。

有证据表明，大量的员工只需要相当于退休前收入的40%的养老金即可吸引他们退出劳动力市场，但工业国家的许多公共退休制度提供了60%或更多的收入替代。这个问题的理论答案来自政治经济学理论、道德经济学理论和社会正义理论。

政治经济学理论在解释退休的动机时，源于以下几个基本假设：大多数工业社会是资本主义的，资本主义经济剥削工人，除非遭到劳工有组织的反对；大多数工业社会是民主的，民主政治提供了一种工具，通过它，不管劳工是不是有组织，都可以以获得适当的退休福利的形式来实现公正的待遇。在这个参照系中，退休福利的充分性是工资和薪金工人的政治权力的一种功能。这种权力可以通过下列两种方式之一行使：通过有组织的劳工和管理层之间的直接谈判，或通过工人利益倡导者的能力来影响制定公共养老金公式和雇主养老金的立法程序。

道德经济学理论认为，原生的经济实力或政治实力不足以解释退休金的慷慨。经济不仅是金融义务的问题，一个高度相互依存的工业经济要发挥作用，还必须有超越简单支付工资或薪金的道德承诺。这些延长的承诺为劳动者提供了一种安全感，使他们能够集中精力做好自己的工作。因此，道德经济学理论假设，目前的工资和其他福利并不能完全补偿工人的劳动，他们的合理补偿的一部分由社会的道德承诺组成，以提供失业保护和退休后的适当收入。退休收入并不是道德经济下的唯一好处。在美国，退休人员及其家属是国民健康保险覆盖的唯一主要社会类别。

社会正义理论是基于“公民权利”的概念。它假定有资格获得足够的退休福利是所有在成年阶段的大部分时间里参加劳动的居民所享有的权利。其理由是，在富裕的工业社会，退休人员因为老年歧视而被迫靠不充足的退休福利生存而处于不利的地位是没有道理的。这一观点成功推动了一场争取更充足的社会保障养老金的运动，这场运动始于20世纪60年代，当时大部分的社会保障养老金领取者的收入低于贫困线。

需要注意的是，问题不在于退休是否应该存在。它往往被政治经济学、道德经济学和社会正义理论视为一个给定的结果。问题在于离开劳动力市场的退休人员应该获得的补偿是否充分和公平。有证据表明，这些观点有助于解释退休的发展。

自然工业资本主义经济和政治民主或许可以解释为什么社会需要退休，以及退休福利即使不慷慨但至少多少才足够。但是，为什么有那么多人自愿退休，尤其是在退休不是强制性的情况下？个人主义和人类发展理论解决了这个问题。

个人主义作为一种个人哲学，是工业社会的核心。年轻人在社会化后追求自己的才华，并在复杂的劳动分工中积极寻求机会。人们将个人自由和自决视为高回报。退休最初可能是为了将就业中的老年歧视制度化，但只要回报是足够的，很多雇员甚至愿意接受大幅降薪，以换取退休所带来的自由和自决程度。

成人发展理论还解释了为什么人会被退

休吸引。很少有职业阶梯会无限延长。事实上，“职业”的概念可能很难描述许多个体经历的工作演替。对那些陷入事业或工作停滞期的人来说，转换工作领域受到了就业年龄歧视的限制。即使有新的就业机会，他们可能仍会觉得是受到了另一位老板的摆布。退休是一种增长的期权，因为它向人们提供了稳定的收入和成为自己的老板的机会。

不再关注物质获取和社会地位，代表了个人接受退休的另一种发展支持。许多成年人发现，随着时间的推移，中青年时期对物质获取和社会地位的关注变得不那么令人满足了。这些人在日常生活质量中看到了更多的意义，退休让他们对生活质量有了更多的掌控，这比他们在工作时更易实现，特别是在雇主的压力不断增加和生产力不断提高的时代。例如，由于工作需要，闲暇时间被挤压，许多成年人的生活质量下降了，他们认为退休是一种具有吸引力的方式，可以更好地恢复控制和生活质量的平衡。他们还经历了物质的获得和社会地位的成就，并经常把它们高估为持续的生活满意度的来源。他们越来越发现自己被一种更轻松和更人性化的生活节奏所吸引，能够更多地控制他们的个人生活目标，有更多的时间来维护人际关系和从事喜爱的活动。退休人员的非正式关系网往往像一个融洽的大家庭，大部分退休人员的生活方式是围绕着有意义和喜爱的活动进行的。

退休的优势通过将退休视为“预付休闲”（prepaid leisure）的包装、营销和广告已经制度化。围绕个人退休需求而形成的行业包括退休计划、退休个人理财和退休住房。近年来，用以满足退休人员持续教育需求的全球性的项目网络已经发展起来。该网络产品涵盖了各式各样的主题，并提供给世界各地的人们。

因此，成年人愿意退休，即使它代表的是社会地位的下降和制度化的老年歧视。因为对他们来说，个人自由和个人生活质量提高带来的好处，远远超过失去抽象的社会地位的代价。

为什么在许多工业社会中，企业和政府都对退休提出了质疑呢？在美国，自 20 世纪 70 年代末以来，退休制度一直受到政治和管理方面的攻击。这种攻击部分是基于对政府在私营企业认为有潜在商业机会的领域的运作理念上的反对。因此，社会保障受到了批评，理由是私人退休计划可以给员工带来更好的“投资回报”。但他们忽视了这一点，即社会保障是一种社会保险，而不是一种投资。这些批评者通常也忽视了作为社会保障一部分的遗属、残障和保健福利，并暗示退休福利是员工缴纳社会保障税的唯一回报。这些观点是由保险公司、银行和证券公司组成的金融服务业提出的，他们希望将社会保障的全部或部分“私有化”，以增加他们自己的商业机会。

雇主们还希望减少他们的社会保障税义务。自 1970 年以来，美国的企业所得税的下降速度比个人所得税快得多，但是雇主在社会保障工薪税中所占份额从 1960 年收入的 3%（相当于每年 4 200 美元）上升到 2004 年的 7.65%（相当于每年 60 600 美元）。降低社会保障税是美国商界一个重要的政策目标。雇主们希望社会保障制度能够继续吸引老年员工退出劳动力市场，但又不愿为这项福利支付他们那部分成本。

金融服务业和商业倡导者联手发起了一场组织严密的运动，让公众相信社会保障制度在经济上是无法维持的。根据他们的观点，随着“婴儿潮一代”进入退休状态，老年人口的快速增长必然会使现有的保障系统破产；因此，目前正在缴纳社会保障税的人不太可能获得预期全额的社会保障养老金。这一观点与许多研究相悖，这些研究表明，在现有福利计算公式下，提供给“婴儿潮一代”的社会保障养老金将来在任何可能出现的经济情况下只需要对该体系进行适度的改变即可。然而，他们的宣传活动在美国的年轻劳动者中非常成功，很大一部分年轻劳动者认为，当他们到达退休年龄时，社会保障将不复存在，尽管他们希望该项目继续存在，并表示愿意为此缴纳更高的税收来维持它。但随着越来越多的年轻劳动者开始相信社会保障制度的崩溃是不可避免的，并且对那些目前享受社会保障福利的人的不满情绪也在上升，愿意支付社会保障税的意愿也在下降。

要理解关于对社会保障的多维攻击需要用冲突理论的视角。美国的退休史表明了不同政府的理念之间发生冲突的可能性。一个极端的观点认为，“不干预的政府才是最好的政府”。根据这种观点，一个允许和平解决争端的程序性国家和一个共同的货币体系是必要的。非极端但仍然保守的立场则认为，政府应当增加武装力量、警察和消防部门，或者还把教育部门加入公共机构的名单。而另一方面，人们希望建立一个强大的国家政府，在多个领域保护公众，包括养老金、医疗保健、住房、教育、科学、商业、金融、环境保护、公共福利和交通运输等。对退休，尤其是对社会保障的攻击，可以在一场大规模社会运动的背景下看到，其本质是缩减中央政府的资源投入。在日益全球化的生产体系中，收入和工资面临的压力在一定程度上推动了这一运动。这一转变遭到了那些认为只有政府才能充分发挥某些职能（如国家退休养老金制度）的人的强烈反对。

由退休人员组成的会员组织或利益集团在支持退休保护方面的力量有多大尚不清楚。美国再次提供了一个有用的例子。一方面，媒体经常将美国退休人员协会（American Association of Retired Persons，AARP）称为“华盛顿最有影响力的游说团体”。但该协会是一个拥有 3 000 万成员的庞大而多元化的组织，有着各种各样的政治倾向。大多数成员的加入是为了利用该协会的保险、金融、旅游和药房服务，而不是为了参加社会运动。为了保护其非营利性的属性，美国退休人员协会不能向政治候选人提供财政支持。这与美国国家商会（National Chamber of Commerce）等其他强大的游说团体形成了鲜明对比。美国退休人员协会不参与制定政治议程，而是对政治提议做出回应。

20 世纪 70 年代，美国退休人员协会和其他倡导退休人员利益的组织在有关国会和各行政部门制定国家议程方面发挥了有效作用，因为当时的风气对政府的监督和规划表示同情。到 2005 年，公众仍然对社会保障的必要性、退休人员养老金和医疗福利表示支持，但对国家政府的履行能力持冷漠或怀疑的态度。这种转变的结果是政府的保护措施和旨在使退休制度适应不断变化的环境的举措不断减弱。

许多有说服力的证据表明，无论政治层面或经济层面的理论争论如何，工业国家都会制定政策，让绝大部分老年人口进入退休状态。因此，政治冲突往往是关于国家养老金的发放水平问题，而不是是否发放问题。我们无法预期强势政府和弱势政府的支持者之间的长期争论何时会结束，但随着这一持续的辩论及冲突集中在公共养老金的发放水平上，社会保障类型的退休制度也终将会迎来改变。

退休的未来发展

退休的未来发展是不确定的。它将带来一系列相互对立的经济、政治、人口和社会政策的相互作用。关键问题是，退休是否可持续乃至应该可持续。

在 21 世纪之初，美国、欧洲和日本的工业经济并不像 1960 年那样强大。全球工业生产的精细化分工造成了工业国家中大部分劳动力的工资和福利不稳定。分工过程大大减少了许多类型的经济活动的规模，特别是以前可以在退休后获得充分福利保障的专业、管理和技术工作。退休制度不再受大型工会、大企业和国家政府代表之间的谈判影响。在美国，随着劳工组织的逐步衰弱，养老金覆盖范围的减少，养老金从固定收益制转变为固定缴款制，养老金计划缴款从雇主的递延补偿转变为雇员责任。同时，增加了允许雇员在更换雇主时从养老金计划中提取资金的规定，年轻员工想要获得充足的雇主养老金也越来越成问题。这增加了社会保障提供足够退休养老金的压力。由于退休政策的分化，年轻员工对将退休作为一种他们可以依靠的社会制度几乎丧失信心。

长寿革命正在迅速提高 85 岁以上的人口比例。按时间顺序，退休早的开始于 45 岁，但大多数人在 60 多岁退休。这意味着退休收入计划必须设计为平均提供高达 25 年的安全退休收入，在许多情况下可达 50 年。为应对即将到来的大量退休人员，政策制定者通常会提出两种方案：一是延长老年员工的工作时间，二是计划减少福利。对充分的退休福利提供的制度支持正变得越来越不可靠，尤其是对中低收入者而言。

没有任何迹象表明就业中的老年歧视将会扭转，或者欢迎老年人继续就业。中产阶级和上层阶级由于低出生率造成的劳动力短缺，更有可能通过增加移民或增加技术的运用来抵消，而不是为老年员工创造更多的就业机会。但是，如果福利减少，许多老年人，尤其是那些 75 岁以下的老年人，可能会因经济环境所迫继续留在劳动力市场，他们中的大部分人将会与移民和年轻人竞争零售业和服务业的低工资工作。无论如何，让更多的老年人留在劳动力市场不太可能是一个令人满意的解决方案，因为老年人口的增长规模超过了国家提供退休收入的意愿。

另一种可能性是降低福利。目前，美国老年人的退休收入主要来自社会保障，这仅仅能帮助他们的生活水平略高于贫困线。削减福利将会使这些人口有资格获得公共援助，这只不过是将提供养老金的责任从一个政府项目转移到另一个政府项目。大幅削减中高收入退休人员的社会保障福利将减少维持社会保障退休所需的收入，但中高收入退休人员认为他们已挣到了养老金，并希望获得它们。他们还拥有采取有效政治行动的经济资源和教育背景。在世界各工业国家，公众对公共退休养老金的支持非常强大，政治上反对大幅消减福利是可以预期的。

“婴儿潮一代”未来老年人的数量之多，让政策制定者感到恐慌，他们常想象未来“婴儿潮一代”会组成一个巨大方阵走上街头要求足够的退休福利。为了阻止这种可能性，美国在 1983 年采取了两大行动计划：一是计划领取全额社会保障福利的年龄从 65 岁逐渐提高到 67 岁；二是提前增加社会保障税，以便在退休信托基金中积累可观的盈余，与工薪税一起用于支付“婴儿潮一代”的养老金。但由于对老年人存活率的预测一直低估了未来老年人的数量，社会保障体系也因此存在大大小小的缺陷，这导致了人们对该体系进行改革的呼声日益强烈。那些反对公共退休制度的人声称它是不可持续的，而那些支持者则认为只要进行轻微的调整就足以维持它的偿付能力。大多数工业社会都展开了类似辩论，但是很难解决，因为关于“事实”的构成及如何进行解释的分歧越来越大。相对主义和后现代主义削弱了对包括退休在内的大多数社会制度达成社会共识所需的话语。

公共社会保障型退休计划的长期财务可行性取决于国家立法者持续的投票支持。几十年来，工业国家对社会保障型公共退休计划的立法支持一直坚定不移，但近年来的经济压力促使立法者开始重新考虑养老金的慷慨程度。在经济全球化的环境下，这些项目的长期可持续性问题一直是软化立法支持的一个重要因素。随着企业越来越自由地跨国经营，要求各国政府对企业经济盈余的主张变得更加难以执行。如果国家过于努力地争取企业经济收入的份额，人们担心企业会将业务转移到别处。

与此同时，公众对退休的需求没有显示出任何下降的迹象。在美国，大多数人在 60 岁出头时退休，还没有达到有资格享受社会保障福利的年龄。退休作为一种争取来的权利和“预付休闲”的概念已经很普遍。人们继续渴望退休后的自由和自主权，觉得自己赢得了机会。尽管媒体对退休和老龄化有负面看法，但大多数美国人对自己的退休生活都有非常积极的看法。他们主要关注的是在不确定的经济环境和高医疗通胀率下保持足够的收入和医疗保健。

在美国，公共养老金和私人养老金政策是背道而驰的。主张改革社会保障制度的政治言论强调要延长人们的劳动时间，并减少退休福利。但是，几乎所有的雇主养老金都有避税补贴，旨在鼓励年纪较大的员工尽早退出劳动力市场。这些相互矛盾的理念反映了大多数工业社会中存在的国家对退休的矛盾心理。一方面，大多数退休的人仍可继续工作；另一方面，又不太可能有足够的工作岗位。长期失业——曾经主要发生在工人阶级身上的事情，现在在白领和管理阶层中也普遍存在。问题是，政治程序是否会对离开劳动力市场的老年人给予充分补偿，是强迫他们过低收入的退休生活还是要求他们留在劳动力市场，冒着与年轻人争夺经济边缘工作的风险。

退休的替代选择是什么？发达国家的立法者和政府政策制定者不能指望公众袖手旁观，眼看着勉强够用的退休福利被掠夺性就业或贫困所取代。当退休问题变得越来越严重时，政治冲突将进一步加剧。然而，哪怕仅仅因为它的失业控制功能，退休仍将是后工业社会或高科技社会的一种重要的社会制度。

另请参阅：经济学：社会；休闲；现代化与老龄化；工作和就业：个人；工作和就业：社会。

拓展阅读

Atchley RC and Barusch AS (2004) Employment and retirement. In: *Social Forces and Aging*, 10th edn., pp. 235–270. Belmont, CA: Wadsworth/Thomson Learning.

Henretta JC (2001) Work and retirement. In: Binstock RH and George LK (eds.) *Handbook of Aging and the Social Sciences*, 5th edn., pp. 255–272. New York: Academic Press.

Hudson RB (ed.) (2005) *The New Politics of Old Age Policy*. Baltimore, MD: Johns Hopkins University Press.

Quadagno J and Hardy M (1996) Work and retirement. In: Binstock RH and George LK (eds.) *Handbook of Aging and the Social Sciences*, 4th edn., pp. 326–345. New York: Academic Press.

Schulz JH (2001) *Economics of Aging*, 7th edn. New York: Auburn House.

Williamson JB and Pampel FC (1993) *Old-Age Security in Comparative Perspective*. New York: Oxford University Press.

译　者：宋妍萱（北京大学）
索浩宇（北京大学）
校译者：张雅璐（北京大学）

1410

脱氧核糖核酸与基因表达

J. 维基 得克萨斯大学健康科学中心，圣安东尼奥，得克萨斯州，美国

词汇表

CpG 岛（CpG Islands）——DNA 的片段，长度约为 1~2 千碱基（kb），平均糖皮质激素（GC）含量约为 60%，而整个基因组的 GC 含量为 40%。CpG 岛通常环绕在构成性表达基因的启动子周围。

DNA 损伤（DNA Damage）——由各种不同的化学、物理和生物因子引起的 DNA 化学结构的变化。

DNA 修复（DNA Repair）——酶系统的复合体，用来去除 DNA 损伤以恢复原状。

DNA 复制（DNA Replication）——复制完整的遗传信息的过程。

DNA 转录（DNA Transcription）——将基因编码的遗传信息复制到信使核糖核酸（mRNA）的过程。

基因（Gene）——编码多肽链的 DNA 片段；它包括编码序列之前和之后的区域以及单个编码序列之间的中间序列（内含子）。

基因组（Genome）——DNA 和蛋白质在细胞中的协调组合，进行其所有的遗传交易。人类基因组由大约 60 亿个碱基对的 DNA 组成，分布在 46 个被称为染色体的 DNA-蛋白质复合体中。

内含子（Intron）——基因的一个转录但非编码序列，可以将一个外显子（编码部分）与另一个外显子分离。通过剪接内含子两侧的外显子，内含子便从转录物中除去。

突变（Mutation）——基因组中 DNA 序列的改变，可能涉及单个碱基对位置（点突变）或重排（缺失、插入、重组）的改变。体内突变频率指在未突变的基因复制品中发现突变基因的频率。

聚合酶链反应扩增（PCR Amplification）——作为一种实验室手段的体外复制 DNA 片段的过程，其量足以满足实验室分析的需求。

启动子（Promoter）——基因可以开始转录前 RNA 聚合酶必须与之结合的部分。

蛋白质翻译（Protein Translation）——基于 mRNA 编码来生产蛋白质的过程。

重复 DNA（Repetitive DNA）——在生物体基因组中不止一次出现的所有 DNA 序列的统称。小卫星是基因组中出现的一个短单元的串联重复序列（端粒聚集）。在给定的小卫星位点上，复制数是高度可变的，且在不同的染色体上有 5 到 50 个不同的拷贝。

转录组（Transcriptome）——给定细胞或细胞类型的完整 mRNA。

引言

基因是遗传的单位，它们以 DNA 序列的形式存在于基因组中，并携带代表特定多肽的信息。人类基因组及许多其他物种（包括小鼠和大鼠）的 DNA 序列已经被完全解密。人类基因组包含 20 000 到 25 000 个基因。在哺乳动物基因组中，基因密集地聚集在沙漠般广阔的小岛上。基因中编码的信息的表达，首先是产生与 DNA（RNA 转录）的一条链序列相同的单链 mRNA，然后将 RNA 的核苷酸序列转换为包含蛋白质的氨基酸序列（蛋白质转运蛋白）。虽然基因的蛋白质编码序列仅占整个 DNA 序列的 1% 左右，但它们被内含子打断后，可以传播到很远的地方。占基因组序列 24% 的内含子，是 DNA 被转录的非编码的片段，但最终它们会从 mRNA 中切除，从而融合剩下的部分——外显子，并通过一种称为剪接的过程，最终转化为蛋白质编码 mRNA。

基因在细胞分裂或配子产生过程中，通过 DNA 的复制过程而永存，从而产生相同的拷贝（DNA 复制）。基因是一个稳定的实体，但是它的化学结构或其序列会发生变化。序列改变被称为突变，并可能由于在修复化学损伤过程中复制失误或错误而产生。突变的相关结果范围从无法觉察到致命。基因表达的模式可随时间变化，无论是以一个随机的方式（例如通过基因改变），还是以一个程序化的方式，如个体基因在发育和分化过程中的开关。衰老是一个随时间变化的过程，与功能丧失、病理改变和疾病易感性的增加有关。虽然衰老一定会导致有机体的死亡，但在其基因中编码的信息会通过生殖永恒地延续。在各种物种的老化个体中，已经发现了大量的生理、细胞和分子变化。目前尚不清楚其中许多变化与年龄相关的病理学或功能衰退的可能因果关系之间的相关性。这是大多数与年龄有关的 DNA 和基因表达变化的情况，它们被认为是老化的根本原因，或者仅仅是主要发生在更高层次组织上病理生理过程的背景噪声（background noise）。分子老年学要解决的问题是，老化是否能够减少到基于随机损伤和遗传程序事件的有限数量的分子过程。

基础理论

背景

长期以来，基因组组织和表达的变化一直被认为是衰老过程中结构和功能普遍衰竭的可能解释。最终模板 DNA 的随机损伤可能导致基因表达的定性或定量变化，导致单个细胞的随机表型变化，并伴有组织功能丧失和多种病理学形式的潜在结果。或者，与年龄相关的基因表达变化可能以程序化的方式发生，从而导致细胞之间的表型变化都很相似。在测试这两个并非相互排斥的场景时，有关老龄化变化的下列问题需要被解决：（1）我们需要考虑体细胞基因组中的何种改变及其转化为表型信息；（2）这些改变是否真的发生了，它们是否与衰老表型存在因果关系；（3）这些变化产生的机制是什么；（4）什么是使其影响降到最小的防御系统？

进化基础

虽然在各种物种中，与年龄相关的退化和死亡的机制仍有待揭示，但是关于我们为什么及如何变老的共识已经开始浮现。现在普遍认为，大多数多细胞生物体的健康水平随时间而下降的情况是非适应性的；也就是说，它不受类似于有目的控制发育的基因程序的控制。老化没有提供特殊的优势，大多数研究人员现在都承认，与年龄相关的退化和死亡归根结底是由于自然选择对早期生存或繁殖的相对重要性大于后期活力的维持。因为自然群体中由外在危险造成的死亡率而导致老年人较为稀缺，这种情况也基本上防止了基因晚年效应的表现。因此，基因的晚期效应，无论是积极的还是消极的，都会被自然选择所忽略。

寿命通常被认为是生长和繁殖与体细胞维持之间权衡的结果。高外源性死亡率有利于将稀缺资源投资于早期繁殖，而不是体细胞的维护。事实上，是所谓的一次性体细胞优化来满足有机体寿命策略的要求，而不是最大化维护和修复活动。这表明，生物体衰老是未修复的体细胞损伤的累积所导致，这种损伤是因为它们持续暴露于诸如自由基（正常代谢的有毒副产品）等破坏性物质。增加对身体维护方面的资源利用率会延长寿命，这种情况可能发生在进化时期，并且可以解释如人类等长寿哺乳动物出现的原因。然而，它也可以通过调节生长和繁殖以求更快地发生，例如，通过热量限制。热量限制是一种非常有效的干预，已被证明会增加多种物种的寿命，包括哺乳动物，其他例子是实验室的进化远源物种，如线虫类、果蝇和小鼠，它们的寿命可以延长，从而导致生长和生殖能力的下调，这样的例子包括下调胰岛素信号、生长激素水平和营养传感器的突变。假设这样的下调有助于资源分配向长寿的过程转变，当需要繁殖时，许多物种在不利的条件下会自然发生这种改变。事实上，寿命是高度可塑的，并且可以根据不同的情况，通过代谢开关来控制寿命，代谢开关可以影响自发躯体损伤的水平，或者影响致力于躯体维持的努力比例。

不出所料，细胞和提供其功能的各种高

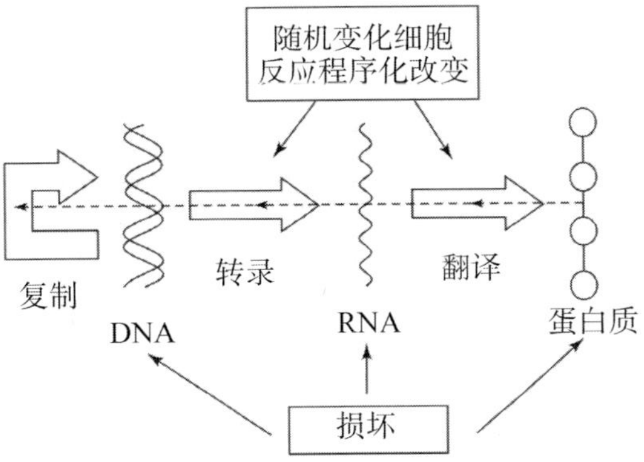

图 1 细胞信息从 DNA 到蛋白质（大箭头）的流动

注：点状反向箭头指示蛋白质在信息流的各个阶段施加的影响。细的实体箭头指示在不同的分子和它们的交易中可能发生的变化。

分子复合物通常被认为是老化过程中体细胞损伤累积的主要目标。哪些主要的生物分子——DNA、RNA、蛋白质、脂类和碳水化合物——将成为最重要的细胞目标？鉴于 DNA 在细胞间和代际间传递遗传信息方面的独特作用，一些人会主张 DNA。然而也有人声称蛋白质水平的变化可能潜在地影响细胞中所有其他大分子结构，包括 DNA。在各个层次上都已发现变化，细胞的大分子机制及其维护和修复的各种途径相互交织，不能单独考虑单个分子、系统或结构（图 1）。此外，还有一些很好的证据指出 DNA 和基因表达的变化起主要或主导作用。

首先，一个强有力的逻辑论据认为基因组的 DNA 是有机体衰老的致命弱点，由于缺少备份模板，有害的序列变化便是不可逆的。这与 RNA 或蛋白质形成对比，后者至少在原则上可以轻松地被相应的基因作为模板来替换。事实上，基因组 DNA 的维持对生存至关重要，原因在于其突变在本质上是不可逆的，并且潜在影响所有下游过程。

第二个强有力的证据表明：DNA 的变化在推动衰老的过程中至关重要，这涉及人类遗传性 DNA 修复缺陷和早衰之间的关联。这种遗传病被称为节段性早熟综合征，因为它们加速了正常衰老的一些但不是所有的迹象（表 1）。虽然这些疾病被发现已超过一个多世纪，并且从一开始就被认为与早衰有关，但直到最近才发现，在几乎所有情况下，病因都与基因组维持有关的基因遗传突变有关，即在时间上和细胞分裂期间维持基因组完整性的过程网络。这突出了 DNA 交换（如复制、修复、转录和重组）在衰老期间对体细胞维持的重要性。与正常衰老最相似的节段性早熟综合征是沃纳综合征（Werner Syndrome），由沃纳综合征基因的缺陷引起。这是一种高度保护性的雷克（RecQ）螺旋酶基因，有助于维持基因组的稳定性。沃纳综合征个体过早地发展老年特征，如皮肤萎缩、灰发稀疏、骨质疏松、

表 1　一些众所周知的人类节段性早熟综合征

综合征	发病率（每活产）	遗传	发病年龄/岁[a]	平均寿命/岁	基因组	缺陷
早老症	<1/1 000 000	新发突变	2	13	核纤层蛋白 A	细胞核稳定性，转录？
沃纳综合征	<1/100 000	常染色体隐性遗传	25	50	沃纳综合征基因	DNA 双链断裂修复
科凯恩综合征	~1/100 000	常染色体隐性遗传	5	20	科凯恩综合征 A 基因和 B 基因，着色性干皮病基因 D 组和 G 组	转录偶联 DNA 切除修复
共济失调毛细血管扩张症	~1/60 000	常染色体隐性遗传	10	20	共济失调毛细血管扩张突变基因	DNA 损伤反应
唐氏综合征	~1/1 000	新发突变	40	60	TRIM21 基因	基因剂量失衡

[a] 加速老化后，年龄变得明显，与诊断年龄不同。

2 型糖尿病、白内障、动脉硬化和癌症。

有趣的是，在基因组维持方面携带工程基因缺陷的小鼠经常表现出多种早衰症状。事实上，除 DNA 修复和基因组维护之外，很少有（如果有的话）其他系统的遗传缺陷与早衰有关。

在生物大分子中，沿着中心法则的轴，即“DNA→RNA→蛋白质”，会发生哪些与衰老相关的变化类型？首先，正如早期所认识到的，在复制、转录和翻译过程中可能会出现无意识的错误。所有主要生物分子的化学损伤，如来自活性氧物种和各种环境因素的生物分子，都已被证明存在并可能导致功能丧失。DNA 的随机损伤可能影响转录，并可能由于复制或修复过程中的错误而导致突变。突变有可能导致细胞之间不同的永久性基因表达变化。

细胞内 DNA 和其他大分子的损伤可以引起强有力的程序性反应，如 DNA 修复、细胞凋亡、细胞衰老和其他应激反应。细胞之间与这些反应相关的基因表达变化非常相似。这可能解释了许多在衰老期间的动物器官和组织中观察到的基因表达的一致变化。老年时其他一致的基因表达变化可能包括发育过程的延迟多效性效应或罕见的发育后效应及老年期的程序性改变，这些变化是在影响同类成功繁殖率进化过程中被选择的。

由此可见，在衰老过程中，DNA 和基因表达的随机和程序性变化都可能发生。与年龄相关的 DNA 变化主要是随机的。也就是说，每一种特定的改变都是一种相对罕见的事件，本质上是将每个器官或组织转化为细胞镶嵌体。每个细胞都会有一套独特的“基因组痕迹”，使其区别于所有其他细胞。

相比之下，与年龄相关的基因表达变化可以同时表示程序性事件和随机事件。也就是说，虽然每个老化细胞都有自己独特的上调和下调基因，但也应考虑组织或器官的每个细胞中发生的一致变化。

DNA 的变化

DNA 损伤

细胞 DNA 不断受到各种外源性和内源性物理、化学和生物因素所引起的持续损伤（表 2）。这种损伤包括 DNA 糖-磷酸骨架的断裂、单链断裂和高毒性双链断裂、碱基丢失、碱基加合物、甲基化、脱氨以及染色体间和染色体内的交联。内源性 DNA 损伤的主要来源包括水解和氧化，目前认为内源性 DNA 损伤比外源性 DNA 损伤更为重要。特别是活性氧氧化应激、氧化磷酸化等正常生理过程的副产品，可以诱导细胞发生多种化学损伤导致 DNA 损伤。根据尿液中 DNA 加合物的排泄估计，人类对 DNA 的氧化损伤以每天每细胞 10 000 次的速率发生；在啮齿动物中，该速率可能是更高的数量级。外源性损害可能是紫外线、电离辐射或化学暴露等（如多环芳烃）。

正如尿液中 DNA 加合物的出现所表明的，大部分的损伤都会被修复。然而，修复是不完善的，这可能导致 DNA 损伤的稳态水平增加。已有证据表明，在人类和啮齿动物中，多种形式 DNA 损伤（例如断裂、氧化损伤）的稳态水平都随着年龄的增长而增加。据报道，在大鼠肝脏中，细胞核和线粒体 DNA（mtDNA）的因子增加数量约为 2~3 个。线粒体基因组比整核基因组更容易受到氧化损伤。大鼠肝脏 mtDNA 的氧化损伤程度是同一组织核 DNA 的 10 倍以上。这可以通过以下因素来解释，例如保护 mtDNA 修复系统的低效、活性氧氧化主要来源的关闭或保护 mtDNA 组蛋白缺乏。然而，核 DNA 的某些区域积聚 DNA 损伤的速度完全有可能比基因组整体的速度要快得多。事实上，DNA 修复效率在不同类型的 DNA 序列之间存在很大差异，其中主动转录的基因修复得最好。

表 2　DNA 损伤的主要成因

内源性	
	水解作用
	活性氧
	非酶糖基化
	S-腺苷-L-蛋氨酸（烷基化）
	类固醇激素，兴奋性氨基酸
外源性	
	饮食因素
	生活方式（例如吸烟）
	环境暴露（如紫外线、电离辐射）

因此，高水平的 DNA（氧化）损伤，尤其是线粒体 DNA 的损伤，似乎至少存在于老年人和啮齿动物的一些器官中。问题是这种化学损伤本身是否可以解释一些已报道的年龄依赖性功能下降的现象，例如，干扰转录。虽然 DNA 损伤肯定会干扰转录，但这种直接干扰不大可能对功能产生重大影响。首先，

在采取广泛预防措施来防止人为造成的损害之后——这是此类研究中一个臭名昭著的问题——不同研究者的结果都表明氧化性 DNA 损伤的量非常之低。例如，最常见的氧化损伤，8-羟基鸟嘌呤在每 106 个未损坏的鸟嘌呤中会作为一个损伤出现在老年的动物组织中。这种低水平的 DNA 碱基的改变不太可能发挥重要作用。然而，在老年时 mtDNA 中碱基改变的水平会更高。许多 mtDNA 的复制为弥补损耗而提供了充足的机会。

其次，我们并不总是可以认识到，不是 DNA 损伤的真正积累，而是已经测量出来的引起和修复 DNA 损伤之间的差异，即 DNA 损伤的稳态水平。我们不可能知道今天检测到的特定损伤是否仍将在明天出现。因此，应该考虑这样的可能性，即 DNA 损伤的任何增加，除非它完全压倒所有防御系统（正常情况下报告出来的水平是极不可能的），否则没有功能性后果。

当损伤以突变的形式固定时，即当 DNA 结构发生化学变化时，DNA 损伤处理系统方可识别，当转变成一个错误的碱基序列并成为遗传物质的永久部分时，DNA 化学损伤会变得高度相关。下一节就讨论了这样的 DNA 序列变化。

DNA 序列变化

与 DNA 损伤相比，DNA 突变是可以传递给子细胞的 DNA 序列的变化。因此，突变不是要改变 DNA 的化学结构，而是要改变它的序列组织，它们要能够影响基因、基因调控区或基因组中的其他非编码部分。突变通常是由复制或修复受损 DNA 模板时产生的错误而导致。突变可以从涉及单个或极少数碱基对的点突变到大的缺失、插入（例如，由于可动遗传因子的活动）、复制和倒位。在具有多条染色体的生物体中，来自一条染色体的 DNA 可连接至另一条染色体上，并可以影响实际染色体的数目。由于突变不常发生且不影响 DNA 的化学结构，因此它们不容易被检测到，并且老化组织的单个细胞中的突变总数是无法量化的。因此，虽然我们知道 DNA 损伤会引起多种细胞反应，但对老化过程可能影响的随机终点，即 DNA 突变谱是未知的。

虽然很难可靠地量化和描述自发突变，但已出现了很多种方法，包括可应用于体内情况的方法，这些方法可使某些特定的基因突变在体内发生。细胞遗传学试验和基于选择性失活 X-连锁基因的次黄嘌呤磷酸核糖基转移酶试验均表明，随着年龄的增长，人类和小鼠淋巴细胞中都会积累突变。含有分析大肠杆菌的转基因小鼠模型报告已经证明，突变在大多数器官和组织中以组织特异性的速率随年龄而积累。这些突变的实质部分，取决于组织，似乎与基因组重排（即缺失、倒位或易位）有关。其中一些突变似乎非常大，涉及数以百万计的 DNA 碱基对，甚至分布在有丝分裂期后的组织中，例如心脏。基因组的一些区域，例如包含重复 DNA（例如，端粒）的区域，似乎特别容易受到序列改变的影响。值得注意的是，除了核基因组之外，线粒体基因组还受到多种 DNA 序列改变的影响。事实上，类似 DNA

损伤，线粒体基因组比核基因组积累的突变速度要快得多。由于在每个细胞中 mtDNA 的拷贝数都很多，因此在这种情况下防止突变积累可能就显得不那么迫切。类似的参数适用于各种重复元素族。

一个重要的问题涉及所观察到的突变负荷的功能影响及其随年龄增长的变化。对大多数器官来说，与年龄相关的增加幅度很小，即平均约为 2 倍。然而，即使大多数细胞仍然处于最佳的功能状态，衰老器官的功能特性可能也会受损。稍后我们将看到，相对少量的随机事件是如何对转录组产生不利影响的，即给定细胞类型中的完整组 mRNA。

表观遗传学改变

基因组不仅是编码在 DNA 中的遗传信息的载体，也是表观遗传信息的载体，包括 DNA 在胞嘧啶和组蛋白修饰上的差异甲基化。表观遗传改变在不改变 DNA 序列的情况下而改变基因活性，对正常发育至关重要。然而，与 DNA 损伤和突变类似，表观遗传密码的随机改变可能会产生一些问题。例如，它们会使抑制肿瘤发生的基因失活。表观遗传信息传播的一个特征明确的机制是嘧啶环碳 5 处胞嘧啶残基的甲基化，主要是在 CpG 序列处。甲基化可以在组蛋白修饰模式的情况下抑制附近的基因。组蛋白修饰，即“组蛋白编码”，包括翻译后修饰的乙酰化、甲基化、磷酸化和泛素化模式。组蛋白是负责高阶 DNA 结构的蛋白质。在最低水平的组织中，基因组的 DNA 被包裹在核心组蛋白的八聚体周围。这种结构可压缩成紧密封装的螺线管结构或可进一步排列成环形的 30 纳米光纤。基因组 DNA 的这种高阶结构似乎是在 DNA 甲基化模式和组蛋白编码的控制下正确地维持其结构，这一点是非常重要的，因为它们最终决定了各种转录因子的基因启动子序列的可及性。总的来说，DNA 甲基化和组蛋白去乙酰化与转录抑制有关，而赖氨酸上的去甲基化和组蛋白高乙酰化会使 DNA 更易于转录，因此与活跃基因是相关的。未甲基化的 CpG 序列（即 CpG 岛）在管家基因的启动子区域内富含鸟苷酸环化酶的序列中被发现，即在所有组织中结构性表达的基因。

有关衰老的研究一般很少涉及基因组的高阶结构及其变化，且这些研究结果各不相同，但总的来说，甲基化水平在大多数脊椎动物组织中呈现随着年龄增长而降低的趋势。这似乎与观察到的核小体间距的增加及对核酸酶的敏感性的降低相一致，且表明 DNA 的高阶结构普遍松弛。这些变化可能由 DNA 损伤引起，DNA 损伤可以改变组蛋白 DNA 的结合或突变，可以改变甲基化和组蛋白编码必须起作用的序列环境。已有报告称，在哺乳动物组织中组蛋白和非组蛋白的共价修饰，例如磷酸化、乙酰化和甲基化，也有与年龄相关的变化。最近，在特定基因序列中观察到了一些与年龄相关的甲基化变化，包括高甲基化和去甲基化。

抗 DNA 变化的细胞防御

综上所述，大量证据表明衰老过程中基因组 DNA 会发生改变。这些事件的频率和频谱可能因基因组区域而异，组织之间也存在不同。线粒体基因组和重复元素，例如端粒上的那些，似乎特别容易发生高频率的突变。有一些关于蛋白质编码基因高频突变的孤例报道。DNA 功能模板上，对时间依赖性损失的防御发生在不同的层次上（见表 3）。首先，如果活性氧是损伤的主要原因，那么可以在早期阶段通过抗氧化酶的活性来防止损伤发生。然后，损伤可以通过复杂的维持路径系统基因组来进行修复，并尽可能地恢复原状。这包括甲基化模式和组蛋白编码的恢复，这也需要在细胞分裂期间进行正确的繁殖，这类似于 DNA 初级序列。最后，当所有其他防御系统都面临崩溃的威胁时，细胞本身要么关闭其复制机制（称为老化期），要么通过细胞程序性死亡或凋亡而完全消除。从这个意义上讲，细胞凋亡是维持多细胞生物体表型精确度的最终机制。

表 3　分子和细胞防御系统

- 抗氧化防御
- DNA 修复与基因组维护
- 解毒系统（P450）超家族
- 肿瘤抑制基因
- 热休克及其他应激蛋白
- 调节性细胞因子（如干扰素、肿瘤坏死因子、白细胞介素、其他生长和调节因子）
- 免疫球蛋白超家族
- 细胞凋亡
- 细胞衰老

自然地，细胞防御系统在早期就发挥了很好的作用。然而，如衰老的进化理论所预测的那样，没有理由认为在生殖期结束后很长一段时间内保存体细胞组织中的遗传物质具有较高优先级。因此，先前描述的与衰老相关的 DNA 改变并不令人惊讶。此外，虽然没有证据表明老年人的修复活动不堪重负，但 DNA 修复率中等下降的现象已有报道。还应注意的是，针对 DNA 损伤和其他应激反应的细胞防御系统可从抗衰老系统转变为促衰老系统。例如，细胞凋亡和细胞衰老过程有助于在早期抑制癌症，但可能会以耗尽主细胞或干细胞贮藏为代价。同样，对感染的有力反应无疑具有很高的生存价值，但在晚年这可能会导致炎症的产生。

次优细胞防御系统和年龄增长的结合预期会产生三个主要的细胞端点：肿瘤转化、细胞死亡和细胞衰老。衰老过程中癌症呈指数级增长的现象已被充分证明，至少部分原因是 DNA 突变或甲基化的增加。细胞死亡可表现为衰老生物体中各种组织系统的萎缩，并可能是由于 DNA 损伤水平的增加而诱导。然而，细胞转化和细胞死亡还不足以解释生物与年龄相关的退化及其最终消亡的原因。事实上，在细胞水平上，正常老化的大多数表现可能是由于衰老细胞的增加而产生。

虽然这些细胞可能部分是由于复制性衰老，即细胞增殖活动因基因组应激而不可逆转地停止，但衰老在这里被定义为功能的普遍丧失。重要的是要知道这些看似未受影响的细胞（构成老年动物组织块的大部分）实际上是不是具有严重基因表达功能失调模式的不可逆转的受损细胞。

在目前阶段，就各种类型的 DNA 随机变化导致的信息损失总量而言，为老化的高级动物基因组生成一份确定的“损害报告”还为时过早。为此，需要更多关于人类或动物在其一生中各种细胞类型中发生某些明确的基因组损伤的定量数据。在这些数据的基础上，应该可以计算出随年龄增长而丧失的功能性 DNA 模板的平均数量。此外，它也可以预测老化基因组的瘢痕是否足以严重到影响基因表达模式，从而显著地影响细胞和组织功能。

基因表达的变化

总体上

表 4 中列出了基因表达随年龄变化的部分一般特征，并在此简要讨论。一种与年龄相关的转录普遍下降的现象，即将放射性标记的前体融入 RNA 中来测量的总 RNA 的合成，已经在多种生物体中观察到。由于总 RNA 含量似乎没有变化，有人提出 RNA 逆转录下降。蛋白质翻译也出现了类似的下降，而且由于大多数蛋白质的水平似乎也保持不变，因此随后也发现了蛋白质逆转录下降的趋势。这种大分子合成普遍下降的主要原因及其对个体应对环境压力的最终结果尚不清楚。

随着年龄的增长，个体基因的表达受到人们的广泛关注。虽然基因表达也可在转录后和翻译后进行控制，但单个 mRNA 的相

表 4 （观察到）基因表达随年龄的变化：一般特征

- 总转录和翻译活性下降
- 总 RNA 和蛋白质逆转录减少
- 多个单体 mRNA 和蛋白质组成水平的变化
- 各种 mRNA 和蛋白质的诱导性降低（例如，即刻早期基因、急性期蛋白、色素细胞 P450、原癌基因）

对浓度主要决定细胞表型，因此深入了解在这个层次上发生的各种变化是非常重要的。我们可以设想各种不同的变化。在衰老过程中，基因可能过度表达或表达不足，以前抑制的基因可能被激活，而先前活跃的基因可能被抑制。人们还可以设想质的变化，例如 RNA 编辑（序列改变）。

区分基因表达的非一致性和一致性变化是非常重要的。一致性变化是指在给定类型或组的每个单元格中的变化都是相同。它们通常受遗传程序的控制，例如，分化和发育的晚期多效性效应、长期环境影响（例如，病毒）和对环境损害的反应。此外，即使是在晚年，真正的程序性改变也无法被排除。基因表达的非一致或随机变化对每个细胞而言都是独特的，并可能是随机事件的结果，例如 DNA 改变或 RNA 转录过程中的错误。

基因表达的一致变化

人们对基因表达和衰老的兴趣大多集中在一致性变化上，即组织中基因表达的总体变化。这无疑是因为难以准确地分析单个细胞的分子变化。虽然过去曾报道过许多常见

的单个基因表达的一致性变化，例如大鼠和小鼠肝脏中激素调节的a2-巨球蛋白基因和若干急性期蛋白基因，但是该领域现在完全由微阵列的使用主导。附在玻片上的多达数万个互补DNA或寡核苷酸的微阵列（针对单个信使核糖核酸的部分），可以从相关组织或细胞的逆转录RNA的过程中获得。这种相对简单的实验可以同时分析大量基因表达的变化。这项技术能够揭示不同样本中基因表达的共同模式。为此，必须采用一种称为聚类分析的方法将基因分组为具有相似活性的基因。这些基因可能具有相关的功能，也可能受到共同机制的调控。结构化基因功能分类数据库中的基因本体论提供了将基因划分为功能类的机会。

这方面目前已进行了许多研究，一些研究将老化组织的转录体与年轻组织的转录体进行比较，大多数研究针对的是老化啮齿动物，但也有研究针对其他模式生物，例如线虫和果蝇。虽然确切的结论必须等待对微阵列实验设计的改进以及最佳解释这种整体分析工具结果的方法的获取，但也可以得出一些普遍的结论。首先，很显然，大量的基因在mRNA层面经历与衰老相关的改变，包括上调和下调。随后，许多啮齿动物组织及线虫和苍蝇的特征是在老年时参与应激反应的基因表达会增加。例如，对从秀丽隐杆线虫和黑腹果蝇中获得的微阵列基因表达数据进行多元分析的结果似乎证实，虽然大多数与衰老相关的基因表达变化是物种特异性的，但是它们在线粒体代谢、DNA修复、分解代谢、肽分解和细胞运输等方面，有一个共同的成年发病基因表达程序。它们也有可能存在组织特异性。例如，在小鼠肝脏和心脏中，参与脂质代谢的基因被下调，但是骨骼肌的情况并非如此，其中生物合成和蛋白质逆转录的基因被发现有所下调。由于已发表的一些研究结果在设计上存在缺陷，且对这种全面的基因表达改变的解释仍处于初级阶段，因此目前尚不能得出更详细的结论。

基因表达的一致性变化可能有多种原因。首先，不能排除它们确实是由于DNA或蛋白质的随机损伤干扰了适当的基因调控而导致的可能性。例如，突变热点区域的基因可能会经历高频率的下调，这最终会影响组织中的所有细胞。第二，许多表达变化可能是应激反应引发的结果，例如，DNA或蛋白质氧化损伤。发生在老年的基因表达变化可能是对在发育过程中已经确定过程（例如，激素分泌）的反应。这样的级联显然是因为它们在年轻时提供了一些优势。在老年后期，它们可能会引起相应问题并实际上导致许多与年龄有关的疾病（例如，由于雄激素受体基因减少导致雄激素敏感性丧失，或由于原癌基因表达下调导致血流动力学应激产生心力衰竭）。最后，老年时基因表达的一些一致性变化可能实际上被程序化为正常生活史策略的一部分。一个推测性的且发生在人类身上的例子，解释了他们生殖后的寿命长度，这个过程涉及与年龄相关的基因表达变化，这将有助于提高向下一代传递信息的能力。

基因表达的非一致性变化

衰老期间基因表达的非一致性变化包括随机基因激活或失活的可能性，这是随机基因突变的直接影响。显性（在原癌基因中）突变和隐性（在肿瘤抑制基因中）突变在癌症的发生和发展中起着重要作用，从这个意义上讲，它们也间接地与衰老有关。人们对于这种隐性和显性基因突变在衰老中的重要性也存在一些质疑。假设老细胞中的自发突变频率平均为 1×10^{-4}（如前所述，每个位点之间有很大差异），平均每 10 000 个细胞中就有一个细胞丢失了特定的基因。这种缺陷本身不可能影响任何确定的细胞功能。现实中，大多数细胞功能是基于几个基因而不仅仅是一个基因，这将增加 DNA 功能靶的大小。然而，随机基因失活的影响可能通过不同酶途径之间的功能互补、细胞之间的代谢配合及细胞和组织水平的冗余来缓冲。因此，基因组的改变可能导致癌症，但不直接影响器官和组织功能吗？为了解决这个问题，我们需要更多地了解我们的基因组是如何被组织的以及我们的基因活动是如何被控制的。

在考虑随机基因组改变对细胞转录组的可能影响时，重要的是要认识到包括基因蛋白质编码片段的 DNA 序列不是基因组中与功能相关的唯一区域。一个简单的生物体，例如大肠杆菌，有大约 4 000 个蛋白质编码基因，几乎占其总序列的 90%。通过实验，我们已经认识到人类及小鼠结构和功能复杂性的增加不是通过显著增加其蛋白质编码基因的数量，而是仅仅通过增加其转录组的大小和多样性来实现。在人类和小鼠中，几乎一半的基因组都被转录。据推测，基因组的这个非编码转录部分具有调节作用，而 RNA 独特的单链性质则大大促进了这一作用。因此，虽然只有很少的自发 DNA 改变可能会影响蛋白质编码区，但预计这样会更多地影响基因调控区。大的基因组重排尤其可能对正常基因的表达产生不利影响，例如，由于基因剂量效应（部分单倍体化），或由于长距离基因调控相互作用的重组而产生的位置效应。因此，人们预期衰老过程是许多基因的表达水平发生大量轻微改变，从而缓慢地导致衰老细胞群体中转录物组异质性的增加，而不是可能的罕见剧烈的基因表达改变。

随机 DNA 改变的任何功能效应都会通过上位效应而得到极大的增强。例如，已经证明，编码转录因子的基因单倍计量的不足增加了其靶基因的随机激活或失活的概率，从对基因剂量的相对不敏感到表达完全失去。在个体遗传构成和环境条件背景下，这种随机改变的功能影响可能涉及细胞类型和组织依赖性。每种组织或细胞类型都有一组独特的活性功能模块（共同执行功能的蛋白质组），其活性主要由相关基因的转录调控所决定，并以个体遗传、环境和生活方式因素作为修饰因子。随机 DNA 改变很可能是因为组织的特异性，也可能是由于组织功能和基因组维护系统的组织特异性利用而导致的结果。尽管长期缺乏关于随着年龄增长不同器官和组织中明确遗传损伤定义的定量数据，但可以想象，DNA 改变的随机累积本身就足以引发衰老。想象一下，DNA 改变在老化组织中逐渐累积，以随机方式影响基因调控模式，并最终导致细胞镶嵌，这明显不同于具有严重功能障碍、肿瘤转化和正在死亡的未受损细胞。事实上，使用免疫组织化学分析方法（不是定量的），基因活性的随机丧失已经被报道。例如，据报道，人类心脏中不含细胞色素 c 氧化酶的心肌细胞随年龄增长而增加，这可能是由线粒体 DNA 中的突变积累所引起的。在小鼠肝脏中，观察到了与年龄相关的肝细胞的增加，该肝细胞重新激活了非活性 X 染色体上的鸟氨酸转氨甲酰化酶基因，这归因于与年龄相关的 DNA 甲基化的减少。这些发现表明，DNA 和基因表达中与年龄相关的缺陷在本质上是随机的，这很可能反映了基因组完整性随年龄增长而广泛丧失的现象。

基因表达的另一种随机改变涉及 RNA 转录或蛋白质翻译过程中产生的错误。1963 年，在发现蛋白质生物合成的基本机制后不久，莱斯利 · E. 奥格尔（Leslie E. Orgel）提出，由于翻译机制存在固有的不准确性，细胞老化很可能涉及缺陷酶的积累。这通常被称为“老化和寿命的错误突变理论”，基于奥格尔的认识，即错误的 RNA 和 DNA 聚合酶也由翻译错误所引起，并会导致蛋白质、RNA 和 DNA 的缺陷指数级增加，最终导致细胞信息传递机制崩溃。这一观点尚未得到实验证据的支持，但可以认为错误是随机的，且每个细胞会得到一组唯一的错误。由于目前的技术仅适用于分析细胞的混合物，而不是单个细胞，因此我们可能无法简单地检测出错误突变。

转录错误可能由有错误的 RNA 编辑引起，这涉及 RNA 中核苷酸序列在从 DNA 转录到蛋白质之前的改变。这是一个正常的过程，就像选择性剪接一样，是一种不需要增加基因组中基因数量而增加蛋白质种类的机制。然而，这一过程中与衰老相关的缺陷可能导致基因表达的改变（这同样适用于选择性剪接）。然而，没有证据表明 RNA 编辑的基因参与了信息传递。有证据表明，转录后的几个基因，其中包括加压基因，β-淀粉样前体蛋白基因，以及泛素-B 基因转录后的二核苷酸丢失，导致异常转录物的年龄积累。鉴于泛素在标记蛋白酶体降解蛋白中的作用，它的失活表明异常蛋白质随着年龄的增长而积累，这与奥格尔的假说一致。

最终，现在有一种趋势，即开发并应用从来源组织或原位分离的单个细胞的转录组和蛋白质组的综合分析方法。这对于解决早先提出的问题非常重要，这些问题通常涉及不同细胞中与衰老相关的不同改变。然而，放弃胞间层的观点则更为普遍，但这不是对现实的良好反映。事实上，组织样本总是由不同的细胞和细胞类型所组成。由于组织的细胞成分可能随着年龄的增长而显著变化，因此使现有的分析方法适应单个细胞的实际情况就显得非常重要。

基因组结构和表达的变化：综合

老化既被认为是一系列程序化的事件，也被认为是损伤累积的随机过程。衰老的进化理论是对衰老退化和死亡的逻辑解释，它排除了主动地将衰老作为有目的过程的一种遗传程序。然而，不能否认衰老具有程序性，正如许多观察到的一致和可重复的基因表达变化所表明的那样。很重要的问题似乎是协调老化程序性方面的随机过程。

这样的协调以前就已经做过了，也就是癌症。事实上，随机的体细胞突变是一系列事件的最终原因，在这些事件中，癌症表型变得越来越恶性，与正常组织相比，最终显示出许多一致的改变。从实际的突变事件发展到肿瘤的多种可能的途径已经被解开。到目前为止，老龄化并非如此。原因在于，一个年老的个体，比一个进展中的癌症更重要，它本质上就是一组细胞；组织中的每个单体细胞都有不同的“疤痕”图案。我们很难从典型老年个体中观察到一致的表型变化模式来解释这一点，但仍然存在可能性。

根据目前可获得的数据，可以将老化基因型的轮廓视为老化表型的前奏。现在，每一条染色体都被视为一个具有复杂的维护和控制系统的信息细胞器官，而不是散布着无功能 DNA 的有用基因目录。在基因组的这个概念中，每个部分都有一个功能，甚至在它的非蛋白质编码部分也是如此。基因组的这种整体观，将赋予非编码 DNA 多种功能（例如结构维持、基因调控）。

在将以年龄相关变化的目标扩展到整个基因组，而不是多个单体基因之后，还需要解决一个问题——什么样的遗传变化可能在决定衰老表型方面发挥作用。在此背景下，了解哺乳动物基因组的一个最显著的特征——遗传信息的冗余，就显得非常重要。最简单的冗余形式是复制数。由于存在许多基因复制，一些缺失没有立即产生不利影响。例如，这可以解释 DNA 损伤和线粒体 DNA 突变的增加，线粒体 DNA 具有足够的冗余来补偿这种未受损 DNA 模板的丢失。其他形式的冗余包括一个以上的基因可使指定的细胞具有特殊功能。最后，代谢网络和其他细胞网络的存在允许细胞通过多个重叠途径来实现相似的终点。

基于这些见解，在具有独特影响效果的独特基因背景下解释 DNA 和基因表达的变化是不现实的。相反，正如已故的伯纳德·斯特雷勒（Bernard Strehler）所指出的，功能信息冗余的逐渐丧失是理解老化更为有用的背景信息。与其说是具有独特功能的独特基因失活，不如说是最初还算健康的基因组结构完整性的丧失，这将表现为表型灵活性的丧失。事实上，与其说衰老是基本基因的大量丢失，倒不如说衰老是伴随着基因冗余的漫长但不可避免的缺失。这无疑会导致基因表达和基因调控效率的细微分散变化。虽然这主要是一个随机过程，但这将很快地具有一些编程特性。基因组的连续随机化，通过改变基因或调控其中重要的区域，明确地触发细胞反应。这种反应是程序性的，由物种特异性应激和修复系统组成。

认为遗传交换（即复制、修复、转录

和翻译）中的错误可能由信息大分子的化学损伤所驱动，并认为这是所有多细胞生物老化的主要原因的观点，是不成熟的。作为一个模型，它只不过是对一些观测结果进行了解释。尽管如此，DNA 损伤作为普遍老化过程的原始驱动因素，有其内在的逻辑。毕竟，对核酸的破坏是生命世界中损伤累积最为古老的例子。自从第一个复制者问世以来，基因损伤对生命系统既是一个根本问题，也是一个有利机遇。根本问题是遗传损伤本质上阻止了生命的延续，因为它干扰了复制和转录的过程；有利机遇是因为它允许通过复制受损模板的错误来产生遗传变异，从而促进进化。正如我们所看到的，后生动物体细胞的遗传稳定性已成为稀缺资源分配给繁殖或体细胞维持之间协调结果的一部分，并且预期不会最大化。虽然 DNA 损伤作为老化的主要驱动因素的概念直观地具有吸引力，但进化逻辑表明，随着进化时间的推移，老化的其他原因也会在进化过程中出现。事实上，与年龄相关的恶化和功能下降可能在不同的组织功能中同步进行。这就意味着，给定一个耐力有限的分子机制，所有的身体功能都会适应，在这种情况下，各种有害的生理性晚年效应可能都会出现。

另请参阅：细胞死亡；细胞衰老：生长因子与细胞衰老；线粒体与衰老。

拓展阅读

Campisi J（2005）Aging，tumor suppression and cancer：high wire-act!. *Mechanisms of Ageing and Development* 126：51.

Finch CE（1993）Theories of aging. *Aging and Clinical Experimental Research* 5：277.

Franceschi C（1989）Cell proliferation，cell death，and aging. *Aging and Clinical Experimental Research* 1：3.

Hasty P，Campisi J，Hoeijmakers J，van Steeg H，and Vijg J（2003）Aging and genome maintenance：lessons from the mouse? *Science* 299：1355.

Kanungo MS（1994）*Genes and Aging*. New York：Cambridge University Press.

Longo VD and Finch CE（2003）Evolutionary medicine：from dwarf model systems to healthy centenarians? *Science* 299：1342.

Prolla TA（2005）Multiple roads to the aging phenotype：insights from the molecular dissection of progerias through dna microarray analysis. *Mechanisms of Ageing and Development* 126：461.

Richardson B（2003）Impact of aging on DNA methylation. *Ageing Research Review* 2：245.

Sohal RS，Mockett RJ，and Orr WC（2002）Mechanisms of aging：an appraisal of the oxidative stress hypothesis. *Free Radical Biology and Medicine* 33：575.

Strehler BL（1986）Genetic instability as the primary cause of human aging. *Experimental Gerontology* 21：282-319.

van Remmen H，Ward WF，Sabia RV，

and Richardson A (1995) Gene expression and protein degradation. In: Masoro E (ed.) *Handbook of Physiology: Aging*, pp. 171–234. New York: Oxford University Press.

Vijg J (2000) Somatic mutations and aging: a re-evaluation. *Mutation Research* 447: 117.

Vijg J and Suh Y (2005) Genetics of longevity and aging. *Annual Review of Medicine* 56: 193.

译　者：王洪丹（北京大学）
张玳瑶（北京大学）

网络分析

布勒泽·范格罗努、西奥·范蒂尔伯格 阿姆斯特丹自由大学，阿姆斯特丹，荷兰

词汇表

锚（Anchor）——网络中的中心人物，提供其网络成员信息的人。

全个人网络（Full Personal Network）——所有网络关系信息可用的网络，也称为完全网络。

网络分析（Network Analysis）——用于计算网络结构和网络内容的分析方法。

网络内容（Network Content）——网络成员两两之间产生的交互类型。

网络划分（Network Delineation）——用于识别个人网络的程序。

网络结构（Network Structure）——通过结合个体关系的特征和这些关系之间的联系从而得出的整个网络的全貌。

个人网络（Personal Network）——与“锚”有直接关系的一群人（网络成员）。

星形个人网络（Star Personal Network）——网络成员与中心成员之间的关系信息可用的网络，也被称为以自我为中心的网络。

引言

老年人的个人网络反映了他们的社交机会以及与一群特定的人维持关系的个人选择，这些人包括亲戚、邻居、朋友、熟人等。网络分析是用于识别和考察老年人社交网络的结构和功能特征的方法。个人网络的概念化和操作化取决于研究主题。研究者们提出并讨论了五种划分网络成员身份的方法。这五种方法在所映射的个人网络部分上有所不同，并导致不同大小和组成的网络。无论网络划分的类型是什么，都可以在星形网络（与中心成员有关的可用数据）和全网络（所有网络关系的可用数据）两种类型之间进行区分。本文将阐述两种类型网络的结构和内容特点。最后，本文将介绍和讨论网络分析方法，包括分析分层数据库的方法。

老化和个人网络

对老年人个人网络的介绍

个人网络在个人的生活中占有重要地位。一个人只要拥有社会关系就能对他产生有益的影响；与网络成员（儿童、亲戚、邻居、朋友，以及组织的其他成员）的日常互动能进一步增强社会融合感，减少孤独感。该网络的积极影响也体现在更健康的身体和更长的寿命上。

老年往往与孤独、社会隔离联系在一起。但是，过去几十年的大量研究表明，大多数老年人至少拥有几段社会关系。老年人的个人网络包括与之保持定期联系的亲属和非亲属。一般来说，老年人网络的核心由近亲（如配偶、子女、兄弟姐妹、父母）和亲密朋友组成。根据网络的划分方法，远亲、邻居、（前）同事、熟人、组织成员等也可以被认为是网络成员。在社会的许多领域都较为活跃且腿脚尚比较灵活的年轻的老年人拥有由大量非亲属成员组成的庞大网络。最老的那一批老年人，通常经历了诸如丧偶、退休、身体活动能力下降等生活变化，他们通常拥有较小的人际网络，这些网络成员一般是与他们在情感上交往更为密切的人（孩子、密友）或地理位置接近的人（邻居）。

除了人际关系之外，与他人的互动对于日常运作、应对生活事件和维持幸福感也很重要。感情、信息、服务和物质商品可以在两个人之间交换。这些交流通常被认为是支持性的。网络成员提供的支持有助于阻止负面后果的产生，帮助个人改善自己的境况和应对不良事件。

社会学研究者经常研究个人的人际关系，而没有考虑到不同网络成员之间的联系。但是，网络成员之间并不是相互独立的。研究者们需要把中心个体和另一个网络成员之间的互动视为与中心个体同其他网络成员之间的互动有关。例如，决定由哪位成年子女赡养父母可能是他们家庭会议的结果。如果将人际关系视为一个大型网络的一部分，并且考虑到了个体与大型网络中其他社会关系之间的联系，则对个人关系的研究将演变为对个人网络的研究。网络结构的信息与个人关系的特征有关，网络结构信息包括网络规模、组成（如亲属所占的比重）和同质性（如某一性别网络成员的比重）。有关网络内容的信息可以通过聚合各个关系的质量来获得。网络内容的示例包括网络互动（如频繁接触的数量）和支持强度（如工具支持关系的比例）。

老化对个人网络的影响

老年通常与人际网络规模缩小和社会关系流失联系在一起。在社会老年学发展的早期，这些社会关系流失被认为是老年人减少社会参与和社会活动的结果。现在的研究认为，人们可以从三个不同的角度理解晚年个人网络的多样性和变化：（1）角色的转变和晚年生活的过渡；（2）网络内部关系对于期望回报变化；（3）个人主动对个人关系的管理。

从儿童期到老年期，个人周围围绕着各

种各样的人，他与这些人发展关系，这就是所谓的关系“护航队”。在生命历程中，一些关系因重大角色转变（如离婚、配偶死亡）或轻微转变（搬家、跳槽、进入或离开某个组织）而结束，而另一些关系可能持续一生。网络中的新成员可能因为个体结婚、获得新工作、成为父母或祖父母而进入网络。因此，人们迈入老年时所拥有的个人网络实际上反映了其之前生命历程中的转变，这些转变影响了他们维持、发展个人关系的机会和个人选择。在对于多数人而言，这一不少于 20 年的老年阶段中，人们通常能够对自己关系的发展做出更多的选择。由于没有工作义务和照顾孩子的责任，老年人会有更多机会组织安排他们的社会生活。另一方面，健康状况的下降可能会限制老年人与他人互动的能力。听力和记忆问题会限制对话交流，身体活动能力下降可能会限制其参与集体活动。晚年的角色变化和身体能力限制导致非亲属关系减少，亲属关系在人际网络中的重要性日益增加。

从第二个角度分析老化对个人网络的影响，基于交换理论，老年人的人际网络变化是由特定关系的变化引起的。人们不断地评估他们的关系，并且更喜欢“收支平衡”的支持性关系，即人们在提供支持时期望未来可以得到回报。如果被支持方无法给予回报且很明显未来也无法回报，则人们提供的支持可能会减少。老年人因为无法自己完成某些任务，可能会更加依赖他人。他们现有关系中的收支平衡可能会被打破，从而引起他们的紧张和不适。不平衡也导致他人与老年人的支持交换减少，特别是亲密关系减少。但是，不平衡状态并不总是导致关系终止，因为生活艰难的老年人收益大于付出是可以被社会规范接受的，甚至是社会规范所提倡的。

从第三个角度分析老化对个人网络的影响，基于社会情感选择理论，网络变化是由个人动机的变化引起的。随着年龄的增长，个人的未来时间有限，情绪调节成为社交互动的最重要动力。因此，老年人会放弃网络边缘的关系，因为与核心网络关系的情感交流更有价值。这就解释了为什么随着年龄的增长，网络规模会选择性缩小。老年人会感觉自己与死亡逐渐接近，他们故意放弃了不太亲密的关系，减少与许多人的情感亲密度，并增加与亲属、朋友等核心网络成员的情感亲密度。

综上所述，老年人个人网络的动态与情境同个人特征的变化有关。个人网络是宏观社会趋势的产物，社会环境为个人创造了维持个人网络的机会，但也反映了个人的转变、关系标准和个人特征。在研究老年人的个人网络时，建议将网络特征的变化与老年人所处环境的特征及个人特征的变化联系起来。

个人网络划分

个人网络通常指与中心个体（锚）有直接关系的一群人（网络成员）。划分社交网络的方法有很多种。有的方法基于关系的内容，有的方法基于关系的情感价值，还有一些方法使用正式角色关系（formal role relationship）作为划分网络成员的标准。研究者的研究兴趣决定了他们使用哪种划分方法以及较大社交网络的哪个部分将被划分为研究对象。

老年人个人网络的划分方法主要有以下五种：（1）情感方法（affective method）；（2）角色关系方法（role relation method）；（3）交换方法（exchange method）；（4）交互方法（interactive method）；（5）域联系方法（domain contact method）。这五种方法都有独特的概念定义，并对应个人网络的不同部分。表1总结了这五种方法的主要特征。

表1　网络划分方法概览

	情感方法	角色关系方法	交换方法	交互方法	域联系方法
概念定义	情感上的重要他人的网络（基于情感）	正式角色关系的网络（基于角色）	有重大交互的关系网络（基于内容）	有社会交往关系的人员网络（基于联系）	社会交往活跃和重要关系的网络（基于联系和情感）
定名规则（举例）	“你觉得你与谁关系密切?”	“请说出你的配偶、子女、邻居、同事、朋友的名字。”	“你与谁讨论个人问题?”“谁帮你做日常家务?”	“请说出今天你至少有10分钟联系的人。”	针对每一种角色关系（如子女、邻居等）：“你与谁有日常联系且他对你很重要?”
提问数量	1~2个	取决于感兴趣的角色（5~7个）	3~20个	1个（每天重复一段时间）	每种角色关系提1个问题（约7个）
时间限制	无	无	有（过去的6个月或一年）	有（2周、1个月等）	无
网络规模	小（3~9个）	取决于感兴趣的角色数量	大（10~22个）	大（16~26个）	中（13~15个）
亲属比重	大	取决于感兴趣的角色	小	小	中偏大

情感方法

概念框架 情感方法识别的网络成员是对中心个体具有情感价值的人，即重要的其他人或亲密者。该方法的基本假设是这些网络成员是中心个体重要的潜在支持来源。该方法通常被对“心理网络”感兴趣的研究人员所使用，心理网络被定义为中心个体感到依恋的人的组合。

定名规则 这种类型的网络是通过提出一个问题来进行识别：“你觉得你与谁关系密切?”或“谁对你来说很重要?”。有的研究会限制提出的人名数量，有的研究会限定时间范围（例如在过去6个月内）。有时回答者需要对网络成员的重要程度或亲密程度进行区分。

网络特征 情感网络的典型特征是规模较小（通常是5~9名成员）、亲属占大比重(50%~80%)、大量长期关系，以及关系中存在许多支持性交流。这类网络的稳定性很高，主要是因为网络中主要包括的关系是稳定的，如近亲和挚友。

评价 这种方法的关键是定名规则的主观性质。人们被要求根据关系的重要性或亲密度来进行评价。在提到那些被认为是重要的关系时，这种评价可能会被一些规范和义务所掩盖，例如与配偶和孩子的关系。一个人不太倾向于提及那些可能具有支持性但对他不太重要的关系，例如与邻居或同事的关系。因此，这种类型的网络不能用于表明中心个体的社会参与程度或社会融合程度。这种类型的网络与中心个体的幸福感呈正相关，与孤独感呈负相关。该方法的主要优点在于，通过在不同样本中生成相似类型的网络，证明了它是一种稳健的方法。

角色关系方法

概念框架 角色关系方法认为与中心个体有正式角色关系的人才是网络成员。角色关系与身份变量有关，如婚姻状况、就业状况、生活方式、友谊和家庭状况。可见网络成员一般包括伴侣、子女、同事、朋友和家庭成员。该方法的基本假设是正式角色关系反映了关系内容中的规范和义务。人际关系的存在能降低社会隔绝、疾病和孤独对个人的负面影响。

定名规则 使用角色关系方法的研究者们并不总是使用定名规则。如果一个人对研究对象的配偶、子女或同事的情况感兴趣，那么询问他的婚姻状况、父母情况、工作情况就足够了。对角色关系的其他特性感兴趣的研究人员则需要使用定名规则。所提问题可以包括“谁是你的伴侣?”“谁是你最好的朋友?”“你能说出你单位中的两个同事的名字吗?”等。确定的角色关系类型取决于研究目标。有时研究者会限制研究对象提及的成员数量。

网络特征 网络的大小和其他特征完全取决于所使用的定名规则。角色网络的稳定性很高，因为正式角色关系不太可能在短时间内发生变化。

评价 该方法的优点在于它易于管理，并且它使用一个客观标准来识别网络成员。对个人社会融合感兴趣的研究人员能够成功地使用这种方法。它的缺点是会忽略那些没有正式角色但可能仍然重要或具有支持性的关系。因此在支持网络的研究中角色关系方法的使用可能会受到限制。

交换方法

概念框架 交换方法做出假设，与网络成员发生重大交互的关系是最重要的关系之一。在这一重要的互动中，情感支持、工具帮助和物质物品发生了定期交换。这种互动被认为是支持性的。

定名规则 交换方法使用几个问题（通常是6~10个）来确定与中心个体发生重大互动的成员。例如，“你和谁谈论个人问题?”“你和谁讨论工作问题?”“谁能帮你做家务?”“如果你生病了谁会照顾你?”。研究者通常会对每个问题的答案中所能提及的名字数量进行限制。所提问题数量与待确认人数有关，但会存在一定的限制。研究者注意到，提出五个关于不同类型支持（情感支持、工具支持和陪伴）的问题就可以确定80%—85%的回答出十个问题的人。一些研究人员区分了表示接受支持的问题（如“谁帮你做日常家务?”）和表示提供支持的问题（如“你帮谁做日常家务?”）。与非指令性的交换关系提问相比，这产生了更多的被确认人员。

网络特征 典型的交换网络规模较大，通常包括10~22个成员。网络中亲属的比重较低，从35%~50%不等。一般来说，交换网络包含许多在做测量时处于社会活跃状态的关系。该网络中有很大比重的关系较肤浅，因为关系对象通常是在相同工作场所中工作的同事、同一组织中的成员、邻居等。与情感网络和角色关系网络相比，交换网络的稳定性相对较低，因为它包含了很多不稳定的非亲属关系。

评价 交换方法易于管理且相对客观。它所包括的交互是特定的，而不是有多重含义的。交换方法可以对应个人网络的不同部分。与情感方法相比，它可以识别更多的非亲属关系。它的一个缺点是忽略了有潜在支持性但当前还不具有支持性的关系。此外，那些有社交联系但是没有重要交互的关系（例如远亲）也被排除在该网络之外。因此这种方法关注的是关系的内容，而不是正式角色关系或接触频率。

交互方法

概念框架 交互方法划分出的网络成员是在给定时间段（例如2周或1个月）内与中心个体有社交互动的人。该方法的基本假设是交互网络代表了个体的社会参与度。研究发现，该方法下生成的网络与支持性或幸福感无关。

定名规则 交互方法需要对中心个体每天接触的人进行系统性的记录，常规操作是让受访者写日记或研究者每天打电话联系他们。受访者必须每天记录与自身互动超过10分钟的对象。

网络特征 交互网络的大小取决于对受访者的社交互动的调查时长。时间越长，网络中包括的人越多。根据受访者的生活情况（已婚、受雇、有子女等），互动网络中非亲属关系的成员可能占很大比例。调查时间内，交互网络的成员组成对日常互动的变化比较敏感，调查时间内的许多并不深层次的交往会被归入网络，而这些浅层次交往可能在另一段时间中不会发生，因此不会被归入网络。

评价 交互网络说明了中心个体的社会参与度，因为它是对日常社交互动的记录。此方法生成的网络与其他方法生成的网络之间重叠非常小。情感网络和交换网络有更强的心理性质，个体同网络中的成员通常不会每天见面。但是，交互网络的监控周期越大，所牛成的网络与交换网络之间的差异就越小。日常监控的一个主要优点是它生成了受访者社交互动的可靠画像。

域联系方法

概念框架 域联系方法将个人扮演的不同角色与联系频率和关系重要性结合起来，作为识别网络成员的标准。该方法的主要目的是确定个体所处的网络中社交活跃的部分关系。一个中心假设是，这种类型的网络构成了可以交换各种类型支撑的结构载体。因此，需要注意的是，潜在或实际的支持交换不是划分域联系网络的标准，而是域联系网络划分完毕后的研究对象。

定名规则 域联系网络的成员来自个体的更大的联系网络中的各个领域，例如家庭成员（包括配偶）、子女及其伴侣、其他亲属、邻居、学校或工作上的熟人（包括志愿工作中的同事）、所属组织成员（运动俱乐部、教会、政治党派）和其他人（朋友、熟人）。所有家庭成员都包含在网络中。其他方面的成员确定方法是请受访者写出“你经常联系的人（例如你的邻居）以及对你也很重要的人的姓名”。对受访者所回答的姓名个数没有限制。

网络特征 域联系网络的规模为中到大（平均有 13 个成员，范围为 0~75 个成员），其中约三分之二的关系是与亲属建立的。由于采用联络频率作为划分标准，因此中心个体与网络成员的平均接触频率相对较高，大约介于每两周一次和每周一次之间。

评价 使用多个标准以划分网络成员身份会产生一个中型网络（与较小的情感网络和较大的交换网络相比），其中包含大量角色关系。该方法结合了客观标准（角色关系和联系频率）和主观标准（关系的重要性）来划分网络关系。因此，域联系网络表明了社会参与的实际程度以及潜在支持关系的可用性。

网络研究的选择

对老年人个人网络的考察需要研究人员事先做出几个选择。第一个选择涉及用于划分网络成员的方法。这就需要清楚地描述研究目标。通常，研究目标可以分为两种类型：（1）网络需要反映老年人的社会参与程度；（2）网络需要反映老年人的支持来源。在第一种研究目标下，划分网络时可以使用角色关系方法、交互方法、域联系方法。在第二种研究目标下，使用情感方法和交换方法更合适。

网络研究中需要做出的第二个选择是需

要划分多少网络成员以及需要获得多少有关他们相互关系的其他信息。在大多数网络研究（特别是大型调查）中，研究者并没有时间收集所有已确定的网络成员的信息。一些研究人员通过限制依靠定名规则产生的人员数量解决了这个时间问题。然而，这种限制会影响网络的划分，因为进行限制后，个人网络的真实规模大小变为未知数。由于网络规模对于考察其他结构特征和功能特征（例如亲属关系占比）至关重要，因此在此强烈建议不要对待划分的成员数量进行限制。一个更好的解决方案是在划分程序中添加额外的客观标准，例如接触的频率或相隔的距离。如果非常需要限制访谈时长，可以询问有关网络成员的其他信息以进行后续筛选。筛选标准可以是客观的，例如联系最为频繁的 10 个人；也可以是主观的，例如最重要的 6 个人。主观选择的缺点是受访者必须在某些网络成员之间进行选择，这可能是一项艰巨的任务。

网络研究中的第三个选择与收集某些或所有已识别的网络成员的信息类型有关。同样，这个选择受研究目标指导。然而，网络研究者们似乎普遍认为应该收集尽可能多的网络成员的关系类型和性别信息。对社会参与程度感兴趣的研究人员也会收集受访者与每个网络成员的联系频率，而对社会支持感兴趣的研究人员则会收集网络关系中的支持性交换的信息。

网络研究者需要做出的第四个选择涉及谁将作为研究的受访者。通常来说，关于网络成员及其关系的信息仅从中心个体（即网络中的“锚”）收集。以这种方式形成的网络被称为“星形网络”，并且仅有锚与其网络成员之间的关系的信息可用（图 1）。网络研究也可以将网络成员作为受访者，并询问他们与锚、网络中其他已识别成员的关系特征。如果个人网络中的成员可以提供与网络其他成员的关系信息，则可获得关于全网络的信息（图 2）。

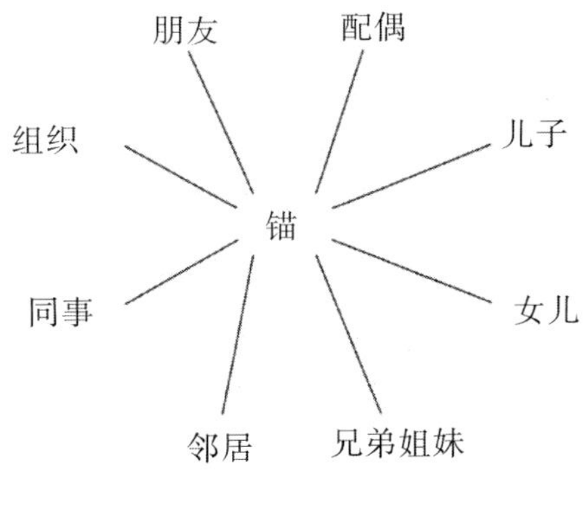

图 1　星形网络示意图

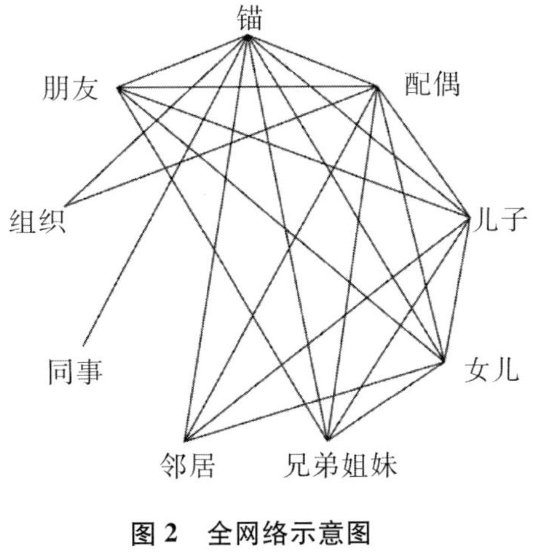

图 2　全网络示意图

个人网络的特征

对老年人的网络研究中，星形网络的中心个体是老年人，网络的功能和关系与他的行为和思想状态有关。以下几个部分概述了与老化有关的网络结构和网络内容的特征。随着人们年龄的增长，网络的一些方面会发生变化，因此与老年人网络的研究相关。表2和表3给出了基于关系特征的网络结构和内容示例。

表 2　网络结构的特征

网络结构	网络层面的操作性定义	双方关系的信息	网络成员的信息
规模	已划分的网络成员总数		
组成	如子女、朋友的数量，亲属的比例	关系角色或关系类型	
同质性	如网络中女性的数量，相同年龄段成员的百分比	锚和网络成员之间的相似性，如性别是否一致	如性别、年龄、种族、伴侣状况、工作状况
密度	在所有可能的二人组中，双方互相认识的二人组的总数		其他网络成员之间有多少是互相认识的
稳定性	网络成员得到成员身份的平均年数	关系的持续时间	
角色复杂度	有多重角色关系的数量	某个网络成员所拥有的角色数量	
地理分布	如住在15分钟车程内的成员数量，平均移动时间	锚和某个网络成员之间的移动时间	

表 3　网络内容的特征

网络内容	网络层面的操作性定义	双方关系的信息
交互	如至少每周有联系的网络成员的比例，平均交互频率	接触联络的频率
支持强度	如接受和给予的情感支持总量，社会支持强度较大的联系的比例	接受和给予的支持（包括情感支持、工具性支持、社会支持、物质支持）
支持复杂度	如多重角色关系的总量	某一种或多种类型支持的交换
互惠程度	如互惠关系的均值，不平衡关系的比例，接受和给予的支持比例	接受支持和给予支持之间的平衡

网络结构

网络的规模表示个体所关联的关系数量，无论该关系是基于情感、基于角色还是基于相互联系。个体参与更大规模的网络同更大程度的社会参与以及更大程度的支持和福祉交流有关。

网络的组成表示网络中亲属和非亲属的比例。那种将网络中的关系仅仅划分为亲属和非亲属的做法往往过于笼统，而区分为配偶、子女、其他亲属、邻居、朋友和其他非亲属会更好。

如果可以得到网络成员的个人特征信息，则可以衡量网络在性别、年龄、父母身份等方面的同质性（homogeneity）。人们通常认为个体喜欢和与自己有相似背景及相似生活经历的人交往。特别是，非亲属网络成员在性别、年龄和教育水平方面与中心个体表现出显著的相似性，从而形成一个大型同质非亲属网络。

网络的密度指网络成员之间的联系紧密程度。大型网络一般具有较低的总体密度，这意味着锚之外的网络成员之间的交互较少。然而，大型网络也可能包含密度非常高的特定部分（例如邻居或近亲）。低密度的网络通常是由受过高等教育的年轻人组成的，他们参加的各种社会组织彼此之间只有松散的联系（如果有的话）。小型网络通常密度较高，并且在受教育程度相对较低的老年人中更为普遍。密集网络通常由多年来一直在交互的人组成，这表明网络内部具有高度的稳定性。

网络的成员可能与中心个体有多种正式角色关系，例如邻居也可能是朋友，并且旁系亲属也可能是同一俱乐部的成员。在网络层面，角色复杂度由单一（一个正式角色）或多重关系的数量表示。具有高角色复杂度的网络一般很小且密集。

网络的地理分布表明网络成员居住在同一社区或地区的程度，它与居住距离小于15分钟车程的网络成员比例有关。网络的地理分布表明老年人附近能提供潜在支持的成员有多少。

网络内容

老年人与网络成员的整体交互水平被视为社会参与的指标。不同部分的网络中的网络交互可能会有所不同，个体与配偶、子女和邻居的互动高于远房亲戚和其他熟人。与网络成员交互的频率越高，发生支持交换的可能性就越大。网络的支持强度指所有网络成员和中心个体之间的支持交换。支持可以分为各种类型：情感支持、工具性支持、社会支持、物质支持等。此外，支持还可以分为给予支持和接受支持。支持类型因关系类型而异，在不同性别的老年人中也有所差异。众所周知，男性会交换工具性支持，女性会与老年人交换情感支持。

网络关系中多种类型的支持的交换说明网络具有支持复杂性。有的网络成员能提供情感支持和工具支持，而有的网络成员只有物质交换。

最后，整个网络中给予支持和接受支持的平衡表明了网络内的支持互惠程度。

一般来说，老年人得到的支持远比他们提供的多，在他们的身体机能大幅下降之后尤其如此。在给予和接受支持方面，女性相比男性更平衡。不平衡的支持网络对老年人的幸福感产生负面影响，这是因为老年人接受支持多于给予支持，这种“负债”般的不平衡导致了他们产生内疚感。相反，他们为许多亲戚和朋友提供支持而没有获得太多回报也可能让他们产生被剥削的感觉。

网络分析的方法

数据存储

网络数据是分层构造的。星形网络的数据有两个级别。作为锚的老年人是较高一级的，具有性别、年龄、网络规模和幸福感等特征。其中，网络成员的特征（如性别）以及他们之间的关系特征（如移动时间和老年人获得的支持）是较低一级的。完整的网络数据有三个级别：网络整体层面的数据，例如它的规模大小；包括作为锚的老年人在内的网络成员层次的特征；成员之间彼此关系的特征。数据应该根据分层结构来存储。

网络数据的分析

网络数据在处理时的优点之一是不同层次的数据可以相互联系。有两种方法可以同时分析两个级别的数据——聚合（aggregation）和分解（disaggregation）。

聚合方法中，来自较低级别的关于独立网络成员和关系的数据被传输到较高级别的老年人。例如，对于每个老年人，研究人员可以得到其关系网络中的平均接触频率，并在分析中引入平均接触频率作为变量，以解释老年人幸福感的差异。聚合的一个变量是跨关系的平均联系频率，即每周至少与之联系一次的网络成员数。统计软件具有这种聚合能力。

分解方法中，来自较高级别的老年人的数据与较低级别的独立网络成员和关系相关，例如，当研究人员想要了解同性关系中交换的支持是否比跨性别关系中交换的支持更多时。来自不同成员个体的数据并不是相互独立的，这一点违反了许多分析方法的基本假设，此时需要应用多层次分析。在多层次分析方法中，线性回归方程用低一级的其他变量解释低一级的某一变量的方差，之后再基于如网络成员和老年人的性别等变量来预测老年人获得的支持，模型中可以加入交互效应。而低一级的变量的解释效应大小可能因受访者的特征而异，因此该方程中的每个自变量的截距和斜率可以用高一级的特征（如老年人的年龄和健康状况）为变量的回归方程来解释。某些特定统计软件可以运行多层次分析技术。

总结

个人网络被认为是一种社会资源，对个体日常运作、应对生活事件和维持幸福感非常重要。老化对个人网络的影响体现在网络结构和网络内容的明显变化。研究者们能够从不同的研究目标出发探究老年人的个人网络。研究者们可以关注网络的内容，例如支持和幸福感之间的关系，也可以关注网络的结构，例如个体婚姻状况与网络规模、组成和密度的关系。在每个网络研究开始之前，研究者们需要完成几个方法学的选择：使用哪种网络划分方法、是否要收集一些或所有已识别的网络成员的附加信息、要收集哪些信息以及通过谁收集这些信息（仅限老年人或网络的所有成员）。

另请参阅：丧亲之痛；照料；人口学；经济学：社会；听力；生命历程；孤独；记忆；心理健康；社会网络、社会支持和社会融合。

拓展阅读

Antonucci TC (1990) Social supports and social relationships. In: Binstock RH and George LK (eds.) *Handbook of Aging and the Social Sciences*. New York: Academic Press.

Campbell KE and Lee BA (1991) Name generators in surveys of personal networks. *Social Networks* 13: 203.

Knipscheer CPM and Antonucci TC (eds.) (1990) *Social Network Research: Substantive Issues and Methodological Questions*. Lisse, The Netherlands: Swets and Zeitlinger: Lisse.

Lang FR (2001) Regulation of social relationships in later adulthood. *Journal of Gerontology* 56B: 321-326.

Milardo RM and Wellman B (eds.) (1992) Social networks. *Journal of Social and Personal Relationships* (special issue) 9.

Morgan DL, Neal MB, and Carder P (1997) The stability of core and peripheral networks over time. *Social Networks* 19: 9-25.

Sarason IG, Sarason BR, and Pierce GR (1994) Social support: global and relationship-based levels of analysis. *Journal of Social and Personal Relationships* 11: 295.

Starker JE, Morgan DL, and March S (1993) Analyzing change in networks of personal relationships. In: Perlman D and Jones WH (eds.) *Advances in Personal Relationships*, vol. 4: A Research Annual. London: Jessica Kingsley.

Van Duijn MAJ, Van Busschbach JT, and Snijders TAB (1999) Multilevel analysis of personal networks as dependent variables. *Social Networks* 21: 187-209.

Van Tilburg TG (1998) Losing and gaining in old age: changes in personal network size and social support in a four-year longitudinal study. *Journal of Gerontology* 53B: 313-323.

Wasserman S and Galaskiewicz J (eds.) (1993) Advances in sociology from social network analysis. *Sociological Methods and Research* (special issue) 22.

Wellman B and Hall A (1986) Social networks and social support: implications for later life. In: Marshall VW (ed.) *Later Life: The Psychology of Aging*, pp. 191 – 232. London: Sage.

译　者：张　昕（北京大学）

胃肠道系统的功能和功能障碍

D. 格林沃尔德，L. J. 勃兰特 阿尔伯特·爱因斯坦医学院，布朗克斯，纽约州，美国

词汇表

贲门失弛缓症（Achalasia）——以正常食管蠕动缺失和食管与胃之间的括约肌屏障不完整或缺失关系为特征的动力性疾病。

克罗恩病（Crohn's Disease）——能够影响胃肠道某些部分的慢性炎症性肠病，以狭窄和瘘为标志。

胃食管反流病（Gastroesophageal Reflux Disease，GERD）——食管功能障碍并伴有胃灼热、反流、吞咽困难和胸痛。

胃肠道系统（Gastrointestinal System）——相关器官的功能是通过消化和吸收摄入的营养物质来达到合适的营养水平，其正常功能包括酶和激素的产生、适当的运动和废物的排出。

缺血（Ischemia）——当血流不足以营养组织就会导致组织的功能不全或者坏死。

消化性溃疡（Peptic Ulcer）——由于引起溃疡的侵袭性因素过多和防止溃疡的防御性因素减少共同造成的食管、胃和十二指肠壁的缺陷。

引言

胃肠道系统是由许多相关器官组成的。它具有许多功能，而这些功能对机体正常运作十分重要。胃肠道系统的主要功能是通过消化和吸收摄入的营养物质来达到合适的营养水平，包括酶和激素的产生、适当的运动和废物的排出。系统功能失调很常见，并且可能是组成器官异常或过程混乱的结果。功能失调会同时影响多个器官。它在老年人中是常见问题并且是其就医的主要原因。

功能

解剖

胃肠道是由空心器官和实心器官组成。空心器官是以口腔为起点延伸到肛门的连续性管道。实心器官通过多根管道与空心器官相连接。胃肠道的解剖示意图如图 1 展示。

胃肠道系统

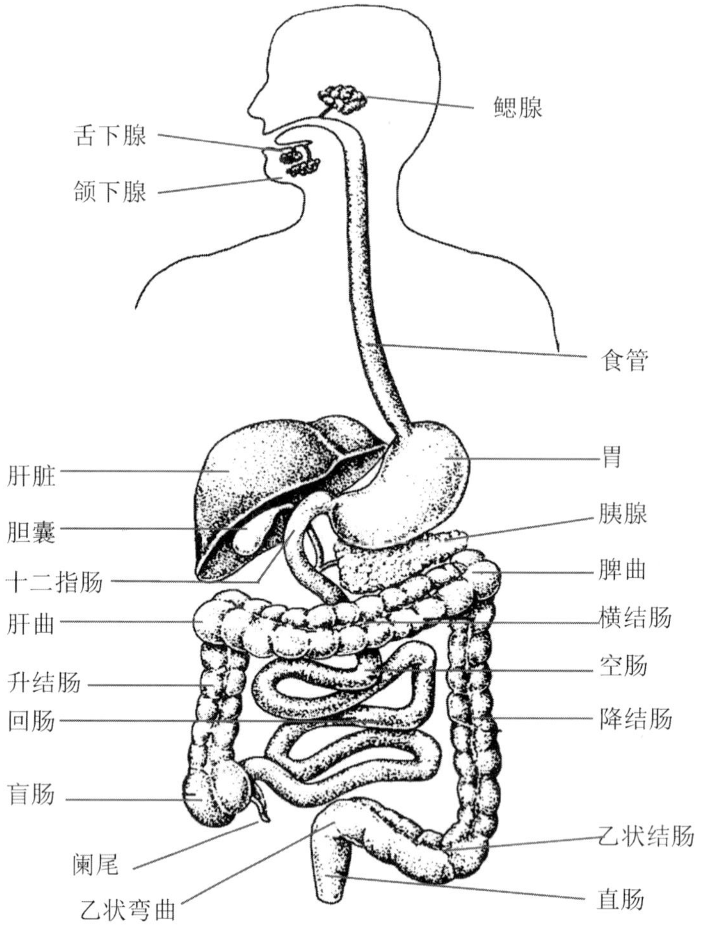

图 1　胃肠道解剖示意图

胃肠道的近端是口腔。当食物团进入口腔，消化过程就从咀嚼（食物的物理分解）开始，并伴随着唾液的分泌。唾液包括多种酶，比如淀粉酶，它可以将淀粉分解成单糖。唾液腺包括耳下腺、舌下腺、颌下腺和嘴唇中小唾液腺，这些唾液腺开口于口腔。当舌头将食团推回口咽部分，食团就会被下咽，然后进入食管。

食管是口和胃之间大约 25 cm 长的管型解剖导管。食管与胃连接的点被称为胃食管连接部。这个区域的特点是作为单向瓣膜的括约肌，它能使食物进入胃而不会使胃内容物反流。食管壁是由扁平细胞层堆积而成的，又称为复层鳞状上皮。黏液腺可以帮助唾液润滑食物的通道。食物被推进通过食管，然后通过蠕动经过胃食管连接部，进入胃内。

胃位于中上腹部，并分成四个不同部

分：胃底部、胃体部、胃窦部和幽门。虽然胃壁是由单层高柱状细胞构成，但每个部分都有不同的微观结构和独特细胞。比如，胃底和胃体包含产生胃酸的壁细胞和产生分解蛋白质的蛋白酶的主细胞。G 细胞广泛分布在胃窦，它可以产生胃泌素，刺激胃产生酸。幽门括约肌是区分胃与小肠的解剖性和功能性标志。

小肠是体内最长的器官。它全长约 6.7 m，分为十二指肠、空肠和回肠。最长的部分是空肠。像胃一样，小肠壁也是单层的柱状上皮细胞；然而，它具有三种专门的解剖学修饰以增加吸收的表面积：作为瓣膜结块，它是小肠内壁褶皱的环状壁；绒毛是指状的黏膜突起；还有微绒毛，它们是刷状缘处或者内腔和细胞之间屏障的浅表细胞膜的毛发状修饰物。回盲瓣将小肠和大肠分开，从而减缓营养物质通过小肠的传输，进而促进消化。它还能保护小肠免受大肠细菌的侵害。

大肠或结肠长 1.2~1.5 m，从回盲瓣延伸出来，直到肛门，通常位于腹部右下象限。阑尾附于盲肠。阑尾在消化过程中不重要，但在生命早期免疫系统中扮演重要角色，它会随着年龄的增长而不断萎缩。大肠在解剖学上可以分为多个部分，包括升结肠、横结肠、降结肠、乙状结肠和直肠。结肠像小肠一样，也有柱状上皮，但结肠细胞上的微绒毛不如小肠细胞明显。胃肠道最远端部分是肛门，而粪便会通过肛门离开人体。肛门内壁是由复层鳞状上皮构成，这与皮肤和食管壁相似。而这些器官会因为他们相同的细胞类型发生同种疾病。

胃肠道系统的其他重要器官还有肝脏、胰腺和胆囊。肝脏位于右上腹部，男性的肝脏重约 1.8 kg 而女性的重约 1. 36 kg。肝脏产生分解脂肪的胆汁，而胆汁会经胆道进入小肠。除了帮助消化食物，尤其是脂肪，肝脏还是药物解毒的重要器官。胆囊与肝脏相邻，经胆囊管与胆管相连。胆囊储存胆汁直到需要消化。最后，胰腺位于中腹部。它重约 0. 11 kg，并且它的分泌物经胰腺管进入小肠。它的功能是通过分泌多种酶来帮助消化所有食物，包括消化淀粉的淀粉酶、消化脂肪的脂肪酶、消化蛋白质的胰蛋白酶和糜蛋白酶。当然胰腺也会产生防止糖尿病的胰岛素。

分泌与消化

体液平衡的调节对于生存至关重要。人体每天约有 9 L 的液体进入胃肠道。其中，约 2 L 是从口摄入。其余 7 L 是由多个胃肠道器官分泌。进入胃肠道的液体总量的 98% 会被小肠和结肠重新吸收。

分泌的液体中，每天有 1 L 以唾液的形式在口腔中产生。唾液含有唾液淀粉酶，这种酶有助于碳水化合物的初步分解。胃分泌物每天产生约 2 L 液体，主要由胃酸和黏液组成。有一个经典说法是，随着年龄的增长，分泌胃酸的能力会减弱，然而，这句谚语一直被质疑。有时，我们很难知道老年人的胃酸正常值，因为已经确定的正常值标准是基于青年人而不是老年人。肝脏会产生另外一种液体，胆汁。胆汁是一种复杂的液体，它由电解质、胆汁酸、胆红素、胆固醇和卵磷脂构成，可以消化脂肪。从胰腺输出的胰液每天增加 2 L 液体，这是消化已经部分降解的营养物质的关键。最后，每天还有 1 L 来源于肠道或肠道本身分泌的液体。最初，进入空肠的 9 L 液体中只有约 1~2 L 可以进入结肠，而在这 9 L 液体中，其中只有 200 mL 排泄到粪便中。湿粪便即为腹泻，而过度干燥的粪便会导致便秘。

许多激素在正常的胃肠功能中起着重要作用。这些分子用于调节胃肠道生理学中的各种过程。一些激素拮抗其他激素的作用，从而通过调节和反调节力的持续平衡实现精细的控制。例如，胃泌素是由胃分泌的肽，并且是由胃壁细胞产生酸的主要激素兴奋剂。胃泌素还有助于调节整个胃肠道的各种肌肉括约肌以及消化器官的运动能力、血流量和液体平衡。生长抑素是胃泌素释放的拮抗剂，因此具有抑制胃中的酸的产生以及胃泌素的一些其他功能。另一种激素，胆囊收缩素由十二指肠和空肠细胞产生，并调节胆汁中的胆汁释放。胰泌素在十二指肠中产生并刺激胰液流动。一般来说，激素具有多种功能和复杂的相互作用。

消化可以定义为食物的腔内分解。食物有序地从口腔进入消化道。消化的目的是将复杂的营养物质还原为最简单的形式，以便被小肠吸收。例如，淀粉和糖从多糖（许多糖）依次分解为低聚糖（少数糖），然后分解成单糖（一糖），最终被吸收和利用。

咀嚼的作用是粉碎大的食物颗粒，从而增加食物与消化酶接触的表面积。在口腔中，唾液淀粉酶引发碳水化合物的初步消化。一旦食物进入胃，就会发生进一步的机械和化学消化。胃内颗粒的搅拌和研磨机械地减小了颗粒的大小并伴随着在酸性环境中的化学消化。消化所有饮食摄入量的最重要的部位是小肠。部分消化的食物（食糜）以可控的速度从胃输送到十二指肠，以便与消化酶进行适当的混合。激素分泌素和胆囊收缩素刺激胰酶和胆汁的分泌。这反过来又促进了食物颗粒的进一步分解。在小肠中，胰酶如淀粉酶，脂肪酶和蛋白酶都在适当的腔内酸碱值下起作用，分别有助于消化碳水化合物、脂肪和蛋白质。胰淀粉酶是参与碳水化合物消化的主要酶。它将多糖消化成短寡糖。蛋白质的消化，从胃中的酸和胃蛋白酶开始，接着是胰蛋白酶和糜蛋白酶。脂肪酶在肠道酸碱值范围内起作用，将脂肪从甘油三酯分解成甘油和游离脂肪酸。在肝脏中，胆盐被排泄到胆汁中，然后进入小肠。胆盐通过形成称为胶束的化合物来溶解脂肪和脂溶性维生素。胶束对脂肪在小肠吸收表面的有效运输至关重要。最后，刷状缘酶，包括双糖酶（如乳糖酶、蔗糖酶和麦芽糖酶），肽酶和脂肪酶，帮助完成营养物质的消化，使其以最简单的形式通过小肠壁。

最后，消化的过程通过对某些与消化有关的物质的重新吸收而得到增强。例如，身体中胆汁酸的总量保持在稳定的水平，因为肝脏产生的胆汁酸盐超过 98% 在回肠末端被重新吸收，并通过一种称为肠肝循环的途径再循环到肝脏。每天丢失到结肠中的少量胆盐被由肝脏合成的等量胆盐所取代，从而保持了整个身体的胆盐总量不变。

营养和吸收

在适当消化营养素后，胃肠道的功能是吸收这些营养素，以便其可用于多种细胞功能过程。

吸收发生在小肠内壁的细胞中，并通过几种机制之一进行。第一种是被动吸收，材料沿着电化学梯度移动。第二种是便利运输，其中一种物质的吸收与另一种物质的转移相结合。最后一种是主动转运，这种转运发生在电化学梯度上，需要消耗代谢能量。

人体的主要营养成分是脂肪、碳水化合物和蛋白质。所有这些都被小肠吸收，复合脂肪降解成游离脂肪酸。游离脂肪酸在水中相对不溶，需要胆盐的帮助来溶解它们，这一过程导致胶束的形成。胶束可以将脂肪通过相对亲水（水可渗透）的小肠运送到吸收细胞中，在那里胶束被破坏，现在游离脂肪酸可以被动地扩散到细胞表面。在细胞内，脂肪酸通过酯化过程重新合成甘油三酸酯。然后将它们包装成以乳糜微粒和极低密度脂蛋白的形式从细胞输出，并最终通过淋巴管运输到肝脏。

碳水化合物的吸收发生在小肠中，在那里单糖通过便利和积极的运输被吸收。蛋白质具有特定的载体机制，允许其以肽和单个氨基酸形式进行运输。

小肠吸收的其他几种分子对维持正常的身体功能至关重要。钙主要在十二指肠被吸收，其吸收由维生素 D 通过合成钙结合蛋白调节。铁在十二指肠中通过载体介导的机制被吸收。维生素 B_{12}或氰钴胺素与内在因子（在胃中产生的另一种物质）结合后被吸收。维生素 B_{12}-内在因子复合物在胰岛素的帮助下形成于上部小肠，并保护维生素 B_{12}直到它到达回肠，在那里被吸收。叶酸以聚谷氨酸的形式存在于多种食物中。刷状缘酶将多谷氨酸水解成单谷氨酸，分别通过被动扩散和载体介导的过程在十二指肠和上空肠中进行转运。最后，脂溶性维生素（如维生素 A、D、E、K）以类似于脂肪分子的方式在胶束中转运。

能动性

胃肠道的蠕动是复杂的，正常蠕动对正常的消化至关重要。为了使胃肠道运动有效，它必须与其他肠道功能如分泌和吸收协调，并且必须以精确的方式进行调节和整合。

吞咽是一个非常复杂的过程，涉及舌头、口腔肌肉和后咽喉的协调运动，所有这些均由多个颅神经调节。一团食物以一种称为蠕动的运动模式有序地从食管下移。当吞咽开始时，一股蠕动收缩波从食管近端向食管远端移动，这有助于推动食物下移。当蠕动波到达食管下端括约肌时，食管下端括约肌以一种协调的方式放松，从而使食物进入胃。

在胃食管交界处以外，正常的胃肠蠕动有两种模式：禁食和进食。在禁食模式中，有相对休息的时间段与收缩活动的时间段交替。相对休息的时间称为第一阶段，活动期称为迁移运动复合体（migvating motor complex，MMC）。MMC 包括以不规则收缩为特征的Ⅱ期和以短时间剧烈收缩为特征的Ⅲ期。MMC 以有序的方式从胃进入远端小肠。它通常被称为肠道管家，因为它的作用是清除肠内食物。

进食模式的典型特征是频繁出现无规律的收缩。这种模式在进食后立即开始，并在此刻取代禁食模式。进食模式取决于摄入的膳食类型。例如，液体餐产生的收缩活动明显小于固体膳食。这种运动模式的持续时间既取决于摄入食物的数量，也取决于摄入食物的类型。一旦胃被排空，肠道内容物被吸收，禁食运动模式就会恢复。半份液体膳食离开胃的时间约为 20 分钟，而固体膳食的可比时间约为 90 分钟。

饭后胃肠运动的目的是允许储存、混合食物，将消化的营养物质暴露在吸收表面，以及排出废物。朝着这个方向，胃和上肠的不同区域有不同的作用。近端胃（胃底）主要作为液体储存器，并以可预测和有序的方式收缩，将液体喷射到远端胃、幽门和十二指肠。胃窦的主要功能是研磨和混合固体食物。这个任务是通过协调胃窦和幽门的收缩和放松来实现的；液体和非常小的固体颗粒（小于 1 mm）通过幽门，而较大的颗粒被排除并经受重复的搅拌。一旦进入小肠，部分消化的物质或食糜，由于典型的喂食模式的间歇性收缩，进展缓慢但稳定。

肠道运动功能的整合是复杂的。它是由肠道、自主神经和中枢神经系统水平的对照组决定的。肠神经系统位于肠壁的两个神经丛中，即肌间神经丛和黏膜下神经丛。肠道系统通过一种称为旁分泌系统的细胞间通信方式以及激素系统进行协调，激素系统通过血流将其刺激和抑制信息传递给目标细胞。自主神经系统包括交感神经和副交感神经系统，并沿反射途径介导反应。这些系统与中枢神经系统相连。因此，大脑在胃肠道综合功能的协调中起着重要作用。激素和神经肽对肠道相关神经系统的确切作用虽然显而易见，但对许多物质尚未明确定义。胃肠运动是一个复杂的综合性活动，需要多层次的适当调节才能使整个系统正常运作。

功能障碍

胃肠道功能障碍是一个广泛的话题，涵盖广泛的解剖和生理异常。在任何年龄都可能出现功能障碍，但在评估老年患者时，必须考虑一些重要的特殊因素。事实上，同样的疾病在生命的不同阶段可能会表现出很大的不同，老年人发生胃肠功能障碍的可能性比年轻人大得多。

口腔

口腔是医学文献中经常被遗忘的胃肠道部分。然而，口腔功能障碍的知识不仅对牙医很重要，对胃肠病学家也很重要，并且可能是身体其他地方疾病原因的线索。营养缺乏症，特别是 B 族维生素（如烟酸、维生素 B_2）缺乏，可能分别表现为舌炎（舌头发炎）或口角炎（口角发炎）。某些皮肤病，如天疱疮和类天疱疮常伴有一致的口腔表现。口腔真菌感染（鹅口疮）并不罕见，特别是在口服抗生素治疗的老年患者中；病毒性疾病，如单纯疱疹感染，常常出现在患有恶性肿瘤的患者中。最后，嘴唇和舌头的表皮或鳞状细胞癌，特别是在长久吸烟或抽烟斗的老年男性中比较常见。

食管

胃食管反流病（GERD）是最常见的食管功能障碍，其主要症状为胃灼热、反胃、吞咽困难和胸痛。美国约40%的人至少每月报告一次胃灼热，并且常常使用抗酸药。GERD通常耐受良好，但可能导致严重的并发症，包括食管炎、狭窄、溃疡和癌症。GERD的病因被认为涉及四个方面：食管下括约肌功能不全，食管对酸和回流物质的清除异常，胃排空延迟以及胃内容物反流的刺激作用。GERD的症状可能相当麻烦，并可能与心绞痛（即心源性胸痛）混淆。食管裂孔疝或通常将胃限制在腹腔内的解剖结构缺陷经常出现在有症状的GERD患者中。

食管运动障碍常常发生在主诉胸痛或吞咽困难的患者身上。贲门失弛缓症就是一种这样的运动障碍，其特征是没有正常的食管蠕动，以及食管和胃之间的括约肌松弛屏障。患者有吞咽困难，并随着时间的推移逐年恶化。老年患者的一个重要考虑因素是假性贲门失弛缓症，这是一种类似贲门失弛缓症的临床表现，可能是由胃食管交界处的恶性肿瘤浸润神经造成的。其他运动障碍也可能产生明显的症状：弥漫性食管痉挛，肌肉同时收缩（即非蠕动性），胡桃夹子食管，同时高幅度收缩引起胸痛。全身性疾病如甲状腺疾病、糖尿病和硬皮病也可能引起食管运动障碍。一些药物，最常见的是某些补钾药物、奎尼丁、非甾体抗炎药、阿仑膦酸钠和四环素，通常在没有足够的液体冲洗食管的情况下服用，可能会粘住并损伤食管，从而产生溃疡或狭窄。

吞咽困难可能是由口咽的功能障碍引起的，也可能是由前面讨论过的食管或胃食管交界处的疾病引起的。咽喉吞咽困难是造成老年人吞咽困难的重要原因。这可能是由神经系统疾病（例如脑血管意外、帕金森病、多发性硬化症、脑干肿瘤），骨骼肌疾病（如多发性肌炎或肌肉炎症），局部解剖因素（如颈椎骨刺和关节炎）以及随着年龄的增长由动脉瘤引起的主动脉食管的外部压力，或主动脉的扩张和展开引发的。

食管肿瘤是世界上最常见的恶性肿瘤之一，但在美国相对少见。它们经常与大量饮酒和吸烟有关，并且男性比女性更常见。其中一种称为腺癌的食管癌通常由胃食管交界处附近称为巴雷特上皮（Barrett's epithelium）的异常组织引起。巴雷特上皮是GERD的后果，当食管治愈溃烂的区域产生类似于正常的胃黏膜组织时，就会出现巴雷特上皮。在食管中，这种胃组织多年后有可能变成恶性肿瘤。使用内窥镜进行定期监视可以及早发现这种癌前组织，因此可以更早地治疗癌症。然而，不幸的是，大多数食管癌在诊断时是不可治愈的。

胃

消化性溃疡疾病（即胃和十二指肠溃疡）是常见的医疗学问题。美国每年大约有50万新发病例和400万复发病例。每年约有20亿美元用于治疗溃疡，据估计，治疗消化性溃疡病的费用占所有消化系统疾病总医疗费用的10%左右。大约三分之一的消化性溃疡病患者诊断时年龄大于60岁；75岁以上患者的死亡率是65~74岁患者的两倍，是45~54岁患者的10倍以上，尽管这必须从老年人经常并发多种疾病的角度来考虑。

消化性溃疡可定义为胃、十二指肠或食管（不太常见）内壁缺陷（由于胃酸反流）。这是由于过度的侵袭性因素（倾向于引起溃疡）或抵抗性因素（倾向于预防溃疡）的减少共同作用的结果。十二指肠溃疡比胃溃疡更常见。消化性溃疡病是老年人的一个重要问题，其症状在老年人中表现可能不典型，但发病可能很严重，并伴有出血或穿孔，由于对积极治疗的犹豫，预后也不像年轻人那样良好。

过度的侵袭性因素是酸和胃蛋白酶，但现在人们认为老年人（以及年轻人）的大多数胃和十二指肠溃疡是由幽门螺杆菌或非甾体抗炎药感染引起的；因此，大多数溃疡可通过抗生素或停止非甾体抗炎药治愈。胃上皮抵抗力的降低通常是由非甾体抗炎药和吸烟引起的。

与胃分泌减少相关的疾病也存在。一般认为，随着年龄的增长，胃液分泌会减少，但这一点受到质疑，现在人们认为健康的老年人有一个健康的胃，能产生正常量的酸。在萎缩性胃炎中，存在胃内膜的炎症，可能由自身免疫（自我破坏）机制引起。这会导致胃中产酸细胞的破坏。当这些细胞萎缩时，除了降低其酸产量外，它们也不能产生内在因子。内在因子的存在对维生素 B_{12} 的正常吸收至关重要；如果没有它，维生素 B_{12} 的吸收就会中断，从而导致恶性贫血。萎缩性胃炎和恶性贫血在老年人中尤其常见。此外，萎缩性胃炎的存在与胃恶性肿瘤的发展有关。

老年人的胃动力可能紊乱，并导致各种症状。当胃排空延迟时，胃部因残留食物而膨胀，可能会出现腹胀、打嗝和呕吐。如果部分消化的物质在胃部停留足够长的时间，可能形成称为牛黄的结石；牛黄结石在无牙受试者中尤其常见，这些受试者曾做过胃手术，并吃过难以消化的食物（如芹菜和橘子）。众所周知，某些全身性疾病（最明显的是糖尿病）和某些胃手术会导致胃运动延迟。药物通常会影响胃的运动，对于经常服用多种药物的老年人来说，运动障碍是潜在的重要副作用。

在过去的几十年中，胃癌的发病率，特别是远端胃癌的发病率一直在下降，但胃癌仍然是世界范围内癌症死亡的重要原因。胃癌治疗的成功与否在很大程度上取决于检测癌症的阶段。我们知道，之前做过胃手术与后来（通常是20年或更长时间后）发生胃癌之间存在着重要的联系。对老年患者来说，这是一个很大的风险，他们可能在过去进行过控制消化性溃疡病的手术。慢性幽门螺杆菌感染、胃炎、胃萎缩和胃癌之间的连续关系已被理论化，希望幽门螺杆菌治愈之后，胃癌的发病率将下降。

小肠

小肠功能障碍的主要表现为消化不良和吸收不良。消化不良可能是由普通消化酶的产生或功能的改变引起的，而吸收不良通常是由于肠道的正常吸收表面丧失或正常吸收过程中断所致。随着年龄的增长，肠道功能保存良好，只有吸收钙和维生素 D 的能力可能会降低到临床意义的水平。小肠吸收单糖的能力已被证明随着年龄的增长而下降，老年人的脂肪吸收模式似乎也有所不同，尽管这种相对不足不会导致明显的异常。

多种病症导致消化不良，包括胰腺功能不全，即缺乏正常消化脂肪、淀粉和蛋白质所需的胰酶分泌。小肠中胆盐含量不足（可能发生在某些肝脏或肠道疾病中）会导致脂肪消化问题。特定的碳水化合物酶缺乏可能导致碳水化合物消化不良。因此，以前做过胃手术的患者可能会有胃残留，产生的酸相对较少，无法将消化液和食物混合。这两种情况都可能导致消化不良。

某些情况会导致小肠的正常吸收面丧失。当空肠的正常绒毛结构被破坏时，空肠的表面积就不足以进行适当的营养吸收，从而发生吸收不良。当它引起慢性腹泻时，通常伴有小肠吸收的某些维生素和矿物质缺乏的证据，这在临床上是很明显的。影响小肠并引起吸收不良的疾病包括乳糜腔瘘和淋巴瘤。对长期患有腹腔瘘的患者来说，一个重要的问题是恶性肿瘤的风险增加。淋巴瘤和癌症均可发展为瘘的并发症，影响食管、胃（胃癌）或肠道（淋巴瘤）。

肠道循环疾病虽然罕见，却是引起胃肠道功能障碍的重要原因，特别是在老年人中。当血流量不足以滋养组织时，就会发生缺血，从而导致组织功能障碍或死亡。虽然结肠缺血是肠缺血最常见的形式，但小肠缺血（即急性肠系膜缺血）是导致大多数缺血相关死亡的原因。在急性肠系膜缺血中，缺乏血液供应的肠道数量通常很大，诊断通常较晚，预后较差，死亡率约为 60% ~ 80%。随着全国总人口的老龄化，临床医生越来越熟悉肠道缺血性疾病，对这种疾病的诊断也越来越多。当一小段小肠因绞窄性疝气、血管炎或外伤等各种情况而缺血时，被称为小肠局灶性局部缺血。这种情况通常需要手术治疗，但预后良好。最后，慢性肠系膜缺血或肠绞痛是由肠系膜血管的动脉粥样硬化（或狭窄）引起的一种疾病。有此问题的患者在进食后会出现腹痛或不适，疼痛会在数小时内慢慢减轻。如果缺血性疾病长期存在并损害肠道的吸收层，则可能会出现吸收不良。这种情况可以手术治疗，术后预后良好。

大肠

尽管有相反的传闻，但大多数健康的老年人大便次数正常（即每周 5~7 次）。尽管如此，腹泻和便秘是衰老的常见症状，就像年轻时一样。腹泻可定义为粪便量增加、排便频率增加或粪便浓度降低。在每天流经小肠的 9 L 液体中，大约有 1~2 L 进入结肠，只有 200 mL 通过粪便排出体外。在老年人中，关于排便频率增加的主诉实际上通常与大便失禁有关，排便失禁的原因是直肠大便周围有液体大便流出，而不是腹泻。

腹泻通常是由于小肠和大肠的正常液体调节发生变化所致。有时，当结肠中积累吸收不良的物质时，就会发生腹泻。老年人的例子包括由各种酶（如乳糖酶）缺乏导致的牛奶和乳制品的不耐受（如导致乳糖不耐症的乳糖酶缺乏症）以及摄入不易吸收的物质，如减肥糖果中的山梨醇或抗酸药或泻药中的镁（例如，氧化镁乳液）。腹泻也可能是由于液体的主动分泌而导致结肠无法重新吸收；这可能是由一种称为血管活性肠肽的激素和某些细菌毒素（如霍乱毒素）引起的。肠道内壁炎症可能导致稀便频率增加，这可能发生在炎症性肠病（溃疡性结肠炎或克罗恩病）或严重便秘中，其中大量的脱水粪便可能刺激肠内膜并导致黏液溢出。使用泻药会导致大便松弛，研究表明，随着年龄的增长，偷偷滥用泻药的情况会增加。抗生素的副作用经常引起胃肠不适和腹泻，这是导致老年人患结肠炎的重要原因。肠道运动的改变可能导致腹泻，在老年人中，可能发生在长期糖尿病患者以及甲状腺功能减退或亢进（分别是甲状腺活动不足或过度）患者中。

人们普遍认为，随着年龄的增长，便秘会越来越严重，但并没有科学证据支持这一观点。在其他健康的老年人中，没有发现大肠运动功能的异常。然而，直肠的敏感性和容量也有改变。便秘是一个术语，用于描述与个体先前的排便模式相比较，排便相对缺乏或困难，只有在发生变化时，才需要考虑胃肠道功能障碍。在老年人中，便秘通常是由于直肠（粪便储存的地方）扩张感觉减弱，导致大量粪便在患者有排便冲动之前积聚；这甚至可能导致粪便嵌塞。长期静坐不动、长时间卧床休息、长期使用泻药导致结肠神经受损、甲状腺功能减退和抑郁都与老年人便秘有关，盆底肌肉异常引起的排便障碍也是如此。后者最常见于老年女性，其骨盆肌肉在早年多次分娩中受损。然而，便秘的主诉也可能是癌症等结构性问题的指示，因为结肠癌的发病率随着年龄的增长而增加，排便习惯的改变是一个关键症状，可能有助于早期发现结肠癌（表 1 和表 2）。

憩室是肠壁的外囊，通常见于直肠上方的降结肠和乙状结肠。它们被认为出现在肠壁薄弱的区域，肌肉的剧烈收缩导致肠腔内压增高。憩室疾病的发病率随着年龄的增长而增加，到 90 岁时超过 50%。人口研究表明，通过吃高纤维饮食可以减少憩室的形成；没有科学证据表明憩室病患者应避免食用水果、坚果、种子和果皮。憩室病是进行性的，憩室的数量随着时间的推移而增加。憩室病可并发出血和炎症，被称为憩室炎。

炎症性肠病（即溃疡性结肠炎和克罗恩病）折磨着美国近 200 万人。历史上，炎症性肠病被认为具有双峰年龄分布，发病高峰出现在第三个和第四个十年，然后在第六个和第七个十年出现另一个较小的高峰。现

表 1 老年人常见的胃肠道疾病及其常见原因

主诉	原因
胸部疼痛[a]	药物相关性食管炎
	四环素，奎尼丁，钾，非甾体抗炎药，阿仑膦酸钠
	感染
	真菌（念珠菌）
	食管功能障碍
	食管炎，食管溃疡
	胃食管反流病
便秘	固定不动，长时间卧床休息
	低纤维饮食
	摄水量不足
	药物治疗
	止痛药物，泻药，抗抑郁药
	甲状腺功能减退症
	大肠恶性肿瘤
腹泻	摄入吸收不良的物质
	含镁抗酸剂；泻药；无糖食物
	感染，食物中毒
	抗生素相关性结肠炎
	假性腹泻
	阻塞物周围的水样大便；大便失禁；甲状腺功能亢进；糖尿病

[a] 排除心源性

表 2 关于老年人胃肠疾病的误区

误区	事实
药可以在没有水的情况下吞咽	需要足够的水冲洗药以避免药丸引起食管损伤
随着年龄的增长，胃不再产生酸	健康的老年人有健康的胃，可产生正常量的酸
随着年龄的增长，消化越来越困难	随着年龄的增长，肠道功能得到很好的保护，只有维生素 D 和钙的吸收减少
随着年龄的增长，肠道越来越松弛，老人更容易便秘	在健康老年人中，没有证据表明便秘增加或肠运动功能异常

在人们认为，在 50 岁以上人群中出现的大多数结肠炎可能是感染性或缺血性结肠炎，而不是真正的炎症性肠病。

溃疡性结肠炎是一种结肠慢性炎性疾病，几乎总是始于肛门直肠交界处的黏膜，并向近端延伸不同的长度。这种疾病局限于结肠的黏膜或最内层。患者通常以血便腹泻为主诉。长期（即持续 10 年以上）存在溃疡性结肠炎的患者罹患癌症的风险会增加，且这种风险随着疾病持续时间的增加而增加。相比之下，作为另一种慢性炎症性肠病的克罗恩病是一种慢性透壁病，可以影响从口腔到肛门的胃肠道的任何部分。这种疾病的特征是狭窄和瘘管。患者经常出现腹痛、腹泻、发热或肠梗阻症状；然而，在老年人中，症状比发病年龄较小的人更为微妙和不典型，导致诊断延迟或诊断错误。50 岁以后发病的溃疡性结肠炎或克罗恩病患者的短期预后可能比年轻患者更差；对于晚发性炎症性肠病的老年患者，手术干预的必要性可能更为常见。

结肠癌每年影响美国 15 万多人，是老年人常见的恶性肿瘤。这种肿瘤通常生长缓慢且具有惰性，甚至可能不会引发任何症状，只有当慢性出血导致贫血，并随之出现虚弱、苍白、气短、心绞痛或眩晕时才会引起注意。其他患者可能会出现大肠梗阻的体征和症状。结肠癌患者的预后很大程度上取决于肿瘤在被发现时扩散的程度。大多数结肠癌是由息肉发展而来的，切除癌前息肉可以阻止癌症的发展。因此，检测息肉是很重要的；为此，从 50 岁开始应该用结肠镜检查进行筛查。

肝脏

随着年龄的增长，肝脏的结构和功能会发生变化，这些变化可能影响老年人肝脏疾病的表现。随着年龄的增长，肝脏重量逐渐下降；它变得更加脂肪化；抵抗感染和代谢药物的能力往往会下降；且流向肝脏的血液也会逐渐减少。老年人感染性和炎性肝病的谱系和预后似乎与年轻人不同。例如，由于甲型肝炎引发的慢性病毒性肝炎和急性病毒性肝炎在老年患者中较少见，但预后较差；与药物副作用相关的疾病更为常见。

肝功能障碍可能是急性的，也可能是慢性的。老年人最常见的肝炎是由药物等有毒物质引起的，而年轻人的肝炎通常是病毒性的。考虑到处方药物的使用频率，相关的肝功能障碍是罕见的，但仍然是一个重要的问题。据估计，在老年患者中，药物会导致高达 20% 的黄疸病例，在美国每年报告的肝衰竭病例中，药物会导致 25% 的黄疸病例。经常与肝脏炎症相关的药物包括抗生素、麻醉剂、抗高血压药和皮质类固醇。病毒性肝炎是 60 岁以后更严重的疾病，其进展为肝衰竭和昏迷的发生率更高，死亡率也更高。酒精引起的肝损伤仍然是世界范围内的一个主要问题，老年人也不能免于这种社会毒素的影响。酒精会导致肝脏脂肪增加，并可能引发肝炎，最终导致肝硬化，但酒精性肝病的病程似乎是缓慢的，年轻人和老年人都是如此。术后患者发生严重全身感染时，可能会出现肝功能异常，导致黄疸，并由于胆结石和胰腺、胆管和胆囊肿瘤导致胆汁从肝脏流向肠道受阻。

最后，肝脏可能变得肿胀，血液检测肝功能可能异常，并伴有充血性心力衰竭；如果心衰得到控制和改善，肝脏的这些变化，即使是严重的，也可能显示出几乎完全的逆转。

慢性肝病的特点是肝细胞持续变性，导致瘢痕形成（即纤维化和肝硬化）。

老年人和年轻人的肝硬化过程基本相同；临床上通常表现为无症状，且多年无症状发展。一旦肝脏瘢痕形成，肝脏结构的变化是不可逆的，其他系统性变化如门静脉高压（内部血管系统的高血压）可能随之而来。慢性肝病的病因包括酒精等毒素的反复急性损伤、胆管狭窄等慢性阻塞、铁超载、持续性病毒感染（如乙型、丙型和丁型肝炎）以及自身免疫性肝炎。有时慢性肝病和肝硬化的病因不明，被称为隐源性。任何原因引发的肝硬化都可能导致原发性肝癌的发生；肝脏也是癌症从身体其他部位扩散的最常见部位。最后，肝脏可能与全身性疾病有关，例如糖尿病患者的脂肪浸润。这种脂肪变化可能导致肝功能的血液检查出现轻微异常，但很少有临床意义。

胆囊

超过 1 600 万美国人，约占美国人口的 7%，患有胆结石。每年进行 35 000 例胆囊切除术，相关费用每年超过 10 亿美元。

胆结石的存在随着年龄的增长而增加，使得大于 65 岁的大约 30% 的人口患有胆结石。女性与男性的比例为 3∶1。一般来说，胆结石主要由胆固醇组成，胆固醇聚集在一小部分胆红素、胆汁酸或钙上。胆汁在肝脏中产生并储存在胆囊中，当胆固醇随着胆汁饱和时，胆结石就会形成。随后形成晶体，在晶体上胆固醇进一步沉淀，导致胆结石生长。

胆结石可能是无症状的，也可能引发胆囊炎症。这种炎症称为胆囊炎，可能是急性的，也可能是慢性的。胆结石也可能阻塞胆总管，这是一种将胆汁从肝脏输送到肠道的管道。这种阻塞会导致黄疸和感染，称为急性胆管炎，主要见于老年人，尤其是男性的一种综合征是没有结石的胆囊炎，称为无结石性胆囊炎。这往往发生在严重疾病并存的情况下，或者在最近的大手术或严重创伤之后，当患者长时间不允许口服进食，且胆囊处于休息状态时。

胆囊癌是一种多发于老年女性的疾病，其中 70%～90% 的病例与胆结石有关。不幸的是，即使由于其他原因在胆囊切除时偶然发现，这种疾病在确诊后也很难治愈。

胰腺

胰腺炎或胰腺的炎症可分为急性和慢性。急性胰腺炎通常与胆结石疾病或酒精摄入有关；胆结石更有可能成为老年人的问题。许多常见的处方药物，包括皮质类固醇，某些抗生素和利尿剂也会引起胰腺炎。胰腺炎具有明显的腹痛和呕吐，可以通过血液检查（血清淀粉酶和脂肪酶）或各种影像学检验（超声、计算机断层扫描）进行诊断。绝大多数都是可以解决的，但有些可能导致暴发性疾病和死亡。

慢性胰腺炎往往是由于毒素（通常是酒精）反复侵袭而引起的。慢性胰腺炎最终表现为胰腺钙化、纤维化和萎缩。胰腺功能可能会丧失，而且由于胰酶对营养物质消化有重要作用，因此可能会出现脂肪、碳水化合物和蛋白质的消化不良。慢性胰腺炎患者经常有严重的腹痛，油腻恶臭的粪便和糖尿病。有研究已经显示，慢性胰腺炎与胰腺癌之间有关联。

不幸的是，胰腺癌是一种相对常见的肿瘤。男性发病率较高，且与年龄增长密切相关。这些肿瘤通常是在阻碍胆汁从肝脏流出从而导致黄疸时发现的。常见的症状是体重减轻。当发现黄疸和体重减轻时，这些肿瘤通常不适合外科治疗的尝试，只能提供姑息治疗和支持治疗。即使在评估无关问题时发现，胰腺癌也具有令人沮丧的预后。

结论

正常的胃肠功能是至关重要的，因为只有通过正常的消化、吸收和运动才能维持足够的营养。然而，胃肠道功能障碍在老年人中很常见，并且通常与年轻人不同。了解随年龄增长而发生的功能和功能障碍的一般变化是很重要的；老年人的功能障碍范围很广，做出正确的诊断往往具有挑战性。

另请参阅：癌症和年龄；饮食和营养。

拓展阅读

Brandt LJ (1984) *Gastrointestinal Disorders of the Elderly*. New York: Raven Press.

Farrell JJ and Friedman LS (eds.) (2001) *Gastrointestinal disorders in the elderly*. In: Gastroenterology Clinics of North America, vol. 30, no. 2. Philadelphia, PA: W. B. Saunders Co.

Feldman M, Friedman LS, and Sleisenger MH (eds.) (2002) *Sleisenger & Fordtran's Gastrointestinal and Liver Disease: Pathophysiology/Diagnosis/Management*, 7th edn. Philadelphia, PA: W. B. Saunders Co.

Greenberger NJ (1989) *Gastrointestinal Disorders: A Pathophysiologic Approach*, 4th edn. Chicago, IL: Year Book Medical Publishers Inc.

Hellemans J and Vantrappen G (1984) *Gastrointestinal Tract Disorders in the Elderly*. Edinburgh, UK: Churchill Livingstone.

Tallis RC and Fillet HM (2003) *Brocklehurst's Textbook of Geriatric Medicine and Gerontology*, 6th edn. London: Churchill Livingstone.

Wolfe MW (ed.) (2006) *Therapy of Digestive Disorders*, 2nd edn. Philadelphia, PA: Saunders.

Yamada T (ed.) (2003) *Textbook of Gastroenterology*, 4th edn. Philadelphia, PA: J. B. Lippincott Co.

译　者：王　艳（北京大学护理学院）

文化和族裔对老龄化的影响

S. M. 艾伯特 匹兹堡大学，匹兹堡，宾夕法尼亚州，美国

词汇表

文化（Culture）——共同的信仰、知识、情感与目标。

引言

在世界范围内，预期寿命增长和生育率下降几乎是普遍现象，这令当今关于老龄化的文化和族裔差异问题比以往任何时候都更加突出。如今，出生在发达国家的人能够比20世纪初预期多活40年；但与预期寿命延长相比，发展中国家老年人口绝对数量的大幅增长更令人印象深刻。同时，生育率的下降（降低了年轻人口的数量）和日益高效的医疗服务（降低了所有年龄段的死亡率）提高了全球范围内老年人口所占的比例。

预计到2030年，欧洲和北美大部分国家65岁以上人口所占比例将达到20%，同样的趋势将导致欠发达国家也出现相似的年龄分布。但在发展中国家，老年人口达到这一比例所需的时间要短得多。例如，法国和瑞典65岁以上人口从7%增至14%，分别用了82年和114年的时间。同样的变化新加坡只用了18年，韩国用了20年，日本用了25年。类似的过程也发生在发展中国家，例如，斯里兰卡、牙买加和突尼斯将在接下来的25年里各自达到这一老年人口的倍增数量。但与发达国家不同的是，这些国家在老龄化过程中没有发达国家的养老金、社会福利和医疗保健制度，这使得其老龄化成为相对发达国家更加不稳定的问题。

从发展中国家向发达国家的移民数不断增加，以及许多移民人口的出生率增加，均启示我们认识到老龄化的文化和族裔差异将变得越来越重要。我们提供的医疗保健和老年人服务如何调整才能满足这些少数族裔的需要？面对这一不断增长的多元文化的老年人群，临床医生对老年健康和幸福的评价需要做多大程度的改变？在服务过程中需要哪些外展服务或创新以缩小多数族裔与少数族裔之间的差距？

文化和族裔的定义

尽管文化和族裔经常互换使用，事实上将其区分开来非常重要，因为他们代表了个人特征和社会状态的不同组成。例如，在美国，一个人可以通过自己的祖先、外表和对国家的忠诚自认为是亚洲人或拉丁裔，但他

已完全融入美国文化，不会说祖父母的语言，甚至在祖国一个人都不认识。通常认为族裔（如人口普查记录）掩盖了与老年健康行为和预后相关的大量文化适应、语言和文化的变异。种族也是如此，事实上许多老年病学研究者和临床研究者已经放弃了试图区分种族、族裔和文化，只是简称为族裔或种族，或社会文化群体。但是文化和族裔也并不总是可以融为一体的。在社交活跃、宽容度高的美国，自我认定为少数族裔的变化取决于其日常生活受族裔相关文化习俗的约束程度。被同化的时间和在美国住的时间越长，文化差异越小，因此成年的孩子可能会发现自己面临跨文化沟通的严峻挑战，即使在自己的家庭内部也是如此。当成年的孩子在长辈、家庭护理人员与临床医生之间充当中间人时，或当他们自己对老年的期望与他们的父母或祖父母的期望发生冲突时，这种挑战可能最为明显。

关于文化，人类学家指的是共同的信仰、知识、情感与目标。由于主体文化与提供主要服务（如医疗服务）的专业人士的期望不同，这些共同的感受也会不同。例如，医学人类学家已经发现各种与现代医学不一致的本土观念，如对于高血压或药物作用的误解。对此，我们要对老龄化多一些总体的预期。少数族裔是否认为疼痛、活动受限、认知减退是老龄化的正常表现呢？他们对老龄化的预期比非少数族裔多还是少呢？这些问题最近才成为研究的主题。仅有的相关研究显示：不同的文化对于老龄化和老年护理的预期是不同的。例如在美国，少数族裔很少使用专业的护理设施，可能更倾向于在家中忍受痴呆和老年失能。

总体来说，文化可能在老龄化的侧重点方面有所不同。老年学研究表明，进入老年后生物系统的衰老会产生积极和消极两种变化。例如，每增长 10 岁，人体的力量、步速会下降，反应会减慢，但同时成瘾行为和犯罪率也会下降、严重的心理障碍会减少、与家人的联系会增多。美国文化更强调老龄化的消极特征；因此老龄化在一定程度上需要被抗争或掩盖。在其他的文化中，更强调老龄化的积极方面，例如肯尼亚的萨米亚人认为，老龄化意味着可以坐在火炉边烤火和被赡养。与之相反，美国人则认为年老后如生活不能自理或需要他人帮助还不如死去。

对老龄化的跨文化差异研究，实际上是定义生命过程的差异的研究。人类学家和历史学家已经记载了人类发展过程的阶段性差异，即把人类生命的发展历程分为几个阶段。美国的意识形态强调成年的离散阶段：教育、就业、退休。职业生涯向退休的转化可能会因重要旅行被中断，或被期待已久的爱好推迟。相比之下，在中国，人们的生活被比作大米的生长周期。生命的主要周期被定义为生育、衰老和重新回归地球。超越衰老和死亡是一个重要和有价值的人生阶段——返璞归真。

在某些社会群体中，年龄是社会分类的主要因素。如按年龄设置结构体系的东非地区、日本，强制性基于年龄的俱乐部、分级系统中的初级—高级区别（如军队），甚至大学新生和联谊会都按年龄或大致基于年龄的分组而进行社会责任和特权分配，并强调群体智慧的状态转化。如以年龄作为分级的主要因素，老年人在这样的社会或组织中应具有更大的威望，但个案研究显示老年人在这些社团中的地位有很大差异。

文化和族裔与老龄化体验的相关性

当人们想到老年时，他们首先会想到岁月或其他一些显示时间流逝的指标（如在不使用以年为基础的日历的社会中，他们的指标可能包括已经收割完成的次数、完成仪式的数量，或搬家的次数等）。但即使在当代全球化文化中，老年也不是简单的生理年龄问题。调查结果显示，进入老年的定义随个人的年龄（一个人越老，被认为进入老年的时间越晚）、性别（女性进入老年的时间较晚）和社会经济地位（少数族裔被认为进入老年的时间较早，或许与预期寿命较短有关）有很大差异。

同样，当人们对社会地位进行分组时，生理年龄只是影响分级的一个因素。其他一些文化特质如生产力、脆弱性和创造潜力等也很重要，因此在某些情况下研究者将受访者中的老年人和孩子分为一组，与中年人进行区分。这一发现与老年人的幼稚化的研究是一致的。婴儿式谈话能用于有认知减退或其他失能的老人，一些用于儿童的典型词汇（如昵称、爱称）经常被用在老年人身上。反过来也是如此，年轻人如果不积极主动、对新事物或旅行不感兴趣、不愿意改变职业，或反应迟缓、过于谨慎，或心胸狭隘，则会被视为老龄化。这些言论显示了美国社会典型的对老龄化的负面定义。人们年老不仅因为他们的年龄，也因为他们的行为、选择健康状况、行为态度，甚至是政治活动。因此，在美国社会，成人可以拒绝长大，人们可以坚持不表现自己的年龄。跨代婚姻（也被称为“老少配”）是遭到贬抑的，被认为近乎乱伦。相反，在许多亚洲和非洲社会，婚姻伴侣之间年龄有巨大差距（男性远远年长于女性）并不例外。

显然，不管结论如何，这些对老年的整体评估是基于年龄的状态的重要部分。在所有社会结构中，可能更多在发展中国家，保护和尊重长者是普遍的（这一点在古荷马对战车比赛的描述中反映得非常好，那时奖杯是颁给跑得较慢的老年战士的，只因为他的年龄；诗人评论说如果把它颁给更年轻、跑得更快的竞争者会显得不合情理）。但即使在非常成熟的尊重老人的传统社会，老年人被忽视和处于不安全状况的报道仍屡见不鲜。在发展中国家，年轻人迁徙到城市（或到其他国家就业）降低了照顾家庭年长者的可能性，并可能进一步使关系疏远。

进入晚年可用资源的变化：健康差异

一方面，少数族裔和文化的少数群体带着累积的健康劣势进入老年。他们可能健康状况差、在身体和认知功能检测中总体表现不佳、既往病史很多，同时整体上经济状况较差，医疗保险覆盖率低。身体状况和认知功能较差的原因尚不完全清楚，但可能与教育水平低、更多的需要体力的职业暴露、儿童和青少年时期医疗保健机会较少，以及社会经济地位较低带来的其他风险因素有关。文化地位可能也是一个独立影响因素。例如，在圣路易斯谷研究中，西班牙裔美国人比白人长者的健康情况更差，甚至在调整了健康状况和机体表现后的结果依然如此。另一方面，少数族裔在进入老年时可能有一些优势。身体结构健康和老化研究发现，非裔美国男性和女性比白人的骨骼健康更好，更不易发生骨折。但同样的研究也显示非裔美国老年人的心血管健康较差。

在医疗条件方面，美国白人长者和少数族裔之间的差异令人印象深刻。在 20 世纪 90 年代，白人和少数族裔老年人在心脏病、脑卒中、肺癌和乳腺癌（以及机动车辆碰撞、自杀和杀人）等方面的死亡率均下降。在某些疾病上，少数族裔老年人死亡率下降程度更大。例如，在脑卒中的死亡率上，非裔美国人下降了 11.1%，西班牙裔下降了 8.2%，亚裔和太平洋岛民下降了 8.1%，而白人长者下降了 7.2%（这种下降趋势的一个例外是美国原住民，其在该阶段脑卒中死亡率增加了 2.6%）。这些趋势是让人接受的，它们反映了消除贫富差距在医疗服务提供及预后方面取得的成果。但同时，脑卒中死亡率存在的整体差异令人印象深刻。例如，20 世纪 90 年代末年龄调整的脑卒中死亡率（每 100 000 人口死亡人数）白人是 23.3%，非裔美国人是 42.5%。西班牙裔的脑卒中死亡率更接近于白人。

心脏病是造成老年患者死亡的最大原因，调查显示一些族裔和文化群体患心脏病的风险可能比大多数人要低。在 20 世纪 90 年代末，心血管疾病造成的死亡风险（仍为年龄调整后的每 100 000 人死亡数）白人为 123.6%，非裔美国人为 188%，西班牙裔为 84.2%，美国原住民为 97.1%，亚裔和太平洋岛民为 67.4%。这些数字应该被谨慎解释，但它们只代表了单一的死亡率来源，族裔和种族少数群体的健康差距也增加了早年死亡风险。

老年机体失能差异也在缩小。至少在高要求的家务活动方面，非裔美国人和其他老年人中失能人数每年下降 1%～2%。然而，少数族裔和少数文化群体的失能患病率在增加。在针对老年人的健康和退休调查中，非裔美国人较非西班牙裔白人更易在洗澡（6.7%：2.4%）、上厕所（7.4%：3.0%）、从床上或椅子上移动（11.1%：4.5%）、穿衣（12.6%：5.7%）、室内行走（8.5%：3.5%）等方面有困难或需要帮助。上肢和下肢有关力量和灵活性的指标也有类似差异，如负重提起和携带 10 磅（约 4.5 千克）重物（27.8%：14.4%）或用手指抓握和处理物体（7.0%：3.9%），这些差异在市中心和郊区的非裔美国人中更为明显。

这些患病率的差异可以用少数族裔和少数文化群体较少使用专业护理设施来解释。最衰弱和失能的老人可能住在护理院。如果一个少数文化群体没有像其他群体那样使用护理设施，那么其社区居住的有可能更多的是失能老人。针对西班牙老年人的圣路易斯谷研究可以很好地说明这种偏差，当样本仅限于社区居住的老年人时，与白人长者相比，西班牙老年人的失能发生率更高。但是，如果把护理院的老年人也纳入该研究，则西班牙裔和非西班牙裔白人在失能患病率方面并没有差异。然而这种差异的缺失也引发一个更有趣的问题，与同一地区的非西班牙裔白人相比，为何收入和受教育程度都较低的西班牙裔老年人却没有表现出更高的失能率呢?

相同的累积劣势在认知测试和痴呆风险方面体现也很明显。早期研究显示社区居民在阿尔茨海默病上的患病率非常高（65 岁以上老年人中约 10%），部分原因是监测是在南波士顿的意大利裔聚集区进行的，这一群体没有使用专业护理设施。实际上，目前的研究显示，65 岁及以上人群中约 5%符合阿尔茨海默病的标准，但阿尔茨海默病的发病率或发病风险确实存在文化差异。一项仅限于不携带载脂蛋白 E4 基因（阿尔茨海默病的遗传风险因子）人群的前瞻性研究显示，西班牙裔和非裔美国人面临更显著的疾病风险。到 75 岁时，约有 2%的白人和 9%的少数族裔达到该病的诊断标准。到 80 岁时，约有 9%的白人和 21%的少数族裔患病。即使统计学上控制了不同族裔在阿尔茨海默病上的各种风险因素，如教育年限、该病家族史、慢性疾病共病数量、头部外伤以及吸烟等方面的差异，这种发病率的巨大差异仍然存在。如果用更严格的痴呆定义重新计算发病率，仅纳入明确和明显的阿尔茨海默病病例（中度或更严重的痴呆），也不能消除种族或族裔群体之间的差异。

这些由文化造成的阿尔茨海默病风险的差异引发了许多重要问题。我们是否对少数族裔过度诊断（如果是这样，为什么?），还是我们对白人诊断不足（如果是的话，为什么?）？为什么少数族裔患阿尔茨海默病的风险更大？是因为他们进入晚年时已经部分失能？还是进入晚年时与白人能力相当，或在老年期以更快的速度下降？第一个解释暗示前 50 年生命的影响，第二个解释则暗示影响在后半生。

有证据显示第一种解释可能是对的，在一项针对非痴呆社区老年人的研究中，16.3%的白人记忆能力处在低于三分之一范围内，但 32.4%的非裔美国人和 44.4%的西班牙裔也在这个范围内。这种差异有力地支持早年生活事件预示晚年生活的关键结果这一说法。少数族裔老年人进入晚年生活时认知储备更少。相比之下，记忆评分在连续评估中的变化斜率（即平均下降率），在三个种族或族裔群体中没有显著差异。因此，少数族裔的认知表现并没有以更快的速度下降。基线差异，先于晚年的差异，似乎是造成少数族裔和少数文化群体阿尔茨海默病风险更高的原因。

家庭护理和代际交换之间的差异

族裔和文化群体对家庭照顾的承诺各不

相同。相较于白人，非裔美国人更倾向于赞同家庭照顾为首要地位，因此他们不太可能选择使用正规的长期护理，包括临时护理、家庭护理、成人日间项目、专业的护理设施和临终关怀。同样，拉丁美洲人相较于白人而言也推迟选择专业护理措施；他们赋予家庭护理更高的文化价值，导致对家庭护理持更积极的态度，反之，对专业的护理设施作为痴呆或临终关怀的一种选择持更消极的评价。然而这些差异可能正在缩小。随着极其衰弱的老年人在生活出现状况时可选择性逐渐增多，如辅助生活和退休社区的长期护理，在专业护理机构中白人老者的比例在下降，而少数族裔群体的比例在增加。

家庭照顾之间的差异是基于孝道或义务的文化准则。在中国，“孝”或“孝顺”这个概念是中国文化的一个特有元素，但具有强烈的性别色彩。这种照顾的责任自然而然地落在成年女儿或儿媳身上，而不是儿子身上。在美国家庭中，无论是在基本概念还是在劳动分工上，照顾老人的模式都更加多样化（尽管照顾失能老人仍然主要是女性的工作）。孝道观念与依靠父母观念有着密切的联系。将提供照顾的义务视为互惠关系的照顾者（她是一位好母亲，现在我需要照顾她）很可能认为老人只是生病、失能，或有需要。那些把照料视为一种身体联系的照顾者（她是我的母亲）更倾向于把照顾说成是角色的颠倒，把父母的衰老看作是对童年的回归。认为照料是互惠关系的美国人更愿意将护理院作为一种护理选择。这种求助通常发生在照料工作的后期，因为家人已经感觉到超出了合理互惠（以及满足老年人需要的家庭能力）的范围。在美国，孝道的准则受教育的影响很大，对受过高等教育的人来说，护理院的可接受程度和适用性更强。

有了孝道责任的规范和照顾需求的积极评价，少数族裔和少数文化群体在护理中的满意度更高。拉丁美洲的护理人员报告说，他们对压力的评价较低，护理带来的益处较大；他们也相较于白人看护者更多地利用宗教进行应对。同样，非裔美国人的护理人员比白人护理人员的焦虑更少、更幸福，更能感受到护理的好处。

照料是否扩大了其他代际关系？例如提供经济上和其他形式的支持。一项关于成年子女与父母关系的前瞻性研究显示，20 多岁的孩子与 40~50 岁（20 世纪 70 年代）父母之间的关系，和 25 年后（20 世纪 90 年代）孩子与父母之间的关系相比有一些差异。花更多时间陪伴成年子女并提供更多经济支持的父母更有可能在 25 年后从成年子女那里获得帮助与支持。

不同的证据表明，这种代际关系投入或保险机制在不同的文化背景下有所不同。以中国台湾为例，失能前向家人提供帮助的老年人入住疗养院的概率较低。但在孝道责任至关重要的情况下，在生命早期提供帮助与在生命后期提供照料之间的相关性较弱。

值得一提的是，商品、时间和护理的交换也是使世代延续下去的手段。当年老者不再能够在这种交换中得到回报时，维持家庭的延续性就变得更加困难，这种困难在不同文化之间或多或少可以得到解决。而在这个领域的跨文化研究相对较少。

老年评估中文化和种族的相关性

认知状况

一方面，尽管一些人认为少数族裔或者少数文化群体在老年痴呆的认识方面可能不同（如更容易出现痴呆行为），实际上，这些差异体现在对老年痴呆知识的掌握不同以及能否得到对痴呆的照顾上。另一方面，文盲或者文化程度较低人群进行认知评估更具有挑战性。如上文所说，关于少数族裔在认知评估中表现较差的原因仍不清楚。在语言或者非语言测试，甚至是基本精神状态测试，例如简易精神状态检查（MMSE）中，少数族裔的表现都较差。受教育程度较低的少数族裔表现较差的原因可能是受教育程度和精神心理评估紧密相关。但是，即使是受教育经历相似的非裔美国人、西班牙裔和白人相比，少数族裔的表现仍较差，尽管差距缩小了。原因可能是即使教育经历相同，少数族裔的教育质量和读写能力仍相对较差。

身体机能

尽管少数族裔的身体机能更可能较差（如需要他人帮助洗澡或提举生活用品），但认知评估和身体机能评估的结果不同。少数族裔的差别主要体现在力量、速度、灵活度以及感觉灵敏度方面。比如，在纽约一项白种人、亚裔美国人以及西班牙裔的老年人群研究中，各组握力水平（用握力计测量）没有明显差别，只体现出我们预料到的年龄、性别等方面的差别。但是和一组新德里的老年人比较时显现出较大差别。在各组年龄、性别、自诉失能以及疾病状态相匹配的情况下，印度老年人的握力水平只有美国老年人的一半。虽然在印度组中同样出现了预料中的差别（女性握力低于男性，糖尿病患者握力更小），印度老年人相较于美国老年人握力上的巨大差别可能反映了他们终身的营养状况较差、体力劳动繁重、医疗资源欠缺以及一些相关因素。

情感和心理健康

在相同地区的墨西哥裔美国人比白种人更容易出现抑郁症状，这些症状和文化适应的程度紧密相关。一些对美国不同种族以及文化群体的研究显示出更高心理健康问题发病率（如焦虑、抑郁症状、丧失斗志、恐慌症状）。这种流行普遍性的差异主要是因为融入一个崭新的、不同的社会所带来的挑战，而不是因为文化或种族特征不同。而且，在不同文化中，心理健康状态的表现是不同的。比如，对于一个刚从哥伦比亚移民过来的人和一个美国老年人，他们感到焦虑或者丧失兴趣的感受是不同的。事实上，焦虑抑郁测试的评估项目不能很好地适应不同的文化。在美国人中典型的项目（如烦躁不安或躯体症状）在其他非美国人群体中无明显相关性。这导致一些研究者认为不同文化群体中抑郁症状不同。与白种人相比，韩国人、美国本土人以及非裔美国老年人评估抑郁的内容不同。这些心理健康症状的不同如何影响心理健康服务的应用，是未来需要进行深入研究的领域。

文化和族裔与老年健康促进的相关

少数族裔即使有条件也不太可能接受预防保健服务，如接种疫苗和癌症筛查。而且，很难知道使用这些服务的差异在多大程度上与文化有关（如对晚年预防保健服务的理解不同或将健康视为个人事务或个人权利的程度不同），以及多大程度上与文化隔离有关，文化隔离是许多民族聚居地的特征。本文中的文化隔离指的是限制获取与文化（如不会讲英语）有关的健康信息，也包括宗教禁止接触主流文化，例如看电视或阅读英文报纸。这种隔离可能对围绕宗教信仰而建立的少数民族社区的健康有重要的影响。纽约市布鲁克林的东正教犹太老年女性进行乳腺钼靶检查、宫颈涂片、结直肠癌筛查的比率低于纽约市相同年龄和教育程度的女性。最少接触主流来源健康信息的东正教女性最少使用预防保健服务。对于希望保持传统、同时参与有效的疾病预防和保健的族裔及文化社区，努力调动社区资源，与公共卫生机构合作，发展合适的、在文化上可传递信息接受的方式是很重要的。

结论

目前正在形成的老年化社会将会是一个多元文化的老年化社会，大多数老年人生活在发展中国家，但是也会有更大数量的老年人跨越国界移民到美国。因此，认识种族和文化差异对理解衰老的不同、如何能最好地满足老年人的需要越来越重要。正如这篇简短的文章所述，文化和种族差异对老年人的评估、治疗和提供服务都提出了挑战。所以，我们现在要解决前面提出的问题。

健康服务以及老龄化服务如何进行调整以满足这些少数族裔？很显然，服务提供者需要更多地了解文化差异才能提供有效的服务。当少数族裔主诉焦虑时可能不是像白人老年人说的那样，他们的身体及认知能力储备更低，甚至在发生明显失能之前，他们的家庭在健康管理方面起着重要的作用，他们对现有的长期的健康服务更加抵触。临床医生以及其他健康服务提供者需要在少数族裔社区发展合作伙伴，或者最好能够培训少数族裔医生提供健康服务。

面对日益增多的多元文化老年群体，临床医生必须在多大程度上改变对老年人健康、幸福的评估？评估无文化或接受教育比较少的老年人的认知能力是很有挑战的。同样，如果我们对少数族裔进行针对性治疗，在某些情况下，需要制定文化特异性的情绪测定方法，采取敏感的报告方式。在老年人其他领域的经验，如体能检查或对老年痴呆的检测，可能受文化的影响较小。

在健康服务上，需要什么样的拓展服务

或创新才能缩小大多数和少数族裔老年人之间的差距？证据表明，美国在获取健康服务、健康成果方面的差距正在缩小。然而，在某些情况下差距仍然很大，例如白人与非裔美国人。全民健康保险系统在老年人中的推广、在缩小医疗保险可及性方面有很大的帮助。然而，在健康成果方面的差距很难解决，未来仍是一个挑战。

另请参阅：照料；种族和少数民族；生命历程。

拓展阅读

Albert SM (1990). Care giving as a cultural system: Conceptions of filial obligation and parental dependency in urban America. *American Anthropologist* 92: 319–331.

Albert SM (2004). *Public Health and Aging: An Introduction to Maximizing Function and Well-Being*. New York: Springer Publishing Company.

Albert SM and Cattell M (1994). *Old Age in Global Perspective: Cross-Cultural and Cross-National Views*. New York: G. K. Hall.

Becker G, Beyene Y, Newsom E, and Mayen N (2003). Creating continuity through mutual assistance: intergenerational reciprocity in four ethnic groups. *Journal of Gerontology: Social Sciences* 58: S151–S159.

Chandra V, Gangula M, Ratcliff G, Pandav R, Sharma S, Belle S, Ryan C, Baker C, DeKosky S, and Nath L (1998). Practical issues in cognitive screening of elderly illiterate populations in developing countries. The Indo-US Cross National Dementia Epidemiology Study. *Aging* (*Milano*) 10: 349–357.

Dilworth-Anderson P, Brummett BH, Goodwin P, Williams SW, Williams RB, and Siegler IC (2005). Effect of race on cultural justifications for caregiving. *Journal of Gerontology: Psychology and Social Sciences* 60: S257–S262.

Fry CL and Keith J (1981). The life course as a cultural unit. In: Riley MW, Johnson M, and Foner A (eds.) *Aging and Society*. New York: Russell Sage Foundation.

Keppel KG, Pearcy JN, and Wegener DK (2002). Trends in racial and ethnic-specific rates for the health status indicators: United States, 1990–1998. *Healthy People 2000, Statistical Notes* 23: 1–16.

Kinsella K and Phillips DR (2005). Global aging: the challenges of success. *Population Bulletin* 60 (1) .

Mahoney DF, Cloutterbuck J, Neary S, and Zhan L (2005). African-American, Chinese, and Latino family caregivers' impressions of the onset and diagnosis pf dementia: Cross-cultural similarities and differences. *The Gerontologist* 45: 783–792.

Silverstein M, Conroy SJ, Wang H, Giarrusso R, and Bengtson VL (2002). Reciprocity in parent-child relations over the adult life course. *Journal of Gerontology: Social Sciences*

57: S3-S13.

Sommer B, Avis N, Meyer P, Ory M, Madden T, Kagawa-Singer M, Mouton C, Rasor NO, and Adler S (1999). Attitudes toward menopause and aging across ethnic/racial groups. *Psychosomatic Medicine* 61: 868-875.

Traphagan J (2000). *Taming Oblivion: Aging Bodies and the Fear of Senility in Japan.* Albany, NY: State University of New York Press.

Whitehouse PJ, Gaines AD, Lindstron H, and Graham JE (2005). Anthropological contributions to the understanding of age-related cognitive impairment. *Lancet Neurology* 4: 320-326.

译　者：姜春燕（首都医科大学附属北京友谊医院）

稳态、体内动态平衡与老化

S. I. S. 瑞坦　奥胡斯大学，奥胡斯，丹麦

词汇表

应变稳态（Allostasis）——机体通过动态变化保持其内环境的稳定状态。

基本寿命（Essential Life Span ）——也称为自然寿命，为实现达尔文提出的生命目标（Darwinian purpose of life），即为世代延续而成功繁殖所需的时间。

体内动态平衡（Homeodynamics）——复杂生物系统的内部环境不是永久固定的，也不是处于平衡状态的，是组织的不同层次之间的动态调节和相互作用的概念。

稳态（Homeostasis）——对外部和内部干扰源做出反应、抵消和适应的能力。

兴奋（Hormesis）——由细胞对挑战和刺激体内动态平衡机制的轻度重复压力的反应产生的有益影响。

引言

与非生命系统相比，所有的生命系统都具有对外界和内部干扰源做出反应、抵消和适应的内在能力。描述这一特性的传统概念模型是自 20 世纪 30 年代以来主导生物学、生理学和医学的稳态。然而，随着对生物生长、发育、成熟、繁殖，以及生命后期老化、衰老和死亡等方面的认知逐步深入，我们认识到由于稳态模型通过恒常性来定义稳定性的原则，没有考虑到构成和强调现代复杂性生物学的新主题，如控制论、控制理论、突变论、混沌论以及信息和交互网络等，所以稳态模型的解释是严重不完整的。

自 20 世纪 90 年代以来，由耶茨（F. E. Yates）于 1994 年引入的“体内动态平衡”一词被越来越多的人使用，尽管它还没有完全成功地取代“稳态”一词。体内动态平衡的概念解释了复杂生物系统的内部环境不是永久固定的，也不是处于平衡状态的，而是组织的各层次之间的动态调节和相互作用。

体内动态平衡概念发展的同时，彼得·史特林（Peter Sterling）和埃耶（J. Eyer）于 1988 年发明并引入“应变稳态”一词，得到了人们的认可和使用。根据应变稳态模

型，通过变化实现稳定是生物系统最真实的情况。应变稳态模型还考虑了各种细胞、组织和器官之间的相互权衡、对潜在压力源严重性的调节感知和预测，以及做出反应和调整以实现必要改变的最终成本等特征。每一个非平衡行为都会增加非平衡载荷，例如，未修复的分子损伤、减少的能量沉积，以及逐渐降低的效率或不稳定的结构和功能部件。老化、衰老和死亡是体内动态平衡不成功或异位平衡失败的最终表现。

稳态动力机制的构成

在任何生物体的细胞、组织、器官和系统中运行的众多生化途径和生理过程中，可被认为是稳态动力机制的典型组成部分的关键途径与过程如下：

1. 细胞核和线粒体 DNA 修复的多种途径，包括维持 DNA 向 RNA 向蛋白质传递信息的准确性和去除 DNA 中自发损伤的途径。

2. 感受和反应细胞内外应激源的过程，如热休克反应、血红素氧合酶反应、应激激素和离子通量。

3. 蛋白质修复的途径，如蛋白质的伴侣复性和氨基酸氧化的酶逆转。

4. 蛋白酶体和溶酶体清除和转换缺陷蛋白的途径。

5. 对活性氧的抗氧化和酶防御。

6. 饮食中有害化学物质的解毒过程。

7. 对病原体和寄生虫的细胞和体液免疫反应，包括细胞免疫反应完成后的大量凋亡（程序性细胞死亡）。

8. 伤口愈合、血液凝结和组织/器官再生的过程。

除了这些主要的途径和过程组成的体内动态平衡机制，还包括一些其他生理过程，例如温度控制，分化细胞的表观遗传稳定性，脂肪储存和能源利用。

当然，所有这些过程都涉及基因，基因产物及其相互作用产生了一个动态空间，是个人生存和维持健康状态的机会和能力的最终决定因素。目前，我们对基因及其变异的数量及其多重相互作用和后果的了解还太少，无法以任何合理的方式识别、定义和操纵稳态动力机制。就人类和其他社会动物而言，最大的挑战之一是明确心理社会因素作为稳态动力机制的组成部分的作用。

稳态动力空间与寿命

为什么不同物种的成员有不同的寿命，以及是什么决定了生命体的寿命潜力，这些都是具有挑战性的进化问题。苏瑞许·瑞坦（Suresh Rattan）将物种的自然寿命称为基本寿命，布鲁斯·卡内斯（Bruce Carnes）和S. 杰伊·奥尔尚斯基（S. Jay Olshansky）将物种的保证期称为基本寿命。基本寿命被定义为实现达尔文式的生命目的所需的时间，即成功繁殖后代所需的时间。经历快速成熟和早期繁殖的物种，具有较大的繁殖潜力，通常具有较短的基本寿命。相比之下，一个物种的成熟缓慢、繁殖开始较晚、繁殖潜力小，通常具有较长的基本寿命。例如，与50岁以下的智人相比，果蝇的基本寿命不到1周，即使在受保护的环境（实验室和现代社会）中，两个物种的很大一部分种群能够而且确实活得更长。

自20世纪80年代以来，罗宾·霍利迪（Robin Holliday）和汤姆·柯科伍德（Tom Kirkwood）一直在研究能量和代谢资源的分配作为生物体寿命和生存潜力的决定因素。根据他们的观点，有效的能量和代谢资源必须被划分为生命的三个基本特征：（1）基本代谢，包括生化合成、呼吸、细胞更替、运动、喂养、消化和排泄；（2）生殖；（3）如前所述，通过稳态机制进行维持。

尽管基础代谢对所有动物都是必不可少的，但在繁殖和维持方面的投入程度因物种而异。这就是所谓的“可支配躯体老化理论”，即维持性投入和生殖性投入之间的权衡，二者呈反比关系。两者之间的进化平衡取决于物种的生活史策略和生态位。有几项比较研究表明，寿命与修复DNA、解毒活性氧分子、应对和对抗压力以及替换磨损细胞的能力呈正相关。此外，寿命与损伤累积率呈负相关，包括突变、表位突变、大分子氧化和代谢副产物的聚集。

虽然物种间寿命差异的原因可以用一次性躯体理论来解释，但物种内个体间的显著差异很难解释。基因、环境和机会因素被认为是个体寿命的决定因素。在这些因素中，人们对基因及其与生存和长寿的关系有了一些了解。人类基因多态性和寿命的关联研究已经确定了许多在多种生化途径中起作用的基因，如细胞因子、胆固醇代谢、DNA修复和热休克反应。这些研究将最终阐明其调控和干预的基础是构成个体体内动态平衡空间的基因的性质和数量。

老化基于体内动态平衡的失败

如前所述，根据不同物种的生命史特征，体内动态平衡机制的进化性质对基本寿命设定了一个内在的遗传限制。因此，衰老被认为是一种突发性现象，主要出现在受保护的环境中，这些环境允许人类在野外生存超过自然寿命。人们认为不存在真正的衰老基因（老年基因），1995年苏瑞许·瑞坦将衰老基因定义为虚拟老年基因，因为它们对衰老和寿命有间接影响。

根据50多年来在生物老年学领域收集的大量描述性数据，罗宾·霍利迪将老化定义为体内动态平衡的渐进性失败。总的来说，生物老年学数据将衰老描述为核酸、蛋白质和脂质中分子损伤的逐渐累积。由于分子损伤的发生和积累主要是随机的，衰老在不同的物种，物种内的个体，个体内的器官、组织、细胞和亚细胞成分中表现不同。与年龄相关的分子损伤累积及其后果的主要原因是构成基因决定的稳态动力机制的维持、修复和转换途径的低效和失效。

将老化定义为体内动态平衡的失败，仍然需要一个机制的解释来阐述为什么这种失败会发生，以及是什么控制了不同物种的失败率。在过去的50年里，研究人员提出了大量的假设，试图解释在大分子、细胞、组织、器官和系统中观察到的与年龄相关的变化是如何发生的。这些假设的主要例子包括基因调控的改变、体细胞突变的积累、蛋白质的错误和修饰、活性氧和自由基、免疫重塑和神经内分泌失调。在细胞水平上，所谓的端粒丢失理论和 DNA 甲基化进行性丢失的表位突变理论是正常细胞、分化细胞和二倍体细胞在体内外增殖潜能丧失的其他机制解释。

尽管所有这些相关假设为理解在特定水平上观察到的与年龄相关的变化提供了多种解释，在它们的关注范围内可能非常有用。然而，为了回答为什么不能完全避免有害的、最终致命的变化这类问题，我们必须求助于前面讨论过的衰老和长寿的进化理论。

为了理解生物网络和权衡的交互性质，一些相关的理论和数学模型正在开发中。最近，关于细胞和生物体等复杂系统不可避免的故障，伦纳德·加夫里洛夫（Leonard Gavrilov）提出的老化和寿命可靠性理论，重申了任何过程都不可能在100%的时间内100%准确的原则；正是基因、环境和机会的相互作用性质有效地决定了一个生物系统的体内动态平衡能力能维持多久。

体内动态平衡以及老化干预、预防和治疗

根据先前描述的基于体内动态平衡的老化和寿命解释，我们经过数百万年进化而形成的身体，在基本寿命之后进入衰老的时期、（一种或多种）疾病的发生及至最终死亡，似乎是正常的事件序列。这一观点使老化的调节不同于一种或多种特定疾病的治疗。在疾病的情况下，如任何特定类型的癌症，理想的治疗方法是移除和消除癌细胞，并将受影响的器官或组织恢复到其原始的无病状态。那么，对老化的治疗将是什么？人们希望恢复到什么样的年龄阶段？把老化看作一种疾病，然后试图治愈这种疾病是不科学的，也是被误导的。类似地，虽然用更耐用的材料制成的天然或合成零件零碎地替换非功能性或半功能性身体部位，可以暂时解决与年龄相关的损伤问题，但它并不能调节潜在的老化过程。

科学合理的抗衰老策略旨在延缓老化，防止或延缓生理衰退，恢复丧失的功能。在构成个体稳态机制的所有基因水平上加强、改善或扩大稳态空间，可能是理想的抗衰老解决方案。然而，这种基因治疗方法需要在基因、基因产物、大分子相互作用、分子环境相互作用等层面重新设计人体结构和功能单元的蓝图。考虑到我们目前对基因、分子、环境和机会的相互作用所掌握的信息和知识极少，目前还不清楚这种方法在实际和可实现方面意味着什么。

改善稳态机制运行的环境是大多数所谓的抗衰老专家正在遵循的另一个策略。主要方法包括补充激素，如生长激素、脱氢表雄酮、褪黑激素和雌激素，以及以纯化形式或从植物和动物来源制备的提取物中添加合成和天然抗氧化剂的营养补充。尽管这些方法

中的某些已经被证明在治疗老年人的一些疾病方面有临床益处，但没有一种方法真正能够调节衰老过程本身。此外，声称摄入高剂量的维生素和各种抗氧化剂的益处及其所谓的抗衰老和延年益寿的作用几乎没有科学证据支持。

相比之下，通过热量限制（caloric restriction，CR）进行营养调节已被证明是啮齿动物和猴子有效的抗衰老和延长寿命的方法，并可能应用于人类。然而，无论从定义认知 CR 的实用性，还是将 CR 应用于生理和进化环境中的人类而言，这都是一个极具争议的问题。

作为老化调节剂的稳态和激效

在一个更现实和不远的将来，一种基于利用生物体内在的自我维持和修复的动态特性进行老龄干预和预防的方法看起来是有前途的。鉴于衰老的特征是由于体内动态平衡的进行性失败而导致适应能力的下降，因此研究者假设，如果细胞和有机体暴露在短暂的应激环境中，使其应激反应诱导的基因表达上调，并刺激相关的维持和修复途径，人们应该能观察到其抗衰老、延年益寿的作用。这种现象被称为激效现象，即对低剂量其他有害条件的刺激反应可改善健康和延长寿命——尽管“激效”一词是在 20 世纪 30 年代被创造出来的，但它的广泛使用则应该归功于爱德华·卡拉布雷斯（Edward Calabrese）。

激效现象根据不同的背景有不同的定义。例如，在毒理学、药理学和放射生物学中，激效是由非线性 U 型或反向 U 型剂量—反应曲线定义的。在生物老年学中，激效的特点是细胞对挑战和刺激稳态机制的轻度重复压力的反应所产生的有益影响。众所周知，衰老中的激效范式是适度的运动，尽管它也产生自由基、酸和其他有害作用，但适度运动有许多有益的作用。

据报道，在各种系统（如酵母、果蝇、线虫、啮齿动物和哺乳动物）中，轻度应激可延缓衰老和延长寿命，包括温度休克、辐射（紫外线和 X 射线等）、重金属、促氧化剂、乙醛、酒精、高重力、运动和限制饮食。据报道，长期但轻度营养不良对人类有激效的有益作用，间歇性禁食对葡萄糖代谢和神经元抗损伤能力有有益的影响。

尽管目前只有少数研究将轻度应激作为衰老和长寿的调节因子，但激效疗法可以成为生物疗法中一种有用的实验方法。然而，在轻度压力被用作调节衰老和通过改善个体的动态空间来预防与年龄相关的损伤和病理的工具之前，还有几个问题有待解决。激效作为稳态动力刺激剂的适用性问题如下：

1. 建立测定不同胁迫水平的生化和分子标准；

2. 识别不同应激源引起的应激反应途径的异同；

3. 量化各种应激反应的程度；

4. 确定各种应激反应途径的交互作用和多效性效应；

5. 调整轻度应激水平，以适应与年龄

相关的应激敏感性变化；

6. 确定重复暴露于压力下的生物和进化成本；

7. 确定相对较小的激效的生物学意义，这些激效在整个生命周期中的有益作用尚不明确。

需要进行更多的关于激效的研究才能解决这些问题。现在，通过对多种生物系统的实验，以及使用一系列物理、化学和生物应激源，已经证明了激效原理。运动和减少食物摄入是两种主要的生活方式干预措施，它们都通过激效发挥其有益和抗衰老的作用，正被广泛认可并越来越多地作为实现健康老年的有效手段。考虑到辐射作为一种刺激剂，对公众、医疗队列和职业工作者的流行病学研究证实，低剂量辐射与各种原因造成的死亡率降低、癌症死亡率降低以及在衰老和癌症中观察到的突变负荷降低有关。增加低剂量全身照射作为癌症免疫治疗的应用也有其激效作用的基础。然而，为了将这种方法发展成为一种安全和预防各种与年龄有关的疾病的策略，还需要解决一些，例如与辐射负荷和死亡率曲线、旁观者效应和高能粒子性质有关的问题。

通过精神挑战和集中注意力的冥想技术进行的激效可能有助于刺激细胞间和细胞内碎片清除过程，从而防止导致与年龄相关的神经退行性疾病发病的神经元丢失。人们还可以期待某些营养和药理激素的可用性，以模拟轻微的压力，作为对稳态力学机制的挑战。植物成分，如白藜芦醇、南蛇藤醇和姜黄素，是目前发现的潜在的激素分子。

总结

生命系统依靠一套防御性维护和修复系统生存，这些系统构成了它们的体内动态平衡能力。

大量相互作用的基因和遗传网络构成了这一机制，其确切细节尚待解开。成功的体内动态平衡对于生物体的生长、发育和成熟至关重要，直到世代的繁殖和延续得到保证。因此，体内动态平衡是一种长寿保证机制，其强度、效率和范围都是根据物种的进化历史进化而来的。超过一个物种所需的基本寿命的生存必然伴随着随机分子损伤的不断累积。体内动态平衡的渐进性失效导致生理功能失调，表现为总体功能下降、疾病和最终死亡。减缓衰老或预防与年龄相关的虚弱和疾病的合理策略需要刺激和加强个体的体内动态平衡。

另请参阅： 毕生发展理论；老化标志物；延缓衰老；老化理论：生物学。

拓展阅读

Austad SN（1997）*Why We Age*. New York：John Wiley & Sons，Inc.

Calabrese EJ（2002）Hormesis：changing view of the dose-response，a personal account of the history and current status. *Mutation Research* 511：181–189.

Calabrese EJ（2003）The maturing of hormesis as a credible dose-response model. *Nonlinearity in Biology*，*Toxicology and*

Medicine 1: 319–343.

Calabrese EJ (2005) Hormetic dose-response relationship in immunology: occurrence, quantitative features of the dose-response, mechanistic foundations, and clinical implications. *Critical Reviews in Toxicology* 35: 89–295.

Holliday R (1995) *Understanding Ageing*. Cambridge, UK: Cambridge University Press.

Holliday R (2000) Ageing research in the next century. *Biogerontology* 1: 97–101.

Kirkwood TBL (1999) *Time of Our Lives*. London: Weidenfeld & Nicolson.

Olshansky SJ and Carnes BA (2001) *The Quest for Immortality*. New York: W. W. Norton & Co.

Rattan SIS (1995) Gerontogenes: real or virtual? *FASEB Journal* 9: 284–286.

Rattan SIS (ed.) (2003) *Modulating Aging and Longevity*. Dordrecht, The Netherlands: Kluwer Academic.

Rattan SIS (2004) Aging intervention, prevention, and therapy through hormesis. *Journal of Gerontology Series A: Biological Sciences* 59*A*: 705–709.

Rattan SIS (ed.) (2005) *Aging Interventions and Therapies*. Singapore: World Scientific Publishers.

Schulkin J (ed.) (2004) *Allostasis, Homeostasis, and the COSTS of Adaptation*. Cambridge, UK: Cambridge University Press.

Yates FE (1994) Order and complexity in dynamical systems: homeodynamics as a generalized mechanics for biology. *Mathematical and Computer Modelling* 19: 49–74

译 者：常精华（北京大学）
校译者：刘菊芬（北京大学）

物理治疗与康复

A. A. 古奇奥尼 美国物理治疗协会，亚历山大，弗吉尼亚州，美国

词汇表

残疾（Disability）——长期出现的一种行为模式，在这种模式中，个体经历了正常角色和任务执行无法克服的功能限制。

疾病（Disease）——一种以特定的体征和症状为表现的持续性病理状态，并被个人或医务人员外部识别为异常。

功能活动（Functional Activity）——一个自我参照的概念，取决于个人认为对支持身体、心理和社会福祉以及创造有意义生活的个人感觉至关重要的东西。

损伤（Impairment）——作为疾病的后果而演变，可被定义为解剖、生理或心理结构或功能的改变。

物理康复（Physical Rehabilitation）——通过改变个体的物理或社会环境，或通过同时实施这两种策略来促进个体的变化，尽可能地将个体恢复到病前的健康水平和功能等级，或最大化个体目前的功能潜力，并尽可能长时间维持。

引言

物理康复的首要目标是使患者尽可能恢复到病前的功能水平，或者最大限度地发挥患者当前的功能潜力，并尽可能长时间维持。这个目标是通过促进个体变化，改变其物理或社会环境，或通过同时实施这两种策略来实现的。对于仅发生简单腕骨骨折的健康老年患者，康复可能是一个相当简单的过程。然而，例如，将脑卒中后体弱的患者恢复到之前（通常是虚弱的）的功能水平，需要考虑的必要步骤及康复计划就要复杂得多，因为问题更加广泛、复杂，并且交织在一起。每个人都珍视独立运作和随心所欲生活的能力。功能性活动，在老年学的参照系中，包括所有将一个人识别为独立成年人的行为、任务、活动和角色。

虽然关于康复问题的探讨往往集中于协助多系统损伤以及特定疾病、损伤或者失能引起的整体功能丧失的个体，但也有许多能动的老年人从强度较小的服务获益，包括预防，预防是由特定康复专家提供的，保持所需功能水平和生活质量。因此，康复服务涵盖多层面的健康服务供给，从简单到复杂的患者需求，从单一服务提供者到综合多学科团队，从私人诊所和门诊到医院机构。然

而，所有的康复工作都强调护理而非治疗，无论疾病复杂性或机构性质如何，都要致力于减轻由于衰老过程或某些特定疾病、障碍或损伤引起的功能下降。

康复与老龄化的相关性

功能活动是一个自我参考的概念，取决于个人认为对支持身体、心理和社会福祉以及创造有意义生活的个人感觉至关重要的东西。某些类型的活动对每个人来说都很常见：吃饭、睡觉、穿衣、排泄和卫生。运动（最常见的是步行）、复杂的手工活动和沟通是高阶任务和活动的基本组成部分，如烹饪、购物、家庭清洁、家务以及使用交通工具，这些对社区独立生活至关重要。许多老年人也从事工作和义工活动，以及需要高级功能的娱乐活动。功能丧失通常会随着年龄的增长而增加，在各个年龄段的女性中更为普遍，这也可能反映出健康状况中的种族差异。男性和女性之间的功能状态差异提醒人们，功能也是一种社会学现象，取决于通过社会、种族和文化期望筛选出的成年人的正常状态。

老年康复的特殊性

任何年龄段的老年人中没有任何慢性疾病的比例都很小，疾病可能引发一系列事件，最终导致功能缺陷和残疾。老年人难以进行的活动数量的增加与并发症呈线性增加，即并存的医疗条件不仅使功能缺陷的成因更加复杂，而且使其治疗更加复杂。例如，如果一个人的足部也有疼痛、退行性改变，并且对因劳累导致心绞痛而继发的应激性活动的耐受性较低，那么对他来说，脑卒中的康复将是一个特殊的挑战。然而，这个例子概括了康复专家对护理和功能的重视，而不是治疗和疾病。

传统上，老年学研究者和临床医生一直专注于与正常老化相关的病理变化，而忽视了不具有这些病理变化的老年人，这些老年人占了相当比例。因此，正常老化被广泛而错误地等同于病理衰老。虽然没有人可以逃避疾病、残疾和死亡的可能性，但许多老年人可以减少总体发病率并延缓残疾的发生。此外，即使长期处于慢病状态，许多老年人仍然具有高度的独立性，享有整体上积极的生活质量。康复专家除了更加注重打破疾病、残疾、新发病变残疾的恶性循环外，还通过鼓励改变生活方式的因素，如饮食和运动，帮助老年人获得更高的生活质量。

康复在老龄化人群中的亚群中也起着重要的作用。并不是所有的残疾都是在老年生活中获得。由于医药的发展和贯穿整个生命周期的康复方面的进步，患有发育障碍的个体以及生命早期因疾病或损伤而产生残疾的个体现在都可以很好地生活到老年阶段。

康复原则

关于疾病和残疾之间的关系，有两个概

念可以帮助阐明康复实践。第一种，有时被称为描述残疾过程，首先由纳吉（Nagi）阐述，然后由医学研究所（the Institute of Medicine，IOM）详细阐述，医学研究所将残疾概念与对残疾过程的描述结合起来。在这个模型中，健康状况被分成四个不同的组成部分，随着个体健康的损失而依次演化：疾病或病理、损伤、功能限制和残疾。随后，该模型确定了物理或社会环境对残疾或其反向进展的贡献程度。综上所述，这些概念描述了康复检查、诊断和治疗总体框架的基本要素。

在纳吉和IOM的模型中，疾病是指一种以特定的体征和症状为表现的持续的病理状态，并且被个人或医务人员从外部识别为异常。疾病可能是感染、创伤、代谢失调、退行性过程或其他病因造成的。作为疾病后果发展的第二个术语，损伤可以被定义为解剖、生理或心理结构或功能的改变。身体障碍，如肩部疼痛和运动范围减少，可能是临时或永久性疾病或病理过程的临床表现（或症状和体征）。虽然大多数人预计解剖和生理系统随着年龄的增长而逐渐恶化，当老年人失去健康时最明显的表现可能是无法在日常生活中为自己做事情。纳吉提出，功能受限是损伤的结果，包括个体无法完成特定的任务和活动，例如，从高过头顶的架子上取东西，或者能够在没有帮助的情况下穿衣服，这些都是典型的。作为个体层面行为水平的测量，而不是解剖或生理条件的测量，功能状态的受限不应与包括临床上有症状和体征的特定细胞、组织、器官和系统中的畸变引起的疾病或损伤相混淆。

功能受限发生在不同类别的任务和活动中：生理的、心理的和社会的。身体功能涵盖个人在进行特定行动、任务和活动时的感觉运动表现。滚动、下床、转移、步行、攀爬、弯曲、举重和搬运都是身体功能活动的例子。这些感觉运动功能能力是日常活动的基础，日常活动进一步可以分为日常生活活动（ADL），如进食、穿衣、洗澡、梳洗和如厕。与社区独立生活相关的更复杂的任务，例如使用公共交通或购物，被归类为工具性日常生活活动（IADL）。成功执行复杂的身体功能活动（如个人卫生和家务），通常需要认知和情感能力以及身体功能的整合。

心理功能有两个组成部分：心理功能和情感功能。心理功能涵盖一系列认知活动，例如计算时间和进行货币计算等成年人独立生活必不可少的能力。注意力、专注力、记忆力和判断力都是心理功能的要素。老年人的情绪状态和应对疾病带来的压力或衰老过程的负面影响的有效性是患者情感功能的指标。情感功能泛指日常生活中存在的麻烦，这是老年人经历的一部分，还有一些创伤性事件，如配偶的死亡。自尊、焦虑、抑郁和应对也是情感功能的组成部分。

社会功能包括个人的社会互动和活动，如参加教堂活动或家庭聚会，以及履行个人重视的社会角色和义务。老年人许多社会互动的机会都发生在志愿者和休闲活动中。隔代教养和外出工作是与老年人社会角色功能相关的两个例子。

残疾一词表示长期存在的行为模式，在此期间，个人经历了无法克服的功能受限，使得他们无法营造出一种整体功能和任务表现正常的现象。因此，残疾的概念包括许多与社会角色相关的 ADL 和 IADL 的功能缺陷。虽然在没有改变运动模式和辅助设施时，功能表现可能会非常受限，但是肩关节运动受限的个体，如果能够充分利用其他关节的活动范围并配合使用洗澡手套，实现独立洗澡，则不能准确地将其描述为残疾。虽然迄今提出的每个术语都涉及关于什么是正常的一些共识，但残疾的概念是社会建构的。残疾的特点是，个人在特定角色中的实际表现与对成年人正常情况的一系列期望之间不一致，即期望老年人在其年龄和性别状态下，同时结合文化和社会环境考虑，应该完成的任务或活动。

遗憾的是，鉴定个体表现与期望状态之间的差异，可能会迅速地将个人标记为残疾人，就像残疾只是个人属性而不是人与环境互动的最终结果。损伤并不总是导致功能受限，人们不能假设一个人仅仅因为有缺陷就无法履行日常生活中的任务和角色。例如，患有骨关节炎（疾病）的老年人可能会表现出活动范围和力量的丧失（损伤），并在洗澡（功能）等活动中遇到极大困难。康复可以帮助患者毫无困难地洗澡，可能是通过增加力量、充分利用可用的关节活动或使用辅助设备。IOM 对纳吉模式的详细阐述，以及世界卫生组织开发的替代模型国际功能分类（the International Classification of Function，ICF），提请人们注意人与环境之间的关键互动，这种互动使人的功能失效或发挥作用。残疾取决于个人的能力、物理环境的适宜性以及直接社会环境中的人，特别是患者的家属和照顾者对个人的期望。ICF 模式还特别强调关注大众态度和公共政策对强化或消除个体充分参与社会的障碍的关键影响。

功能评估

功能评估是康复实践的基石。功能分析侧重于识别相关的功能活动和衡量个人成功参与其中的能力。本质上，功能评估衡量的是一个人在上述生活的各个方面如何完成特定任务或履行特定角色。功能评估是通过应用选定的测试和措施来完成的，这些测试和措施产生的数据可以用作：（1）设定以功能为导向的目标和干预结果的基线信息；（2）患者初始的能力和进展到更复杂功能层面的等级指标；（3）安置决策的标准，例如院内康复，延续护理或社区服务的需要；（4）个体在进行特定任务时的安全水平表现，以及持续进行任务时存在的伤害性风险；（5）特定干预（内科的、外科的或康复的）在功能上的有效性证据。物理康复中的功能评估密切关注移动性、基本 ADL、IADL、工作和娱乐活动。

活动能力

对老年人进行身体功能评估的一个主要目的是确认其活动能力（移动性）是否存

在功能受限：家庭内水平面上的走动，爬楼梯，穿越崎岖不平的地形以及在社区中走更远的距离。

基本 ADL

基本 ADL 包括家庭生存所需的卫生和自我保健等全部基础任务和活动。典型的 ADL 可以由物理治疗师单独管理，也可以与其他健康专业人员合作管理，包括饮食、洗澡、梳洗、穿衣、床上动作和转移。失禁和使用浴室的能力在一些老年人的身体功能评估中尤为重要。老年人在如厕时的三个方面能力，即在适当的时间内到达浴室、安全地上下便器以及执行自我卫生任务，可能都需要探索。

IADL

对 IADL 的检查和评估涉及成年人独立生活所必需的多个领域：烹饪、购物、洗衣、家务，以及使用公共交通或驾驶汽车的能力。对有些人来说，评估他们是否有能力做家务，比如铲雪或做庭院工作的能力，也可能是适当的。

工作

就业是衡量成年人能力的标准之一。想要或需要留在劳动力大军中的老年人可以这样做，前提是他们身体上能够完成就业任务。工作能力可以通过两种方式进行调查。一种方法是考虑工作自身的条件：个体是否达到每周工作预期的小时数，工作要求是否进行修改以允许个体工作，以及完成工作的数量或质量是否达到预期的业绩标准。评估工作的另一种方法是检查执行特定体力活动的能力，例如长距离步行；单次坐或站立几个小时；弯腰、蹲下或跪下；伸手到头顶；以及举起或搬运各种重物。

娱乐活动

娱乐活动的重要性不亚于保持幸福感的工作。毫无疑问，现在的老年男性和女性对生活早期建立的娱乐活动继续保持兴趣。而有些老年人只是发现运动的乐趣。然而对娱乐活动的功能评估并不仅限于运动。许多老年人喜欢跳舞和园艺，这需要相对较高的平衡度、灵活性和力量。即使是集邮或下棋等久坐不动的活动也需要一定程度的手部和上肢的体能和能力，因此，对一些患者来说，这可能是干预结果的功能性指标。

康复过程

虽然康复可能是急性入院后开始的一系列医疗服务的一部分，但康复工作实际上可能伴随着诊断和治疗急性疾病的尝试而开始。虽然合理的假设是康复不应该给患有严重疾病的个体造成不稳定的情况，但即使是极低水平的功能恢复和促进的努力，实际上也可能有助于康复和预防继发并发症。当注意力转向规划康复干预时，康复团队将面临一连串的问题：在与患者功能限制相关的损伤中，哪些损伤可以通过治疗进行补救？此外，如果患者的损伤无法补救，患者是否可以通过使用其他能力补偿来完成任务，以及是否可以对任务或环境进行调整，以便患者在限制范围内通过利用当前条件完成任务？此过程中出现的一系列反应强调和总结了康复专家停止或延迟残疾过程的方法。尽管许多患者即使面临严重的功能丧失和残疾也能完全康复，康复的重点也不再是治疗引发残疾过程的疾病，而是建立一个能够实现高功能水平和生活质量的康复护理计划。

康复团队

康复是一项协作性工作，需要有效地综合多种医疗卫生专业人员的知识和技能，以解决有复杂功能缺陷的患者所呈现的多样且严重的各种问题，这些复杂的功能缺陷通常源于疾病或损伤，以及与老化相关的并发症。因此，康复通常需要团队把大量的劳动分工结合起来，以实现其综合目标。然而康复实践可能是独特的，因为患者被视为康复团队的主要合作者，康复专家力求患者执行其计划，而不是对患者进行干预。

核心多学科团队　核心康复团队通常由接受过老年医学或康复医学专业培训的康复医学专科医生领导，特别是在住院机构中，负责患者所有的医疗需求。然而，护理协调通常由具有高级执业资格的护士来管理。物理治疗师、作业治疗师、语言障碍治疗师提供三项核心康复福利，这三项福利由医疗保险计划下的法规确立。社会工作者通常会组织整个团队，帮助他们进行心理调适，以适应疾病、社会支持问题、经济状况以及持续护理和出院安置需求。

外围团队　根据患者的具体需求，为实现特定目标，核心团队可能会增加其他专业人员的服务，包括整形外科医生、神经科医生、精神病科医生、心理学家、牙医、足病医生、营养师、听力学家、娱乐治疗师、矫正师和修复师，以及职业康复顾问。

特殊治疗服务

联邦法规规定，医疗保险计划的受益人享有三项康复相关福利：物理治疗、职业治疗和语言治疗。所有治疗师必须是认证项目的毕业生，必须通过国家考试，并在提供服务的州内获得各自专业的执照、认证或注册。医疗保险包括在合理的时间内改善状况的必要服务。医疗保险目前并不把治疗师提供的预防服务视为治疗福利，也不包括旨在维持当前功能水平的服务。

物理治疗　物理治疗师的干预目标是恢复或维持身体的功能和健康，特别是与运动相关的功能和健康，以及治疗或预防由特定疾病或伤害引起的损伤和功能受限。由于会限制运动和降低诸如步态和移动等功能性能力，力量、灵活性和耐力的损害受到物理治疗师的特别关注。物理治疗师采用的主要干预形式包括治疗性锻炼，神经肌肉再训练、手法治疗和功能训练，以及针对预防的指导和训练。越来越多的物理治疗师通过美国物理治疗专业委员会获得老年医学认证。

物理治疗有时会与物理康复混淆。虽然物理治疗服务占医疗保险计划下提供的康复服务的大部分（超过所有康复医疗保险支付的 70%），但物理治疗是由特定健康专业人士提供的一项独特服务，该专业人士根据州法律获得物理治疗师的执照并受到监管。物理治疗也经常被误认为是使用物理手段实现治疗目标的一系列干预措施的代名词。有许多医疗保健专业人员以及其他类型的从业者使用物理试剂（如热、冷、声和电）和机械方式（如牵引）进行服务，他们的服务经常被错误地称为物理治疗。

作业治疗 作业治疗师关注患者独立执行所有 ADL 和 IADL 的能力，特别是在感知或认知缺陷的情况下，协助患者重建或维持所需的习惯和日常活动，以支持其个人身份及幸福感。初级作业治疗干预侧重于治疗活动，包括促进感觉统合、认知培训和任务适应的方法，以实现、恢复或维持特定水平的功能，尤其是有助于个人独立过渡到社区，并在特定环境中恢复个人和社会角色。

语言障碍治疗 语言障碍治疗师（也被非正式地称为言语治疗师）帮助语言障碍患者以及疾病、损伤或一些外科手术干预后产生吞咽障碍的患者接受沟通和表达。语言障碍治疗师使用各种方法来提高或增强交流技能，并使用其他沟通方式，提高安全吞咽的能力。

康复机构

康复指的是专业人士解决一系列患者需求的实践，不限于任何特定环境或组织结构。康复服务可以通过医院、康复医院、医院门诊部和康复机构、私人诊所、家庭保健机构、专业护理机构和护理院获得。这些机构根据个体当前的功能状态和最终预后、伴随的医疗问题、对不同强度治疗的耐受情况、服务可能持续的时间等方面来协调多项服务。一些个体接受康复服务是一个连续的过程，从住院开始，然后被转入其他住院机构，如康复医院或专业护理机构。其中有些人可能会作为门诊患者完成康复计划。其他人将在门诊的基础上开始康复，也许只需一名医疗专业人员，无需任何住院治疗。个体偏好和社会状况（例如，安全问题、护理人员的可用性、24 小时协助的需求）也会影响到机构的选择。这些机构都有各自的准入和支付规则，这也会影响服务提供的地点、方式以及提供服务的人。

康复效果

总的来说，文献支持康复干预的有效性，以改变损伤和功能限制。然而，尚不清楚的是这些干预措施的适当剂量和服务持续时间，明确这些可以确保在不过度浪费资源的情况下，向患者提供最适当的服务，实现最佳功能恢复。同样，康复机构对结果和成本的影响也尚未得到充分解决。尽管现有证据表明，康复，尤其是与初级和二级预防相结合时，可减轻老龄化相关的残疾程度，但是康复对老年人长期残疾的影响在文献中并未得到充分证实。

另请参阅：残疾、功能状态和日常生活活动；人因工程和人体工程学；语言与交流（语言风格）。

拓展阅读

American Physical Therapy Association (2001) *Guide to Physical Therapist Practice*, 2nd edn. *Physical Therapy* 89: 9-744.

Brandt EN and Pope AM (eds.) (1997) *Enabling America: Assessing the Role of Rehabilitation Science and Engineering*. Washington, DC: National Academy Press.

Guccione AA (ed.) (2000) *Geriatric Physical Therapy*. St. Louis, MO: Mosby.

Kane RL, Ouslander JG, and Abrass IB (2004) *Essentials of Clinical Geriatrics*, 5th edn. New York: McGraw-Hill.

Kemp BJ and Mosqueda L (eds.) (2004) *Aging with a Disability: What the Clinician Needs to Know*. Baltimore, MD: Johns Hopkins University Press.

Medicare Payment Advisory Commission (2005) *Medicare Basics: Outpatient Therapy Services*. Washington, DC: MEDPAC.

Nagi S (1991) Disability concepts revisited: implication for prevention. In: Pope AM and Tarlov AR (eds.) *Disability in America: Toward a National Agenda for Prevention*, pp. 309-327. Washington, DC: National Academy Press.

Osterweil D, Brummel-Smith K, and Beck JC (eds.) (2001) *Comprehensive Geriatric Assessment*. New York: McGraw-Hill.

O'Sullivan SB and Schmitz TJ (eds.) (2006) *Physical Rehabilitation*, 5th edn. Philadelphia, PA: FA Davis Company.

Pope AM and Tarlov AR (eds.) (1991) *Disability in America: Toward a National Agenda for Prevention*. Washington, DC: National Academy Press.

WHO (2001) *International Classification of Functioning, Disability and Health*. Geneva: World Health Organization.

译 者：刘 楠（北京大学第三医院）

细胞衰老：生长因子与细胞衰老

C. 塞尔　兰科纳医学研究所，温尼伍德，宾夕法尼亚州，美国

词汇表

生长因子（Growth Factors）——与细胞表面特异性受体结合的小分子蛋白。这些受体的激活驱动脱氧核糖核酸（DNA）合成以产生复制基因组的副本，增加蛋白质合成，并增加细胞大小和细胞分裂。

海弗利克极限（Hayflick Limit）——体外细胞培养过程中正常细胞的增殖寿命存在极限。

衰老（Senescence）——细胞失去分裂能力，进入非分裂状态（细胞增大并可长时间存活），对那些“幼稚的”或刚刚从体内分离出来时可触发分裂的因素失去反应。

端粒（Telomeres）——每条染色体末端的DNA。

引言

细胞离开人体进行体外细胞培养时，其寿命是有限的。这种有限的寿命已被用于在可控的环境中研究衰老的相关过程，以期在体外培养过程中通过细胞衰老的相关机制揭示整个机体的衰老进程。细胞培养提供了一个环境，在其中可以严格控制多个变量，并且可以在分子水平上检测细胞应答。在体外即细胞培养过程中，有关人体细胞老化的许多研究工作均采用人类成纤维细胞完成。

将人的成纤维细胞从体内取出进行细胞培养时，给予适当的营养物质和生长因子，细胞将快速分裂。然而，在这个快速分裂的时期之后，成纤维细胞开始在体外“老化”。这种老化过程是由细胞分裂驱动进行的。随着成纤维细胞的老化，细胞失去分裂能力，进入非分裂状态（细胞增大并可长时间存活），对那些“幼稚”或刚刚从体内分离出来时可触发分裂的因素失去反应。这种非分裂状态被称为衰老，由伦纳德·海弗利克（Leonard Hayflick）首次阐述；体外细胞培养过程中正常细胞的增殖寿命存在极限，通常被称为海弗利克极限。重点是：恶性肿瘤的细胞系并不存在海弗利克极限，将无限地进行细胞分裂。同样，通过引入特定的病毒蛋白，可诱导正常细胞避开海弗利克极限。这些蛋白质具有多种功能，但至少有一种已知的用于消除海弗利克极限的功能是p53（一种重要的肿瘤抑制因子）的失活，而p53是细胞对DNA损伤应答的关键调节

剂。从皮肤活体组织检查中分离出的特定成纤维细胞系在达到其寿命终点并进入衰老之前将出现可大量复制的分裂细胞。这表明在这些细胞的最终生长停滞或衰老的过程中存在复制机制。

重要的一点是，啮齿类动物细胞可自发避开海弗利克极限，并发展成与癌细胞系相似的所谓“不朽”细胞系。事实上，最近的研究表明，如果由氧气产生的细胞损伤受到限制，那么啮齿类动物细胞就不会表现出有限的寿命而是无限的分裂。

什么引起衰老?

尽管已经提出了许多解释海弗利克极限的可能机制，但仍不清楚是什么触发了衰老细胞不可逆的生长停滞。端粒（每条染色体末端的DNA）丢失被认为是触发衰老的可能因素之一。这一假说认为，由于DNA聚合酶的方向性，在每次细胞分裂时，染色体末端（线性）的少量端粒就会丢失。DNA聚合酶可以完整复制DNA的一条链，却不能从另一条链的最末端开始。它需要一小段引物来开始复制过程，因此在每次细胞分裂时，都会有少量的DNA丢失。端粒DNA的这种逐渐丢失为海弗利克衰老极限提供了一种解释，与大量的实验证据相符，非常值得关注。例如，研究表明，是细胞分裂的次数决定了海弗利克极限，而非细胞培养时间的长短。端粒的丢失可以合理地解释此类研究结果。

同样，啮齿类动物细胞具有非常长的端粒，因而它们更不容易受限于由端粒长度决定的细胞分裂。这与啮齿类动物细胞所具备的避开海弗利克极限的能力非常吻合。然而，随着端粒结构和动力学检测的进一步深入，很明显在每次分裂时丢失一点DNA，最终导致细胞停止分裂的简单想法并不真实。端粒假说比想象的更为复杂，一些肿瘤细胞系以非常短的端粒很好地存活就是一个很好的证明。而且端粒很明显是通过多种蛋白质的相互作用被整合为复杂的结构的。可能是这些复合物的破坏导致了细胞停滞，而不是端粒DNA的丢失。此外，许多正常细胞都有增加端粒的能力，这一点最初并不了解。最初的假说认为正常细胞是不能复制端粒序列的。

归根结底，目前尚不清楚究竟是什么触发了衰老细胞的生长停滞。端粒可能参与了这一过程，可以确定的是细胞周期调节因子如p53和p16也参与其中。有趣的是，涉及细胞分裂的关键基因的突变可能诱导衰老样细胞的生长停滞。这一点在ras基因的相关研究中已经得到证实。ras基因的突变在人类癌症中非常常见，并且这些突变引起蛋白质活性的增加。ras蛋白是细胞生长的关键调节因子，因此它的活化对癌细胞的生长十分重要。有意思的是，产生突变的ras基因导入正常细胞时，它们并没有如预期的那样过渡为肿瘤细胞并进行快速分裂，而是进入了衰老样停滞状态。这在20世纪80年代早期首次发现ras基因时就被观察到，但这一观察结果的含义直到2001年才得到充分认识。突变的ras蛋白通过增加调节细胞分裂的特定蛋白，即细胞周期蛋白依赖性激酶（cyclin-dependent kinase，CDK）抑制剂的表达来诱导衰老细胞停滞。这些蛋白质可调节 CDK 的活性，而 CDK 可调节所谓的细胞周期。细胞周期是指细胞在分裂、生长、DNA 合成和细胞分裂过程中所经历的步骤。如果条件合适，将产生两个相同的新细胞，它们将立即经历同样的过程，因此细胞分裂过程称为细胞周期。

在酵母中鉴定了一系列在细胞周期内特定时间表达的蛋白质；它们的有序表达对细胞分裂过程至关重要。这些被称为细胞周期蛋白的蛋白质也存在于哺乳动物细胞中，并且起到保护功能，可以调节细胞分裂过程中的关键步骤。细胞周期蛋白结合并调节称为具 CDK 的细胞内特定蛋白的活性。当它被激活时，激酶的酶活性将共价连接来自腺苷三磷酸（adenosine triphosphate，ATP）的磷酸基团及靶蛋白。ATP 是细胞的直接能量来源，并且这种能量以高能磷酸键的形式储存，促进磷酸基团被激酶转移至靶蛋白。CDK 抑制剂作为细胞周期蛋白功能的抑制剂已被确定。人类的衰老细胞产生两种高水平的 CDK 抑制剂，根据分子量的不同称其为 p16 和 p21。将这些抑制剂引入年轻的早期传代细胞将诱导衰老细胞生长停滞，而无 p16 的细胞不会因突变的 ras 基因而出现停滞。因此，这些抑制剂显然在衰老细胞生长停滞中起到关键作用。

此外，几个实验室研究证实，多种类型的干预可以诱导类似的衰老细胞生长停滞，例如增加细胞膜中神经酰胺的水平或阻断生长信号。这些观察的结果显示几种不同的细胞功能紊乱可能触发了一个共同的终点事件——衰老细胞生长停滞。

衰老因子和生长因子

认识衰老细胞生长停滞的方法之一是检测影响年轻细胞分裂的因素并确定衰老细胞是否能够对其产生应答。它们应答中的任何缺陷都可能揭示生长停滞的机制。

在几乎所有细胞类型中，细胞分裂都由生长因子调节。生长因子是与细胞表面特异性受体结合的小分子蛋白。生长因子受体含有可由生长因子结合激活的内在酶活性。这些受体的激活在细胞内产生级联的酶促反应并驱动许多反应的发生，包括合成 DNA 以产生基因组的复制品，增加蛋白质合成以及增加细胞大小和加强细胞分裂。在 20 世纪 60 年代至 80 年代，细胞分裂的驱动因素是研究的热点领域。由于成纤维细胞在一段时间的营养缺失后还可重新分裂，研究人员将其选为实验模型。将少量胎牛血清添加到营养培养基中，发现其含有促进成纤维细胞分裂的最强混合因子。大量的研究工作证实，胎儿血清中包含的关键因素是启动细胞分裂所需的一种生长因子（血小板衍生生长因子）和两种密切相关的蛋白质（胰岛素样生长因子）。顾名思义，血小板衍生生长因子在凝血过程中被血小板释放，并包含在血清中，但血浆中不存在。胰岛素样生长因子是两种密切相关的蛋白质——胰岛素样生长因子 1 号和 2 号。胰岛素样生长因子是在生长激素调控下由肝脏和其他组织产生的。

随着时间的推移又有许多生长因子被确认。根据它们在调节细胞分裂中的作用可以分成两类。第一类生长因子被称为起始因子（包括血小板衍生生长因子），是静止细胞开始细胞分裂所必需的。这些生长因子在细胞分裂方面的作用（应该指出，生长因子可以调节细胞行为的许多方面，如除调节细胞分裂之外，也可调节细胞动力）是使细胞脱离休眠或静止状态。静止细胞可表现出分化功能，产生特定类别的蛋白质，而起始因子可将细胞从分化状态转移到细胞分裂。但它们不足以驱动细胞分裂。

第二类生长因子，统称为进展因子（包括胰岛素样生长因子），在晚期用于启动 DNA 合成和细胞分裂。一般来说，细胞需要两个生长因子才能进行细胞分裂，即一个起始因子和一个进展因子。调节特定细胞类型分裂的特定生长因子由细胞自身产生的细胞表面受体决定。只有合适的生长因子才能激活特定的受体。例如，就激活血小板衍生生长因子受体而言，没有其他生长因子可以替代血小板衍生生长因子。因此，血小板衍生生长因子受体和胰岛素样生长因子受体的细胞将对特定的因子产生应答。

就 DNA 合成而言，衰老细胞不存在缺陷

衰老细胞无法对驱动年轻细胞分裂的生长因子产生应答。然而，一系列关键的实验表明，在人体细胞中引入能使啮齿类动物细胞避开海弗利克极限的病毒蛋白，将导致细胞进行一次 DNA 复制，然后再次进入停滞状态。人类细胞无法完全避开海弗利克极限，会经历一轮 DNA 合成。这意味着衰老细胞完全能够进行分裂，但是由于一些内部的阻碍，阻止了生长因子产生的信号启动细胞分裂。这进一步说明，弄清楚阻断生长因子信号的机制将有助于揭示衰老的病因，这也许正是人体衰老细胞的来源。

衰老细胞为什么不能对生长因子产生应答？

虽然证据尚不完整，但生长因子不能驱动细胞分裂的原因可能是，生长因子与细胞表面特异性受体结合而激活的酶级联反应未能转录进细胞核。当生长因子与其同源受体结合时，就会启动一系列高度复杂的蛋白质—蛋白质相互作用。大多数生长因子受体具有对其功能至关重要的内在激酶活性，能够在生长因子与其结合时被激活。一旦被生长因子结合激活，生长因子受体将利用 ATP 磷酸键中的能量将一个磷酸基团从 ATP 转移至靶蛋白。靶蛋白内的这种位点转移是非常特定的，并且已被多次证实。这些磷酸化事件导致靶蛋白构象发生展开性变化，原因是磷酸基团具有负电荷。构象变化可以使靶蛋白产生某种反应。内在的酶活性（通常也是激酶活性）可以被激活，或者可能暴

露先前隐藏的部分靶蛋白以促进特异性相互作用，还可能暴露新的磷酸化位点。另外，磷酸化的靶蛋白通常可用作其他蛋白质的对接位点，只有当磷酸基团与之连接时其他蛋白质才能识别磷酸化位点。如此一来，可以形成聚合蛋白质、聚合酶复合物，并导致细胞内数百种蛋白质的活化。这会进一步形成影响多种细胞功能的应答反应。

现有研究已经证实在衰老细胞中，蛋白质从细胞质进入细胞核的运动减少了。另外，由生长因子引发的蛋白激活级联反应似乎也难以进入细胞核。这种阻断细胞核应答反应的结果是调控细胞生长和分裂所必需的基因在适当的时候无法发挥作用。这将导致细胞仅能完成大部分细胞分裂而不是全部分裂过程。例如，细胞的大小会增加（目前已知衰老细胞异常增大），但不会复制自身的 DNA。这种不完全应答的最终结果是细胞会停下来试图进行修复。由于无法修复，细胞只能保持静止状态或死亡。这种不能分裂的静止状态是衰老细胞的标志。相当执着的科学家已经使衰老细胞维持了好几年而丝毫没有丧失生命力。这种长期存活与来自癌性肿瘤细胞的应答形成鲜明对比。大部分在体外培养中进行过研究的细胞都是肿瘤细胞，并不表现出衰老细胞生长停滞。如果肿瘤细胞无法完成细胞分裂所需的所有步骤，将会经历程序性死亡。这种程序性细胞死亡（称为凋亡）是大多数化疗的基础。例如，使用辐射治疗癌症依赖于细胞内的 DNA 被高强度辐射破坏的事实。肿瘤细胞分裂非常迅速，但当辐射损伤存在时，肿瘤细胞无法完全复制自身的 DNA，这将触发程序性细胞死亡。然而，衰老细胞可以抵抗辐射损伤，即使暴露于可以杀死肿瘤细胞的辐射强度中，衰老细胞也不会死亡。

衰老细胞生长停滞的后果

衰老细胞丧失了正常细胞功能，但仍然有活性。有人认为，在老年人组织中存在已衰老的活细胞会导致周围区域的功能异常。例如，成纤维细胞通常会产生大量的细胞外基质，并且对维持组织完整性很重要。当成纤维细胞衰老时，细胞不再分泌细胞外基质并开始产生可分解组织基质的酶。理论上，这将导致组织基质的局部中断。一些研究人员表示，这可能会增强癌细胞生存和转移的能力。虽然功能失调的衰老细胞改变组织功能的假说值得关注，但由于缺乏明确的标记物，故很难在组织中识别衰老细胞。关于识别人体组织中的衰老细胞只有一篇报道，用于识别的标记物已经由其他研究人员检测过，尽管衰老细胞确实可以持续产生这一标记物，但它并不是衰老的决定性标记物。这就使得我们无法确定老年人组织中是否存在真正的衰老细胞。目前尚没有人能够在体内验证衰老细胞的存在，但鉴于衰老的普遍性，随着人们年龄的增长，可以肯定细胞中在普遍发生这种类型的生长停滞。

结论

本文仅代表了作者的观点，并不代表所有关于衰老细胞生长停滞的观点。许多研究人员认为，端粒是衰老细胞生长停滞的关键介质。还有一些人则认为细胞周期检测点蛋白，如 p53 或 CDK 抑制剂是衰老细胞生长停滞的重要介质。当然，目前已知在衰老细胞中 p53 磷酸化发生了改变。同样 CDK 抑制剂在衰老细胞中也处于高水平。还要清楚一点，也可以通过破坏 p53 活性或引入 CDK 抑制剂来诱导衰老细胞生长停滞。显而易见的是，引入诸如 Ras 的癌基因阻断生长因子信号传导，也会产生衰老细胞生长停滞。这就产生了鸡生蛋、蛋生鸡的难题。在衰老细胞中，可以检测识别 p53 水平、CDK 抑制剂水平、端粒长度和构象、生长因子信号传导、靶蛋白磷酸化和蛋白质合成中的特定变化，这些都可以解释衰老细胞生长停滞。然而，这些变化中的每一个也都可能是衰老细胞生长停滞产生的结果。目前还不能确定哪些变化是衰老细胞生长停滞的始动因素，哪些是带来的应答反应。作者认为有一点较为关键，衰老细胞停滞或是与衰老有许多相似之处的某个现象，都可以通过破坏之前讨论的任何一种关键细胞成分来诱导其发生。这强烈地提示，衰老细胞生长停滞代表了正常细胞对细胞损伤的应答反应。因此，当正常细胞面临 DNA 损伤、端粒破坏、长期生长因子剥夺或关键基因突变时，细胞将会变得衰老。衰老细胞生长停滞的普遍性以及肿瘤细胞以某种方式避开了这种关键性停滞反应的事实，促使我们持续关注、研究衰老。很明显，认识衰老机制将极大地促进我们对衰老过程中基本细胞反应的理解，并且将会对癌症治疗产生重要影响。

另请参阅：癌症和年龄；细胞死亡。

拓展阅读

Campisi J (2005). Senescent cells, tumor suppression, and organismal aging: good citizens, bad neighbors. *Cell* 120: 513–522.

Gorman SD and Cristofalo VJ (1985). Reinitiation of cellular DNA synthesis in BrdU-selected nondividing senescent WI-38 cells by simian virus 40 infection. *Journal of Cell Physiology* 125: 122–126.

Greenberg RA (2005). Telomeres, crisis and cancer. *Current Molecular Medicine* 5: 213–218.

Hayflick L (1965). The limited in vitro lifetime of human diploid cell strains. *Experimental Cell Research* 37: 614–636.

Herbig U and Sedivy JM (2006). Regulation of growth arrest in senescence: telomere damage is not the end of the story. *Mechanisms of Ageing and Development* 127: 16–24.

Lorenzini A, Tresini M, Mawal-Dewan M, Frisoni L, Zhang H, Allen RG, Sell C, and Cristofalo VJ (2002). Role of the Raf/MEK/ERK and the PI3K/Akt (PKB) pathways in fibroblast senescence. *Experimental Gerontology* 37: 1149–1156.

McConnell BB, Starborg M, Brookes S, and Peters G (1998). Inhibitors of cyclin-dependent kinases induce features of replicative senescence in early passage human diploid fibroblasts. *Current Biology* 8: 351–354.

Todaro GJ and Green H (1963). Quantitative studies of the growth of mouse embryo cells in culture and their development into established lines. *Journal of Cell Biology* 17: 299–313.

Tresini M, Mawal-Dewan M, Cristofalo VJ, and Sell C (1998). A phosphatidylinositol 3-kinase inhibitor induces a senescent-like growth arrest in human diploid fibroblasts. *Cancer Research* 58: 1–4.

译　者：许晓晗（首都医科大学附属北京安贞医院）

细胞死亡

R. A. 劳克士 圣约翰大学，纽约，纽约州，美国

Z. 扎克日 纽约市立大学皇后学院，纽约，纽约州，美国

词汇表

细胞凋亡（Apoptosis）——具有特征性模式的细胞死亡，包括以下大部分或全部：细胞皱缩、染色质边缘化、DNA 以核小体连接处断裂方式裂解以及非炎症性吞噬。

Bcl-2——一种致癌基因，在 B 淋巴细胞瘤-2 中发现并以此命名。B 淋巴细胞是一种免疫细胞。*Bcl*-2 的作用是阻止细胞死亡而不是刺激细胞分裂。

Fas 和 Fas 配体（Fas，Fas Ligand）——Fas 是由多种细胞表达的蛋白质，Fas 配体是一种类似于肿瘤坏死因子的细胞表面蛋白。T 细胞被激活后表达 Fas 配体并诱导细胞凋亡。这种相互作用的失效与自身免疫性疾病和 T 细胞过度增殖密切相关。

免疫活性细胞（Immunocompetent Cells）——与免疫系统相关的细胞，它们能保持对所遇到的外来蛋白质的记忆，并将这些信息传递给其他细胞，合成抗体或主动地消灭已被感染的、正被入侵的或已受损的细胞。

坏死（Necrosis）——细胞死亡，表现为失去对能量和离子平衡的控制，导致细胞肿胀、破裂，产生炎性反应。

核小体（Nucleosome）——DNA 包绕碱性蛋白质（组蛋白）的有序组合。每约 180 个碱基对对应一个核小体。

癌基因（Oncogene）——参与细胞生长及分裂的基因，通常与有丝分裂的调节机制有关。癌基因（癌症基因）指的是这些正常细胞基因被病毒捕获，导致其表达不受控制，从而导致被感染细胞的生长调控丧失。

吞噬（Phagocytosis）——一个细胞被另一个细胞所吞噬。吞噬的细胞被称为吞噬细胞。有些细胞（巨噬细胞）的作用就是破坏其他细胞，被认为是专职的吞噬细胞。其他细胞可能吞噬邻近的死亡细胞，被称为非专职的吞噬细胞。

细胞程序性死亡（Programmed Cell Death）——是在无毒性物质的环境中，激活特定基因，涉及一系列步骤的细胞死亡。在外观上，细胞的崩解通常是凋亡，但并不是所有的细胞崩解都是凋亡。

引言

“细胞死亡”这一术语包含三种含义，分别是随个体年龄增加细胞的病理性丢失，正常细胞在培养时分裂的可能性是有限的，细胞在正常的生命周期中消失以及高度控制的细胞死亡。与年龄相关的免疫系统功能的减弱可能反映的是第一种意思。培养的细胞的生命周期是有限的反映的是第二种意思。第三种含义尚不明确，可能是由细胞自行消亡引起的，也可被称为细胞程序性死亡或细胞凋亡，它通常由保护或破坏细胞的特定基因控制。这一控制性的细胞死亡在神经系统发育及免疫系统细胞分化及死亡过程中发挥着重要的作用。细胞程序化死亡或细胞凋亡的失败可能会导致癌症以及自身免疫性疾病的发生，且过度的细胞死亡会导致免疫缺陷、神经退行性病变或梗死时的细胞减少。未来的治疗方法可能会尝试调节细胞程序性死亡以及细胞凋亡。

细胞死亡的定义

细胞死亡，尤其是在衰老的背景下，对不同的读者有至少三重不同含义。首先对于非研究型读者，细胞死亡是随着个体年龄的增加，细胞的病理性丢失，或者说除了时间因素，找不到其他任何一种可能导致细胞缺失的原因。对研究老年病学的专家而言，这一缺失在免疫系统中是至关重要的，它会导致机体感染的风险大大增加，且在中枢神经系统（central nervous system，CNS）中缺失的神经元是不可替代的。在骨骼肌中，缺失的细胞同样是不可替代的。在一个不那么绝对的意义上，肝脏是不可再生的，故肝硬化缺失的细胞也会威胁生命。

细胞死亡第二个主要含义是指大多数正常的脊椎动物细胞在培养中不能进行无限的增殖，也被称为细胞在培养过程中有限的生命周期。尽管细胞的有丝分裂停止，它们仍然可以以有丝分裂期后的状态存活数月。因此，这一定义对了解细胞真正死亡的时间是不太精确的，对了解有丝分裂停止与细胞真正死亡之间的关系也是不完整的。

细胞死亡第三个含义是指生理性细胞死亡，也被称作细胞主动死亡、细胞程序性死亡或细胞凋亡。后两个词略有不同，不过通常认为二者是同义词。细胞程序性死亡最初是 1964 年在描述胚胎或发育期被提出的，特指一个注定死亡的细胞早在其死亡之前就可以被观察到向死亡发展的成熟的新陈代谢过程。后来人们认识到，通过抑制蛋白合成可以阻止细胞程序性死亡，遗传控制的假设变得更加明确。在秀丽隐杆线虫（Caenorhabditis）研究中第一次清楚地识别出细胞死亡的遗传基因，使得研究进入分子生物学领域。

细胞在培养过程中有限的生命周期

在 20 世纪 50 年代末至 60 年代初，哈利·伊格尔（Harry Eagle）配制出了培养基，标志着证据充分的体外细胞生存的新纪元的开始。这使得在不受其他细胞、激素和生长因子水平的波动或循环的影响下，分析细胞的增生及分化潜能成为可能。1961 年，海弗利克（Hayflick）和穆尔黑德（Moorhead）发现，尽管他们尝试了所有合理的参数，正常的二倍体人类细胞仍然无法在体外培养基中生存，而癌细胞则恰恰相反。培养基可以满足新生细胞的旺盛生长，但无细胞系可倍增超过 50±10 次（专业术语中，群体倍增是指细胞在培养过程中按照 1∶2 的比例增殖）。这种限制同时存在于许多新开始的细胞系。此外，始于胎儿或婴儿的细胞系存活时间比始于老年人的细胞系长，始于短寿命动物的细胞系群体倍增比始于长寿命动物的细胞系少。因此他们得出培养中的正常细胞的生命周期存在固有限制的假设，这可能使得个体不能永远存活下去。该实验室为研究界提供了细胞系。这些细胞系中，威斯塔实验室培养的细胞系 WI-38 成为国家级资源材料，英格兰医学委员研究会（Medical Research Council）的细胞系 MRC-10 也是如此。使用这些细胞系或相似细胞系的研究已深刻影响了老年医学。截至 1995 年已有的主要原则如下：

1. 培养脊椎动物细胞时，所有正常的细胞系都有其固有的生命周期，一旦细胞开始无限增殖就意味着培养的细胞已成为恶性细胞。

2. 细胞增殖分裂的次数随着培养组织老化程度的增加而减少。在通常被认为是早衰的遗传疾病中，如早老症和沃纳综合征，对受影响个体提取的细胞进行培养，其增殖能力受到极大的限制。然而，在这种特殊的情况下，受影响的往往是培养的成纤维细胞类型，因而对此一直颇有争议。

3. WI-38 或 MRC-10 等成纤维细胞的增殖潜能远远超过了正常生命周期中生成的成纤维细胞数量。因而，任何个体都不太可能缺乏成纤维细胞。然而对于有核红细胞（红细胞的祖细胞）、胸腺细胞和外周淋巴细胞的前体细胞，连续移植试验表明如果仅仅增殖少数几代便进行移植，那么很快就会达到增殖的极限。因此，许多老年人免疫功能的显著下降，没有足够抵抗感染的能力，至少部分原因是它们不能产生具有免疫活性的细胞（参见“免疫系统”）。

4. 细胞不能继续分裂并不意味着它们已经死亡。在许多情况下，已经停止分裂的细胞仍然可以在培养的过程中生存数月。有丝分裂期后的成纤维细胞分化成其他类型的细胞，这种分化吸引了许多顶尖研究人员的兴趣。停止有丝分裂的方法包括主动抑制有丝分裂、正常激活有丝分裂基因的失活以及位于染色体末端的可消耗的 DNA 的丢失（由于 DNA 复制的机制，染色体末端在每个细胞周期中均丢失一小部分。生物体通过一长串无意义的或非编码的 DNA 来弥补这一问题，这种 DNA 被称为端粒。当细胞的端粒耗尽的时候，它们将失去分裂的能力。癌细胞可以无限繁殖，在某种程度上是因为激活了一种可以修复缺失部分的酶，称为端粒酶）（参见“脱氧核糖核酸与基因表达”）。

5. 培养中的细胞停止分裂，最后死亡是通过一个独立的过程完成的，通常被认为是细胞凋亡。这些细胞可能激活特定的基因，标志着细胞死亡，其中的一种被称为终末蛋白，在许多即将死亡的细胞中都可能会看到它。

体内细胞的死亡

尽管通过对细胞培养的研究产生了多项精细的、令人兴奋的细胞生物学发现，但是大多数体内细胞的缺失与干细胞未能继续分裂无关，要么是偶然的坏死性死亡，比如阻塞动脉远端的细胞死于缺血缺氧，要么是细胞在压力下或在生长因子或激素被剥夺的情况下死亡。坏死和生理性细胞死亡这两种细胞死亡类型构成了大部分细胞缺失，被认为是衰老的重要表现。

细胞程序性死亡

文献中经常用到的描述生理性细胞死亡的两个词语是细胞程序性死亡和细胞凋亡。细胞程序性死亡是指一系列特定的有因果关系的过程，而细胞凋亡是指细胞死亡的机制和形态学。细胞程序性死亡具有明显的形态学特征，与细胞坏死明显不同。任何原因导致细胞能量缺失，进而将导致细胞膜和线粒体膜对离子和溶质转运失去控制，水和钙离子在细胞内大量集聚，最终细胞溶解。

细胞凋亡

细胞的形态学变化多种多样，包括一系列的变化，但它们倾向于分为两大类：一类是细胞质被自噬活动（溶酶体）大量消耗；另一类常见于许多脊椎动物细胞，细胞质的变化相对较少，但是细胞核的变化是早期且急剧的，包括特征性的细胞皱缩和 DNA 降解，随后出现染色质凝集和边缘化。DNA 在核小体（一种蛋白质）与核小体的连接部位按照一定的长度被有序地切断，被切割的 DNA 在电泳时按照大小被分开，并以一种明显的阶梯状形式排列（像在坏死过程中观察到的不受控制的 DNA 降解中，DNA 被随机切割，电泳的图案就像涂片）。后者这种非溶酶体相关的生理性细胞死亡符合细胞凋亡的定义。这些观点在表 1 和图 1 中被一一阐明。

表 1　不同类型细胞死亡的特征

坏死的特征
· 最直接的原因是缺乏足够的能量维持离子泵的正常功能
· 通常涉及大量的细胞，而不是单个的细胞
· 钙离子进入线粒体形成沉淀，导致线粒体肿胀并溶解
· 细胞内渗透压失衡，细胞肿胀并溶解，释放出细胞内的物质
· 随之发生炎症反应，细胞被巨噬细胞破坏和吞噬
· 一般来说，细胞无时间对刺激做出有效的反应
细胞程序性死亡的特征
· 细胞情况恶化，但死亡是可逆的
· 可以通过发育或变性很好地说明

续表

· 至少可以通过抑制 mRNA 或蛋白质的合成以暂时进行阻止
· 细胞皱缩；在不同的时间核固缩
· 通过自体吞噬或被吞噬细胞吞噬

细胞凋亡的特征

· 早期核固缩和染色质边缘化
· 核碎裂
· 通过电泳或原位检测发现 DNA 碎片
· 细胞质凝集，溶酶体不激活
· 细胞表面蛋白改变
· 非专职吞噬细胞（周围的细胞）吞噬

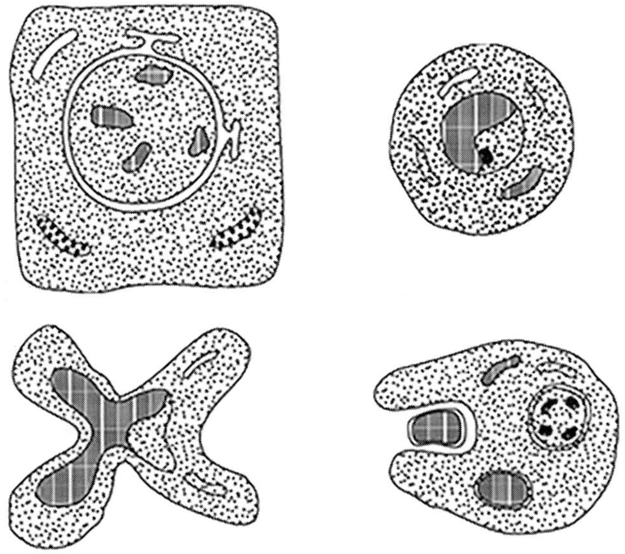

图 1　细胞凋亡过程变化示意

注：一个正常的细胞显示一个圆形的细胞核（左上），有染色质斑块，一个出芽的内质网以及线粒体。在细胞凋亡的早期阶段（右上），细胞呈圆形并皱缩，染色质聚集在核膜上，其他细胞器保持不变。凋亡的细胞分裂成小的膜结合的颗粒（左下），其中可能包括也可能不包括部分的细胞核。最后（右下），在体内的细胞中，碎片被巨噬细胞或邻近的细胞吞噬。

细胞程序性死亡

细胞死亡遗传规划的概念是在认识到胚胎细胞死亡的特定区域，在不同的物种之间存在差异。例如，鸡的脚趾间存在细胞死亡区域，但像鸭子这样脚趾间有薄膜的鸟类，相应的区域则不存在细胞死亡。同样，某些异常的畸形可追溯至单个基因，并常被认为是细胞异常死亡造成的。然而低级的秀丽隐杆线虫为细胞死亡的遗传学提供了第一篇明确的文献。这种生物体的起源以及每一个细胞的命运都是已知的，大约15%的胚胎细胞在诞生后的不久就很快死亡。几个实验室通过不懈的努力证明有一小部分基因控制着这些细胞的死亡。这些基因在几个水平上发挥作用：有两类基因沿着不同的途径发挥作用，一类使细胞死亡，另一类则阻止这些细胞死亡。四分之一的基因指定哪些细胞应该死亡，而剩下的部分则调节吞噬作用以及消化死亡的细胞。这一过程在图 2 中阐述。果蝇（Drosophila）体内发现了控制大量胚胎细胞死亡的基因，可能也存在着类似的过程。

哺乳动物体内的基因与这些基因具有同源性。最值得注意的是，阻止细胞死亡的基因 *ced*-9 与哺乳动物体内阻止 B 淋巴细胞死亡的基因 *bcl*-2 是同源的。这些幸存的淋巴细胞最终可能会恶化。一种新杆状线虫细胞死亡必需的基因与一种特定的蛋白酶是同源的，这种蛋白酶在几种形式的细胞死亡实验中是必需的。在哺乳动物中，p53 是一种已知的阻止肿瘤进展的重要基因，其作用方式与细胞死亡基因相类似。更有趣的是，在培养的哺乳动物细胞和新杆状线虫中，阻止细胞死亡的基因 *bcl*-2 和 *ced*-9 在某些情况下可以被交换，细胞死亡诱导蛋白酶家族的变体同样可以被交换。因此可以假设细胞死亡的机制在进化中高度保守，并且在哺乳动物细胞中也存在相似的过程。正如下文所描述的，许多其他基因可能在不同的细胞死亡情况中被上调。然而，因为因果关系尚未建立，在 1995 年人们对此的理解仍然是不一致的，对这些基因的过度关注被认为是不合适的（参见“老化模型：脊椎动物”）。

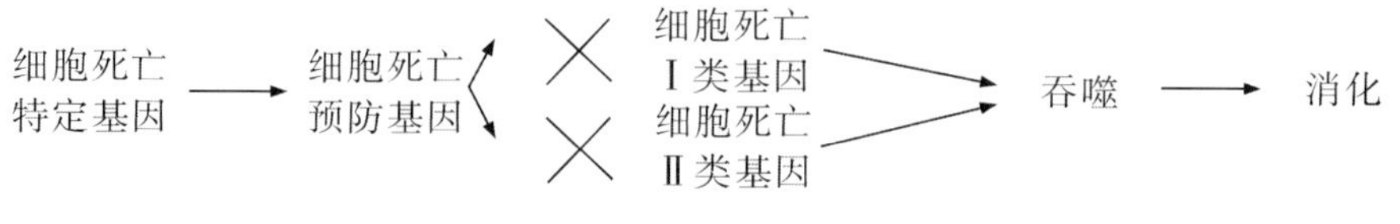

图 2　秀丽隐杆线虫细胞死亡的控制序列

注：为了使细胞死于凋亡，它们必须包含两类细胞死亡基因的成员，其中一种类似于蛋白酶。所有或大多数细胞都能激活这些基因，但死亡程序被一种类似于哺乳动物癌基因的细胞死亡预防基因所抑制。在发育过程中，细胞死亡预防基因在特定的细胞中被关闭，从而使特定细胞产生程序性发育死亡。死亡的细胞最终会被其他细胞吞噬，需要基因来识别死亡细胞、核酸酶或其他的酶。

细胞凋亡

细胞核降解

死亡细胞的常见形态尚未得到完全的阐释。虽然有几个完善的机制可以解释坏死细胞的肿胀和破裂，但更难解释的是细胞核形态的收缩和变化，这是细胞凋亡导致细胞死亡的常见原因。一般来说，最早期的变化是染色质的快速聚集及其在核膜上的聚集。这些通常与特定位点（见图 3）的 DNA 降解有关，并且是通过一种可能已经存在于细胞核中的酶，这表明细胞或细胞核内变化的条件允许这种酶攻击 DNA。然而，其他证据却反驳这种观点，即 DNA 裂解成核小体片段是细胞凋亡的关键一步。有几个实验在其降解成核小体大小之前就检测到了 DNA 的损伤，包括它从核膜中释放，通过一种可能的溶蛋白性裂解。其他的研究表明，DNA 的形态学和降解过程可能是分离的，而来自多个来源的论点和数据表明，对 DNA 的损害不会立即杀死细胞。因此，尽管对细胞核的特殊破坏可能是凋亡细胞死亡的标志，但它的起源和意义仍然是未解之谜。

细胞皱缩

细胞凋亡的第二个显著特征是细胞的皱缩和凝集，而细胞器和细胞膜保持完整。要解释这一过程并不容易。为了使细胞皱缩，它必须排除水分。由于周围的其他细胞，不受细胞凋亡的影响，保持正常大小，细胞外液的渗透压可推测没有改变。因此，只有三种机制可能与细胞水分丢失有关。它必须减

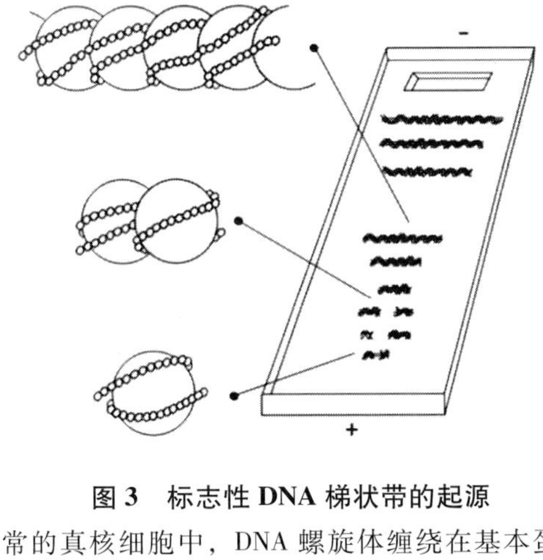

图 3　标志性 DNA 梯状带的起源

注：在正常的真核细胞中，DNA 螺旋体缠绕在基本蛋白质（组蛋白）的聚集处。这些聚集物的大小一致，被称为核小体。每个核小体之间的 DNA 比那些直接在核小体上的大约 180 个碱基对更容易被某些核酸酶消化，虽然把 DNA 分解成大小不同的独立单元，大小大约是 180 个碱基对。当 DNA 被电泳或由电流通过琼脂凝胶驱动时，较小的部分会更快地移动。因此，在细胞凋亡中，形成了一个独特的 DNA 梯状带。在坏死细胞的死亡中，DNA 的消化过程远没有组织性，也没有形成一个梯状带。

少细胞内溶质；它必须形成一种足以对抗渗透压而排除水分的收缩力，或者必须主动挤出溶质，伴随着水分的挤出。它可以通过交叉连接、聚合或沉淀蛋白来减少细胞内的溶质。细胞骨架提供了细胞中唯一已知的收缩力，它是否能产生必要的力是值得怀疑的。我们可以通过假设细胞是一个可以缩短一维度的横纹肌的立方体来进行估计。因为大部分的肌肉都能产生大约 5 kg/cm^2 的力，它需要大约 2 kg/cm^2 的力以维持体积减少到原来的一半。在横纹肌中，一个细胞需要的细胞骨架密度大约是肌丝密度的一半，加上肌肉的收缩力，可用来解释细胞的崩解。尽管这个力的数量级是正确的，但这对于细胞的崩解似乎并不是最合理的解释。

另一种解释是交叉连接或蛋白质沉淀。目前还没有证据表明高度浓缩的蛋白质是沉淀或不溶的。由谷氨酰胺转移酶交叉连接的蛋白质在许多凋亡体中是很常见的，这表明交叉连接可能在细胞皱缩中起作用。

吞噬（细胞表面蛋白）

因为凋亡细胞有一个特征，即至少在一个有机体中，而不是在细胞中，是它被吞噬细胞吞噬，或被之前并不被认为是吞噬细胞的邻近细胞所吞噬，受攻击的细胞的表面必须携带一些凋亡标记可被识别。其中一些标记已经被鉴别。一些代表先前已知的糖蛋白在表面上，但由于细胞膜的重新排列，现在更多地暴露或暴露在不同的方向上。另一些可能会将特定的细胞识别为凋亡和成熟的细胞。膜碳水化合物中唾液酸的丢失，细胞表面的磷脂酰丝氨酸的出现，细胞表面受体的结合在特定的情况下都在吞噬作用中发挥作用。这种靶向性是非常有效的，肿瘤表达的生长可以通过适当的基因调控来恢复。另一个例子是 Fas 配体，一种与肿瘤坏死因子有关的细胞表面蛋白，主要在活化的 T 细胞中表达。Fas 是由几种类型的细胞产生的，Fas 与其配体结合，导致细胞凋亡，且相互作用的失败可能导致自身免疫性疾病和其他免疫反应性疾病产生。

细胞如何死亡

细胞死于生理性死亡的机制还不太清楚。在适宜的环境中，信号机制常常涉及生长刺激或突然停止生长刺激，而细胞凋亡的第一个反应与细胞重新启动有丝分裂有关。有几个实验研究表明，在受到多种影响的细胞中，细胞凋亡的通路至少是部分独立的，这让人回想起新杆状线虫细胞死亡所需要的双重基因。从本质上讲，在一个注定要死亡的细胞中，能量资源仍然充足，细胞和线粒体膜完好无损，直到对细胞造成严重损害；死亡不可避免，这往往与大规模的形态和生化损伤相一致，并在以后的时间里建立起来，而不是恪守于死亡途径。这些观察结果得出结论，细胞生长和细胞死亡是紧密联系在一起的。例如，许多在生长或分裂细胞中激活的基因都是原癌基因。原癌基因在细胞生长或细胞分裂的过程中起着重要作用。它们将名字归因于这样一个事实，即它们偶尔会被病毒捕获。在这种病毒中，它们与控制基因分离，这些控制基因在正常染色体中与它们邻近，因此它们会导致不受控制的生长或癌症。其中一种原癌基因，*c-myc*，在多种形式的细胞死亡中被激活。*c-myc* 是一种已经被充分认识其确切结构的基因，只有有限的基因区域，几个长度的碱基对，却拥有致癌性。这种基因的精确区域也对细胞凋亡有影响，这表明该基因的产物可以在某些情况下刺激细胞的生长，并在其他情况下刺激细胞死亡。细胞如何死亡的一般图像可能是细胞需要大量的因子来完成复杂的生长或有丝分裂的过程，如果有任何因素不可利用，细胞就会死亡。

老龄化中的细胞死亡

生物不会死于细胞程序性死亡或细胞凋亡。虽然细胞在培养过程中表现为有限的生命周期，细胞分裂会减少，进而导致免疫防御和表皮维持功能的减退，但红细胞和肠隐窝细胞在正常的生命周期内并不能表达其有丝分裂的潜能。对于有丝分裂期后的细胞，如神经元和肌肉细胞，生理性细胞死亡的后果更为重要。在肿瘤中细胞是否死亡是决定恶性肿瘤是否扩张的一个主要因素，细胞死亡的益处是很大的。与老年医学和老龄化相关的重要领域随之而来。

恶性肿瘤

有几项证据表明，细胞死亡是恶性肿瘤的一个因素。在许多肿瘤中，细胞死亡的比率比细胞分裂的比率更能说明恶性的潜能。限制饮食，是唯一已知的延长哺乳动物寿命的方法，可能会增加细胞凋亡率。*bcl*-2 癌基因通过抑制细胞死亡而起作用，而其他基因如 *Apo*-1 则调节肿瘤的细胞凋亡率。这些观察结果表明，对细胞死亡的研究应该引起肿瘤学家的兴趣。另一个需要考虑的问题是，大多数化疗技术都试图杀死有丝分裂的细胞。在这样的过程中，它们必然会破坏其他正常但高度有丝分裂的细胞或组织，如上皮组织、淋巴干细胞和表皮，以及具有高代谢需求的细胞，如肝脏细胞和神经元。一种试图诱导肿瘤细胞凋亡的化学治疗方法，细胞毒性要小得多，或可最低限度地减少正常有丝分裂细胞的毒性（参见“癌症和年龄”）。

细胞逐渐丢失

最重要的建议或许来自当前对细胞凋亡的生物学认识。正如前一部分所提到的，生长刺激与反应和细胞凋亡之间存在着一种奇怪的关系。几个实验已经检测到生长因子受体和受体之间的同源性，当生长因子受体通过结合一种产物被激活时，就会触发细胞死亡。同样，当许多细胞对导致它们死亡的刺激做出反应时，通常与生长反应相关的基因，包括细胞分裂所需的基因，都是被上调的。一个或多个基因，比如几个细胞周期基因（在细胞分裂的特定阶段是上调的）和癌基因（基因通常作用于细胞分裂，由于不受控制的调节，会导致癌症或类似癌症的转变）以一个异常的方式被激活，限制这些基因的活动可以预防细胞死亡。对这些结果的一种解释是，失调本身就是一个信号，如果所有生长调节刺激对细胞的影响并不是完全与细胞的反应能力相一致，那么细胞就会程序化地自我毁灭。特别是在那些仍然能够经历有丝分裂的细胞中，这种反应将是生物体对抗潜在恶性肿瘤的有力防御。至少有一种说法认为，细胞凋亡率随年龄增长而下降。低的细胞凋亡率可以保护细胞，但也可能增加癌症风险。

免疫系统中的自我解构

如上所述，在分化的免疫系统中细胞死亡达到微妙的平衡以确保各种各样的免疫活性细胞可以储备起来对抗各种各样可能的抗原，既不需要攻击自己，也不会在不需要的时候消耗资源。维持初始的T淋巴细胞或B淋巴细胞所需要的控制和刺激的复杂性很大，涉及一种相互作用的微妙平衡，即在免疫感受细胞分化的特定阶段的抗原呈递细胞和区分及干细胞识别这些抗原的能力。这种复杂性可能是为了确保细胞的破坏，而这些细胞可能会产生针对自己身体的抗体。细胞死亡的另一个重要功能是自我解构被病毒感染的细胞以限制病毒复制和自我毁灭。细胞的自我解构，由于DNA损伤（变异）可能会导致癌变。在细胞癌变的几个步骤中，对死亡信号的敏感性丧失是一个早期和不祥的征兆。然而，在这种情况下，细胞的自我解构能力变化会导致免疫能力随年龄增长而逐渐退化。例如，在慢性病毒感染中，可能产生大量的免疫活性细胞，但在生成和丧失之间的轻微不平衡将导致免疫活性细胞的退化。这种不平衡是可以看到的，例如，在获得性免疫缺陷综合征（艾滋病）的病程中，患病10年以上将逐渐失去特定的免疫活性细胞（在丧失和替换之间每天有0.03%的净不平衡）或免疫能力好的百岁老人和不那么幸运的同龄人之间的区别。类似地，每天数亿个细胞的出生和死亡之间的不平衡可能会在平均寿命结束时将免疫活性细胞的数量减少一半。令人吃惊的是，这种平衡是如此的精确。当我们认识到这些控制是如何触发细胞死亡的时候，我们可能会形成以细胞死亡为依据的治疗方法来维持免疫功能或防止自身免疫，这两种都是老龄化的并发症。

有丝分裂期后的细胞丢失

有丝分裂期后的细胞丢失是衰老的危险因素之一，特别对于CNS。这些细胞丢失原因多不是源于循环衰竭的细胞坏死，更多可能是超出增殖极限后的细胞的生理性死亡。例如，脑卒中患者细胞丢失可能是由细胞凋亡引起的，这表明细胞经历了长时间的恶劣环境，在此期间它们可能会被挽救。在阿尔茨海默型痴呆中生成的主要分子产物——氧化的β-淀粉样蛋白在中枢神经系统中聚集，对神经元产生毒性作用。至少在培养基中，它们表现出细胞凋亡的迹象，包括对特定致癌基因的上调，激活抗凋亡基因 *bcl*-2 对细胞具有的保护作用。通过抗凋亡进行治疗仍然是理论上的。分裂后的细胞对细胞凋亡的抵抗力往往比快速增殖的细胞更强，这表明经过上述程序死亡的细胞很可能是已经经历了相当长时间的痛苦挣扎。这可能是阿尔茨海默型痴呆中细胞丢失以及与疾病不直接相关的其他缺失发生时间比较晚的原因之一。假设在细胞程序性死亡过程中，在细胞凋亡之前可以识别出处于痛苦期的细胞，并使细胞顺利渡过这个可逆期。治疗目标是识别痛苦期的细胞，辨别其细胞支持不充足的部分，在其死亡之前进行干预以达到逆转细胞死亡的目的（参见“脑与中枢神经系统”“痴呆”）。

另请参阅：脑与中枢神经系统；癌症和年龄；痴呆：阿尔茨海默病；脱氧核糖核酸与基因表达；免疫系统；老化模型：脊椎动物。

拓展阅读

Barr PJ and Tomei LD (1994). Apoptosis and its role in human disease. *Biotechnology* 12: 487-493.

Bright J and Khar A (1994). Apoptosis: Programmed cell death in health and disease. *Bioscience Reports* 14: 67-82.

Bursch W, Oberhammer F, and Schulte-Hermann R (1992). Cell death by apoptosis and its protective role against disease. *Trends in Pharmacological Science* 13: 245-251.

Cohen JJ (1993). Apoptosis. Immunology Today 14: 126-130.

Kerr JFR, Wyllie AH, and Currie AR (1972). Apoptosis: A basic biological phenomenon with wide-ranging implications in tissue kinetics. *British Journal of Cancer* 26: 239-257.

Kerr JFR, Winterford CM, and Harmon BV (1994). Apoptosis: Its significance in cancer and cancer therapy. *Cancer* 73: 2013-2026.

Koli K and Keski-Oja J (1992). Cellular senescence. *Annals of Medicine* 24: 313-318.

Lockshin RA and Zakeri AF (1990). Programmed cell death: New thoughts and relevance to aging. *Journal of Gerontology* 45: B135-B140.

Monti D, Troiano L, Tropea F, Grassilli E, Cossarizza A, Barozzi D, Pelloni MC, Tamassia MG, Bellomo G, and Franceschi C (1992). Apoptosis-Programmed cell death: a role in the aging process. *American Journal of Clinical Nutrition* 55(Suppl.): 1208S-1214S.

Nuñez G and Clarke MF (1994). The bcl-2 family of proteins: Regulators of cell death and survival. *Trends in Cell Biology* 4: 399-403.

Raff MC (1992). Social controls on cell survival and cell death. *Nature* 356: 397-400.

Reed JC (1994). Bcl-2 and the regulation of programmed cell death. *Journal of Cell Biology* 124: 1-6.

Tenniswood MP, Guenette RS, Lakins J, Mooibroek M, Wong P, and Welsh J-E (1992). Active cell death in hormone dependent tissues. *Cancer and Metastasis Reviews* 11: 197-220.

White E (1993). Death-defying acts: A

meeting review on apoptosis. *Genes and Development* 7: 2277–2284.

Wyllie AH (1987). Apoptosis: Cell death in tissue regulation. *Journal of Pathology* 153: 313–316.

Wyllie AH (1993). Apoptosis (The 1992 Frank Rose Memorial Lecture). *British Journal of Cancer* 67: 205–208.

Wyllie AH (1994). Apoptosis: Death gets a brake. *Nature* 369: 272–273.

Zakeri Z and Lockshin RA (1994). Physiological cell death during development and its relationship to aging. *Annals of the New York Academy of Sciences* 719: 212–229.

译　者：常　晶（首都医科大学附属北京朝阳医院）
　　　　李　斌（北京市海淀医院）

细胞外基质

K. M. 瑞瑟 加利福尼亚大学戴维斯分校，加利福尼亚州，美国

词汇表

胶原蛋白（Collagen）——大型结构蛋白家族，以三重螺旋构象为特征，为组织和器官提供拉伸强度，并为细胞生长和增殖提供环境。

弹性蛋白（Elastin）——高度不溶性结构蛋白，具有可逆膨胀和收缩能力，对可变形组织（如血管、皮肤和肺）的生理功能至关重要。

细胞外基质（Extracellular Matrix）——由结构胶原蛋白和与蛋白聚糖相关的弹性蛋白组成的复杂网络结构，用于支撑整个身体的组织和器官。

蛋白聚糖（Proteoglycan）——存在于细胞外的非纤维结缔组织家族，与胶原蛋白和弹性蛋白结合，由核心蛋白与一种或多种共价连接的氨基聚糖侧链组成。

引言

细胞外基质充当了整个身体的组织和器官的支架，为其结构和功能的完整提供重要保障。它的主要成分是大型的不溶性结构蛋白、胶原蛋白和弹性蛋白。虽然最初研究者认为基质是相对不活跃的，但如今发现，基质会随着时间的流逝发生显著、深刻的结构变化。尽管在分析基质蛋白方面存在巨大的技术困难，但最近在理解这些变化的分子基础方面取得了很大进展。此外，研究者对引起基质变化的机制仍然知之甚少。虽然我们知道其中一些结构变化受基因控制，但很多变化却不是这样的，例如，在形成复杂的彩色和荧光化合物的过程中发生的一系列基质蛋白与糖分子之间的反应。当基质结构随时间变化时，其物理和化学特性，例如溶解度、柔韧性和机械强度也会随之变化，并带来全身组织和器官的结构和功能的改变。此外，基质随年龄发生的变化会影响常驻细胞群的重要属性。综上所述，与衰老过程相关的许多变化可以直接或间接地归因于细胞外基质结构变化的积累。

为什么细胞外基质的老化很重要？

衰老的特征就是细胞外基质发生了深刻

变化，细胞外基质是由能够长期存在的结构蛋白和蛋白聚糖组成的复杂网络，充当了几乎所有组织和器官系统的支架。长期以来，研究者一直认为基质衰老的过程不仅仅像其表面反映的那样简单，了解其相互交织的因果关系，可能是理解整个机体衰老的潜在机制的关键。大约在 50 年前就提出的最早的衰老假说之一认为，衰老是由基质高分子中不可逆转交联的发展引起的，它随时间不断累积并不可避免地导致了与衰老相关的退行性变化。在这些早期研究中，基质大分子的结构变化是从其物理化学性质的变化中推断出来的。从那时起，现代分子生物学的工具开始揭示许多与年龄有关的现象的分子基础，这些现象以前只能在微观和宏观水平上观察到。最近的研究表明，过去的这种认为基质可能发挥类似生物钟作用、调节并揭示生物年龄的观点非常有效。

为什么基质如此适合生物计时器的角色？第一，基质确实是生物体的共同基础，存在于从最早发育阶段到死亡的所有组织和器官中。第二，两种主要的基质蛋白——胶原蛋白和弹性蛋白，在生物体内有很长的半衰期。第三，胶原蛋白和弹性蛋白受到广泛的翻译后修饰，涵盖范围从单个残基的羟基化和糖基化到复杂的交联和加合物的形成。除了胶原蛋白和弹性蛋白，其他蛋白质很少具备以下三个特质：普遍性、寿命长和可塑性好。这些特点与衰老有什么关系？这些蛋白质的半衰期长意味着一个给定的分子可能会持续经历多年的结构修饰。因此，某个有机体内的胶原蛋白和弹性蛋白分子可以积累一系列修饰，这些修饰是生物体之间无数相互作用的永久记录，具有独特的遗传禀赋与独特的经验环境。不过，这个记录绝对不是不活跃的。随着基质的变化，其对常驻细胞群的增殖、迁移、细胞因子的反应、基因的表达的影响也在发生变化。基质中与年龄相关的变化还会深刻影响组织和器官系统功能。由于基质的普遍存在，这些对细胞和组织的影响会发生在整个机体，最终在系统水平上影响生物体。因此，生物体的外界经历的分子记忆会记录在基质修饰的代码中，并越来越多地影响着生物的经历；正是这种转化——从生物事件的“记录者”到“调节者”——是基质衰老过程的核心。到目前为止，基质记录和调节的是完全由时间流逝而带来的信息，但如果我们可以了解基质记忆的语言，我们可能就会找到新的方法改变这些信息。

基质衰老评估：常用方法

我们对现象的直观理解通常受调查可使用的工具和所用工具的选择的影响。分析技术的局限有时会被忽略，但更糟糕的是这些局限有时会被错误地用来推断研究对象，对基质衰老的调查就非常好地说明了这些问题。粗读关于基质衰老的原始文献，我们会发现大量矛盾的结果，其中一些可归因于研究设计的差异（尤其是研究动物年龄范围的差异），而有些是由于方法上的缺陷，包括未能认识到固有的局限性，未能认识到选择测试方法时背后的隐藏假设，并由此未能对某个结果做出其他特定的替代解释。因此，在尝试对大量的文献做出一般性的结论之前，必须了解衰老对基质影响的研究中经常使用到的一些分析技术的局限性。

组织化学

光学显微镜是研究衰老对细胞外基质蛋白影响的最古老的技术之一。尽管获得定性信息可能有助于确定实验策略，但仍有许多问题极大地限制了可能从此类数据得出的结论。在较早的研究中，有时使用非特异染色剂（如血红素线蛋白）进行组织化学研究，来探究年龄对不同组织中胶原蛋白的数量和分布的影响。此类研究之间的分歧主要来自对胶原纤维定义的不统一，以及对染色技术和组织制备的差异缺乏共识。还有研究尝试根据染色性质对基质的成分进行分类，从而区分出网状蛋白、胶原蛋白和基底膜胶原蛋白等实体。同样，对于这些术语的定义几乎没有共识。最近，有研究者发现许多组织是由一种以上存在遗传差异的胶原蛋白组成的，这引起了研究者对使用特殊染色剂的兴趣。一般认为，这些染色剂对特定的胶原蛋白类型具有特异性。通常认为，梅森三色染色剂和范吉逊氏染色剂对Ⅰ型胶原具有特异性，而戈莫里染色剂（银浸渍）对Ⅲ型胶原具有特异性。但是，现在却发现这些染色剂对特定胶原蛋白类型的染色能力不一致，因此不能用于定量评估胶原蛋白类型分布的变化。例如，银浸渍能够染色新合成的Ⅰ型胶原蛋白，但不能染色成熟的原纤维。此外，还不清楚最近发现的胶原蛋白类型（Ⅴ-Ⅵ型）的染色特性。尽管已经尝试开发相关的更详细的染色板，但是考虑到鉴定出的存在遗传差异的胶原蛋白类型不断增加，这种方法似乎进展甚微。

组织学评估弹性蛋白中与年龄相关的变化也存在同样的困难。过去，由于醛基或强疏水区的存在，区分弹性纤维的方法在于它们能否吸收诸如树胶等染色剂。尽管一些研究者从使用此类染色剂中得出了关于弹性蛋白的推论，但应该强调的是，弹性纤维不是弹性蛋白的同义词。弹性纤维被证明是由弹性蛋白和弹性纤维微纤维组成的，而弹性纤维微纤维又由几种存在遗传差异的蛋白质组成，包括原纤维蛋白和所谓的与微纤维相关的蛋白质。目前，关于这些微纤维成分如何与弹性蛋白结构相互作用并影响弹性蛋白的信息很少。因此，对与年龄相关的弹性纤维变化的组织化学研究不能为弹性蛋白在衰老过程中发生的变化提供有用的结构信息。

最后，在衰老对基质影响的组织学评估中，都存在许多局限性。首先，胶原蛋白和弹性蛋白的染色特性很可能会受到衰老过程中发生的深刻的结构变化的影响，由此出现的问题就是研究者是否可以通过组织化学技术直接比较年轻和衰老的组织。但是目前尚没有关于此问题的数据。其次，真正的随机抽样和染色强度量化方面的问题进一步降低了组织学技术在评估与年龄相关的基质变化方面的有用性。

机械性能

组织化学研究显然受到其描述性性质的限制，同时，它也无法提供关于发生在分子水平上的基质事件的精确定量数据或信息。相比之下，胶原蛋白的机械性质可以非常精确地测量。此外，诸如热收缩力、极限载荷、拉伸强度、断裂强度和应变性等机械性能的变化被认为能够反映分子水平的变化。因此，大分子的不可逆交联导致老化的假说引起了研究老化对胶原力学性能影响的极大兴趣。如果渐进性交联确实是衰老过程中的中心事件，那么间接反映交联程度的分析可能作为长寿的标志具有预测价值。然而，尽管大量研究表明，机械性能（如热破坏时间）与给定物种内的年龄高度相关，但并没有令人信服的数据表明这些参数与长寿相关。

这些机械性能分析的主要缺点之一是必须获得纤维形式的胶原蛋白，因为体内大多数胶原蛋白由于其极度的不溶性而不能作为完整的纤维被分离出来，弹性蛋白也是如此。因此，由于只能评估肌腱中是否存在Ⅰ型胶原蛋白，很难证实胶原蛋白的机械性能和长寿之间的相关性。这种胶原蛋白的机械性能的变化可能无法准确反映出包含纤维状和非纤维状胶原蛋白类型复杂混合物的实质组织中所发生的与年龄相关的变化。

溶解度

为了在一定程度上规避机械性能分析固有的局限性，一些研究者开发了精确定量测量胶原溶解度的方法，因为研究者很早就观察到该参数会随着年龄的增长而增加。尿素、中性盐缓冲液和各种强度的酸都已用于溶解胶原蛋白。酶消化的增溶速率也已被广泛使用，有时与胃蛋白酶等对胶原蛋白没有特异性的酶一起使用，不过更经常的是与高度纯化的胶原酶一起使用。溶解度与给定物种内的时间年龄显著相关。然而，将溶解度与长寿相关联的尝试尚未取得成果。此外，研究还表明，用一种增溶剂获得的结果可能与使用另一种增溶剂获得的结果不一致。例如，大鼠成熟后，大鼠胶原蛋白的胶原酶消化率几乎没有降低，而尿素的溶解度则随着年龄的增长而显著降低。在人类、猴子和狗等寿命较长的物种中未观察到不同增溶剂作用之间的差异，因此，从寿命短的物种获得的数据结论外推到寿命长的物种时，必须非常谨慎。

电子显微镜

电子显微镜的进步以及定量形态计量技术的发展，为分析衰老的影响提供了潜在的强大的新分析工具。但是，这种分析方法存在一些与光学显微镜相同的问题，因为术语是基于描述性特征而不是基于明确定义的化学实体而建立的。尽管研究者试图将原纤维直径与胶原蛋白类型、糖基化程度和中间基质的组成相关联，但诸如胶原蛋白原纤维、微原纤维、网状纤维和初级原纤维等术语与胶原结构的分子概念之间的关系仍然非常不清楚。

当结合 X 射线衍射研究和化学分析来

阐明胶原原纤维的分子结构时，电子显微镜可能是最有成效的。胶原蛋白以 50~2 000Å 的纤维形式存在于体内，低角度 X 射线衍射和电子显微镜均显示约 640Å 的轴向周期，在该周期内，染色后可以观察到特征性重复带。在一段时间内，这些条纹是由带电残基的分布引起的，而周期性是由原胶原单元在原纤维形成过程中自组装成五股螺旋微纤维引起的，其中，每个原胶原单元与其相邻单元重叠的距离是 640Å（四分之一交错模型）的倍数。天然原纤维由并排排列的微原纤维组成。据推测，其他类型的原纤维是由于微原纤维的不同排列或与基质的其他高分子成分的相互作用而产生的。这种类型的集成方法正在用于分析衰老过程中发生的转译后变化所导致的分子排列变化。例如，已经证明，非酶糖基化会导致微原纤维组装的扩展。

生化研究

在过去的 20 年，生物化学和分子生物学知识的爆炸式增长催生了许多新方法来研究衰老对基质蛋白合成和沉积的影响。与其他方法一样，在常用生化分析中存在许多方法论上的缺陷，这些缺陷会严重扭曲数据，从而导致关于衰老对基质生物合成各个方面的影响的研究结果相互矛盾。

胶原蛋白含量　早期测量组织中胶原蛋白含量的方法（例如凝胶法或热三氯乙酸沉淀法）都不是非常精确。最早的测量细胞外基质胶原蛋白的方法包括对羟脯氨酸的定量测定，羟脯氨酸是一种氨基酸残基，约占胶原蛋白中总氨基酸的 15%。在大多数情况下，使用羟脯氨酸作为胶原蛋白的特异性标志物是合理的，因为相比之下，羟脯氨酸在弹性蛋白和补体的 Clq 成分——羟脯氨酸仅有的两个其他潜在来源——中的含量可以忽略不计。最常用的方法是采用比色定量的方法，将羟脯氨酸氧化为吡咯。即使在这种相对简单的分析中，也可能存在问题，尤其是在选择合适的分母项方面。如果羟脯氨酸以浓度（例如，每单位组织重量或单位组织体积，每克总蛋白质或 DNA）而不是以每器官为单位来表示，那么总胶原蛋白的净变化可能会被年龄对分母项的影响所掩盖。由于分母不同，获得的结果不同，比较各研究基本不具有可行性。羟脯氨酸值也可能受到组织制备的显著影响。例如，水肿或被血液污染的组织在此分析中可能会在测量中给出错误的高值，因为血红素中的有色杂质会吸收与吡咯发色团相同波长的光。另一方面，血液对样品的严重污染也可能会导致虚假的低值。

弹性蛋白含量　弹性蛋白的化学定义不如胶原蛋白那样精确，部分原因是它与胶原蛋白不同，很难以完整的形式溶解。因此，研究者发明了许多测量弹性蛋白的生物化学法，从而导致对多种组织和器官的弹性蛋白含量的估计值范围很大。例如，如表 1 所示，根据不同的测定方法，肺弹性蛋白含量的估计范围从 1% 到 47%。最常用的定量测量弹性蛋白的方法可能是 Lansing 法，该方法是基于沸腾的氢氧化钠中弹性蛋白不溶这一事实。该方法存在几种变体，例如将不溶

表 1　衰老对人肺弹性蛋白含量的影响

年龄/岁	弹性（干重,%）	对年龄的影响	测量方法
2~80	1~13	↑	Lansing 法
1~65	8~15	↑	丙酮萃取法，Lansing 法
19~92	35~47	↑	冷碱或乙醚萃取法，高压釜法
15~83	8	→	Lansing 法，用每单位体积衡量
15~83	8	↑	Lansing 法，用每毫克组织衡量
41~71	18	→	不溶性肺含氮量

性非弹性蛋白物质从最终沉淀物中的弹性蛋白分离，包括用氢氧化钾溶解弹性蛋白和弹性蛋白酶消化弹性蛋白。另一种方法是测量最终沉淀物中的氮含量，并假设弹性蛋白中有 16.34%的氮。也有人使用酶促方法定量测量弹性蛋白，例如用胰蛋白酶和胶原酶消化粗制组织制剂来去除非弹性蛋白酶蛋白。此方法更详尽的版本包括依次用胍、胶原酶、胍加还原剂和 6M 尿素与十二烷基硫酸钠对组织进行处理。所有这些方法都可能在严苛的萃取过程中损失弹性蛋白，或在最终产物中有非弹性蛋白物质的残留。当检查包含多种基质成分的复杂组织和器官时，这些问题尤其显著。一个替代的方法是通过测量弹性蛋白独特的交联键、锁链素和异锁链赖氨素来量化弹性蛋白，从而避免了在最终计算中包括非弹性蛋白物质的问题。但是，使用这个方法隐含的假设是，量化的弹性蛋白是完全交联的，并且每条链上的锁链素的数量是恒定的。

胶原蛋白合成和周转率　除了用作胶原蛋白含量的标记物外，羟脯氨酸还可以作为测量胶原蛋白合成的标记物。年龄对胶原蛋白合成的影响已使用短期组织外植体进行了体外研究。如果将放射性标记的脯氨酸用作同位素，则在规定的时间段内标记的羟脯氨酸的积累可作为胶原合成程度的一个较好的指标。也可以使用这些技术确定胶原蛋白合成的速率（通常表示为每克小时的蛋白质中含有的羟脯氨酸的微克数）。在组织外植体中，该测定法的潜在问题包括年龄对给定组织或器官中脯氨酸前体库大小的影响难以估计，以及无法区分合成变化和细胞内降解变化。

与体外研究衰老对胶原合成的影响相对简单的技术相反，体内胶原生物合成研究却是最有争议的研究领域之一，研究者关于基质稳定性的结论大相径庭。争论的焦点在于胶原蛋白是如何老化的？动物生命早期合成的某些或全部胶原蛋白在年老的时候还存在吗？或者，体内所有的胶原蛋白都处于动态平衡状态吗？尽管进行了数十年的调查，但这个问题仍未解决，主要是因为在设计没有人为因素的实验以及明确解释这些实验数据方面存在许多困难。有观点认为，生物体内可能存在一种不会衰亡的胶原蛋白，并且这些胶原蛋白随着时间的流逝还会越来越交联，这就解释了与衰老相关的进行性变化，而早期关于胶原蛋白代谢和周转的研究支持了这一观点。此类研究通常涉及使用标记氨基酸（例如脯氨酸、赖氨酸或甘氨酸）进行长期脉冲衰减实验，根据注射后1周内的血浆特异性活性测定，研究者认为标签再利用的可能性似乎很小。不过，更新的研究表明，标签回收利用，特别是脯氨酸的回收利用，可能比最初估计的要大得多，这就使得原先有关胶原蛋白的结论受到了严重质疑。研究者又开发了几种新方法来解决标签回收的问题，其中许多仍在使用中。一种方法涉及在动物体一出生或在子宫内快速生长期间重复施用标记的前体，然后等到动物中年或更年长的时候收集组织。各式各样的脉冲追逐技术也已被用于使标签回收最小化，包括施用非常大剂量的未标记前体以稀释任何回收的标签。一些使用这种库扩展技术的研究人员得出的结论是，基质中并不包含不会衰亡的库，而且这些库在其持续活动中像火山一样活跃，整个成年期胶原蛋白都在快速更新。然而，采用另一种不同的方法——跟踪用^{18}O标记的胶原蛋白的代谢历程——研究周转率更新得出的结论又与上述结论截然相反，^{18}O是一种放射性标记的前体，理论上根本无法回收。在啮齿动物中使用^{18}O标记的研究提供了确凿的证据，表明在新生儿期合成的某些胶原分子在老年时仍存在，并且仅在不溶性胶原库中发现，因此表明它们经历了渐进的交联。我们如何使这些观察结果与从库扩展方法获得的数据结论一致呢？在动物体内使用超过生理剂量的未标记前体氨基酸可能会在某种程度上影响胶原蛋白的代谢，而其实最简单的解释是研究者错误地解释了库扩展数据。由于这些技术无法区分细胞内和细胞外胶原蛋白，因此标记物的极快周转率可能无法反映基质胶原蛋白的周转率，相反，它反映的是细胞内原胶原蛋白（仍附着延伸肽的胶原蛋白）的周转率，甚至还未从细胞中分泌出来就已经在细胞内分解了。根据一些研究，在所有结缔组织细胞内胶原蛋白都会发生迅速的降解，其分解水平为新合成胶原蛋白的10%~40%。

有趣的是，尽管研究者关于标签再利用方法所存在问题的一些见解是类似的，但有关弹性蛋白周转率的争议却少得多。大多数研究表明，弹性蛋白周转率非常缓慢，最好以“年”为单位来衡量。

酶介导的交联 对胶原蛋白和弹性蛋白中交联途径以及对特定交联的结构表征的阐明形成了一个特别有趣的研究领域。交联形成的第一步是胞外酶赖氨酰氧化酶将选定的赖氨酸残基（以及胶原蛋白中的羟基赖氨酸残基）上的ε氨基进行氧化脱氨。接着，所得的醛能够与未修饰的赖氨酸和羟基赖氨酸残基进行进一步反应以形成以席夫碱型双键为特征的交联。重排和其他反应形成三官能和四官能交联进一步稳定了交联。这些交联键的形成是受到严格控制的，因为它们仅在链上的一个或两个位点合成。尽管胶原蛋白和弹性蛋白具有相似的交联途径，但是弹性蛋白缺乏源自羟基赖氨酸的任何交联。此外，弹性蛋白含有两个成熟的交联键——锁链素和异锁链赖氨素，而在胶原蛋白中没有这两个交联键。

过去，因为交联键很少，难以对其进行精确测量：每 6 000~10 000 个氨基酸中可能只有一个交联残基。然而，高压液相色谱法的发展，导致能够相对快速和精确地定量测量绝大多数结构表征交联的技术也得到了发展。虽然在交联分析中仍然存在许多问题，这可能就是为什么不同组织和物种中交联量的研究结果存在矛盾。准确的评估需要严格注意制备的标准化，包括从组织制备到水解的所有分析阶段的变异性的标准化控制；分析用于还原标记的每个同位素批次的有效还原能力中的标准化控制；一旦发现性能下降，就应经常检查色谱柱效率和色谱柱再生，并立即更换。

衰老对酶促交联影响的研究产生了一些令人惊讶的结果。可还原的交联（因其独特的席夫碱型双键而命名）在大多数组织和物种出生后迅速减少。在许多情况下，研究者发现可还原交联、三官能和四官能交联的已知成熟产物在此期间出现了相应的数量增加。但是，这些所谓的成熟交联在整个生命周期中并未继续增加。在许多情况下，他们的数量在老年时期趋于平稳甚至下降。因此，尽管酶促交联显然随年龄发生着变化，但是这些变化的幅度，特别是在生命的最后阶段，似乎与基质的物理化学性质的逐步变化无关。研究者进行了许多尝试来发现新的成熟交联，希望这些交联可以解释观察到的与衰老相关的基质变化。间接证据表明，诸如化合物 M、聚 CB-6 和 Ehrlich 色原等实体在各个时间都可以作为候选对象。这些研究说明，将化合物鉴定为交联时需要警惕：除非可以直接显示化合物将两条胶原链相连（即通过顺序消化，这样研究者就可以证明推定的交联连接了来自两个独立链的肽片段），否则不能将其视为经过验证的交联。

糖衍生交联 有假说认为，进行性的、不可逆的交联是衰老的一个关键特征，这一假说似乎与一些研究结果不一致。这些研究表明，赖氨酰氧化酶介导的交联在寿命即将结束时显示相对较少的变化。然而，已有研究发现，胶原蛋白中的交联源于完全不同的途径，其中起始事件是糖分子与赖氨酸和羟基赖氨酸残基的非酶添加。接着，糖加合物发生断裂，形成脱氧葡萄糖。这些高反应性化合物作为一系列反应的传导者，最终产生一系列荧光团和生色团，统称为高级美拉德反应产物或晚期糖基化终末产物。尽管自 20 世纪初以来，此类反应途径已引起食品化学家的极大兴趣，但直到最近人们才将注意力集中在体内蛋白质的非酶糖基化的研究上。糖基化对长寿大分子（例如胶原蛋白）的影响尤其令人关注，因为已证明糖基化会影响胶原蛋白的溶解度、拉伸强度、断裂时间、与配体结合的能力和构象（参见“糖化”）。

早期对基质的非酶糖基化研究表明，衰老与整个生命周期中胶原蛋白上的葡萄糖加合物水平的增加有关。但是，一些研究人员的最新研究却未能证实过去的研究结果。这些矛盾的结果很可能是由于所用分析技术的特异性不同。例如，在许多较早的研究中，研究人员使用了硫代巴比妥酸测定法，该测定法会受到多种化合物（包括游离葡萄糖和糖苷结合的碳水化合物）的干扰。在后续的定量测量研究中，已经采用了一些特定的技术，包括糖氨酸测定和亲和色谱法，接着用高压液相色谱分离糖基化残基。尽管有证据表明硫代巴比妥酸测定法用于定量测量胶原蛋白上的葡萄糖加合物并不可靠，但很多研究仍使用了这种测定方法。

随着研究者对蛋白质非酶糖基化的生物学后果的兴趣日益浓厚，他们也将注意力集中在糖化残基的成熟产物上。尽管 25 年前有研究首次报道了衰老胶原蛋白中黄褐色发色团和荧光团（褐变产物）的累积，但当时认为这些化合物是由酪氨酸残基的氧化反应引起的。到了近期才开始研究褐变产物与胶原蛋白的非酶糖基化之间的关系。在几乎所有的组织和物种的研究中，都发现褐变产物随年龄增长而增加。在这些研究中，从间接证据（如与已知美拉德反应产物的光谱相似性或色谱行为的相似性）推断荧光团和生色团为美拉德反应产物。

尽管已经有研究者尝试对特定的褐变产物进行表征，但是事实证明，由于产率低，分离和研究体内此类化合物存在很多困难，且易产生假象。例如，关于体内存在具有结构特征的晚期糖基化终末产物的第一份报告如今被证明是错误的，因为该研究的化合物实际上是水解的产物。通常，除非使用温度和酸碱值等生理条件来分离假定的化合物以供分析，否则假象产生的风险很高；任何从组织中分离出新特征的糖基化产物的报告都应谨慎对待。在体内胶原蛋白中仅有一种高级美拉德反应产物被发现并得到充分表征，这是一种称为戊糖苷的三官能荧光团。已有研究显示戊糖苷在几种不同的组织和物种的整个生命历程中都会增加。然而，戊糖苷的含量非常低（相比之下，酶促交联的数量大约是后者的十倍），因此，戊糖苷本身不太可能说明胶原蛋白特性与年龄相关的变化。

研究者通过识别自发荧光的显著性来识别弹性蛋白，这种自发荧光在大多数研究的组织中随着年龄的增长而增加。目前尚不清楚这种荧光是不是由于晚期糖基化终末产物的积累所致，部分原因在于制备弹性蛋白用于分析很难不产生假象，因为该荧光可以来自多种化合物，例如二氢鸟氨酸、脂质过氧化产物、醌和反应性羰基产物。

免疫荧光

我们已经看到，将基质的组织化学和电子显微镜分析与生化分析相关联的主要困难之一，在于基质成分的描述性定义是基于其外观的，而其结构性定义却是基于生化分析的，这二者之间存在难以统一的差异。当基质成分的免疫学鉴定与光学或电子显微镜相结合时，可以在一定程度上解决上述问题。免疫探针已用于鉴定特定的胶原蛋白类型、特定的胶原蛋白链，甚至是某些晚期糖基化终末产物。

胶原蛋白和原胶原蛋白（胶原蛋白分子的另一种名称，其延伸肽尚未被裂解）中有许多抗原位点，分别位于螺旋区和非螺旋区。因为存在种间反应性，所以可以从牛等组织中纯化胶原链，用于人体组织的抗体。当纯化的胶原蛋白用作制备多克隆抗体的抗原时，产生的抗血清含有高滴度的免疫抗原抗体。但是，也存在与其他胶原蛋白或前胶原反应的中等水平的抗体。因此，在免疫吸附柱上纯化对去除交叉反应的抗体是必不可少的，此外，此后还应通过被动血凝和放射免疫法证明其特异性。

研究者还制备了与晚期糖基化终末产物反应的抗体。所谓的晚期糖基化终末产物（advanced glycation end product，AGE）抗体是通过给兔子注射糖基化白蛋白制备的。所得抗体与含有晚期糖基化终末产物的蛋白质发生反应（通过荧光检测），但不会与未修饰的蛋白质反应。不过，使用这种抗体的数据解释存在严重的问题。例如，一种单克隆抗体也对丙酮酸有反应。这是一种晚期糖基化终末产物，只能从体外与糖基化的蛋白质中分离与识别，尽管对丙酮酸抗体组织的免疫组织化学分析表明，该抗体在体内分布广泛，但由于其易变性，研究已证明，不可能将其从组织中分离。

尽管免疫学技术是常规组织化学技术的强大补充，但仍有许多潜在的问题。首先，抗胶原蛋白抗体必须高度纯化，因为任何交叉反应的抗体都会使这项研究的结果失效；即使实现了高度纯化，抗胶原蛋白抗体和荧光素标记抗体的组间差异和亲和力差异也意味着只能在单个系列内进行有效比较；没有用于验证类型特异性抗体的标准化底物；如前所述，对 AGE 抗体检测到的结果进行解释存在问题；此外，当对富含弹性纤维的组织进行分析时可能会产生另一个问题：此类纤维具有很强的自发荧光，可能会干扰对免疫荧光的评估；在要分析的组织中制造抗原决定基可能会严重干扰结果的解释，尽管由于例如蛋白聚糖的阻滞或糖基化产物的积累，抗原决定基在旧组织中可能减少；最后，在解释结果时可能存在很大的主观性，且随机抽样中也有一些潜在问题。

细胞外基质中与年龄相关的变化的调查研究

鉴于前面所述的方法存在问题的讨论，显然已有文献对基质中与年龄相关的变化的研究结果无法在一张简单地列出物种、组织、参数和衰老的影响的表格中进行总结，尽管表格能够使以往文献的研究结果更一目了然。最理想的方法是，应针对存在的一般问题（研究的年龄范围，采样点数，足够用于分析方差的样本大小，特别是如果方差随年龄增加而增加）和特定分析中存在的特定问题，分别考虑每项研究结论的有效性，包括仔细考虑生物体中其他与年龄相关的变化是否会干扰目标检测，从而使幼小动物和成年动物的比较失效。

尽管文献总结存在上述困难，特别是在将一项研究与另一项研究进行比较的时候，但我们仍可以得出一些一般性结论：胶原蛋白和弹性蛋白的合成和沉积主要发生在早期生长和发育期间；此后，合成水平继续保持在低水平，而老年期则几乎不变。随着年龄的增长，胶原蛋白变得越来越不溶，并且胶原蛋白和弹性蛋白的自发荧光数都会增加。在大多数组织和物种生命周期的前半部分，酶介导的交联变化最为显著，成熟的酶交联要么在衰老过程中变化不大，要么呈现出双相模式，即在中年阶段达到峰值水平，然后逐渐减少。相比之下，在大多数组织和物种中，糖的交联在生命的前半部分积累得非常缓慢，而在衰老过程中积累得更快。在某些情况下，直到寿命的最后10%的时间才可能出现显著增加。如表2和表3所示，就变化的时间和幅度而言，有相当大的物种特异性和组织特异性。表2提供了单个物种中多个组织的变化，表3显示了几种物种中单个组织里的变化。

表2　衰老对小鼠不同组织胶原交联的影响[a]

组织	肺	皮肤	主动脉	尾腱
DHLNL	↓	nd	↓	nd
HLNL	→	→	↓	↓
OHP	→	nd	↑	nd
Gluc-lys	↓	→	→	→
Fluorescence	—	↑	↑	↑
戊糖素	—	nd	↑	nd

[a] 交联键缩写含义如下：DHLNL（dihydroxylysinonorleucine），二羟基赖氨酸（酶介导的双功能交联）；HLNL（hydroxylysinonorleucine），羟基赖氨酸去甲亮氨酸（酶介导的双功能交联）；OHP（hydroxypyridinium），羟基吡啶（酶介导荧光交联）；Gluc-lys，葡萄糖加赖氨酸残基形成的葡萄糖加合物；Fluorescence，胶原蛋白相关的荧光，被认为是晚期糖基化代表产物；nd，不可观测；—，没有相应报道。

表3　衰老对不同物种皮肤胶原交联的影响[a]

物种	*HLNL*	*his-HLNL*	*OHP*	*HHMD*
大鼠	↓	nd	nd	↓
小鼠	→	nd	nd	↓
人类	↓	↑	↑	↓
猴子	↓	—	—	↓
牛	↓	↑	nd	—

[a] 交联键缩写含义如下：HLNL（hydroxylysinonorleucine），羟赖氨酸正亮氨酸（酶介导的双功能交联）；his-HLNL（histidinohydroxylysinonorleucine），组氨酸羟基赖氨酸正亮氨酸缩合物（酶介导的三官能交联，HLNL的成熟产物）；HHMD（histidinohydroxymerodesmosine），组氨酸羟基开链赖氨素（酶介导的四官能交联）；nd，不可观测；—，没有相应报道。

基质衰老的调节

考虑到所有可见的衰老迹象都可归因于其成分中与年龄相关的变化，大量研究对减慢或逆转基质衰老的方法进行了探索和发现。方法通常可分为替代策略或预防策略。例如，许多研究者对通过施用生长激素或胰岛素样生长因子来试图在全身水平上减缓衰老有极大的兴趣。有证据表明，这样做可以使某些参数（例如肌肉质量）提高，并且刺激新基质的合成，进而可能会改善结缔组织的功能。不过缺乏对这些药物的功效或安全性的长期研究。

预防策略的重点是糖基化和氧化，这二者是基质退行性变化的主要原因。从这个角度来看，用于治疗糖尿病的药物（其特征是晚期糖基化终末产物在结缔组织上迅速积聚）可能与正常人群的衰老有关。已发现几种药物可抑制胶原蛋白上葡萄糖加合物的初始形成，包括乙酰水杨酸、乙酸酐、布洛芬、谷胱甘肽和二元氨基酸赖氨酸和精氨酸。但是，目前还没有旨在研究这些药物对衰老的影响的长期试验。有数据显示，胶原蛋白的果糖可能有助于褐变产物的积累，因此，一些研究者产生了对使用醛糖还原酶抑制剂抑制果糖生物合成进行研究的兴趣。不过，这些药物在治疗糖尿病方面取得的成绩很有限。最近，研究者开始对氨基胍感兴趣。氨基胍是一种肼化合物，似乎能与活性脱氧葡萄糖结合，因此在理论上可以阻止活性脱氧葡萄糖发展成更高级的美拉德反应产物。然而，关于其预防糖尿病并发症的有效性，已经出现了相互矛盾的报道，长期安全性尚未得到充分研究。

作为抗衰老剂，抗氧化剂的施用也引起了人们的兴趣。尽管有证据表明维生素 E 可能会减少基质的非酶糖基化作用，但尚无令人信服的长期结果。此外，由于抗氧化剂防御系统的稳态调节机制十分严格，大剂量外源性抗氧化剂的使用是否会改变氧化应激水平还未有定论。

饮食控制是减缓衰老的另一种方法。很早就有研究发现，给啮齿动物喂食限制卡路里的饮食将使它们的寿命延长约 20%。最近的研究显示，这种终生热量限制可以显著减少体内组织和器官基质中晚期糖基化终末产物的积累。寿命延长与晚期糖基化终末产物减少之间的关系仍有待阐明。其他饮食控制也可能是有益的。最近的研究表明，饮食中碳水化合物的来源可能会显著影响基质中糖基化产物的积累以及氧化应激水平。大鼠研究中，与碳水化合物来源为葡萄糖的大鼠相比，仅以果糖为唯一碳水化合物来源的大鼠，其胶原蛋白上的晚期糖基化终末产物和循环脂质过氧化物产物的水平显著更高，即使在食用特殊饮食 6 个月后也是如此。喂食混合糖的大鼠的这两项指标则居中。不过，这些饮食控制是否对人类有相似的作用还有待观察（参见“饮食和营养”）。

总结

鉴于在方法上、物种特异性和组织特异

性方面存在的诸多需要警惕的问题，我们是否可以对年龄对细胞外基质的影响做出任何概括性的结论？也许可以说，我们学到的知识越多，细胞外基质衰老的过程看起来就越复杂，这涉及不同反应途径之间发生的反馈循环似乎是无休止的。但是，我们仍然可以从中辨识出一些适用于大多数组织和物种的一般模式。在出生后阶段，基质分子会迅速合成，其中一些分子注定要进行周转和替换，而另一些分子则进入不溶性基质库，在动物的整个生命中始终保持不变。酶促交联在生命周期的第一阶段起主要作用，稳定和塑形基质，从而使其特性能够最好地满足其所在组织的功能需求。然而，到了中年阶段，基质越来越受到随机力量的控制，并且这种随机力量以无法预测的方式不可避免地扭曲基质，使其不再遵守生物学设计规则。近年来，糖基化和氧化在这一过程中扮演的角色已成为人们特别关注的焦点，研究者正在开发旨在干预这些反应的药物。然而，也许是由于该过程固有的复杂性，尚未成功开发出有效的策略来减弱基质中的这些变化。显然，对于我们皮肤下的这个奇特的“生物钟”是如何工作的，我们还有很多需要了解的东西。

另请参阅：饮食和营养；糖化。

拓展阅读

Labuza TP, Reineccius GA, Monnier VM, O'Brien J, and Baynes JW (eds.) (1994) *Maillard Reactions in Chemistry, Food and Health*. Cambridge, UK: Royal Society of Chemistry.

Reiser KM (1991) Nonenzymatic glycation of collagen in aging and diabetes. *Proceedings of the Society of Experimental Biology and Medicine* 196: 17-29.

Reiser KM, McCormick RJ, and Rucker RB (1992) Enzymatic and nonenzymatic cross-linking of collagen and elastin. *FASEB J* 6: 2439-2449.

Sell DR and Monnier VM (1995) Aging of long-lived proteins. Masoro EJ (ed.) *Handbook of Physiology: Volume on Aging*. Orlando, FL: CRC Press.

译　者：林是琦（北京大学）

校译者：刘菊芬（北京大学）

细胞信号转导

A. 卡玛特 老年医学研究、教育和临床中心，圣安东尼奥，得克萨斯州，美国
R. I. 格雷格曼 南得克萨斯退役军人医疗保健系统，圣安东尼奥，得克萨斯州，美国
M. S. 卡茨 得克萨斯大学健康科学中心，圣安东尼奥，得克萨斯州，美国

词汇表

交互效应（Cross-Talk）——信号传导通路之间功能性的相互作用。

G 蛋白偶联受体（G-Protein-Coupled Receptor，GPCR）——一大类包含 7 个跨膜覆盖区的细胞表面受体家族成员，通过与异源三聚体的鸟嘌呤核苷酸结合蛋白（G 蛋白）偶联发挥作用。

受体酪氨酸激酶（Receptor Tyrosine Kinase，RTK）——一类细胞表面受体成员，通过固有受体的蛋白酪氨酸激酶活性传递信号。

第二信使（Second Messenger）——一类将细胞外信号转换为细胞内信号的分子。

信号转导（Signal Transduction）——将细胞外信号传递至细胞内，并产生生物学反应的生物化学事件。

转录激活（Transactivation）——G 蛋白偶联受体激活受体酪氨酸激酶的过程。

前言

成熟后的老化和衰老过程常伴随有应激条件下生理功能的丢失、内环境稳态维持的下降以及与年龄相关的疾病的发生。随着年龄的增长，会发生许多生理以及病理生理的变化，这些变化能够反映出周围或内在的干扰引起的不同组织和细胞之间协调性的改变。所有复杂生物正常功能的维持及生存都依赖于细胞内通信系统的完整性，即要求每种细胞都能对细胞外刺激表现出适当的生物学反应。信号转导指的是将细胞外的信号传递至细胞内，并产生生物学反应的生物化学通路。在信号转导的经典模型中，细胞外信号（如肽激素或神经递质）通过结合细胞表面或细胞质膜的特异性受体，引起细胞内信号分子也叫第二信使的产生，进而触发下游信号事件产生细胞内反应。近年来，信号转导领域的研究已扩展到非经典信号通路，这些信号通路以生长因子的促有丝分裂作用以及控制组织形态发生、维持和再生能力的相关过程为基础。此外，在研究类固醇（和甲状腺）激素作用的信号转导通路方面，也取得了一些基本的进展。传统观点认为，

这些激素只能通过细胞内受体发挥作用，然而，有研究发现它们也可以激活膜相关的信号级联反应。尽管复杂，但不同信号通路之间交互作用的识别（即功能性的相互作用）在一定程度上为控制不同细胞功能的庞大的信息网络提供了统一框架。

多年以来，研究者调查了信号转导通路中多种因子在衰老进程中的变化，细胞信号的概念仅在较小范围内被应用于老年生理学和病理生理学的问题上。尽管如此，本文中所总结的有效数据表明，在某些情况下，衰老过程中的功能性衰退和年龄相关性疾病的发展明显与细胞信号转导的特定改变有关。

经典的信号转导与衰老

经典的信号转导机制

在与经典信号通路相关的细胞表面受体中，最大的一类家族受体包含7个跨膜覆盖区，通过与异源三聚体的鸟嘌呤核苷酸结合蛋白（G蛋白）偶联发挥作用。与细胞外信号或配体结合后，G蛋白偶联受体（GPCR）可以激活或抑制特定的膜效应物。腺苷酸环化酶是经典的膜效应物，当激活时，它可以将腺苷三磷酸（ATP）转换为第二信使环磷酸腺苷（cAMP）。其他与GPCR相关的效应物包括磷脂酶C（phospholipase C，PLC）和膜离子通道。值得一提的是，

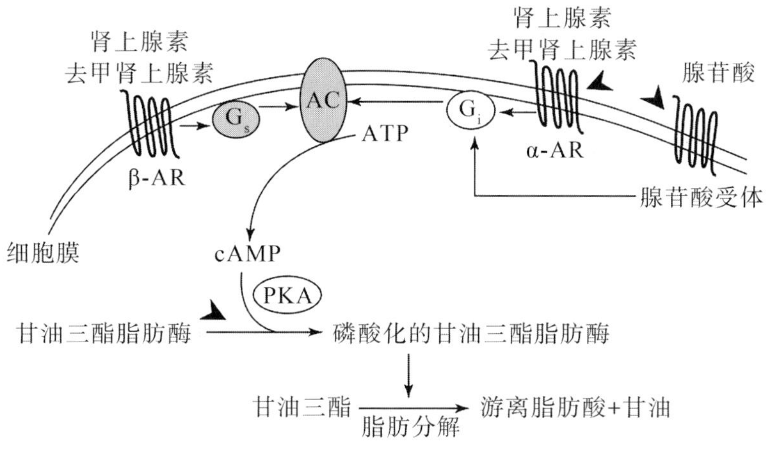

图1 脂肪细胞的脂肪分解通路

注：箭头指示部分是目前已知的与年龄有关的脂肪分解信号的变化（见原文）。缩写：α-AR，α-肾上腺素能受体；β-AR，β-肾上腺素能受体；AC，腺苷酸环化酶；G_s，刺激性G蛋白；G_i，抑制性G蛋白；ATP，腺苷三磷酸；cAMP，环磷酸腺苷；PKA，cAMP依赖性蛋白激酶。

引自：Gregerman RI（1994）Aging and hormonesensitive lipolysis：reconciling the literature. *Journal of Gerontology*：*Biological Sciences* 49：B135–B139.

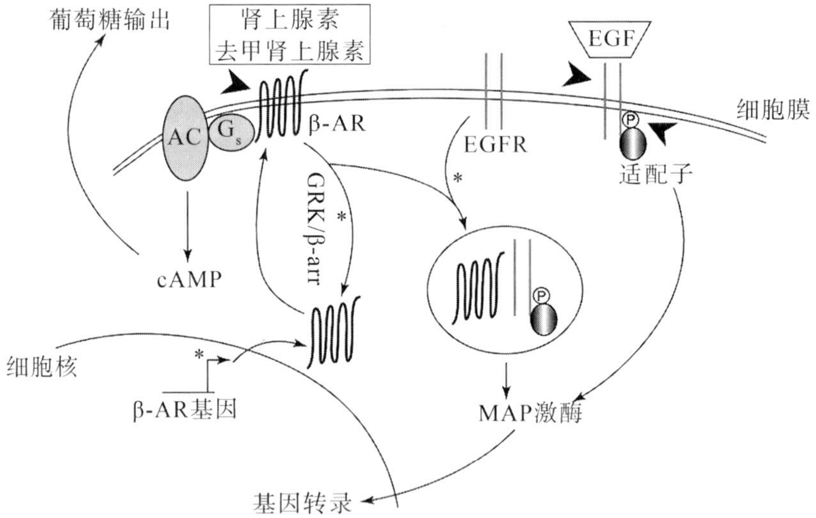

图 2　肝细胞中糖原分解和有丝分裂信号通路

注：左边为β-肾上腺素能反应性糖原分解通路，右边为表皮生长因子（ECF）刺激的有丝分裂级联反应。中间为两条通路的交互作用（如β-肾上腺素能受体诱导的 EGFR 的转录激活）。箭头指示部分为与年龄有关的β-肾上腺素能受体和 EGFR 信号的变化（见原文）。缩写：AC，腺苷酸环化酶；G_s，刺激性 G 蛋白；β-AR，β-肾上腺素能受体；cAMP，环磷酸腺苷；EGF，表皮生长因子；EGFR，表皮生长因子受体；MAPK，促分裂原活化蛋白激酶；GRK，G 蛋白偶联受体激酶；β-arr，β 抑制蛋白。

GPCR 是目前使用的治疗药物中药理学靶点最多的。

细胞内的第二信使可以诱导多种多样的、通常是细胞类型特异性的、在许多情况下通过蛋白激酶介导的生理反应，通过磷酸化（磷酸化基团）特定的氨基酸（丝氨酸和苏氨酸）残基来修饰关键靶蛋白的活性。例如，在哺乳动物脂肪细胞中，cAMP 可以促进脂肪分解，通过刺激特异性的蛋白激酶（cAMP 依赖的蛋白激酶，也叫蛋白激酶 A、PKA）使其磷酸化，进而激活脂肪分解酶——激素敏感性甘油三酯脂肪酶，将甘油三酯水解为游离脂肪酸和甘油（见图 1）。在肝细胞中，同样的 cAMP/PKA 通路的激活可以磷酸化激活催化酶，使糖原分解为葡萄糖，增加葡萄糖的生成（肝糖分解）（见图 2）。

脂肪分解和糖原分解信号在衰老中的改变

脂肪分解　在包括人类的一些物种中，激素和儿茶酚胺对脂肪的分解作用随着年龄的增加而减少。目前在老年大鼠中进行了大量的研究来阐述对儿茶酚胺敏感性降低的脂肪分解的潜在的信号机制。研究结果各不相同，在一定程度上取决于所使用的实验条件是否足以对多种 GPCR 作用进行区分，它们可以刺激或者抑制脂肪分解过程。在这种情况下，应该注意到，在包括脂肪细胞在内的多种组织中，自然产生的儿茶酚胺物质肾上腺素和去甲肾上腺素可以同时发挥β-肾上腺素能和α-肾上腺素能的作用，分别由不同的β-肾上腺系能GPCR和α-肾上腺素能GPCR介导。例如在图1中，β-肾上腺素能受体通过偶联刺激性的G蛋白（G_s），激活腺苷酸环化酶以及下游的生理过程例如脂肪分解。而α-肾上腺素能受体（α2亚基的特异性受体）通过抑制性的G蛋白（G_i）对腺苷酸环化酶产生抑制效应。此外，腺苷酸通常是由脂肪细胞代谢产生的，可以与特定的GPCR结合通过G_i抑制腺苷酸环化酶，进而减少大鼠的脂肪分解。一篇关于大鼠衰老和儿茶酚胺敏感性脂肪分解的文献指出，在脂肪分解信号级联中涉及3个生化位点，其作用是干扰儿茶酚胺在人生命进程中的整体刺激作用：（1）在成熟而非衰老过程中，通过局部产生腺苷酸，增强腺苷酸环化酶的抑制作用；（2）儿茶酚胺同时具有α-肾上腺素能和β-肾上腺素能活性，在衰老过程中，具有抑制性作用的α-肾上腺素能受体信号通路可能会增强；（3）在衰老过程中，对于部分组织来源的脂肪细胞（如肾周脂肪），cAMP对激素敏感性甘油三酯脂肪酶的刺激作用减弱，但这种减弱作用不存在于附睾脂肪（见图1）。大鼠的脂肪分解作用随年龄改变的分子机制目前尚未完全阐明。而且，在人类和其他物种中观察到的脂肪分解信号的变化与老年大鼠的变化不一，在某些情况下，随着年龄的增长，出现了完全不同的脂肪分解级联的缺陷。因此，不同的物种、不同组织来源的脂肪组织，尽管其脂肪分解信号级联反应的机制不同，但在一些动物模型中，脂肪分解能力的下降仍可能与年龄相关性肥胖有关。

肝糖分解　在衰老过程中，大鼠肝脏中的β-肾上腺素能受体反应性糖原分解级联反应是另一种儿茶酚胺信号通路的特征性改变。早期对青年雄性大鼠的研究显示，肾上腺素能反应性的肝糖输出主要是通过激活α-肾上腺素能受体（如α_1亚基受体），刺激PLC和膜磷酸肌醇发生的。然而，随后的研究发现，雄性大鼠的衰老与β-肾上腺素能敏感性刺激肝糖分解的进行性升高有关，该过程通过腺苷酸环化酶/cAMP通路实现。在老年大鼠的肝脏细胞中，β-肾上腺素能刺激引起的糖原分解作用强于其他刺激信号，如胰高血糖素和α-肾上腺素能刺激。与年龄有关的大鼠肝脏β-肾上腺素能反应的增加主要是由于β-肾上腺素能受体与肝细胞膜腺苷酸环化酶的偶联增加（见图2）。初步证据显示，老年大鼠肝脏中膜β-肾上腺素能受体含量的增加与β-肾上腺素能受体基因表达增加有关。但是，我们应该知道，与膜相关的GPCR包括β-肾上腺素能受体的数量通常是由一个复杂的过程决定的，其中的受体脱敏（如与G蛋白解偶联），并在激动剂刺激下内化到细胞中。GPCR激酶和β-抑制蛋白是两种β-肾上腺素能受体内化的主要介质，它们在大鼠肝脏中的表达随着增龄下降，提示在老年大鼠肝脏中β-肾上腺素能受体与经典的膜信号偶联的增加可能是由于受体内化机制的缺陷所致。这种可能性（见图2）引起了特别关注，

因为循环中儿茶酚胺水平的衡量结果显示，交感神经系统活动在大鼠和人类的衰老过程中都有增加。在脂肪和其他组织中，儿茶酚胺刺激功能随增龄的下降，可能反映出终末器官对增高的交感神经活性脱敏的一个正常代偿过程。因此，老年大鼠肝脏中β-肾上腺素能反应的升高，可能是一种在正常情况下可以通过提高细胞外信号保护正常组织免于过度刺激的平衡受损所致。在病理生理水平，随着增龄，与肝糖分解相关的β-肾上腺素能受体含量增加，可能对肝葡萄糖生产失调起到一定的作用，从而使老年人更容易发生空腹血糖增加和2型糖尿病的风险。

非经典的信号转导与衰老

非经典的信号机制

近年来，细胞信号转导的研究领域已从传统的细胞内第二信使延伸到细胞外信号传导机制，尤其是在生长因子对细胞和组织的生长、增殖、分化以及存活等方面进行了探索。许多生长-刺激信号蛋白，如表皮生长因子（epidermal growth factor，EGF）、血小板源性生长因子、神经生长因子、成纤维细胞生长因子以及合成代谢激素胰岛素和胰岛素样生长因子1（IGF-1）等，通过一类细胞表面受体，又称受体酪氨酸激酶（RTK）的内源性蛋白—酪氨酸激酶活性发挥功能。生长因子结合诱导RTK形成二聚体，并使关键受体酪氨酸残基发生自身磷酸化，进而作为适配子蛋白的对接位点募集信号通路的其他成分，最终激活促分裂原活化蛋白（mitogen-activated protein，MAP）激酶家族；活化的MAP激酶通过磷酸化参与基因转录的靶蛋白来改变细胞生长过程（见图2）。胰岛素和IGF-1受体是四聚体RTK，它们在各自的配体激活后，可以催化胰岛素受体底物（insulin receptor substrate，IRS）蛋白和其他胞内中间物的酪氨酸发生磷酸化，进而募集不同的适配子和下游信号分子，产生代谢和有丝分裂反应。有趣的是，许多丝氨酸/苏氨酸激酶作为胰岛素信号通路的远端效应物，也参与了一种负反馈机制，即通过丝氨酸/苏氨酸磷酸化和IRS蛋白的失活来终止胰岛素信号（见图3）。

在胚胎发育过程中，除了RTK介导的信号级联外，调控靶蛋白水解的几种促生长途径在细胞分化和组织形成中也起着关键作用。在这些新的信号转导系统中，细胞表面Notch受体信号似乎对影响许多组织和器官发育的细胞的命运至关重要。一般来说，一个特定细胞上的Notch受体是由相邻细胞表面的信号蛋白（如Delta）激活的。在与信号蛋白结合后，Notch受体发生蛋白溶解，释放激活受体的细胞质尾区，转移至细胞核，激活CSL家族的转录因子（见图4）。Notch信号不仅参与了胚胎发育，而且还可以控制成人骨骼肌的再生能力。

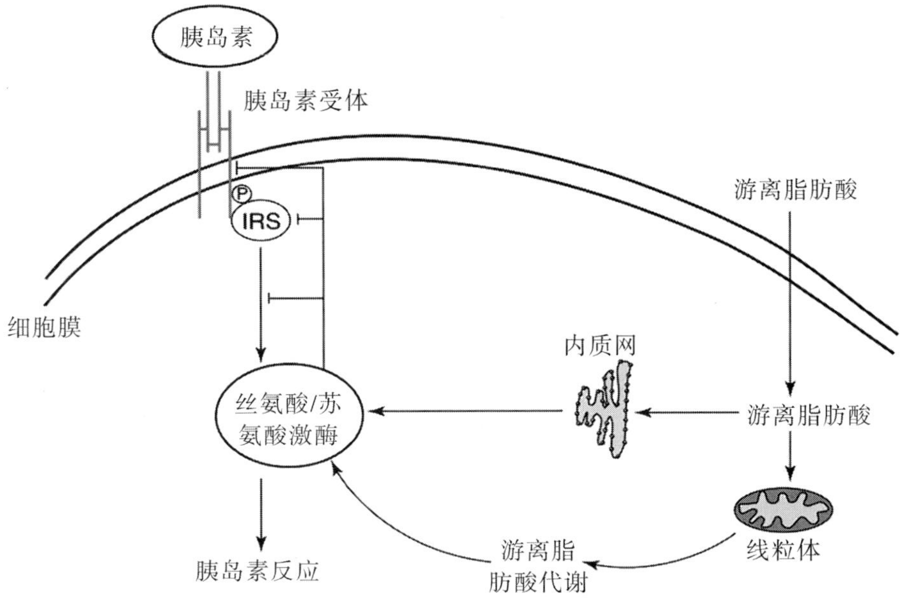

图 3 胰岛素受体信号通路和胰岛素抵抗的潜在机制

注：在衰老过程中，2 型糖尿病中胰岛素受体抵抗的诱导因素（如游离脂肪酸）可能激活线粒体和/或内质网通路，通过丝氨酸/苏氨酸激酶的作用阻断胰岛素信号分子的功能。缩写：IRS，胰岛素受体底物。

衰老过程中有丝分裂及代谢信号的改变

许多组织增殖或再生的潜力随着衰老而下降。许多研究表明，老年动物的肝和骨骼肌的再生能力受损，这与衰老过程中 RTK 和 Notch 信号通路改变有关。EGF 和其他通过 RTK 通路作用的生长因子对肝脏生长有重要影响，并被认为在肝脏损伤（通过药物，其他化学剂或病毒）或手术切除肝组织后的再生中起重要作用。因此，大鼠肝脏的 EGF 反应性 RTK 信号通路作为衰老过程中减少细胞增殖能力的模型被广泛研究（见图 2）。从老年大鼠获得、生长于培养皿中的肝细胞，其由 EGF 引起的 MAP 激酶活化水平是显著低于年轻成年动物的肝细胞的。培养的肝细胞中表皮生长因子受体的水平不会随着衰老而变化，而老年大鼠中 EGF 引起的 MAP 激酶活化减少被认为与年龄依赖的活化 EGF 受体位点的自磷酸化下降有关，该位点需要一个与引发下游信号的适配蛋白（Shc）有关的受体。与使用培养的肝细胞的结果相反，EGF 受体水平的显著下降在老年大鼠的全肝制剂中已经得到了证实。这些发现的明显差异可能部分通过一些早期研究观察来解释，这些研究表明来自幼鼠的培养肝细胞的活化 EGF 受体呈现一个在时间上依赖的减少。目前仍需进一步研究去阐明 EGF 受体表达变化所通过的机制，或参与年龄依赖性的肝细胞增殖减少的功能过程。然而，该研究领域目前可用的数据突出

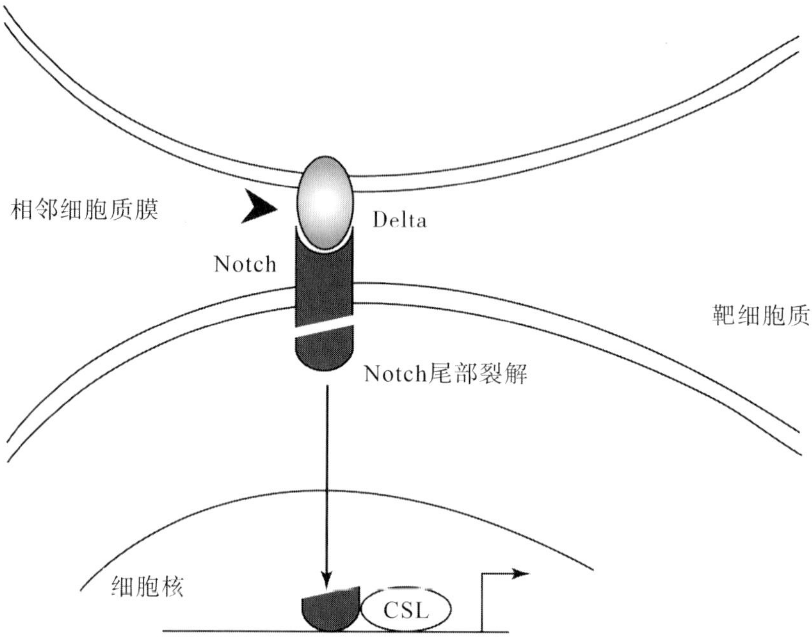

图 4　Notch 信号通路

注：损伤后 Notch 配体 Delta 上调不足（箭头）似乎在衰老期间骨骼肌再生能力降低中发挥作用（见原文）。CSL 是一种激活 Notch 应答基因的转录因子家族。

了以下事实：研究复杂的老化现象受到各种各样的混淆因素影响，包括实验使用的条件。

最近，研究者使用损伤诱导的骨骼肌再生的小鼠模型表明：老年动物的肌肉祖细胞增殖能力受损是由于损伤后 Notch 配体 Delta 上调不足导致 Notch 受体活化减少而引起的（见图 4）。值得注意的是，在同一系列研究中，通过来源于幼龄动物的系统性因素，老年动物的肌肉和肝细胞减少的增殖潜力均可恢复到年轻水平。对于这些因素的认知，及其在 Notch（或可能的 RTK）信号通路中的作用，或许可以为我们提供关于衰老过程中组织修复和再生机制的根本性认识。

人体外周组织对衰老期间胰岛素衰退的敏感性，使老年人易发生胰岛素抵抗和 2 型糖尿病。相当多的研究一直专注于衰老和糖尿病相关的胰岛素抵抗背后的信号通路机制。动物研究显示，尽管胰岛素抵抗与胰岛素信号通路特定缺陷的关联还没有明确的共识，由胰岛素 RTK 激活的早期信号事件（如 IRS 蛋白的酪氨酸磷酸化）是呈年龄相关性下降的。越来越多的证据证实，胰岛素信号蛋白的丝氨酸/苏氨酸磷酸化在胰岛素抵抗的发生中起到了中心作用。例如，许多研究表明，在诸如肥胖症和 2 型糖尿病等对胰岛素抵抗状态下，多余的循环游离脂肪酸通过激活丝氨酸/苏氨酸激酶来抑制胰岛素信号传导，某些丝氨酸/苏氨酸激酶本身就是胰岛素效应器；这一过程反过来可通过大量丝氨酸/苏氨酸残基的磷酸化以阻断胰岛素信号分子（如胰岛素受体、IRS 蛋白质和下游的效应物）的功能。脂肪酸通过丝氨酸/苏氨酸激酶活化诱导的胰岛素抵抗背后的细胞途径已经被深入探索，目前已经提出了两个非排他性的近端介质：（1）由于线粒体功能障碍而在细胞内积累的脂肪酸代谢物；（2）比如在脂质堆积等代谢应激时，参与内质网对蛋白质处理需求的稳态反应的信号事件（见图 3）。对线粒体功能障碍、内质网应激和胰岛素信号传导抑制的相互作用的不断研究，或许可以发现治疗或预防年龄相关性糖尿病的药物作用的新靶点。

在老年人中，胰岛素抵抗与 2 型糖尿病的发生及其不良后果之间的关联很难与大量证据相一致，这些证据将线虫中胰岛素（或 IGF-1）受体相关信号的减少与线虫类、蝇类和啮齿类动物寿命的延长相关联。支持胰岛素样信号传导对寿命的影响的数据大部分来源于突变分析，而且代谢过程中的遗传操作对于人类衰老过程中的病理生理改变的作用程度仍然是推测性的。基于此，胰岛素抵抗的代谢伴随症状，比如高血糖症和高胰岛素血症，其本身是糖尿病并发症的危险因素和相关疾病，通常不会在延长寿命的胰岛素信号传导突变体中观察到。

衰老过程中信号通路之间的交互作用

目前已经报道过许多信号转导途径之间的交互作用的例子。最近的研究表明了 GPCR 和 RTK 信号通路之间多种功能的相互作用。例如，已经清楚的是，许多 GPCR 不仅通过经典的第二信使与 G 蛋白介导的信号相结合，而且与通常对 RTK 反应的 MAP 激酶信号相结合。在某些情况下，GPCR 通过引起如 EGF 受体等 RTK 的反式激活来诱导生长调节信号。有趣的是，通过 β-肾上腺素能受体介导的 EGF 受体反式激活过程，似乎涉及包含 β-肾上腺素能受体和反式激活的 EGF 受体的多受体复合物的组装和内化（见图 2）。多受体复合物内化背后的机制，包括该过程与 GPCR 激酶/β-抑制蛋白介导的活化 β-肾上腺素受体内化的关系，仍有待阐明。

目前，对于信号通路之间的相互作用在与年龄相关的组织对细胞外信号的反应性的改变中是否起作用知之甚少。尽管如此，新兴的交互作用概念可以提供一个有用的框架，在该框架中可以认为在衰老过程中信号转导事件至少发生了某些变化。例如，在 β-肾上腺素能受体和 EGF 受体信号传导途径之间的交互作用的环境中，可以观察到老年大鼠的肝细胞中与 β-肾上腺素能受体偶联的腺苷酸环化酶数量的增加。

β-肾上腺素能受体通过诱导有丝分裂信号在多受体复合物中与具有反式激活的 EGF 受体内化，同时大鼠肝脏中的 EGF 受体表达随着年龄而下降。基于以上两个证据，老年大鼠肝脏中细胞表面 β-肾上腺素能受体的数量增加充分反映了与 β-肾上腺素能受体共同内化的 EGF 受体库的减少（见图 2）。虽然目前是推测性的，这种可能性很可能代表了将组织功能的年龄相关性变化与细胞信号转导途径交互作用的改变相联系的许多可检验假说。

活性氧（reactive oxygen species，ROS）的许多细胞活动似乎反映了细胞的氧化还原状态与细胞信号转导途径交互作用的机制。线粒体和其他细胞器中产生的活性氧物质一直被认为参与引起组织损伤，衰老和年龄相关性疾病的生化反应。最近，ROS 也被认为通过与经典和非经典（如由酪氨酸激酶介导的受体）信号系统复杂的相互作用在生物过程中发挥关键的调节作用。一方面，氧化剂可能通过对参与信号转导的靶蛋白上的反应性半胱氨酸残基的氧化还原修饰，来调节一系列信号传导途径的活动；但在许多情况下，氧化还原修饰而功能改变的特定信号靶点还有待阐明。在很多动物模型中，细胞信号传导途径的氧化还原调节与控制抗氧化蛋白的表达、胰岛素信号传导以及寿命有关。另一方面，多种生长因子受体和其他信号传导途径的激活增加了 ROS 的产生，ROS 反过来又作为第二信使来介导下游细胞反应。细胞氧化还原和信号系统之间双向交互作用的机制仍未被完全了解，但这很可能在衰老过程中的调节基因表达、代谢和抗应激反应方面发挥至关重要的作用。

类固醇激素信号传导和衰老

从调节生殖功能到调节神经系统、心血管系统、免疫系统、肌肉骨骼系统和胃肠系统的生理过程，类固醇激素有多种不同的作用。建立类固醇激素信号传导的模型涉及类固醇分子与细胞质或细胞核的特异性胞内受体的相互作用，以及与其他共同调节某些应答基因转录的蛋白质复合物的相互作用。尽管类固醇激素的基因调节作用在数小时至数天发生，但一些类固醇激素反应发生在更快的时间范围内（即几秒至几分钟）。相当多的证据表明，这些快速的类固醇激素反应不是由转录活动介导的，而是由涉及具有质膜受体信号传导途径特征的第二信使和蛋白激酶的非基因机制介导的。类固醇激素的非基因行为在各种组织中都有发现，并被认为可影响许多细胞类型的分化、生理功能和存活。例如，性类固醇激素之一的雌激素的骨骼保护作用被认为是通过非基因机制发生的，而不是通过类固醇激素经典的基因途径发生的行为，而这种作用虽然对生殖组织功能的调控至关重要，但可能对于骨量的维持作用微乎其微。雌激素信号转导的基因和非基因途径（见图 5）。在骨骼肌中，促雄激素的性类固醇激素——睾丸素的同化作用反映了激素活动的基因和非基因途径。而且，在许多组织中，1，25-二羟维生素 D_3（类固醇激素维生素 D 的活化形式）可通过经典的维生素 D 核受体调节基因转录，并且还可通过质膜结合的维生素 D 受体引起快速的非基因反应。

性类固醇激素和维生素 D 作为靶细胞受体的配体的有效性随着人的增龄而减少。在女性中，绝经时期的卵巢分泌雌激素和循环雌激素水平急剧下降。相比起来，在衰老过程中，男性性腺类固醇的产生和血浆睾酮

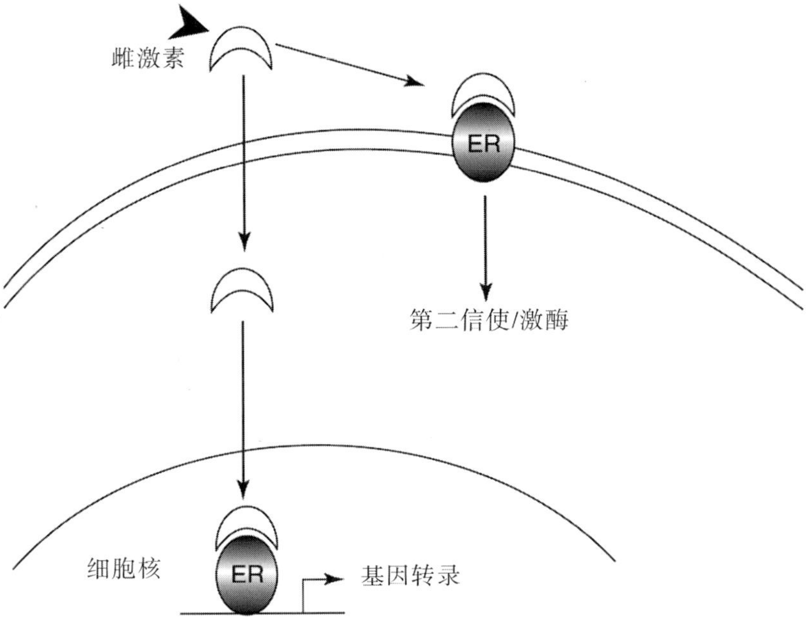

图 5 雌激素信号通路

注：经典的雌激素信号传导生理途径显示在左侧，右侧是非基因途径（见原文）。随着年龄的增加，比如绝经期，雌激素（箭头所示）与靶细胞雌激素受体（ER）的结合力降低。

水平逐渐下降，并且下降程度不一。血浆维生素 D 水平低在老年人中也很常见，因为维生素 D 的摄入有限，衰老过程中皮肤维生素 D 的光敏合成减少，并且很少暴露在阳光下。老年人中雌激素、睾酮和维生素 D 水平降低均与年龄相关性疾病和功能衰退的风险增加相关。然而，类固醇激素的“替代品”可能使老年人群出现意想不到及不可接受的风险。女性健康倡议（Women's Health Initiative，WHI）的研究结果突出强调了这一观点，其中绝经后女性的雌激素（和孕激素）治疗的大型临床试验由于治疗组乳腺癌和心血管疾病的风险增加而被提前终止。WHI 研究设计的几个方面，尤其是研究对象纳入年龄较大、没有接受过激素治疗的超重女性以及对单一雌激素-孕激素制剂的评估，激发了关于研究结果是否可推广到其他人群和其他激素制剂的争论。人们越来越认识到，在老年人群中使用天然类固醇激素或合成类似物这一治疗策略的安全而有效的应用，最终将取决于临床试验以及对类固醇激素复杂的分子水平活动的认识，然而目前对后者的认识仍非常欠缺。通过对性类固醇激素活动的组织特异性的基本研究，已经开发出选择性雌激素和雄激素受体调节剂（分别为 SERM 和 SARM），这些化合物可以模拟类固醇激素对某些细胞类型的有益作用，同时可以模拟拮抗类固醇激素对其他细胞类型的有害作用。另外发现新治疗药物的研究正在进行中，这些药物保留了性类固醇激素对非生殖组织的有利的、非基因作用（如防止骨质丢失），而没有通过经典基因信号途径介导的对生殖组织（如乳房和子宫）有害的促生长作用。

结论

细胞外刺激通过信号转导途径的复杂网络传递到细胞内并转化为细胞应答。GPCR、RTK、类固醇激素受体和其他信号级联的多个步骤中与年龄有关的变化，参与了衰老过程中生理功能的丧失以及年龄相关性疾病的发展。对细胞内信号系统的分子机制以及它们在衰老和疾病中的作用的不断研究，可能会发现治疗或预防老年人患有的许多疾病的新型药物靶点。

另请参阅：男性更年期；更年期；老化模型：无脊椎动物、丝状真菌和酵母；老化模型：脊椎动物；氧化损伤。

拓展阅读

Alberts B, Johnson A, Lewis J, Raff M, Roberts K, and Walter P (2002). *Molecular Biology of the Cell*, 4th edn. New York: Garland Science.

Balaban RS, Nemeto S, and Finkel T (2005). Mitochondria, oxidants, and aging. *Cell* 120: 483–495.

Conboy IM and Rando TA (2005). Aging, stem cells and tissue regeneration. Lessons from muscle. *Cell Cycle* 4: 407–410.

Fulop T, Larbi A, and Douziech N (2003). Insulin receptor and ageing. *Pathologie Biologie* 51: 574–580.

Gregerman RI (1994). Aging and hormone-sensitive lipolysis: reconciling the literature. *Journal of Gerontology: Biological Sciences* 49: B135–B139.

Kamata H and Mirata H (1999). Redox regulation of cellular signaling. *Cellular Signalling* 11: 1–14.

Katz MS, Dax EM, and Gregerman RI (1993). Beta adrenergic regulation of rat liver glycogenolysis during aging. *Experimental Gerontology* 28: 329–340.

Kenyon C (2005). The plasticity of aging: insights from long-lived mutants. *Cell* 120: 449–460.

Kiberstis PA (2005). Type 2 diabetes, introduction. A surfeit of suspects. *Science* 308: 369.

Kousteni S, Chen J-R, Bellido T, Han L, Ali AA, O'Brien CA, Plotkin L, Fu Q, Mancino AT, Wen Y, Vertino AM, Powers CC, Stewart SA, Ebert R, Parfitt AM, Weinstein RS, Jilka RL, and Manolagas SC (2002). Reversal of bone loss in mice by nongenotropic signaling of sex steroids. *Science* 298: 843–846.

Liu Y and Holbrook NJ (2001). Mitogen-activated protein kinase signaling pathways and aging. In: Masoro EJ and Austad SN (eds.)

Handbook of the Biology of Aging, 5th edn., pp. 179 - 206. San Diego, CA: Academic Press.

Liverman CT and Blazer DG (eds.) (2004). *Testosterone and Aging. Clinical Research Directions*. Washington DC: The National Academies Press.

Lösel R and Wehling M (2003). Non-genomic actions of steroid hormones. *Nature Reviews Molecular Cell Biology* 4: 46-56.

Montero-Odasso M and Duque G (2005). Vitamin D in the aging musculoskeletal system: an authentic strength preserving hormone. *Molecular Aspects of Medicine* 26: 203-219.

Muoio DM and Newgard CB (2004). Insulin resistance takes a trip through the ER. *Science* 306: 425-426.

Pierce KL, Luttrell LM, and Lefkowitz RJ (2001). Newmechanisms in heptahelical receptor signaling to mitogenic activated protein kinase cascades. *Oncogene* 20: 1532-1539.

Turgeon JL, McDonnell DP, Martin KA, and Wise PM (2004). Hormone therapy: physiological complexity belies therapeutic simplicity. *Science* 304: 1269-1273.

译　者：王晓娟（首都医科大学附属北京朝阳医院）

校译者：何云云，庞　韵，常　晶（首都医科大学附属北京朝阳医院）

现代化与老龄化

J. 莱维特 加利福尼亚大学洛杉矶分校公共事务学院，洛杉矶，加利福尼亚州，美国

词汇表

扩展家庭（Extended Households）——相关或不相关的人共同生活而组建的社会生活单位。

独立居住（Independent Living）——非家庭住户或家庭住户共同生活在一个居住单元，这个单元内有完整的浴室和厨房。

邻里家庭（Neighborhood Families）——能提供正式或非正式帮助的家庭类型，对老年家庭比较友好，能够取代单独的家庭所能提供的某些功能。

引言

20 世纪 50 年代，现代化理论被用来推广西方发展模式。到了 20 世纪 70 年代，一些学者开始质疑这一理论对发展中国家的工业化和民主化进程的指导作用。线性进化的人类发展观受到了冲击。这一时期，老龄问题研究开始关注发展中国家的老年人口现状。研究人员一致认为，基于 20 世纪和 21 世纪全球老年人口的增长，世界正在发生一场人口革命。人口革命会影响现代化的进程，反过来也受现代化的影响。这种观点被称为修正的现代化理论，对正在经历全球化的发达国家和发展中国家人口日益老龄化的影响提出了深刻见解。本文首先概述老龄化现象的人口学特征，然后回顾与全球化相关的现代化的其他观点；接下来论述人口革命对家庭和家庭结构、居住方式安排及其与现代化的关联角度的影响，并探讨社区、住房、劳动力和就业政策中的老龄化问题；最后一节将介绍全球结构政策和可能出台的跨国政策。鉴于全球化背景下政府的承诺不足或预算问题，本文还将探讨民间团体在老年人赋权方面的重要作用。

老龄化的人口学诠释

联合国经济和社会事务部（the United Nations Department of Economic and Social Affairs）指出，人口老龄化是前所未有并普遍持久的，具有深远的影响。人口老龄化增长的原因与许多因素相关：

- 死亡率和生育率的持续下降，相对提高了老年人口占总人口的比例。祖父辈人口数量将超过儿童。

• 人类寿命不断延长。2002 年，全球人均预期寿命为 66 岁。在最不发达国家，60 岁男性有望再活 15 年、女性为 16 年；在发达国家，60 岁男性有望再活 18 年、女性为 23 年。

• 世界上增长最快的人口是 80 岁及以上人口。全世界约有 18 万百岁老人，预计到 2050 年，这个数字将达到 320 万。

• 女性是老年人口的主体，特别是高龄老年人中的女性比例更高。在发展中国家，60 岁以上老年人口的男女比例为88∶100，而发达国家的这一比例是 71∶100。

以绝对数刻画的人口老龄化特征更为惊人。预计到 2025 年和 2050 年，全球 60 岁及以上人口将分别达到 12 亿和 20 亿。老年人口的总体增长率明显快于总人口的增长率。1950 年老年人口比重为 8%，2010 年为 10%，到 2050 年预计将达到 21%。更令人吃惊的是，发展中国家的人口老龄化速度比发达国家要快。根据世界卫生组织报告，2002 年发展中国家 60 岁及以上老年人口约 4 亿，到 2025 年这一数字将上升至 8. 4 亿，占全球所有老年人口总数的 70%。老年人口的增长正改变着社区面貌和居住安排的格局。在发展中国家，外出工作的青壮年流动人口把更多的老年人留在农村地区，而发达国家城市地区的老年人又面临着住房危机。

• 世界上约三分之一的老年人口生活在农村地区，但 51%的老年人口生活在城市地区。发达国家城市地区的老年人口比例为 74%，而欠发达地区仅有 37%的老年人生活在城市地区。

• 大约四分之三的人口增长发生在二线城市和人口在 10 万~50 万的小城市。

• 老年人口的增长直接关系到劳动力、就业和移民政策。

• 1950—2000 年，65 岁及以上的老年人口与 15~64 岁的劳动年龄人口之比——老年抚养比——从 12 下降到 9，预计未来将进一步下降到 4。

在探讨现代化与老龄化之间的关系时，人们经常忽视了老年人群体的异质性。除了国家、地区、发展状况及城乡分布特征的差异以外，老年人口特征还在社会阶层、种族、民族、教育、性别、性取向、婚姻状况、宗教、文化等方面表现出不同。

人口统计还存在另一个值得人们注意的方面。考虑到现代化对老龄化的影响似乎更为复杂，人口分析不能简单地以某一日历年龄定义“老年”或“老年人”。譬如，法国大多数男性的退休年龄在 55~64 岁，但迫切需要抵消年轻劳动力减少的影响，这可能会扭转提前退休的趋势。年龄的规定忽视了世界各地由于寿命革命和传染病治疗的医学进步而带来的老年人健康状况的异质性。“新老年人”（new old aged）或者说“活跃老年人”（active aged）可以参与体育、教育、性生活甚至继续工作，而人们曾一度认为老年是悠闲或孤立的极端。人口结构的变化随着老年人的高度聚集或年龄融合来塑造社区的体验方式。当然，这还取决于政策制定者如何分配资源以满足老年人占多数的社区的需求。

“生命历程”（life course）概念是一种

融合现代化和全球化进程的方式。生命历程理论显示了影响一个人一生的相互作用的政策和政策群。“老年”不再是一种固化的状态，而是受各种可能会来回变化的环境因素，包括教育、城市化、医疗进步、居住隔离和迁移等的影响。生命历程理论承认这样一种事实：影响人们早年生活的政策也会对其晚年的生活产生影响。例如，一项针对年轻女孩的义务教育政策会影响其以后的生育决策、生育行为，以及女性在劳动力市场中是否有更多的选择。随着死亡率和生育率的下降，技术进步、健康和教育政策使社区和家庭结构发生了变化。与这些政策相关的是，我们需要重新审视现代化是否导致了社会对老年人尊重的减少。

首先，现代化是什么？它与全球化的关系是什么？

现代化与全球化

“现代化”一词可以有多种理解方式。譬如，生产从农业向工业化演进、民主政治的制度化、有效官僚制度的创建、城市化的普及和科学技术的应用都可以看做是现代化的表现。“现代化”有时可以与“全球化”互换使用。更多的时候，“全球化”被看做是“现代化”的后期阶段，也就是经济社会发展的基础。“全球化”也被用做“现代”“后现代”或“现代后期”的总称。这些时期的国家发展重心迅速变化、社会秩序日益多元化，以及老年人在社会中越来越不可能被取代，等等。

一个问题是，“现代化”是否能够恰当地反映工业化从属于信息经济的社会。金融一体化与全球市场的扩张，以及医疗保健、教育和运输行业的发展都依赖于稳定、可靠和快速的信息经济。道格拉斯·凯尔纳（Douglas Kellner）在《全球化与后现代转向》（Globalization and the Postmodern Turn）一文中指出，在现代社会的转型期，“全球化既意味着与过去、现代性和现代化的延续，也意味着现在和已经到来的未来的新颖之处”。

现代化理论的发展是与时俱进的。“现代化”这一概念最早可以追溯到17世纪的欧洲思想，并在20世纪五六十年代形成真正意义上的第一次理论发展浪潮；20世纪七八十年代，基于对西方模式强加于发展中国家做法的批判，衍生了现代化理论的第二次发展浪潮；到了20世纪90年代，全球化浪潮中发展起来的后现代理论则可以看成是现代化理论的第三次发展浪潮。

现代化理论出现在第二次世界大战之后，当时欧洲国家退出或被迫撤离其殖民地，美国取而代之成为资本主义世界的头号强国，而苏联及其代表的共产主义意识形态则成为世界的另一极。冷战把世界分为美国的朋友和敌人，共产主义和资本主义之间关系紧张。沃尔特·罗斯托（Walter Rostow）等学者认为，从手工生产到大规模扩大再生产的发展阶段，发展中国家应该利用外国援助来推动其进步，其中美国是值得效仿的对象。预期的结果将是经济增长带来更高的人均收入。社会福利包括人民生活水平的提高，而经济增长和社会进步又将为民主制度化创造有利的条件。

在现代化理论的第二次浪潮中，针对照搬西方发展模式带来的西方国家偏见、失败的政策、贫困的持续存在和独裁的兴起，一些批评家表达了强烈的反对。冷战思维使政策制定者分不清国家和国家机器的差异，而战争并没有消除这些差异。20 世纪 70 年代后期，私有化倾向不断升级。在一些国家，公用事业、交通运输和国营住房产业的国有化，被批评为低效无益。新西兰和英国率先将国有资产出售给出价最高的私人竞标者。除了部分国家的经济控制权掌握在国家机器手中，多数国家都遵循了市场主导的发展模式。

现阶段的后现代主义理论认为，世界充满了复杂性和不确定性，金融一体化伴随着个体和社会层次的社会撕裂。现代化可以同时发生在一个国家的若干方面，而不是单一局限在某个方面。根据迈克尔・哈特（Michael Hardt）和安东尼奥・内格里（Antonio Negri）的观点，经济领域就存在这种现象，譬如，意大利的知识产业可以与未完成现代化转型的产业（比如小农场）共存。成本低廉的通信技术创造了一个全球市场，不论个人、企业还是国家机器，只要拥有一台电脑，都有机会成为这个市场上的生产商。

在高度发达的市场经济中，许多发达国家取消了既有的优厚社会福利。德韦恩・斯万克（Dwayne Swank）认为，利用市场机制运转国家机器无法保持政策的稳定性，这反映了民主政体的衰落。部分发展中国家也采用以西方产权私有制为基础的合法保有权制度，进一步加剧了私有化趋势。

在没有为老年人提供有效社会保障的国家，老龄问题治理主要依赖于家庭，但现代化或全球化是否破坏了传统的家庭支持功能并削弱了老年人的价值，值得我们讨论。在肯尼亚，曾经拥有特殊地位的老年人，如今因为没钱回家乡养老而不得不蜷缩在贫民窟，并被定义为失败者。在印度，老年人的权力和威望正在被他们是负担的观念所取代。低龄老年人不同于高龄老年人的特征或许可以改变这种倾向。例如，一项研究表明，在韩国农村地区的已婚老年人中，低龄老年人因其观念更加现代化且子女多接受过教育，在家庭和社会中往往比高龄老年人具有更高的权威。在菲律宾也有类似的调查结论。

现代化或全球化的影响是多方面的，在带来积极结果的同时，也可能产生意想不到的后果或不足的改变。譬如，消灭传染病、提高作物产量及改善营养和卫生条件，均可能延长人口寿命。然而，对老年人来说，收入可能仍然太低，无法负担住房和其他生活必需品。尽管在现代化进程中老年人的识字水平可能会提升，但囿于年轻时接触先进技术的机会有限，因而可能无法找到高薪、高技术含量的工作，也就不能为老年生活提供经济保障。尽管全球残疾人口有望减少，但其经济能力仍无法负担帮助改善身体功能的“辅助技术”。战争、区域争端和种族冲突不断重组土地所有权，但并不能消除产权分配的性别不平等，并可能导致老年人丧失对财产和相对安全的要求。

一些学者认为，现代化理论和全球化理论在宏观层面的讨论是有意义的，但在微观层面却并非如此。凯尔纳认为，全球化在消费品、意象和观念等“文化领域”的表现最为明显，但全球文化的同质化倾向是否如此强大，以至于能够切断地方联系、打破宗教和民族认同甚至取代国家机器的角色，则令人质疑。尽管有学者支持全球化，主张放松国家管制、开放边境贸易和推动全球金融一体化，但蔡美儿（Amy Chua）指出这些政策主张会带来负面影响，如种族冲突、伊斯兰激进主义、财产争夺、杀戮、人民流离失所和种族灭绝。简而言之，全球化和现代化一样，不应被简单解读为进步，其对老年人口的文化和集体记忆是毁灭性的。

在发展中国家（哪怕是在某些经济稳定增长并能够持续吸引外资的亚洲国家），贫困仍然是普遍现象。联合国人居署（the United Nations HABITAT）的报告指出，2001 年全球约有 9.24 亿人居住在贫民窟，占世界城市人口的 31.6%、欠发达地区人口的 43%、发达地区人口的 6%。如果不采取任何干预措施，到 2050 年，贫民窟人数可能会增加到 30 亿。贫民窟的一系列现况——缺乏基本服务、建筑不安全、过度拥挤和缺少保有权等——是全球化浪潮中逆现代化的表现。除了终身的营养和健康状况恶化、女性的多胎妊娠困难以外，贫民窟的老年人口也值得我们关注，他们与其他居民一样遭受着痛苦。

在现代化或者说全球化的背景下，公共责任的缺失在非洲尤为严重，特别是艾滋病正在一步步地分裂家庭。尽管非洲大陆的人口年龄结构年轻，但仍可预见 77～84 岁的老年人口将会持续增加，然而政府和社区能否提供相应的服务支持却值得怀疑。目前，老年女性是非洲地区儿童和患者的主要照料者，但鉴于老年女性自身也容易感染艾滋病毒，因此这种照护体系十分脆弱。

性别革命与现代化紧密相连。女性在发达国家和发展中国家的地位作用与其阶级、社会文化、宗教观念、制度规范和法律体系密切相关，这些都塑造了家庭和家庭结构。

家庭、家户结构和性别

家户调查和社会安排的多样性是人口统计学的一大功能，而人口的变化又与城市化、工业化和宗教的影响相互作用。

在发达国家，核心家庭模式主要表现为丈夫工作和妻子担任家庭主妇。生活方式的选择、离婚率的上升、单亲家庭的形成、同性伴侣同居或结婚，以及老年人选择独居等，都会产生不同类型的家户结构。发达国家的社会多样性使女性能够享有更多权利、自主节育及享受现代家电带来的便利，这些因素使现代女性能够更充分地参与劳动力市场。然而，对单亲家庭和有色人种家庭的女性来说，由于儿童保育计划尚不健全，她们只能依赖家庭、朋友和亲属中的老年照料者。不过，哈特和内格里却认为部分国家对传统家庭的信仰可以被解释为后现代主义。他们对西方多样化家庭模式和女性解放政策的反对，与认为西方生活普遍糜烂腐败的观点是相辅相成的。

发展中国家的女性比发达国家的女性享有的权利更少。虽然她们扮演着小农经济的基础角色，担负着全国60%~80%的食物生产，但其社会地位却随着年龄的增长而不断下降，其健康状况也因可获得的资源减少而恶化。由于女性比男性长寿，因此一旦丈夫和儿子去世，她们的守寡生活也会受到经济问题的困扰。在一些国家和地区，甚至不允许女性拥有土地或申请信贷。撒哈拉以南的非洲地区和近东地区的女性主要负责动物养殖、生产加工和市场销售，传统观念不允许她们自主创业。低收入和缺少储蓄伴随着女性的一生，到老年时增加了她们对社会的依赖程度。即使是在发达国家拥有更多权利的女性，也同样面临着工资的性别歧视导致的类似后果。

邦加尔特（Bongaarts）和齐默（Zimmer）研究了43个发展中国家的老年人的居住安排，结果发现老年女性独居的可能性是老年男性的两倍。相比非洲和拉丁美洲的老年人，亚洲的老年人更多是与子女生活在一起。在亚洲，老年人与成年儿子共同生活的倾向很明显，但即使是在那里，性别偏好也不尽相同。还有研究表明，与财富和城市化水平相比，受教育程度更有可能影响老年人的居住安排。教育水平越高的家庭，家户规模往往越小，老年人独居的概率也就越大。

最后，居住安排的选择还会受到住房条件的限制。在市场经济中，不断变化的居住安排和日益加速的城市化进程相互作用，导致了全球性的住房危机。

社区和住房

社区和住房问题不仅直接与城市化进程的加快有关，还与工作年龄成年人的迁移和政府政策相关。住房政策影响着社区的发展，住房一揽子计划就包括了社区环境。当公共交通、商业设施（如商场和药房）、娱乐场所和社区保健中心都建设在步行范围之内时，老年人就能得到最便捷的服务。这些公共社交场所有利于老年人聚会，帮助他们消除孤独感，促进预防性健康保健。加拿大正在探索将娱乐中心、学校和健康中心结合起来，在那里老年人可以方便地找到健康服务。社区安全是一项重要议题，一些国家的女性团体和市政当局正在联合开展这些工作。增设公交车站点和引导司机在更接近目的地的地方停车，也能方便老年人的出行。

在发达国家，政府对老年人的支持程度取决于税收优惠、社区项目和创新（如融合了高科技的“智能住宅”）等进行融资。在美国，房屋所有人可以享受政府的税收减免。2005年该项减免总额约730亿美元，成为补贴力度最大的项目。公共住房只有140万套，而且经常资金不足，有三分之一的老年人居住在公共住房里，且对贫困的有色人种老年人的补贴项目是最大的。过去一些独栋的自住房和公租房的建设水平都相对滞后，可能也缺乏养老保障的能力。在通货膨胀时期，由于食品和公用事业的费用可能会上涨，老年人的生活状况会变得更糟。在其他情况下，政府还可能取消补贴。譬如，在经济社会转型背景下，2004 年俄罗斯就取消了老年人的一些基本福利。

全球化进程中的个体化趋势使得私人住房市场对收入固定的老年人来说难以负担，这一问题在大城市表现得尤为明显。国际居民联盟（the International Alliance of Inhabitants）记录了世界范围内发展中国家和发达国家驱逐人口的现象，比如肯尼亚的内罗毕和意大利的罗马等城市都发生过类似的事件。政府的不当决策可能导致人民流离失所。曾经部署带有福利性质的社会住房计划的国家，譬如英国，其政府为加速市场发展成熟地区的中产阶级化，就曾出售公共住宅，其后果显然是以牺牲那些负担不起不断上涨租金的穷人的利益为代价的。

在新加坡，政府发挥着至关重要的积极作用，有 81%的人口都居住在公共住宅中。在中国香港，有 47%的人口居住在公共住宅中。儒家文化盛行的国家推崇敬老文化，但价值观仍可能让位于因城市化发展而做出的务实决定。考虑到经济负担因素，中国和新加坡等国几代同堂的居住选择无疑是明智的。不过，当选择住在市区较小的公寓等住所时，则必须权衡共同居住的可能性。应对现代化带来的不利影响的政策有助于保持家庭结构的完整。得当的住房政策也会促进共同居住。比如，香港特区政府规定，有老年人的家庭将优先获得住房。新加坡的一些政策资源也向多代家庭里的年轻人倾斜。

住房政策加强和反映了种族、民族及经济上的隔离。尤其是在西方国家普遍认为老年人应该就地老化的背景下，老年人生活的空间模式开始固化。关于社区是否允许按年龄混合居住的问题上，住房选择的可用性对老年人和年轻人的生活影响很大。一些发达国家的护理院、老龄护理中心、老年人专用综合楼和小组之家等老年专用住宅（age-specialized housing）正在增加。共享生活服务与入住这些辅助住宅的老年人匹配起来。在那里，集体空间可以包括厨房和客厅，还可以提供膳食等直接服务。附属住房，有时也被称为婆婆房或者保姆房，可以附属于或独立于单户住宅，居住安排上老年人可以与亲属同住或者不同住。日本也有类似功能的住宅，即在主楼附近建造花园套房，以容纳改良后的大家庭。

就地养老的老年人既有租房者，也有业主。像美国这种医疗保健和养老服务费用高昂的国家，老年人拥有房产即提供了一种老年保障，即便如此，对贫穷的老年房主（尤其是女性）来说可能很难支付得起其他必需品费用。一个主要的问题是保健和其他服务是否可获得和可利用。举例来说，在瑞典，房屋保养和维修计划可以帮助穷人和残疾人。在丹麦，可以为老年人提供购物和洗衣服务，老年居民还可以享受到晚间和夜间家庭护理服务。美国越来越多的州正在使用联邦、州和地方的联合补贴，为家庭护理提供者（也称为家庭助理）提供资助，包括向提供这项服务的家庭成员付费。这使符合经济条件的老年人能够继续独立生活，不需要将他们安置在护理院。低收入的老年女性通常也会照顾其他低收入的老年女性。

最脆弱的老年人包括体弱多病、残疾、贫困，以及那些生活在农村地区和城市贫民窟的老年人。联合国对减贫计划的呼吁是基于增加谋生方式和提供更多信贷渠道，尤其是向女性倾斜。还有就是通过劳动就业政策。约翰·迈尔斯（John Myles）指出，加拿大和瑞典老年人的贫困率不到5%，前者每年为老年人提供有保障的年收入，后者则为其提供有保障的最低养老金。

劳动和就业

在现代化或全球化背景下，劳动和就业政策还受政府在为个人和社会实现经济稳定方面所发挥的作用的影响。在发达国家，老年人的收入包括养老金计划、储蓄、包括股票和房地产在内的私人投资，以及长期照护保险。老年人可能会继续工作，会减少工作时间，也可以再找一份兼职工作。不过，这些选择对那些年轻时收入有限或拥有中等工资、没有养老金或养老金有限的老年人来说还是不够的。由于过去受到的性别歧视，老年女性尤其面临着不确定的未来。

在发达国家，政府为老年人提供的社会保障作用正在发生转变，这与市场经济转型、老年抚养比的上升和生育率的下降有关。这影响到有关教育和移民政策。教育和职业培训可以作为对老年人进行再培训的一种方式加以推广。替代日益增长的老年劳动力的另一种方式则是招募更多的女性加入劳动力队伍，尽管有些人进入劳动力市场是为了生存和提高生活水平。在许多发达国家，灵活的移民政策是一个饱受争议的话题，因为这涉及移民和当地居民的公民身份、住房权利及其他社会福利的分配问题，特别是还涉及谁应当为移民，特别是非法移民的退休福利负责。

退休计划是就业政策的一个方面。关于延长退休年龄、减少社会保障金和增加每周工作时间的选择，是为了应对快速全球化给私营部门和公共部门带来的不利影响。在个人层面上，鼓励老年人工作更长时间或许是必要的，特别是当公司对养老金计划管理不善、宣布破产或者降低其保障金时。在美国，关于社会保障私有化及从固定收益转为固定缴款养老金计划以减少政府支出的争论非常激烈。发达国家的工会在这场争论中有利害关系，他们关心对工人权利和来之不易的收益（比如每周工作时间、假期和健康福利）的保护。

与发达国家不同，发展中国家的大多数老年人一生中都在从事经济活动。这主要是由于最低限度的社会保障计划。还有一些困难与现代化程度有关。2005年，全球老龄化行动（Global Action on Aging）指出，尼日利亚有老年人因为没能领到每月养老金而死去。现代化或全球化正负影响带来的矛盾在墨西哥华雷斯城（Ciudad Juarez）也很明显。当地医疗和营养状况的改善带来了长寿，在2000—2005年，当地老年人口翻了一番，这一趋势将每 5 年持续一次；与此同时，政府、民间团体和宗教组织对糖尿病、高血压和心脏病等疾病造成的死亡却熟视无睹。一位学者警告说，在东亚，完全依靠政府治理老龄问题可能导致国家破产，因此老年人必须想办法回馈社会。

世界组织和民间团体

在现代化或全球化背景下，一些国际机构正提出跨国的方案，以推动优化老年人口生活的项目。其中，联合国发挥了相当重要的作用。自 1948 年起联合国就已开始关注老龄化议题。1982 年，世界老龄问题大会（the World Assembly on Aging）通过了《老龄问题国际行动计划》（International Plan of Action on Aging），就健康和营养、老年消费者权利保护、住房和环境、家庭、社会福利、收入保障、就业和教育等方面提出了专门建议。1991 年，联合国大会确立了五项"联合国老人原则"（United Nations Principles for Old Persons）——独立、参与、照顾、自我充实和尊严。1999 年，联合国举办了"国际老年人年"（the International Year of Older People）。2002 年，在马德里举行的第二次世界老龄问题大会全面讨论了财政保障、医疗保健、住房和防止剥削等问题，老年女性的需求更被列为优先事项。世界卫生组织的积极老龄化计划也吸引了全球的关注和支持。跨国机构认识到，应对老龄问题的计划有赖于资源，因此敦促各国政府承担相应的责任。

在发达国家，民间团体在支持老年人口方面发挥着重要作用。志愿者组织从 20 世纪 50 年代的分散状态，发展为 70 年代后的制度化组织。不同类型的民间团体在目的、数量、活动、能力和战斗性方面都各不相同。发达国家的此类组织在改善代际关系，帮助同性恋群体摆脱孤立状态，为退休人员与雇佣公司、专业人员、商业代表和政府公职人员斡旋和争取利益方面具有重要的影响力。美国的民间团体中不乏激进的组织，比如"愤怒奶奶"（Raging Grannies）和"灰豹党"（Gray Panthers），它们都有地方分会，分会的活跃程度也不尽相同。美国退休人员协会（American Association of Retired Persons，AARP）作为一个拥有庞大会员基础的强大的游说团体，是美国最具影响力的民间团体之一。

世界卫生组织发现，越富裕的国家在人口老龄化到来之前在应对方面就已取得卓越发展；相反，发展中国家在获得治理老龄问题的足够能力之前，人口年龄结构就已经老龄化（可称为"先富后老"和"未备先老"——译者注）。根据经济合作与发展组织报告称，法国老年人口翻一番用了 140 年；相比之下，中国大约只需要 34 年，委内瑞拉仅需要 22 年。在这种情况下，非政府组织联盟作为游说团体、项目运营者和组织的能力建设者至关重要。非政府组织或许能够成为对抗人口快速老龄化带来的不确定性的一支重要力量。总的来说，他们传达出来的信息是要求和促进老年人融入发展进程。老年人可以传授传统技能，也可以在生产行业或公共福利和安全任务中发挥作用。例如，在墨西哥华雷斯城，60 岁及以上的老年人被雇佣为小学和公园的非武装安保人员。在印度，超过 500 个非政府组织正在提供护理院和老年日托中心等服务，并在交通出行和医院预约等方面倡导优先照顾老年人的利益。

在现代化或全球化的背景下，特别是在公共责任意识淡薄和私营部门衰退的情况下，民间团体和老年人口组织对老龄问题治理所发挥的作用是必不可少的。人口的长寿、更多的老年人保持活跃能力，以及互联网技术带来的网络力量等事实，对我们理解有关问题具有重大意义。这意味着老年人自身就可以利用现代化或全球化的工具彰显他们的需求和权利。然而，令人遗憾的是，在人口变革的巨大反差、市场经济的不确定性和对现代化或全球化无所不能的误解中，意味着老龄化人口不能只代表自己主张。在全球化的今天，重要的是要认识到年轻人和老年人之间的多样性和差异，同时要加入具有广泛基础的社会运动，包括老年人在内，以挑战现代化的负面影响。

另请参阅：照料；文化和族裔对老龄化的影响；死亡和濒死；饮食和营养；经济学：社会；教育与老龄化；伦理与安乐死；虚弱老年人；性别角色；全球化与老龄化；老化形象；生命历程；老龄组织；老年政治；退休；社会网络、社会支持和社会融合；社会保障；老年人的志愿活动；寡居与鳏居；智慧；工作和就业：个人；工作和就业：社会。

拓展阅读

Bongaarts J and Zimmer Z（2001）Living arrangements of older adults in the developing world：An analysis of DHS household surveys. *Policy Research Division Working Paper* no. 148, pp. 1–34. New York：Population Council.

Chua A（2004）*Word on Fire：How Exporting Free Market Democracy Breeds Ethnic Hatred and Global Instability*. New York：Anchor Books.

Chui E（2004）An East Asia Model of Housing for Elderly People. Paper presented at the ENHR International Housing Conference, Cambridge, UK.

Friedman T（1999）*The Lexus and the Olive Tree*. New York：Anchor Books.

Halfon N and Hochstein M（2002）Life course health development：an integrated framework for developing health, policy, and research. *The Milbank Quarterly* 80（3）：433–479.

Hardt M and Negri A（2000）*Empire*. Cambridge, MA：Harvard University Press.

Kellner D（1997）*Globalization and the Postmodern Turn*. gseis. ucla. edu UCLA.

Myles J（2005）What justice requires：a normative foundation for U. S. pension reforms. In：Hudson RB（ed.）*The New Politics of Old*

Age Policy, pp. 42–64. Baltimore, MD: The Johns Hopkins University Press.

Organization for Economic Co-operation and Development (2005) Ageing Populations: High Time for Action. Background OECD paper prepared for the meeting of G8 Employment and Labour Ministers, London.

Phillipson C and Allan G (2004) Aging and the life course. In: Scott J, Treas J, and Richards M (eds.) *The Blackwell Companion to the Sociology of Families*, pp. 126 – 141. Oxford: Blackwell Publishing.

Swank D (2002) *Global Capital, Political Institutions, and Policy Change in Developed Welfare States*. Cambridge, UK: Cambridge University Press.

Torres-Gil F and Moga KB (2001) Multiculturalism, social policy and the new aging. *Journal of Gerontological Social Work* 36 (3/4): 13–32.

United Nations Department of Economic and Social Affairs Population Division (nd) *World Population Ageing: 1950–2000*. Contribution to the 2002 World Assembly on Ageing.

World Health Organization (2002) *Active Ageing: A Policy Framework*. Prepared for the Second United Nations World Assembly on Ageing. Washington, DC.

译　者：林进龙（北京大学）
校译者：张雅璐（北京大学）

线粒体与衰老

D. 麦肯齐，J. 艾肯 威斯康星大学，麦迪逊，威斯康星州，美国

词汇表

细胞凋亡（Apoptosis）——细胞死亡。

引言

线粒体一直以来被视为细胞的致命弱点。线粒体对于能量产生至关重要，然而氧化磷酸化（OXPHOS）过程中产生的氧自由基以及线粒体基因组对于损伤的易感性，表明线粒体在衰老过程的病因学以及与年龄相关的疾病中发挥作用。发生在线粒体内的OXPHOS在产生腺苷三磷酸（ATP）的同时还催生了副产物，即活性氧（reactire oxygen species，ROS）。线粒体发挥功能（即产生ATP）、同时产生ROS的作用使得线粒体在衰老过程中成为关键的参与者，其导致了线粒体衰老理论的产生。这个理论首先在1956年由德纳姆·哈曼（Denham Harman）提出，并于1980年由詹姆·米克尔（Jaime Miquel）进一步完善。理论指出衰老源于线粒体DNA氧化损伤的累积，并导致OXPHOS及其能量产生过程中关键蛋白的损伤。

细胞培养研究提供了线粒体在衰老过程中起作用的证据，研究中将衰老细胞的线粒体分离出来，然后显微注射到含线粒体较少的年轻细胞中，这些年轻细胞经历了细胞退化过程，而具有年轻线粒体再生的年轻细胞却未观察到此现象。与年龄相关的线粒体功能障碍可能通过多种途径引发细胞损伤，并可通过多种效应呈现出来：如对大分子（蛋白质，脂质和核酸）的氧化损伤，线粒体基因组中突变的累积以及线粒体应对凋亡信号能力的变化。虽然有大量数据支持这些现象，但其中的原因、影响以及这些事件的协同效应均尚未完全阐明。由于线粒体损伤被假设可导致细胞死亡，所以这些细胞的命运归因是十分复杂的。已故的乔治·格伦纳（George Glenner）将这个问题描述为“黑手党综合征”（the Mafia syndrone），即受致命影响的细胞未能被发现，因为其胞体已被“暗杀”和去除。

大约90%的细胞氧在线粒体中代谢，其中1%~5%的细胞氧被转化为电子传递系统（electron transport system，ETS）中的正常副产物，即ROS。因此，线粒体可能是内源性ROS的主要细胞内来源及其靶标。据推测，内源性或外源性自由基导致的氧化损伤在生物体的整个生命周期中累积，最终引起生理及结构变化，即我们理解的衰老。这反应在

骨骼肌中表现为与年龄相关的蛋白质、脂质和核酸氧化损伤的增加。ROS 可以直接修饰蛋白质，形成蛋白质羰基化合物。另外，碳水化合物和脂质衍生物可以与蛋白质反应形成可供分析的加合物。蛋白质羰基含量（protein carbonyl content，PCC）是蛋白质氧化修饰中使用最广泛的标志物。有几种方法可用于定量 PCC，其中，2，4-二硝基苯肼可与蛋白质羰基反应形成相应的腙，其可通过放射性计数或免疫组织化学法进行光学分析。使用 PCC 作为标记物，可表明蛋白质的氧化损伤与衰老过程密切相关。

脂质过氧化是另一种被广泛研究的与衰老相关的氧化损伤。细胞膜磷脂的多不饱和脂肪酸成分中的烯丙基氢使得细胞膜对自由基引起的氧化较为敏感。脂质过氧化与衰老过程相关，因为过氧化作用的增加导致了膜流动性的降低，并增加了细胞双层膜的可漏性。然而，由于最初测量的一些生物标记物缺乏特异性，对脂质过氧化反应的测量变得复杂起来。近期的脂质过氧化检测方法已经表明过氧化作用随年龄增长而显著增加。

线粒体基因组可能在衰老过程中对氧化损伤尤其敏感。线粒体本身含有自己的环状双链基因组（每个线粒体 2~10 个）且其复制独立于核基因组。线粒体基因组位于 ROS 的来源附近，并且缺乏能够抵抗 ROS 的核内组蛋白。在细胞核中检测到的三种主要 DNA 修复方式（即碱基切除、核苷酸切除及重组修复）中，哺乳动物线粒体内未检测到核苷酸切除修复活性。人类大脑、膈肌、心脏和肺以及小鼠肝脏中线粒体 DNA（mtDNA）的氧化损伤随着年龄增加而增加，并且这种氧化损伤可能直接破坏线粒体的基因表达或引起 mtDNA 突变。例如，特定的 DNA 氧化性损伤 8-羟基脱氧鸟苷（8-OHdG）可在体外引起点突变。

表达缺乏校正活性的线粒体聚合酶 γ 的转基因小鼠为确定 mtDNA 突变对衰老过程的影响提供了动物模型。上述小鼠表现出许多衰老相关表型的早发，包括体重减轻、脂肪减少、骨质疏松症以及心肌病。这些动物中 mtDNA 的分子特征表明 mtDNA 中点突变和缺失突变的数量增加，这为 mtDNA 点突变和组织损伤间提供了因果关联。

mtDNA 的损伤直接影响线粒体正常功能的发挥。哺乳动物的线粒体基因组长约 16 千字节，其编码 22 个转移核糖核酸（tRNA），13 个 ETS 亚基，以及线粒体自身含有的 16S 和 26S 核糖体 RNAs。它是一个非常紧凑的基因组，缺乏非编码区，除了负责控制复制和转录起始的 D 环（控制区）外。线粒体转录物合成为长多顺反子信息，并从两条链转录。线粒体基因组编码了在 ETS 和 OXPHOS 通路中发挥重要功能的四种蛋白质复合物的 13 个亚基。维持线粒体功能所需的所有其他蛋白质由细胞核基因编码，在胞质中合成，并通过蛋白质 N 端的特定靶向序列运至线粒体内。线粒体基因组的氧化损伤或基因突变可能影响该基因组表达的最大的多肽——ETS 复合物，即复合物 I 和 IV［分别为烟酰胺腺嘌呤二核苷酸（NADH）脱氢酶和细胞色素 C 氧化酶（COX）］的活性。从组织匀浆的生化分析中认识到在重度依赖ETS和OXPHOS的有丝分裂后的组织器官如脑、心脏和骨骼肌等其中的复合物Ⅰ和Ⅳ的活性随着年龄的增加而降低。原位组织化学研究表明，在包括心脏、眼外肌、四肢肌肉、甲状旁腺和膈肌在内的多种组织中，ETS异常细胞的含量随年龄增长而增加。缺乏细胞色素c氧化酶活性（COX^-；三个亚基由mtDNA编码）是最常报道的异常ETS表型，并且经常观察到伴随的核基因组编码的ETS复合物——琥珀酸脱氢酶活性（SDH^{++}）的增加。SDH高反应性可能是由于细胞核上调线粒体的生物合成引起的。线粒体及老化的193个骨骼肌纤维内的SDH^{++}表型（通常伴随COX活性丧失）表现出破碎红纤维（ragged red fiber，RRF）表型，这种表型是在老年个体或线粒体肌病患者的骨骼肌网状纤维三色染色中观察到的。

已经表明人类mtDNA突变导致包括肌病和脑病在内的多种疾病，这些疾病是以肌无力和中枢神经系统功能障碍为特征的一大类疾病。肌病可分为两大类：由单一mtDNA碱基置换引起的疾病，如莱伯遗传性视神经萎缩，肌阵挛性癫痫伴破碎红纤维综合征（MERRF），以及由大段mtDNA缺失突变引起的疾病，包括慢性进行性眼外肌麻痹（CPEO）和卡恩斯—塞尔综合征（Kearns-Sagre Syndrome，KSS）。在肌病患者中，mtDNA基因组突变水平非常高，在有症状的MERRF患者中有73%～98%的mtDNA突变。缺失突变通常占KSS患者总mtDNA基因组的20%～80%。肌病患者细胞线粒体缺失的胞质杂合细胞研究表明其细胞生长、ETS/OXPHOS活性、线粒体膜电位及ATP合成速率均降低，表明类似的体内缺陷可能发生在异常ETS细胞或肌纤维的部分节段中。

与年龄相关的线粒体功能障碍在许多与年龄相关的疾病的发生发展中也起着关键作用。线粒体基因组中的体细胞突变与帕金森病、晚发性散发性阿尔茨海默病及威尔逊病（Wilson disease）等有关。大量证据表明线粒体功能障碍及由此导致的ROS产生增加以及能量产生减少是造成阿尔茨海默病神经元损失的原因。

证明年龄依赖性mtDNA异常累积的直接证据则需要发展聚合酶链反应（polymerase chain reaction，PCR）技术，该技术满足了识别组织匀浆中这些异常需具备的敏感性要求。最初的研究集中在人类组织，并鉴定了mtDNA特定4977碱基对（bp）位置缺失突变的年龄相关性增加，其通常被称为常见缺失。随后的研究确定了其他会随着年龄在各种物种中积累的mtDNA缺失突变，这些物种包括人类、恒河猴、小鼠及大鼠。这些研究主要基于组织匀浆分析，其表明mtDNA缺失突变会随年龄的增长而增加。准确估计这些异常的丰度需要设计考虑这些异常局灶性分布（而非均匀分布）的实验。

利用放射性PCR方法进行的衰老人体组织的初始定量实验，确定了组织匀浆内特定缺失突变即$mtDNA^{4977}$的丰度为总mtDNA的0.1%。这种低丰度缺失使人们推测mtDNA缺失突变具有较小的生理意义及影响。然而，所有的初始定量分析均在细胞匀浆中进行，其中存在着上千个细胞。对细胞匀浆 mtDNA 缺失突变丰度的估计是建立在含有缺失突变基因组的细胞分布相同的假设上，但随后这种假设被推翻。衰老肌肉组织的“原位杂交”分析提供了 mtDNA 缺失突变局灶性分布的第一个证据。与年龄相关的 mtDNA 缺失突变的最初“原位杂交”研究在人类骨骼肌上进行，并集中于常见 mtDNA 缺失突变的检测。使用位于缺失区域之内或之外的线粒体 DNA 探针，将高水平的 mtDNA 缺失突变定位于个体细胞，表明缺失突变在局灶分布，即缺失突变在细胞匀浆中的丰度和分布均不能被准确评估。

用线粒体 ETS 酶活性染色的组织特别是骨骼肌的组织学检测有助于分析线粒体缺失的生理效应。在肌病患者中观察到两种 ETS 酶（COX 和 SDH）活性的显著变化，且随后被证明其发生在许多不同种类的衰老哺乳动物中。由于 COX 的一些亚基由线粒体基因组编码，这使得这两种酶得以被监测，因而其可成为线粒体 DNA 变化的标志。尽管 SDH 完全由核基因组编码，但线粒体能量输出的减少会导致核编码基因的补偿性上调。

mtDNA 缺失突变造成影响的一个例子是肌少症，表现为与年龄相关的肌肉功能、纤维质量及其数量的丧失。啮齿类动物、人类及恒河猴的骨骼肌中，纤维内 mtDNA 缺失突变丰度的增加与 ETS 酶活性的下降以及肌纤维的生理变化密切相关。这些研究是通过对 COX 和 SDH 活性的连续载玻片切片染色进行肌肉组织学检查的。通过使用这两种酶促染色，年龄依赖性的 ETS 异常增加已经在几种不同的肌肉和动物模型中得到证实。当这些异常纤维在组织学上沿其长度被追踪时（纵向分析），许多 ETS 异常纤维内异常区域的横截面积（纤维内萎缩）显示明显下降。破碎红纤维的横截面积小于正常纤维中所观察到的横截面积，且较长的 ETS 异常区域相较于短的 ETS 异常区域更可能出现萎缩。萎缩纤维的纵向分析也表明横截面面积减小到其通过光学显微镜观察不到的时候，说明它们已被破坏。通常可以在几个节段之后再次找到纤维。这些数据清晰地表明 ETS 异常对细胞具有局部生理影响，并可导致纤维萎缩和纤维断裂。

通过关注显示 ETS 异常表型的细胞，可以在单个细胞中特异性定义与该表型相关的 mtDNA 基因型（突变）。可以通过显微切割捕获细胞的单个切片，从细胞分离 DNA 并使用 PCR 扩增 mtDNA。在所有情况下，mtDNA 缺失突变均与受累肌纤维的 COX^-/SDH^{++}区域同时存在。当分析相同肌肉纤维的 ETS 正常区域（即来自沿纤维走行的更深层的部分）时，仅鉴定全长野生型 mtDNA 的基因组。从相同纤维的两个不同位置（即间隔 70 μm）采样得到相同的 ETS 异常区域时，获得相同的缺失产物，表明 mtDNA 缺失突变是克隆事件。这些研究表明了在骨骼肌中，由 mtDNA 缺失突变的积累从而触发 COX^-/SDH^{++}表型，并最终导致纤维萎缩和纤维断裂的过程。

mtDNA 中的点突变也被证明是随着年

龄的增长而积累的。最初的研究着重于与线粒体肌病有关的单核苷酸改变，并且在正常老化的人类中，MERRF 和线粒体脑肌病伴高乳酸血症和卒中样发作（MELAS）的点突变特征已经被确认。许多其他的与肌病有关的点突变已经在使用组织均质的衰老人群中进行了研究。虽然这些研究结果并不一致，但是与肌病患者的水平相比，来自衰老个体的组织匀浆中点突变呈极低的水平（0.04%~2.2%）。

点突变可以在线粒体群体内克隆扩增时检测到，即当它们出现在种系中并存在于所有组织中时。然而，如果点突变在整个 mtDNA 基因组中随机低水平产生，则检测变得更加困难。但是，mtDNA 点突变的累积负荷可以通过克隆和测序 mtDNA 基因组的特定区域来确定。例如，PCR 克隆测序策略表明来自老年人脑的 mtDNA 比年轻患者的 mtDNA 具有更高的累积突变负荷。一般而言，这些突变是个别罕见的点突变。有趣的是，虽然点突变的累积负荷高，但是大部分突变是罕见的。当分析单个细胞时，可观察到点突变以年龄依赖性和组织特异性方式累积至高水平。在 65 岁以上的个体的皮肤成纤维细胞中高水平（高达 50%）表达几个特定点突变，但在相同个体的肌肉中未观察到相同的突变。缺乏可轻易检测到的表型（如 COX^{-}/SDH^{++} 可观察到缺失突变）使这些突变的生理相关性难以确定。

尽管突变似乎随着年龄增加而增加，缺乏明显的表型妨碍了我们将 mtDNA 中的点突变与衰老现象联系起来。尚未有报道与年龄相关的 mtDNA 点突变对细胞的影响。mtDNA 控制区内的点突变可能对细胞生理学影响很小，因此细胞可以适应并积累到高水平。如果单细胞可以积累高水平的点突变，并仍然保持正常参数范围内的功能而不表达异常表型，点突变可能是与年龄相关的现象，但与衰老无因果关系。

现在还很难确定 mtDNA 突变的原因（包括缺失和点突变）。最初表明氧化损伤是启动缺失和点突变事件的诱因。虽然随着年龄的增长，组织匀浆中的 mtDNA 氧化损伤的量已经显示出来，但是还很难证明两者之间存在因果关系。在萎缩性 ETS 异常细胞中可检测到氧化损伤，但在邻近的 ETS 异常的非萎缩性的区域中不能检测到，这表明检测到的氧化损伤是结果而不是 mtDNA 突变的原因。

膳食限制（dietary restriction，DR），即限制无营养不良的卡路里，是迄今为止在哺乳动物中测试的最成功的抗衰老干预措施，极大地延长了最长寿命并使动物更年轻。氧化应激的减少是 DR 的小鼠骨骼肌的一个特征。DR 使线粒体的 ROS 和 H_2O_2 随年龄而增加的产生速率变缓并降低氧化损伤的累积。线粒体功能也在 DR 组的动物骨骼肌随着年龄的增加而保留下来，如与对照动物相比，表现在烷烃生成减少、膜流动性减低的延迟和代谢潜能增加。在先前描述的肌少症的研究中，成年发病者的 DR 对骨骼肌有保护作用，减少肌肉质量的损失和保持纤维数量。

线粒体在细胞死亡途径中也起到关键作

用，特别是细胞凋亡。位于线粒体内的局部的蛋白质参与半胱天冬酶蛋白酶的激活，引发一系列导致细胞死亡的事件。在细胞凋亡中，线粒体内膜的渗透性转换孔的短暂打开导致细胞色素 C 从线粒体的膜内间隙移动到细胞液中。在存在脱氧腺苷三磷酸（dATP）存在的情况下，细胞色素 C 与 Apaf-1 形成凋亡小体。这种凋亡小体激活蛋白酶级联反应导致细胞凋亡。线粒体功能随着年龄的变化似乎对细胞凋亡具有混杂效应，取决于涉及的细胞的类型。某些细胞类型（如神经元和心肌细胞）中的线粒体功能障碍导致细胞凋亡的开始以及继发的这些细胞的丢失。这些凋亡事件对于与年龄相关的痴呆和心脏功能障碍这类的疾病可能是至关重要的。

然而，线粒体功能障碍也会影响细胞死亡途径。在细胞培养中，肝癌细胞中缺少 mtDNA 使得这些细胞对细胞凋亡具有抵抗性。现在也已有证明，ATP 产生的缺失足以将细胞死亡途径从凋亡转变为坏死。组织不能控制异常分裂的细胞是癌细胞发育的关键环节。

总之，线粒体虽然对真核细胞的功能至关重要，但可能导致细胞的退化。长期暴露于 ROS 会损害许多大分子，包括 DNA、脂类和蛋白质。年龄依赖性增加 mtDNA 的突变，特别是缺失突变，影响细胞中的 OXPHOS 和 ETS 活性，引起的能量产生减少和 ROS 产生增加导致细胞功能障碍，并最终导致组织/器官功能障碍。

另请参阅：细胞死亡；痴呆：阿尔茨海默病；脱氧核糖核酸与基因表达；氧化损伤；老化理论：生物学。

拓展阅读

Jacobs HT（2003）The mitochondrial theory of aging：dead or alive? *Aging Cell* 2：7-11.

Pak JW, Herbst A, Bua E, Gokey N, McKenzie D, and Aiken JM（2003）Mitochondrial DNA mutations as a fundamental mechanism in physiological declines associated with aging. *Aging Cell* 2：1-7.

Reddy PH and Beal MF（2005）Are mitochondria critical in the pathogenesis of Alzheimer's disease? *Brain Research Reviews* 49：618-632.

Trifunovic A, Wredenberg A, Falkenberg M, Spelbrink JN, Rovio AT, Bruder CE, Bohlooly YM, Gidlof S, Oldfors A, Wibom R, Tornell J, Jacobs HT, and Larsson NG（2004）Premature ageing in mice expressing defective mitochondrial DNA polymerase. *Nature* 429：417-423.

译　者：胡喜莲（首都医科大学附属北京康复医院）

消费者行为

C. A. 柯尔　艾奥瓦大学，艾奥瓦，艾奥瓦州，美国

词汇表

“婴儿潮一代”（Baby Boom Generation）——出生于1946—1964年的人，现在约有7 600万人。

决策启发（Decision Heuristics）——缩短或简化决策过程的方法。

老年细分（Gerontographic Segmentation）——根据心理、社会、生理和生活方式等特征对老年消费者进行分类。

营销组合（Marketing Mix）——通常包含产品、价格、促销和配送等。

细分市场（Market Segment）——具有相似需求和欲望的消费者群体。

目标市场（Target Market）——一个或多个特定的细分市场。团队试图通过针对该细分市场的需求和欲望而设计的营销组合手段来获得该细分市场。

工作记忆（Working Memory）——信息临时存储并编码至长期存储的位置。

引言

消费者行为包括消费者在搜索、评价、购买和使用产品及服务时的心理和身体活动。在市场上，消费者通过自己的稀缺资源（包括资金、时间和精力）来交换有价值的商品。研究消费者如何购买长期照护保险时，可能会调查以下事项：（1）购买此类保险的消费者的特征（例如收入、年龄、生活方式）；（2）他们从何处购买（例如通过代理商还是从广告上看到的免费电话）；（3）他们何时购买（例如，一个重大事件之后，比如父母生病或仅是看到了一则广告以后）；（4）他们如何购买（例如，是对比了很多保险种类，还是选择和朋友一样的保险）；（5）他们为什么会购买（例如，是担心用光生活储蓄还是希望年老后获得优质的照护）；（6）他们购买了以后发生了什么（例如，对这个决定和公司的满意程度）。

研究老年人消费行为的动机

目前，商业和市场分析员仍然忽视老年市场，也许这种忽视是由于对老年消费者不准确的刻板印象造成的。然而，越来越多的

企业、政府部门和研究者注意到快速增长的老年市场的重要性。2005 年，美国 65 岁以上的老年人有 3 500 万；到 2010 年，这个数字预计将达到 5 000 万；而到 2020 年，每 6 个美国人中就有一位超过 65 岁的老年人。本文将首先讨论为什么企业、政策制定者和研究者对不断增长的老年市场感兴趣，然后我们还会讨论消费者决策，最后将讨论老化过程如何影响消费者的决策程序。

商业

老年人口的规模在增长，而且他们的经济和健康状况也在不断改善。例如，美国退休人员协会报告称，1995—2005 年，50 岁及以上美国人的经济状况有所改善，这是以通货膨胀调整后的收入和家庭金融资产中位数来衡量的。另外，对 50 岁以上人口，家庭预算中可用于自由支配项目的比例有所增加。人口普查数据还表明，超过一半的 65 岁及以上人口的活动不受限制。

旅游业说明了企业是如何开始瞄准老年消费者的。老年旅游者对这个行业非常有吸引力，因为他们富有、可自由支配收入较高、个人消费负债低，并且有充足的空闲时间。另外，相较于年轻旅游者，他们旅游的距离更远，时间更久。与年轻人市场一样，老年市场也存在多样性，可以使用老年细分方案对市场进行细分。例如，旅游业根据动机划分了超过 55 个细分市场，包括与家人一起消磨时光、寻求智力和精神上的充足、访亲探友和学习新事物等。一旦市场被细分，旅游机构就会和其他商业决策者一样，选择目标市场，然后根据每一个细分市场的需求和利益制订各种营销组合。

公共政策

随着老年市场规模的扩大，越来越多的老年人成为一些无道德商业活动的目标。例如，目前的数据表明，大约 34% 的电话营销欺诈的受害者是老年人。白宫老龄问题会议和参议院老龄问题特别委员会也认同老年人在申请贷款、选购食物、购买保险或投资、使用处方药、选择医疗服务和安全使用互联网等问题上存在困难。2004 年 3 月，参议院老龄问题特别委员会听证会引用的统计资料显示，59% 的 50 ~ 64 岁人口和 22% 的 65 岁及以上人口成为互联网用户，执法部门见证了各种针对老年人的网络欺诈的相应增加。这些欺诈行为包括身份盗取、网络钓鱼（即犯罪分子通过设计成看起来像是合法公司或金融机构的电子邮件或网站行骗）、还有不交付商品和投资欺诈等形式。

一种可能的补救措施是通过立法来限制各种肆无忌惮的商业行为。例如，现行的法律政策应更好地用于规范互联网商业行为。其他补救措施包括加大对消费者的教育力度，这不但可以普及消费者权益知识，还能防止因疏忽而参与欺诈。一份美国退休人员协会的调查显示，美国老年人面临的不诚实商业行为也同老年人缺乏消费者权益知识有关。例如，老年消费者（超过 65 岁）不太可能比 65 岁以下的消费者清楚“在几天的时间内可以取消购买上门推销的产品”（两者中了解此项规定的人数占比：36%：53%），以及“不能通过电话取消的信用卡消费”（19%：28%）。

因此，商业从业者和公共政策制定者都对老年消费者非常感兴趣。消费者行为研究人员提供了如何通过两个主要途径来实现这一目标的见解：将其他领域的老化理论应用于市场，或者使营销理论和模型（例如，消费者决策理论）适用于老年人。这些目标涵盖了我们刚刚涉及的各种研究领域。

理论

对商业从业者来说，理论和模型可以解释消费者行为的年龄差异，对预测未来老年消费者群体的行为很有帮助。例如，有人可能会问这样的问题：“随着‘婴儿潮一代’进入退休年龄，他们的一般消费模式会和目前65岁以上的市场相似吗？还是他们的一般消费模式是独特的？”回答这个问题非常困难，然而研究老龄化如何影响消费者的理论将使其变得简单。

社会老化理论若要应用于市场营销，就涉及理解社会在人的整个生命周期如何分配消费者角色的问题。消费者角色会随着个人所处的生活阶段的不同而改变。例如，当人们从一系列活动和社会关系转向一系列新的活动和社会关系时，进入退休代表一个重要的转折点。企业可以应对这些不断变化的需求。旅行社可以为老年人设计团队旅行，这样他们就有机会结识新朋友并分享各自的兴趣爱好。同样，职业介绍所可以开展针对“婴儿潮一代”的服务，因为有三分之一的人在快退休的时候希望开始第二段职业生涯。另外，退休的一个可能影响是，人们可以在白天更多地使用大众媒体和互联网，以帮助消除社交孤独。广播和电视网可以制作节目服务于这个细分市场。社会老龄化理论之所以有用，是因为它强调了消费者需求如何随生命进入不同阶段而发生变化。

老化认知理论对理解决策制定也很有帮助。认知是一个思维过程，包括转换、归纳、综合、分类和读取感官输入信息等。工作记忆能力是影响认知能力的一个要素。所有成年人的工作记忆能力都是有限的，老年人可能会经历工作记忆能力的下降或处理速度的减慢。所以老年人无法像年轻人那样储存或处理大量信息。具体来说，对从广告和产品标签等来源的信息进行编码的策略，老年人比年轻人需要的时间要长。随着年龄的增长，他们的外显记忆能力可能会衰退。外显记忆是一种记忆形式，可以帮助人们有意识地检索信息片段和来源（例如，记住在何时、何地看到了一则汽车制造商的广告）。通过了解与年龄相关的认知变化，企业和政府官员就可以设计沟通策略。

社会情绪选择理论认为，老年人认为自己时日无多，因此他们更看重在情感上有意义的目标（与感情相关的目标，比如平衡情绪状态），而不是与知识相关的目标（与获取新信息相关的目标）。年龄相关的目标变化可能会影响人们用于做出决策的信息类型（情感知识与其他类型的信息）和人们回忆的信息类型，以及他们与熟悉的供应商

（比如一个熟悉的汽车经销商）打交道的偏好。

老化进程的理论将帮助我们理解所有年龄群体的消费者行为。例如工作记忆的限制有可能影响年轻消费者，尤其是当他们面对要求很高的记忆负载和快速演示的任务时——就像电话销售演示的一样。虽然年轻人的处理策略很高效，但在某种时候，记忆负载和时间压力可能会结合在一起打断他们通常使用的例行程序。

消费者决策的双系统作用模型

通常消费者的决策遵循两条路径。做慎重的系统性决策时，消费者会做出缓慢、谨慎的决定。消费者做出这些决定的过程通常分为五个阶段：问题认知、信息搜集、选择评价、购买决策和购买后行为。例如消费者在购买新居的时候通常会使用系统性决策。然而在情感或经验决策中，消费者会凭直觉，自动快速地做出决定。他们可能直接从问题认知过渡到购买决策，再到购买后行为。例如一个消费者决定看哪部电影就需要动用情感决策。个体特征（如个性、信息处理能力）外部事件（如文化价值观和广告）都将影响消费者使用哪种决策方式。

问题认知

问题认识是进行实际购买的第一步。消费者认识到他们的理想状况与现实状况不同。它可以简单到发现咖啡快喝完了，也可以复杂到意识到需要购买人寿保险。有时候市场营销本身也能引起问题认知，比如推销员指出一辆车没有防抱死制动器的缺陷。

信息搜集和选择评价

当意识到问题存在后，消费者开始搜索有关信息来解决他们的问题。搜索可以是内部的，即消费者检索记忆并使用过去的经验；也可以是外部的，如消费者利用各种信息来源，包括广告。有人认为，在信息搜集阶段，市场营销最有能力影响消费者行为。

很多因素都会影响消费者的搜索方式。例如意识到时间压力的增加，搜索量就会减少。随着知识的增长，搜索量可能也会减少。比如一个消费者可能很快就找到了常用的燕麦品牌，因为她知道这款产品符合她的营养需求。然而，知识有时还会增加搜索量，特别是做非常规决策时。例如电脑专家购买电脑时会查阅更多资料，同销售员交谈得更多，因为他熟悉字节、内存和处理器。通过搜索，消费者知道了决策标准和可用的替代方案。通常消费者会在搜索获得的回报和耗费的精力之间做出权衡。

为了评价替代方案，消费者会依据重要标准，系统地综合每一个替代方案的信息。或者消费者也可以使用试探法来解决购买问题。最简单的试探法可能是“选择第一种低糖高纤维的麦片”。这样一个简化的规则让购买生活必需品变得更容易，但同时也意味着消费者不知道所有可供选择的替代品或它们的特性。

当消费者处理资源的能力有限的时候，他们可能会依靠感觉而不是认知来指导选择过程。例如，在一个实验中，处理资源的能力有限的消费者更倾向于选择对健康产生积极影响和消极认知的巧克力蛋糕，而不是选择对健康产生消极影响和积极认知的水果沙拉。在另一个实验中，心情较好的消费者比心情不好的消费者对一款新饼干的评价要高，尽管他们各自的心情是由不相关的事情引起的。在这两个实验中，消费者都是通过情感而不是认知做出选择和形成判断的。

购买决策

消费者可能在去商场前就想好所要购买的品牌。例如，在去杂货店前，消费者可能会列一份清单，或者消费者决定一个目的地（如商场），在这个商场选择某个品牌的商品（比如裙子）。

购买后行为

一旦消费者购买了产品，他们就要决定自己对所购买的产品的满意程度。这通常涉及对这个决策的焦虑或压力，人们称之为认知失调。因为紧张会令人不安，所以消费者会采取措施缓解。这时消费者可能会再次进入搜索阶段，寻找能够确认他们所做的决策是正确的信息。很多广告商利用广告帮助人们减轻这种认知失调。此外，一些研究还考虑了消费者如何处理他们不再需要的产品。

消费者决策的年龄差异：经验证据和解释

虽然消费者决策研究涉及很多主题，但是研究消费者决策年龄差异的研究者往往只聚焦少数几个主题领域。在本节和表 1 中，我们将回顾搜索信息、使用广告信息、选择评估和购买决策方面的年龄差异的经验证据。

表 1　消费者决策的年龄差异研究

主题	参考文献	方法	主要发现
搜索信息	Lin and Lee（2004）*Financial Services Review* 13：319-332	问卷调查	对投资决策，老年人考虑的信息来源比年轻人少
	Lambert-Pandraud，Laurent，and Lapersonne（2005）*Journal of Marketing* 69：97-113	问卷调查	老年人对品牌、经销商和车型的考虑都比年轻人要少
	Cole and Balasubramanian（1993）*Journal of Consumer Research* 10：417-431	田野调查	当对任务熟悉时，老年人搜索的次数和年轻人一样多；当对任务不熟悉时，老年人搜索的次数较少

续表

主题	参考文献	方法	主要发现
广告	Phillips and Stanton (2004) *Journal of Targeting Measurement and Analysis for Marketing* 13: 7-21	超过 5 000 次广告文案测试结果的商业数据库	年轻人对广告执行元素的印象要比老年人好，但老年人相对更容易被说服
	Fung and Carstensen (2003) *Journal of Personality and Social Psychology* 85: 163-178	实验研究	相较于其他类型的广告，老年人从那些强调情感意义目标的广告中获取的信息更多，而年轻人在所有类型的广告中获取的信息是相同的
	Cole and Houston (1987) *Journal of Marketing Research* 24: 55-63	实验研究	老年人从电视和平面广告中获取的信息比年轻人少
	Gaeth and Heath (1987) *Journal of Consumer Research* 14: 43-54	实验研究	老年人处理广告索赔问题的能力要弱于年轻人
替代性评价	Kolodinsky, Hogarth, and Hilgert (2004) *The International Journal of Bank Marketing* 22: 238-259	美国联邦储备委员会消费者调查	老年人比年轻人更少使用手机银行或者电子银行
	Gilly and Zeithaml (1985) *Journal of Consumer Research* 12: 353-357	问卷调查	当某项新技术的相对优势非常明显时，老年人会和年轻人一样可能采用它
	Gwinner and Stephen (2001) *Psychology and Marketing* 10: 1031-1048	问卷调查	认知年龄会影响信息获取行为，以及对新品牌的尝试
	Reese and LaForge (1995) *Journal of Marketing Theory and Practice* 3: 37-49	商业数据库	与其他生命周期阶段相比，单身老年人更倾向于采用析取式决策规则，退休老年夫妇更倾向于采用合取式决策规则
购物和购后决策	Moschis, Curasi, and Bellinger (2004) *Journal of Consumer Marketing* 21: 123-133	问卷调查	老年人的消费动机与年轻人不同
	Tepper (1994) *Journal of Consumer Research* 20: 503-519	实验研究	50~54 岁的消费者最不可能使用高折扣；65 岁的消费者最有可能使用高折扣
	Price, Arnould, and Carsi (2000) *Journal of Consumer Research* 27 (September): 179-200	深度访谈	在讨论有关珍贵的财产及其处置问题时，老年人表现出对避免家庭内部冲突、减少不确定性和对财产有效控制的关注

搜索信息

老年消费者搜索的信息与年轻消费者不同，通常也更少。比如在做投资决策的时候，与年轻消费者相比，老年人更喜欢使用电视媒体来获取投资信息，而不是互联网。此外，老年消费者用于搜索投资信息的时间也比年轻消费者少。一项关于汽车购买者的调查发现，老年消费者搜索的品牌、经销商和车型明显少于年轻消费者。

另一项研究调查了在超市和计算机实验室进行的关于搜索行为的年龄差异。两名调查员观察消费者在超市购买燕麦。购物者在做出选择之前很少会查看这些包装，所以在人们搜索的次数上没有年龄差异。然而，当调查员拦住购物者并要求他们购买符合特定营养标准的燕麦时，年轻消费者的信息搜索会多于老年消费者，老年人并没有改变他们的搜索量。在实验室使用计算机搜索程序时，老年人搜索不熟悉的燕麦信息比年轻人要少。

在搜索过程中是否有年龄差异可能取决于任务特征。当消费者为在杂货店购物等简单的日常任务进行搜索时，可能不会出现年龄差异，因为不会有太多人在这种场合搜索很多信息。然而当执行熟悉且复杂的任务时，比如购买新汽车，老年人搜索的信息就比年轻人更少，因为他们可以利用多年的购物经验设计出有效的搜寻策略。然而在遇到新的搜索问题时，因为缺乏信息处理资源，可能会限制老年人的搜索。比如老年消费者的工作记忆能力下降，可能不容易存储替代方案的信息，因此他们可能不会像年轻人那样搜索那么多的信息。

使用广告信息

虽然老年消费者回忆起广告里的信息要比年轻消费者少，但是这些年龄差异通常要视广告的特征而定。比如，一项对大型商业广告研究数据库的分析发现，回忆信息的年龄差异因平面广告的执行性要素的不同而不同。在另一项研究中，老年人对宣传情感意义目标的广告语信息的认知度明显高于对其他广告语（无广告语或宣传知识相关目标的广告语）信息的认知度。

另一项研究发现，不同媒体在回忆和认知方面的年龄差异也有所不同。年轻消费者从电视媒体中回忆的信息比纸质媒体要多，但老年人没有意识到电视对学习的好处，因此电视媒体造成的年龄差异更大。

另一个关于广告问题的研究是关于判断平面广告真实性的能力是否存在年龄差异。假设一则广告说，“普利司通轮胎将增强冬天驾驶的安全性”，然后观众会被问及“普利司通轮胎将增强冬天驾驶的安全性”这个说法是不是真的，这个过程代表了对直接声明的测试。然而，假设广告说的是，“希望冬天驾驶安全，使用普利司通轮胎”，然后再问观众，“普利司通轮胎将增强冬天驾驶的安全性”是不是真的，那么这个过程代表了对语用含义的测试。很显然，当消费者通过记忆判断陈述的真实性时，并没有年龄差异。然而，当在评估过程中出现广告时，年轻人更容易正确判断隐含声明的真实性。

选择评价

研究者已经研究了消费者在如何评价新产品方面的年龄差异。多年来，市场营销从业人员一直认为，在接受新产品和服务方面，老年人要滞后于年轻人。然而调查数据显示，这种观念可能是一种负面的刻板印象，事实并非如此。2004 年的一项研究，调查了年龄和态度特征如何影响消费者选取三款新型电子银行产品的意愿，该研究报告称，相对于其他年龄组，老年消费者（65 岁以上）不太可能选择其中两款产品。在 1985 年进行的另一项调查中，老年消费者和年轻消费者对四个新科技产品中的三个的采用率不同。

这两项研究的有趣之处在于，老年消费者同样有可能或更有可能采用一些新的技术产品，包括自动账单支付和电子资金转账。两项的研究者都得出结论，与其他消费者一样，当产品具有明显的好处并能满足特定需要时，老年消费者会为产品创新买单。

消费者如何选择不同的品牌是选择评价的另一项内容。支持老年市场由细分市场组成这一观点的研究发现，认知年龄（基于一个人对自己年龄的认知）比生理年龄更能影响对品牌的选择。还有研究发现，人们选择金融服务品牌的方式取决于生活阶段，而生活阶段是基于年龄和生活方式的变量。在选择金融服务时，单身老人比其他生活阶段群体更倾向于使用析取式决策（“我选择了我认为至少在一个类别中评价非常好的金融机构”），而退休的老年夫妇更倾向于使用合取式决策（“我选择了我认为在任何类别中评价都不错的金融机构”）。

购买决策

一项关于消费者在选择光顾食品杂货店的动机的研究发现，55 岁以上的消费者与 55 岁以下的消费者的不同之处在于，他们更看重的因素包括商店的位置、是否有针对年龄的折扣、是否有人协助购物、是否有特别服务，以及其他同龄人的推荐。研究者得出的结论是，在已确定的 4 个老年细分市场的成员资格和年龄在理解杂货店选择动机方面都很重要。

一些自我报告的研究显示，老年人说，他们更喜欢提供老年人折扣的零售商，但是有一些研究却认为老年人不愿意参与这样的活动。一位消费者行为研究者设计了一个实验来确定老年人是否对与年龄相关的折扣反应良好。在这个实验中，消费者被告知，10%的折扣要么是向一定年龄以上的客户提供的老年人折扣，要么是向特殊客户提供的特殊折扣。消费者对折扣的反应因年龄而异。最年轻年龄组（50 ~ 54 岁）的受访者最不愿意使用带有年龄细分提示的折扣；65 岁以上的人更愿意使用 10%的折扣中的任何一种；而中间年龄组（55 ~ 64 岁）更愿意使用老年折扣，尽管他们知道其他人不会给老年折扣使用者更多的尊重。

这项研究解决了之前关于消费者对老年人折扣反应不一致的问题。很显然，成年消费者（50 多岁）不情愿被贴上“老年人”的标签，但到了退休年龄，他们就会逐渐接受了。

售后决策

一项研究调查了老年人是如何处置他们最喜欢的物品的。研究者通过深度访谈，调查了很多影响处置决定的因素，包括突发事件、感情因素、财产的意义和处置策略等。其中突发事件似乎和年龄差异关系最明显，未来的研究还会做出进一步的比较。

小结

一般来说，现有的决策文献表明，老年消费者和年轻消费者在决策过程的每个阶段都有重大不同。在信息搜索阶段，年龄差异主要表现在大量的搜索和从广告中学习上，这并不奇怪，因为大多数消费者行为研究都是以前期大量的老年学研究为基础的。在选择评估阶段，一系列待解决问题集中在不同年龄段的消费者进行选择评估时所使用的决策规则和试探法上。一些过程存在明显的年龄差异，因为相对于年轻消费者，老年消费者缺乏认知资源，因此他们可能认为选择特定策略的认知成本会比年轻消费者高。而当消费者可以使用熟悉的、实践良好的试探法时，其他过程可能没有区别。

市场营销理论也通过实验室研究再现真实世界场景的方法来考察年龄差异。未来的研究可能是调查老年消费者如何通过丰富的知识和经验来减少决策过程中每个阶段出现的年龄差异。另外，有必要谨记老年市场的多样性，每个细分市场都表现出不同的特性。即使在同一个细分市场，一些消费者的行为也可能扩大或缩小这些差异。

改善消费者决策

我们已经描述了决策程序，以及老年人和年轻人在这一程序中的区别。现在我们来看看改善消费者决策的干预方案。具体来说，我们考虑的有决策辅助、培训计划和教育。

通过决策辅助改善对信息的使用

一系列研究调查了选择性注意的年龄差异是如何影响老年人使用商品标签上的营养信息的能力的。老年学和心理学的文献表明，老年人比年轻人更容易受到无关刺激（或者周围环境的噪声）的干扰。在一个实验中，受试者要求选购一种符合一定标准的燕麦。一些受试者在做决定之前已学会用红笔在营养成分标签上圈出有用的信息。因此，这种决策辅助突出了相关的信息，老年人和年轻人都能从中受益。然而，即使引导他们注意相关信息，老年消费者仍然不如年轻消费者对符合标准的营养成分做出良好的选择。在另一个实验中，研究者将相关资料装在盒子里，放到标签上的单独位置。这一次，有中度但不严重的脱嵌缺陷的受试者获得了帮助，但是场独立型的受试者在辅助下获益甚微。鉴于营养标签法的目的是让所有消费者都能方便地使用营养成分信息，因此这项研究建议这些信息应该放在所有标签上的相同位置。

另一组研究人员试图帮助人们使用营养成分信息，他们鼓励老年人和年轻人在从电脑中获取相关信息时把它们写下来。通过这种决策辅助，搜索强度的年龄差异大幅下降。

综上所述，这两项研究表明，决策辅助可以成功地改善消费者的决策能力。圈出或者写下重要信息可以帮助老年消费者关注相关信息。因此在一个信息过载的环境中，简单的决策辅助可能会对他们有所帮助。

通过培训和教育帮助决策制定

通过以前的经验，老年消费者可以发展说服知识，或关于说服策略和抵御说服企图的方法的知识。因此，鉴于老年消费者完善的知识结构，他们可以比年轻消费者更好地抵御说服的努力。培训课程也许可以增加老年人吸收说服知识的能力，从而抵制各种花言巧语的营销行为。而实证工作指出，当认知能力受限时，年轻消费者不太可能吸收说服知识来抵御推销。这一发现提出了一些有趣的问题：老年人是否拥有关于说服策略的完善的知识结构？如果不是，教育课程可能会丰富他们的知识结构；如果是，那么他们在什么情况下会使用这种知识结构来抵御说服的努力？培训项目能否提高这种知识结构的可及性？

两名调查人员设计了一个互动式的培训课程，在减少受误导性广告影响的同时不增加消费者对广告声明的疑心，减少对误导性广告的敏感性。他们发现，尽管培训课程降低了老年消费者和年轻消费者对误导性陈述的敏感性，但是也降低了年轻人区分非误导性和误导性陈述的能力。

消费者教育课程的过往记录好坏参半。例如，私人机构、联邦和州政府部门都试图教育美国人拥有良好的健康习惯。这些机构利用了大众媒体作为大多数健康促进运动的一个组成部分。调查显示，老年人对保持和改善自己的健康很感兴趣。然而很多老年人对某些生活方式和行为与疾病发病率之间的关系了解有限。例如，一项政府资助的调查显示，消费者不明白为什么一些可控风险在疾病防御中至关重要，这些可控风险包括饮食结构、锻炼和控制体重等。因此有必要进行更多的研究，以确定如何有效地教育老年消费者关注健康和其他主题。

小结

总之，试图消除决策过程中的年龄差异的努力并没有完全成功地让老年人和年轻人有相同的表现，相反，决策辅助、培训和教育往往能平等地帮助所有年龄组。

为了开发一种专门帮助老年消费者的决策辅助方法，研究者必须首先仔细分析消费者的任务。然后，他们需要准确地确定任务表现中的年龄差异出现的确切位置。比如是在信息获取阶段还是选择评价阶段产生了年龄差异？此外，研究者需要一个模型来解释为什么会出现这些年龄差异。也许在信息获取阶段出现的年龄差异是由于工作记忆能力的差异。一旦了解了引发年龄差异的根源，研究者就可以设计出有效的决策辅助方法了。

然而，消费者行为研究人员需要评估辅助方法可能引发的后果。例如，当研究人员培训受试者区分直接声明和隐含声明的时候，他们担心年轻受试者对广告的怀疑态度会增加。同样，针对老年人的广告商可能通过增加信息重复次数来让受众增强了解，可如果年轻人也是目标市场的一部分，那么增加的重复信息可能会引起这些消费者的反感和疏远。

另外，消费者行为研究人员还需要思考此类辅助方法如何实施。比如，研究人员指出，消费者在做出决策之前应该关注相关信息。然而如果建议消费者带着钢笔去超市，并在产品包装上画记出相关信息，这是不现实的。如果消费者把涂画过的商品放回货架，商家肯定会感到不满。

未来研究的方向及总结性评述

在整个生命历程中，消费者会想出各种办法解决遇到的消费问题。这些问题可能是日常的任务，比如去杂货店买麦片，也可能是复杂的任务，比如购买长期照护保险。这些消费问题，以及随着时间推移不断改善的解决这些问题的策略，都反映了一个人不断变化的生活经历和能力。而决策辅助、培训和各种改进的营销手段可以通过减少执行特定策略所需的认知努力，使消费者更容易做出不同的决策。

还有很多有待回答的问题，比如老年消费者如何调整决策以适应不断变化的认知能力、社会角色、任务和环境需求。初步证据显示，老年消费者在面对新产品、新服务时可能由于认知能力的改变而遇到困难。比如，老年人可能会在通过广告学习新信息时存在问题；同样，他们在使用营养标签上的新产品信息时可能也会遇到困难。在新的情况下，老年消费者可能不会搜索信息，而是依赖过去学到的决策策略，或者在其好处变得清晰之前拒绝任何创新。

因为65岁以上老年市场的多样性，所以要谨记，认知能力随年龄的变化对每一个人而言都是不同的，甚至不是每个人都会发生变化。一个人的健康史和生活方式可能会减少变化的时间和规模。许多消费者行为文献指出，老年人的记忆力比年轻人差。然而记忆缺陷的程度还要视情况而定，比如信息处理的任务条件、信息如何存储或如何恢复记忆等。

对美国老年消费者行为的研究从没有像21世纪初这么重要。随着“婴儿潮一代”的老去，老年消费市场的规模构成了企业、公共政策制定者和专家学者再也不能忽视的力量。老年消费者的行为方式和年轻消费者有本质的不同。本文已经讨论了很多他们之间的差异，影响老年消费者行为的营销策略必须针对老年市场的规律量身定做。

另请参阅：决策制定和日常问题的处理；信息处理与认知；记忆。

拓展阅读

AARP（2005）*The State of* 50 + *America*. Washington，DC：AARP.

Balasubramanian S and Cole C（2002）Consumers' search and use of nutrition information: the challenge and promise of the nutrition labeling and education act. *Journal of Marketing* 66 (July): 112-127.

Cole CA and Balasubramanian SK (1993) Age differences in consumers' search for information: public policy implications. *Journal of Consumer Research* 20 (June): 157-169.

Cole CA and Gaeth GJ (1990) Cognitive and age-related differences in the ability to use nutritional information in a complex environment. *Journal of Marketing Research* 17 (May): 175-184.

Gaeth GJ and Heath TB (1987) The cognitive processing of misleading advertising in young and old adults. *Journal of Consumer Research* 14 (June): 43-54.

John DR and Cole CA (1986) Age differences in information processing: understanding deficits in young and elderly consumers. *Journal of Consumer Research* 13 (December): 297-315.

Lambert-Panraud R, Laurent G, and Lapersonne E (2005) Repeat purchasing of new automobiles by older consumers: empirical evidence and interpretations. *Journal of Marketing* 69 (April): 97-113.

Moschis GP, Moschis EL, Mathur A, and Strautman J (2000) *The Maturing Marketplace: Buying Habits of Baby Boomers and Their Parents*. Westport, CT: Quorum Books.

译　者：徐景龙（北京大学）

刘　梁（北京大学）

校译者：张雅璐（北京大学）

心理健康

C. L. M. 凯斯 埃默里大学，亚特兰大，佐治亚州，美国

词汇表

情感健康（Emotional Well-Being）——生命中经历的感觉的平衡（积极的和消极的）。

积极功能（Positive Functioning）——包含心理健康的六个维度：自我接纳，与他人的积极关系、个人成长、生活目标、环境控制和自主性。

主观幸福感（Subjective Well-Being）——情感健康和积极功能。

引言

社会和心理科学家创造了各种自我报告的方法，以挖掘人们对生活质量的主观感受。虽然研究表明，人们使用多种标准来评估他们的主观体验，但有两种大致的研究方向已经发展起来了。根据一项幸福感研究，对体验到的积极感受（如幸福）和对生活的总体感知（如满意度）的评估构成了主观幸福感。幸福感研究的第二个方向是从心理健康和社会幸福感的角度来确定积极功能的维度。总体而言，主观幸福感包括两个广泛的领域——情感健康（快乐）和积极功能（幸福感）。这些领域的概念和测量方法，以及它们在整个成人生命周期中的水平都将在本文中讨论。

主观心理健康的种类

快乐：情感健康

作为对生活幸福感和满意度的评估，以及一段时间内积极与消极情感体验的平衡，情感健康的诸多特征反映出生活积极情感的存在和缺失。因此，“情感健康”可以被定义为生活中经历的感觉（积极的和消极的）与感知到的感觉（幸福和满足）之间的平衡。大多数生活满意度的单项测量都是对“坎特里尔自我定位量表”（Cantril’s Self-Anchoring Scale）的调整，该量表要求受访者在0~10的范围内“评估他们目前的总体生活”，其中0表示总体生活最差，10表示总体生活最好。坎特里尔测量法的变体已在世界范围内的众多研究中被广泛使用，并已被应用于测量生活满意度。生活满意度和幸福感的单项指标和多项量表也得到了广泛的开发和应用。

大多数积极和消极情感的衡量标准都会考察受访者报告积极和消极情感症状的频率或持续时间。例如，个体常常被要求说明在过去的30天里，他们感受到六种消极情感的时间有多少，感受到六种积极情感的时间又有多少。表1中所示的消极情感和积极情感项目的反应选择，有全部、大部分、部分、少量和没有时间。满意度、幸福感、积极和消极情感的多项量表的内部信度估计值通常超过0.80。研究还支持了一种人们认可的情感健康因素结构，即认知领域的生活满意度和情感领域的幸福感。

幸福：积极功能

心理健康　主观幸福感不仅仅是情感状态的存在和缺失，它还包括对生活中积极功能的存在和缺失的感知。积极功能包括六个方面的心理健康情况：自我接纳、与他人的积极关系、个人成长、生活目标、环境控制和自主性。心理健康的各个方面的概念定义和代表项目可见表1。

自我接纳要求在面对复杂，甚至有时候是不愉快的情形时，能够保持个人的尊严。另外，每个人都会积累一些往事，并有能力随时回忆起这些往事。健康的人终生都能积极地看待自己，并接受自己的各个方面。与他人的积极关系包括与他人保持温暖、亲密关系的能力，同时也包括保持令人满意的社会接触和关系。自主性指的是在一个有时要求服从和顺从的社会中，一个人寻求得到自我决定权和个人权威的程度。然而，健康的人也会寻求理解自己的价值观和理想。此外，健康的人会从内在标准和价值观出发来指导自己的行为和举止。

环境控制指的是积极利用外在环境使之符合个人的需求。健康的人能够认识到个人的需要和愿望，并且感到有能力从所处环境中获取他们需要的东西。生活目标是在即使环境不能提供任何东西或者只能提供不能令人满意的选项时，成年人仍能捕捉到对生活方向的感知。健康的人日常的生活都有方向和目标，因而他们认为生活是有意义的。最后，个人成长是提高现有生存技能和寻求个人进一步发展的机会的能力和愿望。另外，健康的人对经验持开放态度，并有能力在各种情况下识别挑战。

社会幸福感　尽管如此，主观幸福感比情感健康和心理健康更重要。凯斯断言，其积极功能包括社会挑战和任务，并提出了与社会幸福感相关的五个维度。心理健康（及其组成部分，与他人的积极关系）代表的是评估个人功能的更多私人或个人标准，而社会幸福感则是人们评估其生活功能的更多公共和社会标准。这些社会维度包括社会一致性、社会实现、社会融合、社会接受和社会贡献，其概念定义和代表性项目如表1所示。

社会融合是对一个人与社会和社区关系质量的评估。因此，融合是指人们觉得自己与构成其社会现实的其他人（例如，他们的邻居）有某种共同之处的相似程度，以及他们觉得自己归属于其社区和社会的程度。社会贡献是对一个人对社会的价值的评价。它包括这样一种信念：一个人是社会

表 1 主观幸福感的传统、维度、操作化定义和代表项目

快乐 情感健康	幸福 心理健康	幸福 社会幸福感
情感平衡：一段时间内，积极情感经历与消极情感经历的平衡	**自我接纳**：对自身持有积极态度；认识并接受自己的各个方面；对过去的生活评价积极	**社会接受**：对人有积极的态度；承认他人并普遍接受他人，虽然有时他人有复杂、令人费解的行为
积极情感：表明拥有快乐感受的表征 • 在过去的 30 天里，你有多少时间感到快乐（情绪高涨；极其高兴；平和安静；满足；充实）?	• 我喜欢自己个性的大部分 • 回顾个人经历时，对目前事情的结果非常满意 • 在许多方面，我对自己的人生成就感到失望（-）	• 人们助人不图回报 • 人们不关心别人的问题（-） • 我相信人们是善良的
消极情感：表明缺少快乐感受的表征 • 在过去的 30 天里，你有多少时间感到紧张（卑微；一切都要努力；毫无希望；不安或烦躁；很悲伤，没有什么可以使自己高兴起来）?		
生活满意度：对造诣和成就的向往和需求之间的细小差异产生的知足、平和和满足的感受 • 在过去的 30 天里，你有多少时间感到满意（充实）? • 这些天来，你对生活的满意度是多少?（0~10，0=很糟糕，10=很高兴） • 生活满意度可以通过工作、家庭、邻里关系、健康、亲密关系、财务、养育子女等生活领域来衡量	**个人成长**：有望发展且有潜力，对新事物持开放态度；感到见识增长，效果更好 • 对我来说，生命是一个不断学习、变化和成长的过程 • 我认为重要的是要有新的经历来挑战我对自己和世界的看法 • 很久以前我就放弃了在生活中做出很大的改善或改变的尝试（-）	**社会实现**：关心并相信社会有积极发展的潜力；认为自我与社会正在实现潜力

续表

快乐 情感健康	幸福 心理健康	幸福 社会幸福感
快乐：有一种对高兴、满足、愉悦的普遍感受和经历 • 总的来说，这些天来，你的生活有多快乐？ • 在过去的一周、一月或一年里，你经常感到（愉悦、满足、幸福）的频率？	**生活目标**：拥有生活方向和目的；过去的生活是有意义的；有赋予生活以目标的信念 • 有些人生活漫无目的，但我不是 • 我得过且过，没有认真考虑未来的事情（-） • 我有时觉得自己已经做完了一生中要做的事情（-）	**社会贡献**：感觉自己有奉献社会的某些价值；认为自己的日常活动为周围的人所认可 • 感觉自己有奉献社会的某些价值 • 我的日常生活对于我的社区没有带来任何好处（-） • 我没有任何重要的东西奉献给社会（-）
	环境控制：感觉有能力管理一个复杂的环境；选择或创建适合个人的社区 • 日常的生活需求常使我感到沮丧（-） • 整体来讲，我感觉自己能够掌控生活的处境 • 我擅长应对日常生活的责任	**社会一致性**：认为社会是可理解、合乎逻辑和可预测的，对社会和环境关心且感兴趣 • 这个世界对我来说太复杂了（-） • 我无法理解社会上发生的事情（-） • 我发现预测社会上将要发生的事情并非难事
	自主性：我是自主的、独立的，能够进行内部调节；能够抵抗社会压力，以某些方式思考和行动；以个人标准评价自己 • 我常受到固执己见的人的影响（-） • 即使我的意见与大多数人想的不同，我也坚信自己的意见 • 我以自己的标准判断自己，而不是别人的价值观	**社会融合**：感觉自己是社区的一员；感觉有依靠；与社区分享共性 • 没有社区归属感（-） • 我感觉自己与社区的人关系较近 • 社区是我感到舒适的源泉

续表

快乐 情感健康	幸福 心理健康	幸福 社会幸福感
	与他人的积极关系：拥有温暖、满足、可信赖的关系；关心他人的福利；具有强烈的同理心、感情和亲密感；理解人际关系中的取舍 • 对我来说，维持密切的关系很困难，令人沮丧（-） • 人们把我描述为一个慷慨的人，愿意与他人共享时光 • 我没有与他人经历过温暖、可信赖的关系（-）	

注：括号内的减号表示扣分，对应选择的范围包括：强力反对（1），中度反对（2），轻微反对（3），既不同意也不反对（4），轻微支持（5），中度支持（6），强力支持（7）。

会的重要一员，对社会要有所贡献。社会一致性是人们对社会性质、组织和阴谋的认知，包括对我们所认识的世界的关注。社会一致性是无意义感的对立面，它涉及对社会的可辨识、可感知、可预测的感觉的评价。

社会实现是对社会潜力和社会发展轨迹的评价。这是一种相信社会会积极发展的信念，以及社会有潜力通过它的制度及其公民的努力得以发展的判断。社会接受一般是指通过他人的性格和品质来解释社会。个人必须在公共舞台活动，而这个公共舞台上一定会有陌生人。理解社会接纳的人应该信任他人，认为他人心地善良，并且相信他们是勤奋的。社会接纳者认为人性本善，并与人相处融洽。

主观幸福感的结构

使用社区和全国代表性样本的研究支持了社会幸福感和心理健康属于不同但相关的潜在因素的理论。验证性因素模型（confirmatory factor models）表明，社会幸福感五因素理论、心理健康六因素理论都是最佳拟合模型。此外，社会幸福感和心理健康的诸因素是互不相同的。社会幸福感量表和心理健康量表的相关程度高达 0.44，探索性因素分析揭示了社会幸福感量表中的两个相关（$r=0.34$）因素，其与测量幸福感、满意度和心理健康总体量表的项目中发展出的一个独立的因素无关。

因素分析还表明，社会幸福感的测量不同于情感健康的测量，但与之相关。情感健康的测量（积极情感和消极情感、生活满意度）与心理健康的测量在因素上是不同的。在对12～18岁青少年的全国调查样本中，情感健康、心理健康和社会幸福感的测量结果在因素上是不同的，这表明从青少年到老年，主观幸福感的多样性结构具有连续性的特点。

年龄与主观幸福感、心理健康

自20世纪50年代以来，老年学研究将主观幸福感作为中心因素，其目的是成功和规范地描述老化模式的特征。这个研究方向得到了埃里克森（Erikson）的支持，他首次提出了贯穿整个生命周期的全面发展理论。埃里克森提出了成年发展阶段，其特点是独特的人生挑战，这个挑战既提供了成长的机会，也提供了衰退的条件。老年学中的主观幸福感研究得益于两个主要工具：生活满意度指数（Life Satisfaction Index，LSI）和“费城老年中心信心量表”（Philadelphia Geriatric Center Morale Scale，PGCMS）。每个量表都进行了因素分析，既揭示衰老的积极面，也揭示其消极面。总体来说，第一代关于主观幸福感和老龄化的研究引发了“成功老龄化”的概念化和相关研究。

早期的老化理论和模型将老化描述为一个认知、社交和情感功能的衰退过程。这种关于老化的描述反映了20世纪前三分之二时间段里美国日益老龄化的社会现实，那个时期，许多老年人生活贫困。截至1967年，大约30%的65岁及以上成年人的生活水平在政府的贫困线上下，并有报告称由于健康原因，这些人每年平均有30～40天是活动受限的。然而，与老化呈均匀衰退的模型相反，大型全国性研究表明，老年常与主观幸福感的维持或提高相关。

许多建立在成功老龄化范式基础上的理论已经出现，用以解释个人如何在解决新的挑战和优化现有技能的同时，适应或者补偿相关损失。此外，目前对生活转变的研究表明，许多人积极塑造压力体验的意义，并成功缓解这些压力，进而学习新的应对技能并了解自身优势和能力。

年龄轨迹的横断面研究

实际上，几乎所有调查成年期心理健康和主观幸福感年龄差异的研究都采用了横断面研究数据。因此，必须谨慎解释所有观察到的年龄差异，因为横断面的年龄差异可以反映代际和队列差异，也可以反映老化过程的发展变化。1995年进行的针对25～74岁成年人的美国中年研究（MIDlife in the United States，MIDUS）也是如此。这项横断面研究是同类研究中第一个纳入主观幸福感的所有衡量标准的，以便人们能够比较情感、心理和社会幸福感方面的年龄差异。

使用MIDUS数据的研究显示，在主观幸福感各个维度的特征方面存在着随年龄递增和随年龄递减的复杂模式。图1中的A图和B图分别代表了情感健康的两个主要组成部分的典型模式，即积极情感和消极情感（每个量表的项目如图1所示）。老年人经历

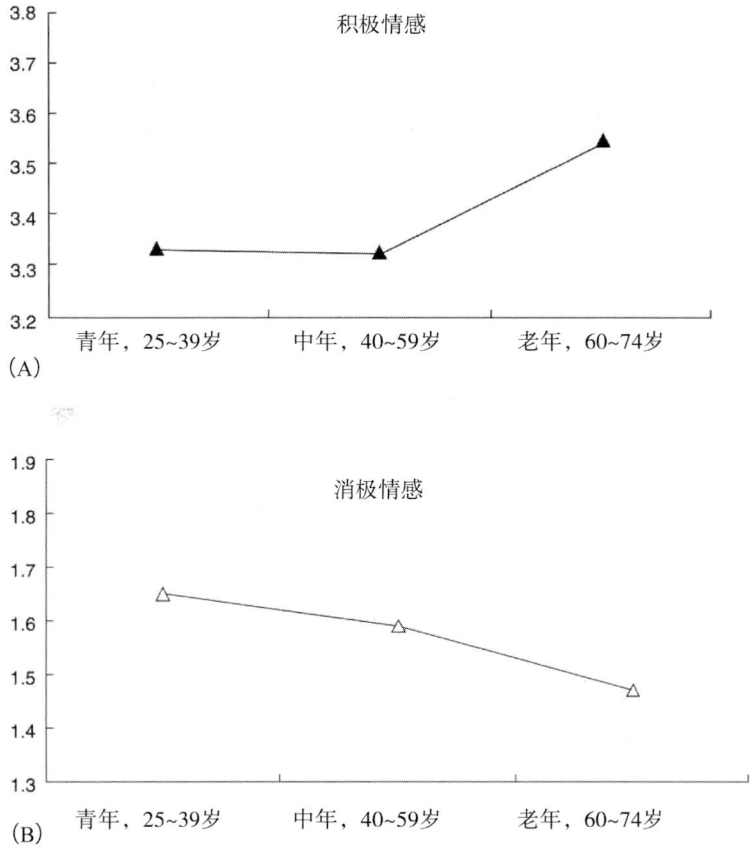

图 1 美国中年研究中按年龄分组得到的积极情感和消极情感量表的平均水平（加权样本，n＝3032）

积极情感的频率高于中年人或年轻人。此外，消极情感的频率随着年龄的增长而降低。中年人报告的消极情感比年轻人少，而老年人报告的消极情感比中年人少。

与情感健康不同，心理健康各方面的年龄差异揭示的是进步和衰退的混合模式。将年龄作为一个连续变量，里夫（Ryff）等人发现随着年龄的增长会降低生活目标和个人成长的水平。图 2 显示了同样的模式，将年龄分为青年、中年和老年三个年龄组。另一方面，里夫等人发现在自我接纳、与他人的积极关系、环境控制和自主性方面也随年龄增加而提升。虽然这些随年龄增长的变化不太明显，但在图 2 中仍然可见。这些发现在很大程度上与凯斯和里夫之前总结的三项心理健康研究相吻合，这三项研究在测量深度（即从 20 项到 3 项的量表）、管理模式（即自我管理和电话访谈）和采样技术（即有目的和随机的全国采样）上有所不同。在之前的这些研究中，个人成长和生活目标随着年龄的增长而下降，正如美国中年研究中所显示的那样。在先前的研究中，环境控制和自主性（三次研究中两次显示自主性增加）与美国中年研究中的研究结果一致，即它们随着年龄的增长而增加。在之前的三次研究中，自我接纳和与他人的积极关系的水平随着年龄的增长保持不变，这与美国中年研究中发现的其随年龄增长的结论形成鲜明对比。

研究人员在两个样本中对社会幸福感的年龄变化进行了研究——一个是威斯康星州戴恩县 18 岁及以上成年人的随机样本，另一个是美国中年研究中的样本。凯斯报告的结果显示两个样本的年龄轨迹具有相似性；年龄被视为一个连续变量。社会一致性随年龄增长呈线性下降。另一方面，社会融合和社会接受随年龄增长呈线性增长。虽然社会实现和社会贡献随着年龄的增长而增加，但是两项研究都表明，随着寿命的增加，其增长的速度在逐年减慢。也就是说，年龄与社会实现和社会贡献之间的关系是非线性的，从青年到中年呈上升趋势，从中年到老年呈下降趋势。凯斯报告的研究结果与图 3 中按年龄分组得到的社会幸福感各维度的水平相吻合。也就是说，社会贡献和社会一致性持续下降，然而也有一些迹象表明，社会实现在中青年人中略有提升，然后在老年人中再次下降。图 3 还揭示了社会融合和社会接受程度的持续增长。

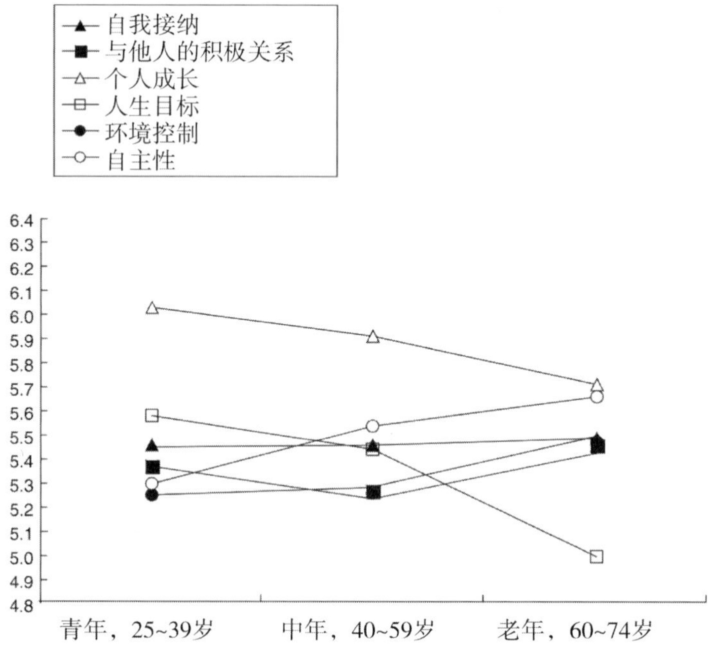

图 2　美国中年研究中按年龄分组得到的里夫（1989）三项心理健康量表的平均水平（加权样本，n = 3032）

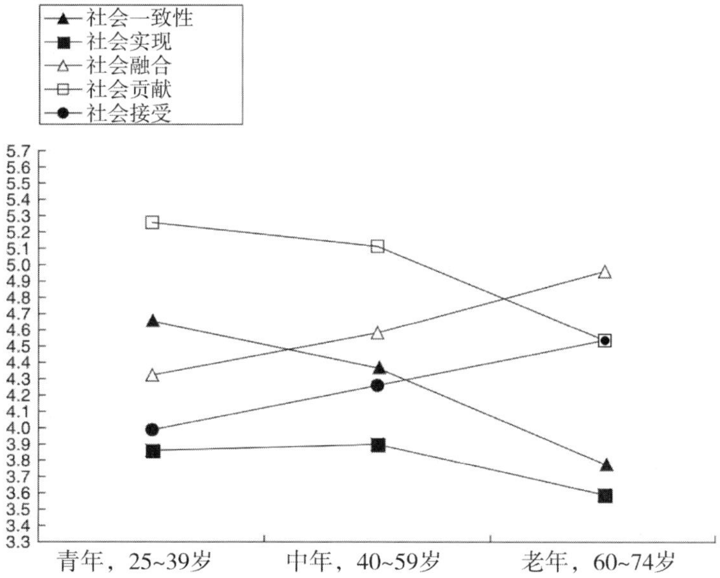

图 3 美国中年研究中按年龄分组得到的里夫（1989）三项社会幸福感量表的平均水平（加权样本，n = 3032）

结论

总之，“心理健康”是一个“与主观幸福感”同义的术语，有时专指特定的主观幸福感。作为最广泛的术语，“主观幸福感”是指个体对其生活质量做出的评价和判断。这一老年学研究领域有时被称为“成功老龄化”，因为它注重按年龄对心理健康进行积极测量，揭示了各种不同的主观幸福感。大量研究表明，主观幸福感由反映享乐幸福感和心理幸福感的两大传统组成。情感健康的测量反映了享乐传统，其中当个体认为他们的生活在情感上更加令人满意时，生活质量就会提高。心理健康和社会幸福感的测量反映了优生传统，其中当个体认为自己充分发挥了自己的潜能时，生活质量就会提高。

总体而言，研究（主要基于美国中年研究）表明，25～74 岁的人的主观幸福感有所改善。此外，随着年龄的增长，积极情感倾向于增加，而消极情感倾向于减少。总的来说，心理健康状况会随年龄增长而改善。在美国中年研究中，心理健康的六个维度中有四个的水平随着年龄的增长而增加，而个人成长和生活目标的水平则显示随着年龄的增长而下降。另一方面，社会幸福感揭示了随年龄增长（即社会融合和社会接受）和随年龄下降（即社会贡献和社会一致性）更加平衡的特征，然而，年轻人和老年人对社会实现的满意度是最低的（即中年达到峰值）。

另请参阅：生命历程；生活满意度；自尊；社会网络、社会支持和社会融合。

拓展阅读

Andrews FM and Withey SB (1976) *Social Indicators of Well-Being: Americans' Perceptions of Life Quality*. New York: Plenum.

Bradburn NM (1969) *The Structure of Psychological Well-Being*. Chicago, IL: Aldine.

Bryant FB and Veroff J (1982) The structure of psychological well-being: a socio-historical analysis. *Journal of Personality and Social Psychology* 43: 653-673.

Diener E, Suh EM, Lucas RE, and Smith HL (1999) Subjective well-being: three decades of progress. *Psychological Bulletin* 125: 276-302.

Jahoda M (1958) *Current Concepts of Positive Mental Health*. New York: Basic Books.

Keyes CLM (1998) Social well-being. *Social Psychology Quarterly* 61: 121-140.

Keyes CLM (2002) The exchange of emotional support with age and its relationship with emotional well-being by age. *Journal of Gerontology* 57: P518-P525.

Keyes CLM, Shmotkin D, and Ryff CD (2002) Optimizing well-being: the empirical encounter of two traditions. *Journal of Personality and Social Psychology* 82: 1007-1022.

Lawton MP (1975) The Philadelphia Geriatric Center Morale Scale: a revision. *Journal of Gerontology* 30: 85-89.

Liang J (1984) Dimensions of the Life Satisfaction Index A: a structural formulation. *Journal of Gerontology* 39: 613-622.

Mroczek DK and Kolarz CM (1998) The effect of age on positive and negative affect: a developmental perspective on happiness. *Journal of Personality and Social Psychology* 75: 1333-1349.

Neugarten BL, Havighurst RJ, and Tobin SS (1961) The measurement of life satisfaction. *Journal of Gerontology* 16: 134-143.

Ryff CD (1989) Happiness is everything, or is it? Explorations on the meaning of psychological well-being. *Journal of Personality and Social Psychology* 57: 1069-1081.

Ryff CD and Keyes CLM (1995) The structure of psychological well-being revisited. *Journal of Personality and Social Psychology* 69: 719-727.

Shmotkin D (1991) The role of time orientation in life satisfaction across the life-span. *Journal of Gerontology* 46: P243-P250.

译　者：常　欣（邯郸市第二十五中学）
校译者：王永梅（首都经济贸易大学）

心血管系统

W. S. 阿罗诺夫 纽约医学院，瓦尔哈拉，纽约州，美国

词汇表

后负荷（Afterload）——抵抗左心室输出血液的阻力。

动脉顺应性（Arterial Compliance）——动脉壁的扩张性。

动脉粥样硬化性血管疾病（Atherosclerotic Vascular Disease）——一种影响中动脉和大动脉的疾病，其中内膜下脂质和结缔组织的沉积导致通过动脉的血流减少或阻塞。这种紊乱可能导致冠状动脉疾病、外周动脉疾病、颈动脉疾病、脑血管疾病和腹主动脉瘤。

收缩能力（Contractility）——心脏产生动力的一种内在能力。

心力衰竭（Heart Failure）——一种疾病，在左心室有充足压力的情况下，心脏输出紊乱，不足以满足新陈代谢的需要。

高血压（Hypertension）——血压升高。

外周血管阻力（Peripheral Vascular Resistance）——通过平均动脉压力除以心脏输出量计算。

前负荷（Preload）——左心室的充盈量。

引言

心血管系统的年龄相关性变化、显性和隐性心血管疾病，以及体力活动减少，都会影响老年人的心血管功能。随着年龄的增长，左右心室心肌细胞的数目都会减少，而两个心室中每个细胞核的肌细胞体积都会渐进性地变大。随着年龄的增长，内膜介质厚度和内皮功能障碍会增加，且伴随着管腔扩张、动脉顺应性或扩张性的减退以及血管硬化度的增加。血管硬化的增长是老年人高血压、动脉粥样硬化、心血管疾病发作和死亡率的独立预测因子。随着年龄的增长，窦房结内起搏细胞的数量逐渐减少，到 75 岁时只能拥有 20 岁时所拥有起搏细胞数目的 10%。随着年龄的增长，室上性心律失常和室性心律失常的患病率及复杂性也在增加，且左、右束支传导阻滞的患病率也有所增长。

后负荷

后负荷是抵抗左心室射出血液的阻力。后负荷是由两部分组成：（1）外周血管阻力，这是稳定状态的组成部分，是使血流平稳的抗衡力量；（2）特征性主动脉阻抗，这是动力的组成部分以及脉动血流的抗衡力量。外周血管阻力通过平均动脉压力除以心脏输出量来测量且和外周血管床的横截面积成反比。特征性主动脉阻抗以平均动脉压力除以流经主动脉的流量的时间变化来计算，且与动脉顺应性（动脉壁的扩张性）成反比。一种间接测量后负荷的方法是测量脉冲波速度，以从近端到远端动脉的压力波传播速度来计算，此速度随着血管膨胀程度的降低而增加。

随着年龄的增长，弹性大动脉变得扩张且顺应性下降。主动脉介质和内膜逐渐增厚，且与主动脉扩大有关。动脉硬化程度随着年龄增长而增加，造成此现象的原因有动脉介质的变化，如平滑肌层的增厚、弹性蛋白的碎裂、胶原蛋白数量增加及其特征改变以及钙化程度加深，这些结构变化与由于主动脉硬化程度加重和脉冲波速度增加造成的主动脉顺应性降低有关。动脉壁的这些结构变化与共存的动脉粥样硬化无关。同时，研究者发现在动脉粥样硬化患病率较低的人群中脉冲波速度随年龄增长而增加。这些与年龄相关的血管硬化程度上升和顺应性降低未在远端动脉中观测到。

电阻抗谱模式（impedance spectral patterns）已经证明了特征性主动脉阻抗和外周血管阻力会随年龄增加。动脉顺应性的降低比外周血管床的丧失更能导致后负荷的增龄。在没有临床或隐匿性冠状动脉疾病的老年人中，外周血管阻力与年龄无关，但是对于有冠状动脉疾病者，此阻力会随着年龄而增长。动脉硬化表现为脉冲波速度增加且与血管介质的退化有关。在左心室射血过程中，动脉硬化会导致从末梢血管到升主动脉的波反射提前发生。因此，在左心室射血的后期，主动脉和颈动脉的阶段性压力增加到更大的幅度，导致收缩压和脉压增加，并导致主动脉脉压和脉冲的峰值延迟。

儿茶酚胺的循环水平随着年龄的增长而增加，尤其是在压力下。然而，血管平滑肌中的β肾上腺素水平随着年龄的增长而降低。血管平滑肌中的α肾上腺素水平不随年龄变化。在运动过程中，受损的血管舒张神经对于β肾上腺素刺激做出的反应最为重要，且会促进与年龄相关的后负荷增长。

后负荷增加会导致血压升高。随着年龄的增长，收缩压升高，脉压增宽。60岁之后，舒张压会发生轻微的降低。收缩压升高是由于衰老、心血管疾病以及生活方式因素（例如膳食钠摄入量、体力活动水平和体重等）的相互作用。在低氯化钠饮食的正常血压人群中，尚未发现与年龄相关的主动脉硬化指征。训练有素的老年男性颈动脉扩张指征的增强是按年龄计算的预期水平的二分之一。

随着年龄的增长，主动脉顺应性降低，左心室收缩时排出的血液中的动能转化为储存在主动脉壁弹性中的势能的过程也会减少。因而，在心脏舒张期间，储存在主动脉壁弹性中的势能返回到血流动能的过程也会减少。因此，左心室必须以更大的压力和力量将其搏出量喷射到顺应性较差的主动脉中，以获得足够的心输出量。脉搏波速度的增加也会导致主动脉压力增加，并在收缩后期达到峰值，增加的脉搏波速度也导致主动脉压力增加，随后出现心收缩期峰值，并导致收缩压升高和脉压增宽。

在血压正常的男性和无冠心病的女性中，左室后壁厚度随着年龄的增长而增加。与衰老相关的左心室壁厚度增加是由收缩压升高介导的。老龄化还与高血压和心血管疾病患病率的增加有关。因此，超声心动图左心室肥厚的患病率随着年龄的增长而增加。

与年龄相关的左心室肥厚是由心肌细胞体积增加而非数量增加引起的。成纤维细胞发生增生，胶原蛋白沉积在心肌组织间隙。升高的后负荷伴随肌原纤维节的增加使得左心室收缩期的压力增大，导致正常或偏薄的左心室壁厚度增加。

据报道，2001 年利用 1 881 名平均年龄 81 岁的女性作为研究对象，超声心动图显示左心室肥厚的人数占 44%。在平均年龄 80 岁的 924 名男性中，左心室肥厚比例为 43%。在患有高血压的黑人中，左心室肥厚者占 72%，高血压白人中，左心室肥厚比例为 56%，西班牙裔高血压患者中，左心室肥厚比例为 53%。然而，在未患高血压或明显心脏疾病的老年群体中，超声心动图显示左心室肥厚者仅占 2%。

定期进行有氧耐力运动可以减轻与年龄相关的中枢动脉顺应性降低，并使久坐的中老年男性的中枢动脉顺应性恢复到以前的健康水平。定期的有氧耐力锻炼还可以防止与年龄相关的内皮依赖性血管舒张功能丧失，并使之恢复到老年健康男性的水平。这就是规律的有氧耐力运动有助于降低老年人罹患心血管疾病风险的机制。

前负荷

前负荷是左心室的充盈量。前负荷由影响血液回流至心脏的许多因素决定，且由左心室舒张充盈期间心脏的机械性能决定。

在健康人群中，静息左心室舒张末期容积与年龄无关，即静息前负荷不随年龄而变化。然而，尽管静息前负荷不随年龄而变化，但左心室舒张早期充盈量会随着年龄的增加而减少。

左心室被动充盈发生在舒张期早期的快速充盈期和舒张后期的分离阶段。随着衰老，左心室硬度增加，左心室顺应性降低，左心室舒张功能受损，左心室舒张早期充盈量减少。若前负荷降低，这可能导致低血压。如果前负荷降低会导致低血压，与年龄有关的收缩压升高也会损害左心室舒张早期充盈。从 20 岁到 80 岁，舒张早期左心室充盈量可减少 50%。

尽管随着年龄的增长，左心室舒张早期充盈量减少，但因为左心房收缩变得更加剧烈，增加了左心室舒张末期的充盈，所以前负荷仍保持不变。左心室舒张末期充盈的增加可防止左心室舒张末期容积随着年龄的增长而减少。舒张晚期多普勒峰值传导速度（心房峰值或A波速度）与舒张早期多普勒峰值传导速度（快速充盈峰值或E波速度）的比率从30岁时的约0.6增加到70岁时的1.2。随着年龄的增长，E/A波比值的降低反映了左心室顺应性的降低。由于左心房压力增加导致的血管壁压力上升使得左心房随年龄增长而增大，这种变化抵消了左心室顺应性随年龄增长而降低的影响。据报道，1 881名平均年龄81岁的女性中有38%患有左心房扩大症，924名平均年龄80岁的男性中有30%患有左心房扩大症。

在弗雷明汉心脏研究（the Framingham Heart Study）中，年龄是健康人左心室充盈最有力的独立变量。年龄和E波（舒张早期充盈峰值速度）呈负相关关系，和A波（舒张晚期充盈峰值速度）呈正相关关系。其他导致左心室充盈量变小的独立变量包括心率、心电图测量的PR区间、性别、收缩压和左心室收缩功能。改善心率会降低舒张早期充盈峰值，增加舒张晚期充盈峰值速度。心电图上显示的PR区间与舒张早期充盈速度峰值呈负相关。女性舒张早期充盈速度峰值略高于男性。左心室收缩功能与舒张早期充盈速度峰值直接相关。收缩压升高会增加舒张末期充盈速度峰值。

老年人不能很好地耐受前负荷的降低。血管内容量减少、静脉回流减少、药物或疾病状态引起的血管扩张，以及利尿剂或硝酸盐等药物的使用会降低前负荷，并可能导致老年人心排血量减少和低血压。左心室顺应性降低，心脏和血管对β肾上腺素刺激的反应性降低，导致老年人严重依赖弗兰克—斯塔林机制（Frank-Starling mechanism）来增加心排血量。老年人更容易发生直立性低血压。压力感受器反射敏感性受损、心脏对β肾上腺素刺激的反应性降低、动脉顺应性丧失、静脉扩张性增加导致的静脉回流减少、维持血流量和电解质平衡的代偿机制受损，常见突发疾病的发病率增加，以及多种药物的使用，都会导致直立性低血压。老年人也更容易患餐后低血压。

由于在左心室顺应性不佳的情况下，左心房收缩可以给左心室贡献50%的充盈量，房颤发生时可能导致心排血量明显减少，是由于左心房在舒张末期对左心室充盈贡献的下降。与房颤有关的快速心室率将会减少左心室舒张充盈时间。

慢性房颤的发生率随着年龄的增长而增加。一项报告显示，在1 160名平均年龄80岁的男性中，慢性房颤发生率为16%，在平均年龄81岁的2 464名女性中，慢性房颤的发生率为13%。在60~70岁人群中，慢性房颤患病率为5%，在71~90岁人群中为13%~14%，在90岁以上人群中为22%。

健康老年人在运动期间心排血量增加的原因是，静脉回流到心脏的次数增加，左心室舒张充盈度增加，运动期间允许增加的心输出量排出。这就是弗兰克—斯塔林机制。在巴尔的摩健康人中开展一项衰老的纵向研究，健康人群运动时最大心率随着年龄的增长而下降。然而，为了维持运动心排血量，运动输出量随着年龄的增长而增加。运动输出量的增加是由弗兰克—斯塔林机制导致的左心室舒张末期容积（前负荷）增加所致。相比之下，健康的非老年人主要通过增加心率来提高运动时的心排血量。非老年健康人的运动心排血量上升是通过轻微增加左心室舒张末期容积以及大幅减少左心室收缩末期容积来实现的。非老年人运动引起的心率上升和左心室收缩末期容积减小很可能是通过β肾上腺素刺激介导的。健康老年人在运动期间左心室舒张末期容积的增加表明，与年龄相关的静息左心室舒张早期充盈减少在运动期间并不持续。

收缩

健康人心脏产生动力的内在能力并不随年龄而变化。然而，在衰老的动物中，心脏收缩和松弛的持续时间都有所延长。健康人群左心室搏出时间和预搏出阶段随年龄增长而延长，表明收缩也随衰老而延长。衰老动物收缩期的延长与肌肉硬化的增加及活作电位持续时间的延长有关。这些与年龄相关的变化同兴奋—收缩耦联机制中的细胞变化有关，并且可能是对于年龄导致的后负荷增加的一个保护收缩功能的适应性反应。

在没有心脏病的老年人中，静息左心室射血分数没有下降，周围纤维也没有缩短。随着年龄的增长，运动时的心肌收缩功能受损。在巴尔的摩老龄化纵向研究中，由于与年龄相关的左心室收缩末期容积的增加，老年人由运动导致的左心室射血分数升高要低于年轻人。但是，健康老年人最大量运动时，左心室射血分数绝对值很少低于基本值。最大心率与最大运动量时左心室收缩力的下降表现为随年龄β肾上腺素敏感性减弱是由运动诱导左心室扩大代偿。

舒张功能

衰老与等容舒张期的延长、左心室舒张早期充盈的减少以及左心室舒张晚期充盈的增加均有关联。正常衰老的变化影响着左心室舒张功能，这些变化包括收缩压升高、左心室壁增厚、左心室舒张早期充盈减少、左心室舒张期延长、左心房变大以及左心室舒张晚期充盈增加。

随着年龄的增长，受心肌兴奋影响，钙被心肌内质网隔离的速率降低，这会导致左心室舒张程度降低。舒张开始时钙的积累可能损害左心室舒张松弛和早期舒张充盈。随着年龄的增长，氧化磷酸化作用减弱以及线粒体过氧化反应的积累也可能损害左心室的舒张功能。

随着年龄的增长，心肌间质纤维化和心脏胶原蛋白交联增加，导致左心室硬度增加，从而损害左心室舒张松弛和充盈。在没有冠心病的情况下，心肌缺血可能是由毛细血管密度降低引起的，随着年龄的增长，冠状动脉储备进一步损害老年人的左心室舒张功能。

除了年龄造成的左心室舒张松弛减少和舒张早期充盈减少外，由于老年人群中高血压患病率上升、冠状动脉疾病导致的心肌缺血以及由高血压、瓣膜主动脉狭窄、冠状动脉疾病、肥厚心肌病以及其他心脏疾病引起的左心室肥大，老年人更有可能患左心室舒张功能障碍。老年人左心室心肌硬化程度加重和左心室舒张时间延长会损害左心室舒张早期充盈并引起左心室在间歇期及运动期间舒张末期压力增加。

在伴有左心室收缩功能障碍的充血性心力衰竭患者中，左心室射血分数不足 50%。心肌纤维缩短量减少，心搏出量减少，左心室扩张，患者表现出临床症状。

左心室收缩功能正常、舒张功能障碍导致的充血性心力衰竭的患者，其左心室射血分数正常。左心室收缩功能正常、舒张功能有障碍的充血性心力衰竭患者不能正常地增加心搏出量，即使在左心室充盈压力升高的情况下也无法做到。在左心房压力正常时，心肌肥大、缺血或纤维化会引起左心室充盈缓慢或不完全。左心房压力升高以增加左心室充盈，导致肺和全身静脉充血。房颤的发生还可能导致心排血量降低以及肺和全身静脉充血程度升高，因为左心房对左心室舒张末期的贡献减少以及由于快速心室率导致舒张期充盈时间缩短。

在左心室射血分数正常的情况下，与左心室舒张功能障碍相关的充血性心力衰竭的患病率随着年龄的增长而升高，且老年女性的死亡率高于老年男性。在 674 名平均年龄为 81 岁的充血性心力衰竭患者中，黑人男性中左心室射血分数正常者占 44%，黑人女性这一比例为 58%，西班牙裔男性为 46%，西班牙裔女性为 56%，白人男性和白人女性分别为 35% 和 57%，总的男性和女性分别为 38% 和 57%。据弗雷明汉心脏研究报道，在平均年龄 71 岁的 73 名充血性心力衰竭患者中，51%的人左心室射血分数正常。心血管健康研究报告称，在平均年龄 73 岁的 186 名充血性心力衰竭患者中，59% 的人左心室射血分数正常。应该对所有充血性心力衰竭患者的左心室射血分数进行测量，以便给予适当的治疗。例如，不应给患有充血性心力衰竭和左心室射血分数异常的老年人服用钙通道阻断剂类药物。如果存在窦性心律，地高辛（digoxin）不应用于治疗患有充血性心力衰竭和左心室射血分数正常的老年人。通过增加细胞内钙离子浓度来增加收缩力，地高辛可能增加左心室硬化程序，增加左心室充盈压，并对左心室舒张功能不全引起的充血性心力衰竭产生不利影响。与充血性心力衰竭和左心室射血分数正常的老年人相比，因左心室射血分数异常而导致充血性心力衰竭的老年人对利尿剂的耐受性更高。左心室舒张功能障碍但左心室射血分数正常的充血性心力衰竭老年患者需要较高的左心室充盈压力以维持充足的心搏出量和心排血量，而且不耐受血管内液体不足的状况。这些患者需要低盐饮食且谨慎使用利尿剂，而不是使用大量利尿剂。

心血管对运动的反应

最大耗氧量是心血管健康的最佳综合衡

量指标。最大耗氧量是运动峰值时心排血量和全身动静脉氧分差的乘积。最大心排血量是心率乘以峰值运动时的每搏量，是比最大耗氧量更直接的心血管储备测量值。最大耗氧量随着年龄的增长而减少。随着年龄的增长，最大耗氧量的下降程度受到身体条件、亚临床冠状动脉疾病、吸烟和体重的影响。

在巴尔的摩老龄化纵向研究中，老年男性运动员峰值运动时的最大耗氧量高于久坐的老年男性。老年男性运动员峰值运动时比久坐的老年男性获得更大的最大耗氧量，这是由于前者的心排血指数更高和全身动静脉氧分差更大所致。老年男性运动员峰值运动中心排血指数高于久坐的老年男性，这是因为在最大心率接近的条件下，前者有更高的心搏出量指数。

最大全身动静脉氧分差随着年龄的增长而降低。随着年龄的增长，肌肉质量减少可能在峰值运动中全身动静脉氧分差减少以及最大耗氧量减小方面发挥着重要作用。

在巴尔的摩老龄化纵向研究中，对 22 至 86 岁的健康久坐男性和女性进行了老龄化对直立周期峰值运动（peak upright cycle exercise）的影响研究。男性和女性的峰值运动速率（peak cycle work rate）均随年龄增长而下降，但在任何年龄段，男性的速率都高于女性。随着年龄的增长，男性和女性在峰值运动中的心率、心排血指数、左心室射血分数都有所下降，左心室舒张末期容积指数和收缩末期容积指数有所上升。无论男性还是女性，峰值运动时的心搏出量指数都不随年龄而变化。在老年男性群体中，由运动导致的左心室收缩末期容积指数下降以及心排血指数、心搏出量指数和左心室射血分数的升高程度均高于老年女性。

因此，在健康老年人群中，心血管对运动的反应包括以下几个方面：最大心率随年龄下降；运动时的心搏出量随年龄上升，以维持心排血量。根据弗兰克—斯塔林机制，运动时心搏出量的上升主要是左心室舒张末期容积增大的结果。随着年龄的增长，肌肉质量减少对与年龄相关的峰值运动中全身动静脉氧分差以及最大耗氧量减小有着重要影响。随着年龄增长，峰值运动中左心室舒张末期和收缩末期容积变大。峰值运动时左心室射血分数随年龄增长而下降。由于运动导致的老年男性群体左心室收缩末期容积指数的下降和心排血量指数、心搏出量指数以及左心室射血分数的上升程度高于老年女性群体。

心血管疾病

在许多老年人中，除了久坐的生活方式造成的与年龄相关的心血管变化和体能失调之外，与其他年龄的人群比较，老年人因心血管受损而具有较高的心血管疾病患病率和发病率。主动脉瓣钙化、主动脉硬化和二尖瓣环形钙化属于退行性病变，在老年人群中有较高的患病率。表 1 显示了在老年男性和老年女性中一些心血管疾病的患病率。

表 1　老年男性与女性中一些心血管疾病的患病率

心血管疾病	平均年龄/岁		患病率			
	男性	女性	男性		女性	
			数量	比例/%	数量	比例/%
冠状动脉疾病	80	81	502/1 160	43	1 019/2 464	41
脑血栓	80	81	370/1 160	32	761/2 464	31
外周血管疾病	80	81	374/1 160	32	637/2 464	26
颅外颈动脉疾病	81	81	68/425	16	213/1 421	15
充血性心力衰竭	80	81	335/1 160	29	643/2 464	26
高血压	80	81	665/1 160	57	1 471/2 464	60
主动脉瓣狭窄	80	81	141/924	15	322/1 881	17
二尖瓣环钙化	80	81	336/924	36	985/1 881	52
≥1+二尖瓣反流	80	81	298/924	36	985/1 881	52
≥1+主动脉瓣反流	80	81	282/924	31	542/1 881	29
风湿性二尖瓣狭窄	80	81	3/924	0. 3	34/1 881	2
心肌肥大	80	81	28/924	3	80/1 881	4
慢性房颤	80	81	181/1 160	16	314/2 464	13
起搏心率	80	81	61/1 160	5	125/2 464	5
左心室射血分数异常	80	81	271/924	29	416/1 881	22
左心室肥大	80	81	393/924	43	831/1 881	44
左心房肥大	80	81	278/924	30	709/1 881	38
特发性扩张型心肌病	80	81	10/924	1	19/1 881	1

引自：Aronow et cu.（2001，2002）.

另请参阅：运动和身体活动。

拓展阅读

Aronow WS（1991）Correlation of arrhythmias and conduction defects on the resting electrocardiogram with new cardiac events in 1, 153 elderly patients. *American Journal of Noninvasive Cardiology* 5：88–90.

Aronow WS（2003）Epidemiology, pathophysiology, prognosis, and treatment of systolic and diastolic heart failure in elderly patients. *Heart Disease* 5：279–294.

Aronow WS and Fleg JL（eds.）（2004）*Cardiovascular Disease in the Elderly*, 3rd edn. New York：Marcel Dekker, Inc.

Aronow WS, Ahn C, and Kronzon I

(2001) Comparison of echocardiographic abnormalities in African-American, Hispanic, and white men and women aged >60 years. *American Journal of Cardiology* 87: 1131–1133.

Aronow WS, Ahn C, and Gutstein H (2002) Prevalence and incidence of cardiovascular disease in 1160 older men and 2464 older women in a long-term health care facility. *Journals of Gerontology Series A: Biological Sciences and Medical Sciences* 57*A*: M45–M46.

Gottdiener JS, McClelland RL, Marshall R, et al. (2002) Outcome of congestive heart failure in elderly persons: influence of left ventricular systolic function. *The Cardiovascular Health Study. Annals of Internal Medicine* 137: 631–639.

Ogawa T, Spina R, Martin WH, Ⅲ., et al. (1992) Effects of aging, sex and physical training on cardiovascular responses to exercise. *Circulation* 86: 494–503.

Safar M (1990) Aging and its effects on the cardiovascular system. *Drugs* 39 (Supplement 1): 1–8.

Vaitkevicius PV, Fleg JL, Engel JH, et al. (1993) Effects of age and aerobic capacity on arterial stiffness in healthy adults. *Circulation* 88: 1456–1462.

译　者：裴丽君（北京大学）

信息处理与认知

B. 布库尔，D. J. 马登 杜克大学医学中心，达勒姆，北卡罗来纳州，美国

词汇表

注意力（Attention）——执行任务所需要的有限资源及精力，从环境中选择相关信息，同时关注任务及刺激或对某一特定事件的环境进行长期监测。

反应时间（Reaction Time）——从刺激开始到做出正确反应的最短时间。

速度—精度操作特性（Speed-Accuracy Operating Charateristic）——精确度随着运行速度的增加而下降。

引言

现代认知心理学和信息处理手段在 20 世纪 60 年代开始突显其作用，部分是由于当时心理学主要模式行为主义的限制。由于将解释性的观念完全限制在可观察的行为上，行为主义导致研究者忽视在记忆、关注及解决问题时的精神过程。随着信息处理方法的丰富，出现了大量针对老年人群生物学和认识变化的研究。信息处理方法早已被用于老年心理学对老年认知能力进行研究。

本文的首要目的是对信息处理手段及对研究认知不同组分的方法进行描述。随后介绍了运用这些方法对认知不同领域正常及衰老相关的改变的研究，也介绍了用于抵消认知衰退作用的代偿机制。文章最后讨论了老年认知神经学这一相对新兴的学科，它主要研究与年龄相关的大脑改变以及这些改变是否同与年龄相关的认知障碍有关联。

了解复杂过程的组件

在信息处理方法中，反应时间是一个有趣的重要变量。传统中把反应时间定义为从刺激开始到做出正确反应的最短时间。我们能够观察到可测定的行为，特别是反应时间的变化，并且从这些变化中做出有关潜在精神活动本质的推论：即信息处理构架导致对知觉和认知任务的反应。

减数法

1868 年，荷兰心理学家唐德斯（Donders）提出减数法作为一种方法，用于评估产生精神活动时的时间。该方法包括在任务之间减去反应时间，并以特定的方式造成这些任务构架的不同。例如，考虑三种不同反

应时间的任务：任务 1、任务 2、任务 3（如图 1）。任务 1 为简单任务，包括单一刺激和单一反应，如灯亮时按键。任务 2，走/不走，包含两个刺激及单一反应。在这一任务中灯亮的位置或左或右，只有右侧灯亮时做出行走反应，左侧灯亮则不应做出行走反应。任务 3，选择反应时间，包含两个刺激物及两个反应，如电脑屏幕的左右侧灯亮时分别按不同的键。这一方法基于假设任务 2 包含任务一的所有过程并额外插入确认刺激物阶段。任务 3 包含所有任务 2 中的过程，插入选择反应阶段。如图 1 所示，评估确认刺激物的时间，即任务 2 的平均反应时间减去任务 1 的平均反应时间。同理，任务 3 减去任务 2 的平均反应时间即为选择反应所需的时间。

注意，减法是假定每个任务间的唯一差别是加入了单一处理阶段，或识别刺激或选择反应。复杂的是额外插入的阶段可能会影响其他处理阶段的反应。进而，减法需要针对某一特定任务信息处理过程的先验理论。

附加因子法

与减法不同的是，附加因子法的目的是提供每个处理过程存在的证据，而不是简单确定特定处理阶段所需的时间。附加因子法依赖对特定变量（因子）相关的执行结果的解读，有时它会出现系统性的变化。这些变量是任务的特点所在，如噪声程度和反应次数，这会带来一些经验值。如果变量仅对反应时间（统计主效应）产生附加效果，结论为每一变量是独立的并影响不同的处理阶段。例如，如果无论反应次数的多少，相对于安静环境下，随着噪声的增加，反应时

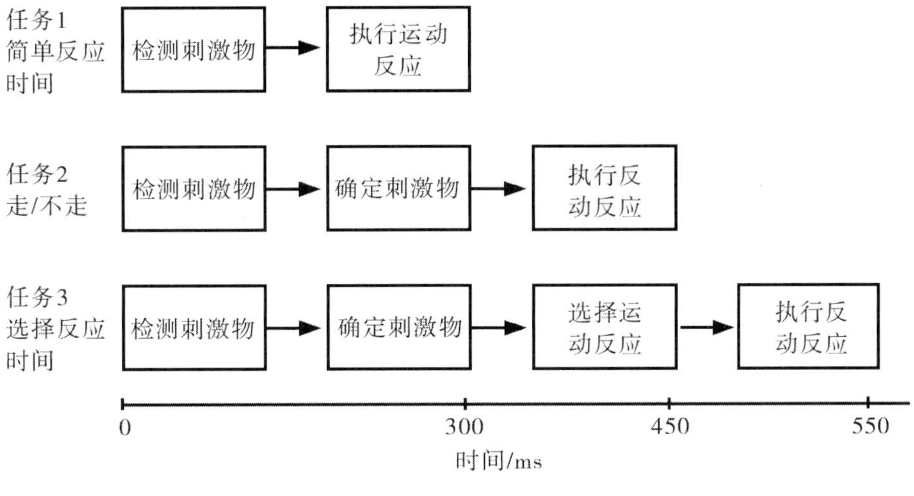

图 1　唐德斯的减法理论

注：任务按照隔离不同的处理阶段进行构造。例如，任务 2 由于插入一个表示识别刺激的额外处理阶段而花费的时间比任务 1 长。为了获得识别刺激所需的时间，任务 1 的平均反应时间从任务 2 的平均反应时间中减去。

间的增加是相同的，就会得出结论，即任务中感知到的噪声和反应选择因素是附加的，并且编码和反应过程是独立的。相反，在配对因素间（如当反应次数增加时，噪声对反应时间产生较强的影响）发现显著的统计相互作用，则代表环境中的两个因素不是独立的和附加的，而是彼此相互作用对共同处理阶段产生影响。

斯腾伯格（Sternberg）首次采用附加因子法研究短期记忆过程。试验中，参与者观看依次呈现的数字和短暂延迟后的探测字母。如果探测是之前呈现的记忆的一部分，参与者就会做出积极的反应，否则他们会做出消极反应。斯腾伯格研究了多个因子的效果，包括数字的视觉质量（清晰或模糊）、内存的大小（1~6 个数字）、反应类型（积极或消极）和反应类型的频次（如试验中积极反应的百分比）。

这些不同的操作对反应时间有着附加的效应，提示任务的完成涉及 4 个处理阶段。如图 2 所示：编码阶段、比较阶段是将存储器的内部表达与探测数字相比较；反应选择阶段和反应执行阶段是观察者通过触压合适的键完成运动反应过程。

从信息处理的角度看，生理年龄在年龄和其他实验变量中可作为另一因素，它的附加和相互作用的模式被用于确定特定任务中与年龄相关的变化轨迹。例如在短期记忆中，几乎所有阶段都观察到了与年龄的相互作用。与年龄相关的减速并不局限于编码和反应的外周过程，还与搜索短期记忆中的条目相关。

速度精度权衡

之前提到的反应时间被定义为参与者做出正确反应的最短时间。实际上最短时间点难以界定。对任何特定反应而言，我们如何能确保参与者在保持正确的同时不能有更快的反应呢？因此，通常有必要引出小部分不正确的反应，以表明参与者正试图迅速做出反应。另外，绝大多数的反应必须是正确的，以保证反应时间数据的可靠性和参与者并不是在简单地猜测。信息处理任务通常假

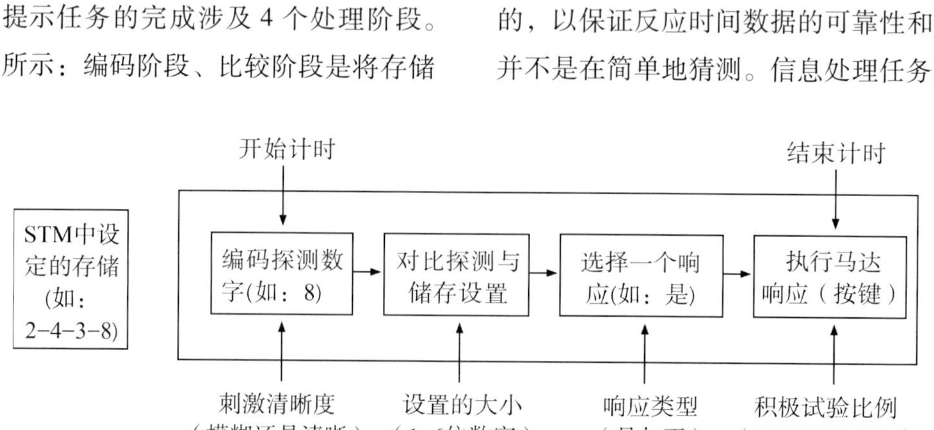

图 2　附加因子法显示了会影响不同处理阶段的因子

注：计时在内存集被编码之后，从探测数字的起点开始，当按下适当的键来指示响应时结束。

定速度和精度之间存在特定的关联。典型的结果模式为随着速度函数的增加精度下降。通过要求实验参与者对速度和精度不同的侧重，我们经验性地观察到这种模式。图 3 展示了速度精度的运行特性，左侧代表快速但不精准的反应；右侧代表缓慢却精确的反应。

对与年龄相关的反应时间的变化进行解读的一个难点是不同参与者对速度和精度的侧重有所不同，在试图尽快做出反应时，他们将会接受相对比例的错误。年轻人和老年人反应时间的差别可能不完全是由于处理速度的差别，设置速度—精度函数反应标准的差异也是其中的原因。

分布分析

这种方法通常使用一些集中趋势指数（如均数或中位数）来总结在每个任务条件下的许多试验的表现。通常情况下，反应时间的数据不是正态分布而是偏态分布（极限反应很可能是慢反应而非快速反应）。因此，使用总和指数会忽略数据中潜在的重要信息。通过应用反应时间的整体分布，研究者发现年龄差别增加了慢反应在分布中的比重，这反映出与年龄相关的注意力集中和忽视任务无关信息时的困难。

这些类型的分布分析与更普遍地强调开发特定任务所要求的信息处理组件的正式模型有关。形式化建模方法不同于减法和附加因子法，侧重于单个变量的影响，而是强调基于模型的对代表特定信息处理组件的参数进行评估。随后，研究人员可以验证观察数据（包括反应时间和准确度）与模型预测值之间是否存在充分的匹配。如果匹配是足够的，那么具体的参数是能够解释的。例如，模型可以包括决策过程、非决策过程（如知觉运动过程）的不同参数，以及做出决策所需的信息量和时间。研究人员发现，使用这种方法，与年轻人相比，老年人表现出更大的非决策成分，并需要积累更多的刺激信息，然后才能做出反应。

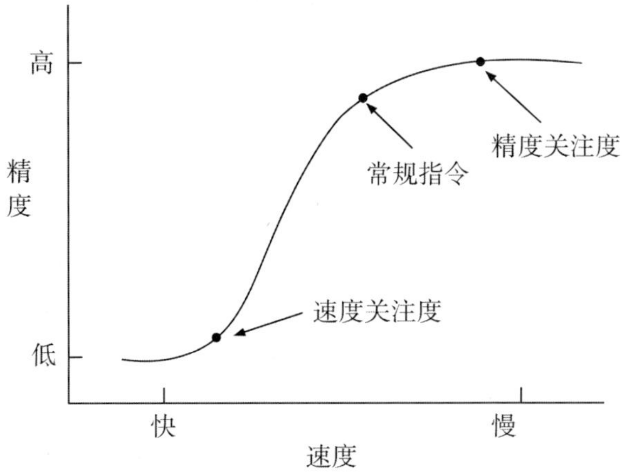

图 3　速度—精度工作特性

注：曲线上的点代表假设的结果，这些结果从对速度、精度关注度不同的实验中获得。

广义减速解释年龄相关性衰退

正如前面所指出的，与年龄相关的减速发生在信息处理的许多方面。布林利（Brinley）的一项早期研究提出了一个永久性问题，与年龄相关的减速的程度是一致的还是任务特定的。减速是衰老的中枢神经系统的一个普遍特性，因而信息处理技术所提供的特定任务分析的类型可能是不必要的。为了研究这个问题，布林利测试了年轻人和老年人在各种任务中的语言开发能力、算术技能和知觉处理能力。在每种类型中，有的任务需要在试验中转移注意力，有的则不需要。当老年人平均反应时间在每一项任务条件下被绘制为年轻人对应的平均反应时间的函数时，布林利发现老年人的表现可以用年轻成人反应时间的高度线性函数来表示（$r=0.99$）。在目前被称为布林利图（Brinley plot）的这类分析中，斜率大于 1.0 给出了与年龄相关的处理速度下降的证据。换言之，由于老化过程，老年人的处理速度可能普遍下降，而不是与某一信息处理阶段具体相关。许多使用布林利方法的研究为这类广义减速模型提供了支持。但是，应该注意的是，并不是所有研究者都同意布林利图分析的广义减速的解读，他们认为减速函数代表了老年人与年轻人反应时间中的相对标准差(见图 4)。

基于早期对老年减速的研究，索尔特豪斯（Salthouse）提出了处理速度理论，该理论提出了限时性和同时性两种机制来解释与年龄相关的速度变化同与年龄相关的认知变化之间的关系。限时性机制代表着老年人无法在可用时间内完成早期操作的处理，同时性机制则代表着由于减速，早期操作的成果丢失，导致在后期处理阶段无法使用。索尔

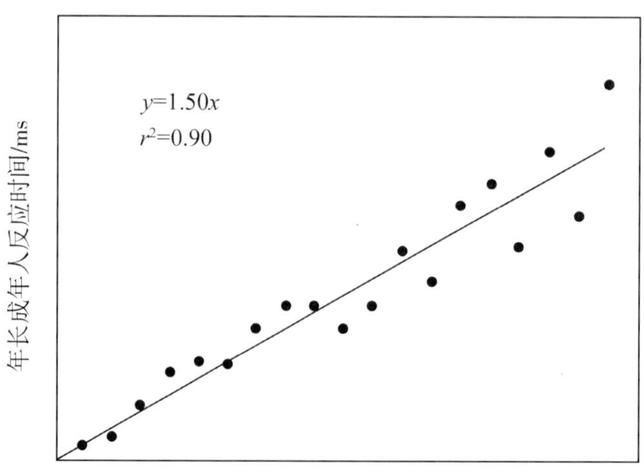

图 4　布林利图显示了老年人的平均反应时间，用年轻人平均反应时间的函数图示出来

引自：Madden DJ and Whiting WL (2004) Age-related changes in visual attention. In: Costa PT and Siegler IC (eds.) *Advances in Cell Aging and Gerontology*, p. 48.

特豪斯和其他人使用的方法，即通过让参与者完成诸如简单反应时间、选择反应时间或数字复制等初级感知运动任务来独立评估处理速度。随后，在评估一些认知表现测定结果中的年龄差异时，可以通过层次回归程序来确定初级加工速度的中介影响。研究者发现，用这种方法对各种认知任务的结果进行测定，在控制处理速度后，与年龄相关的任务表现的差异大为减小或完全消除，从而为广义减速提供了进一步的支持。

广义减速解释之所以引人注目，是因为它们为年轻人和老年人之间的差异提供了一个简约的说明。然而，其他解释也可以说明认知下降的原因，其中包括处理资源减少、抑制性缺陷、注意力控制缺陷和工作记忆力下降。因此，需要用过程特有的影响以及普遍减速来解释认知表现中与年龄相关的缺陷。在关于记忆力、注意力及解决问题能力的章节中，将着重于几个认知领域，包括任务特定与广义减速对与年龄相关的认知下降的解释。

记忆力

信息记忆困难通常是人们随着年龄增长而注意到的第一批认知变化之一。例如，老年人可能会注意到他们频繁地把钥匙放错地方，或者更多地依赖日历来记住事件。事实上，既往对记忆的实验室研究发现，在记忆任务中的几个处理阶段均出现与年龄相关的衰退。然而，并不是记忆的所有方面都受到老化过程的影响。为了理解这种结果相异模式，对构成记忆系统的不同结构进行了解是有必要的。长期记忆通常被细分为陈述性记忆（外显记忆）和程序性记忆（内隐记忆）。这种区别是基于信息是否被有意检索（外显）或没有被主动检索的信息是否对其他行为产生了间接影响（内隐）。陈述性记忆进一步分为情景记忆（特定情节或关联记忆）和语义记忆（对一般性、上下文无关的知识的记忆）。一个典型的发现是，在对外显记忆与内隐记忆测定的任务中，年龄差异较小或根本不存在。然而，在记忆的外显成分中，语义记忆和情景记忆之间也存在着分离。

外显记忆与内隐记忆

外显记忆传统上是用回忆和识别测试来衡量的，在测试中，参与者会自觉地参照原始学习或材料编码来完成测试。相反，内隐记忆测试通过让参与者完成与编码条件无关的测试来间接评估记忆。例如，在词干完成这一常用的内隐记忆测试中，参与者会被提供单词的前几个字母后面跟着空格（如“mai”）。如果参与者以前编码过这个单词，那么他们更有可能使用“maiden”（少女）这个词来完成词干，而不是使用更常见的单词“mail”（邮件）。词干完成这种内隐记忆测试对于了解无意识的间接学习是有用的。研究者发现，这种类型的内隐记忆测试，很少出现与年龄相关的下降。尽管内隐记忆在一些条件下的确会出现与年龄相关的衰退，但总体上内隐记忆在老年人中的体现是相对保留的。

情景记忆

很多研究证明，情景记忆，即特定的、关联相关信息的记忆，会发生显著的年龄缺陷。一个常见的例子是人是否记住早晨是否服用过药物。实验室是通过回忆和识别测试来判定情景记忆的。在这些测试中，通常以准确性作为感兴趣的变量，给参与者提供刺激条目（如图片、单词），并指导参与者努力在一段时间内记住这些信息。在回忆测试中，参与者被要求重现或回忆信息，而在识别测试中，参与者被给予刺激，其中一些是在原始编码过程中呈现过的，随后要求参与者确定刺激内容是不是之前呈现的。一个典型的发现是，回忆准确性会出现极大的年龄缺陷，而对于识别准确性，年龄缺陷通常较小或不存在。

这一模式反映了老年人对环境支持的不同依赖程度。使用之前讨论过的反应时间分布法也获得了对这一观点的一致证据。在识别记忆测试中，年龄对反应时间的影响在控制了最快反应的分布后被完全消除，这一发现与衰老导致的广义减速是一致的。然而，对于回顾反应时间来说，年龄仍然是记忆表现的重要预测因子，这一发现印证了环境支持理论。此外，当老年人必须记住信息的特定来源或关联时，年龄差异的影响会更加显著。例如，新闻是在报纸上读到的还是从收音机听到的。因此，对环境支持的更多依赖将有助于抵消对记忆信息原始背景的确认缺陷。老年人往往更容易被不相关的信息分散注意力，而环境支持将帮助他们专注于任务相关的信息。

语义记忆

研究人员将语义记忆概念化为一种语言或概念地图，由一系列路径连接在一起的节点或概念组成。概念之间的关联度用路径的长度来表示。因此，相关的概念，如知更鸟、鸟类和苍蝇，在它们之间有相对较短的路径，而从知更鸟联想到推土机的路径则是相对较长的。一旦一个联想概念被激活（如鸟），激活会倾向于扩展到附近其他节点（如翅膀、羽毛），进而在处理过程中激活它们。此外还有人提出，与不被频繁激活的概念相比，频繁激活的概念会得到强化并且更容易被检索。

对知觉运动水平的减速进行控制后，词汇、通识和单词识别等语义记忆任务的年龄差异往往很小。研究人员还使用词汇决策任务来调查信息是如何在语义记忆中被存储和激活的。在这些任务中，参与者将收到一串字母，并要求他们确定字母串是否构成一个单词（如“bank”）或一个可发音的非单词（如“tolph”）。典型的发现是人们对高频单词的反应比低频单词更快（即单词的频率效应）。同样，当目标词相关的记忆信息通过呈现语义上相关的词汇得到预先激活（即启动）时，反应速度快于目标词未启动时。单词的这种频率和启动效应至少在老年人中和年轻人是一样的，这意味着老年人对语义记忆功能的保留。

尽管语义记忆的许多成分随着增龄而相对保留，但老年人的一个常见记忆问题是从语义记忆中检索熟悉的信息，如物体和人物的称谓。这方面的一个例子是“舌尖效应”（tip of the tongue，TOT），即个体虽无法检索到熟悉的信息，但可以感觉到信息的存在（即仍然存在于语义记忆中）。虽然老年人和年轻人都会出现 TOT，但实验研究发现，老年人的 TOT 明显多于年轻人。老年人 TOT 增加的原因之一是传播缺陷假说。根据这一假说，节点间的关联随着年龄的增加变得薄弱，从而导致节点间传输受损。TOT 随年龄增加的原因尚不完全清楚，但这可能与相对于检索特定单词所需的语音路径（即音韵学）而言，与语义信息路径间的附加冗余有关。

注意力

作为执行任务所需的有限资源或精力，注意力可以从几个方面来看待：从环境中选择相关信息（选择性注意），将注意力同时分配在任务或刺激间（分配性注意），或在一段较长时间内监测某一特定事件的环境（警惕性）。许多实验室任务以及日常任务（如驾驶）可能包括各种形式的注意力组合。尽管老年人在许多注意成分上存在缺陷，但伴随增龄，注意功能也有一定的保留。这种保留仅限于视觉模式，这一点已被很多发表的研究所证实，但在听觉模式中也观察到相关的现象。

加工资源

注意力的一种概念化是，它提供执行其他认知任务所需的有限的加工资源。例如，在双重任务的情况下，当主要任务的要求更高时（如在不利条件下驾驶），额外的注意力资源可以通过减少次要任务所使用的资源（如降低收音机的音量）而被用于主要任务。基于实验室对双重任务的研究结果，研究人员提出，与年龄相关的认知缺陷是由于加工资源的减少（资源不足假说）。双重任务条件下的认知表现通常差于单独执行任务时，这在老年人群体表现得更加突出。为了分别评估两项任务的成本，我们构建了注意操作特征（attention operating characteristic，AOC），沿 x 轴绘制任务 1 的数据和沿 y 轴绘制任务 2 的数据。任务优先等级可以通过参与者优先处理任务 1、任务 2 或两个任务的条件来实现。AOC 上方的区域代表同时执行两个任务时的成本。使用双重任务程序的一个典型发现是，老年人比年轻人表现出更高的分散注意力成本。

由于缺乏对资源的明确定义以及如何测量资源，资源不足法经常受到批评。因此，研究人员指定出可被视为资源的特定组成部分，包括处理速度、工作记忆容量和抑制能力。这些被提议的处理资源之一，工作记忆，已被概念化为负责同时存储和加工信息的记忆组分。研究人员提出了一种工作记忆模型，该模型由两部分组成，即在记忆中长期保持语言或语音及视觉信息。工作记忆模型还提出了一个执行控制系统，该系统负责协调和控制输入信息的流向。通过使用先前描述的层次回归技术测定语言推理和空间能力使这项提议已经得到证实。正如所预测的，工作记忆资源的统计控制（用算术广度任务来评估）削弱了年龄对这两种认知任务的影响。

选择性注意

在视觉搜索任务中，需要参与者从一个或多个干扰项目（不相关的）中识别目标项目，展示的项目总数（展示大小）在试验中各有不同。随着展示大小的增加，搜索变得更加困难或低效。通过改变展示大小，可以确定搜索的相对效率以及特定类型的注意操作（如提供空间线索）是否有利于搜索。举例来说，在六本书中寻找特定的一本书比在整个书架中搜索同一本书要容易得多。对整个书架进行的低效搜索可以通过自上而下（即目标导向）地了解书架的结构，使搜索变得更加高效，从而确定目标书位于书架的右侧。另外，如果一本红色的书置于一书架棕黄色的书中会以自下而上或刺激驱动的方式捕捉注意力，而红色的书恰好也是想找的那本书的话，这将有助于搜索。显示大小的函数用于分析反应时间。有效搜索即线性反应时间乘以显示大小的斜率小于每项10 ms；搜索斜率为每项20~30 ms表示搜索效率较低。

对视觉搜索能力可能存在的年龄差异感兴趣的研究人员，对特征搜索任务的能力进行了比较，即目标项由单个特征定义（如在很多O中搜索T），与目标项由两个结合特征定义（如在多个L和多个F中搜索T）的任务搜索能力相比较。这项研究总的结论为，结合特征搜索任务与单一特征搜索任务（即目标项往往从显示器的干扰项中弹出）相比，年龄差异对结合特征搜索能力造成的影响更大。然而，改进搜索效能的不同措施对老年人和年轻人至少同样有效。例如在一组实验中使用一致的目标项和干扰色，或提示目标项的空间位置等措施。

除了选择相关信息外，选择性注意还包括抑制无关或分散信息的能力。Stroop任务通常用于测定参与者获得无关信息时受干扰的程度。在该任务的典型计算机版本中，参与者会看到彩色墨水打印的单词，只需简单地指出打印单词的墨水颜色。有时，单词的同一性与墨水颜色（用红色印刷的“红”字）一致，有时是不一致的（用绿色墨水印刷的“红”字）。在不一致的试验中，必须抑制相对自动的读取过程以便遵从任务的指令。无论是老年人还是年轻人，在不一致的条件下，反应时间会延长，且老年人比年轻人更容易受到干扰。年龄差异的影响甚至在用程序控制了广义减速后依然存在。在此任务的变体实验中，研究者用能够在空间上与色块区别的中性颜色显示颜色名称（与单词一致或不一致）。在这种情况下，老年人和年轻人一样，能够利用空间信息成功地抑制无关信息，从而减少了干扰。

分配性注意

当需要分配注意力时，与年龄相关的认

知任务下降往往最为明显。注意力的评估是通过让参与者同时执行两项任务（双重任务过程），或者让他们在两种不同类型的任务间进行不可预知的切换（任务切换）来完成的。在任务切换过程中，参与者在只包含单一任务类型的独立模块中执行两个反应时间不同的任务，并且两个任务在模块中被随机混合。例如，任务之一要求参与者确定数字是奇数还是偶数，另一任务则可能要求参与者判断刺激物比计算机显示器大还是小。成功执行任务需要各种注意力控制过程，如在激活当前任务的同时抑制先前相关的任务。这项研究的结果表明，在不同的单一任务模块（全局任务切换）间切换时，老年人的任务切换成本要高于在一个混合模块中任务切换（局部任务切换）。此外，全局任务切换相关的成本似乎比广义减速模型预测的要高，而局部任务切换相关的成本则与广义减速模型预测的相一致。因此，与一些对工作记忆的研究相一致，这项研究表明，在需要大量注意力控制的任务中，老年人往往表现出显著的与年龄相关的注意力下降。

持续性注意

在持续性注意或警戒任务中，要求参与者在搜索预定目标的同时，还要对环境进行长期监测。一个常用的警戒任务是麦克沃思时钟测试（Mackworth clock test）。在这个任务中，要求参与者在一个小时内监视时钟样设备上的指针移动。指针通常一次移动一步，一次移动两步并不常见。该任务的目标是检测指针的所有两步移动。在简单的警戒任务测试中，老年人的表现与年轻人并无不同。然而，在复杂警戒任务中（如在较大的红方块中检测一个小红方块），可以观察到与年龄相关的下降，特别是当刺激物在视觉上退化或快速呈现时。此外，即使对任务进行深入实践，这些年龄差异依然存在。

解决问题

对解决问题感兴趣的研究人员特别感兴趣的是，解决问题的能力如何随着增龄而变化，这种能力通常被定义为流体能力，因而倾向于伴随年龄增长而急剧下降。任何问题的解决过程包括三个连续阶段：准备阶段、生产阶段和判断阶段。准备阶段是确定问题的初始状态，形成问题的内部表述。生产阶段是从长期记忆中检索相关信息，用以制定解决问题的策略。最后，在判断阶段，对所提出的解决方案进行评估，以确定问题是否得到正确解决。由于与年龄相关的工作记忆能力的下降及对无关信息的抑制更加困难，在解决问题的前两个阶段，通常会观察到年龄差异。然而，一些研究表明，老年人往往更谨慎，这会对判断阶段产生影响。许多问题解决的研究是依据准确性而不是测定反应时间，并利用参与者的口头报告来揭示他们解决问题的策略。

河内塔任务（the Tower of Hanoi task）是衡量人们如何解决问题的信息处理任务的一个例子。在这项任务中，向参与者提供了三个挂钉。第一根钉包含三个不同大小的磁盘 A、B、C。最大磁盘 C 在底部，次大磁盘 B 在中间，最小磁盘 A 在顶部。另外两个挂钉是空的。目标是将三个磁盘从第一个挂钉移动到第三个挂钉，使得 C 位于底部，B 位于中间，A 位于顶部，限定条件为一次只能移动一个磁盘且较大的磁盘永远不能放在较小的磁盘上。比较年轻人和老年人的表现后发现，起初，老年人用更多次的移动及更长的单次移动时间才能正确解决问题。然而，两个年龄组的表现都能够在几个实验模块中得到提高，这表明这种流体能力可以通过实践得到改善。

目前认知心理学的趋势是研究日常解决问题的能力，以及它们是如何随着增龄而改变的。因为日常问题可能不那么抽象，对老年人更有意义，研究人员推测，此类日常解决问题的能力不会随着年龄的增长而明显下降。在这些任务中，参与者被要求解决一系列日常问题（如打开烤箱，10 分钟后发现食物没有被加热，你会做什么）。评价者随后根据反应的整体质量以及这种反应能否解决问题来判断反应。即使在现实事件的场景下，老年人的表现仍然比年轻人或中年人差得多。尽管老年人在各种解决问题的任务表现中次于年轻人或中年人，但有证据表明，老年人可以通过特定技能培训和干预措施来提高他们解决问题的能力。

补偿机制

老年人有可能通过实践和经验来弥补一些与年龄相关的认知下降。换言之，通过经验培养总结能力，可以抵消部分流体能力测试中所表现的生物性衰退。为了调查老年人如何利用补偿和专业知识来弥补损失，一名研究人员调查了熟练的老年打字员如何保持高水平的打字表现。在这个老年人和年轻人的样本中，年龄和打字水平之间没有总体的相关性。参与者完成各种任务，包括简单反应时间任务和打字任务，打字时可查看更改的文本数量。在这项研究中揭示的补偿机制，与年轻人相比，老年人的眼手跨距更大，达到接近正常打字速度所需的最低预览量。换句话说，为了弥补打字速度的下降，老年人能够比年轻人多看几个额外的文字字符。

老化的认知神经学

认知神经心理学包括研究各种认知过程是如何与大脑的各种结构联系在一起的。尽管研究人员一直对这些问题感兴趣，近 20 年结构性和功能性神经影像技术的发展才使我们对大脑-认知关系和增龄导致的功能改变有了迅速提升的理解。两种广泛应用的方法是正电子发射体层摄影（PET）和功能性磁共振成像（fMRI）。PET 中，局部脑血流量（rCBF）的变化是通过在休息或执行认知任务期间放射性核素示踪剂的组织清除来测定的。最近发展起来的 fMRI，测定的是血氧水平依赖（BOLD）的信号变化。BOLD 信号（与脑血流相关）是利用磁场和射频脉冲从磁共振成像（MRI）扫描中获得的，这样就避免了放射性核素示踪剂的使用。PET和fMRI都测定灰质（皮质区）在执行任务期间发生的变化。然而，皮质区是由白质区相互连接的，这些白质区也可能随着年龄而发生改变，这样就会损害大脑区域间的信号传导。对白质完整性改变感兴趣的研究人员使用了最近开发的弥散张量成像（DTI）技术，这种方法通过测定水分子在组织中的位移，从而研究白质完整性随年龄的变化。

利用fMRI，研究人员提出，额顶叶脑网络参与了需要使用自上而下的注意力控制过程来执行注意任务。深部灰质结构，如丘脑和基底节被认为通过与额顶叶网络的连接在注意加工中发挥作用。研究表明，枕叶皮质的激活会出现与年龄相关的衰退。除了视区的激活减少外，还观察到额顶叶，特别是前额叶皮质背外侧注意网络的激活增加。此外，在老年人中也观察到深部灰质和顶叶皮质的激活增加。类似的结果也出现在使用PET比较年轻人和老年人的选择性和分配性注意力表现时。

与选择性注意任务相比，分配性注意任务在反应时间、准确性及局部脑血流量上存在更大的年龄差异。在分配性注意任务中，年轻人的枕叶皮质获得了更大的激活，老年人则在前额叶皮质获得了更大的激活。基于这些结果，研究人员提出老年人对基本视觉处理（枕叶皮质）衰退的补偿是通过征用额顶叶神经网络中的额外区域来实现的。

影像操作也用于研究记忆任务中被激活的大脑区域。例如，对情景记忆中涉及的大脑区域感兴趣的研究人员发现，在编码过程中，年轻人的左侧前额叶皮质大脑活动更加活跃；在检索过程中，右侧前额叶皮质显示出更大的激活。而对于老年人来说，在编码和检索过程中都观察到了双侧的激活。这种不对称性的降低可能是另一种形式的补偿机制。通过表明增加的双层激活与更好地执行认知任务相关，这一假设也得到了研究证实。

对白质束的研究也有了重要发现，证实了认知功能下降与负责皮质区域间神经信息传导的白质束受损的程度相关。使用弥散张量成像技术，研究人员发现，前脑区域与后脑区域相比白质束完整性的下降更加突出。有趣的是，白质束完整性的下降与需要高水平注意力控制的认知表现下降相关。

结论

老年人在认知的许多方面都出现了与年龄相关的衰退，但这些衰退并不是全方位的，它们以稳定的功能保留与丧失的复杂模式为表现。尽管丧失通常是由于广义减速，然而研究清楚地表明，我们需要设立过程专有及广义减速模型来解答年龄差异的原因。神经科学的最新进展使得研究人员能够将信息处理方法与影像技术结合起来，如功能性磁共振成像和弥散张量成像，从而更好地了解大脑认知的相互关系以及它们随着增龄发生的改变。

另请参阅：注意力；决策制定和日常问

题的处理；记忆；神经影像；反应时间。

拓展阅读

Atkinson RC and Shiffrin R (1968) Human memory: a proposed system and its control processes. In: Spence IK and Spence J (eds.) *The Psychology of Learning and Motivation*, pp. 89–195. New York: Academic Press.

Birren JE and Schaie KW (eds.) (2001) *Handbook of the Psychology of Aging*, 5th edn. San Diego, CA: Academic Press.

Brinley JF (1965) Cognitive sets, speed and accuracy of performance in the elderly. In: Welford AT and Birren JE (eds.) *Behavior, Aging, and the Nervous System*, pp. 114–149. Springfield, IL: Thomas.

Cabeza R, Nyberg L, and Park DC (eds.) (2004) *Cognitive Neuroscience of Aging: Linking Cognitive and Cerebral Aging*. New York: Oxford University Press.

Craik FIM and Salthouse TA (eds.) (2000) *The Handbook of Aging and Cognition*, 2nd edn. Mahwah, NJ: Erlbaum.

Kantowitz B (ed.) (1974) *Human Information Processing: Tutorials in Performance and Cognition*. Hillsdale, NJ: Erlbaum.

Kausler DH (1991) *Experimental Psychology, Cognition, and Human Aging*, 2nd edn. New York: Springer-Verlag.

Lachman R, Lachman JL, and Butterfield EC (1979) *Cognitive Psychology and Information Processing: An Introduction*. Hillsdale, NJ: Lawrence Erlbaum Associates.

Madden DJ and Whiting WL (2004) Age-related changes in visual attention. In: Costa PT and Siegler IC (eds.) *Recent Advances in Psychology and Aging*, pp. 41–88. Amsterdam: Elsevier.

Madden DJ, Whiting WL, and Huettel SA (2004) Age-related changes in neural activity during visual perception and attention. In: Cabeza R, Nyberg L, and Park DC (eds.) *Cognitive Neuroscience of Aging: Linking Cognitive and Cerebral Aging*, pp. 157 – 185. New York: Oxford University Press.

Ratcliff R, Spieler D, and McKoon G (2000) Explicitly modeling the effects of age on response time. *Psychonomic Bulletin and Review* 7: 1–25.

Salthouse TA (1996) The processing-speed theory of adult age differences in cognition. *Psychological Review* 103: 403–428.

Sternberg S (1969) The discovery of processing stages: Extensions of Donders' method. In: Koster IWG (ed.) *Attention and Performance II*. Amsterdam: North Holland.

Wixted J and Pashler H (eds.) (2002) *Stevens' Handbook of Experimental Psychology, Methodology in Experimental Psychology*, vol. 4, 3rd edn. New York: John Wiley and Sons.

译　者：侯原平（首都医科大学附属北京朝阳医院）

行为遗传学

C. S. 伯格曼，A. D. 翁　圣母大学，诺特丹，印第安纳州，美国

词汇表

加性遗传变异（Additive Genetic Variance）——基因型值对其表型影响力为线形增加。

行为遗传学（Behavioral Genetics）——研究造成个体行为差异的遗传和环境因素。

一致性（Concordance）——在一对成员中同时存在着的一个既有特征。

遗传—环境相关性（Genotype-Environment Correlation）——个体所处的环境与其遗传易感性的相关程度。

遗传—环境交互作用（Genotype-Environment Interaction）——特定环境对一个人的影响程度取决于他的遗传倾向。

遗传力（Heritability）——是一个描述由遗传变异引起的表型变异的比例的统计值，其可以分成两种类型：加性和非加性。

非加性遗传变异（Non-additive Genetic Variance）——由于优势基因（在一个基因位点上等位基因间的相互作用）而导致的遗传影响，以及由基因的上位效应（不同位点的等位基因间的交互作用）引起的变异。

非共享环境（Non-shared Environment）——任何使家庭成员彼此不同的环境影响（包括误差变异；也称为特定或家庭内影响）。

共享环境（Shared Environment）——家庭成员间表型相似性的影响（也称为共同或家庭间效应）。

引言

我们认为与年龄相关的疾病和生理变化是“正常老化”的一部分，它们不会以同样的方式影响所有的人，也不会使所有的人随着年龄的增长经历发生相同的变化。事实上，老年人在健康、心理功能和社会交往维度上比年轻人更具多样性。换言之，同龄人之间观察到的异质性在生命过程中不断增加，一个队列的成员随着年龄的增长，任何特定的特性都会变得不一样，这被称为

“扇形散开”。老年行为遗传学研究的一个主要目的就是解释这一功能的异质性。本文简要概述了先前行为遗传学的研究，强调了先前研究的概念化、实证结果和年龄特征。下一节描述遗传和环境对长寿、健康、认知功能、人格和精神病理学影响的有关研究。最后一部分回顾老年行为遗传学迅速发展领域的未来研究方向。

老年行为遗传学的研究

到 1980 年为止，只有一项专门针对遗传和环境影响生物行为老化问题的研究报道——纽约州老年双胞胎精神病研究。该研究始于 1946 年，主要研究衰老和长寿的遗传因素。从那时起，老龄化行为遗传学研究的数量激增。

美国样本库

几个关注老年学研究相关问题的双胞胎样本来源于军方记录。美国国家科学院—国家科学研究委员会的双胞胎研究（the National Academy of Science-National Research Council Twin Stusy，NAS-NRC）始于 1955 年，最初样本包含了 1917—1927 年出生的近 16 000 对白人男性双胞胎，他们在“二战”期间参军。这些双胞胎在 1965 年，1983—1986 年和 1998—1999 年接受了生活方式和健康风险、医疗条件、现役/退役、社会支持和认知功能的详细评估。目前的样本包括约 2 055 对双胞胎。美国国立心肺和血液研究所的双胞胎研究（the National Heart，Lung，and Blood Institude Twin Study，NHLBI）就是原始 NAS-NRC 的一个子样本。该研究包括 514 对男性双胞胎，他们参加了五次面对面检查（1969—1971 年，1981—1983 年，1985—1987 年，1995—1997 年和 1999—2001 年），重点关注他们罹患冠心病和相关疾病的风险，包括心理、人口统计学、代谢、心肺系统、人体学测量和社会学等方面的情况。

美国不同的州也建立了一些样本队列。明尼苏达州成人发展和老化双胞胎研究（the Minnesota Twin Study of Adult Development and Aging，MTSADA）是一个基于人口登记的队列，包括 1897—1955 年在明尼苏达州出生的 901 对双胞胎的信息（其中多数出生于 1904—1934 年）。研究者根据明尼苏达州卫生局的出生记录对研究对象进行识别并登记，使用婚姻登记和机动车辆记录系统进行招募。对招募来的双胞胎进行了各种认知、人格和生活方式的评估。

西雅图纵向队列研究中的家族研究始于 1990 年，样本来源于原始样本的成年子女和兄弟姐妹：包括 531 名已婚夫妇（年龄范围为 39~91 岁；平均年龄 64 岁），他们的兄弟姐妹（年龄范围为 22~89 岁；平均年龄58 岁）和他们的成年子女（年龄范围为 22~74 岁；平均年龄 40 岁）。所有入选者在测试时都是社区居民。采用多种量表进行心理认知、家庭环境和人格评估。卡罗来纳非裔美国人老化情况双胞胎研究（the Carolina African American Twin Study of Aging，CAATSA）旨在对年龄在25~85岁的非裔美国人双胞胎样本进行遗传和环境对记忆、人格、健康行为、压力、慢性疾病（如心血管疾病，高血压，关节炎）和社会因素的影响的评估。该登记系统来自北卡罗来纳州19个县的出生记录，目前的样本包含202对单卵双胞胎，364对双卵双胞胎，62个兄弟姐妹和78个单生子女。老年双胞胎健康研究（the Health of Older Twins Study，HOOTS）和黑人老年双胞胎研究（the Black Elderly Twin Study，BETS）是用国家人口登记系统创建的，旨在评估在老年白人和非洲裔美国人双胞胎人群中遗传和环境对躯体衰弱的影响。抽样策略利用出生日期、种族和医疗健康保险号码来确定用于研究的潜在对象。另一方面，美国退休人员协会（AARP）双胞胎研究还包括美国退休人员协会数据库的志愿者。

欧洲样本库

我们所知的关于遗传和环境对老龄化进程的影响，大部分来自欧洲的队列。瑞典双胞胎登记（the Swedish Twin Registry）包含了1886—1958年在瑞典出生的近25 000对双胞胎的信息，主要集中在癌症、心血管疾病、抑郁、健康和健康相关行为、药物滥用、认知功能和人格。瑞典收养/老龄化双胞胎研究（the Swedish Adoption/Twin Study of Aging，SATSA）是瑞典双胞胎登记的一个子样本，包括351对被分开抚养的双胞胎和407对没有被分开抚养的双胞胎（年龄、性别和出生地相匹配）。从1984年至1993年每隔3年一次，研究者采用多种量表对不同的表型特征（如健康、认知功能、人格、社会支持、环境）进行纵向评估，还包括对其中一个150对的子样本的广泛的个人测试（从1985年至2002年，每隔3年一次）。

瑞典双胞胎登记第二个子集是高龄双胞胎研究（the Octogenarian Twin Study），双胞胎年龄为80~89岁（生于1914年前）。每隔2年对双胞胎进行一次评估，在8年间总共五次测量。第一个时间点样本包括了702个人（351对，其中女性93对单卵双胞胎和141对双卵双胞胎，男性56对单卵双胞胎和61对的双卵双胞胎）。测量评估包括身体/心理健康、人格、认知能力和人际关系。第三个时间点是瑞典双胞胎痴呆研究（the Study of Dementian in Swedish Twin，HARMONY），这项研究纳入的是双胞胎中至少有一人为痴呆筛查阳性的瑞典双胞胎（65岁及以上）。对确定纳入的双胞胎进行了广泛的评估，包括体格检查和神经心理学检查、家族病史，以及可能的环境因素评估，同时还进行了阿尔茨海默病相关基因的关联研究。

丹麦双胞胎登记（the Danish Twin Registry）包括1870—1910年在丹麦出生的双胞胎，1911—1930年出生的同性别双胞胎（老队列）和1931—1952年出生的双胞胎（新队列），共有超过32 000对双胞胎数据。丹麦双胞胎衰老纵向研究（the Longitudinal Study of Aging Danish Twins，LSADT）起源于1995年，包含了所有1920年之前在丹麦出生的双胞胎，无论双胞胎是否在世，样本均会被纳入（包括3 099个个人和733对双胞胎)。自1997年以来，在世的成员每隔2年接受一次评估。LSADT是一个队列序列设计研究，在每个评估节点会加入新的队列，包括在1920—1923年（1997年评估)、1923—1928年（1999年评估）和1929—1930年（2001年评估）出生的双胞胎；共有4 731个人，包括1 112对同卵的同性别双胞胎通过直接面谈或问询完成了LSADT评估。数据收集主要关注老化和增龄性健康、代谢和心血管疾病、长寿和死亡率。

丹麦收养登记（the Dansih Adoption Register）是一项针对1924—1947年在丹麦有过收养记录的家庭成员的研究（如被收养人、养父母、亲生父母、兄弟姐妹)。主要的关注是遗传和家庭环境对精神疾病（特别是精神分裂症）的影响，新近的工作还加入了躯体健康（如肥胖、躯体疾病)、健康有关的危险因素（如吸烟)、死亡率和发病率等内容。

芬兰双胞胎登记（the Fnnish Twin Registry）的老年组包括13 888对双胞胎的信息，研究重点关注的是体力活动和健康结局，包括早死亡、冠心病、糖尿病、髋部骨折、睡眠障碍和癌症。国家医疗系统登记处对双胞胎死亡率进行随访。在2000年，建立了芬兰双胞胎老龄化研究（the Finnish Twin Study on Aging，FITSA)，用于评估老年女性衰弱和失能。子研究样本包括217对年龄为65~75岁的女性双胞胎（102对单卵双胞胎和115对双卵双胞胎)。这项研究主要关注的是体能和躯体功能。

挪威双胞胎登记（the Norwegian Twin Register）是基于挪威奥斯陆的人口登记，它包含了800~900对1895—1944年出生的双胞胎；主要研究重点是精神疾病，特别是躁郁症、阿尔茨海默病和精神分裂症。

英国圣托马斯成人双胞胎登记（the St. Thomas UK Adult Twin Registry)，始于1993年，包含10 000对年龄为18~80岁（平均年龄45岁）的双胞胎，其中3 000人年龄在50岁以上。这是一个志愿者样本，主要是女性，通过媒体宣传进行招募。研究重点关注老龄化的常见疾病，主要是心血管、代谢（免疫功能)、肌肉骨骼（骨质疏松症、关节炎、背痛）以及相关的体征（如肥胖)。这些双胞胎中的大多数参与了健康和功能的多方面评估的临床筛查，并留取了DNA样本（其中1 500对进行了全基因组扫描)。

慕尼黑“GOLD”课题（关于遗传导向的差异化发育纵向研究）包括出生在1912—1932年的大约250对同卵和异卵双胞胎。这些双胞胎是通过德国慕尼黑的媒体招募的。对他们的主要研究包括人格、智力、动机、情感和社会行为方面。

意大利双胞胎登记（the Italian Twin Registry）包括120 000对双胞胎的样本，研究主要关注老化、痴呆、心血管疾病、糖尿病和哮喘等方面。罗马双胞胎流行病学登记（the Twin Epidemiological Register of Rome）包括13 228对双胞胎的信息，收集数据以评估生活方式、发育成长和老化。在这些双胞胎中，1950年之前出生的有3 000对，在1997年，研究人员创建了名称为“生活方式和衰老"（Lifestyle and Aging）的子研究，其研究重点是体力活动对成功老龄化的作用。

亚洲样本库

大阪大学老年双胞胎登记（the Osaka Unirersity Aged Twin Registey，OUATR），曾被称为日本近畿大学的专业小组，包括出生于1900—1935年的12 000对亚洲（主要是日本）双胞胎，其中250对在幼年即被分开抚养。人员登记主要来源是通过媒体招募确定的志愿者样本。重点关注老龄化方面，包括痴呆、疾病、认知功能的改变、生活满意度和生活质量。其中一个子样本接受了面对面的认知测试，全面体检，生活方式、家族史、病史和饮食评估。

韩国双胞胎登记（the Korean Twin Registry，KTR）包括990对1930年前出生的和6 243对1950年前出生的双胞胎。本研究仍处于建立阶段，研究的重点将关注发病率和死亡率。这是一个以人口为基础的注册研究，到目前为止，它只与韩国国家健康保险的健康数据相关联。可以获取病史、主观健康状况、疾病家族史、运动、饮食和癌症筛查等详细数据。对于那些已故的双胞胎也可以查到死亡原因。

其他样本库

澳大利亚双胞胎登记（the Australian Twin Registry，ATR）建立于20世纪70年代末，共有30 000多对澳大利亚双胞胎。ATR本身不承担研究，而是扮演了数据提供者的角色，为国内和国际医学及科学研究者提供资料。澳大利亚双胞胎登记包含大约1 200对双胞胎，年龄为50～90岁（平均年龄61.4岁），自1993年以来，从各种健康和生活方式的角度出发，他们已经被数次评估。

中年阶段研究

还有一些关注中年人的研究，计划随访至老年。俄罗斯成年双胞胎研究（Adult Russian Twin Study）包括来源于莫斯科市区的130对双胞胎：79对单卵双胞胎和51对双卵双胞胎。他们平均年龄为42岁（标准差8.9岁）。研究侧重于人格、健康、吸烟行为和健康相关因素，探讨文化和环境对个人健康的差异性影响。

基于德国人口登记的德国成年双胞胎观察性研究（the German Observational Study of Adult Twins，GOSAT）是比勒费尔德成年双胞胎纵向研究（the Bielefeld Longitudinal Study of Adult Twins）的子研究。全样本包括超过2 500对双胞胎，年龄为18～70岁（平均年龄34岁）。从德国各地招募的这些双胞胎接受了人格和认知能力方面的纵向评估。GOSAT中共有300对双胞胎（162对单卵双胞胎和132对双卵双胞胎），女性为主（占78%），接受了除常用的自评量表以外的其他量评表和监控/录像的方法进行评估。更具体地说，数据包括日常生活行为的录像资料，目的是评价脾气性格、日常行为、心智数据，并通过一些认知测评来评估反应速度。主要目的是使用多种方法来更好地理解遗传和环境对个体特质的影响。

明尼苏达州双胞胎分开养育研究（the Minnesota Study of Twins Reared Apart）始于1979年，研究了超过100对从小被分开抚养的双胞胎或三胞胎。在明尼苏达大学，受试者参加大约50小时的医学评估和心理评估。这些双胞胎大多数来自美国和英国，也有些居住在其他国家。受试者包括49对单卵双胞胎（47对双胞胎和2组三胞胎）和25对双卵双胞胎，主要是女性（占64%），平均年龄为40岁（标准差11.5岁）。受试者在幼年（平均年龄1.5岁）分离，直到成年才重新团聚（平均重聚年龄32.6岁）。评估包括大量的认知测试，以及多项人格测试、医学检查、社会交往、职业兴趣、生活史、抚养环境和心理状态评估。

大西洋中部双胞胎登记（the Mid-Atlantic Twin Registry，MATR）包括了弗吉尼亚州和北卡罗来纳州的双胞胎登记样本，并增加了南卡罗来纳州的基于人群的双胞胎样本。样本包括46 000对双胞胎，年龄超过55岁的有2 250对，他们的平均年龄为35岁，出生于1913—2000年。与衰老相关的危险因素包括心血管疾病和心理健康问题，如抑郁和焦虑。

美国中年发展全国调查（the National Survey of Midife Development in the United States，MIDUS）双胞胎样本是通过一项全国性的电话筛选调查招募的，该调查联系了50 000户有双胞胎的家庭。样本包括998对双胞胎，年龄为25~74岁（平均年龄47.2岁；标准差12.6岁），在身体健康、心理健康和社会交往方面进行了广泛的问卷调查。此外，216对同性别双胞胎（116对单卵双胞胎和110对双卵双胞胎）每个人都接受了连续八天的日常生活记录电话访谈。

越南战争时期双胞胎登记（The Vietnam Era Twin Registry，VET）包括7 375对男性双胞胎的信息，这些双胞胎出生在1939—1957年，他们都曾在越南战争期间（1965—1975年）服役，目前年龄在47~66岁。重点关注是身心健康的遗传病的流行病学研究，主要是认知功能、健康和疾病、人格以及心理学方面。其中一个子样本接受了详细的实验室检查和临床评估。长期目标是研究从中年到老年这个衰老过程的特征。

遗传和环境因素对中老年阶段的影响

长寿和健康

一个多世纪前，奥利弗·温德尔·霍姆斯（Oliver Wendell Holmes）提出“来源于长寿家庭的夫妇会不会生出长寿的孩子”。家族的相似性，包括遗传和环境的影响。然而，家族研究本身不能对长寿遗传提供确凿的证据。双胞胎和收养研究的结果对于支持遗传因素在人们寿命长短中起作用的结论也是必要的。丹麦双胞胎登记对此进行了大量的工作。这项研究的结果表明，遗传对寿命有20%~25%的影响力，没有性别差异。大部分的变异是源于环境的差异，并且是“非共享”环境之间的差异，环境差异有助于解释家庭成员之间的差异，而不是相似性。

长寿在家庭成员之间只有中等程度的相关性的其中一个原因是，孩子们从父母那里继承的不是寿命的长短，而是“衰弱”。也就是说，孩子们继承了疾病的易感性，或其他导致他们在不同年龄段死亡的危险因素。例如，来自丹麦的收养人研究结果表明：亲生父母早逝，被别人收养的子女的死亡率增加两倍。此外，尽管瑞典和丹麦双胞胎的生存数据有不同的结构，但这两项研究的结果表明个体衰弱的遗传力约为50%。类似的结果也出现在NAS-NRC的双胞胎登记样本中。在这个样本中，因疾病而导致死亡的基因差异占了该个体差异的54%，表明疾病死亡率的显著家族相似性是由于遗传影响的。因此，对衰弱的遗传力预测值一直在50%左右，说明遗传因素可能会影响在不同年龄段的死亡风险，而不是直接确定死亡年龄。

心血管疾病　心血管疾病是一种复杂的疾病，由多种基因、环境因素相互作用而决定。例如，如果某男性的兄弟有早发冠心病死亡史（年龄小于50岁），那么他的心肌梗死（心脏病发作）死亡风险会增加1.5～2倍。这种类型的早发冠心病是一种单基因缺陷，影响脂蛋白代谢，约占冠状动脉疾病的5%。

由于心血管疾病病因的多维性，分别对血压、胆固醇水平和葡萄糖不耐受等进行了研究。例如，在SATSA样本库中，对于收缩压和舒张压，分别有44%和34%的个体差异来自遗传，共享的家庭环境占差异的27%。模型拟合分析表明，血脂（如胆固醇）和载脂蛋白的遗传力存在显著年龄差异。总胆固醇的遗传力在中青年队列（年龄小于65岁）估计为63%，而在老年队列（年龄大于65岁）为26%。遗传因素显然是重要的，而且遗传影响似乎在中青年队列中的作用更为凸显。后天生活环境也导致了总胆固醇水平的个体差异（尤其是在老年队列中），在年轻和老年队列中分别占16%和36%。

NHLBI的双胞胎研究集中在中年男性的心血管疾病风险因素。男性双胞胎相似性模型的数据显示，心血管疾病的家族聚集性是由于血压（收缩压和舒张压）有60%遗传力，红细胞比容有25%遗传力，尿酸有53%遗传力，甘油三酯水平有56%遗传力而造成的。除了共享的环境，在这些双胞胎胆固醇水平的个体差异中遗传因素占14%～31%（单卵双胞胎与双卵双胞胎差异的不同已进行校正）。在本研究的16年随访中，发现血浆高密度脂蛋白胆固醇（HDL-C）与动脉硬化并发症的风险呈负相关，相关遗传力为56%。日本的OUATR显示，低密度脂蛋白胆固醇（LDL）和高密度脂蛋白胆固醇（HDL）的遗传力均为0.50。

NAS-NRC双胞胎登记的研究显示，“健康老龄化”（主要是指70岁之前没有心血管疾病）受遗传的影响不是十分显著，估计在50%左右。21世纪初，这一领域的工作已经开始集中于识别可能与健康老龄化表型相关的染色体。

脑卒中　虽然多个研究针对血管疾病

（主要是心血管疾病），但很少有研究观察脑血管意外（cerebrovascular accident，CVA），如常见的脑卒中的病因。NAS-NRC中的男性双胞胎数据显示，单卵双胞胎同病率为17.7%，双卵双胞胎为3.6%。虽然同时罹患脑卒中的男性双胞胎数量太少，但对于遗传力的评估是可靠的，这些结果表明，与双卵双胞胎相比，单卵双胞胎同时罹患脑卒中的风险增加了近5倍。丹麦双胞胎登记中的样本通过长期随访表明，遗传因素会增加脑卒中风险，但影响是中等程度，在这个样本中，单卵双胞胎比双卵双胞胎同时罹患脑卒中的风险增加2倍。

糖尿病 近亲属中有糖尿病史的人会增加患该病的风险，但就像出现家族始发病者一样，功能紊乱（胰岛素依赖型或非胰岛素依赖型糖尿病）的风险几乎是一致的。非胰岛素依赖型糖尿病遗传力更强；双卵双胞胎的同病率为70%~100%，而胰岛素依赖型糖尿病，双卵双胞胎同病率为10%~50%。对非胰岛素依赖型糖尿病的遗传影响最有力的证据来自对葡萄糖的不耐受性研究；NHLBI的研究数据表明，葡萄糖不耐症的遗传力为88%。还有人提出了基因型—环境的相互作用，推测环境因素（如饮食）在确定遗传易感人群中葡萄糖不耐受的严重程度方面的作用是很重要的。

健康自评 健康自评是健康相关指标，作为一个全球指标，它可靠地预测功能、生存期和客观的健康状况。它也与生活满意度和整体认知功能有关，反映了健康和疾病的生理和心理方面之间的复杂关系。这个领域的研究表明遗传对于健康状况的感知具有中等重要性。例如，MTSADA数据显示，可遗传性为0.43，剩余的差异为非共享环境。在瑞典双胞胎登记中，双胞胎被分为四个年龄组（17~44岁；45~64岁；65~74岁；75~92岁），结果表明，在不同的年龄组健康自评差异随着年龄增长呈线性增加。不同年龄段的组间显著差异还体现在遗传和环境影响上，在成年早期和晚期，变异的增加主要是源于环境因素，在中年阶段（45~70岁）则主要是遗传因素的影响。此外，女性总体上健康自评较差，但研究并没有表明这种差异是受遗传影响。丹麦和挪威的双胞胎登记也呈现了类似的结果。然而，应该注意的是，纵向数据对于区分队列差异和老龄化，以及评估环境影响的连续性或变化是非常重要的。

功能状态 研究还评估了老年阶段遗传力对功能的个体差异（例如，活动能力、日常休闲活动、从事轻或重家务劳动、工作和旅行）的影响。例如，NAS-NRC的数据表明，10项指标中有8项的加性遗传效应占了功能差异的19%~33%，但是除了3项内容外，他们的95%置信区间均包括0。非共享的环境效应贡献了几乎所有剩余差异。考虑到疾病损害功能活动的程度，结果表明，加性遗传影响21%的差异，非共享环境效应影响78%（在这种情况下，95%置信区间不包括0）。在75岁及以上的丹麦女性双胞胎队列中，80岁以上女性遗传对功能的预估能力在34%~47%，75~79岁的，只有15%~34%。这些结果表明，针对某项环境因素（如饮食、营养、保健设施、压力）的干预可能对老年人延长独立生活能力的时间和有美好的晚年生活尤其重要。

对于健康和长寿的许多方面，行为遗传学研究的结果表明，父母和子女之间的相似性通常低于家庭内兄弟姐妹之间的相似性，这表明同生群体或年龄是很重要的因素。寿命的遗传差异也有可能是由于长寿和功能的选择效应所致。比如，遗传因素对中年人的健康可能更重要，因为高度遗传的特征可能导致双胞胎中的一个或两个的死亡。这些因死亡从队列中脱落的样本（或潜在样本）可能导致低估了遗传力对老年阶段的影响。性别也可能是一个因素；遗憾的是，许多研究都没有评估不同性别间遗传力和环境因素的影响。鉴于许多研究，特别是对成人的研究，通过统计消除性别差异，或样本中只包括男性或女性，用以控制可能的性别影响，这样会缺少有关性别在疾病的遗传和环境病因学及其生理标志物中所发挥作用的重要信息。

认知功能

认知能力是行为学中遗传力最强的一项内容，遗传因素占儿童、青少年和成年期各阶段变异因素的50%。研究表明，一般认知能力的遗传力影响老年人较年轻人群更加明显（见表 1）。例如，从 SATSA 评估表明，平均年龄 60 岁的双胞胎认知功能 80%的变异是由于遗传差异。最初推测，较高的遗传力估计可能与瑞典样本的特定特征有关，但是在美国和挪威中老年人样本的研究中也有类似的结果。特定认知能力的研究（如语言、感知速度、空间定向、记忆）也与遗传有很大关系，尽管目前研究仍不多。在多项研究中，遗传力为 0~0.86，记忆测量的遗传力最低，而语言能力和感知速度最高。表 1 显示出不同研究结果有很大的变异性。据推测，普通认知比特定认知的遗传影响更普遍。SATSA 进行了一项有趣的分析，研究了主要成分的特定量表的因子负荷与遗传力的估计值之间的关系，发现因子负荷与试验的遗传力相关。笔者猜测一个特质对一般认知能力的影响越大，其遗传性就越强。

有趣的是，剩余的认知功能差异的大部分是由于非共享环境，尽管也有明显的例外。例如，言语能力测试的结果说明了环境因素在家庭相似性中的重要性，共享环境估计为 0.14~0.30。西雅图纵向队列研究评估了早期和当前家庭环境（以家庭环境量表衡量）方面对认知能力的家庭相似度（兄弟姐妹之间以及父母和后代之间）的程度。结果表明，早期的家庭环境，无论共享和单独的经历均会对成年认知功能的家族相似性产生影响，尤其是在兄弟姐妹间。

另一个受到关注的领域是老年认知衰退，多个研究已经测量了认知状态的不同方面，如简单精神状态检查（the Mini-Mental Status Exam，MMSE）。NHLBI 是一个评估认知能力下降的研究，此研究中艾奥瓦州量表的遗传力为 0.22，MMSE 为 0.38，“数字符号”（Digit Symbol）为 0.76。一个 44 对男性双胞胎的子样本，随访超过 5 年的时间，基于数字符号测量来评估认知功能的

表 1　不同研究中估计老年人认知能力的遗传力、共享环境和非共享环境的影响[a]

研究名称	特点	遗传力	共享环境	非共享环境
SATSA	智力	0. 81	0. 00	0. 19
	语言能力	0. 52～0. 63	0. 00～0. 14	0. 23～0. 48
	速度感知能力	0. 51～0. 64	0. 00	0. 36～0. 49
	空间能力	0. 40～0. 58	0. 00～0. 11	0. 30～0. 60
	记忆	0. 32～0. 44	0. 00	0. 56～0. 68
	认知状态	0. 30～0. 64	0. 00	0. 36～0. 61
挪威双胞胎登记	智力	0. 81	0. 07	0. 12
	语言能力	0. 59～0. 86	0. 00～0. 26	0. 12～0. 27
	速度感知能力	0. 49～0. 75	0. 00～0. 28	0. 23～0. 33
	空间能力	0. 33～0. 58	0. 00～0. 22	0. 21～0. 56
	记忆	0. 51	0. 10	0. 39
MTSADA	智力	0. 80	0. 00	0. 20
	语言能力	0. 56	0. 30	0. 14
	性能（速度感知和空间能力）	0. 60	0. 07	0. 33
	记忆	0. 56～0. 64	0. 00	0. 36～0. 44
OUATR	空间能力	0. 60	0. 00	0. 40
	记忆	0. 00	0. 35	0. 65
	认知状态	0. 22	0. 33	0. 45
NAS-NRC	认知状态	0. 30	0. 18	0. 52
NHLBI	认知状态	0. 38～0. 76		
LSADT	认知状态	0. 26～0. 54	0. 00	0. 46～0. 74
西雅图纵向队列家庭研究[b]	智力能力	0. 29		
	语言能力	0. 25～0. 27		
	空间感知能力	0. 15		
	速度感知能力	0. 07～0. 27		

[a] 参数估计的范围反映了不同研究内容的多个索引。

[b] 父母与子女的相关性（根据测试时的年龄进行校正），反映了家族性的二分之一遗传力和共享环境。

变化。虽然样本小，但结果表明，数字符号替代能力是可遗传的（第1次和第2次分别为0.80和0.88）。认知能力下降的患病率（定义为一个或多个标准差的变化）单卵双胞胎（35%）和多卵双胞胎（39%）相似，但下降的一致率不同。对于同卵双胞胎，认知下降一致率为45%，而异卵双胞胎为8%；因此，至少一部分的认知变化率（感知速度的指数）受遗传因素的影响。

MTSADA研究者分析了记忆、认知功能，生活方式和个性因素之间的关系。他们感兴趣的是老年人的记忆能力存在很大的个体差异。此外，语言能力高的老年人保持高水平的智力活动，有更大的记忆容量；维持高水平的一般或体力活动，没有明显的测试焦虑。研究者特别关注记忆容量与社会阶层（职业、教育和词汇量）、处理速度（反应时间、数字符号）、智力活动和体力活动之间的关系及原因。结果表明，遗传对记忆的影响在很大程度上取决于记忆加工速度和社会阶层，而环境对记忆的影响在一定程度上由身体活动所决定。因此，作者认为，记忆功能下降的干预措施最好是生活方式的改变，如体力活动。

人格

儿童、青少年和青年阶段的研究结果表明，遗传对人格自评的影响是有意义的，为30%~50%，但影响并不强。虽然环境的影响是重要的，但几乎所有的环境差异是非共享的。尽管如此，大部分的差异是环境因素，即使是最具有遗传性的人格特质。如表2所示，老年人的人格的遗传力仅略低于幼年时期。

研究人员还研究了基因和环境在成年期人格纵向稳定性的影响。在MTSADA，5年期间多维人格问卷的各个方面的遗传相关性为0.93~1；非共享环境相关性为0.53~0.73。在芬兰双胞胎队列和SATSA也有类似结论。研究者得出的结论是，相对而言，环境影响在每个时间点更为重要，但不稳定，而遗传效应是稳定的，但重要性稍低。因此，尽管人格是中度遗传的，但随着时间的推移，遗传效应是一致、连续而稳定的。

GOSAT研究的一个优势是，遗传力的评估采用多种数据收集的方法——自我报告、他评报告和观察评估。自评数据与其他大样本研究的遗传力估计值一致（0.42~0.56），而他评报告（0.57~0.81），自我和他评相结合（0.66~0.79），遗传力较高的原因可能是因为删除了非共享环境所造成的测量误差。观测数据关注的是“健谈”，外向性的一个表现。问卷调查的数据结果表明，自评的外向性遗传力为0.56，他评为0.60，行为观测为0.30。因此，虽然所有测量方法的遗传力有显著差异，但观测方法的遗传力比其他评估方法低。今后还需要进一步的研究来充分解释不同方法所造成的差异影响行为遗传学研究也评估了人格特质，可能与老年生活有密切关系。举个例子就是心理控制，它与身体健康和心理健康都有关联。在SATSA分析表明，遗传的影响在责任和人生目标方面最为重要，占变异的30%。然而，对运气感知的家族相似性很大程度上是由于共同的生长环境的影响。在高龄双胞胎研究的样本中也有类似的结果，它用于测试遗传和环境因素对健康控制信念的影响（例如，内部控制、机会，或其他强大的能力）和与抑郁症、生活满意度以及高龄老人的健康指标的关系。

另一个维度的研究特别关注了老年人A型人格与心血管疾病的关系。A型人格具有“野心”“敌意”“压力”和“上进心”，结合结构性访谈、弗雷明汉风险评估（the Framingham measure）和多重自评量表，表明此种性格遗传力占变异的14%~63%，常规为0.35。这些结果来自SATSA、NHLBI、芬兰双胞胎登记、挪威双胞胎登记和澳大利亚双胞胎登记的数据；事实上，在各种不同文化的样本中利用不同的测量方法和分析方法也有类似的结果报告。

表2　遗传估计（h^2）、共享环境（es^2）和非共享环境（en^2），和神经构造（N）、外向性（E）、经验（O）、亲和性（A）和责任心（C）之间的关系

研究项目	神经构造	外向性	经验	亲和性	责任心
SATSA					
遗传估计	0.31~0.39	0.24~0.45	0.40	0.12	0.29
共享环境	0.04~0.12	0.00~0.13	0.06	0.21	0.11
非共享环境	0.55~0.60	0.52~0.72	0.54	0.67	0.60
MTSADA					
遗传估计	0.27~0.41	0.42~0.53	0.27	0.29	0.39~0.44
共享环境	0.00~0.04	0.00~0.02	0.15	0.00	0.00~0.00
非共享环境	0.55~0.73	0.45~0.58	0.58	0.71	0.56~0.61
GOSAT(自评报告)					
遗传估计	0.52	0.56	0.53	0.42	0.53
共享环境	0.00	0.00	0.00	0.00	0.00
非共享环境	0.48	0.44	0.47	0.58	0.47
GOSAT(互评报告)					
遗传估计	0.61	0.60	0.81	0.57	0.71
共享环境	0.00	0.00	0.00	0.00	0.00
非共享环境	0.39	0.40	0.19	0.43	0.29
NAS-NRC					
遗传估计	0.60~0.66	0.50~0.66			

续表

研究项目	神经构造	外向性	经验	亲和性	责任心
共享环境					
非共享环境					
越南战争时期双胞胎登记					
遗传估计				0. 28～0. 47	
共享环境				0. 00	
非共享环境				0. 53～0. 72	
瑞典双胞胎登记					
遗传估计	0. 48	0. 50～0. 74			
共享环境					
非共享环境					
芬兰老年双胞胎队列					
遗传估计	0. 27～0. 31	0. 32～0. 36			
非共享环境					
共享环境					
俄罗斯成年双胞胎研究					
遗传估计	0. 49	0. 49～0. 59			
共享环境	0. 00	0. 00			
非共享环境	0. 51	0. 41～0. 50			
澳大利亚双胞胎登记					
遗传估计	0. 40	0. 47			
共享环境	0. 00	0. 00			
非共享环境	0. 60	0. 53			

精神病理学

痴呆 痴呆是一个中枢神经系统变性疾病，其主要症状是认知功能的逐渐恶化。阿尔茨海默病（AD）可以说是最严重和具破坏性的痴呆，约占所有严重痴呆患者的50%。为了识别 AD 的危险因素，人进行了许多流行病学研究。除了年龄增加，被确认的其他危险因素还包括家族病史。例如，一级亲属罹患 AD，那么个体患病风险会增加1 倍多。在多个大型双胞胎登记研究中，痴呆遗传力可以达到 55%～70%。双胞胎研究的一个重要意义是尝试找出直接影响 AD 病程进展或与遗传效应相互作用的环境因素。瑞典痴呆研究中的双卵双胞胎研究，确定了三个因素可能与痴呆发生有关：早期的健康、教育程度和脑卒中病史。虽然只是干预的潜在目标，但为相关研究提供了健康和环境影响指数的标志。

从遗传学的角度来看，AD 是一种复杂的疾病。四种不同的基因位点已经确定，分别涉及不同临床表现的疾病；其中三个突变，早老素 I（14 号染色体）和 II（1 号染色体）和淀粉样前体蛋白（21 号染色体），导致早发性 AD；载脂蛋白 E 基因（19 号染色体）参与血液中的胆固醇转运，与迟发性 AD 相关。不同的等位基因突变的量会增加风险和提前发病年龄，其中 E4 等位基因被认为是最危险的。一个 54 个家族性迟发性痴呆的样本的研究中发现 12 号染色体上第五位点变异与迟发性 AD 密切相关。这个基因位点会影响 AD 的病程，独立于载脂蛋白 E4 基因之外，并且与 AD 中的路易小体形成的痴呆更密切相关。10 号染色体上的第六位点也得到了广泛的关注，并在几项大型研究中得到了复制。与迟发性 AD 有关的所有位点的基因在某种程度上有助于斑块和神经纤维缠结的形成，并涉及促进或抑制蛋白淀粉样变性。

抑郁 老年人的抑郁症非常普遍：估计有三分之一的老年人临床表现出抑郁。研究还不足以得出关于遗传对抑郁症的影响会贯穿整个生命周期这样明确的结论，但是，一项基于家族、收养和双胞胎数据的主要关于抑郁的 Meta 分析估计抑郁的遗传力为 37%，其余的影响来源于特殊的环境因素。

关于老年人的非临床抑郁程度研究，SATSA 结果表明只有遗传影响自我报告的抑郁症状程度并不强烈。然而，有一些证据表明，遗传因素在 60 岁以后可能会显得更加重要，这可能是由于遗传因素对衰弱或活力的影响。不同于大多数人格测量，共享成长环境比遗传因素的差异更大。丹麦双胞胎登记研究中，研究者关注在偶发事件造成的抑郁，发现遗传力估计在 22%~37%，男性和女性相似。如果评估抑郁影响的程度，女性的遗传力为 69%，男性为 64%；研究者将这些发现解释为对抑郁症整体易感性的遗传影响。剩余因素表明没有遗传性，作者认为，该研究抓住了偶发事件可以修改或加强遗传的脆弱性。

几项大型家族研究表明抑郁症具有家族相似性。在家族中，如果一级亲属有抑郁患者，那么个体抑郁症的发病率约为 25%，相比之下，正常人群发病率只有约 10%。这些研究中比较特别的方面是与生活事件有关。与正常人群相比，亲属有抑郁症的人群发生生活变故的频率更高，即使忽略家族始发病者的负面事件。这些结果表明，抑郁症倾向的责任认知和生活压力的感受是家族性的。这些数据表明，生活压力和抑郁症之间的关系可能比以前想象的更复杂。在接下来的部分中，我们将进一步探索（或报告）家庭生活事件中较为特殊的发现。

生活事件、社会支持与家庭环境

行为遗传学的一个新的领域是测量环境对遗传产生影响的可能性。这一系列研究基础是假设环境测量常常是个体行为的间接测量。与其考虑遗传对环境本身的影响，遗传对个体经验的影响最有可能是由于个体人格特征的基因影响。生活事件报告是一类环境评估，在 1 000 多项研究中曾经使用过，有报道称，某些人的生活事件（或被认为是发生的）要比其他人更多。SATSA 模型的拟合分析表明，在生活事件发生的报告中个体差异存在显著的遗传影响。这意味着，消极生活事件可能受个性人格的影响，传统事件报告并非偶然发生。为了检验这一假设，人们预测可控的生活事件可能涉及个人的个性或情绪状态，应该比不可控的更容易遗传。正如预测的那样，在瑞典双胞胎的样本中，可控事件（遗传估计为 0.43）比不可控事件（遗传估计为 0.18）显示出更大的遗传影响。这些结果在来自弗吉尼亚双胞胎登记中的青年和中年人队列中被证实，该研究现在是 MATR 研究的一部分。

SATSA 和弗吉尼亚双胞胎登记都显示了社会支持是可遗传的。这也许并不奇怪，因为受遗传影响的，比如性格，可能会影响个体如何构建自己的社交环境，以及他们对他人的感受和行为。此外，其他人可能根据基因影响的特征对个体做出反应。基因的影响被发现也有可能是因为这些测评大多依赖于对环境感知的自我报告，而遗传效应可能会产生，是因为这些感知过滤了一个人的记忆、感觉和个性。

多元遗传分析探讨了社会支持的措施和晚年心理健康之间的因果关系。结果一致表明，遗传和环境的影响在这一关系的病原学中是重要的。也就是说，网络的感知充分性、抑郁症状和生活满意度都有遗传的影响。非共享的环境影响也介导了这种表型关系。这一过程有待于纵向分析。然而，一些研究表明，遗传和环境的影响有助于人们对社会支持的看法，可以作为心理健康的一种资源。

类似的分析也集中在家庭环境测量的病因上。结果显示，家庭环境的测量，无论是追溯到抚养家庭的环境或现有的家庭环境，都会至少存在一些遗传的影响。更令人惊讶的是，通过各种研究，温暖的家庭环境比严格的家庭环境显示出更大的遗传影响。这类研究使我们需要重新形成对环境的思考，环境是一种以单向的方式影响有机体的因素。该领域未来研究的一个方向是，开始识别那些在“环境”测量中被发现负责遗传变异的受基因影响的个体特性。可能的因素包括认知功能和人格特质。

未来的研究方向

有关后半生行为遗传学研究的结果显示，在衰老过程中需要考虑个体差异的遗传和环境因素。行为遗传学提供了一个理论，可以超越简单的自然养成学说，以考虑不同类型的遗传（加性和非加性）和环境（共享和非共享）的影响，自然形成与后天养育的相互作用，以及年龄与年龄的连续性和变化的病因。

虽然大多数的老年行为遗传研究都正在进行中，但还需要更多的纵向研究。遗传和环境对行为的影响的横断面研究结果表明，在生命的各个时间点可能有一些重要的病因差异。此外，一个特征的连续性和变化不一定与另一个因素相关。因此，对遗传影响是否稳定的评估需要对每一个相关的表型进行检验。也有人认为，老年医学研究应集中在了解中老年交替的过渡时期，尤其是功能改变意义的过渡时期。换言之，未来的研究可能集中在老年人的功能变化的病因学上，因为他们从最佳运行到正常运行，或从正常运作到疾病状态或病理状态。通过使用纵向队列的行为遗传设计（如在基因相关个体中的表型关系的纵向分析），有可能解决遗传和环境因素对以后生活的动态影响。关于衰老个体差异的遗传学研究大多数来自双胞胎和收养人的定量遗传学研究。然而，取得惊人进步的分子遗传学将使人们越来越有可能识别出那些几乎无处不在的影响行为的特定基因。许多研究已经将受试者的 DNA 存储以供在将来的研究中使用，正在进行候选基因的搜索，或者已经完成了整个基因组扫描。然而，分子遗传学的魅力不应削弱对更多定量遗传学研究的需求，而这些研究可以指导对基因的研究。这种定量的遗传学研究可能有助于理解后天养育，而不是自然形成，尤其是它们之间的相互作用。在老年阶段，基因对很多方面可以产生重要和实质性的影响。研究产生个体差异的原因可能对提高生活质量至关重要。了解在生命周期晚期功能运作和调整的个体差异的潜在原因，这是在以后的生活中推进初级预防和实施干预计划的有效途径。由于本文所讨论的健康问题是复杂的，因此不太可能采取单一的干预措施。鉴于迄今为止的行为遗传学研究的结果，将基因型和环境联合起来研究可能会更加有意义。例如，有关冠心病的研究表明，即使是饮食结构相同的人，在冠心病中也表现出较大的个体差异，这可能是由于遗传易感性的差异，这被称为基因型—环境的相互作用。研究表明，高血胆固醇水平似乎是其他次要因素（如高血压、糖尿病、自身免疫紊乱和凝血因子水平）有害影响的先决条件。因此，如果一个人没有低密度脂蛋白胆固醇增高血症的遗传易感性，那么其他危险因素如吸烟或高血压可能对心血管疾病的发展没有同样重要的影响。毕竟人和人之间是如此不同，任何单一干预或预防策略都不可能对所有老年人有效。研究老年行为遗传学的个体差异为理解这些个体差异的病因提供了重要的第一步。

另请参阅：认知行为干预；环境老年学；遗传学。

拓展阅读

Bergeman CS（1997）*Aging：Genetic and Environmental Influences*. Thousand Oaks，CA：Sage Publishers.

Kendler KS（2005）Psychiatric genetics：

a methodological critique. *American Journal of Psychiatry* 162: 3–11.

McGue M and Bouchard TJ Jr. (1998) Genetic and environmental influences on human behavioral differences. *Annual Review of Neuroscience* 21: 1–24.

Neale MC and Cardon LR (1992) *Methodology for Genetic Studies of Twins and Families*. Dordrecht, Netherlands: Kluwer.

Plomin R (1994) *Genetics and Experience: The Interplay between Nature and Nurture*. Newbury Park, CA: Sage.

Plomin R, Owen HJ, and McGuffin P (1994) The genetic basis of complex human behaviors. *Science* 264: 1733–1739.

Plomin R, DeFries JC, McClearn GE, and McGuffin P (2000) *Behavioral Genetics*, 4th edn. New York: Worth Publishers.

译　者：赵　静（首都医科大学宣武医院）

性别角色

T. 卡拉桑蒂 弗吉尼亚理工大学，布莱克斯堡，弗吉尼亚州，美国

词汇表

性别（Gender）——男性特质和女性特质的区别。

两性关系（Gender Relations）——基于性别的动态、社会建构的权力关系。两性关系根植于社会组织及其相互作用之中，并对生命机会产生影响。

性别角色（Gender Roles）——在特定情况下，女性和男性所期望的一系列关联行为。

引言

在过去的几十年里，关于性别和老龄化的研究已经取得了阶段性的进展。虽然每一阶段的理论都源于对上一阶段的探索，但是所有研究进展都可以在当前理论和研究中得以发现。早期的研究致力于女性老人在数量上的优势和其被研究者相对忽视之间的矛盾。20 世纪 80 年代，学者们更加频繁地把女性老人纳入研究范畴，然而这是通过一种“添加和搅拌”的方式实现的，即把女性应用于源自男性研究的模型之中。没有理论解释，性别仍然是一个个体的、人口的属性。

女权主义学者关注女性的经历，正如他们所描述并且理论上认为的那样：性别是群体之间的一种结构性关系。也就是说，当研究从女性的经历开始时，我们可以看到她们的经历与男性的经历有何不同以及有怎样的联系。我们逐渐认识到，没有一种男性专属的退休模式，男性和女性的退休经历是相互影响的。

虽然性别关系在许多领域对女性不利，但性别角色也为女性提供了老年男子所不具备的好处。例如，老年女性比男子更有可能成为寡妇，从而独自生活；由于家庭和工作领域的性别关系，老年人的收入也更可能较低，特别是在配偶去世后。同样的情况，性别角色还意味着女性比男性拥有更广泛的社交网络，在社会融合或日常工作中较少依赖配偶。这一宽泛的方法界定了对晚年性别角色的讨论，以及为什么男性和女性可能以不同的方式经历类似的情况，包括相关的经济地位、退休、照护、婚姻状况和角色以及生活安排。

两性关系和老年生活

性别

关于性别角色和老龄化的研究包含观察男性和女性特征。它从区分性（基于男性和女性之间的生物性差异）和性别（基于男性和女性之间的文化差异）开始。性别不是一个生物界定，而是人们所共同认可的性别属性。社会以不同的方式建构了男性和女性，并且这些差异以不平等的方式反映和延续。为了理解这些不平等，学者们关注两性关系：动态的、建构的权力关系，这些关系被嵌于社会进程和社会领域的制度化过程中，同时性别角色影响生命机会。作为一个概念，性别关系强调性别作为一种社会组织原则，男女在相互关系中获得身份和权力。因为两性关系源于社会互动，所以是动态的。那些被认为是男性和女性的特质因文化、时间和跨文化群体的不同而有所不同，包括年龄组。将“性”转换为“性别”，这个变化塑造了男性和女性在整个生命历程直至老年时期的人生经历。

从个人互动和身份到体制过程，性别在各个层面的社会关系中都有体现。社会是以性别为基础组织起来的，因此被认为是男性和女性的东西会影响和反映一种分工，这种分工的表现会以不同的方式得到评价和奖励。因此，性别社会交往中出现的身份也给了男性特权——给了他们一种不劳而获的优势——而他们通常对女性不利，即使人们抵制并重新表述看似自然的性别差异和意义。

性别关系是系统的，植根于行为模式中，这使它理所当然地被视为事情（即家庭、工作）的工作方式或事情的现状。因此，即使个人担任了某种角色，性别关系也不取决于任何个人的行动或意图，它往往是看不见的。由于男性的特权与女性的劣势密切相关，因此，至少要含蓄地提及另一个群体的地位，不然就无法理解一个群体的处境。

两性关系是性别角色的构成基础——行为是在制度化的情境中，基于性别所产生的对男性和女性的期待（如家庭、工作、公共、娱乐和其他环境）。性别角色由意识形态（信仰系统）所支持，以此来证明这些行为的恰当性。举一个例子，我们把在各种情况下的女性护理工作进行归类，无论他们参与的是体力活动如做饭、清洁还是情感慰藉活动。女性应该在家庭（性别角色）中提供照顾，因为她们天生就有更多的养育意识（意识形态）。因为我们认为女孩比男孩更有养育意识，所以我们给女孩洋娃娃，给男孩卡车。然后，当男孩和女孩逐渐成长模仿这些信条并发展不同的能力时，我们认为这些差异是自然的，男人在家庭和工作领域的特权是理所当然的。进一步讲，因为照护是天然的，是爱的表现（意识形态），所以它不需要报酬。女性被困在养育照护职位，并且由于这些原因，在同等价值的职位女性所得报酬要低于男子。相对较低的工资使许多女性依赖于男性养家糊口。在一个群体中，男性作为养家糊口的角色（性别角色），为了财富和地位而与其他男性竞争；其获得工资的能力往往还取决于家庭中的女性出于爱所提供的无形的、无偿的照护劳动和生殖劳动（性别角色）。因为两性关系根植于家庭结构和成员的共同信念之中，它不取决于任何个体的目的意图。

两性关系和老龄化

虽然我们可以在各种机构中探索多种性别角色，但它们对老年时期的影响最容易记录在家庭领域和工作场所。不管是否有报酬，人们从事各种各样有经济价值的活动。哪个群体被分配哪些活动既能形成他们可获得的资源的组成，也能获得资源数量。例如，尽管大多数女性为报酬而工作，但她们仍然对家务劳动负有主要责任，部分原因是没有其他人愿意做，部分原因是因为性别意识形态；这既是女性的工作，也能展示她们是女人。男人可以依靠这些女性劳动，使他们能够更好地追求自己作为养家糊口的角色。男人在家庭中的特权是无形的，并且它可以转化为退休的特权。

我们认识到男人的权力和女人的从属关系是联系在一起的，这并不能直接或简单的转化为性别如何影响生命历程和老年时期的预测。相反，男性女性的地位高低离不开机会和制约因素，但总的来说，男性更享有特权，这一点当然仍然是正确的。性别也与其他等级制度（如种族、族裔、性和阶级）联系在一起，其中一个群体的特权是有意或无意地与他人的压迫联系在一起的。这些不平等不是相加的，而是相互交叉的，因为人们同时经历了支配他们生活的各种关系，而不是一次一个。

年龄关系也是构成不平等的轴心，因此老年对男女都不利。因此，即使是最有特权的老年人与相应的年轻人相比也会处于不利地位。例如，有关性别的意识形态与年龄歧视相互交织，因此男性和女性将试图保持年轻的容貌，从而不会被排除在社会生活之外。然而，这种情况发生的时间和方式因性别而异。女性受到双重老龄化标准的影响，因此她们被认为比男性更早衰老。在很大程度上，尽管女性进入了公共领域，但这在很大程度上源于女性的意识形态价值观与她们对男人的吸引力所致。因为这样的吸引力也等同于年轻，是年龄组成具有吸引力；某种程度上，女性的吸引力在于她们看起来也很年轻。异性恋女性的许多特权与其身为白人有关，因为有钱的白人男性很少与其他种族的女性结婚。他们也倾向于与更年轻的女性结婚。

对男人来说，与展示他们在以后的生活中仍能发挥作用相比，对异性的吸引力是次要的。为了获得地位，女性不得不与有权势的男人结盟，但男人不得不与其他男人竞争地位和财富。虽然女性气质本质上可能是存在即可，但男性气概是关于实际运用。从这个意义上说，男性气质和女性气质的年龄歧视观念影响了男性和女性在努力适应性别角色和意识形态时的晚年生活方式。

人口统计特征

大多数老年人都是女性这一人口现实部

分地刺激了人们对女性老龄化经历的兴趣。表 1 显示，在美国，65 岁以上的人中约有 59%是女性。换言之，每 100 名年龄相仿的女性对应有 70 名男性。到了 85 岁，这一性别比例更加扭曲；女性占该年龄及以上人口的 71%，每 100 名女性中只有 41 名男性与其相对。表 2 反映了这种预期寿命的性别差异。

表 1　2000 年美国 65 岁及以上者的性别比（每 100 名女性所对应的男性数量）

年龄	性别比
65 岁及以上	70.0
65~69 岁	85.7
70~74 岁	78.8
75~79 岁	69.6
80~84 岁	59.0
85 岁及以上	40.7

引自：US Census Bureau, Census 2000 Summary File 1（SF 1）100 Percent Data.

表 2　根据年龄和种族计算的 2001 年、2010 年、2040 年（预测）的美国人预期寿命

年龄	总计		女性		男性	
	白人	黑人	白人	黑人	白人	黑人
出生	77.7	72.2	80.2	75.5	75.0	68.6
到 2010 年	79	74.5	81.8	77.8	76.1	70.9
65 岁	18.2	16.4	19.5	17.9	16.5	14.4
到 2040 年	无	无	22.0	无	19.0	无
80 岁	无	无	9.3	9.2	7.7	7.3
85 岁	6.4	6.7	6.7	7.0	5.6	5.7

引自：Federal Interagency Forum on Aging Related Statistics, 2004, Older Americans 2004: Key Indicators of Well-Being, Washington, DC: US Government Printing Office; US Bureau of the Census, Statistical Abstracts of the United States: 2004-2005, Washington, DC: US Government Printing Office; Metlife Mature Market Institute, 2005, Demographic Profile of 65+ Population.

表 3　2003 年美国 65 岁以上男女的婚姻状况

婚姻状况	男性/%				女性/%			
	≥65 岁	65~74 岁	75~84 岁	≥85 岁	≥65 岁	65~74 岁	75~84 岁	≥85 岁
已婚且配偶在世	71.2	74.4	69.8	56.1	41.1	53.5	33.7	12.5
丧偶	14.3	8.8	18.4	34.6	44.3	29.4	53.3	78.3
离婚、已分居或配偶去世	10.2	12.3	7.7	6.5	10.9	13.8	9.2	4.9
未婚	4.3	4.6	4.1	2.8	3.7	3.4	3.8	4.2

引自：US Bureau of the Census, March 2003 Current Population Survey.

表 4　2003 年美国 65 岁及以上男女老人的居住安排（根据种族和拉美裔血统）

	和配偶住/%	和其他亲戚住/%	和非亲属住/%	独居/%
男性				
总计	71.2	7.1	3.0	18.8
非拉美裔白人	72.9	5.7	2.7	18.7
黑人	56.6	9.5	4.3	29.5
亚洲人	68.5	22.5	0.5	8.3
拉美裔（任何种族）	68.7	14.4	4.7	12.0
女性				
总计	41.1	17.4	1.8	39.7
非拉美裔白人	42.9	13.6	1.7	41.8
黑人	25.4	33.5	2.1	39.0
亚洲人	42.6	35.8	2.2	19.4
拉美裔（任何种族）	39.9	36.0	2.2	21.9

引自：http：//www. agingstats. gov.

无论种族或民族，女性在任何年龄都比男性长寿。因此，尽管基于种族的差异随着年龄的增长而缓慢减小，在 65 岁时缩小，到 85 岁时逆转，但女性的寿命始终高于男性。此外，正如预测所证明的那样，预计这一女性优势在不久的将来不会改变。

毫不奇怪，美国老年人的性别构成影响着男性和女性的婚姻模式。从表 3 可以看出，男性比女性更可能在老年结婚。目前，65 岁以上的男性中有十分之七（71%）已婚，而女性中只有十分之四（41%）已婚。相反，老年女性最有可能丧偶（44.3%）。相比之下，只有 14.3%的男性丧偶。

当然，在这两种婚姻状况中男性和女性的比例与年龄有关。65~75 岁年龄组的大多数人，不论男女，他们都结婚了。随着年龄的增长，男性丧偶的可能性在增加，但即使在 85 岁及以上的人群中，也有超过一半（56.1%）的男性已婚，而相对而言，该年龄段的女性很少（12.5%）已婚。

这些性别差异既源于女性平均比男性长寿的事实，也源于普遍要求男性娶比自己年轻的女性为妻的“社会规范”。预期寿命的差异意味着，一旦在晚年丧偶，女性再婚就更加困难。

老年男性和老年女性离婚的可能性大致相同，但随着年龄的增长，每种性别的离婚率都在下降。这可能反映出社会规范对同组离婚和差异性再婚的接受度。不考虑性别，未婚组在各个年龄组是相似的和一致的。晚年生活安排中的性别模式反映了婚姻状况；因此，如表 4 所示，男性老人比女性老人更可能与配偶生活在一起。从另一个角度看，女性老人比男性老人独居的可能性要高两倍。

与此同时，不与配偶在一起时，生活安排中的性别模式因种族和族裔而异。一般来说，少数群体成员更可能与其他亲属一起生活，而不是独自生活（黑人男性是唯一的例外），而白人男性和女性更可能独自生活。虽然这些种族和民族模式可能反映了文化差异，但独居需要一定程度的经济能力。鉴于少数民族女性的经济状况尤其较差，经济可能在这些生活安排中起着重要作用。

因为丧偶率随着年龄的增长而增加，所以老年男性和老年女性独自生活的趋势也会逐渐增长。相较于 75 岁以上独居女性的比例占到一半，65 ~ 74 岁的独居女性只有 30%；男性的独居率与之相似甚至更小，但男性之间的差异较大。独居也会随着时间的推移而增加；如今，75 岁以上的老年男性和老年女性独自生活的比例（分别为 22.9% 和 49.8%），比 1970 年（分别为 19.1%和 37%）要高。这一增长反映了当代老年人健康状况和财务状况的改善以及保持自主性的愿望。

婚姻状况和生活安排也会对性别角色产生影响，其影响程度决定了老年人可以扮演的角色。当然，老年男性比老年女性更有可能继续其婚姻角色，但已婚男性的优势也意味着他们的妻子与丈夫相比更有可能承担配偶照料者的角色。亚裔和拉美裔老年人与其他人生活在一起的优势意味着这些群体比白人和黑人更可能承担隔代照料的角色。在这种情况下，老年女性尤其可能保持她们的性别角色，因为祖母经常被要求提供儿童保育和其他形式的家务劳动。

经济保障

在整个生命历程直至老年时期，经济保障被性别角色塑造的同时也在影响着性别角色。男人关注职业和工作场，女人将从事生殖劳动作为首要角色，这一期望对未来生活中的经济状况具有重要影响。尽管65岁及以上人群的收入中位数为14 664美元，但这一数字掩盖了性别差异。2003年，老年女性的收入中位数为11 854美元，仅为男性收入中位数20 363美元的58%。2003年，美国老年人的贫困线为8 825美元，10.2%（约360万老年人）低于这条线。老年女性（12.5%）比老年男性（7.3%）更可能跌破这一阈值。

独居的人更容易贫穷：独居老人贫困率为18.6%，而非独居老人贫困率为5.8%。然而，女性更为脆弱。2002年，15.6%的独居老年男性和20.5%的独居老年女性生活贫困，而已婚男性和女性的贫困率只有5%左右。此外，种族和民族差异使得非拉美裔白人（男性和女性）在独居人群中的贫困率最低。事实上，独居的黑人和拉美裔男性的贫困率（分别为30.2%和37.2%）高于非拉美裔白人女性（17.4%）。少数民族女性处于最不利的地位；独居的非裔美国人和拉美裔女性中有45%或更多处于贫困之中。从这个意义上说，不仅是双份收入可以使老年人摆脱贫困，而且某种程度上说，在一个男性享有种族和阶级特权的情况下，他的收入更可能是至关重要的。

收入来源

老年女性的经济脆弱性更大，这是因为老年人的收入来源在获得机会和数量上是按性别划分的。在美国，65岁以上老人的四大收入来源包括社会保障、私人养老金、薪水和资产。2002年，社会保障在老人收入中占比39%；薪水占比25%；养老金和资产分别占比19%和14%。

表5显示了这些收入来源对男女收入保障的重要性。在审查这些数字时，请注意，它们并没有区分收入是基于个人还是配偶的工作经历。这导致女性的收入数字被夸大，由于其配偶的工作经历，女性比男性更有可能获得收入，并且提供比本文后面报告更高的数据。

虽然男女享有类似的社会保险和资产收入，但他们的私人养老金和薪水还是有差别。个人资产例外，男人拥有更多的收入来源。女性在社会保障中的平均收入为男性的70%，她们领取的养老金仅占男性收入的一半以上。从就业中获得的工资与年轻女性所经历的不平等差别不大，但在老年人中，这个性别差异更大：女性只获得男子收入的57%。尽管女性在资产收入中所获得的收入是男性的81%，但这种收入来源是最不重要的，在男性或女性的年收入上，每年增加不到1700美元。

表 5　2005 年美国 65 岁及以上老年男女的收入来源

收入来源	收入来源所占百分比/%		收入中位数*/美元		性别差异（男/女）
	男性	女性	男性	女性	
社会保障	88.5	90.3	11 040	7 750	70
个人养老金	46.7	29.5	10 340	5 600	54
资产	64.8	60.0	1 650	1 330	81
薪水	22.4	12.3	14 780	8 450	57

引自：Lee S and Shaw L（2003）*Gender and Economic Security in Retirement*. Washington，D. C.：Institute for Women's Policy Research.

*收入中位数仅基于那些获得这些收入来源的人。因此，这些栏目的总收入高于男性和女性的收入中位数，因为许多老年人没有从这些来源获得收入。

仔细观察其中一些收入来源，可以看出性别关系是如何影响男女获得这些资源的，并有助于解释为什么老年女性收入较低，贫穷的可能性更大。

社会保障　社会保障是美国大多数老年人最重要的收入来源。它为超过三分之二的老年人提供了总收入的一半以上，为将近五分之四的老年人提供了收入的一半。更重要的是，它占三分之一的老年人收入的90%以上，是五分之一（22%）的老年人收入的百分之百。因此，除了最富有的五分之一的老年人之外，所有人都高度依赖社会保障福利，他们的薪水和养老金增加的收入超过了社会保障。

然而，如表 5 所示，女性从社会保障中获得的收入比男子少。这些差异甚至出现在那些根据自己的工作经历获得福利的人身上：2003 年，美国退休工人每月的社会保障金平均为：男性 1 039 美元，女性为 798 美元。

有偿和无偿劳动中的性别不平等被纳入社会保障计划。社会保障以男性的有偿工作经验和传统的家庭模式为基础，加强了这两个领域的性别差异。最初的社会保障立法只涵盖退休工人，因为它假定了一种性别关系，在这种关系中，女性在婚姻关系中始终依赖男性，女性将成为家庭主妇，男性将成为养家糊口的人。因为这项立法假设一个父权制的家庭负责人会供养其他家庭成员，所以男性的假定劳动历史——长期稳定的职业生涯和不断增加的报酬构成了福利资格和计算的基础。因此，薪水水平和持续就业是整体福利水平的关键，长期婚姻关系也是如此。

当我们研究这些性别角色假设如何转化为退休收入时，这些性别角色假设的不公平性变得显而易见。首先，妻子的福利资格基于婚姻状况和她的工作是做家务的假设。虽然这类生殖劳动被隐含地认为是丈夫赚钱能力的基础，但其价值仍然只有丈夫的一半：

受抚养的配偶只享有养家糊口者福利的50%。

其次，国内分工从人们从事的工作和向上流动性两方面影响退休。在今天的退休人员中，女性进入劳动力市场的时间往往比男性晚，为了维持她们在家庭中的劳动角色，她们不得不轮班工作、拒绝升职或从事特定类型的工作。国内劳动时间对收入也有负面影响。相比之下，这种分工使男性享有特权。除了更高的工资水平，中产阶级白人男性还可以进入一个更费时的职位，或者去另一个城市，由妻子在家里的无偿工作来支持。

退休职工福利的计算也反映了不平等的性别角色。首先，收益水平与工资挂钩，因此，一个人赚得越多，此人获得最高福利的可能性就越大（2004年，每月1 825美元）。然而，平均而言，即使女性连续工作，她们在整个生活过程中的工资都比男子低。女性不仅倾向于从事低收入的工作，而且即使在同一职业中雇用女性和男性，女性的收入也更少。这种工资差距是累积的，不仅影响社会保障福利，而且影响女性以其他方式积累财富的能力。这一劳动力市场状况将在多大程度上随着年轻人群的到来而改变尚不清楚。虽然年轻年龄组的收入性别差距较小，但随着年龄的增长，工资差距仍然很大，而且还在不断扩大，这或许可以解释为什么作为一个群体，女性的工资水平在十多年来一直保持在男性的75%左右。

其次，福利是以35年最佳工作年限的工资为基础的，而且由于家庭义务，女性比男性更有可能工作少于35年，故而在工资等式中包含了多年的零收益。因此，离开劳动力市场的女性通常在返回时获得较少的工资，随后获得较低的福利，而男性则保持工资并减少了零收入年的机会。

最后，由于社会保障立法假设只有一个养家糊口的人，并将福利与工资水平挂钩，故而它从一开始就忽视了女工。因此，拥有一名（通常是男性）高工资收入者的夫妇可以获得比家庭收入相似的夫妇更高的福利，而家庭收入相似的夫妇则来自夫妻双方的有偿劳动。因此，性别角色在许多方面影响退休收入。男性养家糊口的假设有助于证明女性工资和流动性较低是合理的，而这反过来又进一步证明了女性在照料工作和其他家庭义务方面的优势。女性和男性的退休收入都深深植根于性别分工。

个人养老金 只有大约50%的工人在目前的工作中享受养老金保障。此外，固定收益养老金规则通常基于与社会保障类似的假设，要求持续劳动力参与，并奖励工资最高的人。因此，女性从事的生殖劳动可能会妨碍她们获得养老金的资格，并且她们的工作通常是之前讨论过的受到性别角色约束的低报酬岗位。这也使得她们的养老金更低。

在过去20年中，养老金覆盖类型从固定福利到固定缴款计划的急剧转变，给作为低收入劳动力成员的女性带来了额外的问题。平心而论，这一变化意味着更多的女性可以获得私人养老金，截至2002年年底，根据51.7%的女性和55%的男性报告养老金计划覆盖率来看，45~64 岁的男女之间的性别差异几乎消失了。然而，固定缴款最有利于那些工资高的人，他们往往是有闲置资金的白人中产阶级男子。这也给工资较低的雇员带来了不利因素，这些雇员往往是女性。

首先，尽管雇主可能会为这些计划出资，但他们通常不会。就低收入工人而言，他们没有足够的可消耗性收入来为养老金做出很大贡献（在某些情况下，是不必要这样做的）。因此，他们投入养老金的金额积累得更慢。此外，这些计划的风险由工人而不是雇主承担。然而，与高薪员工相比，低薪员工不太可能具备明智投资这笔钱的财务头脑，也不太可能有钱聘请顾问。即使有最好的建议，市场变化也是个人无法控制的。最后，为应对家庭紧急情况，低薪工人是那些最有可能从养老金中提取资金的人，即使他们要为此支付严厉的罚款。

因此，私人养老金以多种方式将性别关系纳入劳动分工之中，从几个方面使得从事生殖劳动的女性处于不利地位，她们在特定工作中遇到的职业隔离，以及她们较低的支付水平。与男性相比，女性在有此类保险的工作中领取养老金的可能性较小，而且，当她们确实领取养老金时，领取的金额也要比男性少得多。

退休经历

关于晚年财务状况的讨论说明了性别角色影响退休的一个方面。它们也塑造了它的意义。例如，尽管男性和女性都倾向于将退休视为自由，但他们在这一自由的含义上存在分歧。许多人认为退休是一段闲暇时间。但许多女性、有色人种男子和工人阶级成员必须继续在正规和非正规经济中挣钱，而女性则继续在家中从事无酬劳动。相比之下，更具特权的男性可以选择从事有偿工作还是家务劳动。这些活动的自愿性质突出了基于性别、种族和阶级的权力差异。

当女性从劳动力市场退休时，她们感到更自由，因为她们减轻了双重负担。虽然她们仍需对家务劳动负责，但现在可以比以前更悠闲地完成这些任务。虽然有些退休男人从事家务劳动，但他们一般不像女人那样尽可能多地承担主要家务责任。从这个意义上说，家务劳动是男女退休经历的一部分。女性退休后通常是持续从事家务劳动，而已婚男子在退休后可以享受闲暇时间或选择帮助承担家务劳动，他们的这种自由是与妻子的责任联系在一起的。

在这方面，阶级和种族问题很重要。大多数高层女性是白人，她们可以继续承担家务劳动的责任，但是也可以雇请其他女性——工薪阶层和有色人种——来做这些家务。白人中的工人阶级和有色人种男性在劳动力市场中的不利因素也可能妨碍他们拥有悠闲的退休时光。尤其是黑人和白人之间的种族通婚率低，从而防止女性有色人种享受到异性恋白人女性所拥有的特权——依附着高收入的男性。

表 6　美国 55 岁及以上不同性别劳动力参与率（%）

年份	男性/岁				女性/岁			
	55～61	62～64	65～69	70+	55～61	62～64	65～69	70+
1963	89.9	75.8	40.9	20.8	43.7	28.8	16.5	5.9
1965	88.8	73.2	43.0	19.1	45.3	29.5	17.4	6.1
1970	87.7	69.4	41.6	17.6	47.0	32.3	17.3	5.7
1975	81.9	58.6	31.7	15.0	45.6	28.9	14.5	4.8
1980	79.1	52.6	28.5	13.1	46.1	28.5	15.1	4.5
1985	76.6	46.1	24.4	10.5	47.4	28.7	13.5	4.3
1990	76.7	46.5	26.0	10.7	51.7	30.7	17.0	4.7
2000	74.3	47.0	30.3	12.0	58.3	34.1	19.5	5.8
2003	74.9	49.6	32.8	12.3	62.5	38.6	22.7	6.4

引自：Federal Interagency Forum on Aging Related Statistics（2004）*Older Americans 2004*：*Key Indicators of Well-Being*（Table 11）. Washington，DC：US Government Printing Office.

一些领取退休福利的人也会回到有偿劳动中去。如表 6 所示，退休前的劳动力参与率按性别向相反的方向移动，这反映出家庭和工作中的性别关系。

20 世纪 60 年代，当社会保障条款发生变化，允许在 62 岁时领取减少的福利时，男性更有可能从事能够积累财富或养老金的职业，使他们能够在 65 岁之前退休。与此同时，女性——特别是白人、中产阶级、已婚女性——开始以前所未有的数量进入劳动力大军。在女权运动和男性工资价值下降带来的经济必要性的推动下，随后的群体也纷纷效仿。随着年龄的增长，这些群体增加了老年女性的劳动力参与率。对双收入的持续需求以及对女性劳动力参与的更多接受和机会（特别是在低收入服务部门）意味着所有年龄段的有薪就业率性别差距都有所缩小。事实上，2003 年，55～61 岁人群的劳动力参与率在性别上的差异仅为 12%，而 40 年前的这一差异为 46%。

尽管如此，自 20 世纪 80 年代以来，65 岁以上的男性和女性在劳动力中的比例一直在上升。2003 年，65～69 岁的老人中，33%的男性和 23%的女性仍然是劳动力。性别角色影响人们决定保持现状或重新进入劳动力市场，以及老年人寻求的工作。这种劳动力参与似乎是双峰式的。一些人继续以高薪顾问的身份工作，但许多人仍然从事低薪、通常是服务性的工作。白人职业男性更可能属于前者，而女性（以及工人阶级男性和有色人种男性）则属于后者。虽然两组人都可能为了维持生活方式或仅仅为了工作而工作，但后一组人更可能出于经济需要而工作。考虑到女性退休前的工资较低——50~64 岁的女性收入约为男性收入的 64%——她们更有可能感到自己必须工作。表 5 所列的收入反映了她们在老年时的工资也很低。如果根据家庭和工作场所内的性别关系所产生的经济需要来预测女性在退休后继续工作，不论有薪或无薪，都不是自由选择的。

日常照护

在整个生命过程中，日常照护——一项包括实际关怀和情感关怀的活动——往往是女人的工作。在所有种族和族裔群体中，无论就业状况如何，女性承担了绝大多数的照料工作。当男人和女人从事照料工作时，他们各自的任务往往是性别化的。女性更多的从事个人护理任务，而男性则侧重于工具性工作。这反映了在家务劳动中更广泛的分工，其中女性从事更多的个人、身体、室内和日常劳动，男性更多的是做周期性的活动和户外任务。

然而，这些概括反映了所有护理者和护理关系。在老年人中，配偶是首选的照顾者。由于女性倾向于与比自己年长的男性结婚，而且这些男性的预期寿命较低，因此男性通常是配偶照护的接受者，而不是提供者。但当比较配偶照料者时，以前报告的性别差异很少。丈夫和妻子花在护理和执行类似任务上的时间大致相同。在美国，除了家庭护理外几乎没有其他公共选择，丈夫和妻子一样有可能为配偶提供个人护理，如洗澡和如厕。

一些学者认为，提供护理的男性（不管他们与护理对象的关系如何）会更好地处理照料工作。与提供护理的男性相比，报告称提供护理的女性出现更多的压力、焦虑、抑郁和身体问题。学者们认为，由于男性的性别角色，他们更多的是将护理视为一项工作——一系列需要完成和掌握的任务——而不是作为男性身份的问题。他们可能更多地关注护理的内容，将他们自己从护理中分离出来。他们可能较少涉及情绪，也更能为自己抽出时间，这导致一些研究人员提出，男性护理者可能“通过减少关心他人来更好地照顾自己”。

然而，目前尚不清楚男性是否比女性承受更少的压力。根据坚忍的性别角色要求，我们知道男性通常比女性更不容易向医生报告压力和抑郁。他们可能会以传统上更多关注女性的研究所没有采用的方式表达压力，而定性研究表明，护理男性会用不同的术语谈论压力。无论如何，初步研究表明，基于性别角色，护理方法和结果都是性别化的。事实上，女性承担了大部分家务劳动任务，并将养育行为的期望融入她们的身份中，这意味着女性将更习惯于完成一些日常任务，并将保持更高的护理期望，这将更快地导致压力。相比之下，男性可能确实以一种更具管理性的方式从事护理工作，虽然他们可能会发现学习新任务很有压力，但他们也可能从日常工作中获得成就感。养育并不是男子气概的重要组成部分，因此，诸如未能获得护理接受者的顺从或使对方平静下来等情形，并不会侵犯男性的自我意识。

最后，护理过程中所经历的压力或回报水平的一个关键方面与如何获得护理有关。虽然很少有研究指出婚姻性别关系在理解接受照顾的配偶如何影响照顾者的经历方面的重要性。因为女性通常从事家务劳动，她们作为护理接受者理解丈夫为她们做了什么，并且可能会表达感激之情。相比之下，接受照顾的丈夫没有这样的参照物。男人越是依赖妻子，他们就越可能感到自己的男性自主性受到威胁。因此，他们会变得更加苛刻和控制。当丈夫依赖妻子照顾时，作为其婚姻特征并给予丈夫控制权的权力关系可能不会停止，提供照顾的妻子仍然会感到时间和决策受到限制。

婚姻状况和两性关系

婚姻状况构成了整个成人生命过程，影响男女的心理和身体健康。虽然并非所有的婚姻都是幸福的，但结婚通常能确保有伴侣，而且已婚的老年人比未婚的人表现出更大的幸福感。

同时，婚姻对男性的积极影响往往大于女性。除了伴侣关系本身带来的好处外，婚姻中的性别关系还以特定方式影响老年男女。结婚为老年人，特别是女性提供了经济保障，因为男性收入更高。结婚能促进身体健康，但这部分是因为配偶会鼓励更健康的行为。在这方面，女性的护理角色使她们最有可能参与自我护理，更有可能鼓励丈夫在生活方式和听从医生嘱托方面的健康行为。

女性的照料角色在其他方面也很重要。女性不仅在家庭和配偶之间做更多的情感劳动，而且在婚姻中她们也是亲属的守护者，与孩子和其他亲戚以及朋友保持联系。因此，丈夫依赖妻子获得自信，反之亦然。简而言之，尽管婚姻为老年男性和女性都提供了好处，但女性的家务劳动——包括体力劳动和情感劳动——让丈夫保持完整和健康。研究发现，与丧偶、离婚和未婚的男性相比，已婚男性在家庭内外的社交水平最高。

寡（鳏）居使得男女成为像孤独的幽灵一般的存在，因此，丧偶者的心理健康水平低于已婚者。也就是说，丧偶的男性似乎比女性更容易患抑郁症。这可能是丈夫和妻子因婚姻性别角色而经历的不同类型的损失造成的。

虽然整个生命过程中的性别关系使寡妇比鳏夫更容易陷入贫困，但她们也意识到家庭劳动的重要性。对一些人来说，寡（鳏）居给了他们一种新的自由。因此，许多寡妇选择不为配偶承担另一项家务和照料工作的负担。此外，尽管女性也可能面临排斥单身人士的“联姻”，但她们通常有额外的支持来源，包括与子女的亲密关系。想要在拥有亲密关系的同时保持一些新自由的女性可以通过在维持自己家庭的同时享受承诺关系来解决这一难题——这一选择在欧洲越来越流行。

相比之下，鳏夫必须经常学习如何应对日常生活——包括身体和情感。家务活可能完全落在他们身上，亲属关系和友谊的维持也是如此。他们相对缺乏家务劳动技能，这使得男性在鳏居后的 6 个月内比女性更容易再婚。对再婚表示不感兴趣的鳏夫并不是为了维护自主权，而是因为他们意识到自己过大的年龄和糟糕的健康状况不太适合再婚。

离婚融合了鳏居对老年男性的影响和更强烈的分离感。与孩子的紧张关系以及离婚后搬家的倾向可能会破坏他们的社交网络。他们往往对自己的网络关系感到最不愉快，并倾诉老年时最孤独。相比之下，与婚姻角色保持一致的是，尽管离婚女性常常遭遇经济困难，但她们往往拥有更大的社交网络，与孩子的关系也更密切。

结语

男人和女人的角色和经历是相互联系的。我们了解到配偶去世后独居会激发女性和男性的孤独感，但也可能给他们带来不同的挑战，这表明要有更有效的方法来帮助现存的配偶。我们知道所有照顾者都会承受压力，但压力的来源和表达方式可能有所不同，这会增强我们干预和提供支持的能力。

并非所有的男人都有特权，也不是所有的女性都处于不利地位。性别关系与其他等级相交叉，例如，白人女性在某些领域可能比黑人男性情况更好。有些劣势可能是力量的来源，正如努力维护特权可能付出一些代价一样。当我们从生命历程的观点来看，例如，男性在公共领域中获得权力和财富的能力可能会使老年时期具有经济保障，但是可能会阻碍人际关系和身体健康。而女性作为提供照料者，可能陷入更大的贫困之中，但是也可以从非正式网络中获得更大的支持。

进一步的研究应该显示性别与其他不平等是如何交叉的。随着年龄的增长——基于这种可能性的研究——也可能基于更适合年轻人的男女年龄模型，目前的研究表明男性和女性之间愈发相似。我们所知道的一些年轻时性别角色和两性关系的影响可能不适用于老年人。在人生早期，家务劳动的负担在某些方面对女性造成了压力，但在以后的岁月中，这可以使她们以愉悦的方式来维持自己的女性气质。

社会结构不是静止的，人们在履行自己的职责时抵制并改变它们。性别关系是动态的，结构性变化可能会影响性别经历和老年体验，正如性别身份的重塑会影响家庭等机构一样。尽管女性更多地参与劳动力并没有使家务分配趋于平衡，但两性对男性气概和女性气质的看法已经发生了足够的变化，以至于男性对儿童保育的贡献更大。因此，我们可以预期未来的群体在老年时会表现出一些不同的性别模式。与此同时，如果性别安排没有实质性改变，男女之间的不平等将继续存在，但程度和表达方式可能会改变。

另请参阅：照料；经济学：社会；生命历程；社会网络、社会支持和社会融合；社会保障。

拓展阅读

Arber S and Ginn J（eds.）（1995）*Con-*

necting Gender and Ageing: *A Sociological Approach*. London: Sage.

Arber S, Davidson K, and Ginn J (eds.) (2003) *Gender and Ageing*: *Changing Roles and Relationships*. Philadelphia, PA: Open University Press.

Calasanti TM (2004) Feminist gerontology and old men. *Journal of Gerontology*: *Social Sciences* 59B (6): S305–S314.

Calasanti T (ed.) (2004) Special issue: new directions in feminist gerontology. *Journal of Aging Studies* 18 (1).

Calasanti TM and Slevin KF (2001) *Gender*, *Social Inequalities*, *and Aging*. Walnut Creek, CA: Alta Mira Press.

Connidis I (2001) *Family Ties and Aging*. Thousand Oaks, CA: Sage.

Davidson K (2001) Late life widowhood, selfishness and new partnership choices: a gendered perspective. *Journal of Aging Studies* 21 (2): 297–317.

Federal Interagency Forum on Aging Related Statistics (2004) *Older Americans 2004*: *Key Indicators of Well-Being*. Washington, DC: US Government Printing Office.

Lee S and Shaw L (2003) *Gender and Economic Security in Retirement*. Washington, DC: Institute for Women's Policy Research.

Social Security Administration (2004) *Fast Facts and Figures about Social Security*, 2004. Washington, DC: US Government Printing Office.

译　者：杨菊华（中央民族大学）

性、纵欲和亲密关系

M. 斯通斯，L. 斯通斯 湖首大学，桑德贝，安大略省，加拿大

词汇表

文化（Culture）——全球性社会影响，是深植内容的适度表达。

内含适应性（Inclusive Fitness）——子孙后代存活到生殖年龄。

爱（Love）——包括激情、亲密关系和承诺。

成功老龄化（Successful Aging）——一个描述个人控制、生活方式和社会支持如何使老年人即使在残疾和疾病的情况下也能保持精力充沛和积极乐观的概念。

引言

这篇文章探讨了晚年生活中的性、纵欲和亲密关系。在过去 10 年里，由于男性勃起功能障碍治疗的进展，这个话题受到了相当大的社会关注。当今的开放时代与西方国家几个世纪以来受宗教信仰影响的性别年龄歧视形成了鲜明对比。尽管衰化对性功能有影响，但它对晚年性生活的主要影响包括机会和态度、健康和残疾及对性问题的有效治疗。这篇文章还讨论了老年人的性取向、性满意度和养老机构中的性问题。

性和亲密关系的理论观点

过去和现在的一个大争论是关于先天自然和后天养成对人类行为和情感的影响。在性方面，令人惊奇的是，那些信仰直接源自达尔文进化论的人——先天自然的观点——与那些信仰来自西方宗教传统的人是同道中人。两种信仰都告诉我们，性深植于我们的身体，以生殖繁衍为目的；一旦过了生育年龄，性行为如果不能淡化到无关紧要的程度则被认为是不正常的。其他科学家和人道主义者——后天养成的观点——认为性和爱的关系与性和生殖的关系至少是同等重要的。关于“爱”的概念，心理学家发展出三个主要品质：激情、亲密关系和承诺。爱的最开始阶段通常是激情，持久的爱需要承诺，而亲密关系意味着相互关爱。从这个角度看，性能加强任何年龄伴侣之间的关系和承诺，并在配偶之间和代际之间提供照顾。

进化论的当代解读（即“新达尔文主义”，neo-Darwinian）包括了与后天养成一

致的观点。尽管达尔文认为进化的趋势是繁殖的成功，但新达尔文主义者认为内含适应性是指子孙后代存活到生殖年龄。因此，跨越生殖年龄延长人类寿命的基因可能会在我们的物种中激增，因为后代非成熟期的延长需要一段持久的养育来确保其生存。如果性对帮助维持家庭环境中父母（和祖父母）的承诺起到一种黏合作用的话，那么跨越生殖期延长性行为的基因不会相应激增将是令人惊讶的。

科学界广泛接受的一个观点是，性行为同其他行为一样，反映了先天和后天的相互作用。“文化”一词被用来描述全球性社会影响，是深植内容的适度表达。20 世纪 60 年代，西方国家主流文化发生了变化，此时恰逢避孕被广泛接受，有效的节育措施为女性提供了调节生育的手段，女性选举权和女权运动取得了较大胜利，以及第二次世界大战后“婴儿潮一代”的第一批人进入了成人期。接下来就是那个时代的性革命使人们的行为和社会习俗发生了改变，包括第一次性交年龄提前、生育率降低、离婚率提高、异性结婚率减少，以及一些国家对同性婚姻的接受（如加拿大）。参与那场革命的“婴儿潮一代”如今已接近晚年。我们可以确信，他们步入老年的过程将给围绕晚年性生活的文化带来新的重要变化。

一个将晚年性生活带入公众意识的标志性事件，是 1998 年西地那非（sildenafil，俗称“伟哥”）这种药的出现。这是第一种能帮助男性阴茎勃起的有效的口服药，然而它对社会观念和态度的影响远远超出了治疗范式。伟哥出现在对老龄化的观念和态度进行广泛重新评估的时代末期。生命和社会科学已经承认，早期的研究结果对于老化对功能能力的影响过于悲观。“成功老龄化”已经成为一个广泛使用的概念，用来描述个人控制、生活方式和社会支持如何使老年人在残疾和疾病的情况下保持精力充沛、积极乐观。这个概念可以促使科学家纠正错误的观念，即晚年是一个普遍衰退的时期，个人的成长和发展的机会有限。在许多西方国家的艺术、人文学科和政府政策中对老龄化的乐观态度也很明显。这些改变也为重新评价晚年的性生活提供了背景。

“前伟哥时代”（the pre-Viagra era）的学术和大众出版物认为，几个世纪以来，年龄歧视一直主导了西方国家对晚年性生活的思考。科学家们也得出类似结论，即年龄歧视阻碍了对晚年性生活的研究进展。临床医生批评这种性的年龄歧视对自我实现的预言的有害影响——人们可能会抑制自己的性行为，因为他们预期的性行为会减少——并提供充足的证据证明性兴趣可以持续到老年。然而，直到伟哥的上市，这些评估才得以让公众完全知晓。

通过伟哥的公开宣传，晚年性生活的文化地位从一个近乎禁忌的话题转变为公共意识的前沿，使之成为一种正常的、可接受的和值得去做的行为方式。毫无疑问，21 世纪初人们将继续关注这种药物对老龄化人口对性的态度、性行为和社会习俗的影响。但是，这种文化转型的累积效果可能是渐进的，而不是突变的。在任何一个文化转型的时期，年龄较大的老年人都比后来者更倾向于保持早期的态度和习惯。这种分化的证据已经存在：在千年之交已经进入老年期的人群更多地认同“（老年期的）婚外性行为是错误的”的观念。这种观念限制了丧偶期间的性行为的机会，归根结底是性的年龄歧视的宗教哲学。由于我们很难在文化背景之外理解或预测性态度、观念、欲望、认知和行为的变化，本文将从历史和跨文化的视角对性的年龄歧视进行回顾。

年龄歧视和性

性的年龄歧视的描述

年龄歧视是指对老年人的刻板印象。很多作者指出，没有什么比对性的态度更加明显的年龄歧视了。西方国家民间传说中对老年人的描述既有正面的刻板印象，也有负面的刻板印象。正面的刻板印象描绘了奶奶在厨房里忙着为子孙后代烤甜饼，而爷爷在回忆和好友一起度过的美好时光。这些传说中的民间人物都不需要持续的性行为来维持承诺和亲密关系，因为性激情很久以前就已经结束了。对那些保持性兴趣和有性行为的老年人来说，这种刻板印象就不那么友好了。对年轻人来说是强壮或有男子气概的行为，如果表现在老年人身上，则被认为是好色的，而根据传统观念老年男性应该是无性的。在民间文化里，老年女性的性挑逗或展露魅力的行为会被认为是情感紊乱、堕落，或是一种沮丧而可悲地试图留住早已逝去的青春的证明。

艺术、历史和科学领域也表现出类似的刻板印象。大多数西方文学直到最近还表现出对老年人性生活的漠不关心或怜悯。当描绘性倾向时，老年男性的主要形象是一个可怜虫，而老年女性则是堕落的。乔叟（Chaucer）的《商人的故事》（*Merchant's Tale*）讲述了一个爱吹牛、名叫“一月”的老骑士的悲惨故事。一月娶了一个年轻的妻子，因为他的阳痿，给他戴了绿帽子。在中世纪的文学和绘画作品中，无能却好色的“老傻瓜”无法吸引并让一个年轻漂亮的妻子对他保持忠诚是非常普遍的。很多画作都是卢卡斯·范·莱登（Lucas Van Leyden）的《傻瓜和年轻女人》（*The Fool and the Young Women*，1520）和梅西（Massey）的《不般配的一对》（*Ill-Matched Pair*）的变体。《不般配的一对》表现了一个老男人试图用他的钱袋来引诱一个年轻的女人。其主题是老年男人心有余而力不足。

历史上将堕落和老年女性的性行为相关联的最暴力的时期，发生在欧洲的猎杀女巫时代，从15世纪一直持续到17世纪。关于猎巫的官方手册是《女巫之锤》（*Malleus Maleficarum*，1486）。这份手册的前面包括相信巫术源自肉体的欲望，而反常的性行为为巫术提供了证据。有记录表明，绝大多数女巫（例如，大约90%）是女性，年龄大都在五六十岁，其中很多人担任过助产士。

在科学领域，20世纪中期对人类性行为的先驱研究基本上就不关心老年人的性生活。在金赛（Kinsey）和他的同事收集的数据中，针对60岁以上人群的不到1%，在他们总计为1646页的书中，仅用7页的篇幅来探讨晚年的性生活。马斯特斯（Masters）和约翰逊（Johnson）在他们的经典研究中很少涉及老年人。这也许是有关性的年龄歧视的社会观念也影响了这些先驱科学家吧。

宗教思想的影响

大多数描写性的作家都指责早期基督教宣传“在婚姻和生育之外的性是一种罪恶”的观点。这些评论家认为西方宗教教义的开创者是圣奥古斯丁（St. Augustine），他的思想与那些很有影响力的中世纪神学家，如阿尔伯图斯·麦根斯（Albertus Magnus）和圣托马斯·阿奎那（St. Thomas Aquinas）产生了共鸣。尽管圣奥古斯丁的教义在后来的几个世纪里受到新教改革者的攻击，但他的教义的某些方面仍然在我们的文化中存在。对目前的讨论特别重要的是，教义中强调的性的目的不是为了生育（例如享受、舒适）是错误的，这意味着一种态度，即晚年的性行为可能是罪恶的。

圣奥古斯丁最有影响力的著作是《上帝之城》（*City of God*），他写了14年，完成于72岁。这本书把伊甸园描绘成一个没有贪欲、激情或痛苦的地方。圣奥古斯丁写道，这种宁静的存在对每个人来说都是可能的——如果亚当和夏娃没有犯罪，那么从怀孕到分娩的整个生育过程应该是和谐和让人沉思的。贪欲、激情和痛苦在圣奥古斯丁的伊甸园中是不存在的，它们既是罪恶的，也是罪恶的后果。性是罪恶的，但只有为了生育才可以容忍，这是圣奥古斯丁哲学的核心思想。

毫无疑问，圣奥古斯丁和他的继承者关于性的观念，如果不是在神职人员的权威高于民众的时代传播，将会受到猛烈的攻击。然而，在那个古典世界里，人们的读写能力和学习能力的下降导致很难对这些教义提出挑战，它们最终作为知识和教条被人们所接受。尽管罗马天主教会仍然对圣奥古斯丁的思想保持一定的忠诚，但像加尔文（Calvin）和马丁·路德（Martin Luther）这样的16世纪宗教改革者认为，把性生活限制在婚姻内没有什么错。杰里米·泰勒（Jeremy Taylor）在19世纪评论说，宗教改革者欣然接受把性作为生育合法子女、避免通奸、提供安慰及促进夫妻关系的一种手段。尽管宗教改革者的建议并没有将晚年的性行为贬低为不正常，但在婚姻模式之外，圣奥古斯丁的否决占了上风。

认为性是罪恶的观念在其他主要宗教哲学（如道教、儒教、印度教、佛教和伊斯兰教）中几乎不存在。这些宗教接受性而不是排斥性，一些宗教还认为性是启蒙的一种手段。《礼记》中甚至有对老年女性性生活有利的处方：对50岁以下的妾，建议她的丈夫每5天与她性交一次。

与其他宗教相比，早期基督教会建立的传统更多地支持性的年龄歧视，这一遗产在西方文化中流传了下来。但是，在未来几十年对这些传统的坚持似乎会减少。

性的年龄趋势

生理年龄变化

完整的性行为包括可以引起性交和高潮的前戏行为（例如：依偎、拥抱、亲吻、爱抚）。从生到死，人类对善意的触觉刺激都有积极的回应，没有证据表明享受感官体验的能力会随年龄的增长而丧失。尽管生理功能的年龄变化会对性能力产生影响，但对大多数老年人来说，性交或性高潮都不难完成。表 1 显示了与性表现有关的一些常见生理年龄变化，以及应对这些变化的建议。男性和女性的主要年龄变化包括性唤起延迟、性高潮强度减弱和更快的性消退。男性可能需要更多的刺激才能勃起，并且再次性交的不应期延长。女性可能需要额外的阴道润滑剂、对阴蒂的更多刺激及频繁的性生活来享受性交，带走不适。尽管与青年时期相比，老年人的性活力有所下降，但很多作者指出了一个错误的自我实现预言的危害，那就是性交在晚年几乎是不可能完成的。

性欲、认知和行为

对晚年性行为的研究直到 20 世纪 80 年代才成为研究的热点。一些调查驳斥了早期的观点，即性功能障碍和性欲降低不可避免地伴随着衰老。这些研究的局限性包括不充分的抽样调查，以及对性行为的测量仅限于自我报告的性交频率。20 世纪 90 年代及以后的几项调查在方法上更为有力，采用具有代表性的抽样方法和多种模式来测量性行为及认知。很好的例子是美国退休人员协会（AARP）和《现代壮年》（*Modern Maturity*）杂志分别在 1999 年和 2004 年进行的广泛的性行为调查。早期的研究（在本文中指美国退休人员协会的研究）包括从 45 岁及以

表 1　影响男性和女性性行为的生理年龄变化及应对方法

男性的变化	女性的变化
性唤起不容易了	阴道润滑变慢且量少
勃起需要的时间变长	阴道壁变薄，易引发不适
勃起不像以前那样坚硬	阴道变短变窄，延展性降低
尿道收缩变慢以致性兴奋不强烈，射精时间延长	阴蒂受刺激后易疼痛，在晚年还会萎缩
射精后回到性唤起前的状态所需时间更短	膀胱和尿道（尿液通过）易受刺激和细菌感染
射精后阴茎再次勃起所需时间更长	性高潮时阴道收缩频率减少，可能会疼痛
应对上述生理变化的实用建议	**应对上述生理变化的实用建议**
这些变化的积极影响是，老年人比年轻人更能控制好自己的性行为；更容易延长性交时间。负面的影响是，男性可能需要更多的刺激进行性唤起，并且性交频率也减少了	老年女性需要注意保持清洁，性交时使用润滑液，并保持性生活的活跃。即使是短暂的禁欲，也可能导致恢复性交时的短暂不适

上人群中随机抽取 639 名男性和 745 名女性，这类人群在美国家庭中具有广泛代表性。提供数据的专门小组成员的应答率为满足这套入选标准的人群的 76%。年龄效应分析比较了最年轻组（45～59 岁）、居中组（60～74 岁）和最年长组（75 岁以上）。因为美国退休人员协会的研究也许是现代美国老年人性生活最准确的写照，所以后续的讨论将使用该研究结果来说明年龄趋势。

美国退休人员协会研究中的性兴趣和性活动指标包括对性的想法、性欲和性行为多项指标。表 2 显示了调查对象至少每周发生以上情形的百分比。表 2 的上面两行数据显示了关于对性的想法和性欲的两个主要趋势。第一，所有年龄段男性的水平都比女性高。这一趋势与其他发现一致，即不论年龄大小，男性的性认知往往高于女性。第二，在两个性别组中，对性的想法的频率都随年龄增长而降低。

美国退休人员协会调查的性行为包括接吻和拥抱、性接触和爱抚、性交、口交和自慰。除了自慰在任何年龄段女性中的比例都很小，表 2 的第 3～7 行数据表明，最年轻组的男性和女性至少每周发生其他性行为的频率很接近。最常见的行为是接吻和拥抱，接下去是接触或爱抚、性交、口交。每一种行为的频率都随年龄的增长而下降，女性的下降幅度普遍高于男性。其他几项研究显示，性交频率的各年龄组下降幅度相当。尽管大多数研究比较的是不同年龄组人群，但纵向研究也显示了类似的趋势：在过去的 10 年里，60 多岁男性每月性交次数比他们 40 多岁时减少了 3 倍。

性交中达到高潮的可能性可能会随年龄的增长而下降，但对大多数老年人来说仍然属于经验范畴。在美国退休人员协会调查中，超过 75% 的任何年龄段男性报告说他们总是或经常在性交中达到性高潮。女性报告

表 2　受访的三个年龄组中男性和女性至少每周会发生性行为的百分比及有性伙伴的百分比

测量	男性			女性		
	最年轻组	居中组	最年长组	最年轻组	居中组	最年长组
对性的想法	83%	53%	36%	42%	14%	4%
性欲	86%	54%	37%	41%	21%	8%
接吻或拥抱	77%	73%	63%	72%	49%	28%
性接触或爱抚	69%	61%	45%	61%	37%	15%
性交	55%	31%	19%	50%	24%	7%
口交	20%	6%	9%	19%	2%	1%
自慰	33%	14%	5%	4%	2%	1%
有性伙伴	84%	79%	58%	78%	53%	21%

性高潮的比例较低，最年长组中有46%的女性报告说她们很少或从未达到过性高潮。

这些关于年龄趋势的研究表明，与同龄女性相比，年龄居中组的男性对性的渴望、联想和自慰都更频繁，更有可能报告性高潮。所有其他形式的性行为（接吻和拥抱、性接触和爱抚、性交、口交）在不同性别组水平相当。所有性行为指标都会随年龄的增长而下降，在大多数指标上，女性比男性下降得更多。但是，这些下降是多种因素作用的结果，而不仅仅是年龄造成的。

性的年龄趋势的影响

机会和态度

男性和（特别是）女性的性活动发生率随着年龄的增长而下降的原因包括机会和态度。发生性行为的机会取决于是否有一个性伙伴。大多数关于晚年性行为的出版物都指出，缺乏性伙伴是老年女性比老年男性的性活动水平低的主要原因。这一差异的根源在于人口统计数据：配偶年龄差异、预期寿命的性别差异及丧偶后再婚率的性别差异，都会导致老年寡妇多于老年鳏夫。

表2最下面一行数据显示了美国退休人员协会调查中男女有性伙伴的比例。在最年轻组中有性伙伴的男性和女性的比例接近，分别为84%和78%。但是，在最年长组中，有性伙伴的男性（58%）要远远多于女性（21%）。这些百分比与各个年龄段的男女再婚率相近似，表明婚外性行为在这些样本中并不常见。其他研究发现，除了自慰，有性伙伴的男性和女性在其他所有性行为的频率上几乎相同。没有性伙伴的老年男性的性行为频率要低于有性伙伴的老年男性，而没有性伙伴的老年女性的性行为频率几乎是零。这些发现支持了缺少性伙伴是导致性生活随年龄减少的原因的假定。

对婚外性行为的否定态度会限制未婚者发生性行为的机会。美国退休人员协会调查发现，女人比男人更认同婚外性行为是错误的这一观点，而且在老年人群中，坚持这种态度的比例更高。在最年长组中，有一半的男性和三分之二的女性认为婚外性行为是错误的。

健康和残疾

很多疾病、残疾、手术、药物，以及疼痛或不适的来源，会直接或通过降低性欲影响性行为。因此，美国退休人员协会的研究显示，在报告没有疾病和未服用任何药物的人群中，性认知、性欲和性行为的频率最高也就不足为奇了。尽管很多疾病对性的直接影响是急性的而非慢性的，并且在成功处理诱发因素后会减弱，但对疾病的心理反应或因处于恢复期可能会延长紊乱的时期。最近的出版物提到了抑郁症对性的影响、脑卒中或心脏病发作后的不良心理反应及乳腺癌的治疗。在治疗期或康复期，可能有必要进行干预来破除以下迷信：性生活是有害的，性能力会受损，病好后性欲和亲密感会减弱。

某些药物（如β-受体阻滞药、三环类抗抑郁药、皮质类固醇和多数镇静剂），消遣性药物（如酒精），以及疼痛和不适（如关节炎、背痛）可能会抑制性行为。有很多文章都讨论了缓解这些问题的方法。

慢性神经系统疾病，比如痴呆，可能会影响性行为和建立亲密关系的能力。关于痴呆患者的性行为研究表明，一半或以上的患者在患病期间表现出消极的性行为变化，尽管他们的性交频率在疾病后期以前仍保持与其他同龄人相当的水平。一些痴呆患者表现出性行为的减少，对伴侣的考虑比以前要少；还有一些则对性更感兴趣，或产生过度的、带有侵略性或不合适的性欲；其他人则表现出对性的兴趣降低，尽管他们可能仍需要身体接触（如依偎、亲吻和拥抱）。在整个患病的过程中，患者和伴侣之间的性亲密关系需要不断重新定义，如有需要，可寻求支持小组或专业人士的帮助。

尽管很多痴呆患者的配偶将照顾过程视为一种负担，并因疾病对认知和人格的影响导致亲密关系的丧失而感到遗憾，但其他照护者的反应却不同。这些照护者报告说，与患者的关系更加亲密了，特别是在疾病的早期阶段。这种亲密关系的增强似乎是由于他们在那段时间对患者的奉献。

其他研究则考察了性行为对预防后续疾病的积极作用。不管一个人在基线评估时是健康的还是残疾的，性生活活跃的人与同龄组不活跃的人相比，经历后续疾病的可能性较低。

对性功能障碍的治疗

老年男性性功能障碍的主要原因包括勃起困难和性欲低下。临床研究报告的一个问题是，有时候伴随勃起失败的羞耻感会抑制性兴趣，并导致性行为的中断。很多临床医生指出，如果一对夫妻停止过性生活，那么可治疗的勃起功能障碍是最常见的原因之一。美国退休人员协会调查中关于阳痿的数据表明：自我报告完全阳痿的男性比例，从最年轻组的 2% 上升到最年长组的 38%。公认的女性性问题包括性欲低下、性唤起障碍、性高潮障碍和性交疼痛。尽管一些作者警告不要使用医学分类方法来描述女性性行为的个体差异，但无论男女，相对很少有老年人在性交困难方面寻求帮助或得到治疗。

1999 年美国退休人员协会的研究表明，只有 13% 的男性和 6% 的女性在性功能障碍方面向他们的私人医生寻求了治疗。在接受任何治疗的患者中，男性和女性分别占 10% 和 7%，最常见的治疗方法分别是伟哥和倍美力（Premarin）。在 2004 年美国退休人员协会的调查中，寻求性方面的信息或接受性功能问题治疗的男性和女性人数显著增加。

早期对男性勃起障碍的治疗包括前列地尔注射和阴茎假体植入术。1998 年以后，这些治疗方法随着帮助勃起的伟哥和其他磷酸二酯酶抑制剂（如他达拉非、伐地那非）的应用而大大减少。伟哥上市后的 4 年内，美国商业保险用户的数量增加了 84%，尤其是45岁及以下的男性。对伟哥疗效的研究表明，与安慰剂相比，伟哥能改善勃起功能。关于治疗成功的研究表明，一半或更多的有勃起困难的老年男性报告说，经过一个疗程的治疗后，性表现有所提升。

除了改善性表现外，伟哥的治疗还可以促进与性伙伴的关系质量。在多项研究中，使用伟哥的男性对性交的满意度要高于使用安慰剂的男性。使用伟哥的男性伴侣还报告了其他方面的积极变化，包括亲密无间感的增强、争吵频率的下降。但是，一部分成功治疗的男性停止使用伟哥。中止的主要原因包括缺少性伙伴，以及男性或他的性伙伴不愿意恢复性关系。

尽管像伟哥这样的磷酸二酯酶抑制剂有助于勃起过程，但在睾丸素水平低（如性腺机能减退）的情况下可能会无效，它会导致性欲低下、勃起失败、情绪抑郁、疲乏、骨质疏松和肌肉减少。睾丸素低的男性，包括那些单独用西地那非治疗无效的男性，可能对睾丸素替代治疗反应良好。

对亲密关系的情感准备是满足性关系的必备前提。性治疗专家通过专业咨询帮助老年男性和女性纠正关系问题，缓解性难题。咨询的一个方面涉及性唤起的来源，男性多从视觉和触觉，而女性多从情感。另一个则涉及当阴茎不可能插入阴道时，性满足如何获得。家庭医生治疗性功能障碍方面的缺点包括过分依赖物理治疗，且没有通过必要的咨询来提供包容性的治疗环境。

性选择和性满意度

性选择

在异性恋中，男性的性伙伴通常是同龄的或年轻的，而女性的性伙伴通常是同龄的或年长的。配偶选择上的进化论观点认为，这种偏好反映了生殖策略上的性别差异。男性选择女性，看重她们的年轻和吸引力；而女性选择男性，则是他们提供资源的潜力。在晚年配偶的偏好则反映了对陪伴的需求。

关于约会的质性研究发现，老年人认为陪伴是主要因素。对社区报纸个人专栏广告的定量分析表明，不同年龄的男性和女性对择偶年龄存在进化论预测的方向上的差异。但是，同样的广告表明，老年人群主要认为友谊是一段交往中的理想品质，而老年女性尤其不愿提及长期承诺。

老年的男同性恋者、女同性恋者、双性恋者和变性人是一类基本上很少出现在老年性行为研究中的群体。尽管这些人在人口中占少数，但在愿意参与性研究的老年人群的比例可能低于年轻人群。尽管最近的医学文章包括几项强调性传播疾病风险因素的研究，但其他多数研究关注的是老年男同性恋者和女同性恋者的健康、社会服务和社区需求。

性满意度

尽管报告的性满意度会随年龄的增长而下降，但美国退休人员协会的研究中，更多的受访者对自己的性生活表示满意，而不是不满意。毫无疑问，性伙伴的存在会带来更高的性满意度。不管有没有性伙伴，女性的性满意度要高于男性（不满意的女性较少），在其他研究中也发现了类似的性别差异。这些发现和其他研究结果一致，表明了老年人的性满意度是正常的。在任何年龄，性满意度的最强预测因素包括受访者伴侣的性满意度。

养老机构中的性

长期照护带来了特殊的挑战，因为很大一部分住户患有某种形式的痴呆。对没有痴呆的人来说，隐私应该是他们享受性关系能力的首要条件。尽管一些机构为住户提供了便于老年人享受性生活的私密空间，但其他人的态度可能会为愉悦的性表达设置障碍。首先，长期照护中心里的其他住户会对性活跃的住户不支持或怀有敌意，并斥责工作人员允许这样的行为发生。其次，一些住户的性活动可能会引发其他住户的不满或嫉妒情绪，并导致照护中心内部的冲突和不和谐。最后，工作人员性年龄歧视的态度可能会导致对性活跃住户的忽视或排斥。一些评论人士认为，工作人员的这种反应是一种情感虐待。

痴呆患者的性行为除了涉及社会和专业问题外，还带来了特殊的伦理挑战。对痴呆患者来说，首先要考虑的是他们的欲望和能力。尽管没有很好的理由阻止痴呆患者享受性关系，但尊重他们的愿望并确保没有强迫或不必要的劝说是很重要的。非自愿的性行为的例子包括其他住户或居住在照护中心外面的居民的配偶的性侵犯。在一些案件中，有可能会对主张夫妻关系权利的配偶实施的性侵犯提起刑事诉讼，因为这威胁到痴呆住户的健康。

工作人员将自己对不得体性行为的态度和观念带到了长期照护中心。住户在性方面的行为会冒犯一些工作人员，特别是如果他们认为这种行为不符合社会规范的时候。工作人员甚至对痴呆住户负有一定的个人责任，可能会错误地将不恰当的性表达归因于这些痴呆住户的性格，而不是疾病造成的判断力差。工作人员也意识到他们有责任不让自己暴露在住户的性侵犯中，这些感受可能会影响到他们对一些住户的行为。因为长期照护中心的工作人员只接受过关于住户性取向的初级培训，这只是对他们的教育计划的一部分，因此持续的在职培训是至关重要的。

结论

有证据明确表明，与西方的性年龄歧视传统相违背，性兴趣和性行为会从中年一直持续到老年。尽管生理变化会对性生活产生质的影响，但随着年龄的增长，数量的下降与机会有限、疾病和残疾，以及出现问题却不能获得治疗有关。关于态度的研究显示出性在中老年人的生活中的重要性。大多数有伴侣的人认为性生活对他们的关系质量至关重要；而没有伴侣的人则认为亲密关系不那么重要，并且报告说生活质量也不高。

因为性生活对亲密关系是如此重要，所以直到 1999 年才有相当少的老年人因性方面遇到的困难而寻求帮助，这一发现似乎令人惊讶。之所以如此少是有原因的：第一，性的年龄歧视促成了一个自我实现的预言，即认为老年人在性方面的限制是正常的；第二，有效的治疗性功能障碍的口服药最近才出现，并且只针对男性；第三，两性关系的机会和质量是性享受的制约因素，特别是对女性而言；第四，同其他活动一样，远离造成的影响同样适用于性生活：不参与性生活会导致性冷淡。

与晚年性行为相关的文化变化既是明显的也是迫在眉睫的。这些变化涉及对性的方面出现的问题的治疗和性参与的机会。首先，性的年龄歧视随着伟哥的发明而减弱，晚年性行为被重新评价为正常的和可取的。结果涉及老年人群的性功能障碍的治疗明显增多了。由于伟哥的应用被认为是年轻人的催情药，未来的老年人群可能在性问题上寻求帮助时会少一些顾虑。其次，医学界对疾病和残疾对性行为的影响的认识和敏感性正在提高。这些变化应为促进治疗提供支持性环境。最后，认为“婚外性行为是错误的”观点在年轻人中减少了。这些人群也更能接受非传统的性取向和生活方式。一个可能的结果是，丧偶或单身的身份可能不是未来获得性机会的难以逾越的障碍。

这些文化变化的预期影响包括对老年人的性年龄歧视，即认为性通常会在老年生活中消散的观念的逐渐转变。取而代之的观点可能会认为，性行为会一直持续到生命的晚期是人类的正常选择，性功能障碍这种状况是可以治疗的，而性冷淡是一种不幸而不一定是异常的心理状态。

另请参阅：勃起功能障碍；长期照护。

拓展阅读

AARP/Modern Maturity（1999）*AARP/Modern Maturity Sexuality Study*. Washington, DC：AARP.

Butler RN and Lewis MI（2002）*Love and Sex after 60*，4th edn. New York：Ballantine.

Kandeel FR，Koussa VKT，and Swerdloff RS（2004）Male sexual function and its disorders：Physiology，pathophysiology，clinical investigation and treatment. *Endocrine Reviews* 22：342-388.

Montorsi F and Althof SE（2004）Partner response to sildenafil citrate（Viagra）treatment of erectile dysfunction. *Urology* 63：762-767.

Palmore EB（1981）*Social Patterns in Normal Aging：Findings from the Duke Longitudinal Study*. Durham，NC：Duke University Press.

Rossi AS（ed.）（1994）*Sexuality across the Life Course*. Chicago，IL：University of Chicago Press.

Starr BD（1985）Sexuality and aging. *Annual Review of Gerontology and Geriatrics* 5：

97–126.

Sternberg RJ (1986) A triangular theory of love. *Psychological Review* 93: 119–135.

Stones L and Stones MJ (2004) *Sex May Be Wasted on the Young*, 2nd edn. Toronto: Captus Press.

Walsh KE and Bergman JR (2004) Sexual dysfunction in the older woman–a review of the current understanding and management. *Drugs and Aging* 21: 655–675.

译　者：田　阳（北京大学）
校译者：张雅璐（北京大学）

休闲

N. L. 丹妮杰利斯 佛蒙特大学，伯灵顿，佛蒙特州，美国

词汇表

年龄效应、队列效应和周期效应（Age, Cohort, and Period Effects）——年龄效应是由个体增龄而产生的生物、心理或社会方面的变化所导致的。例如，反应时间的减少是一种年龄效应。队列效应是由出生队列的差异造成的。今天的老年人更热衷运动，因为他们从小就学习体育活动；而 50 年前，他们的前辈们忙于帮助家庭在农场劳动，无暇大规模地学习体育运动。最后，周期效应是由不同年龄人口所经历的共同事件引起的。例如，经历过“911 事件”和伊拉克战争对人们的影响，不管他们现在的年龄如何。

忙碌伦理（Busy Ethic）——退休期间从事生产性活动的价值。“忙碌伦理”指老年退休人员的功能，相当于“新教工作伦理”。一个关键区别在于“生产性”一词的有意使用。忙碌伦理并不强调那种经常被称为白费力气的活动；相反，老年人的日程中充满了桥牌、高尔夫、志愿活动、购物和照看孙辈等活动。

精英休闲和大众休闲（Elite and Mass Leisure）——精英休闲是通常被称为高雅的娱乐活动，如古典音乐、阅读严肃文学等。相比之下，大众休闲指的是与大众普遍相关的各种自由时间的活动，如体育赛事、电影和其他通俗的活动。

心流（Flow）——是指参与任何需要全神贯注于手头任务的活动，以至于让时间的概念变得毫无意义的概念。这种行为代表了任务需求和个人完成任务的能力之间的精确匹配。心流可以发生在许多制度环境中。有关心流的例子，可以是一个科学家无视周围的环境，一心一意解决特别棘手的数学问题；也可以是在一个相对简单的挑战中，一个孩子第一次没有出错地一直全神贯注地玩“筷子”。

休闲（Leisure）——通常被描述为自由时间的活动，如娱乐或游戏，休闲被认为是一种跨越时间和活动维度的复杂体验。从历史上看，它的范围从古希腊的概念（以音乐和沉思为例的状态）到早期清教徒的概念（“万恶之源”）。如今，休闲被视为一种多维概念，反映了个人在社会价值观和规范背景下的观念。

游戏（Play）——通常适用于孩子不受

限制地享受时刻，无论活动的性质如何，游戏通常被认为是没有外在动机、只是为了自身的活动。游戏也常被认为强调探索——对环境的探索和对自我的探索。

娱乐（Recreation）——作为休闲、游戏和娱乐三者中的成员，娱乐强调人们所从事活动的元气。娱乐通常被视为一种为准备重返工作而重新激发个人活力的方式，对社会和个人都有积极的影响。

时间深化（Time Deepening）——时间的三维化。时间深化的特点包括多任务、加快活动速度、用更快的活动代替较慢的，以及为组织活动保持精确的时间表。也许没有哪项技术创新比个人电脑更能说明时间的深化：例如，人们经常有电子邮件、文字处理工具、互联网搜索引擎、音乐下载器，也许还有一两个其他任务同时运行，其中一个任务在它们之间来回切换。强大的内存加速了计算机上执行的所有任务，从而简化了多任务处理。最后，对于那些有拨号上网功能的人或者那些受时间限制的人来说，安排自己的工作变得至关重要。

引言

休闲通常被描述为仅仅是空闲时间的活动。从这个意义上讲，同游戏相比，休闲与娱乐有着更多的共同点——游戏和娱乐这两个术语经常被混淆。在另一个极端，休闲被认为代表一个人所向往的一种存在状态。在这里，休闲与许多学者所认为的以自我探索为重点的游戏有更多的共同点。然而，大多数社会科学家认为休闲是比简单的自由时间更复杂的东西，但也不像一个终身生存哲学的基础那般野心勃勃。正如许多人所说，如果休闲是一种有特定的自我表达目的、有时间限制的活动，那么就我们的目的而言，试着描述老年人的休闲活动，并且将其与他们年轻时的休闲活动以及与年轻一代的休闲活动相比就有着重要的意义。一个主要的问题是缺乏对超越空闲时间衡量范围的休闲的操作性定义，因此将后者作为一个起点。最后，关于晚年休闲的现有证据可以让我们对社会老龄化理论中所反映的知识现状以及一个人如何成功老龄化提供一些见解。

休闲概念化

在早期社会，休闲被认为最类似游戏，通常与工作活动密不可分，这种生活节奏受季节性和日常时间周期的调节。在这种情况下，休闲的价值在于对已完成工作的庆祝。当社会变得更加分化、劳动分工正在形成时（甚至在工业化之前，但肯定在工业化社会中达到了顶峰），休闲的主要价值体现在它的娱乐作用上，它使得人们有足够的精力回到工作中。在当今科技发达的社会中，休闲的作用据说正演变成一种主要的生命力，其价值在于消费，保险杠贴纸和T恤衫上写着“我要购物”“明天只剩一天购物时间了”

等标语就说明了这一点。鉴于这种极端的观点，许多学生参加有关休闲的课程并宣称“休闲正如我所说”就不足为奇了。为了避免语言混淆，我们可以考虑以下关于休闲的定义性讨论。

休闲的规范性、名义性和操作性定义

休闲的定义贯穿了历史的各个领域，从休闲作为一种包含一个人的整体存在的生命力，到空闲或剩余时间的休闲。正如德格拉齐亚（DeGrazia）所指出的，这些不同的定义有着不同文化对休闲的规范立场的历史根源。在古希腊，休闲被尊崇为一种人们向往的状态——如果一个人是自由的男性公民，那就如此。然而，在新教改革后的清教徒时代，休闲成为“魔鬼的女仆”，因为空闲时间象征着与上帝和虔诚工作的决裂。然而，正如韦伯在工作方面所指出的，休闲是一种社会结构，是社会价值观、信仰和规范的产物；因此，它既不是天生的好，也不是天生的坏。纳什（Nash）的“休闲金字塔”（leisure pyramid）模型从危害底层社会的行为延伸到顶层的创造性活动，体现了休闲活动的广泛范围。

在老龄化的背景下讨论休闲需要我们注意不要以我们认为休闲应该适用于老年人或者其他任何人的方式去试图改变想法。然而，这造成了一种两难的困境，因为任何休闲的定义都不是个体在空闲时间所做事情的同义词，而是存在看似基于规范的风险。寻找休闲的有用定义更加复杂化，因为游戏和娱乐的定义交叉到休闲领域。例如，40 多年前，纽梅耶斯（Neumeyers）、米勒（Miller）和罗宾逊（Robinson）提出，娱乐是一个人在闲暇时的行为。十年后，托尔伯特（Torbert）和罗杰斯（Rogers）发现，人们在空闲时间所表现出来的嬉戏程度，可以用来衡量他在生活中所拥有的闲暇时间。值得一提的是，这本百科全书没有关于游戏或娱乐的文章。

为了向当代社会科学家传达休闲的含义，以下三个名义上的定义将休闲与空闲时间区分开来，并倾向于将休闲同娱乐和游戏区分开来。它们是国际社会科学组织对休闲的定义，它们指出休闲活动是一个人在正常义务履行完毕后的空闲时间内的行为，但也强调此类活动的范围，包括简单的休息和娱乐，或让一个人增加知识和提高技能，或对公益事业有所贡献；杜马齐迪耶（Dumazedier）将休闲理解为“以自我实现为最终目的的时间”；凯利（Kelly）将休闲理解为“关注体验而非有作用的结果的活动”。

如果转向经验世界，休闲的定义开始遵从空闲时间的定义，这个概念比休闲更容易管理。帕克（Parker）将生活空间划分为时间使用和活动限制，这是找到一个在操作上有用的休闲定义的特别有效的方法。时间要么用于工作（即有偿工作），要么用于非工作。在非工作时间内是生理需求，如吃饭和睡觉，与家庭、家务等有关的非工作义务，以及他所谓的休闲。活动可能反映出约束或自由。对于带薪工作，需要上下班通勤，但在通勤期间从事的活动可以在不同程度上自由选择。其中包括随意交谈、阅读、听音乐或有声书。休闲在与工作相关的娱乐活动中更为明显，比如与客户打高尔夫球或网球。

对于完全与有偿工作无关的活动，也适用于同样的限制。例如，在满足生理需求上，吃饭和睡觉是绝对必要的，但是在与朋友一起吃零食和喝酒方面，限制开始变得不那么明显。最大的自由在于那些我们称之为休闲的活动：为快乐而读书、追求爱好、运动等。然而，当这些活动在家庭环境中与孩子一起进行时，当然也包括作为与工作相关的活动的一部分时，局面又回到了更大的限制。

第二种分类方案是美国人在时间使用项目中使用的相对简单的方案：带薪工作、家庭护理、个人时间和空闲时间。此方案在每个类别中提供了更精细的划分，这些分类内置隐式（如果不是显式的话）活动差异。例如，空闲时间分为教育、组织、娱乐，或社会、娱乐和交流活动。第三种分类区分一级、二级和三级活动。从 40 年前开始，关于时间使用的跨国研究以及美国的时间使用趋势数据采用了前文所述的几种分类方案，但随后通过详细说明在同一时间段内进行的首要、次要和第三类活动，对时间使用进行了更进一步的描述。这种对多任务处理的承认似乎优化了研究人员的能力，以确定某一特定时间段是用于纯粹的休闲还是包含休闲和非休闲活动元素的混合。

为什么我们要称之为休闲?

各种各样的说法都认为休闲是一种社会制度、社会领域或社会维度。虽然有些人认为，要使休闲成为一种制度，必须将其归入工业社会及其后果，但这似乎是一个限制性太强的焦点。如果我们认为社会机构是以满足人类需求为导向的信念、价值观和规范的交织，那么在狩猎、采集和园艺社会中，游戏和类游戏的行为的功能似乎符合这一定义。如前所述，如果我们对休闲的定义包括相对自由和个人成长的潜力，那么这种早期游戏也应被视为休闲，即使是在通过运动模拟战争的背景下。

凯利在这本百科全书的第一版中，通过将休闲作为一个领域进行对比，对休闲在生活中的地位做出了略微不同的论证，其中具有“基于社会分配的时间和空间参数”，将休闲作为一个维度，他认为“更多的主题可以在不同的领域中以不同的形式出现”。这一区别表明，领域视角更符合上一节所述的休闲的操作化定义，而维度焦点则强调在各种不同的活动（包括带薪工作）中发现的总体信念和价值观。

休闲也可以用多维的方式来处理。作为一种社会制度，休闲的确满足了人类的基本需求和欲望，因此也能为更大的社会服务。休闲作为一个领域，可以让我们衡量行为在时间和空间上的各个方面，这些方面通常与人们一般认为的休闲有关，但更多的是被描述为空闲时间活动。同时，休闲作为一个领域提醒我们，它可能不受时间和空间的限制，这一点可以从工作中开玩笑、与孩子玩耍以及经常在与老年人相关的各种活动中得到证明。非营利组织的志愿服务等活动包含了许多与工作相关的价值观，但仍然充满了许多休闲品质：如自由，包括选择志愿服务地点的自由、是否继续参加志愿服务的自由，以及参加多少志愿服务的自由。此外，个人成长的可能性当然还包括休闲的另一个重要价值（参见“老年人的志愿活动”）。

理解晚年的闲暇

社会老龄化

理解与休闲相关的社会老龄化，最相关的观点似乎是那些直接涉及老龄化个体内部的连续性和不连续性以及它们如何与老年人的福祉相关的论点。在过去的 25 年里，两个在老年学思想中争夺主导地位的理论——备受争议的脱离理论以及与之对立的活动理论——在某种程度上已经退居幕后，转而支持连续性理论及其修正者，后者强调老年人的适应能力。脱离理论假设一个人与同事、家人和朋友的角色关系理性地脱离，这一假设受到了严重的理论和实证攻击。诚然，该理论可能过于依赖于生物还原论，并代表社会为在不远的过去对老年人的虐待道歉，但是，这一观点可能有一个核心真理，即某些人的老化可以通过一个脱离镜头而被看到。

活动理论也受到了攻击，主要是因为在许多旨在显示老年人高水平活动与高水平幸福感相关的横断面研究中缺乏可证明的因果关系。基于使用纵向数据的研究，我们发现在闲暇时间从未特别活跃于社交活动的老年人可能会对自己社交参与水平的不必要增加感到不满，这表明活动水平与幸福感之间的关系比最初认为的更为复杂。低水平活动和高水平活动的持续可能与幸福感呈正相关，而不是高水平活动本身。同样，对于一些老龄化人口来说，变得活跃可能是成功老龄化的关键。这些人说明了埃克尔特（Ekerdt）关于忙碌伦理的概念，即退休和工作的“新教伦理”是平行的。

乍一看，连续性理论及其修正者似乎是一个能最有效地收集休闲活动与幸福之间联系的整体。当然，对于许多人来说，退休作为一个主要比例的不连续性，使得理论和数据之间的契合变得复杂化。然而，忙碌的伦理思想再次提出了一种理想方法，通过这种方法，这种不连续性产生的问题可以最小化。

义务与休闲的理论联系

尽管许多人会争辩说，大部分人可以在没有带薪工作的情况下享受休闲（包括儿童、失业者、囚犯、全职父母，当然还有退休人员），但在 20 世纪后半叶，关于从事各种形式休闲的原因的许多思考都涉及带薪工作。如果一个人用有义务的时间代替有报酬的工作，那么绝大多数儿童和成人将被下面的讨论所涵盖。基于有关有偿工作和他人提供的休闲活动之间的关系的争论，人们可以从三个方面对休闲与义务活动（主要是有偿工作，但也包括学校、家庭和家庭义务）的关系进行概念化。虽然这些论据通常被用来说明男性从事有偿工作，但将这些观点应用于老年人及其义务——女性和男性，以及他们是否属于劳动力——似乎也是一种恰当的用法。我们需要考虑以下内容：

首先，义务和休闲之间可能存在正相关。这种积极的联系代表了四种观点。有人认为，工作是如此充实，以至于它溢出后渗入一个人的空闲时间。在生命周期的整个过程中，这个现象可以通过一个人的事例来说明，这个人的教学一直很充实，以至于她不会停止，而且利用退休后的空闲时间继续做她想做的事情：教学。配偶可能仍是家里的主厨，因为这是他喜欢做的事；他不仅为维持生计而做饭，还可以随时为朋友和家人做饭。在所有这些情况下，人们都会期望契克森米哈赖（Csikszentmihalyi）的心流理念能够运作——至少在某些时候是这样。

其次，有偿工作和休闲之间可能正相关，这一点可以通过这位现已退休的教师来说明。这位教师的兴趣从工作延伸到休闲，因此自愿在宗教学校教书，出于乐趣为她的孙辈及自己读书。她的休闲反映了她的工作兴趣。在这种情况下，流动的机会也会增加。溢出和扩展都可以归入活动理论和连续性理论以及埃克尔特的忙碌伦理概念。对于许多老年人来说，退休意味着用一套关于时间的有效利用的行为和价值观，来交换一套平行的行为和价值观。

最后，个人的义务世界和休闲世界都可能无法实现，而这些领域实际上可能会相互补充。装配线工人由于工作单调而感到身心疲惫，也许可以通过每天晚上喝得酩酊大醉来忘却烦恼。同样，当他退休后，他可能会做出同样有害的行为来填满他的空闲时间：饮酒更多、盲目看电视、与家人和朋友打架。在某种意义上，义务与休闲之间的联系是积极的，因为消极行为会引发更多的消极行为。虽然这里确实有一种连续性，但并不是那种能带来幸福的东西。这些人可能会开始脱离，作为他们处理不快乐的一种方式；这种脱离可能是有意的，也可能是无意的。最后，帕克所说的中立是指一个人既不从事工作或履行其他义务，也不通过空闲时间参与活动的情况。这些所谓的“灰色人”生活在灰色的生活中，他们在情感上与生活脱节，经常会敷衍塞责。同样，义务和休闲之间的联系是积极的，因为在一个领域缺乏参与反映了在其他领域也缺乏参与。我们不期望这些老年人发生变化，除非他们像以前讨论过的不幸福的同胞一样开始脱离社会。

上述所有案例似乎都支持老年学连续性理论的基本论点。

义务与休闲之间也可能存在负相关。这里有两个观点。第一个是义务和休闲的对立领域。因此，如果一个女商人退休了，花时间学习如何做一个制作家具的木工，她可能已经在退休前的几年里把家具制作作为一种爱好，在这种情况下，也说明了义务和休闲之间的对立。另一个例子是国家公园经理，他在户外度过了许多工作时间，但他通过阅读放松，当他退休时，他准备写下与公众相处的经历。第二个负面关联是补偿性地使用好的休闲来承担坏的义务。这一场景最能体现在个人的例子中（通常是虚构的），这个人的工作世界充满了无尽的沉闷和无聊，但他通过绘画获得了平静和宁静，这是一项退休后的活动。更可能的是，那些工作相当疏远的人，他们通过改变职业来减少疏远感。尽管存在一些经验证据表明这是过去发生的，但裁员和外包所产生的雇主和雇员之间的新关系可能会促进这种明显的根本性变化。如果是这样的话，在做出改变人生的决定之后，老年可能会到来，因此，老年代表了一个人（最近）工作生活的连续性。

义务和休闲之间可能不存在联系。这样的论点并不意味着对一个人的义务或休闲有强烈的承诺；同时，这个论点所描述的个人并没有脱离他们的义务和自由时间，因此他们符合前面描述的中立模式。相反，休闲对于那些非常喜欢自己工作的上班族来说是一种娱乐形式，他们利用为期两周的假期的一部分时间去旅行，欣赏新的风景，其余时间去花园里玩。他们的退休生活将充满各种各样的活动，其中只有一些反映了他们的工作生活（如阅读）和家庭责任（如缝纫、绗缝）；其他活动将包括与他们的义务世界无关的活动（如旅行、骑自行车）。从历史的角度来看，他们的休闲最能被理解为罗马复兴意义上的消遣，或是乌托邦式的时间分割观念中的闲暇，这种观念没有规定当一个人的义务完成后该做什么。这些人可能最能说明连续性理论，因为他们要么继续，要么用他们一直从事的功能等效行为来代替，要么因为他们将在老年时适应环境的变化（参见“退休”）。

作为活动、时间和金钱的休闲

对晚年休闲的实证分析充满了各种各样的问题。当然，第一个问题是，无论年龄组如何，所有个体休闲的名义定义和操作化定义之间可能存在脱节。确实存在的数据通常将休闲作为一个剩余项来衡量。剩余休闲的三个最普遍的衡量标准涉及空闲时间的不同维度：所从事的活动、所用的时间和所花的金钱。每一个标准都有其自身的优点和缺点，因此它们可以一起提供一个对老年人使用空闲时间的合理准确的看法，并由此扩展到老年人休闲的概念中。

休闲活动的追求

研究者对人们所从事的活动进行了广泛的测量，包括大众休闲活动和精英休闲活动。表 1 和表 2 按活动和年龄组列出了参加选定休闲活动的国家数据。在表 1 中，百分比排名靠前的项目表明，电影（60%）、游乐园（42%）、体育赛事（35%）等大众休闲活动吸引的人最多。列表底部那两个年龄最大群体的百分比情况也反映了电影的流行程度，但 65 岁以上人群的第二大参观场所是艺术博物馆——一个精英文化场所。

对每一列百分比的比较表明，电影（83%到 20%）和游乐园（58%到 10%）的观众人数从最年轻的年龄段到最年长的年龄段呈明显的线性下降，体育赛事的观众人数下降幅度略为温和（46%至 11%）。最后四个场馆的百分比实际上随着年龄的增长而增加，直到 45~54 岁这个年龄段；然后略有

表 1　1992—2002 年美国不同年龄段人口各种休闲场所的出席情况

年龄段	年份	过去一年中至少出席一次/%						
		电影	体育赛事	游乐园	爵士乐表演	古典音乐表演	非音乐剧	美术馆
所有	2002	60	35	42	11	12	12	27
	1992—2002	+1	−2	−8	0	−1	−2	0
18~24 岁	2002	83	46	58	11	8	11	24
	1992—2002	+1	−5	−10	0	−2	−2	−5
25~34 岁	2002	73	42	56	11	9	11	27
	1992—2002	−3	−5	−12	−3	− 1	− 1	−2
35~44 岁	2002	68	42	53	13	11	13	27
	1992—2002	0	− 1	− 5	0	−3	− 1	− 3
45~54 岁	2002	60	36	37	14	15	15	33
	1992—2002	+2	+1	− 7	+3	−2	−2	+4
55~64 岁	2002	47	26	27	9	16	14	28
	1992—2002	+7	+3	− 3	+1	+1	− 1	+3
65~74 岁	2002	32	20	18	8	13	13	23
	1992—2002	−2	0	−11	+1	− 1	0	+3
75 岁及以上	2002	20	11	10	4	10	5	13
	1992—2002	+1	+4	− 4	+2	+2	− 2	+3

引自：US Statistical Abstracts for 1995 and 2004-2005.

表 2　1992—2002 年美国不同年龄段人口各种休闲活动的参与情况

年龄段	年份	过去一年至少参加一次/%					
		锻炼计划	体育运动	园艺	跳舞（不是芭蕾舞）	摄影	创造性写作
所有	2002	55	30	47	4	12	7
	1992—2002	− 5	−9	− 8	− 4	0	0

续表

年龄段	年份	过去一年至少参加一次/%					
		锻炼计划	体育运动	园艺	跳舞（不是芭蕾舞）	摄影	创造性写作
18 ~24 岁	2002	61	49	21	6	13	13
	1992—2002	− 6	− 10	− 10	−5	+2	−1
25 ~ 34 岁	2002	60	40	41	5	12	8
	1992—2002	− 7	− 12	− 10	− 5	−3	+1
35 ~ 44 岁	2002	60	37	52	4	14	7
	1992—2002	− 2	− 7	− 5	−5	−1	−1
45 ~ 54 岁	2002	59	29	55	4	12	7
	1992—2002	−3	− 5	− 9	−2	+1	0
55 ~ 64 岁	2002	48	16	57	3	11	5
	1992—2002	− 14	− 5	− 6	−3	+1	0
65 ~ 74 岁	2002	47	14	57	4	8	4
	1992—2002	− 9	− 4	− 6	−5	+1	−1
75 岁及以上	2002	31	6	48	3	4	4
	1992—2002	− 19	− 1	− 7	−2	+2	+2

引自：US Statistical Abstracts for 1995 and 2004–2005.

下降，直到 75 岁及以上。事实上，在古典音乐表演和非音乐剧的案例中，65 ~ 74 岁人群比 18 ~ 24 岁人群出席率更高（古典音乐表演与非音乐剧表现出相同的模式）。

表 2 第一行的参与率百分比反映出明显偏向于体力活动：锻炼计划、园艺和体育运动。虽然他们从事体育运动的比率显著下降，但年龄最大的两个群体通常反映了其他人群的情况；不过，对于 65 岁及以上的人来说，园艺是最受欢迎的项目，其次是参加锻炼计划。

不同年龄段的百分比比较结果表明，随着年龄的增长，锻炼计划、体育运动和创造性写作的比率较低，特别是在后两种活动中，下降幅度非常大。跳舞和摄影在年轻人中的参与程度略高，但这种模式不像前三项活动那样引人注目。然而，对于园艺来说，比率随着年龄的增长而增加，直到 75 岁时才略有下降。

当然，表 1 和表 2 中 2002 年的数据存在一个问题，那就是年龄效应、队列效应和周期效应的混淆。观察到的年龄差异是由于老化还是其他因素的组合？部分答案来自对 1992—2002 年百分比变化的审查，这些变化直接在前两个表中 2002 年的百分比下得到体现。10 年的时间差不够大，不足以进行太多的概括，但有几个比较可以说明问题。例如，游乐园的参观率在 1992—2002 年里总体上和每个年龄段内都有所下降，这表明了某种周期效应——可能是电脑游戏等提供的替代娱乐。就美术馆而言，74 岁以下各年龄段的百分比相对相似往往掩盖了这样一个事实：1992 年至 2002 年的这 10 年间，45 岁以下人群的参观率下降，而 45 岁及以上人群的参观率上升，尽管增幅不大。这些不同的趋势表明，在工作中可能会发生队列或年龄变化，尽管确切的原因尚不清楚。

此处未提供的具体体育活动数据显示，在有氧运动和网球运动方面，1992—2002 年，年龄最小人群的数据下降与 65 岁及以上人群的数据上升形成了直接对比。在这里，周期效应可能与老化效应相互作用。同样，对于每项活动和每一年，65 岁及以上人群的参与率均低于中青年人的参与率，尽管趋势相反。

因此，年龄同休闲出席和休闲参与之间的关系并不是那么清晰。虽然一些指标确实显示随着年龄增长而活动量有所下降，但其他指标则没有，而且在少数情况下，活动量很可能随着年龄的增长而增加。最后，横截面数据可能隐藏了与休闲活动相关的年龄模式，纵向或趋势数据可以帮助揭示这些模式。然而，这些数据源和其他类似活动的数据源并不能提供一种感觉，即这些活动对每个人有多重要。例如，在过去一年中参与过体育赛事的人与出席所支持的职业运动队的每次主场比赛的人，两者有多大的可比性？提供的数据无法区分出席或参与的频率。

利用闲暇时间

美国和其他国家的研究人员已经证明，通常以个人日记法收集到的有关实际使用时间的数据可以提供丰富的信息。日记信息的最佳来源是美国人对时间的使用调查，这些调查可以追溯到 1965 年，但不幸的是，直到 1985 年所有 65 岁及以上的人都被排除在外。然而，从 1985 年和 1999 年的研究中可以收集到一些有用的信息。

利用休闲的剩余定义，即不用于支付酬劳、做家务、儿童保育、获取商品和服务以及个人需要和护理的时间，美国的时间使用调查人员将空闲时间分为五类，如表 3 所示。从中我们可以看出，在 24 小时中，每 4 小时就有近 1 小时的空闲时间（22. 1%），而且有近三分之二的空闲时间都花在了调查人员所称的交流上——包括看电视、听广播、阅读和与他人交谈。在 65 岁及以上的人群中，空闲时间的比例增加到近三分之一（30. 8%），而分配给交流的空闲时间比例也增加到四分之三以上。

表 3 1985—1999 年按年龄段划分的美国人空闲时间使用情况

年龄段	年份	空闲时间的占比/%	分配给具体活动的空闲时间/%				
			教育活动	组织活动	消遣/社交活动	娱乐	交流
所有	1999（N=1151）	22.1	3.6	4.9	14.9	13.8	62.8
	1985—1999	−0.6	− 1.1	+0.4	−0.3	+2.2	−1.3
18~34 岁	1999（N=330）	21.1	12.1	4.2	20.8	13.3	49.6
	1985—1999	−0.8	+2.7	+1.3	+2	+2.6	−8.5
35~49 岁	1999（N=366）	18.6	0.7	5.4	16.6	15.8	61.7
	1985—1999	−0.6	− 1.7	− 0.6	+2.5	+4.5	−4.6
50~64 岁	1999（N=216）	21.5	0.6	4.4	10.3	14.3	70.2
	1985—1999	−1.5	−0.4	−1.5	−3.2	+2.4	+2.7
65 岁及以上	1999（N=170）	30.8	0.0	4.5	10.1	9.3	76.1
	1985—1999	+1.6	− 0.4	− 0.5	+0.9	−3.1	+3.1

引自：Americans’ Use of Time Series Data Files for 1985 and 1998 - 1999（ICPSR numbers 9875 and 3191, respectively）.

对年龄段的比较表明，65 岁以下的人空闲时间的百分比大致是相同的，只有在达到名义退休年龄 65 岁之后，才会有所增加。相比之下，从最年轻到最年长，用于交流活动的空闲时间比例稳步增加。对于其他空闲时间类别，可以观察到不同的模式。正如预期的那样，教育占年轻人的大部分时间；对于 35 岁以上的人来说，很少有时间用于教育。组织活动，包括志愿活动、宗教和政治组织（杜马齐迪耶称之为“半休闲”），似乎与年龄无关。最后，娱乐活动，包括表 1 和表 2 中的各种活动，显示出非常少的年龄差异，唯一的例外是 65 岁及以上的人群略有下降。

最后一个结果强调了表 1 和表 2 中活动测量方法的另一个显著弱点：出勤率和参与率在某些情况下似乎与年龄呈强烈的负相关，但日记数据显示，不同年龄段的人花在这类娱乐活动上的时间几乎没有什么不同。事实上，最近的研究表明，尽管中老年人参加的娱乐活动可能比年轻人少，但他们的参与频率更高，而且单次的参与时间更长。

如果将 1985—1999 年的空闲时间使用差异进行对比，年龄段的差异似乎表现在三个方面。18~34 岁这一年龄段的教育时间有所增加，但其他年龄段的教育时间都有所减少。除了最年长的年龄段以外，其他人的娱乐时间都在增加。最后，50 岁以下的人交流能力下降，而 50 岁及以上的人交流能力上升。目前尚不清楚这些差异是否代表了队列效应或老龄化效应，尽管它们很小。

还有两个关于交流类别的问题。第一个问题涉及所有年龄段的交流时间的单一最大用户：看电视。表 3 中未列出的数据显示了两个重要事实：一是电视占据了所有交流时间的三分之二和所有空闲时间的近一半（不分年龄段）；二是随着时间的推移，65 岁及以上的人看电视的时间在所有空闲时间中的占比从 47.5%增加到 53.1%，但 65 岁以下的每个年龄段都有所减少。同样，到 1999 年，65 岁及以上的人群可能会因为他们这一代人的电视经验而观看更多的电视节目，或者可能还有其他的解释。无论如何，老年人看电视次数的增多都会使老年人越来越悠闲的观念受到质疑。老年人也许是一个空闲时间越来越多的群体，但电视是增加了他们的休闲生活方式，还是阻碍了他们的自我成长和自我意识呢？随着有线电视频道的激增，节目的性质将成为回答这个问题的关键。

第二个问题涉及手机使用的重要性。手机作为一种应急备用设备，是一种即时与朋友和家人进行社交交流的手段，也是一种新技术的试验来源，它已经深入工作场所、学校、家庭等。2005 年，65 岁及以上的人中只有不到一半的人拥有手机，而 65 岁以下的人中超过三分之二的人拥有手机。随着年轻人和老年人逐渐赶上手机的潮流，其无处不在的特性将使手机成为美国老年人时间使用的重要决定因素，尤其是休闲使用。

花钱休闲

可能与休闲概念最不相关的是自由支配收入在活动中的支出——这些活动占用了人们的空闲时间。表 4 提供了关于“娱乐”“教育”和“阅读”支出的年龄比较，其中“娱乐”所包含的内容与表 1—3 中所示的许多活动重叠。从表格来看，很明显娱乐支出占了大部分。总的来说，每 14 美元中约有 1 美元（占 7.3%）用于娱乐、阅读和教育，其中三分之二用于娱乐。

从表中可以看出，娱乐支出最高的年龄段是 65 ~ 74 岁。将最高比例的自由支配资金用于阅读的是年龄最大的群体。毫不奇怪，教育支出比例最高的是最年轻的群体。当所有这些可自由支配的支出加在一起时，最年轻的人占比最高，这主要是因为他们在教育上的支出较高。除此之外，在接下来的五个年龄段在娱乐、阅读和教育方面的可自由支配支出的百分比基本上没有差异；只有在 75 岁及以上的群体中，这一数字才有明显的下降。

1984—2003 年，娱乐等方面的支出变化相对较小。值得注意的是，娱乐支出所占的比例在老年人中略有上升，而在年轻人中则略有下降。所有人的阅读量都略有下降；而除两个年龄最大的群体外，其他人的教育水平都有所提高。目前还不清楚哪些因素能够解释这些结果，但唯一引人注目的是最年轻群体的教育数据。不出所料，最年轻群体

表 4 1984—2003 年美国娱乐、教育和阅读消费支出情况

户主年龄	年份	年平均支出/美元	娱乐占比/%	阅读占比/%	教育占比/%	娱乐、阅读和教育共同占比/%
所有单位	2003	40 817	5. 0	0. 3	1. 9	7. 3
	1984—2003		+0. 2	−0. 3	+0. 5	+0. 5
25 岁以下	2003	22 396	4. 2	0. 2	6. 7	11. 1
	1984—2003		−0. 6	−0. 2	+2. 4	+1. 6
25~34 岁	2003	40 525	4. 8	0. 2	1. 7	6. 8
	1984—2003		−0. 6	−0. 4	+0. 7	−0. 2
35~44 岁	2003	47 175	5. 3	0. 2	1. 5	7. 1
	1984—2003		0. 0	−0. 3	+0. 1	−0. 2
45~54 岁	2003	50 101	4. 8	0. 3	2. 7	7. 9
	1984—2003		+0. 4	−0. 3	+1	+1. 2
55~64 岁	2003	44 191	5. 5	0. 4	1. 7	7. 5
	1984—2003		+0. 9	−0. 2	+0. 6	+1. 3
65~74 岁	2003	33 629	6. 0	0. 4	0. 5	7. 0
	1984—2003		+2. 2	−0. 3	0. 0	+1. 9
75 岁及以上	2003	25 016	3. 6	0. 5	0. 3	4. 5
	1984—2003		+0. 3	−0. 2	−0. 5	−0. 4

引自：US Department of Labor.

在教育上的自由支配支出占比更高，这与前面所述的持续性观点相矛盾——但这是在一个人成年的开始，而不是结束时。

关于休闲支出与所用休闲时间的比较，最后一点是：根据表 3 中的空闲时间及其时间使用的组成类别定义的休闲活动类型表明，休闲是生命过程中各个阶段的重要组成部分。相比之下，花费的钱只占个人总支出的一小部分。这可能有几个原因，一方面大部分时间花在了看电视和交流其他活动上，另一方面看电视、听广播、读书、聊天等活动相对便宜。

休闲对老龄化的意义

关于休闲和义务之间可能存在的概念联系的讨论，以及关于休闲活动、时间和生命过程中的支出的数据，提出了许多问题。最后一节讨论了一个中心问题：为什么休闲对老年人很重要？

晚年的休闲与幸福

回顾美国和其他地方关于休闲和老龄化的研究，人们发现了一些横断面研究以及纵向研究，证实休闲活动与各种幸福指数之间存在积极的联系。在 20 多项关注晚年休闲的研究中，出现了三个主题。首先，休闲和幸福是正相关的，这种关联可能不是虚假的。与以前一样，横断面数据显示，各种休闲措施与幸福感的主观表现（包括压力降低和自尊水平提高）之间存在正相关。此外，美国、瑞典和德国的纵向证据表明，参与休闲活动以多种方式对老年人的健康产生有利影响。具体来说，休闲活动增加了失去配偶或功能损害后所需的心理调整，降低了罹患痴呆（包括阿尔茨海默病）的风险，并降低了死亡风险。

其次，在某些情况下，休闲的特殊价值似乎与老年人从事的活动数量直接相关，但这一情况很复杂。一方面，从事一项新的活动，该活动可能与自愿被带走或放弃的活动功能相当，似乎有助于老年人的幸福感。另一方面，减少休闲活动的数量，同时增加对剩余活动的投入，对资源丰富的老年人（但对资源有限的老年人）有一定好处。

最后，前面描述的一些研究发现了性别方面的重要背景差异。例如，有伴侣似乎可以增加老年男性的休闲活动，但会减少老年女性的休闲活动。在另一个例子中，当健康因素得到控制时，参加休闲活动可以降低老年男性的死亡风险，但不能降低老年女性的死亡风险。这些研究结果提出了几个关于休闲和老龄化的富有成效的研究领域。研究人员不仅可以将性别作为研究休闲在老龄化中的地位的背景，而且应该以类似的方式对待其他重要的背景因素。正如凯利所描述的，与女性、非白人或穷人有关的贫困会对一个人的休闲活动和晚年幸福产生负面影响。下一个重要步骤应该是对男性和女性、白人和有色人种、穷人和非穷人的年龄进行系统的独立调查，以描述潜在的不同休闲模式，并确定休闲可能与这些亚群体中的每个人的福祉相关联或不关联的方式。

忙碌伦理、心流和时间深化

早些时候，裁员和外包被认为是当今劳动力不连续的潜在新来源。不久之后，大量只了解这些价值观存在的工作世界的工人将退休并进入晚年活动。同时，在过去的十年里，我们看到了控制论的爆炸式增长，在美国超过一半的家庭中安装了个人电脑和互联网连接，并且鼓励超过一半的 60 多岁的人和大约四分之一的 70 多岁的人使用电脑。

无论是有偿工作的世界，还是个人电脑及其技术产物的普及，都给那些关心休闲在晚年生活中的作用的人提出了严肃的问题。随着后续群体进入生命的后期阶段，忙碌的伦理模式是会继续在老年人身上显现，还是会出现我们只看过几次的晚年休闲行为的演变？新商业模式的主导地位和计算机技术的无所不在表明，忙碌伦理可能会继续统治个人的晚年生活。时间深化，包括各种行为的加速，尤其是多任务处理，这符合一个人在工作生涯中从事多种工作的理念，也符合计算机作为同步进行、加速活动的媒介的作用。在这方面，未来几代老年人可能会发现，从狂热的工作世界到狂热的休闲生活，这种过渡是无缝的。事实上，一些将休闲与幸福联系起来的研究似乎支持“更多更好”的观点。

相比之下，契克森米哈赖的“心流”概念暗示了一种更专注的休闲方式，它牺牲了数量而追求质量。心流概念背后隐含的减速似乎直接与时间深化背道而驰。诚然，这两个概念都扩展了时间的含义。然而，时间深化是通过将尽可能多的活动塞进任何给定的时间段来完成的，而心流则使时间变得无关紧要，因为个体被任务缠住了。有证据表明，老年人从事的休闲活动较少，但在休闲上花费的时间较多，这说明除了流行的时间加深趋势外，还有一种功能上的选择。

成功老龄化与晚年生活休闲

健康衰老的秘诀——长寿、幸福，并在短暂的疾病后死去——当然与本文开头描述的休闲的意识形态定义是一致的。然而，将休闲视为自由支配时间的证据提出了一个问题，即老年人将如何从事那些能提供休息、娱乐和自我成长潜力的活动。对于其中一些老年人来说，充满各种自主活动的生活可能是成功老龄化的完美秘诀。然而，对于其他人来说，一个专注于有限数量的可自由支配的深度活动的生活可能更有意义。

从理论上讲，最近对休闲和幸福感之间关系的纵向研究证据似乎都支持活动理论。休闲活动的数量似乎对幸福感有直接的积极影响。与此同时，资源丰富的老年人限制其主要休闲领域自由活动范围的证据表明，支持另一个与连续性理论的基本思想有关但强调适应变化的论点。这一论点来自 SOC 模型，该模型以选择、优化和补偿三种适应策略命名。需要更多的研究来确定这个模型在不同的文化背景下对不同的老年人群体的效果如何，但是适应背后的想法似乎是基于可靠的证据。

在不久的将来，流动劳动力、计算机化程度提高和时间深化将继续鼓励各种不受地域限制的个人网络中进行新的体验和交流。它们还可能使人们更难将注意力集中在单一的任务上，这些任务会让人因陷入当下而产生巨大的自我满足感，从而使时间变得无关紧要。这两种情景能否和平共处，将对休闲在未来生活中所扮演的角色产生深远影响。

另请参阅：代际差异：年龄—时期—队列；生命历程；退休；老年人的志愿活动；工作和就业：个人。

拓展阅读

De Grazia S (1962) *Of Time*, *Work*, *and*

Leisure. New York: Twentieth Century Fund.

Dumazedier J (1974) *Sociology of Leisure*. Trans. By McKenzie MA. Amsterdam: Elsevier.

Ekerdt DJ (1986) The busy ethic: moral continuity between work and retirement. *The Gerontologist* 26: 239–244.

Ekerdt DJ (2004) Born to retire: the foreshortened life course. *The Gerontologist* 44: 3–9.

Godbey G (2003) *Leisure in Your Life: An Exploration*, 6th edn. State College, PA: Venture Publishing.

Kaplan M (1975) *Leisure: Theory and Policy*. New York: John Wiley & Sons.

Kelly JR (1996) *Leisure*, 3rd edn. Boston, MA: Allyn & Bacon.

Kelly JR and Freysinger VJ (2000) *21st Century Leisure: Current Issues*. Boston, MA: Allyn & Bacon.

Osgood N (ed.) (1982) *Life after Work: Retirement, Leisure, Recreation, and the Elderly*. New York: Praeger.

Parker S (1976) *The Sociology of Leisure*. London: George Allen & Unwin.

Parker S (1983) *Leisure and Work*. London: George Allen & Unwin.

Robinson JP and Godbey G (1999) *Time for Life: The Surprising Ways Americans Use Their Time*, 2nd edn. University Park, PA: Pennsylvania State Press.

译　者：王东敏（北京大学）

嗅觉与味觉

S. S. 希夫曼 杜克大学医学院，达勒姆，北卡罗来纳州，美国

词汇表

化学感知（Chemical Senses）——通过感知化学性刺激源，将化学信息转化成为神经信号，例如嗅觉与味觉。

嗅觉（Olfaction）——气味感知。

传导机制（Transduction Mechanism）——一种生化转换方式，由刺激源（如化学物质）刺激接收器，并产生信号。

引言

嗅觉与味觉的受损常见于老年人群。这可能源于正常的衰老过程、一些特殊的病症（特别是阿尔茨海默病）、药品、外科手术影响以及环境影响。本文以嗅觉和味觉在器质上和生理上发生改变的老年人为研究对象，使用适当的临界水平和阈值对此类受损情况进行分类和分级的评定。本文也包含了环境污染、医疗水平、药品等对一般衰老变化产生的影响。

嗅觉与味觉受损的分级与影响

嗅觉与味觉能够感知化学刺激，并将化学信息转化为神经信号，由此，它们也被视为化学感知能力。现今，有很多的诊断术语被用于描述嗅觉与味觉的失衡。嗅觉失衡的标准分级术语为失嗅（嗅觉丧失）、嗅觉减退（嗅觉敏感性下降）、嗅觉障碍（正常嗅觉能力存在失真）。幻嗅就是嗅觉障碍的一种，这是指在没有气味刺激的情况下感知气味。嗅觉倒错是指当气味出现后，对于气味的感知失真。味觉的标准分级为味觉缺失（味觉丧失）、味觉减退（味觉敏感性下降）、味觉障碍（正常味觉能力存在失真）。嗅觉障碍与味觉障碍并非完全因为感知化学刺激能力的下降。嗅觉与味觉的障碍可以出现在生命周期的任何时候，但更常见于老年人群。老视和老年性耳聋常用于形容随着年龄的增长导致的嗅觉和味觉缺失。通常在衰老的过程中，嗅觉比味觉更容易出现问题。

随着年龄的增长，嗅觉与味觉的减退对于老年人的日常生活具有深远影响。这些化学感知能力可以提供关键信息来提示环境中潜在的危险。因此对老年人而言，丧失嗅觉与味觉不仅仅是生活上的不便，这也令他们无法辨识变质食物、烟尘、危险化学制品、

天然气泄漏、煤气等，并暴露在此类危险当中。丧失嗅觉与味觉也会使得日常生活能力下降，如购买食物、准备饭菜、个人卫生，以及能否很好地使用家用化学制品，如漂白剂、清洗剂、杀虫剂等。丧失嗅觉或者味觉也会对尚在工作岗位上的老年人产生影响，有些岗位需要完整的化学感知能力，如厨师、面包师、美容师、红酒师、药剂师、护士、园丁、花农、管道工或者给婴幼儿换尿布的保育员。随着化学感知能力的持续下降会导致减少食物的选择和摄入，这将加重病情并导致体重下降、营养不良和抵抗力下降。同时，营养不良也会加重嗅觉或味觉的丧失。最主要的是，化学感知能力的下降会严重影响生活质量。因为这会使得从食物、饮品（咖啡等）、花、香味以及其他自然事物（如树木）中获取的满足感降低。

嗅觉和味觉的范围

气味的范围异常广泛，据研究表明人类可以识别多达 10 000 种不同的化学物质。现在虽然有很多对于气味的分类体系，但大多数体系都无法涵盖所有的客观存在。对于味觉而言，许多的医学研究表明，味觉仅由 4 种基本味道组成：甜、酸、咸、苦。但这“四种味道”忽视了基于包含人类在内的种属多样性的大量实验数据。实验数据表明，例如金属的味道（铁盐）、辛辣（红酒）、鲜味（谷氨酸钠/5’-核苷酸）、粉质（钙盐）都是味觉神经共同协调的结果。同样，除了谷氨酸钠以外的氨基酸通常具有独特的味道，无法划分为甜、酸、咸、苦等味道。脂肪与脂肪酸可以在舌头不动的情况下由舌头的后外侧进行感知，电生理学实验结果表明，脂肪酸可以激发味觉神经的反应。英语的词汇很难完全表达所有的味觉，而其他语言对于味道描述的词汇更多。如日语中的“鲜味”（umami）就是用来形容谷氨酸钠、某些鱼肉以及肉汤的味道。

老年人群嗅觉与味觉的受损

嗅觉与味觉的受损与正常的衰老过程，一些特殊的病症（特别是阿尔茨海默病）、药品、外科手术影响以及环境影响（见表 1—3）相关联，表中的数据来自临床报告和实验。本文实验性地引入临界水平和阈上概念对老年人嗅觉与味觉受损进行定量分析。临界水平是味觉和嗅觉能被感知的最低水平；阈上值则是识别、区分以及确定浓淡的标准。

临界水平浓度的受损

于嗅觉和味觉而言，老年人发现和识别气味或者味道的临界水平浓度会上升。嗅觉方面，通过进行多种挥发性的物质和混合物（包含食物的味道）的发现和识别实验，结果表明，健康老年人的临界水平是年轻人的 2~15 倍。嗅觉缺失的影响在化合物层面上无明显差异，并不受其化学结构的影响。嗅觉临界水平的显著变化开始于 60 岁左右，在60岁、70岁和80岁的增龄变化中感知气味的临界水平（更加不敏感）不断上升。虽然嗅觉的临界水平不受认知能力减退的影响，但是嗅觉的阈上水平则会受到极大损害。

对于味觉而言，健康老年人对于甜、酸、咸、苦以及氨基酸（含谷氨酸盐）升高的临界水平（意味着更低的敏感性）已经被量化。味觉受损的程度取决于化合物的化学结构、接受的医疗水平、用药方案和环境暴露史。四种原型味道（甜、酸、咸、苦）临界水平的测试是使用一抿一吐的方式刺激全部口腔。研究结果显示，对于没有生病且没有用药史的老年人来说，味觉临界水平的受损非常少。未用药的老年人群体对于非典型性味道（如钙盐、镁盐、钾盐等金属离子盐）的味觉受损的程度通常更高。对于一些人来说，味觉敏感性的降低也可能会发生在舌头的不同区域。

味觉敏感性下降幅度最大的群体为服用药物的老龄群体。研究结果表明，在社区居住的老人中患有1~2种疾病并且使用3~4种药物的人群，其整体口腔味觉临界水平（使用一抿一吐的测试方式）是年轻人的数倍甚至十几倍，其中钠盐高11.6倍，酸高4.3倍，苦的化合物高7倍，氨基酸高2.5倍，谷氨酸高5倍，甜味剂则高2.7倍。通过一抿一吐的方式对具有多种病症的老年人进行测试发现，大多数情况下味觉的感知（虽然不一定识别）始终存在，完全味觉丧失（失味）的情况非常少见。

阈上感知水平的受损

对于老年人而言，嗅觉感知阈上值的受损大于味觉。一些（并非所有）研究数据表明：女性的受损小于男性。与年轻的对照组相比，老年人在不同气味中辨识特定气味的能力有所下降。虽然在健康的老年人当中，辨别气味的能力均有所下降，但是我们能够在数据中发现有个体差异。基于对美国人口的断面研究，我们发现60~69岁人群中无法辨别气味的人数为17.3%，这个比例在70~79岁人群中增长到29.2%，并且在80~97岁人群中增长到了62.5%。基于如上的流调数据和联合国对于全球人口增长的估计，至2050年全球范围内患有嗅觉障碍的人群将会达到2.3亿人。对于大多数人来说，嗅觉的损失通常随着时间逐渐呈现，也有些老年人直到此类事情为其生活带来了不便，才发现问题。嗅觉受损特发于一些神经性退行性疾病患者当中，如阿尔茨海默病和帕金森病。

与衰老相关的嗅觉阈上值受损也同时影响了对于复合性食物的认知，因为这需要嗅觉与味觉的交互运作。嗅觉受损的老年人往往因为对“滋味”的感知力下降减少了饮食的多样性。原因是他们以为食物“有滋才有味”，但事实上这种感知大多是通过气味产生的。当食物进入口腔后，具有挥发性味道的分子进入到喉咙的后部，食物的气味通过鼻后进行识别。鼻后感知气味能力的减退影响了识别食物的能力。营养不良和消耗性病变进一步恶化了以感受力为核心的识别食物及成分的能力。

大多数的阈上值研究表明，与年轻人群相比老年人感知味道的能力相对较弱。在各种报告中出现的味觉阈上值受损的差异可能是由于疾病、药物使用、环境暴露史和认知状态造成的。对于甜味剂、氨基酸的一抿一吐的味觉阈上值受损实验结果表明，受损的程度取决于促味剂的化学结构。随着年龄的增长，在不同浓度的味素中识别浓淡程度的能力也一同下降。味觉障碍的影响范围尚不确定，但是根据临床反馈可以得知，嗅觉障碍比味觉障碍更容易发生。

甜味和咸味的味觉受损减退会对老年人健康产生影响。举个例子，如果一位有高血糖病史的病患因为对甜味感受力受损而在食物中放了更多的糖，则会对他的血糖产生负面影响。如果一位有高血压病史的患者因为咸味感受力受损而在食物中放了更多的盐，这将使得他们更难遵守低盐饮食。同时，如果盐敏感性高血压患者为了用氯化钠减少食物中的苦味（盐可以减少食物中的苦涩味道），这会使得他的血压上升。

嗅觉与味觉的解剖生理学

虽然，嗅觉与味觉的感知的产生都是来自分子与化学感受器细胞上的受体结合，但是这两种感觉在外周解剖和中枢神经的传导方式上均有所差别。

嗅觉

嗅觉受体神经元（Olfactory receptor neurons，ORN）是一种双极神经元，当纤毛上面的嗅觉感受器与飘散在空气中的分子相结合的时候，它们就会被激活。嗅觉感受器属于 G 蛋白偶联受体超级家族。嗅觉感受器位于鼻穹窿嗅上皮。嗅上皮位于筛骨筛板底面，在上鼻甲与中鼻甲的近中面以及上鼻中隔处。鼻甲是鼻腔内可以卷曲的松质骨，它们形成引导气流的结构式，使得鼻孔吸入的挥发性化学物质达到嗅上皮。当分子（如食物）通过口鼻咽部进入鼻腔时候，可以激活嗅上皮上的嗅觉感受器，形成“鼻后嗅觉”。

嗅觉受体双极神经元组成的轴突细胞群沿着筛板的孔洞（自然形成的孔洞）联结成一束（一组）复杂的神经群，并称之为嗅小球。每一个 ORN 轴突只受一个嗅小球的支配。从嗅小球层面进行分析，数以百万的 ORN 汇集在少数的嗅小球上。在衰老的过程中，嗅小球纤维化以至于消失，这使得嗅球被损坏。在头部被撞击、在家中跌倒、车祸或者外部冲击等情况下，筛骨处的轴突断裂，ORN 极易受到损伤。

来自两种主要细胞的轴突（僧帽细胞、簇细胞）从嗅球中伸出，并形成外侧嗅束并伸向前嗅核、嗅结节、前梨状皮质和杏仁体，这被统称为嗅皮质。这些生理结构形成了我们常说的“大脑边缘系统”，管理我们的情绪和记忆。嗅觉与情绪的神经元在解剖学上的重叠使得气味可以产生愉悦的反应。

嗅觉信息最终传输到下丘脑，这是大脑的一个区域，在饮食与营养调节中承担复杂的工作。

因为 ORN 与空气中的物质直接接触，因此它们容易收到空气中的毒素或传染性病原体的侵害。或许也是因为它们容易受到外界环境的损伤，相比其他神经细胞，ORN 具有从祖细胞群再生的能力。人类平均每 30 天就会通过源于基细胞的干细胞群将 ORN 整体替换。

味觉

当化学物质接触味蕾上的味觉受体细胞时，味觉就产生了。味蕾主要位于舌头上的小乳头状突起、软腭、咽、喉、会厌、悬雍垂和食管的上三分之一部分的上皮表面。舌头上的三种小乳头状突起具有味蕾。分布在舌背前三分之二上的味蕾被称为菌状乳头，通常具有 1~18 种味蕾。叶状乳头位于舌头的外后侧的垂直褶皱中，并含有对于酸味特别敏感的味觉受体细胞。轮廓乳头位于舌背上，并呈锯齿状排列。之所以被称为轮廓乳头，是因为它们的周围围绕着一圈深沟。味蕾由 50~100 个具有顶端微绒毛的神经上皮细胞排列而成，在其细胞膜上具有受体。微绒毛通过味蕾中间的孔洞接触化学性刺激物。来自食物中的化学物质在咀嚼和吞咽过程中刺激微绒毛。舌头的运动（如在吃巧克力糖时将食物顶在软腭上）能够改善和延长软腭上的味觉。有些老年人因为佩戴覆盖口腔上腭的假牙而导致软腭味觉受损。味蕾中的味觉受体细胞的更新为 10~10.5 天。届时，味觉受体细胞将被味蕾中具有增殖能力的基细胞所替代。这种不断更替受体细胞的过程使得老年人更容易受到医疗手段如化疗、放疗和营养不良的影响，导致细胞再生障碍。

味觉细胞中的各种细胞膜结构和第二信使系统被证明在味觉信号传导中承担重要的作用，包括钠通道、钾通道、腺苷酸环化酶系统和磷脂酰肌醇系统组成的第二信使系统。但是，人们尚不知道它们在衰老过程中会有怎样的变化。

舌和咽部味觉感受器细胞发出的信号通过三组颅神经（Ⅶ，Ⅸ，Ⅹ）将味觉信息传导至脑干。鼓索神经是第七对脑神经的一个分支，其控制着菌状乳头和叶状乳头前壁上的味蕾。软腭部的大部分味蕾由第七对脑神经的另一个分支——岩浅大神经控制。剩余的味蕾由第九对脑神经的分支岩深支神经控制。叶状乳头后壁、轮廓乳头、舌咽部、口腔咽部部分由第九神经（舌咽神经）控制。咽喉部分支的第十神经（迷走神经）控制舌头最后面的部分、会厌、喉部以及食管的味蕾。在口腔咀嚼或者吞咽食物的时候，这些神经被刺激的时间顺序形成了每一种食物独特的“旋律”。

第七、第九和第十脑神经延伸至孤束核（nucleus of the solitary tract，NST）的头端部分。NST 是在髓质中纵向排列的神经元序列，它接收来自食管末端的内脏感觉信息，其中包括胃、肠、肝，但不包括头端部分的味觉信息。因此，NST 是身体第一个能够使得味觉信息影响消化功能的器官，包括刺激胃液分泌、加速胰腺外分泌、增加胰岛素分泌等。因此，味觉受损将会对一定范围内的消化功能产生影响。NST 头端（味觉）部分的轴突延连接丘脑的腹后内侧核，而后连接至味觉皮质。味觉皮质由两个相互不相连的部分组成：脑盖和横向凸的一个单独区域。前岛上的神经连接到前额脑区底部表面的味觉次生皮质。

常规化学成分感知

另外一条神经——三叉神经，也通过"普遍化学成分感知"和"化学成分感知"两种方式感知化学成分。三叉神经的眼神经和上颚分支在鼻腔中感知刺激或辛辣的味道，并由此可在吸入有害气体时引起打喷嚏和屏住呼吸。吸入有毒化学物质也促使释放 P 物质和降钙素基因相关肽并引发鼻黏膜水肿和分泌物产生。丘脑的中央互联连接了三叉神经和嗅觉信息识别。

三叉神经的下颌分支在舌头的前三分之二部分感知辛辣和刺激感。这种化学物质在生活中是尼古丁、辣椒素和胡椒碱（源于红辣椒、黑胡椒的化学成分）。在鼻腔和口腔中，辛辣的感觉并非以气味或者味道的形式出现，而是与疼痛相关。

在老年人中嗅觉和味觉减退的原因

在老年人群中，有很多因素导致其化学感受方面的变化，这包括解剖学因素和正常衰老而来的生理变化，以及某些疾病（尤其是阿尔茨海默病）、药物、手术干预和环境暴露。

正常衰老导致的解剖和生理变化

在衰老的过程当中，嗅觉系统有许多与年龄有关的解剖学和生理学上的变化，但类似的变化在味觉系统上却并不明显。在嗅觉系统中，嗅上皮、嗅球和神经、海马区和杏仁体、下丘脑均发生改变，表现为细胞数量减少、细胞受损以及神经递质水平降低。出现 ORN 的凋亡增加（程序性细胞死亡）、基底细胞增殖率下降、嗅上皮厚度降低、纤毛和微绒毛数量减少、支持细胞的电子致密颗粒的积累上升。ORN 神经的生长随着年龄的增长不断受损，嗅上皮逐渐被非嗅上皮替代，接收区受损明显。由于再生的嗅神经突不能穿越瘢痕组织透过空隙连接嗅球，ORN 在受损（如断裂或病毒感染）变弱后的替代再生过程显得更为不足。受损神经元的再生也会引起突触连接异常，并造成嗅觉障碍。在嗅小球萎缩和纤维化变形、消失的时候，嗅球就会呈现出破损的状态。同时，正常的衰老也会导致大脑边缘系统结构的损伤，进而加重阿尔茨海默病。

对于老年人味觉系统结构损伤的解剖学研究显示了相互矛盾的结果。一些研究报告显示舌头上的小乳头状或者味蕾数量减少了，但是另一些研究却没有发现此类情况。据报道显示老年人会发生区域性味觉受损，但是我们并不知道为什么味蕾会消失。这可能是因为随着年龄增长，味觉细胞的细胞膜

（如离子通道和受体的功能改变）导致了味觉受损，而味蕾并未消失。

广义上的嗅觉损伤比广义上的味觉损伤更为普遍，这可以部分解释为它们在解剖学和生理上的脆弱程度的差异。就像前文所述，来自嗅神经的轴突需要穿越筛骨的筛板才能连接嗅球。因此在头部发生撞击时嗅神经的轴突容易被离断。同时，嗅觉受体直接暴露在外界环境中，它们也会受到吸入空气中的毒素影响。此外，嗅觉受体细胞存在于致密的区域，而味觉受体则遍布口腔和咽喉。味觉受体比嗅觉受体的分布更为分散，这或许也增加了味觉受体在有毒环境中的生存能力。

疾病与环境暴露

衰老的过程中，广泛的环境暴露（见表1）和疾病（见表2）会加剧嗅觉与味觉的受损。与衰老有关的嗅觉受损源于鼻腔气流至嗅上皮之间传导不畅的损耗造成，这种损耗可以由慢性鼻窦炎、息肉、肿瘤或过敏性疾病、鼻炎引起。继发性的感觉神经损伤（ORN、嗅球、中央区）可由上呼吸道感染、头部损伤、毒素（包括急性或慢性接触）造成。嗅球与上皮质的神经损伤是因为ORN是直接与外界接触的通道，它不仅连接了鼻腔和大脑，也连接了重金属和病毒。在被病毒感染后，随着嗅上皮被呼吸上皮替换，广泛的瘢痕生成，进一步加剧了衰老过程中嗅觉受体区域的减少。

在罹患一些病症的老年人群体中，嗅觉受损是非常严重的，如阿尔茨海默病（AD）和帕金森病。嗅觉能力测试对确诊AD或者联合其他诊断方式（如脑部影像）评估AD风险均有所帮助。根据Meta分析结果显示，AD患者被认为在5个嗅觉方面可能出现严重的受损：嗅觉阈值、发现气味、辨别气味、识别气味和嗅觉记忆。丧失嗅觉记忆、识别气味、辨识气味和发现气味能力的情况出现在AD的早期阶段，随着病情的进展，嗅觉阈值的敏感性降低会变得更加显著。AD对于味觉系统的损伤不像对嗅觉那么明显。嗅觉相比味觉受到更大的损伤是因为嗅觉系统发生了神经解剖学和神经化学上的变化，这也是AD的特征。AD中的神经受损发生在嗅球、嗅前核、嗅觉结节、杏仁核、海马区、内嗅皮质、嗅沟和嗅下托。嗅上皮也会发生组织病理学改变。根据家族病史的研究表明，具有AD风险的人群在嗅觉测验时也会发现嗅觉受损。还有研究发现，与同龄对照组相比，高危人群的嗅觉测验和嗅觉记忆评分较差。

与年龄有关的味觉障碍常常与一系列的疾病有关，包括口腔和下咽感染、黏膜（病毒、细菌、真菌和寄生虫）、放疗、化疗和口腔卫生不良（见表2）。对鼓索神经的损伤多见于感染性疾病（如莱姆病、慢性中耳炎、贝尔麻痹）或者外科手术（牙或耳部），外科手术有可能会加剧与衰老相关的味觉受损。一些研究表明，唾液中铜的含量上升、锌和锰的减少常出现在味觉障碍患者群体中，也伴随着唾液中一种基质金属蛋白酶3（MMP-3）的浓度降低，这是一种含有锌元素的酶，并能够降解细胞外基质。因为生病或者暴露在有毒环境中而导致的味觉丧失或者广泛性味觉减退的情况较为少见。然而，味觉丧失或者广泛性味觉减退与一些特定的因素有关，这包含上呼吸道感染、暴露于辣椒油树脂（辣椒素喷剂）、暴露于农药中、扁桃体切除术、头面部外伤手术等。严重的广泛性味觉丧失预后较差，大多数患者难以恢复其敏感性。

药物

药物在嗅觉和味觉受损、老年感知异常以及在化学感觉丧失上的重要作用被严重低估。根据《医牛桌卜参考手册》（*Physicians' Desk Reference*），数百种与临床相关的药物（见表3）具有诸如“味觉丧失”“味觉改变”“金属味道”以及其他味觉嗅觉改变的副作用。大多数药品类别与化学感知失调相关。但是我们没有对每种药物进行大量流行性调查，因此我们不能判断临床报告的味觉丧失是因为患者自身的改变还是因为药物，又或者是因为患者的疾病导致。根据《医生桌上参考手册》，损伤化学感知能力的化疗药品副作用较为少见，但是真实的药源性感知能力受损尚等待实验去证明。处方药被老年人不恰当地频繁使用，他们的使用量比年轻人高 3 倍。年龄超过 65 岁且住在社区的老年人一般每天使用2.9~3.7 种药物，这是住在护理院里老人的 2 倍。

我们尚不清楚大多数合成药物诱发化学感知能力损失的机理，但是药物可以在多种层面上影响嗅觉和味觉，这包括外周感受器（如阻断钠或钙通道）、化学感受器的神经通路（干扰信号的传播）或大脑（如通过渗透到大脑或脑干）。特定类型的受损（如对盐的味觉阈值升高）有可能是因为药物的选择影响了钠通道。药物伴随唾液分泌进入口腔会改变味觉传导机制或自身产生味道，并对味觉感知产生不良影响。血液中溶解的药物也会通过循环系统扩散到味觉受体细胞的基底外侧产生激发作用。一些化疗药物和抗生素可以影响嗅觉和味觉细胞的递质传递（如阻断有丝分裂）。类固醇能够影响口腔白念珠菌的过度增长，进而产生病症阻碍味觉。

对药物摄取后大脑的影像学研究表明，药物渗入大脑或者脑干中的嗅觉/味觉投射区，会对化学感知能力造成改变。当药物被注射到血液中，它可以通过毛细血管内皮细胞间隙进入到大多数血管外组织间隙中（大脑除外）。药物在组织间隙、组织细胞、细胞液中的分布比率、程度和模式取决于药物的理化性质。脂溶性药物易分布在整个身体包括大脑和脑干，能通过渗透味觉通路干扰味觉信号的传递。值得注意的是，一些高度亲脂性和嗜角质性药物如丙烯胺、抗真菌药、特比萘芬均与味觉障碍相关。然而，大脑（和脑干）有一种叫作血脑屏障的保护性屏障，它限制了许多药物（特别是不溶于脂质的药物）从血液进入大脑。在大脑和脑干中，只有脑室周围的一小部分区域缺乏血脑屏障，如极后区（在髓质）。因此，脂溶性药物有可能进入脑或脑干，通过循环器官损伤邻近的味觉或嗅觉神经元。例如，药物可通过极后区（缺乏血脑屏障）接近气味和味觉神经元所在的孤束核。炎症、神经退行性疾病以及年龄是破坏血脑屏障的主要因素，这也造成了药源性化学感知障碍。

潜在的治疗方法

对于老年人的嗅觉或味觉丧失没有标准的治疗方法。然而，某些由疾病、药物造成的嗅觉和味觉损失可能通过使用无副作用的药品后得到恢复。食品的增味剂（如奶酪、咸肉或者奶油味）会促使嗅觉减退。多种治疗方案可以在未来用于治疗及康复味觉及嗅觉受损，包括抗衰老药物、干细胞治疗以及使用生长因子，促进神经元再生。

表 1　长期暴露下能引起化学识别能力障碍的代表性化合物、粉尘和制造过程

冶金化合物及制造过程	**有机化合物**
镉化合物，包括氧化物	乙酸乙烯酯，丁基和乙基
铬，包括铬酸盐和电镀铬	丙酮
铅	苯乙酮
磁铁的生产过程，包括铁、铝、镍、钴和铬粉	丙烯酸酯和甲基丙烯酸甲酯蒸汽
水银	苯
镍，包括氢氧化镍、镀镍和精炼	汽油
镀银	氯甲烷(氯甲烷、二氯甲烷、三氯甲烷、四氯化碳)
钢的生产	甲醛
锌，包括铬酸锌，锌的生产	薄荷醇
粉尘	有机磷农药和杀虫剂
灰烬，焚烧炉	五氯酚
水泥	石油
化学制品	混合溶剂
焦炭	三氯乙烯
粮食	**制造过程**
硬木	酸（有机和无机）
石灰	沥青（氧化）
印刷	水泥制造
硅肺	棉纺织
非金属无机化合物	切削油（机加工）
氨	面粉，面粉厂
二硫化碳	香水
一氧化碳	油漆
氯	纸包装厂
肼	人造革，合成革含有邻苯二甲酸二丁酯
氟化物	薄荷

续表

硒化氢	香料（如辣椒粉）
硫化氢	烟草
二氧化氮	清漆
磷	污水
二氧化硫	

表 2　改变嗅觉或味觉的代表性病症

分类/状态	嗅觉	味觉
神经		
阿尔茨海默病	×	×
贝尔麻痹		×
鼓索损伤		×
唐氏综合征	×	
癫痫	×	
吉兰—巴雷综合征		×
家族性自主神经功能障碍		×
头部外伤	×	×
科萨科夫综合征	×	
偏头痛	×	
多发性硬化症	×	×
帕金森病	×	
三叉神经旁综合征		×
肿瘤和病变	×	×
营养		
癌症		×
慢性肾衰竭	×	×
肝病（含肝硬化）	×	×
烟酸缺乏症		×
热烧伤		×
三甲基胺尿症	×	

续表

分类/状态	嗅觉	味觉
维生素 B_{12}缺乏症	×	
锌缺乏症		×
内分泌		
肾上腺皮质功能不全	×	×
先天性肾上腺皮质增生症		×
克汀病		×
库欣综合征	×	×
全垂体功能减退症		×
甲状腺功能减退症	×	×
糖尿病	×	×
性腺发育不全（特纳综合征）	×	×
性腺功能减退（卡尔曼综合征）	×	
假性甲状旁腺功能减退症	×	×
局部		
腺样体肥大	×	
过敏性鼻炎，特应性哮喘，支气管哮喘	×	
克鲁宗综合征	×	
面部发育不全	×	×
舌炎等口腔疾病		×
麻风	×	×
口腔型克罗恩病		×
放射治疗		×
鼻窦炎和鼻息肉	×	
干燥综合征	×	×
病毒性传染		
急性病毒性肝炎	×	
流感样疾病	×	×
其他		

续表

分类/状态	嗅觉	味觉
淀粉样变性和结节病	×	×
囊性纤维化	×	×
高海拔		×
高血压		×
喉切除术	×	×
重性抑郁障碍	×	×

表3　临床报告的能够改变嗅觉和/或味觉的代表性药物

抗阿米病药物，抗真菌剂和驱虫剂	
甲硝唑	
氯硝柳胺	
硝唑咪	
特比萘芬	
麻醉药	
苯佐卡因	
盐酸辛可卡因	
异戊氢化去甲奎宁	
利多卡因	
盐酸普鲁卡因	
异丙酚	
托派可卡因	
降脂药	
阿托伐他汀钙	
考来烯胺	
氯贝丁酯	
氟伐他汀钠	
吉非贝齐	
洛伐他汀	
普伐他汀钠	
普罗布考	
辛伐他汀	
抗凝剂	
二苯茚酮	
华法林	
抗组胺药	
马来酸氯苯那敏	
氯雷他定	
特非那定和伪麻黄碱	
抗菌药物	
两性霉素 B	
氨苄西林	
阿托伐醌	
阿奇霉素	
氨曲南	
羧苄西林茚满钠	
卡茚西林钠	
头孢孟多	
头孢泊肟酯	
头孢曲松钠	
头孢呋辛酯	
西诺沙星	
环丙沙星	

续表

克拉霉素
磷酸氯林可霉素
氯法齐明
氨苯砜
依诺沙星
盐酸乙胺丁醇
灰黄霉素
亚胺培南/西司他丁钠
林可霉素盐酸盐
盐酸洛美沙星
美洛西林钠
诺氟沙星
氧氟沙星
喷他脒羟乙磺酸盐
氧哌嗪青霉素和他唑巴坦钠
乙胺嘧啶
利福布汀
磺胺甲恶唑
四环素
替卡西林钠和克拉维酸钾
短杆菌素

抗增殖，包括免疫抑制剂

硫唑嘌呤
卡莫司汀
顺铂
卡铂
环孢菌素
阿霉素和氨甲蝶呤
氟尿嘧啶
干扰素
硫酸长春新碱

抗风湿、关节炎、解热镇痛药、抗炎药

金诺芬
金硫葡萄糖
苯恶洛芬
酒石酸布托啡诺
三柳胆镁
秋水仙碱
地塞米松
双氯芬酸钾/双氯芬酸钠
二甲基亚砜
依托度酸
非诺洛芬钙
氟比洛芬酯
金
氢化可的松
盐酸氢吗啡酮
布洛芬
酮洛芬
酮咯酸氨丁三醇
硫酸吗啡
萘丁美酮
盐酸纳布啡
盐酸羟考酮
奥沙普秦
D-青霉胺和青霉胺
盐酸喷他佐辛
保泰松
吡罗昔康
水杨酸盐类

续表

舒林酸

琥珀酸舒马曲坦

5 硫代吡啶酮

防腐剂

海克替啶

痉挛，肠易激综合征

盐酸双环胺

氯化奥昔布宁

抗甲状腺药

卡比马唑

甲巯咪唑

甲基硫氧嘧啶

丙基硫氧嘧啶

硫脲嘧啶

抗溃疡

克利溴铵

法莫替丁

格隆溴铵

硫酸天仙子胺

美沙拉嗪

米索前列醇

奥美拉唑

溴丙胺太林

柳氮磺吡啶

抗病毒

阿昔洛韦

膦甲酸钠

碘苷

干扰素 α-n3

干扰素 β-1b

盐酸金刚乙胺

牙科卫生剂

氟化钠

月桂醇硫酸钠

葡萄糖酸氯己定含漱液

支气管扩张剂和抗哮喘药物

硫酸沙丁胺醇

丙酸倍氯米松

甲磺酸比托特罗

色甘酸钠

氟尼缩松

硫酸奥西那林

奈多罗米

吡布特罗醋酸吸入气雾剂

硫酸特布他林

心血管药物包括抗高血压药

乙酰唑胺

腺苷

盐酸胺碘酮

阿米洛利及其类似物

苯磺酸氨氯地平

贝那普利

苄普地尔

盐酸倍他洛尔

富马酸比索洛尔

卡托普利

可乐定

二氮嗪

地尔硫卓

甲磺酸多沙唑嗪

续表

依那普利
盐酸艾司洛尔
依他尼酸
醋酸氟卡尼
福辛普利血管紧张素转化酶的抑制剂
盐酸胍法辛
氢氯噻嗪
盐酸拉贝洛尔
美托拉宗
盐酸美西律
盐酸莫雷西嗪
硝苯地平
盐酸普鲁卡因胺
盐酸普罗帕酮
普萘洛尔
雷米普利
螺内酯
盐酸替扎尼定
氨苯蝶啶/氢氯噻嗪

艾滋病治疗药物

去羟肌苷
茚地那韦
拉米夫定
奈韦拉平
沙奎那韦
司他夫定
扎西他滨

高/低血糖药

二氮嗪
格列吡嗪
苯乙双胍和衍生物

催眠药和镇静药

艾司唑仑
盐酸氟西泮
盐酸咪达唑仑
丙氯拉嗪
盐酸异丙嗪
夸西泮
三唑仑
酒石酸唑吡坦
佐匹克隆

对于帕金森病的肌肉松弛剂和药物治疗

巴氯芬
氯美扎酮
盐酸环苯扎林
丹曲洛林钠
左旋多巴
美索巴莫
甲磺酸培高利特
盐酸司来吉兰

抗焦虑药包括抗癫痫药

阿普唑仑
盐酸阿米替林
阿莫沙平
盐酸丁螺环酮
卡马西平
盐酸氯米帕明
氯氮平
盐酸地昔帕明
盐酸多塞平

续表

非氨酯	双嘧达莫
盐酸氟西汀	单硝酸异山梨酯
盐酸丙咪嗪	硝酸甘油贴片
碳酸锂	奥昔麻黄碱
盐酸马普替林	**其他**
盐酸去甲替林	别嘌呤醇（降低血清和尿的尿酸）
帕罗西汀	抗血友病因子（重组）（凝血因子的血友病）
苯妥英	抗凝血酶Ⅲ（人）（抗凝血酶Ⅲ缺乏症）
匹莫齐特	降血钙素（佩吉特氏病、高钙血症、骨质疏松症）
普罗替林盐酸盐	依替膦酸钠（高血钙症、银屑病）
裸头草碱	阿维A酯（银屑病）
利培酮	钆双胺（影像诊断产品）
盐酸舍曲林	胚芽碱单乙酸酯（伊顿兰伯特综合征）
盐酸曲唑酮	盐酸格拉司琼（呕吐/恶心）
三氟拉嗪盐酸	磷酸组胺（过敏性皮肤试验的控制）
马来酸曲米帕明	碘海醇（影像诊断产品）
盐酸文拉法辛	山梨醇铁（补血）
拟交感神经药物	醋酸亮丙瑞林（抑制促性腺激素分泌/前列腺癌症）
苯丙胺	盐酸左旋咪唑（免疫调节剂；恢复免疫功能）
盐酸苄非他明	美司钠（解毒剂）
硫酸右旋安非他命	马来酸甲基麦角新碱（防止产后出血）
盐酸芬氟拉明	己酮可可碱（血黏度调节剂）
马吲哚	碘化钾（祛痰剂）
甲基苯丙胺盐酸盐	二巯丁二酸（铅中毒）
酒石酸苯双甲曲嗪	熊去氧胆（胆石溶解）
芬特明	维生素D/骨化三醇（低钙血症）
血管扩张剂	维生素 K_1（凝血障碍）
盐酸苄胺萘碱	

引自：Schiffman SS and Zervakis J（2002）Taste and smell perception in the elderly：effect of medications and disease. *Advances in Food and Nutrition Research* 44：247-346.

另请参阅：脑与中枢神经系统；痴呆：阿尔茨海默病；免疫系统；药理学。

拓展阅读

Doty RL, Reyes PF, and Gregor T (1987) Presence of both odor identification and detection deficits in Alzheimer's disease. *Brain Research Bulletin* 18 (5): 597–600.

Moberg PJ, Doty RL, Mahr RN, Mesholam RI, Arnold SE, Turetsky BI, and Gur RE (1997) Olfactory identification in elderly schizophrenia and Alzheimer's disease. *Neurobiology of Aging* 18 (2): 163–167.

Murphy C (1993) Nutrition and chemosensory perception in the elderly. *Critical Reviews in Food Science and Nutrition* 33 (1): 3–15.

Murphy C, Schubert CR, Cruickshanks KJ, Klein BE, Klein R, and Nondahl DM (2002) Prevalence of olfactory impairment in older adults. *Journal of the American Medical Association* 288 (18): 2307–2312.

Pribitkin E, Rosenthal MD, and Cowart BJ (2003) Prevalence and causes of severe taste loss in a chemosensory clinic population. *Annals of Otology, Rhinology and Laryngology* 112 (11): 971–978.

Schiffman SS (1983) Taste and smell in disease. *New England Journal of Medicine* 308 (22): 1337–1343.

Schiffman SS (1993) Perception of taste and smell in elderly persons. *Critical Reviews in Food Science and Nutrition* 33 (1): 17–26.

Schiffman SS (1997) Taste and smell losses in normal aging and disease. *Journal of the American Medical Association* 278 (16): 1357–1362.

Schiffman SS and Graham BG (2000) Taste and smell perception affect appetite and immunity in the elderly. *European Journal of Clinical Nutrition* 54 (Supplement 3): S54–S63.

Schiffman SS and Nagle HT (1992) Effect of environmental pollutants on taste and smell. *Otolaryngology – Head and Neck Surgery* 106 (6): 693–700.

Schiffman SS and Zervakis J (2002) Taste and smell perception in the elderly: effect of medications and disease. *Advances in Food and Nutrition Research* 44: 247–346.

Schiffman SS, Graham BG, Sattely Miller EA, Zervakis J, and Welsh-Bohmer K (2002) Taste, smell and neuropsychological performance of individuals at familial risk for Alzheimer's disease. *Neurobiology of Aging* 23 (3): 397–404.

译　者：张　丽（首都医科大学宣武医院）

虚弱老年人

D. 斯皮尼 洛桑大学，洛桑，瑞士

P. 吉斯莱塔，E. 吉耶，C. J. 拉利伟·德埃皮奈 日内瓦大学，日内瓦，瑞士

词汇表

共病（Comorbidity）——多种疾病共存，这些疾病在临床上表现明显，但并不相关。

失能（Disability）——难以完成或无法完成以下活动，包括实现独立生活所需的基础任务和重要任务、日常生活活动（如走动、上下床、穿衣、如厕、洗澡和吃饭），或者工具性日常生活活动（如购物、出行、做家务、财务管理、约会、吃药、处理突发情况）。

复原力（Resilience）——这一概念最初被应用于儿童，意指面对非规范性影响和创伤所带来的威胁或风险，依然能够维持正常发展。复原力还包括人们应对压力和逆境时个体差异所带来的积极影响。

衰老（Senescence）——老化的生物过程，与增加的压力易感性、对疾病的易感性和死亡的可能性相关联。它与人生中生理退化过程超过再生过程的生命阶段有关。

引言

虚弱老年人有很高的不良后果风险（跌倒、住院、失能、死亡）。他们表现出对医疗、心理社会或环境压力的虚弱性，并且在发生诸如跌倒、急性疾病或情绪剧变等令人不安的事件之后无法恢复与周围环境的平衡。虚弱被概念化为储备能力的多系统降低。目前在虚弱程度方面尚未达成共识。根据所采用的标准和样本人群的特征，体弱老人（65 岁及以上）的患病率从 7% 至 25% 不等。虽然虚弱不仅限于老年人，但它随着年龄的增长而增加。身体虚弱在女性和社会弱势群体中更为常见。

虚弱的概念与定义

虚弱概念与操作化的发展

20 世纪 80 年代之前，虚弱老人的概念很少被使用。在此之前，主要使用生理和医学内涵较强的术语来描述需要帮助或失能的老年个体。这些术语包括慢性病患者、残疾人和能力丧失者。20 世纪 80 年代后期，特别是在 20 世纪 90 年代，虚弱的概念在医学文献中变得流行，其引用次数呈指数级增

长。这种使用的增加源于对虚弱这一概念首次尝试进行明确界定。第一个定义具有明显的医疗特征，强调受影响个体的健康问题。身体虚弱的老年人容易受到各种压力的影响，容易受到身体或精神方面的老龄化的影响，无法满足其基本需求，需要机构护理，并且通常依靠他人的帮助才得以发挥足够的日常功能。简而言之，虚弱在老年人中成为失能的前兆。

这一定义主要起源于老年医学界，因此，它与个人层面的身心健康状况有关。事实上，老年医学界很快意识到，预期寿命显著增加的一个结果是越来越多的老年人受到类似情况的影响。这些发展的最终表现是对没有实现成功老龄化老年人的信息收集。

对该领域知识的需求推动了进一步的研究，试图解决虚弱的原因和症状。虚弱的定义相当具体，侧重于基本要素或机制——主要是医学特质——被认为是专门定义和描述虚弱老人的特征。第一次尝试筛选虚弱老年人是基于他们独立行动能力的有限性测量。在这项研究中，只评估了活动能力和运动能力，另一个目标是确定评估虚弱的可接受标准。这些定义主要基于由老年医学家或医生评估的客观标准，因此主要得益于医院和护理院人员的努力。

愈加明显的是，对虚弱性的高度具体的描述在范围上过于局限，并且在进一步诊断和预防方面通常不令人满意。跨学科的定义考虑了虚弱性的各种生物医学特征，并不局限于单个指标，且认为若干生理系统的同时损伤会导致虚弱出现。虚弱被描述为一系列的症状和体征，而非一个独立的临床实体，以至于它拒绝明晰的科学定义。在这种情况下，虚弱性、适应力丧失、稳定性改变和体质下降的概念常被用来讨论虚弱性。事实上，人们普遍认为虚弱是一种高度脆弱的状态，可能导致不良的健康后果，如不能独立生活、跌倒、需要长期照护、死亡。

虚弱性还与复原力的丧失有关，它会影响个体能力维持或能力丧失的恢复，（阻碍个体）以获取与周围环境的平衡并改变对压力的稳定响应。因此，虚弱可以被定义为体质和压力抵抗性的下降，从而导致多种生理系统的累积性降低。大多数虚弱性的概念化在超过一定阈值的体能丧失方面是一致的。因此，老年人承受身体和精神压力的能力或从急性疾病中恢复的能力取决于他们的体质情况。在这方面，疾病并不是虚弱的必要条件，通常虚弱的老年人在没有发病的情况下可能会经历生理功能的下降。然而，伴随着资源减少的虚弱，肯定与更高的疾病风险有关。事实上，体质的下降不可避免地伴随着衰老，并且由于疾病和不健康的生活方式而加剧（如缺乏锻炼、饮酒过量、抽烟、营养不良和社会隔离等），从而可能会使体质达到一个较低的标准限制，低于此标准将被视为虚弱。

与此同时，人们提出了将多系统降低的概念纳入评估体质虚弱性的生物医学定义。这些定义认为肌肉骨骼功能、有氧能力、认知功能、营养状况、神经内分泌和免疫系统功能的降低是构成虚弱的必要条件。因此，与日常活动相关的一般生理功能被认为是反映虚弱的标志。具体包括低体质指数，失去力量、耐力和平衡，步速缓慢，活动能力和能量降低。特别是，肌肉量减少和肌肉功能减退已被认为是导致虚弱的主要原因。但是这些症状并不能直接处理，因为涉及长期的过程。

一项研究议程尝试在该过程的初始阶段确定虚弱的生物学和生理学决定因素和前提——在虚弱的临床症状表现出来之前。在这个概念化水平上，虚弱性与衰老的生物学理论交织在一起，后者可能认为虚弱性是自由基的结果，热量限制、激素水平和衰老的应激理论，假设虚弱机制与下丘脑—垂体的变化相互作用肾上腺皮质轴（从而影响大脑皮质评估压力源的方式刺激垂体和肾上腺，后者是内分泌系统的两个基本组成部分，与神经系统一起控制身体活动）。从这个角度来看，虚弱患病率的性别差异可能被解释为神经内分泌反应性的性别差异的结果，这是由未接受激素替代治疗的女性患者的绝经后皮质醇分泌增加所致。

实证研究集中于细胞因子过度表达和激素下降，这反映了对应激源的体内平衡反应的改变。有证据表明生理指标和虚弱的主要症状之间存在联系。例如，细胞因子形成的失调会导致肌肉力量的丧失，而瘦素（一种激素介质）会减少食物摄入，增加能量消耗。虽然这项研究旨在刺激新的治疗干预措施并促进初级预防，但尚不清楚这些特征是否反映了衰老本身或虚弱。

多维度、多层面的虚弱性概念考虑了生物、生理、身体、心理、社会和环境因素之间复杂的相互作用。一些作者认为，除了身体虚弱，心理、情绪或社会形式的虚弱也存在，虚弱不仅与一个人的身体健康相关，也与个体的心理和社会生活相关。特别是，虚弱性可能源于环境中的特定条件或者因环境中的特定条件而加剧。这些最近的概念化必须考虑基于老年人的直接经验的主观报告，不仅认识到物理和生物条件的现实，而且还认识到这些条件如何影响个体。因此，在研究虚弱时，经常使用社区居住人口，这降低了对晚期虚弱老人的样本选择性而导致有限发现的风险。

从这个角度来看，虚弱成为衰老心理学理论研究的对象。例如，选择、优化和补偿理论预先假定，要成功发展（通过收益最大化和损失最小化），个人应协调以下几个方面：（1）选择和保持发展轨迹；（2）优化运作水平和资源的收益；（3）在有损失的情况下维持正常运作的资源补偿。适当应用 SOC 建议的策略可以通过改善从周围文化背景中获得的支持（或资源）来延迟虚弱的发生。根据这种方法，评估和预防策略不应只关注虚弱老人的健康，还应该考虑他们生活的环境。

日常能力理论试图通过将基本要素（如认知资源）应用于相关的日常任务来解释老年人如何在给定的物理和社会环境中有效地发挥作用。据此，虚弱可以被认为是一个人的认知和心理资源与可利用的语境资源之间的不适当平衡。考虑到一个人的能力以及周围环境的资源，而不是虚弱本身，一个人如何处理和应对虚弱成为一些学者最感兴趣的问题。

老年人与环境之间的动态（通常是系统性的）相互作用的重要性可能有助于进一步解释虚弱的过程。虚弱可能被认为是老年人脱离环境的结果，导致角色变化，表现为失去自主权，通常与非正式网络（配偶、家人、朋友）和专业行为者或机构（家庭护理、医疗或社会机构、护理院等）的干预有关。从这个角度看，虚弱的出现与脱离接触理论修订版中描述的过程相对应。根据这一理论，衰老过程被理解为个体对选择活动和关系的被迫或预期过程。虚弱可以被概念化为一个规范的衰老过程，这是在最有意义的生活领域中，通过选择活动和关系来维持个体一定程度的生活幸福和生命价值。

这种广义的研究已经导致研究虚弱的领域不断扩大，包括认知领域、情感领域、社会领域和精神领域。因此，最近关于虚弱的经验证据主要集中在非生物学性质的性别差异、虚弱对友谊的定量和定性影响、心理特征的预防作用等方面（例如对虚弱的发展和治疗的积极影响，以及对跌倒的恐惧，而不是跌倒行为本身，对虚弱发展起到了促进作用）以及误认为虚弱和抑郁的危险。因此，医学文献中虚弱引用的指数级增长与心理学和社会学文献中类似的增长在一定程度上是平行的。虚弱不再只是一个医学问题。

相关但不同的概念

多年来，虚弱一直是失能和衰老的代名词。人们认为，一般老年人与高龄老人存在较大个体差异，如个人发展、生存及疾病发生率等，这对虚弱等同于日常生活活动（ADL）或工具性日常生活活动（IADL）失能以及虚弱等同于衰老的观点带来挑战。此后，失能被认为是虚弱的可能结果。这证实了虚弱性在基于社区的人群中的预测状态的重要性，生活在社区的人们仍然具有相对的功能。有人试图通过构建个体生物年龄指数来改善关于虚弱的实际年龄预测，该指数被定义为性质上完全不同的身体缺陷总数。尽管生物年龄预测优于实际年龄，但生物年龄虚弱性的预测因子与其时间顺序相对应，并且缺乏实质的整体性意义，因此预防效用不足。

并发症通常与虚弱有关，虚弱与并发症共同出现的情况确实很频繁。虽然并发症可能会导致虚弱的发展，但虚弱的存在可能有助于疾病的发展。然而，虚弱可以独立于并发症发生，如一些老年人在没有发病的情况下会出现肌肉减少症和免疫功能受损等症状。

根据心理学和精神障碍分类标准进行评估，被诊断患有心理抑郁症的老年患者可能面临较高的虚弱风险，或没有能力应对、适应和发展恢复能力来克服虚弱的风险。此外，疲劳、体重减轻、活动减少已被认为是心理抑郁的特征，这些特征同时也被纳入虚弱的定义。尽管虚弱和抑郁存在较大差别，但误诊却是经常发生的，而且两者之间确实存在相似之处。任何一种情况都可以归类为另一种情况的原因、后果或并发症。

虚弱的发展模式与结果

不同类型的模式将虚弱描述为衰老过程中的一个阶段或者过渡阶段。以下内容重点介绍描述该过程的两种截然不同但并不相互排斥的途径：虚弱的线性模式和周期模式。

虚弱的线性模式

关于虚弱最广泛的模式之一是线性模型。此模式有许多变体，但大多数描述似乎依赖于以前的模式：失能过程模式。该模式描述了一个或多或少不可逆转的衰退过程，该过程从生活自立开始逐渐演变为健康缺损的状态，再转变到失能状态，最终导致死亡。在许多保健系统中，残疾或失能被视为老年人有资格获得适当治疗和跟踪服务的主要标准。这一著名且有影响力的模式（在许多研究人员和从业者以及世界卫生组织等机构中，该模式在老年学中仍占主导地位）影响了对虚弱过程的许多描述。

线性模式通常是确定性的，因为它假设从自立（独立）到失能（依赖）的因果和单向链在多数情况下与年龄的增长有关。这种情况也发生在这样的模式中，即虚弱代表两个极端状况之间的一个重要中间阶段：自立和死亡（见图 1）。重要的是，要注意在大多数模式中，虚弱并不是一种全有或全无的现象，而是不同程度的虚弱性描述（如从轻微到严重的虚弱程度）。这些不同程度的虚弱状态对应于一系列阶段性的、渐进的，通常是不可逆转的能力或健康的丧失。一些线性模式中的虚弱包含宽泛的健康和活力状态，可以在一般老年人和高龄老人群体中发现，也可以在自主、独立、活力和死亡等不同状态之间发现。虚弱的过程往往对应着功能性损失的累积，它会逐渐侵蚀老年人开展各种活动的能力，并导致对援助和护理服务需求的增加。

线性模式的另一个共同特征是它关注虚弱性的相关或因果关系，以及虚弱导致的后果。已有研究描述了许多可能解释虚弱或导致虚弱的因素。然而，线性模式的一个重要贡献是确认长期和短期因素。

与生命历程的观点一致，关于虚弱的各种长期生物因素被确认。这些因素可能与生物或遗传资源以及身体的长期影响（与不同行为、活动或职业相关的磨损）和社会暴露（与享有特权的人相比，处于社会劣势地位的个体在不同环境中面临更高的风险和威胁）有关。这些因素可能与个体相关，也可能需要在集体层面考虑，因为流行病、战争、经济萧条和文化变革等事件会对整个出生队列的许多人的生命轨迹产生影响。

这种终生的损坏累积表现在静态负荷的概念中，静态负荷和持续面临不同的压力可能会降低个体抵抗力。然而，我们不能断言压力必然导致老年人长期的负面后果；使用动物模型的研究发现，适度的压力（如热量限制、处于低温环境中）可以延长寿命。适度的压力会产生适应性反应，从而加强防御和应对策略。

短期来看，虚弱性也可以由大量不同的生物医学和心理社会因素来解释，这些因素既包括微观层面的因素（如分子），也包括

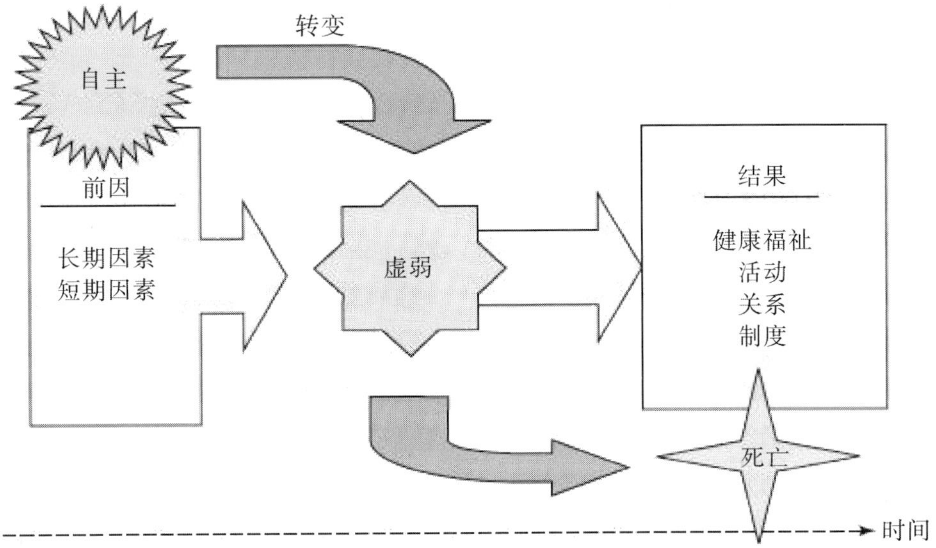

图 1　自主与死亡的中间阶段的虚弱线性模式：长期和短期因素对虚弱的影响及其对健康福祉、活动、关系和制度的影响

宏观层面的社会因素（如社会阶层）。这些因素包括过去消极或下降的健康状况（如疾病、脑卒中、糖尿病或帕金森病等慢性疾病，功能的下降，抑郁，痴呆，牙齿不健康，体重减轻等）、破坏性或创伤性事件（跌倒、家人死亡、住院治疗等）以及各种社会因素（女性成员、社会隔离、财务状况不佳等）。

其他被称为前因、调节或中介的因素包括对内源性或外源性压力的心理社会适应。后一种模式是在生命历程和社会心理学传统中发展起来的。它们包括适应和自我调节的一般过程，如 SOC 模式、主要控制策略（行为—个人实现的事件应急：投入时间和精力、招募他人帮助、使用技术辅助等）和次要控制策略（个人对其情绪、动机状态和心理表征的有效影响，社会和时间比较，乐观主义，自我提升，控制信念，应对策略，宗教信仰等）。

这种模式也关注虚弱的结果，并且主要是消极的结果（许多已被描述为前因）。虚弱可能会影响生命过程的所有领域：健康（身体健康、认知功能、活力、死亡等），福祉（不同生活领域的满意度、幸福感、积极影响等），活动（日常活动、生产活动、娱乐活动、文化活动等），不同类型关系（同伴、家人、朋友、邻居、专业人士等）的联系频率和质量，以及交流（援助、照料、探视等）（这方面并没有被全部调查过）。虚弱也被认为是老年人在疗养院、医院或其他护理系统中被收容的预测因素。

虚弱的周期模式

虚弱线性模式的主要问题之一是前因和

结果的分离。其中一个原因是，虚弱的短期前因通常也可以被视为其结果。例如，营养不良、并发症和跌倒被认为是虚弱的前因和结果。这是系统模式最近发展起来的原因之一。系统模式强调与虚弱相关的不同系统之间的相互作用和过程。

在周期模式（见图 2）中，主要假设导致虚弱的过程通常是基于衰老，但通常是触发事件（如髋部骨折、疾病、住院）发生后才会观察到。一般来说，大多数虚弱的短期前因都是在线性模式中描述的。该模式的一个重要特征是虚弱性可以通过生物体不同子系统的变化（通常是下降）来启动。这可能发生在不同类型的系统（生理、心理、行为等）中，然而，正是在生理学领域，这一假说（虚弱周期）得到了最详细的阐述。该维度用于描述周期模式。

有证据表明，个体寿命的第二阶段呈现普遍下降趋势，多数是从生理特征（包括肌酐清除率、用力呼气量、神经传导速度、胰岛素敏感性、肌肉质量、身体力量和最大摄氧量或 VO_2）的下降开始的。这种衰老过程在 70 岁左右加速，并逐渐侵蚀不同系统的储备，这可能导致对压力源的反应性和弹性降低，甚至是不可逆的转变。一些理论甚至认为，普遍确定的约 30% 的阈值决定了许多身体系统的功能。当储备量高于此值时，系统具有应对压力的能力，尽管个体可以被认为具有恢复能力，但在该储备值下，生物体显示出虚弱的特征，这通常可以在临床上观察到。周期模式的一个重要特征是，在大多数情况下，并且在一个人的大部分生命周期中，个体生命往往具有恢复能力。因此，在许多情况下，对生物体的损害是可逆的并且可以成功地克服。例如，当某些疾病（如糖尿病）导致可以有效治疗的一般功能障碍，使得虚弱的症状消失时，就会出现这种情况。

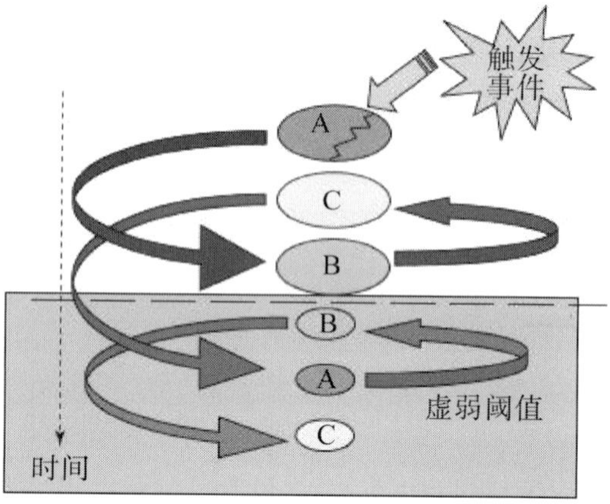

图 2　虚弱周期模式：触发事件可以导致各种资源的螺旋下降，超过一定阈值会导致虚弱

许多虚弱的表征彼此相关，构成了虚弱周期的关键要素，这表明由于其潜在的联系，几个方面的缺陷可能会积累。特别是，这个周期建立了一个正式的模式即流动性和激发新陈代谢的能力之间的联系可能导致食欲下降，随后食物摄入不足，导致营养不良。这反过来又会引起肌肉功能障碍并进一步降低活动参与能力。

导致虚弱的途径是多种多样的。一些老年人可能会因为老化过程中的正常生理变化而变得虚弱，这些变化并非基于任何特定疾病，在这种情况下，虚弱可能是可逆的。有些老年人可能由于严重疾病及并发症而变得虚弱，由此导致可支配资源减少，因此不足以重建功能，在这种情况下，这一过程很可能无法逆转，虚弱将标志着生命的后期阶段。一个值得注意的例外是，如果治疗后匹配相关的一般性资源恢复，那么由虚弱导致的疾病可能会被部分或完全治愈。

周期模式包含三个主要的虚弱子系统：肌肉减少症（与衰老相关的肌肉质量下降过程）、免疫功能障碍（机体对病原体和恶性肿瘤的防御）和神经内分泌失调（监测环境和其他感觉输入的监管系统，并通过向终末器官系统发送神经和内分泌信号维持体内平衡）。当这些子系统中的一个受到影响时，它会对相关子系统产生一定影响，这反过来会影响第一个子系统，如此循环。当这些连锁反应严重挑战子系统的储备而没有机体的平衡反应时，它们可能——在克服给定阈值后——启动脆弱循环，这被描述为机体功能的下降螺旋运动。

关于虚弱的新议题

老年医学研究中虚弱概念的出现（随后对老年人的慢性残疾和虚弱进行了明确的划分）表明，高龄老人并不必然意味着失能。但另一方面，也不能将非长期残障的老年人视为健壮的成年人。由于良好的基因、预防（如营养、身体和心理锻炼、对生活经验的开放性）以及适当的适应策略（如SOC、首级和次级控制、有意义和连贯的自我认同等），虚弱可能会影响一个人的生命早期，也可能会推迟到非常高龄。然而，虚弱似乎是大多数长寿的人必须付出的代价。从生命历程的角度来看，人类寿命超过80岁的可能性不断增加，虚弱往往被认为是正常的生命阶段。

但关于虚弱作为一个过程的性质以及虚弱与慢性残疾或慢性依赖之间的关系，仍有一系列问题有待回答。

虚弱，一个状态和过程

作为社会政策的实证研究需要分类，以便估计和比较不同背景、人群或时期的流行率和发病率。目前，关于虚弱的定义尚未达成共识，任何操作化仅仅是一个工具。因此，明智的做法是假设在老年人被归类为临床或科学虚弱之前，虚弱的过程已经开始。重要的是要意识到，虚弱是一个动态的、不断发展的、有时是可逆的过程。与其从绝对角度考虑某些职能的表现水平，不如在个人层面强调标志性的变化。这些因素解释了特质，比如个体基线测量，具体到一个人在评估一段时间内的虚弱标记时的功能水平。此外，关注个体评估和这些标记物的变化率通常归因于虚弱过程的动态状态。迫切需要这样一种方法（即关注从自主到各种虚弱状态，然后从虚弱到死亡的轨迹个体内和个体间的变化）。它将使未来的研究能够解决重要且未解答的问题。例如，过渡到虚弱状态通常是突然而迅速发生吗？在这种情况下，我们可以检验生物体的雪崩式破坏或认知功能不同维度的阶梯式下降的假设。还是以平稳和渐进的方式发生？何时以及如何在不同但相关的子系统中恢复能力会下降？

虚弱和慢性 ADL 依赖之间的联系以及生命历程最后阶段的体系

慢性失能是虚弱的结果，还是老年人在没有经历虚弱过程的情况下逐渐失能？基于个人层面的研究表明，在老年人中，从独立到慢性依赖的突然转变很少发生，而且几乎在所有情况下，依赖的途径都会经历一个持久的虚弱阶段。相反，虚弱是否一定会导致老年失能？如果不是，为什么？换句话说，是否有可能在没有经历 ADL 依赖的长期阶段或急性退行性精神和身体过程的情况下死亡？对生命最后几年进行审查的少数现有研究证明，很大一部分老年人（约一半）在没有经历慢性依赖阶段的情况下结束了生命。从生命历程的角度来看，一些人认为虚弱可以被认为是晚年的正常阶段，导致慢性依赖（死亡前的最后阶段）或接近死亡的慢性虚弱状态。但是需要对更大的样本和不同文化进行更多的研究来验证这些观点。此外，不同研究对慢性或长期依赖的定义可能存在很大差异（持续时间从死亡前一年多到 3 个月不等），这直接影响到对伴随虚弱去世的老年人和在经历一段慢性依赖之后死亡的老年人的估计。到目前为止，关于体弱老年人的研究主要是描述性的，并且少数关于生命终结轨迹的预测因素与个体的特征（如性别、年龄）有关。一个重要的步骤是确定特定遗传因素、健康前因、适应方式、过去行为和生活方式以及社会和服务环境在多大程度上决定了老年和高龄期间的生活轨迹。对这些有利特征的了解——不仅仅是对诱发因素的了解——将有助于回应老年学中的经典陈述：给岁月增加生命而非给生命增加岁月。

方法论问题

从方法论的角度来看，将虚弱作为一个过程进行研究，也即对老年人生活轨迹的研究，将受益于以下建议：

1. 应特别注意个体的健康转变。关于虚弱持续时间、可逆性、严重程度以及在 ADL 依赖之前必要的预防作用的关键问题只能通过基于个体层面的重复测量而不是集体层面的单一评估的经验数据来解决。因此，纵向研究设计（最好是长期的）尤为重要。

2. 在研究虚弱、生命后期的状况与死亡之间的关系时，有必要追踪老年人的全生命历程，然后必须回顾性地重新考虑生命轨迹。开展高龄老年群体的纵向研究应确保研究者能够收集到直至老人生命最后一刻的数据。访问个人的医疗记录可提供有关其健康轨迹和健康消耗的有价值信息。

3. 传统的统计模型无法有效地检验健康状态之间的定性和定量变化。先进的数学模型，包括线性和非线性动力系统，使研究人员能够将虚弱建模为损失的定量累积，这种损失在老年人中发生的概率大于年轻人，并可能导致不同质量的生命阶段。

政策与实践启示

从人类学和哲学的角度来看，虚弱性是人类的基本构成要素，自立是生命中不可多得的成就。如前所述，虚弱性似乎是个体在老年期和高龄期的必经阶段。每天应对这种增加的虚弱性并保持尽可能多的自主权是生命最后阶段的巨大挑战。当代老年人和社会应该持续应对这一挑战，同时也要关注老年人正常的虚弱状态，特别是在高龄期。

通过这些初步考虑，现在可以设想在虚弱过程的不同阶段有一定的信心来部分地预防、推迟或限制由虚弱造成的损失的影响的干预措施。强有力的证据支持这样的主张，即通过适当的生活方式可以实现一级预防（尽管健康的生活方式也有可能会产生虚弱状况），特别是通过适当的身体锻炼、心理保健、均衡营养计划、维持社会和情感联系、对生活保持开放心态等。生活方式干预措施可能是预防虚弱的最有效方法，因为与针对特定疾病的干预措施（如抗高血压治疗）相比，生活方式干预措施涉及多个功能系统。尽管对高龄老人而言，虚弱几乎是不可避免的。但是，老年人特定的生活方式仍旧可能会阻止或至少推迟虚弱的发生。

由于虚弱也与个人的生活环境有关，因此许多生活领域都与预防虚弱有关。

通过调整公共建筑和交通工具以适应老龄化人口的需要，可以防止诸如跌倒等触发虚弱的事件。包括身体活动、记忆训练和营养在内的二级预防计划已经显示出良好的效果，这可以减缓虚弱的发展甚至逆转某些症状。干预的三级策略可能是最难实施的，因为缺乏关于虚弱和慢性失能之间联系的认识，特别是从前者到后者的发展路径，尤其如此。关于这个问题的更多证据将对旨在避免或至少限制虚弱最消极后果的政策做出巨大贡献。

更一般地说，由于虚弱是一种多方和多维现象，往往标志着当代人生活中的正常阶段。因此，似乎不应该制订一般性的统一方案来战胜老年阶段的虚弱状态。社会和健康政策应该认识到，虚弱是老年群体的一个重要特征，政策制定者应该找到实施灵活计划和服务网络的方法，这些计划和服务将根据虚弱老年人的各种需求、困难、能力和要求进行个体化满足。

另请参阅：行为遗传学；细胞衰老：生长因子与细胞衰老；抑郁症；饮食和营养；跌倒；残疾、功能状态和日常生活活动；医疗护理与服务；稳态、体内动态平衡与老化；生命历程；老化标志物；出行能力和灵活性；骨质疏松症与骨功能障碍相关的衰老；物理治疗与康复；老年政治；心理健康；自我调节、健康和行为；社会网络、社会支持和社会融合；应激：生理学的释义；老化理论：生物学；老化理论：心理学；老化理论：社会学。

拓展阅读

Bortz WM II（2002）A conceptual framework of frailty：a review. Journal of Gerontology：*Medical Sciences* 57*A*（5）：283-288.

Fried LP, Tangen CM, Walston J, Newman AB, Hirsch C, Gottdiener J, et al. (2001) Frailty in older adults: evidence for a phenotype. *Journal of Gerontology: Medical Sciences* 56A (3): 146–156.

Fried LP, Ferrucci L, Darer J, Williamson JD, and Anderson G (2004) Untangling the concepts of disability, frailty, and comorbidity: Implications for improved targeting and care. *Journal of Gerontology: Medical Sciences* 59A (3): 255–363.

Hamerman D (1999) Toward an understanding of frailty. *Annals of Internal Medicine* 130 (11): 945–950.

Hogan DB, MacKnight C, and Bergman H (2003) Models, definition, and criteria of frailty. *Aging Clinical and Experimental Research* 15 (Suppl. 3): 3–29.

Markle-Reid M and Browne G (2003) Conceptualizations of frailty in relation to older adults. *Journal of Advanced Nursing* 44 (1): 58–68.

译　者：王雪辉（复旦大学）
校译者：曹　杨（四川大学）

叙事与老龄化

G. 凯尼恩，W. 兰德尔　圣托马斯大学，弗雷德里克顿，新不伦瑞克省，加拿大

词汇表

生活记事（Lifestory）——一种记忆与想象、事实与虚构的混合物，与身份紧密相关的叙事实践自述形式、生活类型、生活方式或讲故事的方式，这些构成了我们如何讲述和如何体验生活的基础。

叙事（Narratives）——传记材料，包括生活记事、自我报告、自传、回忆录、专题访谈、日记和信件。

引言

只要条件合适，老人们就很乐意讲述自己的生活和故事，这是对老年人的一种刻板印象。人们的故事对他们来说很重要，这一事实可以作为讨论叙事与老龄化之间复杂关系的起点。引发讨论的各种话题通常都遵循一般故事的结构：开头、中间和结尾。相应地，本文首先概述了过去引起人们的叙事兴趣的那些影响，特别是与老龄化的关系；其后探讨了与叙事的定义、特征和困境等持续相关的问题；最后明确了在老年学理论和实践中，叙事视角可以在未来持续应用的领域。

过去的影响

在叙事和老龄化的主题里，激发兴趣的动力是认识到老年学的重点已经放在了所谓老龄化以外的事情上。这意味着或多或少可见或可测量的老龄化的各个方面，如与年龄相关的身体和认知能力的变化，或人口老龄化对社会结构、卫生保健政策、养老金等方面的影响。然而，在老龄化研究中几乎完全采用实验和统计方法，这引起了许多老年学家的不满，他们认为老龄化的许多重要维度被忽略了。因此，老年学界越来越多地采用叙事方法，从而揭示了有必要从内部探究老龄化问题。此外，叙事或叙事视角尤其适合对传记体老龄化的调查研究。因此，在这种背景下，叙事包括一系列传记材料，包括生活记事、自我报告、主观或有指导意义的自传、回忆录、专题访谈，以及日记和信件等个人文件，还有档案数据。就文学老年学而言，叙事包括电影、小说和其他艺术作品中关于衰老的故事或形象。使用叙事方法研究个人的想法起源于19世纪50年代的约翰·斯图尔特·密尔（John Stuart Mill）和欧洲的威廉·冯特（Wilhelm Wundt）。西格蒙德·弗洛伊德（Sigmund Freud）也在他的著作中采用了叙事性构建的个案史。名词法

和习惯法之间的区别，是心理学的一个标准区分，最早由威廉·斯特恩（William Stern）提出，后来戈登·奥尔波特（Gordon Allport）也在使用。在20世纪20年代，乔治·斯坦利·霍尔（George Stanley Hall）在研究青春期时使用了自传法，亨利·默里（Henry Murray）被认为是人格心理学领域叙事方法的创始人。

从社会学视角看，老年叙事方法的先导是芝加哥学派的符号互动理论（the symbolic interactionist）和威廉·狄尔泰（Wilhelm Dilthey）的作品。在这一方面，约翰·多拉德（John Dollard）是最后一个值得一提的人物，因为他在20世纪30年代将生活史的研究方法引入了社会学领域。从第一个历史时期开始，被认为是老年学背景本身的一部分作家，他们包括埃里克·埃里克森（Erik Erikson），夏洛特·布勒（Charlotte Bühler）和伯尼斯·纽加滕（Bernice Neugarten）。汉斯·托马（Hans Thomae）成为另一个重要人物，因为他在波恩纵向研究方面做出了贡献。这一研究采用了叙事和实验的综合方法，这种方法在当代老年学研究中正变得越来越普遍。就方法而言，在老龄化研究中广泛使用的一种重要方法是由格拉泽（Glaser）和施特劳斯（Strauss）提出的扎根理论（grounded theory）。这种方法已被写入大多数老年学教科书，它有助于理解护患传记性遭遇、临终关怀、老年个体和其他老龄化研究。

20世纪70年代，老龄化的叙事研究成果包括洛文塔尔（Lowenthal）、瑟纳（Thurner）和奇里博加（Chiriboga）的《生命的四个阶段》（*Four Stages of Life*），列文森（Levinson）、达罗（Darrow）、克莱因（Klein）和麦基（McKee）的《男人的生命四季》（*Seasons of a Man's Life*），盖尔·希伊（Gail Sheehy）的《人生历程》（*Passages*），以及罗杰·古尔德（Roger Gould）的《变迁：成年生活的成长与改变》（*Transformations: Growth and Change in Adult Life*）。这一时期社会学领域的主要人物是贝尔托（Bertaux）和贝尔托－韦姆（Bertaux-Wiame），他们研究了法国面包师的职业生涯，研究成果收录在《传记与社会》（*Biography and Society*）一书中。

20世纪80年代，出现了一些强调叙事研究方法论的重要作品。这些作品对研究产生了重要影响，特别是在老龄化领域。其中包括威廉·鲁尼恩（William Runyan）的《生活史和心理传记学》（*Life History and Psychobiography*），尤其值得关注的是唐纳德·波尔金霍恩（Donald Polkinghorne）的《叙事认知与人文科学》（*Narrative Knowing and the Human Sciences*），西奥多·萨尔宾（Theodore Sarbin）的《叙事心理学》（*Narrative Psychology*），以及杰罗姆·布鲁纳（Jerome Bruner）的《真实的思想》（*Actual Minds*）和《世界的可能性和行动的意义》（*Possible Worlds and Acts of Meaning*）。

老龄化研究中有关叙事历史部分的精选作品，还包括莎伦·考夫曼（Sharon Kaufman）的《不老的自我》（*The Ageless Self*），彼得·科尔曼（Peter Coleman）的《老化和怀旧的进程》(*Ageing and Reminiscence Processes*),埃里克和琼·埃里克森(Erik and Joan Erikson)的《老年期的重要参与》(*Vital Involvement in Old Age*),以及芭芭拉·迈尔霍夫(Barbara Myerhoff)的《记忆中的生活》(*Remembered Lives*)。当代作品见证了人们对叙事和成年发展研究兴趣的迅速增长。这方面的重要作品有丹·麦克亚当斯(Dan McAdams)的《我们赖以生存的故事》(*The Stories We Live By*),贾伯·古布里乌姆(Jaber Gubrium)的《说出生活》(*Speaking of Life*),肯·格根(Ken Gergen)的《丰富的自我》(*The Saturated Self*),威廉·兰德尔(William Randall)的《我们的故事》(*The Stories We Are*),露丝·雷(Ruth Ray)的《超越怀旧》(*Beyond Nostalgia*),以及罗伯特·阿特金森(Robert Atkinson)的《故事的天赋》(*The Gift of Stories*)。一些期刊的特刊和选辑也出现了。

在老龄化研究中运用叙事方法是人文学科后现代转变的一部分,这一转变伴随着对真理、意义、权力和权威等传统观念的批评。从这个角度看,所有的现象都能够以语言、叙述和解释为基础。由此产生的一个中心假设是,诸如人类的行为、身份和关系这类现象至少在一定程度上是社会建构的产物。

此外,老年学中的叙事方法是跨学科研究方法的综合运用。它的特点还包括广泛的方法论,它们都有一个共同的信念,那就是确信人生是有故事的,而且有许多让人感兴趣的主题。这些主题有丧偶、衰弱、慢性疼痛、痴呆、大屠杀创伤、纵向研究、年龄认同、智慧、灵性、临终问题和照料等。

当前的问题

就老龄化的内在或内在的老龄化,可以通过叙事或采用一种叙述方法进行探讨,还需要持续关注以下三个问题,即叙事的定义、叙事的特征和在理解老龄化时面临的叙事困境。

叙事的定义

“叙事”这一术语有很多参考,很容易混淆。第一,叙事指的是特定类型的材料,即是故事,而不是统计数据;或是关于某个特定主题的轶事评论,而不是测试的分数,也不是问卷调查中有关“是或否”的回答。第二,它指的是用于收集使用这些材料并进行分析的各种方法。这些方法是一般定性研究的中心,尤其是对回忆等主题的研究,以及定性老年学、叙事老年学、女性老年学和老年文学等领域的研究。第三,它还可以指一个理论结构,即个人叙事或自我叙事,也可以简单称之为“我的生活故事”。然而,生活和故事之间的关系——或者更准确地说,是记事——讲述或内化之间的关系是错综复杂的。事实上,一些理论家把这两个术语合二为一,称为“生活故事”,把它看作记忆与想象、事实与虚构的混合体,并且与身份联系密切。第四,它可以指一个完整的知识范式或者根隐喻,根据这种范式,人类基本上被视为是会讲故事的动物，而叙事则是我们认知世界和理解世界的主要方式。因此，叙事作为启发式的研究方法可以在探索老龄化经验时采用。本文的以下部分将重点关注叙事作为结构和范式的内容。

叙事的特征

“叙事”是被广泛应用于“故事”的一个更专业的术语。事实上，无论叙事转向哪里，在影响方面，两者几乎可以（尽管并不总是那么准确）等同。然而，故事本身，虽然结构通常比较简单，但并不容易解读，文学理论家当然可以证明这一点。其实，故事实质上就是一个人告诉另一个人他正在做的事情。无论是虚构的、历史的还是现实的，这一基本形式触及叙事结构特征的核心。同时，也产生了几个相互交织的问题——或困境——认识论的、伦理的、本体论性质方面的，这是叙事的特征引发的，促使我们在老龄化叙事中要考虑不同的维度。

口耳相传 故事是口耳相传的。因此它涉及叙述者（或多个叙述者）和作者（或多个作者），尽管在有些故事中这两者是一体的。显然，它还涉及叙述的行为，叙述可以从不同的视角展开：从第三人称到第一人称，从无所不知到模糊不清；从不同的利害位置，由近及远；还带有各种叙事基调，从乐观到悲观，从悲剧到讽刺。简而言之，故事是根据体裁来叙述的。此外，它们总是在特定的背景下讲述的，或直白或含蓄，传达给特定的观众。尽管在一些故事中，比如一个人自己讲的故事，叙述者和观众，作者和读者，似乎是融合在一起的。

关于某人在做某事 一个故事总是要讲点什么内容的。从本质上看，它是关于影响或受其角色影响的行动或事件。通常，它包含了一种矛盾或冲突的要素，再加上它的解决，从一个事件到另一个事件的演变构成了情节。可以说，没有冲突就没有情节，没有情节就没有故事。而情节通常都有次要情节，可以明确或大致划分为章节、插曲或场景。次要情节也能反映不同主题的发展。宏大的叙事可以同时涉及许多主题，从爱情到战争，从信仰到哲学，从历史到伦理。如前所述，这使对叙事的分析成为一项跨学科的努力。这也意味着故事从来都不只是故事，而是为了实现不同的功能，又经常是同时实现。作者总是试图说服读者，而讲述者则试图影响倾听者。同时，倾听者又影响着讲述者，并且在很大程度上决定讲述者讲什么和如何讲。

鉴于这些基本的叙事特征，很明显，当人们讲述自己的生命故事时，他们同时是作者、故事角色、讲述者和读者。所有这些都会融入故事中。然而，从叙事的角度来看，每一个角色都是自我的一种可识别的修辞功能，它在本质上是多重的或对话的——作为讲述者的自我、作为角色的自我等。这种悖论是伴随着生命故事的构建而来的诸多复杂性、问题或争论之一。例如，随着时间的推移，我们可能会在自己的生命故事中扮演一系列角色：主角或配角，主导者或辅助者。同时，这个故事中的中心事件或构成故事情节的事件，都是我们自己生活中的事件。从这个角度看，我们从来都不只是在讲述自己的故事，我们与故事共存。然而，作为这些相同事件的讲述者，我们不是完全或始终值得信赖的。这是生活本身与讲述生活之间固有的隔膜。此外，在我们的一生中会出现各种各样的生活主题，这与我们在特定时期的特定发展任务或特定角色有关，其中一些主题还会反复出现。生活记事不是一个故事，而是无数个故事的集合，更像是一部小说。事实上，因为生活记事既专属于特定的个人，还可以被截取——而它又不仅仅是一个事件接一个事件组合而成的编年史——或许我们可以称之为“生活的新奇”。

叙事的困境

个人叙事的构建带来了一系列的困境或问题。它们可以从时间、解释、互文性、真理和转换方面来进行讨论。

时间　借用克尔凯郭尔（Kierkegaard）的名言：“我们向前过着生活，但是向后理解生活。”这是“故事时间”（story-time）的一个无法回避的矛盾，比起“时钟时间”（clock time），我们在老龄化的过程中可能更多地是生活在“故事时间”里。在回忆或回顾我们的生活时，就如同在阅读故事，我们通过现在的镜头来理解过去，并且在期盼未来的曙光中经历当下。反过来，我们展望未来的基础是回忆过去经历过的，或者我们希望自己曾有经历过，或者庆幸自己没有经历过的。我们对过去的感觉总是包括那些本来可能发生的故事。因此，从时间角度看，自传意识是一种复杂的现象，尽管本质上是追溯性的。我们从结尾开始，阅读自己的生命记事。

解释　有人认为，叙事是我们创造意义的主要方式。即使我们讲述的只有我们自己，但正是通过讲述故事我们才能理解这些事件。人类是解释性的存在，或诠释学的存在。但是我们对生活事件所赋予或解读的意义，如果不被取代的话，最终将被我们对这些事件及明天发生的其他事件所赋予的新意义所覆盖。随着时间流逝，生活故事的意义不断发生变化，不断积累（或愈加厚重），就像一种传记资本。有些理论家认为这种积累是促进叙事发展的因素之一，它与物质的发展不同，因为它没有必然的终点。正如伟大的小说，即使故事结束了，意义还会延续。意义并非确定不变的。然而，作为自我阅读者，我们中的大多数人倾向于简单理解我们的生活记事，或许有人会过分解读特定部分而忽略了其他部分。

互文性　创造和重塑意义是可能的，因为从本体论上来说，人类是语言的动物，也是文本的动物。我们只有将生活文本化，才能理解我们的生活。即使我们离开人世，这种文本化仍将持续下去。因此，我们的生活就是开放的文本。然而，生活的文本化并不是发生在真空中的，而是发生在相互交织的上下文环境中，它们包括家庭或社区、文化、职业或纪律、性别或信仰等，被视为更大的故事或叙事语境。在这些语境中，我们的个人故事或被塑造，或被不同程度的歪曲，比如性别歧视、年龄歧视或其他狭隘主义的影响。这些更大的故事构成了解释群体，它们在“叙事圈”中被称为叙事实践、自述形式、生活类型、生活方式或叙事风格。这些成为我们如何谈论和体验人生的基础。不仅如此，它们还影响着我们记忆的内容、记忆的方式，以及我们对生活的感受，因为叙事的起因在于情感。无论是好是坏，我们通过不断变化的互文关系网络与他人的传记遭遇，将我们的生活文本化，或者说我们的生活（部分）是社会建构的。我们是由自己和其他人共同塑造成的（我们对他人也是一样），尽管有些人，比如父母或治疗师，以十分刻意的方式构建了我们的故事。同样，正如老年文学学家提出的，我们的故事和世界观也是通过与真实文本的交互作用形成的，比如我们读的小说、看的电影、听的歌曲，或基于个人兴趣阅读的历史、宗教或科学著作。

真理　因为我们通过将事件文本化——无论是在事件发生之时，还是之后的每次回忆中——来赋予其意义，而且这种文本化是在特定的关系和环境中发生的，每一种关系和环境都会使叙事变得有倾向性，所以意义的产生过程需要不断的选择和编辑。然而，与小说的文本不同，小说的文本是白纸黑字写成的，在这个意义上是坚实的，而我们生活的文本是极不稳定的。每一次的讲述和阅读都是不同的，这取决于我们想要告诉的是什么，或者我们出于什么原因阅读它。我们通过现在和未来来解释过去，只会导致这种不稳定。关键在于，生活事件和我们讲述或内化的故事之间并没有直接的联系。说人们的故事对他们来说很重要，其实并不是说生活事件本身，而是说他们如何解释这些事件，不管他们是如何有创造性地叙述了这些事件。我们的生活记事是真实的，但这种真实并不像叙事那样具有历史性。从这个意义上说，生活记事不仅包含了某些问题的答案，而且只要反映了对特定的人来说有特殊的意义，那么它就是答案。在叙事研究和实践中，这些意义提供了对特定现象的理解和干预的基础。

此外，我们可以讲述许多关于我们生活的故事，但永远不可能穷尽。即使某些特定的情节或经典故事令人印象深刻，我们也不可能读完全部的故事。自传意识不仅落后，而且不完整，这使自传式记忆的结构存在问题。回忆不是被动的事情，更不用说准确记录过去发生的事件，然后再重新回顾。在某种程度上，回忆就是就是一种想象。除了真相本身，没有完全的真相，只有真理。

转变　因为我们透过千变万化的现在和日益缩短的未来来看待日益厚重的过去，所以我们在不断地改写自己。我们不仅仅是在讲述自己的生活，而且在一定意义上也在还原我们的生活。作为开放的文本，新的事件正在不断地添加进来，我们的生活记事能够有多种可能被讲述和阅读、被复述和重读——取决于我们讲述和生活的环境。从叙事视角来看，可能性和真实性都是人类经验的标志。这表明了一种特殊的可能性，即到了晚年我们可能会进行重要的重述，即使不是重写，也意味着从根本上重新构建故事，从而让我们深刻地认识自己。另一种可能性是，有些人可能会过早地终止叙事，并认为一旦退休，他们的故事就结束了，再也没有多少可读的内容，除了死亡本身，没有其他更重要的东西在等着他们。而还有一些人立足另一个宏大叙事的发展，不会把死亡看做结束，而是作为转入人生新篇章的开始。

未来的应用

考虑到自我叙事的特征和困境，我们可以预期晚年叙事的复杂性。许多领域对从叙事角度研究老年学理论和实践的兴趣持续增加。本文将讨论与如下四个学科相互交织的领域，即心理治疗（广义定义）、伦理学、美学和精神性。

心理治疗

如前所述，自传式记忆具有时间上的复杂性，需要不断修正，并且与想象不可分割。总之，记录过去的文本远不是固定的，而且有许多版本，有些版本更加积极地表现出对生命的肯定，这主要是由于文本中包含了表明这类倾向的隐喻和主题。人们的心理健康程度与他们如何描述自己的过去紧密联系，这是一个关键的认识，成为大多数治疗干预的一个隐含的起点。从叙事角度看，原则上人们总是可以改写他们的故事的，因此可以适度地改变他们的态度、行为和身份，即使是在晚年。例如，当意识到一个人的生活中某个特定的次要情节、章节或主题，比如罹患癌症、丧偶或逐渐变老，并不代表这个人的全部时，就会引发重述。事实上，叙事研究证明了这一深刻洞察，即有必要根据一个完整的生活记事去理解一个特定的现象。与此相关的干预措施有回忆疗法、生命回顾疗法、叙事疗法、心理疗法、心理剧疗法、引导式自传，以及各种形式的临床护理。

伦理学

心理治疗是一种可控的、目的性非常明确的讲述和倾听的方法。然而，即使在日常生活中，听众也在不知不觉中一同书写了讲述者的生活，并在一定程度上成为重述的代理人。他们在倾听中帮助我们形成了自己的生活故事，但现实中对听众这个角色的关注却很少。许多人在晚年时期会经历生活环境的巨大变化，如丧亲、残疾或进入养老机构，离开他们原本习惯地讲述和阐释自己人生的环境。在这个时期，由于良好倾听所具有的本质特征、功能和道德规范而值得特别关注。老年人在适宜的良好叙事环境中能够发掘或者创造出独特的智慧人生故事，但环境的巨变则可能会导致他们逐渐被扭曲。因此，老年学家需要考虑适合老年人构建智慧人生故事的条件，正如引导式自传的做法，帮助老年人能够深入叙事并仔细研读自己的生活记事，也许特别是他们的标志性故事，并深入倾听他人的故事。这样的机会可以通过拓展老年人的各种能力来诠释其生活文本，能进一步深化他们对文本所蕴含的多重意义或真理的理解，从而整合甚至扩展老年人身份认同感的途径。此外，还有两个需要注意的伦理问题：一是必须承认每个人都有故事，即使是那些无论出于何种原因，不能用人们所能理解的方式讲述故事的人，例如精神错乱或濒临死亡的人；二是人们不应该在违背自己意愿的情况下去讲述自己的故事，无论我们如何相信这个过程将对他们有好处。

美学

几个世纪以来，许多传统都促进了人们对生活艺术的理解。叙事视角坚持恢复老化美学或老化诗学的可能性，即生活被视为准文学文本，因此我们得以审视生活所承载的多重意义。叙事老年学和文学理论的交集正是目前探索的一个领域。从治疗和伦理的角度来看，一个同样重要的相关领域涉及用什么标准来评估晚年生活中的一个好故事，以及一个令人满意的生成脚本——也就是一个人希望自己的故事如何结束的画面。上述考虑有助于将老龄化的美学和其精神层面的讨论联系起来。

精神性

从广义上说，精神性是指我们生命中产生的意义。精神性是通过经历生命中的故事来体验的。因此，从叙事的视角来看，精神性和智慧紧密相关。这一经验也包括了对宏大叙事元素的认同。无论其权威性会受到多大的影响，这些宏大叙事的主题都是关于哲学、政治或宗教传统的，如基督教、共产主义或存在主义等，通过情节主线、隐喻和主题，对艰难的生活事件、戏剧性的转变或整个生命历程赋予意义，其中也包括死亡。因此，对晚年生活的精神性的叙事视角可以揭示“老年人超越老龄化”等现象。超越意味着对时间的扩展，从过去、现在延伸到未来；以及对世界故事的向往，它包含生与死，甚至可能超越一个人出生时所处的主流叙事。这种渴望也表现在许多老年人迫切希望了解他们在人类社会更广泛的叙事中的位置，意识到他们作为特定家庭、社会或文化的一员的根基。与此相关的是老年人对传承的渴望：为下一代的福祉做出贡献，以及通过某种微不足道的方式弥合历史与后世之间的鸿沟的冲动。

结论

叙事在老年学中的应用正在不断扩展，与前面提到的四种关于叙事的理解有关，即作为材料、方法、结构和范式。此外，在对叙事感兴趣的老年学家的推动下，其研究主题的范围继续扩大。为深刻理解老龄化故事的复杂性和多面性而综合使用多种研究方法，是当代老年学的显著特征。

另请参阅：生活事件；生命回顾；记忆；怀旧。

拓展阅读

Birren J，Kenyon G，Ruth J-E，Schroots J，and Svensson T（eds.）（1996）*Aging and Biography*：*Explorations in Adult Development*. New York：Springer.

Holstein J and Gubrium J (2000) *The Self We Live By: Narrative Identity in a Post-modern World*. New York: Oxford University Press.

Kenyon G and Randall W (guest eds.) (1999) Special issue: narrative gerontology. *Journal of Aging Studies* 13 (1).

Kenyon G, Ruth J-E, and Mader W (1999) Elements of a narrative gerontology. In: Bengston V and Birren J (eds.) *Handbook of Theories of Aging*, pp. 40 – 58. New York: Springer.

Kenyon G, Clark P, and de Vries B (eds.) (2001) *Narrative Gerontology: Theory, Research, and Practice*. New York: Springer.

Ray R (2000) *Beyond Nostalgia: Aging and Life-Story Writing*. Charlottesville, VA: University Press of Virginia.

Rowles G and Schoenberg N (eds.) (2002) *Qualitative Gerontology. A Contemporary Perspective*, 2nd edn. New York: Springer.

Ruth J-E and Kenyon G (guest eds.) (1996) Special issue: Ageing, biography and practice. *Ageing and Society* 16 (6).

Webster J and Haight B (eds.) (2002) *Critical Advances in Reminiscence Work: From Theory to Application*. New York: Springer.

Wyatt-Brown A (guest ed.) (2003) Listening to older people's stories. *Generations* 7 (3).

译　者：程昭雯（北京大学）
赵军利（北京大学）
校译者：张雅璐（北京大学）

学习

J. S. 弗朗德 阿肯色大学费耶特维尔分校，阿肯色州，美国

词汇表

关联（Association）——当受试者与另一个事件同时出现时，可靠地产生一个事件，则推断出两个事件之间的关联。

条件反射（Conditioned Response，CR）——在条件刺激以及之前的条件和无条件刺激的配对中，习得的反应条件。

条件刺激（Conditioned Stimulus，CS）——最初的中性刺激，通过与无条件刺激配对来引起反应。

学习（Learning）——由于经验导致行为潜能发生相对持久性变化的过程。

配对关联性学习（Paired-Associate Learning）——一项涉及多对刺激的学习任务。学习主题是用每一对的第一项呈现的，并期望产生第二项。

无条件反应（Unconditioned Response，UCR）——无条件刺激产生的反应。

无条件刺激（Unconditioned Stimulus，UCS）——有能力在没有事先训练就获得回应的刺激。

引言

学习领域包括各种各样的任务，从驾驶和打字等运动技能到语言任务，如学习母语或新语言，或只是学习将新朋友的脸与她的名字配对。本文简要总结了学习和老龄化领域的研究和理论。

学习通常被定义为“由于经验导致行为潜能发生相对持久性变化的过程”。定义中的几个术语需要进一步解释。“学习”通常指发生变化的过程；记忆指的是这个过程的结果。“持久性”是用来区分学习和其他那些看起来像但并非学习的更短暂的变化；疲劳、动机改变以及药物引起的变化就是一些例子。使用“行为潜能”是因为非学习因素（如动机、表现行为的机会等）可能不允许立即表达这些变化。“任务”是一个综合性的术语，包含一系列可以而且已经被研究过的活动，表 1 给出了一些示例。

学习领域也必须与其伴随区域——记忆区分开，记忆被安德森（Anderson）定义为“学习基础上的经验记录”。很明显，这两

个领域之间的差异往往是微妙的，或许是武断的，当然也是有争议的。同样，它们也有着不可分割的联系：没有学习，就没有记忆；没有记忆，学习将是徒劳的。这里要采用的一个工作区别是，当研究的焦点是获取过程本身而不是获取的材料或技能时，一个人研究学习的过程是新奇的或者熟悉的。在操作上，当学习或实践部分与测试部分之间的时间段等于或小于学习阶段所用的时间时，学习是重点。

例如，在一个典型的学习实验中，35个常用单词的列表以每5秒一个单词的速度出现在磁带记录器上。演示后，受试者有2分钟的时间口头回忆尽可能多的单词。然后重复该列表，并再次尝试调用。整个学习过程——回忆序列重复五次。尽管该列表由常见单词组成，即已经在记忆中的单词，但研究的重点是在五次试验中记忆力（即学习）的增加。在第五次“学习—回忆”周期20分钟后添加第六次仅回忆试验可能会在任务中引入记忆成分。

表1　学习类型、研究示例和日常反应

学习类型	研究任务和反应		常见例子
	动物研究	人类研究	
经典条件反射	眨眼 恐惧 味觉，厌恶 流涎	眨眼 皮肤电反应	脱敏治疗 恐惧症 偏见 厌食
操作性条件反射	压条（老鼠） 啄键（鸽子）	按键 数字符号替换	行为疗法
工具性学习	单选点空间迷宫	单选点纸上迷宫	在新环境中导航
运动技能学习	无	打字 追击旋翼 镜像跟踪	打字 骑自行车 打高尔夫球
内隐学习	无	人工语法学习 序列反应范式	小时候学习说母语 需要对特定刺激进行有序运动的技能学习
配对关联	辨别学习	学习名词对列表 学习图片单词对列表	外语词汇 人脸—姓名学习

基本原理和理论

心理学家对衰老和学习之间的关系很感兴趣有几个原因。实际上，60 岁以上人口的比例正在增长，我们需要确定老年人的学习过程与年轻人的学习过程有何不同。了解这些差异将有助于我们找到有效的方法来教授老年人新的技能，无论是在工作场所，解决各种生理或心理问题，还是仅仅帮助他们应对退休生活并从中获得更多乐趣。此外，有人担心，高技能老年人的退休可能会留下（职位）空缺，这些空缺只能在经过长期培训后才能填补，这促使人们产生这样的想法，即这些老年雇员可能会被要求在计划退休时间后继续工作。因此，可能需要对这些人员进行额外培训，尤其是在方法、材料或设备发生变化时。

在更基础的研究层面上，理解一个流程的方法之一是在两种情况下比较这一流程：当流程有效运行时，以及当它不工作时。仔细比较这两种情况可以深入了解流程的工作原理。研究老龄化过程对学习的影响可能会让我们对整个学习过程有全面的了解。

最后，对衰老和学习的研究使心理学家能够测试学习理论。许多学习理论都会对个体进行差异预测。例如，有一种理论可以预测体力活动与精神警觉性有关。这一理论的初步检验是确定某种体力活动指标和精神警觉性指标之间是否存在相关性。

虽然发现这种相关性只是对该理论的适度支持，但如果没有发现这种相关性，则可能会毁掉该理论。对年轻人和老年人做出不同的理论预测将使我们能够测试许多不同的学习理论。

多年来，人们发展了许多理论来解释这样一个事实，即老年人在各种任务上的表现通常比年轻人差。目前，在“认知老化”领域的研究有三个主要的理论导向，可以应用于学习领域。本文简要描述了这些方向，并在其他章节中适当提及。应该清楚的是，没有一种方法能够充分解释与年龄相关的学习变化的所有数据。

处理速度

随着生物体衰老，系统的各个部分会慢下来，包括神经冲动的传导速度，运动的启动和完成，以及心理活动的进行。较慢的响应意味着许多任务需要更长的时间才能完成，或者不能在可用的时间内完成。因此，在需要快速反应或加快节奏的任务中，老年人相对于年轻人来说处于不利地位。处理速度通常是通过简单的感知任务来衡量的，而表现则与其他认知任务有关。大量研究表明，与其他可能的机制（包括认知能力）相比，与年龄有关的认知任务的差异更多的是由速度因素决定的。这个理论也可以解释一些年龄与复杂性的相互作用。如果一个简单的任务只需要一个组件，那么在该组件上与年龄有关的速度差异将导致性能上的细微差别。如果一项复杂任务需要三个连续的过程，并且每个过程的速度都相同，那么相对于简单的任务来说，复杂任务的结果将是简单任务的三倍年龄差异，即年龄与任务复杂性的交互作用。这种方法通常是衡量其他理论的基准，但它并没有解释所有的结果。此外，虽然支持这一理论的研究使用了许多学科，但数据是相关的，这就导致因果推论存在问题。

有限资源和自我启动编码

克雷克（Craik）和其他理论家认为，年龄相关性在不同的学习和记忆任务中的差异是年龄缺陷在处理信息的能力上的结果。由于注意力或工作记忆能力有限，这些有限的资源会根据需要分配给各种任务。有些任务（如提取出现频率信息）更轻松（无意识），所需资源最小，而另一些任务（如制作视觉图像、学习单词列表）更费事，可能需要大量的认知资源。随着年龄的增长，无论出于何种原因，注意力或工作记忆的能力都会下降。因此，一个需要年轻人耗费80%处理资源的轻松任务，对老年人来说，可能需要他耗费 95%的资源来处理。此外，处理能力的降低导致老年人更多地依赖于外部因素，特别是由任务提供的环境支持以及编码和检索情况。由于资源容量减少，老年人执行资源需求操作的能力就会较低，包括自我发起的操作，如调解、组织、细化或建立新的连接。因此，在诸如回忆或学习新面孔—姓名配对等需要费力处理的任务中，老年人处于明显的劣势。然而，当任务提供足够的环境支持时，如在人脸识别中，与年龄相关的差异就会减少。这种倾向也导致了一种预测，即老年人将开始使用更常规、要求更低的机制来处理新的学习情况。

尽管这种方法在指导研究方面很有用，但不同的工作记忆测量方法与其他能力测量指标并不相关，这种方法也不能始终显示年龄差异。另外，其他实验结果也不易用这个理论来解释。

抑制控制

哈希尔（Hasher）、扎克斯（Zacks）及其同事们提出，在许多任务上的表现差异可以归因于与年龄相关的“对工作记忆内容的注意力抑制控制”。这种方法的基础是，许多任务的表现可能会因外来的、不相关的或误导性的刺激而变得复杂，并且在这些任务上表现良好，就必须消除或减少对这些刺激的反应。这些无关的刺激可能是外部的，例如噪声或声音，或内部的，如想法或感觉。抑制可以通过三种方式之一减少这些无关刺激的影响：（1）通过禁止他们进入工作记忆；（2）通过将他们从工作记忆中删除；（3）通过抑制强烈但不适当的反应，从而考虑更少可能性较小、较弱但更适当的反应。如果不能抑制对这些无关刺激的注意力反应，就会导致干扰，进而导致性能下降。基于研究证据的理论假设是，随着年龄的增长，这些抑制过程的有效性会降低。因此，在这些不相关的刺激物需要被抑制来促进高效学习的情况下，老年人将处于不利地位。然而，在那些以前不相关的刺激后来变得相关的情况下，老年人可能会有优势。

非关联性任务

学习领域的研究可以以多种方式进行。对于本文的目的，我们将把研究分为两大类，即关联性学习和非关联性学习。关联性学习可以采取多种形式，所有的形式都包含两个事件和它们之间的关系。虽然非关联性的任务可能在某种程度上涉及两个事件，但它们的特点是明显缺乏一段关系。每个类别都可以划分为子类别，在适当的地方，在每个子区域中，讨论动物和人类的研究。

技能学习

技能学习的典型例子是运动技能，或知觉动作学习。这些任务需要协调良好的运动技能和感知连续刺激。在许多情况下，这些技能是在年轻人中习得的，通过持续的实践，变得非常的博学和自动。一种自动的技能需要很少的认知资源，因此即使在认知资源被大大减少的时候，也可以保持在合理的水平，无论是年龄还是疾病。

毫无疑问，随着年龄的增长，人们的反应会普遍放缓。这种放缓在简单和选择性的反应时间任务中，以及在其他需要快速反应的措施中是很明显的。任何学习理论都必须能够解释随着年龄的增长学习会出现普遍放缓，而且还必须能够解释这样一个事实，即这种放缓在困难的或有认知要求的任务中更为明显。

对运动技能学习的研究使用了现实世界的任务（打字、计算机技能、射箭等）和实验室任务。就像在任何领域一样，使用现实世界的任务允许对这些任务的结果进行简单的概括，但也引入了一些可能很难去除的潜在混淆。另一方面，实验室任务对潜在的混杂变量提供了更好的控制，并且允许对任务进行组件分析。也就是说，只要有适当的操作和理论，就可以将复杂的技能分解成它的组件过程。对分离过程的检查可以确定那些对衰老敏感的、不太敏感的，甚至对衰老不敏感的过程。

使用对结果知识敏感和需要离散、精确动作的任务时，例如移动物体或将手按一定距离移动，研究就会显示出年龄的主要影响。相对于年轻人，老年人刚开始处于不利地位，但他们的学习频率是相当的。正如人们所预料的那样，当没有结果的知识时，就没有年龄差异：这两个年龄组的情况都没有改善。尽管对特定任务过程的测试可能会识别出因年龄引起衰退的过程或变量，但从大量的研究中可以清楚地看出，虽然许多变量都表现出了令人兴奋的衰退，但只有有限数量的理论有必要解释一下。

考虑到计算机对日常生活的重要性与日俱增，存在学习使用计算机的研究也就不足为奇了。基本上，结果表明老年人可以学习使用电脑，但学习过程相对于年轻人需要更长的时间，在训练中也会出现更多的错误。由于这个任务的复杂性，需要大量的研究来分离重要的组件。虽然目前关于计算机和衰老的一些研究涉及技能学习，但更多的注意力集中在老年人对计算机的态度，以及如何激励老年人参加课程或学习技能。其他研究也在研究如何构建程序和培训，以促进学习和减少参与新任务的恐惧。

实验室调查已经采用了追击旋翼，镜像追踪，或涉及运动技能等解决问题的任务。例如，在镜像跟踪中，受试者被指示只能凭借从手中镜子中获得的信息去跟踪一个图形(通常是一个星星)。像镜像跟踪这样的任务相比简单的任务更能体现与年龄相关的衰减。年龄越大越衰减似乎很有可能是任务本身繁重的认知因素导致的。要用镜像来追踪一个物体，需要让受试者在脑海中旋转图像，然后将这些信息转化为手部运动。因此，该任务类似于在双任务环境中执行，因为我们始终会发现，在两个任务中，与年龄相关的减量对于每个任务来说都大于单独的任务。这些结果都给出了一致的观点，那就是相比年轻人，老年人有较弱的认知能力去完成各种任务。另一项研究表明，由于衰老会降低运动控制能力，老年人往往需要花费更多的时间去执行各种运动动作，因为他们注重的是准确性而不是速度。因此，老年人花在运动或任务上的时间更长，因为他们试图做到准确无误。然而，即使在控制这种趋势的时候，老年人仍然要比年轻人花费更长的时间。其他关于专业知识影响的研究也与处理速度的解释一致。一项利用 20 岁到 70 岁的熟练打字员做试验的综合研究发现，当打字速度由按键敲击时间间隔测量时，与年龄有关的回归线基本上是平的。年龄和打字速度没有关系。然而，对于同样的打字员，年龄和选择反应时间之间存在着很强的正相关关系。在选择反应时间任务中，典型的与年龄有关的减速很明显，但在打字任务上却没有。因此，似乎该学科的专业知识导致了专门知识领域的一个例外。由于实验室实验所提供的控制，决定了这一特殊行为的补偿过程就是年龄较大的打字员会对字符更加敏感。由于任务的运动技能部分是自动化的，年长的打字员能够将他们的一些免费的认知资源投入把字母转换为运动的任务中。类似的补偿机制在其他领域也可以看到，在这些领域，技能可以高度自动化，比如阅读、驾驶或操作一些机器。

由于打字任务是在受控的实验室条件下进行的，所以几乎没有什么干扰。目前还不清楚结果会如何，因为受试者还必须处理诸如谈话或其他噪声等干扰因素。在一定程度上，受试者必须使用他们的一些认知资源来排除或处理外部刺激，人们可能会期望打字速度会下降，老年人的减量会更大。通过适当的实验条件设计，人们可以对认知资源和抑制理论产生的不同预测进行测试。

内隐学习

内隐学习指的是在没有意识的情况下，获取关于环境结构的知识的过程，或者是“无意中获取关于物体或事件之间的结构关系的知识”的过程。这个领域的大部分研究都使用了人工语法学习或序列反应时（SRT）任务。

在人工语法研究中，受试者研究字母串，或在某些情况下，由人工语法生成的图形序列。在研究阶段之后，他们被要求将新字符串分类为语法或非语法，在这项任务中年轻人和老年人都能做得比随机水平更好。

这种学习有两种解释。一是研究对象从任务的实例中抽象出管理任务的规则，而不像孩子们学习母语，没有有意识的努力。第二种解释是，受试者在实例中学习二元和三元序列的协变，而不是规则。由于人工语法研究需要许多并不总是被利用的控制和条件，而且由于解释困难，许多研究者使用了序列反应时（SRT）任务。

在序列反应时任务中，受试者在计算机屏幕上会看到一系列符号，通常是星号，并被要求按下对应于星号位置的按钮。在实践试验中，可能会有一系列的方块，其中包含重复的位置模式，因此也包含按钮按下模式。当序列是随机的时，由于任务的练习，反应时间略有减少。然而，在重复的模式中，无论是年轻人还是老年人都表现出同样的反应速度。适当的控制表明，这种速度的增加是由于学习了特定的模式。在这一指标上没有年龄差异，而在序列反应时任务中，明确要求受试者提前预测星号的位置，这是一种对内隐学习的度量。

序列反应时研究的结果表明，当任务相对困难时，或者当受试者的能力相对较低时，存在年龄差异。一些研究结果同样也得出这样的解释，那就是年龄有关的差异是由于工作记忆的不同而产生的。

与年龄有关的内隐和外显学习的差异，最好通过两种机制来解释。与年龄相关的处理速度效率差异可以解释许多内隐和外显学习任务中的年龄差异。保留和使用某些机制（如组块、统一化）可以解释为什么在一些任务很简单或者容易学习或自动化的内隐和外显任务中缺乏年龄差异。

关联性任务

经典条件反射

在经典或巴甫洛夫条件反射中，无条件反应（UCR）是由无条件刺激（UCS）自然引发的。例如，一股空气进入眼睛就会引起眼睛眨一下；触摸一个热物体会引发手退缩反应。当引发这些反应的控制转换为先前的中性刺激即条件刺激（CS）时，就会发生条件反射，所以条件刺激（例如一种声音，一看到火炉）就会引起反应（眨眼，手收回）。在一个典型的实验室过程中，条件刺激在前 500 ms 左右，且与无条件刺激（一股空气）重叠。两者同时终止。在一些条件刺激—无条件刺激组合之后，最初由无条件刺激引起的无条件反应（眨眼）开始发生在条件刺激出现的时候，并且发生在无条件刺激之前。这句话并不意味着无条件反应和条件反应是相同的反应。在很多情况下，条件反应与无条件反应是非常不同的，实际上是相反的。然而，对于在老龄化研究中使用的反应类型来说，条件反应和无条件反应却是相似的。

尽管大多数关于衰老和经典条件反射的研究都是用动物进行试验的，并且从动物到人类的推广是有风险的，但这两个领域的结果都得出了类似的结论。老年人对经典条件反射的反应比年轻人慢。虽然经典条件反射对诸如动机和焦虑等变量的影响是敏感的，但这可能与年龄增长有关，但在条件反射上的差异似乎并不是由这些因素造成的。

目前研究经典条件反射的方法和一般范

畴的关联性学习将关联性任务描述为一类可以被看作是生物体面临的一个问题解决型的任务。这个问题决定或了解事件 A 和结果 O 之间的关系。事件 A 是否会导致结果 O？事件 A 是对结果 O 的可靠预测吗？具体地说，A 出现时 O 发生的概率要大于 A 不出现时 O 发生的概率吗？这些解释是以条件刺激—无条件刺激的连接为中心的。特殊的输入是条件刺激的信息价值。当条件刺激可以可靠预测无条件刺激时，也就是说无条件刺激总是在其之后发生，但不会在没有条件刺激的情况下发生时，条件反射是快速的。降低这些相关性的强度会导致较差的条件反射。事实上，如果条件是安排好的，那么条件刺激就是对没有无条件刺激的一个可靠预测（即无条件刺激从不会在条件刺激之后出现），受试者可以学会在音调响起时保留条件性反应。目前理论所强调的是受试者从条件刺激中或者从刺激事件发生的相对频率中提取信息价值。尽管这些理论的细节在这里并不相关，但是对年龄差异的影响却是相关的。

研究人员一直在研究关联性学习（经典条件反射）与人类社会中因果关系归因之间的相似之处。在一项研究中，大学生们被给予 16 对复合刺激和过敏性反应结果，并且需要评估复合物中每种元素引起过敏反应的可能性。因此，受试者可能会被告知患者如果吃 8 次虾和草莓，就会引起 8 次过敏反应，而吃了 8 次虾和花生后，就没有过敏反应。在不同的受试者之间，复合刺激与过敏反应的相关性从 0 到 1 不等。在所有的描述过后，受试者被要求评价复合刺激（虾、草莓、花生）的每一个元素引起过敏反应的程度。他们的评分反映了相关性，但更有趣的是，人类试验的结果与类似的鸽子研究结果是相似的。虽然在这个领域没有老龄化相关的研究，但它是有这方面潜力的。

老年人有可能缺乏学习条件刺激信息价值或者条件刺激—无条件刺激偶然性本质的能力。根据经典条件反射理论，语境刺激作为条件刺激的一部分被制约，从而降低了对点状条件刺激条件反射的强度，总的关联强度分布在条件刺激的所有组件上。也就是说，视觉、声音和其他外部或内部刺激可能会成为条件刺激的一部分。如果老年人不能抑制或抑制对这些无关刺激的反应，这些刺激就会成为条件性刺激的一部分，降低其预测无条件刺激的有效性，从而使学习变得更加困难。

操作性条件反射

操作性条件反射（如经典条件反射）的响应时间相对较短，可以多次重复，无需研究者进行干预。表 1 给出了这些类型的响应示例。与经典条件反射不同的是，这些反应是由被试释放的，而不是由刺激引起的，而后才是由关键的刺激事件引发。刺激事件的目标是改变反应的一个或多个属性，例如发射频率、频率、速度或强度。当所期望的属性发生时，可以通过正向强化（例如糖果棒、金钱、表扬）来完成特定属性的修改，或者当响应发生时，对其进行负面强化（消除一个厌恶刺激）。（负面强化可能包括关掉电击或有害的声音。）另一种选择可能是通过取消期望的刺激（糖果、特权）或提出一种厌恶刺激（震惊、侮辱、噪声）来惩罚反应。

与老年人相关的有限的几个研究涉及了提高速度，如数字符号替代等任务的执行，表明了年轻人和老年人都会受益于这样的提高。有一些建议认为，老年人可能比年轻人受益的更多。在某种程度上，操作性条件反射的基础研究已经表明，这种强化的作用是一种动机性的或者引发性的作用（它会影响表现而不是学习），这些结果没有明确的解释。

工具性学习

工具性学习与操作性条件反射相似，在这种情况下，兴趣的行为被释放出来，而期望的反应则是通过强化或惩罚来产生改变。不同的是，反应可能更复杂或更持久，它们通常涉及离散试验。也就是说，在没有外部干预的情况下，工具学习的反应是不容易重复的。（例如，在迷宫学习中，动物不能重复迷宫，直到它从目标盒中移走，放在开始盒中。）动物研究的结果表明，在简单的任务上，年龄差异是最小的，但在复杂的任务中，年轻的受试者比年长的受试者更熟练（更少的试验来学习，犯更少的错误）。这些年龄差异可能会减少，但不会被排除，比如通过迷宫的指导（不允许有错误的选择）和个体差异变量，例如饮食。

部分是由于它的应用价值，那些使用更复杂和真实世界情境的研究，例如学习在一个新的或陌生的环境中导航，自 20 世纪 80 年代末以来变得更加频繁。在新环境中使用模拟散步（通过幻灯片）进行的研究，产生了熟悉的学习障碍，并揭示了年龄差异主要是由学习路线信息的不同导致的。在旅途中提取地标性知识方面，年龄差异很小。也就是说，老年人在学习路线转弯时遇到的麻烦比年轻人要多，但在识别地标性方面跟年轻人一样好。

口头任务

配对联想学习法 经典的联想主义观点认为，学习是由个体的刺激—反应（S-R）结合或联想组成的，从而使成对的关联性学习（PAL）成为一种标准的任务。在一个典型的配对关联性学习任务中，被试被给予一系列成对的事件（通常是单词），其中一个被任意指定为刺激，第二个是作为回应。在预期的过程中，刺激事件在一定的时间内呈现（例如 2 秒）。在此期间，被试将尝试产生反应。在这个预期间隔结束时，响应（或 S-R 配对）在一定的时间内呈现（例如 2 秒）用于被试学习。当所有的配对都被呈现时，一个试验是竞争。在短暂的间隔之后，第二次试验开始，使用相同的程序，但是是成对的，而不是成对的 S-R 单位，以不同的顺序。在第二次和随后的试验中，受试者必须在展示前试着大声回答。整个过程是重复的，要么有固定的试验次数，要么要达到预设的性能标准才结束。

现有一个具体的例子：假设您有包含 35 张卡片的整副牌，牌的一边是一个西班牙语单词，另一边是它的德语版。当你翻遍每张卡片时，你会看到一个西班牙语单词，试着大声说德语单词。不管你说的是不是正确的单词，你都要翻转卡片，去看德语单词。在走过整副牌后，你洗牌并重复这个过程。

从大量对大学生的研究中可以看出，配对关联性学习是由许多不同的部件进程组成的，每个过程都可以在不同的情况下发挥作用。因为这些过程中至少有一些可能是年龄敏感的，所以对它们的简要回顾是有意义的。

有几个处理刺激条件的过程。刺激的差异化是对列表中各种 S 元素的鉴别过程。当使用有意义的和独特的词语时，例如单词，相比使用那些没有意义而且有重叠物理特征，这个过程就不那么重要了。一个相关的过程，刺激选择，当项目有重叠的特征时，可能会被调用，但是其中一个允许每个刺激都有唯一的标示。例如，如果列表中的刺激物是 JSF、SFJ、FJS、KLW、LWK、WKL，那么主题可以选择每个三连词的第一个字母作为有效的刺激，基本上忽略其余的字母。

类似的过程也涉及反应方面。反应学习指的是对反应的获得，也就是说，不管是什么 S-R 配对，都能报告反应。获取反应可能涉及反应集成，或者使每个反应成为一个单元，特别是当它包含一系列不相关的字母时。

最终的组件部分指的是刺激与反应之间的关联。“S-R”或“向前”是指在呈现 S 时产生 R 的能力。这种关联可以通过机械学习或调解来加强。“R-S”或“反向”的关联是当 R 出现时产生 S 的能力，而 R-S 联想是偶然产生的，并且经常增强 S-R 关联。

横断面研究和纵向研究的结果表明，年龄增长会导致较不成熟的配对关联性学习。在固定的试验次数后，老年人获得较低的学习水平，并进行更多的试验以达到同样的标准。虽然早期的研究受到严重的方法问题的影响，但最近的研究纠正这些问题也产生了类似的结果。对学习曲线的分析，即对年轻人和老年人的逐个性能数据表明，截距和坡度都受到年龄的影响。也就是说，不仅老年人在对关联性学习（可能是由于非学习因素）的第一次试验中了解得较少，而且他们的学习速度（在每次试验中获得的额外项目的数量）也低于较年轻的受试者。

虽然在配对关联性学习中有大量的年龄影响这一点已经很明显，但更重要的问题是关于这些影响可能的轨迹。就像在运动技能学习中，任务的认知方面比其他方面更敏感，这可能是一些组件过程比其他人更敏感。

有充分的证据表明，在配对关联性学习中至少部分与年龄相关的衰减是随年龄增长的一般性衰减造成的。与认为老年人比年轻人慢的观点相一致的是，老年人相比错分误差会有更多的漏分误差；他们更有可能不做出回应，而不是做出错误的回应，尤其是在更快的表现速度上。对研究长度的独立操纵和对关联性学习的预期间隔产生了显著的年龄预期间隔的相互作用，而非显著的年龄研究间隔的相互作用。对于老年人来说，短期的预期间隔比年轻的受试者更有害，但在学习时间长短不同的时候，他们的表现会有一个恒定的年龄差异。这一结果与一般的衰退假设一致。产生一个反应应该是一个速度敏感的，因此是一个年龄敏感的过程。形成一个关联的过程应该少依赖于时间，因此应该减少对年龄的敏感。然而，缺乏一个年龄研究间隔的相互作用并不意味着年轻人和老年人在构建关联性上有不同的过程和方法。

与此并行的观点是，关联学习实际上是一种解决问题的情况，而这个问题的主题带来了多种方法和技巧，这与关联性学习的观点是相似的。在这个观点中，由关联性学习的经典研究确定的组件过程可以根据他们对认知系统的征税程度进行分类。然后，人们会预测，在努力或认知要求的过程中，与年龄相关的差异会更大，而在更多的自动化过程中会有更小的差异。也很有可能，正在学习的材料类型会影响年龄差异的大小。

反应学习是关联性学习的一个重要组成部分，而研究比较条件，在这种条件下，反应学习不需要被要求大大减少，但没有消除关联性学习中的年龄衰减。此外，增加反应的难度，从而通过使用无意义的音节反应提高认知力，将增加年龄的衰减。自由回忆学习方面的相关研究表明，当没有环境或情境支持的时候，或者当需要自我启动的处理时，最可能出现的是与年龄相关的差异。

在研究反应学习作用的过程中，我们可以通过比较需要最小限度关联性学习的条件和需要大量关联性学习的条件来观察年龄对关联性形成的影响。使用各种方法和比较的研究结果表明，S-R 关联性的形成是一个对年龄敏感的过程。有趣的是，通过对这种关联性或者连接的检验，我们可以从能力和抑制理论中得出不同的预测结果。抑制理论预测，相比年轻人，老年人在面对相互抵触、矛盾的反应（高频词汇、多重反应）时，学习要困难得多，而能力理论则不一定会有类似的预测。

有两种可以建立 S-R 关联性的方法，一种是机械的学习，另一种是中介。虽然这种关联性可以通过机械学习获得，但是研究表明，至少对大学生来说，这是一种无效的方法，并且是不那么可取的选择。在一项研究中，大学生们报告了有 75%的人使用不同类型的介质学习建立 S-R 关联性。如果年轻人和老年人在依靠机械学习或中介策略上有差异，那么配对关联性学习就会有年龄上的差异。与能力理论的预测相一致的是，两个早期配对关联性学习的研究结果表明，老年受试者不可能自发性地使用任何一种介质，有 36%的老年人和 68%的年轻受试者报告了介质的使用。同时，相比言语介质，年轻的受试者更频繁地使用图像介质，而老年受试者恰恰相反。有关介质的基础研究表明，一般情况下，图像介质比言语介质更有效。所以，学习 S-R 关联性中的年龄差异化部分是因为选择了介质策略。

很明显，介质策略会产生更快的学习效果，年轻的受试者比年长的更容易选择介质策略。研究人员已经研究了这种差异的原因，要么是无法使用介质（介质缺失）或者生产性缺失，要么就是简单地不使用介质。研究结果表明，不仅老年人不太可能自发性地使用介质，而且使用介质的指导和培训也无法消除缺陷。最近有更多介质使用的研究表明，老年受试者在学习过程中确实产生了有效的介质，但在测试阶段，他们比年轻的受试者更难恢复那些介质。

总结一下，研究表明，与年龄相关的差异性主要体现在那些需要努力的过程中，需要大量的自我启动式处理，并且提供最低限度的环境支持。刺激选择和差异化的区别很小。

迁移 当学习一项任务，无论是促进（正迁移）或者干扰（负迁移）学习第二项任务时，会发现迁移效应。通常情况下，第一个列表是在实验室学习的一个明确的列表，尽管有时候第一个列表被假定为过去语言经验的一部分。例如，由于在实验室之外我们已经得到了桌子—椅子的强关联，我们在实验室中学习桌子—台灯就会变得更加困难。对配对相关性学习中迁移的分析，揭示了两种类型的组件过程，非特定和特定的。

非特定的迁移是指对第二项任务表现上的改进，这些改进是与任务具体内容无关的。只有两种类型是确定的，热身和学会学习，两者都产生正迁移。热身已经适用于任务的特定节奏和计时程序，并且在几次试验后，通常作为一个因素被排除在外。虽然没有关于衰老相关因素的研究，但反应减缓假说认为，随着反应速度或任务节奏的加快，老年人比年轻人需要更多的热身时间。

第二种类型，学会学习（LTL）是指对连续性不相关的任务表现的提升。学会学习的量可以很大。一项研究发现，作为一个广泛实践的功能，大学生的学习速率提高了2.75倍。这些受试者学习了36个连续不相关的配对关联性学习清单（一天一个清单，每隔一天）。对10个项目清单标准的试验从第一个清单中的11个下降到最后一个清单中的4个。尽管一些数据表明，在自我调节的条件下，年轻人和老年人学会学习改善的速度是具有可比性的，但目前还没有类似的针对老年人的研究。但是，其他研究的结果表明，年轻人在学会学习清单上的比例比老年人要大。因此，目前还没有确定的结论。

对特定迁移效应的研究由对配对关联性学习的分析和对各种组件影响的研究演变而来。检验这些组件需要两个配对关联性学习清单，其中刺激和反应之间要有特定关系。这些调查中使用的一些范例详见表2。

用于控制热身和学会学习（LTL）影响的范例有A—B，C—D范式，A和B分别指第一个列表中的刺激和反应。第二个列表中的刺激和反应（C—D）与第一个列表不相关。我们注意到，因为我们关心的是第二个列表的学习或者迁移，这是两个列表之间关系的函数，所有范例都有一个共同的第二个列表。两个列表之间关系的多样化是通过改变第一个列表中的刺激或反应来完成的。因此，由于不同的范例具有不同的第二列表，不存在混淆的可能性；所有组都学习相同的第二列表。

表 2　配对关联性学习中的迁移范式

范例	第一列表 配对（刺激—反应）	第二列表 配对（刺激—反应）	涉及的过程和迁移效应	
A—B，C—D（控制）	小虫 困倦的 小地毯 乡下的 大桶 安静的 帽子 幽默的	小屋 黑暗的 家族 疯狂的 口香糖 肮脏的 水坝 含泪的	热身 学会学习	+ +
A—B，A—D	小屋 困倦的 家族 乡下的 口香糖 安静的 水坝 幽默的	小屋 黑暗的 家族 疯狂的 口香糖 肮脏的 水坝 含泪的	热身 学会学习 刺激—反应关联	+ + -
A—B，A—Br	小屋 疯狂的 家族 含泪的 口香糖 黑暗的 水坝 肮脏的	小屋 黑暗的 家族 疯狂的 口香糖 肮脏的 水坝 含泪的	热身 学会学习 刺激—反应关联 反应—刺激关联	+ + -
A—B，A—B'	小屋 昏暗的 家族 疯狂的 口香糖 被玷污的 水坝 哭泣的	小屋 黑暗的 家族 疯狂的 口香糖 肮脏的 水坝 含泪的	热身 学会学习 刺激—反应关联 （取决于介质）	+ + +/-
A—B，C—B	小虫 黑暗的 小地 毯疯狂的 大桶 肮脏的 帽子 含泪的	小屋 黑暗的 家族 疯狂的 口香糖 肮脏的 水坝 含泪的	热身 学会学习 反应—刺激关联	+ + -

注：+号代表正迁移；-号代表负迁移。

负迁移的结果来自几个来源，不兼容或互相干扰的正向关联，反向关联，或两者一起作用。每一个来源都可以通过使用适当的迁移范式检验。正如表 2 所示，正向关联是 A—B 和 A—D 范式干扰的主要来源。A—B 学习中建立的关联是在 A—D 学习中得出的，并且与第二列表的学习相互干扰。各种研究的结果表明，年轻人和老年人在 A—D 范式中表现出相同程度的负迁移，这一发现与预期的情况有所不同，如果老年人在抑制无关的反应方面有更多困难，那么就防止他们入侵或者干扰。因为这项研究不是用来测试抑制假说的，它可能没有提供一个适当的或敏感的测试。

我们可以通过 A—B，C—B 范式来评估反向关联在迁移中的作用。在一定程度上，在 C—B 学习中 B 引出 A，第一个列表刺激，它会干扰对新的反向关联的获取。正如前面所提到，老年人有较弱的反向关联，也就是说，他们在获取 A—B 列表时，证明了较弱的 R-S 学习。因此，在 C—B 学习中，应该有更少的来自反向关联的干扰，从而老年人有更少的负迁移。然而，在使用 C—B 范式的少数研究中，方法问题允许没有结论。A—Br 范式包含了正向和反向关联的干扰，因此可能会产生大量的负迁移。使用这些范式的研究发现，年轻人和老年人都表现出大量的负迁移，而老年人比年轻人表现出更多的负迁移。这些结果与能力和抑制理论是一致的，但是没有可以区分二者的分析比较。

如表 2 所示，除了非特定迁移效应外，正迁移仅发生在 A—B’范式中。在这个范式中，第二个列表的反应与第一个列表反应是相互关联的（例如，从语义上，从声学上来说）。从受试者可以在第二个列表学习中使用第一个列表反应作为一个介质这个意义上来说，迁移应该是正向的。无法识别或者使用二者的关系会造成一个名义上的 A—D 范式或者负面的迁移范式。因此，人们可能会认为老年人的正迁移比年轻人少。有限的数据证实了这一预测，至少第二列表的初始表现是这样的。

结论

从研究正常衰老对学习的影响可以得出三个一般性结论。最普遍的结论可能是“你可以教一条老狗新把戏；这可能需要更长的时间罢了”。正常的衰老几乎对所有的学习领域产生衰减，尽管衰减的程度会随着领域和个人的不同有很大差异。第二，研究心理学家已经确定了参与各种学习任务的一些年龄敏感的组件过程，其他人可以根据这些发现制定出相应的补偿策略。最后，目前有关学习领域中对年龄差异的理论解释对衰老的过程提出了更多的见解，并对学习过程本身有了更好的理解。

许多认知心理学领域的研究，例如包含学习领域的认知老龄化，一直在利用功能神经成像技术，例如磁共振成像（MRI），功能性磁共振成像（fMRI），正电子发射体层摄影（PET）和事件相关电位（ERPs）。许多这类研究的最终目的在于将不同的认知任务和过程与大脑特定区域的活动关联起来。尽管使用这些技术的研究很有希望，但研究还太少，结果只能提供相关数据。很有可能在修订这篇文章的下一版本时，这个领域会有实质性的和重大的进展。

另请参阅：认知行为干预；条件反射；决策制定和日常问题的处理；信息处理与认知；预期寿命；记忆；运动控制。

拓展阅读

Anderson JR (2000) *Learning and Memory: An Integrated Approach*, 2nd edn. New York: Wiley.

Birren JE and Schaie KW (eds.) (2001) *Handbook of the Psychology of Aging*, 5th edn. New York: Academic Press.

Costa PT Jr. and Siegler IC (eds.) (2004) Recent advances in psychology and aging. *Advances in Cell Aging and Gerontology* 15.

Craik FIM and Salthouse TA (eds.) (2000) *The Handbook of Aging and Cognition*, 2nd edn. Mahwah, NJ: Lawrence Erlbaum Associates.

Craik FIM and Trehub S (eds.) (1982) *Advances in the Study of Communication and Affect*, *vol.* 8. *Aging and Cognitive Processes*. New York: Plenum Press.

Kausler DH (1991) *Experimental Psychology, Cognition, and Human Aging*, 2nd edn. New York: Springer-Verlag.

Kausler DH (1994) *Leaning and Memory in Normal Aging*. New York: Academic Press.

Lovelace EA (1990) *Learning and Cognition: Mental Processes, Self-Awareness, and Interventions*. Amsterdam: North Holland.

Poon LW, Rubin DC, and Wilson BA (eds.) (1989) *Everyday Cognition in Adulthood and Late Life*. Cambridge, UK: Cambridge University Press.

Salthouse TA (1991) *Theoretical Perspectives on Cognitive Aging*. Hillsdale, NJ: Lawrence Erlbaum Associates.

Salthouse TA (1996) The processing speed theory of adult age differences in cognition. *Psychological Review* 103: 403-428.

Schacter DL, Norman KA, and Koutstaal W (1998) The cognitive neuroscience of constructive memory. *Annual Review of Psychology* 49: 289-318.

Schwartz N, Park D, Knäuper B, and Sudman S (eds.) (1999) *Cognition, Aging, and Self-Reports*. Philadelphia, PA: Psychology Press.

译　者：王振杰（邯郸市肥乡区第一中学）
校译者：尹尚菁（国家开放大学）

血液学和老化

Z. S. 盖洛，W. B. 埃尔施勒 老化和老年医学专业高级研究所，华盛顿特区，美国

词汇表

贫血（Anemia）——血红蛋白浓度低于正常范围：男性 13 g/dl，女性 12 g/dl。

红细胞（Erythrocytes）——曾用名红血球。

血液学（Hematology）——研究血液与血液疾病的学科。

白血病（Leukemia）——幼稚白细胞的恶变及大量堆积。

白细胞（Leukocytes）——曾用名白血球，是人体抵御感染和肿瘤的"卫士"。

血清（Serum）——不含凝血因子的血浆。

血小板（Thrombocytes）——骨髓巨核细胞的细胞碎片对机体的止血功能极为重要。

引言

血液学是研究血液及其疾病的学科。血液是由血浆和血细胞组成的，其本质是由蛋白质、脂肪、激素及其他有机和无机化学物质组成。无凝血因子的血浆称为血清。

大多数循环细胞来源于造血干细胞单个核细胞。血细胞寿命是由基因决定的。因此，造血是一个终身不断的过程。干细胞缺乏与分化（成熟）有关的表面分子，但其表面表达 CD34 分子，其被证明有重要的临床意义。造血干细胞产生单性祖细胞，然后分裂并分化为特定的细胞。这种分化过程被认为是随机的，一旦特定的细胞系被确定（如白细胞、红细胞），祖细胞进一步分化来表现它们最终的宿命表型。这是通过在多种细胞因子的影响下对特定受体的上调来实现的。生长因子中的一些细胞因子，例如促红细胞生成素和粒细胞集落刺激因子，近年来已成为非常重要的临床工具。

随着年龄的增长，新生血细胞的能力明显下降。但是，除非有大量的生理应激，循环细胞的数量保持相当恒定。数量上的不足只有在应激产生超过储备增殖能力的需求时才明显。这种需求可能发生在急性感染期间，或者是在细胞毒性化疗之后。血细胞功

能的显著质量缺陷不被认为是衰老的结果，但可能是与年龄相关的慢性疾病有关。

血细胞的三种主要类型是红细胞、白细胞和血小板。每一种细胞类型的缺乏或过度产生都会导致重要的临床后果。

红细胞

红细胞的主要作用是输送氧气。这是通过氧气与血红蛋白的复杂相互作用来实现的。红细胞的平均寿命为 120 天。所以为了保持稳定，每天需要更换 0.8%～1%的循环红细胞。否则，红细胞数量会减少即所谓贫血。

贫血

贫血是指在特定群体血红蛋白浓度从可接受的正常范围持续下降，低于正常范围的下限，世界卫生组织确定，男性为 13 g/dl，女性 12 g/dl。而且在某些种族群体中女性血红蛋白水平更低，但原因尚不完全清楚。

贫血是老年人最常见的血液病。血红蛋白浓度在 60 岁以上开始缓慢下降。是否因衰老导致贫血，目前医学普遍认为是衰老并存疾病或营养不良的结果，而不是衰老本身的结果。

贫血有多种特征。通常根据红细胞大小分三大类：小细胞性贫血、正常细胞性贫血和大细胞性贫血。

小细胞性贫血 小细胞性贫血的特点是平均红细胞体积小于 80 fl。成人小细胞性贫血的主要原因是缺乏铁、炎症性疾病和地中海贫血。

缺铁是最常见的原因，老年人常由于饮食习惯改变、牙科问题，造成营养摄入不足或者吸收不良。而胃肠道失血亦是缺铁的主要原因，贫血是胃肠道恶性肿瘤最常见的表现之一。女性发生子宫或阴道出血应该警惕，可能是进展期癌症或妇科检查的结果。

缺铁性贫血通常在常规实验室检测时被发现。虽然血清铁蛋白是一个敏感指标，但有时会产生误导，因为蛋白质也是一种急性期反应物，炎症状态亦可以升高。可溶性转铁蛋白受体更敏感，但尚未得到广泛的临床应用。

明确缺铁病因后，最有效的治疗方法就是消除病因（例如，去除结肠息肉）和补充铁剂治疗。通常情况下，可以通过口服铁制剂来完成，治疗阶段常需要 6 个月。口服铁制剂通常不能很好地耐受，特别是老年患者，易引起便秘。因此，依从性成为一个问题，如果实验室指标在 2 个月内没有改善，可能吸收不稳定，如前所述，口服制剂可能对一些患者来说是无法耐受的。对于这些患者，应该进行注射补充铁剂。

其他引起小细胞性贫血的原因包括地中海贫血和炎性疾病。许多慢性疾病（如癌症、关节炎、感染甚至动脉粥样硬化和糖尿病）与小细胞性贫血有关。虽然有些患者也会存在铁缺乏，但实验室证据显示大多数患者有足够的全身铁储存。临床上患有明显炎症或慢性疾病的患者可能出现小细胞性贫血，通常红细胞沉降率增快。炎症与贫血的相关性发病机制尚不完全清楚，但可能涉及促炎细胞因子，如白细胞介素-6 和新发现的肝肽铁调素有关。

正常细胞性贫血 正常细胞性贫血的特征是红细胞的平均体积为 80~100 fl。

急性失血是正常细胞性贫血最常见的原因。其他原因包括溶血，早期营养成分如铁、维生素 B_{12}或叶酸缺乏，继发于肾脏损害的促红细胞生成素缺乏。

溶血性贫血可以进一步定义为血管内（红细胞内的破坏）或血管外（脾脏或肝内的红细胞破坏）溶血。临床分急性、亚急性或慢性，可以通过实验室检测诊断，例如乳酸脱氢酶、间接胆红素、一氧化碳、尿胆素原升高。当机体代偿急性失血时，通常网状细胞计数升高。外周血涂片检查对帮助确定溶血的原因至关重要。通常情况下，抗体的产生是次要的，是特异性或者非特异性与红细胞表面结合，导致直接（血管内）或间接（血管外）溶血。产生这种抗体的原因有时与药物（如青霉素）或感染（如肺炎支原体）有关。药物也可直接导致溶血性贫血，不产生抗体。在自身免疫性溶血性贫血中，一般未发现可能致病的药物或感染性病原体。治疗是为了稳定基础疾病，输血有潜在加重溶血的可能。

大细胞性贫血 大细胞性贫血的特点是红细胞平均体积大于 100 fl。大细胞性贫血的三大常见原因是某些物质滥用、药物毒性和营养缺乏。

物质滥用 酗酒和吸烟会导致大细胞性贫血。

药物毒性 常见导致大细胞性贫血的毒性药物有羟基脲、氨甲蝶呤、甲氧苄啶和大多数细胞毒性化疗药物。

营养缺乏 维生素 B_{12}和叶酸缺乏症最常见。叶酸缺乏通常表现为血清或红细胞中叶酸水平降低，最实用的叶酸缺乏的评估方法是测定血清同型半胱氨酸水平。叶酸需要转化同型半胱氨酸到蛋氨酸，当它缺乏时，同型半胱氨酸水平升高。高同型半胱氨酸会导致更严重的心血管疾病。

维生素 B_{12}缺乏症通常发现低水平血清 B_{12}。然而，在老年人中，血清水平可能不准确。测定血清甲基丙二酸是一种更准确的测定维生素 B_{12}缺乏症的方法。在甲基丙二酰辅酶 A 向琥珀酰辅酶 A 转化过程中，B_{12}是必需的辅助因子。因此，在真正的 B_{12}缺失状态下，甲基丙二酰辅酶 A 水平有可能上升。

维生素 B_{12}缺乏可能是由于维生素 B_{12}的营养摄入不足或无法从胃肠道吸收维生素 B_{12}造成的。这通常是由萎缩性胃炎或无法从肠道吸收维生素 B_{12}所必需的内在因素引起的，从而导致恶性贫血。维生素 B_{12}缺乏对全身合成 DNA 有重要的影响，特别是在中枢神经系统。在严重的情况下，会导致运动神经元损伤与痴呆。因此，在任何大细胞性贫血的患者中合理的治疗是纠正维生素 B_{12}缺乏症。

其他导致大细胞增多的原因可能是肝脏疾病、甲状腺功能减退症。

血红蛋白病

血红蛋白病是最常见的人类的遗传紊

乱。镰状细胞性贫血和地中海贫血是导致血红蛋白合成异常的遗传性疾病。在世界某些区域该疾病被假定为存在优势进化基因突变，因为这种疾病的存在可保护患者抵御因疟疾死亡。

真性红细胞增多症

红细胞增多症是指血液中的血红蛋白浓度升高。这可能是由于红细胞数量增加或者血浆相对减少的结果。红细胞增多可能发生在血浆体积减小（脱水）或吸烟、其他肺部疾病，或生活在高海拔地区。在这种情况下，红细胞通过代偿机制克服慢性缺氧。真性红细胞增多症是一种特殊的骨髓增生性疾病。红细胞总数不适当地扩增，在60岁以上人群中患病率较高，男性略多于女性。临床表现是因为血液高黏滞及组织氧释放减少所致，包括头痛、头晕、呼吸困难、视力模糊、面部充血、感觉异常、腹部不适、体重减轻、盗汗，脾肿大和不明原因的瘙痒亦常见。

当红细胞总数量增加（血红蛋白含量大于20 g/dl），血清促红细胞生成素水平较低，而无继发性原因时就应该疑诊该疾病。通过同位素稀释和细胞遗传学研究红细胞数量的测定可以确诊。该疾病中位生存期为15年。需要密切监测患者全血黏度升高引起的心血管并发症，急性白血病或骨髓纤维化时同样需要注意监测。治疗包括常规的静脉曲张切开术。70岁以上和有血栓史或者血小板增多症的患者应考虑羟基脲治疗。

白细胞

白细胞是人体抵御感染和肿瘤的关键元素。白细胞有三种主要类型：单核细胞、淋巴细胞和粒细胞。粒细胞根据染色特征进一步分为中性粒细胞、嗜碱性粒细胞或嗜酸性粒细胞。

中性粒细胞减少

中性粒细胞减少或低粒细胞计数，可能是遗传性或者后天性的。最常见的成人新发中性粒细胞减少症是获得性中性粒细胞减少症。由于产生减少、外周破坏或不适当的存储导致周围循环中的中性粒细胞减少。

中性粒细胞减少的最常见原因是继发于药物毒性。虽然中性粒细胞减少症最常发生于使用违禁药物后最初几周，它亦可能在任何时候发生，甚至发生在使用特定药物很久之后。老年人具有发生药物诱导的中性粒细胞减少症的高危风险。最常见的药物是癌症化疗药物和抗生素，尤其是青霉素、头孢菌素和磺胺类。其他已知引起中性粒细胞减少的药物是甲状腺抑制剂、抗心律失常药物和非甾体抗炎药。当中性粒细胞减少发生时，任何药物都有可能是潜在的原因。

感染，尤其是病毒感染，也是中性粒细胞减少的主要原因。如果怀疑其为病因，而且患者在其他方面稳定，应重复检测确保白细胞计数在正常范围。细菌感染，特别是脓毒症时中性粒细胞减少影响预后。

周期性中性粒细胞减少　周期性中性粒细胞减少是一种遗传性疾病，通常在成年后才被诊断。其特点是白细胞计数降低，并伴有不适、疲劳、口腔溃疡和颈部淋巴结肿大。每3~4周发生一次，每次持续3~4天。如果疑诊，应定期检查白细胞计数（每周两次，持续2个月）建立一个一致的模式。

良性家族性中性粒细胞减少 良性家族性中性粒细胞减少是一种没有任何其他临床证据的疾病。骨髓检查显示细胞形态正常及红细胞及血小板计数正常。在某些族裔群体中更常见，包括非洲裔美国人、西印度群岛人和也门犹太人。

这种疾病仅需要对白细胞的常规监测，不需要治疗。

白血病

白血病是白细胞前体恶性变并异常增生聚积。可根据受累及细胞的成熟程度分为急性、慢性白血病。

急性白血病 源于未成熟造血细胞中的白细胞恶变，进展迅速，若不即时治疗会导致死亡。其发生是遗传和环境因素相结合的结果。东欧人、犹太人后裔的发病率在增加，在这些患有白血病的一级亲属中，特别是同卵双胞胎，也会患有其他遗传疾病如唐氏综合征、范可尼贫血、布鲁姆综合征和共济失调毛细血管扩张症。

急性白血病最初分为髓细胞和淋巴细胞亚型。20世纪70年代，一个法国（F）、美国（A）和英国（B）病理学家群体设计的FAB分类系统已成为普遍使用的急性白血病分类系统。该系统结合了形态学、细胞化学、细胞遗传学和免疫表型。

急性淋巴细胞白血病 根据FAB分类系统，被细分为四种亚型：B型早期，前B型、B细胞型和T细胞型。尽管任何年龄都可能发生，但儿童最常见。

据报道，积极化疗儿童的治愈率很高，为70%~90%。但是，老年人的疗效不佳，治疗后5年无复发率为35%~40%。

治疗包括积极的化疗，老年人往往对其药物毒性不能耐受。但年龄较大的患者（65岁以上）亦有治疗效果类似于较年轻的成人（不像急性髓细胞白血病，如下所述）。目前正在探索利用自体骨髓或干细胞移植治疗老年患者，但目前结果还不确定。

急性髓细胞白血病 与急性淋巴细胞白血病相比，大多发生在成年人，而且随年龄而增长。FAB分类系统将这类白血病分为七个亚型（M1~M7）。诊断年龄中位数为60岁。

成人急性髓细胞白血病的缓解率高于急性淋巴细胞白血病，但长期的生存率相当。接受治疗的患者中大约65%对最初的诱导治疗有反应，经典方案由阿糖胞苷和蒽环类化合物组成。

尽管异体或自体骨髓移植可用于60岁以上的患者，但应该用于第一次或第二次缓解的患者。

老年患者（超过70岁），有多种癌症（如乳腺癌）具有更多生长和转移惰性。衰老组织的特性可以解释这一特点。然而，患急性髓细胞白血病的老年患者不易达到完全缓解，越年长的患者生存期越短。

慢性白血病 与急性白血病相比，慢性白血病是由成熟白细胞的恶变引起的，其病程较缓慢。

慢性淋巴细胞白血病　在西方世界最常见，占慢性白血病的90%。它主要发生在成年人，很少发生在儿童。男性和高加索人发病率更高。慢性白血病的分类系统是Rai系统，即临床分期。基于绝对淋巴细胞计数和淋巴结肿大，脾肿大，贫血，血小板减少。

通常，慢性淋巴细胞白血病是一种惰性疾病。白血计数低于30 000 uL的早期成人患者，与年龄相当的对照组相比，预期寿命没有任何变化。较晚期的患者预后不佳。任何期有症状的患者均需要治疗。多种化疗药物对慢性淋巴细胞白血病治疗有效，但氟达拉滨目前被认为是一线药物。目前正在探索急性白血病自体骨髓和外周血干细胞移植。

慢性粒细胞白血病　造血干细胞的克隆扩增病。以细胞遗传学异常（费城染色体）为特征，预示着9号和22号染色体之间的相互易位。这种变化近似于细胞癌基因（abl）9号染色体接近染色体bcr基因22，导致融合基因（bcr/abl），即致癌。慢性粒细胞白血病可在早年发病，但最常见在60~70岁。

大多数患者无症状，通常是通过常规血液分析来诊断的。慢性期表现长期萎靡不振，可能与疲劳、体重减轻，脾肿大和血小板增多有关。虽然干扰素、羟基脲和甲磺酸伊马替尼（格列卫）的引进大大改善了慢性粒细胞白血病患者的前景，但未经治疗，疾病可从最初的慢性阶段发展到中间加速阶段而爆发危重。伊马替尼现在被认为是一线药物。该药物会抑制bcr/abl，抑制慢性粒细胞白血病的酪氨酸激酶克隆。现在总体生存率已经超过了十年。

多发性骨髓瘤

多发性骨髓瘤是由于单一的克隆浆细胞恶性增殖所致。这是一个常见疾病，在西方国家大约占恶性血液病的10%。平均发病年龄为65岁，男性的发病率略高于非洲人后裔。

其临床表现包括骨痛、虚弱和疲劳。初步实验结果表明，该病无特异性，但包括贫血、高钙血症、高蛋白血症、蛋白尿、肾功能不全。因为无特异性表现，常延误诊断，从出现症状（骨痛、疲劳）到确诊通常是6个月甚至更长。如果根据临床表现和初步实验室数据做初步诊断，应该做血清蛋白电泳试验，血清蛋白电泳试验确诊率约为80%。确诊可以通过骨髓穿刺活检。

单克隆蛋白可能存在于无骨髓瘤或恶性疾病患者的血清中。因此，存在蛋白电泳异常患者，不管有无骨或肾脏疾病，高钙血症，或贫血等症状均应考虑本病。骨髓穿刺可能发现典型的骨髓瘤浆细胞，但不是总能发现。良性单克隆蛋白的存在（副蛋白血症）可成倍增加患病率。因此，老年患者血液中存在单克隆蛋白质应特别注意。虽然它可能是良性的，但可能是早期多发性骨髓瘤的反应。对于一个没有骨髓瘤（骨或肾脏疾病）症状的患者，一个可取的方法是定期（例如每3个月）监测异常蛋白的水平。良性的副蛋白血症会保持稳定。如果早期骨髓瘤存在，异常蛋白水平将增加。

血小板

血小板是细胞碎片骨髓巨核细胞，这些小元素（直径约 1~3 μm）的作用是控制出血（止血）。当血小板数减少或功能低下受损，可导致自发性出血。血小板在外周血的数量是 150×10^6/l~400×10^6/l。

血小板减少

骨髓生成减少，脾功能亢进或血管内破坏可致血小板减少。一般来说，自发的血小板减少性出血是罕见的除非血小板计数下降至 20×10^6/l 以下。

非免疫介导的血小板减少 可以破坏通过免疫和非免疫引起的介导机制。非免疫介导的机制包括血管炎、溶血性尿毒综合征（HUS）、血栓性血小板减少性紫癜（TTP）与弥散性血管内凝血（DIC）。HUS 和 TTP 的特点是通过损伤或破坏小血管红细胞（溶血性贫血），致血小板减少，出现神经系统症状、发热以及肾功能不全。

TTP 和 HUS 是医疗紧急情况，需要及时住院及实施医学治疗。对于 TTP，立即实施血浆置换（置换）可以拯救生命。

DIC 也是一种医疗紧急事件，通常是与全身性疾病有关，如脓毒症。治疗对症治疗，纤维蛋白原低于 100 mg/dl 用冷冻血浆，新鲜凝血因子缺乏时会导致凝血酶原时间（prothrombin time）延长，血小板计数低于 10×10^6/l 需输注血小板，如果有急性出血的证据，输血小板指征应放宽。

免疫介导的血小板减少（ITP）ITP 可能是急性或慢性的，可能是对普通药物或感染的不寻常反应。或者，特发性血小板减少性紫癜可能与相关药物或感染无关。对于血小板减少症在许多一线治疗药物中，肝素是最常见的。

ITP 的治疗包括去除违规使用的抗生素或适当的抗生素治疗。其他的治疗方法包括皮质类固醇激素，静脉注射丙种球蛋白，细胞毒性化疗（如环磷酰胺）、雄激素，以及最近的利妥昔单抗（单克隆抗体 B 淋巴细胞的一个子集）。难治性患者脾切除术可能是受益的。

血小板增多

血小板增多或血小板的生产过剩最常见的原因是急性或慢性炎症或缺铁。最典型的是患者反应性血小板增多，血小板计数400×10^6/l~900×10^6/l；计数 1 000×10^6/l 是非常罕见的。应重点关注反应性治疗血小板增多症的原因。

血小板增多症也可能是另一种骨髓增生性疾病——原发性血小板增多症（essential thrombocythemia，ET）。这种疾病以血小板计数大于 1 000×10^6/l 为特征，中度白细胞增多，脾脏肿大，过度凝血或出血。

ET 的治疗依赖于整体临床资料。有血栓形成史，年龄大于 60 岁，心脑血管疾病或计数超过 1 000×10^6/l 的人可予干扰素，或安归宁对症处理。其他患有骨髓增生性疾病（慢性粒细胞白血病、真性红细胞增多症、骨髓纤维化以及原因不明髓样化生）的患者，相比ET的患者更易发展为急性白血病或是骨髓纤维化。然而，在医疗护理下无并发症的大多数患者可生存十年以上。

凝血系统紊乱

凝血系统紊乱可能是过度出血或病理性血凝块导致。

出血性疾病

出血性疾病可以遗传或获得。他们因血小板或凝血因子数量不足或功能受损而导致。

遗传性出血性疾病 诸如血管性血友病或血友病等遗传性出血性疾病，在老年医学中很少被观察到。

血管性血友病 最常见遗传性出血性疾病是血管性血友病；在一定的人群，其患病率可高达1%～2%。血管性血友病因子（VWF）是由于血小板与血管内皮细胞产生血浆糖蛋白。它也可作为一个运输凝血因子Ⅷ蛋白。血管性血友病分为三种不同的亚型不同程度地存在于VWF循环中。除了Ⅲ型病例外，其他所有形式的常染色体均有显性遗传的性状。出血在这三种类型的时间都延长。凝血酶原时间通常在正常范围内，但如果VWF水平落低到足以对因子Ⅷ水平产生影响，部分凝血活酶时间可能会延长。

治疗主要是手术前预防出血。治疗方案包括去氨加压素（DDAVP）、抗纤溶药、血浆。去氨加压素促进血管内皮细胞释放VWF增加因子Ⅷ水平。抗纤维蛋白溶解药包括氨基己酸、氨甲环酸抑制凝块溶解。此外，重组凝血因子浓缩物用于治疗这种疾病正在研究中。

血友病 血友病是一种先天性凝血不足导致出血的紊乱疾病。血友病A是由因子Ⅷ缺陷引起的，血友病B是由因子Ⅸ缺陷引起的。血友病A和B是连锁隐性遗传病。血友病C是因子Ⅺ缺陷所致，是常染色体显性遗传模式。

血友病的临床表现取决于疾病的严重程度。这些疾病在老年人群中是罕见的。创伤后瘀伤和手术的患者有轻度出血现象。病情较重的患者可发生自发性出血。虽然出血可能发生在身体任何部位，但软组织关节是典型的血友病患者的出血部位。

治疗包括去氨加压素，抗纤溶血浆衍生凝血因子浓缩物，重组凝血因子浓缩物。

获得性出血性疾病 获得性出血性疾病包括血浆凝固抑制如抑制因子Ⅷ。临床表现和治疗选择相似血友病患者，但这种疾病通常发生在60岁以上的人群中，研究显示无性别差异。

还有一种形式是获得性血管性血友病，最常见的是与其他疾病一起发生。过程如自身免疫性疾病，骨髓增生障碍、淋巴增生性疾病、异常蛋白血症、多发性骨髓瘤和甲状腺功能减退症。临床表现和治疗方法与那些先天性疾病相似。

血栓性疾病

有许多因素使人容易患上某种血栓性疾病。血栓形成可发生于动脉或静脉系统。静脉血栓通常由红细胞和大纤维蛋白组成。相反，动脉血栓形成主要有血小板和少量的纤维蛋白沉积组成。人体利用多种机制来预防血栓自发性形成和随后的血管闭塞。血管内皮和血浆有天然抗凝血药物消除或抑制促凝物质。在稳态条件下，抗凝物质占主导地位使血液在血管内流动。然而，当暴露于损伤组织时，促凝物质占主导地位的促使血块形成。如果有先天性的（如蛋白 C 或蛋白 S）抗凝不足或后天促凝活性（如某些癌症）物质增加，患者会出现血液的高凝状态和可能以自发性深静脉血栓为特征肺栓塞形成。

遗传性血栓性疾病 最常见的遗传异常包括抗凝血酶Ⅲ、蛋白 S、蛋白 C 缺乏，或因子Ⅱ（凝血酶原）、因子Ⅴ（莱顿第五因子）突变。任何这些异常都可能导致血栓的发生率增加。任何存在某种缺陷的人发生血栓都要考虑长期抗凝治疗。

获得性血栓性疾病 它包括抗磷脂抗体综合征，包括狼疮抗凝物与抗心磷脂抗体。慢性抗凝治疗依赖于临床既往史。那些没有静脉血栓栓塞既往史的人并不一定需要长期抗凝治疗。

高同型半胱氨酸血症 该病可以被遗传或获得。高同型半胱氨酸水平被认为抑制血管内皮细胞血栓调节蛋白。同型半胱氨酸升高被发现在缺乏维生素 B_6、维生素 B_{12}和叶酸以及肾脏功能衰竭和甲状腺功能减退症患者中。高同型半胱氨酸血症也可能是亚甲基四氢叶酸还原酶（MTHFR）基因的突变引起的。治疗应着眼于基础疾病进程和营养支持，特别是补充叶酸。MTHFR 基因突变患深静脉血栓的患者应考虑终身抗凝治疗。

骨髓衰竭

骨髓衰竭是由于一种或多种造血细胞功能丧失导致的。这类血液病包括骨髓增生异常综合征（常见）和再生障碍性贫血（不常见）。

骨髓增生异常综合征

骨髓增生异常综合征（MDS）是由于造血干细胞克隆紊乱，从而导致造血细胞再生减少的疾病。这种情况通常发生在老年人身上。据统计诊断年龄约为 70 岁，男性发病率较高。FAB 合作组织根据存在或不存在的群体环状铁粒幼细胞，原粒细胞在发育不良的骨髓中的百分比将 MDS 细分成五个不同的亚型。

临床表现为难治性的贫血、中性粒细胞减少和血小板减少症。患者经常因下呼吸道感染和皮肤脓肿而就诊。确诊需骨髓活检和细胞遗传学检查。

慢性贫血会进展为急性白血病。到目前为止，主要是支持性的治疗。MDS 患者常依赖输血，由于输血致铁过载，可能需要铁螯合疗法。肿瘤细胞减灭化疗一直没达到令人满意的结果。然而，最近的 50 种氮杂胞苷和沙利度胺（或沙利度胺类似物）已被证明诱导 MDS 患者有作用。

既往有 MDS 患者发生急性白血病时，已普遍认为这是难治性白血病治疗的典型。当老年 MDS 伴急性白血病时，许多专家主张只能进行单一支持治疗。

再生障碍性贫血

再生障碍性贫血因为全血细胞严重减少，造血干细胞缺失导致骨髓完全失去造血功能。该病的特征是严重的中性粒细胞减少、贫血和血小板减少。确诊需骨髓穿刺活检显示造血细胞缺乏。

治疗是基于血细胞减少的程度，用血液制品支持，如果有感染，给予抗生素治疗。免疫抑制治疗有助于减少输血需求。输血应尽量减少，特别是避免有潜在的移植候选者中的家庭成员，以防止发生同种免疫。所有患者均应考虑骨髓移植，虽然已发表的在老患者当中的经验是有限的，但这种方法目前正在积极研究中。

另请参阅：癌症和年龄。

拓展阅读

Beghe C, Wilson A, and Ershler WB (2004) Prevalence and outcomes of anemia in geriatrics: a systematic review of the literature. *American Journal of Medicine* 116 (Supplement 7A): 3S-10S.

Charache S, Terrin ML, Moore RD, Dover GJ, Barton FB, Eckert SV, et al. (1995) Effect of hydroxyurea on the frequency of painful crises in sickle cell anemia. *New England Journal of Medicine* 332: 1317-1322.

Epstein E, Kramer BS, Mason BA, and McCrae KR (eds.) (2003) *MKSAP 13 Hematology and Oncology*. Philadelphia, PA: American College of Physicians.

Globerson A (1998) Hematopoietic stem cells and aging. *Experimental Gerontology* 34: 137-146.

Kantarjian H, Sawyers C, Hochhaus A, Guilhot F, Schiffer C, Gambacorti-Passerini C, et al. (2002) Hematologic and cytogenetic responses to imatinib mesylate in chronic myelogenous leukemia. *New England Journal of Medicine* 346: 645-652.

Maddox GL (ed.) (1995) *Encyclopedia of Aging*, 2nd edn. New York: Springer Publishing Company.

Newland A and Evans TGJR (1997) ABC of clinical hematology: hematological disorders at the extremes of life. *British Medical Journal* 314: 1262-1265.

Rimon E, Levy S, Sapir A, Gelzer G, Peled R, Ergas D, and Sthoeger Z (2002) Diagnosis of iron deficiency anemia in the elderly by transferrin receptor-ferritin index. *Archives of Internal Medicine* 162: 445-449.

Schrmacker HR (ed.) (2000) *Handbook of Hematologic Pathology*. New York: Marcel Dekker, Inc.

Tefferi A (ed.) (2001) Primary Hematology. Totowa, NJ: Humana Press.

Zagonel V, Monfardini S, Tirelli U, Carbone A, and Pinto A (2001) Management of hematologic malignancies inthe elderly: 15-year experience at the Aviano Cancer Center, Italy. *Critical Reviews in Oncology/Hematology* 39: 289-305.

译　者：刘自双，魏　莉（首都医科大学附属北京康复医院）

延缓衰老

S. 阿尔瓦，G. J. 利斯戈，M. 穆兰简　布克研究所，诺瓦托，加利福尼亚州，美国

词汇表

衰老的自由基理论（Free Radical Theory of Aging）——假定涉及氧的代谢活动会产生损伤细胞的有毒活性氧的理论。

毒物兴奋效应（Hormesis）——由于细胞对轻度反复应激反应所产生的抗衰老和长效促进作用。

分子伴侣（Molecular Chaperones）——参与新合成蛋白质折叠的蛋白质，并修复应激条件下折叠错误引起的潜在损害。

引言

在实验室中，减缓机体衰老的技术已经司空见惯。在 20 世纪 80 年代末之前，延缓衰老的唯一可再现证据是啮齿动物的热量限制。模式生物体中遗传选择和重组自交系为生命周期遗传基础提供了初步认识，但是对延长秀丽隐杆线虫寿命的单基因突变的确定，导致 20 世纪 90 年代老龄化的快速发展。现在通过控制基因或环境可轻松延长果蝇、线虫和出芽酵母的寿命。尽管衰老机制仍然没有得到很好的描述，但从这些系统中可以获得大量信息，因此，正在创建和研究长寿小鼠模型。早期迹象表明包括哺乳动物在内的不同物种的寿命都受到相似的遗传和环境干预的影响。

基因决定寿命

衰老是一种非适应性特性，因为长期维持并不一定是健康的必需特征。因此，基因通过增强维持功能，减少或推迟一个主要死亡原因对衰老产生作用。与程序性细胞死亡相反，衰老机制并未发展至造成机体死亡，而是选择性间接影响早期生命特征。

已经确定出数百个基因在突变或过度表达时，可通过延缓出芽酵母、秀丽隐杆线虫和黑腹果蝇的衰老，从而延长寿命。这些基因编码参与各种不同过程的蛋白质，包括发育、繁殖、代谢、细胞内信号传导和内分泌信号传导。以下是几个主要的例子。

胰岛素/胰岛素样生长因子 1 信号决定寿命

在过去几年中，经典研究揭示了胰岛素或胰岛素样生长因子 1（IGF-1）信号传导

在酵母到啮齿动物的寿命中的关键作用。这表明由这些激素控制的生理过程是保守的，并影响各物种的常见衰老机制。虽然持续阻断胰岛素受体通路可能有害，但适当调节可能会对人类寿命产生积极影响。研究者已开始研究影响人群胰岛素/IGF-1 信号传导的遗传变异是否会影响寿命。

哺乳动物胰岛素/IGF 信号

自 1921 年发现胰岛素以来，绝大多数研究集中于胰岛素在葡萄糖稳态和一般代谢中的作用。有趣的是，与胰岛素有关的两种主要病变，肥胖和糖尿病，也与预期寿命的缩短有关。据报道，百岁老人胰岛素敏感性高，糖尿病发病率低。

胰岛素（来自拉丁语 *insula*，意思是“岛”，因为它是由胰腺内朗格汉斯胰岛 β 细胞产生）是一种多肽激素，与胰岛素样生长因子（IGF-1 和 IGF-2）具有同源性，胰岛素样生长因子是调节哺乳动物大部分组织代谢、生长、细胞分化和存活的激素/生长因子家族。这些效应由胰岛素受体（IR）和Ⅰ型 IGF 受体（IGFR）介导，它们通过高度保守的信号系统启动。受体是酪氨酸激酶。与受体结合的胰岛素和 IGF-1/IGF-2 配体引起细胞质激酶结构域的二聚化和活化，从而在酪氨酸残基上产生自磷酸化。该磷酸化产生构象修饰，使受体结合细胞内底物蛋白。在哺乳动物中已经鉴定出至少 10 个胰岛素和 IGF-1 受体的细胞内底物，也称为衔接蛋白，以四种胰岛素受体底物（insulin receptor substrate，IRS）蛋白为典型。此外，衔接蛋白含有氨基末端结构域（pleckstrin homology，PH）和几个磷酸酪氨酸基序，可作为含两个酪氨酸同源体（Src-homology 2，SH2）结构域蛋白的结合位点。与胰岛素作用相关的两个重要 SH2 分子是磷脂酰肌醇 3-激酶（PI3-激酶）和衔接分子生长因子受体结合蛋白（Grb2）。PI3-激酶通过激活 Akt/蛋白激酶 B（PKB）和蛋白激酶 C（PKC）建立 IR 和激素代谢效应间的联系，进而激活 p70 S6K 和糖原合成酶激酶 3（glycogen synthase kinase 3，GSK3）。产生糖原/脂质、蛋白质合成和葡萄糖转运蛋白易位至质膜的效应，从而增加葡萄糖转运。同时，Grb2 将激素作用与 Ras-MAP 激酶途径联系起来，对胰岛素刺激细胞生长和分化的能力至关重要。

简单生物体中的胰岛素信号传导

在过去的 20 年里，线虫已经成为老年学最受欢迎的研究模型系统之一，20 天的寿命及遗传信息丰富是其主要优点。

在 1983 年由克拉斯（Klass）进行的一项寻找长寿突变体的经典研究中，首次确定了延长线虫寿命的突变基因。后来托马斯·E. 约翰逊（Thomas E. Johnson）对长寿突变体的分析揭示，研究者观察到 70%的寿命延长与一个单基因息息有关。加里·鲁夫库恩（Gary Ruvkun）的实验室随后克隆了 *Age*-1 基因，并鉴定其为能够产生包括磷脂酰肌醇-3，4［PI（3，4）P_2］和磷脂酰肌醇-3，4，5-三磷酸［PI（3，4，5）P_3］的 p110 磷酸肌醇 3-羟基激酶（PI3K）的线虫同系物。这些第二信使激活 PDK-1、AKT-1 和 AKT-2 激酶。已发现与这些基因同源且影响寿命的蠕虫基因。

辛西娅·凯尼恩（Cynthia Kenyon）的实验室 1993 年观察到线虫中的 *daf*-2 突变会延长约 100% 的寿命。*daf*-2 在 *Age*-1 的上游并编码胰岛素/IGFR，这表明降低胰岛素信号传导途径的活性会延长线虫寿命。DAF-16 是一种叉头转录因子，是 AKT 信号传导的下游靶点，也是影响胰岛素/IGF-1 样代谢对寿命影响的关键分子（见图 1）。在胰岛素/IGF-1 途径中发现的所有延长生命的突变都需要功能性 DAF-16 活性，包括 *age*-1 和 *daf*-2 突变。在这个动物模型中已经报道了 37 个胰岛素样基因。已经表明，寿命可能以组织特异性方式受到影响，神经系统和肠道可能在决定衰老速度方面起主要作用。

果蝇的七种胰岛素样肽基因已经得到报道，其中三个在大脑中的七个神经分泌细胞的配对簇中表达，这些配体发出轴突至主要内分泌腺的成分（心侧体）和主动脉，进而将这些肽释放到昆虫的血液和淋巴中去。选择性消融这些神经分泌细胞会使体型显著减小。有趣的是，这些肽的表达和释放受血淋巴葡萄糖水平的调节，表明这些细胞在功能上等同于哺乳动物中的胰腺 β 细胞。与此相一致的是，与胰高血糖素相关的脂肪促激素由心侧体中的细胞产生，其释放也类似于胰腺 β 细胞中胰高血糖素的释放。

最近有一些果蝇延长寿命的报道。果蝇胰岛素样受体（InR）与哺乳动物胰岛素和

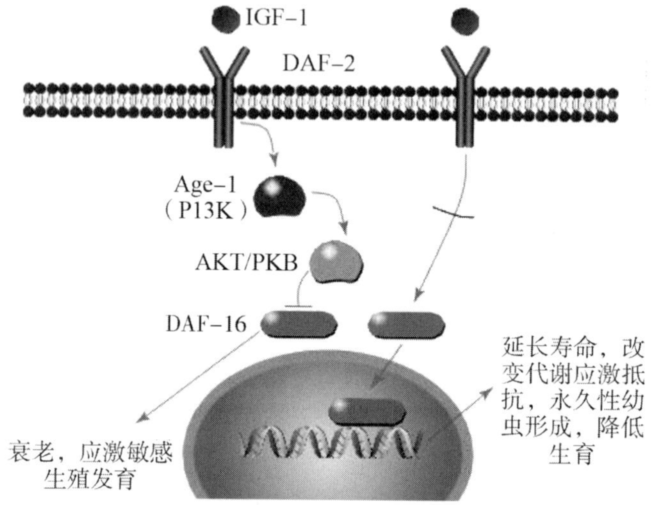

图 1　IGF-1 控制线虫寿命

注：胰岛素或胰岛素样肽与胰岛素样受体 DAF-2 结合后，进行自磷酸化并催化几种蛋白的磷酸化，从而激活 PIK3-Akt 信号通路。Akt 磷酸化的叉头转录因子 DAF-16 抑制该因子向细胞核的易位，诱发衰老和应激敏感性以及最大的生殖发育。抑制该途径可提高抗逆性和寿命，但 DAF-16 的易位和活化降低了生育力。

IGF-1 受体以及 *daf*-2 同源。蝇中 InR 的突变显著延长了成虫的寿命。具有 InR 等位基因的亚等位基因型的雌蝇很小且不育，其寿命比野生型长 85%。IRS 同系物 *chico* 的突变也使雌果蝇的成虫最长寿命延长约 41%。关于基因援救 *chico* 对转基因果蝇体细胞生长的影响以及与蝇杂合的显性突变导致雌性不育的实验，证明了矮小表型和不育症并非 *chico* 减少蝇的寿命延长的必需条件。

研究者发现，名为 *Indy* 的单基因突变可延长果蝇杂合子寿命。该基因编码哺乳动物二羧酸钠协同转运蛋白的同系物，该蛋白似乎对能量供应、代谢物吸收和中间代谢至关重要。这表明突变体在热量限制的情况下易被观察到寿命延长。

methuselah 基因突变会延长 35%的寿命，且赋予对多种应激物（如热休克、饥饿和氧化应激）的抵抗。*methuselah* 基因编码一种新的 G 蛋白偶联受体；然而，此基因延长果蝇寿命的机制仍不清楚。

已在果蝇中发现了哺乳动物叉头框蛋白 O（FOXO）和秀丽隐杆线虫 DAF-16，dFOXO 的同系物。该基因在幼虫发育期间的表达会减缓幼虫生长并改变其摄食行为，导致由细胞大小和细胞总量减少引起的成虫体积的减少。有趣的是，这种表型可能通过两种上游胰岛素信号成分-dPI 3-激酶和 dAkt 的共表达所挽救。果蝇成虫周围脂肪体中 dFOXO 的激活足以延长雄虫及雌虫的寿命、提高对氧化应激的抵抗力、改变整个动物的脂质代谢。

小鼠的胰岛素信号传导

布鲁赫（Blüher）及其同事通过降低脂肪组织中 85%~90%的 IR，构建了一种脂肪组织 IR 基因突变的小鼠（FIRKO 小鼠）。与野生型相比，FIRKO 小鼠的中期寿命和最长寿命增加了近 18%。这项研究表明脂肪组织中胰岛素信号传导减少与寿命延长之间存在相关性。IGF-1R 缺陷小鼠在出生时即死亡。然而，霍森伯格及其同事构建了 IGFR 基因（$Igf1r^{+/-}$）杂合的小鼠，其表型与秀丽隐杆线虫的 *daf*-2 突变体相似，且丧失了胰岛素/IGF-1 样受体的功能。收集到的雌雄小鼠的数据表明，$Igf1r^{+/-}$ 小鼠的平均寿命比野生型小鼠长 26%。雌性 $Igf1r^{+/-}$ 小鼠的平均寿命比雌性野生型小鼠在统计学上显著增加 33%。然而，雄性 $Igf1r^{+/-}$ 小鼠的平均寿命增加（16%）没有统计学意义，这可能与雄性发生葡萄糖耐受不良有关。

以上结果首次证实在哺乳动物中，胰岛素或 IGF-1 信号通路功能降低会延长寿命。因此，调控与无脊椎动物和哺乳动物进化距离较远的有机体的衰老进程可能至少部分通过类似的激素信号传导途径介导。

通过提高抗逆性来延长寿命

在几种动物模型中，抗逆性和长寿之间有因果关系。几乎所有动物模型都通过合成应激蛋白来应对急性应激。例如，热休克可导致编码热休克蛋白（heat shock protein，

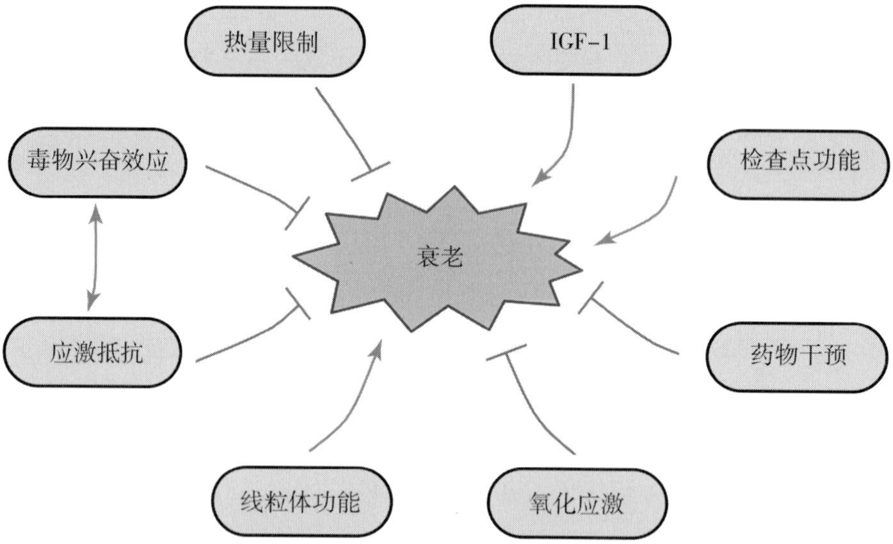

图 2　调节衰老的主要因素

注：遗传和环境因素都决定正常寿命。热量限制，毒物兴奋效应，抗逆性和抗氧化可延长寿命，而线粒体功能、DNA 损伤细胞周期检查点功能和胰岛素/IGF-1 信号传导可缩短寿命。

HSP）家族成员的基因上调，其中许多基因表现出保护机体免受热应激的伴侣功能。其他形式的应激如氧化应激也会诱发热休克反应。所有已知的长寿突变体都会增加对环境应激的抵抗力，如氧化应激、热休克、紫外线照射和重金属应激。提高线虫应激耐受性的调控也可以延长寿命（见图 2）。

热休克因子 1（HSF-1）是某些热休克蛋白表达所需的转录因子，与野生型动物相比，热休克因子 1 的过量表达会延长寿命的 40%。热休克因子与胰岛素信号传导途径相互作用，因此，热休克因子相关的生命周期延长需要 DAF-16。在应激条件下，DAF-16 蛋白从细胞质重新定位到细胞核从而可能激活应激反应和代谢基因的转录。

分子伴侣蛋白参与折叠新制蛋白质，并修复应激条件下折叠错误引起的潜在损伤。戈登·J. 利恩戈（Gordon J. Lithgow）的实验室提出并证明了分子伴侣蛋白（这里是 HSP-16）的过量表达在一定程度上可部分延长胰岛素信号转导突变体的寿命。此外，HSP-70 水平影响蠕虫和蝇的寿命。

在小鼠模型中，有很多抗逆性和寿命之间有关联的例子。例如，DAF-16 同系物 FOXO 受蛋白激素克洛索（Klotho）调控。Klotho 激活 FOXO，导致锰超氧化物歧化酶活性的高表达，并反过来抵抗氧化应激。Klotho 过度表达的小鼠也长寿。长寿命的胰岛素/IGF-1 信号传导小鼠模型也抵抗氧化应激，表明机制上是有关联的。

毒物兴奋效应

有人提出，如果细胞和生物体暴露于短暂的非致命应激时，应激反应可能会产生有益的效应（见图 2）。这种现象被称为毒物兴奋效应。就衰老角度而言，毒物兴奋效应可以被描述为细胞对轻度应激反应所产生的抗衰老和促进长寿的作用。已证明毒物兴奋效应可以延长包括酵母、线虫、蝇、小鼠和人类细胞等许多不同物种的寿命。热、高氧和伽马射线等多重应激可以诱导秀丽隐杆线虫出现毒物兴奋效应，在生命早期预热处理足以适当延长寿命。从以上讨论中可以清楚地看到，一个简单的生物模型如线虫可帮助我们充分理解毒物兴奋效应的分子机制。

有趣的是，已出现慢性轻度营养不良的某些有益效应的相关报道。体质指数低的人的外周血淋巴细胞在整个衰老过程中保持较强的 DNA 修复能力以及较高的 DNA 聚合酶 β 水平。据报道，间断禁食对葡萄糖代谢和神经元抗损伤有积极作用。通过毒物兴奋效应来发挥益处的两种常见生活方式干预措施，即运动和限制食物摄入，被认为是实现健康老龄化的有效途径。

热量限制

纵观历史，不同的文化均宣传限制食物摄入的好处。或许首次与饮食限制及其对生命周期影响相关的科学研究由麦凯（McCay）及其同事在 1935 年进行，他们减少啮齿动物 20%的食物摄入总热量，最终发现啮齿动物的平均寿命和最长寿命均显著增加。减少食物摄入总量被称为热量限制（caloric restriction，CR），据称这是除药物或基因干预以外延长哺乳动物寿命的唯一有效方式（见图 2）。尽管过去几年研究者们对研究 CR 很感兴趣，但多数理论都无法解释在 CR 实验中观察到的复杂效应。然而，CR 已被证明可延长几乎所有被测试生物体的寿命。有一些有趣的例外，例如野生小鼠品系以及未适应实验室的小鼠种群对 CR 无反应。

目前已针对不同营养条件的信号组分对酵母和果蝇进行了研究。有趣的是，这些组分之一——TOR 激酶（雷帕霉素的靶标）的缺失，能够延长秀丽隐杆线虫的寿命。由 CR 诱发的寿命延长并不完全取决于胰岛素/IGF 信号传导途径，因为在蠕虫中也观察到叉头蛋白 DAF-16 的缺乏。然而，研究者们已付出相当大的努力研究芽殖酵母中影响 CR 效应的重要因素。通常以不对称细胞分裂过程中顺序产生的子细胞的数量来测定寿命。生长培养基中葡萄糖的减少会延长繁殖寿命，已证实在某些 CR 条件下，此效应的产生需要蛋白质脱乙酰酶 SIR2。SIR2 过表达也延长了酵母和秀丽隐杆线虫的寿命。SIR2 样蛋白是否影响哺乳动物的寿命以及 SIR2 在简单生物体中作用的确切机制正在深入研究之中。

除了延长寿命外，CR 也有益于大脑及其功能。例如，CR 可改善老年啮齿动物在学习、记忆和协调任务方面的表现；还可改善动物模型中阿尔茨海默病、帕金森病、亨

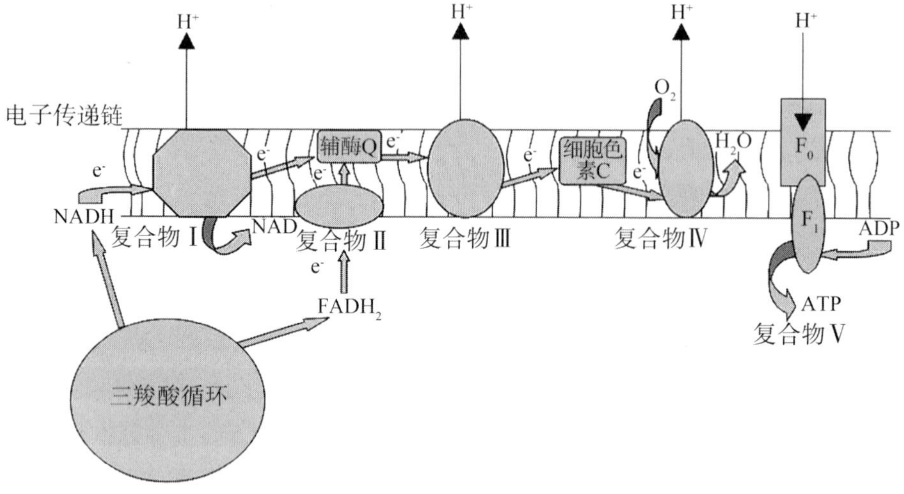

图 3　位于线粒体内膜的线粒体电子传递链示意图

注：线粒体内进行的三羧酸（TCA）循环产生还原当量提供电子。ETC 络合物将质子泵入细胞质内，建立质子梯度。

廷顿舞蹈症和脑卒中等神经退行性疾病的脑细胞功能，提示 CR 可能对与年龄相关的脑病有保护作用。有人提出 CR 通过减少破坏性自由基分子的数量可保护脑细胞。

最后，假定在应激下有助于健康和寿命延长的固有机制增强，应该能研制出能激活该机制的分子（应激反应模拟）。潜在 CR 模拟分子的研究集中在可以调节能量代谢的那些分子上，例如 2-脱氧葡萄糖（2-deoxyglucose，2DG）和源于法国紫丁香（山羊豆）的双胍类药物。2DG 是抑制糖酵解酶即磷酸己糖异构酶合成的葡萄糖类似物。注入啮齿动物的 2DG 抑制肿瘤生长，降低胰岛素和体温，增加糖皮质激素并导致 CR。然而，长期给予 2DG 对心脏有害，不能延长动物寿命。二甲双胍、丁二胍和苯乙双胍具有类似作用。这些发现提示通过改变哺乳动物葡萄糖/胰岛素代谢进而模拟 CR 是可能的。

氧化应激和衰老

线粒体与衰老的氧自由基理论

线粒体是细胞的能量库。这些重要的双膜细胞器是通过氧化磷酸化产生能量的关键，也称为有氧呼吸。电子传递链（electron transport chain，ETC）位于线粒体内膜。ETC 由一系列由各种蛋白质复合物催化的氧化还原反应组成，这些复合物将电子从糖酵解和三羧酸循环产生的还原等价物（NADH 或 $FADH_2$）转移到最终的电子受体：分子氧。在电子穿过 ETC 的移位过程中，质子由线粒体内膜被泵出。因此，线粒体基质比细胞质带更多负电荷，从而在线粒体内膜产生电化学梯度或电压。电子从复合体Ⅰ或复合体Ⅱ转移到Ⅲ，最后转移到Ⅳ。

复合体Ⅳ（细胞色素 c 氧化酶）将电子传递给氧。F_1/F_0 ATP 合酶（或复合体Ⅴ）使质子沿着既定的质子梯度重新进入线粒体基质。在这个电压通量中释放的能量被 ATP 合酶捕获以将 ADP 磷酸化为 ATP（见图3）。

1956 年，德纳姆·赫尔曼（Denham Herman）提出了衰老的自由基理论，该理论假设涉及氧的代谢活动会产生损伤细胞的有毒活性氧（reactive oxygen species，ROS）。就器官层面而言，此理论的效应是衰老。自 1972 年以来，线粒体已被公认为是细胞内 O_2 自由基产生的主要来源。ROS 包括超氧化物、过氧化物、羟自由基和几种含氮物质。ROS 引起蛋白质和脂质的修饰和变性。ROS 还修饰线粒体 DNA 碱基，导致 ETC 复合物基因和蛋白质的突变以及 ETC 效率的受损。ETC 功能异常可导致 ROS 产生增加和线粒体成分（包括 ETC）的进一步损伤。ETC 仅部分还原 0.4%～4%的分子氧，就导致超氧自由基（$O_2^{\cdot -}$）的产生。$O_2^{\cdot -}$ 在双循环再氧化或泛醌的还原过程中产生。在此过程中，形成了一种对 O_2 有高度活性的中间体-半醌。

线粒体和 ETC 在不同代谢状态下都会遭受氧化损伤。这被认为会降低包括衰老过程中 ATP 产生的线粒体功能。因此，减少 ROS 产生或增加 ROS 中和机制能够保护线粒体及其功能免受氧化损伤，从而减缓衰老过程。ROS 清除酶如过氧化氢酶和超氧化物歧化酶（superoxide dismutase，SOD）高的秀丽隐杆线虫 *daf*-2 突变体（缺乏胰岛素/IGF-1 受体）寿命长于野生型生物支持以上观点。对果蝇和线虫的研究进一步验证此点。谷胱甘肽氧化还原系统在细胞内保持最佳的氧化还原状态，并且还对 ROS 自由基进行解毒。这种活性很大程度上取决于还原/氧化谷胱甘肽的比例。参与谷胱甘肽-γ-谷氨酰半胱氨酸连接酶（*gcl*）合成的酶的过量表达增加了果蝇的谷胱甘肽库和寿命。日常饲喂蠕虫以催化抗氧化剂会引起热应激抵抗、百草枯抵抗和寿命延长。

线粒体基因影响寿命

线粒体功能的新见解来自基于 RNAi 的独立方法，此法主要针对线虫中线粒体蛋白的表达。RNAi 筛选表明，当几种必需线粒体蛋白质缺失或无法检测时，寿命即延长。这些蛋白包括 ATP 合酶，ETC 复合体Ⅰ、Ⅳ和Ⅳ的亚基以及非 ETC 线粒体蛋白如亮氨酰 tRNA 合成酶和两种线粒体载体蛋白。事实上，大于 50%的能量代谢相关基因在抑制寿命延长期间编码 ETC 亚基，并且大多数具有人同源基因。线粒体 ETC 抑制剂也具有相似的寿命延长作用。有趣的是，糖酵解、三酰甘油合成或三羧酸（tricarboxylic acid，TCA）循环基因的敲除也延长线虫寿命，尽管在这些反应中没有 O_2 或 ROS 产生。

所有干预代谢的机制尚待考究。尽管有悖于常理，但 ETC 的缓慢进行不会减少 $O_2^{\cdot -}$ 的产生。相反，减慢 ETC 的传递速度会延长泛半醌（高 O_2 反应性中间体）的半衰期，从而增加线粒体 ETC 突变体中 ROS 的产生。此类动物模型的 O_2 耗量和 ATP 水平也下降。ETC 突变体对 H_2O_2 有高度抗性，但对百草枯敏感。缓慢进行的 ETC 诱导活性氧化物酶如过氧化氢酶的上调，导致内源性活性氧的大量产生，进而产生毒性兴奋效应。这就解释了对 H_2O_2 的抗性。百草枯直接干扰 ETC，而突变体 ETC 受损则导致对百草枯的超敏性。

大多数 ETC 突变体只有抑制 ETC 亚基发育过程才能延长寿命。发育过程中通过 RNAi 抑制 ETC 组分可以永久降低生命周期中的 ATP 水平和 O_2 耗量。即使去除发育后期 RNAi 基因，恢复 ETC 组分水平至正常，但 ATP 水平、O_2 耗量不会恢复正常，寿命也不会延长。另一方面，敲除成年期 RNAi 基因，降低 ETC 亚基的表达，即使会降低 ATP 水平和 O_2 耗量，也不会延长寿命。以上结果表明，损伤发育过程中的线粒体呼吸会建立一种延长寿命、维持与此过程相匹配的 ATP 量和氧耗率的调节机制。

在脊椎模型中也有类似的研究发现。CR 改变代谢并延长寿命的理论既定已久。线粒体逆行信号是从线粒体到细胞核的通信途径，其影响许多细胞和生物活动。线粒体逆行信号可感知酵母的线粒体功能障碍，并启动碳水化合物和氮代谢的再调节。而蠕虫的 *sir*-2 基因产物似乎参与此感觉通路。因此，ETC 突变体部分受损的线粒体呼吸有可能诱导类似于 CR 的代谢环境，从而延长寿命。

复杂的是，还有对氧化应激敏感的短寿 ETC 突变体，例如编码细胞色素 b（复合体Ⅱ的大亚基）的 *mev*-1 和编码复合体Ⅰ含铁亚基的 *gas*-1。秀丽隐杆线虫的 *clk*-1 是首个被发现的线粒体突变体。*clk*-1 突变体的发育周期较长。*clk*-1 基因编码一种参与辅酶 Q（泛醌）合成的酶，此酶是 ETC 氧化还原反应必不可少的电子载体。酵母、蠕虫和小鼠的 *clk*-1 阴性突变体不合成泛醌，但积累其前体去甲氧基醌（demethoxyubiquinone，DMQ）。酵母突变体出现呼吸缺陷，而突变小鼠胚胎只能存活到第 10 天。同样，*clk*-1 阴性蠕虫发育停滞。然而，*clk*-$1^{+/-}$ 杂合子小鼠表达泛醌且长寿。给产生辅酶的细菌饲喂蠕虫，可使其合成泛醌并延长寿命。因此，泛醌缺失似乎并非小鼠和蠕虫长寿的原因。线粒体功能在寿命延长中的作用仍不明确。

结论

基因和环境对寿命的影响正逐步被发现。衰老似乎是多基因作用的结果，但通过影响维持及代谢功能的改变可以显著减缓衰老（见图 2）。延缓衰老可推迟疾病的发生，提示延缓衰老的药物可能有助于治疗老年相关疾病。

另请参阅：饮食和营养；毕生发展理论；代谢：碳水化合物、脂质和蛋白质；应激：生理学的释义；老化理论：生物学。

拓展阅读

Aguilaniu H，Durieux J，and Dillin A

(2005) Metabolism, ubiquinone syntheis, and longevity. *Genes and Development* 19: 2399–2406.

Anson RM and Hansford RG (2004) Mitochondrial influence on aging rate in *Caenorhabditis elegans*. *Aging Cell* 3: 29–34.

Beal MF (2005) Mitochondria take center stage in aging and neurodegeneration. *Annals of Neurology* 58: 495–505.

Bluher M, Kahn BB, and Kahn CR (2003) Extended longevity in mice lacking the insulin receptor in adipose tissue. *Science* 299: 572–574.

Brown-Borg HM, Borg KE, Meliska CJ, and Bartke A (1996) Dwarf mice and the ageing process. *Nature* 384: 33.

Butow RA and Avadhani NG (2004) Mitochondrial signaling: the retrograde response. *Molecular Cell* 14: 1–15.

Dillin A, Hsu AL, Arantes-Oliveira N, Lehrer-Graiwer J, Hsin H, Fraser AG, Kamath RS, Ahringer J, and Kenyon C (2002) Rates of behavior and aging specified by mitochondrial function during development. *Science* 298: 2398–2401.

Flatt T, Tu MP, and Tatar M (2005) Hormonal pleiotropy and the juvenile hormone regulation of *Drosophila* development and life history. *Bioessays* 27: 999–1010.

Giannakou ME and Partridge L (2004) The interaction between FOXO and SIRT1: tipping the balance towards survival. *Trends in Cellular Biology* 14: 408–412.

Hamilton B, Dong Y, Shindo M, Liu W, Odell I, Ruvkun G, and Lee SS (2005) A systematic RNAi screen for longevity genes in *C. elegans*. *Genes and Development* 19: 1544–1555.

Holzenberger M, Dupont J, Ducos B, Leneuve P, Geloen A, Even PC, Cervera P, and Le BY (2003) IGF – 1 receptor regulates lifespan and resistance to oxidative stress in mice. *Nature* 421: 182–187.

Holzenberger M, Kappeler L, and De Magalhaes Filho C (2004) IGF-1 signaling and aging. Experimental Gerontology 39: 1761–1764.

Kenyon C (2005) The plasticity of aging: insights from long-lived mutants. *Cell* 120: 449–460.

Kurosu H, Yamamoto M, Clark JD, Pastor JV, Nandi A, Gurnani P, McGuinness OP, Chikuda H, Yamaguchi M, Kawaguchi H, et al. (2005) Suppression of aging in mice by the hormone Klotho. *Science* 309: 1829–1833.

Masoro EJ (2005) Overview of caloric restriction and ageing. *Mechanisms of Ageing and Development* 126: 913–922.

Melov S, Ravenscroft J, Malik S, Gill MS, Walker DW, Clayton PE, Wallace DC, Malfroy B, Doctrow SR, and Lithgow GJ (2000) Extension of life-span with superox-ide dismutase/catalase mimetics. *Science* 289: 1567–1569.

Nicholls DG and Ferguson SJ (2002) *Bioenergetics*, 2nd edn. London: Academic Press.

Richardson A, Liu F, Adamo ML, Van Remmen H, and Nelson JF (2004) The role of insulin and insulin-like growth factor-I in mammalian ageing. *Best Practice and Research Clinical Endocrinology and Metabolism* 18: 393–406.

Schriner SE, Linford NJ, Martin GM, Treuting P, Ogburn CE, Emond M, Coskun PE, Ladiges W, Wolf N, Van Remmen H, Wallace DC, and Rabinovitch PS (2005) Extension of murine life span by overexpression of catalase targeted to mitochondria. *Science* 308: 1909 – 1911. Walker GA and Lithgow GJ (2003)

Lifespan extension in *C. elegans* by a molecular chaperone dependent upon insulin-like signals. *Aging Cell* 2: 131–139.

Wang MC, Bohmann D, and Jasper H (2003) JNK signaling confers tolerance to oxidative stress and extends lifespan in Drosophila. *Developmental Cell* 5: 811–816.

译　者：马丽娜（首都医科大学宣武医院）

研究设计和方法

L. M. 柯林斯 宾夕法尼亚州立大学帕克分校，宾夕法尼亚州，美国

词汇表

设计（Design）——实施研究性学习的计划。这一计划详述研究的每一个细节，包括（但不限于）研究的变量是什么以及它们如何定义和测量；参与研究的个体是谁；用何种方式管理参与者，以及如何决定参与者接受这种方式；和采用什么样的统计分析方法。

测量（Measurement）——对研究中的变量进行量化的过程，以便对其进行统计分析，并通过科学研究形成结果比较的基础。

统计分析（Statistical Analysis）——研究人员利用收集的样本信息得出适用于更大群体或人口的一般结论的一套过程。

引言

科学是通过研究设计和方法来研究前因后果，从而得出结论同时提供关于世界的知识。当研究人员开始老年研究，他们试图确定已观察到的关于老龄化特定现象的原因。很多时候，确定这些现象的独立原因是困难的。可能的影响因素如生物变化，先定的遗传影响，环境侵入包括滥用毒品和酒精及工作场所暴露，教育、文化和历史影响，以及老化过程不仅同时并存，而且相互影响。

理清哪些因素影响观察现象和哪些因素只是伴随老龄化是一项艰巨的任务。有时，这些因素是不能完全理清的。但如果围绕因果关系的问题被慎重考虑，研究者通常可以进行研究，从而大幅缩小可能性原因的范围。这是通过认真关注设计的研究、统计分析和测量完成的。

老龄化研究设计的基础

理论的角色

每项科学研究都始于假设，即科学家通过实施研究期望发现的详细陈述。在通常的社会科学特别是老龄化研究中，清晰而具体的理论假设是非常重要的。理论必须整合相关旨趣的先前研究，并且必须做出在经验研究中可被检验的预测。

因果关系的概念

关于因果关系的含义、什么构成因果关系的证据以及如何在社会科学研究中推断因

果关系，已经有大量的文献发表。全面覆盖这些文献远远超出了本文的范围。在这里，我们将简单提及因果关系的一些方面，记住它们非常重要，而不是声称对于重要议题做出正义判断。第一，原因总是先于结果，即使只是瞬间。结果从来不会先于原因。第二，结果可能是由很多原因造成。当诸多原因中的任何一个单独实施时都能引发一个结果，这些原因可能每种都充分但不必要；或者当诸多原因需要同时发生以引起结果时，可能每个都是必要的，但单独的一个是不充分的。第三，控制原因可以控制结果。因果关系的这一属性是科学实验的基础。

主观抽样

总体是个体所特有的研究问题或有关发现的整个领域（entire universe）。理论上的研究假设是基于指定总体。总体可能是全人类，或者 50 岁以上的所有个体，或者 50 岁以上具有高中教育程度的所有个体，或者研究者感兴趣的任何群体。除了资源和受试者可被利用的极个别情况下允许针对总体进行数据收集外，从总体中选择一个便于管理的个体子集参与研究是很必要的。抽样就是选择这些个体的方法。

一旦总体确定，下一步就是确定抽样框。抽样框指定从中抽取研究样本的精确范围（exact pool）。虽然在一个理想的研究中抽样框同总体是一致的，但实践中这是罕见的。例如，一个抽样框可被限于一个特殊的地理区域，或者电话拥有者，或者那些在研究实施期间不准备移动的人。重要的是要做出各种努力以确保抽样框和兴趣总体尽量接近，并且要明确抽样框和总体之间的差异，从而使针对研究结果的这些差异影响能被慎重考虑。抽样的第三步是从抽样框的个体中随机抽取研究参与者。

在社会科学大量研究中使用了“方便”抽样。换句话说，与其从一个明确的总体出发确定抽样框并抽取随机样本，研究者不如使用并非从确定的先验总体中抽取可参与研究的个体样本。环境迫使研究人员采用并非收集数据的最佳方式是有很多原因的。一般来讲，虽然抽取随机样本是无可争议最科学的方法，但它是困难的和昂贵的，特别是与通过电话回答少数几个问题相比，如果研究涉及很多参与者会很困难和昂贵。基于这些原因和其他原因，研究者更倾向于从可能同意参加的个体所组成的群体中抽取样本（如大学校友赞助研究），尽管这个群体不能完全代表兴趣总体。这种非随机抽样程序对研究的外在效度意义重大。随后我们会讨论外在效度。

变量

顾名思义，变量就是一项研究中个体变异的数量。比如说，老龄化研究经常出现的一个变量是年龄，参与研究的个体具有不同的年龄。通常情况下，一项研究中的变量可以分为自变量和因变量。在传统的实验室实验中，自变量是公认的原因变量，它由实验者操纵，并对因变量产生影响。随着实地实验以及准实验和非实验设计的出现，变量通常是独立的，尽管他们同因变量的关系仅仅只是预测性而非真实的。有时候分别用外源性和内源性来代替自变量和因变量。这些都是相对概念：一个变量在一个环境中是自变量，另一个环境中可能就是因变量。

操作化定义

一个操作化定义是基于研究目的对变量如何定义和测量的确切描述。例如，如果一个研究是比较中年人和老年人，这就有必要形成一个操作化定义来说明什么样的年龄范围包括了中年人和什么样的年龄范围包括老年人。无论何时，都要使用一个标准化的工具，如一个智商（IQ）测试，测试得分就作为所关注的变量的一个操作化定义。在智商测试案例中，测试得分就是智力的一个操作化定义。

实验室实验及控制

通过实验手段可以将影响因素最令人信服地“孤立”。一项实验区别于其他类型科学研究的方法就是采用随机分配方式处理。实验背后的逻辑是建立相同水平的分组，然后对一个或一个以上的组进行处理。通常其中一组不进行处理，让它作为基准或控制组。如果开始时组都是相同的，然后在严格控制条件下进行处理，观察到的组间的任何差异可归因于此种处理。

上述内容中有两个部分需要详细阐述。第一，研究者如何确保开始时组是相同的？这就是随机分配的来源，它是实验的显著特点。如果一个科学家随机决定哪个组参与进来，然后相同水平（在许多研究中）的组是可比较的。随机分配可以通过掷一枚公平的硬币，旋转一个公平的骰子或者采用计算机程序生成随机号码进行分配。应该指出的是随机分配方式不保证在任何特定研究中实现可比性。如果已知某些主题特征的平衡是满意的，相应地分别进行随机分配是明智的。比如，如果群体的性别平衡是必要的，实验者可以分别对男性和女性进行随机分配。

第二，什么是严格控制的条件？这意味着，当自变量被控制，只有自变量反映出各组间的差异，而不是研究的任何其他方面。比如，假设一个科学家希望进行一个实验来研究一个特定药物对老年人认知能力的影响。此种情况下自变量是药物剂量。参与者被随机分配到接受药物的组或接受安慰剂（惰性物质）的控制组中。因此，自变量有两个取值，要么是一些预先设定的药物剂量，要么没有接触到药物。因变量是认知能力。它被操作化定义为在一组认知任务上的能力。

给予了药物剂量后，要求参与者完成认知任务。现在假设所有接受药物者在早上进行测试，而所有接受安慰剂者在下午晚些时候进行测试。因此，接受药物组与接受安慰剂组测试发生的时间本质上是不同的。如果接受药物组认知任务执行得更好，这可能是因为这些受试者比安慰剂组更清醒，更有活力，而不是因为药物的影响。更好的方法是在一天的同一时间将所有受试者带到实验室，或确保药物和安慰剂条件下的受试者都同样可能在上午或者午后参加。

实地实验和准实验

虽然在实验室中可以实现出色的控制，但它不是现实的场景。有时人们在实验室中表现出的行为不能推论到实验室外的世界。此外，还有许多有趣和重要的问题不能通过实验室研究手段调查到。关于这些话题的问题，诸如工作场所的表现和日常生活中开展活动的能力以及其他，往往可以通过在实验室外直接尝试和在自然环境中观察行为得到解决。

理想的情况下，实地研究是实验性的，即，它采用随机分配。这种情况下，从实地研究中可以得出最强有力结论。然而，在实践中，随机分配往往不能在现场环境中使用。更多时候，必须通过准实验研究解决问题。准实验这个术语指的是一项研究也有实验组和控制组，但并不使用随机分配。这就有从准实验研究中得出因果推论相关的许多问题，这些问题都源于组间最初的非对等性。如果不使用随机分配，组间通常一开始就是不可比的。组间已有的差异往往可以为观察到的若干结果提供可选择的解释。例如，假设一个研究者想检验退休对健康的影响。自变量是退休状况，它有两个取值：退休或者仍在工作。健康是因变量，在此情况下将其操作化定义为自述的健康调查问卷得分。研究者选取了一个达到退休年龄的人群样本，记录谁已退休和谁还没退休，并让他们完成自述的调查问卷。假如平均而言，发现退休的受访者报告出比那些仍在工作的受访者更差的健康状况。我们能得出退休导致健康状况更差的结论吗？不能，这有一个重要的可选择解释。有一种可能是健康更差的人选择了退休，而更健康的人继续工作更长时间。换句话说，退休不会导致健康不佳；相反，健康状况不佳导致了退休。如果个体同意被随机指定退休或继续工作，那么就可以做一个更明确的研究。这显然是不切实际的。另外，更实际的方式是从仍在工作但接近退休年龄标准的老年人开始，观察他们几年时间。通过这种方式，一个重要的问题可以集中于：退休之后健康下降还是健康下降然后退休？问题的答案是必要的但不足以推断出哪个变量是原因。

非实验研究这个词指的是不对组本身进行处理和控制；相反，两个通常是更多变量之间的关系是在没有直接控制自变量的情况下被动地观察到的。准实验和非实验研究的区别是程度的问题而非类型的问题。这两种方法之间的主要区别是准实验研究涉及明确定义的组之间的比较。但无论在哪种情况下研究者都不使用随机分配，所以同其他相比也不试图提供内在更强大的因果推论。

年龄、队列和时间

大多数行为研究调查个体间的差异，或者人们之间的差异。在老龄化研究中，同样在所有的发展研究中，研究者也对调查个体间的差异或随时间迁移的个体内变化感兴趣；并对个体内差异中的个体间差异或者随时间迁移的个体变化的性质和数量间的差异感兴趣。个体内随时间变化的三大类预测因子是：年龄、队列和时间。年龄是指每一个人在每次观察时的实足年龄；在社会学看来，队列指的是一个人出生所属的队列或世代；时间是指对个体实施观察的时间。这三个都不是独立的，因为任何两个都决定着第三个。例如，如果测量时间和一个个体的年龄已知，这个个体的队列可以确定（参见“代际差异：年龄—时期—队列”）。

多年来，有两个主要方法来研究老龄化：横剖设计和纵向设计。在一个横剖设计中，对不同年龄个体的数据收集是在一个单一时间点上进行的。然后通过年龄进行比较。横剖研究的方法具有相对便宜和快速的优点。然而，从一个横剖研究中得出有关老龄化的结论是有局限的。首先，以年龄定义的组间已有的差异不见得能说明个人随着年龄经历了相应的变化。其次，横剖的方法混淆了年龄和队列。在一个横剖研究中，所有的特定年龄的个体属于一个特定的队列。我们可以争论的是任何观察到的年龄差异实际上是由于队列成员造成的，并且如果涉及来自不同队列的个体，结果就会不同。

在纵向研究方法中，针对个体的数据是在一个时间段内多次收集的。纵向研究是更昂贵和费时的，但这种设计可以观察随着时间迁移的个体的发展变化。当然，传统的纵向设计只研究一个单一队列。因此，它无法确定另一个队列是否也有这种结果。

这些设计得较为精细的版本已经被开发出来以解决这些顾虑。在交叉顺序设计中，横截面数据在两个不同的年份收集数据。第一年是一个传统的横剖研究，几个不同年龄的人都列入样本。第二年，针对来自同一队列（现在更老的人）中的独立样本收集数据，同时也收集与第一年参与者年龄相同的个体的数据，但他们是不同队列中的成员。这允许对涉及几个不同队列的年龄差异进行比较。在队列顺序设计中，纵向研究同时涉及几个队列。数据收集的安排要使得数据收集是在每一队列中同一年龄层次上。这样就允许跨队列结果的比较。

内在效度

研究的内在效度是将原因归结为自变量而非归结为研究的其他不受控制的方面的置信度。下面列出了老龄化研究中内在效度可能面临的一些威胁。这绝不是一个详尽的列表。

测试　在纵向研究中，如果参与者经常被给予了相同的测试或者被要求完成相同的调查问卷，这会是一个问题。测试成绩的上升是因为熟悉程度的增加而不是技能和能力的真正增长，或者参与者会变得厌倦或烦躁并不再关注从而导致测试成绩的下降。

工具　在纵向研究中，若一项测试或调查问卷在不同时点具有不同的含义，这会对内在效度造成威胁。一个常见的例子是地板和天花板效应。地板效应是当一个测试在低端范围是不敏感的，通常因为测试太难，样本中的许多个体会得零分。相应的，天花板效应是当一个测试在高端范围是不敏感的，因为它太容易了。在对随着时间推移下降而感兴趣的老龄化研究中，地板效应可能产生问题。

不同受试者的流失　在纵向研究中，发生一些参与者的流失几乎是不可避免的。当然，研究者应尽一切可能将流失保持在最低状态。与控制组流失相比，实验组流失的是不同类型的人时，受试者流失成为内在效度的一个威胁。例如，假设一项研究选取的是老年个体随机样本来研究记忆认知练习的效果。参与者被随机分配到接受练习的实验组或不接受练习的控制组。假设最需要记忆训练的参与者退出控制组，因为他们知道他们需要帮助并决定到别处寻找。这将会在控制组中留下最少的缺陷个体。这种受试者流失的模式能使实验比真实情况看起来效果甚微甚至没有影响。另外一种受试者流失的模式能使得实验看起来比实际情况更加有效。

外在效度

外在效度是指研究的结果能够推论到一个明确定义和理论关注的总体的程度。内在效度是外在效度的逻辑前提，因为如果一个研究的内在效度很差，无论它推论与否，都几乎没有差异。当样本是从总体中随机抽取时，从样本得出的结果可以高信度地推论到总体。这样的研究具有更高的外在效度，因为使用了严格主观抽样程序并拥有良好的参与者保留。然而，如上所述，许多社会科学中的研究采用方便抽样。当使用方便抽样时，研究者在概括推广方面是处于弱势地位的，因为方便抽样不是随机抽样。非随机的受试者流失同样对外在效度产生有害影响，即使在极少数情况下它不影响内在效度。那些选择退出研究的人往往不同于选择继续参加的人。他们可能会涉及更多的竞争活动，缺乏耐心，更多瞬变，较低或较高的社会经济地位，或在各种类型上不同于其他方面。当退出研究的个体不同于留下来的个体时，剩余样本不再是一个随机样本，并且研究结果不能推论到研究者最初抽样的总体。严重的非随机受试者流失甚至会将随机样本转化为实际上的方便样本，相应地降低了外在效度。

统计简介

描述性统计

描述性统计是用来描述样本或总体的数字。通常，描述性统计计算样本是对相应总体数量的估计，被称为参数。

一种类型的描述性统计是集中趋势测量。广泛使用的集中趋势测量有三种：平均数、中位数和众数。均值通常被称为平均数，通过加总所有变量取值并除以个体总数计算得到。中位数是分布的第 50 个百分位数，换句话说，就是一半的分布在上且一半分布在下的一个点。众数是最频繁出现的数值。虽然这三项集中趋势测量都用来描述分布，推断性统计更多地使用均值而非中位数和众数。

另一种类型的描述性统计是离散测量，表示样本或者总体中差异程度。最简单最显而易见的离散测量是极差，通常用样本或总体的最大值减去最小值计算得到。然而，最大值和最小值在样本中往往是极不稳定的，所以极差是不稳定的离散测量。统计学家们更喜欢方差，它被定义为总体中与均值偏差的平方的平均数。基于样本的方差估计的计算稍有不同。

推断性统计

对样本实施研究的目的是得出关于总体的结论。事实上，研究人员对样本感兴趣只是达到目的的一种手段。最终是要得出关于总体的结论，总体中包含了所有感兴趣的个体。如果有可能，研究者可以研究整个总体。然而，受时间、金钱以及主观能力的限制，大多数情况都舍弃了这种做法，除了资源广泛或者总体较小的地方。推断性统计的目的是为研究者提供指导，从而基于收集的样本信息得出有关总体的结论。

为了便于说明，假设研究感兴趣的是在认知任务能力上 40 岁的人是否不同于 60 岁的人。在经典推断性统计中，先有零假设和备择假设。这些假设是关于总体的而非任何特定样本。零假设是一个统计假想敌，声明认知任务能力均值在两个总体中是相同的。备择假设很简单，就是零假设不正确，换句话说，两个总体的均值不同。（当组间差异的方向不确定时，正如在这个例子中，假设是双尾的。当差异的方向确定时，假设是单尾的。）

假设针对一个 40 岁人的合适样本和一个 60 岁人的合适样本，已经收集了认知任务能力的数据。样本均值和样本均值间的差异都被计算出来。因为样本均值通常不等于总体均值，甚至在总体均值相等的情况下，40 岁人的样本均值和 60 岁人的样本均值通常也是有差异的，纯属巧合。重复抽样，相对来讲，较小的差异会经常出现而更大的差异很少出现。假设检验的逻辑如下。

假设现在零假设为真，就是说，40 岁人和 60 岁人的总体均值相同。然后问题是：如果零假设为真，在研究中样本均值间差异至少出现一次的观测概率是多少？当零假设为真，样本间均值差异在一个绝对幅度内同研究中观测到的相同，如果这种情况经常发生，研究者得出结论就没有根据拒绝零假设。然而，当零假设为真时，如果那些结果极少出现，那么研究者就应得出结论认为零假设在这种情况下是不正确的。

是否拒绝零假设的决定，取决于在零假设为真的条件下那些极端结果被观测到的概率。参考统计书中的许多嵌合分布（tabled distributions）可以发现这个答案。根据所做的统计分析，研究者参考 t，F，卡方（chi-square），或一些其他的分布。如果统计分析是由计算机完成的，研究者可以很方便地参考输出结果显示的计算概率。

假设检验是一个决定伴随着做出一个不正确决定的风险，理解这个是很重要的。当零假设确实为真时，在一定比例的情况下，极端结果偶然发生，研究者会得出零假设为假的错误结论。当零假设为真时得出零假设为假结论被称为 I 类错误。另一方面，当零假设确实为假时，在一定比例的情况下，结果偶然发生会导致不能拒绝零假设的结论。当零假设确实为假时得出为真的结论被称为 II 类错误。

I 类错误率，用希腊字母 α 表示，通过定义极端结果是什么意思很容易进行控制。例如，如果提前决定只要极端结果被观测的概率是 0.01 或者更小就拒绝零假设，那么 I 类错误的概率就是 0.01。然而，其他一切相等，降低 I 类错误所采取的任何措施都将增加 II 类错误的概率，有时达到不可接受的水平。

统计检验力是通常没有给予充分考虑的研究的重要方面。统计检验力是指在零假设实际上是错误的情况下拒绝零假设的概率。它是 1 减去 II 类错误率。统计检验力具有一项研究的三个方面功能：选择 I 类错误率，真实效应大小和样本规模。其他相等的情况下，增大任何数量值就会导致统计检验力增加。在实践中，I 类错误率不大于 0.05 在科学研究中被认为是可以接受的，在许多情况下（虽然不是所有）效应大小不受研究者的影响。因此，在大多数的情况下，研究者试图尽可能扩大样本规模以最大化统计检验力。每当一个研究不能拒绝零假设，就要进行仔细观察。如果统计检验力是低的（即，II 型错误率高），这意味着该研究没有对假设进行充分的检验。

统计程序

有许多统计程序被广泛应用在老龄化研究中，包括以下内容：

1. 独立组（independent groups）t 检验：比较两个独立样本的均值来推论相应总体的均值是否不同。

2. 相关组（related groups）t 检验：检查两个相关样本的均值差异来推论在总体中这种差异是否为零。

3. 方差分析（ANOVA）：比较两个或多个独立样本的均值，来推论是否至少对应总体的一个均值不同于其他。通常伴随的是通过事先或事后程序的方法对均值间的差异进一步检验。因子方差分析可能涉及不止一个独立变量，允许对交互效应进行检验。当一个独立变量的效果依赖于其他变量水平时，就发生交互效应。

4. 协方差分析法（ANCOVA）：方差分析的扩展，允许统计消除或剔除在特定环境下一个变量的影响。

5. 相关关系（correlation）：估计两个变量之间线性关系的程度。

6. 回归（regression）：同相关关系密切相关。使用一个或多个独立的或预测的变量，建立一个因变量的线性预测模型。

7. 列联表分析（contingency table analysis）：涉及分类变量的一系列程序。这些程序大致类似于 t 检验，相关关系、回归和方差分析，但它们涉及所有分类变量。这些分类变量的程序诸如独立性检验和对数线性模型。

8. 多元方差分析（MANOVA）：在多个相关因变量的情况下方差分析的扩展。程序找到因变量的一个或多个线性组合，提供组间最大差异，遵守线性组合是不相关的规定。

9. 判别分析（discriminant analysis）：几乎与多元方差分析完全一样，但往往被当作不同的处理。在判别分析中，重点在于利用因变量预测独立变量的分类。

10. 典型相关分析（canonical correlation）：最普遍的多元程序。典型相关分析从两个变量组开始，然后发现产生最大相关的变量的线性组合，遵守线性组合不相关的规定。

11. 生长曲线模型（growth curve modeling）：有可能在老龄化研究中广泛使用的一个相对较新的方法。生长曲线模型中的个人成长轨迹适合每个纵向研究中的参与者，允许对增长的个体和群体差异进行检验。

12. 因子分析（factor analysis）：根据经验确定大量显变量（manifest variables）是否能被更少的潜变量（latent variables）代表的一套通用的程序。

13. 协方差结构模型（covariance structure modeling）：模型涉及潜变量，包括潜变量之间的回归，可以估算和测试的程序。

测量简介

测量是将数码分配给对象的一套规则。在研究中，对象通常是研究参与者，通常被称为主体（subjects）。测量是在日常生活中常见的事情。当用一个码尺衡量他或她的身高，码尺就是给身高赋予数码的规则。在许多相同的方式中，一项智商测试给个体智力赋予数码提供了一套规则，一个等级均值给一个人的学业成就赋予号码提供了一套规则，调查问卷给个体态度赋予号码提供了一套规则。

测量是社会科学的研究人员所面临的最重要的挑战。不像在自然科学的研究中，其中数量通常可以直接用卡钳、标尺等，在行为科学中的研究面对的是不能直接看到的数量测量。这些数量被称为概念。诸如智力、气质、观点、合作性，以及执行任务的能力必须通过主体自我报告、主体性能测试或其他方式的观测。正因为如此，行为科学已经在测量理论上做了大量的工作。测量理论为评估测量的方法质量以及如何开发高质量的测量工具提供了指导原则。

测量效度

效度是测量中最重要的目标。它是工具能够测量到所要测量的概念的程度。这是一个宽泛的概念，并没有一个被广泛接受的确定测量效度的方法。相反，效度有几个方面需要强调。在任何特定情况下，效度的某些方面将比其他更有意义。

效标效度　这是工具显示出来的同作为一个标准的变量的关系程度。有两种类型的效标效度：共变效度和预测效度。共变效度通过显示与同时作为评估的测量工具的测量变量之关系而确定。例如，研究者希望确定较短的自我测量的效度旨在代替冗长采访。共变效度可以通过采用访问数据和自我测量来搜集数据，然后计算两种测量之间的相关性来建立。强相关关系就证实共变效度。预测效度通过显示出问题工具在纵向设计中的有效预测而确定。

内容效度　内容效度是构成测量工具的项目或问题可以代表被测量概念的程度。良好的内容效度不需要项目用尽概念的每一方面，但是需要不遗漏重要方面。

建构效度 这与测量在理论上有意义的程度有关。有许多方法来显示这一点，最合适的方式是根据关注的研究问题。一个广泛使用的显示建构效度的方式是借助于多质多方法（MTMM）矩阵。该框架涉及多个概念或特征，所有这些对于通过一组几种不同方法进行测量都是经得起检验的。例如，社交性、外向型和利他主义都可以通过自述问卷调查、朋友的报告和行为观察进行测量。通过每种方法测量每种特征收集数据，并且所有可能的相关关系都被计算。如果有良好的建构效度，预计测量相同特征的不同方法之间的相关关系将是大的（这被称为“收敛效度”），并且测量不同特征的相同方法之间的相关性将是低的（这被称为“判别效度”）。如今，多质多方法矩阵往往是通过协方差结构模型分析的。

测量精度

测量的另一个非常重要的方面是它的精度。行为科学的各种测量理论对测量精度给出了不同的定义。最广泛使用的测量理论是经典测试理论（classical test theory）。它提供了测量精度的定义，称为信度。一种评估测量精度的新方法——广义理论正开始被广泛使用。

经典测试理论和信度 根据经典测试理论，每一个观察测试或测量到的分数记为 X，可以分成两个组成部分：一个真实值（true scores）T 和一个错误部分 E。

$$X=T+E \qquad [1]$$

这里有几个重要的假设要做。第一，这种关系是累加的；换句话说，X 是 T 和 E 的总和，绝不是乘积（product）。第二，T 和 E 是相互独立的。第三，误差部分 E 是随机的，所以它独立于任何其他测量、任何其他真实分数或任何其他的错误成分。第四，如果一个个体被反复测量，真实值 T 是不变的，但误差部分 E 可能会改变。伴随这些假设的是 X 的方差可以被划分为两个部分：真实值的方差和误差方差。

$$\sigma_X^2=\sigma_T^2+\sigma_E^2 \qquad [2]$$

需要注意的是，真实值的方差可进一步划分成有效方差和无效方差。有效方差是由工具要测量的基本特性带来的方差。无效方差是真实值的方差，它不是由工具要测量的基本特性带来的方差。相反，它是由其他一些特性或数量带来的。因此，它是一种离散误差（error variance），但它是系统误差而非随机误差。在某些方面，真实值这一术语用词不当，因为真实值不一定是被测量概念的真实反映。

测量信度（measurement reliability）被定义为观察值（observed score）方差与真实值方差所占的比值：

$$\frac{\sigma_T^2}{\sigma_X^2} \qquad [3]$$

在其他条件相等的情况下，则一个测量工具需要具有高信度。当信度大时，意味着造成随机误差的工具中观察值方差占一个相对较小的比例。不过，一个大的信度并不意味着该工具是有效的。事实上，如果真实值方差单独由无效方差构成，它可能是工具具有大的甚至是完美的信度，但效度为零。效度是观测值方差占有效真实值方差的比例，不能超过信度。

效度评估方法 在大多数测量情况下，只有观测值是已知的。真实值和误差值是未知的。因此，我们不能直接确定信度。但是，也有几种方法来大致估算信度。

重测信度（test-retest reliability）。一个工具的重测信度是通过在两种不同的情况下用同样的工具测量受试者，然后计算相关关系来估算的。如果相关关系大，这被认为是重测信度很好的表现。然而，重测程序假设被测量的概念不会随时间变化。在毕生发展研究中，这个假设往往是无根据的。如果研究中的受试者在第一个和第二个场合之间以不同的速率发生了概念上的变化，两种情况之间的相关关系也可能很低，尽管测量工具精度很高。

折半信度（split-half reliability）。折半信度是通过在单一场合实施工具，将项目随机分为两个子集并使两个子集关联起来实现的。这个想法是，如果工具是高度精确的，任何两半应该高度相关。折半信度的一个问题是，信度评估可能有很大不同，取决于使用的许多可能的项目划分。

内部一致性信度系数（cronbach's alpha）。内部一致性信度系数是一种通过比较构成工具的项目之间共享方差或协方差量同总方差量来衡量信度的方式。这个想法是，如果工具是可靠的，在同方差相关的项目中就应该有一个很大的协方差。内部一致性信度系数相当于采用所有可能的折半信度的平均数。今天广泛使用的大多数计算机统计分析包都可以计算内部一致性信度系数值。它常常有助于检查在特殊项目被删后内部一致性信度系数值变为了什么。如果内部一致性信度系数值在一个项目的删除上有很大提高，该项目不应该放在测量中。

概化理论 概化理论重点识别和评估测量中误差的各种可能来源的影响。根据这种方法，每个测量情况涉及一个或多个方面。一个方面通常是测试或问卷调查项目。另一方面可能是评价者，所需时间或测量设计的任何一些可能方面（虽然所需时间可能成为一个方面，但需要注意的是，概化理论假定被测量的数量是不变的）。通常，项目、评价者，或所需时间是从总体中抽样的。例如，一项测试包含一个项目样本，而不是所有可能的项目的详尽清单。概化理论提出了一个问题。其他项目样本，评价者、所需时间等的工具得分是怎样概化的呢？为了执行一项概化研究，有必要在问题中收集有关工具的数据。然后用方差分析方法将工具中的方差划分成分。一些方差是归于受试者之间的个体差异，而其他方差归于一个方面的内部差异，如评价者之间的差异。在其他条件相同的情况下，更好地概化反映在受试者间的个体差异导致的一个更大比例的方差和一个方面内部（facet）差异导致的一个更小比例的方差中。

概化分析可以提供大量有用的信息。因为它划分离散误差（error variance），允许研究者在研究中研究误差来源。概化研究的结果给予研究者必要信息来决定采取什么减少错误。通常增加一个方面的元素数，如增加评价者或项目的数量，可以减少误差量。此外，这种分析可以帮助研究者评估减少工具长度或使用更少的评价者的成本。

行为观察

有时候让个体报告他们自己的行为是不可取甚至是不可行的。比如说，非常小的孩子没有能力完成自述调查问卷或回答深度访谈问题。或者，需要测量人际互动的特定方面，如祖父母—父母讨论孩子养育，因为它们正在发生，所以一系列会话观点及回应可以确定。在这些情况下，还有许多其他的数据都是通过行为观察来收集。训练有素的观察者观察行为的发生或是记录在录像带上，对正在发生的事情做出判断，并记录下所关注的行为事例。

当收集行为观察时要遵循几个重要的程序。第一，必须开发一个详细明确的观察行为的编码系统并在数据收集开始前进行试点测试（pilot tested）。第二，观察者应在行为评级系统中进行完整培训。第三，同时有一个以上的观察者同时评估行为至关重要。第四，在任何可能的情况下，都要让观察者对研究假设或实验者对结果的任何期望保持无知，使得这个信息不会影响他们对所见的解释。（在数据收集完成后，可以向他们简要介绍研究情况。）

有几种用于确定行为观察测量精度的方法。通常，评分者之间的相关关系称为评分者信度。从技术上讲，这个数量不是信度，尽管它可能是有用的信息。当评价涉及在不同定性类别之间的选择时，科恩的 Kappa 系数（Cohen's Kappa）是评分者之间一致性的一个有益的（informative）测量，并被认为超过了更广泛使用的同意率。对大多数研究来说，选择评估行为观察测量精度的方法是概化理论，因为它允许调查员在测量误差的不同来源间进行分辨，并最终采取行动。

另请参阅：代际差异：年龄—时期—队列。

拓展阅读

Baltes PB，Reese HW，and Nesselroade JR（1988）*Life-Span Developmental Psychology：Introduction to Research Methods*. Hillsdale，NJ：Lawrence Erlbaum Associates.

Collins LM and Horn JL（1991）*Best Methods for the Analysis of Change：Recent Advances，Unanswered Questions，Future Directions.* Washington，DC：American Psychological Association.

Cook TD and Campbell DT（1979）*Quasi-experimentation：Design and Analysis for Field Settings*. Boston，MA：Houghton Mifflin.

Pedhazur EJ and Schmelkin LP（1991）*Measurement，Design，and Analysis：An Integrated Approach*. Hillsdale，NJ：Lawrence Erlbaum Associates.

Shavelson RJ（1988）*Statistical Reasoning for the Behavioral Sciences*，（2nd ed.）. Boston，MA：Allyn and Bacon，Inc.

Shavelson RJ and Webb NM (1991) *Generalizability Theory: A Primer*. Newbury Park, CA: Sage Publications.

Vogt PW (1993) *Dictionary of Statistics and Methodology: A Nontechnical Guide for the Social Sciences*. Newbury Park, CA: Sage Publications.

译 者：申南乔（新疆维吾尔自治区行政学院）

校译者：曹 杨（四川大学）

1730

氧化损伤

A. K. 巴林，M. 维伦奇克 萨利巴林医疗中心，梅迪亚，宾夕法尼亚州，美国

词汇表

酶促抗氧化防御系统（Enzymatic Antioxidant Defense System）——酶抗氧化剂（抗氧化酶），可防止生物分子的氧化损伤。

自由基和活性氧（Free Radicals and Reactive Oxygen Species）——任何在外部原子或分子轨道上含有一个或多个不成对电子的化学物质。自由基是正常的代谢物，通常非常活跃。生物学上最重要的是在脂质过氧化过程中产生的以碳为中心的自由基；以硫为中心的硫基；氮中心自由基；特别是以氧为中心的自由基。术语自由基、氧自由基和活性氧（ROS）经常在生物和医学出版物中用作同义词。ROS 还包括非自由基物种 H_2O_2 和单线态氧，其可以通过自由基反应产生或可以产生自由基，从而促成氧化应激。因此，ROS 包括自由基和非自由基物种。由于可以增强生物分子中活性氧的反应性，它们通常会紧密结合，即使它们是非自由基物种。而且，具有生物学意义的自由基包括活性氮，例如一氧化氮，其是由称为一氧化氮合酶的酶家族合成的自由基。

自由基理论（Free Radical Theory of Aging）——最初由德纳姆·哈曼（Denham Harman）于 1954 年提出，该理论表明自由基诱导或产生的生物化学反应可以损伤组织的主要分子组分，并且损伤是老化的原因且参与许多与衰老相关的常见慢性疾病的发病机制。

脂质过氧化（Lipid Peroxidation）——一系列自由基反应，其通常在 ROS 与多不饱和脂肪酸相互作用的膜中引发，并且可导致产生醛和氢过氧化物的链式反应。

氧化损伤或氧化损伤（Oxidative Damage or Oxidative Injury）——ROS 的不受控制的反应，主要目标是 DNA 中的碱基，蛋白质中的氨基酸和细胞膜中的不饱和脂质。

引言

正常代谢期间产生各种 ROS。它们可以直接或通过一系列自由基反应与蛋白质、DNA 和其他生物大分子发生反应，这些反应通常是在膜中脂质过氧化作用引发的。生物分子的氧化损伤受到抗氧化防御剂的限制。但防御不是 100%有效的。已发现一小

部分 ROS（如超氧自由基和 H_2O_2）在接触去活性酶之前逃脱。另外，一定水平的反应性物质对于正常的细胞功能是必需的。在动力学上，ROS 可以逃离正常的细胞代谢途径，特别是在非生理数量的时候。因此，ROS 可诱导各种改变，包括难以修复的氧化生物分子的损害。这些包括关键分子，如肿瘤抑制基因、线粒体 DNA、转录因子和 DNA 修复酶。这些分子的功能障碍可能参与衰老的发病机制和一些常见的慢性疾病。

化学和生物化学方面

氧化损伤的重要来源和介质

有内源和外源的“自然”氧自由基和其他 ROS。因此，在正常条件下，内源性 ROS 在活细胞中产生，作为正常代谢和与炎症反应有关的细胞/生理信号传导过程中的副产物。具体而言，已建立的超氧阴离子自由基和过氧化氢的内源来源包括线粒体电子传递链，内质网（微粒体电子传递链），过氧化物酶体，核和质膜以及吞噬细胞。香烟烟雾、阳光和饮食因素（如某些金属和氧化谷胱甘肽的物质）是人体内 ROS 产生的主要外源来源。每个产生 ROS 的细胞室（胞浆、线粒体、微粒体和过氧化物酶体）对总 ROS 负荷的贡献取决于细胞类型。

直到 20 世纪 90 年代初，人们普遍认为只有吞噬细胞可以通过由膜相关的呼吸性 NADPH 氧化酶催化产生 ROS。但是，已经在许多其他细胞中发现 NADPH 氧化酶样酶可以被生长因子激活并产生 $^{\cdot}O_2^-$。自由基的另一个重要来源是 L-精氨酸的新陈代谢，其可导致产生自由基一氧化氮 $NO^{\cdot}$。

紫外线 A 在人体皮肤中产生生物学相关的 ROS 是有据可查的。然而，紫外线 B（UVB，波长 290~320 nm）的一些生物效应已经与增强 ROS 的产生相关。尽管 UVB 产生的 ROS 的确切来源尚未明确揭示，但已经证明使用人类角质细胞，NADPH 氧化酶和环氧合酶介导 UVB 诱导 ROS 的产生。这一观察结果表明，ROS 的外部“天然”诱导物通过激活内源性 ROS（如 NADPH 氧化酶）在暴露的人类细胞中产生。

体内自由基反应有三种主要类型：（1）自由基加成反应；（2）电子转移反应；（3）原子提取反应。超氧阴离子的化学反应性小于羟自由基。超氧自由基的半衰期为 0.4 μs~1 ms。比较而言，羟基的半衰期为 0.3 ns。

过氧化氢是一种弱氧化剂，是氧气还原产物中最稳定的中间产物。然而 H_2O_2 可以氧化酶类和其他蛋白质如转录因子的巯基。在过渡金属离子存在的情况下，加强了非常低浓度的 H_2O_2 和 $^{\cdot}O_2^-$ 的作用，因为极其活跃的羟基自由基，$^{\cdot}OH$ 都是由 H_2O_2 通过称为 Fe-催化的哈伯-魏斯反应或芬顿反应的过渡金属离子催化反应产生。

当 H_2O_2 形成或转运到这些位点时，生成 $^{\cdot}OH$ 自由基的催化剂可以与蛋白质和膜脂结合，并能启动特殊的蛋白质氧化和脂质过氧化。

单线态氧是电子激发形式的氧，是由于

超氧自由基歧化而在组织中产生的强烈的亲电分子。在皮肤中，由于各种光化学反应，额外产生单线态氧。尽管如此，在正常情况下或在加速衰老过程中产生这种“被忽视”ROS 的生物学作用仍不清楚。除羟基外，单线态氧还可以直接攻击 DNA。而且，单线态氧可以通过氨基酸修饰破坏各种酶，并且可能导致膜和血浆中的氧化损伤，因为它与不饱和脂肪酸中的双键具有高反应性。

抗氧化损伤的主要分子防御机制

酶促抗氧化剂 某些酶和许多水溶性和脂溶性小分子可以截留和破坏自由基和其他 ROS。细胞酶保护的重要组分包括过氧化氢酶、超氧化物歧化酶（锰，铜/锌、细胞外）、谷胱甘肽过氧化物酶、谷胱甘肽还原酶、谷胱甘肽 S-转移酶、葡萄糖-6-磷酸脱氢酶和硫氧还蛋白还原酶。

非酶促抗氧化蛋白和低分子量抗氧化剂 存在传统上不被认为是抗氧化剂但具有重要的抗氧化功能的蛋白质。其中包括金属硫蛋白，低分子量富含巯基的锰/铜蛋白，它们是超氧化物和羟基自由基的天然清除剂。重要的非酶促大分子抗氧化防御机制包括分别去除铁离子和铜离子的金属结合蛋白，如铁蛋白和铜蓝蛋白。这些离子可以催化 $^{\cdot}OH$ 和其他 ROS 如烷氧基的生成。

抗氧化蛋白质由许多保护组织免受氧化损伤的低分子量分子补充。这些包括：（1）内源抗氧化剂，如还原型谷胱甘肽、半胱氨酸和一些其他含巯基分子，处于还原状态的泛素 10，胆红素，尿酸和还原状态的硫辛酸；（2）必需的抗氧化剂，维生素 C（抗坏血酸），水相中主要和末端自由基清除剂；维生素 E，膜中主要的断链抗氧化剂；维生素 A（视黄醇），过氧自由基和巯基自由基清除剂；β-胡萝卜素，维生素 A 和单线态氧淬灭剂的前体；番茄红素，非维生素前体类胡萝卜素具有极高的单线态氧猝灭活性。

在自由基的水溶性清除剂中，还原型谷胱甘肽（GSH）是体内维持氧化还原稳态的最丰富的生物抗氧化剂之一。降低的 GSH 可以清除各种自由基。维生素 C 也可以清除各种氧自由基，包括巯基自由基。

氧化损伤的修复 DNA 中最普遍且研究最多的氧化损伤产物之一是 7，8-二氢-8-氧代 2′-脱氧鸟苷（8-氧代 G）［或其碱基形式，8-氧代鸟苷（8-氧代 G）］。这种 DNA 损伤是通过两条途径修复的。主要途径，碱基切除修复（base excision repair，BER）包括去除氧化鸟嘌呤，而一些哺乳动物细胞利用另一途径核苷酸切除修复（nucleotide excision repair，NER）途径。对 DNA 的氧化损伤，特别是 8-氧代 G，可能是衰老的分子决定因素之一，也可能参与许多与衰老相关的慢性疾病的发病机制。

碱基切除修复通过以下方式进行：（1）识别并消除这种损伤的特定 DNA 糖基化酶，导致无碱基位点；（2）切割磷酸二酯主链的嘌呤嘧啶核酸内切酶；（3）填充核苷酸缺口的 DNA 聚合酶；（4）封闭它的 DNA 连接酶。

氧化 DNA 碱基修复主要通过该碱基切

除修复途径发生，这对于正确了解人和啮齿动物尿液中8-氧代脱氧鸟苷的测量结果是重要的。该核苷主要通过NER途径切除，而糖基化酶除去碱基而不是核苷。

体内测量自由基和氧化应激标志物

使用电子自旋共振（ESR）光谱测量自由基浓度的增加可以反映氧化应激的程度。现在已经开发了一种体内ESR光谱技术来测量甚至在整个动物中的自由基反应，所述自由基反应使用对氧化还原状态和ROS都敏感的氮氧自由基。已经通过ESR技术测量了氮氧自由基向皮肤渗透的速率及其在皮肤中的分布。因此，可以测量在正常代谢期间产生的或在通过日光照射皮肤之后诱导产生的自由基的产生和分布。

然而，使用ESR检测与细胞和组织中的氧化损伤相关的自由基中间体有显著的局限性。在正常情况下，一些自由基的寿命很短。这些非常活泼的自由基物质不太可能积累，因为它们的测量稳态浓度取决于它们与周围分子反应的速率。因此，标准ESR技术较难观察到更多的反应性自由基。为了测量非常活泼的自由基浓度，在体内使用自旋捕获剂如α-苯基-N-叔丁基硝酮（PBN）和5，5-二甲基-1-吡咯啉-N-氧化物（DMPO）。但由于自旋陷阱和它们各自的自由基加合物的未知代谢机制，所以关于体内被捕获自由基浓度的数据的解释是复杂的。DMPO在细胞中的自由基加合物的降解可以非常快速。

存在用于测量体内˙OH的˙OH自由基（DNA加合物，芳香族探针，氨基酸羟基化和水杨酸羟基化产物）攻击的特定标记。在表明氧化应激强度（衰老相关或与暴露于辐射或与其他压力环境事实相关的）的这些和其他生物标志物中，8-氧化物G（或8-氧代G）的测量已变得越来越流行。然而直到最近，测量技术都存在问题。特别是对这种DNA损伤的诱导和修复水平的早期研究使用了苯酚或其他有机溶剂分离的DNA，这导致了高的背景损伤程度，而使用碘化钠至少降低10倍的背景伤害等级。8-氧化物G的免疫组织化学检测允许原位检测这种损伤，因此避免了DNA分离过程中的DNA损伤和准备分析。然而，值得注意的是，公布的8-氧化物G数据与早期研究得出的主要结论一致，即具有实足年龄的细胞和组织的DNA中存在8-氧化物G的积累。

通过ROS氧化蛋白质的最重要途径之一是将侧链氨基转化为称为蛋白质羰基的羰基衍生物。人体体液中蛋白质羰基化水平的测量已用于估计体内氧化应激的水平。已经开发了各种测试来测量人体组织和体液中的脂质过氧化。较早的测量方法硫代巴比妥酸测定可通过更准确和灵敏的方法得到改进，该方法基于非酶促产生ROS对磷脂的一系列前列腺素类化合物。

哺乳动物细胞对氧化损伤的分子生理学和病理学反应

活性氧化剂和抗氧化剂的调节作用

氧化应激的细胞反应和转录因子对 ROS 的敏感性决定了反应 事实证明，基因表达的控制对于正确的应激反应是必需的，并且转录因子在调节这些过程中起关键作用。某些转录因子的氧化还原状态的修饰可促成或抑制这些因子与哺乳动物细胞中其同源 DNA 元件之间特异性复合物的形成。这种机制类似于通过改变细菌转录调节蛋白 OxyR 的 DNA 结合特异性而调节细菌中氧化应激的基因表达的机制。例如，OxyR 转录因子中调节性二硫键的形成在体外激活它，而该蛋白质的体内氧化的研究表明其在 30 秒内响应过氧化氢而被氧化。氧化是短暂的并且与 OxyR 调节基因的转录激活相关。在哺乳动物细胞中，有几种通过 ROS 调节转录因子的途径。

Nrf2-Keap1 蛋白复合物在诱导基因编码抗氧化蛋白的过程中对氧化应激反应的作用 分子防御系统通过分别表达抗氧化蛋白质和第 2 相解毒酶来提供针对氧化应激和针对亲电子试剂的细胞保护。该系统调节细胞对 ROS 或亲电子试剂的抗性的关键因素是称为抗氧化剂反应元件（anti-oxidant responsive element，ARE）或亲电子反应元件（electrophile responsive element，EpRE）的顺式作用元件，其位于多个基因的调节区内在暴露于低水平的 ROS 或亲电试剂时被诱导。过去的研究中，在 ARE/EpRE 结合转录因子中，Nrf2 起着主要作用。这种蛋白质在 20 世纪 90 年代中期由两个独立的研究团队首次分离，作为与 p4 NF-E2 密切相关的蛋白质。因此，它的全名是 NF-E2 相关因子 2。

氧化应激或亲电试剂反应的另一个重要元素是 Keap1（Kelch 样 ECH 关联蛋白 1）。Keap1 通过结合确定 Nrf2 的细胞内定位，并因此在细胞质中隔离 Nrf2（回想 Nrf2 是仅在达到其关联 DNA 序列时才能发挥功能的转录因子）。然而，ROS 或亲电子试剂可以诱导 Nrf2 从其抑制的“搭档”Keap1 释放，并允许 Nrf2 在细胞核中积累，然后与同源 DNA 元件相互作用以增强许多细胞保护基因的表达，在这些基因中这些元素被放置。

细胞复制与分化 氧化剂可以以剂量依赖性方式调节细胞复制。通常，低水平的外源性氧化剂刺激细胞复制，而高水平的氧化剂抑制它。内源产生的 ROS（如超氧自由基和过氧化氢）可以作为增强增殖反应的信号在各种细胞中起作用。参与生长信号转导途径的转录因子和激酶可以通过调节基因的表达和控制细胞周期的蛋白质的活性来介导这些效应。

例如，在人肝癌细胞中，ROS 诱导的增殖与细胞外信号调节激酶（但不是 JNK 或 p38）活性相关性良好。使用丝裂原活化蛋白激酶（MAPK）抑制剂的研究显示 MAPK 信号通路可导致活化细胞增殖，这可由 ROS 引发。

艾伦（Allen）和巴林（Balin）证实，在多头绒泡菌分化过程中锰超氧化物歧化酶（MnSOD）活性增加多达 46 倍，随着各种其他生物系统中分化的进行，这种酶被发现增加。此外，用 MnSOD 转染啮齿动物细胞促进其分化。含有超氧化物歧化酶（SOD）的脂质体可诱导一些肿瘤细胞如弗兰德红白血病细胞的分化。因此，控制氧化还原状态的因子如 SOD 的水平可以参与分化的机制。矛盾的是，不仅抗氧化酶，而且氧化剂 H_2O_2 都能在一些系统中诱导细胞分化。如果人们记得 SOD 参与细胞内 H_2O_2 生成的机制，这种矛盾可以部分解决。另一方面，H_2O_2 诱导的氧化应激可导致适应性反应，导致 SOD 活性增加。

病理生理学和老年学方面

氧化损伤，生理老化和与衰老相关的疾病的主要目标：通过最佳使用抗氧化剂预防这些疾病的基本原理

核 DNA 的氧化损伤和复制性细胞老化以及致癌作用的启动 即使在正常条件下，细胞的 DNA 每分钟也会被许多 ROS 攻击。DNA 修复系统可以消除大多数自发的氧化性 DNA 损伤。但是，正如许多放射生物学研究所显示的，这些修复系统并非 100% 有效。因此，氧化损伤 DNA，特别是难以修复可能由羟基自由基产生的复杂 DNA 损伤，可能会在老化过程中积累。

在 20 世纪 80 年代中期，许多研究发现暴露于电离辐射的细胞中 DNA 的主要氧化性损伤是 8-氧代 G，表明人和啮齿动物组织的正常老化与这种氧化性 DNA 损伤的积累有关。

8-氧化 G 是一种强烈的诱变和（预）致癌性氧化损伤，DNA 损伤可能在与老化相关肿瘤发生及一些慢性疾病（包括动脉粥样硬化和某些神经退行性疾病）的发病中起重要作用。通过更温和的碘化钠技术分离 DNA 的研究表明，增龄的小鼠和大鼠的组织中 DNA 的 8-氧化物 G 的水平显著增加。例如，从肝脏分离的核 DNA 中的 8-氧代 G 增加 84%，而来自雄性 F-344 大鼠心脏的核 DNA 中的 8-氧代 G 增加 37%。

脂质、蛋白质和脂蛋白的氧化损伤以及促进癌变和退行性疾病 致癌作用的典型模型已经在操作上分为启动（转化克隆的突变和形成）、促进（克隆的扩增）和进展（肿瘤细胞向恶性肿瘤的恶性进展）。一方面，已经证实 H_2O_2 和一些有机过氧化物刺激皮肤细胞发育成乳头状瘤。这些氧化剂还可以刺激乳头状瘤进展成癌。产生 ROS 的药剂也是肿瘤促进剂和可以模拟除皮肤以外的其他多种细胞和组织中的肿瘤促进剂的生物化学作用。另一方面，各种抗氧化剂抑制肿瘤的生长。

使用生物物理学、生物化学和组织化学方法获得的数据表明，脂褐素是与金属离子复合的脂质蛋白加合物，包括铜和铁。这些金属可能通过脂质过氧化作用参与年龄依赖性脂褐素积累的致病机制。氧和不饱和脂肪酸的直接或金属催化反应也使得与年龄相关的脂褐素积聚。这种积聚可能在有丝分裂后期细胞的功能衰退中起作用。

脂质过氧化作用激活和脂蛋白氧化损伤形成的一个更严重的终点是血管中发生的动

脉粥样硬化病变。在动脉粥样硬化组织中已发现抗氧化酶活性显著降低，特别是超氧化物歧化酶和谷胱甘肽过氧化物酶活性，而ROS可诱导对低密度脂蛋白（LDL）及其他脂蛋白的脂质和蛋白质组分的氧化损伤。

因此，氧化修饰以已知促进动脉粥样硬化的方式改变LDL和高密度脂蛋白的性质。此外，在人类动脉粥样硬化病变中发现具有与氧化LDL相似的物理化学性质的脂蛋白微粒。在从动脉粥样硬化病变中分离出的蛋白质中发现了氧化氨基酸。这些氨基酸的模式涉及髓过氧化物酶（一种主要的吞噬细胞酶）产生的反应中间体。这表明髓过氧化物酶在体内促进LDL氧化，并且该氧化参与动脉粥样硬化病变的形成。

通过葡萄糖与蛋白质组分的非酶促结合，即通过蛋白质的糖化作用，LDL的致动脉粥样硬化的可能性增加。在糖尿病个体中，被夸大的氧化和糖化的联合作用可以促进动脉粥样硬化的发展。

然而，对动脉粥样硬化高风险人群的队列研究并未显示维生素E或其他抗氧化剂的显著益处。正如人们以前所认为的，目前还没有临床证据表明，抗氧化剂补充剂在预防高危人群心血管疾病方面具有价值。然而通过观察发现，即使最大众的抗氧化剂在某些条件下也可能变成促氧化剂，这一现象使情况更加复杂。这可能就是为什么吸烟者使用β胡萝卜素预防癌症导致研究对象癌症病发率上升的原因。

在阿尔茨海默病（AD）、帕金森病和亨廷顿病的临床前模型中，有一些证据表明蛋白质氧化在这些神经退行性疾病起始阶段的主要作用。老化是这些疾病发展的危险因素。从患有这些疾病的人的大脑分离的氧化蛋白质的增加可以反映，引起神经退化的生化事件级联的启动机制。

实际上，蛋白质中几乎所有的氨基酸都是ROS氧化的潜在靶标。甲硫氨酸和半胱氨酸残基对氧化损伤特别敏感，而半胱氨酸的羰基衍生物以及赖氨酸、精氨酸、脯氨酸、组氨酸和苏氨酸残基的形成是被最广泛研究的蛋白质氧化修饰。多项研究证实了E. R. 斯塔特曼（E. R. Stadtman）对人类细胞和组织中蛋白质羰基化的老化相关增加的初步观察。此外，在两种主要的人类早衰综合征和一些与衰老有关的常见疾病中，包括AD，已观察到羰基蛋白水平升高。

因此，氧化损伤的DNA、脂质和蛋白质在人类和动物组织中以实足年龄积累。除了蛋白质羰基含量的年龄相关性增加外，氧化蛋氨酸和交联糖化蛋白质的量也增加。这些观察结果有助于解释大卫·格尔森（David Gershon）早期发现的在哺乳动物组织中随老化相关积累的部分活性较低或无活性的酶，这些酶增加了对热失活的敏感性。

然而，导致与衰老有关的氧化损伤蛋白质水平增加的机制仍不明确。据推测，其中一种机制是增加ROS的产生，这与蛋白酶体降解氧化蛋白的机制有关。目前还不清楚泛素化是不是降解这种“老化”的体内蛋白质所必需的。

细胞凋亡/程序化细胞死亡机制的氧化损伤依赖途径 程序性细胞死亡在体内各种

组织和细胞的衰老过程中起着重要作用。例如，老年脑中已经记录了年龄依赖性凋亡细胞死亡。然而，体外衰老的人成纤维细胞对细胞凋亡具有抗性。但与老年成纤维细胞不同，人体内皮细胞在体外衰老过程中经历与年龄相关的细胞死亡，这也与细胞内 ROS 浓度的显著增加有关。因此，衰老相关的 ROS 产生（并因此对生物分子的氧化性损伤）和衰老相关的凋亡性细胞死亡之间存在联系，虽然这种联系似乎是细胞类型特异性现象。

氧化损伤的结缔组织和皮肤老化细胞内成分　ROS 如过氧化氢调节诱导细胞外基质降解金属蛋白酶（MMP）表达的信号分子的活性。人皮肤中的这种信号传导可被抗氧化剂阻断，证实氧化还原反应参与 MMP 表达的调节。另一方面，导致人类皮肤光老化的紫外光增加了 MMP，特别是 MMP-1 的活性。因此，MMP 对胶原蛋白的系统降解与皮肤过早老化以及与加速老化有关的其他疾病有关。

线粒体 DNA 的氧化损伤与动物和人类寿命的限制　只有线粒体 DNA（mtDNA）容易受到线粒体中羟基自由基的直接攻击，因为羟基自由基的半衰期非常短（0.3 ns），在反应前扩散不到 10 个分子直径。因此，这种自由基会导致靠近其起源的 DNA 的损伤。

超氧阴离子或 H_2O_2 可与不饱和脂质反应，其富含线粒体内膜。已有研究表明这些膜的脂质过氧化与 mtDNA 的损伤相关。线粒体 DNA 对氧化损伤的脆弱性由于缺乏可部分保护染色质中核 DNA 的组蛋白而被放大。线粒体中缺失的核苷酸切除 DNA 修复通路可能有助于修复氧化损伤。

在日本患者的尸检心肌中分离的 mtDNA 中测量的 8-氧代 G 的含量随着年龄呈指数增长并且与含有 7.4 千碱基对（kbp）缺失的 mtDNA 的积累平行。这些 mtDNA 改变的年龄依赖性增加与日本死亡率的年龄依赖性增加相关。

在美国患者的骨骼肌中发现与正常 mtDNA 相比具有常见的 5-kb 缺失的 mtDNA 比例的随年龄增加。这种 mtDNA 缺失呈指数增长，并与美国人类年龄相关性死亡率增加平行。在所有情况下，两个国家的改变的 mtDNA 与正常 mtDNA 的比率和 30~40 岁之后死亡率每 7~8.8 年增加一倍。

一般认为限制体外复制细胞增殖寿命的主要机制涉及端粒缩短。有趣的是端粒 DNA（tDNA）特别容易受到各种氧化损伤。mtDNA 和 tDNA 不稳定性和修复的特殊特征表明它们可能分别通过人有丝分裂和复制细胞，从而限制了人类寿命。

氧化应激和早衰或加速老化

电离辐射的晚期生物学效应　暴露于电离辐射导致与剂量相关的 DNA、蛋白质和脂质的氧化损伤。这种损伤主要是由于 ROS 产生速率增加以及它们直接攻击生物分子。

电离辐射的晚期生物效应包括在不同水平上的加速老化。例如，在接触电离辐射几个月后，在啮齿动物组织中观察到脑细胞中 DNA 损伤和胶原分子中交联的年龄依赖性累积速率的增加。

皮肤光老化和糖尿病胶原蛋白加速老

化　人体皮肤老化的速度与年龄老化和光化性损伤（称为光老化）的共同作用有关。包括 SOD 和过氧化氢酶在内的几种抗氧化酶的破坏发生在紫外线照射过的体外角质形成细胞以及体内暴露于紫外线的皮肤的表皮和真皮中。因此，皮肤蛋白容易受到紫外线的伤害，而这种脆弱性因酶抗氧化防御能力的下降而放大。

皮肤暴露于紫外线下会导致脂质过氧化并与单线态氧的产生有关。另外，紫外线诱导的人体皮肤氧化损伤可以通过致敏分子介导，包括色氨酸、维生素 B_2 和吡哆醇。有证据表明，通过使用 ESR 技术测量自由基信号强度，紫外线辐射在人体皮肤中产生 ROS 和碳中心自由基。光化学产生的 ROS 诱导各种改变，包括胶原中的交联，这有助于了解哺乳动物皮肤光老化的分子机制。

此外，有证据表明某些皮肤金属蛋白酶参与光老化，并且由 ROS 引起，导致Ⅰ、Ⅱ和Ⅲ型胶原降解。例如，通过紫外线在人体皮肤中诱导一种主要酶（MMP-1）需要产生过氧化氢。因此，ROS 可通过诱导皮肤中的 MMP，特别是 MMP-1 间接地通过实足年龄或光老化来降低人类皮肤中的胶原蛋白含量。

在动物和人的老年表皮中脂质过氧化产物的含量增加，因此，在衰老加速的小鼠模型中，皮肤中脂质过氧化物水平的增加先于突变小鼠皮肤的加速衰老临床表现。

除了皮肤蛋白质的非酶糖基化之外，皮肤衰老和衰老相关的皮肤疾病可能与氧化修饰的共同作用有关。与年龄匹配的对照相比，糖尿病患者中胶原蛋白的糖化明显升高。这种现象可以称为胶原蛋白的加速老化，因为胶原蛋白糖基化与正常老化几乎一致。与年龄匹配的对照相比，从长期糖尿病患者组织中分离出的胶原更稳定。正常情况和糖尿病加速老化期间胶原分子稳定化的机制包括通过葡萄糖使分子交联。

结论

在由 ROS 诱导的各种生物分子的许多修饰中，一些可被鉴定为与衰老过程相关的氧化损伤。其中一种氧化损伤产物是 8-羟基鸟嘌呤。在心脏和大脑线粒体 DNA 以及复制细胞核 DNA 中逐步积累随年龄增加而增加；与增龄相关的慢性心脑血管疾病和癌症风险增加相关。这些观察结果为哈曼的衰老自由基理论提供了强有力的证据。但是，出现的情况比仅仅由于产物损伤更加复杂。

首先，不同的 ROS 在许多过程中发挥特定作用，包括细胞内信号转导，细胞增殖、分化和凋亡，细胞死亡机制，这对于正常发育和成人健康的维持都是必需的。不同的 ROS 被赋予不同的生物物理和生物化学特性，例如半衰期，对某些受体的亲和力以及化学反应性大分子中的某些基团包括 DNA 中的碱基。这些特征影响不同 ROS 的生理作用。

其次，至少一些 ROS 的生理作用可以由转录因子介导，转录因子既是 ROS 水平的传感器，又是氧化还原状态的传感器，以及决定细胞对氧化应激反应基因的调节因子。这些基因是调节细胞复制和分化的基因之一。ROS 为细胞复制和分化的调节，疾病的发生、发展的病理机制提供依据。

另请参阅：细胞衰老：生长因子与细胞衰老；脱氧核糖核酸与基因表达。

拓展阅读

Allen RG and Balin AK (1989) Oxidative influence on development and differentiation: an overview of a free radical theory of development. *Free Radical Biology and Medicine* 6: 631-661.

Ames BN (2000) The metabolic tune-up: metabolic harmony and disease prevention. *Journal of Nutrition* 133: 1544S-1548S.

Ames BN, Sigenaga MK, and Hagen TM (1993) Oxidants, antioxidants, and the degenerative diseases of aging. *Proceedings of the National Academy of Science USA* 90: 7915-7922.

Balazy M and Nigam S (2003) Aging, lipid modifications, and phospholipases - new concepts. *Aging Research* 2: 191-209.

Balin AK, Goodman DB, Rasmussen H, and Cristofalo V (1978) Oxygen-sensitive stages of the cell cycle of human diploid cells. *Journal of Cell Biology* 78: 390-400.

Chevion M, Berenshtein E, and Stadtman ER (2000) Human studies related to protein oxidation: protein carbonyl content as a marker of damage. *Free Radical Research* 33: S99-S108.

Gedic CM, Grant G, Morrice PC, Wood SG, and Collins AR (2005) Effect of age and dietary restriction on oxidative DNA damage, antioxidant protection and DNA repair in rats. *European Journal of Nutrition* 44: 263-272.

Halliwell B and Aruoma OI (eds.) (1993) DNA and Free Radicals. Chichester, UK: Ellis Horwood Limited.

Harman D (2003) The free radical theory of aging. *Antioxidant Redox Signaling* 5: 557-561.

Packer L (ed.) (1994) *Oxygen Radicals in Biological Systems. Part C and Part D, Methods in Enzymology*, vols. 233 and 234. San Diego, CA: Academic Press.

Sohal RS and Dubey A (1994) Mitochondrial oxidative damage, hydrogen peroxide release, and aging. *Free Radical Biology and Medicine* 16: 621-626.

Stadtman ER (1992) Protein oxidation and aging. *Science* 257: 1220-1224.

Weindruch R, Warner HR, and Starke-Reed PE (1994) Future directions of free radical research in aging. In: Yu BP (ed.) *Free Radicals in Aging*, pp. 265-269. Boca Raton, FL: CRC Press.

译　者：张　芹（首都医科大学附属北京潞河医院）

药理学

W. E. 范恩 贝勒医学院，休斯敦，得克萨斯州，美国

词汇表

酶（Enzyme）——一种催化其他生化物质之间的反应而不被消耗的生化物质。

酯键（Ester Linkage）——在有机酸和醇的反应中形成的化学键，将它们结合成有机盐，称为酯。

葡糖醛酸（Glucuronic Acid）——葡萄糖的一种天然有机酸衍生物，用于人体解毒和排泄药物。

水解（Hydrolysis）——酶解酯化药物，水解作用破坏了酯键，使化合物分解到酸和醇。

引言

药理学是研究药物与机体间相互作用规律及其药物作用机制的一门科学。它为合理用药提供了理论基础，是医师培训和知识库的重要组成部分。毒理学是一门同源学科，研究多种化学物质，包括治疗性化合物的毒性作用，有时也包括在药理学中。

药理学的目标是了解药物发挥其治疗作用以及产生不良后果的机制，并为研发更安全和更有效的药物提供理论依据。药物化学先驱之一保罗·埃尔利希（Paul Ehrlich）博士曾将理想的药物称为“灵丹妙药”（the silver bullet）：指仅对所治疗的目标疾病，器官或系统迅速起作用，并且完全可以治愈疾病。时至今日，对未来的继任者而言，埃尔利希的格言仍然是药理学家们不成文的标准。令人遗憾的是，尽管在治疗性化学药品的研发方面取得了惊人的进步，但没有一种药物能达到这种理想。通常药物治疗是为了对目标疾病产生一种效果，但所有药物都会产生超出处方范围的额外效果。这些影响是不必要的，有时是无法预料的，并且可能致残甚至致命。对大多数接受药物治疗的患者来说，尽管存在许多不良的非治疗性效果，药物仍能继续发挥作用，甚至治愈疾病；但对许多人来说，尤其是老年患者和为他们开处方的医生来说，这些药物仍然存在问题。

为了使药物有效，它必须以适当的剂量出现在其预期的作用部位。身体能够吸收、运输、代谢和排泄药物的程度和速度可能决定药物的疗效和副作用，以及最终治疗的成败。当然，身体执行这些功能的能力取决于为其提供服务的器官系统的功能状态，这些

器官系统可能会因年龄或疾病而改变。年龄和疾病都会对人体的药物处理能力产生不利影响，但是这两个变量的相对强度很难确定。为了克服这一难题，越来越多的研究在健康的老年志愿者小组中进行，以此为制定老年患者的一般药理学提供重要的数据。此外，虽然药物的上市前评估，传统上是在特定的年轻人群中小范围进行的，但是目前对老年人群的研究与日俱增。虽然老年人绝不是同质群体，但此类研究也可以为药企、监管机构以及医生提供反映老年患者独特需求的数据。通过测试有效剂量、吸收、代谢、分布、排泄、起效和副作用等参数，可以预测药物的作用，这些作用受许多老年人的生理变化和特殊情况的影响。通过观察和经验，医护人员早就知道，与年龄相关的器官生理变化和多系统代谢失调，使得老年人可能对药物表现出更高的敏感性，并面临不良反应的风险。大量研究基础上产生的理论药理学和实验药理学在很大程度上证实了这些经验观念，并形成数据库，以更好地告知和指导护理老年患者的医疗保健专业人员。

老年人亚组人群规模的不断增长和特殊的药理要求，为服务该特殊人群的药理学注入了新的要求。不仅是因为该群体绝对人数的增加，且相对于其他亚人群，老年人前往医院找医生开具处方药的比率更高。他们更有可能在较长的时间内同时服用几种药物（复方用药）。所有这些因素共同导致了老年人中最令人困扰的药理问题之一，即不合规。据报道，超过一半的老年门诊患者未按规定服用药物，而未充分利用药物是主要的偏差。不合规的原因包括健忘、对语言的误解、无法购买药物、副作用麻烦、难以吞咽较大的胶囊和片剂，以及对于脆弱和关节炎的患者，他们无法打开某些药物容器。对许多老年患者而言，庞大的处方药数量也是一个问题。经常能够观察到一位年老的患者将他的药物装在纸袋中，到达约定的地点。许多老年人都会在多位医生的陪同下，从多家药房购买药物；他们经常同时服用多达 10~15 种药物。大部分老年门诊的药物是口服，每天两次至四次。这样的数字使患者（或护理人员）每天负责给药 20~30 粒或更多剂量。在这种情况下，我们无法合理地期望老年人完全依规行事。当然，并非对给药方案的改变都是有害的：在某些情况下，有一些改变是由于副作用和毒性而做出的，此时降低剂量是明智的选择。相反，当患者正确地感觉到缺乏治疗或治疗减少时，药物的剂量可能会增加到规定水平以上。患者对药物治疗的合规性对医生正确评估药物治疗效果的能力至关重要；治疗方案的任何变更均应由患者或护理人员报告。这种合作对于成功的治疗结果可能至关重要。不幸的是，不完全合规的实际影响以及对老年人健康的任何危害程度都没有得到应有的研究关注。

本文旨在概述药理学的一些基本原理，并评论这些原理如何在老年患者的特殊情况下应用。本文将着重介绍药物吸收、分布、代谢和排泄的重要决定因素，特别关注药物代谢动力学、药物作用与血药浓度的相关性、药效学、药物作用研究以及通过其发挥作用的身体机制。

药物代谢动力学

药代动力学与药物的药理作用及其在血液中的浓度有关。通过研究血药浓度，我们可以在体重剂量的基础上，更准确地估算体内的实际药物含量，而不是口服的药物剂量。血液中循环的药物离靶标更近一步，其浓度与靶标组织的浓度更紧密相关。该药物的半衰期还可以预测出多次给药下达到稳态水平所需的时间。必要时，可以通过专门的药理学程序和测试来获得有关药物的肝肾清除率和分布量的信息，这些信息对正在接受密集和长期治疗的严重受损的患者有用。

药物吸收

对所有患者而言，最常见的药物给药途径是口服，然后在胃肠道内被吸收，即通过胃或肠壁吸收。在特殊情况下，药物也可以通过肌内注射或皮下注射；通过静脉输液；通过鞘内、腹膜内、舌下、直肠栓剂、经皮、吸入（通过肺膜的气体和气雾剂）或滴入眼结膜囊；或通过局部在黏膜和皮肤涂抹吸收。本文讨论的重点是药物通过胃肠道进入人体的作用，例外情况另行说明。胃肠道的吸收主要是通过被动扩散，但某些药物可能会通过消化食物中吸收分子的呼吸道内壁细胞主动转运。几乎所有药物都是弱酸或弱碱，它们可能以离子和非离子形式存在于溶液中。根据它们的溶解度，可以进一步分为脂溶性和水溶性两类。脂溶性（也称为非极性或亲脂性）药物不溶于水，因此，除非特别制备，不能通过某些途径给药（例如静脉内），它们可能需要水性运输介质。它们很容易通过大多数生物膜，因此很容易通过胃肠道吸收。药物越不电离，它的脂溶性（非极性）就越多。水溶性药物（也称为极性或亲水性药物）溶于水时往往会分解成带负电和带正电的离子。这些特征可能会影响药物在体内的吸收和分布状况，最终影响到目标部位。

胃的酸性（低 pH 值）环境可能以多种方式影响药物的吸收。弱酸将主要以未离子化（脂溶性更高）的形式保留，并且更容易通过胃壁膜吸收。另一方面，弱碱通常会高度解离成其离子化形式（极性更大，脂溶性更差），因此不易通过胃壁吸收。一旦药物到达小肠的碱性（较高 pH 值）环境，可能会出现相反的情况：弱酸性药物通常显示出更高的离子化程度，并且变得难以吸收；而弱碱性药物通常则表现出较低的离子化程度和更高吸收性。当某些药物在胃中吸收时，胃壁的厚度，黏膜表层的厚度，较小的表面积以及强大的电生理耐受性使它成为吸收大多数药物的最佳器官。因此，重要的是药物要从胃中迅速进入小肠：胃排空时间越快，药物的吸收就越快。小肠的内表面面积更大，壁更薄，黏膜促进被动吸收。肠壁的上皮细胞也含有一些细胞，它们的作用机制是将某些药物主动运输出肠腔。无论如何，从肠道吸收药物的速度要比从胃吸收的速度快得多，即使药物在胃中大部分仍未电离。有些药物可能被胃里的强酸性液体灭活或破坏；制药公司可能会给其中特别敏感的药物一层保护膜，它可以抵抗胃里的分解，让它不溶解地通过胃，直达肠道。也有一些缓释的形式，可以用来延长一种特定药物的药效，或者允许患者一天服用一到两次药物。随着年龄的增长，胃液的 pH 值升高（酸性降低），胃的排空时间变长，胃肠道壁变薄，吸收和运输上皮细胞有所损失。所有这些都可能对药物的化学解离现象产生影响，并改变其吸收速率。尽管这些与年龄相关的变化具有理论意义，但没有令人信服的证据表明它们对胃肠道的药物吸收会产生有意义的影响，或对老年患者具有临床意义。

药物分布

药物通过注射或被胃肠道吸收后进入血液循环，并开始在身体组织的细胞内或细胞间的液体中分布。药物分布首先按一定的比例到达身体的各个器官：一个器官接收到的药物量主要取决于它接收到的血液量。大部分药物在最初几分钟内首先在大脑、肾脏、肝脏、心脏和其他血液供应充足的主要器官扩散，但在接下来的几分钟到几小时内，内脏、肌肉、脂肪和皮肤的输注量也达到了相同的水平。药物分布的早期阶段是心排血量和血流量的作用，患病或衰老的心脏输出量减少可能会减少或延长该时间。另一个重要因素是药物的溶解度。通过生物膜的脂溶性药物比非脂溶性的离子化药物更容易广泛分布。除了像锂这样的小元素离子外，大多数生物膜都不受电离药物的影响。在血管系统中，许多药物与血液循环中的蛋白质结合，只留下未结合的部分游离地扩散到组织、其他腔室，并最终到达作用的靶部位，即药物的受体。药物与这些蛋白质的结合限制了循环药物进一步分布的可用性和到达预定作用位点的速度。结合药物与未结合药物群体处于动态平衡状态，当未结合部分因其离开循环而进一步分布、代谢和排泄而减少时，结合药物便释放出来。药物结合得越牢固，就越难以分配到血管系统外部的细胞和其他体腔。如果是强烈结合的药物，则该药物的药理作用可能会受到限制，其新陈代谢和排泄速度会减慢。结合药物的血液蛋白质可能会因年龄而减少，从而导致循环药物的结合部分较小，而未结合状态则占较大部分。图 1 通过比较一个假设的药物游离比率即药物在年轻人和老年人中的结合情况，解释了这一现象。由于未结合部分是发挥作用的剂量的一部分，因此未结合药物量的微小变化可能会导致药物功效的较大变化，这也成为推测老年人的药物敏感性和不良反应增加的一种机制。

细胞内外液体 pH 值的微小差异进一步影响了药物的分布。细胞外液的 pH 值稍高使得脂溶性更强的药物更容易通过细胞膜，但在细胞内液的 pH 值较低时脂溶性较低，因而不容易扩散出细胞。通过这种方式，药物可以在组织中积聚：进入细胞的量要大于离开细胞的量。高脂溶性的药物在脂肪组织中积累。扩散到药物没有药理活性的组织中是人体的药物失活过程之一，但也可能以其他方式影响药物的作用。药物在组织或隔室中的积聚可能会成为储存库，在停止给药后，药物会从储存库中扩散回普通循环，在某些情况下会继续发挥药理作用。例如，许

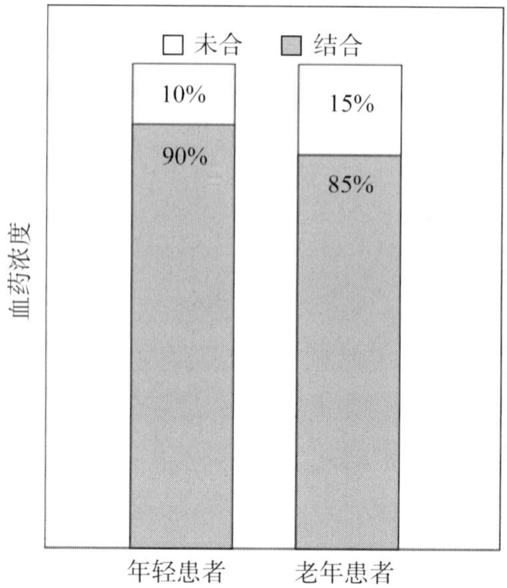

图 1　年轻患者和老年患者血药浓度的比较

注：一种假想的药物分子自由循环并结合血浆蛋白的百分比，左侧是年轻患者，右侧是老年患者。与年轻患者相比，老年患者血液与药物结合的蛋白浓度较低，从而使循环药物中未结合的百分比更高。注意，未结合部分增加 5%表示循环药物的功能部分增加了 50%。

多高脂溶性药物（例如吩噻嗪）储存在脂肪组织中，并且可以在长期服药后 6 个月，在患者血清中检测到。一种用于麻醉的高亲脂性巴比妥酸盐类药物从血清中迅速扩散到大脑，如果仅在短时间内给药，它会迅速但短暂地起作用，但在重复或延长输注后它的作用时间会变得更长，且导致脂肪组织储存部位饱和。随着储藏部位的填满，这种快速扩散/储存的模式不再占主导地位，代谢和排泄的缓慢过程成为终止药理活性的主要机制。代谢和排泄较慢导致巴比妥类药物的循环治疗水平越高，药理活性越长。这说明各种药理机制（在处方药中必须考虑并理解所有这些机制）如何影响该药的作用、副作用和特质。

只有亲脂性药物才能从血液扩散到中枢神经系统（central nervous system，CNS）。但是，离子化合物无法突破血脑屏障，这是在特定临床情况下选择药物时必须考虑的因素。许多老年人使用的非处方药或处方药具有阻断中枢神经系统和周围神经系统（peripheral nervous system，PNS）中神经递质乙酰胆碱作用的能力。这类药物通常被称为抗胆碱药，高剂量给药可能会导致谵妄、躁动和幻觉（中枢神经系统症状）；其他不良影响可能包括心动过速、便秘和尿潴留（PNS 症状）。对这些影响特别敏感的老年人可能会因意外过量服用此类药物而中毒，需要紧急救治。毒扁豆碱是抗胆碱药的解毒剂，它很容易穿过血脑屏障，可以逆转所有抗胆碱能作用。但主治医生有时会错误地选择不会进入中枢神经系统的新斯的明（neostigmine）——毒扁豆碱的强电离同源物，在这种情况下，只有 PNS 症状被逆转。因此，患者将继续神志不清，产生幻觉和焦虑，直到医生发现错误并使用毒扁豆碱。

药物可能以足够高的浓度积聚在其他细胞、组织和液体中，从而随着血药浓度的降低而促进蓄积效应。例如，一些与血液蛋白结合的药物在被其他药物从结合位点转移时，可能起到储蓄作用。

药物代谢

一旦药物被吸收和分配，身体就会开始清除它。身体清除药物的彻底和迅速程度是决定药物作用时间、疗效和毒性的重要因素。在不同的患者群体中，药物代谢的速率都有很大的个体差异。这种由于遗传导致的差异促成了一个迅速发展的分支学科——药物遗传学。药物代谢快速型的患者将维持低循环血药水平，并且可能需要比通常更大的剂量才能达到治疗效果。而代谢缓慢型的患者在服药后通常血液中药物浓度高于预期，在平均剂量下可能会中毒。这些消除过程会迅速产生，临床专家在为患者制定治疗方案时必须考虑其速率的变化。在大多数老年患者中，药物代谢过程是缓慢的，需要注意药物剂量，既要满足老年人的特殊需要，又要控制血液中的药物水平不会达到毒性程度。因此，为了减少不良反应的发生率，在为老年患者开处方时，建议可使用“起效慢”的药物。医生还必须仔细监测患者，观察是否达到预期的治疗效果。在开始低剂量后，必须注意适当提高剂量；除非给足治疗量，否则药物可能无法达到足够的血药浓度，使患者在没有获得治疗益处的情况下面临不良反应的风险。

一旦进入血液循环，药物就会受到多种身体酶的降解作用。代谢药物的酶大部分存在于肝脏，肾脏、肺和胃肠道也有些酶。因为大多数被吸收的药物是脂溶性的，它们必须首先转化成水溶性的形式才能被肾脏排出。亲脂性药物很容易从肾脏扩散到血液循环中，与宿主提供的极性分子结合，生成水溶性产物，然后在尿液中排出。其他类型的酶作用会致药物的形式改变，称为代谢物。这些形式可能在药理学上不起作用，但有些具有与母体分子相同的（有时甚至更多）效力。如果代谢物具有药理活性，它将进一步转化为非活性形式排出。

药物被胃肠道吸收后，在进入全身循环之前必须通过肝脏。通过肝门静脉系统，被输送到肝脏，某些药物会受到胃肠道壁和肝脏中酶的联合作用，这可能会阻止临床上大量的药物进入全身循环。这被称为首过效应。虽然水溶性药物不能被肝脏很好地吸收，但是高亲脂性药物被大量吸收和转化。首过效应可能非常有效，只有 5%～10% 的药物剂量会进入全身循环。“生物有效性”一词描述了药物到达全身循环的那一部分，然后将其输送到作用部位。一种由肝脏高度提取的药物的生物利用度可以通过适度降低首过效应而显著提高。因此，如果一种药物在这个过程中通常被去除 95%，那么只有

5%的剂量可以被生物利用。如果萃取值降低到92%，生物利用度将增加50%以上。这通常具有向患者施用50%大剂量药物的效果。如果不加以解释，这种增加可能会导致严重的副作用，通常与更高剂量给药有关。据报道，导致这一重要肝功能下降的生理变化会发生在其他健康的人身上，但在那些身体虚弱、器官因疾病丧失代偿的老年人身上更为普遍。为老年患者开的许多药物，特别是心血管药物，都会受到这些变化的影响。普萘洛尔（propranolol）是一种β肾上腺素能阻断剂，用于治疗心律失常和高血压。第一次口服普萘洛尔在第一次通过肝脏时，其提取活性几乎完全消除。直到随后的剂量部分或完全饱和降解酶，足够的未经改变的药物才能进入全身循环，并使普萘洛尔升高到临床有效的血液水平。即便如此，普萘洛尔的平均生物利用度仅为给药剂量的25%。

药物从血液中提取后进入肝细胞，在肝细胞中药物代谢主要分两个阶段进行。转氨酶（和其他身体酶），其中许多位于肝细胞内的微粒体细胞器中，通过各种酶催化反应开始药物转化，这些反应将决定药物的命运。细胞色素P450是一类主要存在于肝脏的酶（包括很多亚型），在肠壁和其他组织中的浓度很低。它们的重要作用（在第一阶段）是通过氧化代谢过程帮助人体排除毒素和药物；其他酶在所谓的Ⅱ相反应中与药物结合。这两个过程都有助于将脂溶性药物转化为水溶性药物，从而使它们能够通过肾脏排出。并非所有这些酶都作用于所有药物，但每种酶都作用于许多药物。当一种酶同时作用于两种或两种以上同时服用的药物时，可能会发生意想不到的药物相互作用，其中包括一种药物会减缓另一种药物的排泄，导致其累积，直至达到临床上的过量水平，或者第一种药物会加速另一种药物的排泄，降低其治疗作用。

在第二阶段反应中，药物分子或其代谢物与另一种化合物结合，通常是体内天然存在的物质，如碳水化合物、氨基酸、硫酸盐或乙酸。这些结合物，也称为合成反应，通常利用碳水化合物葡糖醛酸，但其他物质，如乙酰和甲基分子、甘氨酸和硫酸盐也会广泛使用。合成反应完成后，脂溶性药物变成水溶性药物，可以通过肾脏排出。部分药物通过多种其他生化作用转化为非活性（或某些药物活性）代谢物，无论是活性的还是非活性的，这些脂溶性的代谢物终将被合成并排出。

除合成代谢外，转氨酶还使药物发生多种其他反应。氧化代谢是一种重要的药物灭活方法，由多种酶系统完成，包括血红素过氧化物酶、胺氧化酶、乙醇脱氢酶和黄嘌呤氧化酶。细胞色素P450是负责多种药物分解的最大一类氧化酶，它存在于细胞内的细胞器中。许多治疗药物诱导或抑制这些酶，越来越多的文献阐明了这种载体上重要的药物之间的相互作用。因为同时服用多种药物的频率比较高，老年患者不可避免地会发生药物之间的相互作用。

丙咪嗪（imipramine）是一种用于治疗抑郁和焦虑状态的三环类抗抑郁药，最初通过氧化去除其侧链氮中的两个甲基中的其中一个进行代谢，形成具有药理活性的代谢物去甲丙咪嗪。反过来，这种分子进一步被氧化成不活跃的 2-羟基代谢物，葡萄糖醛酸化，然后排出体外。其他三环化合物经历了类似的侧链脱甲基，但在合成前环结构的氧化位点不同。氯丙嗪（chlorpromazine）是一种用于治疗精神分裂症和躁郁症的抗精神病药物，可转化为多达 26 种不同的代谢物，其中一些代谢物可能比母体药物毒性更大。有些患者体内酶系统将氯丙嗪主要转化为其他毒性较小的形式，而存在酶特异性的患者体内会形成更多毒性代谢物，可能会经历更多的毒性副作用。潜在酶机制的这种变化可能解释了氯丙嗪治疗的患者在副作用方面的巨大差异。

另一种失活途径是通过向药物的偶氮和硝基化合物中添加氢，酶促化学还原药物分子复合物中的氮原子。其他代谢酶通过水解作用破坏某些药物。毒扁豆碱通过阻止神经递质乙酰胆碱的分解而增强中枢和外周胆碱能作用，其本身在酯键上被胆碱酯酶水解。打破酯键会分裂毒扁豆碱分子，终止其药理作用。这一过程通常是很快的，大多数剂量的毒扁豆碱在 2 小时内被灭活。

虽然药物代谢酶的活性是药物作用的决定因素，但有多种化学物质可以增强或延缓其作用于特定药物的能力。增强酶的效果通常被称为诱导作用，增加药物代谢酶的数量会增加其作用并减少循环药物的数量。抑制一种酶会降低其降解活性，从而导致血液中药物浓度升高。抑制或诱导酶的生化活性的化学物质包括其他药物、毒素（包括尼古丁）和乙醇。在给药前或给药期间服用此类药物可能会加速或减少该药物的代谢分解，从而提高或降低预期的血液水平。由于广泛的酶诱导剂和抑制剂药物包括许多常用的处方药，在为患者尤其是更脆弱的老年患者推荐一种以上的药物时，处方医生必须认识到这些相互作用。生理变化，如与年龄相关的肝脏质量缩小和肝血流量减少，也会影响药物代谢。减少肝血流量会减少供肝细胞吸收的循环药物的数量，而肝脏质量的丧失会减少该器官可供作用的酶的数量。

药物排泄

上述过程的终点是从体内清除所服用的药，最终主要通过肾脏排泄，而其他几个器官和途径的作用不太明显。未被吸收或已通过胆汁排泄到肠道的口服药物，随粪便排出体外。在肝脏中形成的药物代谢物可以通过胆道排泄到肠道，并被重新吸收，最终由肾脏排泄或随粪便排出。肺部的排泄几乎只限于气体和挥发性物质。通过眼泪、汗水和唾液的排泄相对来说是微不足道的。唾液中的药物水平可能与血浆水平密切相关（当其他体液不可用时，唾液有时用于测量药物浓度）；它们通常会被吞咽和重新吸收，只有少量被排出。

肾脏的排泄功能涉及肾单位的三个内在过程：药物通过肾小球的过滤、通过肾小管的分泌和肾小管细胞的被动再吸收。为了维持身体内环境的相对平衡，肾脏非常活跃地排泄和重新吸收各种分子物质，包括水和电解质、身体废物以及药物和毒物等外来化合物。通过过滤，含有药物或其代谢物的液体进入肾小管，代谢物可能在那里被重新吸收或进入尿液。为了使药物易于被肾脏排出，它必须是水溶性的，这也决定了脂溶性药物在排泄到尿液中之前必须是极性（水溶性）的。肾小球过滤液中的非极性（脂溶性）药物，特别是弱酸或弱碱，将几乎完全被动地通过肾单位近端和远端小管细胞重新吸收。过滤、再吸收和排泄的累积决定药物的肾清除率。药物与血液蛋白质结合的紧密程度也会影响其肾脏功能排泄，因为结合部分不易用于肾小球过滤，并降低其肾脏清除率。由于肾小管细胞对电离药物的渗透性不如非电离药物，水溶性药物的被动再吸收在一定程度上取决于肾小管液体的 pH 值。在碱性更强的液体（更高的 pH 值）中，弱酸性药物更易电离，排泄也更迅速。相反，当肾小管尿液的酸性更强（pH 值更低）时，弱酸会保持非电离状态，更容易被重新吸收。弱碱性药物的情况则相反，在酸性更强的液体中其排泄将增强，但在碱性更强的液体中受到抑制。

临床医生有时会利用这种肾脏生理学的作用，通过调节尿液 pH 值来加速药物的排泄，这种药物可能以中度过量或造成不必要的影响的形式存在。氯化铵等药物使尿液更显碱性；抗坏血酸使尿液更显酸性。这一原则有益于管理水杨酸盐（如阿司匹林）等药物的毒性水平。提高尿液 pH 值（使其碱性更强）将加速老年患者体内水杨酸盐的清除，而无需采取肾透析等侵入性措施。然而，为了使这种治疗有效，必须使 pH 值的变化持续到药物血药浓度降低为止。当然，如果服用过量或危及生命，则必须采取肾透析和其他适当的支持性治疗等更为合适的措施进行治疗。

药物动力学的一个重要测量指标是其血清半衰期（也称为半衰期和消除半衰期），通过单次给药后连续测量药物的血药浓度来确定，通常用符号 $T_{1/2}$ 表示。如图 2 所示，一种药物的半衰期是指将其血药浓度降低到其单剂量峰值血药浓度的一半所需的时间。从药物血药浓度上升和下降所需时间获得的数据也反映了药物的分布率、生物利用度和清除率。根据这些数据，药理学家可以推断出在急性给药后药物在血液中停留的时间、达到稳定状态所需的时间，以及最后一停留的时间。根据前面讨论的机制，必然得出“药物在血液中停留的时间长短是其清除率的函数”的结果。由于药物的半衰期是由多因素决定的，因此不能单独使用药物的半衰期作为其处置的唯一衡量标准，也不能指定任何一种身体功能的改变。

当一种药物的剂量被重复，并且每一个后续的剂量都以接近其消除半衰期的间隔给药时，该药物将在体内累积，其血液水平将上升，并建立一个稳定的血液水平。在每一剂量之间，药物的血药浓度会上升或下降，稳态水平通常在各个剂量的血药浓度上限值和下限值之间的中点进行计算。当进入血液的药物量等于被清除的药物量时，达到稳定水平。图 3 显示，达到稳定水平所需的时间

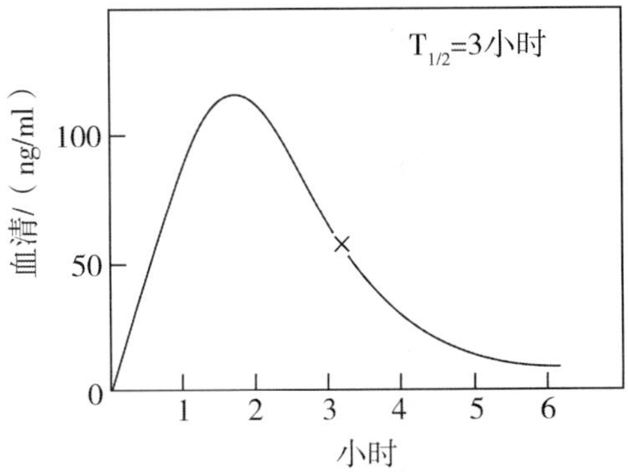

图 2　药物血清半衰期的推导

注：在此描述中，在时间 0 时口服了一剂假想药物。该药物的血药浓度最高可达 100 纳克/毫升血清。随着它的分布、代谢和排泄，其血液水平下降。药物的半衰期（$T_{1/2}$）被认为是其血清水平达到其峰值一半所需的时间。在这里，峰值的一半（由下坡中的 X 表示）在 3 小时内达到。

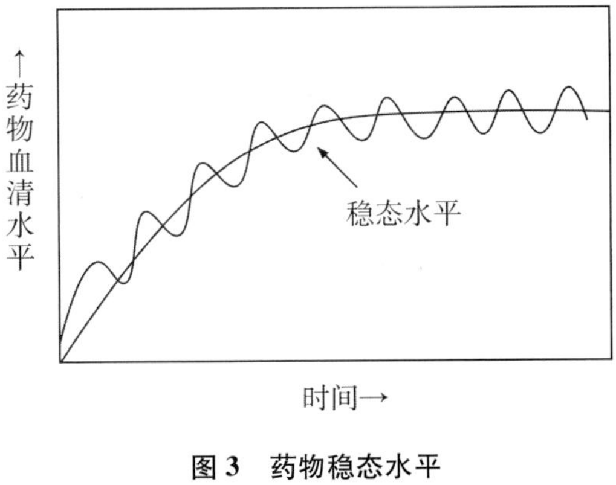

图 3　药物稳态水平

注：在该图中，从时间 0 开始重复口服假设药物。随后的剂量大约在药物的消除半衰期内给予，导致药物血药浓度升高。在每次口服剂量之间，药物的血药浓度会上升或下降。在药物半衰期的四到五倍之间，其血清水平达到稳定状态。这条毫不动摇的线代表在静脉注射期间药物的血清水平上升到稳定状态。

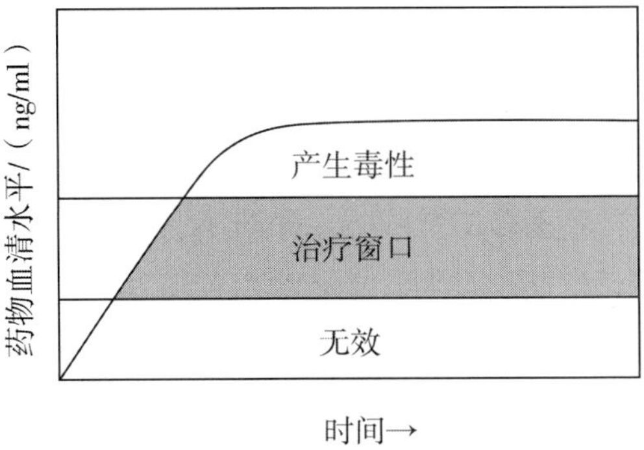

图 4　药物的治疗窗口期

注：当一种药物的血清水平上升到一定水平时，会产生治疗效果，当血药水平继续上升时，它仍然有效，直到达到临界值——超过这个值，它开始产生比治疗更具毒性的效果。药物的血清水平值在无效和有毒之间的范围称为药物的治疗窗口期。

约为药物消除一半时间的四倍。在通常的临床实践情况下报告药物血药浓度时，使用的是稳态值。许多药物都有一个治疗窗口，这意味着有一个稳定的血液水平，低于这个水平它将无效，超过这个水平它是有毒的，在一个中等范围内，它将发挥其治疗作用，毒性最小或没有。图 4 显示了假想药物的治疗窗口作为阴影区域。当为特定药物建立了治疗窗口时，医生能够利用该信息，并在调整剂量之前，从一个药物血药浓度值确定患者的血药浓度是否过高或过低。对于许多药物，实验结果已经确定了药物血液水平值的范围，以帮助医生判断治疗的充分性。在许多老年患者对药物不良反应的耐受性降低的情况下，可能很难区分症状恶化是由于原发性疾病还是药物不良反应所致。在这种情况下，血药浓度具有明确的临床价值。这些动力学同样适用于静脉注射的药物：血液中的药物水平将上升，并在大约四倍于其消除一半时达到一个稳定状态，积累会更平稳，且不会显示出口服剂量的波动特征。

当药物的治疗效果很难从观察中判断，因治疗需要必须迅速提高其剂量，或者其剂量范围非常窄（即当其治疗水平和毒性水平之间的数值范围很小）的时候，血液水平数据和药物动力学信息可能特别有价值。尽管并非万无一失（患者可以停止用药，并在抽取血样前不久重新开始用药），但血液水平是确定患者是否遵守处方药物的最可靠方法之一。锂盐（Lithium）是治疗情感性精神障碍的重要药物，其治疗范围很窄。在治疗持续到老年的躁郁症患者时，医生可在治疗早期监测血清锂水平，以确定维持血清水平在 0.5～1.4 mEq/L 所需的口服锂剂量。尽管这种监测对所有患者都是必要的，但对老年患者尤其重要，因为老年患者的肾锂清除率可能随着年龄的增长而降低。即使给老年人的起始剂量低于正常剂量，老年人也会迅速积累这种离子的毒性水平，因此必须定期进行血液水平测定。

药效学

药效学涉及药物效应以及药物发挥这些效应的生理生化机制。药效学数据来源于药物受体位点、细胞活性、细胞内机制以及药物本身的构效关系的研究。尽管细胞、分子和临床药理学为越来越多的药效学研究做出了贡献，但在这一领域，针对老年亚群的具体数据仍然非常缺乏。

药物的药理活性通常是通过与特殊蛋白质（称为受体位点）、其质膜（细胞外壁）或离子进出细胞的膜通道上的细胞相互作用开始的。它们也可能作用于细胞内的受体，或构成细胞内机制的其他蛋白质或化学部分。细胞壁受体通常受到多种内源性物质（称为激动剂和阻断剂）的刺激或阻断，这些内源性物质转换受体，向细胞发送信号，并刺激或抑制细胞的活动。药物被设计成模仿、强化或以某种方式干扰身体自身的生理活性物质（离子、递质、酶、激素）。刺激细胞的受体位点通常会导致细胞内事件的级联，这些事件包含多种机制，并最终导致细胞活动。

某些类型的受体位点与年龄有关，生理细胞和器官活动减少。这些变化可能导致对药物作用的敏感性改变。虽然有证据表明，随着年龄的增长，人体对许多药物的敏感性会降低，但有些药物，如抗凝血剂华法林，可能会对老年患者产生更大的影响。一般来说，老年患者比年轻患者更容易受到药物治疗所引起的不良事件的影响。药物除了在靶点起作用外，还可以在多个部位起作用，并造成多种往往不必要的影响。因此，用于治疗老年患者抑郁症的抗抑郁药将导致 β 肾上腺素能受体的下调，这是其抗抑郁作用的一部分。尽管它在解除患者抑郁方面具有有益的作用，但它对抗毒蕈碱胆碱能受体，产生尿潴留、便秘、口干、视力模糊，可根据对患者的不适程度而考虑停止用药。

药物相互作用和副作用

医生必须个性化老年患者的治疗方案。对老年人的治疗不仅包括仔细考虑药物动力学，而且还包括药效学。医生必须考虑由于老年患者经常服用多种药物，可能发生重大的相互作用。这种相互作用可以发生在药代动力学过程的任何阶段，但大多数都发生在消除过程中。老年人对阻断全身普遍存在的毒蕈碱胆碱能受体的影响特别敏感。在某些情况下，抗霉素作用在治疗上是有用的，例如放松痉挛性平滑肌（即肠道、膀胱）或帕金森病，但它们更常见于不必要的副作用。美国药典药物信息（the US Pharmacopeial Drug Information）审查包括 50 多种药物的选定列表，这些药物除了具有主要治疗作用外，还具有抗霉素活性。在多药治疗方案中，几种药物的副作用可能是相互作用和叠加的，进一步减缓了与年龄相关的胃肠道运动障碍，导致严重便秘。对所有老年患者来说药物引起的尿潴留（即使是轻微的）都是有问题的，但对老年男性来说可能是紧急的，需要立即导尿。表 1 列出了与抗毒素作用相关的一些更显著的症状和体征。此外，躁动、谵妄和幻觉可能被误诊为精神疾病。在这种情况下，几乎所有具有内在抗精神病特性的药物都具有固有的抗霉素特性，可能被禁止使用，因为它们可能会进一步加剧这种由药物引起的危急情况。

尽管通过仔细观察和经验的临床药理学研究已确定了许多药物之间的相互作用，但在为老年人提供的数百种处方药和非处方药中，还有许多其他药物仍然存在潜在风险。下面是一些有代表性的例子：

表 1　抗毒蕈碱受体所引起的作用[a]

视力模糊
尿潴留
便秘
口干
口渴
出汗减少
心动过速
心悸
躁动
谵妄
幻觉

[a] 阻断身体各器官系统的毒蕈碱受体所引起的部分影响列表。这些也被称为抗胆碱能或阿托品效应。其中一些影响，尤其是最底层的三种，可能被误诊为精神疾病。

1. 抗生素新霉素（antibiotic neomycin）可以消灭某些药物代谢转化的肠道细菌。如果没有这些细菌，所摄入的药物将不会以正常速率代谢，其药理作用可能会降低，或大于预期。左旋多巴、水杨酸偶氮磺胺吡啶和地高辛等药物通常受这种方式影响。

2. 离子交换树脂（用于降低血液胆固醇水平）和凝胶抗酸剂在物理上吸附许多同时给药的药物，从而可能减少或延迟它们的吸收。

3. 胍乙啶（guanethidine）是一种降压药，必须通过肾上腺素能神经元的去甲肾上腺素再摄取泵吸收才能到达作用部位。阻断这种泵的药物，如三环类抗抑郁药和吩噻嗪类，可阻止胍的摄取，并阻断其降压作用。

4. 乙醇参与多种相互作用，并可能通过延迟胃排空时间、改变胃 pH 值、延迟药物吸收或使药物本身变性等作用对其他药物的药理学产生不同的影响。

5. 丙磺舒（probenecid）可抑制青霉素的肾小管分泌，常用于治疗作用，以提高这种抗生素的血药浓度。

6. 磺胺苯吡唑（sulfaphenazole）可抑制口服降血糖药物托布他胺（tolbutamide）的代谢分解。这种相互作用会提高血液中托布他胺的水平，在服用第二种药物前糖尿病已得到良好控制的患者中可能引起低血糖发作。

7. 双香豆素（dicoumarol）是一种经常开给老年患者的口服抗凝剂药物，需要注意适当的剂量，它易与其他多种药物相互作用。加速其新陈代谢的药物会降低双香豆素的血液水平，并降低其治疗作用。一种抑制双香豆素代谢的药物可以提高其血液水平并提高其治疗效果。

处方药不良反应引起的潜在问题的程度可以通过参考美国药典药物信息审查来推断，审查除了列出抗胆碱能药物外，还对可能引起其他问题的药物进行了综合汇编。这些不良反应包括血液失调症、阻塞甲状腺功能、抑制骨髓、抑制中枢神经系统、刺激中枢神经系统、诱导肝 P450 酶、抑制各种转氨酶、锥体外系反应、阻断叶酸、溶血、肝毒性、高钾血症、低钾血症、低血压、低温、高铁血红蛋白血症、肾毒性、神经毒性、耳毒性和血小板聚集等。上述类别中的每一类都含有大约 20~50 种处方药，这使得老年患者可能会接触一些潜在的危险。关于处方药的此类信息都会在美国药典出版物以及各医疗机构主办的继续医学教育论坛上传播，并向专业人员和其他老年照顾者提供。

另请参阅：脑与中枢神经系统；胃肠道系统的功能和功能障碍。

拓展阅读

Buxton ILO（2006）Pharmacokinetics and pharmacodynamics：the dynamics of drug absorption，distribution，and elimination. In：Brubton LL，Lazo JS，and Parker Nies KL（eds.）*The Pharmacological Basis of Therapeutics*. New York：McGraw-Hill.

Salzman C，Satlin A，and Burrows AB（1995）Geriatric psychopharmacology. In：Schatzberg AF and Nemeroff CB（eds.）*Textbook of Psychopharmacology*. Washington，DC：American Psychiatric Press.

Sandson NB（2003）*Drug Interactions Casebook：The Cytochrome P450 System and Beyond*. Washington，DC：American Psychiatric Publishing，Inc.

Vestal RE and Gurwitz JH（2000）Geriatric pharmacology. In：Melmon KL，Morrelli HF，Hoffman BB，and Nierenberg DW（eds.）*Clinical Pharmacology*. New York：McGraw-Hill，Inc.

译　者：常精华（北京大学）
校译者：刘菊芬（北京大学）

医疗护理与服务

R. L. 凯恩 明尼苏达大学公共卫生学院，明尼阿波利斯，明尼苏达州，美国

词汇表

老年医学（Geriatrics）——对体弱老年人的护理实践，它是慢性病护理与老年学的融合。

管理式护理（Managed Care）——指用固定的金额支付个体一段时期的医疗护理费用，并尽可能地使这种护理的提供能够更高效的方法。

成功的护理（Successful Care）——使某人好转，或减缓恶化的进程。

引言

老年人的医疗护理包括慢性疾病管理。从本质上讲，老年医学是慢性病护理和老年学的融合。老年病的种类较多，而且这些病的治疗会随着老年人其他方面（情感、认知和经济）的受损而变得复杂。在美国，老年人是唯一享受全民医疗保险的群体。尽管如此，在医疗护理的获取上仍然存在巨大的地域差异。通常情况下，老年人依然会遭受年龄歧视，所享受的护理取决于他们的年龄。

慢性病的主导地位

老年人的医疗护理与慢性病有着不可分割的联系。事实上，对于所有年龄段的患者来说，慢性病都是导致医疗护理发生的主要因素，只不过这一因素在老年群体中尤为显著。在控制了其他因素的情况下，老年人之所以成为医疗护理服务的使用主体，主要是因为他们有更重的疾病负担，而且这种情况会随着时间的推移而加剧。图 1 显示了慢性病在老年群体中的分布。在美国，老年人是唯一享受全民医疗保险的群体。

美国目前的医疗体系是为解决主要的急性病而发展起来的，而有效应对慢性病意味着要彻底改变目前的医疗体系。这一改革涉及广泛的护理层面，包括预防这一概念的定义、患者的角色，甚至包括护理时间。预防是避免重大疾病最好的方法。事实上，良好的慢性病护理将有助于避免急诊和住院。

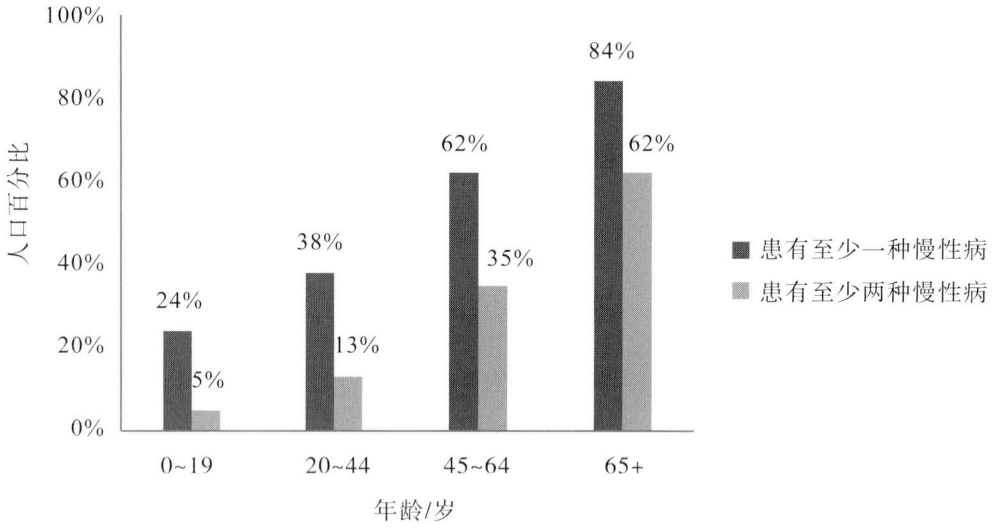

图 1　美国人口分年龄患有慢性病的比例

慢性病管理如果没有患者的积极参与将很难实现。患者自己需要每天与病魔对抗。最大的挑战在于，如何在患者和医生之间建立一种有效的合作关系。旨在为患者赋权的项目已成为一种不错的方式。另外一种方法是鼓励患者记录对已定义参数的系统观察，这会反映他们所患疾病的临床过程，并且鼓励患者在发现疾病的相关参数偏离预期值时应及时告知医生。

除了“慢性”的涵义，对时间还有新的诠释。事实上，我们需要从投资的角度思考长期护理。初级护理的提供是为了避免后续对更高程度的护理的需求。重视高危阶段（如刚出院）的护理，可以获得额外的益处。护士如果在患者的高危期提供适当的护理，将更有助于患者出院后的康复，并且预防其再次入院。会诊预约制度需要得到彻底的改革。会诊应该根据患者的实际病情进行灵活安排，而不是基于对下一次诊断时间的模糊估计而进行定期探视。当患者的状况偏离预期路径时，他们需要得到及时的会诊，并且在病情恶化前尽早得到治疗。

医疗保健专业人员多种多样。已有研究证明，护士在慢性病管理方面发挥着有效作用。他们可以独立工作，也可以与其他专业人士合作，以便不同领域的专家在治疗特定器官的疾病时，护士可以为患者提供整体服务。

慢性病最大的问题之一可能是如何定义成功的护理。因为慢性病的发展历程一般是逐渐恶化的，所以成功不只是简单地让患者好转，而是减缓恶化的速度。然而在缺乏对照组时，很难识别是否实现了减缓恶化进程的效果。缺乏良好的护理到底会导致什么结果？能够回答这一问题的对照组几乎没有。相反，虽然我们必须依靠统计分析得到结果，但又因为这些数据过于理论化而很难吸引人、令人信服。信息技术是对长期护理的合理支撑。信息系统可以呈现病情因时而异的变化趋势，并使得医生知晓患者病情的变化，这样的系统在预防性护理中发挥核心作用。由于许多不同的专业人士可能共同参与脆弱老人的护理，因此，信息共享十分关键。如果是系统化收集的信息且以结构化的形式呈现，那么它的效用将会增强。

脆弱老人的护理通常包括医疗护理和社会养老服务。大多数需要长期护理的老人都有一些潜在的健康问题。对这些问题的关注将会影响其身体功能与生活质量。但是，好的生活质量不是仅包括获得优良的医疗护理。

有效的慢性疾病护理应达到如下目标：

（1）管理疾病，并尽可能降低疾病恶化的程度与频率。

（2）预防由功能受损转变为失能，以及从失能转变为残疾；或者最小化这种恶性转化的可能性。

（3）鼓励患者在管理自己的疾病方面发挥积极的作用，但避免让疾病成为患者生活中的主导力量。

（4）提供与文化环境相适应的护理。

（5）将医疗护理与生活和护理的其他方面进行整合，但避免用医学化的方式应对生活中其他方面的问题。

表 1 总结了许多应对与慢性病管理相关的问题的创新性方法。其中大多数方法已被证明有一些益处。出乎意料的是，个案管理的成效最不显著，但却最受欢迎。导致这一问题的部分原因在于该术语被混淆。事实上，个案管理有许多不同的类型，它们要达到的目标也不一样。此处至少可以罗列出 5 种主要类型，包括：资格管理、护理协调、服务利用管理、疾病管理与长期护理管理。表 2 对这些个案管理的类型进行了对比。

表 1　慢性疾病护理干预的有效性[a]

	满意度	功能	使用率	费用	死亡率
多领域结合的居家护理	+	+	+	+	
自我管理	+	+	+	+	
小组护理	+		+	+	
家庭医院	+		+	+	=
疾病管理			+	+	
护理院的专业面向			+		=
老年病房的急性护理	+	+	=	=	=
老年病评估与管理	+	+	−	−	=
过渡期护理	=	=	+	+	=
个案管理		=	=	=	=

[a]　“+”表示获得相应护理的实验组比对照组的结果更优；“−”表示实验组比对照组的结果更差；“=”表示实验组与对照组的结果没有差异；空白单元格表示未对结果进行测量。

表 2　个案管理的类型

	典型的服务提供者	目的	启示
资格管理	社会工作者或护士	评估案主是否符合接受服务的资格 护理计划 执行	模糊监测影响资格条件的状态的变化
护理协调	社会工作者或护士	对需求的结构化评估 应对各个需求的护理计划 满足各个需求的服务安排 跟进服务供给 定期的服务再评估并调整服务计划	
服务利用管理	护士	识别高强度或高成本的个案 改变服务高频使用者临床症状的演变过程 集中监控 咨询以鼓励患者配合治疗 寻求预防方法 做图表标记以提醒临床医生	
疾病管理	护士为主，医学博士为辅	聚焦单一的疾病 温馨提示 咨询 监控	通常不同于初级护理
长期护理管理	护士或者护师	形成预期的临床症状演变过程 监控以下每种情况的重要参数 患者可以完成大多数的监控 通过手机、网络与临床医生沟通 当演变过程与预期不同时进行干预 积极干预的迹象	当案主的状况发生显著变化时要及时会诊： 能够同时监控许多状况 能够同时解决功能问题和疾病问题

老年医学的范式

老年医学是护理脆弱老人的一种实践。老年医学的典型案例是解决跨领域的多重交互问题。从本质上讲，老年医学是慢性病护理和老年医学的融合。护理老年人的临床医生需要清楚老年人所患疾病各异，加之其他因素的影响，老年人的疾病管理将变得复杂。老年人服用的药物种类较多，因此药物之间相互作用的风险更大。老年人可能会遇到生活中其他方面的问题，如社会角色、经济地位、认知与情感等，这些问题将促使特定健康问题的治疗变得复杂。

医疗问题在老年群体中的表现形式较年轻人有所不同，造成这种差异的主要原因有二。第一个原因是老年人通常患有多种疾病。其中一种疾病的变化可能会被其他疾病所掩盖。年纪越轻，新的疾病的出现就越容易被发现；相反，年龄越大，疾病的恶化甚至是新的疾病的出现就越难被发现，这一难度不亚于在阿尔卑斯山发现一个新山峰。

第二个原因与老龄化带来的变化有关。通常情况下，与年龄相关的生理变化在动态测量中最为明显。老年人对压力的反应与年轻人不一样。大多数疾病的症状通常不是疾病本身造成的影响，而是身体对疾病产生的压力的反应。因此，毫无疑问，当老年人患有某种疾病时，他们不会表现出这种疾病的典型症状，而是呈现出一些较为缓和或普遍的反应。年轻人心脏病发作时可能会抱怨胸口痛，而老年人则可能辨别不清哪个部位出了问题。类似的症状也有可能由肺炎或药物作用引起。因此，诊断老年人的疾病通常比年轻人更难。

由于视力、听力或痴呆等问题造成的沟通障碍，也有可能进一步阻碍诊断。除沟通问题以外，老年人还经常遭受多种疾病的困扰，因此很难区分特定症状的发生或变化。

老年医学的基本诊疗技术是老年综合评估（comprehensive geriatric assessment，CGA）。实践经验表明，当虚弱老人接受了这样的诊疗并回到原来的护理环境后，诊疗的效果并不能得以维持。随后逐渐演变出老年评价与管理（geriatric evaluation and management，GEM）的概念，这一概念涉及对患者进行长期的治疗，从而执行和维持治疗方案的必要调整。除 CGA 和 GEM 以外，几乎没有其他护理方法得到全面深入的研究。不幸的是，研究结果通常令人困惑且又常常自相矛盾。虽然元分析表明 CGA 是有效的，但其作用模式并不一致。表 3 总结了一些接受 CGA 或 GEM 治疗的住院患者的随机试验结果。表 4 则对门诊患者的试验结果进行了对比总结。其中最新且最大型的研究是包括 CGA 和 GEM 在内的多点试验。尽管它是针对那些最有可能受益的患者，但却没有发现多大疗效。相反，已有研究表明，由注册护士为随机抽取的居家老人提供的上门访视服务产生了较大的疗效，这一疗效并不亚于职业医师实施的预防性诊断。

表 3　住院患者的老年评估随机对照试验[a]

作者及干预方式	功能能力	认知	情感	死亡率	满意度	服务利用
鲁宾斯坦等（1984）GEM，VA	+[b]	+	+[b]	+[b]	NE	+[b]
艾伦等（1986），贝克尔等（1987），麦克维等（1989）CGA，VA	=	NE	NE	NE	NE	=
阿普盖特等（1990）GEM	+[b]	=	=	NE	=	–
弗雷特维尔等（1990）CGA	=	=	=	=	NE	=
鲁本等（1995）CGA，HMO	=	=	NE	=	NE	
萧等（1996）CGA	=	=	=	=	–	=
科恩等（2002）GEM，VA	+	NE	=	=	NE	=

[a] CGA：老年综合评估；GEM：老年评价与管理；HMO：健康维护组织；VA：退役军人管理局；“+”：实验组结果更优；“-”：对照组结果更优；“=”：实验组和对照组的结果没有差异；NE：未测量。

[b] $P < 0.05$。

表 4　门诊患者的老年评估随机对照试验[a]

作者	死亡率	功能能力	认知	情感	服务利用	费用
图洛克和摩尔（1979）	NE	=	NE	NE	住院次数- 住院天数+[b]	
威廉姆斯等（1987）	=	+	+	NE	住院天数+ 居家服务-；护理院-	医院+ 护理院+
杨等（1987）	–	+[b]	=	=	初级护理-[b] 居家服务（牙、眼、耳）-[b]	NE
爱泼斯坦等（1990）	=	=	=	=	初级护理-[b]	NE

续表

作者	死亡率	功能能力	认知	情感	服务利用	费用
鲁宾等（1992），鲁宾（1993）	=	ADL= IADL+[b]	=	NE	居家服务+[b]	医院+[b]
伯恩斯等（1995）	+[b]	+	+	+[b]	住院=	NE
西尔弗曼等（1995）	=		=	焦虑，+	=	NE
恩格尔哈特等（1996）	=		NE	=	初级护理−[b] 急诊室+[b]	门诊−[b]
博尔特等（1998）	=		NE	+[b]	=	=
鲁本等（1999）	+		NE	NE	NE	NE
科恩等（2002）	=		NE	+	NE	=

[a] ADL：日常生活活动；IADL：工具性日常生活活动；“=”：GEM 实验组和对照组的结果没有差异；“+”：实验组结果更优；“−”：对照组结果更优；NE：未测量。

[b] $P<0.05$。

护理场所

老年护理的一个基本原则是不要将护理类型与护理场所相混淆。在临床词汇的使用中，常出现通过护理的提供场所来定义护理的术语，从而造成混淆。因此，我们在谈论住院护理与门诊护理，或者护理院与居家照料时，就好像默认这些术语定义了某种程度或类型的护理。事实上，在许多不同的场所也可以提供相同类型的服务。重点是识别护理的关键要素以及提供护理所需要的支持性环境。技术的发展意味着以前仅限于机构的医疗护理现在也可以在门诊甚至是在家里提供。过去需要专门的实验室进行操作的试验现如今可以在家里由患者自己完成。远距离监控也不再遥不可及。

改变护理的提供地点可以节约成本。例如，在护理院为患者提供护理，而不是把他们送到急诊室或选择住院治疗，这为护理机构降低了成本，并减轻了患者的压力。

护理组织

护理的组织方式会影响它的提供方式以及护理的效果。从很多方面来看，管理式护理都可以被视为促成更好的长期护理的天然载体。管理式护理是指用固定的金额支付个体一段时期的医疗护理费用，并尽可能地使这种护理更高效的方法。由于费用是提前预支的，因此可以激励个体尽量减少不必要的开支。理想情况下，人均支付金额是以一种实际公平的方式计算的，这种计算方式以患者的既往史和潜在的健康状况为基础，从而反映其预期的医疗开支。在一定程度上，良好的初级护理可以预防花费较高的并发症的发生，管理式护理则为用于投资基础设施的资金的累积提供了途径，这些基础设施无论从人员还是设备上来讲，都可以促进更优良的初级护理的形成。

不幸的是，定额护理并没有发挥其潜力。事实证明，在尚未完善的病例组合调整（case-mix adjustment）支付系统下，以平均价格招募更少的患病受益人比创造更具成本效益的方法来照顾那些需要更多关注的人更容易。事实上，为了避免吸引那些护理需求最大的患者，护理机构几乎丧失了提供高质量的长期护理的动力。如果病例组合调整不足，管理式护理组织将会因为支付高于平均需求的人均花费而处于经济劣势地位。

事实上，在一定程度上，每一个公共卫生保健系统（如美国的公共医疗保险制度、英国的国家卫生服务制度）都可以被视为管理式护理，因为这些制度都规定支付固定金额的护理费用，并且力争将资源利用最大化。在一个全民覆盖的制度中，每个人都能享受医疗保险。虽然一些子项目承包者可能仍需要病例组合的支付方式，但这一支付方式并不通用，至少在全体中不适用。

差异

医疗护理的覆盖率存在很大的地域差异。美国的医疗保险受益人之间的这种差异已经得到广泛的研究，因为它实现了全民覆盖并且建立了良好的数据系统。已有研究表明，患者特征（如种族和民族）的影响以及医院的市场效应，都在医疗保险受益人的服务获取中发挥了重要作用。经济合作与发展组织（OECD）的数据呈现了各国之间的服务覆盖率差异。这些覆盖率是基于全部人口而不只是老年人口，但其结果可以用于推论其他群体。表 5 呈现了几种外科手术在不同国家的覆盖率。不同国家在不同手术项目上的差异并不稳定。在三种心血管手术中，美国的覆盖率都是最高的，但各个心血管手术覆盖率最低的国家却不尽相同（经皮冠状动脉成形术覆盖率最低的是瑞士；支架植入术覆盖率最低的是意大利；冠状动脉旁路搭桥术覆盖率最低的是法国）。加拿大的胆囊切除手术覆盖率最高，髋关节置换手术的覆盖率最低。美国的髋关节置换手术覆盖率最低，而膝关节置换手术覆盖率最高。在所有的手术项目中，最小的覆盖率差异达到 2 倍；对一些特定的手术项目来说，不同国家之间的覆盖率的差异超过了 10 倍（如支架植入术）。美国并不是最积极实施器官移植手术的国家。鉴于表 5 中的大多数国家都提供了某种形式的全民医疗（美国除外），因此，这些差异可能源于正式和非正式的服务政策。人们可能认为这种差异是受潜在的疾病发病率的影响，但是治疗同一疾病的不同

表 5 2002 年每 10 万人中不同手术所覆盖的人口比例

	心血管手术						器官移植术		
	经皮冠状动脉成形术	支架植入术	冠状动脉旁路搭桥术	胆囊切除术	髋关节置换术	膝关节置换术	心脏	肝脏	肾脏
澳大利亚	130.1	125.6	81.9	233.9	141.6	118.7	0.4	0.8	3.1
加拿大	158.2*	107.4*	76.5*	245.3*	96.2*	95.8*	0.5*	1.2*	3.5*
丹麦	91.6	69.3	68.9	129.4	182.5	81.5	0.6	0.7	3.2
法国	157.1*	124.7*	41.2*	182.8*	187.5*	85.1*	0.5	1.5	3.8
意大利	81.8	12.4	48.4	172.9	127.3	54.8	0.5	0.9	2.8
荷兰	86*		91.4*	120.8	137*	57.3*	0.5	1.2	2.6
新西兰	86.2	63.2	102.4	92.1	109.6	55.2	0.2*	0.7*	3.3*
瑞士	77.8	16.8	39.9	150	192.5	113.8	0.6	1	3
英国	73.1		44.2	95.3	152.1	91.8	0.4	1.1	3
美国	415.9	185.5	106.5*		119.4	144.3	0.3	1.2	2.9

* 利用 2001 年的数据分析所得。

引自：*OECD Health Data* 2004：*A Comparative Analysis of* 30 *Countries*-2004 *edition.*

手术之间的差异则表明，还有除发病率以外的其他因素在起作用。

初级护理的角色

慢性病管理的关键是有效的初级护理。初级护理意味着第一次接触到的护理。在大多数发达国家，初级护理由全科医生（general practitioners）提供，全科医生主要为社区居民提供服务（有时也在护理院等机构提供服务）。他们提供了患者所需的大部分护理服务，仅当病例过于复杂或患者需要更高强度的医院护理时，他们才会将患者转介给医院的专家。在大多数情况下，患者只能通过初级护理师的转介才能看专家门诊。与大多数其他国家不一样，美国的初级护理与专家护理并没有分离。相反，患者有权选择提供初级护理的人，这个人可以是专家。这一决定取决于供给和服务方式。这样的制度安排带来了巨大的困惑。虽然一些女性选择由她们的妇科医生提供初级护理，但成人的初级护理师通常是家庭医生和内科医生。随着医学技术的发展，越来越少的新医生从事初级护理的工作。这一缺口由护士填补，这些护士大多是硕士文凭，并且在读期间接受了为需要初级护理的人提供服务的培训。大量研究表明，这些护士可以提供与医生水平相当的初级护理。尽管许多人仍然认为老年医学是一门专业，但在美国它也被视为一种初级护理的形式。这样的提法的不妥之处在于，它会导致老年医学与相关学科的竞争。

护理性质的变化

自20世纪80年代以来，医疗护理的性质发生了显著的转变。各种技术的发展使得外科手术不再必要。无论是因为血管内手术还是内镜手术，许多外科手术现在都能以更简单、更快的方式完成，就像门诊手术一样。与此同时，药物技术的发展，促使一些原本需要住院护理的疾病也能通过服药达到同样的疗效。

基于上述变化，医疗护理的支出模式也发生了变化。图2追溯了1960年至2002年美国的个人医疗护理支出。美国自1964年通过公共医疗救助制度后，护理院和居家护理支出大幅增长。1990年至2002年，医院护理的支出有所减少，而用药的开销上涨。由于门诊药物没有纳入美国公共医疗保险的覆盖范围，因此药物支出的上涨导致了特殊的问题。也就是说，老年人被置于一种尴尬的境地：公共医疗保险覆盖了他们的基本护理，但却没覆盖其护理的提供方式。上涨的药物支出逐渐成为人们担忧的问题。对此，美国2004年通过了《医疗保险现代化法案》(the Medicare Modernization Act)，旨在提供药物报销，但这一法案的设计仍然存在许多问题。

虽然药物的获取是确保老年人获得适当护理的核心，但是药物滥用也是不能忽视的问题。即使乱开处方的比例因国家而异，但这一现象仍然普遍存在。一项欧洲的研究估计，近20%接受居家护理的老人至少遭遇过

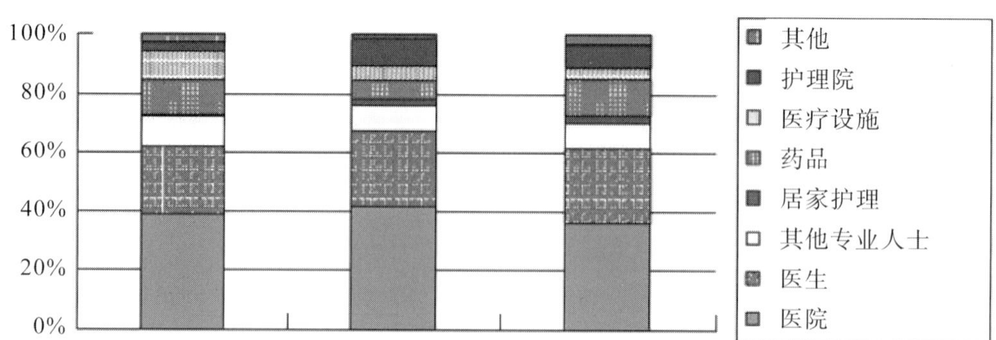

图2　1960、1990、2002年美国个人医疗护理支出

引自：Health Care Financing Review, Medicare and Medicaid Statistical Supplement (2003), Table 4.

一次不适当的药物治疗。

住院的问题

通常来说，医院对于老年人来说是危险地带。虚弱老人被误诊的风险很高。从这个角度来看，尽力缩短老年人的住院时长或者避免其入院则是积极的行为。但从另一方面来看，拒绝老年人入院接受适当的治疗可能是一种歧视。1984 年，美国开始努力控制老年人使用医院，并实施了一种新的支付医院护理费用的方法，即按病种诊断分类法（diagnosis-related groups，DRGs）。所谓的按病种诊断分类法是以老年人住院时长的中位数为基础。老年人住院时长的测量与一组超过 400 个 DRGs 所花的费用有关，这 400 个 DRGs 是住院时长类似且具有一些临床意义的被诊断群体。这种向预付方式的转变彻底改变了医院的出发点及其行为。护理费用曾是一项收入来源，然而现在却无法得到报销，因为对于每一名入院者，医院都会预先获得一定金额的护理费。对此，医院的第一反应是积极致力于缩短患者的住院时长，并降低护理强度。由此引发了人们对太早出院以及病情未稳定时出院的担忧，然而早期的评估表明，医院的护理质量并未因此而下降。

但是，上述转变对出院后的康复护理服务产生了巨大影响。由于患者过早出院，出院后的康复仍然离不开护理，因此曾被美国公共医疗保险所覆盖但使用率很低的护理项目现在却得到越来越广泛的使用。公共医疗保险所覆盖的居家护理、护理院护理与住院康复等服务都大幅增长。这些所谓的重症期后的康复护理在公共医疗保险预算中占的比例越来越大，事实上，它已成为增长最快的一项支出项目。

研究证明，许多重症期后的康复护理都可以相互替代。根据服务的供给与实践模式，类似的患者所接受的护理的提供场地可能不同。但是，同类服务在不同的场地提供，其效果并不一样。通常情况下，出院后入住护理院的患者所获得的护理效果最差。

重症期后的康复护理支出的增长，激发了对适用于医院的成本控制方法的需求。三种主要的重症期后的康复护理类型都拥有自己的预付费系统。各个预付费系统之间是相互独立的，这就进一步强化了各类康复护理方式之间的独立性，而忽视了其可替代性。护理院的付费方式是以根据病例组合进行调整的日常比率为基础。居家医疗护理和康复的支付是以一段时期的支出为基础，而这段时期的支出是源于使用这两种服务的患者的特点。

已有研究探讨了将不同的重症期后的康复护理的支付方式合为一体的可能性，但这一观点尚未得到采纳。从某些方面来说，这种统一的支付方式是合理的：首先，各个重症期后的康复护理之间可以相互替代；其次，许多患者在出院后的康复过程中同时接受多种重症期后的康复护理；最后，独立的核算体系难以建立问责。

医养结合

在许多国家，医疗护理与社会照料隶属于不同的社会保障项目。虽然医养结合会面临巨大挑战，但至少有一些成功案例。医疗护理的支出可能获得公共医疗保险的全覆盖，但是社会照料的支出仅能得到部分报销。这种差异在美国表现在两种不同保障制度的覆盖面上：公共医疗保险制度是针对全体老年人的；公共医疗救助制度则是专门提供给各个年龄段的贫困人口的社会福利制度。

不可避免的是，有些人同时符合享受公共医疗保险和公共医疗救助的条件，但是这两种制度之间缺乏合理的衔接。这些双重受益人在这两种保障制度受益人中的比例与其支出比例并不一致。近17%的公共医疗保险受益人也同时享受公共医疗救助；1997年，他们的公共医疗保险支出占总支出的28%。双重受益人中有近19%的人享受公共医疗救助，他们的公共医疗救助支出占总支出的35%。

满足这些双重受益群体的需求通常需要依靠某种形式的管理式护理，从而将公共医疗保险和公共医疗救助中的资金汇集在一起。理论上来讲，汇集这些资金，并制定专门满足这些高危老人的需求的方法应该会改善护理效果。在这一背景下，最有名的相应项目可能是老年全方位护理计划（PACE）。这一计划是针对双重受益人中的一个特殊的子群体，这一群体通过失能程度的评估符合享受护理院的护理服务，但却仍然住在社区里。为了注册PACE，患者必须愿意接受一名PACE的医生作为他们的医疗护理提供者。事实上，他们必须愿意放弃先前的医疗服务。PACE的关键是服务衔接。所有的员工，从货车司机到医生，都被视为护理团队的成员。PACE中的公共医疗保险严格遵循老年医学的原则。积极的初级护理则是一个代表性的标志，它强调综合评估，同时解决功能问题及医疗疾病；避免患者入住机构需要创新护理提供方式。除了诸如日间照料、居家护理等正式服务以外，一些新的服务形式已经形成。例如，通过PACE的工作人员或非正式护理者，可以提供专门的居住服务，使得患者在病情恶化期间可以得到监测。

PACE同样需要非正式护理者。PACE并没有试图取代非正式护理。相反，这种护理旨在避免患者入院。PACE的提供与非正式护理者的积极支持分不开。这二者的结合通常是通过某种形式的社会契约来实现。

PACE要求注册患者替换自己的医生并转入日间照料中心，这就限制了该计划的注册人数。对于年老体衰的老人来说，他们并不愿意替换掉自己长期就诊的固定医生。

不幸的是，在PACE的试行阶段，缺乏对该计划的评估。尽管缺乏实证数据来验证PACE是否实现了初衷，但它似乎确实降低了机构的使用。在评估的前18个月里，PACE受益人的住院天数和入院率普遍低于公共医疗保险受益人，而鉴于PACE的受益人年老体衰，这一结果令人印象深刻。同理，PACE的受益人入住护理院的天数和比例也较低，但这一差异逐渐减小。与此相反，在评估的 24 个月内，PACE 受益人的门诊就诊率更高。对 PACE 的临床结果的评估较少。随着时间推移，就人体的功能状况而言，PACE 的受益人组与对照组之间几乎没有差异。二者在自评健康、生活质量与满意度方面也没有显著差异。虽然缺乏关于 PACE 的总体效益的评估结果，但它已被纳入公共医疗保险的管理式护理的主要范畴。

一些 PACE 项目开始尝试其他的制度安排，比如独立实务协会（IPAs）。在这些形式下，个体从业者可以与 PACE 签订合同，提供必要的初级医疗护理服务。其中一个项目是威斯康星州的伙伴项目（WPP）。不幸的是，降低医生注册的门槛可能会削弱对服务利用的控制。这可能是因为医生的参与度较低，每个医生平均只有 6 个患者。对于患者数这么少的医生来说，他们不太可能为了满足患者的需求而改变实务方式。

除 PACE 以外，另外一种应对双重受益人的需求的方法是明尼苏达州的高级健康选择（MSHO）。与 PACE 相比，MSHO 同时接收社区和护理院的老人，并且对于失能的定义更广。MSHO 项目既没有对社区居民的服务使用产生深远的影响，也没有明显改善患者的功能。

与之相反，护理院的老人对服务的利用受到了深远的影响。这主要是源于对伊美尔（Evercare）医疗护理公司的服务使用。伊美尔最初是由公共医疗保险的管理式护理发展而来，它专门面向护理院的老人，后来得到了复制推广。伊美尔模式积极发挥护师的作用，从而整体上增加了提供给护理院老人的初级护理服务，而且这些护师在与家庭成员的交流中也发挥了有效作用。已有研究显示，伊美尔模式大幅降低了入院率和急诊就诊率。这主要是因为大部分的入院需求被转移到了护理院，从而避免了转介，但是高强度的初级护理越多，其效果似乎也越明显。

另一个旨在填补医疗护理和社会照料之间的鸿沟的项目是社会健康维护组织（SHMO）。SHMO 是一种基本的公共医疗保险的管理式护理项目。这一项目收取的费用更高，它旨在至少覆盖少量的长期护理。在老年医学领域，这些项目被认为缺乏强有力的效果；一项评估显示，这些项目所取得的成效几乎与传统的公共医疗保险的管理式护理项目差不多。

加拿大的老年整合护理模式汲取了一些美国的经验。它试图鼓励社区医生发挥更积极的作用，同时创造激励机制，从而将护理地点从医院和护理院转移到社区。

英国的国民医疗保健制度（NHS）已经开始了一系列旨在改善老年人医疗护理的改革。在改革中，不仅形成了解决老年医学相关问题的日常工作事项，而且还为全科医生创造了绩效激励机制，从而鼓励他们更大程度地遵守长期护理准则。医疗保险的大部分支出将以这些准则作为基础。

另请参阅：照料；公共医疗保险制度、公共医疗救助制度与医疗护理的经济政策。

拓展阅读

Boult C, Kane RL, and Brown R (2000) Managed care of chronically ill older people: the US experience. *British Medical Journal* 321: 1011-1014.

Cohen HJ, Feussner JR, Weinberger M, Carnes M, Hamdy RC, Hsieh F, et al. (2002) A controlled trial of inpatient and outpatient geriatric evaluation and management. *New England Journal of Medicine* 346 (12): 905-912.

Doherty RB (2004) Assessing the new Medicare prescription drug law. *Annals of Internal Medicine* 141 (5): 391-395.

Fisher ES, Wennberg DE, Stukel TA, Gottlieb DJ, Lucas FL, and Pinder EL (2003) The implications of regional variations in Medicare spending. Part 1: The content, quality, and accessibility of care. *Annals of Internal Medicine* 138 (4): 273-311.

Johri M, Beland F, and Bergman H (2003) International experiments in integrated care for the elderly: a synthesis of the evidence. *International Journal of Geriatric Psychiatry* 13: 222-235.

Kane R, Homyak P, Bershadsky B, Lum Y-S, and Siadaty M (2003) Outcomes of managed care of dually eligible older persons. *The Gerontologist* 43 (2): 219-229.

Kane RL (1999) Setting the PACE in chronic care. *Contemporary Gerontology* 6 (2): 47-50.

Kane RL, Kane RA, Finch M, Harrington C, Newcomer R, Miller N, et al. (1997) S/HMOs, the second generation: building on the experience of the first social health maintenance organization demonstrations. *Journal of the American Geriatrics Society* 45 (1): 101-107.

Kane RL, Keckhafer G, Flood S, Bershadsky B, and Siadaty MS (2003) The effect of Evercare on hospital use. *Journal of the American Geriatrics Society* 51 (10): 1427-1434.

Kane RL, Ouslander JP, and Abrass IB (2003) *Essentials of Clinical Geriatrics*, 5th edn. New York: McGraw Hill.

Kane RL, Priester R, and Totten AM (2005) *Meeting the Challenge of Chronic Illness*. Baltimore, MD: Johns Hopkins University Press.

Lee AJ, Ellis RP, and Merrill AR (1996) Bundling postacute care (PAC) with Medicare DRG payments: an exploration of the distributional and risk consequences. *Inquiry* 33: 283-291.

Lorig KR, Sobel DS, Ritter PL, Laurent D, and Hobbs M (2001) Effect of a self-management program on patients with chronic disease. *Effective Clinical Practice* 4: 256-262.

Medicare Payment Advisory Commission (1999) *Report to the Congress: Medicare Payment Policy*. Washington, DC: MedPAC.

Mundinger M, Kane R, Lenz E, Totten A, Tsai W-Y, Cleary P, et al. (2000) Primary care outcomes in patients treated by nurse practitioners or physicians: a randomized trial. *Journal of the American Medical Association* 283 (1): 59-68.

Naylor MD, Brooten D, Campbell R, Jacobsen BS, Mezey MD, Pauly MV, et al. (1999) Comprehensive discharge planning and home follow-up of hospitalized elders: a randomized clinical trial. *Journal of the American Medical Association* 281 (7): 613-620.

Philp I (2001) New beginning for care for elderly people? National framework could transform care for older people in England. *British Medical Journal* 323 (7308): 337.

Roland M (2004) Linking physicians' pay to the quality of care-a major experiment in the United Kingdom. *New England Journal of Medicine* 351 (14): 1448-1454.

Skinner J, Weinstein JN, Sporer SM, and Wennberg JE (2003) Racial, ethnic, and geographic disparities in rates of knee arthroplasty among Medicare patients. *New England Journal of Medicine* 349 (14): 1350-1359.

Stuck AE, Siu AL, Wieland GD, Adams J, and Rubenstein LZ (1993) Comprehensive geriatric assessment: a meta-analysis of controlled trials. *The Lancet* 342: 1032-1036.

译　者：曹　杨（四川大学）

校译者：张航空（中国人民大学）

1768

遗传学

T. E. 约翰逊，G. J. 利特高，村上信，D. R. 肖克 科罗拉多大学博尔德分校，科罗拉多州，美国

词汇表

等位基因（Allele）——基因存在的特殊形式之一。

细胞衰老（Cellular Senescence）——人类体细胞和许多其他物种的细胞增殖潜能是有限的，限制了细胞可以经历的复制分裂的数量；也称为复制衰老。

基因（Gene）——遗传的基本单位；通常指单个蛋白质的编码序列和控制区域，或指控制特定基因产物合成的 DNA 区域。

基因型（Genotype）——由单个生物体携带的整套基因和这些基因的等位基因。

长寿基因（Gerontogene）——与衰老有关的基因；该基因的一般功能涉及寿命的缩短。

遗传性（Heritability）——指由遗传效应而非环境或偶然因素导致的种族变异。

长寿保证基因（Longevity Assurance Gene）——一种通常能延长寿命的基因。

突变体（Mutant）——携带突变基因的生物体，通常有易于观察到的表型变化。

突变（Mutation）——导致新等位基因的 DNA 改变；通常会导致一些明显的表型差异。

表型（Phenotype）——生物体的可见特征、外观。

节段性早衰疾病（Segmental Progeroid Diseases）——类似衰老的疾病，该疾病会加速某些（而非全部）通常与衰老相关的生理过程。

引言

遗传学既是一门学科，也是一种研究工具。遗传学作为一种研究工具，使人们能够识别和解读连接地球上所有生命的共同线索——DNA 分子。遗传学作为一门学科，使生物科学和生物医学相结合，为探索生命的多种过程提供通用框架和工具包，并提供通用术语，使众多不同领域的研究人员能够通过基因鉴定及其 DNA 序列的解释来共享

信息。在本文的文献总结中，遗传学术语的上述所有意义都能够体现。遗传学是指构成生物物种的潜在遗传因素以及分析这些过程的学科。本文将首先回顾当前关于人类衰老遗传学的已有知识。其次，我们将在模型系统中揭示与衰老相关的潜在过程，其中许多这类研究都是以寿命为终点来评估衰老。最后，我们将回顾有关衰老的分子遗传学分析的研究现状。

人类遗传学研究

人类衰老的遗传学研究经历了几个不同的途径。首先是对体外衰老模型的研究：在大多数（如果不是全部的话）培养的未转化细胞中观察到的有限数量的细胞分裂，我们称之为细胞衰老。其次是对罕见疾病的研究，这些疾病被称为节段性早衰疾病，以表明患这种疾病时衰老的许多方面（但不是所有方面）都在加速。这些疾病包括早老症和沃纳综合征。再次是已经有研究者开始了谱系分析和人口研究，这类研究可能最终揭示出与人类疾病和寿命改变有关的基因，或者至少是找到相应的染色体区域。最后，最近有研究者使用双生子研究和其他研究设计来确定年龄相关性功能变异或死亡年龄变异有多大比例是由遗传决定的。

细胞衰老

大约 35 年前，人们认识到人类细胞在组织培养中不能永远分裂。这种革命性的观察结果，即细胞衰老，对该领域的杰出学者的经典观察结论提出了挑战。在接受这一事实之后，很快就有人提出，组织培养细胞有限的增殖能力可能是正常人类衰老的模型，甚至可能是正常人类衰老的基础。20 世纪 70 年代，人们对这些细胞的衰老表型进行了仔细的描述，并发现这些细胞的增殖能力随着供体年龄的增长而下降。除此之外，研究者观察到某些“节段性早衰疾病”的细胞系增殖潜能更有限，且该增殖的潜能与一个物种最大寿命的潜能相关，这使许多人接受了细胞衰老是一种分析人类衰老的有效模型。最近的证据似乎表明，细胞衰老很可能就是细胞分化；正如在成纤维细胞研究中发现的，细胞衰老与肌肉细胞分化之间有许多相似之处。尽管目前关于这类研究的争议还未解决，但细胞衰老似乎是末端分化的一个模型，并与某些体内细胞衰老现象有关。

采用人的组织培养细胞的分析比对整个生物体的研究要容易得多，对这些细胞的研究使我们对细胞过程的认识有了显著提高。研究者正在识别负责细胞衰老的基因，并试图阐明它们在限制这些细胞的增殖能力中的作用。遗传学研究的一个令人惊讶的结果是，在永生细胞系中，永生表型是隐性的（即缺乏某种必需的蛋白质可能会导致细胞永生化）。永生化似乎是由四个互补群中任意一个的突变导致的，其中三组已定位到其所在的染色体上。最近的两项研究进展阐释了这些观点。目前，已经对被称为 *SDI*1、*WAF*1 或 *CIP*1 的基因进行了克隆，这个基因似乎是引起细胞衰老的参与者之一。已有研究者提出，该基因的蛋白质产物 p21 通过抑制细胞周期蛋白依赖性激酶来参与调节细胞周期，从而作为调节进入细胞周期 S 期的一个关口。目前研究者暂时认定的第二个决定细胞衰老的决定因素是端粒（染色体末端）的有限增殖。端粒酶是一种具有 RNA 辅因子的酶，该酶用于解决一个可能致命的问题，体细胞缺乏端粒酶，即如果没有 RNA 这种引物，就无法复制 50 个染色体末端（DNA 聚合酶产生的必要条件）。因此，研究者提出端粒模型，即在没有端粒酶的情况下，端粒会持续缩短，直到出现染色体不稳定和其他问题。大多数（也许是全部）的人类肿瘤已经重新激活了端粒酶，从而可以无限复制。正常体细胞中端粒酶的缺失可能是防止肿瘤发生和形成的另一个保证。无论如何，这些发现都具有重大的治疗意义，并已成为当前细胞衰老研究的重点（参见“细胞衰老：生长因子与细胞衰老”）。

节段性早衰突变

目前研究者已经描述了几种会在某些（而不是全部）方面加速人类衰老的遗传综合征。没有一种综合征能加速衰老的所有方面，因此有时将它们统称为节段性早衰综合征。通常突变是有害的，因为它们消除或修饰了功能性 DNA 序列，从而导致其在蛋白质水平上发生改变。因此，研究者认为，突变会缩短寿命。早老症和沃纳综合征是两种通常被称为早衰的疾病，但是唐氏综合征在更多方面加速了衰老。沃纳综合征是一种隐性的成年性早衰疾病，已被证明与 20kb 或更大的基因组广泛缺失有关。沃纳综合征已被定位到 8 号染色体上，对该基因的克隆迫在眉睫。另一个引起媒体广泛关注的是早老症（也叫哈—吉二氏综合征），因患有这种常染色体显性遗传疾病的患者在儿童期就出现了快速的衰老，因此也被称为早老症。不过，对于这些早衰性疾病是反映正常的衰老过程，还是仅仅是模仿了衰老过程，研究者尚存疑问。

与寿命相关的标记

为了寻找人类的老年基因，研究者已经进行了许多标记关联研究。在这些研究中，通过对某个基因位点进行遗传标记，发现人类寿命与基因组小区域内的某些基因和等位基因有关。长期以来，研究者一直认为 *HLA* 基因位点可能决定了人类寿命，至少有两项研究表明，某些 *HLA* 单倍型可能与某些人群的长寿有关，这些标记在 *HLA* 基因位点上的关联有效性仍有待证明。对 *ACE* 和 *APOE* 作为候选基因进行的测试显示二者与预测寿命相关，尽管它们在预测的方向上并不一致。由于所研究的等位基因与其对健康的影响之间有很强的联系，因此这些发现可能并不令人惊讶。例如，最近发现载脂蛋白 E4 与阿尔茨海默病（AD）的发作频率和进展速度相关，而很早以来研究者就发现，*HLA* 基因位点的某些等位基因与多种人类疾病的易感性或更快速的发展相关（参见“老化标志物”）。

与衰老相关的疾病

亨廷顿病 大量遗传疾病表现出与年龄相关的表达或外显性。其中包括两种在中老年才发生的疾病：亨廷顿病（Huntington's disease，HD）和阿尔茨海默病。HD是导致神经系统退化的疾病。发病的平均年龄为35~42岁，该基因以常染色体显性遗传方式遗传。尽管HD是首个使用限制性片段长度多态性（RFLP）定位（染色体4）的人类基因，但直到1993年才克隆出这个基因。"预期"现象（在HD中是指后代比前代更早发病）可能是由于三核苷酸重复序列（该序列与许多其他人类神经系统疾病的序列相似）的扩增而导致的，克隆正是基于这一假设而开展的。在所有检查的患病家族中发现了比正常范围更长的扩展$(CAG)_n$，这意味着$(CAG)_n$可能就是HD基因。该编码序列预测会产生348-kDa蛋白，其功能未知，且与任何其他克隆的基因均无同源性。

阿尔茨海默病 阿尔茨海默病是人类中与年龄有关的遗传病的一个最好的例子，对该病的研究也是最多的。65岁以上的人群中约有2%~6%出现AD症状；这种疾病的患病率随着年龄的增长而显著上升，85岁时多达40%的人口可能出现AD症状。谱系分析已帮助定位到三个涉及家族性阿尔茨海默病（familial AD，FAD）的不同基因。编码21号染色体上阿尔茨海默病相关性淀粉样蛋白前体蛋白的基因中的罕见突变与FAD有关，但这些突变仅占受影响个体的2%~3%。14和19号染色体上的基因位点分别是与AD的晚期发作（65岁后）和早期发作相关的易感基因位点。此外，其他谱系的FAD易感性与这三个基因位点无关，表明除这三个位点外还存在其他易感基因位点。因此，FAD显然有多种不同的来源。更为复杂的是，FAD在多大程度上是遗传的还未知，研究者的估计从10%到100%都有。研究者已显示其与14号染色体上*APOE*基因位点相关，且这些实验都是可重复的。因此，在几乎任何年龄段，载脂蛋白E4纯合的人都比携带其他*APOE*等位基因的人患AD的可能性大8倍（参见"痴呆"）。

衰老和寿命的遗传

通过对同卵双生子和异卵双生子在整个生命历程中不同的亲子关系及不同寿命的分析，可以估计出寿命差异中遗传因素的比例。人类遗传学研究表明，对寿命的遗传因素的合理估计在10%~30%。对各种性状的纵向研究表明，遗传比例可能随着年龄的增长而发生令人惊讶的变化。不幸的是，这些研究很少公开发表。最近的另一个研究领域是人口遗传学。显然，群体内部和群体之间的遗传变异在影响人口生存预测方面起着重要作用。

模型系统

在非人类物种中开展对衰老和与年龄相关的影响的遗传研究通常更有效，其中最常见的模型系统是小鼠模型。但是，由于小鼠寿命长且啮齿类动物的维护费用高昂，许多研究人员开始研究无脊椎动物模型，包括黑腹果蝇（一种果蝇），秀丽隐杆线虫（一种线虫），以及几种真菌，包括粗糙脉胞霉菌、柄孢霉菌和酿酒酵母菌。研究无脊椎动物的优势包括费用更低、寿命为数周或数月（而不是数年）以及更有效的遗传分析方法，包括选择性育种和识别改变衰老过程的突变体。由于许多遗传改变可以缩短寿命，因此大多数遗传研究都涉及寿命更长的菌株的研究。不过，仅在无脊椎动物中发现了延长寿命的突变。

早期的研究主要集中在证明基因在决定寿命或衰老率方面发挥着作用，以及通过对遗传性的评估来对这种遗传成分进行定量评估。遗传学研究通常有以下三种方法：多基因分析、突变体鉴定和转基因构建。不同方法的选择基于不同的背景知识、研究人员的不同领域以及所需的理解水平。了解生物过程最有力的方法——突变体鉴定，导致表型改变的潜在分子机制的后续克隆和分子解剖——目前仅在少数物种中开展过，仅在秀丽隐杆线虫的研究中进行了较深入的研究。近十年来，许多研究已经提供了有用的信息。研究者已经对延长寿命基础的分子水平有所认识（参见“老化模型：无脊椎动物、丝状真菌和酵母”“老化模型：脊椎动物”）。

多基因方法

在自然种群中可以发现许多基因的不同等位基因。一些研究方法正是利用了这种变异，如选择性育种，重组自交后代的分析以及构建种群（即将野生种群的单染色体导入标准种群中）。这些研究总是多基因的，因为许多基因（有时是数百个）可能导致表型差异，包括寿命差异和其他生活史特征差异。此类研究表明，小鼠、果蝇和线虫的长寿具有重要的遗传部分。典型的遗传性估计范围为15%～30%。这些研究也清楚地表明，许多基因影响寿命的这种变化。

小鼠　梅纳德·史密斯（Maynard Smith）和罗伊·沃尔福德（Roy Walford）观察到，与 *H-2* 基因位点［小鼠主要组织相容性复合体（MHC）的一部分］同源的菌株在寿命方面存在显著差异，并且某些 *H-2* 等位基因与寿命的延长相关。这些菌株还与植物血凝素反应、DNA 修复、自由基清除酶和 cAMP 水平的改变有关。此外，研究还显示，*H-2* 基因位点对生殖周期的起始年龄有影响。周期时间的频率和丧失生殖能力的年龄也与 *H-2* 基因型有关。其他几项遗传学研究表明，*H-2* 基因位点或靠近该基因位点的基因确实对寿命有影响，尽管该区域的影响可能不超过基因组的许多其他区域。在 *C57*/DBA F_1 小鼠和其 DBA 亲本之间的杂交中，对平均寿命的最大单基因位点影响与 *B* 毛色基因有关，而不是与 *H-2* 基因位点有关，但是，如果只观察90%的存活率，*H-2* 基因位点则显示出最大的影响。此外，*H-2* 杂合性的影响很小但很显著，杂交菌株的寿命略长。研究表明，基因组中的许多区域都包含具有影响寿命的等位基因，*H-2* 并非唯一影响寿命的基因位点。

研究者测定了 20 个 BXD（*C57*BL/6J X DBA/2J）重组近交系的寿命，以识别影响寿命的基因［数量性状基因位点（QTLs）］。这些系中大多数的平均寿命非常相似，但也有一些极端情况（平均寿命为 479 天和 904 天）。简单的回归分析显示，有 43%的基因位点对寿命产生影响。经过进一步更恰当的统计分析后发现，有 6 个遗传区域与寿命显著相关，但这当中并不包括 17 号染色体上的 *H-2* 区域。同样，研究者并没有发现 MHC 区域在决定寿命方面发挥重要作用。

目前，研究者已培育出高免疫应答和低免疫应答的小鼠品系。这些高抗体应答者和低抗体应答者的平均寿命与对抗原的应答呈正相关（$r = 0.97$）。进一步的定量分析表明，高应答几乎支配了低应答，且遗传模式是多基因的，应答中涉及 3～7 个独立基因位点。这类选择性育种研究的一个主要问题是，低品系的平均寿命仅为 346 天，大大低于典型的近自交品系。因此，正如对免疫应答降低的小鼠模型研究所预期的，大部分选择性反应都是朝着缩短寿命的方向进行的。因此，本研究中选择的等位基因很可能是免疫力低下、寿命缩短的基因。最近，研究者还进行了更多的确认性选择性育种，以期验证上述这些早期发现，但是这些新研究还未得出结果。

另一种研究衰老遗传学的方法是通过研究衰老加速小鼠（senescence-accelerated mice，SAM）。这些小鼠被确定为京都一个小鼠群体中的自发分离物，其确切起源尚不清楚，但它们可能是由两个或多个不同品系交配而成。这些小鼠的寿命短于正常小鼠寿命，且其衰老过程的许多方面都在加速。它们可以作为小鼠的一个早衰模型，虽然其起源未知，但也正受到广泛的研究。因为在一个或多个 SAM 品系中衰老加速的某些方面似乎有所不同，因此它们可能可以成为有用的研究资源；但是，衰老加速究竟反映的是正常的衰老，还是由于 SAM 品系中一个或多个等位基因突变而模仿了正常衰老过程的某些方面，还有待证实。

果蝇 尽管无法直接选择延长寿命的果蝇（黑腹果蝇），仍有一些研究团队通过选择繁殖年龄较晚的果蝇成功地挑选出了平均寿命和最大寿命延长的果蝇。这些选择是在实验室捕获并保存了一段时间的远交果蝇种群中进行的。这些选择导致寿命几乎增加了两倍，后期繁殖显著增加。晚期生育率的增加与早期生育率的降低有关。令人惊讶的是，这种寿命的延长并非在所有环境中都能观察到，这取决于幼虫的密度。在低幼虫密度下，未观察到所选品系与对照品系之间的差异。这种对生长条件的依赖性可能解释了为何早期研究无法挑选出寿命更长的果蝇，也表明在进行选择或对寿命以及其他可能的生命史特征进行定量遗传分析时必须格外小心。这些环境影响可能还提示，生理和环境之间会发生重要的交互作用，研究者可以利用这些交互作用来确定这种寿命差异的分子基础。

寿命的延长还与卵巢在生命早期的重量减轻以及对饥饿、干燥和其他环境压力的抵抗力增强有关。事实上，选择更高的抗干燥性可以产生寿命更长的品系。这些反应是许多基因或 QTLs 作用的结果。进一步剖析该过程的研究，揭示了基因组中可能存在特别富含 QTLs 的区域，但是再进一步的剖析却收效甚微，可能是因为涉及了太多的 QTLs。一般而言，这一结果与衰老进化理论所预测的早期生育和延长寿命之间的权衡是一致的。但是，这些观测结果并不是对理论的严格检验，因为研究同时选择了大量基因，因此这种权衡可能不在单个基因的水平上。而且，令人烦恼的是，该理论的支持者忽视了许多未能证实该理论的失败案例。目前，仍然没有明确证据显示果蝇中有一个单一的基因对寿命和某些其他生命史特征（例如发育或生殖）具有多效作用。此外，尽管梅纳德・史密斯的经典研究经常被认为表现出了这种多效性，但研究这些过程的现代实验室并未能充分重复他的研究过程。

寿命长的品系还对包括自由基在内的各种环境存在抵抗力。实际上，至少有两个不同的研究团队提出，延长寿命的生理基础是增加对活性氧的抵抗力。在这些长寿命品系中还牵涉多种其他特定的生理变化，但是在这些所选品系中没有对这些替代模型进行严格测试。至少有一项研究尝试严格测试超氧化物歧化酶（superoxide dismutase，SOD）参与延长寿命的过程，但未能检测到显著影响，而这项发现在事后遭到驳回，因为该研究中的基因位点仅代表在该群体基因中分离的数百个基因之一。研究者反驳这一模型的能力显然不足，这说明为了延长果蝇的寿命而进行选择性育种难以带来对延寿的分子和生理基础产生更多的认识。因此，还需要采用其他方法，下面会提到。

线虫　尽管研究者已经使用了多种线虫来研究衰老，但事实证明，秀丽隐杆线虫因其优良的遗传基因，成为所有近期研究的首选线虫。秀丽隐杆线虫是一种小型的、自由活动的土壤线虫，最初由悉尼・布雷内（Sydney Brenner）选择用于研究发育和行为。目前，已经确认了秀丽隐杆线虫的数千个基因，并且大多数基因组都可以用质粒和酵母人工染色体的有序重叠集合获得，极大地促进了基因克隆。研究者已经弄清了秀丽隐杆线虫转化的过程：雌雄同体（XX）的秀丽隐杆线虫通过自体受精繁殖，而雄性（XO）很少出现，但在构建种群时十分有用。每个雌雄同体在 20 摄氏度的环境下生殖期为 5 天，繁殖约 250~300 个后代。未交配的野生秀丽隐杆线虫雌雄同体的平均寿命约为 3 周，这使其成为有吸引力的研究模型。成年秀丽隐杆线虫的所有体细胞组织均为有丝分裂后的。

由于秀丽隐杆线虫是近交物种，因此研究者正使用另一种方法来鉴定和控制更长寿命的 QTLs。有几项研究采用了重组近交品系来解决有关遗传性、基因权衡以及参与确定寿命长短的基因数量的问题。由于秀丽隐杆线虫的繁殖方式为自我受精，因此产生这些重组近交品系十分容易，据报道，遗传对寿命贡献的合理估计为 15%~30%；约有 7 个 QTLs 决定了寿命长度。研究者已经证实，早期和晚期生育率之间的一些基因权衡，尽管正在开展更详细的研究，但尚未发现生育率与寿命或发育率和寿命之间的基因权衡。

有两项研究检验了两种野生品系（N2和 Bergerac）之间的杂交，并确定了带来寿命延长的 QTLs。两项研究均使用 Tc1 转座因子将这些基因定位于各个染色体区域，以确定图谱的位置和起源。研究者还开发出使用 Tc1 作为分子标记的聚合酶链反应方法，可以在单个蠕虫中对其进行分析，用于定位QTLs。一种方法是找到正在隔离这些标记的蠕虫种群，然后观察哪些标记在较老的蠕虫中选择性富集，这表明附近有一个感兴趣的 QTLs。这项研究发现了 2 号、4 号、X 号染色体上可能有与延长寿命有关的基因的证据，并且在这些长寿种群中可能选择了一定数量的基因位点。尽管如此，该研究的设计并不能发现生命史特征之间的权衡。另一项研究使用了重组自交系，在 2 号、4 号和 X号染色体上发现了控制寿命的 QTLs，在 2号、3 号、4 号染色体上找到了控制生育力的 QTLs。以上两个研究，都没有发现衰老的进化理论所预期看到的生育力和寿命之间的权衡。

突变体

突变分析是识别参与生物过程的基因的最有效方法。不幸的是，由于难以识别改变了衰老过程或有更长寿命的突变品系，因此突变方法难以应用于衰老研究。表 1 列出了突变后会影响寿命的基因。在真菌中，研究者已经发现了一些影响寿命的突变。一系列基因突变会影响粗糙脉胞霉菌的分生孢子活力，导致这些突变体的“保质期”大大延长。在柄孢霉菌中，克隆生命力受一系列基因突变的影响，且无论是 *i* 和 *viv*，或 *i* 和 *gr* 的双重突变都会带来无限的生长能力。最近，酿酒酵母菌的细胞衰老已被用作衰老的研究模型，并且在世代寿命（*LAG-1* 或 *LAG-2*）中差异表达的两个基因的突变可以延长细胞分裂的次数。此外，研究者还发现四个基因的突变可延长酵母菌的世代寿命，*SIR-4* 是其中之一，它在染色体沉默中发挥着作用。

尽管已经在果蝇中进行了一些研究，但是所有有趣的工作都是在秀丽隐杆线虫中进行的。秀丽隐杆线虫的自交性、缺乏近亲繁殖抑制以及“dauer”（秀丽隐杆线虫的另一种幼虫期，可以保持数月不成熟的状态，然后恢复发育为正常寿命的正常成年）现象的存在，使得它成为此类研究非常吸引人的研究对象。大约 15 年前，研究者开始使用仿制电镀方法对长寿突变体进行了筛选，这种筛选产生了几种长寿品系，但只有一种可以进行随后的研究；所有的突变都发生在这个方法识别出的第一个基因中，研究者将其称为 *age*-1。

age-1（*hx*546）是研究最多的突变体等位基因，在 25℃下，平均寿命增加 65%（25. 3 天比 15. 0 天），最大寿命增加 110%（46. 2 天比 22. 0 天）。长寿（年龄）突变品系的发育速度、行为或其他生命过程均无变化，且生育力也仅适度地降低了（如果有降低的话）。在秀丽隐杆线虫研究中，一些最激动人心的工作涉及蛋白质产物未知的基因克隆，这一过程被称为“定位克隆”，迄

表 1　已证实的与延长寿命有关的基因

基因名称	物种	突变的作用
LAG-1	酿酒酵母菌	过度表达：细胞分裂数目增加；其他突变：复杂效应
LAG-2	酿酒酵母菌	无效变体：细胞分裂数目减少；过度表达：细胞分裂数目增加
SIR-4	酿酒酵母菌	细胞分裂中的半显性突变增加 50%；端粒沉默改变
age-1 等	粗糙脉孢菌	分生孢子寿命最多增加 10 倍
i	柄孢霉菌	双突变体 *i-viv* 出现无限增长
gr	柄孢霉菌	双突变体 *viv-gr* 出现无限增长
viv	柄孢霉菌	双突变体 *i-viv* 出现无限增长
age-1	秀丽隐杆线虫	平均寿命增长 65%；对生育率的影响很小；对许多压力的抵抗力增强
spe-26	秀丽隐杆线虫	平均寿命增长 65%；生育率降低超过 90%
daf-2	秀丽隐杆线虫	平均寿命增加 2 倍（20℃）；出现道尔现象（25℃）
daf-12	秀丽隐杆线虫	未出现效果；*daf-2* 双突变体的平均寿命增长了四倍（20℃）；出现道尔现象（25℃）
daf-16	秀丽隐杆线虫	阻止 *daf-2*，*age-1* 和 *spe-26* 的反应
clk-1	秀丽隐杆线虫	延长发育时间、某些神经系统事件及寿命

今为止，大量工作未能揭示出符合 *age-1* 的克隆，主要是因为定位影响寿命的克隆基因存在困难。

还有其他四篇研究报道了秀丽隐杆线虫变异导致寿命延长。第一，*spe-26* 的突变极大地减少了精子的形成，并导致雌雄同体和交配雄性的寿命延长了约 80%。第二，*daf-2* 突变体在对温度敏感的条件下（通常这种条件观察不到道尔现象）出现了道尔现象，并在允许的温度下导致平均寿命延长 2 倍以上；*daf-16* 的行动阻止了该寿命的延长。*daf-2* 突变还会对其他生活史特征产生轻微影响，因为繁殖可能会以非常低的水平持续数周。第三，*rad-8* 突变蠕虫在 16℃ 和正常的氧气压力下，平均寿命比野生型蠕虫长近 50%。第四，*clk-1* 是一种突变，可延长 20%~50% 的寿命（取决于等位基因），还影响许多其他“定时事件”，包括胚胎和幼虫发育的时长，生育力和产卵率，以及抽水速度、食物摄入和排便等计时行为。最近发表的报告表明，其他几种道尔突变体也会影响寿命。*daf-23* 使正常成虫的寿命延长 1

倍，而 *daf-12* 突变体与 *daf-2* 相互作用，使寿命延长表型增加到平均寿命的近四倍。道尔显性突变体 *daf-28* 也可以稍微延长寿命。其他形成道尔的突变体定义了一种信号转导途径，该途径可以识别出与信号转导有关的哺乳动物基因的同源物，不过，上述基因的作用尚不清楚。*daf-1* 编码的翻译产物与 *raf* 基因超家族中的丝氨酸—苏氨酸激酶具有同源性，可能是细胞表面受体。*daf-4* 是人骨形态发生蛋白（BMP）受体与编码 BMP 的 *daf-7* 基因的线虫同源物。最后，*daf-12* 编码类固醇甲状腺激素受体基因超家族的转录因子。需要注意的是，所有克隆的基因都不会延长寿命。

我们的实验室已经发现，大多数（即使不是全部）线虫的长寿突变体对许多环境压力具有更强的抵抗力。依据如下：首先，四个长寿突变体（*age-1*，*daf-2*，*daf-28* 和 *spe-26*）对两种不同的应激源（热应激和紫外线照射）更具抵抗力。只有 *age-1* 对活性氧具有抗性；*clk-1* 突变尚未检测出任何应激源。其次，通过非致命性热应激诱导耐热性可延长寿命。*age-1* 突变体在后期具有较高水平的铜锌超氧化物歧化酶（Cu-Zn SOD）和过氧化氢酶。*age-1* 突变体还通过表达热休克蛋白 *16*（*HSP-16*，一种晶体同源物）来应对热应激，其表达水平高于野生型。因此，*age-1* 突变可能揭示了一个共同的遗传途径，该遗传途径参与调解来自各种环境压力所引起的应激反应。

转基因

阐释特定过程受特定基因影响的最终目的是证明改变单个基因会影响该特定过程。证明这种因果关系的最佳方法是改变一个特定的基因，并证明这会影响目标表型（例如寿命）。正是这种方法被用于转基因动物（小鼠、酵母、果蝇和线虫）的分析，以证明一个或几个基因的改变对衰老的影响。这种方法刚刚开始应用于各种系统，以测试特定基因对寿命或衰老率的影响。

使用转基因技术的最好例子体现在果蝇研究中。研究者于该项研究中已经构建了 Cu-Zn SOD 和过氧化氢酶过度表达 20%～50%的转基因品系。与野生型相比，这些转基因品系具有更长的寿命和更低的死亡率，氧化蛋白质的积累速率有所下降，身体机能的丧失也有所延迟。值得注意的是，超氧化物歧化酶和过氧化氢酶同时进行转基因的个体寿命比两个单独转基因个体的寿命总和长得多。这可能是由于过氧化氢酶参与了由 Cu-Zn SOD 产生的过氧化氢自由基的解毒。

研究者已经研究出秀丽隐杆线虫的转基因品系，试图通过与正常的外源基因互补来克隆 *age-1* 基因，但是克隆研究仍在进行中。研究者已经筛查了几种转基因小鼠品系对衰老和寿命的影响。在神经元中表达肽的小鼠转基因品系表现出神经毒性的增加和寿命的缩短，且可能表现出凋亡细胞水平的升高。携带更多克隆的 Cu-Zn SOD 的小鼠品系寿命较短，并表现出通常与唐氏综合征相关的某些毒性作用。目前正在测试其他小鼠转基因品系，以了解不同基因的缺失可能会对寿命延长和其他与年龄相关的生物过程产生什么影响。

基因和基因作用的分子研究

DNA 修复和体细胞突变

大约 60 年前，有人提出体细胞突变可能导致衰老。该理论已在多种无脊椎多细胞动物中进行了广泛的研究，并在短命昆虫中得到了充分的否定。目前尚不清楚大多数哺乳动物物种中体细胞突变是不是个体衰老或细胞衰老的普遍原因，尽管在哺乳动物衰老的过程中都涉及了 DNA 重组。目前，有三个领域在关于哺乳动物衰老和衰老的可能原因方面展开积极的研究：线粒体 DNA 的缺失和重组，端粒缩短和引起癌症的体细胞突变。

目前研究者已经获得令人信服的证据，表明线粒体基因组的破坏带来了多种真菌物种的衰老。不过，在多细胞动物中，很少有直接证据表明线粒体基因组的缺失在导致个体衰老和细胞衰老中起作用。线粒体 DNA 缺失已在人类、其他哺乳动物和其他高等真核生物中发现，但其发生频率较低，因此促使该理论的支持者提出，已识别的缺失仅代表“冰山一角”。老年人中几种典型的缺失尚不清楚，已经有很多研究团队在开展这方面的研究。线粒体基因组各部分的缺失与多种人类疾病相关，但没有直接证据表明线粒体缺失在哺乳动物衰老中发挥了因果作用。

显然，染色体重组会随着年龄的增长而急剧增加，并且几种导致染色体不稳定的人类疾病具有“加速衰老”综合征的某些特征。例如，沃纳综合征（一种成年期才发病的早衰综合征）会导致体内染色体畸变的频率大大增加。沃纳综合征患者的细胞培养物中新突变的发生率提高了 10~500 倍。癌症的年龄依赖性在很大程度上归因于新的基因突变和电离辐射，这两个因素都是在体外进行的，在对广岛幸存者的研究中，它已被证明会导致恶性转化水平升高。人类淋巴细胞的突变频率也与年龄相关。可惜的是，突变和其他年龄有关的疾病（痴呆、关节炎、骨质疏松症等）的关系并非如此简单，几乎没有证据表明突变参与了这些过程。

端粒（染色体的末端）在 DNA 复制过程中存在特殊问题，研究者提出以下假设：端粒丧失可能导致成纤维细胞培养的有限复制寿命。端粒丧失似乎与哺乳动物细胞衰老有因果关系，而端粒酶（复制端粒的酶）似乎在大多数或所有永生细胞中都会被重新激活。另一方面，没有直接证据表明端粒缺失与哺乳动物个体衰老或细胞衰老存在因果关系。

基因作用的调控

多年以前，研究者就提出基因表达改变是引起个体和细胞衰老的主要机制。甚至是众所周知的没有具体预测机理的衰老进化模型也表明，基因表达调控的改变可能存在于老龄动物中。然而，衰老不同于发育。与发育中许多基因在基因表达的不同阶段被上调或下调的情况不同，衰老的生物体表达的蛋白质与年轻动物几乎相同。研究者已经尝试了多种方法，试图在蛋白质水平上寻找表达模式的改变，但各研究发现的改变都很少，甚至没有。在 RNA 水平上，某些基因被调节，但几乎没有基因完全打开或关闭。然而，与发育不同，似乎没有大规模的转录改变是由新的转录调节蛋白组的合成协调调节的。

多种模型系统中，包括衰老组织培养细胞模型，衰老大鼠组织模及其肝细胞模型，以及无脊椎动物（果蝇和线虫）模型，采取了各种诱导事件后均无法合成热休克蛋白（*HSP*）。在大鼠肝细胞模型中，这种 *HSP* 的缺失被归因于热激因子改变，热激因子是诱导 *HSP* 基因转录所必需的。一个令人兴奋的假设是，秀丽隐杆线虫的 *age-1*、*daf-2* 以及其他长寿突变体的寿命更长，可能是由于对多种环境压力做出反应的基因上调所致。已有报道表明，这种上调使对氧化应激和热应激的抗性均增加，而我们实验室尚未发表的研究表明，到目前为止，已被识别为老年基因的所有突变体都可能通过上调各种不同的途径来延长寿命，包括提高对紫外线辐射的抵抗力。

迄今为止，对基因在调控个体和细胞衰老中的作用的最完整的认识来自对组织培养细胞的研究，不过它可能不能看作衰老的模型，而是体细胞分化。正常细胞循环所必需的几个基因在衰老的组织培养细胞中并没有表达。这些基因中的几个基因在转录水平上受到调控，由于缺少 E2F 转录因子而无法打开。衰老细胞还能差异表达细胞周期蛋白和细胞周期蛋白依赖性蛋白激酶，并过度表达几种生长抑制剂。细胞衰老的主要调节因子仍有待确定（参见“脱氧核糖核酸与基因表达”）。

有关衰老的遗传学前沿研究

目前正在开展的前言研究包括研究方法的创新，帮助识别导致个体或细胞衰老或限制正常寿命的关键基因和调控元件。关键模型系统，尤其是衰老的成纤维细胞和线虫模型，已经允许研究者识别出限制正常寿命的关键基因和过程。我们可以期待越来越多的小鼠实验和人类临床试验的结果，将检验我们对衰老过程的一个或多个方面的理解以及采取药理干预措施。基因操作和技术将在未来的时代中发挥关键作用。

另请参阅：细胞衰老：生长因子与细胞衰老；痴呆；脱氧核糖核酸与基因表达；老化模型：无脊椎动物、丝状真菌和酵母；老化模型：脊椎动物。

拓展阅读

Campisi J, Dimri G, and Hara E (1996) Control of replicative senescence. In: Schneider EL and Rowe JW (eds.) *Handbook of the Biology of Aging*, 4th edn. San Diego, CA: Academic Press.

Finch CE (1990) *Senescence*, *Longevity*,

and the Genome. Chicago, IL: University of Chicago Press.

Fleming JE and Rose MR (1996) Genetic analysis of aging in Drosophila melanogaster. In: Schneider EL and Rowe JW (eds.) *Handbook of the Biology of Aging*, 4th edn. San Diego, CA: Academic Press.

Jazwinski SM (1996) Longevity-assurance genes and mitochondrial DNA alterations: Yeast and filamentous fungi. In: Schneider EL and Rowe JW (eds.) *Handbook of the Biology of Aging*, 4th edn. San Diego, CA: Academic Press.

Johnson TE (1993) Genetic influences on aging in mammals and invertebrates. *Aging: Clinical Experimental Research* 5: 299.

Lithgow GJ (1996) The molecular genetics of Caenorhabditis elegans. In: Schneider EL and Rowe JW (eds.) *Handbook of the Biology of Aging*, 4th edn. San Diego, CA: Academic Press.

Rose MR (1991) *Evolutionary Biology of Aging*. New York: Oxford University Press.

Van Remmen H, Ward W, Sabia RV, and Richardson A (1995) Effect of age on gene expression and protein degradation. In: Masoro EJ (ed.) *Handbook of Physiology of Aging*, pp. 171 – 234. Oxford, UK: Oxford University Press.

Vijg J (1990) DNA sequence changes in aging: how frequent, how important? *Aging* 2: 105.

Vijg J and Papaconstantinou J (1990) Aging and longevity genes: Strategies for identifying DNA sequences controlling life span. *Journal of Gerontology: Biological Science* 5: B179.

译　者：林是琦（北京大学）

校译者：刘菊芬（北京大学）

抑郁症

P. A. 帕米利 埃默里大学医学院和亚特兰大退役军人事务医疗中心，亚特兰大，佐治亚州，美国

词汇表

快感缺失（Anhedonia）——在日常生活中缺失兴趣和欢乐。

丧亲之痛，又称单纯悲伤（Bereavement，also called Uncomplicated Grief）——对失去亲人或重要财产（比如“家”）的反应。

双相情感障碍，又称躁狂抑郁症（Bipolar Disorder，also called Manic Depressive Disorder）——在抑郁周期里伴随过度乐观、兴奋和活动的时期。

抑郁症（Depression）——以认知、情感、躯体或植物性躯体症状为特征的情绪障碍。主要特点是压倒性的沮丧感或挫折感，或对日常生活缺乏兴趣，包括享受。

轻郁症（Dysthymia）——存在抑郁症的两个明确症状中的一个，再加上至少两种其他抑郁症状，且持续两年以上。

引言

抑郁症是所有年龄组中最常见的情绪障碍：多达14%的美国人在生命周期的某个阶段会经历严重的抑郁症。尽管某些形式的抑郁症在老年人中的流行程度不亚于年轻人，但由于该疾病与身体疾病、功能受损、认知能力下降、整体生活质量受损甚至死亡密切相关，因此对老年人有更深远的影响。直到30年前，人们对老年抑郁症的流行或表现仍知之甚少。然而，现在已经有了大量关于老年人抑郁症的文献研究，描述了其流行病学、与其他身体和情感合并症的鉴别诊断，以及与年轻人相比，其在老年人中独特的表现和后果。

本文通过对抑郁症流行病学的简要回顾，从人口流行特征和老年人的具体情况两方面对抑郁症当前的认识进行概述。然后讨论使识别、分类和治疗复杂化的关键诊断问题，随后概述对老年人抑郁症的危险因素。本文还将对当前药物和非药物治疗的趋势进行总结，特别强调初级保健机构中出现的所谓第二代治疗问题（second-generation treatment problems）。

流行病学和意义

抑郁症是以认知、情感（情绪）和躯体或植物性（躯体）症状为特征的情绪障碍。它的主要特点是压倒性的沮丧感或挫折感，以及在日常生活中缺乏兴趣，包括享受。被诊断为抑郁症的人可能会经历悲伤、哭泣、毫无价值感或内疚感，难以集中精力，不能做出决策，食欲和能量水平发生变化，出现坐立不安或迟钝，以及睡眠问题。与我们所经历的正常情绪的日常波动不同，临床上抑郁症是持续和普遍的，持续数周、数月甚至数年。

按照《精神疾病诊断与统计手册》（第4版）（DSM-IV）中的定义，重度抑郁症（major depressive disorder，MDD）在老年人中并不比在65岁以下的人群中更为普遍。事实上，重度抑郁症在青春期和成年早期最为常见，随后逐渐下降，整个成年期患病率为3%~5%。在社区内独立生活的老年人中的流行率略低于此。而与一般老年人群相比，患有急性或慢性疾病的老年人中重度抑郁症的患病率急剧攀升。这在医院和康复机构的老年人中相当普遍，在接受长期照顾的人中患病率更高。多达25%的认知完好的护理院居住者患有重度抑郁症。此外，轻度抑郁症在老年人中相当常见，无论其健康状况或生活安排如何，都有约25%的个体受其影响。因此，抑郁症在某种程度上广泛影响着老年人，特别是生病或残疾的老年人。

由于抑郁症对晚年的健康和福祉所产生的影响，这些数字令人不寒而栗。健康状况不佳和功能性残疾显然是抑郁症的危险因素，但抑郁症也增加了发生健康问题和功能下降的风险。抑郁症加剧了疾病症状和痛苦。抑郁症会损害认知功能，可能使人面临痴呆风险。尽管机制尚不清楚，但抑郁症也显著增加了老年人的死亡风险。总之，抑郁症会影响老年人的生活质量，并可能加速身体衰退和死亡，因此是一个严重的问题。

随着目前的中年人群——“婴儿潮一代”——进入晚年，老年抑郁症的患病率会上升。而如今的老年人，即在“大萧条”和第二次世界大战期间成长起来的老年人，在成年时期的抑郁症和其他精神障碍的患病率一直较低。有人认为，其中的原因包括“伟大的一代”（the great generation）具有更强的适应能力，以及不如年轻群体更积极地报告情绪困扰和寻求治疗。不管是什么原因，未来几年老年抑郁症的患病率可能会增加，未来几十年中寻求治疗抑郁症的老年人数量将创纪录。

诊断问题

抑郁症不是一种单一的疾病，而是表现为各种各样的综合征，其严重性、病程和与其他症状的关联可能各不相同。对老年抑郁症的鉴别诊断一直存在争议。本节主要考虑三个问题：常见的临床综合征及其诊断，重度与轻度抑郁综合征，以及老年抑郁症与年轻时的抑郁综合征是否有质的区别。

诊断抑郁症：常见的临床综合征

《精神疾病诊断与统计手册》（第4版）确定了一系列情绪障碍，其中许多涉及抑郁症。表1列出了用于诊断各种抑郁症的主要症状。简而言之，重度抑郁症至少有这些症状中的5个特征，包括其中一种定义症状（抑郁情绪、丧失兴趣或快乐），全部或大部分症状至少持续两周或以上。重度抑郁症最常见于单一症状或一系列症状，后者被称为复发性重度抑郁症。然而，至少两种其他疾病中也可能存在严重的抑郁症状。第一，在双相情感障碍（以前叫“躁狂抑郁症”）中，抑郁周期里伴随过度乐观、兴奋和活动的时期。双相情感障碍似乎在老年人中比年轻人中少得多，但尚不清楚的是，这是否反映了不同队列中终身患病率的真实差异，或仅仅是疾病在生命晚期中表现出的变化。第二，当重度抑郁症伴有妄想或幻觉时，被称为精神病性抑郁症（psychotic depression）。患有重度抑郁症的老年人比年轻人更容易出现精神病症状，特别是妄想。但是这相对罕见，仅影响到约0.1%的老年社区居民。

即使抑郁症状很严重，老年人也可能没有患上重度抑郁症。例如，悲伤的反应就是一个很好的例子。正常的丧亲之痛，也被称

表1　抑郁症的症状

定义症状

情绪低落：一天中的大部分时间，几乎每天都是如此。可以通过自我报告或他人的观察（例如，哭、流泪）来确定。

失去兴趣或快乐（快感缺失）：一天中的大部分时间或几乎每天，对所有活动的兴趣或快乐都明显减少。可以通过自我报告或他人的观察来确定。

其他症状

显著的体重减轻或体重增加：1个月内体重变化5%或以上，每天或几乎每天食欲减少或增加。

几乎每天都有失眠或嗜睡症。

精神烦躁或运动迟缓：每天或几乎每天。必须能被别人观察到，而不仅仅是主观上的不安或迟缓的感觉。

每天或几乎每天都感到疲劳或精力不济。

一种毫无价值感或内疚感：每天或几乎每一天。内疚必须是过分的或不恰当的，而不仅仅是自省的行为。

每天或几乎每天都难以集中精力或处事优柔寡断。可以通过自我报告或观察来确定。

反复出现的自杀意念：反复出现的死亡想法，或希望没有计划就能死去，或有自杀企图或具体计划。并非仅仅是害怕死亡。

引自：*Diagnotic and Statistical Manual*, 4th edition. American Psychiatric Association, 1994.

为“单纯悲伤”，是对失去亲人甚至宝贵财产（如“家”）的反应。抑郁症的症状是对这种失去正常的、可以理解的反应，但通常在6个月内得到缓解。在一种非常不同的情况下，抑郁症也可能直接由与情绪过程或功能无关的医学病症的生理效应引起，这种综合征在《精神疾病诊断与统计手册》（第4版）中称为“一般医疗状况引起的抑郁综合征”，与重度抑郁症或其他抑郁症的症状相同，因此很难加以区分。许多抑郁性疾病的老年患病率更高，因此有理由相信这些综合征在老年人中更为常见。

重度抑郁症与轻度抑郁症

如前所述，大多数患有抑郁症的老年人症状较轻，尚未达到重度抑郁症诊断标准。《精神疾病诊断与统计手册》（第4版）可以识别的几种明确定义的疾病，被认为是轻度抑郁状态。“轻郁症”的定义是存在两种明确症状中的一种，再加上至少两种其他抑郁症状，且至少持续两年。这种慢性、低水平抑郁症通常表现在生命的早期阶段，实际上老年人比年轻人患病率低。然而，在许多患有精神抑郁障碍的老年人中，这种综合征首先发生在成年中后期。这种形式的轻郁症较少在重度抑郁发作之前发生，并且不太可能同时患有人格障碍。事实上，一些专家认为，晚年的轻郁症与年轻人的疾病有质的不同。较低水平的抑郁综合征也可能是对情绪困扰情况的适应不良反应，比如情绪低落时的调节障碍。这些反应性抑郁症状可能达到也可能达不到重度抑郁症的诊断标准，但通常在个体应对或适应了突发事件后就得到解决了。

这些明显可诊断的疾病不能解释影响老年人的大多数非重度抑郁综合征。事实上，大多数具有临床显著抑郁症的老年人可能达不到重度抑郁症、轻郁症或其他《精神疾病诊断与统计手册》（第4版）定义的疾病诊断标准。由于情绪低落，这些人的生活质量明显下降。这些不那么严重的抑郁症形式后来被称为老年人和年轻人中的亚临床抑郁（subsyndromal depression）。尽管一些早期的研究表明，非重度抑郁综合征可能与重度抑郁症有质的不同，但目前的一般共识是，它们只是代表了连续的抑郁症状中的一个点。从这个角度来看，轻度抑郁症和亚临床抑郁仅仅是相同的基本认知、情感和生理过程的低水平的表现，这些过程是重度抑郁症、精神病性抑郁症和其他更严重的单相抑郁症的基础。

许多证据支持这种将抑郁症看作症状和严重程度的连续体的观点。例如，可诊断的轻度抑郁症和和亚临床抑郁都是发展为重度抑郁症的明确的危险因素。它们具有与重度抑郁症综合征相似的神经解剖学特征，通常对相同的治疗方案反应良好。重度抑郁发作的发展是渐进的，可能在早期阶段表现为轻度或亚临床抑郁。同样，一些明显较低水平的抑郁综合征可能代表了部分缓解或从更严重的抑郁症中恢复的过程。

目前，关于如何确定亚临床抑郁并没有达成共识，也没有明确区分亚临床抑郁和可诊断的轻度抑郁症。研究人员或临床医生也不能可靠地确定亚综合症状是不是全面发作的重度抑郁症的前驱症状。然而对这些以前被认为缺乏临床意义而不值得诊断和治疗的低水平抑郁症状，实际上严重影响老年人的生活质量，如今人们已经达成共识。为此，《精神疾病诊断与统计手册》（第4版）现在承认亚临床抑郁是一种潜在诊断，并放在“无特别说明”（not otherwise specified）条目下，并且尽力推动在下一次修订手册时，将其作为一种独特的综合征。

老年抑郁症与早期或中年的抑郁综合征有什么不同?

前面已经指出，各种抑郁综合征或多或少是常见的，并且在年轻人中与在老年人中的表现可能有所不同。这就提出了一个更普遍的问题：老年抑郁症是否与较早时期的发病的性质不同。有三条证据链引发了人们对这个问题的讨论：第一是关注某些老年人抑郁症的独特表现，这是就疾病的症状复杂性而言；第二是与抑郁症和认知障碍之间的关联有关；第三是关于早发与晚发抑郁症的最好总结，来自对老年抑郁症的神经解剖学特征的研究。

晚年的抑郁症状　尽管许多老年人的抑郁症表现可能比较典型，但是有的人可能会出现没有悲伤和沮丧的明显症状，而悲伤和沮丧被认为是定义青年人抑郁症的核心。现在，没有表现出悲伤的抑郁症是老年人中常见和公认的综合征，他们的绝望、无助感和快感缺失（在日常生活中失去兴趣或乐趣）可能比完全的意志消沉更加常见。或者有些老年人可能像儿童和青少年一样，表现出愤怒或烦躁，而不是悲伤的情绪。

焦虑症经常与抑郁症共同发生，抑郁症与焦虑症的鉴别诊断可能具有挑战性。老年人尤其如此，他们的症状常常交织在一起，混淆了焦虑与抑郁的区别。虽然抑郁的老年人可能表现出广泛的焦虑，但他们的担心往往集中在衰老的常见问题——身体健康和认知功能上。一些老年人可能不愿意向服务提供者说明抑郁的感觉，而是通过抱怨躯体症状来代替或掩饰抑郁症。这并不意味着抑郁症老人的身体健康的主诉不真实，相反，抑郁症可能会促使人们专注于现有的某个真实的健康问题，并加重伴随而来的痛苦。另外，特别是在初级保健提供者的办公室，老年人可能会把重点放在描述抑郁症的植物性症状上，而不是情绪困扰。许多疾病本身可引起抑郁症状，很多用于治疗常见老年病的药物也是如此，所以情况更加复杂。因此，区分生理和心理过程是困难的。这显然使这个年龄段的抑郁症诊断复杂化，当老人多次出现身体不适时，建议仔细探查和分析。

抑郁与认知功能　对记忆问题的抱怨也与抑郁症有关。抑郁症和认知功能有一些自然的混淆，因为难以集中精力和做出决定是诊断任何年龄组抑郁症的症状之一。此外，抑郁症本身可能会导致一些认知功能减退，特别是当任务涉及执行功能时——计划和协调复杂活动。这在人的整个一生中都存在。但对老年人来说，情绪和认知障碍同时发生带来非常独特的诊断困难，因为认知症状可能不是来自抑郁症，而是来自真实的记忆障碍。另外，抑郁症常见的认知减缓可能被误认为假性痴呆现象中的真实痴呆。真正的假性痴呆的特征在于它的可逆性：当抑郁消退时，认知问题也就解决了。但是抑郁症和从轻度认知功能障碍到严重痴呆的真正的（不可逆的）认知缺陷之间也有明确关系。但是这并不是一个简单的关联。它表现为许多不同的方式，并涉及几个独立的过程。

首先，也是最普遍的，与认知完整的老年人相比，抑郁症在阿尔茨海默病或其他痴呆患者中更普遍。在阿尔茨海默病中，以渐进性和隐性起病为特征，抑郁症可能是发生在疾病早期阶段的认知障碍的前驱症状，并且反映了个体对早期记忆丧失迹象的意识和情绪反应。随着疾病的进展，尤其是当个体口头表达自己的能力下降时，评估抑郁症变得更加困难，并使其与代表疾病本身的典型的情感冷漠和平淡不同。然而，抑郁症状通常在疾病的早期和中期最为主要，并随着个体自我意识的减弱而减轻。

还有一些证据表明，一次或多次重度抑郁症的发作可能会增加晚年发生认知功能障碍的风险。这方面的研究资料刚开始积累，目前来看，似乎一些伴随重度抑郁症发作的认知症状不会随着抑郁症的缓解而得到解决。即使认知症状与抑郁症同时缓解，伴有认知功能障碍的重度抑郁症患者在未来5~10年内发生痴呆的风险也会增加。事实上，不论重度抑郁症的发病年龄如何或者是否存在认知症状，可诊断的痴呆的发病率在有终身重度抑郁症病史的患者中明显更高。因此，看起来抑郁症本身可能会增加人们在晚年患上痴呆的风险，但是这种影响的机制尚不清楚。

早期抑郁症和晚期抑郁症　到目前为止，我们对老年抑郁症与年轻人中的综合征的鉴别主要集中在症状学上，并因此也引出了以下问题——老年抑郁症与其他非老年个体抑郁症是不是同一类疾病？在大多数情况下，迟发性抑郁症（首次发生在60岁或以后）与独特的综合征或病史联系在一起，正如前面刚刚提到的那些泛泛的描述。然而，越来越多的使用神经影像技术的研究表明，至少有一些迟发性抑郁症具有可能是特定于老年人的神经解剖学病因。具体而言，这些研究已经确定了伴随迟发性重度抑郁症的一组相对一致的脑结构改变，并且已经把这些结构的改变与之前所述的一些不同的症状学模式联系起来。

磁共振成像（MRI）研究表明，这种独特的迟发性综合征的特征是许多小的高强度信号——扫描上的高亮区域——被认为代表大脑皮质下结构及其额叶投影中的缺血性血管疾病的影响。虽然这些病变不足以引起与更严重的血管破坏如脑卒中相关的功能改变，但它们与被称为“血管性抑郁”（vascular depression）的一种独特的综合征密切相关。血管性抑郁临床表现为冷漠（也被称为倦怠）、精神运动性迟缓，特别是前面描述的执行功能障碍综合征；植物性神经症状不如其他抑郁症那样常见。血管性抑郁患者往往在功能上比复发性的早发性抑郁症患者受到更多的损害，而且发生进一步功能下降的风险更大，而且他们对药物治疗的反应也较差。

老年抑郁症的功能性神经影像学研究工作尚不完善。如果从年龄非特异性研究中加以借鉴，一个连贯的画面开始浮现，那就是为血管性抑郁假说提供了临床和结构性支持。研究充分表明，老年抑郁症伴随全脑血流量减少和对认知刺激反应的激活较差。和年轻人一样，它在前额叶皮质中的表现尤其明显。此外，还伴随着葡萄糖代谢的全面抑制，特别是对背侧新皮质结构。相反，与情绪功能相关的腹侧边缘结构是抑郁症患者的高代谢结构，这可能反映了一种相互关系。

对血管性抑郁的研究还处于早期阶段，目前的研究还不能确切地说明风险因素、神经解剖学变化，以及迄今为止所观察到的情感、认知和行为症状之间的因果关系。然而，很显然，这种综合征不仅是老龄期特有的，还与早发性抑郁症在性质上有所不同。

老年抑郁症的危险因素

生物危险因素

老年抑郁症在一个非常基本的水平上与衰老密切相关。然而，在讨论医学疾病和疾病过程之前，通过生物化学或神经解剖学机制来回顾一些可能触发或加剧抑郁症的基本过程是有帮助的。在下面的讨论中明显没有涉及遗传因素在老年抑郁症中的作用。虽然证据不足，但迟发型抑郁症似乎存在家族性风险。而遗传风险因素发挥的作用似乎比在早发性疾病中要小，它可能通过与其他疾病过程的联系而发挥作用。

脑血管因素 正如前面关于血管性抑郁的讨论所表明的，与血管病变有关的脑结构和功能的改变是抑郁症的强危险因素。而有趣的是，对迟发性抑郁与高血压等一般血管危险因素的直接联系却缺乏实证研究支持，可能是由于对这一现象进行严格控制的研究很少。尽管如此，但仍有强有力的证据表明，皮质下的高信号强度与迟发型重度抑郁症密切相关，并且通过观察到的病变的部位和大小可以很好地预测抑郁症状。血管性抑郁似乎涉及一些与额叶功能相关的结构和过程。除白质高信号外，可确认的结构标记还有：边缘和基底神经节结构体积减小，包括海马、杏仁核、前扣带回、尾状核和壳核；边缘系统区域新陈代谢增加；背侧新皮质区域和基底神经节的代谢活动降低。

虽然引起血管性抑郁的病变往往相对较小、较分散，但其他特殊的神经功能障碍也可能产生抑郁症。对此最有效、最深入的研究可能是脑卒中。在急救或康复期间，近20%的脑卒中患者符合重度抑郁症标准，并有相同数量的患者有轻度抑郁症状。尽管功能缺陷会导致脑卒中患者出现抑郁症，但现在有充分证据表明结构性脑损伤是一个主要病因，特别是在脑卒中本身发生之前的几个月内。尽管目前与脑卒中后抑郁症关系最密切的具体部位的研究结果并不一致，但大量证据指向左侧前部皮质和基底神经节病变。脑卒中后抑郁症尤其隐蔽，除非进行积极治疗，否则会影响康复的速度和最终结果。

内分泌功能 大量研究证明，抑郁症与下丘脑—垂体—肾上腺（hypothalamic-pituitary-adrenal，HPA）轴活动的异常有关。抑郁症在高皮质醇血症（hypercortisolemia）的高发人群中最易观察到，反映了抑郁症个体中促肾上腺皮质激素释放因子（corticotrophin releasing factor，CRF）的过度分泌。尽管直接将下丘脑—垂体—肾上腺轴功能与老年人抑郁症联系起来的研究是有限的，但由于促肾上腺皮质激素对促肾上腺皮质激素释放因子作用的敏感性增加，他们可能特别容易受到这种动态的影响。脱氢表雄酮（dehydroepiandrosterone，DHEA）的水平在老年中比年轻人低，这种模式也与抑郁症状有关。睡眠模式和性激素的正常年龄变化也与下丘脑—垂体—肾上腺轴活动相关，并可能使一些老年人陷入抑郁症。这些发现至今还很少被纳入老年抑郁症的综合应激反应模型中。这是未来很有前途的一个研究方向。

医学和临床风险因素

尽管有证据充分表明，健康状况不良是导致老年（乃至一生）抑郁症的发病率和持续存在的强大风险因素，但对其机制还存在一些争议。争论的焦点是两个主要问题。一是抑郁症和健康状况不良之间的联系是由特定疾病过程导致的，还是整体的医疗负担造成的呢？换句话说，抑郁症和医疗条件是否具有共同的生物学机制，或者说，抑郁症是否来源于对明显的疾病症状的认知和情绪反应，及其对功能能力或寿命的影响？二是正交问题是抑郁症与健康状况不良之间的因果关系。长期以来，人们认为，身体和精神健康问题之间，身体是驱动因素，也就是说，人们因生病而抑郁。而一项新兴的研究发现，相反的情况同样正确。这两个问题构成了下面讨论抑郁症与其他医学疾病的共病模式，以及功能障碍和其他疾病症状在促成这种模式中的作用的基础。

特定的医疗条件与抑郁症的关系 已知的与抑郁症有关的特定疾病过程可以列出一份相当长的清单，但只有少数源于基本的生物功能障碍的联系被明确证实。即使是那些已经被确定为与抑郁症候群（即除开其他健康状况）有独立关系的情况，其动态关系仍不清楚。

心脏病提供了一个很好的例子，用来说明那些试图分析抑郁症和晚年健康状况不良之间的关系的人所面临的困境。抑郁症是心脏病的常见并发症，包括心肌梗死（myocardial Infarction，MI）和充血性心力衰竭（cong-estive heart failure，CHF）及其他慢性心脏问题。在急性发作时没有抑郁症的人在接下来的一年有更高的风险发展为抑郁症。而那些在疾病起始就感到抑郁的人则持续抑郁，并会患更大的（心脏）疾病，由疾病带来的死亡风险会更高。多种共同的生物学机制可能会导致这些影响，包括神经内分泌和交感神经系统功能障碍、免疫功能障碍和随之而来的对炎症的易感性，对医疗方案的依从性差，当然还有前面描述的脑血管功能障碍。在某些情况下，抑郁症可能反映了心肌梗死引起的应激反应及其对死亡率的影响。但是，现在有充分的证据表明，抑郁症和心脏病之间的关联是双向的。也就是说，抑郁症同样也是后续心脏病的危险因素，反之亦然。

其他一些健康问题同样表现出与抑郁症有相互影响的关系，因此抑郁症或使个体易患疾病，或导致现有的病情恶化和预后较差。典型的例子是糖尿病、癌症、脑卒中、原发性睡眠障碍和帕金森病，尽管对后者的双向性联系的探索才刚刚开始。

同样需要注意的是，许多治疗身体健康问题的方法也可能导致抑郁症。老年人常用的一些药物已被证明会导致抑郁症状。这些包括（但不限于）选择性抗惊厥药、氟喹诺酮类抗生素、抗高血压药、抗帕金森病药物、巴比妥类、苯二氮䓬类、β-受体阻滞剂、钙通道阻滞剂、麻醉剂、一些非甾体抗炎药和类固醇。

总体医疗负担与抑郁症 除了对小部分疾病之外，很少有人系统地跟踪研究医学疾病过程与抑郁症之间的关系。然而，已有一些流行病学调查将一系列疾病与抑郁症联系起来。有趣的是，研究结果相当一致地表明，能够预测抑郁症的是共病健康问题的数量或严重程度，而不是任何具体疾病的存在。不论什么疾病，健康问题较多或医疗状况相对较为严重的老年人，有更大的患抑郁症的风险。以下几种情况可以说明这种影响。

最明显的是伴随多种医学共病的功能性残疾的风险在升高。在老年抑郁症的所有危险因素中，基本的日常生活活动能力和工具性日常生活活动能力受损是最强和最一致的预测因子。大量的流行病学调查均表明，抑郁症状与任何特定健康问题或总体疾病负担（共病的数量、严重程度）之间的关联可以完全由与身体健康问题相关的功能障碍来解释。但是就像刚讨论过的具体疾病一样，这种关系是复杂的。由于自身能力受到限制，一个人不能自主地进行必要的日常活动，残疾显然会导致情绪困扰。然而，同样真实的是，抑郁症不仅会导致横断面上的残疾，也就是由于缺乏活动的动机或兴趣而导致的所谓“过度残疾”（excess disabilty），而且还会随时间推移发生残疾。即使控制了医疗状况，抑郁症的老年人发生功能性疾病的风险也高于非抑郁的老年人。目前尚不清楚抑郁症对后续功能状态的这种作用是由于失用性功能能力的萎缩，还是抑郁症对神经内分泌和免疫系统的影响而引起的。这两种途径都可能发挥作用。

残疾也许是最常见的，但肯定不是唯一的与老年抑郁症有关的疾病效应。事实上，任何影响日常功能的症状都可能使个体易患抑郁症。残疾之后最常见的症状可能是疼痛。相当一部分老年人在一定程度上受到由于骨关节炎和其他慢性疾病引起的持续性疼痛的影响。在过去的 20 年里，已经有证据表明，老年人慢性疼痛和抑郁症之间的密切关系。疼痛、抑郁和残疾之间的因果关系仍然存在争议，并可能随着特定的疾病动态而变化。尽管如此，有确凿的证据表明，就像与其他健康过程一样，疼痛和抑郁症之间的关系是相互的。疼痛会使人变得抑郁，而抑郁症既加剧了身体的疼痛，也使个体随时间的推移增加了疼痛和与疼痛相关的残疾。后者是一个特别令人关注的问题，因为老年人的疼痛，无论是急性的还是慢性的，常常未被充分发现，也治疗不足。如果不能控制这种常见的疾病症状，则可能会使老年人处于疼痛、抑郁和残疾的恶性循环之中。

心理社会风险因素

心理社会风险因素包括外部事件和情况，以及对其做出的行为、认知和情绪反应，这使得人们易受到情绪困扰。导致抑郁症的最大心理社会风险种类可能是产生应激的因素：持久或暂时情况对个体的要求超过了他所能感知的处理能力。这些要求反过来可能是来自情况本身的特点、个人的应对方式或者与情况有关的其他人或情况。更实际的是，抑郁症的主要心理社会风险因素包括主要的或次要的应激源、认知和行为应对技能不足，以及缺乏应对情况的社会资源。

这些类型的风险因素中，只有少数是晚年所独有的。然而，一些应激源在老年人中更为常见，因为这些应激源在老年阶段出现是正常的。例如，许多重要的生活应激源在晚年更为普遍，如配偶或其他亲人的死亡、自己或家人的严重疾病，以及退休等。同样，慢性疾病和功能障碍在晚年也是比较常见的，通常会产生慢性应激源，如对不开车者的交通问题，或治疗慢性健康问题的处方药费用高。应对资源在晚年也可能会减少。社会支持——提供直接帮助或情感滋养的一个或多个人的存在——一般是应对压力和保持情绪健康的极其重要的资源。社会隔离和孤独是预测抑郁症的强大的、稳定的指标。然而，许多老年人可能已经失去或难以保持与支持他们的朋友、家人的联系。简而言之，虽然动态变化与早年的情况大致相同，但衰老本身可能使老年人由于心理社会环境而处于更高的抑郁风险之中。

与年轻人相比，老年人应对压力的认知和行为策略也有所不同。特别是在晚年，对生活环境保持个人控制感的策略往往变得不那么直接，他们更多关注的是努力管理自己对事件的反应，而不是事件本身。如果积极处理，这种从初级到次级控制策略的转变——即从直接尝试改变情况到自我管理以控制其影响的转变——如果应对尝试符合情况则是适应性的。尤其是由于直接控制生活环境的客观机会减少了，可以通过调整自己对形势的期望或反应来进行补偿是最有益的。这种认知、行为和情感上的灵活性是人们避免因无助感而导致抑郁的重要手段。相反，如果不能转变为次级控制策略，或者不能适当地评估直接与间接应对方面的需求，就会加剧压力及其影响。

老年抑郁症的治疗

现在几乎公认的是，对老年抑郁症是发现不足、诊断不足和治疗不足。虽然这个基本事实并没有改变，但是在过去的 10 年里，在确保患有抑郁症的老年人实际上得到适当的评估、分类，以及症状得到适当的治疗方面，已有很大进展。

药物治疗

就在20年前，老年抑郁症的药物治疗还是一件有风险的事。三环类抗抑郁药（tricyclic antidepressants，TCAs）虽对缓解症状有效，但其显著的抗胆碱能作用，往往会产生不良甚至危险的副作用。然而，随着5-羟色胺选择性重摄取抑制剂（selective serotonin reuptake inhibitors，SSRIs）（例如西酞普兰、帕罗西汀），5-羟色胺去甲肾上腺素再摄取抑制剂（serotonin-norepinephrine reuptake inhibitors，SNRIs）（例如文拉法辛），以及其他新一代药物的出现（例如安非他酮），老年人抑郁症的药物治疗变得不那么令人生畏。

严格控制的用抗抑郁药治疗老年抑郁症的有效性研究非常少，这是因为在临床试验中老年人的代表性不足，以及对禁止使用安慰剂条件的伦理限制。尽管如此，三环类抗抑郁药的疗效还是相当完善的，一些研究也将这些药物与5-羟色胺选择性重摄取抑制剂进行了比较。5-羟色胺系统药剂一般并不比已知的三环类抗抑郁药更有效，如去甲替林。然而，其更温和的副作用使5-羟色胺选择性重摄取抑制剂成为老年抑郁症一线治疗的首选药物。已证明许多不同的5-羟色胺选择性重摄取抑制剂可有效治疗老年抑郁症。目前还没有有力的证据支持任何一种5-羟色胺选择性重摄取抑制剂可用于老年人。同样，虽然证据很少，但没有任何证据表明三环类抗抑郁药或5-羟色胺选择性重摄取抑制剂比新的选择性去甲肾上腺素再摄取抑制剂或联合5-羟色胺去甲肾上腺素系统药物更有效。

也许治疗老年抑郁症更重要的抉择不是选定某种具体药物，而是选择整体治疗方案，以提高缓解机会，防止复发。由于许多药物治疗方法发生在初级保健背景下，抑郁症老人可能不会接受针对其症状的最新疗法。事实上，据估计，40%～45%的老年抗抑郁药使用者可能采用了不太理想的治疗方案。例如，对老年人开始使用药物治疗时，通常推荐“慢慢开始，慢慢来”（start low，go low）的信条，但是现有证据建议加到标准成人治疗剂量才能使其获得最佳药物反应。然而事实上，许多老年人在治疗期间接受的是亚治疗剂量。对老年初级保健门诊患者的随访，无论是在监测反应还是监测依从性方面都是碎片化的。特别是当症状开始缓解时，许多患者可能会停药，从而使自己处于复发的反复发作的高风险中。目前建议维持治疗应持续至少6个月，以确保症状不再复发。

当处方和监测符合最佳实践标准时，约60%的重度抑郁症老年人对初始药物治疗有反应。这与年轻人的比率相当。然而，老年人可能需要更长的时间才能显示症状得以改善，如果停止治疗，更容易复发。总的来说，抑郁症病因似乎不是治疗反应中的有力因素。这一规则的一个例外是血管性痴呆，比其他综合征更难治愈，并可能需要更长时间的治疗来获得生活质量的提高。尽管如此，它确实对抗抑郁药物有反应，就像伴随脑卒中、帕金森病、阿尔茨海默病和其他痴呆症的抑郁症一样。轻微和亚临床抑郁症状也对药物治疗反应良好。正如抑郁症与事件性认知功能障碍和死亡率相关一样，药物治疗已经显示出可改善老年抑郁症的健康和功能性后果。因此，特别是当症状严重时，必须采取积极的药物治疗，以及细致的监测和随访。

其他治疗方式

虽然严格控制的对照试验相对较少，各种形式的心理治疗已被证明可用于治疗老年抑郁症。也许最深入的研究是认知行为疗法（cognitive-behavioral therapy，CBT），一些研究已证实认知行为疗法可缓解相对健康的年长社区居民的抑郁症状。虽然认知行为疗法和人际治疗（interpersonal therapy，IPT）是老年人相关研究最多最深入的谈话治疗形式，但其他几种方法也取得了积极成果，包括问题解决治疗、心理动力学疗法、生命回顾或回忆疗法。虽然证据相当有限，但对认知完整的老年人来说，小组方法似乎与一对一的心理治疗一样有效。

对认知完整的老年人和中年人，抑郁症的心理治疗似乎同样有效，并且一般建议以类似的方式使用。具体来说，对重度抑郁症患者，不建议单独使用心理治疗，通常需要服药以明显缓解症状。然而，谈话疗法作为辅助治疗可能是有效的，并且可能是保持治疗成果、防止重度抑郁症复发的核心。相反，对非重度抑郁症，只需心理治疗就能够达到缓解症状的目的。

电休克疗法（electroconvulsive therapy，ECT，或称休克疗法）多年来声名狼藉。然而，随着治疗方法和适应证的改进，电休克疗法已成为治疗严重或难治性抑郁症很有用的方法。目前，使用电休克疗法的老年人的比例过高。造成这种情况的因素包括：与年轻的抑郁症患者相比，老年人中的精神症状更严重；一些老年人不能耐受抗抑郁药物的副作用；老年人对与抑郁症状相关的并发症（活动减少或自我忽视）的脆弱性。与抑郁症治疗的其他层面一样，关于电休克疗法对老年人的安全性和有效性的严格控制的对照试验很少。然而，现有的证据显示，电休克疗法后缓解症状的效果良好，也很少有持续的副作用。特别是，似乎没有理由担心电休克疗法后发生或加重认知症状。因此，对无法从其他形式的治疗中获益的老年人，电休克疗法可能是一个合理的选择。

结论

总之，多达40%的成年人在晚年可能会出现某种形式的抑郁症。虽然许多老年抑郁症的风险因素与年轻成人疾病表现的风险因素一致，但老年人由于衰老的原因可能面临更高的风险：健康和功能问题的风险增加，更多暴露于某些应激源，再加上资源的减少。另一方面，由于大脑老化，一些老年人面临迟发型抑郁症的风险。无论病因如何，老年抑郁症都是一种严重的疾病，需要治疗，以避免长期困扰和发生意外残疾和进一步的健康隐患。因此，通过适当的治疗和监测，抑郁症老年患者可以恢复到良好的精神状态，并延长有质量的生活。

另请参阅：丧亲之痛；认知行为干预；残疾、功能状态和日常生活活动；心理健康；怀旧；社会网络、社会支持和社会融合；自杀。

拓展阅读

Alexopoulos GS（2005）Depression in the elderly. *Lancet* 365（9475）：1961–1970.

Baldwin RC（2005）Is vascular depression a distinct subtype of depressive disorder? A review of causal evidence. *International Journal of Geriatric Psychiatry* 20：1–11.

Blazer DG（2003）Depression in late life：review and commentary. *Journal of Gerontology*：*Medical Sciences* 58（3）：249–265.

Bruce ML（2002）Psychosocial risk factors for depressive disorders in late life. *Biological Psychiatry* 52：175–184.

Jeste DV，Alexopoulos GS，Bartels SJ，Cummings JL，Gallo JJ，Gottlieb GL，Halpain MC，Palmer BW，Patterson TL，Reynolds CF 3rd，and Lebowitz BD（1999）Consensus statement on the upcoming crisis in geriatric mental health：Research agenda for the next 2 decades. *Archives of General Psychiatry* 56（9）：848–853.

Karel MJ and Hinrichsen G（2000）Treatment of depression in late life：psychotherapeutic interventions. *Clinical Psychology Review* 20（6）：707–729.

Krishnan KRR，Delong M，Kraemer H，Carney R，Spiegel D，Gordon C，McDonald W，Dew MA，Alexopoulos G，Buckwalter K，Cohen PD，Evans D，Kaufmann PG，Olin J，Otey E，and Wainscott C（2002）Comorbidity of depression with other medical diseases in the elderly. *Biological Psychiatry* 52：559–588.

Lyness JM，Caine ED，King DA，Conwell Y，Duberstein PR，and Cox C（2002）Depressive disorders and symptoms in older primary care patients. *American Journal of Geriatric Psychiatry* 10（3）：275–282.

Mitchell AJ and Subramaniam H（2005）Prognosis of depression in old age compared to middle age：a systematic review of comparative studies. *American Journal of Psychiatry* 162（9）：1588–1601.

Roose SP and Schatzberg AF（2005）The efficacy of anti–depressants in the treatment of late-life depression. *Journal of Clinical Psychopharmacology* 25（Supplement 1）：S1–S7.

Sheline YI（2003）Neuroimaging studies of mood disorder effects of the brain. *Biological Psychiatry* 54：338–352.

译　者：刘菊芬（北京大学公共卫生学院）

1794

抑制

J. M. 麦克道尔 堪萨斯大学医学中心，堪萨斯城，堪萨斯州，美国

词汇表

注意力分散（Distraction）——通常是其他一些无关紧要的刺激导致注意力转移。

促进（Facilitation）——相关信息被容量有限的信息处理系统优先处理的认知过程。

抑制（Inhibition）——不相关的信息被容量有限的信息处理系统所阻断的认知过程。

选择性注意（Selective Attention）——促进和抑制过程的相互作用控制着信息处理的焦点，使个体能够集中于相关的信息，忽略无关的信息。

视觉搜索范式（Visual Search Paradigms）——要求个人在包含相关和无关项的显示中定位目标项。

引言

由于人体在形式化信息处理系统中的瞬时能力有限，因此必须控制对信息处理系统的访问，以便有效处理相关信息。选择性注意是控制访问处理系统的机制。这种机制假设与促进性处理相关信息以及抑制或压抑不相关的信息有关（如无关的感觉刺激）。抑制功能的障碍会导致注意力分散以及信息处理系统效率的下降。因此，在认知功能领域，抑制性过程被认为有助于信息的选择性处理以使个体的行为效率最大化。

信息处理过程中的抑制

自20世纪50年代以来，在成人发展和老化的背景下，抑制功能的改变可能是许多与年龄有关的认知改变的基础这一概念已经被提出。比伦（Birren）指出抑制性衰退的概念“对许多报告的年龄差异具有启发价值”。巴甫洛夫（Pavlov）认为，他观察到部分老年人在学习任务中表现不同和对语言控制能力的不同是由与年龄相关的抑制功能下降导致的。在过去几十年中，已经进行了一系列工作来进一步检验在不同年龄人群中抑制功能在认知能力中的作用。尽管最初假设作为一种通常与年龄有关的缺陷，认为与

年龄有关的认知改变相关，但从大量的研究中得出的结论是，与年龄相关的抑制缺陷在某些研究中被观察到，而在其他研究中却没有，从而限制了它的解释效用。

抑制的生理指标

定向反应

自主定向反应（orienting response）是由新奇的和显著的刺激引起的一种复杂的生理变化模式，它提供了一种方法来理解抑制在信息处理中的作用。这些研究假设，定向反应指标反映了注意力的参与程度，定向反应指标的大小决定了注意力的投入程度。进一步的假设是，抑制过程根据当前的任务需求和行为目标来调节定向反应。因此，当信息不再是新奇和显著时，定向反应就会被抑制。因此，与年龄有关的抑制缺陷会表现为一种定向反应的模式，即使在新奇或显著性已经消失，或对与当前环境无关的刺激产生反应时，仍然会被激发。

对年轻人和老年人的注意力及注意力抑制的研究中应用定向反应，为和年龄有关的抑制功能效率下降提供了证据。例如，在一项要求个人关注某些刺激因素和忽略其他因素的研究中，年轻人显示出了定向性的差异，但老年人却没有。也就是说，应该被忽略的刺激和与研究相关的刺激在老年人中引起了相同的生理反应，这表明对无关反应信息的调节和抑制过程的失败。这也表明，老年人控制注意力的能力较低，也可能是信息处理器的效率减低（参见“注意力”）。

大脑活动和功能成像

认知的抑制过程通常与大脑的额叶有关，更确切地说，是与背外侧前额叶皮质（dorsolateral prefrontal cortex）有关。有两种方法被应用于理解与衰老抑制过程有关的大脑活动。第一种方法是老年人的抑制作用结果与背外侧前额叶皮质损伤的人群中观察到的结果进行比较。结果发现两组之间存在显著的相似性，这表明背外侧前额叶皮质的功能即使在正常的衰老过程中也会受损，并且可能会导致与年龄相关的抑制缺陷。

第二种方法是在抑制作用工作时对大脑活动进行功能成像。利用功能磁共振成像技术，可以识别出在抑制作用活动时活跃的大脑区域，并在这种活跃的情况下对不同年龄组进行比较。尽管在这一领域研究较少，但有证据表明，无论是年轻人还是老年人，在进行一项需要抑制反应的“去或不去”的任务时，都会激活前额皮质。然而，在老年人中被广泛激活的区域并没有在年轻人中观察到。这一模式可能反映了老年人对抑制功能的补救措施，而且似乎是一个未来有希望的研究领域。

行为指标的抑制

视觉搜索

选择性注意是人体利用相关信息和抑制无关信息的作用机制。选择的失败导致了对不相关信息的关注，通常被称为分心。很多研究表明，老年人比年轻人更容易分心，这些研究被作为证据来支持老年人比年轻人更难以抑制无关信息的假设。在帕特里克·拉比特（Patrick Rabbitt）关于年龄和注意力分散的经典研究中，年轻人和老年人同时被要求根据卡片上的预先指定的字母分类卡片。拉比特观察到在卡片上随机排列不相关的字母会增加老年人的排序时间，而在年轻人身上没有观察到这个现象。他得出结论是老年人比年轻人更容易分心。因此，通过暗示，改变了的抑制性因素被认为是产生这种结果的原因。

在拉比特的研究之后，又有其他研究进行开展，目的是探索确定存在的参数和任何与年龄有关的注意力分散之间的关系。视觉搜索任务经常被用来评估个人在注意力分散、非目标信息的情况下定位和识别目标的效率。从这项研究中得出的结论之一是，当选择和抑制可以通过物理线索（如颜色、形状或位置）来引导时，老年人和年轻人的表现是相似的。然而，当目标不确定时，相对于年轻人来说，老年人通常处于明显的劣势。斯特鲁普（Stroop）的研究也观察到类似的结果。这个任务要求受试者看到打印关于颜色的单词后说出打印的颜色是什么。例如，如果用绿色墨水写出“红色”这个词，那么要求就是给颜色命名为“绿色”，而不是命名“红色”。老年人通常比年轻人更难完成这项任务，这意味着老年人缺乏有效的抑制能力。然而，当被命名的颜色和颜色词在空间中分离时，对颜色词的抑制似乎在年轻人和老年人中是相似的。总之，这些结果表明，与年龄有关的抑制功能效率的下降似乎是被任务参数调整的，这些参数影响了区分相关信息和无关信息之间的能力。

负启动效应是另一个表示抑制功能效率的指标。事实上，负启动是 20 世纪 90 年代应用于与年龄相关的抑制衰退研究中最常见的测试之一。在负启动效应中，包含目标刺激和干扰刺激，在前一个试验中被忽略的干扰性刺激在随后的试验中变为被关注的目标刺激。从经验上看，已经有研究，反应速度减慢只是相对于一个试验序列，在后续实验中，目标和干扰物之间没有关系。这种延长或反应时间被称为负启动。这种现象的最初的理论解释是，由于干扰刺激在最初的试验中被抑制，因此在随后的试验中处理同样的刺激将需要更长的时间，因为之前的抑制作用必须被克服。在这种解释中，减缓负启动的幅度被用来衡量抑制功能的强度。然而，后续的研究表明，负启动效应也可以用情景检索过程来解释，也可以解释为目标/干扰标记过程的不匹配。因为很难理清这些对年龄差异的潜在影响，负启动效应已经不再是研究老年认知功能的方法了。

眼动

虽然关于眼动方面的文献较少，但眼动技术也被用于研究年轻人和老年人的抑制功能。例如，在反向扫视的研究中，参与者被要求抑制向突然出现的视觉刺激的方向看，而是要看与刺激相反的一方。眼动的时间、范围和方向都用特定方法来衡量，这些特定方法设计的目的是在每时每刻都显示出注视的方向。由于眼球的自主运动已经被证明是在包括背外侧前额叶皮质在内的大脑区域的控制之下，因此，反向扫视研究被认为是行为抑制能力和构成这些能力的大脑结构的完整性的指标。研究表明，老年人在反向扫视任务上不如年轻人，因为他们很难抑制眼睛向相反方向移动前先看刺激的强烈倾向。这些发现揭示了与年龄相关的抑制缺陷是由背外侧前额叶皮质介导的。眼动技术是评估注意力和老化是相关的这一假说的有力工具；假设凝视的方向反映了注意力的焦点，这种技术可以提供更直接的测量注意力和分散注意力的方法，例如，只使用反应时间测量。

工作记忆

抑制过程也被假设在随着年龄增长而发生变化的工作记忆和相关语言功能中发挥重要作用。抑制过程被假定为限制语义信息的激活。如果老年人抑制过程作用下降，那么不相关的信息可能会被激活，并导致工作记忆容量下降。

使用具有模糊解释的语言材料进行的研究已经被用来测试这些关于抑制、工作记忆和语言功能的想法。通过对工作记忆中错误解释的可用性度量对抑制效率进行测定。这种可用性可以用启动作用或隐藏记忆作用来衡量。一些研究表明，与年轻人相比，在老年人中，不相关的信息更活跃，从而降低了工作记忆容量，降低了语言信息处理的效率。有人提出，抑制功能的下降是导致这些与年龄有关的变化的原因。然而，这个结论仍然存在争议；用新的研究结果重新解释这些研究结果，其他的研究者得出结论，在语言处理方面，与年龄相关的抑制缺陷相对较少（参见“记忆”）。

社会领域的抑制：言语交流

抑制作用不仅抑制了选择性的输入，而且还控制了不当行为的输出，这些不当的行为会干扰正常的社会交往。改变抑制功能并影响社会交往的某个领域就是语言交流。有证据表明，老年人比年轻人更有可能在反对或相关的交流中表现出偏离目标的赘述。老年人似乎更容易受到个人经历和记忆对意识的侵扰。他们可能会把这些信息放入社会交往中，而不考虑它是否与当前的话题相关。这种赘言的结果之一可能是，其他人在谈话中会保持沉默，这导致了交流过程中言语表达赘述的人的某种程度的社会隔离。因此，如果抑制缺陷是真正促成这种互动模式的原因，可能会对老年人的社会幸福感产生负面影响。

偏离目标的赘述测量方法和抑制过程的心理测量方法的研究表明两者之间有一定的关系。也就是说，那些在言语赘述的测试中得分较高的人在抑制功能的测量上得分较低。虽然这一关系暗示了在交流赘述过程中抑制效率的改变，但是其他因素也可能起影响作用。一个人对谈话约束的期望，谈话的参与者之间的关系，以及毕生的谈话模式都可能影响谈话的方向。抑制过程的确切作用还有待进一步研究（参见“老化过程中的语言与沟通”）。

心理健康的抑制：信息的选择性处理

一些心理健康问题与注意力控制减低有关。例如：在强迫症、抑郁症和精神分裂症中，人们认为不相关或不需要的物质进入意识可能会导致认知效率低下和心理压力。抑郁症的理论认为，抑郁的人可能被压倒正常抑制过程的消极思想所包围。抑郁的个体因此感知或回忆主要的负面信息，而这反过来又会使抑郁发作持续下去。尽管这一观点仍然存在争议，但很多研究结果都支持抑郁症患者具有较低的抑制控制效率这一假说。关于这一缺陷是否因与年龄相关的抑制控制下降而加剧的说法也存在一些争议。在对这个问题的为数不多的研究中，一些研究指出，老年抑郁症患者没有很大的缺陷；而另一些研究表明衰老和抑郁具有交互作用，因此对行为产生最大的负面影响。显然，需要做更多的工作来回答关于衰老和抑郁对抑制功能的综合作用的重要问题（参见“抑郁症”）。

抑制功能障碍也被认为是与精神分裂症相关的认知缺陷的一个基本组成部分。在精神分裂症患者中，使用与评估年龄效应相似或相同的方法来研究抑制作用：生理定向和习惯化、消极启动、感觉控制、斯特鲁普任务和连续执行任务。结果表明，老年人和精神分裂症患者的抑制缺陷是非常相似的。不幸的是，很少有研究明确地测定衰老和精神分裂症对抑制功能的综合作用。有少数研究的数据表明，在老年精神分裂症患者中出现的缺陷要比正常衰老的老年人或年轻的精神分裂症患者严重。当然我们需要做更多的工作，才能得出关于衰老和精神分裂症对认知功能的抑制作用的综合影响的结论（参见“心理健康”）。

结论

大量研究表明抑制功能随着年龄的增加而下降。然而，在任何关于老化和抑制功能的全球性声明之前，有一些问题是必须考虑的。例如，抑制过程可以在许多神经系统功能的水平上观察到，从突触连接到明显的行为。证据表明，有多种类型的抑制或多种抑制机制可能在抑制功能的年龄差异中发挥作用。年龄的差异只在某些研究中被观察到。对老化抑制功能的更全面的理解需要特定模型的发展，这些模型可以整合这些不同的发现，并进行实证检验。

第二个问题是关于抑制功能措施的有效性。在许多情况下，被假定应用于测量抑制的研究需要被测试。负启动效应的例子很好地说明了研究的结果可以有多种解释。这些研究所收集的大部分数据对于评价抑制功能都没有作用，为了保证抑制功能评估的有效性需要更加谨慎的态度。

最后，不同年龄组之间的抑制功能的个体差异需要被理解和解释。年龄不能完全预测抑制效率，因此必须确定其他相关因素，以便更好地理解抑制功能对认知老化的作用。

另请参阅：注意力；抑郁症；老化过程

中的语言与沟通；记忆；心理健康。

拓展阅读

BurkeD（1997）Language, aging, and inhibitory deficits: evaluation of a theory. *Journal of Gerontology: Psychological Sciences* 52B: P254-P264.

Coyne J Cand GotlibI H（1983）The role of cognition in depression: a critical appraisal. *Psychological Bulletin* 94: 472-505.

Dempster FN and Brainerd CJ（1995）*Interference and Inhibitionin Cognition.* San Diego, CA: Academic Press.

Hartley AA（1992）Attention. In: Craik FIM and Salthouse TA（eds.）*Handbook of Aging and Cognition*, pp. 3-49. Hillsdale, NJ: Erlbaum.

Levine B, Stuss DT, and Milberg WP（1997）Effects of aging on conditioned associative learning: process analysis and comparison with focal frontal lesions. *Neuropsychology* 11: 367-381.

McDowd JM（1997）Inhibition in attention and aging. *Journal of Gerontology: Psychological Sciences* 52B: P265-P273.

McDowd JM, Filion DL, Harris MJ, and Braff DL（1993）Sensory gating and inhibitory function in late-life schizophrenia. *Schziophrenia Bulletin* 19: 733-746.

McDowd JM, Oseas-Kreger DM, and Filion DL（1995）Inhibitory processes in cognition and aging. In: Dempster FN and Brainerd CJ（eds.）*Interference and Inhibition in Cognition*, pp. 363-400. San Diego, CA: Academic Press.

Nielson KA, Langenecker SA, and Garavan H(2002) Differences in the functional neuroanatomy of inhibitory control across the adult life span. *Psychology and Aging* 17: 56-71.

Persad CC, Abeles N, Zacks RT, and Denburg N（2002）Inhibitory changes after age 60 and their relationship to measures of attention and memory. *Journal of Gerontology: Psychological Sciences* 57B: P223-P232.

Shilling VM, Chetwynd A, and Rabbitt PMA（2002）Individual inconsistency across measures of inhibition: an investigation of the construct validity of inhibition in older adults. *Neuropsychologia* 40: 605-619.

Sweeney JA, Rosan C, Berman RA, and Luna B（2001）Inhibitory control of attention declines more than working memory during normal aging. *Neurobiology of Aging* 22: 39-47.

Zacks RT and Hasher L（1997）Cognitive gerontology and attentional inhibition: a reply to Burke and McDowd. *Journal of Gerontology: Psychological Sciences* 52B: P274-P283.

译　者：廖秋菊（首都医科大学宣武医院）

饮食和营养

B. J. 罗尔斯 宾夕法尼亚州立大学帕克分校，宾夕法尼亚州，美国
A. 德鲁诺夫斯基 密歇根大学安娜堡分校，密歇根州，美国

词汇表

厌食症（Anorexia）——食欲缺乏导致食物摄入不足。

体质指数（Body Mass Index）——体重与身高的平方的比值，通常用作衡量超重的标准。

内源性阿片类物质（Endogenous Opioid）——一种具有类似于吗啡效果的天然存在的肽。

前负荷（Preload）——在饭前给定食物量，以便测试人们对前负荷中的卡路里或营养物质进行调整或补偿的程度。

主因老化（Primary Aging）——主要由于年龄而导致的生理或代谢功能的变化。

饱腹感（Satiety）——饥饿的减轻和饮食的终止，标志着一顿饭的结束。

次因老化（Secondary Aging）——由于急性和慢性疾病以及药物使用造成的影响。

特异性的饱腹感（Sensory-Specific Satiety）——当吃某种食物时，缺少愉悦感，然而对其他食物的愉悦感并没有变化。

引言

衰老伴随着各种生理、行为和社会经济的变化，这些变化可能对饮食和营养状况产生负面影响。机体的能量需求和能量摄入随着年龄的增长而下降，体重和除脂的净体重也是如此。健康状况不佳，药物的使用和久坐不动的生活方式都可能导致与年龄相关的厌食症和饮食摄入不足。基于临床和社区环境中进行的营养研究表明老年人营养缺乏的风险增加。老年人的饮食也被描述为单调乏味，研究显示老年人对富含营养的食物摄入量急剧下降。

虽然美国老年人的营养不良患病率低，但衰老确实使老年个体的营养风险加大。衰老过程可以通过多种途径影响饮食和营养（见表 1）。首先，主因老化与饥饿感、口渴感和饱腹感的改变有关，并且与日常饮食变化的不完全补偿有关。例如，低液体摄入量不能因口渴感增加而补充水分。作为一种寻求多样性机制，特异性饱腹感的报道也在减

表 1　对老年人营养状况的影响

主因老化
口渴和液体摄入调节的变化
饥饿和食物摄入调节的变化
食物能量摄入不足
可能与激素、神经递质或胃肠道相关的饱腹感变化
减少能量输出
减少体力活动
减缓代谢速度
味觉或嗅觉能力的变化
特异性饱腹感的变化
次因老化
慢性疾病状态
心血管疾病（如高血压、冠心病等）
内分泌疾病（如高血脂、糖尿病等）
癌症
感染
胃肠道疾病（如便秘、腹泻、吸收不良等）
吞咽问题
肺病
肌肉和神经系统疾病（如脑卒中、偏瘫）
精神疾病（如抑郁症、神经性厌食症）
药物治疗
医嘱饮食
不良的口腔健康和假牙
社会经济影响
经济地位低下
退休
健康每况愈下
收入固化
丧偶
社会隔离与孤独
丧亲

少。与年龄相关的嗅觉缺陷以及可能的味觉缺陷都可能导致对食物喜爱感的下降。这些与年龄相关的生理变化可能是上述老年人饮食质量差的部分原因。

次因老化被定义为包括一些与年龄相关的慢性疾病状态，最为显著的是高血压、高血脂、冠心病和糖尿病，慢性疾病的存在加上药物和医嘱饮食的使用可能会对能量摄入和饮食选择产生影响。行动不便，无法自主进食，口腔健康不佳，或使用假牙也会影响摄入食物的数量和类型。此外，营养吸收不良可能是由胃酸分泌的改变或与药物相互作用而引起。

最后，社会和经济因素起着至关重要的作用。老年与较低的经济地位有关，这可能源于退休、健康状况不佳、靠固定收入生活或配偶去世。社会隔离与抑郁和孤独有关，而抑郁和孤独又与饮食模式的显著变化有关。这些因素会影响食物的类型和质量。例如，婚姻状况对老年男性的饮食有重大影响，人们普遍认为，社交性的进餐可以增加能量摄入。

主因老化、疾病状况和社会因素都可能影响老年人的饮食和营养。描述它们各自的贡献是本文的重点。

高危人群

老年人是美国人口增长最快的群体。目前 65 岁以上的美国人超过 2 500 万。到 2030 年，预计 65 岁以上老年人将达到 5 700

万。然而，老年人不是具有统一营养需求的同质人口。虽然一些亚组老年人可能面临较高的厌食和相关营养缺乏的风险，但是其他亚组，尤其是女性，更有可能超重和肥胖。一般来说，人到中年体重开始增加，然后趋于平稳，老龄期体重下降。

美国人口营养调查显示，报告的营养素膳食摄入量与营养状态的临床和生化指标之间存在较弱的相关性。例如，数据揭示老年人能量和蛋白质摄入的不足难以与肥胖患病率的增加和身体脂质比例的增加相吻合。然而，饮食和营养评估的许多测量标准可能不适用于老年人。现有的大多数营养标准均来自年轻人的数据，然后推算到老年人群中。需要注意的是，应该收集更多关于老年人膳食摄入模式的数据。然而，在大规模流行病学研究中，对饮食摄入量的评估，通常基于自填式的食物频率调查问卷或饮食记录。这样的调查过程要求记忆和认知，其准确性可能会因遗忘、疲劳或痴呆而失真。采用短时间且面对面采访的方式获得的膳食摄入量评估可能更适合用于老年人群的调查。身体成分测量的准确性也随年龄而变化。虽然年轻人的体脂主要贮存于皮下，并且可以通过皮肤厚度轻易地测量，但老年人的大部分体脂都贮存在躯干中，这很难用简易的技术（如皮肤厚度）测量。各种评估问题使得研究者难以对老年人的营养状况做出可靠的结论，特别是因为老年人是一个异质群体。有一点是明确的：有必要针对老年人制定两套特定的营养状况标准，一套用于生活可以自理的老人，另一套用于那些患有慢性或急性病的老人。

考虑到这些问题，我们将简要分析为何现有的营养调查显示体重（BW）和营养状况随着年龄而变化。第二次国家健康和营养测试调查（NHANES Ⅱ，1976—1980）显示，超重患病率随年龄增长而增加。如图 1 所示，老年人的体重比年轻人更重，比年轻人更胖。体质指数（BMI）是衡量成人超重的主要指标，它与身体肥胖度有着较强的相关性。

与 BMI 相反，能量摄入量随着年龄的增长而下降。基于单次 24 小时膳食回忆，美国的第三次国家健康和营养测试调查（NHANES Ⅲ，1988—1991）显示，70~79 岁成年人能量摄入中位数，男性为1 797千卡，女性为 1 382 千卡（参见图 2）。调查称，其饮食中的能量主要营养成分约为 50%的碳水化合物、16%的蛋白质和 34%的脂肪。这些数据与报告的总体人口结果相似。然而，关于维生素和矿物质摄入不足的发现引发了人们的担忧，即对部分老年人可能摄入营养丰富的食物水平不足的担忧。例如，由于老年人的乳制品摄入量低，导致缺乏钙和维生素 D。

厌食症或食物摄取量低是老年人普遍存在的问题，因为它会增加营养相关疾病的风险。虽然营养调查已经显示，生活自理人口中营养不良患病率处于低中度水平，但生活在养老机构中的老年人可能面临更大的营养不良风险。尽管估算有所不同，但在养老机构中长期护理的老年人个体有 30% 到 60% 患有某种程度的营养不良。研究表明，营养

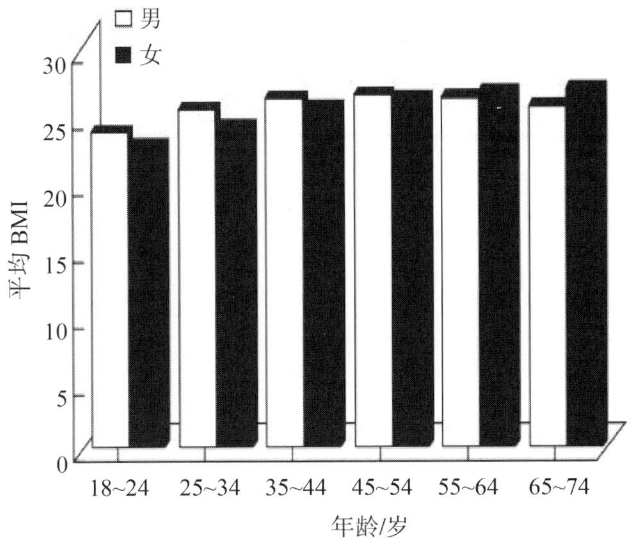

图 1　1976—1980 年第二次国家健康和营养测试调查（NHANES Ⅱ）中按年龄划分的美国男女体质指数

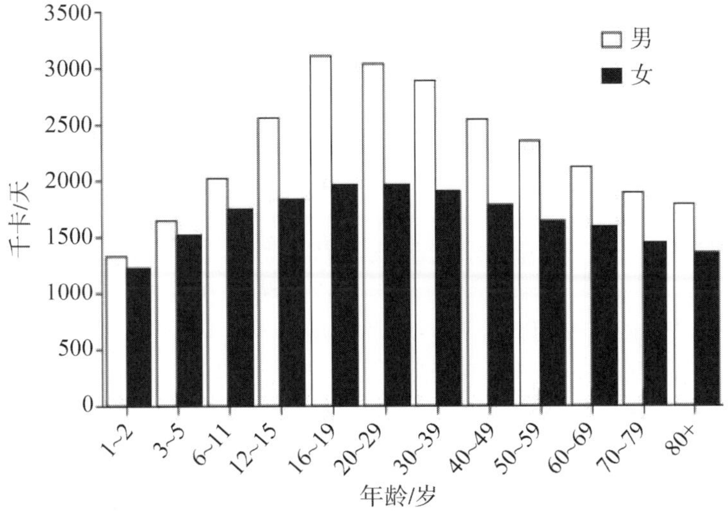

图 2　1988—1991 年第三次国家健康和营养测试调查（NHANES Ⅲ）中按年龄划分的美国男女每天能量摄入情况

不良和低体重不仅仅是疾病状态的结果，而且常常是老年人患病和死亡的原因。

食欲缺乏可能由与年龄相关的心理和生理因素导致。膳食模式可能受精神因素的影响，如抑郁或痴呆，以及生理因素的影响，包括久坐不动，无法自主进食以及不良牙列或不合适的假牙。许多老年人有口腔问题，例如，美国 42% 的老年人失去了天然的牙齿。在那些有牙齿的患者中，有 60% 患有蛀牙，90% 患有牙龈疾病，使其咀嚼能力下降。牙齿缺失也会影响咀嚼能力，这不能通过补牙或假牙完全修复。咀嚼能力受损可能导致食物选择的变化，例如减少饮食的多样性，这可能会产生营养不合理的问题。

体力活动减少和较低的代谢率是解释老年人饮食摄入量下降的部分原因。然而，能量需求减少并不能对低膳食摄入量相关的营养问题做出合理的解释。

口渴和液体摄入

关于液体摄入调节的研究表明，许多老年人在适应环境变化和保持内部稳态方面遇到困难。盐和水的不平衡会导致疾病和死亡。这些困难的部分原因是与年龄相关的调节系统发生变化。维持钠和水的动态平衡取决于受口渴和钠食欲控制的摄入量以及受肾脏调控的排出量之间的平衡。口渴和水摄入在维持体液和电解质平衡方面起着至关重要的作用，因为只有通过这些摄入量才能使缺水得以补充。肾脏保水只能使进一步的失水降到最低。

虽然脱水是老年人体液和电解质紊乱的常见原因，但临床上常常观察到的是，尽管有明显的生理需要，但老年人似乎不会感到口渴。临床研究检验了脱水对健康年轻男性和健康活跃老年男性口渴的影响。剥夺这些男性的饮水，并要求食用干粮来进行脱水试验。24 小时无液体摄入，老年男性由于口渴感的敏感性下降，他们没有喝足够量的水来恢复体液平衡。另外的研究表明，老年人不能恢复运动或热脱水诱发的液体损失。老年患者的口渴感受损，部分原因是中枢神经系统中感受血液中钠水平的感受器发生了变化（参见“渴感与水化”）。

食品摄入规则

最近的几项研究验证了一个假设：与调节液体摄入的情况类似，衰老与影响饥饿、食欲和食物摄入的调节机制的下降有关。

一项研究表明，老年男性在进食过量或不足后不会调整其食物摄入量。在为期 21 天的过度饮食后的自主进食期间，年轻男性（平均年龄 24 岁）减去了过度饮食期间增长的体重，而老年男性（平均年龄 70 岁）则没有。类似调节能力受损的迹象也出现在为期 21 天的摄食不足后，年轻男性（平均年龄 22 岁）恢复了他们失去的体重，而年龄较大的男性（平均年龄 66 岁）却不能恢复。测量结果表明，能量消耗不受老化影响，而食物摄入量并没有因补偿过量或摄入不足得以适当调整。虽然这项研究表明，老年男性根据体重调整食物摄入量的能力有所减弱，但并没有涉及老龄化是否与饥饿感和饱腹感的变化有关，或者老年人是否可以根据食物能量密度适当调整摄入量。

前负荷方法已被证明是对年轻研究对象调节能力的敏感测试。在午餐前 30 分钟给予固定量的能量密度不同的食物（前负荷物）时，午餐的摄入量会根据前负荷的能量变化而变化，以此测量食物摄取调节机制的功能。因此，健康的老年人（60~84 岁）和年轻人（18~35 岁）在午餐前接受不同能量含量的酸奶前负荷物或不吃酸奶。老年男性在午餐时摄入的能量明显低于基线（无酸奶）状态下的年轻男性。低摄入量与主观饱腹感一致；主观感觉的评价表明，老年男性在午餐开始时不感到饥饿且有饱腹感。这可能是对低摄入量的部分解释。老年男性在能量摄入调节方面也出现问题。对前负荷物能量上的补偿老年人不如年轻男性那么精确；老年男性在午餐时没有适当减少摄入量，以平衡酸奶中的热量。

随着年龄的增长，许多生理和代谢系统都会发生变化，但是这些变化与食物摄取调节变化之间的联系尚未在人类身上建立。动物研究指出，随着年龄的增长，食物摄入调节的变化可能涉及生理变化。例如，在幼年动物身上已经显示，某些天然存在的肽，如内源性阿片类物质可能涉及确定食物的可食性以及起始和终止进食。研究表明，与年轻大鼠相比，老年大鼠对阿片类物质肽的阻断或刺激反应减弱。而在老年大鼠大脑内的部分区域，内源性阿片类物质肽浓度也较低。

随着年龄的增长，胃肠道的变化可能会影响食物摄入。在胃和肠道中的食物可以通过检测平滑肌的拉伸，或者营养物质、电解质如钠的浓度影响食物摄取。老年人有时会出现早起的饱腹感，这可能是因为通常伴随着进食的激素反应的改变。例如，胆囊收缩素（cholecystokinin，CCK），一种进食时由肠道释放出来的激素，已被证明可以减少食物摄入。小鼠研究表明，与年轻动物相比，CCK 更能减少老年动物的食物摄入。CCK 对老年小鼠也有长期作用。CCK 已被发现在老年人中水平升高。这一点，再加上对 CCK 的敏感性增加，可能会导致老年人更容易产生饱腹感。另一个影响饱腹感的因素可能是食物和饮料从胃中排空的速度。研究发现，在老年受试者中，固体和液体食物从胃中排空的速度明显较慢。虽然胃排空的差异很小，但将食物留在胃中可能会影响饥饿感、饱腹感和饮食模式；也就是说，两餐之间的间隔可能比预期的更长。这需要通过记录食物摄入量进行实验评估（参见“胃肠道系统的功能和功能障碍”）。

已有研究提出了许多其他的可能性来解释老年人的厌食症，例如各种神经递质和激素的变化。然而，没有直接证据支持这种猜测。事实上，所有与衰老相关的生理变化都与老年人的食物摄入调节变化没有直接联系。显然，需要更多的研究来了解影响老年人营养状况的生理系统变化。

味觉和嗅觉的退化

人们普遍认为，与年龄有关的味觉和嗅觉退化是老年人某些营养问题的直接原因。然而，很少有直接证据把这种感觉功能减退与营养不良和不健康联系起来。虽然人们普遍认为，许多老年人遭受了嗅觉和味觉退化的困扰，但这些功能退化对营养和饮食的影响并不总是清楚。没有研究表明老年人的感觉退化与食物选择变化之间存在因果关联，也没有证据表明感觉退化与营养状况有关。

毫无疑问，感觉退化确实会发生。味觉敏感性研究发现，随着年龄的增长，特别是70岁以后，味觉敏锐度有所下降。研究人员通过检测和识别阈值来测量甜味、酸味、咸味和苦味化合物对水溶液的味觉敏感性。检测阈值是被感知为与蒸馏水有区别的水溶液的最低浓度，而识别阈值是溶液被感知为是咸或甜的水平。在高于阈值的溶液浓度下也评估了味觉敏感性。研究表明，老年人的检测和识别阈值水平有所提升，在某些情况下，对更强烈的溶液，特别是那些有苦味和酸味的溶液的感知有所削弱。

虽然随着年龄的增长，味觉敏感性的丧失最初归因于味蕾的退化和丧失，但现在看来，味觉系统相当稳定，即使在老年晚期，整个口腔的味觉也是稳定的。另一方面，一些老年受试者确实会出现局部味觉丧失，尽管有时它们会被忽视。在老年人中观察到的味觉退化可能是累积病理学改变的结果，包括口腔健康差，而不是主因老化或正常老化的必然结果。

尽管有报道说，对于稀释的溶液，味觉敏感度是下降的，但人们对食物中甜、酸、咸和苦味的感觉似乎是耐老化的。感官评价研究未能观察到番茄汁中的咸味等级与年龄相关的退化，抑或土豆或肉汤中的咸味感觉的下降，抑或苹果饮料酸味感觉的下降。在腌制或加糖的乳制品中，对盐和糖的强度等级的感知，不存在与年龄相关的退化。只有一项研究报道了与年龄相关的对汤中蛋白质味道感知的下降。

然而，关于味觉敏锐度的传统研究并没有给出衰老如何影响味觉偏好的指示。可以说，不是味觉感知，而是口味偏好可能会影响对食物的偏好或厌恶。味觉偏好是通过要求受试者评估刺激愉悦度，或通过直接对喜欢和不喜欢的食物进行评分来衡量的。然而，愉快度的评估可能会受到刺激类型的影响，也可能受到受试者自身对健康和节食的影响。因此，对老年受试者口味偏好的研究没有产生一致的结果模式。一项早期研究报告称，年长的受试者更偏好清淡的菠萝汁甜味样本，而随后的研究表明，与年轻的受试者相比，年长的受试者更喜欢吃更甜、更咸的刺激物。一项研究报告称，随着年龄的增长，人们更喜欢高浓度的盐，但只适用于水溶液而不适用于鸡汤。其他研究报告称，对甜味溶液的愉快感偏好，在儿童、年轻人和老年人之间没有差异。

只有一项研究表明，随着年龄的增长，人们对浓度更高的氯化钠、蔗糖和柠檬酸溶液的偏好明显增加。每种刺激物在水中或蔬菜汁或柠檬水中呈现四种浓度。

一般来说，受试者认为饮料比水溶液更令人愉快。与年轻受试者相比，老龄受试者更偏爱水和饮料中含有较高浓度的糖和盐。这种向更高水平的糖和盐转变的愉悦感偏好再次被视为是由与年龄相关的感觉功能障碍所致。

尽管普遍认为，对咸味偏爱的提高与钠摄入量增加有关，但迄今尚无研究将任何年龄人群对咸味的感觉偏好与膳食摄入钠相关联。老年人咸味偏好的程度与所估计的盐摄入量没有关联。同样，没有研究将同一受试群体对甜味偏好的改变与糖消耗量的变化关联起来。

在几项研究中观察到的味觉障碍可能是健康状况不佳的结果，包括口腔健康状况不佳，或药物的使用，而不是正常老化的直接后果。无论什么原因，都没有研究表明这类问题与食物摄入模式的改变或营养不足之间存在因果关系。因此，研究焦点集中于老化和嗅觉。

老年人对气味的感知能力和识别能力明显受损。宾夕法尼亚大学嗅觉鉴定测试（UPSIT）由沾有 40 种气味的不同纸条组成，用于评估包括老年人在内的广大受试样本的嗅觉功能。在这一项研究中，受试者为 1 955 名5～99 岁的男性和女性，包括大学生、雇员、老年居民以及中小学生。嗅觉鉴定数据（见图 3）显示，女性优于男性，非吸烟者优于吸烟者。20～40 岁的受试者表现最好（呈现峰值），60 岁以上的受试者表现急剧下降。超过一半的 65～80 岁的老年人有严重的嗅觉障碍，而在 80 岁以上的老年人中，四分之三的人有嗅觉障碍。

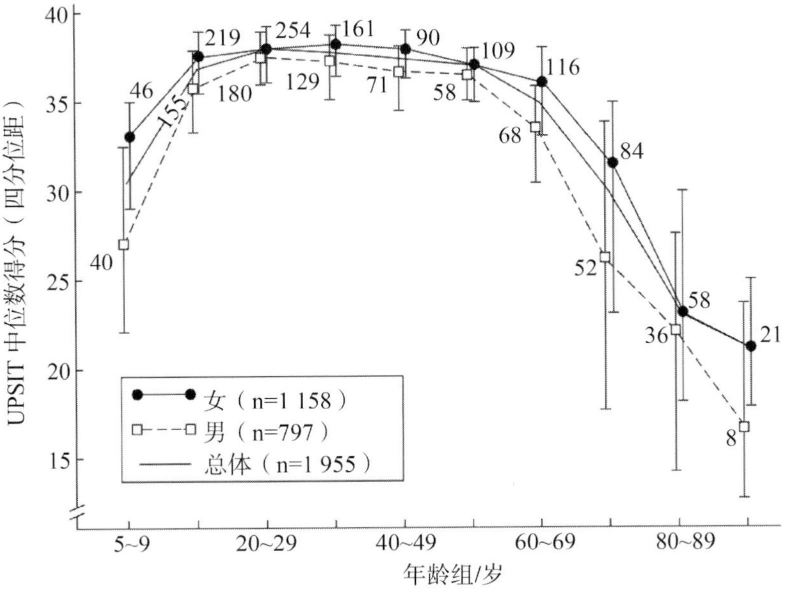

图 3　宾夕法尼亚大学嗅觉鉴定测试中年龄和性别的中位数曲线

引自：Doty RL, Shaman P, Applebaum SL, Giberson R, Siksorski L, and Rosenberg L (1984) Smell identification ability: changes with age. *Science* 226: 1441–1443.

可以说，现实生活中食物的选择主要是由于嗅觉而不是味道。识别和区分食物取决于味道、风味和质地的感觉。对老年人食物感官识别的研究表明，老年人对食物的识别能力随着年龄的增长而减弱。在一项开创性研究中，年轻的大学生（18～22岁）和老年居民（67～93岁）接受了24种不同的食物来测试他们的味觉和嗅觉。这些新鲜的水果、蔬菜、肉类、鱼类、坚果、谷物和乳制品被蒸煮、混合、搅拌、浓缩，然后添加水把食材的差异降到最小。蒙住眼睛的受试者首先需要闻一罐食物的气味，然后用茶匙品尝食物样本。结果表明，老年受试者有时无法通过味道和气味鉴别混合食物。在24种食物中，有21种食物，年轻人比老年人更频繁地识别出来。相对于年轻人而言，老年受试者对未经过调味、混合的食物的味道和气味的识别能力较弱。

老年人对食物的鉴别能力减退，更有可能是嗅觉而不是味觉的退化。在另一项研究中，年轻人（18～26岁）和老年人（65岁及以上）尝试在蒙住眼睛的情况下，仅使用味觉和气味提示来识别纯净食品。新鲜烹制的、蒸煮的、混合的食物包括土豆、番茄、胡萝卜、西兰花、芹菜、柠檬、梨、香蕉、牛肉、咖啡、糖和盐。年轻人在第一次尝试中比老年人识别出更多的食物。捏住鼻孔消除嗅觉影响后重复实验，与年龄有关的差异则消失了，这表明食物在很大程度上是通过嗅觉（气味）来识别的。关键问题是老年人的嗅觉障碍是否会对食物选择产生可测量的影响。

有证据表明，与嗅觉相关的感官因素在饮食选择中发挥了重要作用。老年人评价味道，特别是风味，对他们的食物选择有很大的影响。在最近的一项调查中，30名老年人对在三种不同就餐情况（庆祝、与朋友或配偶一起吃饭或独自用餐）下购买食物决定的影响因素进行了排序。在这三种情况下，对食物和感官特性的熟悉度和先前经验明显比其他因素显得更为重要，但独自用餐时除外，因为烹饪的方便性是最重要的。显然，老年人往往没有意识到他们的感官丧失，而且他们觉得对食物的鉴赏力或嗅觉能力也没有下降。这可能是因为，当感官损失在一段时间内逐渐发生时，嗅觉在促进食欲上的重要性也会逐渐下降，将会通过代偿机制补偿认知能力的降低。在最近的一项研究中，大部分老年女性出现嗅觉退化。然而，它们对食物摄入模式和营养状况的影响看起来微不足道。

然而，有科学家认为，感官损伤是对食物的快感反应降低的直接原因，这可能导致食物摄入单调和膳食营养不足。一种干预方法是通过向食物中加入合成调味剂来恢复失去的感觉。这些研究报告称，加强食物味道可以增加营养丰富食物的摄入量，并可能会改善营养和免疫状况（参见“嗅觉与味觉”）。

膳食种类和食物选择

据说与年龄相关的感觉受损会导致饮食更加单调。一些研究报告指出，随着年龄的增长，饮食多样性会下降。在1977—1978年国家食品消费调查（the National Food Consumption Survey，NFCS）中，老年参与者自报饮食摄入量的分析显示，年龄最大的参与者消费的膳食种类最少。这些数据来源于NFCS研究中接受访问的3万多人中的54岁以上成年人样本（共4 983人），食物消费数据基于一次24小时的膳食回忆和两天的食品记录。

研究者采用两种膳食种类测量指标来分析消费模式。第一项指标是多样性指数，它是通过受试个体在3天内食用的18个事先定义的食物组中不同食物的数量计算出来的。老年受访者在3天内吃了大约35种不同的食物，其中男性报告的食物品种比女性多。品种指数从最年轻的（55~64岁）到最年老的分组（大于75岁）略有下降。

第二项指标是核心食物，它是基于统计受试者三天内消费食物的直接频率。大约50%的老年受访者自报在三天中至少有一天消费的食物是全脂牛奶、咖啡、白面包、土豆（其他方式而不是油炸）、人造黄油和糖。作者指出，这些食物是相对廉价的，易于咀嚼，便于准备。他们还指出，75岁及以上、低收入和低教育水平的独立生活的样本人群中上述情况比例更高。

对NHANESⅡ中最常食用的食物的分析表明，咖啡、白面包和人造黄油是美国饮食的核心食物。超过50%的受访者每天都会食用这些食物。最常食用的食物是咖啡、茶、白面包、人造黄油、全脂牛奶、甜甜圈、饼干和蛋糕，以及糖。老年人的核心食物和普通大众的核心食物其实非常相似。此外，老年人的营养趋势跟美国公众也比较相似。将1977—1978年的NFCS数据与1985年的个人食物摄入持续调查（the Continuing Survey of Food Intakes by Individuals）进行比较，结果显示，19~50岁的美国女性减少了红肉和全脂牛奶的摄入量，但摄入更多的是低脂牛奶和低热量软饮料。对老年人摄入量趋势的类似分析表明，他们的摄入趋势也是如此——减少肉类消费，增加低脂牛奶、低热量饮料和外卖食品的消费。

与居住在社区的老年人比较，长期居住在护理机构的老年人食物种类减少的趋势更加明显。一项对303名65岁以上被收容者的调查发现，约三分之二的人在过去5年里改变了饮食习惯，其中很多变化导致受试者所吃食物种类减少或限制他们的食物选择。有限的食物选择对老年人的健康和营养状况的影响可能是严重的，因为人们认为，多种饮食是保证充足营养摄入的最有效方式。

减少食物多样性的一个可能解释是对食物的愉悦感反应发生了改变。通常，随着食物的摄入，它们变得不那么令人愉悦（也就是吃腻了）。这种被称为特异性饱腹感的下降，与就餐期间转向其他食物选择有关。因此，当有多种食物供选择时，人们可以吃更多种类的食物。因此，特异性的饱腹感可以促进人们摄入更多样化和营养均衡的饮食。

因为特异性的饱腹感促使消耗多种饮食，并且由于老年人饮食相对单调，所以合理的假设是老年人的特异性饱腹感降低。研究者在青少年（12~15岁）、年轻人（22~35岁）、中年人（45~60岁）和老年人（65~82岁）中调查了年龄对特异性饱腹感的影响。受试者对感官特性的愉悦度和他们想吃五种食物的欲望进行了评定，然后对其中一种食物（酸奶）进行定量或想吃多少就吃多少。他们吃完酸奶后立即对食物进行了重新评估，结果显示，特异性饱腹感在不同年龄组间有差异（见图4）。与未吃的食物评分相比，65岁以上的受试者对所食用食物的口感愉悦度的评分没有表现出明显下降，也就是说，他们对自己吃过的食物味道没有显示出特异性的饱腹感。

目前尚不清楚为什么老年人没有表现出特异性的饱腹感，但这似乎与感官功能丧失无关。测试开始时，在食用酸奶之前，老年受试者和其他组一样，将测试食物的感官特性评定为令人愉悦。尽管老年受试者在识别气味的能力上表现出典型的随年龄增长而下降的趋势，但这与味觉或嗅觉的感官饱足感无关。这是令人惊讶的，因为食物的味道或气味的愉悦感的变化似乎在某种程度上取决于嗅觉功能。进一步关于感觉功能受损与食物愉悦反馈改变的研究将是有意义的，因为特异性饱腹感的潜在机制尚未得到充分的理解。除了感官成分外，还有一种认知成分与刚被食用食物知识有关。目前尚不清楚为什么老年人在这方面会有所不同，但这可能与对所有种类食物的食欲下降有关。

感官饱腹感的退化可能与单调的饮食摄入以及未能根据饮食的多样性增加摄入量有关。最近一项研究表明，老年人对各种液体摄入的刺激作用不敏感。测试显示，在脱水24小时后，老年受试者在只能喝一种饮料

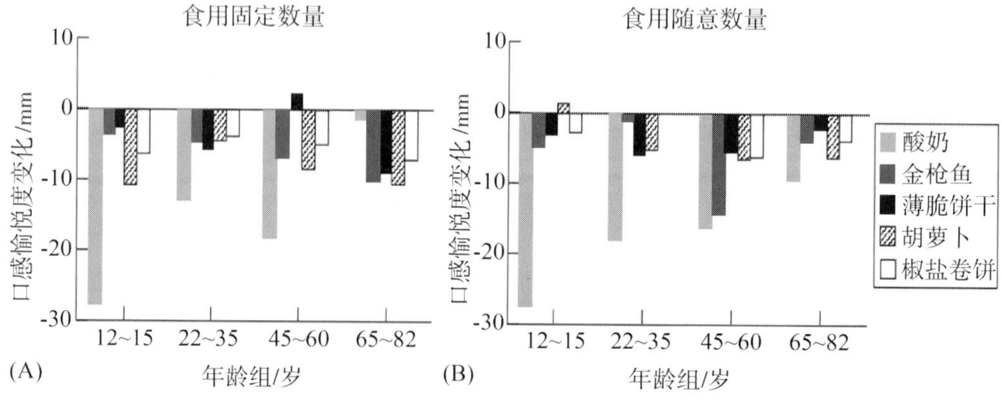

图4　特异性饱腹感在不同年龄组间的差异

注：不同年龄组食用固定数量300克（A）或随意数量（B）的酸奶后，进食样本食物的口感愉悦度评级变化。这表明，特异性饱腹感，与不摄入相比，摄入食物（酸奶）愉悦感的变化随着年龄的增长发生了变化。

引自：Rolls BJ, and McDermott TM（1991）Effects of age on sensory-specific satiety. *American Journal of Clinical Nutrition* 54：988-996, 1991.

（水）和同时能喝四种饮料（水、矿泉水、可乐、橙汁）时，他们喝饮料的量基本相似。尽管没有年轻的对照组测试，但之前一项针对年轻人的研究表明，饮用多种饮料时会比饮用一种饮料时摄入更多的液体。此外，年轻受试者在有多种食物的情况下比只有一种食物的情况下吃得更多，这种摄入的增加与感官特异性饱腹感有关。因此，无法体验感官饱腹感是意料之中的事，这不仅与单调的饮食有关，而且与多样化膳食中较低的热量摄入有关。无论是在实验状态还是在自然环境中，我们需要更多的研究来检验与年龄相关的感官特异性饱腹感的变化如何影响饮食和食物摄取的多样性。人们发现，饮食的多样性与老年人更好的健康状况有关，进一步的研究可能会提出增加老年人饮食多样性和改善其营养状况的策略。

社会经济问题

老年人的低摄食量问题可能是由多种因素造成的，从最初的老龄化到社会和经济环境的变化。在几项针对老年人的研究中，大多数人表示，最近饮食习惯发生变化是由于健康状况、生活状态的改变，健康信念的改变，或者仅仅因为经济状况的变化。生活安排、社会隔离、独自饮食对老年人的饮食安排发挥着重要作用。老年人的生活安排会影响他们的饮食质量。与有配偶的男性比较，独居男性特别是 75 岁及以上的独居男性，其饮食质量更差。独居生活的主要影响是减少能量消耗，而不是减少食物种类。研究发现，丧失亲人在社会环境改变和饮食的社会意义变化层面对营养的摄入有负面影响（参见“丧亲之痛”）。

教育和其他社会经济问题对饮食摄入似乎发挥了重要作用。最近对 152 名 85～94 岁的女性进行的一项研究表明，高龄对食物或营养摄入没有不利影响。据报道，最年长的女性与 64～85 岁的女性相比，每周食用的水果、蔬菜、乳制品、肉类和糖果的数量与后者相同或更多。另一方面，教育水平确实对营养摄取量有重大影响。受过高中以上教育的女性比受教育程度较低的女性报告了更高的维生素和矿物质摄入量。

一些营养问题在一定程度上可以通过提供家常食品和高营养密度的便利食品来解决。提升饮食社交化也可能产生重大影响，尽管这并没有在老年人中进行实证调查。对年轻男性和女性的研究表明，与三个朋友共进晚餐时，他们的进食量比单独用餐时高出 50%，饮食的营养成分不受影响。有趣的是，与独自吃饭相比，与陌生人一起吃饭并没有增加晚餐摄入量。因此，虽然饮食社会化可能会增加老年人的摄入量，但这取决于发生的社交互动类型。

与饮食相关的态度和信念也可能影响饮食习惯。一些研究已经将口味、健康信念、认识、价格、便利性和权威性视为食品选择的关键社会决定因素。老年人通常更关心健康问题，尤其是能量和脂肪消费以及食品成本。节约时间不是一个主要问题。单身老年女性最关心的是食物成本。

在老年女性中也观察到了与体重和节食有关的病理问题。有人注意到，与年龄有关的类似于神经性厌食症的精神综合征，年轻女性比老年女性更常见。神经性厌食症的特征是拒绝维持最起码的体重、体形紊乱、对肥胖病态的恐惧，以及对食物和进食的专注。内分泌异常也观察到了，其中最常见的是闭经或停经。一项针对体重低于平均体重90%的老年人的调查结果显示，9%的受试者在用于评估饮食相关态度的问卷上出现了病理反应。异常态度包括对食物表现出自我控制，饥饿时避免进食，享受空腹，参与节食行为，以及害怕超重。有文献报道了老年女性神经性厌食症的病例。除闭经外，患者被描述为具有所有诊断特征。典型的神经性厌食症与其他病症有关，特别是抑郁症。老年人的抑郁症可能会加剧他们的厌食症。

干预策略

理想情况下，为老年人设计的饮食应提供营养丰富的食物。虽然老年人的能量需求减少，但对蛋白质、维生素和矿物质的膳食需求却有所增加。例如，针对护理院老年女性的研究表明，钙摄入量也仅仅是勉强满足该年龄组的最低需求量。住在家里的女性比住在护理院的女性摄入的钙更少。因此，膳食策略侧重于营养丰富的食品的摄入。

因衰老而使食物摄取调节功能受损可能会影响对高能量补充剂的反应。与年轻人相比，老年人不太可能因摄入高能量补充剂而减少对其他食物的摄入量。这一点在研究中得到了证实，健康的老年男性在30分钟前食用高能量酸奶后，午餐时并没有减少（食物）摄入量。老年男性的午餐基线摄入量明显低于年轻男性，但通过在进餐前补充高能量补充剂，老年人膳食的总摄入量显著增加，达到与年轻男性相当的水平。因此，膳食补充剂可能是提高老年人能量摄入的重要途径。然而，并非所有可用的数据都表明补充剂是有益的。在最近一项针对身体虚弱的老年男性和女性（平均年龄87岁）的研究中，连续10周每天晚上补充高能量复合营养液，只有结合运动时才能增加每日总能量摄入。不锻炼的参与者降低了摄入量来补偿增补剂中的能量。该结果与其他实验研究结果不同。例如，在一项研究中，当给予食欲缺乏的老年患者两种不同营养全流质饮食，以便自由进食10天时，能量摄入显著增加。这看起来似乎对补充剂中的能量几乎没有补偿。在另一项有营养不良高危老年人参与的研究中，在12周的时间内，发现膳食补充剂能增加每日能量摄入量和增加体重。因此，大多数研究表明，营养密集型补充剂可以增加能量摄入量并改善老年人的营养状况。未来的研究应系统地确定可能影响能量摄入量有关的补充剂的重要参数（补充剂的类型、数量或能量密度）。

还有许多其他可能优化老年人饮食的策略。一种策略涉及感觉功能的补偿。研究者已经提出了将增加和强化风味作为改善食物口感以抵消感官功能减退的方法。然而，很少有证据表明中度感官退化而非感官失真会影响营养状况。相反，研究表明，健康老年人的感官系统比较强大，感官功能障碍并不总是与营养不良和体重减轻有关。尽管与年龄相关的感官功能减损无疑会降低生活质量，但迄今为止还没有证据表明它们与营养状况受损和患病状况有关。

正如所观察到的饮食选择范围的缩小可能是由于特意限制卡路里、脂肪、糖和盐的摄入。60 岁以上的人会患冠心病、高血压和糖尿病，许多人遵循低脂肪、低糖和低盐的医嘱饮食。含有高浓度甜味剂和脂肪替代品的食物可能会满足特殊需求。目前，低热量食物主要由希望减重的人首选。这使得节食者可以减少能量摄入，而不会缩小食物种类的选择范围，也不会影响其改善食物的愉悦价值。对于患有与肥胖相关的健康问题的老年人来说，这些食物可能是有益的。然而，许多老年人的能量摄入量太低，无法满足能量需求。显然，选择低热量产品可能会加剧这些人的厌食症和低能量摄入的问题，特别是因为他们不太可能根据食物能量的变化而调节摄入量。鉴于老年人口的不断增长，这些食物的市场正在增加。卡路里控制委员会 1991 年的一项调查显示，60 岁及以上的消费者在使用低卡路里、无糖食品和饮料方面的增长最为显著。由于老年人的体重和营养需求各不相同，因此应该开展科普宣教，告知老年人能量改良食品如何适合他们的饮食。不论他们的体重如何，如果他们选择了低热量的食物，那么这些食物应该是高营养密度的。

增加每日能量摄入的一些策略涉及解决社会和经济问题以及改变饮食行为。在针对老年人的社区营养计划中，社区在家庭和聚集地点提供助餐服务。这些计划有助于克服就餐中因低收入、行动不便、孤独和缺乏社交而发生的营养问题。其他策略涉及解决影响食物摄入的牙科和医疗问题，并鼓励食用易于咀嚼和消化的食物。许多老年人有吞咽问题，需要提供易于消化的个性化饮食。一些老年人因食欲低下和口渴感退化，必须提醒他们进食和饮水。显然，管理与衰老相关的营养问题需要对食物和液体摄入的各种生理、心理和环境影响保持敏感（做出明确规定）。未来的干预研究应着重于最优干预策略，为改善社区居住和机构养老老年人的营养状况提供有效的干预措施。

另请参阅：身体：构成、体重、身高和体格；运动和身体活动；胃肠道系统的功能和功能障碍；稳态、体内动态平衡与老化；自我调节、健康和行为；嗅觉与味觉；渴感与水化。

拓展阅读

Clydesdale FM（ed.）（1993）Sensory perception in aging workshop. *Critical Reviews in Food Science and Nutrition* 33：Issue 1.

Garry PJ and Chumlea WC（eds.）（1989）Epidemiologic and methodologic problems in determining nutritional status of older persons. *American Journal of Clinical Nutrition* 50（suppl. 5）.

Jackson TM（ed.）（1994）Nutrition research and the elderly. *Nutrition Reviews* 52, No. 8, part 2.

Morley JE, Glick Z, and Rubenstein LZ (eds.) (1990) *Geriatric Nutrition: A Comprehensive Review*. New York: Raven Press.

Murphy C, Cain WS, and Hegsted DM (eds.) (1989) Nutrition and the chemical senses in aging: Recent advances and current research needs. *Annals of the New York Academy of Sciences* 561.

译　者：张　远（北京大学）
校译者：裴丽君（北京大学）

应激：生理学的释义

D. A. 祖力比克，X. 周 *伊利诺伊大学，芝加哥，伊利诺伊州，美国*

词汇表

热休克（Heat Shock）——细胞或有机体暴露于高温下，通常比基础或核心温度高4℃～5℃。

热休克基因（Heat Shock Genes）——在细胞应激期间优先表达的一类基因。热休克基因的类别由它们编码的蛋白质的大小（分子量）决定。

热休克蛋白（Heat Shock Protein，HSP）——一种蛋白质的集合，也称为“分子伴侣”，具有多种重要功能。这些功能包括：穿梭于细胞内外的蛋白质，分解受损蛋白质，标记蛋白质降解，保护新合成的多肽，折叠新旧蛋白质，增强应激过程中的酶活性，以及作为分子制动器用于转录（例如，糖皮质激素受体）。

生理应激（Physiological Stress）——任何条件，包括热扰动，造成了对细胞、器官或有机体的生存不利的环境。

引言

年龄的增长伴随着生理应激反应下降的趋势。相反，新的研究表明细胞和分子水平上对生理应激的强烈反应有助于长寿。因此，关键问题就是年龄是如何影响细胞应激反应的，以及采取哪些措施能防止其下降。

在胁迫条件下，细胞和组织的存活不仅取决于应激的严重程度和类型，还取决于细胞的反应。生理应激通常发生在温度持续改变或缺氧的条件下，也会发生在细胞或器官正处在营养剥夺、渗透性休克、辐射能、感染和炎症等稳态扰动时。显然，极端的环境条件限制了生存，但幸运的是，许多生理应激的适应性反应增加了人体经受异常条件的可能，直到它们消退。此外，慢性生理应激可能会引起长期的适应过程，称为耐受性（tolerance）。理解对应激的反应可能是解决困扰老年人的许多急性和慢性疾病的关键，如缺氧性心肌损伤、脑组织氧化损伤和肾毒性等。事实上，应激反应可以通过药物和植物药进行药理学控制，这为提供更好的神经和心肌保护带来了希望，是防止身体机能随着年龄增长而衰退的一种策略。考虑到这一点，本文提供了关于细胞应激反应和年龄如何改变基本适应过程的综述。

分子应激反应

细胞应激反应最初被称为热休克反应。40 多年前，对果蝇的研究表明，短暂暴露在热的环境中会引起一种独特的染色体膨突模式。后来发现，热诱导的染色体结构的变化与一种叫作热休克基因的基因表达增加有关。这些基因作为多个家族成员分散在几个染色体上，在正常情况下和应激状态下都能增强细胞活力。尽管初步观察是在果蝇身上进行，但所有生物中的确都保存了热休克基因。鉴于这些基因的重要性，如何调控热休克基因的表达，以及热休克蛋白（HSP）如何运作成为两个关键的问题。我们现在知道，所谓的热休克反应实际上是一个更全面的细胞应激反应的子集。特定的反应发生在紫外线暴露、氧化损伤、DNA 损伤和葡萄糖剥夺的情况下。这些反应中有一些与热休克反应相重叠，有些则表现出独特的反应。表 1 列出了许多已知的细胞应激反应诱导物。这个列表中一个有趣的地方是，如此多的不同因素如何触发一个共同的细胞反应。最终的结果是增强了细胞保护，使免受致命的损伤。奇怪的是，一种应激源可以带来针对其他应激源的细胞保护。例如，重金属暴露会导致应激反应，避免受到热损伤。这两种应激源都会导致蛋白质损伤，从而发出信号，使细胞停止正常的转录和翻译活动，并转向热休克和其他应激蛋白的表达。

为了激活细胞应激反应，特定的 DNA 结合蛋白或转录因子需要被激活。目前的证据表明，三分之二或更多的热诱导基因需要

表 1　环境问题的类别和热休克反应的诱导物或其等同物

环境能量	
热	
紫外线	
毒素和金属积聚	
重金属	除莠霉素 A
乙醇	叠氮化钠
血红素（铁）	二硝基酚
尼古丁	
脂质扰动	
花生四烯酸	
合成前列腺素	
鞘氨醇	
蛋白质损伤	
营养缺乏	
低血糖症	
低血钙症	
氨基酸类似物	
药理药物	
水杨酸钠	
吲哚美辛	
烷化剂	
致病菌	
病毒：腺病毒、疱疹病毒、流感病毒	
细菌：放线杆菌	

激活一种叫作热休克因子（heat shock factor，HSF1）的细胞内蛋白质。一旦 HSF1 结合应激基因启动子区域，它将使 DNA 与其他转录因子结合，从而提高 RNA 聚合酶活性。因此，由应激基因编码的更高水平的

信使 RNA（mRNA）产生，核糖体会优先将这些应激 mRNA 转化为应激蛋白。

应激蛋白具有多种功能，曾被称为热休克蛋白。这些蛋白质可根据其大小或分子量来进行分类。概括地说，HSP 有高、中、低分子量多种类型，其中最常见的是 HSP70（分子量为 70 kDa）。大多数 HSP 存在于正常条件下，在应激状态时其水平会升高。

HSP 在正常情况下具有多种功能，在应激过程中起着更重要的作用。细胞应激或 HSP 的一个功能是一种伴随功能，这一功能使其他蛋白质从一个细胞腔隙穿梭到另一个。应激蛋白标记受损蛋白质的降解。它们帮助分解甚至可能重新折叠受损蛋白质。应激蛋白标记受损蛋白进行降解。它们有助于分解蛋白质，甚至可能重新折叠受损蛋白。在异常情况下，应激蛋白可能会保护或增强某些酶的活性，而在某些情况下，应激蛋白将作为基因表达的分子制动器。

细胞应激反应的一个主要特征是，它是一种可诱导基因表达的范式，从而提供了一个很好的解释系统来检验年龄是否影响转录控制的问题。诱导细胞应激反应的关键是热休克转录因子。几种热休克因子已在不同物种中被分离，但 HSF1 似乎仍然是热休克基因表达的主要介质。图 1 所示的模型描述了 HSF1 是如何在人类和许多真核生物细胞中运作的。通常来说，HSF1 存在于细胞质和细胞核中，自身折叠成马蹄形分子。通过应激诱导信号，胞质 HSF1 转位到细胞核，该过程可能是由 HSP 促进的。HSF1 展开并与其他分子结合，形成能够结合 DNA 的 HSF1 三聚体。被激活的 HSF1 三聚体与特定的 DNA 序列相结合，后者被称为热休克元件（heat shock elements），位于热休克基因和其他基因的启动子区域。热休克元件是由重复的核苷酸序列鸟嘌呤、腺苷、胍基乙酸（GAA）组成的。HSF1 和热休克基因启动子区域的 GAA 序列之间的相互作用似乎足以增加热休克基因的表达，但是还有其他共同因素及蛋白质间的相互作用可对基因表达进行微调。HSF1 磷酸化和 HSF1-蛋白质-DNA 复合物将进一步影响 RNA 聚合酶的持续合成能力和 mRNA 的生产速率（参见“脱氧核糖核酸与基因表达”）。

尽管有持续的应激，HSF1-DNA 结合仍然会受到抑制。这是一项重要的观察，因为 HSF1 如何脱离启动子很可能会为发现年龄如何阻止它最初与 DNA 结合提供线索。HSF1 如何恢复其钝性尚不清楚，但 HSP 的磷酸化和分解是使 HSF1 失去活性的两种潜在的手段。一种假定的 HSF1-DNA 结合的抑制剂可能在调节应激反应中发挥作用，而这种抑制剂的过度活性可能是年龄改变应激反应的明确的机制。应激过程中，HSF1 的水平不会增加，因此这种相对存活较久的转录因子似乎由翻译后的控制调节。从初始应激中恢复后，HSF1 对进一步的应激会更加不敏感。HSF1 对应激刺激敏感性的变化对衰老过程具有重要意义。例如，当神经元细胞长期暴露于神经毒性淀粉样蛋白这样的应激条件下时，很可能会减少未来的细胞应激反应。

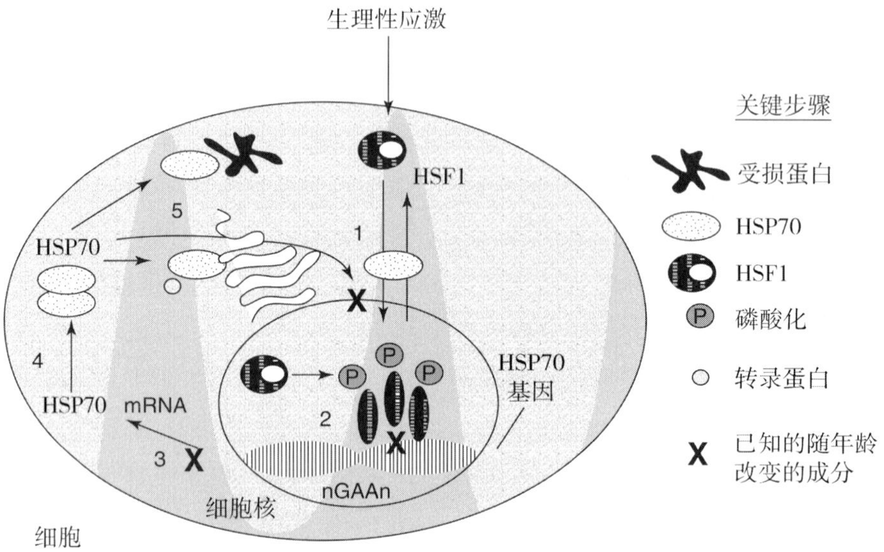

图 1　一种人类应激反应的细胞调节模型

注：数字对应的是诱导应激反应所必需的各种转录和翻译步骤。(1) 在稳态条件下，HSF1 在细胞质和细胞核中自行折叠。环境应激触发了它的展开，HSF1 以一种同源三聚体的形式在细胞核中积累，与热休克和其他“应激基因”启动子区域的顺式作用元件结合。(2) 在获得 DNA 结合潜能的过程中，HSF1 磷酸化程度越来越高，并驱动 RNA 聚合酶 II 活性达到更高水平。(3) 热休克基因（如 HSP70）的单个外显子 mRNA 不断积累，并优先通过翻译装置转录表达。(4) HSP 水平升高，HSP70 二聚体离解，并与其他蛋白质形成复合物。(5) HSP70 和其他分子伴侣具有多种功能，包括保护新合成的蛋白质、分解受损蛋白质、保护必需的酶和调节特定转录因子。

应激反应的年龄依赖性变化

几种衰老模型证明了热休克基因的表达会随时间推移而变化（见表 2）。关于细胞应激反应的最初观察之一是由刘（A. Y.-C. Liu）进行的，他发现晚期传代胎儿肺源性成纤维细胞（IMR-90）在受到 42℃ 热休克刺激时，并没有表达 HSP，而早期传代细胞表达了 HSP。热休克刺激后，早期和晚期细胞表达相同类别的 HSP，但将 ^{35}S-甲硫氨酸掺入新合成的蛋白质中，通过 SDS-聚丙烯酰胺凝胶电泳分离蛋白质的放射自显影分析发现，PDL 51 细胞产生的 HSP 明显比PDL 18细胞少。在热休克过程中，晚期传代细胞的初始合成率和许多 HSP 的绝对量相比早期传代细胞都有所降低。37℃ 时 HSP 的基础水平并没有随 IMR-90 细胞的连续传代发生变化，从而凸显了细胞衰老后可诱导基因表达的丧失。类似的结果在其他人类二倍体细胞系，如 TIG-1 的连续

表 2 关于具有年龄依赖性的热休克基因表达变化的代表性研究

衰老模型	应激类型	晚期相对早期细胞的反应
人 外围细胞 血液 单核细胞 细胞（岸本）	42℃热休克	相对于年轻供体细胞，最多减少 30% HSP70 转录率
人类二倍体 成纤维细胞 IMR-90（刘）	42℃热休克	晚期传代细胞中 HSP70 的 mRNA 水平降低 30%
老年大鼠（霍尔布鲁克）	整个动物暴露于 40℃	老年动物的核心体温低于年轻动物。老年大鼠的脑、肺、皮肤中 HSP70 的 mRNA 水平降低 60%～75%。整个肝脏没有发生变化
大鼠 鼠肝细胞（理查森）	42. 5℃热休克	老年供体肝细胞中 HSP70 的 mRNA 水平降低 40%

传代中也得到了印证。

诺瑟杂交（Northern blot）和核转录终止分析（nuclear run-off analysis）都证实晚期传代细胞中 HSP 的诱导减少是由于转录问题引起的。因为晚期传代细胞维持了组成性基因的持续表达，如 β-肌动蛋白基因，年龄不会使 RNA 聚合酶的活性随着时间的推移而发生一般扰动。相反，年龄会扰乱热休克基因表达的信号传导。

衰老的成纤维细胞中年龄诱导的热休克基因表达的衰减归因于 HSF1-DNA 结合活性水平的降低。能够阻止 DNA 结合的 HSF1 的负调节因子或转录后修饰，似乎是 HSF1-DNA 结合随年龄增长而减少的主要因素。“混合”实验将晚期传代细胞的提取物加入早期传代细胞的提取物中，产生了不确定的结果。大多数实验并不能证明由衰老细胞产生的 DNA 结合的显性阴性抑制剂是存在的。但是，在大鼠肝细胞中获得了替代结果，在老年动物细胞提取物的连续分馏中产生了至少两种类型的 HSF1-DNA 结合抑制剂。

一个有趣的问题是，随年龄变化，热休克因子家族的其他成员是否会以某种方式干扰热诱导的 HSF1。这一假设已经通过验证，但并没有发现 HSF1 与其他家族成员有关，从而显示这种独特的蛋白因子或血脂调节剂能与 HSF1 相互作用，并弱化其 DNA 结合能力。

细胞周期与 HSF1 应激诱导的关系可能与老化有关。血清饥饿培养细胞或静止细胞受到热休克之外的其他因素刺激后会失去HSF1-DNA结合活性。因此，晚期成纤维细胞失去热诱导的HSF1-DNA结合活性的机制需要进一步研究。

尽管在衰老的成纤维细胞中已经发现了热休克反应的改变，但主要的问题是其他的衰老模型是否也具有相似的扰动。总的来说，人们的共识是，年龄确实会减弱所有或部分热诱导反应，尤其是在人体中。观察结果变化的原因是分析的细胞类型和条件不同。例如，祖力比克和周发现，增殖的人T细胞具有比静止T细胞更强的热休克反应。部分原因是T淋巴细胞转化为T淋巴母细胞会增加HSF1的水平，因此前者的年龄依赖性差异比后者更大。同样，静止B细胞几乎没有HSF1，从而不可能在T细胞中复制观察结果。因此，即使是在一个器官系统中，例如免疫系统，在批评文献中有关衰老应激反应的不同结果之前，需要先了解应激反应的显著变化。我们对年龄如何影响应激反应的了解大多来自啮齿类动物研究。N. 霍尔布鲁克（N. Holbrook）和A. 理查森（A. Richardson）的实验室都展示了束缚应激和体外啮齿类动物细胞的培养物是如何受到年龄和应激的影响的。从幼鼠和老年大鼠（供体）中分离出的生长中的成纤维细胞具有可比水平的热诱导热休克基因表达。然而，当细胞融合时，老年供体成纤维细胞中几乎没有HSP70基因表达。在对20多种动物培养物检验后发现，在热休克后，年龄使HSP70的mRNA水平下降了大约50%。这种HSP70的mRNA水平的下降似乎在皮肤和肺成纤维细胞中都有发生，HSP70的mRNA水平的年龄依赖性差异在皮肤成纤维细胞中是最大的。对诱导HSP70的mRNA水平的全组织分析的结果与培养细胞相似。重要的是，没有发现β-actin的mRNA的年龄依赖性下降，因此证实了应激后HSP70的mRNA的定量下降是特异性的，而不是与RNA聚合酶活性相关的一般年龄相关性问题。

与人类细胞相比，啮齿类动物的高分子量和低分子量的HSP的mRNA在热休克后没有显示出年龄依赖性的减弱。造成这种差异的原因并不清楚。不同的培养条件和老年供体啮齿类动物成纤维细胞保留了增殖的潜能，而晚期传代的人类成纤维细胞则没有这种潜能，这表明细胞的生长状态与衰老过程是相交的。这一事实表明，绝大多数组织存在于有丝分裂后的状态下，并且应激基因表达的年龄依赖性变化可能在非再生器官中是最明显的。

整体动物实验和生理应激的一个有趣结果是，雄性威斯塔（Wistar）大鼠的身体抑制引起的神经内分泌的应激反应，导致热休克基因表达增加。虽然这种反应可能存在菌株特异性变化，但年龄使受抑制的大鼠肾上腺组织中诱导性mRNA水平下降了近75%。HSP70的mRNA的诱导似乎与促肾上腺皮质激素（ACTH）有关，因为垂体切除的动物在施加抑制后并没有表现出HSP70的mRNA水平的增加。奇怪的是，培养的肾上腺细胞在暴露于不同浓度的促肾上腺皮质激素时没有表现出应激反应，因此可能涉及其他循环因素。另外，神经内分泌的应激可导致肾上腺对缺氧损伤敏感，进而激活应激反应。这个悖论代表了“活体”发现与组织培养实验观察要取得一致结果是有困难的。然而，就热休克基因表达的生物学相关性而言，对受抑制的威斯塔大鼠的热休克反应的诱导是一个令人鼓舞的观察研究成果。对啮齿类动物进行的其他实验表明，剧烈的体力活动增加了肌肉组织的热休克反应。与许多类似的研究相一致，衰老减弱了肌肉和心脏的心肌细胞的应激反应。

热刺激并不是 HSF1 和应激反应的唯一调节因子。在研究 HSF1-DNA 结合是不是由相关生理温度（39℃～40℃）上升触发这个问题时发现，细胞暴露于如花生四烯酸等炎症调节剂中可激活 HSF1-DNA 结合，而在正常温度下这种结合不会发生。此外，HSF1-DNA 结合可以在发热的人类供体外周血单核细胞中可以检测到。培养细胞在 42℃条件下激活 HSF1 似乎再现了体内发热温度引起的变化，从而加强了体外研究模型与人体对热刺激实际反应之间的联系。

具体来看，热休克基因的表达在衰老过程中的丧失是多因素造成的。因为许多其他基因，如 β-肌动蛋白的表达似乎不会受到衰老的影响，所以，热休克基因表达的改变是由应激反应信号传导的年龄依赖性发生了变化引起的。一个在信号级联中被认定的候选者是热休克因子本身。迄今为止的大多数研究表明，衰老是与 HSF-DNA 结合活性的减弱相伴随的。较低水平的 HSF-DNA 结合活性已经在利用短的合成 DNA 片段的凝胶迁移实验中进行了记录，还没有人能够直接证明在完整的细胞中 HSF1-DNA 结合活性是随年龄的增长而丧失的，但原位研究显示，核内 HSF1 的丧失与年龄有关，并且提供了最佳证据，表明细胞培养结果再现了实际的衰老过程。最大的争论也许是 HSF-DNA 结合随年龄减少是不是由于某种抑制剂的作用。部分研究人员提到了这种抑制剂，他们发现老年供体细胞或衰老细胞的提取物可部分阻断年轻供体细胞提取物中的 HSF-DNA 结合。其他人在混合实验中还没有发现这一抑制剂，这并不奇怪，因为已知的其他转录因子的抑制剂并不总是通过这种方法显示。沙姆欧文斯基（Shamovsky）和格申（Gershon）发现了三个调控 HSF1 的新因素：一种 HSF1 抑制剂、延伸因子 1-α 和一个大的非编码 RNA。HSF1 抑制剂阻断了 HSF1 的三聚体化，而其他两个因素促使 HSF1 激活。前者活性的增加和（或）后者活性的降低可以用来解释老年大鼠 HSF1-DNA 结合损失的年龄依赖性。祖力比克和周发现，HSF-DNA 结合水平较低的老年供体人 T 细胞的提取物也具有阻断体外 HSF1 三聚体化的能力。

除 HSF1 共同因素外，衰老过程中 HSF1 的翻译后修饰可能会导致它与 DNA 结合的能力降低。在酵母中，特定氨基酸残基的磷酸化会减弱 HSF-DNA 结合能力，因此存在以下可能：即 HSF1 的年龄依赖性修饰会改变其与启动子区域热休克基因结合的能力。在培养细胞中已经观察到了由一种或多种蛋白激酶对 HSF1 应激诱导的瞬态修饰。

HSF1 磷酸化的目的通常是增强热休克基因的表达。已经确定了一小部分应激诱导激酶，其中至少有一种被发现在热休克时，在衰老细胞中的活性较低。

虽然在 HSF1 调控中，年龄依赖性扰动可能用于解释热休克基因表达的变化，但其他因子可能会破坏诱导型基因的表达。热休克基因启动子区域蛋白质间的相互作用在衰老过程中可能会发生改变，与热休克启动子绑定的蛋白质可能会以不完全支持基因反转录的方式被修饰。与这些可能性一致的是，其中一种近端热休克启动子蛋白质（Sp1）随年龄增长与 DNA 结合的能力会下降。此外，热休克基因表达的有丝分裂活性在老年供体外周血淋巴细胞中也有所降低。因为近端启动子控制生长介导的热休克基因表达，所以可以推断出近端热休克启动子的控制受年龄因素影响。

研究者要探索衰老过程中热休克基因表达改变的机制，关键是要弄清这种反应中是否存在年龄依赖性变化的功能性后果。一个问题是，基因表达的改变是否会导致一个或多个 HSP 的基础水平或可诱导水平的变化。到目前为止，人类成纤维细胞衰老模型和啮齿类动物衰老模型都显示，HSP 水平在非应激状态下不受年龄影响。实验已经不断地显示，诱导型 HSP70 的水平随着年龄的增长一直在减弱。年龄对其他 HSP 的影响还不太显著，而在其中一个例子中，老果蝇的 HSP 数量反而有所增加。然而，HSP70 或其他 HSP 水平的变化可能会改变老年供体细胞对损伤和死亡的敏感性。研究发现，来自老年供体的生长中的原代成纤维细胞和淋巴细胞与来自年轻供体的相比，对热诱导的细胞的死亡更具有敏感性。细胞的生长状态明显影响了其对应激的敏感性。生长期中的细胞，特别是处在细胞周期中的有丝分裂或 DNA 合成期的细胞，对应激引起的损伤和死亡最为敏感。静止细胞对应激性细胞死亡表现出抗性，除 HSP 之外的其他因子可能介导这种细胞保护作用。一些研究者认为，HSP 磷酸化是作为细胞保护的手段，而不是用于 HSP 的积累。HSP 水平的增加有助于细胞保护作用的观点来自实验，实验中 HSP 在转染含有 HSP 的质粒后，在细胞系中被过度表达；然后该细胞系对由极端高温或细胞因子，如肿瘤坏死因子诱导的细胞死亡产生了抗性。基于这些研究，临床老年医学的一个潜在目标是增强人体的热休克反应。

在衰老过程中控制热休克反应有几种可能性。热休克反应的药理学刺激似乎是最有希望的。非甾体抗炎药（NSAIDs）影响热休克反应的关键调节因子——HSF1。用水杨酸盐和其他非甾体抗炎药治疗细胞可以降低热激活转录因子的温度设定值。因此，非甾体抗炎药治疗的细胞对热应激的反应比未经处理的细胞要强烈得多。结果表明，对培养的上皮细胞进行预处理增强了它们对热应激的抵抗力。与非甾体抗炎药类似，一些特定量的植物药和其他标准药物增强了负责热休克反应的转录因子的激活。这些观察结果为重建老年人的细胞应激反应提供了希望。要做到这一点，我们可以期待针对慢性和急性疾病的器官保护，如阿尔茨海默病患者的神经保护和缺血情况下的心肌保护。

最近的研究表明热休克反应与长寿有关。例如，热量限制可以延长寿命，并防止与年龄相关的 HSP70 表达诱导的下降。百岁老人的 HSF1 激活并没有表现出随着年龄的增长下降 50%的情况，在应激过程中，它们对 HSP70 保持较强的诱导作用。值得注意的是，线虫 HSF1 的基因操作甚至给这短命的物种赋予了更长的寿命。对衰老过程中热休克反应的进一步了解，有可能会随着年龄的增长而改善细胞功能，最终有效延长寿命。

结论

衰老改变了分子对生理应激的反应。衰老过程中 HSP70 基因表达的减弱主要是由于触发热休克转录因子而引起的。近端和远端的 HSP70 基因启动子都受年龄的影响。衰老过程中热休克基因表达改变的功能结果包括受损蛋白的积累和细胞的死亡。初始 HSP 基因的表达随着衰老而增加，这表明年龄是一种低度炎症和低度应激状态。受损蛋白，如淀粉样蛋白的长期积累可能是内源性毒素。低度应激状态下细胞累积的损伤将进一步减弱诱导热休克反应。因此，年龄导致适应不良的应激反应，进一步降低了老年供体器官中细胞存活的机会。

随着年龄的增长，细胞应激反应的丧失可能会发生进化扭曲。随着年龄的增长，异常的细胞应激反应可能会成为一种加剧由环境应激引起的细胞或整个机体死亡的遗传手段，从而保证种群的持续更替奇怪的是，寿命较长的线虫和酵母菌株比野生型菌株的 HSP 水平更高，从而表明长寿和应激蛋白之间有着重要的关联。

最后，最近一项发现显示，HSP 可以逆转酵母中的朊蛋白畸形，这表明临床上增加人体中的 HSP 数量，可能是一项对治疗与年龄相关的神经退行性疾病有价值的辅助措施。对生理应激的基本分子反应进行更多了解，可能会产生新的临床干预措施，有助于扭转细胞保护作用的年龄依赖性的下降（参见“细胞衰老：生长因子与细胞衰老”）。

另请参阅：细胞死亡；细胞衰老：生长因子与细胞衰老；脱氧核糖核酸与基因表达。

拓展阅读

Ambra R, Mocchegiani E, Giacconi R, Banali R, Rinna A, Malavolta M, and Virgili F（2004）Characterization of the HSP 70 response in lymphoblasts from aged and centenarian subjects and differential effects of in vitro zinc supplementation. *Experimental Gerontology* 39（10）: 1475.

Blake MJ, Gershon D, Fargnoli J, and Holbrook NJ（1990）Discordant expression of heat shock protein mRNAs in tissues of heat stressed rats. *Journal of Biological Chemistry* 265（25）: 15275.

Deguchi Y, Negoro S, and Kishimoto S

(1988) Age-related changes of heat shock protein gene transcription in human peripheral blood mononuclear cells. *Biochemical and Biophysical Research Communications* 157 (2): 580.

Fawcett TW, Sylvester SL, Sarge KD, Morimoto RI, and Holbrook NJ (1994) Effects of neurohormonal stress and aging on the activation of mammalian heat shock factor 1. *Journal of Biological Chemistry* 269 (51): 32272.

Fleming JE, Walton JK, Dubitsky R, and Bensch KG (1988) Aging results in an unusual expression of Drosophila heat shock proteins. *Proceedings of the National Academy of Sciences USA* 85: 4099.

Heydari AR, Wu B, Takahashi R, Strong R, and Richardson A (1993) Expression of heat shock protein 70 is altered by age and diet at the level of transcription. *Molecular and Cellular Biology* 13 (5): 2909.

Jurivich DA, Sistonen L, Kroes RA, and Morimoto RI (1992) Effect of sodium salicylate on the human heat shock response. *Science* 255: 1243.

Liu A-Y, Lin Z, Choi HS, Sorhage F, and Li B (1989) Attenuated induction of heat shock gene expression in aging diploid fibroblasts. *Journal of Biological Chemistry* 264 (20): 12037.

Shamovsky I and Gershon D (2004) Novel regulatory factors of HSP1 activation: facts and perspectives regarding their involvement in the age-associated attenuation of the heat shock response. *Mechanisms of Ageing and Development* 125 (10-11): 767.

Verbeke P, Fonager J, Clark BFC, and Rattan SIS (2001) Heat shock response and ageing: mechanisms and applications. *Cell Biology International* 25 (9): 845.

译　者：闫　萍（中共北京市委党校）

幽默

R. J. 曼海姆 北卡罗来纳大学阿什维尔分校，北卡罗来纳州，美国

词汇表

幽默（Humor）——幽默是一种在躯体上以发笑的形式进行表达的性格或态度，这种笑意往往在矛盾（特别是焦虑、自我压抑或其他负面情绪）被轻松化解后引发。

引言

幽默可以被理解为一种在躯体上以发笑的形式进行表达的性格或态度，这种笑意往往在矛盾（特别是焦虑、自我压抑或其他负面情绪）被轻松化解后引发。

由于年老总是被错误地与衰退、残障以及死亡联系在一起，老年人也就常常成为被开玩笑的对象；甚至有时，老年人自己也在拿上了岁数开玩笑。消极幽默一般关注老人及衰老过程导致的性无能、躯体变化、残障以及对于死亡的恐惧。在这种情况下，消极幽默成了远离恐惧和不安的隔离器，成了纾解负面情绪的泄压阀。不过，现实中也同样存在关于衰老的积极幽默，而且大多数情况下积极幽默来源于老年人自己。积极幽默既表现了老年人对于年迈带来不便的接受，又反映了对于岁月赠予经验的谦逊。幽默可能是表达智慧的最佳方式，毕竟生命中最重要的课程总是以似是而非的面貌呈现在我们面前；而表达它的最佳方式，则是一声轻叹、一点诙谐、一句妙语或是一个会心的微笑。

通常，幽默被当作一种刺激、情绪、态度、性格或者看待世界的方式；而对老年人来说，幽默则意味着一种治疗手段，以及认知、情感发展的一个方面。

幽默的概念

幽默一词的由来

英文单词“humor”由拉丁语 *humere* 转变而来，其含义为“浸润”。在古代和中世纪，生理学家假设人体含有四种液体，也就是四种“humors”。这四种体液分别为血液、黏液、黄胆汁和黑胆汁。他们认为四种体液之间的平衡及其在体内含量的比率决定了一个人的健康状况、行为方式和性格特点。中世纪医学界权威观点认为，人体老化的特征是湿度及温度的降低。因此，缺乏体液，也就是缺乏“humor”，便与衰老联系在一起了。可能是基于早期医学观察的原因，“干瘪”（dried-up）成了老年人的形容词。

而现代社会中“humor”一词的含义，

也从中世纪对于一种体液的定义转变成了一种比喻手法。人们认为，拥有幽默感就是拥有了一份幸福。这进一步表明了如下观点：一个平衡而稳健的人，对待世界的态度也是平静而沉着的。然而，颇具讽刺意味的是，在实践中人们总是把“humor”一词和“失衡”联系在一起。比如说当我们放松下来，一不留神就容易被各式各样的玩笑或恶作剧吓一激灵，之后哈哈大笑。鉴于幽默因滑稽而起，所以了解喜剧结构有助于增进对幽默与衰老之间关系的理解。

亚里士多德的喜剧观

亚里士多德在《诗学》（*The Poetics*）中，将悲剧和喜剧的戏剧形式区分开来。两种戏剧形式都涉及了意志的碰撞，这通常发生在重要的公众领袖（如国王、王后或者将军）与更为巨大的自然或者社会力量（如部族禁忌、家族忠诚、国家战争和裁决不公）之间。在悲剧中，人性的缺陷导致了悲惨的结局（如耻辱、没落和死亡）。人的意志在不可抗力面前如蝼蚁般微不足道。而在喜剧中，剧中人逃脱了命运的掌控，在重重困境和阻碍中依靠花招、伎俩和手段从屈辱、失败和衰落中幸存并最终取得胜利。在喜剧中那些性格缺点（如傲慢、愚昧、天真、冲动等），通过反转，转变为逆转局势的可贵品质。

古代悲喜剧起源于宗教仪式，戏剧也和宗教仪式一样，具有宣泄如敬畏、恐惧和怜悯等情绪的功能。戏剧先通过让观众的思想在笑与泪中升华，再让观众的生活重归和谐或对适应社会巨变进行思考来进行道德教育。

幽默可以传达许多信息，幽默既依赖认知过程又依赖情感过程；幽默涉及严肃的问题，但又与我们预期的发展背道而驰，最终让我们感到顿悟和惊喜。幽默具有“低级”和“高级”两种形式，“低级”形式的幽默基于取笑其他个体或群体；而“高级”形式的幽默，则直指人们共同面对的生存困境。幽默既能揭示现实，也能逃避现实。

有关老年人的消极和积极幽默

有关老年人的消极幽默

艾伦·鲍德（Alan Bowd）在2003年的一项研究中发现，4 200个被研究的笑话中，有102个涉及了关于老年人的刻板印象。这些刻板印象包括无能不举的男性、年老色衰的女性、虚荣阳刚的男性、性致冷淡的女性、童心未泯的老人、欲求不满的女性、言帚忘笤的老人和风烛残年的老人。下面将举例说明：

一位年逾八旬的老翁，在街上突然听到有人哭喊：“带我走吧！带我走吧！”老翁四下环视，不见有人便继续往前走，然而他又听见了那个声音。终于，他找到了一只硕大的青蛙，原来是那只青蛙在哭喊。老翁捡起了青蛙，把它托在掌心，这时青蛙解释说：“我曾是个美人，现在被一个坏巫婆施了魔法。如果你能够吻我，我就能变回美人。作为报答，我能满足你所有的欲望。”

老翁听完后把青蛙装进了口袋，并继续向前走。几分钟后，青蛙问道："你为什么不吻我呢?"老翁答："到了我这岁数，我更想要一只能聊天的青蛙。"

近些年，性功能障碍药物、整容整形手术、抗衰老面霜以及关于记忆紊乱的纪录片（特别是关于对抗阿尔茨海默病，即老年痴呆）受到了媒体的广泛关注，同时也伴随着过多关于老年人刻板印象的笑话进入社会主流。例如，在2003年的电影《爱是妥协》（*Something' s Gotta Give*）中，杰克·尼克尔森（Jack Nicholson）饰演了一名深受年轻女性喜爱的老年音乐制作人哈利·桑伯恩，在和他的花瓶女友马琳［阿曼达·皮特（Amanda Peet）饰演］欢愉时，桑伯恩突发心脏病并被迅速送往医院，抢救时需要使用血管扩张药物。当大夫询问他最近是否服用"伟哥"（Viagra）时，他摇头否定，但当大夫告诉他这种药物的副作用会送他上天堂时，他认真地回答道："用过!"

有关老年人的积极幽默

为了向众多针对老年人的消极幽默发起反击，越来越多的积极幽默开始在老年人群体中得以使用，幽默学家露西尔·纳希莫（Lucille Nahemow）在其重要文集《幽默与老龄化》（*Humor and Aging*）中讲述的案例证实了这一点。案例中，作者访问了一名住在疗养院的老妇人，当时那名老妇人正在努力地缝制一小片布料。尽管她的作品相当糟糕，但作者出于礼貌，仍对老妇人表示赞赏。老妇人回应说，其实她已经当了六十年的裁缝，这么做只不过是为了装糊涂，逗那位自以为在教她缝纫的活动指导员开心而已。

一些著名演员成为展现老年人智慧与机敏的象征。例如休姆·克罗宁（Hume Cronin）和杰西卡·坦迪（Jessica Tandy），在许多电影中都塑造了积极正面的老年人形象，这些形象有助于克服中青年人对老年人的偏见，并对那些蔑视历史、蔑视传统以及蔑视其承载者的鼠目寸光之人以示勇气与同情。

有关衰老的矛盾幽默

"老去"一词的含义既矛盾又模糊，但仍然有越来越多的戏剧、小说和电影对它的含义进行了讨论。1984年上映的《魔茧》（*Cocoon*）在其幽默的情节中捕捉到了些许关于"老去"的含义。故事的主人公们是一群居住在佛罗里达州某个护理院的老年人，他们无意间发现了一个能让人返老还童的泳池，泳池底部有一台像虫茧一样的设备。随着故事情节的推进，观众了解到那台设备是外星人留下的，其目的是复活一支数千年前不幸在地球上丧生的科考团。受"不老泉"泳池的影响，这些老年人惊奇地发现，他们开始变得越来越年轻而且容光焕发。经历一系列闹剧后，外星人邀请这些老年人前往他们的星球居住，并享受外星科技带来的青春永驻与长生不死。尽管离开地球意味着与他们的家人永别并放弃他们的宗教信仰，但主人公们最终还是选择离开他们的家人，选择拥抱永生，并在影片结尾处，跟随外星人踏上了前往星辰大海的旅程。这部轻寓言性质的电影糅合了对现代医学科技的肯定，对主流传统宗教中“天堂”与“极乐世界”等概念的怀疑，以及未来科技能使人类长生不老的科幻预言。

幽默与老龄化的四个现代研究方向

自20世纪70年代以来，出现了以下四个关于幽默与老龄化的重要研究方向：（1）老年人在主流文化中的新形象；（2）幽默疗法；（3）幽默学；（4）以发展的视角看待幽默与老龄化。

大众传媒中的老年人

在上文中，我们已经提及了几部以老年人为主角的电影，此外，我们还可以引入电影学者查尔斯·尼古拉斯（Charles Nicholas）称为“长者远征”（elderquest）主题的一批电影。比如《邦蒂富尔之行》（*The Trip to Bountiful*，1985）、《史崔特先生的故事》（*The Straight Story*，1999）和《关于施密特》（*About Schmidt*，2002），这三部电影各讲述了一名老人的旅途，不论这旅途是前往儿时的故乡，还是前往罹患中风兄弟之家，抑或开着房车跨国去参加女儿的婚礼。这些旅途是属于个人的传奇（saga），是对化解旷日冲突的追寻，是对注定命运发起的挑战。“长者远征”这一题材最早可以追溯到英格玛·伯格曼（Ingmar Bergman）的经典作品《野草莓》（*Wild Strawberries*，1957），该作品讲述了年逾古稀的医学教授艾萨克·博格，在返回母校接受荣誉学位途中，试图与自己沉重的过往相妥协的故事。

“长者远征”中回归与和解的艺术主题，与埃里克·埃里克森（Erik Erikson）的人生第八阶段理论十分契合，即在绝望和自我接纳冲突的主旋律下，与命运抗争的理想战果便是收获智慧。大部分该题材电影都讲述了一个伤感的故事，随着主人公对于限制、负担、障碍的释怀，最终迎来了或多或少的美好结局，因此该类电影也可视为喜剧作品。

当然，并不是所有与老年人生活相关的电影都与“长者远征”的主题契合。例如，喜剧片《斗气老顽童》（*Grumpy Old Men*，1993）塑造的小气主人公纯粹是为了搞笑；杰西卡·坦迪的另一部作品、新晋经典影片《油炸绿番茄》（*Fried Green Tomatoes*，1991），则首次从女性视角讲述了传递人生哲理的故事。

而像《黄金女郎》（*The Golden Girls*）《杰佛逊一家》（*The Jeffersons*）《辛普森一家》（*The Simpsons*）这样的电视连续剧，则塑造了另一种老年人形象。以《辛普森一家》为例，剧中塑造了一名居住在疗养院的古怪老人亚伯拉罕·辛普森，这位老人常常出现在剧情的核心位置，这表明独特的、保持自己尊严和性格的、非脸谱化的老人也可以成为故事核心。

在纸质媒体方面，例如《无论福祸》（*For Better or Worse*）、《鞋》（*Shoe*）以及《劳拉》（*Lola*）等漫画，也都描述了诸多老人形象。这些老人被脸谱化地刻画成暴躁、古板、烦人、无能或迟钝的消极形象，与被塑造成勇敢、有爱心、洞察力强、明智的积极形象一样多。

幽默疗法

自从诺曼·考辛斯（Norman Cousin）的著作《笑退病魔》（*Anatomy of an Illness*）在1976年面世后，幽默的治疗价值开始受到关注。无数关于幽默的专题研讨会吸引着来自医界商界的相关人士，他们迫切想知道，为何一种情绪有着治愈、抚慰、舒缓、鼓舞和激励的作用。约翰斯·霍普金斯大学护理院罗纳德·伯克（Ronald Berk）教授基于以往研究，将幽默概括为如下八项心理效益：缓解焦虑、消除紧张、降低压力、减轻抑郁、提高自信、恢复希望、重振精神、产生力量。除此之外，幽默疗法在生理上也有包括改善呼吸、促进血液循环、降低应激激素水平、强化免疫系统和提高内啡肽水平在内的多种益处。

在幽默疗法的实际使用过程中，还会用于对抗抑郁症，甚至用于加速白内障患者术后恢复。同时，幽默也作为与学生交流诸如悲痛、病危、死亡、自杀等敏感话题的一种教学工具。

幽默学

虽然幽默学还没有设置博士学位，但是学术界通过幽默学专业课、国际性的幽默学研究协会和包括《国际幽默研究杂志》（*International Journal of Humor Research*）在内的期刊，对于幽默的研究已在美国国内外大学中取得了长足发展。不胜枚举的关于美式幽默、近现代英国文学幽默和爱尔兰文学幽默的百科全书，已成为幽默学者影响力的有力证明。与此同时，幽默学学界也召开了无数关于幽默与衰老的学术研讨会，议题内容从笑声的生理机能到美国作家索尔·贝娄（Saul Bellow）和菲利普·罗思（Philip Roth）晚期小说中的老年喜剧角色无所不含。

以发展的视角看待幽默

语言哲学家路德维格·维特根斯坦（Ludwig Wittgenstein）宣称："幽默不仅是一种情绪，还是一种看待世界的方式。"其他学者也一致认为，一个人对于幽默故事或情景的理解能力，反映了他的道德与认知的发展阶段。多伦多大学心理系的研究人员在其2003年发表的文章中指出，认知能力与对幽默的理解力之间存在显著相关。这些学者进一步指出，这种相关关系非常重要，因为"情感反应可能是老年人成功运用幽默作为应对机制的基础"。

有趣的是，即使是轻度或中度痴呆患者，仍然具有幽默能力。一位老年学家曾观察到这样一个案例：一名心智健全的女子和她饱受阿尔茨海默病折磨的姐夫见面时，女子从轮椅上向她姐夫伸出手并哭了起来。这时，她的姐夫打趣道："别哭了，玛丽安。我们都还活着，不是吗?"

成熟的人对于死亡的包容能力，可以从无数讽刺幽默的小插曲中体现出来。另一位老年学家在一次委员会会议中注意到，一位身材高大、着花呢西装的绅士在代表长期计划委员会发言时，清了清嗓子说道：“要我说，这长期计划跟问我今天早餐要吃啥差不太多。”这句话涉及一个英文谚语：“等不起青香蕉。”——一种对衰老的幽默说法，指余寿太短，连香蕉从青变黄的时间都等不及了。

老年学家米尔德里德·塞尔策（Mildred Seltzer）指出，虽然不可能把所有乏味无趣的人变得风趣幽默，但是随着年龄的增长，一些人对于幽默的欣赏力会更加深刻而全面。对不同意见的容忍力增强、处理不同观点的能力提高以及对人生中荒诞事情的经历，都会使人们更好地理解幽默。而那些会把握时机的人则更擅长发起幽默。

西格蒙德·弗洛伊德（Sigmund Freud）认识到了幽默对于心理健康的积极作用。弗洛伊德比喻说，笑是在发泄神经或精神的压力，就像蒸汽机排气一样。他进一步比喻道，这就像是压力系统的阀门，会在人们觉得不再需要压抑愤怒或冲动等情绪时被打开。而那些用于压制情绪的能量，则会以大笑的方式释放出来。根据弗洛伊德的描述，完成精神压力释放的方式有三种，分别是玩笑、喜剧和幽默。玩笑通常是作弄他人取悦自己，喜剧则是通过观看那些“低人一等者”来取乐，比如卓别林（Chaplin）饰演的流浪汉，又如经典的“三个臭皮匠”（the trio of Stooges）形象，再比如伍迪·艾伦（Woody Allen）电影中的那个倒霉鬼（*schlemiel*）。有时我们的乐趣来源于与愚蠢笨拙的剧中人对比产生的优越感。而有时我们的喜悦则来源于主人公战胜恐怖、势利、专制的反派后产生的情感认同。

对于弗洛伊德来说，第三种方式，也就是幽默，与其他两者相比有着明显的区别。幽默之所以与前两种不同，其主要原因在于幽默具有某种释放性的元素，这使得幽默较于前两者更加“庄严而高尚”。幽默是一种包含“自恋的胜利，自我无懈可击的胜利”的态度，弗洛伊德认为，“幽默不是屈从的，而是反叛的”。幽默拒绝向痛苦屈服，并通过转换视角，重建或维持人的尊严。

弗洛伊德对于玩笑、喜剧和幽默的描述，呈现出逐层递进的发展序次：即个体发笑的行为会从简单（如“三个臭皮匠”的滑稽动作）向更为复杂（如圣经中所描绘的萨拉的笑）的方向发展。那么，人们感知幽默的能力是随着成熟而增加呢？还是说幽默感是一种与生俱来的天赋呢？虽然弗洛伊德并未回答这一问题，但是19世纪的丹麦哲学家索伦·克尔凯郭尔（Søren Kierkegaard）认为，幽默是一种个人成就，它属于“人生道路的诸阶”（stages on life's way）之一。

克尔凯郭尔提出了三个“生存境界”：审美、伦理和宗教。这些“生活态度”是由随时间积累的主观和客观经验打磨而成的，加之讽刺、幽默这两个过渡阶段，共同构成了克尔凯郭尔的人生三阶段发展理论。

根据克尔凯郭尔的理论，处于享乐阶段的人们（比如年轻的诗人或美术家），会以追求极致的感官体验为目标，也就是现在所说“巅峰体验”。可惜，这种体验并不长久，就像山峰后面一定有山谷一样，终将导致盛极而衰的失落。被现实打醒的年轻人，会变得更加老成、明智且略带刻薄，同时由享乐阶段步入讽刺阶段。他们不再竭尽全力地享受生活，而是以一种孤高、防备的姿态面对世界。一方面他们不会被虚假的希望或短暂的刺激所吸引，自视清高、目空一切；另一方面他们感到孤独，并对未来感到绝望。最终，大部分讽刺者接受了生命中的不和谐、不稳定生活带来的空虚，并成长为伦理主义者。伦理主义者重视友谊、婚姻和事业带来的稳固的幸福。在克尔凯郭尔的著作《非此即彼》（*Either/Or*）中，伦理主义者的代表人物是法官，他们是“选择自己”的产物，他们是康德（Kant）所说的“普世人类”。当审美主义者热衷于冲动带来的直接快感时，伦理主义者更看重思考带来的长久幸福。

达到伦理阶段就像是取得了一项个人成就，也常常被认为是到达了道德发展的最终阶段。但克尔凯郭尔认为，伦理阶段并不是成长的终点，因为处于这一阶段的人们，仍然会因为渴望生命与注定死亡间不可调和的矛盾而感到紧张。克尔凯郭尔是分析绝望情况的大师，用现代通俗的说法就是，陷入中年危机的人会常常抱怨道：“难道我这一辈子这就到头了？”

意识到终有一死后，人们的精神需求就会被激起，希望能从科学、神学或者宇宙学等更大的图景中解释自身存在的意义。那些选择神学作为解释依据的人，打开了一扇通往宗教探索的大门。克尔凯郭尔将幽默阶段定义为伦理与宗教间的过渡阶段，它的哲学特征是，虽然超脱世外，但仍同情他人；不再为生活中不可调和的矛盾感到不幸，而是对这些矛盾报以感激与赞赏；他们认识到追寻圆满不过是浮光掠影，对存在意义的追求却永无止境。

克尔凯郭尔坚称，人生必须要发展到宗教阶段才能真正地堪称圆满，不仅如此，克尔凯郭尔还认为所信仰的宗教必须是他自己重新定义的基督教才行。抛开这个观点，我们可以认为克尔凯郭尔是 19 世纪最伟大的思想家之一，他把人生的发展理解为一个从幼稚发展到成熟的辩证过程。虽然他并没有以具体的时间间隔来划分人生道路上的诸阶段，但是根据其笔下的人物来推断，伦理及其以后的阶段属于人生的中年阶段。

虽然克尔凯郭尔认为宗教阶段是人生发展的最终阶段，但心理学家佛罗里达·斯科特-麦克斯韦（Florida Scott-Maxwell）认为幽默阶段才是人生的终极阶段。她在自传《衡量我的一天》（*The Measure of My Days*）中写道：“每当新的残障到来时，我总是好奇，想知道是不是死亡也接踵而至。我轻声问道：‘死亡呀，是你吗？是你来了吗？’到目前，每次只有残障在回应我：‘别犯傻了，是我。’”在这里，作者向我们展示了如何通过喜剧的超脱精神，减轻躯体衰老带来的痛苦。

幽默、衰老和创造力

柯斯勒对于幽默与创造力的看法

作家亚瑟·库斯勒（Arthur Koestler）在其著作《创造的艺术》（*The Act of Creation*）中注意到幽默与创造力之间的高度相似。创新和开玩笑都涉及把不协调的事实和想法结合在一起，从而产生新的见解。库斯勒把幽默和创造力的共同点称为“Bisociation”，即“异类联想”。当爱因斯坦（Einstein）爬上板车，脑海中灵光一现，终于发现了一个通俗易懂的关于相对论的比喻时，我们可以很有画面感地想象到老爱“啊哈!”一声，接着又为自己的新发现“哈哈”大笑。像这种创造引起的笑声，最早可以追溯到圣经中所描绘的“萨拉的笑”。

圣经中的年老夫妇与幽默

我们可以从《创世纪》（*Genesis*）中了解到，犹太人的祖先亚伯拉罕（Abraham）和萨拉住在沙漠中的帐篷里。有一天，正当萨拉坐在帐篷后面时，三位打扮成游牧民的天使突然降临。一名天使告诉亚伯拉罕，你的妻子——萨拉，很快就会生下一个孩子。这是一个难以置信的预言，因为萨拉当时已经年近九十，而亚伯拉罕也快一百岁了。一个神圣的声音向亚伯拉罕承诺，你的妻子不止生下一个孩子，而是生下一整个民族。那时，亚伯拉罕只是在心中暗笑，但萨拉却笑出了声。天使指着萨拉指责道：“你怎么敢笑呢?”虽然萨拉并没有承认她在笑，因为她的怀疑是合理的，但是最后事实证明天使的话是对的。后来，得意的老夫妇给他们的孩子起名叫以撒（Yitzchak），也就是艾萨克（Isaac），是希伯来语里笑的意思。

几个世纪以来，研究圣经的学者们对于萨拉笑的含义争辩不休。一些学者认为萨拉的笑是嘲弄的笑，而另一些学者则认为她的笑是怀疑、难以置信的笑，这些研究都不能准确解读故事背后的含义。实际上读者稍稍动动脑筋，便可将以撒的故事同上帝创造世界的故事联系起来，以撒的诞生不过是上帝创世的另一个版本而已，由此我们可知萨拉的笑是喜悦的笑。

幽默与智慧

从圣经中的萨拉到资深女演员杰西卡·坦迪，老年人的欢笑和幽默都涉及一些最为严肃和困难的问题：生育、性、出生、家庭、衰老、死亡和智慧。老年人的幽默告诉我们，笑是一种基本的生理反应，而幽默则是自然的应对方式。公元1世纪的犹太历史学家菲洛发现了这一联系：“如果有人能体会到那只有自己能听到、只有自己能学到、只有自己能创造的智慧，那么他便不止参与了笑的过程，还变成了笑的化身。”虽然并不是所有人都能发出启迪的笑，但至少，当人们听到睿智老人的笑声时，可以一同发出会心的微笑。

另请参阅：老年歧视和就业歧视；老化形象；老龄化的文学表现。

拓展阅读

Aristotle (1967) *Poetics*. Ann Arbor, MI: University of Michigan Press.

Berk R (2001) The active ingredients in humor: psychophysiological benefits and risks for older adults. *Educational Gerontology* 27: 323-339.

Bowd A (2003) Stereotypes of elderly persons in narrative jokes. *Research on Aging* 25 (1): 3-21.

Cohen SB (1987) *Jewish Wry: Essay on Jewish Humor*. Bloominton, IN: Indiana University Press.

Cousins N (1976) *Anatomy of an Illness*. New York: W. W. Norton.

Freud S (1959) *Humor: Collected Papers*. New York: Basic Books.

Kierkegaard S (1941) *Concluding Unscientific Postscript*. Swenson DF (trans.). Princeton, NJ: Princeton University Press.

Klein A (1998) *The Courage to Laugh: Humor, Hope, and Healing in the Face of Death and Dying*. New York: Tarcher/Putnam.

Koesler A (1964) *The Act of Creation*. New York: Macmillan.

McGuire FA, Boyd RK, and James A (1992) *Therapeutic Humor with the Elderly*. New York: Haworth Press Inc.

Morreall J (ed.) (1987) *The Philosophy of Laughter and Humor*. Albany, NY: State University Press.

Nahemow L, McCluskey-Fawcett K, and McGhee P (eds.) (1986) *Humor and Aging*. Orlando, FL: Academic Press.

Nilsen A and Nilsen D (2000) Aging and humor. In: *Encyclopedia of 20th Century American Humor*. Westport, CT: Greenwood Press.

Scott-Maxwell F (1983) The *Measure of My Day*. New York: Knopf.

Shammi P and Stuss DT (2003) The effects of normal aging on humor appreciation. *Journal of the International Neuropsychological Society* 9 (6): 855-863.

译　者：杨　慧（全国妇联妇女研究所）

校译者：张子杨（悉尼大学）

与老龄相关的职业

C. J. 格拉宾斯基 东密歇根大学，伊普西兰蒂，密歇根州，美国

词汇表

老年医师（Geriatricians）——初级保健医师，他们在老年医学专业院校完成相应的课程、接受家庭医学与内科培训、通过资格认证考试并获得与老年医学实践相关的专业化的继续教育，以习得如何照顾老年群体的专业知识。

老年学专家（Gerontological Specialist）——来自众多专业和学科的人员，他们将大部分专业时间用于与老年人合作、为老年人工作或代表老年人工作。

老年学家（Gerontologist）——主修老年学或老龄研究的学士、硕士或博士学位课程的专业人员。

老龄工作者（Gerontology Worker）——直接与老年人一起工作或间接代表老年人工作，但未受过专门针对老年人的培训或教育的人。

引言

老年学是研究衰老的生物学、心理学和社会学方面的学科。从研究和理论的早期开始，老年学发展成为一个多学科的研究领域，最近又发展成为一个专业领域，通常被称为老龄化领域。本文确定了影响老年学作为一个专业领域发展的关键因素，区分了三类老年学工作者和专业人员，描述了老年学专家的一般工作角色，简要回顾了老年学专家在几个传统领域的专业机会，介绍了老年学新兴职业发展道路，并为老龄化领域的进一步职业发展提供必要的建议。

职业道路发展的关键因素

促使老年学职业发展道路的三个关键因素是旨在改善老年人生活质量的联邦立法的制定、美国老年人口增长以及与老年病学和老年教育相关的高等教育计划。

联邦立法

在老年学领域开辟职业道路的第一条立法是 1935 年的《社会保障法》（the Social Security Act），尽管社会保障管理人员通常

不被认为是老年学专家。1965 年的《美国老年人法》（the Older Americans Act）促成了一个老年服务平台的发展，通过这个平台，《美国老年人法》授权的项目和服务将提供给老年人。老年领域的许多专业人士都在这个正式的老年服务平台内工作。《美国老年人法》授权的项目和服务的资金从联邦一级通过美国老龄管理局（the US Administration on Aging）流向州一级的老龄化办公室、局或部门，在这些部门，可以增加州资金以满足州老年人的特定需求。这些资金随后进入到一个州的老龄问题地区机构平台（Area Agencies on Aging，AAA）中，该平台具有需求评估和资金配置的功能（即根据 AAA 地区的长者需求评估，AAA 工作人员提出相关建议要求，将资金分配给地方机构，并给出相应的服务方案）。AAA 工作人员一般提供给老人的直接服务是对护理服务的管理。大多数计划和服务是交给市级地方机构，如市级老年委员会以及其他地方机构。提供的服务包括信息共享和外联、营养服务、居家服务、活动和休闲计划、就业和志愿服务机会、家庭支持以及关于老龄化的问题及教育。

老年人口增长

美国的老年人口正在持续增长，无论是规模还是比例都在增加。到 2030 年，人口预测显示，老年人口会有更大比例的增长。目前的人口数量和预测的人口统计数据对于为该人群提供服务、未雨绸缪有多重影响。例如，美国劳工统计局（the US Department of Labor Bureau of Statistics）预测，这些老年人正在变得越来越虚弱，对具有特殊教育和培训背景的职业治疗师、心理学家、物理治疗师、社会工作者、药剂师和护士的需求将不断增加，精神健康问题和社会服务需求的增加也会使得对于受到老年学专业教育的人士以及在健康领域之外（例如，与宣传和法律服务相关的产品、计划和服务；建筑服务和住房；银行、保险和其他金融管理服务；职业培训、咨询和安置；退休计划；旅行和休闲；产品开发；交通）。

老年学高等教育

原《美国老年人法》第五章（Title V）中提及政府与包括高等教育机构在内的公共机构、组织签订协议，授权给上述组织，用于人才培训，以为该法案和服务计划提供储备人才。这种培训既可以针对已经雇用的人员，也可以针对准备在与老龄有关的机构和组织中就业的人员。第三章为社区规划和项目相关人员提供培训和服务，为活动中心提供休闲活动计划，以及通过社区服务提供老年人转介、健康、福利信息，以及提供咨询、志愿服务。Title V 计划的第一任培训主任是克拉克·蒂比茨（Clark Tibbitts），长期以来，他一直倡导将老年学课程纳入高等教育，特别是公共管理、新闻和社会工作等领域的研究生学位课程。蒂比茨也提出了设立老年学学位的想法。他鼓励大学开发相应课程，以满足美国老龄管理局高度重视的三个职业需求：管理老年人的住宅或老年机构；规划、管理和协调（公共管理）方案；以及多功能老年中心、老年活动专家的管理。

Title V 计划的资金来源为美国各地的老年教育计划和发展中心；然而，不是所有的老年学教育计划都是由美国老龄管理局资助的，有些美国老龄管理局资助计划没能存活下来。彼得森（Peterson）等人在 2004 年报道说，超过 50%的美国社区学院、4 年制学院和大学提供老年学和老年医学课程，且 500 多所美国高等教育机构提供正式的老年学课程（例如老年学本科专业学位项目；老年学硕士或博士学位项目或老龄化研究项目）。2005 年 5 月，高等教育老年学协会（the Association for Gerontology in Higher Education，AGHE）主任德里克·斯特普（Derek Stepp）表示，目前大约有 18 名研究助理、41 名本科生、58 名硕士和 9 名博士研究生的专业是老年学。AGHE 已经制定了针对每个级别和类型项目的标准和指南，以及制定了项目开发和评估的审查流程。满足或超过 AGHE 标准的项目可以获得“获奖计划”（Program of Merit）的资格。AGHE 出版并定期更新《老年学和老年医学教育项目目录》（*Directory of Educational Programs in Gerontology and Geriatrics*），其中包括美国高等教育机构和其他国家的 AGHE 成员学校提供的老年学、老年医学和老龄研究中的课程信息以及博士后培养计划的最新信息。

老龄工作者、老年学专家和老年学家

随着老龄化研究、老年学和老年医学专业教育和培训计划的出现，我们可以把与老年人一起工作或代表老年人的工作者分为老龄工作者，老年学专家或老年学家。然而，这些类别在老年领域既不是固定的，对于为老服务的人们来说也不常用。

老龄工作者是指与老年人直接或间接接触，为老服务一线工作的人，但是没有经过老年学专业培训或教育。例如，认证护理助理（certified nursing assistants），他们照顾需要长期护理的老年客户，并直接接受护理培训，但他们的培训不包括与老化过程或老年人相关的内容。

老年学专家指一些将他们的专业或大部分时间用于与老年人一起工作或进行为老服务的专业人员。在老年学或老龄化教育方面，这类群体都是专业人员，有专科以上学历，他们了解老龄化过程，并获得了为老服务的专业技能。对于许多职位，需要具有硕士或博士研究生学位。老年学专家来自多元的学科背景（如生物学、生理学、社会学、心理学、历史学、经济学、政治学、人类学、哲学、宗教学）和专业领域（如护理、医药、医学、语言病理学和听觉学、社会工作、咨询、药学、营养学、长期护理管理、政治学和公共管理、商业管理、教育、房地产、建筑、室内设计、服装、家庭研究和家庭治疗、新闻、广告营销、音乐或艺术治疗）。老年学更有可能是老年学专家的第二学习领域；他们倾向于主修他们自己的专业领域，同时辅修与老年学相关的专业或完成相关的学术工作。例如，老年社会工作主任或长期护理机构的社会工作主任通常拥有社会工作学士学位，但也可能已经修完了老年学本科或研究生学位。大学学位加上老年学专业教育，使这个社会工作者成为老年学专家。

由于老年学专业本科、硕士和博士学位课程的出现，老年学家是一个相对较新的专业职称，主要研究领域是老年学或人口老龄化。在技术层面上，只有毕业生才有资格自称老年学家；然而，这个专业职称仍然被误解，经常被不正当地使用。根据他们正式的老年教育和工作性质，老年学家也可以被视为老年学专家。然而，由于没有受到认证的正式教育背景，并不是所有的老年学专家都是老年学家。由于老年学家尚未被明确指征，并且在老年学领域尚未得到一致的应用，所以在以下讨论中使用老年学专家一词。

就业情况和工作角色

老年学专家在哪里工作？他们扮演什么样的职业角色？他们的为老服务方式和情况如何？

就业情况

尽管有老年学和老化研究方面的教育背景的人员几乎有可能做任何工作，但大多数人员可能受雇于以下组织或机构：

·组织。包括：专业化组织，例如美国老龄协会（ASA）；为特定老年人群服务的组织，例如阿尔茨海默病协会（Alzheimer's Association）、美国老年家庭和服务协会（the American Association of Homes and Services for the Aging）、国家老年黑人中心（the National Caucus and Center on Black Aged）、拉美裔老年理事会（the National Hispanic Council on Aging）、印第安老年理事会（the National Indian Council on Aging）、老年女性联盟（the Older Women' s League）；或者公民自治组织，例如美国退休人员协会，（AARP）、“灰豹党”（the Gray Panthers）。

·机构。例如，老年日间护理机构、辅助生活社区、长期护理机构或老年住宅、医院、门诊和心理健康中心、高等院校、教会。

·公司。例如，保健公司、保险公司、投资公司、零售商。

·政府机构。例如，市议会、老龄委（Area Agencies on Aging）、国家老龄办事处、全国老龄机构协会（the National Association of Area Agencies on Aging）、社会保障局或医疗保险和医疗救助服务中心（Social Security Administration or Medicare and Medicaid service centers）、卫生部门、退役军人事务部（Department of Veterans Affairs）、老年管理局（the Administration on Aging）、国立老龄研究所（the National Institute on Aging）。

工作角色

在探索一些具体的专业之前，关键是要考虑专业人士在老年领域所从事的工作角色。彼得森等人确定了老年学专家共同履行的七个角色：

1. 宣传：老年领域的专业人士直接为为老工作人员（例如在长期护理机构内的工作人员）和代表老年人利益的工作人员（例如政策制定、批判和评估人员）进行宣传。

2. 直接服务提供：老年学专家通过使用评估、治疗、咨询、病例管理、教育和康复等手段来确定老年人需求，制定计划、寻找资源和解决问题。

3. 教育和培训：老年学专家通过各种场合针对老年人的相关项目进行培训教育（如老年学习者计划和机构；高等院校老年学课程；大学学分制课程和老年医学课程；继续教育和社区计划；健康促进讲习班、研讨会和教材；为老年人及其家属服务的机构和人员的培训）。

4. 行政管理：老年学专家作为服务机构（例如护理院、长期护理院；市、州和联邦政府的老龄化领域机构）的管理人员，他们评估老年人的需求和兴趣，然后制定计划和服务，以满足老年人的需求。老年学专家在高等教育机构的教育项目和研究中心担任管理人员。

5. 营销与产品开发：随着越来越多的人以更好的身心健康步入晚年，专业人士需要开发提高老年人生活质量的产品。帮助老年人进行日常生活活动和工具性日常生活活动的产品市场也在不断增长。老年学专家在各种环境中工作，可作为产品开发人员、新产品顾问或产品改进员；他们也从事这些产品的广告和营销工作。

6. 方案策划和评估：老年学专家的大部分正式工作都与制定满足老年人需求的方案策划、实施和评估有关。然而，这些任务不限于政府机构；他们也是社区组织（例如老年中心、城市娱乐项目、老年和社区教育计划、大专/大学为老服务计划）的项目管理人员和工作人员的责任。

7. 研究：最早的老年学专家是研究人员，他们试图更好地了解老龄化的过程以及老龄化对个体和社会的广泛影响。研究仍然是具有老年学专业或相关学科和专业博士学位的老年学家的主要角色。老年学研究人员在应用研究中也发挥着越来越大的作用。

传统职业领域的老年学专家

虽然越来越多的老年学专业人士具有老年学特定的教育背景，但大多数现在和未来的专业人士都是除了老年学或老龄化研究以外的其他专业领域的人士。因此，他们更有可能寻求与他们自身的专业有关的职位，同时也允许他们参与为老工作。老年学专家在一系列传统领域内工作，如以下部分所述。

社会工作

社会工作是为老服务中成长最快的专业之一。社会工作者为老年人及其家属直接提供服务；他们还将其他服务和项目联系起来，以满足老年人的需求（例如餐饮计划、法律服务、长者中心、护士诊断咨询以及其他居家服务、代买代购）。他们也为老年人提供老年教育和咨询。他们会作为项目规划师、个案工作主、机构和项目管理人员、政策制定者和分析师、督导员和倡导者、研究人员、客户和员工小组的领导以及家庭和职业培训师。他们接受过培训，对个体多样性（例如种族、社会经济地位、性取向、精神多样性）敏感。他们提供为老服务，例如老年日托中心服务、老年保护服务、酒精和药物滥用服务、老年机构服务、辅助生活机构服务、丧亲服务、儿童福利机构（与祖父母照顾家庭成员和其他家庭问题有关），教育机构、老年人虐待项目、就业和志愿者项目、宗教组织、家庭服务组织、家庭保健、临终关怀、医院或医疗中心、信息中心和转介机构、生活保健社区、精神保健中心、智力障碍和发展性残疾服务、护理院、营养计划、督导员方案、初级保健机构、规划机构、监狱、私人临床实践、私人老年护理管理、照护服务、公共社会服务机构、康复中心、研究中心、休息计划、长者中心、老年住房服务和退役军人服务。一些老年社会工作者在非传统的社会工作环境中工作，如银行和投资公司、公司内老年人和员工援助计划、集体体检、心理健康和牙科诊所、保险公司、律师事务所、公共事务公司和工会。社工学士学位获得者在某些环境中为老年人提供直接服务；而在大多临床工作中的就职者则需要硕士学位。社会工作教育委员会（the Council for Social Work Education）认证社会工作学位；全国社会工作者协会（the National Association for Social Workers）授予专业资格证书。社会工作者也受到国家执照中心的管理。关于人口老龄化以及如何进行为老服务的课程已经占据现有学位项目的一半以上。然而，具有老年学或老年专业知识的社会工作人员仍然紧缺。为了解决这一短缺问题，老年社会工作协会（the Geriatric Social Work Initiative）组织了一个哈特福德博士研究生项目，由美国老年学会（the Gerontological Society of America）管理，由约翰·哈特福德基金会（John A. Hartford Foundation）资助。每年选出 15 名哈特福德老年社会工作博士研究生。

护理

具有老年学教育背景的护士在医院、疗养院和其他长期护理机构中工作；医生和其他康复保健专业人员在老年人评估中心、临终关怀机构、护士组织、家庭保健项目以及老年人医疗保健等其他机构中进行临床医学工作。有关老年学专业的护理认证包括三个级别：

- 大专文凭：老年专业护士（注册护士，认证）。
- 学士学位：老年专业护士（注册护士，董事会认证）。
- 高级水平：高级护士（注册护士，委员会认证）作为老年护理专家或老年医学护士。

最近的两项措施旨在增加老年护理专家人数，提高老年护理的服务质量。约翰·哈特福德基金会老年护理研究所（John A. Hartford Foundation Institute for Geriatric Nursing）是一个以培养护士为主的机构，旨在帮助美国老年人达到更高质量的医疗保健水平，通过在以下四个方面的努力进行老年护理：护理教育、护理实践、护理研究和护理政策。“老年护理能力”（Nurse Competence in Aging）是一项为期五年的合作计划，涉及大西洋慈善组织（美国）公司［the Atlantic Philanthropies（USA）Inc.］，美国护士协会（the American Nurses Association）旗下的美国护士基金会（the American Nurses Foundation），美国护士认证中心（the American Nurses Credentialing Center）和约翰·哈特福德基金会护理研究所、斯坦哈特教育研究所（Steinhardt School of Education）。“老年护理能力”致力于通过国家专业护理协会加强老年活动，促进老年护理认证，并提供基于网络的综合老年护理资源中心。

康乐服务

直到最近，娱乐治疗师在老年人实践中的主要角色是作为长期护理和社区机构中的主管。然而，最近，国家康乐及公园协会（the National Recreation and Park Association，NRPA）的一个分支机构国家康复学会（the National Therapeutic Society）阐述了新的实践方向和发展趋势，包括为在家居住的虚弱长者提供服务；使用书写治疗法来刺激老年人的认知功能；向患有 HCV、HIV 和药物滥用的人提供治疗性康乐服务；并与公共机构合作，为情绪和行为不安的儿童及其家属，包括祖父母或曾祖父母养育孙子女的家庭提供康乐治疗。国家康乐及公园协会的休闲与老龄化部门（NRPA's Leisure and Aging Section）的成员通过户外体验、旅游、退休社区、健康计划、长期护理服务、老年人社区娱乐项目、长者中心和康乐项目为虚弱的老人提供服务。

老年医学

美国老年医学会（the American Geriatrics Society）将老年病学定义为专门研究老年相关疾病和老年人医疗问题的医学分支。老年医生是以初级保健为导向的医生，最初接受家庭实践或内部医学培训，他们通过完成老龄研究，经过董事会认证考试和持续的老年实践专业教育，获得照顾老年人的专业知识。老年医师通常在跨学科或多学科团队工作，有时称为老年人评估小组。其他的团队成员则来自相关领域（例如其他医学或外科专家、护士或护工、社会工作者、心理学家或精神科医生、医师助理、药剂师、物理治疗师、言语病理学家、听觉学家、营养师）。目前和预期的未来都存在直接护理老年医师和学术老年医师培训医疗住院医师的短缺。

临床心理学与老年临床心理学

临床、临床工作和临床性工作是指将临床心理学家视为持有心理学博士学位的专业从业者，并根据该学位，在独立执业水平上由其执业所在州获得许可或认证的术语。这些临床医生被授权诊断或评估个别客户和患者并提供预防和治疗服务。临床心理学家的行业标准由美国心理学会（the American

Psychological Association）及联邦医疗保险和医疗救助服务中心（the federal centers for Medicare and Medicaid services）批准。

1987 年的《综合预算调节法案》（the Omnibus Budget and Reconciliation Act）增加了对老年人心理健康问题的关注和服务，并加大了对老年人心理健康状况的医疗保险报销力度。1998 年，由职业心理学专业认知委员会（the Commission for the Recognition of Specialties and Proficiencies in Professional Psychology）推荐，美国心理学会代表理事会批准，将临床老年心理学认定为专业心理学范畴。1992 年，美国心理学会关于心理学临床培训和改善老年人心理服务的全国会议的建议导致该学会第 20 分部（成人发展与老龄化）和第二部分（临床老年心理学）第 12 分部（临床心理学学会）成立了临床老年学实践跨部门工作组。工作组成员负责为老年人的临床实践提供指导，制定了与六个实践方面相关的指南：态度，关于成人发育、老龄化和老年人的一般性知识，伦理道德问题，评估，干预、咨询和其他服务，教育。通过另外两个场所为老年人的临床实践提供了特定的支持。2002 年，加利福尼亚州参议院第 953 号法案要求研究生阶段或继续教育阶段进修老龄化和长期护理课程作为获取临床心理学家行业执照的先决条件。2003 年，国会通过卫生资源和服务管理局卫生专业局（the Health Resources and Services Administration's Bureau of Health Professions）的研究生心理学教育计划拨款用于培训老年心理学知识，以克服这一领域的公共卫生短缺问题。尽管有这些举措，但临床心理学家和老年心理学家仍然未能满足老年人的需求。需求不能被满足的部分原因是心理学实习生、外科医师和临床心理学家的心理学教育不足或培训不足。针对老年人心理健康问题的进一步举措可能会激发当前和未来的心理学家的兴趣。例如，药物滥用和精神卫生服务管理局（the Substance Abuse and Mental Health Services Administration）为老年人心理健康目标能力扩展计划拨款，旨在帮助社区建立必要的基础设施，为老年人提供日益多元化的心理服务，满足老年人的需求。

康复治疗

康复治疗是一个广泛的职业类别，包括物理治疗、职业治疗、言语病理学和听力学。尽管这些专业人员可能会选择在老年医学或老年专科的特定环境中工作，但大多数人都会与身体、心理或发育残疾的各年龄段的人一起工作。他们的老年客户患有脑卒中或髋部骨折；接受过关节置换术、心脏手术或其他手术；经历过致残疾病或事故；或患有慢性病（如关节炎、帕金森病）或痴呆（如阿尔茨海默病）。康复治疗师通常在医院和长期护理机构等临床机构工作。这些职业中的大多数都需要硕士学位，有些还需要通过考试和完成一定年限的临床工作来达到执照要求。虽然一些康复治疗师具有老年学教育背景，但这不是必需的，也没有纳入他们的研究生专业教育计划。然而，1978 年，美国物理治疗协会（the American Physical Therapy Association）提出了专家认证计划的概念，现在康复治疗可以获得老年病学认证。

长期照护和养老机构管理

一些老年学专家担任整个住宅机构或长期护理机构的管理人员，也有一些专家则担任部门主管或经理。他们在诸如疗养院、老人照护中心、老人日间照料中心、持续性退休社区、家庭保健中心和其他类型的养老机构内工作。这些专业人士由其工作所在地的州政府进行监管。这其中的有些人并不是“科班出身”，有一些管理者具有管理经验，也有一些管理者是从护士长或是人力资源岗位转行而来。当然也有一些人则完成了短期培训，例如培训老年学、老年医疗管理，人力资源或人事管理等内容。有关机构管理人员的主要专业组织是美国老年家庭和服务协会（the American Association of Homes and Services for the Aging），该协会设有研究机构和医疗保险教育中心。老年人日益多元化的居住需求则意味着新型公共和私人住宅的改造。具有房屋建筑、设施规划、室内设计和商业管理背景的老年学专家正在接手由酒店公司（一些位于大学校园内）、持续退休住宅区、公共住房计划以及在祖父母照看孙子女的私人住宅内的岗位。

老年学教育

自 20 世纪 60 年代末以来，老年学和老年教育课程出现在高等教育课程中，学界的教职员工已经对社区学院、四年制大学和专科的学生进行老年学课程培训。大多数教师在传统专业（例如生物学、社会学、心理学、社会工作、护理学、卫生管理、室内设计、营养学、人类行为发展、家庭研究）工作；然而，有些专业则设在老年学研究所或老年学研究机构。大多数人在其专业领域内完成了博士学位。这些在老年学或老龄研究中完成了正规教育的人士变得越来越普遍。未来，一些教师或管理人员将进入具有研究生水平的老年学专业进修。AGHE 是美国老年学会的教育机构，是培训老年学教师和项目管理人员的主要专业组织。美国老年学会和 AGHE 共同资助老龄相关的职业发展，鼓励在全国各地的校园举办活动。AGHE 出版了关于老龄事业的小册子，并与老年学社会学家西格玛·P. 艾普斯龙（Sigma Phi Epsilon）紧密合作。2005 年 AGHE 的年会主题是老龄事业。

研究

也许老年学中最长久的职业选择是研究。老年学专家参与了与老龄有关的各个方面的设计和研究工作。早期老年学研究人员主要以学科（如生物学、社会学、人口学和老龄心理学）为基础，使用定量方法，测试各种老龄化理论，并大大增加了老龄化的知识基础。各种关于老龄化的纵向研究，如国家老龄研究所（the National Institute on Aging）和国家卫生统计中心（the National Center on Health Statistics）的联合项目“老龄化纵向研究”（the Longitudinal Studies on Aging）和杜克大学老龄化纵向研究，都结合了定量和定性方法。老年学是最早使用定性研究的专业领域之一，也包括需求评估、项目评估和治疗结果研究等其他形式的研究。目前，研究培训被纳入越来越多的老年学教育计划中；许多参与老年学学习项目的学生完成了研究，并有机会担任研究助理。老年学研究人员的工作场所主要是学术机构、独立或政府研究中心和医疗中心，但也有些研究人员是在企业和社区工作。老年学研究由政府项目、基金会和公司提供资金，它们创造了与撰写拨款申请书、拨款申请技巧和筹资有关的就业机会。

老龄化领域的新兴职业道路

随着老龄化人口的持续增长，越来越多的高等教育机构的学生有更多机会学习老年学课程或项目，以及将老龄化研究纳入更多学科和专业，与老龄化相关的新的职业发展道路正在出现。这些新兴的与老年学相关的就业机会如下：

老年法务

1993 年，美国律师协会（the American Bar Association）制定并通过了一套国家标准和程序来认证一些专业认证项目。美国老年律师协会（the National Academy of Elder Law Attorneys）是一个致力于发展和提高老年法律领域的律师资格的非营利组织，并成立了国家老年法律基金会（the National Elder Law Foundation）。老年律师的认证程序由国家老年法律基金会制定；认证申请于1994 年首次被接受。1995 年 2 月，美国律师协会代表大会通过了国家老年法律基金会作为老年法专业的认证组织的决议。为了认证的目的，老年人法律被定义为在身心健康状况和护理的法律方面为老年人或其代表提供咨询和服务的法律实践，包括长期护理规划；老年人的法律行为能力；代理决策（如监护权和保管权）；公共利益；遗产规划、处置和管理；虐待、忽视或剥削老年人；以及与住房、保险、就业、退休和长期护理有关的法律事宜。老年代理律师还必须熟悉适当的专业和非法律性服务和资源，以及适当的职业行为标准和道德操守。虽然很多法学院尚未开设老年法律学位课程，但越来越多的学校确实正在提供与这一专业相关的课程，或将相关内容纳入现有课程。大多数有资格认证的老年代理律师是私人执业的，但也有一些是法官、法律教授以及公司和医疗机构的法务人员。一些律师在执业或咨询公共社会服务和老龄机构时，将家庭法和老年法结合起来。

金融老年学

1990 年左右，金融老年学开始作为一个连接应用研究、老年学和金融专业的应用领域出现。2002 年，美国金融老年学研究所（the American Institute of Financial Gerontology）与威得恩大学和美国老龄协会联合拟定了旨在为与老年人合作的金融专业人士的教育计划。美国金融老年学研究所目前提供两种不同的金融老年学教育计划。注册金融老年学家计划主要面对执业金融专业人士

（例如会计师/注册会计师、保险代理人、律师、财务策划人员、反向抵押贷款人、银行信托人员）。注册金融老年学家候选人需要完成四门核心课程（财富跨度规划新科学；衰老的基本过程：生理、心理、社会；服务老年客户：价值观、道德和生命发展；以及为长寿融资）和六门选修课中的两门课程（家庭与老龄化：专业资源；老龄化网络和长期护理服务提供系统；长期护理解决方案；晚年财务准备；以及向 50 岁消费者成功营销）。这些课程计划与每年春季美国老龄协会和国家老龄问题委员会（the National Council on Aging）的年度联席会议同时举行。候选人还应参加注册金融老年学家综合考试，完成服务学习活动，接受注册金融老年学家道德实践承诺，并向注册金融老年学协会（包括美国老龄协会会员以及美国老龄协会关于老龄化的商业论坛）缴纳会费。美国金融老年学研究所的另一个项目是金融老年学基础，旨在满足非金融专业人士的需求和兴趣。该课程由注册金融老年学家课程的三个核心课程组成。参与课程者将获得美国金融老年学研究所和美国老龄协会颁发的结业证书。

代际研究

与老年学相关的最新研究领域之一是代际研究，这一研究源于对将老年人与青年人联系起来的项目和服务的兴趣。匹兹堡大学和几代人联合起来为这一领域的发展起到了关键作用。这一领域的第一个证书项目——代际专家继续教育证书，是匹兹堡大学社会工作学院（the School of Social Work at the University of Pittsburgh）几代人共同努力的结果。这一新领域发展的两个主要步骤是 2001 年成立了国际代际计划联合会（the International Consortium of Intergenerational Programs）和 2003 年开始出版的《代际关系杂志：计划、政策和研究》（*Journal of Intergenerational Relationships: Programs, Policy and Research*）。

老年驾驶员康复治疗师

驾驶员康复专家协会（ADED）——原名残疾人驾驶员教育者协会（Association of Driver Educators for the Disabled）——负责认证驾驶员康复专家（driver rehabilitation specialists）。驾驶员康复专家是评估残疾人驾驶能力的专业人员，并提供开发、实施和协调驾驶康复服务。驾驶员康复专家评估涉及临床评估，包括功能（在道路上）评估，然后将评估结果和对于驾驶状态的建议传达给客户。评估还包括用车评估，驾驶员康复专家与客户及相关机构就车辆采购或改装进行磋商。虽然驾驶员康复专家来自不同的专业背景（例如物理治疗、运动疗法、驾校教育、心理学），但在职业治疗领域处于领先地位。美国职业治疗协会（the American Occupational Therapy Association）正在开发驾驶康复专业认证，重点是老年驾驶人康复治疗。美国职业治疗协会已经通过在线课程、美国职业治疗协会研讨会和美国老年协会网络研讨会提供有关老年驾驶康复方面的继续教育。

其他潜在的就业机会

在一系列专业领域中，新的针对老龄化或与老龄化相关的职业道路正在涌现。其中每一项似乎都有望为老年医学专家和老年学家创造新的职业发展途径，（让他们）以令人兴奋的新方式与老年人合作、为老年人服务或代表老年人工作。

K-12 课程和教师培养　将老龄教育纳入 K-12 课程中，在过去 10~20 年中得到了相当大的支持，其中最明显的是通过将老年学内容整合到现有课程中，抑或针对特定领域制定有关老龄的课程（如社会研究、健康研究等）。老年学教育工作者与 K-12 教师和课程专家合作编制课程资料，并获得认证机构和国家教育部门批准新开设课程。在理论上，还有一项工作应该是将教师培训和教育管理课程纳入教师培训内容中，开设老年教学培训班，将一些老年学课程作为选修课，或为教师和管理人员提供在职讲习班。这样的话，老年学专家可以担任课程开发人员和顾问，也可以作为在职培训计划的培训专家。

音乐治疗、艺术治疗和写作计划　最近的研究显示了音乐治疗、艺术治疗以及写作对社区老年人的作用，特别是对那些抑郁症和认知障碍症患者作用显著。这些研究结果为学术教育项目中的老年学和人文学科之间的联系敞开了大门，并为老年学专家（如治疗师、项目设计师和项目领导者）提供了额外的就业机会。

应用社会学与临床社会学　社会学系正在开发学士和硕士学位水平的应用社会学或临床社会学课程；其中一些课程包括老化轨迹研究。应用社会学涉及社会学知识在理解和解决社会问题中的应用。临床社会学将知识应用扩展到老化水平的干预和指导过程中。应用社会学家或临床社会学家在使用影响评估、调解和解决冲突、辅导技术等方面具有专长。应用社会学或临床社会学的老年学专家应该能够作为研究人员、新闻和政策分析师以及民意调查分析员在媒体和大众传播中找到职业发展路径。凭借调解和解决冲突的技能，他们可以在长期护理和老年人住宿中心、家庭调解和社区发展中担任监察员。

药物滥用和药物依赖　一些老年人终身服药，有些老年人在晚年期则会形成药物依赖甚至药物滥用。该问题的出现为法律、药学、护理学、医药、咨询等专业领域的老年学学生开辟了新的就业机会。

家庭老年学　在家庭研究领域，家庭老年学探讨了家庭结构、过程和关系的变化对老年家庭成员的影响。目前有关老年人及其家庭的热点领域涉及照顾老年家庭成员、祖父母养育孙子女、祖父母探视权等。这为作为家庭生活教育者和项目管理者、家庭和老年法律律师、家庭调解人、家庭治疗师和家庭老年学政策专家的老年学专家开辟了新的职业道路。

老年产业　老年学专家经常找机会以独特和创造性的方式来满足老年人的需求。老年产业允许专业人士通过担任顾问、产品开发人员、项目经理以及小企业主，开发新的工具、产品、程序和交付系统。例如，一名室内设计专业的老年学专家协助老年人进行住房改造，而另一位则为准备入住的企业主提供咨询服务。一位前老年学项目主任是一个旅行规划师，他在校园里为不具备老年学知识的学生和居民讲授项目规划和远程课程（如性别与老龄化、女性与老龄化）。一个烧伤保护组织的社会工作者正举办有关老年虐待预防研讨会。一名拥有服装及纺织品学士学位和老年学辅修学位的应届毕业生创造了一个拥有长期护理设施的职位，专为老年人和未成年人以及认知障碍患者设计和制作服装。还有一位老年学专家培训连锁餐厅的管理人员和工作人员，以便他们为老年客户提供适应的服务。这些情况则暗示了老年产业专家可能的就业渠道。

结论

老年学领域是一个非常多样化的领域，并提供广泛的职业发展道路。如上所述，其中一些就业渠道是学科的传统职业。在老年学或相关专业的传统领域和新兴子领域，也出现了新的职业选择。然而，在这里没有提到的学科和专业领域（例如人类学、历史、宗教、营销、广告、公共政策）也有其他就业机会。此外，有兴趣进行为老服务的人们也可以自行创业，就像老年产业领域的专业人士一样。随着人均预期寿命的提高以及不同需求的老年人数量的增加，应鼓励在老年学领域发展更多不同类型的专业实践。

目前在老年学领域拥有很多的专业岗位，同时具有与老年相关的更多类型的职业发展路径的潜力，为此，至关重要的是要有足够的老年学教育渗透至其他学科和专业领域，以培养更多专业人才。因此，有必要更清楚地界定老年学专家是什么、老年学家是什么。建议拓宽老年学领域的就业渠道。除了以专业学位为基础的就业渠道，这个就业渠道还需要在培训计划中包含与老年学有关的准专业岗位。为了在这样一个多样化的职业领域有所发展，就业必须结合来自老年学专业特征和其他领域的相关特质，从而使其增加就业人员的多样性和责任感，形成平行但差异化的职业发展路径。老年学项目管理人员和教师必须更加努力地在学生大学经历的早期向其介绍老年医学职业选择。来自各校区更多部门和项目的教职员工需要确定他们的学科和职业中可能存在的与老年学相关的就业机会。大学管理者（例如院长、教务长、校长、书记）对学生的老年学教育的重要性要有更广泛的了解，并支持他们在校园中发展可能存在的老年学职业教育。最后，有必要教育公众认识到在老龄化领域受过充分教育的专业人员的价值，以及通过与老年医学专家在其生活的许多方面（如果不是所有方面）合作而获得的好处。

另请参阅：老年学的历史；老龄组织。

拓展阅读

American Psychological Association. (2004) Guidelines for psychological practice with older adults. *American Psychologist* 59 (4): 236-260.

Hecker DE (2005) Occupational employment projections in 2014. *Monthly Labor Review*, November 70–101.

Heinemann GD, Douglass EB, and Lobenstine Whittington J (2003) *Careers in Aging: Consider the Possibilities*. Washington, DC: Association for Gerontology in Higher Education.

Kahl A (1988) Careers in the field of aging. *Occupational Outlook Quarterly Fall*: 2–21.

Peterson DA (1987) *Career Paths in the Field of Aging: Professional Gerontology*. Lexington, MA: D. C. Heath and Company.

Peterson DA, Douglass EB, and Lobenstine Whittington J (2004) *Careers in Aging: Opportunities and Options*. Washington, DC: Association for Gerontology in Higher Education.

译　者：纪竞垚（中国宏观经济研究院社会发展研究所）

校译者：曹　杨（四川大学）

语言与交流（语言风格）

J. A. 斯莫尔 不列颠哥伦比亚大学，温哥华，不列颠哥伦比亚省，加拿大

词汇表

老人语（Elderspeak）——是与老年人谈话时经常使用的一种语言风格，其语言特点包括：语速更慢、语调夸张和提高音量；简化词汇、语义和语法；频繁重复；使用昵称（如甜心，亲爱的）。伴随语言的还有非语言方式，包括：眨眼、抬眉、转动眼睛和叹息。非语言方式可能是由衰老、痴呆诱发的体力、认知或交流能力下降所引起的。老人语的其他代名词有婴儿式谈话、关爱式交流和夸张表达，前两个术语主要用于婴儿或其他依赖人照顾的群体，而后面的术语是指老人对不恰当谈话的反应。某些老人语（如放慢语速，夸张语调）可能会产生情感表达障碍，导致老年人和年轻人之间缺乏沟通，而其他形式（如语义加工，减少复杂语句）似乎可以减少代沟，因为他们可以根据不同年龄的语言处理能力进行调整。

语言（Speech）——通过声道或手产生语言，以便将信息传达给他人。

语言调整（Speech Accommodations）——交流者试图根据对方的个人特征和社会身份的理解，调整自己的讲话风格，其目的是促进交流者之间达成共识（认同）或表明分歧（远离）。交流者可能会低估对方的沟通能力，而过度调整谈话方式；也可能高估对方的沟通能力，从而忽视自己的需要，以一种调整不足的方式进行谈话。

语言风格（Speech Style）——与其他语言形式有着明显差异的特点。语言风格的变化包括语音和韵律、词汇的选择、语法和说话特点。语言风格可以与特定的社会群体有关（如年轻人和老年人，男人和女人）。但一个人的语言风格可以从一系列语言风格中选择，选用哪种方式取决于对话者的个体特征（如年龄、外貌、性别、熟悉度、社会地位和种族）和情境变化（如话题、交流目的、正式与非正式场合）。

固有印象（Stereotype）——对来自某特定群体的个人而产生的观点，与其所归属的不同社会群体相关（如老年人是智慧的）。固有印象可能是正面的，也可能是负面的，他们在老龄化的社会结构中起着重要作用，也是社会结构的反应。

引言

语言风格是通过历史和当前社会文化力量的复杂相互作用形成的。历史上，语言在几代人之间以紧密传承，促进文化沟通和交流。然而在传承中可能会使言语和语言产生微小变化，随着时间推移也可能使社会语言学产生显著变化。例如，除了每个时代创造的新词外，经过数代，也经常赋予旧词以新的含义（如冷和热），语言形式的习惯在每个时代也会发生变化（如过去几个世纪和几代人断断续续使用“male”这个男性代词）。使用何种模式取决于谈话者（如年轻人还是老年人）、说话的主题（如政治还是旅游）以及交流场合（如正式和非正式）。与历史变化共存的是与时俱进的思想、最显著的人类发展过程和社会文化价值观、信仰和实践，有助于表现并区分出不同社会群体的语言风格。如对于老年人来说，形成和维持人际关系的情感调节显著增加（根据社会情感选择理论）。这种变化部分归因于成人对关系重要性的认可，他们会考虑余生还有多少时间，更加看重社交伙伴的选择。年轻人更加客观，希望探寻真相；而老年人谈话中更倾向于解释过程和主观反思。年龄差异导致的谈话原因和沟通目标不同，使他们选择不同的交流伙伴，最终导致每个年龄组存在不同的沟通风格。人类发展进程中，社会文化力量驱动产生和促进各年代拥有各自的年龄特点和沟通风格，包括认识和进入角色、权力、地位、活动能力和活力等。老年人在这些方面较中年人有所下降，从而产生中、老年之间语言风格的差异（参见“代际差异：年龄—时期—队列”）。

这篇文章谈论了与衰老关系最密切的语言风格。首先概述了衰老相关的语言变化，从起源、特征、影响和文化差异等方面考察了隔代联系的语言风格。通过总结基于沟通适应理论的原则和模型，进而解释了年轻人与老年人沟通时所采用的方法。本文最后提出了促进两代之间积极交流的建议。

在研究不同年龄组的语言风格之前，首先需要确定不同年龄组所包含的年龄范围（如老年人和年轻的成年人）。传统上，年龄分类中，老年人即65岁及以上的成年人；年轻人是指年龄在30岁或30岁以下的成年人；中年人即介于两者之间。在过去的一个世纪里，随着人类寿命的增长，人们提出了新的年龄组即年轻老年人（65~75岁）和年老老年人（85岁及以上）。另外，随着年龄的增长，成年人在不同年龄段的分类也会发生变化（即上移）。然而，就本文而言，依然遵守传统意义上的老年人、中年人和年轻人的分类标准。当提到年轻人与老年人的谈话时，中年人也被包含在年轻人当中。因为一些研究表明，这两个群体在与老人谈话时有着相似的语言风格。

尽管有些人可能试图通过化妆、运动、饮食、社交网络等来修饰别人眼中自己的年龄，但我们无法改变自己的年龄。因为分组界限是模糊的，所以年龄分组是可以变化的，所在年龄组取决于受访者的年龄和代表性。也就是说，一个人距离年龄分组边界越远，他在一个群体中的代表性越大，就越容易进行年龄分类。年龄分组对不同年龄的人之间的沟通特征产生重大的影响。

老年人的语言特点

除了前面提到的，生长发育因素影响到整个生命阶段的各种语言风格，包括与年龄相关的身体（运动、感觉）和认知（如语言，处理信息的速度，记忆）特性。随着人体的老化，与语言有关的运动功能、与视觉和听觉有关的感觉功能，以及认知和语言功能都发生了变化，所有这些都有助于认识和了解老年人讲话的特点（参见“老化标志物”）。

衰老发生的解剖和生理变化，包括肌肉组织萎缩、声带硬化和软骨退化，使老年人的声音可能会出现颤抖，说话时语速通常因运动和认知能力的下降而减慢。老年人说话的基本频率（或音调）在一生中会发生变化，并且男性与女性之间有所区别。在生命周期的三个阶段中，男性的音调是“高—低—高”的模式，而女性往往是“高—高—低”的音调模式。老年男性振幅的改变似乎比音调的改变更为显著。假牙或者其他正畸器可能会导致关节结构改变，使说话清晰度降低。由于这些解剖学和生理学的变化，老年人说话时更费力气，从而使处理信息的其他能力下降（如语法结构）。

一项有关年轻人和老年人声音辨识的研究表明，人们很容易基于声音线索来识别老年人。此外，老年人声音经常受到年轻人的负面评价（如理解老年人的语言更困难）。增龄导致的听力下降（老年性耳聋）和视力下降（老视）会使老年人怀疑自己的表达能力，质疑自己是否可以看清对方的语言线索。老年人产生语言和感知语言能力的下降可能会限制其交流的愿望和机会，从而形成对老年人的固有印象（参见“听力”“视力”）。

如前所述，衰老过程中处理运动和感觉信息的能力降低，从而可能会影响更高水平的信息处理能力，例如语言。曾经认为是认知功能减退导致了认知和语言处理能力的下降，现在一些研究认为可能是受限于较低水平的感知能力所致。根据后者，增龄导致的造词困难包括找词问题、言语不流畅、经常回忆（或许与远记忆相比，近记忆更难保持）、语法的复杂性和提出建议的频率下降、说话速度减慢（通常由于有效记忆或处理速度的下降）。在特定的环境中或存在与增龄相关的神经病理疾病，如阿尔茨海默病和失语，这些语言变化可能会加剧。好的一面是，在词汇量、叙述事情和社交技巧、社会知识和阅历方面，老年人较年轻人更有优势。语言和认知功能的优势和劣势都在影响老年人的语言风格。反过来，也影响着年轻人对于衰老的认知，当与老年人交流时语言风格需要适当调整（参见“痴呆：阿尔茨海默病”“信息处理与认知”“老化过程中的语言与沟通”“语言障碍：失语症”）。

年轻人与老年人交流的语言

在过去20年里，累计有大量研究文献记录了年轻人与老年人讲话的主要特点。证据表明语言风格存在隔代差异，特别指出年轻人与老年人讲话时应该如何调整。年轻人与老年人的讲话方式很大程度上取决于老年人的感知能力、外表、沟通能力以及社会价值观、信仰和对老龄的态度。积极的看法包括：认为老年人是智慧的、是好的倾听者和陈述者、具有同情心、宽容、家庭观念强、热诚和真诚；消极的看法包括：认为老年人爱抱怨、爱表达不满、过分自我保护、内心封闭以及躯体功能和认知功能下降。以上的这些看法或固有印象，人们含蓄或直接地表示出来。

尽管积极的和消极的固有印象都存在，但是研究显示，消极印象更加普遍，比积极印象更常见。另外两代人沟通时，消极的固有印象影响更大，往往会导致沟通方式过度调整或者调整不足，这是影响年轻人和老年人沟通质量的不利因素。过度调整通常表现为过度使用老人语、对正常语言的大量简化和夸张。最明显的表现是减少语法和语义的复杂性、夸张和语言重复增加，以及常使用昵称（参见“老年歧视和就业歧视”）。

当与老年人讲话时，年轻人总是（而且只）使用老人语，老人语不应该被认为是唯一不变的语言风格。相反，老人语可以根据个人或者谈话对象的语境（如外貌、肢体动作、音质、性别、认知和沟通能力、谈话的主题/内容、人物关系和背景）进行调整，因此，当具有以下特点时，更需要使用老人语：长相、声音、动作像老人；在护理机构中生活，存在听力、视力和沟通问题；另一方面，如果有一项明显的衰老征象，如听力丧失，就足以让年轻人和老人说话时使用老人语。事实上，即使老年人没有理解困难，可以正常沟通时，年轻人在和社区的成年人交流时已经在调节语调了。

年轻人出于善意使用老人语，即认为根据对话者的情况需要进行语言调整（老人语的补偿作用）；此外，常常是下意识地使用老人语进行含蓄的表达，而不是有意识地根据固有印象进行交流。然而，年轻人常存在对老年人的消极固有印象，因此调整语言时可能会使一部分老年人不适应。在这种情况下，他们的沟通方式可以说是过度调整。另一方面，人们可能机械式地使用老人语来控制或者获得别人的合作。如在长期护理机构中，工作人员和入住者之间存在权利差异，当工作人员试图让入住者遵从要求时，可能会导致冲突，为了减轻或掩盖这种权力失衡导致的潜在负面影响，工作人员可能会从照护角度去使用老人语（参见“照料”“长期照护”）。

实验研究表明，老人语的某些方面（如降低语法复杂性、对语义进行加工）可以促进年轻人与老年人之间的沟通（无论老年人是否存在痴呆），而其他方面则没有（如夸张的韵律，更慢的语速）帮助，后者可能会使老年人对沟通不满、丧失自尊、减少社会交往及强化衰老印象。使用老人语的深层次后果是，限制了老人接触更复杂的语言形式，不利于维持现有沟通能力。考虑到这些因素，在特定的社会文化背景下，个体化地考虑老人语的适用性和有效性是很重要的。

老人语会使健康老年人感觉屈尊俯就，因此是无益的。老年人面对年轻人使用的老人语，可能是充分自信的，也可能是被动的，这取决于语境和对话者的角色和地位。老年人极端的反应（如非常自信或者被动）可能会加深易怒或者无能的固有印象，进一步促使年轻人继续使用老人语。温和或幽默地回复可能会有效减少老人语的使用，因为他们在维护老年人能力的同时，也容易使对方接受。

老人语似乎更容易被躯体功能或认知功能下降的衰弱患者接受，研究人员将其归因于交流过程中陪伴或情感支持的作用（如好友之间使用昵称）。然而其他研究人员认为衰弱老年人尤其是住在养老机构的老年人，对于老人语的积极反应可能仅仅意味着以下三点：（1）入住的机构习惯性使用老人语；（2）习得性无助；（3）即使接受老人语有损体面，入住者们也想要积极接触社会。弱势群体如老年痴呆患者，认知能力下降会加重衰老，与他们沟通时经常进行语言调整是特别重要的，从而会产生更特殊的老人语形式。此外，老年痴呆患者未必能清楚表明喜欢何种交流方式，因此，交流者需要根据老年人的语言及非语言的反应，及时进行调整，从而维护老年人的个人尊严和培养自信。

一方面，与年轻人相比，老年人对衰老有更积极的态度。如对于衰老表现，年轻人通常呈现内心痛苦的消极态度，而老年人则会更加积极，他们似乎对衰老有着更加复杂的认知预期，交流过程更加表现出以人为本的特点。另一方面，老年人对衰老似乎也有消极的想法，但这些对沟通行为的影响似乎与年轻人不同。当老年人与老年人讲话时，即使有可能被认为是不随和的，也不太可能使用老人语的语言方式。然而老年人可能会以消极的（或积极的）方式自我判断，这可能会对他们的认知、情感、身体和社会幸福感产生影响，即使与同龄人谈话，他们也可能带有年龄歧视。

老年人与年轻人交流的语言

相比于老人语的大量研究，有关老年人与年轻人讲话的特点很少被探讨。一些报告认为老年人对与年轻人沟通有着消极的思维定式。例如，虽然老年人可能认为年轻人更加开放，但也认为年轻人不负责任、鲁莽、天真、以自我为中心、傲慢、缺乏沟通技巧。这种固有印象表现在老年人与年轻人谈话时不够谦和。例如，年轻人认为与老年人谈话时他们注意力不集中、非常啰唆，他们的言语过于保守，不满、封闭和抱怨的话语过多。另一方面，也有一些支持老年人语言和沟通的看法（在某些情况下是相互矛盾的），认为老人擅长讲故事，还是耐心的听众。如前所述，这些鲜明的差别可能是由于老年人与年轻人之间经历不同而造成的。

研究证明，老年人与年轻人说话的语言较年轻人之间的交流明显简化。这表明，老年人并没有根据年轻人的喜好调整对话的方式（如年轻人语速更快）。与年轻人使用老人语的情况类似，老年人与年轻人沟通时不调整或调整不足不被认为是故意而为之的。然而，当老年人不考虑年轻谈话者可能的需要和兴趣（如老年人不是专注的倾听者），不适应或者不能适应年轻人的说话习惯时，年轻人可能认为他们的谈话不在一个频道上或者是不平等的，结果可能会导致谈话不愉快，为两代间的沟通产生情感障碍。有趣的是，最近有研究表明老年人不调整的固定模式有时候也存在于同辈交流中。

隔代语言风格的理论解析

沟通调节理论和衍生模型可以很好地解释隔代沟通的语言调整及其使用的结果。沟通调节理论认为，个体需要根据谈话方的需要和愿望来调节自己的沟通行为，使自己的需要和愿望与谈话方一致，并符合他的社会身份。换言之，人们沟通的行为反映了他人的社会分类，可以了解他们是否与自己的个人和社会身份一致（组内还是组外）。不同群体的划分由以下因素决定：对特定社会群体的积极和消极的固有印象、由固有印象产生的态度和沟通行为以及每个群体内成员之间的沟通频率和沟通质量。例如，年轻人与同龄人交往比与老年人交往更舒服和频繁，反之亦然。因此年轻人自然地把其他年轻人看作是同一个群体，而把老年人归为其他群体。基于年龄的自我认知、对群体外成员的印象，会被成长过程中的社会文化价值观、信仰和实践所强化，如果这种印象主要是消极的，则会对老年人（或年轻人）产生消极的固有判断和行为。另一方面，一个人与群体外成员的相处经历也可以是积极的而非消极的（如在家庭内部或者亲密朋友之间），这可能会缓和或者扭转个人对群体外人员的成见，使交流行为更加恰当。然而，需要注意的是，积极的固有印象也不总是能产生理想的沟通行为和效果，因为每个人对积极固有印象基础上进行的群体划分的反应是不同的（如一个溺爱孩子的奶奶或者一个开朗的青年）。

无论是对老年人还是年轻人，误导的固有印象可能会导致不适当的交流行为，这反过来又给有效的隔代沟通造成障碍。瑞安和他的同事们在老龄模式的交流困境中捕捉到了固有印象和触发因素、行为及后果之间的联系。图 1 显示了困境（和提高）模型的修正版本，汇集了原始模型和相似模型的许多元素。图中体现的沟通从老年人和年轻人相遇开始。基于很多与衰老相关的个人和环境因素（如作为祖父的老人角色或患痴呆的人，生活在家里或者护理院，出现躯体功能障碍或沟通障碍），年轻人出现固有印象，从而将老年人分为智力、躯体功能或社交能力下降的群体，也许这些都是不正确的。例如，认为老年人记忆力下降，所以不能回想起名字；听力下降，所以很难理解信息，不能继续交流；而思维封闭可能限制了谈话对象的选择。这些观念可能会导致语

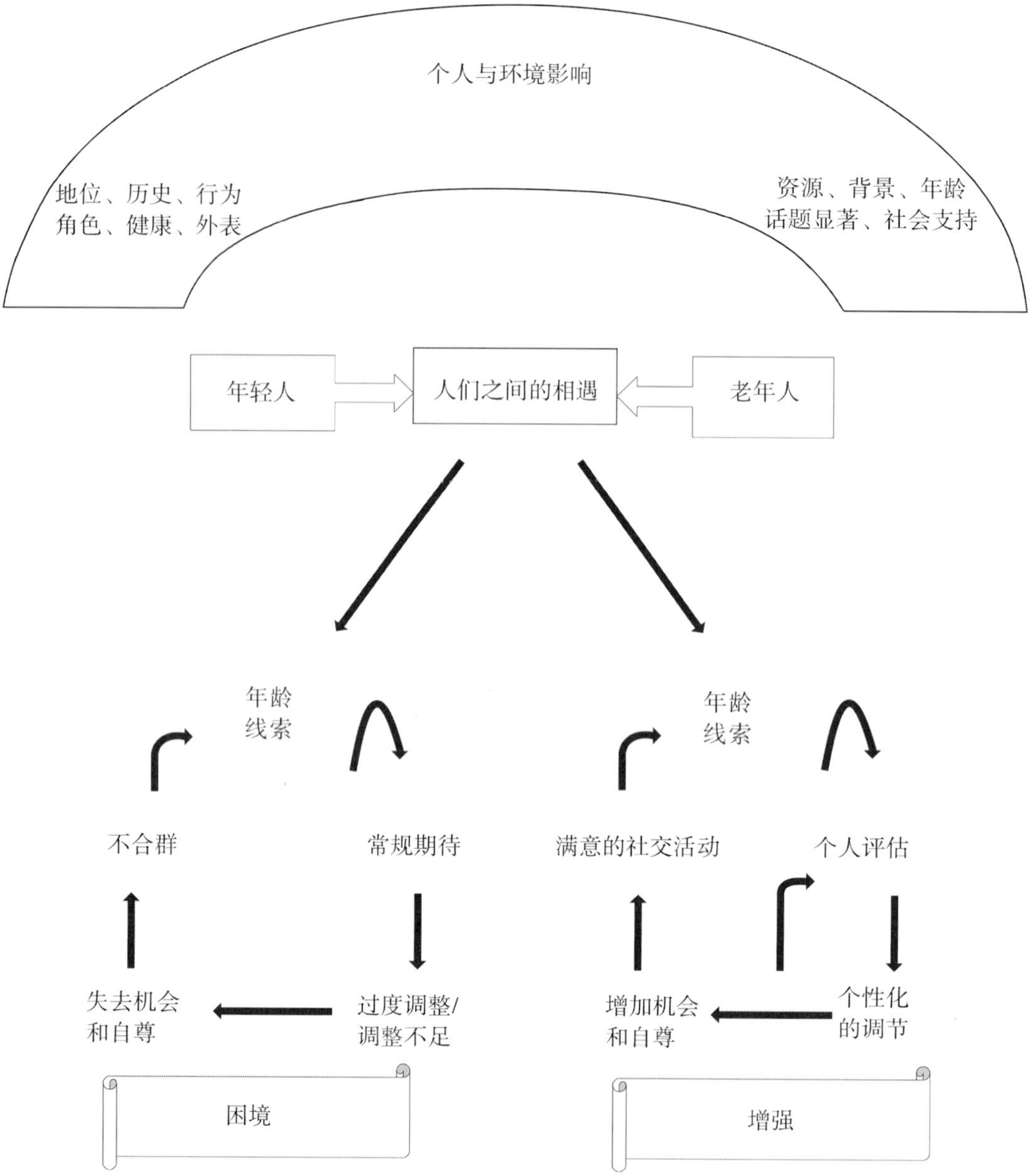

图 1　两代建沟通的困境和强化模式

引自：Ryan EB, Meredith SD, MacLean MJ, and Orange JB (1995) Changing the way we talk with elders: promoting health using the communication enhancement model. *International Journal of Aging and Human Development* 41 (2): 89-107.

言的过度调整（如简化语法和词汇，更大声和更慢地讲话）或是调节不足行为（如转移话题、缩短谈话时间、避免与人交流），这使老人被认为不能胜任或者无法进行有意义的交流。承受这样行为的老年人由此认为自己正在衰老，失去了自尊和自控力，不愿意进行社会交往。反过来，这些反应可能会加强对老年人的固有印象，并在以后的沟通中继续保持交流方式的过度调整或调整不足。另一个相似的负反馈环中，老年人则认为年轻人不负责任、幼稚及缺乏沟通技巧的固有印象会导致否定意见或支配谈话。年轻人对这种不恰当的调整行为，表现为注意力不集中、退出谈话、失去自尊、未来不愿与老年人接触，以及加强与年龄相关的固有印象。

针对困境模型中的负反馈循环，瑞安和同事引入了一种与衰老相关的沟通提高模型。在这个模型中，正如图 1 中增强循环所描绘的，交流的年轻人或老年人被认为是独立的个体，而不是固有印象中的社会群体成员，他们既有优点和偏好，也有缺点和需求，谈话者积极倾听和观察而不是先入为主的判断，会对语言和非语言行为进行评估和再评估，以确定如何调整为有效的沟通方式。谈话者会考虑到个人和环境因素的作用，是促进还是削弱了个体价值？是增加还是减少了参与有意义社交活动的机会？例如，如果认为一个老人沟通有困难，谈话者可能非常关注于探索与现有能力有关的本质和原因，寻求来自家庭成员的信息，或找出可用于帮助老人参与交流的策略或资源。如果老年人发现年轻人对某一话题的看法不成熟时，老年人可以鼓励年轻人分享与话题相关的个人经历，这种情形下，年轻人常会邀请老年人述说自己的经历。由于这种个体化的评估、调整和再评估，老年人和年轻人更会觉得自己是优秀的沟通伙伴，从而增加了自信和进一步交流的欲望。正反馈环结束，再次开始交流时会带有强烈的个人意向和价值感，会与沟通伙伴满意地交流。

隔代语言风格的跨文化比较

许多语言风格的研究都是基于北美和欧洲社会对隔代沟通的看法。然而，最近出现了很多隔代语言风格的跨文化研究。比较西方国家（澳大利亚，加拿大，新西兰，美国）和东方国家（日本，韩国，菲律宾，泰国）的区别，部分原因是预测在家庭成员的互相依赖程度、尊重、善待老人等问题上存在着东西方差异，希望这种差异能够对老年人产生更加积极的固有印象，弘扬以孝为先的理念，让社会少用老人语。

本研究结果表明，与预期相反，和西方国家相比，东亚社会的年轻人认为与其他非家庭的老年人沟通更加困难、问题更多，认为与老年人很难相处，东亚人群对待老年人的积极印象更少。与此同时，东方国家的年轻人似乎更加看重孝道。这其中有明显的矛盾，考虑与这些人同时存在内在（更自我和消极）和外在（更集体主义的和积极的）

对老龄化的看法有关。研究结果还表明，就像东西方之间存在差异一样，不同的东方国家也存在很大的差异，例如，日本的年轻人比西方对衰老有更积极的认识。因此，在试图通过文化视角探讨隔代沟通的研究中，将影响文化和个体差异的社会和环境因素考虑在内是明智的。

进一步的研究将探索相同文化和不同文化间的差异，以及具有不同国家特点的固有印象如何在隔代沟通中发展起来。此外，虽然东西方国家比较是一个良好的开端，但是仍然需要在其他国家和其他文化群体间进行研究。最后，因为在西方老年护理机构内，许多人际交往是在工作人员和入住者之间进行的，他们没有共同的语言和文化背景，因此需要对沟通的本质、隔代及不同文化间如何调整语言进行研究（参见“跨文化比较研究”“文化和族裔对老龄化的影响”）。

促进老年人和年轻人之间的积极交流

加强人际沟通的一个逻辑切入点是针对年龄线索的识别和反应（见图1）。在基于固有印象进行语言调整或个体化语言调整过程中，所持有的态度和选择是很明确的。基于固有印象的语言调整多数是下意识且没有恶意的，所以，遏制使用固有印象有助于意识到什么是语言调整不足和过度调整、为什么使用语言调整以及对沟通结果的有害影响。培养这样一种意识需要直接关注固有印象和歧视老年人的影响和微妙性，因为这些问题以多种形式和情境存在于人们的生活中。此外，年轻人和老年人要充分承认交谈者的对话目的，认可达成目标所用的方法，因此需要增强两代间的沟通，正如瑞安和他的同事们强调的：（1）人们沟通中带有尊重和恰如其分的自信，选用适当的语言调整来引导对话伙伴，从而来争取做到尊重和语言调整之间的平衡；（2）形成合适的交流氛围，以便有时间进行调整，且对成功的沟通进行奖励。

为了通过隔代互动促进对老龄化的积极认识，当然有必要提供和鼓励隔代接触和交流的机会。不幸的是，由于社会人口流动性增加，居住分散，社区和家庭中成员分离，导致这种机会很少。为了扭转这种趋势，社会各部门都必须重新考虑不同年龄人群互相交流的重要性和益处，想方法促进年轻人和老年人在一起进行有意义的积极交流。在这方面，有代表性的工作是社区老年人随访或帮助学龄儿童和校园学生去家中探望老年人。通过这样的努力，以及更多老年人的大力倡导，才能为老年人创造更多的交流机会。

另请参阅：老年歧视和就业歧视；照料；跨文化比较研究；文化和族裔对老龄化的影响；痴呆：阿尔茨海默病；代际差异：年龄—时期—队列；信息处理与认知；老化过程中的语言与沟通；语言障碍：失语症；长期照护；老化标志物；视力；听力。

拓展阅读

Giles H, Coupland N, and Coupland J (1991) Accommodation theory: communication, context, and consequence. In: Giles H, Coupland J, and Coupland N (eds.) *Contexts of Accommodation: Developments in Applied Sociolinguistics*, pp. 1–68. New York: Cambridge University Press.

Hummert ML, Garstka TA, Ryan EB, and Bonnesen JL (2004) The role of age stereotypes in interpersonal communication. In: Nussbaum JF and Coupland J (eds.) *Handbook of Communication and Aging Research*, 2nd edn., pp. 91–114. Mahwah, NJ: Lawrence Erlbaum Associates.

Kemper S (1994) Elderspeak: speech accommodations to older adults. *Aging and Cognition* 1 (1): 17–28.

Kemper S and Harden T (1999) Experimentally disentangling what's beneficial about elderspeak from what's not. *Psychology and Aging* 14 (4): 656–670.

Kemper S, Anagnopoulos C, Lyons K, and Heberlein W (1994) Speech accommodations to dementia. Journal of Gerontology: *Psychological Sciences* 49 (5): 223–229.

Nussbaum JF and Coupland J (eds.) (2004) *Handbook of Communication and Aging Research*, 2nd edn. Mahwah, NJ: Lawrence Erlbaum Associates.

Ryan EB, Giles H, Bartolucci G, and Henwood K (1986) Psycholinguistic and social psychological components of communication by and with the elderly. *Language and Communication* 6: 1–24.

Small JA (2004) Communication strategies in Alzheimer caregiving: recommended, reported and implemented. In: Vellas B, Fitten LJ, Winblad B, Feldman H, Grudman M, and Giacobini E (eds.) *Research and Practice in Alzheimer's Disease and Cognitive Decline.*, vol. 9, pp. 185–189. New York: Springer Publishing Company.

译　者：刑云利（首都医科大学附属友谊医院）

语言障碍：失语症

H. A. 惠特克 北密歇根大学，马奎特，密歇根州，美国

词汇表

语法缺失（Agrammatism）——其特点是名词、辅助动词和一些介词在演讲和写作中被遗漏或未被识别。

失写症（Agraphia）——其特点是不能以书写形式表达思想。

失读症（Alexia）——其特点是识别单词或字母的能力受损，从而影响从书面文本中提取意义的能力。

命名障碍（Anomia）——其特点是在命名物体或对话中找不到合适的词汇。

命名性失语（Anomic Aphasia）——也称为遗忘性失语、名义性失语和语义性失语，其特点是命名困难或提取名称、言语中的普通和专有名词困难。

失用症（Apraxia）——也称运动性语言不能，其特点是因为声音的选择或排序的错误而导致错误的单词听起来像是目标单词但实际上词义错误，或者被扭曲成非单词。

布罗卡失语（Broca's Aphasia）——也称为词汇性失语、表达性失语和运动性失语，特点为语言表达不清晰，伴有发音缺失、增加或颠倒，言语产生困难以及词汇量减少。

传导性失语（Conduction Aphasia）——也称为中枢性失语、复述性失语和传入性运动性失语，以复述不成比例受损突出为特征，重复单个语音或单词困难。

完全性失语（Global Aphasia）——也称为全部失语，以所有语言模式均受损为特征。

韦尼克失语（Wernicke's Aphasia）——也称为语法性失语、感觉性失语和接受性失语，以语言理解障碍为特征。

引言

克尔提斯（Kertesz）将失语症定义为“一种中枢神经系统的语言障碍，特点是语言错乱、找词困难和不同程度的语言理解能力受损，伴有阅读和写作障碍，以及构音障

碍、非言语结构的解决问题困难和姿势障碍”。古德格拉斯（Goodglass）和卡普兰（Kaplan）将失语症定义为“由于某些专门针对语言相关功能的大脑区域的损伤导致口头或书面语言表达的能力、关联性和表达习惯发生障碍”。巴索（Basso）和库贝利（Cubelli）将失语症定义为“由于中枢神经系统获得性损伤引起的言语交流障碍，可涉及理解和言语生成过程的一个或多个方面”。语言的这些定义并不确切，因为其本身是一个相对复杂的概念。

自 19 世纪以来，文献中将失语症的临床表现与中枢神经系统中的特定解剖学部位相关联。当代研究，特别是借助现代大脑成像技术的研究表明，除了所谓的优势半球（通常是左半球）皮质（布罗卡区，韦尼克区等）的经典语言区域之外，还有许多其他中枢神经系统的区域参与语言处理，包括皮质下结构（包括基底节、小脑和丘脑）、优势半球的其他皮质区（包括颞叶下部和颞叶内侧以及岛叶）以及非优势大脑半球。本文着重对失语症的行为学而非其解剖基础进行阐述。

方法

概括来讲，失语症的本质有两种理解。第一种是针对语言的功能，即人们在从事语言行为时所做的事情；例如语言的四种方式——说、听、读和写。语言的其他功能包括复述、开始讲话、流利表达、能够命名事物和人，并且能清楚地表达词语。这种研究失语症的方法常应用于临床，明确失语症是由于哪部分语言功能受损所致，从而指导临床评估、康复和研究。其中该方法在脑损伤区域与失语症的语言功能特点相关的领域中应用较多。

第二种方法可称为神经语言学。它关注的是语言的结构以及在失语症中其受损情况。这种方法首先从语言层面（包括语音、构词、语法、语义和演讲）角度对失语症语言进行分析，然后采取实验性或应用性方法，将语言障碍、脑损伤和临床综合征相关联。神经语言学方法通常为第一种方法（即语言功能临床方法）提供语言学细节，并应用于研究中。

研究引起失语症的病变解剖定位在临床中曾经长期占有重要地位。随着现代影像学技术应用于脑损伤相关失语症患者及非脑损伤实验对象，现在的研究重点在于各部分脑组织结构对各种语言功能及语言结构的影响。其目标是明确大脑特定结构的损伤与明确的临床失语症及语言障碍的联系。

功能—临床失语综合征

布罗卡失语

布罗卡失语，也称为词汇性失语、表达性失语、传出运动性失语和运动性失语。其主要影响言语产生，书写能力也常常受到影响，但对口语的理解和阅读能力的影响通常较小。既往将失语分成流利性和非流利失语，布罗卡失语是非流利性失语的常见类型，语言障碍往往表现为发音缺失、增加或移位引起的语言表达不清晰，而且通常存在言语启动困难。词汇量减少，并且语言表达往往依赖于基础的、高度熟悉的词汇，形成电报式语言。言语可能使用比预期少的词汇短语，且经常停顿。布罗卡失语中常见的是语法缺失：即在讲话和写作中，语法结构中的功能词，如名词、助动词和一些介词，会被省略或无法识别。命名障碍也相当常见，其可以导致患者在对话和命名物体时难以找到合适的词。布罗卡失语症患者的理解能力一般明显优于语言表达能力，且大多数人可以理解单个名词、动词或形容词，但一部分布罗卡失语患者很难理解低频的句法结构。此外，布罗卡失语中也可出现语法倒错（即语序发生错误），这在韦尼克失语（下文将讨论）中更为常见。布罗卡失语中动词和形容词较名词而言更易受损，但语法功能词最易受损。在布罗卡失语中，韵律的损害是伴随着更短的短语和频繁的停顿，可表现为音调、音高和节律受损，常被称为言语声韵障碍。谈话中复述能力也常受损。书写能力与语言表达受损程度相似，但阅读能力仅轻度受损。写作时会出现拼写错误、字母遗漏、字母构型不良以及语法缺失。较韦尼克失语患者来说，布罗卡失语患者通常会意识到自身的语言表达障碍，并努力做出积极的反应。

导致布罗卡失语的病变为额叶下部和顶叶的前下部；这比通常认为的布罗卡区（第三额回的部分及周围区域）更广泛。

韦尼克失语

韦尼克失语也被称为语法性失语、声学性失语、感觉性失语和接受性失语。其主要影响言语感知，阅读能力也可能被影响。尽管言语和写作的内容可能受到损害，但言语生成和写作能力常会较好地保留。既往将失语症分为流利性和非流利性失语，韦尼克失语属于流利性失语的常见类型。韦尼克失语的突出特征是对口语的理解障碍，即不能从上下文中推测或是不太熟悉的口语表达的内容时，理解障碍更为明显。轻症患者可以理解上下文含义，但缺乏细节，比如可以讨论天气，但不能区分局部多云和阴天。另外，韦尼克失语患者的言语发音清晰流利，但言语使用错乱，比如非词的插入、词语的无序以及使用与谈话主题无关的词。各种失语症都可出现语法错误，但其在韦尼克失语中更为普遍。正如在布罗卡失语中语法受损一样，功能词语更可能被错误地使用或无关地添加。可能违反语法上的词序约束，这被称为语法错乱。韦尼克失语患者会使用简单、常见的陈述性语序，而非复杂的句子结构。韦尼克失语患者有时会滔滔不绝，甚至会在他们的言语中添加无法辨认的音节、词语或短语，这种现象称为杂乱性失语。大多数研究者认为杂乱性失语是韦尼克失语的一个亚型。在杂乱性失语中，混杂语错误可能是文字（单音）、词语（可识别的附加词）或新词（添加了无法识别的单词）。韦尼克失语患者能够正确书写字母和单词，但其语言表达错乱，包括杂乱无序的风格、重复的单词或短语、杂乱性失语的错误以及缺乏可识别的内容。阅读和听力理解能力同样受损。

韦尼克失语病变部位通常在颞叶中后部，尤其是颞上回，但也常为颞中回。这些病变通常会延伸到颞叶与枕叶和下顶叶的交界处，即缘上回和角回区域。

传导性失语

传导性失语也被称为中枢性失语症（即无组织地执行与干扰听觉反馈有关的编码程序）、复述性失语和传入运动性失语症。其主要影响语言的复述功能，而理解和语言的生成往往受损程度较轻。传导性失语患者经常试图纠正自己的复述错误，这表明其保留较好的理解能力。复述错误可能是个别发音或单词，也可表现出失语法。传导性失语患者的言语表达通常与韦尼克失语相似，但有时也与布罗卡失语表现类似。除了复述障碍外，传导性失语患者也常伴有命名障碍，字面上的理解错误（发音的替代）可能会对自发的语言和试图重复听到的东西产生干扰。传导性失语患者在单个词或非常短的短语的发音流畅、完整，但常会出现音位（或文字）错语，即声音的替代。许多传导性失语患者的短语句法模式趋于正常，但对包含代词、语法功能词和多音节词的句子仍存在表达困难。此外，传导性失语还可表现为书写困难、某种形式的失写症和观念性失用症。写作能力通常与语音输出相似，即会出现拼写和字母的省略或替换。同布罗卡失语一样，传导性失语患者通常能意识到自身的语言缺陷。

导致传导性失语症的病变往往位于缘上回周围和弓状纤维，并且通过弓状纤维连接颞叶和额叶。其他的病灶位于外侧裂的边缘并延伸到下方的白质。

命名性失语

命名性失语，也称为遗忘性失语、名义性失语和语义性失语。其主要影响言语生成，且仅限于名称的生成，易通过患者命名物体时观察到，因此不能排除输入问题。命名障碍是指命名或提取名称障碍，包括普通名词和专有名词；听力理解能力完整或相对保留。命名性失语表现为语言生成流畅，但缺乏与概念相关的名词和动词，因而语言表达内容空洞，而语速、发音、语法正常，患者的词语提取障碍可表现为言谈中明显的停顿。命名性失语患者无法理解单个的名词或动词，但通常可以识别物体。该患者阅读和写作能力常保留，但是在命名障碍严重的情况下可能会出现命名性失读或命名性失写。几乎所有类型的失语症都有不同程度的命名障碍，因此，没有针对病因病灶的具体定位。

完全性失语

完全性失语，也称全部失语。在完全性失语中所有的语言模式均受到同等程度的影响，且与其他失语症不同的是，其各模式之间存在明显的加工差异。导致完全性失语的病变范围大，占全部或大部分语言皮质。

单模态功能—临床失语综合征

有一些主要影响单一语言形式的失语综合征。

言语失用

言语失用也被称为运动性失语症、言语失用症、发音失用和构音障碍。并非所有的研究者都认为这是一种失语症。在此提及言语失用，是因为根据定义，支配言语肌肉组织的运动控制在言语失用中不受影响，换句话说，其独立于构音障碍。言语失用往往伴随着布罗卡失语，但可能是一种独立的特定形式的损伤。这种失语影响的语言形式是说话，即在发音的选择或排序中出现错误，从而产生错误单词，或者听起来像目标单词但具有错误的意思，或者被扭曲以至于它们不再是单词。

失读伴失写

失读和失写分别代表书面语言的输入和输出能力受损。二者可同时或单独出现。失读伴有失写又称颞顶叶失读、中枢性失读、语义性失读、角回失读和字母盲。其主要影响语言形式的读和写。失读伴失写的患者阅读和书写均受损。通常，患者抄写的能力较自发的书写能力保留得更好。读写障碍可延展到视觉语言以外的领域：在数字、音乐符号和化学公式方面也可能受损。语言输出和听理解可一定程度受累，但仅在轻度命名障碍时较典型。所有类型失语症的表现均与病变的位置和大小有关，且在失读伴失写患者中其相关性更强。致病灶主要见于角回区域。

纯词聋

纯词聋也被称为听觉性失认、孤立性语言聋和皮质下感觉性失语；受影响的方式是听觉。纯词聋患者能够听到非语言的环境噪声、动物声音和音乐，但无法识别语音。其他语言模式（包括语言生成、阅读和写作）通常保持完整。病变通常破坏语言半球中的颞横回（初级听觉皮质）和来自非语言半球的传入听觉通路，韦尼克区域完好无损。韦尼克区功能与听觉语言输入的区域无关，患者可以听到但听不懂或不能复述。除了语音输入过程严重受损以外，一般情况下纯词聋与韦尼克失语患者的功能不同。听觉失认反映了语音处理以及非语言环境声音处理的障碍。

失写症

失写症是指无法产生书面语言，其包括几种神经语言学变异型（将在后面神经语言学结构部分讨论）。功能上可表现为布罗卡失语的书写形式，因为书面语言常常反映口语，故失写通常与失语症有关。但因为写作还包括视觉空间技能以及与言语无关的运动技能，因此空间定向或视觉辨别障碍可能导致失写而无失语症。有病例报道额叶病变常导致单纯失写，但也有少数病例病变在左侧顶叶上部。

失读症

失读症是一种获得性阅读障碍，表现为认识单词或字母的能力受损，从而影响从书面文本中提取意义的能力。失读症有几个变异型，包括文字失读（也称为字母盲，主要问题在于处理单个字母）、语言失读（也称为词盲，指主要是整个单词受影响）、一般失读（指阅读障碍多影响语法或语义的处理）和半失读，通常称为忽视失读症（指忽视一个词的一半或文本中的一行）。纯失读症患者可以接收到书面语言的刺激，但是不能识别字母或词语。在这些病例中，病变往往会损害语言半球的视觉联想皮质和从另一个半球投射的胼胝体纤维，将大脑语言中枢区域与视觉输入分隔开。逐字母阅读是一种纯失读症的变异型，这类患者每次在识别单词之前会大声读出一个字母。某些情况下，如果将词语写在或描摹在手掌上，失读症患者可顺利理解单词含义，因为此时单词绕过视觉输入而直接访问大脑的语言核心区域。

经皮质失语

经皮质失语有时被称为症状性失语，包括经皮质感觉、经皮质运动和经皮质混合性三种变异型，其中经皮质混合性失语有时被称为孤立综合征。经皮质失语影响语言理解（经皮质感觉）和语言输出（经皮质运动），在复述能力较好保留的情况下与传导性失语形成对比。在讨论经皮质失语时，需要考虑语言的核心概念，在其语言优势半球颞顶皮质存在复述以及处理基本发音、单词及句子结构的能力。最开始，经皮质意味着保留产生声音结构或单词的能力，但不能解释其含义，这可以被认为类似于用一种不懂的外语重复一个单词的能力。这些失语症的主要解剖特征是，病灶大多是经典的语言核心区域，也就是外侧裂周围之外。下面简要概述公认的经皮质失语的经典形式。

经皮质感觉性失语 经皮质感觉性失语是一种罕见的失语形式，是指当病灶功能性地将韦尼克区域与大脑其余部位分开，接收与输出不受损使得复述功能保留，但理解和自发语言都受损。可以将经皮质感觉性失语简单地视为韦尼克失语的一种形式，其中患者表现出严重的理解障碍，但复述和构音功能保持良好。经皮质性感觉失语患者发音清晰，但复述时可能有错语、新词、失命名甚至是模仿性言语。典型的语言输出可能不受影响。经皮质感觉性失语患者通常意识不到自己的问题，因此他们的言论偶尔会被误解为精神分裂症等心理问题。此外其写作能力受损情况与韦尼克失语患者常常类似。

经皮质运动性失语 经皮质运动性失语是经皮质失语的另一种形式，有时被称为动态失语或前孤立综合征。从功能角度上看，致病位置将语言处理与启动说话动作的机制分开。经皮质运动性失语患者往往会几近缄默，甚至可能伴有与之相关的全身运动障碍，无法开始行动。经皮质运动性失语患者启动谈话能力受损，然而他们一旦开始讲话，其语言输出功能基本保留。理解和复述功能也相对保留。尽管言语输出时存在不完整的句子、口头错语或错误的开始，但患者的韵律、表达和语法结构仍然保持完好。当这些患者被要求说些什么或在没有提示线索的情况下启动谈话，他们会感到难以回答；但当被要求重复单词、短语或句子时，这些患者则可顺利完成。一些经皮质运动性失语患者的提取词汇能力相对保留，能够很好地完成诸如物体命名之类的任务。对于常见的重复的材料，其语言输出能力可能会提高。经皮质运动性失语的病变通常位于左侧前额叶的近中表面，靠近辅助运动皮质或沿着左额叶的外侧面，这些病变都不属于传统上的布罗卡区。推测病变在前皮质或皮质下部位形成环路将语言区域与辅助运动区域和边缘结构的某些区域连接起来，这些结构对于启动语言和其他动作是必不可少的。

经皮质混合性失语　经皮质混合性失语也称为孤立综合征，其可能与影响脑血管的分水岭区域的皮克氏病或一氧化碳中毒相关；语言核心区、外侧裂周围区域与高级认知功能等其他大脑功能相分开。患者复述单词、短语和整个句子的能力得以保留。孤立综合征最显著的特点与传导性失语相反，前者只能复述，后者则不能复述。一般情况下构音流畅性仍保持良好，但在很少或没有其他任何完整语言功能的情况下，主要是“准自动”复述（通常是单纯的模仿）。这些患者通常是完全的失读和失写，偶尔会无意义地乱写。正如本森（Benson）和阿迪拉（Ardila）所指出的，经皮质混合性失语患者除了保留复述能力，其他表现与完全性失语症相同。

神经语言学结构

第二种方法是对失语症进行神经语言学分析，其重点关注脑损伤对语言的影响。这种框架把语言分成五个部分，有时是六个部分：（1）语音学或发音系统；（2）形态或单词结构；（3）语法或语法系统；（4）语义或系统性意义；（5）叙述或话语，或以连贯的句法和语义结构将句子串在一起的组件；（6）语用或语言应用系统。基于语言的错误描述是中立的，因为这些错误是在语言输出、理解或书面语言中看到的。在不同的语言形式中，各语言成分的损伤程度（测试中出现的错误百分比）是不同的，例如，布罗卡失语患者在讲话时的语法障碍比理解能力受损更严重。有文献记载，语言障碍主要集中在一种形式（例如能够识别语法错误，但无法避免其产生），从而引出了关于语言核心脑区域本质的理论问题，但这个问题已经超出了本文的讨论范围。

语音障碍

语音障碍通常是使用音素来描述，音素是语言中最小的声音单位，相当于书写系统的“字形”。语音错误可概括为替换（如“pit”变成“bit”）、遗漏（如“crook”变成“cook”）或排序错误（如在发音上，“tackle”变成“cattle”）。其他语音错误包括韵律控制方面的问题：如音节不正确地缩短或延长，陈述问题时音调的高低错误，或者在不适当的时候声音过大或过小。

形态学障碍

形态学障碍可影响单词的词缀：（1）屈折词缀，如标记复数与单数、第三人称单数与第一人称单数、过去与现在时态（如“three cats”变成“three cat”，“he will jump”变成“he will jumped”）；（2）派生词缀，如标记词作为名词、动词或形容词（如“nationality”变成“nationalness”）。

语法障碍

语法障碍、失语法可影响短语和句子的语法结构。如果前面讨论的派生词缀或屈折词缀的错误影响了短语或句子的语法正确性（如“he's a regular guy”变成“he's a regularity guy”），则表现为形态错误的语法缺陷。语法功能词的省略（如“boy was hit by the ball”变成“boy hit ball”）是更常见的语法错误，可显著影响句子的含义以及语法性，因此，与形态学障碍一样，语法障碍也可合并语义障碍。语法倒错是一种较罕见的语法错乱形式，是指语法功能词的不恰当使用和排序，而不是遗漏（如“in the flower pot”变成“in on a the by a flower pot”）。此外，语法障碍还包括短语与句子的简化、排序、替换或省略，可和意义障碍相互作用。例如，如果“what the pot put on the table was the boy”变成“ it was the pot that the boy put on the table”，或是变成“what the boy put on the table was the pot”，大家会注意到替代和排序所导致的意义的改变。不难推测，语法倒错常见于布罗卡失语，但在韦尼克失语中较少出现，因为语序错误很少出现在语法障碍中。

语义障碍

语义障碍表现形式多样，主要取决于语义系统的哪些方面受到损害，常见于类似含义的词语的替换（如“音乐会”变成“管弦乐队”）及上下位关系的互换（如“狗”变成“动物”）。失命名患者常使用一个不确定的名词代替一个不能命名的名词（如用东西或物品代替衬衫或衣服）。语义障碍还可能损害对物品特点的了解（如不能指出消防车是红色的，或者草是绿色的）或不能正确指出物体的属性（如一些没有生命的东西被赋予了生命的属性）。

叙述障碍

叙述或演讲障碍会影响谈话中句子或短语的连贯性，例如，改变一个代词使其不再指代正在被讨论的人，或错误地改变叙述的时间框架。语用障碍是指语言使用中的障碍，例如，语用障碍患者不能理解“我可以在我的烤牛肉上撒盐”是间接要求另一个人将盐瓶传递给说话人。同形态学和语法障碍一样，演讲和语用障碍的问题可以用语义或句法错误来描述。使用语言时语言学的不同组成部分同时存在。

失读症

神经语言结构分析可进行如下的阅读和写作障碍分类。在心理语言学模型中失读症有三种类型：深层失读、语音失读和表层失读。

深层失读 深层失读患者病变范围较大，常合并失语症，通常是布罗卡失语。阅读特点表现为大声朗读时的语义错误（与目标词的语义相关），也可出现视觉错误（在视觉上相似但与目标词无关）、形态错误（目标词的变体）、实词效应（实词比抽象词更容易阅读）以及难以阅读的语法功能词。词频和字长可能影响阅读误差。深层失读患者常有“字形-音素”转化障碍，因此，他们无法阅读母语中的非单词字符串（如英语中的字符串 vib 或 phite）。

语音失读 语音失读患者可以阅读真实的单词，但是因为他们也有“字形-音素”转化障碍，所以他们难以阅读可发音的非单词。语音失读患者通常不会像深层失读患者一样出现语义错误。然而，深层失读和语音失读之间并没有明显的界限，很多患者兼而有之。有报道称深层失读患者在康复过程中会转化成语音失读。

表层失读 表层失读患者的阅读障碍特点是能够阅读正规文字（约 75% 的英文词典是正规文字，如“top”“jelly”“sing”等词语），但难以阅读不规则词语（英文中如“pint”“come”“bury”等拼写正确的不规则词）。表层失读患者在阅读不规则单词时往往犯正常化错误，即按照正规词语进行发音。表层失读患者能够读出可读的非单词，例如，“heaf”会被读为押韵的规则的单词“leaf”，而不是不规则的单词“deaf”。

失写症

与阅读障碍一样，失写症有三种语言类型。第一种类型是语音失写，这种患者听写可识别的假词存在障碍，但能够写出真词，偶有对语法功能词和抽象词的书写障碍。第二种类型是语义失写，这种情况常见于早发型阿尔茨海默病的早期，偶见于局部病变患者，听写时这些患者可以写出真词和假词，但他们经常在书写物体命名之类和描述中出现语义错误。第三种类型是词汇失写，这些患者在写作时会保留单词的音韵形式，但会产生拼写错误，即出现规则化拼写，使书写的词汇接近单词听起来的声音。

结论

本文总结了功能—临床失语综合征，即所谓的经典综合征的简便性和一致性，推荐继续使用。关于神经语言学、临床神经心理学和认知神经科学的大量现代研究采用了经典失语综合征来识别患者群，尽管 20 世纪后期的研究对致病性病变的一致位置的有效性提出了质疑，但其他研究对综合征症状学的逻辑一致性也提出了质疑，还有一些研究质疑了根据这些综合征对患者群进行研究的可能性。在美国使用最广泛的测试量表是波士顿失语症检查量表（Boston Diagnostic Aphasia Examination，BDAE），主要的失语综合征类型来源于此，该量表被认为只能对四分之三的语言障碍患者进行分类。许多当代研究证明，失语症患者按照综合征进行分类便于统计、方便科学研究。相比之下，失语症的神经语言学分类方法则将会受到更好的语言学理论的挑战。尽管神经语言学分类与功能—临床分类不完全一致，也不能完全符合病灶定位或成像技术所显示的特定大脑区域，但该分类方法描述了失语症的表现特点。

另请参阅：老化过程中的语言与沟通；语言障碍：一般；语言与交流（语言风格）。

拓展阅读

Basso A and Cubelli R (1999) Clinical aspects of aphasia. In: Denes G and Pizzamigliio L (eds.) *Handbook of Clinical and Experimental Neuropsychology*, pp. 181 – 193. East Sussex, UK: Psychology Press.

Benson FD and Ardila A (1996) *Aphasia: A Clinical Perspective*. New York: Oxford University Press.

Caplan D (2000) Aphasia. In: Kazdin AE (ed.) *Encyclopedia of Psychology*. Washington, DC: American Psychological Association.

Coltheart M (ed.) (1996) *Phonological dyslexia*. Special issue of the *Journal of Cognitive Neuropsychology* (September).

Coltheart M, Patterson K, and Marshall JC (eds.) (1980) *Deep Dyslexia*. London: Routledge and Kegan Paul.

Gonzalez-Rothi LJ (1997) Transcortical motor, sensory, and mixed aphasia. In: LaPointe LL (ed.) *Aphasia and Related Neurogenic Language Disorders*, 2nd edn. New York: Thieme.

Goodglass H (1993) *Understanding Aphasia*. San Diego, CA: Academic Press Inc.

Goodglass H and Kaplan E (eds.) (1983) *The Assessment of Aphasia and Related Disorders*, 2nd edn. Philadelphia, PA: Lea & Febiger.

Kaplan E, Gallagher RE, and Glosser G (1998). Aphasia related disorders. In: Sarno MT (ed.) *Acquired Aphasia*, 3rd edn. San Diego, CA: Academic Press.

Kertesz A (1979) *Aphasia and Associated Disorders*. New York: Grune and Stratton.

Patterson K, Marshall JC, and Coltheart M (eds.) (1985) *Surface Dyslexia: Cognitive and Neuropsychological Studies of Phonological Reading*. London: Lawrence Erlbaum Associates.

Pratt N and Whitaker HA (2006) Aphasia syndromes. In: *Encyclopedia of Language and Linguistics*, 2nd edn. Amsterdam: Elsevier.

Whitaker H and Whitaker HA (eds.) (1976) *Studies in Neurolinguistics*, vol. 1. New York: Academic Press.

译　者：周　知（中日友好医院）

语言障碍：一般

M. 戈拉尔 波士顿大学医学院，波士顿；马萨诸塞州，美国；纽约市立大学研究生中心，纽约，纽约州，美国

M. R. 克拉克-科顿，M. L. 艾伯特 波士顿大学医学院，波士顿，马萨诸塞州，美国

词汇表

失语症（Aphasia）——获得性的，通常是突然发生的，由脑损伤引起的语言障碍。

痴呆（Dementia）——获得性认知和自我管理能力障碍，其特征是记忆力、判断力和抽象思维逐渐减退，以及性格改变。

语篇能力（Discourse Skills）——在对话中适当使用词汇、语调以满足社交期望的能力。

词汇能力（Lexical Skills）——包括组织单词和理解的能力。

句法能力（Syntactic Skills）——一个人能够理解和使用传统的语法规则的能力。

引言

老年人的语言障碍通常可分为与痴呆疾病和非进行性突发性失语相关的进行性言语损伤。本文介绍了与痴呆综合征相关的语言障碍，并简要回顾了失语症中的语言障碍。

痴呆（参见“痴呆”）是一种获得性认知和自我管理能力障碍，其特征在于多数情况下智力功能逐渐衰退，包括记忆力减退、判断力和抽象思维及人格改变。语言障碍也伴随着大多数形式的痴呆。老年痴呆主要影响老年人，其患病率随年龄增加而增加。由于现在的老年人口比例比过去更大，并且预计未来几十年的长期存活率会增加，因此痴呆患者人数正在上升。

已经发现了不同类型的痴呆（例如阿尔茨海默型痴呆、额颞痴呆、血管性痴呆），但这些疾病的鉴别诊断在临床上仍然具有挑战性，并且不同疾病的发病率难以确定，并存在争议。目前，与阿尔茨海默病有关的痴呆通常被认为是发病最普遍的，约占所有痴呆病例的55%，此外路易体痴呆约占15%，血管性痴呆约占10%，额颞叶痴呆约占5%。随着诊断精确度的提高，这些百分比无疑将发生转变。

研究人员探求痴呆是否伴随着正常的老龄化病程（参见“老化过程中的语言与沟通”）。如果是这样，那么任何一个老年人都会发生一种或其他形式的痴呆。如果相

反，痴呆与健康老龄化过程中伴随的疾病状态有关，则不会在所有个体中发生这种情况。现在可供参考的研究证据提示，尽管老年痴呆患者的百分比在不断增加，但大多数人保留了大部分的认知能力。因此，尽管年龄是主要危险因素，但并不能以此解释痴呆的发生。

失语症（参见“语言障碍：失语症”）是指由脑损伤引起的后天性、通常突然发作的语言障碍。与失智症相反，患者的行为、性格和其他认知能力基本保存。失语的主要原因是脑血管意外（即脑卒中），这是由脑血流突然中断造成的，导致细胞死亡。这种中断可能是血管堵塞或血管破裂出血的结果。脑卒中是美国成年人死亡的第三大常见原因，大约三分之二的脑卒中发生在 65 岁或以上的人群中。约 20% 的脑卒中患者有失语症，估计现在美国大约有 100 万人患有失语症。虽然失语症和痴呆患者的行为和认知缺陷根本不同，但失语症这个术语有时也被用来指代痴呆中语言和交流障碍的表现。

痴呆的语言障碍

本节概述了与衰老相关的主要的痴呆综合征，并总结了在临床上以及在具有这些综合征的个体中实验性观察到的语言缺陷。

阿尔茨海默型痴呆

阿尔茨海默型痴呆（Dementia of the Alzheimer's type，DAT）的神经病理学特征为脑萎缩，主要发生在颞顶叶、前额叶和海马区，出现淀粉样斑块和神经元纤维缠结过度沉积，淀粉样血管病和粒细胞变性。临床上，具有 DAT 的个体表现出由记忆力、注意力和执行能力的进行性障碍导致相关的沟通障碍。其他认知缺陷包括判断和推理的缺陷，并且严重到足以干扰日常生活功能。尽管可以在个体患者中发现相当大的变异性，但是仍然可以对语言和沟通特征进行一些概括。以下各节将回顾 DAT 典型的词汇、语义、句法和语篇技能的变化。

词汇技能 词汇技能是与单词的组成和理解相关的技能。即使在疾病的最早阶段，患有 DAT 的患者也会表现为词汇缺陷，但自己通常不会意识到这一困难。例如，他们可能会用较少意义的填词（例如事物）来替换目标词，混淆语义相关词（例如将狗说成猫），生造一个名词（例如，将饼干罐说成果冻罐），或者产生一种新奇的表达来代替正确说法（例如，正如最初的阿尔茨海默病患者所做的那样，出现“杯子喝牛奶”的表达）。他们也可能会在完成单词检索任务中遇到困难，例如对抗命名（根据请求命名图片或对象）或单词列表生成（在给定时间内给定字母或语义类别时生成尽可能多的单词）。通常，基于字母的单词列表生成比基于语义的生成更困难。响应形式可能会表现出不同。例如，一个在口头命名方面表现良好的人可能在写书面命名时遇到极大的困难。

随着痴呆的发展，组词困难变得更加明显。频繁发生的词不达意案例（描述目标而不是使用该词本身）通常会使 DAT 个体的语言表达难以维系，并且随着其他认知功能的下降，他们对自我缺陷的认识往往会降低。甚至在后期阶段，语言产生错误的组合形式，可能包括声音替换或非词语（新词）及语义替换。随着时间的推移，专业技能逐渐变差，在 DAT 的最后阶段，一些患者不能说出自己的名字。

在对话中不能正确使用词语被认为至少部分是由于短期记忆障碍，因为患有早期 DAT 的患者经常忘记他们正在说的话。然而，他们的词汇障碍不能完全用短期记忆的丧失或语义知识的丧失（对事物的了解）来解释。相反，研究人员已经表明，具有 DAT 的人不能单独命名，如果给出几个选择，他们更可能选择语义相关的词而不是无关的词。此外，他们通常能够在提供名称时识别对象。研究人员已经将这些实验观察结果作为证据，至少在 DAT 的早期阶段，语义知识的许多元素是完整的，但是能够区分几个相关项目或者选择预期词语的能力会导致组词困难。

句法技能 句法技能是使人们能够理解和使用传统的语法规则的技能。研究人员普遍报告说，DAT 患者的句法能力保持不变。然而，晚期 DAT 患者表现出口语理解困难，并且很少能遵循多步骤指令。由于大声朗读给他们带来的困难，很难判断他们理解书面材料的能力。此外，一些研究表明，DAT 患者可能难以理解和编写句法复杂的句子，例如从属结构（例如“拉过汽车的卡车是蓝色的”）。记忆问题可能会导致这些问题。虽然语言输出可能逐渐变得更加分散，但许多 DAT 的演讲者能够在疾病的中期阶段以语法形式生成复杂的句子。与其他语言技能一样，DAT 中的句法知识似乎没有消失，但其使用似乎严重受到与痴呆进展相关的认知问题的严重阻碍。

语篇技能 语篇技能包括对话层面的语言使用知识，包括：话语的口头表达方面，如指称的连贯性（如适当使用代词）；非语言方面，如韵律（语调模式）和社会期望。在 DAT 患者身上，这些技能通常是完整的，直到晚期阶段。虽然转换和演讲的韵律保持正常，但后期 DAT 的个体表现出违反话题维护和转换惯例，突然改变主题或未能适当地向对话者发出信号的倾向。他们比没有痴呆的说话者更可能提到那些不合时宜或误解对话者问题的事情。例如，在命名测试中，有人询问患者是否知道对象被称为什么，患者回答：是的，你为什么问？另外，由于指称用语的运用受到损害，他们的话语可能会变得支离破碎。例如，对于“您是否记得我?”这个问题，一名患者回答说：“我已经看到了，我想，我希望。”同样，DAT 患者可能分不清“他”或“她”。这些问题被认为至少部分归因于记忆缺陷，导致讲话者无法记住，无法正确地提及他或她在谈话过程中的话语。通常，DAT 患者对他人的问候能够做出回应，并且当被问及时能够提供他们的名字，甚至在痴呆的晚期阶段。

非阿尔茨海默型痴呆

额颞痴呆 额颞痴呆（frontotemporal

dementias，FTDs）是以额叶、颞叶进行性退化为特征的一组综合征。FTDs 的一个突出特点是人格改变，表现为社交互动障碍、认知缺失和自我忽视。执行能力受损，记忆修复受损，通常是由于额叶功能损伤造成的。左侧半球参与程度较高的个体遭受更严重的语言障碍，而右侧半球缺陷更多的人显示相对完整的语言功能（虽然他们的情感和交流时的面部表情可能会受到影响）。

因 FTDs 导致的与语言相关的变化包括话语减少，重复和习惯性地使用单个单词或短语（刻板现象）以及自主语音的使用增加。在痴呆的晚期阶段，FTDs 患者的言语产生特征为自发性，自发地重复自己的单词（重复语言），或其他说话者的单词（模仿性语言），以及以前使用的单词或短语（持续性语言）。也常见重复最终音节（失调性言语）和个别音素（快速言语）的快速重复。语言障碍包括严重的词语表达困难（失语）和语言流利性降低。随着痴呆的发展，通常会逐渐发展为缄默症。虽然似乎语言理解比语言形成受到的影响更小，但在许多 FTDs 患者中，口语理解会受到影响。对语言理解的研究发现，在听觉理解测试中，FTDs 患者对传递性和主题一致性不敏感。例如，在一个单词测试中，健康老年人对与前面句子的主题相一致的单词的反应速度要快于与主题不一致的单词（例如，在听到后回应“地毯”一词：当听到“思想落在地毯上”之后，却表达为“石膏落在地毯上”）。相比之下，FTDs 患者在后一种类型的句子中不会表现出较慢的反应速度（即具有不正确的主题）。

FTDs 患者的亚组由原发性进行性失语症（primary progressive aphasia，PPA）组成。在这种综合征的头一两年内，出现语言缺陷，但记忆力、社交和行为能力得以保留。言语障碍包括发音困难、口吃、逐渐减少的言语表达，多进展到缄默。大多数 PPA 患者经历失眠，动词命名通常比名词命名受损更严重。此外，研究表明，在物体命名中，自然物体（例如马、树）和制造物体（例如桌子、勺子）都受到损害，并且在这些不同的子类别上存在差别损害。

PPA 患者可以分为非流利性失语症患者和流利性失语症患者（也称为语义性痴呆患者）。这两个亚型共享语言障碍的许多方面，但是可以根据它们与单词表达（也称为语言流畅性），对象命名和单个单词理解以及它们产生的声音替换（音位差异性）的相对困难来区分，如下所述：

额叶型额颞痴呆　在 PPA 患者中，不对称皮质萎缩和额叶变性可导致进行性非流利性失语（progressive non-fluent aphasia，PNA）。最初，PNA 导致的语言障碍进展缓慢，认知能力下降很少。言语的产生通常是缓慢的、犹豫不决的、费力的。发音困难（构音障碍）可能存在，并且随着疾病进展更可能发生。语言障碍包括语音障碍和失语，尽管失语症的严重程度不如语义性痴呆。由于复杂句子表达困难，例如那些包含关系从句的句子，言语往往很短。语言理解相对保留。大声朗读是很费力的，声音替换是常见的。写作技巧也受损，其特点是出现频繁的拼写错误。

颞叶型额颞痴呆　语义性痴呆（semantic dementia，SD）是进行性失语的流畅类型，主要与颞叶受累有关。和 PNA 一样，SD 的发作是隐蔽的，并且损伤的过程是渐进的。SD 的特点是轻松流畅的语法演讲，重复和写作技巧基本完好无损。相反，单词表达（例如图片命名）和词汇理解受损。如流利性失语症（参见“语言障碍：失语症”）一样，由于增加了模糊术语的使用，言语常常显得空虚。词替换（语义错误）是常见的问题，特别是随着痴呆的进展。研究人员指出，SD 中的词汇缺陷可能表明语义知识的丧失。关于这一点的证据可以在基于语义的单词生成错误和 PD 患者产生的单词和对象识别错误中找到。患有语义性痴呆的个体难以产生不规则的过去时形式（例如摔坏），但是常规动词（例如“访问”）的表达基本接近正常的水平。这与研究结果一致，表明不规则动词形式在词典中表示为单词，而普通动词形式是由语法产生的。类似地，不规则的动词产生（但不是规则的动词产生）与判断动词同义词的能力相关（即两个给定的动词是否具有大致相同的含义），这表明了语义而不是语法上的损害。此外，与 PNA 或其他 FTD 亚型的患者相比，更多患有 SD 的患者命名测试的缺损更大。SD 患者也在语义记忆测试中的命名和性能缺陷之间显示出显著相关性，并且在单词表达上的表现受损，这与命名障碍的记忆缺陷基础一致。

运动障碍相关痴呆

帕金森病痴呆　帕金森病（Parkinson’s disease，PD）患者比没有患帕金森病且年龄相匹配的人更可能患有痴呆。报告估计，患有痴呆的 PD 患者的百分比范围从 15%～40%。痴呆通常发展缓慢，通常伴随着适度和可变的下降。与 PD 相关的运动迟缓和运动障碍常常影响言语表达。语音缺陷包括单调言语、短语长度减少、言语强度低（发音不足）和构音障碍。

一般来说，语言功能在早期痴呆中被认为是完整的，随着痴呆进展逐渐下降。然而，调查人员已经证明，在语言生成中，痴呆患者的命名和单词生成有轻微的缺陷。就像 DAT 患者一样，基于语义的产生比基于字母的产生要好。表达的特点是频繁的停顿和犹豫，但很少用词替代。句法技能在 PD 中基本保持完整，但在痴呆中，语法能力随着痴呆的严重程度而变化。当检查书面语言时，使用一个句子的样本和措辞，如词语的长度、从句的长度、命题的数量和片段的数量，中度痴呆患者与健康的年长个体不同。相比之下，个人与 PD 没有发现痴呆或轻度痴呆在这些句法测试中没有被发现下降。工作记忆的局限性、处理速度降低或视觉障碍可能导致诸如图片识别等测试中的理解缺陷。当听觉探头用于聆听痴呆患者的理解任务，参与者可能难以发现缺失的语法语素，但能够检测词序错误。他们对被动结构和传递动词表现良好，但对词汇使用有困难（例如，“女人淹死了游泳者”）。

路易体痴呆　路易体痴呆（Dementia with Lewy bodies，DLB）的诊断基于细胞内透明包涵体（路易小体）的存在，其发现于PD患者的子集的皮质和皮质下脑区域。DLB的显著特征是帕金森病、视幻觉和波动的认知障碍。

相对较少的报告集中于DLB患者的语言。由于语言本身在DLB中通常不会受到损害，因此执行技能受损和认知速度降低会导致语言能力的降低，言语产生可能会受到帕金森病的影响。例如，DLB患者在测试过程中可能会遇到生成单词和短语的困难，但这种困难可能是由于执行技能而不是坦率的语言困难。这些困难包括在单词列表生成测试中表现不佳，语义上的缺陷比基于字母的组成缺乏更多的缺陷，以及对抗命名中的轻微缺陷。坚持不懈也是常见的。另外的局限性包括注意力下降，搜索和工作记忆能力下降，这可能会影响语言的有效使用。DLB中认知能力的波动也表征了这些言语困难。

亨廷顿病痴呆　亨廷顿病（Huntington disease，HD）的临床特征是动作生硬（舞蹈症）、慢性扭动（动脉粥样硬化）、重复动作和抽搐。随着疾病的进展，呼吸和发音障碍会干扰言语产生并产生构音障碍、失调症，以及语音音量降低、语速减慢和短语长度缩短。在HD中，言语的特点是启动明显减少，语句短，句子不完整。临床上，单纯的语言缺陷通常不与清晰度相关，但是沟通能力可能因认知障碍而受到影响，包括转换集合的能力下降，注意力和记忆力受损及组织能力下降。这些认知缺陷已经与受损的单词表生成相关联，无论是基于语义还是基于文字的生成（性能通常在基于语义的任务上都更好），并且命名受损。痴呆的发展尤其如此，即使在痴呆的诊断宽松的情况下，也很难报告命名缺陷。此外，在研究比较晚期HD和DAT个体的研究中，HD患者在语言理解、言语感知和词汇量方面的表现不如DAT患者。随着痴呆的发展，言语输出量严重下降，最终发展为缄默症。

血管性痴呆　血管性痴呆（Vascular Dementias，VaD）包括由脑血管功能不全导致的几种痴呆综合征：多发梗死性痴呆，单发脑卒中，多发性皮质下腔隙性梗死，白质病变，缺血后痴呆和血管性阿尔茨海默型痴呆。尽管分组在一起，但不同血管性痴呆之间存在很大的异质性。

相对较少的研究检查了与血管性痴呆有关的语言缺陷。现有数据表明，执行不力可能会影响任务执行过程中的计划、排序和注意力。记忆障碍可能会导致命名测试的表现受损，但并不总能找到这种缺陷。关于多发梗死性痴呆类型VaD的语言知之甚少，主要是因为患有失语症的血管损伤患者通常被排除在血管性痴呆研究之外，以避免混淆失语症和痴呆的主要缺陷。对于单发脑卒中导致的VaD患者，脑卒中的位置将影响可能出现的语言障碍。在患有白质病变的个体中，可能存在语言恢复能力降低，自发性和简洁的语音功能降低，并且语法复杂性降低。与VaD相关的额外的语言障碍包括减少单词列表的产生，特别是对于基于字母的组成，减少语言产生中的句子复杂性及频繁的持续存在。

发育障碍和痴呆

直到最近，关于随后发展为痴呆的智力低下患者的神经心理学研究相对较少。随着精神发育迟缓（mental retaradation，MR）患者寿命的不断增加，临床医生和研究人员开始积累关于 MR 患者年龄和痴呆的变化的数据，尤其是那些伴有唐氏综合征（Down syndrome，DS）的患者。有大量证据表明，痴呆特别是阿尔茨海默型痴呆在 DS 患者中非常普遍。关于发生痴呆的 DS 的个体的神经心理学损伤的研究证明其认知障碍与在普通人群的痴呆综合征中发现的类似。认知衰退的领域包括记忆、命名、语义流畅性和理解能力。

与痴呆相关的行为，主要是与 DAT 有关，可能在 DS 发生较早（40 岁或 50 岁）的个体中发展。通常难以将与痴呆相关的认知缺陷与由于发育障碍而在老年个体中存在的认知缺陷分开。这种困难与唐氏综合征和智力低下个体普遍存在的智力能力的巨大变异性相关。此外，常用于痴呆诊断的测试通常不适用于智力低下的个体的诊断。研究人员已经开始证明某些神经心理学测试，包括短期记忆测试，对抗命名和单词列表生成可以足够敏感地区分具有和不具有痴呆的智力低下患者；然而，关于认知功能的规范性数据对语言技能仍然是必要的。

多元文化方面

文化关照 关于不同文化、语言背景下的痴呆患病率和特征的数据很少，尤其是在发展中国家。最近的报告表明，通过采用适合于多种语言的认知和语言措施及线人信息，临床医生可以有效评估各种地区的痴呆综合征。这些报告是初步的，专家们认为，来自各种文化和语言的规范性数据仍然不足。规范的缺乏可能会导致误诊。

尽管目前美国的大部分数据都是关于高加索人的，但最近的研究集中在美籍非白人，包括亚裔美国人、西班牙裔美国人、非洲裔美国人和美洲原住民的痴呆。据报道，非裔美国人和西班牙裔美国人比白人美国人的痴呆患病率高。报告还表明，不同种族群体中各种痴呆类型的患病率可能存在差异。差异可能归因于环境、社会和生物因素及衡量差异。

西班牙裔美国人、亚裔美国人和美洲原住民社区的人可能不太知道患者和看护者的资源，并且不太可能寻求医疗支持。此外，适用于少数民族社区文化和语言的资源（专业人员、诊断材料）较少。因此，少数民族社区的人往往不了解痴呆综合征的病因和症状。此外，不同文化对痴呆患者的态度也有所不同。在一些文化中，言语瑕疵可能与痴呆及其相关症状有关。他们可能被认为是“可耻的”语言障碍：21 染色体或被归因于“坏血”，因先前的过错或精神病而受到惩罚。在某些情况下，痴呆的症状归因于正常衰老，敬老会妨碍寻求外部帮助。在评估和治疗痴呆患者时，这种文化差异已经开始被考虑。

双语和多语言障碍 迄今为止，双语痴呆中语言障碍的证据有限。研究发现，会说两种语言并且患有痴呆的人表现出与单语痴呆患者相同的语言障碍模式。对于两种语言都很熟练的人，这两种语言看起来同样受到影响。但是，就像双语失语症一样，有些人在第一语言或第二语言中表现出差异性受损技能。对使用两种以上语言（多种语言）的个体知之甚少。

在患有痴呆的双语个体中观察到的这些损伤包括不适当的语言选择和语言混合。例如，当个人（无意中）与只懂其他语言的对话者说出他们的语言之一时，就会发生不适当的语言选择，或者以与他们所讲的语言不同的语言回复。语言混合（代码混合）是指即使听众不能理解两种语言，个人也混合来自两种语言的单词和话语的情况。至少在痴呆的早期阶段，双语人士能够以任何一种语言进行对话，即使他们在另一种语言中回答。初步研究数据表明，不适当的语言混合程度与痴呆程度无直接关系。解释痴呆语言选择的机制尚未得到很好的理解，并且为进一步研究提供了富有成效的领域。

失语症的语言

失语症（参见“语言障碍：失语症”）是指脑损伤引起的语言特异性缺陷，通常在左侧大脑半球。在大多数失语症中，并非所有的语言技能都受到同样的影响。几种类型的失语综合征已被确定。传统上，失语的分类基于观察到的语言缺陷类型及脑损伤的位置。虽然语言障碍类型与病变部位之间的联系已经确定，但这些关系很复杂，仍然存在争议。

失语症中的语言障碍可能主要影响语言生成或语言理解，一种形式（例如口语）或所有形式，并且可能是轻微或严重的。今天大多数语言方面的临床医生和研究人员区分了两大类语言障碍。流利性失语症的典型特征是流利但空虚（无意义）的言语产生，词语发现问题、言语错误、语义缺陷和理解力受损。非流利性失语的特点是言语和语言生产力较强，理解力相对完整。在大多数情况下，失语症不是进行性的，时间、练习和治疗会促使语言技能的逐渐改善。

几项关于成人失语症的流行病学研究表明，某些形式的失语症与特定的年龄段有关。具体而言，非流利性失语症与较低年龄段比流利性失语症更相关。例如，在一项研究中，非流利性失语患者的平均年龄为 52 岁，而流利性失语患者的年龄在 40~80 岁，平均年龄为 63 岁这种分布可能与衰老相关的大脑变化有关。然而，失语发作年龄与失语症恢复程度之间的关系不太一致。老年失语症患者比年轻成年人恢复语言的能力差的假设没有得到明确的研究支持。

另请参阅：痴呆：阿尔茨海默病；老化过程中的语言与沟通；记忆。

拓展阅读

Albert ML and Knoefel JE (1994) *Clinical Neurology of Aging*. New York: Oxford University Press.

Alzheimer A (1977) A unique illness involving the cerebral cortex: a case report from the mental institution in Frankfurt am Main. In: Rottenberg DA and Hochberg FH (eds.) *Neurological Classics in Modern Translation*, pp. 41–44. New York: Hafner.

Bloom RL, Obler LK, De Santi S, and Ehrlich JS (1994) *Discourse Analysis and Applications: Studies in Adult Clinical Populations.* Hillsdale, NJ: Lawrence Erlbaum Associates.

Boeve BF (2005) Clinical, diagnostic, genetic and management issues in dementia with Lewy bodies. *Clinical Science* 109: 343–354.

Desmond DW (2004) The neuropsychology of vascular cognitive impairment: is there a specific cognitive deficit? *Journal of Neurological Sciences* 226: 3–7.

Grossman M (2002) Frontotemporal dementia: a review. *Journal of International Neuropsychological Society* 8: 566–583.

Grossman M, Rhee J, and Moore P (2005) Sentence processing in frontotemporal dementia. *Cortex* 41 (6): 764–777.

Hamilton H (1994) *Conversations with an Alzheimer's Patient.* Cambridge, UK: Cambridge University Press.

Holland AJ, Hon J, Huppert FA, and Stevens F (2000) Incidence and course of dementia in people with Down's syndrome: findings from a population-based study. *Journal of Intellectual Disability Research* 44: 138–146.

Hopper T, Bayles KA, and Kim E (2001) Retained neuropsychological abilities of individuals with Alzheimer's disease. *Seminars in Speech and Language* 22 (4): 261–273.

Hyltenstam K and Viberg A (1993) *Progression and Regressionin Language: Sociocultural, Neuropsychological, and Linguistic Perspectives.* New York: Cambridge University Press.

Kemper S, Thompson M, and Marquis J (2001) Longitudinal change in language production: effects of aging and dementia on grammatical complexity and propositional content. *Psychology and Aging* 16 (4): 600–614.

Kempler D (2005) *Neurocognitive Disorders in Aging.* Thousand Oaks, CA: Sage Publications.

Kertesz A, Davidson W, McCabe P, Takagi K, and Munoz D (2003) Primary progressive aphasia: diagnosis, varieties, and evolution. *Journal of the International Neuropsychological Society* 9: 710–719.

Lovden M, Bergman L, Adolfsson R, Lindenberger U, and Nilsson L-G (2005) Studying individual aging in anindividual context: typical paths of age-related, dementia-related, and mortality-related cognitive development in old age. *Psychology and Aging 20*: 303–316.

Lubinski R (1995) *Dementia and Communication.* San Diego, CA: Singular.

Mendez MF and Cummings JL (2003) *Dementia: A Clinical Approach.* Philadelphia,

PA：Butterworth Heinemann.

Mesulam M-M（2001）Primary progressive aphasia. *Annals of Neurology* 49：425–432.

Obler L and Albert M（eds.）（1980）*Language and Communicationin the Elderly*. Lexington，MA：D. C. Heathand Co.

Oliver C，Crayton L，Holland AJ，and Hall S（2000）Acquired cognitive impairment in adults with Down syndrome：effects on the individual，carers，and services. *American Journal of Mental Retardation* 105：455–465.

Palmer GA（2006）Neurops ychological profiles of persons with mental retardation and dementia. *Research in Developmental Disabilities* 27：299–308.

Sjogren M and Andersen C（2006）Frontotemporal dementia–a brief review. *Mechanisms of Ageing and Development* 127：180–187.

Yeo G and Gallagher-Thompson D（eds.）（1996）*Ethnicity and the Dementias*. London：Taylor and Francis.

译　者：赵晓春（首都医科大学三博脑科医院）

1878

预期寿命

K. G. 曼顿 杜克大学，德拉姆，北卡罗来纳州，美国

词汇表

健康预期寿命（Active Life Expectancy）——一个人没有功能损害的生活时间。

预期寿命（Life Expectancy）——一个人活到确切年龄 x 岁后平均还能继续生存的年数。

发病率压缩（Morbidity Compression）——预期寿命相对于健康预期寿命的改善率。

引言

预期寿命是一个人活到确切年龄 x 岁后平均还能继续生存的年数。它是生命表中比较人口的生存经历的最常用的参数。进行比较时最常选择的年龄为 0 岁（即出生），尽管在许多实质性和政策性分析中，其他年龄（如 65 岁以上和 85 岁以上）更具相关性并可能被使用（例如，确定享有医疗保险和社会保障福利待遇的个人年龄）。为了计算年龄 x 的预期寿命（e_x），需要特定年龄的死亡率和人口数来计算生命表中要使用的特定年龄死亡率（即 q_x）和生存概率（l_x）。预期寿命是通过乘以每个年龄的存活概率序列来确定预期存活到 x 岁的人口比例来确定的。将 x 岁之后每一年龄类别中预期存活的人数相加，以确定指数年龄（Lx）之后剩余的总寿命。将年龄 x 岁以后生存的人年数除以该年龄的预期幸存者人数，可以得出 x 岁时的预期寿命。

计算预期寿命常见的形式

生命表可以以简略（例如，每 5 岁计算一次比率）或完整（每一岁计算一次比率）的形式计算。预期寿命是特定出生队列（所有在特定年份出生的人）所呈现的生物学特征——尽管最常见的生命表计算策略用于合并在不同时间点观察到的多个出生队列的生存经验数据。这种横断面或周期的生命表反映了从多个出生队列的特定时期经验构建的合成队列经历。因此，这些统计数据并非描述真实人口的经历，除非在研究期间观察到的队列之间的年龄别死亡率没有差异。

队列生命表是根据某一特定年份出生到死亡的种群进行计算的。因此，由于缺乏从出生到死亡的 100 年或更长时间后的队列的

高质量生存和死亡数据，真实的队列生命表和当前人群的预期寿命计算是罕见的。队列生命表，生存和风险建模以及预期寿命计算通常适用于动物和昆虫实验种群。在那些生命短暂的人群中，通过直接观察来计算队列预期寿命统计数据更容易收集准确数据。

用于研究人类晚期死亡率的替代类型的生命表是通过将在特定日历年内发生的死亡数量加总，即从观察到死亡的最大年龄到出生（0岁）相加所形成的合成人口。生命表年龄别死亡率是由每个年龄的合成人口数和观察到的年龄区间内死亡人数所形成。因为这不需要在较晚时期的精确人口数量（仅需观察日历年的精确年龄别死亡数量），所以这种队列消亡生命表可用于检查极晚期的死亡率。队列消亡计算中的混杂因素是，每个年龄段的死亡人数都来自同龄人，因为生育力上的队列差异，其初始规模不同。年龄别增长因子可用于调整初始队列的规模差异。

用于确定预期寿命的生命表计算通常假定为非参数形式，即没有对死亡人数在各年龄组之间的分布做出任何假设。这在为人口众多的国家人口计算生命表时是可行的，因为人口年龄的报告几乎没有系统误差。然而，通常情况下，人口规模不够大不足以使年龄别死亡率达到可忽略的不确定性，在许多人群中，年龄并没有精确报告出在极端年龄（例如95岁及以上）的情况。在这些情况下，基于生物学的死亡率风险年龄变化模型［例如，冈珀茨（Gompertz）或韦布尔（Weibull）风险函数］可用于高年龄段的平滑比较估计。例如，在社会保险精算师计算的生命表中，使用冈珀茨风险函数来计算95岁以上的死亡率。然而，该策略涉及对高龄死亡率变化的假设。由于许多研究质疑85岁以上冈珀茨风险因素的生物学效度（可能是由于年龄较小的异质群体的死亡率选择），所以认为这个过程是有问题的。国家卫生统计中心（the National Center For Health Statistics）使用医疗保险死亡率数据计算85～99岁的生命表。曼顿（Manton）等人的研究结果表明，即使在对医疗保险数据中的年龄报告错误进行调整后，95岁以上的死亡率仍保持稳定（甚至下降）。因此，关于如何估计95岁以上的预期寿命依然存在很大的争议。

另外，还有其他预期寿命计算涉及确定观察到死于特定原因（例如癌症，心脏病或糖尿病）或死亡原因组（即多因死亡数据）的人的预期寿命。这些计算需要假设不同的死亡原因在特定年龄段是如何在生物学上相互竞争的——通常使用人为假设，即死亡原因是由独立运行的疾病过程产生的。

为了避免假设竞争风险的独立性，必须对特定原因死亡率随时间/年龄变化的依赖性进行分析。一种方法是需要评估个别原因特定的风险函数的性质，以确定这些风险函数之间的相关性结构。另一种方法是分析死亡前多个时间点的纵向跟踪研究人群的死亡风险，其中的测量由多个健康因素组成（例如，国家长期护理调查中的残疾测量，弗雷明汉心脏研究中的慢性病风险因素）。死亡前的测量可用于描述人群中的健康因素动态变化，个体风险因素趋势的相关性为特定原因死亡率函数的相关性提供了经验证据。

预期寿命计算的第二种重要形式是确定健康预期寿命，即计算一个人没有功能障碍的时间段。为了计算健康预期寿命，需要从人口健康调查数据中获得关于特定年龄残疾患病率的辅助数据（例如，由一个人是否有日常生活活动或工具性日常生活活动的慢性障碍确定）。这些测量指标可能比经典的出生时预期寿命指标更能反映经济高度发达国家的健康状况，因为经典的出生时预期寿命指标没有描述死亡前的生活质量。

世界卫生组织（WHO）最近强调了，与仅描述死亡率差异的标准预期寿命计算相比，这些措施在描述发达国家健康改善方面的重要性。

健康预期寿命计算也经常用于老龄人口晚年人力资本变化的经济和政策分析。例如，在有关美国南北战争退役军人健康的历史研究中，与“二战”退役军人的健康相比，发现各种慢性病和残疾的发病年龄显著增加。正如用于研究社会保障和医疗保险福利，人力资本分析不仅需要为存活到给定年龄的人，也需要为生存在一个相对完整的功能状态的那个年龄段的人确定一个生命表功能。这种计算方式有助于确定老年期潜在的劳动力人口，即老年人口能够承担社会和经济生产角色的比例。现在美国国会辩论的重点是进一步将目前社会保障退休年龄方案水平（即 2027 年提高至 67 岁；适用于 1960 年及以后出生的人）继续提高（例如提高至 69 岁或以上）。

在这些分析中重要的是预期寿命相对于健康预期寿命的改善率（即发病率压缩）。这个比例反映了公共卫生措施和医疗创新在增加人力资本方面的效率，而不是简单地延长寿命。例如，对社会保障开始实行的 1935 年、医疗保险开始的 1965 年以及发生重大生物医学突破的各种时期的这一比率的分析表明，65 岁和 85 岁的预期寿命比例在功能完整状态下的增长速度快于 1982 年之后的总预期寿命（表 1）。表 1 还将这些数额预计到 2080 年。这表明，最近医疗保健投资和生物医学研究对健康状况改善的速度比预期寿命增长的速度更快。

这些计算还表明社会保障和医疗保险计划的精算评估存在严重缺陷。具体而言，社会保障预期寿命的变化并不是通过考虑改善健康结果的医疗保险投资水平和性质的变化来计算的。社会保障管理局（the Social Security Administration）的预期寿命预测应反映医疗保险支出在改变美国健康和功能方面的影响，特别是在生物医学技术快速创新的时代。预测的期限越长，该模型错误指定的潜在累积效应就越大。

预期寿命指标的一个用途是比较各国医疗支出的相对效率。这种比较往往表明日本和欧洲的健康保健体系优于美国。2004 年，日本的预期寿命是主要经济强国中最高的，预计男性预期寿命为 77.9 岁，女性预期寿命为 84.6 岁。瑞典、瑞士和法国三国的预期寿命比较接近，美国官方的预期寿命现在落后于这些国家几年。更详细的分析表明，

表 1 美国 65 岁人口和 85 岁人口的预期寿命（LE）以及健康预期寿命（ALE）

年份	65 岁				85 岁			
	类别			健康预期寿命与预期寿命的比例(发病率压缩,%)	类别			健康预期寿命与预期寿命的比例(发病率压缩,%)
	LE	ALE	残疾年		LE	ALE	残疾年	
1935	11.9	8.8	3.1	73.9	3.0	0.7	2.3	23.3
1965	15.0	10.9	4.1	72.7	5.4	1.5	3.9	27.8
1982	16.9	12.3	4.6	72.8	6.2	2.1	4.1	33.9
1999	17.7	13.9	3.8	78.5	6.4	3.0	3.4	46.9
2015	18.9	15.6	3.3	82.5	7.0	4.1	2.9	58.6
2022	19.4	16.4	3.0	84.5	7.3	4.6	2.7	63.0
2080	23.6	20.8	2.8	88.1	9.6	7.2	2.4	75.0

引自：Manton KG, Gu X, and Lamb VL (2006) Long term trends in life expectancy and active life expectancy. *Population Development Review* 32 (1): 81–105.

其中大部分差异是由于美国人口的规模和异质性导致的。

迄今为止观察到的人类预期寿命的最高纪录是欧洲小国安道尔，其男性预期寿命为80.6岁，女性预期寿命为86.6岁。在安道尔和日本，奥尔尚斯基（Olshanky）等人和弗里斯（Fries）假设的预期寿命的理论极限已经大大超过了80~85岁。

这些观察结果突出了从预期寿命的经验测量趋势推断寿命（人类有机体的理论潜力）的困难，预期寿命反映了异质性人类生理学与高度可变和动态环境的相互作用。福格尔（Fogel）和科斯塔（Costa）认为，寿命是多种环境因素的作用，通过一个他们称之为技术生理进化的过程产生。在这个模型中，人类的预期寿命将比遗传模型下的预期寿命发展得更快。例如，这样一个模型可以解释为什么最近的肥胖症流行没有像其支持者所说的那样对健康产生严重影响。

与日本和瑞典相比，美国的预期寿命较差，因为美国的人口数量（约2.93亿）比日本人口数量（约1.27亿）和瑞典人口数量更大，在种族、社会和经济方面的异质性更大。对美国人口的异质性和相关的计量问题（例如，墨西哥无证件农场工人的极高死亡率）进行调整后，结果显示美国大多数人的出生时预期寿命（80.6岁）要高得多，这些人更充分地融入了美国的医疗保健体系（如私人以及公共医疗保险、医疗保险和医疗救助覆盖的人员）。这与目前在日本观察到的预期寿命更接近（即出生时相差不到一年）。

生理协变量条件下的预期寿命及其动态

估计预期寿命的一个主要问题是对处于特定健康状态的人进行计算，在这种状态下，健康状态可能会随时间而变化。健康状态可以是离散的，由一组连续的协变量来描述，也可以是离散和连续变化的混合。一种方法是使用多变量随机过程模型来描述纵向跟踪群体在健康变量 j 上的分布变化。这个模型包括协变量，需要估计两组方程。一个是 j 自回归方程，代表群体中个体的 j 风险因素随时间的变化。这些动态方程将风险因素的变化率描述为个体先前健康状况和随机或误差项的函数。死亡率由二次风险函数描述，其中风险函数中的每个系数都是时间年龄的显式函数。这种类型的模型可以更准确地传递不同人口的效应估计，因为它具有随时间/年龄适当建模的健康影响，以及它更好地描述了风险因素的相互作用。对两组方程的参数进行估计需要纵向数据，数据包括追踪调查者在死亡之前的相当长的时间内对多个时点的多个变量进行随访（例如，弗雷明汉心脏研究 50 年随访；火奴鲁鲁心脏研究）。

两组方程中的附加参数增强了描述促进死亡率、健康、功能和预期寿命等方面变化的生物学机制的能力，使其更适用于健康预测和健康政策评估目的。这些模型对比较特定医学创新（例如，与传统的危险因素干预相比，使用祖细胞移植逆转成人动脉粥样硬化的变化）的健康后果也是有益的。奥尔尚斯基等人批评了不包含健康状况测量或描述疾病机制作为外推的死亡率预测模型的使用。基于机制的模型更有可能检测特定原因的死亡率趋势转折点，例如 1990 年观察到的癌症。

使用健康状态模型的一个限制是，能够用于参数化模型的许多纵向研究人群是在较小的地理区域（例如，位于马萨诸塞州的弗雷明汉研究），因此它们不能代表美国总体人口经验（例如，在弗雷明汉研究几乎没有拉美裔美国人或非裔美国人）。此外，这些研究的随访期（最初的弗雷明汉人口研究对样本进行了 50 多年的跟踪，这是一个例外）往往有限。由于纵向研究数据的局限性，通常需要组合来自多个研究的数据，使用更详细的健康状态模型有利于组合数据。通过更详细的参数结构，组合从单个数据集估计的模型参数，可以更完整和精确地调整总体人口之间的差异。例如，使用世界卫生组织—莫尼卡（WHO-Monica）四项关于心血管疾病和风险因素研究的数据，可以通过修改参数来控制中国、德国、美国和俄罗斯风险因素分布的差异从而进行比较研究。

美国有一些纵向调查系列，如 1982—2004 年的国家长期护理调查（the National Long Term Care Survey，NLTCS）和 1960—2000 年的全国健康和营养调查（the National Health and Nutrition Examination Survey，NHANES）系列，这些调查具有全国的代表性，其中测量了一系列风险因素和社会经济变量。通过将健康状态模型应用于这种纵向数据集，可以根据风险协变量分布及其变化得出国家生存率和预期寿命估计值。

预期寿命指标的未来使用可能需要其计算更好地反映在多个数据集中测量的多个协变量的动态。不幸的是，人们通常尝试使用的非线性回归模型不能满足数据中表示的动态条件。例如，虽然使用 Cox 比例风险模型来评估激素替代疗法在心脏和雌激素/孕激素替代研究（Heart and Estrogen/Progestin Replacement Study，HERS）I 和 II 研究中的益处，但是这些数据未能满足不同组的有时间依赖的风险随时间而成比例的模型假设，因此对这些分析的结论提出疑问。具体来说，有人担心，激素替代疗法对循环系统疾病的积累效益被循环系统疾病风险的早期增加所掩盖，这可能是由于早期的促炎状态（pro-inflammatory states）。

这引起了对用于将协变量动态与生存结果和预期寿命相关联的数学模型形式的其他担忧。具体来说，逻辑模型不能自然地描述随机过程的长期行为。因此，在存在多个动态（非固定）协变量对于以不同时间间隔进行测量的研究的影响下，逻辑函数在计算生命表函数和预期寿命时通常不能令人满意。伍德伯里（Woodbury）等人描述了数学上适用于这种计算的模型，其中在使用五个微分方程组的平均值和多个协变量的方差的变化轨迹的条件下，使用具有单独的风险因素动态和死亡率方程的模型来计算生命表参数（包括预期寿命）。

预期寿命：基于死亡动态的当前和未来价值

在汇总各种元分析研究中的死亡率数据时，计算预期寿命时可能会出现问题，特别是当研究涉及不同的年龄范围时。这有时是由于比例和归因危险的计算使用不一致所致。当疾病控制中心（the Centers for Disease Control）的流行病学家试图证明肥胖症几乎超过吸烟成为美国死亡率的首要危险因素时，就犯了这种错误。在弗莱格尔（Flegal）等人的研究中，发现了疾病控制中心早期计算中导致肥胖流行的方法错误。经确认，由于此类方法错误导致误差范围在 17%至 100%。此外，模型中使用的生存函数的校准部分基于死亡率与体质指数（body mass index，BMI）关系的旧数据。在最近的数据中，发现 BMI 与死亡率的关系显著减弱——这可能是因为主要危险因素（如高血压、高胆固醇血症、高血糖）的医疗管理有所改善，尤其是在高风险人群中，如那些具有 BMI 升高和成年糖尿病患者。

在对最近几年全国健康和营养调查（NHANES）的生存数据进行分析时，结果发现：（1）相比于正常体重（BMI 范围在 18. 6~24. 9）的人口，超重（BMI 范围在 25~30）人口的预期死亡人数（86 000 人）大幅减少；（2）体重不足是一种不健康状态，尤其是在老年期，它与死亡率显著相关；（3）因此，美国体质指数变化的净影响很小，死亡人数约为 25 000 人（即排名第七名的死亡原因）。40 多年（1960 年至

2000 年）间，心血管疾病风险因素（吸烟、高血压、胆固醇）在所有 BMI 类别中都有所下降，肥胖人群的风险因素下降速度比正常体重人群更快——这一发现与在糖尿病患者中观察到的肥胖人群的风险因素比正常体重人群的风险因素下降速度更快一致。

关于预期寿命变化和肥胖趋势的争论（即发现肥胖流行病对健康产生不利影响的人与发现死亡率过高风险较低的人的争论）没有反映福格尔和科斯塔的历史和实证理论，即关于经济和社会发展对预期寿命和 BMI 趋势影响的理论以及未来 BMI 趋势可能发生的变化。他们的观点表明，由于公共卫生和其他卫生保健的改善改变了不同 BMI 的健康风险，使得正常体重（意味着最健康的体质指数）随着时间（如自美国南北战争以来）的推移发生改变。具体来说，福格尔和科斯塔分析了广泛的历史数据集（特别是对南北战争联邦军队退役军人养老金评估的研究，以及对南北战争期间参军时评估的 23 785 人进行的单独、更详细的医学研究），结果发现与生存和健康最相关的 BMI 在南北战争后增长到目前被疾病控制中心（CDC）归类为超重的水平；即目前美国男性的瓦勒曲面（Waaler surface）在 BMI 为 26.4 时具有最低死亡率，可以将其与被疾病控制中心（CDC）归类为超重（BMI 为 25~30）的人进行比较。福格尔的计算得到了弗莱格尔等人的支持，后者使用最近的全国健康和营养调查（NHANES）与相关 BMI 特定死亡率随访数据，对 BMI 增加的新数据进行分析，发现超重类别（BMI 在 25~29.9）与预期死亡的大幅下降（比预期减少 86 000 人）相关。这种减少似乎是由于对各种超重和糖尿病患者群的危险因素进行了更好的医疗管理所致。科斯塔发现，男性平均体质指数的历史（100 年以上）增长与腹部脂肪减少、肺活量增加和瘦体重增加有关。

通过这些和其他长期的观察，福格尔和科斯塔提出了技术—生理进化理论，即环境和技术变化（如改善营养和卫生）导致控制新陈代谢、能量生产的生理参数的表观遗传改变，表现为老年慢性病的器官功能障碍。如果这一理论是有效的，如果风险函数的形状在理论上可以随着环境变化而变化，那么在高龄使用模型生命表函数来处理随时间推移的不精确的数据将是无效的（即潜在的同义反复）。

迪顿（Deaton）在评估技术—生理进化理论的含义及其对预期寿命动态的影响时指出，福格尔模型中未充分体现一个因素，即最近的生物医学创新对现有治疗选择范围的益处。迪顿引用了卡特勒（Cutler）和麦克莱伦（McClellan）等健康经济学家的成果，这表明——对于具体的医疗问题，由于医学疗法的改善，生产寿命年数迅速增加，这些因素都促成了晚年人力资本的增长（即，健康预期寿命的增长速度快于预期寿命的增长速度）。曼顿等人认为，在人口快速老龄化时期，相对于提高生产率和扩大人力资本（健康的预期寿命），生物医学研究投资的增加是最佳的。基于罗默（Romer）、琼斯（Jones）和威廉姆斯（Williams）的研究成果，这些模型表明即使近来美国国立卫生研究院（the National Institutes of Health）的预算翻一番，研究投资也远低于医学和相关的生物医学研究领域（如纳米技术、新型生物材料的发展）的最佳投资水平，以最好地刺激美国经济增长，提高活跃预期寿命和总预期寿命。

预期寿命和长寿

预期寿命分析在老龄化研究中的一个关键用途是确定老龄化与特定物种的寿命——以及衰老过程——的关系。预期寿命是根据数据确定的统计质量。长寿与预期寿命有关，与生育力的繁殖力相似。也就是说，预期寿命和生育率是观察到的。繁殖力和寿命都是理论上潜在的群体中个体的生物学特征。预期寿命计算可用于推断不可观察特征寿命的轨迹，即仅通过使用死亡前生理变化的额外数据或生物学理论来呈现。在福格尔和科斯塔的技术—生理进化模型中，当寿命随着环境因素的变化而变化时——除了预期寿命之外——分析就变得复杂了。这强调了有关长寿和预期寿命的概念问题以及方法和测量困难，这些问题可以通过测量死亡前的健康变化部分解决。然而，要成功预测长期预期寿命趋势，以确定未来人口增长、人口老龄化速度以及医疗保险和社会保障等计划的结构、财政稳定性和绩效，就必须有一个完整的解决方案。

另请参阅：公共医疗保险制度、公共医疗救助制度与医疗护理的经济政策；社会保障。

拓展阅读

Costa D（2004）The measure of man and older age mortality：evidence form the Gould sample. *Journal of Economic History* 64：1-23.

Flegal K，Williamson D，Pamuk E，and Rosenberg H（2004）Estimating deaths attributable to obesity in the United States. *American Journal of Public Health* 94：1486-1489.

Flegal K，Graubard B，Williamson DF，and Gail MH（2005）Excess deaths associated with underweight，overweight and obesity. *Journal of the American Medical Association* 293（15）：1861-1867.

Fogel R and Costa D（1997）A theory of technophysio evolution，with some implications for forecasting population，health care costs，and pension costs. *Demography* 34：49-66.

Fries J（1980）Aging，natural death，and the compression of morbidity. *New England Journal of Medicine* 303：130-135.

Gregg E，Cheng Y，Cadwell B，Imperatore G，Williams D，Flegal K，Narayan K，and Williamson D（2005）Secular trends in cardiovascular disease risk factors according to body mass index in US adults. *Journal of the American Medical Association* 293：1868-1874.

Manton KG (1989) Life style risk factors. In: Riley M and Riley J (eds.) *The Annals of the American Academy of Political and Social Science*, pp. 72 - 87. Newbury Park, CA: Sage.

Manton KG (1989) Epidemiological, demographic, and social correlates of disability among the elderly. *Milbank Quarterly* 67 (Supplement 1, Disability Policy: Restoring Socioeconomic Independence): 13-58.

Manton KG and Gu X (2001) Changes in the prevalence of chronic disability in the United States black and non-black population above age 65 from 1982 to 1999. *Proceedings of the National Academy of Sciences USA* 98: 6354-6359.

Manton KG and Stallard E (1988) *Chronic Disease Risk Modelling: Measurement and Evaluation of the Risks of Chronic Disease Processes. Griffin Series of the Biomathematics of Diseases*. London: Charles Griffin Limited.

Manton KG and Stallard E (1996) Longevity in the United States: age and sex - specific evidence on life span limits from mortality patterns: 1960-1990. *Journal of Gerontology Series A Biological Sciences and Medical Sciences* 51 (5): B362-B375.

Mokdad AH, Bowman BA, Ford ES, Vinicor F, Marks JS, and Koplan JP (2001) The continuing epidemics of obesity and diabetes in the United States. *Journal of the American Medical Association* 286: 1195-1200.

Olshansky S, Carnes B, and Cassal C (1990) In search of Methuselah: estimating the upper limits to human longevity. *Science* 250: 634-640.

Woodbury MA, Manton KG, and Stallard E (1981) Longitudinal models for chronic disease risk: An evaluation of logistic multiple regression and alternatives. *International Journal of Epidemiology* 10 (2): 187-197.

译　者：张文娟（中国人民大学）

晕厥

F. 普伊西厄斯 格·里亚特里克医院，里尔，法国

词汇表

神经介导性晕厥（Neurally Mediated Syncope）——晕厥被认为是由过度的心脏和神经心脏反射引起，导致动脉和静脉床的急性血管扩张和相对或绝对的心动过缓。

先兆晕厥（Presyncope）——也称为近晕厥，患者感觉晕厥即将来临的状态。

晕厥（Syncope）——一种突然的、短暂的、自限性的意识丧失，与不能保持姿势的协调有关，通常导致跌倒。

倾斜试验（Tilt Table Testing）——一种非侵入性激发试验，用于确定患者对神经介导性晕厥的易感性。

引言

晕厥是一种自限性意识丧失，在老年人中更常见。与年龄有关的心功能、血压、压力反射敏感性和脑血流的生理变化以及高发的慢性病和多种药物的使用等是老年人易发晕厥的诱发因素。老年人晕厥的主要原因包括直立性低血压、颈动脉窦过敏、血管迷走性晕厥（情境性晕厥）和心律失常。在临床实践中，由于缺乏成熟的诊断策略，许多晕厥发作仍无法解释。初步临床评估对诊断至关重要，涉及全面的病史记录，最好有目击者的描述；包括仰卧和站立血压测量在内的全面体检以及心电图。初步评估之后，除非有禁忌，否则必须进行颈动脉按摩，因为颈动脉窦过敏是老年人的常见症状。在没有确诊的情况下，进一步调查的决定取决于是否有潜在心脏病的证据。当存在或怀疑有心脏病时，建议进行心脏检查。如果没有心脏病，则排除心脏原因，如果出现复发性或严重晕厥，建议评估神经介导综合征。治疗取决于病因，病因不同，治疗方法也不同。

释义

晕厥是一种突然的、短暂的、自限性的意识丧失，与不能保持姿势的协调有关，通常导致跌倒。

意识丧失可伴有或不伴有先兆症状（如头晕、恶心、出汗、虚弱和视觉障碍）。晕厥的发作相对较快。虽然晕厥的持续时间很难准确估计，但典型的晕厥发作通常是短暂的，短于

20秒。随后的恢复是自发的，通常是迅速的，并伴随着适当的行为和方向的恢复。在老年人中，逆行性健忘症并不少见。

先兆晕厥或近晕厥是指患者感觉晕厥即将来临的一种状态。与先兆晕厥相关的症状可能相对非特异性（如眩晕），并且往往与真正晕厥的先兆期相关症状重叠。晕厥和先兆晕厥病因相同。

老年人晕厥的分类和主要病因

晕厥的主要病因如下：1. 神经介导性晕厥；2. 直立和餐后低血压；3. 心脏原因，包括心律失常和机械原因；4. 脑血管疾病、精神疾病和代谢紊乱。老年人晕厥的主要病因见表1。

研究表明，老年人晕厥最常见的原因是直立性低血压、颈动脉窦过敏、血管迷走性晕厥（情境性晕厥）和心律失常。然而，各种原因的患病率在不同的研究中差异很大，可能的原因包括诊断评价的侵入性、病因诊断标准、患者群体（例如：所有患者、急诊患者、住院患者）以及是否患有癫痫。

在年老体弱的患者中，多病共患和药物可能相互作用导致晕厥。

神经介导性晕厥

神经介导性晕厥包括血管迷走性晕厥、情境性晕厥和颈动脉窦过敏等多种疾病。虽然人们对其确切机制知之甚少，但这些综合征被认为是由过度的心脏和神经心脏反射引起的，导致动脉床和静脉床的急性血管舒张和相对或绝对心动过缓。神经介导性晕厥的触发因素很多，包括立位应激、情绪应激、排尿、咳嗽、吞咽、体育锻炼和易感人群颈动脉窦的刺激。

血管迷走性晕厥 血管迷走性晕厥是儿童和青年晕厥最常见的原因。它在老年人中较少发生。

虽然血管迷走性晕厥的发病机制尚不完全清楚，但人们认为直立时下肢的静脉池是其触发机制，此时血容量的改变可以显著降低位于主动脉弓和颈动脉窦的动脉压力感受器所感受到的心输出量，相应受体向神经系统传递信号，导致反射性交感神经输出增加，心率和高收缩性增加。此外，血管系统的局部反应是限制血液流向皮肤、肌肉和脂肪组织等非重要器官，从而增强周围阻力。心脏机械感受器存在于心室、心房和肺动脉中，通常由心脏扩张激活，经异常刺激，被认为是由心室过度收缩结合空腔引起的。传入纤维（无髓C纤维）将异常的机械感受器刺激集中投射到脑干（孤束核和其他中枢）。反射的传出部分导致副交感神经刺激，导致血管舒张（血管抑制效应）和交感神经收缩导致心动过缓（心脏抑制效应）并伴发晕厥。此外，在立位应激过程中，观察到几种神经内分泌变化。晕厥时，神经介导性晕厥患者的肾上腺素水平升高，肾素活性降低。在情绪诱发的血管迷走性晕厥的情况下，较高的皮质部位被认为是反射弧传入肢体的主要诱因。

通常，血管迷走性晕厥的意识丧失发生

表1　老年人晕厥的主要原因

神经介导性晕厥	·血管迷走性晕厥
	·情境性晕厥
	·颈动脉窦过敏
	·排尿
	·排便
	·咳嗽
直立性和餐后低血压	·直立性低血压
	·自主神经功能衰竭
	·原发性自主神经衰竭综合征
	（单纯自主神经功能衰竭、多系统萎缩、帕金森病伴自主神经功能衰竭）
	·继发性自主神经衰竭综合征
	（糖尿病神经病变、淀粉样神经病变）
	·药物（和酒精）引起的直立性晕厥
	·血容量不足
	·出血、腹泻、艾迪生氏病
	·餐后低血压
心电原因	·窦房结疾病
	·二、三级心脏传导阻滞
	·起搏器功能障碍
	·药物引起的心律失常
	·室性心动过速
	·尖端扭转型室性心动过速
	·室上性心动过速
机械心脏原因	·主动脉瓣狭窄
	·肥厚型心肌病
	·肺栓塞
神经性原因	罕见
精神性原因	罕见
代谢性原因	罕见

于直立位，并伴有前驱症状，如恶心、发热、出汗、头晕、视力模糊、头痛、心悸、感觉异常和面色苍白。前驱症状可能持续不到1秒，也可能持续几分钟。也有患者可能完全没有任何症状。当患者采用仰卧位时，症状将会立即消失。恢复后患者可能会感觉很疲惫。必要时，可通过倾斜试验确定诊断，倾斜试验是临床评估神经介导性晕厥（尤其是血管迷走性晕厥）易感性的首选诊断技术。

血管迷走性晕厥的治疗策略仍存在争议。除非发生人身伤害或涉及高风险职业和嗜好，许多单次发作不需要治疗。原则上应该告知患者疾病是良性的，但是晕厥有复发的可能，并进行相应的健康教育让患者可以识别即将发生晕厥的警告信号，避免易发生晕厥的情况。慢性血管扩张治疗必须在可能的情况下停止，因为它们会增加血管迷走性晕厥的易感性。

由于还没有进行过单一的大规模随机研究来测试药物治疗的有效性（例如β-肾上腺素能阻断剂、二吡胺、血清素再摄取阻断剂、茶碱、氟氢可的松、麻黄碱、乙基肾上腺素、盐酸米多君、盐酸可乐定）或起搏治疗，治疗策略尚不明确。治疗以症状复发和受益/风险比为指导。如果症状严重、反复发作、药物治疗无效，且有缓慢心律失常记录，则可考虑植入起搏器。

情境性晕厥 情境性晕厥是指发生在咳嗽、排便、排尿后或伴有咽喉或面部疼痛（舌咽部或三叉神经痛）的神经介导性晕厥。在情境性晕厥中，膀胱、食管和呼吸道周围受体的激活与心室机械受体类似，可能导致迷走神经传出活动和交感神经退缩的反射增加。在这种情况下，可能无法避免接触触发器。可以提倡的其他治疗策略包括维持中心体积，保护姿势（例如坐着而不是站着），缓慢进行姿势的变化（如排便后等待再站起来），排尿后晕厥患者应避免在睡前摄入过多液体（尤其是酒精），吞咽性晕厥患者应避免过度喝冷饮或吃大量食物。

颈动脉窦过敏 颈动脉窦过敏又称颈动脉窦综合征，是老年人复发性不明原因晕厥和复发性跌倒的原因之一。当系统地进行颈动脉窦按摩时，约有20%的老年人被诊断为颈动脉窦过敏，并伴有不明原因的晕厥。随着年龄的增长，颈动脉窦过敏合并心脑血管、神经退行性疾病的患病率增加。研究表明5%～25%的无症状老年男性患有颈动脉窦过敏。同时，只有5%～20%的颈动脉窦过敏患者有颈动脉窦起源性晕厥。

颈动脉窦晕厥的诊断需要通过颈动脉窦按摩再现先兆晕厥或晕厥的自发症状。颈动脉窦对外界刺激的正常反应包括窦率减慢和房室结传导受损。而颈动脉窦过敏时，这种反射被夸大了。导致颈动脉窦过敏的潜在机制仍有争议。

当晕厥发生时，头部旋转或转动或压迫颈动脉窦（如颈动脉按摩、剃须、紧领或颈饰或肿瘤压迫）的临床表现可能是典型的。颈部手术史有助于加强诊断。更为常见的是，复发性原因不明的晕厥和跌倒是无特定触发因素的颈动脉窦过敏的临床表现。

颈动脉窦按摩禁用于6个月内有颈动脉

杂音、脑卒中或心肌梗死，或有室性心动过速或室颤病史的患者。颈动脉窦按摩是在颈内外动脉分叉处或最大动脉搏动区施加纵向指压5秒。在对患者进行颈动脉窦按摩时，必须监测血压和脉搏率，并需要静脉通道。先刺激右侧颈动脉窦，几分钟后刺激左侧颈动脉窦。按摩应以仰卧位进行，如果没有按摩，则应以直立位进行，因为多达三分之一的患者只有直立时才有诊断性心抑制反应。通常技术良好的话，并发症是很少见的，从视力障碍到极少数情况下的半身不遂，其中大多数是暂时的，可完全康复。颈动脉窦过敏是指在颈动脉窦按摩时，心跳停止3秒或以上（心脏抑制型），收缩压下降50 mmHg或以上（血管抑制型），或两者结合（混合型）。以血管抑制型为主的颈动脉窦综合征可能与心脏抑制型一样普遍，但其在引起晕厥中的潜在作用还不确定。

现有资料表明，起搏可能具有强大的有益效果，可防止心脏抑制型患者晕厥复发。虽然多种药物疗法已被用于血管抑制型患者，但是效果不明确。最近，一项针对10名有不明原因晕厥和血管抑制型颈动脉窦过敏症病史的老年人的交叉设计的初步研究表明，用米多君治疗血管抑制型颈动脉窦过敏可显著降低症状报告率，并减轻颈动脉窦按摩后的收缩压下降。

直立性和餐后低血压

直立性低血压 直立性低血压是老年人常见的血压疾病，约20%~30%的老年患者晕厥的原因是直立性低血压。

1996年，美国自主神经学会（the American Autonomic Society）和美国神经病学学会（the American Academy of Neurology）召开共识会议以来，直立性低血压定义变为：人从仰卧变成坐或站立后的1、2或3分钟内，收缩压下降大于或等于20 mmHg，或者舒张压下降大于或等于10 mmHg。对于血容量不足的患者，站立时心率应该上升。患有自主神经功能失调性晕厥的患者，在直立状态下，血压可在几分钟内下降，但心率不会随之改变。由于直立性低血压诊断的个体内可再现性较差，因此应重复进行体位测试。

直立性晕厥的触发机制是由仰卧位向直立位转变时，血液从胸腔向下肢转移300~800 mL。随着姿势的改变，压力感受器引起髓质交感神经流出增加。这会导致全身阻力血管和内脏电容血管的收缩。对持续立位应力的补偿主要取决于动脉压力感受器。

立位性低血压可能是由于体积消耗或血管舒缩代偿机制异常所致。改变血管张力和心率的药物会增加直立性低血压的风险。导致直立性低血压的自主血管运动控制障碍可能是原发性的（纯自主神经功能衰竭和多系统萎缩），更常见的是继发于糖尿病神经病变或淀粉样变性。

老年人易患直立性低血压，这与年龄相关的自我调节机制减弱，药物使用（如利尿剂、血管扩张剂），慢性疾病（如收缩期高血压、糖尿病、帕金森病），或老年医学中的常见疾病（贫血、脱水、卧床）有关。直立性低血压的患病率随着年龄的增长而增加，但因人群而异。据报道，这一比例范围在 5%~60%，居住在社区的健康老年人发病率较低，而居住在养老机构或处于急性护理环境中的老年人发病率较高。

直立性低血压的治疗依赖于非药理学和药理学方法。非药理学方法包括：对患者的教育（避免突然改变抬头姿势，特别是在醒着时）；抬起床头；减少身体上的对抗动作，如跷二郎腿和突然蹲起；避免大餐，尤其是喝酒；加强体育锻炼，特别是游泳；避免穿弹力袜，减少剂量或消除重要的药物（如利尿剂、血管扩张剂等）；在后期，如果非药理学方法治疗无效，则进行药物治疗。氟氢可的松（一种保盐类固醇）和米多君（一种交感血管收缩药）被视为首选药物，必要时可组合使用。

餐后低血压 在过去的十年中，餐后低血压被定义为在进食后 2 小时内收缩压下降 20 mmHg或以上，被视为老年人晕厥和跌倒的常见原因。一项研究显示老年疗养院患者的餐后低血压占晕厥病例的 8%。需要注意的是，在同一个体中，餐后低血压可与直立性低血压共存。

虽然确切的病理生理机制尚不完全清楚，但餐后低血压可能是由于饮食引起内脏血液代偿机制的改变以及摄入食物后外周血管阻力降低。许多血管活性胃肠肽也被认为在餐后低血压的发病机制中起作用，因为已经确定，血压下降的幅度与进餐期间摄入的葡萄糖量以及葡萄糖进入小肠的速度有关。

餐后低血压的治疗可能是非药理性的，也可能是药理性的，由于对有症状的患者进行的严格研究太少，因此相关治疗方法及其效果没有得到很好的整理。患者应避免大量进食含有精制碳水化合物的食物、酒精和具有血管抑制作用的药物。在健康的老年受试者中，已证明由十二指肠内葡萄糖引起的血压下降幅度会因瓜尔豆的吸收而减弱。

心脏原因

心源性晕厥由有效心排血量不足引起，可能反映了严重的潜在结构性心脏病。原因可能是心律失常或阻塞性的。

心律失常 心律失常是导致结构性心脏病患者晕厥的最常见和最具潜在危险的原因之一。心律失常引发的晕厥可能由室性心动过速、室上性心动过速、与长 QT 间期（尖端扭转性心动过速）相关的多态性室性心动过速、窦房结功能障碍引起的缓慢性心律失常或传导系统疾病引起。持续性或偶发性重度房室传导阻滞可能导致心排血量的减少而引起晕厥。

老年人缺血性心脏病、心肌病、高血压、瓣膜性心脏病和心力衰竭患病率较高，更容易出现各种快速性心律失常和慢速性心律失常。与年龄相关的淋巴结（尤其是窦房结）肌细胞下降，会增加房颤、心脏传导阻滞和病态窦房结综合征的发病率。老年人服用多种药物是另一个诱发因素。利尿剂会导致电解质失衡，从而诱发心律失常。许多药物具有心律失常前效应，如地高辛、抗心律失常药物、β-2 激动剂、支气管扩张剂和三环抗抑郁药。在获得性 QT 间期延长的情况下，尖端扭转性室性心律失常通常还与胺碘酮、β 受体阻断剂、抗精神病药和 1 类抗心律失常药等药物有关。

机械原因 老年人的主要病因是主动脉狭窄和肥厚型心肌病。在这些情况下，晕厥是由于心排血量减少和涉及心室机械感受器的神经介导的反射因素结合而导致的。热水浴后使用血管舒张药或血管扩张剂都可能导致患者晕厥。

晕厥也可能是继发于肺动脉栓塞导致的肺动脉阻塞。超过10%的肺栓塞患者会发生晕厥，而大面积栓塞患者和老年人更容易发生晕厥。

晕厥的其他罕见心脏机械原因包括心房黏液瘤、严重二尖瓣狭窄、人工瓣膜功能障碍和肺动脉狭窄。

脑血管疾病、精神疾病和代谢原因

在没有伴发局灶性神经功能缺损的情况下，晕厥很少由脑血管疾病引起。有时椎基底动脉区域的短暂性脑缺血发作可能会导致晕厥，但通常伴有复视、眩晕、构音障碍或偏瘫等神经系统症状。

血管盗血综合征是老年人晕厥少见的脑血管病病因。

包括歇斯底里反应和过度换气引起的惊恐发作在内的精神障碍既可模仿，也可能导致真正的晕厥。但是，精神疾病导致的晕厥在老年人中相对少见。

代谢紊乱是造成真正意识丧失的相对罕见的原因，通常会导致精神错乱或行为问题。

流行病学和预后

在欧洲和美国，因晕厥就医者占急诊患者总数的1%~6%，占住院患者总数的1%~5%。老年人和有相关心血管疾病诊断的患者住院的频率更高。在美国的一项大型流行病学研究中，58%的80岁以上的晕厥患者被送进急诊科。在一项研究中，晕厥和虚脱是65岁以上患者住院的第六大常见原因。

晕厥的患病率随着年龄的增长而增加，从18岁以下儿童的15%到70岁以上老年患者的23%不等。此外，由于排除了以跌倒为表现的晕厥发作，老年人的数据可能被低估，晕厥发生率最高的是心血管合并症患者和在机构护理环境中的老年患者。在一项研究中，长期居住在护理机构的老年人晕厥的年发病率高达6%，这是弗雷明汉心脏研究（the Framingham Heart Study）人群中观察到的发病率的10倍。

与老年人复发性晕厥相关的其他重要风险包括与跌倒有关的骨折风险，以及由于丧失信心而导致活动逐渐受限的风险，从而导致无法独自生活。

在美国最近的一项研究中，研究人员对一个具有全国代表性的出院样本和报告的费用进行了分析，并使用医疗保险成本—费用比率估算了成本。据保守估计，与晕厥相关的年住院治疗总费用为24亿美元，平均每次住院费用为5 400美元。

预后取决于晕厥的原病。几项基于人群的研究表明，与非心源性晕厥患者相比，心源性晕厥患者由任何原因和心血管事件导致的死亡风险增加。弗雷明汉心脏研究结果显示，在7 814名参与者中的822例晕厥患者中，最常见的原因是血管迷走性晕厥（21.2%）、心源性晕厥（9.5%）和直立性晕厥（9.4%）；36.6%的晕厥原因不明。与没有晕厥者相比，心源性晕厥患者的多变量校正危险比，在任何原因的死亡中为2.01（95%置信区间1.48~2.73），在心肌梗死或冠心病死亡中为2.66（95%置信区间1.69~4.19），在致命或非致命性脑卒中中为2.01（95%置信区间1.06~3.80）。不明原因晕厥患者和神经性晕厥患者因任何原因死亡的风险增加，多变量校正危险比分别为1.32（95%置信区间1.09~1.60）和1.54（95%置信区间1.12~2.12）。与血管迷走性晕厥（包括直立性晕厥和药物相关晕厥）相关的心血管疾病发病率或死亡率没有增加。

然而，在心源性晕厥患者中观察到较高的死亡率主要是由于潜在的心脏疾病，而与晕厥的确切病因无关。事实上，一项比较有晕厥和没有晕厥的心脏病患者和其他重要临床变量的研究发现，心源性晕厥并不能显著预测总体或心脏疾病1年生存率。

病理生理学

虽然晕厥的病因是多样的，但其潜在的机制是独特的；晕厥是短暂的大脑血流量全面下降的结果。脑血管自动调节确保脑血流量维持在系统血压的大范围内。在老年人中，特别是慢性高血压患者，因脑血管自身调节系统发生改变，导致该人群晕厥发病率增加。其他会增加老年人发生晕厥的风险因素，包括与年龄相关的心功能生理变化、血压、压力反射敏感性、血管内容量调节、共病情况和合并用药。表2列出了与年龄相关的易患晕厥的主要生理变化。

临床方法

晕厥患者管理的主要目标如下：

- 确诊是否晕厥。
- 确定晕厥的原因。
- 决定患者是否需要住院。
- 治疗晕厥的病因。

诊断与管理策略

由于晕厥是一种症状，而不是一种疾病，因此，确定病因是治疗成功的关键。通常，晕厥患者的评估和治疗往往不依赖于适当的明确定义的管理策略。其后果是多方面的：太多无用的诊断测试，太多的住院治疗，增加的费用，还有太多的患者无法确诊。

特别是在老年患者中，由于多种潜在的因素、事件的遗忘、缺乏目击者、与跌倒重叠以及额外的认知障碍，使得病因确定困难重重。

关于晕厥患者的诊断方法，已经发布了一些指南，但没有一个经过前瞻性验证。然而，已经证明，诊断算法的使用，尤其是在晕厥单元的设置中，可以显著改善适当调查

表 2　易患晕厥的与年龄相关的主要生理变化

血管内皮	· 内皮依赖性血管舒张功能受损
	· 增加衰老血管中内皮素的释放，促进血管收缩
心脏	· 与年龄相关的动脉血管硬化，导致后负荷压力增加和心脏向心性肥大
	· 心室壁顺应性和舒张功能的后续改变
	· 淋巴结组织的年龄改变，增加房颤、心传导阻滞和病态窦房结综合征的发生率
	· 心房扩张和纤维化，增加房颤的风险
自主神经系统	· β-肾上腺素能反应减弱，导致心脏加速减慢
	· 压力反射反应性改变
内分泌变化	· 肾素和醛固酮的产生减少
	· 口渴反应受损导致低血容量

的使用，减少出院时不明病因的晕厥数量，减少住院人数和住院总时间，而不影响复发性晕厥和全因死亡率。

欧洲心脏病学会（the European Society of Cardiology）于 2001 年发布了晕厥管理（诊断和治疗）的高质量指南，并于 2004 年更新了该文本。本指南的重要建议包括：

· 详细病史、体格检查和心电图是晕厥发作初始评估的组成部分。这第一步可能会导致诊断（例如直立性低血压、情境性晕厥、药物性晕厥、完全性房室传导阻滞）或建议诊断，可通过定向调查予以确认或排除。如果诊断不确定，这些患者将被视为原因不明的晕厥。

· 在初步评估后，当晕厥原因不明时，在无禁忌证的情况下，所有老年人都应进行颈动脉窦按摩，因为颈动脉窦综合征是该年龄组晕厥的一个常见原因。

· 进一步确诊取决于是否有潜在的结构性心脏病证据（图 1）。在年轻人中，临床评估（病史、体检和心电图）足以识别或排除心脏病的存在。在老年人中，鉴于心脏病的高发病率，建议通过超声心动图、压力测试或两者并用来确定潜在心脏病的存在与否。但是这个问题并没有被有价值的研究所解决。

· 心脏病是心源性晕厥病因的一个强有力的预测因素。因此，有器质性心脏病的患者以及疑似器质性心脏病的患者发生与晕厥相关不良后果的风险更高，心律失常风险更高，1 年死亡率更高。对这些患者，建议进行心脏评估（包括超声心动图、压力测试和心律失常检测试验，如动态心电图监测和记忆环路动态心电图以及电生理检查）。

· 在没有心脏病的情况下，除非晕厥之前伴有心悸，否则不太可能有心脏方面的原因，心悸可能是由阵发性心动过速引起的。在其他情况下，建议通过倾斜试验评估复发性或严重晕厥患者的神经介导综合征。

·通常只有在晕厥症状与检查发现的异常之间存在足够强的相关性时，才能得出晕厥的原因。

·对年龄较大的晕厥患者，除了常规的颈动脉窦按摩外，其临床方法和评估与年轻人相同。对年老体弱的患者，应根据其功能状态、预后和依从性进行评估。当发现多种异常时，应假定晕厥可能是多因素的。

·如果评估结果仍然是负面的，则应重新评估整个方法。重新评估可能包括重新记录病史和采访证人以获取更多额外信息。建议对不明原因的晕厥患者进行密切随访，如果患者再次发生晕厥，则应进行全面的重新评估。

·虽然大多数年轻晕厥患者（无心脏病）可以作为门诊患者进行有效评估和管理，但大多数老年晕厥患者必须住院：

△　由于担心严重的心律失常和猝死，在存在已知或疑似心脏病的情况下进行快速诊断评估。

△　在需要住院治疗的情况下（例如肺栓塞或严重直立性低血压）。

·晕厥患者的治疗目标，首先是预防症状复发和相关损伤；其次是提高生活质量。治疗（前面讨论过）取决于病因。

初步评估

病史　详细描述相关症状以及意识丧失

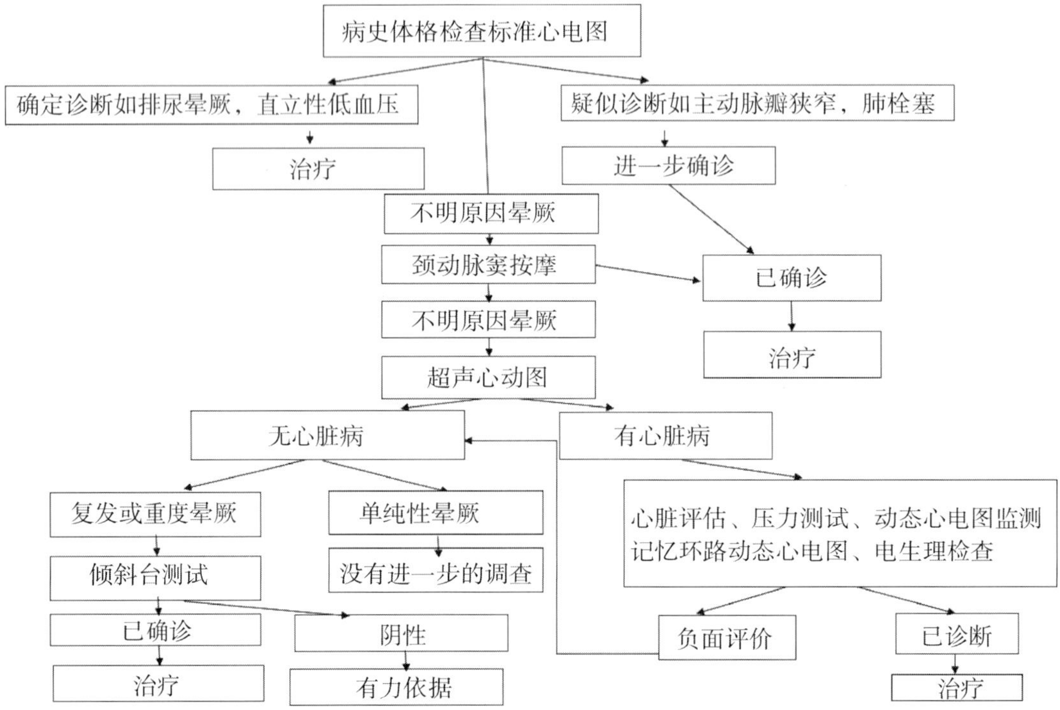

图 1　晕厥诊断算法

前后的症状对诊断至关重要。疾病发作及其症状之前已经详细描述了晕厥的各个原因，并在表3中进行了总结。除了患者自己提供的病史外，事件目击者提供的信息也非常重要，因为老年人经常会忘记这些事情（患病情况及症状）。

必须记录既往病史，特别是心脏疾病和非心脏疾病或增加心血管晕厥可能性的危险因素（糖尿病、贫血、高血压）的病史。

病史应包括用药的详细信息，特别是用药的变化。通常，晕厥和非晕厥性疾病的鉴别诊断（见表4）比较容易。然而，癫痫可能很难与晕厥区分开来。有助于区分晕厥和癫痫的特征是发作的诱因、前驱症状、伴随症状以及发作后的症状。患者发病后出现的混乱症状是区分癫痫发作（常伴有四肢抽搐、眼球上翻、口吐白沫等临床表现）和晕厥的唯一有力因素。

由疼痛、运动、排尿、排便或压力大引起的意识丧失通常是由晕厥引起的。癫痫发作前可能有典型的难闻气味等先兆。患者的先兆症状通常会随着时间的推移而反复出现，因此他们将学会识别先兆症状。患者发病前后的出汗、恶心、呕吐等症状均与晕厥有关。长时间的意识丧失（不低于5分钟）、肌肉酸痛，咬舌以及发病后长时间意识混乱提示癫痫发作。尿失禁在鉴别诊断中没有参考价值。医生在对患者进行诊断时，应要求目击者尽力描述患者发病时的肢体动作。在没有任何动作的意识丧失时癫痫不太可能发生，而有节奏的运动（如阵挛性或肌阵挛性抽搐）提示癫痫发作。然而，运动并不排除晕厥的诊断。在晕厥中，患者的强直—阵挛性运动持续时间较短（小于15秒），在意识丧失后开始，而在癫痫发作中，患者的强直—阵挛性运动通常持续时间较长，且与意识丧失同时发生。

体格检查　体检包括查找创伤和评估严重程度。心血管检查可能会提供一些关于潜在的心脏或肺损伤的线索。体检时，应同时测量仰卧位和站立位的血压和脉搏，还应特别注意神经体征和运动系统，包括步态和站立的观察。如果怀疑存在认知障碍，则应进行相应的检查并确诊。简易精神状态检查（the Mini Mental State Examination）是对认知状态进行初步评价的有效工具。

心电图　建议对所有老年患者都进行心电图检查。这种检查结果通常是异常的，表现为窦房结功能障碍、心动过速—心动过缓综合征、传导异常（PR间期延长、束支传导阻滞）、陈旧性心肌梗死或心室肥大。但在大多数患者中，心电图不能作为诊断指标（少于5%的患者）。然而，正常的心电图可以减少心源性晕厥的可能性。

目前用于评估晕厥的方法

超声心动图　超声心动图是一种非侵入性检测，即使是体弱的老年患者也能很好地耐受。当由于病史、体检或心电图检查怀疑患有心脏病时，超声心动图对于确定心源性晕厥的潜在原因非常有用。在老年人中，超声心动图是排除结构性心脏病的必要检查。超声心动图经常会发现一些异常，如左心室整体和局部室壁功能障碍、扩张型或肥厚型

表 3　意识丧失前后的症状

晕厥的原因	前驱症状	情况和诱发因素	意识丧失后的症状
神经介导性晕厥	恶心、苍白、出汗、视觉模糊、头晕、耳聋、虚弱	扭动脖子、有压力或有情绪、疼痛、恐惧、拥挤、咳嗽、吞咽、长时间直立姿势、排尿、排便	晕厥后嗜睡
心源性晕厥	突然发作、费力或用力、胸痛、心悸	与药物有关的心律失常：抗心律失常药、精神安定剂、地高辛、β-受体阻断剂、酒精、非法药物	快速解决症状
直立性低血压	姿势的突然变化	药物相关：血管紧张素转换酶抑制剂、硝酸盐、利尿剂、酒精	

表 4　晕厥或先兆晕厥的非晕厥性疾病的甄别

伴有意识障碍或意识缺失的非晕厥性疾病	· 代谢紊乱：包括低血糖、缺氧、换气过度和低碳酸血症 癫痫 中毒 椎基底动脉短暂性脑缺血发作
无意识障碍或意识缺失的非晕厥性疾病	· 昏倒 · 跌倒 · 眩晕 · 心源性晕厥（躯体障碍）

心肌病、主动脉瓣和二尖瓣疾病，这些异常都使患者易发生心律失常和心源性晕厥，但是这些异常的发现并不一定能确诊病因。

运动压力测试　运动压力测试主要适用于运动时晕厥的患者。在运动和恢复阶段应密切监测测试。它可以揭示对儿茶酚胺敏感的室性心动过速、速度依赖性房室传导阻滞或运动诱发的神经介导性晕厥。

动态连续心电图　在有结构性心脏病或心电图异常的患者中，心律失常是主要的问题。通常记录动态心电图监测和记忆环路动态心电图用于评估这类患者。

由于动态心电图监测允许记录 24 小时内的心电图，因此对于短时间内多次或频繁发作的晕厥患者最有用。当心电图出现典型症状时，它既能识别引起晕厥的心律失常，也能排除引起心律失常症状的原因。然而，这种情况非常罕见。将记录延长到 72 小时并没有显著提高症状性心律失常的发生率。无症状的正常动态心电图监测并不排除晕厥是由于心律失常导致的可能性。对没有相关症状的心律失常的解释必须谨慎，因为在健康的无症状个体中，心律失常已有广泛报道。然而，完全性心脏传导阻滞、窦性停搏超过 2 秒、室性心动过速在无症状患者中少有报道。

对罕见症状的患者来说，记忆环路动态心电图记录比动态心电图监测更有用。记忆环路记录器允许对记录的心电图数据进行存储。记录数据时，要求患者一直戴着设备。当患者启动设备时，可在按下记录按钮前 1~4 分钟及按下记录按钮后 30~60 秒进行心电图记录。数据可在患者方便时通过电话传输。遗憾的是，许多老年患者依从性不高，高达 20% 的患者没有正确佩戴或操作设备。

这项技术的最新发展是一种小型植入式循环记录仪。该设备被放置在皮下，这个系统的依从性良好。该设备可连续将心电图数据记录到环路存储器中长达 18 个月。当出现症状时使用外部激活设备，该设备在激活前 20 分钟和激活后 4 分钟存储心电图数据。但是，小部分患者在自发事件后无法激活该设备。据报道，在一项研究中，在植入设备后 3 个月内出现症状复发的 85 名患者中，42% 的患者使用这些设备建立了症状—心律失常相关性。

侵入性电生理检查　侵入性电生理检查允许测量特定心脏部位之间的传导时间。它们提供了有关窦房结功能、房室传导和心室传导的信息，从而确定心脏传导异常的易感性。与正常窦性心律或节律相关的电性外刺激可用于评估发生快速心律失常的倾向并分析心律失常的机制。电生理检查的结果取决于是否有心脏病；对于结构性心脏病患者，尤其是射血分数低于 40% 的患者，结果更可能呈阳性。一般来说，电生理检查对伴有晕厥的缓慢性心律失常患者的敏感性和特异性较差。当考虑到缓慢心律失常时，循环监测是首选的测试。晕厥可以更可靠地归因于希氏—浦肯野传导异常。在电生理试验中，与诱发性或自发性室性快速心律失常相关的晕厥伴有很高的死亡风险。在晕厥患者中诱导持续的单形室性心动过速（持续时间大于 30 秒）可能是晕厥发作的原因。负性刺激反应并不排除室性心律失常是患者先前症状的原因。左心室功能差且电生理检查阴性的心搏骤停幸存者在 1 年时的猝死率高达 30%。

倾斜试验　倾斜试验也称为抬头倾斜试验，是一种非侵入性的刺激试验，用于确定患者对神经介导性晕厥的易感性。一项包括 1 096名年龄 60~74 岁的受试者和 873 名年龄在 75 岁及以上的受试者的大型前瞻性研究表明，倾斜试验是一项安全且耐受性良好的研究，适用于有心血管疾病且无神经系统并发症的老年人。

对疑似神经介导性晕厥但病因不明的患者，或其他原因不明而无结构性心脏病证据的晕厥患者，倾斜试验检查最适合。由于倾斜试验时的症状、血流动力学反应和儿茶酚胺的释放与自发性血管迷走性晕厥相似，因此倾斜试验被认为可引起易感人群血管迷走性晕厥。

在试验过程中，患者应处于禁食状态，血压和心电图监测应持续，并应备有复苏设备。桌子的头部向上倾斜 60 度到 80 度，最常用的是 70 度。除非早期出现血流动力学衰竭，否则试验将持续 30～45 分钟。如果无药试验呈阴性，则使用硝酸甘油或异丙肾上腺素等刺激性药物，并继续倾斜 10～15 分钟。舌下硝酸甘油与倾斜试验结合使用似乎更简单，耐受性更好，特别是在老年人和冠心病患者中。

如果出现血压突然下降或心动过缓（或两者兼有）的客观证据，血管迷走性晕厥的结果则被视为阳性。在倾斜试验中出现自主神经功能障碍的患者，其血压逐渐下降，心率变化很小或无明显变化。

大多数研究表明，这种测试在有症状的患者和无症状的对照受试者之间有较好的区别。然而，10%～15%的无症状受试者检测结果呈假阳性。倾斜试验的敏感性很难评估，因为没有公认的诊断金标准。据估计，这个比例在 20%～75%。药物刺激增加了试验的敏感性，同时特异性略有下降。

神经系统检查和实验室测试　在没有局灶性神经系统缺损或无短暂脑缺血和癫痫病史的情况下，头部的计算机断层扫描（CT）、脑电图（EEG）和颈动脉回声多普勒检查的异常率非常低，因此不适合在晕厥患者中应用。

基线实验室检查（电解质、肾功能、血糖和血红蛋白）很少能确定病因（2%～3%的患者），但可能揭示导致晕厥的各种病因的诱发因素，如贫血或低钾血症。

结论

晕厥和先兆晕厥是老年疾病的重大诊断难题。潜在的原因是多种多样的，症状可能是由良性疾病或对生命造成威胁的严重心脏病引起的。心源性晕厥患者在晕厥后第一年的死亡风险远远高于非心源性晕厥患者。这就是为什么已知或疑似心脏病的存在有助于将患者分为高可能性心源性晕厥患者和低可能性心源性晕厥患者。心脏病患者建议进行心脏评估。无论如何，都需要一种明确的诊断策略，初步的临床评估在该策略中至关重要。

另请参阅：心血管系统；跌倒；虚弱老年人。

拓展阅读

Brignole M, Alboni P, Benditt D, et al. (2001) Guidelines on management (diagnosis and treatment) of syncope. *European Heart Journal* 22: 1256-1306.

Brignole M, Alboni P, Benditt DG, et al. (2004) The Task Force on Syncope, European Society of Cardiology. Guidelines on management (diagnosis and treatment) of syncope-Update 2004. *European Heart Journal* 25: 2054-2072.

Grubb BP (2005) Neurocardiogenic syncope. *New England Journal of Medicine* 352: 1004-1010.

Jansen RWand Lewis LA (1995) Postprandial hypotension: epidemiology, pathophysiology, and clinical management. *Annals of Internal Medicine* 122: 286-295.

Kapoor WN (2002) Current evaluation and management of syncope. *Circulation* 106: 1606-1609.

Kapoor WN and Hanusa B (1996) Is syncope a risk factor for poor outcomes? Comparison of patients with and without syncope. *American Journal of Medicine* 100: 645-655.

Kenny RA, Richardson DA, and Steen IN (2001) Carotid sinus syndrome is a modifiable risk factor for non-accidental falls in older adult. *Journal of the American College of Cardiology* 38: 1491-1496.

Linzer M, Yang EH, Estes NA, et al. (1997) Diagnosing syncope: part 1: value of history, physical examination, and electrocardiography. The clinical efficacy assessment project of the American College of Physicians. *Annals of Internal Medicine* 126: 989-996.

Lipsitz L, Wei JY, and Rowe JW (1985) Syncope in an elderly, institutionalized population: prevalence, incidence, and associated risk. *Quarterly Journal of Medicine* 55: 45-54.

McIntosh SJ, da Costa D, and Kenny RA (1993) Outcome of an integrated approach to the investigation of dizziness, falls, and syncope in elderly patients referred to a syncope clinic. *Age and Ageing* 22: 53-58.

Ooi WL, Barrett S, Hossain M, Kelley-Gagnon M, and Lipsitz LA (1997) Patterns of orthostatic blood pressure change and their clinical correlates in a frail, elderly population. *Journal of the American Medical Association* 277: 1299-1304.

Soteriades ES, Evans JC, Larson MG, et al. (2002) Incidence and prognosis of syncope. *New England Journal of Medicine* 347: 878-884.

Sun BC, Emond JA, and Camargo CA Jr. (2005) Direct medical costs of syncope-related hospitalizations in the United States. *American Journal of Cardiology* 95: 668-671.

Wei JY (1992) Age and the cardiovascular system. *New England Journal of Medicine* 327: 1735-1739.

译 者：李 娜（北京大学）
校译者：刘菊芬（北京大学）

1902

运动和身体活动

C. 德尔·阿纳尼安，T. R. 普罗哈斯卡 *伊利诺伊大学，芝加哥，伊利诺伊州，美国*

词汇表

运动（Exercise）——旨在改善身体健康状况的有计划、有结构和有目的的训练。

灵活性（Flexibility）——关节或多关节的活动范围。

身体活动（Physical Activity）——任何能带来能量消耗增加的由肌肉产生的身体运动。

引言

身体活动的增加被广泛认为是改善和维持老年人健康和福祉的重要策略之一。有大量的文献记录了不同年龄老年人群进行身体活动的益处，以及促进老年群体身体活动的方案和策略。虽然增加身体活动是国家的一项重要健康策略，但是大多数老年人不符合当前的身体活动要求。本文的目的是提供一个关于老年人身体活动和运动的知识总结，以下部分列出了老年人当前的身体活动水平，包括他们的活动偏好、运动在慢性病管理中的作用以及老年人身体活动的决定因素。通过研究，学者们确定了知识差距，并提出了方向建议。

报告中使用了多种术语描述身体活动的普遍性，包括一般身体活动、休闲身体活动、运动和静坐。身体活动被定义为任何能带来能量消耗增加的由肌肉产生的身体运动，这是一个更具包容性的术语，涵盖了较为广泛的活动种类。运动是身体活动的子类别，其特征表现为改善身体健康状况的有计划、有结构和有目的的训练。休闲身体活动是另一个子类别，它是在个人业余时间开展的任何形式的身体活动，但不包括职业活动。当生活型活动（如园艺活动、庭院劳动、家务活动、爬楼梯、停车等）与其他形式的中度活动（如至少持续 30 分钟的活动）相结合时，可能有助于健康。据报道，老年人最常见的运动形式是有氧运动或耐力运动以及力量或阻力训练。较少报道的锻炼形式包括平衡和柔韧性训练。

有氧运动、力量训练、关节活动度和平衡活动的重要性

对于 60 岁及以上老年人，目前推荐的有氧运动水平为 30 分钟的中等强度活动，

例如每周5天或更多天的快走，还包括鼓励老年人每周进行2天或更多天的阻力训练。然而，为了获得最佳的健康益处，老年人必须参加四种类型的锻炼：耐力或有氧运动、力量训练或阻力运动、灵活训练和平衡运动。将有氧运动与力量训练、灵活训练和平衡运动相结合，可确保肌肉骨骼系统的所有组成部分都健康并增强老年人的身体机能。为了确保心血管适应和心血管疾病危险因素的变化，老年人应该在运动过程中增加肌肉训练及有节奏的有氧运动，如走路、跑步、游泳或骑自行车。定期保持轻度到中度的有氧运动可以降低身体功能下降的速度并改善老年人的生活质量。当运动达到中等至剧烈程度时，有氧训练会产生更多的健康益处。在这种强度下运动时很少发生不良事件，然而，达到这个水平应该是渐进的，并且取决于个体的健康状况和初始健康水平。此外，还应鼓励老年人拥有积极的生活方式，通过生活方式和中等强度的锻炼保持中等强度的活动能力。

每周2~3天的力量训练对于保持肌肉力量和身体机能至关重要。力量训练应该针对所有肌肉群体，并且应该有足够的刺激来提高力量但不会造成伤害。力量训练对于减缓肌肉减少症的进展是必要的，肌肉减少症是随着衰老而发生的肌肉量的下降。建议进行力量训练以对抗与肌肉减少症相关的身体功能的下降、虚弱和衰退。力量训练可以获得许多健康益处，包括维持或增加老年人的肌肉质量，改善胰岛素作用、骨密度、能量代谢和身体功能。力量训练也被证明可以减轻心脏病、关节炎和2型糖尿病等慢性病的症状，并改善睡眠。此外，力量训练可以提高老年人进行中等强度有氧运动的能力。

灵活性是老年人运动训练中经常被忽视但必不可少的组成部分。灵活性包括一个或多个关节的运动范围，随着年龄的增长，由于影响关节功能的组织结构发生变化，灵活性会下降。灵活性练习可以改善肌肉和结缔组织的特性，减少关节疼痛，增强肌肉的恢复模式。这些生理变化与关节活动范围的增加和活动能力的提高有关。

由于老年群体跌倒的发生率很高，因此强烈建议老年人进行平衡训练。身姿稳定性随着年龄的增长而下降，姿势稳定性差与跌倒的风险相关。目前尚不清楚降低跌倒风险和改善姿势稳定性所需的平衡运动的最佳类型和剂量。然而，有研究表明，包括步行或舞蹈、力量训练、灵活训练和体重转移在内的广泛的锻炼计划将提高身姿的稳定性。此外，太极拳已被证明可以增强老年人的平衡能力。

老年身体活动的流行

尽管经常锻炼有许多健康益处，但老年人往往是活动量最少的人口群体。1994年和1996年的行为风险因素监测系统（the Behavioral Risk Factor Surveillance System）调查的综合数据表明，超过三分之一的55~74岁成年人和46%的75岁以上的老年人很少参加锻炼。好消息是，行为风险因素监测系统评估的无休闲身体活动的普遍性正在下降，特别是在老年人中。自 1989 年以来，50~59 岁的男性和女性缺乏身体活动的比例分别下降了 15%和 7%；60~69 岁的男性和女性中下降的比例分别为 10%和 6%；70 岁及以上的男性和女性下降比例分别为 10%和 12%。然而，缺乏身体活动比例的下降是否导致老年人获得充分运动以增加健康益处的结论尚不清楚。2001 年行为风险因素监测系统的数据显示，在 75 岁以上的人群中，38%的男性和 27%的女性符合中等强度身体活动的要求。以上人们参与活动比例的估计值与 1990 年全国健康访谈调查（NHIS）相似，该调查发现，在 65 岁以上的人群中，40%的男性和约 26%的女性符合身体活动的要求。此外，参加有氧运动比力量训练更常见。仅有 11%的 65 岁及以上的老年人报告每周有 2 天或更多天进行力量训练或阻力训练。

自 1987 年以来，关于步行模式的数据被收集。步行是所有年龄段人群中最普遍的运动方式，并且是符合身体活动要求的老年人中最常报告的活动类型。从 1987 年到 2000 年，65 岁以上报告步行锻炼的男性比例增加了 3.5%，女性比例增加了 4.8%。但是，在各年龄组内通过参与步行达到身体活动要求的个人比例并没有增加。

流行病学证据还表明，老年人群的某些亚群体不如其他人群活跃。1994 年和 1996 年的行为风险因素监测系统的数据表明，非裔美国人不参加身体活动的频率高于高加索人。约 50%的 55 岁及以上的非裔美国人不参加身体活动。仅在高加索人中才能看到缺乏身体活动现象的性别差异。

65 岁及以上的高加索女性缺乏身体活动的比例高于男性（65~74 岁男性和女性的比例分别为 31.3%和 36.3%；75 岁及以上男性和女性的比例分别为 37.1%和 47.4%）。一般而言，体质指数（BMI）较高或健康状况较差的人更少参加身体活动。同样，患有残疾或慢性疾病的老年人比健康老年人更不活跃。2001 年风险因素监测系统的调查结果发现，43.4%的 50 岁或 50 岁以上无任何残疾的成年人符合当前疾病控制和预防中心以及美国运动医学院（CDC/ACSM）关于身体活动的要求，还有 17%的人较少参加身体活动。相比之下，在 50 岁或 50 岁以上的残疾人中，只有 28.8%的人符合身体活动的要求，近 36%的人不活动。同样，在 65~74 岁患有关节炎的人中，只有 26%的人符合身体活动要求，而在没有患关节炎的人中，这一比例接近 32%。75 岁及以上的关节炎患者是人群中最不活跃的部分，将近 42%的人被归类为不活跃群体。患有其他慢性疾病的老年人的参与及不参与身体活动的比例更难描绘。现有文献中几乎没有关于患有特定慢性疾病（如心血管疾病、糖尿病或癌症）的老年人参与身体活动比例的信息。同样，对于年龄较大的拉美裔、亚裔或美国印第安人的身体活动参与情况也知之甚少。

身体活动对健康的影响

老年人需要面临各种生理、心理和情感挑战，并且经常面临生活环境的变化。因此，很容易理解为什么像锻炼这样的健康保护行为在这个年龄组中可能不是优先考虑的。然而，对老年人来说，保持规律的运动是必不可少的。衰老与几种健康状况有关，包括心血管疾病、糖尿病、肥胖症、癌症和关节炎。改善患慢性病和失能状况的一级和二级预防的关键是定期参加锻炼。

强有力和一致性的流行病学证据表明，经常参与身体活动和积极的健康结果之间的关系。早期的流行病学研究往往侧重于自报职业和休闲时间身体活动与健康结果（如心血管疾病）之间的简单关系。例如，与久坐工作较少的工人（如售票员）相比，长期久坐工作的运输工人（如司机）具有较高的心脏病发病率。研究还表明，休闲身体活动产生的热量消耗与心脏病之间存在关联，每周消耗 2 000 千卡的个体患心脏病的风险最低。其他流行病学研究侧重于心血管健康与健康结果之间的关系。无论研究着眼于健康还是运动模式，流行病学证据表明，总体上，定期参加运动与心血管死亡率、心血管疾病、脑卒中、高血压、非胰岛素依赖型糖尿病、血脂异常和乳腺癌及结肠癌的发生率降低有关。还有强有力的流行病学证据表明，久坐不动的人患慢性病的风险较高。事实上，不活动会使健康风险加倍，其疾病负担与吸烟相当。

虽然流行病学研究已经允许检测运动和健康水平与健康结果之间的关联，但它们并未提供实现这些健康结果所需的最佳运动量、运动类型或运动频率的信息。这就是干预研究和实验研究对填补空白很重要的原因。干预研究允许研究人员操纵运动的强度、剂量和频率，以确定实现健康结果所需的最小量。干预研究需要在一级和二级预防水平上进行。也就是说，需要在相对健康但久坐不动的老年群体和患有慢性疾病的老年群体中进行干预。对这些人群的干预不仅应关注与健康或疾病相关的结果，还应关注功能状态（如步态、平衡、功能丧失、独立性等）、心理健康状况、认知功能、生活质量、预防或延迟与年龄有关的衰弱。

迄今为止，大多数对健康老年人进行的干预研究主要集中在与健康或疾病相关的结果上，尽管近年来许多人已开始关注功能性结果。在健康的老年人中，身体活动干预能够提高活动水平，至少在短期内如此。这些身体活动的增加与健康、灵活性、肌肉力量、步态和平衡、功能状态、生活质量、血压和降低跌倒风险的改善有关。许多人还表现出心血管危险因素和心理因素的改善。

在患有慢性病的老年人中进行的干预研究不太常见。大多数关于慢性疾病背景下运动益处的研究主要集中在心脏病、高血压、外周血管疾病、关节炎、骨质疏松症和糖尿病。对癌症、脑卒中、认知障碍和残疾患者进行的研究数量有限。有关运动益处的一些最有力证据来自心脏康复计划。参加基于运动的心脏康复计划的患有心脏病的个体与参加非运动康复计划的个体相比，全因和心脏病死亡率、总胆固醇、甘油三酯和收缩压水平明显降低。据估计，参加运动康复计划的个体全因死亡率降低20%，心脏相关死亡率降低25%。最近对高血压患者运动干预的萃取分析表明，中等强度的有氧运动可以导致收缩压降低2%。针对外周血管疾病的干预已经证明，在参加有氧运动计划后，身体功能的加强取决于行走期间疼痛时间的增加。同样，有氧运动已被证明可增加糖尿病患者的胰岛素敏感性，从而改善糖尿病管理。大量研究在患有关节炎的老年人中进行，发现力量和有氧运动都与改善身体功能有关，包括姿势稳定和步态、疼痛减轻、运动范围增加、肌肉力量增加、疲劳减少以及提高生活质量。众所周知，参与负重运动和力量训练干预有助于维持骨质疏松症患者的骨密度。最近的干预研究也关注虚弱性。参与包括椅子式、力量或有氧运动在内的锻炼计划，通过改善身体功能、力量、平衡和生活质量似乎可以对虚弱产生积极影响。

其他研究涉猎较少但运动有可能对健康产生积极影响的领域包括癌症、脑卒中、残疾和认知障碍。虽然很少有人对患有癌症的老年人进行研究，但效果似乎很有希望。到目前为止，研究表明运动有可能减轻疲劳，促进减肥；改善与健康相关的生活质量、身体功能和情绪，并修正冠心病的危险因素。对于运动对癌症复发和减少癌症相关风险因素的长期影响，以及改善癌症患者健康、身体机能和心理状况所需的最佳运动剂量，需要进行更多的研究。同样，在脑卒中患者中进行的随机试验也很少，支持有氧运动有助于脑卒中疗效的证据也不够充分。与认知功能相关，有氧运动已被证明对老年人的执行功能具有积极影响。对于那些如何确定最佳运动剂量、强度和持续时间以最大化健康结果，以及该计划和设置的相关特征影响运动干预参与知之甚少的研究领域，需要进行更多的干预研究。

关于运动对心理健康状况的影响也被研究所验证。虽然老年人不锻炼身体和抑郁症状之间存在相关性的证据很强，但身体活动对减少抑郁症的直接因果作用的证据目前尚不充分。回顾有关老年人运动训练和抑郁症的文献可知，运动可以减少老年人的抑郁症状，但降低幅度并不比健康教育/社会控制参照组明显更多。然而，一项研究报告说，有氧运动可以显著减少抑郁症，且其效果与老年人的抗抑郁药物相差无几。鉴于老年人中抑郁症的高患病率以及抑郁症对其健康和幸福感的影响，有必要进行额外的随机试验，以检验有氧运动和阻力运动对抑郁症的作用。

虽然已经进行了大量的干预研究，但需要提出一个警示，大多数干预措施都是以目前的身体活动要求为前提的。大多数干预措施鼓励参与者每周5天开展不少于30分钟/天的中等强度运动。很少有干预措施试图控制运动的剂量、强度或范围。例如，一项检查老年人心血管危险因素的研究分别比较了高强度组的家庭运动（73%~88%峰值跑步机心率时，每周3天，持续40分钟）与中等强度的家庭运动（跑步机心率为60%~73%时，每周5天，30分钟）。在第一年结束时，三组被试的健康状况都有所改善但高密度脂蛋白（HDL）胆固醇并没有改善。两年后，两个家庭组都显示出 HDL 水平的改善；然而，较低强度组的改善更为明显，表明更高的运动频率与更有利的胆固醇改善有关。由于很少有研究试图操纵身体活动参数，因此不知道某些人是否可以从较低强度身体活动中受益，或者这些人与需要较高强度身体活动的个体有何不同。同时，也不知道不同疾病对不同强度的运动产生的反应。未来的研究应侧重于控制剂量、强度、频率或运动量，以更好地了解改善不同疾病和不同亚人群健康所需的运动强度。

身体活动的相关性

关于老年人定期身体活动的潜在决定因素，已经产生了大量的文献。这些因素可以分为三个一般领域：（1）社会心理和动机因素；（2）环境因素；（3）身体活动计划特征。这些相关性已经在那些做和不做运动的人中得到检验，并在检查定期身体活动的开始和维持的研究中进行了检查。除了身体活动的社会心理决定因素外，这些研究相对较少通过随机对照方式验证因果关系。

身体活动的重要动机决定因素包括自我效能、社会支持、对安全的关注、绩效反馈以及相关的感知和信念。运动的自我效能是运动中最受关注和最强烈的动机决定因素之一。老年人在感觉能够进行锻炼以及在没有健康风险的情况下进行锻炼时更有可能开始和保持身体活动。在体弱和患有慢性疾病的老年人中，与自我效能有关的关注尤为重要。对结果疗效的认识（获得预期结果的信念）也与老年人的运动有关。总之，自我效能期望和结果疗效是社会认知理论的基础，这是指导老年人身体活动计划的最常见理论。

社会支持是老年人锻炼的另一个决定因素。观察性研究表明，家人和朋友对运动的支持与身体活动的增加有关。包括社交支持组件（如锻炼伙伴）的程序有助于遵守锻炼规则。与社会支持相关，积极强化也有助于老年人坚持锻炼身体。锻炼计划中使用的强化策略的示例包括电话提供的动机咨询、出勤记录和成绩，以及当患者意识到参与锻炼的健康益处时的固有积极反馈。当运用多种社会心理激励技术时，老年人更有积极性参加和维持身体活动。

最后，关于身体活动的知识和关于运动益处的信念与身体活动有关。那些认为运动带来更大益处且障碍较少的人更有可能定期参加身体活动。此外，较差的健康状况和身体功能以及对健康的担忧导致参与锻炼计划的可能性下降和不遵守锻炼计划的可能性增加。

老年群体中存在一些参加常规身体活动的环境障碍。在步行锻炼方面，老年人在室内和自然环境中都存在障碍。对安全的考虑、缺乏令人愉快的风景和邻里环境（如山丘、无人看管的狗、缺少锻炼同伴）与老年人的锻炼行走较少有关。正如所料，到海滩或公园等目标场所的可达性促进了步行锻炼。步行（较短距离内）到商业区也有助于目的地步行。社会经济地位较低社区的老人比社会经济地位较高社区的老人步行更多。最后，有些环境因素（如天气、步行同伴）也与老年女性坚持参加团体锻炼有关。

在运动项目特征方面，有一些证据表明，老年女性更喜欢以家庭为基础而非基于团体的身体活动计划。有证据表明，大多数老年人更喜欢强度低且方便的活动项目。

生命周期转换与身体活动

人们才刚刚开始理解生命过渡对老年人身体活动的影响。诸如失去配偶、退休和成为照顾者等重大生活转变与自我认知、社会角色和责任的变化以及资源的变化相关，所有这些都可能影响身体活动。身体活动的减少与照顾者角色的发生有关，少数民族老年人锻炼计划项目参与者不断减少的一个主要原因是成为照顾者。老年人承担其他事物责任的增加导致身体活动时间的减少。身体活动与婚姻状况之间的关系喜忧参半。有证据表明，失去配偶且未再婚的老年女性参加身体活动的频率有所增加。与继续工作的老年人相比，退休人员中更多的人参加定期的身体活动和休闲散步。这一现象在非裔美国人和高加索人以及女性和男性老年人中不断增加。伴随退休事件的发生，剧烈的身体活动不会显著增加。这些生命过渡时期身体活动变化的原因尚不清楚。未来新增的研究应针对确定身体活动变化的基本机制展开。

老年人身体活动的设定

在老年人中设计有效干预措施的关键是需要了解老年人在日常生活中遇到的可以促进身体活动的场所环境。理想情况下，为了提高社区身体活动计划成功的可能性，干预主义者应该利用目标人群经常光顾的社区设施。对于老年人，有几种设施可以很容易地作为干预目标。餐厅或食堂是老年人使用频率较高的场所，许多老年服务中心已经将健身设备作为其环境的一部分，使其成为为老年人提供健身计划的理想场所。“身强体壮”（Fit and Strong）计划是成功使用老年服务中心增加关节炎患者身体活动干预的一个案例。辅助生活设施、退休社区和疗养院为老年人提供了另一种场所，即针对身体虚弱和受损且最需要身体活动的个人提供场所。如辅助生活设施将提供一个理想的环境，以促进基于椅子的活动干预措施和旨在减少跌倒和改善身体功能的干预措施。基于教堂的计划已成功用于增加老年人的身体活动，该计划已经证明了在教堂环境中为非裔美国成年人量身定制身体活动计划的效力以及使用教堂让年长的非裔美国人参与身体活动的可行性。

其他可能增加身体活动的社区环境包括购物中心、健身中心、健身房以及公园。许多购物中心提供步行项目和俱乐部，37%的步行者将购物中心列为步行的首选场所。商场的温度是可控的，并且可以为身体活动提供安全的环境。因此，加强当地健身中心、健身房和娱乐中心的老年人锻炼计划的可用性对于增加身体活动也很重要。虽然健身中心占优势，但很少有健身中心能够根据老年人的需求来设置健身计划。因此，增加老年健身计划的参与可能有助于提高身体活动的参与度。

医疗保健提供者工作室也是向老年人推广身体活动的理想场所。成年人平均每年看医生三次。由于老年人患有慢性疾病的重大负担以及他们探访初级保健医生管理这些疾病的可能性，医生工作室应该是有关身体活动的主要信息来源。然而，国家统计数据表明，仅有31%的65岁及以上的成年人实际收到医生的建议，来提高他们的运动水平。2002年，美国预防服务工作组发现没有足够的证据来支持或反对医生工作室开展身体活动行为咨询。这一发现的原因主要在于缺乏对身体活动持续影响和质量研究效果的证据。然而，这并不意味着医生咨询是无效的。此外，该报告还表明需要更高质量的研究，并且作为本研究的一部分，需要更好地了解医生咨询的强度以促进身体活动的开展。例如，最近的一项随机试验发现，接受医生建议和基于电话咨询的老年人比仅接受医生咨询的老年人更能增加身体活动。

由于老年人的高度虚弱和社会隔离，家庭作为促进其身体活动的环境不能被忽视。“终身强健”（Strong for Life）项目为家庭中体弱的老年人开发了简单的基于椅子的锻炼计划。该计划在临床试验中被发现是有效的，并且也通过社区社会服务机构成功推广。该项目以录像带为基础，并使用易于获得的设备，这使其成为增加家庭老年人身体活动的理想选择。

循证身体活动计划

多年来，老年人身体活动促进领域变得更加复杂，从增加身体活动的个性化方法转变为更加生态化的方法。通过制定50岁及以上成年人增加身体活动的国家蓝图，努力增加社区内的身体活动，为有兴趣帮助50岁及以上的成年人开始和维持锻炼计划提供了一个全面框架。表1提供了有效的循证身体活动计划的示例。迄今为止，大多数以社区为基础的促进身体活动的计划都侧重于在社区环境中改变个人行为。这些基于个体的计划通常旨在研究身体活动如何改善适应能力、身体功能、身体健康、生活方式，鼓励参与者每周至少抽5天保持每天30分钟的中等强度锻炼。生活方式干预方法的设计关键在于选择。鼓励生活方式干预项目的参与者选择他们想要参与的活动类型（如社区内的现有计划或在家中锻炼）而不是选择预先确定的锻炼类型。其他建议基于社区的干预形式包括将已建立的成功计划推广到基于社区的环境中，并改变环境以加强身体活动。然而，很少有人研究循证方案的推广或改变环境以增加成年人的身体活动，我们需要更好地了解推广循证方案的实用性以及与促进身体活动有关的环境支持。

表 1　身体活动项目循证案例

项目名称	发起人/机构	目标群体	目前推广状况
积极选择（Active Choices）	斯坦福预防研究中心（Stanford Prevention Research Center）	中年及老年人	方案在超过 25 个社区和卫生机构中广泛推广，目前老年服务中心的推广正在评估
每天积极生活（Active Living Everyday）	S. N. 布莱尔、A. 邓恩、B. 马库斯、R. 卡彭特和 P. 贾里特	各年龄段久坐的成年人	各类机构中均在推广，如工作场所、医院、社区健康中心、大学校园、老年服务中心；在老年服务中心的推广正在评估
CHAMPS	A. L. 斯图尔特、K. M. 米尔斯、P. G. 圣佩西、A. C. 金等	65 岁以上老年人	在老年服务中心，大家庭和医生办公室进行测试
身强体壮（Fit and Strong）	S. 休斯、R. 西摩、R. 坎贝尔等	成年关节炎患者	目前正作为试验的一部分在芝加哥地区的老年服务中心推广
关节炎患者身体活动计划（PACE）	关节炎基金会（Arthritis Foundation）	成年关节炎患者	通过关节炎基金会广泛推广给个人和社区环境；有效性试验目前正在进行中
终身强健（Strong for Life）	A. M. 杰特、B. A. 哈里斯、L. 斯利珀等	居家的虚弱长者	计划在伊利诺伊州进行大规模推广

表 2　在身体活动和衰老研究方面的总体差距

1	对不同种族老年群体身体活动的研究有限，包括拉美裔、亚裔和美国印第安老年人
2	对生活转变事件（如退休、失去配偶、照料者身份）对身体活动的影响的认识有限
3	需要了解身体活动对患有慢性疾病（如癌症、认知障碍、脑卒中和残疾）的人的益处
4	需要有关长期坚持锻炼和积极生活方式相关方面的信息

续表

5	关于老年人，特别是慢性病或多种慢性病患者的运动剂量反应效应的信息有限
6	对设施和环境如何影响身体活动的了解最有限
7	需要更广泛的措施来评估身体活动的影响，重点是老年运动参与者的有关事项以及机构或社区团体提供的方案
8	需要研究有效的身体活动方案的转变与推广战略，并证明其有效性

总结与结论

老年人身体活动的研究基础可以使我们确定已知和未知的结论。有大量关于各种老年群体中特定类型的身体活动普遍存在的数据方便查找和回顾。关于老年人身体活动和锻炼的决定因素，特别是促使身体活动开始和维持的社会认知因素，也有相当多的信息。也有强有力的证据表明，在健康老年人和患有关节炎、糖尿病和高血压等特定慢性病的老年人中，特定形式的身体活动具有益处。最后，该领域在根据随机干预试验结果设计针对老年人的综合社区身体活动方案取得了相当大的进展，这些研究结果证明了效率和效益。

虽然取得了重大进展，但研究方面仍存在重大差距，表 2 总结了本文所呈现的差距。如前所述，大多数关于老年人身体活动的研究主要基于白人和女性群体，以及某些年龄较大的非裔美国人。由于老年人的种族多样性日益增加，缺乏关于其他少数群体（如拉美裔和亚洲老年人）身体活动的信息是主要差距所在。关于身体活动和生命过渡的研究尚处于发展的早期阶段，鉴于身体活动的潜在变化，应予以促进。此外，生活转变方式将促进针对老年人需求的专项干预措施。鼓励老年人参加锻炼的重要目标是确定身体活动为患有特定慢性疾病的老年人带来的益处。这项研究集中于一些特定的慢性疾病，可以很容易地扩展到更广泛的慢性疾病，该研究同时包括一级、二级和三级预防干预。

除了极少数例外，大多数运动干预试验都在有限的时间范围内（12～18 个月）考察了连续性。需要更好地了解如何在老年人中促进身体活动的长期生活方式改变，以获得持久的健康益处和改善失能状况。许多老年人无法达到要求的身体活动水平，但可能会从某种程度的锻炼中受益。此外，有些人可能会在运动强度、持续时间和参与频率低于推荐水平的情况下获得益处。其他研究应侧重于老年人运动的剂量效应，以便他们更好地了解不太理想的身体活动的信息。如前所述，建筑和自然环境的特征会影响老年人的身体活动。关于环境在老年人身体活动中作用的研究才刚刚开始，由于功能限制（如视力、步态改变、平衡），关注人与环境的适应性对老年人尤其重要。

迄今为止，身体活动计划主要关注研究中使用的测量结果（例如最大摄氧量、定时抬椅、6 分钟步行）。随着活动计划从临床试验转向社区计划，应将更多精力集中在对老年参与者有意义的结果上。根据老年参与者的优先级调整结果将有助于提高效果，从而提高活动的持续性。最后，有几项身体活动计划已被证实具有良好效果和质量。这些以社区为基础的计划正处于向更广泛的社区推广的阶段，更多研究应侧重于在各种社区环境中引入这些针对老年人计划的最有效策略。解决这一问题以及表 2 中指出的其他差距应增加老年人定期参加身体活动的比例，这将极大地促进老年人的健康和福祉。

另请参阅：残疾、功能状态和日常生活活动；虚弱老年人；出行能力和灵活性；自我调节、健康和行为。

拓展阅读

Atienza A（2001）Home-based physical activity programs for middle-aged and older adults：summary of empirical research. *Journal of Aging and Physical Activity* 9（Supplement）：S38–S58.

Barbour K and Blumenthal J（2005）Exercise training and depression in older adults. *Neurobiology of Aging* 26（Supplement 1）：119–123.

Buchner DM，Beresford SA，Larson EB，LaCroix AZ，and Wagner EH（1992）Effects of physical activity on health status in older adults II：intervention studies. *Annual Reviews in Public Health* 13：469–488.

Courneya KS，Vallance J，McNeely ML，Karvinen KH，Peddle CJ，and Mackey JR（2004）Exercise issues in older cancer survivors. *Critical Reviews in Oncology/Hematology* 51：249–261.

Cress ME，Buchner DM，Prohaska T，Rimmer J，Brown M，Macera C，et al.（2005）Best practices for physical activity programs and behavior counseling in older adult populations. *Journal of Aging and Physical Activity* 13（1）：61–74.

Mazzeo RS，Cavanagh P，Evans WJ，Fiatarone M，Hagberg J，McAuley E，et al.（1998）ACSM position stand：exercise and physical activity for older adults. *Medicine and Science in Sports and Exercise* 30（6）：992–1008.

Pate RR，Pratt M，Blair SN，Haskell WL，Macera CA，Bouchard C，et al.（1995）Physical activity and public health：a recommendation from the Centers for Disease Control and Prevention and the American College of Sports Medicine. *Journal of the American Medical Association* 273（5）：402–407.

Rimmer JH and Wang E（2005）Aerobic exercise training in stroke survivors. *Topics in Stroke Rehabilitation* 12（1）：17–30.

Spirduso WW and Cronin DL（2001）Exercise dose-response effects on quality of life and independent living in older adults.

Medicine and Science in Sports and Exercise 33 (Supplement 6): S598-S608.

Stewart AL (2001) Community-based physical activity programs for adults age 50 and older. *Journal of Aging and Physical Activity* 9 (Supplement): S71-S91.

Taylor RS, Brown A, Ebrahim S, Joliffe J, Noorani H, Rees K, et al. (2004) Exercise-based rehabilitation for patients with coronary heart disease: systematic review and meta-analysis of randomized controlled trials. *American Journal of Medicine* 116: 682-692.

US Department of Health, Human Services (1996) *Physical Activity and Health: A Report of the Surgeon General*. Atlanta, GA: National Center for Chronic Disease Prevention and Health Promotion, Centers for Disease Control and Prevention US Department of Health and Human Services.

Van der Bij AK, Laurant M, and Wensing M (2002) Effectiveness of physical activity interventions for older adults: a review. *American Journal of Preventive Medicine* 22 (2): 120-133.

译　者：王雪辉（复旦大学）

校译者：谢立黎（中国人民大学）

1914

运动控制

R. D. 塞德勒，A. S. 班格特，J. A. 安圭拉，C. M. 奎因-沃尔什 密歇根大学安娜堡分校，密歇根州，美国

词汇表

闭环控制（Closed-Loop Control）——在动作的计划、执行和修改中均使用感官反馈。

协调（Coordination）——多个身体部位可以同时进行平滑运动。

运动学（Kinematics）——对运动的描述，不考虑产生动作的力（例如，肢体位移、速度和加速度）。

运动控制（Motor Control）——神经系统在控制姿势和动作方面的综合作用。

运动单位（Motor Unit）——一组肌肉纤维加上对其进行神经支配的运动神经元的组合。

神经噪声（Neural Noise）——在感觉器官、神经通路和大脑中产生的随机神经背景活动。

开环控制（Open-Loop Control）——在运动开始前制订动作计划，运动随即执行而不考虑感官反馈。

信噪比（Signal-to-Noise Ratio，SNR）——由恒定程序组件（信号）引起的调制量与不可预测的调制量（噪声）之间的比率。高信噪比表明运动的再现性更高。

速度—精度权衡（Speed-Accuracy Trade-off）——众所周知，当动作执行者试图更快地移动时，其动作准确性就会降低。

引言

运动障碍在老年人中尤为常见，这通常会影响他们的日常生活。运动技能会受到运动之前发生的过程缺陷（例如中枢处理速度减慢）以及运动过程中发生的变化（例如无法适当地调节力量）的影响。与年轻人相比，老年人运动反应的速度、变异性和运动学特征都会退化。其中一些退化可以通过练习得到部分缓解。尽管运动性能退化的原因尚不十分清楚，但是它们都可能对老年人的独立性产生重大影响。

通常情况下，随着年龄的增长，个体的感觉运动处理功能会显著下降。运动表现会变得缓慢且更加多变。除此之外，研究还显示，老年人会表现出运动协调困难。与年龄

有关的感觉运动处理变化可能导致日常生活活动（ADL）受损；然而，一些损伤可能会随着个体对动作的练习和熟悉而减少。本文意在阐述衰老如何改变人体控制和执行运动的能力，并说明老年人与年轻人在运动能力上的不同。在阐明文章主题的同时，我们也介绍了目前关于为什么会发生这种损伤的几种理论。

运动速度随年龄增长而普遍减慢

随着年龄的增长，运动表现在多种任务上最普遍的变化之一是缓慢（完成同样的运动需要的时间增加）。老年人对刺激的反应比较慢，执行动作的速度也比年轻人慢。

运动迟缓

通过测量运动时间，可以得知感觉运动处理能力随年龄下降的相关信息。与年轻受试者相比，老年人的运动速度要慢 15% ~ 30%。此外，随着运动难度的增加，老年人受到的影响也更大。图 1 显示了难度增加的效果示例。1954 年，菲茨定律（Fitts’ law）的提出证明了不同幅度和目标宽度的运动其运动时间与难度指数（index of difficulty，ID）之间的关系。

这一定律在数学上可表示为：

$$ID = \log_2 2A/W \text{ bits/response}$$

等式中，W 代表目标宽度，A 是运动幅度（从起始位置到目标中心的距离）。菲茨证明了执行运动所需的时间与所需相对精度的对数之间存在线性关系。相对精度的测量是用运动幅度的两倍（$2A$）除以目标宽度（W）。运动的振幅越大，目标越小，执行动作时间越长（从较大幅度移向小目标的运动更费时间）。为了进一步研究这种现象，在需要将三个幅度移动到三个目标宽度的敲

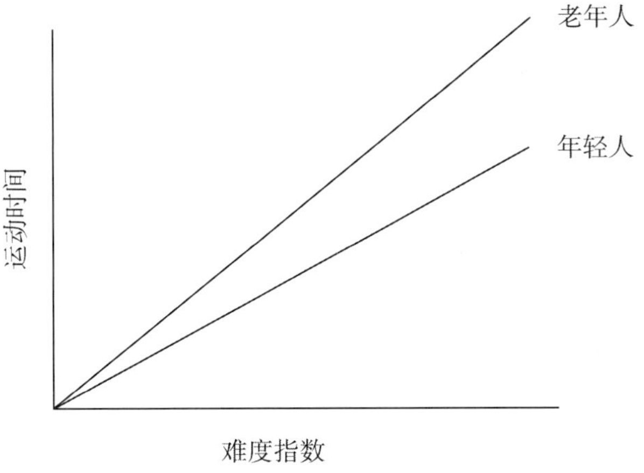

图 1　菲茨定律

注：对年轻人和老年人来说，执行动作时间随着难度指数的增加而增加。在运动难度增加的情况下，老年人执行动作时间延长得更多。

击任务中，我们通过对比年轻人和老年人的表现速度发现：与运动时间和难度指数相关的直线的斜率会随着年龄的增长而增加，但不会随着 y 轴截距的增加而增加。如图 1 所示，人体反应速度的减缓并非以恒定的量进行变化，而是随着年龄的增长变化越来越大，这意味着老年人得花费相当长的时间来执行更高精确度的动作，而做难度指数较低的运动却几乎没有困难。至关重要的是，需要区分这一结果是说明老年人有着可通过适当的努力或训练消除的运动策略上的差异，还是说明迟缓的运动意味着老年人的运动控制系统存在根本上的不足。

对运动迟缓的解释

对于老年人运动迟缓的原因的解释至少可以分为三类：（1）为了减少错误，老年人会放慢动作；（2）随着年龄的增长，系统中的感知噪声增加；（3）随着年龄的增长，系统中的运动噪声会增加。以上所述都说明了为什么老年人比年轻人的动作慢，不同的解释之间并不是相互排斥的，而是在一定程度上有所重叠的。

减少误差　在所有的运动任务中，个体必须处理速度与准确性的问题。随着运动速度的加快，出错的概率也随之增加，因为这些更快的运动并不总是在预期的目标位置结束。在每种任务情况中，个体都必须决定如何取舍速度和准确性以优化运动表现。速度与准确性的关系适用于所有年龄组，但老年人倾向于选择牺牲运动速度以达到更高的准确性。

感知噪声增加　在视觉处理系统上，老年人比年轻人有更多的噪声。这种噪声的增加被认为阻碍了通过视觉引导的运动相关信息的反馈能力。在需要一定视觉指导的运动任务中，例如在运动的减速（回航）阶段，不精确的观察和随后的矫正运动会增加误差。这种解释假定老年人会因减速阶段的延长而运动缓慢，可以查阅相关章节（参见“视力”）。

运动噪声增加　运动减慢也可以用信噪比的降低来解释。这一解释是基于“运动噪声会随着所产生的力的振幅的增加而增加”的假设。当老年人产生一定的力量水平时，与之相关的噪声被认为比年轻受试者更大。因此，该论点表明，老年人的运动比年轻人更加缓慢，因为运动更慢可以抵消信噪比的变化，并使老年人达到与年轻人相同的准确度。

显而易见，以上解释并不相互排斥，这些假设是相互关联的，并对运动表现做出非常相似的预测。这也说明了为什么很难找到老年人运动缓慢的确切原因。

随年龄增长发生的运动学变化

运动学是力学的一个分支，它研究运动但不考虑产生动作的力。诸如肢体位移、速度和加速度之类的运动描述参数可以从高速相机或其他运动监控设备捕获的数据中计算得出。运动学研究极大地促进了我们对与年龄相关的运动控制变化的理解。

运动的分解

有关瞄准动作的运动学可以分为两部分：从运动开始到峰值速度的加速阶段，以及从峰值速度到运动结束的减速阶段（图2）。减速阶段被视为目标的“回航”。运动学研究通常要求受试者进行瞄准动作，例如瞄准一个目标，或者使用肘部屈伸运动来控制手臂器将光标置于不同目标位置。年轻人和老年人之间最容易观察到的差异是速度曲线（图2）。尽管年轻受试者以对称的钟形轮廓进行运动，但老年人在减速阶段（图2中第一条垂直线之后的时间段）花费的运动比例更大。随着运动精度要求的提高，这种影响会加剧，这与老年人的“速度—精度”权衡策略相一致。减速阶段的延长将导致总运动持续时间增加。尽管运动的加速阶段假定为开环控制，不需要反馈信息，但减速阶段的假定是至少有部分是闭环控制的，其中使用了运动和感觉系统的错误检测和修正信息。考虑到运动的减速阶段延长，而加速阶段几乎没有变化，这种缺陷可能是由老年人有效协调感觉和运动信息的能力所决定的。

在瞄准任务中，年轻受试者将运动的主要子运动作为初始的、弹道式的子运动来执行，然后采用较短的、修正性的次级子运动（图2中第二条垂线之后的阶段）来到达目标。这些连续的肢体加速和减速被称为子行运动。研究者发现，老年人在进行主要的弹

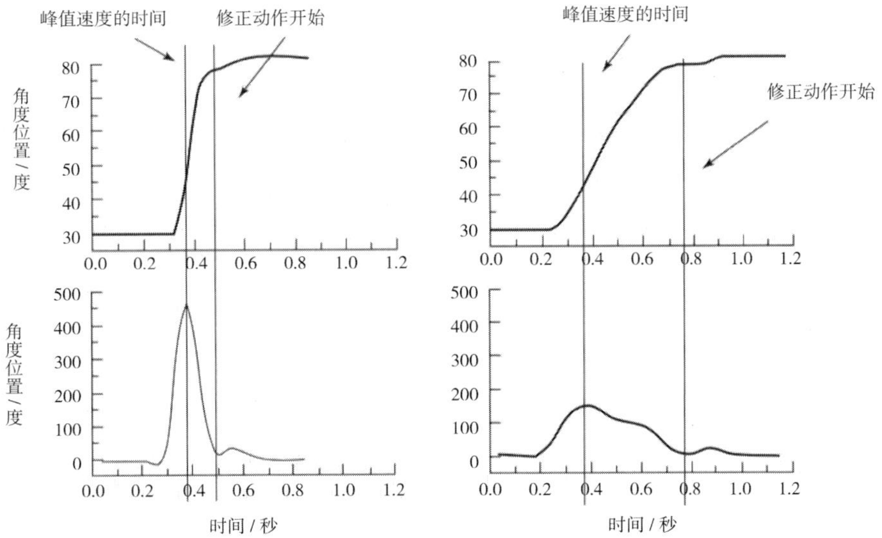

图2　快速的、瞄准动作的运动学

注：年轻受试者的典型结果显示在左侧，而老年受试者的典型结果显示在右侧。运动的加速和减速阶段通过第一条垂直线（峰值速度的时间）进行区分。首级和次级子运动被第二条垂直线（修正动作的开始）分开。与年轻受试者相比，老年受试者既表现出延长的减速阶段，又表现出延长的次级子运动。

道式的子运动期间，四肢的伸展度不如年轻人，因此需要进行时间更长的次级子运动才能准确地达到目标。目前尚不清楚为什么年轻人和老年人对这些子运动表现出不同的时间分布。次要子运动的延时可能反映出在主要子运动期间无法产生足够的力来快速移动肢体；也可能是由于老年人需要更长的时间来处理有关手臂相对于目标位置的感官信息。

运动的重新调整

当年轻人进行幅度不同的运动时，运动的时间特征通常保持不变；因此，其相对时长是一致的。运动系统会在进行较大幅度运动时增加加速度。因此，当运动幅度增加时，峰值速度与平均速度比值仍保持恒定，这表明运动模式是保持不变的，只是随着运动幅度的变化而简单地进行重新调整。但是，在老年人身上似乎并没有发生这种情况。在一项要求年轻人和老年人进行不同幅度的肘关节屈伸动作的研究中，老年人在峰值速度与平均速度的比率上表现出更大的变化，在较小幅度下显示出最高的比率值。对老年受试者而言，峰值速度与平均速度比值更具可变性，表明不能简单地通过重新调整初始动力来改变运动幅度，以达到产生不同大小运动的目的。

运动变异性

与年轻受试者相比，老年人表现出更大的运动变异性，试验间和试验中的表现均出现了变化。对于简单的肘部运动，老年人在短幅度运动中表现出更大的变异性，其中运动的减速阶段包含多个子运动。此阶段的高度变异性表明，老年人在此之后的运动阶段需要进行广泛的调整。

运动变异性也可能是由神经肌肉系统的外周变化引起的。衰老与α运动神经元的进行性死亡有关，随着年龄的增长，曾经被α运动神经元支配的一些肌肉纤维被重组成其余的运动单位。而重组后的运动单位由于其更加大量的肌纤维而产生更大的力，从而可能降低老年人对力产生的控制程度，尤其是在较低的力水平下。

老化还与运动单元排出率的更大波动有关。通过计算机模拟，将运动单元结构与排出率和力输出联系起来，发现排出率对肌肉力变异性的影响可能比前述的运动单元重组更大。老年人似乎可以通过共同激活关节周围的拮抗肌肉来补偿肌肉力量变异性的增加。然而，这种补偿策略仅适用于简单的单关节动作。

另一个可能影响试验间运动可变性的因素是受试者采用的运动控制策略。当视觉在运动中意外受阻时，老年人在运动中会犯更大的错误，这表明他们比年轻人更依赖视觉反馈来控制运动表现。通过关联这种对反馈控制的更大依赖与对正在进行的运动的大量修正，从而产生轨迹波动。相反，如果以前馈方式进行运动，则可以反复执行一致的运动计划，并且每次试验之间的差异很小。随着运动控制从反馈向前馈转移，对年轻人来说，运动的变异性随着练习的增加而降低。老年人在一项手臂瞄准任务中也能达到类似的练习效果，并且在反复试验中动作变得更加一致。但是，对于年轻人和老年人而言，动作变异性降低的基本策略并不相同。在练习之后，年轻人会在前馈程序控制下进行更多的瞄准动作。也就是说，他们的主要子运动覆盖了起点和目标位置之间的大部分距离。相比之下，老年人通过练习提高了他们使用反馈信息的效率。经过练习，他们的主要弹道子运动的幅度并没有增加；经过修正他们的运动反而变得更加准确。老年人对反馈机制的依赖性增加与其动作变得迟缓且更加多变有关。

运动协调

协调是指多个身体部位可以同时进行和谐的动作，从而使运动顺利进行。协调运动的进行需要感觉和运动信息的精确时间整合。随着年龄的增长，这一过程开始逐渐失灵。

多关节协调

与年轻人相比，老年人的多关节运动不那么流畅和协调。例如，与单用手腕或手指画画相比，当老年人用手腕和手指同时画画（对老年人来说可能不常见）时，其动作会更加抖动。当老年人需要做同时用到肘关节和肩关节的动作，而非单关节动作时，结果也是类似的。传入神经阻滞的患者本体感觉缺失，他们也存在相同的缺陷模式，且情况更严重。小脑损伤患者情况类似，他们是将多关节运动分解为一系列的单关节动作。这些发现表明，在老年人中观察到的协调困难可能是与年龄相关的本体感受系统和小脑退化引起的（参见“触觉和本体感觉”）。

双向协调

当要求个人对短距离或长距离目标进行离散运动时，相较于进行更复杂的不对称运动（例如，一只手移向一个短目标，而另一只手移向一个长目标），老年人和年轻人在进行对称运动（例如，两只手同时向近目标或远目标移动）时都更加准确，并且变化更小。然而，与年轻人相比，老年人倾向于犯更多的运动错误，启动和执行动作的速度较慢，并且双手开始和终止运动的时间差异更大，随着协调复杂性的提高，这种情况会更严重。老年人也更难适应每只手的运动时间来减少起始时间上的差异。

用于评估双手协调性的典型任务是看手臂在水平面上的伸屈表现，即两个手臂进行“同相”或者“反相”的运动。同相运动要求受试者以镜像对称的方式将手臂移向身体中线；更为复杂的反相模式要求受试者在身体中线周围不对称地向同一方向（左右两臂同时向右，然后向左）移动手臂（参见图 3 中的示意图）。与年轻人相比，老年人在做这两种类型的双手动作时都要更慢，无论他们是以自己喜欢的速度还是以最大的速度做动作。此外，除了以极慢的速度移动外，与年轻人相比，老年人在反相状态下更加不协调。这种障碍常与从反相模式向更简单的同相模式转变有关。

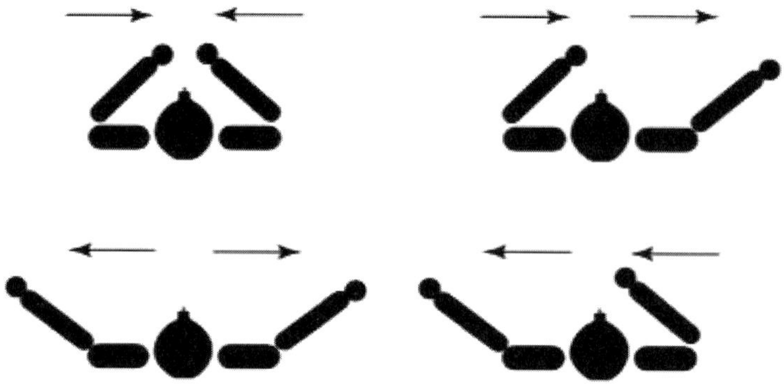

（A）同相　　　　（B）反相

图 3　双向运动的“同相”模式和“反相”模式

对于老年人而言，学习一种全新的双手协调模式特别困难。即使经过大量的练习，他们的学习效果也比年轻人差。老年人在学习了新任务之后，较少能长期保留这些新技能。之所以会出现这样的问题，可能是由于老年人在抑制使用其偏好的协调方式上更加困难。在开始学习全新的协调任务时，无论年轻人还是老年人，都会频繁地使用其原先偏好的协调方式。但是，老年人比年轻人要花费更长的时间才能克服这种倾向。

抓握动作中移动和牢握的协调性

近年来，老龄化研究越来越强调与日常生活有关的任务。这些功能性任务（例如伸手抓住一个物体）的吸引力在于，它们强调以目标为导向的行为并能进行深度练习。因此，获得的数据可以更好地估算出衰老如何影响感觉运动表现。典型的抓握研究要求受试者对大型物体使用全手握（拇指与所有手指相对），对较小物体使用精确握（拇指与食指相对）来抓住物体。

通过确定腕部和握力的幅度与时间特性之间的相关性，可以对手部移动及牢握在抓握任务中的协调性进行检查。关于老年人的协调能力是否受损，现有证据是互相矛盾的。一项研究报告称，这种相关性在年轻人中比老年人更高，这表明随着年龄的增长，这两部分之间的耦合变得不太稳定。但是，另一项调查报告表明，这两部分的协调只随着年龄的增长发生了很小的变化。然而，两项研究都表明，当以运动持续时间的百分比表示时，老年人的最大握力孔径出现得更早。运动迟缓以及减速时间的延长意味着老年人可能在更大程度上依赖在线反馈，这也说明他们可能会更加看重准确性。观察到的另一个现象进一步证明了这一点：一些老年受试者在手腕运动过程中会稍微关闭然后重新打开抓握孔径。这表明老年人在运动中可能会更加依赖视觉反馈，这与消除视觉反馈对老年人的危害要大于年轻人的发现相一致。

计时能力随年龄的变化

协调动作需要多个身体部位做到精确时间同步。在各种任务中，与年龄相关的协调能力下降的一个原因可能是，随着年龄的增长，由于内部起搏器机制的变慢或变异性增加，计时能力下降。需要进行绝对持续时间判断的任务（例如口头估计所呈现持续时间的长度或试图产生与口头标签相匹配的持续时间），不需要与外部起搏器同步；因此，随着年龄的增长，它们对内部起搏器的变化高度敏感。使用此类任务来评估年龄对计时能力的影响的研究得出了不同的结果。那些需要计时的时间间隔被其他任务填满的人显示出与年龄相关的减速，而那些使用空白间隔的人显示出起搏器速度随着年龄的增长而增加。造成这些不同结果的可能原因之一是，老年人可能比年轻人对计时任务的注意力要求更加敏感。特别需要说明的是，注意力可能会通过调节内部起搏器的工作方式来影响持续时间的形成。如果不能将适当的注意力集中在特定持续时间的计时上，那么表示该段持续时间的起搏器脉冲数将受到影响。支持这一观点的研究表明，在注意力要求很高的任务（例如，必须同时对多个持续时间进行计时或必须处理复合刺激）中，老年人的困难要远比年轻人多。然而，当并发任务涉及非时间性处理时，注意力需求的增加并不总是导致老年人的表现比年轻人差。

与年龄相关的运动表现变化的神经相关性

利用脑成像技术来研究认知过程随年龄增长的变化，极大地促进了我们对大脑衰老的理解。研究表明，老年人的功能障碍与其大脑中支持年轻人任务表现区域的激活减少有关。研究还报告了在与年轻人任务表现无关的区域，老年人的大脑激活有所增加（“去分化”）。在某些情况下，这种激活发生在年轻人任务相关的区域没有活动的情况下。这种大脑活动模式被称为替代。在一些研究中，在对侧同源区域中观察到了这种额外的激活，这是通常在年轻人中才观察到的。这种对侧激活常常是补偿性的，因为它与老年人更好的任务表现相关。这种激活被称为 HAROLD，也就是老年人的大脑半球不对称性降低。与这种将去分化视作补偿性的观点相反，出现在老年人其他大脑区域的非选择性补充也可能反映了机能障碍。

将脑成像技术用于研究衰老大脑中的运动控制过程的研究文献并不多。虽然这些研究的结果表明，在运动和认知任务中可能会出现双侧代偿性大脑激活，但只有一个例子证实了运动表现与大脑激活相关。在这项研究中，受试者在执行一项手动选择反应时间任务时使用了功能性磁共振成像脑部扫描仪。老年人大脑中与年轻人任务表现相关的区域（运动皮质、感觉皮质及皮质下大脑区域）具有较大的激活区。老年人还激活了更多具有感觉、运动和注意力功能的区域。对老年受试者而言，多个运动皮质区域

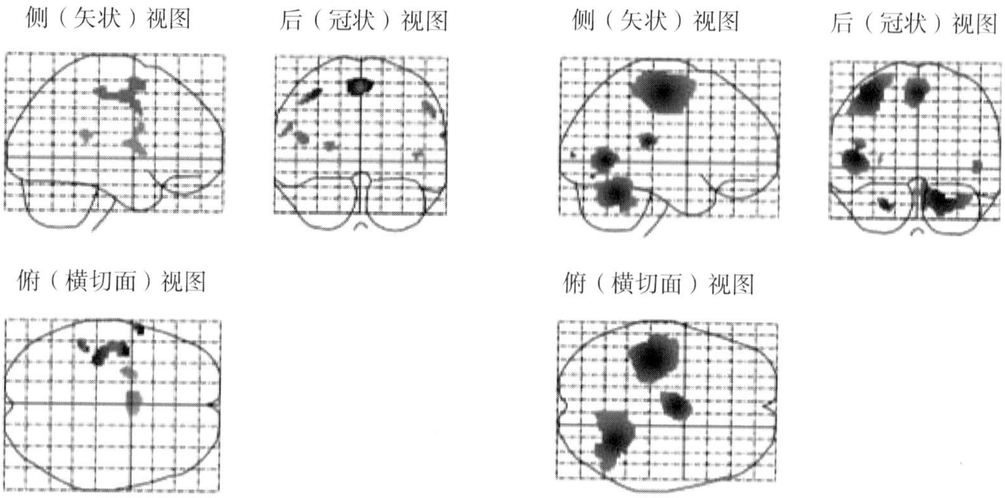

图 4　年轻人（左图）和老年人（右图）右手敲击时的大脑激活

注：两组受试者的敲击一致性是相同的。与年轻人相比，老年人在大脑的感觉和运动皮质及皮质下区域表现出更多的激活作用。

中更大的激活与更快的反应时间相关，这支持了“增加额外的大脑区域可能起到补偿作用，有助于提升运动表现”的观点。图 4 的数据显示，老年人比年轻人使用更多的大脑区域来执行给定的任务。在老年人中，额外大脑区域的参与可能是一种普遍的代偿策略。然而，目前尚不清楚这种额外的使用如何影响可用的神经资源，来帮助老年人完成更复杂的任务（参见“神经影像”）。

观察到的缺陷是暂时的影响吗？

与熟悉的任务相比，老年人在不熟悉的任务上通常表现更差。因此，这表明观察到的老年人与年轻人的年龄差异可能并不是运动系统的根本性局限。如果练习可以减少或消除观察到的年龄差异，则应将这些局限性视为暂时的影响，而不是主要的缺陷（参见“技能习得”“物理治疗与康复”）。

老年人的运动学习

多项研究表明，老年人掌握新运动技能的速度没有年轻人快。即使经过额外的练习，老年人的表现通常也达不到年轻人的水平。一种理论认为，这可能是由于老年人需要更多时间来巩固新信息，形成长期的运动记忆。另一种理论认为，老年人可能难以将认知策略整合到运动学习过程中。尽管经常有报道提到老年人的技能习得能力差，但在学习非常简单的运动任务时也存在例外情况。老年人在例如反复敲击手指这些任务的练习中表现出显著的进步，有效地消除了与年龄有关的表现缺陷。另外，终身广泛练习的技能似乎不会随年龄增长而退化。例如，熟练的打字员和熟练的音乐家似乎在其专业知识任务中相对不受与年龄相关的表现变化的影响。

运动的变异性

有证据显示老年人可以通过练习降低他们在某些任务中表现的变异性。例如，有研究表明，在三天的练习后，老年人和年轻人在利用拇指和食指之间的反作用力进行三角形描画任务时都会变得更准确。从第 1 天到第 2 天，老年受试者确实比年轻受试者进步更大，但是到第 3 天，他们的表现趋于稳定。相比之下，年轻受试者的表现在练习的 3 天中均呈线性增长。此外，在手臂瞄准任务中，年轻人在进行了手臂瞄准任务的练习后，初始的弹道式运动能力有所增强，只需一次尝试即可达到目标。但老年人未能表现出这种适应性，在练习后的不同运动间的变异性也降低了。与此相反，老年人在利用反馈信息进行动作纠正时表现出了更高的效率。但是，在这些最大速度瞄准任务上，老年人对这些反馈机制的依赖确实增加了，使得他们比年轻人速度更慢、更多变。从这两个例子中可以看出，老年人可以减少其运动的变异性，但通常达不到年轻受试者练习后表现出来的水平。

运动轨迹

练习对老年人简单手臂运动的许多运动学特征的影响似乎很有限。年轻的受试者在减速阶段所花费的运动百分比和在加速阶段结束时手臂位置的变异性随练习增加而下降。然而，即使经过长期练习，老年人也不会表现出加速与减速相位比的变化。

练习似乎有助于改善老年人在一些任务上的运动能力，并且在某些情况下，老年受试者的成长速度要快于年轻人。然而，即使经过长时间的练习，老年人的运动能力通常也无法达到年轻人的表现水平。这意味着在运动性能中观察到的缺陷是由于老化的运动系统能力限制所致。

结论

显然，随着年龄的增长，老年人的运动能力会下降，这可能会影响他们进行日常生活活动的能力。与年龄有关的缺陷包括运动时间减慢和对运动控制的改变，表明其对反馈的依赖性更大。无法精确地控制和调节力量似乎是各种活动中的限制因素。与年龄有关的本体感觉或计时能力下降可能导致协调上存在缺陷。通过练习，这些退化的能力可以得到一定程度的缓解，但是总体上，很少能达到年轻人的表现水平。

另请参阅：神经影像；神经肌肉系统；物理治疗与康复；技能习得；触觉和本体感觉；视力。

拓展阅读

Bock O and Schneider S (2002) Sensorimotor adaptation in young and elderly humans.

Neuroscience and Biobehavioral Reviews 26: 761–767.

Brown SH (1996) Control of simple arm movements in the elderly. In: Ferrandez AM and Teasdale N (eds.) *Changes in Sensory Motor Behavior in Aging*, vol. 114, pp. 27–52. North Holland: Elsevier Science BV.

Diggles-Buckles V (1993) Age-related slowing. In: Stelmach GE and Homberg V (eds.) *Sensorimotor Impairment in the Elderly*, pp. 73–87. Norwell, MA: Kluwer Academic.

Enoka RM, Christou EA, Hunter SK, Kornatz KW, Semmler JG, Taylor AM, and Tracy BL (2003) Mechanisms that contribute to differences in motor performance between young and old adults. *Journal of Electromyography Kinesiology* 13 (1): 1–12.

Greene LS and Williams HG (1996) Aging and coordination from the dynamic pattern perspective. In: Ferrandez A-M and Teasdale N (eds.) *Changes in Sensory Motor Behavior in Aging*, vol. 114, pp. 89 – 131. North Holland: Elsevier Science BV.

Krampe RT (2002) Aging, expertise, and fine motor movement. *Neuroscience and Behavioral Reviews* 26: 769–776.

译　者：王一然（北京大学）
校译者：刘菊芬（北京大学）

早衰

G. M. 马丁 华盛顿大学，西雅图，华盛顿州，美国

词汇表

早老综合征（Progeroid Syndromes）——早衰综合征。

引言

米切尔·塔克（Mitchell Turker）教授在第一版《老年学百科全书》（*Encyclopedia of Gerontology*）的文章中已经阐述了衰老及早衰综合征的基本机制。区别于其他系统性的报道，这两个领域已经取得了实质性进展。尽管存在许多报道，但始终没有在衰老重要机制的数量和类型上达成共识。近期一项关于小鼠容易发生线粒体突变的分析对著名的自由基学说或氧化损伤学说产生了质疑（但没有证明其错误）。令人惊讶的是，在老化的模型生物如圆虫、果蝇，甚至实验室小鼠中，缺乏详细的基因表型的信息。因此，在此应用早老综合征这一术语，是为了强调早衰综合征与其相对应的机理及表型的不确定性。由于缺乏模式生物衰老表型的信息，本文的大部分关于衰老如何改变结构和功能的信息来自人体。由于小鼠基因分析的发展，两个早老综合征的小鼠模型为阐述哺乳动物的老化的基础原理提供了可能。早老综合征的重点是遗传性基础，因为遗传有强大的力量去揭示其基本原理。值得注意的是，在生命过程中，发现加速老化的基因突变的同时，可能也存在着有助于增强结构和功能的突变。本文也同样认为，一些环境因素是潜在的促进老化的因素。

区分过早衰老和加速老化

很少有报道尝试区分老化是过早出现，还是出现于正常年龄但速度加快。很明显，基因突变或环境因素都会导致上述两种现象。一个关于特定年龄死亡率的变化率的正式的数据分析报告，有助于区分这两种早衰。

早老综合征相关的基因突变

节段性早老综合征

目前没有任何已知的环境或基因因素，可以作用在人体或小鼠上，使老化全方位加速。因此节段性早老综合征强调的是，在已知情况下，仅仅是老化特征性的一部分受到

影响。人类有许多此类遗传综合征。它们似乎以不同的保真度重现老化，就像它通常发生的那样。这里回顾了一些最翔实的基因突变的例子。自从这本百科全书的第一版出版以来，涌现出大量这样的报道。然而除了更早一些的有关电离辐射效应的文献外，对环境因子加速老化的潜在作用的研究则非常少。最有可能影响阶段性老化的环境因素也许是吸烟，吸烟不仅在中年引发某种类型的癌症，并且在生殖、心血管、呼吸、肌肉骨骼及皮肤系统有致阶段性早衰作用。

沃纳综合征 沃纳综合征（Werner Syndrome，WS）（见图 1）是典型的阶段性早老综合征。有时它被强调是成人的早衰综合征，以区分后面会介绍的儿童早衰综合征。WS 源于一种能够解旋双链 DNA 的家族蛋白（解旋酶）的功能缺陷。特殊蛋白如果作用于双链 DNA，如复制、整合、修复及转录等，则需要对 DNA 进行解旋。沃纳蛋白（Werner protein，WRN）还具有核酸外切酶的功能（它能从 DNA 末端消化碱基对）。沃纳蛋白如何发挥作用还仍在研究中，但可以达成共识的是，它是 DNA 与异常底物转型所必备的，例如在染色体末端（端粒）或遗传物质重组过程中的中介（霍利迪连接体）。在细胞学水平，发现了大规模体细胞染色体突变和点突变的频率逐渐升高，从而显著限制了体细胞的复制能力。

WS 患者表现出一系列的早老特征，主要发病于青春期，并不能出现正常青春期生长高峰。主要表现为过早消瘦、脱发、皮下脂肪消失、双眼白内障、性腺萎缩、骨质疏松、2 型糖尿病（但并不出现于所有患者）、严重的动脉硬化和在大多数患者中出现癌症。与正常发病年龄不相符的是肉瘤多于原位癌。骨质疏松的分布同样异常，脊柱的骨质疏松程度较肢体长骨轻。多死于恶性肿瘤或心肌梗死，平均寿命为 47~48 岁。

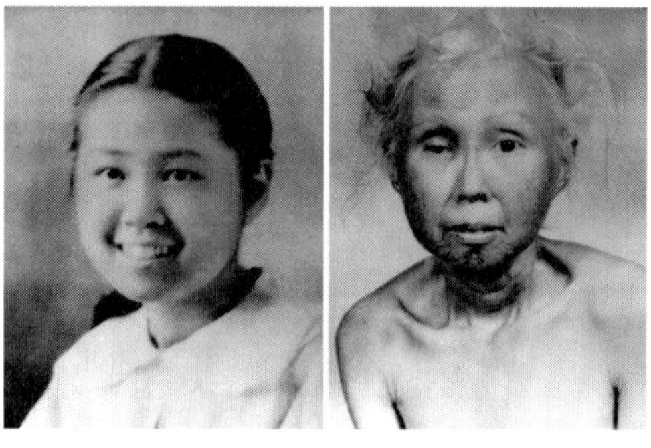

（A）　　　　（B）

图 1　沃纳综合征患者：（A）15 岁，（B）48 岁

注：这种综合征是由双倍剂量的 WRN 基因突变引起的，它的产物解开了双链 DNA。

引自：Epstein CJ *et al.*（1966）*Medicine* 45：177-221 for information on this patient（Case 1-M8a）and her pedigree.

哈钦森—吉尔福德早老综合征 哈钦森—吉尔福德早老综合征（Hutchinson-Gilford Progeria Syndrome，HGPS）（见图2）是一种儿童早老症。WS 是常染色体隐性遗传方式，HGPS 为常染色体显性遗传，部分为嵌合型。突变的基因被称为核纤层蛋白 A/C（Lamin *A/C*）。它是一种覆盖在细胞核内层的基因（核纤层蛋白）。该蛋白缺陷会导致两类异常：细胞核功能减弱和基因表达失控。也有证据表明在培养的体细胞中出现加速的衰老，但并不像 WS 中那样显著。

该病患者的症状出现于新生后的头几年。突出特点为：皮下脂肪的缺失、发育停滞、骨骼和软骨的严重畸形，包括骨质疏松，以及严重的动脉硬化。后者是常见的死亡原因，通常在 13 岁左右。关于这种最常见的模仿动脉粥样硬化的程度尚存在争议。另外一方面不寻常的是重度的血管平滑肌细胞消失。白内障和胰岛素抵抗偶有报道，并且至少有一例恶性肿瘤的报道（胸壁的肉瘤）。其他的老化特征并不明显。HGPS 非常罕见（发病率为四百万分之一）。与父亲的高龄相关，精子来自年长父亲更有可能发生突变，大多数会对胎儿产生潜在的有害影响。

科凯恩综合征 科凯恩综合征（Cockayne Syndrome，CS）（见图3）是由 DNA 修复基因缺陷而致病，该基因可将信息从 DNA 转录到 RNA，在 DNA 修复过程中发挥重要作用。临床综合征至少与两个这样的基因相关，一

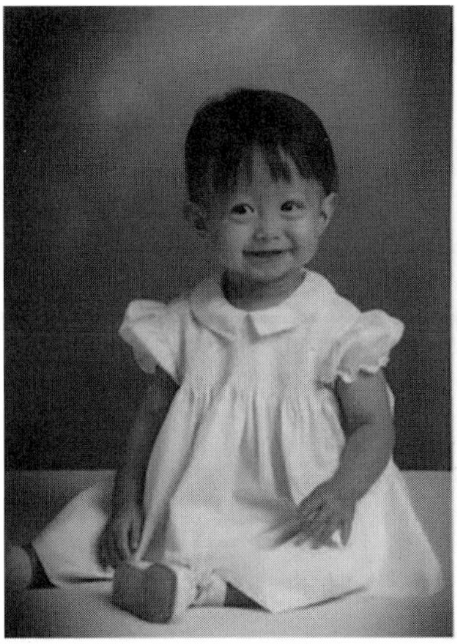

（A）

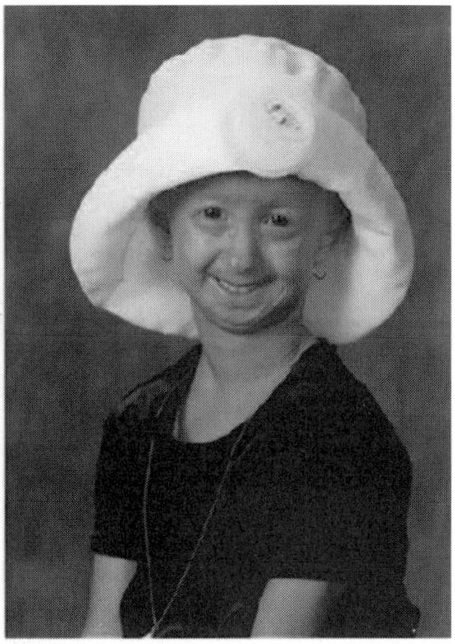

（B）

图2 哈钦森—吉尔福德早老综合征患者：（A）13个月，（B）9岁

注：这种综合征由核纤层蛋白 A/C 显性突变而致病，此基因为覆盖在细胞核内层的蛋白质。

引自：The Progeria Research Foundation.

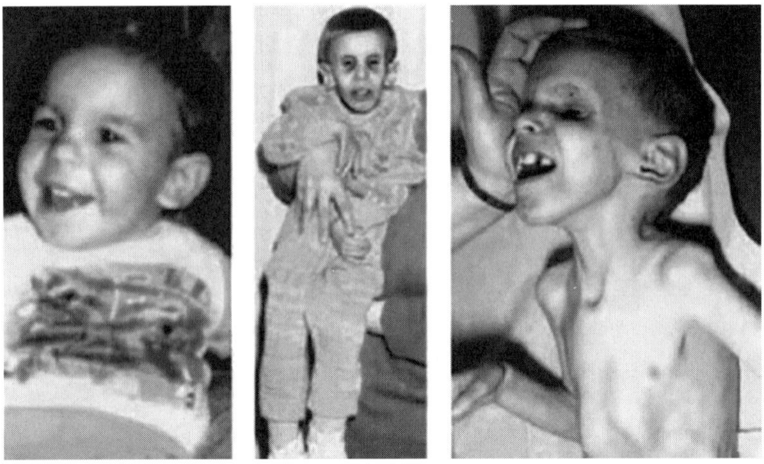

18个月　　　　　　　　6岁

图 3　同时患有科凯恩综合征和着色性干皮病的患者在 18 个月和 6 岁时的照片

注：该综合征是由负责转录功能的 DNA 修复基因缺陷而引起的。

引自：J. O. Andressoo and J. H. J. Hoeijmakers（2005）Transcription-coupled repair and premature ageing. *Mutation Research* 577：179-194.

个在第 5 号染色体上，另一个在第 10 号染色体上。其他转录偶联修复相关的重要基因缺陷，会导致不同的早老综合征，其中之一（一种着色性干皮病）会在稍后讨论。

像 HGPS 一样，CS 对发育产生重大影响。因此很难确定复杂表型特征在发育障碍或发育后生物衰老过程中的程度。中枢和外周神经系统有严重的生长衰竭和严重的发育/退行性改变。局部皮下脂肪缺失是许多早老综合征的共同特点，从而导致皮肤干薄，早老面容。其他特征包括视网膜变性、视神经萎缩、眼白内障、角膜混浊、感觉神经性听力丧失、高血压、心律失常、皮肤萎缩、脊柱后凸和蛋白尿。

共济失调毛细血管扩张症　共济失调毛细血管扩张症（Ataxia-Telangiectasia，AT）是基因缺陷导致的早老综合征的又一个例子，这个基因的产物对于维持基因组稳定性至关重要。显而易见的是，一个已经失去了维持其 DNA 结构和功能的机体，会产生多种体征和症状，这些症状在衰老过程中进一步恶化。这些观察结果支持增加基因组稳定性在正常衰老中发挥主要作用的假说。

同 CS 和 WS 一样，AT 表现为常染色体隐性遗传模式。突变基因产物 ATM 是一种酶（丝氨酸激酶），可调节对于某种形式的 DNA 损伤（包括电离辐射）的反应。当它正常运作时，会发出一个关键分子（p53）的信号来协助细胞周期停滞，直到损伤得以修复。细胞周期检查点是在下一轮 DNA 合成开始之前。如果修复不成功会发生细胞凋亡—细胞自杀的一种形式。

AT 患者小脑皮质的浦肯野细胞退化，导致共济失调。其他包括毛发、皮肤和免疫系统的衰老。免疫系统的缺陷导致对感染的敏感性增加，尤其是肺部感染。患者也易患癌症，尤其是淋巴瘤和白血病。

先天性角化不全，常染色体显性遗传　先天性角化不全（Dyskeratosis Congenita，DS）对老年病学家特别重要，因为它是由编码端粒酶的RNA组分的基因突变引起的，端粒酶是维持染色体末端所必需的酶。端粒酶的缺失将会对干细胞、某些分化的体细胞和生殖细胞产生严重的后果，因为通常在这些细胞中端粒酶都保持着较高水平的活性。在端粒酶缺失的情况下，染色体末端的重复单元丢失，直接导致染色体异常并退出细胞周期。在大多数正在复制的体细胞中，端粒酶的缺失被认为是衰老的主要因素。DS可以归类为节段性早老综合征，患者出现头发稀少，指甲营养不良，与正常皮肤老化部分重叠的皮肤异常、骨质疏松症、免疫缺陷、贫血、体细胞遗传学异常以及黏膜的癌前病变。可能出现生殖系统发育不良或萎缩，但并没有得到充足的研究证实。像其他早老综合征一样，人们总是担心表型可能主要是由于对发育的影响而不是对衰老的影响。也就是说，有证据表明在几种节段性早老综合征（包括WS和HGPS）中端粒重复单元的丢失速率增加。

唐氏综合征　唐氏综合征（Down Syndrome，DS）的大多数形式是由21号染色体的额外拷贝引起的，但有时它可能是由于21号染色体的关键部位的额外拷贝导致的染色体损伤而致病的。早衰包括头发灰白、白内障、听力丧失、卵巢功能早衰、骨密度降低及某些特定的白血病。然而，最引人注目的特点是，基本上100%的患者在中年就会出现所有的阿尔茨海默病的神经病理学特征。这可能是由于该基因的额外拷贝所产生的β-淀粉样前体蛋白。DS是最常见的新生儿染色体异常疾病。它的发生率随着产妇年龄的增长而急剧上升，可能反映了卵母细胞内的衰老过程。

线粒体突变小鼠　两个独立的研究小组已经对老鼠进行基因改造，使其丧失了对线粒体DNA复制酶（DNA聚合酶γ）的校对错误的能力（见图4）。这个模型很有趣，因为早衰的特征与高水平的自由基或对大分子的氧化损伤并没有显著的相关性。这样的结果对衰老的自由基理论提出了挑战。然而，可能是在正常的衰老过程中，线粒体功能障碍确实涉及氧化应激，因为有大量的证据支持这一观点。这种动物基因改造的损伤可能是另一条通向线粒体功能障碍的途径。这类早衰症的特点是尽管发育正常但其寿命明显缩短，包括头发灰白、脱落、骨量丢失、驼背、肌肉量减少（肌少症）、睾丸萎缩、肠隐窝丧失、贫血和听力丧失等。这是一种有趣的现象，相比于老鼠，这组表型更具有人类衰老的典型特征。其他的小鼠早衰模型也可以证明这一相同观点，包括下面的例子。

克洛索小鼠　克洛索（Klotho）这个词来源于“纺织生命之丝”的希腊女神的名字。这种人类早衰的突变小鼠模型是偶然发现的——一种引入小鼠基因组的基因碰巧着陆，使现在称为克洛索的基因发生突变。这

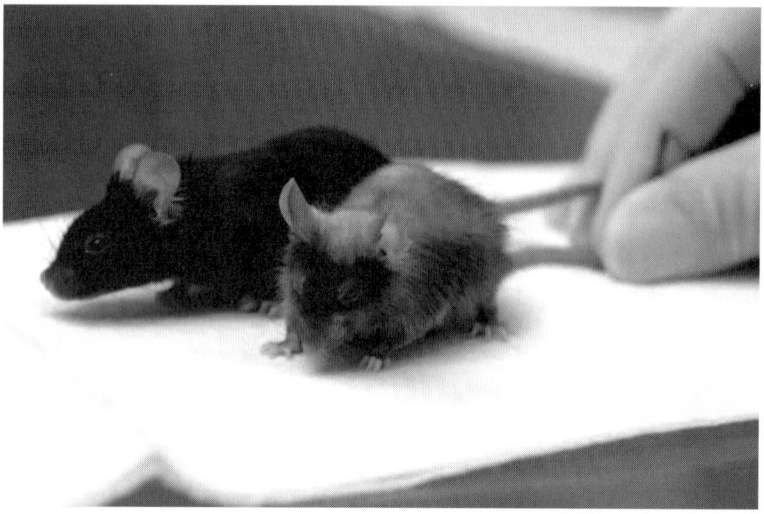

图4　13个月的正常雄性小鼠（左）和13个月的基因突变雄性小鼠（右）

注：其复制线粒体DNA的基因（DNA聚合酶γ）产生突变（右）；基因缺失的部分负责校对DNA的复制。

个模型特别引人关注，因为随后的研究表明，过度表达克洛索基因会延长寿命，从我们对衰老的基本机制的理解来看，这是一种更有价值的表型。克洛索似乎编码了一种具有β-葡糖醛酸糖苷酶特征的酶。虽然它主要表达在肾脏的远曲小管和大脑的脉络丛中，但部分基因产物在其中循环并充当激素。它也可能作为旁分泌激素，影响附近的细胞，尤其是在肾脏。该基因被认为主要作用于钙磷代谢。其机制的具体细节目前正在研究中。它的一些早衰特征可能是由于发育异常引起的，而另一些则来自成熟后期的退化。总体特征包括寿命缩短、发育迟缓、睾丸萎缩（或发育不良）、肺气肿、小脑皮质浦肯野细胞缺失、胸腺早衰、动脉粥样硬化的钙化形成以及其他组织中钙质异位沉积、骨质疏松症、皮肤萎缩和脂肪营养不良。

单独型早老综合征

一些基因突变似乎仅在单一组织内加速某些老化特征。有很多这样的情况，可能被称为单独型早老综合征。这里只考虑三个例子：一种是主要作用于暴露在阳光下的皮肤，一种是导致最常见的一种痴呆——早发阿尔茨海默病，另一种是导致早发性帕金森病。

着色性干皮病　AT患者对电离辐射敏感，而着色性干皮病（Xeroderma Pigmentosum，XP）患者则对紫外线（UV）敏感。由于一定程度的阳光照射在现实世界中实际上是不可避免的，所以在暴露于阳光的老年人皮肤上，分化出不同程度的阳光介导的退行性和增殖性改变。这些变化包括真皮中胶原蛋白和弹性蛋白的变性。威胁生命的是表

皮的癌前病变，并最终恶变。也可能发生眼部受损，包括眼部肿瘤。XP 有许多基因变异，所以变异都损伤了细胞修复 DNA 的能力。

家族性阿尔茨海默病　一些研究表明，在美国居住的 85 岁以上的居民中，几乎有一半的人有可能患上阿尔茨海默病的迹象和症状。到目前为止，它是中枢神经系统老化最常见的一种疾病。已经在三组家族中分离出与疾病的早发相关的显性基因突变，疾病的早期发作通常被定义在 60 岁之前发病，有时最早出现在 20 多岁。这三种受影响的基因是 APP（编码 β 淀粉样前体蛋白，同样也可能是造成先天性角化不良的痴呆的主要基因），PS1（早老素 1），以及一种与之密切相关的基因 PS2（早老素 2）。虽然这些家族非常罕见，但由于这些发现，使生化遗传学研究产生了一个假设：即这种所谓的散发性疾病到底有多普遍。该假设指出作为 APP 基因产物的小肽衍生物：A－β42 具有关键性作用。它被认为是新陈代谢的一种小型产物，最终形成一种对神经突触有毒性的寡聚分子。对于这种代谢的正常基因，这种肽的神经毒性作用需要几十年才能达到某种表型的表达水平，从而逃避了自然选择的压力。然而，这个过程在 DS 和家族性阿尔茨海默病中加速。

家族性帕金森病　在正常的老化过程中，中脑小的色素多巴胺能神经元逐渐丧失。损失的速率存在个体性差异，因此对于某些人，帕金森病的主要症状如面具脸和运动障碍会在生命的晚期出现。在过去的几年中，在定义一系列罕见的基因突变方面取得了前所未有的进展，这些基因突变导致了常见的衰老疾病的早期发作，从而打开了进一步详细了解其机制的大门。目前有 11 个基因位点涉及其发病机制（PARK1－11）。这些研究提示了这些进程的潜在作用，如氧化和亚硝基化应激，线粒体功能障碍，变异蛋白的积累以及用于清除含有变异蛋白细胞的故障系统。环境因素显然具有重要意义，例如疾病变异导致 1918 年流感大暴发，以及最近发现非法毒品的化学副作用可能导致疾病几乎在一夜之间出现。实验表明，鱼藤酮是一种破坏线粒体的药物，也会导致多巴胺能神经元的明显缺失。

另请参阅：成就；痴呆：阿尔茨海默病；线粒体与衰老；帕金森病；老化理论：生物学。

拓展阅读

Hofer AC, Tran RT, Aziz OZ, Wright W, Novelli G, Shay J, and Lewis M (2005) Shared phenotypes among segmental progeroid syndromes suggest underlying pathways of aging. *Journal of Gerontology Series A Biological Sciences and Medical Sciences* 60: 10-20.

Kuro-o M (2001) Disease model: human aging. *Trends in Molecular Medicine* 7: 179-181.

Martin GM (1978) Genetic syndromes in man with potential relevance to the pathobiology of aging. *Birth Defects Original Article Series* 14: 5-39.

Martin GM (2005) Genetic modulation of senescent phenotypes in Homo sapiens. *Cell* 120: 523-532.

Pletcher SD (2002) Mitigating the tithonus error: genetic analysis of mortality phenotypes. *Science of Aging Knowledge Environment* Sep 18 (37).

译　者：陈　怡（中日友好医院）

谵妄

J. H. 弗莱厄蒂 圣路易斯大学医学院，圣路易斯，密苏里州，美国

词汇表

谵妄（Delirium）——以急性发作的注意力障碍、思维混乱、语言不连续为主要特征。

谵妄病房(Delirium Room，DR)——为干预谵妄特设的四床位病房，提供 24 小时护理和监测，包括至少一名护士，没有任何身体束缚。

引言

谵妄是一种急性精神状态改变的医学诊断，根据《精神疾病诊断与统计手册》（第 4 版）（DSM-Ⅳ）的诊断标准，谵妄定义为注意力障碍、思维混乱和言语不连贯。患者通常表现为意识模糊、认知障碍、睡眠周期异常、易激惹、嗜睡和定向力障碍。

谵妄在不同医疗机构均常见，常常被漏诊，与躯体功能障碍、死亡等不良预后相关，因此是一种具有危险性的疾病诊断。谵妄的综合管理流程包括：识别、诊断（如何鉴别谵妄和痴呆）、评估（寻找和治疗谵妄的潜在原因）、预防和处理。谵妄的潜在原因是多方面的，可以通过助记性谵妄方法记忆并识别。预防措施包括针对多危险因素的多方面干预策略、为髋部骨折患者进行老年科会诊；特设的提供 24 小时护理的四床位谵妄病房是干预措施的一种模式，不能对谵妄患者进行身体束缚，尽量少用药物性镇静。

谵妄的定义和分型；不同科室和医疗机构患病率和发病情况

根据 DSM-IV 标准，谵妄定义为急性发生的注意力障碍、思维混乱和言语不连贯。患者通常表现为意识模糊、认知障碍、睡眠周期异常、易激惹、嗜睡和定向力障碍。虽然以上定义和诊断基于 DSM-IV，但谵妄可能是由于疾病、中毒、药物使用等情况所致，病史、体检、实验室检查可以提供其他方面的诊断依据，因此谵妄更应被认为是一种临床诊断。

大部分研究认为谵妄分为两型：低兴奋型谵妄和高兴奋型谵妄，但患者也可以表现为兼具两种特点的混合型。以 DSM-IV 为诊断标准，多项研究表明有 22%以上的老年人在入院时存在谵妄，住院期间谵妄患病率可达 31%以上，如果以各种意识障碍为判断标准则患病率会更高。

大多数研究表明外科患者谵妄的患病率

高于内科患者，冠状动脉旁路移植术后的患者最高，为 17%～74%；整形手术患者为 28%～53%；泌尿外科患者发生率较低，为 4.5%～6.8%。麻醉药物不是造成高谵妄率的原因，也有几项研究发现麻醉方式（全身麻醉、硬膜外麻醉、脊髓麻醉、局部麻醉）也和谵妄的发生无关。

谵妄发生率最高的科室是重症监护病房（intensive care unit，ICU），最高可达 80%。很多年以来，这种情况被称为 ICU 精神错乱或日落现象，被认为是不可避免、不能预防的，这似乎可以部分解释 ICU 中 66%～84% 的谵妄患者没有被识别。然而，有研究显示 ICU 中的谵妄和其他科室同样是预后不良的，根据重症医学学会（the Society of Critical Care Medicine）临床实践指南的推荐，所有 ICU 患者均应进行谵妄评估。

急性期之后的照护机构（如中期照护机构、护理院、康复中心、长期照护机构）的数据显示，从急性病医疗机构出院时仍存在谵妄的患者，入住以上机构后谵妄持续时间延长。一项研究纳入 214 例住院期间发生谵妄的患者，结果发现，入住护理院时 72% 仍有谵妄，1 个月后为 55%，3 个月后为 25%。在一项大规模研究中，80 个急性期之后的照护机构应用最小数据集（Minimum Data Set，MDS）识别谵妄症状，入住时 23%的患者有谵妄，其中 52%的患者随访 1 周后仍有谵妄症状。

另外两项在护理院的研究显示，某一时间点谵妄患病率同样较高，一家长期照护机构 324 例患者中 14%患有谵妄，另一项研究中 74 例患者中 33%患有谵妄。

在不同医疗机构，谵妄有如此高的患病率，原因之一是低兴奋型谵妄发生率高于高兴奋型谵妄；原因之二是部分患者表现为非典型症状，仅符合部分谵妄标准，这样的患者应该同样被重视，与谵妄患者和无谵妄患者相比，其预后不良介于这两部分患者之间。

相关预后不良

谵妄是一种严重情况，然而有研究显示 32%～66%的谵妄并没有被医生或护士识别。住院期间，发生谵妄的老年人与没有发生谵妄者相比，更容易出现并发症、躯体功能障碍、住院时间延长、入住长照机构的可能性增加，甚至有更高的死亡率。谵妄住院患者的死亡率达 25%～33%，堪比急性心肌梗死和脓毒症。

在大多数研究中，调整了年龄、认知功能障碍、严重急慢性疾病、功能障碍后，谵妄仍为预后不良的独立危险因素。

ICU 中谵妄患者的预后不良包括：入住 ICU 时间延长、住院时间延长、死亡率增加。来自急性期之后的照护机构的数据亦显示出现谵妄的患者预后不良，躯体功能障碍和死亡率增加。

危险因素

谵妄有很多危险因素，可以是外部因素

（环境），也可以是内部因素（个体情况）。包括：潜在痴呆、近期手术、脱水、肾功能不全、多重用药、镇痛不充分、导尿管植入及身体束缚等，其中最主要的是潜在痴呆，与潜在神经病理生理机制有关。

虽然发生机制有很多假说，但至今仍没有阐明具体是哪些机制引发临床表现。其中一些假说涉及神经转导系统、血管机制、神经内分泌/免疫介导（如细胞因子）方面的异常。

谵妄的综合管理流程

由于谵妄是一个涉及多种因素的问题，因此应进行多方面管理，包括：（1）识别，即认识到谵妄非常常见、在哪些情况发生，使周围医护人员具有同样的共识并给予患者相应照护；（2）诊断，即了解鉴别诊断的重要性，并且掌握如何鉴别谵妄和痴呆；（3）评估，即识别和治疗谵妄的潜在原因；（4）预防，即应用预防谵妄的策略和照护模式；（5）管理，即治疗已经发生谵妄的患者。

识别

因为谵妄普遍存在、危险因素众多，因此医疗机构应该筛查谵妄。目前已有一些筛查工具，如意识模糊 A 临床评估、意识模糊分级量表、NEECHAM 意识模糊量表，以上量表基均于护理需求产生。意识模糊评估法（Confusion Assessment Method，CAM）适合有经验的医生和护士使用，CAM-ICU 适用于 ICU 患者，NEECHAM 意识模糊量表和急性意识模糊视觉量表适用于长期照护机构的患者。

急性医疗机构和急性期之后的照护机构应提高对谵妄的识别，可能出现谵妄的科室均应进行发生率和转归的监测（应该作为护理质量的评价指标）。

诊断

诊断谵妄的最重要一步是鉴别痴呆。虽然谵妄可发生于痴呆患者，但大部分类型的痴呆是逐渐进展和加重的过程，而大部分谵妄是可逆的。混淆概念或未进行鉴别诊断是谵妄高漏诊率的原因，医生中漏诊率达 32%～66%，护士达 69% 以上，误诊或延迟诊断与预后不良有一定关系。表 1 根据 DSM 列出了谵妄和痴呆的鉴别要点，但没有说明谵妄发生在躯体疾病、代谢紊乱、药物毒性或药物戒断的基础之上。

意识水平的改变对于鉴别谵妄和痴呆非常有用，即使不知道患者的基础神志状况，也能判断患者的意识水平是处于易激惹或警觉状态，还是处于嗜睡、呆滞、昏迷的状态。

虽然定向力障碍在谵妄和痴呆都可发生，两者区别之处在于患者如何回答定向力方面的问题，谵妄患者回答问题没有条理、杂乱无章或语无伦次。

急性发作和症状波动是谵妄的两大特征，这些情况可以由照护者提供（亲属或护士），用“非急性”来描述细微的精神状态改变，往往使照护者忽视谵妄的存在，一段时间之后，由于痴呆的同时存在认知功能逐渐下降，如果没有被识别，谵妄也可能影

表 1 谵妄和痴呆的特点

项目	谵妄	痴呆
意识	意识模糊、意识水平下降或过度警觉	正常
定向力	障碍	障碍
病程	波动	稳定下降趋势
发病	急性发病或亚急性发病	慢性发病
注意力	障碍	正常
精神状态	易激惹或嗜睡	正常
幻觉	感知异常，可出现幻觉	多数不出现幻觉
睡眠觉醒节律	异常	多数正常
语言	缓慢、不连续	失语、命名障碍

引自：Flaherty JH（2006）Delirium. In：*Principles and Practice of Geriatric Medicine*，4th edn，pp. 1047-1060. Sussex，England：John Wiley & Sons.

响其他功能，导致脱水、营养不良等其他问题，从而进一步加重谵妄。这种“雪球效应”可以部分解释为什么谵妄病因是多因素的，因此，不能明确以上情形是在具体什么时间发生的时候，应该考虑患者是否存在谵妄，并进行评估。

如果不了解患者的基础神志状况，注意力的评估是非常有帮助的。在询问病史时，谵妄患者很难维持交谈和跟随谈话、很难持续上一个问题、容易分散注意力。注意力也可以通过认知功能评估项目进行测试，如倒序说出一周的每一天、倒序拼单词或执行其他需要注意力的任务。

谵妄患者可能出现易激惹、嗜睡、幻觉、睡眠觉醒周期异常、语言缓慢或不连续，但这些不是诊断的必要条件。

评估

总体来说，对谵妄患者进行评估时应考虑：所有可能的原因、谨慎地进行检查、牢记谵妄是由多种潜在原因所致。

尽可能从所有照护者（如亲属、护理人员）处取得病史细节，并进行体格检查，建立所有用药的清单，可以应用“DELIRIUMS”作为筛查谵妄大部分原因的方法（见表 2）。

药物是导致谵妄的最常见原因。虽然抗胆碱能药物是导致谵妄最主要的药物，但由于引起谵妄的神经递质不仅仅只有胆碱能系统，有必要考虑更多方面，总体原则包括三项：（1）任何对中枢神经系统产生作用的药物均可能致谵妄；（2）近期应用的药物或开始应用后出现认知功能改变的药物可能是引起谵妄的原因；（3）几乎任何引起谵妄的药物都有可能引起认知功能障碍。

下面将介绍引起谵妄的常见药物，以建立读者对药物因素的总体理念。虽然以前的文献报道并没有讨论或使用谵妄的确切定义，但可能会应用其他词语描述由于某些药

表 2 谵妄的原因

D-药物
E-情绪
L-缺氧状态(如急性心肌梗死、脑卒中、肺栓塞)
I-感染
R-尿潴留或粪嵌塞
I-癫痫发作
U-脱水或营养不良
M-代谢因素
S-硬膜下血肿

[a] 虽然抑郁不是引起谵妄的原因，但是对于有谵妄表现的患者需要鉴别抑郁。

引自：Flaherty JH（2006）Delirium. In：*Principles and Practice of Geriatric Medicine*，4th edn，pp. 1047-1060. Sussex，England：John Wiley & Sons.

物引起的谵妄：如幻觉、偏执、妄想、精神错乱、思维混乱、攻击性、躁动不安、反应迟钝。因此，下面内容中的文献证据可能使用上述词语而不是谵妄。

抗帕金森病药物可能引起谵妄，其原因是神经递质多巴胺和乙酰胆碱的失衡，这两者都与谵妄的发生密切相关。

虽然传统短效解痉药物（治疗尿失禁）与缓释剂型相比，前者被认为更容易引起谵妄，但也有文献报道后者亦可引起谵妄。

促动力药物（如胃复安）具有外周及中枢性抗多巴胺作用，其精神方面的副作用包括躁动不安、反应迟钝、抑郁和思维混乱。

由于精神类药物作用于中枢神经系统，被认为是引起谵妄的最常见药物。然而，精神疾病尤其是抑郁需要治疗，这类药物引起的副作用值得关注。

三环类抗抑郁药（tricyclic antidepressants，TCAs）可引起谵妄，发生率为 1.5%～20%，有认知功能障碍的老年人和患有严重疾病的患者发生率最高。某些 TCAs 比其他同类药物（如丙咪嗪）抗胆碱能作用小，因此即使有谵妄风险也不是绝对禁忌。

从谵妄发生风险来说，5-羟色胺选择性重摄取抑制剂（serotonin selective reuptake inhibitor，SSRI）比 TCAs 副作用小，但是 SSRI 主要副作用之一低钠血症可导致谵妄，氟西汀、氟伏沙明、帕罗西汀、舍曲林均有相关报道，大部分病例疑似为药物之间的相互作用。

苯二氮䓬类药物（Benzodiazepines，BDZs）在 20 世纪 60 年代开始应用，是应用最为广泛的精神类药物，老年人群尤其应用广泛。在一项年龄 58～88 岁、400 多例住院患者的研究中，入院时简易精神状态检查（MMSE）评分正常，应用 BDZs 后出现认知功能受损的相对风险是 3.5 倍（95%置信区间 1.4～8.8）。术后应用 BDZs 也可增加谵妄风险。

抗精神病药物可导致谵妄。一项研究发现，患者因为谵妄从精神科病房转入普通病房，31%的患者是因为使用了低强度的抗精神病药物。无论是处方经典抗精神病药物还是非经典抗精神病药物，医生应该牢记这些药物不仅仅具有单神经递质活性，它们还有其他作用，激活或阻断许多谵妄发生过程中涉及的病理生理途径，如多巴胺、乙酰胆碱、5-羟色胺、组胺。因此，如同其他老年精神类药物，抗精神病类药物被认为是引起谵妄的潜在因素。路易体痴呆的患者对神经松弛剂的敏感性增高。

抗精神病药物恶性症候群典型的三联征是：发热、肌酸激酶升高和意识模糊。也有学者认为有其他表现或临床症状谱，或表现为一种或两种症状，或是程度较轻的表现，比如，患者可以表现为间断发作的轻度精神错乱和肌炎，不伴有肌酸激酶升高。

虽然镇静剂应用于老年人群比较安全，发生谵妄风险并不大，但是应注意以下细节：由于哌替啶（杜冷丁）的活性代谢产物去甲哌替啶有抗胆碱能作用，用于老年人时有风险；应用镇静剂发生谵妄与药物毒性、过量使用、肝肾功能不全患者超量使用、突然停药有关。

肌松药物真正的作用部位是大脑，而不是局部肌肉，常用的肌松药包括环苯扎林、美索巴莫、异丙基甲基双脲，有文献报道以上这些药物可致谵妄。

抗癫痫药物可致不同类型的认知功能障碍，如淡漠、易激惹、抑郁、精神错乱、谵妄，认知功能障碍与血清药物水平有关，但是临床医生需谨记大部分抗惊厥药物是与蛋白结合的，如果患者的营养状况很差，血清中游离状态的药物浓度会增加。

已经发生谵妄和有谵妄风险的患者的药物管理遵循以下原则（见表3）。

DELIRIUM 中的“E”代表情绪因素，虽然抑郁不引起谵妄，但抑郁患者可有类似谵妄患者的精神症状，如思维混乱或嗜睡，需要鉴别抑郁。

需要高度重视低氧状态，老年患者心脏、肺脏或脑（如心肌梗死、肺栓塞、脑卒中）的缺氧性损伤时可出现谵妄。谵妄患者可能正处于心脏缺血事件中，因此也可以认为谵妄如同心脏事件一样严重；发生心肌梗死时，谵妄患者不能主诉胸痛，但会影响肾上腺素能系统，也可以出现心脑综合征，从而引起中枢神经系统失衡，因此出现谵妄的患者，应鉴别心肌梗死。

脑卒中患者有谵妄风险，谵妄可以是脑卒中的并发症成潜在共病，也可以是脑卒中本身的症状之一。

表3　谵妄和具有谵妄风险患者的药物管理原则

1. 停用不必要的药物直到谵妄缓解，之后重新评估这些药物是否应用
2. 尽可能应用非药物干预手段，而不是首选药物治疗谵妄
3. 症状不确切的情况下不要应用药物（如对于不确定的胃肠道症状不要常规应用 H_2 受体阻滞剂）
4. 在评估谵妄的诱因时也应注意非处方药物的作用
5. 评价所有药物—药物与药物—疾病间的相互作用
6. 开始使用药物时，明确使用的疗程。遵循小剂量起始、缓慢加量的原则，也应清楚何时停药
7. 患者有谵妄风险或处于谵妄状态时，处方药物必须基于治疗性原因而非预防性原因
8. 没有充分必要时，不要加用新药治疗药物的副作用（如长效麻醉药物和泻药）

感染是老年人发生谵妄的最常见原因之一，其中尿路感染和呼吸系统感染排在首位。如果有线索提示胆囊炎或憩室炎，也应识别这样轻度感染的因素。虽然脑膜炎也应鉴别，但是如果没有中枢神经系统感染的症状，谵妄患者是否有必要进行脑脊液检查尚无定论。

由于导尿管的应用使得尿路感染成为老年人院内感染最常见的原因。因此，对于尿失禁和尿潴留的患者，如果直接间断置管可以解决问题，则不要留置导尿管；除非为了十分重要的医疗决策和转归，一般情况不应该为了监测出入量而留置导尿管。

应用“膀胱脑综合征”进行检索，有文献报道尿潴留可致谵妄。最早的文献报道这样描述：三名老年男性，变得易激惹和少语，膀胱潴留大量尿液，排空尿液后谵妄状态很快缓解。快速诊断尿潴留的方法是超声检查，虽然费用较高，但因此减少直接使用导管而节省的费用可以补偿超声的费用。

虽然没有文献报道粪嵌塞是谵妄的诱因之一，但是老年人是粪嵌塞的高危人群，如果发生谵妄以嗜睡为主要表现，应警惕此原因。

癫痫是谵妄的少见原因，强直阵挛性癫痫的诊断并不困难。然而，65 岁以上的老年人一半以上是复杂部分性发作和单纯部分性发作，仅表现为精神状态的波动性改变而无大发作的患者不易引起照护者的注意。虽然脑电图在谵妄患者的最初评估中并没有推荐，但有相关病史时应予以考虑。

脱水是致谵妄的原因之一，是谵妄的危险因素，虽然有些情况尿素氮与肌酐的比值升高不能表明脱水，但有证据显示此比值超过 17：1 的时候谵妄风险增加。

由于药物与蛋白的结合，营养不足和营养不良是发生谵妄的潜在原因之一。营养不良的患者蛋白储备减低，游离药物浓度升高，患者谵妄风险增加。营养不良与谵妄之间的关系包括细胞因子机制尚未完全阐明。

由于实验室检查的广泛应用，引起谵妄的代谢因素很容易被识别，包括电解质、肝功能、肾功能、甲状腺功能和维生素 B_{12} 水平。

DELIRIUMS 中的“S”代表谵妄的原因很多，S 也表示引起精神状态改变的硬膜下血肿。虽然年轻人硬膜下血肿的死亡率非常高，但老年人群中如果没有漏诊则预后较好。老年人与年轻人相比，不同点还在于老年人硬膜下血肿可在数小时或数天内发生。所有谵妄入院的老年人是否常规进行脑部影像学检查虽然有争议，但是鉴于及时发现后病情可逆，延迟诊断则不可逆，有头部创伤或可疑跌倒的患者应该进行此检查。

另一个没有在 DELIRIUMS 中呈现的原因是疼痛，疼痛被认为是第五生命体征，目前对其认知度已有所提高，疼痛作为引起谵妄的原因是可以治疗的，尤其是在择期手术时。

预防和干预管理

谵妄的干预目标如下：（1）预防谵妄的发生；（2）不能预防谵妄的患者则改善与谵妄相关的预后不良；（3）谵妄管理中

为医护人员提供替代身体束缚和药物治疗的方案。

谵妄是个复杂的问题，有效的干预方案包括多方面，但不易被量化。有效的干预方案包括：危险因素识别和筛查诊断的教育工作，摒弃貌似有保护作用而事实并非如此的传统习惯做法（如身体束缚和药物镇静），意识到多方位干预措施虽然不简单但是可行。因此，成功的干预需要利用多学科团队模式、遵循老年医学原则。然而，并不是所有的干预都有效，以下内容是干预有效的研究。

在一项前瞻性住院老人预防谵妄的多方位干预研究中，识别谵妄风险包括以下六个方面：基线认知功能障碍的程度、视力问题、睡眠—觉醒周期变化、脱水、活动能力下降、听力障碍。标准干预方案包括：（1）保证睡眠（背部按摩、放松音乐、噪声减少、喝温牛奶或不含咖啡因的茶）；（2）容量不足的识别并及时纠正；（3）应用扩音器或患者自己的助听器；（4）使用提高视力的辅助工具（患者的眼镜、放大镜）；（5）尽可能活动；（6）频繁纠正定向力。结果显示谵妄减少了三分之一（426名患者，普通照护组谵妄发生率15%，干预组发生率9.9%，OR值0.60，95%置信区间0.39~0.92）。干预组谵妄持续天数和谵妄发作次数均有减少，但两组间谵妄的严重程度和复发率没有显著性差异。多学科团队包括一名老年科护理专家、两名经过培训并熟悉标准干预方案的人员、一名具有资格的文娱治疗师、一名物理治疗师、一名老年科医生和数名经过培训的志愿者。结果还发现，普通照护组较既往研究的谵妄发生率低，反映了这是在同一家医院进行的研究，部分普通照护组患者在入组时与干预组患者一起接受了治疗。多方位的干预似乎耗费了更多的人力成本和花费，但费用—效益分析结果是有益的。

另一项对126名65岁以上接受髋部骨折手术的人群进行研究，谵妄高危患者被随机分为老年会诊组和普通照护组，老年会诊组的干预更加积极，术前（61%的患者）及24小时内给予会诊，住院期间老年科医生每日查房。根据老年医学原则和术后医疗常规制定方案，建议进行严重疼痛的治疗、停用不必要的药物、调整肠道及膀胱功能（包括术后第二天去除导尿管）、保证足够的热量摄入和术后早期活动。总体而言，骨科团队对建议的依从率为77%，谵妄的发生减少了三分之一（64例普通照护组谵妄发生率为50%，62例接受会诊组为32%，OR值0.64，95%置信区间0.37~0.98）；严重谵妄明显减少，会诊组12%，普通照护组29%（OR值0.40，95%置信区间0.18~0.89）。

另一种干预模式是谵妄病房（DR），为了不能预防的谵妄及入院时已存在的谵妄患者而设立。DR是特设的四床位病房，提供24小时护理和观察，至少一名护士，且患者没有身体束缚。要点包括：四床位病房是老年急性医疗（acute care for the erderly，ACE）单元的主要组成，ACE单元对预防躯体功能下降有益，谵妄病房的患者也可以同样获益。护理服务和制定如何识别并管理谵妄患者的护理方案是十分必要的。谵妄病房与病房的其他部分不是割裂的，它与护士站距离最近。由于谵妄的综合管理流程中，提高识别意识是其中之一，在病区中设立DR可以加强医护人员的识别意识，认识到谵妄是预后不良的严重医疗问题。将谵妄患者或潜在谵妄患者放在一间病房，并没有增加易激惹性。

关于DR的一项研究显示，在长达12个月的观察期，69位根据《国际疾病分类》（第9版）（ICD-9）诊断谵妄的患者，相关事件（如功能丧失、住院时间延长、死亡率增加）有所减少，只有13%的患者躯体功能丧失，住院期间无一例死亡；在相同时间段，与其他70岁以上患者相比，平均住院时间没有显著性差异；谵妄病房没有使用身体束缚，29%的患者接受了抗谵妄药物治疗（氟哌啶醇、利培酮、劳拉西泮），全天用量不超过2 mg。

导致谵妄的另一个原因是医院环境，处于谵妄高风险的患者如何进行预防？新近两项研究显示，与住院患者相比，居家接受医疗照护的患者谵妄发生率更低。一项研究中，平均年龄为76岁的100位患者（70%来源于居家，25%来源于护理院，4%来源于收容所）所患疾病包括：需要静脉抗生素治疗的急性感染、深静脉血栓、轻微脑血管意外、心力衰竭，诊断24小时内随机分为居家治疗和住院，研究者用意识混乱代替谵妄的正式诊断，结果表明居家治疗组的意识混乱发生率低于住院组。

另一项研究中，住院的老年患者患有肺炎、充血性心力衰竭、慢性阻塞性肺病、蜂窝织炎，随机分为居家治疗组和住院组（平均住院时间2.9天、4.9天），居家照护组发生谵妄的调整后OR值为0.25（0.11，0.58，调整后95%置信区间）。

在预防和管理谵妄过程中，值得注意的另外两种干预措施是患者多进行运动和家庭成员参与老年患者的照护。

身体束缚

有谵妄发生风险和已经发生谵妄患者的标准照护中不能进行身体束缚。原因如下：有研究显示身体束缚是谵妄发生的独立危险因素，并且与谵妄的严重程度相关；而且，使用束缚可以预防跌倒等伤害的观念是不合理的。在长期照护机构进行的三项减少束缚的研究中，两项研究的患者跌倒发生率没有变化，另一项研究显示跌倒发生率增加，三项研究的跌倒损伤率均减低。在医院的两项研究中，患者减少束缚与增加跌倒没有关联，其中一项研究将束缚使用率从每日的52‰减至0.3‰；另外一项减少束缚（减少超过20%）的研究结果显示普通病房均有很好的结果，但6个重症监护室中仅有2个中等度获益，但是跌倒后无死亡病例、没有治疗中断病例，包括ICU中机械通气的患者。

欧洲部分医院的老年科、美国医院的ACE单元和部分护理院已经达到无束缚。

药物治疗

根据已有的谵妄可使用药物和使用原因（患者的症状影响治疗、患者本人或他人处于身体伤害风险中）的相关证据，抗精神病药物应该被认为是一种束缚，除非有证据证明不是这样，目前尚无药物被美国食品药品监督管理局（FDA）批准用于治疗谵妄。

精神分裂症患者使用抗精神病药物可以改善行为症状和功能，最常见的副作用是镇静。然而，谵妄与精神疾病不同，也许这是抗精神病药物没有被用于治疗谵妄的原因，抗精神病药物是否通过镇静作用还是通过谵妄发生过程中的神经转导途径控制行为症状尚不可知。非经典和经典抗精神病药物的一大问题在于不仅仅作用于一条途径，比如利培酮作用于5-羟色胺受体，同时也作用于多巴胺受体和α-1受体；虽然奥氮平类似利培酮作用于5-羟色胺受体，但它的镇静效果是通过对组胺受体的作用而产生的；氯氮平作用于组胺和毒蕈碱受体；喹硫平对组胺和α-1受体作用不同，同时对多巴胺和5-羟色胺受体也有较小的作用。

应用抗精神病药物治疗谵妄的证据并不充分，因为所完成的研究人群和研究类型中，没有设立安慰剂对照组，从而无法观察没有药物干预的谵妄的自然病程（时间）。例如：一项经常被引用的研究，患有艾滋病的谵妄患者30例，平均年龄为39.2岁（23~56岁），应用抗精神病药物与氟哌啶醇、氯丙嗪、劳拉西泮进行比较，没有设立安慰剂对照组；另一项研究中，60位患者平均年龄为65岁，比较了氟哌啶醇和米安舍林，尽管报告了一周时谵妄量表的改善状况，但没有设立安慰剂对照组，无法明确患者在这个时候无药物干预是否会自然改善。值得注意的是，一项非药物预防谵妄的随机对照研究发现，发生谵妄的对照组中，谵妄平均持续了2.5天。

后来的非经典抗精神病药物研究也存在这个问题，没有考虑无药物干预时谵妄的持续时间。纳入64例谵妄患者的前瞻性研究中，患者接受利培酮治疗，在第7天得到改善。接受奥氮平治疗的11例谵妄患者与11例接受氟哌啶醇的患者进行了回顾性研究，临床反应高峰分别为6.8天和7.2天。

抗精神病药物的最佳剂量也尚无定论，目前的推荐是：如果激惹行为严重，可以每20~30分钟使用氟哌啶醇0.25~1.0 mg，24小时的最大剂量是3~5 mg。推荐这个剂量是因为D_2-多巴胺能受体在低剂量时是饱和的，理论上24小时超过5 mg的剂量可能会增加不良事件，而不会提供额外的临床益处。治疗目标应该是患者清醒，而不是镇静状态，如果病情允许，药物应该尽快减量和停用。一项对ICU谵妄患者的研究中，大部分是接受外科手术的患者，平均年龄65岁，比较了氟哌啶醇和奥氮平的作用，对于60岁以上的患者，氟哌啶醇以0.5~1.0 mg为初始剂量，奥氮平每8小时给予2.5 mg，较年轻患者的剂量分别为2.5~5.0 mg和5 mg。随着时间的推移，患者的谵妄指数（严重程度的测量）下降，两组的临床症状

表 4 抗精神病药物在谵妄中的应用

1. 应用抗精神病药物和其他药物治疗谵妄尚无充足证据
2. 根据老年医学的原则，在应用药物治疗之前应该进行非药物干预
3. 如果应用药物，应低剂量起始，牢记治疗目标是清醒的患者而非过度镇静的患者
4. 根据有限的证据，可以选择抗精神病药物而非苯二氮䓬类药物和镇静剂

均有改善。这项研究没有详细说明机械通气患者的比例。

表 4 为根据已有证据得出的结论。

另请参阅：痴呆。

拓展阅读

Blackburn T and Dunn M (1990) Cystocerebral syndrome. Acute urinary retention presenting as confusion in elderly patients. *Archives of Internal Medicine* 150: 2577–2578.

Breitbart W, Marotta R, Platt MM, Weisman H, Derevenco M, Grau C, Corbera K, Raymond S, Lund S, and Jacobson P (1996) A double-blind trial of haloperidol, chlorpromazine, and lorazepam in the treatment of delirium in hospitalized AIDS patients. *American Journal of Psychiatry* 153: 231–237.

Cacchione PZ (2002) Four acute confusion assessment instruments: reliability and validity for use in long-term care facilities. *Journal of Gerontological Nursing* 28: 12–19.

Cacchione PZ, Culp K, Laing J, and Tripp-Reimer T (2003) Clinical profile of acute confusion in the long-term care setting. *Clinical Nursing Research* 12: 145–158.

Capezuti E, Strumpf NE, Evans LK, Grisso JA, and Maislin G (1998) The relationship between physical restraint removal and falls and injuries among nursing home residents. *Journals of Gerontology Series A–Biological Sciences & Medical Sciences* 53: M47–M52.

Caplan GA, Ward JA, Brennan NJ, Coconis J, Board N, and Brown A (1999) Hospital in the home: a randomised controlled trial. *Medical Journal of Australia* 170: 156–160.

Dyer CB, Ashton CM, and Teasdale TA (1995) Postoperative delirium. A review of 80 primary data-collection studies. *Archives of Internal Medicine* 155: 461–465.

Ely EW, Margolin R, Francis J, May L, Truman B, Dittus R, Speroff T, Gautam S, Bernard GR, and Inouye SK (2001) Evaluation of delirium in critically ill patients: validation of the Confusion Assessment Method for the Intensive Care Unit (CAM-ICU). *Critical Care Medicine* 29: 1370–1379.

Ely EW, Shintani A, Truman B, Speroff T, Gordon SM, Harrell FE Jr., Inouye SK, Bernard GR, and Dittus RS (2004) Delirium as a predictor of mortality in mechanically ventilated patients in the intensive care unit. *Journal of the American Medical Association* 291: 1753–1762.

Flaherty JH (1998) Psychotherapeutic agents in older adults. Commonly prescribed and over-the-counter remedies: causes of confusion. *Clinics in Geriatric Medicine* 14: 101–127.

Flaherty JH, Tariq SH, Raghavan S, Bakshi S, Moinuddin A, and Morley JE (2003) A model for managing delirious older inpatients. *Journal of the American Geriatrics Society* 51: 1031–1035.

Inouye SK (2003) Delirium. In: Cassel CK, Leipzig RM, Cohen HJ, Larson EB, and Meier DE (eds.) *Geriatric Medicine: An Evidence-Based Approach*, pp. 1113–1122. New York: Springer.

Inouye SK, van Dyck CH, Alessi CA, Balkin S, Siegal AP, and Horwitz RI (1990) Clarifying confusion: the confusion assessment method. A new method for detection of delirium. *Annals of Internal Medicine* 113: 941–948.

Inouye SK, Bogardus ST Jr., Charpentier PA, Leo-Summers L, Acampora D, Holford TR, and Cooney LM Jr. (1999) A multicomponent intervention to prevent delirium in hospitalized older patients. *New England Journal of Medicine* 340: 669–676.

Kiley DK, Bergmann MA, Murphy KM, Jones RN, Orav EJ, and Marcantonio ER (2003) Delirium among newly admitted postacute facility patients: prevalence, symptoms, and severity. *Journals of Gerontology Series A Biological Sciences & Medical Sciences* 58: M441–M445.

Leff B, Burton L, Guido S, Mader S, Naughton B, Burl J, Greenough W, Inouye S, Frick K, Leff B, Burton J, and Steinwachs D (2004) Home hospital: a feasible and efficacious approach to care for acutely ill order persons. *Journal of the American Geriatrics Society* 52: S194.

Marcantonio ER, Flacker JM, Wright RJ, and Resnick NM (2001) Reducing delirium after hip fracture: a randomized trial. *Journal of the American Geriatrics Society* 49: 516–522.

McNicoll L and Inouye SK (2004) Delirium. In: Landefeld CS, Palmer RM, Johnson MA, Johnston CB, and Lyons WL (eds.) *Current Geriatric Diagnosis and Treatment*, pp. 53–59. New York: Laonge Medical Books/McGraw Hill.

Mion LC, Fogel J, Sandhu S, Palmer RM, Minnick AF, Cranston T, Bethoux F, Merkel C, Berkman CS, and Leipzig R (2001) Outcomes following physical restraint reduction programs in two acute care hospitals. *Joint Commission Journal on Quality Improvement* 27: 605–618.

Skrobik Y (2002) Haloperidol should be used sparingly. *Critical Care Medicine* 30: 2613–2614.

译　者：刘　谦（首都医科大学附属同仁医院）

照料

C. J. 威特拉奇，L. S. 奥可尔 玛格丽特·布兰克纳研究所，克利夫兰，俄亥俄州，美国

词汇表

被照料者（Care Receiver）——指由于疾病、意外或失能而需要日常帮助的人。

居家老人（Community-Dwelling Adult）——指居住在个人家里而非养老机构的老人。

正式照料者（Formal Caregiver）——指隶属于服务机构或者签有正式合同的，有偿为慢性疾病患者或失能人群提供照料或管理照料的人。隶属于服务机构的志愿者也被视为正式照料者。

非正式照料者（Informal Caregiver）——指无偿为慢性疾病患者或失能人群提供照料或管理照料的家人或朋友。

长期照护（Long-Term Care）——指为失能群体或慢性疾病患者提供的相当长一段时间的帮助，包括居家长期照护和机构长期照护。

引言

照料是指为患有慢性疾病或失能的家人、朋友或客户提供帮助的一种行为，其目的在于帮助他们维持最大程度的独立、有尊严的生活。这种帮助包括工具性的支持或生活照料、精神慰藉、经济支持，或者其他维持被照料者日常生活所必需的支持。照料存在不同的强度和时长，从每天一小时，到每年一周，再到长达多年的每天 24 小时。照料的提供可以在社区或家里，也可以在养老机构或辅助生活机构，还可以远程服务。尽管提供照料会给照料者和被照料者都带来压力，但对于照料者的影响更为持久，即使在照料任务结束后其影响也会持续多年。

照料背景

在过去几十年中，对非正式和正式照料者的研究在质量和数量上都有了显著的增长。随着理论和方法的日益成熟，21 世纪初的护理研究在理论、方法、干预和政策制定应用方面不断取得进展。为了理解照料研究日益重要的意义，我们亟须全面认识照料的普及和影响，以及基于实证研究建立的理

论框架。

照料的普及

在美国，65 岁及以上的老年人口比例的增长，尤其是 85 岁以上的高龄老年人口比例的不断增长，给照料的普及带来了巨大的影响。1980 年，65 岁及以上的老年人口数量占总人口数量的 11.2%；2000 年，这一比例上升到 12.4%。据预测，到 2050 年，美国 65 岁及以上的老年人口比重将超过 20%。

据估算，在美国 3 330 万的成人中，超过 700 万的 65 岁及以上的老人在洗澡、穿衣和做家务等日常活动中需要照料。总体来看，家人和朋友提供了大部分的日常生活照料、精神慰藉及经济支持。尤其是对社区居家老人来说，其中 71%的长期照护由家人和朋友提供，这些非正式照料者的数量预计在 580 万人至 700 万人。这些估计值的计算是基于 700 万名到 800 万名的失能（至少有一项功能性障碍）、患有阿尔茨海默病或其他退行性痴呆的社区居家老人。当纳入年轻的（如 20 岁及以上）失能群体时，非正式照料者的统计数量将增加到 5 200 万。另外还有 169 万非正式照料者在被照料者入住机构后继续向他们提供一定程度的援助。

照料的类型

实证研究证明，照料的类型与照料者和被照料者的特征相关。功能性障碍以及衰竭性疾病的种类就是一个重要的影响因素。据统计，65 岁以上的人存在五个方面的障碍：感官障碍（占 14.2%，相当于 470 万老年人口）、生理障碍（占 28.6%，相当于 950 万）、心理障碍（占 10.8%，相当于 360 万）、日常生活无法自理（占 9.5%，相当于 320 万），以及出行障碍（占 20.4%，相当于 680 万）。

认知障碍也是一个影响因素。与有生理障碍但认知正常的人相比，认知障碍患者具有特殊的照料需求。比如，生理障碍患者的照料者主要提供诸如洗澡、穿衣、助行等个人生活照料。而对于具有认知障碍（如阿尔茨海默病、退行性痴呆）的患者来说，照料者不仅需要为其提供日常生活照料，还需要花费大量时间与精力处理患者的行为问题，如焦虑、失忆、四处游荡。

还有一些影响照料提供的因素包括：社会网络特征、家庭收入以及社区服务的获取。人们通常认为，照料者只有在非正式照料无以为继时才会使用正式照料服务。尽管这适用于大多数家庭，但正式服务的获取还与社会网络特征的相关因素紧密相连，比如：社会网络规模、成员之间的亲密度以及对社区资源的知晓度。此外，收入水平也与正式服务的使用息息相关，因为大多数以社区为基础的长期照护都需要自费。因此，收入与社会网络特征会对正式服务的获取产生重要影响。

照料者

非正式照料者

数以百万的老年人所获得的照料来源并不一样。虽然非正式照料在老年照料中占主导地位，但正式照料也扮演着重要角色，尤其是在独居老人和孤寡老人中。然而对大多数有家人、朋友的老人来说，当他们需要照料时，依然偏向于选择家人或朋友为其提供照料。

首要照料者和次要照料者 当老年人需要照料时，整个家庭通常会经历一段时期的重组以调整他们的生活。通常情况下，无论是出于被照料者的选择以及照料者的可得性，还是便利的原因，总会有一个人担任主要照料者的角色。尽管主要照料者的工作职责并未清晰阐明，但一般包括直接为老年人提供照料或管理其照料。长期高压的照料服务促使大量主要照料者向其他家庭成员、朋友或者正式照料者寻求帮助。然而，即使没有明确规定，人们已经达成共识，普遍认为主要照料者应该承担照顾家人的主要职责。

家庭内部在指定主要照料者时有其本身的序次级别。如果被照料者已婚，其配偶最有可能成为主要照料者，其次是成年女儿。据斯佩克特（Spector）等人的研究，约有13.4%的家庭照料者是妻子，10%是丈夫，26.6%是成年女儿，14.7%是儿子，分别还有17.5%和8.6%的是其他女性或男性家人。此外，照料者与被照料者之间的关系会影响谁来提供照料。和与被照料者相处融洽的家人相比，与被照料者关系紧张的家人更不可能提供照料。更糟糕的是，如果照料者与被照料者关系紧张，那么这会加剧双方的痛苦。

还有一些因素会影响家人是否会成为主要照料者，包括：家人的健康状况、与被照料者的居住距离，以及社会角色。这些因素也会影响家人参与照料的程度。健康状况不佳的家庭成员不太可能成为主要照料者。虽然越来越多的家庭照料者与被照料者居住分离且相隔较远，但是仍有三分之一的主要照料者因为与被照料者邻近而承担了主要照料责任。扮演多种社会角色（如雇员、父母）的家庭成员不太可能为老年人提供照料。然而，即使在多重压力下，与正式照料者相比，家人依然是老年照料的主要承担者。

与主要照料者不同，次要照料者通常提供无偿的辅助性或间歇性的帮助。尽管非正式照料网络趋于小型化，平均人数为2，大多数老年人依然至少拥有两名非正式照料者。次要照料者一般对主要照料者的服务进行补充，尤其是在家务劳动、个人生活照料以及社会化等方面。相反，诸如财务管理与医疗护理方面的照料职责都集中在某一个照料者的身上，通常是在相应领域更专业的照料者。次要照料者不仅为主要照料者提供帮助，同时也直接为被照料者提供帮助。他们不仅为主要照料者提供陪伴和情感支持，同时也能帮助主要照料者从长期高压的照料服务中得以喘息。总的来说，非正式照料支持网络平均每天为社区失能老人提供7小时的帮助。

居家照料和机构照料 人们曾一度认

为，一旦被照料者入住护理院，家庭照料者就无需再承担照料职责。研究显示，即使失能老人入住护理院，家庭照料者依然积极参与照料。家庭照料者会经常去探访老人，有的甚至长途奔波来到护理院陪伴老人。家庭照料者依然会为入院老人提供他们在家时的照料，比如助餐、助行等。事实上，大部分家庭照料者在老人入住护理院后很多年依然积极参与照料。

然而，在将老年人安置于机构后，家庭照料者的持续参与可能会导致额外的或新的问题。一旦他们的亲属入住机构，照料者必须对生活进行重新安排，适应新的角色。研究表明，机构安置并不能减轻照料者的压力。尽管这些照料者得以从日复一日的照料中解脱，但许多人仍然感到痛苦，有些人表现出的痛苦水平远高于安置前。因此，安置似乎只是改变了压力，而不是消除了压力。

照料带来的影响 大量实证研究表明，长期提供居家照料所带来的压力会影响照料者的身心健康。家庭照料者比同龄人抑郁水平更高，其生理健康功能欠佳，免疫功能有所下降，其因抑郁、焦虑和失眠用药的次数是其他群体的 2~3 倍，并且照料者患有多种疾病和死亡的风险更高。

照料者也表示，长期提供居家和机构照料会造成经济压力。举例来说，在美国的一些地区，阿尔茨海默病患者的照料费用已达到每年 50 000 美元。与他们的同辈群体相比，照料者的家庭收入更有可能低于贫困线。加剧这种经济压力的原因在于，照料相关的职责经常导致工作状态的改变。在照料无法自理的家人时，照料者常常压缩自己的工作时间，或者选择提前退休，抑或是完全放弃工作。

此外，照料还有可能破坏照料者与家人、朋友的关系，以及减少其休闲娱乐的时间。在解决问题、家庭事务分工和沟通方面有障碍的家庭也很难计划和管理家人的长期照护，那些长期人际关系不良的家庭也会面临同样的问题。这通常易导致家庭照料分工的冲突，甚至造成家庭成员之间的疏远。另一方面，家庭照料者时常埋怨没有个人的休闲娱乐时间。因此，他们较少参加社会娱乐活动或旅行，这会进一步导致他们的社会隔离感和孤独感。还有的照料者甚至会抱怨没有足够的时间满足重要的个体需求，如就医和运动。

被照料者所患疾病的特征与照料者的健康问题相关。例如，研究显示，被照料者所患疾病的严重程度是引起照料者压力最重要的因素。这一研究发现适用于脑卒中、痴呆、癌症和其他衰竭性疾病患者的照料者。当失能患者的行为不可预测和模糊不清时，照料难度会加剧。因此，诸如暴怒、四处游荡以及焦虑等行为会加剧照料者的负担。最后，与疾病晚期的认知障碍相比，疾病初期的认知障碍所带来的照料压力更大。

虽然大量研究证明照料会为照料者带来负面影响，但也有一些研究呈现出积极效应。尽管迄今为止，主流研究很少关注照料的益处，但已有研究表明照料者对照料经历相当满意，并指出照料赋予了他们生活意义和自我效能感。我们亟须全面认识照料的益处，以便于客观无偏地看待照料经历，同时也促使临床工作者和服务提供者从优势视角规划服务，从而最大程度地开发照料者的潜力。

正式照料者

与65岁以下较年轻的群体相比，老年人使用的急性医疗服务和长期保健服务更多，无论是来自居家社区的服务还是机构的服务（包括医院和护理院）。因而，改变医疗服务报销方式以及引起医疗服务供给变革的法律条例会对老年人及其照料者带来广泛的影响。1983年，医疗保险医院预付制度（the Medicare Hospital Prospective Payment System）的实施极大地改变了入院和出院的模式，并有效将2 100万天的住院时间转移到家庭和社区。出院越快、出院时病情越重，会对非正式照料者带来更大的压力，同时也会促使隶属于医院的以及专门的居家照料机构数量激增。

1987年又颁布了一项旨在提高护理院照料质量的条例——《综合预算调节法案》（the Omnibus Budget Reconciliation Act）。这一条例提高了对护理院员工培训的要求，并改变了机构照料的计划和监管。此外，《综合预算调节法案》还解决了日益迫切的护理院老人的配偶的普遍性贫困问题。该法案规定，允许这些入院老人的配偶保留房产净值和其他资产的一半，以便他们能够继续独立生活。然而，目前还不清楚这些规定的改变是否真正提高了照料质量、改善了看待护理院的消极态度，以及降低配偶的贫困率。

2000年修订的《美国老年人法》（the Older Americans Act）资助了全国家庭照料者支持项目（the National Family Caregiver Support Program，NFCSP），这一项目是用于支持那些照料老年人的家人、照料祖父母的家人、照料18岁及以下儿童的家人，以及照料失能人口的老年人的最为全面的联邦立法。作为NFCSP的一部分，预计各州将与该区域的老龄机构合作，在以下五个领域发展照料者的多方位支持体系：（1）可用的照料者服务的信息普及；（2）服务的获取；（3）咨询、支持性小组的组织与照料者培训；（4）喘息服务（短期照料）；（5）其他补充照料者的服务。迄今为止，我们并不确定，这些医疗保健体系的报销和组织的巨变将如何影响老年人对正式服务的使用模式及其结果，如何改变家庭照料者的角色，以及如何影响入住护理院的态度和模式。

社区服务和机构服务的使用率 1987年的全国医疗支出调查显示，在美国560万65岁及以上的失能老年人中，仅有36%的老年人使用社区服务（如居家健康护理、家政服务、日间照料、紧急救助热线、特殊交通出行服务、老年餐桌）。大部分（75%）的社区服务需要自费，而剩下的四分之一由政府支付。《平衡预算法案》（the Balanced Budget Act）通过以来，越来越多关于居家照料支出的信息显示，1996年至1999年，使用有偿居家照料服务，尤其是那些未达到医疗保险报销水平的居家照料服务的老年人口减少最多。自2001年美国经济下滑以及州预算紧缩以来，联邦和州政府可用于支付居家社区服务的资金开始紧缩。

约有 20% 的失能老人依靠正式照料，16%的失能老人同时使用正式和非正式照料服务，35%只接受非正式照料，还有 29%无人照料。虽然关于全体老年人的研究显示老年人使用老年中心（senior center）提供的服务较为普遍，但最普遍的是居家照料。失能老人使用最频繁的服务是家政服务和老年餐桌。事实上，在非失能老年群体中，家政服务也是使用最广泛的。在利用社区服务的失能老人中，超过三分之二的老年人仅使用居家上门服务。而大部分使用居家上门服务的是失能程度最严重的老年人。另有四分之一的老年人仅使用老年中心、日间照料中心和老年餐桌提供的社区非上门服务。此外，还有少数人（约 10%）既使用社区上门服务，也使用社区非上门服务。

只有 5%的老年人一直使用长期的机构照料服务。然而，25%～35%的美国老年人预期晚年会在护理院居住一段时间。以下三种情况是促使许多老年人及其家人放弃入住护理院或者将其作为最后选项的重要原因：护理院将私人生活空间与公共卫生服务相混合、人们普遍对护理院的负面印象，以及护理院的高额费用。替代护理院的另一个选择是辅助生活机构。辅助生活机构在相对宽松的居住环境下使老年人得以对其生活方式的选择达到最大化，为老年人提供支持性服务（如家政服务、交通出行服务、助餐服务，以及偶尔的用药指导和个人护理）（参见“长期照护”）。

影响老年人及其照料者使用正式服务的因素　照料工作所具有的压力属性促使许多研究者关注服务使用对照料者福祉的影响。社会支持理论被普遍用于解释老年人使用正式照料和非正式照料的行为。这一理论的前提假设是：缺少社会支持模式下的正式服务会削弱帮助他人适应负面生活事件的总体效力。此外，该理论认为，正式照料者与非正式照料者在照料慢性病老人时通常发挥同样的功能：既提供情感支持，又提供诸如个人护理和家政服务等工具性支持。

许多相同的预测因子解释了老年人使用社区和护理院护理的原因。这些预测因素包括高龄、性别（女性）、文化背景（欧美）、婚姻状况（未婚）、生活安排（独居）以及失能程度。除此以外，促使老年人入住护理院的一个主要原因是：缺少自愿提供照料、能力充足且居住位置邻近的非正式照料者。当老年人患有脑卒中等神经疾病时，这一因素尤为显著。通常情况下，由家人决定老年人入住护理院的时间，而医生会对家人的决定产生影响，尤其是涉及出院计划时。

已有研究显示，以下因素会促使老年人更有可能同时使用正式与非正式照料：老年人的年龄越高、独居以及失能程度越严重；非正式照料者的居住距离越远，或者与被照料者的亲属关系较疏远；以及缺乏足够的经济来源以支付服务费用。有意思的是，当控制了其他重要变量（如自理能力与健康变化）后，种族对于老年人使用正式与非正式照料几乎没有影响。与已有的大多数研究发现一致，女性和独居老人更有可能同时使用正式与非正式照料；白人更倾向于入住护理院；已婚老人使用正式照料的可能性较低。尽管非裔美国人的未婚率较高，但他们较大的家庭规模和多元化的非正式照料者足以弥补配偶的缺失。

基于长期照护所带来的压力，自 20 世纪 80 年代中期以来，非正式照料的支持性服务开始形成并日益普及。非正式照料的支持性服务包括：喘息服务、同辈专业支持小组、照料技能指导、问题解决能力及患者管理的行为技巧培训，以及心理咨询与治疗。关于这些支持性服务的评估结果各异，而且大量结果受到了抽样和其他方法的限制。越来越多的研究开始关注特定类型的照料者使用哪类服务最有效，使用这些服务最有效的时机，以及最适合的使用时长是多久。

即使非正式照料的支持性服务是免费提供，但在评价照料者干预效果时仍面临一个重要困难，即难以引入足够数量的照料者作为研究样本。影响非正式照料的支持性服务利用不充分的因素较多，包括：对服务并不知晓，感知到的需求较低，依赖非正式的帮助者提供照料帮助，缺乏文化相关的服务，以及服务制度和服务递送的障碍。迄今为止，关于照料者支持性服务的使用程度、服务来源以及影响因素的经验研究相对较少。然而，一般来说，当照料者是成年子女，与被照料者同住，有工作在身，感知到的照料压力越大，以及照料者使用的正式和非正式照料越多时，照料者越有可能使用支持性服务。

照料者的异质性

已有研究充分表明，不同性别、亲属关系、年龄以及文化或种族身份的照料者会有不同的照料体验。前沿的研究设计和方法的使用，促进我们更好地理解照料者的社会人口特征与其对照料结果的影响之间的交互关系。

性别与亲属关系 关于家庭照料的研究显示，女性比男性更有可能承担照料职责；无论是否工作，女性花费的照料时间比男性更多；女性更有可能提供个人护理服务。男性照料者更倾向于提供工具性的支持，如决策制定和财务管理。在男性群体中，丈夫最有可能成为照料者，儿子和女婿其次。事实上，老年女性普遍更有可能获得儿媳而非儿子的照料。无论被照料者的患病情况和失能程度如何，以及照料者工作与否，女性照料者比男性的自评压力更大。关于成年女儿和配偶的比较研究结果呈现出多样化：一些研究发现女儿比配偶的照料压力更大，其他研究的结果相反，还有一些研究显示二者并无差异。

已有研究通过考察全体老人的健康和福祉来解释造成上述性别和亲属差异的原因。研究表明，女性通常比男性在压力测量指标上的评分更高，这说明女性可能比男性更容易表达压力。此外，也有研究显示，男性在晚年生活中所扮演的照料角色，可能是回报他们过去所得到的照顾，反过来这有助于抵消照料所带来的负面影响。

年龄 很难通过将照料者的年龄同照料者和被照料者的其他特征进行对比，来区分这些因素对照料体验的影响。例如，老年配偶作为照料者，其年龄比其他照料者更年长，年龄和亲属关系对其照料体验的影响是混合的。此外，关于照料者的年龄与照料压力之间的关系的研究结果并不一致：一些研究发现年龄越大，照料者的压力更大；然而其他研究显示年龄越小的照料者体验到的压力越大。但是，对于有工作的照料者，尤其是那些具有抚幼和养老双重职责的照料者来说，年龄越小，其照料压力越大，旷工和离职的风险更高，实现工作与家庭的平衡更难。

老一辈抚养年轻一代是另一个相关的研究议题。老年父母照料残疾子女和孙子女的现象越来越普遍。在非裔美国人社区里，越来越多的中年和老年女性承担起了照料孙子女和曾孙的主要职责。通常情况下，家庭危机会促使祖父母承担照顾孙子女的角色，比如孙子女的父母坐牢或去世。一般来说，祖父母尤其是祖母在什么情形下承担起照料职责则反映出这些老年照料者所生活的大的社会背景。此外，父母无法照顾孩子的情况往往会加剧祖父母在照料方面的问题，其中包括：缺乏子女的支持、收入水平较低、不完善的家庭休假政策、缺乏社会支持以及照料者自身的健康问题。研究证明，老年人照料孙子女会因文化背景存在差异：12%的非裔美国小孩与祖父母一起生活，5.8%的拉美裔小孩与祖父母一起生活，白人小孩的相应比例为3.6%。

种族和文化差异　直到20世纪90年代，我们才发现照料体验在文化和种族身份上存在差异。前沿的跨文化研究证明照料者在全世界范围内的多样性，包括发展中国家与发达国家之间的差异，以及城乡差异。

在美国，已有研究表明，照料者之间的异同取决于他们的种族。部分研究显示，对照顾具有多种残障家人的照料者来说，照料者的种族与照料压力之间并无显著联系。但是，无论照料者的种族或身份，家庭照料都是最受青睐和最主要的照料方式。所有种族背景的美国人都有广泛的亲属支持网，包括墨西哥裔美国人、非裔美国人、亚裔美国人和欧裔美国人（祖籍如希腊、意大利、波兰、爱尔兰）。

由于以往的研究很少关注不同种族群体之间的巨大异质性，因此，欧裔美国和非欧裔美国照料者之间的差异成了当下关于照料供给的热议话题。例如，研究者常常将欧裔美国照料者与亚裔美国照料者、拉美裔美国照料者或非裔美国照料者进行对比。越来越多的研究证明，这些不同种族的美国照料者之间的差异远远小于各个种族内部的差异。除此以外，有研究指出，这些群体之间的差异可能与移民的时间长短而非特定的种族背景有关。因此，研究的焦点开始从种族之间的差异转向种族内部的差异。

照料理论

本部分将对与家庭照料相关的理论进行简要回顾。尽管此处的理论梳理并不详尽，但这些理论展现了过去几十年来对照料研究产生影响的概念框架的形成。本部分对相关理论的综述与整合旨在进一步拓展照料研究的理论基础。

社会功能论

社会能力和衰退论　社会能力和衰退论由古柏（Kuypers）和本特森（Bengtson）

提出。该理论认为，老龄化的负面影响（如疾病和丧失）会导致老年人社会能力的衰退。那些因社会角色丧失（如丧偶）以及公众对老年人的刻板印象（如老龄歧视）而自我意识弱化的老人存在社会能力衰退的风险。当这些老人遭遇健康问题或其他危机时，健康专家、家人或其他人可能会给他们贴上依赖的标签。如果老年人接受了这一标签，这将引起其在社会和心理能力方面的不良后果，从而进一步导致老年人的脆弱性，加剧恶性循环。古柏和本特森在利用这一理论解释老龄化家庭所面临的问题时指出，一位老年家庭成员突如其来的照料依赖可能导致照料供给问题出现，而这些问题则测试了家庭和个人的能力。深入了解个体—家庭—环境相互作用及共同影响社会能力的本质，有助于识别哪些干预措施可能改善家庭功能，并减少大多照料者所感受到的无助感。

有关正式支持与非正式支持的理论 已有研究提出了多个理论用于解释非正式（无偿）照料者与正式（有偿）照料者之间的关系。首先是康托尔（Cantor）提出的层级递补理论，该理论认为，老年人对非正式照料者的偏好呈现出在亲密度和社会关系远近中的一种规范性模式。根据这一理论可知，最亲密的家人是主要照料者，按照优先次序排序依次是：配偶、子女、其他亲属、朋友邻里，以及正式照料者。当被照料者的失能程度越严重、照料需求越大，而非正式照料资源有限时，被照料者更有可能同时使用非正式和正式照料。

第二个理论是利特瓦克（Litwak）提出的功能区分论。该理论指出，照料来源与任务的种类紧密相关。非正式照料者主要提供非技术性的服务以及无法提前预约的日常照料服务（如如厕、室内活动）；而正式照料者更适合提供可提前预约的专业化服务。因此，非正式照料与正式照料的分工反映了明确的双重结构性分工或任务隔离。这种任务分工使得两种照料来源之间的冲突和其他负面影响最小化。

另一个理论是埃德尔曼（Edelman）和休斯（Hughes）提出的补充论。该理论认为老年人的非正式照料者与正式照料者通常会共同分担照料任务。由于失能老人最需要的帮助一般是日常的个人护理和外出活动，因此正式照料的补充可以减少对非正式照料者的时间占用，并降低潜在的对非正式照料的过度需求。

相反，格林（Greene）提出的替代论认为，基于对照料者的选择次序，家人会在非正式照料无以为继时选择正式照料进行替代。由于人们普遍认识到，公共部门不可能支付失能群体的长期照护的全部费用，因此，替代论的提出促使决策者和政策制定者对于扩大社区服务的报销范围的主张有所迟疑。但是，很少有实证研究证明，当可用的正式服务得到大力普及时，家人会停止承担失能老人的主要照料职责。

性别理论 自20世纪80年代以来，越来越多的学者开始将性别理论应用于照料研究。这一研究主线受到了女权主义学者的极大影响，其根源在于性别社会化框架与社会角色视角。性别社会化理论指出，性别角色内化为稳定的人格特征是儿童期社会化过程中性别差异的结果。相反，社会角色理论认为，男女行为的性别差异源于个体当下和未来对于社会现实的建构，以及相应角色对这些现实的需求。如果从性别社会化的角度考察照料的性别差异，则会认为早期的角色社会化和人格特征与女性更多地参与照料有关。反之，社会角色理论认为，女性之所以比男性更有可能参与照料，是因为女性可获得的社会资源有限，从而导致其扮演照料者之外的其他社会角色较少。然而，相关研究已经从这两种性别观点转而关注与不平等和身份相关的问题。导致这一转折部分由于人们默认女性比男性承担更多的照料任务，相应地女性承担的照料压力则会更大。除此以外，对于那些兼顾工作与家庭照料的女性来说，她们会遭遇不同的压力源，进而增加她们应对压力的脆弱性。通常情况下，女权主义学者不主张抛开塑造女性的文化和结构环境，而单一地将照料视为女性身份的普遍元素或人文素质。女权主义学者认为，照料是维持社会良性运转的过程，相应地，照料工作也应该得到高度重视。

家庭和个体功能论

许多学者在研究照料时已经引入了家庭系统和个人功能模型。首先，关于照料供给系统及其作用机制的研究根源于家庭系统理论及其研究。例如，汤普森（Thompson）和沃克（Walker）研究了祖母、母亲以及孙女之间的依赖、救助和交流模式，进一步导致对照料研究中的分析单位（代际）的重新思考。卡哈纳（Kahana）及其研究团队也使用了这样的动态视角，认为疾病并不是单向的结果，它会导致患者与家庭之间多元化的互相影响。

其次，奥尔森（Olson）、斯彭克（Spenkle）和拉塞尔（Russel）提出了家庭功能循环理论。该理论认为，家庭凝聚力和适应力是一个家庭完成发展性任务和应对压力源（如长期疾病）的决定性因素。凝聚力是指家庭成员之间的联系紧密度，而适应性则代表家庭所表现出的灵活性。当一个家庭能兼顾这两个因素时，则具有最优的家庭功能。家庭功能循环理论认为，对于需要长期照护失能家人的家庭来说，较差的适应力是源于凝聚力和适应力的失衡。虽然该理论并没有提出矫正失衡的具体方法，但却指出与家人分享评估是有帮助的。

再次，麦卡宾（McCubbin）和帕特森（Patterson）提出了疾病适应的双重 ABCX 理论。该理论指出，诸如疾病等事件的发生会调用家庭资源，并且依据家庭对这一事件的应对方式，可能会进一步导致危机（X）产生。因此，家庭调用资源（如社区、家庭和个人）和应对反应的能力与家庭因时而异的变化历程如何塑造一个家庭的适应过程和难易程度有关。强调家庭资源和应对能力对进一步使用该理论解释家庭照料的潜在危机非常重要。拥有充足资源和应对能力的家庭可能不会遭遇危机。该理论将有助于未来专门研究适应良好的家庭照料者。

最后，基于压力及其应对机制的社会心理理论，皮尔林（Pearlin）及其研究团队提出了家庭照料的压力过程理论。他们将照料经历提炼为一种职业的概念，从而形成一个理论框架用于识别家庭照护者生命历程中的连续性与间断性。当个人需要长期照护有慢性疾病或认知障碍的家人时，职业将会发生转变。转变的过程包括：（1）角色获取，即个人开始承担照料职责；（2）角色扮演，即居家照料的时期；（3）入住养老机构，即居家照料被全职的机构照料所替代；（4）被照料者去世，包括临终关怀的阶段；（5）社会再融入，即照料者脱离家庭照料职责重新融入社会环境。

这一理论将照料经历概念化为一种长期的压力源，并且这种压力源会随着时间的推移不断激增和重构。这一理论关注照料者的背景特征、主要和次要压力源，以及压力的中介变量及其相互作用而导致的多种结果。背景特征（如年龄、性别、种族）的影响贯穿整个照料过程，而主要压力源是照料需求的客观和主观指标。次要压力源（如工作与家庭的双重角色冲突、丧失自我和自我掌控的内部压力）是主要压力源的产物，这并不是因为它比主要压力源的影响更弱，而是因为它在照料过程中得以形成。随着时间推移，由于被照料者的疾病恶化，主要和次要压力源会激增，进而形成对照料者的消极影响，如抑郁和健康受损。作为重要的中介变量，社会支持或服务会通过减轻压力的负面影响来限制压力源的激增。

综上所述，主要和次要压力源以及其中介变量揭示了照料的动态性和复杂性。厘清这些因素之间的相互影响有助于正确认识这些因素对照料结果的影响。此外，这一理论框架有助于分析那些旨在抑制照料压力激增的照料者支持性服务的形成及其效果评估。

理论建构：对已有理论的整合与扩展

基于上述理论的共同元素和实证结果，我们提出了一个新的理论，旨在将研究焦点转向照料供给过程中特定的干预点。这一理论强调家庭照料的压力过程模型、多维模型、纵向设计，以及研究与实践之间的衔接。

通过回溯已有研究我们发现：压力过程模型的各个组成部分之间相互联系，而且不同类型的社会支持可以缓解多种压力源之间的负面影响。举例来说，图1显示了压力源与社会支持如何缓解负面效应之间的实证关系（详见图1中的虚线箭头）。一方面，正式与非正式的工具性支持及情感支持可以作用于该模型中特定的时间与位置，从而减轻压力的有害影响。图1的虚线箭头表明，正式支持降低了被照料者的功能丧失对照料者超负荷的压力感的消极影响。另一方面，非正式支持则降低了被照料者的问题行为对照料者超负荷的压力感的消极影响。

图1同时也说明，角色超载会加剧工作冲突，而工作冲突可能进一步加剧抑郁。我们还发现，社会支持对于工作冲突与抑郁具有不同的缓解作用。非正式支持可以降低照料压力对照料者工作冲突的负面影响；而家人和朋友的情感支持则有助于弱化工作冲突

对抑郁的消极影响。基于已有的实证研究可知，在压力形成过程中，社会支持可以在不同的阶段和位置介入，从而缓解照料者不同的压力。

除此以外，还有研究表明家庭照料的压力形成过程中存在一些有效的时点，当社会支持在这些时点进行干预时可以缓解压力源的负面效应。图 1 中的连线显示不同的压力源之间存在特定的关系。例如，研究证明被照料者的认知障碍会导致照料者产生关系疏离的感觉。但是，我们目前对于社会支持如何缓解这些潜在的负面影响知之甚少。

我们还发现，主观的主要压力源（如角色超载、角色抑制与关系疏离）会导致照料者丧失自我，而自我的丧失可能会进一步加剧其抑郁的严重程度。基于社会支持可以改善多种主观的主要压力源的有害影响，它同样可能降低主观的主要压力源对照料者的自我丧失的消极影响，进而阻止自我丧失加剧抑郁。

基于相关实证研究，上述例子证明了干预的潜在效用。然而，在压力过程模型中还存在许多尚未被挖掘的影响路径。比如，我们并不了解照料结果的前期征兆，如愤怒、焦虑以及退化的生理健康。研究这些因素之间因时而异的关系变化，以及社会支持对这些关系的影响的调节，将有助于推进我们对干预技巧的认识。

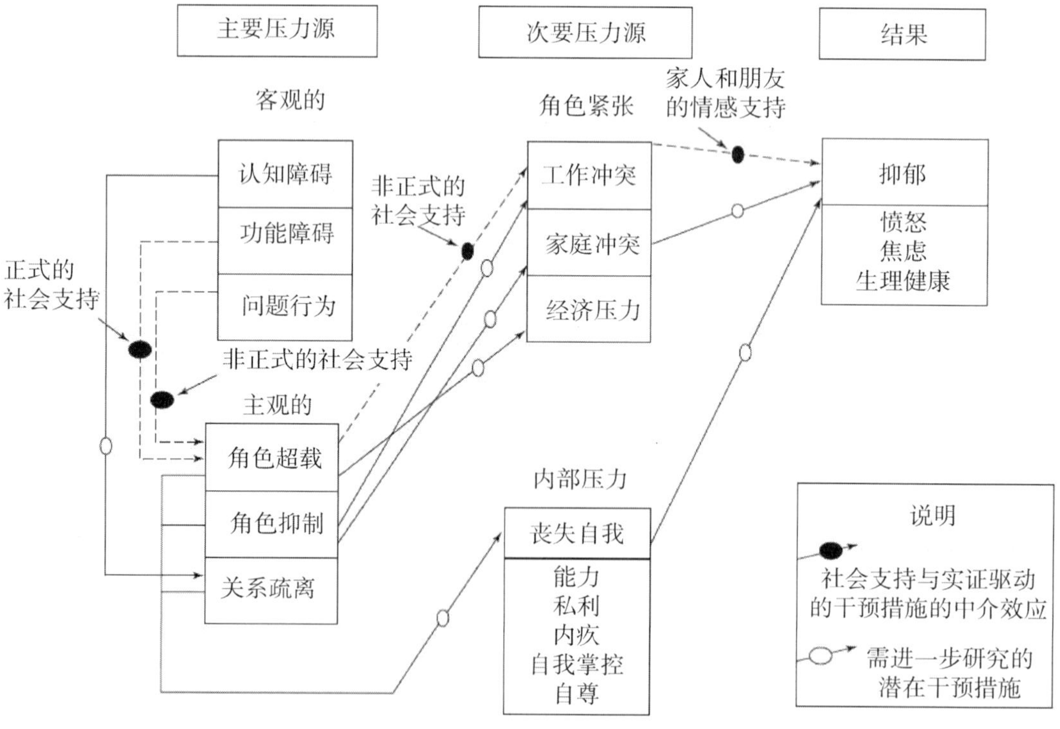

图 1　基于实证研究的潜在干预措施

引自：Whitlatch and Noelker（1996）*Encyclopedia of Gerontology*.

另请参阅：男性更年期；痴呆；人口学；种族和少数民族；医疗护理与服务；临终关怀。

拓展阅读

Aneshensel CS, Pearlin LI, Mullan JT, Zarit SH, and Whitlatch CJ (1995) *Profiles in Caregiving: The Unexpected Career*. New York: Academic Press.

Biegel DE, Sales E, and Schulz R (1991) *Family Caregiving in Chronic Illness*. Newbury Park, CA: Sage.

Kahana E, Biegel DE, and Wykle ML (eds.) (1994) *Family Caregiving across the Lifespan*. Thousand Oaks, CA: Sage.

Minkler M and Roe KM (1993) *Grandmothers as Caregivers*. Newbury Park, CA: Sage.

Neal MB, Chapman NJ, Ingersoll-Dayton B, and Emlen AC (1993) *Balancing Work and Caregiving for Children, Adults, and Elders*. Newbury Park, CA: Sage.

Pearlin LI, Aneshensel CS, Mullan JT, and Whitlatch CJ (1995) Caregiving and its social support. In: George LK and Binstock RH (eds.) *Handbook of Aging and the Social Sciences*, 4th edn. New York: Academic.

Spector WD, Fleishman JA, Pezzin LE, and Spillman BC (2000) *The Characteristics of Long-term Care Users*. Rockville, MD: Agency for Healthcare Research and Policy.

译　者：曹　杨（四川大学）

校译者：张航空（中国人民大学）

知觉

I. E. 内格尔，M. 维克-伯格纳，李淑珍，U. 林登伯格 马克斯·普朗克人类发展研究所，柏林，德国

词汇表

知觉广度（Perceptual Span）——也被称为映像记忆，指可以一眼捕捉到并在感觉存储器里短暂保持的信息量。

刺激持续性（Stimulus Persistence）——在感知物体后留在我们脑海中的后像。

引言

正如我们从日常生活中所了解到的，老年人群中老花镜或助听器的使用比青年人、少年或儿童更加常见。从青年期到成年期，再到老年期，感官功能和知觉能力呈显著而且加速的下降趋势。这在视觉、听觉、触觉、嗅觉和味觉等所有感官功能上都有体现，且这种下降与年龄相关的认知功能变化密切相关。鉴于预期寿命的逐渐延长，大多数发达国家需要彻底了解感知觉功能的衰老变化过程，旨在为推迟或减轻其对日常能力的不利影响做好干预准备。

衰老的本质并非单一的过程，而是具有系统性和特异性。个体内部和个体之间的差异反映了生物（如遗传和神经元）、环境（如支持结构）和经验（如补偿策略和专业知识）这些因素之间的相互作用。在包含注意控制和工作记忆（自上而下过程）的高级认知功能的背景下，知觉过程通过感官系统传递的环境刺激（自下往上过程），将本体的感知与外部世界连接起来。所以，知觉功能的老化是一个与年龄相关的感觉和认知功能退化的复杂结果。因此，对老年知觉的研究需要在不同的分析层次上（如行为和神经元、感觉、知觉和认知），从经验和概念上整合自下而上和自上而下的过程。

本文首先阐述视觉、听觉以及平衡控制等功能衰退的相关研究结果。然后回顾感官功能变化与老年人认知功能的关系。最后讨论感官、知觉和认知能力下降之间相互关联的可能机制。

成年和老年的知觉变化：综述

从视网膜及内耳耳蜗的改变，到高级皮质感觉区域和相关知觉的改变，所有的感官及其处理过程都发生着与年龄相关的变化。这一节选用视觉和听觉两种主要的感官功能，以及复杂的感觉运动功能（如姿势和步态）来阐述。

视觉

视觉系统各个方面的衰退贯穿于整个成年期，诸多因素导致了这种下降。如晶状体变硬、密度增大、变混浊，从而导致光散射增加和视网膜成像模糊；随着虹膜功能的逐渐衰退，瞳孔逐渐变小；此外，视网膜上的受体细胞数量也在逐渐下降，与视锥细胞相比，视杆细胞的这种损失更为明显，这导致外周视觉较中央视觉更容易出现与年龄有关的衰退。

从知觉的分析角度上，衰老对视觉处理的任何环节都有着负面的影响。例如，远视力和近视力随着年龄的增长而衰退。大约30岁之后，将图像分解细化的能力就会下降，这种变化在接受大的、明亮和对比度高的视觉刺激时没那么明显，并且可以在一定程度上通过佩戴眼镜或其他矫正视力的镜片来矫正。但相比年轻人，即便是应用最佳的光学矫正，老年人仍然会出现对视力细节处理能力的下降。深度知觉随着年龄的增长而下降，所以75岁以后立体盲的病例随年龄增长而增加。适应力和光照敏感性也随着年龄的增长而发生着变化。年轻人能更快地适应黑暗，在微光光亮的情况下能更精确地感知到光刺激的存在。例如，在黄昏时，年轻人可以继续读书，而老年人则需要开灯。

外周视觉，或在视野边缘检测物体的能力随着年龄增长而逐渐衰退，部分是由光感受器密度的降低而造成的。负责暗视力的外周视杆细胞较在中央凹负责明视力的视锥细胞更早地出现退化。由此导致外围视觉的减弱会影响我们的日常生活，如驾驶时，驾驶员需要及时检测周边视野内的刺激物体，例如驶近十字路口的汽车。老年人，尤其是老年女性的运动辨别能力下降明显，会对日常生活产生显著的影响。例如，老年女性必须能够估计开过来的汽车需要多长时间才能接近，用以决定是要穿过马路还是先让汽车开过去。

刺激持续性，指的是在我们观察到一个物体后停留在脑海中的后像，它停留的时间在老年人中是延长的。后像存在时间越短，对新刺激的感知就越快。刺激持续性是通过临界闪光融合阈值来评估的，该阈值指的是可将闪烁光视为持续光的刺激频率。随着年龄的增长，这个阈值会降低，这意味着视觉处理的时间分辨率会降低。高亮度和高对比度的刺激会留下一个停留时间更短的后像，并导致在刺激持续性方面的年龄差异比低亮度和低对比度的刺激更小。

知觉广度，或称映像记忆，指的是可以在一瞥中捕捉到并在感觉储存器中短暂保持的信息量。年轻人通常能捕捉到9个字母，而这个数字会随着年龄增长而减少。相应地，年轻人可以一目了然地捕捉到的视野区域，即有用视野（useful field of view，UFOV）大约是老年人的三倍。老年人不仅对图像的感知区域比年轻人小，他们在识别模糊的图像方面也有较大的困难。这种对年龄变化的描述是典型的，但不是全面详尽的。颜色辨别和眼球运动的准确性（如扫视精度）也会随着年龄增长而衰退。然而，颜色恒常性或在不同光照条件下辨别颜色的能力仍然相对完整（参见“视力”）。由于所有这些相互影响的感官和知觉的变化，越来越少以及嘈杂的信息到达视觉皮质。与其他神经解剖学和神经化学变化相结合，这种输入的改变与视觉处理过程中大脑激活模式的显著年龄差异有关。视觉通路主要有两种：腹侧通路与颞枕叶相连接来获取对象信息；背侧通路与顶枕叶连接收取相关对象的空间位置或特定属性的信息。在某种程度上，由于视觉的感觉和低层次的知觉这两方面的老化损失，在处理来自不同种类的物体刺激（如脸或物体）的腹侧通道中，大脑激活的特异性降低，而腹侧和背侧视觉处理通路之间的作用相关差异则不那么明显。与年龄有关的视觉和知觉的变化会影响到老年人感知和认知任务的表现，这种感觉和知觉过程依赖于视觉信息的处理，包括视觉搜索、特征检测、识别单个字符（如字母或数字）和对象识别。一方面，这些基本知觉—认知过程的下降限制了更高级的认知功能，比如情景记忆痕迹的知觉和语义结合，决策制定和反应选择。另一方面，像工作记忆和选择性注意这些认知机制的衰退，也影响着视觉处理的早期阶段。无论是在日常生活中还是在实验控制的实验室条件下，对任务环境缺乏预知的老年人群，其知觉过程衰退得更加明显。

受影响的视觉功能对日常生活有着负面影响。例如，视觉缺陷增加了危险驾驶行为的可能性。阅读和写作能力也会受到影响，从而增加了求助别人填写表格、阅读街道标识等的可能。与年龄有关的视力下降也缩小了娱乐（如看电影）和信息收集（如阅读报纸）的选择范围。在某种程度上，可以通过佩戴矫正镜片（如眼镜）来减轻这些视觉老化的负面影响，或利用其他感官（如听觉）以及他人的帮助而得到补偿。但是请注意，高龄老人往往有多个感官障碍，限制了多感官协同工作发挥矫正作用的可能性。

从积极的方面来说，就个体发育而言老年人的视觉系统不只意味着丧失，主要因为他们的生活中已经获得和存储了大量的视觉相关经验与感知信息，而这些积累起来的经验、个人的特质以及视觉方面的专长，有时会削弱、调整这种年龄老化所带来的视觉衰退。例如，在现实交通场景中，年轻和年长的成年人同样能够善于搜索交通标志，鉴于上述对功能缺陷的阐述，这一现象是显著的。这是由于日常生活会提供一些线索，比如质地（纹理）和其他前后关联的信息，可以帮助老年人识别那些在没有这种线索的情况下原本很难识别的图像。

在日常生活中，任务相关经验和视觉认知的积累能够削弱因感觉、知觉和认知水平而产生的视觉衰老产生的行为表现，这表明需要考虑自上而下的经验因素（如专业知识）、自上而下的认知机制（如选择性注意力）和自下而上的感觉过程（如对比敏感度）之间的交互作用。研究结果表明，随着年龄视觉变化的趋势，在脱离现实的实验环境中，可能会高估在自然环境下所观察到的功能下降的程度。与此同时，需要仔细评估和尽可能控制视觉处理中的年龄差异，用以捕捉和检查感官和认知机制对视觉老化的附加性和交互性作用。此外，在老年评估中，如当筛查阿尔茨海默病时，人们应该意识到视觉处理以及其他感官系统的衰退可能会影响诊断过程的特异性和敏感性。

听力

听力也会随着年龄的增长而下降。男性在 30 岁以后、女性在 50 岁以后下降明显，这可能与工作环境的噪声差异有关，比如重型设备的操作者多为男性。其中高频音损害最为明显，并随着年龄的增长而加速。与视觉相似，在听觉的所有处理层次都发生着与年龄有关的变化。在耳蜗中，可以观察到基底膜毛细胞丢失和神经传递减弱。此外，耳蜗壁变薄。听觉神经的神经元数量减少，这与早期听觉处理通路的结构、功能和化学组成的改变同时发生。在某种程度上，由于这些感官的变化，不同年龄阶段的听觉皮质对声音的反应有明显的差异。

听力的许多方面都受到年龄的影响。听阈值随着年龄增长显著增加。高频率听力敏感性的损失是一个很好的预测指标。听力损失会影响心理声学维度，如频率的辨别（如决定两个音的音调是否相同），强度的辨别（如辨别响度），以及时间的辨别。时间的辨别能力可以通过测量在一个听觉刺激流中发现间隙的能力来衡量。与视觉过程中的临界闪烁融合相似，年轻人轻易就能听出来的听觉刺激间隙，老年人则不易察觉，尤其是听觉刺激复杂的时候则更加困难。听觉时间辨别能力的另一个方面是持续时长的辨别能力，或者辨别两个音响长度之间差异的能力。同样，这种能力在年老时也会受到损害，尤其是在复杂的听觉刺激下。最后，时间辨别能力还包括编码和表示音调序列的顺序的能力。年龄较大的成年人在进行这种顺序识别时表现出比年轻人更大的困难。许多其他的听力测试也受到年龄的影响。一个重要的例子是空间听觉或双耳信号的声音定位（参见“听力”）。

伴随着听觉系统的其他变化，与年龄相关的短时听觉处理程度的变化对言语理解具有显著的影响。老年人越来越无法理解语言的现象是与年龄相关的听觉衰退产生的最重要的日常影响。在 70～90 岁的人群中，有一半人的语音感知至少轻度受损；在 80～90 岁的人群中，有三分之二的人有中度至重度的受损；而在 90 岁以上的人当中，有三分之二的人在语言理解上存在中度至重度的问题。当环境存在高噪声、语速加快、更多人加入了交谈或者讨论的话题复杂时，语音感知变得比平时更加困难。此外，我们完全可以将言语感知的下降理解为感官变化（如基底膜毛细胞丢失）和认知变化（如工作记忆能力的下降）之间的相互作用。对话对于保持与他人的社会交往很重要。因此，听觉系统衰退引起的言语理解困难对社交生活和心理健康有着深远的影响（参见“社会认知”）。为了矫正老年人在言语感知方面的缺陷，可以通过提供前后关联的线索（如简单地命名和介绍话题）、降低语速、使用调试后的助听器达到补救效果。

姿态控制和步态

作为一种复杂的多模式的感觉运动功能，站立或行走时保持平衡需要视觉、听觉、前庭功能和本体感觉的动态集成。所有这些感觉都会随着年龄的增长而减弱。用于评估个体姿态控制能力的装置是测力台，它测量了人体平衡中心位移的地面反应力和动量。一般来说，老年人比年轻人更容易摇摆，尤其是当保持平衡的条件变得更具挑战性时（如站在一个不稳定的表面，接受不一致的视觉和本体感受信息；或者同时执行一项困难的认知任务时）。与年龄相关的姿势稳定性的下降也会影响步态。行走需要感官和本体感受信息的整合和更新，并同时执行传导到躯干和腿部肌肉的动作指令。衰老会对姿势控制和步态发生的所有阶段产生不利影响，这就导致了对老年人步态认知控制的需求增加。

在一定程度上，前庭、周围感觉和肌肉系统的衰退导致了姿势和步态控制的衰老变化。另外，脑内部分区域如小脑、基底神经节、感觉运动皮质、脑干和顶叶皮质（负责控制身体在空间中的表现）的衰老变化，以及准备运动时的注意力也在其中起作用。

与视觉和听觉相似，平衡和步态的下降对老年人的日常生活能力有着深远的影响。失去平衡会增加跌倒的风险，这通常会导致身体受伤（如股骨和髋部骨折），对运动、健康、社交活动和个人幸福感造成持久且不可逆转的影响。受损的平衡及步态阻碍人们参加社交活动，比如拜访亲朋好友或参加阅读俱乐部，从而增加了感受孤独和孤立的风险。此外，害怕跌倒可能会强化这种无安全感的感受。

许多研究都在探索减慢与年龄有关的平衡和步态衰退的方法。应用生物工程研究除了使用步行辅助工具外，还利用了随机振动的现象，即通过向感官和知觉系统输入合适的干扰信号，从而提高对阈值下信号的检测能力。例如，研究表明，老年人的姿势控制可以通过震动鞋垫来改善，这种鞋垫可以提供本体感受不到的（阈值以下）振动刺激。相关研究旨在加强关节周围的小肌肉，这对保持平衡尤为重要。

大多数关于知觉老化的研究都检测了视觉和听觉模式，而其他感官模式的表现也会下降。如前所述，姿势控制、步态这样的感觉运动功能就包含在其中。其他的例子包括嗅觉和触觉信息的处理，在中年时期明显下降。此外，对知觉衰老个体差异的多元研究发现，知觉衰退往往在各种知觉形式之间相互关联。例如，视觉的衰老会使在具有挑战性的条件下保持直立姿态变得困难。除了在不同知觉或感官功能下降之间的直接因果关系之外，现有的证据表明，自上而下的认知功能的下降是第三个变量，它导致了各种形式的知觉和感觉下降。

老年感知觉与认知的关系

知觉的老化是涵盖在感觉和认知变化中的（见图 1）。尽管智力功能的某些方面，

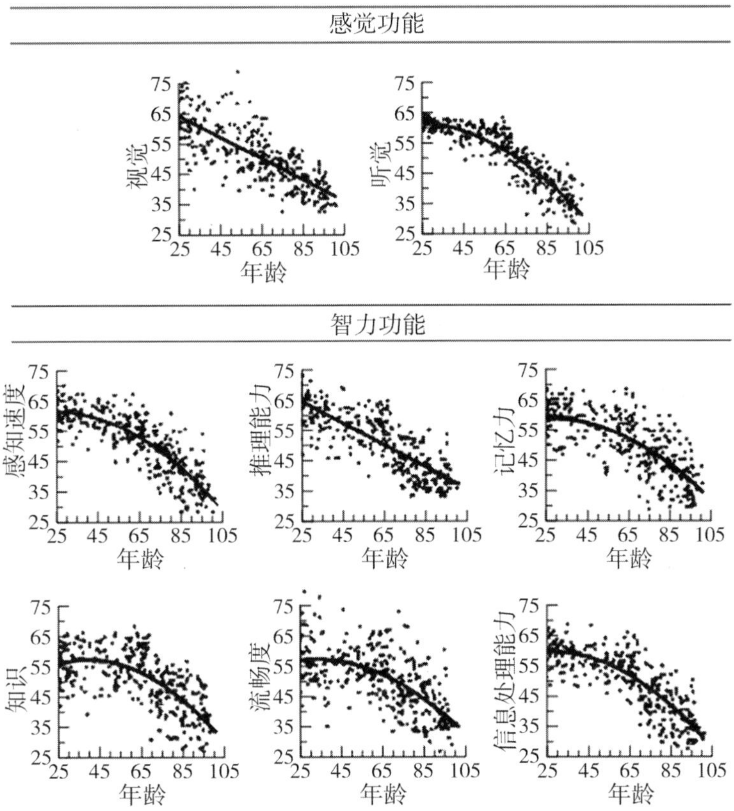

图 1　视觉、听觉、五种智力能力和智力综合能力与年龄的关系（N=315，年龄范围 25~101 岁）

注：视觉和推理能力与年龄的平方趋势关系不大（P>0. 01）。

引自：Baltes PB and Lindenberger U（1997）*Psychology and Aging* 12：12-21，American Psychological Association.

例如实用和专业知识，在整个成年和老年早期的时候都得到了保留，甚至显示了进步，其他的智力能力，特别是那些与流体力学有关的能力（如处理速度、工作记忆、情景记忆和推理能力），在青年或中年时期开始下降，并在年老时加速衰退。

从以往实验研究中收集到的证据表明，随着成年人的年龄增长，感觉和认知功能之间的联系越来越紧密。老年人群感觉和智力的相关性比年轻人更加密切。例如，在一个跨年龄的比较研究中，发现在较老的年龄组中，分配给视觉和听觉的认知差异相当大（见图 2）。这使感觉和认知功能之间的联系不再局限于视觉和听觉。与成人期相比，姿势控制和步态，触觉信息处理，以及一般的身体健康指标与老年人的智力功能测量值有更强的联系。

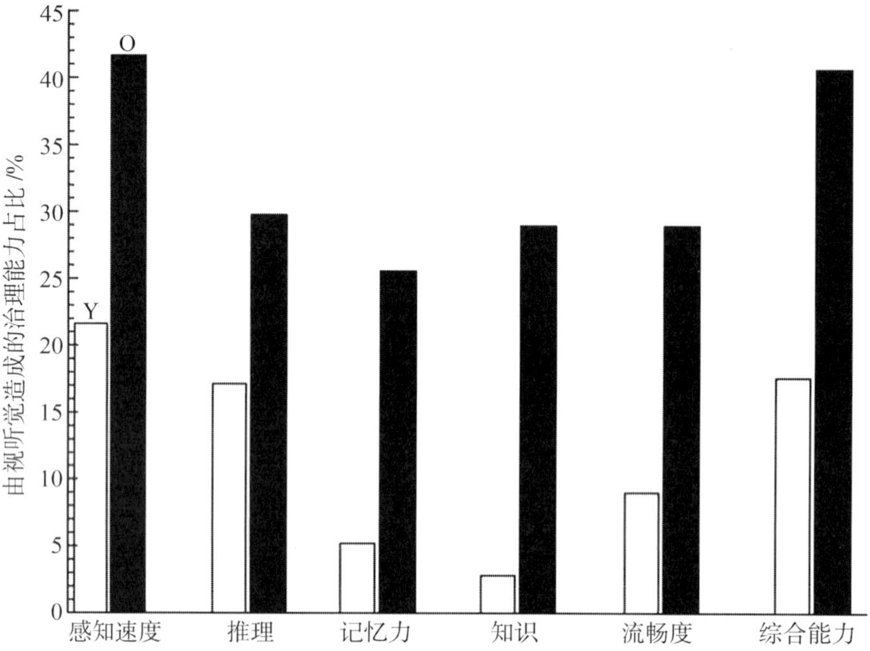

图 2　由视觉和听觉造成的智力能力变化量占总量的百分比

注：条形图表示由视觉和听觉造成的治理能力变化量占总量的百分比。白色条是指年轻人（Y）样本（N = 171，年龄范围 25 ~ 69 岁），黑色条指老年人（O）样本（N = 516，年龄范围70 ~ 103 岁）。除推理能力外，其余各项能力的变化在百分比上均存在显著差异。

引自：Baltes PB and Lindenberger U（1997）*Psychology and Aging* 12：12–21，American Psychological Association.

最初，关于认知感觉相关性的多元经验证据主要基于年龄比较的横断面数据，这些数据有很多方法上的缺陷。近期有更多纵向研究报告了感觉和智力测量之间相似但不太极端的相关性增量。近期对纵向数据的分析为老年人感官和认知变化之间的动态联系提供了更直接的支持。将麦卡德尔和他的同事开发的多元双变分数模型（dual-change score models，DCSMs）应用到柏林老龄化研究的 8 年四次的纵向变化数据中后，吉斯莱塔和林登伯格发现，视觉和认知的变化会随着时间的推移而相互联系在一起。然而，最近对多元纵向数据的分析未能支持去分化，这些差异可能是由于测量问题、短期波动对纵向变化的作用和样本异质性的影响。对于后者，感觉/知觉和认知功能可能在部分老年人中起到去分化作用。

实验证据表明，随着成人年龄的增长，涉及认知功能的感觉和感觉运动功能也会增加。一种常见的方法论方法是双重任务范式的一种变体，在这种模式中，个体要在执行认知任务（记忆、言语知觉或生产，或简单决策）的同时执行感觉运动任务（如平衡、行走或空间导航）。通常情况下，感觉运动和认知双重任务的消耗会随着成年年龄的推移逐渐增加，这表明感觉运动和认知领域之间的相互依赖程度更高。例如，在一项研究中，年轻、中年和年长的成年人要在狭窄的轨道上边行走边记单词。在这两个任务领域中，双任务消耗随着年龄增长而增加（内存性能，见图3）。后续研究发现，随着步行任务变得越来越困难，年长的人倾向于优先考虑走路，这可能反映了跌倒的严重后果。

感觉、感觉运动和认知能力之间相关联的发现促使研究人员设计了诸如助听器等技术支持工具，用以缓解日常生活中常见的跨域多任务的认知资源负荷（如在一条平坦的小路上散步时，预想一份购物清单）。

感觉、认知老化的界线上的知觉：寻找系统解释

针对感觉和认知功能增加的联系（去分化），已经提出了三种不同但不相互排斥的解释。首先，根据感觉生物标记的概念，感觉的衰退是行为和大脑老化的第一个也是最有效的信号。其次，根据认知渗透假说，感觉和感觉运动功能越来越需要注意力以及相关的认知功能，而这些认知功能本身正在衰退，以减弱感觉和感觉运动损失所带来的负面影响。最后，根据共因假说，衰老变化的

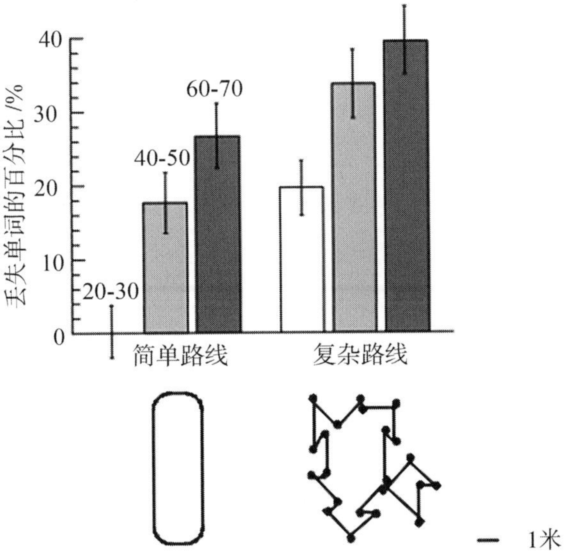

图 3 双任务的记忆成本表现为年龄和轨道复杂程度的函数

注：成本得分指的是在连续的单词回忆中，相对于静止的坐姿（或站姿）条件下，沿轨道（椭圆或者不规则轨道）行走的条件下单词丢失的百分比。中年人和老年人的记忆成本明显高于年轻人。误差条表示均值的标准误差。椭圆形和不规则轨道的示意图在条形图下面给出。误差条表示95%置信区间。

引自：Lindenberger U et al.（2000）*Psychology and Aging* 15：417-436.

病因在感觉、感觉运动和认知领域中存在叠加，这种因果关系的叠加对感觉、感觉运动和行为的认知方面造成了越来越严重的不良影响。

在感觉生物标记方法中，级联假说的支持者认为，与年龄相关的感官功能衰退是暂时领先出现的，并可能导致认知能力的下降。更具体地说，感官剥夺假说认为，感觉系统的衰退会导致长期的感官输入匮乏，随着时间的推移，会改变感觉和认知过程之间的相互作用。

根据认知渗透假说，老年人需要将更多的注意力投入感觉、知觉的刺激处理过程和感觉运动的控制中，这为进一步处理相同或其他并发执行的认知任务留下了更少的空间。因此，在年轻的成年人中，通过特殊的感觉过程，以自动方式处理的感觉、感觉运动任务或任务组件，在年龄增长的情况下，被转化为认知要求的任务。

共同原因假说的支持者强调，衰老的大脑在解剖、化学和功能层面上的衰老变化是显著的，其中的一些变化具有领域一般性的影响，超越了传统的感觉、感知和认知界限。在脑内的许多区域，灰质、白质的体积和密度都在以不同的速度下降。如前额皮质和海马中萎缩的速度比其他皮质和皮质下的区域要快。其他的变化包括神经元的减少、树突密度的下降、神经调节的缺乏。感觉、知觉和认知依赖于功能神经环路在空间和时间上的重叠和相互作用。例如，前额神经环路在认知功能中涉及注意力控制，且在看似简单的感觉运动的自上而下调节中起着越来越重要的作用。某些病理改变（如帕金森病中基底节和黑质的变化）会影响认知能力（如工作记忆）（参见“智力”“记忆”）和感觉运动（如震颤）行为。在正常的衰老过程中，这些变化也会以温和的形式缓慢发生。具体来说，多巴胺受体密度的下降会导致多巴胺能神经调节和相关的额叶纹状体发生变化，可能会对行为产生严重的影响。

在不同程度的分析中都可以找到对共同原因假说的经验支持。大部分来自横断面和纵向研究的结果表明，在内部结构及功能区上存在去分化的能力。同样随着年龄的增长，皮质激活模式变得更加分散，在不同的认知和感知过程中激活的皮质环路往往在老年人中显示出比年轻人更大的重叠（即特异性较低）。这些结果可以用与年龄相关的神经处理的信噪比的衰减来解释。李淑珍、林登伯格及其同事们提出，多巴胺能神经调节的年龄相关性下降会降低神经信息处理的信噪比，从而增加随机处理噪声的作用，导致环境输入和去分化处理路径的神经认知表征不太明显。

例如，神经计算模型表明，在模拟的老年人神经网络中，欠缺的多巴胺能神经调节功能降低了激活强度，并增加了随机激活的可变性，用以应对混合在背景感觉噪声中的知觉刺激。近期在构建的年轻人和老年人的神经网络中模拟感觉检测，都显示出了随机共振的效应，其在老年人的神经网络中效果较弱。此外，最近的经验证据表明，老年人的神经网络实际上需要更多的外部噪声才能显示出随机共振的效应。

至于去分化的影响，计算结果也表明，欠缺的神经调节导致不同刺激或刺激类别的神经认知表现不太明显，以及在语言和空间过程之间的交叉过程相互激活的程度更高。这些对刺激去分化和过程共活化的计算结果与至少两项实证研究是一致的。首先，关于刺激的去分化，帕克（Park）和他的同事研究了当感知到脸部、场景、物体和假词的视觉刺激时，年轻人和老年人的大脑激活模式。针对年轻人群的研究发现，面部刺激会激活颞叶皮质（梭状回），而房屋和场景的视觉刺激激活了大脑的顶叶皮质（海马旁区）。帕克等人针对老年人群的研究发现，激活模式的分类比年轻人要少，这与在衰老的大脑中神经元分布更分散或更不明显的假设是一致的。还有另一种解释，老年人激活了更多的大脑区域，以弥补与年龄相关的损失。

其次，关于神经认知老化的研究结果显示，不同的过程，如言语与空间的工作记忆、记忆的编码与检索，都牵涉年轻人比较清楚的皮质功能区域，往往会激活老年人更多相似的皮质区域。此外，目前还不清楚是否有其他的激活反映了无法抑制相互竞争的神经元群和以不同的方式处理信息（如去分化），是否其他的激活反映了对神经回路的补偿来补偿与之相关的损失（如补偿），或者它是否反映了除分化和补偿的混合。

总之，正常的衰老通过不止一种途径改变了知觉过程。一些潜在的感官、知觉和认知下降的原因可能是共享的。同样，在知觉发展的关键时期完成后，自身感官输入减少似乎并不会对认知能力产生直接的和严重的负面影响。例如，中年人的视觉和听觉输入的有效敏锐度降低到老年人水平时，并没有显示出认知能力的普遍下降。此外，在横断面研究中观察到，当视力或听力差的人被排除后，感觉和认知相关性并没有显著降低。

同理，在感觉、知觉和认知老化问题上感官剥夺和认知弥散并不是感觉、知觉和认知老化之间相互排斥的理论。相反，这些理论也许在从成年到老年的转变过程中随着时间进展而共同进化和相互作用。值得注意的是，像选择性注意这样的功能在老年期仍旧很健全。各种解释都集中于这样的预测上：这些功能不那么复杂，更依赖于所获得的知识，或者两者都有。在更加详细的分析层面上，解释可能有所不同。例如，依据共同原因假说，当他们不那么依赖于共同影响时，他们的功能就会被保留下来。根据认知渗透假说，当人们对自上而下处理的依赖程度较低时，知觉功能更容易被保留。未来的研究需要辨别基因动力学和与不同解释相关联的机制的相对重要性。

结论

知觉涉及许多相互作用的感觉和认知机制，正常的衰老会影响所有的感官功能，而视觉和听觉下降尤为显著。姿势和步态的控制随着年龄的增长也在逐渐地弱化。证据表明，感觉和认知的联系随着年龄增长越来越紧密。在理解知觉老化方面，为了有效地减弱其对日常生活的不利影响，需要格外关注与年龄相关的自下而上的感觉和自上而下的认知的动态相互变化过程。

另请参阅：平衡、姿势和步态；听力；智力；记忆；社会认知；视力。

拓展阅读

Fozard JL and Gordon-Salant S (2001) Changes in vision and hearing with aging. In: Birren JE (ed.) *Handbook of the Psychology of Aging*, 5th edn., pp. 241 - 266. San Diego, CA: Academic Press.

Gilmore GC (1996) Perception. In: Birren JE (ed.) *Encyclopedia of Gerontology*, pp. 271-279. San Diego, CA: Academic Press.

Graham JE, Rockwood K, and Beattie BL (1997) Prevalence and severity of cognitive impairment with and without dementia in elderly population. *Lancet* 349 (9068): 1793-1796.

Horowitz A (2004) The prevalence and consequences of vision impairment in later life. *Topics in Geriatric Rehabilitation* 20 (3): 185-195.

Li SC, Lindenberger U, and Sikstrom S (2001) Aging cognition: from neuromodulation to representation. *Trends in Cognitive Sciences* 5: 479-486.

Lindenberger U and Baltes PB (1994) Sensory functioning and intelligence in old age: a strong connection. *Psychology and Aging* 9: 339-355.

Madden DJ, Whiting WL, and Huettel SA (2005) Agerelated changes in neural activity during visual perception and attention. In: Cabeza R, Nyberg L, and Park DC (eds.) *Cognitive Neuroscience of Aging*, pp. 157 - 185. New York: Oxford University Press.

Marsiske M, Delius J, Maas I, Lindenberger U, Scherer H, and Tesch-Romer C (1999) Sensory systems in old age. In: Baltes PB and Mayer KU (eds.) *The Berlin Aging Study: Aging from 70 to 100*, pp. 360 - 383. New York: Cambridge University Press.

Raz N, Lindenberger U, Rodrigue KM, Kennedy KM, Head D, Williamson A, et al. (2005) Regional brain changes in aging healthy adults: general trends, individual differences, and modifiers. *Cerebral Cortex* 15: 1676-1689.

Scialfa CT (2002) The role of sensory factors in cognitive aging research. *Canadian Journal of Experimental Psychology* 56: 153-163.

Wakeling JM, Liphardt AM, and Nigg BM (2003) Muscle activity reduces soft-tissue resonance at heel-strike during walking. *Journal of Biomechanics* 36 (12): 1761-1769.

译　者：陈　静，苏燕玲，王　健（北京市房山区良乡医院）

智慧

U. M. 施陶丁格，J. 杜尔尼尔　不来梅国际大学，不来梅，德国

词汇表

智慧（Wisdom）——人类知识和性情的理想典范。表示人的情绪、动机和思想能完美协调，并且具有精准的判断力，能在生活中遇见困难和一些不确定的问题上提供相应建议。

引言

智慧是一种具有深厚的文化历史和复杂联想的现象。纵观不同的文化和历史，智慧一直被视为人类知识和性格完美的代名词。从字典对智慧的定义开始，心理学家把智慧描述为“在极端和不确定的生活问题中能做出较好的判断与建议，在进行知识与怀疑之间的动态博弈时，有足够的解决问题的能力，以及情感、动机和思想的平衡和协调”。在关于智慧的心理学研究中，有两种方法被大家广为接受。一种是研究智慧的世俗概念，另一种是试图测量智慧的行为表达。关于行为表达，需要区分个人智慧和一般智慧。而年龄增长往往也会同先前的一般智慧和个人智慧相对比讨论。

历史背景

自人类文化诞生以来，智慧一直被视为人类发展的理想终点。事实上，智慧是知识和技能的最高形式之一，这一观点在所有哲学大师对智慧的定义中显而易见：对智慧的热爱与追求。历史上，智慧常被概念化为一种理想化的存在（如“智慧夫人”），作为一种完美的认知和精确判断的过程，如所罗门王（King Solomon）的判断，抑或作为口头或书面的产品，例如与智慧相关的谚语和所谓的智慧文学。重要的是要意识到对个体智慧（如智者）的认同，这是心理学的主要方法，但这也只是智慧实例化的方法之一。事实上，在关于智慧的历史文献中，用个体的心智和性格来识别智慧并不是首选的分析模式。智慧是一种理想化的，是很难在孤立的个人中充分体现出来的。

纵观历史，人类对智慧这一话题的兴趣忽高忽低。在智慧概念的历史演变过程中，有两种主要的论点是至关重要的：哲学智慧和实践智慧之间的区别——涉及亚里士多德（Aristotle）对“sophia”和“phronesis”两个词的区分，以及智慧是神的还是人的问题。在西方世界，这两个议题（哲学与实践，神圣与人类）是文艺复兴时期激烈讨

论的中心问题。这场辩论在启蒙运动的后期得到了初步的结论，即智慧仍然是批判的，例如康德（Kant）和黑格尔（Hegel）的思想。他们都认为智慧是建立在科学世界和人类实践世界协调之上的。然而，18 世纪法国狄德罗的百科全书（encyclopedia of Diderot），尽管多达 50 多卷，却几乎没有提到这个话题。在启蒙运动和世俗化的过程中，智慧作为指导人类思想和行为的基本范畴失去了它的重要性。

尽管如此，哲学、政治学、神学、文化人类学等领域的学者仍然会时不时地关注智慧，虽然在创作理论上累积较少，但是在更新和重新审视它的意义、历史根源，以及提高人类对生命的复杂性和不确定性的认识方面努力不辍。例如，在过去的十年中，一些哲学家一直在努力去定义智慧，包括实践智慧和哲学智慧这种两极分化的认识，将不同形式的知识整合成一个整体，以及寻找人生的方向。后者的问题因关系到后现代性的到来而赢得了特殊的重要性。最后，还形成了关于古中国、古印度、古埃及、古美索不达米亚和其他古代文明遗址的宗教和世俗智慧文本起源的考古文化工作。本研究发现与智慧相关的谚语和故事在文化和历史上的不变性程度令人记忆犹新，并引发了这样一种假设，即智慧等概念及其相关的知识和技能，是由于其对人类的适应性价值而在文化上被选择出来的。

20 世纪 70 年代末和 80 年代初出现智慧心理学研究的主要原因之一是寻找衰老的潜力，或者更具体地说，寻找不会显示出与年龄相关的衰退的智力功能领域或类型。生活经验和智慧以及专业知识、日常问题解决或实用智能被选择作为调查的主题。

智慧定义的心理学方法

从心理学角度对智慧定义的第一个方法是在字典中定义它。例如，德国主要的历史词典将智慧定义为“对自己和世界的洞察力和了解，以及在遇到困难的问题时能做出的正确判断”。同样，《牛津词典》（*the Oxford Dictionary*）对智慧的定义中也包括“能在生活中遇见困难和不确定的事情时做出的良好判断和建议”。

当心理学家开始对智慧定义时，就像哲学家一样，他们面临着一种需要，即按照心理学的范畴，将与智慧相关的思想、判断和建议的内容和形式属性具体化，也用来描述那些接近智慧状态并能够将智慧传递给他人的人的特征。心理学家最初的这些努力大部分是理论性和投机性的。例如，G. 斯坦利·霍尔（G. Stanley Hall）在他关于衰老的开创性作品中，将智慧与一种沉思态度的出现、哲学上的冷静、公正以及在成年后期汲取道德教训的愿望联系在一起。此外，其他作家也强调：智慧包括在极端之间寻找中庸之道，在知识与怀疑之间的动态博弈，充分的脱离手头问题，以及情感、动机和思想的平衡的协调。根据字典定义，心理学家通常将智慧称作关于人类状况的前沿知识，其中包括关于生命意义和行为的最困难问题的知识，以及关于生命不确定性和未知事物的知识及其如何处理这种有限的认知的知识。

关于智慧的内隐（主观）理论

迄今为止，心理学对智慧的实证研究大多集中于对智慧定义的进一步阐述上。除了字典对智慧的定义之外，研究还探索了日常信仰、民间观念或内隐（主观）智慧理论的本质。诸如什么是智慧？智慧与其他形式的智慧有何不同？哪些情况需要智慧？什么是明智的行为？智者的特点是什么？这些都是 20 世纪 80 年代心理智慧研究的中心。这些研究原则上建立在克莱顿（Clayton）及其同事 1975 年发起的研究的基础上，该研究的方法确定了智慧的一般概念，该概念在智慧研究者中已经相当普遍。首先，要求非专业人士或专家（例如来自不同领域的教授）的样本生成一份与智慧相关的特征或特征列表。由此产生的项目库——或者至少是在对术语进行同义词和冗余筛选后留下的一个子组项目——由另一组个体根据其智慧关联性或典型性进行评级。随后，通常使用因子分析程序来确定项目的基本维度。在克莱顿和比伦（Birren）的研究中，这一过程产生了三个让大家认为是智者原型的特征：(1) 情感特征，如同理心和同情心；(2) 反思过程，如直觉和内省；(3) 认知能力，如经验和智力。随后，克莱顿和比伦发现该智者特征的定义仍然适用于今天。并且其又添加了新的特征，并以不同的方式排序了特性（见表 1）。例如，布鲁克（Bluck）和古鲁克（Glück）在对内隐测量的回顾中，更注重现实世界技能和人际交往技能（关心他人）之间的区别，而不是强调互动性较低的能力，如认知能力、洞察力和反思态度。此外，关于智慧的内隐概念的研究结果受到初始项目库的严重影响。例如，赫尔歇（Hershey）和法雷尔（Farrell）的一项研究，也包括了被认为与智慧无关的特征，得出了一个称为自我主义的特性，只包含被认为是不明智的属性。同理，另一项研究包括了涉及保护环境或宗教的项目，导致了以前的研究没有发现的另外两个因素（见表 1）。

当个体被问及自己曾经的智慧体验时（而不是描述一个一般的智者），就会出现情境性和互动性的额外维度，例如，在对智者提名人的研究中就是这样：在这些研究中，个体通常被要求说出他们认为是智者的人，并在提名者中确定潜在的共性。这些研究中最普遍的发现是，大多数被提名的智者都相对较老（即 60 岁左右）。除了前面提到的那些，从提名方式中脱颖而出的聪明人最常见的进一步标准是引导和道德原则。

最后一个问题是，智慧在日常生活中的作用是什么？根据自传体记忆和结构化访谈，我们确定了三种智慧形式：同理心和支持、自决和主张，以及知识和灵活性。与其他两个方面相反，当人们被问及他们自己的生活时，也就是说，当受访者也能接触到他们内心的想法、感受和动机时，自我决定和主张可能被认为是智慧的一个方面。在分析智者的行为时，也发现了类似的结果，即关注内在动机或意图与外部环境之间的关系。根据欧森（Oser）及其同事的研究结果显示，智者的行为似乎具有以下七个特征：（1）矛盾的、意外的；（2）品行端正；（3）无私的；（4）克服内部和外部支配的；（5）力求平衡；（6）意味着风险；（7）努力改善人类状况。因此，研究智慧的内隐概念的不同方法产生的结果也补充和丰富了其他研究的结果。

从关于智慧和智者的内隐理论研究中可以明显地看到，西方样本中的人们对智慧的本质有着相当清晰的印象。那其他文化呢？当调查非西方文化的参与者时，是否会出现类似的智慧概念？沿着这些思路，高桥（Takahashi）和博迪亚（Bordia）对比了成年人的智慧隐性定义，对象是来自美国、澳大利亚、印度和日本的成年人。他们将自己的发现阐述为，在西方样本中收集的发现中，智慧和认知变量之间的联系被认为不那么重要，在东亚文化中，年龄、经验和谨慎等特征被认为是智慧的关键。此外，与西方样本相比，亚洲样本的智慧与经验和实践知识的关联更强。

当总结不同文化背景下人们如何看待智慧、智者和智者行为时，有五个发现似乎特别值得注意。第一，在人们的心目中，智慧似乎与智者及其作为智慧载体的行为密切相关。第二，智者应该结合心智和性格特征，平衡多重利益和选择。第三，智慧在人际关系和社会方面以及对其发生的认同性方面都有很强的应用性（建议）。第四、智慧表现出与其他相关概念（如智力）的重叠，但在智慧、谨慎、认知、情感和动机的整合方面，也有其独特的差异。第五，一个人是构思自己的智慧，还是描述另一个典型的人的智慧，这似乎是有区别的。

表 1　内隐智慧理论：五项研究结果与样本项比较

克莱顿（Clayton，1976）	斯滕伯格（Sternberg，1986）	霍乐迪和钱德勒（Holliday and Chandler，1986）	赫尔歇和法雷尔（Hershey and Farrell，1997）	杰森等人（Jason et al.，2001）
情感（1） • 同情 • 怜悯	睿智（2） • 关心他人 • 考虑建议 洞察力（6） • 敏锐的直觉 • 提供真实可行的解决方法	交际技巧（4） • 敏感的 • 好社交 判断力和沟通能力（2） • 是一个很好的建议来源 • 了解生活	自负（2） • 奢侈的 • 专横的 • 知觉判断（1） • 真诚的 • 公平的 • 深思熟虑的	温暖（2） • 有同情心，并且可以温暖他人 和蔼的

续表

克莱顿 （Clayton，1976）	斯滕伯格 （Sternberg，1986）	霍乐迪和钱德勒 （Holliday and Chandler，1986）	赫尔歇和法雷尔 （Hershey and Farrell，1997）	杰森等人 （Jason et al.，2001）
反思（2） • 直觉 • 内省	判断（4） • 在自身范围内行动 • 明智的	社交低调（5） • 谨慎的 • 非主观的	基本气质（3） • 沉默寡言 • 沉思	和谐（1） • 良好的判断能力 • 体验生活中潜在的和谐
	从想法和环境中学习（3） • 领悟力 • 从错误中学习不足之处	基于普通经验的特殊理解（1） • 从经验中学习 • 从更大的角度看问题		
认知（3） • 经验 • 智力	推理能力（1） • 优秀的解决问题能力 • 兼具逻辑思维 及时运用信息（5） • 见多识广 • 快速使用信息	一般能力（3） • 聪明的 • 受过良好教育的		智能（3） • 充满智慧 • 问题解决能力
				亲近自然（4） • 敬畏自然 • 孩子般的好奇和敬畏 灵性（5） • 感受到爱、友谊 • 过精神生活

注：括号中给出了原始研究中获得的因素或维度的序列。研究基于不同的方法（因子分析，多维标度）。

引自：Staudinger UM and Baltes PB（1994）Psychology of wisdom. In：Sternberg RJ（ed.）*Encyclopedia of Human Intelligence*，Vol. 2，pp. 1143-1152. New York：MacMillan.

关于智慧的客观理论和评估

最近一系列关于智慧的经验性心理学研究探寻了如何衡量智慧的行为表达的问题。尽管人们经常认为智慧是无法通过任何科学鉴定的，但智慧理论的研究明确表明，可以根据人格特征（标准化或开放式）、成人思维特征以及在不同生活任务中的表现（判断、建议）来衡量智慧。

各方面的研究工作可以归纳在两个主题下，即个人智慧和一般智慧。这种区别与第一人称和第三人称本体论的哲学分离联系不紧密。第一人称的本体论是指以个人经验为基础的对生命的洞察。而第三人称的本体论则是指建立在观察者视角之上的生活观。与西热拉（Searle）的第一人称视角相比，个人智慧指的是一个人对自己生活的洞察力：一个人对自己、对自己的生活了解多少？与第三人称视角类似，一般智慧涉及对一般生活的洞察。也就是说，当他不关心自己的时候。从一个观察者的角度来看，一个人对生活了解多少。例如，如果一个朋友来找你是因为他的婚姻陷入了严重的危机，他正在考虑离婚，你的一般智慧就会被激发。但如果你自己的婚姻正处于严重危机之中，你正在考虑离婚，那么你就需要自己（个人）的智慧来寻找解决办法。

个人智慧和一般智慧之间的区别可能有助于解决智慧研究领域中正在进行的一些争辩。出于启发式的目的，表2将许多现有智慧研究方法的观点分配给个人智慧或一般智慧。需要注意的是，这种分类有时很难进行，因为原作者并没有按照个人智慧和一般智慧的区别来描述他们的智慧概念。因此，表2是基于作者的推断，并根据个人智慧或一般智慧的相对重点来进行的。

这两种不同类型的智慧通常与不同的研究传统有关。个人智慧的主要研究方法通常基于人格研究和人格发展的传统。这种观点中的智慧描述的是成熟的人格或人格成长的终点（例如，埃里克森或里夫的研究）。从这一角度思考智慧显然与应对研究有着密切的联系。一般智慧的主要研究方法通常与历史智慧文献（即智慧作为明智的建议）和智慧研究的专业方法（例如柏林智慧范式、斯滕伯格的智慧平衡理论）有着密切的联系。

在探索智慧的起源时，个人智慧和一般智慧之间的区别也是相关的。首先，我们有理由假设，个人和一般生活洞察力之间的动态关系是最终获得智慧的核心。几十年来对自我调节和治疗过程的研究表明，了解自己的生活比了解他人的困难和问题要困难得多。因此，一般智慧可能比个人智慧更容易获得，因此在个体发育中，前者的最终获得可能先于后者。当然，在个体发育的过程中，也就是说，在向普遍智慧或个人智慧努力的过程中，这两种类型可能会交替发挥主导作用。然而，通过对自我概念发展的研究，我们确实知道，婴儿在能够认识自我之前，已经掌握了关于世界的一般知识。从个体发育后期对自我的研究中，我们了解到，自我相关信息的处理方式不同于一般信息，例如，在对自我相关信息的有偏见的处理

表 2　现有智慧方法对个人或一般智慧的试探性分配

智慧方法	个人智慧	一般智慧
外显理论（Explicit theories）		
个人角度		
埃里克森（Erikson）	×	
洛文杰（Loevinger）	×	
赫尔森和温克（Helson and Wink）	×	
拉博维奇-菲夫（Labouvie-Vief）	×	
阿尔德特（Ardelt）	×	
韦伯斯特（Webster）	×	
奥伍德和珀尔马特（Orwoll and Perlmutter）	×	
新皮亚杰视角 例如阿林（Arlin）， 基奇纳（Kitchener）， 克莱默（Kramer）		×
专业角度		
柏林范式（Berlin paradigm）		×
斯滕伯格（Sternberg）		×
内隐理论（Implicit theories）		
霍乐迪和钱德勒		×
克莱顿和比伦		×
赫尔歇和法雷尔		×
杰森等人		×

引自：Staudinger UM，Dörner J，and Mickler C（2005）Wisdom and personality. In：Sternberg RJ and Jordan J（eds.）*A Handbook of Wisdom. Psychological Perspectives*，pp. 191–219. New York：Cambridge University Press.

中，这确实可能阻碍个人智慧的发展。此外，可以想象的是，那些已经获得个人智慧的人没有能力或动机去思考超出其自身具体情况的生活问题，或者缺乏提供建议的能力。因此，我们认为在一个人身上同时找到个人智慧和一般智慧是非常罕见的事情。然而，作为检验这两种智慧的巧合和不同轨迹的先决条件，它们需要独立地概念化和衡量。

一般智慧研究策略

一般智慧的研究方法有很多种，其中之一就是前面提到的对智慧的文化历史进行分析。关于与智慧相关的宗教和世俗文本的起源的文化历史工作揭示了一个共同的核心，即智慧的定义特征，这似乎反映了一般智慧的概念，而不是个人智慧的概念。根据保罗·巴尔特斯（Paul Baltes）的分析，智慧的共同核心是：（1）智慧包括具有非凡广度、深度、尺度和平衡的知识；（2）探讨了生命行为和意义的重要困难问题和策略；（3）它包括知识的有限性和世界的不确定性；（4）它代表了真正卓越的知识、判断和建议水平；（5）它在表现出来时很容易被识别，尽管很难实现和具体说明。需要注意的是，在本分析中，人格特征并没有作为跨文化和历史时期的智慧共同的定义特征被提及。

心理学中对一般智慧的不同理解方式是有区别的，如在新皮亚杰（neopiagetian）传统中的后形式思想智慧，斯滕伯格的智慧平衡理论，以及在柏林智慧范式中作为专家知识的智慧的概念。下面，我们将更详细地讨论这些智慧的概念。

在皮亚杰研究认知发展传统的启发下，一些研究者提出了成人思维和认知发展的后形式阶段，并将此阶段与成熟的思维或智慧联系起来。在后形式思维理论中，智慧被概念化为越来越复杂的辩证思维。后形式思维的标准包括对多种原因和解决方案的认识，对悖论和矛盾的认识，以及处理不确定性、不一致、不完美和妥协的能力。后形式思维的关键是超越形式逻辑的普遍真理准则——接受多个事实而产生的对歧义的容忍。在这种方法中，很少注意到有界相对论的必要性。

例如，新皮亚杰智慧概念领域的实证研究涉及了后形式发展阶段与社会认知的关系。比如，与非后形式思考者相比，后形式思考者表现出较少的行动者—观察者效应（即情境原因对自己的行为负责，而性格因素对他人的行为负责）和更高水平的道德推理。研究还发现，积极情绪诱导和放松可以改善后形式操作，而集中注意力则有不利影响。总之，我们可以得出这样的结论：新皮亚杰意义上的明智思考与宽容和开放的态度有关，这也是五大人格维度之一的特征，即对经验的开放。此外，在放松和积极的心情下，似乎更容易明智地思考。

在斯滕伯格的方法中，智慧与实践智慧和学术智慧都有关。学术智慧为与智慧相关的功能提供了必要但不充分的基础。但智慧也涉及隐性知识的应用，这是实践智能的关键方面。隐性知识是一种以行动为导向的

（程序性）知识，通常是在没有他人直接帮助的情况下获得的（而不是通过角色建模），它允许个人实现他们个人珍视的目标。然而，与实际智慧不同，智慧的定义是在利己主义、他人利益和其他背景利益之间寻求平衡，以实现共同利益。这种平衡是斯滕伯格智慧理论的关键。智慧的输出通常是一条建议。智慧是通过向人们提出问题来评估的，这些问题涉及的解决方案将各种各样的个人、人际关系和个人以外的利益最大化。

在这种意义上，一个明智的人面对歧义感到自在，而传统意义上的聪明人则认为歧义是需要解决的问题，而创造性的人则可以容忍歧义，但对它感到不舒服。此外，当管理障碍时，智者试图理解问题及其对自己和他人的影响。同时，明智的人认同一种司法思维方式，也就是说，他总是试图理解为什么，而不是判断某事是好是坏。与人格领域相关的还有一种假设，即明智的人会高度积极地寻求共同利益。

在柏林智慧范式中，智慧被定义为生活基本语用学的专业知识。生活基本语用学知识是指对人类状况的本质以及规划、管理和理解美好生活的方式方法的深刻认识和准确判断。生活基本语用学的专家知识可以根据五个标准来描述。第一个标准是事实性知识，它涉及诸如人性、生命跨度发展、发展过程和结果的变化、人际关系和社会规范等主题的知识。第二个标准是程序性知识，涉及处理生命意义和行为的策略和启发方式，例如，提供建议和处理生活冲突的方法。此外，一个明智的人应该展示生命跨度的背景主义，即考虑与生活领域（如教育、家庭、工作、朋友、休闲、社会公益）及其相互关系有关的生活问题，并将这些问题放在一生的角度（如过去、现在、未来）。价值观和生活优先顺序的相对主义是智慧的另一个标准。这意味着承认和容忍个体之间的价值观差异，只要它们是为了优化与平衡个人和共同利益。最后一个标准，对不确定性的认识和管理，是基于这样一种想法，即人类永远不可能知道所有必要的事情，以决定当前最好的决定，完美地预测未来，或确定为什么事情会以它们过去的方式发生。明智的人会意识到这种不确定性，并开发出管理它的方法。

为了探究和衡量与智慧相关的知识和技能，柏林智慧研究小组向参与者展示了如下艰难的生活困境：想象你的一个好朋友打电话给你，告诉你她不能再继续下去了，决定自杀。你会怎么想，你会怎么处理这种情况？然后，参与者被要求大胆地思考这个困境。他们的回答录在磁带上，然后写下来。为了量化绩效质量，一个经过广泛训练和校准的精选评委小组，根据五个与智慧相关的标准，使用七分制量表来评估受访者的方案。获得的分数是可靠的，并提供了一个与智慧相关的知识和技能的数量和质量的近似值。当使用这个智慧范式来研究根据被提名者对智慧的主观信念而被提名为智慧者时，智慧被提名者的智慧得分高于不同年龄和专业背景的对照样本。

柏林范式的一部分也是概述智慧发展条

件的一般框架，因为它是在人身上实例化的。该模型提出了一组需要合作才能发展智慧的因素和过程。首先，有一般的个人特征，如智力和个性。其次，该模型假定智慧的发展是由某些特定的专业因素推动的，例如发现生活的强烈动机，在困难的生活环境中实践，以及受到导师的指导。第三，该模型暗示了宏观层面的促进经验语境的运作。例如，某些职业和历史时期比其他的更方便。此外，某些社会认知过程（生活规划、生活管理和生命回顾）被认为是发展与智慧相关的知识和判断的关键。

基于这种个体发展模型和测量范式的实证工作产生了符合预期的结果。与认知老化的流体智力研究相反，老年人的表现和年轻人一样好。似乎与智慧相关的知识和判断在14~25岁开始发育。此外，当年龄与智慧相关的经验背景相结合时，如专门涉及生活问题的培训和经验的专业化（如临床心理学），观察到更高水平的表现。历史智慧文献把智慧描绘成心灵和美德的理想结合，研究发现，与智慧相关的表现最好通过位于认知和人格界面的措施来预测，如明智的认知风格、创造力和道德推理。无论是智力还是人格，都没有对与智慧相关的知识和判断做出突出的贡献。在情感体验方面，根据柏林智慧范式衡量的一般智慧与积极（如快乐、愉快）和消极情感（如愤怒、害怕）均呈负相关，但与情感投入（如兴趣、灵感）呈正相关。他的关系模式表明，智慧可能伴随着更现实、更少自我提升、更少正面偏见的人生观，但同时也伴随着更好的应对负面情绪的技能。此外，与智慧的内隐概念相一致，智慧相关的表现与个人成长、生活洞察力、社会参与、朋友福祉和生态保护等价值观的认可呈正相关。与智慧相关的知识和判断也被发现具有可塑性。在两项干预研究中，斯坦丁格尔（Staudinger）和同事发现，无论是提供某种类型的社会表现背景，还是教授一种特定的知识搜索策略，与智慧相关的表现都会显著提高。

个体智慧研究方法

当我们从一般智慧的概念转到个人智慧的概念时，我们会想到另外两个概念：成熟和个人成长。在临床心理学、人格心理学和发展心理学中都可以发现有影响力的个人智慧概念。然而，这里只能讨论一个选择，即作为人格特征的智慧传统中的一些方法，洛文杰的自我发展概念，拉博维奇-菲夫的情感复杂性和情感优化二分法，以及个人智慧的概念，这是与柏林智慧范式相似的设计，以及基于自我概念成熟的人格成长的运作化。

为了捕捉智者的特征，而不是那些有智慧的思想和知识，韦伯斯特开发了自我评估智慧量表（self-assessment wisdom scale，SAWS），它评估了智者的五个维度：情绪调节、回忆和反思、对经验的开放、幽默和经验。与预期一致，SAWS分数已证明与创造力和自我完整性的测量相关。此外，没有发现明显的年龄差异。关于SAWS的收敛效度的初步证据似乎表明，该量表衡量的是个人智慧之类的东西。然而，目前还不清楚这些预测关系是否由人格和智力的标准测量来调节，以及SAWS的结果在多大程度上被社会期望所扭曲。

洛文杰的抱负是，按照皮亚杰的认知发展模型，用一个阶段模型来捕捉人物的发展。洛文杰认为自我发展的阶段是心理成熟的一个连续过程，沿着冲动控制、人际关系风格、意识专注和认知风格四个维度展开。该模型包括八个阶段（冲动、自我保护、循规蹈矩、自我意识、自我觉醒、个人主义、自主性、综合性），其特点是这四个维度的形式日益成熟。大多数人被归类为第三至第五阶段，即循规蹈矩、自我意识和自我觉醒的阶段。第八阶段（综合阶段），很少观察到随机样本。自我发展是通过是否完成任务来衡量的。

在预测效度方面，自我水平与自我活力、人际诚信、需求调节或对社会情绪任务的掌握和冲动控制以及心理健康指标均呈正相关。有趣的是，自我水平也与终生精神治疗次数和定期心理治疗次数呈正相关。然而，目前还不清楚心理治疗是否帮助了受试者的发展，或者是否在后期阶段发现生活中不确定性的能力增加了他们寻求心理治疗的意愿。后一种解释符合神经质与自我水平正二次关系（即低自我水平和高自我水平下神经质程度较高）和自觉性负二次关系（即低自我水平和高自我水平下自觉性较低）。经验开放性、外向性和亲和性与自我水平呈线性正相关。最后，实际年龄与自我发展无关。

总之，这种围绕洛文杰自我发展衡量的结果模式表明，超越既定、更清晰地看到现实，超越现存的社会规范（智慧的核心特征），并非没有代价。看来，以一个自我发展水平较高的人的方式面对自己生活的复杂性并不总是会带来更大的幸福，而是会带来更多的关注和怀疑，以及需要进一步自我发展的洞察力。

拉博维奇-菲夫将皮亚杰（Piaget）的认知理论与成人依恋理论中的精神分析概念和思想相结合，设计了自我和情感理解的发展模型。她最近的出版物中在其早期研究的基础上，又着重研究了自我和情感调节的发展和成熟。在这一最新的方法中，她提出了一种成长或成熟的概念，将情感优化（“将情感约束为积极价值的趋势”）和情感复杂性（“在寻求差异化和客观性的过程中放大情感”）相结合。在这个成熟的概念中，对复杂性和差异性的探索与对任何给定情况下的积极影响的探索相结合或更好地受到限制是至关重要的。与此同时，以开放和差异化的方式体验事件和其他人的能力保护了对积极情感的寻求。结合情感优化和情感复杂性的两个（二分法）维度可以产生四种人格类型。

拉博维奇-菲夫和麦迪乐（Medler）可以证明，这四种类型与各种心理功能指标和实际年龄具有可预测性和系统性的联系。例如，那些情感优化和情感复杂性水平都高的人，会被高自我水平、高智商和适应性应对模式（排除压抑或倒退策略）所左右。相反，在智力、情感调节、应对和个性等不同指标中，两个维度水平较低的个体表现出最低的功能水平。

另一种衡量个人智慧的方法是沿着柏林普遍智慧范式发展起来的。在人格发展文献的基础上，定义了五个衡量个人智慧的标准。第一个标准是丰富的自我认识，即对自我的深刻洞察。一个有自我意识的人应该了解自己的能力、情感和目标，对生活有意义。第二个标准要求一个有自我智慧的人具有成长和自我调节的可用启发式（例如，如何表达和调节情绪，如何发展和维持深层社会关系）。幽默是一个重要的启发式例子，它能帮助一个人应付各种困难和挑战。第三个标准自我关联，指的是反省和洞察一个人的行为或感觉的可能原因的能力。第四个标准称为自我相对主义。自我相对主义程度高的人能够用一种长远的眼光来评价自己和他人。他们批判性地评价自己的行为，但同时也表现出对自己的基本接受。他们还表现出对他人价值观和生活方式的宽容——只要他们不损害自己或他人。最后，对歧义的容忍包括识别和管理自身生活和发展中的不确定性的能力。衡量个人智慧的方法首先是大声思考，然后进行评级程序。

在第一项研究中，新的个人智慧测量显示了良好的收敛效度。它与人格成长的其他指标正相关，如里夫（Ryff）的个人成长和生活目标，洛文杰的自我发展以及仁慈的价值观。关于鉴别效度，有人证明，个人智慧（作为衡量个人成熟度的指标）与幸福和适应的概念（如生活满意度、消极或积极情绪）以及适应性动机（如权力、成就和享乐主义）不相关。此外，了解一个人的智力也不会抢先获得个人智慧。就与人格变量的关系而言，经验开放性是最重要的预测因素——在其他五大变量中，没有一个变量与个人智慧显著相关。然而，心理意识是一个衡量对他人思想和感情兴趣的概念，它与个人智慧正相关。

作为建构个人智慧的另一种测度的理论背景，本文回顾了关于自我概念和人格成长的文献。研究发现，自我概念的内容复杂性、自我概念整合性、情感平衡性、自尊性和价值取向可作为衡量个人智慧的理论指标。假设只有通过结合这五个组成部分，才能达到个人智慧的适当运作化。也就是说，建立了五个自我概念层面的轮廓，作为成熟人格的原型，反映在自我概念或自我概念成熟度中。正如假设的那样，它与其他个人智慧测量指标，特别是与洛文杰的自我发展和之前提出的新开发的个人智慧任务，存在强烈而显著的相关性，而与实际年龄不存在显著的相关性。

结论和前景指引

智慧的概念代表了一个卓有成效的心理学研究主题：智慧的研究强调对人类状况的持续优化和进一步进化的探索，并以一种典型的方式，允许研究认知、情感和行为之间的协作动机过程。我们希望未来对智慧的研究至少可以从三个方面展开：（1）进一步识别与智慧个体发育相关的社会和人格因素以及生命过程；（2）探索智慧作为元启发式，旨在协调心智和美德，使人类达到卓越；（3）本文概述的个人智慧和一般智慧之间的区别可能有助于建立一种生活的心理艺术。

另请参阅：情绪；智力。

拓展阅读

Alexander CN and Langer EJ (eds.) (1990) *Higher Stages of Human Development. Perspectives on Adult Growth*. New York: Oxford University Press.

Baltes PB and Staudinger UM (2000) Wisdom: a metaheuristic to orchestrate mind and virtue toward excellence. *American Psychologist* 55: 122-136.

Baltes PB, Smith J, and Staudinger UM (1992) Wisdom and successful aging. In: Sonderegger TB (ed.) *Nebraska Symposium on Motivation*, Vol. 39, pp. 123-167. Lincoln, NE: University of Nebraska Press.

Bluck S and Glück J (2005) From the inside out: people's implicit theories of wisdom. In: Sternberg RJ and Jordan J (eds.) *A Handbook of Wisdom. Psychological Perspectives*, pp. 84-109. New York: Cambridge University Press.

Kunzmann U and Baltes PB (2003) Wisdom-related knowledge: affective, motivational, and interpersonal correlates. *Personality and Social Psychology Bulletin* 29: 1104-1119.

Labouvie-Vief G and Medler M (2002) Affect optimization and affect complexity: modes and styles of regulation in adulthood. *Psychology and Aging* 17: 571-587.

Staudinger UM and Baltes PB (1994) Psychology of wisdom. In: Sternberg RJ (ed.) *Encyclopedia of Human Intelligence*, Vol. 2, pp. 1143-1152. New York: MacMillan.

Staudinger UM, Dörner J, and Mickler C (2005) Wisdom and personality. In: Sternberg RJ and Jordan J (eds.) *A Handbook of Wisdom. Psychological Perspectives*, pp. 191-219. New York: Cambridge University Press.

Sternberg RJ (ed.) (1990) *Wisdom: Its Nature, Origins, and Development*. New York: Cambridge University Press.

Sternberg RJ (1998) A balance theory of wisdom. *Review of General Psychology* 2: 347-365.

Takahashi M and Overton WF (2005) Cultural foundations of wisdom: an integrated developmental approach. In: Sternberg RJ and Jordan J (eds.) *A Handbook of Wisdom. Psychological Perspectives*, pp. 32-60. New York: Cambridge University Press.

Webster JD (2003) An exploratory analysis of a selfassessed wisdom scale. *Journal of Adult Development* 10: 13-22.

译　者：尹旭蕾（河北科技大学）
校译者：林庆东（中国人民大学）

1982

智力

M. 罗福登，U. 林登贝格 麦克斯博朗克学院人类发展系，柏林，德国

词汇表

协方差去分化（Covariance Dedifferentiation）——与青年相比，老年时期的流体智力和晶体智力之间有更加密切的联系。

晶体智力（Crystallized Pragmatics）——受文化系统影响强力驱使的内容丰富的能力；典型例子就是语言知识和专门知识。

方向去分化（Directionality Dedifferentiation）——流体智力和晶体智力晚年时都有所衰退。

流体智力（ Fluid Mechanics）——生理会对知识发展产生影响，流体智力则代表各种可测量结果的能力；内容贫乏且通用的基本信息流程，诸如处理速度和工作记忆。

终极衰退（Terminal Decline）——与即将到来的死亡有关的智力变化。这些变化可能反映的是因果结构变化，而不是潜在的规范性年龄分级变化，包括影响认知的疾病。

寿命认知的双元模型（Two-Component Models of Life Span Cognition）——探讨是否存在统一智力总体结构，并假定智力能力的发展可以映射到影响的生物和文化集合。

引言

这篇文章概括介绍心理测试学理论以及老年智力论证，聚焦正常衰老。首先，介绍终身智力变化的两元理论，总结了关于智力能力的平均人口年龄梯度的证据。然后，回顾了老年智力表现衰退的假设规范性和基本决定因素，同时探讨了这种衰退的程度及其可能的原因。最后，有关证据表明，尽管与年龄相关的平均智力表现下降，但许多老年人仍具有相当大的学习能力和可塑性。

智力寿命变化双元模型

智力寿命变化双元模型假定智力能力的发展可映射生物和文化的影响（见图 1）。当代双元理论的典型例子是由雷蒙德·B. 卡特尔（Raymond B. Cattell）和约翰·霍恩（John Horn）提出的流体智力和晶体智力之间的对比，以及保罗·巴尔特斯（Paul Baltes）提出的将认知分解为流体智力和语

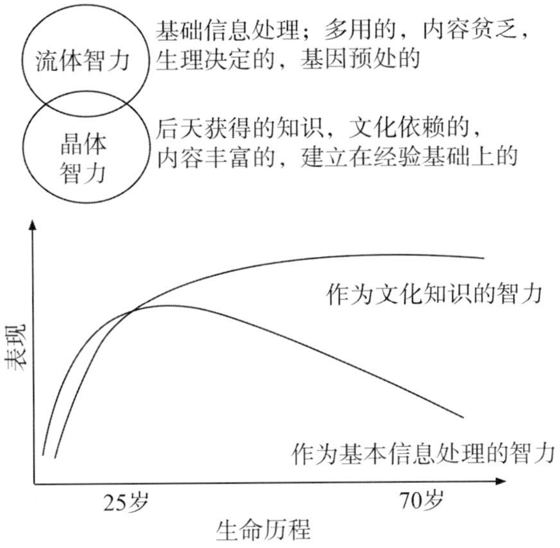

图 1　认知的两元理论

注：上面部分定义了两类知识能力，而底下部分说明假定的寿命轨迹。在年龄很大时，这个轨迹变得区分更小，是因为流体智力对于认知、表达和语用知识表现的限制日益增大。

用学。智力寿命变化双元理论可以追溯到启蒙时代的哲学家和心理学家约翰·尼古拉斯·泰滕斯（Johann Nicolaus Tetens），他指出，经过良好培训获得的技能随着年龄增长而下降的可能性小于潜藏于认知中的基本能力下降的可能性。因此，最重要的是，双元理论对单一的一般智力结构在理解整个生命周期智力发展方面的有效性提出了质疑。相反，至少需要两种广泛的、在个体上相互交织但又可培养的能力类别来描述智力发展的基本属性。

第一类智力能力集合代表了生物因素对发展影响的可测量结果。它表现在涉及新信息外推、重组和转换（即推理）的认知过程中，以及工作记忆（即在操作信息的同时在线维护信息的能力）、处理速度等基本信息处理过程中（即可以执行基本处理操作的速度）和认知控制（即自上而下协调和控制较低级别的处理）。此后，这些过程被称为智力的流体力学。第二类更为不同的智力是指特定文化所共有的程序性知识和陈述性知识（如口头知识），但有时也指专业的、高度特殊的（个人特有的）知识，如职业技能，以及关于生命意义和行为的知识。此后，这些过程被称为智力的结晶语用学。有关这两个方面的具体能力和功能的示例组件，请参见图 2。

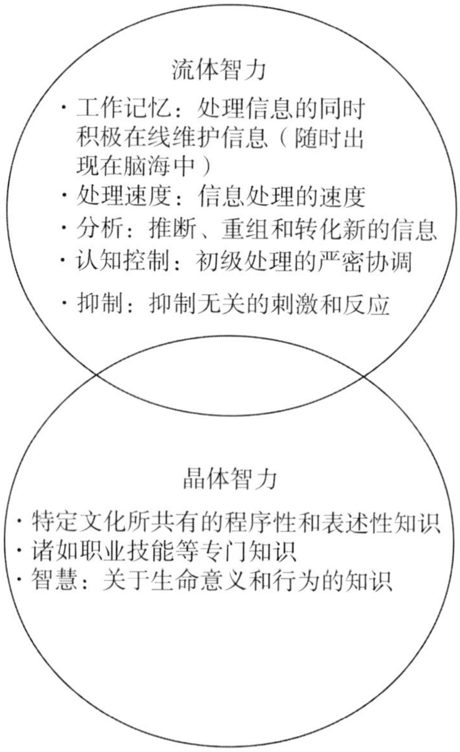

图 2　流体智力和晶体智力的广义的示范性功能及能力

流体智力和晶体智力的平均老化模式

一般来说，个体成熟之后流体智力就会衰退。相比之下，只要知识维护和知识获取超过机制损失的不利后果，则晶体智力就会终生增长（见图 1）。实验证据与这些议题基本一致。典型证据显示，从年轻或中年开始，在广泛的流体智力领域，能力呈持续下降趋势。在晶体智力领域的年龄梯度表明，在从早期到晚期的过渡过程中，个体内部和个体之间的差异更大，青年期的增量模式通常在中年和晚期出现渐进高峰，直到老年（例如，大约 60～80 岁）或非常高龄（例如，超过 80 岁）出现适度的递减。有关说明，请参见图 3。

在属于晶体智力领域的能力中，智力表现水平的维持一直持续到老年，这并不局限于心理测量学评估的这一领域的智力能力，如语言知识。相反，对于专业和个人特定的知识体系以及关于生命意义和行为的知识，也观察到了维护。例如，对于困难问题的分析（如 14 岁怀孕女孩寻求建议），就与从成年早期到老年的年龄顺序无关；具有广泛

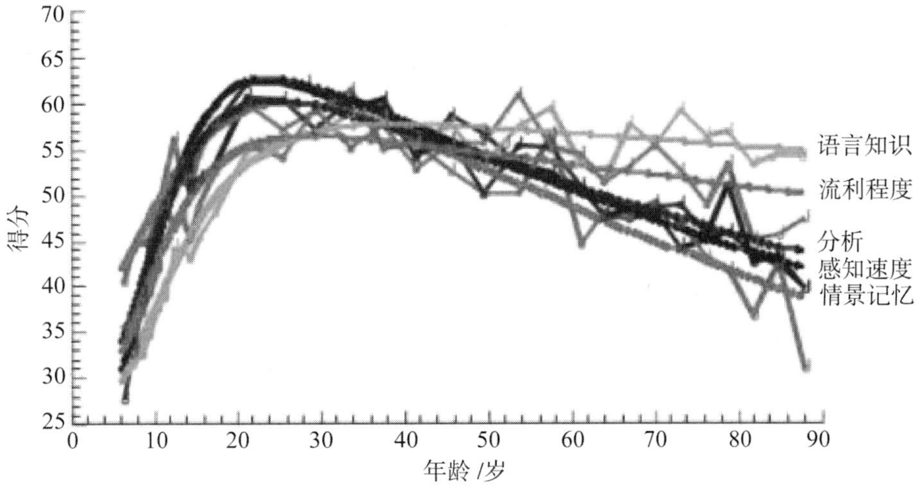

图 3　五种不同智力能力的典型寿命年龄梯度

注：语言知识是晶体智力领域智力能力的标志，而分析、感知速度和情景记忆是流体智力领域的智力能力。流利程度通常被认为是一种混合智力，因为它需要快速运用存储的知识。经验观察到的年龄梯度与寿命认知的双元理论相一致。

引自：Li S-C，Lindenberger U，Hommel B，Aschersleben G，Prinz W，and Baltes PB（2004）Transformations in the couplings among intellectual abilities and constituent cognitive processes across the life span. *Psychological Science* 15：158.

适应的个人特征、生活经验和认知风格的老者则是最佳人选。

纵向研究结果表明，比起典型证据，流体智力和晶体智力的年龄梯度具有更大的相似性。在这里，流体智力显示在年轻的成年人中增长减速，中年达到峰值，然后加速下降。晶体智力的主导模式是稳定的，甚至是不断增加的，直到年老或年龄很大的时候。然而，请注意，纵向研究结果通常来自表现出比其来源人群更积极变化的个体，而重测效应可能进一步使年龄梯度偏向积极方向。

总之，正如寿命认知双元理论预测的那样，现有证据强调成年人智力发展的多向性。流体智力的持续衰退和晶体智力晚年衰退的稳定性构成了成人智力老化的经典模式（排列）。

去分化假设

在从老年到非常老年的过渡过程中，晶体智力衰退的开始和程度比生命早期观察到的流体智力和晶体智力之间的年龄梯度差异更为多变。一些研究报告说，在老年早期，在晶体智力方面出现了轻微的逆年龄趋势，只有在后期才出现明显的下降，而另一些研究报告说，与年龄相关的衰退出现在 50 岁左右。然而，人们普遍认为，在老年人群体中经常观察到的晶体智力的保持并不能推广到非常年老的老年人群体。也就是说，从成年早期到晚期，典型证据显示流体智力方面存在单一衰退，但晶体智力方面表现稳定甚至上升。然而，在非常年老的时候，无论是流体智力还是晶体智力普遍存在随年龄梯度递减。因此，在非常高龄时，年龄梯度方向性的差异会减小并渐渐消失。在流体智力和晶体智力的生命周期发展中，这种模式被称为方向性去分化。重要的是，这种方向性去分化模式同样适用于纵向数据。此外，与年龄相关的智力结构变化与老年期不同智力能力之间的关系比成年早期更密切的见解是一致的。这一发现被称为共分散（协方差）。

在生命周期发展研究中，一个长期存在的假说断言智力的功能组织在走向成熟时经历减压（分化变异）而在老年时再次变得压力增加（去分化）。分化—去分化假说促进了对智力结构的动态和过程导向的观点。在儿童和老年时期，认知能力多样性的运作和表达被假定为受到智力生物基础的发展状况的制约。相比之下，在成熟期和成年期，生物发展的限制被放松，而其他因素，如兴趣和教育机会，作为智力表现和发展的个体差异的决定因素，占据着更为突出的作用，导致不同能力的功能水平更加多样化。在老年和非常老年的时候，智力能力的空间再次变得越来越受智力发展的共同生物学约束的支配。依据寿命智力的双元论观点，老年在晶体智力方面能力的减退是由流体智力方面的衰退引起的。换句话说，流体智力衰退导致的生理变化阻碍了老年人对实用知识的获取、表达和语用知识的呈现，而这一过程可能会因技能而异。相反，在更高的功能水平上，晶体智力的发展更依赖于文化经验因素，尽管生物因素继续发挥作用。相反，在较高的功能水平时，结晶语用学的发展更多依赖的是文化体验因素，尽管生理因素依然还有作用。

去分化假设是由早先发现的从成年早期到老年不同知识能力间的联系日益密切的结果诱发出来的。最近的经验证据普遍支持了早期的发现，但也有一些显著的例外。重要的是保罗·吉斯莱塔（Paolo Ghisletta）和厄尔曼·林登伯格（Ulman Lindenberger）最近的研究结果支持去分化假说的具体解释，表明流体智力的衰退从根本上限制了老年人认知、表达或者说语用学方面的维持，因而导致晚年晶体智力的衰退。因此，随着成人年龄的增长，人与人之间在语言知识等具体语用水平上的差异越来越取决于流体智力功能（如处理速度）的支配。因此，老年时，表达、维持和获得知识越来越依赖于生物活力。

流体智力衰退的基本决定因素

如果流体智力的衰退导致晚年晶体智力的衰退，那么是什么驱动了流体智力的衰退呢？近几十年来，人们已经见证了许多著名的断面研究，试图确认信息处理机制，这些机制是老年流体智力衰退的跨领域的领跑者。其中最突出的结构包括处理速度、工作记忆能力和抑制无关信息的能力（抑制）。有证据支持这三种结构中的每一种都是各种流体智力下降的主要决定因素。然而，这三个构建因素都与神经心理学的联系相对微弱，难以做出差异预测，并且通常在年龄异质的横断面数据集中进行研究，这些数据集在推理结论性方面受到严重限制。在行为和神经分析水平上加强衰老变化之间的联系，可能为确定流体智力领域衰退的一般机制提供了一条更可行的途径。

在这个系统中，关于衰老的认知神经科学的新领域强调了成年年龄变化在知识增长神经调节中的中心作用。特别是，李树臣（Shu-Chen Li）及其同事利用神经计算模型进行的理论研究表明，基于年龄的神经递质多巴胺水平的降低有助于解释智力老化的关键现象，如平均水平的下降、任务难度越大的年龄缺陷越大，绩效最高水平较低，个体任务之间的相关变异的增加，绩效波动和个体间差异。此外，多巴胺标记物、成人年龄和智力表现之间存在着很强的经验关系。

前额叶皮质的形态改变和脑体积减小也与正常衰老有关。鉴于前额叶皮质的大脑活动在功能上与流体力学的中枢能力（如推理和工作记忆）的表现有关，这些发现表明前额叶皮质和相关神经回路的解剖、化学和功能变化在晚年智力衰退中起着核心作用。随着年龄的正常增长，内侧颞叶和间脑系统的脑改变程度较小，发现它同与年龄相关的痴呆的发病和进展有更明确的联系。

规范与非规范对老年智力发展的影响

平均年龄梯度和寻找老年认知衰退的决定因素具有重要意义。然而，为了理解老年智力的发展，有必要在特定的时间点对特定个体的特定分数进行分析。老年人的智力发展是由大量的附加发展源形成的，如学习史、健康状况、与死亡的距离、病理学发作和非规范性事件，所有这些都与年龄有着松散的联系。因此，正如保罗·巴尔特斯和其他人所建议的那样，需要区分三种不同但重叠的对老年智力变化的影响：规范性年龄梯度影响、规范性历史梯度影响和非规范性（特殊性）影响。在此背景下，规范性因素指的是对老龄化个体群体相对普遍的影响，例如流体智力基本决定因素的衰退。年龄梯度影响是指那些与年龄高度相关因而塑造很多人老年智力进程的生物和环境因素。历史梯度影响因不同年龄群体、不同时代而有所区别。例如，在过去的一个世纪里，在入伍的年龄段，观察到出生队列和智力得分之间存在着实质性的联系。最后，非规范性影响或多或少指的是个体化的条件和经历的事件（例如，罕见疾病、中彩票）。

老年智力变化的个体差异：风险和保护因素

在老年人群体中，个体之间的智力表现差异显著。除了智力表现水平的稳定差异

（终生差异很大）外，老年人之间智力变化的差异也很大，实际上老年人的差异比一般的成年人更为显著。此外，在老年和非常老年的时期，流体智力的个体之间的变化差异往往大于晶体智力之间的变化差异，这表明有明显的生理起源倾向。以下各节列出了导致老年人智力功能发展模式多样性的一些原因。

末期衰退

老年人智力发展差异的一个重要来源是末期衰退，这意味着与即将到来的死亡相关的变化。这些变化可能反映了除潜在的规范性年龄梯度变化以外的因果结构，例如，影响疾病的特定认知或生物系统的整体崩溃。越来越多的证据表明智力测试表现与寿命以及智力变化与死亡率之间存在关联。重要的是，方向性去分化可能是由接近死亡的一部分个体驱动的。换言之，在一个人进入最终衰退阶段时，具体化的语用学可能会越来越依赖于流体智力，而一个年龄相同但远离死亡的人则大不相同。

与死亡相关的智力变化表现出发展上的极大不均衡，并提醒我们提防不加批评的应用特定年龄智力个体平均差异。建立在不同类型个体混合而成的群体的平均趋势可能会产生一幅老年智力发展图表，该图表充其量是这个混合群体构成的近似比例。因此，要理解成年后期或老年的智力发展情况，我们需要聚焦个体或者至少是亚群体。说到距离死亡时间问题，当对相对健康的个体和经历终末衰退的个体的表现进行平均时，与衰老相关的变化和与死亡相关的变化是混淆的。当然，如果某些导致老年智力下降的因果结构确实与死亡有关，人们会认为大多数人迟早会表现出去分化的模式；也就是说，从寿命的角度来看，正常衰老和最终衰退的个体并不是相互排斥的群体，而是指发展途径的不同阶段。

临床痴呆

痴呆，如阿尔茨海默型痴呆，通常临床前会有很长一段过程。在这段时间内，与痴呆相关的认知缺陷是存在的，但尚未达到诊断阈值。例如，诊断前几年的认知障碍已被证明是后来痴呆诊断的敏感标志物。临床前认知缺陷屡见不鲜，其中情景记忆缺失最为突出。另外，正常情况下老年时尚能保持良好的功能缺陷，如结晶语用学，这可以区分早期痴呆和衰老。鉴于老年期痴呆发病率的加速增加，临床前痴呆患者在总人口中的比例也必然增加。这种与年龄相关的临床前痴呆患者比例的增加导致研究人员重新考虑关于智力与年龄相关的正常变化的结论。与剔除那些最终衰退的个体类似，剔除那些后来将发展为痴呆的个体，可以减少智力表现与年龄之间负相关的估计大小。

其他疾病

许多影响智力表现的与健康有关的特殊情况在老年时会增加。大量研究着重考察循环系统紊乱对智力表现的影响。总的来说，这项研究表明，循环障碍，从高血压和心血管疾病到脑卒中和血管性痴呆，对大脑和智力表现有着深远的影响，特别是在流体智力方面。海马等中颞结构和情景记忆等相关智力功能似乎对包括高血压在内的心血管疾病特别敏感。

患糖尿病的老人往往会有智力表现困难。另外，那些耐糖能力低下但未患糖尿病的老人一般会表现相似的但是不明显的表现困难。因此，糖尿病患者可能存在从亚临床阶段到临床阶段的连续性智力缺陷。

如同年轻时那样，抑郁症与老年智力测试表现不好关系密切。抑郁症状的严重程度与智力表现关系密切，患有抑郁症状的人比有临床抑郁症的人表现要好但比无抑郁症状的人表现得要差些。

最后，与营养相关的不同标志物也显示出与老年智力表现的联系。例如，少量的维生素 B_{12}和叶酸的缺乏（非临床的）会对智力表现产生负面影响。

积极的生活方式

从积极的一面来看，过着积极主动生活的老年人在智力测试中的表现一般比不太积极的老年人要好。此外，老年智力表现的变化与生活方式因素的变化有关，如参与休闲活动、社交活动和智力刺激活动。利用动态建模技术分析柏林老龄化研究的纵向数据，马丁·洛弗德（Martin Lovden）、保罗·吉斯莱特和厄尔曼·林登伯格最近提供了直接证据，证明了一个广泛持有但未经验证的假设，即在老年和非常老年时，保持精神和社交活跃会减弱智力衰退。

积极的生活方式影响老年智力发展的机制尚不清楚。这个未被利用的假说提出，老年生活方式的改变（如退休、丧偶和随后的社会隔离）可能会导致精神刺激水平的降低和随之发生的认知能力衰退的扩大。认知保持假说认为，生命早期的生活经历，如教育程度，为应对与年龄和疾病相关的神经生理学衰退提供了及时的补偿，从而有助于提高晚年智力的恢复力。最后，生活方式因素也可能以更直接的方式改变智力老化背后的神经生理学变化过程。例如，神经可塑性机制可能在生活方式积极的个体中更有效地发挥作用。

很有可能，这些因果关系路径中的几项正在协同工作。一些与积极的生活方式相关的行为，如体育活动和健康的营养，可以减少与年龄相关的对大脑非神经成分的负面影响，如血管变化，包括血流量减少、低氧气摄取和葡萄糖转运降低。例如，精神刺激可能直接影响神经生理过程，而体育锻炼可能通过心血管途径间接但有效地改善大脑功能。基于动物模型的最新证据表明，这两种形式的刺激可能相互作用并相互加强。

基因影响

检验基因和老年智力功能之间关系的研究被分为两类。一种类型的研究通过比较双卵双胞胎和单卵双胞胎来检查遗传变异的总体影响。一般来说，智力功能的遗传力（即由遗传差异引起的人与人之间的差异）从儿童时期的约 35% 增加到成年中期的约 80%。老年时，遗传率往往下降到 60% 左右，这可能意味着在人类寿命的生殖后期，基因组表达逐渐走向衰弱。另一类研究集中在特定基因多态性对老年人智力功能的影响。在这里，编码载脂蛋白E的基因最受关注，因为该基因变体的携带者更容易患痴呆。即使在老年人痴呆筛查样本中，载脂蛋白E多态性的基因变异也与智力功能有关。这一关联是否反映了临床前痴呆个体的存在还有待进一步的研究。基因变异对个体神经元组织和智力功能的不同影响很有可能成为未来几年研究的活跃领域。

老年智力的可塑性

智力可塑性或通过经验（如学习）提高智力表现的能力在健康的老年人中仍然存在。例如，针对流体智力领域智力表现的培训计划确实会提高表现。然而，比起年轻人，老年人的培训收益要小得多。比如，在对单词表记忆技术进行指导和训练之后，年轻人和老年人的记忆表现分布几近不重叠。在非常年老的时候，训练收益在规模和质量上进一步受到限制。

老年期的智力可塑性可能在很大程度上反映了现有智力策略的重新激活，在某种程度上反映了新智力策略的获得，而不是流体智力效率本身的改变。因此，特定智力任务中的训练成果从相同或相关智力能力向其他任务的正迁移通常很少或不存在。令人鼓舞的是，最近对健康老年人进行的有氧健身干预对一系列认知任务的表现产生了积极影响，这些任务对执行功能或认知控制（即流体智力的核心机制）提出了很高的要求。这些积极的变化显然伴随着大脑相关部位的结构和功能改变，如前额叶皮质区域。未来的研究需要进一步研究成年后期和老年期神经元和行为可塑性的数量、机制和调节因素。

结论

智力是一个多维结构，经历了从青年到成年晚期，直到老年的结构变化。寿命智力双元理论假设了两个广泛的影响系统，一个是生物系统，另一个是文化系统。青年时期，基于生物的流体智力和基于文化的晶体智力相互作用不明显，表现出不同的年龄梯度，流体智力下降，晶体智力稳定或增加。老年和晚年，流体智力的衰退会影响实用知识的获取、表达和表现。这种转变的开始和性质因人而异，可能更多地取决于与死亡的距离或与认知相关的病理学，而不是与出生的距离。在他们的一生中，个体会经历规范性年龄梯度和非规范性影响。不同的个体不会因为出生在相似的时间点，智力结构便一定相似。在确定并考虑到个体差异的来源（如与年龄相关的病理学和末期衰退）后，可以辨别出老年人和高龄人智力变化模式中不同年龄组的一般规律。因此，理解老年智力发展需要一个多元的、动态的、以人为中心的视角。

另请参阅：信息处理与认知；学习；毕生发展理论。

拓展阅读

Baltes PB (1987) Theoretical propositions of life-span developmental psychology: on the dynamics between growth and decline. *Developmental Psychology* 23: 611–626.

Baltes PB, Lindenberger U, and Staudinger UM (in press) Life-span theory in developmental psychology. In: Lerner RM (ed.) *Handbook of Child Psychology*, 6th edn. *Vol. 1. Theoretical Models of Human Development*. New York: Wiley.

Cabeza R, Nyberg L, and Park DC (eds.) (2004) *Cognitive Neuroscience of Aging: Linking Cognitive and Cerebral Aging*. New York: Oxford University Press.

Colcombe SJ, Kramer AF, Erickson KI, Scalf P, McAuley E, Cohen NJ, et al. (2004) Cardiovascular fitness, cortical plasticity, and aging. *Proceedings of the National Academy of Sciences* 101: 3316–3321.

Craik FIM and Salthouse TA (eds.) (2000) *The Handbook of Aging and Cognition*, 2nd edn. Mahwah, NJ: Lawrence Erlbaum Associates.

Ghisletta P and Lindenberger U (2003) Age-based structural dynamics between perceptual speed and knowledge in the Berlin Aging Study: direct evidence for ability dedifferentiation in old age. *Psychology and Aging* 18: 696–713.

Li S-C, Lindenberger U, and Sikstrom S (2001) Aging cognition: from neuromodulation to representation. *Trends in Cognitive Science* 5: 479–486.

Li S-C, Lindenberger U, Hommel B, Aschersleben G, Prinz W, and Baltes PB (2004) Transformations in the couplings among intellectual abilities and constituent cognitive processes across the life span. *Psychological Science* 15: 155–163.

Lindenberger U (2001) Lifespan theories of cognitive development. In: Smelser NJ and Baltes PB (eds.) *International Encyclopedia of the Social and Behavioral Sciences*, Vol. 13, pp. 8848 – 8854. Amsterdam: Elsevier Science.

Lovden M and Lindenberger U (2005) Development of intellectual abilities in old age: Fromage gradients to individuals. In: Wilhelm O and Engle RW (eds.) *Handbook of Understanding and Measuring Intelligence*, pp. 203–221. Thousand Oaks, CA: Sage.

Lovden M, Ghisletta P, and Lindenberger U (2004) Cognition in the Berlin Aging Study: the first ten years. *Aging, Neuropsychology, and Cognition* 11: 104–133.

Lovden M, Ghisletta P, and Lindenberger U (2005) Social participation attenuates decline in perceptual speed in old and very old age. *Psychology and Aging* 20: 423–434.

Schaie KW (1962) A field-theory approach to age changes in cognitive behavior. *Vita Humana* 5: 129–141.

Schaie KW (1996) *Intellectual Development*

in Adulthood. The Seattle Longitudinal Study. New York: Cambridge University Press.

Sliwinski M, Lipton RB, Buschke H, and Stewart W (1996) The effects of preclinical dementia on estimates of normal cognitive functioning in aging. *Journals of Gerontology: Psychological Sciences and Social Sciences* 50B: P162-P170.

Small BJ and Backman L (1999) Time to death and cognitive performance. *Current Directions in Psychological Science* 8: 168-172.

Tetens JN (1777) *Philosophische Versuche uber die menschliche Natur und ihre Entwicklung* [Philosophical essays about human nature and its development]. Leipzig: Weidmanns Erben und Reich.

Wohlwill JF (1973) *The Study of Behavioral Development*. New York: Academic Press.

译　者：乔海露（首都经济贸易大学）
李双燕（首都经济贸易大学）

中年和老年的危机

D. 卡尔 罗格斯大学，新布朗斯维克，新泽西州，美国
T. 普德罗夫斯卡 威斯康星大学麦迪逊分校，威斯康星州，美国

词汇表

慢性疲劳（Chronic Strain）——持续或反复的需求，需要长期的行为、认知或心理调整。

应对资源（Coping Resources）——人们在处理危机或应激源时，可以利用的个人和社会特征。

应对策略（Coping Strategy）——努力处理令人痛苦或超过个人适应能力的危机或慢性应激源的认知或行为。

生活事件（Life Events ）——个人的社会角色、背景、关系的客观转变，需要在一个相对较短的时间内进行主要的行为再调整。

福祉（Well-Being）——一种包含部分或所有积极情绪、健康的身体和一般生活满意度的状态。

引言

社会老年学家对中年和老年的危机没有一个统一的概念。然而，不同的子学科却提供了独特又互补的视角。毕生发展心理学家将“危机”概念化为生命历程中的一个正常阶段，在这个阶段个人必须解决发展或社会心理方面的挑战。相比之下，社会学家和社会流行病学家笼统地将“危机”定义为一种转变，这种转变剥夺了个人有意义的角色、地位或关系，因此需要对新环境进行重组和适应。这种危机可能是急性事件或慢性应激源。重要的中老年生活危机包括离婚、丧偶、退休和失业、健康问题、父母去世、祖孙共同居住和看护问题。这些急性和慢性危机损害了中老年人的福祉，因为它们可能会威胁个人的自我概念，产生次级应激源和角色冲突，并预示着无法实现个人的早期目标。危机对个人福祉的影响程度取决于危机发生的时间、意义和社会背景。心理学和社会学的观点都有这样的假设，即危机往往会产生意想不到的积极影响，它们可能会促进个人成长、增强自我效能感，以及追求有意义的新挑战和人际关系。当基于大规模代表性的社区样本、获得危机前个人特征测量的纵向数据，以及考虑到危机的各种生理、心

理和社会后果时，对中年和老年的危机的因果实证研究最有说服力。

概念的问题：定义“危机”

关于危机的心理学视角

毕生发展心理学家将“危机”概念化为生命历程中当个人必须解决发展或社会心理挑战时所要经历的一个阶段。只有当这个危机解决时，个体才能成功地适应老化的进程。罗伯特·哈维赫斯特（Robert Havighurst）提出，个体必须完成一组以年龄定义的发展任务，以实现成功的成人发展。对中年人来说，这些挑战包括坚持自己，而50多岁到60岁出头的人的主要任务是创造一种新的生活方式。在60岁以后，发展任务包括决定是否及如何脱离社会角色，如有偿就业。未能完成这些任务则表明存在危机和心理适应能力较差。

同样，埃里克·埃里克森提出，随着年龄的增长，个体会经历八个社会心理危机阶段。成功的成人发展取决于每个危机的相继解决。中年的独特挑战是要解决普遍性和停滞之间的冲突。一个中年人，应该避免“自我陶醉”（self-absorption）的诱惑，而要成为有创造力的人——努力维护有利于后代的价值观和机会。相比之下，老年人面临自我完善与绝望的挑战，这需要解决对过去的矛盾感受，适应与老化过程有关的变化，并接受死亡的必然性。

最近，社会科学家一直在争论是否存在心理上的中年危机，如果存在，这样的危机包括什么，以及对情绪健康有什么影响。理论著作提出，在中年时，成人可能会达到一个心理的转折点，他们评估过去的成就和不足，放弃一个没有实现的人生梦想，或者当他们认识到自己的有限性时，便为自己开启一个新的人生计划。实证研究发现，几乎没有证据表明成年人会经历一场中年危机。虽然估计各不相同，但不超过10%～25%的老年人报告说，他们经历过中年危机。相反，大多数成年人将他们的二三十岁描述为他们努力应对危机的时期，这些危机包括经济压力，对工作、婚姻和生育的艰难抉择，以及对新教工作伦理（Protestant work ethic）所承诺的回报的怀疑。

中年危机研究最重要的贡献之一，是认识到“危机”不需要依据客观生活条件来定义，也不一定涉及负面的经历。定性研究显示，成年人通常将自己的中年危机描述为“心理转折点”，比如认识自己或爱人新的一面。老年人回忆起在早年生活中经历过的危机，总是将这一事件描述为有意想不到的积极后果。虽然当一段经历发生的时候可能会令人很痛苦，但回想起来，人们认为他们享受了经历带来的个人成长或自我效能感的增强。

关于危机的社会学视角

早期的影响 心理学的观点通常将“中年和老年的危机”概念化为老化过程中一个正常的和预期的挑战，而“危机”的社会学观点则将这些事件或情况概念化为非常规的、意外的，以及有必要调整和适应的。关于“生活危机”的社会学研究和理论，是由关于应激的早期的动物和生物学研究发展而来的。W. B. 坎农（W. B. Cannon）的研究得出的结论是，情感上痛苦的经历可能是适应性的，因为它能帮助动物应对压力。例如，恐惧会引起肾上腺活动增强，这反过来又会给动物提供所需的能量，用来对抗或逃离威胁或攻击者。阿道夫·迈耶（Adolph Meyer）提出，常规的（甚至是积极的）生活转变，如结婚或生一个孩子，都是潜在的痛苦——无论是心理上的还是生理上的——都需要后续的调整。也许早期关于应激的最有影响力的研究是由汉斯·塞里（Hans Selye）进行的，他的动物实验表明，不同的身体应激源可以触发一系列类似的生理反应，包括警觉、抵抗和疲惫。

社会学研究很少使用“危机”这一术语，而是使用“生活压力”或“应激源”来描述需要重新调整的事件或转变，这反映了早期生物学对“应激”的重视。早期关于危机的实证社会学研究，其首要目标包括识别和测量由一系列应激源带来的潜在有害后果。社会科学家托马斯·H. 霍尔姆斯（Thomas H. Holmes）和理查德·H. 雷赫（Richard H. Rahe）设计的“社会再适应评定量表”（Social Readjustment Rating Scale, SRRS），是关于生活压力的第一个综合测量工具，它包括 43 个被认为是令人痛苦、需要重新调整的生活事件。即使是通常被视为积极的经历或转变，例如度假，也被认为是具有潜在的压力，尽管这种痛苦的强度远低于亲人去世等事件。“社会再适应评定量表”被批评的理由是，它假定一个给定的事件对所有人都有同等的压力，而不考虑个人的角色历史、应对资源或对事件的主观评价。然而，危机是可以被测量的，其心理后果也可以被实证评估，这一观点为中年和老年的危机的实证研究奠定了基础。综上所述，早期关于压力的研究得出了几个重要的结论，为当代的研究和理论奠定了基础。它包括：危机通过削弱个体的应对能力和资源来影响其身体和情感健康；个体在应对不同应激源的方式和程度上各不相同；即使是预期的，常规的生活转变也会产生有害的后果。

当代视角 在过去的 30 年里，有关危机的社会学研究已经从只专注离散的生活事件发展到将“危机”定义为包括慢性应激源和日常烦恼在内的更广泛的视野。一些研究人员还会把“无关紧要的事件”（non-events）加入这个列表中，即渴望或预期的事件实际却没有发生。生活事件是客观存在的生活变化或过渡，通常需要重新调整。这些事件可能会打乱一个人的日常活动、角色和人际关系，也可能会威胁到一个人的情感、身体健康或经济安全。事件的严重程度差异很大。创伤（trauma）是一类特别令人痛苦的生活事件。创伤是一种超出平常人经验范围的危机，几乎会令任何人都有明显痛苦的感觉。然而，创伤相对来说比较少见，并且不是大多数实证研究的主要焦点。相反，大多数关于生活事件的研究——尤其是对老年人群体——都专注于角色的丧失，包括退休、丧偶、离婚，甚至是失去独立生活的身体能力。角色的丧失被认为是一种危机，因为它使老年人在重要的社会参与中被边缘化，从而贬低了他们的价值。

危机可以超越个体自身的个人经历，也可能包括其重要的人的经历。网络事件（network events）指的是个体的社会网络成员所经历的危机，这些危机对个人也有直接影响。例如，一个兄弟姐妹的丧偶经历可能会让一位老年人感到痛苦，并可能需要重新调整。同样的，中年和老年的危机不一定是突发事件，它可能是持续的长期经历。慢性应激源是持久的、持续的困难，如身体残疾、贫困或婚姻问题，它们使个人的应对资源超过负荷。麻烦（hassles）是一种不太严重的慢性应激源的变体，是需要在一天中进行小的行为调整就可以应对的次要事件，如交通堵塞或恶劣的天气。对老年人来说，尤其是那些伴有认知或身体障碍的老年人，即使是日常的麻烦也可能被视为需要调整的危机。

危机研究中的方法论问题

社会老年学家主要对危机如何影响和为什么影响中年和老年人的福祉，以及最终会怎样结束危机感兴趣。研究人员对识别个人的急性和慢性两种危机的后果提出了一些方法论上的挑战。最有说服力和最严谨的研究是基于大规模的、具有全国代表性的调查，而不仅仅是临床样本，或仅限于经历过特殊危机的个体的不具有代表性的样本。危机发生前后的个人信息的纵向调查数据是必要的。此外，在理想情况下，学者们应该在他们的研究中关注多元结果；对单一结果的关注，比如抑郁症，可能会掩盖更广泛的结果。最后，研究中应该有足够数量的来自不同年龄组的受试者，目的是评估危机是否影响和如何影响处于不同生命历程阶段的成年人。

基于人口的研究

只关注患者、临床或自助样本（self-help samples）的生活危机研究不能推广到更广泛的人群。根据定义，这些老年人已经在寻求帮助，而这类研究的结果可能夸大了危机的负面影响。例如，正在寻求精神治疗的寡妇，可能比同样失去亲人却没有寻求帮助的同龄人表现出更多的症状。相比之下，基于人口的样本让研究人员可以将经历过危机的人与没有经历过危机的同龄人进行比较。通过这样做，研究人员可以识别危机的原因和在个人身上作用的结果。大型的社区样本可供研究人员检验小群体变量，即使是在那些已经经历过相同危机的群体中。研究人员可以检查危机的后果是否会根据这种经历的意义、时间或预期而变化。

纵向数据

在研究生活危机的后果方面，纵向数据均优于横断面数据，因为它们使研究人员能够确定导致危机和个体随后进行调整的因素。虽然一些晚年的危机可能是随机发生并与目标的个人特征无关（例如，在自然灾害中失去家园），但大多数中年和老年的危机具有选择性，并且反映了个人过往的经历和个体特征。大多数离散的事件或危机需要时间才能实现，而且通常发生在长期的慢性压力之后。例如，强制退休可能发生在数月的职场冲突和不确定性之后。纵向数据可以让研究人员考察在利益危机前后福祉的变化。纵向数据还可以让研究人员追踪危机开始前个体的角色历史。在某些情况下，如果角色是有压力或有问题的，那么个体对角色丧失可能并不会那么痛苦。例如，对一直在为患有严重痴呆的濒死配偶提供特别护理的虚弱老年人来说，丧偶可能是一种解脱，而不是一种危机。

多元结果

大多数关于中年和老年的危机的研究专注于心理健康方面；但是，社会老年学家可以通过考虑更全面的心理、生理、社会和行为结果，包括社交和社会参与、家人和朋友的社会支持、身体健康、日常活动管理策略，以及面对危机时的个人成长，对老年人如何适应危机有更深入的了解。此外，全球普遍使用的调整措施——如对抑郁症——可能掩盖了针对危机的更具体的调整。例如，抑郁量表由抑郁情绪、动机丧失、认知评估和躯体主诉等分量表组成。患有临床抑郁症的丧偶老年人可能不会表现出焦虑或悲伤的情绪，而是表现出更大的担心和易怒情绪。只专注于某一种总体抑郁量表的研究可能会掩盖这些重要的区别。

对多元结果的关注也使研究人员能够识别个体如何应对危机的重要亚组差异。在不同程度上，不同的群体在危机发生后会有不同的反应，研究单一的结果可能会掩盖有意义的群体比较。例如，与年龄相关的情绪和认知变化会影响中年人和老年人应对危机的心理调节方式。与年轻人相比，老年人有更大的能力来管理或调节自己的情绪状态。他们报告的正面和负面情绪没有那么极端，对危机的情绪反应也更少。然而，他们可能会出现较大的躯体或生理反应。专注于单一心理结果的研究并不能揭示危机造成的生理后果。

危机为什么重要以及如何重要

危机，特别是角色丧失，早已被确认为会对老年人的福祉产生重要影响。在经典作品《老年期的个体调节》（*Personal Adjustment in Old Age*）中，露丝·肖尔·卡万（Ruth Shonle Cavan）和他的同事提出了一个观点，即活动是老年人保持健康的重要因素，因此角色丧失可能是潜在的痛苦。虽然早期的老化理论（例如，活动理论和脱离理论）将角色丧失等同于活动减少，从而导致了社交退缩，但最近的观点认为，危机（特别是角色丧失）之所以令人痛苦，是因为它威胁到一个人的身份认同，制造了次级应激源，表明未能遵从个人目标和普遍的社会期望，或者违背了人们应该遵守的社会和制度认可的时间表。

身份威胁

危机会威胁到个人的自我概念，从而使他们更容易受到心理困扰。因为一个人的身份和自我意识在很大程度上是建立在社会依附的基础上，来自社会互动。无论是慢性应激源还是急性应激源，都会破坏或损害个体与重要的人的关系——如离婚、丧偶、失业、残疾或认知能力下降的开始——都可能产生危害性的后果。

这些危机的后果最为严重的时候，是当它们威胁到个人高度重视的身份，并且从该身份中获得重要的意义、目的和方向感时。相较于那些不太突出或重要的个人领域，高度突出领域中的身份威胁危机对心理健康的影响更大。例如，失业对那些高度重视承担养家糊口角色的男人而言是最具破坏性的，而守寡对那些曾经身处亲密、依赖关系的婚姻，以及将自己的身份定位于配偶角色的女性而言也是最痛苦的。

次级应激源与角色冲突

危机可能会威胁老年人的福祉，因为它们往往会产生次级应激源，进而削弱老年人的应对能力。次级应激源是由首要应激源触发的慢性和急性应激源。例如，一次严重的慢性疾病（或为患有严重慢性病的配偶提供照料）可能导致失业，这又可能引发经济困难。尤其对老年女性来说，丧偶往往导致社会隔离、经济困难，或不得不搬到一个条件较差的环境居住。婚姻破裂还可能使老年人与成年子女的关系变得紧张，因为成年子女可能不会完全接受父母离婚，或者认为他们的继父母无法保持自立。

危机和由此产生的次级应激源也可能引发角色冲突或角色负担。虽然关键角色的丧失会对个体身份构成威胁，但是获得（尤其是不想要的获得）多重社会角色可能会威胁到一个人的情感健康。老年人可能没有足够的时间、精力或社会和经济资源来管理自己的每一个社会角色所需承担的相关责任。当一个角色的要求，如配偶照料者这一角色承担了繁重的任务时，老年人可能无法胜任其他重要的社会角色（如工人或父母），并且可能经历心理痛苦或身体疲惫。

未能达到的目标和期望

在中年和老年时，人们会反思自己的过去，对他们的成功和失意进行评价。在这种回顾性的生命评估过程中，人们往往会对错过的机会和没有实现的目标产生遗憾。实证研究显示，遗憾的来源存在明显的性别差异，这些差异反映了男性和女性在年轻时所面临的独特机遇和制约因素。老年女性往往对她们的教育和职业追求表示遗憾；大多数人希望自己接受更多的教育，并追求与她们的兴趣和才智相符的职业。相比之下，男性更有可能对自己将事业放在家庭之上表示遗憾。对错过的机会的遗憾往往由生活危机引发或加剧。离婚后，那些在丈夫和孩子身上倾注了精力的女人，可能会后悔没为个人的追求和成就付出更多的努力。在经历了非个人意愿的失业或因残疾离开工作岗位后，老年男性可能会意识到他们为了个人事业牺牲了家庭关系的和谐，而这份事业最终却并不令他们满意。

“超时”或“早产”危机

虽然早期关于危机的研究认为，无论是谁、在何时发生了危机，都是令人痛苦的，但最近学术界认识到，危机的影响取决于它的时机。由于大多数人试图坚持文化和制度认可的时间表，但“超时”（off-time）发生的危机事件比那些“准时”（on-time）发生的危机事件更难以应付。“准时”危机事件发生在给定过渡的正常年龄，而“超时”危机事件则比预期或期望发生得要早或要晚。不合时宜的改变尤其令人痛苦，因为遭遇这些危机的个人会准备不足或不太可能有同龄人分享他们的经验。因此，他们可能没有必要的社会支持、工具性支持或制度支持来经受住这一转变。例如，研究发现，老年女性比中年女性更能应对守寡危机，因为丧偶对老年女性来说更为常见，她们可以向同样丧偶的同龄人寻求指导和支持。

特殊的中年和老年危机

婚姻破裂：离婚和丧偶

婚姻破裂是老年人尤其是老年女性最常经历的危机之一。由于男性的预期寿命要短于女性，女性在中年和老年经历丧偶的可能性比男性大得多。虽然男性和女性离婚的可能性均等，但中年和老年女性比同龄男性更可能维持离婚（或丧偶）的状态，由于性别比例失衡和男性对年轻女性的择偶偏好，她们再婚的前景有限。美国 55 岁及以上人口中，有 50% 的女性和 74% 的男性处于已婚状态（参见图 1、图 2）。

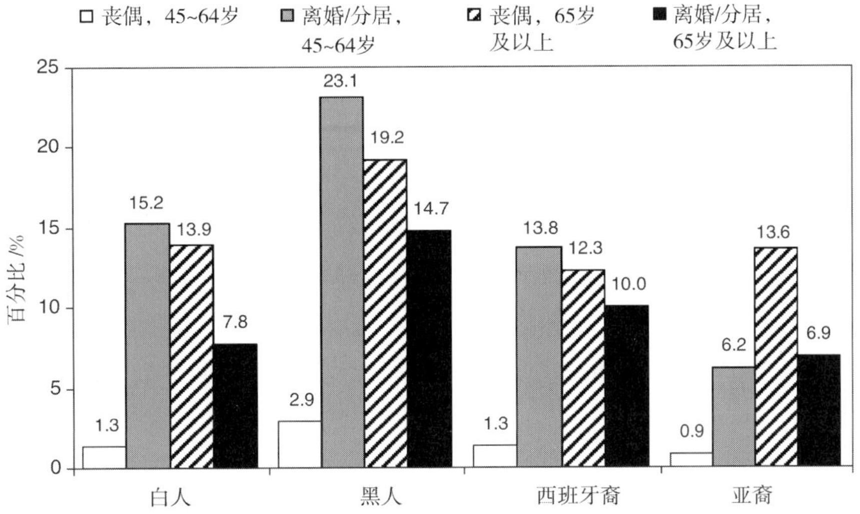

图 1　按照年龄和种族划分的 45 岁及以上男性在近期丧偶、离婚或分居的百分比（2003 年）

引自：the US Census Bureau，Current Population Survey Report，March 2003.

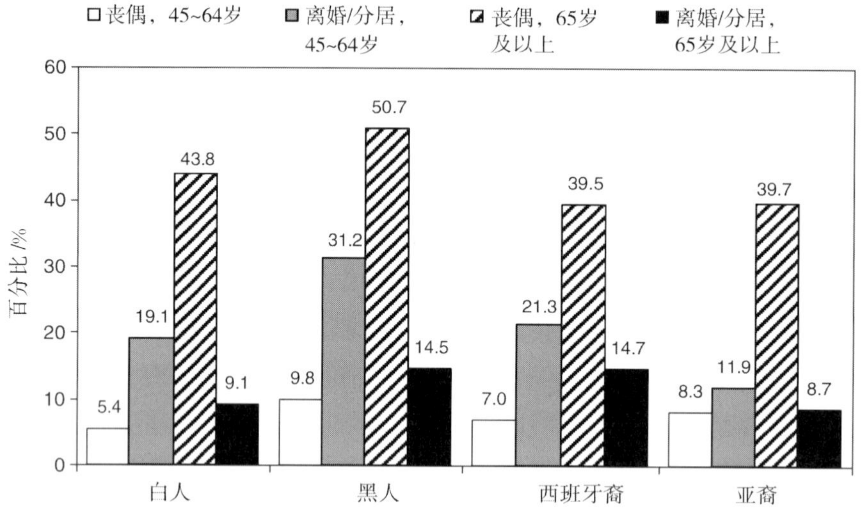

图 2　按照年龄和种族划分的 45 岁及以上女性在近期丧偶、离婚或分居的百分比（2003 年）

引自：同图 1。

丧偶和离婚被认为是最具破坏性的生活危机之一，但最近的实证研究表明，中年和老年的婚姻破裂并非同样令人痛心。丧偶或离婚的个人后果差异很大，这取决于婚姻破裂后的时间、失去的关系的性质和质量，以及婚姻破裂后次级应激源的数量、类型和强度。

婚姻破裂的负面影响会随时间的推移而减少。虽然许多老年人在失去亲人后最初的 12~18 个月会出现焦虑和抑郁症状的增加，但是这些症状最终会恢复到危机发生前的水平。从长期来看，离婚和丧偶的人，尤其是女性，会经历个人成长并发现内在的力量和能力。

婚姻破裂后短期的情感后果与之前婚姻关系的性质和婚姻破裂发生的背景有紧密联系。由于配偶不忠而离婚会对心理健康产生持续影响。丧偶的老年人在何种程度上成功调整心态，取决于婚姻关系的质量、对已故配偶的依赖程度，以及配偶在死亡过程中遭受身体疼痛的程度、较差的医疗保健条件和人际关系的困难。所谓的危机，如婚姻破裂，当它结束了严重的慢性压力时，可能对当事人产生有益的影响。

婚姻破裂可能会引发次级应激源，进而导致心理、生理和经济方面的压力。当一段关系结束时，女性通常会遭受经济困难，而男性则面临如何维持家庭并建立支持性的情感关系的挑战。这些次级应激源对个人的影响在婚姻状况转变的第一年或头两年最为严重。次级应激源对老年人造成的痛苦的程度也因社会历史背景而异。当前的老年女性队列在经济保障方面高度依赖其丈夫，而老年男性队列则在情感支持上依赖其妻子。随着传统的男性和女性的性别角色之间的界限变得模糊，未来丧偶和离婚的老年人或许会更好地应对婚姻破裂后带来的次级压力。

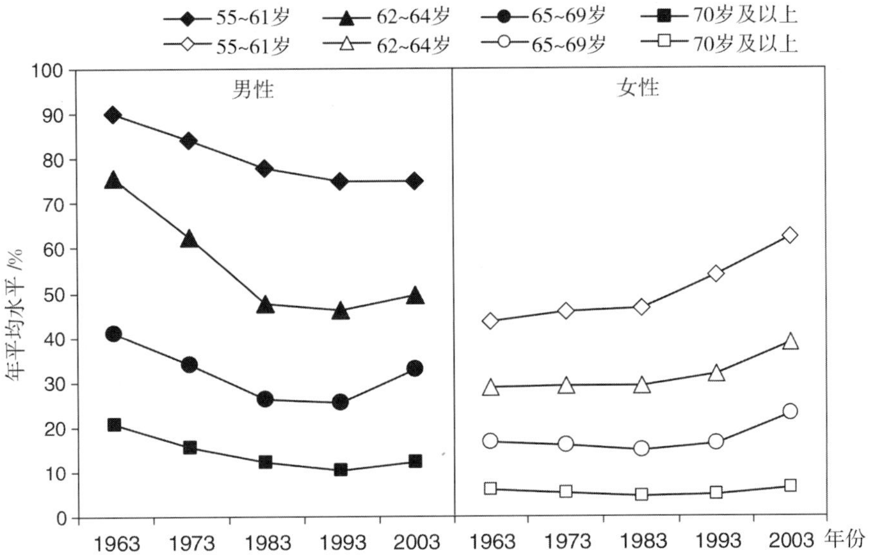

图 3　55 岁及以上男性和女性的劳动参与率（1963—2003 年）

引自：Federal Interagency Forum on Aging-Related Statistics，“Older Americans 2004：Key Indicators of Well-Being”.

就业转变：失业和退休

在过去的半个世纪里，退休经历已经发生了巨大的变化。在前几十年，退休主要是男性的经历，而现在男性和女性同样要经历退休。正如图 3 所示，如今的老年女性队列更有可能从事有报酬的工作，因此更有可能经历退休。因此，已婚夫妇必须适应夫妻双方都退休的情况，而不仅仅是丈夫的退休，这就带来了夫妻双方同时退出职业生涯的挑战。

今天的退休是一个过程，而不是一个独立的事件。并非人人都会经历从工作者到退休者的清晰过渡，中年人和老年人走的是不同的退休之路。有些工作者可能会逐步从全职工作过渡到兼职工作，最后实现退休；另一些人则会离开原来的职业岗位，从事“桥梁”工作；还有一些人可能会完全退休，只是由于经济需要重新进入劳动力市场。虽然预期退休一般被看做是一种理想的生活过渡，但其他的晚年工作转换——如强制退休、裁员或非自愿从事挑战性较低或名声不佳的工作——被视为危机。

工作场所的改变对个人的影响取决于个人之前的工作和退休后活动的质量和性质。在一般情况下，意外失业是造成重度抑郁症、酗酒、身体健康状况下降的一个危险因素。然而，非自愿失去一份压力很大的工作与不良的心理健康结果无关。同样，与在职的同龄人相比，退休人员通常表现出较低水平的焦虑和较高水平的积极情感，但一些人也经历了较低水平的感知控制，这表明他们退休后日常活动的松散性质。至少有一些失业的负面后果是因为选择特征，失业往往是之前的身体和情感健康问题的结果。

健康危机和残疾

影响老年人的慢性病和在较低程度上影响中年人的慢性病是残疾和身体损伤的主要来源。如今，老年人死亡的主要原因——心脏病和癌症——都是慢性疾病，它们可能会长期存在，并损害日常健康和功能（参见图4、图5）。功能障碍反过来又会造成慢性疲劳，加重个体对他人的依赖。慢性疾病会减少实际寿命和健康寿命，也减少了个人享有良好健康和高水平身体机能的年数。

残疾既是其他急性应激源和慢性应激源的原因，同时也是后果。残疾和健康问题是个体劳动参与率变化的最有效的预测指标之一。健康问题也会引发经济困难。医疗保健的直接支出通常会随着病情的严重程度和病症延续时间的增加而增加。健康问题也有间接成本，因为它们迫使老年人或者退出劳动力市场，或者减少他们的有偿就业。同样，照料生病的家人可能会令其减少工作量或退出劳动力市场。

残疾可能会迫使成年人限制他们的社会交往和活动。有行动不便、慢性疼痛和侵入性症状的人，以及必须参与强化治疗方案的人，易受社会隔离的影响。尽管社会支持可能会缓冲残疾带来的不利影响，但致残和危及生命的身体健康状况往往会引发心理健康问题，包括抑郁、焦虑和愤怒。

其他丧亲之痛

人们对中年和晚年丧偶的现象了解很多，但对其他重要的人的死亡的学术关注相对较少。鉴于在过去的半个世纪里人口预期寿命稳步增长，尤其是对高龄群体（即85岁及以上的人），中年人和老年人比过去几代人更有可能经历失去年迈的父母。在高龄去世的父母可能经历过一种慢性的和使人虚弱的疾病，并伴有一段时间的身体或认知障碍。成年子女往往是为高龄老人提供工具性支持和经济支持的主要来源，因此，年迈父母的死亡可能意味着成年子女艰难的照料活动的终止，以及慢性疲劳和超负荷压力的缓解。

然而，父母的死亡可能是一种非常痛苦的危机，甚至对已是中年和老年的子女来说也是如此。父母的死亡可能引发身份的改变，使人更加认识到自己的死亡，并重新评估个体的优先事项和个人关系。父母的死亡也可能会对子女的婚姻关系产生压力，一些丧亲的子女报告说，他们的婚姻冲突加剧，对来自配偶的情感支持感到不满意。

网络事件：子女问题和孙辈的陪伴

成年子女遇到的难题可能会对中年和老年人的生活质量产生深远的影响。问题相对较小的成年子女，如遇到不稳定的工作或烦恼的婚姻，可能会（暂时）与父母同住。父母和子女同住不一定是痛苦的，住在一起时，大多数父母都表达了较高的满意度，尤其是当亲子关系是温暖而亲密的时候。然而，当子女的难题是长期的或很严重，且子女在经济上依赖或无法维持独立居住时，无论是父母的满意度还是代际关系质量都会受到影响。

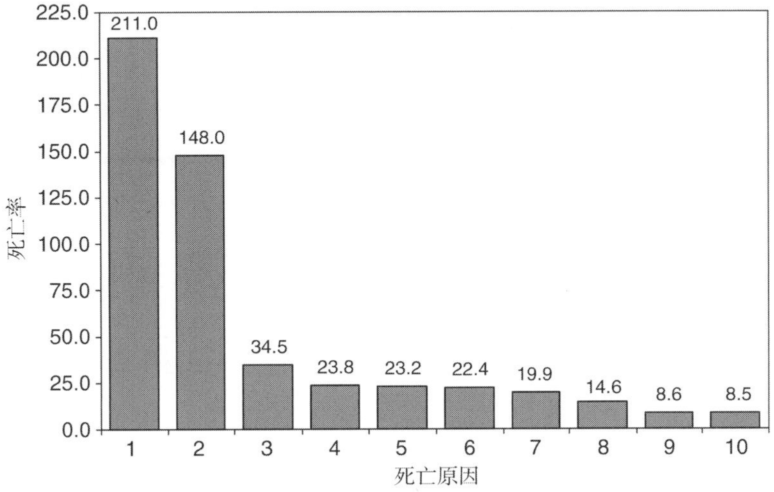

图 4　2003 年美国中年期（45~64 岁）10 个主要死因的死亡率（每 100 000 人）

注：1. 恶性肿瘤；2. 心脏病；3. 意外事故；4. 糖尿病；5. 脑血管疾病；6. 慢性下呼吸道疾病；7. 慢性肝病和肝硬化；8. 故意自残（自杀）；9. 艾滋病；10. 败血症。

引自：National Center for Health Statistics, National Vital Statistics Reports, Vol. 53, No. 15.

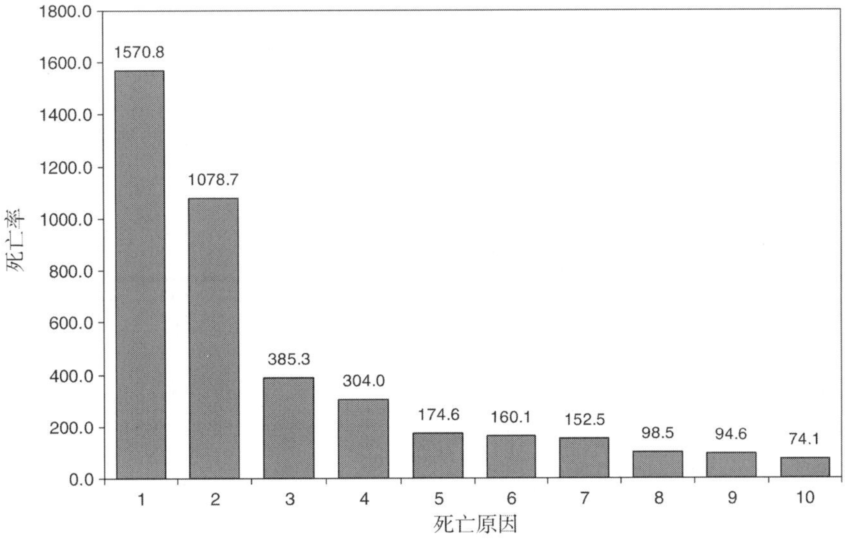

图 5　2003 年美国老年期（65 岁及以上）10 大主要死因的死亡率（每 100 000 人）

注：1. 心脏病；2. 恶性肿瘤；3. 脑血管疾病；4. 慢性下呼吸道疾病；5. 阿尔茨海默病；6. 流感和肺炎；7. 糖尿病；8. 肾炎、肾病综合征和肾病；9. 意外事故；10. 败血症。

引自：同图 4。

当成年子女的问题是严重的或长期存在时，中老年人往往必须与他们的孙辈共同居住，并承担监护或共同抚养的责任。在2002年，近600万18岁以下孩子与他们的祖父母同住。祖辈与孙辈同住的原因包括其子女离婚、监禁、经济问题、吸毒、严重疾病、心理问题、少女怀孕，以及没有能力照顾孩子（即老年人的孙辈）。

与孙辈同住——尤其是需要照顾孙辈——通常是不可预料的和非自愿的过渡，这会将老年人置于经济负担增加、心理压力增大、失眠和高血压的风险中。然而，祖辈与孙辈同住造成的痛苦程度在不同种族和民族之间大有不同。黑人女性比白人女性有更高的满意度，反映了家庭关系和角色期待上的文化差异。

照料责任

中年人被称为“三明治一代”（sandwich generation），因为他们面临为成年子女和年迈父母提供情感支持、工具性支持和经济支持的竞争需求。老年人，特别是老年女性，通常负责照顾患有慢性病的配偶，有时还会照顾兄弟姐妹、朋友和其他亲属。虽然高强度的照顾责任常常会让中年人和老年人的应对资源超负荷，但是最近的研究表明，照料经历并不都是令人痛苦的，在某些情况下，可能提供了目标和身份的重要来源。

大多数研究表明，照顾生病或有残疾的人会使照料者身心健康状况下降。然而，它对健康的影响程度取决于照料者的个人特征和应对资源。个人特征包括良好的心态、健康的身体、宗教信仰、多重角色参与和社会融合，以缓冲照顾的心理压力。此外，最近的研究显示了照料对心理健康的有益影响。照料与掌控、自尊，以及相信自己对所爱的人很重要的信念是正相关的。

应对中年和老年生活危机

应对资源

在过去的20年里，大量的研究探讨了中年和老年人应对危机的过程。应对通常指的是一个人的应对资源和应对策略。应对资源是指人们在处理危机时可以利用的个人资源和社会资源。个人资源包括个体层面的属性，这些属性增强（或限制）了个人处理压力的能力，比如教育水平、自尊及对生活的掌控感。一个人的社会资源通常是指社会支持，或从其他重要的人，包括家庭成员、朋友、邻居或同事那里获得情感支持、心理支持或信息上的帮助。对危机心理调整而言，认为可以获得支持的观念，比实际接受或这种支持的可用性的影响要大得多。一般来说，应对资源决定了一个人实施的应对策略和该策略的潜在效用。

应对策略

应对策略是行为和认知策略，用来管理被评价为令人痛苦的危机、环境和需求。应对研究的一个重要发展是罗伯特·福克曼（Robert Folkman）和苏珊·拉撒路（Susan Lazarus）的“应对方法量表”（Ways of

Coping scale）的编制。设计这个量表是为了评估一个人使用以下两种一般应对方法中的其中一种的程度。以问题为中心（problem-focused）的应对方法是针对解决问题或采取行动来改变压力的来源。相比之下，以情绪为中心（emotion-focused）的应对方法侧重于减少或处理危机带来的情绪困扰。一些以情绪为中心的应对策略包括一厢情愿、疏远、回避和积极的再评价。任何特定的应对策略的有效性都因情况而异，对老年人而言，没有一种被普遍接受的方法来应对压力。此外，大多数危机都需要采取这两种应对方法。

当人们可以采取有建设性的行动时，通常会使用以问题为中心的策略；而当人们觉得情况无法改变且必须忍受时，就会使用以情绪为中心的应对策略。一般而言，以问题为中心的应对策略被认为比以情绪为中心的策略更能有效地处理危机。运用积极应对策略的人通常认为是他们自己在掌控，持有积极的自我观点，并采取积极、乐观和自力更生的方式管理生活应激源。相比之下，那些依赖以情绪为中心的应对策略的人，包括自责、逃避甚至使用毒品或酒精的人，其应对能力不如采取积极策略的人，比如在寻求社会支持方面。然而，对老年人来说，当损失不可挽回的时候，以问题为中心的应对策略并不总是有效的。相反，以情绪为中心的应对策略此时则可以增进心理健康，比如对一种永久性的环境或情况的积极再评价。

面对危机的韧性

从危机的实证研究得出的最一致的结论之一是，如丧偶、父母离世或提供照料等压力最大的转变所带来的负面心理和人际交往后果是短期现象，大多数老年人最终达到的心理和社会幸福感水平与危机前的水平是相当的。此外，许多健康老年人会找到丧失的角色、活动和人际关系的替代品。例如，健康的退休人员比其他人更有可能从事志愿服务工作，丧偶的老年人往往能发展新的技能和建立新的（或恢复旧的）人际关系。这些实证研究结果与心理学和社会学观点的核心假设相吻合：个人成长和满意度可能源自危机的解决。在埃里克·埃里克森的阶段理论中，当一个成年人分别解决了 8 个心理社会危机时，他可能会发展出一种新技能或自信心，这可以纳入他的应对技能中。同样，对危机的社会学观点认为，涉及不利转变的事件或环境可以对应对技能和世界观产生积极影响，因为个人越来越认为自己是卓有成效的，是有能力处理危机的。

挑战和未来发展方向

“婴儿潮一代”老龄化的独特经验

当前大多数关于中年和老年危机的研究和理论都集中在 20 世纪早期和中期的老年人队列。目前尚不清楚在 1946—1964 年出生的“婴儿潮一代”是否会出现类似的模式。与过去的老年人队列相比，“婴儿潮”

队列更能体现出民族和种族上的多元化特征；但令人惊讶的是，很少有研究探讨老年人遭遇和应对危机方面的种族或民族差异。这反映了一个事实，即大多数大规模的抽样调查所包含的非白种老年人样本数量不足。因此，研究人员对危机的原因、后果和文化意义在不同种族之间的差异，以及不同种族的社会政治和历史背景如何塑造他们的晚年经历知之甚少。“婴儿潮一代”也比过去的老年人队列受教育程度要高，在家庭和经济中坚守性别类型的社会角色的可能性也要小得多。与前几代人相比，他们更容易离婚，孩子也更少，因此，他们可能会求助于更多样化的其他重要的人来应对危机，包括兄弟姐妹、朋友、未婚恋人或者同性恋伴侣。未来的研究应考察在大量的和多样化的“婴儿潮一代”队列中被证明的中年和老年生活危机的类型、频率和反应。

危机边界的模糊性

在未来的中年和老年人的队列中，危机将越来越多地作为一个漫长的过程而不是事件来经历。如今，晚年的死亡主要是由于慢性疾病造成的，而生命维持技术意味着身患绝症的成年人通常伴有认知障碍和功能受限，在他们去世之前的很长一段时间内都将以一种妥协的状态存活着。因此，配偶和父母的去世可能是一个缓慢的过程，而不是一种急性的转变。同样，现在退休也是一个渐进的过程，而不是一个离散的事件，因为在完全退出劳动力市场之前，老年人会过渡到兼职或个体经营的工作。虽然老年人有更多的时间来准备和适应重要的危机式过渡，但是长期的经历可能会使个人、社会和经济资源超负荷。

超越个人

关于中年和老年危机的研究和理论主要集中在个体上。“其他重要的人”被定义为处理危机的支持来源，但很少有研究明确地认识到，危机经常打击“二联体”或社会群体，个人必须通过共同努力来适应这样的危机。例如，丧偶的老年人必须与同样失去父亲或母亲的成年子女一起适应。老年员工的退休决定通常是与配偶协商后决定的，就像个人照顾生病父母的决定通常是与他的兄弟姐妹一起做出的一样。危机不会发生在社会隔离中，未来的研究应该承认，中年和老年危机的发生和成年人随后的适应都具有固有的社会本质和人际交往本质。

另请参阅：适应；丧亲之痛；照料；死亡和濒死；人口学；性别角色；祖父母身份；生命历程；生命回顾；生活满意度；毕生发展理论；结婚与离婚；精神卫生；心理健康；退休；老化理论：心理学；老化理论：社会学；寡居与鳏居；工作和就业：个人。

拓展阅读

Cavan RS，Burgess EW，Havighurst RJ，and Goldhamer H（1949）*Personal Adjustment in Old Age*. Chicago IL：University of Chicago Press.

Chiriboga DA (1997) Crisis, challenge, and stability in the middle years. In: Lachman ME and James JB (eds.) *Multiple Paths of Midlife Development*, pp. 293-343. Chicago, IL: University of Chicago Press.

Erikson E (1963) *Childhood and Society*. New York: Norton.

Havighurst RJ and Albrecht R (1953) *Older People*. NewYork: Longmans, Green.

Holmes TH and Rahe RH (1967) The Social Readjustment Rating Scale. *Journal of Psychosomatic Research* 11: 213-218.

Lazarus RS and Folkman S (1984) *Stress, Appraisal, and Coping*. New York: Springer.

Levinson DJ, Darrow CN, Klein EB, Levinson MH, and McKee B (1978) *The Seasons of a Man's Life*. New York: Knopf.

Moen P and Wethington E (1999) Midlife development in a life course context. In: Willis SL and Reid JD (eds.) *Life in the Middle: Development in the Third Quarter of Life*, pp. 3-23. New York: Academic.

Pearlin LI and Schooler C (1978) The structure of coping. *Journal of Health and Social Behavior* 19: 2-21.

Pearlin LI and Skaff MM (1996) Stress and life course: a paradigmatic alliance. *The Gerontologist* 36: 239-247.

Rosow I (1973) The social context of the aging self. *The Gerontologist* 13: 82-87.

Taylor SE and Aspinwall LG (1996) Mediating and moderating processes in psychosocial stress: appraisal, coping, resistance, and vulnerability. In: Kaplan HB (ed.) *Psychosocial Stress: Perspectives on Structure, Theory, Life-Course, and Methods*, pp. 71-110. New York: Academic Press.

Thoits P (1995) Stress, coping, and social support processes: Where are we? What next? *Journal of Health and Social Behavior* (Extra Issue), 53-79.

Wethington E (2000) Expecting stress: Americans and the "midlife crisis". *Motivation and Emotion* 24: 85-102.

Wheaton B (1990) Life transitions, role histories, and mental health. *American Sociological Review* 55: 209-223.

译 者：程昭雯（北京大学）
赵军利（北京大学）
校译者：张雅璐（北京大学）

2008

种族和少数民族

K. S. 马基迪斯，L. 鲁德金 得克萨斯大学医学院，加尔维斯顿，得克萨斯州，美国
S. P. 华莱士 加利福尼亚大学洛杉矶分校公共卫生学院，洛杉矶，加利福尼亚州，美国

词汇表

民族群体（Ethnic Groups）——基于民族起源、民族文化和民族信仰划分的社会群体。

种族群体（Racial Groups）——根据身体特征（如面部特征或肤色）进行区分的社会群体，这一群体划分被用于限制稀有资源或权力的获取。

引言

老年学家越来越关注老年人口的差异性，尤其是对老年人口在种族和民族方面的关注。这一研究兴趣的高涨，源于美国、加拿大、澳大利亚、英国以及其他西方国家中不同肤色和民族人口的数量和比例激增。老年学家的关注兴趣在很大程度上就取决于此。1980 年，非拉美裔白人占美国 65 岁及以上人口的 88%，2003 年下降到 83%，预计到 2050 年仅为 61%。

一方面，尽管非裔美国老年人是美国少数民族老年群体中最大的组成部分，但在可预见的未来，他们的人口数量也只是略有增加。另一方面，预计到 2020 年，拉美裔老年人口数量应该超过非裔美国老年人口数量，且到 2050 年，拉美裔老年人口数量预计会占美国老年人口数量的六分之一。其中，亚太裔美国老年人增速最快，预期到 2050 年，其老年人口的比例将从 1995 年的 2%增长到 8%左右。

研究人员和政策制定者经常忽视上述种族群体之间的多样性，特别是拉美裔与亚太裔之间的差异。例如，2004 年，在拉美裔老年人口中，墨西哥裔占 51%，古巴裔占 16%，波多黎各占 12%，其他占 20%。考虑到移民对人口比例的影响，下一代拉美裔老年人口（目前年龄在 55～64 岁）中，墨西哥裔人将逐渐增多，而古巴裔人则逐渐减少。虽然拉美裔人（分为墨西哥裔、古巴裔和波多黎各裔）有着共同的语言背景，而且绝大多数人都是罗马天主教徒，但在教育水平、贫困状况、地域集中度和移民身份等方面却有很大差异。在亚裔老年人中也存在类似的情况。2004 年，在亚裔老年人口中，华裔占 30%，菲律宾裔占 21%，日裔占 18%，印度裔占 10%，韩裔占 8%，越裔占 7%。未来几代的亚裔美国老年人口中，印度裔和越裔将越来越多，而日裔则越来越少。亚太裔同样来自不同的语言、宗教和文

化背景。不仅如此，美国印第安人也起源于近500个有着不同文化、社会和经济特征的部落。此外，非拉美裔白人老年人口中存在着丰富的种族多样性，然而这些老年人并未受到充分的尊重和重视。

对民族、种族和老龄化的研究，可以分为种族老年学研究和少数民族老龄化研究。种族老年学主要研究群体文化和群体信仰是如何影响人的衰老过程，这些群体包括意大利裔老年群体、犹太老年群体以及拉美裔和非裔老年群体。少数民族老龄化研究的对象，侧重于美国人口普查局界定的在近代历史上被美国社会所排斥的群体（拉美裔美国人、亚裔美国人、太平洋岛民、美洲印第安人或阿拉斯加土著居民）。种族老年学研究更加注重老龄化的多样性，少数民族老龄化研究更加注重老年人的差异性。

美国老龄人口（来自不同的种族和民族背景）规模的逐渐扩大，对老年学家和政策制定者都构成挑战。本文简要概述了美国老年人（来自不同的种族和民族背景）的状况和福祉，重点放在少数民族老龄化研究焦点上，如身体健康、心理健康、社会关系和经济状况等重要方面。首先介绍了有着不同种族和民族背景的老龄人口概况以及研究其民族多样性的概念方法。

少数民族人口研究

老年学的许多研究领域尚未对种族和民族多样性给予足够重视。直到20世纪60年代，当时的倡导组织应用“风险叠加”概念，突显了非裔美国老年人在健康、收入、生活满意度和住房等方面的劣势，这才引起了对非裔老龄化问题的高度重视。老年学研究对墨西哥裔美国人的关注始于20世纪70年代。直到20世纪80年代，亚太裔美国人、美洲印第安人和欧洲裔种族群体才开始受到老年研究的重视，但之后仍继续被忽视。此外，少数民族人口老龄化问题在其他西方国家也越来越受到重视。

不平等问题已经成为其他种族和民族的老年人与白人老年人进行比较研究的核心议题。20世纪70年代和80年代，“风险叠加”假说盛行，强化了全国较大范围内的多层次分层体制。虽然不同民族群体之间的差异明显，但群体内部成员在身体健康、心理健康和收入方面的差异并没有随着年龄的增长而逐渐扩大。这或许是因为弱势群体早期死亡率较高，导致老年人的选择性生存空间增加；也许是由于少数民族人口本身的健康和财富起点较低，相比大多数人来说，这就使得他们的下降空间更少（统计学称之为地板效应）。

20世纪90年代，自“风险叠加”假设被抛弃后，在研究不同种族和民族背景的老年人口的过程中，还没出现任何受欢迎的概念性框架。该研究领域继续以“服务性问题研究”为主导，倾向于强调老年人口的差异性。关于少数民族人口老龄化的文献，主要是对包括护理等方面在内的健康状况和卫生服务的研究，对收入、住房和交通等相关问题的研究甚少。有关不同种族和民族背景的老年人口的研究，也只是偶尔借鉴社会资本、全球化、种族化、文化研究、网络分析和女性主义理论等相关学科的概念和方法。学术部门对涉及老年人口的种族性和民族性研究的关注有限，大部分类似相关学科的研究，是在专业院校和专项计划中实施的。这种现象极有可能造成了对老年人口（不同种族和民族背景的）的研究，偶尔借鉴上述相关学科的概念和方法。

对老年人口差异性的研究，继续以弄清楚种族和民族因素对健康差异的影响程度或者社会类别的划分是否代表人口之间经济和教育的差异为己任。以健康和疾病治疗等多样性价值观念为重点的工作，通常采用“叙述加图解”的方式来描述不同的变化，以增强对不同世界观的重视。当民族研究工作同样采用比较的研究方法时，文化互渗就会得到更多的重视。

身体健康

死亡率和预期寿命

文献中最常使用的健康差异指标是死亡率和预期寿命。尽管 20 世纪非裔美国人与非拉美裔白人之间的死亡率差距已经稳步缩小，但非裔美国人的死亡率仍一直高于非拉美裔白人的死亡率。对拉美裔美国人、美洲印第安人和亚裔美国人这类群体来说，死亡率不再是衡量他们健康状况的劣势指标，特别是对亚裔美国人来说，因为其预期寿命已达到 83 岁。然而，与非裔美国人和非拉美裔白人的死亡率相比，上述三类群体较低的死亡率受到更多的质疑，尤其对美洲印第安人的死亡率的质疑。死亡证明书上错误的种族分类，导致了对美洲印第安人死亡率的重大低估。

非裔美国人历史上的死亡率高于白人。随着预期寿命的延长，非裔美国人与美国白人之间的死亡率差距在逐渐缩小，而且他们之间的高龄死亡率差距还会逆向扩大。多年来，非裔美国人与美国白人之间死亡率交叉的年龄一直在缓慢上升。许多人认为，如果非裔美国老年人与美国白人老年人之间的死亡率相交是选择性生存的结果，那么相同死亡率处的年龄的增加表明，非裔美国老年人的相对健康状况正在改善，而且生病时享有的医疗保健水平不断提升。虽然这并不意味着老年人（来自不同种族和民族背景）的健康差距即将消失，但确实表明这种差距正朝着积极方向发展。

虽然拉美裔美国人的预估寿命被质疑，但过去 25 年积累的证据表明拉美裔美国人至少在出生时的预期寿命和非拉美裔白人在出生时的预期寿命相同。此论证已经在墨西哥裔、古巴裔和波多黎各裔等三类主要拉美裔美国人身上得到证实。同时此论证还被认为是一种流行病学悖论。因为美国墨西哥裔和波多黎各裔本身收入低、受教育水平低、健康保险低，而且大部分人在艰苦恶劣的环境中工作，所以考虑到这些风险因素，他们的预估死亡率理应较高。但是，他们的实际死亡率以及患病率（心脏病和癌症等关键健康指标）却低于预估水平。

拉美裔美国人死亡率显著下降，归因于他们的文化保护性（保护性文化因素）、选择性移民和选择性回返移民理念。保护性文化因素包括饮食健康、低吸烟率、低药物滥用率以及牢固的社会关系。最新的数据显示，任何年龄阶段的拉美裔移民比留在他们本国的同胞们更健康，这从而支持了选择性移民理念。与此同时，最近的研究表明，墨西哥裔美国人中有一种“鲑鱼偏误”选择倾向，即身体素质较差的墨西哥裔美国人会选择返回到他们的母国。这也许就是墨西哥裔美国人死亡率较低的原因。选择性移民也可能是大多数亚裔美国人死亡率较低的主要背后原因。选择移民到美国的亚洲人，都是那些身体健康、掌握高需求技能的人，因为他们能为大多数亚裔群体相对有利的经济状况做出贡献。由此看来，这种选择性移民，对移入国的社会人口及其健康状况都是有利的。

尽管官方估计所使用的数据来源可疑，但仍显示了美国印第安人的预期寿命已经达到一般人的预期寿命水平。同样，死亡证上错误的种族分类，严重误导了对美国印第安人死亡率的估算。至少在最近几十年，由于印第安人卫生服务部门（美国卫生部下属机构）在控制传染病和提供急性护理方面取得了很大成功，美国印第安人在健康方面也已经取得了显著进步。

发病率和功能性健康

随着时间的推移，政府收集的有关死亡的所有数据，为规模不一的族裔人口提供了充分的数据来源。为此，死亡率通常被用来描述人口的健康状况。但对于健康状况的衡量来说，死亡率是一个相当粗略的指标。有关于慢性病和残疾患病率的数据，才能更好地衡量不同民族群体之间的健康状况。

过去 15 年来，已经定期收集了一些真实的样本人口数据，这些数据来源于对几组不同种族和民族背景的老年人的调研。通过全国纵向和横向调查收集而来的数据，是由几项特定人口纵向调查研究实施完成的，其中包括常规拉美裔人口老年人流行病学研究。在主要健康状况指标衡量方面，非裔美国老人患高血压、循环系统疾病和糖尿病等疾病的概率高于非拉美裔白人的患病概率，而且非裔美国老人上下肢瘫痪的概率也最高。当美国黑人和白人在财富和其他社会经济方面的差距得到控制时，患病率与残疾率之间的差距也在缩小。但大多数研究仍然发现种族因素对人们所产生的一些特定影响，会使人们身体状况不佳。这可能是种族和社会经济地位与美国社会的压力和排斥共同作用的结果（参见“流行病学”）。

拉美裔老年人面临着更为复杂的疾病和残疾情况。由于拉美裔美国人较低的死亡率并不意味着较低的患病率，再加上数据质量和范围的变化，所以拉美裔老年人的患病情况并不十分清楚。但大多数证据表明，拉美裔男性患心脏病和主要常见癌症的概率较低，但原因尚不清楚。除了古巴裔以外，其他拉美裔在社会经济中处于明显不利的地位，糖尿病和肥胖症的发病率很高，而且很少运动锻炼。此外，最近一项针对墨西哥裔美国老年人的大型研究数据显示：墨西哥裔美国老年人与其他普通老年人一样，患高血压的概率较高。拉美裔男性吸烟酗酒也非常普遍。虽然任何已知的风险因素都不能解释为什么拉美裔男性患心脏病和癌症概率较低，但选择性移民可能与此有关（参见“酒精和药品”“心血管系统”“癌症和年龄”）。

相比之下，在任何年龄段，墨西哥裔男性和女性患糖尿病的概率比非拉美裔白人男性和女性患糖尿病的概率都高出很多。有关墨西哥裔老年人的最新数据显示，墨西哥裔65岁及以上老年人，其男性和女性患糖尿病的概率都显著下降，但非拉美裔白人的患病情况并非如此。这突出了早年糖尿病给墨西哥裔老年人所带来的巨大消极后果以及与之相关的较高的死亡率。据观察，非裔美国人中也存在类似的糖尿病患病情况，且患病率同样很高。

整体来看，亚裔老年人的患病率接近或低于非拉美裔白人的患病率。一方面，由于亚裔老年人的人口规模相对较小，且分布集中，致使国家人口局调查取样时数据缺乏。另一方面，国家人口局调查分析时几乎不收集讲亚洲语言的人口数据情况，而大多数亚裔老年人（日裔美国人除外）英语水平有限。加州健康访问调查（the California Health Interview Survey）对讲普通话、广东话、越南语和韩语的亚裔人口进行了采访，其数据显示：尽管亚裔老年人患糖尿病的概率整体上低于其他少数民族群体患糖尿病的概率，但却高于非拉美裔白人患糖尿病的概率。然而，亚裔美国人患心脏病、脑卒中、癌症等其他病症的概率却接近或低于非拉美裔白人患相关病症的概率。在加利福尼亚州，亚裔老年人口的变化显著，其中菲律宾裔老年人患心脏病和关节炎的概率高于其他亚裔群体。

除了死亡率和流行病率，功能健康指标对衡量老年人的健康状况也至关重要，因为它会影响老年人独立生活的能力。尽管采取了一切措施，非裔美国人的残疾率仍持续增高，并且因残疾导致的退休率也居高不下。这可能与他们慢性病发病率高、病情严重、社会经济状况整体较差以及所接受的卫生医疗条件欠佳有关。

最新数据表明：对需要帮助才能完成日常生活活动（ADL）的老年人来说，墨西哥裔老年人的日常生活能力似乎比非裔老年人强，但比非拉美裔白人老年人略差。在准备膳食、购物、打电话、做轻型家务等四项工具性日常生活活动（IADL）过程中，墨西哥裔老年人似乎比非拉美裔白人或非裔美国人更易受伤（参见“残疾、功能状态和日常生活活动”）。

拉美裔（包括墨西哥裔、古巴裔、波多黎各裔）群体之间的功能健康差异显著。一项研究表明：古巴裔老年人在日常生活活动以及完成四项工具性日常生活活动中，所受到的限制程度最低；波多黎各人在这方面所受到的限制程度最高。墨西哥裔老年人在日常生活活动中的受限程度，接近古巴裔老年人在这方面所受到的限制程度；而在完成四项工具性日常生活活动中的受限程度，接近波多黎各人在这方面所受到的限制程度。这些群体功能受限的事实，普遍证实了他们的功能健康往往比一般老年人更差。

非裔老年人、墨西哥裔老年人和波多黎各裔老年人的功能健康较差，这一现状与他们健康自评结果的数据一致。由此说明他们的自评结果比非拉美裔白人老年人更差。鉴于少数民族老年人在社会经济地位、健康状况、医疗卫生等方面处于劣势，且他们自身社会经济因素和文化因素对自身身体素质的负面影响，所以他们较差的自我评估结果真实而不让人悲观。

关于亚裔老年人和印第安老年人的功能健康状况的材料有限。据美国卫生调查问卷的汇总数据显示：印第安老年人的日常生活活动受限程度和非裔老年人的活动受限程度一样高，甚至还有高出之势；而且即使在收入、教育、性别和年龄方面的差距得到控制之后，印第安老年人的活动受限程度仍然高于非拉美裔白人的活动受限程度。该调查数据还显示，亚裔老年人的活动受限程度明显较低，但值得注意的是，接受这项调查的受访者排除了大部分英语水平有限的亚裔移民。加州健康访问调查对说不同亚洲语言的民族进行调查，其数据显示：与非拉美裔白人相比，亚裔美国人在日常生活中需要帮助的概率仍较低。

心理健康和幸福感

尽管广泛定义的心理健康领域对老年学的研究发展至关重要，但由于缺乏系统性的数据资料，以致我们对老年人（来自不同种族和民族背景）的这一领域的状况了解不足。考虑到老年人（来自不同种族和民族背景）在大范围内的不利处境，且在老年阶段改变这种不利处境的难度加大，不少相关文献研究更是预测出了老年人（来自不同种族和民族背景）的劣势。然而，支持这一预测的证据越来越不充分。因为大多数研究是对心理幸福感的主观评价，且这些主观评价的重要依据是参考老年群体的心理状态。证据不充分，还因为平等的客观条件并不总是能转化为平等的主观评价（参见“心理健康”“精神卫生”）。

即使有研究注重采用更加客观的方法，如消除抑郁症的措施，来评价心理幸福感，但仍没有发现不同年龄阶段的非裔美国人和白人之间在心理健康方面的明显差异。非裔美国人与墨西哥裔美国人在心理健康方面的差异也没发现，但老年墨西哥裔女性患抑郁症的概率似乎比较高。另外，还有一些证据表明，美国外来移民人口患抑郁症的概率较低，这也进一步证实了“健康移民”效应。同时，最近（10 年内）的老年移民的生活状况似乎比中年及以前移民的生活更糟糕。这种情况在老年女性中更是常见（参见“抑郁症”）。

有关亚太裔老年人的心理健康和心里幸福感的评价，也没有充足的证据。虽然一些证据表明了近期移民会面临更加严峻的问题，但另一些数据也显示，随着时间的推移，由于老年人逐渐脱离社会，且对后代文化的适应性要求愈高，老年人移民会遇到更多的困难；而他们的后代则因适应和融入了主流社会，似乎生活得越来越好。

尽管有现象表明，那些经历个人损失、异文化压力（异文化，指由文化适应过程带来的，由本土文化和异文化之间文化差异造成的心理与文化上的压力，体现为文化适应过程中个体或群体全面健康状况的显著恶化——译者注）和脱离社会的老年印第安女性，患抑郁症的概率较高，但印第安老年人的心理健康状况，同样缺乏系统性的评估。昆兹（Kunitz）和雷威（Levy）发现纳瓦霍族（Navajo，美国最大的印第安部落）老年人与普通老年群体在抑郁症患病率上并无差异。即使他们承认，纳瓦霍男性酗酒可能使得对其健康评估产生影响，但普通群体中也有酗酒的现象。但是，他们的确发现，持续性的抑郁症患病率在老年纳瓦霍族女性中更为普遍。

认知障碍与心理健康在种族和民族方面的差异有关，且得到证实。非裔老年人和拉美裔老年人的认知障碍比非拉美裔白人的认知障碍更严重。非裔老年人较高的认知障碍程度，可能是由发病率高的小型脑卒中造成的。而脑卒中又与脑血管疾病的高发病率有关，同时脑卒中还会反过来使高血压和糖尿病的发病率随之升高。

社会关系

传统观点认为，少数民族人口中的老年人在社会关系，特别是家庭和代际关系方面具有优势。研究发现，非裔老年人、拉美裔老年人、亚裔老年人和印第安老年人都能从与他们的成年子女一起生活中获益，也能从他们大家庭的社会支持中受益。然而，老人与成年子女一起生活通常是这些少数民族群体面临的生存问题，而不仅仅是简单的文化偏好。与此同时，非拉美裔白人老人与自己子女生活在一起的概率较低，这也反映了他们独立的社会经济地位。多年来的研究表明，尽管别的种族和民族背景的老年人与其子女关系更为密切，但他们对子女的赡养职责并不满意，而非拉美裔白人老年人对子女的赡养职责甚是满意。显然，家庭中或附近有家庭成员是对几乎没有资源可利用的老年人（来自不同种族和民族）的巨大支持，但这种常见的资源支持现象并不常见于代际关系中（参见“社会网络、社会支持和社会融合”）。

经济地位

不同种族和民族背景的老年人之间，其潜在差异就在于其经济地位的多样性。显然，相对于非拉美裔白人老人而言，大部分非裔老年人、拉美裔老年人和印第安老年人，生活贫困、收入较低。这些差异反映出他们的教育背景、职业地位和往日所遭遇的歧视。如果用资本指标来衡量财富状况，经济地位差异就会更明显。这些不同种族和民族背景群体间巨大的经济地位差异，所导致的后果就是这些群体不同程度地依赖政府在收入、住房、交通和医疗保健方面的资助。由于非裔老年人和拉美裔老年人不同程度地依赖医疗救助、社会安全生活补助金、公共住房和公共交通等，所以他们对这些政策的调整尤其敏感。与非拉美裔白人相比，尽管亚太裔美国人的家庭收入需分摊到更多的家庭成员头上，但他们却享有更多的经济安全。与此同时，由于移民人口规模的扩大，医疗保险覆盖率的下降给亚太裔老年人带来了负面影响。而且，亚太裔内部群体间的巨大经济差异，尚未充分体现在这个群体的老年人口上。

结论

较高的移民率正在改变美国和其他西方国家老年人口的融合。拉美裔和亚裔美国人正在强化美国老年人口的这一融合趋势，尽管大多数苏联移民也带来不同程度的种族融合。这种移民造成了老年人口的差异性和多样性。虽然这种差异被视为不公，是计划消除的对象，但文化、价值观和信仰的多样性可以丰富社会。学者和决策者所面临的挑战是在减少差异性的同时保护多样性。为了实现这一目标，我们需要逐一改进我们的概念性框架。

对不同种族和民族背景的人在健康方面的差异研究表明，非裔老年人的死亡率仍持续高于拉美裔老年人的死亡率。印第安人的死亡率减少，但对其发病率和功能健康状况了解甚少。大多数亚太裔老年人的死亡率状况似乎有所改善，这很可能反映出健康的移民效应，该效应也被认为有益于拉美裔。

由于数据匮乏，特别是较为客观指标的缺少，我们对不同群体之间的心理健康和心理差异了解甚少。在社会关系方面，不同种族和民族背景的老年人似乎占有优势，因为他们与自己的成年子女生活在一起，而且联系密切。但与非拉美裔白人相比，这种父母与子女生活在一起以及密切的交往关系使得他们的选择权受限。

非裔美国人、大多数拉美裔美国人和印第安老年人的经济地位较低，这一点无可置疑。资产净值水平越低，收入就越低，所以资产净值对老年人的经济安全感非常重要。对非裔美国人和印第安人来说，低收入会导致健康状况恶化。提高少数民族群体的社会经济地位，将对少数民族老年人的身体健康和生活质量的改善产生广泛影响。但数据还表明，即使收入平衡，差距仍将保持下去。这就需要全社会继续努力，减少种族隔离和社会排斥行为。

虽然群体内部多样性非常重要，尤其是亚太裔群体和印第安人群体内部的多样性，但出于调查成本考虑，对不同群体内部多样性数据的收集不足且不切实际。即使对不同群体内部大部分成员进行大量有关人类学的研究是可能且必要的，但对小部分成员进行更细微和透彻的人类学研究，将在了解老年人特征和需求的路上继续前行。

最后，对不同种族和民族背景的老年人的研究，需要更多关注他们的移民经历，以

2016

及这些移民经历给老年人带来的积极的或消极的影响。来自不同种族和文化背景的移民老年人，都有着一些相似的经历，但这些经历尚未被充分理解或融入我们的概念框架。

另请参阅：酒精和药品；癌症和年龄；心血管系统；抑郁症；残疾、功能状态和日常生活活动；流行病学；精神卫生；心理健康；社会网络、社会支持和社会融合。

拓展阅读

Anderson NB, Bulatao RA, and Cohen B (eds.) (2004) *Critical Perspectives on Racial and Ethnic Differences in Health in Late Life.* Washington, DC: National Academy Press.

Angel RJ and Angel JL (2006) Diversity and aging in the United States. In: Binstock RH and George LK (eds.) *The Handbook of Aging and the Social Sciences*, 6th edn., pp. 94–110. San Diego, CA: Academic Press.

Denny CH, Holtzman D, Goins RT, and Croft JB (2005) Disparities in chronic disease risk factors and health status between American Indian Alaska native and white elders: findings from a telephone survey, 2001 and 2002. *American Journal of Public Health* 95 (5): 825–827.

Federal Interagency Forum on Aging-Related Statistics (2004) Older Americans 2004: Key Indicators of Well-Being. Federal Interagency Forum on Aging-Related Statistics. Washington, DC: US Government Printing Office.

Land KC and Yang Y (2006) Morbidity, disability, and mortality. In: Binstock RH and George LK (eds.) *The Handbook of Aging and the Social Sciences*, 6th edn., pp. 42–58. San Diego, CA: Academic Press.

Markides KS and Black SA (1996) Race, ethnicity, and aging: the impact of inequality. In: Binstock RH and George LK (eds.) *The Handbook of Aging and the Social Sciences*, 4th edn. San Diego, CA: Academic Press.

Markides KS and Eschbach K (2005) Aging, migration, and mortality: current status of research on the Hispanic Paradox. *Journal of Gerontology Series B* 60B (Special Issue II): 68–75.

Palloni A and Arias E (2004) Paradox lost: explaining the Hispanic adult mortality advantage. *Demography* 41: 385–415.

Park-Tanjasiri SP, Wallace PP, and Shibata K (1995) Picture imperfect: hidden problems among Asian Pacific Islander elderly. *The Gerontologist* 35 (6): 753–760.

Ramirez de Arellano AB (1994) The elderly. In: Molina CW and Aguirre-Molina M (eds.) *Latino Health in the US: A Growing Challenge*, pp. 189–208. Washington, DC: American Public Health Association.

Smedley BD, Stith AY, and Nelson AR (2003) *Unequal Treatment: Confronting Racial and Ethnic Disparities in Health Care.* Washington, DC: Institute of Medicine, National Academy Press.

Treas J (1995) Older Americans in the 1990s and beyond. *Population Bulletin* 50 (2): 1-47.

Wallace SP and Villa V (2003) Equitable health systems: cultural and structural issues for Latino elders. *American Journal of Law and Medicine* 29 (2/3): 247-269.

Whitfield KE (ed.) (2004) *Closing the Gap: Improving the Health of Minority Elders in the New Millennium*. Washington, DC: Gerontological Society of America.

Zarit SH and Pearlin LI (eds.) (2005) Special issue on health inequalities across the life course. *The Journals of The Gerontology Series B: Psychological and Social Sciences* 60B (Special Issue 2).

译　者：刘妮娜（华北电力大学）
校译者：曹　杨（四川大学）

2018

住房

J. 派诺斯，C. M. 西田 南加利福尼亚大学，洛杉矶，加利福尼亚州，美国
H. 肯迪格 悉尼大学，利德科姆，新南威尔士州，澳大利亚

词汇表

在地安老（Aging in Place）——老年人尽可能在目前居住单位居住的愿望和倾向。

辅助生活（Assisted Living）——一种通常有执照的居住服务设置，可以提供私人住所（通常是高效的）、全方位的支持性服务（例如：用餐、个人护理）、社交活动和不间断监护（24 小时现场看护）。

集合住房（Congregate Housing）——一种半独立的多单元生活安排，一般会给住户提供集体用餐。

住房连续体（Continuum of Housing）——根据住户对服务的补充需求、身体所需的支持性服务的特点，以及根据目标年龄或能力水平进行区分的一系列住房选择。

适老化社区（Elder-Friendly Communities）——具有支持性和无障碍设计功能的社区，如安全的人行道、清晰的标志等，用以保持老年人的独立性和在交通和服务方面的可得性。

环境压力（Environmental Press）——环境设置需要符合居民的生理与心理特征、能力的需求。

家庭改造（Home Modifications）——对家庭环境进行改造，以使身体功能受损的人更容易和更安全地进行活动，如洗澡、做饭、走路、导航指引和开门等。

家户（Household）——居住在一个住宅单位的一群人或一个人。

自然形成的退休社区（Naturally Occurring Retirement Communities，NORCs）——老年人高度集中的住宅综合体或社区，它并不是专门为老年人规划的，而是由在地安老及新老年居民的流动而自然形成的。

支持性住房（Supportive Housing）——由业主或管理者协调并提供的一系列支持性服务的住宅小区，其服务多由第三方为居住在公寓单元的居民提供。这些服务大都不提供不间断监护，并且是无经营许可的。

通用设计（Universal Design）——一种

促进所有年龄和能力水平的人都能最大程度地参与、适应和使用的家庭和社区的概念。

可访问性（Visitability）——一种关键的无障碍设计，旨在帮助残疾人能够便捷地进入独立住宅。

引言

绝大多数的老年人都独立生活在独户住宅或公寓中，住房对他们的重要性并不只是砖头和水泥构筑的栖身之地，更是他们进行日常生活的主要基础，代表着他们一生的记忆，并为未来生活提供安全感。对年长的房主而言，住房通常是他们最有价值的资产；对收入有限且固定的老年租房者来说，租房费用往往是他们每月最大的支出。住房所在社区的特征对个体的社区生活和购物、社会服务、医疗保健、休闲娱乐活动的可及性至关重要。

特别是在最近几十年，人们认为住房对老年人的意义远远超过了传统的住处。越来越多的人正步入老年阶段，他们患上慢性病、身体虚弱、失去家人和朋友的可能性越来越高。对这些脆弱的个体来说，住房及其相关服务对他们生活质量的提升至关重要，它们往往是使体弱多病的老年人选择居家养老而不是搬到护理院的关键因素。

本章对老年人住房问题进行了概述，讨论了与其相关的关键概念、视角、居住安排，以及住房保有权、收入和财富之间的关系。本章还讨论了住房类型和问题，随后分析了为改善老年人住房状况而制定的住房政策和计划。虽然本章主要关注的是美国，但也参考了其他工业化国家的经验。它涵盖了居住在普通住房、支持性住房中的老年人的住房特点，以及住房和服务之间的联系。除非特别说明，本章讨论的老年人是指 65 岁及以上的人。

视角

住房和老年学是一个多学科的研究领域，需要利用各种理论进行研究。本节回顾三种主要的研究范式，已应用于发展现有的关于老年人住房知识的理论基础，这三种范式分别是：环境心理学、住房市场分析方法，以及政策和项目的政治分析。

环境心理学对老年人住房研究领域产生了重大影响。“环境压力”是该研究领域的核心概念，具体指个人的功能能力与其环境需求之间的匹配。良好的环境适应将激励和支持个体，并提升其功能和幸福感。过度支持的环境会削弱一个人的能力，而过度紧张的环境则有使个体崩溃和陷入痛苦的风险。随着个体年龄的增长与他们的需求和能力的变化，老年人适应现有环境或确保适当地移入新环境是十分重要的。

环境心理学的研究方法通常被视为一种微观视角，因为这种视角强调个体如何与他们的居住环境发生联系。从 20 世纪 60 年代开始，公共和私营部门资助的研究将微观视角广泛应用于重要课题之中。研究的重点一直是脆弱的老年人如何更好地适应专门建造的住房，如老人院、公共住房和护理院等。这些研究表明，对建筑布局、行人通道和其他设施进行体贴和细致的设计可以帮助那些在传统住房环境中生活遇到困难的老年人。但直到最近，微观传统研究仍很少关注大多数有能力住在独户住宅和社区中的老年人的住房问题。

自20世纪80年代以来，越来越多的研究关注更大范围的住房市场中的老年人。社会学分析集中于老年人的家户特征，经济学分析则关注他们的住房特征。这种宏观研究因对各种年龄人群的住房类型、条件、成本的普查及专项调查数据的改进而得到了极大的促进。众多信息反映了对住房市场中识别特殊人群需求的政策关切的提升，以及维持住房资源的质量和最佳利用。现有的公开数据展示了不同年龄组的住房情况，以及不同种族、婚姻状况、收入和地域的老年人的住房情况。

人们正在形成一种对个体和群体老化过程如何与住房存量的构成和使用的变化有关的理解。“生命周期”的概念已被应用于老年人居住历程的研究，也就是一辈子居住的住房的连续性，以及居住历程如何与个体职业经历和家庭经历相互影响。住房人口学提供了重要的分析工具，用以显示住房供应和使用在历史时期的变化，个人和队列的老化如何影响住房供应和使用，以及新队列、个体和住房的继承方面的变化。这种人们住房使用的变化是住房、土地、劳动力，以及公共法规和补贴等复杂市场因素共同作用的结果。

最后一个研究视角涉及干预住房市场的公共政策及住房项目对老年人住房的重要影响。政治经济学视角强调，利益集团、意识形态斗争和经济考量都会影响政府的住房政策。政府的许多举措（比如对自有住房的补贴和税收优惠）虽不是针对特定年龄的，但当人们步入老年时，这些政策可能会对老年人产生重大影响。另外，针对特定年龄的政策是出于对老年人特殊需要的关注，但一些人还理所应当地将老年人视为穷人，而随着老年人口的不断增加，许多行业为老年人提供服务仅仅是出于把他们作为选民的一种政治考量。政府的政治议程会影响住房评估和研究的资金，进而影响信息的可用性，以及对有关方案和政策有效性的评估。此外，由于住房不仅仅是一个简单的住所，会不可避免地涉及许多机构，有时政府不得不面对相互冲突的目标、指导方针和操作方法。

在进入现有的知识基础之前，我们需要认识到，关于老龄化和住房的研究需要更多的发展。住房模式的个人和历史变化的复杂过程与现有证据形成了鲜明的对比，这些证据主要基于横断面调查和对趋势的汇总分析。比较研究是很困难的，因为很多研究都使用了不同的定义和术语，即使是像“家户”“住宅”“住房类型”这样的基本术语也是如此。研究结果的明显差异取决于分析单位的不同，比如以家户为分析单位、以个人为分析单位都会有不同的结论，跨文化比较就更容易出现问题。概念上的进步在很大程度上取决于更好的调查设计，需要更多地思考地域的复杂性。

居住安排

家户是住宅需求的基本单位，用以指独自居住的个体或共同居住的一群人。家户的组成形式对个人的生活成本、家庭责任和社会支持都有重大影响。相对较少的老年人会在退休、丧偶或者失能后立即搬家。绝大多数老年人在经历个人或家庭的变化的过程中仍然会居住在现有的住房中。虽然一些老年人会选择搬到更合适的住房里，但大多数人更倾向于通过在地安老来调整住房。

在20世纪90年代初的美国，90%的老年人居住在传统住房中，传统住房主要是指独户住宅和公寓。大约5%的老年人住在护理院，另有5%的老年人住在有聚集设施或可以提供用餐等服务的其他形式住房中。特殊住房中的老年人比例随着年龄增长而上升，但即使对85岁及以上的老年人来说，其比例也只略高于25%。最有可能居住在政府保障性住房的人大都是贫穷、虚弱、独身的人。总的来说，美国老年人居住在公共养老机构的比例在过去几十年保持相对稳定，这与澳大利亚、英国和其他经济发展水平相近的西方国家大致相当。

在“二战”后，老年人越来越倾向于独自生活或只与配偶一起生活，原因包括实际收入的增加、社会保障的完善、住房短缺的缓解，以及人们更愿意独立生活的倾向。目前，大约有一半的美国老年人只与配偶住在一起，有三分之一是独居，其余的人与他人（主要是亲戚）住在一起。非洲裔、西班牙裔、穷人和残疾老年人与配偶以外的人一起生活的可能性更高。就收入和生活能力而言，许多最脆弱的老年人绝大多数是寡妇，她们在最近的几十年里才生活在独立的家庭中。

由于普遍较小的家庭规模，老年人在住房拥有量上呈现出不成比例的高分布。美国大约40%的户主是55岁及以上的人。户主是指拥有自有住房所有权的人，或是签订房屋租赁合同的人。户主是将住房特征与居住者的个人特征联系起来进行分析的最常用的单位。

有一小部分老年人口是无家可归者。“无家可归者”是指这些人没有生活在家户中，在登记的数据和住房信息中无法查询到。另一些无法负担自己住房的老年人一般与亲属或无亲属关系的人一起居住，或住在单间里。针对这些群体的少量研究突出了他们在社会生活中的严重困难，这可能是由于个人问题和社会经济的排斥所造成的。

住房保有权、收入和财富

在老年人群中，住房保有权是最能显著区分个体经济地位的因素之一。如果个体能够在成年后比较早的时候支付买房的成本，那么他们更有可能在职业生涯的收入高峰时期为家庭积累储蓄，这种财富还可通过房价的上涨进一步增加。在老年阶段，对住房拥有完全保有权可以为个人居住提供更稳定的保障，住房现金支出也会相对较低，而且还有能力购买其他住宿服务，甚至可以通过反向抵押贷款等项目来获得现金来源。接受政府补贴的租户相对于拥有住房保有权的老年人而言处于较为劣势的经济地位，虽然他们可以享有低租金的政策福利，但是私人租户（在缺乏政府保护的情况下）面临着租金随着市场行情不断上涨的风险，并且几乎没有居住安全保障。

美国老年人在取得房屋所有权方面取得了很大的成功。超过 80% 的 45 岁及以上的成年人拥有自己的住房。尽管住房拥有率会随着年龄的增长而有所下降，但大多数（78%）75 岁以上的老年人仍然拥有自己的房子。仅有 5% 的美国老年人获得了联邦政府的直接住房援助。在租房的老年人群中，绝大多数都居住在非补贴住房中，他们通常面临着终生的经济劣势，这种劣势限制了他们的购房能力。在这些永久租户中，非洲裔、西班牙裔、大城市居民和终身未婚的人（特别是女性）占了相当大的比例。绝大多数中高收入的美国老年人是房屋的所有者，低收入老年人群中拥有房产的则较少。

现在的老年人拥有相对较高的终身房屋所有权。那些在 20 世纪 20 年代出生的人，到 80 年代就步入了老年，而在 20 世纪五六十年代经济和房地产繁荣时期，这些人群也正处于购房的黄金时期。他们得到了政府的补贴，以及宏观调控所带来的住房金融福利、在利息支付和资本利得方面的所得税减免。在“二战”后的蓬勃发展时期，住房惯性使得在 21 世纪初期步入老年期的群体仍然保有着较高的房屋拥有率。

一个人进入老年时如果拥有房产，那么他们通常会在余生中都是如此。很少一部分人会选择搬出自己拥有的房产，这其中大部分是年龄较老的寡妇，她们更有可能经历经济困境或与健康相关的功能性困难。这种稳定模式表明，在住房市场中的年龄差异在任何时候都显现出较强的队列效应和老化效应。这种情况也表明，老年人的住房调整（在它们发生的时候）通常会发生在他们生命的最后几年。

完全拥有一处房产可以使老年人依靠退休收入维持足够的生活水平，这是非常重要的。然而，年纪较大的租房者通常生活在贫困水平线上下，而且他们承受更高的租房成本的可能性要高出普通人的 3 倍，57% 的租房者需要承受中等到沉重的住房成本。相比之下，大约 25% 的老年房主会将超过收入 25% 的钱用于住房。根据美国联邦政府的定义，住房支出超过收入的 30% 即为过高的住房成本。过高的住房成本高度集中在低收入的老年人群中，特别是老年女性和少数族裔老人。这些成本使老年人难以负担得起其他生活基本开支，如医疗保健和交通费用等。

近几十年来，随着实际购买成本的上升，在 21 世纪，对那些即将步入老年的人来说，终身拥有住房的机会可能会减少。很可能会出现一个历史性的分水岭，即越来越少的老年人能完全拥有自己的房子，以缓冲退休后收入过低的影响。现在的老年业主将他们的房产遗赠给成年子女，这些子女也有可能成为业主，而且他们在接受遗产时也即将步入老年。这会进一步加剧社会分化。

老年人的住房保有权及其分配的情况在国家之间有很大差异。尽管澳大利亚的住房拥有率与美国相当，但是更多的老年人居住在公共住房里，且获得了租金援助。在英国，只有一半的老年人是房主，还有40%住在公共住房，其余大部分住在受保护的私人租赁房屋中。而在北欧等欧洲国家，住房的分配遵循了非常不同的模式，这些国家鼓励非营利住房合作社（non-profit housing cooperatives）的发展，而且对获得住房所有权的居民的政策补贴较少。

房屋类型和问题

绝大多数人进入老年生活时都住在他们中年时选择的合适的住房中，那时他们有工作拿薪酬，通常家庭规模较大。对 1960 年 60~69 岁队列来说，在接下来的 20 年里在公寓生活的比例增长得很少（在房屋拥有者中几乎没有增长，但在租户中从 11%增长到 16%）。因此，随着 20 世纪 50 年代和 60 年代建造独户住宅的热潮，现在每 5 个老年人中就有 4 个人住在各种形式的独户住宅中。老年人和年轻人不一样，他们不太可能住在公寓或中等密度的房子里。

老年人居住的稳定性，再加上日益萎缩的家庭规模，已经引起了人们对住房资源利用不足的担忧。事实上，一些分析人士认为，超过 500 万美国老年家庭存在住房过剩的情况，因为他们所拥有的卧室数量超过了家庭成员的需求。然而，研究表明，很少有老年人认为他们的房子对他们来说太大了，他们会将剩余空间广泛用于家庭聚会、休闲和其他以家庭为核心的活动中。此外，如果老年人拥有完全的房屋所有权，那么更换住房的经济压力会比较小。现有的证据表明，除非家庭出现经济问题、居住方面的障碍，以及原有住房周围有其他具有吸引力的替代方案，老年人是不太可能被诱导换到较小的住房中去。

老年人的居住条件在过去几十年里有了很大的改善。只有不到 1%的老年人居住在过度拥挤的住房中，即每个房间居住的人数超过一个人的家庭。现在几乎所有的老年人都居住在有冷热自来水、私人洗浴和厕所设施，以及有良好的房屋物理结构的住房里。然而，近 150 万美国老年家庭生活在低于标准的住房中，这些住房由于住房系统的功能不足（如管道和供暖方面），有进行修复的迫切需要。与住房成本高一样，这些问题高度集中在低收入老年人群中，尤其是老年女性和少数族裔。总体而言，按照这些标准衡量，美国年轻人和老年人在住房问题上程度大致相当。

这些关于住房问题的汇总统计数据需要仔细的分析。一方面，许多老年人，特别是那些有功能障碍的人，即使在房屋使用情况相对良好时也会遇到种种困难。住房问题的后果会较为明显地体现在那些处在功能缺失边缘的虚弱老年人身上。虽然居住在低于正常标准的住所中的老年人的比例很小（8%），但人数仍然是非常庞大的（超过100万人）。

另一方面，即使住房在技术上是不符合标准的，但大多数老年人仍对他们的住房感到满意。他们不太可能将住宅作为主要的困难来源——肯定会比年轻人所要求的少。这些悖论的出现可能是因为感知是高度特定于个体的解读的。对处境不利的老年人而言，表面上的满足可能折射出的是他们对可以改善其状况的任何措施的低期待。

在住房领域的一个长期假设是，随着人们变得更加衰弱，他们将不得不从原有的住房中搬到其他住房当中。虽然许多年老体弱的人最终搬到了有更多支持性服务的住所，但大多数老年人还是希望能够在家里住尽可能长的时间。在他们对住宅的需求中，最常见的是园艺协助、家居维修、家居改装（例如：增设扶手、坡道等），以及交通方面的服务。

住房支持连续体的构想是十分重要的，因为它使人们认识到，住房的选择可以根据提供的服务数量和类型进行区分；住房硬件设置方面的支持性主要是指可及性、功能性和设计；并且住房设置是需要根据不同年龄特点而改变的。图1展示了不同的住房选择，包括独户住宅、公寓、寄宿护理之家和专门护理院，分别满足独立型、半独立型和依赖型的老年人的不同需求。半独立型和依赖型的老年人可能选择任何一种住房方式，但是独立型的老年人很少会选择为虚弱老年人设置的住房类型。然而，在不同的住房选择中都可以发现虚弱的老年人的身影，这表明不同的住房类型具有相当大的弹性来支持他们。

一些住房类型是服务于特定群体的，例如，几类专门为半独立型的老年人建造的住房已经在过去十年中发展起来了。这些可供选择的类型在美国被贴上各式各样的标签，如寄宿护理之家、住宿护理设施和辅助生活住宅等。在澳大利亚，相同类型的住房被称为食宿招待所（hostel）；在北欧国家则大都被称为服务住房（service house）。与其他支持性住房相比，这些类型的住房通常服务于那些需要更多生活帮助的人群。

寄宿护理之家——提供饮食、监护和日常活动的有限协助——在美国有超过3万家这样的机构，是疗养院的两倍多。然而，它们中的大多数只有5~20个住宅单位，因此住在那里的老年人数量仅仅是私人疗养院居住人数的25%（大约40万人），这些居住者中有一半是62岁以下的人。尽管大多数寄宿护理之家是由私人经营的，但许多居民也会接受州政府的各项补贴，以及补充保障收入（Supplemental Security Income，SSI）。大多数寄宿护理之家是比较小规模的，并且需要住户共享房间。州政府需要管理这些住房，但是很多小型寄宿护理之家通常是没有执照的，因此对它们的监管可能不到位。

辅助生活服务是在美国迅速崛起的住房形式，通常会提供独立的公寓住房单位（通常包括私人洗手间，有时也包括厨房）和职业化的管理，并且有一整套的私人护理服务，包括配药。辅助生活服务对老年人及其家庭的吸引力在于，它可以提供与家庭相

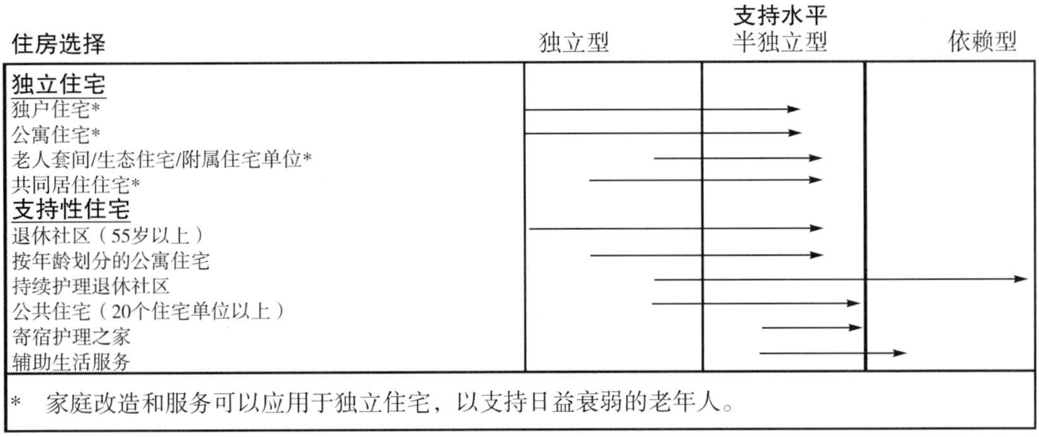

图 1　住房的连续体

注：独立型，为满足能够自行处理家务、做饭和个人护理需要的个人和夫妇设计的生活安排。半独立型，为那些受长期功能限制的人设计的生活安排。居民自给自足，能够自我照顾，但可能需要依赖设施的饮食、家务和交通服务。依赖型，为功能严重受损的人提供 24 小时监护、间歇性服务和护理的生活安排。

引自：Evashwick, C. I. (2005). *The Continuum of Long-Term Care*, 3rd edn. Delmar Leaming, a divison of Thomson Learing.

似的环境设计，最大化满足居住者在住所内的隐私需求和自主权，并且可以提供诸如穿衣、洗澡等私人护理服务。许多衰弱的个体，包括那些不能自行如厕和患有阿尔茨海默病的老年人，会将辅助生活服务看作与医院相似的典型的疗养院模式。目前，美国的辅助生活服务对中高收入的老年人而言是可以负担得起的。

地点

住房所在的地点对老年人的生活会有很大的影响。对老年人来说，能够拥有一系列公共和私人设施，以及良好公共交通的安全社区是非常重要的。当老年人身体虚弱时，会与他们的家庭紧紧相连，并且很有可能被较低的房价困住或者无法承受更高的租金而选择留在原有的住房中，他们尤其容易受到城市变化的影响。相比于住房，老年人对社区的满意度更低。在农村地区，老年人可能会无法得到基本的服务和社会联系，尤其是当他们无法开车时。

市场和政府政策已经从上一个世代开始重构了美国城市。随着那批从城市中心向外迁移的新中产阶级已经步入老年，他们周围的环境也发生了重大改变，这些改变主要体现在环境设施和种族构成上。个人承租者会面临上涨的租金、公共和私人环境的再开发，以及从公寓到独立产权公寓的转变。在环境恶化地区的房屋拥有者可能会被下跌的房价困在原有的住房中而不能将其抛售。在环境复兴的地区，房屋拥有者可能会有更多的机会将房屋变现，从而获得溢价收益，然后搬到其他地方。

最近认识到的一种现象是，老年人集中在吸引他们却并非特意为他们规划的地区。有27%的老年人居住在超过50%的居民年龄在60岁以上的居民楼或社区中。在许多这样的居民楼和社区中，老年人在他们40~60多岁的时候就已经搬了进来，并选择在地安老。在某些情况下，与同一年龄段的邻居相互支持，以及拥有较好的生活保障，也会吸引老年人从其他地方搬到这种环境中生活。还存在其他情况，如外出务工的年轻人增多也会使这一地区的老年人比例激增。那些自然形成的退休社区，一般不会提供老年人所需的支持和健康服务。自然形成的退休社区给这一区域提供了利用潜在规模经济发展的机会，比如购买服务、建设新设施（如老年人活动中心），以及将住房与服务联系起来。

在过去的几十年中，越来越多的人口在战后建造的郊区独户住宅中逐渐老去。这些地方一开始是为汽车旅行设计的，因此公共交通相对较差，无法使用私人和公共设施。相比于老城中心而言，郊区可能会给那些不会开车或腿脚不便的人带来很大的障碍。对那些希望搬到附近地区更合适住房的人，郊区提供的房屋类型、大小和再次搬家的代价所能做出的选择的范围也很有限。这些潜在的困难可能会被土地利用政策最小化，因为土地利用政策要求对一片地区的利用方式和建造的住房类型都要多元化。

住房政策及项目

自第二次世界大战以来，几乎所有的西方工业化国家，包括美国在内，都承担起了保证公民能够获得较好质量的、负担得起的住房的责任。由于它们是混合经济体，私有制经济发挥了重要的作用，许多政策试图为私有房地产事业提供一个较为平稳的经济环境，私有房地产事业是经济的一个重要组成部分，可以提供充足的住房和刺激建筑工业领域的就业需求。在美国，国家的住房政策主要包括联邦抵押贷款担保项目、次贷市场的建立，以及对房主的税收减免刺激等。这些政策已经提供了强有力的政治支持，尤其是对房地产开发商和房地产经纪人，这些群体对各级政府来说都是强有力的利益集团。拥有最高房屋持有率的老年人是这些总体住房政策的主要受益者。

政府也会针对那些在市场经济中难以获得好处的弱势群体提供住房。为了促进给穷人建造房屋，政府会采取自行建造房屋或为建造租赁住房的营利或非营利开发商提供利润补贴。美国和英国等一些国家已经利用刺激供给项目为中低收入老年群体提供了大量实质性的住房。早期的针对老年人的供给侧项目最初强调的是住房能提供住所和低成本等基础属性。但对那些日益增多的非常脆弱的老年人，一些项目及措施已经开始强调服务的覆盖面。

需求侧的策略主要包括：为购房者提供住房补贴或者代金券，这样消费者就愿意为更好的住房支付更多的费用。需求侧政策往往更容易被保守主义政党所接受，这些政党抵制政府直接增加公共住房供应或福利住房。下文将会讨论四个住房计划，说明政府用来改善老年人住房状况的供需策略。

为可以独立生活的老年人提供按年龄划分的住房

许多国家的政府为能够独立生活的老年人提供补贴和按年龄划分的住房，是通过20世纪50年代实施的集中供应及满足年轻家庭需求的住房供应方案，从而缓解战后严重的住房短缺后才开始逐步实施的。随着中等收入的家庭拥有房产成为可能，补贴项目在美国被视为针对低收入家庭获得永久住房的重要方式，其中许多低收入家庭是少数族裔。在1956年，补贴项目的资格要求得到修改，允许单身老年人居住在公共住房中。越来越多的老年人开始接受这些项目的服务，有三个基本原因：（1）相较于年轻的租户，老年租户收入较低，资产较少，住房条件较差；（2）长期居住在住房补贴项目提供的住房的居民逐步进入老年；（3）老年人被认为是应该得到帮助的穷人，与有孩子的年轻群体相比，作为租户的老年人遇到的困难更少。

随着独身老年人进入以前只为家庭提供住房的项目，人们开始对他们的安全及潜在的社会疏离感到担忧。与此同时，老年学新兴领域的专家们开始提倡增加针对特定年龄的老年人住房，这类住房将具有特定的设计特征（例如，紧急呼叫按钮，很少或没有楼梯），提供公共社交空间和生活服务，如用餐。心理学家和社会学家对老年人能否适应这种全新的生活方式，以及大量老年人居住在按年龄划分的高层建筑中可能造成的孤立等问题感到关切。然而，研究发现，与社区的租户相比，居住在特定年龄住房的居民有着更高的生活满意度和团结感，这种居住方式促使了友谊的形成，增加了社会互动，以及提供了更好的对健康状况的感知。因此，这些担忧便消除了。到20世纪90年代初，37%的公共住房单位已经入住了老年人，超过30万的老年人居住在专门为老年人和残疾人设计的项目中，还有相当多数量的老年人居住在为家庭提供的住房项目中。

美国公共住房质量的提高是根据1959年的《国家住房法案》（the National Housing Act），其中第202条规定要为老年人提供住房。根据最初制定的条例，第202条规定向非营利性资助机构（主要是宗教组织）提供直接的低息贷款，为没有资格获得公共住房的中等收入老年租户提供住房。虽然这些项目通常比公共住房拥有更多的便利设施（例如，提供集体聚餐等），但它们也仅限于提供给能够独立生活的老年人。该项目的早期倡导者不希望这种住宅像护理院一样。因此，该项目没有资助服务，它允许管理者拒绝无法独立生活的申请人。这种做法与联邦住房管理局的理念一致，后者认为自己的责任是为人们提供实实在在的房屋，而不是提供服务。截至1995年，已经建成超过25

万套“202 法案房”。

其他发达国家也为老年人专门建造了政府补贴住房。例如，1962 年著名学者彼得·汤森德（Peter Townsend）成功地敦促英国政府将庇护住房开发为一种非制度化的照料形式。“庇护”一词是指专门建造的公寓，其服务范围包括现场管理、公共餐饮和家政服务等。这种庇护住房，类似于美国的集合住房模式，并为居民提供额外的管理员或住所援助。英国、丹麦和瑞典也已经在小型集群中建造了专门的住宅，具有支持性的设计特色，并设置了现场管理人员。然而，大多数欧洲国家主要是为所有年龄组的相对独立的老年人提供公共住房。

老年人一直在寻求种类多样的以年龄划分的集合房屋。这些集合房屋也十分受政府官员的欢迎，这是因为与其他许多家庭项目相比，老年人的住房问题相对较少，而且也易于管理。然而，在 20 世纪 80 年代后期，美国和其他国家的政府开始减少对这些项目的资助，因为相关部门认为与其他住房补贴方式（如代金券）相比，这种方式成本相对较高，已经失去了保守派政府的青睐。也有越来越多的人认为，与可以独立生活的老年人相比，社会上还有其他群体有着更迫切的需要，这种政策为可独立生活的老年人解决了住房问题，却没有为那些更加虚弱的老年人解决问题。到 20 世纪 90 年代中期，欧洲、北美等国和澳大利亚的政府都在减少为独立老年人提供的住房项目，或使其为脆弱的老年人服务。

支持性住房与辅助生活服务

在 20 世纪 90 年代初，许多住户已经步入老龄阶段，到七八十岁的时候，他们对身体支持功能和服务的需求也随之增加。在大多数情况下，这些住宅区及其管理者都没有足够的能力来满足不断变化的居民需求。与此同时，政府对老年人住房的关注正从独立住房转向提供丰富服务的住房。这一新兴趋势的驱动力是寻找成本效益高的替代方案来取代价格较为昂贵的护理院，也有许多体弱的老年人还是希望住在原有的住宅中而不是养老机构。因此，在过去的 20 年，人们已经创建了一些开发支持性住房的项目，这些住房对老年人而言在硬件设施上是无障碍的，还包括一系列的特殊功能和服务。已经有两项基本策略用于为非常脆弱的老年人开发住房：一是调整原来为可以独立生活的老年人设计的房屋；二是开发支持性住房的新形式。

在美国，开发支持性住房的方法之一是通过政府资助改造原来为可独立生活的老年人设计的住宅，使之可以更好地为脆弱的老年人服务。虽然市场对成本效益的关注限制了服务计划的进一步发展，但这些项目的实施仍然可以说明，调整现有的多单元住房综合体可以改善脆弱老年人的生活质量，并帮助他们在合适的地方养老。考虑到这些目标，国会在 20 世纪 90 年代早期为政府援助的各种老年人住房综合体的服务协调员分配了资金。同样，几年后澳大利亚采取了一项在地安老战略，强调让老年人尽可能长时间地留在“食宿招待所”等高级住房综合体中。

改造现有房屋使之满足非常脆弱的老年人持续看护的需求促进了辅助生活住宅的快速发展。这一住房形式可以服务于严重失能的老年人，包括阿尔茨海默病患者，但是许多低收入者无法负担进入辅助生活住宅的费用。为了使这种住房形式有更好的可及性，需要整合不同的原有住房形式、不同的健康状态，以及参与各种收入补贴项目的老年人的收入来源，从而使其能够支付相关的居住和服务费用。近年来，一些州通过联邦医疗救助计划（the Medicaid state plan）或家庭和社区服务（Home and Community-Based Services，HCBS）的政策优势，利用医疗救助计划偿还服务费用。这些政策措施为各州政府实施相关项目提供了灵活性，这些项目旨在为符合医疗救助条件的、其他方面需要机构护理的个人开发创新的住房替代方案。截至 2000 年，有 38 个州使用联邦医疗救助计划或豁免来覆盖在辅助生活住宅或伙食和护理方面的服务设施的支出。

美国住房和城市发展部（Department of Housing and Urban Development）已经拨款为涉及第 202 条规定的住房的整个建筑或楼层进行改造，并根据辅助生活改造计划将联邦政府资助的其他老年人住房项目改造为辅助生活设施。这些策略实施的经验表明，这些项目可以增加居民获得服务的机会，并提供了良好的居住环境。然而，在某些情况下，建筑改造仍然是困难和昂贵的，特别是为了接收阿尔茨海默病患者的建筑。为了维持居住环境，需要适当的国家法规的支持，这些法规要求建设者与管理者注重维护居住在这些住房中的老年人的隐私权和自主权，并对老年人在居住过程中的安全加以权衡。这类法规的制定需要对老年人的生活质量进行考虑，同时也要考虑疗养院开支的节省。后者的受益尚未得到证实，一些团体认为，由于辅助生活住宅为残障人士提供的服务与为护理院的居民提供的服务类似，因此也应该受到严格的监管。但是做出这样改变的危险在于，这些法规可能会将辅助生活服务从一种社会模式转变为一种医疗方式，使其失去原有的鲜明特点。

在澳大利亚和英国，人们有越来越多的尝试将住院护理拆分成住宿和护理两部分。这意味着老年人可以在各种各样的住房环境中得到高水平的护理——包括他们自己的家和私人护理院——而不必搬到护理院。这种改变为个人提供了更多的住宿选择，并将资金成本从政府养老预算中转移出来。然而，随着公共住房供应的不足，人们越来越关注住房负担能力和社区服务的可及性。

房屋净值转换抵押贷款

随着政府提供的安全保障的削弱，越来越多的人关注到老年房主能否在不出售房产和搬家的情况下获得净资产收益。反向抵押贷款允许老年人根据他们的房屋净值提取资金，并在他们搬家或去世后用房产价值偿还。这些贷款的复杂性和风险都已经被联邦房屋净值转换抵押贷款保险（federal insurance for home equity conversion mortgages）降低了，其为老年人提供了更多的财务保护和居住安全。然而，使用反向抵押贷款的人相对较少，部分原因是高昂的交易成本，以及老年人不愿利用他们储存多年的资源和住房所有权提供的安全保障。近年来，由于从债券和股息中获得的退休收入减少等因素，房屋净值转换抵押贷款的数量只有小幅增加。有人提议鼓励甚至要求老年人从股权中提取资金来支付长期照护服务或保险、房屋维修和房屋改装的费用，从而减少政府的补贴支出。然而，这样的提议不太可能赢得老年人的支持。房屋净值转换抵押贷款已经在一定范围内被老年人用于诸如偿还债务以避免丧失抵押品赎回权，支付房屋维修和改造、医疗、长期照护等费用。这种贷款形式的继续发展取决于联邦政府持续参与提供保险、降低结算成本，以及更积极地参与二级抵押贷款市场的行为。

家居改装及维修

自 20 世纪 80 年代初以来，政府越来越多地认识到，老年人宁愿尽可能长时间地待在自己的家里。政策制定者也开始研究如何更有效地利用现有住房资源，尤其是那些独户住宅资源。由于认识到许多老年人都住在有多余卧室的房子里，一场共享住房的运动应运而生。与此同时，越来越多的证据表明，许多虚弱的老人需要维修和改造自己的房子，从而防止事故的发生，也使护理更加容易，并使其替代昂贵的个人护理服务。几项研究结果显示，由于资金不足、服务缺口巨大、服务提供分散，以及消费者和专业人士对家居改造功效的认识水平较低，家居改造受到了阻碍。

在美国，房屋改造项目高度依赖社区发展批量拨款（Community Development Block Grants）及《美国老年人法》（the Older Americans Act）。这两个项目都没有为房屋装修提供指定资金，也没有将其列为优先事项。为了增强老年人在老年阶段的能力，一些国家，如英国、荷兰、加拿大和澳大利亚都推出了家庭维修和改造项目，重点是升级各个单元，以及增加坡道、扶手和滚动淋浴等功能。在这些项目的设计中，固有的政策困境涉及对这些变化的支付应在何种程度上依赖贷款、赠款或自付费用。在澳大利亚和欧洲等国则采取了一种更基本的方法，即要求所有的新住宅——不仅仅是那些给老年人居住的住宅——都需要满足年龄友好型的通用设计标准。

政策与研究方向

学界对未来老年人是否有足够住房的前景的判断好坏参半。一方面，“婴儿潮一代”在未来十年进入老年期时将有相对较高的房屋拥有率，这将缓冲依靠固定收入生活的财务调整。另一方面，许多老年人将继续作为终身租户，他们在住宿或服务方面很少有私人选择。满足住房和相关需求的主要挑战包括：会有越来越多的高龄老人，战后郊区老年人的交通出行困难，以及继续对公共开支的严格限制。虽然这些问题在美国很明显，但这些社会和经济趋势在其他工业化国家同样也存在。

未来老年人的住房将会受到政府从税收、收入支持到房地产和土地使用监管等一系列政策调控的深刻影响。虽然各国的住房情况和政策差异很大，但有几个广泛的国际方向是明显的。第一种方法是提供综合社区护理，使虚弱的老年人能够留在他们自己的家里，并限制使用昂贵的住院护理。在很多方面，这使得家庭本身变成了护理中心。第二种方法是鼓励有钱的老年人购买自己的住房和相关服务，无论是从公共部门还是从私营部门购买。

对老年人支持性住房的发展方向强调了消费者控制的服务和新的住宿模式。这些项目中的许多举措都需要政府提高灵活性，加强公私合作关系和创新方法。他们的成功取决于政府的参与，通过开发和资助住房和服务，提供信息和技术援助，建立一个监管框架，保护虚弱老年人和其他消费者的权利。新的发展方向的目标是打破项目之间的障碍，并将住房作为长期照护系统的一个组成部分。此外，了解老年人的需求需要对老年人生活的环境设置进行更广泛的调查。创建适老化社区要考虑商店、教堂或公园的位置，人行道的充足性，以及标识的易读性，这些都是能够保证老年人独立生活的重要决定因素，已在美国得到了越来越多的关注。未来的规划和政策倡议必须认识到环境背景是帮助老年人保持流动和社会联系的关键。在澳大利亚和欧洲等国，越来越多的人认识到土地利用规划的重要性，以确保社区为所有年龄段的人提供一系列住房类型和现有住房附近的土地用途。

多项倡议有望吸引公众支持，并为虚弱老年人带来重大利益：

1. 开发一个由消费者控制的代金券系统，使老年人能够根据个人的需求和喜好选择住房和服务的组合。通过将住房和服务分开，便携式服务将提供更广泛的居住地点选择。

2. 创建新的住房模式，如为阿尔茨海默病患者提供融入社区的小型住所，并向老年人提供使用社区设施和代际接触的机会。新的老年住房模式也需要应对不断变化的生活安排问题，如祖父母隔代照料的趋势日益增长。政策需要根据这些情况改变，因为大多数政府资助的老年人住房是专门为老年人专属居住而开发的，不允许子女入住。

3. 开发新的支持性住房形式，为非常虚弱的老年人提供更多的隐私权、自主权和选择权。辅助生活服务和其他以家庭和社区为基础的长期照护方案作为护理院护理的潜在替代品被进一步探索。此外，政策方向应强调人员从护理院转移和护理院居民向社区的过渡。

4. 结合新技术，使虚弱的老年人更容易寻求帮助、获取信息，并促进他们能独立生活。家庭改造、辅助技术和智能家居技术在延迟制度化和预防伤害方面都有很好的成本效益。

5. 鼓励住房的可访问性和通用设计，促进新建造住房的可达性。“可访问性”指的是新住宅一楼的基本可达性，包括零台阶入口、足可容纳轮椅或助行器的门和走廊、无障碍卫生间、一个可以睡觉的区域等。“通用设计”是一个更广泛的概念，旨在能够促进所有人使用住房和社区，无论其身体胖瘦、年龄大小或是否残疾。

这些方向涉及住房的许多方面，包括融资、住房和建筑法规、一般法规、法律权利、修饰和改造环境，以及管理理念和人道关怀等。那些能够支付房屋改造费用或者搬到辅助生活服务住房的人已经在推动进步。然而，对中低收入的老年人来说，可供选择的范围要有限得多。虽然一个拥有更多消费者选择的新系统可能会创造灵活性和新的解决方案，但政府支持力度在美国和其他国家仍然是一个疑问，因为住房补贴都在不同程度上被限制或减少。许多老年人继续为住房支付过多的收入，住在有缺陷的住房单位中，并面临着不必要地迁往其他地方的风险。

改善老年人住房的行动需要以健全的知识为基础。更多的研究可以揭示生活经历、住房市场和公共政策如何影响人们进入老年和在老化过程中住房形式的过渡。住房对老年人生活的影响需要根据老年人的生活水平、健康、独立和福祉来确定。对住房项目的严格分析可以提高其成本效益，增加其政治吸引力。这样的知识基础要求高度重视将住房作为应用性、跨学科的重要领域进行研究。

另请参阅：虚弱老年人；人因工程和人体工程学；长期照护。

拓展阅读

AARP（2003）*These Four Walls：Americans 45 + Talk about Home and Community*. Washington，DC：AARP.

Heumann LF，McCall ME，and Boldy DP（eds.）（2001）*Empowering Frail Elderly People；Opportunities in Housing，Health，and Support Service Delivery*. Westport，CT：Praeger.

Joint Center for Housing Studies（2003）*The State of the Nation's Housing*. Cambridge，MA：Joint Center for Housing Studies of Harvard University.

Kendig H（2000）Ageing and the built environment. In：Troy P（ed.）*Equity，Environment Efficiency：Urban Australia*. Melbourne：Melbourne University Press.

Lawton MP（1986）*Environment and Aging*. Albany，NY：Albany Center for the Study of Aging.

Mollica RL（2000）*State Assisted Living Policy：2000*. Portland，ME：National Academy for State Health Policy.

Pynoos J and Nishita CM（2005）The changing face of senior housing. In：Hudson R（ed.）*The Future of Age-Based Public Policy*，2nd edn.，pp. 244–262. Baltimore，MD：Johns Hopkins University Press.

Pynoos J，Feldman PH，and Ahrens J（2004）*Linking Housing and Services for Older*

Adults: Obstacles, Options, and Opportunities. Binghamton, NY: Haworth Press.

Regnier V (2002) *Design for Assisted Living*. New York: John Wiley and Sons.

Schafer R (2000) *Housing America's Elderly Population*. Cambridge, MA: Joint Center for Housing Studies of Harvard University.

US Department of Housing, Urban Development (1999). *The Challenge of Housing Security: Report to Congress on the Housing Conditions and Needs of Older Americans*. Washington, DC: HUD.

Wilden R and Redfoot DL (2002) *Adding Assisted Living to Subsidized Housing: Serving Frail Older Persons with Low Incomes*. Washington, DC: AARP.

译　者：崔牛牛（北京大学）

校译者：张雅璐（北京大学）

注意力

P. A. 艾伦 阿克伦大学，阿克伦，俄亥俄州，美国
E. 鲁瑟夫 新墨西哥大学，阿尔布开克，新墨西哥州，美国
M–C. 利恩 俄勒冈州立大学，利瓦利斯，俄勒冈州，美国

词汇表

注意能力（Attentional Capacity）——快速处理信息的能力或者同时处理多种信息或多项任务的能力。

事件相关电位（Event-Related Potential，ERP）——由特殊事件引起的头皮电击刺激的测量方法。

斯特鲁普效应（Stroop Effect）——当一个单词的墨水颜色与字面意思不一致时，被试要比二者一致时花费更多的时间来分辨的现象。

引言

任何时候，我们感官中都充斥着不同的景象、声音、味道和纹理，以至于我们不能也不想去深入地处理所有这些与当前目标无关的刺激。因此，我们必须有选择性地处理这些刺激并最终做出反应，也必须有选择性地在这些刺激下执行任务。当一个人匆匆离开房间时，他需要携带钥匙，而不是被诸如读报纸或打扫地板等潜在任务分心。

对认知过程的控制，通常被称为“注意力”（attention），它随着年龄的增长变得越来越重要。感觉和运动过程可能会显著地减缓，进而增加了我们对感知和响应刺激的选择性需求。幸运的是，很多形式的注意力随着年龄的增长得以保持。然而也有一些形式的注意力会随着年龄增长而衰退，导致一些严重的行为偏差。本文的目的在于回顾这个重要领域的研究，强调可靠的概括性和未解决的议题。

注意力的种类

有关注意力的研究因为没有统一的概念而变得复杂化。在不同场合使用不同的注意力，而且它们对不同的变量很敏感。本文关注非常重要且研究较为广泛的三种变量：注意能力、注意选择性和执行任务控制。

有关注意力的科学研究依赖于长久以来理论和方法论的进步。进步的部分原因是更精确的定量方法和更复杂的脑成像技术的发展。抛却这种进步，并不是所有理论上的争议都得到了解决。例如，对是否存在单一或

多个注意力资源池（pools of attentional resources），或者是自下而上（刺激驱动）和自上而下（目标驱动）的过程如何共同驱动空间注意，仍然没有达成共识。关于衰老和注意力的研究也有很多争议。一个普遍的理论是，认知能力的下降主要是由于处理速度的下降。我们将从几个方面重新讨论这个被广泛支持但也颇具争议的假设。我们的结论是，这一假设在有些研究中似乎成立，在有些重复的研究它并不成立。

本文所提及的大多数研究是建立在人类的认知涉及一系列截然不同的心理活动的假设之上。感觉器官接受的刺激（如视网膜上的光线）被转化为神经信号，然后经过不断地转化，有时甚至可以转化为可观察到的反应。通常这些心理进程被建模为离散（严格的连续性）的阶段，类似刺激编码、分类、响应选择、响应执行。人们可以质疑这些简化的阶段框架中某个特殊阶段是否会或者如何受到注意力影响。人们还可以检测年龄对注意力的影响是普遍的（对所有阶段的影响都是相同的）还是特定于某些阶段。

成年人个体能力的差异

不同的研究者对“注意能力”这个术语有不同的用法。一般而言，它涉及快速处理信息的能力或同时处理多种信息或多项任务的能力。大量的方法被用来评估这种能力及它如何随年龄变化。在下面的章节中，我们将回顾注意力研究的一些著名研究路线和由此得出的结论。

同时执行双重任务的方法

评估一个成年人心理能力的一种方法是，观察随着任务的增加他的执行能力是如何下降的。经典方法是将个体执行双重任务的能力与执行单项任务的能力进行对比。这个净差值就是所谓的“双重任务成本”（dual-task cost）。通常，主要任务（如单词回忆或者视觉搜索）和次要任务（如音调识别：高音和低音）需要不同的感官形式。研究的普遍发现是双重任务成本巨大，并且随着任何一项任务难度的增加而增加。这些发现被解释为完成任务需要的注意力超过了可用的注意力资源的证据。

在老化研究中，同时进行的双重任务研究一致显示，老年人要比年轻人耗费更多的双重任务成本。此外，这种差异随着次要任务难度的增加而变大。这些结果证实了老年人的注意能力在减退。克雷克（Craik）和麦克道德（McDowd）通过让被试在回忆一组词语的同时应对四个选项的问题（次要任务）来检测分散注意力的年龄差异。由于老年人的双重任务成本要大于年轻人，因此克雷克和麦克道德认为，老年人分配给单词回忆任务的注意力资源更少。

尽管这些结论看似合理，但对同时呈现双重任务数据的解释仍受到特定概念的影响。在这些范式中，人们可以在双重任务间进行权衡（以牺牲一项任务为代价做好另一项）。这种权衡使对数据的解释更加复杂化，特别是解释仅涉及一项任务（常见的）

的执行能力时。这种范式的更深层次的限制是不同实验中单一任务和双重任务的条件差异。因此，这些条件差异不仅表现在能力要求（单一任务对比双重任务）上，也表现在已在他们的认知中和需要准备的任务的数量上。这些阻碍条件还会导致不必要的战略差异（如双重任务比单一任务需要更多的努力或者更加的谨慎）。

双重任务的顺序处理法

评估注意力的另一种方法是双重任务的顺序处理法。最著名和应用最广泛的是心理不应期（psychological refractory pcriod，PRP）范式。在这种范式中，具有可变刺激启动异步性（stimulus onset asynchrony，SOA）的两项任务（T1 和 T2）在同一时间差内执行。被试要对 T1 和 T2 做出快速反应（反应分别被标记为 R1 和 R2），反应时间分别标记为 RT1 和 RT2。通常，RT1 不受 SOA 的影响。但是，实验普遍发现，RT2 随着 SOA 的减少而增加（即随着任务间的重叠时间增加）。这种 RT2 的增加被称为心理不应期效应（PRP effect）。

中央瓶颈模型（central bottleneck model）广泛支持心理不应期的结论，如图 1 所示。这种模型假设神经末梢凸起（编码和响应执行）可以同时处理 T1 和 T2，但是处理中枢（如行为选择）却不能。这样，在短暂刺激异步条件下，T2 的处理中枢必须等待 T1 处理中枢结束。这种等待导致了 T2 的心理不应期效应。

顺序处理双重任务的方法（如心理不应期范式）解决了前一节中提到的同时处理双重任务时的两个概念上的复杂性。首先，顺序执行（一般在每一次试验中的任务顺序相同）倾向于始终如一的双重任务策略。在不需要权衡的任务间，T2 受到的干扰往往更严重。其次，这种方法在一组单一的试验中对 T1（主要任务）和 T2（次要任务）混合赋予了不同的异步刺激。通过混合（时间间隔）将不同条件下不必要的战略差异最小化。因为被试始终必须为两项任务做准备并且需要记住这两项任务，这种范式将真正的双重任务成本与在工作记忆中准备和维护两组任务的成本分离开来成为可能。

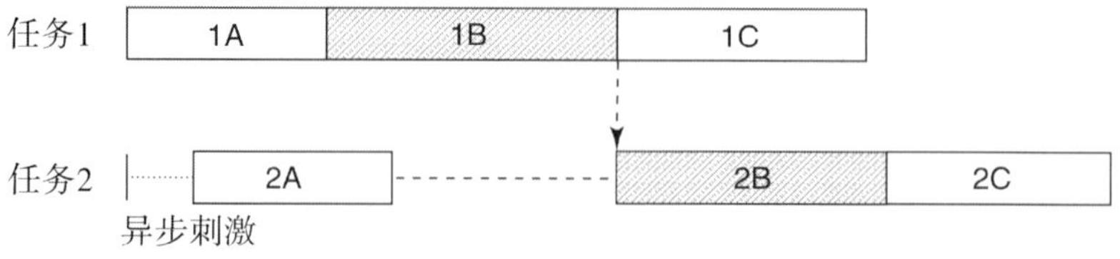

图 1　中央瓶颈模型

注：此模型假定任务 1 的中央处理阶段结束后，任务 2 的中央处理阶段才能启动。1A、1B 和 1C 分别代表任务 1 阶段的瓶颈前期、瓶颈期和瓶颈后期。2A、2B 和 2C 分别对应任务 2 阶段的瓶颈前期、瓶颈期和瓶颈后期。

多数关于老化和心理不应期效应的研究显示，老年人确实比年轻人存在更长的心理不应期。然而，不同研究对这种交互作用的理论解释存在较大差异。艾伦（Allen）等人提出行为控制不足会降低被试在T1和T2之间转换的效率。哈特利（Hartley）和雷特（Little）认为老年人不存在行为控制不足，而是输入干扰和输出干扰的管理低效。最后，格拉斯（Glass）等人提出老年人的任务权衡策略更低。尽管艾伦和格拉斯等人的观点都建立在反对心理不应期效应的基础上，前者基于帕什勒（Pashler）的中央瓶颈理论，后者基于迈耶（Meler）和基拉斯（Kieras）的执行过程交互控制模型（executive process interactive control model），但是都假设行为控制不足。因此，尽管在老年人的任务协调和时间分配上存在争议，在对其特定机制仍没有达成共识。

顺序处理双重任务方法的另一大优势是它提供了一种以松弛逻辑轨迹（locus-of-slack Logic）评估注意力的独立分析工具。这种逻辑让人可以决定哪些心理活动（如如何处理瓶颈）是受能力限制的，哪些不是。例如，判断T2的进程是否受制于瓶颈，可以操纵T2阶段的持续时间，然后通过刺激异步测量互动。如果对T2阶段的操纵发生于瓶颈期或它之后，整个刺激异步的影响将是连续的［如图2（A）所示］。如果对T2阶段的操纵发生于瓶颈前期，这种影响将随着刺激异步的减少而降低［如图2（B）所示］。因此，通过检测一项操作是对刺激异步的催化影响还是反催化影响，我们可以判定T2的对应阶段是不是瓶颈（能力限制）。

对年轻人的松弛逻辑轨迹研究揭示了知觉处理（字母识别）通常不受瓶颈的影响。但后续的处理则受到了瓶颈的影响，包括反应抉择、记忆检索、记忆编码、心理旋转和词汇提取。

鉴于这些发现，瓶颈对年轻人和老年人的影响是否具有同样的轨迹耐人寻味。考虑到对老年人能力下降的假设，人们可能会认为他们必须要处理很多瓶颈。事实恰恰相反。艾伦等人做了一项实验，其中T1是音调识别，T2是词汇判定（单词与非单词）。T2词汇提取的难度受到选用单词是英语中的高频词汇还是低频词汇的影响。尽管年轻人RT2的词频效应对刺激异步有催化作用，但是结果依然显示词汇提取是年轻人的瓶颈，而不是老年人的。更重要的是，控制了普遍意义上的延缓之后，老年人实际的双重任务反应时间比年轻人更短。事实证明了老年人的能力比年轻人强，至少在词汇提取阶段是这样的。对这一惊人发现的一种解释是，老年人对词汇积累的经验之多使他们可以自主地提取词汇。

值得关注的问题是，为什么老年人在同时执行双重任务时似乎表现出能力衰减，但在执行顺序双重任务时却显示出能力优势。一种可能的解释是，同时执行方式混淆了执行控制效应（为两项任务做准备，决定先做哪个）和能力效应（资源冲突），而顺序执行方式使人们可以分割能力效应。也许在同时执行的需要分散注意力的任务中出现的

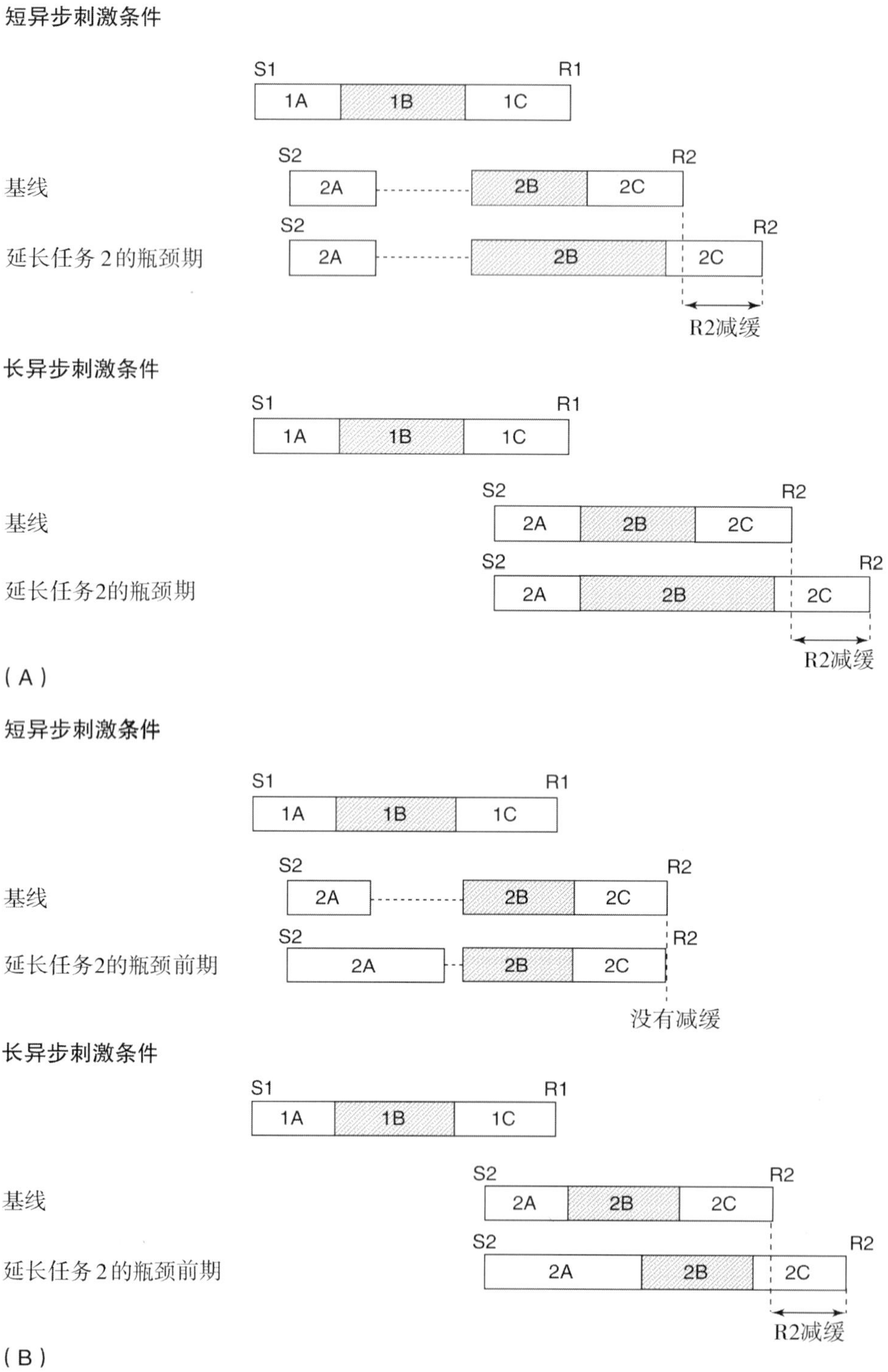
短异步刺激条件
S1
R1
1A
1B
1C
基线
S2
R2
2A
2B
2C
延长任务2的瓶颈期
S2
R2
2A
2B
2C
R2减缓
长异步刺激条件
S1
R1
1A
1B
1C
基线
S2
R2
2A
2B
2C
延长任务2的瓶颈期
S2
R2
2A
2B
2C
R2减缓
(A)
短异步刺激条件
S1
R1
1A
1B
1C
基线
S2
R2
2A
2B
2C
延长任务2的瓶颈前期
S2
R2
2A
2B
2C
没有减缓
长异步刺激条件
S1
R1
1A
1B
1C
基线
S2
R2
2A
2B
2C
延长任务2的瓶颈前期
S2
R2
2A
2B
2C
R2减缓
(B)

图 2　中央瓶颈模型预测

注：（A）无论是在短异步刺激条件下还是长异步刺激条件下，延长任务2的中央瓶颈期都会导致任务2的反应推迟；（B）在长异步刺激条件下，延长任务2的中央瓶颈前期会导致任务2的反应推迟，但是短异步刺激条件下不会。1A、1B和1C分别代表任务1阶段的瓶颈前期、瓶颈期和瓶颈后期。2A、2B和2C分别对应任务2阶段的瓶颈前期、瓶颈期和瓶颈后期。S1，任务1的刺激；S2，任务2的刺激；R1，任务1的反应；R2，任务2的反应。

年龄冲突源于执行控制效应而不是能力效应。基于这种假设，任务转换研究（在后面的“任务执行控制”章节中会提到）常常可以解释老年人行为控制的不足。

共激活作用

在前面提到的双重任务研究中，每一种刺激都需要独立的反应。如果导致同一反应的多重刺激同时出现会怎样呢（就像纵横填字游戏中运用多种线索解决一个突破口）？例如在一项实验室研究中，要求参与者在字母“T”出现时要按下按钮，但当两个“T”同时出现时，他们的反应会比出现一个时快吗？通常是快的。这种多重目标的优势通常被叫作“冗余信号效应”（redundant signals effect）或“冗余增益”（redundancy gain）。

冗余增益的一个可能的解释是，多个目标刺激同时出现，最先到达中央处理系统的刺激诱发了相应的反应。换言之，刺激之间也存在竞争，跑得快的会更早完成（导向性更强的刺激诱发反应）。类似于一个商人同时用联邦快递和联合包裹寄了两份快递，他将有两次机会快速送达。冗余增益的来源往往被看成是“统计简化”（statistical facilitation）。

根据前面的竞赛模式的描述，每一个目标刺激都被单独处理。理论上，如果来自不同输入通道的证据可以结合在一起，那么更高效的并行处理是可能的（就如同一个警察综合考量多种证据得出嫌疑人有罪的结论）。这些证据的总和就是“共激活作用”（coactivation）。为了证实共激活作用，首先要着重说明，冗余增益超过了独立进程间的竞争可能产生的统计简化。米勒（Miller）的“竞赛模式不等式”（race model inequality）证实了这一结果：

$$P(RT < t \mid S_1 \text{ and } S_2) \leq P(RT < t \mid S_1) + P(RT < t \mid S_2) \qquad [1]$$

竞赛模式不等式为竞赛模式提供了一种比较保守的测试方法。它给出了在许多极端假设中竞赛模式产生的统计简化的最大值（目标检测时间之间的完全负相关）。尽管这种测试具有保守性，但经常发现违反这个不等式的情况（至少对简单的任务是如此）。在这些情况下，为了支持共激活模式可以抛弃竞赛模式。

共激活效应被认为是来自决策阶段的联合激活。在一个有影响力的与年龄有关的衰退Meta分析中，这些阶段就是塞雷拉（Cerella）假设的年龄缺陷的核心。据此，人们可能会期望老年人显示出更少的冗余增益和更少的共激活证据。事实上，老年人往往比年轻人表现出更大的冗余增益。布库尔（Bucur）等人在2005年做了一项专门寻找老年人和年轻人中共激活作用的研究。这项研究使用了米勒最初的关于视觉目标（星号）和听觉目标（音调）的范式。有趣的是，老年人和年轻人都表现出严重地违反竞赛模式不等式的行为，这表明两个群体都受益于共激活作用。这些结果现在已经被复制并扩展到沿着视觉目标的两个维度（如形状和颜色）定义目标的条件。

老年人尚存的冗余增益和共激活作用表明，他们没有失去任何处理多个并行任务的能力。请注意，这与基于松弛轨迹逻辑的心理不应期研究的结论不谋而合。这些发现与人们普遍认为与年龄相关的衰退主要是由于能力下降的结论相矛盾。我们将在结论部分继续回顾这个问题。

能力等同于速度

一些传统学派的观点认为，随着年龄增长导致的认知过程的衰退是处理能力下降的直接后果。人们可能会质疑这种表述是在绕圈子，因为除了处理速度以外没有关于能力的单独的测量，规避它的一个方法就是简单地假设处理速度等同于注意能力。支持这一观点的证据来自用层次分析法评估统计中介作用的层次回归、路径分析或结构方程建模（structural equation modeling）。关键的发现是处理速度（例如，通过一个数字符号替换任务测试）决定了双重任务绩效。

然而，不是所有的注意力研究都可以发现处理速度的年龄效应。即使处理速度的测量已经被限定，许多研究仍不断发现年龄与任务之间复杂的交互作用。此外，艾伦等人重新分析了索尔特豪斯（Salthouse）和他的同事利用扫描电子显微镜技术得到的早期数据后发现，不受共同因素（如处理速度）影响的直接年龄效应持续存在。虽然情况是复杂的，但有确凿的证据证明，在利用扫描电子显微镜技术的老化研究中共同因素并不是始终如一地贯穿整个研究。处理速度与注意能力也不是严格意义上的等同。

神经生理学

神经生理学的方法提供了一个测量中枢神经系统功能的直接视角（相较于反应时间和精准测量而言），也能更有效地评估人类的注意能力等。被广泛应用的功能测量方法有三个：（1）事件相关电位；（2）正电子发射体层摄影（PET）；（3）功能性磁共振成像（fMRI）。事件相关电位具有良好的时间分辨率和较差的空间分辨率，而正电子发射体层摄影和功能性磁共振成像方法的时间分辨率较差但空间分辨率良好。在某些情况下，研究人员同时采用事件相关电位和功能性磁共振成像来获得良好的空间分辨率和良好的时间分辨率（这被称为“多模态成像”）。

事件相关电位是一种由特定事件（例如，刺激后的活动或导致某种反应的活动）在头皮触发的电活动的测量方法。由于信噪比比较低，必须同时进行多个实验求得平均值来得到可靠的数据。这些实验结果产生的平均波形由一系列的波峰和波谷组成。通常这种波形用每个峰的振幅和位置（也被称为“分量”）等术语来概述。研究最多的事件相关脑位值是 P300（大约是在刺激开始后约 300 ms 产生的正振幅峰值），这被认为主要反映了编码和分类进程，而不是反应过程。

事件相关电位也被用来测量年龄对认知表现的影响。巴沙尔（Bashore）等人实施了一项对一组简单认知任务进行 P300 测量和反应时间测量的 Meta 分析。他们的研究通过布林线对比了老年人和年轻人的表现并得出了结论。对反应时间来说，布林线的斜率大于 1（1.27）；对 P300 的振幅值，其斜率接近 1（0.95）。这种差异显示，更为复杂任务中的年龄相关性延缓是因为反应过程的发生晚于产生 P300 的中枢神经系统的运行。值得注意的是，P300 的数据显示老年人确实存在更深层的阻碍，这说明编码减量对任务复杂度不敏感。

虽然事件相关电位具有很好的时间分辨率，但它们的空间分辨率较差。当研究人员对大脑活动的空间轨迹感兴趣时，他们经常采用正电子发射体层摄影和功能性磁共振成像。正电子发射体层摄影方法测量局部脑血流量，而功能性磁共振成像中的血氧水平依赖（BOLD）反应测量来自滋养神经元的小血管的摄氧量。正电子发射体层摄影方法是相对侵入性的——它们需要注射或吸入放射性核素及相对较长的扫描时间。功能性磁共振成像方法是非侵入性的，与侵入性方法相比，它越来越受欢迎。

对注意力年龄差异的研究中，马登（Madden）等人发现，老年人处于双重任务状态时前额叶皮质区域的脑血流量高于年轻人。这些发现已在其他关于执行控制的研究中被印证，且被解释为一种代偿机制——激发前额叶区域来弥补其他脑区的不足。同样的，卡波扎（Cabeza）研究发现，老年人双侧前额叶的大脑皮质活化具有对称性，而年轻人则表现出前额叶外侧不对称。他认为，老年人利用额叶半球神经元来补偿编码的低效率。在 2005 年，施普林格（Springer）等人提供的额外的功能性磁共振成像支持这一假说。具备较高教育水平的年轻人，大脑内侧颞皮质更活跃；具备较高教育水平的老年人，大脑前额叶更为活跃。这些结果，连同卡波扎和迪吉罗拉莫（DiGirolamo）等人的发现，显示老年人利用前额叶区域来弥补执行控制的末梢处理的低效率。

与许多研究显示的老年人前额叶活跃增强的情况相反，韦斯特（West）报告了老年人存在前额叶缺陷的证据。这种分歧可能产生于与前额叶区域相连的皮质下区域活动的变化。例如，鲁宾（Rubin）认为前额叶区域和基底神经节之间的神经通路导致基底神经节被错误地标记为前额叶缺陷。尾状核及相关皮质下区域似乎参与了控制精神运动的处理速度。在看似矛盾的老年人前额叶缺陷和更为活跃的前额叶活动这两种观点被充分理解之前，年龄对这些皮质—皮质下关系的影响需要通过成像技术进行验证。

成年人年龄选择性差异

迄今为止，我们一直关注的是可以同时处理多种刺激的能力。本节中，我们将转向注意力的选择性，这通常被认为是处理相关刺激而忽略无关刺激的能力。这里讨论的大多数研究关注的是视觉刺激的选择性，就是在众多干扰项中选出特定视觉目标（参见“知觉”）。研究人员经常会把利用“空间注意力”（spatial attention）的目标（通常称为“聚光灯”）强化到目标对象的位置。但是对选择性注意力是直接指向空间位置还是整个对象仍有分歧。

有关选择的两个定性模式间存在差异：自上而下（由观察者主导）和自下而上（由环境中的刺激物驱动）。自下而上的选择模式通常被称为“注意力捕获”（attention capture）。它显示着某些显著的视觉暗示，如一道闪光，可以自动地将空间注意力拉到它们所在的位置。它被认为是自动的（不是通过自上而下的机制启动），因为它的发生：（1）很快（可能低于100 ms）；（2）即使观察者有100%的把握，那个位置也永远不会包含一个目标。一个核心问题是内源性（自上而下）控制和外源性（自下而上）控制是如何相互作用的呢？一个相当普遍的共识是，即使自下而上的空间注意力控制是非自愿的，但它也主要发生在与自上而下的控制设置相匹配的刺激上。当寻找一个红色的物体（比如说，在停车场里的一辆红色汽车）时，其他红色的物体可以吸引空间注意力。当寻找一个新出现的对象（例如，拐角处的一个人）时，任何其他突然的视觉发生都会吸引空间注意力。

接下来，我们将讲述选择性注意力是如何随着年龄而变化的。一个共识是，当使用自上而下的指导并将普遍性延缓考虑在内时，老年人的表现和年轻人十分相似。然而，当自上而下的指导减少时，即便控制了普遍性延缓，老年人的表现也要比年轻人差。

自上而下的视觉选择指导

当寻找一个对象时，它常常有助于获得关于目标的进一步的信息（当一个人寻找钥匙时，它有助于推测钥匙可能在哪里和钥匙可能的样子）。研究表明老年人也可以像年轻人一样（甚至有过之而无不及）利用这种自上而下的指导进行视觉搜索。例如，老年人能够利用空间线索来缩小可能的目标位置。老年人也可以像年轻人一样从了解目标可能的身份知识中受益。

一个重要的问题是，相对于纯粹自下而上的注意力控制，为什么老年人可以从自上而下的注意力控制中受益更多？一种可能性是，自上而下的控制允许老年人利用他们一生中积累的在注意力搜寻方面的专业知识。另一种可能性是，提示和单项任务让工作更轻松，而且由于任务难度的降低，年龄带来的差异也减少了。

视觉搜索

证据表明，从干扰项中寻找目标的视觉搜索存在年龄效应。例如，拉比特（Rabbitt）进行了卡片分类研究（一种视觉搜索任务）。针对老年人和年轻人，卡片大小不同。研究发现，随着卡片尺寸的增加，老年人的表现相对于年轻人来说越来越差。

然而，视觉搜索中的年龄差异并不总能

被发现。当任务需要搜索在静态（非移动）和动态（运动）条件（分散注意力）下的多种元素时，很多情况下老年人仍保持了选择性注意力。例如，克莱默（Kramer）等人的研究发现，不管是在静态还是动态条件下，年轻人和老年人都具备有效搜索能力。阿奇利（Atchley）和克莱默还发现，当加入一个深度维度时，老年人可以更有效地搜索。哈恩（Hahn）和克莱默发现，当忽略干扰性刺激时，老年人可以在两个目标位置间有效分配他们的注意力。马登发现，老年人需要更长的时间来处理空间线索，并将注意力转移到不同的显示位置上，虽然这种放缓本身并不表明选择性注意力的不足。

抑制控制与选择

哈舍（Hasher）和扎克斯（Zacks）更细致地阐述了拉比特的假设，那就是老年人表现出的搜索不足是因为他们比年轻人更容易受到不相关刺激的干扰（刺激过滤不足）。这些研究人员提出，过滤不足反映了普遍的抑制控制不足。根据他们的理论，这一不足的后果是工作记忆中储存的无关刺激数量的增加。

这个问题已经通过著名的斯特鲁普效应被广泛研究。斯特鲁普效应是指当墨水颜色与所呈现的字面意思不一致（当单词“green”用红墨水来书写）时，受试者要比它们一致（当单词“green”用绿墨水来书写）时花费更长的时间去辨别。在斯特鲁普任务中，老年人始终显示出过滤递减，这就是抑制不足的证据。

然而，老年人的一些过滤性问题可能并不是因为抑制不足，而是因为自主性增强。在斯特鲁普任务中，与年轻人相比，老年人强大的单词阅读技能（一生中积累的）可能会导致更强的单词激活和更大的干扰。有趣的是，在修改后的斯特鲁普任务中，当颜色和单词属于不同的感知对象（色卡位于一个空间位置而单词位于另一个），斯特鲁普干扰中的年龄差异骤减。当抑制单词不再是注意力的焦点时，老年人不存在任何问题。克莱默和他的同事在其他一些过滤范式中发现，老年人并不比年轻人显示出更大的抑制控制作用（例如，负启动范式与返回抑制作用）。最后，艾伦等人运用“进行或不进行”试验和双向选择任务检验了双位冗余信号范式中的视觉搜索。关于注意力抑制控制量的年龄差异的一个关键预测是，在“不进行”试验中的老年人可能比年轻人发出更多的错误警报。与此相反，艾伦等人发现在“不进行”试验错误警报中没有年龄差异。但是在“进行”试验失误中他们确实发现了年龄差异。虽然注意力的年龄差异的抑制控制模型是一个有趣的假设，但选择性注意力的年龄差异并非源于普遍抑制不足。

任务执行控制中的成人年龄差异

每时每刻，我们都面临着各种各样的刺激，每一种刺激都可能带来各种各样的任务。因此，执行控制不仅需要选择相关的刺激，还要选择那些可以帮助我们实现短期目标的相关任务。人们拥有非凡的能力，可以随着任务要求的改变而灵活调整他们的心理任务集。虽然能力非凡，但这种执行控制仍然是有限的。研究一再表明，与从事单一重复任务相比，人们在双重任务之间转换时的表现会下降。不管任务的准备时间有多长，这种转换成本都存在。

研究任务转换的经典方法就是比较受试者在单一任务模块和交替任务模块中的表现。举个具体的例子，单一任务模块可能包含几个重复加法任务，而交替任务模块则交替包含一个加法任务和一个减法任务。罗杰斯（Rogers）和蒙赛尔（Monsell）提出了一种交替运行范式。在这个范式中，两个任务（A 和 B）以一种混合任务模块的顺序进行，如 AABBAABB 的顺序。这种设计的一个优点就是任务转换和任务重复可以在单个实验中进行比较。在年轻人中运用这种范式的研究不断发现，单一刺激（与单一任务有关）存在相对较小的转换成本；但双重刺激（与双重任务有关）存在较大的转换成本。双重刺激没有提供可靠的任务线索，因此给内在任务控制带来了更大的负担（例如，抑制不相关的任务集或激活相关任务集）。

在这一节中我们讨论了年龄对执行任务控制的影响。这些研究的一个重要区别是任务转换成本（重复与转换）和任务混合成本之间的差异。与单一任务模块（只有任务 A 或任务 B）相比，在混合任务块中混合成本会降低任务的重复性能，它们主要反映工作记忆里同时执行双重任务的成本，而不是单项任务的成本。

混合成本

年轻人往往很少产生或不产生混合成本，老年人往往产生比较大的混合成本。混合成本的这种差异一般比仅基于普遍延缓的预期要大得多。克雷（Kray）和林登伯格（Lindenberger）认为混合成本的增加反映了工作记忆的普遍损害。但是，梅尔（Mayr）认为，当多个任务共享相同的刺激和相同的反应时，混合成本是最大的。因此，他认为老年人在更新他们的内在控制设置（区别不同的任务）时存在特殊困难。

这些发现对双重任务方法具有重要意义。如前所述，同时执行涉及双重任务模块与单一任务模块的对比。因此，在反映能力的进程中混合成本和时间重叠的成本相混淆。鉴于混合成本随着年龄增长而增加，它们可以单独解释为什么整体的双重任务的成本往往随年龄的增长而增加。这种看法表明，双重任务和单一任务条件应该在同一模块中混合，就如同在顺序表现法中一样。

转换成本

从混合成本中分离转换成本的研究显示出对年龄效应不一致的结果。尽管一些研究揭示，在考虑了普遍延缓之后年龄对任务转换的影响，但是更多的研究没有发现这一现象。即使这种矛盾的根源是不明确的，但仍有证据证明，在高负荷的记忆任务中，年龄的影响会增加。

为什么混合成本通常会随着年龄增长而

增加，而转换成本却没有呢？我们可以轻易归结为，老年人在同时执行两个任务集时存在困难（由于工作记忆能力的衰退），但是在它们之间转换却没有困难。当然，另一个微妙的解释是，老年人确实存在任务转换困难，这些困难也影响到了对重复试验的操作。与这种解释相验证且值得注意的是，老年人的任务转换能力确实很差。只有将同一任务模块中较差的任务转换能力与同样较差的任务重复能力相比较时，任务转换净成本才显得很小。这种观点认为，那些试图从混合成本中分离出转换成本的尝试可能会误导结果。可以说，评估老年人整体的执行任务控制缺陷的最好方法就是研究转换成本和混合成本的总和（比如，在单一模块中对比任务转换能力和任务重复能力）。

结论

在本章的介绍中我们关注到注意力不是一个单一的结构——相反，它由几种不同的能力构成，如注意能力、注意选择性和执行任务控制。因此，关于注意力和衰老的单一理论经不起细致推敲也许并不奇怪。

备受支持的观点是行为中的年龄差异会由处理速度（“注意能力”的操作化定义）来调节。尽管处理速度起了非常重要的作用，但是也有年龄差异不受处理速度调节的记录。反对这一观点的进一步论据来自松弛轨迹和共激活研究中发现的老年人尚存的能力。因此，不仅仅要考虑一般共同因素（如速度），也要考虑成分认知过程（如选择性注意力）。

另一个被广泛接受的关于选择性注意力的年龄差异理论是，老年人表现出较差的抑制控制（过滤不足）。虽然这种观点确实有一定的实证支持，但是在许多情况下，老年人没有表现出抑制控制不足。显然，年龄效应似乎不仅是由于抑制（过滤）的不足，也是由于激活（聚焦）的不足。

注意力年龄差异的第三个理论是前额叶衰减模型，它基于观察到的老年人前额叶的脑容量减少。特定任务转换条件下执行控制不足的研究发现支持这一理论，但是越来越多的证据显示，老年人并没有表现出前额叶缺陷。正电子发射体层摄影和功能性磁共振成像都显示，一部分老年人的双侧前额叶代偿更大，这表明老年人使用更多的额叶激活来补偿其他神经处理的衰退（例如颞叶皮质处理）。也许，对老年人而言，我们所说的部分专业知识的完善促进了补偿替代。

尽管拉比特关于注意力年龄差异的开创性理论已经获得广泛认知，但坏消息是，在许多任务条件下，与年龄相关的工作能力、执行任务控制和选择性注意力的表现确实有所下降。然而，好消息是，还有许多保持了注意力功能的案例。事实上，在专业知识、自律性和自上而下的注意力指导方面，也有一些与年龄相关的改善案例被记录下来。认识到衰老的这些积极影响有利于澄清某些在老化和注意力研究中挥之不去的争议。

另请参阅：适应；知觉。

拓展阅读

Allen PA, Lien M-C, Murphy MD, Sanders RE, Judge K, and McCann R (2002) Age differences in overlapping-task performance: Evidence for efficient parallel processing in older adults. *Psychology and Aging* 17: 505-519.

Bucur B, Allen PA, Sanders RE, Ruthruff E, and MurphyMD (2005) Age differences in dividing attention between bimodal dimensions: Investigating coactive processing in older adults. *Journal of Gerontology: Psychological Sciences* 60B: P279-P282.

Cabeza R (2002) Hemispheric asymmetry reduction inolder adults: The HAROLD model. *Psychology and Aging* 17: 85-100.

Madden DJ and Whiting WL (2004) Age-related changes in visual attention. In: Costa PT and Siegler IC (eds.) *Recent Advances in Psychology and Aging*, pp. 41-84. Amsterdam: Elsevier.

Mayr U (2001) Age differences in the selection of mental sets: The role of inhibition, stimulus ambiguity, and response-set overlap. *Psychology and Aging* 16: 96-109.

译　者：王　红（中国人民大学、中国物流集团）

自杀

S. S. 卡内托 科罗拉多州立大学，柯林斯堡，科罗拉多州，美国

词汇表

非致命性自杀行为（Non-fatal Suicidal Behabior）——个体在自杀行为中幸存下来。

心理解剖（Psychological Autopsy）——通过与死者的家人和朋友面谈，对可能导致自杀的心理原因进行回顾性重建。心理解剖访谈通常聚焦于信息知晓人认为可能导致死者自杀或精神障碍症状的事件。

自杀意念（Suicidal Ideation）——思考或谈论自杀。

自杀（Suicide）——自我行为导致的死亡。

引言

自杀是自我行为导致的死亡。在向世界卫生组织报告的大多数国家中，包括美国在内，老年人的自杀率是最高的。与老年女性相比，老年男性更有可能死于自杀。在美国每年记录的大约 31 000 起自杀事件中，大约有 5 500 起是老年人。这些自杀的老年人大部分是欧洲裔美国男性。不同种族的性别自杀率存在差异。国际上老年人的非致命性自杀行为的比率也有相当大的差异。通常而言，老年人的非致命性自杀行为的发生率要低于年轻人。与此同时，在老年人群体中，自杀行为可能是间接的，比如，绝食或者不坚持治疗。老年人可能不太愿意表达他们的自杀想法，这可能会增加他们的死亡风险。

“自杀”通常被定义为由于自我行为所导致的死亡。“非致命性自杀行为”的概念则是指个体在自杀行为中幸存下来的情况。非致命性自杀行为的其他措辞还包括自杀未遂、故意自残和准自杀。自杀意念是指思考或者谈论自杀。

许多因素会影响到自杀行为是不是致命的，包括自杀手段能否直接致死和获得医疗服务的机会。自杀行为的结果不是一种对意图的可靠的测度。并非所有在自杀行为中幸存下来的人都想活下来；相反，并非所有的自杀身亡都是蓄意的。

应该将“自杀未遂”和“成功自杀”这两个概念区别开来，因为容易将意图和结果相混淆。此外还有另一个原因，那就是将两者混为一谈，容易产生将从自杀行为中幸存下来视为消极结果，而将成功自杀视为积极结果的认识误区。

对死亡或自杀行为的分类会受到社会价值观和政治因素的影响。在一种行为被认定为自杀所需要的证据类型方面，国家内部和不同国家之间存在显著差异。比如，在某些文化中，并不会将自我造成的死亡视为自杀。例如，发生在巴布亚新几内亚卡里埃（Kaliai）区的寡妇露西被男性亲属通过仪式性方式杀害的案例。当地人认为，寡妇露西的自杀属于仪式性行为，因为在当地的文化中寡妇就应该被杀害，以避免增加子女的负担。相比之下，德国和澳大利亚当局却认为，亲属杀害寡妇属于谋杀。这个例子表明，要将一种行为认定、报告并记录为自杀，需要在私人和公共领域进行复杂的文化磋商，以及在一个社群范围内考量自杀行为的含义和后果。不应该简单地把这种复杂性视为流行病学某种错误数据的来源，而应将其作为有助于了解自杀的有用信息，然后应用到预防自杀的计划中去。

本文首先回顾了美国国内和国际上有关老年人自杀行为的流行病学研究；然后分析了关于美国老年人自杀危险因素的理论基础和实证研究；接下来，本文还回顾了预防自杀的主要措施，并据此提出了预防自杀的新方向；最后，本文对老年人的自杀行为和预防中的主要问题进行了总结。

流行病学

在美国，老年人的自杀率是最高的。比如，2002 年 65 岁及以上老年人群的自杀死亡率（每 10 万人中有 15.6 人自杀死亡），高于跨年龄组人群（为 9.9），也高于 15～24 岁人群（为 11）。这意味着，2002 年老年人的自杀率分别高出年轻人和全国比例的 42%和 58%。与年轻人和一般人群相比，自杀在老年人群体中更加普遍。具体来说，老年人约占总人口的 12%，但老年人在自杀人数的占比上却高达 18%。相比之下，年轻人约占总人口的 13%，但年轻人在自杀人数的占比上只有 14%。与此同时，值得注意的是，在过去几十年里，老年人的自杀率一直在下降，而年轻人的自杀率却一直在上升。老年人的自杀率因国别和区域的不同而异，在西方国家是最高的。老年人的自杀率也存在性别差异。在美国，65 岁及以上老年男性的自杀率是同年龄段老年女性的 6 倍。在 65 岁及以上老年自杀者中，老年男性超过 80%。在老年男性中，欧洲裔美国人的自杀死亡率是最高的。在美国原住民中，老年女性的自杀是相当少见的。虽然种族之间的自杀率存在性别差异，但性别差异的大小和具体的自杀率都因种族而异（参见图 1 和图 2）。

枪支是老年男性和老年女性最常用的自杀方式——在男性自杀中使用的比率（79%）远高于女性（33%）。自杀方法的选择因种族、移民状况和队列而异。例如，在亚裔美国人中，伴随个体移民身份和对美国文化的认同，上吊的方式正逐步被枪支所取代。

从各个国家向世界卫生组织报告的数据来看，世界范围内老年人的自杀率也是最高的。唯一的例外是波兰。在匈牙利、立陶宛、拉脱维亚，以及其他一些东欧和中欧国家中，老年人自杀率尤其高，而在南欧一些国家中则相对较低。此外，在世界范围内，老年男性比老年女性更有可能自杀身亡。值得注意的是，关于自杀死亡的相关信息需要重点关注，比如，一些关于非致命性自杀行为和自杀意念的信息主要来自工业化国家。因此，国际上的自杀行为趋势，包括那些可以从世界卫生组织获取的信息，反映的只是众多国家中自杀行为的特殊案例，并不能推及所有国家（参见图3）。

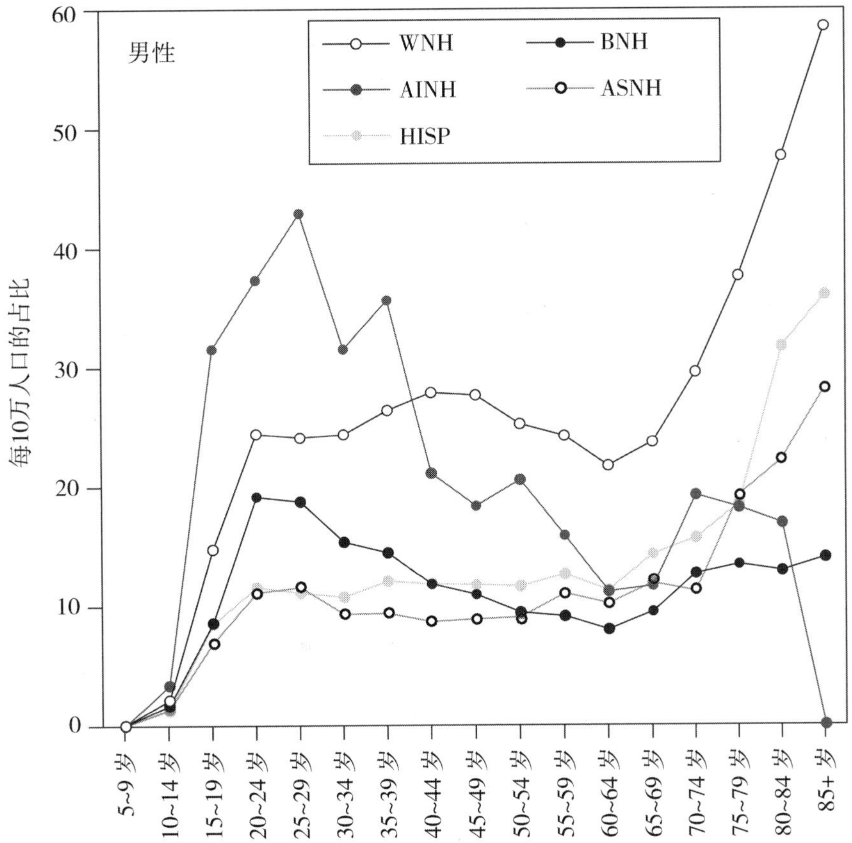

图1 1999—2002年按种族和年龄划分的男性自杀率

注：WNH，非西班牙裔白人；AINH，美国印第安人，非西班牙裔；HISP，西班牙裔；BNH，非西班牙裔黑人；ASNH，亚裔美国人，非西班牙裔。

引自：The Centers for Disease Control's WISQARS (Web-based Injury Statistics Query and Reporting System), February, 2005

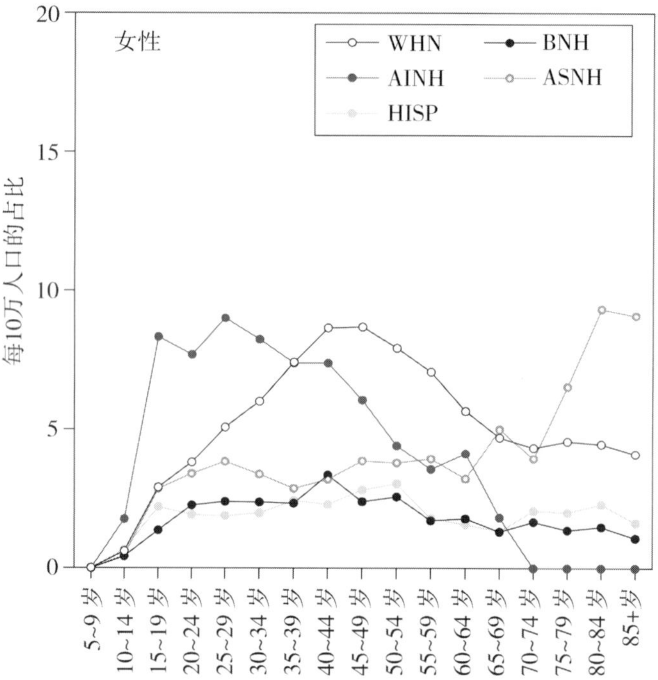

图2　1999—2002年按种族和年龄划分的女性自杀率

注：WNH，非西班牙裔白人；AINH，美国印第安人，非西班牙裔；HISP，西班牙裔；BNH，非西班牙裔黑人；ASNH，亚裔美国人，非西班牙裔。

引自：同图1。

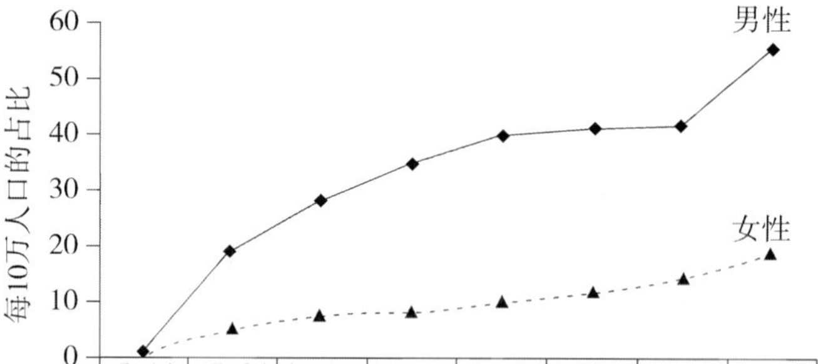

	5~14	15~24	25~34	35~44	45~54	55~64	65~74	75+
男性	1.2	19.2	28 3	34.7	39.7	41.0	41.5	55.7
女性	0.5	5.6	7.7	8.4	10.5	11.8	14.1	18.8

年龄组

图3　1998年向世界卫生组织报告自杀死亡率的国家不同年龄组男性和女性的自杀率

引自：http：//www. who. int/mental health/prevention/suicide/suicide rates chart/en/index. html.

从有关移民自杀的研究来看，文化因素在自杀行为中是很重要的。在美国、澳大利亚、英国等国家开展的一些研究表明，近期移民的自杀率与这些移民原籍国家的同龄人的自杀率近似，而与流入（或迁移进入）国家的同龄人自杀率不同。

因为没有哪一个国家会记录非致命性自杀行为和自杀意念，所以有关非致命性自杀行为和自杀意念的信息相对有限。在美国开展的多项社区研究表明，在老年人群体中，明显的非致命性自杀行为率是比较低的。在老年群体中，自杀行为可能是间接的，比如，绝食或者不坚持接受治疗。老年人通常很少与他人谈论他们的自杀念头，这可能是老年人自杀率高的一个重要因素。在美国记录的老年人自杀意念和非致命性自杀行为的模式可能并不具有普遍性。证据表明，最近一项欧洲多中心研究发现，老年人非致命性自杀行为的发生率出现了相当明显的国家差异，从德国维尔茨堡（Würzburg）的每 10 万人中有 14 人到瑞典胡丁厄（Huddinge）的每 10 万人中有 111 人。

老年人自杀行为（非致命性和致命性）模式在国家内部、不同国家之间，不同性别、种族之间，以及地理区域分布之间的差异表明，自杀行为并不是老化的必然结果。在影响老年人自杀行为的危险因素中，文化因素是重要的影响因子。鉴于老年人自杀行为模式中的文化差异，本文接下来将重点介绍美国老年人的自杀行为。具体而言，本文从理论和实证层面，批判性地审视了美国老年人自杀行为的危险因素。这种研究方法允许在特定的文化背景下——当地的意识形态，以及与老化和自杀有关的经验——探索老年人自杀的危险因素。这一点是至关重要的，因为在不同的文化中，老化和自杀可能有不同的含义和后果。一旦人们在一个国家的背景下理解了有关老化和自杀的文化规则，这些规则就可以应用于解释不同国家背景下的老化和自杀现象。

理论和实证

在美国，有关老年人自杀的主导性理论有两种。第一种理论认为，老年人自杀是因为精神障碍，尤其是情感方面的障碍。第二种理论认为，老年人自杀率高的原因可以归咎于老化导致的负担和损失，即随着年龄的不断增长，个体在健康、经济资源、就业和友谊等方面的缺失。

对很多自杀身亡的人开展的回顾性心理解剖研究表明，在他们自杀身亡之前，其中很多人可能早已被诊断出精神障碍。心理解剖的证据表明，一些老年人自杀是因为遭遇了严重的健康问题和家庭不和问题。这些研究表明，精神障碍和负面的生活事件往往是导致老年人自杀的罪魁祸首。基于心理解剖方法的实证研究的致命缺陷在于，通过心理解剖获得的证据通常是“事后的”、间接的，因为心理解剖通常是基于对死者家属和朋友的事后访谈。

如果说衰老是一种内在的心理退行性疾病并且内含自杀因子，那么不管文化因素是否相同，老年人中患有精神障碍和自杀的可能性都比其他年龄群体的人更高更普遍。精神障碍和自杀应该在老年人群体中最为普遍，因为老年人最容易遭受伴随衰老而来的损失的影响。然而在美国，不同年龄、性别和文化群体人口的精神障碍和自杀模式却并不支持这些论断。

首先，年轻人患精神障碍的比例更高，但自杀率却比老年人低。其次，在美国，那些通常最大程度地免受衰老所造成损失的老年人群体（作为一个群体，考虑其在历史上享有的特权）——特别是欧洲裔美国男性——是老年人中自杀率最高的。比如经济困境似乎并不是主因。老年女性，尤其是少数族裔的老年女性，虽然在经济上更容易贫困，但自杀的可能性却比老年男性更小。在就业和退休问题上也同样如此。女性（包括少数族裔的女性）在她们的整个职业生涯中，通常要经历比男性更多的不利因素（比如低工资），然而，女性的自杀率却比男性低。同样，向退休阶段转变的女性也比男性面临更多压力，然而，老年女性的自杀率却比老年男性低。人际关系方面的损失如何呢？老年女性通常比老年男性更容易遭受与衰老相关的人际关系逆境的影响。比如，老年女性比男性更有可能经历丧偶、丧偶后不能再婚和丧偶后独自生活。然而，与老年女性相比，丧偶和独居对老年男性来说是更容易导致其自杀的两大危险因素。最后，关于健康和残疾方面的数据显示，与男性相比，女性更容易遭受疾病和残疾的影响。然而，与女性相比，身体疾病对男性而言是一个更容易诱发其自杀的危险因素。总之，与男性相比，女性（包括少数族裔的女性）更容易在经济、人际关系、健康等方面遭受损失和困境，这正是诱发老年人自杀的危险因素，然而，女性的自杀率却比男性要低。男性，特别是欧洲裔美国男性，通常能够比女性享受到更多保护而免遭衰老困扰，却比女性更容易自杀。换句话说，男性在面对人际关系损失、人际关系不和、遭受社会隔离和健康困境时更容易自杀。

要理解美国老年人自杀行为的性别和文化悖论，一种方法是考察衰老和自杀的性别含义。在欧洲裔美国人群体中开展的多项研究表明，老年人自杀与其他年龄组人群的自杀相比更容易被接受。另外，因身体疾病而自杀的人比因为遭受其他压力源而自杀的人更容易被理解。事实上，如果自杀者的自杀行为是因为身体疾病所导致的，那么他们的行为通常不会被认为是没有合理性的。

在对自杀的性别意义进行研究的文献中，可以找到理解男性高自杀率的线索。有证据表明，在西方国家，自杀是一种男性行为。作为欧洲历史上有影响力的社会学家，迪尔凯姆（Durkheim）提出了一种理论。该理论认为，自杀需要智慧和勇气，而在他看来，这种智慧和勇气通常只能在男性身上找到。多项以欧洲裔美国人为主要样本进行的研究证实，人们认为自杀是男性行为；与女性自杀相比，男性自杀是不那么愚蠢、更少错误的，而且是更加有力且更容易被接受的。这些研究还表明，自杀被认为比非致命性自杀行为（所谓的“自杀未遂”）更阳刚、更有力。在欧洲裔美国人中，自杀的“企图”被视为女性行为。此外，女性的自杀未遂确实多于男性。自杀失败的男性通常会遭到他人的鄙夷。最后，有证据表明，欧洲裔美国老年男性的自杀通常会被视为是具有男性勇气和决心的标志。

有些人认为，男性的自杀死亡率高于女性只是由于男性比女性更有可能使用能够立刻致命的自杀方式，比如枪支。男性使用枪支也被视为有比女性更高的自杀意图。研究确实表明，在美国，持枪增加了自杀风险，尤其是对男性。然而，重要的是，男性对自杀方式的选择发生在一种认为枪支是一种“强硬”的、有男子气概的文化中，而如果从自杀中幸存下来则被视为是没有血性的。此外，枪支在美国很容易获得，尤其对男性而言。在美国以外的工业化国家，男性和女性使用枪支自杀的可能性要小得多。在发展中国家，男性和女性最常用的自杀方式是中毒身亡。

最后，心理解剖方面的证据表明，自杀的老年人（通常是男性）可能特别僵化、偏执、守旧，更容易受习惯驱动，对情感无意识，且没有能力获得或者表达，包括对一些负面情感的表达（因此更可能使他们隐藏自身的痛苦，而不去向家人、朋友和其他支持者倾诉）。从性别角度来看，与自杀风险相关的人格特质与社会所预期的男性行为特征是基本一致的。因此，这也再次表明，传统的男性行为也有可能是男性自杀率高的一个危险因素，尤其是在成人后期。

总之，以欧洲裔美国人为主要样本的关于性别、老化和自杀的文化内涵的研究表明，老年男性自杀可能是受一种主流认知的“激励”，即认为老年人和男性的自杀更容易被接受。在这种主流意识形态下，男性，特别是欧洲裔美国男性，可能会觉得，如果他们实施自杀行为，就不能让自己活下来，因为那意味着自杀失败，在这种情况下，死亡才意味着成功。在心理解剖研究中出现的对男性而言尤其强烈的与身体疾病有关的自杀倾向，联系到男子气概主导的意识形态，就显得不那么令人奇怪了。欧洲裔美国男性可能特别容易在疾病或残疾后自杀，因为在他们的文化中，身体的完整性、身体力量（身体的自主权）与男子气概存在关联。

预防自杀

老年人自杀的主导性理论主要聚焦于精神障碍和衰老的压力。根据这些理论，预防自杀的重点应该倾向于关注那些有精神障碍，以及面临一系列生活事件压力的个体和人群。换言之，预防自杀的项目应优先考虑二级预防和三级预防重点，并采用选择性和指示性方法，以减少有自杀倾向的个体或弱势群体的直接风险。比如，有很多关于有自杀倾向和抑郁的个体治疗的文献。人们还对生物治疗方法（包括精神药理学和电休克疗法）和心理治疗方法进行了探索。此外，还有越来越多的文献致力于培训一线服务人员，特别是那些在检测老年人的自杀倾向和抑郁症的同时提供医疗护理的医生。后一种方法之所以会被提出，是因为有研究发现，很多老年人是在与医生接触后的一个月内自杀的。

预防自杀的一个关键性原则在于，首先应该通过初级预防计划，在潜在的自杀者有可能“发病”或死亡之前就瞄准病因，这比在个体已经受到病因影响之后再通过二级和三级预防计划对个体进行治疗要更为有利。预防自杀的更为普遍的第二个原则在于，预防工作的重点应该致力于降低风险和提高整个人口的复原力，这比仅侧重于有症状的高风险人群更为有效。目前争论的焦点是，大量的低风险人群相对于少量的高风险人群，可能会引发更多的发病率。

根据性别、文化和地理位置的不同甄别自杀行为的易感性变化，是自杀初级预防方法中很常见的一种手段。一个经过检验的初级预防方法是减少枪支的使用。数据显示，1994年颁布的《布雷迪手枪暴力预防法》(Brady Handgun Violence Prevention Act)，减少了55岁及以上老年人使用手枪自杀的数量。公共教育可能是一个卓有成效但还未经尝试的对老年人自杀进行初级预防的途径。预防老年人自杀的公共教育运动，可以从提高人们对老年人自杀的独特脆弱性的认识开始。此外，这项公共教育运动还可以强化有关老年人的自杀风险随性别、种族和地理位置而变化的认识。另外，公共教育运动应该解决老年人自杀的普遍文化可接受性，以及自杀与男子气概的关系问题。更深入的教育项目还应该提供给那些与老年人有亲密接触的专业人士（包括照料提供者）。这些针对专业人士的项目，首先需要评估专业人士自身对性别、老化和自杀行为的认识。在这些信息的基础上，教育项目应该向专业人士教授有关性别、老化和自杀的主流意识形态（包括认为在身体患有疾病的情况下，自杀是相对可以接受的观点），并向这些专业人士澄清他们在老年人自杀问题上可能存在的认识误区（比如，认为自杀意念和绝望是老化过程中的正常现象）。最后，在自杀二级预防系统中的专业人员（例如，有自杀倾向的患者的临床医生）应该接受相关培训，提高他们在治疗过程中教育患者的可能性。这可能涉及探究并试图去扭转老年患者对性别、老化和自杀的不正确的认识，包括认为自杀是一种彰显男子气概的行为。在通常情况下，教育信息应该建立在教育的目标群体对性别、老化和自杀行为已有认识的基础之上，因为这些目标群体的文化信念可能是独特的，又或许他们的文化信念处于不断变化和发展中。

结论

在美国和几乎所有向世界卫生组织报告自杀死亡数据的国家中，老年人的自杀率都是所有年龄组中最高的。然而，需要牢记的是，我们对老年人自杀行为的认知主要来源于西方或者工业化国家。因此，不能认为老年人自杀行为的脆弱性具有普遍性。我们能够肯定的是，不同国家之间（基于性别、种族和地理位置的不同）老年人的致命性和非致命性自杀行为存在显著的差异，并且会随着时间的推移不断变化。此外，来自美国的数据还揭示了一个有趣的悖论：欧洲裔美国老年男性的自杀最为普遍，由于历史上的特权，他们是最能免受老化带来的各种困境的人群。换句话说，老年女性和少数族裔虽然经历了更多老年困境，但其自杀死亡率却比老年男性低。总的来说，这一证据表明，自杀不是衰老、疾病、残疾甚至抑郁症的必然后果，这早已被包括美国在内的西方国家的理论所证实。在男性和女性及跨文化的自杀行为的表现中，文化因素是显性的危险因素。针对性别、老化和自杀的文化内涵的一些研究，为理解老年人自杀行为的文化和性别悖论提供了一些启示。自杀是一种对老化逆境极具男子气概的回应，这是欧洲裔美国人的主流认知。

老年人自杀预防倾向于将重点放在高危个体和弱势群体上，并且采用旨在减少受影响个体和群体发病率的策略（二级预防），或者尽量缩小影响和减少疾病复发的策略（三级预防）。然而，要降低老年人自杀的流行率，还需要重视普遍的初级预防方法。减少枪支的可获得性被证明是一项有效的初级预防手段。在老年群体中开展公共教育运动是一项前景光明但还没有被检验的初级预防策略。公共教育运动的目标之一是围绕有关自杀老年人独特的脆弱性开展相关教育活动。另一个目标是旨在扭转有关自杀的认识误区，比如，认为自杀是具有男子气概的行为，又或者认为自杀对老年人而言是相对被允许和理解的，尤其是当这些老年人遭受疾病和残疾的折磨时。

另请参阅：死亡和濒死；伦理与安乐死；精神卫生；心理健康。

拓展阅读

Canetto SS（1992）Gender and suicide in the elderly. *Suicide and Life-Threatening Behavior* 22：80–97.

Canetto SS（1997）Gender and suicidal behavior：theories and evidence. In：Maris RW，Silverman MM，and Canetto SS（eds.）*Review of Suicidology*，pp. 138–167. New York：Guilford.

Canetto SS and Lester D（1998）Gender，culture and suicidal behavior. *Transcultural Psychiatry* 35：163–191.

Conwell Y（2001）Suicide in later life：a review and recommendations for prevention. *Suicide and Life-Threatening Behavior* 31：32–47.

Corin E（1996）From a cultural stance：suicide and aging in a changing world. In：Pearson JL and Conwell Y（eds.）*Suicide and Aging*：*International Perspectives*，pp. 205–228. New York：Springer.

Duberstein PR，Conwell Y，Conner KR，Eberly E，and Caine ED（2004）Suicide at 50 years of age and older：perceived physical illness，family discord and financial strain. *Psychological Medicine* 34：137–146.

Harwood D and Jacoby R (2000) Suicidal behavior among the elderly. In: van Heeringen K (ed.) *International Handbook of Suicide and Attempted Suicide*, pp. 275-291. New York: Wiley.

Heisel HJ and Duberstein PR (2005) Suicide prevention in older adults. *Clinical Psychology: Science and Practice* 12 (3): 242-259.

Lester D (2001) Suicide among the elderly in the world: covariation with psychological and socioeconomic factors. In: De Leo D (ed.) *Suicide and Euthanasia in Older Adults*, pp. 1-19. Seattle, WA: Hogrefe and Huber.

McIntosh JL and Santos JF (1986) Methods of suicide by age: sex and age differences among the young and old. *International Journal of Aging and Human Development* 22: 123-139.

Szanto K, Prigerson HG, and Reynolds CF (2001) Suicide in the elderly. *Clinical Neuroscience Research* 1: 366-376.

Vijayakumar L, John S, Pirkis J, and Whiteford H (2005) Suicide in developing countries. *Crisis* 26: 112-119.

译　者：史　薇（北京理工大学）

自我概念和身体意象

S. K. 怀特伯恩 马萨诸塞大学阿默斯特分校，马萨诸塞州，美国

词汇表

身体意象（Body Image）——个体对身体的自我感知。

骨关节炎（Osteoarthritis）——一种退行性关节疾病。

光老化（Photoaging）——紫外线对皮肤的损伤影响。

肌肉减少症（Sarcopenia）——与衰老相关的肌肉纤维减少。

引言

老年学研究的一个焦点是关注衰老过程对身体功能的影响。鉴于对身体衰老过程的研究已非常广泛，但令人惊讶的是，对身体变化产生的心理影响的探索却较少。关于身体健康和心理幸福感之间关系的研究，一般是关于身体变化如何影响个体的自我意识、自尊，以及最终的主观幸福感的问题。衰老带来的身体变化与个体为适应这些变化而采取的客观和主观方式之间有何确切的联系，仍然没有答案。虽然对身体认同的研究和理论还很少，但人们已认识到，对身体特征的自我意识是自我概念的一个特征，进而，对身体的满意度影响到人们对自我的整体感觉。“身体意象”的概念对理解衰老和自我概念这些基本问题具有重要的意义。

成年身体意象的组成部分

大多数人认为自己在十几岁时就已经完成了身体发育，但事实是，身体一直在不断地改变形状和尺寸，直到死亡。这些变化有可能改变个体身体的自我意识或身体意象。

“身体意象”这个术语在狭义上可被理解为个体对自己身体的心理表征，例如，它可被认为个体产生了不准确的身体意象的一个问题领域，如躯体变形障碍症（body dysmorphic disorder），或进食障碍，如厌食症。对身体意象的研究发现，构成身体自我感觉的是三个核心组成部分：一是对自己身体外观的感知；二是对身体技能，或身体完成日常活动任务的能力的感知；三是对身体健康的感知，或对个人死亡风险的反应。

成年后期与身体认同有关的经验可以在

许多成年生活的情境中发生，包括与家庭的关系、与工作相关的职责的表现、参与休闲活动，以及与朋友和熟人的互动。外部世界的事件也可能具有相关性，因为这些事件会影响个人日常行动的能力。例如，改变对公共交通的资金投入会限制老年人在城市环境中的流动，进一步使任何与年龄相关的自我照顾和自主的变化更加复杂化。

身体外观为自我和他人提供了重要的外部线索。头发的颜色、皮肤的纹理、身高、体重、面部特征，都只是身体外表的一部分。关于外观的身体意象还包括个体对这些外在特征的自我感知和评价。对身体能力的内在感觉来自身体完成特定任务，如走路、爬楼梯、携带重物时所接收到的身体的感觉，以及能够在环境中看到和听到的事件。老年人可以通过在没有痛苦或需要努力的情况下成功地完成这些任务而获得对身体能力的自信。身体意象的第三个组成部分——身体健康，是指个体对疾病过程的自我归因。例如，关节炎引发的持续疼痛，会对身体意象的这一组成部分产生负面影响；被诊断为某种疾病晚期后对未知的恐惧，也会对个人身体的自我形象带来有害的影响。威胁生命的疾病过程会导致个体对身体产生自我异化的感受（为什么我的身体要这样对我?）。有趣的是，个人在谈论这种疾病时经常用“我的癌症”这种说法。当癌症侵入他们的身体时，同样也侵入了他们的自我感觉。从积极的一面看，对那些晚年不用经历慢性疾病的幸运的人来说，身体意象的这一部分可以对他们的整体幸福感带来积极效果。他们感到自己充满活力，可以主宰自己的命运。

正常老化的身体变化

在整个成年期，年龄变化带来的经历通过影响身体外观、能力和健康使个体的身体意象发生变化。很明显，不是所有人都会发生相同程度的变化。但是，即使实际没有发生变化，光是知道变化可能发生也会导致个体的身体意象做出相应的反应。

身体外观

首先看衰老的外部表现。皮肤出现皱纹和松弛、身高变矮，以及体重减轻都带来了外观的变化。除了更多的皱纹和松弛外，皮肤颜色会变深，特别是面部皮肤。由于光老化（暴露在阳光下）作用，面部的黑点变得聚集，毛细血管越来越明显。皮下脂肪的减少导致面部五官下垂，骨质疏松导致颌骨萎缩。个人的一些典型行为会产生皱纹，例如法令纹和抬头纹；还有一些皱纹，如眉毛之间的纹路，即便没有特别的行为也会产生，更多反映的是某种遗传倾向。其他一些改变也间接地影响了面部外观，例如牙齿的脱落、移位和变色。这些发生的同时，头部前方的头发变得稀疏，颜色越来越浅，质地也可能发生变化。一些毛发会出现在不受欢迎的地方，例如耳朵、下巴（在女性身上）和鼻子。从对身体意象的影响因素来看，没有比外观的衰老更强烈的刺激了。

身材的变化也促使身体意象的外观老

化。尽管在 60 多岁时体重会明显减轻，但这种减轻主要是由于肌肉纤维的流失（肌肉减少症）和身体脂肪的增加。随着身体脂肪的增加，脂肪的分布也会发生变化。皮下脂肪开始减少，身体中部的脂肪开始堆积，也就是人们常说的中年发福。

能力

对能力的感觉受到身体力量、体力、协调性和改变周围环境的能力的影响。正常的衰老过程会导致肌肉力量和供氧能力每年减少大概 1%。同时，随着骨骼中矿物质的流失，骨骼变得脆弱易碎。关节中软骨的流失和其他有害的变化导致关节疼痛并丧失弹性。肺组织弹性的丧失会转变为呼吸困难和呼吸短促的感觉。在泌尿系统中，膀胱组织弹性的减少带来了不适的感觉。在身体管理系统中，男性和女性的性激素循环水平都在下降。这些激素的变化可能会也可能不会被个体感觉到，但即使他们感觉不到，从中年开始人们就认识到，生殖能力在逐渐下降（对男性来说）或完全消失（对女性来说）。其他激素的变化还导致睡眠模式的改变，以及耐寒或耐热能力的减弱。个体经历这些变化的速度差异很大，但无论如何，老年人很可能会遇到大多数（即使不是全部）的变化。在这个意义上说，与身体能力相关的身体意象的改变理论上是无法避免的。

尽管从技术上来说认知功能不是身体意象的一个组成部分，但它可能会影响个体对能力的感知。从中年开始，成年人开始担心自己的记忆力在衰退，即使实际上并没有出现衰退。对记忆力衰退的夸大，很可能与压力感及夸张或担忧的心理倾向有关。在实验室里，直到成年后期记忆力的变化才会达到显著水平，但是从日常经验来看，年长的人总是认为这些遗忘是阿尔茨海默病的前兆。这些认知变化带来的挫折感会让老年人感到无望和困扰。驾驶能力方面的困难也会进一步导致个体改变对认知能力的感觉。

健康

在成年后期，慢性疾病的发展导致身体的重要功能出现越来越多的障碍，更糟糕的是，这似乎威胁到人的生命，使老年人感到正在脱离自己的身体。尽管慢性疾病不是正常衰老的结果，但是慢性病的累积使大多数老年人患有心脏病、癌症等威胁生命的疾病，或者因关节炎等疾病处于疼痛状态。

心血管系统的功能是影响个体幸福感和自我认同的重要因素。不管是由于疾病还是衰老引起，很多人认为心血管系统的变化会对身体活力和维持生命的能力产生巨大影响。对死亡的感受可能主要与这个系统有关。所有的成年人都知道，心血管系统的效率对生命至关重要，因此对心血管系统完整性的威胁被认为高度危险。发现心血管效率在减弱无异于提醒个体，生命正走向终结。

在正常的衰老过程中，全身的动脉壁会出现脂肪和其他物质的堆积。在心脏动脉粥样硬化中，这些沉积物以极高的速度累积起来，直到严重减小动脉的宽度。一些患有动脉粥样硬化的人并没有出现严重的健康问题。然而，这种疾病引起的斑块的逐步累积可能最终导致血液流经的动脉发生部分或完全阻塞，造成死亡或严重损伤。与动脉粥样硬化有关的动脉变化主要是由于在高血压状态下血压长期升高导致的破坏性作用。尽管在过去的20年中，心脏病导致的死亡率已迅速下降，但它仍然是老年群体的主要杀手。2002年，在美国65岁以上人口中，心脑血管疾病引起的死亡率达到40%。癌症是老年人死亡的第二大原因，也是成年时期最可怕的疾病之一。2002年，大约有130万美国人被诊断为癌症，约有890万人带癌生存。大多数癌症与成年后随着年龄增长环境中有毒物质（致癌物）的累积接触有关。

对老年人来说，关节炎是影响最大、最常见的慢性疾病。大部分老年人得的是骨关节炎，这是一种伴有疼痛的退行性关节疾病，经常发生在髋部、膝盖、颈部、下背部或手的小关节。骨关节炎通常发生在那些由于特定工作或运动反复过度使用，或因肥胖和超重而受损的关节上。最终，这些损伤或反复撞击会使关节内部在骨头末端作为缓冲的软骨变薄、磨损，导致骨头直接摩擦在一起。在关节中保护骨头表面的软骨逐渐磨损，关节滑膜液的减震功能逐渐消失。关节的弹性减弱，骨刺出现，关节肿胀。这些关节结构和组织中的改变给人带来长期疼痛，并且行动不便。

由于骨骼吸收和生长的不平衡，正常衰老与骨骼中矿物质的流失有关。当骨密度比非西班牙裔女性、年轻白人的平均水平低2.5个标准差时，就被称为骨质疏松症。据估计，在美国有1 000万人有骨质疏松症，其中80%是女性。由于女性的总体骨骼质量比男性低，以及绝经带来雌性激素的减少，导致女性比男性罹患骨质疏松症的风险更高。其中，白人和亚裔女性风险最高，黑人和西班牙裔女性风险最低。此外，骨骼结构较小和体重低于标准的女性，比体重较大的女性风险更高。骨质疏松症不同于骨关节炎的地方是没有疼痛的症状。然而与此相关的骨骼脆弱会增加跌倒时骨折的风险，甚至，因骨折风险的增高而导致跌到。

预防和弥补

以上的讨论似乎对和衰老相关的身体变化比较悲观。然而并不是每个人都会在同样的程度上经历这些变化，而且，这些变化很多可以得到弥补或预防。预防措施包括每天使用防晒霜，以及使用含有果酸和抗氧化剂的保湿霜。通过饮食和运动的管理，个人也可以弥补这些身体外观上的改变。此外，体育锻炼中的力量训练和有氧运动可以大大减少年龄增长对身体的改变。

除了个体成年后身体变化的程度不同外，预防和弥补可以最小化衰老对身体和身体意象的影响。例如，通过定期参加有氧运动，有氧代谢能力和肌肉力量的损失可以减少一半。运动和饮食控制是减少中老年人群心脏病风险的重要的预防措施。生活方式也会影响患癌症的风险。对癌症影响最大的三个因素是阳光暴晒、抽烟和饮食缺乏控制。通过控制这些危险因素，中老年人可以降低自己罹患癌症的概率。最后，对老年人来说，减少对关节的过度使用对预防骨关节炎是最重要的。对骨关节炎的治疗一般采取医学干预来止痛，在损伤特别严重的情况下还需要将部分或全部的关节置换。骨质疏松症还可以通过很多途径来预防，包括摄入钙和维生素D、进行抗阻训练，以及避免抽烟等高风险的行为。

记忆力衰退可以通过辅助记忆策略来弥补，或改变可能影响决定的信息处理过程。经验的增加也可以大大抵消智力问题。通过个体采取的行动，人们可以减缓或加速衰老过程。例如，对身体外观来说，个人可以改变光老化的程度，减少紫外线对皮肤的损害。众所周知，采取涂抹防晒霜等预防措施的人比没有使用的人的面部皱纹要少。这样，最明显的一种外部衰老迹象可以通过个体行为而减缓。从青年到老年，同样有大量的预防措施可以用来应对身体内部的变化。最有效的措施就是有氧运动。已有可靠的研究证明了积极参与锻炼计划的好处。除了对身体的影响外，参加这些运动还可以提升积极的自尊感。自我效能感可以在锻炼过程中得以提升，这进一步增强了老年人对身体吸引力的自我感知。因此，除其他预防措施外，运动的影响也可以延伸到身体健康和慢性疾病领域。这样，通过预防性措施，个体可以在某种程度上控制衰老和疾病的进程，保持一种积极的（即健康的和能干的）内在身体意象。

身体意象的改变和心理幸福感的关系

衰老过程对维持一种长期稳定的身体特性提出了特别的挑战。与成年后遇到的其他转瞬即逝的经历相比，身体衰老带来的挑战有质的不同。与一个陌生人不期而遇导致对自己的社会认同产生了不利影响的经历，可能会被视为没有太大的个人相关性。如果这种相遇一生只有一次，那么它对认同的潜在意义会随着时间流逝而消退。然而，衰老是一个不会随着时间流逝而消退的过程。衰老带来的变化一直存在，而且随着人们想方设法把它融入自己成年后的身份认同，可能变得越来越重要。

这样看来，衰老的过程对身体意象的所有组成部分都有重要影响——外观、能力和健康。很多成年人觉得这些改变与他们的自我意识不相容。事实上，他们可能觉得他们的身体老化只是导致表面的变化，他们的内在根本没有改变。然而，与此同时，衰老让人们意识到，身体不再像年轻时那样发挥作用了，因此，在身体的外在自我和内在意识之间产生了不同的身份认同。

社会对身体老化的态度也会对个体自身改变产生影响。社会对男性或女性理想属性的定义，会对成年后的身体意象产生重要影响。对女性来说，老年女性不再具有吸引力的社会态度，可能会导致身体意象中对外观的负面认识。对男性来说，衰老主要威胁身体意象中的能力感。身体力量被认为是男性属性，因此，丧失肌肉力量和技能会威胁到身体意象的这一部分。无论是老年男性还是老年女性，社会对健康和疾病的态度都会侵蚀身体意象的构成。老年人往往被描述成带有长期慢性疾病，伴随着痛苦，需要人照顾的形象，这加剧了人们对死于长期致残疾病的恐惧。同样，媒体对患有阿尔茨海默病导致精神失常的老年人的描述，也抓住了老年人害怕失去尊严和自理能力的恐惧心理。对男性和女性来说，出于不同的原因，自我接纳和积极的全方位的身体意象都很难实现。

随着年龄或疾病带来的很多不可避免的变化在晚年出现，那些明明已发生变化但坚持认为自己没有改变的人，似乎生活在一个不现实的世界里。然而，保持自我认同（我是谁）与身体认同（我是什么）之间的内在区别可能有一定的优势。老年人可以因此避免陷入对未来绝望的悲观主义。在崇尚年轻和美貌的西方社会，这种自我保护机制有很多潜在的好处。如果允许以身体认同来决定自我认同，对衰老的个体来说，就会更缺少动力去采取行动减缓、预防或弥补正常老化带来的身体机能变化。

之前的研究表明，那些拥有较高主观幸福感的老年人，可以区分对自我的感觉和对身体的感觉。例如，一个项对 242 名 40～95 岁的男性和女性的研究发现，那些在心理上低估身体老化程度，特别是外貌老化的老年女性，比那些关注与年龄相关的身体变化的女性自信程度更高。因此，不考虑与年龄相关的身体变化似乎是保持自信心的一种好方法。这并不是说，否认是适应身体变化的最佳策略。一个很好的例子是，没有认识到骨关节炎会增加跌倒风险的女性，可以通过提高对其健康风险的认识而获益。同样，尽管过于沉迷瘦身会导致女性形成不良的身体意象和相关的心理障碍，严重超过标准体重的女性则更容易患慢性疾病。然而，承认但不过分关注身体变化的心理意义，似乎会产生积极的作用。这一过程可能特别重要，因为它可以使老年女性摆脱社会上关于女性吸引力和理想形象的偏见和刻板印象。

努力避免把自己看作老年人，也可以帮助老年人保持对锻炼的积极性。如果对身体的自我概念过于消极，人们可能认为锻炼的好处难以实现，而不去采取上述可以帮助抵消衰老带来的不良变化的措施。相反，如果他们觉得锻炼是值得的，而且坚持这种信念，与能力有关的身体意象就可以增强，最终提高个体的自信。

尽管男性较少受到外观变老带来的负面身体意象的影响，但他们更容易感到身体能力和健康老化的影响。结果，他们可能会丧失成年早期对女性的身体优势。对老年男性来说，特别脆弱的一点是性功能。对把性作为身体认同的重要组成部分的男性，如果没有意识到衰老对性功能的正常影响，可能会产生次生性的性无能，即由心理原因而非生理原因造成的勃起功能障碍。由于他们不习惯于顺应和容纳，当出现偶然性的勃起功能障碍时，他们没法适应这种改变。这种症状使他们认为自己已经失去了性能力。

除了衰老对身体意象的威胁以外，似乎大多数老年人都设法将“我是谁”与“我是什么”分开，使身体意象在晚年得到了改善而不是恶化。一项对 300 名 20～84 岁的女性的横断面研究发现，尽管对身体的不满意度并没有年龄差异，但是老年女性在过度关注身体、焦虑和进食障碍方面的程度更低。另一项对 123 名青年、中年和老年女性的横断面调查使用多维度身体—自我关系量表，也发现在身体满意度方面没有年龄差异，而老年女性群体在过度关注体重方面的分数更低，尽管这些女性的体质指数实际上最高。可能在认为老年人失去了吸引力、力量和健康的社会情景下，老年人对自身身体的变化已经不再敏感。

相反，比起正在经历老化的老年人来说，中年人对衰老更加敏感。除了衰老让老年人更加放松并接受身体的变化外，当代的老年人群体从来没有像现在的中年人群体那样关注过自己的身体功能和外观。“婴儿潮一代”正处于中年，而同时，年轻和美貌的价值受到了前所未有的崇拜。这一代人自 20 世纪 60 年代踏上历史舞台以来，一直是社会和文化景观的主宰。曾经界定过青年的理想标准的他们，无法接受身体在自己无法控制的力量下发生变化。另一方面，当代的中年人群体，至少是那些受过高等教育的人，已经接受了锻炼和饮食控制的价值理念。事实上，他们可能不太会经历以往不健身的老人身上会体现的身体变化对身份认同的挑战。

总之，身体意象的建构对老年人的生活具有核心意义。个体适应衰老过程中身体内部和外部结构变化的方式，是促进个体适应与老化相关的健康和功能改变的重要机制。目前的发现表明，大多数老年人确实找到了在他们的老化的身体里舒适生活的方法。

另请参阅：运动和身体活动；生活满意度；心理健康；自尊；老化理论：心理学。

拓展阅读

Ballard K，Elston MA，and Gabe J（2005）Beyond the mask：women’s experiences of public and private ageing during midlife and their use of age-resisting activities. *Health* 9：169–187.

Bocknek G and Perna F（1994）Studies in self-representation beyond childhood. In：Masling JM and Bornstein RF（eds.）*Empirical Perspectives on Object Relations Theory*，pp. 29–101. Washington，DC.

Johnston O，Reilly J，and Kremer J（2004）Women’s experiences of appearance concern and body control across the life span：challenging accepted wisdom. *Journal of Health Psychology* 9：397–410.

Kvigne K and Kirkevold M（2003）Living with bodily strangeness：women’s experiences of their changing and unpredictable body following a stroke. *Qualitative Health Research* 13：1291–1310.

McAuley E，Marquez DX，Jerome GJ，Blissmer B，and Katula J（2002）Physical activity and physique anxiety in older adults：fitness，and efficacy influences. *Aging and Mental Health* 6：222–230.

Meadows LM, Mrkonjic LA, Lagendyk LE, and Petersen KM (2004) After the fall: women's views of fractures in relation to bone health at midlife. *Women Health* 39: 47–62.

Rogers AM, Whitbourne SK, and Jones KM (2004) *Body Image, Aging, and Identity in Three Generations of Women*. Paper presented at the Gerontological Society of America 57th Annual Scientifific Meeting, Washington, DC.

Shaw JM, Ebbeck V, and Snow CM (2000) Body composition and physical self-concept in older women. *Journal of Women and Aging* 12: 59–75.

Sneed JR and Whitbourne SK (2003) Identity processing styles: ways of adapting to change in later adulthood. *Journal of Gerontology: Psychological Sciences* 48: 313–318.

Sneed JR and Whitbourne SK (2005) Ageism in models of the aging self. *Journal of Social Issues* 61: 375–388.

Stokes R and Frederick-Recascino C (2003) Women's perceived body image: relations with personal happiness. *Journal of Women and Aging* 15: 17–29. 472

Tiggemann M and Lynch JE (2001) Body image across the life span in adult women: the role of self-objectification. *Developmental Psychology* 37: 243–253.

Whitbourne SK (2002) *The Aging Individual*, 2nd edn. New York: Springer.

Whitbourne SK (2005) *Adult Development and Aging; Biopsychosocial Perspectives*, 2nd edn. New York: Wiley.

Whitbourne SK and Collins KJ (1998) Identity processes and perceptions of physical functioning in adults: theoretical and clinical implications. *Psychotherapy* 35: 519–530.

Whitbourne SK and Skultety KM (2005) Aging and identity: how individuals face late-life transitions. In: Worrell J and Goodheart C (eds.) *Handbook of Girls' and Women's Psychological Health*, pp. 370–378. New York: Oxford University Press.

Whitbourne SK and Willis SL (2006) *The Baby Boomers Grow Up: Contemporary Perspectives on Midlife*. Mahwah, NJ: Lawrence Erlbaum.

译　者：石　鑫（全国妇联妇女研究所）
贾云竹（北京协力人口与社会发展研究所）

自我调节、健康和行为

L. 邓巴，H. 利文撒尔 罗格斯大学，新布朗斯维克，新泽西州，美国
E. A. 利文撒尔 新泽西医科和牙科大学罗伯特·伍德·约翰逊医学院，新布朗斯维克，新泽西州，美国

词汇表

感觉良好的启发式（Feel Good Heuristic）——将自我感觉良好视作健康的一个指标。

自我调节模型（Self-Regulation Model）——该模型认为身体状况的变化会提醒个体存在健康风险，所经历的症状会让人们加快寻求健康卫生服务。

引言

本章的题目是：自我调节、健康和行为，它包含了两个广泛的主题：第一，行为是健康结果的决定因素；第二，个体的自我调节过程是健康行为的基础。第一个主题的目标包括列举行为与健康之间已知因果关系的具体例子，特别是慢性疾病的发病，指出疾病发病的一些途径，并探讨健康行为在老年人中的作用。对自我调节主题，本文讨论了自我健康管理实践的一些机制。本文指出，自我调节实践可能对健康有益，也可能有害，这取决于疾病生物学机制、对特定疾病的认知和信念，以及导致现有疾病的未来风险和控制因素之间的有效性或匹配性。我们强调环境因素在自我管理过程中的作用，尤其是是否患病和疾病带来的体验的性质。

行为与健康状况

基因与行为

当前有研究认为基因是慢性疾病的主要诱因，但未来研究院（Institute for the Future）并不认同此观点，他们估计健康结果中超过一半的差异是由行为决定的。然而，由于环境因素和行为在基因表达中起着重要作用，具有共同遗传风险的个体在一生中发病的时间可能非常不同。行为因素可以通过三种途径影响疾病风险：（1）改变影响基因表达和遗传风险表现的生理过程；（2）基因突变导致发生疾病；（3）产生对疾病进程或者通过削弱或抑制躯体防御有直接影响的生理变化。目前尚不清楚基因与环境相互作用的观点是否已经进入公众视野，尽管在每日报纸的科学版上可以找到基因不足以导致疾病的说法。例如，吸烟会通过上述三个途径增加个体患上慢性疾病的风险。因为烟草和纸张燃烧会产生 4 500 种以上的

毒素，吸入这些毒素将会加速肺部组织中的DNA突变、破坏DNA损伤的修复机制，而且这些伤害会在个体无意识情况下进行。吸烟还会降低个体的肺活量，因为毒素刺激过程会损伤冠状动脉。虽然个体可以意识到身体健康状况的一些变化，但他们可能不会把这些变化归因于吸烟，或者即使他们的归因正确，也可能不会认为这些变化有多严重。但实际上吸烟是诱发200多种癌症的风险因素，也是诱发心血管疾病和肺部疾病的重要影响因素。肥胖，通常也是疾病风险的标志，是热量摄入超过热量消耗的产物，通常是由于个体饮食中大量的垃圾食品和缺乏体育锻炼造成的。饮食问题是复杂的，疾病风险随特定营养素的摄入而变化。例如，脂肪会影响基因表达，例如ω-3会促进发生患前列腺癌的风险，而ω-6则可以降低该风险。体育活动或锻炼可以降低多种疾病风险，可以提升70岁及以上女性的日常生活自理能力。从当前肥胖流行趋势和青少年2型糖尿病的出现可以清楚地看到饮食和体育锻炼对慢性疾病发病率的影响程度，糖尿病在以前只是一种老年人才会患上的疾病。

预期寿命、疾病风险与疾病管理

在慢性疾病的发展中，行为因素和遗传变量的相互作用突出了这些疾病的发展进程和预期寿命。2型糖尿病和心血管疾病的发展需要数年或几十年，而不是一下子就发生的。由于细胞运输和储存葡萄糖、糖原和脂质的机制不足，不能使其在血液中进行高水平循环，导致细胞损伤的逐渐累积和引发心血管疾病的动脉阻塞。2型糖尿病患者血糖过高会造成视网膜和足部血管神经病变，并损伤肾脏过滤血液的毛细血管，糖尿病控制不好会造成失明、足部截肢、肾功能衰竭、透析，甚至死亡等并发症后果。癌症的后果与之类似。临床上可诊断的疾病其实是一系列细胞病变造成的结果，而这些癌细胞在身体内的转移与扩散则与脉管系统密切相连。这些变化都是历经数年或几十年形成的，尽管其中有些变化是可逆的，但许多是不可逆转的。越来越多的证据表明，胚胎生长环境和生命早期感染疾病的经历会显著增加个体在生命晚期患冠心病（如血压升高）和其他慢性疾病的风险。

生活方式是疾病风险的关键因素，因此也是预防疾病的关键因素。我们是否吸烟和吸毒，我们吃什么、喝什么，我们是否长时间坐在电视或电脑屏幕前一动不动，我们总是开车、乘电梯，还是会走路、走楼梯，这些都是影响疾病风险高低的主要因素。如果患者不能坚持治疗，不能做好自我健康管理，不能持续服用药物控制血压，或使用胰岛素来降低和维持可接受的血糖水平，那他们将面临脑卒中、心血管疾病和糖尿病并发症的风险，如失明、肾功能衰竭和截肢。

老年人的健康行为与健康后果

人们通常认为是年轻人而不是老年人更容易通过行为改变来改善健康结果，这一观点反映了三个信念。第一，可能也是最重要的一点，认为实施健康行为不会降低老年人的疾病风险或改善健康状况，因为损害已经发生并且是不可逆转的。第二，有研究表明，老年人已经充分参与了健康改善活动，因此不需要干预。第三，认为老年人对改变其健康行为习惯不感兴趣，这与经常报道的很难招募老年人参与行为干预的发现相一致。

实际上，健康行为是优质老化的一个组成部分，它对疾病进程、疾病发作和身心生活质量的影响是贯穿整个生命周期的。建议保持一定的活动水平，包括运动，以预防阿尔茨海默病。控制体重、保持和增强社会参与是延长寿命、提高老年生活质量的重要途径。改善功能，预防心肌梗死，是老年抑郁症的有效治疗方法。同样，五六十岁人群保持低脂饮食对降低冠状动脉疾病的发病率和全因死亡率与年轻人一样有效。尽管在老年人群中一些健康行为的比例似乎更高，但远未达到最佳水平或普遍依从性。例如，迈尔（Myer）等研究者在两年间持续通过邮件鼓励人们通过粪便潜血检测来监测结肠癌风险。第一年，在老年人和年轻人中的应答率都有 50%；第二年，65 岁以下人群的应答率只有 25%，65 岁以上人群的应答率保持了 50%。虽然老年人保持疾病筛查的习惯令人印象深刻，但令人不安的是，仍有 50%的高危人群没有接受疾病筛查。这项研究强调了对老年人进行健康干预的必要性，同时也有力地反驳了认为老年人抗拒改变和没有动力参与干预的观点。我们认为，是老年人对健康管理过程的不完全理解才导致其参与积极性较低。如果能让老年人充分认识健康管理过程的干预措施，应该能够激发他们参与的积极性。

自我调节与疾病控制、疾病风险

行为生物学的机制是清晰的：我们的生活方式，或我们如何调节我们的系统，会影响未来疾病的风险，以及当前疾病的进展和控制。不过，自我调节的基础系统与涉及疾病风险和进程的生物学进展之间是否存在良好的匹配呢？虽然我们还远没有得到这个复杂问题的最终答案，但通过比较我们所知的自我调节过程与疾病风险和进展的生物学研究可以看到答案的轮廓。为了解决这个大问题，我们首先要了解自我调节过程。也就是说，我们需要确定塑造健康行为的大量变量，并在解释研究结果时指出一些问题，重点是关注基础模型在各种背景下的一致性，包括疾病预防和不同疾病的自我调节。接下来，我们将描述一般模型是如何被指定的，以了解在以下三种健康背景下影响健康行为的启动和维持的因素：（1）有症状的疾病体验（如充血性心力衰竭、心肌梗死等冠状动脉疾病）；（2）无症状的疾病体验（如高血压、2 型糖尿病）；（3）间歇性发作的慢性疾病体验（如哮喘）。以这些为例，我们明确了环境因素与自我调节之间的关联，解释了行动计划、监控和启发式是如何在系统中整合和运用的，并讨论了相同的模型如何在不同的情况下发挥作用。这些例子会集中应用于老年人群。

自我健康管理过程

认知与情感因素的相互作用，以及这些因素所处的个体和社会环境，形成了一般的生活方式和管理疾病风险的特定行为（参见图1）。关于认知因素，如对疾病风险的认知，管理疾病风险的行为，以及相关的行动计划，是与造成或降低疾病风险的行为最密切相关的因素。这些因素包括我们对以下内容的认知和观念：（1）疾病，例如疾病风险的表征；（2）自身优势和缺陷，或疾病和健康特征；（3）疾病风险控制行为，以及促进健康和控制疾病的具体步骤；（4）提出和回答有关躯体经验意义的问题的启发式或经验法则；（5）为具体行为的实施而制订的行动计划；（6）监测和评估降低健康风险行为的有效性的标准，以减少风险的接近程度和级别，或保持自我认同。

情绪因素，包括：（1）个体的情绪特征，例如他是不是一个焦虑、抑郁或怀有敌意的人；（2）见仁见智的观念，例如对特定疾病（如癌症、心脏病、哮喘）的恐惧；（3）对特定行为和治疗的恐惧和担忧，例如担心对抗抑郁药物上瘾，影响健康行为的认知因素。在环境因素中，关于自我的认知（对自己的缺陷和优势的认知），以及社会和文化环境会对个体的健康行为产生直接或间接影响，这种间接影响是由于环境因素在调节或形成个体对疾病风险、健康行为和风险控制计划的特定认知表征和情绪反应方面的作用造成的。

图1呈现了一系列影响健康行为的环境、个体、情绪和疾病相关因素的简化图。正如疾病的发生有多种途径一样，影响特定行为的途径也有很多种。识别和测试从环境或认知因素到健康行为的特定途径的影响的实证研究，通常集中在两个或两个以上广义的疾病表征类别、自我管理程序或行动计划的一组有限的因素上。我们必须认识到，影响健康行为的疾病或治疗表现、行动计划和情绪因素将受环境因素的影响，包括参与者的个人条件（如年龄、教育水平）以及社会和制度背景。个体的自我管理是我们研究疾病风险时经常忽视的重要因素，它是一个环境变量。例如，因果观有助于与预防和控制2型糖尿病（这是一种由多种因素引发的疾病）有关的健康行为的变化，但对预防和控制多发性硬化（multiple sclerosis）这种被广泛认为是遗传疾病的健康行为的影响则很小。

不同环境下行为模式的变化使人们相信，很难用一个通用的理论加以概念化和评估调节因素，这些调节因素会改变特定变量对所研究的行为的影响程度。一个涉及调节因素的重要方面在于疾病风险是当下存在的还是预期存在的。有研究者认为，我们需要构建不同的模型，一方面解释在怀疑或确诊疾病出现的症状时所采取的行为，即所谓的“疾病行为”；另一方面解释在没有当前疾病的情况下为避免健康威胁而采取的行为，即所谓的“健康行为”。自我调节方式将疾病和健康行为视为相同的系统，疾病的存在或不存在、知道自己生病，以及经历疾病症状是影响潜在行为系统结构的重要因素。简而言之，疾病行为和健康行为的模式因环境的不同而不同，因为不同的环境激活了自我调节过程中的不同因素，而自我调节过程构成了这两种行为的基础，且是通用的。对特定条件下行为模型的分析证实了这些一般性断言。

在疾病预防与控制过程中的健康行为

为了说明预防行为（健康行为）和治疗或疾病管理（疾病行为）的基本过程之间的连续性，我们将检验以下三个情况下的自我调节过程：患病且有症状；患病但无症状；既未患病也无症状。每种情况都提供了一种背景，调节在潜在的自我管理过程中影响参与控制一个或多个健康威胁的行为的特定变量的运行。

有症状疾病体验的自我管理

尽管它们可能在各个年龄段发生，但像高血压、心肌梗死和充血性心力衰竭等心血管疾病是晚年发病率和患病率最高的慢性疾病。男性的心肌梗死发病率从生命的第五个十年的每年 7%，逐渐上升到第八个十年的每年 22%。女性的发病率总体上低于男性，但也会随着年龄的增长而上升，达到峰值的时间约比男性晚十年。如前所述，吸烟、高脂肪垃圾食品的饮食和遗传缺陷是相互作用的风险因素。考虑到疾病之间的共病关系，高脂、高糖的饮食将会增加患糖尿病的风险，而糖尿病进一步增加了患心血管疾病的风险。

自我调节模式的一个基本主张是，健康风险很可能是对身体变化的反应，即出现疾病症状或身体功能损伤。依据经验显示，胸痛、呼吸困难、出汗等症状是心血管疾病的先兆，这些症状体验也与心脏病的疾病表征密切相连（见图 1）。如果个体出现以上症状时，他们会抓紧寻求医疗服务。这些解释和寻求医疗行为背后的自我调节过程受到一个环境因素的影响，即个体的性别，影响了增加死亡危险的行为。已有数据显示，女性冠状动脉疾病的发病率的峰值（生命的第七个十年）比男性（第六个十年）晚十年，而且因为其症状与女性中更常见的情绪不安（如焦虑、抑郁）相重叠，女性经常将这些症状误认为是情绪不安的表现，就像医生诊断和治疗她们一样。其结果是，与报告相同症状的男性相比，女性在寻求治疗和接受关键治疗的时间被推迟了。这些发现支持了自我调节三个方面的理论：启发式（位置和模式）赋予症状的意义（表现为心脏病发作），而意义激励行为（寻求医疗服务）。而性别可以调节其意义：这些症状会归因为情绪困扰，进而延迟了女性的求医时间。

自我调节并不会因为疾病诊断和治疗而停止，在康复期间或完全康复后仍将持续。通过定量和仔细监测运动和饮食的变化，这种生活方式的转变是康复不可或缺的一部分。然而，并非所有的患者都会参与这个过程。体育锻炼会产生一些症状，那些把这些

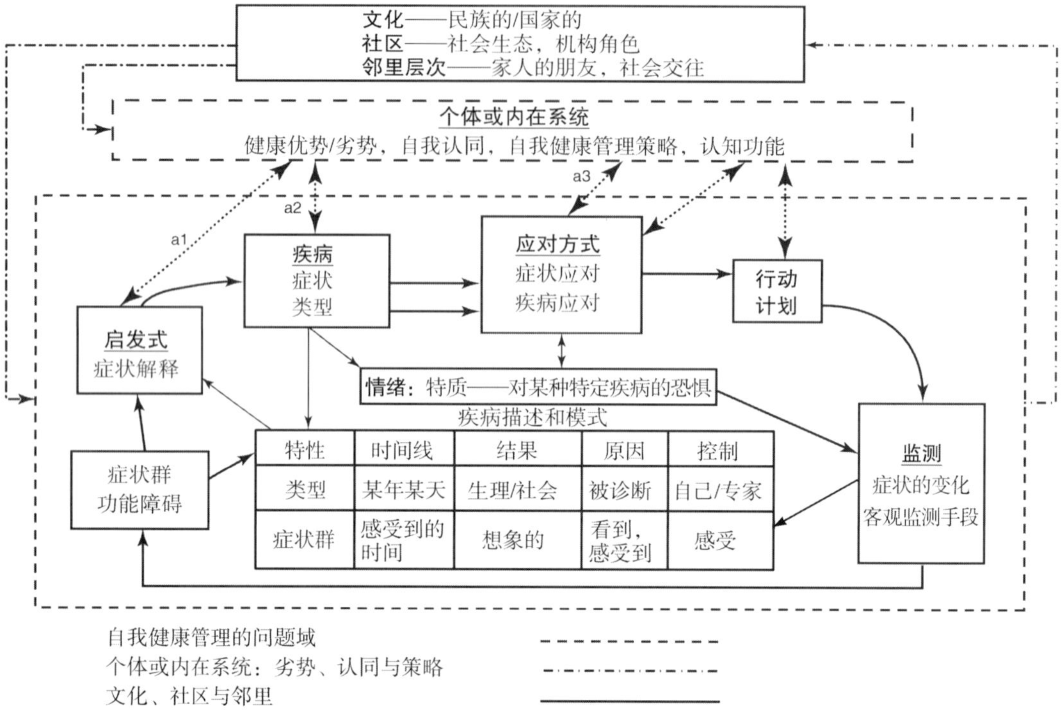

图 1　自我健康管理的动态反馈过程

注：动态反馈过程（从启发式解释症状到通过应对方式到监测结果）体现在个体自我调节的问题域中，如疾病表征或治疗模式，以及在持续评估过程中产生并受其影响的情绪状态和对特定疾病的恐惧。疾病治疗的重点、疾病的风险或它的存在，都嵌套在个体或内在系统中，而对特定脆弱性的自我认知和管理威胁的策略会影响解决问题的过程，并受过程结果的影响——这种关系是双向的，但从自我到问题域可能更强。最后，两者都嵌套在一定的社会和文化背景中。

症状解释为心脏病风险指标的人不太可能参与其中，即使他们参与了也会再退出。简单的干预措施能够区分和重新定义患者治疗后的症状，并视其为痊愈的迹象，最终促进个体的康复。自我调节理论也做出了一个有趣的预测，即在心脏病发病前没有症状的患者在治疗后进行康复治疗的可能性较小。这一预测是基于这样的假设：在症状消除和健康改善的情况下，患者会认为接受的治疗和康复训练是有益的。然而，当个体在治疗前既没有经历疾病症状，也没有出现功能损伤时，他们可能也感受不到治疗后的益处。事实上，像心脏搭桥手术这种治疗方法也会产生疾病症状和功能障碍。简而言之，患者没有因为治疗而明显受益，反而和接受治疗前一样对疾病风险的认识较薄弱，最终削弱了个体接受康复治疗的意愿。苏黎世（Zurich）等研究人员正通过不同的疾病检验这一假设。

我们是否可以支持我们的主张，即同样的自我调节方法可以解释预防心血管疾病的行为，那么它并不仅仅与疾病行为有关，还与健康行为有关？确诊疾病的存在和经历显然是一个重要的调节变量，它可以促使健康行为的发生。例如，在心脏病发作后，吸烟者戒烟的概率将提高5倍。患病将有效激励个体采取健康管理，因为这种行为被认为是有效预防疾病复发的办法。在未患病时，我们可以预期，也会有更多的变量会刺激个体感知到疾病风险，从而采取行动。然而，症状并不会就此消失，从急诊室就诊次数及因心脏病而出现胸痛和其他症状的患者身上就可见一斑，它们仍在持续发挥作用。患者不需要用冠状动脉疾病病史来解释符合心血管疾病的位置和模式的症状，而这些人是急诊室的常客。到急诊室就诊是一种健康行为，它能够有效降低个体感受到的心脏病发作的威胁。这些患者对心脏病的畏惧，可能是因为他们经历过心脏病患者的那些经历，他们对非心脏病症状并不会过分担心。对没有个人疾病史但对冠状动脉疾病特异性恐惧的个体，症状会激励个体采取自我健康管理行为（见图1）。

在无症状疾病或无确诊疾病时的自我健康管理

已有研究较少关注老年人在没有疾病症状和诊断或怀疑疾病的情况下的自我调节过程和健康行为。关于饮食、锻炼和戒烟的大量研究通常集中在65岁以下的参与者中。研究的缺乏反映了招募健康老年受访者的困难，这一问题在“凯撒健康计划”（Kaisaer health plan）西北地区阿司匹林益处的随机调查中凸显。这项研究是由博尔思（Boles）等一批经验丰富的研究者从47 453位65岁及以上老年人中招募调查对象，其中有31%的老年人因有心脏病史而被剔除，另有10%的老年人参与了其他研究。随后，研究者将精心准备的招募材料邮寄给招募池中余下的27 947位健康个体中的3 600人。最终，通过邮件和电话得到的结果是，在347位对本次调查感兴趣的老年人中，有117人被随机分配到阿司匹林组或安慰剂组。造成这一结果有两个因素：一是大多数老年人患有多种慢性疾病，因此他们的自我调节过程是在疾病情况下开展的；二是大多数老年人对参与这样的调查不感兴趣，在阿司匹林试验中，3 000多位无反应者中的绝大多数都是如此。博尔思等人说服了32位对调查不感兴趣但身体健康的老年人参加焦点小组，发现他们对参与试验很谨慎，不想服用安慰剂或阿司匹林，也不想改变他们当前的行为：认为他们现在健康状况良好，没有理由改变现状。

这些研究人员的经验与努力招募进行运动研究（例如伸展或步行等项目）的工作没有显著的不同。在缺乏诊断或症状（即自我调节过程的关键触发因素）的情况下，受访者几乎没有动机参与行为研究。然而，疾病症状的实际存在对参与行为改变的研究并不是必需的。客观指标，如表明糖尿病风险的血糖控制指标，可以作为招募和激活自我调节过程的条件，这样受访者也有动力参与研究，从而减少从糖尿病风险到活动性糖尿病的转变。实际上，行为改变比药物治疗更能减少诊断疾病。然而，涉及维持自我调节活动的认知—行为技术（例如，16次直接接触和多次电话）远比绝大多数现实实践环境中所能达到的要密集得多。当前缺少关于健康老年人自我调节过程详细观点的研究，这在一定程度上可以从无症状或偶发性疾病管理的自我调节过程的研究中得到弥补。

无症状和偶发性症状

对无症状和偶发性疾病的自我健康管理，让我们有机会认识疾病初级预防的过程，例如未患病情况下的个体行为。这些研究主要关注以下三个问题：（1）将症状与情绪（当它们状况不佳时）作为健康指标；（2）对偶发性疾病，无症状间隔被视为无病期；（3）当与行为控制相结合时，监测客观指标可以取代主观判断。

高血压与糖尿病：无疾病症状时 关于高血压的研究显示，人们是如何根据经验线索来决定其自我调节行为的。高血压是无症状的，尽管迈耶（Meyer）等研究者在1985年的研究中发现，80%的高血压患者（其中大多数是老年人）认同“人们无法判断自己的血压何时会升高”这一说法，但92%的受访者说他们能够自己判断。他们报告的症状群，包括脸部发热、紧张等，70%的患者认为药物治疗能够缓解症状；而30%的患者则认为药物治疗并没有缓解其症状，因此，后一组中有70%的患者没有坚持治疗。当患者告诉医生他们用症状来监测血压时，关于医学上正确管理的另一个问题出现了：在开始治疗9个月后，60%的患者停止了治疗！医生与患者之间的分歧会影响治疗效果。

也有大量研究表明，因症状而激励个体自我健康管理的行为可能不适用于糖尿病患者。尽管血糖的升高几乎不会有任何身体症状，但有研究表明，糖尿病患者会依据其主观状态来判断血糖高低：如果他们自我感觉良好，那他们就会认为血糖控制得不错。虽然感觉良好是很好的，但积极的感受并不是有效监测糖尿病和高血压的充分指标。相反，积极的感受往往是有问题的信号，因为血糖水平和血压的升高都会导致轻微的欣快感。但积极的感受可能是让人放心的，因为它们与消极的症状形成对比，比如血糖过低时的明显症状，严重的低血糖可能导致昏迷和死亡。对低血糖的恐惧也可以作为评估指标，正如预期的那样，报告这种特定恐惧程度很高的个体，其血糖也高于推荐水平。

高血压和糖尿病患者进行有效的自我调节所面临的挑战是，如何将主观感受、症状和情绪转变为客观指标——血压和血糖读数。然而，人们对如何实现这一转变知之甚少。据糖尿病预防项目（Diabetes Prevention Project）报告，在降低高危人群糖尿病风险方面取得了巨大成功，这是一项极其辛苦的工作。很明显，监测血糖等客观指标并将其与特定的健康行为联系起来，将有助于无症状患者进行更好的自我健康管理。其关键在于将客观指标与日常生活活动联系起来，并逐渐调整这些活动，以便在客观监测血糖水平、使之接近预期目标时看到效果，例如减少膳食量，喝无糖咖啡或茶，多走楼梯而不是坐电梯。许多此类策略已证明对治疗抑郁症等情感障碍有效。然而，在这种情况下，主观情绪更容易被监测，因为不需要诸如血糖仪或血压袖带这样的特殊设备。糖尿病和高血压患者也面临着学会忽视他们的情感状态的挑战，而情感状态很可能是他们潜在的生理机能不足的体现。

偶发性慢性疾病：哮喘　哮喘的自我调节体现了自我健康管理过程中另外两个重要特征，这两个特征都与年龄相关，并且其中一个更强烈。对没有哮喘病史的老年人来说，患上哮喘是多么不合时宜——因为哮喘被广泛认为是儿童和青少年常患的疾病。然而，迟发性哮喘是一种现实存在，其病理生理学机制可能与早发性疾病不同。哮喘患者进行自我健康管理很重要的方面在于，哮喘发作是偶发性的。除非患者是一个细心的自我观察者，否则老年和年轻哮喘患者的日常生活都是一个正常的、无症状期，只是偶尔会发作。毫不奇怪的是，许多哮喘患者，即使是那些因严重发作而住院的患者，也常常表现得好像没有症状就意味着没有哮喘一样。在一项关于中老年哮喘住院患者的研究中，患者使用两种药物，包括无症状时使用的预防药物，以及仅在出现症状时使用的控制药物。但他们的行为模式符合无症状即无哮喘模式。他们还表达了一些看似矛盾的观念：在 200 名患者中有 80%的人认为他们的余生都会患有哮喘，但有 53%的人也认为他们只有在出现症状时才是患有此病。哮喘作为一种偶发性的慢性疾病就是这样治疗的。自我与疾病关系的潜在模式是自我健康管理观念的欠缺。

无疾病时的健康行为

在没有确诊的情况下，也可能是在没有疾病症状的情况下，研究者发现了采取健康行为的多个病例历史。《纽约时报》科学版的一篇文章描述了伯尼斯·爱德华（Bernyce Edward）的日常锻炼过程，她是一名 73 岁的运动爱好者，每天从早上 5 点开始进行一小时的步行和跑步。这种晚年有规律生活的诱因是她 42 岁的女儿死于乳腺癌，且是在确诊 69 天后死亡的。在这篇文章中，科拉塔（Kolata）引用了流行病学和生理学的研究，为伯尼斯·爱德华的信念和健康行为提供支持，尽管这种支持很微弱。虽然她女儿的死亡这一非常明显的触发因素很难成为自我调节模式的科学力量的依据，但它的存在与我们对这一模式的假设是一致的，即在自己或他人身上观察到具体的、经验的因素，以及症状和严重后果时，会容易触发其健康行为。我们不知道是什么支撑着爱德华女士保持锻炼的热情，但自我调节模式会做出以下预测：安全感可能是至关重要的，但更重要的是，这种感觉是基于运动所产生的活力感和没有疾病症状和体征所产生的安慰效应。

自我感觉良好的启发式　如果自我感觉良好可以作为健康的一个指标，我们可以想象，刺激这些感觉的健康行为将被用来促进健康。锻炼显然就是这样一种行为，它可以提高健康的感觉，并有助于克服严重的抑郁症，尽管锻炼在这方面的作用似乎对男性比对女性更有效。然而，良好的感觉可能会强化不健康行为，而健康行为也可能会引发消极的感受。运动是疼痛的一个来源，很可能会导致个体拒绝运动，这一现象尤其在老年人中更明显。舒服地躺在沙发上和舒服地吃东西对久坐不动的老年人和年轻人都是惬意的，然而这两种行为对他们的健康都是有危害的。不管是不活动带来的舒适感，还是活动带来的轻微疼痛，哪种是有益的，哪种是有害的，这取决于我们如何解释其中的关联。自我感觉良好常被视为一种积极、健康的标志，但每一种感觉的意义也取决于体验自我的形象，这些意义与自己是谁的信念和作为 ·个有活力的人的自我意识有关。那些认为自己精力充沛、积极向上的人不太可能将积极的健康状态与在沙发上躺着的舒适感觉联系起来，也不太可能将消极的健康影响与运动带来的疼痛和汗水联系起来。这些躯体感觉所产生的意义是通过将它们嵌入自我模式所创造的。这反映了自我形象的累积历程，即在激烈运动后汗流浃背，这种自我形象是充满活力的，并不会因此感到极度疲惫和缺乏体力（见图 1，箭头 a1 和 a2）。自我调节策略，如自我保护的内在解释逻辑，将影响个体对健康风险感知的反应选择（见图 1，箭头 a3）。老年人对健康的信念阻止了他们开展新的活动，以取代那些在严重的疾病后放弃的更有活力的行为（用步行取代慢跑）。虽然自我保护策略在老年人中更为常见，而在年轻人中更常使用坚持锻炼的策略，但这些策略的年龄差异可能不如人们预期的那么明显。运动引起肌肉疲劳或疼痛的意义可以有不同的理解，对年轻人而言是良好锻炼的标志，但对老年人而言则是受到伤害的标志，尤其是对存在骨关节炎症状的老年人。所以年轻人更多关注运动的益处，而老年人则关注运动带来的损伤。

通过将自我调节过程与自我认同的维持联系起来，我们可以看到，患病期间的健康行为，以及在预期或没有健康风险的情况下的健康行为都是基于相同的自我调节系统。触发个体健康行为的症状体验也可能被个体对自身健康状况的评估代替，老年人对自身健康的负面评价将促使他们采取更积极的健康行为，例如减少脂肪摄入量。但是，个体对健康的自我评估是一种抽象的概念，在激励健康行为方面可能不如个体的虚弱或相反的体验那么明显，如对特定身体需求的幸福体验。遗憾的是，自我感觉良好并不是对健康有益的可靠提示。

行动计划　推迟到本节才讨论在没有疾病或疾病风险的情况下进行自我调节的行动计划，并不是因为在患病期间健康计划不重要，而是因为在健康状态下开展这些计划似乎更重要。尽管健康计划不足以直接激励健康行为，但它们对行为的开展至关重要。在将动机转化为绩效方面，计划具有非常强大的作用，有以下几个方面的原因：首先，它们使行为自觉化。一个好的计划会明确具体的指示、时间和地点来开始行动。计划是这一过程的起点，它的出现既是暗示，也是对后续行为的激励，例如在一天中的正常时间想要前往健身房或者骑自行车锻炼，通常会先找到并穿上健身衣、运动鞋等。其次，不管是锻炼、购买水果和蔬菜，还是做一次低

脂餐，计划都会将这些行为纳入正在进行的日常生活之中。定义行动框架，选择健康行动的地点、时间，以及对结果的发展（思考）的期望，这些都是行为常规化的一部分，使之成为生活的必要条件。鉴于个体对事件的主观感受有非常大的差异，通过观察他人行动并以此激励自己开展健康行动是比较困难的。我们猜想，促进个体开展健康行动的动力也许是对幸福的憧憬。

结论：自我调节真的能够有效控制疾病风险吗?

我们关注的重点一直是参与自我调节过程的因素，以及不同因素的显著性变化。关注的背景是诊断或疑似疾病的存在或不存在，以及是否存在疾病的症状或功能指标。症状和功能在个体的行为开始和评估中起着重要作用，通常比客观疾病指标更重要。事实上，这种经验因素指导行为和行为的客观影响的匹配与否是理解自我调节能在长期产生效益或伤害的核心。对于无症状的慢性病和慢性发作性疾病，行为管理越来越复杂。在高血压和糖尿病自我调节行为上主观收益的缺乏使得长期维持动机和行为十分困难。到目前为止，将控制从主观指标转移到客观指标已被证明有一定的好处，是促进个人健康无病、无症状的方法。主观感觉与客观状态的匹配和不匹配，如吸烟者通过吸烟可以感觉减压和放松等，都给健康行为计划提供了机会和障碍。促进行为自动化和集成到日常生活中的计划在所有环境中都起着关键作用。

最后，将健康行为的主题置于自我调节的背景下，强调了个人因素、疾病威胁的表征、评估的启发式、实施计划和健康自我评估。社会背景被认为是激励健康行为的触发因素，但在更全面地处理社会和个人层面因素之间的相互作用时，需要单独对待自我调节的框架。

另请参阅：心血管系统；决策制定和日常问题的处理；糖尿病；饮食和营养；运动和身体活动。

拓展阅读

Cameron LD and Leventhal H（eds.）（2003）*The Self-Regulation of Health and Illness Behavior*. London：Rouledge，Taylor & Francis Books，Ltd.

Cooper R，Cutler J，Desvigne-Nickens P，Fortmann SP，Friedman L，Havlik R，Hogelin G，et al.（2000）Trends and disparities in coronary heart disease，stroke，and other cardiovascular diseases in the United States：findings of the national conference on cardiovascular disease prevention. *Circulation* 102：3137-3147.

Dracup K and Moser DK（1997）Beyond sociodemographics：factors influencing the decision to seek treatment for symptoms of acute myocardial infarction. *Heart Lung* 26（4）：253-262.

Gonder-Frederick LA，Cox DJ，and Ritterband LM (2002) Diabetes and behavioral medicine: the second decade. *Journal of Clinical and Consulting Psychology* 70: 611-625.

King AC, Rajeski J, and Buchner DM (1998) Physical activity interventions targeting older adults: a critical review and recommendations. *American Journal of Preventive Medicine* 15: 316-333.

Knowler WC, Barrett-Connor E, Fowler SE, Hamman RF, Lachin JM, Walker EA, et al. (2002) Reduction in the incidence of type 2 diabetes with lifestyle intervention or metformin. *New England Journal of Medicine* 346 (6): 393-403.

Kolata G (2005) Slowly, cancer genes tender their secrets. *Science Times* (*New York Times*) Tuesday December 27, Section F, pages 1 and 6.

Leventhal H, Idler E, and Leventhal EA (1999) The impact of chronic illness on the self system. In: Contrada R and Ashmore R (eds.) *Self, Social Identity, and Physical Health*, vol. 2, pp. 185-208. New York: Oxford University Press.

Leventhal H, Halm E, Horowitz C, Leventhal E, and Ozakinci G (2004) Living with chronic illness: a contextualized, self-regulation approach. In: Sutton S, Baum A, and Johnston M (eds.) *The Sage Handbook of Health Psychology*, pp. 197-240. London: Sage.

Leventhal H, Cameron L, Leventhal E, and Ozakinci G (2005) Do messages from your body, your friends, your doctor, or the media shape your health behavior? In: Brock T and Green M (eds.) Persuasion, *Psychological Insights and Perspectives*, 2nd edn., pp. 195-224. Thousand Oaks, CA: Sage Publications.

Levy BR and Myers LM (2004) Preventive health behaviors influenced by self perceptions of aging. *Preventive Medicine* 39: 625-629.

Martin R, Lemos K, and Leventhal H (2001) The psychology of physical symptoms and illness behavior. In: Asmundson G, Taylor S, and Cox B (eds.) *Health Anxiety: Clinical and Research Perspectives on Hypochondriasis and Related Conditions*. New York: John Wiley and Sons.

McDonald HP, Garg AX, and Haynes RB (2002) Interventions to enhance patient adherence to medication prescriptions: scientific review. *Journal of the American Medical Association* 288 (22): 2868-2879.

Phillips LS, Branch WT, Cook CB, Doyle JP, El-Kebbi IM, Gallina DL, Miller CD, Ziemer DC, and Barnes CS (2001) Clinical inertia. *Annals of Internal Medicine* 135: 825-834.

Pressman SD and Cohen S (2005) Does positive affect influence health? *Psychological Bulletin* 131: 925-971.

译　者：董亭月［中共北京市委党校（北京行政学院）］

自主神经系统

S. E. 博斯特，S. 戈斯瓦米，D. T. 洛温塔尔，D. 纽厄尔　老年医学研究、教育及临床中心、干部管理医学中心及佛罗里达大学，盖恩斯维尔，佛罗里达州，美国

词汇表

肾上腺素能（Adrenergic）——具有肾上腺素或去甲肾上腺素的性质。将具有与肾上腺素相似效应的药物称为肾上腺素能药物，即具有可使神经末梢释放去甲肾上腺素及使细胞表面受体结合去甲肾上腺素和肾上腺素的作用。

压力感受性反射（Baroreceptor Reflex）——是对血压瞬时调节的机制，压力感受器分布于躯干上部的动脉，当动脉血压降低时，其将冲动传入大脑，激活交感神经系统，从而升高血压。

儿茶酚胺（Catecholamines）——自主神经系统中所有具有激素及神经递质作用的胺类递质。以肾上腺素、去甲肾上腺素及多巴胺为代表。肾上腺素（epinephrine）、去甲肾上腺素（norepinephrine）以前在英国分别被称为“adrenaline”和“noradrenaline”。

胆碱能神经元（Cholinergic）——具有乙酰胆碱的性质；指可以模拟乙酰胆碱的药物，使神经末梢释放乙酰胆碱以及组织中细胞表面受体与乙酰胆碱结合。

神经递质（Neurotransmitter）——神经冲动产生时由神经末梢释放的化学物质，神经递质由突触间隙弥散至邻近细胞，与其受体结合，发挥生理作用。

体位性低血压（Postural Hypotension）——突然站立后躯干上部动脉血压降低。

肾素（Renin-Angiotensin System）——血管紧张素系统，对血压及血浆容量长期调节的机制，血压下降或交感神经兴奋促使肾小球旁器释放肾素。肾素的酶促作用促使血管紧张素Ⅱ生成。血管紧张素Ⅱ是外周血管的收缩剂，可刺激醛固酮释放，促进肾脏对钠和水的双重吸收。

引言

自主神经系统（autonomic nervous system，ANS）控制不自主运动、自主神经及内脏功能活动，包括对心率、血压、消化系统的运动、消化腺的分泌、膀胱及性功能进行的调节。表 1 列出了由 ANS 引发的主要反应。身体对 ANS 的反应是非自主性的。与此不同的是，人体的神经系统控制骨骼肌的随

意运动。大脑皮质运动区控制躯体运动。自主神经中枢位于脊髓、脑干和下丘脑，同时也接受来自大脑皮质边缘区的更高级的控制。

ANS 由三个独立的部分组成：交感神经系统（sympathetic nervous system，SNS）、副交感神经系统（parasympathetic nervous system，PNS）和肠神经系统（enteric nervous system，ENS）。交感神经系统与副交感神经系统由中枢控制，在解剖及生化方面具有明显的差异，同时，它们部分性地拮抗对方所触发的生理活动。交感神经系统的激活使机体处于觉醒与预备状态，而副交感神经系统一般控制消化道的运动和消化腺的分泌。肠神经系统是控制胃肠运动的内在神经系统。

表 1　与老化相关的自主神经反应[a]

	交感神经反应	副交感神经反应	增龄效应
心脏			
窦房结	β_1 增加心率	**降低心率**	β_1 反应减弱
传导系统	β_1 增加自律性	**降低自律性**	β_1 反应减弱
心室	β_1 增加收缩力		β_1 反应减弱
血管			
细动脉	**α_1 收缩血管**	—	—
动脉	β_2 舒张血管	—	β_2 反应减弱
静脉	α_1 收缩血管	—	—
眼			
睫状肌	—	视近物时收缩	—
虹膜辐射肌	α_1 瞳孔扩大	**瞳孔收缩**	—
肺			
平滑肌	β_2 支气管舒张	支气管收缩	—
分泌活动	α_1 抑制分泌；β_1 促进分泌	促进分泌	—
唾液腺			
水分及电解质	—	促进分泌	—
蛋白质	β 促进分泌	—	—
汗腺			
手掌及足底	α_1 促进分泌	—	—
躯体发汗	胆碱能促进分泌	—	发汗减弱
胃肠道	减少胃肠蠕动	促进胃肠蠕动	促进胃肠蠕动
	收缩括约肌	舒张括约肌	—
肝糖原输出	α_1，β_2 促进输出	—	—
		—	—
肾上腺髓质	分泌儿茶酚胺	—	—

[a] 表格内加粗标题表示交感神经系统及副交感神经系统起主导作用。

自主神经系统的概况

解剖

躯体运动神经起自脊髓，轴突不需换元而直接作用于骨骼肌。ANS 在脊髓也有神经元，但其轴突到达靶器官之前还需与周围的交感神经元进行换元。因此，自主神经通路从脊髓到靶组织包含节前和节后两个神经元。

交感神经起自胸髓及腰髓，发出纤维，在临近脊柱时逐渐变成交感神经链。有些纤维的突触与交感链的神经节相连接，这样的结构可以同时激活交感链上方或下方的纤维。其他纤维直接穿过交感链与两个重要的周围交感神经节相连：腹腔神经节和下腹部神经丛。总而言之，交感神经的冲动呈弥漫性播散，常见的许多交感神经反应是同时发生的。这一完美的系统可使机体处于应激状态，并应对急变、血压升高、心率增加、血糖升高、瞳孔扩大及胃肠道蠕动减慢。交感神经系统的活动一般比较广泛。交感神经纤维刺激肾上腺髓质分泌肾上腺素、去甲肾上腺素至体循环，这两种激素可激活多种表达肾上腺素能受体的组织，包括无神经支配的组织。交感神经系统活动的广泛性对于精准地测量其活动的变化是个难题。有一些技术用于检测老年人去甲肾上腺素的含量，血液标本取样方法包括电极植入和动脉化静脉血。

PNS 的结构较 SNS 简单。副交感神经起自颅神经或骶髓。副交感神经核发出节前纤维至副交感神经，这些神经节位于靶器官的周围或其内部。节后神经元非常短。副交感神经的解剖结构决定其具有非弥散激活的特性。副交感神经反应通常单独诱发。ENS 分为肌间神经丛和黏膜下神经丛，前者支配平滑肌的运动，后者控制腺体的分泌。自主神经对 ENS 具有支配作用，交感神经兴奋抑制胃肠运动，减少胃肠道的血流量，抑制胃肠黏膜转运功能。副交感神经兴奋则促进胃酸和胃蛋白酶的分泌，促进胃肠蠕动及水和电解质的转运。

神经递质及受体

SNS 与 PNS 中有三种主要的突触类型，分别是肾上腺素能受体，分布于交感神经支配的靶器官；毒蕈碱胆碱能受体，分布于副交感神经支配的效应器官；烟碱胆碱能受体，分布于交感和副交感神经节中。有两个原因可解释年龄对于突触后受体产生的效应。首先，受体自身或生化性质的改变，在减弱随年龄变化而改变的自主神经效应方面发挥重要作用；其次，影响 ANS 的药物作用靶点主要位于这些受体。因此，药物的效应可能也会随年龄而改变。

乙酰胆碱（Acetylcholine，ACh）在自主神经节和副交感神经的效应器中均有分布，但以上两个位点中的受体却是不同的。根据突触后受体与毒蕈碱和烟碱结合的能力，将分布于自主神经节的受体称为烟碱样受体，将分布于 PNS 效应器中的受体称为毒蕈碱样受体。去甲肾上腺素是分布于交感神经效应器的神经递质（参见“神经递质和神经营养因子”）。根据其优先结合激动剂和拮抗剂的情况，将其结合的受体分为α型肾上腺素能受体和β型肾上腺素能受体。临床上已合成许多药物特异性地激动或阻断α受体、β受体以及毒蕈碱受体。在某些情况下，随着年龄的变化，这些药物的效应和作用也会发生改变（之后讨论）。作用于自主神经节烟碱受体的药物在临床上的运用还比较局限，因为这些药物既影响SNS，又影响PNS。

自主反应及主导作用原则

如上所述，SNS和PNS通常作用于相同组织。SNS与PNS的作用往往相互拮抗，但对某一器官的作用也可相互协同。当两者同时作用于同一组织器官时，静息状态下的一方兴奋性强于另一方，将此种情况称为主导作用，表1列举出重要组织器官的优势功能状态。也将主导作用称为“静息主导”“固有主导”等。

对心率的控制体现主导作用。交感神经兴奋会加快心率，副交感神经兴奋则减慢心率，机体处于安静状态时，副交感神经的兴奋增强，交感神经则相对抑制，ACh释放于心脏中，而去甲肾上腺素不释放。最终，静息状态下的心率慢于无自主神经参与时的心率。当受试者处于运动状态时，所有情况与上相反，交感神经的兴奋性增强，心率急剧加快。因此，在静息状态下，副交感神经对心脏活动起主导作用，而在运动状态下，交感神经占主导作用。

从激动剂（激活受体）和拮抗剂（阻断受体）的作用而言，主导作用非常重要。激动剂模拟神经递质的作用，直接激活受体，因此，总会产生效应。相反，只有当激动剂和神经递质的作用被阻断时，拮抗剂才会发挥作用，因此，拮抗剂对器官和组织几乎没有主导支配作用。阿托品（M受体阻滞剂）可阻断乙酰胆碱而具有降低心率的作用，普萘洛尔（β受体阻滞剂）可阻断去甲肾上腺素加快心率的效应。阿托品可明显提高静息状态下的心率，而对于同一个体，普萘洛尔几乎对静息状态下的心率不起作用（参见“心血管系统”）。

增龄相关的解剖结构的变化

随着年龄的变化，神经系统发生较大改变，其在影响ANS的同时也影响其他神经系统部分。神经系统的重量及体积在青春期达到最大值，从中年期开始呈进行性下降，一些脑区会有所幸免，例如顶叶和脑干。周围神经的纤维及髓鞘的形成随着年龄的增长而减少，神经元的数目也随着年龄的增长而减少，但很难评估其损失程度。而剩余的神经元的细胞体积及树突数量均有所减少，通过神经元中棕色脂肪脂褐素的沉积确定神经系统的老化为目前最可靠的标记物。新生儿神经元中无脂褐素，但其呈进行性聚集至神经元老化，即60%~70%的神经元包含脂褐素。在自主神经节中，随着年龄的增长，脂褐素积聚、神经元纤维缠结增加及儿茶酚胺含量降低均可通过追踪去甲肾上腺素荧光进行评估。神经节中的细胞数未发生改变，但其神经轴索发生明显萎缩，神经纤维肿胀，直径长达 5~30 μm。由于很难研究人类自主神经的分布及其密度，因此，我们主要依赖动物实验的数据。一项人体研究调查显示：支配胫后动脉的交感神经随着年龄的增长而减少。动物实验数据虽获得一致认可，但其提示分布于某些组织的交感神经随着年龄的增长而减少，例如动脉比静脉更容易受到影响。

增龄相关的自主神经功能改变

交感神经系统

儿茶酚胺循环 去甲肾上腺素的循环量随着年龄而增长，而肾上腺素的含量不发生变化。存在于循环系统中的去甲肾上腺素主要来自肾上腺能神经。与此不同的是，所有肾上腺素均来自肾上腺髓质。去甲肾上腺素释放至突触间隙后，或被分解，或被同一神经末梢再摄取，或溢出突触间隙，重吸收至血液循环，毛细血管床间隙清除率降低、交感神经末梢释放增多都有可能提高老年人的去甲肾上腺素水平，但后者更具数据支持。

运动、站立及心理测试均可增加血液循环中的肾上腺素及去甲肾上腺素的含量。老年人的去甲肾上腺素含量极大升高，但肾上腺素的升高并非如此。因为肾上腺素来源于肾上腺髓质，而去甲肾上腺素主要来源于肾上腺能神经末梢。总而言之，任何情况下的交感神经兴奋均可导致老年人，尤其是老年男性的去甲肾上腺素含量升高，用微电极技术测量交感神经的活动可以更直接地证实这一点，研究发现老年人去甲肾上腺素水平升高。

交感神经末梢去甲肾上腺素释放的增加与以下两点有关：第一，随着年龄的增长，交感神经在许多重要靶组织的反应性有所减弱，因此增加去甲肾上腺素的释放量，以使衰弱的靶组织获得足够的反应性；第二，压力感受器的敏感性下降，当颈动脉或其他血管的压力升高、血管舒张时，激活压力感受器（其反过来抑制交感神经活动），交感神经的兴奋性受到抑制，从而降低心率和血管阻力，降低血压。老年人的血管硬化，弹性减弱。因此，压力感受器的敏感性降低导致去甲肾上腺素含量的升高，促使老年人高血压形成，虽然 α-受体的反应性可能随着年龄的增加而轻度下降，但压力感受反射的血管收缩性与年龄无关。

β-肾上腺素能与 α-肾上腺素 这两者均能参与心脏活动，交感神经释放去甲肾上腺素，刺激 β-受体，介导心率和心肌收缩力的增加。随着年龄增长，β-R 的反应性有所下降，导致人体在运动时心排血量不能按需增加。因为运动受心排血量的影响，故运动耐量也会有所下降。β-R 兴奋性还与体位的血流动力学相关。例如，当人突然站立时，主动脉血压降低，β-R 兴奋性增加，因此，老年人 β-R 反应性下降导致体位性低血压的发生，或站立后无法维持正常血压。衰老存在的主要问题是：20~75 岁会有 90%的窦房结细胞发生缺失，心肌中 b-受体与细胞内信号传导的解偶联导致收缩力增加。

随着年龄增长，β-肾上腺素能扩血管的作用也有所减弱。研究显示，老年受试者手背静脉首次接受苯肾上腺素（α-受体激动剂）收缩后，其对异丙肾上腺素（β-受体激动剂）的反应性有所下降。对异丙肾上腺素刺激后发生反应的最大值及敏感性均会随着年龄增长而下降。因其对罂粟碱、硝普钠的扩血管的效应不发生改变，因而推论血管松弛能力本身与年龄无关。

由于β-受体激动剂可舒张支气管平滑肌，故其可用于治疗支气管哮喘，肾上腺素神经支配肺脏黏膜下腺及支气管动脉，但不支配支气管平滑肌。β-受体激动剂间接地拮抗副交感神经的收缩支气管平滑肌的效应。肾上腺素能神经支配副交感神经节，通过抑制胆碱能的分泌而舒张支气管。动物实验研究表明，β-受体激动剂舒张支气管的效应随着年龄的增长而减弱。某些组织中的α-肾上腺素能受体的效应性随着年龄的增长而减弱，其收缩动脉的效应与年龄无关，但收缩静脉的作用逐渐减弱。β-受体兴奋心脏活动，α-受体刺激静脉收缩，两者均可使体位性血流动力学发生改变，因此，两种效应随着年龄的增长而减弱，因而老年人常出现体位性低血压。

动物及人类的研究表明，交感神经对自身免疫性疾病具有保护性作用。就小鼠而言，交感神经末梢分泌的化学递质的减少会促发不同种类自身免疫性疾病的发生。β-受体激动剂（异丙肾上腺素）对此种同类型的自身免疫疾病也具有保护作用，因此，尽管尚未证实，减弱肾上腺素能神经效应可能与老年人发生的自身免疫疾病有关。

体温调节功能也逐渐老化，使机体易发生低温或高热。尽管交感神经活动促进汗腺分泌的功能是正常的（交感神经活动促进汗腺分泌），但汗腺的减少易导致高热。非战栗产热减少，尤其是β-肾上腺素兴奋后产热的棕色脂肪的数量减少，导致低体温的发生。

副交感神经系统和肠神经系统

由于老年人窦性心律变慢，为了代偿这种情况，副交感神经或心迷走神经张力有所降低，通过其对毒蕈碱受体阻滞剂阿托品的反应性即可验证。阿托品升高心率的作用随着年龄的增长而减弱。在动物研究中，有直接证据表明，心脏副交感神经活动反应性随着年龄的增长而减弱，减慢心率的作用以及对胆碱能激动剂的反应性也有所下降。

副交感神经兴奋支气管平滑肌，收缩支气管。动物研究表明，此现象随着年龄的增长而加剧，这是由于ACh酯酶（终止ACh作用的酶）的含量降低，使突触中的乙酰胆碱活性存在的时间延长所致。

老年人的胃肠道功能下降，而且某些功能的减弱提示自主神经功能障碍，重点是要将其与药物副作用所致的胃肠功能障碍进行鉴别，老年人会出现吞咽困难、便秘等症状及胃排空时间及肠道运输时间延长，钙及脂肪吸收减少。大鼠实验模型证实，水、糖、氨基酸的运输也会有所减少，老年人的肠神经丛分布密度也有所下降。胃肠道功能减退与年龄有关，ENS 对此至关重要。伴随氮能神经元的保存，会有特定内源性感觉神经元的丢失，由动物模型可推断出肠神经功能的改变与肠易激综合征及其他相关疾病密切相关。副交感神经对胃肠道的支配作用减弱，使腺体分泌减少及胃肠蠕动减慢，导致老年人易出现贲门失弛缓症及假性肠梗阻。贲门失弛缓症是由于食管下端括约肌舒张不全而导致食物无法顺利通过、吞咽困难、迷走神经的副交感部分放电介导括约肌舒张，但其功能也随着年龄的增长而减退。假性肠梗阻是指大肠没有梗阻发生而扩张，几乎都发生在老年人身上（参见“胃肠道系统的功能和功能障碍”）。PNS 主要控制唾液中稀薄液体和电解质的分泌，口腔干燥症在老年人中常见，但副交感神经对唾液腺的支配与年龄无关，且与口腔干燥症关系不大。

自主神经系统在心血管活动中的作用的变化

控制血压

跌倒及随之而来的髋骨骨折风险是老年人常见病的重要问题之一，自主神经功能失调易导致体位性低血压，从而使大脑短暂性灌注不足，增加跌倒风险。通常情况下，站立后较平卧时收缩压下降 20 mmHg，舒张压下降 10 mmHg，或站立 2~5 分钟内出现脑供血不足的症状，即为体位性低血压。在 65 岁以上人群中，约有 30% 发生体位性低血压，老年人发生体位性低血压的原因包括β-受体兴奋心脏活动的作用减弱、血容量不足、药物因素导致体位性血流动力学的反应性减弱。慢性低血容量是老年人的常见病。虽然自主神经功能正常，但伴随严重血容量不足的患者仍可出现体位性低血压，研究显示，为期 6 个月的血管耐力训练可扩张血容量，这有助于改善体位性低血压。

碳水化合物餐使餐后 1 小时血压下降的程度达到最高，故餐后低血压也是老年人的常见问题，由于机体无法代偿餐后胃肠道的血管扩张，故而出现餐后低血压。正常情况下，为提高餐后 SNS 活性，血清去甲肾上腺素水平会升高 2~3 倍，但老年人的此项功能却有所下降，餐后低血压的临床意义还有待深究，其可能促成脑卒中或心肌梗死发生，也可促使体位性低血压的发生。老年人心脏前负荷的增加也易导致体位性低血压及晕厥的发生，心房钠尿肽的水平随着心脏前负荷的增加而升高，从而促进钠水的排出，降低血容量。

运动时的表现

机体处于运动状态时，SNS 兴奋，介导心排血量增加。运动时，心率加快，心肌收缩力增强以及心脏每搏输出量增加，供应骨骼肌的血管扩张，供应其他组织的血管收缩，使骨骼肌得到更多血液供应。β-肾上腺素能兴奋心脏活动及扩张骨骼肌血管的功能在老年人身上有所减弱。运动时，在达到无氧阈及乳酸堆积前，心排血量即增加，因此，自主神经功能障碍可能会限制老年人的运动能力，但这也与其他诸如心脏储备减少、外周循环因素、肌纤维减少（参见“运动控制”）等因素相关。保持健康的生活方式在保持老年人心脏自主神经应答及压力感受性反射的敏感性方面至关重要。

老年人常见的自主神经功能紊乱

原发性自主神经功能衰竭是SNS节后神经元的退行性病变。老年人诸如体位性低血压、体温调节功能障碍（由于不能出汗）、低循环儿茶酚胺、阳痿、胃肠道及泌尿道功能障碍等症状更为严重，老年人长期卧床会导致下肢节后神经节功能障碍，可能致使其行走不能，进而增加失控和跌倒风险。专家建议应密切监测个体的活动时间，并在病情发展的早期适当进行走动。

多系统萎缩（或称夏—德综合征）为SNS节前神经元病变，其退行性病变主要发生在大脑交感神经的中枢和胸髓侧角。在夏—德综合征中，多数自主神经症状与原发性自主神经功能衰竭相同，但也常有运动功能障碍，包括马蹄足（小腿步态）。在静息状态下，循环中的儿茶酚胺的含量是正常的，但在快速站立等刺激反应发生时却不能适当升高。

帕金森病常有自主神经功能障碍，在早期有各种PNS功能障碍的发生。体位性低血压为服用左旋多巴后的不良反应，外周脱羧酶抑制剂卡比多巴通过抑制左旋多巴对中枢神经系统的作用而避免体位性低血压的发生，进而预防左旋多巴对自主神经节的副作用。随着病情的加重，帕金森病自主神经功能障碍会出现其他征象，包括泌涎增加、小肠蠕动减慢、吞咽困难。帕金森病常伴有脊髓损害，类似于夏—德综合征的运动困难的症状。自主神经功能障碍可引起与帕金森病相关的阳痿，发汗异常导致体温调节功能异常，缺乏战栗产热可能出现低体温风险。

研究发现在患有稳定性心绞痛的老年患者中，SNS在局部心肌缺血的急性发作中起一定作用，交感神经活性的长期升高既增加代谢的需求，又减少心肌的灌注。

老年人常用药物自主反应的改变

治疗老年人高血压是一把双刃剑，有效降压往往会增加体位性低血压的发生率，继而增加跌倒的发生率。α-受体阻滞剂常诱发老年人体位性低血压的发生，限制了其在治疗高血压和前列腺增生中的应用。当体位发生改变时，β-受体对心脏活动的兴奋作用会随着年龄的增加而减低，因此，随着α-受体阻滞剂的引入，应答体位变化的α和β肾上腺素能均有所受损。使用β-受体阻滞剂和利尿剂时，体位性低血压的发生率较高，而服用钙通道阻滞剂及血管紧张素转换酶抑制剂的患者发生体位性低血压的风险较低。

老年人易出现三环类抗抑郁药物的不良反应，非常有必要做心电图（electrocardiogram，ECG）以确定是否有量子共振检测仪波宽大畸形合并鉴定试验（qualification test，QT）期间延长的情况，因为这表明三环类抗抑郁药物可能会导致致命性心律失常、尖端扭转型室性心动过速的发生。三环类抗抑郁药阿米替林通过抑制去甲肾上腺素能神经元再摄取而发挥抗抑郁作用，此类药物也具α-阻断和抗胆碱能作用。由于潜在的自主神经功能失调，老年人更易受药物副作用的影响。三环类药物阻断α-受体，引起血管舒张及体位性低血压，因此，老年人偶尔会有心动过速的表现。三环类药物的抗胆碱能副作用包括口干、视力模糊、便秘及尿潴留。抑制副交感神经分泌唾液及电解质会导致口干，参与眼的近反射的睫状肌收缩功能受损导致视力模糊，新型5-羟色胺选择性重摄取抑制剂类抗抑郁药，如氟西汀（百忧解）、舍曲林（左洛复）及帕罗西汀通过抑制5-羟色胺而非去甲肾上腺素的再摄取而发挥作用，这些药物的副作用是否在老年人身上存在特殊问题仍有待观察。

另请参阅：心血管系统；胃肠道系统的功能和功能障碍；神经递质和神经营养因子。

拓展阅读

Amenta F（ed.）（1993）*Aging and the Autonomic Nervous System*. Boca Raton, FL：CRC Press.

Bannister R（ed.）（1988）*Autonomic Failure：A Textbook of Clinical Disorders of the Autonomic Nervous System*, 2nd edn. Oxford, UK：Oxford University Press.

Borst SE and Lowenthal DT（1991）Cardiovascular drugs in the elderly. In：Brest A（ed.）*Cardiovascular Clinics：Geriatric Pharmacology*, pp. 161-173. Philadelphia, PA：FA Davis Co.

Chierchia S, Muiesan L, Davies A, Balasubramian V, Gerosa S, and Raftery EB（1990）Role of the sympathetic nervous system in the pathogenesis of chronic stable angina：implications for the mechanism of action of beta blockers. *Circulation* 82（3：supplement II）：II-71-II-81.

Guyton AC（1991）*Textbook of Medical Physiology*, 8th edn. Philadelphia, PA：W. B. Saunders Co.

Haigh RA, Harper GD, Burton R, Macdonald IA, and Potter JF（1991）Possible impairment of the sympathetic nervous system response to postprandial hypotension in elderly hypertensive patients. *Journal of Human Hypertension* 5：83-89.

Hockman CH（1987）*Essentials of Autonomic Function*. Springfifield, MA：Charles C. Springer.

Kihara M, Takahashi M, Nishimoto K, Okuda K, Matsui T, Yamakawa T, and Okumura A（1998）Autonomic dysfunction in elderly bedfast patients. *Age and Ageing* 27：551-555.

Landsberg L（1994）Introduction：increased sympathetic nervous system activity in the elderly. *British Journal of Clinical Practice Symposium Supplement* 74：1-3.

Loewy AD and Spyer MK (eds.) (1990) *Central Regulation of Autonomic Functions*. New York: Oxford University Press.

Lowenthal DT, Kirschner DA, Scarpace NT, Pollock M, and Graves J (1994) Effects of exercise on age and disease. *Southern Medical Journal* 87 (5): S5–S12.

Masuda Y and Kawamura A (2003) Role of the autonomic nervous system in postprandial hypotension in elderly persons. *Journal of Cardiovascular Pharmacology* 42 (supplement 1): S23–S26.

Robertson D (ed.) (2004) *Primer on the Autonomic Nervous System*. New York: Elsevier/Academic Press.

Rooke GA (2000) Autonomic and cardiovascular function in the geriatric patient. *Geriatric Anesthesia* 18 (1): 31–46.

Shrier RW (1974) Effects of adrenergic nervous system and catecholamines on systemic and renal hemodynamic, sodium and water excretion and renin secretion. *Kidney International* 6 (5): 291–306.

Wade PR and Cowen T (2004) Neurodegeneration: a key factor in the ageing gut. *Neurogastroenterology Motility* 16 (supplement 1): 19–23.

Weber GA and Cardile MA (1993) Neurologic manifestations in the lower extremity in elderly persons. *Clinics in Podiatric Medicine and Surgery* 10 (1): 161–179.

译　者：李　放（首都医科大学附属复兴医院）

自尊

R. 吉亚鲁索 加利福尼亚州立大学，洛杉矶，加利福尼亚州，美国
V. L. 本特森 南加利福尼亚大学，洛杉矶，加利福尼亚州，美国

词汇表

队列（Cohort）——出生在同一时期的个人：要么是同一年，要么是同一个 10 年。

队列顺序（Cohort-Sequential）——对来自一个以上的出生队列中的个体在多个时间点进行研究的设计。这种设计允许分离老化、队列资格及社会或文化事件的影响。

横断面设计（Cross-Sectional Design）——一种只在一个时间点研究一组个体的设计。年龄效应是在群体中的个体之间发现年龄差异时假定的。然而，年龄效应和队列效应在本研究设计中有所混淆。

纵向设计（Longitudinal Design）——在多个时间点上研究一组个体的设计。年龄效应是假设相同的个体从一次测量到另一次测量表现出变化。然而，如果这个研究设计被用于单一队列，那么年龄与测量时间是混淆的。

重复横断面设计（Repeated Cross-Sectional Design）——在不同时期对来自同一出生队列的不同群体的个体进行研究的一种设计。如果发现在不同的时间点组间存在差异，则假定有老化效应。

角色（Role）——对在社会中拥有一定地位的个人的权利和义务的期望。

引言

自我概念指的是一个人对作为客体的自己的整体态度。它由三个部分组成：认知、评价和意动。认知成分是指个体根据自己所扮演的角色或用来描述自己的特征来识别自己的方式。评价成分代表了个人喜欢或不喜欢自我定义的身份的程度，反映了他们的自尊。意动成分对应于个体由于现实自我（real self）与理想自我（ideal self）之间的差异而维持或改变自己的动机。由于大多数关于自我概念的实证研究都是关于自尊的，所以自尊是本文的重点。

老年学家关注的是自尊在整个生命历程中发生变化或保持稳定的程度。我们有理由相信，自尊在晚年生活中可能会降低，因为随着个体的发展，他更有可能遭遇年龄歧视、角色丧失或健康问题。另一方面，在以后的生活中，自尊可能会因为成熟期的发展

而提升。同样值得关注的是预测老年人自尊的因素。如果要采取干预措施，了解成年后期自尊的预测因素是很重要的。本文的主要目的是检验关于自尊随着时间推移保持或变化的理论、方法和经验证据。第二个目的是描述老年人自尊的预测因素。本文的第一部分主要涉及年龄组间的差异，第二部分涉及年龄组内的差异。

由于篇幅的限制，老年学家感兴趣的第三个问题——成功老龄化在多大程度上是由自尊调节的——不在本文讨论之列。研究已经开始表明，自尊可能是健康行为、应对能力和幸福感的重要因素。

生命历程中自尊的稳定性与变化

自尊会随着年龄的增长而改变吗？还是由一个人成年后的时间所决定？老化的过程对自尊有积极的还是消极的影响？如果自尊在生命历程中发生变化，是线性变化还是曲线变化？哪些理论对这些问题的研究具有指导意义？本节介绍了有关这一主题的理论、方法和实证文献。

关于生命历程中自尊的稳定性与变化的理论

自尊是否会随着年龄的增长而改变的问题可以从不同的理论角度来探讨。这些观点并没有提供一套需要检验的明确命题；相反，人们提出，自尊是否会改变和何时会改变，如果会改变，那么在生命历程中这种变化的方向是什么。其理论方法包括：（1）人格特质心理学；（2）毕生发展心理学；（3）角色理论；（4）生命历程理论视角。

人格特质理论　自尊是否在生命历程中发生变化的问题，可以放在老年学研究正在进行的关于人格是否随年龄增长而变化的更大的辩论中加以考虑。在老年社会心理学中，人格变化或保持稳定的程度是一个长期存在的问题。因此，在这种背景下考虑自尊和老化可能是有启发性的，因为许多有关稳定性的方法论和理论问题都是相同的。

传统上，人格特质被定义为个体在不同情况下表现一致的倾向，只有经过训练的观察者进行投射测试或行为观察才能测量其特征。然而，当前对人格特质的定义被扩大到包括个人思想和感情中的跨情境一致性。因此，研究人员能够在大样本和纵向设计的研究中，通过调查与问卷来获得可靠的人格特质的测量。

当代人格理论家最常见的衡量特质的方法是，从被调查者对若干规模化调查项目的自我报告中进行推断。也就是说，测量人格的方法和测量自我概念的方法是一样的，这使得人格研究与自我概念研究相结合。

自尊是指自我概念中的情感或评价成分，而人格则代表认知成分。尽管存在这一重要区别，许多研究人员仍将自尊视为一种人格特质。由于人格特质被认为是稳定的（至少在个体成年后），所以特质理论家会预测自尊将在整个生命历程中保持稳定。

毕生发展理论　毕生发展心理学起源于弗洛伊德、埃里克森和皮亚杰的著作。这些理论都认为，由于生物学基础，发展是普遍存在的，并发生在与年龄大致相对应的一系列阶段中。

埃里克森的八阶段理论是第一个包含成人发展阶段的理论。在第六阶段——亲密对孤独的冲突，个体参与了择偶、家庭形成和职业发展。一旦解决了问题，个体就会进入第七阶段，即繁育对停滞的冲突，在这个阶段，个人关注生产力、创造力，并指导年轻一代。最后一个阶段，即自我整合对失望的冲突，个人变得不那么关心成就，而更多地接受他们的生活是有意义的这一判断。

更近一些的毕生发展理论家提出了类似的发展顺序。成年早期和中期的特征是关注自我、权力、成就和控制。相反，成年后期的特征是自我关注的减少和自我接纳的增加。成人发展阶段的理论表明，衰老与对自我和他人的接受程度的日益增长有关。

从毕生发展的角度来看，衰老不仅是一个问题，也是一个积极的过程。个体可能从生命早期和中期高度的自我参与和自我服务活动发展到晚期高度的利他主义和内在性。这些类型的发展变化导致对自我的评价不那么具有批判性。因此，基于这个观点，人们可以预测自尊会在整个生命历程中逐渐提升。

角色理论　社会学家批评毕生发展理论忽视了社会结构对整个生命历程的稳定和变化的贡献。从社会学的角度来看，对包括自尊在内的各种行为和态度，与年龄有关的角色比按时间顺序排列的年龄更重要。

角色是连接个人和社会的纽带。根据角色理论，个体在他们所扮演的各种角色中通过与他人的互动来发展他们的自我意识。因为角色关系是相对持久和有组织的，角色可以成为自我认同稳定性的源泉。由于角色与社会的规范和价值密切相关，角色不仅使个人与社会融为一体，而且使生活变得有意义。

在人生的不同阶段，个体会经历角色获得、角色转换和角色丧失的过程。年龄也会影响角色进入和退出。在成年早期和成年中期，个人获得并过渡到许多新的角色，如职业、婚姻和父母角色。参与多重角色为个人提供了许多机会，使其获得社会回报，以及对能力和成就的感觉。参与社会角色会在生命周期的这些阶段产生高度的自尊。然而，在成年后期，个人会经历角色丧失，如退休、丧偶、空巢和健康状况下降，因此，个人与社会的融合程度较低，获得社会回报的机会较少，对能力和成就的感觉也较少。缺少对社会角色的参与，将会导致生命周期结束时的自尊降低。

这与活动理论（activity theory）所做的预测是一样的。活动理论是角色理论在老年人中的一种应用。根据活动理论，社会交往对维持自尊是很重要的。由于老年人在社会主体中缺乏正式的角色和地位，使得他们难以保持积极的自我评价。连续性理论（continuity theory）是老年学中使用的角色理论的另一个分支，其预测略有不同。连续性理论认为，只要个体在过去的角色和当前的兴趣和行为之间保持一定的连续性，角色活动的减少并不会导致自尊的下降。

从角色的角度来看，导致自尊会随着年龄的增长而下降的还有另外两个原因。一是人们生活在以青年为中心的文化中，这促进了对老年人的消极刻板印象的发展。老年人如果相信和接受这些消极的期望，他们就会被赋予没有吸引力的角色。这反过来又会降低自尊。二是快速的技术进步和社会变革有时会使老年人很难跟上社会的步伐。

生命历程理论视角 生命历程理论观点的支持者认为，对个体的分析必须考虑个体所处的社会文化和历史背景。宏观层面的事件，如“大萧条”、重大战争，以及各种社会和政治运动，与来自不同出生队列的个体在微观层面上的年龄分级角色转换相互作用。同时，同一事件背景下的不同出生队列可能会以不同的方式经历这些事件。例如，在越战期间，达到应征入伍年龄的个体经历的毕业、职业成就、婚姻和父母身份的角色转换，可能与年轻十岁的个体是不同的。两个出生队列的人都生活在同一历史时期，然而，这一历史时期对每个队列成员的主要角色转换的影响有很大的差异。

人与社会环境之间的这种相互作用会产生持久的影响，并可能导致不同的生命历程轨迹。这就需要对不同出生队列进行长期的比较研究，以区分年龄、时期和队列效应。

这一视角对自尊研究的重要性在于，它表明，由于社会文化或历史事件的原因，来自特定出生队列的个体的自尊水平可能一开始就低于或高于其他出生队列。这些事件可能会在生命历程中延续其对自尊水平的影响，并成为自尊稳定的来源。例如，在“大萧条”时期出生的人的自尊可能比在“大萧条”之后出生的人要低，而这种对自尊的抑制作用可能会在这个队列的生命历程中表现出来。另一方面，对自尊的影响也取决于宏观事件发生的生命阶段，以及其他事件是否发生在生命的后期，这些事件可能是自尊改变的主要来源。自尊变化的方向无论是积极的还是消极的，都取决于事件及其与所经历的年龄等级角色转换的交互作用。

自尊与老化研究的方法论问题

跨时间检验自尊的方法论上的挑战是什么？四个方法论问题对生命历程中自尊的稳定性和变化的研究提出了挑战：（1）研究设计；（2）测量；（3）统计分析和数据解释；（4）人口抽样。

研究设计 有关自尊的横断面研究的基本问题是，成熟和出生队列效应是混淆的。因此，要确定自尊的年龄差异究竟是代表自尊随着时间的推移而变化，还是代表队列差异是困难的。在纵向设计中，对相同的个体进行一段时间的研究，从而控制了队列间的差异。

尽管对自尊的纵向研究比横断面研究有实质性改进，但仍有几个问题需要考虑。现有的少数关于自尊的纵向研究集中在较年轻的年龄组，而排除了较年长的年龄组。此外，这些纵向研究跟踪调查对象的时间相对较短。为了充分研究衰老对自尊的影响，研究对象应该包括老年群体，理想情况下，应该对个体生命历程的几个阶段进行跟踪。

然而，即使是跨越几个生命阶段的纵向设计也不能排除其他解释。在对单个队列的纵向研究中，年龄变化与测量时间的影响会相互混淆。此外，研究中出生队列的独特历史经验（在背景分析一节中有更详细的描述）和选择性损耗的可能性也使自尊与年龄效应的联系尚不明确。

没有哪种设计能够提供关于自尊在整个生命历程中的稳定性的完全明确的结果，因为老化、测量时间和出生队列在使用的任何设计中都会被混淆。然而，研究自尊和老化的最佳方法是使用队列顺序设计（cohort-sequential design）。在队列顺序设计中，一个以上的出生队列将在相同的发展时间跨度内被跟踪，以分离出年龄、队列资格及社会或文化事件对自尊的影响。目前，关于自尊的队列顺序研究还没有发表过。

测量　一个方法论上的问题是对自尊的测量。由于大多数关于自我概念的文献都涉及自尊概念，所以这些术语经常被（不正确地）互换使用，从而导致概念缺乏精确性。同样，研究人员也用各种其他术语来指代自尊，如自我认同（self-regard）、自尊心（self-respect）和自信（self-confidence）。没有明确的定义，测量就不能充分地表示研究的构想。许多研究制订了自己独特的自尊衡量标准，而不是使用标准量表。研究人员不仅没有使用相同的工具，而且他们也很少检查这些一次性测量的有效性或可靠性。使用不同的衡量标准的做法通常会产生不同的信息，涉及整个生命历程中自尊的稳定性和变化，因此很难得出结论。

有几个标准量表可用于测量自尊，其中最受欢迎的是“田纳西自我概念量表的总正向量表”（total positive scale from the Tennessee self-concept scales）、“罗森伯格自尊量表”（Rosenberg self-esteem scale）和“蒙格语义差异量表”（Monge semantic differential scales）。这些基于年龄的分析量表的问题在于，它们的效度和信度是建立在年轻年龄组上的，并且很少计算出老年组的效度和信度。没有这些统计数据和跨年龄组的因子不变性的证据，自尊和年龄之间的相互关系很难解释。低的相互关联可能意味着年龄和自尊之间没有关系，或者该量表不适合年龄较大的群体。

统计分析　有四种方法来评估自尊的稳定性或变化：（1）结构不变性；（2）相关稳定性；（3）平均水平稳定性；（4）自我稳定性。

在对自尊的其他类型的稳定性进行评估之前，有必要确定是否存在结构上的不变性。结构不变性是指自尊的结构、组织或维度的稳定性，通常通过因子分析或聚类分析来评估。当自尊的测量维度和要素之间的关系存在时间不变性或队列不变性时，结构的不变性得以确立。

相关性是计算稳定性最常用的方法，是衡量一个人在一段时间内在自尊的等级顺序位置上的恒定性或变化的一种方法。皮尔逊（Pearsonian）、斯皮尔曼（Spearman）或肯德尔（Kendall）相关系数是计算同一组个体在不同时间点的自尊测量值。这些统计数据表明，从一次测量到另一次测量，个体相对于其他人保持自尊地位的程度。

然而，目前并没有明确的标准来评估所得到的系数水平是否真正代表了稳定性。因此，0.50的相关系数可能被一些人解释为自尊的实质性稳定的指标，而另一些人可能将其解释为实质性变化的指标。

平均水平稳定性是群体自尊水平随时间的稳定性或变化。在纵向研究中，在不同时间点对同一组个体的自尊平均得分进行了比较。注意两组平均得分和组间方差随时间推移的变化。只有在组间方差不变的情况下，组均值保持不变才能表明稳定性。如果组平均得分没有变化，但方差增加，这将表明个体的自尊差异增加了。平均水平稳定性的变化也可以使用重复横断面设计来评估。老化对自尊的影响可以通过对同一队列在不同时间的自尊的组均值进行比较来检验。

与相关稳定性一样，没有公认的标准来决定平均水平分数在统计上的显著变化是否真的具有实质意义。这就是为什么独立于样本量的效应量测量也应该伴随着平均水平或规范稳定性的分析。

自我稳定性是衡量个体自尊连续性的指标，这个研究领域少有人涉足。基于剖面图分析，它提供了个人属性是否会随时间而改变其相对位置的信息。

用于评估稳定性的方法不同，其结果可能会有所不同。使用一种方法表现出稳定性结果，并不意味着使用另一种方法也会呈现出稳定性的结果。每一种方法都提供了不同的信息，并可能导致在整个生命历程中关于自尊的稳定性或变化的不同结论。理想情况下，研究应该使用所有方法来报告结果，并尝试解释所发现的任何不一致之处。

人口抽样 在自尊研究的抽样人群中存在着大量的异质性。尽管受访者在社会人口特征、健康、出生队列等方面各不相同，但很少有人考虑这些因素在多大程度上促进了整个生命历程中自尊的稳定性或变化。此外，通过横断面研究来考察自尊的年龄差异并不能代表被调查者成年期的全部情况。例如，一些研究比较了成年早期和中期，而一些研究比较了老年人和最年长的老年人。纵向研究并没有长期跟踪个体。如果研究不纳入所有年龄组的受访者，也不对同一个体在跨越较长的生命阶段中进行考察，那么是不可能完整发现自尊在整个生命历程中的稳定性和变化模式的。

自尊与老化的实证研究

关于自尊在整个生命历程中的稳定性存在哪些经验证据？在过去的30年里，已经有成千上万的关于自尊的研究发表了。然而，令人惊讶的是，在这一主题的研究中很少涉及自尊与老化的关系。

在已发表在同行评审期刊的关于自尊的年龄差异的研究中，大多数都采用了横断面设计，使年龄和队列效应因素相混淆。此外，这些研究大多侧重于儿童期和青春期。在少数几项包括老年人的研究中，研究结果有很大差异：一些研究显示自尊随年龄呈上升趋势，一些显示没有变化，还有一些显示呈下降趋势。

关于自尊在整个生命历程中的稳定性或变化的纵向研究甚至更少。在现有研究中，对较年轻的年龄组关注较多，而排除了较年长的年龄组，并且跟踪调查受访者的时间也相对较短。研究对象包括中年和老年群体的纵向研究只有五项成果发表在同行评审的期刊上。这些研究显示，自尊在中老年时呈下降趋势。但是还无法得出确切结论，因为这些研究的随访时间只有几年。为了充分解决自尊在整个生命历程中的稳定性和变化的问题，需要进行长期的纵向研究。

老年人自尊的预测因素

在过去的 30 年中，有很多的同行评审的期刊文章考察老年人自尊的预测因素，而关于生命历程中自尊的稳定性和变化，以及自尊对幸福感的中介作用的文章却很少。这些与自尊相关的研究可以根据所研究的预测变量来分组：（1）人口统计；（2）认知；（3）角色相关。

有几项研究考察了种族、阶级和性别是否会影响老年人的自尊。一些研究发现，这些人口学因素对自尊的影响与年龄有关，或与其他因素相互影响。例如，较低的社会阶层会对老年人的自尊产生负面影响，而对年轻人却没有影响；接受公共援助会降低老年男性的自尊，但不会降低老年女性的自尊。一般来说，老年女性的自尊低于老年男子；无论性别如何，老年人的受教育程度与自尊呈正相关。

越来越多的文献调查了认知方式对老年人自尊的影响，以及认知方式是否与性别对自尊的影响之间存在相互作用。身份同化指的是个体在年龄变化的情况下保持其身份的过程，而身份适应是指个人随着年龄的增长而改变其身份的过程。研究人员发现，身份适应与自尊呈负相关，且不存在性别差异。然而，身份同化只与女性的自尊呈正相关。其他研究人员发现，不太内省或对衰老持消极态度的老年人的自尊也较低。

另一组研究考察了角色或角色行为对老年人自尊的影响。那些经历过丧偶、制度化、宗教信仰低、身体伤残或整体健康状况下降的老年人与没有经历这些角色变化的老年人相比具有更低的自尊水平。另一方面，那些能胜任工作、忠诚于配偶的角色、参加休闲活动，特别是与朋友关系亲密的老年人比没有承担这些社会角色的人的自尊水平要高。此外，退休并不一定会导致自尊的下降。

总的来说，这些研究表明，尽管老年人在生命过程中会逐渐失去自己的社会角色，身体也越来越虚弱，但他们仍然有很多方式保持自尊。

未来研究方向

自尊在生命历程中的稳定性和变化

尽管绝大多数关于自尊的研究都集中在总体自尊上，但研究人员认识到自尊是多维的，自尊的各个维度是根据其对个人的重要性进行等级划分的。由于自尊是多维的和分等级的，因此自尊的特定组成部分可能随着时间的推移而改变，以适应环境或角色的变化，而其他组成部分则可能保持稳定。

这些特定成分的变化在多大程度上影响了总体自尊，目前尚不清楚。其核心成分可能会影响总体自尊，而其他不那么重要的自尊成分的变化可能对总体自尊影响不大。因此，自尊可能同时包含稳定和变化的特性。

未来的研究应考察老化过程是否会导致自尊的日常不稳定性减少，以及这与自尊的长期稳定或不稳定有何关系。自尊可能每天都在波动，也可能在不同的情况下波动，但仍然保持一个稳定的核心。未来研究的问题不仅在于自尊在整个生命历程中是否稳定，还在于它在什么条件下是稳定的，在什么条件下会发生变化。

我们对发展、社会结构和背景过程对自尊在生命历程中的稳定性和变化的影响知之甚少。未来的研究应该着眼于发育成长、角色转换，以及生活事件的时间和顺序是如何随时间的变化影响自尊的。此外，还应研究社会文化和历史背景对不同出生队列的自尊的影响。

在方法论上，对自尊的稳定性和变化的理想研究方法应采用纵向队列顺序设计，考察同一发展时期但不同历史时期的不同队列。从理论上讲，理想的研究应该结合所有理论观点的各个方面，以便对自尊和老化进行最充分的研究。

老年人自尊的预测因素

未来关于老年人自尊预测因素的研究应该继续研究年龄与其他人口特征、认知和角色相关因素之间可能存在的相互作用。例如，研究发现，帮助他人会增加老年人的自尊，但这种积极的结果只在社会经济背景较高的受访者中得以维持。

未来的研究还应该比较初级老化和自尊与次级老化和自尊之间的关系，也许自尊只会随着次级老化而下降，而不会随着初级老化而下降。自尊在那些仅经历初级老化而不是次级老化的人中仍然很强烈，如果他们接受了适当的认知方式的教育，那就更是如此。

另请参阅：生命历程；毕生发展理论；纵向研究；人格；老化理论：心理学；老化理论：社会学。

拓展阅读

Herzog AR, Franks MM, Markus HR, and Holmberg D（1998）Activities and well-being in older age：effects of self-concept and educational attainment. *Psychology and Aging* 13：179–185.

Krause N and Shaw BA（2000）Giving social support to others, socioeconomic status, and changes in self-esteem in late life. *Journals of Gerontology*：*Psychological and Social Sciences* 55B：S323–S333.

McMullin JA and Cairney J（2004）Self-esteem and the intersection of age, class, and gender. *Journal of Aging Studies* 18: 75–90.

Reitzes DC and Mutran EJ (2006) Self and health: factors that encourage self-esteem and functional health. *Journals of Gerontology: Psychological Sciences and Social Sciences* 61B: S44–S51.

Robins RW, Trzesniewski KH, Tracy JL, Gosling SD, and Potter J (2002) Global self-esteem across the life span. *Psychology and Aging* 17: 423–434.

Schieman S and Campbell JE (2001) Age variations in personal agency and self-esteem. *Journal of Aging and Health* 13: 155–185.

Sneed JR and Whitbourne SK (2001) Identity processing styles and the need for self-esteem in middle-aged and older adults. *International Journal of Aging and Human Development* 52: 311–321.

Trzensniewski KH, Donnellan MB, and Robins RW (2003) Stability of self-esteem across the life span. *Journal of Personality and Social Psychology* 84: 205–220.

译　者：安瑞霞（西安财经大学）

宗教与灵性

S. H. 麦克法登 威斯康星大学奥什科什分校，威斯康星州，美国

词汇表

外在宗教信仰(Extrinsic Religiosity)——对宗教的一种工具性的、功利性的取向，以提供个人和社会的福祉；把宗教作为达到目的的手段。

内在宗教信仰(Intrinsic Religiosity)——一种内化的宗教取向，宗教被融入信仰、行为和感情中；宗教本身就是目的。

灵性（Spirituality）——一种激励情绪的现象，与自我、他人和世界以及与神的有意义的融合相关。

引言

宗教和灵性一度被纳入老年学的边缘学科，而如今对于宗教和灵性的研究吸引了来自各学科研究人员和从业人员的注意，这些学科包括心理学、社会学、医学、神学和宗教研究、社会工作、历史学、文学、艺术和公共政策学。第一版《老年学百科全书》（*Encyclopedia of Gerontology*）中关于宗教与灵性的文章中指出，“宗教老年学”产生于20世纪90年代中期，其合理的聚焦于对这些学科的研究，尽管它还指出从20世纪50年代至80年代只有少数研究人员——主要是社会学家——进行宗教和衰老的研究。本文首先考察了当前关于宗教、灵性和老龄化思考的背景，然后根据这一领域的最新发展，回顾了早期研究的要点。文章最后对“婴儿潮一代”步入晚年所要考虑的主题进行了反思。

研究宗教、灵性和衰老的背景

大多数研究衰老过程和老年人的学者的寿命观点强调了生态学的发展。这意味着老年学家密切关注影响他们研究对象的背景，他们制定研究问题的方式，收集数据的方法，以及他们从分析研究结果中得出的结论。研究参与者的年龄、群体发展的形成事件以及研究进行的历史时期都会影响到老年学知识流中所添加的信息。毫无疑问，对于宗教和灵性的研究不亚于本书中提到的其他专题。因此，研究自20世纪90年代初以来，影响宗教和灵性研究的一些背景问题至关重要。这些背景可以影响研究者和参与研究的人。

一些老年学家，特别是那些从女权主义者、后现代视角进行定性研究的人——如珍妮特·拉姆齐（Janet Ramsey）和露丝玛丽·布利斯内（Rosemary Blieszner）——认为，了解研究人员的个人观点是如何影响研究事业的是非常重要的一件事。作者从心理学的视角，特别是宗教心理学的角度来研究宗教和灵性。心理学家研究宗教已经有一个多世纪了，尽管他们的工作在这个领域还没有得到广泛的认可。然而，最近，这种情况已经开始改变，许多推动老年学家对宗教和灵性的兴趣增强的背景力量也在影响心理学家。关于宗教和灵性的研究已经变得更加科学和严谨，因此在主流学术期刊中也更容易被接受。“积极心理学”这一新兴领域在学科中得到了广泛关注，它通过强调人的力量、自我超越、宽恕、敬畏、赞赏、感激和希望，为宗教和灵性的研究创造了一种支持性的氛围。

对该主题的另一个影响因素来自这样一个事实，即我的工作是在一个主要从基督教和犹太教的角度来研究宗教、灵性和衰老的环境中进行的。虽然有一些关于佛教、印度教和伊斯兰教老年人及其宗教信仰如何影响各种结果的优秀出版物，例如对生活的满意度，但目前的大多数研究出版物侧重于来自基督教或犹太教派别的参与者，或不认同宗教团体的参与者。随着美国种族和宗教多样性的迅速发展，以及世界其他地区老龄化研究的增长，这种情况无疑将很快改变，研究宗教和灵性的老年学家将需要将其他宗教范畴纳入他们的研究之中。

宗教思想和行动的几股潮流在 21 世纪初期融合在一起，形成了综合性的知识范畴，有时被称为“时代精神”（Zeitgeist）。其中包括来自全世界对声称其行动源于对宗教的热爱的恐怖团体的关注。自 2001 年 9 月 11 日以来，“恐怖分子”这个词经常与另外一个词不加区分地联系在一起——“穆斯林”。这助长了对所有可能信奉伊斯兰教亚伯拉罕信仰传统的人的偏见。对公众宗教思想的另一个影响，特别是在美国，来自宗教与科学之间以及宗教与政治之间的紧张关系。这促使学术界大量讨论与宗教信仰如何影响个人和社会团体有关的各种问题。然而，学者们对宗教的认识差异仍然存在差距——社会态度有时也加剧了这种差距。例如，美国关于宗教与政治关系的激烈辩论，通过将福音主义和原理主义与“宗教权利”的政治范畴联系起来，巩固了它们的陈旧观念。与所有的陈旧观念一样，这些人未能认识到基督教福音派和基本教义派在形式上的多样性和复杂性。

对于宗教议题的更多关注是由于观察到某些宗教团体迅速发展的结果。福音派基督教教会（通常不属于教派）以及为种族和族裔少数群体服务的罗马天主教教区正在迅速扩大，而传统的“主流”白人新教教会正在缩小。日益增长的信仰团体往往强调旨在吸引家庭和满足儿童和年轻人精神需求的方案。相反，许多年长的具有宗教信仰的人根植于本教会而没有经历这种教会的迅速成长。强调通过为年轻人提供服务来促进教会的成长，可以得出这样的结论，即超过年龄中位数的信仰团体（如那些服务于主流新教徒或犹太人的群体）正在“死亡”，因此对宗教团体资源的“投资”很差。换句话说，年龄歧视在宗教组织和世俗环境中同样普遍。

这里有一些例外，基督教和犹太教的神学院在培养下一代的教会领袖时，让他们更倾向于关注如何培养年轻的家庭，而不是与老人打交道。然而，这种情况可能正在慢慢发生改变。随着对人口老龄化的普遍认可，近期的一些出版物由于对与老年人有关的神学和教牧关怀的问题给予了周到的对待而受到关注。如斯坦利·哈弗罗斯（Stanley Hauerwas）——一位神学家，曾被一家受欢迎的新闻杂志描述为“美国领先的神学家”——他与几位同事合作，编撰了一本书，论述了21世纪基督教老龄化所面临的神学和伦理挑战。书中举了一些例子，包括世俗和宗教看法之间的紧张关系，如对晚年幸福来源，老年人的道德义务，资本主义和宗教关于死亡和死亡的假设之间的冲突，宗教团体的代际连续性，追悼会和葬礼习俗，基督教对痛苦的意义，以及对自杀呼吁的回应。作为在神学院负责培训与老年人一起工作的拉比的领导人，黛尔·弗里德曼（Dayle Friedman）编辑了一本关于犹太教牧关怀的书，书中包含了许多与老年人有关的章节，也包括痴呆症患者。这些章节的作者与治愈关系的本质、对痛苦的田园反应、犹太人对祈祷和存在的理解，以及对病重、死亡或悲痛的人的犹太教牧关怀进行斗争。

在一定程度上，由于人们更清楚地认识到痴呆症患者的数量以及他们需要提供全面的护理，从而使所有罹患阿尔茨海默病和相关痴呆症患者的人格得到重视，医生和研究人员正在关注他们的灵性需求和灵性成长的潜力。这方面的证据可以在《衰老、灵性和宗教手册》（*Aging*, *Spirituality*, *and Religion*: *A Handbook*）的第二卷中找到，这本手册有四章专门讨论痴呆症；而第一卷中没有涉及。杂志《痴呆》（*Dementia*）在2003出版了一整期关于灵性和痴呆的文章。涵盖的主题包括个人灵性对早期痴呆症患者生活质量的影响，基督徒、犹太人和非宗教配偶照护者的经历以及痴呆症患者的灵性护理方法。此外，澳大利亚老龄和田园研究中心主任伊丽莎白·麦金利（Elizabeth MacKinlay）已经撰写了多本关于痴呆方面的书籍。

麦金利的研究突出了许多创造性的方法，将神学家、伦理学家和社会科学家的学术和研究应用到与老年人的支持互动的设计上。长久以来，麦金利致力于对晚年抑郁和绝望带来希望的可能性的研究，他认为，鼓励一些人探索自己对人生终极意义的需求可以帮助到他们。田园生活的照顾者和其他与灵性需求相适应的从业者可以帮助人们找到超越失能和损失的方法。在这种养护关系中，老年人可能会发现与上帝和其他人的亲密关系。此外，麦金利的研究记录了小组中的灵性回忆是如何帮助痴呆症患者发现更深层次的生命意义的。

研究和实践融合的另一个例子来自照护工作。多年来，这一直是老年学家们非常感兴趣的话题，也是大量研究的研究对象。一些研究指出，宗教是减轻照护者压力的一个重要变量，特别是在非洲裔美国人中，他们认为给予照护会带来更大的回报，这很可能是因为他们在宗教实践中得到安慰，包括祈祷。这项研究支持宗教团体在向照顾者提供各种形式的帮助方面所做的重要工作，例如临时看护、互助小组以及关于照顾和满足衰弱老人需要的教育。

对于宗教和灵性有关的问题进行研究一直具有很大的挑战性，因为这一主题具有复杂和多层面的特点。当前的知识环境增加了这一挑战，而矛盾的是，也使这项工作更多地用科学的方法合理地完成。例如，有足够的资金和机构支持他们的工作，就意味着研究人员可以对不同的老年人样本进行大规模的国家概率性研究。在美国，许多私人基金会以及国家老龄问题研究所等联邦机构都支持这项工作，学术期刊上发表了20年前从未出现过的关于宗教的文章。另一方面，有研究人员担心，一些资金来源可能会促进与追求科学不相容的宗教或政治议程。然而，在过去的十年中，宗教、灵性和衰老的研究有了许多重要的发展。

十年间关于宗教、灵性和衰老的研究

定义和措施

1996出版的关于宗教和灵性的文章包括对宗教和灵性定义的冗长讨论。当时，学者和研究人员争论是否需要将“宗教”和“灵性”定义为离散现象。在20世纪90年代，人们普遍认为自己是灵性的而非宗教的。研究者认为，一些有宗教信仰的人却拒绝加入宗教组织，而规范的宗教活动（如祷告、读宗教文学、做礼拜）和信仰（上帝、来世等）会将这些人排除在外。

许多作家将宗教视为促使人生固执、教条的机构，而灵性则被认为更适合个人的意愿，即从诸多信仰中选择自己的信仰或创造新的信仰。近年来关于宗教和灵性定义的争论不断，虽说很有趣，但这些争论在年轻和中年研究者中可能比在老年研究者中更为显著。许多研究发现老年人由于他们的机构关系、长期持有的信仰和某些情况下的种族身份而把自己描述为宗教人士，不像其他研究者，他们将宗教等同于灵性。

1997年，布莱恩·津鲍尔（Brian Zinnbauer）和同事们研究得出令人信服的结论，这两个概念相互重叠但又有不同。他们将模糊概念予以澄清，认为宗教和灵性涵盖了信仰、感情和与神圣研究相关的行为——超越物质存在的终极概念。然而，宗教进一步确定了信徒的神圣境界，并提供了接近、体会和回应神圣的方法。

一年后，罗伯特·伍思诺（Robert Wuthnow）报告了他对美国灵性和宗教演变过程的研究，结论是有些人致力于以“模式化”“公共化”“传统化”的方式接近“神圣”，而另一些人则强调“寻求”宗教机构界限之外的神圣。伍思诺认为对传统宗教和寻求灵性优点的争论漏掉了这一点：他认为第三个重点，也就是针对实践的灵性也很必要。这指的是起源于宗教机构的做法，并随着人们私下的参与而得到加强。在信仰团体中培育的这种灵性观点，可能对于“婴儿潮一代”在进入成年后的宗教和灵性问题起到重要的作用。

在对老年人群的队列研究中，研究者继续探索高水平的专业宗教，指出有衡量标准的探寻方法非常重要。目前宗教的多维性质被广泛认可，研究者正在用多个量表对宗教的各方面进行评估。使用多个量表是必要的，因为使用单一尺度来评估老年人的祷告生活不会解决个人参与宗教组织赞助服务活动的问题。长期以来人们认识到，老年人的宗教出席率可能并不一定反映出他们的宗教信仰，因为身体原因可能妨碍他们参加礼拜仪式。尽管如此，仍需要一个衡量宗教与灵性的标准来反映哪些孱弱的和有痴呆疾患者们的生活世界。

多样性

各个年龄段的女性宗教评分显著高于男性。研究者们正试图了解这种在诸多文化中反复观察到的差异现象的原因。一项研究表明，性别本身并不是重要因素。相反，男子气概的规范可能会降低老年男性参加私人的宗教祷告仪式的意愿。那些对人生有更多女性观（如不太阳刚）的人显现出更多的内在宗教性。另一方面，在性别取向上得分低（以著名的边界性别角色调查表衡量）的男性在他们参与社区信仰仪式时更能发挥领导作用。

宗教多样性的问题日益重要，正如前所述，对宗教、灵性和衰老的研究涉及基督教和犹太教。然而，即使在这些团体中，认识不同的神学和社会观点也很重要。传统的基督教把新教徒和天主教徒分开，忽视了东正教的基督教徒，也忽视了教派内部和教派之间的神学、政治和活动的巨大差异。在犹太教会中，传统派、保守派、改革派以及重建派之间的差异很少得到认同。即使在宗教团体内部，老年人和年轻人可能对礼拜、个人祷告、宗教文学、婚礼和葬礼等仪式的观点也不相同。因此，了解宗教传统的历史变革非常重要，可能影响不同团体的宗教信仰和身份。例如，对假定建立在梵蒂冈二世的天主教的研究者可能无法理解建立在梵蒂冈二世之前的社会信仰所形成的灵性世界。

种族和民族的多样性也影响了老年人对宗教和灵性的体验和表达。尼尔·克劳斯（Neal Krause）在这方面研究较多，他得出结论，不同种族的人会以不同的方式来体验相同的宗教（如基督教）。与白人基督徒相比，年长的非裔美国基督徒在包括出席礼拜仪式、国会资助和祷告等宗教活动上得分更高。对年长黑人的研究发现，他们比白人从宗教活动中得到了更多的健康获益。同样，对老年墨西哥裔美国基督徒的纵向研究发现出席教堂活动和死亡风险的降低存在相关性，那些每周参加一次礼拜的人比那些从不参加礼拜的人死亡风险降低了32%。现在研究者需要确定不同民族和种族出席宗教活动所产生的有益效果之所以不同的原因。在心血管健康领域对积极心理学和健康心理学的工作中可以得到有用的建议。一些研究表明，参加宗教仪式的人敌意较少、很少愤怒，而是更加乐观、充满希望。琳达·查特斯（Linda Chatters）是另一个从事种族和宗教研究的人员，她认为对非裔美国人来说，宗教团体活动可以加强巩固社会关系和共同信念，使人们更加乐观和充满希望。她还注意到了宗教的预言作用和宗教在少数民族团体中发挥了促使人们评论社会压迫的作用。

性取向代表了另一种多样性，这一点在十年前的关于宗教、灵性与衰老的文献中鲜有记载。这里有另一个影响研究和行为的情感方面的例子。21 世纪时宗教团体在同性恋问题上发生了相当大的骚动。性少数群体在一些宗教团体中受到欢迎，而在其他团体中受到嘲笑和歧视。在 2003 年宗教论坛通讯（美国社会中研究衰老的组织）“灵性和衰老”部分中提到，衰老和灵性研究致力于满足性少数群体老年人的精神需求。作者呼吁牧师应该认识到，需要长期受到护理的性少数群体老年人经常害怕由于他们的性取向而被拒绝。作者们还描述了具有传统信仰的成员联合教士和同胞教徒强烈反对同性恋。支持还是反对宗教团体对性少数群体老年人身心健康的影响尚未受到研究者的关注。

宗教与幸福

在过去的十年里，宗教、灵性和健康的研究发展迅速，其中影响较大的是 20 世纪 80 年代费策尔研究所（一个私人慈善机构）和国家老龄化研究所之间对宗教和衰老研究的合作。1999 年，他们确定了 12 个对健康很重要的宗教与灵性研究的领域，并公布了一系列衡量这些领域的方法：日常的精神体会、意义、价值、信仰、宽恕、私人宗教活动、宗教/灵性应对措施、宗教支持、宗教/灵性历史、承诺、组织化宗教以及宗教的权利等。这项工作通过确定宗教和灵性的多维性和为研究健康提供可靠、有价值的方法而得到广泛认可。

两年后，《宗教与健康手册》（*the Handbook of Religion and Health*）问世了。全面审查的研究文献对庞大的宗教体系进行了分类和审查，包括宗教、心理健康和身体疾病。虽然不是所有工作都是具体解决老年人的问题，但大部分工作仍是研究老年学，普遍认为这本手册的第一作者哈罗德·柯尼希（Harold Koenig）是进行大规模对照研究衰老、宗教和灵性的第一人。

关于心理健康，手册显示人们在成年后，宗教信仰和活动与幸福、希望、乐观、目标和意义、自尊、对丧亲之痛的适应、社会支持以及较少的孤独、沮丧、自杀、焦虑、酗酒和吸毒是相关的。宗教人士的婚姻满意度和稳定性也较高。出现这些相关性的原因包括宗教传统中的健康行为、宗教活动提供的资源、信仰团体的支持以及宗教世界对应激事件的评价方式。作者明确指出宗教也对人们试图处理生活压力的方式产生了影响，而且报道说研究表明宗教和各种心理健康措施之间没有关联。但是总体来说，宗教对心理健康是有积极影响的。

《宗教与健康手册》也回顾了对老年人罹患的严重身体疾病的研究，这些疾病包括心脏病、高血压、心血管疾病和癌症。宗教信仰和活动似乎通过多种因素对身体健康产生有益的影响，包括鼓励健康行为、劝阻冒险行为、提供社会支持系统和引起正向的情感体验。

尼尔·克劳斯已经确定了影响老年人健康的六个宗教维度。在前面提到的对墨西哥裔美国人的研究表明，参加宗教是重要的。但是研究起来很复杂，因为涉及了很多不同的经历，包括合唱、默默祷告、听布道、与其他信徒喝咖啡聊天。祷告被认为有助于健康和幸福，但祷告也有不同的形式，如由于信仰而祷告、由于生理反应而祷告以及认为祷告可以联系到他人和上帝。祷告代表了一种宗教应对形式，也是关系到老年人宗教与健康的另一因素。宗教团体鼓励和支持宽恕行为，这可以缓解压力并对老年人产生良好的健康效应。信仰团体采取多种形式为老年人提供较大的社会支持，如为患者公开祷告，询问在祷告仪式后的幸福感，或者为患者出院后提供膳食。最后，克劳斯指出宗教有很大的意义，这不仅包括智力评估，也包括对患病的和逝去的老年人情感问题的积极肯定作用。

在整个生命过程中，宗教的这些维度可以有显著的变化，有些变得越来越重要成为一个人生活的中心，另一些可能就明显淡化了。例如，一个老人可能不再能体会到参加宗教的益处，但可能开始了更加有意义的祷告生活。或者对于患有痴呆症的人来说，祷告可能变得富有挑战性，但个人仍能够受益于信仰团体成员的关爱和关注。

宗教和灵性的发展

早期关于宗教、灵性和衰老的文章显示对成年期宗教和灵性的发展缺乏研究，并且对于人们是否随着年龄的增长而变得更加虔诚这一问题缺乏明确的答案。但最近十年来这种情况发生了显著变化。采用纵向研究方法得出的数据表明，灵性演变历程的衡量、灵性转折点的调查、对公众长期以来关注的各种灵性自传方法的广泛应用等都得到了发展。

保罗·温克（Paul Wink）和米歇尔·狄龙（Michele Dillon）发表了许多论文，报道了他们对20世纪20年代出生的一组男性和女性纵向研究的分析结果。这些关于衰老和发展的丰富信息来源于20世纪，对宗教和灵性发展有重要的见解。温克和狄龙应用伍思诺的“稳定”“追求”的比喻方式来描述那些接受宗教机构资助和支持而强调传统宗教信仰的人和那些更注重个人需求与神圣相联系的人。在这项纵向研究中，研究对象从童年到成年定期接受采访并完成一些心理测试。温克和狄龙发现尽管中年人尤其是女性对灵性的兴趣增加了，但宗教生活一直比较稳定。宗教居民从参加有意义的社会互动和社区活动中感到幸福。关注“追求”的人也感到幸福，这种幸福产生于个人的创造性追求、知识的获得和对个人成长的关注。

宗教和灵性发展的另一项研究考察了宗教轨迹和在生活中的演变。这项工作对老年人进行访谈来反映宗教在他们生活中的作用。作者认为有些宗教维度随着年龄变化：

如宗教信仰、对宗教参与的性质和程度、对不同宗教信仰的容忍度、生活祷告、宗教的突出特点（感受与上帝的联系和感受确定与怀疑之间的平衡）。这项研究还显示四条不同的宗教轨迹：成年以后开始增长—稳定—下降—衰退，并在整个成年期有或多或少不同程度的意义和影响。最后，作者认为所谓的“力量”其实就是他们生活中增加或减少的虔诚度。宗教信仰的增加源于加入信仰团体、抚养孩子、更多时间的反思和经历逆境。宗教信仰的减少和孩子离家、离开宗教领袖和机构以及再次经历逆境有关。

另一项对灵性转折点的研究有助于理解为什么有些人可以在逆境中感受到宗教信仰的增加，而其他人则脱离了以前的宗教信仰。对老年人的采访发现这些转折点近一半发生在中年时期的生活中，大多数是由于某些挫折引起，这些消极的经历往往引起情绪的失控。有些人有很强的控制力，他们相信上帝可以掌握他们的命运，其他人则表现出作者所谓的“神的间接控制”，认为神只是一个朋友或向导，他们可以通过和神交流来获得力量和勇气。在逆境中使用这种神的间接控制可以使这些人克服无助感并恢复自我控制力。

一个更大的研究收集了关于灵性转折点的数据，目的在于形成一个可靠的大规模研究来评价老年人的灵性生活。研究确立了四个反映一生中宗教和灵性体验的因素：终身祈求和接受神的帮助；家庭的宗教史；成年后宗教的社会支持；参与宗教的成本（宗教生活中和宗教组织冲突等问题）。通过探明这些原因来解释参与宗教所带来的健康效果。只有家庭宗教史与健康无关（尽管它在很多年里也预测了与宗教联系的一致性）。这项研究是一个很好的例证，阐释了如何审视影响生活中宗教与灵性发展的原因，能够提供洞察宗教似乎和晚年身心健康如此强烈地关联在一起的原因。

除了对老年人宗教与灵性发展的研究外，近年来也出现了一些鼓励老年人开展自己灵性生活的评论（有时称为灵性自传）。一些“如何做”的书籍已经出版发行，通常在信仰团体和长期护理机构中供个人和小组使用。大卫·莫伯格（David Moberg）是20世纪的一个研究宗教与衰老的重要人物，他建议回顾灵性生活可以帮助老年人认清他们的精神需要，并评估他们是否得到满足，这些需要包括意义和目的、爱与关系、宽恕、精神整体、应对缺失、从容地质疑、灵活自由、迎接死亡、感到有用以及表达感激。莫伯格相信回顾灵性生活的重要性并详细列举了以下几点：列出反映影响灵性的人生转折点、描述宗教疑虑和恐惧、识别祝福、察觉人生经历的精神内涵、在灵性成长期和稳定期规划生活、为别人留下精神遗产等。莫伯格还希望老人与别人分享他们对精神生活的态度。他相信在这个过程中，人们可以发现灵性成长的可能性，即便是在人生的某一阶段感受到的是精神的萎缩。

对于成年人的宗教与灵性是否随年龄的增加而增长这一问题还没有确切答案。但是，对宗教轨迹的纵向研究、对宗教的横向比较研究以及对灵性生活的回顾性研究都得出结论，大多数老年人更愿意经历寻找神圣的过程，并通过号召信仰、参与仪式和研读宗教的神圣书籍来得到支持。

现在研究者在实验室就能够预测到处于婴儿潮时期的人们的衰老现象即将到来。关于宗教和灵性的许多重要问题也在这些老年人中得以体现，到 2025 年婴儿潮时期，人们接近 80 岁了，我们毫无质疑地对他们晚年宗教和灵性的发展有一个更清晰的画面，这可以与早期队列研究所收集的数据进行比较，并能够在关于成人发育和衰老的成熟理论中进行阐释。

展望

一些重要的新主题已经出现在关于宗教、灵性和衰老的文献中，毫无疑问，它们将会在日后被深入讨论。这些主题包括宽恕、感恩、祈祷和为他人服务。此外，新的研究领域和学术领域即将到来，它们已经通过微小的迹象渗透到一些已发表的著作中。例如，在今后的时间里，我们可能会更好地理解一些老年人希望更多地参与与他们的宗教有关的神秘传统的愿望。此外，关于艺术和后世灵性的讨论才刚刚开始，而且在未来的几年里无疑会越来越多。我们需要仔细探索信仰团体在通过参与艺术和冥想学科的实践来培养宗教和灵性发展方面的作用。这项工作不能仅仅由社会科学家和卫生研究人员来完成；必须让有人文基础的学者更多地参与其中。

与宗教有关的一些行为，比如宽恕他人、表达感激、祈祷和提供帮助，应该根据老年人如何适应衰老的变迁、调节情绪和维持良好的社会关系的理论来研究。未来的研究者应该将越来越多地假设检验建立在良好支持的成人发展和老龄化心理社会理论基础之上，而不是仅仅记录老年人比年轻人更愿意原谅别人，在他们的生活中表达更多的祝福感恩，更多的祈祷，或表现出更多的关心关注他人。

在人的一生中，许多老年人发现心怀怨恨、悔恨、痛苦、拒绝原谅或帮助他人给他们造成更大的压力。关注生活的积极方面并感激它们是老年人调节情绪的一种重要方式。宗教信仰和行为在信仰团体参与的支持下，能够为以这种方式生活而提供非常大的支持和鼓励。此外，当生命的“沉船”来临之际，老年人最有可能求助于宗教的方式来应对，正如肯尼恩·帕格门特（Kenneth Pargament）和他的同事们在工作笔记中记载的那样。未来的研究人员面临的一个重大挑战是评估下一代长者如何利用宗教资源来应对老龄化带来的失意和对自恋的侮辱。

我们越来越多地将老年人视为积极管理自己生活的个体，他们通过做出选择来优化幸福，弥补不足和失意。即使是痴呆症患者也是如此，尽管他们在认知方面有很大的挑战。这些都是老年医学强有力的观察结果，很可能会为下一代老年人提供支持。然而，这些优化和补偿所采取的形式可能会进化和改变。“婴儿潮一代”将创造出属于自己的应对老龄化的能力；通过本文的回顾使我们能够预测出许多人将把这些适应建立在宗教信仰和实践中，而这些宗教信仰和实践得到了信仰团体的支持。

20世纪后期，对老年人的宗教和灵性生活的研究主要集中在包括生理和心理两方面的各种幸福指标之上。我们现在已经很好地回答了这个问题。有明确的证据表明，良好的饮食习惯、规律的锻炼、避免有害物质、保持积极的社会关系、控制压力以及快乐和幸福的经历，都有助于晚年的幸福生活。在此过程中，研究人员展示了所有这些因素是如何与某些宗教信仰和实践联系在一起的，尽管人们可以在没有宗教信仰的情况下也体验到幸福。

也许在21世纪，占据研究人员和学者的问题不会如此关注幸福，而是关注意义。虽然人类的寿命会更长、更健康，但他们仍然会经历痛苦和死亡。传统上，人们已经向宗教信仰和信仰团体寻求帮助和指导，以努力理解人类生命中的突发事件。在未来，实践者（包括神职人员），行为和社会科学的研究人员，以及在人文学科工作的学者，可能会采纳在宗教、灵性和衰老研究中已经取得的成果，并产生出一种新形式的老年学，其重点不是关注幸福，而是在于意义。我们可以称之为存在老年学。

另请参阅：适应；文化和族裔对老龄化的影响；痴呆；情绪；种族和少数民族；生命回顾；心理健康。

拓展阅读

Fetzer Institute/National Institute on Aging Work Group (1999) *Multidimensional Measurement of Religiousness/ Spirituality for Use in Health Research. Kalamazoo*, MI: Fetzer Institute.

Friedman DA (ed.) (2005) *Jewish Pastoral Care: A Practical Handbook from Traditional and Contemporary Sources*, 2nd edn. Woodstock, VT: Jewish Lights Publishing.

Hauerwas S, Stoneking CB, Meador KG, and Cloutier D (eds.) (2003) *Growing Old in Christ*. Grand Rapids, MI: William B. Eerdmans Publishing Company.

Kimble MA, McFadden, SH (2003) *Aging, Spirituality and Religion: A Handbook*, vol. 2. Minneapolis, MN: Fortress Press.

Koenig HG, McCullough ME, and Larson DB (2001) *Handbook of Religion and Health. New York*: Oxford University Press.

Krause N (in press) Religion and health in late life. In: Birren JE and Schaie KW (eds.) *Handbook of the Psychology of Aging*.

MacKinlay E (ed.) (2002) *Mental Health and Spirituality in Later Life*. New York: Haworth Press.

MacKinlay E, Ellor JW, and Pickard S (eds.) (2001) *Aging, Spirituality, and Pastoral Care: A Multi-national Perspective*. New York: Haworth Press.

Moberg DO (ed.) (2001) *Aging and Spirituality: Spiritual Dimensions of Aging Theory, Research, Practice, and Policy*. New York: Haworth Press.

Paloutzian R and Park C (eds.) (2005)

The Handbook of the Psychology of Religion. New York: Guilford Press.

Pargament KI (1997) *The Psychology of Religion and Coping: Theory, Research, and Practice*. New York: Guilford Press.

Ramsey JL and Blieszner R (1999) *Spiritual Resiliency in Older Women: Models of Strength for Challenges through the Life Span*. Thousand Oaks, CA: Sage Publications.

Schaie KW, Krause N, and Booth A (eds.) (2004) *Religious Influences on Health and Well-Being in the Elderly*. New York: Springer.

Wuthnow R (1998) *After Heaven: Spirituality in America since the 1950s*. Berkeley, CA: University of California Press.

Zinnbauer BJ, Pargament KI, Cole B, Rye MS, Butter EM, Belavich TG, Hipp KM, Scott AB, and Kadar JL (1997) Religion and spirituality: unfuzzying the fuzzy. *Journal for the Scientific Study of Religion* 36: 549–564.

译　者：梁艳虹（首都医科大学附属北京朝阳医院）

纵向研究

S. M. 霍弗尔，A. M. 皮奇宁　俄勒冈州立大学，利瓦利斯，俄勒冈州，美国

词汇表

年龄同质性研究（Age-Homogeneous Studies）——此类研究中，被试通常为相同年龄或者年龄范围很窄的出生队列。

遍历性（Ergodicity）——个体间的年龄差异与个体内年龄的变化量是相等的。

纵向设计（Longitudinal Design）——研究中对于相同个体的某些特征进行至少两次测量，但理想的状况是随着时间的推移进行更多次的测量。

引言

纵向研究是对于相同个体的某些特征进行至少两次测量，而且理想的状况是随着时间推移进行更多次的测量。纵向研究对于我们了解与老化相关的变化是必不可少的，因为纵向研究不仅有助于研究者对个体内随时间变化而产生的信息进行直接分析，而且也有助于我们了解个体间的差异。同时，强调从个体内变化的角度理解老龄化，也是对老龄化相关变化做出有效推断的必要条件。

纵向研究的重要性

经过世界各地研究者的不懈努力，对于50岁及以上个体所开展的大型纵向研究也已经非常多了，这意味着我们在探究个体随时间推移所产生的变化已经具有了巨大的信息资源。尽管纵向研究的时间和金钱代价都非常昂贵，但是与横向研究相比它具有众多明显的优势，因为它包含了更丰富的分析水平。基于横向调查数据而进行的个体间年龄差异的比较，甚至不能将个体因年龄变化而产生的变化与稳定的个体特征、平均个体间年龄差异、样本选择效应或者死亡效应区分开来。而个体内的信息变化只能通过纵向调查数据获得。近年来，统计方法的发展使得直接分析和构建个体随时间的变化而改变的模型变得非常方便。鉴于目前学界对于纵向研究依然存在很多挑战，包括重复测量的影响，以及推论总体时需适当考虑被试流失和死亡的效应，但后者（指推论总体）在横向研究范式下依然无法做到。

纵向研究的潜在分析水平

在理解老化时，与横向研究相比，纵向

研究给我们提供了诸多优势。纵向调查数据允许在多个分析水平上直接估计参数，而且每一个对于我们理解总体情况以及个体因年龄而产生的变化都是互补的。尽管横向研究允许比较个体间在很大年龄范围内的差异，但是纵向研究则允许对个体间和个体内差异进行直接的双重评估。

基于横向设计和纵向设计所获得的信息可以概括为七个主要分析层次和推理范围，我们可以根据它们的关注点（从总体到个体）进行笼统地排序。抽样时间通常会降低跨层次分析的可能性，从对跨越几十年的出生队列的效应进行分析，到对个体层面在每一天、每一分、每一秒的变化进行分析（比如压力和健康）。

这些分析层次都是基于多队列、个体间和个体内的设计与分析方法的，而且也代表了老年学研究的最新实例。（1）队列间差异具有最广泛的分析层次，可以通过测量来评估是否因不同历史情境（例如出生队列）对个体老年生活能力水平与变化率产生了持久影响。（2）人口平均趋势描述总体人口变化。它们可以基于年龄异质性研究中的个体间的差异，或者基于纵向随访研究中对个体内变化的直接估计，在这种情况下，个体处于生存状态是必要条件。（3）个体间年龄差异可以采用方差分解和因子模型对共享与年龄有关的方差进行分析。然而，这种理解老化的方法混淆了个体因年龄变化而产生的差异与因平均年龄差异、队列影响和死亡率选择以及其他众多效应的影响。（4）纵向模型可以确定个体差异随时间变化的速率。这避免了对遍历性的假设——即个体之间的年龄差异和个体内部的年龄变化是相等的。在这些模型中，时间可以用许多不同的方式来组织。我们可以将时间定义为从个体进入研究以来、从个体出生以来（比如队列年龄），以及个体从共同经历或者直到共同经历某事件（如退休、疾病诊断等）的一段时间内。（5）精巧的纵向模型允许以个体内的变化速率来评估个体间的差异。换句话说，使用多阶段数据以及机能变化所形成的多变量联合方法，来描述那些相互依存的机能变化。（6）在短期纵向设计中，研究者都强调将个体内变化作为结果，并且考察那些表现出更大变异的个体通常在不同任务下是否也展现出了这种差异。（7）个体内的相关性（比如耦合、动态因素分析）是基于残差（排除了个体内均值和趋势之后）的分析，并提供关于跨变量功能随时间变化的相关性信息。尽管每个层次分析仅提供了与年龄相关的变化的部分信息，但这些来自任何一个层次分析的可能推论和解释，都对老龄化理论具有确切且限定性的意义。

抽样时间和替代性纵向设计

先前所介绍的分析层次大致对应于不同的时间和历史抽样框架，而且测量间隔长短不一。在对来自不同抽样时间的参数进行解释、比较和概化时要非常慎重，因为它们对设计类型和测量方式的要求是不同的。必须考虑变化和变异的时间特征，因为不同的抽样间隔通常导致不同的结果，而这需要对个体内和个体间的过程进行不同的解释。例如，随着时间的推移，两个变量变化率之间的相关性可能会大不一样，因为与许多老龄化纵向研究的典型间隔“年”相比，短时间隔（分、小时、天或者周）的差别可能非常大。测量间隔对于结果变量的预测也是非常关键的，并且可以对领先或者滞后指标的确立提供证据。典型设计具有比较相等的间隔，在空间上的变异很大程度上归咎于机会或者难于联系到被试。一种替代的方式——测量迸发设计（the measurement burst design），在这种测量设计中可以在每一个较长间隔中获得反复测量的数据，是单独样本追踪序列和传统纵向设计的一种折中，它不仅允许对个体内的过程（测量单元内）进行考察，而且也可以考察随时间推移而产生的变化过程（跨测量单元）。

在建构老龄化相关研究的操作性概念时，日历年龄（自出生开始）是最常用的。其他的方法一般将时间视作一个序变量（如研究波），并且将模式年龄视作协变量来预测不同层次的个体变化及其变化率。然而，我们还可以应用其他的时间结构来为个体变化提供更可解释的基础。例如，一个基于纵向过程的模型将时间集中于该过程中感兴趣的一件事情或者一种状态，相对于常见的组织时间结构，其目的也是比较个体的变化。这些特定的时间规格可能基于特定的事件或过程（如发病率、死亡率；诊断为痴呆或死亡之前或之后的一段时间）的发生。这些方法中任意一种的核心目的都是将老化过程的变异与因健康或者其他仅与年龄相关的变异区分开来，这与区分规范性影响和非规范性影响比较类似。规范过程和事件通常年龄分级很大，发生在所有或者几乎所有的个体身上，非规范性过程和事件则一般因个体而异或者因抽样而异（如大多数个体都不会经历），并且日历年龄是不太容易预测的。基于被试分组的非规范事件的构建时间允许分析变化的模式和个体水平的过程。从定义上来看，非规范性时间是低频次的，而且在纵向研究中可以被很好地评估，因为纵向研究持续时间较长且有后续操作，这样可以获得事件以及该事件之前之后的变化过程、伴随物以及预测因素等。另外，无数的非规范性事件允许（也几乎是必需的）对变化的规范模式随着年龄的增加而进行评估。

人口抽样、样本流失和死亡选择

在观察性研究中，代表性抽样是非常重要的，因为随机分配的条件是不可能做到的。然而，样本流失和死亡选择过程使得给老龄化人口下定义和在老年研究中获得代表性样本的抽样程序都变得非常复杂。尽管如此，纵向研究的一个主要优点是：它的观测数据包含了测量遗失与死亡选择的必要信息。这种在横截面调查数据中被忽略或不可能得到的信息，对于我们有效地进行推论和提高对（个体）发展、老化过程认识来说是至关重要的。

遗失通常发生在个体退出纵向研究时，可能是因为没有时间或者没有兴趣，或者居住地搬出了研究区域（一般与利益无关），或者是因为身体或心理健康的原因。很多时候，导致非应答或者遗失的过程可能与个体没有直接的利害关系。例如，被试从纵向研究数据收集区搬离，这对于研究/调查来说是非常不幸的，但不一定与研究变量或被试特征有关，而且也不是个体发展和人群老化的自然结果。然而，在老化研究中被试遗失通常是非随机的（比如是选择性的），即可能是因为被试在研究阶段死亡或者身心机能下降。这是有问题的，因为它们往往关乎研究的直接利害。

死亡是一种特殊的遗失，因为群体定义（即所有目前在世且年龄在一定范围内）随着死亡的改变而改变。群体选择（即死亡率）是一个与实足年龄相关的自然人群的动态过程，而且也是一个仅在已经获得了先前测量数据的纵向研究中的动态过程（相互作用方式）。就群体描述而言，如果不恰当地考虑死亡和选择过程，那么对于变化和因果的推论可能是比较模糊的，因为这些推论一定是以某年龄段和在世为条件的。更重要的是，我们必须指出动态的死亡选择在典型的横向异质性年龄研究设计中是不能获得的，因为它的样本是同一时刻不同年龄和出生队列的在世者，这些被试可能经历了不同的死亡选择过程。纵向数据给我们提供了直接测量和描述遗失和死亡选择的机会——这些特点对于定义老龄化人群总体，以及理解与老化相关的健康及其认知结果是必要的，其条件是要在特定年龄并且生存至特定年龄。

日历年龄和生存状态的异质性对横向与纵向调查数据都提出了分析上的挑战，并且这种异质性对于研究而言是一种特殊的挑战，因为它始于年龄异质性样本。在老龄化研究中，首要的问题是，通常不存在单一的、定义明确的目标人群，而是必须对多个人群进行年龄和生存状态的定义。因为遗失和死亡选择过程在异质性年龄抽样中是不可获得的，所以在一个为获得有关年龄和在世人群条件估计的统计模型中不可能包含这些变量。年龄异质性样本选择中的一个挑战是存在这样一种事实：在某个特定的年龄段，研究者留住那些步履蹒跚且认知健康的老年被试是比较容易的，但是如何选择这些被试却又成了另一个研究课题。因此，与从年轻人开始进行的相同年龄段的纵向研究相比，对老年人的横向研究将获得该年龄段更具选择性的样本。

年龄同质性研究通常选择单独或较窄范围年龄的被试，这确实从一开始就提供了一个定义良好的样本总体，而后随着时间的推移开展追踪研究，允许基于后续生存个体对总体进行条件性评估。对年龄异质性样本的纵向追访——最典型的纵向设计——允许分析那些随时间产生的变化，但一定要对那些与最初样本选择的年龄异质性设计所固有的困惑具有敏感性。通常，当总体的参数评估考虑了发病率、死亡率和其他遗失过程时，那么对于个体纵向调查数据和群体老化的相关变化分析可以被适当地评估和解释。

数据中缺乏一个单一的、可访问的总体，这对分析不完整数据的技术产生了影响。尽管目前已开发出很多分析方法，并且在多层模型和结构方程模型软件中有相对广泛的应用，但是在老年期纵向样本分析中的应用仍然存在概念化和计算层面的问题。这些方法及其相应的假设都是基于单一的、可获得的群体样本的。然而，在每一次纵向老龄化研究的新浪潮中，样本对于原始总体的代表性越来越差，并且从持续参与的样本向初始样本总体的概括变得难以证明。尽管某些形式的不参与在逻辑上可以允许对单个群体进行推理，但这种推理在现实中是不可能的，因为留下的个体对于总体推断是有直接利害关系的。因此，关于变化的推断必须以存活或留在研究中的概率为条件，同时伴随着与日历年龄的交互作用。此外，在老龄化研究中的不完全数据机制是不太可能随机缺失的（即缺失的概率取决于测量的协变量或先前状态），这是当前方法的一个重要假设，因为与年龄相关的结果通常与死亡和遗失有关。

用于分别处理死亡和非应答的统计方法，以及允许分离老化变异与其他衰减过程（死亡、疾病相关）的统计方法应用越来越广泛。在纵向研究中与死亡相关的条件性选择在统计上有三种处理方式：（1）在最大似然分析中忽略缺失值；（2）基于不同变化条件构建模型，即代表死亡状态的协变量或者将距离死亡的年限作为一个随时间变化的协变量；（3）简单地将幸存者的年龄组块中的数据视作完整的。这些方法以其最先进的分析不完整数据的技术而缓解了研究者的忧虑，并使得对某一个单独老年人群体的推论成为可能。

重复测量效应

重复测量效应（如练习、曝光、学习和反应）在很多纵向老化研究中都有报告，这些研究主要关注认知结果。值得关注的是纵向变化评估可能并不表示（机能）下降，可能是重复测量导致的（机能）削弱，并且持续了较长时间。问题复杂在于这些潜在因素的发生差异很大，与能力水平、年龄或任务难度相关，这可能归咎于许多的相关影响，包括热身效应、初始焦虑和测试学习，比如学习内容和策略有助于改善成绩。不同的重测形式混淆着对不同年龄相关性变化的鉴别（比如，对老年人而言，重测可能不表现为机能提高，而通常表现为机能衰退的减缓）。

尽管已经有很多统计手段和设计方案来解决重复测量问题，但是重测或者学习效应是否可以以统计手段加以解决又遇到了概念上的困难。学习效应是重复测量的基本特征，也是普遍意义上个体成长的特征，并且反映了重要的个体差异与老化和长期积累相关的特征。当将学习效应视作研究设计中的干扰变量或者人为因素时，这类概念问题就产生了。在个体层面，将个体变异斜率校正为没有进行重复测量时的水平是否合理呢？如果这种校正是合理的，那么应该如何校正这种斜率呢？在大多数纵向抽样设计中，实验中个体内年龄效应完全是被混淆的，因此必须使用个体间年龄差异来锚定年龄效应。虽然复测效应是个体内变异的本质，但这种统计识别方法主要是从个体间的差异中得出有关年龄的推论。通常，处理重测效应的研究设计和统计方法都依赖于个体先前未经测试时的表现，而这些个体通常年龄不同或者属于不同的出生队列。这样的结果很大程度上是对横向调查年龄差异的评估，而不是个体内变化的评估，因此面临着与年龄异质性抽样和选择性问题相关的困惑。

另外，重复测量效应可能被视为研究兴趣的一种结果产出，伴随着聚焦于学习过程随时间变化的评估，强调具有相似重测经历的个体之间的相对比较。许多典型纵向研究所具有的广泛的测量时点，可能不利于这种将学习效应作为研究结果的观点，因为这需要在较长时期内进行密集测量。将长期变化作为前期测量经验的条件，肯定会使对与老化相关的变化进行推论变得更为复杂，因为这其中伴随着年龄、能力水平、先期经验和重复测量的交互作用。然而，将重测或学习效应视作一种预测因子或结果指标，可能会为我们理解受到学习收益影响的变化提供一个更现实的框架，利用短期内个体差异的产生来推测长期的变化情况。

跨文化和跨队列概化

当前，所刊出的纵向研究的结果大多是基于不同的分析方法，结果很有限或者是选择性报告分析结果，并且在测量工具或编码过程中分析结果和协变量也是不同的。这些差异阻碍了不同结果的比较并限制了进行概括化的尝试。对基于跨研究的最佳可比结果进行数据合并和证据合成的努力，对于老龄化的纵向研究工作来说可能是一项强大的附加价值，前期研究的重复或复制都是很困难的。跨团队合作将会使得测量操作统一，而且促成共同分析协议的发展，这样做是为了最大化可比性，使得研究内部与研究之间的结果合成和敏感性分析成为可能。

现有纵向研究概览

表 1 列举了一些老龄纵向研究的例子，选择这些研究的依据是，研究中包含两次或两次以上对认知、身体和心理健康的测量信息（或者是一项研究计划中的至少两次测量）。尽管每项研究所搜集的数据结构相似，但是这些纵向研究可以分为三个主要类别：（1）大规模的流行病学调查或研究；（2）主要集中于（老年人）心理层面的问题；（3）在医学方面所开展的深入研究。前者更可能是以人群为基础的抽样，但是测量深度不够，例如，仅包括一项认知功能筛查，而小型研究更集中于对自己领域所关注问题的详细测量。几乎所有研究至少触及社会人口统计、身心健康、认知功能和活动或生活方式中的一项，尽管不同领域对某一变量的测量存在较大的差异。持续时间最长的

表 1 基于认知、人口、健康、生活方式与心理方面数据开展的老龄化纵向研究

研究标题	起始年份	实验人数（T1）	年龄（T1）	持续时间[a]（单位：年）	间隔时间（单位：年）	当前实验次数	抽样方法或样本概况
曼尼托巴老龄化研究	1971	8 950	60+	30	5～12	5	分层随机抽样
高龄人群的资产和健康动态调查	1993	7 447	70+	9	2	6	HRS 筛选样本，医疗保险申请，少数类过采样
澳大利亚老龄化纵向研究	1992	2 087	70+	13	1～3	8	社区住宅和机构护理设施的分层抽样
巴尔的摩老龄化纵向研究	1958	260	20～96	46	2	24	志愿者（仅限 1978 年前出生的男性）
伯克利老一代研究	1968	94	59～79	14	14	2	伯克利成长和指导研究的参与者
柏林老龄化研究	1990	516	70～100+	15	2～4	7	在城市登记的前西柏林人
不同年龄组的记忆力跟踪研究	1988	3 500	35～80	10	5	3	分层抽样
老年男性的卡菲利队列研究	1979	2 512	45～59	25	4，5	6	选举登记加人口普查列表，仅限男性
剑桥市 75 岁以上人群研究	1985	2 616	75+	20	1	20	基于总样本的抽样
加拿大多中心骨质疏松症研究	1996	9 423	25+	5	1	6	随机抽样

续表

研究标题	起始年份	实验人数（T1）	年龄（T1）	持续时间[a]（单位：年）	间隔时间（单位：年）	当前实验次数	抽样方法或样本概况
加拿大健康与老龄化研究	1991	10 263	65+	10	5	3	高龄人群的过采样代表性样本
堪培拉纵向研究	1990	897	70~93	12	3.5	4	社区样本、机构关怀、高龄人群过采样
心血管健康研究	1989	5 888	65+	10	1	10	医疗保险资格单，非机构，不需要代理
杜克大学正常老化纵向研究[b]	1956	267	60~94	21	8~48 个月	11	志愿者样本
杜克大学正常老化纵向研究 2	1968	502	45~69	8	2	4	志愿者样本
爱因斯坦老龄化研究	1980	488	70~90	20	1	20	志愿者样本
英国老龄化纵向研究	2002	12 100	50+	2	2	2	代表 50 岁及以上的英国人口
老年人流行病学研究	1981	14 456	65+	12	2	7	随机、整群和分层抽样
弗雷德里克顿 80 + 研究	1998	387	80	6	1	7	基于总样本的抽样
异性 DZ 双胞胎的性别研究	1995	500	69~81	8	4	3	1906—1925 年在瑞典出生的异性双胞胎
瑞典戈特堡的老年学和老年人口研究	1971	1 000	70	30	4，5	12	代表性抽样

续表

研究标题	起始年份	实验人数（T1）	年龄（T1）	持续时间[a]（单位：年）	间隔时间（单位：年）	当前实验次数	抽样方法或样本概况
格罗宁根老龄化纵向研究	1993	753	57~99	2	1	3	身体有缺陷的患者群体
健康与退休研究	1992	12 600	50~60	12	2	7	国家层面的抽样，少数民族过采样
健康、衰老和身体成分研究	1997	3 075	70~79	6	1	7	
爱丁堡健康老年人研究	1990	597	70+	4	4	3	医疗注册的老年人
檀香山—亚洲老龄化研究	1991	3 734	71~93	6	3	3	仅限日本男性
成年人发展的跨学科纵向研究	1996	1 384	45，65	8	4	3	联邦德国和民主德国的人口抽样
意大利老龄化纵向研究	1992	5 493	65~84	8	3，5	3	基于总样本的抽样
孔斯霍尔门项目	1987	327	75+	12	2~4	5	来自斯德哥尔摩的孔斯霍尔门区的人群
长滩纵向研究	1978	509	55~87	21	不同	4	从健康维护组织招募
阿姆斯特丹老化纵向研究	1991	3 107	55~85	9	3	4	城市和农村市政登记处
正常健康老年人认知变化的纵向研究	1982	6 187	49~96	14	不同	4	社区志愿者
隆德 80 岁及以上老年人调查	1988	211	80+	10	5	3	隆德 80 岁及以上的人口

续表

研究标题	起始年份	实验人数（T1）	年龄（T1）	持续时间[a]（单位：年）	间隔时间（单位：年）	当前实验次数	抽样方法或样本概况
马斯特里赫特老龄化研究	1992	2 000	24~81	6	3	3	从家庭实践注册网络中招募志愿者
麦克阿瑟对成功老龄化的研究	1988	1 192	70~79	3	3，4	3	从老年人流行病学研究的三个既定人群队列中选择
医学研究委员会认知功能和老化研究	1991	13 000+	65~75	12	1~3	8	多中心，从家庭健康服务管理局名单中随机抽取
莫农加希拉谷独立长者调查	1987	2 002	65+	15	2	8	卫生服务管理局名单
北欧老龄化研究	1989	1 204	75	5	5	2[c]	具有代表性的城市样本
规范性老龄化研究	1963	2 280	21~81	42	5	13	所有社区中的男性样本
诺丁汉活动与老化纵向研究	1983	1 042	65+	8	4	3	选区和家庭从业者名单
修女研究	1991	678	75~103	9	1.5	6	美国圣母院修女会
八旬双胞胎研究	1990	702	80+	8	2	5	瑞典双胞胎登记
安大略老龄化纵向研究	1959	2 000	45	31	1	30	分层配额，仅限男性
老年人研究	1988	4 134	65+	13	1~3	6	三个队列：1988 年和 1989 年年龄、性别分层、社区居住；1990 年制度化
鹿特丹研究	1990	7 983	55+	7	3，4	3	基于人口

续表

研究标题	起始年份	实验人数（T1）	年龄（T1）	持续时间[a]（单位：年）	间隔时间（单位：年）	当前实验次数	抽样方法或样本概况
西雅图纵向研究	1956	5 000	22~70	42	7	7	健康维护组织
南安普敦老龄化项目	1977	340	65+	20	10，2~3	8	从两种一般做法中随机抽样
瑞典收养/双胞胎老龄化研究	1984	1 500	40~84	6	3	3	瑞典双胞胎登记
瑞士高龄跨学科纵向研究	1994	714	80~85	10	1.5	9	分层（年龄/性别），最初的社区住宅，城市和农村
维多利亚纵向研究	1986	1 584	55~86	12	3	5	社区志愿者
威斯康星州纵向研究	1957	10 317	18	48	7~17	5	高中毕业生随机抽样

[a] 截至 2005 年的后续行动总数。

[b] 生活方式数据不可用。

[c] 只计划举行两次。

一些研究已经追踪了近 50 年。很多研究都追踪了 10 次以上，一项研究甚至追踪调查了 30 次。当前，这些研究中大部分所涉及的信息远远超出了在刊物上所能得到的。随着数据分析方法的不断发展以及研究者利用这些信息的共同努力，这些数据潜在的巨大价值对于老龄化的理论发展、干预和预防措施的发展将产生重大贡献。

总结

纵向研究对有关个体发展和老龄化的理论解释具有直接影响。长时间纵向研究和短期密集式纵向研究所获得的证据，在很多过程中都显示出了显著的个体内变化，甚至是在那些曾经被认为非常稳定的方面（比如人格）。从理论观点和经验观点两个方面来看，个体间差异是最初个体差异和个体内变化的复杂结果。对于个体间差异来源的理解以及对于发展和老龄化相关的变化的理解，需要我们对纵向研究中获得的个体内变化信息进行直接观察。

当前，对于设计和分析这些严格的个体内研究和大样本的纵向研究存在着诸多挑战，并且根据研究目的不同而存在着差异。个体内研究的严格挑战，包括调查的环境范围较小、单一个性特征的可获得性较差，从而使得推论存在局限。当然，对于相对稳定的个性特征和遗传差异的研究需要采用个体间比较的方法。一般而言，为了全面了解个体内老化过程，必需整合个体内和个体间的研究设计，因为研究中人们在对所有类型影响的反映上，以及情境影响的广度上，在任何一个个体上是不可能获得的，而且都是存在差异的。现存的很多纵向研究的优势在于：它们允许在个体间变异、个体间差异变化的情境下对个体内的过程进行测量，并且分析个体内变化过程对个体间的调节作用。

另请参阅：跨文化比较研究；代际差异：年龄—时期—队列；研究设计和方法。

拓展阅读

Baltes PB and Nesselroade JR（1979）History and rationale of longitudinal research. In：Nesselroade JR and Baltes PB（eds.）*Longitudinal Research in the Study of Behavior and Development*. New York：Academic Press.

Deeg DJ and Van der Zanden GH（1991）Experiences from longitudinal studies of aging：an international perspective. *Journal of Cross-Cultural Gerontology* 6：7-22.

Hofer SM and Hoffman LR（in press）Statistical analysis with incomplete data：a developmental perspective. In：Little TD，Bovaird JA，and Card NA（eds.）*Modeling Developmental Processes in Ecological Context*. Mahwah，NJ：LEA.

Hofer SM and Sliwinski MJ（2001）Understanding ageing：an evaluation of research designs for assessing the interdependence of ageing-related changes. *Gerontology* 47：341-352.

Hofer SM and Sliwinski MJ（2006）Design

and analysis of longitudinal studies of aging. In: Birren JE and Schaie KW (eds.) *Handbook of the Psychology of Aging*, 6th edn., pp. 15–37. San Diego, CA: Academic Press.

Molenaar PCM (2004) A manifesto on psychology as idiographic science: bringing the person back into scientific psychology, this time forever. *Measurement: Interdisciplinary Research and Perspectives* 2: 201–218.

Nesselroade JR (1988) Sampling and generalizability: adult development and aging research issues examined within the general methodological framework of selection. In: Schaie KW, Campbell RT, Meredith W, and Rawlings SC (eds.) *Methodological Issues in Aging Research*, pp. 13 – 42. New York: Springer Publishing Co.

Nesselroade JR (2001) Intraindividual variability in development within and between individuals. *European Psychologist* 6: 187–193.

Schaie KW and Hofer SM (2001) Longitudinal studies of aging. In: Birren JE and Schaie KW (eds.) *Handbook of the Psychology of Aging*, pp. 53–77. San Diego, CA: Academic Press.

Seematter-Bagnoud L and Santos-Eggimann B (2006) Population-based cohorts of the 50s and over: a summary of worldwide previous and ongoing studies for research on health in ageing. *European Journal of Ageing* 3 (1): 41–59.

Sliwinski MJ, Hofer SM, and Hall C (2003) Correlated and coupled cognitive change in older adults with and without clinical dementia. *Psychology and Aging* 18: 672–683.

译　者：王永梅（首都经济贸易大学）
　　　　姜桂萍（北京大学）
校译者：张雅璐（北京大学）

2120

祖父母身份

H. Q. 基维尼克，H. M. 辛克莱 明尼苏达大学，明尼阿波利斯，明尼苏达州，美国

词汇表

情感（Affect）——家庭中表达出的感觉、情绪和语气。

扩展家庭（Extended Family）——由核心家庭与其他具有血亲关系的人组成的家庭。它既包含父母与子女、孙辈之间关系的延伸，也包括个人与兄弟姐妹之间关系的延伸。

家庭（Family）——社会的基本单位，其成员在经济上和情感上相互依赖，对彼此的发展、稳定和保护负有责任。家庭作为社会化的基本单位，在社会化过程中对家庭成员进行文化价值观教化，以帮助其适应社会。目前，在我们的社会中，因为生活方式出现了变化，传统的家庭定义正在发生转变。

一代人（Generation）——指实际出生同一批人，从祖先的世系中独立出来构成同一特征的一群人。

工具性活动（Instrumental Activity）——指向目标的行为。

世代（Intergenerational）——关于或涉及不同世代的个体。

核心家庭（Nuclear Family）——由丈夫、妻子和他们的直系子女组成的家庭。

角色（Role）——基于特定状态的一系列行为。角色可以归因（根据个人无法控制的因素分配）或实现（基于个人努力获得）。

引言

祖父母身份是指自己的子女又生育了下一代之后获得的角色。祖父母关系也是一种涉及祖父母和孙辈的二元关系。祖父母身份存在于拥有三代或三代以上人口的家庭。其相关的权利、责任、行为、意义和满足感因文化、人口、社会、经济、心理和历史等因素而有所不同。有关祖父母身份的角色、地位和关系等问题已成为当前研究的热点，同时以往的研究成果也为当前的研究与实践提供了有价值的启示。

背景

人类学情境

虽然祖父母在拥有三代或三代以上人口的家庭生活中扮演了一个角色，但这种角色的性质因文化、人口、社会、经济、心理和历史等因素的多样性而有所不同。祖孙关系中的礼节和尊重水平是与社会和家庭结构中老人的影响力直接相关的。在某些文化和历史时期，家庭中老人具有决策和经济权力，祖父母与其他世代的成员之间的关系是正式的和专制的，其特点是老年人有特权并受到保护性照顾，而家中的其他成员则依靠和尊重老人。相反，在老年人被剥夺权力的文化和历史时期，祖父母与孙辈的关系更温暖、更宽容；他们的特点是友好的平等，可以缓解家庭之间的紧张关系。

代际关系的人口学特征变化

20世纪以来，死亡率和生育率的变化导致了预期寿命的延长和家庭周期节奏的变化，这两个方面都极大地影响了代际家庭关系的性质。死亡率的降低、公共卫生的进步以及对曾经致命的儿童疾病的控制，增加了人口的平均寿命，在这近百年间，人类的平均寿命从46岁升至近80岁。人类在繁衍后代后，存活的时间仍能占预期寿命的三分之一甚至一半，这在人类历史上还是首次。在历史上还从未有这么多人如此长寿（同时他们的子女也很长寿）而成为祖父母。人口学家报告说，1990年，约94%的老年人成了祖父母，近50%的老年人成为了曾祖父母。同样地，出生在同一年龄段的孩子们也从未有过如此多的祖父母和曾祖父母。

延长预期寿命增加了多代同堂的家庭数量，并前所未有地导致长期的代际关系，这被家庭社会学家称之为“增长的关系”。父母与子女之间的关系预计将持续60年或更长时间，其中40年时间涉及父母和成年子女的关系。当今的美国人通常在中年时会成为祖父母；他们在这个角色上将花费40年或更多时间——大约是他们生命时长的一半。一位家族历史学家指出，自20世纪以来，祖父母和孙辈在他们的生活中享受了一段有意义的重叠期。与人们普遍的误解相反，隔代教养至少在过去的一个世纪里是中年人的普遍生活景象。而这一现象也使得当代的祖父母在中后期生活的持续时间这一人口特征上存在独特性。

20世纪，美国每个家庭的儿童数量在总体上有所减少，而且任何家庭的生育期都有相应的缩短。这些变化导致父母身份和祖父母身份之间的区别越来越大，这既是个人的生活经历，也是在家庭中的地位变化。在主流社会中，新升任的祖父母不再积极参与生育和抚养子女已经成了普遍现象。社会学家指出，如今当一个人成为祖父母时，与前几代人相比，他们更可能花费较多时间在个人时间而不是家庭的角色上。

如今，竞争角色更可能出现在工作场所和社区，而不是在家庭内部。老年期的预期寿命增加，延长了老年人的体弱期。延长寿命后的老年人，更多参与了医疗保健活动，而不是承担家庭中孙子女的保育行为。

社会经济的变化

家族历史学家描述了家庭的一种变迁，可追溯到19世纪晚期，从一个成员终生的相互依赖的家庭单元，到一个成员强调个人和独立自主的情绪化的实体。家庭结构的这种变化与全社会的工作时间表、退休、社会计划、生活水平、交通和通信的变化密切相关。在这一时期初期，低工资、失业危机、疾病、死亡以及缺乏社会福利计划迫使家庭成员相互依赖以获得支持。家庭关系被视为永久的义务，优先于一时的感情或其对立面。在20世纪的工资水平和一般生活水平上升的过程中，一个工作周稳定在大约40小时，而在社会的许多部门，失业危机已经减少。可以预见的是，当今社会的男性群体在其成年后可以享有15年的退休生活。我们对疾病和死亡的控制也有所增强。社会福利和保险计划将老年人、残疾人和弱者的基本经济责任从单一的家庭转移到整个社会。改进的运输和通信技术促进了远距离的频繁接触。

总之，这些变化允许并促进了家族、核心家庭和个人成员的独立性。基于需要的强制性家庭关系已被基于感情和依恋的自愿契约所取代。家庭作为一个由严格的社会习俗和法律所统治的机构，已经被描绘为“伙伴关系”，而这种行为是由相互影响和成员一致性决定的。

因此，今天的祖父母可能比他们的前辈有更多的时间和金钱花在孙辈身上。但是他们不太可能养育自己的子女和积极地进行隔代教养。他们也不太可能出于需要和义务，更可能是基于欲望和感情提供工具性的家庭服务。与工作、婚姻、教育、气候和安全等有关的压力，都促成了当今的祖父母与孙辈生活距离较远。尽管如此，他们仍可能保持定期电话联系，并每年访问几次。

祖父母身份研究

如上所述，20世纪上半叶的社会经济和人口趋势允许核心家庭实行自力更生和个人独立，构成了这个国家最基本的社会价值观。这也使得近些年家庭研究员忽略了祖父母的角色，而将其祖父母的角色视为可耻地依赖或错时控制。相反，他们将植根于个人主义和民主的当代美国核心家庭与以多代人和父权制为特征的历史美国家庭进行了令人反感的比较。在此期间，如果祖父母身份出现在社会科学研究中，那也几乎是人类学家的工作。

到了20世纪50年代末，家庭理论家开始挑战他们早期对主干家庭网络的忽视。在接下来的15年里，学者们开始为美国“改良的主干家庭”的现代模式列举证据，这是一个由情感纽带、社会活动模式和互助联系在一起的核心家庭体系。此外，这一新时期的家族历史学家重新解释了历史数据并得出结论：和谐、多代同堂的家庭生活在美国从未普遍出现过。相反，他们声称，家庭内部的合作和援助一直是美国的准则；祖父母一直同子女、孙辈一起参与亲属互助网络。

20世纪六七十年代有关祖父母身份的研究主要集中在诸如爱、权威、尊重和责任等独特品质上。渐渐地，这些一维的描述就让位给了更全面的分类。最近的研究试图在类型分类和一系列人口统计、个性和家庭变量之间建立因果关系。

祖孙关系中的祖父母

对祖父母角色的讨论常常混淆了行为、意义和满意度的组成部分。也许是因为这三个组成部分都很难测量，所以研究人员提到祖父母的角色时，没有系统地区分组成部分或研究它们之间的相互关系。然而，尽管行为、意义和满足感之间有着明显的联系，但它们在概念上也有着明显的区别。除了这三个组成部分外，祖父母角色还涉及角色模糊性、职业发展、时机和工具性等因素。

行为

通过对 70 对祖父母进行访谈，一项研究发现了五种不同的教养方式：常规型、快乐追寻者型、代理父母型、家庭智慧库型和疏远型。在最近的一项研究中，研究者对 510 名祖父母进行访谈，他们描述了三种类型的隔代教养方式：关系疏远型、伙伴型和参与型。

研究表明，大多数当代美国祖父母与孙辈的关系可以被描述为伙伴型。休闲和娱乐，而不是劳动和责任，支配着这些祖孙关系。祖父母和孙辈一起分享乐趣和游戏，一起享受亲切的、非正式的时光。在纪律、价值观和社会化方面，伙伴型祖父母会管住自己的嘴，坚持广泛接受而不干涉核心家庭界限的准则。一些伙伴型祖父母对不得不拒绝他们认为有价值的建议表示遗憾，而另一些人则希望与孙子孙女进行更多的交流，但他们知道自己无能为力。尽管如此，大多数人既愿意与孙辈保持联系，也愿意与孙辈分开。他们也认为，缺乏权威使祖父母关系变得特别愉快和舒适。

祖父母不干涉原则是精神病学家 A. 科恩哈伯（A. Kornhaber）所轻视的某种新的社会契约的一部分，根据这种契约，相互独立的价值取代了其他长期关切和短期需要。科恩哈伯报告说，在经历了多年的沉重家庭责任之后，祖父母们迎来了把自己的个人意愿放在首位的机会。心理学家 D. 古特曼（D. Gutman）认为，祖父母们希望被视为体现了自给自足和独立的社会价值观，而不是真正想要实现自由。人类学家 C. 约翰逊（C. Johnson）认为，祖父母们同意不参与主要是因为他们认为自己不应该干涉孩子的家庭。根据这一观点，祖父母们积极地追求家庭以外的利益，以分散他们的注意力。

疏远型祖父母关系的特点是保持情感距离，进行正式、含蓄的互动，正如祖孙之间所经历的那样。这是当今的这些祖父母们最常选择的用来描述自己祖父母们的行为方式。参与型祖父母关系需要祖孙花费大量时间在一起工作和玩耍。这些关系既是友好的，也是工具性的。他们的关系建立在交流、直接行动、行为、关切和责任的基础上，而许多伙伴型祖父母认为这些都是不允许的。

除非祖父母和孙辈能经常见面，否则大多数祖孙间只能建立象征性的纽带。然而，尽管在研究中经常使用接触量来描述祖父母角色的重要性，但是这个变量是研究者试图测量的现象的先决条件，是不可替代的。接触的数量和质量可能受到地理邻近、祖父母的健康状况和相互竞争的承诺的影响；研究表明，地理邻近影响最大。作为“传承桥梁”，父母可以促进或抑制两代人之间的关系。父母与年长的家庭成员建立了关系，并为孩子们提供了如何与祖父母相处的例子。父母对老年人的态度，以及他们与自己父母的关系，特别影响家庭中的祖父母关系。父母是孩子的看门人。然而，尽管认可中间一代的这种权利，但似乎很少有父母故意限制祖父母接触。

祖父母角色是通过与多个变量相关联的特定行为来实现的。年龄、性别、婚姻状况影响祖父母的行为。年长的祖父母往往更正式，年轻的祖父母更放松和趣味十足。与女性在家庭中的“亲属看护者”（kin-keeper）角色相一致，外祖母往往比祖父母更频繁地被探视，在情感上也更亲密。祖父倾向于在家庭之外，作为“大使”；而祖母则是活跃于家庭之内，犹如“内政部长”。比起再婚的老年男性，寡妇更可能积极地参与照料孙辈。

正如在整个社会科学研究中所描述的，祖父母角色的设定也受变量的影响，这些变量包括家庭结构（如孙辈的数量、家庭的重要性）、社会经济学（如就业状况、受教育程度、经济水平）、社会资源（如族群和亚文化认同、与朋友互动的频率、社区纽带、非家庭角色的数量和性质）和个人资源（如健康、福祉、人格变量）。

科恩哈伯也许是当代最直言不讳地鼓吹祖父母身份是一种重要的代际联系的人，他指出了祖父母角色行为的一组稍有不同的决定因素。他指出了社会对祖父母的态度，以及对个性利他主义的态度。他还确定了祖父母行为的早期、代际决定因素：个人作为孙辈的经历；个体的父母的祖父母行为。这些决定因素提醒我们，作为一种关系，大多数人都参与他们的大部分生活，祖父母关系是建立在童年不可改变的基础之上的。一个成年人的祖父母身份既取决于成年时的实际情况，也取决于童年时期受影响的情况。不管是好是坏，今天的孩子们的孙辈经历将影响他们在两代以后的祖辈身份。

意义

对行为的关注忽略了祖父母角色对祖父母的意义和重要性。纽加滕（Neugarten）和韦恩斯坦（Weinstein）用他们的访谈资料详细说明祖父母身份的五类含义：生物更新的源泉，在新的情感角色中取得成功的机会，“教师—顾问”角色，替代性的成就和疏离的角色。作为社会和个人力量的产物，V. 伍德（V. Wood）和 J. 罗伯特森（J. Robertson）指定了四种祖父母角色类型，分别代表每个维度的高分和低分。这些早期的类型学具有分类的性质（例如，祖父母的风格是常规型或快乐追寻者型；个体在祖父母身份中发现的意义是替代性的成就或生物更新的来源)。

通过对286位祖父母的访谈，心理学家H. 基维尼克（H. Kivnick）对祖父母身份的意义演绎出五个不同的维度：中心性、有价值的老人、溺爱性、氏族不朽以及重新审视个人过去。与早期的类型学不同，这些维度被概念化为共同构成给定个体在祖父母身份中发现的整体意义。例如，个人没有被归类为在中心性或溺爱性方面体验祖父母身份，而是被假定在所有五个维度上体验了祖父母身份；个人在每个维度上的得分高低不同。

生命周期理论家E. H. 埃里克森（E. H. Erikson）及其同事J. 埃里克森（J. Erikson）和H. 基维尼克描述了有关生育和停滞的心理社会主题，包括照顾、养育和维护的经验。在中年时期直接承担起“维护世界的责任”后，代际关系开始涉及更多的间接培育，以促进中年和成年后期的目标——强烈的关怀感、代际联系和智慧。作为代际循环的一个组成部分，祖父母身份为祖父母提供了一个宝贵的机会，让他们重新审视自己的养育和照料能力，同时丰富孙辈的基本生育能力。

科恩哈伯和伍德沃德（Woodward）提出祖父母与孙辈之间的互利性是代际发展的需要。共享时间、共享地点、共享活动以及家庭的承诺，这些都是建立和维护祖父母关系的关键。在完成与祖辈和孙辈的生育性有关的适龄任务方面，所有这些也都是至关重要的。对祖父母的定性研究为祖父母关系中是否存在生育能力提供了实证证据。虽然接受采访的祖父母没有明确表达有意识的生育目标，但与孙辈的持久积极关系和代际家庭生活的成功感被解释为祖父母身份有助于发展生育能力。祖父母通过保持强烈的情感联系和相互可接受的与孙辈交往的水平，似乎能够平衡他们有关相互接触和独立、家庭认同和个性、个人的有用性和责任自由等方面的需要。

角色模糊和祖父母职业

由于未能在祖父母身份和祖父母幸福感的不同衡量标准之间找到强有力的联系，研究人员长期以来一直将祖父母角色描述为晚年生活中相对不重要的组成部分。社会学家L. 伯顿（L. Burton）和V. 本特森（V. Bengtson）指出，祖父母身份符合罗索（Rosow）对脆弱角色的定义（即社会地位十分明确，行为准则却很模糊）。在宏观社会结构中，祖父母不能被认为是一个功能性的角色。它的存在与否被认为对“社会是否可能”没有决定性的影响。它是不受涂尔干（Durkheim）的“集体良知”支配的普遍期望。它在微观结构中假设了一种相对独特的性格；不管家庭期望如何，祖父母可以选择从事或不从事任何角色行为。

与父母一样，祖父母的角色遵循职业发展轨迹，其相互作用的过程以可预见的方式发生变化。这种职业生涯始于收到即将成为祖父母的消息（即即将获得新身份）。这种预期阶段是由通常模糊但令人愉快的期望构成的。该角色在这一点上有名无实。行为包括将消息告诉朋友和其他家庭成员，在某些情况下，还包括协助准备。与科恩哈伯所说的新社会契约相一致，先入为主的祖父母谈到等待这些新关系如何发展的频率远远超过他们所描述的在创造或构建这些关系中发挥积极作用的频率。

研究表明，一旦祖父母关系在儿童时期建立起来，它在整个生命过程中都会保持相当稳定。尽管如此，祖父母这一职业也经历了不同的时期。在孙辈学龄前和小学期间，祖父母通常喜欢与他们做最频繁的接触。当祖父母和孙辈在一起的时候，祖父母的角色会扩大和加深。这是切林（Cherlin）和弗斯滕伯格（Furstenberg）称为“富裕时光”（fat years）的时期，其间祖父母可以成为鲜活的祖先、历史学家、珍爱的伙伴和榜样。在孙辈青春期过后的“贫瘠岁月”（lean years）中，祖父母和孙辈的接触通常会减少，如果彼此在前一阶段建立了牢固的纽带，那么在需要表达的时候，祖父母通常会成为帮助和建议的来源。祖父母关系的最后阶段是最长的，始自孙辈成年，祖父母必须像父母一样学会放手。曾祖父母的身份主要具有象征意义，在这漫长的最后阶段可能被视为一个独立的阶段。

时机

纽加滕的社会时间概念——社会的年龄等级制度，通过生命角色的适当发展——影响了祖父母的经历。鉴于成为祖父母是一种反过渡（即依赖于另一家庭成员发起的过渡的角色转变），因此获得祖父母身份的时机尤为重要。祖父母身份时机既取决于个体自身成为父母的年龄，也取决于其孩子第一次生育的年龄。祖父母无法控制这种反过渡的时间；他们必须接受强加在他们身上的时间安排。

在中年时期，祖父母身份在 42 ~ 57 岁首次出现时被视为“准时”。研究表明，过早（25 ~ 38 岁）承担祖母角色可能导致“危机累积”，即子女、孙辈、工作和其他代际家庭成员的综合需求使女性容易“角色过载”。除了具体的行为要求外，过早做祖母可能会导致年轻女性对自己看法的紧张，并可能引发家庭凝聚力和社会支持系统中的冲突。为了克服这些紧张关系，一些“过早”的祖母明确拒绝扮演祖父母的角色。相比之下，研究表明，“准时”的祖母避免了时间转变的压力，并对自身的祖母角色感觉良好。

工具性

尽管当代有祖父母不干涉的原则，但这个角色确实涉及各种工具性表达。作为“家庭守护者”，祖父母通过提供服务来回应下一代人的明显需求。相应的，祖父母经常从代际家庭成员那里得到必要的服务。20世纪的最后几年见证了社会经济资源的急剧萎缩，并相应地扩大了对家庭成员的要求。因此，目前的绝大多数祖父母身份研究涉及工具性服务提供毫不令人惊讶。

祖父母看护人 祖父母为他们的孙辈在一系列的结构中提供看护。有些人在孙辈的父母上班期间提供常规的日托。其他人在与孙辈或许还有孙辈的父母同住时提供初级护

理。还有一些人获得了孙辈的合法监护权。传统上，黑人社区强调在扩展的亲属网络中提供支持。事实上，黑人儿童比白人或拉丁美洲人的儿童更可能住在祖父母的家里。但是，自 1980 年以来，更多的白人儿童搬进了祖父母的家。

青少年母亲的父母通常与养育子女的女儿分担照料者的责任，尽管许多祖父母是孙辈的唯一照料者，而这些青少年母亲现在必须在为人父母的要求和青春期的发展任务之间做平衡。作为这些家庭最持久的照顾和支持服务的提供者，祖父母既是子女和孙辈的榜样，又是他们的照顾者。祖父母在评估母亲照顾孩子的能力方面起着重要作用，当他们判断母亲不称职时，往往会接手。对于年轻的母亲来说，当她们与孩子的祖母生活在一起，并且当孩子的父亲较少参与照料时，祖母往往会提供最优质的支持。年轻的黑人母亲比白人母亲更容易与孩子的祖母亲近。对于年长的母亲来说，孩子的祖母可能是非核心情境中最有效的照顾者。当祖母们没有自己的学龄前儿童，以及从同伴或诸如受抚养子女家庭援助计划（the Aid to Families with Dependent Children）等经济援助中得到支持时，她们似乎感受到最大的照顾者满意度。

当祖母们提供日托服务时，孩子的父母一般都是从事全职的工作。这些祖母想要在经济上帮助孩子的父母，而且他们更愿意自己照顾孙辈，而不是将孙辈送去付费日托或由保姆看管。在这种情况下，祖父母试图支持中间一代的核心家庭，并帮助保持它的完整性。

在其他情况下（例如，父母遗弃、忽视或虐待儿童；父母有心理或情绪问题；父母死亡；父母被监禁；父母对药物上瘾，特别是对强效可卡因），中间一代的核心家庭不能行使其功能时，祖父母会介入核心家庭提供照顾，并在必要时为孙辈承担法律责任。其中一些负面的情况可能会突然出现，如年轻母亲突然死亡或被监禁。另一些则是基于父母与祖父母之间正在进行的协商而产生的。还有一些则随着时间的推移而发展，直到祖父母认为个人干预是必要的。

大多数身负照料孙辈责任的祖父母都经历了与他们这种照顾角色相关的情感、身体和财务压力。如果这种照顾是长期或永久的，他们可能会担心自己是否足够长寿以致能养育孙辈到成年。其他人则关心如何跟上孙辈在学校、社会和体育等方面的活动。还有一些人更担心被父母虐待的孙辈可能会受到心理伤害。

父母吸食强效可卡因的经历给祖父母照顾者带来了独特的担忧。他们当中的许多人担心自己和孙辈的安全，有些人担心上瘾的子女会偷他们的财物去买毒品，甚至使用暴力手段。其他人则对有毒品贩运情况的社区中的盗窃、驾车枪击和危险的汽车交通感到焦虑。此外，这些祖父母预计必须照顾多个亲属会导致经济和情感上的损失。至于孙辈，祖父母担心，尽管自己努力提供最好的照料，孩子们还是会“继承”父母的毒瘾。

当祖父母为孙辈承担父母应负的责任时，他们的生活会发生各种变化。最常被报道的是负面变化。放弃工作成为全职照顾者的祖父母可能会失去与同事的联系；最令人遗憾的是，他们与朋友和知己交往的机会减少了。很多人觉得自己的个人空间、隐私和自由受到限制。其他人的生活经历了倒退。还有一些人发现，新的照顾责任使他们婚姻关系变得紧张。与健康相关的负面结果可能包括心脏病、脑卒中、糖尿病和关节炎等身体状况。酗酒、吸烟过多、抑郁和焦虑都被认为是负面的情绪后果。

当然并非所有与全职照护相关的变化都是负面的。有相同经历的祖父母们会建立新的友谊，因为他们经历相同，可以彼此分享。如上所述，有些人经历了婚姻压力，而另一些人则报告说，随着孙辈促进沟通，自己增加了与伴侣的相处时间，婚姻或人际关系得以改善。虽然健康问题困扰着部分祖父母照顾者，但其他人的健康状况有所改善，因为他们采用了更有营养的饮食，并和孙辈一起进行体育活动。

在家庭环境中，祖父母照顾者可能体验到各种重要的满足感。那些对自己抚养孩子的方式不满的人可能会认为这是第二次养育子女的机会。另一些祖父母看重培育家庭的机会。许多人珍视从孙辈那里得到的陪伴和爱的礼物。大多数提供照顾的祖父母会因为自己代替不称职的父母对孩子产生积极影响而感到自豪。

相互照料　美国老年人与其家庭之间的关系以代际的“广义互惠”为特征。在整个生命过程中，家庭成员根据需要交换情感和工具支持，有效地从 T. 安东努奇（T. Antonucci）所说的终身支持银行进行“存款”和“取款”。祖父母不仅在家庭危机时期提供帮助，他们也得到了必要的照顾和援助。

尽管祖父母和他们成年的孙辈似乎都期望彼此寻求可能需要的任何支持，但祖父母期望的是从他们成年的孙辈那里得到更多的情感支持，而不是工具性支持。祖父母一般认为，他们从成年孙辈身上得到的回报比他们目前提供的要多。这些发现也与有关成年子女与年迈父母之间关系的文献研究结论相吻合。而工具性支持主要来源于中间一代的女性成员。

离异　中间一代离异是家庭破裂的主要原因之一，但祖父母被视为提供了延续性。在这样的危机时期，老年人对家庭的重要性可能会显著增加。约翰逊报告说，离婚后，大多数祖父母试图向子女和孙辈提供工具性援助（如金钱、临时看护和其他服务）和情感支持。祖父母给孙辈提供特殊的情感庇护所。在某些情况下，祖父母承担多年的父母责任，而孩子的亲生父母则保留或努力争取恢复合法监护权。

中间一代的离婚会影响祖父母与孙辈之间的接触，既可能增多也可能减少。当孙辈搬到更近的地理位置，祖母为重新进入劳动市场的受监护的女儿提供儿童保育，以及怀有敌意的父母从孙辈的日常生活中消失时，通常会导致祖孙之间接触的增多。接触的减少通常是由于远距离的地理位置迁移，或者离婚后祖父母与父母之间的矛盾冲突尚未解决。

特别是在离婚后，父母有权帮助或阻止祖父母与孙辈接触。尽管美国所有的州（不包括哥伦比亚特区）都通过了有关祖父母探视权的法令，但离婚后的祖父母联系问题还远未解决。支持者认为，祖孙关系的珍贵性独一无二，法院执行探视权符合儿童的最佳利益。反对者反驳说，法院命令的祖父母探视干扰了适当的父母权威。即使在没冲突的情况下，作为非监护人的父母可能也不愿意与祖父母分享他们的探视时间。

除了取决于家庭动态，在中间一代离婚期间和离婚后，祖父母的角色也可能会随着祖父母年龄和宗系而变化。年长的祖父母更有可能经历残疾，从而妨碍他们提供支持和帮助。甚至在离婚前，年轻的祖父母往往更活跃，与孙辈有更多的接触。年轻的祖父母也可能更宽容、更不挑剔，因此他们在离婚后的家庭中更受欢迎。虽然在中间一代离婚后祖母通常与孙辈接触较少，向孙辈提供的帮助也较少，但许多祖母还是注意与他们的前儿媳保持联系，而前儿媳反过来又允许她们接触孙辈。

祖父母满意度与幸福感

研究发现，祖父母通常对祖父母身份表示满意、自豪和快乐。没有一种变量可以决定满意度水平。而实际年龄、角色进入时间、宗教信仰、血统和接触频率似乎都对满意度有影响。尽管对角色表示满意，但接受采访的祖父母经常提到与特定关系有关的失望和不赞成。尽管心理学家 J. 托马斯（J. Thomas）发现，体验最满意的祖母和祖父是那些对帮助孙辈负有最大责任的人，但他们否认希望更多地参与孙辈的生活。这些矛盾表明，在感知到人际关系无力的情况下，祖父母可能会努力利用现有的情况。他们觉得自己对影响特定的关系几乎无能为力。他们能影响的是他们允许自己作为一个整体来体验祖父母角色的满足感。

除了祖父母的满意度本身，研究人员还试图探索祖父母身份对祖父母社会心理福祉的影响，但收效甚微。有关祖父母更多地参与孙辈家庭同祖父母士气提高（作为提供基本服务的一种功能）或士气下降（作为当儿童家庭陷入困境时唯一可用的帮手）之间的关系，似乎存在一些分歧。现有研究的性质不允许调查祖父母的参与可能同祖父母士气的提高有关，否则祖父母可能会更加沮丧。

心理学家 V. 基维特（V. Kivett）认为，祖父母角色可以为黑人祖母和白人祖母提供一种重要的心理安全感。基维特认为，祖父母的经历为祖父母在中后期的基本心理提供了一个宝贵的发展机会。因此，应该期待这一角色能够提高祖父母的幸福感。伯顿指出了作为代理父母的祖母所经历的心理奖励。心理学家 R. 普鲁希诺（R. Pruchno）根据应激源（如儿童保健需求、竞争性角色要求、生活事件需求）、资源（如个人、家庭、社会、环境）、对相对满意度及负担的看法，提出了一个复杂的模型，用于评估祖父母照顾者的心理健康。

年轻一代的祖父母身份

难以估量的影响

关于祖父母影响的研究通常始于祖父母在孙辈生活中很重要的印象，因未能证实这一重要性，从而得出的结论是一种不情愿地放弃祖父母的价值。学者们已经开始解决这个矛盾，他们认为祖父母在家庭中的重要性可能并不存在于可观察的行为或其他易于测量的变量中。相反，他们的重要性可能更加难以捉摸，与各种符号意义和影响有关，而这些意义和影响不容易用定量社会科学的工具捕捉到。

也许，祖父母的重大影响也会贯穿孙辈的整个生命周期，并且在最常被研究的“富裕时光”期间几乎无法察觉。例如，研究发现很少有证据表明祖父母的价值观会影响他们孙辈的价值观。然而，这项研究的大部分评估了特定的家庭价值观，因为这些价值观在儿时就存在于孙辈的脑海中。孩子们在哪里学到了那些作为一生行为基础的价值观（例如，对传承手艺的承诺；扎根历史；对家庭的承诺；理解代际联系）？也许这些价值观是在与祖父母的持续关系中习得的。期望与祖父母建立有意义的童年关系有助于成年后的积极适应和心理健康，或有助于跨代关系中的终身满意度，这并非不合理。传统研究方法无法检测到这些影响，这一事实既不能证实也不能否认它们的存在。

象征性的影响

社会学家确定了祖父母在家庭中的以下象征功能：

1. 通过为下一代的死亡提供缓冲来稳定下一代。

2. 促进家庭凝聚力。

3. 通过充当两代人的决策咨询人和调停者，缓解核心家庭生活的紧张气氛。

4. 作为“家庭守护者”，保持潜在的观察和保护服务，在必要时可以成为积极的家庭管理人。

5. 象征着家庭在过去、现在和将来世代的延续性，特别是在家庭破裂时期。

家庭从业人员一致认为，祖父母在以下方面对家庭的有效运作至关重要：

1. 通过促使棘手问题的解决来减少代际冲突。

2. 在两代人之间进行调解和解释。

3. 为养育子女提供情感和经济支持。

4. 充当家庭关系的纽带。

5. 以有利于婚姻调整的方式与核心家庭的父母建立联系。

6. 在婚姻冲突期间支持核心家庭的父母。

7. 在积累智慧的基础上调整家庭生活经验。

8. 扩大可供家庭成员使用的榜样的年龄范围和数量，为孙辈塑造成年和老年形象，并为两代人塑造祖父母形象。

不断变化的影响

尽管实证结果令人失望，但祖父母研究的研究人员仍然相信祖父母对孙辈的重要性。祖父母和孙辈之间的情感依恋被认为是独一无二的无条件依恋，因为这种关系不具备亲子之间的紧张关系和责任。祖父母可以在孩子的生活中充当固定对象，作为“伟大的父母”，他们提供了一种安全和充满爱的成人—儿童关系，仅次于父母关系的情感力量。

田园诗人 D. 康罗伊（D. Conroy）和 C. 费伊（C. Fahey）指出，祖父母与孩子人生观的最初发展有很大关系。科恩哈伯断言，儿童的完全情感幸福需要与祖父母进行直接联系，而不仅仅是衍生的或象征性的联系。在缺乏这种关系的情况下，孩子们会经历对养育、支持和情感安全的剥夺。人类学家 M. 米德（M. Mead）认为，以祖父母身份为代表的代际家庭关系对于孩子发展自己的独特性、完整性以及文化和历史的连续性是绝对必要的。

年轻的成人和未成熟的孙辈

如果孙辈的学龄前和学龄期对祖父母而言是祖父母身份的一个“富裕时光”，那么孩子们的青春期和成年早期就意味着“贫瘠岁月”。孙辈如何经历这些不同的关系周期？学者们报告说，童年时期祖父母接触的数量直接影响到孙辈和祖父母以后维持的关系类型。他们进一步指出，当亲密的祖父母关系在童年时期形成时，祖父母和孙辈在一生中都会继续培养这种依恋。尽管如此，文献并不一贯支持祖父母在孙辈的青春期和成年早期仍然重要的观点。

二级数据分析表明，单身母亲的青春期子女受益于祖父母在家中的存在。由于单亲家庭的青少年特别独立，他们可能特别需要大家庭的监督和控制。此外，祖父母存在于一个原本倾向非等级制家庭中可能会强化代际界限，从而保持等级结构的好处。

根据自我报告问卷调查，对青少年而言，祖父母身份的总体情况似乎是一种频繁、动态的代际参与。高中生报告说他们把祖父母视为知己和伙伴。他们说，促使他们维持这种关系的是交往的乐趣，而不是家庭义务。他们还说，简短的交谈和重要的讨论取代了童年时主要是娱乐性的访问。年轻的成年孙辈认为与祖父母的关系极其重要；他们指出，接触频率影响这些关系的紧密性，而不是重要性。然而，这些发现与纵向数据相矛盾。纵向数据表明，孙辈从童年到青春期的转变比其他祖父母或孙辈的生活转变更能促使祖父母关系发生戏剧性的变化。

跨文化的祖父母

与文化价值的关系

长期以来，欧美主流文化的特点是其压倒性地强调自主和个人主义原则。在经济困难的情况下，个人的愿望和抱负服从于确保生存的家庭义务。但在相对安全的时期，行为是由个人的独立性、自立性和不受承诺约束的自由决定的。这一潜在价值体系同切林和弗斯滕伯格对当代美国祖父母的描述是完全一致的，即他们更注重保持独立（自身、子女和孙辈）而不是促进长期或深层次的情感幸福。

很少有研究可以描述美国不同亚文化中的祖父母形象，这些亚文化围绕着家庭承诺、群体相互依存或对长者的尊重进行组织。例如，我们可能期望美国土著祖父母更关心特定关系对孙辈长期发展的影响，而不是其短暂的享受价值。我们可能会认为，苗裔美国人（Hmong-American）祖父母的行为更多地取决于他们对整个群体福祉的影响，而不是他们对个人自由的保护。

非裔美国人的祖父母

鉴于非洲传统上强调个人与群体的相互联系，基维特祖父母身份在黑人社区比白人社区更为突出，这一点并不令人惊讶。黑人祖父母为孙辈承担父母责任远比白人祖父母多。与白人家庭相比，黑人家庭更为尊重老年人、倾向于保护弱者和依赖他人，以及根据亲属和重要非亲属的需要扩大家庭界限。事实上，“虚构”的亲属或“伪”亲属是许多黑人家庭的重要成员。这些人被视为亲属，他们被赋予许多亲属权利和地位，他们充分参与非正式的支持网络。在本特森的跨文化研究中，只有8%的盎格鲁人报告说他们抚养过自己亲生子女以外的其他子女；而在60岁以上的黑人成年人中，近一半的人报告说他们抚养过虚构的子女和孙辈。

研究似乎证实了一些关于黑人代际家庭的刻板印象，但没有证实其他刻板印象。伯顿和本特森承认黑人祖母在非裔美国人文化中所代表的重要传统。然而，他们描述了一种熟悉的观点，即黑人女性认为孩子是上帝的祝福，是奴隶制的延续，而不是一种文化传统。他们报告说，对于大多数的受访者来说，非全职的祖母身份可能代表着象征性和工具性的危机。也就是说，对于这些女性来说，过早地加入这一世系角色会在她们对自己的看法以及她们的家庭凝聚力和社会支持系统中造成冲突。

非裔美国学者R. 泰勒（R. Taylor）指出，老年黑人有着重要而多样的家庭角色，与子女和孙辈保持广泛接触。定性研究指出了家庭对老年非裔美国人功能的重要性和关键性，反过来，也指出了这些老年人对非裔美国人家庭生存的重要性。在许多社会经济指标上，老年黑人是我们社会中处境最为不利的群体之一。鉴于他们对援助的特殊需要，以及他们独特的贡献能力，他们的家庭作用特别重要。

拉美裔祖父母

在拉丁文化中，老年人因其独有的智慧而受到尊敬。在社区内，老年人部分充当着社会控制小道消息的角色。在家庭中，他们的存在有助于减少因儿童生病、夫妻离婚或父母加班等家庭核心压力引起的焦虑。拉美裔传统支持老年人在参与合作努力方面为人师表的观点。由于他们的智慧受到重视，身体状况的下降并没有减少了拉美裔老年人的家庭贡献，这一点与盎格鲁人不同。

老年学家C. 加西亚（C. Garcia）指出，必须从功能（互动和交换）而不是结构（居住）的角度来看待拉美裔大家庭。总的来说，拉美裔祖父母和一个孩子的家庭住在一起。但是由于祖父母有很多子女，而他或她只能住在一个家庭里，因此大多数的中间一代家庭在结构上不包括祖父母。然而，就功能而言，加西亚报告说，每个家庭都把祖父母视为积极的成员。

有关奇卡诺人（Chicano）祖父母的研究发现，祖母扮演着几个角色：（1）孩子的抚养人；（2）家庭决策参与者；（3）宗教倡导者和教师；（4）女性治疗师网络中的参与者。祖父母都重视自身的照料活动，认为自己对抚养儿童负有同等责任。他们认为最重要的任务是教孙辈学习西班牙语、传统习俗和道德。他们不强调自主，而是强调与家人的相互依存与合作。

拉美文化并不把生产劳动视为生活的中心任务。文化传统也重视休闲，并把大家庭关系作为个人身份的重要来源。由于家庭受到如此重视，退休后的拉美裔老年人似乎没有经历过戏剧性的角色转变。

未来的展望

研究

人类学、社会学、历史学、家庭研究、心理学、精神病学、老年学、社会工作、公共政策和文化研究等学科都对祖父母身份进行了适当的探讨。每个学科通过自己的理论视角来看待世界，关注自己关注的问题，利用自己的研究工具，以自己的方式进行报道。在正式研究祖父母身份不到50年的时间里，历史趋势不仅影响了研究中的角色和关系，还影响了每个相关学科的研究目标、重点和策略。累积的不同发现不容易合成为一个连贯的知识体系。因此，经过几十年的研究，我们对祖父母身份的理解——家庭关系、归属地位、社会角色、心理对象、个人意义来源等——仍然支离破碎。

定量研究方法将我们的注意力集中在一系列可测量的人口、行为和心理变量上。然而，由于可测量的变量不一定是调查中概念的有效操作，描述性的发现往往显得肤浅，脱离了祖父母的真实生活。祖父母身份的意义、重要性和影响仍然难以理解。

最近对跨文化祖父母的定性研究已经开始为祖父母身份的复杂性提供有价值的见解，并为主流祖父母身份的调查提出建议。这项工作表明，特定文化的价值（涉及家庭、智慧、工作、老化等）与祖父母身份有着内在的联系，必须进一步探索。我们希望，定性研究将继续在识别、理解、操作和量化有意义的变量方面取得进展，并在建立符合传统定量社会科学研究的理论概念方面取得进展。

作为一种代际和终身现象，祖父母身份必须通过研究战略加以探讨，一方面要对代际和家庭制度问题敏感，另一方面要对生命周期发展问题敏感。与科学和实践相关，祖父母身份研究必须着眼于建立知识和改进实践和政策。当前特别关注的领域包括：祖父母身兼照料者和家庭护理接受者，祖父母在“老年晚期”不断扩大的生命周期中的地位，以及祖父母作为我们社会复杂的种族、民族和文化关系系统的一部分。

实践

关于当代美国祖父母身份的讨论是连续的。一方面，我们被召唤回到昔日牢固的家庭纽带的“美好时光”。另一方面，我们被提醒，进步是有代价的，强大的、参与式的祖父母身份可能是其中之一。几个重要的实际问题构成了整个连续体的基础。

祖父母身份的冲突和困境可以看作是所有家庭关系的隐喻。每一个家庭的纽带都包含着一个自我和一个“他者”，无论“他者”是个人还是团体。建立并维持一种联系需要不断平衡和重新平衡对自我的关注以及对他人的关注。此外，随着时间的推移，维持家庭纽带需要在当前感知的幸福感和涉及个人与世代未来的整个生命周期的预期幸福感之间取得平衡。就我们试图理解或影响祖父母身份而言，我们必须在这些基本平衡及其参数的背景下这样做。

美国社会在不断发展。我们必须记住，正如祖父母身份随着过去的历史变迁而改变一样，它也将随着现在和未来的社会、经济和文化变迁而改变。当代祖父母身份可能是一种不受干扰的代际情感的反映，这是可以理解的。但祖父母身份在未来并不一定反映这些相同的价值观。

家庭方面研究学者告知学生，维持生生不息的代际关系需要相当多的关心和努力；长期以来，祖父母一直告诫孙辈，“你投入什么，你就会从中受益”。祖父母身份作为一种制度，确实反映了社会历史的发展。但是在任何一个特定的家庭里，人们可以自由地利用这种关系，无论选择多少。美国社会规范可能鼓励个人主义和不干涉原则。但个人家庭与社区可以自由地通过合作和尊重的长期责任来平衡这些价值观。祖父母身份作为一种现象，将继续反映大规模的社会潮流。但是个人和家庭不需要像波浪上的小船那样摇摆。任何特定祖父母关系的参与者都可以努力使这种关系满足他们认为重要的需求。

另请参阅：酒精和药品；照料；抑郁症；经济学：社会；社会网络、社会支持和社会融合。

拓展阅读

Barranti CCR（1985）The grandparent/grandchild relationship：family resource in an era of voluntary bonds. *Family Relations* 34：343-352.

Bengtson VL and Robertson JF（1985）*Grandparenthood*. Beverly Hills，CA：Sage.

Cherlin AJ and Furstenberg FF Jr（1986）*The New American Grandparent：A Place in the Family，A Life Apart*. New York：Basic Books.

Denham TE and Smith CW（1989）The influence of grandparents on grandchildren：a review of the literature and resources. *Family Relations* 38：345-350.

George J（1988）Children and grandparents：The right to visit. *Children Today* November-December：14-18.

Jendrek MP (1994) Grandparents who parent their grandchildren: Circumstances and-decisions. *The Gerontologist* 34: 206-216.

Johnson CL (1992) Divorced and reconstituted families: Effects on the older generations. *Families and Aging* Summer: 17-20.

译　者：孙丽娜（华北科技学院）
校译者：曹　杨（四川大学）

Atlas of Encyclopedia of Gerontology: Age, Aging and the Aged, Two edition
James E. Birren
ISBN: 9780123705303

《老年学百科全书：年龄、老龄化和老年人》（第2版）（杜鹏 等译）
ISBN: 9787553973838

注意

本书涉及领域的知识和实践标准在不断变化。新的研究和经验拓展我们的理解，因此须对研究方法、专业实践或医疗方法作出调整。从业者和研究人员必须始终依靠自身经验和知识来评估和使用本书中提到的所有信息、方法、化合物或本书中描述的实验。在使用这些信息或方法时，他们应注意自身和他人的安全，包括注意他们负有专业责任的当事人的安全。在法律允许的最大范围内，爱思唯尔、译文的原文作者、原文编辑及原文内容提供者均不对因产品责任、疏忽或其他人身或财产伤害及/或损失承担责任，亦不对由于使用或操作文中提到的方法、产品、说明或思想而导致的人身或财产伤害及/或损失承担责任。

图书在版编目（CIP）数据

老年学百科全书：年龄、老龄化和老年人／（美）詹姆斯·E. 比伦主编；杜鹏翻译主编. —长沙：湖南教育出版社，2022. 12
ISBN 978－7－5539－7383－8

Ⅰ. ①老… Ⅱ. ①詹… ②杜… Ⅲ. ①老年学—百科全书 Ⅳ. ①C913. 6-61

中国版本图书馆 CIP 数据核字（2020）第 268321 号

LAONIANXUE BAIKE QUANSHU：
NIANLING LAOLINGHUA HE LAONIANREN

书　　名	老年学百科全书：年龄、老龄化和老年人
策划编辑	李　军
责任编辑	李　军　曾　恺　何　莉　张件元　武龙梅　陈逸昕
责任校对	任　娟　殷静宇　张　征　吴　斌　朱艳红　王怀玉　曾朝晖　杨玖武
装帧设计	肖睿子
出版发行	湖南教育出版社（长沙市韶山北路 443 号）
网　　址	www. hneph. com
电子邮箱	hnjycbs@ sina. com
微 信 号	湖南教育出版社
客服电话	0731-85486979
经　　销	湖南省新华书店
印　　刷	长沙超峰印刷有限公司
开　　本	787 mm×1092 mm　16 开
印　　张	136. 5
字　　数	2 700 000
版　　次	2022 年 12 月第 1 版
印　　次	2022 年 12 月第 1 次印刷
书　　号	ISBN 978－7－5539－7383－8
定　　价	1120. 00 元